方志平

民法真题

（上册）

方志平　主编

北京理工大学出版社
BEIJING INSTITUTE OF TECHNOLOGY PRESS

图书在版编目(CIP)数据

方志平民法真题 / 方志平主编. —北京:北京理工大学出版社,2017.4
ISBN 978-7-5682-3997-4

Ⅰ.①方…　Ⅱ.①方…　Ⅲ.①民法-中国-资格考试-试题　Ⅳ.①D923-44

中国版本图书馆CIP数据核字(2017)第087544号

出版发行 / 北京理工大学出版社有限责任公司
社　　址 / 北京市海淀区中关村南大街5号
邮　　编 / 100081
电　　话 / (010)68914775(总编室)
(010)82562903(教材售后服务热线)
(010)68948351(其他图书服务热线)
网　　址 / http://www.bitpress.com.cn
经　　销 / 全国各地新华书店
印　　刷 / 北京合众伟业印刷有限公司
开　　本 / 787毫米×1092毫米　1/16
印　　张 / 54
字　　数 / 1451千字
版　　次 / 2017年4月第1版　2017年4月第1次印刷
定　　价 / 98.00元(全两册)

责任编辑 / 王俊洁
文案编辑 / 王俊洁
责任校对 / 周瑞红
责任印制 / 王美丽

2017 年版前言

《中华人民共和国民法总则》在 2017 年 3 月 15 日正式公布，我即着手依据新的民法总则对《民法真题》进行修订。2017 版《民法真题》相对于 2016 版《民法真题》做出如下修订：

1. 结合《民法总则》对于真题的答案和解析做了调整和订正。

2. 将任意项选择题合并成为一个专门的版块，便于训练考友实战能力。

3. 将知识产权真题纳入，便于考友一并掌握。

4. 对一些重复的表述进行了删减。

5. 将 2016 版遗漏的租赁合同、借款合同真题补充。

6. 修订了 2016 版真题解析存在的错误。

2017 年版《民法真题》最大的创意在于，随书附赠《小真题》。基于真题训练的最高境界即背诵真题这一应试理念，我将《民法真题》一书进行压缩，形成《小真题》。关于《民法真题》和《小真题》的配合使用办法，说明如下：

1.《民法真题》：解析较为丰富，内容较多。请考友结合自己情况，侧重阅读自己的薄弱的试题。未必需要面面俱到，如此可提高复习效率。如您有强迫症必须阅读全书真题，也请有所侧重。针对自己常常出错，自己较难掌握的真题解析，予以重点关照。

2.《小真题》：请从 6 月份开始，随手携带《小真题》，便于背诵。所谓背诵，不是死记硬背，是熟练式背诵，时常翻越，尤其要关照题干措辞、题眼、选项表述和试题的法律关系结构图。熟读多了，自然就记住了，更为关键的是，能够形成民法题感。不知不觉之间，做到秒杀民法真题，并以此养成秒杀 2017 年大多数民法真题的能力。

2017 年，我痛失年长我 2 岁的大哥，这于我而言，极其艰难，乃人生从未遇之困境。人生无常，吾辈只有努力精进，方可宽慰家人。

与诸同学、与诸考友、与诸战士，血战到底，不胜不归！

方志平

2017 年 4 月 17 日

2016 年版前言

一、致敬词

司考真题，是一个矛盾体，在被阻挡在“外”面的人看来，是墙、是槛、是阻挠；在被放行入“内”里的人看来是桥、是路、是推手。

司考真题变成绿灯时，被放行的人一般不会感谢绿灯，只会感谢自己的努力付出和老师的辛勤培育，不会感谢司考真题；司考真题变成红灯时，被阻挠的人更加不会感谢司考真题，留下的恐怕更多的是怨、不解和无奈。

基于供需双方的博弈，司考真题具有成为经典的充分条件。从供方看，有命题专家队伍超长时间的研磨、推敲和创制；从需方看，有考生军团无比细致的核对、异议和评论。经典的司考真题，方能成就司考真题的经典，教科书中见诸司考真题者，达致了大学教育与司考考察之间的良性沟通。

对司考真题的解读层次、思路和基点，体现了解读者对真题的把握、体会和认知。

全体司考人，都应向真题致意。真题为推进法学教育和培训、为提升法律人的认知水平、为统一法律共同体作出了切切实实的贡献。

真题，是我们的朋友，而不是我们的敌人。

感恩真题！感恩司考！

二、解释论

对真题的解读，有两种路径：一是立法论，力求让真题“尽善尽美”，符合多种预期和不同品读。立法论对真题提出改进意见，“点破”真题的瑕疵，或者总结经典错题。对与错的标准和参照是不统一的，故此立法论是批评之后再无下文，然后就没有然后了。二是解释论，以真题既有资源为基础，建立分析框架，追求命题本意。解释论对真题进行客观表述，破解真题蕴含的密码，廓清迷雾。解释论是解释透彻然后就真的没有然后了。

在解释这道真题为什么是对的和解释这道真题为什么是错的，《方志平民法真题》选择第二种路径，即解释论。

《方志平民法真题》选择解释论路径解剖真题的理由有四：一，本书读者的身份是考生，而考生需要弄明白这道真题为什么是对的，自己为什么是错的；而不是要弄明白这道真题为什么是错的，自己为什么是对的。二，解释论路径有助于读者形成题感，进入真题语境。读者从接触真题的第一天开始，训练题感，日积月累，必有成就。解释论的路径和风格，不是对真题屈服或者归降，而是启发考生养成解释能力。解释能力是法律人最基本的能力，法官就是“农夫山泉”，把法条搬运到判决书，搬运过程即解释过程。三，解释论有助于把考生训练成为一台超强“纠错机”，而不像立法论那样将考生培养成“显微镜”。“纠错机”能顺应题意，在考场上纵横驰骋，游刃有余。“显微镜”则火眼金睛，在考场上左右摇摆，犹豫不决。是所谓，当断不断，反受其乱！四、解释论有代理真题说话的功能。真题从来都是站在被告席，众多解读者坐在原告席，只有原告#@&……%￥*，真题沉默不语，考生由此判决被告败诉。让真题说话，把精力投放到解释能力、题感能力和语境能力上去、让真题解读回归技术论,回归解释论,为《方志平民法真题》之所倚重。

《方志平民法真题》选择解释论路径解剖真题的特色有四:一,涵盖全部的司考真题,梳理真题的前世今生,为读者整理真题的历史脉络,由此形成体系,体会规律。二,侧重对司考真题的技术分析,将《方志平民法宝典》拆分的知识的真题“齐零为整”,《方志平民法宝典》与《方志平民法真题》两相配合,必有良效。三,图构民法真题,将试题可视化,降低阅读疲劳和受挫感。四、当然,为了换取解读的深入,故此牺牲了书本的薄简,作此选择并非无意。因为要把真题读透、读薄,其前提是真题解剖要透、要不薄。如果解剖求诸精简,将精简者读薄自然省时省力,效果上恐怕就会有不少的遗漏。

我们既不能蜻蜓点水,暴殄天物,虐待真题;也不能百转千转,锱铢必较,虐爱真题。我们要做超强纠错机;不要做细致显微镜。我们要做解释者;不要做立法者。我们要做农夫山泉;不要做人工山泉。

如果你真题刷过 N 遍继续错,阅读真题资料 N 遍继续错,那么错不在你,而在你没有阅读《方志平民法真题》。如果你需要提高自己的超强纠错能力,如果你需要提高自己进入语境的能力,如果你需要提高自己进入题意的能力,如果你需要提高自己获得题感的能力,那么,请阅读《方志平民法真题》。

《方志平民法真题》对司考真题的坦诚分析,可谓空前而绝后。

三、独白词

大家好,我叫题,姓真。我真的是题,合称真题。

我来自三个国度,身披三种颜色,具有三个情节。一是国情,我立足于中国民法法条和中国民法学理,是所谓大前提。二是案情,我立足于本案案情,不多不少,不大不小,是所谓宏观层面的小前提。三是语境,我表现为措辞、语态和上下文,是所谓微观层面的小前提。

我有两个女儿。姐姐是客观的,判断的,孰是孰非的;妹妹是主观的,思维的,来回穿插的。

姐姐家里很富裕,总是一个人养四个人,ABCD 环绕其中,但是,众所周知,姐姐是喜怒行于颜色的,当然,也时常朝三暮四。

有时候,姐姐心中只有一个真命天子,外号单选题,另外三个都是打酱油的,你只需要帮姐姐找到真命天子划上钩,姐姐是不会亏待你的。寻找的过程是简单的,你根本不需要知道为什么那三个打酱油的为什么会在这里会在这时出现,你需要的只是判断。一个字,猜,也可以。特别提示,姐姐喜欢的未必都是高富帅,也可能钟情于矮丑穷。

有时候,姐姐心中会有两个以上真命天子,外号多选题,哪几个是伪装者、是打酱油的,你要火眼金睛做判断。显然,要你把姐姐的真命天子配上对,是有一定难度的,好在这样的判断数量有限。正是因此,姐姐建议你在单选题中尽量遂了姐姐的心愿。

有时候,姐姐心中不知道有几个真命天子,外号任意项选择题。这个时候,姐姐的铺垫是很长的,自然要找寻出正确的对象,难度上升,但效率也确实不低,一个故事,可以让你得 6 到 12 分,相反,也可以让你丢 6 到 12 分。

妹妹出身精贵得很,一个大的故事经过包装,就可以顶 20 多个外号单选题的姐姐,我的天啊!其实,善待妹妹,投入产出是很高的。征服一个故事,与征服二十多个故事相比,显然……你懂的!

总的来说,女人的心思你猜不透,因此,未来,姐姐要逐渐淡出,而妹妹要隆重登场,比重增加。

一言以蔽之,谁最懂我的故事,谁就最明我的心意;谁最懂我的情节,谁就最得我的青睐;谁最懂我的神态,谁就最获我的恩惠!

如果《方志平民法真题》还不能让你懂、让你明、让你了,请联系:新浪微博@民法方志平;微信个人订阅号 minfafangzhiping。微信订阅号有语音解读“姐姐”与“妹妹”,我们空中相会!

方志平

2016 年 3 月 15 日

目　录

（上　册）

第一部分　客观题

（下　册）

第二部分 不定项选择题

第三部分　主观题

第一部分
客 观 题

◆ 第一编　民法总则
◆ 第二编　人身权法
◆ 第三编　民法物权
◆ 第四编　债法总则
◆ 第五编　民法合同
◆ 第六编　婚姻继承
◆ 第七编　侵权责任
◆ 第八编　知识产权

1 第一编

民法总则

第一章　民事法律关系

第一节　民事法律关系破案法

一、同一主体不同民事法律关系

1. 同一主体各个法律关系各自判断：不可抗力不影响金钱之债，不可抗力影响抵押权关系

张某从银行贷得80万元用于购买房屋，并以该房屋设定了抵押。在借款期间房屋被洪水冲毁。张某尽管生活艰难，仍想方设法还清了银行贷款。对此，周围人多有议论。根据社会主义法治理念和民法有关规定，下列哪一观点可以成立？(2012－3－1)

A. 甲认为，房屋被洪水冲毁属于不可抗力，张某无须履行还款义务。坚持还贷是多此一举

B. 乙认为，张某已不具备还贷能力，无须履行还款义务。坚持还贷是为难自己

C. 丙认为，张某对房屋的毁损没有过错，且此情况不止一家，银行应将贷款作坏账处理。坚持还贷是一厢情愿

D. 丁认为，张某与银行的贷款合同并未因房屋被冲毁而消灭。坚持还贷是严守合约、诚实信用

答案：(　　)①

考点：多层次法律关系的判断、不可抗力对金钱之债无影响、不可抗力对抵押权有影响

解题图构

开发商

↑ ④房屋买卖合同关系

张某（债务人/抵押人）
- ①借款合同关系：债权关系，金钱之债80万√
- ②抵押合同关系：债权关系×
- ③抵押权设立：物权关系×（不可抗力导致抵押物毁损）

银行（债权人/抵押权人）

思路展开

思路1：洪水对借款关系不构成法律意义上的影响。张某与银行是借款合同关系，成立金钱之债，金钱之债不存在履行不能，不受不可抗力之影响。借款合同之债没有因此消灭。

(1)法律依据：①合同必守原则：《合同法》第8条，“依法成立的合同，对当事人具有法律约束力。当事人应当按照约定履行自己的义务，不得擅自变更或者解除合同。依法成立的合同，受法律保护。”②合同也有法定或约定免责事由：《合同法》第117条，“因不可抗力不能履行合同的，根据不可抗力的影响，部分或者全部免除责任，但法律另有规定的除外。当事人迟延履行后发生不可抗力的，不能免除责任。本法所称不可抗力，是指不能预见、不能避免并不能克服的客观情况。”③金钱之债不发生履行不能：《合同法》第109条，“当事人一方未支付价款或者报酬的，对方可以要求其支付价款或者

---

①　参考答案：D

报酬。”④非金钱之债才发生履行不能问题:《合同法》第110条,“当事人一方不履行非金钱债务或者履行非金钱债务不符合约定的,对方可以要求履行,但有下列情形之一的除外:(一)法律上或者事实上不能履行;(二)债务的标的不适于强制履行或者履行费用过高;(三)债权人在合理期限内未要求履行。”

(2)金钱之债,不发生履行不能问题。“欠债还钱”,一笔债,一辈子,“一句话一辈子一生情一杯酒”!人死了,债没还完,继续用遗产还(《继承法》第33条)。

(3)具体到本题:①“张某从银行贷得80万元”+“在借款期间房屋被洪水冲毁。张某尽管生活艰难,仍想方设法还清了银行贷款”。②银行基于该借款法律关系有权请求张某依约履行还款义务。③冲毁张某房屋的洪水属于不可抗力。④但是,该不可抗力导致房屋毁损,对张某的还款义务的履行并不产生具有法律意义的障碍。⑤换言之,张某与银行的贷款合同并未因房屋被冲毁而消灭,张某坚持还贷,是诚实信用,信守合约的表现。

(4)结论:①“D. 丁认为,张某与银行的贷款合同并未因房屋被冲毁而消灭。坚持还贷是严守合约、诚实信用”,D对,选D。②“A. 甲认为,房屋被洪水冲毁属于不可抗力,张某无须履行还款义务。坚持还贷是多此一举;B. 乙认为,张某已不具备还贷能力,无须履行还款义务。坚持还贷是为难自己;C. 丙认为,张某对房屋的毁损没有过错,且此情况不止一家,银行应将贷款作坏账处理。坚持还贷是一厢情愿。”ABC错,不选ABC。

思路2:洪水对抵押权构成具有法律意义上的影响。张某与银行是抵押合同关系,办理抵押登记,“设定了抵押”,发生了物权变动,银行取得抵押权。抵押合同关系使命完成而消灭。银行抵押权因抵押物毁损灭失而消灭,启动担保物权的物上代位性。

(1)法律依据:①抵押人主观行为致使抵押物价值减少,抵押权人有保全请求权:《物权法》第193条,“抵押人的行为足以使抵押财产价值减少的,抵押权人有权要求抵押人停止其行为。抵押财产价值减少的,抵押权人有权要求恢复抵押财产的价值,或者提供与减少的价值相应的担保。抵押人不恢复抵押财产的价值也不提供担保的,抵押权人有权要求债务人提前清偿债务。”②抵押物消灭抵押权消灭:《担保法》第58条,“抵押权因抵押物灭失而消灭。因灭失所得的赔偿金,应当作为抵押财产。”+《物权法》第177条,“有下列情形之一的,担保物权消灭:(一)主债权消灭;(二)担保物权实现;(三)债权人放弃担保物权;(四)法律规定担保物权消灭的其他情形。”③抵押权物上代位性:《物权法》第174条,“担保期间,担保财产毁损、灭失或者被征收等,担保物权人可以就获得的保险金、赔偿金或者补偿金等优先受偿。被担保债权的履行期未届满的,也可以提存该保险金、赔偿金或者补偿金等。”

(2)具体到本题:①冲毁张某房屋的洪水属于不可抗力。②张某对房屋的灭失并无过错,故银行不得依据《物权法》第193条的规定要求张某恢复抵押房屋的价值或者提供替代担保。③物上代位性:银行对房屋的保险金(如果房屋投保了的话)有优先受偿权。

(3)本题未涉及抵押权问题。

2. 同一主体基于同一法律关系的救济转化为不同的救济法律关系

(1)二手车“调表”之欺诈与重大误解

甲以23万元的价格将一辆机动车卖给乙。该车因里程表故障显示行驶里程为4万公里,但实际行驶了8万公里,市值为16万元。甲明知有误,却未向乙说明,乙误以为真。乙的下列哪一请求是错误的?(2015-3-2)

A. 以甲欺诈为由请求法院变更合同,在此情况下法院不得判令撤销合同

B. 请求甲减少价款至16万元

C. 以重大误解为由,致函甲请求撤销合同,合同自该函到达甲时即被撤销

D. 请求甲承担缔约过失责任

答案:(　　)①

考点:欺诈、重大误解、缔约过失责任

① 参考答案:AC(司法部公布答案是C,根据《民法总则》的规定,将该题答案修改为AC。)

读题技巧

1. 二手车调表“见怪不怪”。

2. 里程表故障显示和甲明知有误，指向甲未披露信息，加之乙花 23 万元购买到实际价值 16 万元的车，甲未披露的是重要信息，构成消极欺诈。

3. 乙误以为真，指向乙构成重大误解。

4. 机动车行驶里程，关涉机动车品质，属于“买卖合同中物的瑕疵担保”责任范畴。

5. 选非题。

思路展开

思路 1：因欺诈而可撤销，受欺诈人乙主张撤销。《民法总则》将可变更、可撤合同修改为可撤销的民事法律行为。

(1) 法律依据：①因欺诈而可撤销：《民法总则》第 148 条，“一方以欺诈手段，使对方在违背真实意思的情况下实施的民事法律行为，受欺诈方有权请求人民法院或者仲裁机构予以撤销。”②因欺诈而撤销合同归于无效，受欺诈方可向欺诈方主张缔约过失责任：《合同法》第 42 条，“当事人在订立合同过程中有下列情形之一，给对方造成损失的，应当承担损害赔偿责任：(一)假借订立合同，恶意进行磋商；(二)故意隐瞒与订立合同有关的重要事实或者提供虚假情况；(三)有其他违背诚实信用原则的行为。”

(2) 具体到本题：①“甲明知有误，却未向乙说明”，甲构成消极欺诈。②乙撤销后启动缔约过失责任。

(3) 结论：①“A. 以甲欺诈为由请求法院变更合同，在此情况下法院不得判令撤销合同”，A 错，符合题意，选 A。②“D. 请求甲承担缔约过失责任”，D 对，不符合题意，不选 D。

思路 2：因重大误解而可撤销。(有一种观点认为欺诈可与重大误解竞合，赋予当事人选择权；另一种观点认为不可以，因为误解还有误解方的责任。但无论如何，通知撤销都是错误的。)

(1) 法律依据：《民法总则》第 147 条，“基于重大误解实施的民事法律行为，行为人有权请求人民法院或者仲裁机构予以撤销。”

(2) 具体到本题：“乙误以为真”。基于重大误解的撤销不是通知撤销，而是诉讼或仲裁撤销。

(3) 结论：“C. 以重大误解为由，致函甲请求撤销合同，合同自该函到达甲时即被撤销”，C 错，符合题意，选 C。

思路 3：不撤销，而主张瑕疵担保责任的路径，减少价款。如买受人对有瑕疵之物误认为是无瑕疵之物，适用瑕疵担保还是重大误解？应赋予当事人选择一种有利于自己的救济方法(瑕疵担保与欺诈也同理)。

(1) 法律依据：①《合同法》第 111 条，“质量不符合约定的，应当按照当事人的约定承担违约责任。对违约责任没有约定或者约定不明确，依照本法第六十一条的规定仍不能确定的，受损害方根据标的的性质以及损失的大小，可以合理选择要求对方承担修理、更换、重作、退货、减少价款或者报酬等违约责任。”②《最高人民法院关于审理买卖合同纠纷案件适用法律问题的解释》(以下简称《买卖解释》)第 23 条第 1 款，“标的物质量不符合约定，买受人依照《合同法》第一百一十一条的规定要求减少价款的，人民法院应予支持。当事人主张以符合约定的标的物和实际交付的标的物按交付时的市场价值计算差价的，人民法院应予支持。”第 2 款，“价款已经支付，买受人主张返还减价后多出部分价款的，人民法院应予支持。”

(2) 具体到本题：“甲以23 万元的价格将一辆机动车卖给乙”+“但实际行驶了 8 万公里，市值为16 万元”=“B. 请求甲减少价款至 16 万元”，B 对，不符合题意，不选 B。

常见错误

1. 合同存在，怎么可以主张缔约过失责任呢？故 D 项错误。

2. 缔约过失责任要求发生在合同订立过程中。题干的描述，我们无法判断机动车买卖合同是否已经订立。

3. 请求甲承担缔约过失责任，以合同不成立为前提，题中合同成立，所以不成立缔约过失责任。

4. 审题不清：(1) 根据意思自治原则，法院应该根据当事人意思做出变更合同，故选 A。分析：本题是选非题，要选错误表述的，不是选正确表述的。(2) 甲未告知，先违反合同义务，致使乙信赖利益受到损失，两者之间有因果关系，乙可以要求甲承担缔约过失责任，故选 D。分析：本题是选非题，理由同上。

（2）影楼擅自使用婷婷照片之承揽之债、侵权之债和不当得利之债

婷婷满一周岁，其父母将某影楼摄影师请到家中为其拍摄纪念照，并要求影楼不得保留底片用作他途。相片洗出后，影楼违反约定将婷婷相片制成挂历出售，获利颇丰。本案中存在哪些债的关系？（2008－3－56）

A. 承揽合同之债

B. 委托合同之债

C. 侵权行为之债

D. 不当得利之债

答案：（　　）①

考点：民事法律关系破案法之债的发生

读题技巧

1.“请到家中”，“拍摄纪念照”，指向承揽合同之债。

2.“相片制成挂历出售，获利颇丰”，指向：（1）侵犯肖像权；（2）不当得利之债。

思路展开

命题点1：合同之债之承揽合同与委托合同的区分。

（1）法律依据：《合同法》第396条，“委托合同是委托人和受托人约定，由受托人处理委托人事务的合同。”《合同法》第251条，“承揽合同是承揽人按照定作人的要求完成工作，交付工作成果，定作人给付报酬的合同。承揽包括加工、定作、修理、复制、测试、检验等工作。”

（2）法条阐释：①一般与特别的关系：a. 委托合同乃为他人处理事务为目的，是最一般、抽象和概括的“劳务合同”。b. 特定的处理事务的劳务合同，应优先适用其特别规范如行纪、居间、保管、仓储、承揽等。委托合同不越俎代庖。②过程与结果：a. 委托合同处理事务注重过程，只要受托人勤勉工作，即使未形成结果，也不产生责任。b. 承揽合同要求完成工作提交成果。③人身信赖：a. 委托人身信赖强，受托人应亲自处理事务，原则上不得由第三人代为处理。死亡时大多终止委托关系。b. 承揽注重工作成果，当事人之间的人格信赖关系比较弱，对于第三人完成工作持相对宽松态度，承揽人死亡，不会因此终止承揽关系。④有偿无偿：a. 委托可有偿或无偿。b. 承揽均有偿。

（3）具体到本题：①“将某影楼摄影师请到家中为其拍摄纪念照，并要求影楼不得保留底片用作他途。”②“婷婷满一周岁，其父母”为婷婷拍照的目的是取得照片这一结果，而不仅仅在于“欣赏”摄影师工作的过程。③加之“影楼违反约定”。④司法部解析原文：“承揽合同中是义务人要交付工作物，而委托合同中是义务人要处理委托人事务。影楼的义务是交付婴儿周岁照片，所以是承揽合同之债，而不是委托合同之债。”

（4）结论：①“A. 承揽合同之债”，A对，选A。②“B. 委托合同之债”，B错，不选B。

命题点2：未经本人同意，以营利为目的使用自然人肖像，属于侵犯肖像权，形成侵权之债。

（1）法律依据：①《民法总则》第110条第1款，“自然人享有生命权、身体权、健康权、姓名权、肖像权、名誉权、荣誉权、隐私权、婚姻自主权等权利。”②《民法通则》第100条，“公民享有肖像权，未经本人同意，不得以营利为目的使用公民的肖像。”

（2）具体到本题：“影楼违反约定将婷婷相片制成挂历出售，获利颇丰”，影楼侵犯了婷婷的肖像权。

（3）结论：“C. 侵权行为之债”，C对，选C。

命题点3：无合法根据取得不当利益，构成不当得利。

（1）法律依据：《民法总则》第122条，“因他人没有法律根据，取得不当利益，受损失的人有权请求其返还不当利益。”

（2）具体到本题：“影楼违反约定将婷婷相片制成挂历出售，获利颇丰”，影楼所得之利，为婷婷所受之损失。影楼与婷婷之间形成不当得利之债。

（3）结论：“D. 不当得利之债”，D对，选D。

常见错误

1. 拍摄纪念照属于处理他人事务说：认为拍摄纪念照是处理事务，应是委托合同关系，而不是承揽合同关系，漏选A、误选B。

2. 未受损失不符合不当得利要件说：认为婷婷未受到损害，不符合不当得利的条件，漏选D。

---

① 参考答案：ACD

3. 同一主体法律关系经当事人自由约定发生法律关系转化

债的分类之交通事故达成赔偿协议

甲、乙与丙就交通事故在交管部门的主持下达成《调解协议书》,由甲、乙分别赔偿丙5万元,甲当即履行。乙赔了1万元,余下4万元给丙打了欠条。乙到期后未履行,丙多次催讨未果,遂持《调解协议书》与欠条向法院起诉。下列哪一表述是正确的? (2013-3-12)

A. 本案属侵权之债

B. 本案属合同之债

C. 如丙获得工伤补偿,乙可主张相应免责

D. 丙可要求甲继续赔偿4万元

答案:( )①

考点:民事法律关系的转化、侵权之债(第三人侵权与工伤赔偿)、合同之债(按份之债)

读题技巧

1. "欠条"、"乙到期后未履行,丙多次催讨未果,遂持《调解协议书》与欠条向法院起诉",指向合同之诉,而非侵权之诉。

2. "C. 如丙获得工伤补偿,乙可主张相应免责",指向两点:(1)C选项新增事实"如……",应就此结合题干做判断。(2)合同之债,与工伤补偿不排斥。

思路展开

命题点1:民事法律关系的转化,侵权之债转化为合同之债。

(1)甲、乙、丙就交通事故达成了《调解协议书》,由甲、乙分别赔偿丙5万元。

(2)该协议并不存在无效事由,对当事人具有法律约束力。

(3)甲履行了协议,乙部分履行了协议,就未履行部分向丙打了欠条。

(4)丙就未受偿部分提起诉讼,此债应属合同之债,而非侵权之债。

(5)结论:①"A. 本案属侵权之债",A错,不选A。②"B. 本案属合同之债",B对,选B。

命题点2:按份之债。

(1)学理依据:债权人为两人以上,各自按照确定的份额分享权利。各个债权人只能就自己享有的债权份额请求债务人给付和接受给付,无权请求和接受债务人的全部给付。

(2)具体到本题:①"由甲、乙分别赔偿丙5万元",甲、乙对丙属于按份之债。②且"丙多次催讨未果,遂持《调解协议书》与欠条向法院起诉",由此可见,丙并未向甲主张。

(3)结论:"D. 丙可要求甲继续赔偿4万元",D错,不选D。

命题点3:合同之债与工伤赔偿兼容。

(1)丙的诉求是向乙主张,主张基础是《调解协议书》和欠条所体现的合同之债。

(2)因《调解协议书》为当事人自愿达成,即使丙获得了工伤补偿,乙也不得以此推翻此前的调解合意,调解虽然可能存在一定的让步或妥协,但终究是真实意思表示,为当事人合意,应具有法律约束力。

(3)结论:"C. 如丙获得工伤补偿,乙可主张相应免责",C错,不选C。

异议辨析

1. 本题不启动《最高人民法院关于审理人身损害赔偿案件适用法律若干问题的解释》(以下简称《人身解释》)第12条第2款。

2. 参见《人身解释》第12条,第1款,"依法应当参加工伤保险统筹的用人单位的劳动者,因工伤事故遭受人身损害,劳动者或者其近亲属向人民法院起诉请求用人单位承担民事赔偿责任的,告知其按《工伤保险条例》的规定处理。"第2款,"因用人单位以外的第三人侵权造成劳动者人身损害,赔偿权利人请求第三人承担民事赔偿责任的,人民法院应予支持。"

3. 第2款没有直接规范工伤赔偿与第三人侵权责任之间的"兼容"关系。

常见错误

1. 调解协议应经法定程序确认说:认为调解协议要具备合同效力,必须是由双方当事人向调解委员会所在地基层人民法院申请确认调解协议的效力,经由法院对调解协议效力进行确认以后,调解协议方才具备合同的性质。由此误认为,丙的起诉是就侵权的事实进行诉讼,故误选A,未选B。

---

① 参考答案:B

2. 工伤和第三人侵权赔偿不可兼得说:认为如丙获得工伤补偿,乙可主张相应免责,误选C。

二、不同主体的交叉民事法律关系

1. 无权代理人骗人之无权代理与欺诈:食用油买卖合同

甲用伪造的乙公司公章,以乙公司名义与不知情的丙公司签订食用油买卖合同,以次充好,将劣质食用油卖给丙公司。合同没有约定仲裁条款。关于该合同,下列哪一表述是正确的?(2013-3-4)

A. 如乙公司追认,则丙公司有权通知乙公司撤销

B. 如乙公司追认,则丙公司有权请求法院撤销

C. 无论乙公司是否追认,丙公司均有权通知乙公司撤销

D. 无论乙公司是否追认,丙公司均有权要求乙公司履行

答案:(　　)①

考点:无权代理人骗人之无权代理与欺诈:食用油买卖合同

解题图构1:本题涉及无权代理合同法律关系+因欺诈签订合同法律关系

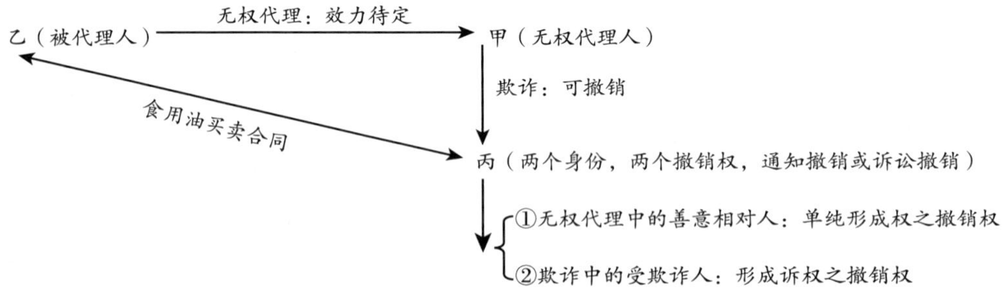

解题图构2:无权代理图构规则

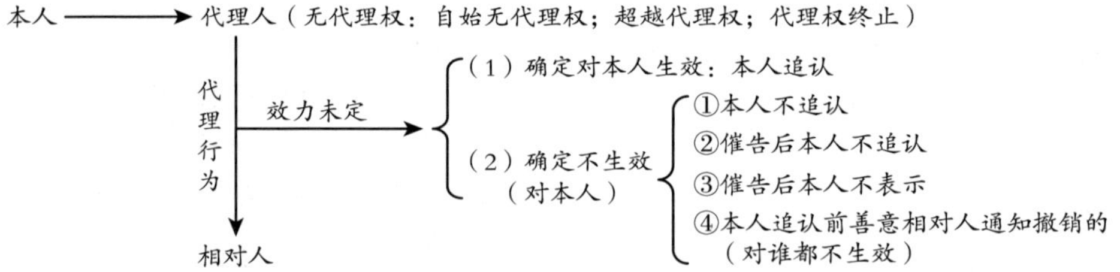

读题技巧

1."伪造"+"乙公司名义",指向两点:(1)甲是无权代理。(2)甲不构成表见代理。

2."不知情的丙公司签订食用油买卖合同,以次充好,将劣质食用油卖给丙公司",指向两点:(1)丙是无权代理中的善意相对人。(2)丙是欺诈中的受欺诈人。

3."合同没有约定仲裁条款",指向"B. 如乙公司追认,则丙公司有权请求法院撤销"中"法院"两字的严谨性,如果题干没有交代合同未约定仲裁条款,就需要将B修改为法院或者仲裁机构,如此一来,增加了本题可猜度性。

思路展开

思路1:本题涉及两个法律关系。

(1)甲的无权代理行为,产生无权代理签订合同法律关系。此法律关系需要解决合同效果是否归属于甲的问题;以及善意相对人丙的利益平衡问题。

(2)甲的欺诈行为,产生因欺诈签订合同法律关系。此法律关系需要解决丙被骗的救济问题。

(3)丙在无权代理的框架中属于善意相对人,在被代理人乙追认前,有通知撤销权。丙在欺诈的框架中属于受欺诈相对人,有诉讼撤销权。

思路2:先看甲的无权代理行为产生的无权代理合同法律关系。乙有权追认,追认之前,善意相对人丙可通知撤销。追认之后,善意相对人不可主张"无权代理框架"中的通知撤销。

① 参考答案:B

(1)法律依据:①无权代理规则。《民法总则》第171条,"行为人没有代理权、超越代理权或者代理权终止后,仍然实施代理行为,未经被代理人追认的,对被代理人不发生效力。相对人可以催告被代理人自收到通知之日起一个月内予以追认。被代理人未作表示的,视为拒绝追认。行为人实施的行为被追认前,善意相对人有撤销的权利。撤销应当以通知的方式作出。行为人实施的行为未被追认的,善意相对人有权请求行为人履行债务或者就其受到的损害请求行为人赔偿,但是赔偿的范围不得超过被代理人追认时相对人所能获得的利益。相对人知道或者应当知道行为人无权代理的,相对人和行为人按照各自的过错承担责任。"②表见代理规则("外表授权的表象"+被代理人须有过失+相对人善意且无过失)。《民法总则》第172条,"行为人没有代理权、超越代理权或者代理权终止后,仍然实施代理行为,相对人有理由相信行为人有代理权的,代理行为有效。"《合同法》第49条,"行为人没有代理权、超越代理权或者代理权终止后以被代理人名义订立合同,相对人有理由相信行为人有代理权的,该代理行为有效。"

(2)具体到本题及相应结论:①甲、乙之间存在"代理"法律关系。②甲公司的行为,相对于乙公司而言,为无权代理,但不是表见代理(被代理人没有过错,甲公司是伪造了乙公司的公章,防不胜防!)。故"D. 无论乙公司是否追认,丙公司均有权要求乙公司履行",D错,不选D。③在乙公司追认之前,丙公司有权以通知方式撤销。→故"A. 如乙公司追认,则丙公司有权通知乙公司撤销",A错,不选A。④在乙公司追认之后,丙即丧失"无权代理"框架中的"通知撤销权"。→"C. 无论乙公司是否追认,丙公司均有权通知乙公司撤销",C错,不选C。

思路3:再看甲的欺诈行为产生的欺诈合同法律关系。受欺诈人丙有权撤销或变更食用油买卖合同。

(1)法律依据:①欺诈要件=欺诈行为+欺诈故意(使他人陷入错误的故意+促使他人作出错误意思表示的故意)+欺诈人欺诈与相对人做出意思表示之间存在因果关系。《最高人民法院关于贯彻执行〈中华人民共和国民法通则〉若干问题的意见(试行)》(以下简称《民通意见》)第68条,"一方当事人故意告知对方虚假情况,或者故意隐瞒真实情况,诱使对方当事人作出错误意思表示的,可以认定为欺诈行为。"②欺诈的法律后果:《民法总则》第148条,"一方以欺诈手段,使对方在违背真实意思的情况下实施的民事法律行为,受欺诈方有权请求人民法院或者仲裁机构予以撤销。"

(2)具体到本题:①"以次充好,将劣质食用油卖给丙公司。合同没有约定仲裁条款"。②甲、丙之间存在"欺诈"法律关系。③甲公司的行为,相对于丙公司而言,为欺诈。④在乙公司追认之后,丙公司有权以受欺诈为由向法院主张撤销(很显然,在乙公司追认之前,善意相对人可以启动无权代理框架下的撤销权,也可以启动受欺诈框架下的撤销权)。

(3)结论:"B. 如乙公司追认,则丙公司有权请求法院撤销",B对,选B。

常见错误

根本违约可撤销说:认为如果乙公司追认,甲公司就构成有权代理,但是因为甲公司在交易中以次充好,构成根本违约,丙公司只需要通知乙公司,即可撤销买卖合同,由此误选"A. 如乙公司追认,则丙公司有权通知乙公司撤销"。

2. 债权人撤销权(过了1年除斥期间而消灭)与无效行为的竞合、与代位权结构的交叉、与侵权责任的判断

甲欠乙1万元到期未还。2003年4月,甲得知乙准备起诉索款,便将自己价值3万元的全部财物以1万元卖给了知悉其欠乙款未还的丙,约定付款期限为2004年年底。乙于2003年5月得知这一情况,于2004年7月决定向法院提起诉讼。乙提出的下列哪一项诉讼请求能够得到法院支持?(2005-3-9)

A. 请求宣告甲与丙的行为无效

B. 请求法院撤销甲与丙的行为

C. 请求以自己的名义行使甲对丙的1万元债权

D. 请求丙承担侵权责任

答案:(　　)①

考点:债权人撤销权(过了1年除斥期间而消灭)与无效行为的竞合、代位权之次债要到期、侵权责任保护的对象一般不包括债权

① 参考答案:A

解题图构

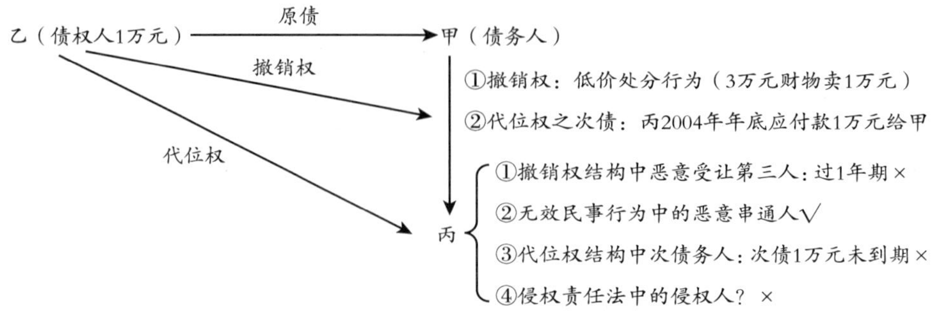

读题技巧

1.“甲欠乙1万元到期未还”+“自己价值3万元的全部财物”=指向原债有“保全”的必要。

2.“甲得知乙准备起诉索款，便将自己价值3万元的全部财物以1万元卖给了知悉其欠乙款未还的丙”，指向两点：(1)债务人甲的明显不合理低价转让财产，启动债权人乙的撤销权。(2)“知悉其欠乙款未还的丙”，甲、丙恶意串通明显，属于恶意串通损害第三人利益，为无效民事行为。

3.“乙于2003年5月得知这一情况，于2004年7月决定向法院提起诉讼”，指向乙的撤销权已经过了1年的除斥期间。

4. 乙只得请求宣告甲、丙行为无效。

5. 此题提示我们，认为撤销权与无效宣告可以竞合，由权利人选择，确实可以更大可能地保护权利人的利益。

6.“约定付款期限为2004年年底”，指向代位权构成要件之次债未到期，不符合代位权条件。

7. 综合看来，本题应从丙切入：丙可能有四个身份：(1)撤销权结构中的恶意受让第三人；(2)无效民事行为中的恶意串通人；(3)代位权结构中的次债务人；(4)侵权责任法中的侵权人。

思路展开

命题点1：丙在撤销权结构中的“恶意受让第三人”身份，乙有撤销权，但已经超过了1年除斥期间，乙的撤销权消灭。

(1)法律依据：①《合同法》第74条，“因债务人放弃其到期债权或者无偿转让财产，对债权人造成损害的，债权人可以请求人民法院撤销债务人的行为。债务人以明显不合理的低价转让财产，对债权人造成损害，并且受让人知道该情形的，债权人也可以请求人民法院撤销债务人的行为。撤销权的行使范围以债权人的债权为限。债权人行使撤销权的必要费用，由债务人负担。”②《最高人民法院关于适用〈中华人民共和国合同法〉若干问题的解释(二)》，(以下简称《合同法解释二》)第18条，“债务人放弃其未到期的债权或者放弃债权担保，或者恶意延长到期债权的履行期，对债权人造成损害，债权人依照《合同法》第七十四条的规定提起撤销权诉讼的，人民法院应当支持。”③《合同法解释二》第19条，“对于《合同法》第七十四条规定的‘明显不合理的低价’，人民法院应当以交易当地一般经营者的判断，并参考交易当时交易地的物价部门指导价或者市场交易价，结合其他相关因素综合考虑予以确认。转让价格达不到交易时交易地的指导价或者市场交易价百分之七十的，一般可以视为明显不合理的低价；对转让价格高于当地指导价或者市场交易价百分之三十的，一般可以视为明显不合理的高价。债务人以明显不合理的高价收购他人财产，人民法院可以根据债权人的申请，参照《合同法》第74条的规定予以撤销。”④撤销权的除斥期间：《合同法》第75条，“撤销权自债权人知道或者应当知道撤销事由之日起一年内行使。自债务人的行为发生之日起五年内没有行使撤销权的，该撤销权消灭。”

(2)法条阐释：撤销权的构成要件：①原债合法有效(不要求到期)。②原债发生之后，有七项财产行为(身份行为除外)中的一种或数种(放弃到期债权、放弃未到期债权、放弃债权的担保、放弃债权期限利益即延长债权履行期、无偿转让、明显不合理的低价转让、明显不合理的高价收购)。③致害原债权。④未过除斥期间。

(3)具体到本题：甲以明显不合理的低价转让财产，且丙知情，债权人乙有权予以撤销。乙于2003

年5月已经知晓甲、丙之间的交易，但直到2004年7月才向法院起诉，乙的撤销权已过除斥期间，撤销权已经消灭。

(4)结论："B. 请求法院撤销甲与丙的行为"，B错，不选B。

命题点2:丙在无效民事行为中的恶意串通人地位:丙、甲恶意串通损害乙的利益，乙可宣告丙、甲行为无效。

(1)法律依据:①《民法总则》第154条，"行为人与相对人恶意串通，损害他人合法权益的民事法律行为无效。"②《合同法》第52条，"有下列情形之一的，合同无效:(一)一方以欺诈、胁迫的手段订立合同，损害国家利益;(二)恶意串通，损害国家、集体或者第三人利益;(三)以合法形式掩盖非法目的;(四)损害社会公共利益;(五)违反法律、行政法规的强制性规定。"

(2)具体到本题:甲将自己的财产以明显不合理的低价出卖给丙，目的是逃避债务，而丙对此完全知情，属于恶意串通损害第三人乙的利益，因此，乙可以申请法院宣告其无效(申请宣告无效不受除斥期间的限制)。

(3)结论："A. 请求宣告甲与丙的行为无效"，A对，选A。

命题点3:丙在代位权结构中的次债务人身份，乙是债权人，甲是债务人，丙是次债务人(应向甲付款1万元)。代位权结构中要求次债要到期，如果次债没到期，债权人乙不得行使代位权。

(1)法律依据:①代位权:《合同法》第73条，"因债务人怠于行使其到期债权，对债权人造成损害的，债权人可以向人民法院请求以自己的名义代位行使债务人的债权，但该债权专属于债务人自身的除外。代位权的行使范围以债权人的债权为限。债权人行使代位权的必要费用，由债务人负担。"②代位权要件:《最高人民法院关于适用〈中华人民共和国合同法〉若干问题的解释(一)》(以下简称《合同解释一》)第11条，"债权人依照《合同法》第七十三条的规定提起代位权诉讼，应当符合下列条件:(一)债权人对债务人的债权合法;(二)债务人怠于行使其到期债权，对债权人造成损害;(三)债务人的债权已到期;(四)债务人的债权不是专属于债务人自身的债权。"③次债专属性:《合同法解释一》第12条，"《合同法》第七十三条第一款规定的专属于债务人自身的债权，是指基于扶养关系、扶养关系、赡养关系、继承关系产生的给付请求权和劳动报酬、退休金、养老金、抚恤金、安置费、人寿保险、人身伤害赔偿请求权等权利。"

(2)法条阐释:代位权的构成要件:①原债合法、有效、到期(未过时效)且受害。②次债(次次债)存在、到期、金钱、"懈怠"、非专属。

(3)具体到本题:甲、丙之间约定的付款期限为2004年年底，乙于2004年7月向法院起诉时，甲对丙的债权尚未到期，因此乙不得代位行使甲的这一债权。

(4)结论："C. 请求以自己的名义行使甲对丙的1万元债权"，C错，不选C。

命题点4:丙在侵权责任结构中的侵权人身份，乙是债权人，丙不构成侵权行为。

(1)学理依据:《2005年国家司法考试试题解析》:"按照通说及现行立法，债权不能成为侵权行为的对象"。

(2)法律依据:《侵权责任法》第2条，"侵害民事权益，应当依照本法承担侵权责任。本法所称民事权益，包括生命权、健康权、姓名权、名誉权、荣誉权、肖像权、隐私权、婚姻自主权、监护权、所有权、用益物权、担保物权、著作权、专利权、商标专用权、发现权、股权、继承权等人身、财产权益。"

(3)结论："D. 请求丙承担侵权责任"，D错，不选D。

三、不同主体的混合民事法律关系

1. 分各个阶段案情　2015年卷四

2. 分两阶段案情　2012年卷四

3. 统一案情　2011年卷四

第二节　请求权思维破案法

1."奇葩洗衣机致人人身和财产损害案"之责任竞合

赵某从商店购买了一台甲公司生产的家用洗衣机，洗涤衣物时，该洗衣机因技术缺陷发生爆裂，叶

轮飞出,造成赵某严重人身损害并毁坏衣物。赵某的下列哪些诉求是正确的?(2015－3－58)

A. 商店应承担更换洗衣机或退货、赔偿衣物损失和赔偿人身损害的违约责任

B. 商店应按违约责任更换洗衣机或者退货,也可请求甲公司按侵权责任赔偿衣物损失和人身损害

C. 商店或者甲公司应赔偿因洗衣机缺陷造成的损害

D. 商店或者甲公司应赔偿物质损害和精神损害

答案:(　　)①

考点:"奇葩洗衣机致人人身和财产损害案"之违约责任、侵权责任、请求权基础的竞合

思路展开

思路1:《合同法》上请求权,"加害给付"。

(1)法律依据:①《合同法》第122条,"因当事人一方的违约行为,侵害对方人身、财产权益的,受损害方有权选择依照本法要求其承担违约责任或者依照其他法律要求其承担侵权责任。"②《合同法》112条,"当事人一方不履行合同义务或者履行合同义务不符合约定的,在履行义务或者采取补救措施后,对方还有其他损失的,应当赔偿损失。"

(2)法律阐释:加害给付是债务人所为的履行不合合同的本旨,除可能损害债权人的履行利益外,尚发生对债权人固有利益的损害,是合同法与侵权法的一个重合领域。

(3)法条阐释:①对《合同法》第122条应着重从法律条文的文义所表达的意思解释(即客观解释为主),而不是要从立法者的目的去解释。因为在大陆法系中,谁是立法者,一直是一个不清楚的问题,即使是参加立法的人,他们之间的意见和看法也不一样。特别像我国,对于同一条规范,参加《合同法》立法的人的解释也不同。因此,不能依据立法者的解释之主观方法。②从第122条文义上解释,它规定"因违约造成侵害'人身、财产权益'的",受损害方有权依照合同法要求其承担违约责任,由此可见,违约之诉已经可以解决对固有利益——人身和财产的损害赔偿,承认了对人身损害的赔偿(是对加害给付的规定)。③它同时又规定,因违约造成侵害人身、财产权益的,受损害方有权请求违约人承担侵权责任。这属于竞合问题。④这一规定,否定了在加害给付中对因违约造成的精神损害的合同救济。也就是说,从该条文的规定来看,如果违约的受害人要求违约方承担违约责任,就不能请求精神损害赔偿。因为,如果非违约方能够以违约之诉请求违约方承担因违约造成的人身、财产权益和精神损害的,就没必要再规定"或者依照其他法律要求其承担侵权责任"。显然,该条对"或者"部分的规定,主要在于精神损害的要求。⑤延展1:未决问题之1:违约之诉不能提起精神损害,那么,在违约之诉后,能否另行提起侵权之诉,要求违约方承担精神损害赔偿?可以。不能简单地套用"责任竞合",如仅仅利用所谓的"责任竞合"理论,就使得当事人无法获得所有损害的赔偿:要么只获得合同利益和固有利益受损害的赔偿,而不能获得精神损害赔偿;要么仅仅能够获得固有理由与精神损害赔偿,而不能获得合同利益赔偿。因为这种选择无论如何都不符合法律之本旨!⑥延展2:未决问题之2:如违约中造成的精神损害不能成立独立的侵权之诉,可否在违约之诉中判予精神损害赔偿呢?a. 有观点认为,如出国旅游被扣,因旅游公司对游客安全的照顾注意义务来自合同中的附随义务,而不是一般的法定义务。这种损害不能单独提起侵权之诉。如果在这种案件中,不给受害人以精神损害赔偿,显然是不合理的!b. 实务中,也确实有支持的案例:甲和海峡旅行社签订有偿出国旅游。后被转给三峡旅行社参加马来西亚旅游团,三峡旅行社没有审核甲的手续和签订的书面合同,没有将甲列入其旅游团的名单中,以至于甲在马来西亚的滨城刚下飞机就因证件不符而被当地政府扣留,后被遣送回国。甲起诉要求双倍返还旅游费和利息,并要求精神赔偿2万元。法院支持精神赔偿2万元。二审法院认为数额过高,减至5000元。可见,此类"目的合同",法院给予精神损害以合同法上的救济。c.《最高人民法院关于审理旅游纠纷案件适用法律若干问题的规定》第21条明文否定了违约之诉主张精神损害:"旅游者提起违约之诉,主张精神损害赔偿的,人民法院应告知其变更为侵权之诉;旅游者仍坚持提起违约之诉的,对于其精神损害赔偿的主张,人民法院不予支持。"

---

① 参考答案:ABCD

(4)具体到本题及结论:“该洗衣机因技术缺陷发生爆裂,叶轮飞出,造成赵某严重人身损害并毁坏衣物。”+“赵某的下列哪些诉求是正确的?”+“A. 商店应承担更换洗衣机或退货、赔偿衣物损失和赔偿人身损害的违约责任”+“B. 商店应按违约责任更换洗衣机或者退货,也可请求甲公司按侵权责任赔偿衣物损失和人身损害”。AB 均对,选 AB。

思路 2:侵权责任法上请求权。

(1)法律依据:《侵权责任法》第 43 条第 1 款,“因产品存在缺陷造成损害的,被侵权人可以向产品的生产者请求赔偿,也可以向产品的销售者请求赔偿。”

(2)具体到本题及结论:①赵某可以请求商店或者甲公司赔偿因洗衣机缺陷造成的损害。②“C. 商店或者甲公司应赔偿因洗衣机缺陷造成的损害”,C 对,选 C。

思路 3:精神损害赔偿。

(1)法律依据:《最高人民法院关于确定民事侵权精神损害赔偿责任若干问题的解释》(以下简称《精神解释》)第 1 条,“自然人因健康权受到非法侵害的,可以请求精神损害赔偿。”

(2)具体到本题及答案:①赵某的健康权受到了“严重”损害,可以向商店或者甲公司请求赔偿物质损害的同时请求精神损害赔偿。②故“D. 商店或者甲公司应赔偿物质损害和精神损害”,D 对,选 D。

思路 4:延展到《产品质量法》上请求权。

(1)“洗衣机技术缺陷”即产品缺陷致人损害,受害人可向厂家或商家主张侵权赔偿。

(2)参见法条:①《产品质量法》第 43 条,“因产品存在缺陷造成人身、他人财产损害的,受害人可以向产品的生产者要求赔偿,也可以向产品的销售者要求赔偿。属于产品的生产者的责任,产品的销售者赔偿的,产品的销售者有权向产品的生产者追偿。属于产品的销售者的责任,产品的生产者赔偿的,产品的生产者有权向产品的销售者追偿。”②《产品质量法》第 45 条,“因产品存在缺陷造成损害要求赔偿的诉讼时效期间为二年,自当事人知道或者应当知道其权益受到损害时起计算。因产品存在缺陷造成损害要求赔偿的请求权,在造成损害的缺陷产品交付最初消费者满十年丧失;但是,尚未超过明示的安全使用期的除外。”

思路 5:延展到《消费者权益保护法》上请求权。

(1)“家用”,指向消费者购物遭受损害。消费者可向商家或厂家主张赔偿责任。

(2)参见法条:①《消费者权益保护法》第 40 条,“消费者在购买、使用商品时,其合法权益受到损害的,可以向销售者要求赔偿。销售者赔偿后,属于生产者的责任或者属于向销售者提供商品的其他销售者的责任的,销售者有权向生产者或者其他销售者追偿。消费者或者其他受害人因商品缺陷造成人身、财产损害的,可以向销售者要求赔偿,也可以向生产者要求赔偿。属于生产者责任的,销售者赔偿后,有权向生产者追偿。属于销售者责任的,生产者赔偿后,有权向销售者追偿。”②《消费者权益保护法》第 49 条,“经营者提供商品或者服务,造成消费者或者其他受害人人身伤害的,应当赔偿医疗费、护理费、交通费等为治疗和康复支出的合理费用,以及因误工减少的收入。造成残疾的,还应当赔偿残疾生活辅助具费和残疾赔偿金。造成死亡的,还应当赔偿丧葬费和死亡赔偿金。”③《消费者权益保护法》第 55 条第 2 款,“经营者明知商品或者服务存在缺陷,仍然向消费者提供,造成消费者或者其他受害人死亡或者健康严重损害的,受害人有权要求经营者依照本法第四十九条、第五十一条等法律规定赔偿损失,并有权要求所受损失二倍以下的惩罚性赔偿。”

2. 鹦鹉变成人

张某到王某家聊天,王某去厕所时张某帮其接听了刘某打来的电话。刘某欲向王某订购一批货物,请张某转告,张某应允。随后张某感到有利可图,没有向王某转告订购之事,而是自己低价购进了刘某所需货物,以王某名义交货并收取了刘某货款。关于张某将货物出卖给刘某的行为的性质,下列哪些说法是正确的?(2010－3－51)

A. 无权代理

B. 无因管理

C. 不当得利

D. 效力待定

答案:(　　)①

① 参考答案:AD

考点:无权代理(从使者到无权代理人)、无因管理、不当得利

解题图构 1

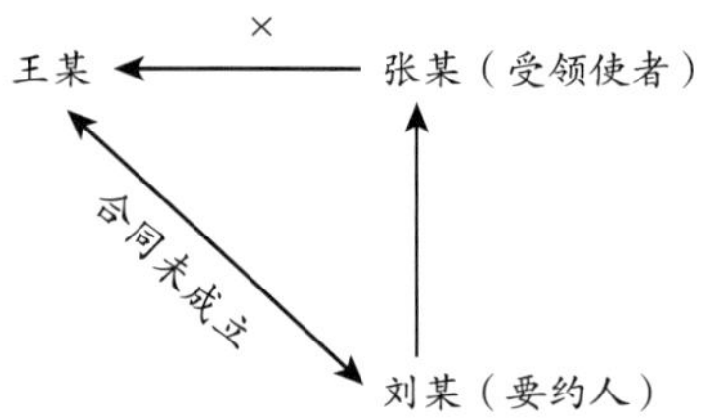

解题图构 2

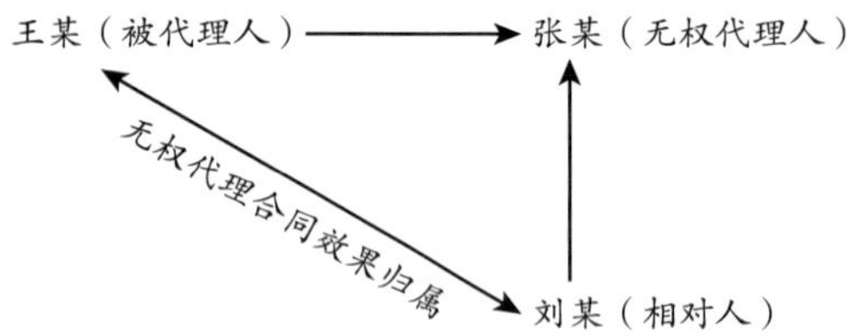

读题技巧

1. 本题应分两阶段来解释:一个阶段是张某作为一只鹦鹉即使者;另一个阶段是张某作为一个人即无权代理人。

2. 相应地画出两个图构就比较清晰。

3. 图构 1,对应的题干信息为:"张某到王某家聊天,王某去厕所时张某帮其接听了刘某打来的电话。刘某欲向王某订购一批货物,请张某转告,张某应允。"

4. 图构 2,对应的题干信息为:"随后张某感到有利可图,没有向王某转告订购之事,而是自己低价购进了刘某所需货物,以王某名义交货并收取了刘某货款。"

5. 题眼设问为:"关于张某将货物出卖给刘某的行为的性质",问的是张某将货物出卖给刘某行为即锁定题干信息为"(张某)以王某名义交货并收取了刘某货款"。(1)即需要回答的是图构 2 中的无权代理架构中王某(被代理人)、张某(无权代理人)、刘某(相对人)的法律关系。(2)此时不能再去考虑被代理人的承诺问题,如果考虑被代理人的承诺,无权代理这一"生物"就不会在地球上存在了,因为所有的无权代理,在实施无权代理签订合同之时,都是压根不考虑被代理人的意思的(当然包括承诺的意思表示)。

6. 如此一来,很明朗,本题指向效力待定。

7. 延伸图构 1:(1)张某没有把消息转达给王某,刘某要约未到达,不发生效力,王某也无从做出承诺,王某、刘某之间不直接发生合同关系。(2)图构 1 中因为张某"没有向王某转告订购之事",胎死腹中,图构 1 的关系结束了。(3)图构 1 的唯一作用是解释了本题为什么会发生无权代理这件事,也就是说,张某何德何能,可以有机会实施无权代理,都是一个电话惹的祸,这就是图构 1 表达的框架!

思路展开

命题点 1:无权代理签订合同,效力待定。

(1)法律依据:①效力待定:《民法总则》第 171 条,"行为人没有代理权、超越代理权或者代理权终止后,仍然实施代理行为,未经被代理人追认的,对被代理人不发生效力。相对人可以催告被代理人自收到通知之日起一个月内予以追认。被代理人未作表示的,视为拒绝追认。行为人实施的行为被追认前,善意相对人有撤销的权利。撤销应当以通知的方式作出。行为人实施的行为未被追认的,善意相对人有权请求行为人履行债务或者就其受到的损害请求行为人赔偿,但是赔偿的范围不得超过被代理人追认时相对人所能获得的利益。相对人知道或者应当知道行为人无权代理的,相对人和行为人按照各自的过错承担责任。"②意思追认:《最高人民法院关于适用〈中华人民共和国合同法〉若干问题的解释(二)》(以下简称《合同法解释(二)》)第 11 条,"根据《合同法》第四十七条、第四十八条的规定,追认的意思表示自到达相对人时生效,合同自订立时起生效。"③行为追认:《合同法解释二》第 12 条,"无权代理人以被代理人的名义订立合同,被代理人已经开始履行合同义务的,视为对合同的追认。"

(2)具体到本题:"(张某)以王某名义交货并收取了刘某货款"。张某以王某的名义与刘某买卖货物且没有代理权,显然构成无权代理。无权代理的合同效力待定。

(3)结论:"A. 无权代理;D. 效力待定",AD 对,选 AD。

命题点 2:无因管理的判断。无因管理,是指没有法律规定或者约定的义务而为他人管理事务。成立无因管理之后,在当事人之间会发生无因管理

之债。

(1)法律依据:①《民法总则》第121条,“没有法定的或者约定的义务,为避免他人利益受损失而进行管理的人,有权请求受益人偿还由此支出的必要费用。”②《民通意见》第132条,“《民法通则》第九十三条规定的管理人或者服务人可以要求受益人偿付的必要费用,包括在管理或者服务活动中直接支出的费用,以及在该活动中受到的实际损失。”

(2)法理阐释:无因管理的构成要件:“无因”(无法定或约定义务)+管理(为他人管理的意思+为他人管理事务+管理适当即客观上不违反明知或可推知的被管理人意思)。

(3)具体到本题:“随后张某感到有利可图”,都“有利可图”了,还谈什么无因管理!

(4)结论:“B.无因管理”,B错,不选B。

命题点3:不当得利的判断。不当得利的构成要件。

(1)法律依据:《民法总则》第122条,“因他人没有法律根据,取得不当利益,受损失的人有权请求其返还不当利益。”《民通意见》第131条,“返还的不当利益,应当包括原物和原物所生的孳息。利用不当得利所取得的其他利益,扣除劳务管理费用后,应当予以收缴。”

(2)不当得利需要四项构成要件:①一方取得财产利益。②一方受有损失。③取得利益与所受损失间有因果关系。④没有法律上的根据。

(3)法条阐释:没有“合法根据”。下列情形不构成不当得利:①履行道德义务而为给付。②提前清偿或过时效后清偿。③明知无债而清偿(这不是送么)。④因不法原因而为给付。

(4)延展:反射利益、强迫得利均不构成不当得利。

(5)具体到本题:①题眼设问是“关于张某将货物出卖给刘某的行为的性质”,很显然,张某把货物卖给刘某,不存在得利,所以不可能构成不当得利。②如果再延伸到张某因为出卖货物就必然会产生货款收取,且题干交代了“(张某)以王某名义交货并收取了刘某货款”。③就收取的货款而言,要区分王某(被代理人)是否追认张某的无权代理行为。④如果王某追认,则张某应将代理行为的结果即货款交给王某,王某却没有付出货物,王某会构成不当得利,张某不构成不当得利。如果张某不转交货款,确实会构成不当得利。⑤如果王某没有追认,则张某应当自负其责,(参见《合同法》第48条第1款,“行为人没有代理权、超越代理权或者代理权终止后以被代理人名义订立的合同,未经被代理人追认,对被代理人不发生效力,由行为人承担责任。”)享有合同权利承担合同义务。张某保有货款不是不当得利。⑥如此一来,笼统地下结论说张某构成不当得利显然是错误的。⑦《2010年国家司法考试试题解析》直截了当:“不当得利是指没有合法根据而获利益而使他人利益受到损害的事实。本题中,张某的行为构成无权代理,在王某未追认时,根据《合同法》第48条第1款的规定,张某依法应自行承担其法律后果。据此,张某获得货款是有法律依据的,因此并不构成不当得利,故不选C。”

(6)结论:“C.不当得利”,C错,不选C。

小结:(1)王某交友不慎啊,就一个上厕所的工夫,就让“朋友”张某(“张某到王某家聊天”)乘隙而入,从法律上分析,张某是从一只鹦鹉(使者)变成了人(无权代理人);从道德上分析,张某是从人变成了一只鹦鹉!(2)司考战场上,容不得你思虑这么多,你需要的是题感训练!加油!

异议辨析

1. 有观点认为,对此题建议看过放过,不要当真。其分析路径如下:(1)张某是刘某的表示使者,不是王某的受领使者,因为所谓使者,是指代他人传达意思表示,但无权决定所传达意思表示内容的人。(2)张某未向王某转告,且张某是表示使者而非受领使者,所以,刘某发出的要约未到达受要约人王某,要约未生效。王某一直处于不知情的状态,王某既不可能对刘某作出承诺,王某也不曾对刘某发出过要约。(3)张某以王某名义向刘某交货的行为,站在不同角度会有不同理解。①站在意思表示一方,是无权代理作出的买卖合同的要约(实物要约)。②站在意思表示受领一方刘某的角度看,刘某显然会将其理解为王某(对自己此前所发出要约)的承诺。若作此理解,则王某与刘某之间意思表示不一致,未就买卖合同的主要条款达成一致,王某和刘某间的买卖合同不成立。(4)故只能“另辟蹊径”:张某交货行为是无权代理,代王某向刘某发出要约;刘某的付款行为构成承诺,在王某和刘某之间成立一个因无权代理订立的买卖合同。

2. 评论:(1)读题技巧已经做了比较清晰的分析,图构也可以说明问题。(2)关于张某的使者身份:①刘某电话订货为要约,到达王某控制范围。张某不是刘某的人,而是王某的人。这是分析起点。依据生活常识判断此使者如果传达不到,其风险应分配给能够控制的人。②张某未转告,张某的"鹦鹉"身份到此结束。③即使认为张某是表示使者,也不影响这一结论,张某的"鹦鹉"身份结束。(3)关于张某的无权代理人身份:张某作为无权代理人向相对人发货并收取货款,我们可以假设一下,将题干"张某到王某家聊天,王某去厕所时张某帮其接听了刘某打来的电话。刘某欲向王某订购一批货物,请张某转告,张某应允。随后张某感到有利可图,没有向王某转告订购之事,而是自己低价购进了刘某所需货物,以王某名义交货并收取了刘某货款。"中的前面一段全部删除,变成"(张某)以王某名义交货并收取了刘某货款。"这不就是最典型的无权代理情形吗?如果不讲前面的故事,无因管理、不当得利这两个选项无法派上用场。(4)张某"截胡",还算"义气",因为张某仍然是以王某名义干这个事情……好歹仍落入了王某的控制范围,也就是说,无权代理效力待定制度可给予王某提供救济。由此可见,相对人刘某还是更信任王某,不容易相信这个冒出来的陌生的张某……刘某是一个合格的生意人!

第三节 民事法律关系定义判断和民事权利分类判断

一、民事法律关系的定义性判断

1. 好意施惠关系

(1)民事法律关系与好意施惠关系、行政法律关系的判断

根据法律规定,下列哪一种社会关系应由民法调整?(2016-3-1)

A. 甲请求税务机关退还其多缴的个人所得税

B. 乙手机丢失后发布寻物启事称:"拾得者送还手机,本人当面酬谢"

C. 丙对女友书面承诺:"如我在上海找到工作,则陪你去欧洲旅游"

D. 丁作为青年志愿者,定期去福利院做帮工

答案:( )①

考点:民事法律关系的判断

思路展开

命题点1:民法调整平等主体之间的人身关系和财产关系。

(1)法律依据:《民法总则》第2条,"民法调整平等主体的自然人、法人和非法人组织之间的人身关系和财产关系。"

(2)具体到本题和结论:①"A. 甲请求税务机关退还其多缴的个人所得税",甲作为自然人,税务机关作为行政机关,甲与税务机关不是平等主体,不属于民法调整的范畴。②故A不符合题意,不选。③为什么退税款不是不当得利?不当得利必须发生在平等主体之间。思考逻辑,如果我们去银行存款或者取款,发生错误,银行和客户存在不当得利关系,是平等主体。而我们向税务机关纳税,征税和纳税时双方不是平等主体,基于这种行政法律关系所产生的利益不当变动,应由行政法调整。④如果税务机关去银行存款或者采购设备,这个行为进行时双方是平等主体,如果因此发生不当得利,那么启动民法来进行调整。

命题点2:悬赏广告之债。

(1)法律依据:《合同法解释二》第3条,"悬赏人以公开方式声明对完成一定行为的人支付报酬,完成特定行为的人请求悬赏人支付报酬的,人民法院依法予以支持。但悬赏有《合同法》第五十二条规定情形的除外。"

(2)具体到本题及结论:"B. 乙手机丢失后发布寻物启事称:'拾得者送还手机,本人当面酬谢'"《2016年国家司法考试试题解析》"所谓'酬谢',指赠送财物以表谢意,B项中甲发布的寻物启事属于财产关系范畴(悬赏广告)"。故B对,当选。

命题点3:好意施惠关系。

(1)学理依据:好意施惠关系,是出于好意而实

① 参考答案:B

施的某项惠及他人的行为，例如，约朋友看电影、参加宴会、好意领路。行为人主观上仅负担某种道义责任（义务）的意思，并无追求民事法律效果的意思，也不获得某种利益，学理上称为情谊行为。

(2)具体到本题："C.丙对女友书面承诺：'如我在上海找到工作，则陪你去欧洲旅游'"好意施惠关系不成立合同关系，丙的允诺没有法律约束力，也不会因为未践行其允诺而承担法律责任。"D.丁作为青年志愿者，定期去福利院做帮工"，《2016年国家司法考试试题解析》"志愿服务行为，也属于好意施惠关系，不属于财产关系或人身关系，不是民法的调整范围。"

(3)结论：CD均不符合题意，不选。

延展：关于D项中志愿行为的另一个理解维度。

(1)丁和福利院之间的关系应属于社会法调整范围，不属于民法调整。当事人之间没有帮的义务。

(2)但是，如果是帮工中发生侵权，则发生帮工侵权之法律关系，但选项没有交代这个事实。

(3)志愿服务包含社会公益志愿服务和社会保障志愿服务两种基本类型，前者主要是针对大型公益活动或公益领域如奥运会、世博会、环境保护等提供志愿服务，公益性色彩较浓；后者主要针对弱势群体提供志愿服务，个体辅助性色彩较浓。两者共同构成了现代志愿服务的基本内容，分别追求社会公益和弱势群体权益保障，与社会权两个层面的内涵相契合。从这一角度而言，志愿服务法具有明显的社会法性质。

(2)请客吃饭的好意施惠关系

甲单独邀请朋友乙到家中吃饭，乙爽快答应并表示一定赴约。甲为此精心准备，还因炒菜被热油烫伤。但当日乙因其他应酬而未赴约，也未及时告知甲，致使甲准备的饭菜浪费。关于乙对甲的责任，下列哪一说法是正确的？(2016－3－10)

A.无须承担法律责任

B.应承担违约责任

C.应承担侵权责任

D.应承担缔约过失责任

答案：(　　)①

考点：好意施惠关系、侵权责任、缔约过失责任

思路展开

命题点：好意施惠关系。

(1)无论是合同还是法律行为，都要求具备产生具体权利义务的后果。好意施惠关系如邀请朋友吃饭、看电影等，均在当事人之间不启动民事法律关系。

(2)具备到本题：①请客吃饭不属于民事权利义务问题，是好意施惠关系。②没有合同之约，自然不存在缔约过错责任之缔约过错。

(3)结论：①"A.无须承担法律责任"，A对，选A。②"B.应承担违约责任"、"D.应承担缔约过失责任"，BD均错误，不选BD。

命题点2：好意施惠关系中的侵权责任判断。

(1)法律依据：①《侵权责任法》第6条第1款，"行为人因过错侵害他人民事权益，应当承担侵权责任。"②好意施惠关系中不排除发生侵权责任，因为侵权责任调整的是陌生人之间的关系，需要检讨当事人之间是否符合一般侵权责任的四个构成要件：过错、损害、因果关系、违法行为。

(2)具体到本题：①乙的爽约行为与甲的人身损失没有因果关系，虽然与甲的饭菜浪费存在因果关系，但是乙对此均无过错，不成立侵权责任。②《2016年国家司法考试试题解析》："因乙不具备侵权行为构成要件，而且侵犯对象也不是绝对权。故C项错误。"

(3)结论："C.应承担侵权责任"，C错，不选C。

2.民事法律关系与行政法律关系之"交警大队代被撞死无名氏赔偿款案"

薛某驾车撞死一行人，交警大队确定薛某负全责。鉴于找不到死者亲属，交警大队调处后代权利人向薛某预收了6万元赔偿费，商定待找到权利人后再行转交。因一直未找到权利人，薛某诉请交警大队返还6万元。根据社会主义法治理念公平正义要求和相关法律规定，下列哪一表述是正确的？(2014－3－1)

A.薛某是义务人，但无对应权利人，让薛某承担赔偿义务，违反了权利义务相一致的原则

B.交警大队未受损失而保有6万元，形成不当

---

①　参考答案：A

得利,应予退还

C. 交警大队代收6万元,依法行使行政职权,与薛某形成合法有效的行政法律关系,无须退还

D. 如确实未找到权利人,交警大队代收的6万元为无主财产,应收归国库

答案:(　　)①

考点:民事法律关系、侵权责任、不当得利

读题技巧

1. 撞死无名氏后所涉及民事赔偿法律关系的认定。

2. 本题属于单案的判断问题。

3. D项"如"为假设条件,应结合题干作答。

思路展开

命题点1:侵权责任之有损害即有救济。薛某驾车撞死行人,薛某应承担侵权责任。

(1)法律依据:《侵权责任法》第18条,"被侵权人死亡的,其近亲属有权请求侵权人承担侵权责任……被侵权人死亡的,支付被侵权人医疗费、丧葬费等合理费用的人有权请求侵权人赔偿费用,但侵权人已支付该费用的除外。"

(2)具体到本题及结论:6万元乃薛某应承担的法定赔偿义务,不因权利人查找不到而免责,无须退还薛某。A错,不选A。

命题点2:民事法律关系之交警大队的民事主体身份。

(1)法律依据:民事法律关系包括平等主体之间的人身关系和财产关系,《民法总则》第2条,"民法调整平等主体的自然人、法人和非法人组织之间的人身关系和财产关系。"

(2)具体到本题及结论:"鉴于找不到死者亲属,交警大队调处后代权利人向薛某预收了6万元赔偿费"、"商定"、"转交"等措辞,均指向交警大队与侵权人薛某之间的民事法律关系,而非行政法律关系。C错,不选C。

命题点3:不当得利。

(1)法律依据:①《民法总则》第122条,"因他人没有法律根据,取得不当利益,受损失的人有权请求其返还不当利益。"②《民通》第92条,"没有合法根据,取得不当利益,造成他人损失的,应当将取得的不当利益返还受损失的人。"③《民通意见》第131条,"返还的不当利益,应当包括原物和原物所生的孳息。利用不当得利所取得的其他利益,扣除劳务管理费用后,应当予以收缴。"

(2)不当得利需要四项构成要件:①一方取得财产利益。②一方受有损失。③取得利益与所受损失间有因果关系。④没有法律上的根据。

(3)法条阐释:没有"合法根据"。下列情形不构成不当得利:①履行道德义务而为给付。②提前清偿或过时效后清偿。③明知无债而清偿(这不是送么)。④因不法原因而为给付。

(4)延展:反射利益、强迫得利均不构成不当得利。

(5)具体到本题及结论:交警大队基于预收协议(无名合同)代权利人保管的6万元,具有合法根据,不构成不当得利。B错,不选B。

命题点4:假设条件中"如确实未找到权利人",此笔赔偿款应作为无主财产,收归国库。类似处理规则如《继承法》第32条的规定,"无人继承又无人受遗赠的遗产,归国家所有;死者生前是集体所有制组织成员的,归所在集体所有制组织所有。"D对,选D。

思路延展:

(1)本例中,加害人愿意赔偿,基于民事侵权救济关系的可协商性,由交警大队代为预收6万元,这一民事法律关系应受法律保护。请注意,题干措辞很谨慎,是"预收",并非终局责任。

(2)如果加害人拒绝赔偿,查找不到受害人亲属,应由经法律授权的机关或有关组织起诉主张死亡赔偿金。一旦起了争执纠纷,要进入司法程序,则有现行法依据。①给付性赔偿即死亡赔偿金:须由有权机关启动索赔司法程序(交管局、民政局等)。参见《最高人民法院关于审理道路交通损害赔偿案件适用法律若干问题的解释》(以下简称《道交解释》)第26条第1款,"被侵权人因道路交通事故死亡,无近亲属或者近亲属不明,未经法律授权的机关或者有关组织向人民法院起诉主张死亡赔偿金的,人民法院不予受理。"《道交解释》第26条第2款,

① 参考答案:D

"侵权人以已向未经法律授权的机关或者有关组织支付死亡赔偿金为理由，请求保险公司在交强险责任限额范围内予以赔偿的，人民法院不予支持。"②费用性支出，由支付者启动保险公司的交强险限额；同理，不足部分，支付者可直接向侵权人启动索要的诉讼程序。参见《道交解释》第26条第3款，"被侵权人因道路交通事故死亡，无近亲属或者近亲属不明，支付被侵权人医疗费、丧葬费等合理费用的单位或者个人，请求保险公司在交强险责任限额范围内予以赔偿的，人民法院应予支持。"

3."乙的请求依法应得到支持"之民事法律关系判定规则

下列哪一情形下，乙的请求依法应得到支持？（2010－3－1）

A.甲应允乙同看演出，但迟到半小时。乙要求甲赔偿损失

B.甲听说某公司股票可能大涨，便告诉乙，乙信以为真，大量购进，事后该只股票大跌。乙要求甲赔偿损失

C.甲与其妻乙约定，如因甲出轨导致离婚，甲应补偿乙50万元，后二人果然因此离婚。乙要求甲依约赔偿

D.甲对乙承诺，如乙比赛夺冠，乙出国旅游时甲将陪同，后乙果然夺冠，甲失约。乙要求甲承担赔偿责任

答案：（　　）①

考点：民事法律关系成立的判定

思路展开

命题点：民事法律关系的判断。本题的核心在于判断哪些情况并不产生民事法律关系。

学理依据：民事法律关系，是基于民事法律事实并由民事法律规范调整形成的民事权利义务关系，是民法所调整的平等主体之间的财产关系和人身关系在法律上的表现。民事法律关系的产生可以由行为或事件等民事法律事实所引起。

具体情形：一般而言，不属于民事法律关系的典型情形包括：好意施惠行为；日出、日落、刮风、下雨等不能引起民事法律关系变动的自然现象；散步、读报、起床、睡觉等不能引起民事法律关系变动的人的活动；引发宗教关系、同乡关系、师生关系、同学关系、同事关系、恋爱关系、友谊关系等非法律关系的客观情况等。

具体到本题：

（1）A或B中的行为，显然不能在当事人间产生民事法律关系，不选AB。

（2）C是基于当事人自由约定而产生的一个合法的无名合同，合同内容明确并有效，因而符合题目要求，为应选项。①对于C项，不少考生质疑"婚姻关系不受合同法调整"、"约定违反公序良俗"，故而误认为相关行为无效。②《2010年国家司法考试试题解析》：这种认识是片面的，C项约定的是因出轨而产生的赔偿问题，并不是婚姻关系本身，这样的约定没有违反任何法律、法规的禁止性规定。同时，这种约定是为了维护正当的婚姻关系，督促婚姻当事人积极履行婚姻的忠诚义务，因而并不违反公序良俗。

（3）D项所表述的实际上也不是一个民事法律关系，不少考生在理解时产生了偏差。《2010年国家司法考试试题解析》：实际上，若将D项表述换为"甲对乙说，若你获得冠军，我就陪你吃晚饭，后乙果然夺冠，但甲未陪乙吃晚饭。乙要求甲承担赔偿责任"，考生就不易选错了。

4. 被狗咬伤的赔偿关系属于侵权之债

甲被乙家的狗咬伤，要求乙赔偿医药费，乙认为甲被狗咬与自己无关，拒绝赔偿。下列哪一选项是正确的？（2009－3－1）

A.甲乙之间的赔偿关系属于民法所调整的人身关系

B.甲请求乙赔偿的权利属于绝对权

C.甲请求乙赔偿的权利适用诉讼时效

D.乙拒绝赔偿是行使抗辩权

答案：（　　）②

考点：民事法律关系之侵权之债；民事权利之绝对权、请求权和抗辩权

思路展开

命题点1：侵权之债为财产法律关系。

① 参考答案：C
② 参考答案：C

(1)学理依据:①人身关系一般指与人身不可分离的没有财产内容的权利义务关系如人格权关系、身份权关系。②财产关系是指当事人以财产为内容而发生的社会关系如物权关系、债权关系。

(2)具体到本题:①"甲被乙家的狗咬伤,要求乙赔偿医药费"。②赔偿关系以赔偿金为内容,即使因人身关系而起,亦应为财产关系。

(3)结论:"A. 甲乙之间的赔偿关系属于民法所调整的人身关系",A 错,不选 A。

命题点 2:侵权之债为债权请求权,是相对权,不是绝对权。

(1)学理依据:民事权利以权利人可以对抗义务人的范围不同,可分为绝对权与相对权。①绝对权是指义务人为不确定的一般人的权利,权利人可以向一切人主张权利,又称对世权。例如,物权、人身权、知识产权。②相对权是指义务人为特定人的权利,权利人只能请求特定人为一定行为,又称对人权。

(2)具体到本题:要求损害赔偿的权利只能向加害人主张,甲只能向乙主张损害赔偿,是请求权、对人权、相对权,不是绝对权。

(3)结论:"C. 甲请求乙赔偿的权利适用诉讼时效",B 错,不选 B。

命题点 3:侵权之债中的损害赔偿请求权,适用诉讼时效。

(1)学理依据:①债权请求权一般适用诉讼时效,《民法总则》第 196 条,"下列请求权不适用诉讼时效的规定:(一)请求停止侵害、排除妨碍、消除危险;(二)不动产物权和登记的动产物权的权利人请求返还财产;(三)请求支付抚养费、赡养费或者扶养费;(四)依法不适用诉讼时效的其他请求权。"《最高人民法院关于审理民事案件适用诉讼时效制度若干问题的规定》(以下简称《时效解释》)第 1 条,"当事人可以对债权请求权提出诉讼时效抗辩,但对下列债权请求权提出诉讼时效抗辩的,人民法院不予支持:(一)支付存款本金及利息请求权;(二)兑付国债、金融债券以及向不特定对象发行的企业债券本息请求权;(三)基于投资关系产生的缴付出资请求权;(四)其他依法不适用诉讼时效规定的债权请求权。"②形成权一般适用除斥期间。

(2)法律依据:①被狗咬要求赔偿时效期间是 3 年:《民法总则》第 188 条第 1 款,"向人民法院请求保护民事权利的诉讼时效期间为三年。法律另有规定的,依照其规定。"②身体受伤害 1 年时效的三个例外(特别法优先于一般法、新法优先于旧法):a. 产品致人身伤害(2 年、10 年、超过 10 年的明示安全期):《产品质量法》第 45 条第 1 款,"因产品存在缺陷造成损害要求赔偿的诉讼时效期间为二年,自当事人知道或者应当知道其权益受到损害时起计算。"《产品质量法》第 45 条第 2 款,"因产品存在缺陷造成损害要求赔偿的请求权,在造成损害的缺陷产品交付最初消费者满十年丧失;但是,尚未超过明示的安全使用期的除外。"b. 海上运输旅客人身伤害(2 年、死亡索赔自应离船之日起 3 年):《海商法》第 258 条,"就海上旅客运输向承运人要求赔偿的请求权,时效期间为二年,分别依照下列规定计算:(一)有关旅客人身伤害的请求权,自旅客离船或者应当离船之日起计算;(二)有关旅客死亡的请求权,发生在运送期间的,自旅客应当离船之日起计算;因运送期间内的伤害而导致旅客离船后死亡的,自旅客死亡之日起计算,但是此期限自离船之日起不得超过三年。"c. 环境致人身伤害(3 年):《环境保护法》第 66 条,"提起环境损害赔偿诉讼的时效期间为三年,从当事人知道或者应当知道其受到损害时起计算。"

(3)具体到本题:"甲被乙家的狗咬伤,要求乙赔偿医药费"。甲要求损害赔偿的权利为债权请求权,应适用诉讼时效,期间为 3 年。

(4)结论:"C. 甲请求乙赔偿的权利适用诉讼时效",C 对,选 C。

命题点 4:抗辩与抗辩权。

(1)学理依据:抗辩权是对抗请求权或否认对方权利的权利如双务合同中的同时履行抗辩权、不安抗辩权以及保证人的先诉抗辩权等。①抗辩权是针对请求权,目的是防御,而非攻击。享有抗辩权本身,不启动请求权。抗辩权并非否定请求权的存在,只是对抗请求权的行使。②抗辩权法定。单纯的否认不是抗辩权。约定的抗辩事由为抗辩,而非抗辩权。

(2)有关法条:《担保法》第 20 条:"一般保证和连带责任保证的保证人享有债务人的抗辩权。债务人放弃对债务的抗辩权的,保证人仍有权抗辩。抗辩权是指债权人行使债权时,债务人根据法定事由,对抗债权人行使请求权的权利。”

(3)具体到本题：“乙认为甲被狗咬与自己无关，拒绝赔偿。”对他方主张的权利仅仅简单表示拒绝，并非抗辩权的行使。

(4)结论：“D. 乙拒绝赔偿是行使抗辩权”，D错，不选D。

5. 民事法律关系概念之判断

关于民事法律关系，下列哪一选项是正确的？(2008－3－1)

A. 民事法律关系只能由当事人自主设立

B. 民事法律关系的主体即自然人和法人

C. 民事法律关系的客体包括不作为

D. 民事法律关系的内容均由法律规定

答案：(　　)①

考点：民事法律关系的判断：产生依据、主体、客体和内容

思路展开

命题点1：民事法律关系产生的依据：约定或者法定。

(1)学理依据：民事法律关系，是基于民事法律事实并由民事法律规范调整形成的民事权利义务关系，是民法所调整的平等主体之间的财产关系和人身关系在法律上的表现。①民事法律关系的产生是由行为或事件等民事法律事实所引起的。②也就是说，民事法律关系除了由当事人自主设立之外(如合同、遗嘱)，还可能由当事人意志之外的事件所引起如自然灾害、人的出生和死亡、时间的流逝等(如侵权之债、无因管理之债、不当得利之债)。

(2)具体到本题及结论：“A. 民事法律关系只能由当事人自主设立”，A错，不选A。

命题点2：民事法律关系的主体：自然人、法人、其他组织、国家。

(1)学理依据：民事法律关系的主体是享有民事权利、负担民事义务的人，除了自然人和法人之外，还包括国家(国债、所有权)、个人合伙、个体工商户、农村承包经营户等。

(2)具体到本题及结论：“B. 民事法律关系的主体即自然人和法人”，B错，不选B。

命题点3：民事法律关系的客体即民事法律关系的对象，取决于是哪类民事法律关系。

(1)学理依据：民事法律关系的客体包括物(物权法律关系的客体，包括物或法定权利)、行为(债权法律关系的客体是给付，包括作为或不作为)、知识产品(知识产权法律关系的客体是智力成果如作品、技术、标记)和人身利益(人身权法律关系的客体是人格利益或身份利益)等。

(2)具体到本题：就行为而言，其作为民事法律关系的客体，包括作为和不作为。故民事法律关系的客体包括不作为。

(3)结论：“C. 民事法律关系的客体包括不作为”，C对，选C。

命题点4：民事法律关系的内容即民事权利和民事义务。

(1)学理依据：民事法律关系的内容是指民事法律关系的主体所享有的民事权利和承担的民事义务。民事法律关系的内容有的是由法律规定如侵权赔偿关系。有的则是基于当事人之间的约定如合同关系。

(2)具体到本题及结论：“D. 民事法律关系的内容均由法律规定”，D错，不选D。

常见错误

民事法律关系合法说：认为民事法律关系是经由民事法律规范调整而形成的民事权利义务关系，当事人的行为只有符合法律规定，法律才确认并保护当事人建立的民事法律关系，故民事法律关系的内容实际上均由法律规定，误选D。

6. 民事法律关系成立判断之“不胜酒力还劝酒”案

下列哪种情形成立民事法律关系？(2006－3－1)

A. 甲与乙约定某日商谈合作开发房地产事宜

B. 甲对乙说：如果你考上研究生，我就嫁给你

C. 甲不知乙不胜酒力而极力劝酒，致乙酒精中毒住院治疗

D. 甲应同事乙之邀前往某水库游泳，因抽筋溺水身亡

答案：(　　)②

考点：民事法律关系成立的判断

---

① 参考答案：C

② 参考答案：C

思路展开

命题点1:预约。

(1)法律依据:预约合同是指当事人约定将来订立一定合同的合同。《买卖解释》第2条,“当事人签订认购书、订购书、预订书、意向书、备忘录等预约合同,约定在将来一定期限内订立买卖合同,一方不履行订立买卖合同的义务,对方请求其承担预约合同违约责任或者要求解除预约合同并主张损害赔偿的,人民法院应予支持。”

(2)具体到本题A:甲与乙只是约定对有关事宜进行“商谈”,并未明确将来要订立合作开发合同,甲、乙的约定不属于预约。

(3)结论:A错,不选A。

命题点2:婚约不具有法律效力,且身份行为不得附条件。

(1)法律依据:给付彩礼属于附解除条件行为。《最高人民法院关于适用〈中华人民共和国婚姻法〉若干问题的解释(二)》(以下简称《婚姻法解释二》)第10条,“当事人请求返还按照习俗给付的彩礼的,如果查明属于以下情形,人民法院应当予以支持:(一)双方未办理结婚登记手续的;(二)双方办理结婚登记手续但确未共同生活的;(三)婚前给付并导致给付人生活困难的。适用前款第(二)、(三)项的规定,应当以双方离婚为条件。”

(2)具体到本题及结论:“B. 甲对乙说:如果你考上研究生,我就嫁给你”,B错,不选B。

命题点3:一般侵权责任构成要件。

(1)法律依据:《侵权责任法》第6条第1款,“行为人因过错侵害他人民事权益,应当承担侵权责任。”

(2)法条阐释:加害行为+损害结果+因果关系+行为人主观过错。

(3)具体到本题:①“C. 甲不知乙不胜酒力而极力劝酒,致乙酒精中毒住院治疗”。②甲有“极力”劝酒的行为,甲有使乙酒精中毒住院治疗的损害结果,甲行为与乙的损害后果具有因果关系,甲的行为具有过错。③《2006年国家司法考试试题解析》:“根据生活常识,适量饮酒对身体并无伤害,但大量饮酒极有可能对饮酒者的健康造成损害,C选项中甲极力劝酒,应认定他在主观上具有过失,其行为构成侵权行为,应对乙承担相应的赔偿责任,因此C选项正确。”

(4)结论:C对,选C。

命题点4:不作为侵权的构成要件。

(1)法理依据:不作为侵权:行为人有作为的义务+行为人有作为的能力+不作为和损害有因果关系+过错侵权须行为人主观过错。

(2)具体到本题:①“D. 甲应同事乙之邀前往某水库游泳,因抽筋溺水身亡”。②“同事”即说明甲、乙都是成年人,乙邀请甲去游泳的先前行为没有使甲的人身处于不合理的危险状态,故乙的邀请行为没有启动乙负担保护甲的安全作为义务。甲因抽筋溺水死亡,乙不属于不作为侵权。③《2006年国家司法考试试题解析》:“乙只是邀请甲去游泳,对甲游泳过程中抽筋溺水身亡在主观上并不存在故意或过失,其行为不构成侵权行为,甲乙双方不存在民事法律关系,因此不能选D。”

(3)结论:D错,不选D。

常见错误

审题不清楚说:(1)认为本题C中乙住院治疗,会与医院发生医疗合同关系。(2)认为D中甲身亡,会导致继承关系的发生。(3)分析:这种错误属于审题不当,从本题题干来分析,待解答的问题应当是甲、乙之间是否成立民事法律关系。

7. 好意施惠关系之“坐火车到站提醒案”

甲、乙在火车上相识,甲怕自己到站时未醒,请求乙在A站唤醒自己下车,乙欣然同意。火车到达A站时,甲沉睡,乙也未醒。甲未能在A站及时下车,为此支出了额外费用。甲要求乙赔偿损失。对此,应如何处理?(2005-3-22)

A. 由乙承担违约责任

B. 由乙承担侵权责任

C. 由乙承担缔约过失责任

D. 由甲自己承担损失

答案:(　　)①

考点:好意施惠、民事法律关系成立的判断

思路展开

命题点:好意施惠关系与合同的区别,就在

---

① 参考答案:D

于好意施惠关系中，当事人就其约定，欠缺法律行为上的效果意思，没有受其拘束的意思。

具体到本题：(1)甲、乙约定乙在A站叫醒甲，并没有在法律上受该约定约束的意思，属于好意施惠关系，甲、乙之间并不存在合同关系。(2)既然甲、乙的约定对于乙没有法律上的约束力，乙就无义务叫醒甲，也谈不上侵权责任的问题。

结论：(1)D对，选D。(2)ABC均错，不选ABC。

二、民事权利分类的判断

(一)民事权利

1. 民事权利分类的判断

关于民事权利，下列哪些选项是正确的？(2008-3-51)

A. 甲公司与乙银行签订借款合同，乙对甲享有的要求其还款的权利不具有排他性

B. 丙公司与丁公司协议，丙不在丁建筑的某楼前建造高于该楼的建筑，丁对丙享有的此项权利具有支配性

C. 债权人要求保证人履行，保证人以债权人未对主债务人提起诉讼或申请仲裁为由拒绝履行，保证人的此项权利是抗辩权

D. 债权人撤销债务人与第三人的赠与合同的权利不受诉讼时效的限制

答案：(　　)①

考点：民事权利的分类

思路展开

命题点1：债权具有相容性，不具有排他性。

(1)学理依据：①债权是特定人请求特定人为一定行为或者不为一定行为的权利，债权具有相容性、平等性，而不具有排他性。在同一标的上可以存在两个以上同一内容的债权请求权(当然也存在例外，例如，预告登记的不动产过户债权，房屋租赁中一房数租的先占有承租人具有优先性)。②物权等支配权是权利人直接支配一定利益并排斥他人干涉的权利，支配权具有排他性，同一标的上不能并存两个以上同一内容的支配权。

(2)具体到本题：①“A. 甲公司与乙银行签订借款合同，乙对甲享有的要求其还款的权利不具有排他性”。②甲公司与乙银行签订借款合同，乙对甲享有的要求其还款的权利是合同债权，不具有排他性。

(3)结论：A对，选A。

命题点2：地役权是物权，具有支配性。

(1)法律依据：《物权法》第156条第1款，“地役权人有权按照合同约定，利用他人的不动产，以提高自己的不动产的效益。”第158条，“地役权自地役权合同生效时设立。当事人要求登记的，可以向登记机构申请地役权登记；未经登记，不得对抗善意第三人。”

(2)具体到本题：①“B. 丙公司与丁公司协议，丙不在丁建筑的某楼前建造高于该楼的建筑，丁对丙享有的此项权利具有支配性”。②丙公司与丁公司协议，丙不在丁建筑的某楼前建造高于该楼的建筑，在此，丁对丙享有的此项权利是眺望地役权。③地役权是用益物权，属对物的支配权、对世权、绝对权。

(3)结论：B对，选B。

命题点3：抗辩权，阻碍请求权行使的权利。抗辩权的作用在于“对抗”、“反对”，阻止他人行使请求权，但他人的权利并不因此而消灭。

(1)学理依据：抗辩权根据其作用可分为永久性抗辩权和延期性抗辩权：①永久性抗辩权，权利人有永久阻止他人行使请求权的权利如诉讼时效届满的抗辩权。②延期性抗辩权，权利人在一定时间内一定条件下可以提出的抗辩权如同时履行抗辩权、先履行抗辩权、不安抗辩权、一般保证中先诉抗辩权、混合担保中自己物保优先抗辩权。

(2)法律依据：①《担保法》第17条第1款，“当事人在保证合同中约定，债务人不能履行债务时，由保证人承担保证责任的，为一般保证。”第2款，“一般保证的保证人在主合同纠纷未经审判或者仲裁，并就债务人财产依法强制执行仍不能履行债务前，对债权人可以拒绝承担保证责任。”②《担保法》第20条，“一般保证和连带责任保证的保证人享有债务人的抗辩权。债务人放弃对债务的抗辩权的，保证人仍有权抗辩。抗辩权是指债权人行使债权时，

① 参考答案：ABCD

债务人根据法定事由,对抗债权人行使请求权的权利。”

(3)具体到本题:①“C.债权人要求保证人履行,保证人以债权人未对主债务人提起诉讼或申请仲裁为由拒绝履行,保证人的此项权利是抗辩权”。②债权人要求保证人履行,保证人以债权人未对主债务人提起诉讼或申请仲裁为由拒绝履行,保证人的此项权利是先诉抗辩权。

(4)结论:C对,选C。

命题点4:债权人撤销权。

(1)法律依据:①撤销权:《合同法》第74条,“因债务人放弃其到期债权或者无偿转让财产,对债权人造成损害的,债权人可以请求人民法院撤销债务人的行为。债务人以明显不合理的低价转让财产,对债权人造成损害,并且受让人知道该情形的,债权人也可以请求人民法院撤销债务人的行为。撤销权的行使范围以债权人的债权为限。债权人行使撤销权的必要费用,由债务人负担。”②撤销权的除斥期间:《合同法》第75条,“撤销权自债权人知道或者应当知道撤销事由之日起一年内行使。自债务人的行为发生之日起五年内没有行使撤销权的,该撤销权消灭。”

(2)法理阐释:债权人撤销权的性质。①具有侵略性:代位权以次债现有权为范围,对既有社会秩序尚无破坏。而撤销权不以债务人现有权为限,具有“侵略性”,足以破坏既成的社会制度。②兼具形成权和请求权的性质(形成之诉和给付之诉)。a.形成权。使债务人与第三人的法律行为归于无效。b.请求权。使债务人的责任财产恢复到行为前的状态。③司考观点:a.认为债权人撤销权不是形成权:“2005年卷三58题C项债权人撤销权是形成权,错”。b.2008年卷三51题D项即本题D选项,《2008年国家司法考试试题解析》认为,债权人撤销权属于形成权:“债权人撤销权属形成权,应适用除斥期间而非诉讼时效,故D选项正确。”④建议采纳撤销权兼具形成权和请求权性质。⑤无论如何,债权人撤销权是有时间限制的,以限制其“侵略性”,影响到第三人的交易秩序。《合同法》第75条规定的1年和5年均为除斥期间,不是诉讼时效。

(3)具体到本题D:“D.债权人撤销债务人与第三人的赠与合同的权利不受诉讼时效的限制”,D对,选D。

2. 民事权利的性质

对关于民事权利,下列哪一选项是正确的?(2008-四川-1)

A.抵销权属抗辩权

B.权利的行使不都是事实行为

C.支配权的客体只能是物

D.请求权基于基础权利受侵害而发生

答案:(　　)①

考点:抗辩权、事实行为、支配权、请求权

思路展开

命题点1:抵销权不是抗辩权。抗辩权是指能够阻止请求权效力的权利,抗辩权主要是针对请求权的。形成权是依权利人单方意思表示就能使权利发生、变更或者消灭的权利。撤销权、解除权、追认权、抵销权等都是形成权。故A错,不选A。

命题点2:权利的行使可以是事实行为如消费;也可以是法律行为如处分之抛弃。故B对,选B。

命题点3:支配权的客体可以是物,也可以是权利,还可以是人身。支配权是对权利客体进行直接的排他性支配并享受其利益的权利,人身权、物权、知识产权中的财产权等都属于支配权。人身权的客体是人身,而不是物。因此,支配权的客体不一定是物。故C错,不选C。

命题点4:请求权。请求权是特定人请求特定他人为一定行为或不为一定行为的权利。债权是典型的请求权,并不一定需要违约才能产生。故D错,不选D。

(二)形成权

1. 形成权的规则

下列关于民事权利中的形成权的表述,哪些是正确的?(2005-3-58)

A.形成权只能通过明示方式行使

B.效力待定合同中相对人的催告权并非形

① 参考答案:B

成权

C. 债权人撤销权属形成权

D. 形成权不受诉讼时效期间的限制

答案:(　　)①

考点:形成权规则:行使方式可以是明示或默示;种类;除斥期间

思路展开

命题点1:形成权的行使方式,明示和默示。

(1)法理依据:民事法律行为有明示和默示两种形式,默示具体又可分为作为推定和沉默,行使形成权通常以明示的方式进行,但并不排除某些情况下也可以采用默示的方法。

(2)结论:"A. 形成权只能通过明示方式行使",A错,不选A。

命题点2:催告权不是形成权。催告权是准法律行为。

(1)法理依据:①催告权是指相对人告知并催促有权人决定是否追认的权利。根据民法法理,催告属于意思通知,是一种准民事法律行为。②形成权是依权利人一方的意思表示就能够使权利发生、变更或者消灭的权利。③催告权的行使并不会直接导致权利发生、变更或者消灭,不属于形成权。

(2)结论:"B. 效力待定合同中相对人的催告权并非形成权",B对,选B。

命题点3:债权人撤销权不是形成权。

(1)法理依据:《2008年国家司法考试试题解析》:"民法中多处规定了撤销权,例如可撤销合同、效力未定合同中均涉及撤销权的有关问题,民法教材中所讲的'撤销权属于形成权'正是指可撤销合同、效力未定合同中的撤销权。但本题中C项所提到的债权人的撤销权,是指合同保全制度中债权人的撤销权。"

(2)法律依据:《合同法》第74条,"因债务人放弃其到期债权或者无偿转让财产,对债权人造成损害的,债权人可以请求人民法院撤销债务人的行为。债务人以明显不合理的低价转让财产,对债权人造成损害,并且受让人知道该情形的,债权人也可以请求人民法院撤销债务人的行为。撤销权的行使范围以债权人的债权为限。债权人行使撤销权的必要费用,由债务人负担。"

(3)《2008年国家司法考试试题解析》:"对于债权人的撤销权的性质,理论界的通说是折中说,也即该撤销权既非请求权,也非形成权,是一种具有综合性质的权利。'形成权'说也与我国现行立法不符。"

(4)结论:"C. 债权人撤销权属形成权",C错,不选C。

命题点4:形成权不受诉讼时效限制。

(1)学理依据:一般认为诉讼时效的客体是请求权,形成权只受到除斥期间的限制。但是形成权也有不适用除斥期间的如离婚请求权、共有物分割请求权。

(2)结论:"D. 形成权不受诉讼时效期间的限制",D对,选D。

三、民事权利救济的判断

1. 置换车位

甲以20万元从乙公司购得某小区地下停车位。乙公司经规划部门批准在该小区以200万元建设观光电梯。该梯入梯口占用了甲的停车位,乙公司同意为甲置换更好的车位。甲则要求拆除电梯,并赔偿损失。下列哪些表述是错误的?(2013－3－51)

A. 建电梯获得规划部门批准,符合小区业主利益,未侵犯甲的权利

B. 即使建电梯符合业主整体利益,也不能以损害个人权利为代价,故应将电梯拆除

C. 甲车位使用权固然应予保护,但置换车位更能兼顾个人利益与整体利益

D. 电梯建成后,小区尾房更加畅销,为平衡双方利益,乙公司应适当让利于甲

答案:(　　)②

考点:用益物权、物权保护、不当得利

思路展开

命题点:物权保护的方法。

法律依据:(1)《物权法》第117条,"用益物权人对他人所有的不动产或者动产,依法享有占有、

---

① 参考答案:BD

② 参考答案:ABD

使用和收益的权利。”(2)《物权法》第37条,“侵害物权,造成权利人损害的,权利人可以请求损害赔偿,也可以请求承担其他民事责任。”(3)《物权法》第7条,“物权的取得和行使,应当遵守法律,尊重社会公德,不得损害公共利益和他人合法权益。”

具体到本题及结论:

(1)A中,乙公司依法办理了审批手续,经过相关部门批准,在所建小区建设观光电梯,但是构成对甲停车位所有权的侵犯。经过行政程序并非构成民事侵权的违法阻却事由。故A表述错误,符合题意,选A。

(2)B中,在处理侵权纠纷时,受害人合法权益固然应该予以保护,但是应注意保护方式,本题中有置换更好车位的方式,足以保护甲的权利。反之,如将电梯拆除,虽然可以保护甲的权利,但却会造成巨大的浪费。故B表述错误,符合题意,选B。

(3)D中,在乙公司和甲之间,并不存在不当得利之债,甲不能向乙主张不当得利的返还。故D表述错误,符合题意,选D。

(4)C表述正确,不符合题意,不选C。

2. 霸王住

甲在乙经营的酒店进餐时饮酒过度,离去时拒付餐费,乙不知甲的身份和去向。甲酒醒后回酒店欲取回遗忘的外衣,乙以甲未付餐费为由拒绝交还。对乙的行为应如何定性?(2005-3-6)

A. 是行使同时履行抗辩权

B. 是行使不安抗辩权

C. 是自助行为

D. 是侵权行为

答案:(　　)①

考点:自助行为

思路展开

命题点1:合同履行抗辩权。

(1)无论是同时履行抗辩权还是不安抗辩权,均须双方当事人因同一双务合同而互负对待给付义务。

(2)就甲与乙的就餐合同而言,甲的义务是支付餐费,乙的义务是提供饮食服务。

(3)甲只能基于所有物返还请求权,要求乙返还外衣,这与就餐合同是两个法律关系,不符合同时履行抗辩权或不安抗辩权的成立要件。

(4)结论:“A. 是行使同时履行抗辩权;B. 是行使不安抗辩权”,AB错,不选AB。

命题点2:自助行为。

(1)自助行为是民事主体为保护自己的权利,对他人的人身自由予以拘束或对他人的财产予以扣押或毁损的行为。

(2)乙不知道甲的身份和去向,如果允许甲取走外衣的话,乙将无法收回餐费,不得已,只有采取私力救济,乙以甲未付餐费为由拒绝交还其外衣构成自助行为,不构成侵权。

(3)结论:①“C. 是自助行为”,C对,选C。②“D. 是侵权行为”,D错,不选D。

常见错误

1. 酒店附随义务可主张同时履行抗辩权说:认为酒店有保管顾客财产安全的合同义务,在顾客不付餐费的情形下,酒店把顾客的遗忘物扣留,并要求付单领物,是行使同时履行抗辩权,误选A。

2. 事后扣押侵权说:认为自助行为应具备紧急性,而乙的行为属于事后扣押,从而构成了侵权,误选D。

① 参考答案:C

第二章　自然人

第一节　监　　护

1. 监护制度之坑孩的爹妈被“股市”坑

甲8周岁，多次在国际钢琴大赛中获奖，并获得大量奖金。甲的父母乙、丙为了甲的利益，考虑到甲的奖金存放银行增值有限，遂将奖金全部购买了股票，但恰遇股市暴跌，甲的奖金损失过半。关于乙、丙的行为，下列哪些说法是正确的？（2016－3－52）

A. 乙、丙应对投资股票给甲造成的损失承担责任

B. 乙、丙不能随意处分甲的财产

C. 乙、丙的行为构成无因管理，无须承担责任

D. 如主张赔偿，甲对父母的诉讼时效期间在进行中的最后6个月内因自己系无行为能力人而中止，待成年后继续计算

答案：（　　）[1]

考点：监护人职责、无因管理、诉讼时效

思路展开

命题点1：监护人履行职责不当应对被监护人负赔偿责任。

（1）法律依据：①监护人职责：《民法总则》第34条，“监护人的职责是代理被监护人实施民事法律行为，保护被监护人的人身权利、财产权利以及其他合法权益等。监护人依法履行监护职责产生的权利，受法律保护。监护人不履行监护职责或者侵害被监护人合法权益的，应当承担法律责任。”②好好干活的原则：一切为了被监护人：《民法总则》第35条，“监护人应当按照最有利于被监护人的原则履行监护职责。监护人除为维护被监护人利益外，不得处分被监护人的财产。未成年人的监护人履行监护职责，在作出与被监护人利益有关的决定时，应当根据被监护人的年龄和智力状况，尊重被监护人的真实意愿。成年人的监护人履行监护职责，应当最大程度地尊重被监护人的真实意愿，保障并协助被监护人实施与其智力、精神健康状况相适应的民事法律行为。对被监护人有能力独立处理的事务，监护人不得干涉。③不好好干活，要撤销监护资格：《民法总则》第36条，“监护人有下列情形之一的，人民法院根据有关个人或者组织的申请，撤销其监护人资格，安排必要的临时监护措施，并按照最有利于被监护人的原则依法指定监护人：（一）实施严重损害被监护人身心健康行为的；（二）怠于履行监护职责，或者无法履行监护职责并且拒绝将监护职责部分或者全部委托给他人，导致被监护人处于危困状态的；（三）实施严重侵害被监护人合法权益的其他行为的。本条规定的有关个人和组织包括：其他依法具有监护资格的人，居民委员会、村民委员会、学校、医疗机构、妇女联合会、残疾人联合会、未成年人保护组织、依法设立的老年人组织、民政部门等。前款规定的个人和民政部门以外的组织未及时向人民法院申请撤销监护人资格的，民政部门应当向人民法院申请。

（2）具体到本题：①“遂将奖金全部购买了股票，但恰遇股市暴跌，甲的奖金损失过半”。②《2016年国家司法考试试题解析》：“监护人应该切实保护被监护人的财产，对于有风险的投资行为应当禁止，因此给被监护人造成损失的，应当赔偿。”

（3）结论：“A. 乙、丙应对投资股票给甲造成的损失承担责任；B. 乙、丙不能随意处分甲的财产”，AB对，选AB。

命题点2：监护人对被监护人财产的管理不构成无因管理。

（1）法律依据：①无因管理：《民法总则》第121条，“没有法定的或者约定的义务，为避免他人利益受损失而进行管理的人，有权请求受益人偿还由此

[1] 参考答案：AB（司法部公布答案是ABD，根据《民法总则》的规定，将答案修改为AB）

支出的必要费用。"②监护是有因管理:《民法总则》第34条,"监护人的职责是代理被监护人实施民事法律行为,保护被监护人的人身权利、财产权利以及其他合法权益等。监护人依法履行监护职责产生的权利,受法律保护。监护人不履行监护职责或者侵害被监护人合法权益的,应当承担法律责任。"

(2)具体到本题:"甲的父母乙、丙为了甲的利益,考虑到甲的奖金存放银行增值有限,遂将奖金全部购买了股票"。爸爸妈妈管理孩子的财产,法律依据就是监护本身,故不可能构成无因管理。

(3)结论:"C.乙、丙的行为构成无因管理,无须承担责任",C错,不选C。C错在两点:第一,错在无因管理。监护就是管理之依据,不成立无因管理。第二,错在无须承担责任。应该承担责任。

命题点3:被监护人对监护人的请求权诉讼时效自监护关系终止时开始起算。

(1)法律依据:①《民法总则》第190条,"无民事行为能力人或者限制民事行为能力人对其法定代理人的请求权的诉讼时效期间,自该法定代理终止之日起计算。"②《民法总则》第19条,"8周岁以上的未成年人为限制民事行为能力人,实施民事法律行为由其法定代理人代理或者经其法定代理人同意、追认,但是可以独立实施纯获利益的民事法律行为或者与其年龄、智力相适应的民事法律行为。"③《民法总则》第205条,"民法所称的'以上''以下''以内''届满',包括本数;所称的'不满''超过''以外',不包括本数。"④8周岁就是限制民事行为能力人。

(2)具体到本题:①"甲8周岁,多次在国际钢琴大赛中获奖,并获得大量奖金。甲的父母乙、丙……"②甲是限制行为能力人,乙、丙是其法定代理人。③《2016年国家司法考试试题解析》:"乙为未成年人,无法提出赔偿主张"。④孩子对爸爸妈妈的请求权之诉讼时效待法定代理终止之日起算,不再适用《民法通则》第20条规定的诉讼时效中止规则。

(3)结论:"D.如主张赔偿,甲对父母的诉讼时效期间在进行中的最后6个月内因自己系无行为能力人而中止,待成年后继续计算",D错,不选。

延展:配偶之间的请求权,存在的婚姻关系是采用诉讼时效不起算说,还是诉讼时效中止说?

(1)2015年真题主观案例分析题采用的是中止说。而《民法总则》对婚姻关系对时效影响没有特别规定。故仍应适用中止说。

(2)《民法总则》第194条,"在诉讼时效期间的最后六个月内,因下列障碍,不能行使请求权的,诉讼时效中止:(一)不可抗力;(二)无民事行为能力人或者限制民事行为能力人没有法定代理人,或者法定代理人死亡、丧失民事行为能力、丧失代理权;(三)继承开始后未确定继承人或者遗产管理人;(四)权利人被义务人或者其他人控制;(五)其他导致权利人不能行使请求权的障碍。自中止时效的原因消除之日起满六个月,诉讼时效期间届满。"

(3)离婚后半年内,配偶需提出请求权。

2. 收养之监护

张某和李某达成收养协议,约定由李某收养张某6岁的孩子小张;任何一方违反约定,应承担违约责任。双方办理了登记手续,张某依约向李某支付了10万元。李某收养小张1年后,因小张殴打他人赔偿了1万元,李某要求解除收养协议并要求张某赔偿该1万元。张某同意解除但要求李某返还10万元。下列哪一表述是正确的?(2014-3-2)

A. 李某、张某不得解除收养关系

B. 李某应对张某承担违约责任

C. 张某应赔偿李某1万元

D. 李某应返还不当得利

答案:(　　)①

考点:监护、收养关系、不当得利

解题图构

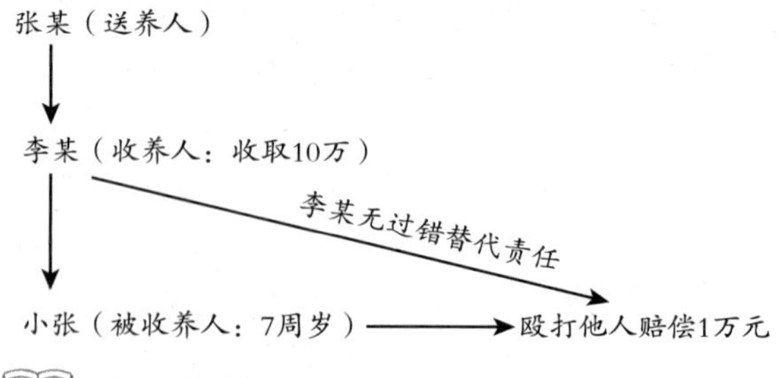

读题技巧

1. 收养"顽劣"儿童后悔案。

2. 小张6周岁,收养1年后,小张是7周岁,未满

① 参考答案:D

10 周岁。

3. 李某要求解除，张某同意解除，指向收养关系可以协议解除。

4. 小张殴打他人，指向监护人无过错替代责任，收养人李某是监护人。

5. 张某向李某支付了 10 万元，与 D 选项的“不当得利”相呼应。

思路展开

命题点 1：收养协议，不适用《合同法》规定，也不适用违约责任规则。

（1）法律依据：《合同法》第 2 条第 2 款，“婚姻、收养、监护等有关身份关系的协议，适用其他法律的规定。”

（2）具体到本题：①“张某和李某达成收养协议，约定由李某收养张某6 岁的孩子小张；任何一方违反约定，应承担违约责任。”②收养协议不适用《合同法》，约定的违约责任也不适用《合同法》。③因此，张某不得根据该约定条款来向李某主张违约责任。

（3）结论：“B. 李某应对张某承担违约责任”，B 错，不选 B。

（4）评论：①“李某要求解除；张某同意解除”，双方就解除协议意思一致，不代表就“不承担违约责任”也达成一致。②双方不承担违约责任的缘由是身份行为不适用《合同法》的违约责任，而不是因为都同意解除故不承担违约责任。③因为《合同法》上，解除和违约责任是可以并存的。④题干没有揭示双方就“不主张违约责任”存在一致放弃的意思表示，如果有这个意思表示，那么 B 选项设置也就没有意义了。⑤B 选项设置对应的考查是题干“任何一方违反约定，应承担违约责任”是否具有《合同法》上的效力。

命题点 2：收养后，监护人发生改变，由收养人李某对被收养人 7 周岁的小张的侵权行为承担无过错替代责任。

（1）李某是小张的监护人。①《民法总则》第 27 条第 1 款，“父母是未成年子女的监护人”。②《收养法》第 23 条规定，“自收养关系成立之日起，养父母与养子女间的权利义务关系，适用法律关于父母子女关系的规定；养子女与生父母及其他近亲属间的权利义务关系，因收养关系的成立而消除。”

（2）李某对小张的侵权行为承担无过错替代责任。《侵权责任法》第 32 条第 1 款，“无民事行为能力人、限制民事行为能力人造成他人损害的，由监护人承担侵权责任。”小张殴打他人时尚不满 10 周岁，属于无民事行为能力人，应当由其监护人承担赔偿责任。

（3）具体到本题：①“李某收养小张 1 年后，因小张殴打他人赔偿了 1 万元。”②收养人李某是小张的监护人，应当承担 1 万元的赔偿责任，不能向张某索赔。

（4）结论：“C. 张某应赔偿李某 1 万元”，C 错，不选 C。

命题点 3：收养协议的解除之养子女满 10 周岁以上才需要征得养子女本人同意。

（1）法律依据：《收养法》第 26 条第 1 款，“收养人在被收养人成年以前，不得解除收养关系，但收养人、送养人双方协议解除的除外，养子女年满十周岁以上的，应当征得本人同意。”

（2）具体到本题：“由李某收养张某6 岁的孩子小张”+“李某收养小张 1 年后”= 被收养人小张是 7 周岁，不满 10 周岁。因此，张某是送养人，李某是收养人，被收养人小张不满 10 周岁，解除收养关系不必征得小张的同意，李某和张某可以通过双方协议解除收养关系。

（3）结论：“A. 李某、张某不得解除收养关系”，A 错，不选 A。

（4）延伸 1：养子女成年后，与养父母还可以协商解除收养关系。不能协议，可到法院起诉。《收养法》第 27 条，“养父母与成年养子女关系恶化、无法共同生活的，可以协议解除收养关系。不能达成协议的，可以向人民法院起诉。”

（5）延伸 2：收养人违反义务，送养人有单方解除权。《收养法》第 26 条第 2 款，“收养人不履行抚养义务，有虐待、遗弃等侵害未成年养子女合法权益行为的，送养人有权要求解除养父母与养子女间的收养关系。送养人、收养人不能达成解除收养关系协议的，可以向人民法院起诉。”

命题点 4：收养协议解除后的后果。

（1）法律依据：《民法总则》第 122 条，“因他人没有法律根据，取得不当利益，受损失的人有权请求其返还不当利益。”

(2)具体到本题:①“双方办理了登记手续,张某依约向李某支付了10万元”+“张某同意解除但要求李某返还10万元。”②收养人李某收取10万元,但收养协议后来被解除,李某没有完全履行收养义务,其仍受有的利益应当返还。

(3)结论:“D.李某应返还不当得利”,D对,选D。

(4)评论:D选项措辞非常谨慎,是用“不当得利”,而非全部10万元。有的解析认为10万元都是不当得利,是不准确的。

延展1:收养协议解除的身份效果:

(1)收养方关系全部消灭。《收养法》第29条前段,收养关系解除后,“养子女与养父母及其他近亲属间的权利义务关系即行消除”。

(2)与生父母方关系自行恢复。《收养法》第29条中段,收养关系解除后,“养子女与生父母及其他近亲属间的权利义务关系自行恢复”。

(3)成年养子女是否与生父母方恢复关系,可以协商确定。《收养法》第29条后段,收养关系解除后,“成年养子女与生父母及其他近亲属间的权利义务关系是否恢复,可以协商确定”。

延展2:收养协议解除的财产效果:

(1)一般收养关系解除后,成年养子女对“前”养父母(缺乏劳动能力又缺乏生活来源的)应当给付生活费。《收养法》第30条第1款前段,“收养关系解除后,经养父母抚养的成年养子女,对缺乏劳动能力又缺乏生活来源的养父母,应当给付生活费”。

(2)因养子女成年后虐待遗弃养父母而解除收养关系,养父母可要求养子女补偿收养期间支出的生活费和教育费。《收养法》第30条第1款后段,“因养子女成年后虐待、遗弃养父母而解除收养关系的,养父母可以要求养子女补偿收养期间支出的生活费和教育费”。

(3)生父母要求解除收养关系,养父母可要求生父母适当补偿收养期间支出的生活费和教育费。养父母有过错除外。《收养法》第30条第2款,“生父母要求解除收养关系的,养父母可以要求生父母适当补偿收养期间支出的生活费和教育费,但因养父母虐待、遗弃养子女而解除收养关系的除外。”

常见错误

1. 收养关系解除需要被收养人同意说:认为本案中收养关系的解除要经过被收养人的同意,未考虑到被收养人不满10周岁的,不需要经过其同意,误选A。

2. 收养协议有效故违约责任有效说:认为,收养协议有效,则其关于违约责任约定同样有效,忽略了合同法不适用于收养关系,误选B。

3. 收养关系解除后张某承担监护人说:认为收养关系解除后张某重新成为小张的监护人,对小张侵害他人权利应承担侵权责任,而忽略了小张的侵权行为是发生在收养关系解除之前,当时李某是小张的监护人,应该由李某承担侵权责任,误选C。

4. 不构成不当得利说:认为李某已经履行了收养义务,不构成不当得利,从而张某不得要求李某返还10万元,未选D。

3. 关于监护之“入院”、“入托”、“离婚”、“改嫁”案(法定监护、指定监护和委托监护)

关于监护,下列哪一表述是正确的?(2013－3－2)

A. 甲委托医院照料其患精神病的配偶乙,医院是委托监护人

B. 甲的幼子乙在寄宿制幼儿园期间,甲的监护职责全部转移给幼儿园

C. 甲丧夫后携幼子乙改嫁,乙的爷爷有权要求法院确定自己为乙的法定监护人

D. 市民甲、乙之子丙5周岁,甲、乙离婚后对谁担任丙的监护人发生争议,丙住所地的居民委员会有权指定

答案:(　　)①

考点:法定监护和指定监护;委托监护

思路展开

命题点1:法定监护和指定监护。

(1)基本概念。①法定监护是由法律直接规定监护人范围和顺序的监护,未成年的父母是未成年人的监护人,父母对子女享有亲权,是当然的第一顺序监护人。②指定监护只是在法定监护人有争议时

① 参考答案:A

才产生，该争议仅指在未成年人是其父母以外的监护人范围内的人争抢担任监护人或者互相推诿都不愿意担任监护人。

（2）法律依据：①法定监护：a. 未成年人监护人。《民法总则》第27条，“父母是未成年子女的监护人。未成年人的父母已经死亡或者没有监护能力的，由下列有监护能力的人按顺序担任监护人：（一）祖父母、外祖父母；（二）兄、姐；（三）其他愿意担任监护人的个人或者组织，但是须经未成年人住所地的居民委员会、村民委员会或者民政部门同意。”b. 成年人监护人。《民法总则》第28条，“无民事行为能力或者限制民事行为能力的成年人，由下列有监护能力的人按顺序担任监护人：（一）配偶；（二）父母、子女；（三）其他近亲属；（四）其他愿意担任监护人的个人或者组织，但是须经被监护人住所地的居民委员会、村民委员会或者民政部门同意。”②指定监护：《民法总则》第31条，“对监护人的确定有争议的，由被监护人住所地的居民委员会、村民委员会或者民政部门指定监护人，有关当事人对指定不服的，可以向人民法院申请指定监护人；有关当事人也可以直接向人民法院申请指定监护人。居民委员会、村民委员会、民政部门或者人民法院应当尊重被监护人的真实意愿，按照最有利于被监护人的原则在依法具有监护资格的人中指定监护人。依照本条第一款规定指定监护人前，被监护人的人身权利、财产权利以及其他合法权益处于无人保护状态的，由被监护人住所地的居民委员会、村民委员会、法律规定的有关组织或者民政部门担任临时监护人。监护人被指定后，不得擅自变更；擅自变更的，不免除被指定的监护人的责任。”

（3）具体到本题：①“C. 甲丧夫后携幼子乙改嫁，乙的爷爷有权要求法院确定自己为乙的法定监护人”。a. 只有在未成年人的父母已经死亡或者没有监护能力的情况下，才可能由其他近亲属去担任监护人。b. 退一步，母亲带子改嫁本身，不构成爷爷要求变更监护人的理由。②“D. 市民甲、乙之子丙5周岁，甲、乙离婚后对谁担任丙的监护人发生争议，丙住所地的居民委员会有权指定”。夫妻之间不存在指定监护人问题。

（4）结论：“C. 甲丧夫后携幼子乙改嫁，乙的爷爷有权要求法院确定自己为乙的法定监护人、D. 市民甲、乙之子丙5周岁，甲、乙离婚后对谁担任丙的监护人发生争议，丙住所地的居民委员会有权指定”，CD错，不选CD。

命题点2：委托监护。委托监护是由合同设立的监护人，委托监护属意定监护。委托监护可以是全权委托，也可以是限权委托。受托人（委托监护人）是本来就没有监护职责的人。

（1）法律依据：①监护是法定职责：a.《民法总则》第34条，“监护人的职责是代理被监护人实施民事法律行为，保护被监护人的人身权利、财产权利以及其他合法权益等。监护人依法履行监护职责产生的权利，受法律保护。监护人不履行监护职责或者侵害被监护人合法权益的，应当承担法律责任。b.《民法总则》第35条，监护人应当按照最有利于被监护人的原则履行监护职责。监护人除为维护被监护人利益外，不得处分被监护人的财产。未成年人的监护人履行监护职责，在作出与被监护人利益有关的决定时，应当根据被监护人的年龄和智力状况，尊重被监护人的真实意愿。成年人的监护人履行监护职责，应当最大限度地尊重被监护人的真实意愿，保障并协助被监护人实施与其智力、精神健康状况相适应的民事法律行为。对被监护人有能力独立处理的事务，监护人不得干涉。”②监护这种法定职责可以部分或全部委托给他人，但监护人仍然负民事责任，被委托人有过错，则负连带责任。a.《民法总则》没有否定委托监护，《民法总则》第36条第1款，“监护人有下列情形之一的，人民法院根据有关个人或者组织的申请，撤销其监护人资格，安排必要的临时监护措施，并按照最有利于被监护人的原则依法指定监护人：（二）怠于履行监护职责，或者无法履行监护职责并且拒绝将监护职责部分或者全部委托给他人，导致被监护人处于危困状态的……”b. 民意委托监护责任规则。《民通意见》第22条，监护人可以将监护职责部分或者全部委托给他人。因被监护人的侵权行为需要承担民事责任的，应当由监护人承担，但另有约定的除外；被委托人确有过错的，负连带责任。

（2）具体到本题：①“A. 甲委托医院照料其患精神病的配偶乙，医院是委托监护人”。国家司法考试辅导用书编辑委员会《国家司法考试辅导用书》（以下简称“三大本”）中的观点：“如配偶将精神病人委托给医院照料,医院即为委托监护人"。②"B. 甲的幼子乙在寄宿制幼儿园期间,甲的监护职责全部转移给幼儿园"。在委托监护中,法定监护人的监护职责不因委托发生转移。幼儿园有教育、管理、保护的义务,但不负有监护的职责。

(3)结论:①"A. 甲委托医院照料其患精神病的配偶乙,医院是委托监护人",A 对,选 A。②"B. 甲的幼子乙在寄宿制幼儿园期间,甲的监护职责全部转移给幼儿园",B 错,不选 B。

4. 监护人职责之"精神病人哥哥给弟弟捐肾案"

乙因病需要换肾,其兄甲的肾脏刚好配型成功,甲乙父母和甲均同意由甲捐肾。因甲是精神病人,医院拒绝办理。后甲意外死亡,甲乙父母决定将甲的肾脏捐献给乙。下列哪一表述是正确的?(2011-3-2)

A. 甲决定将其肾脏捐献给乙的行为有效

B. 甲生前,其父母决定将甲的肾脏捐献给乙的行为有效

C. 甲死后,其父母决定将甲的肾脏捐献给乙的行为有效

D. 甲死后,其父母决定将甲的肾脏捐献给乙的行为无效

答案:(　　)①

考点:成年人监护制度

读题技巧

1. 本题"精神病人捐肾案"是一个事例,附带四个判断;

2. 题干源自真实案例,兄弟俩:一个脑子没病但身体不好;另一个脑子有病而身体很好。身体好的(精神病人)说要把肾捐给身体不好的;

3. 焦点是要判断能不能捐肾。

思路展开

命题点 1:"活体器官捐献"之无行为能力人实施的民事行为无效。

(1)法律依据:《民法总则》第 144 条,"无民事行为能力人实施的民事法律行为无效。"②活体器官捐献规则:完全民事行为能力人才可以。《人体器官移植条例》第 8 条第 1 款,"捐献人体器官的公民应当具有完全民事行为能力。公民捐献其人体器官应当有书面形式的捐献意愿,对已经表示捐献其人体器官的意愿,有权予以撤销。"

(2)具体到本题:甲作为精神病人,没有独立做出意思表示的能力,无法有效表达对其身体器官进行处分的意思。

(3)结论:"A. 甲决定将其肾脏捐献给乙的行为有效",A 错,不选 A。

命题点 2:"活体器官捐献"之精神病人监护人不得擅自为之规则:精神病人监护人处理精神病人财产时应为精神病人利益而为之,"举轻明重",人身问题更应如此。《民法总则》将民法通则中的精神病人监护制度纳入成年人监护制度中。

(1)法律依据:①成年人监护制度:配偶是第一顺序监护人,父母是第二顺序监护人。《民法总则》第 28 条,"无民事行为能力或者限制民事行为能力的成年人,由下列有监护能力的人按顺序担任监护人:(一)配偶;(二)父母、子女;(三)其他近亲属;(四)其他愿意担任监护人的个人或者组织,但是须经被监护人住所地的居民委员会、村民委员会或者民政部门同意。"②监护人应以被监护人利益为最高原则行事。《民法总则》第 35 条,"监护人应当按照最有利于被监护人的原则履行监护职责。监护人除为维护被监护人利益外,不得处分被监护人的财产。未成年人的监护人履行监护职责,在作出与被监护人利益有关的决定时,应当根据被监护人的年龄和智力状况,尊重被监护人的真实意愿。成年人的监护人履行监护职责,应当最大限度地尊重被监护人的真实意愿,保障并协助被监护人实施与其智力、精神健康状况相适应的民事法律行为。对被监护人有能力独立处理的事务,监护人不得干涉。"③"活体"器官移植以保护无民事行为能力人、限制行为能力人为最高原则。《人体器官移植条例》第 9 条,"任何组织或者个人不得摘取未满 18 周岁公民的活体器官用于移植。"④"活体"器官移植的接受人限于近亲属或亲情关系人。《人体器官移植条例》第 10 条,"活体器官的接受人限于活体器官捐献人的配偶、直系血亲或者三代以内旁系血亲,或者有证据证明与活体器官捐献人存在因帮扶等形成亲情关系的人员。"

① 参考答案:D

(2)具体到本题:①“乙因病需要换肾,其兄甲的肾脏刚好配型成功,甲乙父母和甲均同意由甲捐肾。因甲是精神病人,医院拒绝办理。”②甲是精神病人,属于无民事行为能力人或者限制行为能力成年人。甲的父母是甲的监护人。③《民法总则》第35条第1款,“监护人应当按照最有利于被监护人的原则履行监护职责。监护人除为维护被监护人利益外,不得处分被监护人的财产。”④“举轻以明重”(对法律的当然解释方法,不是法律有漏洞,法律漏洞可通过类推适用予以解决),则监护人在处分被监护人身体器官时,更须为被监护人利益而实施,譬如甲的器官坏死,需要监护人签字决定交由医院摘除进行救治,在此情形,甲的父母有权签字处分。⑤甲的父母决定将甲的肾脏捐献给乙,并非为了甲的利益而实施。⑥故甲生前,其父母决定甲的肾脏捐献给乙的行为无效。

(3)结论:“B. 甲生前,其父母决定将甲的肾脏捐献给乙的行为有效”,B错,不选B。

(4)关联真题:(2012-3-6)“举轻以明重”的解释方法:“甲、乙、丙、丁共有1套房屋,各占1/4,对共有房屋的管理没有进行约定。甲、乙、丙未经丁同意,以全体共有人的名义将该房屋出租给戊。关于甲、乙、丙上述行为对丁的效力的依据,下列哪一表述是正确的?[①] A. 有效,出租属于对共有物的管理,各共有人都有管理的权利;B. 有效,对共有物的处分应当经占共有份额2/3以上的共有人的同意,出租行为较处分为轻,当然可以为之;C. 无效,对共有物的出租属于处分,应当经全体共有人的同意;D. 有效,出租是以利用的方法增加物的收益,可以视为改良行为,经占共有份额2/3以上的共有人的同意即可。”

命题点3:“遗体器官捐献”之精神病人监护人不得擅自为之规则:精神病人监护人处理精神病人财产时应为精神病人利益而为之,“举轻明重”,人身问题更应如此。

(1)法律依据:①《民法总则》第34条、35条。②精神病人死后的遗体器官,监护人不得捐献。《人体器官移植条例》第8条,“捐献人体器官的公民应当具有完全民事行为能力。公民捐献其人体器官应当有书面形式的捐献意愿,对已经表示捐献其人体器官的意愿,有权予以撤销。公民生前表示不同意捐献其人体器官的,任何组织或者个人不得捐献、摘取该公民的人体器官;公民生前未表示不同意捐献其人体器官的,该公民死亡后,其配偶、成年子女、父母可以以书面形式共同表示同意捐献该公民人体器官的意愿。”

(2)法条阐释:①《人体器官移植条例》第8条第2款和第1款不能分离解释。②该条所谓“公民”均限于完全民事行为能力人。否则,就难以解释“公民生前表示不同意捐献其人体器官的”或者“公民生前未表示不同意捐献其人体器官的”,因为所谓“表示”或者“未表示”,其前提是有“表示”的意思能力。③《人体器官移植条例》第8条中的“公民”不包括精神病人,故不能适用于精神病人。

(3)具体到本题:①“因甲是精神病人,医院拒绝办理。后甲意外死亡,甲乙父母决定将甲的肾脏捐献给乙。”②甲死后,其父母不得决定将甲的肾脏捐献给乙。

(4)结论:①“C. 甲死后,其父母决定将甲的肾脏捐献给乙的行为有效”,C错,不选C。②“D. 甲死后,其父母决定将甲的肾脏捐献给乙的行为无效”,D对,选D。

5. 未成年人监护人制度(监护人范围、顺序、指定监护)

甲十五岁,精神病人。关于其监护问题,下列哪一表述是正确的?(2010-3-3)

A. 监护人只能是甲的近亲属或关系密切的其他亲属、朋友

B. 监护人可是同一顺序中的数人

C. 对担任监护人有争议的,可直接请求法院裁决

D. 为甲设定监护人,适用关于精神病人监护的规定(将D修改为“为甲设定监护人,适用未成年人监护的规定”)

答案:(　　)[②]

---

① 参考答案:B

② 参考答案:BCD(司法部原公布答案为B,根据《民法总则》的规定,修改为BC。因为《民法总则》第31条第1款规定,指定不再是诉讼的前置程序。“对监护人的确定有争议的,由被监护人住所地的居民委员会、村民委员会或者民政部门指定监护人,有关当事人对指定不服的,可以向人民法院申请指定监护人;有关当事人也可以直接向人民法院申请指定监护人。”)

考点: 监护人制度(监护人范围、顺序+指定监护)

解题图构

成年人监护人:
①配偶第一位
②父母、子女
③其他近亲属
④其他愿意的个人或组织(2委或民政部门同意)
⑤兜底[1](1民政部门或2委)

未成年人监护人:
父母①
祖父母、外祖父母②
兄、姐③
其他愿意的个人或组织④(2委或民政部门同意)
兜底⑤(1民政部门或2委)

思路展开

命题点1:《民法总则》出台后,只区分未成年人监护和成年人监护,不再使用精神病人概念。故本题中,题干应将"精神病人"四个字删除。15周岁的甲,应启动未成年人监护规则。

(1)法律依据:《民法总则》第27条,"父母是未成年子女的监护人。未成年人的父母已经死亡或者没有监护能力的,由下列有监护能力的人按顺序担任监护人:(一)祖父母、外祖父母;(二)兄、姐;(三)其他愿意担任监护人的个人或者组织,但是须经未成年人住所地的居民委员会、村民委员会或者民政部门同意。"

(2)具体到本题和结论:"甲十五岁,精神病人",应适用未成年人监护规则。"D. 为甲设定监护人,适用关于精神病人监护的规定",应将"精神病人"修改为未"成年人",则D对,选。

命题点2:未成年人监护规则之法定监护人范围:父母第一位,其他人第二位。

(1)法律依据:①父母第一位。《民法总则》第27条第1款,"父母是未成年子女的监护人。"②其他人第二位。《民法总则》第27条第2款,"未成年人的父母已经死亡或者没有监护能力的,由下列有监护能力的人按顺序担任监护人:(一)祖父母、外祖父母;(二)兄、姐;(三)其他愿意担任监护人的个人或者组织,但是须经未成年人住所地的居民委员会、村民委员会或者民政部门同意。"③指定。《民法总则》第31条,"对监护人的确定有争议的,由被监护人住所地的居民委员会、村民委员会或者民政部门指定监护人,有关当事人对指定不服的,可以向人民法院申请指定监护人;有关当事人也可以直接向人民法院申请指定监护人。居民委员会、村民委员会、民政部门或者人民法院应当尊重被监护人的真实意愿,按照最有利于被监护人的原则在依法具有监护资格的人中指定监护人。依照本条第一款规定指定监护人前,被监护人的人身权利、财产权利以及其他合法权益处于无人保护状态的,由被监护人住所地的居民委员会、村民委员会、法律规定的有关组织或者民政部门担任临时监护人。监护人被指定后,不得擅自变更;擅自变更的,不免除被指定的监护人的责任。"④兜底。《民法总则》第32条,"没有依法具有监护资格的人的,监护人由民政部门担任,也可以由具备履行监护职责条件的被监护人住所地的居民委员会、村民委员会担任。"

(2)具体到本题:未成年人甲的监护人可以是很多人,不是只指"近亲属或关系密切的其他亲属、朋友。"

(3)结论:"A. 监护人只能是甲的近亲属或关系密切的其他亲属、朋友",A错,不选A。

命题点3:未成年人监护规则之指定不再是诉讼程序的前置程序。

(1)法律依据:《民法总则》第31条,"对监护人的确定有争议的,由被监护人住所地的居民委员会、村民委员会或者民政部门指定监护人,有关当事人对指定不服的,可以向人民法院申请指定监护人;有关当事人也可以直接向人民法院申请指定监护人。居民委员会、村民委员会、民政部门或者人民法院应当尊重被监护人的真实意愿,按照最有利于被监护

① 《民法总则》第32条,"没有依法具有监护资格的人的,监护人由民政部门担任,也可以由具备履行监护职责条件的被监护人住所地的居民委员会、村民委员会担任。"

人的原则在依法具有监护资格的人中指定监护人。依照本条第一款规定指定监护人前，被监护人的人身权利、财产权利以及其他合法权益处于无人保护状态的，由被监护人住所地的居民委员会、村民委员会、法律规定的有关组织或者民政部门担任临时监护人。监护人被指定后，不得擅自变更；擅自变更的，不免除被指定的监护人的责任。"

(2)具体到本题：对担任监护人有争议，由被监护人住所地的居民委员会、村民委员会或者民政部门指定监护人，对指定不服的可以向人民法院申请指定监护人；也可以直接向人民法院申请指定监护人。

(3)结论："C. 对担任监护人有争议的，可直接请求法院裁决"，C 对，选 C。

命题点 4：到了法院诉讼，法院裁决指定监护人的顺序和人数：可以是同一顺序中数人。

(1)法律依据：①《民法总则》第 27 条第 1 款，"父母是未成年子女的监护人。"《民法总则》第 27 条第 2 款，"未成年人的父母已经死亡或者没有监护能力的，由下列有监护能力的人按顺序担任监护人：(一)祖父母、外祖父母；(二)兄、姐；(三)其他愿意担任监护人的个人或者组织，但是须经未成年人住所地的居民委员会、村民委员会或者民政部门同意。"②《民通意见》第 14 条，"人民法院指定监护人时，可以将民法通则第十六条第二款中(一)、(二)、(三)项或第十七条第一款中的(一)、(二)、(三)、(四)、(五)项规定视为指定监护人的顺序。前一顺序有监护资格的人无监护能力或者对被监护人明显不利的，人民法院可以根据对被监护人有利的原则，从后一顺序有监护资格的人中择优确定。被监护人有识别能力的，应视情况征求被监护人的意见。监护人可以是一人，也可以是同一顺序中的数人。"

(2)具体到本题及结论：虽然《民法总则》没有明确监护人可以是同一顺序的数人，但是第 27 条第 1 款提到父母都是未成年子女的监护人，父和母即数人。故"B. 监护人可是同一顺序中的数人"，B 对，选 B。

6. 无民事行为能力人、限制民事行为能力人行为能力制度体系

小刘从小就显示出很高的文学天赋，9 岁时写了小说《隐形翅膀》，并将该小说的网络传播权转让给某网站。小刘的父母反对该转让行为。下列哪一说法是正确的？(2009－3－14)

A. 小刘父母享有该小说的著作权，因为小刘是无民事行为能力人

B. 小刘及其父母均不享有著作权，因为该小说未发表

C. 小刘对该小说享有著作权，但网络传播权转让合同无效

D. 小刘对该小说享有著作权，网络传播权转让合同有效

答案：(　　)①

考点：未成年人作品、事实行为、自动保护、自然人能力制度

解题图构 无民事行为能力人、限制民事行为能力人体系图构

- 限制民事行为能力人
  - ①有效 → 有效①
    - ①纯获得利益的法律行为
    - ②与其行为能力相适应的法律行为
  - ②无效
    - ①单方法律行为
      - ①物权效果：抛弃、分割共有物
      - ②债权效果：免除、抵销、解除、撤销
      - ③代理权变动效果：授予、撤销
      - ④继承法效果：订立遗嘱、撤销、抛弃继承权受遗赠权
      - ⑤婚姻法效果：可撤销婚姻
    - ②多方法律行为（订立合伙协议、设立公司协议）
    - ③决议行为（股东会表决、小区业主表决）
    - → 无效②
  - ③效力待定：双方法律行为（订立与其行为能力不相适应的合同）→ 无效③
- 有效①、无效②、无效③ → 无民事行为能力人

① 参考答案：C

读题技巧

1. 小刘9岁写了小说《隐形翅膀》,指向两点:(1)未成年人创作的事实行为,无须行为能力,享有著作权。(2)中国自然人著作权自动保护,无须出版或发表。2. 小刘将小说网络传播权转让给某网站,指向无行为能力人实施法律行为,无效。

思路展开

思路1:小刘是限制行为能力人,具有民事权利能力,能够成为著作权人。(1)法律依据:《民法总则》第13条,“自然人从出生时起到死亡时止,具有民事权利能力,依法享有民事权利,承担民事义务。”(2)据此,未成年人小刘具有享有民事权利的资格,可以是著作权人。

思路2:创作作品是事实行为,不是法律行为,未成年人基于事实行为取得著作权,无须具有相应行为能力。

(1)法律依据:《民法总则》第19条,“八周岁以上的未成年人为限制民事行为能力人,实施民事法律行为由其法定代理人代理或者经其法定代理人同意、追认,但是可以独立实施纯获利益的民事法律行为或者与其年龄、智力相适应的民事法律行为。”

(2)小刘9周岁,创作了小说《隐形翅膀》,能够取得著作权。作品著作权归作者,而非归作者父母。《著作权法》第9条,“著作权人包括:(一)作者;(二)其他依照本法享有著作权的公民、法人或者其他组织。”

(3)结论:“A. 小刘父母享有该小说的著作权,因为小刘是无民事行为能力人”,A错,A不选。

思路3:作品自动保护原则。

(1)题干交代“文学天赋”、“小说”,可知《隐形翅膀》具有独创性,满足作品独创性要求,自创作完成之日起作者取得著作权。

(2)法律依据:《中华人民共和国著作权法实施条例》第6条,“著作权自作品创作完成之日起产生。”中国自然人创作的作品,自作品创作完成之日起就取得著作权,不以发表为前提。

(3)具体到本题,“B. 小刘及其父母均不享有著作权,因为该小说未发表”B错,B不选。

思路4:未成年人享有的著作权的行使,签订合同,属于法律行为,受行为能力制度保护。

(1)法律依据:《民法总则》第145条,“限制民事行为能力人实施的纯获利益的民事法律行为或者与其年龄、智力、精神健康状况相适应的民事法律行为有效;实施的其他民事法律行为经法定代理人同意或者追认后有效。相对人可以催告法定代理人自收到通知之日起一个月内予以追认。法定代理人未作表示的,视为拒绝追认。民事法律行为被追认前,善意相对人有撤销的权利。撤销应当以通知的方式作出。”

(2)具体到本题,小刘9周岁,是限制民事行为能力人,与网站签订的信息网络传播权转让合同不属于使小刘纯获得利益的合同。该合同应由小刘父母以法定代理人同意或者追认后有效。“小刘的父母反对该转让行为”。故小刘与网站的信息网络传播权转让合同无效。

(3)结论:①“C. 小刘对该小说享有著作权,但网络传播权转让合同无效”,C对,选C。②“D. 小刘对该小说享有著作权,网络传播权转让合同有效”,D错,不选D。

第二节 宣告失踪与宣告死亡

1. 宣告死亡的法律后果之继承、婚姻和索赔

甲、乙为夫妻,长期感情不和。2010年5月1日甲乘火车去外地出差,在火车上失踪,没有发现其被害尸体,也没有发现其在何处下车。2016年6月5日法院依照法定程序宣告甲死亡。之后,乙向法院起诉要求铁路公司对甲的死亡进行赔偿。关于甲被宣告死亡,下列哪些说法是正确的?(2016-3-51)

A. 甲的继承人可以继承其财产

B. 甲、乙婚姻关系消灭,且不可能恢复

C. 2016年6月5日为甲的死亡日期

D. 铁路公司应当对甲的死亡进行赔偿

答案:( )①

考点:宣告死亡的法律效果:继承、婚姻、赔偿

① 参考答案:AC

解题图构

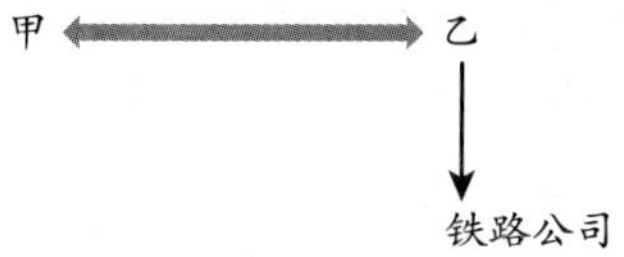

思路展开

命题点1：宣告死亡启动遗产继承。

(1)法律依据：①《民法总则》第13条，“自然人从出生时起到死亡时止，具有民事权利能力，依法享有民事权利，承担民事义务。”②《民法总则》第46条，“自然人有下列情形之一的，利害关系人可以向人民法院申请宣告该自然人死亡：(一)下落不明满四年；(二)因意外事件，下落不明满二年。因意外事件下落不明，经有关机关证明该自然人不可能生存的，申请宣告死亡不受二年时间的限制。”③《最高人民法院关于贯彻执行〈中华人民共和国继承法〉若干问题的意见》(以下简称《继承意见》)第1条第1款，“继承从被继承人生理死亡或被宣告死亡时开始。”④《民法总则》第53条第1款，“被撤销死亡宣告的人有权请求依照继承法取得其财产的民事主体返还财产。无法返还的，应当给予适当补偿。”⑤“被撤销死亡宣告的人”有权要求继承人退财产，言外之意就是曾经的死亡宣告已经发生了财产继承的法律效果。

(2)具体到本题：“2016年6月5日法院依照法定程序宣告甲死亡。”故甲的财产发生继承。

(3)结论：“A.甲的继承人可以继承其财产”，A对，选A。

命题点2：宣告死亡婚姻关系消灭，但有恢复之可能。

(1)法律依据：①《民法总则》第51条，“被宣告死亡的人的婚姻关系，自死亡宣告之日起消灭。死亡宣告被撤销的，婚姻关系自撤销死亡宣告之日起自行恢复，但是其配偶再婚或者向婚姻登记机关书面声明不愿意恢复的除外。”②宣告死亡与生理死亡一样，可以发生继承的法律效果，与生理死亡不同的是，宣告死亡是一种法律推定，会因为被宣告死亡人重新出现而被依法撤销。③特别注意：《民法总则》修改了《民通意见》的规定，也就是说，给了配偶“书面反悔的权利”。参见《民通意见》第37条，“被宣告死亡的人与配偶的婚姻关系，自死亡宣告之日起消灭。死亡宣告被人民法院撤销，如果其配偶尚未再婚的，夫妻关系从撤销死亡宣告之日起自行恢复；如果其配偶再婚后又离婚或者再婚后配偶又死亡的，则不得认定夫妻关系自行恢复。”

(2)具体到本题：①“甲、乙为夫妻”、“2016年6月5日法院依照法定程序宣告甲死亡”。②甲乙夫妻关系消灭，但有恢复之可能。

(3)结论：“B.甲、乙婚姻关系消灭，且不可能恢复”，B错，不选。

命题点3：宣告死亡的日期是判决日(意外事件宣告死亡，则意外事件发生日为宣告死亡日)。

(1)法律依据：《民法总则》第48条，“被宣告死亡的人，人民法院宣告死亡的判决作出之日视为其死亡的日期；因意外事件下落不明宣告死亡的，意外事件发生之日视为其死亡的日期。”

(2)具体到本题：①“2010年5月1日甲乘火车去外地出差，在火车上失踪”。2016年6月5日法院依照法定程序宣告甲死亡。②不是因为意外事件下落不明被宣告死亡，故死亡日期是法院宣告死亡的判决做出日，即2016年6月5日。

(3)结论：“C.2016年6月5日为甲的死亡日期”，C对，选C。

命题点4：宣告死亡与损害赔偿的关系。

(1)法律依据：《合同法》第302条，“承运人应当对运输过程中旅客的伤亡承担损害赔偿责任，但伤亡是旅客自身健康原因造成的或者承运人证明伤亡是旅客故意、重大过失造成的除外。前款规定适用于按照规定免票、持优待票或者经承运人许可搭乘的无票旅客。”

(2)具体到本题：①“2010年5月1日甲乘火车去外地出差，在火车上失踪，没有发现其被害尸体，也没有发现其在何处下车”+“乙向法院起诉要求铁路公司对甲的死亡进行赔偿”。②《2016年国家司法考试试题解析》：“死亡宣告的立法目的是结束被宣告人的婚姻与继承问题，并不是确定其死亡。因此，是否因宣告死亡而进行民事赔偿，要法院根据具体情况，并根据侵权责任法的构成要件进行认定，宣告死亡不是民事赔偿的基础，而仅仅是一个考虑的因素。具体到本题情况，甲有可能是逃避了，而非死亡，如果乙不能提供进一步的证据，则不能支持其赔偿请求。故D项错误。”③此观点当属李永军老师的观点无疑，同时可见该题是出自李永军老师。

（3）结论：“D. 铁路公司应当对甲的死亡进行赔偿”，D错，不选。

2. **宣告死亡**

关于宣告死亡，下列哪些选项是正确的？（2009－3－51）

A. 宣告死亡的申请人有顺序先后的限制

B. 有民事行为能力人在被宣告死亡期间实施的民事行为有效

C. 被宣告死亡的人与其配偶的婚姻关系因死亡宣告的撤销而自行恢复

D. 被撤销死亡宣告的人有权请求依《继承法》取得其财产者返还原物或给予适当补偿

答案：（　　）①

考点：死亡宣告申请人、法律效果；死亡宣告被撤销的婚姻效果、财产效果

思路展开

命题点1：死亡宣告申请人与法律效果。

（1）法律依据：①死亡宣告申请人无顺序限制。《民法总则》第46条第1款，“自然人有下列情形之一的，利害关系人可以向人民法院申请宣告该自然人死亡：（一）下落不明满四年；（二）因意外事件，下落不明满二年。”第2款，“因意外事件下落不明，经有关机关证明该自然人不可能生存的，申请宣告死亡不受二年时间的限制。”②《民法总则》的规定废止了《民通意见》关于死亡宣告申请人有先后顺序限制的规定。《民通意见》第25条，“申请宣告死亡的利害关系人的顺序是：（一）配偶；（二）父母、子女；（三）兄弟姐妹、祖父母、外祖父母、孙子女、外孙子女；（四）其他有民事权利义务关系的人。申请撤销死亡宣告不受上列顺序限制。”③《民法总则》第49条，“自然人被宣告死亡但是并未死亡的，不影响该自然人在被宣告死亡期间实施的民事法律行为的效力。”

（2）具体到本题：①“A. 宣告死亡的申请人有顺序先后的限制”，A对，选A。②“B. 有民事行为能力人在被宣告死亡期间实施的民事行为有效”，B错。错在“民事行为”。参见《2009年国家司法考试试题解析》：“根据《民法通则》的规定，民事行为不同于民事法律行为，而是其上位概念（包括民事法律行为和无效、可撤销的民事行为），因此有民事行为能力人在被宣告死亡期间实施的民事行为并不一定都有效，故B选项不是应选项。”

命题点2：死亡宣告被撤销的法律效果。

（1）法律依据：①婚姻关系：原则上自行恢复，有例外。《民法总则》第51条，“被宣告死亡的人的婚姻关系，自死亡宣告之日起消灭。死亡宣告被撤销的，婚姻关系自撤销死亡宣告之日起自行恢复，但是其配偶再婚或者向婚姻登记机关书面声明不愿意恢复的除外。”②财产关系。《民法总则》第53条第1款，“被撤销死亡宣告的人有权请求依照继承法取得其财产的民事主体返还财产。无法返还的，应当给予适当补偿。”

（2）具体到本题：①“C. 被宣告死亡的人与其配偶的婚姻关系因死亡宣告的撤销而自行恢复”，C错，不选C。②“D. 被撤销死亡宣告的人有权请求依《继承法》取得其财产者返还原物或给予适当补偿”，D对，选D。

3. **宣告死亡被撤销后后对继承财产的影响：返还——“原路退还”规则**

甲被法院宣告死亡，甲父乙、甲妻丙、甲子丁分割了其遗产。后乙病故，丁代位继承了乙的部分遗产。丙与戊再婚后因车祸遇难，丁、戊又分割了丙的遗产。现甲重新出现，法院撤销死亡宣告。下列哪种说法是正确的？（2006－3－2）

A. 丁应将其从甲、乙、丙处继承的全部财产返还给甲

B. 丁只应将其从甲、乙处继承的全部财产返还给甲

C. 戊从丙处继承的全部财产都应返还给甲

D. 丁、戊应将从丙处继承的而丙从甲处继承的财产返还给甲

答案：（　　）②

考点：死亡宣告撤销后对继承财产的影响：返还——“原路退还”规则

---

① 参考答案：D（司法部原答案是AD，根据《民法总则》的规定，修改为D。）

② 参考答案：D

解题图构

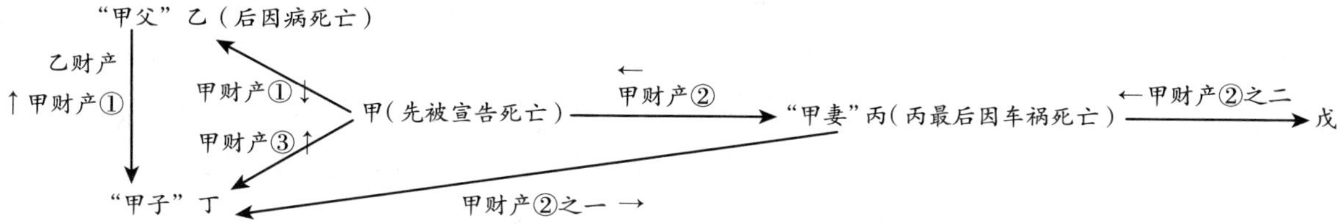

思路展开

思路1：死亡宣告被撤销，财产被继承，应原路返还。

思路2：法律依据：《民法总则》第53条第1款，"被撤销死亡宣告的人有权请求依照继承法取得其财产的民事主体返还财产。无法返还的，应当给予适当补偿。"

思路3：具体到本题：

（1）"甲被法院宣告死亡，甲父乙、甲妻丙、甲子丁分割了其遗产。后乙病故，丁代位继承了乙的部分遗产。丙与戊再婚后因车祸遇难，丁、戊又分割了丙的遗产。现甲重新出现，法院撤销死亡宣告。"（2）沿着甲的财产梳理。（3）甲被宣告死亡时，甲的财产分给了甲父乙，"甲财产①"；还分给了甲妻丙，"甲财产②"；还分给了甲子丁，"甲财产③"。（4）最后，"甲父"乙的"甲财产①"和乙的财产部分流入了"甲子"（代位继承），"甲妻"丙的"甲财产②"流入了"甲子"丁和戊（丙的二婚配偶）。（5）甲死亡宣告被撤销，则甲的财产原路退回，请看图构中的返回"→"箭头！

结论：（1）"A. 丁应将其从甲、乙、丙处继承的全部财产返还给甲"，A错，错在"全部"，正确表述是：丁从甲处继承的全部退给甲；丁从乙处代位继承的乙从甲处继承的退给甲；丁从丙处继承的丙从甲处继承的退给甲。（2）"B. 丁只应将其从甲、乙处继承的全部财产返还给甲"，B错，错在"只"、"全部"。丁从三个渠道继承了甲的财产，应从三个渠道退回，故B遗漏了"丙"这个渠道。即使没遗漏丙这个渠道，也不是全部退还。（3）"C. 戊从丙处继承的全部财产都应返还给甲"，C错，错在"全部"，戊从丙这个渠道继承的财产包括甲的，也包括丙自己的。（4）"D. 丁、戊应将从丙处继承的而丙从甲处继承的财产返还给甲"，D对，准确表述了甲的遗产原路退还规则。丁从丙继承的丙从甲处继承的，戊从丙继承的丙从甲处继承的，均应原路退还给甲。（5）最后结论：D对，选D。（6）取巧法：ABC三选项中均使用了"全部财产"这样的字眼，所以不正确，只有选项D说法正确。

第三节 个人合伙

1. 普通合伙企业的双重连带

甲企业是由自然人安琚与乙企业（个人独资）各出资50%设立的普通合伙企业，欠丙企业货款50万元，由于经营不善，甲企业全部资产仅剩20万元。现所欠货款到期，相关各方因货款清偿发生纠纷。对此，下列哪一表述是正确的？（2016－3－2）

A. 丙企业只能要求安琚与乙企业各自承担15万元的清偿责任

B. 丙企业只能要求甲企业承担清偿责任

C. 欠款应先以甲企业的财产偿还，不足部分由安琚与乙企业承担无限连带责任

D. 就乙企业对丙企业的应偿债务，乙企业投资人不承担责任

答案：（　　）①

考点：个人独资企业、普通合伙

解题图构

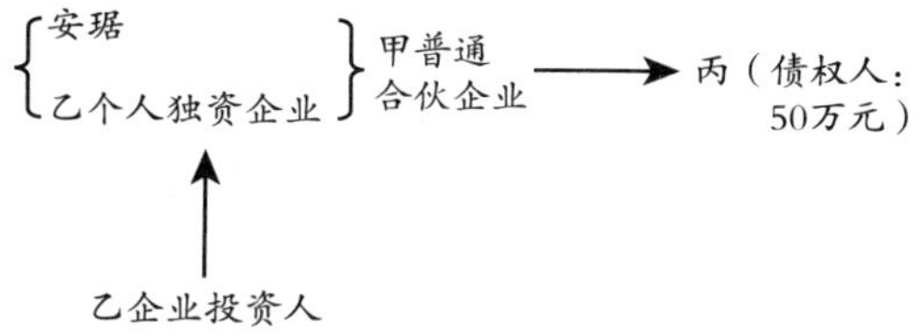

思路展开

命题点1：合伙企业中的双重连带关系。合

① 参考答案：C

伙人与合伙企业之间的连带。合伙人之间的连带。

(1)法律依据:①《合伙企业法》第38条,“合伙企业对其债务,应先以其全部财产进行清偿。”《合伙企业法》第39条,“合伙企业不能清偿到期债务的,合伙人承担无限连带责任。”②法条阐释:合伙企业清偿企业的对外债务,先以合伙企业的全部财产承担清偿责任,不足部分由各普通合伙人承担无限连带责任。

(2)具体到本题:①“甲企业是由自然人安琚与乙企业(个人独资)各出资50%设立的普通合伙企业,欠丙企业货款50万元,由于经营不善,甲企业全部资产仅剩20万元。现所欠货款到期”。②甲普通合伙企业的全部财产不足以清偿对丙的债务,安琚和乙企业作为普通合伙人对剩余的30万承担无限连带责任。

(3)结论:AB错,不选AB。C对,选A。

命题点2:个人独资企业投资人以个人财产对企业债务承担无限责任。

(1)法律依据:①《个人独资企业法》第2条,“本法所称个人独资企业,是指依照本法在中国境内设立,由一个自然人投资,财产为投资人个人所有,投资人以其个人财产对企业债务承担无限责任的经营实体。”②《个人独资企业法》第31条,“个人独资企业财产不足以清偿债务的,投资人应当以其个人的其他财产予以清偿。”

(2)具体到本题和结论:“乙企业(个人独资)”+“D.就乙企业对丙企业的应偿债务,乙企业投资人不承担责任”=D错,不选D。

2.“菜肴配方”合伙:民事合伙开餐厅之合伙人身份的确定、连带债务人内部约定债务分担内部有效

王东、李南、张西约定共同开办一家餐馆,王东出资20万元并负责日常经营,李南出资10万元,张西提供家传菜肴配方,但李南和张西均只参与盈余分配而不参与经营劳动。开业两年后,餐馆亏损严重,李南撤回了出资,并要求王东和张西出具了“餐馆经营亏损与李南无关”的字据。下列哪一选项是正确的?(2009-3-2)

A.王东、李南为合伙人,张西不是合伙人

B.王东、张西为合伙人,李南不是合伙人

C.王东、李南、张西均为合伙人

D.王东和张西所出具的字据无效

答案:(　　)①

考点:民事合伙开餐厅之合伙人身份的确定、连带债务人内部约定债务分担内部有效

解题图构

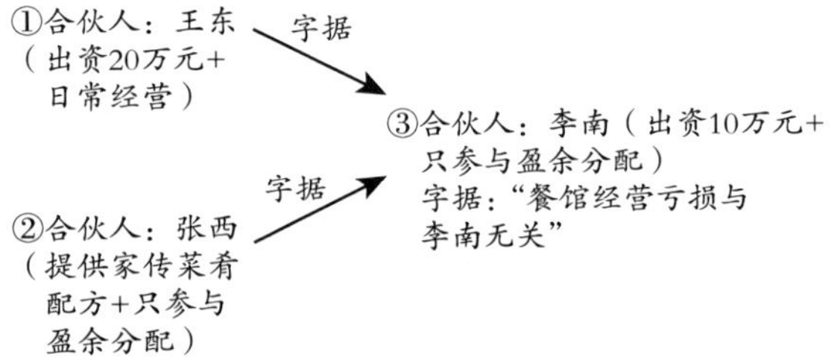

思路展开

命题点1:合伙人身份的确定。

(1)法律依据:①《民法通则》第30条,“个人合伙是指两个以上公民按照协议,各自提供资金、实物、技术等,合伙经营、共同劳动。”②合伙出资形式之商业秘密出资。《合伙企业法》第16条第1款,“合伙人可以用货币、实物、知识产权、土地使用权或者其他财产权利出资,也可以用劳务出资。”③合伙出资之“出钱不出力”/出力不出钱,但均参与盈余分配,是合伙人。《民通意见》第46条,“公民按照协议提供资金或者实物,并约定参与合伙盈余分配,但不参与合伙经营、劳动的,或者提供技术性劳务而不提供资金、实物,但约定参与盈余分配的,视为合伙人。”

(2)具体到本题:①广义的知识产权包括商业秘密,家传菜肴配方属于商业秘密,张西可以以该商业秘密权出资合伙,成为合伙人。②李南、张西虽只参与盈余分配,不参与经营劳动,亦应视为合伙人。

(3)结论:①“A.王东、李南为合伙人,张西不是合伙人、B.王东、张西为合伙人,李南不是合伙人”,AB错,不选AB。②“C.王东、李南、张西均为合伙人”,C对,选C。

命题点2:合伙债务由合伙人负连带责任,但内部责任份额约定对内有效。

(1)法律依据:《民通意见》第53条,“合伙经营

---

①　参考答案:C

期间发生亏损，合伙人退出合伙时未按约定分担或者未合理分担合伙债务的，退伙人对原合伙的债务，应当承担清偿责任；退伙人已分担合伙债务的，对其参加合伙期间的全部债务仍负连带责任。”

(2)具体到本题：①“餐馆亏损严重，李南撤回了出资，并要求王东和张西出具了‘餐馆经营亏损与李南无关’的字据。”②即使王东和张西出具了“餐馆经营亏损与李南无关”的字据，合伙的债权人对李南退伙之前产生的合伙债务仍有权向其追讨。③李南承担清偿责任后，有权基于字据向王东、张西二人追偿。④因此，王东和张西出具的字据有效，但不能对抗合伙之外的债权人。

(3)结论：“D. 王东和张西所出具的字据无效”，D 错，不选 D。

常见错误

1. 家传菜肴配方不是合伙人投资说：认为家传菜肴配方不能作为合伙人的投资而误选 A。

2. 混淆债务分担协议内部效力和外部效力说：将合伙协议的对内效力与对外效力混为一谈，误选 D。

第三章　法　人

第一节　法人的能力和责任

1. 法人权利能力

关于自然人和法人的权利能力,下列哪一选项是正确的?(2008－四川－2)

A. 自然人和法人都享有人格权

B. 自然人和法人人格权受侵害时都可向法院请求精神损害赔偿

C. 自然人与法人民事权利能力的范围相同

D. 各类法人的民事权利能力的范围相同

答案:(　　)①

考点:法人权利能力

命题点 1:法人人格权。

(1)法律依据:《民法总则》第 110 条第 2 款,"法人、非法人组织享有名称权、名誉权、荣誉权等权利。"

(2)法理依据:人格权是指民事主体固有的,由法律确认的,以人格利益为客体,为维护民事主体具有法律上的独立人格所必备的基本权利。①人格权对于自然人来讲,是与生俱来的。②对于法人和其他组织来讲,自成立时享有。法人享有名誉权。

(3)具体到本题及结论:"A. 自然人和法人都享有人格权",A 对,选 A。

命题点 2:法人人格权受侵害,不得主张精神损害赔偿。

(1)法律依据:《精神解释》第 5 条,"法人或者其他组织以人格权利遭受侵害为由,向人民法院起诉请求赔偿精神损害的,人民法院不予受理。"

(2)具体到本题及结论:"B. 自然人和法人人格权受侵害时都可向法院请求精神损害赔偿",B 错,不选 B。

命题点 3:法人民事权利能力范围的限制。

(1)学理依据:法人的民事权利能力范围与自然人的民事权利能力范围不同,主要受到以下三个方面的限制:性质上的限制、法律上的限制和目的事业的限制。①基于自然人的天然属性而专属于自然人的民事权利能力内容,法人均不能享有,"自然人独有的生命权、身体权、健康权、隐私权、继承权、扶养请求权、婚姻自主权等,法人不享有,也无精神损害索赔权。"②目的范围限制。《民法通则》第 42 条,"企业法人应当在核准登记的经营范围内从事经营。"《合同法解释一》第 10 条,"当事人超越经营范围订立合同,人民法院不因此认定合同无效。但违反国家限制经营、特许经营以及法律、行政法规禁止经营规定的除外。"各类法人的民事权利能力的范围不相同。

(2)具体到本题及结论:"C. 自然人与法人民事权利能力的范围相同;D. 各类法人的民事权利能力的范围相同",C、D 错,不选。

2. "萨摩国德胜公司"之法人能力的基础:法人财产

德胜公司注册地在萨摩国并在该国设有总部和分支机构,但主要营业机构位于中国深圳,是一家由台湾地区凯旋集团公司全资设立的法人企业。由于决策失误,德胜公司在中国欠下 700 万元债务。对此,下列哪一选项是正确的?(2008－3－2)

A. 该债务应以深圳主营机构的全部财产清偿

B. 该债务应以深圳主营机构和萨摩国总部及分支机构的全部财产清偿

C. 无论德胜公司的全部财产能否清偿,凯旋公司都应承担连带责任

D. 当德胜公司的全部财产不足清偿时,由凯旋公司承担补充责任

答案:(　　)②

---

① 参考答案:A

② 参考答案:B

考点：企业法人的责任、股东的有限责任

解题图构

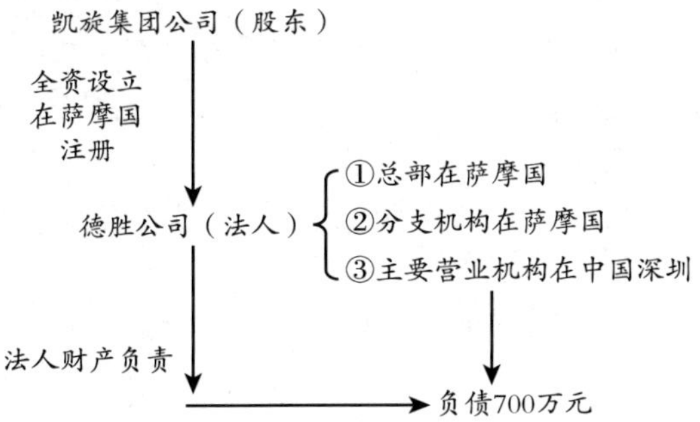

读题技巧

1.“德胜公司注册地在萨摩国并在该国设有总部和分支机构，但主要营业机构位于中国深圳”，指向德胜公司债务由其总部、分支机构、主营机构的全部财产负责。

2.“德胜公司……是一家由台湾地区凯旋集团公司全资设立的法人企业”，指向德胜公司是一人公司，凯旋公司是一人股东，不存在人格混同或者滥用法人人格的情形，股东凯旋公司不对德胜公司债务负责任。

思路展开

命题点：法人债务，由法人全部财产承担；股东个人财产不受波及。法人自己财产无限责任，股东以出资额为上限的有限责任。

（1）法律依据：①《民法总则》第60条，“法人以其全部财产独立承担民事责任。”《民法总则》第76条，“以取得利润并分配给股东等出资人为目的成立的法人，为营利法人。营利法人包括有限责任公司、股份有限公司和其他企业法人等。”②《公司法》第3条，“公司是企业法人，有独立的法人财产，享有法人财产权。公司以其全部财产对公司的债务承担责任。有限责任公司的股东以其认缴的出资额为限对公司承担责任；股份有限公司的股东以其认购的股份为限对公司承担责任。”

（2）具体到本题：①“德胜公司注册地在萨摩国并在该国设有总部和分支机构，但主要营业机构位于中国深圳”+“德胜公司在中国欠下700万元债务”=外国公司法人在中国从事经营活动，适用中国法律。②公司总部、分支机构和主要营业机构在法律人格上并不相互区分，都属于同一个法人实体的一部分，如果法人负有债务，理应以总部、分支机构和主要营业机构的财产共同清偿。③故700万元德胜公司债务，应由德胜公司法人全部财产承担责任。

（3）结论：①“A.该债务应以深圳主营机构的全部财产清偿”，A错，不选A。②“B.该债务应以深圳主营机构和萨摩国总部及分支机构的全部财产清偿”，B对，选B。

命题点2：一人公司债务由公司承担，其股东即该“一人”不负连带或补充责任。

（1）法律依据：①一人公司债务由公司承担无限责任，股东负有限责任：《公司法》第57条，“一人有限责任公司的设立和组织机构，适用本节规定；本节没有规定的，适用本章第一节、第二节的规定。本法所称一人有限责任公司，是指只有一个自然人股东或者一个法人股东的有限责任公司。”②股东滥用法人人格，则揭开公司面纱，股东对公司债务负连带责任：《公司法》第20条，“公司股东应当遵守法律、行政法规和公司章程，依法行使股东权利，不得滥用股东权利损害公司或者其他股东的利益；不得滥用公司法人独立地位和股东有限责任损害公司债权人的利益。公司股东滥用股东权利给公司或者其他股东造成损失的，应当依法承担赔偿责任。公司股东滥用公司法人独立地位和股东有限责任，逃避债务，严重损害公司债权人利益的，应当对公司债务承担连带责任。”③一人公司人格混同，则股东对公司债务负连带责任：《公司法》第63条，“一人有限责任公司的股东不能证明公司财产独立于股东自己的财产的，应当对公司债务承担连带责任。”

（2）法理阐释：①法人的独立责任是指法人以自己所有的或所经营管理的财产独立负担由自己活动所产生的民事责任。②既然法人财产与法人成员的其他财产以及创立人的其他财产是分开的，那么除非法律有特别规定，组成法人的成员或创设人对法人的经营行为不承担任何民事责任，也就是说，既不承担连带责任，也不承担补充责任。

（3）具体到本题：①“德胜公司”+“是一家由台湾地区凯旋集团公司全资设立的法人企业”=德胜公司是一人公司。②其“一人”股东是凯旋公司。③题干未揭示凯旋公司存在滥用法人地位或者人格

混同的情形,所以德胜公司的财产与责任是完全独立于凯旋集团公司的。无论德胜公司的全部财产能否清偿,凯旋公司都不应承担连带责任,且当德胜公司的全部财产不足清偿时,也不需由凯旋公司承担补充责任。

(4)结论:"C. 无论德胜公司的全部财产能否清偿,凯旋公司都应承担连带责任;D. 当德胜公司的全部财产不足清偿时,由凯旋公司承担补充责任",CD 错,不选 CD。

第二节 法人的分类

1. 法人的分类之财团法人(基金会法人)

甲以自己的名义,用家庭共有财产捐资设立以资助治疗麻风病为目的的基金会法人,由乙任理事长。后因对该病的防治工作卓有成效使其几乎绝迹,为实现基金会的公益性,现欲改变宗旨和目的。下列哪一选项是正确的?(2015-3-1)

A. 甲作出决定即可,因甲是创始人和出资人

B. 乙作出决定即可,因乙是法定代表人

C. 应由甲的家庭成员共同决定,因甲是用家庭共有财产捐资的

D. 应由基金会法人按照程序申请,经过上级主管部门批准

答案:(　　)①

考点:法人分类之财团法人(基金会法人)

读题技巧

1."甲以自己名义"指向选项 A,误导考生判定由甲控制基金会法人的宗旨。

2."用家庭共有财产"指向 C,误导考生判定由"甲的家庭成员共同决定"控制基金会法人的宗旨。

3."乙任理事长",指向 B,误导考生判定由乙控制基金会法人的宗旨。

4."为实现基金会的公益性",指向正确答案,只有继续实现公益,才能在整个公益宗旨不变的前提下,对公益的具体项目进行调整。

思路展开

思路 1:2014 年我国的公益捐赠破千亿,非营利法人在中国扮演越来越重要的角色。非营利法人包括基金会法人,社会团体法人和民办非企业单位法人。

思路 2:基金会法人。

(1)《民法总则》第 87 条,"为公益目的或者其他非营利目的成立,不向出资人、设立人或者会员分配所取得利润的法人,为非营利法人。非营利法人包括事业单位、社会团体、基金会、社会服务机构等。"

(2)《基金会管理条例》第 2 条,"本条例所称基金会,是指利用自然人、法人或者其他组织捐赠的财产,以从事公益事业为目的,按照本条例的规定成立的非营利性法人。"

思路 3:基金会法人公益性质。

(1)《民法总则》第 92 条第 1 款,"具备法人条件,为公益目的以捐助财产设立的基金会、社会服务机构等,经依法登记成立,取得捐助法人资格。"

(2)《基金会管理条例》第 10 条第 1 款,"基金会章程必须明确基金会的公益性质,不得规定使特定自然人、法人或者其他组织受益的内容。"

(3)《基金会管理条例》第 10 条第 2 款第 2 项,"基金会章程应当载明下列事项:(二)设立宗旨和公益活动的业务范围。"

思路 4:基金会法人公益活动范围变化属于章程变更,章程变更需要遵循法定决策程序(理事会决议+主观单位同意+登记)。

(1)经理事会决议。《基金会管理条例》第 21 条,"理事会是基金会的决策机构,依法行使章程规定的职权。理事会每年至少召开 2 次会议。理事会会议须有三分之二以上理事出席方能召开;理事会决议须经出席理事过半数通过方为有效。下列重要事项的决议,须经出席理事表决,三分之二以上通过方为有效:……(一)章程的修改。……"

(2)经主管单位同意,登记机关核准。《基金会管理条例》第 15 条第 2 款,"基金会修改章程,应当征得其业务主管单位的同意,并报登记管理机关核准。"

(3)变更登记。《基金会管理条例》第 15 条第 1 款,"基金会、基金会分支机构、基金会代表机构和境

① 参考答案:D

外基金会代表机构的登记事项需要变更的，应当向登记管理机关申请变更登记。”

思路5：具体到本题和结论：“甲以自己的名义，用家庭共有财产捐资设立以资助治疗麻风病为目的的基金会法人，由乙任理事长。后因对该病的防治工作卓有成效使其几乎绝迹，为实现基金会的公益性，现欲改变宗旨和目的。”“D. 应由基金会法人按照程序申请，经过上级主管部门批准”，D对，选D。其他ABC均错，不选ABC。

技术分析：依据一般法人原理可对此题作出准确判断：“设立人的财产到达法人，设立人不能直接再控制该财产。”设立基金会法人所捐至基金会的财产，需沉淀于基金会，与营利法人是一样的道理，只是其目标限于公益。捐资人不能再行控制所捐至基金会的财产。

常见错误

1. 配偶同意说：认为甲配偶的财产权被侵犯，甲无权处分其配偶的财产，处分财产应取得配偶同意。

2. 家庭成员决定说：(1)认为应由甲的家庭成员共同决定，因甲是用家庭共有财产捐资的。甲虽以自己名义，但财产属于共同财产，应通知另一方家庭成员，擅自用家庭共有财产捐资，必然损害其他成员的利益。(2)财产属于共同财产，擅自用家庭共有财产捐资，处分共有物须征得全体共有人同意。

3. 设立人决定说：基金会的意思机关是设立人本人，其有权决定。

4. 捐献意愿说：认为虽然已捐献出的财产不再在捐献者的管理范围内，但不能违背其使用意志。如单纯选D，至少从程序上说，没有征询原捐献者的捐献意愿，可能违背了原捐献者的其他可能意愿。

5. 基金会法人资合说：基金会法人是财团法人，具有资合性质，应该以实际出资人的意思来决定法人的重大决策事项。

2. 法人分类之公益法人(公益组织＋近似原则)

宗某患尿毒症，其所在单位甲公司组织员工捐款20万元用于救治宗某。此20万元存放于专门设立的账户中。宗某医治无效死亡，花了15万元医疗费。关于余下5万元，下列哪一表述是正确的？(2014－3－4)

A. 应归甲公司所有

B. 应归宗某继承人所有

C. 应按比例退还员工

D. 应用于同类公益事业

答案：(　　)①

考点：公益捐赠、公益组织

读题技巧

1. “单位组织员工捐款”，指向这不是赠与，而是捐赠。

2. “用于救治宗某”，指向该笔款项的公益用途。

3. “存放于专门设立的账户中”，指向款项没有到宗某个人名下或甲公司名下。

思路展开

思路1：员工捐款行为性质的认定。

(1)学理依据：①员工的捐款行为属于公益捐赠。②公益捐赠行为实施后，其捐款不能再退还捐赠人。

(2)法律依据：“近似原则”。①《民法总则》第95条，“为公益目的成立的非营利法人终止时，不得向出资人、设立人或者会员分配剩余财产。剩余财产应当按照法人章程的规定或者权力机构的决议用于公益目的；无法按照法人章程的规定或者权力机构的决议处理的，由主管机关主持转给宗旨相同或者相近的法人，并向社会公告。”②《公益事业捐赠法》第28条，“受赠人未征得捐赠人的许可，擅自改变捐赠财产的性质、用途的，由县级以上人民政府有关部门责令改正，给予警告。拒不改正的，经征求捐赠人的意见，由县级以上人民政府将捐赠财产交由与其宗旨相同或者相似的公益性社会团体或者公益性非营利的事业单位管理。”

(3)具体到本题：①“宗某患尿毒症，其所在单位甲公司组织员工捐款20万元用于救治宗某。此20万元存放于专门设立的账户中。宗某医治无效死亡，花了15万元医疗费。”②本例“专门账户”为公益性社会团体或公益性事业单位的“前身”。《公益事业捐赠法》第10条，“公益性社会团体和公益性非营利的事业单位可以依照本法接受捐赠。本法所

① 参考答案：D

称公益性社会团体是指依法成立的,以发展公益事业为宗旨的基金会、慈善组织等社会团体。本法所称公益性非营利的事业单位是指依法成立的,从事公益事业的不以营利为目的的教育机构、科学研究机构、医疗卫生机构、社会公共文化机构、社会公共体育机构和社会福利机构等。”③实务中,在特定人范围内进行募捐而单独设立的接受捐助账号,应类推适用公益捐赠处理。④员工捐赠的目的,是救助患者,从尊重员工的该项特定目的出发,“余下5万元”捐款不能归甲公司或宗某继承人所有,用于同类公益事业,方才符合捐款的目的。

(4)结论:“D. 应用于同类公益事业”,D对,选D。

延展:本例来自著名的公益捐赠案。

(1)广西横县地方税务局职工余辉生前因患慢性粒性白血病需作骨髓移植手术,但其父为给儿子治病四处借钱,已不堪重负,该地税局为此专门召开会议,决定向社会募捐,并自发成立“抢救余辉资金管理委员会”,向全国税务系统发出“紧急求救”信募集捐款,此后陆续收到全国各地捐款共计22万余元。

(2)余辉还没来得及做骨髓移植手术就病逝了,捐款除已用于救治的外,尚余14万元,地税局将此余款存入银行。

(3)意想不到的是,余辉的父亲认为这14万元应为儿子留下的遗产,自己可以继承,而地税局却不这样认为,于是余辉的父亲一纸诉状将地税局告上了法庭。

(4)一审法院经审理认为,横县地方税务局为余辉募集医疗费,发起人是地税局,所募集的款项是汇到地税局指定的账号,由被告保管支配并监督专款专用,不是直接赠与余辉本人,因此,余辉并未取得这笔捐款的所有权。同时,捐款用途明确是为余辉治病,而余辉治病期间应用的费用已支付完毕,其病故后,捐款余额不应属于他个人财产,因此驳回了其父的诉讼请求。

(5)此案上诉后,二审法院则认为全国部分税务系统及个人赠与人将款捐赠给余辉治病,余辉作为特定的受赠人,对该款拥有所有权,地税局“抢救余辉资金管理委员会”仅对该捐赠款行使财产代管权,余辉病故后,其所受捐赠款是其个人遗产,因此其父对余辉的遗产享有继承权,遂撤销了一审判决,将这14万元判给了余辉的父亲。

(6)然而此案经检察院抗诉,广西壮族自治区高级人民法院通过再审,又否定了二审的判决,而基本肯定了一审的判决理由。

3. 法人的分类之各类法人

关于法人,下列哪一表述是正确的?(2012-3-2)

A. 社团法人均属营利法人

B. 基金会法人均属公益法人

C. 社团法人均属公益法人

D. 民办非企业单位法人均属营利法人

答案:( )①

考点:法人的分类

思路展开

命题点1:社团法人。

(1)学理依据:①社团法人是指以人为基础而集合成立的法人如公司为股东的集合,工会为会员的集合,他们都是社团法人。②所谓营利法人,是指通过商业活动获取利益并将该利益分配给成员的法人。仅营利而不能将利益分配给出资人的法人,不是营利法人。《民法总则》第76条,“以取得利润并分配给股东等出资人为目的成立的法人,为营利法人。营利法人包括有限责任公司、股份有限公司和其他企业法人等。”③可见,社团法人中有营利法人,也有非营利法人。

(2)结论:“A. 社团法人均属营利法人;C. 社团法人均属公益法人”,AC错,不选AC。

(3)注意:学理上的社团法人,不等于民法通则上的社会团体法人,民法通则中的社会团体法人,属于社团法人中的一种,其不以营利为目的。

命题点2:非营利法人。

(1)法律依据:《民法总则》第87条,“为公益目的或者其他非营利目的成立,不向出资人、设立人或者会员分配所取得利润的法人,为非营利法人。非营利法人包括事业单位、社会团体、基金会、社会服

① 参考答案:B

务机构等。”非营利法人还有另一个分类即可分为公益法人和互益法人。所谓公益法人,是指以公益为目的的法人。公益法人不得以营利为目的,基金会法人均属公益法人。

(2)结论:①“B. 基金会法人均属公益法人”,B对,选B。②“D. 民办非企业单位法人均属营利法人”,D错,不选D。

4. 法人的分类之各类法人

根据我国法律规定,关于法人,下列哪一表述是正确的?(2010-3-4)

A. 成立社团法人均须登记

B. 银行均是企业法人

C. 法人之间可形成合伙型联营

D. 一人公司均不是法人

答案:(　　)①

考点:法人的分类

思路展开

命题点1:社团法人并非均要登记。

(1)学理依据:①法人是依法成立的,具有民事权利能力和民事行为能力,依法独立享有民事权利和承担民事义务的组织。②关于法人的分类,大陆法系将法人分为社团法人和财团法人。③其中社团法人,又称法人型人合组织,指以人的组合为成立基础的法人即“人的组织体”。④我国法人分类中的社会团体法人和企业法人均属于传统大陆法系法人分类中的社团法人。

(2)法律依据:①营利法人要登记。《民法总则》第76条第2款,“营利法人包括有限责任公司、股份有限公司和其他企业法人等。”《民法总则》第77条,“营利法人经依法登记成立。”《民法总则》第78条,“依法设立的营利法人,由登记机关发给营利法人营业执照。营业执照签发日期为营利法人的成立日期。”②但是社会团体法人并非都要登记。《民法总则》第90条,“具备法人条件,基于会员共同意愿,为公益目的或者会员共同利益等非营利目的设立的社会团体,经依法登记成立,取得社会团体法人资格;依法不需要办理法人登记的,从成立之日起,具有社会团体法人资格。”《社会团体登记管理条例》第3条规定:“成立社会团体,应当经其业务主管单位审查同意,并依照本条例的规定进行登记。社会团体应当具备法人条件。下列团体不属于本条例规定登记的范围:(一)参加中国人民政治协商会议的人民团体;(二)由国务院机构编制管理机关核定,并经国务院批准免于登记的团体;(三)机关、团体、企业事业单位内部经本单位批准成立、在本单位内部活动的团体。”

(3)具体到本题:社会团体中存在依法无需登记即可取得法人资格的情况。如据此,在我国,并不是所有的社会团体法人均需登记。

(4)结论:“A. 成立社团法人均须登记”,A错,不选A。

命题点2:银行分为人民银行和商业银行。人民银行是公法人,商业银行是企业法人。

(1)学理依据:在我国,银行分为人民银行和商业银行,中国人民银行是中华人民共和国的中央银行,中华人民共和国国务院组成部门之一,据此,中国人民银行是国家机关法人(广义的非营利法人、公法人)。商业银行属于企业法人(社团法人、营利法人、私法人)。

(2)具体到本题及结论:“B. 银行均是企业法人”,B错,不选B。

命题点3:联营有法人型、合伙型、合同型三种联营。

(1)法律依据:①法人型联营。《民法通则》第51条,“企业之间或者企业、事业单位之间联营,组成新的经济实体,独立承担民事责任、具备法人条件的,经主管机关核准登记,取得法人资格。”②合伙型联营。《民法通则》第52条,“企业之间或者企业、事业单位之间联营,共同经营、不具备法人条件的,由联营各方按照出资比例或者协议的约定,以各自所有的或者经营管理的财产承担民事责任。依照法律的规定或者协议的约定负连带责任的,承担连带责任。”③合同型联营。《民法通则》第53条,“企业之间或者企业、事业单位之间联营,按照合同的约定各自独立经营的,它的权利和义务由合同约定,各自承担民事责任。”

(2)具体到本题及结论:“C. 法人之间可形成合伙型联营”,C对,选C。

---

① 参考答案:C(《民法总则》中没有规定联营。)

(3)展示:《2010年国家司法考试试题解析》:"值得注意的是,法人之间可以成立合伙型联营,并不意味着所有类型的法人都可以成立合伙型联营,考生应该仔细阅读题干,尽量避免因曲解题意而造成错误。"

命题点4:一人公司均是法人。

(1)法律依据:①一人公司是有限责任公司。《公司法》第57条,"一人有限责任公司的设立和组织机构,适用本节规定;本节没有规定的,适用本章第一节、第二节的规定。本法所称一人有限责任公司,是指只有一个自然人股东或者一个法人股东的有限责任公司。"②有限责任公司是法人。《公司法》第3条,"公司是企业法人,有独立的法人财产,享有法人财产权。公司以其全部财产对公司的债务承担责任。有限责任公司的股东以其认缴的出资额为限对公司承担责任;股份有限公司的股东以其认购的股份为限对公司承担责任。"

(2)具体到本题及结论:"D.一人公司均不是法人",D错,不选D。

5. 法人的分类之事业单位法人

关于事业单位法人,下列哪些选项是错误的?(2007-3-52)

A. 所有事业单位法人的全部经费均来自国家财政拨款

B. 具备法人条件的事业单位从成立之日起取得法人资格

C. 国家举办的事业单位对其直接占有的动产享有所有权

D. 事业单位法人名誉权遭受侵害的,有权诉请精神损害赔偿

答案:(　　)①

考点:事业单位法人

思路展开

命题点1:事业单位有国家财政拨款,也有自收自支的。

(1)学理依据:事业单位以往是由国家财政拨款,不过经济体制改革后,有些事业单位已不再享有财政拨款,被改制为自负盈亏或实行企业化经营如有些科研院所、出版社、营利医院等。

(2)结论:"A.所有事业单位法人的全部经费均来自国家财政拨款"A错,符合题意,选A。

命题点2:事业单位法人取得法人资格的程序:要区分是否依法需要办理登记。

(1)法律依据:《民法总则》第88条,"具备法人条件,为适应经济社会发展需要,提供公益服务设立的事业单位,经依法登记成立,取得事业单位法人资格;依法不需要办理法人登记的,从成立之日起,具有事业单位法人资格。"

(2)法条阐释:①依法无须登记的,主管部门批准时取得法人资格。②依法需要登记的,先批准,再办理登记,才取得法人资格。

(3)结论:"B.具备法人条件的事业单位从成立之日起取得法人资格",B错,错在B的说法未区分具体情形。符合题意,选B。

命题点3:占有不等于所有。

(1)法律依据:《物权法》第54条,"国家举办的事业单位对其直接支配的不动产和动产,享有占有、使用以及依照法律和国务院的有关规定收益、处分的权利。"

(2)法条阐释:"直接支配的"+"依照法律和国务院的有关规定"=并不是任何情形由事业单位支配的物,均归事业单位所有。

(3)技术分析:①C选项的措辞是"直接占有",如果事业单位是承租人,承租人对租赁物的占有属于直接占有,但承租人就不是所有权人。②法人拥有独立财产,但这并不等于其占有的财产均由法人享有所有权。③国家举办的事业单位直接占有的动产中也有可能归国家或其他民事主体所有。

(4)结论:"C.国家举办的事业单位对其直接占有的动产享有所有权",C错,符合题意,选C。

命题点4:法人(包括事业单位法人)不得主张精神损害赔偿。

(1)法律依据:《精神解释》第5条,"法人或者其他组织以人格权利遭受侵害为由,向人民法院起诉请求赔偿精神损害的,人民法院不予受理。"

(2)结论:"D.事业单位法人名誉权遭受侵害的,有权诉请精神损害赔偿",D错,符合题意,选D。

---

① 参考答案:ABCD

第三节 法人的机关

1. 法定代表人之"李红和李蓝"案

甲公司和乙公司在前者印制的标准格式《货运代理合同》上盖章。《货运代理合同》第四条约定："乙公司法定代表人对乙公司支付货运代理费承担连带责任。"乙公司法定代表人李红在合同尾部签字。后双方发生纠纷，甲公司起诉乙公司，并要求此时乙公司的法定代表人李蓝承担连带责任。关于李蓝拒绝承担连带责任的抗辩事由，下列哪一表述能够成立？（2014－3－3）

A. 第四条为无效格式条款

B. 乙公司法定代表人未在第四条处签字

C. 乙公司法定代表人的签字仅代表乙公司的行为

D. 李蓝并未在合同上签字

答案：（　　）①

考点：法人、法定代表人、格式条款

解题图构

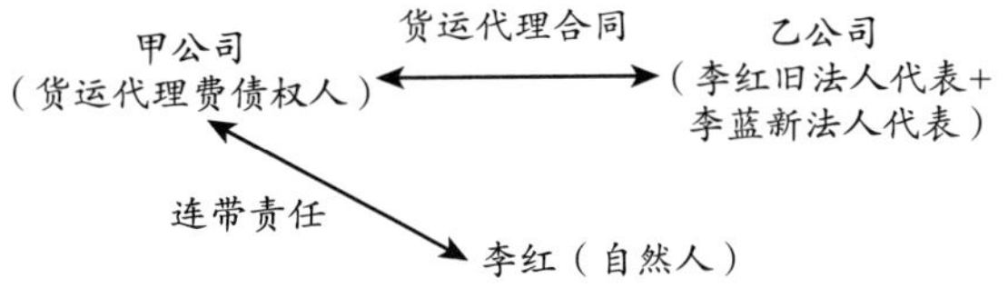

读题技巧

1. 标准格式，指向格式条款规则，A 选项。

2. 甲公司、乙公司盖章，指向甲乙公司双方存在合同关系。

3. 李红在合同尾部签字，指向李红签字的双层意义，既是作为乙公司法人代表签字，又是以个人名义对第四条承担连带责任的签字。

4. 此时乙公司的法定代表人李蓝，指向新法定代表人李蓝是否需要承担个人责任，为题眼"关于李蓝拒绝承担连带责任的抗辩事由"作铺垫。

思路展开

思路 1：本例存在双层法律关系。

（1）甲公司与乙公司签订的《货运代理合同》，当事人是甲公司和乙公司。甲公司、乙公司都签章了，李红作为乙公司法定代表人在合同尾部签字。

（2）甲公司与李红之间就货运代理费的连带责任的约定，视为约定的连带责任。李红作为自然人在合同尾部签字。

（3）小结：尾部签字即为对合同全体的认可，无须就合同各个条款单独签字。除非合同某个条款发生变更，需要当事人签字、盖章或者捺印予以确认。

思路 2：第一层法律关系即甲、乙之间合同关系：法定代表人变更，不影响法人的责任。

（1）法律依据：①《民法总则》第 61 条，"依照法律或者法人章程的规定，代表法人从事民事活动的负责人，为法人的法定代表人。法定代表人以法人名义从事的民事活动，其法律后果由法人承受。法人章程或者法人权力机构对法定代表人代表权的限制，不得对抗善意相对人。"《民法总则》第 62 条，"法定代表人因执行职务造成他人损害的，由法人承担民事责任。法人承担民事责任后，依照法律或者法人章程的规定，可以向有过错的法定代表人追偿。"②《合同法》第 76 条，"合同生效后，当事人不得因姓名、名称的变更或者法定代表人、负责人、承办人的变动而不履行合同义务。"

（2）具体到本题：李蓝成为乙公司新法定代表人后，不影响甲乙之间的货运代理合同。

思路 3：第二层法律关系即甲和李红个人之间货运代理费支付关系：仍然约束甲公司和李红个人。

（1）法律依据：合同相对性。①《合同法》第 8 条，"依法成立的合同，对当事人具有法律约束力。当事人应当按照约定履行自己的义务，不得擅自变更或者解除合同。依法成立的合同，受法律保护。"②《合同法》第 121 条，"当事人一方因第三人的原因造成违约的，应当向对方承担违约责任。当事人一方和第三人之间的纠纷，依照法律规定或者按照约定解决。"此关系不必然约束李蓝，除非李蓝作为自然人签字确认。

（2）具体到本题：①李红同意《货运代理合同》第 4 条"支付货运代理费承担连带责任"的约定，李红的身份是以自然人身份签字，其签字不能约束乙公司后任法定代表人李蓝个人。②李蓝作为乙公司

① 参考答案：D

现任法定代表人,没有以自然人身份在《货运代理合同》上签字,故该合同第4条不能约束李蓝。

(3)结论:“D. 李蓝并未在合同上签字”,是李蓝拒绝承担连带责任的有效抗辩事由。

思路4:题干并未揭示存在格式条款,只是说标准格式。标准格式条款,可能是经过协商的条款,就不符合格式条款的定义了。

(1)法律依据:①格式条款定义。《合同法》第39条第2款,“格式条款是当事人为了重复使用而预先拟定,并在订立合同时未与对方协商的条款。”②格式条款如果具备《合同法》第40条的情形,该格式条款无效。《合同法》第40条,“格式条款具有本法第52条和第53条规定情形的,或者提供格式条款一方免除其责任、加重对方责任、排除对方主要权利的,该条款无效。”

(2)具体到本题:①“甲公司和乙公司在前者印制的标准格式《货运代理合同》上盖章”。②《货运代理合同》是由甲公司印制的格式合同,即便第4条是格式条款,也要考查是否有《合同法》第40条规定的情形,而本案并没有事实表明发生了使格式合同条款无效的情形,故第4条有效。

(3)结论:“A. 第四条为无效格式条款”,A错,不选A。

常见错误

1. 格式条款无效说:认为《货运代理合同》第4条要求乙公司的法定代表人为乙公司承担连带责任属于《合同法》第40条涉及的格式条款无效情形,从而误认为该条款无效。

2. 个别条款单独签字说:认为乙公司法定代表人必须在第4条处签字,才能表明其同意承担连带责任。辨析:合同尾部的签字即是对全部合同条款的认可,其中也包含对个人承担连带责任的认可。

3. 法定代表人个人责任混淆说:认为《货运代理合同》第4条中的乙公司法定代表人不仅包括签字的李红,也包括合同有效期内的后任法定代表人。

2. 法人机关之法定代表人;表见代理;实际履行补救形式瑕疵规则

下列哪些情形下,甲公司应承担民事责任?(2013-3-52)

A. 甲公司董事乙与丙公司签订保证合同,乙擅自在合同上加盖甲公司公章和法定代表人丁的印章

B. 甲公司与乙公司签订借款合同,甲公司未盖公章,但乙公司已付款,且该款用于甲公司项目建设

C. 甲公司法定代表人乙委托员工丙与丁签订合同,借用丁的存款单办理质押贷款用于经营

D. 甲公司与乙约定,乙向甲公司交纳保证金,甲公司为乙贷款购买设备提供担保。甲公司法定代表人丙以个人名义收取该保证金并转交甲公司出纳员入账

答案:(　　)①

考点:法人机关之法定代表人;表见代理;实际履行补救形式瑕疵规则

解题图构

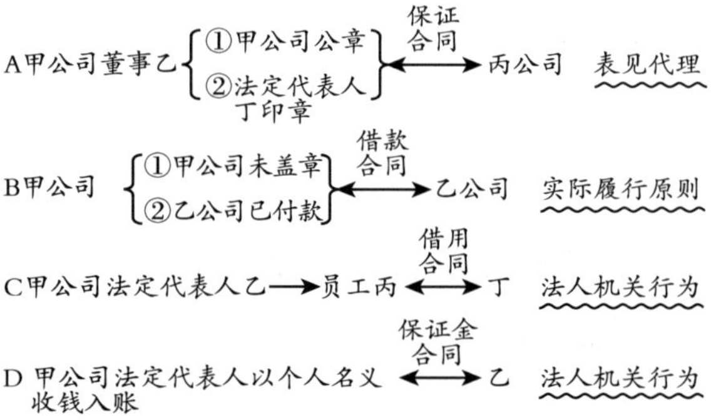

思路展开

命题点1:表见代理。甲公司董事乙与丙公司签订保证合同,为无权代理,但有外观授权,构成表见代理。

(1)法律依据:①《民法总则》第172条,“行为人没有代理权、超越代理权或者代理权终止后,仍然实施代理行为,相对人有理由相信行为人有代理权的,代理行为有效。”《合同法》第49条,“行为人没有代理权、超越代理权或者代理权终止后以被代理人名义订立合同,相对人有理由相信行为人有代理权的,该代理行为有效。”②《民法总则》第61条,“依照法律或者法人章程的规定,代表法人从事民事活动的负责人,为法人的法定代表人。法定代表人以法人名义从事的民事活动,其法律后果由法人承受。法人章程或者法人权力机构对法定代表人代表权的限制,不得对抗善意相对人。”《民法总则》第62

① 参考答案:ABCD

条，“法定代表人因执行职务造成他人损害的，由法人承担民事责任。法人承担民事责任后，依照法律或者法人章程的规定，可以向有过错的法定代表人追偿。”③《民法通则》第43条，“企业法人对它的法定代表人和其他工作人员的经营活动，承担民事责任。”

(2)具体到本题：①“A. 甲公司董事乙与丙公司签订保证合同，乙擅自在合同上加盖甲公司公章和法定代表人丁的印章”。②“董事乙”+“乙擅自”=乙无权代理。③“加盖甲公司公章和法定代表人丁印章”=外观授权。④被代理人甲有过错，印章制度管理失当。⑤相对人丙公司无过错。⑥故董事乙的行为构成表见代理，甲公司须承担民事责任。

(3)结论：A对，选A。

命题点2：实际履行原则，可以弥补形式瑕疵。

(1)法律依据：《合同法》第37条，“采用合同书形式订立合同，在签字或者盖章之前，当事人一方已经履行主要义务，对方接受的，该合同成立。”

(2)具体到本题：“B. 甲公司与乙公司签订借款合同，甲公司未盖公章，但乙公司已付款，且该款用于甲公司项目建设”。虽然甲公司没有在借款合同上盖公章，但是甲乙已经实际履行，故甲乙合同有效，甲应承担民事责任。

(3)结论：B对，选B。

(4)延展：《民间借贷解释》第11条，“法人之间、其他组织之间以及它们相互之间为生产、经营需要订立的民间借贷合同，除存在《合同法》第五十二条、本规定第十四条规定的情形外，当事人主张民间借贷合同有效的，人民法院应予支持。”B选项中强调“该款用于甲公司项目建设”，其意即为此属于有效民间借贷合同，受法律保护，不是无效合同，也无从产生缔约过失责任或不当得利返还问题。

命题点3：法定代表人是法人机关，法定代表人行为归法人承担。

(1)法律依据：《民法总则》第61条，“依照法律或者法人章程的规定，代表法人从事民事活动的负责人，为法人的法定代表人。法定代表人以法人名义从事的民事活动，其法律后果由法人承受。法人章程或者法人权力机构对法定代表人代表权的限制，不得对抗善意相对人。”

(2)具体到本题：①“C. 甲公司法定代表人乙委托员工丙与丁签订合同，借用丁的存款单办理质押贷款用于经营”，丙受甲公司法定代表人乙委托借用存款单去办理质押取得贷款，用于公司生产经营。②甲公司法定代表人乙委托丙即甲公司委托丙与丁签订借用合同，故该借用合同之法律后果应由甲公司承担责任。③甲公司的责任形式不是本题考查重点，题干也无相关信息作出判断，故有多重可能如违约责任、侵权责任或者不当得利责任。④结论：C对，选C。

(3)具体到本题D：①“D. 甲公司与乙约定，乙向甲公司交纳保证金，甲公司为乙贷款购买设备提供担保。甲公司法定代表人丙以个人名义收取该保证金并转交甲公司出纳员入账”。②保证金虽然由法定代表人以个人名义收取，但实际转交给了公司出纳员，且收取该保证金是履行甲、乙签订合同的结果，故由甲公司承担责任。③结论：D对，选D。

常见错误

1. A中董事乙是无权代理说：认为董事乙的行为构成无权代理，为效力待定，如甲公司不予追认，甲公司无须承担保证责任，故未选A。

2. D中法定代表人以个人名义收钱自己负责说：认为甲公司法定代表人丙以个人名义收取保证金，应由丙个人承担法律责任，故未选D。

3. 法人代表发出要约就死亡之“清代翡翠”案

王某是甲公司的法定代表人，以甲公司名义向乙公司发出书面要约，愿以10万元价格出售甲公司的一块清代翡翠。王某在函件发出后2小时意外死亡，乙公司回函表示愿意以该价格购买。甲公司新任法定代表人以王某死亡，且未经董事会同意为由拒绝。关于该要约，下列哪一表述是正确的？(2011－3－3)

A. 无效　　　　B. 效力待定

C. 可撤销　　　D. 有效

答案：(　　)[1]

考点：法定代表人制度、意思表示、意思表示的发出

---

[1] 参考答案：D

读题技巧

1. 本题“发出要约后死亡案”是一个事例,配四个判断,各个判断互斥,题型比较简单。

2. 焦点问题是旧的法人代表发出要约后就死了,新的法人代表不认账,可不可以?

思路展开

思路1:法定代表人是法人机关(法人机关=法定代表人+意思机关+执行机关+监督机关),法定代表人以公司名义所为行为,是法人行为,由法人承担其后果。

(1)法人权限是法人内部治理问题,不对交易相对方发生效力。《公司法》第46条,“董事会对股东会负责,行使下列职权:(一)召集股东会会议,并向股东会报告工作;(二)执行股东会的决议;(三)决定公司的经营计划和投资方案;(四)制订公司的年度财务预算方案、决算方案;(五)制订公司的利润分配方案和弥补亏损方案;(六)制订公司增加或者减少注册资本以及发行公司债券的方案;(七)制订公司合并、分立、解散或者变更公司形式的方案;(八)决定公司内部管理机构的设置;(九)决定聘任或者解聘公司经理及其报酬事项,并根据经理的提名决定聘任或者解聘公司副经理、财务负责人及其报酬事项;(十)制定公司的基本管理制度;(十一)公司章程规定的其他职权。”可见,处置公司资产并非经由董事会决定。

(2)即使公司章程规定处置公司资产需要经由董事会决定,该规定也不具有对外效力。①《民法总则》第61条,“依照法律或者法人章程的规定,代表法人从事民事活动的负责人,为法人的法定代表人。法定代表人以法人名义从事的民事活动,其法律后果由法人承受。法人章程或者法人权力机构对法定代表人代表权的限制,不得对抗善意相对人。”②《合同法》第50条,“法人或者其他组织的法定代表人、负责人超越权限订立的合同,除相对人知道或者应当知道其超越权限的以外,该代表行为有效。”

(3)法定代表人变更等,本身不对法人对外交易的成立或效力发生影响。《合同法》第76条,“合同生效后,当事人不得因姓名、名称的变更或者法定代表人、负责人、承办人的变动而不履行合同义务。”

思路2:意思表示一旦发出,表意人须受其约束,非依法律,不得擅自撤回或者变更。意思表示作成后,将影响表意人、相对人或第三人的利益。

(1)法律依据:《合同法》第16条第1款,“要约到达受要约人时生效。”+第18条,“要约可以撤销。撤销要约的通知应当在受要约人发出承诺通知之前到达受要约人。”+第25条,“承诺生效时合同成立。”+第26条第1款,“承诺通知到达要约人时生效。承诺不需要通知的,根据交易习惯或者要约的要求作出承诺的行为时生效。”

(2)具体到本题:①“王某是甲公司的法定代表人,以甲公司名义向乙公司发出书面要约,愿以10万元价格出售甲公司的一块清代翡翠。王某在函件发出后2小时意外死亡,乙公司回函表示愿意以该价格购买。”②甲公司法定代表人王某以甲公司名义向乙公司发出书面要约已经到达乙公司,并经乙公司回函予以承诺。③甲、乙公司买卖合同已经成立,甲公司不得撤销要约。甲公司法定代表人王某在函件发出后2小时意外死亡,并不影响此前所发出要约的效力。④综合以上理由,王某作为甲公司的法定代表人,以甲公司名义向乙公司发出的书面要约有效。

(3)结论:①“D. 有效”,D对,选D。②“A. 无效;B. 效力待定;C. 可撤销”,ABC错,不选ABC。

延展:如将题设条件换为甲个人发出意思表示后死亡或丧失行为能力,该意思表示亦发生法律效力。

关联:《继承意见》第41条,“遗嘱人立遗嘱时必须有行为能力。无行为能力人所立的遗嘱,即使其本人后来有了行为能力,仍属无效遗嘱。遗嘱人立遗嘱时有行为能力,后来丧失了行为能力,不影响遗嘱的效力。”

4. 企业法人法定代表人什么行为由企业法人承担民事责任(名义说)

关于企业法人对其法定代表人行为承担民事责任的下列哪一表述是正确的?(2006-3-3)

A. 仅对其合法的经营行为承担民事责任

B. 仅对其符合法人章程的经营行为承担民事责任

C. 仅对其以法人名义从事的经营行为承担民事责任

D. 仅对其符合法人登记经营范围的经营行为承担民事责任

答案:(　　)①

考点:企业法人法定代表人什么行为由企业法人承担民事责任(名义说)

思路展开

思路1:企业法人对法定代表人以法人名义从事的经营行为承担民事责任,是为名义说。

思路2:法律依据:《民法总则》第61条,"依照法律或者法人章程的规定,代表法人从事民事活动的负责人,为法人的法定代表人。法定代表人以法人名义从事的民事活动,其法律后果由法人承受。法人章程或者法人权力机构对法定代表人代表权的限制,不得对抗善意相对人。"

具体到本题及结论:(1)"C. 仅对其以法人名义从事的经营行为承担民事责任",C对,选C。(2)"A. 仅对其合法的经营行为承担民事责任;B. 仅对其符合法人章程的经营行为承担民事责任;D. 仅对其符合法人登记经营范围的经营行为承担民事责任",ABD错,不选ABD。(3)展示:《2006年国家司法考试试题解析》:"本题考查对法条的直接运用,难度不大。"

延展:一般意义上法定代表人的行为由法人承担责任的特殊规定:(1)侵权责任的"执行工作任务"无过错替代责任制度。①《侵权责任法》第34条第1款,"用人单位的工作人员因执行工作任务造成他人损害的,由用人单位承担侵权责任。"②"工作任务的判断"可以参照《人身解释》第9条第2款处理,"前款所称从事雇佣活动,是指从事雇主授权或者指示范围内的生产经营活动或者其他劳务活动。雇员的行为超出授权范围,但其表现形式是履行职务或者与履行职务有内在联系的,应当认定为从事雇佣活动。"③单位授权或指示范围+超出授权或指示范围但表现形式是履行职务或与履行职务有内在联系。(2)越权行为的表见代表制度。①《民法总则》第61条,"依照法律或者法人章程的规定,代表法人从事民事活动的负责人,为法人的法定代表人。法定代表人以法人名义从事的民事活动,其法律后果由法人承受。法人章程或者法人权力机构对法定代表人代表权的限制,不得对抗善意相对人。"②《合同法》第50条,"法人或者其他组织的法定代表人、负责人超越权限订立的合同,除相对人知道或者应当知道其超越权限的以外,该代表行为有效。"

① 参考答案:C

第四章　民事法律行为

第一节　民事法律行为分类

单方行为/双方行为；身份行为/财产行为；负担行为/处分行为；诺成行为/实践行为

关于民事法律行为，下列哪些选项是错误的？(2008－四川－51)

A. 某演员将其演出收入捐赠给慈善机构的行为是单方行为

B. 陈某去世前设立遗嘱的行为是身份行为

C. 王某以自己的房屋为他人设立抵押权的行为是负担行为

D. 李某受领赵某错误交付标的物的行为是实践行为

答案：(　　)①

考点：单方行为/双方行为；身份行为/财产行为；负担行为/处分行为；诺成行为/实践行为

思路展开

命题点1：单方行为和双方行为。

(1)学理依据：以是否由当事人一方的意思表示即可成立为标准，民事法律行为可以分为单方行为和双方行为。①单方行为是指仅由一方意思表示就能成立的民事法律行为如遗嘱、代理权授予、无权代理的追认、抛弃所有权等。②双方行为是当事人双方意思表示一致才能成立的民事法律行为。

(2)具体到本题：根据"恩惠不能滥施于人"的理论，赠与实际上需要赠与方和受赠方意思表示一致才能成立，选项A中的捐赠行为应属于双方行为。

(3)结论："A. 某演员将其演出收入捐赠给慈善机构的行为是单方行为"，A错，符合题意，选A。

命题点2：身份行为和财产行为。

(1)学理依据：根据发生的效果是身份关系还是财产关系，民事法律行为分为身份行为和财产行为。①身份行为是指发生身份变动效果的民事法律行为如辞去委托监护、收养等。②财产行为是发生财产变动效果的民事法律行为，包括物权行为如抛弃、交付等；也有债权行为如买卖、承揽合同等。

(2)具体到本题：B项中陈某设立遗嘱的行为并没有发生身份变动的效果，而是发生了财产变动的效果，因此属于财产行为。

(3)结论："B. 陈某去世前设立遗嘱的行为是身份行为"，B错，符合题意，选B。

命题点3：处分行为和负担行为。

(1)学理依据：根据效力区分，民事法律行为分为处分行为和负担行为。①处分行为是直接发生财产权转移或者消灭的行为，处分行为的结果是权利的转移、权利内容的缩小或改变、权利上设定负担以及权利消灭等。②负担行为是发生给付义务效果的行为，负担行为的结果是权利不能直接实现，须经义务人的履行才能实现。

(2)具体到本题：C项中王某的行为为自己的所有权设立了限制，因此属于处分行为。

(3)结论："C. 王某以自己的房屋为他人设立抵押权的行为是负担行为"，C错，符合题意，选C。

命题点4：诺成行为和实践行为。

(1)学理依据：以意思表示之外是否以标的物的交付为成立要件，可以把民事法律行为分为诺成性行为和实践性行为。①诺成性民事法律行为，仅有意义表示就算成立，无须交付标的物。②实践性民事法律行为，仅有意思表示还不算成立，只有按照该意思表示完成标的物的交付，行为才告成立，才能发生设定民事权利义务的效果。

(2)具体到本题：D项中李某受领赵某错误交付的标的物，虽然实际发生了交付，却没有产生意思表示所要追求的法律效果，因此不成立民事法律行为，

---

①　参考答案：ABCD

更谈不上实践行为。

(3)结论:“D. 李某受领赵某错误交付标的物的行为是实践行为”,D错,符合题意,选D。

第二节 意思表示

1. 哪些构成意思表示

下列哪些情形构成意思表示?(2007-3-51)

A. 甲对乙说:我儿子如果考上重点大学,我一定请你喝酒

B. 潘某在寻物启事中称,愿向送还失物者付酬金500元

C. 孙某临终前在日记中写道:若离人世,愿将个人藏书赠与好友汪某

D. 何某向一台自动售货机投币购买饮料

答案:(　　)①

考点:意思表示的判断

思路展开

命题点1:“好意施惠关系”之效果意思是意思表示的必备构成内容。

(1)学理依据:意思表示中的“意思”并非寻常的意思,而是发生一定民法上效果的意思(效果意思),亦即关于民事法律关系发生、变更、消灭的意思。

(2)具体到本题A选项,邀请他人吃饭时,邀请人并不希望发生民法上的效果,使被邀请者因此取得民法上的请求权,当事人之间仅仅成立一种“好意施惠关系”或“情谊关系”。因此A项中甲的行为不构成意思表示。

(3)结论:“A. 甲对乙说:我儿子如果考上重点大学,我一定请你喝酒”,A错,不选A。

(4)展示:《2007年国家司法考试试题解析》一句话:“A项中‘我儿子如果考上重点大学’这种表述貌似一个条件,其实是用来干扰考生的。”+“【设题陷阱与常见错误分析】有的考生认为A项属于附条件的民事法律行为,因此误选了A。”

命题点2:悬赏广告。

(1)学理依据:所谓悬赏广告,是指通过广告形式声明对完成广告中规定的特定行为的任何人给付广告中表明的报酬的行为。依民法原理,悬赏广告是针对不特定人的一种意思表示。

(2)法律依据:《合同法解释二》第3条,“悬赏人以公开方式声明对完成一定行为的人支付报酬,完成特定行为的人请求悬赏人支付报酬的,人民法院依法予以支持。但悬赏有《合同法》第五十二条规定情形的除外。”

(3)具体到本题B选项:潘某在寻物启事中称,愿向送还失物者付酬金500元,这是一个悬赏广告。悬赏广告是针对不特定人的一种意思表示。

(4)结论:“B. 潘某在寻物启事中称,愿向送还失物者付酬金500元”,B对,选B。

(5)关联真题:(2012-3-4)题甲与同学打赌,故意将一台旧电脑遗留在某出租车上,看是否有人送还。与此同时,甲通过电台广播悬赏,称捡到电脑并归还者,付给奖金500元。该出租汽车司机乙很快将该电脑送回,主张奖金时遭拒。下列哪一表述是正确的?② A. 甲的悬赏属于要约;B. 甲的悬赏属于单方允诺;C. 乙归还电脑的行为是承诺;D. 乙送还电脑是义务,不能获得奖金。

(6)展示:“【设题陷阱与常见错误分析】有的考生认为B项中潘某的行为没有特定的相对人,不构成意思表示,因此未选B”。

命题点3:“遗书”自书遗嘱之单方法律行为。

(1)法律依据:《继承意见》第40条,“公民在遗书中涉及死后个人财产处分的内容,确为死者真实意思的表示,有本人签名并注明了年、月、日,又无相反证据的,可按自书遗嘱对待。”

(2)具体到本题C选项:孙某的日记就其内容来看其实是一份遗嘱,而遗嘱属于一种意思表示。

(3)结论:“C. 孙某临终前在日记中写道:若离人世,愿将个人藏书赠与好友汪某”,C对,选C。

(4)展示:《2007年国家司法考试试题解析》:“须注意的是,遗嘱是无相对人的意思表示,不以告知他人为成立要件。一些考生认为日记不公开,不可能是意思表示,其实是不太熟悉遗嘱属于无相对

① 参考答案:BCD

② 参考答案:司法部公布的答案是B。

人的意思表示这一特点。”+“有的考生认为日记是不公开的,孙某只有‘意思’,没有‘表示’,不构成意思表示,因此未选 C。”

(5)注意:①有观点认为,“遗书”并不当然构成遗嘱,只可“勉强”作为自书遗嘱对待。①评论:确实,遗书是否遗嘱,要看是否符合《继承意见》第 40 条的构成要件、时间、签名、财产处分、真实意思、无相反证据。但是,这些都列上去,这题还怎么出?考生需要做到的是,本题不是在考查意思表示的效力问题,不是考查遗嘱的效力问题,而是考查意思表示的构成问题,用这样的做题思路,才能紧跟题意而不跑偏。

命题点 4:自动售货机通过行为作出意思表示。

(1)法律依据:意思表示的形式既可以是明示(书面、口头),也可以是默示(作为推定、沉默)。民法理论一般认为,自动售货机的设置属于要约,他人投币行为属于承诺,而承诺是受要约人同意要约的意思表示。

(2)具体到本题:D 项中何某是通过行为表明自己的意思。

(3)结论:“D. 何某向一台自动售货机投币购买饮料”,D 对,选 D。

(4)展示:《2007 年国家司法考试试题解析》:“有的考生认为 D 项中何某并未通过口头或书面形式表达其意思,因此未选 D。”

2. 教授举行学术讲座卖书,学生误以为签到而签名案:无效果意思,不是意思表示

教授甲举办学术讲座时,在礼堂外的张贴栏中公告其一部新著的书名及价格,告知有意购买者在门口的签字簿上签名。学生乙未留意该公告,以为签字簿是为签到而设,遂在上面签名。对乙的行为应如何认定?(2005－3－1)

A. 乙的行为可推定为购买甲新著的意思表示

B. 乙的行为构成重大误解,在此基础上成立的买卖合同可撤销

C. 甲的行为属于要约,乙的行为属于附条件承诺,二者之间成立买卖合同,但需乙最后确认

D. 乙的行为并非意思表示,在甲、乙之间并未成立买卖合同

答案:(　　)①

考点:意思表示构成要件之效果意思

思路展开

命题点 1:意思表示必须具备效果意思。

(1)学理依据:意思表示是指表意人将意欲实现司法效果的意思表现于外部的行为。①关于意思表示的构成要素,理论界存在不同的观点,但一般均认为效果意思是意思表示必不可少的要件之一。②所谓效果意思,是指表意人具有设立、变更或终止民事法律关系的意图。

(2)具体到本题中:①“告知有意购买者在门口的签字簿上签名”+“学生乙未留意该公告,以为签字簿是为签到而设,遂在上面签名”。②乙认为签字行为属于签到,根本没有与甲发生买卖关系或其他法律关系的意图,不构成意思表示。

(3)结论:①“D. 乙的行为并非意思表示,在甲、乙之间并未成立买卖合同”,D 对,选 D。②乙没有与甲发生买卖关系的意图,将乙的行为推定为购买新著的意思表示,没有任何法律和法理依据。因此,“A. 乙的行为可推定为购买甲新著的意思表示”,A 错,不选 A。③承诺是受要约人同意要约的意思表示,乙的行为并不是表示愿意购买书籍,因此不属于承诺。因此,“C. 甲的行为属于要约,乙的行为属于附条件承诺,二者之间成立买卖合同,但需乙最后确认”,C 错,不选 C。

命题点 2:欠缺效果意思,不属于重大误解。重大误解的前提是有效果意思,只是对效果意思内容发生了误解。

(1)学理依据:重大误解是指由于误解导致表意人的表示与内心的效果意思不一致。可见,重大误解仍然要以行为人有设立、变更、终止某种民事法律关系的效果意思为前提,只不过表示与本意不一致罢了。

(2)法律依据:《民通意见》第 71 条,“行为人因对行为的性质、对方当事人、标的物的品种、质量、规格和数量等的错误认识,使行为的后果与自己的意思相悖,并造成较大损失的,可以认定为重大误解。”

(3)法条阐释:对行为性质的误解如将买卖误

① 参考答案:D

解为赠与或者相反，其前提是有自己的效果意思，也就是说，有了要接受赠与的意思或者有要买卖的意思，只是对其性质发生了错误认识。根本没有效果意思的这种生活上的“误解”概念，不是法律概念上的重大误解。

(4)具体到本题：乙缺乏效果意思，也就谈不上构成重大误解。

(5)结论：“B. 乙的行为构成重大误解，在此基础上成立的买卖合同可撤销”，B错，不选B。

(6)展示：《2005年国家司法考试试题解析》：“本题是对民法基础理论的考查。B项具有较大的迷惑性。有的认为乙的行为属于对行为性质的重大误解，因此误选了B。”①

技术分析：(1)ABC是一伙：“A. 乙的行为可推定为购买甲新著的意思表示；B. 乙的行为构成重大误解，在此基础上成立的买卖合同可撤销；C. 甲的行为属于要约，乙的行为属于附条件承诺，二者之间成立买卖合同，但需乙最后确认”。(2)D是另一伙：“D. 乙的行为并非意思表示，在甲、乙之间并未成立买卖合同”。(3)单选题，自然只能选D。

第三节 附条件与附期限的民事法律行为

1. 赠与藏书之转让给他人就有权收回案：附条件赠与

甲将300册藏书送给乙，并约定乙不得转让给第三人，否则甲有权收回藏书。其后甲向乙交付了300册藏书。下列哪一说法是正确的？(2009-3-6)

A. 甲与乙的赠与合同无效，乙不能取得藏书的所有权

B. 甲与乙的赠与合同无效，乙取得了藏书的所有权

C. 甲与乙的赠与合同为附条件的合同，乙不能取得藏书的所有权

D. 甲与乙的赠与合同有效，乙取得了藏书的所有权

答案：(　　)②

考点：附条件民事法律行为之赠与、交付变动动产物权

思路展开

命题点1：附条件法律行为之附条件赠与。

(1)法律依据：《民法总则》第158条，“民事法律行为可以附条件，但是按照其性质不得附条件的除外。附生效条件的民事法律行为，自条件成就时生效。附解除条件的民事法律行为，自条件成就时失效。”《民法总则》第159条，“附条件的民事法律行为，当事人为自己的利益不正当地阻止条件成就的，视为条件已成就；不正当地促成条件成就的，视为条件不成就。”

(2)法理阐释：附条件的民事法律行为，是指当事人在意思表示中附设条款指明一定条件，把条件的成就与否作为民事法律行为效力发生或终止的根据。①以条件成就的法律效力不同为区分标准，可将所附条件分为延缓条件与解除条件。②延缓条件(又称停止条件、生效条件)是指民事法律行为效力的发生决定于所附条件的成就。③解除条件(又称终止条件)是指决定民事法律行为效力是否终止的条件。

(3)具体到本题：①“甲将300册藏书送给乙，并约定乙不得转让给第三人，否则甲有权收回藏书”。②甲于赠与合同中约定，若乙将藏书转让给第三人，则收回藏书，为解除条件，故甲与乙的赠与合同为附解除条件的赠与合同。③双方关于解除条件的约定

---

① 王泽鉴老师《民法总则》一书中也举了这个例子，采用的逻辑推理为：以行为推断有购买的意思，然后启动意思表示瑕疵理论予以解决。意思表示＝内心意思＋表示行为。而内心意思却是通过行为来推定的。有兴趣者可参考王泽鉴《民法总则》，北京大学出版社，第320页。按照王泽鉴老师的推理，本题就是乙签名是承诺，虽然欠缺表示意识，不自知其签名具有某种法律行为上的意义，对意思表示的成立不产生影响。可类推适用关于意思表示错误规定撤销其意思表示，但对发出要约方须负担损害赔偿责任。有观点认为，这是意思表示的“新理论”，新理论是现今通说观点。评论：至多是我国台湾地区通说观点，不是大陆的通说观点。即使是在台湾地区，也有反对观点如梅仲协认为：法律行为的基础在于当事人的自主决定，行为人欠缺表示意识，意思表示不存在，不能适用因错误而撤销，因为根本上没有意思表示，谈不上撤销。再延及，2015年第51题，自然人用房屋买卖来担保借款，此题中，命题人就特别强调，意思表示理论中的真实意思，内心意思应得到贯彻，而不是仅仅从行为来强制推断其内心意思。此点请考生仔细甄别。

② 参考答案：D

并不影响合同的效力。题干信息未揭示解除条件是否成就即推定未成就。

(4)结论:"A. 甲与乙的赠与合同无效,乙不能取得藏书的所有权;B. 甲与乙的赠与合同无效,乙取得了藏书的所有权",AB 错,不选 AB。

(5)延展:附解除条件的赠与、合同的解除、附义务的赠与,三者本质不同。①附解除条件的赠与,条件成就,合同自动失效。②合同的解除,坚持解除通知主义,合同有效,行使解除权,通知到达相对人,合同才解除。③附义务的赠与,违反义务会启动赠与人的法定撤销权(《合同法》第 192 条,"受赠人有下列情形之一的,赠与人可以撤销赠与:(一)严重侵害赠与人或者赠与人的近亲属;(二)对赠与人有扶养义务而不履行;(三)不履行赠与合同约定的义务。赠与人的撤销权,自知道或者应当知道撤销原因之日起一年内行使。")④如何辨别?应从题干的措辞入手,抠字眼!本题题干:"不得转让给第三人",指向附解除条件之"条件"。"甲有权收回藏书",指向附解除条件之"解除"。⑤示例:比对题干措辞。2007 年卷三 11 题题干交代的就是附义务的赠与。"甲将其父去世时留下的毕业纪念册赠与其父之母校,赠与合同中约定该纪念册只能用于收藏和陈列,不得转让。但该大学在接受乙的捐款时,将该纪念册馈赠给乙。下列哪一个选项是正确的?①A. 该大学对乙的赠与无效,乙不能取得纪念册的所有权;B. 该大学对乙的赠与无效,但乙已取得纪念册的所有权;C. 只有经甲同意后,乙才能取得纪念册的所有权;D. 该大学对乙的赠与有效,乙已取得纪念册的所有权。"

命题点 2:交付变动动产物权。

(1)法律依据:《物权法》第 23 条,"动产物权的设立和转让,自交付时发生效力,但法律另有规定的除外。"

(2)具体到本题:"甲将 300 册藏书送给乙" + "其后甲向乙交付了 300 册藏书" = 乙取得了 300 册藏书的所有权。

(3)结论:①"C. 甲与乙的赠与合同为附条件的合同,乙不能取得藏书的所有权",C 错,不选 C。②"D. 甲与乙的赠与合同有效,乙取得了藏书的所有权",D 对,选 D。

2. 迷信喜鹊买房与坑爹的孩子之附条件买卖案

甲打算卖房,问乙是否愿买,乙一向迷信,就跟甲说:"如果明天早上 7 点你家屋顶上来了喜鹊,我就出 10 万块钱买你的房子。"甲同意。乙回家后非常后悔。第二天早上 7 点差几分时,恰有一群喜鹊停在甲家的屋顶上,乙正要将喜鹊赶走;甲不知情的儿子拿起弹弓把喜鹊打跑了,至 7 点再无喜鹊飞来。关于甲、乙之间的房屋买卖合同,下列哪一个选项是正确的?(2008 - 3 - 6)

A. 合同尚未成立

B. 合同无效

C. 乙有权拒绝履行该合同

D. 乙应当履行该合同

答案:(　　)②

考点:附生效条件法律行为(条件未成就,合同成立但未生效)

思路展开

思路 1:附条件法律行为之附条件买卖。

思路 2:法律依据:《民法总则》第 158 条,"民事法律行为可以附条件,但是按照其性质不得附条件的除外。附生效条件的民事法律行为,自条件成就时生效。附解除条件的民事法律行为,自条件成就时失效。"《民法总则》第 159 条,"附条件的民事法律行为,当事人为自己的利益不正当地阻止条件成就的,视为条件已成就;不正当地促成条件成就的,视为条件不成就。"

思路 3:法理阐释:附条件的民事法律行为,是指当事人在意思表示中附设条款指明一定条件,把条件的成就与否作为民事法律行为效力发生或终止的根据。

(1)以条件成就的法律效力不同为区分标准,可将所附条件分为延缓条件与解除条件。

(2)延缓条件(又称停止条件、生效条件)是指民事法律行为效力的发生决定于所附条件的成就。

(3)解除条件(又称终止条件)是指决定民事法

① 参考答案:D
② 参考答案:C

律行为效力是否终止的条件。

思路4：具体到本题：(1)“甲打算卖房，问乙是否愿买，乙一向迷信，就跟甲说：‘如果明天早上7点你家屋顶上来了喜鹊，我就出10万块钱买你的房子。’”“甲同意。”+“乙回家后非常后悔”=后悔指向合同已经成立。(2)“乙正要将喜鹊赶走；甲不知情的儿子拿起弹弓把喜鹊打跑了，至7点再无喜鹊飞来”。(3)甲与乙就房屋买卖达成合意，合同即告成立，合同成立不以书面形式为必要。双方的意思表示是真实的，且不因其后乙的后悔而有所改变。“喜鹊”约款系合同生效要件，因条件未成就，合同未生效，乙当然有权拒绝履行。(5)阻止条件成就的不是乙，而是甲的儿子：乙正要将喜鹊赶走，甲不知情的儿子拿起弹弓把喜鹊打跑了，也就是说，乙虽想阻止条件的成就，但是真正实施阻却条件行为的却是甲不知情的儿子，并非当事人为自己的利益不正当地阻止条件成就的，因而不能视为条件已成就。(6)小结：甲与乙之间的房屋买卖合同成立，但是所附生效条件并没有成就，故合同未生效。

结论：(1)“C. 乙有权拒绝履行该合同”，C对，选C。(2)“A. 合同尚未成立；D. 乙应当履行该合同”，AD错，不选AD。(3)未生效不是“无效”，也不会发生无效的法律后果。故“B. 合同无效”，B错，不选B。

常见错误

1. 开玩笑合同未成立说：认为意思表示不真实，合同未能成立，或法律不支持封建迷信，或房屋买卖合同是要式合同，双方当事人必须订立书面合同，否则合同不成立，或条件（早上7点你家屋顶上来了喜鹊）未实现，且不是乙赶走喜鹊的，又或属嬉戏行为等，从而推导出合同尚未成立，误选A。

2. 封建迷信无效说：认为合同约定的条件属封建迷信，违反社会善良风俗，合同是无效的，误选B。

第五章 代 理

一、代理的判断

1. 哪些属于代理

下列哪些情形属于代理?(2012－3－53)

A. 甲请乙从国外代购1套名牌饮具,乙自己要买2套,故乙共买3套一并结账

B. 甲请乙代购茶叶,乙将甲写好茶叶名称的纸条交给销售员,告知其是为自己朋友买茶叶

C. 甲律师接受法院指定担任被告人乙的辩护人

D. 甲介绍歌星乙参加某演唱会,并与主办方签订了三方协议

答案:(　　)①

考点:隐名间接代理、显名间接代理、诉讼中代理、居间

解题图构1:以代理名义标准对代理进行分类

代理名义
- ①直接代理:被代理人名义《民法通则》第63第2款
- ②间接代理:代理人名义
  - ①显名间接代理:相对人知情《合同法》402
  - ②隐名间接代理:相对人不知情《合同法》403

解题图构2:委托代理的间接代理

隐名间接代理
- ①委托人违约
  - ①受托人披露(谁是委托人)
  - ②第三人选择(选择后不得变更)
- ②第三人违约
  - ①受托人披露(谁是第三人)
  - ②委托人(介入)

思路展开

命题点1:代理的三方结构。

(1)代理的两个层次含义。①代理是一种行为。代理人独立为意思表示,本质为法律行为。②代理是一种法律关系。代理人、被代理人(又称"本人")和第三人共同组成三方三种法律关系。

(2)典型代理的三方当事人、三方法律关系。①内部关系:代理人与被代理人的协议关系(委托代理)或身份关系(法定代理)。②外部关系:代理人与第三人的表意关系,为法律行为。③结果关系:被代理人与第三人权利义务关系,代理行为的权利义务直接由被代理人和第三人承受。

(3)直接代理和间接代理的法律依据:①《民法总则》规定了典型代理。《民法总则》第162条,"代理人在代理权限内,以被代理人名义实施的民事法律行为,对被代理人发生效力。"②《合同法》规定了间接代理＝隐名间接代理＋显名间接代理。

命题点2:隐名间接代理。

(1)法律依据:《合同法》第403条,"受托人以自己的名义与第三人订立合同时,第三人不知道受托人与委托人之间的代理关系的,受托人因第三人的原因对委托人不履行义务,受托人应当向委托人披露第三人,委托人因此可以行使受托人对第三人的权利,但第三人与受托人订立合同时如果知道该委托人就不会订立合同的除外。受托人因委托人的原因对第三人不履行义务,受托人应当向第三人披露委托人,第三人因此可以选择受托人或者委托人作为相对人主张其权利,但第三人不得变更选定的相对人。委托人行使受托人对第三人的权利的,第三人可以向委托人主张其对受托人的抗辩。第三人选定委托人作为其相对人的,委托人可以向第三人主张其对受托人的抗辩以及受托人对第三人的抗辩。"

(2)具体到本题:①"A. 甲请乙从国外代购1套名牌饮具,乙自己要买2套,故乙共买3套一并结账"。②乙以自己的名义为甲购买1套名牌饮具,应当属于代理,隐名间接代理。

(3)结论:A对,选A。

命题点3:显名间接代理。

(1)法律依据:《合同法》第402条,"受托人以

① 参考答案:ABC

自己的名义,在委托人的授权范围内与第三人订立的合同,第三人在订立合同时知道受托人与委托人之间的代理关系的,该合同直接约束委托人和第三人,但有确切证据证明该合同只约束受托人和第三人的除外。”

(2)具体到本题:①“B. 甲请乙代购茶叶,乙将甲写好茶叶名称的纸条交给销售员,告知其是为自己朋友买茶叶”。②乙在告知销售员其为甲代买茶叶的情况下,帮助甲买茶叶属于代理,显名间接代理。

(3)结论:B 对,选 B。

命题点 4:指定代理。

(1)法律依据:①代理可分为委托代理和法定代理。《民法总则》第 163 条,“代理包括委托代理和法定代理。委托代理人按照被代理人的委托行使代理权。法定代理人依照法律的规定行使代理权。”②指定辩护:《刑事诉讼法》第 34 条,“犯罪嫌疑人、被告人因经济困难或者其他原因没有委托辩护人的,本人及其近亲属可以向法律援助机构提出申请。对符合法律援助条件的,法律援助机构应当指派律师为其提供辩护。犯罪嫌疑人、被告人是盲、聋、哑人,或者是尚未完全丧失辨认或者控制自己行为能力的精神病人,没有委托辩护人的,人民法院、人民检察院和公安机关应当通知法律援助机构指派律师为其提供辩护。犯罪嫌疑人、被告人可能被判处无期徒刑、死刑,没有委托辩护人的,人民法院、人民检察院和公安机关应当通知法律援助机构指派律师为其提供辩护。”第 35 条,“辩护人的责任是根据事实和法律,提出犯罪嫌疑人、被告人无罪、罪轻或者减轻、免除其刑事责任的材料和意见,维护犯罪嫌疑人、被告人的诉讼权利和其他合法权益。”

(2)具体到本题:①“C. 甲律师接受法院指定担任被告人乙的辩护人”。②甲律师接受法院指定担任被告人乙的辩护人,甲是乙的代理人,他们构成代理。

(3)结论:C 对,选 C。

命题点 5:居间合同。

(1)法律依据:《合同法》第 424 条,“居间合同是居间人向委托人报告订立合同的机会或者提供订立合同的媒介服务,委托人支付报酬的合同。”

(2)具体到本题:“D. 甲介绍歌星乙参加某演唱会,并与主办方签订了三方协议”。三方协议,甲提供的是居间服务,没有实施法律行为,故属于居间合同,而不构成代理。

(3)结论:D 错,不选 D。

常见错误

A 选项代购属于好意施惠关系说:认为 A 选项中乙不具备为甲的利益而行为的初衷,也没有以甲的名义实施行为,故乙的行为不是代理,而是好意施惠。

2. 无权代理的判断

下列哪一情形构成无权代理?(2009-3-4)

A. 甲冒用乙的姓名从某杂志社领取乙的论文稿酬据为己有

B. 某公司董事长超越权限以本公司名义为他人提供担保

C. 刘某受同学周某之托冒充丁某参加求职面试

D. 关某代收某推销员谎称关某的邻居李某订购的保健品并代为付款

答案:(　　)①

考点:无权代理的界定

解题图构 1:代理权的分类

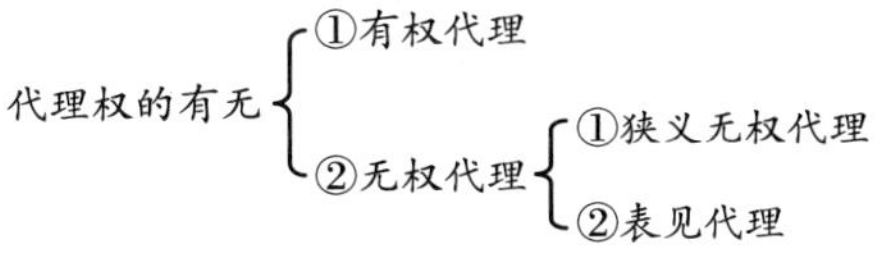

解题图构 2:无权代理

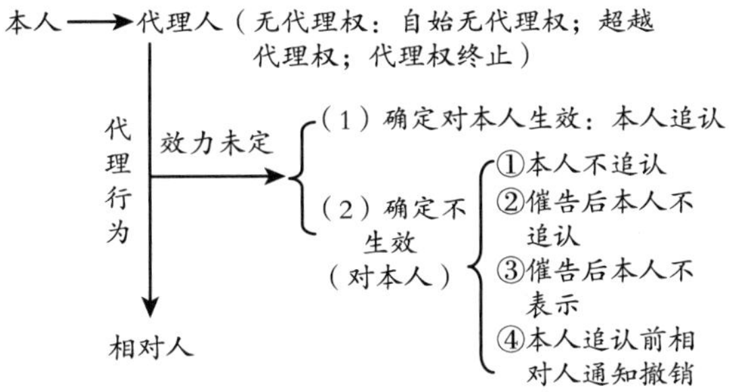

思路展开

命题点 1:无权代理的构成。

(1)法律依据:《民法总则》第 171 条,“行为人

① 参考答案:D

没有代理权、超越代理权或者代理权终止后，仍然实施代理行为，未经被代理人追认的，对被代理人不发生效力。相对人可以催告被代理人自收到通知之日起一个月内予以追认。被代理人未作表示的，视为拒绝追认。行为人实施的行为被追认前，善意相对人有撤销的权利。撤销应当以通知的方式作出。行为人实施的行为未被追认的，善意相对人有权请求行为人履行债务或者就其受到的损害请求行为人赔偿，但是赔偿的范围不得超过被代理人追认时相对人所能获得的利益。相对人知道或者应当知道行为人无权代理的，相对人和行为人按照各自的过错承担责任。

（2）法条阐释：①代理可分为直接代理和间接代理。②本题没有考查间接代理。③仅涉及直接代理。④直接代理有三方结构，有三方法律关系：a. 本人与代理人的代理权授予关系；b. 代理人与相对人法律行为关系；c. 相对人与本人的效果归属关系。⑤无权代理中，欠缺的是“本人与代理人的代理权授予关系”（是为“无权代理”），不能欠缺另两层结构。

命题点2：冒名行为的性质界定，冒名行为不是无权代理。

（1）首先看《2009年国家司法考试试题解析》：①“代理是指代理人在代理权限范围内，以被代理人的名义独立与第三人实施民事法律行为，由此产生的法律效果直接归属于被代理人的一种法律制度。代理的法律特征之一即代理人以被代理人名义实施民事法律行为。通过代理行为，在被代理人与相对人之间发生一定的民事法律关系，或者变更、终止被代理人与相对人之间已经存在的民事法律关系。冒名行为不符合代理关系的这一特征，因此A项错误。”②“基于委托授权或法律规定而形成的代理关系只能存在于代理人与被代理人之间，其内容为前者以后者名义为意思表示或受意思表示，故C项错误。”

（2）再次，看《民法宝典》对冒名行为的分类界定。①姓名不具有特殊的区别意义，法律关系直接发生在冒名行为人和相对人之间。行为人为自己订立合同而假冒他人之名，相对人也愿意与行为人订立合同，而对法律效果究竟归属谁在所不问，也就是说，姓名不具有区别性意义。该合同关系发生在冒名行为人和相对人之间。例如，明星甲向乙承租乡间小屋休闲，为避免干扰，使用其弟丙之姓名订立合同，则甲与乙之间成立租赁合同关系，而不是丙与乙之间成立租赁合同关系。②适用无权处分规则的冒名行为。例如，甲将乙的电脑卖给丙，甲对丙说自己就是乙，并在买卖合同中签署了乙的姓名。第一，甲侵犯了乙的姓名权。第二，可以进行笔迹鉴定，即可知买卖合同的出卖人就是甲，而不是乙。第三，甲无权处分了乙的财产，适用无权处分规则。第四，买卖合同有效。如果乙追认，丙正常取得所有权；如果乙不追认，则追索丙是否构成善意取得。

联想：类似的还如冒名出卖他人房屋、冒名出租他人房屋、冒名出借他人物品、冒名赠与他人物品、冒名抵押他人物品、冒名出质他人物品等。③类推适用无权代理规则的冒名行为。相对人对被冒名之人有一定联想，而意在与其发生法律关系。例如，甲冒某收藏家乙之名向丙订购某画，丙因慕乙之名而同意出售该画，则原则上类推无权代理之规定。又如，某甲冒用歌星刘德华之名签订演出合同，则属于无权代理。

评论：这个观点被很多人表述，但受到挑战：因为行为人没有将行为后果归属于他人的意思，即使是无权代理，也是有这种归属意思的。因此，凡是没有效果归属他人意思，均应视为行为人自己的行为，不适用代理规则，应适用欺诈订立合同规则。

（3）具体到本题A选项：①“A. 甲冒用乙的姓名从某杂志社领取乙的论文稿酬据为己有”。②甲冒用乙姓名的行为是“领取稿酬”，为事实行为，不是法律行为，不是代理，自然不是无权代理。甲和某杂志社构成双方结构，当然，甲对乙构成不当得利。

（4）具体到本题C选项：①“C. 刘某受同学周某之托冒充丁某参加求职面试”。②刘某的行为不是实施法律行为，为意思表示或接受意思表示，而是参加面试。刘某不是代理，自然不是无权代理。

（5）小结：AC均错，不选AC。

命题点3：越权行为，是表见代表，不属于代理，更不属于无权代理。

（1）法律依据：①表见代表。《民法总则》第61条，“依照法律或者法人章程的规定，代表法人从事民事活动的负责人,为法人的法定代表人。法定代表人以法人名义从事的民事活动,其法律后果由法人承受。法人章程或者法人权力机构对法定代表人代表权的限制,不得对抗善意相对人。”《合同法》第50条,“法人或者其他组织的法定代表人、负责人超越权限订立的合同,除相对人知道或者应当知道其超越权限的以外,该代表行为有效。”②表见代理。《合同法》第49条,“行为人没有代理权、超越代理权或者代理权终止后以被代理人名义订立合同,相对人有理由相信行为人有代理权的,该代理行为有效。”

(2)法条阐释:表见代表与表见代理的区分:①表见代表是双方结构,无权代理是三方结构。a.法人的法定代表人是法人机关,其人格被法人吸收,其代表法人之行为效果归属于法人是基于其本身即为法人机关,而非基于“代理”的效果归属关系。故法人与相对人形成双方结构,没有三方结构。b.表见代理的代理人有独立的人格,并非隶属于被代理人。②适用范围不同。a.表见代表除适用法律行为之外,还可以适用于事实行为,甚至违法行为。b.表见代理仅能适用于法律行为。③行为效力不同。a.表见代表行为有效。b.表见代理中相对人有选择权(“三大本”:a.发生有权代理的效果。b.相对人有撤销权:相对人对于表见代理享有选择权,既可按狭义无权代理,享有撤销权,也可按表见代理,接受与本人的民事法律行为,与本人之间发生权利义务关系)。④法律责任不同。a.表见代表的法人代表除应承担民事责任外,还应承担行政责任,甚至刑事责任。b.表见代理的越权代理人一般只承担民事责任。

(3)具体到本题:①“B.某公司董事长超越权限以本公司名义为他人提供担保”。②董事长属于表见代表,某公司与“主债权人”成立保证合同,是双方结构。③不是代理,谈不上无权代理。④《2009年国家司法考试试题解析》:“虽然表见代理可以归于广义上的无权代理,但表见代表毕竟不同于表见代理,不能归于无权代理。”

(4)结论:B错,不选B。

命题点4:无权代理。

(1)法律依据:《民法总则》第171条,“行为人没有代理权、超越代理权或者代理权终止后,仍然实施代理行为,未经被代理人追认的,对被代理人不发生效力。相对人可以催告被代理人自收到通知之日起一个月内予以追认。被代理人未作表示的,视为拒绝追认。行为人实施的行为被追认前,善意相对人有撤销的权利。撤销应当以通知的方式作出。行为人实施的行为未被追认的,善意相对人有权请求行为人履行债务或者就其受到的损害请求行为人赔偿,但是赔偿的范围不得超过被代理人追认时相对人所能获得的利益。相对人知道或者应当知道行为人无权代理的,相对人和行为人按照各自的过错承担责任。”

(2)具体到本题:①“D.关某代收某推销员谎称关某的邻居李某订购的保健品并代为付款”。②推销员发出了订立保健品买卖合同的要约。③关某并未基于李某授权取得委托代理权,却以李某的名义承诺。④关某与推销员订立合同,属于无权代理订立的合同。

(3)结论:D对,选D。

(4)延展:关某是否构成无因管理或者不当得利?应检索无因管理或不当得利的构成要件,单就D选项表述而言,关某不构成无因管理,因为“李某的事务本身是不存在的”。很显然,也不满足不当得利的要件。

二、代理的分类

1. 复代理

关于复代理,下列哪些选项是正确的?(2008-四川-52)

A.复代理人是代理人基于复任权而选任的

B.复代理人的代理行为后果直接由本人承担

C.委托代理人转托他人代理必须取得被代理人同意

D.委托代理人转托不明给第三人造成损失的,转托代理人应负连带责任

答案:( )①

考点:复代理

① 参考答案:AB

解题图构

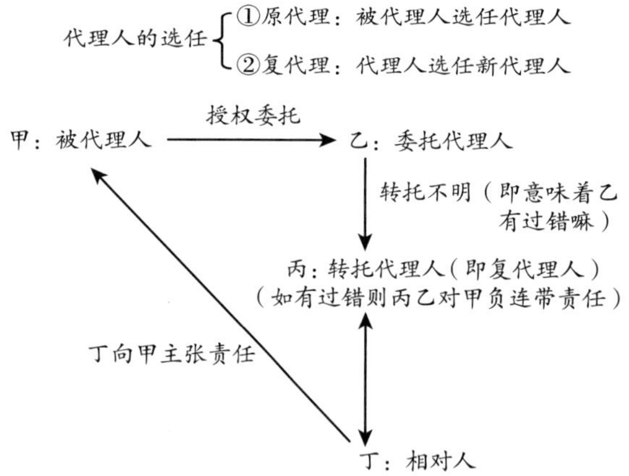

解图：(1)乙转托不明，给丁造成损失，丁可以直接要求甲赔偿损失。(2)甲对丁承担责任后，可以要求乙赔偿损失。如果丙有过错，丙和乙对甲的损失负连带责任。

思路展开

命题点 1：复代理中的基础：代理人的复任权。委托代理人一般无复任权，两个例外情形下有复任权：同意"转委托"（事先授权的同意 + 事后追认的同意）+ 紧急"转委托"。

(1)法律依据：①《民法总则》第 169 条，"代理人需要转委托第三人代理的，应当取得被代理人的同意或者追认。转委托代理经被代理人同意或者追认的，被代理人可以就代理事务直接指示转委托的第三人，代理人仅就第三人的选任以及对第三人的指示承担责任。转委托代理未经被代理人同意或者追认的，代理人应当对转委托的第三人的行为承担责任，但是在紧急情况下代理人为了维护被代理人的利益需要转委托第三人代理的除外。"②《民通意见》第 80 条，"由于急病、通信联络中断等特殊原因，委托代理人自己不能办理代理事项，又不能与被代理人及时取得联系，如不及时转托他人代理，会给被代理人的利益造成损失或者扩大损失的，属于《民法通则》第六十八条中的'紧急情况'。"

(2)具体到本题及结论：①复代理是由代理人基于复任权选任代理人的代理。复代理的要件之一是代理人有复任权。②复任权可来自同意转委托，也可以来自紧急转委托。③"A. 复代理人是代理人基于复任权而选任的"，A 对，对在表述客观，选 A。④"C. 委托代理人转托他人代理必须取得被代理人同意"，C 说法太绝对，错在"必须"，不选 C。

命题点 2：复代理中，效果直接归属于被代理人，被代理人承担责任后，可向委托代理人索赔。而转托代理人有过错的，则转托代理人和委托代理人对被代理人负连带责任。

(1)法律依据：①《民通意见》第 81 条的规定："委托代理人转托他人代理的，应当比照《民法通则》第 65 条规定的条件办理转托手续。因委托代理人转托不明，给第三人造成损失的，第三人可以直接要求被代理人赔偿损失；被代理人承担民事责任后，可以要求委托代理人赔偿损失，转托代理人有过错的，应当负连带责任。"

(2)具体到本题及结论：①相对人丁可直接要求被代理人甲承担责任。也就是说，复代理人的代理行为后果直接由被代理人即本人承担。"B. 复代理人的代理行为后果直接由本人承担"，B 对，选 B。②被代理人可要求委托代理人乙承担责任。但是，转托代理人（即复代理人）丙有过错的，丙才和乙对甲负连带责任。"D. 委托代理人转托不明给第三人造成损失的，转托代理人应负连带责任"，D 错，不选 D。

2. 间接代理

(1)第三人违约：转委托中的间接代理第三人违约之"箱包和首饰"案

甲委托乙销售一批首饰并交付，乙经甲同意转委托给丙。丙以其名义与丁签订买卖合同，约定将这批首饰以高于市场价 10% 的价格卖给丁，并赠其一批箱包。丙因此与戊签订箱包买卖合同。丙依约向丁交付首饰，但因戊不能向丙交付箱包，导致丙无法向丁交付箱包。丁拒绝向丙支付首饰款。下列哪一表述是正确的？(2011－3－4)

A. 乙的转委托行为无效

B. 丙与丁签订的买卖合同直接约束甲和丁

C. 丙应向甲披露丁，甲可以行使丙对丁的权利

D. 丙应向丁披露戊，丁可以行使丙对戊的权利

答案：(　　)①

① 参考答案：C

考点:转委托、间接代理、合同相对性

读题技巧

1. 本题是“委托卖首饰送箱包案”,涉及五个当事人、转委托、隐名间接代理、合同相对性等焦点,题干信息量大。需要画图。

2. 如图所示:

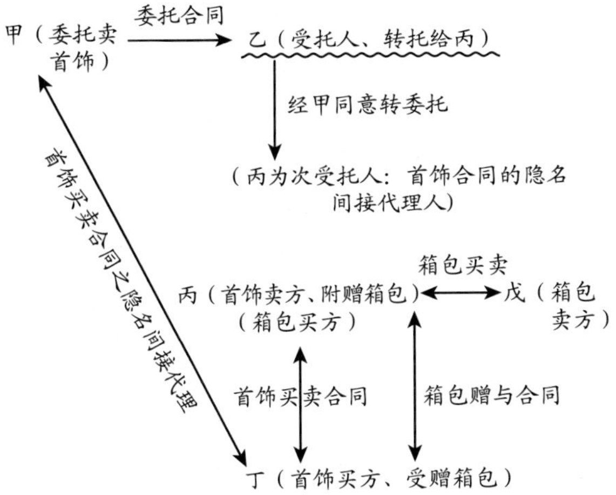

3. 原题草稿中有类似“甲回函追认乙的转委托”的内容,后为精简字数,改为甲同意转委托。依题干,转委托有效,故可将乙虚化。

4. 丙有三个身份:(1)首饰合同的隐名间接代理人,即首饰买卖合同中的卖方;(2)箱包赠与合同中的赠与人;(3)箱包买卖合同中的买方。

5. 先围绕“首饰”分析:(1)从丙的隐名间接代理人身份入手,甲、丙、丁之间属于隐名间接代理。(2)切入隐名间接代理图构:

隐名间接代理
- ①委托人违约
  - ①受托人披露(谁是委托人)
  - ②第三人选择(选择后不得变更)
- ②第三人违约
  - ①受托人披露(谁是第三人)
  - ②委托人(介入)

(3)解图:本题是第三人违约即丁违约,丁收到首饰,却不付钱。故受托人丙向甲披露谁是第三人,委托人甲可以行使介入权,直接要求丁承担付款责任。

6. 再围绕“箱包”分析:戊卖箱包给丙,丙送箱包给丁。因第三人戊原因导致丙无法将箱包赠与丁,坚持合同相对性。丙找戊承担违约责任,丁和戊之间没有合同关系。

7. 故事情节是:甲让乙去卖首饰,乙说自己没空,让丙去卖,甲说好。丙为了促销这批首饰,就向丁说我卖给你首饰,还有附赠箱包。为了配套赠品,丙就从戊那里采购箱包当赠品。后来,因为戊没交赠品箱包,丙拿不到箱包,不能将其作为赠品给丁。丁说虽然拿到丙给的首饰,但没有得到箱包赠品,所以不付首饰款。丁是个大大的坏人。

思路展开

命题点1:经同意转委托或紧急转委托,启动受托人乙的复任权,故转委托对本人甲发生效力。

(1)法律依据:《民法总则》第169条,“代理人需要转委托第三人代理的,应当取得被代理人的同意或者追认。转委托代理经被代理人同意或者追认的,被代理人可以就代理事务直接指示转委托的第三人,代理人仅就第三人的选任以及对第三人的指示承担责任。转委托代理未经被代理人同意或者追认的,代理人应当对转委托的第三人的行为承担责任,但是在紧急情况下代理人为了维护被代理人的利益需要转委托第三人代理的除外。”

(2)具体到本题:①“甲委托乙销售一批首饰并交付,乙经甲同意转委托给丙。”②乙经甲同意将事务转委托给丙,故转委托有效。③之所以出现A选项明显简单,是因为最后的真题删除了“乙通知甲首饰店。甲首饰店的回函内容表明对乙的转委托行为予以追认”等表述。

(3)结论:“A. 乙的转委托行为无效”,A错,不选A。

命题点2:甲、丙、丁不是显名间接代理。

(1)法律依据:显名间接代理:《合同法》第402条,“受托人以自己的名义,在委托人的授权范围内与第三人订立的合同,第三人在订立合同时知道受托人与委托人之间的代理关系的,该合同直接约束委托人和第三人,但有确切证据证明该合同只约束受托人和第三人的除外。”

(2)具体到本题:①“甲委托乙销售一批首饰并交付,乙经甲同意转委托给丙。丙以其名义与丁签订买卖合同,约定将这批首饰以高于市场价10%的价格卖给丁。”②丙是以自己的名义而非以甲的名义与丁签订买卖合同,乙的转委托行为有效,则丙是甲的代理人,而非乙的代理人。③但是,依题干信息不能推断出丁在订立合同时知道丙的被代理人是甲。④本题不是显名间接代理,丙与丁签订的买卖合同

不能直接约束甲和丁。

(3)结论:"B. 丙与丁签订的买卖合同直接约束甲和丁",B 错,不选 B。

命题点 3:甲丙丁是隐名间接代理。

(1)法律依据:《合同法》第 403 条第 1 款,"受托人以自己的名义与第三人订立合同时,第三人不知道受托人与委托人之间的代理关系的,受托人因第三人的原因对委托人不履行义务,受托人应当向委托人披露第三人,委托人因此可以行使受托人对第三人的权利,但第三人与受托人订立合同时如果知道该委托人就不会订立合同的除外。"

(2)具体到本题:"甲委托乙销售一批首饰并交付,乙经甲同意转委托给丙。丙以其名义与丁签订买卖合同,约定将这批首饰以高于市场价 10% 的价格卖给丁"+"丙依约向丁交付首饰"+"丁拒绝向丙支付首饰款"。受托人丙以自己名义与第三人丁签订买卖合同,后因第三人丁拒绝履行支付首饰款义务,则受托人丙应向委托人甲披露第三人丁,委托人甲可以行使受托人丙对第三人丁的权利。

(3)结论:"C. 丙应向甲披露丁,甲可以行使丙对丁的权利",C 对,选 C。

(4)延展 1:假设本题是甲的原因导致丙无法交付首饰,则第三人有选择权,则受托人丙应向第三人丁披露委托人甲,然后第三人丁可选择要求受托人丙承担责任,也可选择要求委托人甲承担责任。但是,第三人丁一旦选择之后,不得变更。参见《合同法》第 403 条第 2 款,"受托人因委托人的原因对第三人不履行义务,受托人应当向第三人披露委托人,第三人因此可以选择受托人或者委托人作为相对人主张其权利,但第三人不得变更选定的相对人。"

(5)延展 2:对攻格局。《合同法》第 403 条第 3 款,"委托人行使受托人对第三人的权利的,第三人可以向委托人主张其对受托人的抗辩。第三人选定委托人作为其相对人的,委托人可以向第三人主张其对受托人的抗辩以及受托人对第三人的抗辩。"置换到本题,丁可对甲主张其对丙的抗辩。甲可对丁主张其对丙的抗辩和丙对丁的抗辩。

命题点 4:坚持合同相对性,丙因第三人戊原因导致无法向丁赠与箱包,只能由丙向戊主张违约责任。

(1)法律依据:《合同法》第 121 条,"当事人一方因第三人的原因造成违约的,应当向对方承担违约责任。当事人一方和第三人之间的纠纷,依照法律规定或者按照约定解决。"

(2)具体到本题:"丙因此与戊签订箱包买卖合同。丙依约向丁交付首饰,但因戊不能向丙交付箱包,导致丙无法向丁交付箱包。"丙与戊签订箱包合同,丙与戊是当事人,戊不向丙交付箱包,只能由丙向戊主张违约责任。

(3)结论:"D. 丙应向丁披露戊,丁可以行使丙对戊的权利",D 错,不选 D。

延展:本选项单独判断是很容易的,但是选项中的"披露"一词可能对有的考生发出误导信息,故难度就增加了。建议考生仔细把这道题琢磨透了,且可改设条件发散思考,譬如转委托如无效,结果又如何?举一反三,事半功倍。

常见错误

经同意转委托直接约束委托人和相对人说:认为乙经甲同意转委托给丙,丙成为复代理人,复代理人在代理权限内所从事代理行为的法律效果直接归属于被代理人甲,即丙与丁签订的买卖合同直接约束甲和丁,故 B 对。分析:题干交代丙以其自己的名义与丁签订合同,丁对甲、乙、丙之间的关系并不知情。故甲、丁之间不直接发生合同关系。

(2)委托人违约:间接代理委托人违约之"机械设备"案

甲委托乙购买一套机械设备,但要求以乙的名义签订合同,乙同意,遂与丙签订了设备购买合同。后由于甲的原因,乙不能按时向丙支付设备款。在乙向丙说明了自己是受甲委托向丙购买机械设备后,关于丙的权利,下列哪一选项是正确的?(2008－3－3)

A. 只能要求甲支付

B. 只能要求乙支付

C. 可选择要求甲或乙支付

D. 可要求甲和乙承担连带责任

答案:(　　)①

① 参考答案:C

考点:间接代理因委托人原因违约:受托人披露义务;第三人选择权(形成权)

隐名间接代理图构:

- 隐名间接代理
  - ①委托人违约
    - ①受托人披露(谁是委托人)
    - ②第三人选择(选择后不得变更)
  - ②第三人违约
    - ①受托人披露(谁是第三人)
    - ②委托人(介入)

读题技巧

1.“甲委托乙购买一套机械设备,但要求以乙的名义签订合同”,指向间接代理。

2.“由于甲的原因,乙不能按时向丙支付设备款”,指向间接代理中因委托人原因违约。

3.“乙向丙说明了自己是受甲委托向丙购买机械设备后”,指向间接代理中受托人履行了披露义务,启动第三人丙的选择权。

思路展开

命题点:隐名间接代理中,因委托人原因导致违约,受托人应向第三人披露,第三人有选择权。

法律依据:《合同法》第403条,“受托人以自己的名义与第三人订立合同时,第三人不知道受托人与委托人之间的代理关系的,受托人因第三人的原因对委托人不履行义务,受托人应当向委托人披露第三人,委托人因此可以行使受托人对第三人的权利,但第三人与受托人订立合同时如果知道该委托人就不会订立合同的除外。受托人因委托人的原因对第三人不履行义务,受托人应当向第三人披露委托人,第三人因此可以选择受托人或者委托人作为相对人主张其权利,但第三人不得变更选定的相对人。委托人行使受托人对第三人的权利的,第三人可以向委托人主张其对受托人的抗辩。第三人选定委托人作为其相对人的,委托人可以向第三人主张其对受托人的抗辩以及受托人对第三人的抗辩。”

具体到本题:①“甲委托乙购买一套机械设备,但要求以乙的名义签订合同,乙同意,遂与丙签订了设备购买合同。后由于甲的原因,乙不能按时向丙支付设备款。在乙向丙说明了自己是受甲委托向丙购买机械设备后,关于丙的权利”。②乙是隐名间接代理人。③甲是被代理人。④丁是第三人。⑤因被代理人甲原因违约,受托人乙履行了披露义务。⑥第三人丁可以选择要求受托人乙承担责任,也可以选择要求委托人甲承担责任。第三人丁一旦选择,不得再行变更。选择权是形成权,故无需对方同意,一经选择就会引起法律关系变动。⑦当然,委托人甲对丁有两项抗辩可主张:委托人甲对受托人乙的抗辩;受托人乙对第三人丁的抗辩。

结论:(1)“C.可选择要求甲或乙支付”,C对,选C。(2)“A.只能要求甲支付;B.只能要求乙支付;D.可要求甲和乙承担连带责任”,ABD均错,不选ABD。

技术分析:AB有“只”,显然是错误的,故只在C和D中选择即可。二选一。

(3)第三人违约或者委托人违约

甲委托乙代销电视机,乙分别与丙、丁签订了买卖合同,但没有说明是代甲销售。后乙将与丙、丁签订合同的事实告知甲。甲分别以自己的名义向丙和丁送交了约定数量的电视机。丙接收了电视机,丁拒收电视机并要求乙履行合同。后丁反悔,直接向甲履行了付款义务。下列哪些选项是正确的?(2008-四川-55)

A.如丙迟延履行付款义务,甲可以要求乙承担连带责任

B.乙可以自己是受托人为由拒绝对丁履行交货义务

C.丁拒收电视机并要求乙履行合同意味着选择乙作为相对人

D.丁拒收电视机后又向甲付款的行为不发生合同履行的效力

答案:(　　)①

考点:隐名间接代理

解题图构

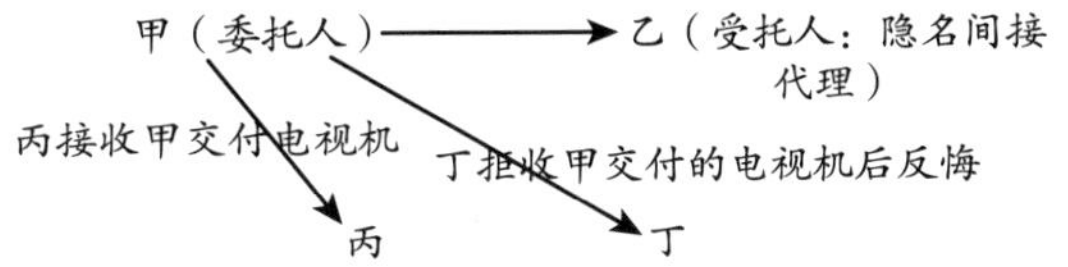

思路展开

命题点1:隐名间接代理。第三人违约,受托

① 参考答案:CD

人向委托人披露谁是第三人,由委托人介入找第三人主张违约责任,受托人不负连带责任。

(1)法律依据:《合同法》第403条第1款规定:"受托人以自己的名义与第三人订立合同时,第三人不知道受托人与委托人之间的代理关系的,受托人因第三人的原因对委托人不履行义务,受托人应当向委托人披露第三人,委托人因此可以行使受托人对第三人的权利,但第三人与受托人订立合同时如果知道该委托人就不会订立合同的除外。"

(2)具体到本题:第三人丙、丁分别与乙订立合同时并不知道甲与乙之间的代理关系,因此若丙迟延履行付款义务,乙应当向甲披露丙,甲可以行使乙对丙的权利,要求丙承担违约责任,乙并不需要承担连带责任。

(3)结论:"A. 如丙迟延履行付款义务,甲可以要求乙承担连带责任",A错,不选A。

命题点2:隐名间接代理。委托人违约,第三人有选择权,选择由受托人承担责任,一旦选择,不得变更。

(1)法律依据:《合同法》第403条第2款的规定:"受托人因委托人的原因对第三人不履行义务,受托人应当向第三人披露委托人,第三人因此可以选择受托人或者委托人作为相对人主张其权利,但第三人不得变更选定的相对人。"

(2)具体到本题:①因为甲是以自己的名义向丙和丁送交了约定数量的电视机,导致乙不能以自己的名义对丙和丁履行义务。②故丁有选择权,可以选定甲或者乙履行义务,如果丁向乙主张权利,乙不能以自己是受托人为由拒绝履行对丁的交货义务。③丁拒收电视机并要求乙履行合同意味着丁选择乙作为相对人主张权利。④一旦第三人选定了履行义务的相对人之后,不可以变更,所以丁既然拒收甲交付的电视机并要求乙履行合同,那么他就已经选定了乙作为相对人,不得再更改,其后反悔,在拒收电视机后又向甲付款的行为不发生合同履行的效力。

(3)结论:①"B. 乙可以自己是受托人为由拒绝对丁履行交货义务",B错,不选B。②"C. 丁拒收电视机并要求乙履行合同意味着选择乙作为相对人,D. 丁拒收电视机后又向甲付款的行为不发生合同履行的效力",CD对,选CD。

3. 委托代理

甲去购买彩票,其友乙给甲10元钱让其顺便代购彩票,同时告知购买号码,并一再嘱咐甲不要改变。甲预测乙提供的号码不能中奖,便擅自更换号码为乙购买了彩票并替乙保管。开奖时,甲为乙购买的彩票中了奖,二人为奖项归属发生纠纷。下列哪一分析是正确的?(2015-3-9)

A. 甲应获得该奖项,因按乙的号码无法中奖,甲、乙之间应类推适用借贷关系,由甲偿还乙10元

B. 甲、乙应平分该奖项,因乙出了钱,而甲更换了号码

C. 甲的贡献大,应获得该奖项之大部,同时按比例承担彩票购买款

D. 乙应获得该奖项,因乙是委托人

答案:( )①

考点:委托代理

读题技巧

1. 人性经不起考验。

2. "并替乙保管,"此语非常重要,是对前面乙、甲委托关系的最后总结。甲自始至终都是本着为乙代买彩票而实施的一系列处理受托事务的行为。民法应守护契约精神!

思路展开

思路1:乙委托甲代理购买彩票,授权范围是一个固定号码的彩票。乙、甲之间成立无偿委托合同。《合同法》第396条,"委托合同是委托人和受托人约定,由受托人处理委托人事务的合同。"

思路2:甲的购买行为属于代理,代理后果由被代理人乙承担。《民法总则》第162条,"代理人在代理权限内,以被代理人名义实施的民事法律行为,对被代理人发生效力。"

思路3:关于甲擅自更改号码的理解。

(1)首先,乙的核心指示是让甲为其购买彩票。由于博彩属于不确定的行为,甲更改乙的彩票号码行为也是为了乙的利益,故该行为并未超出乙的授

① 参考答案:D

权范围。

(2)其次,甲越权代理,乙予以追认,代理行为有效。购买彩票行为有效。《民法总则》第171条,“行为人没有代理权、超越代理权或者代理权终止后,仍然实施代理行为,未经被代理人追认的,对被代理人不发生效力。相对人可以催告被代理人自收到通知之日起一个月内予以追认。被代理人未作表示的,视为拒绝追认。行为人实施的行为被追认前,善意相对人有撤销的权利。撤销应当以通知的方式作出。行为人实施的行为未被追认的,善意相对人有权请求行为人履行债务或者就其受到的损害请求行为人赔偿,但是赔偿的范围不得超过被代理人追认时相对人所能获得的利益。相对人知道或者应当知道行为人无权代理的,相对人和行为人按照各自的过错承担责任。”

思路4:甲处理受托事务所得财产应转交给委托人乙。

(1)法律依据:《合同法》第404条,“受托人处理委托事务取得的财产,应当转交给委托人。”

(2)结论;“D. 乙应获得该奖项,因乙是委托人”,D对,选D。

4. 代理权授予行为与委托合同区分之“网络奇才案”

甲公司与15周岁的网络奇才陈某签订委托合同,授权陈某为甲公司购买价值不超过50万元的软件。陈某的父母知道后,明确表示反对。关于委托合同和代理权授予的效力,下列哪一表述是正确的?(2015－3－4)

A. 均无效,因陈某的父母拒绝追认

B. 均有效,因委托合同仅需简单智力投入,不会损害陈某的利益,其父母是否追认并不重要

C. 是否有效,需确认陈某的真实意思,其父母拒绝追认,甲公司可向法院起诉请求确认委托合同的效力

D. 委托合同因陈某的父母不追认而无效,但代理权授予是单方法律行为,无需追认即有效

答案:(　　)①

考点:代理权授予行为与委托合同区分;代理权授予行为无因性

解题图构

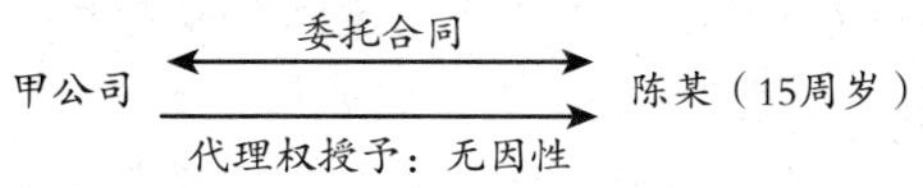

读题技巧

1. 网络奇才早当家!

2. “15周岁的网络奇才”,指向陈某是限制行为能力人。

3. “价值不超过50万,和明确表示反对”,指向50万元价值的软件,超出了限制行为能力人的意思理解范围,由此误导考生选A。

4. “陈某的父母知道后,明确表示反对”,指向三点:(1)委托合同因未获追认而无效。(2)甲公司的代理权授予的单方行为无须追认即有效。(2)委托合同无效,不影响代理权授予单方行为的效力,是为代理权授予的无因性。

5. 题眼非常重要,提示关于“委托合同和代理权授予的效力”,是两个法律行为。如果有一定的民法感觉,就能推断出这两个法律行为的效力不能等同视之,应区别判断,否则这么设问就是没有必要的。

思路展开

思路1:甲公司和陈某之间有两个法律行为:一个是委托合同双方法律行为;另一个是授予代理权的单方法律行为。代理权授予行为具有无因性,其不因委托合同无效而受影响(司考涉及的无因行为有两处:一是债务承担无因性,2012年主观案例题第2问;二是代理权授予的无因性,本题。)。

思路2:限制行为能力人,签订合同效力待定。

(1)法律依据:①《民法总则》第145条,“限制民事行为能力人实施的纯获利益的民事法律行为或者与其年龄、智力、精神健康状况相适应的民事法律行为有效;实施的其他民事法律行为经法定代理人同意或者追认后有效。相对人可以催告法定代理人自收到通知之日起一个月内予以追认。法定代理人未作表示的,视为拒绝追认。民事法律行为被追认前,善意相对人有撤销的权利。撤销应当以通知的

① 参考答案:D

方式作出。”②《合同法》第 47 条第 1 款,“限制民事行为能力人订立的合同,经法定代理人追认后,该合同有效,但纯获利益的合同或者与其年龄、智力、精神健康状况相适应而订立的合同,不必经法定代理人追认。”

(2)具体到本题:虽然陈某是一个网络奇才,但并不能代表陈某的认知水平足以完成金额为 50 万元的商事交易活动。此时,陈某与甲公司签订的委托合同应当经过其法定代理人的追认。因此,该委托合同未经其法定代理人的追认不生效。

(3)结论:“B. 均有效,因委托合同仅需简单智力投入,不会损害陈某的利益,其父母是否追认并不重要;C. 是否有效,需确认陈某的真实意思,其父母拒绝追认,甲公司可向法院起诉请求确认委托合同的效力”,BC 错,不选 BC。

思路 3:代理权的授予属于单方法律行为,代理的后果归属被代理人而不归属代理人,不会对限制行为能力人构成损害。

(1)具体到本题:甲公司对陈某的代理权授予行为本身,不会对陈某构成损害,因此,甲公司的单方授予陈某代理权行为,不需要陈某法定代理人追认。

(2)结论:①“A. 均无效,因陈某的父母拒绝追认”,A 错,不选 A。②“D. 委托合同因陈某的父母不追认而无效,但代理权授予是单方法律行为,无需追认即有效”,D 对,选 D。

思路延展:代理权授予有效,那么,陈某作为制民事行为能力人,可以去实施代理行为吗? 如果制民事行为能力人不能实施代理行为,那么代理权授予行为有效又有何意义呢?

(1)法律依据:《民法总则》第 173 条,“有下列情形之一的,委托代理终止:……(三)代理人丧失民事行为能力。……”

(2)李永军老师认为,限制行为能力人可以实施代理行为,可以被授予代理权。无行为能力人不可以实施代理行为,如发生授予代理权情形,可按使者对待。

(3)原理:授予未成年人代理权,授予人自己就要承担该未成年人缺乏经验的风险。而对未成年人来讲,既无利益也无不利,后果归被代理人承受。

三、代理权之行使

1. 滥用代理权之“空气净化机”回扣案

甲公司员工唐某受公司委托从乙公司订购一批空气净化机,甲公司对净化机单价未作明确限定。唐某与乙公司私下商定将净化机单价比正常售价提高 200 元,乙公司给唐某每台 100 元的回扣。商定后,唐某以甲公司名义与乙公司签订了买卖合同。对此,下列哪一选项是正确的?(2016－3－4)

A. 该买卖合同以合法形式掩盖非法目的,因而无效

B. 唐某的行为属无权代理,买卖合同效力待定

C. 乙公司行为构成对甲公司的欺诈,买卖合同属可变更、可撤销合同

D. 唐某与乙公司恶意串通损害甲公司的利益,应对甲公司承担连带责任

答案:(　　)①

考点:有权代理、代理权行使和民事法律行为效力

解题图构

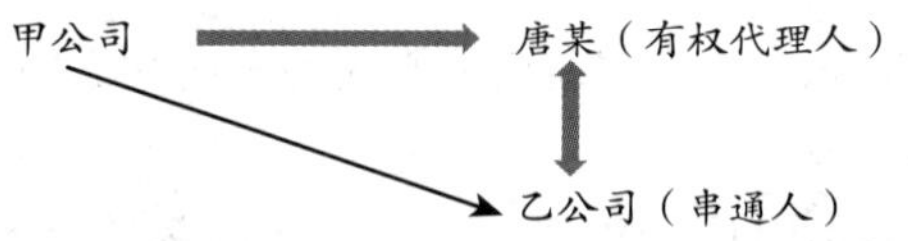

思路展开

命题点 1:合法形式掩盖非法目的的限缩适用。

(1)法律依据:①《合同法》第 52 条,“有下列情形之一的,合同无效:(一)一方以欺诈、胁迫的手段订立合同,损害国家利益;(二)恶意串通,损害国家、集体或者第三人利益;(三)以合法形式掩盖非法目的;(四)损害社会公共利益;(五)违反法律、行政法规的强制性规定。”②《民法总则》第 146 条,“行为人与相对人以虚假的意思表示实施的民事法律行为无效。以虚假的意思表示隐藏的民事法律行为的效力,依照有关法律规定处理。”③从《合同法》中以合法形式掩盖非法目的,发展到《民法总则》双方通谋虚伪表示。《民法总则》规定,“外在的虚伪

① 参考答案:D

表示一概无效,内在的隐藏行为可能合法,也可能非法。合法的隐藏行为有效,不合法的隐藏行为无效。"④《合同法》以合法形式掩盖非法目的,属于《民法总则》中双方通谋虚伪表示的种类之一。

(2)具体到本题:①"唐某与乙公司私下商定将净化机单价比正常售价提高200元,乙公司给唐某每台100元的回扣。"②唐某和乙公司之间就是一个行为买卖合同,不存在虚伪表示和隐藏行为两个行为。③《2016年国家司法考试试题解析》:"本题中的买卖合同的订立不是基于非法目的,不属于以合法形式掩盖非法目的的合同。"④更进一步,司法部解析特别提到不得对无效事由进行恣意扩张。"有考生可能误以为该买卖合同属于'以合法形式掩盖非法目的',非属正确,系对该无效事由的恣意扩张,从而错选A。"

(3)结论:"A.该买卖合同以合法形式掩盖非法目的,因而无效",A错,不选A。

命题点2:有权代理和无权代理的判断

(1)法律依据:委托代理中,代理权不明,则为概括授权。①《民法总则》第165条,"委托代理授权采用书面形式的,授权委托书应当载明代理人的姓名或者名称、代理事项、权限和期间,并由被代理人签名或者盖章。"②《民法总则》第163条第2款,"委托代理人按照被代理人的委托行使代理权。"③《民法通则》第65条,"委托书授权不明的,被代理人应当向第三人承担民事责任,代理人负连带责任。"

(2)具体到本题:"甲公司员工唐某受公司委托从乙公司订购一批空气净化机,""甲公司对净化机单价未作明确限定。"代理未明确权限,是概括授权。甲不是无权代理,而是有权代理。《2016年国家司法考试试题解析》:"题干交代'唐某受公司委托',即唐某的行为经由甲公司授权,系有权代理。"

(3)结论:"B.唐某的行为属无权代理,买卖合同效力待定",B错,不选B。

命题点3:代理活动中,是否构成受欺诈,应以代理人是否受欺诈为判断标准,而非以被代理人为标准。

(1)法律依据:《民法总则》第148条,"一方以欺诈手段,使对方在违背真实意思的情况下实施的民事法律行为,受欺诈方有权请求人民法院或者仲裁机构予以撤销。"

(2)具体到本题:"唐某以甲公司名义与乙公司签订了买卖合同",唐某作为有权代理人,没有受欺诈,唐某清楚地知道自己所购买的空气净化机"比正常售价提高200元"。

(3)结论:"C.乙公司行为构成对甲公司的欺诈,买卖合同属可变更、可撤销合同",C错,不选C。

命题点4:代理权的行使,代理人与相对人恶意串通损害被代理人利益,应负连带责任。

(1)法律依据:①代理人与相对人恶意串通需负连带责任。《民法总则》第164条,"代理人不履行或者不完全履行职责,造成被代理人损害的,应当承担民事责任。代理人和相对人恶意串通,损害被代理人合法权益的,代理人和相对人应当承担连带责任。"②恶意串通损害第三人利益,相对于第三人无效,而非直接无效。《民法总则》第154条,"行为人与相对人恶意串通,损害他人合法权益的民事法律行为无效。"

(2)具体到本题:"私下"+"正常售价"=代理人唐某与第三人乙公司串通,损害被代理人甲公司的利益。应由唐某和乙对甲公司负连带责任。

(3)结论:"D.唐某与乙公司恶意串通损害甲公司的利益,应对甲公司承担连带责任"D对,选D。[①]

(4)延展:合同是否无效?①"甲公司员工唐某受公司委托从乙公司订购一批空气净化机,""商定后,唐某以甲公司名义与乙公司签订了买卖合同。"②虽然唐某和乙公司行为损害了甲的利益,但是该合同是否无效,应由甲公司去决定。③因为甲公司很可能愿意要这个合同,譬如甲公司可能会恰好需要这个净化机,因雾霾太严重,不能等,干脆就多出点钱。④法律没有强行宣告合同无效之道理,因为鼓励交易是《合同法》的基本原则之一。⑤本案合

① (1)很多考生纠结恶意串通怎么是连带?对,连带是比较重的责任,法律规定了或者当事人有约定连带才有连带,而恰恰在代理这块,法律确实规定了连带。(2)《民法总则》第178条第3款,"连带责任,由法律规定或者当事人约定。"(3)《民法总则》第164条第2款,"代理人和相对人恶意串通,损害被代理人合法权益的,代理人和相对人应当承担连带责任。"

同属于相对第三人无效的合同。也就是说,被代理人没去主张无效,就是有效,由唐某和乙公司对甲公司负连带责任;主张无效,就是无效,也由唐某和乙公司对甲公司负连带责任。⑥因此,D 无论如何都是正确的表述。

2. 非“滥用代理权”之“健身器材”回扣案(入账即合法)

A 公司经销健身器材,规定每台售价为 2000 元,业务员按合同价 5% 提取奖金。业务员王某在与 B 公司洽谈时提出,合同定价按公司规定办,但自己按每台 50 元补贴 B 公司。B 公司表示同意,遂与王某签订了订货合同,并将获得的补贴款入账。对王某的行为应如何定性?(2006－3－5)

A. 属于无权代理

B. 属于滥用代理权

C. 属于不正当竞争

D. 属于合法行为

答案:(　　)①

考点:无权代理、滥用代理权、不正当竞争

解题图构

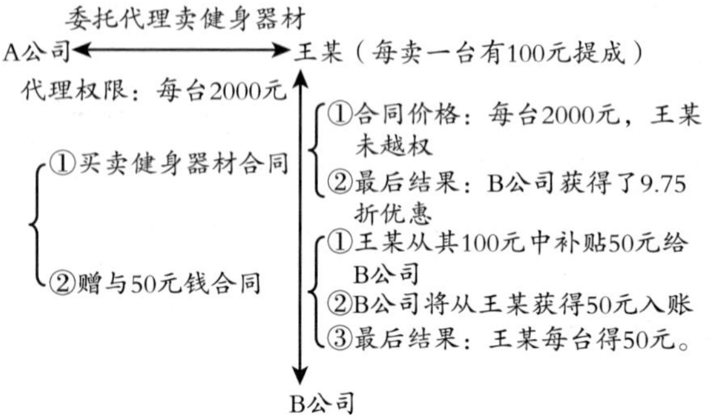

思路展开

命题点 1:王某不是无权代理。

(1)法律依据:《民法总则》第 171 条,“行为人没有代理权、超越代理权或者代理权终止后,仍然实施代理行为,未经被代理人追认的,对被代理人不发生效力。相对人可以催告被代理人自收到通知之日起一个月内予以追认。被代理人未作表示的,视为拒绝追认。行为人实施的行为被追认前,善意相对人有撤销的权利。撤销应当以通知的方式作出。行为人实施的行为未被追认的,善意相对人有权请求行为人履行债务或者就其受到的损害请求行为人赔偿,但是赔偿的范围不得超过被代理人追认时相对人所能获得的利益。相对人知道或者应当知道行为人无权代理的,相对人和行为人按照各自的过错承担责任。”

(2)法理阐释:无权代理是指欠缺代理权的代理。无权代理订立的合同效力待定。无权代理单方行为无效。

(3)具体到本题:①“A 公司经销健身器材,规定每台售价为 2000 元,业务员按合同价 5% 提取奖金。”+“王某在与 B 公司洽谈时提出,合同定价按公司规定办,但自己按每台 50 元补贴 B 公司”。②A 公司对王某的授权范围是每台 2000 元,而王某与 B 公司的合同约定“定价按(A)公司规定办”,故王某没有超越其代理权。③至于王某给 B 公司 50 元每台,属于王某个人对 B 公司的赠与。

(4)结论:王某按照公司规定的价格出售商品,不构成无权代理。故“A. 属于无权代理”,A 错,不选 A。

命题点 2:王某没有滥用代理权。

(1)法律依据:滥用代理权是指代理人有损被代理人的利益而行使代理权。“有权代理”中代理人的三种滥用代理权情形。①自己代理。代理人以被代理人名义与自己订立合同。《民法总则》第 168 条第 1 款,“代理人不得以被代理人的名义与自己实施民事法律行为,但是被代理人同意或者追认的除外。”②双方代理。代理人同时作为交易双方的代理人订立合同。《民法总则》第 168 条第 2 款,“代理人不得以被代理人的名义与自己同时代理的其他人实施民事法律行为,但是被代理的双方同意或者追认的除外。”③串通代理。代理人与第三人恶意串通,订立损害被代理人利益的合同。《民法总则》第 164 条第 2 款,代理人和相对人恶意串通,损害被代理人合法权益的,代理人和相对人应当承担连带责任。

(2)具体到本题:王某行为不是自己代理,也不是双方代,还不是串通代理。王某的行为对于 A 公司的利益并未造成损害,不构成滥用代理权。

(3)结论:“B. 属于滥用代理权”,B 错,不选 B。

命题点 3:王某行为属于合法行为,不是不

① 参考答案:D

正当竞争。

(1)法律依据:《反不正当竞争法》第8条,“经营者不得采用财物或者其他手段进行贿赂以销售或者购买商品。在账外暗中给予对方单位或者个人回扣的,以行贿论处;对方单位或者个人在账外暗中收受回扣的,以受贿论处。经营者销售或者购买商品,可以以明示方式给对方折扣,可以给中间人佣金。经营者给对方折扣、给中间人佣金的,必须如实入账。接受折扣、佣金的经营者必须如实入账。”

(2)具体到本题:“B公司表示同意,遂与王某签订了订货合同,并将获得的补贴款入账”。B公司将回扣入账,王某的补贴行为不是商业贿赂,是正当竞争行为。王某的行为并未违背法律的规定,属于合法行为。

(3)结论:①“C. 属于不正当竞争”,C错,不选C。②“D. 属于合法行为”,D对,选D。

第六章　诉讼时效与期限

一、诉讼时效的判断(基本原理)

1. 强制性、起算点、抗辩主张时点(一审可以,二审可能)、抛弃抗辩和自然债权(债务)

某公司因合同纠纷的诉讼时效问题咨询律师。关于律师的答复,下列哪些选项是正确的?(2010－3－52)

A. 当事人不得违反法律规定,约定延长或者缩短诉讼时效期间、预先放弃诉讼时效利益

B. 当事人约定同一债务分期履行的,诉讼时效期间从最后一期履行期限届满之日起计算

C. 当事人在一审期间未提出诉讼时效抗辩的,二审期间不能提出该抗辩

D. 诉讼时效届满,当事人一方向对方当事人作出同意履行义务意思表示的,不得再以时效届满为由进行抗辩

答案:(　　)①

考点:诉讼时效制度:强制性;分期债务诉讼时效起算点;一审提起但二审仍有可能主张时效抗辩;时效利益抛弃与时效届满后履行义务不得反悔

思路展开

命题点1:诉讼时效具有强制性,当事人不得进行任何约定。×延长;×缩短;×预先放弃;×排除;×起算点等。

(1)法律依据:《民法总则》第197条,“诉讼时效的期间、计算方法以及中止、中断的事由由法律规定,当事人约定无效。当事人对诉讼时效利益的预先放弃无效。”《时效解释》第2条,“当事人违反法律规定,约定延长或者缩短诉讼时效期间、预先放弃诉讼时效利益的,人民法院不予认可。”

(2)具体到本题:“A. 当事人不得违反法律规定,约定延长或者缩短诉讼时效期间、预先放弃诉讼时效利益”,A对,选A。

命题点2:同一债务分期履行(不同债务则各自起算),诉讼时效从最后一期履行期限届满之日起计算。

(1)法律依据:《民法总则》第189条,“当事人约定同一债务分期履行的,诉讼时效期间自最后一期履行期限届满之日起计算。”《时效解释》第5条,“当事人约定同一债务分期履行的,诉讼时效期间从最后一期履行期限届满之日起计算。”

(2)具体到本题:“B. 当事人约定同一债务分期履行的,诉讼时效期间从最后一期履行期限届满之日起计算”,B对,选B。

命题点3:一审未提出时效抗辩,二审如有新证据仍可提出时效抗辩,再审无论如何都不行。

(1)法律依据:一审是可以,二审是可能。《时效解释》第4条,“当事人在一审期间未提出诉讼时效抗辩,在二审期间提出的,人民法院不予支持,但其基于新的证据能够证明对方当事人的请求权已过诉讼时效期间的情形除外。当事人未按照前款规定提出诉讼时效抗辩,以诉讼时效期间届满为由申请再审或者提出再审抗辩的,人民法院不予支持。”

(2)具体到本题:当事人在二审期间仍有机会提出诉讼时效的抗辩,“C. 当事人在一审期间未提出诉讼时效抗辩的,二审期间不能提出该抗辩”,C错,不选C。

(3)小结:准确表述是:一审是可以,二审是可能。如不符合二审提出条件,则视为债务人在一审放弃了时效利益。

命题点4:时效届满后,债务人明示或默示同意履行债务,构成抛弃时效利益。自愿履行义务以后,也不得反悔。

(1)法律依据:《民法总则》第192条第1款,“诉讼时效期间届满的,义务人可以提出不履行义务

① 参考答案:ABD

的抗辩。诉讼时效期间届满后,义务人同意履行的,不得以诉讼时效期间届满为由抗辩;义务人已自愿履行的,不得请求返还。”

(2)具体到本题:“D.诉讼时效届满,当事人一方向对方当事人作出同意履行义务意思表示的,不得再以时效届满为由进行抗辩”,D对,选D。

2.适用范围、强制性、法院不得释明、抗辩主张时点(一审可以,二审可能)

关于诉讼时效的表述,下列哪些选项是正确的?(2009-3-52)

A.当事人可以对债权请求权提出诉讼时效抗辩,但法律规定的有些债权请求权不适用诉讼时效的规定

B.当事人不能约定延长或缩短诉讼时效期间,也不能预先放弃诉讼时效利益

C.当事人未提出诉讼时效抗辩的,法院不应对诉讼时效问题进行阐明及主动适用诉讼时效的规定进行裁判

D.当事人在一审、二审期间都可以提出诉讼时效抗辩

答案:(　　)①

考点:适用范围、强制性、法院不得释明、抗辩主张时点(一审可以,二审可能)

思路展开

命题点1:诉讼时效适用于债权请求权,但有例外情形。

(1)法律依据:《民法总则》第196条,“下列请求权不适用诉讼时效的规定:(一)请求停止侵害、排除妨碍、消除危险;(二)不动产物权和登记的动产物权的权利人请求返还财产;(三)请求支付抚养费、赡养费或者扶养费;(四)依法不适用诉讼时效的其他请求权。”《时效解释》第1条,“当事人可以对债权请求权提出诉讼时效抗辩,但对下列债权请求权提出诉讼时效抗辩的,人民法院不予支持:(一)支付存款本金及利息请求权;(二)兑付国债、金融债券以及向不特定对象发行的企业债券本息请求权;(三)基于投资关系产生的缴付出资请求权;(四)其他依法不适用诉讼时效规定的债权请求权。”

(2)具体到本题:“A.当事人可以对债权请求权提出诉讼时效抗辩,但法律规定的有些债权请求权不适用诉讼时效的规定”,A对,选A。

命题点2:诉讼时效具有强制性,当事人不得进行任何约定。×延长;×缩短;×预先放弃;×排除;×起算点等。

(1)法律依据:《民法总则》第197条,“诉讼时效的期间、计算方法以及中止、中断的事由由法律规定,当事人约定无效。当事人对诉讼时效利益的预先放弃无效。”

(2)具体到本题:“B.当事人不能约定延长或缩短诉讼时效期间,也不能预先放弃诉讼时效利益”,B对,选B。

命题点3:诉讼时效的被动性,法院不得释明。

(1)法律依据:《民法总则》第193条,“人民法院不得主动适用诉讼时效的规定。”

(2)具体到本题:“C.当事人未提出诉讼时效抗辩的,法院不应对诉讼时效问题进行阐明及主动适用诉讼时效的规定进行裁判”,C对,选C。

(3)特别注意:《2009年国家司法考试试题解析》否定了“胜诉权消灭说”:“【设题陷阱与常见错误分析】有的考生认为依照《民法通则》第135条的规定,诉讼时效的效力采胜诉权消灭说,因此漏选C。”

命题点4:一审未提出时效抗辩,二审如有新证据仍可提出时效抗辩,再审无论如何都不行。

(1)法律依据:一审是可以,二审是可能。《时效解释》第4条,“当事人在一审期间未提出诉讼时效抗辩,在二审期间提出的,人民法院不予支持,但其基于新的证据能够证明对方当事人的请求权已过诉讼时效期间的情形除外。当事人未按照前款规定提出诉讼时效抗辩,以诉讼时效期间届满为由申请再审或者提出再审抗辩的,人民法院不予支持。”

(2)具体到本题:“D.当事人在一审、二审期间都可以提出诉讼时效抗辩”,D错,不选D。错在“都可以”。

(3)小结:准确表述方法是:一审可以,二审可能,再审不行。如不符合二审提出条件,则视为债务人在一审放弃了时效利益。

---

① 参考答案:ABC

异议辨析

1. 有观点认为,2009 年卷三 52 题 D 项当事人在一审、二审期间都可以提出诉讼时效抗辩”和 2010 年 52 题的“C. 当事人在一审期间未提出诉讼时效抗辩的,二审期间不能提出该抗辩”有些矛盾,应以 2010 年 52 题的 C 答案为准。

2. 评论:(1)2009 年 52 题 D 是错误表述,2010 年 52 题 C 也是错误表述。(2)两者之间不存在矛盾,也不存在 2010 年 52 题 C 消除 2009 年 52 题 D 存在的瑕疵的问题。它们都是不准确的表述。(3)记住一点:“一审是可以,二审是可能,再审是不行。”(4)笼统地说,一审二审都可以,或者笼统地说二审不可以,都是错误的表述。

3. 适用范围(债权请求权);期间长短可变;起算时点二分法;时效届满后的自然债权(债务)

关于诉讼时效,下列哪些选项是正确的?(2008-3-52)

A. 诉讼时效仅适用于请求权

B. 一般诉讼时效期间属可变期间

C. 诉讼时效期间均从权利人知道或应当知道权利被侵害时起计算

D. 诉讼时效期间届满后所受领的给付构成不当得利

答案:(　　)①

考点:适用范围(债权请求权);期间长短可变;起算时点二分法;时效届满后的自然(债权)债务

思路展开

命题点 1:诉讼时效适用范围:限于债权请求权。

(1)法律依据:“民事权利”→“请求权”→“债权请求权”。①《民法总则》第 188 条使用了“民事权利”。《民法总则》第 188 条第 1 款,“向人民法院请求保护民事权利的诉讼时效期间为三年。法律另有规定的,依照其规定。”②《民法总则》第 194 条使用了“请求权”。《民法总则》第 194 条,“在诉讼时效期间的最后六个月内,因下列障碍,不能行使请求权的,诉讼时效中止:(一)不可抗力;(二)无民事行为能力人或者限制民事行为能力人没有法定代理人,或者法定代理人死亡、丧失民事行为能力、丧失代理权;(三)继承开始后未确定继承人或者遗产管理人;(四)权利人被义务人或者其他人控制;(五)其他导致权利人不能行使请求权的障碍。自中止时效的原因消除之日起满六个月,诉讼时效期间届满。”③《时效解释》第 1 条用了“债权请求权”。《时效解释》第 1 条,“当事人可以对债权请求权提出诉讼时效抗辩……”

(2)法理阐释:①诉讼时效的客体只能是请求权。②支配权不适用诉讼时效。支配权作为权利人对客体的管领,一般不直接涉及与第三人之间的关系,即使在权利行使过程中,第三人只负担消极义务,因而支配权不可能成为诉讼时效的客体。③形成权不适用诉讼时效。形成权凭权利人单方的意思表示即可导致法律关系的产生、变更或消灭,不需要对方当事人的配合,因而无诉讼时效适用的余地。④抗辩权不适用诉讼时效。抗辩权拒绝相对人的请求以维持现状的手段,也不可能受诉讼时效限制。相反,时效已过本身是一种抗辩权,“时效已过的抗辩权”,被称为永久性抗辩权。

(3)结论:“A. 诉讼时效仅适用于请求权”,A 对,选 A。

命题点 2:一般诉讼时效期间是可变期间(20 年最长的是不可变期间)。

(1)法理依据:一般诉讼时效可能因为发生一定的法定事由使权利人不能行使请求权,从而暂时停止计算时效期间,时效恢复计算的时间在每次事件当中都可能不同。有特殊情况的,法院还可以延长诉讼时效。所以,一般诉讼时效期间属可变期间(法律依据:参见《民法总则》第 194 条诉讼“时效中止”;第 195 条诉讼“时效中断”)。

(2)结论:“B. 一般诉讼时效期间属可变期间”,B 对,选 B。

命题点 3:诉讼时效期间起算点二分法。一般诉讼时效期间起算点:诉讼时效期间自权利人知道或者应当知道权利受到损害以及义务人之日起计算。最长诉讼时效起算点:从权利被侵害时起算。

(1)法律依据:①《民法总则》第 188 条,“向人民法院请求保护民事权利的诉讼时效期间为三年。

① 参考答案:AB

法律另有规定的，依照其规定。诉讼时效期间自权利人知道或者应当知道权利受到损害以及义务人之日起计算。法律另有规定的，依照其规定。但是自权利受到损害之日起超过二十年的，人民法院不予保护；有特殊情况的，人民法院可以根据权利人的申请决定延长。”②产品侵权最长诉讼时效期间10年，从缺陷产品交付最初消费者之日起算。《产品质量法》第45条，“因产品存在缺陷造成损害要求赔偿的诉讼时效期间为二年，自当事人知道或者应当知道其权益受到损害时起计算。因产品存在缺陷造成损害要求赔偿的请求权，在造成损害的缺陷产品交付最初消费者满十年丧失；但是，尚未超过明示的安全使用期的除外。”

(2)结论：“C. 诉讼时效期间均从权利人知道或应当知道权利被侵害时起计算”，C错在“均”，不选C。

命题点4：时效届满后，债务人明示或默示同意履行债务，构成抛弃时效利益。自愿履行义务以后，也不得反悔。债权人仍有权受领。

(1)法律依据：《民法总则》第192条，“诉讼时效期间届满的，义务人可以提出不履行义务的抗辩。诉讼时效期间届满后，义务人同意履行的，不得以诉讼时效期间届满为由抗辩；义务人已自愿履行的，不得请求返还。”

(2)法条阐释：①请求权仅是债权的内容之一，受领权是债权的本质与核心。②诉讼时效完成后消灭的仅是请求权，而不消灭受领权。③在诉讼时效完成后，权利人仍有权受领，这就是债权人取得履行利益的原因。④故诉讼时效期间届满后所受领的给付并不构成不当得利。

(3)具体到本题：“D. 诉讼时效期间届满后所受领的给付构成不当得利”，D错，不选D。

4. 诉讼时效起算点和届满后的效力：自然债权＋法院不释明

2001年4月1日，范某从曹某处借款2万元，双方没有约定还款期。2003年3月22日，曹某通知范某还款，并留给其10天准备时间。下列哪种说法是正确的？(2006－3－6)

A. 若曹某于2003年4月2日或其之后起诉，法院应裁定不予受理

B. 若曹某于2006年3月22日或其之后起诉，法院应判决驳回其诉讼请求

C. 若曹某于2006年4月2日或其之后起诉，法院应裁定驳回其起诉

D. 若曹某于2006年4月2日或其之后起诉，法院应判决驳回其诉讼请求

答案：(　　)①

考点：诉讼时效期间的起算点；诉讼时效被动性（法院不释明）；诉讼时效届满如债权人提出时效抗辩，判决驳回诉讼请求

思路展开

命题点：借款债权3年诉讼时效期间的起算点，自宽限期届满之次日起算，也就是说，2003年4月2日起算诉讼时效，到2006年4月1日届满。

(1)法律依据：①借款合同之债时效期间是3年。《民法总则》第188条第1款，“向人民法院请求保护民事权利的诉讼时效期间为三年。法律另有规定的，依照其规定。”②借款合同未约定本金还款期限，贷款人可催告借款人合理期限内返还。《合同法》第206条，“借款人应当按照约定的期限返还借款。对借款期限没有约定或者约定不明确，依照本法第六十一条的规定仍不能确定的，借款人可以随时返还；贷款人可以催告借款人在合理期限内返还。”③借款合同未约定利息归还期限，每届一年归还。《合同法》第205条，“借款人应当按照约定的期限支付利息。对支付利息的期限没有约定或者约定不明确，依照本法第六十一条的规定仍不能确定，借款期间不满一年的，应当在返还借款时一并支付；借款期间一年以上的，应当在每届满一年时支付，剩余期间不满一年的，应当在返还借款时一并支付。”④《时效解释》第6条，“未约定履行期限的合同，依照《合同法》第六十一条、第六十二条的规定，可以确定履行期限的，诉讼时效期间从履行期限届满之日起计算；不能确定履行期限的，诉讼时效期间从债权人要求债务人履行义务的宽限期届满之日起计算，但债务人在债权人第一次向其主张权利之时明确

① 司法部当年公布的答案是D，题干需要增加信息，即“债务人范某提出了时效已过的抗辩”，D才是对的。选项中的2006年是根据《民法总则》3年诉讼时效期间的规则修改而来的，原题选项是2005年的。

表示不履行义务的,诉讼时效期间从债务人明确表示不履行义务之日起计算。”⑤开始当天不计算入内。《民法总则》第201条,“按照年、月、日计算期间的,开始的当日不计入,自下一日开始计算。按照小时计算期间的,自法律规定或者当事人约定的时间开始计算。”

(2)具体到本题:“双方没有约定还款期。2003年3月22日,曹某通知范某还款,并留给其10天准备时间。”借款之债时效期间是3年。起算点从曹某要求范某还款宽限期届满之日起计算。宽限期10天,从3月23日起算,4月1日是宽限期最后一天(3月23日、3月24日、3月25日、3月26日、3月27日、3月28日、3月29日、3月30日、3月31日、4月1日合计10天)。故从2003年4月2日起算诉讼时效,到2006年4月1日届满。如曹某第一次主张债权的日期是在2006年4月2日之后,则借款债权债务诉讼时效期间经过,范某有时效经过的抗辩权。

(3)中间结论:“D. 若曹某于2006年4月2日或其之后起诉”,D的前半句正确。

命题点:诉讼时效届满后,如债务人提出时效已过抗辩,法院应判决(不是裁定)驳回债权人诉讼请求(不是起诉)。

(1)法律依据:《最高人民法院关于适用〈中华人民共和国民事诉讼法〉的解释》(以下简称《民诉解释》)第219条,“当事人超过诉讼时效期间起诉的,人民法院应予受理。受理后对方当事人提出诉讼时效抗辩,人民法院经审理认为抗辩事由成立的,判决驳回原告的诉讼请求。”

(2)具体到本题:“D. 若曹某于2006年4月2日或其之后起诉,法院应判决驳回其诉讼请求”,D的后半句正确。

(3)加一个条件,范某提出了时效已过的抗辩。因为《时效解释》第3条的规定抛弃了胜诉权消灭说,“当事人未提出诉讼时效抗辩,人民法院不应对诉讼时效问题进行释明及主动适用诉讼时效的规定进行裁判。”

(4)结论:D对,选D。其他ABC均错,不选ABC。

二、诉讼时效的适用范围

下列哪些请求不适用诉讼时效?(2014-3-53)

A. 当事人请求撤销合同

B. 当事人请求确认合同无效

C. 业主大会请求业主缴付公共维修基金

D. 按份共有人请求分割共有物

答案:(　　)①

考点:诉讼时效适用范围(不适用诉讼时效的情形)

思路展开

命题点1:形成权(包括撤销权)不适用诉讼时效,适用除斥期间。

(1)法律依据:①《民法总则》第199条,“法律规定或者当事人约定的撤销权、解除权等权利的存续期间,除法律另有规定外,自权利人知道或者应当知道权利产生之日起计算,不适用有关诉讼时效中止、中断和延长的规定。存续期间届满,撤销权、解除权等权利消灭。”②《时效解释》第7条,“享有撤销权的当事人一方请求撤销合同的,应适用《合同法》第五十五条关于一年除斥期间的规定。对方当事人对撤销合同请求权提出诉讼时效抗辩的,人民法院不予支持。合同被撤销,返还财产、赔偿损失请求权的诉讼时效期间从合同被撤销之日起计算。”

(2)具体到本题及结论:“A. 当事人请求撤销合同”,A符合题意,选A。

命题点2:确认合同无效不适用诉讼时效,也不适用除斥期间。

(1)学理依据:合同无效属于当然无效、确定无效和自始无效,不适用诉讼时效制度。

(2)具体到本题及结论:“B. 当事人请求确认合同无效”,B符合题意,选B。

命题点3:业主大会请求业主缴纳公共维修基金不适用诉讼时效。

(1)法律及学理依据:《物权法》第76条第1款第(5)项规定,“筹集和使用公共维修基金由业主共同决定,维修基金在性质上属于业主的共有财产,业主缴付义务乃法定,其随业主的身份而存在,不因时间经过而消灭,不适用诉讼时效。”

(2)具体到本题及结论:“C. 业主大会请求业主

① 参考答案:ABCD

缴付公共维修基金”，C 符合题意，选 C。

命题点 4：分割共有物请求权（为形成权）不适用诉讼时效，也不适用除斥期间（离婚请求权也同此处理）。

（1）法律及法理依据：《物权法》第 99 条规定，按份共有人分割共有物的权利也属于法定权利，只要共有关系存在，则该请求权也不消灭，不适用诉讼时效。

（2）结论：“D. 按份共有人请求分割共有物”，D 符合题意，选 D。

三、诉讼时效的中断

1. 侵权之债诉讼时效的中断；责任保险诉讼时效的中断；主债时效未届满，保证人不得援引主债时效消灭的抗辩

甲为自己的车向乙公司投保第三者责任险，保险期间内甲车与丙车追尾，甲负全责。丙在事故后不断索赔未果，直至事故后第 3 年，甲同意赔款，甲友丁为此提供保证。再过 1 年，因甲、丁拒绝履行，丙要求乙公司承担保险责任。关于诉讼时效的抗辩，下列哪些表述是错误的？（2013－3－54）

A. 甲有权以侵权之债诉讼时效已过为由不向丙支付赔款

B. 丁有权以侵权之债诉讼时效已过为由不承担保证责任

C. 乙公司有权以侵权之债诉讼时效已过为由不承担保险责任

D. 乙公司有权以保险合同之债诉讼时效已过为由不承担保险责任

答案：（　　）①

考点：侵权之债诉讼时效的中断；责任保险诉讼时效的中断；主债时效未届满；保证人不得援引主债时效消灭的抗辩

解题图构

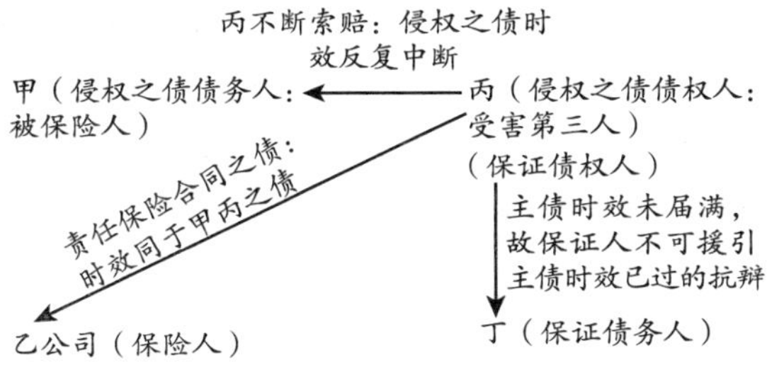

读题技巧

1. “车追尾”，指向侵犯财产权之债，诉讼时效期间为 3 年。

2. “丙不断索赔未果”，指向侵权之债诉讼时效反复中断。

3. “直至事故后第 3 年，甲同意赔款，甲友丁为此提供保证”，指向两点：（1）甲同意履行债务，中断侵权之债诉讼时效。（2）主债时效没有届满，丁保证人不得援引主债时效已过的抗辩。

4. “因甲、丁拒绝履行，丙要求乙公司承担保险责任。”指向三点：（1）启动责任保险中，第三人丙向乙保险公司的直接索赔权，请求权基础是责任保险合同（突破了合同相对性，因为丙和保险公司之间无直接合同关系）。（2）侵权之债诉讼时效还没经过，保险公司不得援引侵权之债时效已过的抗辩。（3）保险公司不得援引责任保险合同时效已过的抗辩，因为责任保险合同的诉讼时效也随侵权之债诉讼时效反复中断：在第三人直接向保险公司索赔时，责任保险合同诉讼时效从第三人向被保险人索赔时起算，第三人向被保险人甲反复索赔，故责任保险诉讼时效反复中断。

思路展开

命题点 1：侵犯财产权诉讼时效为 3 年，受害人提出请求或者侵权人同意赔偿，均导致侵权之债诉讼时效中断。

（1）法律依据：①3 年。《民法总则》第 188 条第 1 款，“向人民法院请求保护民事权利的诉讼时效期间为三年。法律另有规定的，依照其规定。”②3 年从受害人丙知道或应知道受害且知道义务人是谁之日起算。《民法总则》第 188 条第 2 款，“诉讼时效期间自权利人知道或者应当知道权利受到损害以及义务人之日起计算。法律另有规定的，依照其规定。但是自权利受到损害之日起超过二十年的，人民法院不予保护；有特殊情况的，人民法院可以根据权利人的申请决定延长。”③诉讼时效中断：《民法总则》第 195 条，“有下列情形之一的，诉讼时效中断，从中断、有关程序终结时起，诉讼时效期间重新计算：（一）权利人向义务人提出履行请求；（二）义务人同

① 参考答案：ABCD

意履行义务；（三）权利人提起诉讼或者申请仲裁；（四）与提起诉讼或者申请仲裁具有同等效力的其他情形。”

（2）具体到本题：①“甲车与丙车追尾，甲负全责。丙在事故后不断索赔未果，直至事故后第3年，甲同意赔款”＋“再过1年，因甲、丁拒绝履行”。②甲对丙的侵权之债诉讼时效为3年，因丙不断索赔和甲同意赔款而发生中断，自“中断事由”消失之日起重新起算。③甲、丁拒绝履行又会中断诉讼时效，故甲的侵权之债诉讼时效还有2年，并没有届满。

（3）结论：“A. 甲有权以侵权之债诉讼时效已过为由不向丙支付赔款”，A错，符合题意，选A。

命题点2：保证债务人可援引主债的抗辩，前提是主债存在抗辩。如果主债没有抗辩，保证债务人不可援引。

（1）法律依据：《担保法》第20条第1款，“一般保证和连带责任保证的保证人享有债务人的抗辩权。债务人放弃对债务的抗辩权的，保证人仍有抗辩。抗辩权是指债权人行使债权时，债务人根据法定事由，对抗债权人行使请求权的权利。”

（2）具体到本题：①“甲同意赔款，甲友丁为此提供保证。再过1年，因甲、丁拒绝履行”。②甲的侵权之债诉讼时效没有届满，丁作为保证债务人，不能援引主债时效已过的抗辩。

（3）结论：“B. 丁有权以侵权之债诉讼时效已过为由不承担保证责任”，B错，符合题意，选B。（4）直接关联结论：“C. 乙公司有权以侵权之债诉讼时效已过为由不承担保险责任”，C错，符合题意，选C。因为侵权之债诉讼时效没经过。

命题点3：责任保险合同诉讼时效的起算，要区分情况处理。

（1）被保险人向保险公司索赔。①如果被保险人向保险公司基于责任保险合同索赔，其责任保险诉讼时效自被保险人向第三人赔偿之日起算诉讼时效。②参见《保险法》第65条第3款，“责任保险的被保险人给第三者造成损害，被保险人未向该第三者赔偿的，保险人不得向被保险人赔偿保险金。”③原理：被保险人向保险公司索赔的数额，取决于被保险人向第三人到底赔了多少钱。故先要解决被保险人与第三人的侵权责任纠纷，才能起算责任保险合同的诉讼时效。

（2）第三人直接索赔。①如果第三人直接向保险公司索赔，其责任保险诉讼时效自第三人向被保险人索赔之日起算诉讼时效。②注意：第三人直接索赔权是有前提的，也就是说，必须是第三人向被保险人索赔，被保险人既不赔又不主动向保险公司索赔，则第三人可直接向保险公司索赔。故在第三人向被保险人索赔遭拒，第三人就有权向保险公司索赔责任险，起算责任险的诉讼时效。③参见《保险法》第65条第2款，“责任保险的被保险人给第三者造成损害，被保险人对第三者应负的赔偿责任确定的，根据被保险人的请求，保险人应当直接向该第三者赔偿保险金。被保险人怠于请求的，第三者有权就其应获赔偿部分直接向保险人请求赔偿保险金。”

（3）具体到本题：①“甲为自己的车向乙公司投保第三者责任险，保险期间内甲车与丙车追尾，甲负全责。丙在事故后不断索赔未果……甲同意赔款，……再过1年，因甲……拒绝履行，丙要求乙公司承担保险责任。”②本例属于第三人直接索赔，直接向保险公司索赔责任险。③该责任险诉讼时效起算点应是第三人丙向被保险人甲索赔遭拒之时起算，其诉讼时效期间还有2年（非寿险诉讼时效仍应适用特别法即保险法的规定，2年。），没有届满。

（4）结论：“D. 乙公司有权以保险合同之债诉讼时效已过为由不承担保险责任”，D错，符合题意，选D。

评论：责任保险诉讼时效起算点，与一般保险合同诉讼时效起算点有本质区别。

（1）责任保险的性质。《保险法》第65条第4款，“责任保险是指以被保险人对第三者依法应负的赔偿责任为保险标的的保险。”

（2）一般保险合同赔偿请求权的诉讼时效起算点是“保险事故发生之日”。《保险法》第26条第1款，“人寿保险以外的其他保险的被保险人或者受益人，向保险人请求赔偿或者给付保险金的诉讼时效期间为二年，自其知道或者应当知道保险事故发生之日起计算。”

（3）责任保险的保险事故，即“被保险人对第三者依法应负赔偿责任”。①如果被保险人老实赔偿，则被保险人自赔偿之日起，可向保险公司索赔责任险，责任险时效开始计算。（按崔建远老师的见解，此时还不能起算，应该在被保险人向保险公司索赔遭拒后起算，因为此时被保护人才知道自己基于责任险的索赔请求权受到侵害，这样就使得《保险法》上的诉讼时效起算与《民法通则》的诉讼时效起算保持一致了。）②如果被保险人不老师赔偿，消极怠工，则第三人可直接向保险公司索赔责任险。此时责任险诉讼时效应从第三人向被保险人索赔遭拒时起算（同样，按崔建远老师的见解，此时还不能起算，应该在第三人直接向保险公司索赔遭拒时起算，因为此时第三人自己基于责任险的索赔请求权才受到侵害，这样就使得《保险法》上的诉讼时效起算与《民法通则》的诉讼时效起算保持一致了）。

2. 诉讼时效的起算；诉讼时效的中断；保证债务人放弃自己抗辩权不会仅因此影响其向主债务人追偿权

关于诉讼时效，下列哪一选项是正确的？（2012-3-5）

A. 甲借乙5万元，向乙出具借条，约定1周之内归还。乙债权的诉讼时效期间从借条出具日起计算

B. 甲对乙享有10万元货款债权，丙是连带保证人，甲对丙主张权利，会导致10万元货款债权诉讼时效中断

C. 甲向银行借款100万元，乙提供价值80万元房产作抵押，银行实现对乙的抵押权后，会导致剩余的20万元主债务诉讼时效中断

D. 甲为乙欠银行的50万元债务提供一般保证。甲不知50万元主债务诉讼时效期间届满，放弃先诉抗辩权，承担保证责任后不得向乙追偿

答案：（　　）①

考点：诉讼时效的起算；诉讼时效的中断；保证债务人放弃自己抗辩权不会仅因此影响其向主债务人追偿权

思路展开

命题点1：借条的诉讼时效从债务履行期届满时起算，而非出具借条之日起计算。

（1）法律依据：《民法总则》第188条第2款，"诉讼时效期间自权利人知道或者应当知道权利受到损害以及义务人之日起计算。法律另有规定的，依照其规定。但是自权利受到损害之日起超过二十年的，人民法院不予保护；有特殊情况的，人民法院可以根据权利人的申请决定延长。"

（2）具体到本题："A. 甲借乙5万元，向乙出具借条，约定1周之内归还。乙债权的诉讼时效期间从借条出具日起计算"。借条约定1周内归还，是为履行期限明确，推定履行期届满之日起算诉讼时效。因为此时乙知道或者应当知道权利被侵害（且知道债务人），故起算诉讼时效。借条出具日并非乙知道或者应当知道权利被侵害时，不能起算诉讼时效。

（4）结论：A错，不选A。

（5）延展：欠条的诉讼时效，从出具欠条之日起计算。

命题点2：主债诉讼时效中断，连带保证债务诉讼时效不中断。

（1）法律依据：①连带保证属于不真正连带，主债务人是终局责任人，要面临保证人的全额追偿：《最高人民法院关于适用〈中华人民共和国担保法〉若干问题的解释》（以下简称《担保法解释》）第36条第1款，"……连带责任保证中，主债务诉讼时效中断，保证债务诉讼时效不中断。"②典型连带之债是真正连带之债，内部有份额。《时效解释》第17条第2款，"对于连带债务人中的一人发生诉讼时效中断效力的事由，应当认定对其他连带债务人也发生诉讼时效中断的效力。"

（2）法理阐释：①《担保法解释》之所以将连带责任保证中主债务的诉讼时效中断与保证债务诉讼时效作切割，是因为债权人在主张权利时可以选择向主债务人或者连带保证人提出，而不受一般保证中"先诉抗辩权"的限制。如果债权人仅对主债务人主张权利，保证债务时效不因此中断；反之，如果债权人仅对保证人主张权利，主债务时效不因此中断。②《时效解释》第17条第2款规定，连带债务一人中断，其他人义务人也"遭殃"，时效中断。其所谓连带债务指的是同一债务具有连带性（如共同侵权之债的连带债务），而连带保证中，存在两个债务：一个是保证人与主债权人之间的债务；另一个是主债务人与主债权人之间的债务。因此，连带保证债

① 参考答案：C

务与主债务不属于《时效解释》第17条规定的范畴。

(3)具体到本题:①“B. 甲对乙享有10万元货款债权,丙是连带保证人,甲对丙主张权利,会导致10万元货款债权诉讼时效中断。”②债权人甲对连带保证人主张权利,不会导致主债务诉讼时效中断。③反之亦同。

(4)结论:B错,不选B。

命题点3:对部分债权主张权利,剩余债权时效也中断。

(1)法律依据:《时效解释》第11条,“权利人对同一债权中的部分债权主张权利,诉讼时效中断的效力及于剩余债权,但权利人明确表示放弃剩余债权的情形除外。”

(2)具体到本题:①“C. 甲向银行借款100万元,乙提供价值80万元房产作抵押,银行实现对乙的抵押权后,会导致剩余的20万元主债务诉讼时效中断”。②银行实现对乙的抵押权实现了100万元债权中的80万元债权,剩余20万元债权诉讼时效也随之中断。

(3)结论:C对,选C。

命题点4:一般保证人放弃自己的抗辩权(包括先诉抗辩权),不会仅因此影响保证人对债务人的追偿权。主债时效届满但保证人不知情而未援引,不影响保证人追偿权。

(1)法律依据:①保证人有权援引主债的抗辩。《担保法》第20条,“一般保证和连带责任保证的保证人享有债务人的抗辩权。债务人放弃对债务的抗辩权的,保证人仍有权抗辩。抗辩权是指债权人行使债权时,债务人根据法定事由,对抗债权人行使请求权的权利。”②保证人知情主债时效届满抗辩,应援引。《时效解释》第21条,“主债务诉讼时效期间届满,保证人享有主债务人的诉讼时效抗辩权。保证人未主张前述诉讼时效抗辩权,承担保证责任后向主债务人行使追偿权的,人民法院不予支持,但主债务人同意给付的情形除外。”

(2)法条阐释:①保证人知情主债时效届满的抗辩,应援引而未援引,承担责任后是否可向主债务人追偿,要看主债务人是否放弃了主债时效届满抗辩。a. 如果主债务人自己都放弃了主债时效届满的抗辩,则保证人没援引,承担了保证责任后可以向主债务人追偿。b. 如果主债务人自己主张了主债时效届满的抗辩,保证人对此明知主债由50万缩减为自然债务,没有援引主债时效届满的抗辩,承担保证责任后不可向主债务人追偿。②保证人不知情主债时效届满抗辩没有援引,承担责任后可向主债务人追偿,至于保证人是否主张基于保证债务本身的抗辩权,不影响保证人对主债务人的追偿权。

(3)具体到本题:①“D. 甲为乙欠银行的50万元债务提供一般保证。甲不知50万元主债务诉讼时效期间届满,放弃先诉抗辩权,承担保证责任后不得向乙追偿”。②保证人甲根本不知道主债时效届满,所以没有援引主债时效届满抗辩权,不影响其追偿权。至于保证人放弃自己的先诉抗辩权,更加不会影响到保证人承担保证责任后对主债务人的追偿权。

(4)结论:D错,不选D。

常见错误

1. 银行债权不适用诉讼时效说:认为C选项中甲向乙银行借款100万元的借款关系中,因为银行属于储蓄机构,故不适用诉讼时效,由此未选C。分析:《时效解释》第1条第1项,“当事人可以对债权请求权提出诉讼时效抗辩,但对下列债权请求权提出诉讼时效抗辩的,人民法院不予支持:(一)支付存款本金及利息请求权。”本例是储户的债权请求权不适用时效,不是说银行的债权不适用诉讼时效。

2. 保证人放弃时效利益说:认为D选项中甲不知50万元主债务诉讼时效期间届满,放弃先诉抗辩权,承担保证责任后不得向乙追偿。因为,担保人放弃时效利益的,不得向债务人追偿,故误选D。分析:D中明确表示“甲不知”主债诉讼时效期间届满。而《时效解释》第21条原文是:“主债务诉讼时效期间届满,保证人享有主债务人的诉讼时效抗辩权。保证人未主张(“未主张”的字面意义解释就是先知道才有主张的可能)前述诉讼时效抗辩权,承担保证责任后向主债务人行使追偿权的,人民法院不予支持,但主债务人同意给付的情形除外。”其要旨是保证人知情主债时效届满,才可能存在“未主张”的情形。故D不能适用第21条。

3. 诉讼时效中断的情形

关于诉讼时效中断的表述,下列哪一选项是正确的?(2011－3－5)

A. 甲欠乙10万元到期未还，乙要求甲先清偿8万元。乙的行为，仅导致8万元债务诉讼时效中断

B. 甲和乙对丙因共同侵权而需承担连带赔偿责任计10万元，丙要求甲承担8万元。丙的行为，导致甲和乙对丙负担的连带债务诉讼时效均中断

C. 乙欠甲8万元，丙欠乙10万元，甲对丙提起代位权诉讼。甲的行为，不会导致丙对乙的债务诉讼时效中断

D. 乙欠甲10万元，甲将该债权转让给丙。自甲与丙签订债权转让协议之日起，乙的10万元债务诉讼时效中断

答案：(　　)①

考点：部分清偿、连带债务、代位诉讼、债权转让中诉讼时效的中断

读题技巧

1.《民法总则》第195条，"有下列情形之一的，诉讼时效中断，从中断、有关程序终结时起，诉讼时效期间重新计算：(一)权利人向义务人提出履行请求；(二)义务人同意履行义务；(三)权利人提起诉讼或者申请仲裁；(四)与提起诉讼或者申请仲裁具有同等效力的其他情形。"何时重新计算？刘凯湘教授：如以起诉或申请仲裁中断时效，在整个诉讼和仲裁过程中应视为时效继续中断。自裁判书确定的履行期限的最后一日的次日起时效重新计算。调解亦同此道理。

2. 本题本质上是法条题，为法条题的升级版，也就是说，将法条转化为事实，再让考生基于事实去判断是否掌握了法条。

思路展开

命题点1：主张部分清偿，时效中断及于全部。

(1)法律依据：《时效解释》第11条，"权利人对同一债权中的部分债权主张权利，诉讼时效中断的效力及于剩余债权，但权利人明确表示放弃剩余债权的情形除外。"

(2)具体到本题：①"A. 甲欠乙10万元到期未还，乙要求甲先清偿8万元。乙的行为，仅导致8万元债务诉讼时效中断"。②乙公司的行为能够导致甲公司10万元债务诉讼时效中断。③从题干信息不能推断出乙公司放弃了2万元债权，相反，乙公司是要求甲公司"先"清偿8万元，意味着乙公司没有放弃2万元债权。

(3)结论：A错，不选A。

命题点2：连带债务被主张，时效中断及于全部。

(1)法律依据：《时效解释》第17条第2款，"对于连带债务人中的一人发生诉讼时效中断效力的事由，应当认定对其他连带债务人也发生诉讼时效中断的效力。"

(2)具体到本题：①"B. 甲和乙对丙因共同侵权而需承担连带赔偿责任计10万元，丙要求甲承担8万元。"②丙的行为，导致甲和乙对丙负担的连带债务诉讼时效均中断。丙要求连带债务人甲承担责任，这一事由会导致甲和乙对丙负担的连带债务诉讼时效均中断。

(3)结论：B对，选B。

(4)关联：连带债务被主张，时效中断及于全部债务，限于真正的连带债务，如共同侵权连带之债、合伙连带之债等，不包括连带保证，因为连带保证属于不真正连带之债。参见《担保法解释》第36条第1款，"……连带责任保证中，主债务诉讼时效中断，保证债务诉讼时效不中断。"

命题点3：代位之债(债③)提起诉讼，时效中断及于债①(原债)和债②(次债)。

(1)法律依据：《时效解释》第18条，"债权人提起代位权诉讼的，应当认定对债权人的债权和债务人的债权均发生诉讼时效中断的效力。"

(2)具体到本题："C. 乙欠甲8万元，丙欠乙10万元，甲对丙提起代位权诉讼。甲的行为，不会导致丙对乙的债务诉讼时效中断"。甲公司对丙公司提起代位权诉讼，则甲公司的行为会导致丙公司对乙公司的债务诉讼时效中断。

(3)结论：C错，不选C。

命题点4：债权转让，通知到达债务人时才

① 参考答案：B

中断债之诉讼时效。

(1)法律依据:《时效解释》第19条第1款,"债权转让的,应当认定诉讼时效从债权转让通知到达债务人之日起中断。"

(2)具体到本题:①"D. 乙欠甲10万元,甲将该债权转让给丙。自甲与丙签订债权转让协议之日起,乙的10万元债务诉讼时效中断"。②甲公司将债权转让给丙,应该是自10万元债权转让通知到达债务人乙公司之日起而非债权转让协议签订之日,乙公司的10万元债务诉讼时效中断。

(3)结论:D错,不选D。

(4)关联:《时效解释》第19条第2款,"债务承担情形下,构成原债务人对债务承认的,应当认定诉讼时效从债务承担意思表示到达债权人之日起中断。"

常见错误

1. 审题不清:认为B选项中,如果是连带保证,主债务诉讼时效中断而连带债务并不中断,故认为B错。分析:这属于审题不清,B选项明确界定的是共同侵权产生的连带债务,而非连带保证产生的连带债务。

2. 审题不清:认为D选项中,债权移转是债权人对自己权利的处分,是权利人行使自己权利的行为,而且债权移转以通知债务人为要件,通知债务人本身意味着当事人在对债务人行使自己的债权,包含了请求的意思,可以引起时效的中断。分析:这段表述本身没有问题,但是题干并没有交代"已经通知债务人",只是说"甲将债权转让给丙",且D选项后头还明确"自签订债权转让协议之日"。

4. 当事人一方提出要求中断时效的要件

诉讼时效因当事人一方提出要求而中断,下列哪一情形不能产生诉讼时效中断的效力?(2009-3-5)

A. 对方当事人在当事人主张权利的文书上签字、盖章的

B. 当事人一方以发送信件或数据电文方式主张权利,该信件或数据电文应当到达对方当事人的

C. 当事人一方为金融机构,依照法律规定或当事人约定从对方当事人账户中扣收欠款本息的

D. 当事人一方下落不明,对方当事人在下落不明当事人一方住所地的县(市)级有影响的媒体上刊登具有主张权利内容的公告的

答案:(　　)[1]

考点:当事人一方提出要求中断时效的要件

思路展开

命题点:一方提出要求可以中断诉讼时效。

法律依据:(1)《民法总则》第195条,"有下列情形之一的,诉讼时效中断,从中断、有关程序终结时起,诉讼时效期间重新计算:(一)权利人向义务人提出履行请求;(二)义务人同意履行义务;(三)权利人提起诉讼或者申请仲裁;(四)与提起诉讼或者申请仲裁具有同等效力的其他情形。"(2)《时效解释》第10条第1款,"具有下列情形之一的,应当认定为《民法通则》第一百四十条规定的'当事人一方提出要求',产生诉讼时效中断的效力:(一)当事人一方直接向对方当事人送交主张权利文书,对方当事人在文书上签字、盖章或者虽未签字、盖章但能够以其他方式证明该文书到达对方当事人的;(二)当事人一方以发送信件或者数据电文方式主张权利,信件或者数据电文到达或者应当到达对方当事人的;(三)当事人一方为金融机构,依照法律规定或者当事人约定从对方当事人账户中扣收欠款本息的;(四)当事人一方下落不明,对方当事人在国家级或者下落不明的当事人一方住所地的省级有影响的媒体上刊登具有主张权利内容的公告的,但法律和司法解释另有特别规定的,适用其规定。"

具体到本题:比对各个选项,D项中"县(市)级"级别不够,故不能产生中断时效的结果,符合题意,选D。

四、诉讼时效届满

甲公司向乙公司催讨一笔已过诉讼时效期限的10万元货款。乙公司书面答复称:"该笔债务已过时效期限,本公司本无义务偿还,但鉴于双方的长期合作关系,可偿还3万元。"甲公司遂向法院起诉,要求偿还10万元。乙公司接到应诉通知后书面回函

① 参考答案:D

甲公司称:“既然你公司起诉,则不再偿还任何货款。”下列哪一选项是正确的?(2014 - 3 - 5)

A. 乙公司的书面答复意味着乙公司需偿还甲公司 3 万元

B. 乙公司的书面答复构成要约

C. 乙公司的书面回函对甲公司有效

D. 乙公司的书面答复表明其丧失了 10 万元的时效利益

答案:(　　)①

考点:诉讼时效届满、抛弃时效利益的单方行为

解题图构

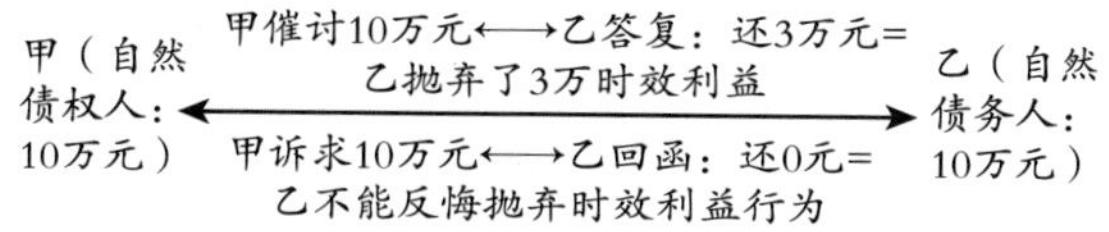

读题技巧

1. 已过诉讼时效期限的10 万元货款,指向自然债务。

2. 乙公司书面答复,可偿还 3 万元,指向抛弃 3 万元时效利益。

3. 乙公司书面回函,指向乙就 3 万元时效利益抛弃后不得反悔。

4. 区分书面答复和书面回函。

思路展开

命题点:时效利益已经抛弃,不得反悔。

法律依据:(1) 同意履行义务或实际履行了义务。①《民法总则》第 192 条,“诉讼时效期间届满的,义务人可以提出不履行义务的抗辩。诉讼时效期间届满后,义务人同意履行的,不得以诉讼时效期间届满为由抗辩;义务人已自愿履行的,不得请求返还。”②《时效解释》第 22 条,“诉讼时效期间届满,当事人一方向对方当事人作出同意履行义务的意思表示或者自愿履行义务后,又以诉讼时效期间届满为由进行抗辩的,人民法院不予支持。”(2) 同意履行义务的进一步解释,可分为明示即承诺和默示即行为。《时效解释》第 16 条,“义务人作出分期履行、部分履行、提供担保、请求延期履行、制定清偿债务计划等承诺或者行为的,应当认定为《民法通则》第一百四十条规定的当事人一方‘同意履行义务’。”

具体到本题:(1) 乙欠甲的 10 万元债务已经超过诉讼时效了。(2) 乙书面答复,构成对 3 万元债务时效利益抛弃,是单方行为,不是要约,依单方意思表示便可发生法律效果,不需要对方的同意。(3) 乙抛弃了对 3 万元债务的时效利益,不能再以诉讼时效期间届满进行抗辩,其后来回函又主张不履行这 3 万元债务不能成立,乙公司应当履行这 3 万元债务,但这并不表明乙公司抛弃了全部 10 万元债务的时效利益。

结论:(1)“A. 乙公司的书面答复意味着乙公司需偿还甲公司 3 万元”,A 对,选 A。(2)“B. 乙公司的书面答复构成要约;C. 乙公司的书面回函对甲公司有效;D. 乙公司的书面答复表明其丧失了 10 万元的时效利益”,BCD 均错,不选 BCD。

关联:救济时效已过债权的策略。(1)《最高人民法院关于超过诉讼时效期间当事人达成的还款协议是否应当受法律保护问题的批复》法复〔1997〕4 号,“根据《中华人民共和国民法通则》第九十条规定的精神,对超过诉讼时效期间,当事人双方就原债务达成还款协议的,应当依法予以保护。”(2)《最高人民法院关于超过诉讼时效期间借款人在催款通知单上签字或者盖章的法律效力问题的批复》法释〔1999〕7 号,“根据《中华人民共和国民法通则》第四条、第九十条规定的精神,对于超过诉讼时效期间,信用社向借款人发出催收到期贷款通知单,债务人在该通知单上签字或者盖章的,应当视为对原债务的重新确认,该债权债务关系应受法律保护。”(3)《最高人民法院关于超过诉讼时效期间后债务人向债权人发出确认债务的询证函的行为是否构成新的债务的请示的答复》[〔2003〕民二他字第 59 号],“对债务人于诉讼时效期间届满后主动向债权人发出询证函核对贷款本息行为的法律后果问题可参照本院上述《关于超过诉讼时效期间借款人在催款通知单上签字或盖章的法律效力问题的批复》的规定进行认定和处理。”

---

①　参考答案:A

常见错误

1. 情谊行为说:认为债务经过诉讼时效后消灭,乙公司并无返还债务的义务,其书面答复同意偿还3万元只是情谊行为,没有法律约束力。未选A。

2. 要约说:认为债务经过诉讼时效后消灭,乙公司书面回复愿意偿还3万元是向甲公司发出一个要约,需要甲公司承诺后,乙公司才有一个新的偿还3万元的义务。误选B。

3. 抛弃3万元时效利益等于抛弃10万元时效利益说:认为乙公司愿意偿还3万元的书面答复构成同意履行全部义务的意思表示,从而认为其抛弃了全部债务的时效利益。误选D。

4. 放弃时效利益后可以反悔说:认为债务人乙在放弃时效利益后还可以反悔。误选C。

2 第二编

人身权法

第七章 人身权

第一节 人格权

一、生命权

下列哪一情形构成对生命权的侵犯？（2016－3－22）

A. 甲女视其长发如生命，被情敌乙尽数剪去

B. 丙应丁要求，协助丁完成自杀行为

C. 戊为报复欲致己于死地，结果将己打成重伤

D. 庚医师因误诊致辛出生即残疾，辛认为庚应对自己的错误出生负责

答案：（　　）①

考点：生命权

思路展开

法律依据：《民法总则》第110条第1款，“自然人享有生命权、身体权、健康权、姓名权、肖像权、名誉权、荣誉权、隐私权、婚姻自主权等权利。”

法理阐释：(1)生命权是法律赋予自然人的以生命维持和生命安全为内容的权利。(2)健康权是自然人依法享有的保持其自身及其器官乃至身体整体的功能安全为内容的人格权。

具体到本题：

(1)长发不是生命。长发被剪，构成对身体权的侵犯。故A错，不选A。

(2)协助自杀构成对生命权的侵犯。故B对，选B。

(3)己未死亡，故戊侵犯的是己的健康权。故C错，不选C。

(4)错误出生，不构成对生命权的侵犯。错误出生案中，存在两个层面的分析。

第一层面，关于错误出生是否侵害父母的人身权？对此，司法实践中，出现完全不同的两种认识：

①案件1，“医方因产检失误，导致原告产下左掌缺失的婴儿。”由于医院在为产妇进行B超检查时存在未对胎儿上肢进行检查的过失，直接导致了医院未能探查胎儿的肢体发育状况，并将该情况及时告知产妇夫妻，进而导致作为生育主体的夫妻双方亦未能及时根据胎儿的肢体发育状况对是否继续妊娠作出适时、理性的决定和选择，最终导致夫妻双方不得不接受残疾婴儿的出生。因此，此观点认为，医院在医疗服务过程中的过错行为侵犯了夫妻双方的生育知情权和优生优育权。

②案件2“案情和案件1大致相同”，优生优育权是由公民生育权衍生出来的一项权利，虽然我国《宪法》、《民法通则》没有规定，但《母婴保健法》、《计划生育法》等相关法律对此做了相应规定。优生优育权虽然是公民的一项基本权利，但毕竟有别于其他人身权利。《母婴保健法》规定，经产前检查及诊断，如胎儿存在严重缺陷等情况，医生应提出终止妊娠，此时夫妻双方有决定是否终止妊娠的权利。可见，优生优育权并非绝对权，权利的行使是受到一定限制的，夫妻主张的优生优育权不属于侵权行为法所指的权利。因此，此观点认为，不能认定其主张

① 参考答案：B

的侵权事实成立。

第二层面,关于错误出生是否侵害胎儿的生命权。《民法总则》第16条,"涉及遗产继承、接受赠与等胎儿利益保护的,胎儿视为具有民事权利能力。但是胎儿娩出时为死体的,其民事权利能力自始不存在。胎儿出生是活体,视为有民事权利能力,可以向侵权人主张侵犯健康权,但不可主张侵犯生命权,因为没有生命是错误的。"《2016年国家司法考试试题解析》:"错误出生,美国法上的争议焦点之一,至多构成对健康权的侵犯,生命平等,没有生命是错误的,不构成对生命权的侵犯。"

综上,"D. 庚医师因误诊致辛出生即残疾,辛认为庚应对自己的错误出生负责",未侵犯生命权。D错,不选D。

二、姓名权

1. 姓名权之"捡到身份证办理信用卡恶意透支"案

甲用其拾得的乙的身份证在丙银行办理了信用卡,并恶意透支,致使乙的姓名被列入银行不良信用记录名单。经查,丙银行在办理发放信用卡之前,曾通过甲在该行留下的乙的电话(实为甲的电话)核实乙是否申请办理了信用卡。根据我国现行法律规定,下列哪一表述是正确的?(2013-3-22)

A. 甲侵犯了乙的姓名权

B. 甲侵犯了乙的名誉权

C. 甲侵犯了乙的信用权

D. 丙银行不应承担责任

答案:(　　)①

考点:姓名权、名誉权和信用权;银行过错侵权的判断

读题技巧

1. "姓名",指向姓名权。

2. "根据我国现行法律规定"+"不良信用记录名单",指向没有信用权问题。

思路展开

命题点1:侵犯姓名权。姓名权是自然人对其姓名享有的决定、使用和依照规定改变,同时禁止他人干涉、盗用和假冒的权利。

(1)法律依据:①《民法总则》第110条第1款,"自然人享有生命权、身体权、健康权、姓名权、肖像权、名誉权、荣誉权、隐私权、婚姻自主权等权利。"②《民法通则》第99条第1款,"公民享有姓名权,有权决定、使用和依照规定改变自己的姓名,禁止他人干涉、盗用、假冒。"

(2)盗用和假冒的差异:①盗用他人姓名,是未经他人同意而使用其姓名的行为。例如,自称是某名演员的弟子,以吸引观众,擅自以某名教授的名义为自己的作品作序,以蒙惑读者等。盗用他人姓名的目的,往往是为了抬高自己的身份或牟取其他利益。②假冒他人姓名。这是冒名顶替,即使用他人姓名并冒充该人参加民事活动或进行其他行为。③小结:a."我是钱明星弟子":盗用他人姓名是用他人的名义作一定行为,不妄称自己就是某人;b."我是钱明星":假冒他人姓名是自己即是某人,侵权人完全以姓名权人的身份从事活动。

(3)具体到本题:"甲用其拾得的乙的身份证在丙银行办理了信用卡"。甲用其拾得的身份证,使用乙的姓名开办信用卡,属于"假冒",侵犯他人姓名权的行为。

(4)结论:"A. 甲侵犯了乙的姓名权",A对,选A。

命题点2:名誉权。名誉权是公民或法人对自己在社会生活中获得的社会评价、人格尊严享有的不可侵犯的权利。

(1)法律依据:①《民法总则》第110条第1款,"自然人享有生命权、身体权、健康权、姓名权、肖像权、名誉权、荣誉权、隐私权、婚姻自主权等权利。"②《民法通则》第101条,"公民、法人享有名誉权,公民的人格尊严受法律保护,禁止用侮辱、诽谤等方式损害公民、法人的名誉。"

(2)法条阐释:①名誉权侵权构成要件=侵权行为(表现为运用侮辱、诽谤等方式,向第三人进行公布,使第三人知道)+损害结果表现为社会评价降低+因果关系+行为人有过错。②受害人主体的两个层次:a.特定的受害人:侮辱、诽谤应指向特定的人,不过,虽然没有指名道姓,但通过其侮辱或诽谤

① 参考答案:A

的内容可以明确地推断出受害人，则仍然成立侵犯名誉权。b.“坏人”也享有名誉权。③社会评价降低的两个层次：a. 是客观社会评价降低（名誉权），而不是主观社会评价降低（名誉感）。b. 向第三人公开，才会导致客观社会评价降低的结果，如果只是双方私相“侮辱”、“诽谤”，构成侵犯一般人格权，不侵犯名誉权。

（3）具体到本题：“甲用其拾得的乙的身份证在丙银行办理了信用卡，并恶意透支，致使乙的姓名被列入银行不良信用记录名单。”甲恶意透支致使乙产生了不良信用记录，但这不属于以虚构事实或其他侮辱、诽谤、贬低他人人格的手段侵犯他人名誉权的行为，不侵犯名誉权。

（4）结论：“B. 甲侵犯了乙的名誉权”，B 错，不选 B。

命题点 3：人格权法定之信用权立法缺失。信用权，民事主体在“经济方面”所享有的社会评价。（注意：名誉权是民事主体对其各个方面所享有的社会评价。）

（1）法律依据：《侵权责任法》第 2 条，“侵害民事权益，应当依照本法承担侵权责任。本法所称民事权益，包括生命权、健康权、姓名权、名誉权、荣誉权、肖像权、隐私权、婚姻自主权、监护权、所有权、用益物权、担保物权、著作权、专利权、商标专用权、发现权、股权、继承权等人身、财产权益。”

（2）具体到本题：甲的行为导致乙的信用受损是侵犯姓名权的结果，且我国并无独立保护信用权的立法。

（3）结论：“C. 甲侵犯了乙的信用权”，C 错，不选 C。

命题点 4：银行过错侵权责任。一般侵权责任构成要件。

（1）法律依据：《侵权责任法》第 6 条第 1 款，“行为人因过错侵害他人民事权益，应当承担侵权责任。”

（2）法条阐释：加害行为 + 损害结果 + 因果关系 + 行为人主观过错。

（3）具体到本题：①“丙银行在办理发放信用卡之前，曾通过甲在该行留下的乙的电话（实为甲的电话）核实乙是否申请办理了信用卡”。②《2013 年国家司法考试试题解析》：“丙银行虽然尽了一定审核义务，但其未尽合理、谨慎审核之责，且其发放信用卡的制度设计或操作流程存在损害他人财产安全的隐患，故应当承担相应赔偿责任。”

（4）结论：“D. 丙银行不应承担责任”，D 错，不选 D。

（5）银行过错的引证判断标准：①银行办理信用卡业务的基本原则。《商业银行信用卡业务监督管理办法》第 2 条，“商业银行经营信用卡业务，应当严格遵守国家法律、法规、规章和有关政策规定，遵循平等、自愿和诚实信用的原则。”②信用卡。《商业银行信用卡业务监督管理办法》第 7 条，“本办法所称信用卡，是指记录持卡人账户相关信息，具备银行授信额度和透支功能，并为持卡人提供相关银行服务的各类介质。”③银行审核申请材料。《商业银行信用卡业务监督管理办法》第 37 条第 1 项，“发卡银行印制的信用卡申请材料文本应当至少包含以下要素：（一）申请人信息：编号、申请人姓名、有效身份证件名称、证件号码、单位名称、单位地址、住宅地址、账单寄送地址、联系电话、联系人姓名、联系人电话、联系人验证信息、其他验证信息等。”④银行资信调查。《商业银行信用卡业务监督管理办法》第 41 条，“发卡银行应当对信用卡申请人开展资信调查，充分核实并完整记录申请人有效身份、财务状况、消费和信贷记录等信息，并确认申请人拥有固定工作、稳定的收入来源或可靠的还款保障。”

（6）具体到本题：银行就是打了一个电话，没有做其他的审核工作，显然有过错。

2. 姓名权之“隆鼻手术”效果案

甲到乙医院做隆鼻手术效果很好。乙为了宣传，分别在美容前后对甲的鼻子进行拍照（仅见鼻子和嘴部），未经甲同意将照片发布到丙网站的广告中，介绍该照片时使用甲的真实姓名。丙网站在收到甲的异议后立即作了删除。下列哪一说法是正确的？（2011－3－24）

A. 乙医院和丙网站侵犯了甲的姓名权，应承担连带赔偿责任

B. 乙医院和丙网站侵犯了甲的姓名权，应承担按份赔偿责任

C. 乙医院侵犯了甲的姓名权

D. 乙医院和丙网站侵犯了甲的姓名权和肖像

权,但丙网站可免于承担赔偿责任

答案:( )①

考点:姓名权、肖像权和网络侵权行为

读题技巧

1.“使用甲的真实姓名”,指向侵害姓名权。

2.“(仅见鼻子和嘴部)”,题干中有括号补充信息,很少见,指向不侵犯肖像权。

3.“网站立即作了删除”,指向网站的避风港规则,不侵权。

4. 秒杀题。

思路展开

命题点1:侵犯姓名权。姓名权是自然人对其姓名享有的决定、使用和依照规定改变,同时禁止他人干涉、盗用和假冒的权利。

(1)法律依据:①《民法总则》第110条第1款,“自然人享有生命权、身体权、健康权、姓名权、肖像权、名誉权、荣誉权、隐私权、婚姻自主权等权利。”②《民法通则》第99条第1款,“公民享有姓名权,有权决定、使用和依照规定改变自己的姓名,禁止他人干涉、盗用、假冒。”

(2)具体到本题:①“(乙)未经甲同意将照片发布到丙网站的广告中,介绍该照片时使用甲的真实姓名”。②乙医院擅自将甲的姓名用于广告,属于盗用,侵犯了甲的姓名权。

(3)结论:“C. 乙医院侵犯了甲的姓名权”,C对,选C。

命题点2:侵犯肖像权。肖像权是指自然人对自己的肖像享有再现、使用或许可他人使用的权利。以营利为目的未经允许再现肖像,才侵犯肖像权。

(1)法律依据:①《民法总则》第110条第1款,“自然人享有生命权、身体权、健康权、姓名权、肖像权、名誉权、荣誉权、隐私权、婚姻自主权等权利。”②《民法通则》第100条,“公民享有肖像权,未经本人同意,不得以营利为目的使用公民的肖像。”③《民通意见》第139条,“以营利为目的,未经公民同意利用其肖像做广告、商标、装饰橱窗等,应当认定为侵犯公民肖像权的行为。”

(2)法条阐释:肖像权侵权=以营利为目的+擅自再现他人面部肖像。

(3)具体到本题:①“乙为了宣传,分别在美容前后对甲的鼻子进行拍照(仅见鼻子和嘴部),未经甲同意将照片发布到丙网站的广告中。”②因为该照片是局部的,且一般人难以辨认出是照片上是谁,不属于“再现肖像”。③故乙医院并没有侵犯甲的肖像权。

(4)结论:“D. 乙医院和丙网站侵犯了甲的姓名权和肖像权,但丙网站可免于承担赔偿责任”,D错,不选D。

命题点3:网站的避风港规则,接到通知后删除,不构成侵权。

(1)法律依据:《侵权责任法》第36条第2款,“网络用户利用网络服务实施侵权行为的,被侵权人有权通知网络服务提供者采取删除、屏蔽、断开链接等必要措施。网络服务提供者接到通知后未及时采取必要措施的,对损害的扩大部分与该网络用户承担连带责任。”第3款,“网络服务提供者知道网络用户利用其网络服务侵害他人民事权益,未采取必要措施的,与该网络用户承担连带责任。”此为网站的“避风港”制度。

(2)具体到本题:①“丙网站在收到甲的异议后立即作了删除”。②乙医院未经甲同意使用甲的姓名,侵犯了甲的姓名权,但是丙网站在收到甲的异议后立即作了删除,故丙网站无需承担赔偿责任。

(3)结论:ABD均错,不选ABD。

三、肖像权

(一)肖像权

1. 医院擅自使用美容专家朴某姓名和肖像案

朴某系知名美容专家。某医院未经朴某同意,将其作为医院美容专家在医院网站上使用了朴某照片和简介,且将朴某名字和简介错误地安在了其他专家的照片旁。下列哪一说法是正确的?(2009-3-24)

A. 医院未侵犯朴某的姓名权

B. 医院未侵犯朴某的肖像权

C. 医院侵犯了朴某的肖像权和姓名权

① 参考答案:C

D. 医院侵犯了朴某的荣誉权

答案:(　　)[1]

考点:人身权侵权之姓名权和肖像权

思路展开

命题点1:侵犯姓名权。姓名权是自然人对其姓名享有的决定、使用和依照规定改变,同时禁止他人干涉、盗用和假冒的权利。

(1)法律依据:①《民法总则》第110条第1款,“自然人享有生命权、身体权、健康权、姓名权、肖像权、名誉权、荣誉权、隐私权、婚姻自主权等权利。”②《民法通则》第99条第1款,“公民享有姓名权,有权决定、使用和依照规定改变自己的姓名,禁止他人干涉、盗用、假冒。”

(2)具体到本题:①“某医院未经朴某同意,将其作为医院美容专家在医院网站上使用了朴某照片和简介,且将朴某名字和简介错误地安在了其他专家的照片旁”。②某医院未经朴某同意,擅自使用朴某姓名,视为盗用,构成姓名权侵权。

(3)结论:“A. 医院未侵犯朴某的姓名权”,A错,不选A。

命题点2:侵犯肖像权。肖像权是指自然人对自己的肖像享有再现、使用或许可他人使用的权利。以营利为目的未经允许再现肖像,才侵犯肖像权。

(1)法律依据:①《民法总则》第110条第1款,“自然人享有生命权、身体权、健康权、姓名权、肖像权、名誉权、荣誉权、隐私权、婚姻自主权等权利。”②《民法通则》第100条,“公民享有肖像权,未经本人同意,不得以营利为目的使用公民的肖像。”③《民通意见》第139条,“以营利为目的,未经公民同意利用其肖像做广告、商标、装饰橱窗等,应当认定为侵犯公民肖像权的行为。”

(2)法条阐释:肖像权侵权=以营利为目的+擅自再现他人面部肖像。

(3)具体到本题:某医院未经朴某同意,以营利为目的在其网站上使用朴某照片,构成肖像权侵权。

(4)结论:①“B. 医院未侵犯朴某的肖像权”,B错,不选B。②“C. 医院侵犯了朴某的肖像权和姓名权”,C对,选C。

命题点3:荣誉权。

(1)法律依据:①《民法总则》第110条第1款,“自然人享有生命权、身体权、健康权、姓名权、肖像权、名誉权、荣誉权、隐私权、婚姻自主权等权利。”②《民法通则》第102条,“公民、法人享有荣誉权,禁止非法剥夺公民、法人荣誉称号。”

(2)具体到本题:医院并无剥夺朴某荣誉称号的情形,故不侵犯荣誉权。

(3)结论:“D. 医院侵犯了朴某的荣誉权”,D错,不选D。

(4)延展:实践中,几乎没有真正侵害荣誉权的案件。比较常见的荣誉权纠纷是:被告侵害了原告因获得荣誉而产生的财产利益或者作为荣誉象征的奖杯、奖旗、证书等物品。这些都不属于侵害荣誉权等的行为。

2.“超级模仿秀”之整容成名人脸不侵犯肖像权案

赵某系全国知名演员,张某经多次整容后外形酷似赵某,此后多次参加营利性模仿秀表演,承接并拍摄了一些商业广告。下列哪一选项是正确的?(2008-3-15)

A. 张某故意整容成赵某外形的行为侵害了赵某的肖像权

B. 张某整容后参加营利性模仿秀表演侵害了赵某的肖像权

C. 张某整容后承接并拍摄商业广告的行为侵害了赵某的名誉权

D. 张某的行为不构成对赵某人格权的侵害

答案:(　　)[2]

考点:整容行为以及利用整容行为不侵犯肖像权;也不侵犯名誉权

思路展开

命题点1:整容行为和利用整容不侵犯肖像权。肖像权是指自然人对自己的肖像享有再现、使用或许可他人使用的权利。以营利为目的未经允许再现肖像,才侵犯肖像权。

---

① 参考答案:C

② 参考答案:D

(1)法律依据:①《民法总则》第110条第1款,"自然人享有生命权、身体权、健康权、姓名权、肖像权、名誉权、荣誉权、隐私权、婚姻自主权等权利。"②《民法通则》第100条,"公民享有肖像权,未经本人同意,不得以营利为目的使用公民的肖像。"③《民通意见》第139条,"以营利为目的,未经公民同意利用其肖像做广告、商标、装饰橱窗等,应当认定为侵犯公民肖像权的行为。"

(2)法条阐释:肖像权侵权 = 以营利为目的 + 擅自再现他人面部肖像。

(3)具体到本题:①"张某经多次整容后外形酷似赵某",对此,《2008年国家司法考试试题解析》:"难以认定为张某直接使用了赵某的肖像,更难说张某的这些行为侵害了赵某的肖像权。"②"此后多次参加营利性模仿秀表演",对此,张某使用的是自己的肖像,而不是赵某的肖像。张某不侵犯赵某的肖像权。

(4)结论:"A. 张某故意整容成赵某外形的行为侵害了赵某的肖像权;B. 张某整容后参加营利性模仿秀表演侵害了赵某的肖像权",AB错,不选AB。

命题点2:张某不侵犯赵某的名誉权。名誉权是公民或法人对自己在社会生活中获得的社会评价、人格尊严享有的不可侵犯的权利。

(1)法律依据:①《民法总则》第110条第1款,"自然人享有生命权、身体权、健康权、姓名权、肖像权、名誉权、荣誉权、隐私权、婚姻自主权等权利。"②《民法通则》第101条,"公民、法人享有名誉权,公民的人格尊严受法律保护,禁止用侮辱、诽谤等方式损害公民、法人的名誉。"

(2)法条阐释:①名誉权侵权构成要件 = 侵权行为(表现为运用侮辱、诽谤等方式,向第三人进行公布,使第三人知道) + 损害结果(表现为社会评价降低) + 因果关系 + 行为人有过错。②受害人主体的两个层次:a. 特定的受害人:侮辱、诽谤应指向特定的人,不过,虽然没有指名道姓,但通过其侮辱或诽谤的内容可以明确地推断出受害人,则仍然成立侵犯名誉权。b."坏人"也享有名誉权。③社会评价降低的两个层次:a. 是客观社会评价降低(名誉权),而不是主观社会评价降低(名誉感)。b. 向第三人公开,才会导致客观社会评价降低的结果,如果只是双方私相"侮辱"、"诽谤",构成侵犯一般人格权,不侵犯名誉权。

(3)具体到本题:张某整容后承接并拍摄商业广告的行为并未使赵某的社会评价显著降低,并且人们都知道张某并非赵某,张某整容后承接并拍摄商业广告的行为并未侵害赵某的名誉权。

(4)结论:"C. 张某整容后承接并拍摄商业广告的行为侵害了赵某的名誉权",C错,不选C。

小结:张某故意整容成赵某外形,整容后多次参加营利性模仿秀表演、承接并拍摄了一些商业广告等一系列行为,既非直接使用赵某的肖像,也没有使赵某的社会评价显著下降,张某的行为不构成对赵某人格权的侵害。故D对,选D。

(二)肖像上存在两个权利:肖像权 + 摄影作品的著作权

1. 侵犯肖像权、名誉权和著作权之"嫁接半裸照片案"

甲女委托乙公司为其拍摄一套艺术照。不久,甲女发现丙网站有其多张半裸照片,受到众人嘲讽和指责。经查,乙公司未经甲女同意将其照片上传到公司网站做宣传,丁男下载后将甲女头部移植至他人半裸照片,上传到丙网站。下列哪些说法是正确的?(2011-3-66)

A. 乙公司侵犯了甲女的肖像权

B. 丁男侵犯了乙公司的著作权

C. 丁男侵犯了甲女的名誉权

D. 甲女有权主张精神损害赔偿

答案:(　　)①

考点:肖像权、名誉权、委托作品著作权归受托人(保护作品完整权;复制权和信息网络传播权)、精神损害赔偿

解题图构

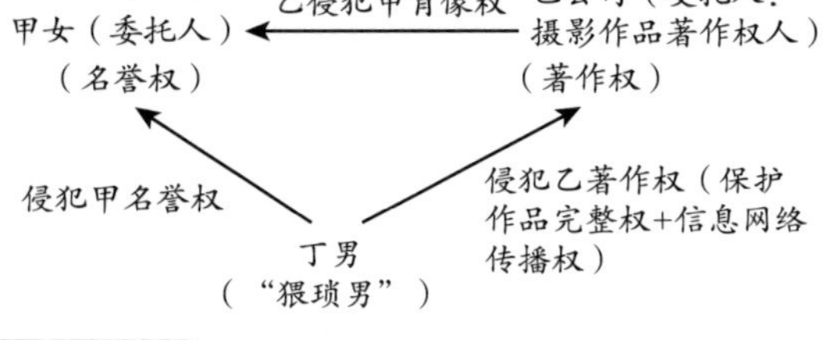

① 参考答案:ABCD

读题技巧

1."委托"、"拍摄",指向乙受托人享有摄影作品著作权(内容包括保护作品完整权和信息网络传播权)。

2."乙公司未经甲女同意将其照片上传到公司网站做宣传",指向乙侵犯甲女肖像权。

3."半裸照片,受到众人嘲讽和指责",指向丁男侵犯甲女的名誉权。

4."丁男下载后将甲女头部移植至他人半裸照片,上传到丙网站",指向四点:(1)丁男侵犯了甲女名誉权;(2)丁男侵犯了乙摄影作品著作权中的保护作品完整权;(3)丁男侵犯了乙摄影作品著作权中的复制权;(4)丁男侵犯了乙摄影作品著作权中的信息网络传播权。

思路展开

命题点1:肖像权。肖像权是指自然人对自己的肖像享有再现、使用或许可他人使用的权利。以营利为目的未经允许再现肖像,才侵犯肖像权。

(1)法律依据:①《民法总则》第110条第1款,"自然人享有生命权、身体权、健康权、姓名权、肖像权、名誉权、荣誉权、隐私权、婚姻自主权等权利。"②《民法通则》第100条,"公民享有肖像权,未经本人同意,不得以营利为目的使用公民的肖像。"③《民通意见》第139条,"以营利为目的,未经公民同意利用其肖像做广告、商标、装饰橱窗等,应当认定为侵犯公民肖像权的行为。"

(2)法条阐释:肖像权侵权 = 以营利为目的 + 擅自再现他人面部肖像。

(3)具体到本题:①"乙公司未经甲女同意将其照片上传到公司网站做宣传"。②乙公司擅自利用甲的肖像做广告,侵犯了甲的肖像权。

(4)结论:"A. 乙公司侵犯了甲女的肖像权",A对,选A。

命题点2:名誉权。名誉权是公民或法人对自己在社会生活中获得的社会评价、人格尊严享有的不可侵犯的权利。

(1)法律依据:①《民法总则》第110条第1款,"自然人享有生命权、身体权、健康权、姓名权、肖像权、名誉权、荣誉权、隐私权、婚姻自主权等权利。"②《民法通则》第101条,"公民、法人享有名誉权,公民的人格尊严受法律保护,禁止用侮辱、诽谤等方式损害公民、法人的名誉。"

(2)具体到本题:①"丁男下载后将甲女头部移植至他人半裸照片,上传到丙网站"+"甲女发现丙网站有其多张半裸照片,受到众人嘲讽和指责"。②丁嫁接半裸照片属于对甲女的侮辱,该侮辱行为上网公开,导致甲女社会评价降低,故丁男的行为侵害了甲女的名誉权。

(3)结论:"C. 丁男侵犯了甲女的名誉权",C对,选C。

命题点3:精神损害赔偿。

(1)法律依据:①《侵权责任法》第22条,"侵害他人人身权益,造成他人严重精神损害的,被侵权人可以请求精神损害赔偿。"②《精神解释》第8条,"因侵权致人精神损害,但未造成严重后果,受害人请求赔偿精神损害的,一般不予支持,人民法院可以根据情形判令侵权人停止侵害、恢复名誉、消除影响、赔礼道歉。因侵权致人精神损害,造成严重后果的,人民法院除判令侵权人承担停止侵害、恢复名誉、消除影响、赔礼道歉等民事责任外,可以根据受害人一方的请求判令其赔偿相应的精神损害抚慰金。"

(2)具体到本题:①"甲女发现丙网站有其多张半裸照片,受到众人嘲讽和指责"。②甲女可向丁男主张精神损害赔偿。

(3)结论:"D. 甲女有权主张精神损害赔偿",D对,选D。

(4)技术分析:为什么D项没有提向谁主张精神损害?避免给ABC选项造成暗示,反衬D项的准确性。

命题点4:委托摄影作品著作权归受托人,著作权内容包括保护作品完整权、复制权和信息网络传播权。

(1)法律依据:①委托作品著作权归受托人。《著作权法》第17条,"受委托创作的作品,著作权的归属由委托人和受托人通过合同约定。合同未作明确约定或者没有订立合同的,著作权属于受托人。"②著作权包括保护作品完整权、复制权和信息网络传播权。《著作权法》第10条,"著作权包括下列人身权和财产权:……(四)保护作品完整权,即保护作品不受歪曲、篡改的权利;(五)复制权,即以印刷、复印、拓印、录音、录像、翻录、翻拍等方式将作品制作一份或者多份的权利;……(十二)信息网络传播权,即以有线或者无线方式向公众提供作品,使公众可以在其个人选定的时间和地点获得作品的权利;……"

(2)具体到本题:①"甲女委托乙公司为其拍摄一套艺术照"+"丁男下载后将甲女头部移植至他人半裸照片,上传到丙网站。"②艺术照著作权归乙公司。乙公司的著作权中包括保护作品完整权、复制权和信息网络传播权。③丁男的"移植行为",将甲女头部移植到他人半裸照片,属于对艺术照的歪曲和篡改,侵犯了乙公司的保护作品完整权。同时侵犯了复制权。④丁男的上传网络行为,侵犯了信息网络传播权。

(3)结论:"B. 丁男侵犯了乙公司的著作权",B对,选B。

2. 侵犯肖像权和著作权之"二人转明星拍摄个人写真案"

某"二人转"明星请某摄影爱好者为其拍摄个人写真,摄影爱好者未经该明星同意将其照片卖给崇拜该明星的广告商,广告商未经该明星、摄影爱好者同意将该明星照片刊印在广告单上。对此,下列哪一选项是正确的?(2010-3-22)

A. 照片的著作权属于该明星,但由摄影爱好者行使

B. 广告商侵犯了该明星的肖像权

C. 广告商侵犯了该明星的名誉权

D. 摄影爱好者卖照片给广告商,不构成侵权

答案:(　　)①

考点:肖像权、名誉权、委托作品著作权归受托人、帮助的共同侵权

解题图构

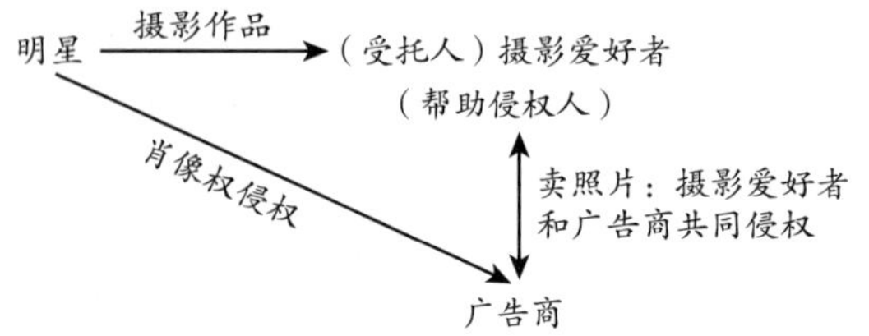

读题技巧

1. "请"、"为其"拍摄个人写真,指向委托的摄影作品著作权归受托人摄影爱好者。

2. "广告商未经该明星、摄影爱好者同意将该明星照片刊印在广告单上",指向侵犯明星肖像权。

3. "摄影爱好者未经该明星同意将其照片卖给",指向摄影爱好者帮助侵权。

思路展开

命题点1:委托摄影作品著作权归属于受托人,摄影爱好者。

(1)法律依据:①摄影作品是作品。《著作权法》第3条第5项,"本法所称的作品,包括以下列形式创作的文学、艺术和自然科学、社会科学、工程技术等作品:(五)摄影作品。"②受托作品著作权归受托人:《著作权法》第17条,"受委托创作的作品,著作权的归属由委托人和受托人通过合同约定。合同未作明确约定或者没有订立合同的,著作权属于受托人。"

(2)具体到本题:"某'二人转'明星请某摄影爱好者为其拍摄个人写真",照片的著作权归摄影爱好者。

(3)结论:"A. 照片的著作权属于该明星,但由摄影爱好者行使",A错,不选A。

命题点2:肖像权侵权。肖像权是指自然人对自己的肖像享有再现、使用或许可他人使用的权利。以营利为目的未经允许再现肖像,才侵犯肖像权。

(1)法律依据:①《民法总则》第110条第1款,"自然人享有生命权、身体权、健康权、姓名权、肖像权、名誉权、荣誉权、隐私权、婚姻自主权等权利。"②《民法通则》第100条,"公民享有肖像权,未经本人同意,不得以营利为目的使用公民的肖像。"③《民通意见》第139条,"以营利为目的,未经公民同意利用其肖像做广告、商标、装饰橱窗等,应当认定为侵犯公民肖像权的行为。"

(2)法条阐释:肖像权侵权=以营利为目的+擅自再现他人面部肖像。

① 参考答案:B

(3)具体到本题:①“广告商未经该明星、摄影爱好者同意将该明星照片刊印在广告单上”。②广告商擅自以营利为目的使用了明星的肖像,侵犯了明星的肖像权。

(4)结论:“B.广告商侵犯了该明星的肖像权”,B对,选B。

命题点3:不侵犯名誉权。名誉权是公民或法人对自己在社会生活中获得的社会评价、人格尊严享有的不可侵犯的权利。

(1)法律依据:①《民法总则》第110条第1款,“自然人享有生命权、身体权、健康权、姓名权、肖像权、名誉权、荣誉权、隐私权、婚姻自主权等权利。”②《民法通则》第101条,“公民、法人享有名誉权,公民的人格尊严受法律保护,禁止用侮辱、诽谤等方式损害公民、法人的名誉。”

(2)具体到本题:广告商没有侮辱、诽谤明星的行为,不会造成明星社会评价降低,不侵犯明星的名誉权。

(3)结论:“C.广告商侵犯了该明星的名誉权”,C错,不选C。

命题点4:帮助侵权,摄影爱好者构成帮助侵权。

(1)法律依据:《侵权责任法》第9条第1款,“教唆、帮助他人实施侵权行为的,应当与行为人承担连带责任。”

(2)具体到本题:①“摄影爱好者未经该明星同意将其照片卖给崇拜该明星的广告商,广告商未经该明星、摄影爱好者同意将该明星照片刊印在广告单上”。②摄影爱好者卖照片给广告商的行为,构成帮助侵权,属于共同侵权。摄影爱好者应与广告商对明星负连带赔偿责任。③《2010年国家司法考试试题解析》:“摄影爱好者未经明星同意将照片卖给广告商、广告商未经明星同意将其肖像用于广告,均侵害了明星的肖像权。”

(3)结论:“D.摄影爱好者卖照片给广告商,不构成侵权”,D错,不选D。

3. 侵犯肖像权和著作权之“上传自拍生活照”案

甲在某网站上传播其自拍的生活照,乙公司擅自下载这些生活照并配上文字说明后出版成书。丙书店购进该书销售。下列哪些说法是正确的?
(2006-3-58)

A. 乙公司侵犯了甲的发表权

B. 乙公司侵犯了甲的复制权

C. 乙公司侵犯了甲的肖像权

D. 丙书店应当承担侵权责任

答案:(　　)①

考点:发表权、复制权、发行权、善意销售、肖像权

读题技巧

1. 甲在网站上上传自拍生活照,指向两点:(1)甲是摄影作品著作权人。(2)甲已经将作品公之于众了,发表权一次用尽。

2. 乙下载生活照出版成书销售,指向两点:(1)乙侵犯了甲的肖像权。(2)侵犯了甲的复制权和发行权。

3. 丙书店购进书销售,指向三点:(1)丙侵犯了甲的发行权。(2)丙侵犯绝对权承担停止侵权、销毁侵权物品的侵权责任是无过错责任。(3)损害赔偿侵权责任坚持过错责任。

思路展开

命题点1:自拍生活照,是摄影作品,甲对生活照这一摄影作品享有著作权,但是发表权一次用尽。

(1)法律依据:①《著作条例》第4条,“……(十)摄影作品,是指借助器械在感光材料或者其他介质上记录客观物体形象的艺术作品……”②《著作权法》第10条,“(一)发表权,即决定作品是否公之于众的权利……(五)复制权,即以印刷、复印、拓印、录音、录像、翻录、翻拍等方式将作品制作一份或者多份的权利;(六)发行权,即以出售或者赠与方式向公众提供作品的原件或者复制件的权利”。

(2)具体到本题:①作品,是指文学、艺术和科学领域内具有独创性并能以某种有形形式复制的智力成果。甲自拍的生活照符合作品的含义,应认定为属于《著作权法》保护的作品,是摄影作品。②甲公司已经将摄影作品即生活照公之于众,无论是否有

---

① 参考答案:BCD

人点击，只要打通了公众获取的通道，即构成“公之于众”，而发表权一次用尽，故乙公司没有侵犯甲的发表权。③乙公司下载生活照并出版、销售，乙公司侵犯了甲的复制权、发行权。

(3)结论：①“A. 乙公司侵犯了甲的发表权”，A错，不选A。②“B. 乙公司侵犯了甲的复制权”，B对，选B。

命题点2：自拍生活照，有甲的肖像。乙下载这些生活照出版成书销售，是经营行为。乙侵犯了甲的肖像权。

(1)法律依据：①《民法总则》第110条第1款，“自然人享有生命权、身体权、健康权、姓名权、肖像权、名誉权、荣誉权、隐私权、婚姻自主权等权利。”②《民法通则》第100条，“公民享有肖像权，未经本人同意，不得以营利为目的使用公民的肖像。”③《民通意见》第139条，“以营利为目的，未经公民同意利用其肖像做广告、商标、装饰橱窗等，应当认定为侵犯公民肖像权的行为。”

(2)具体到本题，乙公司擅自下载甲的生活照并配上文字说明后出版成书，不仅侵害了甲的著作权，而且构成了对甲的肖像权的侵害。

(3)结论：“C. 乙公司侵犯了甲的肖像权”，C对，选C。

命题点3：丙书店购进侵犯著作权的书，然后销售，构成善意(题干未交代，推定善意)。受甲自拍照著作权中的发行权控制，应承担停止侵权、销毁侵权复制品的无过错责任。至于是否需要承担赔偿责任，则坚持过错责任。要看丙是否善意，能否提供产品的合法来源。如果能，则不承担赔偿责任。(2)结论：“D. 丙书店应当承担侵权责任”，D对，选D。

小结：肖像作品(如本题中的生活照)通常会牵涉到两种权利：一是作者的著作权，一是肖像人的肖像权。

常见错误

1. 出版成书才构成发表说：认为下载生活照并配上文字说明后出版成书就是发表行为，误选A。

2. 自拍照不是作品说：认为自拍的生活照没有什么艺术性，也没有什么技术含量，不属于《著作权法》保护的作品，甲对其照片也就没有所谓的复制权，故未选B。

3. 网上公布照片默认他人有权使用肖像说：认为甲已经在网上公布了其照片，应认为默认他人使用该照片，乙的行为未侵犯甲的肖像权，故未选C。

4. 善意销售无过错不侵权说：认为丙如果从正规的渠道进货，且不知道这些书属于侵权书籍，就没有过错，不构成侵权，故未选D。

四、隐私权

1. 隐私权之“快递小哥偷看照片案”

张某毕业要去外地工作，将自己贴身生活用品、私密照片及平板电脑等装箱交给甲快递公司运送。张某在箱外贴了“私人物品，严禁打开”的字条。张某到外地收到快递后察觉有异，经查实，甲公司工作人员李某曾翻看箱内物品，并损坏了平板电脑。下列哪些选项是正确的？(2015－3－66)

A. 甲公司侵犯了张某的隐私权

B. 张某可请求甲公司承担精神损害赔偿责任

C. 张某可请求甲公司赔偿平板电脑的损失

D. 张某可请求甲公司和李某承担连带赔偿责任

答案：(　　)①

考点：隐私权、精神损害赔偿、用人单位无过错替代责任

读题技巧

1. “私密照片”，指向隐私权。

2. “甲公司工作人员李某曾翻看箱内物品，并损坏了平板电脑”，指向用人单位无过错替代责任。

3. “‘私人物品，严禁打开’的字条。张某到外地收到快递后察觉有异”，指向没有精神痛苦。

4. 切忌代入感，读题者觉得私人物品被翻看是天大的事，那也仅仅表明读题者有精神损害，不代表本题有精神损害。

思路展开

命题点1：侵犯隐私权。隐私权是自然人享有的对其个人的与公共利益无关的个人信息、私人活动和私有领域进行支配的一种人格权。

---

① 参考答案：AC

(1)法律依据:①《侵权责任法》第2条,“侵害民事权益,应当依照本法承担侵权责任。本法所称民事权益,包括生命权、健康权、姓名权、名誉权、荣誉权、肖像权、隐私权、婚姻自主权、监护权、所有权、用益物权、担保物权、著作权、专利权、商标专用权、发现权、股权、继承权等人身、财产权益。”②《精神解释》第1条第2款,“违反社会公共利益、社会公德侵害他人隐私或者其他人格利益,受害人以侵权为由向人民法院起诉请求赔偿精神损害的,人民法院应当依法予以受理。”

(2)法条阐释:①隐私的内容:私人信息、私人生活、私人空间、身体隐私、生命信息(身体基因密码)、私人通信等。自然人的隐私权包括通信秘密权与个人生活秘密权。个人生活秘密权是指公民对其财产状况、生活经历、个人资料等私人信息享有的禁止他人非法利用的权利。②公众人物隐私权的限制:隐私权的本质在于确保个人远离公众的目光,而公众人物需要经常处于公众目光之下,许多公众人物尤其是公职人物,需要公众的监督。故公众人物隐私权保护的标准要低于普通人。不过不等于他们没有隐私权。③隐私权具有可放弃性。权利人主动公布个人信息,则不可再主张隐私权。④公布非真实信息,不是侵犯隐私权,构成“诽谤”,转而求助于名誉权保护制度。⑤侵犯隐私权的类型:a. 窃取或刺探他人隐私;b. 擅自披露他人未放弃的隐私;c. 擅自进入他人私生活空间(如擅自进入他人房屋,偷看日记等);d. 妨害他人私生活安宁(如跟踪、监视、监听、发骚扰短信、打骚扰电话等)。

(3)具体到本题:“将自己贴身生活用品、私密照片及平板电脑等装箱交给甲快递公司运送”。李某无视张某在纸箱上的注明,擅自打开纸箱查看其中的内容,该行为构成了对张某隐私权的侵犯。

(4)结论:“A. 甲公司侵犯了张某的隐私权”,A对,选A。

命题点2:精神损害赔偿,须达到严重程度才可主张。

(1)法律依据:①《侵权责任法》第22条,“侵害他人人身权益,造成他人严重精神损害的,被侵权人可以请求精神损害赔偿。”②《精神解释》第8条,“因侵权致人精神损害,但未造成严重后果,受害人请求赔偿精神损害的,一般不予支持,人民法院可以根据情形判令侵权人停止侵害、恢复名誉、消除影响、赔礼道歉。因侵权致人精神损害,造成严重后果的,人民法院除判令侵权人承担停止侵害、恢复名誉、消除影响、赔礼道歉等民事责任外,可以根据受害人一方的请求判令其赔偿相应的精神损害抚慰金。”

(2)具体到本题:题干没有信息表明造成张某严重精神损害后果。

(3)结论:“B. 张某可请求甲公司承担精神损害赔偿责任”,B错,不选B。

命题点3:职务侵权,用人单位负无过错替代责任,员工不负侵权责任。

(1)法律依据:①《侵权责任法》第6条,“行为人因过错侵害他人民事权益,应当承担侵权责任。”②《侵权责任法》第34条第1款,“用人单位的工作人员因执行工作任务造成他人损害的,由用人单位承担侵权责任。”

(2)具体到本题:“甲公司工作人员李某曾翻看箱内物品,并损坏了平板电脑。”甲公司对李某侵权行为负无过错替代责任。

(3)结论:①“C. 张某可请求甲公司赔偿平板电脑的损失”,C对,选C。②“D. 张某可请求甲公司和李某承担连带赔偿责任”,D错,不选D。

常见错误

1. 得到支持另当别论说。隐私权受到侵害是可以请求精神损害赔偿的,至于能不能达到严重的程度,得到支持是另外一个问题,至少是可以请求的。

2.《人身解释》雇员与雇主连带说。《人身解释》第9条,“雇员在从事雇佣活动中致人损害的,雇主应当承担赔偿责任;雇员因故意或者重大过失致人损害的,应当与雇主承担连带赔偿责任。雇主承担连带赔偿责任的,可以向雇员追偿。”

3. 模棱两可说。认为B选项正确,侵犯隐私权,如果造成严重后果,可以要求精神损害赔偿。题目中没有说损害程度,也没说私密照片私密到什么级别,所以可能造成严重后果,申请精神损害用“可以”二字符合题意。

4. 事后检查说:快递公司检查张某的东西,不构成侵犯隐私,现在快递公司都在检查客户托运的财物。

2. 侵犯隐私权和名誉权之"网民人肉搜索非诚勿扰女嘉宾牛某"案

女青年牛某因在一档电视相亲节目中言词犀利而受到观众关注,一时应者如云。有网民对其发动"人肉搜索",在相关网站首次披露牛某的曾用名、儿时相片、家庭背景、恋爱史等信息,并有人在网站上捏造牛某曾与某明星有染的情节。关于网民的行为,下列哪些说法是正确的?(2010－3－68)

A. 侵害牛某的姓名权

B. 侵害牛某的肖像权

C. 侵害牛某的隐私权

D. 侵害牛某的名誉权

答案:(　　)①

考点:隐私权(私人信息)、名誉权(诽谤之"捏造"事实)、姓名权、肖像权

读题技巧

1. "首次披露牛某的曾用名",指向没有干涉、假冒、盗用行为,不侵犯姓名权。

2. "首次披露牛某的……儿时相片",指向没有营利目的,不侵犯肖像权。

3. "首次披露牛某的……家庭背景、恋爱史等信息",指向侵犯隐私权。

4. "捏造牛某曾与某明星有染的情节",指向"诽谤"方式,侵犯名誉权。

思路展开

命题点1:姓名权。姓名权是自然人对其姓名享有的决定、使用和依照规定改变,同时禁止他人干涉、盗用和假冒的权利。

(1)法律依据:①《民法总则》第110条第1款,"自然人享有生命权、身体权、健康权、姓名权、肖像权、名誉权、荣誉权、隐私权、婚姻自主权等权利。"②《民法通则》第99条第1款,"公民享有姓名权,有权决定、使用和依照规定改变自己的姓名,禁止他人干涉、盗用、假冒。"

(2)姓名就是用来用的,故侵害姓名权行为类型法定。《2010年国家司法考试试题解析》:"姓名还包括曾用名、笔名、艺名等。侵害姓名权的行为主要表现为干涉他人姓名决定权;盗用、冒用、歪曲使用他人姓名等。本题中,网民仅仅披露牛某的曾用名,并不构成对其姓名权的侵害。"

(3)具体到本题:"首次披露牛某的曾用名",不存在干涉、盗用、假冒行为,没有侵犯牛某的姓名权。

(4)结论:"A. 侵害牛某的姓名权",A错,不选A。

命题点2:肖像权。肖像权是指自然人对自己的肖像享有再现、使用或许可他人使用的权利。以营利为目的的未经允许再现肖像,才侵犯肖像权。

(1)法律依据:①《民法总则》第110条第1款,"自然人享有生命权、身体权、健康权、姓名权、肖像权、名誉权、荣誉权、隐私权、婚姻自主权等权利。"②《民法通则》第100条,"公民享有肖像权,未经本人同意,不得以营利为目的使用公民的肖像。"③《民通意见》第139条,"以营利为目的,未经公民同意利用其肖像做广告、商标、装饰橱窗等,应当认定为侵犯公民肖像权的行为。"

(2)法条阐释:肖像权侵权＝以营利为目的＋擅自再现他人面部肖像。

(3)具体到本题:"首次披露牛某的……儿时相片",没有以营利为目的擅自再现他人肖像,不侵犯牛某肖像权。

(4)结论:"B. 侵害牛某的肖像权",B错,不选B。

命题点3:隐私权。隐私权是自然人享有的对其个人的与公共利益无关的个人信息、私人活动和私有领域进行支配的一种人格权。

(1)法律依据:①《民法总则》第110条第1款,"自然人享有生命权、身体权、健康权、姓名权、肖像权、名誉权、荣誉权、隐私权、婚姻自主权等权利。"②《侵权责任法》第2条,"侵害民事权益,应当依照本法承担侵权责任。本法所称民事权益,包括生命权、健康权、姓名权、名誉权、荣誉权、肖像权、隐私权、婚姻自主权、监护权、所有权、用益物权、担保物权、著作权、专利权、商标专用权、发现权、股权、继承权等人身、财产权益。"

① 参考答案:CD

(2)法条阐释:①隐私权的内容:私人信息、私人生活、私人空间、身体隐私、生命信息(身体基因密码)、私人通信等。②公众人物隐私权的限制:隐私权的本质在于确保个人远离公众的目光,而公众人物需要经常处于公众目光之下,许多公众人物尤其是公职人物,需要公众的监督。故公众人物隐私权保护的标准要低于普通人。不过不等于他们没有隐私权。

(3)具体到本题:"首次披露牛某的……家庭背景、恋爱史等信息"。网民擅自公开的行为侵犯了牛某的隐私权。

(4)结论:"C. 侵害牛某的隐私权",C 对,选 C。

命题点 4:名誉权。名誉权是公民或法人对自己在社会生活中获得的社会评价、人格尊严享有的不可侵犯的权利。

(1)法律依据:①《民法总则》第 110 条第 1 款,"自然人享有生命权、身体权、健康权、姓名权、肖像权、名誉权、荣誉权、隐私权、婚姻自主权等权利。"②《民法通则》第 101 条,"公民、法人享有名誉权,公民的人格尊严受法律保护,禁止用侮辱、诽谤等方式损害公民、法人的名誉。"

(2)具体到本题:"在网站上捏造牛某曾与某明星有染的情节"。属于诽谤的方式,侵害牛某名誉权,向第三人公开,会降低牛某的社会评价。

(3)结论:"D. 侵害牛某的名誉权",D 对,选 D。

3. 侵害隐私权之披露"当红歌星私生子"案

李某与黄某未婚同居生子,取名黄小某。后李某和黄某分手,分别建立了家庭。黄小某长大后,进入演艺界,成为一名当红歌星。星星报社专职记者吴某(工作关系在报社)探知这一消息后,撰写文章将黄小某系私生子的事实公开报道,给黄小某造成极大痛苦。下列哪些选项是正确的?(2008 - 四川 - 66)

A. 该报道侵害了黄小某的隐私权

B. 该报道侵害了黄小某的荣誉权

C. 吴某应对黄小某承担侵权责任

D. 星星报社应对黄小某承担侵权责任

答案:(　　)①

考点:隐私权、用人单位无过错替代责任(员工不负侵权责任)

思路展开

命题点 1:隐私权。隐私权是自然人享有的对其个人的与公共利益无关的个人信息、私人活动和私有领域进行支配的一种人格权。

(1)法律依据:①《侵权责任法》第 2 条,"侵害民事权益,应当依照本法承担侵权责任。本法所称民事权益,包括生命权、健康权、姓名权、名誉权、荣誉权、肖像权、隐私权、婚姻自主权、监护权、所有权、用益物权、担保物权、著作权、专利权、商标专用权、发现权、股权、继承权等人身、财产权益。"②《精神解释》第 1 条第 2 款,"违反社会公共利益、社会公德侵害他人隐私或者其他人格利益,受害人以侵权为由向人民法院起诉请求赔偿精神损害的,人民法院应当依法予以受理。"

(2)具体到本题:吴某(工作关系在报社)将黄小某的私人信息公开报道,虽然是事实,没有进行捏造,但是其属于黄小某的隐私,吴某的行为侵犯了黄小某的隐私权。

(3)结论:"A. 该报道侵害了黄小某的隐私权",A 对,选 A。

命题点 2:用人单位无过错替代责任。

(1)法律依据:①《侵权责任法》第 34 条第 1 款,"用人单位的工作人员因执行工作任务造成他人损害的,由用人单位承担侵权责任。"②《人身解释》第 8 条,"法人或者其他组织的法定代表人、负责人以及工作人员,在执行职务中致人损害的,依照《民法通则》第一百二十一条的规定,由该法人或者其他组织承担民事责任。上述人员实施与职务无关的行为致人损害的,应当由行为人承担赔偿责任。"(《民法通则》第 121 条,"国家机关或者国家机关工作人员在执行职务中,侵犯公民、法人的合法权益造成损害的,应当承担民事责任。")

(2)具体到本题:①"星星报社专职记者吴某(工作关系在报社)探知这一消息后,撰写文章将黄小某系私生子的事实公开报道"。②吴某将黄小某的个人信息公开属于执行职务,应当由报社承担责任。

(3)结论:①"C. 吴某应对黄小某承担侵权责

---

① 参考答案:AD

任”，C错，不选C。②“D. 星星报社应对黄小某承担侵权责任”，D对，选D。

命题点3：荣誉权。荣誉权，是指公民、法人或其他组织所享有的，因自己的突出贡献或特殊劳动成果而获得光荣称号或其他荣誉的权利。本题中吴某的行为并未侵犯黄小某的荣誉权。结论：“B. 该报道侵害了黄小某的荣誉权”，B错，不选B。

4. 侵犯隐私权之“披露艾滋病孤儿”案

某媒体未征得艾滋病孤儿小兰的同意，发表了一篇关于小兰的报道，将其真实姓名、照片和患病经历公之于众。报道发表后，隐去真实身份开始正常生活的小兰再次受到歧视和排斥。下列哪一选项是正确的？（2007－3－22）

A. 该媒体的行为不构成侵权

B. 该媒体侵犯了小兰的健康权

C. 该媒体侵犯了小兰的姓名权

D. 该媒体侵犯了小兰的隐私权

答案：(　　)①

考点：隐私权、姓名权、健康权

读题技巧

1. “将其真实姓名”，指向没有侵犯姓名权。

2. “患病经历公之于众”，指向侵犯了隐私权。

思路展开

命题点1：隐私权。隐私权是自然人享有的对其个人的与公共利益无关的个人信息、私人活动和私有领域进行支配的一种人格权。

(1)法律依据：①《侵权责任法》第2条，“侵害民事权益，应当依照本法承担侵权责任。本法所称民事权益，包括生命权、健康权、姓名权、名誉权、荣誉权、肖像权、隐私权、婚姻自主权、监护权、所有权、用益物权、担保物权、著作权、专利权、商标专用权、发现权、股权、继承权等人身、财产权益。”②《精神解释》第1条第2款，“违反社会公共利益、社会公德侵害他人隐私或者其他人格利益，受害人以侵权为由向人民法院起诉请求赔偿精神损害的，人民法院应当依法予以受理。”

(2)具体到本题：小兰不愿公开其疾病和真实身份，而媒体却公开报道，造成小兰受歧视和排斥，构成对隐私权的侵犯。

(3)结论：①“D. 该媒体侵犯了小兰的隐私权”，D对，选D。②“A. 该媒体的行为不构成侵权”，A错，不选A。

命题点2：健康权。

(1)健康权是自然人依法享有的保持其自身及其器官以致身体整体的功能安全为内容的人格权。

(2)从重吸收说。①如一行为同时侵犯生命权、健康权和身体权，将选择最重的后果确定行为性质，也就是说，认定为侵犯生命权，而不再同时认定侵犯健康权和身体权，对生命权的侵犯就吸收了对健康权和身体权的侵犯。②如一行为既侵犯健康权，又侵犯身体权，只认定侵犯健康权，不再同时认定侵犯身体权，对健康权的侵犯就吸收了对身体权的侵犯。

(3)同时表述说。侵犯健康权和生命权。司考2010年卷三69题误摘肾脏，索赔期间死亡，“A医院侵犯了张某的健康权和生命权”。

(4)具体到本题：小兰受到歧视和排斥，并非其健康权受损的表现。

(5)结论：“B. 该媒体侵犯了小兰的健康权”，B错，不选B。

命题点3：姓名权。不是以干涉、盗用、假冒方式侵犯他人姓名（姓名还包括曾用名、笔名、艺名等），则不侵犯姓名权。姓名权是自然人对其姓名享有的决定、使用和依照规定改变，同时禁止他人干涉、盗用和假冒的权利。

(1)法律依据：①《民法总则》第110条第1款，“自然人享有生命权、身体权、健康权、姓名权、肖像权、名誉权、荣誉权、隐私权、婚姻自主权等权利。”②《民法通则》第99条第1款，“公民享有姓名权，有权决定、使用和依照规定改变自己的姓名，禁止他人干涉、盗用、假冒。”

(2)姓名就是用来用的，故侵害姓名权行为类型法定。侵害姓名权的行为主要表现为干涉他人姓名决定权、假冒和盗用行为。

(3)具体到本题：媒体擅自使用小兰的姓名，但没有干涉、假冒、盗用的行为，不属于侵犯小兰姓名权的行为。

---

①　参考答案：D

(4)结论:"C. 该媒体侵犯了小兰的姓名权",C错,不选C。

5. 侵犯隐私权之"擅自出版裸模艺术照案"

甲为摄影家乙充当模特,双方未对照片的发表和使用作出约定。后乙将甲的裸体照片以人体艺术照的形式出版发行,致使甲受到亲朋好友的指责。对此,下列哪一种说法是正确的?(2005－3－19)

A 乙发表照片侵犯了甲的隐私权

B 乙发表照片已取得甲的默示同意,不构成侵权

C 甲是照片的合作作者,乙发表照片应向其支付报酬

D 乙是照片的著作权人,出版发行该照片是合法行使著作权的行为

答案:(　　)①

考点:隐私权、受托摄影作品著作权归受托人

思路展开

命题点1:隐私权。隐私权是自然人享有的对其个人的与公共利益无关的个人信息、私人活动和私有领域进行支配的一种人格权。

(1)法律依据:①《侵权责任法》第2条,"侵害民事权益,应当依照本法承担侵权责任。本法所称民事权益,包括生命权、健康权、姓名权、名誉权、荣誉权、肖像权、隐私权、婚姻自主权、监护权、所有权、用益物权、担保物权、著作权、专利权、商标专用权、发现权、股权、继承权等人身、财产权益。"②《精神解释》第1条第2款,"违反社会公共利益、社会公德,侵害他人隐私或者其他人格利益,受害人以侵权为由向人民法院起诉请求赔偿精神损害的,人民法院应当依法予以受理。"

(2)具体到本题:"乙虽然自愿担任模特,但仍然有权不让公众看到自己的裸体照片",这是隐私权的应有之义。

(3)结论:"A. 乙发表照片侵犯了甲的隐私权",A对,选A。

命题点2:受托作品著作权归受托人。

(1)法律依据:《著作权法》第17条,"受委托创作的作品,著作权的归属由委托人和受托人通过合同约定。合同未作明确约定或者没有订立合同的,著作权属于受托人。"

(2)具体到本题:"甲为摄影家乙充当模特,双方未对照片的发表和使用作出约定。"乙是摄影者,是作者,享有著作权。甲不是作者。

(3)结论:"C. 甲是照片的合作作者,乙发表照片应向其支付报酬",C错,不选C。

命题点3:著作权人行使著作权不得侵犯他人合法权利。

(1)法律依据:《著作权法》第4条,"著作权人行使著作权,不得违反宪法和法律,不得损害公共利益。国家对作品的出版、传播依法进行监督管理。"

(2)具体到本题:摄影家乙享有甲人体艺术照作品的著作权,但行使时不得侵犯甲的合法权利(隐私权)。甲对照片享有著作权,未经乙的允许,甲就将该照片出版发行已经侵犯了乙的隐私权。

(3)结论:"B. 乙发表照片已取得甲的默示同意,不构成侵权;D. 乙是照片的著作权人,出版发行该照片是合法行使著作权的行为",BD错,不选BD。

常见错误

1. 人体艺术照不是隐私说:认为人体艺术照与隐私无关,甲受到亲朋好友的指责,只能说明甲的亲戚朋友不懂艺术欣赏,故未选A。

2. 裸模默示同意说;认为甲既然充当模特,应当预见到摄影家乙的作品始终会以某种方式发表出去的,但由于未对照片的发表和使用作出约定,应推定发表照片是取得甲的默示同意的,故误选B。

五、名誉权

1. 侵犯名誉权和肖像权之"母女情深杂志封面照之深受困扰案"

张某旅游时抱着当地一小女孩拍摄了一张照片,并将照片放在自己的博客中,后来发现该照片被用在某杂志的封面,并配以"母女情深"的文字说明。张某并未结婚,朋友看到杂志后纷纷询问张某,熟人对此也议论纷纷,张某深受困扰。下列哪些说法是正确的?(2008－3－61)

A. 杂志社侵害了张某的肖像权

---

① 参考答案:A

B. 杂志社侵害了张某的名誉权

C. 杂志社侵害了张某的隐私权

D. 张某有权向杂志社要求精神损害赔偿

答案:( )①

考点:侵犯了肖像权和名誉权、造成精神痛苦启动精神损害、隐私权(已经公开不是隐私)

读题技巧

1.“并将照片放在自己的博客中”+“张某并未结婚”,指向照片已经公开,不侵犯隐私权,捏造的“母女情深”不是真实信息,不侵犯隐私权。

2.“该照片被用在某杂志的封面”,指向杂志社以营利为目的,侵犯了肖像权。

3.““母女情深”的文字说明,张某并未结婚”+“朋友看到杂志后纷纷询问张某,熟人对此也议论纷纷,张某深受困扰”,指向两点:(1)侵害了名誉权。(2)精神痛苦启动精神损害赔偿。

思路展开

命题点1:侵犯肖像权。肖像权是指自然人对自己的肖像享有再现、使用或许可他人使用的权利。以营利为目的未经允许再现肖像,才侵犯肖像权。

(1)法律依据:①《民法总则》第110条第1款,“自然人享有生命权、身体权、健康权、姓名权、肖像权、名誉权、荣誉权、隐私权、婚姻自主权等权利。”②《民法通则》第100条,“公民享有肖像权,未经本人同意,不得以营利为目的使用公民的肖像。”③《民通意见》第139条,“以营利为目的,未经公民同意利用其肖像做广告、商标、装饰橱窗等,应当认定为侵犯公民肖像权的行为。”

(2)法条阐释:肖像权侵权=以营利为目的+擅自再现他人面部肖像。

(3)具体到本题:“该照片被用在某杂志的封面”。某杂志未经张某许可,在杂志封面上登载该照片,侵害了张某的肖像权。

(4)结论:“A. 杂志社侵害了张某的肖像权”,A对,选A。

命题点2:侵犯名誉权。

名誉权是公民或法人对自己在社会生活中获得的社会评价、人格尊严享有的不可侵犯的权利。(1)法律依据:①《民法总则》第110条第1款,“自然人享有生命权、身体权、健康权、姓名权、肖像权、名誉权、荣誉权、隐私权、婚姻自主权等权利。”②《民法通则》第101条,“公民、法人享有名誉权,公民的人格尊严受法律保护,禁止用侮辱、诽谤等方式损害公民、法人的名誉。”

(2)具体到本题:①并配以“母女情深”的文字说明。张某并未结婚,朋友看到杂志后纷纷询问张某,熟人对此也议论纷纷,张某深受困扰。②杂志社实施了“诽谤行为”且为第三人所知+张某的社会评价降低+因果关系+杂志社有过错=杂志社侵犯了张某的名誉权。

(3)结论:“B. 杂志社侵害了张某的名誉权”,B对,选B。

命题点3:不侵犯隐私权。

隐私权是自然人享有的对其个人的与公共利益无关的个人信息、私人活动和私有领域进行支配的一种人格权。

(1)法律依据:①《侵权责任法》第2条,“侵害民事权益,应当依照本法承担侵权责任。本法所称民事权益,包括生命权、健康权、姓名权、名誉权、荣誉权、肖像权、隐私权、婚姻自主权、监护权、所有权、用益物权、担保物权、著作权、专利权、商标专用权、发现权、股权、继承权等人身、财产权益。”②《精神解释》第1条第2款,“违反社会公共利益、社会公德侵害他人隐私或者其他人格利益,受害人以侵权为由向人民法院起诉请求赔偿精神损害的,人民法院应当依法予以受理。”

(2)具体到本题:①“将照片放在自己的博客中”、“并配以‘母女情深’的文字说明。张某并未结婚”。②杂志社构成诽谤,不侵犯张某的隐私权,求助于名誉权。

(3)结论:“C. 杂志社侵害了张某的隐私权”,C错,不选C。

命题点4:精神痛苦启动精神损害赔偿。

(1)法律依据:①《侵权责任法》第22条,“侵害他人人身权益,造成他人严重精神损害的,被侵权人可以请求精神损害赔偿。”②《精神解释》第8条,

① 参考答案:ABD

"因侵权致人精神损害，但未造成严重后果，受害人请求赔偿精神损害的，一般不予支持，人民法院可以根据情形判令侵权人停止侵害、恢复名誉、消除影响、赔礼道歉。因侵权致人精神损害，造成严重后果的，人民法院除判令侵权人承担停止侵害、恢复名誉、消除影响、赔礼道歉等民事责任外，可以根据受害人一方的请求判令其赔偿相应的精神损害抚慰金。"

(2)具体到本题："朋友看到杂志后纷纷询问张某，熟人对此也议论纷纷，张某深受困扰。"张某可主张精神损害赔偿。

(3)结论："D.张某有权向杂志社要求精神损害赔偿"，D对，选D。

常见错误

1."母女情深"是正面报道说：认为"母女情深"是正面报道，并未对张某的社会评价造成负面影响，故漏选B。

2. 未经许可曝光他人照片是侵犯隐私权：认为不经许可就曝光他人照片的行为是侵犯了隐私权，故误选C。

3. 信息不够说：认为题干揭示的信息不够，无法具体判断是否需要进行精神损害赔偿，故漏选D。

第二节　精神损害赔偿

1. 精神损害赔偿的继承和死者人格利益保护之"隆鼻失败后心脏病发猝死案"：在法院中，原告不能是牌位，只能是活人

欣欣美容医院在为青年女演员欢欢实施隆鼻手术的过程中，因未严格消毒导致欢欢面部感染，经治愈后面部仍留下较大疤痕。欢欢因此诉诸法院，要求欣欣医院赔偿医疗费并主张精神损害赔偿。该案受理后不久，欢欢因心脏病急性发作猝死。网络名人洋洋在其博客上杜撰欢欢吸毒过量致死。下列哪一表述是错误的？(2014－3－22)

A. 欣欣医院构成违约行为和侵权行为

B. 欢欢的继承人可继承欣欣医院对欢欢支付的精神损害赔偿金

C. 洋洋的行为侵犯了欢欢的名誉权

D. 欢欢的母亲可以欢欢的名义对洋洋提起侵权之诉

答案：(　　)①

考点：违约责任和侵权责任竞合；精神损害赔偿的继承；死者人格利益之"名誉权"；死者人格利益保护的方法不能以死人名义，而应以活人自己的名义起诉

解题图构

精神损害赔偿
- ①主体问题：法人或其他组织不得主张。（第5条）
- ②客体问题：人格象征意义的特定纪念物品。（第4条）
- ③程度问题：受害严重才可主张精神损害赔偿。（第8条）
- ④路径问题之违约与侵权竞合：违约可主张人身赔偿，但不得主张精神损害。（《旅游解释》第21条）
- ⑤路径问题之一事不再理：侵权之诉终结后不得另行单独提起精神损害赔偿之诉。（第6条）
- ⑥继承问题：在加害人书面承诺赔偿或受害人已经起诉之后，受害人死亡，精神损害赔偿发生继承。《人身解释》（第18条）
- ⑦顺序问题：继承精神损害赔偿的原告先是死者的配偶、子女、父母，没有这些人，才是死者的近亲属。（第7条）
- ⑧双重问题：两个精神损害赔偿，继承死者精神损害赔偿的同时，启动近亲属自己的精神损害赔偿。（《人身解释》第18条）

读题技巧

1."经治愈后面部仍留下较大疤痕"，指向欢欢的精神损害赔偿。

2."欢欢因此诉诸法院"+"该案受理后不久"+"猝死"，指向欢欢的精神损害赔偿请求权发生继承。

3. 洋洋"杜撰欢欢吸毒过量致死"，指向两点：(1)侵犯死者人格利益之名誉(权)。(2)死者人格利益保护的路径是以活人名义起诉，不是以死人名义起诉。

4. 选非题。

思路展开

命题点1：违约责任和侵权责任竞合。

(1)法律依据：①违约责任。《合同法》第107条，"当事人一方不履行合同义务或者履行合同义务不符合约定的，应当承担继续履行、采取补救措施或者赔偿损失等违约责任。"②侵权责任。《侵权责任法》第54条，"患者在诊疗活动中受到损害，医疗机构及其医务人员有过错的，由医疗机构承担赔偿责

---

① 参考答案：D

任。”第57条,“医务人员在诊疗活动中未尽到与当时的医疗水平相应的诊疗义务,造成患者损害的,医疗机构应当承担赔偿责任。”③违约责任和侵权责任的竞合。《合同法》第122条,“因当事人一方的违约行为,侵害对方人身、财产权益的,受损害方有权选择依照本法要求其承担违约责任或者依照其他法律要求其承担侵权责任。”

(2)具体到本题:①“欣欣美容医院在为青年女演员欢欢实施隆鼻手术的过程中,因未严格消毒导致欢欢面部感染,经治愈后面部仍留下较大疤痕”。②欣欣美容院违反了与欢欢的美容合同,应承担违约责任。③欣欣美容院因过错侵犯了欢欢的健康权,应承担侵权责任。

(3)结论:“A.欣欣医院构成违约行为和侵权行为”,A对,不符合题意,不选A。

命题点2:精神损害赔偿。

(1)法律依据:①产生问题:受害严重才可主张精神损害赔偿。a.《侵权责任法》第22条,“侵害他人人身权益,造成他人严重精神损害的,被侵权人可以请求精神损害赔偿。”b.《精神解释》第8条,“因侵权致人精神损害,但未造成严重后果,受害人请求赔偿精神损害的,一般不予支持,人民法院可以根据情形判令侵权人停止侵害、恢复名誉、消除影响、赔礼道歉。因侵权致人精神损害,造成严重后果的,人民法院除判令侵权人承担停止侵害、恢复名誉、消除影响、赔礼道歉等民事责任外,可以根据受害人一方的请求判令其赔偿相应的精神损害抚慰金。”②继承问题:精神损害赔偿具有专属性,原则上不可转让或继承,但有例外,在加害人书面承诺赔偿或受害人已经起诉之后,受害人死亡,精神损害赔偿发生继承。《人身解释》第18条第2款,“精神损害抚慰金的请求权,不得让与或者继承。但赔偿义务人已经以书面方式承诺给予金钱赔偿,或者赔偿权利人已经向人民法院起诉的除外。”

(2)具体到本题:①“经治愈后面部仍留下较大疤痕”+“欢欢因此诉诸法院,该案受理后不久,欢欢因心脏病急性发作猝死”。②欢欢已经向法院起诉请求精神损害赔偿,其继承人可以继承精神损害抚慰金的请求权。

(3)结论:“B.欢欢的继承人可继承欣欣医院对欢欢支付的精神损害赔偿金”,B对,不符合题意,不选B。

命题点3:侵害死者名誉(权)。

名誉权是公民或法人对自己在社会生活中获得的社会评价、人格尊严享有的不可侵犯的权利。

(1)法律依据:①《民法总则》第110条第1款,“自然人享有生命权、身体权、健康权、姓名权、肖像权、名誉权、荣誉权、隐私权、婚姻自主权等权利。”②《民法通则》第101条,“公民、法人享有名誉权,公民的人格尊严受法律保护,禁止用侮辱、诽谤等方式损害公民、法人的名誉。”

(2)具体到本题:“网络名人洋洋在其博客上杜撰欢欢吸毒过量致死”。洋洋的行为属于“诽谤”,损害了洋洋的名誉(权)。《2014年国家司法考试试题解析》:“洋洋捏造欢欢吸毒事实,贬损其人格,侵害了欢欢的名誉权,选项C正确,不当选。”

(3)结论:“C.洋洋的行为侵犯了欢欢的名誉权”,C对,不符合题意,不选C。

命题点4:死者名誉(权)的保护方法:近亲属以自己的名义起诉。

(1)法律依据:①《民法总则》第13条,“自然人从出生时起到死亡时止,具有民事权利能力,依法享有民事权利,承担民事义务。”②《精神解释》第7条,“自然人因侵权行为致死,或者自然人死亡后其人格或者遗体遭受侵害,死者的配偶、父母和子女向人民法院起诉请求赔偿精神损害的,列其配偶、父母和子女为原告;没有配偶、父母和子女的,可以由其他近亲属提起诉讼,列其他近亲属为原告。”③《民法总则》第185条,“侵害英雄烈士等的姓名、肖像、名誉、荣誉,损害社会公共利益的,应当承担民事责任。”

(2)具体到本题:“欢欢因心脏病急性发作猝死”。自然人死亡时,权利能力终止,不再是权利主体,近亲属也不能以死者名义起诉加害人。

(3)结论:“D.欢欢的母亲可以欢欢的名义对洋洋提起侵权之诉”,D错,符合题意,选D。

异议辨析

1. 有观点认为,C中的名誉权应该修改为名誉,本题才是正确的。这是立法论的解释角度。

2. 评论:从解释论角度看,本题涉及的是争议问题，死者是否享有名誉权，有两种观点：(1)死者有名誉权（王成教授持该说）。①法律有原则就有例外，自然人的民事权利能力始于出生，终于死亡，这一原则有若干例外如对胎儿的保护就是民事权利能力始于出生的例外；而死者已然享有名誉权，就是民事权利能力终于死亡的例外。这种情况在肖像权、著作权中也存在。②名誉权主体的名誉权与其近亲属的名誉权或者其他情感，属于两种不同的权利或者利益。③假设论证：当名誉权主体在世时，他人侵犯其名誉权，其近亲属的名誉或者其他情感也可能受到伤害，但在这种情况下，法律一般不认可其近亲属单独因此提出的诉讼请求。基于同样的逻辑，在名誉权人去世后，法律也不应当认可其近亲属因名誉权人的名誉受损给近亲属名誉或者其他情感造成损失而提出的诉讼请求。因此，名誉权人去世后，他人实施侵权行为，直接侵犯的仍应当是死者的名誉权。只不过由于死者无法作为诉讼法上的主体，因此，只能由其近亲属代为行使诉权。④1989年4月12日《最高人民法院关于死亡人的名誉权应受法律保护的函》（2013年1月18日被废止）对这一案例作出批示如下："天津市高级人民法院：你院津高法〔1988〕第47号关于处理荷花女名誉权纠纷案的请示报告收悉。经研究答复如下：一、吉文贞（艺名荷花女）死亡后，其名誉权应依法保护，其母陈秀琴亦有权向人民法院提起诉讼。二、《荷花女》一文中的插图无明显侵权情况，插图作者可不列为本案的诉讼当事人。三、本案被告是否承担或如何承担民事责任，由你院根据本案具体情况确定。以上意见供参考。"(2)死者没有名誉权。①名誉权人去世后，权利主体资格随之消失，因此，死者只享有名誉，而不能享有名誉权。由于名誉权主体去世后，其名誉权消失，当他人侵犯其名誉时，实际上侵犯的是其近亲属的名誉权或者其他情感，因此，其近亲属可以提起诉讼。②《精神解释》第3条，"自然人死亡后，其近亲属因下列侵权行为遭受精神痛苦，向人民法院起诉请求赔偿精神损害的，人民法院应当依法予以受理：(一)以侮辱、诽谤、贬损、丑化或者违反社会公共利益、社会公德的其他方式，侵害死者姓名、肖像、名誉、荣誉。"(3)小结：技术分析：在法院中把死人当做原告，列牌位，显然是错得更离谱，故D错误，符合题意，选D没有问题。(4)关联：2008年四川延考卷卷三16题，"甲于2007年2月死亡。乙因与甲生前素来不和，遂到处散布甲系赌博欠下巨额高利贷无法偿还而自杀身亡，在社会上造成了较恶劣的影响。甲之子欲向法院起诉，要求追究乙的侵权责任。"答案为B，B表述为："B. 乙的行为侵害了甲的名誉，依法应当承担侵权责任"。

2. 侵犯健康权和生命权之精神损害赔偿继承："误摘肾脏起诉索赔期间死亡案"

张某因病住院，医生手术时误将一肾脏摘除。张某向法院起诉，要求医院赔偿治疗费用和精神损害抚慰金。法院审理期间，张某术后感染医治无效死亡。关于此案，下列哪些说法是正确的？(2010-3-69)

A. 医院侵犯了张某的健康权和生命权

B. 张某继承人有权继承张某的医疗费赔偿请求权

C. 张某继承人有权继承张某的精神损害抚慰金请求权

D. 张某死后其配偶、父母和子女有权另行起诉，请求医院赔偿自己的精神损害

答案：(　　)①

考点：侵犯健康权和生命权；精神损害赔偿的继承问题和双重问题

读题技巧

1. "误将一肾脏摘除"+"张某术后感染医治无效死亡"，指向侵犯身体权、健康权和生命权。

2. "张某向法院起诉，要求医院赔偿治疗费用和精神损害抚慰金。法院审理期间"，指向三点：(1)医疗费请求权继承；(2)精神损害赔偿的继承问题：精神损害赔偿请求权的继承。(3)精神损害赔偿的双重问题：张某遗属自己的精神损害赔偿请求权。

思路展开

命题点1：侵犯健康权、身体权和生命权。健康权是自然人依法享有的保持其自身及其器官乃至身体整体的功能安全为内容的人格权。

(1)法律依据：①《侵权责任法》第2条，"自然人的生命权、健康权等民事权益受法律保护。"

① 参考答案：ABCD

②《侵权责任法》第54条,“患者在诊疗活动中受到损害,医疗机构及其医务人员有过错的,由医疗机构承担赔偿责任。”

(2)从重吸收说。①如一行为同时侵犯生命权、健康权和身体权,将选择最重的后果确定行为性质,也就是说,认定为侵犯生命权,而不再同时认定侵犯健康权和身体权,对生命权的侵犯就吸收了对健康权和身体权的侵犯。②如一行为既侵犯健康权,又侵犯身体权,只认定侵犯健康权,不再同时认定侵犯身体权,对健康权的侵犯就吸收了对身体权的侵犯。

(3)同时表述说。侵犯健康权和生命权。司考2010/69误摘肾脏,索赔期间死亡,如“A. 医院侵犯了张某的健康权和生命权”。

(4)具体到本题。“误将一肾脏摘除”+“张某术后感染医治无效死亡”。医生手术时误将张某一肾脏摘除,侵害了张某的健康权,其后张某因术后感染死亡,生命权又受到侵害。医院侵犯了张某的健康权和生命权。

(5)结论:“A. 医院侵犯了张某的健康权和生命权”,A对,选A。

命题点2:医疗费用请求权的继承。

(1)法律依据:①医疗费用。《侵权责任法》第16条,“侵害他人造成人身损害的,应当赔偿医疗费、护理费、交通费等为治疗和康复支出的合理费用,以及因误工减少的收入。造成残疾的,还应当赔偿残疾生活辅助具费和残疾赔偿金。造成死亡的,还应当赔偿丧葬费和死亡赔偿金。”②医疗费用请求权是财产权,不具有专属性,可以继承。《侵权责任法》第18条,“被侵权人死亡的,其近亲属有权请求侵权人承担侵权责任。被侵权人为单位,该单位分立、合并的,承继权利的单位有权请求侵权人承担侵权责任。被侵权人死亡的,支付被侵权人医疗费、丧葬费等合理费用的人有权请求侵权人赔偿费用,但侵权人已支付该费用的除外。”

(2)具体到本题:张某因健康权被侵害,有权请求医院赔偿医疗费等相关费用,该赔偿请求权属于财产损害赔偿请求权,在张某死亡后,由其继承人继承。

(3)结论:“B. 张某继承人有权继承张某的医疗费赔偿请求权”,B对,选B。

命题点3:精神损害赔偿请求权的继承问题和双重问题。

(1)法律依据:①继承问题:在加害人书面承诺赔偿或受害人已经起诉之后,受害人死亡,精神损害赔偿发生继承。《人身解释》第18条第2款,“精神损害抚慰金的请求权,不得让与或者继承。但赔偿义务人已经以书面方式承诺给予金钱赔偿,或者赔偿权利人已经向人民法院起诉的除外。”②双重问题:两个精神损害赔偿,继承死者精神损害赔偿的同时,启动近亲属自己的精神损害赔偿。a.《侵权责任法》第18条第1款,“被侵权人死亡的,其近亲属有权请求侵权人承担侵权责任。被侵权人为单位,该单位分立、合并的,承继权利的单位有权请求侵权人承担侵权责任。”b.《人身解释》第18条第1款,“受害人或者死者近亲属遭受精神损害,赔偿权利人向人民法院请求赔偿精神损害抚慰金的,适用《最高人民法院关于确定民事侵权精神损害赔偿责任若干问题的解释》予以确定。”

(2)具体到本题:①张某生前已经向人民法院起诉请求赔偿精神损害,因此精神损害抚慰金请求权可以由其继承人继承。②张某因医疗侵权死亡,其配偶、父母、子女(身份权被侵犯)依法享有独立的精神损害赔偿请求权。

(3)结论:“C. 张某继承人有权继承张某的精神损害抚慰金请求权;D. 张某死后其配偶、父母和子女有权另行起诉,请求医院赔偿自己的精神损害”,CD对,选CD。

(4)延展:精神损害赔偿的原告顺序问题:继承人精神损害赔偿的原告先是死者的配偶、子女、父母,没有这些人,才是死者的近亲属:《精神解释》第7条,“自然人因侵权行为致死,或者自然人死亡后其人格或者遗体遭受侵害,死者的配偶、父母和子女向人民法院起诉请求赔偿精神损害的,列其配偶、父母和子女为原告;没有配偶、父母和子女的,可以由其他近亲属提起诉讼,列其他近亲属为原告。”

3. 侵犯死者名誉,配偶、子女等可提起侵权诉讼之“散布往生者欠高利贷自杀身亡案”

甲于2007年2月死亡。乙因与甲生前素来不和,遂到处散布甲系赌博欠下巨额高利贷无法偿还

而自杀身亡，在社会上造成了较恶劣的影响。甲之子欲向法院起诉，要求追究乙的侵权责任。下列哪一选项是正确的？（2008－四川－16）

A. 甲已经死亡，不再具有民事主体资格，因而乙的行为不构成侵权

B. 乙的行为侵害了甲的名誉，依法应当承担侵权责任

C. 只有甲的配偶有权代表甲对乙提起诉讼

D. 只有甲的子女有权对乙提起诉讼

答案：（　　）①

考点：死者人格利益之名誉、原告为死者配偶子女

思路展开

命题点1：死者人格利益之名誉保护。

《2008年国家司法考试试题解析》："《民法通则》第9条，'公民从出生时起到死亡时止，具有民事权利能力，依法享有民事权利，承担民事义务。'自然人死亡后，其民事权利能力随之消灭，不再具有民事主体资格，但这并不意味着可以随意诋毁死者，基于对死者亲属感情的尊重和对良好社会风尚的维护，自然人死亡后，其姓名、肖像、名誉、荣誉和隐私仍受法律保护，这是一种对人格利益的保护。《精神损害赔偿解释》第3条规定，死者名誉遭受侵害的，死者的近亲属有权提起侵权之诉。本题中，乙故意毁损甲的名誉，构成侵权，应依法承担侵权责任，甲的近亲属有权提起侵权之诉。A项错误，B项正确。"故A错，不选A。B对，选B。

命题点2：死者人格利益保护之诉讼原告列明。

《精神解释》第7条，"自然人因侵权行为致死，或者自然人死亡后其人格或者遗体遭受侵害，死者的配偶、父母和子女向人民法院起诉请求赔偿精神损害的，列其配偶、父母、子女为原告；没有配偶、父母和子女的，可以由其他近亲属提起诉讼，列其他近亲属为原告。"故CD错，不选CD。

4. 财产损害不支持赔礼道歉精神损害等责任形式之"新车被撞耽误与女友约会案"

文某在倒车时操作失误，撞上冯某新买的轿车，致其严重受损。冯某因处理该事故而耽误了与女友的约会，并因此争吵分手。文某同意赔偿全部的修车费用，但冯某认为自己的爱车受损并失去了女友，内心十分痛苦，要求文某赔一部新车并赔偿精神损害。下列哪一选项是正确的？（2007－3－21）

A. 文某应当赔偿冯某一部新车

B. 文某应向冯某支付精神损害抚慰金

C. 文某应向冯某赔礼道歉

D. 法院不应当支持冯某的精神损害赔偿请求

答案：（　　）②

考点：侵犯财产权的责任方式之恢复原状；不适用赔礼道歉；不适用精神损害赔偿

读题技巧

1. "严重受损"＋"赔偿全部的修车费用"，指向车没有完全毁损，可以修复，启动恢复原状或赔偿损失，不能赔偿全新的车。

2. "赔偿精神损害"，指向不可支持精神损害赔偿。

思路展开

命题点1：侵犯财产权责任方式为恢复原状或赔偿，不增加受害人财产。

（1）法律依据：①《民法通则》第117条第2款，"损坏国家的、集体的财产或者他人财产的，应当恢复原状或者折价赔偿。"②《侵权责任法》第19条，"侵害他人财产的，财产损失按照损失发生时的市场价格或者其他方式计算。"

（2）具体到本题：①"撞上冯某新买的轿车，致其严重受损"＋"文某同意赔偿全部的修车费用"。②财产损害赔偿应以受害人遭受的全部损失的赔偿为限，文某支付全部修车费用足以赔偿冯某的损失，无须赔偿一部新车。

（3）结论："A. 文某应当赔偿冯某一部新车"，A错，不选A。

命题点2：精神损害赔偿的客体问题，限于人身损害或特殊的具有人格象征意义的特定纪念物品。

（1）法律依据：人格象征意义的特定纪念物品

---

① 参考答案：B

② 参考答案：D

"永久性灭失或毁损"。①《精神解释》第4条,"具有人格象征意义的特定纪念物品,因侵权行为而永久性灭失或者毁损,物品所有人以侵权为由,向人民法院起诉请求赔偿精神损害的,人民法院应当依法予以受理。"②《侵权责任法》第22条,"侵害他人人身权益,造成他人严重精神损害的,被侵权人可以请求精神损害赔偿。"(是说"可以",不是说"只有……才可以",故认为《侵权责任法》取代《精神解释》第4条不成立,且如司考2015年23题洗浴中心定情信物玉镯损坏案,认为精神损害不限于人身权益,包括具有人格象征意义的特定纪念物品。)

(2)具体到本题:①精神损害是指民事主体依法享有的人格权和身份权受到不法侵害,遭受的精神上的痛苦。②车没有永久性毁损或灭失。③车是财产而非人身,冯某遭受的侵害是财产权而非人格权或身份权。④新车不是永久性物品,并非具有人格象征意义的特定纪念物品。⑤小结:即使新车毁损、灭失,冯某也无权起诉请求精神损害赔偿。⑥冯某车损与失恋没有相当因果关系,也就是说,一般情况下,一般人不会因为车被撞就失恋。

(3)结论:①"B. 文某应向冯某支付精神损害抚慰金",B错,不选B。②"D. 法院不应当支持冯某的精神损害赔偿请求",D对,选D。

命题点3:赔礼道歉。

(1)学理依据:赔礼道歉是指侵权行为人通过向受害人承认错误、表达歉意、请求原谅的方式以弥补受害人心理上的创伤。赔礼道歉(消除影响、恢复名誉)主要适用于对姓名权、名称权、肖像权、名誉权、荣誉权的侵害以及对著作权和邻接权的侵害。

(2)结论:"C. 文某应向冯某赔礼道歉",C错,不选C。

5. 人格纪念物品毁灭的精神损害赔偿之"彩扩店焚毁结婚仪式彩色胶卷底片案"

周某将拍摄了其结婚仪式的彩色胶卷底片交给某彩扩店冲印,并预交了冲印费。周某于约定日期去取相片,彩扩店告知:因失火,其相片连同底片均被焚毁。周某非常痛苦,诉至法院请求彩扩店赔偿胶卷费、冲印费损失及精神损害。下列哪些选项是正确的?(2007-3-66)

A. 彩扩店侵害了周某的财产权和肖像权

B. 彩扩店的行为构成违约行为和侵权行为

C. 彩扩店应当赔偿胶卷费并返还冲洗费

D. 周某的精神损害赔偿请求应当得到支持

答案:(　　)①

考点:不构成侵犯肖像权;加害给付之侵权和违约;损害赔偿和不当得利返还;人格纪念物品毁损之精神损害赔偿

读题技巧

1."结婚仪式的彩色胶卷底片"+"因失火,其相片连同底片均被焚毁",指向两点:(1)加害给付。(2)精神损害赔偿。

2."诉至法院请求彩扩店赔偿胶卷费、冲印费损失及精神损害",提起侵权之诉。

思路展开

命题点1:不构成侵犯肖像权。肖像权是指自然人对自己的肖像享有再现、使用或许可他人使用的权利。以营利为目的未经允许再现肖像,才侵犯肖像权。

(1)法律依据:①《民法总则》第110条第1款,"自然人享有生命权、身体权、健康权、姓名权、肖像权、名誉权、荣誉权、隐私权、婚姻自主权等权利。"②《民法通则》第100条,"公民享有肖像权,未经本人同意,不得以营利为目的使用公民的肖像。"③《民通意见》第139条,"以营利为目的,未经公民同意利用其肖像做广告、商标、装饰橱窗等,应当认定为侵犯公民肖像权的行为。"

(2)法条阐释:肖像权侵权 = 以营利为目的 + 擅自再现他人面部肖像。

(3)具体到本题:彩扩店并未擅自使用公民肖像,因此不构成侵犯肖像权。

(4)结论:"A. 彩扩店侵害了周某的财产权和肖像权",A错,不选A。

命题点2:加害给付。违约责任和侵权责任竞合。

(1)法律依据:①违约责任。《合同法》第107条,"当事人一方不履行合同义务或者履行合同义务不符合约定的,应当承担继续履行、采取补救措施或

① 参考答案:BCD

者赔偿损失等违约责任。”②侵权责任。《侵权责任法》第6条第1款，“行为人因过错侵害他人民事权益，应当承担侵权责任。”③违约责任和侵权责任的竞合。《合同法》第122条，“因当事人一方的违约行为，侵害对方人身、财产权益的，受损害方有权选择依照本法要求其承担违约责任或者依照其他法律要求其承担侵权责任。”

(2)具体到本题：彩扩店违反加工承揽合同义务，构成违约行为；同时侵犯周某胶卷和底片的财产权，构成侵权行为。

(3)结论：“B.彩扩店的行为构成违约行为和侵权行为”，B对，选B。

命题点3：侵权赔偿与不当得利返还可以并存。

(1)法律依据：①侵权责任。《侵权责任法》第19条，“侵害他人财产的，财产损失按照损失发生时的市场价格或者其他方式计算。”②不当得利返还：《民法总则》第122条，“因他人没有法律根据，取得不当利益，受损失的人有权请求其返还不当利益。”

(2)具体到本题：①“周某将拍摄了其结婚仪式的彩色胶卷底片交给某彩扩店冲印，并预交了冲印费”+“因失火，其相片连同底片均被焚毁”+“诉至法院请求彩扩店赔偿胶卷费、冲印费损失及精神损害。”②既然周某诉求精神损害，故只能是选择提起侵权之诉，侵权之诉可以索赔胶卷费的财产损失。③而侵权之诉并不排斥不当得利返还即冲洗费。

(3)结论：“C.彩扩店应当赔偿胶卷费并返还冲洗费”，C对，选C。

(4)展示：①《2007年国家司法考试试题解析》：“根据《民法通则》的规定，侵权行为人损坏他人财产的，应当恢复原状或者折价赔偿，故彩扩店应当赔偿胶卷费。根据《合同法》的规定，当事人一方未履行合同义务的，应当承担赔偿损失等违约责任，因此对于冲洗费应当予以返还。C项正确。”②评论：这一解析没有限于“诉至法院请求彩扩店赔偿胶卷费、冲印费损失及精神损害”来展开。③技术分析1，这一解析理由不准确：B是事实判断，判断构成违约和侵权没问题；CD是权利主张的判断，又没有在选项中添加“如”字，故应根据大题干作答。④技术分析2，这一解析理由也可以说得通：拆分来看，拆分C和D。如果当事人实际改采合同之诉，那么可以从合同法角度解析C。如果当事人继续采侵权之诉，那么可以从侵权责任法角度解析D。

命题点4：具有人格纪念意义物品毁灭之精神损害赔偿。

(1)法律依据：①《精神解释》第4条，“具有人格象征意义的特定纪念物品，因侵权行为而永久性灭失或者毁损，物品所有人以侵权为由，向人民法院起诉请求赔偿精神损害的，人民法院应当依法予以受理。”②《侵权责任法》第22条，“侵害他人人身权益，造成他人严重精神损害的，被侵权人可以请求精神损害赔偿。”(是说“可以”，不是说“只有……才可以”，故认为《侵权责任法》取代《精神解释》第4条不成立，且司考答案认为精神损害不限于人身权益，包括具有人格象征意义的特定纪念物品。)

(2)具体到本题：①“其结婚仪式的彩色胶卷底片”+“因失火，其相片连同底片均被焚毁。周某非常痛苦。”②拍摄了周某结婚的胶卷永久性灭失，会给当事人带来精神损害，周某的精神损害赔偿请求应得到支持。

(3)结论：“D.周某的精神损害赔偿请求应当得到支持”，D对，选D。

6. 国土局腐败

某市国土局一名前局长、两名前副局长和一名干部因贪污终审被判有罪。薛某在当地晚报上发表一篇报道，题为‘市国土局成了贪污局’，内容为上述四人已被法院查明的主要犯罪事实。该国土局、一名未涉案的副局长、被判缓刑的前局长均以自己名誉权被侵害为由起诉薛某，要求赔偿精神损害。下列哪种说法是正确的？(2006－3－13)

A. 三原告的诉讼主张均能够成立

B. 国土局的诉讼主张成立，副局长及前局长的诉讼主张不能成立

C. 国土局及副局长的诉讼主张成立，前局长的诉讼主张不能成立

D. 三原告的诉讼主张均不能成立

答案：(　　)①

考点：精神损害赔偿主体限于自然人

① 参考答案：D

解题图构

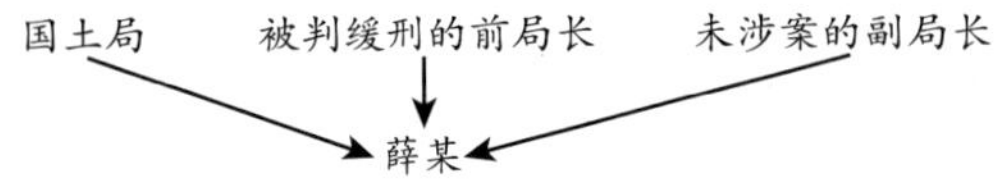

读题技巧

“要求赔偿精神损害”，指向法人不具备主体资格，故 ABC 错，只能是 D 对。

思路展开

命题点 1：精神损害赔偿主体限于自然人。

(1) 法律依据：法人或其他组织不得主张。《精神解释》第 5 条，“法人或者其他组织以人格权利遭受侵害为由，向人民法院起诉请求赔偿精神损害的，人民法院不予受理。”

(2) 具体到本题：“国土局”要求索赔精神损害赔偿，不能获得支持。

(3) 结论：①ABC 错，不选 ABC。②D 对，选 D。

命题点 2：名誉权。

名誉权是公民或法人对自己在社会生活中获得的社会评价、人格尊严享有的不可侵犯的权利。

(1) 法律依据：①《民法总则》第 110 条第 1 款，“自然人享有生命权、身体权、健康权、姓名权、肖像权、名誉权、荣誉权、隐私权、婚姻自主权等权利。”②《民法通则》第 101 条，“公民、法人享有名誉权，公民的人格尊严受法律保护，禁止用侮辱、诽谤等方式损害公民、法人的名誉。”

(2) 具体到本题：①“某市国土局一名前局长、两名前副局长和一名干部因贪污终审被判有罪。薛某在当地晚报上发表一篇报道，题为‘市国土局成了贪污局’，内容为上述四人已被法院查明的主要犯罪事实”。②《2006 年国家司法考试试题解析》：“薛某的报道虽然标题欠妥，但内容是已被法院查明的犯罪事实，并不构成对国土局工作人员以及有关罪犯名誉权的侵害，未涉案的副局长、被判缓刑的前局长主张自己的名誉权受到侵害是不能成立的。”

(3) 有观点认为，薛某文章构成对国土局的侮辱。评论：①不能只看文章标题，要看具体内容，薛某行文标题的夸张性表述，不宜认定构成对国土局的侮辱或诽谤。②对被判缓刑的前局长更加不存在“诽谤”，因为薛某表述的是事实。③报道内容压根没有涉及“未涉案的副局长”，故不侵犯名誉权。

3 第三编 民法物权

第八章 物权总论

第一节 物

1. 有价证券

甲、乙两公司签订协议，约定甲公司向乙公司采购面包券。双方交割完毕，面包券上载明“不记名、不挂失，凭券提货”。甲公司将面包券转让给张某，后张某因未付款等原因被判处合同诈骗罪。面包券全部流入市场。关于协议和面包券的法律性质，下列哪一表述是正确的？（2015－3－12）

A. 面包券是一种物权凭证

B. 甲公司有权解除与乙公司的协议

C. 如甲公司通知乙公司停止兑付面包券，乙公司应停止兑付

D. 如某顾客以合理价格从张某处受让面包券，该顾客有权请求乙公司兑付

答案：（　　）①

考点：有价证券

解题图构

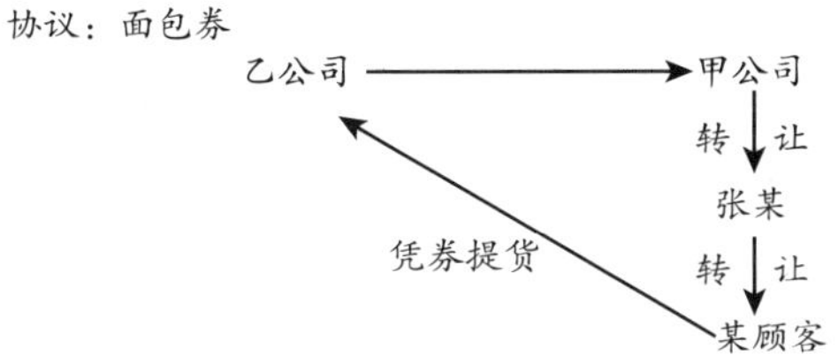

读题技巧

1. 礼品卡的流转；如将“面包券”替换为“电影票”，此题是否就简单多了？

2. 双方交割完毕，意即甲乙协议履行完毕。

3. 面包券上载明“不记名、不挂失，凭券提货”。此信息非常重要，指向面包券为无记名有价证券。

4. C 项和 D 项有两个假设条件，新增事实结合题干做判断。

思路展开

思路 1：概念界定：有价证券是指设定并证明持券人有权取得一定财产权利的书面凭证。有价证券所代表的一定权利与记载该权利的书面凭证合二为一，权利人行使权利，原则上不得离开证券进行。

思路 2：分类之一：依有价证券所设定的财产权利的性质不同，可将有价证券区分为股权、物权、债权有价证券：

（1）设定等额权利的有价证券，如股票。

（2）设定一定物权的有价证券，如提单、仓单。

（3）设定一定债权的有价证券，如债券、汇票、本票、支票等。本题，面包券为债权有价证券，故 A 错。

思路 3：分类之二：依有价证券转移的方式不同划分为，可将有价证卷分为：记名有价证券、无记名有价证券、指示有价证券。

（1）记名有价证券，是在证券上记载证券权利人的姓名或名称的有价证券，如记名的票据和股票等。记名有价证券可按债权让与方式转让证券上的权利。

（2）无记名有价证券，是证券上不记载权利人

① 参考答案：D

的姓名或名称的有价证券,如国库券和无记名股票等。无记名有价证券上的权利,由持有人享有,可以自由转让,证券义务人只对证券持有人负履行义务。

(3)指示有价证券,指在证券上指明第一个权利人的姓名或名称的有价证券,如指示支票等。指示有价证券的权利人是证券上指明的人,证券义务人只对证券上记载的持券人负履行义务。指示证券的转让,须由权利人背书及指定下一个权利人,由证券债务人向指定的权利人履行。本题中,面包券是无记名有价证券。

思路4:面包券上载明"不记名、不挂失,凭券提货"。故面包券的流通不受前手交易的影响。甲乙协议已经履行完毕,甲公司不得解除与乙公司的协议,也无权向乙公司发出停止兑付的权利。故BC错。

思路5:面包券流入市场,以"合理价格"受让的顾客,可以请求乙公司兑付!故D对。

常见错误

有的考生不理解面包券作为一种有价证券所具有的法律特性,认为只要作为发行方的甲公司通知停止兑付,乙就应当停止对面包券的兑付,误选C项。

2. 原物与孳息

下列各选项中,哪些属于民法上的孳息?(2005-3-52)

A. 出租柜台所得租金

B. 果树上已成熟的果实

C. 动物腹中的胎儿

D. 彩票中奖所得奖金

答案:(　　)①

考点:原物与孳息

思路展开

思路1:孳息与原物相对。

概念界定:

(1)原物是指依据自然属性或法律的规定,能够产生收益的物。

(2)孳息是原物产生之物。①依法律规定产生的孳息为法定孳息。②依自然属性产生的孳息为自然孳息(又称天然孳息)。注意:天然孳息必须是独立的物,即必须与原物分离。没有与原物分离,只能是原物的构成部分,而不是孳息!

思路2:法定孳息:出租柜台所得的租金、彩票中奖所得奖金均属于法定孳息。故AD对,选AD。

思路3:自然孳息。

(1)因为自然孳息必须是独立的物,未与原物分离之前,只是原物的构成部分,而不能称其为孳息。

(2)果树上已成熟的果实、动物腹中的胎儿,所谓"果实"、"胎儿",均尚未与原物分离,故不是孳息。

(3)结论:BC错,不选BC。

(4)《2005年国家司法考试试题解析》:"如果对D项是否正确没有把握的话,本题使用排除法(排除BC两项且本题为多项选择题)也可以得出正确的答案。"

第二节　物权

一、物权法定

1. 甲公司向乙银行借款500万元,以其闲置的一处办公用房作担保。乙银行正好缺乏办公场所,于是与甲公司商定,由甲公司以此办公用房为乙银行设立担保物权。随后,甲公司向乙银行交付了办公用房。借款到期后,甲公司未能偿还,乙银行主张对办公用房行使优先受偿的权利。下列哪一选项是正确的?(2008-四川-13)

A. 乙银行有权这样做,因其对标的物享有抵押权

B. 乙银行有权这样做,因其对标的物享有质权

C. 乙银行有权这样做,因其对标的物享有同时履行抗辩权

D. 乙银行无权这样做,因其与甲公司之间的约定不能设定担保物权

考点:物权法定原则、同时履行抗辩权

答案:(　　)②

① 参考答案:AD

② 参考答案:D

读题技巧

1. 设立“担保物权”、主张“优先受偿”的权利，指向两点：(1) 乙银行是否享有物权性质的权利。(2) C 中提到同时履行抗辩权，离题万里，为“打酱油”选项。

2. “交付了”、“办公用房”，指向两点：(1) 不动产担保物权的设立形式，只有一种即抵押权。(2) 必须登记，交付不但不行，而且不能交付。

思路展开

基础规范：《物权法》第 5 条，“ 物权的种类和内容，由法律规定。”

具体规范：(1)《物权法》第 172 条，“设立担保物权，应当依照本法和其他法律的规定订立担保合同。”(2)《物权法》第 185 条，“设立抵押权，当事人应当采取书面形式订立抵押合同。”(3)《物权法》第 180 条第 1 款第 1 项，“债务人或者第三人有权处分的下列财产可以抵押：(一) 建筑物和其他土地附着物；”(4)《物权法》第 187 条，“以本法第一百八十条第一款第一项至第三项规定的财产或者第五项规定的正在建造的建筑物抵押的，应当办理抵押登记。抵押权自登记时设立。”

法条阐释：依据法律规定，设立担保物权要符合法定的形式，在不动产上设立担保物权只能为抵押权。

具体到本题：

(1) 题干中并没有信息表明甲、乙之间签订了关于办公用房的抵押合同并办理了抵押登记。①故抵押权并没有设立，乙银行对办公用房并不享有抵押权。②结论：“A. 乙银行有权这样做，因其对标的物享有抵押权”，A 错，不选 A。

(2) 甲公司向乙银行交付办公楼并不是设立质权的行为，因为质权是一种动产质权，对不动产不能设立质权，故“B. 乙银行有权这样做，因其对标的物享有质权”，B 错，不选 B。

(3) 乙银行与甲公司之间的约定不符合法律规定，担保物权并不成立，乙银行不能主张对办公用房优先受偿的权利。故“D. 乙银行无权这样做，因其与甲公司之间的约定不能设定担保物权”，D 对，选 D。

(4) 关于同时履行抗辩权：①同时履行抗辩权是指在未约定先后履行顺序的双务合同中，当事人应当同时履行，一方在对方未为对待给付之前，有权拒绝其履行要求。②首先，借款合同是有先后履行顺序的，不是同时履行：甲乙之间的主合同是商业借贷性质的借款合同，需要贷款人先转让货币所有权，借款人再于一定期限内返还同种类数额的货币，是有先后履行顺序的。③其次，借款合同和“担保协议”这个无名合同是两个合同关系，不是同一合同。借款合同的标的物是金钱，而甲公司的办公用房为担保协议的标的物。④综上，乙银行不能基于主合同中甲公司未如期偿还借款而主张对该办公用房同时履行抗辩权。⑤结论：“C. 乙银行有权这样做，因其对标的物享有同时履行抗辩权”，C 错，不选 C。

2. 甲将其父去世时留下的毕业纪念册赠与其父之母校，赠与合同中约定该纪念册只能用于收藏和陈列，不得转让。但该大学在接受乙的捐款时，将该纪念册馈赠给乙。下列哪一选项是正确的？(2007－3－11)

A. 该大学对乙的赠与无效，乙不能取得纪念册的所有权

B. 该大学对乙的赠与无效，但乙已取得纪念册的所有权

C. 只有经甲同意后，乙才能取得纪念册的所有权

D. 该大学对乙的赠与有效，乙已取得纪念册的所有权

答案：(　　)①

考点：物权法定、附义务的赠与合同

读题技巧

1. 赠与合同中约定“只能用于收藏和陈列，不得转让”，指向两点：(1) 属于附义务赠与，发生合同法上效力。(2) 违反物权法定，不产生物权效力。

2. 大学将纪念册馈赠给乙，指向两点：(1) 大学与乙的赠与合同为有权处分，合同有效。(2) 乙已经取得了所有权。

思路展开

思路 1：甲赠与纪念册交付给甲父的“母校”

① 参考答案：D

并约定“纪念册只能用于收藏和陈列，不得转让”，需要从两个层次上法律上评价；一个是合同法评价；一个是物权法评价。

思路2：合同法上的评价。属于附义务的赠与，发生合同法上效果。

(1)法律依据：①附义务的赠与。《合同法》第190条，“赠与可以附义务。赠与附义务的，受赠人应当按照约定履行义务。”②附义务的赠与的撤销。《合同法》第192条，“受赠人有下列情形之一的，赠与人可以撤销赠与：(一)严重侵害赠与人或者赠与人的近亲属；(二)对赠与人有扶养义务而不履行；(三)不履行赠与合同约定的义务。赠与人的撤销权，自知道或者应当知道撤销原因之日起一年内行使。”③撤销附义务的赠与合同的效果。《合同法》第194条，“撤销权人撤销赠与的，可以向受赠人要求返还赠与的财产。”

(2)具体到本题：①甲与“母校”之间成立附义务的赠与；②“母校”不履行赠与合同约定的义务；③甲有撤销权，撤销后，甲可要求“母校”返还纪念册(撤销的溯及力)。④“母校”“馈赠”给乙，构成无权处分，而乙无偿取得，不可主张善意取得，乃“和平型无权占有”，甲可基于所有权(《物权法》第34条)要求乙返还毕业纪念册。

(3)结论：题干信息没有揭示甲行使了撤销权，则视为甲没有行使撤销权。乙确定地取得了纪念册的所有权。特别注意：B选项所谓“只有经甲同意”，不等于说“甲行使了撤销权”。

(4)延展此路径：甲也可不主张撤销权，而对“母校”主张违约责任，自当允许。

思路3：物权法上的评价。赠与合同所附“义务”，属于当事人通过“合同约定”限制了《物权法》上的所有权，不发生“物权效力”。“母校”《在物权法》上仍然取得了纪念册完整的所有权，再行处分，属于有权处分。

(1)法律依据：①纪念册为动产，动产经交付发生物权变动。《物权法》第23条，“动产物权的设立和转让，自交付时发生效力，但法律另有规定的除外。”②甲通过“约定”限制所有权人对所有权的“处分”权能，不发生物权效力。因为违反了物权法定原则。《物权法》第5条，“物权的种类和内容，由法律规定。”③所有权的权能是全面地占有、使用、收益和处分。《物权法》第39条，“所有权人对自己的不动产或者动产，依法享有占有、使用、收益和处分的权利。”④如果要对所有权权能进行限制，必须依法进行才符合物权法定原则。例如预告登记对不动产所有权的处分权能进行法定限制(《物权法》第20条，“当事人签订买卖房屋或者其他不动产物权的协议，为保障将来实现物权，按照约定可以向登记机构申请预告登记。预告登记后，未经预告登记的权利人同意，处分该不动产的，不发生物权效力。预告登记后，债权消灭或者自能够进行不动产登记之日起三个月内未申请登记的，预告登记失效。”)。又如，未经宣示登记的继承物权、文书物权、建造物权无处分权能，又称为不完全物权。(《物权法》第31条，“依照本法第二十八条至第三十条规定享有不动产物权的，处分该物权时，依照法律规定需要办理登记的，未经登记，不发生物权效力。”)再如，限制抵押人对抵押物所有权中的“转让”权能。(《物权法》第191条，“抵押期间，抵押人经抵押权人同意转让抵押财产的，应当将转让所得的价款向抵押权人提前清偿债务或者提存。转让的价款超过债权数额的部分归抵押人所有，不足部分由债务人清偿。抵押期间，抵押人未经抵押权人同意，不得转让抵押财产，但受让人代为清偿债务消灭抵押权的除外。”)

(2)具体到本题：“大学在接受乙的捐款时，将该纪念册馈赠给乙”，说明大学此前已经取得了对纪念册的占有，甲完成了交付。大学是纪念册的所有权人，具有完全的占有、使用、收益和处分的权能。甲与大学之间的赠与合同约定，只发生合同效力，不发生物权效力。大学再处分，包括无偿赠与给乙，属于行使所有权的行为，为有权处分，不是无权处分。大学与乙赠与合同有效，乙取得纪念册所有权。

(3)结论：①“D.该大学对乙的赠与有效，乙已取得纪念册的所有权”，D对，选D。②其他：“A.该大学对乙的赠与无效，乙不能取得纪念册的所有权，B.该大学对乙的赠与无效，但乙已取得纪念册的所有权，C.只有经甲同意后，乙才能取得纪念册的所有权”，ABC都错，不选ABC。

(4)如“将该纪念册馈赠给乙”，改为“将该纪念册馈赠给了乙”，添加一个“了”字，更臻于完美。

二、物权的优先效力

1. 担保物权的竞合(机器设备"一质两抵")、按份共同抵押

甲公司以其机器设备为乙公司设立了质权。10日后,丙公司向银行贷款100万元,甲公司将机器设备又抵押给银行,担保其中40万元贷款,但未办理抵押登记。同时,丙公司将自有房产抵押给银行,担保其余60万元贷款,办理了抵押登记。20日后,甲将机器设备再抵押给丁公司,办理了抵押登记。丙公司届期不能清偿银行贷款。下列哪一表述是正确的?(2013-3-8)

A. 如银行主张全部债权,应先拍卖房产实现抵押权

B. 如银行主张全部债权,可选择拍卖房产或者机器设备实现抵押权

C. 乙公司的质权优先于银行对机器设备的抵押权

D. 丁公司对机器设备的抵押权优先于乙公司的质权

答案:(　　)①

考点:按份共同抵押(抵押权的实现)、担保物权竞合、抵押权的实现

解题图构

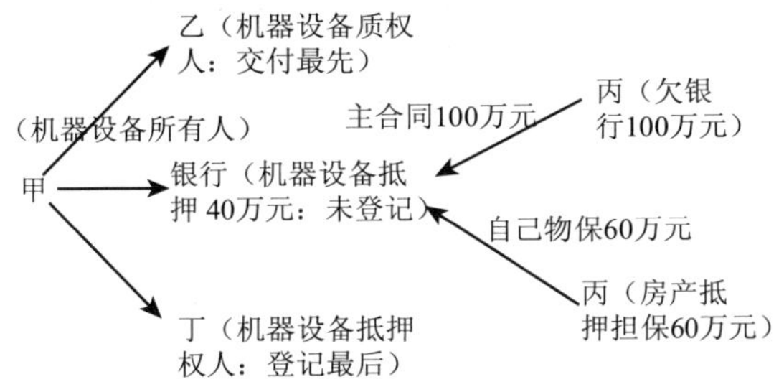

读题技巧

1. 解图从两条线展开。

2. 银行的100万元债权有主债务人丙的房产抵押60万元,有第三人甲的机器设备抵押担保40万元,为按份共同抵押,不启动《物权法》第176条自己物保优先规则,也不启动《担保解释》第75条连带共同抵押规则。

3. 机器设备上负担了乙的质权、银行的未登记抵押权、丁的登记抵押权。需要排序。看公示时间先后,公示在先的乙,其质权最优先。未公示银行抵押权的,肯定在最后。

思路展开

命题点1:按份共同抵押。思路展开如下:

(1)就银行对主债务人丙的100万元贷款债权而言,有两个担保的保护:丙自己物保和第三人甲的物保。

(2)丙自己的物保是:丙的房产担保其中的60万元,该抵押权登记了。

(3)第三人甲提供的物保是:甲的机器设备担保其中的40万元。因机器设备是动产,动产抵押权"未登记",也可成立抵押权。

(4)银行和甲、银行和丙都明确约定了担保的份额,属于按份共同抵押。

(5)不能启动自己物保优先规则。《物权法》第176条,"被担保的债权既有物的担保又有人的担保的,债务人不履行到期债务或者发生当事人约定的实现担保物权的情形,债权人应当按照约定实现债权;没有约定或者约定不明确,债务人自己提供物的担保的,债权人应当先就该物的担保实现债权;第三人提供物的担保的,债权人可以就物的担保实现债权,也可以要求保证人承担保证责任。提供担保的第三人承担担保责任后,有权向债务人追偿。"("三大本":"此条规定自己物保先于第三人担保的适用前提是当事人对债权实现无约定,而本题中,明确约定了债务人自身物保和第三人物保的担保份额,应该适用该约定。")

(6)中间结论:"A. 如银行主张全部债权,应先拍卖房产实现抵押权",A错,不选A。

(7)也不能启动连带共同抵押。《担保法解释》第75条第2款,"同一债权有两个以上抵押人的,当事人对其提供的抵押财产所担保的债权份额或者顺序没有约定或者约定不明的,抵押权人可以就其中任一或者各个财产行使抵押权。"("三大本":"所谓共同抵押,是为同一债权就数个物设定的抵押。在共同抵押中,数个物并不是本身结合而视为一物,而是在担保同一债权的目的上互相结合担保债权。共同抵押所担保的债权已届清偿期而未受清偿时,债

---

① 参考答案:C

权人可以就提供担保的不动产或其他财产进行清偿。债权人的这种受清偿的权利因是否限定各个抵押物的负担金额而有所不同。如果限定了各个抵押物的负担金额,应当按照当事人的约定,就各个抵押物的卖得价钱分别就其负担金额进行清偿。本题即属此种情形。")

(8)中间结论:"B.如银行主张全部债权,可选择拍卖房产或者机器设备实现抵押权",B错,不选B。

命题点2:担保物权的竞合之思路展开:

(1)思维主线。①一个机器设备,先出质,后抵押(未登记),再抵押(登记)。负载于机器设备上的担保物权都有效设立,包括未登记的抵押权(参见:《物权法》第188条,"以本法第一百八十条第一款第四项、第六项规定的财产或者第五项规定的正在建造的船舶、航空器抵押的,抵押权自抵押合同生效时设立;未经登记,不得对抗善意第三人。")②需要对机器设备上的担保物权进行排序。

(2)排序的学理规则。①依据公示的先后来判断。②乙是机器设备质权人,最先占有,最先公示,其最先满足。③银行的抵押权没有公示,丁公司的抵押权公示了,因此,丁公司的机器设备抵押权优先于银行的抵押权。(《物权法》第199条,"同一财产向两个以上债权人抵押的,拍卖、变卖抵押财产所得的价款依照下列规定清偿:(一)抵押权已登记的,按照登记的先后顺序清偿;顺序相同的,按照债权比例清偿;(二)抵押权已登记的先于未登记的受偿;(三)抵押权未登记的,按照债权比例清偿。")④故乙的质权 > 丁公司的抵押权 > 银行的抵押权。

(3)让我们回到现实:为什么乙的质权最优先?①别忘了,乙占有机器设备,这具有强大的公示效力,后头的银行和丁公司接受机器设备做抵押,推定知道机器设备上负担的质权。②由此,乙的质权必须最优先,其排序符合生活常理。丁公司登记抵押权的效力,就是优先于银行,这就是警示银行,你即使是接受有质权负担的物设定抵押,也得登记,这样可以对抗"后来人"。

(4)最后结论:①"C.乙公司的质权优先于银行对机器设备的抵押权",C对,选C。②"D.丁公司对机器设备的抵押权优先于乙公司的质权",D错,不选D。

异议辨析

《担保法解释》第79条第1款,"同一财产法定登记的抵押权与质权并存时,抵押权人优先于质权人受偿。"对此有两种解释方法:

1."存在说"的目的性限缩:此条适用范围应仅限于登记抵押权在先、质权在后的情形。如果质权在先,抵押权登记在后,则质权优先,因为质权公示在先。

2."废止说"的体系解释:(1)如果将《担保法解释》第79条第1款"法定登记"的抵押权理解成"法定必须登记的"抵押权,则指向《担保法》第41条。(2)《担保法》第41条,"当事人以本法第四十二条规定的财产抵押的,应当办理抵押物登记,抵押合同自登记之日起生效。"(3)再对接《担保法》第42条,"办理抵押物登记的部门如下:(一)以无地上定着物的土地使用权抵押的,为核发土地使用权证书的土地管理部门;(二)以城市房地产或者乡(镇)、村企业的厂房等建筑物抵押的,为县级以上地方人民政府规定的部门;(三)以林木抵押的,为县级以上林木主管部门;(四)以航空器、船舶、车辆抵押的,为运输工具的登记部门;(五)以企业的设备和其他动产抵押的,为财产所在地的工商行政管理部门。"(与此配合,《担保法》第43条规定了自愿登记抵押权:"当事人以其他财产抵押的,可以自愿办理抵押物登记,抵押合同自签订之日起生效。当事人未办理抵押物登记的,不得对抗第三人。当事人办理抵押物登记的,登记部门为抵押人所在地的公证部门。")(4)但是,《物权法》规定企业设备抵押不是法定必须登记的,属于自愿登记范畴。(参见《物权法》第188条,本题解析已经援引过。)(5)故此,《担保法》第42条应属需要清理的法条。启动《物权法》第178条,"担保法与本法的规定不一致的,适用本法。"

3.不少考生误认为,依据《担保解释》第79条第1款的规定,"同一财产法定登记的抵押权与质权并存时,抵押权人优先于质权人"。误选D。

2.同一设备抵押未登记、抵押登记、出质、留置

同升公司以一套价值100万元的设备作为抵押,向甲借款10万元,未办理抵押登记手续。同升

公司又向乙借款 80 万元,以该套设备作为抵押,并办理了抵押登记手续。同升公司欠丙货款 20 万元,将该套设备出质给丙。丙不小心损坏了该套设备,送丁修理,因欠丁 5 万元修理费,该套设备被丁留置。关于甲、乙、丙、丁对该套设备享有的担保物权的清偿顺序,下列哪一排列是正确的?(2011 - 3 - 7)

A. 甲乙丙丁　　B. 乙丙丁甲

C. 丙丁甲乙　　D. 丁乙丙甲

答案:(　　)①

考点:担保物权的竞合;动产抵押、出质和留置的关系

解题图构

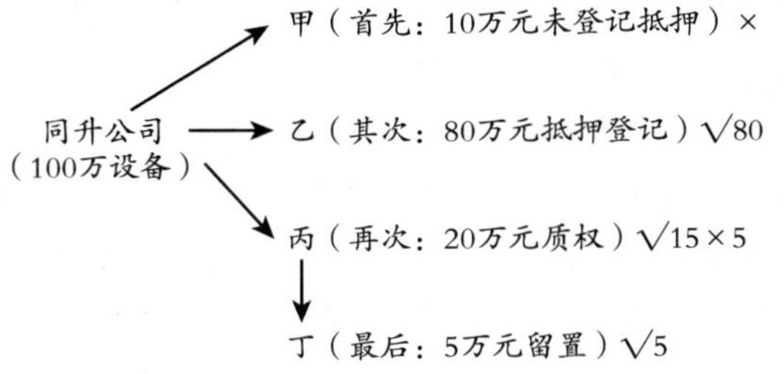

读题技巧

1. 本题四个选项明显一一互斥,考生应使用排除法迅速锁定答案,也就是说,排名第一是谁,确定了,就可以答对此题,不能再多浪费一秒钟时间。

2. 容易的不多,但总有那么几个,碰到了就要抓住!

3. 依时间先后的事实是:无登记抵押——有登记抵押——出质——留置。

4. 同升公司好穷,到处欠钱!

5. 本题未考查各项担保物权的成立,而直接考竞合,所以无须考虑担保物权是否成立,虽然会涉及一个点:丁的留置权来源于"善意取得"。

思路展开

思路 1:为什么要排序?担保物权竞合,一物多担保,同一物设立多个担保,每个担保担保不同的债权。物价值有限(100 万元设备),而债权很多(合计 115 万元),给债权人排序就很重要。

思路 2:怎么排序?

(1)基本原则是看公示的先后。

(2)法定公示最优先,留置权是法律规定的,法律规定本身就是最强大的公示。也可以这么理解,《物权法》颁布施行之日即公示日。

(3)接下来继续看公示的时间先后。

(4)没有公示的在最后(多个没有公示的按债权比例)。

思路 3:法律依据:《物权法》第 239 条,"同一动产上已设立抵押权或者质权,该动产又被留置的,留置权人优先受偿。"

思路 4:具体到本题:

(1)甲对设备享有未经登记的抵押权,乙对设备享有的抵押权进行了登记,丙对该套设备享有质权,而丁对该套设备享有留置权。故丁应该是第一顺序,分析到这里,本题就可以选择出正确答案即 D 选项。考生的工作已经完成。

(2)接下来的工作就是命题人的了。考生没必要再去一一地过一遍乙、丙、甲的顺序。

(3)但本书作为真题分析,还得接着讲,公示时间在先的优先是最基本原则。①乙的抵押权登记公示,发生时间早于丙的"占有公示",故乙抵押权优先于丙的质权。(可依据经过目的性限缩解释的《担保解释》第 79 条第 1 款,"同一财产法定登记的抵押权与质权并存时,抵押权人优先于质权人受偿。")②同时,《物权法》第 199 条,"同一财产向两个以上债权人抵押的,拍卖、变卖抵押财产所得的价款依照下列规定清偿:……(二)抵押权已登记的先于未登记的受偿;……"故乙也优先于甲。可见,乙是第二顺序。③未公示的放在最后。也就是说,占有优先于未登记。a. 依据《物权法》第 180 条,"债务人或者第三人有权处分的下列财产可以抵押:……(四)生产设备、原材料、半成品、产品;……"b. 第 188 条"以本法第一百八十条第一款第四项、第六项规定的财产或者第五项规定的正在建造的船舶、航空器抵押的,抵押权自抵押合同生效时设立;未经登记,不得对抗善意第三人。"c. 可见,甲未经登记的抵押权,不得对抗善意的质权人丙。故丙是第三顺序。最后,甲是第四顺序。

综上,本题正确答案是 D,选 D。ABC 均错,不选 ABC。

---

① 参考答案:D

第三节　物权的变动

一、物权的变动之继受取得

下列哪一选项属于所有权的继受取得? (2008-3-10)

A. 甲通过遗嘱继承其兄房屋一间

B. 乙的3万元存款得利息1000元

C. 丙购来木材后制成椅子一把

D. 丁拾得他人搬家时丢弃的旧电扇一台

答案:(　　)①

考点:继受取得、原始取得

思路展开

思路1:需要对原始取得和继受取得进行区分。先讲记忆方法:"裸得"为原始取得(无负担无瑕疵取得,切断与前面的任何关系);非"裸得"为继受取得(有负担的取得,没有切断与前面的关系,受其影响,如继承遗产,要负担被继承人生前所负债务)。

思路2:原始取得是指直接依据法律规定,不以原所有人的所有权和意志而取得所有权。

(1)原始取得主要包括生产、收取孳息、没收、添附、无主财产、时效及善意取得等。

(2)结论:①"B. 乙的3万元存款得利息1000元"乃是收取孳息,是原始取得,故B错,不选B。②"C. 丙购来木材后制成椅子一把"是生产(注意:不是"加工"),也是原始取得,故C错,不选C。③"D. 丁拾得他人搬家时丢弃的旧电扇一台"是先占无主财产,同样是原始取得,故D错,不选D。

思路3:继受取得是指以原所有权人的所有权和意志为依据,通过某种法律行为或法律事件从原所有人那里取得财产所有权。

(1)继受取得主要包括因买卖、赠与、互易、继承和受遗赠等取得所有权。

(2)继受取得又可分为两种:移转的继受取得和创设的继受取得。①移转的继受取得,就他人物权原状而取得,例如,通过买卖、赠与受让物权;通过继承或受遗赠取得物权;通过企业合并取得物权。②创设的继受取得,在他人的物上设立用益物权或者担保物权,例如,在土地所有权上设立土地承包经营权、宅基地使用权、建设用地使用权、地役权;在动产上设立质权或者抵押权。

(3)结论:"A. 甲通过遗嘱继承其兄房屋一间"的继承行为是以原所有权人的所有权和意志为依据的,属于移转的继受取得,A对,选A。

区分:两组概念的区别。

(1)基于法律行为的物权变动和非基于法律行为的物权变动,区分点在于物权变动中当事人的意思状态,考究当事人意思状态,为基于法律行为的物权变动。不考究当事人的意思状态,为非基于法律行为的物权变动。探讨的是物权的变动(包括设立即取得、变更、消灭,不仅仅限于取得)。

(2)原始取得与继受取得,区分点在于是否"裸得"。①"裸得"即为原始取得,取得无任何负担。②如果不是"裸得",取得是会有负担的即负担一定的瑕疵。负担体现如基于继承取得,需要负担被继承人生前所负债务,例如,《继承法》第33条,"继承遗产应当清偿被继承人依法应当缴纳的税款和债务,缴纳税款和清偿债务以他的遗产实际价值为限。超过遗产实际价值部分,继承人自愿偿还的不在此限。"《最高人民法院关于贯彻执行〈中华人民共和国继承法〉若干问题的意见》第62条,"遗产已被分割而未清偿债务时,如有法定继承又有遗嘱继承和遗赠的,首先由法定继承人用其所得遗产清偿债务;不足清偿时,剩余的债务由遗嘱继承人和受遗赠人按比例用所得遗产偿还;如果只有遗嘱继承和遗赠的,由遗嘱继承人和受遗赠人按比例用所得遗产偿还。"

(3)他们不是完全一一对应的关系。继承取得,是非基于法律行为的取得,但是却属于"继受取得"。当然,基于法律行为的物权变动都是继受取得。

常见错误

1. 利息是因为所有人存款行为和意志所得:认为1000元利息是以3万元存款的所有权人乙的所

① 参考答案:A

有权和意志为依据的，该项收取孳息的行为是所有权的继受取得，误选 B。

2. 椅子是依据木材所有权人丙的所有权和意志为依据的，误选 C。

3. 旧电扇原来是有所有权人的，该所有权人丢弃行为是有权利移转的意思表示，误选 D。

二、非基于法律行为的物权变动

（一）非基于法律行为物权变动之文书物权

1. 非基于法律行为物权变动之继承不动产

(1)蔡永父母在共同遗嘱中表示，二人共有的某处房产由蔡永继承。蔡永父母去世前，该房由蔡永之姐蔡花借用，借用期未明确。2012 年上半年，蔡永父母先后去世，蔡永一直未办理该房屋所有权变更登记，也未要求蔡花腾退。2015 年下半年，蔡永因结婚要求蔡花腾退，蔡花拒绝搬出。对此，下列哪一选项是正确的？(2016－3－5)

A. 因未办理房屋所有权变更登记，蔡永无权要求蔡花搬出

B. 因诉讼时效期间届满，蔡永的房屋腾退请求不受法律保护

C. 蔡花系合法占有，蔡永无权要求其搬出

D. 蔡永对该房屋享有物权请求权

答案：(　　)①

考点：非基于法律行为物权变动之继承物权、物权请求权、债权之借用合同期限

解题图构

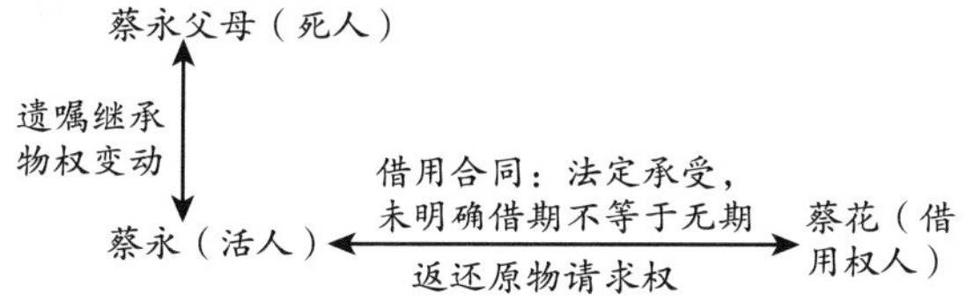

思路展开

命题点 1：继承物权和继承物权的保护。

(1)法律依据：①人死时发生继承物权变动，活人是物权人：《物权法》第 29 条，“因继承或者受遗赠取得物权的，自继承或者受遗赠开始时发生效力。”②继承物权人没登记，依然可主张物权保护。《最高人民法院关于适用〈中华人民共和国物权法〉若干问题的解释》(以下简称《物权法解释一》)第 8 条，“依照《物权法》第二十八条至第三十条规定享有物权，但尚未完成动产交付或者不动产登记的物权人，根据《物权法》第三十四条至第三十七条的规定，请求保护其物权的，应予支持。”

(2)具体到本题：①“蔡永父母在共同遗嘱中表示，二人共有的某处房产由蔡永继承。”“2012 年上半年，蔡永父母先后去世，蔡永一直未办理该房屋所有权变更登记，也未要求蔡花腾退。”②《2016 年国家司法考试试题解析》：“蔡永虽然未办理该房屋所有权的变更登记，但已经取得了房屋所有权，以及基于该所有权而派生的包括但不限于要求蔡花腾退房屋的物权请求权。”

(3)结论：“A. 因未办理房屋所有权变更登记，蔡永无权要求蔡花搬出”，A 错，不选。“D. 蔡永对该房屋享有物权请求权”，D 对，选。

命题点 2：登记不动产物权返还请求权不适用诉讼时效。

(1)法律依据：《民法总则》第 196 条，“下列请求权不适用诉讼时效的规定：(一)请求停止侵害、排除妨碍、消除危险；(二)不动产物权和登记的动产物权的权利人请求返还财产；(三)请求支付抚养费、赡养费或者扶养费；(四)依法不适用诉讼时效的其他请求权。”

(2)具体到本题：“2012 年上半年，蔡永父母先后去世，蔡永一直未办理该房屋所有权变更登记，也未要求蔡花腾退。2015 年下半年，蔡永因结婚要求蔡花腾退，蔡花拒绝搬出。”从弟弟继承物权到要求姐姐腾房，时间间隔 3 年。但是，不动产物权返还原物请求权不适用诉讼时效。

(3)结论：“B. 因诉讼时效期间届满，蔡永的房屋腾退请求不受法律保护”，B 不对，不选 B。

命题点 3：借用合同的继承、借用期限条款的漏洞填补。

(1)房屋上负担有蔡花的借用权。活人继承房屋要继承该负担，法定承受借用合同：继承人在继承遗产价值限度内继承死者的债务：①《继承法》第 33 条，“继承遗产应当清偿被继承人依法应当缴纳的税

---

① 参考答案：D

款和债务，缴纳税款和清偿债务以他的遗产实际价值为限。超过遗产实际价值部分，继承人自愿偿还的不在此限。继承人放弃继承的，对被继承人依法应当缴纳的税款和债务可以不负偿还责任。”②《2016年国家司法考试试题解析》由给得更加的粗暴：“蔡永基于遗嘱继承而取得房屋所有权，蔡花的合法占有于其父母去世后终止。根据《物权法》第34条规定，蔡永可不受借用关系约束而行使物权请求权。”③按照蔡永也要法定承受借用合同作为解释路径，才符合题干所交代的案情。

(2)借用合同是无名合同。《民通意见》第126条，“借用实物的，出借人要求归还原物或者同等数量、质量的实物，应当予以支持；如果确实无法归还实物的，可以按照或者适当高于归还时市场零售价格折价给付。”

(3)借用期限推定规则。随时要求退回，但应给他姐姐一个必要准备时间。《合同法》第62条，“当事人就有关合同内容约定不明确，依照本法第六十一条的规定仍不能确定的，适用下列规定：……(四)履行期限不明确的，债务人可以随时履行，债权人也可以随时要求履行，但应当给对方必要的准备时间……”

(4)弟弟要求退房时，姐姐相对于弟弟而言属于无权占有。《物权法》第34条，“无权占有不动产或者动产的，权利人可以请求返还原物。”

(5)结论：C错，不选C。

(2)甲、乙和丙于2012年3月签订了散伙协议，约定登记在丙名下的合伙房屋归甲、乙共有。后丙未履行协议。同年8月，法院判决丙办理该房屋过户手续，丙仍未办理。9月，丙死亡，丁为其唯一继承人。12月，丁将房屋赠给女友戊，并对赠与合同作了公证。下列哪一表述是正确的？(2013－3－6)

A. 2012年3月，甲、乙按份共有房屋

B. 2012年8月，甲、乙按份共有房屋

C. 2012年9月，丁为房屋所有人

D. 2012年12月，戊为房屋所有人

答案：(　　)①

考点：非基于法律行为物权变动之继承不动产、合伙共有、物权变动的区分原则、无权处分

解题图构

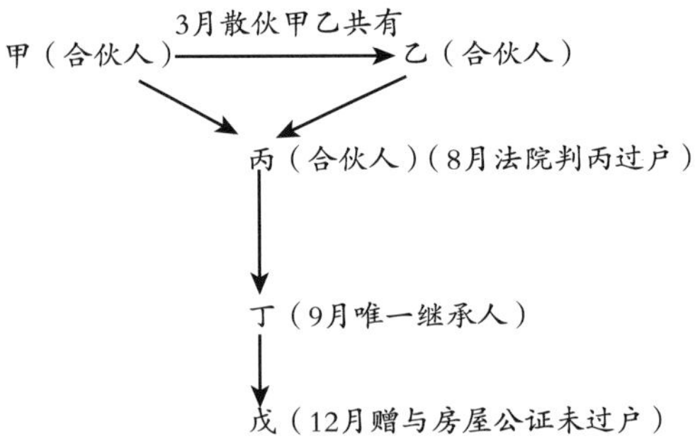

读题技巧

1. 浏览选项，要求确认什么时候谁是房屋所有权人。

2. 3月散伙协议约定房屋归甲乙共有，约定不发生物权变动，有合同效力。

3. 8月法院判决丙履行过户手续，丙未履行，指向给付判决，不属于形成判决，不发生物权变动。

4. 9月死亡继承，指向继承物权，死亡时发生物权变动(甲乙丙共同共有，丙死亡后，丁取代丙的地位)。

5. 12月基于继承取得物权，没有处分力，单纯赠与合同公证不发生物权效力。

思路展开

命题点1：基于法律行为物权变动的区分原则：不动产物权变动，以登记为要件。约定仅发生合同效力，不发生物权变动效力。

(1)法律依据：①登记变动不动产物权：《物权法》第9条，“不动产物权的设立、变更、转让和消灭，经依法登记，发生效力；未经登记，不发生效力，但法律另有规定的除外。依法属于国家所有的自然资源，所有权可以不登记。”②区分原则：《物权法》第15条，“当事人之间订立有关设立、变更、转让和消灭不动产物权的合同，除法律另有规定或者合同另有约定外，自合同成立时生效；未办理物权登记的，不影响合同效力。”③合伙财产由合伙人共有，通说认为是共同共有。a.《民通意见》第54条，“合伙人退伙时分割的合伙财产，应当包括合伙时投入的财产和合伙期间积累的财产，以及合伙期间的债权和债务。入伙的原物退伙时原则上应予退还；一次清退有困难的，可以分批分期清退；退还原物确有困难

---

① 参考答案：C

的,可以折价处理。”b.《合伙企业法》第20条,“合伙人的出资、以合伙企业名义取得的收益和依法取得的其他财产,均为合伙企业的财产。”c.《合伙企业法》第33条第1款,“合伙企业的利润分配、亏损分担,按照合伙协议的约定办理;合伙协议未约定或者约定不明确的,由合伙人协商决定;协商不成的,由合伙人按照实缴出资比例分配、分担;无法确定出资比例的,由合伙人平均分配、分担。”d.《合伙企业法》第89条,“合伙企业财产在支付清算费用和职工工资、社会保险费用、法定补偿金以及缴纳所欠税款、清偿债务后的剩余财产,依照本法第三十三条第一款的规定进行分配。”e. 本题未提是个人合伙还是企业合伙,无论如何,合伙人对合伙财产达成了分割协议,属于基于法律行为发生的房屋物权变动。

(2)具体到本题:①甲、乙、丙订立散伙协议对房屋产权作出安排,但是没有办理变更登记手续,未完成不动产物权变动的公示,不能产生物权效力。②合伙房屋仍然登记在丙名下,合伙房屋归甲、乙、丙共同共有。

(3)结论:“A. 2012年3月,甲、乙按份共有房屋”,A错,不选A。

命题点2:文书物权自文书生效时发生物权变动,不动产无需登记,动产无需交付:但是法院的文书则仅限于形成判决,不包括给付判决和确认判决。

(1)法律依据:《物权法》第28条,“因人民法院、仲裁委员会的法律文书或者人民政府的征收决定等,导致物权设立、变更、转让或者消灭的,自法律文书或者人民政府的征收决定等生效时发生效力。”

(2)具体到本题:①法院判决丙公司办理过户手续,但是丙一直没有办理,此为给付之诉的判决。②因此,房屋产权仍未发生变化,依旧归甲、乙、丙共有。

(3)结论:“B. 2012年8月,甲、乙按份共有房屋”,B错,不选B。

命题点3:继承物权自死亡时发生物权变动,不动产无需登记,动产无需交付。

(1)法律依据:《物权法》第29条,“因继承或者受遗赠取得物权的,自继承或者受遗赠开始时发生效力。”

(2)法条阐释:自被继承人死亡(包括宣告死亡)时,继承人取得被继承人享有的不动产物权。

(3)具体到本题:“9月,丙死亡,丁为其唯一继承人”,丁替代丙成为房屋的共有人。也就是说,丁、甲、乙共有合伙房屋。共有人也是房屋所有权人。当然,丁此时也要启动《继承法》第33条规定,概括继承丙的债务即甲、乙、丙散伙协议,丁负有过户房屋的义务。否则甲、乙可持生效给付判决申请法院强制执行。(《继承法》第33条,“继承遗产应当清偿被继承人依法应当缴纳的税款和债务,缴纳税款和清偿债务以他的遗产实际价值为限。超过遗产实际价值部分,继承人自愿偿还的不在此限。”)

(4)结论:“C. 2012年9月,丁为房屋所有人”,C对,选C。

命题点4:共有物无权处分,启动善意取得制度,判断是否符合善意取得构成要件。

(1)法律依据:处分共同共有房产应经全体共有人一致同意,否则构成无权处分。①《物权法》第97条,“处分共有的不动产或者动产以及对共有的不动产或者动产作重大修缮的,应当经占份额三分之二以上的按份共有人或者全体共同共有人同意,但共有人之间另有约定的除外。”②《物权法》第106条,“无处分权人将不动产或者动产转让给受让人的,所有权人有权追回;除法律另有规定外,符合下列情形的,受让人取得该不动产或者动产的所有权:(一)受让人受让该不动产或者动产时是善意的;(二)以合理的价格转让;(三)转让的不动产或者动产依照法律规定应当登记的已经登记,不需要登记的已经交付给受让人。受让人依照前款规定取得不动产或者动产的所有权的,原所有权人有权向无处分权人请求赔偿损失。当事人善意取得其他物权的,参照前两款规定。”

(2)具体到本题:丁、甲、乙共有房屋,且有生效判决丁应负过户义务,无权处分给女友戊,属于无权处分。虽然合同经公证,仅发生合同效力。是否发生物权效力,要看戊是否构成善意取得条件:戊是无偿;戊未取得过户登记。故戊没有取得房屋所有权人。

(3)结论:“D. 2012年12月,戊为房屋所有人”,D错,不选D。

常见错误

1. 甲、乙丙签订的散伙协议具有法律效力，其约定将登记在丙名下的房屋归甲、乙共有能够产生物权变动的效果，误选 A。

2. 2012 年 8 月，法院判决丙办理该房屋过户手续，丙仍未办理。由此，在 2012 年 8 月甲、乙已经依判决取得房屋所有权，而同年 9 月丁的继承无效。误选 B。

3. 既然法院已经通过审判判决丙办理房屋过户手续，如果认为房屋仍归丙所有，则法院审判就落空了，没有执行力，这本身就是违法的，未选 C。

4. CD 互相印证说：认为如果选项 C 正确，那么选项 D 也应当选。丁将房屋赠与给女友，是有权处分，其女友应获得房屋所有权，误选 D。

非基于法律行为的离婚文书物权之不动产所有权、同一房屋妻子卖一次、丈夫卖一次

2. 吴某和李某共有一套房屋，所有权登记在吴某名下。2010 年 2 月 1 日，法院判决吴某和李某离婚，并且判决房屋归李某所有，但是并未办理房屋所有权变更登记。3 月 1 日，李某将该房屋出卖给张某，张某基于对判决书的信赖支付了 50 万元价款，并入住了该房屋。4 月 1 日，吴某又就该房屋和王某签订了买卖合同，王某在查阅了房屋登记簿确认房屋仍归吴某所有后，支付了 50 万元价款，并于 5 月 10 日办理了所有权变更登记手续。下列哪些选项是正确的？(2011－3－55)

A. 5 月 10 日前，吴某是房屋所有权人

B. 2 月 1 日至 5 月 10 日，李某是房屋所有权人

C. 3 月 1 日至 5 月 10 日，张某是房屋所有权人

D. 5 月 10 日后，王某是房屋所有权人

答案：(　　)①

考点：非基于法律行为的离婚文书物权之不动产所有权、一房“两”卖、基于法律行为物权变动的区分原则

解题图构

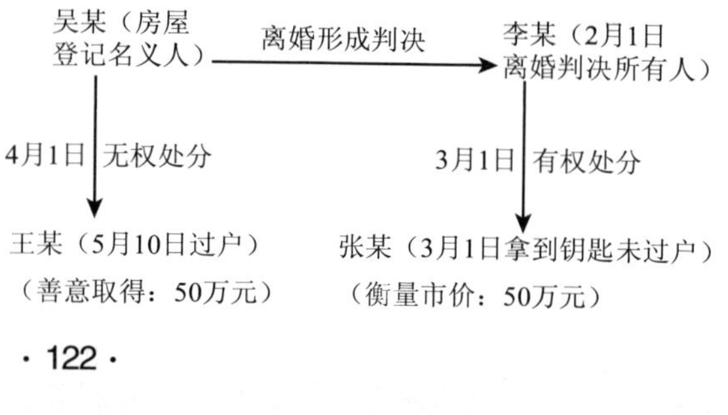

读题技巧

1. 2 月 1 日离婚判决房屋归李某，指向离婚判决为形成判决，属于非基于法律行为不动产物权变动，文书生效时房屋归李某。2. 3 月 1 日，张某付 50 万元购买房屋入住未过户，指向两点：(1)房屋市价 50 万元，后头王某付了 50 万元属于合理价格，王某满足善意取得条件之一的“价格合理要件”。(2)未“宣示登记”为李某，李某再处分给张某，不发生物权效力。张某不是房屋所有权人。3. 吴某(登记名义人，为登记错误)再卖房屋并过户给王某，启动无权处分和善意取得制度，王某符合善意取得要件，5 月 10 日后，王某是房屋所有权人。4. 吴某和李某这一对夫妻，有意思，你卖，我也卖，高度同步，价格同样，离婚不影响“默契”！5. 更进一步，此剧的最后结局：王某可要求张某搬离房屋。张某找李某承担违约责任。李某找前夫吴某承担赔偿责任。

思路展开

命题点 1：非基于法律行为的文书物权，形成判决生效时发生不动产物权变动，无须登记。

(1)法律依据：《物权法》第 28 条，“因人民法院、仲裁委员会的法律文书或者人民政府的征收决定等，导致物权设立、变更、转让或者消灭的，自法律文书或者人民政府的征收决定等生效时发生效力。”

(2)法条阐释：法院文书限于形成判决，不包括给付判决和确认判决。

(3)具体到本题：离婚请求权属于形成权，判决离婚的生效判决属于形成判决，关于房产的判决属于形成判决。因此，2010 年 2 月 1 日，法院判决吴某和李某离婚，并且判决房屋归李某所有，但是并未办理房屋所有权变更登记。依据题干自然题意，其表述的是生效判决判决书，故自 2010 年 2 月 1 日起，李某是房屋所有权人，房屋不再是由李某和吴某夫妻共有了，吴某共有权消灭。

(4)结论：①“A. 5 月 10 日前，吴某是房屋所有权人”，A 错，不选 A。②从做题技术层面分析，“C. 3 月 1 日至 5 月 10 日，张某是房屋所有权人”，C 也错，不选 C。

---

① 参考答案：BD

命题点2:不完全物权应经宣示登记,未宣示登记,处分不发生物权效力,仅发生合同效力。

(1)法律依据:《物权法》第31条,“依照本法第二十八条至第三十条规定享有不动产物权的,处分该物权时,依照法律规定需要办理登记的,未经登记,不发生物权效力。”

(2)法条阐释:未经宣示登记在自己名下,欠缺处分权能。如果再行处分此类不动产物权如转移、设定抵押权等,不发生物权效力(合同效力不因此受影响)。

(3)具体到本题:李某在2月1日基于离婚形成判决取得房屋所有权,但是没有登记在自己名下,因为“李某在3月1日将该房屋出卖并交付给知情的张某,但房屋未经变更登记”,故张某不是房屋所有权人。

(4)结论:“C.3月1日至5月10日,张某是房屋所有权人”,C错,不选C。

命题点3:无权处分和善意取得制度。

(1)法律依据:《物权法》第106条,“无处分权人将不动产或者动产转让给受让人的,所有权人有权追回;除法律另有规定外,符合下列情形的,受让人取得该不动产或者动产的所有权:(一)受让人受让该不动产或者动产时是善意的;(二)以合理的价格转让;(三)转让的不动产或者动产依照法律规定应当登记的已经登记,不需要登记的已经交付给受让人。受让人依照前款规定取得不动产或者动产的所有权的,原所有权人有权向无处分权人请求赔偿损失。当事人善意取得其他物权的,参照前两款规定。”

(2)法条阐释:善意取得四要件 = 无权处分(登记公示错误或占有公示错误) + 善意 + 价格合理 + 受让人取得登记或交付。

(3)具体到本题:吴某4月1日,乃无权处分李某的房屋(登记为吴某,公示错误,实际为李某所有) + 受让人王某(在查阅了房屋登记簿确认房屋仍归吴某所有后)善意 +50万元价格合理 +“王某5月10日完成了过户登记” = 王某自5月10日善意取得房屋所有权。

(4)结论:①“D.5月10日后,王某是房屋所有权”,D对,选D。②此前,“B.2月1日至5月10日,李某是房屋所有权人”,B对,选B。

3.非基于法律行为物权变动之文书不动产所有权、基于法律行为设定抵押权区分原则

某房屋登记簿上所有权人为甲,但乙认为该房屋应当归己所有,遂申请仲裁。仲裁裁决争议房屋归乙所有,但裁决书生效后,甲、乙未办理变更登记手续。一月后,乙将该房屋抵押给丙银行,签订了书面合同,但未办理抵押登记。对此,下列哪些说法是正确的?(2010-3-53)

A.房屋应归甲所有　B.房屋应归乙所有

C.抵押合同有效　D.抵押权未成立

答案:(　　)①

考点:非基于法律行为物权变动之文书不动产所有权、基于法律行为设定抵押权区分原则

思路展开

命题点1:非基于法律行为物权变动之文书不动产物权,无须登记即发生物权变动。

(1)法律依据:《物权法》第28条,“因人民法院、仲裁委员会的法律文书或者人民政府的征收决定等,导致物权设立、变更、转让或者消灭的,自法律文书或者人民政府的征收决定等生效时发生效力。”

(2)法条阐释:统一意见是认为限于形成判决,不包括给付判决和确定判决。本题题干交代的为确认裁决。

(3)全文引用《2010年国家司法考试试题解析》:“①仲裁裁决争议房屋归乙所有且裁决书生效后,房屋所有权即属于乙,故不选A,而应选B。②这里需特别指出的是,这种在生效时能产生物权变动效力的人民法院、仲裁委员会的法律文书只可能出现在‘形成之诉’中,即这种法律文书必须具备‘形成的效力’。③例如,张某与李某签订买卖一支钢笔的合同,李某付款后,张某迟迟未交付钢笔。李某将张某诉至法院,请求法院判令张某交付钢笔。法院支持了李某的请求,判决张某交付钢笔。但判决生效后,并不能依据本条文得出钢笔的所有权已经属于李某的结论,因为李某与张某之间的诉讼是‘给付之诉’,法院作出的判决是“给付判决”,而给付判决还存在需要执行的问题。④而‘形成之

① 参考答案:BCD(本题仲裁裁决为确认裁决。)

诉'的情形就完全不同,举例而言,张某与李某买卖房屋,李某付款后,张某向李某交房并办理登记。事后,张某认为房屋买卖存在重大误解,向人民法院请求行使《合同法》第54条规定的撤销权。若法院支持了张某的请求,作出了撤销房屋买卖合同的判决,则判决生效后,依据《物权法》第28条的规定,房屋所有权无须登记而立即属于张某,因为该诉讼是'形成之诉',法院作出的判决是'形成判决',形成判决不存在执行的问题。"

命题点2:未经宣示登记,基于法律行为处分文书物权,不具有物权效力,但不影响合同效力。

(1)法律依据:《物权法》第31条,"依照本法第28条至第30条规定享有不动产物权的,处分该物权时,依照法律规定需要办理登记的,未经登记,不发生物权效力。"

(2)法条阐释:未经宣示登记在自己名下,欠缺处分权能。如果再行处分此类不动产物权如转移、设定抵押权等,不发生物权效力(合同效力不因此受影响)。

(3)具体到本题:"乙将该房屋抵押给丙银行,签订了书面合同,但未办理抵押登记。"抵押合同有效。抵押权未设立。同时参见《物权法》第187条,"以本法第一百八十条第一款第一项至第三项规定的财产或者第五项规定的正在建造的建筑物抵押的,应当办理抵押登记。抵押权自登记时设立。"

(4)结论:①"C. 抵押合同有效",C对,选C。②"D. 抵押权未成立",D对,选D。

(5)特别注意:《2010年国家司法考试试题解析》有一句话,摘录如下:"抵押权合同的效力与抵押人是否为所有权人无关,乙目前虽不是登记名义人,但并不影响抵押权合同本身的效力,故应选C。"

(二)非基于法律行为物权变动之继承物权

非基于法律行为物权变动之不动产继承、宣示登记、概括继承和限定继承、不动产抵押权设定区分原则

郑某开办公司资金不足,其父将3间祖屋以25万元卖给即将回国定居的郭某,但其父还未来得及办理过户手续即去世。郑某不知其父卖房一事,继承了这笔房款及房屋,并办理了登记手续。随后,郑某以3间祖屋作抵押向陈某借款10万元,将房产证交给了陈某,但没有办理抵押登记。下列哪些选项是正确的?(2008-四川-57)

A. 郑某的父亲与郭某之间的房屋买卖合同有效

B. 郑某享有房屋的所有权

C. 郑某在其父亲去世后,有义务协助郭某办理房屋过户手续

D. 陈某对房屋不享有抵押权

答案:(　　)①

考点:非基于法律行为物权变动之不动产继承、宣示登记、概括继承和限定继承、区分原则

解题图构

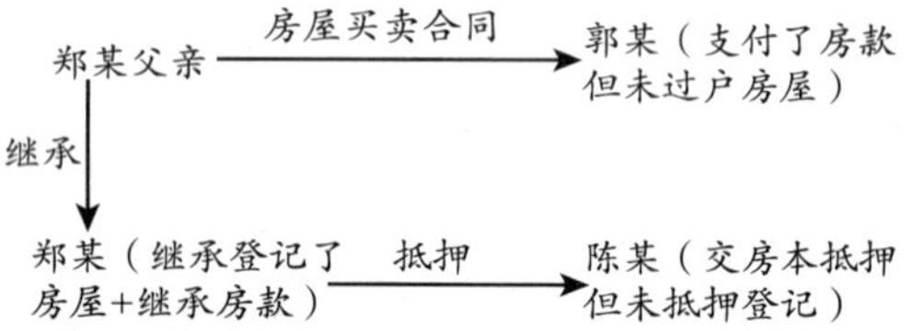

读题技巧

1. 郑某父亲与郭某签订房屋买卖合同,郭某付款但未获得房屋过户,郑某父亲去世,郑某不知情并继承房款和房屋并做了登记,指向三点:(1)房屋因继承归郑某。(2)郑某做了继承的宣示登记。(3)郑某没有放弃继承,故概括继承和限定继承,得继承基于房屋买卖合同的债务。

2. 郑某将房屋抵押给陈某,但未办理抵押登记,指向不动产抵押未登记,抵押合同有效,抵押权未设立。

思路展开

命题点1:人死亡后,不会仅因此影响合同效力。基于法律行为物权变动采用区分原则。

(1)学理和法律依据:①人死不影响合同效力的学理依据。意思表示发出后表意人死亡,意思表示效力不因此受影响。合同签订后,人死亡,不因此影响合同效力。a.《合同法》第44条第1款,"依法成立的合同,自成立时生效。"b.《合同法》第76条,"合同生效后,当事人不得因姓名、名称的变更或者

① 参考答案:ABCD

法定代表人、负责人、承办人的变动而不履行合同义务。”②区分原则。a.《物权法》第9条，“不动产物权的设立、变更、转让和消灭，经依法登记，发生效力；未经登记，不发生效力，但法律另有规定的除外。”b.《物权法》第15条，“当事人之间订立有关设立、变更、转让和消灭不动产物权的合同，除法律另有规定或者合同另有约定外，自合同成立时生效；未办理物权登记的，不影响合同效力。”

(2)具体到本题：“其父将3间祖屋以25万元卖给即将回国定居的郭某，但其父还未来得及办理过户手续即去世。”郑某父亲与郭某房屋买卖合同不存在其他无效事由，故该房屋买卖合同有效。房屋不过户不影响合同效力。

(3)结论：“A. 郑某的父亲与郭某之间的房屋买卖合同有效”，A对，选A。

命题点2：非基于法律行为之继承不动产物权变动。对接概括继承和限定继承。

(1)法律依据：《物权法》第29条，“因继承或者受遗赠取得物权的，自继承或者受遗赠开始时发生效力。”+《继承法》第33条，“继承遗产应当清偿被继承人依法应当缴纳的税款和债务，缴纳税款和清偿债务以他的遗产实际价值为限。超过遗产实际价值部分，继承人自愿偿还的不在此限。”=人死时发生物权变动，概括继承，限定继承，继承财产也继承债务。

(2)具体到本题：郑某享有房屋所有权，同时，也负担债务，郑某实际取代了其父在房屋买卖合同中当事人的地位，所以郑某有义务协助郭某办理房屋过户手续。

(3)结论：“B. 郑某享有房屋的所有权”，B对，选B。“C. 郑某在其父亲去世后，有义务协助郭某办理房屋过户手续”，C对，选C。

命题点3：基于法律行为物权变动之不动产抵押权的区分原则。

(1)法律依据：《物权法》187条规定，“以本法第一百八十条第一款第一项至第三项规定的财产或者第五项规定的正在建造的建筑物抵押的，应当办理抵押登记。抵押权自登记时设立。”

(2)具体到本题：抵押权自登记时设立。因为郑某和陈某之间的抵押未办理抵押登记，因此抵押权不成立，陈某对房屋不享有抵押权。

(3)结论：“D. 陈某对房屋不享有抵押权”，D对，选D。

(三)非基于法律行为物权变动之建造物权

中州公司依法取得某块土地建设用地使用权并办理报建审批手续后，开始了房屋建设并已经完成了外装修。对此，下列哪一选项是正确的？(2008－3－8)

A. 中州公司因为享有建设用地使用权而取得了房屋所有权

B. 中州公司因为事实行为而取得了房屋所有权

C. 中州公司因为法律行为而取得了房屋所有权

D. 中州公司尚未进行房屋登记，因此未取得房屋所有权

答案：(　　)①

考点：非基于法律行为之建造物权变动

思路展开

思路1：法律依据：《物权法》第30条，“因合法建造、拆除房屋等事实行为设立或者消灭物权的，自事实行为成就时发生效力。”

思路2：具体到本题：(1)办理报建审批手续后＝合法建造。(2)已经完成了外装修＝封顶完成。(3)中州公司因合法建造的事实行为取得房屋所有权。(4)初始登记不是取得所有权条件，是此后处分房屋的条件。

结论：“B. 中州公司因为事实行为而取得了房屋所有权”，B对，选B。

常见错误

1. 房地结合说：认为房屋和土地之间的关系采“结合主义”，中州公司因为享有建设用地使用权从而取得了房屋所有权，误选A。

2. 建设和装修是法律行为说：认为房屋建设和外装修是法律行为，中州公司是因为法律行为而取得了房屋所有权，误选C。

3. 登记取得所有权说：认为所有不动产的占有

① 参考答案：B

人未经物权登记,都不可能取得不动产的所有权,中州公司尚未进行房屋登记,故未取得房屋所有权,误选D。

(四)非基于法律行为物权变动之添附物权、继承物权

甲、乙共同继承平房两间,一直由甲居住。甲未经乙同意,接该房右墙加盖一间房,并将三间房屋登记于自己名下,不久又将其一并卖给了丙。下列哪种说法是正确的?(2006-3-7)

A. 甲、乙是继承房屋的按份共有人

B. 加盖的房屋应归甲所有

C. 加盖的房屋应归甲、乙共有

D. 乙有权请求丙返还所购三间房屋

答案:( )①

考点:非基于法律行为物权变动之继承物权、添附物权、共有

思路展开

命题点1:非基于法律行为之继承物权。

(1)法律依据:《物权法》第29条,"因继承或者受遗赠取得物权的,自继承或者受遗赠开始时发生效力。"

(2)法理阐释:基于继承取得的物权属于共同共有,而非按份共有。①按份共有。两个以上的人对同一项不动产或者动产按照其份额享有所有权。按份共有人的权利并不仅限于共有物的某一部分上,而是及于共有物的全部。换言之,份额是所有权份额,而非物的份额。②共同共有。两个以上的人基于共同关系,共同享有一物的所有权。共同共有只有一个所有权。共同共有根据共同关系产生,必须以共同关系的存在为前提。共同关系来自法律直接规定如夫妻关系、家庭关系、遗产分割前共同继承的遗产、婚姻被宣告无效或被撤销后当事人同居期间取得的财产。共同关系来自合同约定的如合伙合同。(《2006年国家司法考试试题解析》:一般认为共同共有主要包括以下几种情形:夫妻共有财产、家庭共有财产、合伙财产以及共同继承的遗产。)

(3)具体到本题:"甲、乙共同继承平房两间",共有房屋没有分割,房屋归甲乙共同共有,而非按份共有。

(4)结论:"A. 甲、乙是继承房屋的按份共有人",A错,不选A。

命题点2:非基于法律行为物权变动之附合物权。

(1)学理依据:附合是指两个以上不同所有人的物结合在一起而不能分离,若分离会毁损该物或者花费较大,例如,用他人的建筑材料建造房屋。包括动产+动产;动产+不动产;不动产+不动产。就不动产+不动产而言,假如房屋上加盖一层房屋,如第二层有独立的出入门户,则属于独立的物,不是第一层房屋的"重要成分"。不依据附合规则处理。如第二层无独立出入门户,则属于房屋重要成分,依据附合规则处理。

(2)具体到本题:甲接该房右墙加盖的一间房,应认定为一个独立的物,不能依据添附等理论使其附属于既存的两间房。既然该房屋是一个独立的物,又是甲单独建造,因此应由甲单独所有。

(3)结论:①"B. 加盖的房屋应归甲所有",B对,选B。②"C. 加盖的房屋应归甲、乙共有",C错,不选C。

命题点3:无权处分与有权处分的交叉,各自区分处理。

(1)加盖的一间房归甲单独所有,故甲有权处分,卖给丙。

(2)原甲乙基于继承取得的两间房,登记在甲名下,甲处分给丙,构成无权处分,启动无权处分共同共有物规则和善意取得制度。①法律依据:a. 共同共有物处分一致决规则。《物权法》第97条,"处分共有的不动产或者动产以及对共有的不动产或者动产作重大修缮的,应当经占份额三分之二以上的按份共有人或者全体共同共有人同意,但共有人之间另有约定的除外。"b. 无权处分启动善意取得制度。《物权法》第106条,"无处分权人将不动产或者动产转让给受让人的,所有权人有权追回;除法律另有规定外,符合下列情形的,受让人取得该不动产或者动产的所有权:(一)受让人受让该不动产或者动产时是善意的;(二)以合理的价格转让;(三)转让的不动产或者动产依照法律规定应当登记的已经登

① 参考答案:B

记，不需要登记的已经交付给受让人。受让人依照前款规定取得不动产或者动产的所有权的，原所有权人有权向无处分权人请求赔偿损失。当事人善意取得其他物权的，参照前两款规定。”②具体到本题：“不久又将其一并卖给了丙”，从此句判断，丙符合善意取得的构成要件，善意＋价格＋登记＋无权处分＝丙善意取得。可能很多考生会有疑虑，这一句话何来这么多信息？请仔细推敲琢磨语境中，“卖”、“了”，这就是所谓题感！

(3)为说明问题，请参《2006年国家司法考试试题解析》：“本题中的三间房屋中，甲、乙二人共有其中两间，另一间由甲单独所有。甲未经乙同意，将三间房屋一并卖给丙的行为应作具体分析。对甲单独所有的那一间房屋，甲有权自由处分，乙无权主张其出卖行为无效，不得要求丙返还；对于甲乙共有的两间房，甲本不能擅自处分，但《民通意见》第89条规定：‘共同共有人对共有财产享有共同的权利，承担共同的义务。在共同共有关系存续期间，部分共有人擅自处分共有财产的，一般认定无效。但第三人善意、有偿取得该项财产的，应当维护第三人的合法权益；对其他共有人的损失，由擅自处分共有财产的人赔偿’，本题中，甲是三间房屋的登记名义人，且丙支付了相应的对价，应认为丙善意取得了房屋的所有权，乙无权要求丙返还，由此造成的乙的损失，由甲予以赔偿。”

(4)结论：“D. 乙有权请求丙返还所购三间房屋”，D错，不选D。

异议辨析

1. 有观点认为：(1)就甲加盖的一间房而言，会涉及承载其的宅基地使用权或者建设用地使用权权属困境。(2)因为房地一体主义，而宅基地使用权或者建设用地使用权是甲、乙共有的，甲在共有的土地使用权上加盖房屋，都划归为甲单独所有，是存在问题的。(3)故B选项具有缺陷。

2. 评论：(1)题干并未提及甲接右墙加盖的房屋所占土地的状况，没有明确信息揭示出土地使用权归属于甲、乙共有。没有明确信息揭示为甲、乙共有，应视为土地使用权归甲。添加信息作答，应另案处理。(2)即使是甲、乙共有的土地上甲加盖了一间房，该房与甲、乙共有的土地发生附合，难以分离，应启动附合制度，甲取得房屋所有权，就土地甲再给乙补偿。由此看来，甲取得房屋所有权的结论仍然站得住脚。(3)再假设，甲加盖房屋的土地是第三人丙所有，亦同此推理，启动附合制度解决。(4)《2006年国家司法考试试题解析》小结：“【常见错误分析】有的人认为加盖的房屋附属于既存的两间房屋，也应为甲、乙二人共有，因此误选了C，而未选B。”

三、基于法律行为的物权变动

(一)基于法律行为的不动产物权变动

1. 特殊登记制度之更正登记

甲与乙签订《协议》，由乙以自己名义代甲购房，甲全权使用房屋并获取收益。乙与开发商和银行分别签订了房屋买卖合同和贷款合同。甲把首付款和月供款给乙，乙再给开发商和银行，房屋登记在乙名下。后甲要求乙过户，乙主张是自己借款购房。下列哪一选项是正确的？(2015－3－5)

A. 甲有权提出更正登记

B. 房屋登记在乙名下，甲不得请求乙过户

C.《协议》名为代购房关系，实为借款购房关系

D. 如乙将房屋过户给不知《协议》的丙，丙支付合理房款则构成善意取得

答案：(　　)①

考点：更正登记、善意取得制度

读题技巧

1. 购房路上“曲线救国”。

2. 代甲购房、全权使用房屋并获取收益、把首付款和月供款给乙，这些信息指向清楚，甲隐名、乙显名，乙代甲购房。如此繁杂的交易流程交代，目的是明确“乙以自己名义代甲购房”。

3. 房屋登记在乙名，误导考生选B。

4. 乙主张是自己借款购房，已然失信弃义，由此误导考生选C。

5. 很显然，民法不保护失信之人。

6. D项的“如”后出现了交易第三方丙，丙的交易安全应予保护。

---

① 参考答案：A

思路展开

命题点1:甲、乙的协议约定代购房关系,内容明确清楚,乙代甲购房。首付款和月供款(而不是借款)交给了乙,乙再给开发商和银行。题干无信息指示甲、乙协议存在无效事由,甲隐名,乙显名,并不违反强行法或公序良俗,故"C.《协议》名为代购房关系,实为借款购房关系",C错,不选C。

命题点2:既然《协议》有效,甲即有权要求乙履行合同义务,乙依据《协议》应将房屋过户给甲。故"B.房屋登记在乙名下,甲不得请求乙过户",B错,不选B。

命题点3:应区分法律物权和事实物权,所谓法律物权即不动产场合以登记为判定物权归属的基本标准。所谓事实物权即事实上应当享有物权的人。本题中,乙为登记房屋所有权人;甲为事实上房屋所有权人。法律物权人与事实物权人不一致,也就是说,登记存在错误,在未涉及交易第三人时,应赋予事实物权人("利害关系人")更正错误登记的权利,回复事实本原。而不能僵硬地适用不动产登记主义,由此保护失信的乙。《物权法》第19条,"权利人、利害关系人认为不动产登记簿记载的事项错误的,可以申请更正登记。不动产登记簿记载的权利人书面同意更正或者有证据证明登记确有错误的,登记机构应当予以更正。""A.甲有权提出更正登记",A对,选A。注意:题干事实交代很清楚,属于"有证据证明登记确有错误"。

命题点4:如乙卖房,则涉及交易第三人,此时乙就是物权人,处分给丙不是无权处分,故丙不是基于善意取得制度而取得所有权。"D.如乙将房屋过户给不知《协议》的丙,丙支付合理房款则构成善意取得",D错,不选D。《物权法》第106条第1款,"无处分权人将不动产或者动产转让给受让人的,所有权人有权追回;除法律另有规定外,符合下列情形的,受让人取得该不动产或者动产的所有权:(一)受让人受让该不动产或者动产时是善意的;(二)以合理的价格转让;(三)转让的不动产或者动产依照法律规定应当登记的已经登记,不需要登记的已经交付给受让人。"由此,丙是正常取得,不是善意取得。乙再对甲承担违约责任,甲选人失察,应承受由"物权人"沦落为"债权人"的风险。

思路延伸:须注意,本题中,甲、乙之间是约定了房屋所有权的归属,在当事人内部之间是登记错误。但当有第三人丙介入后,丙购买并办理完过户属于正常取得。如换另外一种情况,甲、乙是夫妻,当事人内部之间也是登记错误,但甲、乙对房屋为法定的共同共有。当有第三人丙介入后,丙的购买并过户登记就是善意取得。原因是,当事人约定不发生物权效力;而当事人的夫妻关系决定了房屋属于法定共同共有财产。

2. 特殊登记制度之更正登记(异议登记)

刘某借用张某的名义购买房屋后,将房屋登记在张某名下。双方约定该房屋归刘某所有,房屋由刘某使用,产权证由刘某保存。后刘某、张某因房屋所有权归属发生争议。关于刘某的权利主张,下列哪些表述是正确的?(2014-3-55)

A. 可直接向登记机构申请更正登记

B. 可向登记机构申请异议登记

C. 可向法院请求确认其为所有权人

D. 可依据法院确认其为所有权人的判决请求登记机关变更登记

答案:(　　)①

考点:不动产物权变动的特殊登记制度之更正登记和异议登记;变更登记

思路展开

命题点1:更正登记。

(1)法律依据:《物权法》第19条第1款,"权利人、利害关系人认为不动产登记簿记载的事项错误的,可以申请更正登记。不动产登记簿记载的权利人书面同意更正或者有证据证明登记确有错误的,登记机构应当予以更正。"

(2)法条阐释:更正登记的前提是权利人书面同意或者有证明证明登记确有错误。

(3)具体到本题:"后刘某、张某因房屋所有权归属发生争议"+题干没有更明确的信息揭示出"有证据证明登记确有错误"这一事实。《2014年国家司法考试试题解析》:"在登记事项错误时,方有

① 参考答案:BCD

更正登记，如果双方有争议，错误与否不能确定，那么就不能直接申请更正登记”。

(4)结论：“A.可直接向登记机构申请更正登记”，A错(“直接”二字意味深远)，不选A。

(5)答题策略上作一点拓展：①A与BCD是两个完全不同的阵营！②BCD是走司法途径的路径，一步一步，异议，确权之诉，然后确权后变更登记。③A是孙悟空一个筋斗云十万八千里，很爽！④BCD是唐僧西天取经历经九九八十一难。⑤也就是说，BCD和A是互斥的。⑥从选项安排上讲，可以排除A。

命题点2：异议登记。

(1)法律依据：《物权法》第19条第2款，“不动产登记簿记载的权利人不同意更正的，利害关系人可以申请异议登记。登记机构予以异议登记的，申请人在异议登记之日起十五日内不起诉，异议登记失效。异议登记不当，造成权利人损害的，权利人可以向申请人请求损害赔偿。”

(2)具体到本题：双方有争议的，利害关系人刘某可申请异议登记。

(3)结论：“B.可向登记机构申请异议登记”，B对，选B。

命题点3：确认物权请求权，由利害关系人提起。

(1)法律依据：《物权法》第33条规定：“因物权的归属、内容发生争议的，利害关系人可以请求确认权利。”

(2)结论：①刘某“C.可向法院请求确认其为所有权人”，C对，选C。②D选项有假设事实发生即法院下达了刘某为所有权人的确认判决，故“D.可依据法院确认其为所有权人的判决请求登记机关变更登记”，D对，选D。

3.特殊登记制度之预告登记

甲公司开发写字楼一幢，于2008年5月5日将其中一层卖给乙公司，约定半年后交房，乙公司于2008年5月6日申请办理了预告登记。2008年6月2日甲公司因资金周转困难，在乙公司不知情的情况下，以该层楼向银行抵押借款并登记。现因甲公司不能清偿欠款，银行要求实现抵押权。下列哪一判断是正确的？(2009－3－8)

A.抵押合同有效，抵押权设立

B.抵押合同无效，但抵押权设立

C.抵押合同有效，但抵押权不设立

D.抵押合同无效，抵押权不设立

答案：(　　)①

考点：预告登记、基于法律行为物权变动的区分原则

解题图构

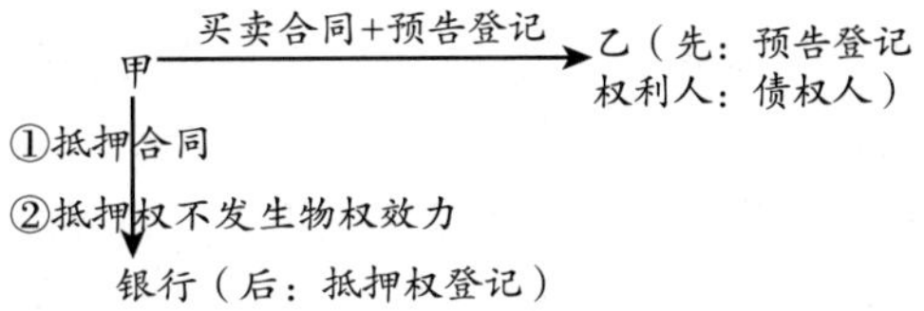

思路展开

命题点1：预告登记的效力。

(1)法律依据：《物权法》第20条，“当事人签订买卖房屋或者其他不动产物权的协议，为保障将来实现物权，按照约定可以向登记机构申请预告登记。预告登记后，未经预告登记的权利人同意，处分该不动产的，不发生物权效力。预告登记后，债权消灭或者自能够进行不动产登记之日起三个月内未申请登记的，预告登记失效。”

(2)法条阐释：预告登记效力分正反两面。①正面，预告登记权利人的债权具有了一定的“物权性质”，有排他效力。②反面，对方当事人虽然是所有权人，但处分受限制，不发生物权效力。

(3)中间结论：甲为银行设立抵押权登记，不发生物权效力，银行不能取得抵押权。(评：实务中恐怕没有银行会接受这种抵押权登记。)

命题点2：基于法律行为物权变动的区分原则。

(1)法律依据：《物权法》第15条，“当事人之间订立有关设立、变更、转让和消灭不动产物权的合同，除法律另有规定或者合同另有约定外，自合同成立时生效；未办理物权登记的，不影响合同效力。”

(2)具体到本题：①抵押合同与抵押权应有区分，抵押合同是抵押权产生的依据，抵押合同属于债权关系，抵押权的设立属于物权关系。②抵押权不

① 参考答案：C

成立,并不影响抵押合同的有效性。③法律只规定预告登记后,未经预告登记权利人同意的处分行为不发生物权效力,并未规定不发生债权效力。

(3)最后结论:抵押合同有效,但抵押权不设立。“C. 抵押合同有效,但抵押权不设立”,C 对,选 C。

4. 特殊登记制度之异议登记

某房屋登记的所有人为甲,乙认为自己是共有人,于是向登记机构申请更正登记。甲不同意,乙又于 3 月 15 日进行了异议登记。3 月 20 日,丙打算买甲的房屋,但是到登记机构查询发现甲的房屋存有异议登记,遂放弃购买。乙申请异议登记后,发现自己的证据不足,遂对此事置之不理。下列哪些选项是正确的?(2008 - 四川 - 59)

A. 异议登记后,未经乙同意,处分该房屋的,不发生物权效力

B. 异议登记于 3 月 31 日失效

C. 甲有权向乙请求赔偿损失

D. 甲有权向登记机构请求赔偿损失

答案:(　　)①

考点:异议登记

思路展开

1. 法律依据:《物权法》第 19 条规定,“权利人、利害关系人认为不动产登记簿记载的事项错误的,可以申请更正登记。不动产登记簿记载的权利人书面同意更正或者有证据证明登记确有错误的,登记机构应当予以更正。不动产登记簿记载的权利人不同意更正的,利害关系人可以申请异议登记。登记机构予以异议登记的,申请人在异议登记之日起十五日内不起诉,异议登记失效。异议登记不当,造成权利人损害的,权利人可以向申请人请求损害赔偿。”

2. 结论:(1)“B. 异议登记于 3 月 31 日失效、C. 甲有权向乙请求赔偿损失”,BC 对,选 BC。(2)“D. 甲有权向登记机构请求赔偿损失”,D 错,不选 D。(3)异议登记并不能阻碍权利人行使其对于不动产的处分权,故“A. 异议登记后,未经乙同意,处分该房屋的,不发生物权效力”,A 错,不选 A。

5. 过户登记、基于法律行为不动产物权变动的区分原则

乙买甲一套房屋,已经支付 1/3 价款,双方约定余款待过户手续办理完毕后付清。后甲反悔,要求解除合同,乙不同意,起诉要求甲继续履行合同,转移房屋所有权。下列哪一选项是正确的?(2007 - 3 - 6)

A. 合同尚未生效,甲应返还所受领的价款并承担缔约过失责任

B. 合同无效,甲应返还所受领的价款

C. 合同有效,甲应继续履行合同

D. 合同有效,法院应当判决解除合同、甲赔偿乙的损失

答案:(　　)②

考点:过户登记、基于法律行为不动产物权变动的区分原则、继续履行的违约责任

思路展开

命题点 1:基于法律行为不动产物权变动的区分原则。

(1)法律依据:《物权法》第 15 条,“当事人之间订立有关设立、变更、转让和消灭不动产物权的合同,除法律另有规定或者合同另有约定外,自合同成立时生效;未办理物权登记的,不影响合同效力。”

(2)具体到本题:尽管尚未办理房屋的过户手续,但是该房屋买卖合同自订立之日起就已经生效。

(3)结论:“A. 合同尚未生效,甲应返还所受领的价款并承担缔约过失责任,B. 合同无效,甲应返还所受领的价款”,AB 均错误,不选 AB。

命题点 2:继续履行。

(1)学理依据:强制实际履行是指违约方不履行合同时,另一方有权请求法院强制违约方按合同规定的标的履行义务,而不得以支付违约金或赔偿金的方式代替履行。强制实际履行不得与合同解除方式并用。

(2)法律依据:《合同法》第 110 条,“当事人一方不履行非金钱债务或者履行非金钱债务不符合约定的,对方可以要求履行,但有下列情形之一的除外:(一)法律上或者事实上不能履行;(二)债务的标的不适于强制履行或者履行费用过高;(三)债权人在合理期限内未要求履行。”

(3)具体到本题:题干信息未揭示甲享有约定解除权或法定解除权的情形。题干信息未揭示出现

① 参考答案:BC
② 参考答案:BC

《合同法》第110条规定的不得强制继续履行的情形。甲不能因反悔而解除合同。当乙起诉要求甲继续履行合同,转移房屋所有权时,符合强制实际履行的条件,法院应当判决甲继续履行合同,而不是判决解除合同、甲赔偿乙的损失。

(4)结论:①"C. 合同有效,甲应继续履行合同",C对,选C。②"D. 合同有效,法院应当判决解除合同、甲赔偿乙的损失",D错,不选D。

(二)基于法律行为的动产物权变动

1. 基于法律行为的普通动产物权变动

(1)动产多重买卖(两题:挖掘机和玉器)

a. 甲为出售一台挖掘机分别与乙、丙、丁、戊签订买卖合同,具体情形如下:2016年3月1日,甲胁迫乙订立合同,约定货到付款;4月1日,甲与丙签订合同,丙支付20%的货款;5月1日,甲与丁签订合同,丁支付全部货款;6月1日,甲与戊签订合同,甲将挖掘机交付给戊。上述买受人均要求实际履行合同,就履行顺序产生争议。关于履行顺序,下列哪一选项是正确的?(2016-3-12)

A. 戊、丙、丁、乙　　B. 戊、丁、丙、乙

C. 乙、丁、丙、戊　　D. 丁、戊、乙、丙

答案:(　　)①

考点:普通动产一物多卖的履行顺序("交"、"钱"、"先")

解题图构

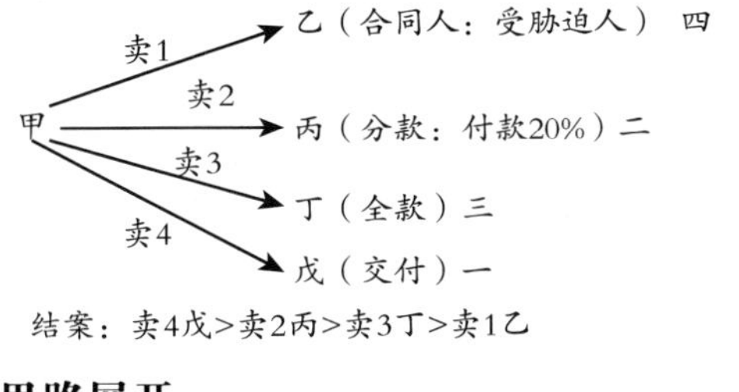

思路展开

命题点:普通动产一物多卖的履行顺序。

法律依据:"交"、"钱"、"先"。

(1)《买卖解释》第9条,"出卖人就同一普通动产订立多重买卖合同,在买卖合同均有效的情况下,买受人均要求实际履行合同的,应当按照以下情形分别处理:(一)先行受领交付的买受人请求确认所有权已经转移的,人民法院应予支持;(二)均未受领交付,先行支付价款的买受人请求出卖人履行交付标的物等合同义务的,人民法院应予支持;(三)均未受领交付,也未支付价款,依法成立在先合同的买受人请求出卖人履行交付标的物等合同义务的,人民法院应予支持。"

(2)本条适用情形和排序方法:①条件:同一出卖人+同一普通动产+多个买卖合同都有效(因此,无权处分他人之普通动产合同都有效,也适用此规则,参见2015年第二个不定项选择题,承租人无权处分出租人的电脑,卖1,卖2,卖3)+买方都要求履行合同。②排序方法:"交付"、"交钱"、"合同订立先后"。③交部分钱和交全部钱,是看钱多少,还是看交钱时间先后?看交钱时间先后。最高法院买卖解释:"多重买卖之所以发生,主要是因为出卖人认为后买受人支付的价格更加有利可图。因此,为维护诚实信用原则,并避免问题复杂化,司法解释起草小组在拟定本项时,不再考量支付价款的多少因素,仅以支付时间先后为准。"回到现实,第一个人先交了部分钱,难道你就可以再卖给后一个人?因为后一个人交了全款吗?这样就,简单问题复杂化了,还不如一刀切。管你交了多少钱,谁先交钱给谁。

(3)具体到本题:甲卖1给乙(合同人);卖2给丙(分款人);卖3给丁(全款人);卖4给戊(交付人)。根据"交"、"钱"、"先"的规则,排序结果:戊>丙>丁>乙。

(4)结论:"A. 戊、丙、丁、乙",A对,选A。BCD均错,不选。

(5)延展1:交部分钱和交全部钱到底怎么排序。看《2016年国家司法考试试题解析》:"《买卖解释》第9条第2项'先行支付价款'的理解,该司法解释并未明确何谓'先行支付价款',即支付全款还是支付部分款项即可优先,就文义解释而言,未明确规定支付全款,应理解为支付部分款项即可优先。"

(6)延展2:可撤销合同在被撤销之前是有效合同。①乙受胁迫,从甲处购买挖掘机。乙可主张撤销合同。②可撤销合同在尚未撤销之前,是有效合同。③《民法总则》第150条,"一方或者第三人以胁迫手段,使对方在违背真实意思的情况下实施的民

① 参考答案:A

事法律行为,受胁迫方有权请求人民法院或者仲裁机构予以撤销。”

(7)延展3:我曾在模拟题中设置了挖掘机的一物多卖,当初我还犹豫挖掘机到底是适用普通动产一物多卖的“交”、“钱”、“先”规则;还是适用注册动产一物多卖的“交”、“记”、“先”规则。这需要探讨挖掘机是否属于机动车。如果是机动车,启动注册动产的规则;如果不是机动车,启动普通动产的规则。为了避免分歧,后来我把模拟题中的挖掘机修改为电动自行车,歧义会少一些。当然,本题直接就没有登记问题。那么,就只适用“交”、“钱”、“先”的规则了。言外之意,本题认为,挖掘机不是机动车。实务中,挖掘机是否机动车,要看是否上路行驶,上路(轮式挖掘机),就是机动车,要购买交强险;不上路(履带式挖掘机),就不是机动车,不要购买交强险。没交代是否上路行驶,没交代是否有轮子(履带式挖掘机不是机动车)。参考法条:《道路交通安全法》第119条第3项,“本法中下列用语的含义:(三)“机动车”,是指以动力装置驱动或者牵引,上道路行驶的供人员乘用或者用于运送物品以及进行工程专项作业的轮式车辆。”

b. 甲有件玉器,欲转让,与乙签订合同,约好10日后交货付款;第二天,丙见该玉器,愿以更高的价格购买,甲遂与丙签订合同,丙当即支付了80%的价款,约好3天后交货;第三天,甲又与丁订立合同,将该玉器卖给丁,并当场交付,但丁仅支付了30%的价款。后乙、丙均要求甲履行合同,诉至法院。下列哪一表述是正确的?(2013－3－11)

A. 应认定丁取得了玉器的所有权

B. 应支持丙要求甲交付玉器的请求

C. 应支持乙要求甲交付玉器的请求

D. 第一份合同有效,第二、三份合同均无效

答案:(　　)①

考点:动产多重买卖、区分原则、履行顺序

解题图构

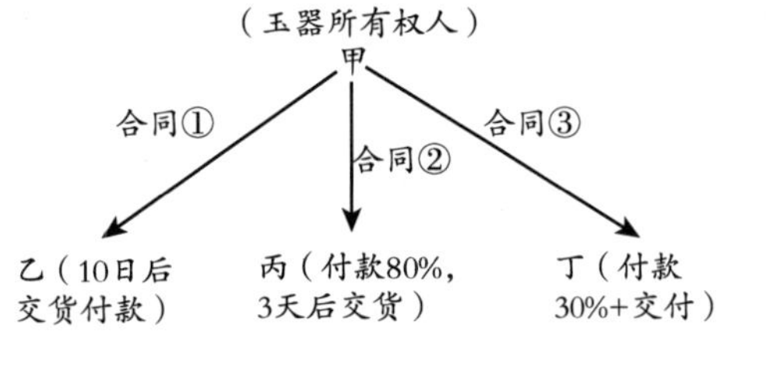

思路展开

思路1:多重买卖合同的效力坚持债权的平等性:多重买卖合同均有效。

(1)甲多重买卖,签订合同①②③时,甲都是有权处分,合同①②③如果无其他效力瑕疵,不因多重买卖而无效。

(2)原理:债权的平等性。甲与乙、丙、丁三个合同均有效。

(3)结论:“D. 第一份合同有效,第二、三份合同均无效”,D错,不选D。

思路2:多重买卖合同的履行打破了债权的平等性:动产多重买卖:交付＞价款＞时间。

(1)记忆方法:“交”、“钱”、“先”。

(2)法律依据:①《买卖解释》第9条,“出卖人就同一普通动产订立多重买卖合同,在买卖合同均有效的情况下,买受人均要求实际履行合同的,应当按照以下情形分别处理:(一)先行受领交付的买受人请求确认所有权已经转移的,人民法院应予支持;(二)均未受领交付,先行支付价款的买受人请求出卖人履行交付标的物等合同义务的,人民法院应予支持;(三)均未受领交付,也未支付价款,依法成立在先合同的买受人请求出卖人履行交付标的物等合同义务的,人民法院应予支持。”②《物权法》第23条,“动产物权的设立和转让,自交付时发生效力,但法律另有规定的除外。”

(3)具体到本题:“甲又与丁订立合同,将该玉器卖给丁,并当场交付,但丁仅支付了30%的价款。”丁取得了玉器所有权,应确认丁取得了玉器所有权。根据《买卖解释》第9条的规定,乙、丙要求甲履行交付玉器的请求(请求履行交付标的物),法院不予支持。

(4)结论:①“A. 应认定丁取得了玉器的所有权”,A对,选A。②“B. 应支持丙要求甲交付玉器的请求”、“C. 应支持乙要求甲交付玉器的请求”,BC均错,不选BC。

常见错误

所有权保留付款75%以上卖方无取回权说:

① 参考答案:A

1. 理由:(1)依据《买卖解释》第36条,“买受人已经支付标的物总价款的百分之七十五以上,出卖人主张取回标的物的,人民法院不予支持。”(2)故具体到本案即甲与丙已经签订合同,并且丙也已经交付了80%的货款,就应该认为丙已经取得了玉器的所有权,故应支持丙要求甲交付玉器的请求。(3)由此误选了B。

2. 评论:(1)此条解释适用于所有权保留,而非适用于所有的买卖合同。(2)本题题干中并未交代为所有权保留。

(2)交付的概念

甲将自己收藏的一幅名画卖给乙,乙当场付款,约定5天后取画。丙听说后,表示愿出比乙高的价格购买此画,甲当即决定卖给丙,约定第二天交货。乙得知此事,诱使甲8岁的儿子从家中取出此画给自己。该画在由乙占有期间被丁盗走。此时该名画的所有权属于下列哪个人?(2008-3-9)

A. 甲　　B. 乙　　C. 丙　　D. 丁

答案:(　　)①

考点:动产交付的概念、基于法律行为的动产物权变动

解题图构

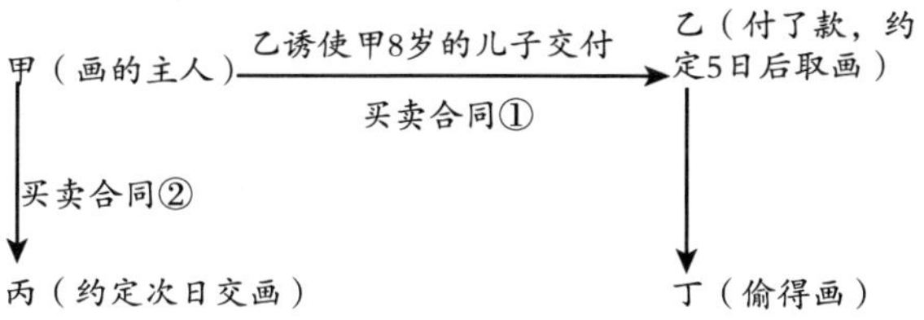

思路展开

思路1:甲一画两卖,属于多重买卖。

(1)两个合同签订时,甲都是有权处分,合同均有效。

(2)物权是否发生变动,启动“物权法”的规定。

(3)基于法律行为动产所有权变动,自交付完成时发生效力。(《物权法》第23条,“动产物权的设立和转让,自交付时发生效力,但法律另有规定的除外。”)

(4)以时间发生先后来梳理画的所有权变动。

思路2:甲先卖画给乙,甲乙买卖合同①有效。

(1)但是,乙诱使甲8岁的儿子从家中取出此画给自己,是盗窃行为,交付并未完成。

(2)因为,甲8岁的儿子虽然是“人”,实际上是乙的“作案工具”。

(3)延展:有观点基于此题得出,《物权法》中的交付需要交付的合意,这离此题距离有些远。由此总结出《物权法》中交付需要交付的合意,是嫁接上了德国法上的物权行为的概念,即“物权合意”,与中国实务和学理有所不合。

(4)交付应基于自愿,而不能被迫或者被偷。如果偷或者抢也可以构成买卖合同下的交付,那就会彻底架空《物权法》关于占有制度的规定,且会导致社会秩序大乱。

(5)结论:乙不是画的所有权人。“B. 乙”,B错,不选B。

思路3:甲后卖画给丙,甲丙买卖合同②有效,但是丙没有取得占有,甲未完成画的交付,丙不是画的所有权人。丙可向甲主张违约责任。结论:“C. 丙”,C错,不选C。

思路4:后来丁基于盗窃,从乙处盗窃,属于盗窃者,丁不能取得画的所有权。结论:“D. 丁”,D错,不选D。

小结:该名画的所有权仍然属于甲。“A. 甲”,A对,选A。

(3)货交第一承运人的交付

甲、乙签订货物买卖合同,约定由甲代办托运。甲遂与丙签订运输合同,合同中载明乙为收货人。运输途中,因丙的驾驶员丁的重大过失发生交通事故,致货物受损,无法向乙按约交货。下列哪种说法是正确的?(2006-3-10)

A. 乙有权请求甲承担违约责任

B. 乙应当向丙要求赔偿损失

C. 乙尚未取得货物所有权

D. 丁应对甲承担责任

答案:(　　)②

考点:货交第一承运人的交付、违约责任和侵权

---

① 参考答案:A

② 参考答案:A

责任的不真正连带责任、法人责任

解题图构

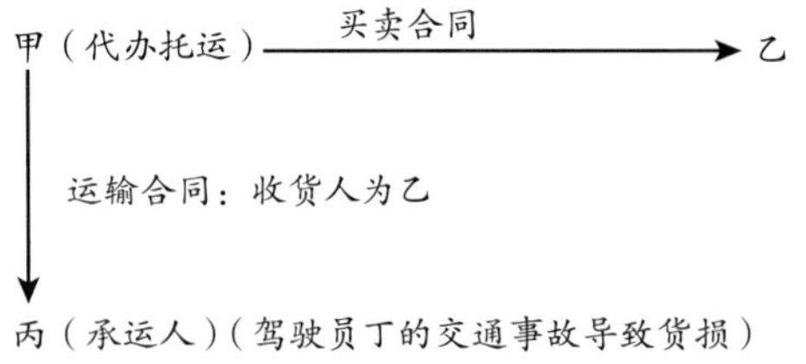

思路展开

命题点1:货交第一承运人即视为完成交付,发生所有权、风险和孳息的转移,均由买方承受。

(1)法律依据:①交付。《合同法》第133条,"标的物的所有权自标的物交付时起转移,但法律另有规定或者当事人另有约定的除外。"②交付。《物权法》第23条,"动产物权的设立和转让,自交付时发生效力,但法律另有规定的除外。"③货交第一承运人的交付。《合同法》第141条,"出卖人应当按照约定的地点交付标的物。当事人没有约定交付地点或者约定不明确,依照本法第六十一条的规定仍不能确定的,适用下列规定:(一)标的物需要运输的,出卖人应当将标的物交付给第一承运人以运交给买受人;(二)标的物不需要运输,出卖人和买受人订立合同时知道标的物在某一地点的,出卖人应当在该地点交付标的物;不知道标的物在某一地点的,应当在出卖人订立合同时的营业地交付标的物。"

(2)具体到本题:甲是"代办托运",在货交承运人之时即完成了货物交付,货物所有权及风险也随之归属于买受人乙。(3)结论:"C 乙尚未取得货物所有权",C错,不选C。

命题点2:不可归责于双方当事人发生的货物毁损才能算是风险,才能将该风险转移给买方。

(1)法律依据:《合同法》第142条,"标的物毁损、灭失的风险,在标的物交付之前由出卖人承担,交付之后由买受人承担,但法律另有规定或者当事人另有约定的除外。"

(2)具体到本题:①甲是"代办托运",在货交承运人之时即完成了货物交付,货物所有权及风险也随之归属于买受人乙。②由于运输过程中出现"人祸"交通事故,无法按照约定的数量、质量或日期将货物实际交给乙,甲已经构成了违约,乙有权请求甲承担违约责任。该"人祸"不属于风险。

(3)结论:"A. 乙有权请求甲承担违约责任",A对,选A。

命题点3:不真正连带责任。

(1)学理依据:①乙是货物所有权人,丙对乙构成侵权,须负侵权责任;②甲对乙构成违约,须负违约责任。③丙的侵权责任和甲的违约责任,成立不真正连带责任。④乙可向甲主张违约责任,也可向丙主张侵权责任。如果乙向甲主张违约责任,甲承担责任之后可向丙追偿。如果乙向丙主张侵权责任,则丙承担责任后不得向甲追偿。

(2)结论:"B. 乙应当向丙要求赔偿损失",B选项表述的"应当",该措辞的解释应该是"只能"。司考选项中在表述甲、乙、丙、丁享有某项权利时,一般表述都是"可"、"可以"或者"有权主张",不会表述为"应当"。"应当"剥夺了主张人其他的选择机会和可能。故B错,错在"应当",不选B。

(3)《2006年国家司法考试试题解析》:"根据合同的相对性原理,乙并非运输合同的当事人,无权直接要求承运人丙承担责任,因此B选项错误。"评论:这个解析不能服众。因为"B. 乙应当向丙要求赔偿损失",而非"乙应当向丙要求违约赔偿"。赔偿损失是上位概念,包含违约赔偿、缔约过失赔偿、侵权赔偿。本题,乙就可以要求丙承担侵权赔偿责任。

(4)较为有力的解释方法是:丙应当承担侵权责任,不能表述为乙应当向丙要求承担侵权责任,因为本案中,乙还有其他救济的途径和渠道。故此,B错。

命题点4:法人工作人员执行职务,导致法人违约,应由法人承担民事责任,而非由员工承担责任。

(1)法律依据:《民通意见》第58条,"企业法人的法定代表人和其他工作人员,以法人名义从事的经营活动,给他人造成经济损失的,企业法人应当承担民事责任。"《民法总则》第61条,"依照法律或者法人章程的规定,代表法人从事民事活动的负责人,为法人的法定代表人。法定代表人以法人名义从事的民事活动,其法律后果由法人承受……"

(2)具体到本题:丁并非运输合同的当事人,它只是丙的工作人员,应由丙而不是丁向甲承担违约责任。

(3)结论:“D. 丁应对甲承担责任”,D错,不选D。

(4)关联:有观点错误地适用《侵权责任法》第34条第1款作为理由。本例中,甲不是货物所有权人,甲仅对丙享有基于运输合同的债权,而债权一般不是侵权责任法保护的对象。

异议辨析

1. 有观点认为,此题是司考排名第一的经典错题。货交第一承运人,则交到第一承运人那里后,卖方就完成了交货义务,无须对买方承担任何形式的违约责任。故此,认为本题不能选A。权宜之计是可以选择B作为正确答案,因为丙应承担侵权责任。

2. 评论:(1)《2006年国家司法考试试题解析》:①“【常见错误分析】有的人认为甲将货物交给丙后,风险负担就由乙承担,货物在运输过程中发生损失,甲不承担违约责任,因此未选A”;②“由于运输过程中出现交通事故,无法按照约定的数量、质量或日期将货物实际交给乙,甲已经构成了违约,乙有权请求甲承担违约责任。”

(2)通过这个解析的基调可以发现,设题的背景是:①甲把货物卖给乙,甲代办托运交承运人丙。②甲、乙有买卖合同。③甲、丙有运输合同。④两个合同相互独立。⑤货运中因承运人丙的过错导致货物毁损灭失:已经完成交付,乙是货物所有权人,乙承担风险,乙取得货物孳息。⑥但是甲构成违约,应对乙承担违约责任。⑦丙构成侵权,应对乙承担侵权责任。

(3)这个题目唯一出现的问题是B选项,丙确实构成侵权,乙是可以要求丙“赔偿损失”。原题如果将“赔偿损失”修改为“违约赔偿”,就可以弥补这个瑕疵了。但是,即使不做文字修改,B选项的表述本身仍然是错误的,也就是说,不是“应当”,而是“可以”。

(4)回到现实:乙找甲承担违约责任,其实利于纠纷的解决。甲再去找丙追偿。甲、乙合作往来、甲、丙合作往来,各自相互熟悉,可以节约司法成本。此题唯一的问题就是题干交代信息少了点,但是,细心的考生会发现,那几年的真题题干就是字数很少,压缩得很厉害。

(5)小结:①通过解释,可以将一道题解释通,就不能说是错题,更谈不上经典错题。②通过解释,可以将一道题解释成对题,也可以解释成错题,那就必须解释成对。③因为应试之根本不是挑错,而是学会顺着题意把握其选择方向,尤其是单选题,方向性和指针性非常明显。④仅仅学会了挑错,然后就没有然后了。⑤而学会了解释,就完成了培养题感的第一步,以后会渐入佳境!解释能力是最基本的一项法律能力。

(4)指示交付之动产质权的设立

方某向孙某借款1万元,孙某要求其提供担保,方某说:“我有一部手提电脑被刘某租去用了,就以它作质押吧,但租金不作质押。”孙同意,遂付款。下列哪种说法是正确的?(2006-3-8)

A. 孙某实际占有电脑时质押合同才生效

B. 如刘某书面同意,则质押合同生效

C. 如刘某收到关于质押的书面通知,则质押合同生效

D. 如质押合同生效,则孙某有权收取电脑租金

答案:(　　)①

考点:指示交付方式设立动产质权

思路展开

命题点1:以指示交付方式设立质权,通知到达质物直接占有人时视为完成指示交付。

(1)法律依据:《担保法解释》第88条,“出质人以间接占有的财产出质的,质押合同自书面通知送达占有人时视为移交。占有人收到出质通知后,仍接受出质人的指示处分出质财产的,该行为无效。”

(2)法条阐释:《物权法》出台后,严格区分质权合同和质权的设立。所以,《担保法解释》第88条中的质押合同应该被替换为质权,即质权自书面通知送达占有人时视为移交。

(3)具体到本题:①方某的电脑被刘某租用,也就意味着刘某对电脑的占有是直接占有,而方某对

① 参考答案:C(司法部公布的答案是C。当时《物权法》还没出台,尚未建立区分原则。根据《物权法》的规定,应将C的表述调整为:“C. 如刘某收到关于质押的书面通知,则质权设立”,不再是质押合同生效。

电脑的占有为间接占有。②方某可以指示交付方式为孙某设立质权。③方某若以电脑设置质押,则应将出质通知送达刘某,刘某收到出质通知之时即视为出质人方某已将质物移交于质权人孙某,质押权也随之生效。

(4)结论:调整C的表述为"C. 如刘某收到关于质押的书面通知,则质权设立",C对,选C。AB错,不选AB。

(5)延展:质权设立三种方式,现实交付、简易交付、指示交付。但不能以占有改定方式设立。(《担保法解释》第87条第1款,"出质人代质权人占有质物的,质押合同不生效;质权人将质物返还于出质人后,以其质权对抗第三人的,人民法院不予支持。")

(6)重构:①《物权法》建立了区分原则,区分合同效力和物权变动。具体到担保物权,区分担保合同和担保物权的设立。(《物权法》第212条,"质权自出质人交付质押财产时设立。")②《担保法》和《担保法解释》没有区分,故本题ABCD选项中的质押合同生效均改为质权设立,为妥。③质权没有设立,不会仅仅因此影响质权合同的效力。

命题点2:质权效力一般基于质物的孳息,质权人有权收取质物的孳息。但是当事人另有约定除外。

(1)法律依据:《担保法》第68条第1款,"质权人有权收取质物所生的孳息。质押合同另有约定的,按照约定。"《物权法》第213条第1款,"质权人有权收取质押财产的孳息,但合同另有约定的除外。"

(2)具体到本题:在设立质押时,方某已经明确表示电脑的租金不作质押,质权人孙某也就无权收取租金。

(3)结论:"D. 如质押合同生效,则孙某有权收取电脑租金",D错,不选D。

常见错误

1. 质权人直接占有质物说:认为动产质权的成立必须以质权人实际占有标的物为前提,误选A。

2. 指示交付设立质权须直接占有人同意说:认为出质人以间接占有的动产出质的,必须征得直接占有人的同意,误选B。

3. 质权效力一律及于孳息说:认为质权的效力及于质物的孳息,误选D。

(5)占有改定

甲将自己的电脑卖给乙,双方约定电脑卖给乙后仍然由甲使用一个月。乙是通过哪种交付方法取得电脑所有权的?(2008－四川－9)

A. 现实交付　　B. 占有改定

C. 指示交付　　D. 简易交付

答案:(　　)[1]

考点:基于法律行为动产物权变动之占有改定

思路展开

几个概念:

1. 交付通常是指现实交付,即直接占有的移转。

2. 简易交付,即受让人已经占有动产,物权变动的合意成立时,视为交付。

3. 占有改定是指动产物权的让与人与受让人之间特别约定,标的物仍然由出让人继续占有,此时,在物权让与的合意成立时,视为交付。

4. 指示交付是指动产由第三人占有时,出让人将其对于第三人的返还请求权让与受让人,以代替交付。

5. 拟制交付是指出让人将标的物的权利凭证交给受让人,以代替物的现实交付。

6. 具体到本题:甲将自己的电脑卖给乙,双方约定电脑卖给乙后仍然由甲使用一个月,该电脑的占有虽并未现实地转移给乙占有,但乙已经取得了电脑的所有权,此种交付方式实际上就是占有改定。

7. 结论:"B. 占有改定",B对,选B。

(6)"无民事行为能力人"之精神病人不得基于单方行为之抛弃动产物权

完全不能辨认自己行为的精神病人甲将自己的手表丢向路边,被乙拾得。下列哪一选项是正确的?(2008－四川－10)

A. 甲丧失手表所有权

B. 乙依先占取得手表所有权

C. 乙应将手表返还权利人

D. 乙的行为构成无因管理

答案:(　　)[2]

---

① 参考答案:B

② 参考答案:C

考点："无民事行为能力人"之精神病人不得基于单方行为之抛弃动产物权

思路展开

命题点：单方法律行为之抛弃，行为人需要具有行为能力，抛弃行为无效，手表为遗失物，而非抛弃物。

(1)法律依据：《民法总则》第 144 条，"无民事行为能力人实施的民事法律行为无效。"

(2)具体到本题：①甲是完全不能辨认自己行为的精神病人，属于无民事行为能力人，应由他的法定代理人代理民事活动，其自身所为的民事行为无效。②故甲的抛弃行为属于无效行为，手表不是抛弃物，甲并不丧失手表的所有权，手表属于遗失物。拾得遗失物的乙不是先占。

(3)结论：①"A. 甲丧失手表所有权"，A 错，不选 A。②"B. 乙依先占取得手表所有权"，B 错，不选 B。

命题点 2：拾得遗失物应返还权利人。

(1)法律依据：《物权法》第 109 条，"拾得遗失物，应当返还权利人。拾得人应当及时通知权利人领取，或者送交公安等有关部门。"

(2)结论：拾得遗失物，应当返还权利人。"C. 乙应将手表返还权利人"，C 对，选 C。

命题点 3：无因管理须有管理之意思。

(1)法律依据：《民法总则》第 121 条，"没有法定的或者约定的义务，为避免他人利益受损失而进行管理的人，有权请求受益人偿还由此支出的必要费用。"

(2)法条阐释：无因管理，是指没有法定或约定的义务，为避免他人利益受损失而为他人管理事务或提供服务的行为。

(3)具体到本题：本题中并没有信息表明乙的行为是为避免甲的利益受到损失而为的行为，因此不符合无因管理的构成条件。

(4)结论："D. 乙的行为构成无因管理"，D 错，不选 D。

2. 基于法律行为的注册动产物权变动

(1)注册动产抵押权设立、质权设立

甲向乙借款，欲以轿车作担保。关于担保，下列哪些选项是正确的？(2013－3－58)

A. 甲可就该轿车设立质权

B. 甲可就该轿车设立抵押权

C. 就该轿车的质权自登记时设立

D. 就该轿车的抵押权自登记时设立

答案：(　　)①

考点：注册动产抵押权设立、质权设立动产抵押权、动产质权

思路展开(法条判断题)

命题点 1：注册动产可以设立质权。

《物权法》第 208 条第 1 款，"为担保债务的履行，债务人或者第三人将其动产出质给债权人占有的，债务人不履行到期债务或者发生当事人约定的实现质权的情形，债权人有权就该动产优先受偿。"故 A 对，选 A。

命题点 2：注册动产可设立抵押权。

《物权法》180 条，"债务人或者第三人有权处分的下列财产可以抵押：……(六)交通运输工具……。"故 B 对，选 B。

命题点 3：注册动产质权，交付时设立，而非登记时设立。

《物权法》第 212 条，"质权自出质人交付质押财产时设立。"故 C 错，不选 C。

命题点 4：注册动产抵押权采意思主义，登记为对抗要件。

《物权法》第 188 条，"以本法第一百八十条第一款第四项、第六项规定的财产或者第五项规定的正在建造的船舶、航空器抵押的，抵押权自抵押合同生效时设立；未经登记，不得对抗善意第三人。"故 D 错，不选 D。

(2)注册动产多重买卖

甲将一辆汽车以 15 万元卖给乙，乙付清全款，双方约定七日后交付该车并办理过户手续。丙知道此交易后，向甲表示愿以 18 万元购买，甲当即答应并与丙办理了过户手续。乙起诉甲、丙，要求判令汽车归己所有，并赔偿因不能及时使用汽车而发生的损失。关于该汽车的归属，下列哪一说法是正确的？

---

① 参考答案：AB

(2010－3－6)

A. 归乙所有,甲、丙应赔偿乙的损失

B. 归乙所有,乙只能请求甲承担赔偿责任

C. 归丙所有,但甲、丙应赔偿乙的损失

D. 归丙所有,但丙应赔偿乙的损失

答案:(　　)①

考点:注册动产多重买卖、交付变动物权

解题图构

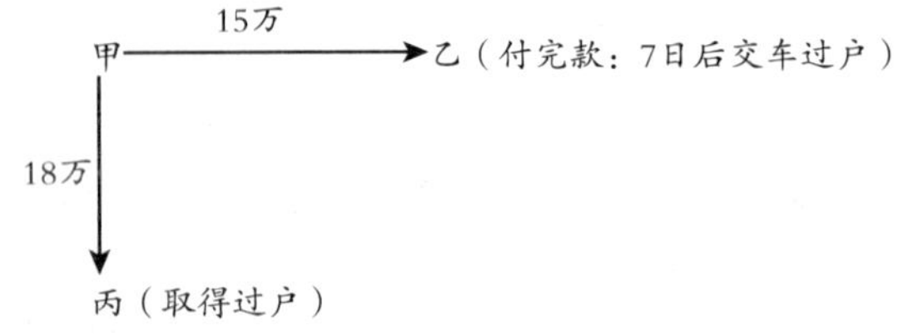

思路展开

直接看司法部的解析,比较直截了当。"《物权法》第27条规定:'动产物权转让时,双方又约定由出让人继续占有该动产的,物权自该约定生效时发生效力。'第24条规定:'船舶、航空器和机动车等物权的设立、变更、转让和消灭,未经登记,不得对抗善意第三人。'据此可知,甲乙双方约定出让人继续占有该动产的,物权自该约定生效时发生移转的效力。此时,可以对抗恶意第三人丙。因此,选项A正确,选项BCD错误。"

用发展的看,此题反映了当年对《物权法》第23条与24条关系的学说分歧。

现在尘埃落定,且有了注册动产的多重买卖的法律依据:请记住《买卖解释》第10条,"出卖人就同一船舶、航空器、机动车等特殊动产订立多重买卖合同,在买卖合同均有效的情况下,买受人均要求实际履行合同的,应当按照以下情形分别处理:(一)先行受领交付的买受人请求出卖人履行办理所有权转移登记手续等合同义务的,人民法院应予支持。"

如果将题干修改为乙已经取得了占有,则甲再卖给丙构成无权处分,丙知情且没有取得对机动车的占有,丙不可能构成善意取得。故乙可以要求丙将机动车过户到自己名下。丙没有及时过户,属于恶意的无权占有人,需要对乙承担赔偿责任;与此同时,甲需要对乙承担违约责任。丙的责任和甲的责任,相对于乙来讲,属于不真正连带责任。

第四节　物权的保护

一、物权请求权的性质

物权人在其权利的实现上遇有某种妨害时,有权请求造成妨害事由发生的人排除此等妨害,称为物权请求权。关于物权请求权,下列哪一表述是错误的?(2011－3－8)

A. 是独立于物权的一种行为请求权

B. 可以适用债权的有关规定

C. 不能与物权分离而单独存在

D. 须依诉讼的方式进行

答案:(　　)②

考点:物权请求权

读题技巧

1. 本题属概念、理论考查,重在理解,而非应用。

2. 是选错误表述,而非选正确表述。

思路展开

命题点1:物权请求权是一种请求权。

(1)请求权,是指权利人请求他人为一定行为的权利。

(2)物权请求权是物权人请求特定的人为特定行为(作为或不作为)的权利,属于行为请求权(所有的请求权都是一种行为请求权)。

(3)物权请求权不以对物权标的物的支配为内容,故不是物权的本体,而是独立于物权的一种请求权。

(4)结论:"A. 是独立于物权的一种行为请求权",A对,不符合题意,不选A。

命题点2:请求权有物权请求权、债权请求权、人格权请求权、身份权请求权、知识产权请求权。

---

① 参考答案:A(此题要么修改题干,要么修改选项,学说观点,在发展,实践也在发展,一度有分歧的观点达成共识了——24条属于23条的补充,不是对23条的否定,也就是说,注册动产物权以交付为转移标志。我将题干修改为乙已经获得了占有。)

② 参考答案:D

(1)物权请求权包括返还原物请求权、排除妨害请求权、停止侵害请求权和消除危险请求权。

(2)物权受到侵害后产生损害赔偿的债权请求权(与物权请求权不同)。

(3)物权请求权(法律规范少)与债权有类似的性质,因而在不与物权请求权性质相抵触的范围内,可以适用债权的有关规定如过失相抵、给付迟延、债的履行及转让等(类推适用)。

(4)结论:“B. 可以适用债权的有关规定”,B 对,不符合题意,不选 B。

命题点 3:物权请求权行使的功能,是使物权由遭受侵害的不圆满状态恢复到不受侵害的圆满状态。

(1)物权请求权附属于物权,派生于物权,其命运与物权相同,也就是说,其发生、移转与消灭均从属于物权,不能与物权分离而单独存在。

(2)结论:“C. 不能与物权分离而单独存在”,C 对,不符合题意,不选 C。

命题点 4:物权请求权的行使,不必非得以诉讼的方式进行,也可以以意思表示的方式为之。

(1)物权受到妨碍后,物权人可以直接请求侵害人停止侵害、排除妨碍、清除危险、返还原物等。

(2)结论:“D. 须依诉讼的方式进行”,D 错,符合题意,选 D。

异议辨析

很多考生都提出异议,认为 A 选项和 C 选项的表述是矛盾的,A 选项表述错误。其实不然,A 选项表述的物权请求权是独立于物权的一种行为请求权,强调的是物权请求权不以对物权标的物的支配为内容,不是物权的本体,从这个意义上讲,是独立于物权的一种行为请求权,其最后落脚点是行为请求权。

二、返还原物请求权

1. 丢失手表返还原物请求权

张某遗失的名表被李某拾得。1 年后,李某将该表卖给了王某。再过 1 年,王某将该表卖给了郑某。郑某将该表交给不知情的朱某维修,因郑某不付维修费与朱某发生争执,张某方知原委。下列哪一表述是正确的?(2013－3－9)

A. 张某可请求李某返还手表

B. 张某可请求王某返还手表

C. 张某可请求郑某返还手表

D. 张某可请求朱某返还手表

答案:(　　)①

考点:拾得遗失物、返还原物请求权、留置权

解题图构

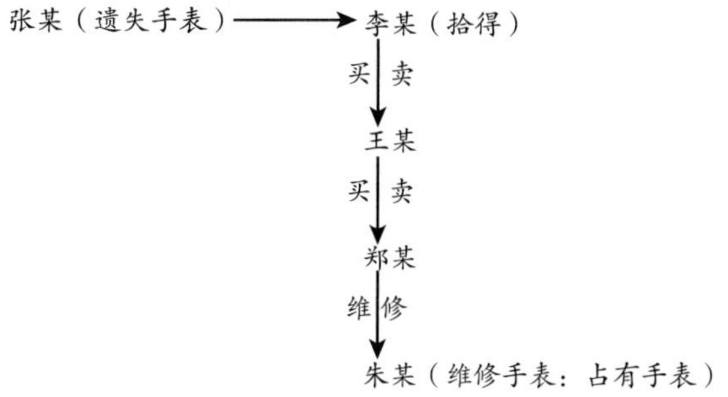

思路展开

思路 1:原物返还请求权,物权人向无权占有人主张。《物权法》第 34 条,“无权占有不动产或者动产的,权利人可以请求返还原物。”

思路 2:检索张某是否手表的所有权人:张某是手表失主,是手表的所有权人。遗失物不启动所有权的善意取得。

(1)法律依据:《物权法》第 107 条,“所有权人或者其他权利人有权追回遗失物。该遗失物通过转让被他人占有的,权利人有权向无处分权人请求损害赔偿,或者自知道或者应当知道受让人之日起二年内向受让人请求返还原物,但受让人通过拍卖或者向具有经营资格的经营者购得该遗失物的,权利人请求返还原物时应当支付受让人所付的费用。权利人向受让人支付所付费用后,有权向无处分权人追偿。”

(2)具体到本题:“张某方知原委。”①张某是 2 年后才知道,而非知道后的 2 年,此时张某主张追回遗失物,没有超过“自知道或应当知道受让人之日起 2 年”的时间要求。②张某没有丧失对手表的所有权。③李某不能基于拾得取得遗失物所有权。④王某和郑某不能基于善意取得而取得遗失物所有权。

① 参考答案:C(司法部公布原答案为 D。根据命题老师新的最新观点,将原答案 D 修改为 C。)

(3)结论:张某是手表所有权人。

思路3:检索谁是无权占有手表的人。

(1)前手李某、王某完全丧失了对手表的占有,张某不得对李某、王某请求返还原物,可要求损害赔偿。

(2)郑某是手表的间接占有人。

(3)朱某是手表的直接占有人。

(4)就间接占有人郑某而言,《2013年国家司法考试试题解析》:"郑某是间接占有人,不是直接占有人,故张某不可向郑某请求返还原物。"根据命题老师构成变化,此一观点修正为:张某可向间接占有人请求返还原物。

(5)就直接占有人朱某而言,启动留置权善意取得,为有权占有。命题老师在2015年的观点明确认为遗失物适用留置权的善意取得。参见2015年卷三第91题。①顺风电器租赁公司将一台电脑出租给张某,租期为2年。在租赁期间内,张某谎称电脑是自己的,分别以市价与甲、乙、丙签订了三份电脑买卖合同并收取了三份价款,但张某把电脑实际交付给了乙。后乙的这台电脑被李某拾得,因暂时找不到失主,李某将电脑出租给王某获得很高收益。王某租用该电脑时出了故障,遂将电脑交给康成电脑维修公司维修。王某和李某就维修费的承担发生争执。康成公司因未收到修理费而将电脑留置,并告知王某如7天内不交费,将变卖电脑抵债。李某听闻后,于当日潜入康成公司偷回电脑。②设问:关于康成公司的民事权利,下列说法正确的是:A.王某在7日内未交费,康成公司可变卖电脑并自己买下电脑;B.康成公司曾享有留置权,但当电脑被偷走后,丧失留置权;C.康成公司可请求李某返还电脑;D.康成公司可请求李某支付电脑维修费"。[①] ③分析:此题认为康成公司对于李某拾得遗失物之电脑的维修,曾享有留置权。

2."一房两卖"中获得过户后买受人对仅获得占有的前买受人的返还原物请求权

甲将1套房屋出卖给乙,已经移转占有,没有办理房屋所有权移转登记。现甲死亡,该房屋由其子丙继承。丙在继承房屋后又将该房屋出卖给丁,并办理了房屋所有权移转登记。下列哪些表述是正确的?(2012-3-56)

A.乙虽然没有取得房屋所有权,但是基于甲的意思取得占有,乙为有权占有

B.乙可以对甲的继承人丙主张有权占有

C.在丁取得房屋所有权后,乙可以以占有有正当权利来源对丁主张有权占有

D.在丁取得房屋所有权后,丁可以基于其所有权请求乙返还房屋

答案:(　　)[②]

考点:一房两卖、不动产物权变动、返还原物请求权、占有

解题图构

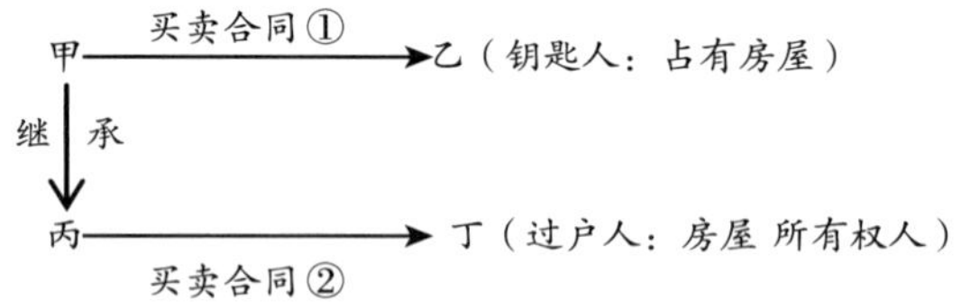

思路展开

思路1:(1)甲与乙的买卖合同①有效,但是没有发生房屋所有权变动,乙不是房屋所有权人。(2)《物权法》第9条"不动产物权登记生效主义"+《物权法》第15条"区分原则"。(3)乙占有房屋有本权依据即买卖合同①。(4)结论:"A.乙虽然没有取得房屋所有权,但是基于甲的意思取得占有,乙为有权占有",A对,选A。

思路2:(1)甲仍然是房屋所有权人,甲死亡后,丙基于继承取得房屋所有权,也法定承受甲乙之间的买卖合同①。(2)《物权法》第29条"继承物权"+《继承法》第33条"概括继承"和"限定继承"。(3)乙对房屋的占有可对甲的继承人丙主张有权占有,本权依据是买卖合同①。(4)结论:"B.乙可以对甲的继承人丙主张有权占有",B对,选B。

思路3:(1)丙继承房屋将房屋卖给丁,签订买卖合同②,属于有权处分,丁获得过户,丁是房屋所有权人。(2)丁基于所有权人身份要求乙返还房屋。(3)结论:"D.在丁取得房屋所有权后,丁可以基于其所有权请求乙返还房屋",D对,选D。

---

① BC

② 参考答案:ABD(司法部原答案是ABCD,根据命题组老师变化情况,将答案修改为ABD。)

C 选项分歧 1:2012 年司法部认为,钥匙人相对于过户人而言属于有权占有即 C 选项“乙可否以占有有正当权利来源对丁主张有权占有”。看看《2012 年国家司法考试试题解析》:“(1)依据《物权法》第 29 条,因继承或者受遗赠取得物权的,自继承或者受遗赠开始时发生效力。甲死亡后,其房屋归丙继承,丙成为房屋所有权人。(2)丙将该房屋出卖给丁,并办妥房屋所有权转移登记手续,至此,丁成为该房屋所有权人。(3)同理,乙仍可对丁主张其对该房屋的占有属于有权占有。如果此时认为乙的房屋的占有属于无权占有,则一旦房屋发生毁损灭失,乙可能需要承担赔偿责任,这对乙来讲是不公平的。(4)况且,无论占有的权利基础是什么,占有本身均属物权制度。即使是基于合同而产生的占有,亦应推定其为有权占有,具有物权的绝对效力和对世效力。(5)特别需要强调的一点是,‘占有具有权利推定的效力,不仅权利人自己可以援用,第三人也可以援用。例如,从占有人处借用物的人,在物的真正所有人要求其返还时,该借用人也可援用借用人以占有人身份所受的所有人推定,此时所有人要求返还原物,必须证明自己的所有权方可。’(6)当然,占有的权利推定具有消极性,占有人不得利用此推定作为其行使权利的积极证明。(7)总之,选项 C 表述正确,当选。虽然乙相对于丁来讲属于有权占有,但是,丁是房屋所有权人,丁可以基于其所有权请求乙返还房屋。故选项 D 表述正确,当选。”评论:司法部给出的解析是这样的逻辑:占有具有权利推定作用即推定为有权占有。推定具有消极性,占有人不得利用此推定作为行使权利的积极证明。面对所有权人丁的返还请求权,则无能为力,占有人乙应该返还房屋。(8)所谓基于债权的占有具有相对性,这个说法来自德国和我国台湾地区民法,是否成为未来某年的司考民法学的主力说,有待于继续观察!2012 年司法部对此题解析在【设题陷阱与常见错误分析】还特别提到“有的考生误认为基于债权的占有具有相对性,没有准确理解占有制度。”(9)小结:有一点是有共识的,就是所有权人丁可以要求先买受人乙返还房屋。

C 选项分歧 2:在 2006 年真题中,命题老师明确钥匙人对房屋的占有相对于过户人而言,属于无权占有。根据命题老师组成情况变化,就此规则,请按照钥匙人对房屋的占有相对于过户人而言,属于无权占有来把握。

3. 返还原物请求权(其 A 选项房东对承租人的返还房屋请求权的对抗式表达)

丁某将其所有的房屋出租给方某,方某将该房屋转租给唐某。下列哪些表述是正确的?(2011－3－57)

A. 丁某在租期内基于房屋所有权可以对方某主张返还请求权,方某可以基于其与丁某的合法的租赁关系主张抗辩权

B. 方某未经丁某同意将房屋转租,并已实际交付给唐某租用,则丁某无权请求唐某返还房屋

C. 如丁某与方某的租赁合同约定,方某未经丁某同意将房屋转租,丁某有权解除租赁合同,则在合同解除后,其有权请求唐某返还房屋

D. 如丁某与方某的租赁合同约定,方某未经丁某同意将房屋转租,丁某有权解除租赁合同,则在合同解除后,在丁某向唐某请求返还房屋时,唐某可以基于与方某的租赁关系进行有效的抗辩

答案:(　　)①

考点:返还原物请求权、转租、占有

解题图构

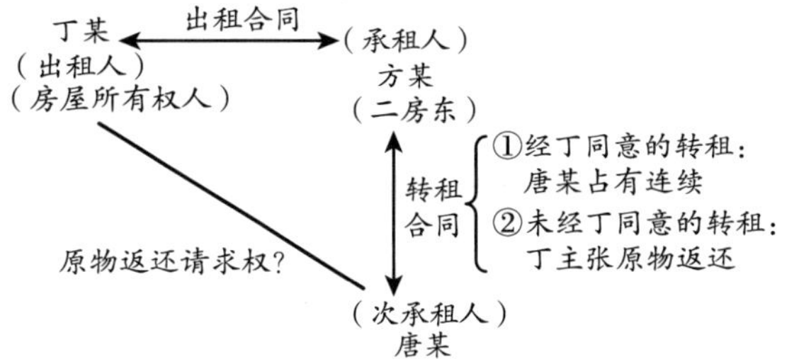

思路展开

命题点 1:出租房屋所有权人返还请求权与承租人的抗辩权。

(1)法律依据:①《物权法》第 34 条,“无权占有不动产或者动产的,权利人可以请求返还原物。”②《物权法》第 241 条,“基于合同关系等产生的占有,有关不动产或者动产的使用、收益、违约责任等,按照合同约定;合同没有约定或者约定不明确的,依照

① 参考答案:AC

有关法律规定。”

(2)法条阐释:《物权法》第34条原物返还请求权构成要件:请求人是物权人,“权利人”+被请求人是现时无权占有人。

(3)具体到本题:物权是权利人直接支配物的权利,丁某作为房屋所有人,可以基于房屋所有权对方某主张返还请求权,但是,方某可以以其属于有权占有为由针对该请求权主张抗辩权。

(4)结论:“A.丁某在租期内基于房屋所有权可以对方某主张返还请求权,方某可以基于其与丁某的合法的租赁关系主张抗辩权”,A对,选A。

(5)评论:A选项是一种对抗式表达,并不是表述上的瑕疵。

(6)关于A选项的“抗辩权”和D选项的“抗辩”措辞问题。

①参考2009年卷三1题D选项。“2009年卷三1题甲被乙家的狗咬伤,要求乙赔偿医药费,乙认为甲被狗咬与自己无关拒绝赔偿。下列哪一选项是正确的?[①] A.甲乙之间的赔偿关系属于民法所调整的人身关系;B.甲请求乙赔偿的权利属于绝对权;C.甲请求乙赔偿的权利适用诉讼时效;D.乙拒绝赔偿是行使抗辩权”。

②《2009年国家司法考试试题解析》:“抗辩权是对抗请求权或否认对方权利的权利,如双务合同中的同时履行抗辩权、不安抗辩权以及保证人的先诉抗辩权等。对他方主张的权利仅仅简单表示拒绝,并非抗辩权的行使,因此D项错误。”

③2011年卷三57题中A选项使用的是抗辩权,针对的是物权人的返还请求权,针对请求权提出抗辩权,表述上没有问题。2011年卷三57题中D选项使用的是“有效抗辩”,本身D选项是错误的。因此,A“抗辩权”和D“抗辩”表述没有问题。

④即使有问题,但是,司考战场上,有问题难道考生就可以拒绝作答吗?需要调整一下思维,2009年四个选项都在考查概念;2011年四个选项都在考查法律关系的对攻问题,侧重点不同,需要进入题意和语境,才不会简单地用2009年的试题来评价2011年的试题。

⑤这才是考生在复习时需要自己琢磨提高的。

命题点2:未经出租人同意的转租之出租人的法定解除权。

(1)法律依据:①法定解除权《合同法》第224条第2款,“承租人未经出租人同意转租的,出租人可以解除合同。”②法定解除权之通知解除主义。《合同法》第96条第1款,“当事人一方依照本法第93条第2款、第94条的规定主张解除合同的,应当通知对方。合同自通知到达对方时解除。对方有异议的,可以请求人民法院或者仲裁机构确认解除合同的效力。”③解除权的后果。《合同法》第97条,“合同解除后,尚未履行的,终止履行;已经履行的,根据履行情况和合同性质,当事人可以要求恢复原状、采取其他补救措施,并有权要求赔偿损失。”④《物权法》第34条,“无权占有不动产或者动产的,权利人可以请求返还原物。”

(2)具体到本题:承租人方某未经出租人丁某同意将房屋转租给唐某,出租人方某可以解除租赁合同,且能够基于其对房屋享有的所有权请求唐某返还房屋。

(3)结论:“B.方某未经丁某同意将房屋转租,并已实际交付给唐某租用,则丁某无权请求唐某返还房屋”,B错,不选B。

命题点3:未经出租人同意的转租之出租人的约定解除权。

(1)法律依据:①约定解除权。《合同法》第93条第2款,“当事人可以约定一方解除合同的条件。解除合同的条件成就时,解除权人可以解除合同。”②约定解除权之通知解除主义。《合同法》第96条第1款,“当事人一方依照本法第九十三条第二款、第九十四条的规定主张解除合同的,应当通知对方。合同自通知到达对方时解除。对方有异议的,可以请求人民法院或者仲裁机构确认解除合同的效力。”③解除权行使的后果。《合同法》第97条,“合同解除后,尚未履行的,终止履行;已经履行的,根据履行情况和合同性质,当事人可以要求恢复原状、采取其他补救措施,并有权要求赔偿损失。”④《物权法》第34条,“无权占有不动产或者动产的,权利人可以请求返还原物。”

(2)具体到本题:①若丁某和方某在租赁合同

① C

中明确约定转租的法律后果，那么出租人丁某有权解除租赁合同，并且请求唐某返还房屋。②丁某基于《合同法》第224条第2款有法定解除权，此处再行约定解除权，法律并不禁止。

（3）结论：①“C.如丁某与方某的租赁合同约定，方某未经丁某同意将房屋转租，丁某有权解除租赁合同，则在合同解除后，其有权请求唐某返还房屋”，C对，选C。②“D.如丁某与方某的租赁合同约定，方某未经丁某同意将房屋转租，丁某有权解除租赁合同，则在合同解除后，在丁某向唐某请求返还房屋时，唐某可以基于与方某的租赁关系进行有效的抗辩”，D错，不选D。

延展1：未经出租人同意的转租，效力如何，D选项实际上是比较隐晦地回答了这个问题，也就是说有效。

（1）未经出租人丁某同意的转租合同，丁某可向转租合同的承租人唐某主张原物返还。

（2）D选项表述内容是：“唐某可以基于与方某的租赁关系进行有效的抗辩”，其意思是隐含了肯定唐某与方某租赁关系有效性的内容，正是因为这个转租合同有效，才存在该有效合同（债权）不能对抗丁某的房屋所有权（物权）的问题，从这个角度上看，D表述错误，不选D。

（3）可见，命题人认为，擅自转租合同其实不宜认定为无效。

（4）如果直截了当地认定擅自转租合同是无效的，D选项考查的物权（所有权）优先于债权（租赁权）的目的就落空了。

（5）《最高人民法院关于审理城镇居民租赁合同纠纷案件具体应用法律若干问题的解释》（以下简称《租赁解释》），第16条，“出租人知道或者应当知道承租人转租，但在六个月内未提出异议，其以承租人未经同意为由请求解除合同或者认定转租合同无效的，人民法院不予支持。因租赁合同产生的纠纷案件，人民法院可以通知次承租人作为第三人参加诉讼。”

延展2：如果将题设条件修改为转租经过房主丁同意（明示同意、默示同意或者沉默即知情后6个月内没有表示异议），也就是说，“丁某将其所有的房屋出租给方某，方某（经丁某同意）将该房屋转租给唐某”，则丁某方某出租合同，方某唐某转租合同，唐某占有房屋构成占有连续，唐某在其与方某租赁合同有效期内可以对抗丁某原物返还请求权。

常见错误

1. 审题不清，为题干增加条件作答，误认为房屋转租虽然未经方某同意，但是如果丁某对转租知情且在六个月内没有表示提出异议的，则丁某不能解除合同，无权请求唐某返还房屋。误选B。

2. 原租合同解除，转租合同仍存在说：误认为承租人方某转租房屋虽然未经过出租人丁某同意，丁某只能解除租赁合同，不能解除转租合同。因此，次承租人唐某可以基于其与承租人的租赁关系进行有效抗辩，误选D。

4. 基于所有权、质权、占有的返还电脑请求权

甲向乙借款5000元，并将自己的一台笔记本电脑出质给乙。乙在出质期间将电脑无偿借给丙使用。丁因丙欠钱不还，趁丙不注意时拿走电脑并向丙声称要以其抵债。下列哪些选项是正确的？（2007－3－57）

A. 甲有权基于其所有权请求丁返还电脑

B. 乙有权基于其质权请求丁返还电脑

C. 丙有权基于其占有被侵害请求丁返还电脑

D. 丁有权主张以电脑抵偿丙对自己的债务

答案：（　　）①

考点：物权请求权、占有物返还请求权

解题图构

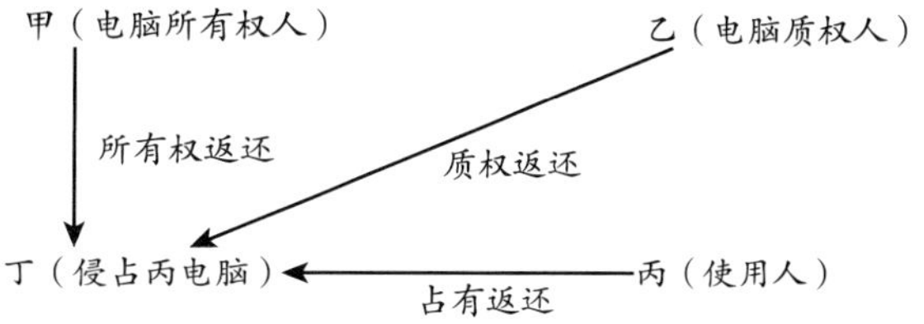

思路展开

命题点1：基于《物权法》第34条的原物返还请求权。

（1）法律依据：《物权法》第34条，“无权占有不动产或者动产的，权利人可以请求返还原物。”

（2）法条阐释：①请求权人为物权人。包含“占

① 参考答案：ABC

有”权能的物权如所有权、用益物权、质权、留置权。但抵押权人不享有返还原物请求权。②相对人为“现时”、“无权”、“占有”人。③原物(或原物的替代物)须存在,如不存在,不能主张返还原物请求权,只能要求损害赔偿。④返还范围:原物和孳息。

(3)结论:①甲是电脑所有权人、乙是电脑质权人,均可对现时无权直接占有人丁主张返还原物即电脑。②“A.甲有权基于其所有权请求丁返还电脑”,A对,选A。③“B.乙有权基于其质权请求丁返还电脑”,B对,选B。

命题点2:基于《物权法》第245条的侵夺型无权占有的原物返还。

(1)法律依据:《物权法》第245条,“占有的不动产或者动产被侵占的,占有人有权请求返还原物;对妨害占有的行为,占有人有权请求排除妨害或者消除危险;因侵占或者妨害造成损害的,占有人有权请求损害赔偿。占有人返还原物的请求权,自侵占发生之日起一年内未行使的,该请求权消灭。”

(2)法条阐释:①主张人是占有人,侵占发生前对物享有事实上管领力的占有人。包括一切形态的占有,合法占有和非法占有。有权占有人或无权占有人。善意无权占有人或恶意无权占有人。②被主张人现占有人,“侵占人”,“侵占人”的后手。③1年期间的起算:自侵占发生之日起。

(3)具体到本题:丙是有权占有人,可以基于占有物返还请求权请求无权占有人丁返还电脑。

(4)结论:“C.丙有权基于其占有被侵害请求丁返还电脑”,C对,选C。

命题点3:自助行为。

(1)学理依据:①自助行为是权利人受到不法侵害之后,为保全或者恢复自己的权利,在情势紧迫而不能及时请求国家机关予以救助的情况下,依靠自己的力量,对他人的财产或自由施加扣押、拘束或其他相应措施的行为。②由于自力救济易演变为侵权行为,故只有在来不及援用公力救济而权利正有被侵犯的现实危险时,才允许被例外使用,以弥补公力救济的不足。

(2)具体到本题:丁趁丙不注意时拿走电脑并非自助行为或行使留置权的行为,而是一种违法侵占行为。

(3)结论:“D.丁有权主张以电脑抵偿丙对自己的债务”,D错,不选D。

三、排除妨害请求权

叶某将自有房屋卖给沈某,在交房和过户之前,沈某擅自撬门装修,施工导致邻居赵某经常失眠。下列哪些表述是正确的?(2013-3-55)

A.赵某有权要求叶某排除妨碍

B.赵某有权要求沈某排除妨碍

C.赵某请求排除妨碍不受诉讼时效的限制

D.赵某可主张精神损害赔偿

答案:(　　)[①]

考点:相邻关系、物权请求权之排除妨碍请求权、精神损害

思路展开

命题点1:赵某有排除妨碍请求权,可以针对行为妨碍人或者状态妨碍人主张。

(1)法律依据:《物权法》第35条,“妨害物权或者可能妨害物权的,权利人可以请求排除妨害或者消除危险。”

(2)法条阐释:①行为妨害人:以自己行为对他人物权施加妨害。例如车停他人车库;广告牌放在他人屋顶。②状态妨害人:对排该等妨害行为具有事实上支配力者。例如,甲出租KTV给乙经营,乙违反规定,通宵营业且嘈杂万分,妨害了邻居安宁。乙为行为妨害人。甲有权终止租赁合同,排除妨害,为状态妨害人。数妨害人各负除去妨害的义务,物权人有权对一人或数人主张排除妨害请求权。

(3)具体到本题:沈某是行为妨碍人,叶某是状态妨碍人(叶某可以通过行使返还原物请求权或占有返还请求权排除妨碍,叶某未予实施行为,属于状态妨碍人)。故赵某可要求叶某排除妨碍、赵某可要求沈某排除妨碍。

(4)结论:“A.赵某有权要求叶某排除妨碍,B.赵某有权要求沈某排除妨碍”,AB对,选AB。

命题点2:排除妨碍请求权不适用诉讼时效。

① 参考答案:ABC

(1)只要妨碍在持续,权利人可主张排除妨碍。

(2)结论:“C. 赵某请求排除妨碍不受诉讼时效的限制”,C 对,选 C。

命题点 3:精神损害,后果严重才可以主张。

(1)法律依据:《精神解释》第 8 条第 1 款,“因侵权致人精神损害,但未造成严重后果,受害人请求赔偿精神损害的,一般不予支持,人民法院可以根据情形判令侵权人停止侵害、恢复名誉、消除影响、赔礼道歉。”

(2)具体到本题:“施工导致邻居赵某经常失眠”,不能认定为精神损害造成严重后果。《2013 年国家司法考试试题解析》:“一般情况下,物权受侵害,受害人不能主张精神损害赔偿。”

(3)结论:“ D. 赵某可主张精神损害赔偿”,D 错,不选 D。

常见错误

侵权之债具有相对性说,认为叶某不是侵害行为人,而侵权之债具有相对性,故赵某不能要求叶某排除妨碍,由此未选 A。

四、占有的请求权

(一)占有的分类

1. 遗失手机的占有分类

甲拾得乙的手机,以市价卖给不知情的丙并交付。丙把手机交给丁维修。修好后丙拒付部分维修费,丁将手机扣下。关于手机的占有状态,下列哪些选项是正确的?(2015－3－56)

A. 乙丢失手机后,由直接占有变为间接占有

B. 甲为无权占有、自主占有

C. 丙为无权占有、善意占有

D. 丁为有权占有、他主占有

答案:(　　)①

考点:占有

解题图构

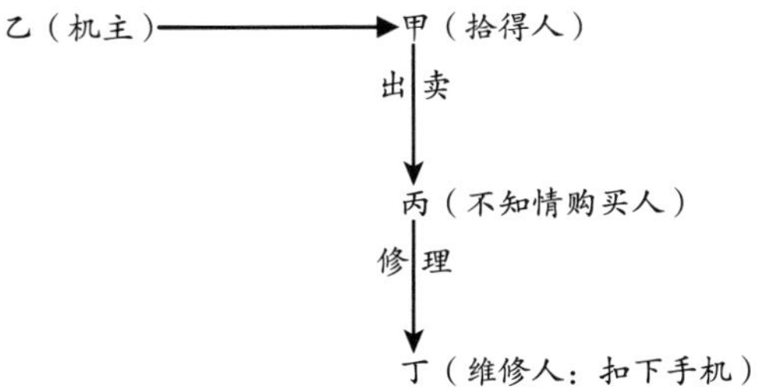

读题技巧

“关于手机的占有状态”的设问,是指手机在各个阶段的占有状态,而不是询问终局意义上的占有状态。也就是说,不是只回答丁这个终局环节。由此决定,各个阶段的占有状态仅仅止于各个阶段本身,不能用最后终局占有状态来界定前手阶段的占有状态。否则,此题无法作答。

思路展开

命题点 1:直接占有与间接占有:

(1)两种不同意见:①“两要件说”的间接占有:占有媒介关系 + 占有物返还请求权。无占有媒介关系,不成立间接占有。例如,王泽鉴认为,直接占有人须有他主占有的意思。台湾地区《民法》第 941 条即如此规定。占有媒介关系可以是合同关系、法律直接规定或者公权力行使所产生的关系。又如,德国法的理论:“甲占有脱离物,乙彻底丧失占有。但仍是所有权人,享有所有权的保护,基于所有权返还请求权。”②“一要件说”的间接占有:间接占有人对直接占有人拥有占有物返还请求权。基于占有媒介关系产生的请求权,还有基于所有物返还请求权,或者不当得利返还请求权。

(2)《2015 年国家司法考试试题解析》:“乙的占有虽因遗失而脱离,但其为所有权人,仍然为间接占有,故‘A. 乙丢失手机后,由直接占有变为间接占有’A 对,选 A。”

命题点 2:无权占有、自主占有:

(1)有权占有。有本权作为依据的占有,物权、债权、监护权等都是该“本权”。①本权依据是物权的有:所有权、建设用地使用权、留置权、质权。②本权依据是债权的有:借用、租赁、保管、运输、买卖。③本权依据是监护权或其他法律关系的有:替孩子保管财产的父母对财产的占有为有权占有,本权为监护权。基于监护权的占有也具有绝对性。

(2)无权占有。无本权作为依据的占有。①占有拾得遗失物、占有盗取、抢夺物、无效买卖合同买方的占有、租期届满后承租人对租赁物的占有,都是无权占有。②特别注意:“留置权”场合,通过侵权

① 参考答案:ABCD

行为获得占有,是无权占有,非法占有,不成立留置权。

(3)自主占有。以据为己有的意思的占有。不以享有所有权为前提。主人的占有为自主占有;小偷的占有、侵占遗失物的拾得人的占有、不知买卖合同无效的买受人的占有,都是自主占有。

(4)他主占有。不以据为己有的意思而占有。基于占有媒介关系的占有他人之物的,都是他主占有。譬如承租人、保管人、质权人、留置权人的占有,都是他主占有。

(5)结论:甲明知是他人之物,且其占有欠缺权源,故为无权占有;但其以所有权人自居出卖给他人,故为自主占有,故"B. 甲为无权占有、自主占有",B 对,选 B。

命题点 3:善意占有、恶意占有:

(1)在无权占有下,根据是否误信有本权,又可分为善意无权占有和恶意无权占有。有权占有不存在善意恶意的问题。

(2)善意无权占有。无权占有人对自己的"无权"不知情。譬如不知自己买到的东西是盗窃物而占有。

(3)恶意无权占有。无权占有人对自己的"无权"知情。譬如明知盗赃物而购买并占有。

(4)结论:由于手机为遗失物,丙不能善意取得手机所有权,故为无权占有,但丙不知自己的占有欠缺权源,故为善意占有,故"C. 丙为无权占有、善意占有",C 对,选 C。

命题点 4:遗失物成立留置,留置遗失物为有权占有、他主占有。

(1)法律依据:《担保法解释》第 108 条,"债权人合法占有债务人交付的动产时,不知债务人无处分该动产的权利,债权人可以按照担保法第八十二条的规定行使留置权。"

(2)遗失物成立留置权理由:①留置物中一般都凝结了留置权人的劳动价值,或由留置权人提供的材料而成,在一定意义上,可认留置物为"共有物",归留置权人和留置物所有权人共有的意味。②否定的话,会影响承揽人、承运人、保管人、仓储人、行纪人从事承揽、货物运输、保管、仓储、行纪等业务的积极性。

(3)结论:丁因维修合同而占有手机属于有权占有,但其并未以据为己有之意思留置手机,故为他主占有,故"D. 丁为有权占有、他主占有",D 对,选 D。

异议辨析

1. 甲拾得乙的手机,以市价卖给不知情的丙并交付,说明甲已丧失其占有,根据题意,可以不选 B。辨析:这一理解恰恰是没有理解题意的结果。应分阶段进行判断。

2. 善意第三人不能取得遗失物所有权,基于保护遗失物失主甲的必要,该规定应该类推适用,因此就遗失物也不应该善意取得质权或者留置权。丁由于不享有留置权,故对于所有人乙而言仍然是无权占有。丁基于修理合同对于丙而言则是有权占有,故 D 选项不准确。辨析:留置权是法定担保物权,与所有权、质权有本质差异,留置权是一种法政策选择,其原理不同于所有权。留置权保护的是劳动,而不是保护对瑕疵物的所有权取得。

3. 如果乙是间接占有,那么占有返还请求权为什么经过 1 年就不能行使?占有是一种事实状态,这种状态如果没有其他变化就应该一直持续下去,难道是说在 1 年内就是间接占有,1 年以后就丧失占有吗?辨析:是的,1 年以后就丧失占有了,占有返还请求权消灭。乙只能基于所有权人身份要求返还,当然,会遭遇丁留置权的对抗。

2. 遗失相机的占有分类

甲遗失一部相机,乙拾得后放在办公桌抽屉内,并张贴了招领启事。丙盗走该相机,卖给了不知情的丁,丁出质于戊。对此,下列哪一种说法不正确?(2005-3-7)

A. 乙对相机的占有属于无权占有

B. 丙对相机的占有属于他主占有

C. 丁对相机的占有属于自主占有

D. 戊对相机的占有属于直接占有

答案:(　　)①

考点:占有的分类

① 参考答案:B

解题图构

甲（失主）⟶乙（拾得人：张贴招领启事）

↓

丙（小偷）

↓

丁（不知情购买者）⟶戊（不知情质权人）

思路展开

命题点1：基本概念：

（1）有权占有是有本权的占有；无权占有是无本权的占有。

（2）自主占有是指以所有的意思对物进行的占有；他主占有是以非所有的意思对物进行的占有。

（3）直接占有是在事实上对物的占有；间接占有是指基于一定的法律关系，对于事实上占有物的人有返还请求权，从而间接取得对物的占有。

命题点2：对遗失物占有，依据我国法律，拾得遗失物应当归还失主，拾得人对遗失物的占有属于无权占有。

（1）《2005年国家司法考试试题解析》"'三大本'在讲解无权占有时正是以拾得人对于遗失物的占有为例进行说明的"。

（2）结论："A. 乙对相机的占有属于无权占有"，A对，不符合题意，不选A。

命题点3：自主占有，具备所有人占有的意思，至于占有人是否为真正的所有人则在所不问。

（1）丙盗走相机是将相机据为己有，属于自主占有。"B. 丙对相机的占有属于他主占有"，B错，符合题意，选B。

（2）丁从丙处买来相机，也是以获取相机的所有权为目的，也属于自主占有。"C. 丁对相机的占有属于自主占有"，C对，不符合题意，不选C。

命题点4：质权人对质物的直接占有。

（1）质权的设定以转移标的物的占有为要件，既然丁将相机出质于戊，也就意味着戊取得了对于相机在事实上的管领力，戊的占有属于直接占有。

（2）结论："D. 戊对相机的占有属于直接占有"，D对，不符合题意，不选D。

（二）占有的推定

占有权利推定与反证

甲、乙就乙手中的一枚宝石戒指的归属发生争议。甲称该戒指是其在2015年10月1日外出旅游时让乙保管，属甲所有，现要求乙返还。乙称该戒指为自己所有，拒绝返还。甲无法证明对该戒指拥有所有权，但能够证明在2015年10月1日前一直合法占有该戒指，乙则拒绝提供自2015年10月1日后从甲处合法取得戒指的任何证据。对此，下列哪一说法是正确的？（2016－3－9）

A. 应推定乙对戒指享有合法权利，因占有具有权利公示性

B. 应当认定甲对戒指享有合法权利，因其证明了自己的先前占有

C. 应当由甲、乙证明自己拥有所有权，否则应判决归国家所有

D. 应当认定由甲、乙共同共有

答案：（　　）①

考点：占有的推定效力

思路展开

命题点1：（1）占有是对物的事实上的占领和控制。（2）占有具有推定效力，占有有两项推定：事实推定和权利推定。《民法宝典》第206页，对占有，先"权利推定"，推定为有权占有；如果是无权占有，后"事实推定"，继续推定为善意、和平、自主、公然、继续、无过失的占有。（3）关于占有的权利推定，其内容包括：①占有的推定，如无相反举证，占有人可推定为合法占有、有权占有。②受权利推定的占有人，免除举证责任，除非相对人提出反证。③权利推定，不但占有人自己可以援用，而且第三人也可以援用。④权利的推定，一般是为占有人的利益。⑤权利的推定仅具有消极性，占有人不得利用此项推定作为其行使权利的依据。⑥先前的占有可以对抗之后的占有。⑦以上内容抄自司法部解析。照搬司法部解析比照搬外国的法条，孰优孰劣，因为是司考，就得听司法部的。

命题点2：具体到本题和结论：（1）"甲无法证明对该戒指拥有所有权，但能够证明在2015年10月1日前一直合法占有该戒指，乙则拒绝提供自2015年10月1日后从甲处合法取得戒指的

---

① 参考答案：B

任何证据。”(2)甲的占有在先,乙的占有在后。甲的占有可以对抗乙的占有,除非乙能够证明自己是甲的先前的占有中合法取得的。(3)本题中,乙拒绝提供证明,因此,A 错,不选,B 对,选。CD 纯属打酱油选项。

延展 1:现实生活中,我们很难证明自己是动产的所有权人。但是,我们比较容易证明我们的占有。

延展 2:民诉中的举证对抗性。(1)第一步,启动方要举证。①《民诉解释》第 90 条,当事人对自己提出的诉讼请求所依据的事实或者反驳对方诉讼请求所依据的事实,应当提供证据加以证明,但法律另有规定的除外。“在作出判决前,当事人未能提供证据或者证据不足以证明其事实主张的,由负有举证证明责任的当事人承担不利的后果。”②因为甲是主张权利受到妨害的当事人,应该先举证:《民诉解释》第 91 条,“人民法院应当依照下列原则确定举证证明责任的承担,但法律另有规定的除外:(一)主张法律关系存在的当事人,应当对产生该法律关系的基本事实承担举证证明责任;(二)主张法律关系变更、消灭或者权利受到妨害的当事人,应当对该法律关系变更、消灭或者权利受到妨害的基本事实承担举证证明责任。”(2)第二步,对方提出反证。启动方举证,对方反证,对攻的结果是什么呢?如果两方证据势均力敌,那么启动方失败,对方成功。见《民诉解释》第 108 条。① 本题题干……“乙则拒绝提供自 2015 年 10 月 1 日后从甲处合法取得戒指的任何证据。”因此,不能适用第 108 条。因为双方没有形成对攻。说白了,乙是在耍无赖。因此,根据高度盖然性规则,应支持甲,甲胜诉。

(三)占有的请求权

1. 非法占有的保护

(1)非法占有的保护不是终局性的

张某拾得王某的一只小羊拒不归还,李某将小羊从张某羊圈中抱走交给王某。下列哪一表述是正确的? (2014－3－9)

A. 张某拾得小羊后因占有而取得所有权

B. 张某有权要求王某返还占有

C. 张某有权要求李某返还占有

D. 李某侵犯了张某的占有

答案:(　　)②

考点:拾得遗失物、本权之诉、占有之诉

读题技巧

1. 路见不平拔刀相助案。

2. 张某“拒不归还”,乃无权占有,但仍然是占有,指向 D 李某侵犯了张某的占有。

思路展开

思路 1:基于物权返还原物请求与侵夺占有的返还占有之间的对抗!

(1)基于物权返还原物请求与侵夺占有的返还占有之间的对抗又称本权之诉和占有之诉的对抗。两相独立,互不妨碍,各自独立,可合并审理。

(2)示例:譬如租赁期间届满承租人不返还租赁物时,出租人强行取回(如出租人不强行取回,则出租人与承租人属于权利人与无权占有人之间的“和平型”无权占有关系。适用《物权法》第 243 条的规定。)

(3)冲突:①一方面,如果不保护承租人占有,无疑是肯定出租人(所有人)可以有违法律规定的方式取回其所有物,与禁止私力的原则不合。②另一方面,如果保护占有人而不保护所有人,则又有忽视物的法律秩序之嫌。

思路 2:处理办法:占有人提起占有之诉,本权人提出本权之诉(反诉)。互不妨碍,各自独立,合并审理。

(1)本权人给占有人造成损害的,应当承担赔偿责任。

(2)占有人给本权人造成损害的,应予以赔偿。

(3)最终应依据占有人与本权人之间的法律关系决定物的归属。也就是说,法律上的权利义务关

---

① 《民诉解释》第 108 条,“对负有举证证明责任的当事人提供的证据,人民法院经审查并结合相关事实,确信待证事实的存在具有高度可能性的,应当认定该事实存在。对一方当事人为反驳负有举证证明责任的当事人所主张事实而提供的证据,人民法院经审查并结合相关事实,认为待证事实真伪不明的,应当认定该事实不存在。法律对于待证事实所应达到的证明标准另有规定的,从其规定。”

② 参考答案:D

系而非事实上的支配关系将获得最终胜利。

思路3：具体到本题，王某是本权人，张某是无权占有人，李某拔刀相助侵犯了张某的占有。

（1）张某是无权占有人。①《物权法》第109条规定："拾得遗失物，应当返还权利人。拾得人应当及时通知权利人领取，或者送交公安等有关部门。"②结论：拾得人不因为占有遗失物而取得所有权，"A. 张某拾得小羊后因占有而取得所有权"，A错，不选A。

（2）李某未经张某同意抱走小羊，侵害了张某对小羊的占有。①法律依据：《物权法》第245条，"占有的不动产或者动产被侵占的，占有人有权请求返还原物；对妨害占有的行为，占有人有权请求排除妨害或者消除危险；因侵占或者妨害造成损害的，占有人有权请求损害赔偿。占有人返还原物的请求权，自侵占发生之日起一年内未行使的，该请求权消灭。"②结论："D. 李某侵犯了张某的占有"，D对，选D。

（3）但李某已经不是小羊的现时占有人，张某无权要求李某返还占有。①法律依据：《物权法》第245条。②结论："C. 张某有权要求李某返还占有"C错，不选C。

（4）张某对王某享有占有返还请求权，但是会遭遇王某本权之诉的对抗。参见（钱明星老师《民法》第308页）。①占有之诉与本权之诉可以分别提起，也可以同时提起。②但本权之诉属于终局的保护，它在某种情况下具有决定性的作用。③在本权之诉中，已经确认了他人对物的占有权，占有人就不能再提起占有之诉了。④结论："B. 张某有权要求王某返还占有"，B错，不选B。

常见错误

1. 无权占有不受保护说：认为张某不是小羊的所有权人，则占有也不受到保护，李某的行为并未侵犯张某的占有，由此未选D。

2. 占有之诉可超越本权之诉说：认为无权占有人张某在丧失物的占有后，可以向所有权人王某请求返还占有，由此误选B。

3. 占有之诉可对非现时占有人主张说：认为李某侵犯了张某的占有，故张某可以要求李某返还占有，但忽略了李某现并未占有小羊，由此误选C。

（2）非法占有的保护方式不包括恢复原状

某小区徐某未获得规划许可证和施工许可证便在自住房前扩建一个门面房，挤占小区人行通道。小区其他业主多次要求徐某拆除未果后，将该门面房强行拆除，毁坏了徐某自住房屋的墙砖。关于拆除行为，下列哪些表述是正确的？（2014－3－58）

A. 侵犯了徐某门面房的所有权

B. 侵犯了徐某的占有

C. 其他业主应恢复原状

D. 其他业主应赔偿徐某自住房屋墙砖毁坏的损失

答案：（　　）①

考点：非基于法律行为物权变动之建造物权、占有保护、恢复原状请求权

思路展开

思路1：本题涉及门面房拆除和自住房砖墙毁坏两个焦点问题，应分开来判定。（1）门面房拆除。（2）自住房砖墙毁坏。

思路2：门面房拆除之一：违法建筑不发生所有权，故没有侵犯徐某门面房的所有权。

（1）法律依据：《物权法》第30条，"因合法建造、拆除房屋等事实行为设立或者消灭物权的，自事实行为成就时发生效力。"

（2）具体到本题："未获得规划许可证和施工许可证"、"挤占小区人行通道"，故徐某的门面房属于违法建筑，不能取得所有权。

（3）结论："A. 侵犯了徐某门面房的所有权"，A错，不选A。

思路3：门面房拆除之二：虽然门面房上不成立所有权，但是成立占有，非法占有也受占有保护。

（1）法律依据：《物权法》第245条，"占有的不动产或者动产被侵占的，占有人有权请求返还原物；对妨害占有的行为，占有人有权请求排除妨害或者消除危险；因侵占或者妨害造成损害的，占有人有权请求损害赔偿。占有人返还原物的请求权，自侵占发生之日起一年内未行使的，该请求权消灭。"

（2）具体到本题：徐某虽然不能取得所有权，但其对门面房的占有仍受保护。

---

① 参考答案：BD

(3)结论:“B. 侵犯了徐某的占有”,B 对,选 B。

思路 4:门面房拆除之三:对“非法”占有的保护方式,没有恢复原状请求权。

(1)法律依据:《物权法》第 36 条,“造成不动产或者动产毁损的,权利人可以请求修理、重作、更换或者恢复原状。”

(2)法条阐释:此条恢复原状限于权利人! 而《物权法》第 245 条占有保护没有恢复原状方式。

(3)具体到本题:违法建筑的占有受侵犯,不能采取恢复原状的方式予以保护。

(4)结论:“C. 其他业主应恢复原状”,C 错,不选 C。

思路 5:自住房砖墙毁坏:有业主的建筑物区分所有权,受物权法保护。

(1)法律依据:《物权法》第 37 条,“侵害物权,造成权利人损害的,权利人可以请求损害赔偿,也可以请求承担其他民事责任。”

(2)具体到本题:虽然徐某侵犯了小区业主的共有权,但是小区业主不具备自力救济的条件,拆除行为毁坏徐某自住房给徐某造成损失,应当赔偿。

(3)结论:“D. 其他业主应赔偿徐某自住房屋墙砖毁坏的损失”,D 错,不选 D。

2. 和平型无权占有的返还关系、毁损关系

(1)错骑别人的自行车之和平型无权占有返还关系、毁损关系

丙找甲借自行车,甲的自行车与乙的很相像,均放于楼下车棚。丙错认乙车为甲车,遂把乙车骑走。甲告知丙骑错车,丙未理睬。某日,丙骑车购物,将车放在商店楼下,因墙体倒塌将车砸坏。下列哪些表述是正确的?(2012－3－58)

A. 丙错认乙车为甲车而占有,属于无权占有人

B. 甲告知丙骑错车前,丙修车的必要费用,乙应当偿还

C. 无论丙是否知道骑错车,乙均有权对其行使占有返还请求权

D. 对于乙车的毁损,丙应当承担赔偿责任

答案:(　　)①

考点:无权占有、和平型无权占有返还关系、毁损关系;侵占型无权占有的“占有返还请求权”

解题图构

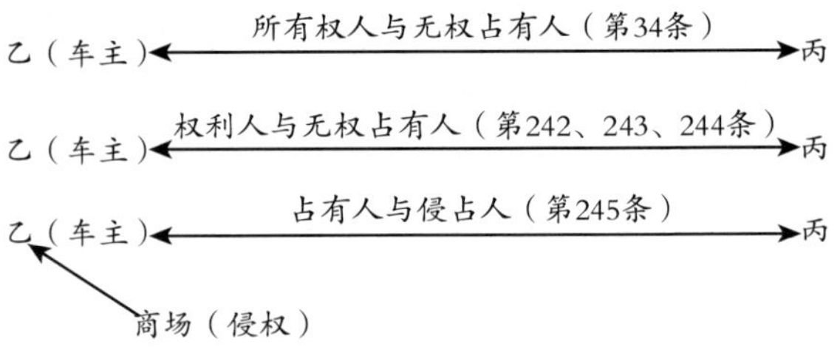

解图

1. 乙和丙之间,会启动三层关系:(1)《物权法》第 34 条,所有权人与无权占有人之间的关系。(2)《物权法》第 242～244 条,权利人与无权占有人之间的关系。(3)《物权法》第 245 条,占有人与侵占人之间的关系。

2. 为什么丙骑错车,还构成《物权法》第 245 条的“侵占”? 因为中国《物权法》对于“侵占”,采用最广义理解,不限于“侵夺”。基于错误发生的占有,也是“侵占”。还如基于租赁合同到期不返还租赁物,也是侵占。

思路展开

命题点 1:无占有本权依据者为无权占有,丙骑错车是无权占有。

(1)学理依据:根据进行的占有是否依据本权可将占有分为有权占有和无权占有。有权占有是指有本权的占有;无权占有是指无本权的占有。

(2)法律依据:《物权法》第 34 条,“无权占有不动产或者动产的,权利人可以请求返还原物。”

(3)具体到本题:丙错认乙车为甲车而占有,因丙与乙之间并无借用法律关系,故丙占有乙车属于无权占有。

(4)结论:“A. 丙错认乙车为甲车而占有,属于无权占有人”,A 对,选 A。

命题点 2:和平型无权占有中善意占有必要费用请求权。

(1)法律依据:《物权法》第 243 条,“不动产或者动产被占有人占有的,权利人可以请求返还原物及其孳息,但应当支付善意占有人因维护该不动产或者动产支出的必要费用。”

(2)具体到本题:①在甲告知丙骑错车之前,丙

① 参考答案:ABCD

对自行车的占有属于善意占有。②自行车所有权人乙可以请求丙返还原物，但是应当支付善意占有人因维护该自行车所支出的必要费用。

（3）结论：“B. 甲告知丙骑错车前，丙修车的必要费用，乙应当偿还”，B对，选B。

命题点3：侵占型无权占有中占有返还请求权。

（1）法律依据：《物权法》第245条，“占有的不动产或者动产被侵占的，占有人有权请求返还原物；对妨害占有的行为，占有人有权请求排除妨害或者消除危险；因侵占或者妨害造成损害的，占有人有权请求损害赔偿。占有人返还原物的请求权，自侵占发生之日起一年内未行使的，该请求权消灭。”

（2）《物权法》第245条的阐释：“侵占”，是采用最广义的，包括和平型无权占有中的侵占如租期届满不归还租赁物，构成“侵占”、还如错拿自行车，构成“侵占”；当然还包括暴力抢夺、盗窃等。

（3）规范竞合：①乙是自行车所有权人，可主张《物权法》第243条的“权利人”“返还原物和孳息”的请求权。（《物权法》第243条，“不动产或者动产被占有人占有的，权利人可以请求返还原物及其孳息，但应当支付善意占有人因维护该不动产或者动产支出的必要费用。”）②也可主张“占有人”的占有返还请求权即《物权法》第245条的“返还原物”。③司考试题的措辞中使用“占有返还请求权”，指向《物权法》第245条的“返还原物”。

（4）具体到本题：乙作为自行车所有权人，无论丙是善意占有还是恶意占有，乙均有权对丙行使“占有返还请求权”。依据是《物权法》第245条。

（5）结论：“C. 无论丙是否知道骑错车，乙均有权对其行使占有返还请求权”，C对，选C。

（6）延展：①本题，因为乙是自行车的所有权人，所以乙可启用《物权法》第243条的“权利人”返还原物，也可启用《物权法》第245条的“占有人”返还原物（即本题C选项中的“占有返还请求权”）。① 换言之，C无论怎么理解，都是确定无疑正确的！因为“C. 无论丙是否知道骑错车，乙均有权对其行使占有返还请求权”中的“占有返还请求权”，按文义解释，确实可以涵盖《物权法》第243条的“返还原物”，也可以涵盖《物权法》第245条的“返还原物”。②但是，如果乙不是自行车所有人，而仅仅是自行车的拾得人，那么，乙就只能求助于《物权法》第245条的“占有人”返还原物了。

命题点4：和平型无权占有中的毁损关系。

（1）法律依据：《物权法》第244条，“占有的不动产或者动产毁损、灭失，该不动产或者动产的权利人请求赔偿的，占有人应当将因毁损、灭失取得的保险金、赔偿金或者补偿金等返还给权利人；权利人的损害未得到足够弥补的，恶意占有人还应当赔偿损失。”

（2）具体到本题：①“甲告知丙骑错车，丙未理睬。某日，丙骑车购物，将车放在商店楼下，因墙体倒塌将车砸坏。”②甲告知丙骑错车丙未理睬之日，丙对自行车的占有由善意占有，转化为恶意占有。③自行车毁坏的时间点，是丙恶意占有期间发生。④故丙应负《物权法》第244条规定的恶意占有人赔偿损失责任，此时不能适用《侵权责任法》第6条第1款规定的过错侵权。丙对自行车的损失无过错，但仍应负赔偿责任。

（3）结论：“D. 对于乙车的毁损，丙应当承担赔偿责任”，D对，选D。

（4）延展：乙作为物权人，也可向商场主张侵权责任，商场的侵权责任与丙作为恶意占有人的赔偿责任，构成不真正连带责任。

（2）继承情形下的和平型无权占有使用关系、返还关系

高某向周某借用一头耕牛，在借用期间高某意外死亡，其子小高不知耕牛非属高某所有而继承。不久耕牛产下一头小牛。期满后周某要求小高归还耕牛及小牛，但此时小牛已因小高管理不善而死亡。下列哪一选项是正确的？（2008－四川－14）

A. 周某有权请求小高归还其耕牛，但无权请求返还小牛

B. 周某有权请求小高归还其耕牛及小牛

C. 周某有权请求小高返还其耕牛及小牛，但应向小高支付必要费用

---

① 《2012年国家司法考试试题解析》：“乙作为自行车所有权人，无论丙是善意占有还是恶意占有，乙均有权对丙行使占有返还请求权。选项C表述正确，当选。”

D. 周某可以请求小高赔偿小牛死亡的损失

答案:(　　)①

考点:基于继承发生的和平型无权占有的使用关系和返还关系、孳息的归属

解题图构

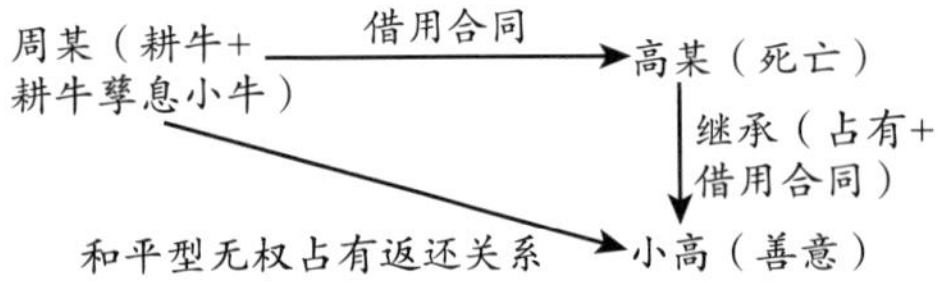

读题技巧

1. 高某向周某借用一头耕牛,“耕牛产下一头小牛”,指向两点:(1)周某和高某成立借用关系。(2)小牛是原物之孳息,归周某。

2. “小高不知”、“但此时”、“管理不善”,指向小牛死亡时,小高为善意无权占有人,仅返还现存物,不负赔偿责任。

思路展开

命题点1:孳息归原物所有权人所有。

(1)法律依据:《物权法》第116条,“天然孳息,由所有权人取得;既有所有权人又有用益物权人的,由用益物权人取得。当事人另有约定的,按照约定。”

(2)具体到本题:①耕牛属于周某借给高某使用的,故周某是耕牛的所有权人。②小牛属于天然孳息,按照法律规定,小牛应当由所有权人周某取得。

命题点2:基于继承发生的和平型无权占有的使用关系、返还关系。

(1)法律依据:①《物权法》第242条,“占有人因使用占有的不动产或者动产,致使该不动产或者动产受到损害的,恶意占有人应当承担赔偿责任。”②《物权法》第243条,“不动产或者动产被占有人占有的,权利人可以请求返还原物及其孳息,但应当支付善意占有人因维护该不动产或者动产支出的必要费用。”

(2)法条阐释:无权占有,善意与恶意,法律效果迥异!善意受保护,恶意受“惩罚”。

(3)具体到本题:①“小高不知耕牛非属高某所有而继承”,表明小高为耕牛与小牛的善意无权占有人。②小高负有将耕牛与小牛返还给周某的义务,但此时小牛已因小高管理不善而死亡。因为小高为善意无权占有人,不必对周某承担小牛死亡的赔偿责任,所以周某有权请求小高归还耕牛,但无权请求返还小牛。③更进一步:周某主张返还时如果小高还不返还,即转化为恶意无权占有,但是题干没有交代周某主张返还时小高如何表态,而是直接引入了选项,没有了“其他下文”。④故作答本题时对选项直接做判断即可。

(4)结论:①“A. 周某有权请求小高归还其耕牛,但无权请求返还小牛”,A对,选A。②其他:“B. 周某有权请求小高归还其耕牛及小牛,C. 周某有权请求小高返还其耕牛及小牛,但应向小高支付必要费用,D. 周某可以请求小高赔偿小牛死亡的损失”,BCD都错,不选BCD。

3. 侵占型无权占有中的返还关系与和平型无权占有中的返还关系

没有最狠只有更狠,抢占车位的占有关系

甲、乙是邻居。乙出国2年,甲将乙的停车位占为己用。期间,甲将该停车位出租给丙,租期1年。期满后丙表示不再续租,但仍继续使用该停车位。下列哪一表述是错误的?(2012-3-8)

A. 甲将乙的停车位占为己用,甲属于恶意、无权占有人

B. 丙的租期届满前,甲不能对丙主张占有返还请求权

C. 乙可以请求甲返还原物。在甲为间接占有人时,可以对甲请求让与其对丙的占有返还请求权

D. 无论丙是善意或恶意的占有人,乙都可以对其行使占有返还请求权　　答案:(　　)②

考点:侵占型无权占有中的返还关系、占有的分类(恶意占有、无权占有)

解题图构

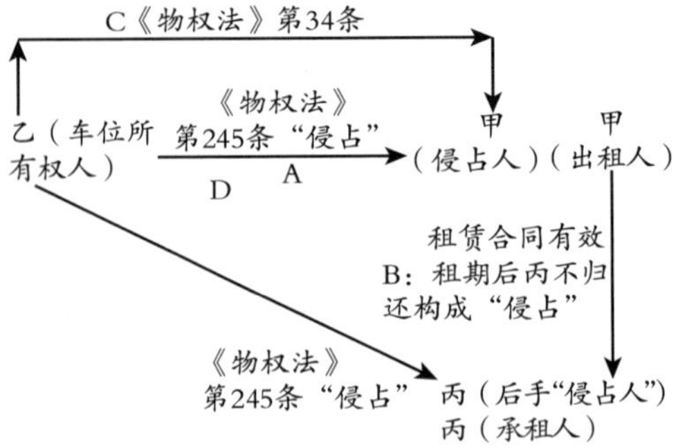

① 参考答案:A
② 参考答案:D

解图：本题有三个关系。

1. 原物返还关系（《物权法》第 34 条），无时间限制。乙基于车位所有权人，要求甲返还原物。

2. 侵占型无权占有中的返还关系（《物权法》第 245 条），有 1 年时间限制。(1) 乙基于占有被侵占要求甲返还占有。(2) 乙基于占有被侵占要求丙返还占有。(3) 当甲成为间接占有人时，乙可请求甲将对丙的占有返还请求权让与给乙。因为相对于乙而言，甲的“侵占人”身份未变，丙作为后手，无论善意还是恶意，仍然构成“侵占”。

3. 无权出租他人之车位租赁合同有效。租期内丙对车位占有，可以对抗甲。（但仍不能对抗所有权人乙）。租期届满后，丙不归还车位给甲，构成“侵占”，启动《物权法》第 245 条占有返还请求权。

4. 本题是选非题！

思路展开

命题点 1：乙基于车位所有权人，可基于《物权法》第 34 条要求甲返还原物“车位”。甲的占有属于无权、恶意占有。

(1) 法律依据：《物权法》第 34 条，“无权占有不动产或者动产的，权利人可以请求返还原物。”

(2) 学理依据：无权占有与恶意的无权占有。①无权占有是与有权占有对应的一个占有类型。②根据占有是否具有本权依据可将占有区分为无权占有和有权占有。所谓本权，是指基于法律上的原因，可对物进行占有的权利如所有权、留置权等。③无权占有是指无本权的占有。④无权占有中，依据占有人的主观心理状态可进一步区分为善意占有和恶意占有。⑤善意占有是占有人不知其物占有的权利的占有。⑥恶意占有是占有人知道其无占有的权利的占有。

(3) 具体到本题：甲明知其无占有本权，将乙的停车位占为己用，属于恶意、无权占有人。

(4) 结论：①“A. 甲将乙的停车位占为己用，甲属于恶意、无权占有人”，A 对，不符合题意，不选 A。②“C. 乙可以请求甲返还原物。”C 的前半句表述正确。

命题点 2：乙基于占有被“侵占”，可基于《物权法》第 245 条要求侵占人甲、侵占人的后手丙“返还原物”（即占有返还请求权）。但有 1 年时间的限制！

(1) 法律依据：《物权法》第 245 条，“占有的不动产或者动产被侵占的，占有人有权请求返还原物；对妨害占有的行为，占有人有权请求排除妨害或者消除危险；因侵占或者妨害造成损害的，占有人有权请求损害赔偿。占有人返还原物的请求权，自侵占发生之日起一年内未行使的，该请求权消灭。”

(2) 学理依据：直接占有和间接占有。①以占有人在事实上是否占有物为标准可将占有分为直接占有和间接占有。②直接占有是指在事实上对物的占有。③间接占有是指基于一定法律关系，对事实上占有物的人有返还请求权，因而间接对物管领的占有。间接占有的特点在于间接占有人与直接占有人之间存在特定的法律关系，基于这种法律关系，间接占有人对于直接占有人有返还请求权。

(3) 具体到本题 1：①“乙出国 2 年，甲将乙的停车位占为己用。期间，甲将该停车位出租给丙，租期 1 年。期满后丙表示不再续租，但仍继续使用该停车位。”②乙的车位被甲侵占，乙可向甲主张占有返还请求权。③乙的车位被甲侵占后出租给了丙，甲的“侵占人”身份不变，丙对乙而言继续属于“侵占”。④在甲间接占有车位期间，乙可请求甲让与对丙的占有返还请求权，也就是说，甲通过指示交付的方式，将甲的间接占有地位让给乙。⑤中间结论：“C 项中在甲为间接占有人时，可以对甲请求让与其对丙的占有返还请求权”C 项后面这句话也对。结合 C 前面的“乙可以请求甲返还原物。”可知，“C. 乙可以请求甲返还原物。在甲为间接占有人时，可以对甲请求让与其对丙的占有返还请求权”，C 对，不符合题意，不选 C。

(4) 具体到本题 2：如前所述，乙是车位所有权人，也是车位的占有人。乙可以启动《物权法》第 34 条的原物返还，不受时间限制。乙也可以启动《物权法》第 245 条的占有返还请求权，但是要受时间限制即自侵占发生之日起 1 年内主张。而“D. 无论丙是善意或恶意的占有人，乙都可以对其行使占有返还请求权”中使用了“占有返还请求权”的措辞，显然，是乙启动《物权法》第 245 条的占有返还请求权，很遗憾：已经过了 1 年时间了。题干交代，“租期届满”，意味从甲侵占车位，到出租给丙，到乙向丙主张，时间已经超过 1 年了。结论：“D. 无论丙是善意或恶意的占有人，乙都可以对其行使占有返还请求权”，D 错，符合题意，选 D。

命题点 3：无权出租他人车位租赁合同有效，租期届满前，出租人对承租人不享有占有返还请求权。

(1) 法律依据：总体变迁，司考与实务密切结合，出租他人之车位合同有效。①《合同法》第 51 条，

"无处分权的人处分他人财产,经权利人追认或者无处分权的人订立合同后取得处分权的,该合同有效。"②《合同法》第224条,"承租人经出租人同意,可以将租赁物转租给第三人。承租人转租的,承租人与出租人之间的租赁合同继续有效,第三人对租赁物造成损失的,承租人应当赔偿损失。承租人未经出租人同意转租的,出租人可以解除合同。"③《买卖解释》第3条,"当事人一方以出卖人在缔约时对标的物没有所有权或者处分权为由主张合同无效的,人民法院不予支持。出卖人因未取得所有权或者处分权致使标的物所有权不能转移,买受人要求出卖人承担违约责任或者要求解除合同并主张损害赔偿的,人民法院应予支持。"④《房屋租赁解释》第16条第1款,"出租人知道或者应当知道承租人转租,但在六个月内未提出异议,其以承租人未经同意为由请求解除合同或者认定转租合同无效的,人民法院不予支持。"

(2)法条阐释:①无权处分他人之物的买卖,都是有效合同。②更何况是出租行为?举重以明轻,故出租他人车位合同有效。③至于无权出租他人(转租)房屋,合同是否无效,搁置。④因为本题标的物是车位。⑤但是本题也透露了司考较接地气,毕竟车位也是不动产,房屋也是不动产,出租他人不动产合同有效,按道理应相同事物相同处理,这种开放性,学者很欢迎!

(3)具体到本题:甲侵占乙车位,将乙车位出租给了丙。租赁合同有效,租期届满前,相对于甲而言,丙占有车位有租赁合同作为依据,故甲不得对丙主张占有返还请求权。

(4)结论:"B. 丙的租期届满前,甲不能对丙主张占有返还请求权",B对,不符合题意,不选B。

异议辨析

一、1. 有观点认为,"D. 无论丙是善意或恶意的占有人,乙都可以对其行使占有返还请求权",错在"无论丙是善意或恶意的占有人",应区分丙到底是概括继受人(继承、企业合并而取得占有)还是特定继受人(购买、承租取得占有)。如果丙是概括继受人,无论丙善意或恶意,乙对概括继受人丙均可行使占有返还请求权。如丙是善意的特定继受人,乙对丙不得主张占有返还请求权。如丙是恶意的特定继受人,则乙对恶意的丙享有占有返还请求权。D错在"无论丙是善意或恶意的占有人"以偏概全。2. 评论:(1)本题考点在于占有返还的1年除斥期间,否则题干交代的两个时间段"出国2年"、"租期1年",都是废话,可以删除。没有删除,说明有所指向。其所指即占有返还请求权的1年除斥期间。(2)《物权法》没有要求只有侵占人的后手是恶意或者善意的问题。不过有《物权法》第106条的善意取得制度适用问题。本题中,承租人丙不构成善意取得,租赁权不是物权,没有善意取得制度适用问题。(3)区分侵占人的后手是概括继受人还是特定继受人,来自台湾地区民法学说。(王泽鉴、黄右昌、史尚宽、郑玉波)。台湾地区民法通说是否为大陆民法学通说,存有较大疑问。(4)崔建远老师意见:在后手构成善意取得的情况下,其占有受法律保护,占有人不得主张占有返还请求权。

二、1. 有观点认为,无侵夺,则无占有返还请求权。故"B. 丙的租期届满前,甲不能对丙主张占有返还请求权,C. 乙可以请求甲返还原物。在甲为间接占有人时,可以对甲请求让与其对丙的占有返还请求权",甲对丙无论任何时候均无占有返还请求权。2. 评论:(1)《民法宝典》相关部分有论述。这涉及对于《物权法》第245条"侵占"与"侵夺"关系的理解。(2)《物权法》第245条的"侵占"是最广义上的使用。不论侵占人有无过错(孙宪忠:"虽然侵害人侵夺占有人之占有时,一般情况均具有主观过错,但是在主观上不具有过错的情形,亦绝非仅有,如误取他人之物。")(3)为什么第245条由原来草案的用词"侵夺"修改为"侵占",最高人民法院给出的解释是:《物权法(草案)》五次审议稿是"侵夺",后改为"侵占",一字之差体现了不同的立法本意。"侵占较侵夺范围更加广泛……体现了立法对占有保护力度的加强,如第三人于转租期满后,不将租赁物返还的,也应属于侵占,承租人(原占有人)可以行使占有保护请求权。"最高人民法院所举之例,就可以说明问题。(4)过往的司法考试试题使用"占有返还请求权"一词时,其指向《物权法》第245条应无疑问。[①] 将来如何,静观其变。只要没有变化,我们就按此前发生的掌握。不能谨守德国法、我国台湾地区民法来解释中国司法考试。否则,要么解释费力,要么归结于司考试题"错误",皆不妥适。

---

① 2012年第8题"B. 丙的租期届满前,甲不能对丙主张占有返还请求权,D 无论丙是善意或恶意的占有人,乙都可以对其行使占有返还请求权"。2012年第58题"C. 无论丙是否知道骑错车,乙均有权对其行使占有返还请求权"。

第九章　所有权

第一节　所有权总论

所有权的限制之征收

根据公平正义理念的内涵，关于《物权法》第42条就"征收集体土地和单位、个人房屋及其他不动产"所作的规定，下列哪些说法可以成立？（2012－3－51）

A. 有公共利益的需要，方可进行征收，实现国家、集体和个人利益的统一

B. 征收须依照法定权限和程序进行，保证程序公正

C. 对失地农民须全面补偿，对失房市民可予拆迁补偿，合理考虑不同诉求

D. 明确保障住宅被征收人的居住条件，保护正当利益和民生

答案：（　　）①

考点：征收、所有权的限制

思路展开

思路1：规范基础：《物权法》第42条，"为了公共利益的需要，依照法律规定的权限和程序可以征收集体所有的土地和单位、个人的房屋及其他不动产。征收集体所有的土地，应当依法足额支付土地补偿费、安置补助费、地上附着物和青苗的补偿费等费用，安排被征地农民的社会保障费用，保障被征地农民的生活，维护被征地农民的合法权益。征收单位、个人的房屋及其他不动产，应当依法给予拆迁补偿，维护被征收人的合法权益；征收个人住宅的，还应当保障被征收人的居住条件。任何单位和个人不得贪污、挪用、私分、截留、拖欠征收补偿费等费用。"

思路2：比对各个选项，只有C表述与法条不一致即"对失房市民可予拆迁补偿"，而法条原文是："应当依法给予拆迁补偿"。C错在"可"。

第二节　业主的建筑物区分所有权

1. 管理权之聘请物业管理

北林公司是某小区业主选聘的物业服务企业。关于业主与北林公司的权利义务，下列哪一选项是正确的？（2010－3－8）

A. 北林公司公开作出的服务承诺及制定的服务细则，不是物业服务合同的组成部分

B. 业主甲将房屋租给他人使用，约定由承租人交纳物业费，北林公司有权请求业主甲对该物业费的交纳承担连带责任

C. 业主乙拖欠半年物业服务费，北林公司要求业主委员会支付欠款，业主委员会无权拒绝

D. 业主丙出国进修两年返家，北林公司要求其补交两年的物业管理费，丙有权以两年未接受物业服务为由予以拒绝

答案：（　　）②

考点：业主的建筑物区分所有权之聘请物业管理、物业服务合同

思路展开

命题点1：物业服务合同内容的确定。

（1）法律依据：《最高人民法院关于审理物业服务纠纷案件具体实用法律若干问题的解释》（以下简称《物业解释》）第3条第2款，"物业服务企业公开作出的服务承诺及制定的服务细则，应当认定为物业服务合同的组成部分。"

（2）结论："A. 北林公司公开作出的服务承诺及制定的服务细则，不是物业服务合同的组成部分"，A错，不选A。

---

① 参考答案：ABD

② 参考答案：B

命题点2：业主与使用人就物业费交付的连带责任。前提是业主与物业使用人约定由使用人付物业费。如果没有这个前提，使用人是不负责任的，也就谈不上连带责任。

（1）法律依据：《物业解释》第7条，“业主与物业的承租人、借用人或者其他物业使用人约定由物业使用人交纳物业费，物业服务企业请求业主承担连带责任的，人民法院应予支持。”

（2）结论：“B. 业主甲将房屋租给他人使用，约定由承租人交纳物业费，北林公司有权请求业主甲对该物业费的交纳承担连带责任”，B对，选B。

命题点3：业主拖欠物业费，得找业主，不能找业委会。

（1）法律依据：《物业解释》第8条第2款，“物业服务企业向业主委员会提出物业费主张的，人民法院应当告知其向拖欠物业费的业主另行主张权利。”

（2）结论：“C. 业主乙拖欠半年物业服务费，北林公司要求业主委员会支付欠款，业主委员会无权拒绝”，C错，不选C。

命题点4：物业提供了服务，业主不得以没实际享受物业服务为由拒付物业费。

（1）法律依据：《物业解释》第6条，“经书面催交，业主无正当理由拒绝交纳或者在催告的合理期限内仍未交纳物业费，物业服务企业请求业主支付物业费的，人民法院应予支持。物业服务企业已经按照合同约定以及相关规定提供服务，业主仅以未享受或者无需接受相关物业服务为抗辩理由的，人民法院不予支持。”

（2）结论：“D. 业主丙出国进修两年返家，北林公司要求其补交两年的物业管理费，丙有权以两年未接受物业服务为由予以拒绝”，D错，不选D。

2. 楼顶广告之管理权

王某有一栋两层楼房，在楼顶上设置了一个商业广告牌。后王某将该楼房的第二层出售给了张某。下列哪些选项是正确的？（2008－3－58）

A. 张某无权要求王某拆除广告牌

B. 张某与王某间形成了建筑物区分所有权关系

C. 张某对楼顶享有共有和共同管理的权利

D. 张某有权要求与王某分享其购房后的广告收益

答案：（　　）①

考点：业主的建筑物区分所有权之共有权、共同管理权

思路展开

命题点1：楼房形成业主的建筑物区分所有权关系。

（1）法律依据：《物权法》第70条，“业主对建筑物内的住宅、经营性用房等专有部分享有所有权，对专有部分以外的共有部分享有共有和共同管理的权利。”

（2）具体到本题：一栋两层楼房，王某住第一层，张某住第二层，张某与王某间形成了建筑物区分所有权关系。专有权＋共有权＋共同管理权＝业主的建筑物区分所有权。

（3）结论：“B. 张某与王某间形成了建筑物区分所有权关系”，B对，选B。

命题点2：业主在建筑物区分所有权就如楼顶等共有部分，享有共同管理的权利。

（1）法律依据：①屋顶是共有部分。《最高人民法院关于审理建筑物区分所有权纠纷案件应用法律若干问题的解释》（以下简称《区分解释》）第3条第1款，“除法律、行政法规规定的共有部分外，建筑区划内的以下部分，也应当认定为物权法第六章所称的共有部分：（一）建筑物的基础、承重结构、外墙、屋顶等基本结构部分，通道、楼梯、大堂等公共通行部分，消防、公共照明等附属设施、设备，避难层、设备层或者设备间等结构部分；（二）其他不属于业主专有部分，也不属于市政公用部分或者其他权利人所有的场所及设施等。”②对共有部分共有和共同管理的权利。《物权法》第72条第1款，“业主对建筑物专有部分以外的共有部分，享有权利，承担义务；不得以放弃权利不履行义务。”

（2）具体到本题：张某和王某对楼顶形成共有，有共同管理的权利，并张某可以要求分享楼顶商业广告的收益。

（3）结论：①“C. 张某对楼顶享有共有和共同管

---

① 参考答案：ABCD

理的权利”,C 对,选 C。②“D. 张某有权要求与王某分享其购房后的广告收益”,D 对,选 D。

命题点 3:改变共有部分的既有用途,需要经过人头比和面积比超过 50% 的决议才可以。

(1)法律依据:①人头比和面积比“过”半数即超过 50% 的决议才有效。《物权法》第 76 条,“下列事项由业主共同决定:(一)制定和修改业主大会议事规则;(二)制定和修改建筑物及其附属设施的管理规约;(三)选举业主委员会或者更换业主委员会成员;(四)选聘和解聘物业服务企业或者其他管理人;(五)筹集和使用建筑物及其附属设施的维修资金;(六)改建、重建建筑物及其附属设施;(七)有关共有和共同管理权利的其他重大事项。决定前款第五项和第六项规定的事项,应当经专有部分占建筑物总面积三分之二以上的业主且占总人数三分之二以上的业主同意。决定前款其他事项,应当经专有部分占建筑物总面积过半数的业主且占总人数过半数的业主同意。”②改变共有部分的用途,就是属于人头比和面积比要超过 50% 决议事项。《区分解释》第 7 条,“改变共有部分的用途、利用共有部分从事经营性活动、处分共有部分,以及业主大会依法决定或者管理规约依法确定应由业主共同决定的事项,应当认定为《物权法》第七十六条第一款第(七)项规定的有关共有和共同管理权利的‘其他重大事项’。”

(2)具体到本题:①“王某有一栋两层楼房,在楼顶上设置了一个商业广告牌。后王某将该楼房的第二层出售给了张某。”②此前楼顶有了商业广告牌,现在要拆除,属于改变共有部分的用途,要人头比和面积比超过 50% 才能决定。③仅仅张某一个人要求改变,不符合“超过 50%”的要求。

(3)结论:“A. 张某无权要求王某拆除广告牌”,A 对,选 A。

3. 业主建筑物区分所有权之结构

甲、乙、丙、丁分别购买了某住宅楼(共四层)的一至四层住宅,并各自办理了房产证。下列哪些说法是正确的?(2006－3－55)

A. 甲、乙、丙、丁有权分享该住宅楼的外墙广告收入

B. 一层住户甲对三、四层间楼板不享有民事权利

C. 若甲出卖其住宅,乙、丙、丁享有优先购买权

D. 如四层住户丁欲在楼顶建一花圃,须得到甲、乙、丙同意

答案:(　　)①

考点:业主建筑物区分所有权共有权、管理权

命题点 1:外墙属于业主建筑物区分所有权中的共有部分,由业主共同管理并取得收益。

(1)法律依据:①外墙属于共有部分。《区分解释》第 3 条第 1 款,“除法律、行政法规规定的共有部分外,建筑区划内的以下部分,也应当认定为物权法第六章所称的共有部分:(一)建筑物的基础、承重结构、外墙、屋顶等基本结构部分,通道、楼梯、大堂等公共通行部分,消防、公共照明等附属设施、设备,避难层、设备层或者设备间等结构部分;(二)其他不属于业主专有部分,也不属于市政公用部分或者其他权利人所有的场所及设施等。”②共有部分由业主共享收益。《物权法》第 72 条第 1 款,“业主对建筑物专有部分以外的共有部分,享有权利,承担义务;不得以放弃权利不履行义务。”

(2)具体到本题:①“甲、乙、丙、丁分别购买了某住宅楼(共四层)的一至四层住宅,并各自办理了房产证。”②甲、乙、丙丁形成业主的建筑物区分所有权＝专有权＋共有权＋共同管理权。③三四层楼板属于三楼和四楼业主共有,不是由整栋建筑物的全部业主共有。(对此,《2006 年国家司法考试试题解析》:“有的共有部分由全体建筑物区分所有权人共有,如地基、外墙等;有的共有部分仅为部分建筑物区分所有权人共有,本题中 B 选项所提及的“三、四层间楼板”应由丙、丁二人共有。”)

(3)结论:①“A. 甲、乙、丙、丁有权分享该住宅楼的外墙广告收入”,A 对,选 A。②“B. 一层住户

① 参考答案:《2006 年国家司法考试试题解析》原公布的答案是 ABD。根据《物权法》和《区分解释》的新规定,“D. 如四层住户丁欲在楼顶建一花圃,须得到甲、乙、丙同意”,应该换成新的表述:“如四层住户丁欲在楼顶建一花圃,须经专有部分占建筑物总面积过半数的业主且占总人数过半数的业主同意”,不再是全体一致同意。因为楼顶建花圃属于改变共有部分的用途。人头比和面积比均超过 50% 的决议有效。

甲对三、四层间楼板不享有民事权利”,B 对,选 B。

命题点 2:业主建筑物区分所有权中,专有权处分时,其他业主无优先购买权。

(1)法律依据:业主对专有部分有独立所有权。《物权法》第 71 条,“业主对其建筑物专有部分享有占有、使用、收益和处分的权利。业主行使权利不得危及建筑物的安全,不得损害其他业主的合法权益。”

(2)结论:“C. 若甲出卖其住宅,乙、丙、丁享有优先购买权”,C 错,不选 C。

命题点 3:改变共有部分的用途,须经专有部分占建筑物总面积过半数的业主且占总人数过半数的业主同意。

(1)法律依据:①楼顶属于共有部分。《区分解释》第 3 条第 1 款,“除法律、行政法规规定的共有部分外,建筑区划内的以下部分,也应当认定为《物权法》第六章所称的共有部分:(一)建筑物的基础、承重结构、外墙、屋顶等基本结构部分,通道、楼梯、大堂等公共通行部分,消防、公共照明等附属设施、设备,避难层、设备层或者设备间等结构部分;(二)其他不属于业主专有部分,也不属于市政公用部分或者其他权利人所有的场所及设施等。”②楼顶之共有部分改变用途须遵循超过 50% 人头比和面积比决议。《区分解释》第 7 条,“改变共有部分的用途、利用共有部分从事经营性活动、处分共有部分,以及业主大会依法决定或者管理规约依法确定应由业主共同决定的事项,应当认定为《物权法》第七十六条第一款第(七)项规定的有关共有和共同管理权利的‘其他重大事项’。”③人头比和面积比 50% 决议的来源:《物权法》第 76 条,“下列事项由业主共同决定:(一)制定和修改业主大会议事规则;(二)制定和修改建筑物及其附属设施的管理规约;(三)选举业主委员会或者更换业主委员会成员;(四)选聘和解聘物业服务企业或者其他管理人;(五)筹集和使用建筑物及其附属设施的维修资金;(六)改建、重建建筑物及其附属设施;(七)有关共有和共同管理权利的其他重大事项。决定前款第五项和第六项规定的事项,应当经专有部分占建筑物总面积三分之二以上的业主且占总人数三分之二以上的业主同意。决定前款其他事项,应当经专有部分占建筑物总面积过半数的业主且占总人数过半数的业主同意。”

(2)结论:①“D. 如四层住户丁欲在楼顶建一花圃,须得到甲、乙、丙同意”,应修改为“D. 如四层住户丁欲在楼顶建一花圃,应经专有部分占建筑物总面积过半数的业主且占总人数过半数的业主同意。”②如此表述,D 正确,选 D。③注意,仅仅是修改为“如四层住户丁欲在楼顶建一花圃,须得到甲、乙、丙中任何两人同时同意”还不够,因为必须进一步揭示出甲乙丙丁各自的专有部分占总面积的比例,才能符合人头比和面积比两个均超过 50% 的这个要求。

第三节 相邻关系

甲、乙、丙依次比邻而居。甲为修房向乙提出在其院内堆放建材,乙不允。甲遂向丙提出在其院内堆放,丙要求甲付费 200 元,并提出不得超过 20 天,甲同意。修房过程中,甲搬运建材须从乙家门前经过,乙予以阻拦。对此,下列哪一种说法不正确?(2005-3-3)

A. 乙无权拒绝甲在其院内堆放建材

B. 乙无权阻拦甲经其门前搬运建材

C. 甲应依约定向丙支付占地费

D. 若建材堆放时间超过 20 天,丙有权要求甲清理现场

答案:(　　)①

考点:相邻权、地役权

思路展开

思路 1:本题涉及甲的两个行为,分别对应两个权利:

(1)甲堆放建材,对应地役权。(《2005 年国家司法考试试题解析》:“只有在甲确有在乙的院内堆放建材的必要,否则不能完成房屋的修缮时,甲才有权依据相邻关系使用乙的土地。但根据题目中提供的信息,并不存在这种必要性,因而甲不得依据相邻关系利用乙的土地。”)

(2)甲搬运建材,对应相邻权。①相邻关系是指

① 参考答案:A

两个或两个以上相互毗邻的不动产的所有人或使用人，在行使占有、使用、收益、处分权利时发生的权利义务关系。②相邻关系作为物权法上的制度，是法律对邻近的不动产的利用作最低限度的调节的结果。③《2005年国家司法考试试题解析》："乙仅对其院内的土地享有使用权，对其家门前的土地则既没有所有权，也没有使用权，自然不得阻拦甲经其门前搬运建材（即使乙对其门前土地享有使用权，甲因搬运建材须从乙家门前经过，也依法享有相邻通行权）。"

思路2：甲堆放建材，对应地役权。

（1）法律依据：①基于约定产生地役权。《物权法》第156条第1款，"地役权人有权按照合同约定，利用他人的不动产，以提高自己的不动产的效益。"②签订合同，登记对抗。《物权法》第158条，"地役权自地役权合同生效时设立。当事人要求登记的，可以向登记机构申请地役权登记；未经登记，不得对抗善意第三人。"③依据约定使用。《物权法》第159条，"供役地权利人应当按照合同约定，允许地役权人利用其土地，不得妨害地役权人行使权利。"

（2）具体到本题：①甲为修房要在乙或丙地堆放建材。②甲、乙之间，因乙不同意，甲、乙不成立地役权，乙有权拒绝甲在其院内堆放建材的要求。③甲、丙之间，达成设立地役权合同。甲应履行地役权合同，向丙支付200元，并按照约定的方式利用供役地。

（3）结论：①"A. 乙无权拒绝甲在其院内堆放建材"，A错，符合题意，选A。②"C. 甲应依约定向丙支付占地费"，C对，不符合题意，不选C。③"D. 若建材堆放时间超过20天，丙有权要求甲清理现场"，D对，不符合题意，不选D。

思路3：甲搬运建材，对应相邻权。

（1）法律依据：《物权法》第84条，"不动产的相邻权利人应当按照有利生产、方便生活、团结互助、公平合理的原则，正确处理相邻关系。"第87条，"不动产权利人对相邻权利人因通行等必须利用其土地的，应当提供必要的便利。"

（2）具体到本题："甲、乙、丙依次比邻而居" + "甲搬运建材须从乙家门前经过" = 甲享有通行相邻权。

（3）结论："B. 乙无权阻拦甲经其门前搬运建材"，B对，不符合题意，不选B。

第四节　所有权的特别取得方法

（一）所有权取得特别方法之善意取得

1. 善意取得之合理对价

（1）潜水设备分期付款，卖给职业潜水员价格不合理，不构成善意取得

2000年1月甲以分期付款的方式向乙公司购买潜水设备一套，价值10万元。约定首付2万元，余款分三期付清，分别为2万元、3万元、3万元，全部付清前，乙公司保留所有权。甲收货后付了首付和第一期款，第二期款迟迟未付。2000年8月甲以2万元将该设备卖给职业潜水员丙。下列哪些选项是正确的？（2007－3－56）

A. 乙可以解除合同，要求甲承担违约责任

B. 乙解除合同后可以要求甲支付设备的使用费

C. 乙可以请求丙返还原物，但须支付丙2万元购买费用

D. 丙返还潜水设备后可以要求甲承担违约责任

答案：（　　）①

考点：分期付款买卖中的解除、解除后果；分期付款买卖中的无权处分与善意取得构成要件之"价格合理"要件；无权处分合同中的违约责任（区分原则）

解题图构

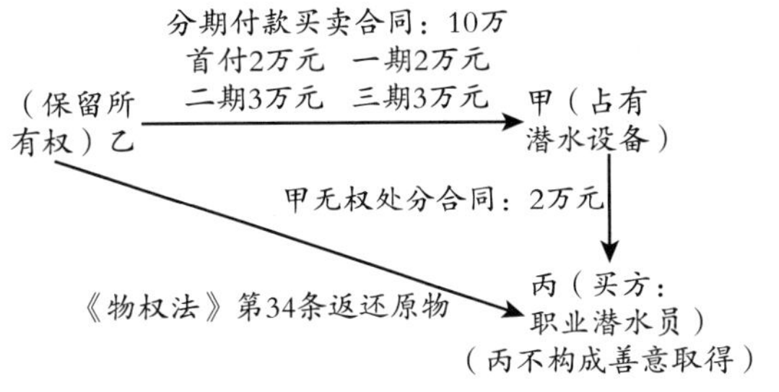

思路展开

思路1：本题存在两个交易；一个是分期付款买卖合同；另一个是无权处分买卖合同。

① 参考答案：ABD

(1)乙、甲分期付款买卖合同,标的物是10万元的潜水设备,"分期付款的方式"、"全部付清前,乙公司保留所有权",加之"第二期款迟迟未付。"故乙仍为所有权人。

(2)甲、丙之间无权处分潜水设备买卖合同,价格明显不合理,丙不构成善意取得。

思路2:乙与甲之间的分期付款买卖:甲的未按约定付款行为激活了乙的解除权,乙主张解除权,则可以发生解除的后果,可向甲要求支付使用费。

(1)法律依据:①《合同法》第167条,"分期付款的买受人未支付到期价款的金额达到全部价款的五分之一的,出卖人可以要求买受人支付全部价款或者解除合同。出卖人解除合同的,可以向买受人要求支付该标的物的使用费。"②《合同法》第97条,"合同解除后,尚未履行的,终止履行;已经履行的,根据履行情况和合同性质,当事人可以要求恢复原状、采取其他补救措施,并有权要求赔偿损失。"

(2)具体到本题:①"价值10万元。约定首付2万元,余款分三期付清,分别为2万元、3万元、3万元。""甲收货后付了首付和第一期款,第二期款迟迟未付。"②甲未付到期价款3万元,占全部价款10万元的30%,满足了"五分之一"的条件。③乙可以加速到期或者解除合同。④如乙解除合同,要求甲承担违约责任,可主张让甲支付使用费。

(3)结论:①"A.乙可以解除合同,要求甲承担违约责任",A对,选A。②"B.乙解除合同后可以要求甲支付设备的使用费",B对,选B。

思路3:乙与甲之间的分期付款买卖:约定全部款项支付完毕前乙是所有权人,甲未付完款,故乙是潜水设备的所有权人。甲再处分给丙,属于无权处分,启动检索善意取得构成要件的程序。

(1)法律依据:①动产所有权可以通过约定保留。《物权法》第23条,"动产物权的设立和转让,自交付时发生效力,但法律另有规定的除外。"②激活《合同法》第133条,"标的物的所有权自标的物交付时起转移,但法律另有规定或者当事人另有约定的除外。"③继续激活《合同法》第134条,"当事人可以在买卖合同中约定买受人未履行支付价款或者其他义务的,标的物的所有权属于出卖人。"④无权处分应检讨构成要件:《物权法》第106条,"无处分权人将不动产或者动产转让给受让人的,所有权人有权追回;除法律另有规定外,符合下列情形的,受让人取得该不动产或者动产的所有权:(一)受让人受让该不动产或者动产时是善意的;(二)以合理的价格转让;(三)转让的不动产或者动产依照法律规定应当登记的已经登记,不需要登记的已经交付给受让人。受让人依照前款规定取得不动产或者动产的所有权的,原所有权人有权向无处分权人请求赔偿损失。当事人善意取得其他物权的,参照前两款规定。"

(2)善意取得之法条阐释:善意取得五大条件=①动产属于委托物(脱离物如盗赃物、遗失物、漂流物、埋藏物、失散的动物,不适用善意取得。货币占有即所有,无善意取得问题。禁止流通物不发生善意取得。)或不动产登记错误+②无权处分+③受让人善意(不知情者为善意,是指受让人不知让与人无处分权。对受让人善意的判断,应以"受让时"为时点。)+④合理价格(不要求实际支付价款,可以是代物清偿、互易、设立公司的出资等有偿行为)+⑤动产交付了或不动产登记了。

(3)具体到本题:①"价值10万元"、"2000年8月甲以2万元将该设备卖给职业潜水员丙"。②丙不满足价格合理之要件(职业潜水员强化其价格不合理之要件,而非等于丙对于甲的无权处分知情)。③关于"价格合理"与否的判断,可参照《合同法解释二》第19条以前手交易价格上下浮动30%为判断标准。《合同法解释二》第19条,"对于《合同法》第七十四条规定的'明显不合理的低价',人民法院应当以交易当地一般经营者的判断,并参考交易当时交易地的物价部门指导价或者市场交易价,结合其他相关因素综合考虑予以确认。转让价格达不到交易时交易地的指导价或者市场交易价百分之七十的,一般可以视为明显不合理的低价;对转让价格高于当地指导价或者市场交易价百分之三十的,一般可以视为明显不合理的高价。债务人以明显不合理的高价收购他人财产,人民法院可以根据债权人的申请,参照《合同法》第七十四条的规定予以撤销。"④价值10万元的潜水设备,只卖2万元,远远超过了向下浮动的30%范围,价格是极其不合理。

(4)中间结论:丙不构成善意取得。

思路4：丙不构成善意取得，则潜水设备所有权人乙可主张返还原物。

（1）法律依据：《物权法》第34条，"无权占有不动产或者动产的，权利人可以请求返还原物。"

（2）具体到本题：乙可请求丙返还潜水设备，无须向丙支付任何费用。《2007年国家司法考试试题解析》："丙支付的2万元购买费用属于甲丙之间的关系，与乙并无关联，乙无须向丙支付该项费用。"

（3）结论："C. 乙可以请求丙返还原物，但须支付丙2万元购买费用"，C错，不选C。

思路5：丙不构成善意取得，甲、丙之间物权不变动，但不影响甲、丙买卖合同效力。因为一是区分原则，二是无权处分合同有效。结果是违约方甲应向丙负违约责任。

（1）法律依据：①区分原则。《物权法》第15条，"当事人之间订立有关设立、变更、转让和消灭不动产物权的合同，除法律另有规定或者合同另有约定外，自合同成立时生效；未办理物权登记的，不影响合同效力。"②无权处分合同有效。《买卖解释》第3条第1款，"当事人一方以出卖人在缔约时对标的物没有所有权或者处分权为由主张合同无效的，人民法院不予支持。"③无权处分合同中无权处分人负违约责任。《买卖解释》第3条第2款，"出卖人因未取得所有权或者处分权致使标的物所有权不能转移，买受人要求出卖人承担违约责任或者要求解除合同并主张损害赔偿的，人民法院应予支持。"④激活《合同法》违约责任：《合同法》第107条，"当事人一方不履行合同义务或者履行合同义务不符合约定的，应当承担继续履行、采取补救措施或者赔偿损失等违约责任。"

（2）具体到本题：甲、丙签署了买卖合同，出卖人甲有义务向丙交付标的物，并移转标的物的所有权，如今甲实际上无法履行该义务（《合同法》第135条，"出卖人应当履行向买受人交付标的物或者交付提取标的物的单证，并转移标的物所有权的义务"），丙有权要求甲承担违约责任。

（3）结论："D. 丙返还潜水设备后可以要求甲承担违约责任"，D对，选D。

（2）赠与不满足善意取得之"合理价格"有偿行为的构成要件、善意取得他物权之质权

下列哪一种情况下，善意第三人不能依据善意取得制度取得相应物权？（2007－3－10）

A. 保留所有权的动产买卖中，尚未付清全部价款的买方将其占有的标的物卖给不知情的第三人

B. 电脑的承租人将其租赁的电脑向不知情的债权人设定质权

C. 动产质权人擅自将质物转质于不知情的第三人

D. 受托代为转交某一物品的人将该物品赠与不知情的第三人

答案：（　　）①

考点：善意取得构成要件之"价格合理"、"无权处分"、善意取得他物权（质权）

命题点1：善意取得委托物所有权构成要件的检索。

（1）法律依据：《物权法》第106条，"无处分权人将不动产或者动产转让给受让人的，所有权人有权追回；除法律另有规定外，符合下列情形的，受让人取得该不动产或者动产的所有权：（一）受让人受让该不动产或者动产时是善意的；（二）以合理的价格转让；（三）转让的不动产或者动产依照法律规定应当登记的已经登记，不需要登记的已经交付给受让人。受让人依照前款规定取得不动产或者动产的所有权的，原所有权人有权向无处分权人请求赔偿损失。当事人善意取得其他物权的，参照前两款规定。"

（2）法条阐释：善意取得五大条件＝①动产属于委托物（脱离物如盗赃物、遗失物、漂流物、埋藏物、失散的动物，不适用善意取得。货币占有即所有，无善意取得问题。禁止流通物不发生善意取得）或不动产登记错误＋②无权处分＋③受让人善意（不知情者为善意，是指受让人不知让与人无处分权。对受让人善意的判断，应以"受让时"为时点）＋④合理价格（不要求实际支付价款，可以是代物清偿、互易、设立公司的出资等有偿行为）＋⑤动产交付了或不动产登记了。

（3）具体到本题和相应的中间结论：①"A. 保留所有权的动产买卖中，尚未付清全部价款的买方将

① 参考答案：D

其占有的标的物卖给不知情的第三人”。②指向条:《合同法》第134条,“当事人可以在买卖合同中约定买受人未履行支付价款或者其他义务的,标的物的所有权属于出卖人。”③中间结论:既然尚未付清全部价款,则所有权仍归卖方。买方再卖构成无权处分,第三人不知情,启动善意取得制度。故A不符合题意,不选A。③“D.受托代为转交某一物品的人将该物品赠与不知情的第三人”。④中间结论:赠与不符合价格合理的要件,不能适用善意取得。故D符合题意,选D。

命题点2:善意取得他物权(质权),参照善意取得所有权适用。

(1)法律依据:①基本规范:《物权法》第106条第3款,“当事人善意取得其他物权的,参照前两款规定。”②具体规范:《担保解释》第84条,“出质人以其不具有所有权但合法占有的动产出质的,不知出质人无处分权的质权人行使质权后,因此给动产所有人造成损失的,由出质人承担赔偿责任。”

(2)法条阐释:①无权处分他人动产,设立质权,取得质权的人是基于“质权合同”+质物的交付。而质权合同属于单务无偿合同,故质权善意取得无须“合理价格”这个要件。②抵押权善意取得亦同。③根本原因:担保物权之善意取得,实际上是“初始设立”。

(3)具体到本题和相应结论:①关于B选项:A1.“B.电脑的承租人将其租赁的电脑向不知情的债权人设定质权”,债权人可以善意取得质权。A2.关于B选项的中间结论:B不符合题意,不选B。②关于C选项:A1.“C.动产质权人擅自将质物转质于不知情的第三人”。A2.关于C选项的中间结论:“擅自”+“不知情”,即动产质权人以自己是所有权人的身份和名义,无权处分,为不知情第三人设立质权,启动质权的善意取得。A3.C不符合题意,不选C。A4.特别注意:此处不知情,即告诉考生,第三人误以为“转质人”是所有权人。如果第三人明知转质人是质权人,也就不会用“不知情”这三个字来措辞了。

延展:关于质权善意取得与转质的:区分质权的善意取得与转质。

(1)质权的善意取得。①无权处分人为善意第三人设立质权时,是以所有权人身份,即宣称自己就是质物的所有权人,善意第三人(符合善意的要件,不知道转质人是无权处分人)基于《物权法》第106条第3款和《担保解释》第84条善意取得质权。②具体到本题“C.动产质权人擅自将质物转质于不知情的第三人”,此处的“不知情”三个字,与“转质”两个字结合起来,发生变异反应!③即第三人不知道转质人不是所有权人,故为质权的善意取得,而不是转质。④如果是转质,就不会使用“不知情”,转质必然是次质权人“知情”!⑤故考生对于措辞务必理解准确,否则不明所以然,只记住答案,刷多少遍真题也等于原地踏步,无所精进!切记切记!

(2)转质,质权人把质物转质,可区分为经出质人同意的转质(承诺转质)和未经出质人同意的转质(责任转质)。①转质时,质权人是以质权人身份,即对第三人明确表示自己是质物的质权人,而不是所有权人。②既然第三人知道转质人不是所有权人,就不符合善意取得质权构成要件之“善意”的要件,故不启动善意取得制度,转而启动转质相关规范处理。A1、《担保解释》第93条,“质权人在质权存续期间,未经出质人同意,擅自使用、出租、处分质物,因此给出质人造成损失的,由质权人承担赔偿责任。”A2、《担保解释》第96条,“质权人在质权存续期间,为担保自己的债务,经出质人同意,以其所占有的质物为第三人设定质权的,应当在原质权所担保的债权范围之内,超过的部分不具有优先受偿的效力。转质权的效力优于原质权。质权人在质权存续期间,未经出质人同意,为担保自己的债务,在其所占有的质物上为第三人设定质权的无效。质权人对因转质而发生的损害承担赔偿责任。”A3、《物权法》第217条,“质权人在质权存续期间,未经出质人同意转质,造成质押财产毁损、灭失的,应当向出质人承担赔偿责任。”

2.无权处分相机构成善意取得、善意取得后再有权处分属正常交易取得

甲、乙外出游玩,向丙借相机一部,用毕甲将相机带回家。丁到甲家见此相机,执意要以3000元买下,甲见此价高于市价,便隐瞒实情表示同意并将相机交付与丁。不久,丁因手头拮据又向乙以2000元兜售该相机。乙见此相机眼熟,便向丁询问,丁如实相告,乙遂将之买下。此时,谁拥有该相机的所有

权?(2008－四川－12)

A. 甲　B. 乙　C. 丙　D. 丁

答案:(　　)[1]

考点:无权处分相机构成善意取得、善意取得后再有权处分属正常交易取得

解题图构

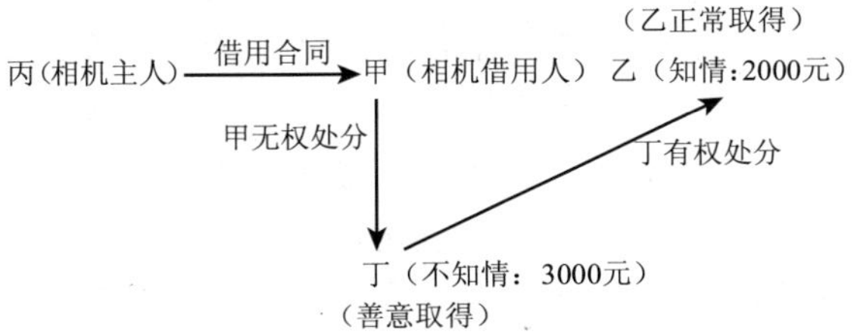

解图:1. 丙相机借用给甲,甲无权处分给不知情丁("甲见此价高于市价,便隐瞒实情表示同意并将相机交付与丁"),丁构成善意取得。

2. 丁处分相机为有权处分,乙知情与否在所不问("乙见此相机眼熟,便向丁询问,丁如实相告,乙遂将之买下"),乙基于买卖合同正常取得相机所有权。

3. 丁"如实相告"颇值玩味:丁相告的是什么?"乙见此相机眼熟",故丁相告的应该是丁从甲处买得,由此,乙就知道了甲无权处分相机给了丁这一事实("甲、乙外出游玩,向丙借相机一部,用毕甲将相机带回家。")

思路展开

思路1:甲、丁之间属于无权处分的合同,丁构成善意取得,到这一阶段,丁是相机所有权人。

(1)法律依据:《物权法》第106条,"无处分权人将不动产或者动产转让给受让人的,所有权人有权追回;除法律另有规定外,符合下列情形的,受让人取得该不动产或者动产的所有权:(一)受让人受让该不动产或者动产时是善意的;(二)以合理的价格转让;(三)转让的不动产或者动产依照法律规定应当登记的已经登记,不需要登记的已经交付给受让人。受让人依照前款规定取得不动产或者动产的所有权的,原所有权人有权向无处分权人请求赔偿损失。当事人善意取得其他物权的,参照前两款规定。"

(2)法条阐释:善意取得五大条件＝①动产属于委托物(脱离物如盗赃物、遗失物、漂流物、埋藏物、失散的动物,不适用善意取得。货币占有即所有,无善意取得问题。禁止流通物不发生善意取得)或不动产登记错误＋②无权处分＋③受让人善意(不知情者为善意,是指受让人不知让与人无处分权。对受让人善意的判断,应以"受让时"为时点)＋④合理价格(不要求实际支付价款,可以是代物清偿、互易、设立公司的出资等有偿行为)＋⑤动产交付了或不动产登记了。

(3)具体到本题:①"甲、乙外出游玩,向丙借相机一部,用毕甲将相机带回家。丁到甲家见此相机,执意要以3000元买下,甲见此价高于市价,便隐瞒实情表示同意并将相机交付与丁。"②相机是委托物＋甲无权处分＋丁不知情是善意＋支付了合理价格("高于市价")＋丁取得了占有("交付与丁")＝善意取得的五个要件全部具备。

(4)中间结论:丁善意取得相机所有权。

思路2:丁、乙之间属于有权处分的合同,乙属于正常取得,到这一阶段即设问之"此时",乙是相机所有权人。

(1)《2007年国家司法考试试题解析》:"乙虽然询问并得知了实际情况,但并不妨碍丁与乙买卖合同的有效成立,故乙取得该相机的所有权。"

(2)最后结论:①乙是相机所有权人。"B. 乙",B对,选B。②其他"A. 甲""C. 丙""D. 丁",ACD都错,不选ACD。

2. 夫妻共有财产的无权处分和善意取得检讨

(1)宣告失踪中,妻子无权处分共有财产,第三人知情不启动善意取得

甲被法院宣告失踪,其妻乙被指定为甲的财产代管人。3个月后,乙将登记在自己名下的夫妻共有房屋出售给丙,交付并办理了过户登记。在此过程中,乙向丙出示了甲被宣告失踪的判决书,并将房屋属于夫妻二人共有的事实告知丙。1年后,甲重新出现,并经法院撤销了失踪宣告。现甲要求丙返还房屋。对此,下列哪一说法是正确的?(2016－3－6)

A. 丙善意取得房屋所有权,甲无权请求返还

B. 丙不能善意取得房屋所有权,甲有权请求返还

---

[1] 参考答案:B

C. 乙出售夫妻共有房屋构成家事代理,丙继受取得房屋所有权

D. 乙出售夫妻共有房屋属于有权处分,丙继受取得房屋所有权

答案:(　　)①

考点:宣告失踪、无权处分、善意取得、家事代理、原物返还请求权

解题图构

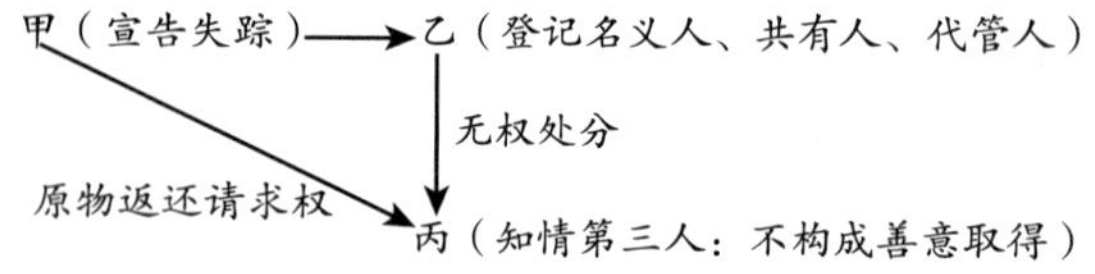

思路展开

乙有三个身份:房屋登记名义人、房屋共有人、房屋代管人。乙的处分房屋行为,构成无权处分,直接检讨第三人丙是否构成善意取得。

命题点 1:宣告失踪制度中,财产代管人擅自处分财产,构成无权处分。

(1)法律依据:①无权处分。《民法总则》第 43 条,"财产代管人应当妥善管理失踪人的财产,维护其财产权益。失踪人所欠税款、债务和应付的其他费用,由财产代管人从失踪人的财产中支付。财产代管人因故意或者重大过失造成失踪人财产损失的,应当承担赔偿责任。"②善意取得。《物权法》第 106 条,"无处分权人将不动产或者动产转让给受让人的,所有权人有权追回;除法律另有规定外,符合下列情形的,受让人取得该不动产或者动产的所有权:(一)受让人受让该不动产或者动产时是善意的;(二)以合理的价格转让;(三)转让的不动产或者动产依照法律规定应当登记的已经登记,不需要登记的已经交付给受让人。受让人依照前款规定取得不动产或者动产的所有权的,原所有权人有权向无处分权人请求赔偿损失。当事人善意取得其他物权的,参照前两款规定。"③无权处分善意的认定。《物权法解释一》第 16 条:"具有下列情形之一的,应当认定不动产受让人知道转让人无处分权:(一)登记簿上存在有效的异议登记;(二)预告登记有效期内,未经预告登记的权利人同意;(三)登记簿上已经记载司法机关或者行政机关依法裁定、决定查封或者以其他形式限制不动产权利的有关事项;(四)受让人知道登记簿上记载的权利主体错误;(五)受让人知道他人已经依法享有不动产物权。真实权利人有证据证明不动产受让人应当知道转让人无处分权的,应当认定受让人具有重大过失。"④返还原物请求权。《物权法》第 34 条,"无权占有不动产或者动产的,权利人可以请求返还原物。"

(2)法理阐释:①财产代管人处分失踪人财产,是无权处分。宣告失踪制度的目的在于救济因自然人下落不明而导致的财产关系不稳定状态,通过宣告下落不明人为失踪人,可为其设立财产代管人,保管失踪人财产、处理应了结的债权债务,维护失踪人和利害关系人的财产。直接处分宣告失踪人财产的,属于无权处分。②善意取得需要四大构成要件:无权处分 + 善意(不知情)+ 取得(动产完成交付或不动产完成过户)+ 价格合理。③原物返还请求权两个要件:一方是(含有占有权能的)物权人,对方是现时无权占有人。

(3)具体到本题:①"甲被法院宣告失踪,其妻乙被指定为甲的财产代管人。3 个月后,乙将登记在自己名下的夫妻共有房屋出售给丙,交付并办理了过户登记。"+"……告知丙"。②乙无权处分,丙是恶意,不可能构成善意取得。④房屋归甲、乙共同共有,丙属于无权占有。启动《物权法》第 34 条原物返还请求权,丙应将房屋返还给共同共有人甲和乙。

(4)结论:①"A. 丙善意取得房屋所有权,甲无权请求返还;D. 乙出售夫妻共有房屋属于有权处分,丙继受取得房屋所有权",AD 错,不选 AD。②"B. 丙不能善意取得房屋所有权,甲有权请求返还",B 对,选 B。

命题点 2:家事代理限于小额夫妻共有财产。

(1)法律依据:①共同共有财产的处分需要一致决。《物权法》第 97 条,"处分共有的不动产或者动产以及对共有的不动产或者动产作重大修缮的,应当经占份额三分之二以上的按份共有人或者全体共同共有人同意,但共有人之间另有约定的除外。"②夫妻日常小额共同共有财产可以单独决,但是大额财产仍然需要一致决。《婚姻法解释一》第 17 条,

① 参考答案:B

"'夫或妻对夫妻共同所有的财产,有平等的处理权'的规定,应当理解为:(一)夫或妻在处理夫妻共同财产上的权利是平等的。因日常生活需要而处理夫妻共同财产的,任何一方均有权决定。(二)夫或妻非因日常生活需要对夫妻共同财产做重要处理决定,夫妻双方应当平等协商,取得一致意见。他人有理由相信其为夫妻双方共同意思表示的,另一方不得以不同意或不知道为由对抗善意第三人。"

(2)具体到本题:①"3个月后,乙将登记在自己名下的夫妻共有房屋出售给丙,交付并办理了过户登记。"②乙以自己的名义处分夫妻共同共有房屋,不是以其配偶甲的名义对外签约,不构成直接代理,因为直接代理需要以被代理人名义签约。③与此同时,乙也不构成家事代理,因为房屋是不动产,不属于可以家事代理的财产范畴。④可见,乙既不是代理,也不是家事代理,乙的行为构成无权处分。⑤《2016年国家司法考试试题解析》:"对于不动产等重要财产的处分,原则上并不在家事代理的范围。"

(3)结论:"C.乙出售夫妻共有房屋构成家事代理,丙继受取得房屋所有权",C错,不选。

(2)不动产之善意取得之夫妻共有房屋的出卖、区分原则、无权处分合同的效力

甲、乙结婚后购得房屋一套,仅以甲的名义进行了登记。后甲、乙感情不和,甲擅自将房屋以时价出售给不知情的丙,并办理了房屋所有权变更登记手续。对此,下列哪一选项是正确的?(2008-3-13)

A.买卖合同有效,房屋所有权未转移

B.买卖合同无效,房屋所有权已转移

C.买卖合同有效,房屋所有权已转移

D.买卖合同无效,房屋所有权未转移

答案:(　　)①

考点:不动产之善意取得之夫妻共有房屋的出卖、区分原则、无权处分合同的效力

解题图构

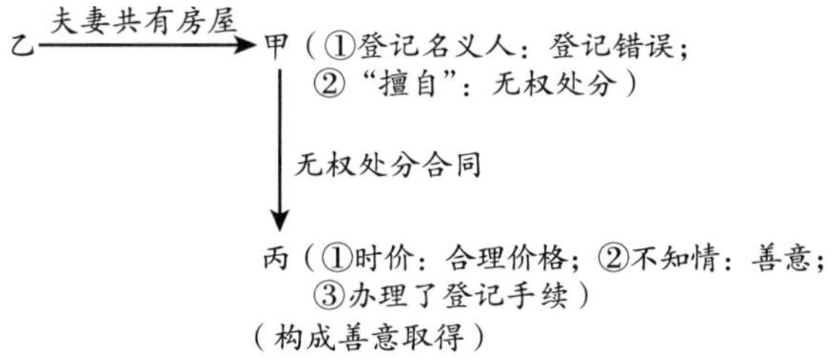

解图:1.乙甲夫妻共同共有。

2.甲无权处分。区分原则:合同与物权变动。

3.就物权变动而言,丙善意取得。

4.就合同而言,合同有效。

思路展开

思路1:乙甲夫妻共同共有房产,其处分应一致决,未一致决,构成无权处分,应启动区分原则,物权变动和合同效力分别判定。

(1)法律依据:①婚后房屋归夫妻共有。《婚姻法》第17条,"夫妻在婚姻关系存续期间所得的下列财产,归夫妻共同所有:(一)工资、奖金;(二)生产、经营的收益;(三)知识产权的收益;(四)继承或赠与所得的财产,但本法第十八条第三项规定的除外;(五)其他应当归共同所有的财产。夫妻对共同所有的财产,有平等的处理权。"②一般的共有财产处分应该一致决。而夫妻共有财产中的非因日常生活需要的处理也应该一致决。a.一般共有一致决处分。《物权法》,"处分共有的不动产或者动产以及对共有的不动产或者动产作重大修缮的,应当经占份额三分之二以上的按份共有人或者全体共同共有人同意,但共有人之间另有约定的除外。"b.夫妻共有财产中的非因日常生活需要的处理也应该一致决。《婚姻法解释一》第17条,"《婚姻法》第十七条关于'夫或妻对夫妻共同所有的财产,有平等的处理权'的规定,应当理解为:(一)夫或妻在处理夫妻共同财产上的权利是平等的。因日常生活需要而处理夫妻共同财产的,任何一方均有权决定。(二)夫或妻非因日常生活需要对夫妻共同财产做重要处理决定,夫妻双方应当平等协商,取得一致意见。他人有理由相信其为夫妻双方共同意思表示的,另一方不得以不同意或不知道为由对抗善意第三人。"③未依法一致决,属于无权处分,应区分物权变动和合同效力,分别认定。《物权法》第15条,"当事人之间订立有关设立、变更、转让和消灭不动产物权的合同,除法律另有规定或者合同另有约定外,自合同成立时生效;未办理物权登记的,不影响合同效力。"

(2)具体到本题:①"甲、乙结婚后购得房屋一

① 参考答案:司法部当年公布的答案是B,根据《买卖解释》第3条的规定,本题将答案调整为C。

套”、“甲擅自出售给不知情的丙”。②甲乙夫妻共有房屋,处分房屋属于非因日常生活需要的处理,应该甲乙夫妻一致决。③未一致决,启动无权处分。④物权是否发生变动?合同是否有效?各自判断。

(3)初始结论:甲无权处分夫妻共有房屋给不知情的丙:物权变动依《物权法》,合同效力依《合同法》。

思路2:甲无权处分夫妻共有房屋给不知情的丙,丙是否取得物权,依据《物权法》。检索丙是否构成善意取得。

(1)法律依据:①《物权法》第106条,“无处分权人将不动产或者动产转让给受让人的,所有权人有权追回;除法律另有规定外,符合下列情形的,受让人取得该不动产或者动产的所有权:(一)受让人受让该不动产或者动产时是善意的;(二)以合理的价格转让;(三)转让的不动产或者动产依照法律规定应当登记的已经登记,不需要登记的已经交付给受让人。受让人依照前款规定取得不动产或者动产的所有权的,原所有权人有权向无处分权人请求赔偿损失。当事人善意取得其他物权的,参照前两款规定。”②《婚姻法解释三》第11条,“一方未经另一方同意出售夫妻共同共有的房屋,第三人善意购买、支付合理对价并办理产权登记手续,另一方主张追回该房屋的,人民法院不予支持。夫妻一方擅自处分共同共有的房屋造成另一方损失,离婚时另一方请求赔偿损失的,人民法院应予支持。”

(2)善意取得制度的法条阐释:善意取得五大条件=①动产属于委托物(脱离物如盗赃物、遗失物、漂流物、埋藏物、失散的动物,不适用善意取得。货币占有即所有,无善意取得问题。禁止流通物不发生善意取得。)或不动产登记错误+②无权处分+③受让人善意(不知情者为善意,是指受让人不知让与人无处分权。对受让人善意的判断,应以“受让时”为时点。)+④合理价格(不要求实际支付价款,可以是代物清偿、互易、设立公司的出资等有偿行为)+⑤动产交付了或不动产登记了。

(3)具体到本题:①“甲、乙结婚后购得房屋一套,仅以甲的名义进行了登记。后甲、乙感情不和,甲擅自将房屋以时价出售给不知情的丙,并办理了房屋所有权变更登记手续。”②共有房屋登记在甲名下,登记错误。③“甲擅自”,甲无权处分。④“时价”,价格合理。⑤“不知情的丙”,买方丙善意。⑥“办理了房屋所有权变更登记”,买方丙获得房屋登记。⑦符合善意取得的五个条件,齐备!丙善意取得房屋所有权。

(4)中间结论:①“房屋所有权已经转移”。②“A.买卖合同有效,房屋所有权未转移”,A错,不选A。③“D.买卖合同无效,房屋所有权未转移”,D错,不选D。

(5)延展1:①甲的擅自卖房行为,不是离婚过错赔偿事由。②《婚姻法》第46条,“有下列情形之一,导致离婚的,无过错方有权请求损害赔偿:(一)重婚的;(二)有配偶者与他人同居的;(三)实施家庭暴力的;(四)虐待、遗弃家庭成员的。”

(6)延展2:①甲擅自卖房行为,侵犯了乙的共有权,应负《侵权责任法》上的赔偿责任或者《物权法》上的赔偿责任。②《物权法》第37条,“侵害物权,造成权利人损害的,权利人可以请求损害赔偿,也可以请求承担其他民事责任。”和第106条第2款。)③而甲、乙婚姻关系存续构成诉讼时效中止的事由。④因为我国不承认婚内赔偿。《婚姻法解释三》第11条第2款,“夫妻一方擅自处分共同共有的房屋造成另一方损失,离婚时另一方请求赔偿损失的,人民法院应予支持。”

(7)延展3:①需要检索甲是否构成隐匿、转移夫妻财产情形,再次分割时可以少分或者不分。②《婚姻法》第47条,“离婚时,一方隐藏、转移、变卖、毁损夫妻共同财产,或伪造债务企图侵占另一方财产的,分割夫妻共同财产时,对隐藏、转移、变卖、毁损夫妻共同财产或伪造债务的一方,可以少分或不分。离婚后,另一方发现有上述行为的,可以向人民法院提起诉讼,请求再次分割夫妻共同财产。人民法院对前款规定的妨害民事诉讼的行为,依照民事诉讼法的规定予以制裁。”

(8)延展4:①如果甲属于隐藏转移夫妻共有财产,导致漏分财产,则乙主张再次分割的时效是2年,从发现之次日起算,而不是从发现或应发现之次日起算。②《婚姻法解释一》第31条,“当事人依据《婚姻法》第四十七条的规定向人民法院提起诉讼,请求再次分割夫妻共同财产的诉讼时效为两年,从当事人发现之次日起计算。”

思路 3：甲无权处分夫妻共有房屋给不知情的丙，甲、丙合同是无权处分的合同，合同是否有效，依据合同法。

（1）法律依据：①《合同法》第 51 条，“无处分权的人处分他人财产，经权利人追认或者无处分权的人订立合同后取得处分权的，该合同有效。”②《买卖解释》第 3 条，“当事人一方以出卖人在缔约时对标的物没有所有权或者处分权为由主张合同无效的，人民法院不予支持。出卖人因未取得所有权或者处分权致使标的物所有权不能转移，买受人要求出卖人承担违约责任或者要求解除合同并主张损害赔偿的，人民法院应予支持。”

（2）具体到本题：①甲无权处分甲乙夫妻共有房屋，与丙（不知情）签订了房屋买卖合同，如果没有其他效力瑕疵（不存在恶意串通损害第三人利益等情形），甲、丙合同不会仅仅因为甲无处分权而无效。②甲、丙合同有效。③甲对丙仍负有合同上的责任。④丙取得房屋所有权，是基于合同取得还是基于善意取得？换问之，是基于法律行为物权变动还是非基于法律行为物权变动？物权变动问题的判断应转向《物权法》，应适用《物权法》第 106 条。虽然甲丙买卖合同有效，但丙仍然属于善意取得。

（3）最后结论：①“B. 买卖合同无效，房屋所有权已转移”，B 错，不选 B。②“C. 买卖合同有效，房屋所有权已转移”，C 对，选 C。③司法部当年给的答案是 B，根据《买卖解释》第 3 条的规定，应将答案调整为 C。

（4）延展：如甲不是以自己名义，而是以甲、乙名义，则不属于无权处分，应启动无权代理制度。丙的交易安全是否可以获得保护，激活表见代理制度的检讨。

常见错误

题干设计有误说：认为题干中是以“时价”出售，没有低价等恶意串通的特殊情况，而且感情不和并不必然在卖房的问题上就有分歧。故题目设计有误。

3. 他物权之善意取得

（1）动产质权的善意取得（电动车出质后，占有质物的质权人再次擅自以所有权人自居将电动车出质，即电动车的第二次出质，接受该电动车第二次出质的人基于善意取得而取得质权）

甲为乙的债权人，乙将其电动车出质于甲。现甲为了向丙借款，未经乙同意将电动车出质于丙，丙不知此车为乙所有。下列哪些选项是正确的？（2008－3－59）

A. 丙因善意取得而享有质权

B. 因未经乙的同意丙不能取得质权

C. 甲对电动车的毁损、灭失应向乙承担赔偿责任

D. 对电动车毁损、灭失，乙可向丙索赔

答案：（　　）①

考点：质权的善意取得、质权人对质物毁损灭失的责任

解题图构

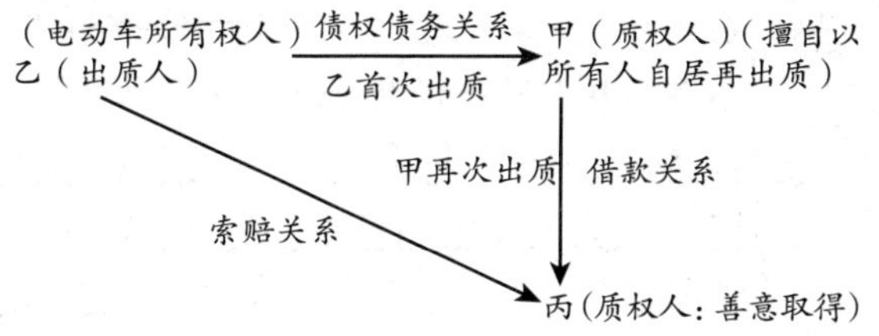

解图：

1. 三角关系图，可以从两条线路来观察：质权线路和代位权线路。

2. 质权线路观察。（1）乙把电动车出质给了甲，甲是质权人。质权人有权占有，但无权处分。（2）甲未经所有权人乙同意，擅自将电动车出质给了丙（“丙不知此车为乙所有”），丙构成质权的善意取得。丙作为质权人，对电动车享有的也仅仅是质权，有权占有，无权处分。丙因自己保管不善导致质物毁损、灭失应负赔偿责任（向甲、向乙）。（3）回到生活。乙欠甲的钱没还，甲手里也缺钱，得融资，故把乙的电动车拿去出质给了丙以融资。要说甲真没什么错。

3. 代位权线路。乙是次债务人、甲是债务人、丙是债权人。就丙债权实现而言，除了有质物电动车做担保外，还有另一层即债的保全。考生需要具有宏观视野，考究乙、甲、丙的三角关系。

4. 本题考的仅仅是质权线路！

5.“C. 甲对电动车的毁损、灭失应向乙承担赔

① 参考答案：ACD

偿责任,D.对电动车毁损、灭失,乙可向丙索赔”中所谓“电动车的毁损、灭失”是新增事实,题干未交代,来自法条,则直接指向法条适用即前质权人甲的赔偿责任和后质权人丙的赔偿责任。

思路展开

命题点1:质权人甲有权占有质物“电脑车”,无权处分“再出质”电脑车。甲就此行为导致电动车毁损灭失,须向电动车所有权人乙负赔偿责任。

(1)法律依据:①《物权法》第106条第2款和第3款,“受让人依照前款规定取得不动产或者动产的所有权的,原所有权人有权向无处分权人请求赔偿损失。当事人善意取得其他物权的,参照前两款规定。”②《物权法》第214条,“质权人在质权存续期间,未经出质人同意,擅自使用、处分质押财产,给出质人造成损害的,应当承担赔偿责任。”③《担保解释》第84条,“出质人以其不具有所有权但合法占有的动产出质的,不知出质人无处分权的质权人行使质权后,因此给动产所有人造成损失的,由出质人承担赔偿责任。”

(2)法理阐释:乙作为物权人,对于质权人导致质物财产损害,请求权基础可以是:①乙、甲之间的质权合同,违约责任。(《合同法》第107条,“当事人一方不履行合同义务或者履行合同义务不符合约定的,应当承担继续履行、采取补救措施或者赔偿损失等违约责任。”)②甲对质物所有权人乙的侵权赔偿。(《物权法》第37条,“侵害物权,造成权利人损害的,权利人可以请求损害赔偿,也可以请求承担其他民事责任。”)

(3)结论:“C.甲对电动车的毁损、灭失应向乙承担赔偿责任”,C对,选C。

命题点2:质权人甲有权占有质物“电动车”,无权处分即“出质”给不知情的丙,丙善意取得电动车的质权。

(1)法律依据:①《物权法》第106条,“无处分权人将不动产或者动产转让给受让人的,所有权人有权追回;除法律另有规定外,符合下列情形的,受让人取得该不动产或者动产的所有权:(一)受让人受让该不动产或者动产时是善意的;(二)以合理的价格转让;(三)转让的不动产或者动产依照法律规定应当登记的已经登记,不需要登记的已经交付给受让人。受让人依照前款规定取得不动产或者动产的所有权的,原所有权人有权向无处分权人请求赔偿损失。当事人善意取得其他物权的,参照前两款规定。”②《担保解释》第84条,“出质人以其不具有所有权但合法占有的动产出质的,不知出质人无处分权的质权人行使质权后,因此给动产所有人造成损失的,由出质人承担赔偿责任。”

(2)善意取得担保物权之法理阐释:构成要件:①无权处分他人动产,设立质权,取得质权的人是基于“质权合同”+质物的交付。而质权合同属于单务无偿合同,故质权善意取得无须“合理价格”这个要件。②抵押权善意取得亦同此理。③综合起来善意取得担保物权之四要件:标的物适于善意取得(盗赃物、遗失物、埋藏物、失散的动物不能适用善意取得质权、货币、禁止流通物不适用善意取得质权)+无权处分(无权设立担保物权,以所有人自居擅自为他人设立质权)+接受质物人设立质权时是善意的(不知道无权处分事实)+接受质物人已经取得了占有(完成了交付)=质权的善意取得。

(3)具体到本题:①“甲未经(所有权人)乙同意将电动车出质给丙,丙不知道此车为乙所有。”②电动车适于善意取得+甲无权处分+丙善意+取得电动车占有=丙善意取得质权。

(4)结论:①“A.丙因善意取得而享有质权”,A对,选A。②“B.因未经乙的同意丙不能取得质权”,B错,不选B。

命题点3:丙善意取得质权,丙是电动车的质权人,则启动质权的一切规则,包括质权人应该对质物进行妥善保管,对质物的毁损灭失负过错赔偿责任。

(1)法律依据:①所有权人可以向过错侵权人索赔。a.《物权法》第37条,“侵害物权,造成权利人损害的,权利人可以请求损害赔偿,也可以请求承担其他民事责任。”b.《侵权责任法》第6条第1款,“行为人因过错侵害他人民事权益,应当承担侵权责任。”②出质人可以向过错质权人索赔(现实损害)。a.质权人过错毁损则应负赔偿责任。《物权法》第215条第1款,“质权人负有妥善保管质押财产的义务;因保管不善致使质押财产毁损、灭失的,应当承担赔偿责任。”关联条文→第2款(可能损害),“质权人的行为可能使质押财产毁损、灭失的,出质人可以要求质权人将质押财产提存,或者要求提前清偿债务并返还质押财产。”b. 非质权人过错“可能”毁损，则质权人可以要求替代担保，否则可加速到期拍卖或提存。《物权法》第216条，“因不能归责于质权人的事由可能使质押财产毁损或者价值明显减少，足以危害质权人权利的，质权人有权要求出质人提供相应的担保；出质人不提供的，质权人可以拍卖、变卖质押财产，并与出质人通过协议将拍卖、变卖所得的价款提前清偿债务或者提存。”

(2)具体到本题：①质权人对质物毁损、灭失，负过错赔偿责任。②“D. 对电动车毁损、灭失，乙可向丙索赔”，D选项增加了一个假设事实即如果电动车毁损、灭失，丙应负过错赔偿责任。③其新增事实本意因丙的过错导致电动车毁损灭失，乙作为所有权人同时也是出质人可向丙索赔。(《2008年国家司法考试试题解析》：“丙既已善意取得电动车的质权，则应当作为质权人对电动车毁损、灭失，承担赔偿责任，而乙既是所有权人又是出质人，故有权向丙索赔。”)④当然，出质人甲也可以向丙索赔(此题未涉及该点)。

(3)结论：“D. 对电动车毁损、灭失，乙可向丙索赔”，D对，选D。

延展：关于质权善意取得与转质的：区分质权的善意取得与转质。

(1)质权的善意取得。①无权处分人为善意第三人设立质权时，是以所有权人身份即宣称自己就是质物的所有权人，善意第三人(符合善意的要件，不知道转质人是无权处分人)基于《物权法》第106条第3款和《担保法解释》第84条善意取得质权。②具体到本题“丙不知此车为乙所有。”③即第三人丙不知道甲不是所有权人，故为质权的善意取得，而不是转质。④如果是转质，就不会使用“丙不知此车为乙所有。”转质必然是次质权人“知情”，知道甲是以质权人身份光明正大地再次出质(实际上是甲将自己对质物的交换价值的优先受偿权作为“质物”出质给丙，故丙的次质权优先于甲的原质权)！

(2)转质，质权人把质物转质，可区分为经出质人同意的转质(承诺转质)和未经出质人同意的转质(责任转质)。①转质时，质权人是以质权人身份，即对第三人明确表示自己是质物的质权人，而不是所有权人。②既然第三人知道转质人不是所有权人，就不符合善意取得质权构成要件之“善意”的要件，故不启动善意取得制度，转而启动转质相关规范处理。a.《担保解释》第93条，“质权人在质权存续期间，未经出质人同意，擅自使用、出租、处分质物，因此给出质人造成损失的，由质权人承担赔偿责任。”b.《担保法解释》第96条，“质权人在质权存续期间，为担保自己的债务，经出质人同意，以其所占有的质物为第三人设定质权的，应当在原质权所担保的债权范围之内，超过的部分不具有优先受偿的效力。转质权的效力优于原质权。质权人在质权存续期间，未经出质人同意，为担保自己的债务，在其所占有的质物上为第三人设定质权的无效。质权人对因转质而发生的损害承担赔偿责任。”c.《物权法》第217条，“质权人在质权存续期间，未经出质人同意转质，造成质押财产毁损、灭失的，应当向出质人承担赔偿责任。”

4. 善意取得与盗赃物(货币与实物)

甲遗失其为乙保管的迪亚手表，为偿还乙，甲窃取丙的美茄手表和4000元现金。甲将美茄手表交乙，因美茄手表比迪亚手表便宜1000元，甲又从4000元中补偿乙1000元。乙不知甲盗窃情节。乙将美茄手表赠与丁，又用该1000元的一半支付某自来水公司水费，另一半购得某商场一件衬衣。下列哪些说法是正确的？(2015－3－61)

A. 丙可请求丁返还手表

B. 丙可请求甲返还3000元、请求自来水公司和商场各返还500元

C. 丙可请求乙返还1000元不当得利

D. 丙可请求甲返还4000元不当得利

答案：(　　)①

考点：善意取得与盗赃物的关系、不当得利、货币的属性

解题图构

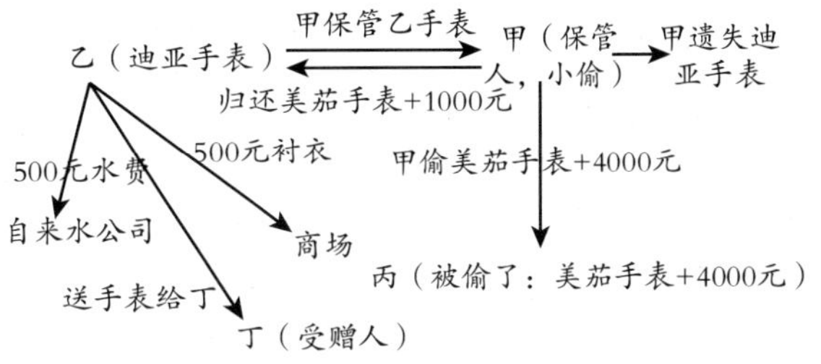

① 参考答案：AD

读题技巧

1. 欠债不还,用偷来凑!

2. 有体物(美茄手表)的流转过程:丙——甲偷——还乙——赠给丁。

3. 货币(4000元现金)的流转过程:丙——甲偷(自留3000元)——还乙(1000元)——商场消费(500)+自来水公司消费(500)。

思路展开

思路1:有体物(美茄手表)的流转。

(1)有体物,美茄手表流程图:丙——甲(偷)——乙——(赠与)丁(受赠人)。

(2)具体而言:①甲将从丙处盗得的手表交于乙,虽然乙是善意的,但乙并不能取得对手表的所有权。②在此基础上,乙将手表赠与丁,不符合《物权法》第106条规定的善意取得制度的构成要件,故手表的所有权仍然归丙所有,并可以基于其所有权人的身份要求丁归还手表。

(3)结论:①美茄手表是赃物,"物在呼叫主人"。丙是美茄手表的所有权人,丙可追及物("美茄手表")之所在,追及丁!②故"A.丙可请求丁返还手表",A对,选A。

思路2:4000元货币的流转。

(1)4000元货币的流转图:丙(主人)——甲偷(自留3000元)——甲还乙(1000元)用于抵债——乙在商场消费(500元)+乙在自来水公司消费(500元)。

(2)具体到本题及相应结论:①甲从丙处盗得4000元,属于非法占有他人的财产并且给甲造成了经济损失。a.甲的行为构成不当得利,丙可基于此要求甲返还4000元。b.故"D.丙可请求甲返还4000元不当得利",D对,选D。②乙从甲处获取的1000元是甲对其手表造成的1000元的损失的补偿,货币具有"所有即占有"的特性,乙取得1000元货币的所有权。a.乙取得1000元货币之所有权,具有合法根据,不是不当得利。b."C.丙可请求乙返还1000元不当得利",C错,不选C。③自来水公司和商场各自所取得500元,基于货币"占有即所有",成为货币所有权人,且他们取得各自的500元具有合法根据,不是不当得利。a.B项中"丙可请求甲返还3000元"正确。b.B选项中"丙也可请求自来水公司和商场各返还500元"错误。c.综合看来,"B.丙可请求甲返还3000元、请求自来水公司和商场各返还500元"B错,不选B。

思路拓展1:货币是一般等价物,有不同于其他物的特殊效力。

(1)在物权法上,货币所有权的客体,其占有权与所有权合二为一,货币的占有人视为货币所有人。①货币所有权的转移以交付为要件,即使"借钱",借的也是货币所有权,而不是货币的使用权。②就货币不能发生返还原物请求权之诉,仅能基于合同关系、不当得利或侵权行为提出相应的请求。

(2)在债权法上,货币具有特殊法律效力。①货币之债是一种特殊的种类债,货币的使用价值寓于它的交换价值之中,作为一般等价物能交换其他物品、劳务和外币。所以,它较之其他实物具有更大的流通性。②在其他类型的债发生履行不能时,都可以转化为货币之债来履行,而货币之债本身原则上只发生履行迟延,不发生履行不能,债务人不得以履行不能而免除付款义务。

(3)金钱出质设立质权。①将货币以特户、封金、保证金形式特定化后,交由债权人占有!可成立金钱质权。②《担保法解释》第85条,"债务人或者第三人将其金钱以特户、封金、保证金等形式特定化后,移交债权人占有作为债权的担保,债务人不履行债务时,债权人可以以该金钱优先受偿。"

思路拓展2:货币上是否成立不当得利?

(1)直接当事人之间,如无合法根据而发生货币所有权转移,则会成立不当得利!例如本题D选项,"丙可请求甲返还4000元不当得利",D表述正确。

(2)间接当事人之间,货币已经进入流通了,谁占有谁无瑕疵的所有,只要后手取得货币的人有依据,即不成立不可抗力。例如本题B选项,"丙可请求甲返还3000元,请求自来水公司和商场各返还500元",B表述错误。还有本题C选项,"丙可请求乙返还1000元不当得利",C表述错误。

常见错误

1. 乙的1000元构成不当得利说:C选项中乙对1000元构成善意的无权占有、自主占有。虽然不当得利返还,应返还现存利益。但是,乙用 1000 元买了 500 元的衣服和 500 元的水费,乙的利益还是存在的,只是变换了存在的形式。

2. 刑民合体说:甲的行为构成盗窃罪,4000 元属于犯罪所得,而非不当得利。乙所得的 1000 元才是不当得利。

3. 侵权和不当得利互斥说:甲窃取丙 4000 构成侵权,“存在法律上的原因”,不是不当得利。

5. 所有权善意取得与发现埋藏物

甲将一套房屋转让给乙,乙再转让给丙,相继办理了房屋过户登记。丙翻建房屋时在地下挖出一瓷瓶,经查为甲的祖父埋藏,甲是其祖父唯一继承人。丙将该瓷瓶以市价卖给不知情的丁,双方钱物交割完毕。现甲、乙均向丙和丁主张权利。下列哪一选项是正确的?(2015－3－6)

A. 甲有权向丙请求损害赔偿

B. 乙有权向丙请求损害赔偿

C. 甲、乙有权主张丙、丁买卖无效

D. 丁善意取得瓷瓶的所有权

答案:(　　)①

考点:埋藏物所有权归属、无权处分合同的效力、善意取得制度

解题图构

甲的祖父 —埋藏瓷瓶继承→ 甲

甲 —房屋买卖→ 乙 —房屋买卖→ 丙

丙(发现人) —瓷瓶买卖→ 丁(埋藏物善意买受人)

读题技巧

1. 祖上积德,前人栽树,后人乘凉。

2. “甲是其祖父唯一继承人,”不是一句废话,直接指向甲的权利人身份。因为瓷瓶是其祖父埋藏,该瓷瓶由甲继承,甲因此取得瓷瓶的物权。

思路展开

思路 1:瓷瓶是埋藏物,适用遗失物规则。

(1)法律依据:《物权法》第 114 条前段,“拾得漂流物、发现埋藏物或者隐藏物的,参照拾得遗失物的有关规定。”

(2)初始结论:瓷瓶为埋藏物,适用遗失物规则。

思路 2:遗失物(包括埋藏物)物归原主。

(1)法律依据 1:《物权法》第 109 条前段,“拾得遗失物,应当返还权利人。”

(2)法律依据 2:《物权法》第 107 条,“所有权人或者其他权利人有权追回遗失物。该遗失物通过转让被他人占有的,权利人有权向无处分权人请求损害赔偿,或者自知道或者应当知道受让人之日起二年内向受让人请求返还原物,但受让人通过拍卖或者向具有经营资格的经营者购得该遗失物的,权利人请求返还原物时应当支付受让人所付的费用。权利人向受让人支付所付费用后,有权向无处分权人追偿。”

思路 3:原主是甲的祖父,而甲是其祖父唯一继承人,故瓷瓶为甲所有。

(1)瓷瓶为继承财产。《继承法》第 2 条,“继承从被继承人死亡时开始。”第 3 条,“遗产是公民死亡时遗留的个人合法财产,包括:(一)公民的收入;(二)公民的房屋、储蓄和生活用品;(三)公民的林木、牲畜和家禽;(四)公民的文物、图书资料;(五)法律允许公民所有的生产资料;(六)公民的著作权、专利权中的财产权利;(七)公民的其他合法财产。”

(2)继承物权变动归继承人甲。《物权法》第 29 条,“因继承或者受遗赠取得物权的,自继承或者受遗赠开始时发生效力。”

思路 4:遗失物瓷瓶是一个独立的物(归物主甲所有),不是房屋的从物、不是房屋的孳息。

(1)不适用从物规则即不适用《物权法》第 115 条“主物转让的,从物随主物转让,但当事人另有约定的除外。”

(2)不适用孳息规则。即不适用《物权法》第 116 条,“天然孳息,由所有权人取得;既有所有权人又有用益物权人的,由用益物权人取得。当事人另有约定的,按照约定。法定孳息,当事人有约定的,按照约定取得;没有约定或者约定不明确的,按照交易习惯取得。”还不适用《合同法》第 163 条,“标的物在交付之前产生的孳息,归出卖人所有,交付之后产生的孳息,归买受人所有。”

(3)遗失物瓷瓶仍然归甲所有。不因甲、乙房屋

① 参考答案:A

买卖、乙丙房屋买卖而导致瓷瓶物权变动。

思路5:综合以上思路1、2、3、4,可以得知:甲为瓷瓶物主,乙不是瓷瓶物主,丙是发现人。丙无权处分瓷瓶给丁,甲有权要求丙承担赔偿责任。

(1)法律依据:《物权法》第107条前段,“所有权人或者其他权利人有权追回遗失物。该遗失物通过转让被他人占有的,权利人有权向无处分权人请求损害赔偿。”

(2)中间结论:①甲是瓷瓶所有权人,有权向丙索赔。②乙不是瓷瓶所有权人,无权要求丙承担赔偿责任。③“A. 甲有权向丙请求损害赔偿”,A对,选A。④“B. 乙有权向丙请求损害赔偿”,B错,不选B。

思路6:丙无权处分瓷瓶给丁,构成无权处分。

(1)法律依据:《买卖解释》第3条,“当事人一方以出卖人在缔约时对标的物没有所有权或者处分权为由主张合同无效的,人民法院不予支持。出卖人因未取得所有权或者处分权致使标的物所有权不能转移,买受人要求出卖人承担违约责任或者要求解除合同并主张损害赔偿的,人民法院应予支持。”

(2)中间结论:①丙、丁买卖合同有效。②甲、乙不得主张丙丁买卖合同无效。③“C. 甲、乙有权主张丙、丁买卖无效”,C错,不选C。

思路7:基于思路1、2、3、4可以得知,甲为埋藏物物主,丙是发现人无权处分,丁是埋藏物买受人,不能基于善意取得制度而获得瓷瓶的所有权。“D. 丁善意取得瓷瓶的所有权”,D错,不选D。(本例是2年内无偿回复,最后即使2年后取得,也是基于法律规定取得,不是基于《物权法》第106条的善意取得。)

常见错误

埋藏物适用善意取得说:题中埋葬物属于所有权人明确之物或者说所有权人明确之财产,针对所有权人明确之物,无处分权人处分他人财产的,相对人没有恶意,并且付出合理对价的,属于善意第三人,可以善意取得该物。

(二)拾得遗失物

1. 出租车上遗忘行李、拾得遗失物、悬赏广告、留置权

方某将一行李遗忘在出租车上,立即发布寻物启事,言明愿以2000元现金酬谢返还行李者。出租车司机李某发现该行李及获悉寻物启事后即与方某联系。现方某拒绝支付2000元给李某。下列哪一表述是正确的?(2013-3-13)

A. 方某享有所有物返还请求权,李某有义务返还该行李,故方某可不支付2000元酬金

B. 如果方某不支付2000元酬金,李某可行使留置权拒绝返还该行李

C. 如果方某未曾发布寻物启事,则其可不支付任何报酬或费用

D. 既然方某发布了寻物启事,则其必须支付酬金

答案:(　　)[1]

考点:拾得遗失物、悬赏广告、留置权、无因管理

思路展开

命题点1:拾得遗失物中失主方某有返还请求权和拾得人李某有必要费用请求权(悬赏交还遗失物广告中的报酬请求权)。

(1)法律依据:①失主的返还请求权。《物权法》第109条,“拾得遗失物,应当返还权利人。拾得人应当及时通知权利人领取,或者送交公安等有关部门。”②拾得人的必要费用请求权:a. 物权法依据:《物权法》第112条第1款,“权利人领取遗失物时,应当向拾得人或者有关部门支付保管遗失物等支出的必要费用。”b. 民法通则无因管理依据。《民法通则》第93条,“没有法定的或者约定的义务,为避免他人利益受损失进行管理或者服务的,有权要求受益人偿付由此而支付的必要费用。”③有悬赏交回遗失物广告者,拾得人有报酬请求权。a.《物权法》第112条,第2款,“权利人悬赏寻找遗失物的,领取遗失物时应当按照承诺履行义务。”b.《合同法解释二》第3条,“悬赏人以公开方式声明对完成一定行为的人支付报酬,完成特定行为的人请求悬赏人支付报酬的,人民法院依法予以支持。但悬赏有《合同法》第五十二条规定情形的除外。”④拾得人

---

① 参考答案:D

侵占遗失物，无必要费用请求权和悬赏广告中的报酬请求权。《物权法》第112条第3款，"拾得人侵占遗失物的，无权请求保管遗失物等支出的费用，也无权请求权利人按照承诺履行义务。"

（2）法条阐释：①失主有遗失物返还请求权。②拾得人交回遗失物有必要费用请求权，属于法定之债。（即使没有悬赏广告，拾得人也有该债权。《2013年国家司法考试试题解析》："如方某未发布寻物启事，李某也构成无因管理，可向方某主张必要管理费用。"）③如有悬赏广告，拾得人还有报酬请求权，意定之债。④如拾得人侵占遗失物，没有权利。

（3）具体到本题：①"方某将一行李遗忘在出租车上，立即发布寻物启事，言明愿以2000元现金酬谢返还行李者。出租车司机李某发现该行李及获悉寻物启事后即与方某联系。"②失主方某有返还行李请求权。③拾得人李某有报酬请求权（悬赏广告具有法律效力，发布悬赏广告的人应当按约定的条件支付报酬。依照悬赏广告内容实施相应行为的人，可以向发布人主张报酬，而不论主张人实施行为是否为行业内应为行为。主张报酬者的依据是悬赏广告，其返还行为的道德评判或者行业规范，不影响前一判断）。④拾得人李某有必要费用请求权。

（4）结论：①"A. 方某享有所有物返还请求权，李某有义务返还该行李，故方某可不支付2000元酬金"，A错，不选A。②"C. 如果方某未曾发布寻物启事，则其可不支付任何报酬或费用"，C错，错在"任何费用"，不选C。③"D. 既然方某发布了寻物启事，则其必须支付酬金"，D对，选D。

命题点2：拾得人的悬赏广告报酬请求权，与拾得人基于拾得遗失物而占有遗失物，不属于同一法律关系。拾得人不得主张留置权，担保其基于悬赏广告的报酬请求权。

（1）法律依据：《物权法》第231条，"债权人留置的动产，应当与债权属于同一法律关系，但企业之间留置的除外。"

（2）关于留置权构成要件中"同一法律关系"的法条阐释：①民事留置中，同一法律关系强调留置权人的劳务投入留置物上，因此形成增加的价值，由于劳务投入而在留置权人和留置物所有人之间发生了债权债务关系。②劳务投入于留置物，产生债权债务关系，进一步该债权债务受"留置物"留置权的担保，这才是同一法律关系。

（3）具体到本题：①李某的报酬请求权不是基于李某的"劳务投入到留置物上，由此形成增加价值"，其报酬请求权是基于悬赏广告而来。②因此，李某的报酬请求权，与其占有的遗失物"行李"不属于同一法律关系。李某不得主张留置权。③《2013年国家司法考试试题解析》："此种情形不适用留置权的规定，原物返还受物权法保护（《物权法》第34条，'无权占有不动产或者动产的，权利人可以请求返还原物。'）酬金支付则受合同法保护。"

（4）结论："B. 如果方某不支付2000元酬金，李某可行使留置权拒绝返还该行李"，B错，不选B。

（5）延展：留置权的构成要件：①债权人对债务人的债权已经到期（紧急留置除外）。②债权人合法占有属于债务人的动产。③债权人留置的动产与担保的债权属于同一法律关系（商事留置权除外）。④不得具有不能留置的消极事由（如约定不得留置、留置违反了善良风俗、留置与债权人负担的义务相违背。）

常见错误

1. 物权优先于债权说：认为方某的行为悬赏广告虽然发生意定之债，但出租司机李某拾得行为属于物权法规定的拾得遗失物的行为，所有权人对遗失物有追及效力，李某负有返还拾得物的法定义务。根据物权优于债权的原理，李某有义务返还行李，方某无须支付2000元酬金。误选A。

2. 选项D过于绝对说：认为如果拾得人恶意侵占拾得物，则拾得人丧失支付报酬请求权，因此悬赏广告发布人不是一定要支付报酬，故未选D。

3. 出租司机根据行业惯例应返还遗失物说：认为如果方某未曾发布寻物启事，则出租车司机由于行业的特定性或《民法通则》的规定，负有返还遗失物的义务。如果出租车司机没有因返还而造成任何损失的话，方某当然可不支付任何报酬或费用。误选C。

2. 拾得牛让牛劳累过度应返还牛，不得主张为牛治病的费用，因为不是"必要费用"

一日清晨，甲发现一头牛趴在自家门前，便将其

拴在自家院内,打探失主未果。时值春耕,甲用该牛耕种自家田地。期间该牛因劳累过度得病,甲花费300元将其治好。两年后,牛的主人乙寻牛来到甲处,要求甲返还,甲拒绝返还。下列哪一说法是正确的? (2009－3－13)

A. 甲应返还牛,但有权要求乙支付300元

B. 甲应返还牛,但无权要求乙支付300元

C. 甲不应返还牛,但乙有权要求甲赔偿损失

D. 甲不应返还牛,无权要求乙支付300元

答案:(　　)①

考点:拾得遗失物失主的原物返还请求权、拾得人妥善管理的必要费用请求权与无因管理中的适当管理义务

思路展开

命题点1:拾得遗失物中,失主对遗失的牛可向拾得人主张原物返还请求权。

(1)法律依据:①《物权法》第109条,"拾得遗失物,应当返还权利人。拾得人应当及时通知权利人领取,或者送交公安等有关部门。"②原物返还请求权。《物权法》第34条,"无权占有不动产或者动产的,权利人可以请求返还原物。"

(2)学理依据:返还原物不适用诉讼时效。《2009年国家司法考试试题解析》:"虽然法律没有明确规定物权请求权是否适用诉讼时效,但通说认为,至少原物返还请求权是不应适用诉讼时效的。"

(3)具体到本题:①"甲发现一头牛趴在自家门前,便将其拴在自家院内,打探失主未果"。②"两年后,牛的主人乙寻牛来到甲处,要求甲返还。"③乙作为牛的主人,可要求甲返还牛,原物返还请求权不适用诉讼时效。④2年后,乙仍然可以向甲主张返还原物请求权。

(4)结论:①"C. 甲不应返还牛,但乙有权要求甲赔偿损失"、"D. 甲不应返还牛,无权要求乙支付300元",CD都错,不选CD。②"A. 甲应返还牛,但有权要求乙支付300元"、"B. 甲应返还牛,但无权要求乙支付300元",AB的前半句话"甲应返还牛"都对,后半句需要下面继续分析。

命题点2:拾得遗失物中,拾得人对于因为保管遗失物等支出的必要费用有请求权;非必要费用就没有请求权。

(1)法律依据:①物权法依据。《物权法》第112条第1款,"权利人领取遗失物时,应当向拾得人或者有关部门支付保管遗失物等支出的必要费用。"②民法通则无因管理依据:《民法通则》第93条,"没有法定的或者约定的义务,为避免他人利益受损失进行管理或者服务的,有权要求受益人偿付由此而支付的必要费用。"

(2)具体到本题:①"时值春耕,甲用该牛耕种自家田地。期间该牛因劳累过度得病,甲花费300元将其治好。"②注意:牛是劳累过度,说到底还是用"拾得"的牛用得太废!不是一个实诚人!③给劳累过度的牛治病300元不属于必要费用,属于乙的"造孽费用"。④甲不得向乙主张这300元费用。⑤《2009年国家司法考试试题解析》:"《民法通则》第93条规定,管理人有权要求受益人偿付由此而支付的必要费用。即管理人在管理中所支出的费用,只有为管理所必要者,管理人才有权要求偿还。甲用牛为其耕种导致牛劳累过度治病的300元花费并非管理之必要支出,无权要求乙支付。"

(3)结论:①"A. 甲应返还牛,但有权要求乙支付300元",A错,不选A。②"B. 甲应返还牛,但无权要求乙支付300元",B对,选B。

延展:如果乙无权处分遗失物"牛",则启动无权处分遗失物的规则。《物权法》第107条,"所有权人或者其他权利人有权追回遗失物。该遗失物通过转让被他人占有的,权利人有权向无处分权人请求损害赔偿,或者自知道或者应当知道受让人之日起二年内向受让人请求返还原物,但受让人通过拍卖或者向具有经营资格的经营者购得该遗失物的,权利人请求返还原物时应当支付受让人所付的费用。权利人向受让人支付所付费用后,有权向无处分权人追偿。"(2年内无偿回复;2年内有偿回复)

3. 丢失电动自行车之检索善意取得构成要件、遗失物不适用善意取得

甲发现去年丢失的电动自行车被路人乙推行,便上前询问,乙称从朋友丙处购买,并出示了丙出具的付款收条。如甲想追回该自行车,可以提出下列

① 参考答案:B

哪些理由支持请求？(2009－3－53)

A. 甲丢失该自行车被丙拾得

B. 丙从甲处偷了该自行车

C. 乙明知道该自行车是丙从甲处偷来的仍然购买

D. 乙向丙支付的价格远远低于市场价

答案：(　　)①

考点：检索善意取得的构成要件

读题技巧

1. 本题的设问具有启示性，即将题干事实置换入选项，由此，选项中表达的事实，均为题干未交代的新增"假设事实"，考生根据假设事实来做判断。

2. 题干交代的关键信息已经道破天机了，也就是说，"甲发现去年丢失的电动自行车"，"丢失"可因遗失而丢失、可因被偷而丢失、可因被盗而丢失等。故此启动遗失物规则。

3. 现在推行自行车的乙，是从朋友丙处购买，指向丙是无权处分遗失物，而遗失物不适用善意取得（盗赃物更加不适用善意取得制度）。故无论如何，甲都可以追回该自行车，除非甲的追回违反了《物权法》第107条的规定。

思路展开

思路1：遗失物的无权处分规则，2年内无偿回复和2年内有偿回复规则。

(1)法律依据：《物权法》第107条，"所有权人或者其他权利人有权追回遗失物。该遗失物通过转让被他人占有的，权利人有权向无处分权人请求损害赔偿，或者自知道或者应当知道受让人之日起二年内向受让人请求返还原物，但受让人通过拍卖或者向具有经营资格的经营者购得该遗失物的，权利人请求返还原物时应当支付受让人所付的费用。权利人向受让人支付所付费用后，有权向无处分权人追偿。"

(2)法条阐释：遗失人主张的救济渠道有两个：①向无权处分遗失物的人索赔。②向从无权处分人处受让遗失物的第三人处主张回复。a. 2年内无偿恢复。b. 2年内有偿回复（第三人是经拍卖而受让，或者是从有经营资格经营者手里购买而受让）。c. 2年起算时间点是知道或应知道受让人之日起，而不是从无权处分遗失物合同签订之日起算。

思路2：具体到本题，"甲发现去年丢失的电动自行车被路人乙推行，便上前询问，乙称从朋友丙处购买，并出示了丙出具的付款收条。如甲想追回该自行车，可以提出下列哪些理由支持请求？"注意，设问是甲想追回该自行车，没有提到是否需要支付费用，故此判断更简单一些。逐一判断ABCD各项假设情形。

(1)"A. 甲丢失该自行车被丙拾得"，指向丙无权处分遗失物给了乙，乙是受让遗失物的第三人，遗失物主人甲可要求乙回复。丙是朋友，没有提示属于拍卖或者具有经营资格经营者，故甲无须支付费用。即使甲需要支付费用，也不能否定甲"追回该自行车。"故A符合题意，选A。

(2)"B. 丙从甲处偷了该自行车"，遗失物中失主都可要求回复，更何况偷盗物，举轻以明重，故B符合题意，选B。

(3)"C. 乙明知道该自行车是丙从甲处偷来的仍然购买"，与B同理，C符合题意，选C。

(4)"D. 乙向丙支付的价格远远低于市场价"，指向乙是遗失物的受让第三人，仍然指向失主可追回遗失物自行车，与A同理，故D符合题意，选D。

(5)总结：ABCD均符合题意，选ABCD。

延展记忆：无权处分委托物适用善意取得的五大构成要件：

(1)《物权法》第106条，"无处分权人将不动产或者动产转让给受让人的，所有权人有权追回；除法律另有规定外，符合下列情形的，受让人取得该不动产或者动产的所有权：（一）受让人受让该不动产或者动产时是善意的；（二）以合理的价格转让；（三）转让的不动产或者动产依照法律规定应当登记的已经登记，不需要登记的已经交付给受让人。受让人依照前款规定取得不动产或者动产的所有权的，原所有权人有权向无处分权人请求赔偿损失。当事人善意取得其他物权的，参照前两款规定。"

(2)善意取得之法条阐释：善意取得五大条件＝动产属于委托物（脱离物如盗赃物、遗失物、漂流物、埋藏物、失散的动物，不适用善意取得。货币

---

① 参考答案：ABCD

占有即所有,无善意取得问题。禁止流通物不发生善意取得)或不动产登记错误+无权处分+受让人善意(不知情者为善意,是指受让人不知让与人无处分权。对受让人善意的判断,应以“受让时”为时点)+合理价格(不要求实际支付价款,可以是代物清偿、互易、设立公司的出资等有偿行为)+动产交付了或不动产登记了。

(三)所有权取得特别方法之先占

潘某与刘某相约出游,潘某在长江边拾得一块奇石,爱不释手,拟带回家。刘某说,《物权法》规定河流属于国家所有,这一行为可能属于侵占国家财产。关于潘某能否取得奇石的所有权,下列哪一说法是正确的? (2011-3-9)

A. 不能,因为石头是河流的成分,长江属于国家所有,石头从河流中分离后仍然属于国家财产

B. 可以,因为即使长江属于国家所有,但石头是独立物,经有关部门许可即可以取得其所有权

C. 不能,因为即使石头是独立物,但长江属于国家所有,石头也属于国家财产

D. 可以,因为即使长江属于国家所有,但石头是独立物、无主物,依先占的习惯可以取得其所有权

答案:(　　)①

考点:先占、物

读题技巧

1. 这是一道简单的判断题;

2. 潘某是谁? 刘某又是谁? 你懂的。不懂的去面壁思过!

3. 选项属于“性质……为什么?”定性+理由模式,其中定性或者理由任何一个错误,则该选项皆错。顺序上看,应先判断性质,再看理由。故提取信息过程是先AC后BD;或者先BD后AC。以节省时间,避免反复。

思路展开

石头显然属于独立的物,不属于另一物的成分。例如,石头被砌入墙内,则石头为房屋之成分。

先占是指最先占有无主财产。先占必须在事实上占有物,这种占有要有取得所有权的意思。

潘某与刘某相约出游,潘某在长江边拾得一块奇石,爱不释手,拟带回家。

从题干信息显示,潘某有取得奇石所有权的意思,符合先占构成条件,故本题正确答案是D“可以,因为即使长江属于国家所有,但石头是独立物、无主物,依先占的习惯可以取得其所有权”。

延展:物的成分,是物的构成部分。

(1)重要成分:无法与物分割,或者分割会损害物的价值,即为重要成分,如汽车上的油漆。

(2)非重要成分:重要成分之外即为非重要成分如房屋的活动门窗、汽车的轮胎(备胎属于从物,不是汽车的成分)。

(3)物的重要成分和非重要成分区分的意义:a. 同一物的重要成分不能独立该物形成另外一个物权。例如,甲取乙的砖盖房,砖因附合成为房屋重要成分,甲取得砖所有权。b. 同一物的非重要成分,可以单独作为物权客体,不必与合成物形成同一法律上命运。例如,甲偷乙轮胎装在甲向丙借用的汽车上,轮胎所有权仍然归乙,乙对非构成重要成分的轮胎有所有权,可主张返还。

(4)自然孳息即是从原物分离而出,如果没分离,即不是自然孳息,而是原物成分。

异议辨析

1. 有观点认为,D选项中“长江属于国家所有”是一个粗略的说法,并不准确。(1)《物权法》第46条,“矿藏、水流、海域属于国家所有。”所谓水流,仅指水资源,包括地表水、地下水和其他形态的水资源。(2)而《物权法》第47条,“城市的土地,属于国家所有。法律规定属于国家所有的农村和城市郊区的土地,属于国家所有。”(3)故长江的河床和沿岸的土地,属于国家所有。

2. 评论:(1)这一分析本身没有问题,不过脱离了试题的语境而分析“长江”二字含义。(2)试题中D选项的语境是“即使长江属于国家所有,但石头是独立物、无主物……”。长江属于国家所有这句话本身没有任何问题,不会影响到D选项的正确判断。(3)由此启示考生:从试题语境中理解司考试题中字、词、句的意思,很重要,需要培养这种阅读理解能力!

---

① 参考答案:D

第十章　共　　有

第一节　共有总论

关于共有制度的法条表述（共有种类的拟制、按份共有份额的拟制、夫妻日常家事代理、共有物分割）

关于共有，下列哪些表述是正确的？（2011－3－56）

A. 对于共有财产，部分共有人主张按份共有，部分共有人主张共同共有，如不能证明财产是按份共有的，应当认定为共同共有

B. 按份共有人对共有不动产或者动产享有的份额，没有约定或者约定不明确的，按照出资额确定；不能确定出资额的，视为等额享有

C. 夫或妻在处理夫妻共同财产上权利平等，因日常生活需要而处理夫妻共同财产的，任何一方均有权决定

D. 对共有物的分割，当事人没有约定或者约定不明确的，按份共有人可以随时请求分割，共同共有人在共有的基础丧失或者有重大理由需要分割时可以请求分割

答案：(　　)①

考点：共有性质的推定、按份共有中份额的推定、夫妻共有中日常家事代理、共有物分割请求权

思路展开

命题点1：按份共有与共同共有未约定，无家庭关系等，视为按份共有，而不是共同共有。

（1）法律依据：《物权法》第103条，“共有人对共有的不动产或者动产没有约定为按份共有或者共同共有，或者约定不明确的，除共有人具有家庭关系等外，视为按份共有。”

（2）结论：“A. 对于共有财产，部分共有人主张按份共有，部分共有人主张共同共有，如不能证明财产是按份共有的，应当认定为共同共有”，A错，不选A。

命题点2：按份共有中未约定份额，看出资额；不能确定出资额，则视为等额。

（1）法律依据：《物权法》第104条，“按份共有人对共有的不动产或者动产享有的份额，没有约定或者约定不明确的，按照出资额确定；不能确定出资额的，视为等额享有。”

（2）结论：“B. 按份共有人对共有不动产或者动产享有的份额，没有约定或者约定不明确的，按照出资额确定；不能确定出资额的，视为等额享有”，B对，选B。

命题点3：夫妻共同共有中的日常家事代理权。

（1）法律依据：一般的共有财产处分应该一致决。而夫妻共有财产中的非因日常生活需要的处理也应该一致决。但夫妻共有财产中日常生活需要的处理是单独决。①一般共有一致决。《物权法》第97条，“处分共有的不动产或者动产以及对共有的不动产或者动产作重大修缮的，应当经占份额三分之二以上的按份共有人或者全体共同共有人同意，但共有人之间另有约定的除外。”②夫妻共有财产中的非因日常生活需要的处理也应该一致决。a.《婚姻解释一》第17条，“《婚姻法》第十七条关于“夫或妻对夫妻共同所有的财产，有平等的处理权”的规定，应当理解为：（一）夫或妻在处理夫妻共同财产上的权利是平等的。因日常生活需要而处理夫妻共同财产的，任何一方均有权决定。（二）夫或妻非因日常生活需要对夫妻共同财产做重要处理决定，夫妻双方应当平等协商，取得一致意见。他人有理由相信其为夫妻双方共同意思表示的，另一方不得以不同意或不知道为由对抗善意第三人。”未依法一致决，属于无权处分，应区分物权变动和合同效力，分

① 参考答案：BCD

别认定。b.《物权法》第15条,"当事人之间订立有关设立、变更、转让和消灭不动产物权的合同,除法律另有规定或者合同另有约定外,自合同成立时生效;未办理物权登记的,不影响合同效力。"③夫妻共有财产中日常生活需要的处理是单独决。a.《婚姻解释一》第17条第1项,"《婚姻法》第十七条关于'夫或妻对夫妻共同所有的财产,有平等的处理权'的规定,应当理解为:(一)夫或妻在处理夫妻共同财产上的权利是平等的。因日常生活需要而处理夫妻共同财产的,任何一方均有权决定。b.《婚姻法》第17条,"夫妻在婚姻关系存续期间所得的下列财产,归夫妻共同所有:(一)工资、奖金;(二)生产、经营的收益;(三)知识产权的收益;(四)继承或赠与所得的财产,但本法第十八条第三项规定的除外;(五)其他应当归共同所有的财产。夫妻对共同所有的财产,有平等的处理权。"

(2)结论:"C.夫或妻在处理夫妻共同财产上权利平等,因日常生活需要而处理夫妻共同财产的,任何一方均有权决定",C对,选C。

命题点4:共有物分割请求权:约定不得分割,但有重大理由仍可分割。未约定不得分割,按份随时分割,共同有重大理由可请求分割。

(1)法律依据:《物权法》第99条,"共有人约定不得分割共有的不动产或者动产,以维持共有关系的,应当按照约定,但共有人有重大理由需要分割的,可以请求分割;没有约定或者约定不明确的,按份共有人可以随时请求分割,共同共有人在共有的基础丧失或者有重大理由需要分割时可以请求分割。因分割对其他共有人造成损害的,应当给予赔偿。"

(2)结论:"D.对共有物的分割,当事人没有约定或者约定不明确的,按份共有人可以随时请求分割,共同共有人在共有的基础丧失或者有重大理由需要分割时可以请求分割",D对,选D。

(3)关联记忆:夫妻没离婚,在法定情形下也可主张分割夫妻共有财产。《婚姻法解释三》第4条,"婚姻关系存续期间,夫妻一方请求分割共同财产的,人民法院不予支持,但有下列重大理由且不损害债权人利益的除外:(一)一方有隐藏、转移、变卖、毁损、挥霍夫妻共同财产或者伪造夫妻共同债务等严重损害夫妻共同财产利益行为的;(二)一方负有法定扶养义务的人患重大疾病需要医治,另一方不同意支付相关医疗费用的。"

第二节　按份共有

1.按份共有物抵押或侵权,对外连带,对内按份

甲、乙二人按照3:7的份额共有一辆货车,为担保丙的债务,甲、乙将货车抵押给债权人丁,但未办理抵押登记。后该货车在运输过程中将戊撞伤。对此,下列哪一选项是正确的?(2016-3-8)

A.如戊免除了甲的损害赔偿责任,则应由乙承担损害赔偿责任

B.因抵押权未登记,戊应优先于丁受偿

C.如丁对丙的债权超过诉讼时效,仍可在2年内要求甲、乙承担担保责任

D.如甲对丁承担了全部担保责任,则有权向乙追偿

答案:(　　)①

考点:共有人基于共有物的对外连带责任、未登记注册动产抵押权的效力、抵押权存续期间、按份共同抵押

解题图构

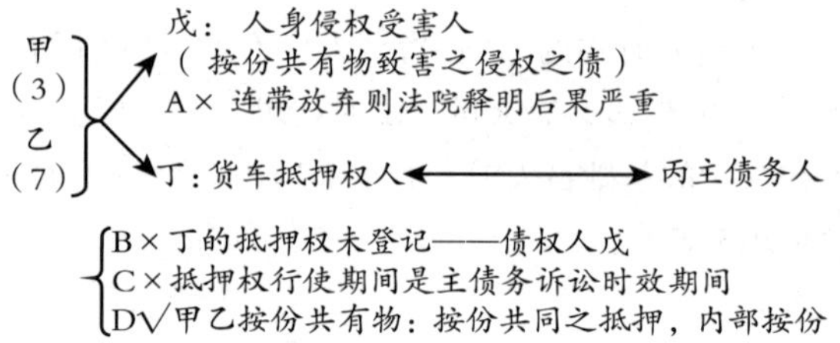

思路展开

命题点1:按份共有或共同共有物对外侵害他人人身权,共有人对外负连带责任,受害人免除连带责任人责任,免除效果及于其他连带债务人。

(1)法律依据:①按份共有物抵押2/3决抵押即有效,何况本题是一致决定抵押:处分共有的不动产或者动产以及对共有的不动产或者动产作重大修缮的,应当经占份额三分之二以上的按份共有人或者全体共同共有人同意,但共有人之间另有约定的除外。②按份共有物对外致害,共有人负连带责任。

① 参考答案:D

《物权法》第 102 条,“因共有的不动产或者动产产生的债权债务,在对外关系上,共有人享有连带债权、承担连带债务,但法律另有规定或者第三人知道共有人不具有连带债权债务关系的除外;在共有人内部关系上,除共有人另有约定外,按份共有人按照份额享有债权、承担债务,共同共有人共同享有债权、承担债务。偿还债务超过自己应当承担份额的按份共有人,有权向其他共有人追偿。”③受害人免除一个责任人责任,效果及于其他责任人。《人身解释》第 5 条,“赔偿权利人起诉部分共同侵权人的,人民法院应当追加其他共同侵权人作为共同被告。赔偿权利人在诉讼中放弃对部分共同侵权人的诉讼请求的,其他共同侵权人对被放弃诉讼请求的被告应当承担的赔偿份额不承担连带责任。责任范围难以确定的,推定各共同侵权人承担同等责任。人民法院应当将放弃诉讼请求的法律后果告知赔偿权利人,并将放弃诉讼请求的情况在法律文书中叙明。”

(2)具体到本题:①题干事实:“甲、乙二人按照 3 : 7 的份额共有一辆货车”、“后该货车在运输过程中将戊撞伤”。②按份共有物对外产生的侵权之债,基于《物权法》第 102 条,甲乙对戊负连带赔偿责任。③选项 A 新增事实:“如戊免除了甲的损害赔偿责任”。④受害人(债权人戊)免除了一个人甲(30%)的损害赔偿责任,则“连带之债”变性为“按份之债”了,乙在剩余范围(70%)内承担责任,乙不承担 100% 责任。对 1 人放弃,视为对其他人也放弃,即其他人相应免责。连带发生了“变性”手术,转化成了按份之债。⑤司法部解析原文:“因共有关系对外产生的债务系连带债务,债权人就连带债务人之一免除债务的,免除效果及于其他连带债务人。故 A 错。”

(3)结论:“A. 如戊免除了甲的损害赔偿责任,则应由乙承担损害赔偿责任”,A 错,不选。

命题点 2:注册动产抵押权未登记不得对抗善意物权第三人,可以对抗善意债权第三人。

(1)法律依据:①注册动产抵押权未登记不得对抗善意第三人。《物权法》第 188 条,以本法第一百八十条第一款第四项、第六项规定的财产或者第五项规定的正在建造的船舶、航空器抵押的,抵押权自抵押合同生效时设立;未经登记,不得对抗善意第三人。②“善意第三人”的范围。类似问题类似解释,相类似解释规则可以适用《物权法解释一》第 6 条的规定。它将善意第三人限缩解释为物权第三人。《物权法解释一》第 6 条,“转让人转移船舶、航空器和机动车等所有权,受让人已经支付对价并取得占有,虽未经登记,但转让人的债权人主张其为《物权法》第二十四条所称的‘善意第三人’的,不予支持,法律另有规定的除外。①　③未登记注册动产抵押权人,不能对抗下一个登记了的动产抵押权人;但是可以对抗其他普通债权人。”

(2)具体到本题:①“为担保丙的债务,甲、乙将货车抵押给债权人丁,但未办理抵押登记。”丁对货车有未登记的抵押权。②“后该货车在运输过程中将戊撞伤”,戊对货车(以及甲、乙自己的其他责任财产)有债权请求权。③丁未登记抵押权,可以对抗债权人戊。原理是:抵押权人丁享有的抵押权虽然没有登记,但仍然是物权,优先于一般债权人戊。④《2016年国家司法考试试题解析》:“物权法第 188 条中,机动车抵押权采登记对抗主义,未经登记,抵押权不得对抗善意第三人,但善意第三人仅限于物权人或者发生物权纠纷之人;本题中,受害人戊系债权人,不在该第三人范围之内,故戊不得享有优先于抵押权人之受偿地位,故 B 错误。”

(3)结论:“B. 因抵押权未登记,戊应优先于丁受偿”,B 错,不选。B 选项还有一个错上加错,退一步讲,即使丁抵押权不优先于戊债权,也不可能是戊债权人优先于丁抵押权。首先戊是债权人;其次戊的债权是在后发生。戊的债权和丁的有货车抵押权保护的债权,最多也是平等,绝无可能戊的债权优于丁的债权。因此,B 选项是双重错误,错上加错。

命题点 3:抵押权的行使期间是主债诉讼时效期间。

(1)法律依据:①《物权法》第 202 条,“抵押权

① 根据这一条的规定,本题的意思是说:甲把车卖给乙,交付未过户,乙作为物权人的物权不能对抗其他物权人,但可对抗债权人。譬如,乙的物权不能对抗甲在此后在该车上设定的登记抵押权;乙的物权可以对抗甲的潜在债权人丙(比如甲此前开车将丙撞伤,丙是侵权之债债权人,丙申请法院强制执行登记在甲名下,实际为乙所有的汽车时,乙可以提出对抗,提出执行异议,法院不得强制执行乙的车。一句话:乙的未登记机动车所有权,可以对抗债权第三人丙。)

人应当在主债权诉讼时效期间行使抵押权;未行使的,人民法院不予保护。”②第202条废止了《担保法解释》第12条的规定,“当事人约定的或者登记部门要求登记的担保期间,对担保物权的存续不具有法律约束力。担保物权所担保的债权的诉讼时效结束后,担保权人在诉讼时效结束后的二年内行使担保物权的,人民法院应当予以支持。”③主债诉讼时效期间为3年:《民法总则》第188条,“向人民法院请求保护民事权利的诉讼时效期间为三年。法律另有规定的,依照其规定。”第2款,“诉讼时效期间自权利人知道或者应当知道权利受到损害以及义务人之日起计算。法律另有规定的,依照其规定。但是自权利受到损害之日起超过二十年的,人民法院不予保护;有特殊情况的,人民法院可以根据权利人的申请决定延长。”

(2)具体到本题和结论:①《2016年国家司法考试试题解析》:“抵押权具有从属性,主债权超过诉讼时效的,抵押权未行使的,丧失了胜诉权”②“C.如丁对丙的债权超过诉讼时效,仍可在2年内要求甲、乙承担担保责任”,C错,不选。

命题点4:按份共有物对外连带责任,对内按份责任。

(1)法律依据:《物权法》第102条,“因共有的不动产或者动产产生的债权债务,在对外关系上,共有人享有连带债权、承担连带债务,但法律另有规定或者第三人知道共有人不具有连带债权债务关系的除外;在共有人内部关系上,除共有人另有约定外,按份共有人按照份额享有债权、承担债务,共同共有人共同享有债权、承担债务。偿还债务超过自己应当承担份额的按份共有人,有权向其他共有人追偿。”

(2)具体到本题:①题干事实:“甲、乙二人按照3∶7的份额共有一辆货车,为担保丙的债务,甲、乙将货车抵押给债权人丁”。甲、乙对外负连带的抵押责任,但是对内是按份责任。②D选项假设事实:如果甲对外对丁承担了全部责任,则甲对内可以向按份责任人乙追偿。③《2016年国家司法考试试题解析》:“因偿还债务超过自己应承担份额的按份共有人有权向其他共有人追偿。”④当然,甲也可以选择向主债务人丙去追偿。《物权法》第176条最后一句,“提供担保的第三人承担担保责任后,有权向债务人追偿。”

(3)结论:“D.如甲对丁承担了全部担保责任,则有权向乙追偿”,D对,选D。

(4)延展1:D选项表述的是如甲承担了“全部担保责任”,此处所谓“全部”,是指甲、乙的全部(100%),而非甲自己的“全部”(30%)。

(5)延展2:用按份共有物去设置抵押,对外的处理规则和连带共同抵押一样,对内的处理规则和按份共同抵押一样。共同抵押的规则请参见《担法保解释》第75条,“同一债权有两个以上抵押人的,债权人放弃债务人提供的抵押担保的,其他抵押人可以请求人民法院减轻或者免除其应当承担的担保责任。同一债权有两个以上抵押人的,当事人对其提供的抵押财产所担保的债权份额或者顺序没有约定或者约定不明的,抵押权人可以就其中任一或者各个财产行使抵押权。抵押人承担担保责任后,可以向债务人追偿,也可以要求其他抵押人清偿其应当承担的份额。”

2.按份共有货船的份额优先购买权

甲、乙、丙、丁按份共有一艘货船,份额分别为10%、20%、30%、40%。甲欲将其共有份额转让,戊愿意以50万元的价格购买,价款一次付清。关于甲的共有份额转让,下列哪些选项是错误的?(2016-3-53)

A.甲向戊转让其共有份额,须经乙、丙、丁同意

B.如乙、丙、丁均以同等条件主张优先购买权,则丁的主张应得到支持

C.如丙在法定期限内以50万元分期付款的方式要求购买该共有份额,应予支持

D.如甲改由向乙转让其共有份额,丙、丁在同等条件下享有优先购买权

答案:(　　)①

考点:按份共有人份额优先购买权规则

解题图构

甲10%
乙20%
丙30%
丁40%
} 戊(外人)

① 参考答案:ABCD

思路展开

命题点 1:按份共有人出让份额,无须经其他按份共有人同意。

(1)法律依据:①份额处分自由,仅受优先购买权限制。《物权法》第 101 条,"按份共有人可以转让其享有的共有的不动产或者动产份额。其他共有人在同等条件下享有优先购买的权利。"②物的处分是 2/3 多数决。《物权法》第 97 条,"处分共有的不动产或者动产以及对共有的不动产或者动产作重大修缮的,应当经占份额三分之二以上的按份共有人或者全体共同共有人同意,但共有人之间另有约定的除外。"③区分处分份额和处分物。如对马有 1/4 份额,共有人可卖份额,但是不能把"和 1/4 大致对应的马头"处分了。

(2)具体到本题:①按份共有人甲卖其 10% 份额给外人戊,无须经过其他按份共有人同意,仅受其他按份共有人份额优先购买权的限制。②《2016 年国家司法考试试题解析》:"按份共有人之份额,其效力趋近于所有权,故其转让不需经过其他共有人同意。"

(3)结论:"A. 甲向戊转让其共有份额,须经乙、丙、丁同意",A 错,符合题意,选 A。

命题点 2:多个按份共有人主张优先购买,同比例增持。

(1)法律依据:同比例增持规则:《物权法解释一》第 14 条,两个以上按份共有人主张优先购买且协商不成时,请求按照转让时各自份额比例行使优先购买权的,应予支持。

(2)具体到本题:①"甲、乙、丙、丁按份共有一艘货船,份额分别为 10%、20%、30%、40%。甲欲将其共有份额转让给戊……"②乙丙丁可按照各自份额比例优先购买甲的 10% 份额。

(3)结论:"B. 如乙、丙、丁均以同等条件主张优先购买权,则丁的主张应得到支持",B 错,符合题意,选 B。

命题点 3:按份共有人在同等条件下才可主张份额优先购买权。

(1)法律依据:《物权法解释一》第 10 条,"《物权法》第一百零一条所称的"同等条件",应当综合共有份额的转让价格、价款履行方式及期限等因素确定。"

选项 C. 如丙在法定期限内以 50 万元分期付款的方式要求购买该共有份额,应予支持。

(2)具体到本题:①题干信息:外人"戊愿意以 50 万元的价格购买,价款一次付清"。②C 选项信息:内人"丙以 50 万元分期付款方式……"。③判断同等条件,不是只看价格,还要看付款方式付款期限等。一个是一次付,一个是分期付,因此,不构成同等条件。④内人的条件差于外人,内人丙无优先购买权。

(3)结论:"C. 如丙在法定期限内以 50 万元分期付款的方式要求购买该共有份额,应予支持",C 错,符合题意,选 C。

命题点 4:份额出让人将份额出让给内人(按份共有人),则其他按份共有人不得主张优先购买权。

(1)法律依据:份额卖给内人,不启动优先购买规则。《物权法解释一》第 13 条,"按份共有人之间转让共有份额,其他按份共有人主张根据物权法第一百零一条规定优先购买的,不予支持,但按份共有人之间另有约定的除外。"

(2)具体到本题和结论:"D. 如甲改由向乙转让其共有份额,丙、丁在同等条件下享有优先购买权",D 错,符合题意,选 D。

3. 按份共有物转化为按份共有钱,不发生按份共有钱的效力,但发生合同效力

张某与李某共有一台机器,各占50%份额。双方共同将机器转卖获得 10 万元,约定张某和李某分别享有 6 万元和 4 万元。同时约定该 10 万元暂存李某账户,由其在 3 个月后返还给张某 6 万元。后该账户全部款项均被李某债权人王某申请法院查封并执行,致李某不能按期返还张某款项。下列哪一表述是正确的?(2014-3-6)

A. 李某构成违约,张某可请求李某返还 5 万元

B. 李某构成违约,张某可请求李某返还 6 万元

C. 李某构成侵权,张某可请求李某返还 5 万元

D. 李某构成侵权,张某可请求李某返还 6 万元

答案:(　　)①

① 参考答案:B

考点:按份共有、共有物分割、合同效力

解题图构

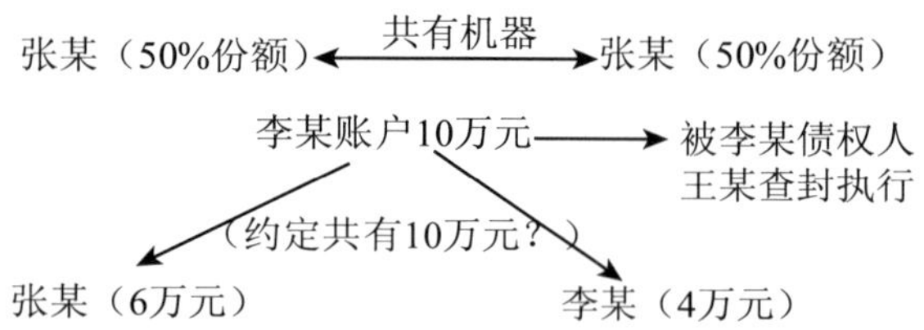

读题技巧

1. 50%份额,指向按份共有。

2. 约定张某和李某分别享有6万元和4万元,指向合同责任。

3. 该10万元暂存李某账户,指向李某为10万元所有权人,李某不构成对张某的侵权。

思路展开

思路1:张某和李某按份共有机器。

(1)法律规定:《物权法》第94条规定,"按份共有人对共有的不动产或者动产按照其份额享有所有权。"

(2)具体到本题:张某与李某共有一台机器,各占50%份额,属于按份共有,双方共同处分机器的行为有效。

思路2:张某和李某作为按份共有人可对共有物的分割方式进行约定。

(1)法律规定:①变价分割按份共有物。《物权法》第100条,"共有人可以协商确定分割方式。达不成协议,共有的不动产或者动产可以分割并且不会因分割减损价值的,应当对实物予以分割;难以分割或者因分割会减损价值的,应当对折价或者拍卖、变卖取得的价款予以分割。共有人分割所得的不动产或者动产有瑕疵的,其他共有人应当分担损失。"②因第三人行为导致自己违约,李某应向张某承担违约责任。《合同法》第121条,"当事人一方因第三人的原因造成违约的,应当向对方承担违约责任。当事人一方和第三人之间的纠纷,依照法律规定或者按照约定解决。"

(2)具体到本题:①"双方共同将机器转卖获得10万元,约定张某和李某分别享有6万元和4万元。"②张某和李某采用了变价分割的方式分割按份共有的机器设备,双方分割变卖机器设备所得的10万元。③10万元转卖所得款为共有物的替代物,张某和李某约定分别享有6万元和4万元,此约定有效。④替代了张某李某原先约定的各自按50%按份享有机器设备所有权的约定。⑤故李某有义务按照约定在3个月后返还张某6万元,而不是5万元。⑥李某因第三人原因导致自己不能按期返还张某款项,违反了约定,由李某负违约责任。

(3)结论:①"A. 李某构成违约,张某可请求李某返还5万元",A错,不选A。②"B. 李某构成违约,张某可请求李某返还6万元"B对,选B。

思路3:货币占有即所有。

(1)学理依据:债权一般不是侵权责任法保护的客体,侵犯债权不构成侵权。《侵权责任法》第2条,"侵害民事权益,应当依照本法承担侵权责任。本法所称民事权益,包括生命权、健康权、姓名权、名誉权、荣誉权、肖像权、隐私权、婚姻自主权、监护权、所有权、用益物权、担保物权、著作权、专利权、商标专用权、发现权、股权、继承权等人身、财产权益。"

(2)具体到本题:10万元存入李某的账户,该账户被查封执行导致李某不能按期还款,李某未侵害张某对李某基于约定享有的债权。

(3)结论:"C. 李某构成侵权,张某可请求李某返还5万元,D. 李某构成侵权,张某可请求李某返还6万元",CD均错,不选CD。

延展:按份共有中应区分对份额的处分,和对按份共有物的处分。(份额的处分≠物的处分)

(1)对份额的处分,按份共有人随意处分:《物权法》第101条,"按份共有人可以转让其享有的共有的不动产或者动产份额。其他共有人在同等条件下享有优先购买的权利。"原理:仅处分了共有的份额,共有物没有受到破坏或者分割。

(2)对按份共有物的处分,则需要三分之二多数决:《物权法》第97条,"处分共有的不动产或者动产以及对共有的不动产或者动产作重大修缮的,应当经占份额2/3以上的按份共有人或者全体共同共有人同意,但共有人之间另有约定的除外。"

(3)示例:甲、乙、丙丁按份共有一匹马。①转让各自份额,随意,不过其他共有人有优先购买份额的权利。②转让马或者杀马即处分马,则须经2/3以上的多数决才可以。

常见错误

1. 按份共有平均分割说:认为以变卖共有物的方式分割,变卖所得价款必须平均分配,误选 AC。

2. 侵权说:认为李某账户中的 6 万元归王某所有,李某不能按期返还张某款项侵犯了张某的所有权,误选 D。

4. 按份共有人管理共有物之出租、举重明轻规则(处分规则之三分之二多数决的援用)

甲、乙、丙、丁共有 1 套房屋,各占 1/4,对共有房屋的管理没有进行约定。甲、乙、丙未经丁同意,以全体共有人的名义将该房屋出租给戊。关于甲、乙、丙上述行为对丁的效力的依据,下列哪一表述是正确的? (2012-3-6)

A. 有效,出租属于对共有物的管理,各共有人都有管理的权利

B. 有效,对共有物的处分应当经占共有份额 2/3 以上的共有人的同意,出租行为较处分为轻,当然可以为之

C. 无效,对共有物的出租属于处分,应当经全体共有人的同意

D. 有效,出租是以利用的方法增加物的收益,可以视为改良行为,经占共有份额 2/3 以上的共有人的同意即可

答案:( )①

考点:按份共有、按份共有人管理共有物之出租、举重明轻规则(处分规则之 2/3 多数决的援用)

读题技巧

本题判断 ABCD 各项的起点是:"甲、乙、丙、丁共有 1 套房屋,各占 1/4,对共有房屋的管理没有进行约定。甲、乙、丙未经丁同意,以全体共有人的名义将该房屋出租给戊。"四个按份共有人,三个同意出租,另一个不同意,该出租行为是否有效以及如果有效,其原因是什么?

思路展开

命题点 1:按份共有人没有约定如何管理按份共有物,则应该依照法定规则进行管理,而不是任何按份共有人都有任意管理的权利。

(1)法律依据:《物权法》第 96 条,"共有人按照约定管理共有的不动产或者动产;没有约定或者约定不明确的,各共有人都有管理的权利和义务。"

(2)法条阐释:①按份共有,是指两个以上的人对同一项不动产或者动产按照其份额享有所有权。按份共有中各共有人依其份额对共有物进行占有、使用、收益,该权利的行使及于共有物的全部。②按份共有中各共有人都有管理的权利和义务,不是任意管理的权利和义务,而是依照法定规则进行管理。

(3)具体到本题:①甲、乙、丙按份共有人决定将房屋出租,丁不同意。②出租有效,原因是达到了多数决,而不是因为任何人都有管理按份共有物的权利。③《2012 年国家司法考试试题解析》:"出租并非对共有物的管理,属于使用共有物并产生收益的行为。"

(4)结论:"A. 有效,出租属于对共有物的管理,各共有人都有管理的权利",A 错,错在"各共有人都有管理的权利"的理由表述错误,其结论"有效"是正确的,故不选 A。

命题点 2:按份共有人处分共有物,须经份额 2/3 以上的多数决(资本决),出租比处分还轻,故举重以明轻。甲、乙、丙可以将房屋出租。

(1)法律依据:《物权法》第 97 条,"处分共有的不动产或者动产以及对共有的不动产或者动产作重大修缮的,应当经占份额三分之二以上的按份共有人或者全体共同共有人同意,但共有人之间另有约定的除外。"

(2)举重以明轻的解释。①处分共有物,包括法律上处分和事实上处分。②法律上处分如将物转让出卖、互易、赠与他人(注意《2012 年国家司法考试试题解析》:"广义上对共有物的法律上处分还包括在物上为他人设定租赁使用权等债权或者他物权如抵押。")③事实上处分如修缮、改建、消费、改变物的形状、毁坏等。④既然在按份共有人对于如何处分共有物无约定,适用 2/3 多数决规则,"举重以明轻",经过 2/3 多数决将共有房屋出租,更加应当成立。

(3)具体到本题:①"甲、乙、丙、丁共有 1 套房屋,各占 1/4"+"对共有房屋的管理没有进行约定"+"甲、乙、丙未经丁同意,以全体共有人的名义将该

---

① 参考答案:B

房屋出租给戊”。②甲、乙、丙决定出租达到了3/4的多数决,超过了2/3的多数决。故甲、乙、丙有权将房屋出租。(4)结论:“B.有效,对共有物的处分应当经占共有份额2/3以上的共有人的同意,出租行为较处分为轻,当然可以为之”,B的结论和理由都对,选B。

命题点3:按份共有房屋人出租房屋,不是处分行为,而是负担行为。

(1)学理依据:①出租行为属于负担行为,设立债权的行为,不是处分行为。处分行为包括法律上处分和事实上处分。②即使是出租行为属于广义的处分行为,那么本题中甲、乙、丙三人占份额是3/4,也超过了法律规定的2/3多数决,其出租房屋的行为有效。

(2)结论:“C.无效,对共有物的出租属于处分,应当经全体共有人的同意”,C错,错在结论和理由。不选C。

命题点4:按份共有房屋人出租房屋,是对房屋的利用行为,不是改良行为。

(1)学理依据。所谓改良行为,是指在不改变共有物性质的前提下,对共有物进行的加工、修理等行为,以增加共有物的效用或者价值。对房屋进行修缮。

(2)结论:①甲、乙、丙对房屋的出租,不是改良行为。②“D.有效,出租是以利用的方法增加物的收益,可以视为改良行为,经占共有份额2/3以上的共有人的同意即可”,D错,错在理由,选D。

(3)延展:两种特别管理行为须分别处理:对共有物的保存行为,各共有人可以单独进行;对共有物的改良行为,只要拥有共有份额2/3以上的共有人同意即可进行。

常见错误

1.任何人都可管理说:认为对共有物的出租属于普通的管理行为,任何共有人都有权进行,误选A。

2.出租是改良行为说:认为出租共有物是为了增加共有物的收益,属于改良行为,误选D。

5.出资盖楼形成之按份共有、按份共有物之管理费用按份承担、区分对按份共有“份额”的处分(自由处分)与对按份共有“物”的处分(多数决处分)

红光、金辉、绿叶和彩虹公司分别出资50万元、20万元、20万元、10万元建造一栋楼房,约定建成后按投资比例使用,但对楼房管理和所有权归属未作约定。对此,下列哪一说法是错误的?(2010－3－7)

A.该楼发生的管理费用应按投资比例承担

B.该楼所有权为按份共有

C.红光公司投资占50%,有权决定该楼的重大修缮事宜

D.彩虹公司对其享有的份额有权转让

答案:(　　)①

考点:出资盖楼形成的按份共有、按份共有物之管理费用按份承担、区分对按份共有“份额”的处分(自由处分)与对按份共有“物”的处分(多数决处分)

思路展开

命题点1:四公司对大楼的所有权属于拟制的按份共有,而不是业主的区分所有权。四公司即开发商,不是具体的业主。

(1)法律规定:①《物权法》第103条,“共有人对共有的不动产或者动产没有约定为按份共有或者共同共有,或者约定不明确的,除共有人具有家庭关系等外,视为按份共有。”

(2)具体到本题:“红光、金辉、绿叶和彩虹公司分别出资50万元、20万元、20万元、10万元建造一栋楼房,约定建成后按投资比例使用”。②《物权法》第70条,“业主对建筑物内的住宅、经营性用房等专有部分享有所有权,对专有部分以外的共有部分享有共有和共同管理的权利。”

(3)结论:①四公司对大楼属于按份共有,而非业主的建筑物区分所有。②“B.该楼所有权为按份共有”,B对,不符合题意,不选B。

命题点2:四公司作为大楼的按份共有人,对按份共有的大楼的管理费用按照共有份额负担;而其共有份额,如无约定,则按照各自投资比例确定。

① 参考答案:C

（1）法律依据：①投资比例为按份共有的份额比例。《物权法》第104条，“按份共有人对共有的不动产或者动产享有的份额，没有约定或者约定不明确的，按照出资额确定；不能确定出资额的，视为等额享有。”②按份共有物管理费用按份额比例承担。《物权法》第98条，“对共有物的管理费用以及其他负担，有约定的，按照约定；没有约定或者约定不明确的，按份共有人按照其份额负担，共同共有人共同负担。”

（2）具体到本题：①“分别出资50万元、20万元、20万元、10万元建造一栋楼房，约定建成后按投资比例使用，但对楼房管理和所有权归属未作约定。”②四公司投资比例是5∶2∶2∶1。③份额比例也是5∶2∶2∶1。④管理费用比例还是5∶2∶2∶1。

（3）结论：“A. 该楼发生的管理费用应按投资比例承担”，A对，不符合题意，不选A。

命题点3：按份共有中对共有“物”的处分或重大修缮，应2/3多数决，红光公司份额仅为1/2，不能单独决定对大楼的处分或重大修缮。

（1）法律依据：《物权法》第97条，“处分共有的不动产或者动产以及对共有的不动产或者动产作重大修缮的，应当经占份额三分之二以上的按份共有人或者全体共同共有人同意，但共有人之间另有约定的除外。”

（2）具体到本题：红光公司仅占1/2的份额，没有达到2/3以上的份额，不能单独决定大楼的重大修缮。

（3）结论：“C. 红光公司投资占50%，有权决定该楼的重大修缮事宜”，C错，符合题意，选C。

命题点4：按份共有中对“份额”的处分（对所有权的份额，而非对物的份额），按份共有人自由为之，其他按份共有人有优先购买权。

（1）法律依据：《物权法》第101条，“按份共有人可以转让其享有的共有的不动产或者动产份额。其他共有人在同等条件下享有优先购买的权利。”

（2）具体到本题：彩虹公司对按份共有的大楼有10%的份额，彩虹公司对该份额可以自由处分。

（3）结论：“D. 彩虹公司对其享有的份额有权转让”，D对，不符合题意，不选D。

6. 按份共有之廊檐脱落过错推定责任、按份共有人对外连带侵权责任、按份共有人对内按份责任

甲、乙、丙按不同的比例共有一套房屋，约定轮流使用。在甲居住期间，房屋廊檐脱落砸伤行人丁。下列哪些选项是正确的？（2009－3－54）

A. 甲、乙、丙如不能证明自己没有过错，应对丁承担连带赔偿责任

B. 丁有权请求甲承担侵权责任

C. 如甲承担了侵权责任，则乙、丙应按各自份额分担损失

D. 本案侵权责任适用过错责任原则

考点：按份共有之廊檐脱落过错推定责任（物件致人损害）、按份共有人对外连带责任、按份共有人对内按份责任

读题技巧

1. 分三个层次：（1）按份共有人之共有房屋的物件致人损害，全体按份共有人负过错推定责任。（2）按份共有人对外连带责任。（3）按份共有人对内按份责任。

2. AD相互说明和支持，BC相互说明和支持。

思路展开

命题点1：甲、乙、丙按份共有房屋之物件致人损害，物件致人损害应适用过错推定责任。

（1）法律依据：《侵权责任法》第85条，“建筑物、构筑物或者其他设施及其搁置物、悬挂物发生脱落、坠落造成他人损害，所有人、管理人或者使用人不能证明自己没有过错的，应当承担侵权责任。所有人、管理人或者使用人赔偿后，有其他责任人的，有权向其他责任人追偿。”

（2）法条阐释：①物件致人损害，适用过错推定责任。②《侵权责任法》规定的归责原则：过错责任、无过错责任、公平责任。

（3）具体到本题：①“房屋廊檐脱落砸伤行人丁”，故本案应适用过错推定责任。②而过错推定责任，属于过错责任的特殊形态。

（4）结论：“D. 本案侵权责任适用过错责任原则”，D对，选D。

命题点2：甲、乙、丙按份共有房屋之物件致人损害，按份共有人均负侵权责任，且对外负连带责任。对内按份责任。

(1)法律依据:①共有人对共有物都有管理的义务。《物权法》第96条,"共有人按照约定管理共有的不动产或者动产;没有约定或者约定不明确的,各共有人都有管理的权利和义务。"②有管理义务而违反导致物件致人损害,均管理人均负侵权责任。《侵权责任法》第85条,"建筑物、构筑物或者其他设施及其搁置物、悬挂物发生脱落、坠落造成他人损害,所有人、管理人或者使用人不能证明自己没有过错的,应当承担侵权责任。所有人、管理人或者使用人赔偿后,有其他责任人的,有权向其他责任人追偿。"③对外连带责任,对内按份责任。《物权法》第102条,"因共有的不动产或者动产产生的债权债务,在对外关系上,共有人享有连带债权、承担连带债务,但法律另有规定或者第三人知道共有人不具有连带债权债务关系的除外;在共有人内部关系上,除共有人另有约定外,按份共有人按照份额享有债权、承担债务,共同共有人共同享有债权、承担债务。偿还债务超过自己应当承担份额的按份共有人,有权向其他共有人追偿。"

(2)法条阐释和具体到本题:①甲乙丙按份共有房屋,对房屋都有管理的义务,都是管理人。②《侵权责任法》第85条中提到了"所有人"、"管理人"或者"使用人",立法目的在于对建筑物有控制、维修、管理义务的人,才能控制建筑物上物件致人损害的风险,故由他们承担过错推定责任,督促他们去控制风险。③在本案中,甲、乙、丙的身份是"管理人",应无疑问。④而甲的身份是"甲居住期间",在此期间甲是使用人,但是因为甲、乙、丙是约定轮流使用,本质上仍然是甲、乙、丙在使用,只不过"甲居住期间"是甲、乙、丙对共有房屋进行使用的具体方式。⑤加之维修义务即管理义务也均有甲、乙、丙负责,由此可见,应由甲、乙、丙作为"所有人"、"管理人"和"使用人"启动《侵权责任法》第85条,甲、乙、丙均对外负侵权责任。⑥再启动《物权法》第102条,甲、乙、丙对外负连带责任,对内则按份责任,依份额发生追偿关系。

(3)结论:"A. 甲、乙、丙如不能证明自己没有过错,应对丁承担连带赔偿责任;B. 丁有权请求甲承担侵权责任;C. 如甲承担了侵权责任,则乙、丙应按各自份额分担损失",ABC均对,选ABC。

第三节　共同共有

共同共有之夫妻共有

甲、乙为夫妻,共有一套房屋登记在甲名下。乙瞒着甲向丙借款100万元供个人使用,并将房屋抵押给丙。在签订抵押合同和办理抵押登记时乙冒用甲的名字签字。现甲主张借款和抵押均无效。下列哪一表述是正确的?(2015－3－7)

A. 抵押合同无效

B. 借款合同无效

C. 甲对100万元借款应负连带还款义务

D. 甲可请求撤销丙的抵押权

答案:(　　)①

考点:夫妻共同财产处分、夫妻个人债务、无权处分

读题技巧

"供个人使用",指向属于个人债务,而非共同债务。

思路展开

命题点1:婚内个人名义借款用于个人,属于个人债务,而非夫妻共同债务,乙和丙之间的借款合同有效。

(1)法律依据:①《婚姻法解释二》第24条,"债权人就婚姻关系存续期间夫妻一方以个人名义所负债务主张权利的,应当按夫妻共同债务处理。但夫妻一方能够证明债权人与债务人明确约定为个人债务,或者能够证明属于婚姻法第十九条第三款规定情形的除外。"②《婚姻法》第19条第3款,"夫妻对婚姻关系存续期间所得的财产约定归各自所有的,夫或妻一方对外所负的债务,第三人知道该约定的,以夫或妻一方所有的财产清偿。"

(2)具体到本题:无论是个人债务还是共同债务,借款合同均不存在无效事由。

(3)结论:"B. 借款合同无效",B错,不选B。

命题点2:继续命题点1展开,乙所借款并未用于共同生活,应当做个人债务,而不是共同债务。

① 参考答案:D

(当然,在甲、乙未离婚时这种认定意义不大;但是,在甲、乙离婚后,这种认定意义就显示出来了。)

(1)法律依据:《婚姻法》第41条,“离婚时,原为夫妻共同生活所负的债务,应当共同偿还。共同财产不足清偿的,或财产归各自所有的,由双方协议清偿;协议不成时,由人民法院判决。”

(2)具体到本题:甲对乙的个人债务没有连带还款义务。

(3)结论:①“C. 甲对100万元借款应负连带还款义务”,C错,不选C。②当然,如果甲偿还,为无因管理或履行道德义务的赠与,需要看甲、乙之间的具体意思表示和题干所设定条件来定。

(4)延展:对夫妻债务的性质认定的学理展开。①从民法的角度而言,夫或妻的独立人格并没有因结婚而混为一体。②夫或妻一方单独对外举债的行为,属合同行为之一种,具有相对性的特征,如该举债未用于夫妻共同生活,则不应让另一方承担共同归还借款的法律责任。③而判断是否为夫妻共同生活所负债务,应当考虑两个标准:其一,夫妻有没有共同举债的意思;其二,夫妻或者家庭是否分享了债务带来的利益。④《婚姻法》第41条,“离婚时,原为夫妻共同生活所负的债务,应当共同偿还。共同财产不足清偿的,或财产归各自所有的,由双方协议清偿;协议不成时,由人民法院判决。”⑤什么是家庭共同生活?譬如按照该规定,界定一笔债务是夫妻共同债务还是个人债务,法定标准是该笔债务“是否为夫妻共同生活所需”。⑥在司法实践中,以下几种情况一般认定为夫妻共同债务,由夫妻双方来共同偿还:a. 为家庭共同生活所负的债务,如购置共同生活用品、购买及装修房屋所负债务或为支付医疗费用所负的债务;b. 为履行抚养、赡养义务等所负债务如为赡养一方老人所负债务;c. 因日常的社会生活所必须支付的费用,如礼金、请客吃饭的开销等;d. 从事生产、生活活动所负的债务,但该生产、生活所产生的收益必须是归家庭享有,例如,夫妻一方未经对方同意,独自经营且收入未用于共同生活的债务则不属于夫妻共同债务。⑦总之,如果夫妻一方能够证明该债务确为欠债人的个人债务,那么就无须为配偶的债务“买单”。

命题点3:基于命题点1,借款合同有效,即主合同有效,故抵押合同的效力不受借款合同效力影响。(从这个角度上看,可以用排除法将B排除,如果选B,必然要选A。但是本题为单选题,故不能选B。)不适用《担保法》第5条第1款,“担保合同是主合同的从合同,主合同无效,担保合同无效。担保合同另有约定的,按照约定。”

命题点4:抵押合同本身效力是否受影响?乙将甲、乙(登记在甲名下)共有财产设定抵押的合同,属于无权处分的合同。准用无权处分法律规则,合同有效。

(1)法律依据:①《买卖解释》第3条第1款,“当事人一方以出卖人在缔约时对标的物没有所有权或者处分权为由主张合同无效的,人民法院不予支持。”②《物权法》第97条,“处分共有的不动产或者动产以及对共有的不动产或者动产作重大修缮的,应当经占份额三分之二以上的按份共有人或者全体共同共有人同意,但共有人之间另有约定的除外。”

(2)具体到本题:①抵押合同有效。②但是抵押权的设定未经追认无效,甲可请求撤销丙的抵押权。③显然,丙不构成善意,因为题干提示,乙在冒用甲的名字签字时,丙当属知情。

(3)结论:“D. 甲可请求撤销丙的抵押权”,D对,选D。

常见错误

1. 共同债务说。(1)乙借款供个人使用,但债权人是善意第三人,所以这是夫妻共同债务。(2)为保护善意第三人,甲应该有连带的还款义务,甲乙内部权利义务关系并不影响外部丙的权利。(3)原则上婚姻存续期间所负债务均为夫妻共同债务,只有以下情形例外:其一,婚前以个人名义所负的债务(但若用于婚后共同生活,仍为共同债务)。其二,一方以自己名义所负债务,另一方能证明债权债务人约定为个人债务,或能证明债权人于债务发生时知道夫妻约定财产分别所有的。题目中并未指明丙对甲借债仅供个人使用知情,也没明确说明二者约定该借款仅供乙使用,因此不属于例外情形。

2. 冒名行为无效说。(1)冒名行为构成违反法律、行政法规强制性规定,属于无效民事行为,抵押合同应当认定为无效。(2)乙冒充甲的签字,可见,抵押合同没有甲的签字,故抵押合同无效。(3)冒用他人名义签订的合同,未经追认,抵押合同无效。

3. 乙欺诈丙,丙享有撤销权,而非甲享有撤销权。乙的行为构成欺诈,丙享有撤销权,甲无撤销权。

4. 丙善意取得抵押权,故抵押权不得被撤销。(1)第三人丙可以善意取得抵押权,已经取得了抵押权,就不能撤销了。(2)有的考生误认为,只有合同才有撤销的问题。(3)乙完全具有表见代理的权利外观,从这个侧面分析,第三人丙也可取得抵押权。否则,认可甲可撤销抵押权,极易引发现实生活中,夫妻一方办理抵押权,另一方申请撤销的现象。

5. 无答案说:借款合同和抵押合同的效力均为待定。(1)由于妻子乙欠缺处分权,合同效力待定,抵押权尚未成立,因此也无撤销一说。(2)由于合同效力待定,如甲拒绝追认,则合同尚未成立。而如甲追认,应当由妻子乙承担连带责任。

第十一章　用益物权

第一节　土地承包经营权

1. 农村荒地承包方式

河西村在第二轮承包过程中将本村耕地全部发包，但仍留有部分荒山，此时本村集体经济组织以外的Z企业欲承包该荒山。对此，下列哪些说法是正确的？（2016－3－54）

A. 集体土地只能以家庭承包的方式进行承包

B. 河西村集体之外的人只能通过招标、拍卖、公开协商等方式承包

C. 河西村将荒山发包给Z企业，经2/3以上村民代表同意即可

D. 如河西村村民黄某也要承包该荒山，则黄某享有优先承包权

答案：（　　）①

考点：农村荒地承包方式

解题图构

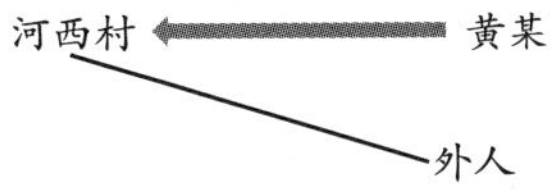

思路展开

命题点1：荒地的承包方式可以采取招标、拍卖、公开协商等方式承包。

（1）法律依据：《农村土地承包法》第3条，"国家实行农村土地承包经营制度。农村土地承包采取农村集体经济组织内部的家庭承包方式，不宜采取家庭承包方式的荒山、荒沟、荒丘、荒滩等农村土地，可以采取招标、拍卖、公开协商等方式承包。"

（2）具体到本题和结论：①题干信息：耕地已经发包完毕，剩余荒山。②设问之"对此"，指的是荒山。③耕地限于家庭承包，荒山可以对外竞价发包。④"A. 集体土地只能以家庭承包的方式进行承包"，A错，不选。⑤A选项确实属于"如无必要，不看题干"可以判断出来。

命题点2：村集体经济组织之外的单位或个人承包荒地，只能采取招标、拍卖、公开协商等方式承包。

（1）法律依据：①《农村土地承包法》第15条，"家庭承包的承包方是本集体经济组织的农户。"②《农村土地承包法》第44条，"不宜采取家庭承包方式的荒山、荒沟、荒丘、荒滩等农村土地，通过招标、拍卖、公开协商等方式承包的，适用本章规定。"③《农村土地承包法》第46条，"荒山、荒沟、荒丘、荒滩等可以直接通过招标、拍卖、公开协商等方式实行承包经营，也可以将土地承包经营权折股分给本集体经济组织成员后，再实行承包经营或者股份合作经营。"④注意，对本集体成员，荒地发包还可以增加一种方式：折股实行承包经营或股份合作经营。⑤无论如何，家庭承包仅限于耕地，内人承包。

（2）具体到本题和结论："B. 河西村集体之外的人只能通过招标、拍卖、公开协商等方式承包"，B对，选B。

命题点3：村集体经济组织之外的单位或个人要承包荒地，必须经过两关：第1关，村民会议2/3以上成员或村民代表会议2/3以上村民代表的同意；第2关，并报乡镇人民政府批准。

（1）法律依据：《农村土地承包法》第48条，"发包方将农村土地发包给本集体经济组织以外的单位或者个人承包，应当事先经本集体经济组织成员的村民会议三分之二以上成员或者三分之二以上村民代表的同意，并报乡（镇）人民政府批准。由本集体经济组织以外的单位或者个人承包的，应当对承包方的资信情况和经营能力进行审查后，再签订承包合同。"司法部解析原文还全文引用了《土地管理法》第15条的规定。

---

① 参考答案：BD

(2)具体到本题和结论:"C. 河西村将荒山发包给Z企业,经2/3以上村民代表同意即可",C错,错在"即可",这种措辞表达太绝对,如果真没掌握,蒙它错。故不选C。

命题点4:对于荒地,本集体经济组织成员有优先承包权。

(1)法律依据:《农村土地承包法》第47条,"以其他方式承包农村土地,在同等条件下,本集体经济组织成员享有优先承包权。"

(2)具体到本题:"D. 如河西村村民黄某也要承包该荒山,则黄某享有优先承包权",D对,选D。

2. 季大和季小土地承包经营权设立的意思主义和转让的登记对抗主义、土地承包经营权不能继承、承包收益可以继承

季大与季小兄弟二人,成年后各自立户,季大一直未婚。季大从所在村集体经济组织承包耕地若干。关于季大的土地承包经营权,下列哪些表述是正确的? (2014-3-56)

A. 自土地承包经营权合同生效时设立

B. 如季大转让其土地承包经营权,则未经变更登记不发生转让的效力

C. 如季大死亡,则季小可以继承该土地承包经营权

D. 如季大死亡,则季小可以继承该耕地上未收割的农作物

答案:(　　)[1]

考点: 土地承包经营权设立的意思主义、转让的登记对抗主义、土地承包经营权不能继承、土地承包收益可以继承

读题技巧

1. 本题考查土地承包经营权的设立、流转和继承问题。

2. BCD为新设事实,选项都有一个"如"字。应结合新设事实和题干信息做判断。

3. 土地承包经营权的设立和土地承包经营权的转让,前者采意思主义,后者采登记对抗主义。

4. 关于继承,题干没有交代其他人,则视为不存在其他法定或遗嘱继承人。

5. 题干是耕地,不是林地或者草地。

思路展开

命题点1:土地承包经营权设立的意思主义,合同生效时设立。

(1)法律依据:《物权法》第127条,"土地承包经营权自土地承包经营权合同生效时设立。县级以上地方人民政府应当向土地承包经营权人发放土地承包经营权证、林权证、草原使用权证,并登记造册,确认土地承包经营权。"

(2)结论:"A. 自土地承包经营权合同生效时设立",A对,选A。

命题点2:土地承包经营权转让的登记对抗主义,不是登记生效主义。

(1)法律依据:《物权法》第129条,"土地承包经营权人将土地承包经营权互换、转让,当事人要求登记的,应当向县级以上地方人民政府申请土地承包经营权变更登记;未经登记,不得对抗善意第三人。"

(2)结论:"B. 如季大转让其土地承包经营权,则未经变更登记不发生转让的效力",B错,不选B。

命题点3:土地承包经营权不得继承,土地承包收益可以继承。

(1)法律依据:①《农村土地承包法》第31条"承包人应得的承包收益,依照继承法的规定继承。林地承包的承包人死亡,其继承人可以在承包期内继续承包。"②《继承法》第4条,"个人承包应得的个人收益,依照本法规定继承。个人承包,依照法律允许由继承人继续承包的,按照承包合同办理。"③《继承意见》第4条,"承包人死亡时尚未取得承包收益的,可把死者生前对承包所投入的资金和所付出的劳动及其增值和孳息,由发包单位或者接续承包合同的人合理折价、补偿,其价额作为遗产。"

(2)具体到本题:如季大死亡,季小不得继承土地承包经营权,但可以继承该耕地上未收割的农作物。

(3)结论:①"C. 如季大死亡,则季小可以继承该土地承包经营权",C错,不选C。②"D. 如季大死亡,则季小可以继承该耕地上未收割的农作物",D

[1] 参考答案:AD

对，选 D。

3. 登记“造”册不是“变更”登记、区分土地承包经营合同的成立与生效、区分土地承包经营权的设立（意思主义）和流转（对抗主义）

关于土地承包经营权的设立，下列哪些表述是正确的？（2010－3－55）

A. 自土地承包经营合同成立时设立

B. 自土地承包经营权合同生效时设立

C. 县级以上地方政府在土地承包经营权设立时应当发放土地承包经营权证

D. 县级以上地方政府应当对土地承包经营权登记造册，未经登记造册的，不得对抗善意第三人

答案：（ ）①

考点：登记“造”册不是“变更”登记、区分土地承包经营合同的成立与生效、区分土地承包经营权的设立（意思主义）和流转（对抗主义）

读题技巧

题干设问的是“关于土地承包经营权的设立”，看清楚了，这里是“设立”！因此，D 选项中所谓“登记造册”之“造”，仍然指向的是“设立”，而不是“变更”登记。

思路展开

命题点 1：土地承包经营权设立的意思主义。

（1）法律依据：《物权法》第 127 条，“土地承包经营权自土地承包经营权合同生效时设立。县级以上地方人民政府应当向土地承包经营权人发放土地承包经营权证、林权证、草原使用权证，并登记造册，确认土地承包经营权。”

（2）结论：①“A. 自土地承包经营合同成立时设立”，A 错，不选 A。②“B. 自土地承包经营权合同生效时设立”，B 对，选 B。③“C. 县级以上地方政府在土地承包经营权设立时应当发放土地承包经营权证”，C 对，选 C。

命题点 2：土地承包经营权流转的登记对抗主义。登记“造”册是对已经设立的土地承包经营权的确认，变更登记指向的是土地承包经营权的流转（登记对抗主义）。

（1）法律依据：①登记造册是确认，而不是设立！（司法部解析原文：“《农村土地承包法》第 23 条第 1 款 2010 所规定的“登记造册”也不是土地承包经营权的设立条件，只是确认土地承包经营权的行政程序。”）《农村土地承包法》第 23 条，“县级以上地方人民政府应当向承包方颁发土地承包经营权证或者林权证等证书，并登记造册，确认土地承包经营权。颁发土地承包经营权证或者林权证等证书，除按规定收取证书工本费外，不得收取其他费用。”②变更登记是流转。《物权法》第 129 条，“土地承包经营权人将土地承包经营权互换、转让，当事人要求登记的，应当向县级以上地方人民政府申请土地承包经营权变更登记；未经登记，不得对抗善意第三人。”

（2）结论：登记造册不等于变更登记！“D. 县级以上地方政府应当对土地承包经营权登记造册，未经登记造册的，不得对抗善意第三人”，D 错，不选 D。

第二节 地役权

1. 需役地和供役地都转让：地役权从属于需役地；地役权能否对抗新的供役地人（善意第三人），要看地役权是否登记，登记了就可以对抗，未登记就不能对抗

A 地块使用权人甲公司与 B 地块使用权人乙公司约定，由乙公司（不是“乙公司”，而是甲公司）在 B 地块上修路。同年 4 月，甲公司将 A 地块过户给丙公司，6 月，乙公司将 B 地块过户给不知上述情形的丁公司。下列哪些表述是正确的？（2013－3－2）

A. 2013 年 2 月，甲公司对乙公司的 B 地块享有地役权

B. 2013 年 4 月，丙公司对乙公司的 B 地块享有地役权

C. 2013 年 6 月，甲公司对丁公司的 B 地块享有地役权

D. 2013 年 6 月，丙公司对丁公司的 B 地块享有地役权

答案：（ ）②

① 参考答案：BC

② 参考答案：AB

考点:地役权设立和转让均采登记对抗主义;需役地转让,地役权基于从属性随之转移(旧需役人丧失需役地随之丧失地役权+新需役人取得需役地随之取得地役权);供役地转让,地役权采登记对抗主义,登记了就可以对抗善意第三人,未登记就不可对抗善意第三人

解题图构

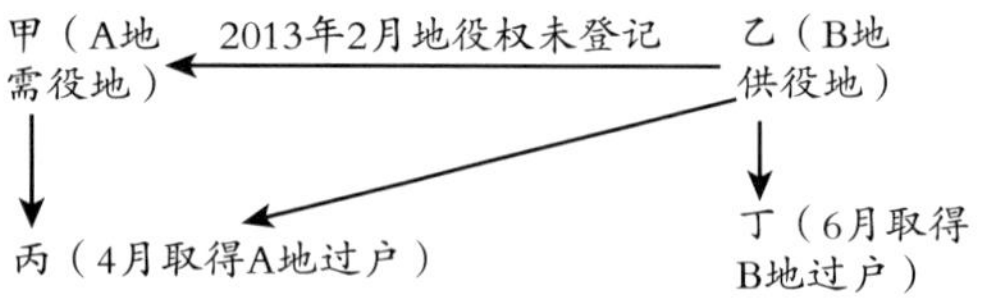

解图:1. 甲在乙地上“修路”,指向甲的通行地役权。

2. 甲、丙是需役地一方,均可先后对乙的供役地主张地役权。

3. 乙、丁是供役地一方,乙受地役负担,但是丁不知情且地役权未登记,故丁不受地役负担。

思路展开

命题点1:地役权的设立采登记对抗主义,地役权合同生效时设立地役权。

(1)法律依据:《物权法》第158条,“地役权自地役权合同生效时设立。当事人要求登记的,可以向登记机构申请地役权登记;未经登记,不得对抗善意第三人。”

(2)法条阐释:①地役权自地役权合同生效时设立。②未登记不可对抗善意第三人,当然可以向作为当事人的供役人主张。本题中乙就是供役当事人,丁是善意第三人。

(3)具体到本题:①“2013年2月,A地块使用权人甲公司与B地块使用权人乙公司约定,由乙公司(作者注不是“乙公司”,而是甲公司)在B地块上修路。”②甲公司为地役权人,乙公司为供役人,地役权内容是甲公司使用乙公司在B地块上的道路。

(4)结论:“A. 2013年2月,甲公司对乙公司的B地块享有地役权”,A对,选A。

命题点2:地役权具有从属性,随需役地转让而转移。A地是需役地,A地由甲转给丙,则甲无地役权,丙有地役权(未登记地役权,可对抗供役人乙;不可对抗善意第三人丁)。

(1)法律依据:①需役地转让,地役权随之。物权法》第164条,“地役权不得单独转让。土地承包经营权、建设用地使用权等转让的,地役权一并转让,但合同另有约定的除外。”②需役地因实现抵押而被“转让”,地役权随之。《物权法》第165条,“地役权不得单独抵押。土地承包经营权、建设用地使用权等抵押的,在实现抵押权时,地役权一并转让。”

(2)法条阐释:地役权从属性。①地役权不得单独转让(地役权不得与需役地权利分别转让)。②地役权不得单独抵押(地役权不得与需役地的权利分别抵押)。③需役地(房屋所有权、建设用地使用权、土地承包经营权等)转让,地役权随之(除非另有约定)。也就说“自动换人”! a. 新需役人享有地役权:原地役权登记,即取得登记地役权,可对抗供役人和善意第三人;原地役权未登记,即取得未登记地役权,可对抗供役人,不得对抗善意第三人。b. 旧“需役人”丧失地役权:因为旧需役人丧失了需役地(不再享有任何权利如建筑物区分所有权、建设用地使用权等),自然丧失了地役权。

(3)具体到本题:①“2013年2月,A地块使用权人甲公司与B地块使用权人乙公司约定,由乙公司(作者注:不是“乙公司”,而是甲公司)在B地块上修路”+“同年4月,甲公司将A地块过户给丙公司”=A地是需役地,A地作为需役地转让给了丙。②丙是新需役人,丙有地役权,因原地役权未登记,丙取得未登记地役权,可以对抗作为当事人的供役人乙,但不得对抗善意第三人丁。③甲是旧需役人,甲丧失地役权。

(4)结论:“B. 2013年4月,丙公司对乙公司的B地块享有地役权”,B对,选B。因为丙的未登记地役权可以对供役地当事人乙主张。“C. 2013年6月,甲公司对丁公司的B地块享有地役权”,C错,不选C。因为甲是旧需役人,他的A地都卖给了乙,故甲丧失地役权。

命题点3:需役地转让,受让需役地人承接需役地上的地役权。原来是登记地役权,则受让人取得登记地役权;原来是未登记地役权,则受让人取得未登记地役权。登记地役权可以对抗供役人和善意第三人。未登记地役权可以对抗供役人,不得对抗善意第三人。

（1）法律依据:《物权法》第158条,“地役权自地役权合同生效时设立。当事人要求登记的,可以向登记机构申请地役权登记;未经登记,不得对抗善意第三人。”

（2）具体到本题:“6月,乙公司将B地块过户给不知上述情形的丁公司。”丙的地役权可以向地役权合同的供役地一方主张地役权,因为乙不是第三人。丙的地役权不可以对丁公司主张,因为丁公司属于善意第三人。

（3）结论:“D. 2013年6月,丙公司对丁公司的B地块享有地役权”,D错,不选D。

特别提示:题干与选项之关系

题干原文表述是:“2013年2月,A地块使用权人甲公司与B地块使用权人乙公司约定,由乙公司在B地块上修路。”从文义解释上看,既然是甲公司和乙公司约定,自然是甲公司在乙公司地块上修路。因为,乙公司在自己的B地块上修路是不需要与“甲公司约定的”。从体系解释上看,四个选项中都有“地役权”的措辞,包含了A地是需役地的意思,B地是供役地的意思。之所以出现此种情况。

2. 学校乘坐地铁方便与相邻研究员设立地役权

某郊区小学为方便乘坐地铁,与相邻研究院约定,学校人员有权借研究院道路通行,每年支付一万元。据此,学校享有的是下列哪一项权利?（2010－3－9）

A. 相邻权　　B. 地役权

C. 建设用地使用权　　D. 宅基地使用权

答案:（　　）①

考点:什么是地役权

读题技巧

1. 约定;
2. 借;
3. 支付1万元。
4. 赤裸裸地指向地役权。

思路展开

1. 秒杀题,无须多说,借此题顺带记忆一下几个概念。

2. 地役权与相邻权的差异。（1）约定与法定之差异。①地役权是约定产生;②相邻权是法定产生。（2）功能之差异。①地役权目的是提高需役地效益;②相邻权是调和相邻土地之间的利益和冲突。（3）相邻与否之差异。①地役权不要求不动产相邻;②相邻权要求不动产相邻。（4）独立物权与否之差异。①地役权虽然具有从属性,但是为一种独立的物权;②相邻权则不是独立的物权,只是一方不动产所有权或其他不动产物权内容的扩张,对相邻他方的不动产所有权及有关使用权的限制。（5）有偿与否之差异。①地役权的取得可以有偿或无偿;②相邻权不存在有偿问题。（6）权利人利益多寡之差异。①地役权是吃好的问题。②相邻权是吃饱的问题。相邻权行使必须选择对相邻他方造成损失最小的方式行使。

3. 地役权和相邻权可以衔接。如法律规定了相邻通行关系,当事人也可以约定通行地役权;法律规定相邻排水关系,当事人也可以约定排水地役权;法律规定了相邻采光关系,当事人也可以约定采光地役权。

4. 建设用地使用权。《物权法》第135条,“建设用地使用权人依法对国家所有的土地享有占有、使用和收益的权利,有权利用该土地建造建筑物、构筑物及其附属设施。”

5. 宅基地使用权。《物权法》第152条,“宅基地使用权人依法对集体所有的土地享有占有和使用的权利,有权依法利用该土地建造住宅及其附属设施。”

3. 选项假设需役地转移、供役地转移情形各自应如何处理

李某从自己承包的土地上出入不便,遂与张某书面约定在张某承包的土地上开辟一条道路供李某通行,李某支付给张某2万元,但没有进行登记。下列哪一选项是错误的?（2008－四川－11）

A. 该约定属于有关相邻关系的约定

B. 该约定属于地役权合同

C. 如果李某将其承包经营权转移给他人,受让人有权在张某承包的土地上通行,但合同另有约定的除外

D. 如果张某将其承包经营权转移给他人,则善意的受让人有权拒绝李某在自己的土地上通行

答案:（　　）②

① 参考答案:B

② 参考答案:A

考点:地役权与相邻权的区分;旧需役地人丧失需役地随之丧失地役权,新需役人取得需役地随之取得地役权(地役权从属性);供役地转让地役权未登记不可对抗受让供役地的人(地役权登记对抗主义)

思路展开

命题点1:地役权和相邻权的区分。

(1)学理依据:(1)约定与法定之差异。①地役权是约定产生;②相邻权是法定产生。(2)功能之差异。①地役权目的是提高需役地效益;②相邻权是调和相邻土地之间的利益和冲突。(3)相邻与否之差异。①地役权不要求不动产相邻;②相邻权要求不动产相邻。(4)独立物权与否之差异。①地役权虽然具有从属性,但是为一种独立的物权;②相邻权则不是独立的物权,只是一方不动产所有权或其他不动产物权内容的扩张,对相邻他方的不动产所有权及有关使用权的限制。(5)有偿与否之差异。①地役权的取得可以有偿或无偿;②相邻权不存在有偿问题。(6)权利人利益多寡之差异。①地役权是吃好的问题。②相邻权是吃饱的问题。相邻权行使必须选择对相邻他方造成损失最小的方式行使。

(2)具体到本题:"约定"、"支付2万元"、"没有进行登记",指向地役权。

(3)结论:①"A.该约定属于有关相邻关系的约定",A错,符合题意,选A。②"B.该约定属于地役权合同",B对,不符合题意,不选B。

命题点2:地役权从属性。需役地转让,新需役地人承受地役权。

(1)法律依据:《物权法》第164条,"地役权不得单独转让。土地承包经营权、建设用地使用权等转让的,地役权一并转让,但合同另有约定的除外。"

(2)具体到本题:李某是需役地一方+"C.如果李某将其承包经营权转移给他人,受让人有权在张某承包的土地上通行,但合同另有约定的除外"=受让人即新需役人,有权对张某主张地役权。

(3)C对,不符合题意,不选C。

命题点3:地役权未登记,不得对抗善意第三人即不得对抗善意受让供役地的人。

(1)法律依据:《物权法》第158条,"地役权自地役权合同生效时设立。当事人要求登记的,可以向登记机构申请地役权登记;未经登记,不得对抗善意第三人。"

(2)具体到本题:李某在张某土地上的地役权没有登记,可以向张某主张,但却不能对抗善意从张某处受让供役地的人。

(3)结论:"D.如果张某将其承包经营权转移给他人,则善意的受让人有权拒绝李某在自己的土地上通行",D对,不符合题意,不选D。

仅需役地转移,而供役地不变,新需役地人有地役权,旧需役地人丧失地役权,眺望地役权,控制供役人不得建6米以上的高楼

4. 甲公司与乙公司约定:为满足甲公司开发住宅小区观景的需要,甲公司向乙公司支付100万元,乙公司在20年内不在自己厂区建造6米以上的建筑。甲公司将全部房屋售出后不久,乙公司在自己的厂区建造了一栋8米高的厂房。下列哪一选项是正确的?(2007-3-12)

A. 小区业主有权请求乙公司拆除超过6米的建筑

B. 甲公司有权请求乙公司拆除超过6米的建筑

C. 甲公司和小区业主均有权请求乙公司拆除超过6米的建筑

D. 甲公司和小区业主均无权请求乙公司拆除超过6米的建筑

答案:(　　)①

考点:地役权的从属性:需役地转让地役权随之,旧需役地人丧失需役地随之丧失地役权,新需役人取得需役地随之取得地役权

解题图构

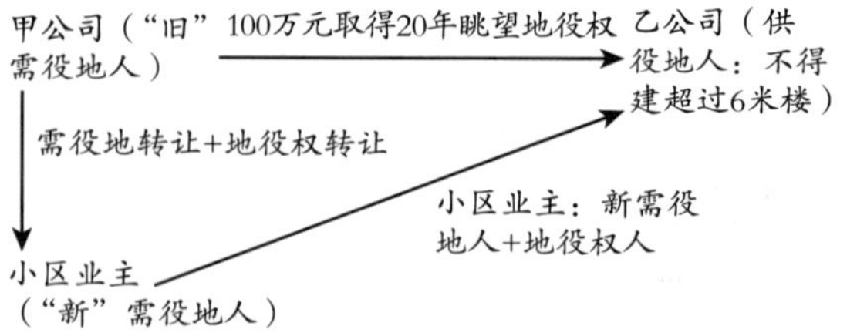

解图:小区业主就是看中有了眺望地役权,才买的房子。乙公司明知不可盖超过6米的建筑,却盖了8米的建筑,简直是个大大的坏人!

---

① 参考答案:A

思路展开

思路1：思考起点：地役权的从属性，地役权随需役地转让而转让。

思路2：法律依据：

(1)需役地转让，地役权随之。《物权法》第164条，“地役权不得单独转让。土地承包经营权、建设用地使用权等转让的，地役权一并转让，但合同另有约定的除外。”

(2)需役地因实现抵押而被“转让”，地役权随之。《物权法》第165条，“地役权不得单独抵押。土地承包经营权、建设用地使用权等抵押的，在实现抵押权时，地役权一并转让。”

思路3：法条阐释：地役权从属性：

(1)地役权不得单独转让(地役权不得与需役地权利分别转让)。

(2)地役权不得单独抵押(地役权不得与需役地的权利分别抵押)。

(3)需役地(房屋所有权、建设用地使用权、土地承包经营权等)转让，地役权随之(除非另有约定)，也就是说，“自动换人”！①新需役人享有地役权：a. 原地役权登记，即取得登记地役权，可对抗供役人和善意第三人；b. 原地役权未登记，即取得未登记地役权，可对抗供役人，不得对抗善意第三人。②旧“需役人”丧失地役权：因为旧需役人丧失了需役地(不再享有任何权利如建筑物区分所有权、建设用地使用权等)，自然丧失了地役权。

思路4：具体到本题：

(1)“甲公司向乙公司支付100万元，乙公司在20年内不在自己厂区建造6米以上的建筑。甲公司将全部房屋售出后不久，乙公司在自己的厂区建造了一栋8米高的厂房”。

(2)甲是“旧”需役人，故甲因丧失需役地(房屋所有权和建设用地使用权)，随之丧失地役权。

(3)小区业主是“新”需役人因取得需役地(房屋所有权和建设用地使用权)，随之取得地役权。

(4)地役权登记与否，新需役人均可对原供役人乙公司主张，因为乙公司不是“善意第三人”，而是知情当事人(知道自己不能盖超过6米的高楼)。

思路5：结论：(1)“A. 小区业主有权请求乙公司拆除超过6米的建筑”，A对，选A。(2)“B. 甲公司有权请求乙公司拆除超过6米的建筑；C. 甲公司和小区业主均有权请求乙公司拆除超过6米的建筑；D. 甲公司和小区业主均无权请求乙公司拆除超过6米的建筑”，BCD都错，不选BCD。

延展：地役权的不可分性。假设甲公司把1套住宅卖给一个业主，则该业主也可主张地役权，为地役权的不可分性。地役权的不可分性，分为两个层次：

(1)地役权及于需役地之全部。《物权法》第166条，“需役地以及需役地上的土地承包经营权、建设用地使用权部分转让时，转让部分涉及地役权的，受让人同时享有地役权。”(此实乃地役权从属性的延伸。)

(2)地役权及于供役地之全部。《物权法》第167条，“供役地以及供役地上的土地承包经营权、建设用地使用权部分转让时，转让部分涉及地役权的，地役权对受让人具有约束力。”

小结：地役权是用益物权，不是担保物权，却具备了担保物权特有的“从属性”和“不可分性”，具有可考查性！

5. 相邻权与地役权区分、需役地转地役权随之转移、供役地转地役义务是否随之转移取决于地役权是否登记(地役权登记，则地役义务转移给新供役人；反之，则不转移给新供役人)

甲为了能在自己房中欣赏远处风景，便与相邻的乙约定：乙不在自己的土地上建造高层建筑，作为补偿，甲一次性支付给乙4万元。两年后，甲将该房屋转让给丙，乙将该土地使用权转让给丁。下列哪些判断是错误的？(2006－3－56)

A. 甲、乙之间的约定为有关相邻关系的约定

B. 丙可禁止丁建高楼，且无须另对丁进行补偿

C. 若丁建高楼，丙只能要求甲承担违约责任

D. 甲、乙之间约定因房屋和土地使用权转让而失去效力

答案：(　　)①

① 参考答案：司法部2006年给出的答案是ACD。如果还要继续保持这一答案不变，则结合2007年出台的《物权法》，需要对题干条件进行增补即地役权已经登记了。丙地役权可对丁主张。

考点:地役权与相邻权的区分、地役权的从属性(需役地转移,地役权随之。“旧”需役人丧失需役地,随之丧失地役权。“新”需役人取得需役地,随之取得地役权)、地役权登记对抗主义(登记地役权可对抗第三人;未登记地役权不可对抗善意第三人)

解题图构

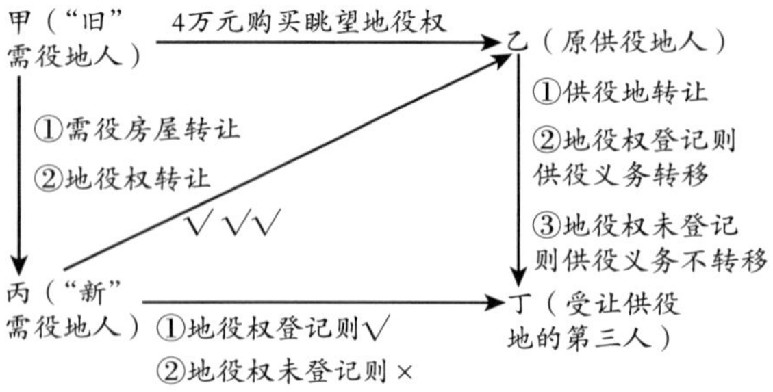

解图:1. 甲用4万元购买了眺望地役权。

2. 甲把房屋卖给丙,甲是“旧”需役地人,丧失需役地,随之丧失地役权。

3. 丙是“新”需役地人,取得需役地,随之取得地役权。

4. 甲、乙的约定仍然有效,即乙是供役人,负有义务。丙的地役权无论登记与否,都可向乙主张。

5. 乙把供役地转让给了丁,题干未交代甲的地役权是否已经登记,也没有交代丁是否善意:(1)如果地役权登记了,则丙的地役权可以对抗丁,无论丁是善意还是恶意。(2)如果地役权没有登记,则丙的地役权能对抗恶意的丁,不能对抗善意的丁。

6. 故对本题作答,需要对题干事实进行增补。(1)地役权登记问题。(2)丁善意恶意问题。

7. 根据司法部当年公布的答案ACD(ACD都错,只有B对,而B是说丙可对丁主张地役权)可反推,其题干设计的条件是:地役权已经登记了。

8. 本题是选非题!

思路展开

命题点1:地役权和相邻权的区分。

(1)约定与法定之差异。①地役权是约定产生;②相邻权是法定产生。

(2)功能之差异。①地役权目的是提高需役地效益;②相邻权是调和相邻土地之间的利益和冲突。

(3)相邻与否之差异。①地役权不要求不动产相邻;②相邻权要求不动产相邻。

(4)独立物权与否之差异。①地役权虽然具有从属性,但是为一种独立的物权;②相邻权则不是独立的物权,只是一方不动产所有权或其他不动产物权内容的扩张,对相邻他方的不动产所有权及有关使用权的限制。

(5)有偿与否之差异。①地役权的取得可以有偿或无偿;②相邻权不存在有偿问题。

(6)权利人利益多寡之差异。①地役权是吃好的问题。②相邻权是吃饱的问题。相邻权行使必须选择对相邻他方造成损失最小的方式行使。

(7)延展一点:地役权和相邻权可以衔接。例如,法律规定了相邻通行关系,当事人也可以约定通行地役权;法律规定相邻排水关系,当事人也可以约定排水地役权;法律规定了相邻采光关系,当事人也可以约定采光地役权。

(8)具体到本题:“欣赏远处风景”、“约定”、“补偿”、“支付给乙4万元”,指向甲、乙之间是地役权约定,甲有地役权,为需役地人,花4万元从乙供役地人那买到了眺望地役权。(9)结论:“A. 甲、乙之间的约定为有关相邻关系的约定”,A错,符合题意,选A。

命题点2:地役权具有从属性,从属于需役地。甲把需役地转给丙,甲丧失需役地随之丧失地役权;丙取得需役地随之取得地役权。

(1)法律依据:需役地转让,地役权随之。《物权法》第164条,“地役权不得单独转让。土地承包经营权、建设用地使用权等转让的,地役权一并转让,但合同另有约定的除外。”需役地因实现抵押而被“转让”,地役权随之。《物权法》第165条,“地役权不得单独抵押。土地承包经营权、建设用地使用权等抵押的,在实现抵押权时,地役权一并转让。”

(2)法条阐释:地役权从属性。地役权不得单独转让(地役权不得与需役地权利分别转让)。地役权不得单独抵押(地役权不得与需役地的权利分别抵押)。需役地(房屋所有权、建设用地使用权、土地承包经营权等)转让,地役权随之(除非另有约定)。a. 新需役人享有地役权。原地役权登记,即取得登记地役权,可对抗供役人和善意第三人;原地役权未登记,即取得未登记地役权,可对抗供役人,不得对抗善意第三人。b. 旧“需役人”丧失地役权。

因为旧需役人丧失了需役地（不再享有任何权利如建筑物区分所有权、建设用地使用权等），自然丧失了地役权。

（3）具体到本题：①“甲花4万元从乙处购买了眺望地役权”+“两年后，甲将该房屋转让给丙”=甲丧失需役地随之丧失地役权+丙取得需役地随之取得地役权。②“乙将该土地使用权转让给丁”，供役地转让，原供役地人义务不免除（未登记地役权或者登记地役权均可对抗当事人），新供役地人是否附有供役义务，取决于地役权是否登记，登记了，则新供役地人负供役义务，未登记，则新供役地人不负供役义务（即未登记地役权不得对抗善意第三人）。

（4）增补本题题干条件：地役权做了登记。

（5）结论为：①“B. 丙可禁止丁建高楼，且无须另对丁进行补偿”，B对，不符合题意，不选B。②“C. 若丁建高楼，丙只能要求甲承担违约责任”，C错，符合题意，选C。因为丁建高楼，侵犯了丙的地役权。③“D. 甲、乙之间约定因房屋和土地使用权转让而失去效力”，D错，符合题意，选D。因为甲、乙之间的约定具有合同效力。且丙登记的地役权可以向新供役人丁主张。

（6）如果不增补本题题干条件，则地役权未做登记，丙地役权不得对抗善意的第三人丁。①B表述错误，符合题意。②C表述正确，不符合题意。（至于题干是否还需要明确增加甲有权利瑕疵担保义务，有疑义，但是从司考2006年到2008年的有关真题的措辞表述来看，未明确交代的，则确认卖方有权利瑕疵担保义务）。③D表述错误，符合题意，因为甲、乙之间的约定还有合同效力。④如此一来，答案是ABD。

第十二章　担保物权

第一节　担保物权总论

一、担保物权的从属性:从属于主债权

债权质权的从属性(债权出质主债消灭则债权质权消灭)、保证债务的从属性、债权质权中不得流质、债权质权的设立

甲公司为乙公司向银行贷款100万元提供保证,乙公司将其基于与丙公司签订的供货合同而对丙公司享有的100万元债权出质给甲公司作反担保。下列哪一表述是正确的?(2013-3-7)

A. 如乙公司依约向银行清偿了贷款,甲公司的债权质权仍未消灭

B. 如甲公司、乙公司将出质债权转让给丁公司,但未通知丙公司,则丁公司可向丙公司主张该债权

C. 甲公司在设立债权质权时可与乙公司约定,如乙公司届期不清偿银行贷款,则出质债权归甲公司所有

D. 如乙公司将债权出质的事实通知了丙公司,则丙公司可向甲公司主张其基于供货合同而对乙公司享有的抗辩

答案:(　　)①

考点: 债权质权的从属性(债权出质主债消灭则债权质权消灭)、保证债务的从属性、债权质权中不得流质、债权质权的设立

解题图构

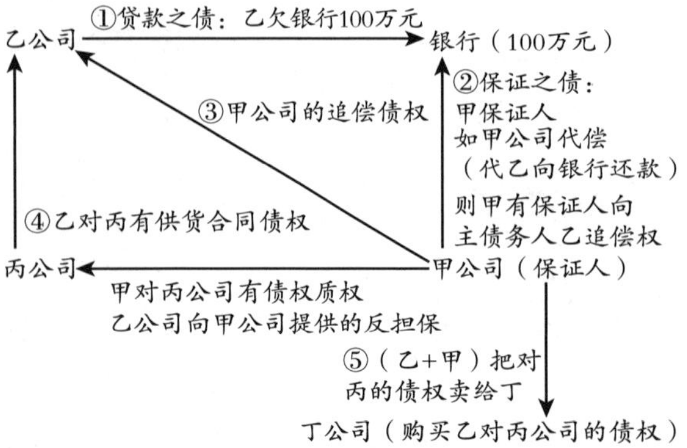

解图:(一)此题涉及4个债权债务关系和2个担保关系,合计6个法律关系。

1. 乙公司和银行之间的贷款之债。

2. 甲向银行提供保证之债(担保关系)。

3. 甲承担保证责任后,可向主债务人乙行使追偿权,为法定追偿之债。

4. 乙向甲提供"反担保"即用乙对丙公司的债权来担保甲的追偿之债(担保关系)。

5. 乙对丙公司享有的供货合同之债权,被出质给了甲公司作为担保。

6. 乙公司(经甲公司同意)将对丙的债权卖给了丁公司,有债权转让之债。

(二)单就权利质权关系而言,权利质权出质人是乙公司,权利质权权利人是甲公司,出质债权是乙公司对丙公司享有的债权。

思路展开

思路1:本题涉及两个从属性:

1. 甲公司的保证之债,是"人保"(保证),从属于银行主债权,因为甲公司对乙公司的追偿之债以甲公司向银行承担保证之债为前提,故甲公司对乙公司的追偿之债,从属于银行的主债权。

2. 丙公司对乙公司的供货之债,是"物保"(债权出质),从属于甲公司对乙公司的追偿之债。

3. 结合1和2,丙公司对乙公司的供货之债("物保"),从属于银行的债权。

4. 简言之,如果乙还了银行贷款,甲保证之债消灭,甲对乙的追偿之债消灭,而对该追偿之债提供"物保"的债权质权自然消灭。

5. 法律依据:《物权法》第177条,"有下列情形之一的,担保物权消灭:(一)主债权消灭;……"

6. 中间结论:"A. 如乙公司依约向银行清偿了贷款,甲公司的债权质权仍未消灭",A错。错在"仍

① 参考答案:D

未消灭”,正确说法是已经消灭。

思路2:本题涉及两个债权转让:

(一)第一个债权转让:乙把对丙的供货债权,“出质”给了甲。

1. 这是一个债权出质,其本身仍然是担保物权,应适用担保物权的规则,包括流质条款无效规则。

(1)法理和法律依据:①权利质权是为了担保债权清偿,就债务人或者第三人所享有的权利设定的质权。②权利质权除了一些特殊问题外,准用动产质权的规定以及担保物权的一般规定。③《物权法》第229条,“权利质权除适用本节规定外,适用本章第一节动产质权的规定。”④《物权法》第211条,“质权人在债务履行期届满前,不得与出质人约定债务人不履行到期债务时质押财产归债权人所有。”

(2)中间结论:“C. 甲公司在设立债权质权时可与乙公司约定,如乙公司届期不清偿银行贷款,则出质债权归甲公司所有”,C错,不选C。

2. 债权出质,也“启动”、“激活”、“适用”债权转让的规则(必须通知债务人丙才对丙发生效力,否则仅在甲乙内部有效)。也就是说,可以理解成乙把对丙的供货债权,卖给了甲。丙基于供货合同对乙的抗辩,当然是可以对抗“受让人”甲(即债权质权人)。

(1)法律依据:《合同法》第82条,“债务人接到债权转让通知后,债务人对让与人的抗辩,可以向受让人主张。”

(2)学理阐释:①甲作为债权质权人,当质权满足实现条件即甲代乙向银行还贷承担保证责任后,然后取得对乙的追偿权,乙不清偿,甲可主张变现债权质权。②甲的债权质权的变现方式是:当丙欠乙的货款到期,甲可要求丙向甲直接支付货款;当丙欠乙的货款未到期,甲就继续等待。③丙对乙的一切抗辩(抗辩和抗辩权),都可以对甲主张!不能因为乙将货款债权出质,加重了债务人丙的责任。

(3)结论:“D. 如乙公司将债权出质的事实通知了丙公司,则丙公司可向甲公司主张其基于供货合同而对乙公司享有的抗辩”,D对,选D。

(4)《2013年国家司法考试试题解析》:“债权出质可以参照债权转让的规则予以处理,可适用《合同法》第八十二条的规定,债务人接到债权转让通知后,债务人对让与人的抗辩,可以向受让人主张。由此,选项D当选。”

(5)小结记忆:债权质权设立的三大规则:①通知债务人,则冻结债务人清偿行为的规则。通知债务人丙后,丙的清偿行为就被冻结,不能随便向乙清偿了,因为“货款债权”是“质物”,负担了甲的“债权质权”,债权质权有“不可分性”。②通知债务人后,债务人可对债权质权人援引基于供货合同对抗乙的抗辩规则(抵销规则)。③债权质权从属于主债权规则。本题考查了②③,没考查①。2012年卷三第7题D考查了①债权质权的不可分性。2014年第10题考查了②抗辩、抵销规则。

(二)第二个债权转让:乙把对丙的供货合同的金钱债权,经债权质权人甲同意,出卖给了丁公司。

1. 乙、甲能否把乙对丙的债权卖给丁公司?可以!

(1)因为乙公司卖债权给丁公司,由此获得出卖款,可以根据甲乙的约定向甲清偿,这对甲没有不利,尤其是获得了甲同意。

(2)这实际上是债权人甲和债务人乙双方协议“变卖”“担保物”(即债权)。

(3)具有法律依据:《物权法》第219条第2~3款,“债务人不履行到期债务或者发生当事人约定的实现质权的情形,质权人可以与出质人协议以质押财产折价,也可以就拍卖、变卖质押财产所得的价款优先受偿。质押财产折价或者变卖的,应当参照市场价格。”

2. 乙、甲把乙对丙的债权卖给丁公司,应通知债务人丙公司。

(1)因为乙公司卖债权给丁公司,是债权转让,应适用债权转让的相关规则。

(2)该债权转让必须通知债务人,才能对债务人发生效力,否则,仅对于乙、甲、丁有约束力,不能对丙发生约束力。

(3)法律依据:《合同法》第80条,“债权人转让权利的,应当通知债务人。未经通知,该转让对债务人不发生效力。债权人转让权利的通知不得撤销,但经受让人同意的除外。”

(4)如果乙、甲把乙对丙的债权转让给了丁公司,通知了丙公司,则效果很理想:丙公司向丁公司支付货款,丁公司向乙公司支付购买债权款,乙公司利用这笔钱(“债权质权中质物”的变价款)去清偿甲的“追偿之债权”。

(5)兜来转去,最后的“接盘侠”是丁公司,承担最后的风险。故,实务中,丁公司必然是以比较大的折扣价买的债权。

(6)结论:①“B.如甲公司、乙公司将出质债权转让给丁公司但未通知丙公司,则丁公司可向丙公司主张该债权”,B错,不选B。②正确说法是必须通知丙!债权转让才对丙发生效力。

3.小结:此题涉及6个法律关系,各个法律关系又有交叉,需要相当量的答题时间。考生平时训练时,要侧重法律关系的训练法,侧重图构。熟能生巧。考场上是闪电战,要速战速决,不能恋战,也不能气馁,因为,此类题型本来没打算让绝大多数人都能在短时间内做对。

[二、担保物权不从属于主债务(参见2013年卷三87题和2012年卷三88题)]

三、担保物权的不可分性

1.债权质权设立,通知债务人后,“担保物”即债权质权中“债权”被冻结不得减少,体现了担保物权之债权质权的不可分性

甲对乙享有10万元的债权,甲将该债权向丙出质,借款5万元。下列哪一表述是错误的?(2012-3-7)

A.将债权出质的事实通知乙不是债权质权生效的要件

B.如未将债权出质的事实通知乙,丙即不得向乙主张权利

C.如将债权出质的事实通知了乙,即使乙向甲履行了债务,乙不得对丙主张债已消灭

D.乙在得到债权出质的通知后,向甲还款3万元,因还有7万元的债权额作为担保,乙的部分履行行为对丙有效

答案:(　　)①

考点:债权质权设立,通知债务人的法律意义:通知债务人不是债权质权设立条件;未通知债务人则债权质权人不得对债务人主张;已经通知通知债务人则“担保物”即债权质权中“债权”被冻结不得减少,体现了担保物权之债权质权的不可分性

解题图构

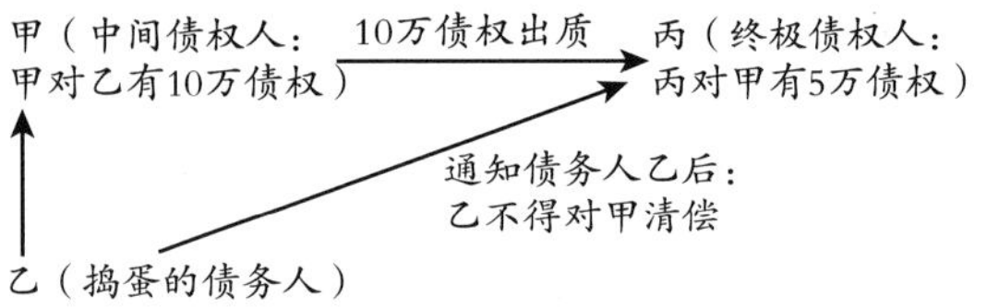

解图:1.乙欠甲10万,没还。

2.甲缺钱,要融资。将债权出质,本质上是一种提前“变现”债权的方法。

3.用乙欠自己的债权出质给丙,然后甲向丙融资5万。已经打了半折了,是丙控制金融风险的方法。

4.一旦通知了债务人乙,则乙欠甲的10万债权变成“质物”,“质物”不可分,“质物”全部担保丙的5万债权。

5.债权质权如何实现?即折价、变卖或者拍卖乙欠甲的债权。

6.注意:选非题!

思路展开

命题点1:债权出质,通知债务人乙不是债权质权设立的前提条件。

(1)学理和法律依据:①三大本:“债权出质可以参照债权转让的规则予以处理”、“债权出质,适用债权转让的基本规则。”。②《合同法》第80条,“债权人转让权利的,应当通知债务人。未经通知,该转让对债务人不发生效力。债权人转让权利的通知不得撤销,但经受让人同意的除外。”

(2)法理阐释:通知债务人不是债权质权设立的条件。未通知债务人,则债权质权人不得对债务人主张债权质权。

(3)结论:①“A.将债权出质的事实通知乙不是债权质权生效的要件”,A对,不符合题意,不选A。②“B.如未将债权出质的事实通知乙,丙即不得向乙主张权利”,B对,不符合题意,不选B。

命题点2:债权出质,已经通知了债务人乙,则债务人不得对出质人为部分或全部清偿,因为该行为被冻结。如果已经清偿,债务人债务范围不变,

① 参考答案:D

则出质人不当得利,质权人还可对债务人主张质权。

(1)法律依据:担保物权的不可分性。①《担保法解释》第71条,"主债权未受全部清偿的,抵押权人可以就抵押物的全部行使其抵押权。抵押物被分割或者部分转让的,抵押权人可以就分割或者转让后的抵押物行使抵押权。"②《担保法解释》第96条,"本解释第五十七条、第六十二条、第六十四条、第七十一条、第七十二条、第七十三条、第七十四条、第八十条之规定,适用于动产质押。"③《物权法》第229条,"权利质权除适用本节规定外,适用本章第一节动产质权的规定。"

(2)结论:①"C.如将债权出质的事实通知了乙,即使乙向甲履行了债务,乙也不得对丙主张债已消灭",C对,不符合题意,不选C。②"D.乙在得到债权出质的通知后,向甲还款3万元,因还有7万元的债权额作为担保,乙的部分履行行为对丙有效",D错,符合题意,选D。

2. 债权质权中,"担保物"即债权质权中的"债权"可正常减少(抵销)

甲公司通知乙公司将其对乙公司的10万元债权出质给了丙银行,担保其9万元贷款。出质前,乙公司对甲公司享有2万元到期债权。如乙公司提出抗辩,关于丙银行可向乙公司行使质权的最大数额,下列哪一选项是正确的?(2014-3-7)

A. 10万元　B. 9万元　C. 8万元　D. 7万元

答案:(　　)①

考点:债权质权中,"担保物"即债权质权中的"债权"可正常减少(抵销)

解题图构

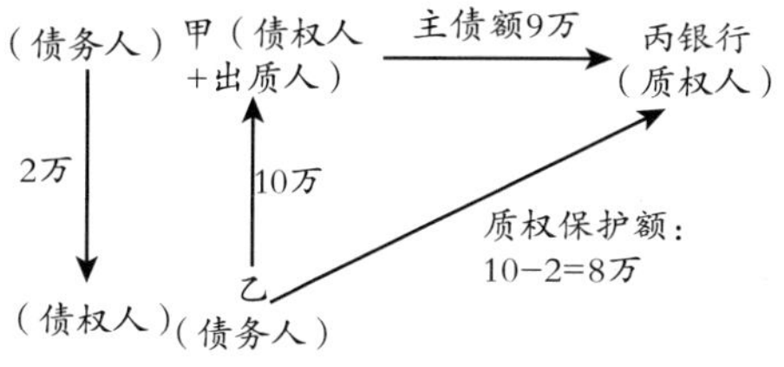

读题技巧

1. 甲公司通知乙公司将10万元债权出质给了丙银行,指向债权质权设立。

2. 主债是9万元。质权保护的范围受限于"质物","质物"是甲对乙享有的债权。

3. 本来甲对乙有10万债权,但是乙有2万的法定抵销权,故甲对乙实际有8万债权。乙可对丙银行援引该法定抵销的抗辩,由此指向"如乙公司提出抗辩"的题眼。

思路展开

思路1:债权出质,属于应收账款设定质押。

(1)甲公司以其对乙公司的10万元出质给丙银行,属于应收账款质押(《物权法》第223条)。

(2)丙银行可单独起诉乙公司主张行使质权。《担保解释》第106条规定,"质权人向出质人、出质债权的债务人行使质权时,出质人、出质债权的债务人拒绝的,质权人可以起诉出质人和出质债权的债务人,也可以单独起诉出质债权的债务人。"

思路2:债权出质,本质为债权之转让。须遵守通知规则即甲要通知债务人乙。题干已经有所交代。结果是:丙银行是新债权人,甲是原债权人,乙为"债务人"。质权人丙向"债务人"乙主张的债权额受到两个限制:

(1)一是主债务额限制。本例中,主债务额是9万元。

(2)二是质权额度限制,即"质物"的限制。乙欠甲的10万元。

(3)丙银行至多可向乙主张的是9万元。

(4)可见,丙银行向乙公司行使质权时,是要求乙公司支付10万元债务,其中丙银行获得9万元,甲公司获得1万元(《物权法》第221条规定,"质押财产折价或者拍卖、变卖后,其价款超过债权数额的部分归出质人所有,不足部分由债务人清偿")。

思路3:本例中,"质权额度"(即"质物")限制非常特殊,也就是说,乙对甲负担的债权是10万元,但是,乙对其中的2万元的法定抵销权抵充后,乙仅对甲负有8万元。该抗辩可对丙银行主张。

(1)法律依据:《合同法》第83条规定,"债务人接到债权转让通知时,债务人对让与人享有债权,并且债务人的债权先于转让的债权到期或者同时到期的,债务人可以向受让人主张抵销。"

(2)具体到本题:债务人乙公司的债权先到期,

① 参考答案:C

符合抵销的条件（《合同法》第 99 条），丙银行行使质权要求乙公司履行 10 万元债务时，乙公司可以类推适用《合同法》第 83 条，向丙银行主张抵销 2 万元，则乙公司只须支付 8 万元，质权人丙银行行使质权的最大数额为 8 万元。

（3）最后结论：①“C. 8 万元”，C 对，选 C。②“A. 10 万元；B. 9 万元；D. 7 万元”ABD 均错，不选 ABD。

常见错误

1. 债务人乙不得主张抵销说：认为出质前乙公司对甲公司享有 2 万元到期债权不能对丙银行主张抵销，误选 A。

2. 混淆主债务额和“质物”额：认为出质前乙公司对甲公司享有 2 万元到期债权可以对丙银行主张抵销，但是认为丙银行可以对乙公司行使的质权数额为 9 万元，乙公司抵销 2 万元后，丙银行只能获得 7 万元，误选 D。

3. 债务人乙抵销抗辩相对说：认为乙公司提出的抗辩不成立，乙公司只能向甲公司主张抵销，不能向丙银行主张抵销，但丙银行只能按照自己的债权数额行使质权，故为 9 万元，误选 B。

三、混合担保：人保、物保

1. 自己抵押、他人抵押和保证

甲公司欠乙公司货款 100 万元，先由甲公司提供机器设备设定抵押权、丙公司担任保证人，后由丁公司提供房屋设定抵押权并办理了抵押登记。甲公司届期不支付货款，下列哪一表述是正确的？（2014－3－8）

A. 乙公司应先行使机器设备抵押权

B. 乙公司应先行使房屋抵押权

C. 乙公司应先行请求丙公司承担保证责任

D. 丙公司和丁公司可相互追偿

答案：（　　）①

考点：混合担保

解题图构

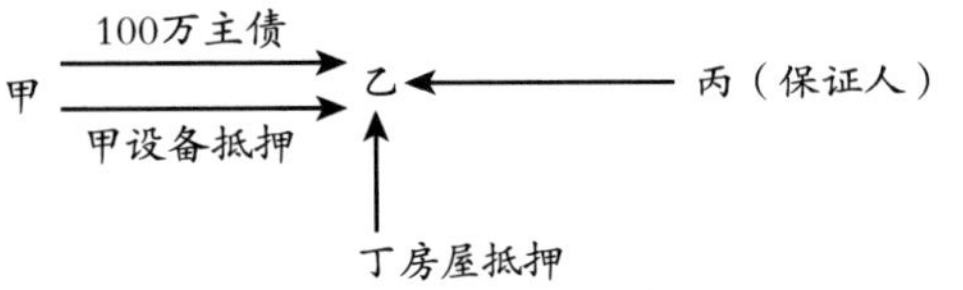

读题技巧

题干内含 4 个法律关系：甲乙 100 万元主债权债务关系；甲乙设备抵押权关系；乙、丙保证关系；乙、丁房屋抵押关系。也就是说，100 万元债权受债务人自己物保、第三人物保和人保的三重保护。

思路展开

1. 人保、自己物保、第三人物保之间的关系：（1）自己物保优先。（2）如人保或第三人物保承担了责任，可向主债务人追偿。（3）人保和第三人物保无追偿关系。

2. 法律依据：《物权法》第 176 条，“被担保的债权既有物的担保又有人的担保的，债务人不履行到期债务或者发生当事人约定的实现担保物权的情形，债权人应当按照约定实现债权；没有约定或者约定不明确，债务人自己提供物的担保的，债权人应当先就该物的担保实现债权；第三人提供物的担保的，债权人可以就物的担保实现债权，也可以要求保证人承担保证责任。提供担保的第三人承担担保责任后，有权向债务人追偿。”

3. 具体到本题：债权人应最先就债务人自己提供的物的担保实现债权，本题中即应先行使债务人甲公司的机器设备抵押权。提供担保第三人承担责任后，可向主债务人追偿。丙和丁不能互追。

4. 结论：①“A. 乙公司应先行使机器设备抵押权”，A 对，选 A。②“B. 乙公司应先行使房屋抵押权；C. 乙公司应先行请求丙公司承担保证责任；D. 丙公司和丁公司可相互追偿”，BCD 均错，不选 BCD。

5. 延伸：2015 年卷四：题干信息：“甲找到丙作为保证人，并用丁的房屋抵押。丁与乙签订了抵押合同并办理了抵押登记，但并没有约定担保范围。”设问：如甲不履行合同义务，在担保权的实现上乙可以行使什么样的权利？担保权实现后，甲、丙、丁的关系如何？司法部回答：如果甲不履行合同义务，丙（疑为“乙”）可以选择实现抵押权或者向保证人丁（疑为“丙”）主张保证责任。无论丁还是戊（疑

---

① 参考答案：A

为“丙”)履行担保责任后,都有权向甲追偿。{或:丁、戊[疑为“丙”]可向甲追偿,也可以要求对方[丁或者戊(疑为“丙”)]承担一半的份额}。

6. 评论:

(1)带{}的备选答案意味深长,是一个要遭受挑战的答案。

(2)指向法条:《担保法解释》第38条第1款,“同一债权既有保证又有第三人提供物的担保的,债权人可以请求保证人或者物的担保人承担担保责任。当事人对保证担保的范围或者物的担保的范围没有约定或者约定不明的,承担了担保责任的担保人,可以向债务人追偿,也可以要求其他担保人清偿其应当分担的份额。”①观点一:《物权法》与《担保解释》规定不同,以《物权法》为准。《物权法》未规定本身就是一种规定。②观点二:“物权法”没有规定,“担保解释”规定了,以“担保解释”为准。

(3)通说:只要第三人物保和人保无特别意思约定,则互相不追偿。

常见错误

人保和第三人物保互相追偿说:认为他人提供保证和他人提供担保的情形,在一方或双方承担担保责任后可以相互追偿,由此误选D。

2. 第三人抵押和保证人场合的混合担保,债权人可选择第三人抵押或保证

甲对乙享有60万元债权,丙、丁分别与甲签订保证合同,但未约定保证责任的范围和方式。戊以价值30万元的房屋为乙向甲设定抵押并办理了登记。请回答以下85~88题。

86. 下列关于丙、丁、戊关系的表述何者正确?(2005-3-86)

A. 若甲放弃对戊的抵押权,则丙、丁只对甲的30万元债权承担保证责任

B. 若甲要求丙、丁承担保证责任,丙、丁可主张先诉抗辩,要求甲先行使对戊的抵押权

C. 甲可以在丙、丁、戊中任意选择一人,要求承担担保责任

D. 若甲、戊之间的抵押被宣告无效,丙、丁应对全部债务承担保证责任

答案:(　　)①

考点:未约定保证方式,为连带责任保证;第三人抵押和保证人场合的混合担保,债权人可选择第三人抵押或保证

思路展开

思路1:丙、丁作为人保,各自未约定保证方式和范围,则为连带责任保证,且为连带共同保证,是为双重连带。

(1)法律依据:①推定连带责任保证。《担保法》第19条,“当事人对保证方式没有约定或者约定不明确的,按照连带责任保证承担保证责任。”②《担保法》第12条,“同一债务有两个以上保证人的,保证人应当按照保证合同约定的保证份额,承担保证责任。没有约定保证份额的,保证人承担连带责任,债权人可以要求任何一个保证人承担全部保证责任,保证人都负有担保全部债权实现的义务。已经承担保证责任的保证人,有权向债务人追偿,或者要求承担连带责任的其他保证人清偿其应当承担的份额。”《担保法解释》第20条,“连带共同保证的债务人在主合同规定的债务履行期届满没有履行债务的,债权人可以要求债务人履行债务,也可以要求任何一个保证人承担全部保证责任。连带共同保证的保证人承担保证责任后,向债务人不能追偿的部分,由各连带保证人按其内部约定的比例分担。没有约定的,平均分担。”

(2)具体到本题:“丙、丁分别与甲签订保证合同,但未约定保证责任的范围和方式。”

(3)中间结论:丙、丁为连带保证,且为连带共同保证。

思路2:戊是第三人物保,和人保并存,构成混合担保,各个人地位平等。债权人甲可以选择任何一个担保人要求承担担保责任。

(1)法律依据:①《物权法》第176条,“被担保的债权既有物的担保又有人的担保的,债务人不履行到期债务或者发生当事人约定的实现担保物权的情形,债权人应当按照约定实现债权;没有约定或者约定不明确,债务人自己提供物的担保的,债权人应当先就该物的担保实现债权;第三人提供物的担保

① 参考答案:司法部原公布的答案是ACD。根据《物权法》第194条第2款的规定,答案修改为CD。因为戊是第三人物保,债权人放弃,不影响保证人责任。

的,债权人可以就物的担保实现债权,也可以要求保证人承担保证责任。提供担保的第三人承担担保责任后,有权向债务人追偿。"②《担保法解释》第38条第2款,"同一债权既有保证又有物的担保的,物的担保合同被确认无效或者被撤销,或者担保物因不可抗力的原因灭失而没有代位物的,保证人仍应当按合同的约定或者法律的规定承担保证责任。"③《物权法》第194条第2款,"债务人以自己的财产设定抵押,抵押权人放弃该抵押权、抵押权顺位或者变更抵押权的,其他担保人在抵押权人丧失优先受偿权益的范围内免除担保责任,但其他担保人承诺仍然提供担保的除外。"

(2)具体到本题:"丙、丁分别与甲签订保证合同,但未约定保证责任的范围和方式。戊以价值30万元的房屋为乙向甲设定抵押并办理了登记。"

(3)最后结论:①"A. 若甲放弃对戊的抵押权,则丙、丁只对甲的30万元债权承担保证责任;B. 若甲要求丙、丁承担保证责任,丙、丁可主张先诉抗辩,要求甲先行使对戊的抵押权",AB错,不选AB。②"C. 甲可以在丙、丁、戊中任意选择一人,要求承担担保责任;D. 若甲、戊之间的抵押被宣告无效,丙、丁应对全部债务承担保证责任",CD对,选CD。

常见错误

节外生枝说:

1. 认为《担保法》第5条规定,"担保合同是主合同的从合同,主合同无效,担保合同无效。担保合同另有约定的,按照约定。担保合同被确认无效后,债务人、担保人、债权人有过错的,应当根据其过错各自承担相应的民事责任。"

2. 若甲、戊之间的抵押被宣告无效,其法律后果应当具体分析,甲作为债权人,对甲与戊之间的无效抵押合同如果有过错,则不能由丙、丁承担全部保证责任,于是未选D。

3. 共同抵押之连带共同抵押

(1)抵押权人可以找连带共同抵押人就抵押财产实现任意比例抵押权

甲对乙享有债权500万元,先后在丙和丁的房屋上设定了抵押权,均办理了登记,且均未限定抵押物的担保金额。其后,甲将其中200万元债权转让给戊,并通知了乙。乙到期清偿了对甲的300万元债务,但未能清偿对戊的200万元债务。对此,下列哪些选项是错误的?(2016-3-55)

A. 戊可同时就丙和丁的房屋行使抵押权,但对每个房屋价款优先受偿权的金额不得超过100万元

B. 戊可同时就丙和丁的房屋行使抵押权,对每个房屋价款优先受偿权的金额依房屋价值的比例确定

C. 戊必须先后就丙和丁的房屋行使抵押权,对每个房屋价款优先受偿权的金额由戊自主决定

D. 戊只能在丙的房屋价款不足以使其债权得到全部清偿时就丁的房屋行使抵押权

答案:(　　)①

考点:连带共同抵押、抵押权的从属性、不可分性

解题图构

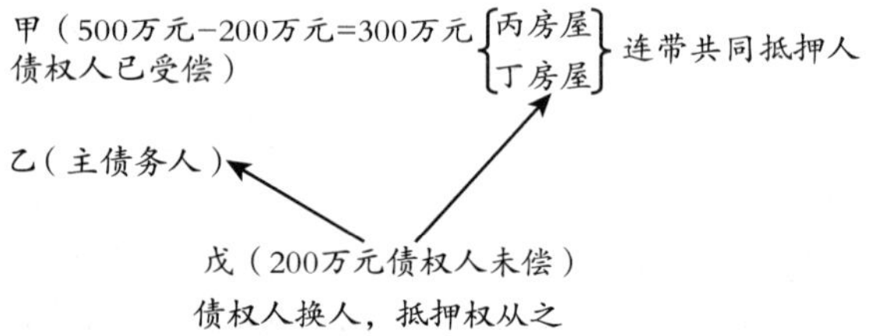

思路展开

命题点1:两个抵押人未约定抵押份额,推定为连带共同抵押人。债权人可以找任何一个抵押人主张全部或部分抵押责任。

(1)法律依据:《担保法解释》第75条第2款、第3款"同一债权有两个以上抵押人的,当事人对其提供的抵押财产所担保的债权份额或者顺序没有约定或者约定不明的,抵押权人可以就其中任一或者各个财产行使抵押权。抵押人承担担保责任后,可以向债务人追偿,也可以要求其他抵押人清偿其应当承担的份额。"

(2)具体到本题:①"甲对乙享有债权500万元,先后在丙和丁的房屋上设定了抵押权,均办理了登记,且均未限定抵押物的担保金额。"②甲的500万元债权,享有连带抵押保护,可以找丙的抵押房屋实现抵押权,也可以找丁的抵押房屋实现抵押权,还可以同时找丙的房屋、丁的房屋以任意比例实现抵押权。

---

① 参考答案:ABCD

命题点2：抵押权的从属性，戊成为抵押权人，可以找丙的抵押房屋实现抵押权，也可找丁的抵押房屋实现抵押权，还可以同时找丙的房屋、丁的房屋以任意比例实现抵押权。

（1）法律依据：①抵押权转让上的从属性，债权转让，抵押权随之。《物权法》第192条，“抵押权不得与债权分离而单独转让或者作为其他债权的担保。债权转让的，担保该债权的抵押权一并转让，但法律另有规定或者当事人另有约定的除外。”②抵押权消灭上的从属性，债权部分消灭，该债权人的抵押权消灭，抵押权会继续保护未消灭之债权。《担保法解释》第71条第1款，“主债权未受全部清偿的，抵押权人可以就抵押物的全部行使其抵押权。”

（2）具体到本题：①转让上的从属性，甲把200万元债权转让给戊，戊成为200万元债权人，同时成为抵押权人。②消灭上的从属性：主债务人乙向甲清偿了300万元，甲的300万元债权消灭，因此，甲的抵押权消灭。但是，戊的200万元债权还在，故戊的抵押权不因此受影响。

命题点3：抵押权的不可分性，500万元债权被拆分为300万元和200万元，到后来因为300万元已经受偿，等于500万元债权被拆分为0万元和200万元，但是，200万元债权仍然可对丙的房屋、丁的房屋实现任何比例之抵押权。

（1）法律依据：①抵押物保护全部债权。《担保解释》第72条第1款，“主债权被分割或者部分转让，各债权人可以就其享有的债权份额行使抵押权”。②债权找全部抵押物。《担保解释》第71条第2款，“抵押物被分割或者部分转让的，抵押权人可以就分割或者转让后的抵押物行使抵押权。”

（2）具体到本题：甲的500万元主债权，拆分为两部分：甲自留300万元，转让给戊200万元。后来甲的自留300万元债权已经受偿，等于甲的500万元债权被拆分为甲的0万元和戊的200万元。基于抵押权不可分性，戊就200万元债权，仍然可以找丙的房屋实现抵押权，或者找丁的房屋实现抵押权，或者找丙的房屋、丁的房屋实现任意比例的抵押权。

结论：戊作为200万元债权人，同时作为抵押权人，基于抵押权的从属性、抵押权的不可分性和连带共同抵押的推定，可以找连带共同抵押人丙的房屋实现抵押权，也可以找连带共同抵押权人丁的房屋实现抵押权，还可以找丙的房屋或者丁的房屋实现任意比例的抵押权。一句话，戊最大，爱咋地就咋地。

ABCD就是祥林嫂再现，反反复复在说同一个事情，可见选项实在不好设计。ABCD都错误，符合题意，均当选。

第二节　抵押权

一、抵押权的设立

1. 交房本、挂失房本和抵押权登记

甲向某银行贷款，甲、乙和银行三方签订抵押协议，由乙提供房产抵押担保。乙把房本交给银行，因登记部门原因导致银行无法办理抵押物登记。乙向登记部门申请挂失房本后换得新房本，将房屋卖给知情的丙并办理了过户手续。甲届期未还款，关于贷款、房屋抵押和买卖，下列哪些说法是正确的？（2015－3－53）

A. 乙应向银行承担违约责任

B. 丙应代为向银行还款

C. 如丙代为向银行还款，可向甲主张相应款项

D. 因登记部门原因未办理抵押登记，但银行占有房本，故取得抵押权

答案：（　　）①

考点：区分原则、抵押合同、抵押权的设立、无因管理或不当得利

读题技巧

1. 乙诚信尽失，民法不予保护。

2. 丙单纯的知情，没有达到“恶意串通”的程度。

3. C项中假设丙代为还款，应单独判断。

思路展开

思路1：抵押合同和抵押权设立应区分。抵押合同有效，抵押权未设立。

（1）法律依据：抵押合同依据合同法判定；抵押权设立依据物权法判定。①区分原则。《物权法》

① 参考答案：AC

第15条,"当事人之间订立有关设立、变更、转让和消灭不动产物权的合同,除法律另有规定或者合同另有约定外,自合同成立时生效;未办理物权登记的,不影响合同效力。"②《合同法》第37条规定:"采用合同书形式订立合同,在签字或者盖章之前,当事人一方已经履行主要义务,对方接受的,该合同成立。"②《物权法》第180条,"债务人或者第三人有权处分的下列财产可以抵押:(一)建筑物和其他土地附着物。"第187条,"以本法第一百八十条第一款第一项至第三项规定的财产或者第五项规定的正在建造的建筑物抵押的,应当办理抵押登记。抵押权自登记时设立。"

(2)具体到本题:①因乙把房本交给了银行,银行通过接收行为表明其接受了乙提供的抵押,双方之间的抵押合同成立生效,故乙应承担违约责任。②"甲向某银行贷款,甲、乙和银行三方签订抵押协议,由乙提供房产抵押担保。乙把房本交给银行,因登记部门原因导致银行无法办理抵押物登记。"抵押权未设立。③抵押合同有效,抵押权未设立。

(3)结论:①"A. 乙应向银行承担违约责任"A对,选A。②"D. 因登记部门原因未办理抵押登记,但银行占有房本,故取得抵押权",D错,不选D。

思路2:银行对房屋无抵押权,乙有权处分房屋,买方丙不适用善意取得。丙对房屋物权,可排除银行的优先受偿权。

(1)法律依据:《担保解释》第59条,"当事人办理抵押物登记手续时,因登记部门的原因致使其无法办理抵押物登记,抵押人向债权人交付权利凭证的,可以认定债权人对该财产有优先受偿权。但是,未办理抵押物登记的,不得对抗第三人。"

(2)具体到本题:①"乙向登记部门申请挂失房本后换得新房本,将房屋卖给知情的丙并办理了过户手续。"丙确定地取得了房屋所有权,不是善意取得。②乙不是无权处分,丙无须向银行代为还款。③并且,由于抵押物并未办理登记,银行的优先受偿的权利不得对抗第三人丙,丙无义务代为向银行还款。

(3)结论:"B. 丙应代为向银行还款",B错,不选B。

思路3:基于假设事实再做判断:"如丙代为向银行还款"。

(1)如丙无因管理,可主张无因管理之债权。如丙代为还款,则可主张无因管理由甲清偿。

(2)或者丙基于不当得利向甲主张相应款项。

(3)结论:"C. 如丙代为向银行还款,可向甲主张相应款项",C对,选C。

常见错误

混淆题干信息说:"记得前几年的真题就是交房本视为抵押权设立,怎么今年答题标准又变了?"参见"2013年卷三57题甲向乙借款,丙与乙约定以自由房屋担保该笔借款。丙仅将房本交给乙,未按约定办理抵押登记。借款到期后甲无力清偿,丙的房屋被法院另行查封。表述正确的有哪些? A. 乙有权要求丙履行履行合同,办理房屋抵押登记(错);B. 乙有权要求丙以自身全部财产承担担保责任(错);C. 乙有权要求丙以房屋价值为限承担担保责任(对);D. 乙有权要求丙承担损害赔偿责任(对)。

2. 房本和抵押权登记

甲向乙借款,丙与乙约定以自有房屋担保该笔借款。丙仅将房本交给乙,未按约定办理抵押登记。借款到期后甲无力清偿,丙的房屋被法院另行查封。下列哪些表述是正确的?(2013-3-57)

A. 乙有权要求丙继续履行担保合同,办理房屋抵押登记

B. 乙有权要求丙以自身全部财产承担担保义务

C. 乙有权要求丙以房屋价值为限承担担保义务

D. 乙有权要求丙承担损害赔偿责任

答案:(　　)①

考点:区分原则、抵押合同、抵押权的设立(不得设定抵押的物)、实际履行、违约责任

读题技巧

1."丙仅将房本交给乙,未按约定办理抵押登记。"指向区分原则,抵押合同有效,抵押权未设立,但乙有在房屋价值限度内的优先受偿权。2."丙的房屋被法院另行查封",构成"先封后押",指向该房屋不能再办理抵押登记,抵押合同陷入履行不能,启动抵押合同的违约责任。

思路展开

① 参考答案:CD

命题点1：应坚持区分原则，抵押合同有效。"先封后押"，抵押合同陷入履行不能，不得办理抵押物登记，启动违约损害赔偿。

（1）法律依据：①"先封后押"，不得办理抵押物登记。《物权法》第184条，"下列财产不得抵押：……（五）依法被查封、扣押、监管的财产……"②抵押合同陷入履行不能。《合同法》第110条，"当事人一方不履行非金钱债务或者履行非金钱债务不符合约定的，对方可以要求履行，但有下列情形之一的除外：（一）法律上或者事实上不能履行；（二）债务的标的不适于强制履行或者履行费用过高；（三）债权人在合理期限内未要求履行。"

（2）具体到本题：因依法被查封的财产不得办理抵押登记。丙和乙先签订抵押合同，但是没有办理抵押物登记，后该房产被法院另行查封，故乙不得要求丙继续履行合同，办理房屋抵押登记。

（3）结论："A. 乙有权要求丙继续履行担保合同，办理房屋抵押登记"，A错，不选A。

（4）关联记忆：①"先封后押"，不得办理抵押登记，办理亦不成立抵押权；②"先押后封"，查封不影响抵押权效力，参见《担保法解释》第55条，"已经设定抵押的财产被采取查封、扣押等财产保全或者执行措施的，不影响抵押权的效力。"

命题点2：拟设立抵押权的房屋上不涉及交易善意第三人，债权人可准用《担保法解释》第59条要求丙就房屋价值为限的承担担保义务。

（1）法律依据：《担保法解释》第59条，"当事人办理抵押物登记手续时，因登记部门的原因致使其无法办理抵押物登记，抵押人向债权人交付权利凭证的，可以认定债权人对该财产有优先受偿权。但是，未办理抵押物登记的，不得对抗第三人。"

（2）具体到本题：①丙交付房本（权利凭证）给乙，但未办理抵押物登记，可以认定乙对该财产有优先受偿权。②丙没有提供保证的意思表示，丙不是保证人。《2013年国家司法考试试题解析》："基于意思自治，丙的真实意思是以房屋价值为限向乙提供担保，而非以全部财产提供担保"。

（3）结论：①"B. 乙有权要求丙以自身全部财产承担担保义务"，B错，不选B。②"C. 乙有权要求丙以房屋价值为限承担担保义务"，C对，选C。

（4）注意：C的措辞很克制，表述为"担保义务"，没有使用"优先受偿权"的措辞。

命题点3：乙基于区分原则也可选择要求丙承担违反抵押合同的违约责任。

（1）法律依据：抵押合同有效。《物权法》第15条，"当事人之间订立有关设立、变更、转让和消灭不动产物权的合同，除法律另有规定或者合同另有约定外，自合同成立时生效；未办理物权登记的，不影响合同效力。"抵押合同的违约责任。《合同法》第107条，"当事人一方不履行合同义务或者履行合同义务不符合约定的，应当承担继续履行、采取补救措施或者赔偿损失等违约责任。"

（2）具体到本题：虽然本题抵押权因欲抵押的财产在合同签订之后被依法查封而不能设立，但是此前订立的合同仍然具有法律效力。《2013年国家司法考试试题解析》："乙也有权要求丙承担损害赔偿责任。"（注意：有一个"也"字！司法部对此特别强调：有的考生误认为，乙有权要求丙承担担保义务，就不能再要求丙承担损害赔偿责任，由此未选选项D。）

（3）结论："D. 乙有权要求丙承担损害赔偿责任"，D对，选D。

3. 动产浮动抵押的规则

（1）某农村养殖户为扩大规模向银行借款，欲以其财产设立浮动抵押。对此，下列哪些表述是正确的？（2010－3－56）

A. 该养殖户可将存栏的养殖物作为抵押财产

B. 抵押登记机关为抵押财产所在地的工商部门

C. 抵押登记可对抗任何善意第三人

D. 如借款到期未还，抵押财产自借款到期时确定

答案：(　　)①

考点：动产浮动抵押中抵押物范围、登记机关、登记效力、抵押物不"浮动"的时点

思路展开

命题点1：动产浮动抵押的财产为个体户、农业生产经营者、企业的动产。

---

① 参考答案：AD

(1)法律依据:《物权法》第181条,“经当事人书面协议,企业、个体工商户、农业生产经营者可以将现有的以及将有的生产设备、原材料、半成品、产品抵押,债务人不履行到期债务或者发生当事人约定的实现抵押权的情形,债权人有权就实现抵押权时的动产优先受偿。”

(2)结论:“A.该养殖户可将存栏的养殖物作为抵押财产”,A对,选A。

命题点2:动产浮动抵押登记机关是抵押人住所地的工商部门,而不是抵押物所在地的工商部门。

(1)法律依据:《物权法》第189条第1款,“企业、个体工商户、农业生产经营者以本法第一百八十一条规定的动产抵押的,应当向抵押人住所地的工商行政管理部门办理登记。抵押权自抵押合同生效时设立;未经登记,不得对抗善意第三人。”

(2)法条阐释:抵押物既然浮动(可以是将来的设备等),也就无法确定抵押物所在地,更加无法确定抵押物所在地的工商行政管理部门。而抵押人住所地是可以确定的。

(3)结论:“B.抵押登记机关为抵押财产所在地的工商部门”,B错,不选B。

命题点3:动产浮动抵押登记后,也不得对抗正常购买抵押物的买方。

(1)法律依据:《物权法》第189条第2款,“依照本法第一百八十一条规定抵押的,不得对抗正常经营活动中已支付合理价款并取得抵押财产的买受人。”

(2)法理阐释:①《物权法》第189条(关于动产浮动抵押物的自由买卖)虽然是在《物权法》第191条(抵押物未经抵押权人不得转让)的前面,但是《物权法》第189条是《物权法》第191条的特别规定,就动产浮动抵押物的买卖,应优先适用《物权法》第189条的规定。②条文比对,请参照《物权法》第191条,“抵押期间,抵押人经抵押权人同意转让抵押财产的,应当将转让所得的价款向抵押权人提前清偿债务或者提存。转让的价款超过债权数额的部分归抵押人所有,不足部分由债务人清偿。抵押期间,抵押人未经抵押权人同意,不得转让抵押财产,但受让人代为清偿债务消灭抵押权的除外。”

(3)法条阐释:①价款已经支付,不是停留在合同约定层面。②价款合理。③买方取得抵押动产的占有。符合①②③的买方就确定取得抵押财产所有权,这些财产自动“离队”,不再属于动产浮动抵押财产范围。⑤但是有例外:一旦动产浮动抵押财产范围确定(《物权法》第196条的情形),则转化为一般的动产抵押,适用一般动产抵押规则,登记即可对抗善意第三人。

(4)结论:“C.抵押登记可对抗任何善意第三人”,C错,不选C。

命题点4:动产浮动抵押财产范围确定的时间点,即动产“浮动抵押财产停止浮动”的时间点。

(1)法律依据:《物权法》第196条,“依照本法第一百八十一条规定设定抵押的,抵押财产自下列情形之一发生时确定:(一)债务履行期届满,债权未实现;(二)抵押人被宣告破产或者被撤销;(三)当事人约定的实现抵押权的情形;(四)严重影响债权实现的其他情形。”

(2)结论:“D.如借款到期未还,抵押财产自借款到期时确定”,D对,选D。

(2)个体工商户甲将其现有的以及将有的生产设备、原材料、半成品、产品一并抵押给乙银行,但未办理抵押登记。抵押期间,甲未经乙同意以合理价格将一台生产设备出卖给丙。后甲不能向乙履行到期债务。对此,下列哪一选项是正确的?(2008-3-12)

A.该抵押权因抵押物不特定而不能成立

B.该抵押权因未办理抵押登记而不能成立

C.该抵押权虽已成立但不能对抗善意第三人

D.乙有权对丙从甲处购买的生产设备行使抵押权

答案:(　　)①

考点:动产浮动抵押的设立(抵押动产浮动)、动产浮动抵押的登记、动产浮动抵押财产的自由买卖

思路展开

命题点1:动产浮动抵押,抵押物可以浮动,

① 参考答案:C

不需要特定。

（1）法律依据：①动产浮动抵押物的“浮动”，不特定。《物权法》第181条，“经当事人书面协议，企业、个体工商户、农业生产经营者可以将现有的以及将有的生产设备、原材料、半成品、产品抵押，债务人不履行到期债务或者发生当事人约定的实现抵押权的情形，债权人有权就实现抵押权时的动产优先受偿。”②动产浮动抵押物的“结晶”，特定时点：《物权法》第196条，“依照本法第一百八十一条规定设定抵押的，抵押财产自下列情形之一发生时确定：（一）债务履行期届满，债权未实现；（二）抵押人被宣告破产或者被撤销；（三）当事人约定的实现抵押权的情形；（四）严重影响债权实现的其他情形。”

（2）结论：“A. 该抵押权因抵押物不特定而不能成立”，A错，不选A。

命题点2：动产浮动抵押，登记对抗主义。

（1）法律依据：《物权法》第189条第1款，“企业、个体工商户、农业生产经营者以本法第一百八十一条规定的动产抵押的，应当向抵押人住所地的工商行政管理部门办理登记。抵押权自抵押合同生效时设立；未经登记，不得对抗善意第三人。”

（2）结论：①“B. 该抵押权因未办理抵押登记而不能成立”，B错，不选B。②“C. 该抵押权虽已成立但不能对抗善意第三人”，C对，选C。

命题点3：动产浮动抵押物结晶前，抵押物买卖自由。

（1）法律依据：《物权法》第189条第2款，“依照本法第一百八十一条规定抵押的，不得对抗正常经营活动中已支付合理价款并取得抵押财产的买受人。”

（2）法理阐释：《物权法》第189条（关于动产浮动抵押物的自由买卖）虽然是在《物权法》第191条（抵押物未经抵押权人不得转让）的前面，但是《物权法》第189条是《物权法》第191条的特别规定，就动产浮动抵押物的买卖，应优先适用《物权法》第189条的规定。条文比对，请参照《物权法》第191条，“抵押期间，抵押人经抵押权人同意转让抵押财产的，应当将转让所得的价款向抵押权人提前清偿债务或者提存。转让的价款超过债权数额的部分归抵押人所有，不足部分由债务人清偿。抵押期间，抵押人未经抵押权人同意，不得转让抵押财产，但受让人代为清偿债务消灭抵押权的除外。”

（3）法条阐释：①价款已经支付，不是停留在合同约定层面。②价款合理。③买方取得抵押动产的占有。符合①②③的买方就确定取得抵押财产所有权，这些财产自动“离队”，不再属于动产浮动抵押财产范围。⑤但是有例外：一旦动产浮动抵押财产范围确定（《物权法》第196条的情形），则转化为一般的动产抵押，适用一般动产抵押规则，登记即可对抗善意第三人。

（4）结论：①实现动产浮动抵押权之前，甲可以自由地处分企业的财产，抵押期间，甲以合理价格将一台生产设备出卖给丙是有效的，完全不需经乙同意。乙无权对丙从甲处购买的生产设备行使抵押权。②“D. 乙有权对丙从甲处购买的生产设备行使抵押权”，D错，不选D。

二、抵押物转让

1. 抵押房屋的转让规则、抵押权人的同意权、受让人的涤除权（有利害关系人的代为清偿请求权）

甲公司向某银行贷款100万元，乙公司以其所有的一栋房屋作抵押担保，并完成了抵押登记。现乙公司拟将房屋出售给丙公司，通知了银行并向丙公司告知了该房屋已经抵押的事实。乙、丙订立书面买卖合同后到房屋管理部门办理过户手续。下列哪些说法是正确的？（2009－3－55）

A. 不论银行是否同意转让，房屋管理部门应当准予过户，但银行仍然对该房屋享有抵押权

B. 如丙公司代为清偿了甲公司的银行债务，则不论银行是否同意转让，房屋管理部门均应当准予过户

C. 如丙公司向银行承诺代为清偿甲公司的银行债务，则不论银行是否同意转让，房屋管理部门均应当准予过户

D. 如甲公司清偿了银行债务，则不论银行是否同意，房屋管理部门均应当准予过户

答案：（　　）①

考点：抵押房屋的转让规则之抵押权人的同意

① 参考答案：BD

权、受让人的涤除权(有利害关系人的代为清偿请求权);抵押权的从属性(主债权消灭,抵押权消灭)

读题技巧

1. 房屋已经完成抵押登记,指向银行有抵押权。

2. “通知了银行并向丙公司告知了该房屋已经抵押的事实”,指向《担保法》第49条。

3. 选项考查的是对《物权法》第191条的把握。

思路展开:

命题点1:抵押物转让中保护抵押权人的同意权。

(1)法律依据:《物权法》第191条,“抵押期间,抵押人经抵押权人同意转让抵押财产的,应当将转让所得的价款向抵押权人提前清偿债务或者提存。转让的价款超过债权数额的部分归抵押人所有,不足部分由债务人清偿。抵押期间,抵押人未经抵押权人同意,不得转让抵押财产,但受让人代为清偿债务消灭抵押权的除外。”

(2)具体到本题:“并完成了抵押登记。现乙公司拟将房屋出售给丙公司,通知了银行并向丙公司告知了该房屋已经抵押的事实”。银行作为抵押权人有同意权。

(3)结论:“A.不论银行是否同意转让,房屋管理部门应当准予过户,但银行仍然对该房屋享有抵押权 ”,A错,不选A。

(4)背景:①《民通意见》债权人不同意则转让无效说。《民通意见》第115条第1款,“抵押物如由抵押人自己占有并负责保管,在抵押期间,非经债权人同意,抵押人将同一抵押物转让他人,或者就抵押物价值已设置抵押部分再作抵押的,其行为无效。”②《担保法》无效说(不通知抵押权人或不告知受让人则转让无效+提供相应担保+提前清偿或提存)。《担保法》第49条,“抵押期间,抵押人转让已办理登记的抵押物的,应当通知抵押权人并告知受让人转让物已经抵押的情况;抵押人未通知抵押权人或者未告知受让人的,转让行为无效。转让抵押物的价款明显低于其价值的,抵押权人可以要求抵押人提供相应的担保;抵押人不提供的,不得转让抵押物。抵押人转让抵押物所得的价款,应当向抵押权人提前清偿所担保的债权或者向与抵押权人约定的第三人提存。超过债权数额的部分,归抵押人所有,不足部分由债务人清偿。”③《担保法解释》登记追及说+涤除说。《担保法解释》第67条,“抵押权存续期间,抵押人转让抵押物未通知抵押权人或者未告知受让人的,如果抵押物已经登记的,抵押权人仍可以行使抵押权;取得抵押物所有权的受让人,可以代替债务人清偿其全部债务,使抵押权消灭。受让人清偿债务后可以向抵押人追偿。如果抵押物未经登记的,抵押权不得对抗受让人,因此给抵押权人造成损失的,由抵押人承担赔偿责任。”④《物权法》“未经银行同意不得转让”和“涤除权说”。未经银行同意,抵押人不得转让,而买方有权涤除。

命题点2:抵押物转让中受让人的涤除权。受让人代为还主债,消灭主债以此消灭抵押权。银行不得拒绝。

(1)法律依据:《物权法》第191条第2款,“抵押期间,抵押人未经抵押权人同意,不得转让抵押财产,但受让人代为清偿债务消灭抵押权的除外。”

(2)法条阐释:①受让人代为清偿,银行不得拒绝,是为涤除权。②受让人必须实际代为清偿,仅仅是“承诺”、“声称”代为清偿是不行的。

(3)结论:①“B.如丙公司代为清偿了甲公司的银行债务,则不论银行是否同意转让,房屋管理部门均应当准予过户”,B对,选B。②“C.如丙公司向银行承诺代为清偿甲公司的银行债务,则不论银行是否同意转让,房屋管理部门均应当准予过户”,C错,不选C。

命题点3:抵押权的从属性,主债权消灭,抵押权消灭。

(1)法律依据:《物权法》第177条,“有下列情形之一的,担保物权消灭:(一)主债权消灭;(二)担保物权实现;(三)债权人放弃担保物权;(四)法律规定担保物权消灭的其他情形。”

(2)法条阐释:主债权消灭,担保物权消灭,是为担保物权的从属性。银行担保物权已经消灭,抵押房屋“无抵押”,房屋所有人当然可以随意过户销售了。

(3)结论:“D.如甲公司清偿了银行债务,则不论银行是否同意,房屋管理部门均应当准予过户”,D对,选D。

2. 一房二抵，先前的抵押登记，后来的抵押未登记，但合同有效，未经抵押权人同意的抵押物转让合同并非无效

5月10日，甲以自有房屋1套为债权人乙设定抵押并办理抵押登记。6月10日，甲又以该房屋为债权人丙设定抵押，但一直拒绝办理抵押登记。9月10日，甲擅自将该房屋转让给丁并办理了过户登记。下列哪种说法是错误的？(2006－3－9)

A. 乙可对该房屋行使抵押权

B. 甲与丙之间的抵押合同已生效

C. 甲与丁之间转让房屋的合同无效

D. 丙可以要求甲赔偿自己所遭受的损失

答案：(　　)①

考点：一房二抵、区分原则、抵押权的设立、违约责任、抵押物的转让

读题技巧

1. 甲一房设定两个抵押，前一个抵押有效设立；后一个抵押没有登记，未设立。

2. 后一个抵押合同有效，发生违约责任。

3. 甲把负担抵押权的房屋出卖，未经抵押权人乙同意，转让抵押房屋合同本身效力不受影响。

4. 注意：选非题。

思路展开

命题点1：不动产抵押权设立，登记生效主义。

(1)法律依据：《物权法》第187条，“以本法第一百八十条第一款第一项至第三项规定的财产(建筑物和其他土地附着物、建设用地使用权、以招标、拍卖、公开协商等方式取得的荒地等土地承包经营权)或者第五项规定的正在建造的建筑物抵押的，应当办理抵押登记。抵押权自登记时设立。”

(2)具体到本题：“甲以自有房屋1套为债权人乙设定抵押并办理抵押登记。”乙对房屋享有抵押权。

(3)结论：“A. 乙可对该房屋行使抵押权”，A对，不符合题意，不选A。

命题点2：一房再抵，未办理抵押登记，坚持区分原则，抵押权未设立，抵押合同有效，违反抵押合同应负违约责任。

(1)法律依据：①区分原则，合同有效。《物权法》第15条，“当事人之间订立有关设立、变更、转让和消灭不动产物权的合同，除法律另有规定或者合同另有约定外，自合同成立时生效；未办理物权登记的，不影响合同效力。”②违反合同须负违约责任。《合同法》第107条，“当事人一方不履行合同义务或者履行合同义务不符合约定的，应当承担继续履行、采取补救措施或者赔偿损失等违约责任。”《担保解释》第56条第2款，“法律规定登记生效的抵押合同签订后，抵押人违背诚实信用原则拒绝办理抵押登记致使债权人受到损失的，抵押人应当承担赔偿责任。”

(2)具体到本题：“甲又以该房屋为债权人丙设定抵押，但一直拒绝办理抵押登记。”丙未取得抵押权，但是可以基于有效抵押合同项甲主张违约责任，赔偿损失。

(3)结论：①“B. 甲与丙之间的抵押合同已生效”，B对，不符合题意，不选B。②“丙可以要求甲赔偿自己所遭受的损失。”，D对，不符合题意，不选D。

(4)反思：①《担保法》第35条，“抵押人所担保的债权不得超出其抵押物的价值。财产抵押后，该财产的价值大于所担保债权的余额部分，可以再次抵押，但不得超出其余额部分。”②司法部在2006年公布的答案是“B. 甲与丙之间的抵押合同已生效”，B错，B符合题意，故选择了B。③其解析原文是：“但B选项的说法错误是比较明显的，本题选出正确答案并不难”、“虽然在一定情况下，财产抵押后可以再次抵押，但《担保法》第41条规定：‘当事人以本法第四十二条规定的财产抵押的，应当办理抵押物登记，抵押合同自登记之日起生效’，本题中抵押物为房屋，当事人必须办理抵押登记，否则抵押合同不生效”。④可见，当初选B是因为物权法还没出台，没有规定物权变动和合同效力的区分原则。⑤不过，从司法部给出的意见看来，就是在当年，也是允许“一物再抵”、一物多抵的。法律没有必要过多干涉，由债权人自己去选择。⑥因此，《物权法》第199条用对一物多抵的排序法，实质上是废止了

① 参考答案：司法部在2006年公布的答案是B，根据物权法学理论的研究和发展，将本题答案修改为C。

《担保法》第35条所规定的"抵押人所担保的债权不得超出其抵押物的价值"。⑦参见《物权法》第199条:"同一财产向两个以上债权人抵押的,拍卖、变卖抵押财产所得的价款依照下列规定清偿:(一)抵押权已登记的,按照登记的先后顺序清偿;顺序相同的,按照债权比例清偿;(二)抵押权已登记的先于未登记的受偿;(三)抵押权未登记的,按照债权比例清偿。"

命题点3:抵押物的转让,法律保护抵押权人的同意权,也肯定了受让人的涤除权。而对于抵押物转让合同的效力,学理上认为是有效的合同。

(1)法律依据:《物权法》第191条,"抵押期间,抵押人经抵押权人同意转让抵押财产的,应当将转让所得的价款向抵押权人提前清偿债务或者提存。转让的价款超过债权数额的部分归抵押人所有,不足部分由债务人清偿。抵押期间,抵押人未经抵押权人同意,不得转让抵押财产,但受让人代为清偿债务消灭抵押权的除外。"

(2)法理阐释:"未经抵押权人同意,不得转让抵押财产"的解释论。①不能理解为转让抵押物的合同无效。否则,不利于受让人,有碍交易安全。②解释的方法1:贯彻《物权法》第15条,区分物权变动与原因行为。不发生抵押物所有权转移给受让人的效力,至于转让抵押物的合同的效力,应适用《合同法》的有关规定。③解释方法2:可将《物权法》第191条第2款"关于抵押期间,抵押人未经抵押权人同意,不得转让抵押财产"的规定,解释为管理型的强制性规定(王轶老师将其解释成倡导性规定),而非效力性的强制性规定,故转让抵押物时,未经抵押权人同意,不会影响抵押物转让合同的效力。

(3)具体到本题:"甲擅自将该房屋转让给丁并办理了过户登记。"甲、丁的房屋买卖合同有效。

(4)结论:"C. 甲与丁之间转让房屋的合同无效",C错,符合题意,选C。

(5)延展:有观点认为,抵押人出卖抵押物,属于无权处分,应适用《买卖解释》第3条无权处分合同有效的规则。有疑问的是:抵押人出卖其拥有所有权的抵押物,不符合无权处分的构成要素。

三、抵押与租赁

2013年2月1日,王某以一套房屋为张某设定了抵押,办理了抵押登记。同年3月1日,王某将该房屋无偿租给李某1年,以此抵王某欠李某的借款。房屋交付后,李某向王某出具了借款还清的收据。同年4月1日,李某得知房屋上设有抵押后,与王某修订租赁合同,把起租日改为2013年1月1日。张某实现抵押权时,要求李某搬离房屋。下列哪些表述是正确的?(2014-3-57)

A. 王某、李某的借款之债消灭

B. 李某的租赁权可对抗张某的抵押权

C. 王某、李某修订租赁合同行为无效

D. 李某可向王某主张违约责任

答案:(　　)①

考点:先抵押后租赁之抵押破除租赁、恶意串通损害第三人利益签订合同条款无效、违约责任

读题技巧

1. 张某在2月1日先取得了抵押权并登记。

2. 李某后在3月1日取得1年的租赁权。

3. "李某向王某出具了借款还清的收据",指向李某已经交付完了1年全部的租金。

4. 李某和王某修改起租日期,指向恶意串通损害第三人即张某抵押权人的利益,修改起租日期的行为无效。

5. 先抵押后租赁,抵押破除租赁,李某只能搬离房屋,转而向出租人王某主张违约责任。

思路展开

命题点1:以租金抵借款,为约定抵销,借款之债和租金之债相互抵充,均消灭。

(1)法律依据:《合同法》第100条,"当事人互负债务,标的物种类、品质不相同的,经双方协商一致,也可以抵销。"

(2)具体到本题:"王某将该房屋无偿租给李某1年,以此抵王某欠李某的借款。房屋交付后,李某向王某出具了借款还清的收据。"合同义务在履行后消灭,王某和李某约定以无偿租房的方式履行对李某的欠款,并且李某出具借款还清的收据,故借款之债已经履行完毕而消灭。

(3)结论:"A. 王某、李某的借款之债消灭",A

① 参考答案:ACD

对,选 A。

命题点 2:恶意串通损害第三人利益的行为无效。

(1)法律依据:①《民法总则》第 154 条,“行为人与相对人恶意串通,损害他人合法权益的民事法律行为无效。”②《合同法》第 52 条,“有下列情形之一的,合同无效:(一)一方以欺诈、胁迫的手段订立合同,损害国家利益;(二)恶意串通,损害国家、集体或者第三人利益;(三)以合法形式掩盖非法目的;(四)损害社会公共利益;(五)违反法律、行政法规的强制性规定。”③《民法总则》第 156 条,“民事法律行为部分无效,不影响其他部分效力的,其他部分仍然有效。”《合同法》第 56 条,“无效的合同或者被撤销的合同自始没有法律约束力。合同部分无效,不影响其他部分效力的,其他部分仍然有效。”

(2)具体到本题:①王某、李某对先前抵押知情,恶意串通修订起租日,损害抵押权人利益,为无效行为。②修订起租日期的行为无效,租赁合同其他部分仍然有效。

(3)结论:“C. 王某、李某修订租赁合同行为无效”,C 对,选 C。

命题点 3:先登记之抵押权,破除后到的租赁权。

(1)法律依据:《物权法》第 190 条,“订立抵押合同前抵押财产已出租的,原租赁关系不受该抵押权的影响。抵押权设立后抵押财产出租的,该租赁关系不得对抗已登记的抵押权。”

(2)具体到本题:王某先将房屋设定抵押,然后才将房屋出租给李某,故李某的租赁权不可以对抗张某的抵押权。

(3)结论:“B. 李某的租赁权可对抗张某的抵押权”,B 错,不选 B。

命题点 4:租赁合同出租人履行不能,须向承租人承担违约责任。

(1)《合同法》第 216 条,“出租人应当按照约定将租赁物交付承租人,并在租赁期间保持租赁物符合约定的用途。”

(2)具体到本题:张某实现抵押权时有权要求李某搬离房屋,这会导致王某违反向李某出租房屋的约定,李某可以向王某主张违约责任。

(3)结论:“D. 李某可向王某主张违约责任”,D 对,选 D。

常见错误

法律关系混淆说:认为由于最终李某须搬离房屋,王某构成违约,因此借款之债没有消灭,故认为 A 错。

四、抵押权的顺位的变更

黄河公司以其房屋作抵押,先后向甲银行借款 100 万元,乙银行借款 300 万元,丙银行借款 500 万元,并依次办理了抵押登记。后丙银行与甲银行商定交换各自抵押权的顺位,并办理了变更登记,但乙银行并不知情。因黄河公司无力偿还三家银行的到期债务,银行拍卖其房屋,仅得价款 600 万元。关于三家银行对该价款的分配,下列哪一选项是正确的?(2008-3-11)

A. 甲银行 100 万元、乙银行 300 万元、丙银行 200 万元

B. 甲银行得不到清偿、乙银行 100 万元、丙银行 500 万元

C. 甲银行得不到清偿、乙银行 300 万元、丙银行 300 万元

D. 甲银行 100 万元、乙银行 200 万元、丙银行 300 万元

答案:(　　)①

考点:抵押权顺位变更

解题图构

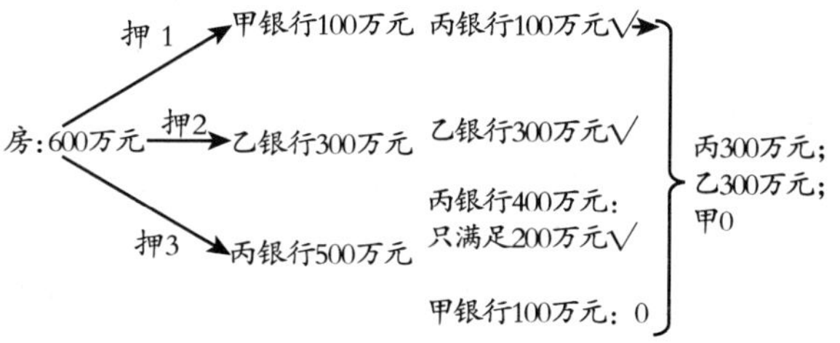

思路展开

思路 1:一物多抵,按照公示先后确定抵押权的顺序。

(1)法律依据:《物权法》第 199 条,“同一财产

---

① 参考答案:C

向两个以上债权人抵押的,拍卖、变卖抵押财产所得的价款依照下列规定清偿:(一)抵押权已登记的,按照登记的先后顺序清偿;顺序相同的,按照债权比例清偿;(二)抵押权已登记的先于未登记的受偿;(三)抵押权未登记的,按照债权比例清偿。"

(2)具体到本题:抵押权都登记了,则按登记公示的时间确立先后顺序:甲 > 乙 > 丙。

思路2:抵押权人变更抵押权的顺位,不得对其他抵押权人产生不利影响。

(1)法律依据:《物权法》第194条第1款,"抵押权人可以放弃抵押权或者抵押权的顺位。抵押权人与抵押人可以协议变更抵押权顺位以及被担保的债权数额等内容,但抵押权的变更,未经其他抵押权人书面同意,不得对其他抵押权人产生不利影响。"

(2)具体到本题:①丙银行与甲银行商定交换各自抵押权的顺位,并办理了变更登记。②抵押权人对自己的权利进行处分本来是没有问题的,但该抵押权顺位的变更,会使得排在第二顺位抵押权人乙银行之前的抵押权担保数额从100万元增加到500万元,对乙银行抵押权的实现产生不利影响,而对于这一抵押权顺位变更,抵押权人乙银行不仅没有书面同意,更是毫不知情。③所以,抵押权顺位变更在其对乙银行抵押权所造成的不利影响之范围内,对乙银行不产生效力。④也就是说,经过抵押权顺位变更之后,丙获得的第一顺位抵押权只是在100万元的额度内优先于乙银行的抵押权受偿,剩下的400万元劣后于乙银行的抵押权,但却优先于甲银行的抵押权而受偿。⑤黄河公司无力偿还三家银行的到期债务,银行拍卖其房屋,仅得价款600万元。⑥还款的顺序是先丙银行获得100万元的清偿,再乙银行获得300万元的清偿,最后丙银行获得200万元的清偿,而甲银行得不到清偿。

(3)结论:"C. 甲银行得不到清偿、乙银行300万元、丙银行300万元",C对,选C。

(4)记忆方法:受不利影响的人,不能受不利影响,故其额度和位置岿然不动。

五、抵押权的保全、代位权

甲以自有房屋向乙银行抵押借款,办理了抵押登记。丙因甲欠钱不还,强行进入该房屋居住。借款到期后,甲无力偿还债务。该房屋由于丙的非法居住,难以拍卖,甲怠于行使对丙的返还请求权。乙银行可以行使下列哪些权利?(2012-3-57)

A. 请求甲行使对丙的返还请求权,防止抵押财产价值的减少

B. 请求甲将对丙的返还请求权转让给自己

C. 可以代位行使对丙的返还请求权

D. 可以依据抵押权直接对丙行使返还请求权

答案:(　　)①

考点:抵押权之保全请求权、代位权、抵押权人无返还原物请求权

思路展开

命题点1:抵押权人有保全请求权:请求抵押人为积极行为主张对侵占人的返还请求权;或者请求抵押人将对侵占人的返还请求权转让给自己。

(1)法律依据:《物权法》第193条第1句,"抵押人的行为足以使抵押财产价值减少的,抵押权人有权要求抵押人停止其行为。"《物权法》第34条,"无权占有不动产或者动产的,权利人可以请求返还原物。"《物权法》第245条,"占有的不动产或者动产被侵占的,占有人有权请求返还原物;对妨害占有的行为,占有人有权请求排除妨害或者消除危险;因侵占或者妨害造成损害的,占有人有权请求损害赔偿。占有人返还原物的请求权,自侵占发生之日起一年内未行使的,该请求权消灭。"

(2)具体到本题:①"丙因甲欠钱不还,强行进入该房屋居住。借款到期后,甲无力偿还债务。该房屋由于丙的非法居住,难以拍卖,甲怠于行使对丙的返还请求权。"②丙侵占了甲的房屋,不符合自助行为的要件,丙对甲房屋的占有,是无权占有。③甲对丙可主张《物权法》第34条的原物返还请求权;甲对丙也可主张《物权法》第245条的占有返还请求权。④而甲"怠于行使对丙的返还请求权",并导致银行难以拍卖抵押房屋。银行有权要求抵押人甲停止其行为!

(3)结论:"A. 请求甲行使对丙的返还请求权,防止抵押财产价值的减少",A对,选A。"B. 请求甲将对丙的返还请求权转让给自己",B对,选B。

---

① 参考答案:AB

(4)B选项属于返还请求权让与,银行再行实现对房屋的抵押权。

命题点2:抵押权无返还原物请求权。

(1)学理依据。抵押权不包含占有权能,抵押权人不得直接主张返还请求权。①学说分歧:抵押权人是否享有物权请求权,分歧较大。②肯定说。梁慧星:抵押权人可行使返还请求权、妨害除去请求权、预防请求权。③否定说。王利明:抵押权人不享有任何物权请求权。④折中说:崔建运:抵押权有排除妨害请求权、消除危险请求权,在第三人不法侵占抵押物时,抵押权人可代位行使抵押人对第三人的抵押物返还请求权(采用广义的代位权概念)。

(2)司考观点:抵押权人不得直接主张返还请求权。《2012年国家司法考试试题解析》:"乙银行并非房屋所有权人,不享有原物返还请求权。故乙银行不得给予抵押权向丙行使返还请求权。"

(3)结论:"D. 可以依据抵押权直接对丙行使返还请求权",D错,不选D。

命题点3:代位权限于金钱之债。抵押权人不可对抵押物主张代位权。

(1)法律依据:《合同法解释一》第13条,"《合同法》第七十三条规定的'债务人怠于行使其到期债权,对债权人造成损害的',是指债务人不履行其对债权人的到期债务,又不以诉讼方式或者仲裁方式向其债务人主张其享有的具有金钱给付内容的到期债权,致使债权人的到期债权未能实现。次债务人(即债务人的债务人)不认为债务人有怠于行使其到期债权情况的,应当承担举证责任。"

(2)法条阐释:债权人代位权的对象限于金钱债权,甲对丙享有的返还请求权并非金钱债权,故不适用代位权规则。

(3)结论:"C. 可以代位行使对丙的返还请求权",C错,不选C。

(4)联想记忆:代位权的四个要件:原债合法、有效、到期;次债为金钱之债合法、有效、到期;债务人怠于向次债务人主张且损害债权人债权;债务人对次债务人的债权不具有专属性。

常见错误

1. 抵押权人是物权,具有返还原物请求权说:有的考生误认为,抵押权是物权,故抵押权人对抵押物的无权占有人,可以行使自己享有的返还原物请求权。误选D。

2. 抵押权是物权,优先于债权,故可直接向丙主张返还请求权说:乙银行的抵押权优于丙的债权,故乙银行有优先受偿权,可以要求丙搬出房屋。错选C和D。

3. 抵押权是物权,具有专属性,不得转移说:认为物权请求权属于绝对权,具有专属性,不能转移。未选B。

六、抵押权的期间

甲公司向乙银行贷款1000万元,约定2005年12月2日一次性还本付息。丙公司以自己的一栋房屋作抵押。甲到期没有清偿债务,乙银行每个月都向其催收,均无效果,最后一次催收的时间是2007年3月6日。乙银行在下列哪一时间前行使抵押权,才能得到法院的保护?(2007-3-13)

A. 2007年12月2日

B. 2010年12月2日

C. 2010年3月6日

D. 2011年3月6日

答案:(　　)①

考点:诉讼时效的中断、抵押权的行使期间

思路展开

思路1:抵押权的行使期间,是主债权的诉讼时效期间。

(1)法律依据:《物权法》第202条,"抵押权人应当在主债权诉讼时效期间行使抵押权;未行使的,人民法院不予保护。"《担保解释》第12条第2款因此被废止:"担保物权所担保的债权的诉讼时效结束后,担保权人在诉讼时效结束后的二年内行使担保物权的,人民法院应当予以支持。"

(2)具体到本题:需要判断银行的主债权的诉讼时效期间。

思路2:银行主债权的诉讼时效期间发生中断,从中断之日起重新起算3年。

(1)法律依据:①《民法总则》第188条第1款,"向人民法院请求保护民事权利的诉讼时效期间为三

① 参考答案:C

年。法律另有规定的,依照其规定。"《民法总则》第195条,"有下列情形之一的,诉讼时效中断,从中断、有关程序终结时起,诉讼时效期间重新计算:(一)权利人向义务人提出履行请求;(二)义务人同意履行义务;(三)权利人提起诉讼或者申请仲裁;(四)与提起诉讼或者申请仲裁具有同等效力的其他情形。"

(2)具体到本题:"乙银行每个月都向其催收",使得诉讼时效屡次中断。由于"最后一次催收的时间是2007年3月6日",普通诉讼时效期间是3年,故该贷款债权的诉讼时效期间的截止日期为2010年3月6日。

(3)结论:乙银行要在主债权诉讼时效期间行使抵押权,也就是必须在2010年3月6日之前行使抵押权。"C. 2010年3月6日",C对,选C。

七、最高额抵押

2014年7月1日,甲公司、乙公司和张某签订了《个人最高额抵押协议》,张某将其房屋抵押给乙公司,担保甲公司在一周前所欠乙公司货款300万元,最高债权额400万元,并办理了最高额抵押登记,债权确定期间为2014年7月2日到2015年7月1日。债权确定期间内,甲公司因从乙公司分批次进货,又欠乙公司100万元。甲公司未还款。关于有抵押担保的债权额和抵押权期间,下列哪些选项是正确的?(2015-3-54)

A. 债权额为100万元

B. 债权额为400万元

C. 抵押权期间为1年

D. 抵押权期间为主债权诉讼时效期间

答案:( )①

考点:最高额抵押权的设立、抵押权期间

读题技巧

1."担保甲公司在一周前所欠乙公司货款300万元",指向最高额抵押的主债权,经约定也可以是已经发生的债权。

2."又",指向最高额抵押设立后发生的债权,自然可以是最高额抵押担保的主债权。

思路展开

思路1:最高额抵押的主债权额度=将有+当事人同意的已有。

(1)法律依据:《物权法》第203条,"为担保债务的履行,债务人或者第三人对一定期间内将要连续发生的债权提供担保财产的,债务人不履行到期债务或者发生当事人约定的实现抵押权的情形,抵押权人有权在最高债权额限度内就该担保财产优先受偿。最高额抵押权设立前已经存在的债权,经当事人同意,可以转入最高额抵押担保的债权范围。"

(2)具体到本题:"担保甲公司在一周前所欠乙公司货款300万元,最高债权额400万元,并办理了最高额抵押登记,债权确定期间为2014年7月2日到2015年7月1日。债权确定期间内,甲公司因从乙公司分批次进货,又欠乙公司100万元。"

(3)结论:①"B. 债权额为400万元",B对,选B。②"A. 债权额为100万元",A错,不选A。

思路2:最高额抵押权期间,和一般抵押权期间一样。

(1)法律依据:《物权法》第202条,"抵押权人应当在主债权诉讼时效期间行使抵押权;未行使的,人民法院不予保护。"第207条,"最高额抵押权除适用本节规定外,适用本章第一节一般抵押权的规定。"

(2)结论:①"C. 抵押权期间为1年",C错,不选C。②"D. 抵押权期间为主债权诉讼时效期间",D对,选D。

常见错误

1. 已发生债权不得进入最高额抵押担保的主债权说:债权确定期间为2014年7月2日到2015年7月1日,之前的300万元不能算进去!虽然之前有口头约定,但是书面已经做了变更。误选A。

2. 抵押权期间约定说:抵押权有约定依约定,题中已经明确抵押权为一年。误选C。

第三节 质权

一、动产质权的设立:交由第三方占有质物设立质权

乙欠甲货款,二人商定由乙将一块红木出质并

① 参考答案:BD

签订质权合同。甲与丙签订委托合同授权丙代自己占有红木。乙将红木交付与丙。下列哪一说法是正确的？（2015－3－8）

A. 甲乙之间的担保合同无效

B. 红木已交付，丙取得质权

C. 丙经甲的授权而占有，甲取得质权

D. 丙不能代理甲占有红木，因而甲未取得质权

答案：（　　）①

考点：动产质权的设立：交由第三方占有质物设立质权；直接占有；间接占有

读题技巧

1. 债权人自己不便于存放这么"高大上"的红木，拿去子公司存放着。

2. 甲与丙签订委托合同授权丙代自己占有红木，提示很清楚，直接指向C。

思路展开

思路1：甲是债权人，本意取得质权，但约定由第三人占有。是否违反物权法定？不违反。

（1）法律依据：①《物权法》第5条，"物权的种类和内容，由法律规定。"②《物权法》第208条第1款，"为担保债务的履行，债务人或者第三人将其动产出质给债权人占有的，债务人不履行到期债务或者发生当事人约定的实现质权的情形，债权人有权就该动产优先受偿。"

（2）法理阐释：①债权人占有质物，方设立质权。②但是，占有可分为直接占有和间接占有。质权人可通过间接占有的方式取得对质物的占有。

（3）结论："A. 甲乙之间的担保合同无效"，因甲乙之间担保合同没有其他无效事由，故A错，不选A。

思路2：占有改定不得设定质权，但本题不是占有改定。

（1）法律依据：《担保法解释》第87条，"出质人代质权人占有质物的，质押合同不生效；质权人将质物返还于出质人后，以其质权对抗第三人的，人民法院不予支持。因不可归责于质权人的事由而丧失对质物的占有，质权人可以向不当占有人请求停止侵害、恢复原状、返还质物。"

（2）法条阐释：此处未区分担保合同和担保物权，根据《物权法》的规定，此处"质押合同"解释为"质权"。

（3）具体到本题：①红木并非由出质人乙占有。而是交由第三人占有。②题干中，甲、丙签订委托合同授权丙占有，丙基于与甲的合同而占有红木，为直接占有人，甲为间接占有人。故质权成功设立，且甲是质权人，而不是丙为质权人。

（4）结论：①"B. 红木已交付，丙取得质权"，B错，不选B。②"C. 丙经甲的授权而占有，甲取得质权"，C对，选C。

（5）延展：①此例与《担保解释》第88条（"出质人以间接占有的财产出质的，质押合同自书面通知送达占有人时视为移交。占有人收到出质通知后，仍接受出质人的指示处分出质财产的，该行为无效。"）不一样。②第88条是出质人将自己托放在他人之处的物设质。③本题是出质人将自己的物，经质权人指示交付第三人占有而设立质权。④但有异曲同工之妙。

思路3：代理限于法律行为，不能代理占有。但甲取得了质权。结论："D. 丙不能代理甲占有红木"前段正确，而后段，"D. 因而甲未取得质权"却是错误的，故D错，不选D。

二、权利质权：可以设立权利质权的权利类型

根据《物权法》的规定，下列哪一类权利不能设定权利质权？（2009－3－7）

A. 专利权　　　B. 应收账款债权

C. 可以转让的股权　　　D. 房屋所有权

答案：（　　）②

考点：权利质权的客体：可以设立权利质权的"权利"类型

思路展开

1. 单刀直入，秒杀。

2. 法律依据：《物权法》第223条规定："债务人或者第三人有权处分的下列权利可以出质：（一）汇票、支票、本票；（二）债券、存款单；（三）仓单、提单；（四）可以转让的基金份额、股权；（五）可

① 参考答案：C

② 参考答案：D

以转让的注册商标专用权、专利权、著作权等知识产权中的财产权;(六)应收账款;(七)法律、行政法规规定可以出质的其他财产权利。"

3. 法条阐释:(1)"依法可以出质的其他权利",权利质权的客体"质物"之权利类型坚持物权法定原则。出质的权利是"法有明文"才可出质。(2)这与抵押权的抵押物不同,抵押物是"法无禁止"就可抵押。

4. 结论:只有D项房屋所有权不能设立权利质权。

第四节 留置权

一、留置权的设立

(1)留置权的善意取得

甲借用乙的山地自行车,刚出门就因莽撞骑行造成自行车链条断裂,甲将自行车交给丙修理,约定修理费100元。乙得知后立刻通知甲解除借用关系并告知丙,同时要求丙不得将自行车交给甲。丙向甲核实,甲承认。自行车修好后,甲、乙均请求丙返还。对此,下列哪一选项是正确的?(2016-3-7)

A. 甲有权请求丙返还自行车

B. 丙如将自行车返还给乙,必须经过甲当场同意

C. 乙有权要求丙返还自行车,但在修理费未支付前,丙就自行车享有留置权

D. 如乙要求丙返还自行车,即使修理费未付,丙也不得对乙主张留置权

答案:( )①

考点:原物返还请求权、留置权善意取得

解题图构

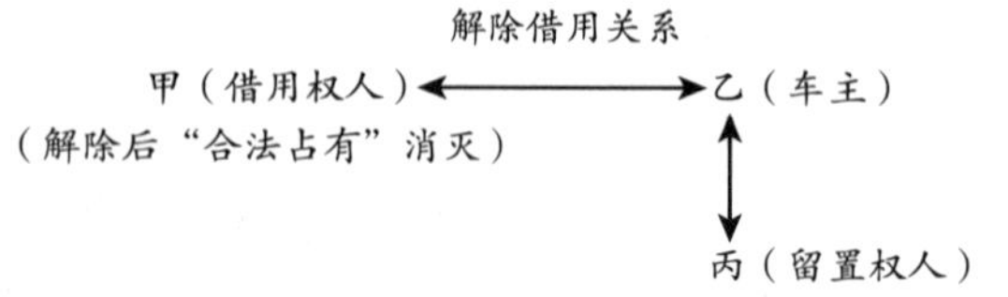

思路展开

命题点1:返还原物请求权人是物权人(无权占有人不得对外主张返还原物请求权),被请求权人是现实的无权占有人。

(1)法律依据:具有占有权能的物权人才能主张第34条的返还原物请求权。①《物权法》第34条,"无权占有不动产或者动产的,权利人可以请求返还原物。权利人限于有占有权能的物权人;相对人为现时、无权占有人。"②物权人和债权人可主张《物权法》第243条的返还原物:《物权法》第243条,"不动产或者动产被占有人占有的,权利人可以请求返还原物及其孳息,但应当支付善意占有人因维护该不动产或者动产支出的必要费用。"③占有人可主张《物权法》第245条的占有返还:《物权法》第245条,"占有的不动产或者动产被侵占的,占有人有权请求返还原物;对妨害占有的行为,占有人有权请求排除妨害或者消除危险;因侵占或者妨害造成损害的,占有人有权请求损害赔偿。占有人返还原物的请求权,自侵占发生之日起一年内未行使的,该请求权消灭。"

(2)具体到本题:①"甲借用乙的山地自行车,刚出门就因莽撞骑行造成自行车链条断裂,甲将自行车交给丙修理,约定修理费100元。乙得知后立刻通知甲解除借用关系并告知丙,同时要求丙不得将自行车交给甲。"②乙解除借用关系后,甲的借用权消灭。③甲既不是自行车的物权人,也不是自行车的债权人。④因此,甲不是物权人,故不得对丙主张《物权法》第34条的返还原物。甲不是借用权人,故不得对丙主张《物权法》第243条的返还原物。⑤有疑问的是,甲的借用权消灭后,甲是否还对自行车具有间接占有人身份?⑥根据2015年真题的观点:"手表的主人遗失手表,从直接占有人变成了间接占有人",如果本题坚持2015年的真题观点,则甲对自行车由直接占有人变成了间接占有人,但是属于无权间接占有人。⑦根据2016年真题的观点,甲也是无权间接占有人:《2016年国家司法考试试题解析》"由于借用合同已经解除,甲之前对自行车的合法占有消灭,属于无权占有,也就无权要求丙返还自行车。"⑧由此可推出,无权间接占有人不得主张《物权法》第34条、第243条返还原物。⑨甲作为无权间接占有人,可以对丙主张《物权法》第245条的占有返还,但是,本题考查的不是占有返还请求权,而是返还原物请求权。⑩这和我以前的观察一致:如果题干说的是返还具体的物,应该考查的是返还原物请求权,而不是占有返还请求权。如果题干说

① 参考答案:C

的是占有返还,其要考查的是占有返还请求权,就不是返还原物请求权。

小结:甲是无权占有,无权要求丙返还自行车。乙作为物权人要求丙返还自行车时,甲是无权占有人,没有同意的资格。

(3)结论:甲对自行车的合法占有消灭,属于无权占有人,不得主张《物权法》第34条返还原物,无权要求丙返还自行车。与此同时,乙作为自行车所有权人,要求丙返还自行车,不需要甲的同意。故"A.甲有权请求丙返还自行车,B.丙如将自行车返还给乙,必须经过甲当场同意",AB错误,不选AB。

命题点2:留置权的善意取得。

(1)法律依据:①留置债务人的动产,《物权法》第230条,"债务人不履行到期债务,债权人可以留置已经合法占有的债务人的动产,并有权就该动产优先受偿。前款规定的债权人为留置权人,占有的动产为留置财产。"②留置债务人交付的他人动产,启动留置权善意取得。《担保法解释》第108条,"债权人合法占有债务人交付的动产时,不知债务人无处分该动产的权利,债权人可以按照《担保法》第八十二条的规定行使留置权。"

(2)法理阐释:留置权的5个要件:①主债到期才可以留置(紧急留置除外);②留置不得与留置权人义务相抵触(还譬如当事人约定不得留置);③不得违反公共利益或公序良俗;④合法占有主债务人的动产;⑤同一法律关系(双方都必须是企业的商事留置除外)。

(3)具体到本题:①"甲借用乙的山地自行车,刚出门就因莽撞骑行造成自行车链条断裂,甲将自行车交给丙修理,约定修理费100元。""乙得知后立刻通知甲解除借用关系并告知丙,同时要求丙不得将自行车交给甲。"乙让丙不得向甲交车,没说让丙不要继续维修。②"C和D选项都新增事实,假设修理费未付"。③丙在修车时,并不知道甲无处分自行车的权利,启动丙对留置权的"善意取得"(留置权其他要件都符合,就差一个:丙合法占有的不是主债务人甲的动产,而是甲交付本归乙所有的动产)。④《2016年国家司法考试试题解析》:"丙基于修理合同合法占有甲交付的自行车,虽然甲和乙之间的借用合同解除,并不影响丙的留置权。"⑤善意时点的判断以当初修车时为判断标准,此后变成恶意(知情),不影响此前的善意取得留置权法律效果。

(4)结论:①"C.乙有权要求丙返还自行车,但在修理费未支付前,丙就自行车享有留置权,"C对,选C。②"D.如乙要求丙返还自行车,即使修理费未付,丙也不得对乙主张留置权,"D错,不选D。

(5)延展1:丙行使留置权,不构成对加工承揽合同之维修合同义务的违反,不负违约责任。《2016年国家司法考试试题解析》:"因甲和丙之间虽然有修理合同,但丙无论拒绝返还自行车还是留置权行使,都没有违反合同,故无违约责任,D项错误。"根据这个解析,我不妨大胆猜测一下,其实D选项的初稿设计需要还原一下:"D.如乙要求丙返还自行车,丙拒绝返还,丙需对甲承担违约责任"。该初稿被修改为现在我们看到的D选项"D.如乙要求丙返还自行车,即使修理费未付,丙也不得对乙主张留置权",但司法部解析原文却没有调整过来,所以我们发现解析和选项是对接不上的(参见司法部卷三解析第10页)。说这么的意思是:《国家司法考试试题解析》才是我们看透真题、明了命题老师意图的唯一路径,所有抛开司法部真题解析的解析,都是错误的!

(6)延展2:技术分析:CD互斥,C对,选,D错,不选。CD考留置权的善意取得。故启动留置权善意取得。正确答案是在两个互斥选项中的一个,其他AB必然是打酱油的,因为这是单选题,应该秒杀。所以真题解析的文字版,瞅过一眼就好啦,别纠结,该秒杀就秒杀。

(2)留置权的设立条件

下列哪些情形下权利人可以行使留置权?(2015-3-55)

A.张某为王某送货,约定货物送到后一周内支付运费。张某在货物运到后立刻要求王某支付运费被拒绝,张某可留置部分货物

B.刘某把房屋租给方某,方某退租搬离时尚有部分租金未付,刘某可留置方某部分家具

C.何某将丁某的行李存放在火车站小件寄存处,后丁某取行李时认为寄存费过高而拒绝支付,寄存处可留置该行李

D.甲公司加工乙公司的机器零件,约定先付费后加工。付费和加工均已完成,但乙公司尚欠甲公司借款,甲公司可留置机器零件

答案:(　　)①

① 参考答案:CD

考点：留置权

读题技巧

本题为一托四的题型，四个实例各自判断。选项内的关键字眼尤需注意。

思路展开

命题点1：留置权的条件：要求债务到期！

(1)法律依据：《物权法》第230条第1款，"债务人不履行到期债务，债权人可以留置已经合法占有的债务人的动产，并有权就该动产优先受偿。"

(2)具体到本题：张某与王某约定货物送到后一周内支付运费，而张某在货物运到后立刻要求王某支付运费，因债务并未到期，张某不可行使留置权。

(3)结论："A.张某为王某送货，约定货物送到后一周内支付运费。张某在货物运到后立刻要求王某支付运费被拒绝，张某可留置部分货物"，A错，不选A。

(4)另一角度：对动产的留置不得与留置人自己的义务相抵触。如承运人有将货物运送到指定地点的义务，在运送途中，不得以未付运费而留置货物。《担保法解释》第111条，"债权人行使留置权与其承担的义务或者合同的特殊约定相抵触的，人民法院不予支持。"

命题点2：留置权的条件：留置对象限于"合法占有主债务人的动产"。

(1)法律依据：《物权法》第230条，"债务人不履行到期债务，债权人可以留置已经合法占有的债务人的动产，并有权就该动产优先受偿。前款规定的债权人为留置权人，占有的动产为留置财产。"

(2)具体到本题：①承租人的家具属于承租人所有，出租人并未合法占有承租人的家具。②且出租人与承租人的争议点在于租金而非家具。因此，刘某占有方某的家具与二人的租金争议不属于同一法律关系，不能适用留置权规则。

(3)结论：刘某不可对家具行使留置权，"B.刘某把房屋租给方某，方某退租搬离时尚有部分租金未付，刘某可留置方某部分家具"，B错，不选B。

命题点3：留置权的善意取得。

(1)法律依据：《担保法解释》第108条，"债权人合法占有债务人交付的动产时，不知债务人无处分该动产的权利，债权人可以按照《担保法》第八十二条的规定行使留置权。"

(2)具体到本题：何某将丁某行李寄存在寄存处，寄存处享有留置权保护其收取寄存费的债权，该物权具有对世效力，包括对抗丁某。

(3)结论："C.何某将丁某的行李存放在火车站小件寄存处，后丁某取行李时认为寄存费过高而拒绝支付，寄存处可留置该行李"，C对，选C。

(4)注意：不是债权可向丁某主张，而是留置权可向丁某主张。也就是说，寄存处的留置权，可对抗丁某的所有权，是为留置权的善意取得！

命题点4：商事留置：不要求同一法律关系。

(1)法律依据：《物权法》第231条，"债权人留置的动产，应当与债权属于同一法律关系，但企业之间留置的除外。"

(2)结论："D.甲公司加工乙公司的机器零件，约定先付费后加工。付费和加工均已完成，但乙公司尚欠甲公司借款，甲公司可留置机器零件"，D对，选D。

(3)联想：2010/10辽东欠辽西200万元，辽西卖电脑给辽中，辽中付150万元。辽中指示辽西把电脑交给辽东。因辽东未付200万元，辽西将电脑扣留。行为性质是什么？答案：行使留置权，C对。分析：辽中指示交付，辽东取得电脑所有权，不过是在辽西占有控制下，属于合法占有。电脑与200万元之间没任何关系。但是辽东、辽西都是公司，是企业，不受同一法律关系限制，可以留置。另外，不是自助，题干无紧迫事由的信息。

(4)延展：商事留置可与双务合同中的同时履行抗辩权发生竞合。①如在买卖合同中，价款尚未支付，买受人请求出卖人交付标的物(双方约定合同成立时其动产所有权已经转移)，出卖人拒绝买受人的该项请求，可有同时履行抗辩权(付款和转移占有的对待给付义务)和留置权(付款债权＋对方所有权的物)的考虑。②两者效果差异：同时履行抗辩权只能消极地阻止相对人的给付请求，无积极实现自己债权的手段。留置权是担保物权，待一定期间届满就可变现！

常见错误

1.B选项中，基于租赁关系刘某留置方某家具，该家具与租金债权有同一法律关系，可以留置。如果不能留置，那租客把东西搬走了，如何去找人要租金？

2.C选项中，民事法律关系存在于何某和寄存处之间，债权关系有相对性，寄存处不能对第三人丁某行使债权。同时,丁某是物权人,寄存处只对行李拥有债权,根据物权优先性,寄存处不能对抗丁某的物权。

二、商事留置权不需要具有同一法律关系

辽东公司欠辽西公司货款200万元,辽西公司与辽中公司签订了一份价款为150万元的电脑买卖合同,合同签订后,辽中公司指示辽西公司将该合同项下的电脑交付给辽东公司。因辽东公司届期未清偿所欠货款,故辽西公司将该批电脑扣留。关于辽西公司的行为,下列哪一选项是正确的?(2010-3-10)

A. 属于行使抵押权

B. 属于行使动产质权

C. 属于行使留置权

D. 属于自助行为

答案:(　　)①

考点:留置权之合法占有债务人动产、商事留置权之无须同一法律关系、自助行为

解题图构

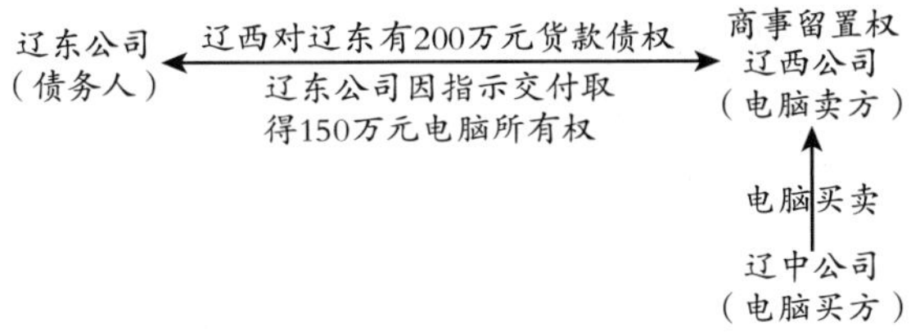

思路展开

命题点1:抵押权或质权,为意定担保物权,须经约定才能发生。

(1)具体到本题:辽西和辽东无此约定,故辽西扣留电脑不属于行使抵押权或动产质权。

(2)答案:"A. 属于行使抵押权;B. 属于行使动产质权",AB错,不选AB。

命题点2:自助行为,必须附合情势紧迫的要件。

(1)自助行为,是指权利人受到不法侵害之后,为保全或者恢复自己的权利,在情势紧迫而不能及时请求国家机关予以救助的情况下,依靠自己的力量,对他人的财产或自由施加扣押、拘束或其他相应措施的行为。

(2)自助行为的要件:民事权利受到侵害;情势紧迫,来不及公力救济;不超过必要限度;事后及时请求公力救济。

(3)具体到本题:自助行为必须在"情势紧迫而不能及时请求国家机关予以救助的情况下"才能得到法律的认可。本题的情形明显不具备这一要件,故辽西公司的行为不属于自助行为。

(4)结论:"D. 属于自助行为",D错,不选D。

命题点3:商事留置权,无须债权与占有的留置物属于同一法律关系。

(1)法律依据:①《物权法》第230条,"债务人不履行到期债务,债权人可以留置已经合法占有的债务人的动产,并有权就该动产优先受偿。前款规定的债权人为留置权人,占有的动产为留置财产。"②《物权法》第231条规定:"债权人留置的动产,应当与债权属于同一法律关系,但企业之间留置的除外。"

(2)具体到本题:①完成指示交付,电脑所有权归辽东公司。因为题面中关于"辽中公司指示辽西公司将该合同项下的电脑交付给辽东公司"的表述说明辽中公司已依《物权法》第26条的规定即"动产物权设立和转让前,第三人依法占有该动产的,负有交付义务的人可以通过转让请求第三人返还原物的权利代替交付",完成了指示交付,电脑的所有权已经属于辽东公司所有。②辽西公司对辽东公司享有的是货款债权,与辽西公司占有辽东公司的电脑,是两个完全不同的法律关系。债权是货款债权债务法律关系。而辽西公司占有电脑是基于辽西公司与辽中公司的买卖中指示交付而发生。辽西公司直接占有电脑,辽东公司间接占有电脑。

(3)结论:辽西公司合法占有了辽东公司的电脑,企业留置不要求留置物与债权有同一法律关系。辽西公司是在行使留置权。"C. 属于行使留置权",C对,选C。

(4)延展:题面架构,实际上结果是"辽中公司"做了好人,代辽东公司付了款150万元。①因为辽中公司没有拿到电脑,但是却付了买电脑的钱。②而辽西公司收到了电脑货款,但是却还可以继续控制电脑,然后,满足条件时,继续再卖一次电脑!③可见,"辽中公司"真的是一个好的"中间人"!

① 参考答案:C

三、民事留置权的同一法律关系

小贝购得一只世界杯指定用球后兴奋不已，一脚踢出，恰好落入邻居老马家门前的水井中，正在井边清洗花瓶的老马受到惊吓，手中花瓶落地摔碎。老马从井中捞出足球后，小贝央求老马归还，老马则要求小贝赔偿花瓶损失。对此，下列哪些选项是正确的？(2010－3－54)

A. 小贝对老马享有物权请求权

B. 老马对小贝享有物权请求权

C. 老马对小贝享有债权请求权

D. 如小贝拒绝赔偿，老马可对足球行使留置权

答案：(　　)①

考点：物权请求权、债权请求权、"民事"留置权

思路展开

命题点1：物权请求权。因足球尚在，故小贝对老马有足球的返还原物请求权。因花瓶摔碎，故老马对小贝只有损害赔偿请求权(基于侵权)。

(1)学理依据：①物权请求权是指基于物权而产生的请求权，当物权人在其物被侵害或有可能遭受侵害时，有权请求恢复物权的圆满状态或防止侵害。②其权利主要包括：返还原物请求权、排除妨碍请求权、妨害防止请求权、停止侵害请求权等。

(2)法律依据：《物权法》第34条，"无权占有不动产或者动产的，权利人可以请求返还原物。"

(3)具体到本题及相应结论：①小贝拥有对足球的所有权，足球被老马占有时，其有权请求老马返还原物。②小贝的侵权行为导致老马损失花瓶，老马依法享有侵权损害赔偿的权利，该权利属于债权请求权。(检讨小贝过错侵权四要件：加害行为＋过错＋损害＋相当因果关系＝小贝过错侵权成立)

(4)结论：①"A. 小贝对老马享有物权请求权"，A对，选A。②"B. 老马对小贝享有物权请求权"，B错，不选B。③"C. 老马对小贝享有债权请求权"，C对，选C。

命题点2：民事留置权须债权与留置物具备同一法律关系。

(1)留置权的构成要件：①债权人对债务人的债权已经到期(紧急留置除外)。②债权人合法占有属于债务人的动产。③债权人留置的动产与担保的债权属于同一法律关系(商事留置权除外)。④不得具有不能留置的消极事由(如约定不得留置、留置违反了善良风俗、留置与债权人负担的义务相违背。)

(2)本题需要焦点判断的是同一关系这个要件。法律依据：《物权法》第231条规定："债权人留置的动产，应当与债权属于同一法律关系，但企业之间留置的除外。"

(3)学理阐释：①《担保法》的特定合同说。《担保法》第84条，"因保管合同、运输合同、加工承揽合同发生的债权，债务人不履行债务的，债权人有留置权。法律规定可以留置的其他合同，适用前款规定。"《合同法》第422条，"行纪人完成或者部分完成委托事务的，委托人应当向其支付相应的报酬。委托人逾期不支付报酬的，行纪人对委托物享有留置权，但当事人另有约定的除外。"②《担保法解释》牵连关系说。《担保法解释》第109条，"债权人的债权已届清偿期，债权人对动产的占有与其债权的发生有牵连关系，债权人可以留置其所占有的动产。"③《物权法》同一法律关系说。④《担保法解释》"牵连关系">《物权法》"同一法律关系">《担保法》特定合同。⑤民事留置中，同一法律关系强调留置权人的劳务投入留置物上，因此形成增加的价值，由于劳务投入而在留置权人和留置物所有人之间发生了债权债务关系。劳务投入于留置物，产生债权债务关系，进一步该债权债务受"留置物"留置权的担保，这才是同一法律关系。⑥民事留置权应以《物权法》的同一法律关系为准。

(4)结论：①老马的债权是侵权之债的法律关系。②而老马占有小贝的留置物，不是基于"小贝的侵权行为"而占有。③老马占有也未增加足球的价值，足球上没有物化的附加值。③《2010年国家司法考试试题解析》："据此，即便小贝拒绝赔偿，老马也显然不享有留置权。"④故"D. 如小贝拒绝赔偿，老马可对足球行使留置权"，D错，不选D。⑤《2010年国家司法考试试题解析》【设题陷阱与常见错误分析】"有的考生对我国法律扩大留置权的适用范围存在误解而错选D。"

① 参考答案：AC

第四编 债法总则

第十三章 债的概述

第一节 债的发生

1. 影楼擅自使用婷婷照片之承揽之债、侵权之债和不当得利之债

婷婷满一周岁,其父母将某影楼摄影师请到家中为其拍摄纪念照,并要求影楼不得保留底片用作他途。相片洗出后,影楼违反约定将婷婷相片制成挂历出售,获利颇丰。本案中存在哪些债的关系?(2008 - 3 - 56)

A. 承揽合同之债　　B. 委托合同之债

C. 侵权行为之债　　D. 不当得利之债

答案:(　　)①

考点:民事法律关系破案法之债的发生

读题技巧

1.“请到家中”,“拍摄纪念照”,指向承揽合同之债。

2.“相片制成挂历出售,获利颇丰”,指向:(1)侵犯肖像权;(2)不当得利之债。

思路展开

命题点1:合同之债之承揽合同与委托合同的区分。

(1)法律依据:《合同法》第396条,“委托合同是委托人和受托人约定,由受托人处理委托人事务的合同。”《合同法》第251条,“承揽合同是承揽人按照定作人的要求完成工作,交付工作成果,定作人给付报酬的合同。承揽包括加工、定作、修理、复制、测试、检验等工作。”

(2)法条阐释:①一般与特别的关系。a. 委托合同乃为他人处理事务为目的,是最一般、抽象和概括的“劳务合同”。b. 特定的处理事务的劳务合同,应优先适用其特别规范,如行纪、居间、保管、仓储、承揽等。委托合同不越俎代庖。②过程与结果:a. 委托合同处理事务注重过程,只要受托人勤勉工作,即使未形成结果,也不产生责任。b. 承揽合同要求完成工作提交成果。③人身信赖。a. 委托人信赖强,受托人应亲自处理事务,原则上不得由第三人代为处理。死亡时大多终止委托关系。b. 承揽注重工作成果,当事人之间的人格信赖关系比较弱,对于第三人完成工作持相对宽松态度,承揽人死亡,不会因此终止承揽关系。④有偿无偿。a. 委托可有偿或无偿。b. 承揽均有偿。

(3)具体到本题:①“将某影楼摄影师请到家中为其拍摄纪念照,并要求影楼不得保留底片用作他途。”②“婷婷满一周岁,其父母”为婷婷拍照的目的是取得照片这一结果,而不仅仅在于“欣赏”摄影师工作的过程。③“影楼违反约定”。④《2008年国家司法考试试题解析》:“承揽合同中是义务人要交付工作物,而委托合同中是义务人要处理委托人事务。影楼的义务是交付婴儿周岁照片,所以是承揽合同之债,而不是委托合同之债。”

(4)结论:①“A. 承揽合同之债”,A对,选A。②“B. 委托合同之债”,B错,不选B。

---

① 参考答案:ACD

命题点2:未经本人同意,以营利为目的使用自然人肖像,属于侵犯肖像权,形成侵权之债。

(1)法律依据:《民法总则》第110条第1款,"自然人享有生命权、身体权、健康权、姓名权、肖像权、名誉权、荣誉权、隐私权、婚姻自主权等权利。"《民法通则》第100条,"公民享有肖像权,未经本人同意,不得以营利为目的使用公民的肖像。"

(2)具体到本题:"影楼违反约定将婷婷相片制成挂历出售,获利颇丰",影楼侵犯了婷婷的肖像权。

(3)结论:"C.侵权行为之债",C对,选C。

命题点3:无合法根据取得不当利益,构成不当得利。

(1)法律依据:《民法总则》第122条,"因他人没有法律根据,取得不当利益,受损失的人有权请求其返还不当利益。"

(2)具体到本题:"影楼违反约定将婷婷相片制成挂历出售,获利颇丰",影楼所得之利,为婷婷所受之损失。影楼与婷婷之间形成不当得利之债。

(3)结论:"D.不当得利之债",D对,选D。

常见错误

1.拍摄纪念照属于处理他人事务说:认为拍摄纪念照是处理事务,应是委托合同关系,而不是承揽合同关系,漏选A、误选B。

2.未受损失不符合不当得利要件说:认为婷婷未受到损害,不符合不当得利的条件,漏选D。

2.无偿住房+无偿教钢琴=无名合同之债

甲、乙双方达成协议,约定甲将房屋无偿提供给乙居住,乙则无偿教甲的女儿学钢琴。对于该协议,下列哪些说法是正确的?(2005-3-56)

A.属于无名合同

B.属于实践合同

C.应适用合同法总则的规定

D.可以参照适用合同法关于租赁合同的规定

答案:(　　)①

考点:无名合同之债

思路展开

命题点1:有名合同和无名合同。

(1)学理分类:根据法律是否赋予特定名称并设有规范,合同可分为有名合同与无名合同。①有名合同又称为典型合同,是指在法律上已设有规范并赋予名称的合同。②无名合同又称为非典型合同,是指在法律上尚未确定名称和规则的合同。

(2)具体到本题:甲、乙双方所达成的协议不属于现行《合同法》所规定的任一合同类型,故属于无名合同。

(3)结论:"A属于无名合同",A对,选A。

命题点2:诺成合同和实践合同。

(1)学理分类:根据合同的成立是否需要交付标的物或完成其他给付为标准,合同可分为诺成合同和实践合同。①诺成合同是指不以交付标的物或完成其他给付为成立要件的合同。②实践合同是指除当事人意思表示一致外尚需交付标的物或完成其他给付才能成立的合同。

(2)具体到本题:①现代社会以诺成合同为原则,以实践合同为例外,实践合同仅限于法律规定的少数合同(如保管合同),除此之外的其他合同均属于诺成合同。②甲、乙之间协议为诺成合同,而不是实践合同。

(3)结论:"B属于实践合同",B错,不选B。

命题点3:无名合同的法律适用规则。

(1)法律依据:《合同法》第124条,"本法分则或者其他法律没有明文规定的合同,适用本法总则的规定,并可以参照本法分则或者其他法律最相类似的规定。"

(2)具体到本题:①本题中所涉及的合同虽然是无名合同,但也毕竟属于合同的范畴,自然应适用《合同法》总则的有关规定。②本题中甲将房屋提供给乙使用,而乙以提供家教服务为代价,这与租赁合同十分相似,乙的家教服务就相当于租赁合同中的租金,因此,甲、乙之间的协议可以参照《合同法》租赁合同部分的有关规定。

(3)结论:"C.应适用合同法总则的规定,D.可以参照适用合同法关于租赁合同的规",CD均对,选CD。

常见错误

1.不能强制履行合同之实践合同说:认为甲提供房屋、乙提供家教均是无偿的,如一方不履行,另

① 参考答案:ACD

一方是不能要求强制履行的,此时合同并不生效,因此该合同属于实践合同,误选 B。

2. 与租赁合同毫不相干说:认为该合同与租赁合同没有任何联系,不能参照租赁合同的有关规定,未选 D。

第二节 无因管理

1. 无因管理之救火,为房东和租户,不为保险公司

甲的房屋与乙的房屋相邻。乙把房屋出租给丙居住,并为该房屋在 A 公司买了火灾保险。某日甲见乙的房屋起火,唯恐大火蔓延自家受损,遂率家人救火,火势得到及时控制,但甲被烧伤住院治疗。下列哪一表述是正确的?(2014-3-20)

A. 甲主观上为避免自家房屋受损,不构成无因管理,应自行承担医疗费用

B. 甲依据无因管理只能向乙主张医疗费赔偿,因乙是房屋所有人

C. 甲依据无因管理只能向丙主张医疗费赔偿,因丙是房屋实际使用人

D. 甲依据无因管理不能向 A 公司主张医疗费赔偿,因甲欠缺为 A 公司的利益实施管理的主观意思

答案:( )①

考点:无因管理的构成要件之主观为他人管理的意思

读题技巧

1. "乙出租给丙居住,并为该房屋在 A 公司买了火灾保险。某日甲见乙的房屋起火",指向无因管理的被管理人是房屋所有权人、房屋承租人,而不是保险公司。

2. "唯恐大火蔓延自家受损",指向干扰无因管理的判断。

思路展开

1. 单刀直入。

2. 法律依据:《民法总则》第 121 条,"没有法定的或者约定的义务,为避免他人利益受损失而进行管理的人,有权请求受益人偿还由此支出的必要费用。"

3. 法条阐释:无因管理之债的构成要件包括:无法定或约定义务,具有管理他人利益的意思,对他人事务(利益)实施了管理行为。

4. 具体到本题:①甲虽主观上为了自己利益,但也包含为了邻居的利益,仍成立无因管理。②无因管理的被管理人是所有人乙和承租人丙,因甲救火时并不是想到为了保险公司的利益而救火,故对保险公司不构成无因管理。

5. 结论:①"A. 甲主观上为避免自家房屋受损,不构成无因管理,应自行承担医疗费用;B. 甲依据无因管理只能向乙主张医疗费赔偿,因乙是房屋所有人;C. 甲依据无因管理只能向丙主张医疗费赔偿,因丙是房屋实际使用人",ABC 均错,不选 ABC。②"D. 甲依据无因管理不能向 A 公司主张医疗费赔偿,因甲欠缺为 A 公司的利益实施管理的主观意思",D 对,选 D。

常见错误

1. 单一被管理人说:认为房屋所有人乙和房屋使用人丙不能都是被管理人,误选 B 或 C。

2. 客观无因管理说:只要管理行为客观上有利于 A 公司,并且没有法定或约定的义务,即可成立无因管理,未选 D。

2. 为他人清偿明知时效已过之债、"被"戴绿帽子抚养他人小孩、顺便把邻居轿车上雪扫干净(情谊行为),均非无因管理,拾得遗失物并管理是无因管理

下列哪一情形会引起无因管理之债?(2013-3-21)

A. 甲向乙借款,丙在明知诉讼时效已过后擅自代甲向乙还本付息

B. 甲在自家门口扫雪,顺便将邻居乙的小轿车上的积雪清扫干净

C. 甲与乙结婚后,乙生育一子丙,甲抚养丙 5 年后才得知丙是乙和丁所生

D. 甲拾得乙遗失的牛,寻找失主未果后牵回暂养。因地震致屋塌牛死,甲出卖牛皮、牛肉获价款若干

答案:( )②

---

① 参考答案:D

② 参考答案:D

考点:是否成立无因管理的判断

思路展开

思路1:无因管理的概念、法律依据和构成要件。

(1)无因管理,是指没有法律规定或者约定的义务而为他人管理事务。

(2)法律依据:《民法总则》第121条,“没有法定的或者约定的义务,为避免他人利益受损失而进行管理的人,有权请求受益人偿还由此支出的必要费用。”

(3)无因管理的构成要件:“无因”(无法定或约定义务)+管理(为他人管理的意思+为他人管理事务+管理适当即客观上不违反明知或可推知的被管理人意思)。

思路2:逐项判断。

(1)A属于不当管理,不是无因管理。①甲的债务已经超过诉讼时效,丙对此明知,擅自代甲清偿债务,属于不当管理,不构成无因管理。②中间结论:“A.甲向乙借款,丙在明知诉讼时效已过后擅自代甲向乙还本付息”,A错,不选A。

(2)B属于情谊行为,不是无因管理。①“甲在自家门口扫雪”,为了自己出行方便和路人出行方便,被管理人不特定(无因管理之债的被管理人应该是特定的一人或特定的几个人),无法形成无因管理之债。②“顺便将邻居乙的小轿车上的积雪清扫干净”,虽然甲管理了乙的事物,但这只是一种情谊行为,并不产生民事法律关系。③中间结论:“B.甲在自家门口扫雪,顺便将邻居乙的小轿车上的积雪清扫干净”,B错,不选B。

(3)C欠缺为他人管理的意思,不是无因管理。①甲虽然管理了乙和丁的事物,但主观上还是为了自己,所以不能产生无因管理之债。②中间结论:“C.甲与乙结婚后,乙生育一子丙,甲抚养丙5年后才得知丙是乙和丁所生”,C错,不选C。

(4)D中甲拾得遗失物构成无因管理。①“暂养”为无因管理。②地震致使牛死,“暂养”寻找失主未果,没有产生预期管理效果,不影响无因管理成立。③“甲出卖牛皮、牛肉获价款若干”,继续构成无因管理。④最后结论:“D.甲拾得乙遗失的牛,寻找失主未果后牵回暂养。因地震致屋塌牛死,甲出卖牛皮、牛肉获价款若干”,D对,选D。

常见错误

1.代为清偿自然债务属于无因管理说:认为已经超过诉讼时效的债务,为自然债务,丙代甲管理事务,构成无因管理,误选A。

2.扫雪构成无因管理说:认为甲在自家门口扫雪,顺带将乙的小轿车的积雪清扫干净,甲在客观上实施了管理行为,主观上有为他人管理的意思,构成了无因管理,由此误选B。

3.被戴绿帽子构成无因管理说:认为甲抚养丙,是管理了乙和丁的事务,构成无因管理,误选C。

4.拾得遗失物为不当得利说:甲杀牛卖牛皮、牛肉获得价款的行为属于不当得利,未选D。

3.摘卖西瓜、办理后事等综合无因管理费用应扣除

刘某承包西瓜园,收获季节突然病故。好友刁某因联系不上刘某家人,便主动为刘某办理后事和照看西瓜园,并将西瓜卖出,获益5万元。其中,办理后事花费1万元、摘卖西瓜雇工费以及其他必要费用共5000元。刁某认为自己应得劳务费5000元。关于刁某的行为,下列哪一说法是正确的?(2011-3-20)

A.5万元属于不当得利

B.应向刘某家人给付3万元

C.应向刘某家人给付4万元

D.应向刘某家人给付3.5万元

答案:(　　)①

考点:无因管理扣除综合管理事务的费用,既生“瑜”不生“亮”(有无因管理,则不启动不当得利)

读题技巧

1.本题为“帮卖西瓜无因管理”案,刁某不刁,是个好人。

2.金额信息很多,这是司法考试中为数不多的需要简单计算的试题。

思路展开

思路1:无因管理,是指没有法律规定或者约定的义务而为他人管理事务。成立无因管理之

① 参考答案:D

后，在当事人之间会发生无因管理之债。

思路 2：法律依据：(1)《民法总则》第 121 条，“没有法定的或者约定的义务，为避免他人利益受损失而进行管理的人，有权请求受益人偿还由此支出的必要费用。”(2)《民通意见》第 132 条，“民法通则第九十三条规定的管理人或者服务人可以要求受益人偿付的必要费用，包括在管理或者服务活动中直接支出的费用，以及在该活动中受到的实际损失。”

思路 3：法条阐释：无因管理的构成要件：“无因”(无法定或约定义务) + 管理(为他人管理的意思 + 为他人管理事务 + 管理适当即客观上不违反明知或可推知的被管理人意思)。

思路 4：具体到本题：刁某的行为构成无因管理，其应将管理费用扣除后将管理成果交给被管理人。但是，无因管理人不得主张报酬。

思路 5：无因管理被管理人的成果返还请求权，与管理人的费用支付请求权，为金钱之债，可法定抵消。《合同法》第 99 条，“当事人互负到期债务，该债务的标的物种类、品质相同的，任何一方可以将自己的债务与对方的债务抵销，但依照法律规定或者按照合同性质不得抵销的除外。当事人主张抵销的，应当通知对方。通知自到达对方时生效。抵销不得附条件或者附期限。”5 万 − 1 万 − 0.5 万 = 3.5 万。

结论：(1)“A. 5 万元属于不当得利，B. 应向刘某家人给付 3 万元；C. 应向刘某家人给付 4 万元”，ABC 均错，不选 ABC。(2)“D. 应向刘某家人给付 3.5 万元”，D 对，选 D。

延展：就请求权检讨顺序而言，无因管理先于不当得利和侵权行为，实质上，“正当”无因管理具有阻却侵权责任和不当得利的效力。有一点需要注意，卖西瓜的 5 万元考查顺序如下：先从无因管理开始，扣除费用，剩余部分应给刘某家人。如不退，剩余部分构成不当得利。换言之，无因管理与不当得利可以衔接发生。A 选项笼统说 5 万元为不当得利，表述错误。

4. 来台风，故帮邻居修房子未达效果，仍属无因管理

张某外出，台风将至。邻居李某担心张某年久失修的房子被风刮倒，祸及自家，就雇人用几根木料支撑住张某的房子，但张某的房子仍然不敌台风，倒塌之际压死了李某养的数只鸡。下列哪一说法是正确的？(2009 − 3 − 12)

A. 李某初衷是为自己，故不构成无因管理

B. 房屋最终倒塌，未达管理效果，故无因管理不成立

C. 李某的行为构成无因管理

D. 张某不需支付李某固房费用，但应赔偿房屋倒塌给李某造成的损失

答案：(　　)①

考点：无因管理构成的判断

读题技巧

1. 秒杀题。

2. 选项 C 构成无因管理。选项 ABD 都和 C 是互斥的。

思路展开

命题点 1：无因管理，是指没有法律规定或者约定的义务而为他人管理事务。成立无因管理之后，在当事人之间会发生无因管理之债。

(1) 法律依据：①《民法总则》第 121 条，“没有法定的或者约定的义务，为避免他人利益受损失而进行管理的人，有权请求受益人偿还由此支出的必要费用。”②《民通意见》第 132 条，“民法通则第九十三条规定的管理人或者服务人可以要求受益人偿付的必要费用，包括在管理或者服务活动中直接支出的费用，以及在该活动中受到的实际损失。”

(2) 法理阐释：无因管理的构成要件：“无因”(无法定或约定义务) + 管理(为他人管理的意思 + 为他人管理事务 + 管理适当即客观上不违反明知或可推知的被管理人意思)。

(3) 具体到本题：①“邻居李某担心张某年久失修的房子被风刮倒，祸及自家，就雇人用几根木料支撑住张某的房子，但张某的房子仍然不敌台风，倒塌之际压死了李某养的数只鸡。”②李某为张某利益替其修缮房屋，虽然主观上兼有“利己”意图，但并不

① 参考答案：C

影响无因管理的成立,修缮张某房屋并非其法律义务,因此李某行为构成无因管理。③李某即有权要求张某支付固房费用。

(4)结论:①“C. 李某的行为构成无因管理”,C对,选C。②“D. 张某不需支付李某固房费用,但应赔偿房屋倒塌给李某造成的损失”,D错,不选D。③《2009年国家司法考试试题解析》:“张某房屋倒塌对李某造成损失,侵犯了李某的财产权,李某有权要求张某赔偿损失。所以张某既需支付李某固房费用,也应赔偿房屋倒塌给李某造成的损失,D错。”④台风导致房屋倒塌,台风如果构成不可抗力,张某无须赔偿;台风如果不构成不可抗力,张某需要赔偿。无论如何,D的前半句话“张某不需支付李某固房费用”都是错的,不影响考生对D项做出判断。

命题点2:主观为自己也为他人,仍然构成无因管理。

(1)学理依据:无因管理成立要件的主观要件是管理人有为他人管理的意思。为他人管理的意思与为自己管理的意思可以并存。

(2)具体到本题:李某既担心张某房子被风刮倒,又担心祸及自家,而修缮张某房屋的行为,构成无因管理。

(3)结论:“A. 李某初衷是为自己,故不构成无因管理”,A错,不选A。

命题点3:管理效果不是无因管理的构成要件。

(1)学理依据:未达到管理效果,不影响无因管理的成立。

(2)具体到本题:“就雇人用几根木料支撑住张某的房子,但张某的房子仍然不敌台风,倒塌之际压死了李某养的数只鸡。”虽然没有达到管理效果,李某仍构成无因管理。

(3)结论:“B. 房屋最终倒塌,未达管理效果,故无因管理不成立”,B错,不选B。

5. 不同情形无因管理的判断

下列行为中,哪些构成无因管理?(2008-3-55)

A. 甲错把他人的牛当成自家的而饲养

B. 乙见邻居家中失火恐殃及自己家,遂用自备的灭火器救火

C. 丙(15岁)租车将在体育课上昏倒的同学送往医院救治

D. 丁见门前马路下水道井盖被盗致路人跌伤,遂自购一井盖铺上

答案:(　　)①

考点:无因管理成立的判断

思路展开

命题点1:无因管理,是指没有法律规定或者约定的义务而为他人管理事务。成立无因管理之后,在当事人之间会发生无因管理之债。

(1)法律依据:①《民法总则》第121条,“没有法定的或者约定的义务,为避免他人利益受损失而进行管理的人,有权请求受益人偿还由此支出的必要费用。”②《民通意见》第132条,“《民法通则》第九十三条规定的管理人或者服务人可以要求受益人偿付的必要费用,包括在管理或者服务活动中直接支出的费用,以及在该活动中受到的实际损失。”

(2)法理阐释:无因管理的构成要件:“无因”(无法定或约定义务)+管理(为他人管理的意思+为他人管理事务+管理适当即客观上不违反明知或可推知的被管理人意思)。

命题点2:欠缺管理意思,不成立无因管理,会成立不当得利。

(1)学理依据:误信管理不构成无因管理。因为欠缺为他人管理的意思。

(2)具体到本题:甲错把他人的牛当成自家的而饲养,并不存在以管理他人事务为目的,不构成无因管理。

(3)结论:“A. 甲错把他人的牛当成自家的而饲养”A错,不选A。

(4)关联:幻想管理即幻想自己的事务是他人的事务,不是无因管理。

命题点3:为自己兼为他人,成立无因管理。

(1)学理依据:无因管理成立要件的主观要件是管理人有为他人管理的意思。为他人管理的意思与为自己管理的意思可以并存。

(2)具体到本题和结论:“B. 乙见邻居家中失火恐殃及自己家,遂用自备的灭火器救火”,B对,

① 参考答案:BCD

选 B。

命题点 4：无因管理的方法可以是事实行为（事实行为不需要行为能力），也可以是法律行为（法律行为需要行为能力）。

（1）学理依据：不论管理方法是事实行为还是法律行为，都不影响无因管理的成立。如果是无限人实施法律行为，启动法律行为效力判断规则，仍不影响无因管理的判定。

（2）具体到本题和结论："C. 丙（15 岁）租车将在体育课上昏倒的同学送往医院救治"，C 对，选 C。

命题点 5：无因管理的被管理人为特定人，特定一人或特定多人。

（1）学理依据：无因管理是债，为特定人与特定人之间发生的法律关系。

（2）具体到本题：丁自购井盖给门前马路下水道铺上，丁铺设井盖行为的受益人并非不特定的路人，而是负有道路维护义务的市政部门。

（3）结论："D. 丁见门前马路下水道井盖被盗致路人跌伤，遂自购一井盖铺上"，D 对，选 D。

6. 为人无因管理卖鱼，赶喜宴贱卖，利益收入囊中为不当得利

甲正在市场卖鱼，突闻其父病危，急忙离去，邻摊菜贩乙见状遂自作主张代为叫卖，以比甲原每斤 10 元高出 5 元的价格卖出鲜鱼 200 斤，并将多卖的 1000 元收入自己囊中，后乙因急赴喜宴将余下的 100 斤鱼以每斤 3 元卖出。下列哪些选项是正确的？（2007－3－53）

A. 乙的行为构成无因管理

B. 乙收取多卖 1000 元构成不当得利

C. 乙低价销售 100 斤鱼构成不当管理，应承担赔偿责任

D. 乙可以要求甲支付一定报酬

答案：（　　）①

考点：无因管理、不当得利

读题技巧

1. "自作主张代为叫卖"，指向无因管理。

2. "将多卖的 1000 元收入自己囊中"，指向不当得利。

3. "急赴喜宴将余下的 100 斤鱼以每斤 3 元卖出"，指向不当管理构成侵权。

思路展开

命题点 1：无因管理，是指没有法律规定或者约定的义务而为他人管理事务。成立无因管理之后，在当事人之间会发生无因管理之债。

（1）法律依据：①《民法总则》第 121 条，"没有法定的或者约定的义务，为避免他人利益受损失而进行管理的人，有权请求受益人偿还由此支出的必要费用。"②《民通意见》第 132 条，"《民法通则》第九十三条规定的管理人或者服务人可以要求受益人偿付的必要费用，包括在管理或者服务活动中直接支出的费用，以及在该活动中受到的实际损失。"（没有报酬请求权）

（2）法理阐释：无因管理的构成要件："无因"（无法定或约定义务）＋管理（为他人管理的意思＋为他人管理事务＋管理适当即客观上不违反明知或可推知的被管理人意思）。

（3）具体到本题：乙帮甲卖鱼，并没有法律规定或约定的义务，故构成无因管理。无因管理中，管理人的权利包括请求偿还必要费用、请求清偿必要债务、损害赔偿请求权，不包括请求支付报酬。这是由无因管理的性质决定的，无因管理并非有偿管理，故不得要求支付报酬。

（4）结论：①"A. 乙的行为构成无因管理"，A 对，选 A。②"D. 乙可以要求甲支付一定报酬"，D 错，不选 D。

命题点 2：不当管理，须负侵权赔偿责任。

（1）学理依据：①在无因管理中，管理人不适当履行义务，对本人造成损害的，应向本人承担债务不履行的责任。②该责任的承担以管理人主观上有过错为要件，但为免除本人生命、身体或财产上的急迫危险时，对本人造成的损害，管理人仅于不具有恶意或重大过失时，始负赔偿责任。

（2）具体到本题：乙为赴喜宴而低价销售，为不适当履行义务，主观上有过错，且不存在对甲不利的急迫危险情形，故对甲造成损害的，应承担损害赔偿责任。

（3）结论："C. 乙低价销售 100 斤鱼构成不当管

① 参考答案：ABC

理,应承担赔偿责任”,C对,选C。

命题点3:不当得利,没有合法根据,使他人受损而自己获得利益,为不当得利。

(1)法律依据:《民法总则》第122条,“因他人没有法律根据,取得不当利益,受损失的人有权请求其返还不当利益。”

(2)具体到本题:①“乙见状遂自作主张代为叫卖,以比甲原每斤10元高出5元的价格卖出鲜鱼200斤,并将多卖的1000元收入自己囊中”。②乙帮甲卖鱼虽构成无因管理,但乙将多卖的1000元占为己有,这又使甲遭受损失,而乙获得利益,在没有法律上的原因的情况下,构成不当得利。③虽然假设甲自己卖,也确实仅仅可以获得2000元,但这不影响乙构成不当得利。因为乙构成无因管理的前提就是为甲管理的意思,管理所得全部成果均归被管理人。

(3)结论:“B.乙收取多卖1000元构成不当得利”,B对,选B。

7.邻居“英雄”儿童救火之无因管理

陈某外出期间家中失火,邻居家10岁的女儿刘某呼叫邻居救火,并取自家衣物参与扑火。在救火过程中,刘某手部烧伤,花去医疗费200元,衣物损失100元。下列哪种说法是正确的?(2006-3-12)

A.陈某应偿付刘某100元

B.陈某应偿付刘某200元

C.陈某应偿付刘某300元

D.陈某无须补偿刘某

答案:(　　)①

考点:限制行为能力人实施无因管理受损,可向被管理人主张

思路展开

1. 秒杀题。

2. 答题背景:无因管理,是指没有法律规定或者约定的义务而为他人管理事务。成立无因管理之后,在当事人之间会发生无因管理之债。

(1)法律依据:①《民法总则》第121条,“没有法定的或者约定的义务,为避免他人利益受损失而进行管理的人,有权请求受益人偿还由此支出的必要费用。”②《民通意见》第132条,“《民法通则》第九十三条规定的管理人或者服务人可以要求受益人偿付的必要费用,包括在管理或者服务活动中直接支出的费用,以及在该活动中受到的实际损失。”

(2)法理阐释:(1)无因管理的构成要件:“无因”(无法定或约定义务)+管理(为他人管理的意思+为他人管理事务+管理适当即客观上不违反明知或可推知的被管理人意思)。

3. 无因管理的方法:可以是事实行为(事实行为不需要行为能力),也可以是法律行为(法律行为需要行为能力)。不论管理方法是事实行为还是法律行为,都不影响无因管理的成立。如果是无民事行为能力人,限制行为能力人实施法律行为,启动法律行为效力判断规则,仍不影响无因管理的判定。

4. 具体到本题:(1)尽管刘某只有10岁,这也并不妨碍其行为构成无因管理。(2)本题中,邻居家中失火,情势紧迫,刘某用衣物灭火不悖情理,其衣物的损失以及花去的医疗费用均在必要费用之列,陈某应予以偿付。

5. 结论:(1)“C陈某应偿付刘某300元”,C对,选C。(2)“A.陈某应偿付刘某100元;B.陈某应偿付刘某200元;D陈某无须补偿刘某”,ABD均错,不选ABD。

8.“拾得遗失物”之牛被台风刮倒的牛棚压死,拾得人杀牛并销售为无因管理

甲的一头牛走失,乙牵回关入自家牛棚,准备次日寻找失主。当晚牛棚被台风刮倒,将牛压死。乙将牛肉和牛皮出售,各得款500元和100元。请人屠宰及销售,支出100元。下列哪一种说法是正确的?(2005-3-14)

A.甲有权要求乙返还一头同样的牛

B.甲有权要求乙返还500元

C.甲有权要求乙返还600元

D.甲有权要求乙按该牛的市价赔偿1000元

答案:(　　)②

考点:拾得遗失物、无因管理

思路展开

1.乙构成无因管理:拾得遗失物和杀牛卖牛肉

① 参考答案:C

② 参考答案:B

牛皮，均构成无因管理。

2. 就拾得遗失物牛而言，乙对牛的占有属于善意占有，对牛的意外死亡不承担民事责任。

3. 就杀牛卖牛肉和牛皮而言，乙属于无因管理，应将管理成果交付被管理人，并可主张管理费用。

4. 结论：(1)“B. 甲有权要求乙返还500元”，B对，选B。(2)“A. 甲有权要求乙返还一头同样的牛；C. 甲有权要求乙返还600元；D. 甲有权要求乙按该牛的市价赔偿1000元”，ACD均错，不选ACD。

第三节　不当得利

1. 存款账户多出1万构成不当得利

下列哪一情形产生了不当得利之债？(2013－3－20)

A. 甲欠乙款超过诉讼时效后，甲向乙还款

B. 甲欠乙款，提前支付全部利息后又在借期届满前提前还款

C. 甲向乙支付因前晚打麻将输掉的2000元现金

D. 甲在乙银行的存款账户因银行电脑故障多出1万元

答案：(　　)①

考点：不当得利成立的判断

思路展开

思路1：不当得利的构成要件。

(1)法律依据：《民法总则》第122条，“因他人没有法律根据，取得不当利益，受损失的人有权请求其返还不当利益。”《民通意见》第131条，“返还的不当利益，应当包括原物和原物所生的孳息。利用不当得利所取得的其他利益，扣除劳务管理费用后，应当予以收缴。”

(2)不当得利需要四项构成要件：①一方取得财产利益。②一方受有损失。③取得利益与所受损失间有因果关系。④没有法律上的根据。

(3)法条阐释：没有“合法根据”。下列情形不构成不当得利：①履行道德义务而为给付。②提前清偿或过时效后清偿。③明知无债而清偿(这不是送吗)。④因不法原因而为给付。

(4)延展：反射利益、强迫得利均不构成不当得利。

思路2：逐一判断。

(1)判断A选项：①《民法总则》第192条第2款，“诉讼时效期间届满后，义务人同意履行的，不得以诉讼时效期间届满为由抗辩；义务人已自愿履行的，不得请求返还。”②甲欠乙款超过诉讼时效后，甲向乙还款，乙不构成不当得利。③中间结论：“A. 甲欠乙款超过诉讼时效后，甲向乙还款”，A错，不选A。

(2)判断B选项：①为履行未到期债务而清偿，不构成不当得利。②清偿期到来之前，债务人并无清偿义务，此时债务人的清偿应属非债清偿，但债权人的受领并非无合法原因，此时的清偿也发生债务消灭的效果，故乙不发生不当得利。③中间结论：“B. 甲欠乙款，提前支付全部利息后又在借期届满前提前还款”，B错，不选B。④有考生认为，“乙获得了多出的利息，是不当得利”，误解了题意。B选项要表达的意思是，甲提前支付了全部的利息，本来可以等到本金偿还到期后再偿还本金，但甲放弃了偿还本金的期限利益，提前清偿本金，属于“履行未到期债务而清偿”，乙不构成不当得利。

(3)判断C选项：①因不法原因而为给付不形成不当得利。②不法原因是指给付原因违反国家的法律规范以及违反社会公共利益如为清偿赌债而为的给付。③中间结论：“C. 甲向乙支付因前晚打麻将输掉的2000元现金”，C错，不选C。

(4)判断D选项：属于典型的不当得利。最后结论：“D. 甲在乙银行的存款账户因银行电脑故障多出1万元”，D对，选D。

常见错误

货币仍在银行，银行无利可得说：不少考生认为，货币仍在银行，甲无利可得。分析：《2013年国家司法考试试题解析》：“(1)这种理解是错误的，不当得利之‘利’，不限于物权。(2)因为甲的账户上的资金，任何人包括银行未经甲授权，不得动用。(3)银行要划回1万元，须有甲的协助不可，银行请求甲协助的基础即为不当得利之债。”

① 参考答案：D

2. 合同无效发生的不当得利

甲将某物出售于乙，乙转售于丙，甲应乙的要求，将该物直接交付于丙。下列哪一说法是错误的？(2012－3－20)

A. 如仅甲、乙间买卖合同无效，则甲有权向乙主张不当得利返还请求权

B. 如仅乙、丙间买卖合同无效，则乙有权向丙主张不当得利返还请求权

C. 如甲、乙间以及乙、丙间买卖合同均无效，甲无权向丙主张不当得利返还请求权

D. 如甲、乙间以及乙、丙间买卖合同均无效，甲有权向乙、乙有权向丙主张不当得利返还请求权

答案：(　　)[①]

考点：基于无效合同发生的不当得利、物权的保护

思路展开

思路1：不当得利的构成要件。

(1)法律依据：①《民法总则》第122条，“因他人没有法律根据，取得不当利益，受损失的人有权请求其返还不当利益。”②《民通意见》第131条，“返还的不当利益，应当包括原物和原物所生的孳息。利用不当得利所取得的其他利益，扣除劳务管理费用后，应当予以收缴。”

(2)不当得利需要四项构成要件：①一方取得财产利益。②一方受有损失。③取得利益与所受损失间有因果关系。④没有法律上的根据。

(3)法条阐释：没有“合法根据”。下列情形不构成不当得利：①履行道德义务而为给付。②提前清偿或过时效后清偿。③明知无债而清偿(这不是送吗)。④因不法原因而为给付。

(4)延展：反射利益、强迫得利均不构成不当得利。

思路2：给付不当得利与非给付不当得利的区分。

(1)学理依据：①不当得利依据是否基于给付行为而发生，可将其分为给付不当得利与非给付不当得利。②给付不当得利是指受益人受领他人基于给付行为而转移的财产或利益，因欠缺给付目的而发生的不当得利。这种欠缺给付目的既可以是自始欠缺给付目的，也可以是给付目的嗣后不存在，或者是给付目的不达。③给付不当得利中一方得利与对方受损，是否需要直接因果关系，有不同的学说观点：a. 德国法、中国台湾地区法要求有直接因果关系。本题中“C. 如甲、乙间以及乙、丙间买卖合同均无效，甲无权向丙主张不当得利返还请求权”，甲受损，丙得利，无直接因果关系，故甲丙不成立不当得利。b.“三大本”采用非直接因果关系：“为了充分发挥不当得利对不公平的财产变动关系的调节作用，应采非直接因果关系的主张。只要他方的损失是由一方获得不当利益造成的，或者说没有一方不当利益的获取，则他方就不会遭受财产的损失，均应认定受益与损失之间有因果关系。”

(2)具体到本题：

①判断A选项：a. 甲将某物交付给丙，是履行其对乙的债务，由此构成甲对乙的给付，而不构成对丙的给付。b. 如果甲、乙间买卖合同无效，给付不当得利关系仅存在于甲、乙之间，不存在于甲、丙之间。c. 中间结论：“A. 如仅甲、乙间买卖合同无效，则甲有权向乙主张不当得利返还请求权”，A对，不符合题意，不选A。

②判断B选项：a. 甲将该物交付给丙，同时是乙履行对丙的债务，构成乙对丙的给付。b. 如果乙、丙间买卖合同无效，则给付不当得利关系仅存在于乙丙之间。c. 中间结论：“B. 如仅乙、丙间买卖合同无效，则乙有权向丙主张不当得利返还请求权”，B对，不符合题意，不选B。

③判断C选项：a. 如果甲、乙之间和乙、丙之间的两个买卖合同均无效，则甲、乙之间与乙、丙之间分别发生给付不当得利关系，甲可以请求乙、乙可以请求丙返还不当得利。b. 中间结论：“D. 如甲、乙间以及乙、丙间买卖合同均无效，甲有权向乙、乙有权向丙主张不当得利返还请求权”，D对，不符合题意，不选D。

④判断C选项：a. 甲、丙之间虽无给付关系，但题干已说明两个合同均无效，丙无构成善意取得的事实，故甲基于所有权，可以请求丙返还不当得利。该得利既可表现为丙对物的占有，也可能表现为丙

① 参考答案：C

对物的使用、收益等。b. 最后结论:"C. 如甲、乙间以及乙、丙间买卖合同均无效,甲无权向丙主张不当得利返还请求权",C 错,符合题意,选 C。

延展:

(1)"C. 如甲、乙间以及乙、丙间买卖合同均无效,甲无权向丙主张不当得利返还请求权"。依照司法部给出的答案,甲有权向丙主张不当得利返还请求权。

(2)此延展开来:丙占有买卖合同"某物",因为连环买卖合同均无效,则丙基于无效买卖合同占有的"某物",属于无权占有。

(3)由此,启动下列规范可保护甲的利益:

①甲可基于《物权法》第 34 条,向丙主张原物返还(我国不承认物权行为无因性。)(《物权法》第 34 条,"无权占有不动产或者动产的,权利人可以请求返还原物。")

②甲可基于《物权法》第 243 条,向丙主张原物返还。(《物权法》第 243 条,"不动产或者动产被占有人占有的,权利人可以请求返还原物及其孳息,但应当支付善意占有人因维护该不动产或者动产支出的必要费用。")

③甲可基于《物权法》第 245 条,向丙主张占有返还请求权。(《物权法》第 245 条,"占有的不动产或者动产被侵占的,占有人有权请求返还原物;对妨害占有的行为,占有人有权请求排除妨害或者消除危险;因侵占或者妨害造成损害的,占有人有权请求损害赔偿。占有人返还原物的请求权,自侵占发生之日起一年内未行使的,该请求权消灭。")

④甲可基于《民法总则》第 122 条向丙不当得利的返还。(《民法总则》第 122 条,"因他人没有法律根据,取得不当利益,受损失的人有权请求其返还不当利益。")

(4)注意:按照德国法的理解:甲、丙之间不成立给付不当得利,因为甲、丙之间无交付关系。因为甲、乙之间有交付关系;乙、丙之间有交付关系,而甲、丙之间无交付关系。虽然甲是把某物交付给丙,但是这属于缩短交付,属于"经由被指令人而为交付。"

3. 下列哪一情形不产生不当得利之债?(2011－3－19)

A. 甲向乙借款 10 万元,1 年后根据约定偿还本息 15 万元

B. 甲不知诉讼时效已过,向债权人乙清偿债务

C. 甲久别归家,误把乙的鸡当成自家的吃掉

D. 甲雇用的装修工人,误把邻居乙的装修材料用于甲的房屋装修

答案:(　　)①

考点:不当得利的成立

读题技巧

1. 本题是选"不"产生不当得利之债的选项,属于选非题!

2. 简单的判断题,应该拿下!

思路展开

思路 1:不当得利的构成要件。

(1)法律依据:①《民法通则》第 92 条,"没有合法根据,取得不当利益,造成他人损失的,应当将取得的不当利益返还受损失的人。"《民法总则》第 122 条,"因他人没有法律根据,取得不当利益,受损失的人有权请求其返还不当利益。"②《民通意见》第 131 条,"返还的不当利益,应当包括原物和原物所生的孳息。利用不当得利所取得的其他利益,扣除劳务管理费用后,应当予以收缴。"

(2)不当得利需要四项构成要件:①一方取得财产利益。②一方受有损失。③取得利益与所受损失间有因果关系。④没有法律上的根据。

(3)法条阐释:没有"合法根据"。下列情形不构成不当得利:①履行道德义务而为给付。②提前清偿或过时效后清偿。③明知无债而清偿(这不是送吗)。④因不法原因而为给付。

(4)延展:反射利益、强迫得利均不构成不当得利。

思路 2:选项具体判断。

(1)判断 A 选项:超过民间借贷利率 36% 无效。①法律依据:a.《合同法》第 211 条第 2 款,"自然人之间的借款合同约定支付利息的,借款的利率不得违反国家有关限制借款利率的规定。"b.《民间借贷解释》第 26 条第 2 款,"借贷双方约定的利率超过年利率 36%,超过部分的利息约定无效。借款人请求

① 参考答案:B

出借人返还已支付的超过年利率36%部分的利息的,人民法院应予支持。”c.《民间借贷解释》第31条,“没有约定利息但借款人自愿支付,或者超过约定的利率自愿支付利息或违约金,且没有损害国家、集体和第三人利益,借款人又以不当得利为由要求出借人返还的,人民法院不予支持,但借款人要求返还超过年利率36%部分的利息除外。”②具体到A选项:甲向乙借款10万元,约定利息5万元,违反法律强制性规定,超过部分无效。无效部分即构成不当得利之债,应由乙将不当利益返还给甲。③中间结论:“A. 甲向乙借款10万元,1年后根据约定偿还本息15万元”,会产生不当得利,A不符合题意,不选A。

(2)判断B选项:履行自然债务不构成不当得利。①法律依据:《民通意见》第171条,“过了诉讼时效期间,义务人履行了义务后,又以超过诉讼时效为由反悔的,不予支持。”《时效解释》第22条,“诉讼时效期间届满,当事人一方向对方当事人作出同意履行义务的意思表示或者自愿履行义务后,又以诉讼时效期间届满为由进行抗辩的,人民法院不予支持。”②具体到B选项:债务人不知诉讼时效已过,向债权人清偿债务,不构成不当得利。③中间结论:“B. 甲不知诉讼时效已过,向债权人乙清偿债务”不会产生不当得利,B符合题意,选B。

(3)判断C选项:①乙有损失,失去一只鸡;甲得到利益,吃了一只鸡,价值形态上其财产本应减少而未减少,甲财产消极增加,构成不当得利。②中间结论:“C. 甲久别归家,误把乙的鸡当成自家的吃掉”,甲构成不当得利,C不符合题意,不选C。

(4)判断D选项:①甲构成侵害权益型不当得利。物权变动,装修材料附合于房屋,乙装修材料所有权消灭,甲获得利益。②中间结论:“D. 甲雇用的装修工人,误把邻居乙的装修材料用于甲的房屋装修”,甲构成不当得利,D不符合题意,不选D。

常见错误

1. 有的考生认为D选项中甲没有过错,是装修工人的错。甲属于被迫得利,不构成不当得利。

2. 分析:(1)不当得利不考虑主观过错,只考虑利益变动是否有依据。(2)D选项未考查问题,包括侵权和添附。就侵权责任承担而言,甲与装修工人为劳务关系,装修工人之过错侵权,甲应承担责任。(《侵权责任法》第35条,“个人之间形成劳务关系,提供劳务一方因劳务造成他人损害的,由接受劳务一方承担侵权责任。提供劳务一方因劳务自己受到损害的,根据双方各自的过错承担相应的责任。”)

4. “挖坑”之“守株待兔”:不当得利和侵权行为

任某门前公路上有一泥沟。某日,一货车经过泥沟,由于颠簸掉落货物一件,被任某拾得据为己有。任某发现有利可图,遂将泥沟挖深半尺。次日,果然又拾得两袋车上颠落的货包。关于任某行为的性质,下列哪一选项是正确的?(2008-四川-5)

A. 无因管理和侵权行为

B. 不当得利

C. 无因管理和不当得利

D. 不当得利和侵权行为

答案:(　　)①

考点:不当得利和侵权行为

思路展开

命题点1:不当得利。(1)不当得利是指没有合法根据而获得利益并使他人利益遭受损失的事实。(2)具体到本题:任某起初拾得颠簸掉落的一件货物并据为己有,属于没有合法根据而获利,并使他人利益受损的情况,构成不当得利。

命题点2:侵权行为。(1)侵权行为是指行为人由于过错侵害他人的财产权和人身权,依法应当承担民事责任的不法行为,以及依法律的特别规定应当承担民事责任的其他侵害行为。(2)具体到本题:后来,任某发现有利可图,遂将泥沟挖深半尺。次日,果然又拾得两袋车上颠落的货包,属于故意侵害他人财产权的侵权行为。

小结:“D. 不当得利和侵权行为”,D对,选D。

5. 工资卡多出2万

张某发现自己的工资卡上多出2万元,便将其中1万元借给郭某,约定利息500元;另外1万元投入股市。张某单位查账发现此事,原因在于财务人员工作失误,遂要求张某返还。经查,张某借给郭某

① 参考答案:D

的1万元到期未还，投入股市的1万元已获利2000元。下列哪一选项是正确的？（2007－3－7）

A. 张某应返还给单位2万元

B. 张某应返还给单位2.2万元

C. 张某应返还给单位2.25万元

D. 张某应返还给单位2万元及其孳息

答案：（　　）①

考点：不当得利的返还范围

读题技巧

1. 单位多发工资2万元，而不是扣发2万元！

2. 张某有理财意识：(1)1万元民间借贷，约定利息500元；(2)2万元投资中国股市，获利2000元，张某乃中国股神。

3. 特别注意："D. 张某应返还给单位2万元及其孳息"，使用了"孳息"，看上去就像是正确的，因为孳息这一措辞简直无懈可击！

思路展开

1. 单刀直入。

2. 法律依据：(1)不当得利成立依据。《民法总则》第122条，"因他人没有法律根据，取得不当利益，受损失的人有权请求其返还不当利益。"(2)不当得利返还范围依据。《民通意见》第131条，"返还的不当利益，应当包括原物和原物所生的孳息。利用不当得利所取得的其他利益，扣除劳务管理费用后，应当予以收缴。"

3. 具体到本题：(1)由于单位工作人员的失误，张某的工资卡上多出2万元，对张某而言这属于不当得利。(2)张某应向单位返还2万元及其孳息。

4. 结论：(1)"D. 张某应返还给单位2万元及其孳息"，D对，选D。(2)"A. 张某应返还给单位2万元；B. 张某应返还给单位2.2万元；C. 张某应返还给单位2.25万元"，ABC均错，不选ABC。

6. 盖房之反射利益、用拾得货币还债、第三人代为清偿均不是不当得利

在下列何种情形中，乙构成不当得利吗？（2005－3－10）

A. 甲欠乙500元，丙在甲不知情的情况下自愿代为偿还

B. 甲大学新建校区，当地居民乙的房屋大幅升值

C. 甲以拾得的100元还了欠乙的债务

D. 甲雇人耕田，雇工误耕了乙的数亩待耕之田

答案：（　　）②

考点：不当得利的成立判断

思路展开

不当得利的构成要件。

(1)法律依据：①《民法总则》第122条，"因他人没有法律根据，取得不当利益，受损失的人有权请求其返还不当利益。"②《民通意见》第131条，"返还的不当利益，应当包括原物和原物所生的孳息。利用不当得利所取得的其他利益，扣除劳务管理费用后，应当予以收缴。"

(2)不当得利需要四项构成要件：①一方取得财产利益。②一方受有损失。③取得利益与所受损失间有因果关系。④没有法律上的根据。

(3)法条阐释：没有"合法根据"。下列情形不构成不当得利：①履行道德义务而为给付。②提前清偿或过时效后清偿。③明知无债而清偿（这不是送吗）。④因不法原因而为给付。

(4)延展：反射利益、强迫得利均不构成不当得利。

选项判断：

(1)A选项判断：①"A. 甲欠乙500元，丙在甲不知情的情况下自愿代为偿还"。②乙对甲不构成不当得利，因为有合法根据保有利益。③乙对丙不构成不当得利，因为丙明知无债而清偿，且乙有合法根据即与甲之间的欠款关系（《2005年国家司法考试试题解析》："A项中丙明知没有义务却向乙进行清偿，不构成不当得利"）。④中间结论：A不符合题意，不选A。

(2)B选项判断：①反射利益不构成不当得利。②B项中乙虽然获得了利益，但甲并没有损失，不构成不当得利。③中间结论："B. 甲大学新建校区，当地居民乙的房屋大幅升值"，B不符合题意，不选B。

---

① 参考答案：D

② 参考答案：D

(3)C 选项判断:①“C. 甲以拾得的 100 元还了欠乙的债务”。②货币占有即所有,且 C 项中乙并非无法律上的原因而受利益,不构成不当得利。③中间结论:C 不符合题意,不选 C。

(4)D 选项判断:①“D. 甲雇人耕田,雇工误耕了乙的数亩待耕之田”。②由于乙没有法律上的原因获取了利益,而甲或雇工遭受了损失,因此乙构成不当得利。③最后结论:D 符合题意,选 D。

常见错误

1. D 选项雇工构成无因管理说:《2005 年国家司法考试试题解析》:“本题 ABC 三项干扰性不是太强,只是有的认为 D 项属于无因管理,从而选错了答案。”

2. 分析:(1)无因管理是指没有法律规定或约定的义务而为他人管理事务。(2)无因管理的成立须存在为他人管理的意思,选项 D 中雇工本想为甲耕田,并无为乙耕田的意思,不成立无因管理。

7. 同行是冤家,角色扮演(群众演员扮演食客)“爆满”隔壁饭店只吃瓜子,与此同时“正常爆满”自己饭店取得利益,不是不当得利

甲经营金山酒店,顾客爆满,相邻的银海酒店由乙经营,生意清淡。乙指使数十人进入金山酒店,2 ~3 人占据一桌,每桌仅消费 10 余元。前来金山酒店就餐的顾客见无空桌,遂就近转往银海酒店。如此数日,银海酒店收入大增。乙的行为应如何定性?(2005 - 3 - 5)

A. 构成缔约过失　　B. 构成欺诈行为

C. 构成不当得利　　D. 构成不正当竞争行为

答案:(　　)①

考点:缔约过失(欺诈)、不当得利、不正当竞争行为的辨识

思路展开

命题点 1:缔约过失责任的判断。

(1)法律依据:《合同法》第 42 条,“当事人在订立合同过程中有下列情形之一,给对方造成损失的,应当承担损害赔偿责任:(一)假借订立合同,恶意进行磋商;(二)故意隐瞒与订立合同有关的重要事实或者提供虚假情况;(三)有其他违背诚实信用原则的行为。”

(2)法条阐释:缔约过失责任是指在订立合同的过程中,一方因违背其依据诚实信用原则所应尽的义务而致另一方信赖利益的损失,依法应承担的责任。所谓信赖利益损失,是指一方实施某种行为后,另一方对此产生了信赖,并为此而支付了一定的费用,后因对方违反诚实信用原则导致合同未成立或无效,该费用不能得到补偿,因而受到的损失。

(3)具体到本题:金山酒店的损失是大量顾客到其他酒店就餐所带来的损失,与信赖利益无关,且不存在合同未成立或无效等情势,故乙的行为不构成缔约过失。

(4)结论:“A. 构成缔约过失”,A 错,不选 A。

命题点 2:欺诈行为。

(1)法律依据:《民通意见》第 68 条,“一方当事人故意告知对方虚假情况,或者故意隐瞒真实情况,诱使对方当事人作出错误意思表示的,可以认定为欺诈行为。”

(2)具体到本题:乙指使数十人进入金山酒店,2 ~3 人占据一桌用餐,虽每桌仅消费 10 余元,但并没有故意告知对方虚假情况,也没有故意隐瞒真实情况,甲也没有作出错误的意思表示。因此乙的行为不构成欺诈。

(3)结论:“B. 构成欺诈行为”,B 错,不选 B。

命题点 3:不当得利。

(1)法律依据:《民法总则》第 122 条,“因他人没有法律根据,取得不当利益,受损失的人有权请求其返还不当利益。”

(2)具体到本题:金山酒店受到损失,其原因是乙指使数十人进入金山酒店,2 ~3 人占据一桌,每桌仅消费 10 余元。而前来金山酒店就餐的顾客见无空桌,遂就近转往银海酒店,银海酒店收入大增并非金山酒店受损失的原因。因此,乙不构成不当得利。

(3)结论:“C. 构成不当得利”,C 对,选 C。

命题点 4:不正当竞争行为。

(1)法律依据:《反不正当竞争法》第 2 条,“经营者在市场交易中,应当遵循自愿、平等、公平、诚实信用的原则,遵守公认的商业道德。本法所称的不正当竞争,是指经营者违反本法规定,损害其他经营者的

① 参考答案:D

合法权益，扰乱社会经济秩序的行为。本法所称的经营者，是指从事商品经营或者营利性服务（以下所称商品包括服务）的法人、其他经济组织和个人。”

（2）不正当竞争是指经营者违反法律的规定，损害其他经营者的合法权益，扰乱社会经济秩序的行为。

（3）具体到本题：乙指使数十人进入金山酒店，2～3人占据一桌，每桌仅消费10余元，以此来排挤对手，干扰金山酒店的正常经营，已经构成了不正当竞争。

（4）结论：“D. 构成不正当竞争行为”，D对，选D。

第四节　债的分类

1. 债的分类之交通事故达成赔偿协议

甲、乙与丙就交通事故在交管部门的主持下达成《调解协议书》，由甲、乙分别赔偿丙5万元，甲当即履行。乙赔了1万元，余下4万元给丙打了欠条。乙到期后未履行，丙多次催讨未果，遂持《调解协议书》与欠条向法院起诉。下列哪一表述是正确的？（2013－3－12）

A. 本案属侵权之债

B. 本案属合同之债

C. 如丙获得工伤补偿，乙可主张相应免责

D. 丙可要求甲继续赔偿4万元

答案：（　　）①

考点：民事法律关系的转化、侵权之债（第三人侵权与工伤赔偿）、合同之债（按份之债）

读题技巧

1.“欠条”、“乙到期后未履行，丙多次催讨未果，遂持《调解协议书》与欠条向法院起诉”，指向合同之诉，而非侵权之诉。

2.“C. 如丙获得工伤补偿，乙可主张相应免责”，指向两点：（1）C选项新增事实“如……”，应就此结合题干做判断。（2）合同之债，与工伤补偿不排斥。

思路展开

命题点1：民事法律关系的转化，侵权之债转化为合同之债。

（1）甲乙丙就交通事故达成了《调解协议书》，由甲、乙分别赔偿丙5万元。

（2）该协议并不存在无效事由，对当事人具有法律约束力。

（3）甲履行了协议，乙部分履行了协议，就未履行部分向丙打了欠条。

（4）丙就未受偿部分提起诉讼，此债应属合同之债，而非侵权之债。

（5）结论：①“A. 本案属侵权之债”，A错，不选A。②“B. 本案属合同之债”，B对，选B。

命题点2：按份之债。

（1）学理依据：债权人为两人以上，各自按照确定的份额分享权利。各个债权人只能就自己享有的债权份额请求债务人给付和接受给付，无权请求和接受债务人的全部给付。

（2）具体到本题：①“由甲、乙分别赔偿丙5万元”，甲、乙对丙属于按份之债。②且“丙多次催讨未果，遂持《调解协议书》与欠条向法院起诉”，由此可见，丙并未向甲主张。

（3）结论：“D. 丙可要求甲继续赔偿4万元”，D错，不选D。

命题点3：合同之债与工伤赔偿兼容。

（1）丙的诉求是向乙主张，主张基础是《调解协议书》和欠条所体现的合同之债。

（2）因《调解协议书》为当事人自愿达成，即使丙获得了工伤补偿，乙也不得以此推翻此前的调解合意，调解虽然可能存在一定的让步或妥协，但终究是真实意思表示，为当事人合意，应具有法律约束力。

（3）结论：“C. 如丙获得工伤补偿，乙可主张相应免责”，C错，不选C。

异议辨析

1. 本题不启动《人身解释》第12条第2款。

2. 参见《人身解释》第12条，“依法应当参加工伤保险统筹的用人单位的劳动者，因工伤事故遭受人身损害，劳动者或者其近亲属向人民法院起诉请求用人单位承担民事赔偿责任的，告知其按《工伤保险条例》的规定处理。因用人单位以外的第三人侵权造成劳动者人身损害，赔偿权利人请求第三人承

① 参考答案：B

担民事赔偿责任的,人民法院应予支持。”

3. 第 2 款没有直接规范工伤赔偿与第三人侵权责任之间的“兼容”关系。

常见错误

1. 调解协议应经法定程序确认说:认为调解协议要具备合同效力,必须是由双方当事人向调解委员会所在地基层人民法院申请确认调解协议的效力,经由法院对调解协议效力进行确认以后,调解协议方才具备合同的性质。由此误认为,丙的起诉是就侵权的事实进行诉讼,故误选 A,未选 B。

2. 工伤和第三人侵权赔偿不可兼得说:认为如丙获得工伤补偿,乙可主张相应免责,误选 C。

2. 连带共同保证债务,为法定连带之债

甲公司向银行贷款 1000 万元,乙公司和丙公司向银行分别出具担保函:“在甲公司不按时偿还 1000 万元本息时,本公司承担保证责任。”关于乙公司和丙公司对银行的保证债务,下列哪一表述是正确的? (2011－3－10)

A. 属于选择之债　　B. 属于连带之债

C. 属于按份之债　　D. 属于多数人之债

答案:(　　)①

考点:债的种类、保证方式、共同保证

读题技巧

1. 本题通过一个事例,考查考生对债的分类概念的掌握,并不侧重于涉案之债最后如何实现的问题。题干已经交代了属于“保证债务”,故未考是否成立保证,成立什么保证。

2. 但是,本题也蕴藏一个巨大陷阱即“分别”出具保函之分别。容易误导考生按份或者多数人选择,最意想不到的反而是连带。脑洞大开也想不到——甲公司和乙公司怎么能是连带的呢?

3. 另外,“本公司承担保证责任”,未约定保证之方式。

4. 指令句非常重要即“关于乙公司和丙公司对银行的保证债务”,读明白这句话,也能答对一半,也就是说,乙公司对银行的保证债务,和丙公司对银行的保证债务,他们属于什么?要么为连带,要么为按份,故排除 A 和 D。一般来讲,两个独立的债,不构成连带之债,除非法律规定或者当事人特别约定。而《担保解释》对此明文规定为“连带共同保证”,故须依法之规定认定为连带之债。

思路展开

命题点 1:选择之债与简单之债的区分。

(1)学理区分:①选择之债是指债的履行标的有数种,债务人可以从中选择其一履行或者债权人可以选择其一请求债务人履行的债,选择之债经过选择确定后,转化为简单之债。②与其对应的是简单之债,仅有一个标的的债。

(2)具体到本题:丙公司和丁公司对乙银行的是保证之债,这两个保证之债各自均只有一个标的,即保证债务或保证责任。

(3)结论:“A. 属于选择之债”,A 错,不选 A。

(4)延展 1:很多考生误认为,“乙公司和丙公司向银行分别出具担保函”写明了是“分别”出具担保函,换言之,也就是乙公司和丙公司单独对银行承担担保责任,银行可以选择其一主张,故属于选择之债,错误地选择了 A。

(5)延展 2:①保证之债是简单之债,只有一个标的即保证债务或保证责任。②《担保法》第 6 条,“本法所称保证,是指保证人和债权人约定,当债务人不履行债务时,保证人按照约定履行债务或者承担责任的行为。”③所谓履行债务即主动承担保证债务;所谓承担责任即不主动承担保证债务,构成义务违反,须承担保证责任。④故履行债务或承担责任,均指保证责任,只有一个标的,债权人无从选择。

命题点 2:连带之债分为约定连带和法定连带。

(1)本题属于法定连带:法律依据:《担保解释》第 19 条第 1 款,“两个以上保证人对同一债务同时或者分别提供保证时,各保证人与债权人没有约定保证份额的,应当认定为连带共同保证。”

(2)具体到本题:乙公司和丙公司都是银行的一般保证人(或者即使是连带保证),但是就乙公司对银行的一般保证债务(或者连带保证债务)和丙公司对银行的一般保证债务(或者连带保证债务)而言,两者之间(即两个一般保证之间或者两个连带保证之间)属于连带之债。

(3)结论:“B. 属于连带之债”,B 对,选 B。

---

① 参考答案:B

命题点3:按份之债。

(1)按份之债是各债务人按份额对债权人负担债务。法律依据:《担保法解释》第21条,“按份共同保证的保证人按照保证合同约定的保证份额承担保证责任后,在其履行保证责任的范围内对债务人行使追偿权。”

(2)具体到本题:属于连带共同保证,而非按份共同保证;为连带之债,而非按份之债。

(3)结论:“C.属于按份之债”,C错,不选C。

命题点4:多数人之债与单一之债。

(1)多数人之债是同一个债中,债权人和债务人至少有一方为2人或2人以上的债。

(2)对应的是单一之债,同一个债中,债权人和债务人都是一个人。

(3)具体到本题:很显然,丙公司、丁公司对乙银行的债是两个独立的债,谈不上属于多数人之债。当然丙和乙银行之间是单一之债;丁和乙银行之间也是单一之债。

(4)结论:“D.属于多数人之债”,D错,不选D。

异议辨析

1.有考生提出异议,认为本案应为不真正的连带之债,而不是连带之债。(1)因为连带之债的特点为对外连带,而对外按份,一方承担后可向另一方追偿。(2)本案中,乙、丙为分别出具的保函,实际上不是一个债,而是两个债,两者之间没有真正连带关系,一方承担保证责任后不得向另一方追偿其应承担的份额,故不是连带之债。

2.评论:(1)依据《担保法解释》第20条,“连带共同保证的债务人在主合同规定的债务履行期届满没有履行债务的,债权人可以要求债务人履行债务,也可以要求任何一个保证人承担全部保证责任。连带共同保证的保证人承担保证责任后,向债务人不能追偿的部分,由各连带保证人按其内部约定的比例分担。没有约定的,平均分担。”(《担保法》第12条,“同一债务有两个以上保证人的,保证人应当按照保证合同约定的保证份额,承担保证责任。没有约定保证份额的,保证人承担连带责任,债权人可以要求任何一个保证人承担全部保证责任,保证人都负有担保全部债权实现的义务。已经承担保证责任的保证人,有权向债务人追偿,或者要求承担连带责任的其他保证人清偿其应当承担的份额。”)(2)可见,连带共同保证人之间也是有追偿关系的,追偿规则要么按约定,要么推定平均分担。(3)乙公司和丙公司对银行的保证债务并非不真正连带之债。

3.赠与宝马,还是赠与房屋?标的不一样,为选择之债

甲对乙说:如果你在三年内考上公务员,我愿将自己的一套住房或者一辆宝马轿车相赠。乙同意。两年后,乙考取某国家机关职位。关于甲与乙的约定,下列哪一说法是正确的?(2009-3-9)

A.属于种类之债　　　B.属于选择之债

C.属于连带之债　　　D.属于劳务之债

答案:(　　)①

考点:财物之债(下分种类物之债和特定物之债)、选择之债(依债的标的区分,和简单之债对应)、连带之债(与按份之债对应)

思路展开

命题点1:劳务之债和财物之债。

(1)学理依据:根据债务人的义务是提供财务还是提供劳务,债可分为劳务之债和财物之债。①劳务之债,债的标的为提供劳务的如委托合同之债。有标的,无标的物如雇佣合同、演出合同。②财物之债,债的标的为给付财物的。如买卖合同之债。有标的,也有标的物如赠与合同、不当得利之债。

(2)具体到本题:债的给付标的是住房或汽车,均为财物,是财物之债,而非劳务之债。

(3)结论:“D.属于劳务之债”,D错,不选D。

命题点2:财物之债下分种类物之债和特定物之债。

(1)学理依据:根据债的标的物属性的不同,债可分为种类之债与特定之债。①种类之债:以种类物为标的物的债。债成立时其标的物尚未特定化,甚至尚不存在,当事人仅就其种类、数量、质量、规格或型号等达成协议。②特定之债:以特定物为标的物的债。债发生时,其标的物即已特定化。例如,债务人负担交付某台特定的电视机,或者某袋特定的大米等债务。

① 参考答案:B

(2)具体到本题:甲与乙之间的赠与合同成立时,赠与合同债的标的物是甲的住房或宝马轿车,二者并非同种类物,不是种类之债。

(3)结论:"A. 属于种类之债",A 错,不选 A。

命题点 3:简单之债和选择之债。

(1)学理依据:根据债的标的有无选择性,债可分为简单之债和选择之债。①简单之债:债的履行标的具有唯一性,债务人只能按照该种标的履行、债权人也只能请求债务人按该种标的履行的债。是"标的"只有一个,而不是"标的物"只有一个。如给付只有一个,但包括几个给付物,则是简单之债。如2005/8 演唱自创 2 ~ 3 首歌曲,给付只有一个。卖 10 台电脑和 2 部手机,给付只有一个,标的物有 12 个。②选择之债:指债的标的为两项以上,当事人可以从中选择其一来履行的债。a. 法定选择之债:例如,《合同法》第 111 条,"质量不符合约定的,应当按照当事人的约定承担违约责任。对违约责任没有约定或者约定不明确,依照本法第六十一条的规定仍不能确定的,受损害方根据标的的性质以及损失的大小,可以合理选择要求对方承担修理、更换、重作、退货、减少价款或者报酬等违约责任。"又如,《合同法》第 122 条,"因当事人一方的违约行为,侵害对方人身、财产权益的,受损害方有权选择依照本法要求其承担违约责任或者依照其他法律要求其承担侵权责任。"b. 意定选择之债。

(2)判断简单之债还是选择之债的核心标准:当事人是否注重备选择、备特定的各项给付的个性!注重个性的,是选择之债。不注重个性的,是种类之债。

(3)具体到本题:赠与合同之债的标的有给付住房和给付宝马轿车两项(车或者房,个性非常强!),甲可择一履行,为选择之债。

(4)结论:"B. 属于选择之债",B 对,选 B。

命题点 4:连带之债和按份之债。

(1)学理依据:按份之债:债的多数人一方当事人各自按照确定的份额享有权利或者承担义务的债。连带之债:债的多数人一方当事人之间有连带关系的债。连带关系,当事人各自的债务或债权具有共同目的,从而在债的效力上、债的消灭上互相发生牵连。

(2)具体到本题:赠与合同中只有一个债务人,谈不上按份或者连带。

(3)结论:"C. 属于连带之债",C 错,不选 C。

4. 石油买卖不是特定之债

甲、乙与丙签订了一份购销合同,约定丙供给甲、乙原油 3000 吨,每吨价格为 2500 元,原油运到甲、乙所在地车站后,甲和乙按 4:6 比例分配并按该比例付款。关于该合同之债的种类,下列哪些选项是正确的?(2008 - 四川 - 54)

A. 多数人之债　　B. 按份之债

C. 简单之债　　D. 特定之债

答案:(　　)①

考点:债的分类

思路展开

命题点 1:单一之债与多数人之债。

(1)学理依据:根据债的主体双方是单一的还是多数的,债可分为单一之债和多数人之债。①单一之债是指债的主体双方即债权人和债务人均为一人的债。②多数人之债是指债权人和债务人至少有一方是两人或者两人以上的债。

(2)具体到本题:合同当事人的一方是甲、乙两人,所以属于多数人之债。

(3)结论:"A. 多数人之债",A 对,选。

命题点 2:按份之债和连带之债。

(1)学理依据:对于多数人之债,根据多数一方当事人直接权利义务关系的不同状态,可分为按份之债和连带之债。①按份之债是指债的多数一方当事人各自按照确定的份额享有权利或者承担义务的债。②连带之债是指债的多数一方当事人之间有连带关系的债。

(2)具体到本题:合同约定"甲和乙按 4:6 比例分配并按该比例付款",因此属于按份之债。

(3)结论:"B. 按份之债",B 对,选 B。

命题点 3:简单之债和选择之债。

(1)学理依据:根据债的标的有无选择性,债可分为简单之债和选择之债。①简单之债是指债的履行标的只有一种,债务人只能按照该种标的履行,债权人也只能请求债务人按该种标的履行的债。②选择之债是指债的履行标的有数种,债务人可从中选择其一履行或者债权人可选择其一请求债务人履行的债。

(2)具体到本题:本题合同履行没有可选择性,

① 参考答案:ABC

因此属于简单之债。

(3)结论:“C. 简单之债”,C 对,选 C。

命题点 4:特定之债和种类之债。

(1)学理依据:根据债的标的物的不同属性,债可以分为特定之债和种类之债。以特定物为标的的债为特定之债,以种类物为标的的债为种类之债。

(2)具体到本题:合同中的标的物“3000 吨原油”不是特定物,而是种类物,因此属于种类之债。

(3)结论:“D. 特定之债”,D 错,不选 D。

5. 黑胡子组合与演出公司的单一之债(主体是一对一)

某演出公司与“黑胡子”四人演唱组合订立演出合同,约定由该组合在某晚会上演唱自创歌曲 2 ~3 首,每首酬金 2 万元。由此成立的债的关系属何种类型? (2005 -3 -8)

A. 特定之债　　B. 单一之债

C. 选择之债　　D. 法定之债

答案:(　　)①

考点:债的分类

思路展开

命题点 1:劳务之债和财物之债的区分

(1)劳务之债和财物之债。①根据债务人的义务是提供财务还是提供劳务,债可分为劳务之债和财物之债。②劳务之债,债的标的为提供劳务的如委托合同之债。有标的,无标的物如雇佣合同、演出合同。③财物之债,债的标的为给付财物的如买卖合同之债。有标的,也有标的物如赠与合同、不当得利之债。财物之债下分种类物之债和特定物之债。

(2)财物之债下面再区分为种类之债和特定物之债:①根据债的标的物属性的不同,债可分为种类之债与特定之债。②种类之债:以种类物为标的物的债。债成立时其标的物尚未特定化,甚至尚不存在,当事人仅就其种类、数量、质量、规格或型号等达成协议。③特定之债:以特定物为标的物的债。债发生时,其标的物即已特定化。例如,债务人负担交付某台特定的电视机,或者某袋特定的大米等债务。

(3)具体到本题:“某演出公司与‘黑胡子’四人演唱组合订立演出合同,约定由该组合在某晚会上演唱自创歌曲 2 ~3 首”,属于演出合同(没有标的物存在),是劳务之债,不是财物之债,故谈不上特定之债。

(4)结论:“A. 特定之债”,A 错,不选 A。

命题点 2:单一之债和多数人之债。

(1)根据同一个债的主体双方是单一的还是多数的。①单一之债:债的主体双方即债权人和债务人均为 1 人的债。②多数人之债:债权人和债务人至少有一方为两人或两人以上的债。

(2)具体到本题:合同的一方当事人为某演出公司,另一方当事人为“黑胡子”四人演唱组合(而不是四个人),应视为一个缔约主体,因此属于单一之债。

(3)结论:“B. 单一之债”,B 对,选 B。

命题点 3:简单之债与选择之债。

(1)根据债的标的有无选择性,债可分为简单之债和选择之债。①简单之债:债的履行标的具有唯一性,债务人只能按照该种标的履行、债权人也只能请求债务人按该种标的履行的债。是“标的”只有一个,而不是“标的物”只有一个。如给付只有一个,但包括几个给付物,则是简单之债。②选择之债:指债的标的为两项以上,当事人可以从中选择其一来履行的债。

(2)具体到本题:①黑胡子组合的义务是演唱自创歌曲 2 ~3 首,所谓 2 首或者 3 首只是数量上的不同,并不存在选择何种债务予以履行的问题,因此属于简单之债。②“每首酬金 2 万元”,可见,每首歌曲没有个性,不强调个性。此与 2009 年赠与宝马还是房屋,有明显不同。宝马和房屋,两者个性差异非常大。③《2005 年国家司法考试试题解析》:“有的认为可以选择两首歌或三首歌,还可以选择创作什么歌,属于选择之债,因此误选了 C。”

(3)结论:“C. 选择之债”,C 错,不选 C。

命题点 4:意定之债和法定之债。

(1)根据债的设定及其内容是否允许当事人以自由意思决定,债可分为意定之债与法定之债。①意定之债,是指债的发生及其内容由当事人依其自由意思决定的债。②法定之债,是指债的发生及其内容均由法律予以规定的债。

(2)具体到本题:属于合同之债,自然应为意定之债。(3)结论:“D. 法定之债”,D 错,不选 D。

---

① 参考答案:B

第十四章　债的履行

第一节　情势变更原则

培训机构约定使培训人员成绩达到高考二本线，后仅达到去年的二本线，不属于情势变更

甲与乙教育培训机构就课外辅导达成协议，约定甲交费5万元，乙保证甲在接受乙的辅导后，高考分数能达到二本线。若未达到该目标，全额退费。结果甲高考成绩仅达去年二本线，与今年高考二本线尚差20分。关于乙的承诺，下列哪一表述是正确的？(2012-3-11)

A. 属于无效格式条款

B. 因显失公平而可变更

C. 因情势变更而可变更

D. 虽违背教育规律但属有效

答案：(　　)①

考点：格式条款、显失公平、情势变更

思路展开

命题点1：格式条款无效规则。

(1)法律依据：《合同法》第40条，"格式条款具有本法第五十二条和第五十三条规定情形的，或者提供格式条款一方免除其责任、加重对方责任、排除对方主要权利的，该条款无效。"

(2)具体到本题：乙提供的格式条款加重了自己的责任，该条款并非无效。

(3)结论："A. 属于无效格式条款"，A错，不选A。

命题点2：显失公平。

(1)法律依据：《民法总则》第151条，"一方利用对方处于危困状态、缺乏判断能力等情形，致使民事法律行为成立时显失公平的，受损害方有权请求人民法院或者仲裁机构予以撤销。"

(2)法条阐释：①双方权利义务不对等，超过了法律允许的限度。②不属于因欺诈、胁迫、恶意串通损害他人利益等原因导致的显失公平。③要求交易的当时显失公平。④如果当初公平，事后情况变化而不公平，则不属于显失公平。可能构成情势变更。

(3)具体到本题："约定甲交费5万元，乙保证甲在接受乙的辅导后，高考分数能达到二本线。若未达到该目标，全额退费。"乙的承诺并非显失公平。

(4)结论："B. 因显失公平而可变更"，B错，不选B。

命题点3：情事变更原则。乙的商业行为高风险高收益，不适用情势变更规则。

(1)法律依据：《合同法解释二》第26条，"合同成立以后客观情况发生了当事人在订立合同时无法预见的、非不可抗力造成的不属于商业风险的重大变化，继续履行合同对于一方当事人明显不公平或者不能实现合同目的，当事人请求人民法院变更或者解除合同的，人民法院应当根据公平原则，并结合案件的实际情况确定是否变更或者解除。"

(2)法条阐释：情势变更的构成要件：情势+时点(合同成立后，消灭前)+不可归责任何一方+不能预见+继续履行原合同会显失公平。

(3)法理阐释：①情势变更是契约严守的例外，契约严守是一个普通性的原则，而情势变更是一个衡平性原则，是对权利义务关系因不可归责于任何一方的客观原因在当事人中出现显失公平的救济。②当情势变更和商业风险之间难以区分的时候，法官的态度应该趋于保守。③《合同法解释二》颁布三天后，最高院发布《关于正确适用(中华人民共和国合同法)若干问题的解释(二)服务党和国家的工作大局的通知》[2009]第165号，通知要求地方法院在适用情势变更原则审理案件时必须层报高级人民法院审查批准！控制法院自由裁量权。(4)结论：

① 参考答案：D

"C. 因情势变更而可变更",C错,不选C。

命题点4:合同效力。

(1)法律依据:①《民法总则》第143条,具备下列条件的民事法律行为有效:(一)行为人具有相应的民事行为能力;(二)意思表示真实;(三)不违反法律、行政法规的强制性规定,不违背公序良俗。②《合同法》第52条,"有下列情形之一的,合同无效:(一)一方以欺诈、胁迫的手段订立合同,损害国家利益;(二)恶意串通,损害国家、集体或者第三人利益;(三)以合法形式掩盖非法目的;(四)损害社会公共利益;(五)违反法律、行政法规的强制性规定。"③《合同法》第53条,"合同中的下列免责条款无效:(一)造成对方人身伤害的;(二)因故意或者重大过失造成对方财产损失的。"

(2)具体到本题:根据双方达成的协议,乙保证甲在接受辅导后,能在高考中达到二本线是合同订立的根本目的。乙作为专业培训机构,应当预见到做出这种保证是违背教育规律和具有一定风险的,应推定乙愿意承担这种风险带来的损失,且不存在合同法规定的无效情形,故培训协议有效。

(3)结论:"D. 虽违背教育规律但属有效",D对,选D。

第二节 债的履行规则

1. 第三人代为履行交付葡萄酒具有法律效力

甲公司对乙公司负有交付葡萄酒的合同义务。丙公司和乙公司约定,由丙公司代甲公司履行,甲公司对此全不知情。下列哪一表述是正确的?(2012-3-12)

A. 虽然甲公司不知情,丙公司的履行仍然有法律效力

B. 因甲公司不知情,故丙公司代为履行后对甲公司不得追偿代为履行的必要费用

C. 虽然甲公司不知情,但如丙公司履行有瑕疵的,甲公司需就此对乙公司承担违约责任

D. 虽然甲公司不知情,但如丙公司履行有瑕疵从而承担违约责任的,丙公司可就该违约赔偿金向甲公司追偿

答案:(　　)①

考点:第三人代为清偿、合同相对性、无因管理

思路展开

思路1:第三人代为清偿:第三人代债务人履行债务。甲债务人,乙债权人,丙第三人,其情形如下:①甲、丙约定,由丙代为清偿。②乙、丙约定,由丙代为清偿。③甲、乙、丙约定,由丙代为清偿。④丙自作主张,代为清偿。⑤总之,一定要有丙的意思参与。如果仅仅是甲、乙之间约定,由丙清偿,属于"当事人之间约定"由第三人履行问题。适用《合同法》第65条("当事人约定由第三人向债权人履行债务的,第三人不履行债务或者履行债务不符合约定,债务人应当向债权人承担违约责任。")

思路2:具体到本题:

(1)"甲公司对乙公司负有交付葡萄酒的合同义务。丙公司和乙公司约定,由丙公司代甲公司履行,甲公司对此全不知情。"

(2)属于债权人和第三人约定,由第三人代为清偿。债务人甲还"蒙在鼓里"!

(3)《2012年国家司法考试试题解析》:"不能适用《合同法》第65条,因为第三人丙公司与债权人乙公司约定代为履行的,原债务人甲公司并不知晓,此时丙公司的代为履行行为构成无因管理。因此应适用《民法通则》第93条的规定,没有法定的或者约定的义务,为避免他人利益受损失进行管理或者服务的,有权要求受益人偿付因此而支付的必要费用。"

思路3:符合第三人代为清偿要件者,清偿有效。

(1)思考层次:①丙公司代为履行,甲公司不知晓,丙公司的代为履行行为构成无因管理。②除甲公司事先明确反对,或者与乙公司特别约定不得由第三人代为履行、或者债务的性质不允许第三人代为履行的以外,丙公司的代为履行行为有效。③丙公司就履行的内容和费用,可以向甲公司进行追偿。

(2)中间结论:①"A. 虽然甲公司不知情,丙公司的履行仍然有法律效力",A对,选A。②"B. 因甲公司不知情,故丙公司代为履行后对甲公司不得追

① 参考答案:A

偿代为履行的必要费用”，B 错，不选 B。

思路 4：债务人不知情情况下，第三人代为清偿有瑕疵导致违约，债务人不承担违约责任。

（1）学理依据：因为甲公司对丙公司的代为履行行为并不知晓，任何人不得通过自己的行为，在未征得他人同意的情况下使他人承担额外的债务。

（2）具体到本题：①如果丙公司的履行有瑕疵从而导致违约责任的，甲公司对乙公司不承担违约责任。②此时乙公司只能向丙公司主张违约责任，但是乙也可以选择向甲公司主张履行原来的债务，因为乙公司对甲公司的债权并没有消失。

（3）结论：“C. 虽然甲公司不知情，但如丙公司履行有瑕疵的，甲公司需就此对乙公司承担违约责任”，C 错，不选 C。

思路 5：债务人不知情情况下，第三人代为清偿有瑕疵承担违约责任，就该增加的责任不得向债务人追偿。

（1）学理依据：无因管理人，在管理的过程中应尽到善良管理人的义务，未尽到此义务对第三人造成损害的，应由其自己承担责任。

（2）具体到本题：①丙公司承担违约责任以后，致使甲公司对乙公司的债务消灭的，丙公司可在原债务的范围内，基于无因管理的规定向甲公司进行追偿。②但是因违约产生的费用，只能由丙公司自己承担。

（3）结论：“D. 虽然甲公司不知情，但如丙公司履行有瑕疵从而承担违约责任的，丙公司可就该违约赔偿金向甲公司追偿”，D 错，不选 D。

常见错误

1. 第三人代为清偿后不得追偿说：认为基于合同的相对性原理，甲公司全然不知乙公司和丙公司之间的内部约定，故丙公司代为履行后，不得对甲公司追偿必要费用，否则，如果丙公司履行有瑕疵，乙公司可要求甲公司承担赔偿责任，这对甲公司是不公平的。误选 B，未选 A。

2. 第三人构成无权代理说：认为丙公司构成无权代理，甲公司没有追认，不能对甲公司发生效力，未选 A。

2. 代物清偿，使得简单之债转化为选择之债

王某向丁某借款 100 万元，后无力清偿，遂提出以自己所有的一幅古画抵债，双方约定第二天交付。对此，下列哪些说法是正确的？（2016－3－56）

A. 双方约定以古画抵债，等同于签订了另一份买卖合同，原借款合同失效，王某只能以交付古画履行债务

B. 双方交付古画的行为属于履行借款合同义务

C. 王某有权在交付古画前反悔，提出继续以现金偿付借款本息方式履行债务

D. 古画交付后，如果被鉴定为赝品，则王某应承担瑕疵担保责任

答案：（　　）①

考点：债的履行之代物清偿

思路展开

1. 命题点：代物清偿，是指债权人受领他种给付以代替原定给付而使债消灭的制度，例如，约定交付汽车而以交付摩托车而使债得到清偿。代物清偿的处理依据是民法原理，并无直接的法条依据。本题是命题老师个人观点的展示，所以需要做如下特别的梳理。

2. 根据三大本，代物清偿如果要具备消灭原债务，需要具备 4 个条件：（1）必须有原债务存在；（2）必须以他种给付代替原定给付；（3）必须有双方当事人关于代物清偿的合意；（4）必须债权人等有受领权的人现实地受领给付。

3. 最高人民法院：（1）代物清偿属于诺成性合同。代物清偿即以物抵债，是债务清偿的方式之一，是当事人之间对于如何清偿债务做出的安排，故对以物抵债协议的效力、履行等问题的认定，应以尊重当事人的意思自治为基本原则。一般而言，除当事人明确约定外，当事人关于债务清偿期届满后签订的以物抵债协议，并不以债权人现实地受领抵债物，或取得抵债物所有权、使用权等财产权利，为成立或生效要件。只要双方当事人的意思表示真实，合同内容不违反法律、行政法规的强制性规定，合同即为有效。（2）代物清偿可能构成债的更改即成立新债务，同时消灭旧债务。（3）代物清偿也可能属于新债清偿即成立新债务，与旧债务并存。（4）代物清

① 参考答案：BCD

偿到底是债的更改，还是新债清偿？取决于当事人的意思是否明确消灭旧债务，明确了则属于债的更改，没明确则属于新债清偿。基于保护债权的理念，债的更改一般需要有当事人明确消灭旧债的合意，否则，当事人于债务清偿期届满后达成的以物抵债协议，性质一般为新债清偿。(5)小结："旧债不消灭、新债又发生。"债务清偿期届满后，债权人与债务人所签订的以物抵债协议，如未约定消灭原有的金钱给付债务，应认定系双方当事人另行增加一种清偿债务的履行方式，而非原金钱给付债务的消灭。

4. 司法部：代物清偿不但"旧债不消灭、新债又发生"，而且使得原来的简单之债，变成了选择之债，债务人可以选择。《2016年国家司法考试试题解析》："在借款合同到期后，双方约定以古画来抵债，这种行为构成代物清偿，使得原来的简单之债（金钱标的）变成了选择之债，原借款合同约定的清偿本金利息义务仍然有效，在实际交付古画之前，甲（作者注：结合本题干，应为王某）仍然可以通过交付本金、利息方式清偿借款合同。以古画清偿系经过债权人同意的，此时，交付古画或者给付100万元本息对于乙（作者注：结合本题干，应为丁某）的利益均无损害，所以，甲（作者注：结合本题干，应为王某）可以反悔。"

5. AC选项：(1)"A. 双方约定以古画抵债，等同于签订了另一份买卖合同，原借款合同失效，王某只能以交付古画履行债务"，A错，不选A。(2)"C. 王某有权在交付古画前反悔，提出继续以现金偿付借款本息方式履行债务"，C对，选C。

6. B选项：《2016年国家司法考试试题解析》："既然认定交付古画为代物清偿，交付古画也是在履行借款合同。"因此，B. 双方交付古画的行为属于履行借款合同义务，B对，选B。

7. D选项：(1)法律依据：《合同法》第153条，"出卖人应当按照约定的质量要求交付标的物。出卖人提供有关标的物质量说明的，交付的标的物应当符合该说明的质量要求。"《合同法》第155条，"出卖人交付的标的物不符合质量要求的，买受人可以依照本法第一百一十一条的规定要求承担违约责任。"(2)司法部解析原文："王某以古画抵债，要求该古画价值与所借款项价值相当，此与单独的古画买卖风险不同，王某需承担标的物的瑕疵担保责任。""D. 古画交付后，如果被鉴定为赝品，则王某应承担瑕疵担保责任"，D对，选D。

第三节　涉及履行的抗辩和抗辩权

一、同时履行抗辩权、不安抗辩权、留置权、抵销权的四不像

甲于2月3日向乙借用一台彩电，乙于2月6日向甲借用了一部手机。到期后，甲未向乙归还彩电，乙因此也拒绝向甲归还手机。关于乙的行为，下列哪些说法是错误的？(2005－3－55)

A. 是行使同时履行抗辩权

B. 是行使不安抗辩权

C. 是行使留置权

D. 是行使抵销权

答案：(　　)①

考点：同时履行抗辩权、不安抗辩权、留置权、抵销权

思路展开

命题点1：双务合同抗辩权，以同一双务合同为前提。

(1)学理依据：同时履行抗辩权或者不安抗辩权均是以双方当事人因同一双务合同而互负债务为前提条件。

(2)具体到本题：甲向乙借用彩电，乙向甲借用手机是两个独立的借用合同，甲应按期向乙归还彩电、乙应按期向甲归还手机并非基于一个双务合同而互负的债务，不可能发生同时履行抗辩权或不安抗辩权。

(3)结论："A. 是行使同时履行抗辩权；B. 是行使不安抗辩权"，AB错，符合题意，选AB。

命题点2：民事留置权，以同一法律关系为前提。

---

① 参考答案：ABCD

（1）法律依据：《物权法》第231条，“债权人留置的动产，应当与债权属于同一法律关系，但企业之间留置的除外。”

（2）法理阐释：民事留置：要求同一法律关系。①《担保法》的特定合同说：《担保法》第84条第1款，“因保管合同、运输合同、加工承揽合同发生的债权，债务人不履行债务的，债权人有留置权。”第2款，“法律规定可以留置的其他合同，适用前款规定。”《合同法》第422条，“行纪人完成或者部分完成委托事务的，委托人应当向其支付相应的报酬。委托人逾期不支付报酬的，行纪人对委托物享有留置权，但当事人另有约定的除外。”②《担保法解释》牵连关系说：《担保法解释》第109条，“债权人的债权已届清偿期，债权人对动产的占有与其债权的发生有牵连关系，债权人可以留置其所占有的动产。”→“牵连关系”：同一法律关系＋同一生活关系（互相拿错伞、骑错车）＋不当得利、无因管理、侵权行为等合同关系以外的关系（占有汽车支出养护必要费用、因标的物产生损害赔偿如踢球越过围墙撞毁邻居庭院花草、无因管理丢失牛必要费用请求权，皆符合牵连关系要求。）③《物权法》同一法律关系说：《物权法》第231条，“债权人留置的动产，应当与债权属于同一法律关系，但企业之间留置的除外。”④由此可见，《担保法解释》“牵连关系”＞《物权法》“同一法律关系”＞《担保法》特定合同。⑤民事留置中，同一法律关系强调留置权人的劳务投入留置物上，因此形成增加的价值，由于劳务投入而在留置权人和留置物所有人之间发生了债权债务关系。劳务投入于留置物，产生债权债务关系，进一步该债权债务受“留置物”留置权的担保，这才是同一法律关系。⑥如果允许债权人任意留置债务人所有却与债权的发生无直接法律关系的动产，很可能破坏债务人生产或生活的预先安排，带来较为严重的损害，甚至牺牲了债务人或有关第三人的债权人（担保权人）的合法权益，从整个社会的层面考虑，缺乏效率，甚至有失公正。

（2）具体到本题：乙占有甲的手机与乙享有的要求甲归还彩电的权利不是基于同一合同关系而发生，乙无权留置甲的手机。

（3）结论：“C. 是行使留置权”，C错，符合题意，选C。

命题点3：抵销权。

（1）法律依据：《合同法》第99条，“当事人互负到期债务，该债务的标的物种类、品质相同的，任何一方可以将自己的债务与对方的债务抵销，但依照法律规定或者按照合同性质不得抵销的除外。当事人主张抵销的，应当通知对方。通知自到达对方时生效。抵销不得附条件或者附期限。”

（2）具体到本题：乙不得主张抵销。因为：①双方债务是否到期还不确定。②双方互负债务的标的物种类、品质并不相同。

（3）结论：“D. 是行使抵销权”，D错，符合题意，选D。

常见错误

1. 同时履行抗辩说：认为未明确归还彩电和手机的时间，就应当同时履行，故未选A。

2. 不安抗辩权说：认为甲未向乙归还彩电，视为丧失商业信誉，乙可行使不安抗辩权，故未选B。

3. 牵连关系留置权说：认为归还彩电和归还手机存在牵连关系，乙有权留置甲的手机，故未选C。

二、先履行抗辩权

1. 购房人交付二期房款与开发商交付房屋使用说明书不构成对待给付义务，不能启动先履行抗辩权

甲与乙公司签订的房屋买卖合同约定：“乙公司收到首期房款后，向甲交付房屋和房屋使用说明书；收到二期房款后，将房屋过户给甲。”甲交纳首期房款后，乙公司交付房屋但未立即交付房屋使用说明书。甲以此为由行使先履行抗辩权而拒不支付二期房款。下列哪一表述是正确的？（2015－3－10）

A. 甲的做法正确，因乙公司未完全履行义务

B. 甲不应行使先履行抗辩权，而应行使不安抗辩权，因乙公司有不能交付房屋使用说明书的可能性

C. 甲可主张解除合同，因乙公司未履行义务

D. 甲不能行使先履行抗辩权，因甲的付款义务与乙公司交付房屋使用说明书不形成主给付义务对应关系

答案：（　　）①

考点：先履行抗辩权、不安抗辩权、合同解除

① 参考答案：D

解题图构

①甲（先交首期款）⟶ ②乙（后交付房屋和房屋使用说明书）

③甲（先交二期款）⟶ ④乙（后过户房屋）

各项义务的时间先后顺序：①首期款——②交房和未交说明书——③二期款——④过户。

读题技巧

1. 开发商和购房人的拉锯战，你交钱，我交房，你没交房屋使用书，我不交二期款。

2. “房屋使用说明书”（不是拒绝办理房屋所有权证）的交付，在房屋买卖合同中，并非开发商的主给付义务，只是从给付义务。实际生活中，欠缺这个说明书，会影响我们居住房屋吗？因此，这个小小瑕疵，不能被用于毁灭房屋买卖这个交易，也不能以此为由拒交房款。

3. 题眼是：“甲以此为由行使先履行抗辩权而拒不支付二期房款。”“此”即乙公司未立即交付房屋使用说明书。

4. 注意，题干表述是“未立即”，该词蕴含丰富，不是说彻底拒绝交付房屋使用说明书。

思路展开

命题点 1：先方才有可能主张不安抗辩权，后方（甲方是在乙方交付房屋所有说明书后才交付购房二期款，甲是后方）不存在主张不安抗辩权的可能性。

（1）法律依据：《合同法》第 68 条，“应当先履行债务的当事人，有确切证据证明对方有下列情形之一的，可以中止履行：（一）经营状况严重恶化；（二）转移财产、抽逃资金，以逃避债务；（三）丧失商业信誉；（四）有丧失或者可能丧失履行债务能力的其他情形。当事人没有确切证据中止履行的，应当承担违约责任。”

（2）具体到本题：①本题聚焦的问题是甲是否可以以乙公司未立即交付房屋使用说明书而拒绝交二期款。②甲交纳二期款之前，乙公司应该完成交付房屋和房屋使用说明书的义务。③即“②交房和交说明书是先义务；而③二期款是后义务。”④因此，二期款不交付的一方是后方，后方不可能有“不安抗辩权”，只有先方才有“不安抗辩权”。

（3）结论：“B. 甲不应行使先履行抗辩权，而应行使不安抗辩权，因乙公司有不能交付房屋使用说明书的可能性”，B 错，不选 B。

思路 2：乙公司收到首期款后，交房，但未立即交说明书。交付说明书属于“从给付义务”，该义务违反不会导致甲合同目的根本落空，不产生甲的解除权。

（1）法律依据：《合同法》第 94 条，“有下列情形之一的，当事人可以解除合同：……（三）当事人一方迟延履行主要债务，经催告后在合理期限内仍未履行……”

（2）法条阐释：此处使用的是“主要债务”，为主要义务，主要义务不包括从给付义务。

（3）具体到本题：①双务合同中，从给付义务一般情况下与主给付义务不构成对价关系。②甲不能因此主张解除合同。

（4）结论：“C. 甲可主张解除合同，因乙公司未履行义务”，C 错，不选 C。

（5）延展：①一般认为，违反主给付义务，可发生解除权；而违反从给付义务，守约方原则上不得解除合同（相对人也不得援引同时履行抗辩权或先履行抗辩权）。②但是，存在例外即违反从给付义务给相对人造成重大损失或不能实现合同目的的，相对人可解除合同。示例：“房屋出卖人未办理过户手续而不交付所有权证，是违反主给付义务，而不是违反从给付义务。但是如果已经办理完毕过户登记手续而未交付房屋所有权证，则是违反从给付义务。”

思路 3：后方享有先履行抗辩权，前提是先方违反的义务，与后方要履行的义务存在对价关系。

（1）法律依据：《合同法》第 67 条，“当事人互负债务，有先后履行顺序，先履行一方未履行的，后履行一方有权拒绝其履行要求。先履行一方履行债务不符合约定的，后履行一方有权拒绝其相应的履行要求。”

（2）具体到本题：先方乙违反的义务是“未交付房屋使用说明书”，是从给付义务；后方甲要履行的义务是“交二期款”，是主给付义务。乙的从给付义务和甲的主给付义务不构成对价关系。故甲不得主张先履行抗辩权。

（3）结论：①“D. 甲不能行使先履行抗辩权，因甲的付款义务与乙公司交付房屋使用说明书不形成主给付义务对应关系”，D 对，选 D。②相应的，“A. 甲的做法正确，因乙公司未完全履行义务”，A 错，不选 A。

常见错误

特别约定的从给付义务就是重要义务说：

1. 乙交付房屋和说明书应当在甲支付第二期房款之前，所以乙负有先履行的义务。

2. 若交付说明书并不重要，没有特别约定，交付说明书可视为从义务，当事人自无特别约定之必要，既然当事人特别重视，提出先行交付说明书以为继续付款的前提要件，依照私法自治、缔约自由的原则，当事人有约定的自应从其约定，故甲作为后履行的一方可以行使先履行抗辩权。

2. 合同履行过程中正常磋商，不启动先履行抗辩权

甲公司向乙公司购买小轿车，约定7月1日预付10万元，10月1日预付20万元，12月1日乙公司交车时付清尾款。甲公司按时预付第一笔款。乙公司于9月30日发函称因原材料价格上涨，需提高小轿车价格。甲公司于10月1日拒绝，等待乙公司答复未果后于10月3日向乙公司汇去20万元。乙公司当即拒收，并称甲公司迟延付款构成违约，要求解除合同，甲公司则要求乙公司继续履行。下列哪一表述是正确的？（2014－3－12）

A. 甲公司不构成违约

B. 乙公司有权解除合同

C. 乙公司可行使先履行抗辩权

D. 乙公司可要求提高合同价格

答案：(　　)①

考点：先履行抗辩权、合同解除、违约责任

解题图构

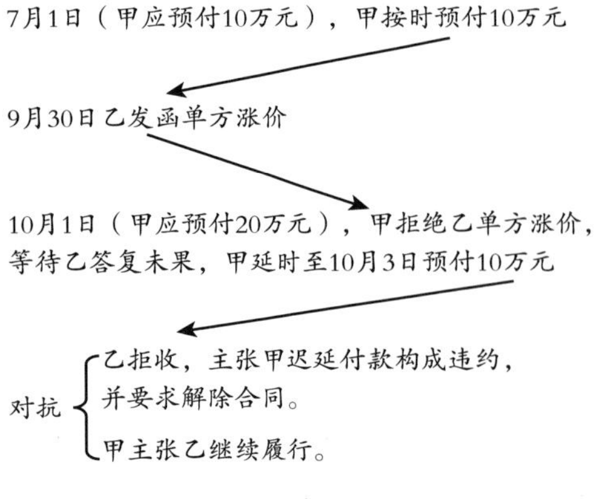

读题技巧

1.“约定7月1日预付10万元，10月1日预付20万元，12月1日乙公司交车时付清尾款”，指向甲先履行，乙后履行。甲是先方，乙是后方。2.“甲公司按时预付第一笔款”和“等待乙公司答复未果后于10月3日向乙公司汇去20万元”，指向甲是诚信一方。3.“甲公司则要求乙公司继续履行”，指向甲仅仅是要求乙继续履行，而非提前履行。乙不能主张先履行抗辩权。

思路展开

思路1：有效合同不得单方变更。

(1)法律依据：《合同法》第8条，“依法成立的合同，对当事人具有法律约束力。当事人应当按照约定履行自己的义务，不得擅自变更或者解除合同。依法成立的合同，受法律保护。”

(2)具体到本题：①“乙公司于9月30日发函称因原材料价格上涨，需提高小轿车价格。”②甲、乙公司之间购买小轿车的合同成立生效后，乙公司无权单方提高合同价格。

(3)结论：“D. 乙公司可要求提高合同价格”，D 错，不选 D。

思路2：有效合同履行过程中的磋商导致的迟延，不是解除事由。

(1)法律依据：《合同法》第94条，“有下列情形之一的，当事人可以解除合同：(一)因不可抗力致使不能实现合同目的；(二)在履行期限届满之前，当事人一方明确表示或者以自己的行为表明不履行主要债务；(三)当事人一方迟延履行主要债务，经催告后在合理期限内仍未履行；(四)当事人一方迟延履行债务或者有其他违约行为致使不能实现合同目的；(五)法律规定的其他情形。”

(2)具体到本题：①乙公司单方提价在先，被甲拒绝后拒收甲交款在后，“乙公司当即拒收，并称甲公司迟延付款构成违约，要求解除合同”。②甲公司不构成违约，因此乙公司并没有法定解除权，乙公司也没有约定的解除权，双方也没有协议解除，因此，乙无权解除合同。

---

①　参考答案：A

(3)结论:"B. 乙公司有权解除合同",B错,不选B。

思路3:有效合同履行过程中的磋商不构成违约。

(1)具体到本题:乙公司要求抬高价格,双方处于磋商中,导致甲公司不能按原约定履行合同,甲公司不构成违约。

(2)结论:"A. 甲公司不构成违约",A对,选A。

思路4:要求正常履行合同,而非提前履行合同,不适用先履行抗辩权。

(1)法律依据:《合同法》第67条,"当事人互负债务,有先后履行顺序,先履行一方未履行的,后履行一方有权拒绝其履行要求。先履行一方履行债务不符合约定的,后履行一方有权拒绝其相应的履行要求。"该条规定的是当事人一方的先履行抗辩权。

(2)具体到本题:甲公司主张合同不能被解除,要求乙公司继续履行合同,而非要求提前履行,且甲公司已经履行了前两期预付款义务,因此不存在抗辩权问题。

(3)结论:"C. 乙公司可行使先履行抗辩权",C错,不选C。

思路延展:双务合同履行抗辩权的要求:

(1)同一双务合同。(2005年卷三55题"同时履行抗辩权、不安抗辩权、留置权、抵销权的四不像")

(2)抗辩权仅仅是"抗辩",而不能产生攻击效果。先方不安抗辩的同时要求后方履行义务,后方仍可主张先履行抗辩权。(同一试题先后衔接,"先"一方不安抗辩权。如果先方提出不安抗辩的同时要求后方履行义务,则"后"方可主张先履行抗辩权。)

(3)对抗的是"相应"的履行请求。(2010年卷三13题)

(4)先履行抗辩和同时履行抗辩,要求义务违反一方违反的是"对待给付"义务。

常见错误

1. 甲公司迟延履行说:认为甲公司10月3日汇款20万元属于迟延履行,甲公司违约,未选A。

2. 甲公司构成违约故乙公司享有法定解除权说:认为乙公司基于甲公司的违约而享有法定解除权,有权解除合同,误选B。

3. 乙公司有先履行抗辩权说:认为只要乙公司履行期在甲公司之后,乙公司即可行使先履行抗辩权,误选C。

4. 因情事变更故乙公司权变更合同说:认为原材料价格上涨属于情势变更,乙公司有权要求变更合同,提高合同价格,误选D。

3. 后交付图书一方的先履行抗辩权,抗辩交付部分图书

甲、乙订立一份价款为10万元的图书买卖合同,约定甲先支付书款,乙两个月后交付图书。甲由于资金周转困难只交付5万元,答应余款尽快支付,但乙不同意。两个月后甲要求乙交付图书,遭乙拒绝。对此,下列哪一表述是正确的?(2010-3-13)

A. 乙对甲享有同时履行抗辩权

B. 乙对甲享有不安抗辩权

C. 乙有权拒绝交付全部图书

D. 乙有权拒绝交付与5万元书款价值相当的部分图书

答案:(　　)①

考点:后交付图书一方的先履行抗辩权,抗辩交付部分图书

解题图构

甲(先付全款,仅付5万元) ⟷ 乙(后交图书,可拒绝交付于5万元对应的图书)

先方(不安抗辩权) ⟷ 后方(先履行抗辩权)

思路展开

命题点1:同时履行抗辩权适用前提是同一、双务合同、无先后履行顺序,双方享有同时履行抗辩权。

(1)法律依据:《合同法》第66条,"当事人互负债务,没有先后履行顺序的,应当同时履行。一方在对方履行之前有权拒绝其履行要求。一方在对方履行债务不符合约定时,有权拒绝其相应的履行要求。"

(2)具体到本题:"约定甲先支付书款,乙两个月后交付图书。"甲、乙互负债务,约定了履行顺序,

---

① 参考答案:D

因此乙享有的抗辩权不是同时履行抗辩权。

(3)结论:“A. 乙对甲享有同时履行抗辩权”,A错,不选A。

命题点2:先方才有不安抗辩权,后方不享有不安抗辩权。先履行一方有确切证据证明后履行一方有法定丧失资力情形时,先履行一方享有不安抗辩权。

(1)法律依据:第68条,“应当先履行债务的当事人,有确切证据证明对方有下列情形之一的,可以中止履行:(一)经营状况严重恶化;(二)转移财产、抽逃资金,以逃避债务;(三)丧失商业信誉;(四)有丧失或者可能丧失履行债务能力的其他情形。当事人没有确切证据中止履行的,应当承担违约责任。”

(2)具体到本题:应先履行债务的是甲而不是乙,简言之:甲是先方,乙是后方。故乙享有的抗辩权不是不安抗辩权。

(3)结论:“B. 乙对甲享有不安抗辩权”,B错,不选B。

命题点3:后方享有先履行抗辩权(又称顺序履行抗辩权)。

(1)法律依据:①先履行抗辩权。《合同法》第67条,“当事人互负债务,有先后履行顺序,先履行一方未履行的,后履行一方有权拒绝其履行要求。先履行一方履行债务不符合约定的,后履行一方有权拒绝其相应的履行要求。”②先方部分履行,不损害后方的利益,乙应该接受。《合同法》第72条,“债权人可以拒绝债务人部分履行债务,但部分履行不损害债权人利益的除外。债务人部分履行债务给债权人增加的费用,由债务人负担。”

(2)具体到本题:①“只交付5万元,答应余款尽快支付,但乙不同意”。②对此有两种理解:乙收了5万元;乙一分钱没收。③根据《2010年国家司法考试试题解析》:“少数考生不知道在甲已经部分履行的情况下,乙仅有权拒绝‘相应’的履行要求而未选D。”“但由于甲已经履行了部分债务,依据前述《合同法》第67条的规定,乙仅有权拒绝‘相应’的履行要求,即乙仅有权拒绝交付与5万元书款价值相当的部分图书而无权拒绝交付全部图书。”可知,司法部此题本意是要表达乙收了5万元钱,而不是乙一分钱没收。④如果将题干意思理解成“乙收了5万元”,则乙可向甲主张“相应”的先履行抗辩权,拒绝交付与5万元价值相当的图书。⑤如果将题干意思理解成“乙一分钱没有收”,也可以启动《合同法》第72条进行解释和处理,也就是说,甲先支付5万元,不损害乙的利益,乙应该接受。故乙仍然享有拒绝交付与5万元价值相当的图书,而不是拒绝交付全部图书。

(3)结论:①后方乙仅有权拒绝“相应”的履行要求,也就是说,乙仅有权拒绝交付与5万元书款价值相当的部分图书而无权拒绝交付全部图书。②“C. 乙有权拒绝交付全部图书”,C错,不选C。③“D. 乙有权拒绝交付与5万元书款价值相当的部分图书”,D对,选D。

4.“煤矿”先方交付的煤根本违约,后方可启动顺序履行抗辩权或解除合同主张违约责任

某热电厂从某煤矿购煤200吨,约定交货期限为2007年9月30日,付款期限为2007年10月31日。9月底,煤矿交付200吨煤,热电厂经检验发现煤的含硫量远远超过约定标准,根据政府规定不能在该厂区燃烧。基于上述情况,热电厂的哪些主张有法律依据?(2008-3-57)

A. 行使顺序履行抗辩权

B. 要求煤矿承担违约责任

C. 行使不安抗辩权

D. 解除合同

答案:(　　)①

考点:“煤矿”先方交付的煤根本违约,后方可启动顺序履行抗辩权或解除合同主张违约责任

解题图构

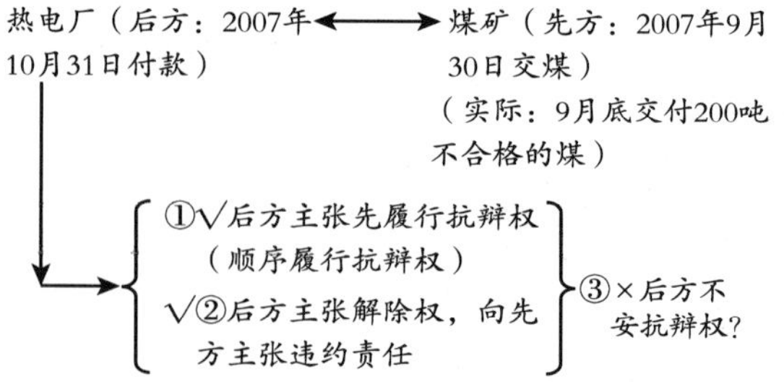

读题技巧

1.“热电厂从某煤矿购煤200吨,约定交货期限

① 参考答案:ABD

为2007年9月30日，付款期限为2007年10月31日。”指向两点：(1)煤矿是先方(先交煤)。(2)热电厂是后方(后付款)。

2.“9月底，煤矿交付200吨煤，热电厂经检验发现煤的含硫量远远超过约定标准，根据政府规定不能在该厂区燃烧。”煤矿压根没有履行自己的义务，全部的200吨煤都不合格，指向两点：(1)后方热电厂可主张顺序履行抗辩权(如果煤矿要求热电厂付款的话)。(2)后方热电厂可主张解除合同并向先方煤矿主张违约责任(无论煤矿是否要求热电厂付款)。

思路展开

命题点1：先方煤矿交付的全部200吨煤不合格，后方热电厂可主张先履行抗辩权(顺序履行抗辩权)，后方热电厂也可主张解除合同，要求先方煤矿承担违约责任。

(1)法律依据：①先履行抗辩权。《合同法》第67条，“当事人互负债务，有先后履行顺序，先履行一方未履行的，后履行一方有权拒绝其履行要求。先履行一方履行债务不符合约定的，后履行一方有权拒绝其相应的履行要求。”②根本违约启动法定解除权。《合同法》第94条，“有下列情形之一的，当事人可以解除合同：(一)因不可抗力致使不能实现合同目的；(二)在履行期限届满之前，当事人一方明确表示或者以自己的行为表明不履行主要债务；(三)当事人一方迟延履行主要债务，经催告后在合理期限内仍未履行；(四)当事人一方迟延履行债务或者有其他违约行为致使不能实现合同目的；(五)法律规定的其他情形。”③违约方须负违约责任。《合同法》第107条，“当事人一方不履行合同义务或者履行合同义务不符合约定的，应当承担继续履行、采取补救措施或者赔偿损失等违约责任。”

(2)具体到本题：①“热电厂从某煤矿购煤200吨，约定交货期限为2007年9月30日，付款期限为2007年10月31日。”+“9月底，煤矿交付200吨煤，热电厂经检验发现煤的含硫量远远超过约定标准，根据政府规定不能在该厂区燃烧。”②热电厂作为后方，针对先方煤矿交付的煤全部具有瑕疵，不符合合同约定，热电厂有顺序履行抗辩权。(《2008年国家司法考试试题解析》：“交货期在前的煤矿交付的煤有质量问题，履行债务不符约定，热电厂可以行使顺序履行抗辩权，拒绝付款。”)③热电厂因为煤矿交付的煤不合格而无法使用，导致热电厂合同目的不能实现，煤矿构成根本违约，热电厂享有法定解除权，可通知煤矿解除买卖合同。④煤矿须向热电厂承担违约责任。

(3)结论：①“A. 行使顺序履行抗辩权”，A对，选A。②“D. 解除合同”，D对，选D。③“B. 要求煤矿承担违约责任”，B对，选B。

命题点2：热电厂作为后方，不享有不安抗辩权。

(1)法律依据：《合同法》第68条，“应当先履行债务的当事人，有确切证据证明对方有下列情形之一的，可以中止履行：(一)经营状况严重恶化；(二)转移财产、抽逃资金，以逃避债务；(三)丧失商业信誉；(四)有丧失或者可能丧失履行债务能力的其他情形。当事人没有确切证据中止履行的，应当承担违约责任。”

(2)具体到本题：“热电厂从某煤矿购煤200吨，约定交货期限为2007年9月30日，付款期限为2007年10月31日。”热电厂作为后付款一方，不可能先有不安抗辩权。

(3)结论：“C. 行使不安抗辩权”，C错，不选C。

常见错误

1. 煤矿根本违约，热电厂行使顺序履行抗辩权无意义说：认为煤矿已经根本违约，热电厂行使顺序履行抗辩权没有意义，漏选A。

2. 煤矿没有根本违约说：认为热电厂只能要求煤矿承担违约责任，而不能解除合同，因为合同目的并非根本不能实现，漏选D。

三、不安抗辩权

1.“连升扶梯”之不安抗辩权和先履行抗辩权

2011年5月6日，甲公司与乙公司签约，约定甲公司于6月1日付款，乙公司6月15日交付“连升”牌自动扶梯。合同签订后10日，乙公司销售他人的“连升”牌自动扶梯发生重大安全事故，质监局介入调查。合同签订后20日，甲、乙、丙公司三方合意，由丙公司承担付款义务。丙公司6月1日未付款。下列哪一表述是正确的？(2011－3－14)

A. 甲公司有权要求乙公司交付自动扶梯

B. 丙公司有权要求乙公司交付自动扶梯

C. 丙公司有权行使不安抗辩权

D. 乙公司有权要求甲公司和丙公司承担连带债务

答案:( )①

考点:先履行抗辩权、不安抗辩权、免责付款债务承担

解题图构:

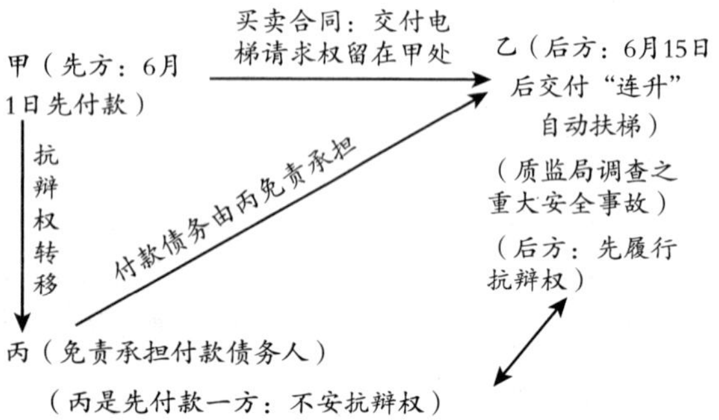

读题技巧

1. 本题为“要买的扶梯出事之不安抗辩案”,甲向乙买扶梯,丙付款,丙仅仅是付款!

2. 题干交代了大量的时间信息,时间具有特殊的重要意义。

3. 买卖合同有两项给付,付款和交货。AB 涉及交货;CD 涉及付款。

4. 付款债务打包交给了丙,注意是三方合意,故为免责债务承担。甲公司无付款义务,退出付款关系。

5. 货物还是要交给甲。

6. 甲很“贼”! 我要货,丙付款。

思路展开

命题点 1:甲作为付款债务的先方,有不安抗辩权。丙作为免责债务承担人,可援引甲的不安抗辩权。丙是付款义务的免责债务承担人,乙不得再向甲主张付款义务。

(1)法律依据:①不安抗辩权。《合同法》第 68 条,“应当先履行债务的当事人,有确切证据证明对方有下列情形之一的,可以中止履行:(一)经营状况严重恶化;(二)转移财产、抽逃资金,以逃避债务;(三)丧失商业信誉;(四)有丧失或者可能丧失履行债务能力的其他情形。当事人没有确切证据中止履行的,应当承担违约责任。”②免责债务承担。《合同法》第 84 条,“债务人将合同的义务全部或者部分转移给第三人的,应当经债权人同意。”③免责债务承担人可援引原债务人的抗辩权。《合同法》第 85 条,“债务人转移义务的,新债务人可以主张原债务人对债权人的抗辩。”

(2)具体到本题:①乙公司销售的同品牌自动扶梯已经发生重大安全事故,政府部门介入调查。故甲公司有证据证明乙公司发生丧失履行债务能力的情形,甲公司有权行使不安抗辩权。②后甲公司、乙公司和丙公司三方合意,将甲公司的付款义务转移给丙公司。《2011 年国家司法考试试题解析》:“甲公司、乙公司和丙公司三方达成的债务转移,属于免责的债务承担,明确约定了由丙公司承担付款义务。因此,就付款义务而言,甲公司已经退出了这一法律关系。”(注意:仅仅是甲的付款义务转移给了丙。甲享有的要求乙交付电梯的权利没有转移给丙。)③丙公司作为免责债务承担人,可以主张原债务人甲公司对乙公司的抗辩权即不安抗辩权。④小结:a. 丙是免责债务承担人,乙不得要求甲、丙就付款义务负连带责任。b. 丙是付款义务人,享有对乙的不安抗辩权,中止付款。c. 丙没有从甲处受让请求乙交付电梯的债权。

(3)结论:①“C. 丙公司有权行使不安抗辩权”,C 对,选 C。②“D. 乙公司有权要求甲公司和丙公司承担连带债务”,D 错,不选 D。③“B. 丙公司有权要求乙公司交付自动扶梯”,B 错,不选 B。

命题点 2:乙公司的交付电梯的义务仍然向甲履行,乙公司作为后方,享有先履行抗辩权,该抗辩权不因甲将付款义务免责交由丙承担而消灭。

(1)法律依据:《合同法》第 67 条,“当事人互负债务,有先后履行顺序,先履行一方未履行的,后履行一方有权拒绝其履行要求。先履行一方履行债务不符合约定的,后履行一方有权拒绝其相应的履行要求。”

(2)具体到本题:①“甲、乙、丙公司三方合意,由丙公司承担付款义务。丙公司 6 月 1 日未付款。”

---

① 参考答案:C

②丙公司不安抗辩权仅止于抗辩,不能发生请求权效果,即不得请求后履行一方交付扶梯(即使甲把交付电脑的请求权转让给丙)。③同理,如果甲请求后方乙公司交付扶梯,则后方乙公司可主张先履行抗辩权。④乙公司的这一抗辩权,不会因为甲的付款义务转移给丙公司而发生任何改变。

(3)结论:"A. 甲公司有权要求乙公司交付自动扶梯",A错,不选A。

常见错误

1. 先履行抗辩权消灭说:认为甲、乙、丙三公司已经达成合意,丙公司承担付款的义务。甲公司只享有收取自动扶梯的权利,而不承担付款的义务,所以甲公司应该有权要求乙公司交付自动扶梯。分析:实际上,乙公司的先履行抗辩权不会因为甲公司将付款义务转移而受影响。

2. 丙知情自动扶梯重大安全事故仍然愿意承担付款义务,放弃不安抗辩权说:认为丙公司同意承担付款义务之前,乙公司的自动扶梯已经发生重大安全事故,质监局介入调查。丙公司对此知情却仍然愿意订立三方合意,说明丙公司已经放弃了不安抗辩权。分析:《合同法》规定债务转移中,新债务人可以主张原债务人对债权人的抗辩。其隐含的意思就是接受"转移的债务"本身不构成对抗辩权的放弃。如果单纯地接受"转移的债务"本身就构成放弃抗辩权,那《合同法》第85条规定即没有意义。

3. 丙公司属于保证人说:认为丙公司并不是买卖合同的当事人,仅属于保证人,不享有不安抗辩权。且未约定保证方式,故为连带保证。分析:很显然,题干没有交代保证的相关信息。

2. 服装加工中的后方出现"不安抗辩情形"、"预期违约情形",先方可启动不安抗辩,也可启动预期违约制度

甲公司与乙公司签订服装加工合同,约定乙公司支付预付款1万元,甲公司加工服装1000套,3月10日交货,乙公司3月15日支付余款9万元。3月10日,甲公司仅加工服装900套,乙公司此时因濒临破产致函甲公司表示无力履行合同。下列哪一说法是正确的?(2009-3-10)

A. 因乙公司已支付预付款,甲公司无权中止履行合同

B. 乙公司有权以甲公司仅交付900套服装为由,拒绝支付任何货款

C. 甲公司有权以乙公司已不可能履行合同为由,请求乙公司承担违约责任

D. 因乙公司丧失履行能力,甲公司可行使顺序履行抗辩权

答案:( )①

考点:服装加工中的后方出现"不安抗辩情形"、"预期违约情形",先方可启动不安抗辩,也可启动预期违约制度

解题图构

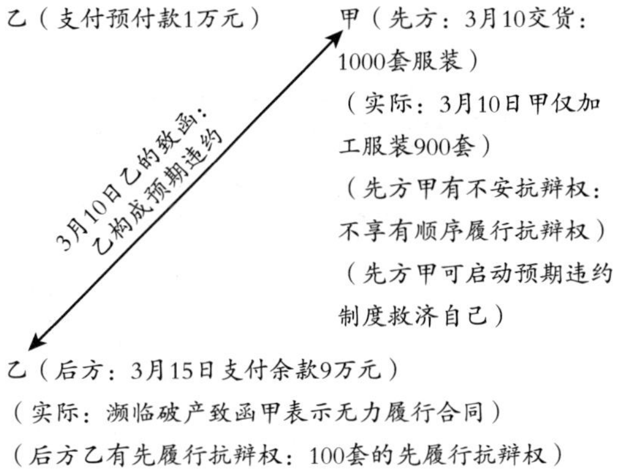

读题技巧

1. "甲公司加工服装1000套,3月10日交货,乙公司3月15日支付余款9万元",指向两点:(1)甲是先方,可能有不安抗辩权。(2)乙是后方,可能有先履行抗辩权。

2. "3月10日,甲公司仅加工服装900套",指向乙有部分的先履行抗辩权。

3. "乙公司此时因濒临破产致函甲公司表示无力履行合同",指向两点:(1)后方乙明确表示违约,为预期违约;(2)后方乙出现资力缺陷情形,启动先方甲的不安抗辩权。

思路展开

命题点1:后方乙出现"不安抗辩情形"和"预期违约情形",先方甲可启动不安抗辩权,也可启动预期违约制度。

(1)法律依据:①先方甲的不安抗辩权。《合同

① 参考答案:C

法》第68条，“应当先履行债务的当事人，有确切证据证明对方有下列情形之一的，可以中止履行：(一)经营状况严重恶化；(二)转移财产、抽逃资金，以逃避债务；(三)丧失商业信誉；(四)有丧失或者可能丧失履行债务能力的其他情形。当事人没有确切证据中止履行的，应当承担违约责任。”②先方甲启动预期违约制度。《合同法》第108条，“当事人一方明确表示或者以自己的行为表明不履行合同义务的，对方可以在履行期限届满之前要求其承担违约责任。”

(2)具体到本题：①“乙公司支付预付款1万元，甲公司加工服装1000套，3月10日交货，乙公司3月15日支付余款9万元。3月10日，甲公司仅加工服装900套，乙公司此时因濒临破产致函甲公司表示无力履行合同。”②特别注意：“乙公司此时因濒临破产致函甲公司表示无力履行合同。”③甲公司是先方(3月10日先交货)，乙公司是后方(3月15日才付款)。④但是后方乙的行为同时满足：不安抗辩情形和预期违约情形。⑤先方甲有不安抗辩权，不因乙支付了预付款而受任何影响。a. 因为预付款“预付款属于债的履行范畴，是提前履行部分债务，使收方获得期限利益。”b.“预付款对违约没有救济功能，如果对方违约，交付预付款一方解除合同有权请求返还预付款，如不解除合同，有义务继续交付剩余的价款。”c.《2009年国家司法考试试题解析》：“预付款是合同成立后，一方当事人将合同款总额的部分款项预先支付给对方当事人。预付款对对方当事人履行合同义务起一定的资助作用，具有支援性质，但不起保证作用。在合同履行后，预付款成为应付价款的组成部分，如没有履行合同，则原预付数额的货币应当退还给支付预付款的当事人。预付款并无阻止收款方中止合同的效力。”⑥先方甲不可能享有顺序履行抗辩权。⑦先方甲可要求后方乙承担预期违约责任。(《2009年国家司法考试试题解析》：“乙公司已经通过致函甲公司明确表示无力履行合同，构成预期违约。”)

(3)结论：①“A. 因乙公司已支付预付款，甲公司无权中止履行合同”，A错，不选A。②“D. 因乙公司丧失履行能力，甲公司可行使顺序履行抗辩权”，D错，不选D。③“C. 甲公司有权以乙公司已不可能履行合同为由，请求乙公司承担违约责任”，C对，选C。

命题点2：先方甲部分履行义务，后方有部分的顺序履行抗辩权(先履行抗辩权)。

(1)法律依据：①后方的部分顺序履行抗辩权：《合同法》第67条，“当事人互负债务，有先后履行顺序，先履行一方未履行的，后履行一方有权拒绝其履行要求。先履行一方履行债务不符合约定的，后履行一方有权拒绝其相应的履行要求。”②债务人部分履行债务不损害债权人利益，债权人应接受：《合同法》第72条，“债权人可以拒绝债务人部分履行债务，但部分履行不损害债权人利益的除外。债务人部分履行债务给债权人增加的费用，由债务人负担。”

(2)具体到本题：①先方甲公司仅交付900套服装，虽为部分履行，但不损害后方债权人乙公司的利益，后方乙公司无权拒绝，只能接受900套服装并支付相应价金。②如果先方甲请求后方乙支付全部1000套服装的价款，则后方乙对甲未交付的100套服装对应的价款享有顺序履行抗辩权。

(3)结论：“B. 乙公司有权以甲公司仅交付900套服装为由，拒绝支付任何货款”，B错(错在“任何”)，不选B。

第十五章　债的保全和担保

第一节　债的保全

一、代位权

1. 代位权的三大抗辩(原债抗辩、次债抗辩、代位之债的抗辩)

甲公司对乙公司享有 5 万元债权,乙公司对丙公司享有 10 万元债权。如甲公司对丙公司提起代位权诉讼,则针对甲公司,丙公司的下列哪些主张具有法律依据?(2012－3－59)

A. 有权主张乙公司对甲公司的抗辩

B. 有权主张丙公司对乙公司的抗辩

C. 有权主张代位权行使中对甲公司的抗辩

D. 有权要求法院追加乙公司为共同被告

答案:(　　)①

考点:代位权的三大抗辩(原债抗辩、次债抗辩、代位之债的抗辩)、债务人是第三人而非共同被告

解题图构

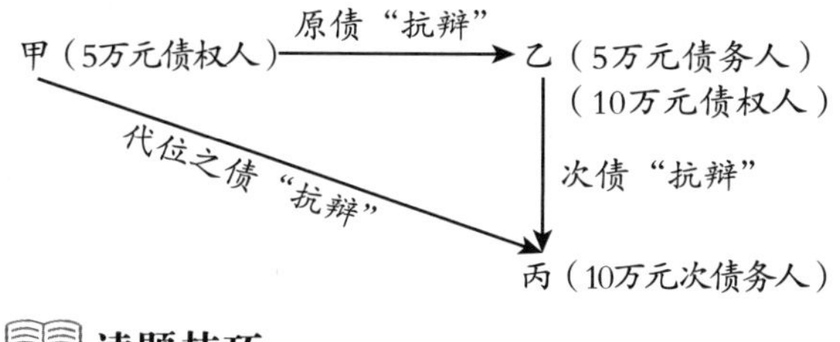

读题技巧

"如甲公司对丙公司提起代位权诉讼",指向考生无须检索代位权的构成要件,仅仅关注代位权诉讼成立时如何行使的问题。

思路展开

命题点 1:代位权诉讼中的三层结构。

(1)法律依据:《合同法》第 73 条,"因债务人怠于行使其到期债权,对债权人造成损害的,债权人可以向人民法院请求以自己的名义代位行使债务人的债权,但该债权专属于债务人自身的除外。代位权的行使范围以债权人的债权为限。债权人行使代位权的必要费用,由债务人负担。"

(2)在代位权的法律关系中,存在三项债即原债、次债和代位之债。具体到本题,该三项债体现为甲公司与乙公司、乙公司与丙公司、甲公司和丙公司的债的关系。

命题点 2:代位权诉讼是三个债,原债、次债和代位之债。次债务人可主张代位之债抗辩、可主张其对债务人的抗辩(次债的抗辩)、可主张债务人对债权人的抗辩(原债的抗辩)。法律依据及相应结论如下:

(1)原债的抗辩。《合同法解释一》第 18 条第 2 款,"债务人在代位权诉讼中对债权人的债权提出异议,经审查异议成立的,人民法院应当裁定驳回债权人的起诉。"→"A.(丙公司)有权主张乙公司对甲公司的抗辩",A 对,选 A。

(2)次债的抗辩。《合同法解释一》第 18 条第 1 款,"在代位权诉讼中,次债务人对债务人的抗辩,可以向债权人主张。"→"B.(丙公司)有权主张丙公司对乙公司的抗辩",B 对,选 B。

(3)代位之债的抗辩。如管辖权异议的抗辩、数额的抗辩等。→"C. 有权主张代位权行使中对甲公司的抗辩",C 对,选 C。

命题点 3:代位权诉讼中的诉讼地位列明,原告是债权人,被告是次债务人,第三人是债务人。

(1)法律依据:《合同法解释一》第 16 条第 1 款,"债权人以次债务人为被告向人民法院提起代位权诉讼,未将债务人列为第三人的,人民法院可以追加债务人为第三人。"

(2)结论:①代位之诉中,债权人未将债务人列为第三人,人民法院可以追加债务人为第三人,而非

① 参考答案:ABC

共同被告。②“D. 有权要求法院追加乙公司为共同被告”，D 错，不选 D。

2.“应收账款”的代位之债、单方出具担保函对方无异议的保证

甲公司与乙公司签订 10 万元建材买卖合同后，乙交付建材，甲公司未付建材款。甲公司将该建材用于丙公司办公楼装修，丙公司需向甲公司支付 15 万元装修款，其中 5 万元已经支付完毕。丙公司给乙公司出具《担保函》：“本公司同意以欠甲公司的 10 万元装修款担保甲公司欠乙公司的 10 万元建材款。”乙公司对此并无异议。后，甲公司对乙公司的债务、丙公司对甲公司的债务均届期未偿，且甲公司怠于向丙公司主张债权。下列哪些表述是正确的？（2011－3－59）

A. 乙公司对丙公司享有应收账款质权

B. 丙公司应对乙公司承担保证责任

C. 乙公司可以对丙公司提起代位权诉讼

D. 乙公司可以要求并存债务承担人丙公司清偿债务

答案：(　　)①

考点：“应收账款”的代位之债、单方出具担保函对方无异议的保证

解题图构

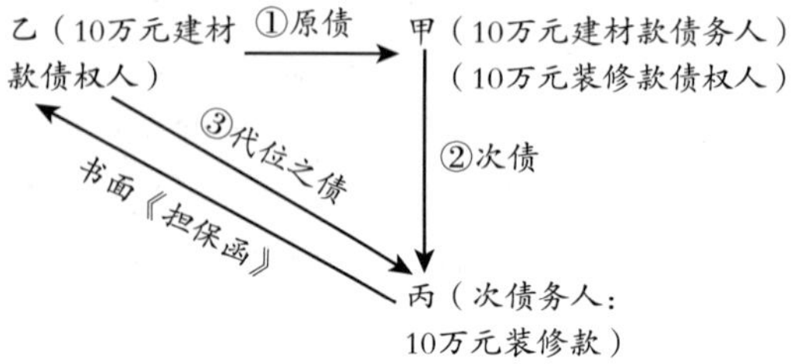

读题技巧

1.“丙公司给乙公司出具《担保函》”＋“乙公司对此并无异议”，指向单方书面出具担保函，对方无异议，成立保证。

2.“甲公司对乙公司的债务、丙公司对甲公司的债务均届期未偿，且甲公司怠于向丙公司主张债权，”属于交代代位权诉讼的构成要件，指向启动代位权诉讼。

3. 如果能破译这两个密码，本题可直接选 BC 正确答案。

思路展开

命题点 1：《担保函》的性质之一：属于保证！单方出具书面保证函，对方无异议的，成立保证。

（1）法律依据：《担保法解释》第 22 条第 1 款，“第三人单方以书面形式向债权人出具担保书，债权人接受且未提出异议的，保证合同成立。”

（2）具体到本题：①丙公司作为第三人，单方以书面形式向债权人乙公司出具担保函，乙公司表示接受，因此该保证合同成立。丙公司应对乙公司承担保证责任。②需特别注意的是，丙公司出具的担保函内容表面上是以债务提供保证，实际上是明确其保证责任的范围（保证担保 10 万元主债权），丙公司对乙公司表达的是担任保证人的意思，乙公司表示接受。

（3）结论：“B. 丙公司应对乙公司承担保证责任”，B 对，选 B。

命题点 2：《担保函》的性质之二：不属于应收账款质权。

（1）法律依据：①应收账款而非应付账款可设立质权：《物权法》第 223 条，“债务人或者第三人有权处分的下列权利可以出质：……（六）应收账款；……。”②即使是应收账款出质，也得登记才设立质权。《物权法》第 228 条第 1 款，“以应收账款出质的，当事人应当订立书面合同。质权自信贷征信机构办理出质登记时设立。”

（2）法条阐释：①《物权法》规定的应收账款可以设定权利质权，而非应付账款能够设定权利质权。债权可以出质，“债务”不可以出质！②应收账款权利质权的设定还需要办理出质登记才能生效。

（3）具体到本题：本案中，丙公司以其应付账款为乙公司提供保证，不属于权利质权。

（4）结论：“A. 乙公司对丙公司享有应收账款质权”，A 错，不选 A。

命题点 3：《担保函》的性质之三：不属于并存债务承担。

（1）法律依据：《合同法》第 84 条，“债务人将合同的义务全部或者部分转移给第三人的，应当经债权人同意。”此条规定的是免责的债务承担。《合同

① 参考答案：BC

法》不否认当事人通过意思自治约定并存的债务承担。

(2)学理依据:并存的债务承担,是指债务人不脱离债的关系,第三人加入债的关系,与债务人共同承担债务。原债务人不退出债务关系。

(3)并存债务承担与保证的差异:①并存债务承担与保证的意思表示方式不同。a.并存债务承担是第三人直接加入债务人行列(加入的方式可以是债权人和第三人约定;债务人和第三人约定;或者债权人、债务人和第三人明确约定)。b.保证人是第三人以保证人身份承担保证债务。②并存债务承担与保证性质不同。a.并存债务承担中承担人与债务人是负连带责任,属于连带债务人。b.保证债务是从债务,适用保证规则(一般保证有先诉抗辩权为补充责任;连带保证为不真正连带责任)。

(4)具体到本题:丙公司的《担保函》表达的意思不是并存债务承担,而是保证。

(5)结论:"D.乙公司可以要求并存债务承担人丙公司清偿债务",D错,不选D。

命题点4:乙是10万元建材款债权人,甲是债务人,丙是装修款的次债务人,符合代位权诉讼的结构。

(1)法律依据:①《合同法》第73条,"因债务人怠于行使其到期债权,对债权人造成损害的,债权人可以向人民法院请求以自己的名义代位行使债务人的债权,但该债权专属于债务人自身的除外。代位权的行使范围以债权人的债权为限。债权人行使代位权的必要费用,由债务人负担。"②《合同法解释一》第11条,"债权人依照《合同法》第七十三条的规定提起代位权诉讼,应当符合下列条件:(一)债权人对债务人的债权合法;(二)债务人怠于行使其到期债权,对债权人造成损害;(三)债务人的债权已到期;(四)债务人的债权不是专属于债务人自身的债权。"

(2)法条阐释:代位权的构成要件:①原债合法、有效、到期(未过时效)且受害。②次债(次次债)存在、到期、金钱、"懈怠"、非专属。

(3)具体到本题:①丙公司对甲公司负有10万元债务,甲公司对乙公司负有10万元债务,两项债务均届期未予清偿,甲公司怠于向丙公司主张债权。②故乙公司有权对丙公司提起代位权诉讼。

(4)结论:"C.乙公司可以对丙公司提起代位权诉讼",C对,选C。

常见错误

丙公司不能身兼两职说:认为丙公司不能身兼两职,既担任代位诉讼中的次债务人,又充当保证人,认为C错。

3.债权转让、债务承担中表现出来的代位权诉讼

甲公司对乙公司享有10万元债权,乙公司对丙公司享有20万元债权。甲公司将其债权转让给丁公司并通知了乙公司,丙公司未经乙公司同意,将其债务转移给戊公司。如丁公司对戊公司提起代位权诉讼,戊公司下列哪一抗辩理由能够成立?(2011-3-12)

A.甲公司转让债权未获乙公司同意

B.丙公司转移债务未经乙公司同意

C.乙公司已经要求戊公司偿还债务

D.乙公司、丙公司之间的债务纠纷有仲裁条款约束

答案:(　　)①

考点:代位权、债权转让、债务转移、合同相对性

读题技巧

1.本题属"债权转让、债务承担中的代位权诉讼",涉及五方当事人、五个法律关系(为金钱之债),无论题干信息提取还是知识点,都是极难的。

2.需要画图整理当事人的法律关系:

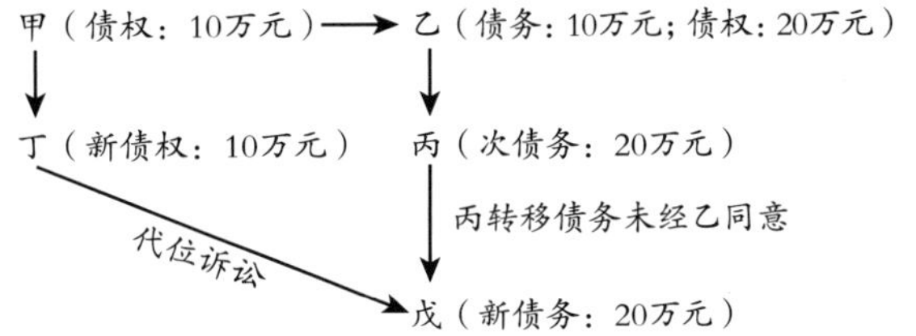

第一,甲、乙之间债权债务关系,为债①;第二,乙、丙之间债权债务关系,为债②;第三,甲、丁转移债权关系;第四,丙、戊转移债务关系;第五,丁和戊之间的代位权关系(注意题干交代,如丁公司对戊公司提起代位权诉讼。)

3.甲转移债权通知了乙,债权转让已经完成,丁

---

①　参考答案:B

是新债权人。

4. 丙公司未经乙公司同意,债务转移给戊公司,丙公司、戊公司有债务转移协议,但是,乙公司不是该转移协议的当事人。换言之,基于合同相对性,如戊公司不履行与丙公司的债务转移协议,须对丙公司承担责任,这与乙公司没有任何关系。

5. 题干考查的是"如"发生代位权诉讼,戊公司可能援引的抗辩理由成立的有什么。

6. 这些理由显示在选项中,AB 涉及的事实为题干已经交代的事实;CD 为选项新设事实。ABCD 的判断均基于题干事实,但是,AB 判断不能基于 CD 新设事实。CD 选项交代的条件不能成为 AB 选项作答的依据。切记切记!

思路展开

思路 1:戊公司针对丁公司的代位权诉讼,可以有三个层次的抗辩:第一,丁不是债权人;第二,即使丁是债权人,但戊不是债务人;第三,即使丁是债权人,戊是债务人,但是丁不具备提起代位权诉讼的相关条件(①原债合法、有效、到期(未过时效)。②次债(次次债)存在、到期、金钱、"懈怠"、非专属。)。注意,三个层次的抗辩并非递进关系。戊公司可以选择任何一项抗辩进行主张也就是说,即可以选择放弃第一或者第二项抗辩,仅主张第三项抗辩。

思路 2:如戊公司主张第一项抗辩即丁不是债权人。结合题干,该抗辩不能成立。

(1)法律依据:《合同法》第 80 条第 1 款,"债权人转让权利的,应当通知债务人。未经通知,该转让对债务人不发生效力。"

(2)具体到本题:甲公司转让债权,并不需要经过债务人乙公司同意,只要通知乙公司就可以。

(3)结论:"A. 甲公司转让债权未获乙公司同意"A 错,不选 A。

思路 3:如戊公司主张第二项抗辩即戊公司压根就不是债务人。回到题干,丙、戊之间债务转移协议,没有经过乙的同意,戊不是乙公司的债务人,故戊公司的这项抗辩能够成立。

(1)法律依据:《合同法》第 84 条,"债务人将合同的义务全部或者部分转移给第三人的,应当经债权人同意。"可见,债务转移需要经过债权人同意。

(2)具体到本题:乙没有参与丙、戊的债务转移协议,不是当事人。丙公司转移债务未经债权人乙公司同意,则债务并没有转移。相对于乙公司而言,丙公司仍然是债务人,如乙怠于向丙主张,丁有权对丙提出代位权诉讼。但是因乙公司和戊公司之间不存在债务关系,故戊公司可以以此为由对丁公司的代位权诉讼提出抗辩。

(3)结论:"B. 丙公司转移债务未经乙公司同意",B 对,选 B。

思路 4:如戊公司放弃第一、二项抗辩,仅主张第三项抗辩,也就是说,丁公司代位权行使本身存在问题,则戊公司抗辩能否成立?换言之,戊公司承认自己是债务人,无论是免责债务承担还是并存债务承担,但如经过检索发现,丁公司主张代位权条件仍不具备,则戊公司抗辩能够成立。代位权之"怠于",只要不起诉或仲裁,即为怠于。

(1)法律依据:《合同法解释一》第 13 条,"《合同法》第七十三条规定的'债务人怠于行使其到期债权,对债权人造成损害的',是指债务人不履行其对债权人的到期债务,又不以诉讼方式或者仲裁方式向其债务人主张其享有的具有金钱给付内容的到期债权,致使债权人的到期债权未能实现。次债务人(即债务人的债务人)不认为债务人有怠于行使其到期债权情况的,应当承担举证责任。"

(2)法条阐释:①"仲裁"二字表明,次债或次次债存在仲裁条款,不可以对抗代位权。如果次债或次次债的仲裁条款可以对抗代位权,则《合同法解释一》第 13 条就不用使用"仲裁"二字。②换言之,次债或次次债即使存在仲裁条款,债权人也可以提起代位权诉讼,而不是必须走仲裁途径。③仲裁协议约束仅债务人和次债务人,不能约束债权人。

(3)具体到本题:①即使乙公司与丙公司的债务纠纷存在仲裁条款,后该债务经过乙公司同意转移给了戊公司,乙公司与戊公司之间亦存在仲裁条款("相对性":仅约束乙戊,不可约束代位权人丁),该仲裁条款不得成为戊公司对抗丁公司代位权诉讼的抗辩理由。②乙公司只是简单地对戊公司提出履行债务的请求,不能仅以此认为乙公司没有怠于行使其债权。因此,戊公司不得仅以此为由,对丁公司的代位权诉讼提出抗辩。

（4）结论：“C. 乙公司已经要求戊公司偿还债务；D. 乙公司、丙公司之间的债务纠纷有仲裁条款约束”，CD 均错，不选 CD。

异议辨析

1. 有观点提出异议，认为丙公司未经乙公司同意将债务转移给戊公司，该行为对债权人乙公司不发生效力，但是乙公司可以追认，追认之后，戊公司就是新的债务人了，所以 B 选项错误，不当选。

2. 评论：题干中并无信息说明乙公司进行了追认，在 C 选项表达了乙公司进行追认的意思，但是 C 选项并非题干，因此不能用 C 选项给定的条件来判断 B 选项。

4. 人身债权不可代位、通过赠与（包括遗嘱）方式处分人身债权却可以撤销

甲对乙享有 2006 年 8 月 10 日到期的 6 万元债权，到期后乙无力清偿。乙对丙享有 5 万元债权，清偿期已届满 7 个月，但乙未对丙采取法律措施。乙对丁还享有 5 万元人身损害赔偿请求权。后乙去世，无其他遗产，遗嘱中将上述 10 万元的债权赠与戊。对此，下列哪些选项是正确的？（2010－3－58）

A. 甲可向法院请求撤销乙的遗赠

B. 在乙去世前，甲可直接向法院请求丙向自己清偿

C. 在乙去世前，甲可直接向法院请求丁向自己清偿

D. 如甲行使代位权胜诉，行使代位权的诉讼费用和其他费用都应该从乙财产中支付

答案：（　　）①

考点：人身债权不可代位、通过赠与（包括遗嘱）方式处分人身债权却可以撤销、代位权诉讼费用由败诉次债务人负担

解题图构

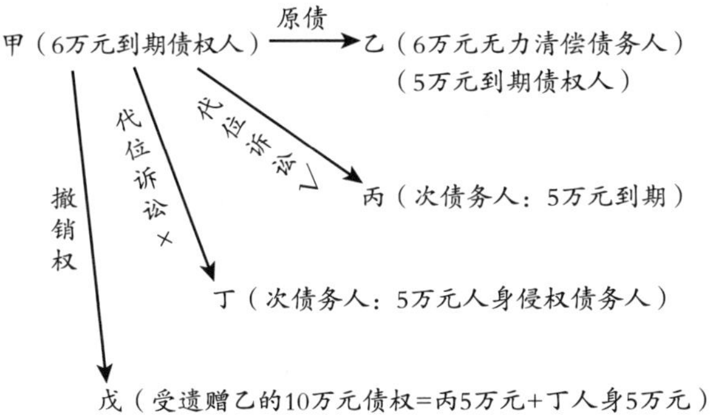

读题技巧

1.“甲对乙享有 2006 年 8 月 10 日到期的 6 万元债权，到期后乙无力清偿。乙对丙享有 5 万元债权，清偿期已届满 7 个月，但乙未对丙采取法律措施。乙对丁还享有 5 万元人身损害赔偿请求权。”指向三点：（1）检索甲行使代位权的要件。（2）甲对丙可提起代位权诉讼。（3）甲对丁不可以提起代位权诉讼（因为次债具有人身专属性）。

2.“后乙去世，无其他遗产，遗嘱中将上述 10 万元的债权赠与戊。”指向三点：（1）检索撤销权要件。（2）“无其他遗产”，符合撤销权要件。（3）赠与（遗赠）处分人身债权的行为，可以是撤销权对象。

思路展开

命题点 1：代位权的条件检索：甲可对丙代位，不可对丁代位。

（1）法律依据：①《合同法》第 73 条，“因债务人怠于行使其到期债权，对债权人造成损害的，债权人可以向人民法院请求以自己的名义代位行使债务人的债权，但该债权专属于债务人自身的除外。代位权的行使范围以债权人的债权为限。债权人行使代位权的必要费用，由债务人负担。”②《合同法解释一》第 11 条，“债权人依照《合同法》第七十三条的规定提起代位权诉讼，应当符合下列条件：（一）债权人对债务人的债权合法；（二）债务人怠于行使其到期债权，对债权人造成损害；（三）债务人的债权已到期；（四）债务人的债权不是专属于债务人自身的债权。”③《合同法解释一》第 12 条，“《合同法》第七十三条第一款规定的专属于债务人自身的债权，是指基于扶养关系、抚养关系、赡养关系、继承关系产生的给付请求权和劳动报酬、退休金、养老金、抚恤金、安置费、人寿保险、人身伤害赔偿请求权等权利。”

（2）法条阐释：代位权的构成要件。①原债合法、有效、到期（未过时效）且受害。②次债（次次债）存在、到期、金钱、“懈怠”、非专属。

（3）具体到本题：①甲对乙的原债合法、有效、到期且“受害”。→“甲对乙享有 2006 年 8 月 10 日到期的 6 万元债权，到期后乙无力清偿。”②乙对丙的

---

① 参考答案：AB

次债到期、非专属、且"懈怠"。→"乙对丙享有五万元债权,清偿期已届满七个月,但乙未对丙采取法律措施。"③乙对丁的次债到期,但专属!不可代位。→"乙对丁还享有5万元人身损害赔偿请求权"。看到没有,题干信息对于懈怠与否都不交代了!④甲可对丙提起代位权诉讼;甲不可对丁提起代位权诉讼。

(4)结论:①"B.在乙去世前,甲可直接向法院请求丙向自己清偿",B对,选B。②"C.在乙去世前,甲可直接向法院请求丁向自己清偿",C错,不选C。

命题点2:提起代位权诉讼,胜诉后,诉讼费用由次债务人负担,不是由债务人乙负担。其他必要费用(如差旅费)才由债务人负担。

(1)法律依据:①《合同法解释一》第19条,"在代位权诉讼中,债权人胜诉的,诉讼费由次债务人负担,从实现的债权中优先支付。"②《合同法》第73条第2款,"代位权的行使范围以债权人的债权为限。债权人行使代位权的必要费用,由债务人负担。"

(2)具体到本题:如甲行使代位权胜诉,行使代位权的诉讼费用应由丙负担。

(3)结论:"D.如甲行使代位权胜诉,行使代位权的诉讼费用和其他费用都应该从乙财产中支付",D错,不选D。

(4)比对记忆:撤销权的费用负担规则:《合同法》第74条第2款,"撤销权的行使范围以债权人的债权为限。债权人行使撤销权的必要费用,由债务人负担。"+《合同法解释一》第26条,"债权人行使撤销权所支付的律师代理费、差旅费等必要费用,由债务人负担;第三人有过错的,应当适当分担。"

命题点3:撤销权要件的检讨,乙无偿处分债权,遗赠给戊,导致乙对甲的债务无力清偿。甲可主张债权人撤销权。

(1)法律依据:《合同法》第74条第1款,"因债务人放弃其到期债权或者无偿转让财产,对债权人造成损害的,债权人可以请求人民法院撤销债务人的行为。债务人以明显不合理的低价转让财产,对债权人造成损害,并且受让人知道该情形的,债权人也可以请求人民法院撤销债务人的行为。"

(2)具体到本题:①"甲对乙享有2006年8月10日到期的6万元债权,到期后乙无力清偿。"+"后乙去世,无其他遗产,遗嘱中将上述10万元的债权赠与戊。"②甲可向法院请求撤销乙的遗赠。

(3)结论:"A.甲可向法院请求撤销乙的遗赠",A对,选A。

5. 代位权的结构、诉讼中可以追加债务人为第三人(而不是应当追加)、撤销权的结构(债务人在欠债之前的"穷大方"行为不受撤销权"侵略")

甲公司欠乙公司货款20万元已有10个月,其资产已不足偿债。乙公司在追债过程中发现,甲公司在一年半之前作为保证人向某银行清偿了丙公司的贷款后一直没有向其追偿,同时还将自己对丁公司享有的30%的股权无偿转让给了丙公司。下列哪些选项是错误的?(2007－3－54)

A. 乙公司可以对丙公司行使代位权

B. 若乙公司对丙公司提起代位权诉讼,法院应当追加甲公司为第三人

C. 乙公司可以请求法院确认甲、丙之间无偿转让股权的合同无效

D. 乙公司有权请求法院撤销甲、丙之间无偿转让股权的合同

答案:(　　)①

考点:代位权的结构、诉讼中可以追加债务人为第三人(而不是应当追加)、撤销权的结构(债务人在欠债之前的"穷大方"行为不受撤销权"侵略")

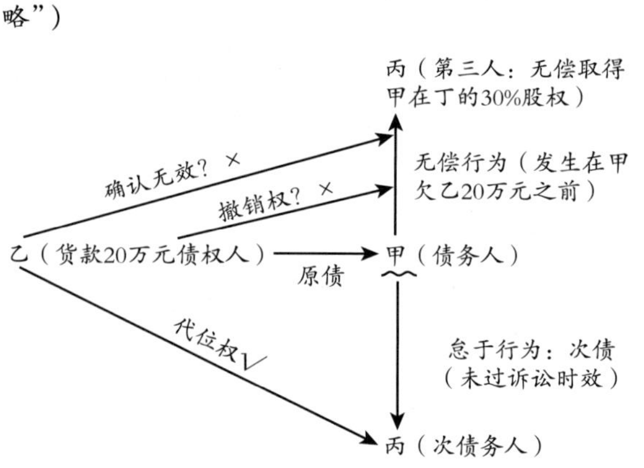

① 参考答案:司法部公布的答案是ABCD。根据题干交代信息,尤其是选项之间的关系揭示出来的信息,将答案调整为BCD。

读题技巧

1. 债务人甲有两个行为:一个是消极行为,一个是积极行为。

2. 债务人甲的消极行为(1)"乙公司在追债过程中发现,甲公司在一年半之前作为保证人向某银行清偿了丙公司的贷款后一直没有向其追偿",指向乙可提起代位权诉讼。(2)因为次债没有过诉讼时效。

3. 债务人的积极行为。(1)"(甲公司)将自己对丁公司享有的30%的股权无偿转让给了丙公司",指向撤销权。(2)但是,该行为发生在"原债"(甲欠乙20万元货款)之前,故该赠与行为不能成为撤销权对象。(3)题干未揭示甲和丙之间存在恶意串通情形。即使甲丙存在恶意串通,也是在甲欠乙钱之前的"恶意串通",实质上,压根谈不上"恶意串通"损害后来者乙的权益。(4)换句话说:至尊宝爱上了紫霞仙子,那个时候白晶晶(莫文蔚)还没出现呢(紫霞仙子是白晶晶的师傅),所以至尊宝和紫霞仙子不构成"恶意串通",横刀夺了白晶晶所爱之"至尊宝"!(5)白晶晶(乙),不得宣告至尊宝(甲)与紫霞仙子(丙)的恋爱关系无效。(6)追问:既然白晶晶知道至尊宝曾经在500年前爱过紫霞仙子,为什么还要与至尊宝"堕入爱河"?咎由自取!既然乙公司在知道(推定知道)甲公司在"1年半前"就无偿处分股权给丙,甲就是一个穷光蛋,乙还与甲发生"货款"债务关系,乙也是"咎由自取"。

4. 注意:选非题。

思路展开

命题点1:代位权:债务人甲的消极行为,没有向次债务人丙主张债权。债权人乙有代位权。

(1)法律依据:①《合同法》第73条,"因债务人怠于行使其到期债权,对债权人造成损害的,债权人可以向人民法院请求以自己的名义代位行使债务人的债权,但该债权专属于债务人自身的除外。代位权的行使范围以债权人的债权为限。债权人行使代位权的必要费用,由债务人负担。"②《合同法解释一》第11条,"债权人依照《合同法》第七十三条的规定提起代位权诉讼,应当符合下列条件:(一)债权人对债务人的债权合法;(二)债务人怠于行使其到期债权,对债权人造成损害;(三)债务人的债权已到期;(四)债务人的债权不是专属于债务人自身的债权。"

(2)法条阐释:代位权的构成要件:①原债合法、有效、到期(未过时效)且受害。②次债(次次债)存在、到期、金钱、"懈怠"、非专属。

(2)具体到本题:①"乙公司在追债过程中发现,甲公司在一年半之前作为保证人向某银行清偿了丙公司的贷款后一直没有向其追偿。"②保证人对主债务人追偿权的诉讼时效是2年,从保证人承担保证责任之日起计算2年。→《担保法解释》第42条第2款,"保证人对债务人行使追偿权的诉讼时效,自保证人向债权人承担责任之日起开始计算。"③甲对丙的次债(保证人的追偿债权)没有超过诉讼时效,还有半年才过诉讼时效。

(3)结论:"A. 乙公司可以对丙公司行使代位权",A对,不符合题意,不选A。

(4)司法部公布答案认为A错,《2007年国家司法考试试题解析》:"根据《合同法》第73条关于代位权的规定,因债务人怠于行使其到期债权,对债权人造成损害的,债权人可以向人民法院请求以自己的名义代位行使债务人的债权,但该债权专属于债务人自身的除外。从本题提供的信息来看,乙公司无权对丙公司行使代位权。因此A项错误。"用"从本题提供的信息来看"一笔带过,可见已经发现答案公布错误了。

命题点2:代位权的诉讼主体列明:可以追加债务人为第三人,而不是应当追加。

(1)法律依据:《合同法解释一》第16条,"债权人以次债务人为被告向人民法院提起代位权诉讼,未将债务人列为第三人的,人民法院可以追加债务人为第三人。"

(2)法条阐释:只是"可以"追加,而非"应当"追加。

(3)结论:"B. 若乙公司对丙公司提起代位权诉讼,法院应当追加甲公司为第三人",B错,符合题意,选B。

(4)技术分析:如果乙对丙没有代位权,则B选项设置属于凭空设置,不但完全脱离了题干,还推翻了题干。由B可反推,A选项设置为有代位权才更合理,否则,B选项的存在本身就会有技术障碍。

命题点3:撤销权与恶意串通之无效:债务人甲的积极行为,在很久很久很久以前,把自己的股权无偿转让给丙。债权人乙既不可主张撤销权,也不可宣告甲丙赠与行为无效。

(1)法律依据:①《合同法》第74条,“因债务人放弃其到期债权或者无偿转让财产,对债权人造成损害的,债权人可以请求人民法院撤销债务人的行为。债务人以明显不合理的低价转让财产,对债权人造成损害,并且受让人知道该情形的,债权人也可以请求人民法院撤销债务人的行为。撤销权的行使范围以债权人的债权为限。债权人行使撤销权的必要费用,由债务人负担。”②《合同法解释二》第18条,“债务人放弃其未到期的债权或者放弃债权担保,或者恶意延长到期债权的履行期,对债权人造成损害,债权人依照《合同法》第七十四条的规定提起撤销权诉讼的,人民法院应当支持。”③《合同法解释二》第19条,“对于合同法第七十四条规定的“明显不合理的低价”,人民法院应当以交易当地一般经营者的判断,并参考交易当时交易地的物价部门指导价或者市场交易价,结合其他相关因素综合考虑予以确认。”“转让价格达不到交易时交易地的指导价或者市场交易价百分之七十的,一般可以视为明显不合理的低价;对转让价格高于当地指导价或者市场交易价百分之三十的,一般可以视为明显不合理的高价。”“债务人以明显不合理的高价收购他人财产,人民法院可以根据债权人的申请,参照合同法第七十四条的规定予以撤销。”④撤销权的除斥期间:《合同法》第75条,“撤销权自债权人知道或者应当知道撤销事由之日起一年内行使。自债务人的行为发生之日起五年内没有行使撤销权的,该撤销权消灭。”

(2)法条阐释:撤销权的构成要件:①原债合法有效(不要求到期)。②原债发生之后,有七项财产行为(身份行为除外)一种或数种(放弃到期债权、放弃未到期债权、放弃债权的担保、放弃债权期限利益即延长债权履行期、无偿转让、明显不合理的低价转让、明显不合理的高价收购)。③致害原债权。④未过除斥期间。

(3)具体到本题:①甲公司无偿转让股权的行为发生在前,乙公司对甲的债权成立在后,乙公司自然无权撤销。②从本题给出的信息来看,甲、丙之间不存在恶意串通损害第三人利益的情形,乙无权请求法院确认甲丙之间的合同无效。③白晶晶还没出生,至尊宝与紫霞仙子谈恋爱,与白晶晶有何干系?

(4)结论:①“C.乙公司可以请求法院确认甲、丙之间无偿转让股权的合同无效”,C错,符合题意,选C。②“D.乙公司有权请求法院撤销甲、丙之间无偿转让股权的合同”,D错,符合题意,选D。

(5)延展:如果既符合撤销权结构,又符合恶意串通损害第三人情形,则债权人可以选择启动《合同法》第74条撤销权规则,也可选择启动《民法总则》第154条和《合同法》第52条第2项规则,为规范竞合,权利人选择主张。(参照《民法总则》第154条,行为人与相对人恶意串通,损害他人合法权益的民事法律行为无效。《合同法》第52条第2项:“有下列情形之一的,合同无效:……(二)恶意串通,损害国家、集体或者第三人利益……”)

6.无效合同之返还不当得利也是合法“原债”

甲企业借给乙企业20万元,期满未还。丙欠乙20万元货款也已到期,乙曾向丙发出催收通知书。乙、丙之间的供货合同约定,若因合同履行发生争议,由Y仲裁委员会仲裁。下列哪些选项是错误的?(2006-3-54)

A.甲对乙的20万元债权不合法,故甲不能行使债权人代位权

B.乙曾向丙发出债务催收通知书,故甲不能行使债权人代位权

C.甲应以乙为被告、丙为第三人提起代位权诉讼

D.乙、丙约定的仲裁条款不影响甲对丙提起代位权诉讼

答案:(　　)①

考点:代位权结构的检讨(原债由借款之债转化为不当得利之债、“怠于”判断、“仲裁”条款的相对性)、代位权诉讼主体列明(次债务人是被告,债务人可以是第三人)

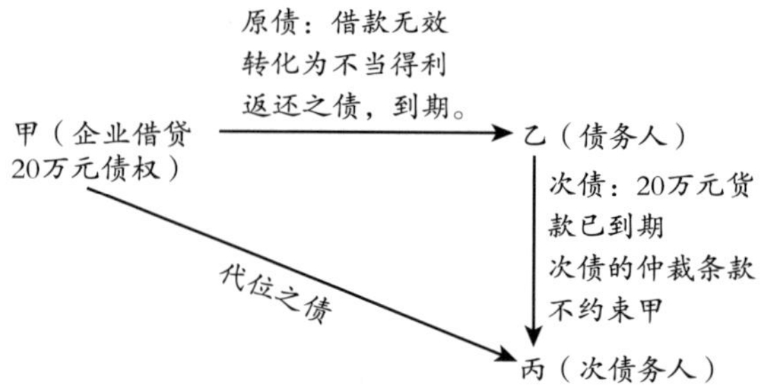

① 参考答案:ABC

读题技巧

1.“甲企业借给乙企业20万元,期满未还”,指向原债有“保全”的必要。

2.“甲企业借给乙企业20万元,期满未还”,指向次债到期。

3.“乙曾向丙发出催收通知书。”,指向代位权结构中“怠于”的判断。仅仅是催收,仍然是“怠于”。

4.“由Y仲裁委员会仲裁”,指向次债仲裁条款不约束代位权人。5.注意:选非题。

思路展开

命题点1:代位权的整体构成要件。

(1)法律依据:①《合同法》第73条,“因债务人怠于行使其到期债权,对债权人造成损害的,债权人可以向人民法院请求以自己的名义代位行使债务人的债权,但该债权专属于债务人自身的除外。代位权的行使范围以债权人的债权为限。债权人行使代位权的必要费用,由债务人负担。”②《合同法解释一》第11条,“债权人依照《合同法》第七十三条的规定提起代位权诉讼,应当符合下列条件:(一)债权人对债务人的债权合法;(二)债务人怠于行使其到期债权,对债权人造成损害;(三)债务人的债权已到期;(四)债务人的债权不是专属于债务人自身的债权。”

(2)法条阐释:代位权的构成要件:①原债合法、有效、到期(未过时效)且受害。②次债(次次债)存在、到期、金钱、“懈怠”、非专属。

命题点2:检讨代位权构成要件之:原债“合法有效”的判断。

(1)学理依据:无效借款合同转化为不当得利债权,也符合代位权结构中的“原债”。

(2)具体到本题:①企业之间的借款合同无效,具体而言,合同当事人约定的利息不受法律保护,但本金仍然应当返还。②本题中,甲、乙之间的借款合同无效,但甲享有的要求乙返还20万元本金的权利依然受到法律保护,并非是非法债权。

(3)结论:“A. 甲对乙的20万元债权不合法,故甲不能行使债权人代位权”,A错,符合题意,选A。

命题点3:检讨代位权构成要件之:次债“怠于”的判断。不起诉或仲裁就是怠于。

(1)法律依据:《合同法解释一》第13条第1款,“《合同法》第七十三条规定的‘债务人怠于行使其到期债权,对债权人造成损害的’,是指债务人不履行其对债权人的到期债务,又不以诉讼方式或者仲裁方式向其债务人主张其享有的具有金钱给付内容的到期债权,致使债权人的到期债权未能实现。”

(2)具体到本题:尽管乙曾向丙发出债务催收通知书,但仍然是怠于行使其权利。不能仅仅因为乙发出了次债的催收,就可以因此阻挡代位权。

(3)结论:“B. 乙曾向丙发出债务催收通知书,故甲不能行使债权人代位权”,B错,符合题意,选B。

命题点4:检讨代位权构成要件之:次债“仲裁”条款的相对性(限于代位权结构。如果在债权转让、债务转移中,则仲裁条款对新的债权人或债务人也有约束力)。

(1)法律依据:《合同法解释一》第13条第1款,“《合同法》第七十三条规定的‘债务人怠于行使其到期债权,对债权人造成损害的’,是指债务人不履行其对债权人的到期债务,又不以诉讼方式或者仲裁方式向其债务人主张其享有的具有金钱给付内容的到期债权,致使债权人的到期债权未能实现。”

(2)法条阐释:《2006年国家司法考试试题解析》:“《合同法解释(一)》第13条第1款可以从侧面来印证,即便债务人与次债务人之间存在仲裁协议,债权人仍然有权提起代位权诉讼。(《合同法》第七十三条规定的‘债务人怠于行使其到期债权,对债权人造成损害的’,是指债务人不履行其对债权人的到期债务,又不以诉讼方式或者仲裁方式向其债务人主张其享有的具有金钱给付内容的到期债权,致使债权人的到期债权未能实现。)”

(3)具体到本题:①乙、丙之间的供货合同中有关仲裁的约定只能约束乙、丙双方,并不能约束合同关系以外的甲。②倘若只要债务人与次债务人之间存在仲裁协议,债权人就不得提起代位权之诉,那么这对债权人利益的保护就十分不利,也为债务人、次债务人规避代位权诉讼打开了方便之门。

(4)结论:“D. 乙、丙约定的仲裁条款不影响甲对丙提起代位权诉讼”,D对,不符合题意,不选D。

命题点 5:代位权诉讼主体的列明:次债务人是被告,债务人可以是第三人。

(1)法律依据:《合同法解释一》第 16 条第 1 款,"债权人以次债务人为被告向人民法院提起代位权诉讼,未将债务人列为第三人的,人民法院可以追加债务人为第三人。"

(2)具体到本题:债权人是甲、债务人是乙、次债务人是丙。原告甲,被告丙,第三人乙。

(3)结论:"C. 甲应以乙为被告、丙为第三人提起代位权诉讼",C 错,符合题意,选 C。

常见错误

1. 企业借贷无效不属于"原债"说:认为企业之间的借款合同违反有关金融法规,属于无效合同,甲对乙的 20 万元债权不受法律保护,因此甲不能行使代位权,故未选 A。

2. 催收不是"怠于"说:认为代位权的行使以债务人怠于行使其权利为前提,乙既然已经向丙发出债务催收通知书,就不属于怠于行使权利,债权人甲无权行使代位权,故未选 B。

7. 继承权不能代位;"不如送你算了"启动撤销权与恶意串通无效行为;赠与人"有限"的物的瑕疵担保责任

甲欠乙 20 万元到期无力偿还,其父病故后遗有价值 15 万元的住房 1 套,甲为唯一继承人。乙得知后与甲联系,希望以房抵债。甲便对好友丙说:"反正这房子我继承了也要拿去抵债,不如送给你算了。"二人遂订立赠与协议。下列哪些说法是错误的?(2006-3-51)

A. 乙对甲的行为可行使债权人撤销权

B. 乙可主张赠与协议无效

C. 乙可代位行使甲的继承权

D. 丙无权对因受赠房屋瑕疵造成的损失请求甲赔偿

答案:(　　)①

考点: 继承权不能代位;"不如送你算了"启动撤销权与恶意串通无效行为;赠与人"有限"的物的瑕疵担保责任

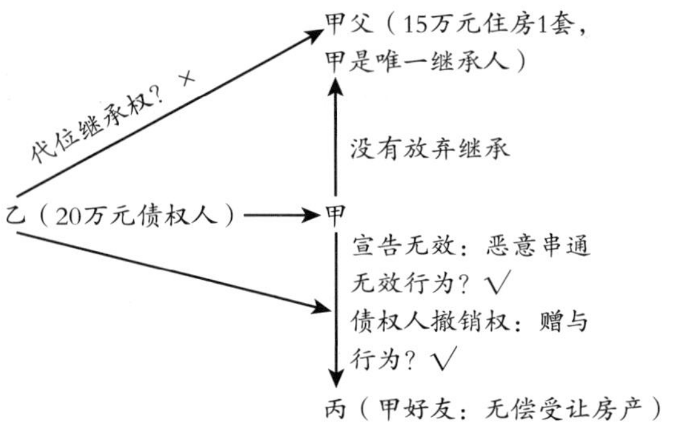

读题技巧

1. "甲欠乙 20 万元到期无力偿还",指向乙的债权有"保全"的必要,可能启动撤销权或者代位权。

2. "甲为唯一继承人",指向继承权不能成为代位权的标的。

3. "甲便对好友丙说:"反正这房子我继承了也要拿去抵债,不如送给你算了。"二人遂订立赠与协议。"指向三点:(1)甲、丙恶意串通,这么明显的恶意串通!简直赤裸裸!(2)启动乙的撤销权。(3)无效与撤销的规范竞合。

思路展开

命题点 1:代位权构成要件之检索:继承权不可以成为代位权对象。

(1)法律依据:①代位权。《合同法》第 73 条,"因债务人怠于行使其到期债权,对债权人造成损害的,债权人可以向人民法院请求以自己的名义代位行使债务人的债权,但该债权专属于债务人自身的除外。代位权的行使范围以债权人的债权为限。债权人行使代位权的必要费用,由债务人负担。"②代位权要件。《合同法解释一》第 11 条,"债权人依照《合同法》第七十三条的规定提起代位权诉讼,应当符合下列条件:(一)债权人对债务人的债权合法;(二)债务人怠于行使其到期债权,对债权人造成损害;(三)债务人的债权已到期;(四)债务人的债权不是专属于债务人自身的债权。"③次债专属性。《合同法解释一》第 12 条,"《合同法》第七十三条第一款规定的专属于债务人自身的债权,是指基于扶养关系、抚养关系、赡养关系、继承关系产生的给付请求权和劳动报酬、退休金、养老金、抚恤金、安置

① 参考答案:CD

费、人寿保险、人身伤害赔偿请求权等权利。”

(2)法条阐释:代位权的构成要件:①原债合法、有效、到期(未过时效)且受害。②次债(次次债)存在、到期、金钱、“懈怠”、非专属。

(3)具体到本题:继承权不属于债权,不能成为代位权的客体。

(4)结论:“C. 乙可代位行使甲的继承权”,C错,符合题意,选C。

命题点2:撤销权构成要件之检索:无偿处分房产,构成撤销权对象。

(1)法律依据:①《合同法》第74条,“因债务人放弃其到期债权或者无偿转让财产,对债权人造成损害的,债权人可以请求人民法院撤销债务人的行为。债务人以明显不合理的低价转让财产,对债权人造成损害,并且受让人知道该情形的,债权人也可以请求人民法院撤销债务人的行为。撤销权的行使范围以债权人的债权为限。债权人行使撤销权的必要费用,由债务人负担。”②《合同法解释二》第18条,“债务人放弃其未到期的债权或者放弃债权担保,或者恶意延长到期债权的履行期,对债权人造成损害,债权人依照合同法第七十四条的规定提起撤销权诉讼的,人民法院应当支持。”③《合同法解释二》第19条,“对于合同法第七十四条规定的‘明显不合理的低价’,人民法院应当以交易当地一般经营者的判断,并参考交易当时交易地的物价部门指导价或者市场交易价,结合其他相关因素综合考虑予以确认。转让价格达不到交易时交易地的指导价或者市场交易价百分之七十的,一般可以视为明显不合理的低价;对转让价格高于当地指导价或者市场交易价百分之三十的,一般可以视为明显不合理的高价。”“债务人以明显不合理的高价收购他人财产,人民法院可以根据债权人的申请,参照合同法第七十四条的规定予以撤销。”④撤销权的除斥期间:《合同法》第75条,“撤销权自债权人知道或者应当知道撤销事由之日起一年内行使。自债务人的行为发生之日起五年内没有行使撤销权的,该撤销权消灭。”

(2)法条阐释:撤销权的构成要件:①原债合法有效(不要求到期)。②原债发生之后,有七项财产行为(身份行为除外)一种或数种(放弃到期债权、放弃未到期债权、放弃债权的担保、放弃债权期限利益即延长债权履行期、无偿转让、明显不合理的低价转让、明显不合理的高价收购)。③致害原债权。④未过除斥期间。

(3)具体到本题:甲将房屋赠与丙的行为符合该项规定,乙有权予以撤销。

(4)结论:“A. 乙对甲的行为可行使债权人撤销权”,A对,不符合题意,不选A。

命题点3:恶意串通损害第三人利益无效民事行为的检索:甲丙恶意串通损害乙的利益,赠与行为无效。

(1)法律依据:《民法总则》第154条,“行为人与相对人恶意串通,损害他人合法权益的民事法律行为无效。”《合同法》第52条第2项,“有下列情形之一的,合同无效:(一)一方以欺诈、胁迫的手段订立合同,损害国家利益;(二)恶意串通,损害国家、集体或者第三人利益;(三)以合法形式掩盖非法目的;(四)损害社会公共利益;(五)违反法律、行政法规的强制性规定。”

(2)具体到本题:“甲便对好友丙说:‘反正这房子我继承了也要拿去抵债,不如送给你算了。’二人遂订立赠与协议。”“便”、“好友”、“反正”、“继承了也要拿去抵债”、“不如”、“算了”、“遂”,所有这些字眼均指向甲、丙恶意串通,损害第三人的利益,因此属于无效行为。

(3)结论:“B. 乙可主张赠与协议无效”,B对,不符合题意,不选B。

(4)延展:如果既符合撤销权结构,又符合恶意串通损害第三人情形,则债权人可以选择启动《合同法》第74条撤销权规则,也可选择启动《民法总则》第154条和《合同法》第52条第2项规则,为规范竞合,权利人选择主张。(参照《民法总则》第154条,“行为人与相对人恶意串通,损害他人合法权益的民事法律行为无效。”《合同法》第52条第2项:“有下列情形之一的,合同无效:(二)恶意串通,损害国家、集体或者第三人利益。”)

命题点4:赠与合同中赠与人有限制的物的瑕疵担保责任。

(1)法律依据:《合同法》第191条,“赠与的财产有瑕疵的,赠与人不承担责任。附义务的赠与,赠与的财产有瑕疵的，赠与人在附义务的限度内承担与出卖人相同的责任。赠与人故意不告知瑕疵或者保证无瑕疵，造成受赠人损失的，应当承担损害赔偿责任。”

（2）具体到本题：①本题中D选项属于假设事实，应结合《合同法》第191条单独做判断。②《2006年国家司法考试试题解析》：“若赠与的财产有瑕疵，赠与人是否承担责任应作具体分析，本题中D选项说法过于绝对。”

（3）结论：“D. 丙无权对因受赠房屋瑕疵造成的损失请求甲赔偿”，D错，符合题意，选D。

异议辨析

1. 有观点认为，在司法考试中，出题人将知情等同于恶意串通，所以考生不得不做此理解。

2. 评论：（1）这一观点是人为地将考生的思维引导到了题干的对立面，走偏了方向。（2）如前所述，先着眼于：题干诸多词语，“甲便对好友丙说：‘反正这房子我继承了也要拿去抵债，不如送给你算了。’二人遂订立赠与协议。”“便”、“好友”、“反正”、“继承了也要拿去抵债”、“不如”、“算了”、“遂”。（3）全部都指向甲、丙的恶意串通。（4）如果这些词语还无法表达恶意串通之意，那实在不知道还有什么措辞可以表达恶意串通之意？（5）而司考试题中，直接在题干中使用恶意串通，确实稳妥，但降低了试题的区分度。（6）所以，考生要做的是如何把题目读懂，而不是如何去指责试题的问题。

二、撤销权

1. 债权人撤销权，避免债务人责任财产减少，而不负责增加债务人责任财产

乙向甲借款20万元，借款到期后，乙的下列哪些行为导致无力偿还甲的借款时，甲可申请法院予以撤销？（2016－3－58）

A. 乙将自己所有的财产用于偿还对他人的未到期债务

B. 乙与其债务人约定放弃对债务人财产的抵押权

C. 乙在离婚协议中放弃对家庭共有财产的分割

D. 乙父去世，乙放弃对父亲遗产的继承权

答案：（　　）①

考点：债权人撤销权的对象

解题图构

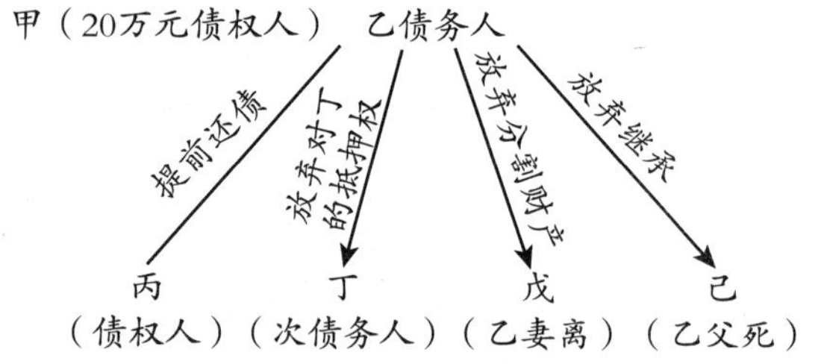

思路展开

1. 命题点：撤销权的对象：债务人的“逃债行为”。

2. 法律依据：（1）放弃到期债权、无偿转让财产。《合同法》第74条，“因债务人放弃其到期债权或者无偿转让财产，对债权人造成损害的，债权人可以请求人民法院撤销债务人的行为。债务人以明显不合理的低价转让财产，对债权人造成损害，并且受让人知道该情形的，债权人也可以请求人民法院撤销债务人的行为。撤销权的行使范围以债权人的债权为限。债权人行使撤销权的必要费用，由债务人负担。”（2）放弃未到期债权、放弃债权的担保、恶意延长到期债权的履行期。《合同法解释二》第18条，“债务人放弃其未到期的债权或者放弃债权担保，或者恶意延长到期债权的履行期，对债权人造成损害，债权人依照《合同法》第七十四条的规定提起撤销权诉讼的，人民法院应当支持。”（3）“价格离谱”、“有偿”、“变相”逃债的金额判断（上下浮动30%）：《合同法解释二》第19条，“对于《合同法》第七十四条规定的‘明显不合理的低价’，人民法院应当以交易当地一般经营者的判断，并参考交易当时交易地的物价部门指导价或者市场交易价，结合其他相关因素综合考虑予以确认。转让价格达不到交易时交易地的指导价或者市场交易价百分之七十的，一般可以视为明显不合理的低价；对转让价格高于当地指导价或者市场交易价百分之三十的，一般可以视为明显不合理的高价。债务人以明显不合理的高价收购他人财产，人民法院可以根据

① 参考答案：ABC

债权人的申请,参照合同法第七十四条的规定予以撤销。”

3. 法条阐释:(1)撤销权的行使要件:①债权人对债务人有债权、合法有效、没过诉讼时效。②债务人“逃债”行为发生在债权成立之后,逃债行为是减少了债务人不应当减少的责任财产,导致债务人无力清偿对债权人的债务。③如果以“明显不合理的低价”、“有偿”、“逃债”,第三人知情,才启动债权人撤销权。④无偿行为,不要求第三人“知情”。撤销权可以直接侵略债务人和第三人之间无偿处分财产的行为。(2)《2016年国家司法考试试题解析》:“债权人撤销权,目的在于恢复债务人的一般责任财产,防止债务人的一般责任财产不当减少。据此,提前清偿他人到期债务,属于对期限利益的放弃;放弃原本享有的抵押权、放弃分割夫妻共同财产,均属之。放弃继承权并非一般责任财产不当减少。”

4. 具体结论:(1)“A. 乙将自己所有的财产用于偿还对他人的未到期债务”,A可撤,选A。①《2016年国家司法考试试题解析》:“债务人的提前清偿行为是其放弃期限利益的具体表现,在结果上导致债务人无力清偿债务,因此可以申请撤销。”②“三大本”第159页右上第9行:“债务人有害于债权人债权的行为包括积极减少和消极增加债务。消极增加债务包括提前清偿未到期债务……为他人提供保证、为他人的债权增设抵押权。”

(2)“B. 乙与其债务人约定放弃对债务人财产的抵押权”,B可撤,选B。《2016年国家司法考试试题解析》:“债务人放弃债权担保损害了债权人的利益,故可以申请撤销。”

(3)“C. 乙在离婚协议中放弃对家庭共有财产的分割”,C可撤,选C。①《2016年国家司法考试试题解析》:“乙的夫妻共有财产中包含了乙的个人一般责任财产,其在分割共有财产时的放弃行为属于一般责任财产不当减少的情形,故可以申请撤销。”②很多考生被“离婚协议”和“家庭共有”两个看似矛盾的措辞干扰。认为,离婚协议放弃对家庭共有财产的分割。

(4)“D. 乙父去世,乙放弃对父亲遗产的继承权”,D不可撤,不选D。①《2016年国家司法考试试题解析》:“借款到期前,乙对其父亲可能继承的遗产并不包含在一般责任财产中,所以乙放弃继承的行为并没有导致一般责任财产的不当介绍,所以不能申请撤销。”②“三大本”第159页左下倒数第8行:不以财产为标的的行为,因与债务人的责任财产无关,因此债权人不得撤销。不以财产为标的的行为主要包括:基于身份关系而为的行为如结婚、收养或解除收养、继承的承认或抛弃;以不作为债务的发生为目的的法律行为;以提供劳务为目的的行为;财产上利益的拒绝行为;以不得扣押的财产权为标的的行为。

2. 撤销权构成要件的检讨、不动产物权变动与不动产合同区分原则、恶意串通、债权的平等性

杜某拖欠谢某100万元。谢某请求杜某以登记在其名下的房屋抵债时,杜某称其已把房屋作价90万元卖给赖某,房屋钥匙已交,但产权尚未过户。该房屋市值为120万元。关于谢某权利的保护,下列哪些表述是错误的?(2014-3-54)

A. 谢某可请求法院撤销杜某、赖某的买卖合同

B. 因房屋尚未过户,杜某、赖某买卖合同无效

C. 如谢某能举证杜某、赖某构成恶意串通,则杜某、赖某买卖合同无效

D. 因房屋尚未过户,房屋仍属杜某所有,谢某有权直接取得房屋的所有权以实现其债权

答案:( )①

考点:撤销权构成要件的检讨、不动产物权变动与不动产合同区分原则、恶意串通、债权的平等性

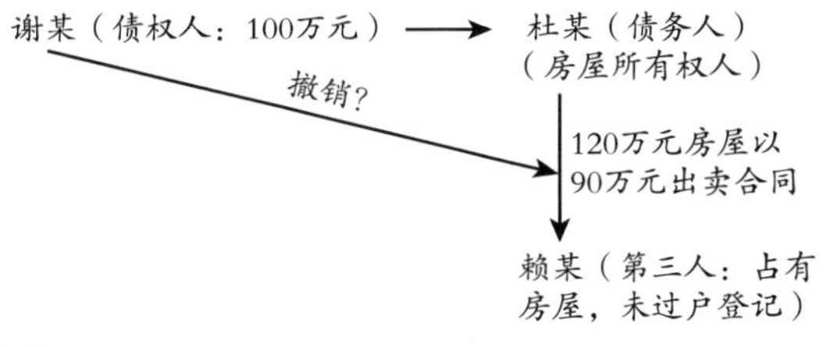

读题技巧

1.“拖欠”,指向债权人撤销权检索。

2.“该房屋市值为120万元”+“房屋作价90万元”,指向价格合理,在市价30%区间范围合理浮动。

---

① 参考答案:ABD

3."但产权尚未过户",指向房屋物权变动与房屋买卖合同效力区分原则。

4.本题是选非题。

思路展开

命题点1:检索债权人撤销权的构成要件:杜某、赖某合同价格并非不合理,谢某不得主张债权人撤销权。撤销权的构成要件:

(1)法律依据:①《合同法》第74条,"因债务人放弃其到期债权或者无偿转让财产,对债权人造成损害的,债权人可以请求人民法院撤销债务人的行为。债务人以明显不合理的低价转让财产,对债权人造成损害,并且受让人知道该情形的,债权人也可以请求人民法院撤销债务人的行为。撤销权的行使范围以债权人的债权为限。债权人行使撤销权的必要费用,由债务人负担。"②《合同法解释二》第18条,"债务人放弃其未到期的债权或者放弃债权担保,或者恶意延长到期债权的履行期,对债权人造成损害,债权人依照《合同法》第七十四条的规定提起撤销权诉讼的,人民法院应当支持。"③《合同法解释二》第19条,"对于《合同法》第七十四条规定的'明显不合理的低价',人民法院应当以交易当地一般经营者的判断,并参考交易当时交易地的物价部门指导价或者市场交易价,结合其他相关因素综合考虑予以确认。转让价格达不到交易时交易地的指导价或者市场交易价百分之七十的,一般可以视为明显不合理的低价;对转让价格高于当地指导价或者市场交易价百分之三十的,一般可以视为明显不合理的高价。债务人以明显不合理的高价收购他人财产,人民法院可以根据债权人的申请,参照《合同法》第七十四条的规定予以撤销。"④撤销权的除斥期间。《合同法》第75条,"撤销权自债权人知道或者应当知道撤销事由之日起一年内行使。自债务人的行为发生之日起五年内没有行使撤销权的,该撤销权消灭。"

(2)法条阐释:撤销权的构成要件:①原债合法有效(不要求到期)。②原债发生之后,有七项财产行为(身份行为除外)一种或数种(放弃到期债权、放弃未到期债权、放弃债权的担保、放弃债权期限利益即延长债权履行期、无偿转让、明显不合理的低价转让、明显不合理的高价收购)。③致害原债权。④未过除斥期间。

(3)具体到本题:①明显低于市场交易价70%的,为明显不合理低价。②房屋市场价值120万元,70%是84万元,杜某和赖某房屋买卖合同中将房屋作价90万元,90万元高于84万元,故杜某、赖某房屋交易价格合理。③谢某不得主张撤销杜某、赖某的房屋买卖合同。

(4)结论:"A.谢某可请求法院撤销杜某、赖某的买卖合同",A错,符合题意,选A。

命题点2:不动产物权变动与合同效力区分原则,不动产物权未变动,不会因此影响合同效力。

(1)法律依据:《物权法》第15条,"当事人之间订立有关设立、变更、转让和消灭不动产物权的合同,除法律另有规定或者合同另有约定外,自合同成立时生效;未办理物权登记的,不影响合同效力。"

(2)具体到本题:杜某与赖某房屋买卖中,房屋未过户登记时,不影响房屋买卖合同效力。

(3)结论:"B.因房屋尚未过户,杜某、赖某买卖合同无效",B错,符合题意,选B。

命题点3:恶意串通损害第三人利益合同无效情形。

(1)法律依据:《民法总则》第154条,"行为人与相对人恶意串通,损害他人合法权益的民事法律行为无效。"《合同法》第52条第2项,"有下列情形之一的,合同无效:(一)一方以欺诈、胁迫的手段订立合同,损害国家利益;(二)恶意串通,损害国家、集体或者第三人利益;(三)以合法形式掩盖非法目的;(四)损害社会公共利益;(五)违反法律、行政法规的强制性规定。"

(2)具体到本题:如能举证证明杜某、赖某恶意串通,依《民法总则》第154条和《合同法》第52条第(2)项,合同应为无效。

(3)结论:"C.如谢某能举证杜某、赖某构成恶意串通,则杜某、赖某买卖合同无效",C对,不符合题意,不选C。

命题点4:债权具有平等性,不具有优先受偿性。

(1)具体到本题:"谢某请求杜某以登记在其名下的房屋抵债时"+"但产权尚未过户"。房屋虽然仍归杜某，但谢某享有的是债权，而非物权，只能请求杜某向自己交付房屋并办理登记而取得所有权，而不能直接追及杜某的房屋。

(2)结论："D. 因房屋尚未过户，房屋仍属杜某所有，谢某有权直接取得房屋的所有权以实现其债权"，D错，符合题意，选D。

3. 撤销权构成要件检讨之"处分行为"发生在原债之后；公益赠与合同当事人无任意撤销权

甲公司在2011年6月1日欠乙公司货款500万元，届期无力清偿。2010年12月1日，甲公司向丙公司赠送一套价值50万元的机器设备。2011年3月1日，甲公司向丁基金会捐赠50万元现金。2011年12月1日，甲公司向戊希望学校捐赠价值100万元的电脑。甲公司的3项赠与行为均尚未履行。下列哪一选项是正确的？(2012－3－15)

A. 乙公司有权撤销甲公司对丙公司的赠与

B. 乙公司有权撤销甲公司对丁基金会的捐赠

C. 乙公司有权撤销甲公司对戊学校的捐赠

D. 甲公司有权撤销对戊学校的捐赠

答案：(　　)①

考点：撤销权构成要件检讨之"处分行为"发生在原债之后；公益赠与合同当事人无任意撤销权

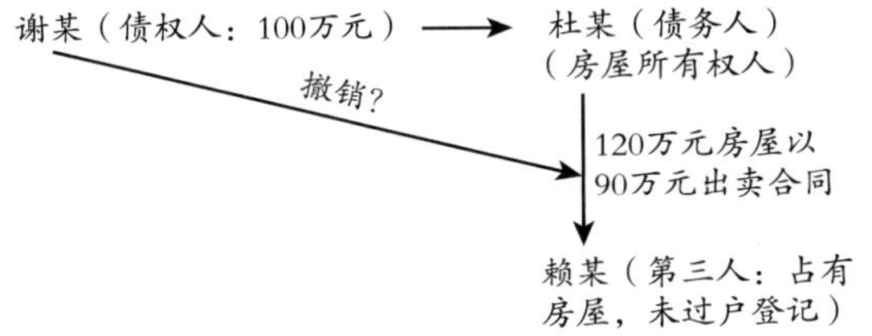

读题技巧

1. "甲公司在2011年6月1日欠乙公司货款500万元，届期无力清偿"，指向撤销权或代位权。本题具体到撤销权。

2. 原债之前的两项赠与：(1)"2010年12月1日，甲公司向丙公司赠送一套价值50万元的机器设备。"(2)2011年3月1日，甲公司向丁基金会捐赠50万元现金。

3. 原债之后的一项赠与："2011年12月1日，甲公司向戊希望学校捐赠价值100万元的电脑。"

4. 还原现实：甲对丙、丁很慷慨，送出去100万人。然后甲"穷"了，欠了乙500万人。再然后甲继续"穷大方"，向戊学校捐赠100万人。乙不能撤销甲对丙、丁的慷慨行为；乙只能撤销对戊的慷慨行为。原因：乙对于甲此前的财产状况是接受的，而撤销权仅仅是维持甲在和乙交易后的财产不发生不正常变动。

5. 甲和戊之间，属于公益赠与，赠与人甲自己不得享有任意撤销权。

思路展开

命题点1：撤销权制度体系。

(1)法律依据：①《合同法》第74条，"因债务人放弃其到期债权或者无偿转让财产，对债权人造成损害的，债权人可以请求人民法院撤销债务人的行为。债务人以明显不合理的低价转让财产，对债权人造成损害，并且受让人知道该情形的，债权人也可以请求人民法院撤销债务人的行为。撤销权的行使范围以债权人的债权为限。债权人行使撤销权的必要费用，由债务人负担。"②《合同法解释二》第18条，"债务人放弃其未到期的债权或者放弃债权担保，或者恶意延长到期债权的履行期，对债权人造成损害，债权人依照合同法第七十四条的规定提起撤销权诉讼的，人民法院应当支持。"③《合同法解释二》第19条，"对于《合同法》第七十四条规定的'明显不合理的低价'，人民法院应当以交易当地一般经营者的判断，并参考交易当时交易地的物价部门指导价或者市场交易价，结合其他相关因素综合考虑予以确认。转让价格达不到交易时交易地的指导价或者市场交易价百分之七十的，一般可以视为明显不合理的低价；对转让价格高于当地指导价或者市场交易价百分之三十的，一般可以视为明显不合理的高价。债务人以明显不合理的高价收购他人财产，人民法院可以根据债权人的申请，参照《合同法》第七十四条的规定予以撤销。"④撤销权的除斥期间：《合同法》第75条，"撤销权自债权人知道或者应当知道撤销事由之日起一年内行使。自债务人的行为发生之日起五年内没有行使撤销权的，该撤销权消灭。"

(2)法条阐释：撤销权的构成要件：①原债合法有效（不要求到期）。②原债发生之后，有七项财产行为（身份行为除外）一种或数种（放弃到期债权、

---

① 参考答案：C

放弃未到期债权、放弃债权的担保、放弃债权期限利益即延长债权履行期、无偿转让、明显不合理的低价转让、明显不合理的高价收购)。③致害原债权。④未过除斥期间。

命题点2:撤销权构成要件之:原债发生之后,债务人处分财产的行为,才能成为撤销权的对象。具体到本题:

(1)原债之前的行为,不是撤销权对象。①乙公司对甲公司享有的债权在2011年6月1日发生,故甲公司在此之前无偿转让财产的行为,谈不上对债权人乙公司造成损害的问题。②"A.乙公司有权撤销甲公司对丙公司的赠与;B.乙公司有权撤销甲公司对丁基金会的捐赠",AB均错,不选AB。

(2)原债之后的行为,是撤销权的对象。①在2011年6月1日之后,甲公司向戊希望学校实施了公益赠与,减损甲公司的偿债能力,对债权人乙公司造成了损害,故乙公司有权撤销甲公司对戊学校的捐赠。②"C.乙公司有权撤销甲公司对戊学校的捐赠",C对,选C。

命题点3:公益赠与合同之赠与人自身不得享有任意撤销权。

(1)法律依据:《合同法》第186条,"赠与人在赠与财产的权利转移之前可以撤销赠与。具有救灾、扶贫等社会公益、道德义务性质的赠与合同或者经过公证的赠与合同,不适用前款规定。"

(2)具体到本题:①"2011年12月1日,甲公司向戊希望学校捐赠价值100万元的电脑。甲公司的3项赠与行为均尚未履行。"②公益性赠与,赠与人在赠与财产的权利转移之前不得撤销赠与。

(3)结论:"D.甲公司有权撤销对戊学校的捐赠",D错,不选D。

常见错误

自我假设事实作答:认为甲对与戊的赠与虽属于公益赠与,但在法定条件下是可以撤销的,故错选D。

4.债权人撤销权(过了1年除斥期间而消灭)与无效行为的竞合、与代位权结构的交叉

甲欠乙1万元到期未还。2003年4月,甲得知乙准备起诉索款,便将自己价值3万元的全部财物以1万元卖给了知悉其欠乙款未还的丙,约定付款期限为2004年年底。乙于2003年5月得知这一情况,于2004年7月决定向法院提起诉讼。乙提出的下列哪一项诉讼请求能够得到法院支持?(2005-3-9)

A.请求宣告甲与丙的行为无效

B.请求法院撤销甲与丙的行为

C.请求以自己的名义行使甲对丙的1万元债权

D.请求丙承担侵权责任

答案:( )①

考点:债权人撤销权(过了1年除斥期间而消灭)与无效行为的竞合、代位权之次债要到期、侵权责任保护的对象一般不包括债权

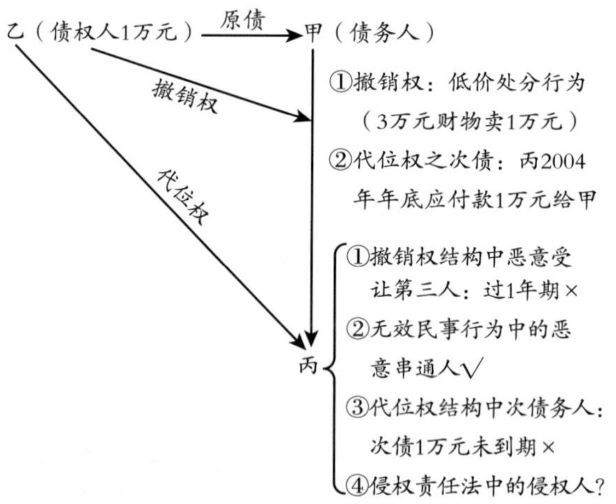

读题技巧

1."甲欠乙1万元到期未还"+"自己价值3万元的全部财物"=指向原债有"保全"的必要。

2."甲得知乙准备起诉索款,便将自己价值3万元的全部财物以1万元卖给了知悉其欠乙款未还的丙",指向两点:(1)债务人甲的明显不合理低价转让财产,启动债权人乙的撤销权。(2)"知悉其欠乙款未还的丙",甲、丙恶意串通明显,属于恶意串通损害第三人利益,为无效民事行为。

3."乙于2003年5月得知这一情况,于2004年7月决定向法院提起诉讼",指向乙的撤销权已

① 参考答案:A

经过了1年的除斥期间。

4. 乙只得请求宣告甲、丙行为无效。

5. 此题提示我们，认为撤销权与无效宣告可以竞合，由权利人选择，确实可以更大可能地保护权利人的利益。

6. “约定付款期限为2004年年底”，指向代位权构成要件之次债未到期，不符合代位权条件。

7. 综合看来，本题应从丙切入：丙可能有四个身份：(1)撤销权结构中的恶意受让第三人；(2)无效民事行为中的恶意串通人；(3)代位权结构中的次债务人；(4)侵权责任法中的侵权人。

思路展开

命题点1：丙在撤销权结构中的“恶意受让第三人”身份，乙有撤销权，但已经超过了1年除斥期间，乙的撤销权消灭。

(1)法律依据：①《合同法》第74条，“因债务人放弃其到期债权或者无偿转让财产，对债权人造成损害的，债权人可以请求人民法院撤销债务人的行为。债务人以明显不合理的低价转让财产，对债权人造成损害，并且受让人知道该情形的，债权人也可以请求人民法院撤销债务人的行为。撤销权的行使范围以债权人的债权为限。债权人行使撤销权的必要费用，由债务人负担。”②《合同法解释二》第18条，“债务人放弃其未到期的债权或者放弃债权担保，或者恶意延长到期债权的履行期，对债权人造成损害，债权人依照《合同法》第七十四条的规定提起撤销权诉讼的，人民法院应当支持。”③《合同法解释二》第19条，“对于《合同法》第七十四条规定的明显不合理的低价，人民法院应当以交易当地一般经营者的判断，并参考交易当时交易地的物价部门指导价或者市场交易价，结合其他相关因素综合考虑予以确认。转让价格达不到交易时交易地的指导价或者市场交易价百分之七十的，一般可以视为明显不合理的低价；对转让价格高于当地指导价或者市场交易价百分之三十的，一般可以视为明显不合理的高价。”“债务人以明显不合理的高价收购他人财产，人民法院可以根据债权人的申请，参照《合同法》第七十四条的规定予以撤销。”④撤销权的除斥期间。《合同法》第75条，“撤销权自债权人知道或者应当知道撤销事由之日起一年内行使。自债务人的行为发生之日起五年内没有行使撤销权的，该撤销权消灭。”

(2)法条阐释：撤销权的构成要件。①原债合法有效(不要求到期)。②原债发生之后，有七项财产行为(身份行为除外)一种或数种(放弃到期债权、放弃未到期债权、放弃债权的担保、放弃债权期限利益即延长债权履行期、无偿转让、明显不合理的低价转让、明显不合理的高价收购)。③致害原债权。④未过除斥期间。

(3)具体到本题：甲以明显不合理的低价转让财产，且丙知情，债权人乙有权予以撤销。乙于2003年5月已经知晓甲丙之间的交易，但直到2004年7月才向法院起诉，乙的撤销权已过除斥期间，撤销权已经消灭。

(4)结论：“B. 请求法院撤销甲与丙的行为”，B错，不选B。

命题点2：丙在无效民事行为中的恶意串通人地位：丙甲恶意串通损害乙的利益，乙可宣告丙甲行为无效。

(1)法律依据：《合同法》第52条第2项，“有下列情形之一的，合同无效：(一)一方以欺诈、胁迫的手段订立合同，损害国家利益；(二)恶意串通，损害国家、集体或者第三人利益；(三)以合法形式掩盖非法目的；(四)损害社会公共利益；(五)违反法律、行政法规的强制性规定。”

(2)具体到本题：甲将自己的财产以明显不合理的低价出卖给丙，目的是逃避债务，而丙对此完全知情，属于恶意串通损害第三人乙的利益，因此，乙可以申请法院宣告其无效(申请宣告无效不受除斥期间的限制)。

(3)结论：“A. 请求宣告甲与丙的行为无效”，A对，选A。

命题点3：丙在代位权结构中的次债务人身份，乙是债权人，甲是债务人，丙是次债务人(应向甲付款1万元)。代位权结构中要求次债要到期，如果次债没到期，债权人乙不得行使代位权。

(1)法律依据：①代位权。《合同法》第73条，“因债务人怠于行使其到期债权，对债权人造成损害的，债权人可以向人民法院请求以自己的名义代位行使债务人的债权，但该债权专属于债务人自身的除外。代位权的行使范围以债权人的债权为限。债权人行使代位权的必要费用,由债务人负担。”②代位权要件。《合同法解释一》第11条,“债权人依照《合同法》第七十三条的规定提起代位权诉讼,应当符合下列条件:(一)债权人对债务人的债权合法;(二)债务人怠于行使其到期债权,对债权人造成损害;(三)债务人的债权已到期;(四)债务人的债权不是专属于债务人自身的债权。”③次债专属性。《合同法解释一》第12条,“《合同法》第七十三条第一款规定的专属于债务人自身的债权,是指基于扶养关系、抚养关系、赡养关系、继承关系产生的给付请求权和劳动报酬、退休金、养老金、抚恤金、安置费、人寿保险、人身伤害赔偿请求权等权利。”

(2)法条阐释:代位权的构成要件。①原债合法、有效、到期(未过时效)且受害。②次债(次次债)存在、到期、金钱、“懈怠”、非专属。

(3)具体到本题:甲、丙之间约定的付款期限为2004年年底,乙于2004年7月向法院起诉时,甲对丙的债权尚未到期,因此乙不得代位行使甲的这一债权。

(4)结论:“C. 请求以自己的名义行使甲对丙的1万元债权”,C错,不选C。

命题点4:丙在侵权责任结构中的侵权人身份,乙是债权人,丙不构成侵权行为。

(1)学理依据:《2005年国家司法考试试题解析》:“按照通说和立法,债权不能成为侵权行为的对象”。

(2)法律依据:《侵权责任法》第2条,“侵害民事权益,应当依照本法承担侵权责任。本法所称民事权益,包括生命权、健康权、姓名权、名誉权、荣誉权、肖像权、隐私权、婚姻自主权、监护权、所有权、用益物权、担保物权、著作权、专利权、商标专用权、发现权、股权、继承权等人身、财产权益。”

(3)结论:“D. 请求丙承担侵权责任”,D错,不选D。

第二节 债的担保之保证

一、保证合同的成立

1. 保证合同的成立:从内容分析

根据甲公司的下列哪些《承诺(保证)函》,如乙公司未履行义务,甲公司应承担保证责任?(2015-3-57)

A. 承诺:“积极督促乙公司还款,努力将丙公司的损失降到最低”

B. 承诺:“乙公司向丙公司还款,如乙公司无力还款,甲公司愿代为清偿”

C. 保证:“乙公司实际投资与注册资金相符。”实际上乙公司实际投资与注册资金不符

D. 承诺:“指定乙公司与丙公司签订保证合同”。乙公司签订了保证合同但拒不承担保证责任

答案:(　　)①

考点:保证合同的成立、保证责任

读题技巧

《承诺(保证)函》中的“(保证)”很重要,本来应统一表述,但实在统一不起来,如果换做承诺,那么C选项作为正确答案会招致巨大挑战。

思路展开

命题点1:安慰函。“保证协助借款人筹集资金以偿还贷款”、“保证债务人将所借资金投入生产过程中所产出的产品合格”等“保证”,实质是“安慰函”,不发生《担保法》所设置保证的效力。

(1)安慰函的起因。安慰函不是为了保证,恰恰是为了避免保证带来的法律责任。安慰函较多用的地方是金融集团和集团企业,子公司在超过自己的清偿、经营能力借款或从事经营活动时,母公司可以用安慰函的形式向债权人表示将监督子公司的财务或给子公司资金支持、不让子公司破产等。

(2)安慰函原则上不是保证。例如,“密切关注债务人的财务状况,给予债务人资金上、业务上的支持,督促债务人清偿,债务人具有良好资信记录,债务人有较强的清偿能力,债务人属于集团成员企业并将留在集团内等。”A选项为典型的安慰函,不具有保证性质。故A不当选。

(3)如安慰函有代债务人清偿债务或承担担保义务、保证债务人还款等内容的,该安慰函属于保证性质,出具人应承担保证责任。

命题点2:保证和一般保证。

① 参考答案:BC

(1)保证:《担保法》第6条,"本法所称保证,是指保证人和债权人约定,当债务人不履行债务时,保证人按照约定履行债务或者承担责任的行为。"

(2)一般保证(先诉抗辩权,有顺序利益且有终局责任,一般保证人责任性质属于补充责任)。①一般保证人的地位较为优越,往往并不实际承担任何责任。②《担保法》第17条第1款,"当事人在保证合同中约定,债务人不能履行债务时,由保证人承担保证责任的,为一般保证。"③《担保法》第17条第2款,"一般保证的保证人在主合同纠纷未经审判或者仲裁,并就债务人财产依法强制执行仍不能履行债务前,对债权人可以拒绝承担保证责任。"

(3)实务中,一般保证合同的表述:①直接约定保证人承担一般保证责任。②约定保证人承担补充赔偿责任。③约定保证人为第二顺序债务人或承担第二顺序清偿责任。④约定保证人享有先诉抗辩权。⑤主债务人不能履行债务时才承担担保责任。⑥《最高人民法院关于涉及担保纠纷案件的司法解释的适用和保证责任方式认定问题的批复》第2条后段,"保证合同中明确约定保证人在债务人不能履行债务时始承担担保责任的,视为一般保证。保证合同中明确约定保证人在被保证人不履行债务时承担保证责任,且根据当事人订立合同的本意推定不出为一般保证责任的,视为连带责任保证。"

(4)结论:"B. 如乙公司无力还款",甲公司愿代为清偿,此为典型的一般保证。故B对,选B。

命题点3:特殊保证之"对注册资金提供保证(连带责任)"。

(1)该保证承诺是向工商行政管理机关出具,影响到未来不特定当事人对设立企业的认识。保证人对此负连带责任。

(2)法律依据:《担保法解释》第27条,"保证人对债务人的注册资金提供保证的,债务人的实际投资与注册资金不符,或者抽逃转移注册资金的,保证人在注册资金不足或者抽逃转移注册资金的范围内承担连带保证责任。"

(3)结论:"C. 保证:'乙公司实际投资与注册资金相符'。实际上乙公司实际投资与注册资金不符",C对,选C。

(4)延展:①投资不到位。债务人负补足投资责任,保证人对此承担连带责任。②抽逃、转移投资。保证人在抽逃、转移范围内承担连带责任。③保证人不可能永远担保企业注册资金不出问题,故应限缩解释。a. 投资人在企业设立后立即抽逃、转移注册资金,视为投资不到位,保证人承担担保责任。b. 保证人如与债务人串通抽逃、转移注册资金,存在意思通谋,保证人主观上有过错,应与债务人承担连带责任。c. 企业设立之时注册资金到位,此后在经营活动中投资人单方面抽逃、转移注册资金,原则上保证人免于承担保证责任。

命题点4:无名合同,已经履行指定义务,但无继续保证的意思。"D. 承诺:'指定乙公司与丙公司签订保证合同'。乙公司签订了保证合同但拒不承担保证责任"中,实际上签订保证合同的是乙公司和丙公司,甲公司无须向丙公司承担保证责任,D不符合题意,不选D。

常见错误

1. 认为C项不是保证,因为:(1)没有保证的内容以及义务承担,根本就不是合同,没有保证责任。(2)注册资本出资不实,应由负出资义务的股东承担责任。其他股东不承担保证责任。即使承担责任,也是承担股东责任,而不是担保法意义上的保证责任。所以不应选。辨析:本题C没有涉及股东责任,仅仅涉及保证人责任问题。

2. 认为D项是保证。D项属于由第三人履行的合同,根据合同相对性,甲应履行担保责任。原因:(1)甲公司承诺的事项由第三方代为履行,由于第三方的原因致使保证合同履行不能的情况下,应由甲公司对债权人履行相关义务。其与乙公司之间的债权债务纠纷按照合同法相关规定解决。(2)有点类似于行政法中的上级政府指定其的下级部门去干些什么,如果下级部门按上级部门指定而实施相关违法行为,受害人可以要求上级部门承担责任。

2. 保证合同成立:从签字判断

方某、李某、刘某和张某签订借款合同,约定:"方某向李某借款100万元,刘某提供房屋抵押,张某提供保证。"除李某外,其他人都签了字。刘某先把房本交给了李某,承诺过几天再作抵押登记。李某交付100万元后,方某到期未还款。下列哪一选

项是正确的？(2015－3－13)

A. 借款合同不成立

B. 方某应返还不当得利

C. 张某应承担保证责任

D. 刘某无义务办理房屋抵押登记

答案:(　　)①

考点:合同成立的条件、借款合同、保证合同、抵押合同、抵押权

解题图构

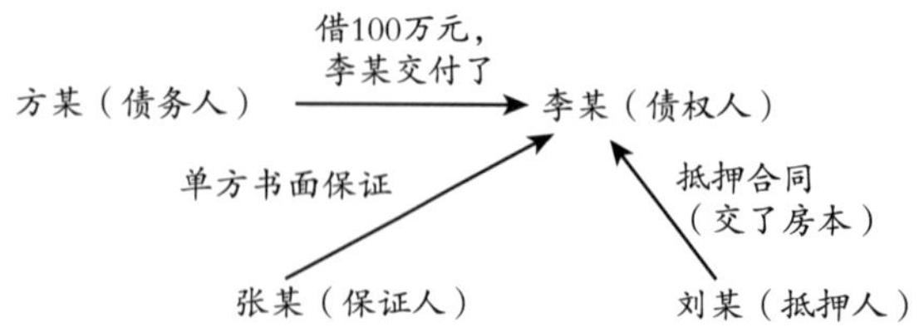

读题技巧

1. 有钱就是任性啊！李某钱都借出去了，就是不作为债权人签字，李某你的签名到底有多值钱？

2. 四方借款合同，“方某、李某、刘某和张某签订借款合同”，包含三个法律关系：(1)自然人借款关系，实践性合同；(2)保证关系；(3)抵押关系。应各自判断其效力。

3. 后续发展：(1)李某借出了100万元；(2)张某承诺承担保证责任，单方保证李某接受；(3)刘某承诺设定抵押并交付了房本。

思路展开

命题点1：方某借款，张某保证，刘某抵押，都签字了。糊涂的李某没签字，而后面的实际履行，可以弥补合同订立的瑕疵。

(1)法律依据：①《合同法》第36条，“法律、行政法规规定或者当事人约定采用书面形式订立合同，当事人未采用书面形式但一方已经履行主要义务，对方接受的，该合同成立。”②《合同法》第37条，“采用合同书形式订立合同，在签字或者盖章之前，当事人一方已经履行主要义务，对方接受的，该合同成立。”③《合同法》第210条，“自然人之间的借款合同，自贷款人提供借款时生效。”

(2)具体到本题及相应结论：①自然人之间的借款合同为实践合同，李某向方某交付了100万元，借款合同成立生效。→“A. 借款合同不成立”、“B. 方某应返还不当得利”，AB均错，不选AB。②刘某的抵押合同，因交付了房本给李某，并且“承诺过几天再作抵押登记”，抵押合同成立生效。→“D. 刘某无义务办理房屋抵押登记”，D错，不选D。

命题点2：借款合同是主合同，主合同有效，从合同效力不会因主合同而受影响。

(1)法律依据：①《担保法》第5条第1款，“担保合同是主合同的从合同，主合同无效，担保合同无效。担保合同另有约定的，按照约定。”②《担保法解释》第22条第1款，“第三人单方以书面形式向债权人出具担保书，债权人接受且未提出异议的，保证合同成立。”

(2)具体到本题：①保证合同的义务履行又称“保证责任”，故取决于双方意思表示。②“约定：‘方某向李某借款100万元，刘某提供房屋抵押，张某提供保证。’”③题干给定条件符合第三人单方以书面形式出具担保书，债权人接受且未提出异议的保证合同订立方式。

(3)结论：“C. 张某应承担保证责任”，C对，选C。

常见错误

1. 李某没有签字，借款合同因为实际履行而有效，但是担保合同和抵押合同没有成立，刘某无义务完成抵押登记。

2. 比对试题：2013年卷三第57题一模一样，《担保法解释》第59条规定：“当事人办理抵押物登记手续时，因登记部门的原因致使其无法办理抵押物登记，抵押人向债权人交付权利凭证的，可以认定债权人有优先受让权……”辨析：(1)2013年第57题讲的是丙交了房本未办理抵押登记，丙的房屋后被法院另行查封。此时，被查封的房屋是不能办理抵押登记的。所以，当年A选项“乙有权要求丙继续履行担保合同，办理房屋抵押登记”是错误的。(2)但这不代表在2015年题干信息有差异时，仍不能继续要求办理抵押登记。

3. 保证合同书面说：保证合同除了“两名无利害关系人见证”可以口头方式订立外，其他均要求订立书面合同。本题中债权人未在合同上签名，书面合

---

① 参考答案:C

同不成立，不应承担保证责任。

3. 保证合同成立：从要约承诺判断

甲、乙双方拟订的借款合同约定：甲向乙借款11万元，借款期限为1年。乙在签字之前，要求甲为借款合同提供担保。丙应甲要求同意担保，并在借款合同保证人一栏签字，保证期间为1年。甲将有担保签字的借款合同交给乙。乙要求从11万元中预先扣除1万元利息，同时将借款期限和保证期间均延长为2年。甲应允，双方签字，乙依约将10万元交付给甲。下列哪一表述是正确的？（2011－3－11）

A. 丙的保证期间为1年

B. 丙无须承担保证责任

C. 丙应承担连带保证责任

D. 丙应对10万元本息承担保证责任

答案：（　　）①

考点：要约、承诺、保证合同、保证方式、保证责任与借款合同

甲借款要约→乙实质性变更提出新要约→甲承诺=借款合同成立

甲（借款人）——————→乙（出借人）

丙（保证人）——————→乙（被保证人）

丙保证要约→乙实质性变更后提出新要约→丙未承诺=保证合同未成立

读题技巧

1. 本题属于“债权人单方要求先签字保证人多承担责任案”，源于实际案例。以考查保证方式、保证责任和借款合同的外表，掩盖考查要约与承诺规则的实质。很多考生没有审清题意，无法选择出正确答案，并且错误地认为本题是一道错题。

2. 题干用大量信息表现合同的签订过程、时间先后，“乙在签字之前”，“甲应允，双方签字”，这些信息告诉考生，得注意合同签订问题！

3. 本案大意是：甲向乙借钱，乙说你得找保证人。甲拿着借款合同让丙签字做保证后，交给乙。乙说借钱可以，保证可以，但是，预先扣利息、保证期限要延长！乙太强势了！丙对此并不知晓。

4. 选项聚焦的是：丙是否承担保证责任以及承担什么保证责任。没有涉及借款合同本身。

思路展开

思路1：本题存在两个合同关系：（1）甲、乙的借款合同，主合同法律关系。（2）乙、丙的保证合同，从合同法律关系。（3）借款合同和保证合同都是合同，应该遵守要约承诺规则，须从要约承诺规则对借款合同的成立、保证合同的成立分别进行判断。

思路2：借款合同中附带有保证条款或者保证人签字，仍然应该对借款合同的要约承诺与保证合同的要约承诺进行拆分！

（1）“甲将有（丙）担保签字的借款合同交给乙”，乙收到了两个要约：①甲的借款要约。②丙的保证要约。

（2）“乙要求从11万元中预先扣除1万元利息，同时将借款期限和保证期间均延长为2年”。①乙对甲的借款要约进行了实质性变更。②乙对丙的保证要约进行了实质性变更。③乙提出的属于新要约，新的借款要约，新的保证要约。

（3）“甲应允，双方签字”。①甲对乙的新借款要约进行了承诺。②唯独缺乏了丙对乙的新保证要约进行承诺。

思路3：先从借款合同的要约承诺进行分析。

（1）乙面临甲的借款要约，作出了延长借款期限和借款金额的实质性变更，甲签字同意，借款合同成立。

（2）但是借款合同不是本题考查焦点。

（3）甲、乙双方签订借款合同，根据《合同法》第200条规定，“借款的利息不得预先在本金中扣除。利息预先在本金中扣除的，应当按照实际借款数额返还借款并计算利息。”

（4）因此，虽然甲、乙双方约定将1万元利息预先从11万元本金中予以扣除，但是双方仍应按照实际借款数额即10万元返还借款并计算利息。

（5）这只是说明，甲、乙之间的主合同法律关系应该按照10万元的借款来确定。

思路4：再从保证合同的要约承诺进行分析。保证合同虽然从属于主合同，但是保证合同仍然是一个独立的合同，需要遵守要约承诺规则。需要从要约承诺视角观察保证合同的订立。

（1）法律依据：①保证合同是合同：《担保法》第13条，“保证人与债权人应当以书面形式订立保证

① 参考答案：B

合同。”②保证要约失效。《合同法》第20条，“有下列情形之一的，要约失效：……(四)受要约人对要约的内容作出实质性变更。”③保证承诺对保证要约进行实质性变更的判断。《合同法》第30条，“承诺的内容应当与要约的内容一致，受要约人对要约的内容作出实质性变更的，为新要约。有关合同标的、数量、质量、价款或者报酬、履行期限、履行地点和方式、违约责任和解决争议方法等的变更，是对要约内容的实质性变更。”

(2)具体到本题：①丙在借款合同保证人一栏签字，同意保证期间为1年，实质是丙向乙发出了愿意签订保证合同的要约。②后来，乙在甲提供的借款合同中签字，也意味着乙是针对丙的要约进行了承诺。但是，乙的承诺对丙的要约作出了实质性的变更，是一项新的要约。③丙对该新要约没有签字同意，故保证合同不成立。④甲应允乙，但是不能对丙发生效力。因为甲是使者的身份：a. 对于乙而言，甲是乙的传达使者，但甲未将乙修改后的保证要约传达给丙，故甲知晓不代表丙知晓。b. 对于丙而言，甲是丙的传达使者，而非受领使者，也不是丙的代理人，甲应允不代表丙应允。

(3)小结：①保证合同的要约人是丙，承诺人是乙，而甲则属于使者的法律地位，为乙、丙保证合同的签订传达意思表示。②本案中，乙、丙之间的保证合同尚未成立，丙无须承担保证责任。③“B. 丙无须承担保证责任”，B对，选B。

思路5：相关分析：

(1)不能在此适用《担保法解释》第30条第2款的规定，“债权人与债务人对主合同履行期限作了变动，未经保证人书面同意的，保证期间为原合同约定的或者法律规定的期间。”认为丙的保证期间为1年。①因为本条适用的前提是“保证期间”，言外之意是保证合同已经成立，这是前提。②而在保证合同尚未成立之时，则不能适用本条，故“A. 丙的保证期间为1年”，A错，不选A。

(2)不能适用《担保法》第19条，“当事人对保证方式没有约定或者约定不明确的，按照连带责任保证承担保证责任。”故“C. 丙应承担连带保证责任”，C错，不选C。

(3)不能在此适用《担保法解释》第30条第1款的规定，“保证期间，债权人与债务人对主合同数量、价款、币种、利率等内容作了变动，未经保证人同意的，如果减轻了债务人的债务的，保证人仍应当对变更后的合同承担保证责任；如果加重债务人的债务的，保证人对加重的部分不承担保证责任。”认为丙保证的主债务是10万元本息。①因为本条适用的前提是“保证期间”，言外之意是保证合同已经成立，这是前提。②而在保证合同尚未成立之时，则不能适用本条，故“D. 丙应对10万元本息承担保证责任”D错，不选D。

4. 保证合同成立，从成立方式判断，保证成立的几种方式

甲向乙借款5万元，乙要求甲提供担保，甲分别找到友人丙、丁、戊、己，他们各自作出以下表示，其中哪些构成保证？(2008－3－53)

A. 丙在甲向乙出具的借据上签署“保证人丙”

B. 丁向乙出具字据称“如甲到期不向乙还款，本人愿代还3万元”

C. 戊向乙出具字据称“如甲到期不向乙还款，由本人负责”

D. 己向乙出具字据称“如甲到期不向乙还款，由本人以某处私房抵债”

答案：(　　)①

考点：保证合同成立，从成立方式判断，保证的成立几种方式

思路展开

思路1：保证合同成立的六种方式体系构成：

(1)双方合同形式：单独的书面保证合同、信函、传真。《担保法》第93条，“本法所称保证合同、抵押合同、质押合同、定金合同可以是单独订立的书面合同，包括当事人之间的具有担保性质的信函、传真等……”

(2)条款形式：主合同中的保证条款。《担保法》第93条，“本法所称保证合同……也可以是主合同中的担保条款。”

(3)签字形式：主合同中无保证条款，但保证人

① 参考答案：ABC

在主合同上以保证人身份签字或盖章。《担保法解释》第22条第2款,“主合同中虽然没有保证条款,但是,保证人在主合同上以保证人的身份签字或者盖章的,保证合同成立。”必须有明确的保证人签字栏,否则,只是一个见证人的身份。不能当然解释成保证合同。至于欠缺保证责任范围、责任方式、保证期间等,《担保法》推定很完整,所以,后果很严重!

(4)单方书面担保书形式:保证人单方以书面形式向债权人出具担保书,债权人接受且未提出异议。《担保法解释》第22条前段,“第三人单方以书面形式向债权人出具担保书,债权人接受且未提出异议的,保证合同成立。”不是保证人单方行为,尚须债权人接受。实务中商业银行采用的还款担保书、银行保函等属于保证承诺书,例如,债权人不接受,保证合同不成立。接受方式可以语言、文字、行为,如债权人收到保证书面承诺函后发放贷款。

(5)口头形式:公民间口头保证有两个以上无利害关系人证明的。《民通意见》第108条第1款,“……公民间的口头保证,有两个以上无利害关系人证明的,也视为保证合同成立,法律另有规定的除外。”

(6)催款签字形式:保证人超过保证期间后又在催款通知书上签字,是否构成保证,要区分判断。①单纯催款通知书,保证人签字,不成立保证合同。②催款通知书明确要求保证人放弃保证期间届满后的免责抗辩,保证人签字承诺,构成以书面形式“明示放弃”抗辩权,保证人不得反悔应承担保证责任。③催款通知书内容符合保证合同成立的规定,为新的要约,保证人签字承诺,成立新的保证合同。④《最高人民法院关于人民法院应当如何认定保证人在保证期间届满后又在催款通知书上签字问题的批复》,“根据《中华人民共和国担保法》的规定,保证期间届满债权人未依法向保证人主张保证责任的,保证责任消灭。保证责任消灭后,债权人书面通知保证人要求承担保证责任或者清偿债务,保证人在催款通知书上签字的,人民法院不得认定保证人继续承担保证责任。但是,该催款通知书内容符合合同法和担保法有关担保合同成立的规定,并经保证人签字认可,能够认定成立新的保证合同的,人民法院应当认定保证人按照新保证合同承担责任。”

思路2:检讨各个选项是否符合上述保证合同成立的形式。

(1)“A.丙在甲向乙出具的借据上签署‘保证人丙’”,A属于签字形式的保证,A符合题意,选A。

(2)“B.丁向乙出具字据称‘如甲到期不向乙还款,本人愿代还3万元’;C.戊向乙出具字据称‘如甲到期不向乙还款,由本人负责’”,BC属于单方书面担保书形式,BC符合题意,选BC。《2008年国家司法考试试题解析》:“根据《担保解释》)第22条第1款的规定,第三人单方以书面形式向债权人出具担保书,债权人接受且未提出异议的,保证合同成立。故B、C选项正确。”

(3)“D.己向乙出具字据称‘如甲到期不向乙还款,由本人以某处私房抵债’”,不符合保证合同成立的方式。D不符合题意,不选D。《2008年国家司法考试试题解析》:“己向乙出具字据称‘如甲到期不向乙还款,由本人以某处私房抵债’,是成立了一个抵押关系。故D选项错误。”

二、共同保证

连带共同保证(保证人承担保证责任后的追偿有顺序限制:先追主债务人,再追其他保证人)、连带共同抵押(抵押人承担抵押责任后的追偿无顺序限制:可追主债务人,也可追其他抵押人)

甲公司向乙银行借款100万元,丙、丁以各自房产分别向乙银行设定抵押,戊、己分别向乙银行出具承担全部责任的担保函,承担保证责任。下列哪些表述是正确的?(2012-3-55)

A.乙银行可以就丙或者丁的房产行使抵押权

B.丙承担担保责任后,可向甲公司追偿,也可要求丁清偿其应承担的份额

C.乙银行可以要求戊或者己承担全部保证责任

D.戊承担保证责任后,可向甲公司追偿,也可要求己清偿其应承担的份额

答案:(　　)①

考点:连带共同保证(保证人承担保证责任后的追偿有顺序限制:先追主债务人,再追其他保证人)、连带共同抵押(抵押人承担抵押责任后的追偿无顺序限制:可追主债务人,也可追其他抵押人)

① 参考答案:ABC

解题图构

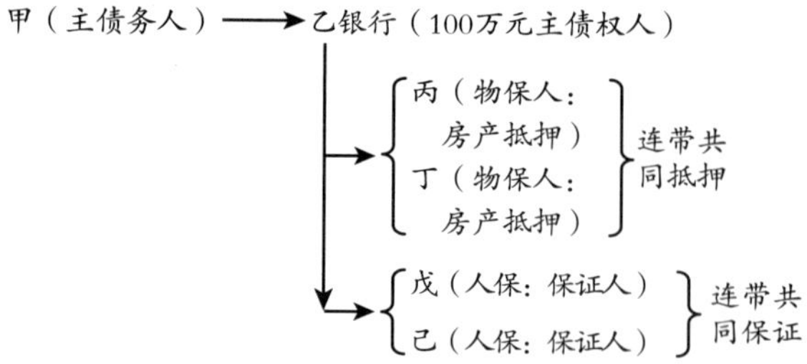

思路展开

思路1：丙、丁连带共同抵押，均为第三人物保，乙银行可选择主张。追偿无顺序限制：抵押人丙承担抵押责任后，可向主债务人甲追偿，也可向丁追偿丁的份额。

(1)法律依据：《担保解释》第75条，“同一债权有两个以上抵押人的，债权人放弃债务人提供的抵押担保的，其他抵押人可以请求人民法院减轻或者免除其应当承担的担保责任。同一债权有两个以上抵押人的，当事人对其提供的抵押财产所担保的债权份额或者顺序没有约定或者约定不明的，抵押权人可以就其中任一或者各个财产行使抵押权。抵押人承担担保责任后，可以向债务人追偿，也可以要求其他抵押人清偿其应当承担的份额。”内部追偿份额是多少？没有明文。按抵押财产价值的比例追偿较为平均比例追偿更为公平，更符合抵押人意思。

(2)具体到本题：①对于乙银行的100万元债权，丙和丁属于连带共同抵押。②主债权人乙银行主张抵押权无顺序限制。③连带共同抵押中，抵押人承担担保责任后，可以向债务人追偿，也可以要求其他抵押人清偿其应当承担的份额。④抵押人丙承担抵押责任后，可向主债务人甲追偿，也可向丁追偿丁的份额。

(3)结论：①“A. 乙银行可以就丙或者丁的房产行使抵押权”，A对，选A。②“B. 丙承担担保责任后，可向甲公司追偿，也可要求丁清偿其应承担的份额”，B对，选B。

思路2：戊、己连带共同保证，乙银行可选择主张。追偿有顺序限制：保证人戊承担保证责任后，应先向主债务人追偿，追偿不能的部分，再向保证人己追偿。

(1)法律依据：①推定连带共同保证。《担保法解释》第19条，“两个以上保证人对同一债务同时或者分别提供保证时，各保证人与债权人没有约定保证份额的，应当认定为连带共同保证。连带共同保证的保证人以其相互之间约定各自承担的份额对抗债权人的，人民法院不予支持。”②追偿有顺序限制。《担保法解释》第20条，“连带共同保证的债务人在主合同规定的债务履行期届满没有履行债务的，债权人可以要求债务人履行债务，也可以要求任何一个保证人承担全部保证责任。连带共同保证的保证人承担保证责任后，向债务人不能追偿的部分，由各连带保证人按其内部约定的比例分担。没有约定的，平均分担。”

(2)具体到本题：①戊和己属于连带共同保证。②主债权人主张保证债权无顺序限制，乙银行可以要求戊或者己承担全部保证责任。③“连带共同保证中，保证人承担保证责任后，向债务人不能追偿的部分，由各连带保证人按其内部约定的比例分担，没有约定的，平均分担。”因此，承担责任的保证人戊必须先向主债务人甲追偿，后才能向另一保证人己主张。

(3)结论：①“C. 乙银行可以要求戊或者己承担全部保证责任”，C对，选C。②“D. 戊承担保证责任后，可向甲公司追偿，也可要求己清偿其应承担的份额”，D错，不选D。

思路3：延展：连带共同抵押和连带共同保证之间，构成混合担保。启动《物权法》第176条最后两句，“被担保的债权既有物的担保又有人的担保的，债务人不履行到期债务或者发生当事人约定的实现担保物权的情形，债权人应当按照约定实现债权；没有约定或者约定不明确，债务人自己提供物的担保的，债权人应当先就该物的担保实现债权；第三人提供物的担保的，债权人可以就物的担保实现债权，也可以要求保证人承担保证责任。提供担保的第三人承担担保责任后，有权向债务人追偿。”

常见错误

1. 混淆自己物保和第三人物保：混淆了债务人提供抵押与第三人提供的抵押，故认为B错，未选B。

2. 连带共同保证追偿无顺序限制说：认为戊、己为共同连带保证人，故戊承担保证责任后，可向甲公司追偿，也可要求己清偿其应承担的份额，故认为D

对,错选 D。

三、保证的抗辩

保证期间的抗辩

1. 保证期间的抗辩(主债务期间变更,保证期间原封不动)

甲公司与乙公司达成还款计划书,约定在 2012 年 7 月 30 日归还 100 万元,8 月 30 日归还 200 万元,9 月 30 日归还 300 万元。丙公司对三笔还款提供保证,未约定保证方式和保证期间。后甲公司同意乙公司将三笔还款均顺延 3 个月,丙公司对此不知情。乙公司一直未还款,甲公司仅于 2013 年 3 月 15 日要求丙公司承担保证责任。关于丙公司保证责任,下列哪一表述是正确的?(2014－3－10)

A. 丙公司保证担保的主债权为 300 万元

B. 丙公司保证担保的主债权为 500 万元

C. 丙公司保证担保的主债权为 600 万元

D. 因延长还款期限未经保证人同意,丙公司不再承担保证责任

答案:(　　)①

考点:保证期间的抗辩(主债务期间变更,保证期间原封不动)

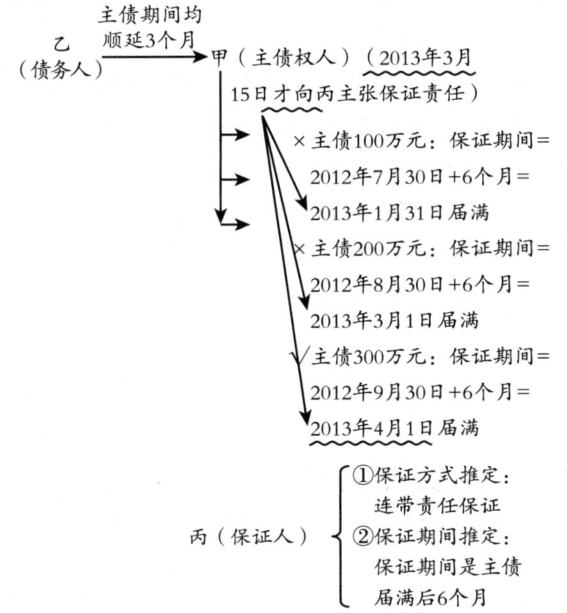

读题技巧

1. "还款计划书",指向题干给出了主债务履行届满日。

2. "未约定保证方式和保证期间",指向两个推定:(1)保证方式推定为连带责任保证。(2)保证期间推定为主债届满后 6 个月内。

3. "顺延 3 个月,丙公司对此不知情",指向主债务期间变化,未经保证人书面同意。

4. "仅",指向保证人"解脱"的事由即因为债权人未在保证期间内主张权利,保证人可免责。

思路展开

思路 1:保证方式的推定。

(1)保证的方式有一般保证和连带责任保证。

(2)推定规则:未约定保证方式推定为连带保证。

(3)法律依据:《担保法》第 19 条,"当事人对保证方式没有约定或者约定不明确的,按照连带责任保证承担保证责任。"

(4)具体到本题:丙公司对三笔还款提供保证,未约定保证方式,推定丙是连带保证人。

思路 2:连带责任的保证期间的推定。

(1)法律依据:《担保法》第 26 条,"连带责任保证的保证人与债权人未约定保证期间的,债权人有权自主债务履行期届满之日起六个月内要求保证人承担保证责任。在合同约定的保证期间和前款规定的保证期间,债权人未要求保证人承担保证责任的,保证人免除保证责任。"

(2)具体到本题:①丙公司对三笔还款提供保证,未约定保证期间,推定连带保证人丙的保证期间是主债务届满之日起届满 6 个月。②三笔还款保证期间应分别计算,保证期间届满日分别为 2013 年 1 月 31 日、3 月 1 日、4 月 1 日。③甲公司只在 2013 年 3 月 15 日主张保证责任,则丙公司仅保证第三笔 300 万元主债权,前两笔主债的保证责任因甲躺在丙的保证期间上"睡眠"而消灭。

(3)结论:①"A. 丙公司保证担保的主债权为 300 万元",A 对,选 A。②"B. 丙公司保证担保的主债权为 500 万元;C. 丙公司保证担保的主债权为 600 万元",BC 错,不选 BC。

思路 3:主债务期间变动,未经保证人书面

① 参考答案:A

同意,保证期间原封不动。

(1)法律依据:《担保法解释》第30条第2款,“债权人与债务人对主合同履行期限作了变动,未经保证人书面同意的,保证期间为原合同约定的或者法律规定的期间。”

(2)具体到本题:主债务人甲、乙公司擅自延期,但丙公司的保证期间不受影响,依然是主债务履行期届满之日起6个月,本应当承担的保证责任依然存在。

(3)结论:“D.因延长还款期限未经保证人同意,丙公司不再承担保证责任”,D错,不选D。

常见错误

1.保证期间未过说:认为三笔借款的保证期间均未超过,保证责任未免除,由此误选C。

2.计算错误:没有准确得出三笔借款保证期间届满日为2013年1月31日、3月1日、4月1日的结论,误认为第二笔借款和第三笔借款的保证责任都没有免除,由此误选B,而未选A。

3.主债期间变动未经保证人同意,保证人免责说:认为未经保证人同意延长还款期限,保证人可以不再承担保证责任,由此误选D。

2.明确约定保证方式为一般保证,但推定一般保证责任的保证期间(约定不明推定为主债届满后2年)

甲向乙借款10万元,由丙作为保证人,约定“如果甲到期不能偿还该债务,由丙承担保证责任,直至甲的债务本息还清为止”。下列哪些选项是正确的?(2008－四川－53)

A.该保证为一般保证

B.该保证为连带责任保证

C.保证期间为主债务履行期届满之日起2年

D.保证期间为主债务履行期届满之日起6个月

答案:(　　)①

考点:明确约定保证方式为一般保证,但推定一般保证责任的保证期间(约定不明推定为主债届满后2年)

思路展开

思路1:明确约定保证方式为一般保证。

(1)法律依据:①《担保法》第16条,“保证的方式有:(一)一般保证;(二)连带责任保证。”②《担保法》第17条,“当事人在保证合同中约定,债务人不能履行债务时,由保证人承担保证责任的,为一般保证。一般保证的保证人在主合同纠纷未经审判或者仲裁,并就债务人财产依法强制执行仍不能履行债务前,对债权人可以拒绝承担保证责任。有下列情形之一的,保证人不得行使前款规定的权利:(一)债务人住所变更,致使债权人要求其履行债务发生重大困难的;(二)人民法院受理债务人破产案件,中止执行程序的;(三)保证人以书面形式放弃前款规定的权利的。”③《担保法》第18条,“当事人在保证合同中约定保证人与债务人对债务承担连带责任的,为连带责任保证。连带责任保证的债务人在主合同规定的债务履行期届满没有履行债务的,债权人可以要求债务人履行债务,也可以要求保证人在其保证范围内承担保证责任。”④《担保法》第19条,“当事人对保证方式没有约定或者约定不明确的,按照连带责任保证承担保证责任。”

(2)小结:①依照保证的方式不同,保证可以分为一般保证和连带责任保证。②一般保证是指当事人在保证合同中约定,债务人不能履行债务时,由保证人承担保证责任的保证。③连带责任保证是指当事人在保证合同中约定保证人与债务人对债务承担连带责任的保证。

(3)具体到本题:“如果甲到期不能偿还该债务,由丙承担保证责任”,丙的保证为一般保证,而不是连带责任保证。

(4)结论:①“A.该保证为一般保证”,A对,选A。②“B.该保证为连带责任保证”,B错,不选B。

思路2:保证期间约定不明,推定为主债务期间届满后2年。

(1)法律依据:《担保法解释》第32条第2款,“保证合同约定保证人承担保证责任直至主债务本息还清时为止等类似内容的,视为约定不明,保证期间为主债务履行期届满之日起二年。”(关联记忆:第1款,“保证合同约定的保证期间早于或者等于主债务履行期限的,视为没有约定,保证期间为主债务履行期届满之日起六个月。”)

---

① 参考答案:AC

(2)具体到本题:“直至甲的债务本息还清为止”,丙的保证期间属于约定不明,推定为主债务期间届满2年。

(3)结论:①“C. 保证期间为主债务履行期届满之日起2年”,C对,选C。②“D. 保证期间为主债务履行期届满之日起6个月”,D错,不选D。

3. 保证期间与保证债务诉讼时效的对接、保证债务诉讼时效与主债诉讼时效的关系

下列关于保证债务诉讼时效的哪些表述是正确的?(2006-3-59)

A. 保证期间届满后,不必再起算保证债务的诉讼时效

B. 保证债务的诉讼时效起算后,不必再计算保证期间

C. 保证债务的诉讼时效随主债务诉讼时效中止而中止

D. 保证债务的诉讼时效随主债务诉讼时效中断而中断

答案:(　　)①

考点:保证期间与保证债务诉讼时效的对接、保证债务诉讼时效与主债诉讼时效的关系

思路展开

思路1:保证期间与保证债务诉讼时效的对接关系。

(1)保证期间内主债权人“睡眠”,保证人免责,没必要起算保证债务的诉讼时效。①法律依据:a. 一般保证:保证期间内主债权人必须起诉或仲裁主债(因为主债务人有先诉抗辩权)。《担保法》第25条,第1款,“一般保证的保证人与债权人未约定保证期间的,保证期间为主债务履行期届满之日起六个月。在合同约定的保证期间和前款规定的保证期间,债权人未对债务人提起诉讼或者申请仲裁的,保证人免除保证责任;债权人已提起诉讼或者申请仲裁的,保证期间适用诉讼时效中断的规定。”b. 连带责任保证:保证期间内主债权人必须向保证人主张。《担保法》第26条,“连带责任保证的保证人与债权人未约定保证期间的,债权人有权自主债务履行期届满之日起六个月内要求保证人承担保证责任。在合同约定的保证期间和前款规定的保证期间,债权人未要求保证人承担保证责任的,保证人免除保证责任。”②结论:“A. 保证期间届满后,不必再起算保证债务的诉讼时效”,A对,选A。

(2)保证期间内主债权人按要求提出权利主张(一般保证是对主债务人诉讼或仲裁;连带保证是对保证人提出请求),则启动保证债务诉讼时效,保证期间“功成身退”!①法律依据:《担保法解释》第34条,“一般保证的债权人在保证期间届满前对债务人提起诉讼或者申请仲裁的,从判决或者仲裁裁决生效之日起,开始计算保证合同的诉讼时效。连带责任保证的债权人在保证期间届满前要求保证人承担保证责任的,从债权人要求保证人承担保证责任之日起,开始计算保证合同的诉讼时效。”②结论:“B. 保证债务的诉讼时效起算后,不必再计算保证期间”,B对,选B。

思路2:保证债务诉讼时效与主债务诉讼时效的关系。

(1)法律依据:《担保法解释》第36条,“一般保证中,主债务诉讼时效中断,保证债务诉讼时效中断;连带责任保证中,主债务诉讼时效中断,保证债务诉讼时效不中断。一般保证和连带责任保证中,主债务诉讼时效中止的,保证债务的诉讼时效同时中止。”

(2)结论:“C. 保证债务的诉讼时效随主债务诉讼时效中止而中止”,C对,选C。“D. 保证债务的诉讼时效随主债务诉讼时效中断而中断”,D错,不选D。

(3)延展批评:一般保证中主债诉讼时效与保证债务诉讼时效规定中存在的法条“矛盾”。①一般保证债务诉讼时效起算日是主债判决或裁决生效之日。《担保法解释》第34条,“一般保证的债权人在保证期间届满前对债务人提起诉讼或者申请仲裁的,从判决或者仲裁裁决生效之日起,开始计算保证合同的诉讼时效。”②主债时效因提起诉讼或仲裁或者主债权人提出请求而中断,但此时压根没有起算保证债务的诉讼时效,既然如此,何来主债时效导致保证债务时效?(中止也存在此矛盾)《担保法解释》第36条,“一般保证中,主债务诉讼时效中断,保证债务诉讼时效中断……一般保证中,主债务诉讼时效中止的,保证债务的诉讼时效同时中止”。③立

---

① 参考答案:ABC

法论:一般保证中,主债务诉讼时效中断,保证债务诉讼时效不中断(因为压根没有起算,谈不上中断)。④有观点将《担保法解释》第36条的"主债务的诉讼时效"解释成"执行时效",实现了"一般保证中主债务诉讼时效中断,保证债务诉讼时效中断"的过度。这一解释存在的问题是,无法解释在《担保法解释》第36条同一条中"主债务诉讼时效中断,保证债务诉讼时效中断",为什么前一个"诉讼时效"解释成执行时效,后一个"诉讼时效"仍然是诉讼时效。⑤回归立法论,乃真正解决之道。

4. 法定保证期间是不变期间(2005年司考真题认为是除斥期间)

依照《中华人民共和国担保法》和最高人民法院《关于适用〈中华人民共和国担保法〉若干问题的解释》的相关规定,连带责任保证的法定保证期间属何种期间?(2005-3-57)

A. 诉讼时效期间　　B. 除斥期间

C. 可变期间　　D. 不可变期间

答案:(　　)①

考点:法定保证期间是不变期间

思路展开

命题点1:法定保证期间不是诉讼时效期间。

(1)法律依据:《担保法解释》第34条,"一般保证的债权人在保证期间届满前对债务人提起诉讼或者申请仲裁的,从判决或者仲裁裁决生效之日起,开始计算保证合同的诉讼时效。连带责任保证的债权人在保证期间届满前要求保证人承担保证责任的,从债权人要求保证人承担保证责任之日起,开始计算保证合同的诉讼时效。"

(2)学理争议:《2005年国家司法考试试题解析》:"关于法定保证期间的性质,也即保证期间属于诉讼时效、除斥期间或者其他期间,在理论上存在争议。"+"可见在该司法解释中保证期间与保证合同的诉讼时效是不同的概念,保证期间不属于诉讼时效。"+"【常见错误分析】有的认为只有形成权才有除斥期间,因此误选了A,而未选B。"

(3)结论:①"A. 诉讼时效期间",A错,不选A。②"B. 除斥期间",B对,选B。

命题点2:法定保证期间是不变期间。

(1)法律依据:《担保法解释》第31条,"保证期间不因任何事由发生中断、中止、延长的法律后果。"

(2)结论:连带责任保证的法定保证期间属于不可变期间。①"C. 可变期间",C错,不选C。②"D. 不可变期间",D对,选D。

(三)主债转移的抗辩(未经保证人书面同意,主债务转移,保证人就转移的债务免除保证责任)(2005-3-88)

四、保证人追偿权

1. 约定抵销和保证人的追偿

张某从甲银行分支机构乙支行借款20万元,李某提供保证担保。李某和甲银行又特别约定,如保证人不履行保证责任,债权人有权直接从保证人在甲银行及其支行处开立的任何账户内扣收。届期,张某、李某均未还款,甲银行直接从李某在甲银行下属的丙支行账户内扣划了18万元存款用于偿还张某的借款。下列哪一表述是正确的?(2014-3-15)

A. 李某与甲银行关于直接在账户内扣划款项的约定无效

B. 李某无须承担保证责任

C. 乙支行收回20万元全部借款本金和利息之前,李某不得向张某追偿

D. 乙支行应以自己的名义向张某行使追索权

答案:(　　)②

考点:约定抵销、法人及其分支机构、保证人的追偿权

解题图构

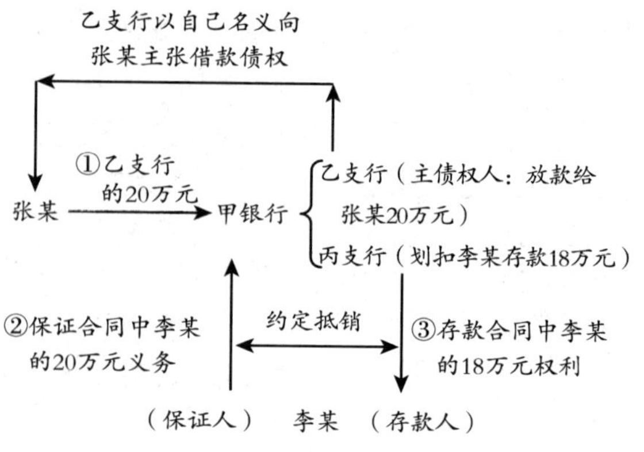

① 参考答案:BD

② 参考答案:D

读题技巧

1."借款20万元",指向借款关系;

2."保证担保",指向保证关系;

3."18万元存款",指向存款关系;

4."特别约定",如保证人不履行保证责任,"债权人有权直接从保证人在甲银行及其支行处开立的任何账户内扣收",指向约定抵销。

思路展开

命题点1:法人分支机构的责任(权利义务结果),由法人承担。故此本题有三个法律关系:(1)债①:张某与乙支行成立借款债权债务关系,20万元本息债权债务。乙支行是甲银行的分支机构,故张某与甲银行之间存在20万元借款本金和利息的债权债务关系。(2)债②:李某与甲银行成立保证债权债务关系。(3)债③:李某与丙支行成立存款债权债务关系,18万元本息债权债务。丙支行是甲银行的分支机构,故李某与甲银行之间存在18万元存款本金和利息债权债务关系。(4)其中,债②和债③可发生抵销。

命题点2:债②和债③可发生抵销。同种类或者不同种类的、到期或者不到期的两个债务,可以约定抵销。

(1)债②。①法律依据:《担保法》第19条,"当事人对保证方式没有约定或者约定不明确的,按照连带责任保证承担保证责任。"②中间结论:李某与甲银行对这20万提供连带保证责任即李某对甲银行负有20万元保证债务。故"B.李某无须承担保证责任",B错,不选B。

(2)债③。李某对甲银行享有18万存款债权。

(3)债②和债③可发生抵销。①法律依据:《合同法》第100条,"当事人互负债务,标的物种类、品质不相同的,经双方协商一致,也可以抵销。"②具体到本题:李某和甲银行约定可划扣即约定抵销(李某的存款债权与银行的保证债权两相充抵)。李某与甲银行约定债权人可以直接在账户内扣划款项,该约定是当事人基于意思自治而做出的有真实约定,不具备无效事由,故该约定有效。③中间结论:"A.李某与甲银行关于直接在账户内扣划款项的约定无效",A错,不选A。

命题点3:保证人只要实际承担了(全部或部分)保证责任后,就可向主债务人追偿。法律并不要求保证人全部清偿了才能追偿。

(1)法律规定:《担保法》第31条,"保证人承担保证责任后,有权向债务人追偿。"

(2)具体到本题:李某承担了18万元(全部主债是20万元本金和相应利息)的保证责任,可以就此向张某追偿。

(3)结论:"C.乙支行收回20万元全部借款本金和利息之前,李某不得向张某追偿",C错,不选C。

命题点4:甲银行分支机构乙支行对张某还有部分借款未收回,应由乙支行对张某进行追索。

(1)银行支行是法人分支机构,属于非法人组织,能够以自己的名义订立合同、行使权利。当然,银行支行的法律责任由银行承担(支行属于民事主体可以自己名义订立合同,行使权利、履行义务。但不具有法人资格,故不能独立承担民事责任)。

(2)法律依据:①《民法总则》第74条,"法人可以依法设立分支机构。法律、行政法规规定分支机构应当登记的,依照其规定。分支机构以自己的名义从事民事活动,产生的民事责任由法人承担;也可以先以该分支机构管理的财产承担,不足以承担的,由法人承担。"②《民事诉讼法》第48条,"公民、法人和其他组织可以作为民事诉讼的当事人。"③《民诉解释》第52条,"《民事诉讼法》第四十八条规定的其他组织是指合法成立、有一定的组织机构和财产,但又不具备法人资格的组织,包括:(一)依法登记领取营业执照的个人独资企业;(二)依法登记领取营业执照的合伙企业;(三)依法登记领取我国营业执照的中外合作经营企业、外资企业;(四)依法成立的社会团体的分支机构、代表机构;(五)依法设立并领取营业执照的法人的分支机构;(六)依法设立并领取营业执照的商业银行、政策性银行和非银行金融机构的分支机构;(七)经依法登记领取营业执照的乡镇企业、街道企业;(八)其他符合本条规定条件的组织。"

(3)具体到本题:乙支行是企业法人分支机构,属于非法人组织,能够以自己的名义订立合同、行使权利。

(4)结论:"D. 乙支行应以自己的名义向张某行使追索权",D 对,选 D。

常见错误

1. 格式条款无效说:认为李某与甲银行关于直接在账户内扣划款项的约定无效,误选 A。

2. 特别约定无效说导致保证无效说:认为特别约定无效导致保证合同无效,进而李某无须承担保证责任,误选 B。

3. 保证人全部承担保证责任后才能追偿说:认为只有在债权人的债权全部得到清偿或者保证人全部履行保证责任后,才能向债务人追偿,误选 C。

4. 支行不能以自己名义行使权利说:认为乙支行作为企业法人分支机构,不能以自己的名义行使权利,未选 D。

2. "硫黄熏蒸菊花茶"案,保证人有义务援引主债的抗辩,否则不得追主债务人;保证人放弃自己的先诉抗辩权不影响保证人的追偿权

甲公司从乙公司采购 10 袋菊花茶,约定:"在乙公司交付菊花茶后,甲公司应付货款 10 万元。"丙公司提供担保函:"若甲公司不依约付款,则由丙公司代为支付。"乙公司交付的菊花茶中有 2 袋经过硫黄熏蒸,无法饮用,价值 2 万元。乙公司要求甲公司付款未果,便要求丙公司付款 10 万元。下列哪些表述是正确的?(2011－3－54)

A. 如丙公司知情并向乙公司付款 10 万元,则丙公司只能向甲公司追偿 8 万元

B. 如丙公司不知情并向乙公司付款 10 万元,则乙公司会构成不当得利

C. 如甲公司付款债务诉讼时效已过,丙公司仍向乙公司付款 8 万元,则丙公司不得向甲公司追偿

D. 如丙公司放弃对乙公司享有的先诉抗辩权,仍向乙公司付款 8 万元,则丙公司不得向甲公司追偿

答案:(　　)①

考点:"硫黄熏蒸菊花茶"案,保证人有义务援引主债的抗辩,否则不得追主债务人;保证人放弃自己的先诉抗辩权不影响保证人的追偿权;不当得利

解题图构:

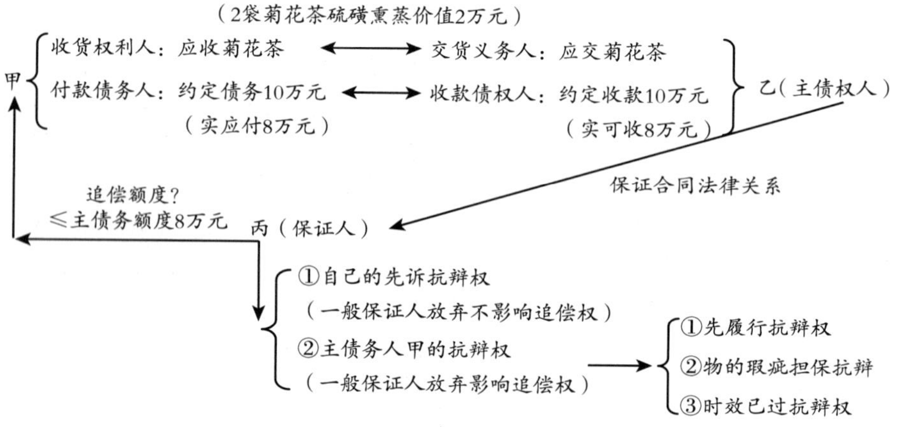

读题技巧:

1. "在乙公司交付菊花茶后,甲公司应付货款 10 万元。"+"乙公司交付的菊花茶中有 2 袋经过硫黄熏蒸,无法饮用,价值 2 万元,"指向两点:(1)主债务人甲享有部分抗辩权:先履行抗辩权或者物的瑕疵担保抗辩,主债务实际额度由 10 万元缩减至 8 万元。(2)如乙获得 10 万元,即就 2 万元会形成不当得利。

2. "丙公司提供担保函:若甲公司不依约付款,则由丙公司代为支付",指向两点:(1)丙提供的一般保证。(2)丙应主张主债务人甲的抗辩。主债务实际额度是 8 万元。

3. "C. 如甲公司付款债务诉讼时效已过,丙公司仍向乙公司付款 8 万元,则丙公司不得向甲公司追偿",指向三点:(1)主债务人的全部抗辩权:诉讼时效已过的抗辩。主债务额度由 8 万元继续缩减至 0 元。(2)"仍"指向保证人丙公司对主债诉讼时效

---

① 参考答案:ABC

已过，主债额度由8万元缩减至0元知情。(3)保证人丙公司知情主债有全部的抗辩而不主张，仍向债权人乙支付款项，则保证人丙丧失对主债务人甲的追偿权。

思路展开

命题点1：主债务人享有的部分抗辩（权）：知情保证人丙应援引主债务人享有的先履行抗辩权或物的瑕疵担保抗辩（基于保证债务的从属性）。知情而不援引，保证人丙丧失相应的追偿权。

(1)法律依据：①主债务人有先履行抗辩权。《合同法》第67条，“当事人互负债务，有先后履行顺序，先履行一方未履行的，后履行一方有权拒绝其履行要求。先履行一方履行债务不符合约定的，后履行一方有权拒绝其相应的履行要求。”②主债务人有物的瑕疵担保抗辩：a.《合同法》第153条，“出卖人应当按照约定的质量要求交付标的物。出卖人提供有关标的物质量说明的，交付的标的物应当符合该说明的质量要求。”b.《合同法》第111条，“质量不符合约定的，应当按照当事人的约定承担违约责任。对违约责任没有约定或者约定不明确，依照本法第六十一条的规定仍不能确定的，受损害方根据标的的性质以及损失的大小，可以合理选择要求对方承担修理、更换、重作、退货、减少价款或者报酬等违约责任。”c.《买卖解释》第23条，“标的物质量不符合约定，买受人依照《合同法》第一百一十一条的规定要求减少价款的，人民法院应予支持。当事人主张以符合约定的标的物和实际交付的标的物按交付时的市场价值计算差价的，人民法院应予支持。价款已经支付，买受人主张返还减价后多出部分价款的，人民法院应予支持。”③保证人应援引主债务人的先履行抗辩权或物的瑕疵担保抗辩，如不援引，则丧失对主债务人的追偿权。《担保法解释》第43条，“保证人自行履行保证责任时，其实际清偿额大于主债权范围的，保证人只能在主债权范围内对债务人行使追偿权。”

(2)具体到本题：①“乙公司交付的菊花茶中有2袋经过硫磺熏蒸，无法饮用，价值2万元。”②主债务的额度实际上由10万元缩减为了8万元，保证债务额度也缩减为8万元。③若丙公司知情，仍然放弃主债务人对主债权人享有先履行抗辩或者物的瑕疵担保抗辩，则就这部分多付款项，不得向主债务人追偿。④因为此时的保证人丙就多付出的2万元，属于丙自负责任，而非基于“保证债务”。

(3)结论：“A.如丙公司知情并向乙公司付款10万元，则丙公司只能向甲公司追偿8万元”，A对，选A。

命题点2：不知情保证人丙没有援引主债务人享有的先履行抗辩权或物的瑕疵担保抗辩（基于保证债务的从属性）。保证人丙不丧失相应的追偿权。

(1)丙可全额向主债务人追偿甲追偿（10万元）。

(2)甲就多向丙支出的2万元，“实质上被乙取得”，故乙会构成不当得利。《民法总则》第122条，“因他人没有法律根据，取得不当利益，受损失的人有权请求其返还不当利益。”

(3)结论：“B.如丙公司不知情并向乙公司付款10万元，则乙公司会构成不当得利”，B对，选B。

(4)注意：①B选项的措辞是“乙公司会构成不当得利”，没有挑明丙公司是否可以向主债务人甲全额追偿。②无论是否可以全额追偿，乙公司都会构成不当得利。③如果丙可向甲全额追偿，则乙应向甲返还2万元不当得利。④如果丙不可向甲全额追偿，则乙应向丙返还2万元不当得利。⑤解释论上，丙应可向甲全额追偿，追偿基础可以是无因管理之管理费用。

命题点3：主债务人的全部抗辩权：知情保证人丙应援引主债务人享有的时效已过抗辩权（基于保证债务的从属性）。知情而不援引，保证人丙丧失全部的追偿权。

(1)法律依据：《时效解释》第21条，“主债务诉讼时效期间届满，保证人享有主债务人的诉讼时效抗辩权。保证人未主张前述诉讼时效抗辩权，承担保证责任后向主债务人行使追偿权的，人民法院不予支持，但主债务人同意给付的情形除外。”

(2)具体到本题：①主债时效已过，则主债额度由8万元继续缩减为0元。②保证债务随之缩减为0元。③保证人丙知情而向主债权人付款8万元，则该8万元属于丙自负其责，不是基于“保证债务”。④注意：措辞“仍”，指向保证人丙公司知道主债诉讼时效已过,而未援引主债诉讼时效的抗辩。

(3)结论:“C. 如甲公司付款债务诉讼时效已过,丙公司仍向乙公司付款 8 万元,则丙公司不得向甲公司追偿”,C 对,选 C。

(4)延展:假设主债务人甲公司放弃了主债时效已过的抗辩,保证人丙公司仍有权援引(不是有义务援引)。参考《担保法》第 20 条,“一般保证和连带责任保证的保证人享有债务人的抗辩权。债务人放弃对债务的抗辩权的,保证人仍有权抗辩。抗辩权是指债权人行使债权时,债务人根据法定事由,对抗债权人行使请求权的权利。”

命题点 4:保证人保证债务自己的抗辩权,保证人放弃,不影响保证人承担责任后向主债务人追偿。

(1)法律依据:①《担保法》第 17 条第 1 款,“当事人在保证合同中约定,债务人不能履行债务时,由保证人承担保证责任的,为一般保证。”第 2 款“一般保证的保证人在主合同纠纷未经审判或者仲裁,并就债务人财产依法强制执行仍不能履行债务前,对债权人可以拒绝承担保证责任。”②《担保法》第 31 条,“保证人承担保证责任后,有权向债务人追偿。”

(2)法理依据:一般保证中,保证人行使先诉抗辩权后承担了保证责任尚且可以向主债务人追偿。举重以明轻,保证人放弃先诉抗辩权后承担了保证责任,更加可以向主债务人追偿。且保证人尽早承担保证责任,主债务的违约金利息迟延额度会少,对大家都好!

(3)具体到本题和结论:“D. 如丙公司放弃对乙公司享有的先诉抗辩权,仍向乙公司付款 8 万元,则丙公司不得向甲公司追偿”,D 错,不选 D。

(4)延展:保证人放弃自己的抗辩权如保证期间的抗辩、保证方式的抗辩、保证债务的诉讼时效的抗辩等,均不影响保证人承担保证责任后对主债务人的追偿权。

第三节　债的担保之定金

1. 成约定金未交付,定金合同未成立,而主合同因实际履行仍然生效

甲、乙约定:甲将 100 吨汽油卖给乙,合同签订后三天交货,交货后十天内付货款。还约定,合同签订后乙应向甲支付十万元定金,合同在支付定金时生效。合同订立后,乙未交付定金,甲按期向乙交付了货物,乙到期未付款。对此,下列哪一表述是正确的?(2010-3-14)

A. 甲可请求乙支付定金

B. 乙未支付定金不影响买卖合同的效力

C. 甲交付汽油使得定金合同生效

D. 甲无权请求乙支付价款

答案:(　　)①

考点:成约定金未交付,定金合同未成立,而主合同因实际履行仍然生效

解题图构:

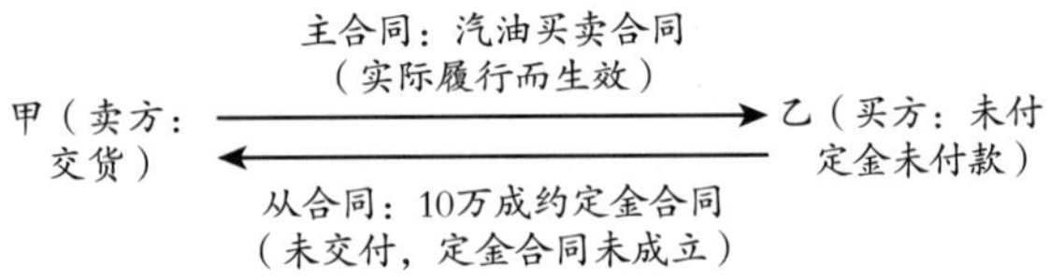

读题技巧

1.“还约定,合同签订后乙应向甲支付十万元定金,合同在支付定金时生效。”+“乙未交付定金”,指向定金合同不成立。

2.“甲按期向乙交付了货物”+“乙到期未付款。”指向两点:(1)主合同生效。(2)乙构成违约。

思路展开

命题点 1:定金合同是实践性合同,定金合同有四种类型:

(1)立约定金。《担保法解释》第 115 条,“当事人约定以交付定金作为订立主合同担保的,给付定金的一方拒绝订立主合同的,无权要求返还定金;收受定金的一方拒绝订立合同的,应当双倍返还定金。”

(2)成约定金。《担保法解释》第 116 条,“当事人约定以交付定金作为主合同成立或者生效要件的,给付定金的一方未支付定金,但主合同已经履行或者已经履行主要部分的,不影响主合同的成立或者生效。”

① 参考答案:B

效力。”

（2）结论：租赁物的受让人根据买卖不破租赁规则对原租赁合同的承受，属于债的法定转移，“D. 根据买卖不破租赁规则，租赁物的受让人对原租赁合同的承受”，D 对，选 D。

常见错误

1. 人身保险中不存在代位求偿权说：认为在人身保险中不存在代位求偿权，由此认为选项 A 错，未选 A。分析：“A. 保险人对第三人的代位求偿权”，选项表述本身已经交代了存在代位求偿权，考生需要判断的是其性质，而不是代位求偿权的构成要件。

2. 限定继承不是债的转移说：认为继承人就继承遗产范围清偿被继承人生前债务，实质是用被继承人遗产清偿被继承人债务，未发生债的转移，由此未选 C。分析：“C. 继承人在继承遗产范围内对被继承人生前债务的清偿”，C 的表述很谨慎，“在继承遗产范围内”，意味着，只要继承了遗产，就必须清偿债务，是为债的法定转移。

二、债权让与

1. 债权让与，债权的抗辩随之让与：诉讼时效届满、负担时效抗辩的债权让与、享有时效抗辩的债务法定承担、新债务人可对新债权人主张时效届满的抗辩

甲公司与乙银行签订借款合同，约定借款期限自 2010 年 3 月 25 日起至 2011 年 3 月 24 日止。乙银行未向甲公司主张过债权，直至 2014 年 4 月 15 日，乙银行将该笔债权转让给丙公司并通知了甲公司。2013 年 5 月 16 日，丁公司通过公开竞拍购买并接管了甲公司。下列哪一选项是正确的？（2013－3－5）

A. 因乙银行转让债权通知了甲公司，故甲公司不得对丙公司主张诉讼时效的抗辩

B. 甲公司债务的诉讼时效从 2014 年 4 月 15 日起中断

C. 丁公司债务的诉讼时效从 2014 年 5 月 16 日起中断

D. 丁公司有权向丙公司主张诉讼时效的抗辩

答案：（　　）①

考点：诉讼时效届满、负担时效抗辩的债权让与、享有时效抗辩的债务法定承担、新债务人可对新债权人主张时效届满的抗辩

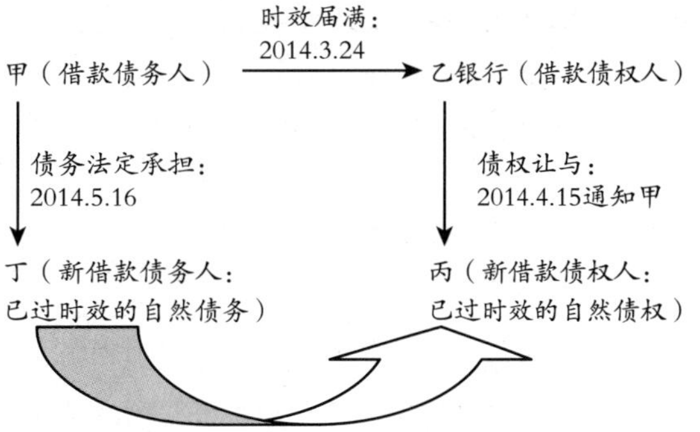

新债务人丁可对新债权人丙主张时效已过抗辩

读题技巧

1. “2010 年 3 月 25 日起至 2011 年 3 月 24 日止。乙银行未向甲公司主张过债权，直至 2014 年 4 月 15 日”，指向涉案债权已经过了诉讼时效。

2. “乙银行将该笔债权转让给丙公司并通知了甲公司”，指向三点：（1）丙是新债权人，对甲发生效力。（2）债权让与，债权上的抗辩随之让与。（3）丙买到了一个负时效届满抗辩的“自然债权”。

3. “丁公司通过公开竞拍购买并接管了甲公司”，指向三点：（1）丁是新债务人，企业接管为法定转移。（2）新债务人承担债务，可主张债务上原有时效届满的抗辩。（3）丁只是负担一个时效届满的自然债务。

思路展开

思路 1：乙银行对甲的债权已经过了诉讼时效了，属于自然债权。

（1）法律依据：《民法总则》第 188 条第 1 款，“向人民法院请求保护民事权利的诉讼时效期间为三年。法律另有规定的，依照其规定。”《民法总则》第 192 条，“诉讼时效期间届满的，义务人可以提出不履行义务的抗辩。”“诉讼时效期间届满后，义务人同意履行的，不得以诉讼时效期间届满为由抗辩；义务人已自愿履行的，不得请求返还。”

（2）具体到本题：①“甲公司与乙银行签订借款合同，约定借款期限自 2010 年 3 月 25 日起至 2011 年 3 月 24 日止。乙银行未向甲公司主张过债权，直

① 参考答案：D（根据《民法总则》的 3 年时效规则，本题中的 2014 年修改自原真题的 2013 年。本题答案不变。）

至2014年4月15日”。②乙银行债权诉讼时效届满的时间点是2014年3月24日。③乙银行对甲享有的债权是自然债权，也是可以卖的。

(3)中间结论：乙银行对甲的债权蜕化为自然债权，该债权上负有诉讼时效届满的抗辩。《2013年国家司法考试试题解析》：“既然借款合同诉讼时效期间已过，则不适用中断规则。由此，选项BC不当选。”

思路2：乙银行把对甲的债权转让给丙。丙买得的债权负有抗辩，原债务人甲可以对丙主张诉讼时效届满的抗辩。

(1)法律依据：①债权转让通知主义。《合同法》第80条，“债权人转让权利的，应当通知债务人。未经通知，该转让对债务人不发生效力。”②债权转让，抗辩随之。《合同法》第82条，“债务人接到债权转让通知后，债务人对让与人的抗辩，可以向受让人主张。”③债权转让通知到达债务人中断时效。《时效解释》第19条第1款，“债权转让的，应当认定诉讼时效从债权转让通知到达债务人之日起中断。”

(2)法条阐释：①债权转让，抗辩随之。②债权转让通知到达债务人时债权诉讼时效中断，前提是该诉讼时效还未届满，因为届满的时效不存在中断问题。

(3)具体到本题：乙银行对甲的债权诉讼时效已经届满，故新债权人丙对甲的债权诉讼时效也已经届满，债权不会因“债权让与”本身而变得更强大！原债务人甲可对新债权人丙主张时效届满的抗辩。

(4)结论：①“A. 因乙银行转让债权通知了甲公司，故甲公司不得对丙公司主张诉讼时效的抗辩”，A错，不选A。②“B. 甲公司债务的诉讼时效从2014年4月15日起中断”，B错，不选B。

思路3：甲把对乙银行的债务法定承受给了丁。新债务人丁，享有原债务人甲针对乙银行债权的一切抗辩，包括诉讼时效届满的抗辩。

(1)法律依据：①债务法定承受。《合同法》第90条，“当事人订立合同后合并的，由合并后的法人或者其他组织行使合同权利，履行合同义务。当事人订立合同后分立的，除债权人和债务人另有约定的以外，由分立的法人或者其他组织对合同的权利和义务享有连带债权，承担连带债务。”②新债务人可主张原债务人对债权人(包括新债权人)的抗辩。《合同法》第89条，“权利和义务一并转让的，适用本法第七十九条、第八十一条至第八十三条、第八十五条至第八十七条的规定。”《合同法》第85条，“债务人转移义务的，新债务人可以主张原债务人对债权人的抗辩。”③如原债务时效未届满，则债务承担构成原债务人对债务承认的，则从债务承担意思到达债权人时中断诉讼时效。《时效解释》第19条第2款，“债务承担情形下，构成原债务人对债务承认的，应当认定诉讼时效从债务承担意思表示到达债权人之日起中断。”

(2)具体到本题：新债务人丁法定承受原债务人甲的一切债务，包括原债务人甲对乙银行的债务，也包括原债务人甲对新债权人丙的债务。新债务人丁可以主张原债务人甲享有的抗辩，包括时效届满的抗辩。新债务人丁可以主张原债务人甲针对原债权人乙银行的时效届满的抗辩，新债务人丁也可以主张原债务人甲针对新债权人丙的时效届满的抗辩。图示如下：甲(甲的替身丁)→对抗→乙(乙的替身丙)=丁可以对抗丙。

(3)结论：“C. 丁公司债务的诉讼时效从2014年5月16日起中断”，C错，不选C。“D. 丁公司有权向丙公司主张诉讼时效的抗辩”，D对，选D。

常见错误

1. 沉默构成意思表示说：(1)认为乙银行就其转让债权给丙公司一事通知了甲公司，甲公司对此默认即甲公司构成还款的承诺，不得对丙公司主张诉讼时效的抗辩，误选A。(2)或者认为乙银行在2014年4月15日将债权转让给丙公司并通知了甲公司，此时虽已超过2年的诉讼时效期间，但因债权转让是有效的，加之甲公司没有异议，故甲公司接到通知即构成对债务的承认，由此导致诉讼时效的中断，误选B。2. 分析：(1)借款合同中诉讼时效期间应为2年。(2)在2014年4月15日，银行债权的诉讼时效期间已经届满。(3)甲公司对于乙银行将债权转让给丙公司一事并没有表态，沉默不构成意思表示，由此，不能认为甲公司对于已经经过诉讼时效期间的债务自愿履行。

2. 债权连环转让(债权连环转让均未通知债务人,对债务人不发生效力,但是债权转让本身有效;债务转移经债权人同意,发生债务转移效力)

甲将其对乙享有的10万元货款债权转让给丙,丙再转让给丁,乙均不知情。乙将债务转让给戊,得到了甲的同意。丁要求乙履行债务,乙以其不知情为由抗辩。下列哪一表述是正确的?(2012－3－13)

A. 甲将债权转让给丙的行为无效

B. 丙将债权转让给丁的行为无效

C. 乙将债务转让给戊的行为无效

D. 如乙清偿10万元债务,则享有对戊的求偿权

答案:(　　)①

考点:债权连环转让均未通知债务人,对债务人不发生效力,但是债权转让本身有效;债务转移经债权人同意,发生债务转移效力

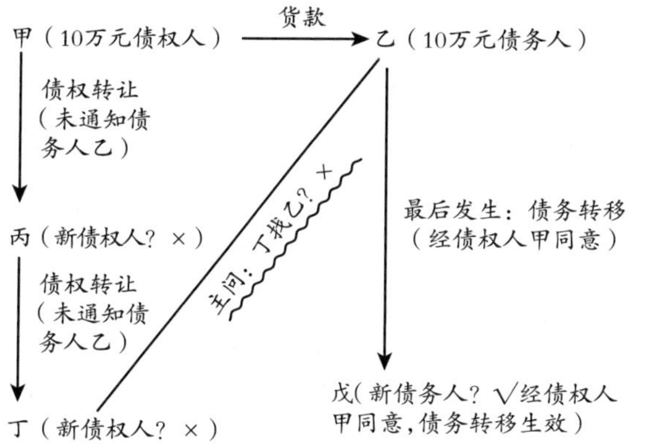

读题技巧

1. 本题两个主角:(1)甲的债权;(2)乙的债务。

2. "债权转让给丙,丙再转让给丁,乙均不知情",指向三点:(1)债权连环交易。(2)债权转让未通知债务人,对债务人乙不发生效力。(3)债权连环交易本身有效,即债权转让协议有效。

3. "债务转让给戊,得到了甲的同意",指向两点:(1)戊是新债务人。(2)甲仍然是债权人(仍是孙子,欠债的是大爷,债权人岂不就是孙子)。

4. "丁要求乙履行债务,乙以其不知情为由抗辩。"这是本题最后聚焦需要讨论的问题,是为题眼!

5. 实际上,本题结局:戊向甲清偿。甲对丙负违约责任,丙对丁负违约责任。此剧与乙毫无干系。不过,这不是本题考查之点,也不是本案焦点。

思路展开

思路1:围绕甲的债权展开,债权连环买卖,没有通知债务人,对债务人不发生效力,但是债权连环交易本身有效。

(1)法律依据:《合同法》第80条,"债权人转让权利的,应当通知债务人。未经通知,该转让对债务人不发生效力。债权人转让权利的通知不得撤销,但经受让人同意的除外。"

(2)法条阐释:①债权人转让权利的,应当通知债务人。②未经通知,该转让对债务人不发生效力。通知义务人为债权人,而非受让人或者再次受让人。③未经通知债务人,不影响债权转让协议本身的效力。

(3)具体到本题:①甲将债权转让给丙,丙将债权转让给丁,甲均未通知乙,故该两项转让对乙不发生效力。②但是债权让与协议不因此无效。③相对于乙来讲,债权人仍然是甲。

(4)结论:"A. 甲将债权转让给丙的行为无效"、"B. 丙将债权转让给丁的行为无效",AB均错,不选AB。

(5)延展记忆之1:债权转让的要件:①债权具有可转让性。《合同法》第79条,"债权人可以将合同的权利全部或者部分转让给第三人,但有下列情形之一的除外:(一)根据合同性质不得转让;(二)按照当事人约定不得转让;(三)依照法律规定不得转让。"②有债权转让协议。

(6)延展记忆之2:债权转让的后果:①通知债务人后对债务人生效(《合同法》第80条);②从权利随之转移。《合同法》第81条,"债权人转让权利的,受让人取得与债权有关的从权利,但该从权利专属于债权人自身的除外。"③抗辩随之存在。《合同法》第82条,"债务人接到债权转让通知后,债务人对让与人的抗辩,可以向受让人主张。"④抵销随之存在。《合同法》第83条,"债务人接到债权转让通知时,债务人对让与人享有债权,并且债务人的债权先于转让的债权到期或者同时到期的,债务人可以向受让人主张抵销。"

思路2:围绕乙的债务展开,债务转移,免责

① 参考答案:D

的债务承担,应经债权人同意。经债权人甲同意,戊是新债务人,乙脱离了债务关系,不再是债务人。

(1)法律依据:《合同法》第84条,"债务人将合同的义务全部或者部分转移给第三人的,应当经债权人同意。"

(2)具体到本题:①"债权转让给丙,丙再转让给丁,乙均不知情。乙将债务转让给戊,得到了甲的同意。丁要求乙履行债务,乙以其不知情为由抗辩。"②需要梳理时间先后:a.先发生甲、丙、丁的债权连环转让,很遗憾,债务人乙是不知道的。b.后发生乙经债权人甲同意转移债务,此时,甲当然是个坏人,但乙却不是坏人,自然不存在与甲恶意串通损害丙丁权益的可能。c.甲、丙、丁连环买卖债权,没有通知债务人乙,这是因为丙、丁是"法盲",都是"不懂法"惹的祸!d.即使是乙后来从丁处得知丁所描述事实,但此并非源自债权人甲提供的信息,不能认为构成债权让与的通知!③乙转移债务经过了甲的同意,乙成功逃离债务关系,戊是新的债务人。④最后格局是:甲(债权人)——戊(债务人)。就这么简单。

(3)结论1(关于C选项):"C.乙将债务转让给戊的行为无效",C错,不选C。退一步讲,即使债务承担协议未经债权人甲同意,乙、戊之间转移债务的协议在乙、戊内部仍然是有效的。

(4)结论2(关于D选项):"D.如乙清偿10万元债务,则享有对戊的求偿权"。①首先,D项新增事实,为大题干之外的另一个案件,应另案处理。②如果乙清偿本应由戊清偿的10万元,那么乙要么是无因管理(检讨是否符合无因管理要件),要么是不当得利(检讨不当得利要件)。③乙享有对戊的求偿权。④《2012年国家司法考试试题解析》:"乙既已退出,若乙清偿10万元债务,构成代为清偿。乙和戊之间无委托合同,也无其他履行上的利害关系,乙可依无因管理或不当得利的规定求偿。选项D正确,当选。"⑤最后,本题D对,选D。

3. 债权转让(债权转让协议生效日、债权转让通知对债务人生效日、"独享保证"不随债权转移、"抵销"规则随债权转让保持原状地转移)

甲向乙借款300万元于2008年12月30日到期,丁提供保证担保,丁仅对乙承担保证责任。后乙从甲处购买价值50万元的货物,双方约定2009年1月1日付款。2008年10月1日,乙将债权让与丙,并于同月15日通知甲,但未告知丁。对此,下列哪些选项是正确的?(2010-3-57)

A. 2008年10月1日债权让与在乙丙之间生效

B. 2008年10月15日债权让与对甲生效

C. 2008年10月15日甲可向丙主张抵销50万元

D. 2008年10月15日后丁的保证债务继续有效

答案:(　　)①

考点: 债权转让(债权转让协议生效日、债权转让通知对债务人生效日、"专属保证"不随债权转移、"抵销"规则随债权转让保持原状地转移)

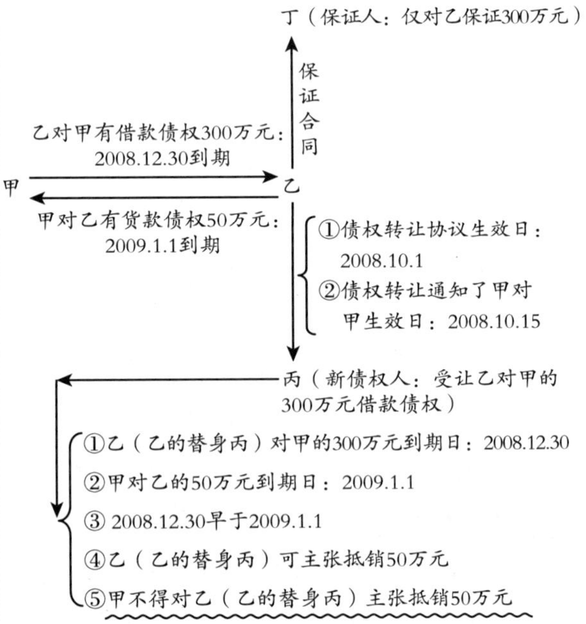

读题技巧

1."2008年10月1日,乙将债权让与丙",指向债权转让协议生效日是2008年10月1日。

2."并于同月15日通知甲",指向债权转让通知对债务人甲的生效日是2008年10月15日。

3."丁仅对乙承担保证责任"+"但未告知丁",指向"专属保证"不随债权转移而转移,保证人免责。

4."甲向乙借款300万元于2008年12月30日到期"+"2008年10月1日,乙将债权让与丙,并于同月15日通知甲"+,指向两点:(1)债权转移前的

① 参考答案:AB

抵销规则与债权转移后的抵销规则一样，原封不动。(2)甲的50万元债权晚于乙的300万元到期，甲不可主张抵销50万元，乙可主张抵销50万元，抛弃期限利益。甲的50万元债权晚于乙的替身丙的300万元到期，甲不可主张抵销，乙的替身丙可主张“抵销”50万元，实质是抛弃50万元债权的行为。

5. 回到现实：(1)丙买到了一个没有保证保护的债权，这个债权是300万元，好在这个债权没有“抵销”负担。(2)因此，丙在购买债权时，必须审慎为之。(3)如果能买到一个有保证保护的债权，还没有抵销负担的债权，还没有其他任何抗辩的债权，那就完美了，这个尽职调查，就是律师的拿手好戏！

思路展开

思路1：债权转让协议生效日(2008年10月1日)与债权转让对债务人生效日(通知日2008年10月15日)。

(1)法律依据：《合同法》第80条，“债权人转让权利的，应当通知债务人。未经通知，该转让对债务人不发生效力。债权人转让权利的通知不得撤销，但经受让人同意的除外。”

(2)法条阐释：①债权人转让权利的，应当通知债务人。②未经通知，该转让对债务人不发生效力。通知义务人为债权人，而非受让人或者再次受让人。③未经通知债务人，不影响债权转让协议本身的效力。

(3)具体到本题：①“甲向乙借款300万元于2008年12月30日到期”+“2008年10月1日，乙将债权让与丙”+“并于同月15日通知甲”。②乙对甲有200万借款债权。②乙把该债权转让给丙，转让日2008年10月1日是协议生效日。③通知日2008年10月15日是对债务人甲生效之日。

(4)结论：①“A. 2008年10月1日债权让与在乙丙之间生效”，A对，选A。②“B. 2008年10月15日债权让与对甲生效”，B对，选B。

思路2：债权转让，“专属保证”不随之转让。

(1)法律依据：①一般情况下，保证从属于主债权转让而转让：《担保法》第22条，“保证期间，债权人依法将主债权转让给第三人的，保证人在原保证担保的范围内继续承担保证责任。保证合同另有约定的，按照约定。”②例外情况下，专属保证不随主债权转让而转移，保证人免责，债权“脱保”：《担保法解释》第28条，“保证期间，债权人依法将主债权转让给第三人的，保证债权同时转让，保证人在原保证担保的范围内对受让人承担保证责任。但是保证人与债权人事先约定仅对特定的债权人承担保证责任或者禁止债权转让的，保证人不再承担保证责任。”

(2)具体到本题：“丁仅对乙承担保证责任”+“2008年10月1日，乙将债权让与丙，并于同月15日通知甲，但未告知丁”。丁提供的是“专属保证”，仅对债权人乙提供保证。当债权人乙把债权转让给丙后，丁不再承担保证责任。

(3)结论：“D. 2008年10月15日后丁的保证债务继续有效”，D错，不选D。

思路3：债权转让，负担在债权上的抵销规则原封不动地转移。

(1)法律依据：①法定抵销条件(到期、同种)。《合同法》第99条，“当事人互负到期债务，该债务的标的物种类、品质相同的，任何一方可以将自己的债务与对方的债务抵销，但依照法律规定或者按照合同性质不得抵销的除外。当事人主张抵销的，应当通知对方。通知自到达对方时生效。抵销不得附条件或者附期限。”②债权转移，抵销规则不变。《合同法》第83条，“债务人接到债权转让通知时，债务人对让与人享有债权，并且债务人的债权先于转让的债权到期或者同时到期的，债务人可以向受让人主张抵销。”

(2)法条阐释：①债务人甲对原债权人乙享有50万元债权，必须符合两个时间要求：a. 第一个时间要求：发生在先！在债务人甲接到300万元债权转让(乙把对甲的300万元债权卖给丙)的通知前，债务人甲对原债权人乙就已经享有50万元债权；b. 第二个时间要求：到期在先！债务人甲对原债权人乙享有的50万元债权的到期日要早于或者等于“被转让的300万元”债权(乙把对甲的300万元债权卖给丙)。c. 小结：两个时间条件都符合，债务人甲才可对受让债权的新债权人丙主张用50万元抵销300万元中的50万元。②债务人对新债权人可援引该抵销。

(3)具体到本题：①债务人甲对原债权人乙有50万元货款债权，与原债权人乙对甲享有的300万元货款债权，属于同种金钱之债，符合抵销品质。②

但是不符合抵销第二个时间的要求。因为甲的50万元债权是2009年1月1日才到期，而乙（后来是乙的替身丙）的300万元债权是2008年12月30日已经到期。③因此，甲不得向乙、也不得向丙主张抵销50万元。④当然，丙可以主张“抵销”50万元，这属于抛弃债权的行为。

（4）结论：①“C. 2008年10月15日甲可向丙主张抵销50万元”，C错，不选C。②《2010年国家司法考试试题解析》：“在本题债的让与中，让与人乙向丙让与的是其请求甲偿还300万元的债权，债务人甲对让与人乙享有50万元的货款请求权，但该请求权晚于转让的债权一日到期，因此甲对丙不享有抵销的权利，故不选C。”

（5）关联：假设甲对新债权人丙有债权，则甲是否可对丙主张抵销，要检讨是否符合抵销的品质要件、时间要件。

（6）小结：债权转让中涉及两种情形的抵销，如图所示：甲（债务人）——乙原债权人——丙新债权人。①甲对原债权人乙享有债权，以此对丙主张抵销。②甲对新债权人丙享有债权，以此对丙主张抵销。③均应检讨法定抵销之品质要件和时间要件。

三、债务承担

1. 债务转移之“公司分立”，分立后公司对此前公司债务负连带债务

甲公司分立为乙、丙两公司，约定由乙公司承担甲公司全部债务的清偿责任，丙公司继受甲公司全部债权。关于该协议的效力，下列哪一选项是正确的？（2009－3－3）

A. 该协议仅对乙、丙两公司具有约束力，对甲公司的债权人并非当然有效

B. 该协议无效，应当由乙、丙两公司对甲公司的债务承担连带清偿责任

C. 该协议有效，甲公司的债权人只能请求乙公司对甲公司的债务承担清偿责任

D. 该协议效力待定，应当由甲公司的债权人选择分立后的公司清偿债务

答案：（　　）①

考点：债务转移之“公司分立”，分立后公司对此前公司债务负连带债务

思路展开

1. 命题点：公司分立，分立后公司对此前公司债务负连带债务。

2. 法律依据：《合同法》第90条，“当事人订立合同后合并的，由合并后的法人或者其他组织行使合同权利，履行合同义务。当事人订立合同后分立的，除债权人和债务人另有约定的以外，由分立的法人或者其他组织对合同的权利和义务享有连带债权，承担连带债务。”

3. 具体到本题：（1）“甲公司分立为乙丙两公司，约定由乙公司承担甲公司全部债务的清偿责任，丙公司继受甲公司全部债权。”（2）乙、丙两公司的约定本身有效，但不能对抗债权人，债权人仍依法有权要求乙、丙两公司承担连带债务。（3）《2009年国家司法考试试题解析》：“【设题陷阱与常见错误分析】若考生混淆合同本身效力与对第三人的效力，则易误选B、C、D项。”

4. 结论：（1）“A. 该协议仅对乙丙两公司具有约束力，对甲公司的债权人并非当然有效”，A对，选A。（2）“B. 该协议无效，应当由乙丙两公司对甲公司的债务承担连带清偿责任；C. 该协议有效，甲公司的债权人只能请求乙公司对甲公司的债务承担清偿责任；D. 该协议效力待定，应当由甲公司的债权人选择分立后的公司清偿债务”，BCD错，不选BCD。

5. 延展：合同权利义务概括承受：

（1）约定概括承受：须经利益相关方同意。《合同法》第88条，“当事人一方经对方同意，可以将自己在合同中的权利和义务一并转让给第三人。”第89条，“权利和义务一并转让的，适用本法第七十九条、第八十一条至第八十三条、第八十五条至第八十七条的规定。”

（2）法定概括承受：见2013年第59题。①企业合并与分立。（《合同法》第90条，“当事人订立合同后合并的，由合并后的法人或者其他组织行使合同权利，履行合同义务。当事人订立合同后分立的，除债权人和债务人另有约定的以外，由分立的法人或者其他组织对合同的权利和义务享有连带债权，

① 参考答案：A

承担连带债务。”)②买卖不破租赁。(《合同法》第229条,“租赁物在租赁期间发生所有权变动的,不影响租赁合同的效力。”)③房屋租赁合同法定承受。(《合同法》第234条,“承租人在房屋租赁期间死亡的,与其生前共同居住的人可以按照原租赁合同租赁该房屋。”《租赁法解释》第19条,“承租人租赁房屋用于以个体工商户或者个人合伙方式从事经营活动,承租人在租赁期间死亡、宣告失踪或者宣告死亡,其共同经营人或者其他合伙人请求按照原租赁合同租赁该房屋的,人民法院应予支持。”)④保险代位求偿权。(《保险法》第60条第1款,“因第三者对保险标的的损害而造成保险事故的,保险人自向被保险人赔偿保险金之日起,在赔偿金额范围内代位行使被保险人对第三者请求赔偿的权利。”)⑤继承。(《继承法》第33条,“继承遗产应当清偿被继承人依法应当缴纳的税款和债务,缴纳税款和清偿债务以他的遗产实际价值为限。超过遗产实际价值部分,继承人自愿偿还的不在此限。”)

2.“三角债”不走代位权结构,而走三方约定的债务承担和债权让与结构,但抗辩与代位权一样

甲对乙享有10万元到期债权,乙对丙也享有10万元到期债权,三方书面约定,由丙直接向甲清偿。下列哪些说法是正确的?(2006－3－57)

A.丙可以向甲主张其对乙享有的抗辩权

B.丙可以向甲主张乙对甲享有的抗辩权

C.若丙不对甲清偿,甲可以要求乙清偿

D.若乙对甲清偿,则构成代为清偿

答案:(　　)①

考点:“三角债”不走代位权结构,而走三方约定的债务承担和债权让与结构,但抗辩与代位权一样

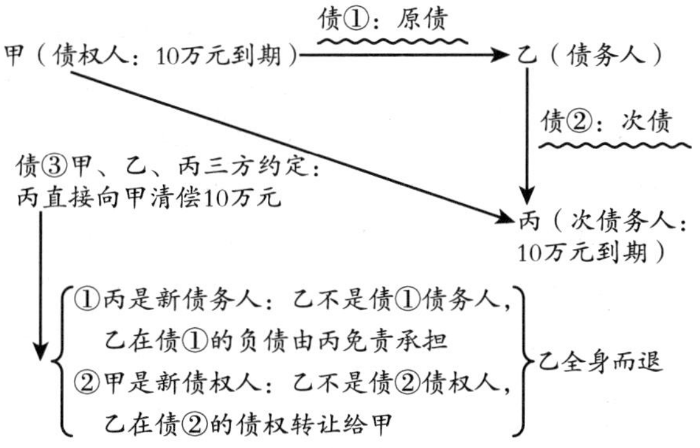

读题技巧

1.甲、乙、丙三角债。

2.三角债的结构,可以启动代位权诉讼。代位权诉讼破解僵局。

3.债权让与和债务承担结构,当事人约定,即没有僵局,通过意思自治消解了僵局。《2006年国家司法考试试题解析》:“首先应当明确的是,本题中甲对乙享有10万元到期债权,乙对丙也享有10万元到期债权,三方书面约定,由丙直接向甲清偿,实际上也就意味着乙将其对丙享有的债权转移给了甲,同时将其对甲负担的义务转移给了丙,也即存在债权让与和债务承担两个关系。”

思路展开

命题点1:通知了债务人丙(丙都同意了,举重明轻,更加等同于通知了丙)的债权转让,对债务人丙发生效力。债务人丙可以对受让债权的新债权人甲主张其对原债权人乙享有的抗辩即“债②:次债”的抗辩。

(1)法律依据:①《合同法》第80条,“债权人转让权利的,应当通知债务人。未经通知,该转让对债务人不发生效力。债权人转让权利的通知不得撤销,但经受让人同意的除外。”②《合同法》第82条,“债务人接到债权转让通知后,债务人对让与人的抗辩,可以向受让人主张。”

(2)具体到本题:在债权让与关系中,乙是让与人,甲是受让人,丙是债务人。

(3)结论:“A.丙可以向甲主张其对乙享有的抗辩权”,A对,选A。

命题点2:经债权人甲同意的免责债务承担,新债务人丙可主张原债务人乙对债权人甲的抗辩即“债①:原债”的抗辩。

(1)法律依据:①《合同法》第84条,“债务人将合同的义务全部或者部分转移给第三人的,应当经债权人同意。”②《合同法》第85条,“债务人转移义务的,新债务人可以主张原债务人对债权人的抗辩。”

(2)具体到本题:在债务承担关系中,乙是原债

① 参考答案:ABD

务人,甲是债权人,丙是新债务人。

(3)结论:“B. 丙可以向甲主张乙对甲享有的抗辩权”,B 对,选 B。

(4)延展:债务承担可分为免责债务承担(《合同法》第 85 条规定的就是免责的债务承担)和并存债务承担(可由当事人约定)。

命题点 3:乙彻底地退出了“三角债”关系。如乙还向甲清偿,构成第三人代为清偿。

(1)根据甲、乙、丙三方之间的约定,乙将债权让与给了甲,将债务让与给了丙,已经从合同关系中脱离,不再享有债权,也不再承担债务。

(2)所谓代为清偿,是指第三人基于为债务人清偿的意思而向债权人代为清偿的行为。本题中,乙对甲的清偿符合代为清偿的定义。

(3)结论:①“C. 若丙不对甲清偿,甲可以要求乙清偿”,C 错,不选 C。②“D. 若乙对甲清偿,则构成代为清偿”,D 对,选 D。

第二节 债的消灭

1. 清偿:清偿抵充顺序

胡某于2006 年 3 月 10 日向李某借款 100 万元,期限 3 年。2009 年 3 月 30 日,双方商议再借 100 万元,期限 3 年。两笔借款均先后由王某保证,未约定保证方式和保证期间。李某未向胡某和王某催讨。胡某仅于 2010 年 2 月归还借款 100 万元。关于胡某归还的 100 万元,下列哪一表述是正确的?(2014 -3 -13)

A. 因 2006 年的借款已到期,故归还的是该笔借款

B. 因 2006 年的借款无担保,故归还的是该笔借款

C. 因 2006 年和 2009 年的借款数额相同,故按比例归还该两笔借款

D. 因 2006 年和 2009 年的借款均有担保,故按比例归还该两笔借款

答案:(　　)①

考点:债的清偿、清偿抵充顺序

解题图构

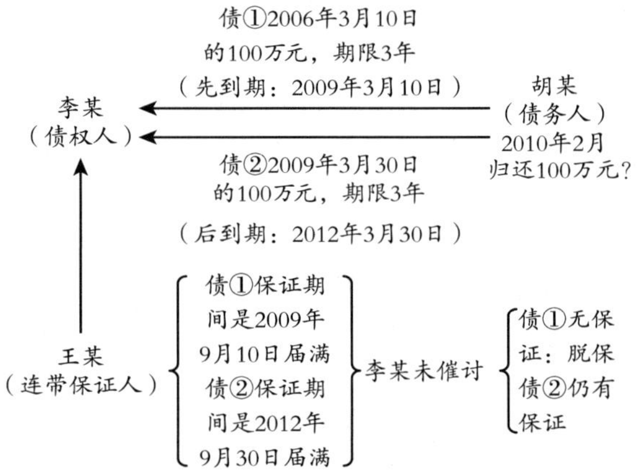

读题技巧

1.“2006 年 3 月 10 日向李某借款 100 万元,期限 3 年。2009 年 3 月 30 日,双方商议再借 100 万元,期限 3 年”,指向 2006 年的那笔先到期。

2.“王某保证,未约定保证方式和保证期间”+“李某未向胡某和王某催讨”,指向 2006 年的那笔过了保证期间。

3.“仅”,指向不足清偿全部同种债务,需要确定抵充顺序。4. 记忆方法:先期(先到期)、不保证(无担保)、重义务(负担重)、所以过“时”(时间到期先后)

思路展开

1. 命题点:欠了多笔钱,只还了一部分,这部分钱到底还的是哪一笔呢?两大类型:

(1)一个到期,一个没到期,则还的是到期的。

(2)两个都到期,那还的是哪个?①先抵充无担保的。②均有担保,则数额大的。③均有担保,数额一样,则先到期的。④均有担保、数额一样、到期时间一样,则按比例。

(3)法律依据:《合同法解释二》第 20 条,“债务人的给付不足以清偿其对同一债权人所负的数笔相同种类的全部债务,应当优先抵充已到期的债务;几项债务均到期的,优先抵充对债权人缺乏担保或者担保数额最少的债务;担保数额相同的,优先抵充债务负担较重的债务;负担相同的,按照债务到期的先后顺序抵充;到期时间相同的,按比例抵充。但是,

① 参考答案:A

债权人与债务人对清偿的债务或者清偿抵充顺序有约定的除外。”

(4)具体到本题：胡某于2006年3月10日向李某借款100万元，在2009年3月10日已到期，胡某于2009年3月30日再向李某借款100万元，于2012年才到期，两笔债务均有担保，因此本题应按照是否到期认定清偿抵充顺序。

(5)结论：①胡某2010年归还的100万元借款应当认定为是归还的已到期的借款，“A. 因2006年的借款已到期，故归还的是该笔借款”，A对，选A。②“B. 因2006年的借款无担保，故归还的是该笔借款；C. 因2006年和2009年的借款数额相同，故按比例归还该两笔借款；D. 因2006年和2009年的借款均有担保，故按比例归还该两笔借款”，BCD均错，不选BCD。

2. 延展1：欠的同一笔钱中，主债务和其他债务的抵充顺序：实现债权的费用、利息、主债务。法律规定：《合同法解释二》第21条，“债务人除主债务之外还应当支付利息和费用，当其给付不足以清偿全部债务时，并且当事人没有约定的，人民法院应当按照下列顺序抵充：(一)实现债权的有关费用；(二)利息；(三)主债务。”

3. 延展2：清偿的抵充，是债务人对同一债权人负担数宗同种类债务，而债务人的履行不足以清偿全部债务时，决定该履行抵充某宗或某几宗债务的现象。

(1)什么情况下需要考虑清偿的抵充问题？①不足以清偿全部债务，但至少足以清偿一宗债务。否则，债权人可以拒绝其为一部清偿，不发生抵充问题。②数宗债务种类相同。如果种类不同，也没必要考虑清偿的抵充问题，如一个债务是还米，另一个债务是还面。还米，就是清偿米的债务；还面，就是清偿面的债务。不存在到底是清偿哪一宗债务的问题。③对同一个债主的数宗债务，可以是自始发生在债务人与债权人之间，也可以是嗣后从其他地方承担而来。例如，甲欠乙2宗债务。又如，甲欠乙1宗债务，甲从丙处承担丙对乙1宗债务，则甲共对乙承担2宗债务。④不论数宗债务是否都到了清偿期。

(2)清偿抵充的方法即怎么抵充。①合同上的抵充。有约定，从约定。《合同法解释二》第20条最后一句，“债权人与债务人对清偿的债务或者清偿抵充顺序有约定的除外。”②清偿人指定的抵充。如当事人没约定，则清偿人有权单方面指定其给付是清偿哪一宗债务。该指定是形成权行使，应向清偿受领人以意思表示为之。一经指定，清偿人不得撤销。指定应在清偿时提出。③法律推定的抵充。要区分为两个层次：第一层次，先确定抵充哪一宗债务；第二层次，确定抵充具体哪宗债务之后，在该宗债务及其利息债务、费用债务之间再确定抵充顺序。

常见错误

1. 无担保的优先抵充说：先归还的是2006年的借款，是因为2006年的借款没有担保，而不是已到期，未选A而误选B。

2. 数额相同按比例归还说：认为借款数额相同的，应当按比例归还，误选C。

3. 担保相同按比例归还说：认为2006年的借款依然有担保，故担保相同的应当按比例归还，误选D。辨析：需要四个要件才按比例抵充(均到期、均有担保、数额一样、到期时间一样)。

2. 抵销

甲装修公司欠乙建材商场货款5万元，乙商场需付甲公司装修费2万元。现甲公司欠款已到期，乙商场欠费已过诉讼时效，甲公司欲以装修费充抵货款。下列哪一种说法是正确的？(2005－3－4)

A. 甲公司有权主张抵销

B. 甲公司主张抵销，须经乙商场同意

C. 双方债务性质不同，不得抵销

D. 乙商场债务已过诉讼时效，不得抵销

答案：(　　)①

考点：“明明”可以主张抵销，偏偏过了诉讼时效，抵销具有溯及力，溯及“抵销适状”之时

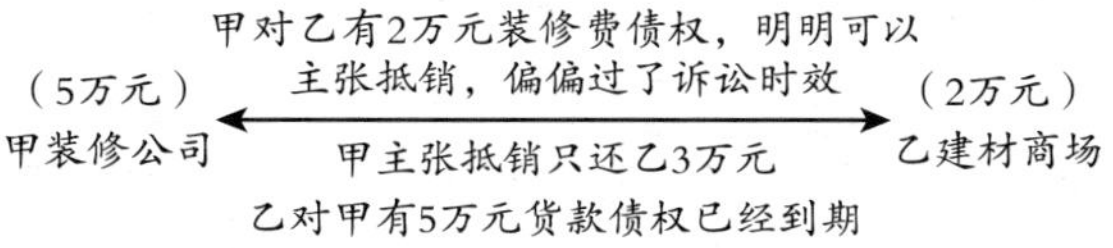

读题技巧

1.“甲装修公司欠乙建材商场货款5万元，乙商场需付甲公司装修费2万元”，指向“抵销适状”，即

① 参考答案：A

"明明"双方抵销,只是未主张而已。

2."现",指向"抵销适状"后,甲的2万元装修费债权才过了诉讼时效,故甲仍可主张抵销。

3.只有这么解读题干信息,才能解释为什么选A。

4.如能对题干事实进行明确分析,则更妥:也就是说,乙商场欠费过了诉讼时效是在"抵销条件满足"后发生的,则因为抵销具有溯及力,故对抵销无影响。

思路展开

命题点1:先抵销适状,后过诉讼时效(明明可以主张抵销,偏偏过了时效):已经"抵销适状"的两个债权(均到期、同种类、同品质),双方均可主张抵销,因未主张而过了时效,则仍然可以主张抵销。

(1)法律依据:《合同法》第99条,"当事人互负到期债务,该债务的标的物种类、品质相同的,任何一方可以将自己的债务与对方的债务抵销,但依照法律规定或者按照合同性质不得抵销的除外。当事人主张抵销的,应当通知对方。通知自到达对方时生效。抵销不得附条件或者附期限。"

(2)学理依据:抵销溯及"抵销适状"时的原理:抵销是法律行为,法律行为的效力原则不溯及既往。但是,因为当事人在双方的债权具备抵销要件时往往怠于主张抵销的意思表示。如果仅令抵销的意思表示向将来发生效力,容易产生不公平的结果。故赋予抵销的意思表示溯及最初得为抵销时发生效力即相互之间的债权溯及"抵销适状"是按抵销数额消灭,结果就比较公平。

(3)结合本题示例:①2014年10月1日甲对乙的2万元装修费债权发生并到期,2015年10月1日乙对甲的5万元货款发生并到期,则2015年10月1日"抵销适状",甲可主张用2万元+迟延利息,充抵5万元货款,乙也可主张充抵,免得双方转账手续费,也提前并"优先"实现了双方的债权。②不巧,2015年10月1日甲或乙均"怠于"主张抵销,转眼间,到了2017年10月10日,甲对乙的2万元装修费债权已经过了诉讼时效,而乙对甲的5万元货款债权还有近2年才过诉讼时效。③此时,甲仍然可主张抵销,溯及2015年10月1日。

(4)本题题干没有给出具体的时间点,但是应做出先抵销适状,后过诉讼时效的理解。结论:"A.甲公司有权主张抵销",A对,选A。其他BCD均错,不选BCD。(5)司法部2005年给出的解析原文:"本题中,双方的债务均已到期且都是金钱债务,符合抵销的构成要件,甲乙双方均有权主张抵销。需要说明的是,尽管乙商场的债务已经超过了诉讼时效,但根据我国《民法通则》的规定,诉讼时效届满,只导致权利人的胜诉权消灭,实体权利仍然存在,不影响甲行使抵销权。"(6)这个解析没有完全说透,"三大本"更新的表述更完整:"抵销使双方债权溯及于得为抵销时消灭。所谓得为抵销时,是指抵销权发生之时。如果双方债权的抵销权发生时间不同,则应以主张抵销的一方抵销权发生时间为标准。"

命题点2:先过诉讼时效,后"抵销适状"(早就过了诉讼时效,本不能主张抵销):很久很久以前发生的债权,早就过了诉讼时效,已经蜕化为自然债权,不能被用来去充抵后来才发生的新的债权。

(1)结合本题示例:①2014年10月1日甲对乙的2万元装修费债权发生并到期。2017年10月1日该债权诉讼时效已经届满。2017年10月10日乙对甲的5万元货款债权到期。②"抵销适状"时,甲对乙的2万元债权早就过了诉讼时效,本质上就是"抵销不适状"了。③故2017年10月10日时,甲不可主张抵销,乙可以主张抵销。

(2)本题题干如果添加时间点的信息,将这层意思排除在外,即更为妥当。

3. 提存

(1)乙在甲提存机构办好提存手续并通知债权人丙后,将2台专业相机、2台天文望远镜交甲提存。后乙另行向丙履行了提存之债,要求取回提存物。但甲机构工作人员在检修自来水管道时因操作不当引起大水,致乙交存的物品严重毁损。下列哪一选项是错误的?(2012-3-14)

A. 甲机构构成违约行为

B. 甲机构应承担赔偿责任

C. 乙有权主张赔偿财产损失

D. 丙有权主张赔偿财产损失

答案:(　　)①

① 参考答案:D

考点：提存、侵权责任、违约责任

思路展开

思路1：公证提存可分为公证清偿提存和公证担保提存。合同法上规定了清偿提存。担保法、物权法上规定了担保提存。

(1)法律依据：《提存公证规则》第3条，"以清偿为目的的提存公证具有债的消灭和债之标的物风险责任转移的法律效力。以担保为目的的提存公证具有保证债务履行和替代其他担保形式的法律效力。不符合法定条件的提存或提存人取回提存标的的，不具有提存公证的法律效力。"

(2)具体到本题："乙在甲提存机构办好提存手续并通知债权人丙后"。乙属于公证清偿提存。

思路2：侵权责任：提存人清偿债务，对提存物有取回权，提存物原物和孳息均归提存人。对提存物的毁损灭失，公证机构负过错侵权责任。

(1)法律依据：①提存人的取回权。《公证提存规则》第26条，"提存人可以凭人民法院生效的判决、裁定或提存之债已经清偿的公证证明取回提存物。提存受领人以书面形式向公证处表示抛弃提存受领权的，提存人得取回提存物。提存人取回提存物的，视为未提存。因此产生的费用由提存人承担。提存人未支付提存费用前，公证处有权留置价值相当的提存标的。"《公证提存规则》第22条第1款，"提存物在提存期间所产生的孳息归提存受领人所有。提存人取回提存物的，孳息归提存人所有。"②公证处的过错赔偿责任。《公证提存规则》第19条第1款，"公证处有保管提存标的物的权利和义务。公证处应当采取适当的方法妥善保管提存标的，以防毁损、变质或灭失。"《公证提存规则》第27条第2款，"提存期间，提存物毁损灭失的风险责任由提存受领人负担；但因公证处过错造成毁损、灭失的，公证处负有赔偿责任。"

(2)具体到本题："后乙另行向丙履行了提存之债，要求取回提存物。但甲机构工作人员在检修自来水管道时因操作不当引起大水，致乙交存的物品严重毁损。"乙对提存物有取回权。提存机构对乙负过错侵权责任。提存物不归债权人丙，丙无权主张赔偿财产损失。

(3)结论：①"B. 甲机构应承担赔偿责任；C. 乙有权主张赔偿财产损失"，BC对，不符合题意，不选BC。②"D. 丙有权主张赔偿财产损失"，D错，符合题意，选D。

思路3：合同责任：公证处对提存人负有合同责任。合同责任与侵权责任竞合。

(1)法律依据：①合同责任。《提存公证规则》第2条，"提存公证是公证处依照法定条件和程序，对债务人或担保人为债权人的利益而交付的债之标的物或担保物（含担保物的替代物）进行寄托、保管，并在条件成就时交付债权人的活动。"②向第三人履行的保管合同。《合同法》第374条，"保管期间，因保管人保管不善造成保管物毁损、灭失的，保管人应当承担损害赔偿责任，但保管是无偿的，保管人证明自己没有重大过失的，不承担损害赔偿责任。"③侵权责任与合同责任的竞合。《合同法》第122条，"因当事人一方的违约行为，侵害对方人身、财产权益的，受损害方有权选择依照本法要求其承担违约责任或者依照其他法律要求其承担侵权责任。"

(2)具体到本题，提存人乙有权要求甲提存机构承担违约责任。

(3)结论："A. 甲机构构成违约行为"，A对，不符合题意，不选A。

4. 免除

甲和乙之间有借贷关系，后二人结婚。此时，甲、乙之间的债权债务可以因下列哪一情形消灭？(2008－四川－8)

A. 因混同而消灭　　B. 因混合而消灭

C. 因结婚而消灭　　D. 因免除而消灭

答案：(　　)①

考点：债的消灭法定事由不包括结婚和混合；混同；免除

思路展开

命题点1：债的消灭的法定事由不包括结婚和混合。

(1)法律依据：债的消灭，是指债的关系当事人

---

①　参考答案：D

双方间的权利义务关系于客观上已不复存在:《合同法》第91条,“有下列情形之一的,合同的权利义务终止:(一)债务已经按照约定履行;(二)合同解除;(三)债务相互抵销;(四)债务人依法将标的物提存;(五)债权人免除债务;(六)债权债务同归于一人;(七)法律规定或者当事人约定终止的其他情形。”

(2)法条阐释:根据法律规定,结婚和混合并不是债消灭的原因。

(3)结论:“B. 因混合而消灭;C. 因结婚而消灭”,BC错,不选BC。

命题点2:债权人和债务人同归一人,发生混同,消灭债务,但涉及第三人利益的不终止。

(1)法律依据:《合同法》第106条,“债权和债务同归于一人的,合同的权利义务终止,但涉及第三人利益的除外。”

(2)具体到本题:甲、乙之间的债权债务并不会因为结婚而同归于一人,也就是说,即并不会出现债的混同而消灭。

(3)结论:“A. 因混同而消灭”,A错,不选A。

命题点3:免除而消灭债务。

(1)法律依据:《合同法》第105条,“债权人免除债务人部分或者全部债务的,合同的权利义务部分或者全部终止。”

(2)具体到本题:甲、乙结婚后,两人之间的债权债务可以由债权人免除债务而消灭。

(3)结论:“D. 因免除而消灭”,D对,选D。

5 第五编 民法合同

第十七章　合同的订立

1. 售楼书标明"健身房"视为要约(根本违约、欺诈缔约过失、不是法定惩罚性赔偿情形)

甲房产开发公司在交给购房人张某的某小区平面图和项目说明书中都标明有一个健身馆。张某看中小区健身方便,决定购买一套商品房并与甲公司签订了购房合同。张某收房时发现小区没有健身馆。下列哪些表述是正确的?(2014－3－51)

A. 甲公司不守诚信,构成根本违约,张某有权退房

B. 甲公司构成欺诈,张某有权请求甲公司承担缔约过失责任

C. 甲公司恶意误导,张某有权请求甲公司双倍返还购房款

D. 张某不能滥用权利,在退房和要求甲公司承担违约责任之间只能选择一种

答案:(　　)①

考点:商品房买卖合同中要约与要约邀请、违约责任、缔约过失责任、惩罚性赔偿

读题技巧

1."某小区平面图和项目说明书中都标明有一个健身馆。"+"张某看中"+"决定购买",指向要约,进入商品房买卖合同。

2."收房时发现小区没有健身馆",指向两点:(1)欺诈。(2)根本违约。

3.D选项中的"退房",有两种语境下的两种理解:(1)因欺诈的退房,指向缔约过失责任,自然不可以和违约责任并存。(2)因解除的退房,指向解除权与违约责任的关系,自然是可以同时存在的,解除合同要求违约方承担违约责任。(3)解释论:D和A是相互说明关系或者说递进关系,从体系上理解,D的退房,是接着A中的"张某有权退房"之"退房"来说,故D的退房应理解为因解除的退房。(4)即使不这么解释,D选项至少是说法过于绝对了,只是在一种情况的退房(因欺诈撤销而退房)中是对的,但在另一种情况的退房(因解除而退房)中就是错的。既然如此,D就犯了以偏概全的错误了。(5)比对:2008年卷三54题D项的表述:"D.赵某如不要求退房,有权请求宏大公司承担违约责任",表述也正确。

思路展开

命题点1:违约解除:售楼书的内容符合条件,进入商品房买卖合同,开发商违反承诺,构成根本违约,购房者有法定解除权。

(1)法律依据:①售楼书承诺进入合同,违反之应负违约责任。《最高人民法院关于审理商品房买卖合同纠纷案件适用法律若干问题的解释》(以下简称《商品房解释》)第3条,"商品房的销售广告和宣传资料为要约邀请,但是出卖人就商品房开发规划范围内的房屋及相关设施所作的说明和允诺具体确定,并对商品房买卖合同的订立以及房屋价格的确定有重大影响的,应当视为要约。该说明和允诺即使未载入商品房买卖合同,亦应当视为合同内容,

---

① 参考答案:AB

当事人违反的,应当承担违约责任。”②因根本违约而启动法定解除权。《合同法》第 94 条,“有下列情形之一的,当事人可以解除合同:(一)因不可抗力致使不能实现合同目的;(二)在履行期限届满之前,当事人一方明确表示或者以自己的行为表明不履行主要债务;(三)当事人一方迟延履行主要债务,经催告后在合理期限内仍未履行;(四)当事人一方迟延履行债务或者有其他违约行为致使不能实现合同目的;(五)法律规定的其他情形。”③解除合同后的违约责任。a.《合同法》第 97 条,“合同解除后,尚未履行的,终止履行;已经履行的,根据履行情况和合同性质,当事人可以要求恢复原状、采取其他补救措施,并有权要求赔偿损失。”b.《买卖解释》第 26 条,“买卖合同因违约而解除后,守约方主张继续适用违约金条款的,人民法院应予支持;但约定的违约金过分高于造成的损失的,人民法院可以参照合同法第一百一十四条第二款的规定处理。”

(2)具体到本题:①“甲房产开发公司在交给购房人张某的某小区平面图和项目说明书中都标明有一个健身馆。张某看中小区健身方便,决定购买一套商品房并与甲公司签订了购房合同。张某收房时发现小区没有健身馆。”②小区平面图和项目说明中标明的健身馆具体确定,对张某订立合同以及房屋价格有重大影响,应当视为合同内容。张某后来发现小区没有健身馆,甲公司构成根本违约,张某有法定解除权,要求退房。③甲开发商应负违约责任。

(3)结论:①“A. 甲公司不守诚信,构成根本违约,张某有权退房”,A 对,选 A。②“D. 张某不能滥用权利,在退房和要求甲公司承担违约责任之间只能选择一种”,D 错,不选 D。

命题点 2:欺诈缔约过失(不属于惩罚性赔偿情形):开发商故意隐瞒真实信息,构成欺诈,受欺诈人可主张撤销买卖合同,退房,要求开发商承担缔约过失责任。但本题欺诈类型不符合惩罚性赔偿的法定情形。

(1)法律依据:①因欺诈而撤销合同的缔约过失责任。a.《民法总则》第 148 条,“一方以欺诈手段,使对方在违背真实意思的情况下实施的民事法律行为,受欺诈方有权请求人民法院或者仲裁机构予以撤销。”b.《合同法》第 58 条,“合同无效或者被撤销后,因该合同取得的财产,应当予以返还;不能返还或者没有必要返还的,应当折价补偿。有过错的一方应当赔偿对方因此所受到的损失,双方都有过错的,应当各自承担相应的责任。”c.《合同法》第 42 条,“当事人在订立合同过程中有下列情形之一,给对方造成损失的,应当承担损害赔偿责任:(一)假借订立合同,恶意进行磋商;(二)故意隐瞒与订立合同有关的重要事实或者提供虚假情况;(三)有其他违背诚实信用原则的行为。”②此欺诈不属于惩罚性赔偿的情形(“可以请求出卖人承担不超过已付购房款一倍的赔偿责任”)。《商品房解释》第 7、8、9、14 条规定的七种法定情形:一房多卖(抵),前手没有获得房屋,则前手主张惩罚性赔偿(先卖,又抵押给第三人 + 先卖,又卖给第三人 + 先拆迁安置,又卖给第三人);买卖欺诈,合同无效、被撤销、解除的,则后手主张惩罚性赔偿(无预售许可的欺诈 + 已抵押的欺诈 + 已出卖的欺诈、为拆迁安置房的欺诈);面积误差太大的惩罚性赔偿。

(2)具体到本题:①甲开发公司是个大忽悠,构成欺诈。张某有权要求甲公司承担缔约过失责任。②甲开发公司的忽悠情形不符合法定惩罚性赔偿情形,故张某无权主张惩罚性赔偿,更谈不上“双倍”,“双倍”措辞本身就错了。

(3)结论:①“B. 甲公司构成欺诈,张某有权请求甲公司承担缔约过失责任”,B 对,选 B。②“C. 甲公司恶意误导,张某有权请求甲公司双倍返还购房款”,C 错,不选 C。

2.“打赌”的悬赏广告,当代商鞅

甲与同学打赌,故意将一台旧电脑遗留在某出租车上,看是否有人送还。与此同时,甲通过电台广播悬赏,称捡到电脑并归还者,付给奖金 500 元。该出租汽车司机乙很快将该电脑送回,主张奖金时遭拒。下列哪一表述是正确的?(2012－3－4)

A. 甲的悬赏属于要约

B. 甲的悬赏属于单方允诺

C. 乙归还电脑的行为是承诺

D. 乙送还电脑是义务,不能获得奖金

答案:(　　)①

① 参考答案:司法部公布的答案是 B。

考点：单方允诺、债的发生原因

思路展开

命题点1：悬赏广告法律性质之确定。悬赏广告，指以广告声明对完成一定行为之人给予报酬。学理分歧：

（1）单方行为说。因广告人一方的意思表示而负担债务，无须向对方合意，仅以一定行为的完成为停止条件（附生效条件的单方法律行为）。①利：解决契约说面临的两个挑战，不知悬赏广告存在的人或者无民事行为能力人、限制民事行为能力人实施悬赏行为，均可主张报酬。②弊：不能说明悬赏广告的撤回、撤销以及由此发生的损害赔偿问题。

（2）要约说。悬赏广告人对于特定人或不特定人做出的悬赏意思表示是要约，相对人完成悬赏广告制定行为是承诺，行为完成时，契约成立。①利：适用契约一般规定，可解释撤回、撤销问题。②弊：不能说明不知悬赏广告存在的人或无民事行为能力人、限制民事行为能力人实施悬赏行为可以主张报酬的问题。

（3）主次说。苏永钦：悬赏广告可以用契约方式做成，也可以用单方行为创设行为人一方的给付报酬义务，都不违反私法自治原则。关键要看社会中实务表现出来悬赏广告以哪一种更常见。台湾地区民法关于悬赏广告修正案不是“正确”地选择了契约作为主要类型，而在把主次类型区分得比较清楚。

（4）评论：到底是采单方行为还是要约，处理结果大致相同，通过设置例外均可弥补自身缺陷。故属于法律学方法论上说明方法的差异而已。

（5）最高人民法院：“悬赏广告的性质当然可以解释为采用了要约说。但法官在处理各类悬赏广告案件时必须充分进行解释，以避免简单采用契约说而忽略特别清醒的规制。”参考法条：《合同法解释二》第3条，“悬赏人以公开方式声明对完成一定行为的人支付报酬，完成特定行为的人请求悬赏人支付报酬的，人民法院依法予以支持。但悬赏有合同法第五十二条规定情形的除外。”（《合同法》第52条，“有下列情形之一的，合同无效：（一）一方以欺诈、胁迫的手段订立合同，损害国家利益；（二）恶意串通，损害国家、集体或者第三人利益；（三）以合法形式掩盖非法目的；（四）损害社会公共利益；（五）违反法律、行政法规的强制性规定。”）

（6）2012年的司考选择了单方行为说。①《2012年国家司法考试试题解析》：“单方允诺，是指表意人向相对人作出的为自己设定某种义务，使对方取得某种权利的意思表示。依据意思自治原则，民事主体可以为自己设定单方义务，此可引起债的发生。悬赏广告属于单方允诺，这既有利于保护不知道悬赏广告存在的情况下完成悬赏广告要求行为的当事人的利益，也有利于保护完成悬赏广告要求行为的无民事行为能力人的合法权益。悬赏广告基于单方的意思表示已经发生法律效力，不需要对方当事人的承诺，也不需要对方当事人具有相应的民事行为能力，因其基于事实行为的完成即可向悬赏广告发布人主张相应的报酬。”②“B. 甲的悬赏属于单方允诺”，B对，选B。③“A. 甲的悬赏属于要约，C. 乙归还电脑的行为是承诺”，AC错，不选AC。

命题点2：悬赏广告的分类。

（1）对人性悬赏广告。悬赏人对某个特定主体做出的悬赏广告，尽管该特定主体在悬赏广告时并不为悬赏人所知悉，但客观上，悬赏广告相对人却是确定的。例如，遗失物悬赏广告、犯罪线索的悬赏广告。其典型特征是：悬赏广告的相对方是特定的，并且向对方负有完成该行为的法定义务。例如，将拾得遗失物归还失主，为公安机关破案提供线索等。

（2）对世性悬赏广告。悬赏人对不特定的人做出的悬赏广告如有奖征文、创意大赛（报纸杂志创意大赛、商标创意）、原创作品大赛、网站做出大赛广告。参加作品大赛的人是不特定的，谁愿意参加都可以，而最终能获奖作品是不确定的。

（3）具体到本题：拾得遗失物的悬赏广告，拾得人归还遗失物确实是法定义务，但不因此否定悬赏广告行为的法律效力。

（4）结论：“D. 乙送还电脑是义务，不能获得奖金”，D错，不选D。

3.“摁手印”之最后签字或盖章地为订立地

张某和李某采用书面形式签订一份买卖合同，双方在甲地谈妥合同的主要条款，张某于乙地在合同上签字，李某于丙地在合同上摁了手印，合同在丁

地履行。关于该合同签订地,下列哪一选项是正确的?(2010－3－11)

A. 甲地　　B. 乙地　　C. 丙地　　D. 丁地

答案:(　　)①

考点:合同签订地

解题图构

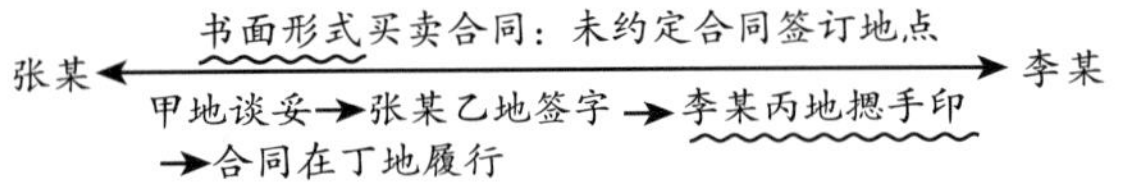

思路展开

1. 命题点:合同签订地的判定。

2. 法律依据:(1)承诺到达地是合同成立地。《合同法》第34条,“承诺生效的地点为合同成立的地点。采用数据电文形式订立合同的,收件人的主营业地为合同成立的地点;没有主营业地的,其经常居住地为合同成立的地点。当事人另有约定的,按照其约定。”(2)合同书签约,双方会签地为合同成立地(同时签)。《合同法》第35条,“当事人采用合同书形式订立合同的,双方当事人签字或者盖章的地点为合同成立的地点。”(3)书面形式签约,约定签订地为合同签订地;未约定,则最后签字或盖章的地点为合同签订地(异时签)。①《合同法解释二》第4条,“采用书面形式订立合同,合同约定的签订地与实际签字或者盖章地点不符的,人民法院应当认定约定的签订地为合同签订地;合同没有约定签订地,双方当事人签字或者盖章不在同一地点的,人民法院应当认定最后签字或者盖章的地点为合同签订地。”②摁手印等于签字或盖章。《合同法解释二》第5条,“当事人采用合同书形式订立合同的,应当签字或者盖章。当事人在合同书上摁手印的,人民法院应当认定其具有与签字或者盖章同等的法律效力。”

3. 具体到本题:(1)“采用书面形式”+“双方在甲地谈妥合同的主要条款,张某于乙地在合同上签字,李某于丙地在合同上摁了手印”。(2)书面形式签订该合同,启动《合同法解释二》第4条、第5条。(3)题干交代的信息揭示张某和李某没有约定签订地点。(4)题干交代信息揭示时间发生先后是:先在甲地谈妥;后在乙地签字;最后在丙地摁手印。(5)故合同签订地是丙地。

4. 结论:“C. 丙地”,C对,选C。

4. 售楼书标明网球场和游泳池进入合同(开发商构成欺诈)

喜好网球和游泳的赵某从宏大公司购买某小区商品房一套,交房时发现购房时宏大公司售楼部所展示的该小区模型中的网球场和游泳池并不存在。经查,该小区设计中并无网球场和游泳池。下列哪些选项是正确的?(2008－3－54)

A. 赵某有权要求退房

B. 赵某如要求退房,有权请求宏大公司承担缔约过错责任

C. 赵某如要求退房,有权请求宏大公司双倍返还购房款

D. 赵某如不要求退房,有权请求宏大公司承担违约责任

答案:(　　)②

考点:欺诈可撤销合同;缔约过失责任;售楼书明确承诺纳入合同,违反之负违约责任

思路展开

命题点1:开发商构成欺诈,合同可撤销,撤销后承担缔约过失责任;开发商本题中的欺诈不符合惩罚性赔偿的法定事由。

(1)法律依据:①欺诈可撤销。《民通意见》第68条,“一方当事人故意告知对方虚假情况,或者故意隐瞒真实情况,诱使对方当事人作出错误意思表示的,可以认定为欺诈行为。”+《民法总则》第148条,“一方以欺诈手段,使对方在违背真实意思的情况下实施的民事法律行为,受欺诈方有权请求人民法院或者仲裁机构予以撤销。”②欺诈被撤销后的缔约过失责任。《合同法》第58条,“合同无效或者被撤销后,因该合同取得的财产,应当予以返还;不能返还或者没有必要返还的,应当折价补偿。有过错的一方应当赔偿对方因此所受到的损失,双方都有过错的,应当各自承担相应的责任。”+《合同法》第42条,“当事人在订立合同过程中有下列情形之一,

① 参考答案:C

② 参考答案:AB

给对方造成损失的,应当承担损害赔偿责任:(一)假借订立合同,恶意进行磋商;(二)故意隐瞒与订立合同有关的重要事实或者提供虚假情况;(三)有其他违背诚实信用原则的行为。"③此欺诈不属于惩罚性赔偿的情形("可以请求出卖人承担不超过已付购房款一倍的赔偿责任"):《商品房解释》第7、8、9、14条规定的七种法定情形:一房多卖(抵),前手没有获得房屋,则前手主张惩罚性赔偿(先卖,又抵押给第三人+先卖,又卖给第三人+先拆迁安置,又卖给第三人);买卖欺诈,合同无效、被撤销、解除的,则后手主张惩罚性赔偿(无预售许可的欺诈+已抵押的欺诈+已出卖的欺诈、为拆迁安置房的欺诈);面积误差太大的惩罚性赔偿。

(2)具体到本题:①"交房时发现购房时宏大公司售楼部所展示的该小区模型中的网球场和游泳池并不存在。经查,该小区设计中并无网球场和游泳池。"②宏大公司构成欺诈。③此欺诈不属于惩罚性赔偿的欺诈情形。④赵某可撤销房屋买卖合同,要求退房,由宏大公司承担缔约过失责任。

(3)结论:①"A. 赵某有权要求退房",A对,选A。②"B. 赵某如要求退房,有权请求宏大公司承担缔约过错责任",B对,选B。③"C. 赵某如要求退房,有权请求宏大公司双倍返还购房款",C错,不选C。

(4)延展:商品房买卖不适用消费者权益保护法。《消法》第55条,"经营者提供商品或者服务有欺诈行为的,应当按照消费者的要求增加赔偿其受到的损失,增加赔偿的金额为消费者购买商品的价款或者接受服务的费用的三倍;增加赔偿的金额不足五百元的,为五百元。法律另有规定的,依照其规定。经营者明知商品或者服务存在缺陷,仍然向消费者提供,造成消费者或者其他受害人死亡或者健康严重损害的,受害人有权要求经营者依照本法第四十九条、第五十一条等法律规定赔偿损失,并有权要求所受损失二倍以下的惩罚性赔偿。"

命题点2:开发商售楼书的承诺具体明确对购房决定有影响,应纳入合同内容,开发商违反承诺须负违约责任。

(1)法律依据:《商品房解释》第3条,"商品房的销售广告和宣传资料为要约邀请,但是出卖人就商品房开发规划范围内的房屋及相关设施所作的说明和允诺具体确定,并对商品房买卖合同的订立以及房屋价格的确定有重大影响的,应当视为要约。该说明和允诺即使未载入商品房买卖合同,亦应当视为合同内容,当事人违反的,应当承担违约责任。"

(2)具体到本题:"喜好网球和游泳的赵某"+"交房时发现购房时宏大公司售楼部所展示的该小区模型中的网球场和游泳池并不存在"=宏大公司售楼部所展示的该小区模型中所拥有的网球场和游泳池,应当视为合同内容。宏大公司须负违约责任。

(3)结论:"D. 赵某如不要求退房,有权请求宏大公司承担违约责任",D对,选D。

5. 受要约人"实质性变更要约",导致要约失效

甲公司于6月10日向乙公司发出要约订购一批红木,要求乙公司于6月15日前答复。6月12日,甲公司欲改向丙公司订购红木,遂向乙公司发出撤销要约的信件,于6月14日到达乙公司。而6月13日,甲公司收到乙公司的回复,乙公司表示红木缺货,问甲公司能否用杉木代替。甲公司的要约于何时失效?(2008-四川-6)

A. 6月12日　　B. 6月13日

C. 6月14日　　D. 6月15日

答案:(　　)①

考点:受要约人"实质性变更要约",导致要约失效;要约不得撤销的情形

解题图构

甲
- 6月10日发出要约,承诺期限为6月15日之前
- 6月13日甲收到乙回复可否用杉木代替红木(乙实质性变更要约=要约失效日)
- 6月12日发出撤销要约通知,该通知在6月14日到达乙

乙

思路展开

1. 命题点:要约不得撤销的情形和要约失效的情形。

2. 法律依据:(1)要约不得撤销的情形。《合同法》第19条,"有下列情形之一的,要约不得撤销:(一)要约人确定了承诺期限或者以其他形式明示要约不可撤销;(二)受要约人有理由认为要约

① 参考答案:B

是不可撤销的,并已经为履行合同作了准备工作。”(2)要约失效的情形。《合同法》第20条,“有下列情形之一的,要约失效:(一)拒绝要约的通知到达要约人;(二)要约人依法撤销要约;(三)承诺期限届满,受要约人未作出承诺;(四)受要约人对要约的内容作出实质性变更。”

3. 具体到本题及相应结论:(1)要约有了承诺期限,不得撤销。因为甲公司的要约中规定了承诺期限(“要求乙公司于6月15日前答复”),所以要约不得撤销,要约也就不可能因为甲公司要撤销要约而失效。(2)中间结论:“A.6月12日,C.6月14日”,AC错,不选AC。(3)受要约人乙在6月13日对要约做了实质性变更(“6月13日,甲公司收到乙公司的回复,乙公司表示红木缺货,问甲公司能否用杉木代替。”),乙公司提出了新要约。故甲公司关于订购红木的要约在6月13日失效,失效的原因是乙公司对要约的内容作出实质性变更。(4)最后结论:①“B.6月13日”,B对,选B。②“D.6月15日”,D错,不选D。

6. 电视商业广告为要约,汇票上门取货

甲公司通过电视发布广告,称其有100辆某型号汽车,每辆价格15万元,广告有效期10天。乙公司于该则广告发布后第5天自带汇票去甲公司买车,但此时车已全部售完,无货可供。下列哪一选项是正确的?(2007－3－8)

A. 甲构成违约

B. 甲应承担缔约过失责任

C. 甲应承担侵权责任

D. 甲不应承担民事责任

答案:(　　)①

考点:具体明确商业广告是要约,违反之须负违约责任

读题技巧

1.“电视发布广告,称其有100辆某型号汽车,每辆价格15万元”,指向商业广告内容具体明确。“广告有效期10天”＋“乙公司于该则广告发布后第5天自带汇票去甲公司买车”,指向乙在要约有效期内做出承诺,合同已经成立。

2.“但此时车已全部售完,无货可供。”,指向甲违约,应负违约责任。

思路展开

1. 命题点:商业广告内容符合要约,视为要约。

2. 法律依据:

(1)商业广告在特定情况下可构成要约。《合同法》第15条,“要约邀请是希望他人向自己发出要约的意思表示。寄送的价目表、拍卖公告、招标公告、招股说明书、商业广告等为要约邀请。商业广告的内容符合要约规定的,视为要约。”

(2)内容具体明确的商业广告属于要约。《合同法》第14条,“要约是希望和他人订立合同的意思表示,该意思表示应当符合下列规定:(一)内容具体确定;(二)表明经受要约人承诺,要约人即受该意思表示约束。”

3. 具体到本题:甲在广告中说明了汽车的型号、数量、价格,内容可谓具体确定;甲还声称广告的有效期为10天,其实是表明经受要约人承诺,甲即受该意思表示约束。因此,甲发布的该广告可以认定为要约。乙公司于该则广告发布后第5天自带汇票去甲公司买车构成承诺,买卖合同成立。如今车全部售完,无货可供,甲应承担违约责任。

4. 结论:(1)“A.甲构成违约”,A对,选A。(2)“B.甲应承担缔约过失责任,C.甲应承担侵权责任,D.甲不应承担民事责任”,BCD错,不选BCD。

5. 延展:

(1)要约:①特定人的意思表示。②向相对人做出(特定人或不特定公众)。③内容具体确定(主体＋标的＋数量＝具体确定。没有价格条款,价格条款等可进行漏洞填补。参见《合同法解释二》第1条,“当事人对合同是否成立存在争议,人民法院能够确定当事人名称或者姓名、标的和数量的,一般应当认定合同成立。但法律另有规定或者当事人另有约定的除外。对合同欠缺的前款规定以外的其他内容,当事人达不成协议的,人民法院依照《合同法》第六十一条、第六十二条、第一百二十五条等有关规定予以确定。”)。④具有受拘束的意思。

(2)承诺:①受要约人做出。②要约到达承诺人

① 参考答案:A

后，承诺人向要约人做出承诺的意思表示。③不得对要约进行实质性变更。④在要约（不能是要约邀请）有效期限内到达要约人。⑤具有受拘束的意思。

7. 确认收到函件，是事实通知，不是意思通知；合同书签约应双方签字或盖章合同才成立；反复无常应负缔约过失责任

甲公司于6月5日以传真方式向乙公司求购一台机床，要求"立即回复"。乙公司当日回复"收到传真"。6月10日，甲公司电话催问，乙公司表示同意按甲公司报价出售，要其于6月15日来人签订合同书。6月15日，甲公司前往签约，乙公司要求加价，未获同意，乙公司遂拒绝签约。对此，下列哪一种说法是正确的？（2005－3－11）

A. 买卖合同于6月5日成立

B. 买卖合同于6月10日成立

C. 买卖合同于6月15日成立

D. 甲公司有权要求乙公司承担缔约过失责任

答案：（　　）①

考点：确认收到函件，是事实通知，不是意思通知；合同书签约应双方签字或盖章合同才成立；反复无常应负缔约过失责任

解题图构

甲
- 6月5日传真发出要约，要求"立即回复"＝附有承诺期限的要约不可撤销
- 6月5日收到乙回复"确认""收到传真"＝事实通知，啥也不是
- 6月10日催问乙，乙同意甲报价，要甲派人来签订合同书＝乙缔约过失
- 6月15日，甲前往签约，乙要求加价，甲不同意，乙拒签约＝合同不成立

乙（反复无常）

思路展开

命题点1：确认收到函件是事实通知，不是意思通知。

（1）法律依据：《合同法》第21条，"承诺是受要约人同意要约的意思表示。"

（2）学理依据：承诺的构成要件。①受要约人做出。②要约到达承诺人后，承诺人向要约人做出承诺的意思表示。③不得对要约进行实质性变更。④在要约（不能是要约邀请）有效期限内到达要约人。⑤具有受拘束的意思。

（3）具体到本题：甲6月5日发出的传真属于要约，乙虽然当日予以回复，但只是表示收到了要约，并非同意要约的意思表示，不属于承诺。因此，此时合同尚未成立。

（4）结论："A. 买卖合同于6月5日成立"，A错，不选A。

命题点2：合同书形式签约，应该双方签字或盖章时合同才成立。

（1）法律依据：《合同法》第32条，"当事人采用合同书形式订立合同的，自双方当事人签字或者盖章时合同成立。"

（2）具体到本题：甲、乙双方在6月10日就买卖合同的主要条款已经达成了一致意见，但乙明确要求6月15日签订合同书，根据题目提供的信息，甲对此也表示同意。可见双方当事人是约定以合同书形式订立合同。要等双方签字才成立，未签字未成立。

（3）结论："B. 买卖合同于6月10日成立；C. 买卖合同于6月15日成立"，BC错，不选BC。

命题点3：磋商过错，须负缔约过失责任。

（1）法律依据：《合同法》第42条，"当事人在订立合同过程中有下列情形之一，给对方造成损失的，应当承担损害赔偿责任：（一）假借订立合同，恶意进行磋商；（二）故意隐瞒与订立合同有关的重要事实或者提供虚假情况；（三）有其他违背诚实信用原则的行为。"

（2）具体到本题：甲、乙原本已对价款达成了一致意见，但甲应乙的要求前往签约时，乙却出尔反尔，突然要求加价，违反了诚实信用原则，损害了甲的信赖利益，应当承担缔约过失责任。

（3）结论："D. 甲公司有权要求乙公司承担缔约过失责任"，D对，选D。

① 参考答案：D

第十八章　合同的效力

第一节　有效合同与合同相对性

一、无权处分合同有效

非所有人出租动产合同有效

甲公司将自己所有的10台机器出租给了乙公司，乙公司未经其同意，将其低价出售给知情的丙公司，丙公司又将其出租给丁公司。丁公司对上述交易过程完全不了解。下列哪些选项是正确的？（2008－四川－58）

A. 丙、丁之间的租赁合同有效

B. 甲公司有权请求丁公司返还机器，并且无须补偿其任何损失

C. 甲公司有权请求丁公司返还机器，但是应补偿其损失

D. 甲公司无权请求丁公司返还机器，但是丁公司应当补偿甲公司的损失

答案：（　　）①

考点：

解题图构

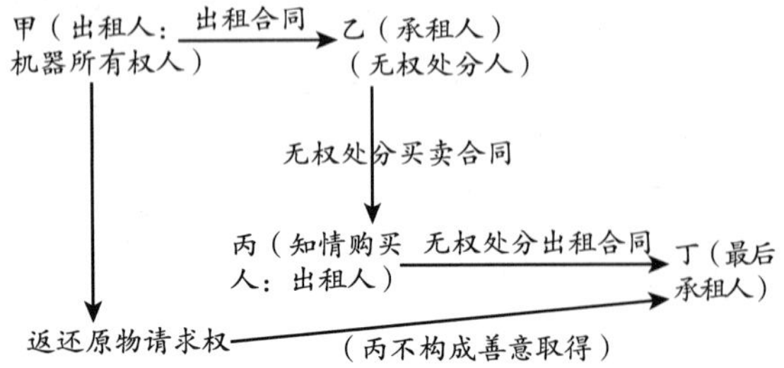

思路展开

命题点1：无权占有人无权出租动产给不知情者，出租合同有效。

（1）法律依据：《合同法》第212条，“租赁合同是出租人将租赁物交付承租人使用、收益，承租人支付租金的合同。”

（2）具体到本题：《2008年国家司法考试试题解析》：“法律并不要求租赁物一定为出租人所有，故丙将本属于甲所有的机器，出租给不知情的丁使用，不影响租赁合同的效力，租赁合同自成立生效。因此A选项正确。”

（3）结论：“A. 丙、丁之间的租赁合同有效”，A对，选A。

命题点2：返还原物请求权。

（1）法律依据：①《物权法》第34条，“无权占有不动产或者动产的，权利人可以请求返还原物。”②《物权法》第106条，“无处分权人将不动产或者动产转让给受让人的，所有权人有权追回；除法律另有规定外，符合下列情形的，受让人取得该不动产或者动产的所有权：（一）受让人受让该不动产或者动产时是善意的；（二）以合理的价格转让；（三）转让的不动产或者动产依照法律规定应当登记的已经登记，不需要登记的已经交付给受让人。受让人依照前款规定取得不动产或者动产的所有权的，原所有权人有权向无处分权人请求赔偿损失。当事人善意取得其他物权的，参照前两款规定。”

（2）具体到本题：甲是机器所有权人。乙公司作为无处分权人将该10台机器出售给知情人丙，丙不符合善意取得制度中的“受让人受让该动产时是善意的”的条件规定，因此丙不能善意取得该10台机器的所有权，丙也就无权对该10台机器进行出租。甲公司作为所有权人，有权根据物上请求权请求丁公司返还财产，且无须补偿其任何损失。

（3）结论：①“B. 甲公司有权请求丁公司返还机器，并且无须补偿其任何损失”，B对，选B。②“C. 甲公司有权请求丁公司返还机器，但是应补偿其损失；D. 甲公司无权请求丁公司返还机器，但是丁公司应当补偿甲公司的损失”，CD错，不选CD。

---

① 参考答案：AB

(4)延展1:丁的损失应该向丙主张违约责任。

(5)延展2:甲主张返还机器,丙、丁租赁合同不适用买卖不破租赁。《合同法》第229条,“租赁物在租赁期间发生所有权变动的,不影响租赁合同的效力。”而本题中,机器所有权一直没有变化,自始至终都是甲的。故甲无须与丁继续法定承受租赁合同。

二、合同相对性

1. 债务履行第三辅助人和向第三人履行的交叉

方某为送汤某生日礼物,特向余某定作一件玉器。订货单上,方某指示余某将玉器交给汤某,并将订货情况告知汤某。玉器制好后,余某委托朱某将玉器交给汤某,朱某不慎将玉器碰坏。下列哪一表述是正确的?(2014－3－11)

A. 汤某有权要求余某承担违约责任

B. 汤某有权要求朱某承担侵权责任

C. 方某有权要求朱某承担侵权责任

D. 方某有权要求余某承担违约责任

答案:(　　)①

考点:向第三人履行、由第三人履行、债权让与、侵权责任

解题图构

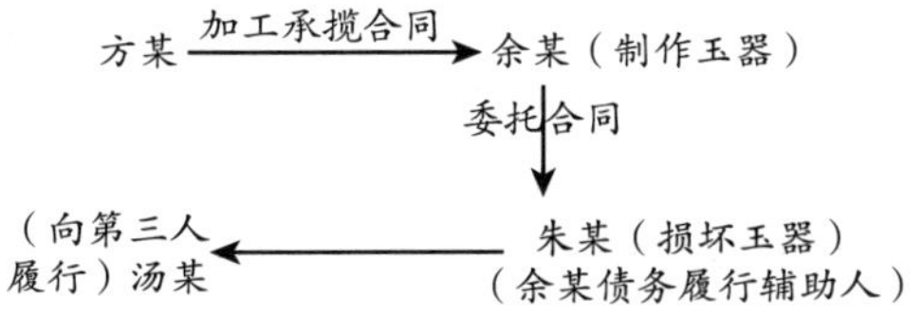

读题技巧

1.“定作一件玉器”,指向加工承揽合同,无其他特别信息,玉器制成后所有权归制作人。

2.“指示余某将玉器交给汤某”,指向“向第三人履行”。

3.“余某委托朱某将玉器交给汤某”,指向余某和朱某有委托关系,属于“债务履行辅助人”。

4.“不慎”,指向朱某有过错,同时指向玉器未完成交付。

思路展开

思路1:合同相对性。(1)方某、余某成立加工承揽合同。(2)余某、朱某成立委托合同。(3)两个合同各自独立。(4)汤某不介入任何一个合同。

思路2:向第三人履行合同,第三人不是合同当事人,不能主张合同权利。

(1)法律依据:《合同法》第64条,“当事人约定由债务人向第三人履行债务的,债务人未向第三人履行债务或者履行债务不符合约定,应当向债权人承担违约责任。”

(2)具体到本题:方某为送汤某生日礼物,特向余某定作了一件玉器,并指示余某将玉器交付给汤某,方某和余某之间存在合同关系,余某和汤某之间并没有合同关系,汤某对余某没有合同上的请求权。

(3)结论:“A. 汤某有权要求余某承担违约责任”A错,不选A。

思路3:债务履行辅助第三人履行合同,第三人不是合同当事人,不负责合同义务。

(1)法律依据:《合同法》第121条,“当事人一方因第三人的原因造成违约的,应当向对方承担违约责任。当事人一方和第三人之间的纠纷,依照法律规定或者按照约定解决。”

(2)具体到本题:玉器被朱某(余某的债务履行辅助人,为第121条中“第三人”之一种)碰坏,导致余某发生违约,余某应当向方某承担违约责任。朱某与余某之间的法律关系,依照委托合同处理。

(3)结论:“D. 方某有权要求余某承担违约责任”,D对,选D。

思路4:过错侵权,“权”不包括合同债权,而限于绝对权。

(1)法律规定:《物权法》第30条,“因合法建造、拆除房屋等事实行为设立或者消灭物权的,自事实行为成就时发生效力。”

(2)具体到本题:余某制作了玉器,取得玉器的所有权。

(3)朱某碰坏玉器时,玉器的所有权人仍为余某,朱某侵犯了余某的所有权。

(4)玉器未完成交付,故方某、汤某均不是玉器的所有权人,朱某并未侵害方某、汤某的所有权。

(5)结论:“B. 汤某有权要求朱某承担侵权责任;C. 方某有权要求朱某承担侵权责任”,BC错,不选BC。

---

①　参考答案:D

常见错误

1. 加工承揽合同委托人享有加工物所有权说:认为玉器制作完成后所有权归委托人方某。误选C,认为方某可向朱某主张侵权责任。

2. 指示构成"指示交付"说:认为汤某因指示交付而取得玉器所有权。误选B,认为汤某可向朱某主张侵权责任。

3. 债权转让说:认为方某和汤某之间存在债权转让,方某将合同上的请求权转让给了汤某,由此误选A而未选D。

2. "神牛公司"与"红十字会"的赠与合同的相对性(公益赠与不得任意撤销)

神牛公司在H省电视台主办的赈灾义演募捐现场举牌表示向S省红十字会捐款100万元,并指明此款专用于S省B中学的校舍重建。事后,神牛公司仅支付50万元。对此,下列哪一选项是正确的?(2008-3-5)

A. H省电视台、S省红十字会、B中学均无权请求神牛公司支付其余50万元

B. S省红十字会、B中学均有权请求神牛公司支付其余50万元

C. S省红十字会有权请求神牛公司支付其余50万元

D. B中学有权请求神牛公司支付其余50万元

答案:( )①

考点:"神牛公司"与"红十字会"的赠与合同的相对性(公益赠与不得任意撤销)

解题图构

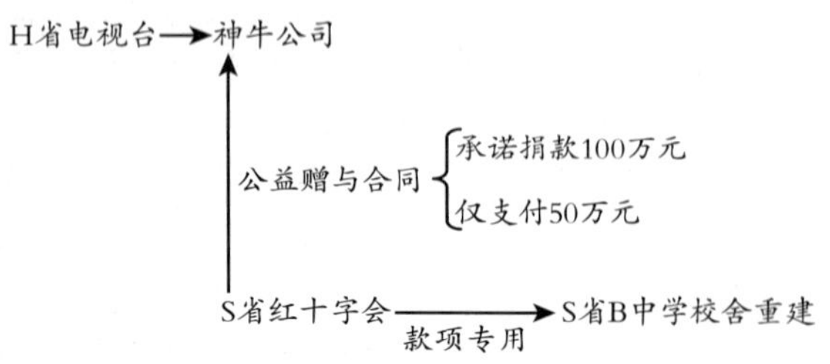

读题技巧

1. 神牛公司"举牌表示向S省红十字会捐款100万元",指向赠与人是神牛公司,受赠人是红十字会。2. "红十字会"+"校舍重建"+"仅支付50万元"=公益赠与不得任意撤销,剩余50万元得继续捐出来。

思路展开

命题点1:公益赠与,不得撤销。

(1)法律依据:《合同法》第186条,"赠与人在赠与财产的权利转移之前可以撤销赠与。具有救灾、扶贫等社会公益、道德义务性质的赠与合同或者经过公证的赠与合同,不适用前款规定。"

(2)具体到本题:①神牛公司"举牌表示向S省红十字会捐款100万元"+"红十字会"+"校舍重建"+"仅支付50万元"。②神牛公司在H省电视台主办的赈灾义演募捐现场举牌表示向S省红十字会捐款100万元,神牛公司与S省红十字会达成的是具有社会公益、道德义务性质的赠与合同,不享有一般赠与合同中在赠与物交付前的任意撤销权。③神牛公司需要继续支付剩余的50万元。

(3)结论:"A. H省电视台、S省红十字会、B中学均无权请求神牛公司支付其余50万元",A错,不选A。

命题点2:赠与合同属于合同,坚持合同相对性。赠与人神牛公司与受赠人红十字会签订赠与合同,约定红十字会向第三人"中学"履行。赠与人违反赠与合同,应由受赠人请求赠与人履行义务或承担违约责任。第三人不是合同当事人,不得主张合同权利。

(1)法律依据:只能说是关联法条:《合同法》第64条,"当事人约定由债务人向第三人履行债务的,债务人未向第三人履行债务或者履行债务不符合约定,应当向债权人承担违约责任。"

(2)具体到本题:①神牛公司与红十字会赠与合同约定,债权人(受赠人)向第三人"中学"转交100万元。不是由债务人(赠与人)神牛公司向第三人"中学"履行。②但是,无论如何第三人中学都不是赠与合同权利人。电视台更加不是,应无疑问。

(3)结论:①"C. S省红十字会有权请求神牛公司支付其余50万元",C对,选C。②"B. S省红十字会、B中学均有权请求神牛公司支付其余50万元;D. B中学有权请求神牛公司支付其余50万元",BD错,不选BD。

3. 母子公司之合同相对性

甲公司在2005年至2007年间连续与乙公司签订了三份煤炭买卖合同,并按照合同的约定分别向

① 参考答案:C

乙公司的六个子公司发运了货物，但乙公司及其六个子公司迄今未支付货款。关于本案，下列哪一选项是正确的？（2008－四川－4）

A. 甲公司只能要求乙公司付款，无权要求乙公司的六个子公司付款

B. 甲公司只能要求乙公司的六个子公司付款，无权要求乙公司付款

C. 甲公司有权要求乙公司及其六个子公司对所欠货款承担连带责任

D. 甲公司只能选择乙公司付款，但可要求其六个子公司承担补充付款责任

答案：（　　）①

考点：合同相对性

思路展开

命题点：合同具有相对性即合同形成的债的关系只能对合同双方当事人产生效力，对于合同之外的第三人不应当具有约束力。2. 具体到本题：基于合同的相对性原理，虽然甲公司实际履行合同时是向乙公司的六个子公司履行，但是因为合同的双方当事人是甲公司和乙公司，所以当乙公司不履行合同约定的支付货款的义务时，甲公司只能向乙公司要求支付货款，承担违约责任，而无权要求乙公司的六个子公司付款。3. 结论：A 对，选 A。

第二节　无效合同

1. 国家利益的界定：伪造房产证骗国企，不是无效，而是可撤销

张某和李某设立的甲公司伪造房产证，以优惠价格与乙企业（国有）签订房屋买卖合同，以骗取钱财。乙企业交付房款后，因甲公司不能交房而始知被骗。关于乙企业可以采取的民事救济措施，下列哪一选项是正确的？（2015－3－3）

A. 以甲公司实施欺诈损害国家利益为由主张合同无效

B. 只能请求撤销合同

C. 通过乙企业的主管部门主张合同无效

D. 可以请求撤销合同，也可以不请求撤销合同而要求甲公司承担违约责任

答案：（　　）②

考点：可撤销合同、无效合同

读题技巧

1. 国企不懂被骗！

2. 甲公司“伪造房产证”和‘始知被骗’，指向欺诈。

3. “张某和李某设立”的，意即甲公司为私营企业，结合“乙企业（国有）”，由此误导考生，私营企业骗取国有企业的钱财，合同无效，指向 A 和 C。

思路展开

思路 1：国有企业被骗，国有企业利益不等于国家利益。故 A 错。《合同法》第 52 条第 1 项，“有下列情形之一的，合同无效：（一）一方以欺诈、胁迫的手段订立合同，损害国家利益。”

思路 2：国有企业被骗，仍适用欺诈意思表示瑕疵，可请求撤销合同，也可不请求撤销合同，而要求甲承担违约责任。《合同法》第 54 条第 2 款，“一方以欺诈、胁迫的手段或者乘人之危，使对方在违背真实意思的情况下订立的合同，受损害方有权请求人民法院或者仲裁机构变更或者撤销。”

常见错误

1. 国有企业资产属于国家资产，根据《合同法》第 52 条，一方以欺诈胁迫手段订立合同，损害国家利益，合同无效。因此，A 也是正确的。

2. 甲公司伪造房产证侵犯国家利益，符合《合同法》56 条（“无效的合同或者被撤销的合同自始没有法律约束力。合同部分无效，不影响其他部分效力的，其他部分仍然有效。”）之合同无效规定，此时合同无效具有溯及力，既然无效，也无需讨论欺诈撤销问题，因此选 A。

2. 恶意串通损害第三人利益与债权人撤销权的交叉

（1）杜某拖欠谢某 100 万元。谢某请求杜某以登记在其名下的房屋抵债时，杜某称其已把房屋作价 90 万元卖给赖某，房屋钥匙已交，但产权尚未过户。该房屋市值为 120 万元。关于谢某权利的保护，下列哪些表述是错误的？（2014－3－54）

A. 谢某可请求法院撤销杜某、赖某的买卖合同

---

① 参考答案：A

② 参考答案：D

B. 因房屋尚未过户,杜某、赖某买卖合同无效

C. 如谢某能举证杜某、赖某构成恶意串通,则杜某、赖某买卖合同无效

D. 因房屋尚未过户,房屋仍属杜某所有,谢某有权直接取得房屋的所有权以实现其债权

答案:(　　)①

考点:撤销权构成要件的检讨、不动产物权变动与不动产合同区分原则、恶意串通、债权的平等性

特别注意:

C 选项,恶意串通无效,与撤销权关联。具体解析请参见债总之撤销权部分真题解析。

3. 甲公司欠乙公司货款 20 万元已有 10 个月,其资产已不足偿债。乙公司在追债过程中发现,甲公司在一年半之前作为保证人向某银行清偿了丙公司的贷款后一直没有向其追偿,同时还将自己对丁公司享有的 30% 的股权无偿转让给了丙公司。下列哪些选项是错误的?(2007-3-54)

A. 乙公司可以对丙公司行使代位权

B. 若乙公司对丙公司提起代位权诉讼,法院应当追加甲公司为第三人

C. 乙公司可以请求法院确认甲、丙之间无偿转让股权的合同无效

D. 乙公司有权请求法院撤销甲、丙之间无偿转让股权的合同

答案:(　　)②

考点:代位权的结构、诉讼中可以追加债务人为第三人(而不是应当追加)、撤销权的结构(债务人在欠债之前的"穷大方"行为不受撤销权"侵略")

解题图构

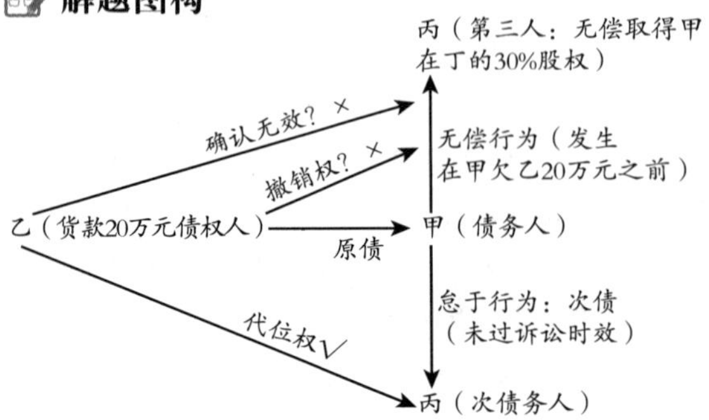

特别注意:

1. 撤销权与恶意串通之无效:债务人甲的积极行为,在很久很久很久以前,把自己的股权无偿转让给丙。债权人乙既不可主张撤销权,也不可宣告甲丙赠与行为无效。

2. 如果既符合撤销权结构,又符合恶意串通损害第三人情形,则债权人可以选择启动《合同法》第 74 条撤销权规则,也可选择启动《合同法》第 52 条第 2 项规则,为规范竞合,权利人选择主张。(参照《合同法》第 52 条,"有下列情形之一的,合同无效:……(二)恶意串通,损害国家、集体或者第三人利益……")

3. 具体解析请参见债总之债的保全之代位权部分的真题解析。

4. 甲欠乙 20 万元到期无力偿还,其父病故后遗有价值 15 万元的住房 1 套,甲为唯一继承人。乙得知后与甲联系,希望以房抵债。甲便对好友丙说:"反正这房子我继承了也要拿去抵债,不如送给你算了。"二人遂订立赠与协议。下列哪些说法是错误的?(2006-3-51)

A. 乙对甲的行为可行使债权人撤销权

B. 乙可主张赠与协议无效

C. 乙可代位行使甲的继承权

D. 丙无权对因受赠房屋瑕疵造成的损失请求甲赔偿

答案:(　　)③

考点:继承权不能代位;"不如送你算了"启动撤销权与恶意串通无效行为;赠与人"有限"的物的瑕疵担保责任

解题图构

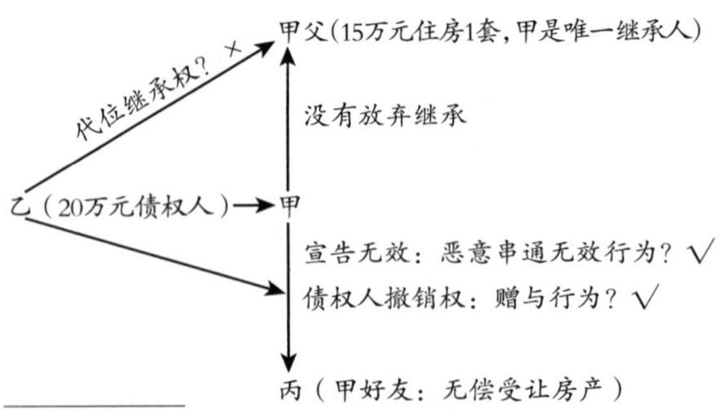

---

① 参考答案:ABD

② 参考答案:司法部公布的答案是 ABCD。根据题干交代信息,尤其是选项之间的关系揭示出来的信息,将答案调整为 BCD。

③ 参考答案:CD

特别注意:

1. 恶意串通损害第三人利益无效民事行为的检索:甲、丙恶意串通损害乙的利益,赠与行为无效。

2. 如果既符合撤销权结构,又符合恶意串通损害第三人情形,则债权人可以选择启动《合同法》第74条撤销权规则,也可选择启动《合同法》第52条第2项规则,为规范竞合,权利人选择主张。(参照《合同法》第52条,"有下列情形之一的,合同无效……(二)恶意串通,损害国家、集体或者第三人利益……")3. 具体解析请参见债总之债的保全之代位权部分的真题解析。

5. 甲欠乙1万元到期未还。2003年4月,甲得知乙准备起诉索款,便将自己价值3万元的全部财物以1万元卖给了知悉其欠乙款未还的丙,约定付款期限为2004年年底。乙于2003年5月得知这一情况,于2004年7月决定向法院提起诉讼。乙提出的下列哪一项诉讼请求能够得到法院支持?(2005-3-9)

A. 请求宣告甲与丙的行为无效

B. 请求法院撤销甲与丙的行为

C. 请求以自己的名义行使甲对丙的1万元债权

D. 请求丙承担侵权责任

答案:(　　)①

考点:债权人撤销权(过了1年除斥期间而消灭)与无效行为的竞合、代位权之次债要到期、侵权责任保护的对象一般不包括债权

解题图构

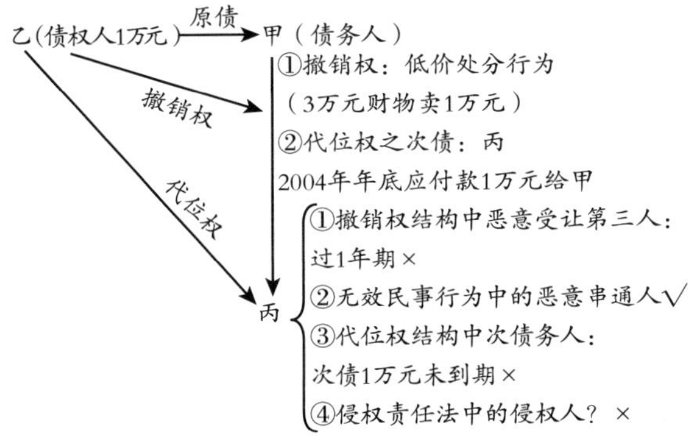

特别注意:

1. 丙在撤销权结构中是"恶意受让第三人"身份,乙有撤销权,但已经超过了1年除斥期间,乙的撤销权消灭。

2. 丙在无效民事行为中是恶意串通人地位,丙、甲恶意串通损害乙的利益,乙可宣告丙甲行为无效。

3. 具体解析请参见债总之债的保全之撤销权部分的真题解析。

3."明明间有效",实际上是主间无效(离婚期间处分夫妻共有货币、禁止抵押物之宅基地抵押、民事行为能力之精神病人买房、撞死无名氏之监护)

6. 甲、乙之间的下列哪些合同属于有效合同?(2013-3-53)

A. 甲与丙离婚期间,用夫妻共同存款向乙公司购买保险,指定自己为受益人

B. 甲将其宅基地抵押给同村外嫁他村的乙用于借款

C. 甲将房屋卖给精神病人乙,合同履行后房价上涨

D. 甲驾车将流浪精神病人撞死,因查找不到死者亲属,乙民政部门代其与甲达成赔偿协议

答案:(　　)②

考点:无效合同的情形(离婚期间处分夫妻共有货币、禁止抵押物之宅基地抵押、民事行为能力之精神病人买房、撞死无名氏之监护)

思路展开

思路1:无效民事法律行为和无效合同的类型。

(1)无效的民事法律行为,从行为开始起就没有法律约束力。参见《民法总则》第144条,"无民事行为能力人实施的民事法律行为无效。"《民法总则》第146条,"行为人与相对人以虚假的意思表示实施的民事法律行为无效。以虚假的意思表示隐藏的民事法律行为的效力,依照有关法律规定处理。"《民法总则》第153条,"违反法律、行政法规的强制性规定的民事法律行为无效,但是该强制性规定不导致该民事法律行为无效的除外。违背公序良俗的民事法律行为无效。"《民法总则》第154条,"行为人与相对人恶意串通,损害他人合法权益的民事法

① 参考答案:A

② 参考答案:AD

律行为无效。"

(2)《合同法》第52条,"有下列情形之一的,合同无效:(一)一方以欺诈、胁迫的手段订立合同,损害国家利益;(二)恶意串通,损害国家、集体或者第三人利益;(三)以合法形式掩盖非法目的;(四)损害社会公共利益;(五)违反法律、行政法规的强制性规定。"

(3)如果不存在上述法定事由,一个合同不能被认定为无效。

思路2:逐项检索比对。

(1)判断"A.甲与丙离婚期间,用夫妻共同存款向乙公司购买保险,指定自己为受益人":①甲、丙夫妻共同存款,属于夫妻共同财产,归甲、丙共有。②购买保险不属于日常生活需要,故购买保险需要动用夫妻共有存款,应夫妻双方一致决。③法律依据:《婚姻法解释一》第17条,"《婚姻法》第十七条关于'夫或妻对夫妻共同所有的财产,有平等的处理权'的规定,应当理解为:(一)夫或妻在处理夫妻共同财产上的权利是平等的。因日常生活需要而处理夫妻共同财产的,任何一方均有权决定。(二)夫或妻非因日常生活需要对夫妻共同财产做重要处理决定,夫妻双方应当平等协商,取得一致意见。他人有理由相信其为夫妻双方共同意思表示的,另一方不得以不同意或不知道为由对抗善意第三人。"④夫妻共有存款是货币,占有即为所有。甲动用夫妻共同存款,属于有权处分货币。甲与乙保险公司之间保险合同有效。⑤即使甲构成离婚当事人转移财产,适用《婚姻法》处理甲、丙夫妻财产关系。《婚姻法》第47条,"离婚时,一方隐藏、转移、变卖、毁损夫妻共同财产,或伪造债务企图侵占另一方财产的,分割夫妻共同财产时,对隐藏、转移、变卖、毁损夫妻共同财产或伪造债务的一方,可以少分或不分。离婚后,另一方发现有上述行为的,可以向人民法院提起诉讼,请求再次分割夫妻共同财产。"但是,婚姻对方不能主张保险合同无效。保险合同仍然有效。⑥如果能够证明乙保险公司与甲恶意串通,则自然保险合同是无效的。而题干对此未揭示。⑦结论:"A.甲与丙离婚期间,用夫妻共同存款向乙公司购买保险,指定自己为受益人",A对,选A。

(2)判断"B.甲将其宅基地抵押给同村外嫁他村的乙用于借款"。①《物权法》第184条,"下列财产不得抵押:……(二)耕地、宅基地、自留地、自留山等集体所有的土地使用权,但法律规定可以抵押的除外……"②可见,宅基地使用权不能用于抵押,甲、乙抵押合同无效。③甲、乙是否存在借款合同,甲、乙即使存在借款主合同,其借款合同是否有效,这些信息B未交待。④结论:"B.甲将其宅基地抵押给同村外嫁他村的乙用于借款",B错,不选B。

(3)判断"C.甲将房屋卖给精神病人乙,合同履行后房价上涨"。①精神病人可分为无民事行为能力人和限制民事行为能力人:《民法通则》第13条,"不能辨认自己行为的精神病人是无民事行为能力人,由他的法定代理人代理民事活动。不能完全辨认自己行为的精神病人是限制民事行为能力人,可以进行与他的精神健康状况相适应的民事活动;其他民事活动由他的法定代理人代理,或者征得他的法定代理人的同意。"②"无民事行为能力人"之精神病人合同无效。《民法总则》第144条,"无民事行为能力人实施的民事法律行为无效。"③"限制民事行为能力人"之精神病人非能独立签订合同效力待定。《合同法》第47条,"限制民事行为能力人订立的合同,经法定代理人追认后,该合同有效,但纯获利益的合同或者与其年龄、智力、精神健康状况相适应而订立的合同,不必经法定代理人追认。相对人可以催告法定代理人在一个月内予以追认。法定代理人未作表示的,视为拒绝追认。合同被追认之前,善意相对人有撤销的权利。撤销应当以通知的方式作出。"④无论如何,精神病人签订的购房合同,不是直接有效的合同。⑤注意,房屋价格上涨,不能因此认定属于精神病人纯获利益的合同。纯获利益的合同是一开始就纯获利益(如受赠房屋),而不是后来因为房价上涨就纯获利益了。⑥"C.甲将房屋卖给精神病人乙,合同履行后房价上涨",C错,不选C。

(4)判断"D.甲驾车将流浪精神病人撞死,因查找不到死者亲属,乙民政部门代其与甲达成赔偿协议"。①流浪精神病人被撞死,民政部门作为社会救助的主要机构,可以代其与肇事者签订赔偿协议。②《民法总则》第32条,"没有依法具有监护资格的人的,监护人由民政部门担任,也可以由具备履行监护职责条件的被监护人住所地的居民委员会、村民委员会担任。"③结论:D对,选D。④注意措辞是

"流浪的精神病人"，不是流浪的人。

异议辨析

1. 有观点认为，"B. 甲将其宅基地抵押给同村外嫁他村的乙用于借款"具有瑕疵，表述过于朦胧。题目虽然没有言明甲是向乙借款，但根据表述习惯及可能语义，答题人很容易理解成甲就是向乙借款，这样就会误选B。

2. 评论：(1) 这一说法属于吹毛但没求到疵。(2) 看题干："甲、乙之间的下列哪些合同属于有效合同？"(3) 如果认为B中甲、乙之间存在宅基地抵押合同，又存在借款合同，那么，如果考生要选择B对：必然推导出B中甲、乙之间的宅基地抵押合同和借款合同都有效。而实际上，宅基地抵押合同是无效的。只有这一个就可以绝杀了。至于借款合同是否有效，不影响对B的判断。(4) 这么明显的"瑕疵"，其实，恰恰就是B中暗藏的杀机而已。(5) 本来，甲、乙之间有宅基地抵押合同，不必然意味着抵押人甲就是借款人即主债务人，甲可以作为物上保证人提供抵押，担保小甲、小小甲、小小小小甲向乙的借款。抵押权的结构组成也是考生必须掌握的基本民法知识。(6) 只要能考虑到这一点，也可以做出正确判断，B不会全真，全部有效。不选B。(7) 字句的推敲很重要，考生细细琢磨。

3. 有观点认为，关于D选项，"无名死者因道路交通事故死亡后，查找不到近亲属或者无近亲属的，民政部门是否有权代其向加害人主张侵权损害赔偿呢？"对此确有争议。出题人持肯定态度，而最高人民法院持否定态度。

4. 评论：关于最高人民法院持否定态度，评论如下：这一观点有些武断。(1) 不能脱离本题去讨论一般性问题。本题D选项提到的是签订达成赔偿协议，不是经过司法途径索赔死亡赔偿金。上述观点树立的一个"靶子"却是"民政部门是否有权代其向加害人主张侵权损害赔偿"。选项D的表述原文是"D. 甲驾车将流浪精神病人撞死，因查找不到死者亲属，乙民政部门代其与甲达成赔偿协议"。注意，其措辞是："乙民政部门代其余甲达成赔偿协议"，甲是愿意赔偿的！没有进入司法程序，不存在诉讼问题，双方压根没有去法院的大门，也就谈不上法院把大门已经关上了以及，双方达成赔偿协议了。(2) 法院真的就可以把大门关上吗？也就是说，一般意义上探讨撞死无名氏，民政部门或交管部门是否有权代为索赔、代为保管赔偿金。对此，最高院没有持一概否定的态度。下面详述之。(3)《道交解释》第26条，"被侵权人因道路交通事故死亡，无近亲属或者近亲属不明，未经法律授权的机关或者有关组织向人民法院起诉主张死亡赔偿金的，人民法院不予受理。侵权人以已向未经法律授权的机关或者有关组织支付死亡赔偿金为理由，请求保险公司在交强险责任限额范围内予以赔偿的，人民法院不予支持。"该条所说的"未经法律授权的机关或者有关组织"，不是说任何机关或组织都不行，而是强调未经法律授权的机关或组织。如果把它理解成任何机关或组织都不行，好，撞死无名氏一案就晾在那里了，不处理了。(4)《侵权责任法》第18条第1款，"被侵权人死亡的，其近亲属有权请求侵权人承担侵权责任。被侵权人为单位，该单位分立、合并的，承继权利的单位有权请求侵权人承担侵权责任。"查找不到死者近亲属，由有关机关或组织代为索赔，代为保管，有何不可？没有否定死者近亲属的索赔请求权。如果不允许有关机关或组织代为索赔、代为保管，才是真正否定了死者近亲属的索赔请求权。(5) 至于《民事诉讼法》第55条，"对污染环境、侵害众多消费者合法权益等损害社会公共利益的行为，法律规定的机关和有关组织可以向人民法院提起诉讼。"是为公益诉讼，与本主题无关。(6) 回到《道交解释》第26条，是为了杜绝冒名随意领取死亡赔偿金，而不是为了禁止一切代为受领赔偿金行为。

7. 阴阳合同、代孕违反公序良俗之无效；欺诈、乘人之危之可撤销可变更

下列哪些情形属于无效合同？（2012－3－52）

A. 甲医院以国产假肢冒充进口假肢，高价卖给乙

B. 甲乙双方为了在办理房屋过户登记时避税，将实际成交价为100万元的房屋买卖合同价格写为60万元

C. 有妇之夫甲委托未婚女乙代孕，约定事成后甲补偿乙50万元

D. 甲父患癌症急需用钱，乙趁机以低价收购甲收藏的1幅名画，甲无奈与乙签订了买卖合同

答案:(　　)①

考点:欺诈可撤销可变更、阴阳合同、代孕违反公序良俗、乘人之危可变更可撤销

思路展开

命题点1:可撤销合同:欺诈和显失公平。

(1)法律依据:①欺诈。《民法总则》第148条,"一方以欺诈手段,使对方在违背真实意思的情况下实施的民事法律行为,受欺诈方有权请求人民法院或者仲裁机构予以撤销。"②显失公平:《民法总则》第151条,"一方利用对方处于危困状态、缺乏判断能力等情形,致使民事法律行为成立时显失公平的,受损害方有权请求人民法院或者仲裁机构予以撤销。"

(2)结论:①"A.甲医院以国产假肢冒充进口假肢,高价卖给乙",未损害国家利益,A不是无效合同,不选A。②"D.甲父患癌症急需用钱,乙趁机以低价收购甲收藏的1幅名画,甲无奈与乙签订了买卖合同",D不是无效合同,不选D。

命题点2:无效合同:阴阳合同、代孕合同。

(1)法律依据:①《民法总则》第146条,"行为人与相对人以虚假的意思表示实施的民事法律行为无效。以虚假的意思表示隐藏的民事法律行为的效力,依照有关法律规定处理。"②《民法总则》第153条第2款,"违背公序良俗的民事法律行为无效。"③《合同法》第52条,"有下列情形之一的,合同无效:(一)一方以欺诈、胁迫的手段订立合同,损害国家利益;(二)恶意串通,损害国家、集体或者第三人利益;(三)以合法形式掩盖非法目的;(四)损害社会公共利益;(五)违反法律、行政法规的强制性规定。"

(2)结论:①"B.甲、乙双方为了在办理房屋过户登记时避税,将实际成交价为100万元的房屋买卖合同价格写为60万元",B符合题意,选B。注意:《2012年国家司法考试试题解析》:"B中甲乙双方恶意串通损害国家利益,其行为当属无效,故选项B当选。"意在说明改写价格条款的行为无效,其他条款有效。实务中就是按100万元的标的额补税。②"C.有妇之夫甲委托未婚女乙代孕,约定事成后甲补偿乙50万元",甲、乙的约定违反公序良俗,合同无效,C符合题意,选C。

8. 哪些合同有效之实际履行(附条件合同)、一股二卖、一物二卖、先租后卖(优先购买权)

下列甲与乙签订的哪些合同有效?(2011－3－58)

A.甲与乙签订商铺租赁合同,约定待办理公证后合同生效。双方未办理合同公证,甲交付商铺后,乙支付了第1个月的租金

B.甲与乙签署股权转让协议,约定甲将其对丙公司享有的90%股权转让给乙,乙支付1亿元股权受让款。但此前甲已将该股权转让给丁

C.甲与乙签订相机买卖合同,相机尚未交付,也未付款。后甲又就出卖该相机与丙签订买卖合同

D.甲将商铺出租给丙后,将该商铺出卖给乙,但未通知丙

答案:(　　)②

考点:实际履行(附条件合同)、一股二卖、一物二卖、先租后卖(优先购买权)

思路展开

命题点1:附条件的合同,实际履行弥补"未成就的条件",合同有效。

(1)法律依据:①附生效条件合同,条件成就时合同生效。《合同法》第45条第1款,"当事人对合同的效力可以约定附条件。附生效条件的合同,自条件成就时生效。附解除条件的合同,自条件成就时失效。"②实际履行原则。《合同法》第36条,"法律、行政法规规定或者当事人约定采用书面形式订立合同,当事人未采用书面形式但一方已经履行主要义务,对方接受的,该合同成立。"+《合同法》第37条,"采用合同书形式订立合同,在签字或者盖章之前,当事人一方已经履行主要义务,对方接受的,该合同成立。"③租赁合同的具体体现。《租赁解释》第4条,"当事人以房屋租赁合同未按照法律、行政法规规定办理登记备案手续为由,请求确认合同无效的,人民法院不予支持。当事人约定以办理登记备案手续为房屋租赁合同生效条件的,从其约定。

① 参考答案:BC

② 参考答案:司法部原公布ACD,根据《买卖解释》第3条将答案调整为ABCD。

但当事人一方已经履行主要义务，对方接受的除外。”

（2）具体到本题A选项，类推解释过程：①甲与乙约定以办理合同公证作为租赁合同生效条件，后双方未予办理。条件未成就，租赁合同未生效。②甲已经履行其主要义务即交付商铺，乙交付了部分诚意金，对甲的履约行为表示接受。符合实际履行的原则。③《合同法》第36条、第37条。实际履行弥补合同形式瑕疵，弥补的后果是合同成立。④《租赁解释》第4条进一步确认了租赁合同中实际履行规则即以备案作为租赁合同生效条件的，虽然未备案，只要当事人实际履行，则应确认该合同已生效。⑤以此类推，当事人以办理公证为租赁合同生效条件的，也应适用实际履行规则。

（3）结论：“A. 甲与乙签订商铺租赁合同，约定待办理公证后合同生效。双方未办理合同公证，甲交付商铺后，乙支付了第1个月的租金”，合同有效，A对，符合题意，选A。

命题点2：一股二卖、区分原则，两个合同都有效，对股权归属启动无权处分善意取得制度。

（1）法律依据：①无权处分股权合同效力依合同＋股权归属依物权法。《最高人民法院关于适用〈中华人民共和国公司法〉若干问题的规定（二）》（以下简称《公司法解释三》）第28条，“股权转让后尚未向公司登记机关办理变更登记，原股东将仍登记于其名下的股权转让、质押或者以其他方式处分，受让股东以其对于股权享有实际权利为由，请求认定处分股权行为无效的，人民法院可以参照《物权法》第一百零六条的规定处理。原股东处分股权造成受让股东损失，受让股东请求原股东承担赔偿责任、对于未及时办理变更登记有过错的董事、高级管理人员或者实际控制人承担相应责任的，人民法院应予支持；受让股东对于未及时办理变更登记也有过错的，可以适当减轻上述董事、高级管理人员或者实际控制人的责任。”②无权处分股权合同的效力有效。《买卖解释》第3条，“当事人一方以出卖人在缔约时对标的物没有所有权或者处分权为由主张合同无效的，人民法院不予支持。出卖人因未取得所有权或者处分权致使标的物所有权不能转移，买受人要求出卖人承担违约责任或者要求解除合同并主张损害赔偿的，人民法院应予支持。”＋《买卖解释》第45条，“法律或者行政法规对债权转让、股权转让等权利转让合同有规定的，依照其规定；没有规定的，人民法院可以根据《合同法》第一百二十四条和第一百七十四条的规定，参照适用买卖合同的有关规定。权利转让或者其他有偿合同参照适用买卖合同的有关规定的，人民法院应当首先引用《合同法》第一百七十四条的规定，再引用买卖合同的有关规定。”③无权处分股权的善意取得：《物权法》第106条，“无处分权人将不动产或者动产转让给受让人的，所有权人有权追回；除法律另有规定外，符合下列情形的，受让人取得该不动产或者动产的所有权：（一）受让人受让该不动产或者动产时是善意的；（二）以合理的价格转让；（三）转让的不动产或者动产依照法律规定应当登记的已经登记，不需要登记的已经交付给受让人。受让人依照前款规定取得不动产或者动产的所有权的，原所有权人有权向无处分权人请求赔偿损失。当事人善意取得其他物权的，参照前两款规定。”

（2）具体到本题B选项：“B. 甲与乙签署股权转让协议，约定甲将其对丙公司享有的90%股权转让给乙，乙支付1亿元股权受让款。但此前甲已将该股权转让给丁”，B符合题意，选B。注意：“已”、“转让”、“给”，指向丁为实际股权人。

命题点3：一物两卖，两个合同均有效，物权变动与否依据物权法。

（1）法律依据：《合同法解释二》第15条，“出卖人就同一标的物订立多重买卖合同，合同均不具有合同法第五十二条规定的无效情形，买受人因不能按照合同约定取得标的物所有权，请求追究出卖人违约责任的，人民法院应予支持。”

（2）具体到本题：“C. 甲与乙签订相机买卖合同，相机尚未交付，也未付款。后甲又就出卖该相机与丙签订买卖合同”，甲将相机一物多卖，题干中没有信息表明甲与乙之间的相机买卖合同存在无效情形，因此，不能仅以乙没有支付价款，没有实际取得相机的占有，就否认该买卖合同的效力。

（3）结论：C合同有效，符合题意，选C。

命题点4：商铺先租后卖，即使侵犯优先购买权（除非构成恶意串通），也不影响买卖合同效力。

(1)法律依据:《租赁解释》第21条,"出租人出卖租赁房屋未在合理期限内通知承租人或者存在其他侵害承租人优先购买权情形,承租人请求出租人承担赔偿责任的,人民法院应予支持。但请求确认出租人与第三人签订的房屋买卖合同无效的,人民法院不予支持。"

(2)具体到D选项:"D.甲将商铺出租给丙后,将该商铺出卖给乙,但未通知丙"。甲将已出租的商铺再行转让,虽然侵犯了承租人丙的优先购买权,但是丙不得因此主张甲与乙之间的买卖合同无效。

(3)结论:D合同有效,符合题意,选D。

9.六折机票之退票手续费30%不是无效格式条款;机票价格30%的格式条款解释规则

刘某提前两周以600元订购了海鸥航空公司全价1000元的六折机票,后因临时改变行程,刘某于航班起飞前一小时前往售票处办理退票手续,海鸥航空公司规定起飞前两小时内退票按机票价格收取30%手续费。下列哪一选项是正确的?(2008-四川-7)

A.退票手续费的规定是无效格式条款

B.刘某应当支付300元的退票手续费

C.刘某应当支付180元的退票手续费

D.航空公司只能收取退票的成本费而不能收取手续费

答案:(　　)①

考点:六折机票之退票手续费30%不是无效格式条款、机票价格30%的格式条款解释规则

思路展开

命题点1:无效格式条款无效规则。

(1)法律依据:①《合同法》第39条第2款,"格式条款是当事人为了重复使用而预先拟定,并在订立合同时未与对方协商的条款。"②《合同法》第40条,"格式条款具有本法第五十二条和第五十三条规定情形的,或者提供格式条款一方免除其责任、加重对方责任、排除对方主要权利的,该条款无效。"

(2)具体到本题:①航空公司关于"起飞前两小时内退票按机票价格收取30%手续费"的规定实际上就属于格式条款。②该格式条款本身并不存在《合同法》第52条、第53条规定的情形。③"起飞前两小时内退票按机票价格收取30%手续费"的规定并不是免责条款,也没有加重客户责任、排除客户的主要权利,因为飞机起飞前两小时内办理退票手续,很可能导致该机票无法在两小时内售出,造成航空公司的损失,收取手续费是让退票者分担损失的措施,并未违背公平的原则,该格式条款是有效的。

(3)结论:"A.退票手续费的规定是无效格式条款;D.航空公司只能收取退票的成本费而不能收取手续费",AD错,不选AD。

命题点2:格式条款解释规则。不利解释规则。

(1)法律依据:《合同法》第41条,"对格式条款的理解发生争议的,应当按照通常理解予以解释。对格式条款有两种以上解释的,应当作出不利于提供格式条款一方的解释。"

(2)具体到本题:本题中的"机票价格"可以按照机票票面价格解释,也可以按照机票折后价格解释,因此应当作出不利于航空公司的解释,所以刘某应当按照购买机票的折后价格支付退票手续费即180元。

(3)结论:①"B.刘某应当支付300元的退票手续费",B错,不选B。②"C.刘某应当支付180元的退票手续费",C对,选C。

10.被打伤"私了"之赔偿不得告发:赔偿有效,不得告发无效,属于合同的部分无效

甲被乙打成重伤,支付医药费5万元。甲与乙达成如下协议:"乙向甲赔偿医药费5万元,甲不得告发乙"。甲获得5万元赔偿后,向公安机关报案,后乙被判刑。下列哪一选项是正确的?(2007-3-2)

A.甲、乙之间的协议有效

B.因甲乘人之危,乙有权撤销该协议

C.甲、乙之间的协议无效

D.乙无权要求甲返还该5万元赔偿费

答案:(　　)②

考点:被打伤"私了"之赔偿不得告发:赔偿有效,不得告发无效,属于合同的部分无效

读题技巧

1."重伤",指向案件是刑事案件,刑事案件不得

① 参考答案:C

② 参考答案:D

私了。

2.“甲与乙达成如下协议:‘乙向甲赔偿医药费5万元,甲不得告发乙’”,指向协议分为两部分内容:民事侵权赔偿约定有效;刑事不得告发属于无效。

3.“支付医药费5万元”,指向两点:(1)甲即使得到5万元赔偿,实际“分文未得”。(2)确保协议赔偿5万元之公平性,直接指向D是正确的。

思路展开

命题点1:合同部分无效,无效部分不影响其他部分,则其他部分仍然有效。(1)法律依据:①违反强制性规定的合同无效。《合同法》第52条,“有下列情形之一的,合同无效:(一)一方以欺诈、胁迫的手段订立合同,损害国家利益;(二)恶意串通,损害国家、集体或者第三人利益;(三)以合法形式掩盖非法目的;(四)损害社会公共利益;(五)违反法律、行政法规的强制性规定。”②合同部分无效不影响其他部分效力。《民法总则》第156条,“民事法律行为部分无效,不影响其他部分效力的,其他部分仍然有效。”《合同法》第56条,“无效的合同或者被撤销的合同自始没有法律约束力。合同部分无效,不影响其他部分效力的,其他部分仍然有效。”(2)具体到本题:甲被乙打成重伤,该案件并不属于告发才处理的刑事案件,甲、乙双方就乙的刑事责任不得“私了”,甲、乙关于“甲不得告发乙”的约定因违反了法律的强制性规定而归于无效。

命题点2:合同其他部分效力的检索,侵权赔偿协议不存在无效或可撤销事由,属于无效。

(1)法律依据:《民法总则》第151条,“一方利用对方处于危困状态、缺乏判断能力等情形,致使民事法律行为成立时显失公平的,受损害方有权请求人民法院或者仲裁机构予以撤销。”

(2)具体到本题:①“甲被乙打成重伤,支付医药费5万元。甲与乙达成如下协议:‘乙向甲赔偿医药费5万元,甲不得告发乙’。甲获得5万元赔偿……”②被打成重伤的甲支付了医药费5万元,再向侵权人乙索赔医药费5万元,一点都不贵!③《2007年国家司法考试试题解析》:“甲、乙关于双方之间赔偿问题的约定是民事主体对自己权利的处分,并未违反法律的强制性规定,也不存在乘人之危的问题,应认定为有效。”

(3)结论:①《2007年国家司法考试试题解析》:“甲、乙之间的协议部分有效(‘乙向甲赔偿医疗费5万元’),部分无效(‘甲不得告发乙’)。”②“D.乙无权要求甲返还该5万元赔偿费”,D对,选D。③“A.甲、乙之间的协议有效;B.因甲乘人之危,乙有权撤销该协议、C.甲、乙之间的协议无效”,ABC均错,不选ABC。④值得一提的《2007年国家司法考试试题解析》:“本题中D项的正确性毋庸置疑,即便有的考生对ABC三项是否错误存在疑问,也能够作出正确的选择。”

11. 杀毒软件之格式条款免责无效;声明免责不是欺诈;不能同时提出侵权之诉与合同之诉

飞跃公司开发某杀毒软件,在安装程序中作了“本软件可能存在风险,继续安装视为同意自己承担一切风险”的声明。黄某购买正版软件,安装时同意了该声明。该软件误将操作系统视为病毒而删除,导致黄某电脑瘫痪并丢失其所有的文件。下列哪一选项是正确的?(2007－3－19)

A.因黄某同意飞跃公司的免责声明,可免除飞跃公司的赔偿责任

B.黄某有权要求飞跃公司承担赔偿责任

C.黄某有权依据《消费者权益保护法》获得双倍赔偿

D.黄某可同时提起侵权之诉和违约之诉

答案:(　　)①

考点:杀毒软件之格式条款免责无效;声明免责不是欺诈;不能同时提出侵权之诉与合同之诉

思路展开

命题点1:既属于格式条款中的免责条款无效,又符合一般情形下的免责条款无效事由。

(1)法律依据:①一般合同条款的免责无效事由。《合同法》第53条,“合同中的下列免责条款无效:(一)造成对方人身伤害的;(二)因故意或者重大过失造成对方财产损失的。”②格式条款中存在此类免责条款无效。《合同法》第39条第2款,“格式条款是当事人为了重复使用而预先拟定,并在订立

① 参考答案:B

合同时未与对方协商的条款。”+《合同法》第 40 条,“格式条款具有本法第五十二条和第五十三条规定情形的,或者提供格式条款一方免除其责任、加重对方责任、排除对方主要权利的,该条款无效。”

(2)具体到本题:“在安装程序中作了‘本软件可能存在风险,继续安装视为同意自己承担一切风险’的声明。”+“该软件误将操作系统视为病毒而删除,导致黄某电脑瘫痪并丢失其所有的文件”=飞跃公司免责条款事先免除了自己因重大过失造成黄某财产损失,依第 53 条、第 39 条和第 40 条,均属无效。

(3)结论:①“A. 因黄某同意飞跃公司的免责声明,可免除飞跃公司的赔偿责任”,A 错,不选 A。②“B. 黄某有权要求飞跃公司承担赔偿责任”,B 对,选 B。

(4)《2007 年国家司法考试试题解析》:“根据《合同法》第 40 条的规定,提供格式条款一方免除其责任、加重对方责任、排除对方主要权利的,该条款无效。另外,根据《消费者权益保护法》第 24 条(现第 26 条)的规定:‘经营者不得以格式合同、通知、声明、店堂告示等方式作出对消费者不公平、不合理的规定,或者减轻、免除其损害消费者合法权益应当承担的民事责任。格式合同、通知、声明、店堂告示等含有前款所列内容的,其内容无效。’在本题中,‘本软件可能存在风险,继续安装视为同意自己承担一切风险’的声明就是格式条款,该条款免除提供格式条款一方飞跃公司的责任,该条款无效。即使黄某同意飞跃公司的免责声明,也不可免除飞跃公司的赔偿责任。”

命题点 2:《消费者权益保护法》惩罚性赔偿要件检索:主体条件(一方是消费者一方是经营者)+消费条件(以消费为目的购买商品或者服务)+欺诈条件(经营者有欺诈行为)。

(1)法律依据:3 倍惩罚性赔偿:《消费者权益保护法》第 55 条,“经营者提供商品或者服务有欺诈行为的,应当按照消费者的要求增加赔偿其受到的损失,增加赔偿的金额为消费者购买商品的价款或者接受服务的费用的三倍;增加赔偿的金额不足五百元的,为五百元。法律另有规定的,依照其规定。经营者明知商品或者服务存在缺陷,仍然向消费者提供,造成消费者或者其他受害人死亡或者健康严重损害的,受害人有权要求经营者依照本法第四十九条、第五十一条等法律规定赔偿损失,并有权要求所受损失二倍以下的惩罚性赔偿。”

(2)具体到本题:飞跃公司并未存在欺诈行为,故黄某无权依据《消费者权益保护法》主张惩罚性赔偿。

(3)结论:“C. 黄某有权依据《消费者权益保护法》获得双倍赔偿”,C 错,不选 C。

命题点 3:合同责任和侵权责任竞合,不能同时主张。

(1)法律依据:《合同法》第 122 条,“因当事人一方的违约行为,侵害对方人身、财产权益的,受损害方有权选择依照本法要求其承担违约责任或者依照其他法律要求其承担侵权责任。”

(2)具体到本题:飞跃公司既构成侵权,又构成违约。但是,侵权之诉和违约之诉只能择其一而提起,不能同时提起。

(3)结论:“D. 黄某可同时提起侵权之诉和违约之诉”,D 错,不选 D。

第三节　可撤销合同

一、欺诈

1. 二手车“调表”之欺诈与重大误解

甲以23 万元的价格将一辆机动车卖给乙。该车因里程表故障显示行驶里程为 4 万公里,但实际行驶了 8 万公里,市值为16 万元。甲明知有误,却未向乙说明,乙误以为真。乙的下列哪一请求是错误的?(2015-3-2)

A. 以甲欺诈为由请求法院变更合同,在此情况下法院不得判令撤销合同

B. 请求甲减少价款至 16 万元

C. 以重大误解为由,致函甲请求撤销合同,合同自该函到达甲时即被撤销

D. 请求甲承担缔约过失责任

答案:(　　)①

① 参考答案:AC(司法部原答案是 C。根据《民法总则》的规定,应该修改为 AC。因为《民法总则》废除了“可变更可撤销民事法律行为”中的“可变更”,仅保留了可撤销。)

考点：欺诈、重大误解、缔约过失责任

读题技巧

1. 二手车调表“见怪不怪”。

2. “里程表故障显示和甲明知有误”，指向甲未披露信息，加之乙花23万元购买到实际价值16万元的车，甲未披露的是重要信息，构成消极欺诈。

3. “乙误以为真”，指向乙构成重大误解。

4. 机动车行驶里程，关涉机动车品质，属于“买卖合同中物的瑕疵担保”责任范畴。

5. 选非题。

思路展开

思路1：第一种路径：因欺诈而可撤销。

(1)法律依据：①因欺诈而可撤销：《民法总则》修改了《合同法》的规定。《民法总则》第148条，“一方以欺诈手段，使对方在违背真实意思的情况下实施的民事法律行为，受欺诈方有权请求人民法院或者仲裁机构予以撤销。”①②因欺诈而撤销合同归于无效，受欺诈方可向欺诈方主张缔约过失责任：《合同法》第42条，“当事人在订立合同过程中有下列情形之一，给对方造成损失的，应当承担损害赔偿责任：(一)假借订立合同，恶意进行磋商；(二)故意隐瞒与订立合同有关的重要事实或者提供虚假情况；(三)有其他违背诚实信用原则的行为。”

(2)具体到本题：①“甲明知有误，却未向乙说明”，甲构成消极欺诈。②乙撤销后启动缔约过失责任。

(3)结论：①“A.以甲欺诈为由请求法院变更合同，在此情况下法院不得判令撤销合同”，A错，符合题意，选A。②“D.请求甲承担缔约过失责任”，D对，不符合题意，不选D。

思路2：第二路径：因重大误解而可撤销(有一种观点认为欺诈可与重大误解竞合，赋予当事人选择权；另一种观点认为不可以，因为误解还有误解方的责任。但无论如何通知撤销都是错误的。)

(1)法律依据：《民法总则》第147条，“基于重大误解实施的民事法律行为，行为人有权请求人民法院或者仲裁机构予以撤销。”

(2)具体到本题：“乙误以为真”。基于重大误解的撤销不是通知撤销，而是诉讼或仲裁撤销。

(3)结论：“C.以重大误解为由，致函甲请求撤销合同，合同自该函到达甲时即被撤销”，C错，符合题意，选C。

思路3：第三路径：不撤销，而主张瑕疵担保责任的路径，减少价款。如买受人对有瑕疵之物误认为是无瑕疵之物，适用瑕疵担保还是重大误解？应赋予当事人选择一种有利于自己的救济方法(瑕疵担保与欺诈也同理)。

(1)法律依据：①《合同法》第111条，“质量不符合约定的，应当按照当事人的约定承担违约责任。对违约责任没有约定或者约定不明确，依照本法第六十一条的规定仍不能确定的，受损害方根据标的的性质以及损失的大小，可以合理选择要求对方承担修理、更换、重作、退货、减少价款或者报酬等违约责任。”②《买卖解释》第23条，“标的物质量不符合约定，买受人依照《合同法》第一百一十一条的规定要求减少价款的，人民法院应予支持。当事人主张以符合约定的标的物和实际交付的标的物按交付时的市场价值计算差价的，人民法院应予支持。价款已经支付，买受人主张返还减价后多出部分价款的，人民法院应予支持。”

(2)具体到本题和结论：“甲以23万元的价格将一辆机动车卖给乙”+“但实际行驶了8万公里，市值为16万元”=“B.请求甲减少价款至16万元”，B对，不符合题意，不选B。

常见错误

1. 合同存在，怎么可以主张缔约过失责任呢？故D项错误。

2. 缔约过失责任要求发生在合同订立过程中。题干的描述，我们无法判断机动车买卖合同是否已经订立。

3. 请求甲承担缔约过失责任，以合同不成立为前提，题中合同成立，所以不成立缔约过失责任。

4. 根据意思自治原则，法院应该根据当事人意思做出变更合同，故选A。但是本题是选非题，要选错误表述的，不是选正确表述的。

---

① 《合同法》第54条第2款，“一方以欺诈、胁迫的手段或者乘人之危，使对方在违背真实意思的情况下订立的合同，受损害方有权请求人民法院或者仲裁机构变更或者撤销。”第54条第3款，“当事人请求变更的，人民法院或者仲裁机构不得撤销。”

5. 甲未告知,违反先合同义务,致使乙信赖利益受到损失,两者之间有因果关系,乙可以要求甲承担缔约过失责任,故选 D。本题是选非题,理由同上。

2. "旅游地纪念品商店"销售秦始皇兵马俑复制品之不构成欺诈

某旅游地的纪念品商店出售秦始皇兵马俑的复制品,价签标名为"秦始皇兵马俑",2800 元一个。王某购买了一个,次日,王某以其购买的"秦始皇兵马俑"为复制品而非真品属于欺诈为由,要求该商店退货并赔偿。下列哪些表述是错误的?(2015 – 3 – 52)

A. 商店的行为不属于欺诈,真正的"秦始皇兵马俑"属于法律规定不能买卖的禁止流通物

B. 王某属于重大误解,可请求撤销买卖合同

C. 商店虽不构成积极欺诈,但构成消极欺诈,因其没有标明为复制品

D. 王某有权请求撤销合同,并可要求商店承担缔约过失责任

答案:(　　)①

考点:欺诈、重大误解、可撤销合同

读题技巧

1. "旅游地的纪念品商店"、"秦始皇兵马俑"、"2800 元一个",指向意思是真正的秦始皇兵马俑,不可能这么便宜,根据生活常识推断,不会有重大误解或者受欺诈。

2. 选非题。

思路展开

思路 1:题干讲的是"王海"的故事。法律依据:(1)《合同法》第 113 条第 2 款,"经营者对消费者提供商品或者服务有欺诈行为的,依照《中华人民共和国消费者权益保护法》的规定承担损害赔偿责任。"(2)《消费者权益保护法》第 55 条第 1 款,"经营者提供商品或者服务有欺诈行为的,应当按照消费者的要求增加赔偿其受到的损失,增加赔偿的金额为消费者购买商品的价款或者接受服务的费用的三倍;增加赔偿的金额不足五百元的,为五百元。法律另有规定的,依照其规定。"

思路 2:应判断什么是欺诈,什么是重大误解及他们与通识的关系。(司考历史上的题型:火车上的老烟民、职业潜水设备。跑步装备、跑步手表)。

(1)法律依据:①欺诈要件 = 欺诈行为 + 欺诈故意(使他人陷入错误的故意 + 促使他人作出错误意思表示的故意) + 欺诈人欺诈与相对人做出意思表示之间存在因果关系。《民通意见》第 68 条,"一方当事人故意告知对方虚假情况,或者故意隐瞒真实情况,诱使对方当事人作出错误意思表示的,可以认定为欺诈行为。"②重大误解的判断。《民通意见》第 71 条,"行为人因对行为的性质、对方当事人、标的物的品种、质量、规格和数量等的错误认识,使行为的后果与自己的意思相悖,并造成较大损失的,可以认定为重大误解。"③欺诈或重大误解的法律后果。a.《民法总则》第 148 条,"一方以欺诈手段,使对方在违背真实意思的情况下实施的民事法律行为,受欺诈方有权请求人民法院或者仲裁机构予以撤销。"b.《合同法》第 42 条,"当事人在订立合同过程中有下列情形之一,给对方造成损失的,应当承担损害赔偿责任:(一)假借订立合同,恶意进行磋商;(二)故意隐瞒与订立合同有关的重要事实或者提供虚假情况;(三)有其他违背诚实信用原则的行为。"

(2)具体到本题:"某旅游地的纪念品商店出售秦始皇兵马俑的复制品,价签标名为'秦始皇兵马俑',2800 元一个。王某购买了一个,次日,王某以其购买的'秦始皇兵马俑'为复制品而非真品属于欺诈为由,要求该商店退货并赔偿。"既然是旅游地的纪念品商店,谈不上重大误解或者欺诈。真正的兵马俑是禁止流通物,不能买卖。

(3)结论:"A. 商店的行为不属于欺诈,真正的'秦始皇兵马俑'属于法律规定不能买卖的禁止流通物",A 对,不符合题意,不选 A。"B. 王某属于重大误解,可请求撤销买卖合同;C. 商店虽不构成积极欺诈,但构成消极欺诈,因其没有标明为复制品;D. 王某有权请求撤销合同,并可要求商店承担缔约过失责任",BCD 均错,符合题意,选 BCD。

常见错误

1. 很多考生忘了是选择错误的选项,所以,认为 C 对,所以不选。并给出非常"充分"的理由:"秦皇兵马俑"属于文物,不得买卖,属于基本常

① 参考答案:BCD

识，是不允许市面流通买卖文物，消费者具有商家所卖必定是仿制品的认识，因而商店不构成欺诈。根据生活经验，旅游景点附近所卖多为复制品，只有欺诈的商家以复制品强充真品欺骗消费者，否则消费者与商家共同潜意识都认为商品为复制品，因而商店不构成欺诈。

2. 重大误解说：重大误解是指因为王某自己经验不足或者疏忽大意导致的误解而和对方达成协议，题干中就是这个意思，王某构成重大误解，可请求撤销买卖合同。

3. 矛盾说：A 选项与 C 选项矛盾了，既说不构成欺诈，又说是消极欺诈。评价：选项矛盾本来就是多项选择题中常见的现象。

3. 无权代理人骗人之无权代理与欺诈：食用油买卖合同

甲用伪造的乙公司公章，以乙公司名义与不知情的丙公司签订食用油买卖合同，以次充好，将劣质食用油卖给丙公司。合同没有约定仲裁条款。关于该合同，下列哪一表述是正确的？（2013－3－4）

A. 如乙公司追认，则丙公司有权通知乙公司撤销

B. 如乙公司追认，则丙公司有权请求法院撤销

C. 无论乙公司是否追认，丙公司均有权通知乙公司撤销

D. 无论乙公司是否追认，丙公司均有权要求乙公司履行

答案：(　　)①

考点：无权代理人骗人之无权代理与欺诈：食用油买卖合同

解题图构

图构 1：本题涉及的无权代理合同法律关系＋因欺诈签订合同法律关系

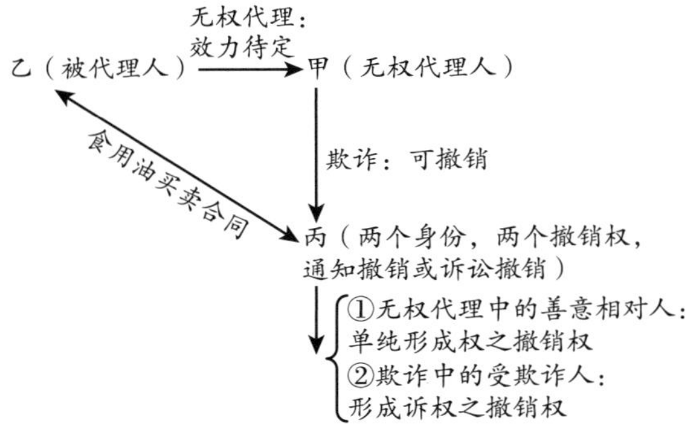

图构 2：无权代理图构规则

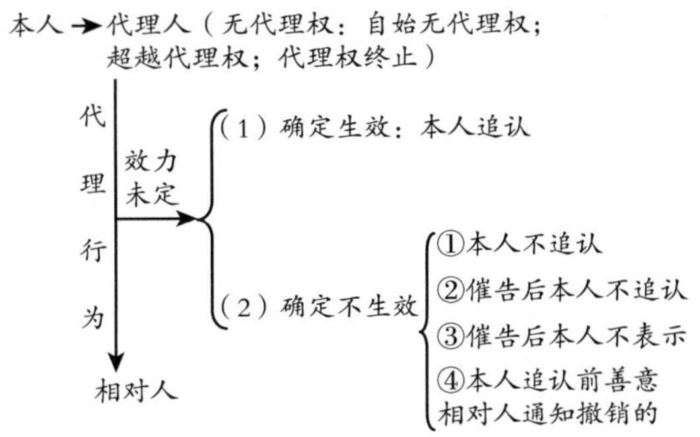

读题技巧

1.“伪造”＋“乙公司名义”，指向两点：(1) 甲是无权代理。(2) 甲不构成表见代理。

2.“不知情的丙公司签订食用油买卖合同，以次充好，将劣质食用油卖给丙公司”，指向两点：(1) 丙是无权代理中的善意相对人。(2) 丙是欺诈中的受欺诈人。

3.“合同没有约定仲裁条款”，指向“B. 如乙公司追认，则丙公司有权请求法院撤销”中“法院”两字的严谨性，如果题干没有交代合同未约定仲裁条款，就需要将 B 修改为法院或者仲裁机构，如此一来，增加了本题的可猜度性。

思路展开

思路 1：本题涉及两个法律关系。(1) 甲的无权代理行为，产生的无权代理签订合同法律关系。此法律关系需要解决合同效果是否归属于甲的问题；以及善意相对人丙的利益平衡问题。(2) 甲的欺诈行为，产生因欺诈签订合同法律关系。此法律关系需要解决丙被骗的救济问题。(3) 丙在无权代理的框架中属于善意相对人，在被代理人乙追认前，有通知撤销权。丙在欺诈的框架中属于受欺诈相对人，有诉讼撤销权。

思路 2：先看甲的无权代理行为产生的无权代理合同法律关系。乙有权追认，追认之前，善意相对人丙可通知撤销。追认之后，善意相对人不可主张“无权代理框架”中的通知撤销。

(1) 法律依据：①无权代理规则。《民法总则》第 171 条，“行为人没有代理权、超越代理权或者代

① 参考答案：B

理权终止后,仍然实施代理行为,未经被代理人追认的,对被代理人不发生效力。相对人可以催告被代理人自收到通知之日起一个月内予以追认。被代理人未作表示的,视为拒绝追认。行为人实施的行为被追认前,善意相对人有撤销的权利。撤销应当以通知的方式作出。行为人实施的行为未被追认的,善意相对人有权请求行为人履行债务或者就其受到的损害请求行为人赔偿,但是赔偿的范围不得超过被代理人追认时相对人所能获得的利益。相对人知道或者应当知道行为人无权代理的,相对人和行为人按照各自的过错承担责任。”②表见代理规则(“外表授权的表象”+被代理人须有过失+相对人善意且无过失)。《合同法》第49条,“行为人没有代理权、超越代理权或者代理权终止后以被代理人名义订立合同,相对人有理由相信行为人有代理权的,该代理行为有效。”《民法总则》第172条,“行为人没有代理权、超越代理权或者代理权终止后,仍然实施代理行为,相对人有理由相信行为人有代理权的,代理行为有效。”

(2)具体到本题及相应结论:①甲、乙之间存在“代理”法律关系。②甲公司的行为,相对于乙公司而言,为无权代理,但不是表见代理(被代理人没有过错,甲公司是伪造了乙公司的公章,防不胜防!)。→故“D. 无论乙公司是否追认,丙公司均有权要求乙公司履行”,D错,不选D。③在乙公司追认之前,丙公司有权以通知方式撤销。→故“A. 如乙公司追认,则丙公司有权通知乙公司撤销”,A错,不选A。④在乙公司追认之后,丙即丧失“无权代理”框架中的“通知撤销权”。→“C. 无论乙公司是否追认,丙公司均有权通知乙公司撤销”,C错,不选C。

思路3:再看甲的欺诈行为产生的欺诈合同法律关系。受欺诈人丙有权撤销食用油买卖合同。

(1)法律依据:①欺诈要件=欺诈行为+欺诈故意(使他人陷入错误的故意+促使他人作出错误意思表示的故意)+欺诈人欺诈与相对人做出意思表示之间存在因果关系。《民通意见》第68条,“一方当事人故意告知对方虚假情况,或者故意隐瞒真实情况,诱使对方当事人作出错误意思表示的,可以认定为欺诈行为。”②欺诈的法律后果。《民法总则》第148条,“一方以欺诈手段,使对方在违背真实意思的情况下实施的民事法律行为,受欺诈方有权请求人民法院或者仲裁机构予以撤销。”

(2)具体到本题:①“以次充好,将劣质食用油卖给丙公司。合同没有约定仲裁条款”。②甲、丙之间存在“欺诈”法律关系。③甲公司的行为,相对于丙公司而言,为欺诈。④在乙公司追认之后,丙公司有权以受欺诈为由向法院主张撤销。(很显然,在乙公司追认之前,善意相对人可以启动无权代理框架下的撤销权,也可以启动受欺诈框架下的撤销权。)

(3)结论:“B. 如乙公司追认,则丙公司有权请求法院撤销”,B对,选B。

常见错误

根本违约可撤销说:认为如果乙公司追认,甲公司就构成有权代理,但是因为甲公司在交易中以次充好,构成根本违约,丙公司只需要通知乙公司即可撤销买卖合同,由此误选“A. 如乙公司追认,则丙公司有权通知乙公司撤销”。

4. 无权代理人被骗之无权代理与欺诈:委托买电脑,改买手机,还被骗;无权代理为效力待定;欺诈为可撤销

甲委托乙采购一批电脑,乙受丙诱骗高价采购了一批劣质手机。丙一直以销售劣质手机为业,甲对此知情。关于手机买卖合同,下列哪些表述是正确的?(2012-3-54)

A. 甲有权追认

B. 甲有权撤销

C. 乙有权以甲的名义撤销

D. 丙有权撤销

答案:(　　)①

考点:无权代理人被骗之无权代理与欺诈:委托买电脑,改买手机,还被骗;无权代理为效力待定;欺诈为可撤销

解题图构

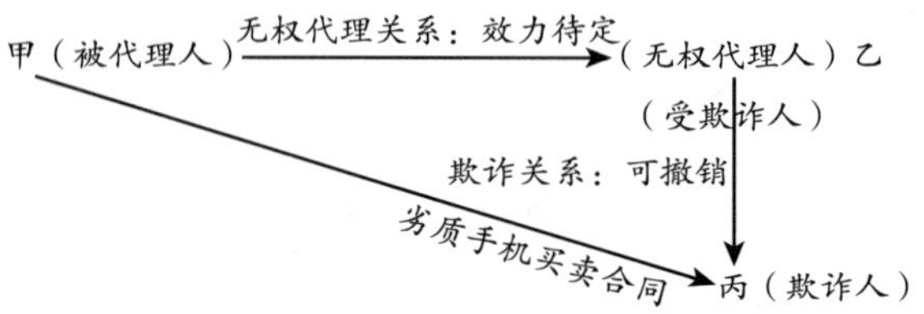

① 参考答案:ABC

读题技巧

1.“甲委托乙采购电脑”、“采购了手机”，指向乙无权代理。

2.“乙受丙诱骗”、“劣质手机”、“丙一直以销售劣质手机为业，甲对此知情”，指向代理中代理人是否被欺诈，以代理人意思为准。

3.丙的法律地位：(1)丙在无权代理关系中，属于恶意的相对人。(2)丙在欺诈关系中，属于欺诈人。(3)恶意的丙不享有无权代理框架中的通知撤销权，也不享有欺诈框架中的诉讼撤销权。

思路展开

思路1：本题涉及两个法律关系。

(1)乙的无权代理行为，产生的无权代理签订合同法律关系。此法律关系需要解决合同效果是否归属于甲的问题。

(2)丙的欺诈行为，产生因欺诈签订合同法律关系。此法律关系需要解决被代理人被骗（表现上以代理人是否被骗为判断标准）的救济问题。

(3)无权代理中，和欺诈中，这两个框架，都是要解决甲的救济问题。

(4)无权代理的框架中，甲有权追认乙的无权代理签订的合同。

(5)在欺诈的框架中，甲有权以受欺诈为由撤销手机买卖合同，乙也有权以甲的名义行使撤销权。

(6)丙无须救济，是彻底是一个坏人：丙在无权代理的框架中属于恶意相对人，无论被代理人甲是否追认乙的无权代理行为，均无通知撤销权。丙在欺诈的框架中属于欺诈人，无诉讼撤销权。

思路2：无权代理框架中，甲的追认权。

(1)法律依据：《民法总则》第171条，“行为人没有代理权、超越代理权或者代理权终止后，仍然实施代理行为，未经被代理人追认的，对被代理人不发生效力。相对人可以催告被代理人自收到通知之日起一个月内予以追认。被代理人未作表示的，视为拒绝追认。行为人实施的行为被追认前，善意相对人有撤销的权利。撤销应当以通知的方式作出。行为人实施的行为未被追认的，善意相对人有权请求行为人履行债务或者就其受到的损害请求行为人赔偿，但是赔偿的范围不得超过被代理人追认时相对人所能获得的利益。相对人知道或者应当知道行为人无权代理的，相对人和行为人按照各自的过错承担责任。”

(2)具体到本题：甲委托乙采购一批电脑，乙却采购了一批手机，乙的行为属于超越代理权的无权代理。对于乙的无权代理行为，甲可以追认。

(3)结论：“A. 甲有权追认”，A对，选A。

思路3：欺诈的框架中，被代理人甲有权撤销、代理人乙有权以甲的名义撤销。

(1)法律依据：①欺诈要件 = 欺诈行为 + 欺诈故意（使他人陷入错误的故意 + 促使他人作出错误意思表示的故意）+ 欺诈人欺诈与相对人做出意思表示之间存在因果关系。《民通意见》第68条，“一方当事人故意告知对方虚假情况，或者故意隐瞒真实情况，诱使对方当事人作出错误意思表示的，可以认定为欺诈行为。”②欺诈的法律后果。《民法总则》第148条，“一方以欺诈手段，使对方在违背真实意思的情况下实施的民事法律行为，受欺诈方有权请求人民法院或者仲裁机构予以撤销。”

(2)法理阐释：①代理关系中，判断相对人是否构成欺诈、胁迫或者乘人之危，应以代理人是否被骗、被胁迫、被乘人之危来判断。因为，代理人在代理权限范围内是独立作出意思表示的。被代理人不参与具体的意思表示。②基于相对人欺骗、胁迫、乘人之危而享有的撤销权，应归属于被代理人享有，而不是由代理人享有。因为代理人实施法律行为的效果要归属于被代理人，基于法律行为产生的权利包括撤销权，也归属于被代理人。

(3)具体到本题：①乙代理甲与相对人丙之间达成交易，该交易意思表示瑕疵有无的判断，应以代理人乙为准，而非以被代理人甲为准。故甲虽然明知丙一直在行骗，但乙并不知情，故丙构成欺诈。②基于丙欺诈产生的撤销权，应由被代理人甲行使，或者由代理人以被代理人甲的名义行使。③甲有权以丙构成欺诈为由撤销手机买卖合同。乙可以甲的名义对丙主张撤销。

(4)结论：“B. 甲有权撤销，C. 乙有权以甲的名义撤销”，BC均对，选BC。

思路4：丙的法律地位：在无权代理的框架中，或者在欺诈的框架中，丙均不得撤销手机买卖合同。

(1)就无权代理而言,恶意的丙不享有通知撤销权。

(2)就欺诈而言,欺诈人丙不得主张撤销。

(3)即使认为善意的丙有无权代理框架中的通知撤销权,但丙无欺诈框架中的诉讼撤销权,两项竞合,丙不得主张撤销权。

(4)《2012 年国家司法考试试题解析》:"丙在甲追认之前可以撤销手机买卖合同;就欺诈而言,丙是欺诈人,不得主张撤销。故选项 D 错误表述错误,不当选。"

(5)结论:"D. 丙有权撤销",D 错,不选 D。

5. 动机不构成重大误解、欺诈婚姻、第三人胁迫、第三人(受益人)欺诈

关于意思表示法律效力的判断,下列哪些选项是正确的?(2011－3－53)

A. 甲在商场购买了一台液晶电视机,回家后发现其妻乙已在另一商场以更低折扣订了一台液晶电视机。甲认为其构成重大误解,有权撤销买卖

B. 甲向乙承诺,以其外籍华人身份在婚后为乙办外国绿卡。婚后,乙发现甲是在逃通缉犯。乙有权以甲欺诈为由撤销婚姻

C. 甲向乙银行借款,乙银行要求甲提供担保。丙为帮助甲借款,以举报丁偷税漏税相要挟,迫使其为甲借款提供保证,乙银行对此不知情。丁有权以其受到胁迫为由撤销保证

D. 甲患癌症,其妻乙和医院均对甲隐瞒其病情。经与乙协商,甲投保人身保险,指定身故受益人为乙。保险公司有权以乙欺诈为由撤销合同

答案:(　　)①

考点:动机不构成重大误解、欺诈婚姻、第三人胁迫、第三人(受益人)欺诈

思路展开

命题点 1:动机错误不构成重大误解。

(1)法律依据:①重大误解判定。《民意》第 71 条,"行为人因对行为的性质、对方当事人、标的物的品种、质量、规格和数量等的错误认识,使行为的后果与自己的意思相悖,并造成较大损失的,可以认定为重大误解。"②重大误解后果。《民法总则》第 147 条,"基于重大误解实施的民事法律行为,行为人有权请求人民法院或者仲裁机构予以撤销。"

(2)法条阐释:①误解人作出意思表示时对涉及合同的重要事项存在认识上的显著缺陷,其后果是使误解人受到较大损失,以至于根本达不到缔约目的。②误解人毕竟有错,故保护有限度,限于"重大"误解。③重大误解构成要件＝表意人发生重大误解＋因误解做出意思表示与内心真实意思不符＋误解人因误解遭受较大损失。④一般情况下,当事人内心动机错误,不构成重大误解。

(3)具体到本题:"A. 甲在商场购买了一台液晶电视机,回家后发现其妻乙已在另一商场以更低折扣订了一台液晶电视机。甲认为其构成重大误解,有权撤销买卖",甲是动机错误,不构成重大误解,无权撤销买卖。A 错,不选 A。

命题点 2:可撤销婚姻,限于胁迫一种情形。

(1)法律依据:《婚姻法》第 11 条,"因胁迫结婚的,受胁迫的一方可以向婚姻登记机关或人民法院请求撤销该婚姻。受胁迫的一方撤销婚姻的请求,应当自结婚登记之日起一年内提出。被非法限制人身自由的当事人请求撤销婚姻的,应当自恢复人身自由之日起一年内提出。"依据《婚姻法解释一》第 10 条的规定:"《婚姻法》第十一条所称的'胁迫',是指行为人以给另一方当事人或者其近亲属的生命、身体健康、名誉、财产等方面造成损害为要挟,迫使另一方当事人违背真实意愿结婚的情况。因受胁迫而请求撤销婚姻的,只能是受胁迫一方的婚姻关系当事人本人。"

(2)法条阐释:只有胁迫才是可撤销婚姻的事由,欺诈不构成可撤销婚姻的事由。

(3)具体到 B 选项:"B. 甲向乙承诺,以其外籍华人身份在婚后为乙办外国绿卡。婚后,乙发现甲是在逃通缉犯。乙有权以甲欺诈为由撤销婚姻",乙无权以甲欺诈为由撤销婚姻,B 错,不选 B。

(4)至此,排除法即可得知本题必然选 CD。

命题点 3:第三人胁迫,构成胁迫,可撤销。

(1)法律依据:《民法总则》第 150 条,"一方或者第三人以胁迫手段,使对方在违背真实意思的情况下实施的民事法律行为,受胁迫方有权请求人民

① 参考答案:CD

法院或者仲裁机构予以撤销。”

(2)法理阐释：第三人胁迫即合同当事人之外的人实施胁迫，构成胁迫，侵犯意思自由太过严重，故属于可撤销情形。

(3)具体到本题：①“C. 甲向乙银行借款，乙银行要求甲提供担保。丙为帮助甲借款，以举报丁偷税漏税相要挟，迫使其为甲借款提供保证，乙银行对此不知情。丁有权以其受到胁迫为由撤销保证”。②丁、乙之间签订保证合同，丁是受第三人丙胁迫（既不是主债权人乙银行，也不是主债务人即借款人甲），被胁迫人丁有权以受第三人胁迫为由对保证合同债权人乙银行主张撤销保证。③结论：C 对，选 C。④《2011 年国家司法考试试题解析》：“在第三人丙的胁迫下，丁与乙银行签订了保证合同，且乙银行对此毫不知情。胁迫对行为人意思表示的自由影响重大，因此，相对人或者第三人的胁迫，均构成民法中的胁迫，所以，丁有权以其受到胁迫为由要求撤销保证。C 当选。”

命题点 4：(受益)第三人欺诈，构成欺诈，可撤销可变更。

(1)学理依据：第三人受益的合同中，受益第三人欺诈，视同当事人一方欺诈。

(2)具体到本题：①“ D. 甲患癌症，其妻乙和医院均对甲隐瞒其病情。经与乙协商，甲投保人身保险，指定身故受益人为乙。保险公司有权以乙欺诈为由撤销合同”。②题干揭示保险合同中的受益人乙实施了欺诈（“经与乙协商，甲投保人身保险”）。③特别注意：不是医院作为第三人实施了欺诈，而是受益人乙实施了欺诈。④《2011 年国家司法考试试题解析》：“D 选项中，也是第三人即受益人隐瞒了投保人甲的病情，对保险公司构成欺诈，应当允许保险公司以受欺诈为由撤销合同。D 当选。”⑤结论：D 对，选 D。

(3)延展：①假设本题中，医院实施了欺诈，医院就属于纯粹的第三人欺诈，保险公司不得主张受欺诈而对投保人甲撤销保险合同。②《民法总则》第 149 条，“第三人实施欺诈行为，使一方在违背真实意思的情况下实施的民事法律行为，对方知道或者应当知道该欺诈行为的，受欺诈方有权请求人民法院或者仲裁机构予以撤销。”③注意：如果投保人甲知道医院实施了欺诈，自然视为甲隐瞒了信息投保，构成消极欺诈。

6. 把国产牛肉假冒成进口牛肉拿去卖，结果国产牛肉反而涨了，“聪明反被聪明误”

乙公司以国产牛肉为样品，伪称某国进口牛肉，与甲公司签订了买卖合同，后甲公司得知这一事实。此时恰逢某国流行疯牛病，某国进口牛肉滞销，国产牛肉价格上涨。下列哪些说法是正确的？（2009－3－56）

A. 甲公司有权自知道样品为国产牛肉之日起一年内主张撤销该合同

B. 乙公司有权自合同订立之日起一年内主张撤销该合同

C. 甲公司有权决定履行该合同，乙公司无权拒绝履行

D. 在甲公司决定撤销该合同前，乙公司有权按约定向甲公司要求支付货款

答案：(　　)①

考点：仅受欺诈人享有撤销权(1 年除斥期间)；未撤销则合同有效

思路展开

命题点 1：因欺诈而可撤销合同，仅受欺诈人享有撤销权（欺诈人不享有撤销权），自知道撤销事由之日起 1 年主张撤销权。

(1)法律依据：①欺诈要件＝欺诈行为＋欺诈故意（使他人陷入错误的故意＋促使他人作出错误意思表示的故意）＋欺诈人欺诈与相对人做出意思表示之间存在因果关系。《民通意见》第 68 条，“一方当事人故意告知对方虚假情况，或者故意隐瞒真实情况，诱使对方当事人作出错误意思表示的，可以认定为欺诈行为。”②欺诈的法律后果。《民法总则》第 148 条，“一方以欺诈手段，使对方在违背真实意思的情况下实施的民事法律行为，受欺诈方有权请求人民法院或者仲裁机构予以撤销。”③除斥期间。《民法总则》第 152 条，“有下列情形之一的，撤销权消灭：(一)当事人自知道或者应当知道撤销事由之日起一年内、重大误解的当事人自知道或者应

① 参考答案：ACD

当知道撤销事由之日起三个月内没有行使撤销权;(二)当事人受胁迫,自胁迫行为终止之日起一年内没有行使撤销权;(三)当事人知道撤销事由后明确表示或者以自己的行为表明放弃撤销权。当事人自民事法律行为发生之日起五年内没有行使撤销权的,撤销权消灭。"

(2)法条阐释:①受欺诈方有撤销权,欺诈方无撤销权。②受欺诈方是否受有损害在所不问,因为欺诈制度保护的是意思自由。③撤销权有1年除斥期间。

(3)具体到本题:①"乙公司以国产牛肉为样品,伪称某国进口牛肉,与甲公司签订了买卖合同"+"后甲公司得知这一事实。此时恰逢某国流行疯牛病,某国进口牛肉滞销,国产牛肉价格上涨。"②乙公司是欺诈人,不享有撤销权。③甲公司是受欺诈人,有撤销权。④甲公司撤销权除斥期间为自知道样品为国产牛肉之日起1年(不是从合同订立之日起计算)。

(4)结论:①"A. 甲公司有权自知道样品为国产牛肉之日起一年内主张撤销该合同",A对,选A。②"B. 乙公司有权自合同订立之日起一年内主张撤销该合同",B错,不选B。

命题点2:因欺诈而可撤销合同,未撤销时,合同是有效的,而非无效。撤销时,才溯及无效。

(1)法律依据:《合同法》第56条,"无效的合同或者被撤销的合同自始没有法律约束力。合同部分无效,不影响其他部分效力的,其他部分仍然有效。"

(2)法条阐释:①未撤销,受欺诈的合同有法律效力。②受欺诈人可以选择合同有效、履行合同的路径救济自己(《2009年国家司法考试试题解析》:"撤销权是受欺诈一方的权利,可以行使而令合同无效,也可以不行使而让合同有效并得到履行。甲公司有权不行使撤销权,决定履行该合同,乙公司无权拒绝履行。故C为应选项。")。③合同有效,则各方应履行自己的合同义务。(《2009年国家司法考试试题解析》:"根据民法原理,可撤销的合同在撤销之前是有效的,只是在撤销之后,才溯及自始无效。所以在甲公司决定撤销该合同前,乙公司有权按约定向甲公司要求支付货款。故D选项是应选项。")。

(3)结论:①"C. 甲公司有权决定履行该合同,乙公司无权拒绝履行",C对,选C。②"D. 在甲公司决定撤销该合同前,乙公司有权按约定向甲公司要求支付货款",D对,选D。

二、胁迫

1. 胁迫行为的不法性判断

下列哪一情形下,甲对乙不构成胁迫?(2013-3-3)

A. 甲说,如不出借1万元,则举报乙犯罪。乙照办,后查实乙构成犯罪

B. 甲说,如不将藏獒卖给甲,则举报乙犯罪。乙照办,后查实乙不构成犯罪

C. 甲说,如不购甲即将报废的汽车,将公开乙的个人隐私。乙照办

D. 甲说,如不赔偿乙撞伤甲的医疗费,则举报乙醉酒驾车。乙照办,甲取得医疗费和慰问金

答案:(　　)①

考点:胁迫行为的不法性判断

思路展开

思路1:胁迫行为构成要件之胁迫不法的判断。

(1)法律依据:①胁迫的判断。《民通意见》第69条,"以给公民及其亲友的生命健康、荣誉、名誉、财产等造成损失或者以给法人的荣誉、名誉、财产等造成损害为要挟,迫使对方作出违背真实的意思表示的,可以认定为胁迫行为。"②胁迫的后果。《民法总则》第150条,"一方或者第三人以胁迫手段,使对方在违背真实意思的情况下实施的民事法律行为,受胁迫方有权请求人民法院或者仲裁机构予以撤销。"③撤销权的消灭之除斥期间和放弃。《民法总则》第152条,"有下列情形之一的,撤销权消灭:(一)当事人自知道或者应当知道撤销事由之日起一年内、重大误解的当事人自知道或者应当知道撤销事由之日起三个月内没有行使撤销权;(二)当事人受胁迫,自胁迫行为终止之日起一年内没有行使撤销权;(三)当事人知道撤销事由后明确表示或者

① 参考答案:D

以自己的行为表明放弃撤销权。当事人自民事法律行为发生之日起五年内没有行使撤销权的，撤销权消灭。”

(2)法条阐释：①胁迫要件 = 胁迫行为 + 故意 + 因果关系 + 胁迫行为具有不法性(a. 手段不法，“若不出租房屋，即杀害之”；b. 目的不法：“若不出资拐卖儿童，即告发偷税之事”。c. 手段与目的关联之不法：手段合法、目的也合法，但是两者关联不合法，亦构成胁迫行为，最常见的就是告发犯罪。)②《2013 年国家司法考试试题解析》：“a. 胁迫是因他人的威胁或者强迫，陷于恐惧而作出的不真实意思表示。a1. 威胁是指以预告未来的损害使相对人精神感到恐惧；a2. 强迫是指对相对人或其亲属的身体强制或伤害。b. 胁迫必须具备如下法律要件：a1. 在胁迫人方面，第一，须有胁迫行为的存在。胁迫是不正当地预告危害，以使他人陷于恐怖的行为。《民通意见》第 69 条，“以给公民及其亲友的生命健康、名誉、荣誉、财产等造成损害，或者以给法人的名誉、荣誉、财产等造成损害为要挟，迫使对方作出违背真实的意思表示的，可以认定为胁迫行为。”第二，胁迫人须有胁迫的故意，一方面使相对人产生恐惧的故意；另一方面，使相对人因恐惧而做出意思表示的故意即胁迫的目的在于使相对人做出迎合性意思表示。第三，须预告危害属不正当。所谓不正当即违背诚实信用原则和公认的道德准则。a2. 在被胁迫人方面，第一，须因受胁迫而产生恐惧；第二，须因恐惧而作出意思表示即受胁迫人的意思表示与其恐惧有因果关系。而且，其意思表示，又须迎合胁迫人的意思作出。”

思路 2：结合选项逐个比对判断。

(1)先看 AB：①举报犯罪，无论是否查实，乙均因甲的威胁而陷于恐惧作出了不真实意思表示。②故“A. 甲说，如不出借 1 万元，则举报乙犯罪。乙照办，后查实乙构成犯罪，B. 甲说，如不将藏獒卖给甲，则举报乙犯罪。乙照办，后查实乙不构成犯罪”。③结论：AB 属于胁迫(方法不法)，不符合题意，不选 AB。

(2)再看 C：①“C. 甲说，如不购甲即将报废的汽车，将公开乙的个人隐私。乙照办”。②结论：C 属于典型胁迫(方法和目的都不法)，不符合题意，不选 C。

(3)最后看 D：①“D. 甲说，如不赔偿乙撞伤甲的医疗费，则举报乙醉酒驾车。乙照办，甲取得医疗费和慰问金”，②因甲的威胁手段与其目标具有直接的关联性，乙本来也需要承担赔偿责任。③结论：D 不构成胁迫，D 符合题意，选 D。

常见错误

1.“B. 甲说，如不将藏獒卖给甲，则举报乙犯罪。乙照办，后查实乙不构成犯罪”，甲不构成胁迫的各种理由：(1)B 中不存在被害人迫于无奈的情形，因此不会构成胁迫。(2)B 中不存在对被胁迫者心理造成任何恐惧的事由。(3)B 中没有揭示交易价格是否过低等情形，难以认定乙遭受损失。(4)乙本身不存在犯罪，甲的威胁对乙而言并无效用，故不构成胁迫。

2. A 和 D 均不存在胁迫说：虽然甲存在威胁行为，但是乙确实存在违法行为，而对违法行为任何人都有权举报，也就不存在胁迫了，由此认为 A 和 D 都当选。

2. 胁迫之“有你贪污材料压价买房”

某校长甲欲将一套住房以 50 万元出售。某报记者乙找到甲，出价 40 万元，甲拒绝。乙对甲说：“我有你贪污的材料，不答应我就举报你。”甲信以为真，以 40 万元将该房卖与乙。乙实际并无甲贪污的材料。关于该房屋买卖合同的效力，下列哪一说法是正确的？(2010－3－5)

A. 存在欺诈行为，属可撤销合同

B. 存在胁迫行为，属可撤销合同

C. 存在乘人之危的行为，属可撤销合同

D. 存在重大误解，属可撤销合同

答案：(　　)①

考点：区分判断欺诈、胁迫、乘人之危、重大误解

思路展开：

命题点 1：欺诈的判断。

(1)法律依据：①欺诈的判断。《民通意见》第 68 条，“一方当事人故意告知对方虚假情况，或者故意隐瞒真实情况，诱使对方当事人作出错误意思表

① 参考答案：B

示的,可以认定为欺诈行为。”②欺诈的法律后果:《民法总则》第148条,“一方以欺诈手段,使对方在违背真实意思的情况下实施的民事法律行为,受欺诈方有权请求人民法院或者仲裁机构予以撤销。”③除斥期间:《民法总则》第152条,“有下列情形之一的,撤销权消灭:(一)当事人自知道或者应当知道撤销事由之日起一年内、重大误解的当事人自知道或者应当知道撤销事由之日起三个月内没有行使撤销权;(二)当事人受胁迫,自胁迫行为终止之日起一年内没有行使撤销权;(三)当事人知道撤销事由后明确表示或者以自己的行为表明放弃撤销权。当事人自民事法律行为发生之日起五年内没有行使撤销权的,撤销权消灭。”

(2)法条阐释:①欺诈要件=欺诈行为(积极欺诈即故意告知虚假情况+消极欺诈即有披露义务而故意隐瞒真实情况)+欺诈故意(使他人陷入错误的故意+促使他人作出错误意思表示的故意)+欺诈人欺诈与相对人做出意思表示之间存在因果关系。

(3)具体到本题:①“乙对甲说:‘我有你贪污的材料,不答应我就举报你。’”从乙的角度来看,乙是希望甲陷入恐惧,同时基于恐惧做出意思表示;乙不是希望甲陷入错误,同时基于错误做出意思表示。②“甲信以为真”,从甲的角度来看,甲信以为真做出意思表示是因为怕,而不是因为被骗。乙欠缺欺诈的故意(使他人陷入错误的故意+促使他人作出错误意思表示的故意)。

(4)结论:“A.存在欺诈行为,属可撤销合同”,A错,不选A。

(5)《2010年国家司法考试试题解析》:“所谓欺诈,指故意欺骗他人,使其陷于错误判断,并基于此错误判断而为意思表示之行为。《民通意见》第68条规定:‘一方当事人故意告知对方虚假情况,或者故意隐瞒真实情况,诱使对方当事人作出错误意思表示的,可以认定为欺诈行为。’所谓错误,是指对合同内容及其他重要情况的认识缺陷。因此,在本题中,乙的行为的确构成对甲的欺骗,但并不构成影响合同效力的欺诈行为,故不选A。”

命题点2:胁迫的判断。胁迫行为构成要件之判断。

(1)法律依据:①胁迫的判断。《民通意见》第69条,“以给公民及其亲友的生命健康、荣誉、名誉、财产等造成损失或者以给法人的荣誉、名誉、财产等造成损害为要挟,迫使对方作出违背真实的意思表示的,可以认定为胁迫行为。”②胁迫的后果。《民法总则》第150条,“一方或者第三人以胁迫手段,使对方在违背真实意思的情况下实施的民事法律行为,受胁迫方有权请求人民法院或者仲裁机构予以撤销。”③撤销权的消灭之除斥期间和放弃。《民法总则》第152条,“有下列情形之一的,撤销权消灭:(一)当事人自知道或者应当知道撤销事由之日起一年内、重大误解的当事人自知道或者应当知道撤销事由之日起三个月内没有行使撤销权;(二)当事人受胁迫,自胁迫行为终止之日起一年内没有行使撤销权;(三)当事人知道撤销事由后明确表示或者以自己的行为表明放弃撤销权。当事人自民事法律行为发生之日起五年内没有行使撤销权的,撤销权消灭。”

(2)法条阐释:胁迫要件=胁迫行为(胁迫是不正当地预告危害,以使他人陷于恐怖的行为。)+故意(使相对人产生恐惧的故意+使相对人因恐惧而做出意思表示的故意即胁迫的目的在于使相对人做出迎合性意思表示)+因果关系(须因受胁迫而产生恐惧+须因恐惧而作出意思表示=受胁迫人的意思表示与其恐惧有因果关系。而且,其意思表示,又须迎合胁迫人的意思作出。)+胁迫行为具有不法性。(①手段不法,“若不出租房屋,即杀害之”;②目的不法:“若不出资拐卖儿童,即告发偷税之事”。③手段与目的关联之不法:手段合法、目的也合法,但是两者关联不合法,亦构成胁迫行为,最常见的就是告发犯罪。)

(3)具体到本题:乙有胁迫的行为+胁迫的故意(使相对人产生恐惧的故意+使相对人因恐惧而做出意思表示的故意即胁迫的目的在于使相对人做出迎合性意思表示)+因果关系+胁迫不正当(目的和手段关联不合法)。

(4)结论:“B.存在胁迫行为,属可撤销合同”,B对,选B。

命题点3:乘人之危规则,已经被《民法总则》并入显失公平规则中处理。

(1)法律依据:①《民法总则》第151条,“一方利用对方处于危困状态、缺乏判断能力等情形,致使民事法律行为成立时显失公平的,受损害方有权请求人民法院或者仲裁机构予以撤销。”②《民通意见》第70条,“一方当事人乘对方处于危难之机,为牟取不正当利益,迫使对方作出不真实的意思表示,严重损害对方利益的,可以认定为乘人之危。”

(2)具体到本题:“乙实际并无甲贪污的材料”,甲并不是处于“危困状态”,不构成乘人之危。

(3)结论:“C.存在乘人之危的行为,属可撤销合同”,C错,不选C。

(4)《2010年国家司法考试试题解析》:“乘人之危与胁迫的主要区别是:胁迫是由他人实施的危害行为;而乘人之危则是在表意人方面客观存在的危难,故不选C。”

命题点4:重大误解的判断。

(1)法律依据:①《民通意见》第71条,“行为人因对行为的性质、对方当事人、标的物的品种、质量、规格和数量等的错误认识,使行为的后果与自己的意思相悖,并造成较大损失的,可以认定为重大误解。”②《民法总则》第147条,“基于重大误解实施的民事法律行为,行为人有权请求人民法院或者仲裁机构予以撤销。”

(2)法条阐释:①误解人作出意思表示时对涉及合同的重要事项存在认识上的显著缺陷,其后果是使误解人受到较大损失,以至于根本达不到缔约目的。②误解人毕竟有错,故保护有限度,限于“重大”误解。③重大误解构成要件=表意人对民事行为或合同的重要事项发生重大误解+因误解做出意思表示与内心真实意思不符+误解人因误解遭受较大损失。④一般情况下,当事人内心动机错误,不构成重大误解。

(3)具体到本题:甲发生了认识上的错误,但属于动机错误,符合欺诈构成要件,不符合重大误解构成要件。

(4)结论:“D.存在重大误解,属可撤销合同”,D错,不选D。

三、重大误解

1.重大误解之民事行为(遗嘱、添附、重大误解、精神病人)

下列哪一情形构成重大误解,属于可变更、可撤销的民事行为?(2012-3-3)

A.甲立下遗嘱,误将乙的字画分配给继承人

B.甲装修房屋,误以为乙的地砖为自家所有,并予以使用

C.甲入住乙宾馆,误以为乙宾馆提供的茶叶是无偿的,并予以使用

D.甲要购买电动车,误以为精神病人乙是完全民事行为能力人,并与之签订买卖合同

答案:(　　)①

考点:重大误解之民事行为(遗嘱之无效单方行为、添附之事实行为、重大误解、精神病人之无效民事行为或效力待定民事行为)

思路展开

思路1:重大误解的判断。重大误解,是指因认识错误实施的行为。基于错误认识的行为,行为人的表意虽然是自愿的,但却是违背本意的,故该行为属于可撤销、可变更的民事行为。

(1)法律依据:①《民通意见》第71条,“行为人因对行为的性质、对方当事人、标的物的品种、质量、规格和数量等的错误认识,使行为的后果与自己的意思相悖,并造成较大损失的,可以认定为重大误解。”②《民法总则》第147条,“基于重大误解实施的民事法律行为,行为人有权请求人民法院或者仲裁机构予以撤销。”

(2)法条阐释:①误解人作出意思表示时对涉及合同的重要事项存在认识上的显著缺陷,其后果是使误解人受到较大损失,以至于根本达不到缔约目的。②误解人毕竟有错,故保护有限度,限于“重大”误解。③重大误解构成要件=表意人对民事行为或合同的重要事项发生重大误解+因误解做出意思表示与内心真实意思不符+误解人因误解遭受较大损失。④一般情况下,当事人内心动机错误,不构成重大误解。

思路2:结合各选项做判断。

(1)结合A选项:①“A.甲立下遗嘱,误将乙的

① 参考答案:C

字画分配给继承人”。②《继承法》第16条,“公民可以依照本法规定立遗嘱处分个人财产,并可以指定遗嘱执行人。”且《最高人民法院关于贯彻执行〈中华人民共和国继承法〉若干问题的意见》(以下简称《继承法意见》)第38条,“遗嘱人以遗嘱处分了属于国家、集体或他人所有的财产,遗嘱的这部分,应认定无效。”③故遗嘱处分他人财产,无论立遗嘱人是有意为之,还是发生重大误解,该部分内容均属无效,不属于可变更、可撤销的民事行为。④结论:A不符合题意,不选A。

(2)结合B选项:①“B.甲装修房屋,误以为乙的地砖为自家所有,并予以使”。②《民法总则》规定的重大误解适用于民事行为,而非事实行为。③所谓事实行为,是指基于行为人实施行为这一事实本身即会发生相应的法律效果,而不考虑行为人的意思表示。因此,事实行为不适用重大误解规则。④选项B甲的行为构成添附,甲、乙之间的法律关系,应结合添附规则予以解决,而不适用重大误解规则。⑤结论:B不符合题意,不选B。

(3)结合C选项:①“C.甲入住乙宾馆,误以为乙宾馆提供的茶叶是无偿的,并予以使用”。②甲入住乙宾馆,误以为乙宾馆提供的茶叶是无偿的,并予以使用,甲基于对行为性质的错误认识(误将买卖当做赠与),而实施了相应行为,造成其损失。③对接《合同法》第58条,“合同无效或者被撤销后,因该合同取得的财产,应当予以返还;不能返还或者没有必要返还的,应当折价补偿。有过错的一方应当赔偿对方因此所受到的损失,双方都有过错的,应当各自承担相应的责任。”④因此,虽然茶叶已经被使用,甲仍可主张撤销茶叶买卖合同,此后对乙进行补偿或者赔偿。⑤结论:C符合题意,选C。⑥关联:乙宾馆发出出卖茶叶的要约,甲内心意思是实施了接受“赠与”的承诺,甲的外在行为是实施了购买茶叶的承诺。必须从外在表现来确定甲的意思表示是购买的承诺。如果从甲的内心意思来确定甲的意思表示是接受赠与的承诺,则承诺与要约没有重合,那么甲和乙宾馆的合同因没有达成合意压根就不成立,如此一来,就无重大误解制度的适用余地。可见,重大误解制度存在本身,就先宣扬了一种外观主义理念,后检索严格的重大误解条件以缓和外观主义带来的忽略表意人真实意思的弊端。

(4)结合D选项:①“D.甲要购买电动车,误以为精神病人乙是完全民事行为能力人,并与之签订买卖合同”。②甲误以为精神病人乙是完全民事行为能力人而与乙签订买卖合同,可分两种情形:精神病人乙为无行为能力人或者为限制行为能力人。③如果乙是无行为能力人,则依据《民法总则》第144条,“无民事行为能力人实施的民事法律行为无效。”因此,在此情形,甲乙的买卖合同无效。④如果乙是限制行为能力人,则应依据《合同法》第47条确认该合同属于效力待定。《合同法》第47条规定,“限制民事行为能力人订立的合同,经法定代理人追认后,该合同有效,但纯获利益的合同或者与其年龄、智力、精神健康状况相适应而订立的合同,不必经法定代理人追认。相对人可以催告法定代理人在一个月内予以追认。法定代理人未作表示的,视为拒绝追认。合同被追认之前,善意相对人有撤销的权利。撤销应当以通知的方式作出。”⑤结论:D不符合题意,不选D。

常见错误

1.遗嘱重大误解说:认为A中甲立下遗嘱,误将乙的字画分配给继承人,甲、乙可以重大误解要求撤销或者变更字画部分的遗嘱内容,恢复原来的所有关系。误选A。

2.茶叶被使用故不可撤销或变更说:认为C选中虽然甲对茶叶性质发生误解,但因茶叶已被甲使用,故甲不可撤销或者变更,未选C。

3.行为能力误解说:认为D中重大误解包括对当事人行为能力的误解,误选D。

2.酒店洋酒之重大误解案

某酒店客房内备有零食、酒水供房客选用,价格明显高于市场同类商品。房客关某缺乏住店经验,又未留意标价单,误认为系酒店免费提供而饮用了一瓶洋酒。结账时酒店欲按标价收费,关某拒付。下列哪一选项是正确的?(2007-3-1)

A.关某应按标价付款

B.关某应按市价付款

C.关某不应付款

D.关某应按标价的一半付款

答案:(　　)[1]

考点:重大误解之对行为性质发生误解

读题技巧

1. 题干引子:"结账时酒店欲按标价收费,关某拒付。"

2. 选项之"应"或"不应",蕴涵了跳跃一层中间思路:即以关某利益最大化的法律救济措施为准,推定关某行使了这一救济措施。由此,选项和题干"引子"形成对接,考生做出最后判断。

3. 此题展示的价值实质上更多地在于考生如何习惯"题意"的表达模式,应仔细推敲。

4. CD 选项显然于法无据,乃打酱油选项。当在 AB 中二选一,有百分之五十的正确率。

思路展开

思路 1:重大误解的判断。重大误解,是指因认识错误实施的行为。基于错误认识的行为,行为人的表意虽然是自愿的,但却是违背本意的,故该行为属于可撤销、可变更的民事行为。

(1)法律依据:①《民通意见》第 71 条,"行为人因对行为的性质、对方当事人、标的物的品种、质量、规格和数量等的错误认识,使行为的后果与自己的意思相悖,并造成较大损失的,可以认定为重大误解。"②《民法总则》第 147 条,"基于重大误解实施的民事法律行为,行为人有权请求人民法院或者仲裁机构予以撤销。"③《合同法》第 58 条,"合同无效或者被撤销后,因该合同取得的财产,应当予以返还;不能返还或者没有必要返还的,应当折价补偿。有过错的一方应当赔偿对方因此所受到的损失,双方都有过错的,应当各自承担相应的责任。"

(2)法条阐释:①误解人作出意思表示时对涉及合同的重要事项存在认识上的显著缺陷,其后果是使误解人受到较大损失,以至于根本达不到缔约目的。②误解人毕竟有错,故保护有限度,限于"重大"误解。③重大误解构成要件 = 表意人对民事行为或合同的重要事项发生重大误解 + 因误解做出意思表示与内心真实意思不符 + 误解人因误解遭受较大损失。④一般情况下,当事人内心动机错误,不构成重大误解。

思路 2:具体到本题进行判断。

(1)"房客关某缺乏住店经验,又未留意标价单,误认为系酒店免费提供而饮用了一瓶洋酒。" + "结账时酒店欲按标价收费,关某拒付。"

(2)直接全文引用《2007 年国家司法考试试题解析》:"《民通意见》第 71 条规定:'行为人因对行为的性质、对方当事人、标的物的品种、质量、规格和数量等的错误认识,使行为的后果与自己的意思相悖,并造成较大损失的,可以认定为重大误解。'本题中关某误将有偿提供的洋酒(买卖)当做免费提供的洋酒(赠与),属于对行为性质的误解,根据《民通意见》第 71 条,已经构成了重大误解,关某有权予以撤销。《合同法》第 58 条规定:'合同无效或者被撤销后,因该合同取得的财产,应当予以返还;不能返还或者没有必要返还的,应当折价补偿。有过错的一方应当赔偿对方因此所受到的损失,双方都有过错的,应当各自承担相应的责任。'本题中由于关某已经饮用了洋酒,事实上已经无法返还财产,而只能折价补偿,因此 B 项正确,ACD 项错误。"

(3)法理阐释:①酒店发出出卖洋酒的要约,关某内心意思是实施了接受"赠与"洋酒的承诺,关某的外在行为是实施了购买洋酒的承诺。②必须从外在表现来确定关某的意思表示是购买洋酒的承诺。③因为如果从关某的内心意思来确定关某的意思表示是接受赠与的承诺,则承诺与要约没有重合,那么关某和酒店的合同因没有达成合意压根就不成立,④如此一来,就无重大误解制度的适用余地,重大误解制度即坍塌,所有本应适用重大误解制度的交易,均因通过主观主义的解释可以解释成交易不成立。⑤可见,重大误解制度存在本身,就先宣扬了一种外观主义理念,后检索严格的重大误解条件以缓和外观主义带来的忽略表意人真实意思的弊端。

(4)结论:"B. 关某应按市价付款",B 对,选 B。"A. 关某应按标价付款;C. 关某不应付款;D. 关某应按标价的一半付款",ACD 错,不选 ACD。

异议辨析

1. 有观点认为,此题属于经典错题,而且排名错题第二。出题人事后更改答案。并感慨经典错题不要太多,也不要太经典。

---

① 参考答案:B

2. 评论：(1)需要先给错题下个定义。所谓错题，即本题选择任何一个答案都可以给分或者都不能给分，就是错题。(2)本题显然不属于这个错题的范畴。对公布的答案进行调整，不是错题，因为还有答案。(3)到底是“出题人事后更改答案”，还是其他人事后更改答案，不得而知。(4)回归正题：本题不是从事实合同理论(合同成立的要件事实不要求当事人的合意，有些场合甚至当事人有完全相反的意思，仍然成立合同。合同关系，可不基于当事人的合意而成立)角度予以考查，也不能从主观主义解释理论将关某的行为解释成接受赠与的承诺，进而得出合同不成立的结论。分析如上“(3)法理阐释”部分。(5)对考生来讲，需要弄明白为什么是对的，而不是弄清楚为什么是错的。为什么是对的，是准备司考阶段的工作；为什么是错的，通过司考以后再琢磨吧。

四、显失公平

1. 赌石之显失公平判断。

潘某去某地旅游，当地玉石资源丰富，且盛行“赌石”活动，买者购买原石后自行剖切，损益自负。潘某花5000元向某商家买了两块原石，切开后发现其中一块为极品玉石，市场估价上百万元。商家深觉不公，要求潘某退还该玉石或补交价款。对此，下列哪一选项是正确的？(2016－3－3)

A. 商家无权要求潘某退货

B. 商家可基于公平原则要求潘某适当补偿

C. 商家可基于重大误解而主张撤销交易

D. 商家可基于显失公平而主张撤销交易

答案：(　　)①

考点：交易习惯、避免向一般条款的逃避、重大误解、显失公平

思路展开

命题点1：交易习惯。

(1)法律依据：①《合同法》第61条，“合同生效后，当事人就质量、价款或者报酬、履行地点等内容没有约定或者约定不明确的，可以协议补充；不能达成补充协议的，按照合同有关条款或者交易习惯确定。”②《合同法解释二》第7条，“下列情形，不违反法律、行政法规强制性规定的，人民法院可以认定为合同法所称‘交易习惯’：(一)在交易行为当地或者某一领域、某一行业通常采用并为交易对方订立合同时所知道或者应当知道的做法；(二)当事人双方经常使用的习惯做法。对于交易习惯，由提出主张的一方当事人承担举证责任。”

(2)具体到本题：①“潘某去某地旅游，当地玉石资源丰富，且盛行‘赌石’活动，买者购买原石后自行剖切，损益自负。”②“商家深觉不公，”很显然，商家必然知道这一交易习惯！③《2016年国家司法考试试题解析》：“当地赌石交易的习惯和规则是清晰明了的，双方并未伪造事实、掩盖真相相互欺骗，且相关交易不构成赌博，该交易合法有效，并无《合同法》第52条规定的无效事由。而即便构成赌博，已经交付的赌资也不能向对方主张返还。”

(3)结论：“A. 商家无权要求潘某退货”，A对，选A。

命题点2：避免向一般条款的逃避。

(1)学理依据：①《民法总则》第4～9条分别规定了平等原则、自愿原则、公平原则、诚信原则、合法原则和绿色原则。② ②其中所谓公平原则，指民事活动中以利益均衡作为价值判断标准，在民事主体之间发生利益关系摩擦时，以权利和义务是否均衡来平衡双方的利益。③公平原则是一项法律适用的原则即当民法规范缺乏规定时，可以根据公平原则来变动当事人之间的权利义务。④公平原则又是一项司法原则即法官的司法判决要做到公平合理，当法律缺乏规定时，应根据公平原则并权衡双方权利

---

① 参考答案：A。翡翠在开采出来时，有一层风化外皮包裹，未经切割无法知道内部质量。一刀切下去，不是天堂就是地狱。本题是天堂，其实更常见的是地狱！原石买卖不是传统意义上的赌博，且不为国家法律、行政法规所禁止。面对疯狂的石头，投资者应综合自己的风险承担能力审慎投资。

② 《民法总则》第4条，“民事主体在民事活动中的法律地位一律平等。”第5条，“民事主体从事民事活动，应当遵循自愿原则，按照自己的意思设立、变更、终止民事法律关系。”第6条，“民事主体从事民事活动，应当遵循公平原则，合理确定各方的权利和义务。”第7条，“民事主体从事民事活动，应当遵循诚信原则，秉持诚实，恪守承诺。”第8条，“民事主体从事民事活动，不得违反法律，不得违背公序良俗。”第9条，“民事主体从事民事活动，应当有利于节约资源、保护生态环境。”

义务后作出合理的判决。

(2)具体到本题:①在缺乏法律规定时,根据公平原则断案。而本题法律有关于交易习惯的规定,应适用具体的规定,而不能启动民法的一般原则。②否则会构成"向一般条款的逃避",直接架空了民法的具体规则。③《2016年国家司法考试试题解析》:"商业盈亏自负,不能简单直接基于公平原则处理民事纠纷。"

(3)结论:"B.商家可基于公平原则要求潘某适当补偿",B错,不选。

命题点3:重大误解的判断。

(1)法律依据:①《民法总则》第147条,"基于重大误解实施的民事法律行为,行为人有权请求人民法院或者仲裁机构予以撤销。"②《民通意见》第71条,"行为人因对行为的性质、对方当事人、标的物的品种、质量、规格和数量等的错误认识,使行为的后果与自己的意思相悖,并造成较大损失的,可以认定为重大误解。"

(2)法条阐释:重大误解三要件;行为人发生错误认识,做出不真实意思表示,遭受较大损失。

(3)具体到本题:"且盛行'赌石'活动,买者购买原石后自行剖切,损益自负。"当事人之间没有发生重大误解,相反,意思是很清楚的。本题商家只有重大损失,但没有重大误解。《2016年国家司法考试试题解析》:"'买者购买原石后自行剖切,损益自负',商家与潘某对此交易规则并无重大误解,不构成《合同法》第54条第1项的撤销事由。"

(4)结论:"C.商家可基于重大误解而主张撤销交易",C错,不选。

命题点4:显失公平。

(1)法律依据:①《民法总则》第151条,"一方利用对方处于危困状态、缺乏判断能力等情形,致使民事法律行为成立时显失公平的,受损害方有权请求人民法院或者仲裁机构予以撤销。"

(2)法条阐释:显失公平的要件有三个:①主观上:存在一方利用对方处于危困状态、缺乏判断能力等情形。②时点:民事法律行为成立时。③结果:当事人之间的权利义务明显不公平。

(3)具体到本题:①潘某没有利用商家处于危困状态、没有利用商家缺乏判断能力等情形。商家和潘某平等协商,商家不可能缺乏判断能力。②在签订合同初就是很公平的,虽然签订合同后商家"亏了",但这是正常的商业风险。相反,如果是劣石,潘某花5000元买了一块石头,潘某亏了,这也是当事人缔约之初就可以预见到的商业风险。③因此,本案不可能启动显失公平。

(4)结论:"D.商家可基于显失公平而主张撤销交易",D对,选D。

2. 退回购房款之显失公平

甲公司在城市公园旁开发预售期房,乙、丙等近百人一次性支付了购房款,总额近8000万元。但甲公司迟迟未开工,按期交房无望。乙、丙等购房人多次集体去甲公司交涉无果,险些引发群体性事件。面对疯涨房价,乙、丙等购房人为另行购房,无奈与甲公司签订《退款协议书》,承诺放弃数额巨大利息、违约金的支付要求,领回原购房款。经咨询,乙、丙等购房人起诉甲公司。下列哪一说法准确体现了公平正义的有关要求?(2011-3-1)

A.《退款协议书》虽是当事人真实意思表示,但为兼顾情理,法院应当依据购房人的要求变更该协议,由甲公司支付利息和违约金

B.《退款协议书》是甲公司胁迫乙、丙等人订立的,为确保合法合理,法院应当依据购房人的要求宣告该协议无效,由甲公司支付利息和违约金

C.《退款协议书》的订立显失公平,为保护购房人的利益,法院应当依据购房人的要求撤销该协议,由甲公司支付利息和违约金

D.《退款协议书》损害社会公共利益,为确保利益均衡,法院应当依据购房人的要求撤销该协议,由甲公司支付利息和违约金

答案:( )①

考点:民事行为效力之显失公平、胁迫、无效

读题技巧

1.本题"购买烂尾楼案"属于一个事例,附带四个角度的判断。从信息量的提炼来看,属于较易范畴。

2.考生应提炼出的核心信息是:众多人交了很多钱给开发商,但开发商不能交房,而资金却沉淀在

---

① 参考答案:C

开发商那里,购房人面临丧失购买其他房屋的机会成本,不得已与开发商签了一个《退款协议书》。

3. 隐含信息是购房人与开发商之间还有一个房屋买卖合同。

4. 焦点是判断《退款协议书》相关内容的效力。

5. 本题戴了一个社会主义法治理念的帽子,实质内容是关于民事行为效力的判断。

思路展开

命题点1:真实意思表示的判断。(1)判断A选项:题干交代了“无奈”,意即购房人并非出于真实意思表示。(2)结论:“A.《退款协议书》虽是当事人真实意思表示,但为兼顾情理,法院应当依据购房人的要求变更该协议,由甲公司支付利息和违约金”,A错,不选A。

命题点2:胁迫的判断。(1)法律依据:①胁迫的判断。《民意》第69条,“以给公民及其亲友的生命健康、荣誉、名誉、财产等造成损失或者以给法人的荣誉、名誉、财产等造成损害为要挟,迫使对方作出违背真实的意思表示的,可以认定为胁迫行为。”②胁迫的后果。《民法总则》第150条,“一方或者第三人以胁迫手段,使对方在违背真实意思的情况下实施的民事法律行为,受胁迫方有权请求人民法院或者仲裁机构予以撤销。”③撤销权的消灭之除斥期间和放弃。《民法总则》第152条,“有下列情形之一的,撤销权消灭:(一)当事人自知道或者应当知道撤销事由之日起一年内、重大误解的当事人自知道或者应当知道撤销事由之日起三个月内没有行使撤销权;(二)当事人受胁迫,自胁迫行为终止之日起一年内没有行使撤销权;(三)当事人知道撤销事由后明确表示或者以自己的行为表明放弃撤销权。当事人自民事法律行为发生之日起五年内没有行使撤销权的,撤销权消灭。”

(2)法条阐释:胁迫要件=胁迫行为(胁迫是不正当地预告危害,以使他人陷于恐怖的行为)+故意(使相对人产生恐惧的故意+使相对人因恐惧而做出意思表示的故意,即胁迫的目的在于使相对人做出迎合性意思表示)+因果关系(须因受胁迫而产生恐惧+须因恐惧而作出意思表示=受胁迫人的意思表示与其恐惧有因果关系。而且,其意思表示,又须迎合胁迫人的意思作出)+胁迫行为具有不法性。(①手段不法,“若不出租房屋,即杀害之”;②目的不法:“若不出资拐卖儿童,即告发偷税之事”。③手段与目的关联之不法:手段合法、目的也合法,但是两者关联不合法,亦构成胁迫行为,最常见的就是告发犯罪。)

(3)具体到本题:本题中甲公司的行为不构成胁迫。再有,即使甲公司的行为构成胁迫,该合同不损害国家利益的,则属于可变更可撤销合同,并非无效。

(4)结论:“B.《退款协议书》是甲公司胁迫乙、丙等人订立的,为确保合法合理,法院应当依据购房人的要求宣告该协议无效,由甲公司支付利息和违约金”,B错,不选B。

命题点3:显失公平的判断。

(1)法律依据:①显失公平的判断。《民法总则》第151条,“一方利用对方处于危困状态、缺乏判断能力等情形,致使民事法律行为成立时显失公平的,受损害方有权请求人民法院或者仲裁机构予以撤销。”②显失公平的效果:《民法总则》第157条,“民事法律行为无效、被撤销或者确定不发生效力后,行为人因该行为取得的财产,应当予以返还;不能返还或者没有必要返还的,应当折价补偿。有过错的一方应当赔偿对方由此所受到的损失;各方都有过错的,应当各自承担相应的责任。法律另有规定的,依照其规定。”《合同法》第58条,“合同无效或者被撤销后,因该合同取得的财产,应当予以返还;不能返还或者没有必要返还的,应当折价补偿。有过错的一方应当赔偿对方因此所受到的损失,双方都有过错的,应当各自承担相应的责任。”

(2)显失公平构成要件:①双务合同双方权利义务不对等,超过了法律允许的限度。②不属于因欺诈、胁迫、恶意串通损害他人利益等原因导致的显失公平。③要求交易的当时显失公平。(如果当初公平,事后情况变化而不公平,则不属于显失公平。可能构成情势变更。)

(3)显失公平与其他可撤销原因的关系:竞合。因为无效、欺诈、胁迫最后表现出来的结果很可能是显失公平的。如果结果也显失公平,则与“显失公平”这一可撤销事由发生竞合。①无效吸收“显失公平”。②其他则与显失公平发生竞合,应尊重撤销权人的选择进行处理！

(4)具体到本题：C选项：购房人承诺放弃“巨大利息、违约金的支付要求”，符合显失公平的条件。也就是说，甲公司与购房人签订的《退款协议书》属于显失公平，法院应当依据购房人的要求撤销该协议，由甲公司支付利息和违约金。

(5)结论：“C.《退款协议书》的订立显失公平，为保护购房人的利益，法院应当依据购房人的要求撤销该协议，由甲公司支付利息和违约金”，C对，选C。

命题点4：公共利益的判断。

(1)法律依据：①《民法总则》第153条，“违反法律、行政法规的强制性规定的民事法律行为无效，但是该强制性规定不导致该民事法律行为无效的除外。违背公序良俗的民事法律行为无效。”②《合同法》第52条，“有下列情形之一的，合同无效……(四)损害社会公共利益……”

(2)具体到本题：①D选项：“购房人近百人、群体性事件”等为干扰信息，不能由此推断出涉及公共利益。②社会公共利益的“利益内容”和“受益对象”具有不确定性，它是不确定多数人的利益。不能将购房人的利益直接等同于社会公共利益。③即使认为《退款协议书》违反社会公共利益，该协议亦非可撤销，而是无效。

(3)结论：“D.《退款协议书》损害社会公共利益，为确保利益均衡，法院应当依据购房人的要求撤销该协议，由甲公司支付利息和违约金”，D错，不选D。

常见错误

1. C选项表述不准确说：认为依据《合同法》第54条第3款，“当事人请求变更的，人民法院或者仲裁机构不得撤销。”故“C.《退款协议书》的订立显失公平，为保护购房人的利益，法院应当依据购房人的要求撤销该协议，由甲公司支付利息和违约金”表述错误。

2. 分析：(1)C选项的表述是法院应当“依据购房人的要求”撤销该协议，而非法院应当撤销该协议。(2)利息及违约金并非来自《退款协议书》，而是来自购房合同。《退款协议书》撤销之后，购房人可以依据购房合同向甲公司主张利息及违约金。

3. “脑残粉”之购买明星道具合同有效案

甲17岁，以个人积蓄1 000元在慈善拍卖会拍得明星乙表演用过的道具，市价约100元。事后，甲觉得道具价值与其价格很不相称，颇为后悔。关于这一买卖，下列哪一说法是正确的？(2010－3－2)

A. 买卖显失公平，甲有权要求撤销

B. 买卖存在重大误解，甲有权要求撤销

C. 买卖无效，甲为限制行为能力人

D. 买卖有效

答案：(　　)①

考点：“脑残粉”之购买明星道具合同有效案、显失公平、重大误解、限制行为能力人可独立实施行为的判断

读题技巧

1. “甲十七岁”＋“个人积蓄1000元”＋“慈善拍卖会”，指向限制行为能力人签订的合同有效。

2. “明星乙表演用过的道具”，指向无显失公平之余地，明星用过即为甲看中的价值所在。

3. “拍得”，指向已经拍卖完毕，完成交付了。

4. “颇为后悔”，指向没有发生重大误解。“悔不当初”，当初为真实意思表示。

思路展开

命题点1：显失公平的判断。

(1)法律依据：①显失公平的判断。《民法总则》第151条，“一方利用对方处于危困状态、缺乏判断能力等情形，致使民事法律行为成立时显失公平的，受损害方有权请求人民法院或者仲裁机构予以撤销。”

(2)具体到本题：①“1 000元在慈善拍卖会拍得明星乙表演用过的道具，市价约100元。”②“拍得”，价高者得，拍卖本身就意味着不能以客观上的市场价值来衡量，否则就不是拍卖了。③《2010年国家司法考试试题解析》：“显失公平的合同往往使当事人双方的权利和义务极不对等，经济利益上不平衡，因而违反了公平合理原则。但值得注意的是，衡量某一交易是否‘公平’，不能仅关注交易标的的市场价格，而应该在具体的交易中判断当事人的权利义务是否对等。本题中的道具虽然市值仅为100元，但甲之所以愿以高价拍得，关键在于其被乙明星

① 参考答案：D

使用过,因此本题的情形不构成‘显失公平’,故不选A。”

(3)结论:“A. 买卖显失公平,甲有权要求撤销”,A错,不选A。

命题点2:重大误解的判断。

(1)法律依据:①《民通意见》第71条,“行为人因对行为的性质、对方当事人、标的物的品种、质量、规格和数量等的错误认识,使行为的后果与自己的意思相悖,并造成较大损失的,可以认定为重大误解。”②《民法总则》第147条,“基于重大误解实施的民事法律行为,行为人有权请求人民法院或者仲裁机构予以撤销。”

(2)法条阐释:①误解人作出意思表示时对涉及合同的重要事项存在认识上的显著缺陷,其后果是使误解人受到较大损失,以至于根本达不到缔约目的。②误解人毕竟有错,故保护有限度,限于“重大”误解。③重大误解构成要件=表意人对民事行为或合同的重要事项发生重大误解+因误解做出意思表示与内心真实意思不符+误解人因误解遭受较大损失。④一般情况下,当事人内心动机错误,不构成重大误解。

(3)具体到本题:①“颇为后悔”,都后悔了,“悔”即表明当初是真实意思,没有误解。②《2010年国家司法考试试题解析》:“所谓重大误解,是指行为人因对行为的性质、对方当事人、标的物的品种、质量、规格和数量等发生错误认识,使行为的后果与自己的意思相悖,并造成较大损失的行为。本题并不存在这样的情况,故不选B。”

(4)结论:“B. 买卖存在重大误解,甲有权要求撤销”,B错,不选B。

命题点3:限制行为能力人依法可独立签订合同的判断。

(1)法律依据:①《民法总则》第19条,“八周岁以上的未成年人为限制民事行为能力人,实施民事法律行为由其法定代理人代理或者经其法定代理人同意、追认,但是可以独立实施纯获利益的民事法律行为或者与其年龄、智力相适应的民事法律行为。”②《合同法》第47条第1款规定:“限制民事行为能力人订立的合同,经法定代理人追认后,该合同有效,但纯获利益的合同或者与其年龄、智力、精神健康状况相适应而订立的合同,不必经法定代理人追认。”③判断原则。《民通意见》第3条仍有参考价值,“十周岁以上的未成年人进行的民事活动是否与其年龄、智力状况相适应,可以从行为与本人生活相关联的程度、本人的智力能否理解其行为,并预见相应的行为后果,以及行为标的数额等方面认定。”

(2)具体到本题:①“甲17岁,以个人积蓄”。②《2010年国家司法考试试题解析》:“本题中的甲,年龄为17岁,虽然属于限制行为能力人,但其花费1 000元拍得乙表演用过的道具的合同与其年龄、智力、精神健康状况是相适应的,因而该合同有效,故不选C。”

(3)结论:“C. 买卖无效,甲为限制行为能力人”,C错,不选C。

命题点4:有效合同的构成要件。

(1)法律依据:《民法总则》第143条,“具备下列条件的民事法律行为有效:(一)行为人具有相应的民事行为能力;(二)意思表示真实;(三)不违反法律、行政法规的强制性规定,不违背公序良俗。”

(2)法条阐释:合同有效=有相应的行为能力+意思表示真实+内容不违反法律或社会公共利益。

(3)具体到本题及结论:“D. 买卖有效”,D对。

异议辨析

1. 有观点认为,“本题的缺陷是明显的。将一个本属于法官自由裁量权限范围内的事项交给考生,并要求其作出符合出题人意愿的唯一选择,过于苛刻,也减损了题目的客观性与答案的确定性,不妥。”

2. 评论:(1)这一批评的出发基点是预设司考试题应该仅仅止于赤裸裸的法条记忆考查,而不能考法条在具体案件中的运用。(2)显然,司法考试每题都是个案,考生就是需要做法官的。(3)自由裁量权遇到了具体的案情,就会变得确定起来,自由裁量不是随意的,需要受到综合案情的影响。(4)回到本题。先看题干:甲“个人积蓄1,000元”+慈善拍卖会+明星表演用过的道具+事后颇为后悔。这些信息就是考生在判案时的约束条件。(5)“方某”逐一分析如下:①甲17岁,有个人积蓄1000元,在2010年,甲是在一个比较富裕家庭的孩子或者自食其力有积蓄1000元,有考生质疑西部落后地区1000元可是工人一个月的工资,这种理解就偏离了题意的情景。②甲是追星族,追星活动之一是参加拍卖会购买明星道具,这一行为与甲的本人生活是相关联的。因为,“方某”压根不知道什么时间什么地点有哪个明星会参加什么慈善拍卖什么随身物品。甲追星参加竞买恐怕不是头一次,即使是头一次,该行为也与其生活相关联的。③甲竞买之时志在必得,拍卖就是谁出价高谁买得,请广大考生脑补竞买举牌竞争激烈紧张刺激的现场,无法脑补,就想想刚刚热播的《美人鱼》竞买美人鱼所聚集海滩填海盖房的那块地的现场!甲是经历过几轮竞买流程搏杀的人。只是“事后”、“后悔”。可见,甲的智力完全能够理解其行为,并预见相应的行为后果,且拍卖中标的的数额必然不是真实市场价值,拍卖就意味着“虚高”和“泡沫”,“世间始终你最好”!④完全对接未成年人进行的民事活动是否与其年龄、智力状况相适应,可以从行为与本人生活相关联的程度、本人的智力能否理解其行为,并预见相应的行为后果,以及行为标的数额等方面认定。”(6)至此,考生还会认为此题缺陷明显吗?如果仍然认为本题有缺陷,请补听《方志平司考民法学习方法论》(上)。

4. 手机专卖“假一罚十”卖家自我约束有效案

甲手机专卖店门口立有一块木板,上书“假一罚十”四个醒目大字。乙从该店购买了一部手机,后经有关部门鉴定,该手机属于假冒产品,乙遂要求甲履行其“假一罚十”的承诺。关于本案,下列哪一选项是正确的?(2008-3-7)

A.“假一罚十”过分加重了甲的负担,属于无效的格式条款

B.“假一罚十”没有被订入合同之中,故对甲没有约束力

C.“假一罚十”显失公平,甲有权请求法院予以变更或者撤销

D.“假一罚十”是甲自愿作出的真实意思表示,应当认定为有效

答案:( )①

考点:手机专卖“假一罚十”卖家自我约束有效、显失公平的判断、合同订入的判断

读题技巧

1.“甲手机专卖店门口立有一块木板,上书‘假一罚十’”,指向格式条款提供方加重自己责任有效。2.“醒目”+“乙遂要求甲履行其‘假一罚十’的承诺”,指向“假一罚十”为乙所知并接受,进入了手机买卖合同。

思路展开

命题点1:格式条款无效规则。

(1)法律依据:①一般合同条款的免责无效事由。《合同法》第53条,“合同中的下列免责条款无效:(一)造成对方人身伤害的;(二)因故意或者重大过失造成对方财产损失的。”②格式条款中存在此类免责条款无效。《合同法》第39条第2款,“格式条款是当事人为了重复使用而预先拟定,并在订立合同时未与对方协商的条款。”《合同法》第40条,“格式条款具有本法第五十二条和第五十三条规定情形的,或者提供格式条款一方免除其责任、加重对方责任、排除对方主要权利的,该条款无效。”

(2)法条阐释(结合本题语境):“提供格式条款一方免除其责任、加重对方责任、排除对方主要权利的,该条款无效。”因目的性限缩解释为格式条款提供人不合理地免除其责任(如商品售出概不退换)、不合理地加重对方责任的条款(任何情形只要买方违约均赔偿、如偷一罚十),才属无效。例如,2008年四川延考卷卷三7题中:“起飞前两小时内退票按机票价格收取30%手续费”的规定并不是免责条款,也没有加重客户责任、排除客户的主要权利,因为飞机起飞前两小时内办理退票手续,很可能导致该机票无法在两小时内售出,造成航空公司的损失,收取手续费是让退票者分担损失的措施,并未违背公平的原则,该格式条款是有效的。

(3)具体到本题:《2008年国家司法考试试题解析》:“‘假一罚十’条款没有违反损害公共利益或违反法律、行政法规的强制性规定,加重的也只是条款提供方甲自己的责任,并不存在格式条款无效的情形。‘假一罚十’是甲自愿作出的真实意思表示,应当认定为有效,且订立合同时并不存在显失公平的情形,甲无权请求法院予以变更或者撤销。故D选项是正确答案。”

(4)结论:①“A.‘假一罚十’过分加重了甲的负担,属于无效的格式条款”,A错,不选A。②“D.‘假一罚十’是甲自愿作出的真实意思表示,应当认

① 参考答案:D

定为有效",D 对,选 D。

命题点 2:格式条款订入规则。

(1)法律依据:《合同法》第 39 条,"采用格式条款订立合同的,提供格式条款的一方应当遵循公平原则确定当事人之间的权利和义务,并采取合理的方式提请对方注意免除或者限制其责任的条款,按照对方的要求,对该条款予以说明。格式条款是当事人为了重复使用而预先拟定,并在订立合同时未与对方协商的条款。"

(2)具体到本题:"上书'假一罚十'四个醒目大字"+"乙遂要求甲履行其"假一罚十"的承诺"。本题属于格式条款加重了自己的责任。《2008 年国家司法考试试题解析》:"甲手机专卖店门口木板上的'假一罚十'四个字是店堂告示,属于该手机专卖店订立手机买卖合同的一则格式条款,一旦甲手机专卖店与乙签订了手机买卖合同,则可以视为买受人乙默示同意该条款,该条款被订入了合同之中。"

(3)结论:"B."假一罚十"没有被订入合同之中,故对甲没有约束力",B 错,不选 B。

(4)延展:格式条款未采取合理方式提请对方注意免责、限责条款,其法律后果不是合同未进入合同,而是可撤销。《合同法解释二》第 9 条,"提供格式条款的一方当事人违反《合同法》第三十九条第一款关于提示和说明义务的规定,导致对方没有注意免除或者限制其责任的条款,对方当事人申请撤销该格式条款的,人民法院应当支持。"

命题点 3:显失公平的判断。

(1)法律依据:《民法总则》第 151 条,"一方利用对方处于危困状态、缺乏判断能力等情形,致使民事法律行为成立时显失公平的,受损害方有权请求人民法院或者仲裁机构予以撤销。"

(2)具体到本题:"假一罚十"并不符合显失公平的构成要件。

(3)结论:"C.'假一罚十'显失公平,甲有权请求法院予以变更或者撤销",C 错,不选 C。

第四节　效力待定合同

一、无权代理

1. 张某在朋友家中做客从"鹦鹉"(使者)变成活人(无权代理人)之无权代理案

张某到王某家聊天,王某去厕所时张某帮其接听了刘某打来的电话。刘某欲向王某订购一批货物,请张某转告,张某应允。随后张某感到有利可图,没有向王某转告订购之事,而是自己低价购进了刘某所需货物,以王某名义交货并收取了刘某货款。关于张某将货物出卖给刘某的行为的性质,下列哪些说法是正确的?(2010－3－51)

A. 无权代理

B. 无因管理

C. 不当得利

D. 效力待定

答案:(　　)①

考点:无权代理(从使者到无权代理人)、无因管理、不当得利

解题图构

图构 1:

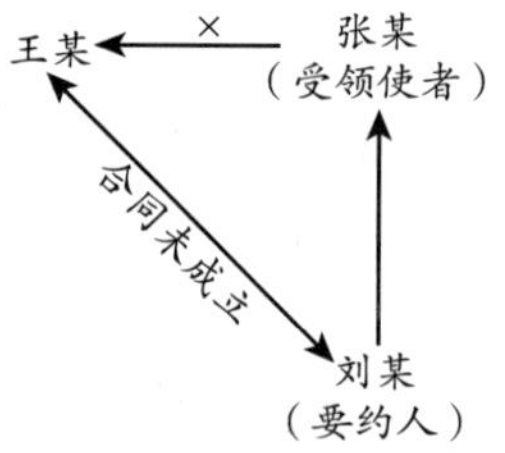

图构 2:

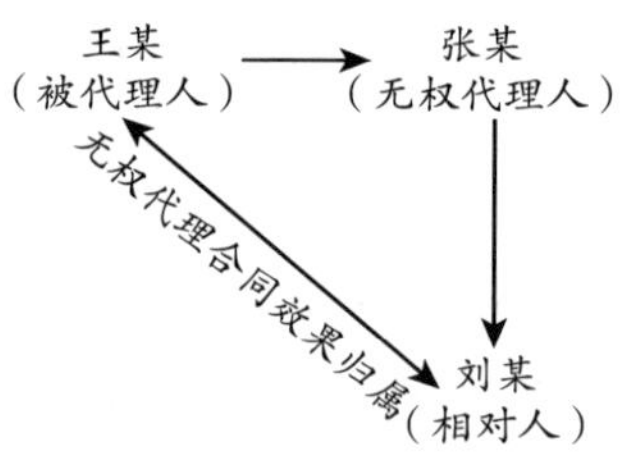

读题技巧

1. 本题应分两阶段来解释:一个阶段是张某作为一只鹦鹉即使者;另一个阶段是张某作为一个人即无权代理人。

2. 相应地画出两个图构就比较清晰。

3. 图构 1,对应的题干信息为:"张某到王某家聊天,王某去厕所时张某帮其接听了刘某打来的电话。刘某欲向王某订购一批货物,请张某转告,张某应允。"

4. 图构 2,对应的题干信息为:"随后张某感到有利可图,没有向王某转告订购之事,而是自己低价购进了刘某所需货物,以王某名义交货并收取了刘某货款。"

5. 题眼设问为:"关于张某将货物出卖给刘某的行为的性质",问的是张某将货物出卖给刘某行为即

① 参考答案:AD

锁定题干信息为“（张某）以王某名义交货并收取了刘某货款”。（1）即需要回答的是图构2中的无权代理架构中王某（被代理人）、张某（无权代理人）、刘某（相对人）的法律关系。（2）此时不能再去考虑被代理人的承诺问题，如果考虑被代理人的承诺，无权代理这一非法活动就不会在地球上存在了，因为所有的无权代理，在实施无权代理签订合同之时，都是压根不考虑被代理人的意思的（当然包括承诺的意思表示）。

6. 如此一来，很明朗，本题指向效力待定。

7. 延伸图构1：（1）张某没有把消息转达给王某，刘某要约未到达，不发生效力，王某也无从做出承诺，王某、刘某之间不直接发生合同关系。（2）图构1因为张某“没有向王某转告订购之事”，“胎死腹中”，图构1的关系结束了。（3）图构1的唯一作用是解释了本题为什么会发生无权代理这件事，也就是说，张某何德何能，可以有机会实施无权代理，都是一个电话惹的祸。

思路展开

命题点1：无权代理签订合同，效力待定。（1）法律依据：①效力待定。《民法总则》第171条，“行为人没有代理权、超越代理权或者代理权终止后，仍然实施代理行为，未经被代理人追认的，对被代理人不发生效力。相对人可以催告被代理人自收到通知之日起一个月内予以追认。被代理人未作表示的，视为拒绝追认。行为人实施的行为被追认前，善意相对人有撤销的权利。撤销应当以通知的方式作出。行为人实施的行为未被追认的，善意相对人有权请求行为人履行债务或者就其受到的损害请求行为人赔偿，但是赔偿的范围不得超过被代理人追认时相对人所能获得的利益。相对人知道或者应当知道行为人无权代理的，相对人和行为人按照各自的过错承担责任。②意思追认：《合同法解释二》第11条“根据合同法第四十七条、第四十八条的规定，追认的意思表示自到达相对人时生效，合同自订立时起生效。”③行为追认：《合同法解释二》第12条，“无权代理人以被代理人的名义订立合同，被代理人已经开始履行合同义务的，视为对合同的追认。”

（2）具体到本题：“（张某）以王某名义交货并收取了刘某货款”。张某以王某的名义与刘某买卖货物且没有代理权，显然构成无权代理。无权代理的合同效力待定。

（3）结论：“A. 无权代理；D. 效力待定”，AD对，选AD。

命题点2：无因管理的判断。无因管理，是指没有法律规定或者约定的义务而为他人管理事务。成立无因管理之后，在当事人之间会发生无因管理之债。

（1）法律依据：①《民法总则》第121条，“没有法定的或者约定的义务，为避免他人利益受损失而进行管理的人，有权请求受益人偿还由此支出的必要费用。”②《民通意见》第132条关于必要费用的解释仍有参考价值，“《民法通则》第九十三条规定的管理人或者服务人可以要求受益人偿付的必要费用，包括在管理或者服务活动中直接支出的费用，以及在该活动中受到的实际损失。”

（2）法理阐释：无因管理的构成要件：“无因”（无法定或约定义务）+管理（为他人管理的意思+为他人管理事务+管理适当即客观上不违反明知或可推知的被管理人意思）。

（3）具体到本题：“随后张某感到有利可图”，都“有利可图”了，当然不是说什么无因管理。

（4）结论：“B. 无因管理”，B错，不选B。

命题点3：不当得利的判断。不当得利的构成要件。

（1）法律依据：《民法总则》第122条，“因他人没有法律根据，取得不当利益，受损失的人有权请求其返还不当利益。”《民通意见》第131条关于返还不当得利范围，仍有参考价值，“返还的不当利益，应当包括原物和原物所生的孳息。利用不当得利所取得的其他利益，扣除劳务管理费用后，应当予以收缴。”

（2）不当得利需要四项构成要件：①一方取得财产利益。②一方受有损失。③取得利益与所受损失间有因果关系。④没有法律上的根据。

（3）法条阐释：没有“合法根据”。下列情形不构成不当得利：①履行道德义务而为给付。②提前清偿或过时效后清偿。③明知无债而清偿。④因不法原因而为给付。

（4）延展：反射利益、强迫得利均不构成不当得利。

（5）具体到本题：①题眼设问是“关于张某将货物出卖给刘某的行为的性质”，很显然，张某把货物卖给刘某，压根无利可得，不存在不当得利问题。②如果再延伸到张某因为出卖货物就必然会产生货款收取，且题干交代了“（张某）以王某名义交货并收取了刘某货款”。③就收取的货款而言，要区分王某（被代理人）是否追认张某的无权代理行为。④如果王某追认，则张某应将代理行为的结果即货款交给王某，王某却没有付出货物，王某会构成不当得利，张某不构成不当得利。如果张某不转交货款，确实会构成不当得利。⑤如果王某没有追认，则张某应当自负其责，（参见《合同法》第48条，第1款，“行为人没有代理权、超越代理权或者代理权终止后以被代理人名义订立的合同，未经被代理人追认，对被代理人不发生效力，由行为人承担责任。”）享有合同权利承担合同义务。张某保有货款不是不当得利。⑥如此一来，笼统地下结论说张某构成不当得利显然是错误的。⑦《2010年国家司法考试试题解析》：“不当得利是指没有合法根据而获利益而使他人利益受到损害的事实。本题中，张某的行为构成无权代理，在王某未追认时，根据《合同法》第48条第1款的规定，张某依法应自行承担其法律后果。据此，张某获得货款是有法律依据的，因此并不构成不当得利，故不选C。”

（6）结论：“C. 不当得利”，C错，不选C。

4. 小结：王某交友不慎啊，就一个上厕所的功夫，就让“朋友”张某（“张某到王某家聊天”）乘隙而入，从法律分析上，张某是从一只鹦鹉（使者）变成了人（无权代理人）；从道德上，张某是从人变成了一只鹦鹉！

异议辨析

1. 有观点认为，对此题建议看过放过，不要当真。其分析路径如下：（1）张某是刘某的表示使者，不是王某的受领使者，因为所谓使者，是指代他人传达意思表示，但无权决定所传达意思表示内容的人。（2）张某未向王某转告，且张某是表示使者而非受领使者，所以，刘某发出的要约未到达受要约人王某，要约未生效。王某一直处于不知情的状态，王某既不可能对刘某作出承诺，王某也不曾对刘某发出过要约。（3）张某以王某名义向刘某交货的行为，站在不同角度会有不同理解。①站在意思表示一方，是无权代理作出的买卖合同的要约（实物要约）。②站在意思表示受领一方刘某的角度看，刘某显然会将其理解为王某（对自己此前所发出要约）的承诺。若作此理解，则王某与刘某之间意思表示不一致，未就买卖合同的主要条款达成一致，王某和刘某间的买卖合同不成立。

2. 评论：（1）读题技巧已经做了比较清晰的分析，图构也可以说明问题。（2）关于张某的使者身份：①刘某电话订货为要约，到达王某控制范围。张某不是刘某的人，而是王某的人。这是分析起点。依据生活常识判断此使者如果传达不到，其风险应分配给能够控制的人。②张某未转告，张某的“鹦鹉”身份到此结束。③即使认为张某是表示使者，也不影响这一结论，张某的“鹦鹉”身份结束。（3）关于张某的无权代理人身份：张某作为无权代理人向相对人发货并收取货款，我们可以假设一下，将题干“张某到王某家聊天，王某去厕所时张某帮其接听了刘某打来的电话。刘某欲向王某订购一批货物，请张某转告，张某应允。随后张某感到有利可图，没有向王某转告订购之事，而是自己低价购进了刘某所需货物，以王某名义交货并收取了刘某货款。”中的前面一段全部删除，变成“（张某）以王某名义交货并收取了刘某货款。”这不就是最典型的无权代理情形吗？如果不讲前面的故事，无因管理、不当得利这两个选项无法派上用场。（4）张某“截和”，还算“义气”，因为张某仍然是以王某的名义干这个事情……好歹仍落入了王某的控制范围，也就是说，无权代理效力待定制度可给予王某提供救济。由此可见，相对人刘某还是更信任王某，不容易相信这个冒出来的陌生的张某……刘某是一个合格的生意人！

2. 委托采购男装，却擅自采购女装，无权代理

甲委托乙前往丙厂采购男装，乙觉得丙生产的女装市场看好，便自作主张以甲的名义向丙订购。丙未问乙的代理权限，便与之订立了买卖合同。对此，下列哪些说法是正确的？（2005－3－53）

A. 甲有追认权

B. 丙有催告权

C. 丙有撤销权

D. 构成表见代理

答案:(　　)①

考点:委托采购男装,却擅自采购女装,无权代理;相对人未问代理权限,不是表见代理

读题技巧

1.“男装”变“女装”+“以甲名义”=无权代理。2.“丙未问乙的代理权限”,指向不构成表见代理,但丙仍属于无权代理中的善意相对人,享有在被代理人追认之前的通知撤销权。

思路展开

命题点1:无权代理的结构。(1)法律依据:①效力待定。《民法总则》第171条,“行为人没有代理权、超越代理权或者代理权终止后,仍然实施代理行为,未经被代理人追认的,对被代理人不发生效力。相对人可以催告被代理人自收到通知之日起一个月内予以追认。被代理人未作表示的,视为拒绝追认。行为人实施的行为被追认前,善意相对人有撤销的权利。撤销应当以通知的方式作出。行为人实施的行为未被追认的,善意相对人有权请求行为人履行债务或者就其受到的损害请求行为人赔偿,但是赔偿的范围不得超过被代理人追认时相对人所能获得的利益。相对人知道或者应当知道行为人无权代理的,相对人和行为人按照各自的过错承担责任。”②意思追认。《合同法解释二》第11条“根据《合同法》第四十七条、第四十八条的规定,追认的意思表示自到达相对人时生效,合同自订立时起生效。”③行为追认。《合同法解释二》第12条,“无权代理人以被代理人的名义订立合同,被代理人已经开始履行合同义务的,视为对合同的追认。”

(2)具体到本题:“甲委托乙前往丙厂采购男装,乙觉得丙生产的女装市场看好,便自作主张以甲的名义向丙订购。丙未问乙的代理权限”。乙构成无权代理。丙是否善意相对人?《2005年国家司法考试试题解析》:“需要判断丙是否属于善意相对人。甲委托乙前往丙厂采购男装,但丙无法知道乙的具体权限,不知道而且也不应知道乙无权采购女装。丙虽然未询问乙的代理权,但不影响丙属于善意的相对人。”

(3)结论:“A. 甲有追认权;B. 丙有催告权;C. 丙有撤销权”,ABC均对,选ABC。

命题点2:表见代理的判断。

(1)法律依据:①表见代理规则(“外表授权的表象”+被代理人须有过失+相对人善意且无过失)。②表见代理情形。《合同法》第49条,“行为人没有代理权、超越代理权或者代理权终止后以被代理人名义订立合同,相对人有理由相信行为人有代理权的,该代理行为有效。”③表见代理被代理人救济。《合同法解释二》第13条,“被代理人依照《合同法》第四十九条的规定承担有效代理行为所产生的责任后,可以向无权代理人追偿因代理行为而遭受的损失。”④表见代理的要件。《最高人民法院关于当前形势下审理民商事合同纠纷案件若干问题的指导意见》(法发〔2009〕40号)第13条,“《合同法》第四十九条规定的表见代理制度不仅要求代理人的无权代理行为在客观上形成具有代理权的表象,而且要求相对人在主观上善意且无过失地相信行为人有代理权。合同相对人主张构成表见代理的,应当承担举证责任,不仅应当举证证明代理行为存在诸如合同书、公章、印鉴等有权代理的客观表象形式要素,而且应当证明其善意且无过失地相信行为人具有代理权。”

(2)具体到本题:《2005年国家司法考试试题解析》:“乙并没有使丙信其有代为购买女装的权利的表象,因此本题应属于无权代理,而不是表见代理。”+“【常见错误分析】有的认为丙未询问乙的代理权,未尽注意义务,并非善意的相对人,不享有撤销权,因此未选C”。

(3)结论:“D. 构成表见代理”,D错,不选D。

二、表见代理

1. 哪些可否定表见代理

吴某是甲公司员工,持有甲公司授权委托书。吴某与温某签订了借款合同,该合同由温某签字、吴某用甲公司合同专用章盖章。后温某要求甲公司还款。下列哪些情形有助于甲公司否定吴某的行为构成表见代理?(2014-3-52)

A. 温某明知借款合同上的盖章是甲公司合同专用章而非甲公司公章,未表示反对

① 参考答案:ABC

B. 温某未与甲公司核实,即将借款交给吴某

C. 吴某出示的甲公司授权委托书载明甲公司仅授权吴某参加投标活动

D. 吴某出示的甲公司空白授权委托书已届期

答案:(　　)①

考点:表见代理(从否定表见代理角度考查)

解题图构

甲公司 —员工关系→ 吴某(甲公司员工)甲公司合同专用章盖章 —借款关系→ 温某(出借人)温某签字

读题技巧

1. "吴某用甲公司合同专用章盖章"即吴某以甲公司名义向温某借款。

2. "有助于",是实质上有帮助,且帮助能到位。

思路展开

思路1:表见代理构成的判断。

(1)法律依据:①表见代理规则("外表授权的表象"+被代理人须有过失+相对人善意且无过失)。②表见代理情形。《民法总则》第172条,"行为人没有代理权、超越代理权或者代理权终止后,仍然实施代理行为,相对人有理由相信行为人有代理权的,代理行为有效。"《合同法》第49条,"行为人没有代理权、超越代理权或者代理权终止后以被代理人名义订立合同,相对人有理由相信行为人有代理权的,该代理行为有效。"③表见代理被代理人救济。《合同法解释二》第13条,"被代理人依照合同法第四十九条的规定承担有效代理行为所产生的责任后,可以向无权代理人追偿因代理行为而遭受的损失。"④表见代理的要件。《最高人民法院关于当前形势下审理民商事合同纠纷案件若干问题的指导意见》(法发〔2009〕40号)第13条,"《合同法》第四十九条规定的表见代理制度不仅要求代理人的无权代理行为在客观上形成具有代理权的表象,而且要求相对人在主观上善意且无过失地相信行为人有代理权。合同相对人主张构成表见代理的,应当承担举证责任,不仅应当举证证明代理行为存在诸如合同书、公章、印鉴等有权代理的客观表象形式要素,而且应当证明其善意且无过失地相信行为人具有代理权。"

思路2:结合选项判断"相对人(温某)善意且无过失"问题。

(1)判断A选项。①"A. 温某明知借款合同上的盖章是甲公司合同专用章而非甲公司公章,未表示反对",温某属于善意且无过失,吴某会构成表见代理。②结论:A不符合题意,不选A。③注意:《2014年国家司法考试试题解析》"有的考生认为,公司签订合同时必须用公司公章,选项A中温某没有辨别出这一点,主观上有过错,误选了选项A。"④既然是合同专用章,当然可以用来签订合同。

(2)判断B选项。①"B. 温某未与甲公司核实,即将借款交给吴某",温某属于善意且无过失,吴某会构成表见代理。②结论:B不符合题意,不选B。③温某看到委托书,看到合同专用章,再要温某去"明察秋毫",温某很难做到!

(3)判断C选项和D选项。①"C. 吴某出示的甲公司授权委托书载明甲公司仅授权吴某参加投标活动"+"D. 吴某出示的甲公司空白授权委托书已届期"。②《2014年国家司法考试试题解析》:"甲公司要否定吴某的行为构成表见代理,就须主张吴某在主观上是恶意的,或者虽然善意但具有过错。本题中,选项C和D分别属于行为人吴某没有代理权和代理权终止后以被代理人名义订立合同的行为,相对人温某在签订合同时,根据委托书很容易判断出吴某属于无权代理,因此温某主观上不属于善意无过错,甲公司可据此否定吴某的行为构成表见代理。"③结论:CD符合题意,选CD。

2. "经理"吃饭长期签单由公司结清,"离职"后继续签单的表见代理

甲公司业务经理乙长期在丙餐厅签单招待客户,餐费由公司按月结清。后乙因故辞职,月底餐厅前去结账时,甲公司认为,乙当月的几次用餐都是招待私人朋友,因而拒付乙所签单的餐费。下列哪一选项是正确的?(2007-3-3)

A. 甲公司应当付款

B. 甲公司应当付款,乙承担连带责任

C. 甲公司有权拒绝付款

D. 甲公司应当承担补充责任

答案:(　　)②

---

① 参考答案:CD

② 参考答案:A

考点:“经理”吃饭长期签单由公司结清,“离职”后继续签单的表见代理

思路展开

思路 1:表见代理构成的判断。

(1)法律依据:①表见代理规则(“外表授权的表象”+被代理人须有过失+相对人善意且无过失)。②表见代理情形。《民法总则》第 172 条,“行为人没有代理权、超越代理权或者代理权终止后,仍然实施代理行为,相对人有理由相信行为人有代理权的,代理行为有效。”《合同法》第 49 条,“行为人没有代理权、超越代理权或者代理权终止后以被代理人名义订立合同,相对人有理由相信行为人有代理权的,该代理行为有效。”③表见代理被代理人救济。《合同法解释二》第 13 条,“被代理人依照合同法第四十九条的规定承担有效代理行为所产生的责任后,可以向无权代理人追偿因代理行为而遭受的损失。”④表见代理的要件。《最高人民法院关于当前形势下审理民商事合同纠纷案件若干问题的指导意见》(法发〔2009〕40 号)第 13 条,“《合同法》第四十九条规定的表见代理制度不仅要求代理人的无权代理行为在客观上形成具有代理权的表象,而且要求相对人在主观上善意且无过失地相信行为人有代理权。合同相对人主张构成表见代理的,应当承担举证责任,不仅应当举证证明代理行为存在诸如合同书、公章、印鉴等有权代理的客观表象形式要素,而且应当证明其善意且无过失地相信行为人具有代理权。”

思路 2:具体到本题及结论:

(1)《2007 年国家司法考试试题解析》“乙辞职后的签单行为,属于代理权终止后以被代理人名义订立合同的行为,由于‘甲公司业务经理乙长期在丙餐厅签单招待客户,餐费由公司按月结清’,故丙餐厅客观上有理由相信乙仍有代理权,乙签单的行为属于表见代理,表见代理的后果应归本人(甲公司)承受,甲公司应当付款,只是如果被代理人因此而蒙受损失,他可以根据无权代理人过错的大小请求其补救或追偿,而不是由无权代理人负连带责任或首要责任。所以,本题应当选 A。”

(2)结论:①“A. 甲公司应当付款”,A 对,选 A。②“B. 甲公司应当付款,乙承担连带责任;C. 甲公司有权拒绝付款;D. 甲公司应当承担补充责任”,BCD 均错,不选 BCD。

3. 延展:“三大本”认为:(1)表见代理中,相对人有撤销权。(2)《2007 年国家司法考试试题解析》:“表见代理旨在保护相对人利益,相对人对于表见代理应享有选择权,既可以按狭义无权代理,享有撤销权;亦可按表见代理,接受与本人的民事法律行为,与本人之间发生权利义务关系。”(3)当然,本题题干不涉及此点,因为题干明确:“月底餐厅前去结账时,甲公司认为,乙当月的几次用餐都是招待私人朋友,因而拒付乙所签单的餐费。”相对人餐厅是要求表见代理中的被代理人甲公司承担责任的,已经做出了选择。

3. 离职后的表见代理

试题略。

第十九章　合同的内容和解释

1. 合同的解释之替父还债（通过解释确定租赁合同是定期租赁而非不定期租赁；此租赁合同是附条件租赁合同而非附期限租赁合同）

刘某欠何某100万元货款届期未还且刘某不知所踪。刘某之子小刘为替父还债，与何某签订书面房屋租赁合同，未约定租期，仅约定："月租金1万元，用租金抵货款，如刘某出现并还清货款，本合同终止，双方再行结算。"下列哪些表述是错误的？（2014－3－59）

A. 小刘有权随时解除合同

B. 何某有权随时解除合同

C. 房屋租赁合同是附条件的合同

D. 房屋租赁合同是附期限的合同

答案：（　　）①

考点：合同的解释之替父还债（通过解释确定租赁合同是定期租赁而非不定期租赁；此租赁合同是附条件租赁合同而非附期限租赁合同）

读题技巧

1."100万元"、"未约定租期"、"月租金1万元，用租金抵货款"，指向租期是100个月，不到9年。为定期租赁合同，而非不定期租赁合同。

2."如刘某出现并还清货款，本合同终止"，指向附条件租赁合同，而非附期限租赁合同。

思路展开

命题点1：通过合同体系解释，租赁合同是定期租赁，而非不定期租赁。

（1）法律依据：①合同解释方法。《合同法》第61条，"合同生效后，当事人就质量、价款或者报酬、履行地点等内容没有约定或者约定不明确的，可以协议补充；不能达成补充协议的，按照合同有关条款或者交易习惯确定。"②不定期租赁。《合同法》第232条，"当事人对租赁期限没有约定或者约定不明确，依照本法第六十一条的规定仍不能确定的，视为不定期租赁。当事人可以随时解除合同，但出租人解除合同应当在合理期限之前通知承租人。"

（2）具体到本题：①"刘某欠何某100万元货款届期未还且刘某不知所踪。刘某之子小刘为替父还债，与何某签订书面房屋租赁合同，未约定租期，仅约定："月租金1万元，用租金抵货款……"②小刘与何某房屋租赁合同目标是以租金抵债，根据双方缔约目的和租金条款，可以通过货款总额100万元除以每月租金1万元，核算出具体的租期时间，因此本案不属于不定期租赁，不能适用《合同法》第232条关于不定期租赁时解除权的规定。

（3）结论："A. 小刘有权随时解除合同，B. 何某有权随时解除合同"，AB均错，符合题意，选AB。

（4）联想记忆1：三种情形下的不定期租赁：①未约定租赁期限者。《合同法》第232条，"当事人对租赁期限没有约定或者约定不明确，依照本法第六十一条的规定仍不能确定的，视为不定期租赁……"②租期6个月以上未采书面形式者。《合同法》第215条，"租赁期限六个月以上的，应当采用书面形式。当事人未采用书面形式的，视为不定期租赁。"③租期届满继续用双方沉默者。《合同法》第236条，"租赁期间届满，承租人继续使用租赁物，出租人没有提出异议的，原租赁合同继续有效，但租赁期限为不定期。"

（5）联想记忆2：对合同条款发生争议的解释方法。《合同法》第125条，"当事人对合同条款的理解有争议的，应当按照合同所使用的词句、合同的有关条款、合同的目的、交易习惯以及诚实信用原则，确定该条款的真实意思。合同文本采用两种以上文字订立并约定具有同等效力的，对各文本使用的词句推定具有相同含义。各文本使用的词句不一致的，

① 参考答案：ABD

应当根据合同的目的予以解释。"

命题点2:附条件与附期限合同的区分。

(1)法律依据:①附条件合同。《合同法》第45条,"当事人对合同的效力可以约定附条件。附生效条件的合同,自条件成就时生效。附解除条件的合同,自条件成就时失效。当事人为自己的利益不正当地阻止条件成就的,视为条件已成就;不正当地促成条件成就的,视为条件不成就。"②附期限合同。《合同法》第46条,"当事人对合同的效力可以约定附期限。附生效期限的合同,自期限届至时生效。附终止期限的合同,自期限届满时失效。"

(2)学理阐释:①发生与否不确定的事实,属于条件。②确定发生的事实,属于期限。

(3)具体到本题:租赁合同约定"如刘某出现并还清货款,本合同终止",刘某是否出现属于不能确定的事件,因此性质上属于条件而非期限。

(4)结论:①"C. 房屋租赁合同是附条件的合同",C对,不符合题意,不选C。②"D. 房屋租赁合同是附期限的合同",D错,符合题意,选D。

(5)常见错误:《2014年国家司法考试试题解析》"有的考生不了解附条件和附期限的区别,认为'刘某出现'属于时间问题,性质上应认定为附期限,误认为选项C错而选项D正确。"

2. 合同条款发生争议之解释方法(文义解释和体系解释)

2003年甲向乙借款3000元,借据中有"借期一年,明年10月15前还款"字样,落款时间为"癸未年9月20日"。后来二人就还款期限问题发生争执,法院查明"癸未年九月二十日"即公元二〇〇三年十月十五日,故认定还款期限为二〇〇四年十月十五日。法院运用了哪几种合同解释规则?(2005-3-54)

A. 文义解释

B. 整体解释

C. 目的解释

D. 习惯解释

答案:(　　)①

考点:合同条款发生争议之解释方法(文义解释和体系解释)

读题技巧

1. "借期一年,明年十月十五前还款","癸未年九月二十日",指向落款时间不清楚,需要解释。

2. "法院查明'癸未年九月二十日'即公元二〇〇三年十月十五日,故认定还款期限为二〇〇四年十月十五日",指向这一段推理过程,法院运用了几种合同解释规则。

思路展开

命题点1:合同条款发生争议之解释方法。《合同法》第125条,"当事人对合同条款的理解有争议的,应当按照合同所使用的词句、合同的有关条款、合同的目的、交易习惯以及诚实信用原则,确定该条款的真实意思。合同文本采用两种以上文字订立并约定具有同等效力的,对各文本使用的词句推定具有相同含义。各文本使用的词句不一致的,应当根据合同的目的予以解释。"

命题点2:文义解释。

(1)文义解释是指通过对合同中使用的文字语句的含义的解释来确定当事人的真实意思。

(2)具体到本题:本题中癸未年9月20日即是公元2003年10月15日,这正是文义解释的体现。

(3)结论:"A. 文义解释",A对,选A。

命题点3:整体解释。

(1)整体解释是指把全部合同条款和构成部分看成一个统一的整体,从各条款及构成部分的相互关联、所处的地位和整体联系上阐明某一合同用语的含义。

(2)具体到本题:本题中法官将"借期一年,明年十月十五前还款"与"癸未年九月二十日"结合在一起考虑,才确定还款期限为2004年10月15日,这是整体解释的体现。

(3)结论:"B. 整体解释",B对,选B。

命题点4:目的解释和习惯解释。

(1)目的解释是指依当事人所欲达到的经济或社会效果而对合同进行解释。

(2)习惯解释是指当合同语句有疑义或疏漏,且当事人未明示排斥习惯时,可依习惯进行解释。

---

① 参考答案:AB

(3)具体到本题:本题中运用文义解释和整体解释已经可以充分把握合同的含义,无须采用目的解释规则和习惯解释规则。

(4)结论:“C. 目的解释,D. 习惯解释”,CD 错,不选 CD。

(5)常见错误:《2005 年国家司法考试试题解析》:①“【常见错误分析】有的认为甲、乙的目的是借款 1 年,因此确定还款期限为 2004 年 10 月 15 日,属于目的解释,于是误选了 C。”②“有的认为落款采用农历是民事习惯的体现,因此误选了 D。”

第二十章　合同的解除

一、任意解除权

1. 赠与合同、承揽合同、保管合同、居间合同与任意解除权的关系

关于合同解除的表述，下列哪一选项是正确的？（2009－3－11）

A. 赠与合同的赠与人享有任意解除权

B. 承揽合同的承揽人享有任意解除权

C. 没有约定保管期间的保管合同的保管人享有任意解除权

D. 居间合同的居间人享有任意解除权

答案：(　　)①

考点：赠与合同、承揽合同、保管合同、居间合同与任意解除权的关系

解题图构

- 合同解除
  - ①协议解除
  - ②单方解除
    - ①约定单方解除
    - ②法定单方解除
      - ①一般法定解除
        - ①不可抗力（目的落空）（双方）
        - ②拒绝履行（预期违约）
        - ③迟延履行（经催告仍迟延）
        - ④根本违约（迟延或其他）
        - ⑤其他事由
      - ②特别法定解除
        - ①任意解除权
          - ①无须理由
          - ②致损应赔偿
        - ②其他

思路展开

思路1：任意解除权的体系构成。

1. 双方享有任意解除权。

（1）双方无限制的有：委托人、受托人——委托合同。（《合同法》第410条，“委托人或者受托人可以随时解除委托合同。因解除合同给对方造成损失的，除不可归责于该当事人的事由以外，应当赔偿损失。”）（包括无偿委托合同）

（2）一方无限制有，另一方有限制的有：出租人、承租人——不定期租赁合同。（《合同法》第232条，“当事人对租赁期限没有约定或者约定不明确，依照本法第六十一条的规定仍不能确定的，视为不定期租赁。当事人可以随时解除合同，但出租人解除合同应当在合理期限之前通知承租人。”①租期6个月以上未采用书面形式，《合同法》第215条；②对租期未约定或约定不明，《合同法》第232条；③租期届满继续用，出租人没提出异议，《合同法》第236条。）

（3）一方无限制有，另一方有限制的有：寄存人、保管人——保管合同。（①寄存人任意，《合同法》第376条第1款，“寄存人可以随时领取保管物。”）（包括无偿保管合同）②保管人，未定保管期才有，（《合同法》第376条第2款，“当事人对保管期间没有约定或者约定不明确的，保管人可以随时要求寄存人领取保管物……”）（包括无偿保管合同）（笔者说明：为记忆方便，将其放入此处。）

2. 特定一方享有任意解除权。

（1）承租人——租赁合同，租赁物威胁人身安全或健康的。《合同法》第233条，“租赁物危及承租人的安全或者健康的，即使承租人订立合同时明知该租赁物质量不合格，承租人仍然可以随时解除合同。”

（2）定作人——承揽合同。《合同法》第268条，“定作人可以随时解除承揽合同，造成承揽人损失的，应当赔偿损失。”

（3）货物托运人——货运合同。《合同法》第308条，“在承运人将货物交付收货人之前，托运人可以要求承运人中止运输、返还货物、变更到达地或者将货物交给其他收货人，但应当赔偿承运人因此受到的损失。”

（4）最高额保证保证人——未定保证期间的最

---

① 参考答案：C

高额保证合同。《担保法》第27条,"保证人依照本法第十四条规定就连续发生的债权作保证,未约定保证期间的,保证人可以随时书面通知债权人终止保证合同,但保证人对于通知到债权人前所发生的债权,承担保证责任。"

(5)投保人——保险合同。《保险法》第15条,"除本法另有规定或者保险合同另有约定外,保险合同成立后,投保人可以解除合同,保险人不得解除合同。"

(6)农地承包人——土地承包合同。《农村土地承包法》第29条前段,"承包期内,承包方可以自愿将承包地交回发包方。"

思路2:结合选项逐一判断。

(1)判断A选项:赠与合同的赠与人不享有任意解除权。①赠与人在交付动产、过户不动产之前,有任意撤销权(有行使时间点的限制;一旦撤销即溯及赠与合同成立之时且无代价)。②赠与人还享有法定撤销权。③赠与人还有穷困抗辩权。[①] ④赠与人没有任意解除权。⑤任意解除权和任意撤销权性质不同。任意解除权的行使一般无时间点限制。任意解除权行使后对继续性合同无溯及力,对非继续性合同具有溯及力。⑥《2009年国家司法考试试题解析》:"有关赠与人的解除权,合同法另有规定。《合同法》第195条规定,赠与人的经济状况显著恶化,严重影响其生产经营或者家庭生活的,可以不再履行赠与义务。这是有关赠与人法定解除权的规定。就赠与合同而言,撤销权与解除权不同,撤销权有溯及既往的效力,而赠与人的解除权不发生溯及既往的效力,赠与人就原已履行的赠与,无权要求受赠人返还。可见,赠与合同中赠与人的任意撤销权不同于解除权,不宜将任意撤销权理解为任意解除权"。⑦结论:"A.赠与合同的赠与人享有任意解除权",A错,不选A。

(2)判断B选项:①加工承揽合同中,定作人有任意解除权,承揽人没有。②《合同法》第268条,"定作人可以随时解除承揽合同,造成承揽人损失的,应当赔偿损失。"③结论:"B.承揽合同的承揽人享有任意解除权",B错,不选B。

(3)判断C选项:①保管合同中寄存人有任意解除权;未约定保管期限的保管人也有任意解除权;约定了保管期限的,保管人则无任意解除权。②《合同法》第376条,"寄存人可以随时领取保管物。当事人对保管期间没有约定或者约定不明确的,保管人可以随时要求寄存人领取保管物;约定保管期间

---

① 为记忆方便,整理赠与合同的撤销权体系:1.赠与的任意撤销。(1)无须具备法定情形,经由赠与人意思任意撤销赠与合同。《合同法》第186条第1款,"赠与人在赠与财产的权利转移之前可以撤销赠与。"(动产部分交付,部分未交付,对于未交付部分,仍可撤销;不动产未办理过户手续之前)(2)不得任意撤销的三种情形:具有救灾、扶贫等社会公益赠与合同。道德义务性质的赠与合同;经过公证的赠与合同。《合同法》第188条,"具有救灾、扶贫等社会公益、道德义务性质的赠与合同或者经过公证的赠与合同,赠与人不交付赠与的财产的,受赠人可以要求交付。"(3)标的物已经交付、或不动产已经办理登记等有关手续,表明赠与合同已经履行完毕,不宜再予撤销而使法律秩序人为动荡。(4)形成权,通知到达撤销:赠与合同自始或仅向将来消灭,赠与人不再承担交付赠与财产义务。但此前部分交付的财产,不得请求返还。既为任意撤销,则不应适用缔约过失责任。2.赠与的法定撤销(赠与人、继承人、法定代理人)。(1)赠与人的撤销。《合同法》第192条,"受赠人有下列情形之一的,赠与人可以撤销赠与:(一)严重侵害赠与人或者赠与人的近亲属;(二)对赠与人有扶养义务而不履行;(三)不履行赠与合同约定的义务。赠与人的撤销权,自知道或者应当知道撤销原因之日起一年内行使。"(2)赠与人的继承人或法定代理人的撤销。《合同法》第193条,"因受赠人的违法行为致使赠与人死亡或者丧失民事行为能力的,赠与人的继承人或者法定代理人可以撤销赠与。赠与人的继承人或者法定代理人的撤销权,自知道或者应当知道撤销原因之日起六个月内行使。"(3)赠与的法定撤销特点:需要具备法定事由(有悖于赠与初衷)。只要具备法定事由,即使赠与是具有救灾、扶贫等社会公益、道德义务的性质的或已经经过公证,也可撤销。赠与合同完全有效的情况下撤销,与合同解除一致——不同于可撤销合同中的撤销(存在欺诈、胁迫、重大误解等瑕疵的合同)。④撤销权行使的法律后果:赠与合同溯及既往地消灭,受赠人受领的赠与物丧失法律依据,有义务返还,赠与人有权请求返还。《合同法》第194条,"撤销权人撤销赠与的,可以向受赠人要求返还赠与的财产。"3.赠与人穷困抗辩权(或拒绝履行抗辩权。2009年真题解析将之称为法定解除权,不发生溯及既往的效力,赠与人就已经履行的赠与,无权要求受赠人返还)。(1)《合同法》第195条,"赠与人的经济状况显著恶化,严重影响其生产经营或者家庭生活的,可以不再履行赠与义务。"(2)性质属于延期抗辩权,而不是灭却的抗辩权。一经行使,只发生暂时不履行赠与义务而延期给付的效力,赠与合同依然存续,一旦赠与人的经济状况日后好转,受赠人仍可请求赠与人履行。赠与合同订立,穷困好转,受赠人请求履行赠与义务,转移赠与财产权利,则赠与人不可以因中途穷困对抗受赠人的请求。

的，保管人无特别事由，不得要求寄存人提前领取保管物。”③结论：“C. 没有约定保管期间的保管合同的保管人享有任意解除权”。C 对。

(4)判断 D 选项：①居间合同居间人没有任意解除权。②结论：“D. 居间合同的居间人享有任意解除权”。③关联：委托合同中委托人、受托人双方有任意解除权。《合同法》第 410 条，“委托人或者受托人可以随时解除委托合同。因解除合同给对方造成损失的，除不可归责于该当事人的事由以外，应当赔偿损失。”

2. 委托合同、不定期租赁合同、承揽合同、货物托运合同与任意解除权的关系

下列关于合同解除的哪些说法是正确的？(2006－3－52)

A. 委托人或者受托人都可以随时解除委托合同

B. 不定期租赁合同的双方当事人可以随时解除合同

C. 承揽合同中的定作人可以随时解除合同

D. 在承运人将货物交付收货人之前，托运人可以解除运输合同

答案：(　　)①

考点：委托合同、不定期租赁合同、承揽合同、货物托运合同与任意解除权的关系

思路展开

(1)判断 A 选项：①法律依据：《合同法》第 410 条，“委托人或者受托人可以随时解除委托合同。因解除合同给对方造成损失的，除不可归责于该当事人的事由以外，应当赔偿损失。”②结论：“A. 委托人或者受托人都可以随时解除委托合同”，A 对，选 A。

(2)判断 B 选项：①法律依据：《合同法》第 232 条，“当事人对租赁期限没有约定或者约定不明确，依照本法第六十一条的规定仍不能确定的，视为不定期租赁。当事人可以随时解除合同，但出租人解除合同应当在合理期限之前通知承租人。”(未约定租赁期限＋沉默续租＋6 个月以上未书面)②结论：“B. 不定期租赁合同的双方当事人可以随时解除合同”，B 对，选 B。

(3)判断 C 选项：①法律依据：《合同法》第 268 条，“定作人可以随时解除承揽合同，造成承揽人损失的，应当赔偿损失。”②结论：“C. 承揽合同中的定作人可以随时解除合同”，C 对，选 C。

(4)判断 D 选项：①法律依据：《合同法》第 308 条，“在承运人将货物交付收货人之前，托运人可以要求承运人中止运输、返还货物、变更到达地或者将货物交给其他收货人，但应当赔偿承运人因此受到的损失。”阐释：其中“要求承运人中止运输、返还货物”正是解除合同的表现。②结论：“D. 在承运人将货物交付收货人之前，托运人可以解除运输合同”，D 对，选 D。

二、约定解除权：约定解除权的行使方式、解除权异议、解除和违约金责任可并存

甲公司与乙公司签订并购协议：“甲公司以 1 亿元收购乙公司在丙公司中 51% 的股权。若股权过户后，甲公司未支付收购款，则乙公司有权解除并购协议。”后乙公司依约履行，甲公司却分文未付。乙公司向甲公司发送一份经过公证的《通知》：“鉴于你公司严重违约，建议双方终止协议，贵方向我方支付违约金；或者由贵方提出解决方案。”3 日后，乙公司又向甲公司发送《通报》：“鉴于你公司严重违约，我方现终止协议，要求你方依约支付违约金。”下列哪一选项是正确的？(2011－3－13)

A.《通知》送达后，并购协议解除

B.《通报》送达后，并购协议解除

C. 甲公司对乙公司解除并购协议的权利不得提出异议

D. 乙公司不能既要求终止协议，又要求甲公司支付违约金

答案：(　　)②

考点：约定解除权、解除权的行使、合同解除与违约金责任

读题技巧

1. 本题属“卖了股没收到钱怎么救济”案。

2. 看清楚《通知》和《通报》有一字之差。

3. “依约”支付违约金，隐含信息是并购协议中

---

① 参考答案：ABCD

② 参考答案：B

约定了违约金条款。

思路展开

命题点1:约定解除权的行使方式,解除的意思表示要明确清楚,不能模棱两可。

(1)法律依据:约定解除权:《合同法》第93条第2款,"当事人可以约定一方解除合同的条件。解除合同的条件成就时,解除权人可以解除合同。"

(2)具体到本题:①"经过公证的《通知》:'鉴于你公司严重违约,建议双方终止协议,贵方向我方支付违约金;或者由贵方提出解决方案。'"②该经过公证的《通知》,其内容并非意在解除并购协议,而实质是督促甲公司依约履行义务。③此处的公证只是对事实的认定,并非对事实的法律效力作出认定。④《通知》经公证,只能说明它被公证过,不能更多说明其他事实或事实的法律效力。

(3)结论:"A.《通知》送达后,并购协议解除",A对,不选A。

命题点2:符合约定解除权条件,自解除通知到达时发生解除的效力。

(1)法律依据:《合同法》第96条,"当事人一方依照本法第九十三条第二款、第九十四条的规定主张解除合同的,应当通知对方。合同自通知到达对方时解除。对方有异议的,可以请求人民法院或者仲裁机构确认解除合同的效力。法律、行政法规规定解除合同应当办理批准、登记等手续的,依照其规定。"

(2)具体到本题:①"若股权过户后,甲公司未支付收购款,则乙公司有权解除并购协议。"+"后乙公司依约履行,甲公司却分文未付。"+"《通报》:'鉴于你公司严重违约,我方现终止协议,要求你方依约支付违约金。'"②乙公司行使约定解除权。③乙公司给甲公司发送《通报》,《通报》的内容明确表明乙公司解除并购协议的意思,因此《通报》送达后,并购协议解除。

(3)结论:"B.《通报》送达后,并购协议解除",B选项正确。

(4)延展:①约定解除权条件的合同,与附解除条件的合同,有本质差异。②约定解除权条件,符合条件,成立解除权,需要通知才发生解除效果,启动《合同法》第97条解除的法律后果,"合同解除后,尚未履行的,终止履行;已经履行的,根据履行情况和合同性质,当事人可以要求恢复原状、采取其他补救措施,并有权要求赔偿损失。"③附解除条件的合同,条件成就合同自动失去效力,无溯及效果。启动《合同法》第45条,"第四十五条当事人对合同的效力可以约定附条件。附生效条件的合同,自条件成就时生效。附解除条件的合同,自条件成就时失效。当事人为自己的利益不正当地阻止条件成就的,视为条件已成就;不正当地促成条件成就的,视为条件不成就。"

命题点3:对解除的异议,在异议期内提出异议。

(1)法律依据:对合同解除的异议:《合同法解释二》第24条,"当事人对《合同法》第九十六条、第九十九条规定的合同解除或者债务抵销虽有异议,但在约定的异议期限届满后才提出异议并向人民法院起诉的,人民法院不予支持;当事人没有约定异议期间,在解除合同或者债务抵销通知到达之日起三个月以后才向人民法院起诉的,人民法院不予支持。"

(2)具体到本题:甲公司是有权对乙公司的解除提出异议的。

(3)结论:"C.甲公司对乙公司解除并购协议的权利不得提出异议",C错,不选C。

命题点4:解除和违约金条款可以并存。

(1)法律依据:①《买卖解释》第26条,"买卖合同因违约而解除后,守约方主张继续适用违约金条款的,人民法院应予支持;但约定的违约金过分高于造成的损失的,人民法院可以参照《合同法》第一百一十四条第二款的规定处理。"②《最高人民法院关于当前形势下审理民商事合同纠纷案件若干问题的指导意见》"8.为减轻当事人诉累,妥当解决违约金纠纷,违约方以合同不成立、合同未生效、合同无效或者不构成违约进行免责抗辩而未提出违约金调整请求的,人民法院可以就当事人是否需要主张违约金过高问题进行释明。人民法院要正确确定举证责任,违约方对于违约金约定过高的主张承担举证责任,非违约方主张违约金约定合理的,亦应提供相应的证据。合同解除后,当事人主张违约金条款继续有效的,人民法院可以根据《合同法》

第九十八条的规定进行处理。”(《合同法》第98条,“合同的权利义务终止,不影响合同中结算和清理条款的效力。”)

(2)具体到本题:“乙公司又向甲公司发送《通报》:‘鉴于你公司严重违约,我方现终止协议,要求你方依约支付违约金。’”乙公司依据约定解除并购协议后,有权要求甲公司按约定支付违约金。

(3)结论:“D. 乙公司不能既要求终止协议,又要求甲公司支付违约金”,D错,不选D。

(4)延展:合同无效、被撤销,则违约金条款不适用,转而启动缔约过失责任、不当得利制度。

常见错误

违约金属于要约说:认为《通知》中“鉴于你公司严重违约,建议双方终止协议,贵方向我方支付违约金;或者由贵方提出解决方案。”其中的支付违约金是乙公司提出的一个要约,甲公司并没有同意。分析:忽略了题干交代的事实是“依约”支付违约金。→“要求你方依约支付违约金。”

三、法定解除权之根本违约

不孕不育之A和B两种辅助生育技术:非继续性合同解除后恢复原状和赔偿损失

王某因多年未育前往某医院就医,经医院介绍A和B两种人工辅助生育技术后,王某选定了A技术并交纳了相应的费用,但医院实际按照B技术进行治疗。后治疗失败,王某要求医院返还全部医疗费用。下列哪一选项是正确的?(2007-3-5)

A. 医院应当返还所收取的全部医疗费

B. 医院应当返还所收取的医疗费,但可以扣除B技术的收费额

C. 王某无权请求医院返还医疗费或赔偿损失

D. 王某无权请求医院返还医疗费,但是有权请求医院赔偿损失

答案:(　　)①

考点:根本违约解除之后果、非继续性合同解除后恢复原状和赔偿损失、不当得利

思路展开

命题点1:基于根本违约而解除合同,非继续性合同在解除后具有溯及力,违约方赔偿并退还费用。

(1)法律依据:①单方一般法定解除权:《合同法》第94条,“有下列情形之一的,当事人可以解除合同:(一)因不可抗力致使不能实现合同目的;(二)在履行期限届满之前,当事人一方明确表示或者以自己的行为表明不履行主要债务;(三)当事人一方迟延履行主要债务,经催告后在合理期限内仍未履行;(四)当事人一方迟延履行债务或者有其他违约行为致使不能实现合同目的;(五)法律规定的其他情形。”②解除的后果:《合同法》第97条,“合同解除后,尚未履行的,终止履行;已经履行的,根据履行情况和合同性质,当事人可以要求恢复原状、采取其他补救措施,并有权要求赔偿损失。”

(2)具体到本题:①“王某选定了A技术并交纳了相应的费用,但医院实际按照B技术进行治疗。后治疗失败,王某要求医院返还全部医疗费用。”②“治疗失败”即表明合同目的不能实现,医院构成根本违约。③王某有基于医院根本违约的法定解除权。④王某行使解除权后,因为医疗合同属于非继续性合同,是一时性合同,解除具有溯及力,医疗合同权利义务终止,“恢复原状”。⑤故王某在解除合同后,可以要求医院返还所收取的全部医疗费,并且有权请求医院赔偿损失。

(3)结论:①“A. 医院应当返还所收取的全部医疗费”,A对,选A。②“C. 王某无权请求医院返还医疗费或赔偿损失;D. 王某无权请求医院返还医疗费,但是有权请求医院赔偿损失”,CD错误,不选CD。

命题点2:不当得利的构成要件。

(1)法律依据:①《民法总则》第122条,“因他人没有法律根据,取得不当利益,受损失的人有权请求其返还不当利益。”②《民法通则》第92条,“没有合法根据,取得不当利益,造成他人损失的,应当将取得的不当利益返还受损失的人。”③《民通意见》第131条,“返还的不当利益,应当包括原物和原物所生的孳息。利用不当得利所取得的其他利益,扣除劳务管理费用后,应当予以收缴。”

(2)不当得利需要四项构成要件:①一方取得

---

① 参考答案:A

财产利益。②一方受有损失。③取得利益与所受损失间有因果关系。④没有法律上的根据。

(3)法条阐释:没有"合法根据"。下列情形不构成不当得利:①履行道德义务而为给付。②提前清偿或过时效后清偿。③明知无债而清偿(这不是送么)。④因不法原因而为给付。

(4)延展:反射利益、强迫得利均不构成不当得利。

(5)具体到本题:①"治疗失败",王某只有损失,没有任何利益。②因此,"医院实际按照B技术进行治疗"所支出的检查费、药物费、器材费、治疗劳务付出,这些损失由医院自负。③《2007年国家司法考试试题解析》:"无须扣除B技术的收费额,因为是医院违约使用的B技术,费用应由过错方医院来承担。"

(6)结论:"B.医院应当返还所收取的医疗费,但可以扣除B技术的收费额",B错,不选B。

四、轻微违约不产生守约方的解除权、轻微违约中违约方须负违约责任、货物交付给买方后风险转移给守约方:山洪暴发货物在买方处毁损

甲乙约定卖方甲负责将所卖货物运送至买方乙指定的仓库。甲如约交货,乙验收收货,但甲未将产品合格证和原产地证明文件交给乙。乙已经支付80%的货款。交货当晚,因山洪暴发,乙仓库内的货物全部毁损。下列哪些表述是正确的?(2013-3-61)

A. 乙应当支付剩余20%的货款

B. 甲未交付产品合格证与原产地证明,构成违约,但货物损失由乙承担

C. 乙有权要求解除合同,并要求甲返还已支付的80%货款

D. 甲有权要求乙支付剩余的20%货款,但应补交已经毁损的货物

答案:(　　)①

考点:轻微违约不产生守约方的解除权、轻微违约中违约方须负违约责任、货物交付给买方后风险转移给守约方:山洪暴发货物在买方处毁损

解题图构

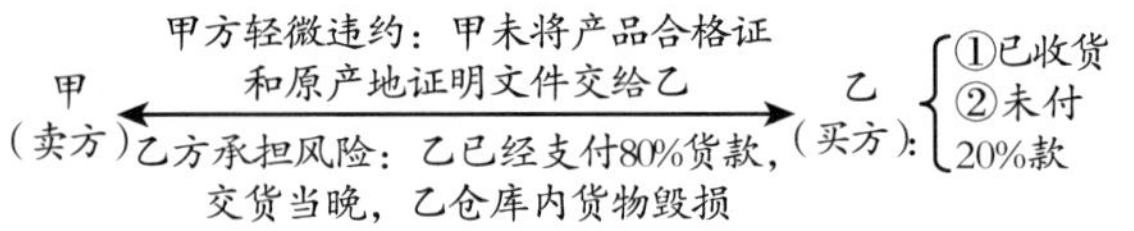

思路展开

命题点1:买卖合同中货物交付给买方,买方承担货物毁损灭失风险,应向卖方支付货款。

(1)法律依据:《合同法》第142条,"标的物毁损、灭失的风险,在标的物交付之前由出卖人承担,交付之后由买受人承担,但法律另有规定或者当事人另有约定的除外。"

(2)具体到本题:①"甲如约交货,乙验收收货"+"交货当晚,因山洪暴发,乙仓库内的货物全部毁损。"+"乙已经支付80%的货款"。②货物已经交付给了乙,货物风险归乙承担。③乙应当支付剩余20%的货款。④甲无须为乙补足货物。

(3)结论:①"A.乙应当支付剩余20%的货款",A对,选A。②"D.甲有权要求乙支付剩余的20%货款,但应补交已经毁损的货物",D错,不选D。

命题点2:卖方违约,不影响货物交付买方后由买方承担风险。违约责任与风险承担,两条腿走路。

(1)法律依据:①卖方交付单证的义务:《合同法》第136条,"出卖人应当按照约定或者交易习惯向买受人交付提取标的物单证以外的有关单证和资料。"②卖方交付单证的范围:《买卖解释》第7条,"《合同法》第一百三十六条规定的'提取标的物单证以外的有关单证和资料',主要应当包括保险单、保修单、普通发票、增值税专用发票、产品合格证、质量保证书、质量鉴定书、品质检验证书、产品进出口检疫书、原产地证明书、使用说明书、装箱单等。"③卖方未交付单证,不影响货物毁损风险转移:《合同法》第147条,"出卖人按照约定未交付有关标的物的单证和资料的,不影响标的物毁损、灭失风险的转移。"④卖方未交付单证,构成违约,负违约责任:《合同法》第149条,"标的物毁损、灭失的风险由买受人承担的,不影响因出卖人履行债务不符合约定,

① 参考答案:AB

买受人要求其承担违约责任的权利。”

(2)具体到本题:①“甲乙约定卖方甲负责将所卖货物运送至买方乙指定的仓库。”+“交货当晚,因山洪暴发,乙仓库内的货物全部毁损。”+“但甲未将产品合格证和原产地证明文件交给乙。”②货物风险归乙承担。③甲违约须负违约责任。

(3)结论:“B. 甲未交付产品合格证与原产地证明,构成违约,但货物损失由乙承担”,B对,选B。

命题点3:轻微违约,不启动法定解除权。

(1)法律依据:单方一般法定解除权:《合同法》第94条,“有下列情形之一的,当事人可以解除合同:(一)因不可抗力致使不能实现合同目的;(二)在履行期限届满之前,当事人一方明确表示或者以自己的行为表明不履行主要债务;(三)当事人一方迟延履行主要债务,经催告后在合理期限内仍未履行;(四)当事人一方迟延履行债务或者有其他违约行为致使不能实现合同目的;(五)法律规定的其他情形。”

(2)具体到本题:①“但甲未将产品合格证和原产地证明文件交给乙”,卖方甲未交付货物单证,不构成根本违约,是轻微违约。②“交货当晚,因山洪暴发,乙仓库内的货物全部毁损”,乙货物毁损,与甲无关。③甲的轻微违约,不启动乙的法定解除权。④题干也未揭示甲乙存在约定解除权的情形。⑤故乙无权解除买卖合同。

(3)结论:“C. 乙有权要求解除合同,并要求甲返还已支付的80%货款”,C错,不选C。

第二十一章　合同责任

第一节　违约责任

一、继续履行的违约责任

金钱之债的继续履行责任

1. 同一主体各个法律关系各自判断：不可抗力不影响金钱之债，不可抗力影响抵押权关系（此题详细解析请参见本书开篇第1题）

张某从银行贷得80万元用于购买房屋，并以该房屋设定了抵押。在借款期间房屋被洪水冲毁。张某尽管生活艰难，仍想方设法还清了银行贷款。对此，周围多有议论。根据社会主义法治理念和民法有关规定，下列哪一观点可以成立？（2012－3－1）

A. 甲认为，房屋被洪水冲毁属于不可抗力，张某无须履行还款义务。坚持还贷是多此一举

B. 乙认为，张某已不具备还贷能力，无须履行还款义务。坚持还贷是为难自己

C. 丙认为，张某对房屋的毁损没有过错，且此情况不止一家，银行应将贷款作坏账处理。坚持还贷是一厢情愿

D. 丁认为，张某与银行的贷款合同并未因房屋被冲毁而消灭。坚持还贷是严守合约、诚实信用

答案：(　　)①

考点：多层次法律关系的判断、不可抗力对金钱之债无影响、不可抗力对抵押权有影响

解题图构

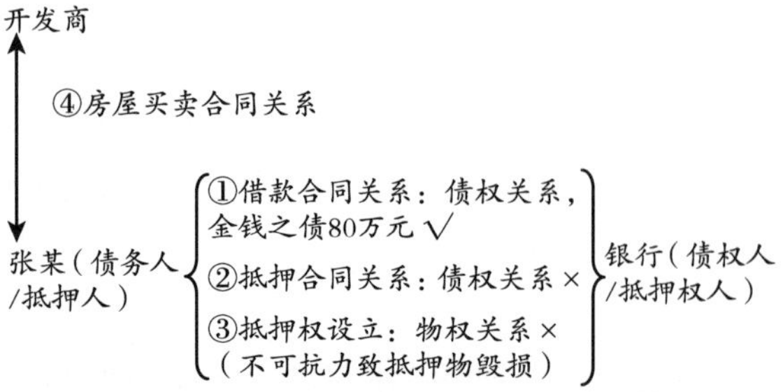

2. “上门还款未果返回，途径闹市现金被抢夺”之“祥林嫂”案

甲、乙因合伙经商向丙借款3万元，甲于约定时间携带3万元现金前往丙家还款，丙因忘却此事而外出，甲还款未果。甲返回途中，将装有现金的布袋夹放在自行车后座，路经闹市时被人抢夺，不知所踪。下列哪一选项是正确的？（2008－3－4）

A. 丙仍有权请求甲、乙偿还3万元借款

B. 丙丧失请求甲、乙偿还3万元借款的权利

C. 丙无权请求乙偿还3万元借款

D. 甲、乙有权要求丙承担此款被抢夺的损失

答案：(　　)②

考点：金钱之债不发生履行不能；债权人受领迟延后因债务人过错导致金钱被抢夺则债务人应继续履行；合伙人对合伙债务负连带责任

解题图构

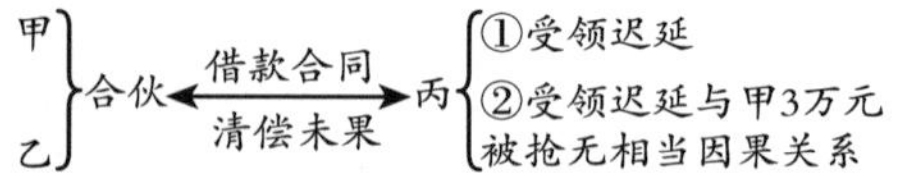

思路展开

命题点1：金钱之债不发生履行不能。

(1)法律依据：①金钱之债不发生履行不能。《合同法》第109条，“当事人一方未支付价款或者报酬的，对方可以要求其支付价款或者报酬。”②非金钱之债可能发生履行不能。《合同法》第110条，“当事人一方不履行非金钱债务或者履行非金钱债务不符合约定的，对方可以要求履行，但有下列情形之一的除外：(一)法律上或者事实上不能履行；(二)债务的标的不适于强制履行或者履行费用过高；(三)债权人在合理期限内未要求履行。”

(2)具体到本题：“甲、乙因合伙经商向丙借款3

① 参考答案：D

② 参考答案：A

万元”，合伙与丙之间的借款合同，发生的还款义务，为金钱之债，不发生履行不能。

命题点2：债权人丙受领迟延，轻微过失，与甲3万元现金被抢夺不具有相当因果关系。借款合同之还款义务没有消灭，丙无须对甲3万元被抢夺承担责任。

（1）法律依据：①债消灭之清偿。《合同法》第91条，“有下列情形之一的，合同的权利义务终止：（一）债务已经按照约定履行；（二）合同解除；（三）债务相互抵销；（四）债务人依法将标的物提存；（五）债权人免除债务；（六）债权债务同归于一人；（七）法律规定或者当事人约定终止的其他情形。”②借款之债没有特殊的免责事由，而不可抗力不成为金钱之债的免责事由。《合同法》第117条，“因不可抗力不能履行合同的，根据不可抗力的影响，部分或者全部免除责任，但法律另有规定的除外。当事人迟延履行后发生不可抗力的，不能免除责任。本法所称不可抗力，是指不能预见、不能避免并不能克服的客观情况。”

（2）学理阐释：①受领的性质。a. 有义务说：王利明老师观点、受领是债权人义务，债权人受领迟延，产生债务不履行的法律效果；b. 有权利说：梁彗星老师观点、受领是债权人的权利，债权人不受领的，是其放弃自己权利的表现，故不构成债务不履行。而其之所有要承担一定的法律效果，是法律为了平衡债权人和债务人之间的利益如诚实信用原则而规定的一种法定义务）；c. 兼有说：a1. 刘凯湘老师、崔建远老师观点：受领既是债权人的义务，也是债权人的权利，但更主要的是债权人的一种权利，是债权的效力的体现。当债权人不为受领时，只能视为债权人放弃其利益，原则上不得强制债权人接受债务人的履行。只有在特定场合，受领可因法律规定或当事人约定而成为一种义务如承揽合同、买卖合同等。在一般情况下，债权人虽无受领的义务，但在受领上也应遵循诚实信用原则，如债务人本应一次全部给付，但如果分数次履行对债权人并无不利和不便时，债权人不得拒绝受领。a2. 韩世远老师观点：受领首先体现为一种权利行使的结果，如此可以解释放弃受领权进而抛弃债权的现象；而受领义务是一种不真正义务，其存在是债权效力的表现。不是附随义务，因为附随义务之附随，是附随与主义务，故义务人是债务人而非债权人。②受领迟延：债权人对于债务人的履行没有受领或者没有为债务人的履行提供必要协力的事实。发生债权人受领迟延，债务人的注意义务应该减轻，债务人仅就故意或重大过失负其责任。譬如虽因依债务关系的内容，本应负较重的义务，但有偿保管合同场合保管人的妥善保管注意义务，在债权人迟延中，保管人仅就故意或重大过失负责，只要尽一般人的注意义务就够了。

（3）具体到本题：①“甲于约定时间携带3万元现金前往丙家还款，丙因忘却此事而外出，甲还款未果。甲返回途中，将装有现金的布袋夹放在自行车后座，路经闹市时被人抢夺”。②甲的现金被抢夺，不属于不可抗力，而属于意外事件（《2008年国家司法考试试题解析》：“但是其后甲的现金被人抢夺的意外事件不能使甲、乙免除合同责任”）。③丙构成受领迟延（《2008年国家司法考试试题解析》：“本题中，丙因忘却还款一事而外出，导致甲、乙无法按约定期限还款，丙受领延迟，存在轻微过失。”）④债务人甲应就故意或重大过失负其责任（《2008年国家司法考试试题解析》：“是由于债务人‘将装有现金的布袋夹放在自行车后座’这一重大过失所致，损失应由其承受。”）⑤丙的受领迟延，与甲现金被抢没有相当因果关系（《2008年国家司法考试试题解析》：“丙受领延迟，存在轻微过失。”+“丙的受领延迟与甲现金被抢没有直接因果关系”）⑥丙受领迟延与甲钱被抢夺无相当因果关系，丙也无过错，丙不负侵权责任；受领迟延与甲钱被抢夺也无相当因果关系，丙不负违约责任。

（4）结论：①《2008年国家司法考试试题解析》：“此外也不存在任何可以免除返还借款责任的法定或约定免责事由。所以，丙仍有权请求甲、乙偿还3万元借款。”②“A. 丙仍有权请求甲、乙偿还3万元借款”，A对，选A。③“B. 丙丧失请求甲、乙偿还3万元借款的权利；D. 甲、乙有权要求丙承担此款被抢夺的损失”，BD错，不选BD。

命题点3：合伙人对合伙债务负连带责任。

（1）法律依据：《民法通则》第35条，“合伙的债务，由合伙人按照出资比例或者协议的约定，以各自的财产承担清偿责任。合伙人对合伙的债务承担连带责任,法律另有规定的除外。偿还合伙债务超过自己应当承担数额的合伙人,有权向其他合伙人追偿。”

(2)具体到本题:“甲、乙因合伙经商向丙借款3万元”,甲乙对合伙借款3万元负连带责任。并可要求乙偿还3万元借款。

(3)结论:“C. 丙无权请求乙偿还3万元借款”,C错,不选C。

2. 违约时继续履行的适用;继续履行的违约责任之不得强制继续履行的情形

二、开发商欺诈购房者之惩罚性赔偿责任

某房地产开发公司在销售中被查出大量欺诈消费者的事实。下列哪些情形中,买受人可以请求该公司返还已付购房款及利息、赔偿损失,并可以请求该公司承担不超过已付购房款一倍的赔偿责任?(2009－3－58)

A. 该公司故意隐瞒没有取得商品房预售许可证明的事实

B. 该公司故意隐瞒所售房屋已经抵押的事实

C. 该公司故意隐瞒所售房屋已经出卖给第三人的事实

D. 该公司故意隐瞒所售房屋存在严重质量问题的事实

答案:(　　)①

考点:开发商欺诈购房者之惩罚性赔偿责任

思路展开

思路1:开发商与购房者的惩罚性赔偿情形,不适用《消费者权益保护法》第55条(“经营者提供商品或者服务有欺诈行为的,应当按照消费者的要求增加赔偿其受到的损失,增加赔偿的金额为消费者购买商品的价款或者接受服务的费用的三倍;增加赔偿的金额不足五百元的,为五百元。法律另有规定的,依照其规定。经营者明知商品或者服务存在缺陷,仍然向消费者提供,造成消费者或者其他受害人死亡或者健康严重损害的,受害人有权要求经营者依照本法第四十九条、第五十一条等法律规定赔偿损失,并有权要求所受损失二倍以下的惩罚性赔偿。”),而应适用《商品房解释》。《商品房解释》第7、8、9、14条规定的几种法定情形:

(1)一房多卖(抵),前手没有获得房屋,则前手主张惩罚性赔偿(先卖,又抵押给第三人＋先卖,又卖给第三人＋先拆迁安置,又卖给第三人)。①《商品房解释》第8条,“具有下列情形之一,导致商品房买卖合同目的不能实现的,无法取得房屋的买受人可以请求解除合同、返还已付购房款及利息、赔偿损失,并可以请求出卖人承担不超过已付购房款一倍的赔偿责任:(一)商品房买卖合同订立后,出卖人未告知买受人又将该房屋抵押给第三人;(二)商品房买卖合同订立后,出卖人又将该房屋出卖给第三人。”②被拆迁人主张罚开发商的关联法条:《商品房解释》第7条,“拆迁人与被拆迁人按照所有权调换形式订立拆迁补偿安置协议,明确约定拆迁人以位置、用途特定的房屋对被拆迁人予以补偿安置,如果拆迁人将该补偿安置房屋另行出卖给第三人,被拆迁人请求优先取得补偿安置房屋的,应予支持。被拆迁人请求解除拆迁补偿安置协议的,按照本解释第八条的规定处理。”

(2)买卖欺诈,合同无效、被撤销、解除的,则后手主张惩罚性赔偿(无预售许可的欺诈＋已抵押的欺诈＋已出卖的欺诈、为拆迁安置房的欺诈)。①《商品房解释》第9条,“出卖人订立商品房买卖合同时,具有下列情形之一,导致合同无效或者被撤销、解除的,买受人可以请求返还已付购房款及利息、赔偿损失,并可以请求出卖人承担不超过已付购房款一倍的赔偿责任:(一)故意隐瞒没有取得商品房预售许可证明的事实或者提供虚假商品房预售许可证明;(二)故意隐瞒所售房屋已经抵押的事实;(三)故意隐瞒所售房屋已经出卖给第三人或者为拆迁补偿安置房屋的事实。”②后补预售许可有效的关联法条:《商品房解释》第2条,“出卖人未取得商品房预售许可证明,与买受人订立的商品房预售合同,应当认定无效,但是在起诉前取得商品房预售许可证明的,可以认定有效。”③被骗买了拆迁安置房,被拆迁人主张优先取得安置房,后手主张罚开发商的关联法条:《商品房解释》第7条第1款,“拆迁人

① 参考答案:ABC

与被拆迁人按照所有权调换形式订立拆迁补偿安置协议，明确约定拆迁人以位置、用途特定的房屋对被拆迁人予以补偿安置，如果拆迁人将该补偿安置房屋另行出卖给第三人，被拆迁人请求优先取得补偿安置房屋的，应予支持。”

（3）面积误差太大的惩罚性赔偿。（双倍！）《商品房解释》第14条，“出卖人交付使用的房屋套内建筑面积或者建筑面积与商品房买卖合同约定面积不符，合同有约定的，按照约定处理；合同没有约定或者约定不明确的，按照以下原则处理：（一）面积误差比绝对值在3%以内（含3%），按照合同约定的价格据实结算，买受人请求解除合同的，不予支持；（二）面积误差比绝对值超出3%，买受人请求解除合同、返还已付购房款及利息的，应予支持。买受人同意继续履行合同，房屋实际面积大于合同约定面积的，面积误差比在3%以内（含3%）部分的房价款由买受人按照约定的价格补足，面积误差比超出3%部分的房价款由出卖人承担，所有权归买受人；房屋实际面积小于合同约定面积的，面积误差比在3%以内（含3%）部分的房价款及利息由出卖人返还买受人，面积误差比超过3%部分的房价款由出卖人双倍返还买受人。”

思路2：开发商与购房者的惩罚性赔偿的要素。

（1）罚的是开发商，不包括二手房买卖：《商品房解释》第1条，“本解释所称的商品房买卖合同，是指房地产开发企业（以下统称为出卖人）将尚未建成或者已竣工的房屋向社会销售并转移房屋所有权于买受人，买受人支付价款的合同。”

（2）“已付购房款”，而不是合同标的额。

（3）“不超过”已付购房款的1倍，不是固定数额，法官有自由裁量权。→面积误差比超过3%的是“双倍”返还购房者。

（4）情形法定。《2009年国家司法考试试题解析》：“惩罚性损害赔偿是损害赔偿的例外情形，需要法有明文规定的情况下才可以适用。”

3. 结论：（1）“A. 该公司故意隐瞒没有取得商品房预售许可证明的事实；B. 该公司故意隐瞒所售房屋已经抵押的事实；C. 该公司故意隐瞒所售房屋已经出卖给第三人的事实”，ABC符合题意，选ABC。（2）“D. 该公司故意隐瞒所售房屋存在严重质量问题的事实”，D不符合题意，不选D。

三、赔偿性违约金责任与损害赔偿责任不并用；违约金数额过分高于损失30%的调整规则

甲、乙签订一份买卖合同，约定违约方应向对方支付18万元违约金。后甲违约，给乙造成损失15万元。下列哪一表述是正确的？（2013－3－14）

A. 甲应向乙支付违约金18万元，不再支付其他费用或者赔偿损失

B. 甲应向乙赔偿损失15万元，不再支付其他费用或者赔偿损失

C. 甲应向乙赔偿损失15万元并支付违约金18万元，共计33万元

D. 甲应向乙赔偿损失15万元及其利息

答案：（　　）①

考点：赔偿性违约金责任与损害赔偿责任不并用；违约金数额过分高于损失30%的调整规则

思路展开

命题点1：赔偿性违约金责任与损害赔偿责任不并用。

（1）法律依据：《合同法》第114条，“当事人可以约定一方违约时应当根据违约情况向对方支付一定数额的违约金，也可以约定因违约产生的损失赔偿额的计算方法。”

（2）学理分类：根据违约金责任是否为最低数额的违约损害赔偿，可分为抵销性违约金与排他性违约金。①抵销性违约金：最低数额的违约损害赔偿。这种违约金不问违约行为是否给守约方造成损失，造成损失大还是小，一律成立。并且，在违约金数额低于实际损失数额时，守约方请求违约方支付违约金后，还可就未获补偿的损失请求违约方再予赔偿。②排他性违约金：最高数额的违约损害赔偿。这种违约金绝对排斥违约损害赔偿，即使违约方支付违约金后守约方仍有损失，且有证据证明，也不允许守约方再向违约方请求损害赔偿。③这一学理分

① 参考答案：A

类，在《合同法》第 114 条中没有对应的法条规范（有观点认为第 114 条是排他性违约金，如韩世远老师的观点）。达成共识的是：a. 违约金责任以补偿性为原则：此所谓原则之明文，即《合同法》第 114 条第 2 款，"约定的违约金低于造成的损失的，当事人可以请求人民法院或者仲裁机构予以增加；约定的违约金过分高于造成的损失的，当事人可以请求人民法院或者仲裁机构予以适当减少。"b. 违约金责任以惩罚性为例外：此所谓例外之明文，即《合同法》第 114 条第 3 款，"当事人就迟延履行约定违约金的，违约方支付违约金后，还应当履行债务。"

（3）具体到本题：《2013 年国家司法考试试题解析》"违约金可由当事人自愿约定，一旦约定就具有法律效力，免除守约方的举证责任，除非约定违约金过分高于实际损失，且须由违约方请求调整违约金数额，否则应按约定处理，故选项 A 正确，当选。"

（4）结论：①"A. 甲应向乙支付违约金 18 万元，不再支付其他费用或者赔偿损失"，A 对，选 A。②"B. 甲应向乙赔偿损失 15 万元，不再支付其他费用或者赔偿损失；C. 甲应向乙赔偿损失 15 万元并支付违约金 18 万元，共计 33 万元；D. 甲应向乙赔偿损失 15 万元及其利息"，BCD 错，不选 BCD。

命题点 2：违约金数额过分高于损失 30% 的调整规则。赔偿性违约金数额的增减（诉讼或仲裁）。

（1）参照基准——守约方实际损失。赔偿性违约金作为赔偿损失额的预定，虽然不要求其数额与实际损失额完全一致，但也不宜使两者相差悬殊。①《合同法》第 114 条第 2 款，"约定的违约金低于造成的损失的，当事人可以请求人民法院或者仲裁机构予以增加；约定的违约金过分高于造成的损失的，当事人可以请求人民法院或者仲裁机构予以适当减少。"②《最高人民法院关于当前形势下审理民商事合同纠纷案件若干问题的指导意见》第 6 条，"在当前企业经营状况普遍较为困难的情况下，对于违约金数额过分高于违约造成损失的，应当根据合同法规定的诚实信用原则、公平原则，坚持以补偿性为主、以惩罚性为辅的违约金性质，合理调整裁量幅度，切实防止以意思自治为由而完全放任当事人约定过高的违约金。"③《合同法解释二》第 27 条，"当事人通过反诉或者抗辩的方式，请求人民法院依照合同法第一百一十四条第二款的规定调整违约金的，人民法院应予支持。"

（2）违约金数额的增加——容许：增加至"实际损失额"——（请求权，而非形成权）。①《合同法解释二》第 28 条，"当事人依照《合同法》第一百一十四条第二款的规定，请求人民法院增加违约金的，增加后的违约金数额以不超过实际损失额为限。增加违约金以后，当事人又请求对方赔偿损失的，人民法院不予支持。"②注意：没有要求过分低于，只要求低于，实务中，哪怕是违约金低于实际损失 1 元，守约方都有权请求法院或仲裁增加（寸利必争，缠讼不止）。确实，违背了设置作为损害赔偿额预定的违约金，目的初衷是免去计算、举证违约所致损失的困难之累，尽快了结纠纷。

（3）违约金数额的适当减少——容许：减少至"实际损失额的 1.3 倍"（10 万元实际损失，约定违约金 13 万元以内可以：如约定为 14 万元，则调整到 13 万元；如约定为 12 万元，则为尊重。）——（请求权，而非形成权）。《合同法解释二》第 29 条第 1 款，"当事人主张约定的违约金过高请求予以适当减少的，人民法院应当以实际损失为基础，兼顾合同的履行情况、当事人的过错程度以及预期利益等综合因素，根据公平原则和诚实信用原则予以衡量，并作出裁决。当事人约定的违约金超过造成损失的百分之三十的，一般可以认定为合同法第一百一十四条第二款规定的'过分高于造成的损失'。"

（4）具体到本题：损失 15 万元的 1.3 倍是 19.5 万元。所以约定 18 万元违约金不算"过分高于损失"！

（5）结论：佐证"A. 甲应向乙支付违约金 18 万元，不再支付其他费用或者赔偿损失"，A 正确。

常见错误

1. 实际损失明确时实际损失优先说：认为当违约金与实际损失不一致，在实际损失没法计算的情况下才能适用违约金，而本题中实际损失是确定的，而且低于违约金，故应按实际损失计算。误选 B。

2. 18 万元违约金高于 15 万元损失违反补偿原则说：认为选项 A 的 18 万元违约金违反了损害补偿原则，由此未选 A。

3. 违约金和损害赔偿并用说：认为违约金和损害赔偿可以同时并用，误选C。

4. 题干信息交代不明说：认为题干没有交代15万损失拖欠支付所产生的利息，如果这些利息和15万元本金超过了18万元，则损失会超过违约金，故此选项A表述不准确，不当选，而D选项则当选。评论：《2013年国家司法考试试题解析》："18万元违约金也存在迟延支付而产生相应利息的情形，题干并没有去揭示义务人是否迟延的问题，但是，如果发生迟延，则违约金和损害赔偿金都存在迟延问题，因此，考生这种理解和判断是顾此失彼的。"

争点辩论

本题最值争议及考量的是A和D之间的关系。如何认识他们之间的关系，大有文章可做。聚焦设问是："守约方不向违约方主张排他性赔偿性违约金，而是援用《合同法》第113条第1款'当事人一方不履行合同义务或者履行合同义务不符合约定，给对方造成损失的，损失赔偿额应当相当于因违约所造成的损失，包括合同履行后可以获得的利益，但不得超过违反合同一方订立合同时预见到或者应当预见到的因违反合同可能造成的损失。'）关于违约损害赔偿的规定，是否准许？"换个问法即合同约定的救济方法是否优先于其他法律救济的方法？

1. 先说两种针锋相对的观点：（1）韩世远老师的优先说：排他性违约金应优先于损害赔偿得到适用。"由于违约损害赔偿得有不同类型，相应地，违约金也可区分为对不同类型损害赔偿的预定。首先，对于同一种损害，比如履行不能场合的给付本身的损害，如事先约定了违约金，该违约金即是此部分损害赔偿额的预定，债权人虽有填补损害赔偿请求权，由于违约金请求权与损害赔偿请求权并非立于债权人可自由选择的地位，而是有违约金请求权场合必须行使违约金请求权，这时，作为优先适用违约金的反射效力，债权人的损害赔偿请求权实际上停留在不得行使的状态。在这种场合，如允许债权人在请求权违约金的同时，继续获取填补赔偿，就会出现债权人双重获益的结果。"（2）崔建远、王利明的选择说：在约定违约金与违约损害赔偿并存的情况下，债权人有权在两者之间择一请求。（除非当事人非常明确地约定了本合同优先适用违约金条款，排除违约损害赔偿的适用。）①违约金责任和损害赔偿都是债务，依据债权平等原则，违约金责任并无优先于违约损害赔偿而实现的天然性。②违约行为一经成立，应采竞合理论，权利人有权选择其一而主张，法律没有强制规定这些救济方式的适用顺序，当事人选择哪个或哪些救济方式，是其权利。③违行为一旦发生，即产生违约责任，守约方就享有请求违约方承担违约金责任的债权，而基于民事权利的可处分原则，守约方不主张约定违约金，而主张损害赔偿，是在处分自己的债权。④在违约金为损害赔偿额预定的法制下，当事人在合同中约定违约金无非是为了更为简洁迅速地解决纠纷，违约金和法定的损害赔偿两种方式在法律地位上没有高下之分。⑤《合同法》第114条第2款允许对约定的违约金数额予以调整，调整的参照系是当事人的实际损失数额（所受损害与所失利益之和），实际上意味着承认了违约金和损害赔偿在个案中可以互相置换。

2. 回到本题。（1）先看题干："甲、乙签订一份买卖合同，约定违约方应向对方支付18万元违约金。后甲违约，给乙造成损失15万元。下列哪一表述是正确的？"（2）再看选项A和D："A. 甲应向乙支付违约金18万元，不再支付其他费用或者赔偿损失，D. 甲应向乙赔偿损失15万元及其利息"。（3）司法部给出的答案是A。有必要看关联的另外两个选项："B. 甲应向乙赔偿损失15万元，不再支付其他费用或者赔偿损失＋C. 甲应向乙赔偿损失15万元并支付违约金18万元，共计33万元"。（4）题意解读：①从守约方看，整体意思是希望考生从权利救济的角度，选择一种最有利于守约方的救济方式。②从违约方看，整体意思是希望考生判断，违约方甲需要承担多大责任。③从选项表述的四个"应"字，非常考究！④"应"字的表达意思是违约方甲的最大责任，而不是最小责任。⑤譬如违约金18万元，损害赔偿15万元，如果说甲应支付18万元，意思是甲最大责任就是这么多，确定无疑地正确！⑥如果说甲应赔偿15万元及利息，意思是甲最大责任就是这么多，那就不是确定无疑的正确了，因为如果乙要主张违约金救济的话，说甲应赔偿15万元及利息，就少于乙的索赔主张了！（5）本题之所以选择了A，而没有选择D，不是说司法部采纳了"优先说"，放弃了"选择说"。而是其要表达的是甲最大的责任承担数额是多少。乙最大的救济数额是多少。(6)如果简单地将司法部公布的答案是A,由此得出命题人观点是优先说,这属误解,而且是重大误解。①命题人在本题要表达的意思核心在于违约金责任的补偿性,而不在于违约金责任的优先性!②换言之,“应”字要表达的是违约金的补偿性(最大数额),而不是违约金的优先性。③脱离语境将司考答案上升为一般法律规则(有点嫁祸于命题人的味道)是非常恐怖的,将来司法一线法官,请斟酌考量与权衡!

四、加害给付:责任竞合

1.“奇葩洗衣机致人人身和财产损害案”之责任竞合

赵某从商店购买了一台甲公司生产的家用洗衣机,洗涤衣物时,该洗衣机因技术缺陷发生爆裂,叶轮飞出造成赵某严重人身损害并毁坏衣物。赵某的下列哪些诉求是正确的?(2015－3－58)

A. 商店应承担更换洗衣机或退货、赔偿衣物损失和赔偿人身损害的违约责任

B. 商店应按违约责任更换洗衣机或者退货,也可请求甲公司按侵权责任赔偿衣物损失和人身损害

C. 商店或者甲公司应赔偿因洗衣机缺陷造成的损害

D. 商店或者甲公司应赔偿物质损害和精神损害

考点:“奇葩洗衣机致人人身和财产损害案”之违约责任、侵权责任、请求权基础的竞合

思路展开

思路1:《合同法》上请求权,“加害给付”。

(1)法律依据:①《合同法》第122条,“因当事人一方的违约行为,侵害对方人身、财产权益的,受损害方有权选择依照本法要求其承担违约责任或者依照其他法律要求其承担侵权责任。”②《合同法》112条,“当事人一方不履行合同义务或者履行合同义务不符合约定的,在履行义务或者采取补救措施后,对方还有其他损失的,应当赔偿损失。”

(2)法律阐释:加害给付是债务人所为的履行不合合同的本旨,除可能损害债权人的履行利益外,尚发生对债权人固有利益的损害。是合同法与侵权法的一个重合领域。

(3)法条阐释:①对《合同法》第122条应着重从法律条文的文义所表达的意思解释(即客观解释为主),而不是要从立法者的目的去解释。因为在大陆法系中,谁是立法者,一直是一个不清楚的问题,即使是参加立法的人,他们之间的意见和看法也不一样。特别像我国,对于同一条规范,参加合同法立法的人的解释也不同。因此,不能依据立法者的解释之主观方法。②从第122条文义上解释,他规定“因违约造成侵害‘人身、财产权益’的”,受损害方有权依照合同法要求其承担违约责任,由此可见,违约之诉已经可以解决对固有利益——人身和财产的损害赔偿,承认了对人身损害的赔偿(是对加害给付的规定)。③它同时又规定,因违约造成侵害人身、财产权益的,受损害方有权请求违约人承担侵权责任。这属于竞合问题。④这一规定,否定了在加害给付中对因违约造成的精神损害的合同救济。也就是说,从该条文的规定来看,如果违约的受害人要求违约方承担违约责任,就不能请求精神损害赔偿。因为,如果非违约方能够以违约之诉请求违约方承担因违约造成的人身、财产权益和精神损害的,就没必要再规定:“或者依照其他法律要求其承担侵权责任”。显然,该条对“或者”部分的规定,主要在于精神损害的要求。⑤延展1:未决问题之1:违约之诉不能提起精神损害,那么,在违约之诉后,能否另行提起侵权之诉要求违约方承担精神损害赔偿?——可以。不能简单地套用“责任竞合”,如仅仅利用所谓的“责任竞合”理论,就使得当事人无法获得所有损害的赔偿:要么只获得合同利益和固有利益受损害的赔偿,而不能获得精神损害赔偿;要么仅仅能够获得固有理由与精神损害赔偿,而不能获得合同利益赔偿。因为这种选择无论如何都不符合法律之本旨!⑥延展2:未决问题之2:如违约中造成的精神损害不能成立独立的侵权之诉,可否在违约之诉中判予精神损害赔偿呢?a. 有观点认为,如出国旅游被扣,因旅游公司对游客安全的照顾注意义务来自于合同中的附随义务,而不是一般的法定义务。这种损害不能单独提起侵权之诉。如果在这种案件中,不给受害人以精神损害赔偿,显然是不合理的!b. 实务中,也确实有支持的案例:甲和海峡旅行社签订有偿出国旅游。后被转给三峡旅行社参加马来西亚旅游团,三峡旅行社没有审核甲的手续和签订的书面合同,没有将甲列入其旅游团的名单中,以至

于甲在马来西亚的滨城刚下飞机就因证件不符而被当地政府扣留，后被遣送回国。甲起诉要求双倍返还旅游费和利息，并要求精神赔偿2万元。法院支持精神赔偿2万元。二审法院认为数额过高，减至5000元。可见，此类“目的合同”，法院给予精神损害以合同法上的救济。c.《旅游解释》第21条明文否定了违约之诉主张精神损害：“旅游者提起违约之诉，主张精神损害赔偿的，人民法院应告知其变更为侵权之诉；旅游者仍坚持提起违约之诉的，对于其精神损害赔偿的主张，人民法院不予支持。”

（4）具体到本题及结论：“该洗衣机因技术缺陷发生爆裂，叶轮飞出造成赵某严重人身损害并毁坏衣物。”+“赵某的下列哪些诉求是正确的？”+“A. 商店应承担更换洗衣机或退货、赔偿衣物损失和赔偿人身损害的违约责任”+“B. 商店应按违约责任更换洗衣机或者退货，也可请求甲公司按侵权责任赔偿衣物损失和人身损害”。AB均对，选AB。

思路2：侵权责任法上请求权。

（1）法律依据：《侵权责任法》第43条的规定，“因产品存在缺陷造成损害的，被侵权人可以向产品的生产者请求赔偿，也可以向产品的销售者请求赔偿。”

（2）具体到本题及结论：①赵某可以请求商店或者甲公司赔偿因洗衣机缺陷造成的损害。②“C. 商店或者甲公司应赔偿因洗衣机缺陷造成的损害”，C对，选C。

思路3：精神损害赔偿。

（1）法律依据：《精神解释》第1条，“自然人因健康权受到非法侵害的，可以请求精神损害赔偿。”

（2）具体到本题及答案：①赵某的健康权受到了“严重”损害，可以向商店或者甲公司请求赔偿物质损害的同时请求精神损害赔偿。②故“D. 商店或者甲公司应赔偿物质损害和精神损害”，D对，选D。

思路4：延展到《产品质量法》上请求权。

（1）“洗衣机技术缺陷”即产品缺陷致人损害，受害人可向厂家或商家主张侵权赔偿。

（2）参见法条：①《产品质量法》第43条，“因产品存在缺陷造成人身、他人财产损害的，受害人可以向产品的生产者要求赔偿，也可以向产品的销售者要求赔偿。属于产品的生产者的责任，产品的销售者赔偿的，产品的销售者有权向产品的生产者追偿。属于产品的销售者的责任，产品的生产者赔偿的，产品的生产者有权向产品的销售者追偿。”②《产品质量法》第45条，“因产品存在缺陷造成损害要求赔偿的诉讼时效期间为二年，自当事人知道或者应当知道其权益受到损害时起计算。因产品存在缺陷造成损害要求赔偿的请求权，在造成损害的缺陷产品交付最初消费者满十年丧失；但是，尚未超过明示的安全使用期的除外。”

思路5：延展到《消费者权益保护法》上请求权。

（1）“家用”，指向消费者购物遭受损害。消费者可向商家或厂家主张赔偿责任。

（2）参见法条：①《消费者权益保障法》第40条，“消费者在购买、使用商品时，其合法权益受到损害的，可以向销售者要求赔偿。销售者赔偿后，属于生产者的责任或者属于向销售者提供商品的其他销售者的责任的，销售者有权向生产者或者其他销售者追偿。消费者或者其他受害人因商品缺陷造成人身、财产损害的，可以向销售者要求赔偿，也可以向生产者要求赔偿。属于生产者责任的，销售者赔偿后，有权向生产者追偿。属于销售者责任的，生产者赔偿后，有权向销售者追偿。”②《消费者权益保障法》第49条，“经营者提供商品或者服务，造成消费者或者其他受害人人身伤害的，应当赔偿医疗费、护理费、交通费等为治疗和康复支出的合理费用，以及因误工减少的收入。造成残疾的，还应当赔偿残疾生活辅助具费和残疾赔偿金。造成死亡的，还应当赔偿丧葬费和死亡赔偿金。”③《消费者权益保障法》第55条第2款，“经营者明知商品或者服务存在缺陷，仍然向消费者提供，造成消费者或者其他受害人死亡或者健康严重损害的，受害人有权要求经营者依照本法第四十九条、第五十一条等法律规定赔偿损失，并有权要求所受损失二倍以下的惩罚性赔偿。”

常见错误

1. 人身损害不能获得违约救济说。认为A选项错误，“赔偿衣物损失和赔偿人身损害”不是违约责任，违约是合同违约责任，而这是侵权责任。消费者可以选择主张违约责任或侵权责任，但是二者的范围有明显的不同。

2."吹毛求疵"说。认为B错误,请求甲公司的权利属于消费者赵某的权利,并不是商店的权利,表述不规范有歧义。

3.没读懂选项意思。认为D选项表述不准确。答案表述为商店或者甲公司应赔偿物质损害和精神损害。而如果主张商店违约的话,是不存在精神损害的。所以答案表述不准确。存在例外情况。

4.没有读懂题干"严重"人身损害。认为D错误,题目没有说明造成严重精神损害,不能请求精神损害赔偿。造成了严重人身伤害,不一定有精神损害赔偿。题目里没有造成了恐惧、毁容之类的,不应该选D。

5.A和B矛盾说。认为A与B矛盾,既然B对,A怎么可能也对?况且确实违约责任和侵权赔偿责任是分开的,A项非常不严谨。

6.题干和选项的对接没有读懂。(1)题干:"赵某的下列哪些诉求是正确的?"(2)选项:"B.商店应按违约责任更换洗衣机或者退货,也可请求甲公司按侵权责任赔偿衣物损失和人身损害。"(3)考生读出来的意思却是:"B.选项表述不规范,商店应按违约责任更换洗衣机或者退货,但请求甲公司按侵权责任赔偿衣物损失和人身损害是赵某的权利,商店只有向赵某赔偿以后向甲公司追偿或者在诉讼中追加甲为第三人。"如果在"商店应按违约责任更换洗衣机或者退货"这句话结尾加个"后"即"商店应按违约责任更换洗衣机或者退货后,也可请求甲公司按侵权责任赔偿衣物损失和人身损害",如此表述该选项当选,否则不当选。评论:题干和选项表述确实有点绕。但是,B选项是"也可请求",是顺承题干中"赵某的下列哪些诉求","也"字表明,"商店应按违约责任更换洗衣机或者退货"这一段,属于赵某的诉求,否则,何来"也"字?由此可见,顺着题意可以减轻考生很多工作量。

2."化妆品导致皮肤红肿"之责任竞合

孙女士于2004年5月1日从某商场购买一套化妆品,使用后皮肤红肿出疹,就医不愈花费巨大。2005年4月,孙女士多次交涉无果将商场诉至法院。下列哪些说法是正确的?(2009-3-57)

A.孙女士可以要求商场承担违约责任

B.孙女士可以要求商场承担侵权责任

C.孙女士可以要求商场承担缔约过失责任

D.孙女士可以要求撤销合同

答案:(　　)①

考点:"化妆品导致皮肤红肿"之责任竞合;加害给付;可撤销合同(题干无可撤销事由的信息)

思路展开

命题点1:加害给付之责任竞合。

(1)法律依据:①《合同法》第122条,"因当事人一方的违约行为,侵害对方人身、财产权益的,受损害方有权选择依照本法要求其承担违约责任或者依照其他法律要求其承担侵权责任。"②《合同法》112条,"当事人一方不履行合同义务或者履行合同义务不符合约定的,在履行义务或者采取补救措施后,对方还有其他损失的,应当赔偿损失。"③《合同法解释一》第30条,"债权人依照合同法第一百二十二条的规定向人民法院起诉时作出选择后,在一审开庭以前又变更诉讼请求的,人民法院应当准许。对方当事人提出管辖权异议,经审查异议成立的,人民法院应当驳回起诉。"④《侵权责任法》第43条第1款,"因产品存在缺陷造成损害的,被侵权人可以向产品的生产者请求赔偿,也可以向产品的销售者请求赔偿。"

(2)具体到本题:"孙女士于2004年5月1日从某商场购买一套化妆品,使用后皮肤红肿出疹,就医不愈花费巨大"。①商场构成违约。a.商场交付的化妆品产品质量不合格,即使没有约定产品质量,也应符合法律推定的质量标准。b.《合同法》第62条,"当事人就有关合同内容约定不明确,依照本法第六十一条的规定仍不能确定的,适用下列规定:(一)质量要求不明确的,按照国家标准、行业标准履行;没有国家标准、行业标准的,按照通常标准或者符合合同目的的特定标准履行……"c.《合同法》第61条,"合同生效后,当事人就质量、价款或者报酬、履行地点等内容没有约定或者约定不明确的,可以协议补充;不能达成补充协议的,按照合同有关条款或者交易习惯确定。"②商场的行为构成侵权,侵害了孙女士履行利益之外的固有利益(健康权),为

① 参考答案:AB

产品侵权。

(3)结论:孙女士可以选择合同救济或者侵权救济。“A. 孙女士可以要求商场承担违约责任;B. 孙女士可以要求商场承担侵权责任”,AB 均对,选 AB。

命题点 2:可撤销合同与缔约过失责任。题干信息不存在可撤销事由或缔约过失情形。

(1)《2009 年国家司法考试试题解析》“本题中的情形不属于《合同法》第 42 条规定的任一种违反先合同义务的情形,所以不存在缔约过失的情况。故 C 选项不是应选项。另外,根据题面,该合同也不存在欺诈、胁迫等可撤销的情形,孙女士无权要求撤销合同,故 D 选项不是应选项。”

(2)结论:“C. 孙女士可以要求商场承担缔约过失责任;D. 孙女士可以要求撤销合同”,CD 均错,不选 CD。

常见错误

1. 缔约过失责任说:认为该商场违反先合同义务,造成孙女士固有利益的损害,应承担缔约过失责任,误选 C。

2. 欺诈可撤销说:认为商场构成欺诈,受害方孙女士可以要求撤销合同,误选 D。

第二节　缔约过失责任

1. 缔约过失责任赔偿范围、合同因欺诈而撤销后的返还

甲隐瞒了其所购别墅内曾发生恶性刑事案件的事实,以明显低于市场价的价格将其转卖给乙;乙在不知情的情况下,放弃他人以市场价出售的别墅,购买了甲的别墅。几个月后乙获悉实情,向法院申请撤销合同。关于本案,下列哪些说法是正确的?(2016－3－59)

A. 乙须在得知实情后一年内申请法院撤销合同

B. 如合同被撤销,甲须赔偿乙在订立及履行合同过程当中支付的各种必要费用

C. 如合同被撤销,乙有权要求甲赔偿主张撤销时别墅价格与此前订立合同时别墅价格的差价损失

D. 合同撤销后乙须向甲支付合同撤销前别墅的使用费

答案:(　　)①

考点:欺诈可撤销合同、缔约过失责任赔偿范围之直接损失和间接损失、不当得利返还

解题图构

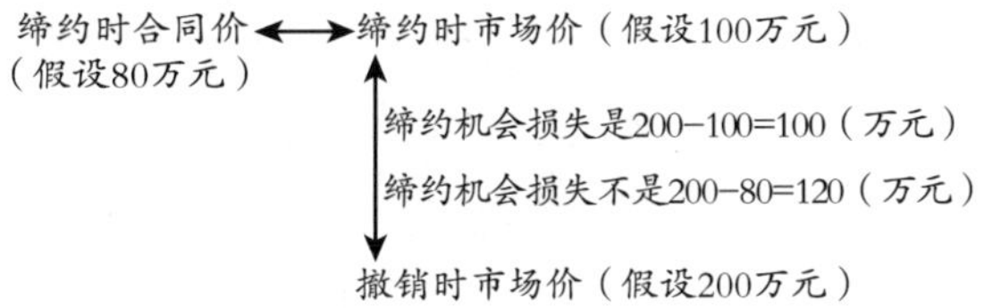

思路展开

命题点 1:消极欺诈,构成欺诈,启动受欺诈人撤销权。

(1)法律依据:①欺诈中受欺诈人可撤销。《民法总则》第 148 条,“一方以欺诈手段,使对方在违背真实意思的情况下实施的民事法律行为,受欺诈方有权请求人民法院或者仲裁机构予以撤销。”②欺诈包括积极欺诈即故意告知虚假情况和消极欺诈即故意隐瞒真实情况:《民通意见》第 68 条,“一方当事人故意告知对方虚假情况,或者故意隐瞒真实情况,诱使对方当事人作出错误意思表示的,可以认定为欺诈行为。”③受欺诈启动撤销权,期间是 1 年:《民法总则》第 152 条,“有下列情形之一的,撤销权消灭:(一)当事人自知道或者应当知道撤销事由之日起一年内、重大误解的当事人自知道或者应当知道撤销事由之日起三个月内没有行使撤销权;(二)当事人受胁迫,自胁迫行为终止之日起一年内没有行使撤销权;(三)当事人知道撤销事由后明确表示或者以自己的行为表明放弃撤销权。当事人自民事法律行为发生之日起五年内没有行使撤销权的,撤销权消灭。”

(2)法理阐释:①所谓欺诈,是故意欺骗他人,使之陷于错误的行为。②所谓受欺诈而实施的行为,则是由于他人的欺诈行为陷于错误,进而做出的意思表示。

(3)欺诈的构成要件:①欺诈人方面有欺骗他人的行为和欺诈的故意。第一,欺诈人须有欺骗他人的行为。欺诈往往表现为积极行为,而消极行为,尤其是沉默,则必须是法律、合同或者商业习惯上有

① 参考答案:ABCD

告知事实的义务,而未告知时才能构成欺诈。第二,欺诈人有欺诈故意:有使相对人限于错误的故意;有使相对人陷于错误而做出意思表示的故意。②受欺诈人方面因受欺诈而陷于错误、因错误而做出意思表示。第一,受欺诈人陷于错误与欺诈人的欺诈行为之间有因果关系;第二,受欺诈人因错误而做出意思表示,即错误与意思表示之间有因果关系。

(4)具体到本题:“甲隐瞒了其所购别墅内曾发生恶性刑事案件的事实,以明显低于市场价的价格将其转卖给乙”。房屋买卖合同中,恶性刑事案件这一事实,根据商业习惯,卖方有积极披露的义务。《2016年国家司法考试试题解析》:“甲因未告知乙与合同订立有重大关系的事项而导致合同被申请撤销。”

(5)结论:“A. 乙须在得知实情后一年内申请法院撤销合同”,A对,选A。

命题点2:缔约过失责任的赔偿范围:缔约费用和订约机会损失。

(1)法律依据:《合同法》第42条,“当事人在订立合同过程中有下列情形之一,给对方造成损失的,应当承担损害赔偿责任:(一)假借订立合同,恶意进行磋商;(二)故意隐瞒与订立合同有关的重要事实或者提供虚假情况;(三)有其他违背诚实信用原则的行为。”

(2)“三大本”关于缔约过失责任赔偿范围的阐述:①缔约过失赔偿责任的范围,应以对方的缔约过失造成的实际损失为标准,包括为缔约合同的支出,由于违反先合同义务而受有的损失以及由于对方的过失而造成的订约机会丧失而受有的损失。②具体而言:缔约过失赔偿的责任范围,既包括直接损失,也包括间接损失。③直接损失包括缔约费用、准备履行合同而支出的费用、鉴定费、咨询费等及上述费用的利息。④间接损失主要是指丧失与第三人订立同类合同的机会所产生的损失,即交易机会的丧失所产生的损失。因此丧失与第三人缔约机会而产生的损失是固有利益的损失,不以过错方在订立合同时的可预见范围为限度。⑤当信赖利益的损害超过履行利益的损害时,赔偿责任应当以履行利益额为限,原因在于即使合同因当事人合意而成立,受损害方所得到的利益也不会超过合同的履行利益,那么,当合同不成立时,当事人能够请求的赔偿更应当不能超过履行利益,才算合理。

(3)具体到本题:①“乙在不知情的情况下,放弃他人以市场价出售的别墅,购买了甲的别墅”。②“几个月后乙获悉实情,向法院申请撤销合同”。③因此,乙可向甲主张缔约必要费用损害,以及缔约机会丧失的损失。

(4)结论:①“B. 如合同被撤销,甲须赔偿乙在订立及履行合同过程当中支付的各种必要费用”,B对,选B。②“C. 如合同被撤销,乙有权要求甲赔偿主张撤销时别墅价格与此前订立合同时别墅价格的差价损失”,C对,选C。

命题点3:合同被撤销后的返还。

(1)法律依据:①合同被撤销后的返还。《民法总则》第157条,“民事法律行为无效、被撤销或者确定不发生效力后,行为人因该行为取得的财产,应当予以返还;不能返还或者没有必要返还的,应当折价补偿。有过错的一方应当赔偿对方由此所受到的损失;各方都有过错的,应当各自承担相应的责任。法律另有规定的,依照其规定。”《合同法》第58条,“合同无效或者被撤销后,因该合同取得的财产,应当予以返还;不能返还或者没有必要返还的,应当折价补偿。有过错的一方应当赔偿对方因此所受到的损失,双方都有过错的,应当各自承担相应的责任。”②不当得利返还。《民法总则》第122条,“因他人没有法律根据,取得不当利益,受损失的人有权请求其返还不当利益。”

(2)具体到本题:“乙在不知情的情况下,放弃他人以市场价出售的别墅,购买了甲的别墅。几个月后乙获悉实情”。说明乙居住了别墅几个月,合同被撤销后,溯及无效,故甲可要求乙支付这几个月的使用费。《2016年国家司法考试试题解析》:“本题中甲有过错,缔约过失责任赔偿的是信赖利益,其法律效果是使双方当事人回到订约前的状态,所以乙应当向甲支付撤销前的别墅使用费。”

(3)结论:“D. 合同撤销后乙须向甲支付合同撤销前别墅的使用费”,D对,选D。

2. 缔约过失责任坚持相对性之“六一儿童玩具伪装者案”

甲、乙同为儿童玩具生产商。六一节前夕,丙与

甲商谈进货事宜。乙知道后向丙提出更优惠条件，并指使丁假借订货与甲接洽，报价高于丙以阻止甲与丙签约。丙经比较与乙签约，丁随即终止与甲的谈判，甲因此遭受损失。对此，下列哪一说法是正确的？（2010－3－12）

A. 乙应对甲承担缔约过失责任

B. 丙应对甲承担缔约过失责任

C. 丁应对甲承担缔约过失责任

D. 乙、丙、丁无须对甲承担缔约过失责任

答案：（　　）①

考点：缔约过失责任坚持相对性

解题图构

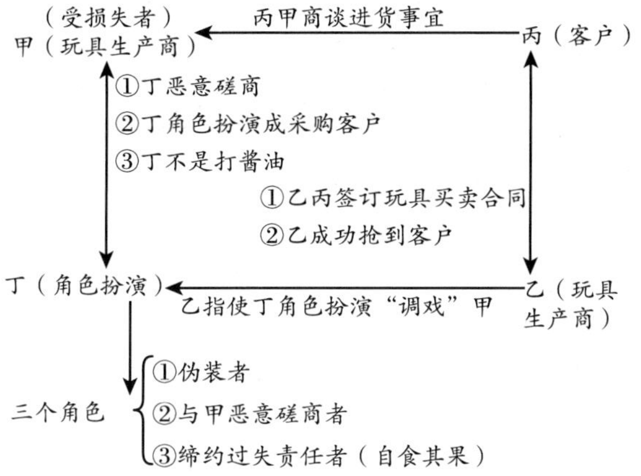

读题技巧

1.“丙与甲商谈进货事宜”＋“丙经比较与乙签约”，丙不对甲负缔约过失责任。

2.“丁假借订货与甲接洽，报价高于丙以阻止甲与丙签约”＋“丁随即终止与甲的谈判，甲因此遭受损失”＝丁对甲的损失负缔约过失责任。

3.“乙知道后向丙提出更优惠条件，并指使丁假借订货与甲接洽”，乙与丁是否对甲构成共同侵权？(1)涉及甲的纯粹经济上损失在侵权责任法上是否予以保护的问题。(2)《2010年国家司法考试试题解析》：“当然，乙虽不承担缔约过失责任，但仍可能承担侵权责任。”(3)本题对侵权责任未涉及。(4)缔约过失责任是否成立共同的缔约过失责任，合同法是持否定态度的（第42条第一个词即“当事人”）。

4.甲虽然是玩具生产商，实际上在本案中是被“玩坏了”，一定程度上，本题显示了市场竞争之残酷激烈，丙作为一个商人，其与乙签约，也不是脑子进水不做判断的。

5.丁承担责任却是有基础的，题干交代很明显，丁为恶意磋商人，“甲因此遭受损失”，被丁玩弄了半天，费时费力费钱，“六一节前夕”，过了这村没了这店。

思路展开

思路1：缔约过失责任坚持相对性，缔约过失责任开宗明义，限于缔约之“当事人”。缔约过失责任：在订立合同过程中，一方因违背其依据诚实信用原则所应尽的义务而致另一方信赖利益的损失，依法应承担的民事责任。

(1)法律依据：①缔约过失责任的类型：《合同法》第42条，“当事人在订立合同过程中有下列情形之一，给对方造成损失的，应当承担损害赔偿责任：(一)假借订立合同，恶意进行磋商；(二)故意隐瞒与订立合同有关的重要事实或者提供虚假情况；(三)有其他违背诚实信用原则的行为。”②合同成立的缔约过失责任：《合同法》第43条，“当事人在订立合同过程中知悉的商业秘密，无论合同是否成立，不得泄露或者不正当地使用。泄露或者不正当地使用该商业秘密给对方造成损失的，应当承担损害赔偿责任。”③合同无效、被撤销后的缔约过失责任：《合同法》第58条，“合同无效或者被撤销后，因该合同取得的财产，应当予以返还；不能返还或者没有必要返还的，应当折价补偿。有过错的一方应当赔偿对方因此所受到的损失，双方都有过错的，应当各自承担相应的责任。”④批准或登记才生效的合同，一方未履行报批义务的缔约过失责任（很特殊）：《合同法解释二》第8条，“依照法律、行政法规的规定经批准或者登记才能生效的合同成立后，有义务办理申请批准或者申请登记等手续的一方当事人未按照法律规定或者合同约定办理申请批准或者未申请登记的，属于合同法第四十二条第（三）项规定的‘其他违背诚实信用原则的行为’，人民法院可以根据案件的具体情况和相对人的请求，判决相对人自己办理有关手续；对方当事人对由此产生的费用和给相对人造成的实际损失，应当承担损害赔偿

① 参考答案：C

责任。”

(2)学理阐释:

①恶意缔约——正常停止磋商是可以的,符合合同自由原则:非出于订立合同之目的而借订立合同之名与他人磋商。其真实目的,或阻止对方与他人订立合同,或使对方贻误商机,或仅为戏耍对方。

②欺诈缔约:缔约当事人依诚实信用原则负有如实告知义务,主要包括:a. 告知对方自己的财产状况与履约能力;b. 告知标的物的瑕疵;c. 告知标的物的性能和使用方法。若违反此项义务(隐瞒或虚告),即构成欺诈,如因此致对方受损害,应负缔约过失责任。

③违反人格和人格尊严等违背诚实信用原则的缔约。《合同法》第42条,“当事人在订立合同过程中有下列情形之一,给对方造成损失的,应当承担损害赔偿责任:……(三)有其他违背诚实信用原则的行为。”

④不履行报批义务时成立缔约过失责任——注意限定的合同类型。a. 依照法律、行政法规的规定,经批准或登记才能生效的合同成立后,有义务办理申请批准或申请登记等手续的一方当事人未按照法律规定或合同约定办理申请批准或申请登记的,属于《合同法》第42条第3项规定的其他违背诚实信用原则的行为(参见《合同法解释二》第8条)。b. 示例:甲把其在丙外商投资企业中的股权卖给乙,甲不配合办理报批义务,合同成立未生效。法院可判决乙自己去办理有关手续(因甲违反的是未生效合同,属于先合同义务,不能被诉请强制履行)。a1. 办理好后(即合同有效成立),费用和相关实际损失,由甲承担。a2. 办理失败,乙仍可要求甲承担缔约过失责任。

⑤擅自撤销要约时的缔约过失责任。

⑥缔约之际未尽保密义务给相对人造成损失时的缔约过失责任(《合同法》第43条)。

⑦缔约之际未尽保护义务侵害相对人的人身权、物权时的缔约过失责任(其请求权基础也可定为侵权行为)。

⑧合同不成立时的缔约过失责任(无明文规定合同不成立的缔约过失责任,但缔约人过错性质相同与导致合同无效、被撤销具有共性,类推适用《合同法》第58条规定)。

⑨合同无效时的缔约过失责任。(参见《合同法》第58条)。

⑩合同被变更或撤销时的缔约过失责任(《合同法》第58条)。

⑪合同不被追认时的缔约过失责任(类推适用《合同法》第58条)。

⑫无权代理情况下的缔约过失责任(《合同法》第48条)。

思路2:具体到本题:

(1)《2010年国家司法考试试题解析》:“值得注意的是,作为先合同义务的缔约过失责任,同样坚持了合同的相对性,换句话说,只有参与缔约的当事人才可能承担缔约过失责任。具体到本题中,虽然丁的相关行为是受乙的指使,但由于与甲进行缔约行为的是丁而不是乙,因此只有丁的行为才构成缔约过失,故不选A”+“丙在甲、乙两个交易对象中选择并最终未与甲订约是正常的商业行为,不违反先合同义务,不构成缔约过失,故不选B。”

(2)结论:①丁假借订立合同,恶意进行磋商构成缔约过失,应承担责任。②“C. 丁应对甲承担缔约过失责任”,C对,选C。③“A. 乙应对甲承担缔约过失责任;B. 丙应对甲承担缔约过失责任;D. 乙、丙、丁无须对甲承担缔约过失责任”,ABD错,不选ABD。

3. 先出样品才能“考虑”批量购买,真心实意谈判,不是恶意磋商,无缔约过失责任

甲公司在与乙公司协商购买某种零件时提出,由于该零件的工艺要求高,只有乙公司先行制造出符合要求的样品后,才能考虑批量购买。乙公司完成样品后,甲公司因经营战略发生重大调整,遂通知乙公司:本公司已不需此种零件,终止谈判。下列哪一选项是正确的?(2007-3-4)

A. 甲公司构成违约,应当赔偿乙公司的损失

B. 甲公司的行为构成缔约过失,应当赔偿乙公司的损失

C. 甲公司的行为构成侵权行为,应当赔偿乙公司的损失

D. 甲公司不应赔偿乙公司的任何损失

答案:( )①

考点:先出样品才能"考虑"批量购买,真心实意谈判,不是恶意磋商,无缔约过失责任

思路展开

思路1:缔约过失责任:在订立合同过程中,一方因违背其依据诚实信用原则所应尽的义务而致另一方信赖利益的损失,依法应承担的民事责任。

(1)法律依据:①缔约过失责任的类型。《合同法》第42条,"当事人在订立合同过程中有下列情形之一,给对方造成损失的,应当承担损害赔偿责任:(一)假借订立合同,恶意进行磋商;(二)故意隐瞒与订立合同有关的重要事实或者提供虚假情况;(三)有其他违背诚实信用原则的行为。"②合同成立的缔约过失责任。《合同法》第43条,"当事人在订立合同过程中知悉的商业秘密,无论合同是否成立,不得泄露或者不正当地使用。泄露或者不正当地使用该商业秘密给对方造成损失的,应当承担损害赔偿责任。"③合同无效、被撤销后的缔约过失责任。《合同法》第58条,"合同无效或者被撤销后,因该合同取得的财产,应当予以返还;不能返还或者没有必要返还的,应当折价补偿。有过错的一方应当赔偿对方因此所受到的损失,双方都有过错的,应当各自承担相应的责任。"④批准或登记才生效的合同,一方未履行报批义务的缔约过失责任(很特殊)。《合同法解释二》第8条,"依照法律、行政法规的规定经批准或者登记才能生效的合同成立后,有义务办理申请批准或者申请登记等手续的一方当事人未按照法律规定或者合同约定办理申请批准或者未申请登记的,属于合同法第四十二条第(三)项规定的'其他违背诚实信用原则的行为',人民法院可以根据案件的具体情况和相对人的请求,判决相对人自己办理有关手续;对方当事人对由此产生的费用和给相对人造成的实际损失,应当承担损害赔偿责任。"

(2)学理阐释之缔约过失责任的类型:①恶意缔约——正常停止磋商是可以的,符合合同自由原则:非出于订立合同之目的而借订立合同之名与他人磋商。其真实目的,或阻止对方与他人订立合同,或使对方贻误商机,或仅为戏耍对方。②欺诈缔约:缔约当事人依诚实信用原则负有如实告知义务,主要包括:a. 告知对方自己的财产状况与履约能力;b. 告知标的物的瑕疵;c. 告知标的物的性能和使用方法。若违反此项义务(隐瞒或虚告),即构成欺诈,如因此致对方受损害,应负缔约过失责任。③违反人格和人格尊严等违背诚实信用原则的缔约:《合同法》第42条,"当事人在订立合同过程中有下列情形之一,给对方造成损失的,应当承担损害赔偿责任:……(三)有其他违背诚实信用原则的行为。"④不履行报批义务时成立缔约过失责任——注意限定的合同类型。a. 依照法律、行政法规的规定经批准或登记才能生效的合同成立后,有义务办理申请批准或申请登记等手续的一方当事人未按照法律规定或合同约定办理申请批准或申请登记的,属于《合同法》第42条第3项规定的其他违背诚实信用原则的行为(参见《合同法解释二》第8条)。b. 示例:甲把其在丙外商投资企业中的股权卖给乙,甲不配合办理报批义务,合同成立未生效。法院可判决乙自己去办理有关手续(因甲违反的是未生效合同,属于先合同义务,不能被诉请强制履行)。a1. 办理好后(即合同有效成立),费用和相关实际损失,由甲承担。a2. 办理失败,乙仍可要求甲承担缔约过失责任。⑤擅自撤销要约时的缔约过失责任。⑥缔约之际未尽保密义务给相对人造成损失时的缔约过失责任(《合同法》第43条)。⑦缔约之际未尽保护义务侵害相对人的人身权、物权时的缔约过失责任(其请求权基础也可定为侵权行为)。⑧合同不成立时的缔约过失责任(无明文规定合同不成立的缔约过失责任,但缔约人过错性质相同与导致合同无效、被撤销具有共性,类推适用《合同法》第58条规定)。⑨合同无效时的缔约过失责任。(参见《合同法》第58条)。⑩合同被变更或撤销时的缔约过失责任(《合同法》第58条)。⑪合同不被追认时的缔约过失责任(类推适用《合同法》第58条)。⑫无权代理情况下的缔约过失责任(《合同法》第48条)。

(3)学理阐释之缔约过失责任的构成要件:①缔约双方当事人(由陌生人到半熟悉人)。②一方故意或过失违反照顾、保密、通知、协助、保护等先合同义务。③造成对方合理信赖利益的损失。

---

① 参考答案:D

思路2:具体到本题:磋商限于"恶意",才负缔约过失责任。正常磋商,可以自由进出,是市场经济的本意。无谈判无合同,无磋商无合同。

(1)"甲公司在与乙公司协商购买某种零件时提出,由于该零件的工艺要求高,只有乙公司先行制造出符合要求的样品后,才能考虑批量购买。"+"甲公司因经营战略发生重大调整,遂通知乙公司:本公司已不需此种零件,终止谈判"=甲尽到了告知义务、尽到了通知义务,是个诚实的商人。

(2)甲不负缔约过失责任。

(3)结论:①"D.甲公司不应赔偿乙公司的任何损失",D对,选D。②"B.甲公司的行为构成缔约过失,应当赔偿乙公司的损失;C.甲公司的行为构成侵权行为,应当赔偿乙公司的损失",BC均错,不选BC。

(4)《2007年国家司法考试试题解析》:"由题干不难看出,甲公司也不存在对乙公司的侵权行为,因此C选项错误。"

思路3:要约与要约邀请的判断。

(1)法律依据:①要约:《合同法》第14条,"要约是希望和他人订立合同的意思表示,该意思表示应当符合下列规定:(一)内容具体确定;(二)表明经受要约人承诺,要约人即受该意思表示约束。"②要约邀请:《合同法》第15条,"要约邀请是希望他人向自己发出要约的意思表示。寄送的价目表、拍卖公告、招标公告、招股说明书、商业广告等为要约邀请。商业广告的内容符合要约规定的,视为要约。"

(2)具体到本题:①甲公司让乙公司先行制造样品,并表示"只有乙公司先行制造出符合要求的样品后,才能考虑批量购买",而并未表明,只要乙公司生产出来,就一定购买,并没有表明经受要约人承诺,要约人即受该意思表示约束,因而甲公司的表示不是要约,而是要约邀请。②因而,乙公司完成样品后找到甲公司才是要约。③但是甲不同意乙的要约。④甲、乙之间并未达成合意,购买零件的合同并未成立。⑤合同未成立,即无违约责任问题。故甲公司并不构成违约,不应当赔偿乙公司的损失。

(3)结论:"A.甲公司构成违约,应当赔偿乙公司的损失",A错,不选A。

第二十二章　转移财产权利的合同

第一节　买卖合同

一、一物多卖

1. 动产:挖掘机一物多卖(2012 - 3 - 86)

2. 动产:动产“药材”连环买卖(2011 - 3 - 86)

3. 不动产:不动产连环买卖(2008 - 3 - 94/95/96)

4. 不动产:开发商一房多卖(2006 - 3 - 91/92/93)

5. 一房两卖合同均有效

二、风险转移

1. 简易交付转移风险

甲公司借用乙公司的一套设备,在使用过程中不慎损坏一关键部件,于是甲公司提出买下该套设备,乙公司同意出售。双方还口头约定在甲公司支付价款前,乙公司保留该套设备的所有权。不料在支付价款前,甲公司生产车间失火,造成包括该套设备在内的车间所有财物被烧毁。对此,下列哪些选项是正确的?(2016 - 3 - 57)

A. 乙公司已经履行了交付义务,风险责任应由甲公司负担

B. 在设备被烧毁时,所有权属于乙公司,风险责任应由乙公司承担

C. 设备虽然已经被烧毁,但甲公司仍然需要支付原定价款

D. 双方关于该套设备所有权保留的约定应采用书面形式

答案:(　　)①

考点:交付转移风险、简易交付

解题图构

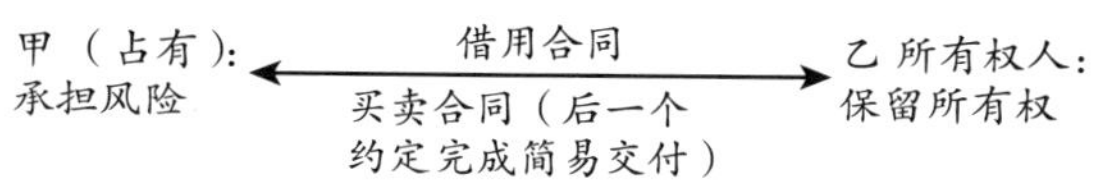

思路展开

命题点1:交付(简易交付)转移风险,占有人负担买卖合同风险

(1)法律依据:①交付转移风险。《合同法》第142条,“标的物毁损、灭失的风险,在标的物交付之前由出卖人承担,交付之后由买受人承担,但法律另有规定或者当事人另有约定的除外。”②简易交付为交付的一种。《物权法》第25条,“动产物权设立和转让前,权利人已经依法占有该动产的,物权自法律行为生效时发生效力。”③占有改定、指示交付、简易交付和现实交付,都启动第142条交付转移风险。

(2)具体到本题:①“甲公司借用乙公司的一套设备,在使用过程中不慎损坏一关键部件,于是甲公司提出买下该套设备,乙公司同意出售。”②“不料在支付价款前,甲公司生产车间失火”。③甲、乙通过简易交付的方式完成交付,交付后,由买方甲承担设备毁损灭失的风险。④《2016年国家司法考试试题解析》:“买卖合同风险负担,并不完全根据谁享有标的物的所有权来确定。”

(3)结论:①“A. 乙公司已经履行了交付义务,风险责任应由甲公司负担”,A对,选A。②“B. 在设备被烧毁时,所有权属于乙公司,风险责任应由乙公司承担”,B错,不选B。

命题点2:风险负担的含义:买卖合同履行过程中发生的标的物意外毁损灭失的风险由哪一方当事人负担。在买卖合同中,对于债务不履行或不协助履行,标的物的风险通常由有过失的一方负担。在标的物非因双方当事人故意或者过失而发生意外毁损灭失的情况下,风险负担按交付原则来确定。

(1)具体到本题:①“不料在支付价款前,甲公司生产车间失火,造成包括该套设备在内的车

① 参考答案:AC

间所有财物被烧毁”。②“车间失火”,不可归责于甲如不可抗力、意外事件等。③买方甲承担风险,甲不得要求卖方乙再补货,同时甲还得继续向卖方乙支付全部价款。

(2)结论:“C. 设备虽然已经被烧毁,但甲公司仍然需要支付原定价款”,C 对,选 C。

命题点 3:所有权保留约定非要式。

(1)法律依据:①《合同法》第 134 条,“当事人可以在买卖合同中约定买受人未履行支付价款或者其他义务的,标的物的所有权属于出卖人。”②《合同法》第 10 条,“当事人订立合同,有书面形式、口头形式和其他形式。法律、行政法规规定采用书面形式的,应当采用书面形式。当事人约定采用书面形式的,应当采用书面形式。”

(2)具体到本题:“双方还口头约定在甲公司支付价款前,乙公司保留该套设备的所有权。”保留所有权买卖不是必须采用书面形式。《2016 年国家司法考试试题解析》:“对于所有权保留,并未有规定明确需采书面形式。”

(3)结论:“D. 双方关于该套设备所有权保留的约定应采用书面形式”,D 错,不选 D。

三、所有权保留买卖

1. 所有权保留买卖的取回权、分期付款买卖的加速到期与解除权

周某以 6000 元的价格向吴某出售一台电脑,双方约定五个月内付清货款,每月支付 1200 元,在全部价款付清前电脑所有权不转移。合同生效后,周某将电脑交给吴某使用。期间,电脑出现故障,吴某将电脑交周某修理,但周某修好后以 6200 元的价格将该电脑出售并交付给不知情的王某。对此,下列哪些说法是正确的?(2016-3-61)

A. 王某可以取得该电脑所有权

B. 在吴某无力支付最后一个月的价款时,周某可行使取回权

C. 如吴某未支付到期货款达 1800 元,周某可要求其一次性支付剩余货款

D. 如吴某未支付到期货款达 1800 元,周某可要求解除合同,并要求吴某支付一定的电脑使用费

答案:( )①

考点:所有权保留买卖的取回权、分期付款买卖的加速到期与解除权

解题图构

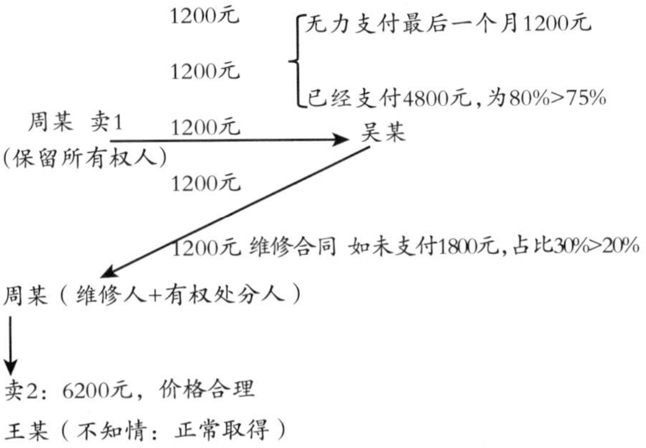

命题点 1:一物两卖,卖方有权处分,第二个买方正常取得物权。

(1)法律依据:①多重买卖合同有效。《合同法解释二》第 15 条,“出卖人就同一标的物订立多重买卖合同,合同均不具有合同法第五十二条规定的无效情形,买受人因不能按照合同约定取得标的物所有权,请求追究出卖人违约责任的,人民法院应予支持。”②保留所有权买卖卖方再卖属于有权处分。《合同法》第 134 条,“当事人可以在买卖合同中约定买受人未履行支付价款或者其他义务的,标的物的所有权属于出卖人。”③动产交付变动物权。《物权法》第 23 条,“动产物权的设立和转让,自交付时发生效力,但法律另有规定的除外。”

(2)具体到本题:①“周某以 6000 元的价格向吴某出售一台电脑,双方约定五个月内付清货款,每月支付 1200 元,在全部价款付清前电脑所有权不转移。”“但周某修好后以 6200 元的价格将该电脑出售并交付给不知情的王某。”②周某先卖给吴某,但是所有权保留在周某处,故周某二次再卖给王某,仍然属于有权处分,已经完成交付,故王某正常取得电脑的所有权。③《2016 年国家司法考试试题解析》:“[设题陷阱和常见错误分析]:有的考生可能以为电脑已经交付给吴某,周某便无权再处分,从而认为王某不能取得电脑所有权。”

(3)结论:“A. 王某可以取得该电脑所有权”,A

① 参考答案:ACD

对，选A。

命题点2：所有权保留买卖中的取回权禁止：买方已付款80%，已经超过了75%。

（1）法律依据：①所有权保留买卖中，卖方享有取回权情形。《买卖解释》第35条第1款，“当事人约定所有权保留，在标的物所有权转移前，买受人有下列情形之一，对出卖人造成损害，出卖人主张取回标的物的，人民法院应予支持：（一）未按约定支付价款的；（二）未按约定完成特定条件的；（三）将标的物出卖、出质或者作出其他不当处分的。”②所有权保留买卖中，禁止卖方取回权的事由。《买卖解释》第36条，“买受人已经支付标的物总价款的百分之七十五以上，出卖人主张取回标的物的，人民法院不予支持。在本解释第三十五条第一款第（三）项情形下，第三人依据物权法第一百零六条的规定已经善意取得标的物所有权或者其他物权，出卖人主张取回标的物的，人民法院不予支持。”

（2）具体到本题：①题干事实，“周某以6000元的价格向吴某出售一台电脑，双方约定五个月内付清货款，每月支付1200元，在全部价款付清前电脑所有权不转移”。②选项假设事实：“在吴某无力支付最后一个月的价款时”。意味着吴某已经支付了4800元，达到总金额6000元的80%。③吴某已经支付购买款超过了75%，故卖方周某不得主张取回权。

（3）结论：“B.在吴某无力支付最后一个月的价款时，周某可行使取回权”，B错，不选B。

命题点3：分期付款买卖中加速到期或解除权条件：买方未付款达到20%。

（1）法律依据：分期付款买卖中，未支付到期价款额度达到全部的20%，启动卖方的加速到期或者解除权。《合同法》第167条，“分期付款的买受人未支付到期价款的金额达到全部价款的五分之一的，出卖人可以要求买受人支付全部价款或者解除合同。出卖人解除合同的，可以向买受人要求支付该标的物的使用费。”

（2）具体到本题：①题干事实，“周某以6000元的价格向吴某出售一台电脑，双方约定五个月内付清货款，每月支付1200元”。②选项事实：“如吴某未支付到期货款达1800元”③买方吴某未支付额度占总价款的比例是：1800/6000=30%。超过了20%。④周某可以主张加速到期，也可以主张解除合同的同时要求吴某支付电脑使用费（解除合同时吴某对电脑的使用即构成不当得利）。

（3）结论：①“C.如吴某未支付到期货款达1800元，周某可要求其一次性支付剩余货款”，C对，选C。②“D.如吴某未支付到期货款达1800元，周某可要求解除合同，并要求吴某支付一定的电脑使用费”，D对，选D。

4.延展：《2016年国家司法考试试题解析》：“本题BCD根据题干中标的物的价格，设置了不同的违约情形，最后一期款项占全部款项的20%，意味着已经支付达到80%，这对《买卖解释》规定的75%之限度有意义；而1800元占总价款的30%，未支付到期价款达到20%以上，又是《合同法》规定的特定限度；如果考生不能准确把握这两个比例，则可能会选错。”

2.一车二卖之所有权保留与指示交付：一车二卖，先汽车保留所有权买卖，后保留所有权卖方以指示交付方式再次卖汽车，为有权处分

甲将其1辆汽车出卖给乙，约定价款30万元。乙先付了20万元，余款在6个月内分期支付。在分期付款期间，甲先将汽车交付给乙，但明确约定付清全款后甲才将汽车的所有权移转给乙。嗣后，甲又将该汽车以20万元的价格卖给不知情的丙，并以指示交付的方式完成交付。下列哪一表述是正确的？（2012－3－9）

A.在乙分期付款期间，汽车已经交付给乙，乙即取得汽车的所有权

B.在乙分期付款期间，汽车虽然已经交付给乙，但甲保留了汽车的所有权，故乙不能取得汽车的所有权

C.丙对甲、乙之间的交易不知情，可以依据善意取得制度取得汽车所有权

D.丙不能依甲的指示交付取得汽车所有权

答案：（　　）①

考点：一车二卖，先汽车保留所有权买卖，后保留所有权卖方以指示交付方式再次卖汽车，为有权

① 参考答案：B

处分

解题图构

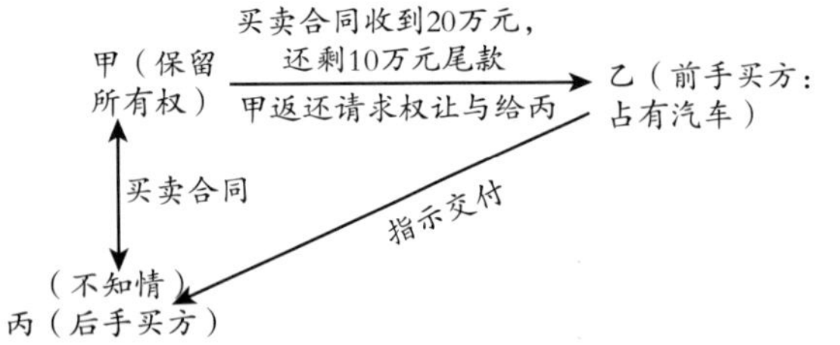

读题技巧

1.“但明确约定付清全款后甲才将汽车的所有权移转给乙”，指向保留所有权买卖中，卖方甲仍然是汽车所有权人，甲再行处分不是无权处分。

2.“甲又将该汽车以20万元的价格卖给不知情的丙，并以指示交付的方式完成交付”，指向汽车通过指示交付完成物权变动，丙取得了汽车所有权。

思路展开

命题点1：保留所有权买卖，保留所有权期间，卖方是所有权人。卖方再卖不是无权处分，后手买方取得不是善意取得。

(1)法律依据：①动产所有权可以通过约定保留。《物权法》第23条，“动产物权的设立和转让，自交付时发生效力，但法律另有规定的除外。”→②激活《合同法》。《合同法》第133条，“标的物的所有权自标的物交付时起转移，但法律另有规定或者当事人另有约定的除外。”→③继续激活《合同法》第134条，“当事人可以在买卖合同中约定买受人未履行支付价款或者其他义务的，标的物的所有权属于出卖人。”④无权处分应检讨善意取得构成要件。《物权法》第106条，“无处分权人将不动产或者动产转让给受让人的，所有权人有权追回；除法律另有规定外，符合下列情形的，受让人取得该不动产或者动产的所有权：(一)受让人受让该不动产或者动产时是善意的；(二)以合理的价格转让；(三)转让的不动产或者动产依照法律规定应当登记的已经登记，不需要登记的已经交付给受让人。受让人依照前款规定取得不动产或者动产的所有权的，原所有权人有权向无处分权人请求赔偿损失。当事人善意取得其他物权的，参照前两款规定。”

(2)善意取得之法条阐释：善意取得五大条件=①动产属于委托物(脱离物如盗赃物、遗失物、漂流物、埋藏物、失散的动物，不适用善意取得。货币占有即所有，无善意取得问题。禁止流通物不发生善意取得)或不动产登记错误+②无权处分+③受让人善意(不知情者为善意，是指受让人不知让与人无处分权。对受让人善意的判断，应以“受让时”即交付或登记时为时点)+④合理价格(不要求实际支付价款，可以是代物清偿、互易、设立公司的出资等有偿行为)+⑤动产交付了或不动产登记了。

(3)具体到本题：①“在分期付款期间，甲先将汽车交付给乙，但明确约定付清全款后甲才将汽车的所有权移转给乙。嗣后，甲又将该汽车以20万元的价格卖给不知情的丙，并以指示交付的方式完成交付。”②甲、乙就汽车的交易作了所有权保留的约定，也就是说，甲先将汽车交付给乙，但明确约定付清全款后甲才将汽车的所有权移转给乙。③由此，在乙分期付款期间，汽车虽然已经交付给了乙，但是甲保留了汽车所有权，乙不能取得汽车的所有权。④甲基于所有权人身份，将汽车再卖给丙，并非无权处分，而属有权处分，故不适用善意取得规则。

(4)结论：①“B.在乙分期付款期间，汽车虽然已经交付给乙，但甲保留了汽车的所有权，故乙不能取得汽车的所有权”，B对，选B。②“A.在乙分期付款期间，汽车已经交付给乙，乙即取得汽车的所有权；C.丙对甲、乙之间的交易不知情，可以依据善意取得制度取得汽车所有权”，AC错，不选AC。

(5)关联记忆：①不动产不适用所有权保留。《买卖解释》第34条，“买卖合同当事人主张《合同法》第一百三十四条关于标的物所有权保留的规定适用于不动产的，人民法院不予支持。”②保留所有权的卖方取回权情形。《买卖解释》第35条，“当事人约定所有权保留，在标的物所有权转移前，买受人有下列情形之一，对出卖人造成损害，出卖人主张取回标的物的，人民法院应予支持：(一)未按约定支付价款的；(二)未按约定完成特定条件的；(三)将标的物出卖、出质或者作出其他不当处分的。取回的标的物价值显著减少，出卖人要求买受人赔偿损失的，人民法院应予支持。”③保留所有权的卖方取回权的限制(注：本题题干信息不涉及取回权)。《买卖解释》第36条，“买受人已经支付标的物总价款的百分之七十五以上，出卖人主张取回标的物的，人民法院不予支持。在本解释第三十五条第一款第

(三)项情形下,第三人依据物权法第一百零六条的规定已经善意取得标的物所有权或者其他物权,出卖人主张取回标的物的,人民法院不予支持。”④保留所有权的买方针对卖方取回权的回赎权。《买卖解释》第37条,“出卖人取回标的物后,买受人在双方约定的或者出卖人指定的回赎期间内,消除出卖人取回标的物的事由,主张回赎标的物的,人民法院应予支持。买受人在回赎期间内没有回赎标的物的,出卖人可以另行出卖标的物。出卖人另行出卖标的物的,出卖所得价款依次扣除取回和保管费用、再交易费用、利息、未清偿的价金后仍有剩余的,应返还原买受人;如有不足,出卖人要求原买受人清偿的,人民法院应予支持,但原买受人有证据证明出卖人另行出卖的价格明显低于市场价格的除外。”

(6)多余的话:所有权保留买卖,记住这些法律规定就可以,无须去记忆我国台湾地区是怎么规定的(区分所有权保留买卖是否登记,区分丙取得占有之方式是现实交付还是指示交付,以维护保留所有权买卖中乙的期待权,这些规定在我国大陆均无任何依据,无须掌握。)

命题点2:机动车等注册动产,交付即发生物权变动。交付方式可以是现实交付、简易交付、占有改定,以及本题涉及的指示交付。

(1)法律依据:①动产因交付变动物权。《物权法》第23条,“动产物权的设立和转让,自交付时发生效力,但法律另有规定的除外。”②注册动产也因交付变动物权。a.《物权法》第24条,“船舶、航空器和机动车等物权的设立、变更、转让和消灭,未经登记,不得对抗善意第三人。”b.《物权法解释一》第6条,“转让人转移船舶、航空器和机动车等所有权,受让人已经支付对价并取得占有,虽未经登记,但转让人的债权人主张其为物权法第二十四条所称的‘善意第三人’的,不予支持,法律另有规定的除外。”③交付包括指示交付。《物权法》第26条,“动产物权设立和转让前,第三人依法占有该动产的,负有交付义务的人可以通过转让请求第三人返还原物的权利代替交付。”

(2)具体到本题:①“嗣后,甲又将该汽车以20万元的价格卖给不知情的丙,并以指示交付的方式完成交付”。②甲基于所有权人身份,将汽车再卖给丙。③丙可以依据甲的指示交付取得汽车所有权。

(3)结论:“D.丙不能依甲的指示交付取得汽车所有权”,D错,不选D。

常见错误

1.丙是善意取得说:认为丙是善意第三人,对甲、乙之间的交易不知情,可以依据善意取得制度取得汽车所有权,误选C。

2.丙的指示交付不能对抗乙的合法占有说:认为乙已经合法占有,丙的指示交付无法对抗乙占有的效力,误选D。

四、分期付款买卖未支付价款达到全部价款40%,超过了法定五分之一,启动卖方加速到期,或者解除权;如解除,启动卖方已收取费用和买方使用费的充抵制度

曾某购买某汽车销售公司的轿车一辆,总价款20万元,约定分10次付清,每次2万元,每月的第一天支付。曾某按期支付6次共计12万元后,因该款汽车大幅降价,曾某遂停止付款。下列哪些表述是正确的?(2009-3-59)

A.汽车销售公司有权要求曾某一次性付清余下的8万元价款

B.汽车销售公司有权通知曾某解除合同

C.汽车销售公司有权收回汽车,并且收取曾某汽车使用费

D.汽车销售公司有权收回汽车,但不退还曾某已经支付的12万元价款

答案:(　　)①

考点:分期付款买卖未支付价款达到全部价款40%,超过了法定五分之一,启动卖方加速到期,或者解除权;如解除,启动卖方已收取费用和买方使用费的充抵制度

解题图构

汽车销售公司 { ①总价20万元 ②分10期 ③每期2万元 } ←→ 曾某 { ①仅实际支付12万元 ②仅实际支付6期 ③未支付合计8万元 ④未支付当期占全部比例 8/20=40%>法定的20% }

---

① 参考答案:ABC

思路展开

1. 命题点:分期付款买卖中未支付当期达到全部价款五分之一时的加速到期规则、解除规则、解除主张使用费规则。

2. 法律依据:

(1)分三次才是分期。《买卖解释》第38条第1款,"《合同法》第一百六十七条第一款规定的'分期付款',系指买受人将应付的总价款在一定期间内至少分三次向出卖人支付。"

(2)加速到期或解除权规则:未付当期达到剩余未付五分之一以上会加速到期或解除权。《合同法》第167条第1款,"分期付款的买受人未支付到期价款的金额达到全部价款的五分之一的,出卖人可以要求买受人支付全部价款或者解除合同。"

(3)不能低于五分之一规则。《买卖解释》第38条第2款,"分期付款买卖合同的约定违反《合同法》第一百六十七条第一款的规定,损害买受人利益,买受人主张该约定无效的,人民法院应予支持。"

(4)使用费规则:解除后可要求支付使用费。《合同法》第167条第2款,"出卖人解除合同的,可以向买受人要求支付该标的物的使用费。"

(5)充抵规则:卖方解除后扣留已收取价款与买方应支付使用费等额内充抵。《买卖解释》第39条,"分期付款买卖合同约定出卖人在解除合同时可以扣留已受领价金,出卖人扣留的金额超过标的物使用费以及标的物受损赔偿额,买受人请求返还超过部分的,人民法院应予支持。当事人对标的物的使用费没有约定的,人民法院可以参照当地同类标的物的租金标准确定。"

3. 具体到本题:

(1)"总价款20万元"+"曾某按期支付6次共计12万元后,因该款汽车大幅降价,曾某遂停止付款"="未支付当期占全部比例8/20=40%>法定的20%"。

(2)汽车销售公司可主张加速到期,让曾某一次性付剩余的全部8万天。

(3)汽车销售公司可解除合同,可收取曾某使用汽车的费用。

(4)汽车销售公司已经收取了曾某的12万元,与曾某应支付使用费,两项在对等数额内可充抵,"多退少补"。

4. 结论:

(1)"A.汽车销售公司有权要求曾某一次性付清余下的8万元价款;B.汽车销售公司有权通知曾某解除合同;C.汽车销售公司有权收回汽车,并且收取曾某汽车使用费",ABC对,选ABC。

(2)"D.汽车销售公司有权收回汽车,但不退还曾某已经支付的12万元价款",D错,不选D。

5.比对记忆:试用买卖试用可是免费的。分期付款买卖,使用可是有偿的。

五、试用买卖

1. 家电一律试用20天,未约定使用费则免费

某商场在促销活动期间贴出醒目告示:"本商场家电一律试用20天,满意者付款。"王某从该商场搬回冰箱一台,试用期满后退回,商场要求其支付使用费100元。下列哪一种说法是正确的?(2005-3-13)

A. 王某不应支付使用费,因为双方没有约定使用费

B. 王某应支付使用费,因为其行为构成了不当得利

C. 王某应支付按冰箱平均寿命折算的使用费

D. 王某应与商场分摊按冰箱平均寿命折算的使用费

答案:(　　)①

考点:家电一律试用20天,未约定使用费则免费

思路展开

思路1:试用买卖规则体系:

(1)试用期间由出卖人确定规则。《合同法》第170条,"试用买卖的当事人可以约定标的物的试用期间。对试用期间没有约定或者约定不明确,依照本法第六十一条的规定仍不能确定的,由出卖人确定。"

(2)试用期满沉默视为同意购买规则。《合同法》第171条,"试用买卖的买受人在试用期内可以

---

① 参考答案:B

购买标的物,也可以拒绝购买。试用期间届满,买受人对是否购买标的物未作表示的,视为购买。”

(3)试用期间内支付部分价款推定同意购买规则。《买卖解释》第41条第1款,“试用买卖的买受人在试用期内已经支付一部分价款的,人民法院应当认定买受人同意购买,但合同另有约定的除外。”

(4)试用期间非试用行为推定同意购买规则。《买卖解释》第41条第2款,“在试用期内,买受人对标的物实施了出卖、出租、设定担保物权等非试用行为的,人民法院应当认定买受人同意购买。”

(5)试用费未约定则免费试用规则。《买卖解释》第43条,“试用买卖的当事人没有约定使用费或者约定不明确,出卖人主张买受人支付使用费的,人民法院不予支持。”

(6)名为试用买卖实际不是试用买卖的类型。《买卖解释》第42条,“买卖合同存在下列约定内容之一的,不属于试用买卖。买受人主张属于试用买卖的,人民法院不予支持:(一)约定标的物经过试用或者检验符合一定要求时,买受人应当购买标的物;(二)约定第三人经试验对标的物认可时,买受人应当购买标的物;(三)约定买受人在一定期间内可以调换标的物;(四)约定买受人在一定期间内可以退还标的物。”

思路2:具体到本题,考查的是试用买卖中试用费的规则。

(1)法律依据:《买卖解释》第43条,“试用买卖的当事人没有约定使用费或者约定不明确,出卖人主张买受人支付使用费的,人民法院不予支持。”

(2)具体到本题:①“某商场在促销活动期间贴出醒目告示:‘本商场家电一律试用20天,满意者付款。’王某从该商场搬回冰箱一台,试用期满后退回,商场要求其支付使用费100元。”②《2005年国家司法考试试题解析》:“本题没有法条依据,侧重于对理论的考查。试用买卖,又称为试验买卖,是指合同成立时出卖人将标的物交付给买受人试用,买受人在试用期间内决定是否购买的买卖。通常情况下,试用买卖是商家推销商品的一种手段,试用是无偿试用,无论最终买受人是否同意购买标的物,均无须对试用期间使用标的物支付费用。从商场贴出的告示的内容来看,王某与商场之间成立了一个试用买卖合同,商场要求其支付试用期间的使用费是没有依据的。”

(3)结论:①“A. 王某不应支付使用费,因为双方没有约定使用费”,A对,选A。②“B. 王某应支付使用费,因为其行为构成了不当得利;C. 王某应支付按冰箱平均寿命折算的使用费;D. 王某应与商场分摊按冰箱平均寿命折算的使用费”,BCD均错,不选BCD。

六、商品房买卖合同

1. 商品房买卖合同面积不合理误差的法律效果

2013年甲购买乙公司开发的商品房一套,合同约定面积为135平方米。2015年交房时,住建部门的测绘报告显示,该房的实际面积为150平方米。对此,下列哪一说法是正确的?(2016-3-13)

A. 房屋买卖合同存在重大误解,乙公司有权请求予以撤销

B. 甲如在法定期限内起诉请求解除房屋买卖合同,法院应予支持

C. 如双方同意房屋买卖合同继续履行,甲应按实际面积支付房款

D. 如双方同意房屋买卖合同继续履行,甲仍按约定面积支付房款

答案:(　　)①

考点:商品房买卖合同中的面积误差比的法律效果、重大误解

解题图构

(合理误差的处理)

约定135 ｝合理误差 135×1.03=139.05 ｛139.05−135=4.05补房款(3%以内付)

实际150 ｝ ｛150−139.05=10.95免费送(3%以上不付)

(不合理误差的处理)

思路展开

命题点1:商品房买卖中面积发生误差的处理思路:区分合理误差和不合理误差。

(1)以3%为判断标准,3%以内是合理误差,双方按误差值诚信履约。超过3%是不合理误差,启动惩罚性赔偿。

(2)比如,合同约定面积100平方米。①合理误

① 参考答案:B

差:实际交付时面积97~103平方米都是正常误差。合理误差处理办法:买房人不可解除合同。实际交付面积小,则开发商多收了钱要退。实际交付面积大,开发商少收了钱由买房人补。②不合理误差:实际交付面积97平方米以下或110平方米以上就是不合理误差。不合理误差的处理办法:买房人可以解除合同,也可以选择继续履行合同,如选择继续履行合同,启动惩罚性赔偿,合理误差内按合理误差办法处理,不合理误差则区分:交付面积过小,开发商双倍返还房款;交付面积过大,开发商白送。③比如约定面积100平方米,交付面积80平方米。惩罚性赔偿方案是:100~97之间的3平方米的房款开发商退。97~80之间的17平方米的房款开发商要退双倍,即34平方款。④比如约定面积100平方米,交付面积120平方米。惩罚性赔偿方案是:100~103平方米由购房人补房款。103~120的17平方米房屋,开发商白送。

(3)法律依据:《商品房买卖解释》第14条,"出卖人交付使用的房屋套内建筑面积或者建筑面积与商品房买卖合同约定面积不符,合同有约定的,按照约定处理;合同没有约定或者约定不明确的,按照以下原则处理:(一)面积误差比绝对值在3%以内(含3%),按照合同约定的价格据实结算,买受人请求解除合同的,不予支持;(二)面积误差比绝对值超出3%,买受人请求解除合同、返还已付购房款及利息的,应予支持。买受人同意继续履行合同,房屋实际面积大于合同约定面积的,面积误差比在3%以内(含3%)部分的房价款由买受人按照约定的价格补足,面积误差比超出3%部分的房价款由出卖人承担,所有权归买受人;房屋实际面积小于合同约定面积的,面积误差比在3%以内(含3%)部分的房价款及利息由出卖人返还买受人,面积误差比超过3%部分的房价款由出卖人双倍返还买受人。"

(4)具体到本题:①"乙公司开发的商品房"、"合同约定面积为135平方米"、"实际面积为150平方米"。②约定是135平方米,实际交付150平方米。135 ×1.03=139.05(平方米)。在139.05平方米以内才是合理误差,150平方米远远超过了139.05平方米。③误差太大,可以启动买房人的解除权。如果不允许购房人解除合同,开发商是强迫购房人买房子。比如购房人买100平方米,开发商照10000平方米来盖然后交付,这显然属于强卖,是法律所不允许的。④如果甲选择继续履行合同,既不是按合同约定面积交房款,也不是按照实际交付面积交房款,而应该按照如下标准来履行:139.05-135=4.05(平方米),由买房人补交购房款。150-139.05=10.95(平方米),开发商免费送10.95平方米的面积。

(5)结论:①"B.甲如在法定期限内起诉请求解除房屋买卖合同,法院应予支持",B对,选B。②"C.如双方同意房屋买卖合同继续履行,甲应按实际面积支付房款;D.如双方同意房屋买卖合同继续履行,甲仍按约定面积支付房款",CD都错,不选。③最要命的是,如何理解选项C和D中的措辞:"如双方同意房屋买卖合同继续履行",很多考友都认为,既然是同意房屋买卖合同继续履行,那当然是会同意按150平方米的新面积继续履行,因为这属于合同的变更或者属于全新的合同。这么丢分,丢在题感,很是冤枉。

命题点2:重大误解的判断,面积误差比不构成重大误解。

(1)面积出现误差,无论合理与否,都不属于重大误解。①因为,当事人在签订合同时,对于房屋买卖合同中的面积条款完全没有任何错误的认识。没有基于错误认识订立房屋买卖合同,不符合重大误解的构成要件。②参见《民通意见》第71条,"行为人因对行为的性质、对方当事人、标的物的品种、质量、规格和数量等的错误认识,使行为的后果与自己的意思相悖,并造成较大损失的,可以认定为重大误解。"③因此,不能启动撤销权。《民法总则》第147条,"基于重大误解实施的民事法律行为,行为人有权请求人民法院或者仲裁机构予以撤销。"④司法部解析原文:"面积误差属于合同履行过程中出现的与合同订立时约定内容不符的情形,不构成重大误解。"

(2)结论:"A.房屋买卖合同存在重大误解,乙公司有权请求予以撤销",A错,不选A。

3. 延展1:技术处理:(1)"B.甲如在法定期限内起诉请求解除房屋买卖合同,法院应予支持 ",B选项中显示的"在法定期限内起诉请求解除……法院应予支持"中的法定期限和法院应予支持,这种措辞说得好严谨，是法条原文。已经露馅了，这是正确答案无疑。(2)法定期限是多少?《合同法》第95条，“法律规定或者当事人约定解除权行使期限，期限届满当事人不行使的，该权利消灭。”法律没有规定或者当事人没有约定解除权行使期限，经对方催告后在合理期限内不行使的，该权利消灭。

4. 延展2:关于解除权期限的关联法条，著名的“331”规则(第一个3是解除事由之迟延;第二个3和第三个1是解除权期限)，崔老师说具有巨大的解释论意义:《商品房买卖解释》第15条，“根据《合同法》第九十四条的规定，出卖人迟延交付房屋或者买受人迟延支付购房款，经催告后在三个月的合理期限内仍未履行，当事人一方请求解除合同的，应予支持，但当事人另有约定的除外。法律没有规定或者当事人没有约定，经对方当事人催告后，解除权行使的合理期限为三个月。对方当事人没有催告的，解除权应当在解除权发生之日起一年内行使;逾期不行使的，解除权消灭。”

2. 后补预售许可之商铺认购书，未通知正式选购导致合同目的落空构成根本违约

甲公司未取得商铺预售许可证，便与李某签订了《商铺认购书》，约定李某支付认购金即可取得商铺优先认购权，商铺正式认购时甲公司应优先通知李某选购。双方还约定了认购面积和房价，但对楼号、房型未作约定。李某依约支付了认购金。甲公司取得预售许可后，未通知李某前来认购，将商铺售罄。关于《商铺认购书》，下列哪一表述是正确的?(2012－3－10)

A. 无效，因甲公司未取得预售许可证即对外销售

B. 不成立，因合同内容不完整

C. 甲公司未履行通知义务，构成根本违约

D. 甲公司须承担继续履行的违约责任

答案:(　　)①

考点:后补预售许可之商铺认购书，未通知正式选购导致合同目的的落空构成根本违约;后补预售许可认购书有效;继续履行不能

读题技巧

1. “甲公司未取得商铺预售许可证”＋“甲公司取得预售许可后”，指向后补预售许可，合同有效。

2. “应优先通知李某选购”＋“未通知李某前来认购”＋“将商铺售罄”，指向甲根本违约。

3. “将商铺售罄”，指向甲不能继续履行。

思路展开

命题点1:商品房预售许可证在起诉前取得，补救有效。

(1)法律依据:《商品房解释》第2条，“出卖人未取得商品房预售许可证明，与买受人订立的商品房预售合同，应当认定无效，但是在起诉前取得商品房预售许可证明的，可以认定有效。”

(2)具体到本题:①“甲公司未取得商铺预售许可证，便与李某签订了《商铺认购书》”＋“甲公司取得预售许可后”＝甲公司与李某《商铺认购书》有效。②《2012年国家司法考试试题解析》:“举重明轻，意向书的效力更应如此。”

(3)结论:“A. 无效，因甲公司未取得预售许可证即对外销售”，A错，不选A。

命题点2:商品房认购书之预约合同。

(1)法律依据:《买卖解释》第2条，“当事人签订认购书、订购书、预订书、意向书、备忘录等预约合同，约定在将来一定期限内订立买卖合同，一方不履行订立买卖合同的义务，对方请求其承担预约合同违约责任或者要求解除预约合同并主张损害赔偿的，人民法院应予支持。”

(2)具体到本题:①“(甲公司)与李某签订了《商铺认购书》”＋“约定李某支付认购金即可取得商铺优先认购权，商铺正式认购时甲公司应优先通知李某选购。双方还约定了认购面积和房价，但对楼号、房型未作约定。李某依约支付了认购金。”②甲公司与李某成立预约合同。③《2012年国家司法考试试题解析》:“意向书明确了当事人基本情况，对拟购商铺的面积、价款计算等做了较为清晰且适于操作的约定。”

(3)结论:“B. 不成立，因合同内容不完整”，B错，不选B。

命题点3:商品房认购书之预约合同根本违约。

---

① 参考答案:C

(1)法律依据:《买卖解释》第2条,“当事人签订认购书、订购书、预订书、意向书、备忘录等预约合同,约定在将来一定期限内订立买卖合同,一方不履行订立买卖合同的义务,对方请求其承担预约合同违约责任或者要求解除预约合同并主张损害赔偿的,人民法院应予支持。”《合同法》第94条,“有下列情形之一的,当事人可以解除合同:(一)因不可抗力致使不能实现合同目的;(二)在履行期限届满之前,当事人一方明确表示或者以自己的行为表明不履行主要债务;(三)当事人一方迟延履行主要债务,经催告后在合理期限内仍未履行;(四)当事人一方迟延履行债务或者有其他违约行为致使不能实现合同目的;(五)法律规定的其他情形。”

(2)具体到本题:①“约定李某支付认购金即可取得商铺优先认购权,商铺正式认购时甲公司应优先通知李某选购。”+“甲公司取得预售许可后,未通知李某前来认购,将商铺售罄”=甲公司的行为导致李某合同目的落空,构成根本违约。②《2012年国家司法考试试题解析》:“甲公司未按约定履行通知义务,并将商铺销售一空,导致意向书中双方约定将来正式签订商铺买卖合同的目的无法实现,构成根本违约。”

(3)结论:“C. 甲公司未履行通知义务,构成根本违约”,C对,选C。

命题点4:预约合同违约责任的承担,商铺卖掉,则不能继续履行。

(1)法律依据:①《买卖解释》第2条,“当事人签订认购书、订购书、预订书、意向书、备忘录等预约合同,约定在将来一定期限内订立买卖合同,一方不履行订立买卖合同的义务,对方请求其承担预约合同违约责任或者要求解除预约合同并主张损害赔偿的,人民法院应予支持。”②《合同法》第110条,“当事人一方不履行非金钱债务或者履行非金钱债务不符合约定的,对方可以要求履行,但有下列情形之一的除外:(一)法律上或者事实上不能履行;(二)债务的标的不适于强制履行或者履行费用过高;(三)债权人在合理期限内未要求履行。”

(2)具体到本题:①商铺已经卖掉了,履行不能,不得再主张继续履行。②《2012年国家司法考试试题解析》:“《合同法》第107条,当事人一方不履行合同义务或者履行合同义务不符合约定的,应当承担继续履行、采取补救措施或者赔偿损失等违约责任。本题中,因商铺已经卖完,李某只能要求甲公司承担补救措施或者赔偿损失等违约责任,而不能要求甲公司继续履行。”

(3)结论:“D. 甲公司须承担继续履行的违约责任”,D错,不选D。

关联:(1)2015年卷四案例第1问:“在本案中,如甲不履行房屋预购合同,乙能否请求法院强制其履行? 为什么?”(2)考点:预约合同。(3)读题技巧:“如”,使得本问具有独立性,脱离题干也可以作答。(4)答:不能。理由是预约虽是合同,其目的在于订立主合同。《买卖解释》第2条规定,当事人签订认购书、备忘录等预约合同,约定将来订立买卖合同,一方不履行的,对方可请求其承担预约合同违约责任或者要求解除预约合同并主张损害赔偿。但是,法院不能强制当事人签订正式合同。乙可以按照《合同法》第113条请求赔偿,也可以根据第94条请求解除合同并请求赔偿。

3. 包销后开发商自卖是有权处分,须负违约责任;遭遇国家调控,买方不具有购房资格,开发商可解除合同

甲公司与乙公司签订商品房包销合同,约定甲公司将其开发的10套房屋交由乙公司包销。甲公司将其中1套房屋卖给丙,丙向甲公司支付了首付款20万元。后因国家出台房地产调控政策,丙不具备购房资格,甲公司与丙之间的房屋买卖合同不能继续履行。下列哪些表述是正确的?(2012-3-60)

A. 甲公司将房屋出卖给丙的行为属于无权处分

B. 乙公司有权请求甲公司承担违约责任

C. 丙有权请求解除合同

D. 甲公司只需将20万元本金返还给丙

答案:(　　)①

考点:无权处分、商品房包销合同

读题技巧

1.“包销”、“将其中1套”,指向两点:(1)本题有两个买卖合同,包销合同和买卖合同。(2)开发商甲公司属于有权处分,构成包销合同的违约。

① 参考答案:BC

2.“甲公司与丙之间的房屋买卖合同不能继续履行”，指向买卖合同的解除。

3.“甲公司只需将20万元本金返还给丙”，其中的“只”、“本金”是关键词。

思路展开

命题点1：包销合同中，出卖人违反约定自卖房屋，属于有权处分，需要向包销人承担违反包销合同的违约责任。

（1）法律依据：①包销合同。《商品房解释》第20条，“出卖人与包销人订立商品房包销合同，约定出卖人将其开发建设的房屋交由包销人以出卖人的名义销售的，包销期满未销售的房屋，由包销人按照合同约定的包销价格购买，但当事人另有约定的除外。”②出卖人自卖构成对包销人的违约。《商品房解释》第21条，“出卖人自行销售已经约定由包销人包销的房屋，包销人请求出卖人赔偿损失的，应予支持，但当事人另有约定的除外。”

（2）法条阐释：①商品房包销合同中，出卖人自行销售已经包销出去的房屋，须对包销人承担违约责任。②房屋仍然属于出卖人所有，故不属于无权处分。

（3）具体到本题：“甲公司与乙公司签订商品房包销合同，约定甲公司将其开发的10套房屋交由乙公司包销。甲公司将其中1套房屋卖给丙。”甲公司属于有权处分，但须向包销人乙公司承担违约责任。

（4）结论：①“A. 甲公司将房屋出卖给丙的行为属于无权处分”，A错，不选A。②“B. 乙公司有权请求甲公司承担违约责任”，B对，选B。

命题点2：商品房买卖合同中，因不可归责双方原因不能签订担保贷款合同导致商品房买卖合同不能履行，双方可解除合同。因一方不具备购房资格导致商品房买卖合同不能履行，准用双方可解除合同的规则。

（1）法律依据：《商品房解释》第23条，“商品房买卖合同约定，买受人以担保贷款方式付款、因当事人一方原因未能订立商品房担保贷款合同并导致商品房买卖合同不能继续履行的，对方当事人可以请求解除合同和赔偿损失。因不可归责于当事人双方的事由未能订立商品房担保贷款合同并导致商品房买卖合同不能继续履行的，当事人可以请求解除合同，出卖人应当将收受的购房款本金及其利息或者定金返还买受人。”

（2）具体到本题：本题中，买方丙不具有购房资格，可类推适用《商品房解释》第23条规定，丙有权请求解除合同，且无须承担违约责任。

（3）结论：①“C. 丙有权请求解除合同”，C对，选C。②“D. 甲公司只需将20万元本金返还给丙”，D错，不选D。

异议辨析

1. 有观点认为，本题甲、丙之间买卖合同，应适用情势变更原则。

2. 评论：（1）先《2012年国家司法考试试题解析》：“还有的考生误认为，丙不具备购房资格，构成情势变更，因情势变更不可归责于任何一方当事人，故当事人均不构成违约，无须承担损害赔偿责任，由此也错选了D。”（2）再看“情势变更”的法律依据：《合同法解释二》第26条，“合同成立以后客观情况发生了当事人在订立合同时无法预见的、非不可抗力造成的不属于商业风险的重大变化，继续履行合同对于一方当事人明显不公平或者不能实现合同目的，当事人请求人民法院变更或者解除合同的，人民法院应当根据公平原则，并结合案件的实际情况确定是否变更或者解除。”（3）反观本题题干：①本题题干信息提示，“后因国家出台房地产调控政策，丙不具备购房资格，甲公司与丙之间的房屋买卖合同不能继续履行”。②注意：是不具备“购房资格”，合同根本无法履行。而不是合同可以履行，履行结果会显失公平！③因此，本题不符合情势变更的构成要素，不能“另辟蹊径”从情势变更角度来思考此题。（4）比对角度观察：①比对2014年主观案例分析题：题干信息“乙（笔者注：向甲公司）支付首付20万元后，恰逢国家出台房地产贷款调控政策，乙不再具备贷款资格”，“甲则要求乙继续履行购买02号房的义务。”②设问5：针对甲要求乙履行购买02号房的义务，乙可主张什么权利？为什么？司法部给出的答案：乙可请求解除合同，甲应将收受的购房款本金及其利息返还给乙。因政策限购属于当事人无法预见的情形，且合同出现了履行不能的情形，乙有权解除合同，且无须承担责任。③《2012年国家司法考试试题解析》：“《合同法解释（二）》第26条规定：

'合同成立以后客观情况发生了当事人在订立合同时无法预见的、非不可抗力造成的不属于商业风险的重大变化,继续履行合同对于一方当事人明显不公平或者不能实现合同目的,当事人请求人民法院变更或者解除合同的,人民法院应当根据公平原则,并结合案件的实际情况确定是否变更或者解除。'本题中,由于国家政策变化导致乙不再具备贷款资格,乙无法通过贷款支付购房款,合同出现了履行不能情形,合同目的无法实现,乙可根据上述司法解释的规定请求人民法院解除合同。合同解除后,乙可根据《合同法》第97条的规定要求甲返还已支付的购房款本金和利息。"④2014年卷四设问5题干信息是不具备贷款资格,不具备贷款资格,房屋买卖合同还是能够继续履行的(金钱之债不发生履行不能),只是会导致不公平的结果,故才能启动情势变更原则。

七、供用电水气热力合同

1. 供热合同接受方违约不支付供热费,供给方无法定解除权,可主张接受方承担违约责任

甲公司与小区业主吴某订立了供热合同。因吴某要出国进修半年,向甲公司申请暂停供热未果,遂拒交上一期供热费。下列哪些表述是正确的?(2014-3-60)

A. 甲公司可以直接解除供热合同

B. 经催告吴某在合理期限内未交费,甲公司可以解除供热合同

C. 经催告吴某在合理期限内未交费,甲公司可以中止供热

D. 甲公司可以要求吴某承担违约责任

答案:(　　)①

考点:供热合同接受方违约不支付供热费,供给方无法定解除权,可主张接受方承担违约责任

思路展开

思路1:供热合同法律适用规则:《合同法》第184条,"供用水、供用气、供用热力合同,参照供用电合同的有关规定。"

思路2:供热合同中使用人逾期不支付供热费,供给方没有法定解除权,可中止供热,要求使用人承担违约责任。

(1)法律依据:《合同法》第182条,"用电人应当按照国家有关规定和当事人的约定及时交付电费。用电人逾期不交付电费的,应当按照约定支付违约金。经催告用电人在合理期限内仍不交付电费和违约金的,供电人可以按照国家规定的程序中止供电。"

(2)具体到本题:①经催告,用热人在合理期限内仍不交付供热费的,供热人可按国家规定程序中止供热。②在供热合同中,用热人逾期不交供热费,也应支付违约金。③供热人无法定解除权。《2014年国家司法考试试题解析》:"虽然《合同法》第94条第(3)项规定,当事人一方迟延履行主要债务,经催告后在合理期限内仍未履行的,当事人可以解除合同。但《合同法》第182条对供电合同作出特别规定时,供热合同应优先参照适用此规定,而不应直接适用《合同法》第94条的规定解除供热合同。"

(3)结论:①"C. 经催告吴某在合理期限内未交费,甲公司可以中止供热;D. 甲公司可以要求吴某承担违约责任",CD对,选CD。②"A. 甲公司可以直接解除供热合同;B. 经催告吴某在合理期限内未交费,甲公司可以解除供热合同",AB错,不选AB。

2. 供电人有计划中断供电未事先通知供电人,须负赔偿责任;第三人原因导致中断供电,供电人负赔偿责任

九华公司在未接到任何事先通知的情况下突然被断电,遭受重大经济损失。下列哪些情况下供电公司应承担赔偿责任?(2007-3-55)

A. 因供电设施检修中断供电

B. 为保证居民生活用电而拉闸限电

C. 因九华公司违法用电而中断供电

D. 因电线被超高车辆挂断而断电

答案:(　　)②

考点:供电人有计划中断供电未事先通知供电人,须负赔偿责任;第三人原因导致中断供电,供电人负赔偿责任

思路展开

思路1:供电人有计划中断供电未事先通知

① 参考答案:CD

② 参考答案:ABCD

供电人,须负赔偿责任。

(1)法律依据:《合同法》第180条,"供电人因供电设施计划检修、临时检修、依法限电或者用电人违法用电等原因,需要中断供电时,应当按照国家有关规定事先通知用电人。未事先通知用电人中断供电,造成用电人损失的,应当承担损害赔偿责任。"

(2)结论:"A. 因供电设施检修中断供电;B. 为保证居民生活用电而拉闸限电;C. 因九华公司违法用电而中断供电",ABC情形下,供电公司未事先通知九华公司中断供电,造成用电人损失的,均应当承担损害赔偿责任。故ABC符合题意,选ABC。

思路2:因第三人原因导致中断,供电人须对用电人负赔偿责任。

(1)法律依据:①《合同法》第121条,"当事人一方因第三人的原因造成违约的,应当向对方承担违约责任。当事人一方和第三人之间的纠纷,依照法律规定或者按照约定解决。"②《合同法》第181条,"因自然灾害等原因断电,供电人应当按照国家有关规定及时抢修。未及时抢修,造成用电人损失的,应当承担损害赔偿责任。"

(2)具体到本题D选项:因电线被超高车辆挂断,此并非自然灾害等不可抗力,不能免责。当然,根据合同的相对性原理,九华公司无权要求超高车辆驾驶人承担赔偿责任。(3)结论:"D. 因电线被超高车辆挂断而断电",D符合题意,选D。

第二节 赠与合同

1. 附道德义务的赠与不得任意撤销

郭某意外死亡,其妻甲怀孕两个月。郭某父亲乙与甲签订协议:"如把孩子顺利生下来,就送十根金条给孩子。"当日乙把八根金条交给了甲。孩子顺利出生后,甲不同意由乙抚养孩子,乙拒绝交付剩余的两根金条,并要求甲退回八根金条。下列哪些选项是正确的?(2015-3-60)

A. 孩子为胎儿,不具备权利能力,故协议无效

B. 孩子已出生,故乙不得拒绝赠与

C. 八根金条已交付,故乙不得要求退回

D. 两根金条未交付,故乙有权不交付

答案:(　　)①

考点:附条件的民事法律行为、赠与合同

读题技巧

1. 白发人送黑发人,不要绝后。"断子了,不要绝孙啊"!

2. "郭某意外死亡,其妻甲怀孕两个月,"指向郭某父亲乙的赠与行为,具有道德性质。对应C和D。

3. "如",指向附生效条件的赠与合同。

思路展开

命题点1:附生效条件、附停止条件的赠与合同。

(1)法律依据:《合同法》第45条第1款,"当事人对合同的效力可以约定附条件。附生效条件的合同,自条件成就时生效。附解除条件的合同,自条件成就时失效。"第46条,"当事人对合同的效力可以约定附期限。附生效期限的合同,自期限届至时生效。附终止期限的合同,自期限届满时失效。"

(2)具体到本题:①"郭某父亲乙与甲签订协议:'如把孩子顺利生下来,就送十根金条给孩子。'"②甲、乙二人签订的协议意思表示真实,不存在法律规定的无效事由,协议有效。

(3)结论:"B. 孩子已出生,故乙不得拒绝赠与",B对,选B。

命题点2:附义务的赠与。受赠人是乙,而非孩子,赠与财产交付给孩子属于赠与合同约定的义务,是赠与合同最后的实际受益人。

(1)法律依据:①《合同法》第190条,"赠与可以附义务。赠与附义务的,受赠人应当按照约定履行义务。"②《民法总则》第16条,"涉及遗产继承、接受赠与等胎儿利益保护的,胎儿视为具有民事权利能力。但是胎儿娩出时为死体的,其民事权利能力自始不存在。"

(2)结论:"A. 孩子为胎儿,不具备权利能力,故协议无效"A错,不选A。

命题点3:赠与合同的撤销、附道德义务的赠与合同的撤销。

(1)法律依据:《合同法》第186条,"赠与人在

① 参考答案:BC

赠与财产的权利转移之前可以撤销赠与。具有救灾、扶贫等社会公益、道德义务性质的赠与合同或者经过公证的赠与合同,不适用前款规定。”

(2)具体到本题:“当日乙把八根金条交给了甲。孩子顺利出生后,甲不同意由乙抚养孩子,乙拒绝交付剩余的两根金条,并要求甲退回八根金条。”

(3)结论:①“C. 八根金条已交付,故乙不得要求退回”,C对,选C。②爷爷送金条给孙子,乃具有道德意义的赠与,“D. 两根金条未交付,故乙有权不交付”,D错,不选D。

(4)小结:具有道德意义的赠与,金条交付与否,都不得撤销。而具有道德意义的赠与本身,是可以附生效条件的。

常见错误

1. 两根金条尚未交付,乙可以行使任意撤销权撤销赠与,不交付这两根金条。

2. 这不是公益性质的赠与,也不是道德性赠与,可撤销。

3. 题干中约定“如果把孩子顺利生下来,就送十根金条给孩子”不构成道德义务,赠与人有权在交付前撤销。

2. 附条件赠与之“单位抽奖”案(资助教育费用具有道德性质)

甲公司员工魏某在公司年会抽奖活动中中奖,依据活动规则,公司资助中奖员工子女次年的教育费用,如员工离职,则资助失效。下列哪些表述是正确的?(2014－3－61)

A. 甲公司与魏某成立附条件赠与

B. 甲公司与魏某成立附义务赠与

C. 如魏某次年离职,甲公司无给付义务

D. 如魏某次年未离职,甲公司在给付前可撤销资助

答案:(　　)①

考点:附条件赠与之“单位抽奖”案(资助教育费用具有道德性质):附条件赠与、附义务赠与、道德赠与

读题技巧

1.“资助”＋“教育费用”,指向道德性质的赠与。

2.“如员工离职,则资助失效”,指向附解除条件的赠与,而非附义务的赠与。

思路展开

命题点1:附条件赠与,不同于附义务赠与。

(1)法律依据:①附条件合同。《合同法》第45条,“当事人对合同的效力可以约定附条件。附生效条件的合同,自条件成就时生效。附解除条件的合同,自条件成就时失效。当事人为自己的利益不正当地阻止条件成就的,视为条件已成就;不正当地促成条件成就的,视为条件不成就。”②附义务的赠与。《合同法》第190条,“赠与可以附义务。赠与附义务的,受赠人应当按照约定履行义务。”③附义务赠与的后果:a. 赠与人在附义务限度内负瑕疵担保责任。《合同法》第191条第1款,赠与的财产有瑕疵的,赠与人不承担责任。附义务的赠与,赠与的财产有瑕疵的,赠与人在附义务的限度内承担与出卖人相同的责任。”b. 赠与人在受赠人违反义务时可撤销赠与(法定撤销权)。《合同法》第192条,受赠人有下列情形之一的,赠与人可以撤销赠与:(一)严重侵害赠与人或者赠与人的近亲属;(二)对赠与人有扶养义务而不履行;(三)不履行赠与合同约定的义务。赠与人的撤销权,自知道或者应当知道撤销原因之日起一年内行使。”

(2)法理阐释:附条件赠与,条件影响的是赠与的效力,生效(如条件是生效条件)或者失效(如条件是解除条件)。附义务的赠与,义务影响的是赠与物的瑕疵担保责任和赠与人的法定撤销权,义务不影响赠与合同的效力。

(3)具体到本题:①“如员工离职,则资助失效”,“如”＋“失效”＝附解除条件的赠与合同。《2014年国家司法考试试题解析》:“附条件赠与是指条件成就与否会影响赠与合同的效力,本案中的活动规则是‘如员工离职,则资助失效’,‘员工是否离职’属于不确定的事件,性质上为条件,‘资助失效’意味着条件成就时,赠与合同会失去效力,因此本案的赠与属于附条件的赠与。”②启动《合同法》第45条第1款之“附解除条件的合同,自条件成就时失效。”③再如果魏某次年离职,也就是说,解除条件成就,赠与合同失效,甲公司无赠与义务。

① 参考答案:AC

(4)结论:①“A. 甲公司与魏某成立附条件赠与;C. 如魏某次年离职,甲公司无给付义务”,AC对,选AC。②“B. 甲公司与魏某成立附义务赠与”,B错,不选B。

命题点2:道德赠与,赠与人不得反悔,赠与人不享有任意撤销权。

(1)法律依据:《合同法》第186条,“赠与人在赠与财产的权利转移之前可以撤销赠与。具有救灾、扶贫等社会公益、道德义务性质的赠与合同或者经过公证的赠与合同,不适用前款规定。”

(2)具体到本题:本题中资助教育费用为具有道德义务性质的赠与,甲公司在给付前不能撤销。

(3)结论:“D. 如魏某次年未离职,甲公司在给付前可撤销资助”,D错,不选D。

常见错误

1. 附义务赠与说:认为魏某根据赠与合同具有不得离职的义务,因此属于附义务赠与,误选B。

2. 离职自由说:认为根据劳动合同法魏某有离职的自由,故即便离职甲公司仍应承担给付义务,认为C错。

3. 赠与合同之要约承诺(“将来一定奉还案”)

甲欠丙800元到期无力偿还,乙替甲还款,并对甲说:“这800元就算给你了。”甲称将来一定奉还。事后甲还了乙500元。后二人交恶,乙要求甲偿还余款300元,甲则以乙已送自己800元为由要求乙退回500元。下列哪种说法是正确的?(2006-3-4)

A. 甲应再还300元

B. 乙应退回500元

C. 乙不必退回甲500元,甲也不必再还乙300元

D. 乙应退还甲500元及银行存款同期利息

答案:(　　)①

考点:赠与合同之要约承诺(“将来一定奉还案”)

解题图构

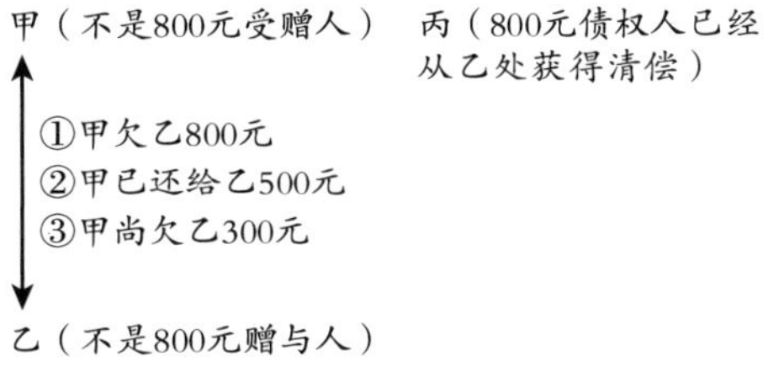

读题技巧

“乙替甲还款,并对甲说:‘这800元就算给你了。’”+“甲称将来一定奉还。事后甲还了乙500元”,指向两点:1. 乙、甲之间关于800元的赠与合同未成立。2. 乙、甲之间成立欠款法律关系,甲尚欠乙300元。

思路展开

思路1:赠与合同——遗赠——遗赠抚养协议——公益捐赠。

(1)赠与合同:是合同,无偿,非要式。既然是合同,就需要经历要约与承诺的缔约过程。

(2)遗赠:单方行为,无偿,要式,死因行为。

(3)遗赠扶养协议:双方行为,有偿行为,非要式,生前和死因行为。

(4)公益捐赠:自然人、法人或者其他组织自愿无偿向依法成立的公益性社会团体和公益性非营利的事业单位捐赠财产,用于公益事业。公益事业:(一)救助灾害、救济贫困、扶助残疾人等困难的社会群体和个人的活动;(二)教育、科学、文化、卫生、体育事业;(三)环境保护、社会公共设施建设;(四)促进社会发展和进步的其他社会公共和福利事业。①捐赠人:自然人、法人或者其他组织可以选择符合其捐赠意愿的公益性社会团体和公益性非营利的事业单位进行捐赠。捐赠的财产应当是其有权处分的合法财产。②受赠人。a. 公益性社会团体是指依法成立的,以发展公益事业为宗旨的基金会、慈善组织等社会团体(他用)。b. 公益性非营利的事业单位是指依法成立的,从事公益事业的不以营利为目的的教育机构、科学研究机构、医疗卫生机构、社会公共文化机构、社会公共体育机构和社会福利机构等(自用)。③捐赠协议。捐赠人可以与受赠人就捐赠财产的种类、质量、数量和用途等内容订立捐赠协议。捐赠人有权决定捐赠的数量、用途和方式。捐赠人应当依法履行捐赠协议,按照捐赠协议约定的期限和方式将捐赠财产转移给受赠人。

(5)关联:我国法系所谓捐助的单方法律行为,设立财团法人,可借鉴,但在我国实务不是这么操作。

---

① 参考答案:A

思路 2:赠与合同是合同,需要经历要约和承诺过程。赠与要约与接受赠与的承诺未达成合意,赠与合同不成立。

(1)法律依据:《合同法》第 185 条,"赠与合同是赠与人将自己的财产无偿给予受赠人,受赠人表示接受赠与的合同。"

(2)具体到本题:①"甲欠丙 800 元到期无力偿还,乙替甲还款,并对甲说:'这 800 元就算给你了。'甲称将来一定奉还。事后甲还了乙 500 元。"②《2006 年国家司法考试试题解析》:a."从题干提供的信息来看,乙的行为属于代为清偿,进一步而言,乙是以赠与的意思而为清偿,但赠与并非单方法律行为,而是一种合同关系,需要得到受赠人的认可,否则不成立赠与合同。"b."本题中,甲称'将来一定奉还',实际上是拒绝了赠与,因此甲\乙之间赠与合同未能成立,甲应向乙返还 800 元。由于甲已经偿还了 500 元,还剩下 300 元"。

(3)结论:①"A. 甲应再还 300 元",A 对,选 A。②"B. 乙应．退回 500 元;C. 乙不必退回甲 500 元,甲也不必再还乙 300 元;D. 乙应退还甲 500 元及银行存款同期利息",BCD 错,不选 BCD。

常见错误

两个赠与关系说:认为本题中存在两个赠与关系;一是乙将 800 元赠与给甲,二是甲将 500 元赠与给乙,两个赠与合同都已经履行完毕,甲、乙双方不再存在债权债务关系,误选 C。

第三节　借款合同

自然人间的借款合同(以买卖合同做担保,对买卖合同按照民间借贷审理)

自然人甲与乙签订了年利率为 30%、为期 1 年的 1000 万元借款合同。后双方又签订了房屋买卖合同,约定:"甲把房屋卖给乙,房款为甲的借款本息之和。甲须在一年内以该房款分 6 期回购房屋。如甲不回购,乙有权直接取得房屋所有权。"乙交付借款时,甲出具收到全部房款的收据。后甲未按约定回购房屋,也未把房屋过户给乙。因房屋价格上涨至 3000 万元,甲主张偿还借款本息。下列哪些选项是正确的? (2015－3－51)

A. 甲乙之间是借贷合同关系,不是房屋买卖合同关系

B. 应在不超过银行同期贷款利率的四倍以内承认借款利息

C. 乙不能获得房屋所有权

D. 因甲未按约定偿还借款,应承担违约责任

答案:(　　)①

考点:法律行为中的意思表示、民间借贷

解题图构

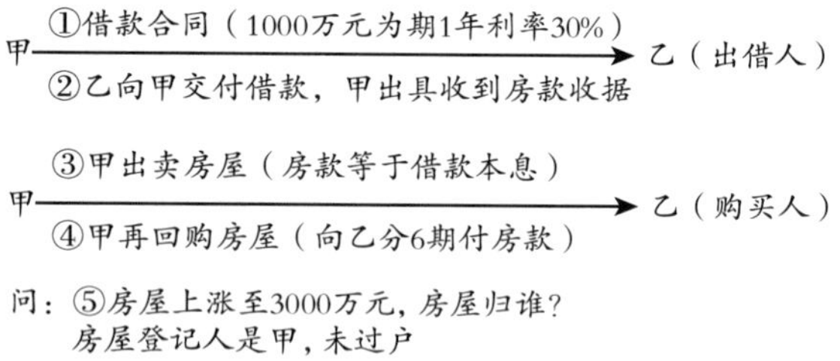

读题技巧

1."自然人"三个字、"借款合同、房款为甲的借款本息之和",均指向甲、乙双方真实意思表示是借款合同,而不是房屋买卖合同。

2."乙交付借款时,甲出具收到全部房款的收据",指向真实意思是借款,表达出来的是"房款收据"。

3."因房屋价格上涨至 3000 万元,"题干指向契约必守原则,不能因为房屋价格上涨,或者题干未给出的可能即房屋价格下跌,而改变当事人真实意思表示。

思路展开

思路 1:判断合同性质。是借款合同还是房屋买卖合同?是借款合同。甲未按期归还借款,须承担借款合同项下的违约责任。

(1)法律依据:①自然人之间借款合同:a.《合同法》第 196 条,"借款合同是借款人向贷款人借款,到期返还借款并支付利息的合同。"b. 实践性合同:《合同法》第 210 条,"自然人之间的借款合同,自贷款人提供借款时生效。"c. 未约定利息视为不支付利息:《合同法》第 211 条,"自然人之间的借款合同

① 参考答案:ACD(B 不准确,修改为年利率 24% 以内)

对支付利息没有约定或者约定不明确的，视为不支付利息。自然人之间的借款合同约定支付利息的，借款的利率不得违反国家有关限制借款利率的规定。”②用买卖担保借款，按借贷关系处理：a.《最高人民法院关于审理民间借贷案件适用法律若干问题的规定》（以下简称《借贷解释》）第24条第1款，“当事人以签订买卖合同作为民间借贷合同的担保，借款到期后借款人不能还款，出借人请求履行买卖合同的，人民法院应当按照民间借贷法律关系审理，并向当事人释明变更诉讼请求。当事人拒绝变更的，人民法院裁定驳回起诉。”b.《借贷解释》第24条第2款，“按照民间借贷法律关系审理作出的判决生效后，借款人不履行生效判决确定的金钱债务，出借人可以申请拍卖买卖合同标的物，以偿还债务。就拍卖所得的价款与应偿还借款本息之间的差额，借款人或者出借人有权主张返还或补偿。”③未按期还款须承担违约责任：a.《合同法》第206条，“借款人应当按照约定的期限返还借款。对借款期限没有约定或者约定不明确，依照本法第六十一条的规定仍不能确定的，借款人可以随时返还；贷款人可以催告借款人在合理期限内返还。”b.《合同法》第207条，“借款人未按照约定的期限返还借款的，应当按照约定或者国家有关规定支付逾期利息。”

（2）具体到本题：①“乙交付借款时，甲出具收到全部房款的收据。”②“自然人甲与乙签订了年利率为30%、为期1年的1000万元借款合同。”③“后甲未按约定回购房屋（意即没有归还借款）”。

（3）结论：“A. 甲乙之间是借贷合同关系，不是房屋买卖合同关系；D. 因甲未按约定偿还借款，应承担违约责任”，AD对，选AD。

（4）评论：B选项中的4倍利率问题，“B. 应在不超过银行同期贷款利率的四倍以内承认借款利息”，应分阶段看待：①《借贷解释》第6条，“民间借贷的利率可以适当高于银行的利率，各地人民法院可根据本地区的实际情况具体掌握，但最高不得超过银行同类贷款利率的四倍（包含利率本数）。超出此限度的，超出部分的利息不予保护。”按照该规定，B选项正确。②但是按照《借贷解释》规定，B选项是错误的。参见：a.《借贷解释》第26条，“借贷双方约定的利率未超过年利率24%，出借人请求借款人按照约定的利率支付利息的，人民法院应予支持。借贷双方约定的利率超过年利率36%，超过部分的利息约定无效。借款人请求出借人返还已支付的超过年利率36%部分的利息的，人民法院应予支持。”b.《借贷解释》第31条，“没有约定利息但借款人自愿支付，或者超过约定的利率自愿支付利息或违约金，且没有损害国家、集体和第三人利益，借款人又以不当得利为由要求出借人返还的，人民法院不予支持，但借款人要求返还超过年利率36%部分的利息除外。”③如果因此批评命题人没有跟进新司法解释，这个结论属于事实未调查清楚而下的武断结论，因为混淆了考试时间、命题时间和新法生效时间。④这种批评对作对试题毫无益处。此题从技术层面完全解剖得很顺手。

思路2：物权法定与让与担保。我国不承认房屋所有权的后让与担保即甲不得“用房屋所有权担保借款”，出借人乙没有取得房屋所有权。

（1）法律依据：①《合同法》第130条，“买卖合同是出卖人转移标的物的所有权于买受人，买受人支付价款的合同。”②《物权法》第5条，“物权的种类和内容，由法律规定。”③《物权法》第9条，“不动产物权的设立、变更、转让和消灭，经依法登记，发生效力；未经登记，不发生效力，但法律另有规定的除外。依法属于国家所有的自然资源，所有权可以不登记。”④《借贷解释》明确以借贷关系来处理。

（2）具体到本题：①“后甲未按约定回购房屋，也未把房屋过户给乙。”②房屋未过户，不发生物权变动的法律效果，乙不是房屋所有权人。

（3）结论：“C. 乙不能获得房屋所有权”，C对，选C。

（4）延展：用房屋买卖合同来担保借款合同，是否具有担保意义？在《民间借贷解释》中有明确规定，从该规定。①《借贷解释》第24条第1款，“当事人以签订买卖合同作为民间借贷合同的担保，借款到期后借款人不能还款，出借人请求履行买卖合同的，人民法院应当按照民间借贷法律关系审理，并向当事人释明变更诉讼请求。当事人拒绝变更的，人民法院裁定驳回起诉。”②《借贷解释》第24条第2款，“按照民间借贷法律关系审理作出的判决生效后，借款人不履行生效判决确定的金钱债务，出借人可以申请拍卖买卖合同标的物，以偿还债务。就拍卖所得的价款与应偿还借款本息之间的差额,借款人或者出借人有权主张返还或补偿。”

思路3:延伸介绍让与担保制度。

(1)让与担保:为担保债权实现,债务人或第三人将自己财产的所有权转让给债权人,但不转移财产的占有,债务人履行债务后,债权人将该财产的所有权返还给债务人或第三人,不履行债务的,债权人有权就该财产优先受偿。制度核心是债权人以取得担保物的所有权来担保自己的债权受偿。

(2)学说:①德国瑞士,让与担保标的物以动产为限。②日本和我国台湾地区既包括动产、不动产,也包括正在形成的财产和其他具有财产性质的权利。

(3)定性:①(德国和我国台湾地区)定性:让与担保是一种信托让与行为,是以所有权的让渡来担保债权,故所有权应完全转移给让与担保权人。此时,让与担保权人在债务履行期间处分担保物,第三人可有效取得其所有权,担保人不能追及该担保物。(维护了债权人,对担保人利益保护较弱)。②(日本)定性:让与担保是一种担保的设定,对外是取得所有权,对内是担保权。担保权人取得的不是完整意义上的所有权,而是对所有权的一种期待权。担保人也不是完全丧失担保物的所有权,其享有的是对担保物所有权进行回购的权利。同时,担保权人在债务履行期满前不得处分担保物,否则要承担损害赔偿责任。

(4)公示:①德国,当事人合同规范,无须登记,不具有公示性,不具有对抗性。对交易安全威胁较大。②日本和我国台湾地区,需要公示,否则不具有对抗效力。不动产让与担保表现为登记,动产让与担保表现为占有,“占有改定”。另外,在日本,在担保物上打上让与担保的标记,帖上让与担保的标签或交付财产权利凭证,也视为公示方法。

(5)实现方式:①变价担保物受偿型(处分清算型)。②估价取得担保物型(归属清算型)。

(6)中国实务,法院不承认其为担保物权,依据《合同法》进行裁判。

(7)实务部门在交易活动中使用了一些类似让与担保的方式,典型的如进口押汇。流程是:银行为国际货物买卖办理信用证结算业务中,银行向信用证申请人(货物的买方)垫款,申请人在进口货物出卖后再向银行偿还垫款。为防止垫款变成不良贷款,银行在将货物提单等单据交付给买方后,与其签订一份进口押汇协议。该协议约定:买方将买货权转移给银行,银行再委托买方进口货物,并作为委托的受益人获得进口货物出售后的价款,以抵偿垫款。这种业务中,买方实际将货物的所有权转移给了银行,作为偿还垫款的担保。

(8)按揭不是让与担保,是当事人通过合同,充分运用抵押、保证、回购等多种措施的一种新型、复合型交易方式。

常见错误

1. 双方第二次签订的房屋买卖合同,有标的,有价格。虽然“乙有权直接取得房屋所有权”因物权法定,必须要办理过户登记才能生效。但这仅仅是物权效力不能生效,但不能否认双方的房屋买卖合同这一债权性质的合同。

2. 命题人都没有看新司法解释规定,还在吃老本,没有更新知识。

第四节　租赁合同

1. 租赁合同无效之租赁房屋的扩建费用负担

甲将其临街房屋和院子出租给乙作为汽车修理场所。经甲同意,乙先后两次自费扩建多间房屋作为烤漆车间。乙在又一次扩建报批过程中发现,甲出租的全部房屋均未经过城市规划部门批准,属于违章建筑。下列哪些选项是正确的?(2015－3－59)

A. 租赁合同无效

B. 因甲、乙对于扩建房屋都有过错,应分担扩建房屋的费用

C. 因甲未告知乙租赁物为违章建筑,乙可解除租赁合同

D. 乙可继续履行合同,待违章建筑被有关部门确认并影响租赁物使用时,再向甲主张违约责任

考点:房屋租赁合同的无效、扩建费用的负担

读题技巧

1.“乙先后两次自费扩建多间房屋,乙在又一次扩建报批过程中发现,甲出租的房屋是违章建

筑”，指向三点：(1)租赁合同无效；(2)头两次扩建是没有办理扩建手续的扩建；(3)第三次扩建没有实施。(4)综上，“扩建费用”仅仅是头两次扩建的费用。

2. AB搭配；CD搭配；A和CD完全相反，故此题可以猜对八九不离十。

思路展开

命题点1：租赁合同效力体系。

(1)法律依据：①“违建房屋”租赁合同无效（建设工程规划许可证瑕疵，可补正）：《租赁解释》第2条，“出租人就未取得建设工程规划许可证或者未按照建设工程规划许可证的规定建设的房屋，与承租人订立的租赁合同无效。但在一审法庭辩论终结前取得建设工程规划许可证或者经主管部门批准建设的，人民法院应当认定有效。”②“临时房屋”租赁合同无效（未经批准或超过临时使用期限）：a. 未经批准（可补正）：《租赁解释》第3条第1款，“出租人就未经批准或者未按照批准内容建设的临时建筑，与承租人订立的租赁合同无效。但在一审法庭辩论终结前经主管部门批准建设的，人民法院应当认定有效。”b. 超过临时房屋使用期限的租赁无效（可补正）。《租赁解释》第3条第2款，“租赁期限超过临时建筑的使用期限，超过部分无效。但在一审法庭辩论终结前经主管部门批准延长使用期限的，人民法院应当认定延长使用期限内的租赁期间有效。”③未备案，房屋租赁合同不因此无效：《租赁解释》第4条第1款，“当事人以房屋租赁合同未按照法律、行政法规规定办理登记备案手续为由，请求确认合同无效的，人民法院不予支持。”④约定备案为生效条件，可以。但实际履行后，则备案与否不影响租赁合同效力。《租赁解释》第4条第1款，“当事人约定以办理登记备案手续为房屋租赁合同生效条件的，从其约定。但当事人一方已经履行主要义务，对方接受的除外。”

(2)具体到本题：①“甲出租的全部房屋均未经过城市规划部门批准，属于违章建筑。”②由此可见，甲乙房屋租赁合同无效。

(3)结论：①“A. 租赁合同无效”，A对，选A。②由此推及，既然租赁合同无效，就不存在解除和继续履行及违约责任问题。“C. 因甲未告知乙租赁物为违章建筑，乙可解除租赁合同；D. 乙可继续履行合同，待违章建筑被有关部门确认并影响租赁物使用时，再向甲主张违约责任”，CD均错，不选CD。③技术角度分析，“下列哪些选项是正确的？”本题只有选AB了。

命题点2：合意扩建（合同无效、解除、期满都适用同一规则，因为毕竟扩建出来房屋了）费用分担规则：办了扩建手续，出租人付扩建费。没办扩建手续，出租人和承租人合理分担扩建费。

(1)法律依据：《租赁解释》第14条，“承租人经出租人同意扩建，但双方对扩建费用的处理没有约定的，人民法院按照下列情形分别处理：(一)办理合法建设手续的，扩建造价费用由出租人负担；(二)未办理合法建设手续的，扩建造价费用由双方按照过错分担。”

(2)具体到本题：“经甲同意，乙先后两次自费扩建多间房屋作为烤漆车间。”+“乙在又一次扩建报批过程中”。扩建经出租人甲同意，而乙有两次扩建未办理合法建造手续。而第三次扩建未成功，故仅涉及前两次扩建费用分担问题，由甲、乙双方过错分担。

(3)结论：“B. 因甲、乙对于扩建房屋都有过错，应分担扩建房屋的费用”，B对，选B。

(4)延伸：擅自扩建又当如何处理？全由承租人承担费用，且要恢复原状并向出租人赔偿损失。①《合同法》第223条第2款，“承租人未经出租人同意，对租赁物进行改善或者增设他物的，出租人可以要求承租人恢复原状或者赔偿损失。”②《租赁解释》第13条，“承租人未经出租人同意装饰装修或者扩建发生的费用，由承租人负担。出租人请求承租人恢复原状或者赔偿损失的，人民法院应予支持。”

余论：排除法。

(1)只要确定合同无效，则可推出只能选AB。选项设置因受限而降低了难度。

(2)另外，法律规定也不太合理（有人认为违章建筑的租赁合同当属有效）。违章建筑的租赁合同到底是无效，还是有效，暂先不论，但它们的结果是实质上差异不大即承租人需要交纳租赁使用费。

(3)本题中，转化为实务就是，出租人自己跳出来主张租赁合同无效。①由此可见，必须让出租人负担一部分建设费。②承租人是否也有过错？也有。你租的东西你怎么不去查实产权证？③再推实务，真实情况是可能查了没有房产证，但有侥幸心理，而这就是法律风险，自己选择，就自己要承担。故过错原则具有坚实基础。

常见错误

1. 认为 B 错误，不选，因为乙没有过错，不承担房屋扩建的费用。经出租人同意的扩建，相关费用损失应由出租人承担。

2. 认为 C 是正确的。虽然合同自始无效的，但是合同的无效不能排除甲方根本违约行为的存在。故乙有权解除合同。

3. 超前学说。认为违章建筑出租合同不为无效，因为不损害国家利益，损害国家利益的是做违章建筑行为。

2. 租赁合同的次序之：一屋数租（“交际先”，与注册动产多重买卖相同）

孙某与李某签订房屋租赁合同，李某承租后与陈某签订了转租合同，孙某表示同意。但是，孙某在与李某签订租赁合同之前，已经把该房租给了王某并已交付。李某、陈某、王某均要求继续租赁该房屋。下列哪一表述是正确的？（2014－3－14）

A. 李某有权要求王某搬离房屋

B. 陈某有权要求王某搬离房屋

C. 李某有权解除合同，要求孙某承担赔偿责任

D. 陈某有权解除合同，要求孙某承担赔偿责任

答案：(　　)①

考点：一屋数租、合同相对性、继续履行、违约责任

解题图构

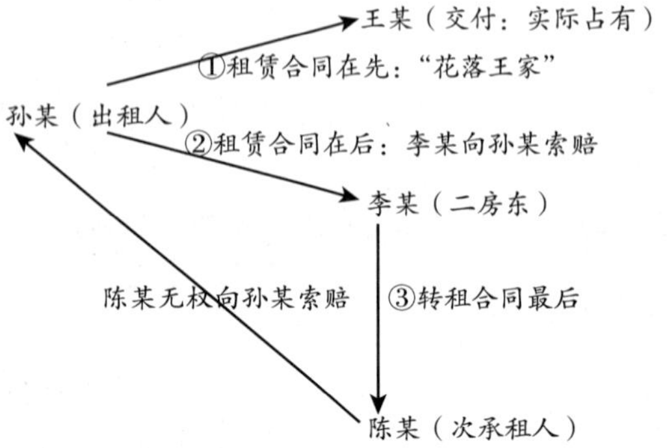

读题技巧

1. 孙某表示同意，指向转租合同有效。

2. 房租给了王某并已交付，指向“花落”王家。

思路展开

思路 1：三个租赁合同均有效，各自独立，坚持相对性。

(1) 孙某与王某①租赁合同。

(2) 孙某与李某②租赁合同。

(3) 李某与陈某③转租合同也有效。

依据是《合同法》第 224 条，“承租人经出租人同意，可以将租赁物转租给第三人。承租人转租的，承租人与出租人之间的租赁合同继续有效，第三人对租赁物造成损失的，承租人应当赔偿损失。承租人未经出租人同意转租的，出租人可以解除合同。”

思路 2：一屋数租，“花”落谁家（王家）！合法占有 > 备案登记 > 合同成立在先。

(1) 法律依据：《租赁解释》第 6 条，“出租人就同一房屋订立数份租赁合同，在合同均有效的情况下，承租人均主张履行合同的，人民法院按照下列顺序确定履行合同的承租人：(一)已经合法占有租赁房屋的；(二)已经办理登记备案手续的；(三)合同成立在先的。不能取得租赁房屋的承租人请求解除合同、赔偿损失的，依照合同法的有关规定处理。”

(2) 具体到本题：①虽然本题没有明确说明是否是城镇房屋租赁合同，但非城镇房屋租赁合同也可以参照适用本规定。②本题中，孙某与王某、孙某与李某签订的合同有效，李某与陈某签订的转租合同也有效(《合同法》第 224 条)，由于王某已经合法占有租赁房屋，故李某、陈某无权要求王某搬出房屋。

(3) 结论：“A. 李某有权要求王某搬离房屋；B. 陈某有权要求王某搬离房屋”，AB 错，不选 AB。

思路 3：合同相对性之第二个承租人李某怎么救济？坚持合同相对性。

(1) 法律规定：解除租赁合同并索赔。《租赁解释》第 6 条第 2 款，“不能取得租赁房屋的承租人请求解除合同、赔偿损失的，依照合同法的有关规定处

① 参考答案：C

理。"+《合同法》第94条,"有下列情形之一的,当事人可以解除合同:……(四)当事人一方迟延履行债务或者有其他违约行为致使不能实现合同目的……"

(2)具体到本题:孙某对李某无法继续履行租赁合同,使得租赁合同的目的不能达成,构成根本违约,李某可根据《合同法》第94条主张解除合同,并可以要求孙某承担违约责任。

(3)结论:"C. 李某有权解除合同,要求孙某承担赔偿责任",C对,选C。

思路4:合同相对性之第二个承租人李某之后的次承租人陈某怎么救济?坚持合同相对性。

(1)法律依据:《合同法》第121条,"当事人一方因第三人的原因造成违约的,应当向对方承担违约责任。当事人一方和第三人之间的纠纷,依照法律规定或者按照约定解决。"

(2)具体到本题:①陈某只是和李某订立了转租合同,与孙某之间并没有合同关系。②"二房东"李某构成根本违约,对此陈某可解除合同,要求李某赔偿,但不能要求孙某赔偿。

(3)结论:"D. 陈某有权解除合同,要求孙某承担赔偿责任",D错,不选D。

5. 思路延展:孙某是个大骗子,李某被骗,可否有其他救济途径?以受欺诈为由主张撤销租赁合同,应予支持。

常见错误

1. 经同意转租,次承租人可突破合同相对性说:认为次承租人陈某和房东孙某之间存在合同上请求权,误选B。

2. 次承租人租赁权最应得到保护说:认为陈某的租赁权最应得到保护,误选B。

3. 转租

(1)房屋租赁合同经同意转租中次承租人野蛮装修:房东诉租户违约;房东诉次承租人侵权

居民甲将房屋出租给乙,乙经甲同意对承租房进行了装修并转租给丙。丙擅自更改房屋承重结构,导致房屋受损。对此,下列哪些选项是正确的?(2016－3－60)

A. 无论有无约定,乙均有权于租赁期满时请求甲补偿装修费用

B. 甲可请求丙承担违约责任

C. 甲可请求丙承担侵权责任

D. 甲可请求乙承担违约责任

答案:(　　)①

考点:房屋租赁合同装修归租户自负;房东诉次承租人侵权;房东诉租户违约;房东和次承租人之间坚持合同相对性

解题图构

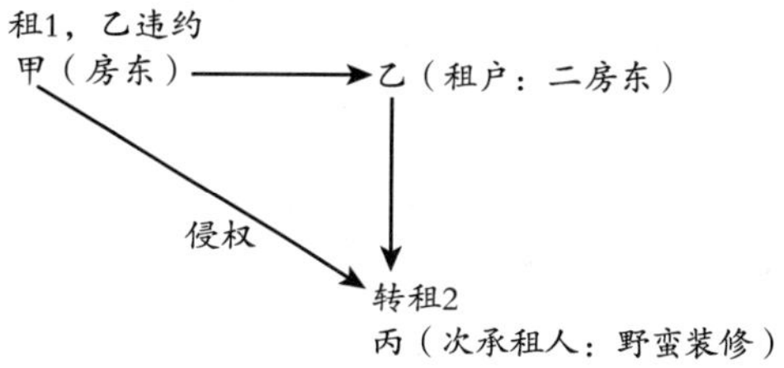

思路展开

命题点1:经房东同意装修,租期满由租户自负装修费。

(1)法律依据:①经同意装修,租户可拆走未附合的装饰装修物:《租赁解释》第10条,"承租人经出租人同意装饰装修,租赁期间届满或者合同解除时,除当事人另有约定外,未形成附合的装饰装修物,可由承租人拆除。因拆除造成房屋毁损的,承租人应当恢复原状。"②经同意装修,房东不向租户付装修费:《租赁解释》第12条,"承租人经出租人同意装饰装修,租赁期间届满时,承租人请求出租人补偿附合装饰装修费用的,不予支持。但当事人另有约定的除外。"

(2)具体到本题和结论:①"居民甲将房屋出租给乙,乙经甲同意对承租房进行了装修并转租给丙"。②"A. 无论有无约定,乙均有权于租赁期满时请求甲补偿装修费用",A错,不选A。

命题点2:房东和次承租人无合同关系,不启动违约责任,坚持合同相对性。

(1)法律依据:《合同法》第224条,"承租人经出租人同意,可以将租赁物转租给第三人。承租人转租的,承租人与出租人之间的租赁合同继续有效,第三人对租赁物造成损失的,承租人应当赔偿损失。

① 参考答案:CD

承租人未经出租人同意转租的,出租人可以解除合同。”

(2)具体到本题:“乙经甲同意对承租房进行了装修并转租给丙。丙擅自更改房屋承重结构,导致房屋受损。”甲、乙之间有租赁合同关系,乙、丙之间有租赁合同关系,甲、丙之间无合同关系。故甲不得向次承租人丙主张违约责任。

(3)结论:“B. 甲可请求丙承担违约责任”,B错,不选B。

命题点3:租户可要求有过错的次承租人承担侵权责任。

(1)法律依据:①甲作为物权人可请求丙承担侵权责任。《物权法》第37条,“侵害物权,造成权利人损害的,权利人可以请求损害赔偿,也可以请求承担其他民事责任。”②丙是过错侵权。《侵权责任法》第6条第1款,“行为人因过错侵害他人民事权益,应当承担侵权责任。”

(2)具体到本题:①“丙擅自更改房屋承重结构,导致房屋受损”。②丙的行为是对甲的房屋所有权的侵害,甲可要求丙承担侵权损害赔偿责任。

(3)结论:“C. 甲可请求丙承担侵权责任”,C对,选C。

命题点4:承租人因第三人即次承租人原因对出租人违约,承租人需对出租人负违约责任。

(1)法律依据:《合同法》第121条,“当事人一方因第三人的原因造成违约的,应当向对方承担违约责任。当事人一方和第三人之间的纠纷,依照法律规定或者按照约定解决。”

(2)具体到本题:由于丙的行为,导致乙未能履行其维护租赁物完整的义务,乙对甲负违约责任。

(3)结论:“D. 甲可请求乙承担违约责任”,D对,选D。

(2)“转租假设案”之丁某→方某(二房东)→唐某

丁某将其所有的房屋出租给方某,方某将该房屋转租给唐某。下列哪些表述是正确的?(2011－3－57)

A. 丁某在租期内基于房屋所有权可以对方某主张返还请求权,方某可以基于其与丁某的合法的租赁关系主张抗辩权

B. 方某未经丁某同意将房屋转租,并已实际交付给唐某租用,则丁某无权请求唐某返还房屋

C. 如丁某与方某的租赁合同约定,方某未经丁某同意将房屋转租,丁某有权解除租赁合同,则在合同解除后,其有权请求唐某返还房屋

D. 如丁某与方某的租赁合同约定,方某未经丁某同意将房屋转租,丁某有权解除租赁合同,则在合同解除后,在丁某向唐某请求返还房屋时,唐某可以基于与方某的租赁关系进行有效的抗辩

答案:(　　)①

考点:返还原物请求权、转租、占有

读题技巧

1. A是根据既定事实回答。

2. B虽然缺少一个“如”字,按题意理解,应该加一个“如”。故BCD是根据假设事实作答。

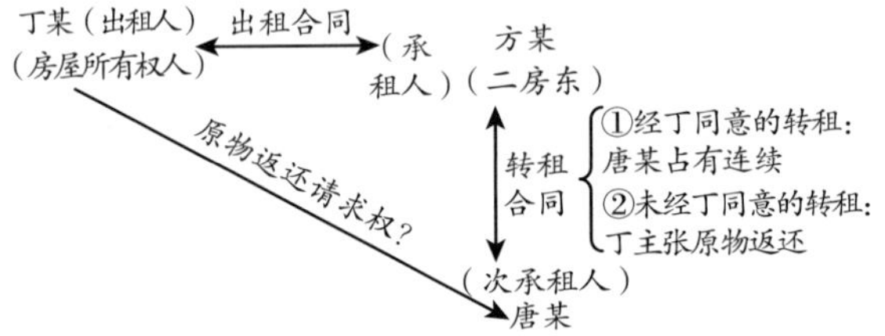

思路展开

命题点1:出租房屋所有权人返还请求权与承租人的抗辩权。

(1)法律依据:①《物权法》第34条,“无权占有不动产或者动产的,权利人可以请求返还原物。”②《物权法》第241条,“基于合同关系等产生的占有,有关不动产或者动产的使用、收益、违约责任等,按照合同约定;合同没有约定或者约定不明确的,依照有关法律规定。”

(2)法条阐释:《物权法》第34条原物返还请求权构成要件:请求人是物权人,“权利人”＋被请求人是现时无权占有人。

(3)具体到本题:物权是权利人直接支配物的权利,丁某作为房屋所有人,可以基于房屋所有权对方某主张返还请求权,但是,方某可以以其属于有权占有为由针对该请求权主张抗辩权。

(4)结论:“A. 丁某在租期内基于房屋所有权可

① 参考答案:AC

以对方某主张返还请求权，方某可以基于其与丁某的合法的租赁关系主张抗辩权”，A对，选A。

（5）评论1：A选项属于同一选项内部的一种对抗式表达，并不是表述上的瑕疵。

（6）评论2：关于A选项的“抗辩权”和D选项的“抗辩”措辞问题。①参考2009年卷三1题的D选项。“2009年卷三1题甲被乙家的狗咬伤，要求乙赔偿医药费，乙认为甲被狗咬与自己无关，拒绝赔偿。下列哪一选项是正确的？[①] A. 甲、乙之间的赔偿关系属于民法所调整的人身关系；B. 甲请求乙赔偿的权利属于绝对权；C. 甲请求乙赔偿的权利适用诉讼时效；D. 乙拒绝赔偿是行使抗辩权”。②《2011年国家司法考试试题解析》：“抗辩权是对抗请求权或否认对方权利的权利如双务合同中的同时履行抗辩权、不安抗辩权以及保证人的先诉抗辩权等。对他方主张的权利仅仅简单表示拒绝，并非抗辩权的行使，因此D项错误。”③2011/57中A选项使用的是抗辩权，针对的是物权人的返还请求权，针对请求权提出抗辩权，表述上没有问题。2011/57中D选项使用的是“有效抗辩”，本身D选项是错误的。因此，A“抗辩权”和D“抗辩”表述没有问题。④即使有问题，但是，司考战场上，难道考生就可以拒绝作答吗？需要调整一下思维，2009年四个选项都在考查概念；2011年四个选项都在考查法律关系的对攻问题，侧重点不同，需要进入题意和语境，才不会简单地用2009年的试题来评价2011年的试题。⑤这才是考生在复习时需要自己琢磨提高的。

命题点2：未经出租人同意的转租之出租人的法定解除权。

（1）法律依据：①法定解除权。《合同法》第224条第2款，“承租人未经出租人同意转租的，出租人可以解除合同。”②法定解除权之通知解除主义。《合同法》第96条第1款，“当事人一方依照本法第九十三条第二款（约定解除权）、第九十四条（不可抗力＋预期违约＋迟延履行主要债务经催告未履行＋迟延或其他违约之根本违约＋其他情形）的规定主张解除合同的，应当通知对方。合同自通知到达对方时解除。对方有异议的，可以请求人民法院或者仲裁机构确认解除合同的效力。”③解除权的后果。《合同法》第97条，“合同解除后，尚未履行的，终止履行；已经履行的，根据履行情况和合同性质，当事人可以要求恢复原状、采取其他补救措施，并有权要求赔偿损失。”④《物权法》第34条，“无权占有不动产或者动产的，权利人可以请求返还原物。”

（2）具体到本题：承租人方某未经出租人丁某同意将房屋转租给唐某，出租人方某可以解除租赁合同，且能够基于其对房屋享有的所有权请求唐某返还房屋。

（3）结论：“B. 方某未经丁某同意将房屋转租，并已实际交付给唐某租用，则丁某无权请求唐某返还房屋”，B错，不选B。

命题点3：未经出租人同意的转租之出租人的约定解除权。

（1）法律依据：①约定解除权。《合同法》第93条第2款，“当事人可以约定一方解除合同的条件。解除合同的条件成就时，解除权人可以解除合同。”②约定解除权之通知解除主义。《合同法》第96条第1款，“当事人一方依照本法第九十三条第二款（约定解除权）、第九十四条（不可抗力＋预期违约＋迟延履行主要债务经催告未履行＋迟延或其他违约之根本违约＋其他情形）的规定主张解除合同的，应当通知对方。合同自通知到达对方时解除。对方有异议的，可以请求人民法院或者仲裁机构确认解除合同的效力。”③解除权行使的后果。《合同法》第97条，“合同解除后，尚未履行的，终止履行；已经履行的，根据履行情况和合同性质，当事人可以要求恢复原状、采取其他补救措施，并有权要求赔偿损失。”④《物权法》第34条，“无权占有不动产或者动产的，权利人可以请求返还原物。”

（2）具体到本题：①若丁某和方某在租赁合同中明确约定转租的法律后果，那么出租人丁某有权解除租赁合同，并且请求唐某返还房屋。②丁某基于《合同法》第224条第2款有法定解除权，此处再行约定解除权，法律并不禁止。

（3）结论：①“C. 如丁某与方某的租赁合同约定，方某未经丁某同意将房屋转租，丁某有权解除租赁合同，则在合同解除后，其有权请求唐某返还房屋”，C对，选C。②“D. 如丁某与方某的租赁合同约

---

① C

定,方某未经丁某同意将房屋转租,丁某有权解除租赁合同,则在合同解除后,在丁某向唐某请求返还房屋时,唐某可以基于与方某的租赁关系进行有效的抗辩"D 错,不选 D。

延展 1:未经出租人同意的转租,效力如何,D 选项实际上是比较隐晦地回答了这个问题即有效。

(1)未经出租人丁某同意的转租合同,丁某可向转租合同的承租人唐某主张原物返还。

(2)D 选项表述内容是:"唐某可以基于与方某的租赁关系进行有效的抗辩",其意思是隐含了肯定唐某与方某租赁关系有效性的内容,正是因为这个转租合同有效,才存在该有效合同(债权)不能对抗丁某的房屋所有权(物权)的问题,从这个角度上看,D 表述错误,不选 D。

(3)可见,命题人认为,擅自转租合同其实不宜认定为无效。

(4)如果直截了当地认定擅自转租合同是无效的,D 选项考查的物权(所有权)优先于债权(租赁权)的目的就落空了。

(5)《租赁解释》第 16 条,"出租人知道或者应当知道承租人转租,但在六个月内未提出异议,其以承租人未经同意为由请求解除合同或者认定转租合同无效的,人民法院不予支持。因租赁合同产生的纠纷案件,人民法院可以通知次承租人作为第三人参加诉讼。"

(6)解释论:6 个月限制的是解除权,可以说得通。6 个月限制认定合同无效,就说不通了。一个无效的合同不会因为经过一个时间段譬如 6 个月就变为有效的合同。故此,《租赁解释》第 16 条第 1 款仅仅是从一个方面规定出租人知情后 6 个月内未提异议主张解除合同或认定转租合同无效,法院不支持。至于问题的反面即 6 个月内提出解除合同或认定租赁合同无效,法院是否应该支持,没有明确规定。

(7)立法论:应将认定转租合同无效删除。既然无权买卖房屋的合同都有效,凭何无权出租房屋的合同却无效?房屋所有权人通过解除出租合同,主张返还房屋已经可以足够救济了,无须通过否定二房东与次承租人合同效力再行支援。在这一框架下,次承租人可以向二房东主张违约救济,践行合同的诚信。

延展 2:如果将题设条件修改为转租经过房主丁同意(明示同意、默示同意或者沉默即知情后 6 个月内没有表示异议)即"丁某将其所有的房屋出租给方某,方某(经丁某同意)将该房屋转租给唐某",则丁某方某出租合同,方某唐某转租合同,唐某占有房屋构成占有连续,唐某在其与方某租赁合同有效期内可以对抗丁某原物返还请求权。

常见错误

1. 审题不清,为题干增加条件作答,误认为房屋转租虽然未经方某同意,但是如果丁某对转租知情且在六个月内没有表示提出异议的,则丁某不能解除合同,无权请求唐某返还房屋。误选 B。

2. 原租合同解除,转租合同仍存在说:误认为承租人方某转租房屋虽然未经过出租人丁某同意,丁某只能解除租赁合同,不能解除转租合同。因此,次承租人唐某可以基于其与承租人的租赁关系进行有效抗辩,误选 D。

(3)转租之"打飞镖损害房屋案"

甲将自己的一套房屋租给乙住,乙又擅自将房屋租给丙住。丙是个飞镖爱好者,因练飞镖将房屋的墙面损坏。下列哪些选项是正确的?(2009-3-60)

A. 甲有权要求解除与乙的租赁合同

B. 甲有权要求乙赔偿墙面损坏造成的损失

C. 甲有权要求丙搬出房屋

D. 甲有权要求丙支付租金

答案:(　　)①

考点:擅自转租之出租人解除权、索赔权;出租人对次承租人的原物返还请求权;合同相对性

解题图构

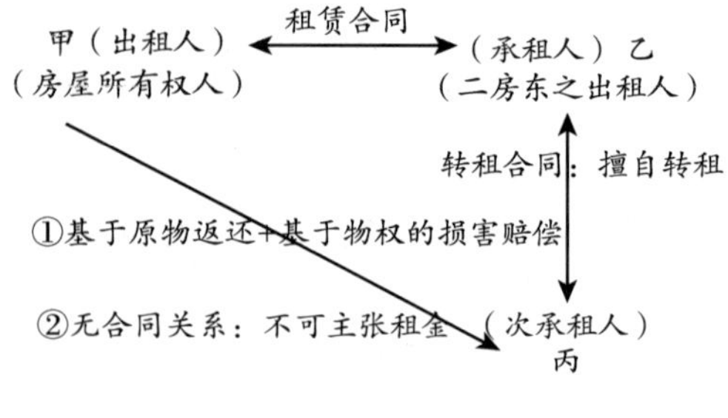

① 参考答案:ABC

读题技巧

1.“擅自”，指向未经出租人同意转租，启动房东的解除权、索赔权、返还原物请求权。

2.“丙是个飞镖爱好者，因练飞镖将房屋的墙面损坏”，指向二房东的损害赔偿（违约责任/侵权责任）、次承租人的损害赔偿（侵权责任）

思路展开

命题点1：未经出租人同意转租之租赁合同关系：出租人对承租人（二房东）有法定解除权、索赔权；对次承租人之原物返还请求权。

（1）法律依据：①法定解除权和索赔权。《合同法》第224条，“承租人经出租人同意，可以将租赁物转租给第三人。承租人转租的，承租人与出租人之间的租赁合同继续有效，第三人对租赁物造成损失的，承租人应当赔偿损失。承租人未经出租人同意转租的，出租人可以解除合同。”②法定解除权之通知解除主义。《合同法》第96条第1款，“当事人一方依照本法第九十三条第二款、第九十四条的规定主张解除合同的，应当通知对方。合同自通知到达对方时解除。对方有异议的，可以请求人民法院或者仲裁机构确认解除合同的效力。”③解除权的后果。《合同法》第97条，“合同解除后，尚未履行的，终止履行；已经履行的，根据履行情况和合同性质，当事人可以要求恢复原状、采取其他补救措施，并有权要求赔偿损失。”

（2）法条阐释：①《合同法》第224条第2款，经同意的转租，“二房东”尚且需要就次承租人（第三人）造成租赁物损失，向一房东承担损害赔偿责任。②举轻以明重，未经同意的转租，“二房东”更加需要就次承租人（第三人）造成租赁物损失承担赔偿责任。

（3）具体到本题：①“甲将自己的一套房屋租给乙住，乙又擅自将房屋租给丙住。丙是个飞镖爱好者，因练飞镖将房屋的墙面损坏。”②“二房东”乙擅自转租“一房东”甲的房屋。③甲有权解除甲、乙之间的租赁合同。④次承租人丙导致房屋损害，“一房东”甲有权要求“二房东”乙承担损害赔偿责任（责任基础：合同责任或者侵权责任）。⑤乙承担责任后可向“飞镖爱好者”丙追偿。

（4）结论：“A. 甲有权要求解除与乙的租赁合同；B. 甲有权要求乙赔偿墙面损坏造成的损失”，AB均对，选AB。

（5）关联记忆：出租人沉默同意转租的6个月期间。《租赁解释》第16条，“出租人知道或者应当知道承租人转租，但在六个月内未提出异议，其以承租人未经同意为由请求解除合同或者认定转租合同无效的，人民法院不予支持。因租赁合同产生的纠纷案件，人民法院可以通知次承租人作为第三人参加诉讼。”

命题点2：未经出租人同意转租之转租合同关系：出租人对次承租人有原物返还请求权和损害赔偿请求权。

（1）法律依据：①原物返还请求权。《物权法》第34条，“无权占有不动产或者动产的，权利人可以请求返还原物。”②出租人（所有权人）基于物权受侵害的损害赔偿请求权。《物权法》第37条，“侵害物权，造成权利人损害的，权利人可以请求损害赔偿，也可以请求承担其他民事责任。”③出租人无权要求次承租人支付租金，坚持合同相对性。《合同法》第212条，“租赁合同是出租人将租赁物交付承租人使用、收益，承租人支付租金的合同。”+《合同法》第107条，“当事人一方不履行合同义务或者履行合同义务不符合约定的，应当承担继续履行、采取补救措施或者赔偿损失等违约责任。”

（2）具体到本题：①“甲将自己的一套房屋租给乙住，乙又擅自将房屋租给丙住。丙是个飞镖爱好者，因练飞镖将房屋的墙面损坏。”②乙擅自转租甲的房屋。③甲有权解除甲乙之间的租赁合同。④丙导致房屋损害，甲有权基于所有权要求并返还房屋，有权基于所有权受侵害要求丙承担赔偿责任。⑤《2009年国家司法考试试题解析》：“出租人甲与责任转租中的次承租人丙并无租赁合同关系，甲不能追究丙的违约责任，也不能要求丙支付租金，但可以行使物权请求权或者追究其侵权责任，而要求丙搬出房屋。故C选项是应选项，D选项不是应选项。”

（3）结论：①“C. 甲有权要求丙搬出房屋”，C对，选C。②“D. 甲有权要求丙支付租金”，D错，不选D。

（4）延展：如果甲不解除与乙的租赁合同，甲、丙之间房屋返还关系如何处理？①如果法院经甲诉请确认乙、丙的擅自转租合同无效，则甲在不解除与乙租赁合同的情况下，不得请求丙返还房屋给自己，但可请求丙将房屋返还给乙。②如果法院没有确认乙、丙的擅自转租合同无效，则甲在不解除与乙租赁合同的情况下，不得请求丙返还房屋给自己，也不得请求丙返还房屋给乙。

(5) 原租赁是不定期租赁，转租仍然是不定期租赁案。

4. 房屋承租人优先购买权

(1) 侵犯房屋承租人的优先购买权的后果

甲将房屋租给乙，在租赁期内未通知乙就把房屋出卖并过户给不知情的丙。乙得知后劝丙退出该交易，丙拒绝。关于乙可以采取的民事救济措施，下列哪一选项是正确的？(2015－3－11)

A. 请求解除租赁合同，因甲出卖房屋未通知乙，构成重大违约

B. 请求法院确认买卖合同无效

C. 主张由丙承担侵权责任，因丙侵犯了乙的优先购买权

D. 主张由甲承担赔偿责任，因甲出卖房屋未通知乙而侵犯了乙的优先购买权

答案：(　　)①

考点：承租人房屋优先购买权受侵害的法律后果(不得确认买卖无效；可要求出租人赔偿；对接"买卖不破租赁")

解题图构

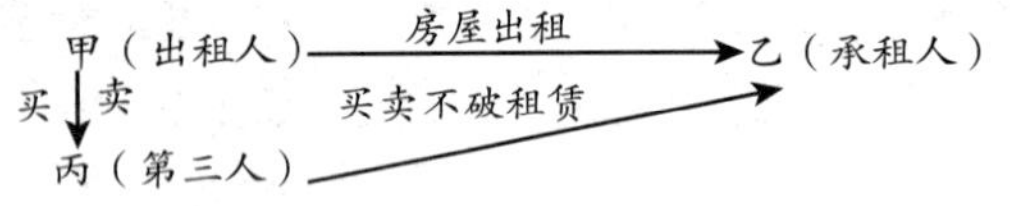

读题技巧

1."未通知乙"，指向房屋所有人甲侵犯了承租人乙的优先购买权。

2."不知情"，指向房屋购买人不侵犯承租人优先购买权。

3."关于乙可以采取的民事救济措施"，本题题眼，启动优先购买权受侵害的法律后果：(1)不可主张房屋买卖合同无效；(2)可要求出租人赔偿；(3)对接买卖不破租赁规则，承租人不得向出租人主张解除合同。新房屋所有人丙即为新的承租人，乃债权债务的法定承受。

4. 感想：这房子到底有多好？租户对房子已经有感情了，得从新买方那里要回来，还劝人家退出……丙也是糊涂，怎么买房时不知道此房有租户乙，没看房屋吗？故题干特意交代丙"不知情"。

思路展开

命题点1：承租人乙享有优先购买权。不知情的购房人丙不构成侵犯承租人优先购买权。

(1) 法律依据：①承租人优先购买权。《合同法》第230条，"出租人出卖租赁房屋的，应当在出卖之前的合理期限内通知承租人，承租人享有以同等条件优先购买的权利。"②过错侵权责任：《侵权责任法》第6条第1款，"行为人因过错侵害他人民事权益，应当承担侵权责任。"

(2) 具体到本题："甲将房屋租给乙，在租赁期内未通知乙就把房屋出卖并过户给不知情的丙"。不知情的丙没有侵犯乙的优先购买权。

(3) 结论："C. 主张由丙承担侵权责任，因丙侵犯了乙的优先购买权"，C错，不选C。

命题点2：房屋承租人优先购买权受侵害的后果：不得主张出租人与第三人房屋买卖合同无效。

(1)《租赁解释》第21条，"出租人出卖租赁房屋未在合理期限内通知承租人或者存在其他侵害承租人优先购买权情形，承租人请求出租人承担赔偿责任的，人民法院应予支持。但请求确认出租人与第三人签订的房屋买卖合同无效的，人民法院不予支持。"

(2) 具体到本题：①房东甲卖房给不知情的丙，侵害承租人乙的优先购买权，承租人乙不能请求法院确定甲、丙买卖合同无效。②当然，承租人乙可请求出租人甲承担赔偿责任。

(3) 结论：①"B. 请求法院确认买卖合同无效"，B错，不选B。②"D. 主张由甲承担赔偿责任，因甲出卖房屋未通知乙而侵犯了乙的优先购买权"，D对，选D。

命题点3：房屋承租人优先购买权受侵害不是承租人解除合同的事由，因为"买卖不破租赁"。

(1) 法律依据：《合同法》第229条，"租赁物在租赁期间发生所有权变动的，不影响租赁合同的

---

① 参考答案：D

效力。”

(2)法理阐释:①房屋承租人利益保护的两个防线:一是优先购买权(非房屋承租人无此权利);二是买卖不破租赁。②优先购买权防线失效,还有买卖不破租赁这道防线。③买卖不破租赁,隐含的前提就是“买卖”有效。由此可印证B选项的错误。④“买卖不破租赁”隐含的另一层意思是足够保护承租人利益。出租人未通知承租人而出卖房屋,并未实质性影响承租人乙的利益:乙是租户,房东是谁,无所谓,因为租户看中的是房子,而不是房东。故承租人不享有法定解除权。

(3)具体到本题:①故甲、丙买卖不破租赁,丙和乙之间法定承受租赁关系。②乙不得请求解除租赁合同。

(4)结论:“A.请求解除租赁合同,因甲出卖房屋未通知乙,构成重大违约”,A错,不选A。

4.延展记忆:房屋承租人优先购买权体系。

(1)房屋承租人有优先购买权的情形:①房东卖房,应通知租户,租户有优先购买权。《合同法》第230条,“出租人出卖租赁房屋的,应当在出卖之前的合理期限内通知承租人,承租人享有以同等条件优先购买的权利。”②房东卖房还债、卖房给银行折价还债,应通知租户,租户有优先购买权。《租赁解释》第22条,“出租人与抵押权人协议折价、变卖租赁房屋偿还债务,应当在合理期限内通知承租人。承租人请求以同等条件优先购买房屋的,人民法院应予支持。”③房东委托拍卖人拍卖房屋,应在拍卖5日前通知租户(租户未竞买,推定放弃优先购买权)(最高竞价时的“优先”购买权)。《租赁解释》第23条,“出租人委托拍卖人拍卖租赁房屋,应当在拍卖5日前通知承租人。承租人未参加拍卖的,人民法院应当认定承租人放弃优先购买权。”

(2)承租部分房屋的承租人在出租人整体出卖房屋时是否享有优先购买权?《最高人民法院关于承租部分房屋的承租人在出租人整体出卖房屋时是否享有优先购买权的复函》:“第一,从房屋使用功能上看,如果承租人承租的部分房屋与房屋的其他部分是可分的、使用功能可相对独立的,则承租人的优先购买权应仅及于其承租的部分房屋;如果承租人的部分房屋与房屋的其他部分是不可分的、使用功能整体性较明显的,则其对出租人所卖全部房屋享有优先购买权。第二,从承租人承租的部分房屋占全部房屋的比例看,承租人承租的部分房屋占出租人出卖的全部房屋一半以上的,则其对出租人出卖的全部房屋享有优先购买权;反之,则不宜认定其对全部房屋享有优先购买权。”

(3)行使优先购买权的后果:①一种意见认为,优先购买权是形成权,一经承租人行使,就在承租人和出租人之间成立买卖租赁物的合同,其条件相同于出租人和第三人之间租赁物买卖合同中的条件,无须再经过要约、承诺的磋商过程。②另一种意见认为,不能判令出卖人直接按照与第三人约定的同等条件与承租人签订买卖合同。例如,《重庆市高级人民法院关于当前民事审判若干法律问题的指导意见》第40条第2项,“出租人出卖租赁房屋,侵犯承租人优先购买权的,应依照现行法律、法规及司法解释的规定处理,不能判令出卖人直接按照与第三人约定的同等条件与承租人签订买卖合同。”

(4)侵害优先购买权的后果:①租户优先购买权被侵害,不得请求确认房屋买卖合同无效。②还有买卖不破租赁在保护。优先购买权不是物权。③《租赁解释》第21条,“出租人出卖租赁房屋未在合理期限内通知承租人或者存在其他侵害承租人优先购买权情形,承租人请求出租人承担赔偿责任的,人民法院应予支持。但请求确认出租人与第三人签订的房屋买卖合同无效的,人民法院不予支持。”

(5)优先购买权的例外:①房屋租户不得主张优先购买房屋:共有人要买;房东卖给近亲属;租户接通知后15日内未明确表示购买;第三人善意购买并办理过户登记。②《租赁解释》第24条,“具有下列情形之一,承租人主张优先购买房屋的,人民法院不予支持:(一)房屋共有人行使优先购买权的;(二)出租人将房屋出卖给近亲属,包括配偶、父母、子女、兄弟姐妹、祖父母、外祖父母、孙子女、外孙子女的;(三)出租人履行通知义务后,承租人在十五日内未明确表示购买的;(四)第三人善意购买租赁房屋并已经办理登记手续的。”③“人民法院不予支持”:应作限缩解释,人民法院不支持关于确认出租人与善意第三人签订的租赁房屋买卖无效的请求。但是,承租人可请求出租人承担违约责任!法院应予支持。④15天除斥期间的关联记忆:按份共有人优先购买权也有一个15日。《物权法解释一》第11

条,"优先购买权的行使期间,按份共有人之间有约定的,按照约定处理;没有约定或者约定不明的,按照下列情形确定:(一)转让人向其他按份共有人发出的包含同等条件内容的通知中载明行使期间的,以该期间为准;(二)通知中未载明行使期间,或者载明的期间短于通知送达之日起十五日的,为十五日;(三)转让人未通知的,为其他按份共有人知道或者应当知道最终确定的同等条件之日起十五日;(四)转让人未通知,且无法确定其他按份共有人知道或者应当知道最终确定的同等条件的,为共有份额权属转移之日起六个月。"

常见错误

重大违约说:房屋租赁期内,甲应严守合同义务,在出租期内保证承租人权利,其在租赁期内出卖房屋,致使承租人丧失优先购买权,构成重大违约,承租人有权解除租赁合同。

(2)侵害优先购买权房屋买卖合同有效案

甲与乙订立房屋租赁合同,约定租期5年。半年后,甲将该出租房屋出售给丙,但未通知乙。不久,乙以其房屋优先购买权受侵害为由,请求法院判决甲、丙之间的房屋买卖合同无效。下列哪一表述是正确的?(2013－3－10)

A. 甲出售房屋无须通知乙

B. 丙有权根据善意取得规则取得房屋所有权

C. 甲侵害了乙的优先购买权,但甲丙之间的合同有效

D. 甲出售房屋应当征得乙的同意

答案:(　　)①

考点:承租人优先购买权;承租人优先购买权受侵害的救济;善意取得的判断

解题图构

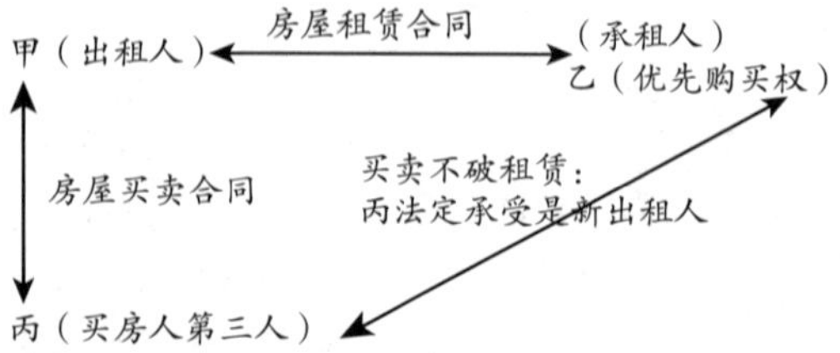

读题技巧

1."甲将该出租房屋出售给丙,但未通知乙",指向房东甲侵害了租户乙的优先购买权。

2."乙以其房屋优先购买权受侵害为由,请求法院判决甲丙之间的房屋买卖合同无效",指向房东甲和第三人丙的房屋买卖合同不是无效。

思路展开

命题点1:房屋承租人享有优先购买权,房东卖房要打招呼,通知而不是经承租人"同意"!

(1)法律依据:《合同法》第230条,"出租人出卖租赁房屋的,应当在出卖之前的合理期限内通知承租人,承租人享有以同等条件优先购买的权利。"

(2)具体到本题:"甲与乙订立房屋租赁合同,约定租期5年。半年后,甲将该出租房屋出售给丙,但未通知乙。"甲、乙房屋租赁合同未届期,房东甲卖房需要通知承租人乙。无须经承租人乙同意。

(3)结论:"A. 甲出售房屋无须通知乙;D. 甲出售房屋应当征得乙的同意",AD错,不选AD。

命题点2:侵害优先购买权的后果:租户优先购买权被侵害,不得请求确认房屋买卖合同无效。

(1)法律依据:《租赁解释》第21条,"出租人出卖租赁房屋未在合理期限内通知承租人或者存在其他侵害承租人优先购买权情形,承租人请求出租人承担赔偿责任的,人民法院应予支持。但请求确认出租人与第三人签订的房屋买卖合同无效的,人民法院不予支持。"

(2)具体到本题:①"(房东)甲将该出租房屋出售给丙,但未通知(租户)乙。不久,乙以其房屋优先购买权受侵害为由,请求法院判决甲丙之间的房屋买卖合同无效。"②房东甲侵害了租户乙的优先购买权,负赔偿责任。③但是甲、丙房屋买卖合同有效。

(3)结论:"C. 甲侵害了乙的优先购买权,但甲丙之间的合同有效",C对,选C。

命题点3:善意取得制度的适用以无权处分为前提。无权处分应检讨善意取得构成要件。

(1)法律依据:《物权法》第106条,"无处分权人将不动产或者动产转让给受让人的,所有权人有权追回;除法律另有规定外,符合下列情形的,受让人取得该不动产或者动产的所有权:(一)受让人受让该不动产或者动产时是善意的;(二)以合理的价格转让;

① 参考答案:C

（三）转让的不动产或者动产依照法律规定应当登记的已经登记，不需要登记的已经交付给受让人。受让人依照前款规定取得不动产或者动产的所有权的，原所有权人有权向无处分权人请求赔偿损失。当事人善意取得其他物权的，参照前两款规定。”

（2）善意取得之法条阐释：善意取得五大条件＝①动产属于委托物（脱离物如盗赃物、遗失物、漂流物、埋藏物、失散的动物，不适用善意取得。货币占有即所有，无善意取得问题。禁止流通物不发生善意取得）或不动产登记错误＋②无权处分＋③受让人善意（不知情者为善意，是指受让人不知让与人无处分权。对受让人善意的判断，应以“受让时”即交付或登记时为时点）＋④合理价格（不要求实际支付价款，可以是代物清偿、互易、设立公司的出资等有偿行为）＋⑤动产交付了或不动产登记了。

（3）具体到本题：房东甲为房屋所有权人，不存在无权处分的问题，故丙不存在根据善意取得规则而取得房屋所有权。

（4）结论：“B. 丙有权根据善意取得规则取得房屋所有权”，B 错，不选 B。

（3）房屋次承租人优先购买权

甲、乙按 20% 和 80% 的份额共有 1 间房屋。二人将房屋出租给丙，丙取得甲和乙的同意后将该房屋转租给丁。现甲欲转让自己的份额。下列哪一项表述是正确的？（2005－3－12）

A. 乙、丙有优先购买权，丁无优先购买权

B. 乙、丁有优先购买权，丙无优先购买权

C. 乙、丙、丁都有优先购买权

D. 丙、丁有优先购买权，乙无优先购买权

答案：（　　）①

考点：房屋上的优先购买权（按份共有人、承租人、次承租人）

解题图构

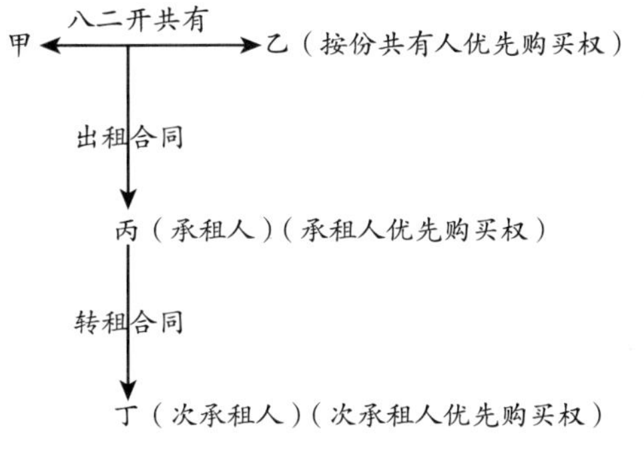

思路展开

命题点 1：按份共有人优先购买权。

（1）法律依据：《物权法》第 101 条，“按份共有人可以转让其享有的共有的不动产或者动产份额。其他共有人在同等条件下享有优先购买的权利。”

（2）具体到本题：“甲、乙按 20% 和 80% 的份额共有 1 间房屋”＋“现甲欲转让自己的份额”＝按份共有人乙有优先购买权。

（3）结论：乙有优先购买权。“D. 丙、丁有优先购买权，乙无优先购买权”，D 错，不选 D。

命题点 2：房屋承租人优先购买权。

（1）法律依据：《合同法》第 230 条，“出租人出卖租赁房屋的，应当在出卖之前的合理期限内通知承租人，承租人享有以同等条件优先购买的权利。”

（2）具体到本题：①“甲、乙二人将房屋出租给丙，丙取得甲和乙的同意后将该房屋转租给丁。”②《2005 年国家司法考试试题解析》：“本题的特殊性在于存在转租的问题。a. 关于转租后承租人、次承租人是否享有优先购买权的问题在理论上有一些争议。b. 但一般认为，经过出租人同意的转租，承租人、次承租人均享有优先购买权。c. 就承租人而言，虽然已经将房屋转租给了他人，但转租不同于租赁权的让与，承租人与出租人之间的租赁合同继续有效，承租人仍然享有租赁权，在出租人出卖租赁房屋时，承租人仍然享有优先购买权。d. 次承租人与承租人之间也成立了租赁合同，而且是由次承租人实际对房屋进行占有、使用和收益，从优先购买权的立法目的来看，次承租人也应享有优先购买权。”③《2005 年国家司法考试试题解析》【常见错误分析】“有的认为只有承租人才享有优先购买权，次承租人不享有优先购买权，因此误选了 A”。

（3）结论：“C. 乙、丙、丁都有优先购买权”，C 对，其他 ABD 均错。

（4）对于顺位问题，《2005 年国家司法考试试题解析》：“乙、丙、丁三人均有优先购买权，至于其相互之间的顺位，则是另外一个问题。”

（5）针锋相对的另一观点：房屋承租人优先购买权中承租人的范围：承租人不包括共同居住人、共同

① 参考答案：C

经营人和合伙人,也不包括次承租人"承租人要做二房东,转租说明其不需要房屋,所以二房东没有优先购买权,次承租人的优先购买权也就丧失了基础。"

5. 买卖不破租赁(原租赁合同和转租合同)

甲、乙签订协议,约定甲租用乙的房屋 10 年,租金每年 1 万元,甲可以转租。第二年,甲将该房屋转租给丙,租期 3 年,租金每年 1.5 万元。后因乙经营不善,房屋被法院拍卖还债,丙购得该房屋。现甲、乙对两份租赁合同的履行产生争议,下列哪些选项是正确的? (2008 - 四川 - 56)

A. 本案适用买卖不破租赁原则

B. 本案不适用买卖不破租赁原则

C. 丙有权主张将转租合同的租金变更

D. 甲有权要求丙继续履行转租合同

答案:(　　)①

考点:买卖不破租赁(原租赁合同和转租合同)

解题图构

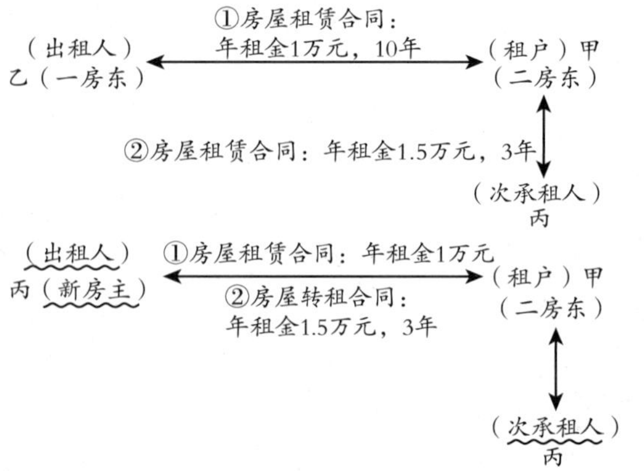

思路展开

思路 1:买卖不破租赁,有效的租赁关系都不受买卖影响。法律依据:(1)买卖不破租赁。《合同法》第 229 条,"租赁物在租赁期间发生所有权变动的,不影响租赁合同的效力。"(2)经出租人同意的转租。《合同法》第 224 条,"承租人经出租人同意,可以将租赁物转租给第三人。承租人转租的,承租人与出租人之间的租赁合同继续有效,第三人对租赁物造成损失的,承租人应当赔偿损失。承租人未经出租人同意转租的,出租人可以解除合同。"

思路 2:具体到本题:甲、乙之间的租赁合同和甲、丙之间的转租合同都继续有效,甲有权要求丙继续履行转租合同,且丙无权将转租合同的租金变更。

结论:(1)"A. 本案适用买卖不破租赁原则;D. 甲有权要求丙继续履行转租合同",AD 对,选 AD。(2)"B. 本案不适用买卖不破租赁原则;C. 丙有权主张将转租合同的租金变更",BC 错,不选 BC。

计算:甲向乙共支付租金 10 万元;丙向甲供支付租金 4.5 万元。转租合同期间,甲可赚 3 年的租金差价共 1.5 万元(此期间,丙既是房屋所有人,又是出租人,还是次承租人,一人分饰三角!)。房屋转租合同结束后,甲还可以继续租用房屋直到房屋租赁合同 10 年结束。

第五节　融资租赁合同

融资租赁合同(出租人不对租赁物负瑕疵担保责任;租赁物归属于出租人;承租人可对出卖人直接索赔;承租人须向出租人支付租金)

甲根据乙的选择,向丙购买了 1 台大型设备,出租给乙使用。乙在该设备安装完毕后,发现不能正常运行。下列哪些判断是正确的? (2006 - 3 - 61)

A. 乙可以基于设备质量瑕疵而直接向丙索赔

B. 甲不对乙承担违约责任

C. 乙应当按照约定支付租金

D. 租赁期满后由乙取得该设备的所有权

答案:(　　)②

考点:融资租赁合同;出租人不对租赁物负瑕疵担保责任;租赁物归属于出租人;承租人可对出卖人直接索赔;承租人须向出租人支付租金

解题图构

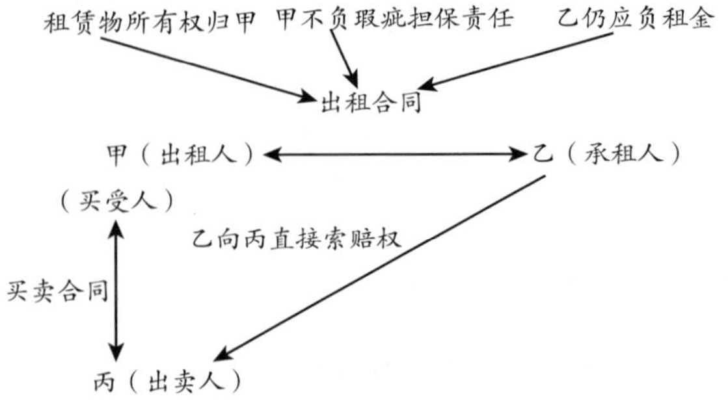

① 参考答案:AD

② 参考答案:ABC

读题技巧

1.“甲根据乙的选择,向丙购买了1台大型设备”,指向甲无须承担责任,因为是根据承租人乙的指示选定出卖人和大型设备。

2.“乙在该设备安装完毕后,发现不能正常运行”,指向两点:(1)承租人对出卖人丙有直接索赔权。(2)承租人得继续按约定向出租人甲支付租金。体现了租金实质上是“分期向甲偿还借款本金和利息”的性质即所谓“融资”性。再加上“租赁”性,合并称呼为“融资租赁合同”。

思路展开

命题点1:承租人对出卖人的直接索赔权。

(1)法律依据:《合同法》第240条,“出租人、出卖人、承租人可以约定,出卖人不履行买卖合同义务的,由承租人行使索赔的权利。承租人行使索赔权利的,出租人应当协助。”

(2)具体到本题:“甲根据乙的选择,向丙购买了1台大型设备,出租给乙使用。乙在该设备安装完毕后,发现不能正常运行。”乙可直接向出卖人丙索赔。

(3)结论:“A. 乙可以基于设备质量瑕疵而直接向丙索赔”,A对,选A。

命题点2:出租人不对租赁物负瑕疵担保责任,承租人乙得照付租金。一句话,租赁物瑕疵、租赁物意外毁损,承租人都得照付租金!

(1)法律依据:①出租人不对租赁物负瑕疵担保责任:《合同法》第244条,“租赁物不符合约定或者不符合使用目的的,出租人不承担责任,但承租人依赖出租人的技能确定租赁物或者出租人干预选择租赁物的除外。”②承租人照付租金:a.《合同法》第248条,“承租人应当按照约定支付租金。承租人经催告后在合理期限内仍不支付租金的,出租人可以要求支付全部租金;也可以解除合同,收回租赁物。”b.《最高人民法院关于审理融资租赁合同纠纷案件适用法律问题的解释》(以下简称《融资解释》)第6条,“承租人对出卖人行使索赔权,不影响其履行融资租赁合同项下支付租金的义务,但承租人以依赖出租人的技能确定租赁物或者出租人干预选择租赁物为由,主张减轻或者免除相应租金支付义务的除外。”

(2)具体都本题:①“甲根据乙的选择”+“乙在该设备安装完毕后,发现不能正常运行”=出租人甲不承担责任。②《2006年国家司法考试试题解析》:“本题中,并不存在‘承租人依赖出租人的技能确定租赁物或者出租人干预选择租赁物’的情形,因而出租人甲对设备的质量问题不承担责任,承租人乙也应按照约定向甲支付租金。”

(3)结论:“B. 甲不对乙承担违约责任;C. 乙应当按照约定支付租金”,BC对,选BC。

(4)延展1:租赁物毁损灭失风险归承租人,承租人得向出租人照付租金。《融资解释》第7条,“承租人占有租赁物期间,租赁物毁损、灭失的风险由承租人承担,出租人要求承租人继续支付租金的,人民法院应予支持。但当事人另有约定或者法律另有规定的除外。”

(5)延展2:履行不能,双方有法定解除权。《融资解释》第11条,“有下列情形之一,出租人或者承租人请求解除融资租赁合同的,人民法院应予支持:(一)出租人与出卖人订立的买卖合同解除、被确认无效或者被撤销,且双方未能重新订立买卖合同的;(二)租赁物因不可归责于双方的原因意外毁损、灭失,且不能修复或者确定替代物的;(三)因出卖人的原因致使融资租赁合同的目的不能实现的。”

(6)延展3:融资租赁租金支付诉讼时效是2年,而不是1年。《融资解释》第25条,“当事人因融资租赁合同租金欠付争议向人民法院请求保护其权利的诉讼时效期间为两年,自租赁期限届满之日起计算。”

命题点3:租赁物归属未约定,归出租人所有。

(1)法律依据:《合同法》第250条,“出租人和承租人可以约定租赁期间届满租赁物的归属。对租赁物的归属没有约定或者约定不明确,依照本法第六十一条的规定仍不能确定的,租赁物的所有权归出租人。”

(2)具体到本题及结论:“D. 租赁期满后由乙取得该设备的所有权”,D错,不选D。

第二十三章　完成工作成果的合同

第一节　承揽合同

委托加工 500 套服装，将 100 套交由第三人完成（法定解除权、同时履行抗辩权、留置权、合同相对性）

育才中学委托利达服装厂加工 500 套校服，约定材料由服装厂采购，学校提供样品，取货时付款。为赶时间，利达服装厂私自委托恒发服装厂加工 100 套。育才中学按时前来取货，发现恒发服装厂加工的 100 套校服不符合样品要求，遂拒绝付款。利达服装厂则拒绝交货。下列哪些说法是正确的？（2006－3－53）

A. 育才中学可以利达服装厂擅自外包为由解除合同

B. 如育才中学不支付酬金，利达服装厂可拒绝交付校服

C. 如育才中学不支付酬金，利达服装厂可对样品行使留置权

D. 育才中学有权要求恒发服装厂承担违约责任

答案：(　　)①

考点：委托加工 500 套服装，将 100 套交由第三人完成（法定解除权、同时履行抗辩权、留置权、合同相对性）

解题图构

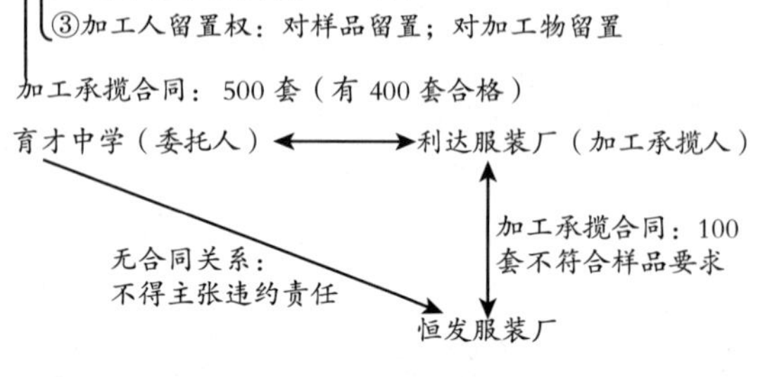

读题技巧

1.“委托加工 500 套”＋“私自转托恒发服装厂加工 100 套”，指向加工承揽人利达服装厂擅自将工作交由第三人完成，委托人育才中学有法定解除权。

2.“取货时付款”，＋“发现恒发服装厂加工的 100 套校服不符合样品要求”，指向有 400 套还是合格的，启动加工人利达服装厂的同时履行抗辩权。

3.“学校提供样品”＋“拒绝付款”，指向加工人利达服装厂的留置权。

4.“利达服装厂私自委托恒发服装厂加工 100 套”＋“发现恒发服装厂加工的 100 套校服不符合样品要求”，指向合同相对性，委托人育才中学不得向第三人恒发服装厂主张违约责任。

思路展开

命题点 1：承揽人将主要工作交由第三人完成，激活委托人法定解除权。

（1）法律依据：《合同法》第 253 条，“承揽人应当以自己的设备、技术和劳力，完成主要工作，但当事人另有约定的除外。承揽人将其承揽的主要工作交由第三人完成的，应当就该第三人完成的工作成果向定作人负责；未经定作人同意的，定作人也可以解除合同。”

（2）法条阐释：主要工作与辅助工作相对，主要工作是指对物的质量有决定性影响的工作，不是指数量，而是指质量。

（3）具体到本题：布料的裁剪、缝制属于主要工作，而钉纽扣、衣服的熨烫等属于辅助工作。利达服装厂私自委托恒发服装厂加工 100 套服装的行为违反了承揽人亲自完成主要工作的义务，定作人有权解除合同。

（4）结论：“A. 育才中学可以利达服装厂擅自外包为由解除合同”，A 对，选 A。

---

① 参考答案：ABC

（5）关联记忆：辅助工作交由第三人完成，加工承揽人可自主决定。《合同法》第254条，“承揽人可以将其承揽的辅助工作交由第三人完成。承揽人将其承揽的辅助工作交由第三人完成的，应当就该第三人完成的工作成果向定作人负责。”

命题点2：同时履行抗辩权或留置权：400套合格，100套不合格，应支付部分报酬。如果拒付报酬，加工人可主张同时履行抗辩权，或者主张留置权，以“拒绝交付校服”。

（1）法律依据：①部分交付部分时支付报酬：《合同法》第263条，“定作人应当按照约定的期限支付报酬。对支付报酬的期限没有约定或者约定不明确，依照本法第六十一条的规定仍不能确定的，定作人应当在承揽人交付工作成果时支付；工作成果部分交付的，定作人应当相应支付。”②同时履行抗辩权。《合同法》第66条，“当事人互负债务，没有先后履行顺序的，应当同时履行。一方在对方履行之前有权拒绝其履行要求。一方在对方履行债务不符合约定时，有权拒绝其相应的履行要求。”③留置权。《物权法》第231条，“债权人留置的动产，应当与债权属于同一法律关系，但企业之间留置的除外。”

（2）具体到本题：①“育才中学按时前来取货，发现恒发服装厂加工的100套校服不符合样品要求，遂拒绝付款。”+“育才中学委托利达服装厂加工500套校服”+“取货时付款”=加工承揽人利达服装厂行使同时履行抗辩权或者留置权，拒绝交付校服。②《2006年国家司法考试试题解析》“尽管有100套校服不符合样品要求，定作人育才中学仍然应向承揽人利达服装厂支付一部分报酬。如果育才中学不支付酬金，利达服装厂可行使同时履行抗辩权或留置权，拒绝向育才中学交付校服，因此B选项正确。”

（3）结论：“B. 如育才中学不支付酬金，利达服装厂可拒绝交付校服”，B对，选B。

命题点3：对样品的留置权。

（1）法律依据：《物权法》第230条，“债务人不履行到期债务，债权人可以留置已经合法占有的债务人的动产，并有权就该动产优先受偿。前款规定的债权人为留置权人，占有的动产为留置财产。”+《物权法》第231条，“债权人留置的动产，应当与债权属于同一法律关系，但企业之间留置的除外。”

（2）具体到本题：“学校提供样品”+“如育才中学不支付酬金”=委托人育才中学可以对样品进行留置。本例，样品与报酬属于同一法律关系（同一个加工承揽合同），退一步，样品即使与报酬无同一法律关系，加工人仍可主张留置，因为加工人利达服装厂是企业。

（3）结论：“C. 如育才中学不支付酬金，利达服装厂可对样品行使留置权”。

（4）《2006年国家司法考试试题解析》：“常见错误：有的人认为，根据《合同法》第264条之规定，承揽人仅对完成的工作成果享有留置权，样品不属于完成的工作成果，故利达服装厂无权对样品行使留置权”。

（5）关联记忆：留置权的构成要件：①债权人对债务人的债权已经到期（紧急留置除外）。②债权人合法占有属于债务人的动产。③债权人留置的动产与担保的债权属于同一法律关系（商事留置权除外）。④不得具有不能留置的消极事由（如约定不得留置、留置违反了善良风俗、留置与债权人负担的义务相违背）。

命题点4：合同相对性。

（1）法律依据：①《合同法》第121条，“当事人一方因第三人的原因造成违约的，应当向对方承担违约责任。当事人一方和第三人之间的纠纷，依照法律规定或者按照约定解决。”②《合同法》第253条第2款，“承揽人将其承揽的主要工作交由第三人完成的，应当就该第三人完成的工作成果向定作人负责；未经定作人同意的，定作人也可以解除合同。”③《合同法》第262条，“承揽人交付的工作成果不符合质量要求的，定作人可以要求承揽人承担修理、重作、减少报酬、赔偿损失等违约责任。”

（2）具体到本题：①“为赶时间，利达服装厂私自委托恒发服装厂加工100套。育才中学按时前来取货，发现恒发服装厂加工的100套校服不符合样品要求”。②育才中学与利达服装厂有加工承揽合同，育才中学可向利达服装厂（因第三人恒发服装厂行为而导致利达服装厂违约）主张违约责任。③利达服装厂与恒发服装厂之间有加工承揽合同,利达服装厂可依据其与恒发服装厂之间的加工承揽合同,向恒发服装厂主张违约责任。④但是,育才中学与恒发服装厂无加工承揽合同关系,育才中学不得向恒发服装厂主张违约责任。

(3)结论:“D. 育才中学有权要求恒发服装厂承担违约责任”,D错,不选D。

常见错误

1. 主要工作数量说:认为本题中利达服装厂应加工500套校服,而它只是将100套交由第三人完成,并非将“主要工作”交由他人完成,定作人育才中心不能以此为由要求解除合同,因此未选A。分析:《2006年国家司法考试试题解析》:“布料的裁剪、缝制属于主要工作,而钉纽扣、衣服的熨烫等属于辅助工作。利达服装厂私自委托恒发服装厂加工100套服装的行为违反了承揽人亲自完成主要工作的义务,定作人有权解除合同,因此A选项正确。”

2. 承揽人私自委托第三人故委托人有权拒付报酬说:认为利达服装厂私自委托恒发服装厂加工100套校服,属于违约行为,育才中学不支付酬金是合法的,利达服装厂无权以育才中学不支付酬金为由拒绝交付校服,未选B。

3. 定制衣柜样式不够新潮案:定作人任意解除(变更)权,加工人不听指令对定作人造成损害须赔偿。

第二节　建设工程合同

1. 建设工程施工合同

甲公司与没有建筑施工资质的某施工队签订合作施工协议,由甲公司投标乙公司的办公楼建筑工程,施工队承建并向甲公司交纳管理费。中标后,甲公司与乙公司签订建筑施工合同。工程由施工队负责施工。办公楼竣工验收合格交付给乙公司。乙公司尚有部分剩余工程款未支付。下列哪一选项是正确的?(2015-3-14)

A. 合作施工协议有效

B. 建筑施工合同属于效力待定

C. 施工队有权向甲公司主张工程款

D. 甲公司有权拒绝支付剩余工程款

答案:(　　)①

考点:建设工程施工合同

解题图构

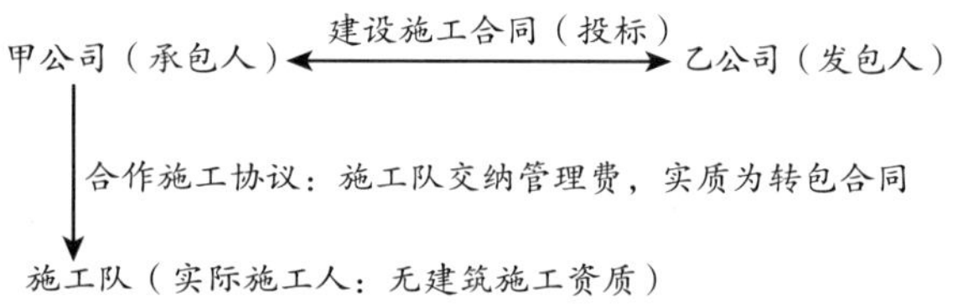

读题技巧

1. 建设施工实务中,资质挂靠是非常普遍的现象。欠缺资质者通过“曲线救国”实现参与施工获得报酬。还有更“巧妙”的附加办法即双方再就工程款设计一个债权转让协议。通过合作协议,施工协议,工程款转让协议,合计三个协议实现“曲线救国”!由此,有资质的甲方的资质可以变现——收管理费。无资质的乙方取得建设施工的机会。

2. 实际施工人是施工队,而办公楼竣工验收合格。

思路展开

命题点1:前手“建设施工合同(投标)”合同有效。

(1)法律依据:《合同法》第271条,“建设工程的招标投标活动,应当依照有关法律的规定公开、公平、公正进行。”

(2)具体到本题:①“由甲公司投标乙公司的办公楼建筑工程”+“中标后,甲公司与乙公司签订建筑施工合同”。②甲、乙经投标程序签订的建设工程施工合同不存在无效事由,是有效的,不是效力待定。

(3)结论:“B. 建筑施工合同属于效力待定”,B错,不选B。

命题点2:转包合同无效+没有资质借用资质的建筑施工合同无效=甲公司和施工队签署的《合作施工协议》无效。

(1)法律依据:①转包合同无效。《合同法》第272条第2款,“总承包人或者勘察、设计、施工承包人经发包人同意,可以将自己承包的部分工作交由

① 参考答案:C

第三人完成。第三人就其完成的工作成果与总承包人或者勘察、设计、施工承包人向发包人承担连带责任。承包人不得将其承包的全部建设工程转包给第三人或者将其承包的全部建设工程肢解以后以分包的名义分别转包给第三人。”②借用资质施工合同无效。《最高人民法院关于审理建议工程施工合同纠纷案件适用问题的解释》(以下简称《施工解释》)第1条第2项,“建设工程施工合同具有下列情形之一的,应当根据合同法第五十二条第(五)项的规定,认定无效:(二)没有资质的实际施工人借用有资质的建筑施工企业名义的。”③《合同法》第52条第5项,“有下列情形之一的,合同无效:(五)违反法律、行政法规的强制性规定。”

(2)具体到本题:①“甲公司与没有建筑施工资质的某施工队签订合作施工协议,由甲公司投标乙公司的办公楼建筑工程,施工队承建并向甲公司交纳管理费。”+“工程由施工队负责施工。”②合作施工协议既是转包,又是借用资质的建筑施工合同,违反了法律的强制性规定,属于无效合同。

(3)结论:“A. 合作施工协议有效”,A错,不选A。

命题点3:建筑施工合同无效,但工程竣工验收合格,施工人可主张工程款。也就是说,虽然甲公司与施工队签署的《合作施工协议》无效,但是,如工程经竣工验收合格,则承包人(完成工作的人)请求参照合同约定支付价款的,应支持。

(1)法律依据:《施工解释》第2条,“建设工程施工合同无效,但建设工程经竣工验收合格,承包人请求参照合同约定支付工程价款的,应予支持。”

(2)具体到本题:①“办公楼竣工验收合格交付给乙公司”。②施工队基于建设了合格的工程,虽然合作施工协议无效,但仍然可向甲公司(转包人)主张工程款。

(3)结论:“C. 施工队有权向甲公司主张工程款”,C对,选C。

命题点4:应支付工程款一方的抗辩,须坚持债权债务的相对性。

(1)法律依据:《合同法》第121条,“当事人一方因第三人的原因造成违约的,应当向对方承担违约责任。当事人一方和第三人之间的纠纷,依照法律规定或者按照约定解决。”

(2)学理依据:①第121条是违约责任的相对性。②可以类推适用,因为债权具有相对性。③故虽然本题中合作施工协议无效,但施工队与甲的债权债务关系中,甲不得援引其与乙之间的债权债务关系纠纷为由作为抗辩,拒不履行向施工队支付工程款的债务(《施工解释》第2条规定的法定之债)。

(3)具体到本题:①“乙公司尚有部分剩余工程款未支付”。甲不得以此为由对抗施工队。②因为甲有两个身份:在甲、乙关系中,甲是承包人,乙是发包人。在甲和施工队关系中,甲是转包人,施工队接受转包的人。③甲、乙之间的建筑工程合同关系,与甲和施工队之间的债权关系,是两个法律关系。④乙公司未向甲公司支付剩余工程款,属于乙、甲之间的合同关系,甲不得以此为由,对抗施工队。

(4)结论:“D. 甲公司有权拒绝支付剩余工程款”,D错,不选D。

延伸1:索要工程款一方可突破合同相对性,向“欠付工程价款”的发包人主张“欠付工程价款范围内”的工程款。

(1)法律依据:《施工解释》第26条,“实际施工人以转包人、违法分包人为被告起诉的,人民法院应当依法受理。实际施工人以发包人为被告主张权利的,人民法院可以追加转包人或者违法分包人为本案当事人。发包人只在欠付工程价款范围内对实际施工人承担责任。”

(2)结论:本例中,依据此保护实际施工人劳动贡献,实际施工人也可直接向乙公司要求支付工程款。(就乙公司未付的剩余部分)

延伸2:工程质量不合格,发包人可突破合同相对性。建设工程质量瑕疵索赔,突破相对性(全体连带)。《施工解释》第25条,“因建设工程质量发生争议的,发包人可以以总承包人、分包人和实际施工人为共同被告提起诉讼。”+《合同法》第272条第2款第2句,“第三人就其完成的工作成果与总承包人或者勘察、设计、施工承包人向发包人承担连带责任。”

2. 实际施工人突破合同相对性

(1)实际施工人的工程款可向“拖欠工程款”的

发包人主张（虽然两者之间无直接合同关系）

甲公司将建筑工程发包给乙公司，乙公司将其转包给丙公司，丙公司将部分工程包给由121个农民工组成的施工队。施工期间，丙公司拖欠施工队工程款达500万元之多，农民工因此踏上维权之路。丙公司以乙公司拖欠其工程款800万元为由、乙公司以甲公司拖欠其工程款1000万元为由均拒付欠款。施工队将甲公司诉至法院，要求甲公司支付500万元。根据社会主义法治理念，关于本案的处理，下列哪些说法是正确的？（2011－3－51）

A. 法院应驳回施工队的诉讼请求，因甲公司与施工队无合同关系。法院不应以破坏合同相对性为代价，片面实现社会效果

B. 法院应支持施工队的诉讼请求。法院不能简单以坚持合同的相对性为由否定甲公司的责任，从而造成农民工不断申诉，案结事不了

C. 法院应当追加乙公司和丙公司为本案当事人。法院一并解决乙公司和丙公司的欠款纠纷，以避免机械执法，就案办案

D. 法院可以追加乙公司和丙公司为本案当事人。法院加强保护农民工权益的力度，有利于推进法律效果和社会效果的有机统一

答案：（　　）①

考点：建设工程施工合同、合同相对性

解题图构

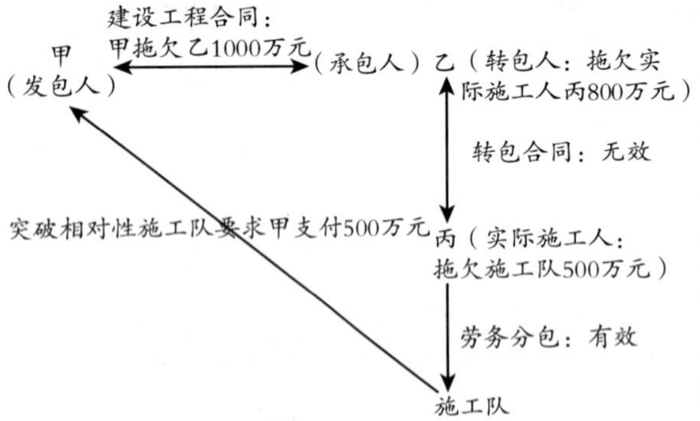

读题技巧

1. 属于施工关系中农民工工资保护问题。

2. "施工队"一词所要表达的意思是农民工的松散组合，并非一个具有法律地位的合同主体或者诉讼主体。

3. "农民工""因此"踏上维权之路是结果，其所谓之"因此"的原因是丙公司拖欠施工队工程款500万元。也就是说，拖欠"施工队"即拖欠"农民工"，否则应该是"施工队"走上维权之路。

4. 丙公司"将部分工程包给由121个农民工组成的施工队"，用的是"包"而非"分包"，其目的是避免考生理解成"工程分包"。实际上本题是"包工不包料"的劳务包工。劳务包工关系独立于工程合同。

5. 提供劳务者也为实际施工人，所以题干才交代了"施工队"。

6. 题干没有交代工程是否竣工验收合格，但是题干明确交代了"拖欠工程款"，且出现三次，并非偶然，目的就是告诉考生工程竣工验收合格（因为题干已经交代了"拖欠工程款"。本题作答无须再考核《施工解释》第2条，"建设工程施工合同无效，但建设工程经竣工验收合格，承包人请求参照合同约定支付工程价款的，应予支持"。）其中，拖欠施工队"工程款"，应解释为拖欠农民工的劳务工资。

7. 实际施工人可向发包人主张权利，突破合同相对性，即使实际施工人与发包人无合同关系，也得承担一定得责任。

8. "三角债"，代位权的具体化。

思路展开

思路1：建设工程施工合同相对性的突破：

（1）法律依据：①建设工程质量瑕疵索赔，突破相对性（全体连带）。《施工解释》第25条，"因建设工程质量发生争议的，发包人可以以总承包人、分包人和实际施工人为共同被告提起诉讼。"＋《合同法》第272条第2款第2句，"第三人就其完成的工作成果与总承包人或者勘察、设计、施工承包人向发包人承担连带责任。"②建设工程款索要，突破相对性（发包人对实际施工人责任仅在欠付工程款范围内）。《施工解释》第26条，"实际施工人以转包人、违法分包人为被告起诉的，人民法院应当依法受理。实际施工人以发包人为被告主张权利的，人民法院可以追加转包人或者违法分包人为本案当事人。发包人只在欠付工程价款范围内对实际施工人承担责任。"

（2）具体到本题："施工期间，丙公司拖欠施工

① 参考答案：BD

队工程款达500万元之多，农民工因此踏上维权之路。丙公司以乙公司拖欠其工程款800万元为由、乙公司以甲公司拖欠其工程款1000万元为由均拒付欠款。施工队将甲公司诉至法院，要求甲公司支付500万元。”涉及的是工程款索要中突破合同相对性规则。“施工队”可以发包人甲为被告，要求甲就其欠工程款1000万元范围内承担责任，施工队主张的是500万元，在1000万元范围内。法院可以追加而不是应当追加非法转包人乙、违法分包人丙为本案当事人（不是第三人）。

（3）结论：①“B. 法院应支持施工队的诉讼请求。法院不能简单以坚持合同的相对性为由否定甲公司的责任，从而造成农民工不断申诉，案结事不了；D. 法院可以追加乙公司和丙公司为本案当事人。法院加强保护农民工权益的力度，有利于推进法律效果和社会效果的有机统一”，BD对，选BD。②“A. 法院应驳回施工队的诉讼请求，因甲公司与施工队无合同关系。法院不应以破坏合同相对性为代价，片面实现社会效果；C. 法院应当追加乙公司和丙公司为本案当事人。法院一并解决乙公司和丙公司的欠款纠纷，以避免机械执法，就案办案”，AC错，不选AC。

延展：建设工程施工合同效力体系：“发”包；“转”包“分”包。

（1）效力类型的法律依据：①肢解发包无效。《合同法》第272条第1款，“发包人可以与总承包人订立建设工程合同，也可以分别与勘察人、设计人、施工人订立勘察、设计、施工承包合同。发包人不得将应当由一个承包人完成的建设工程肢解成若干部分发包给几个承包人。”②转包一律无效。a. 直接转包＋肢解形式的转包无效：《合同法》第272条第2款第3句，“承包人不得将其承包的全部建设工程转包给第三人或者将其承包的全部建设工程肢解以后以分包的名义分别转包给第三人。”b. 借用资质形式的转包无效：《施工解释》第1条第2项，“建设工程施工合同具有下列情形之一的，应当根据合同法第五十二条第（五）项的规定，认定无效：（二）没有资质的实际施工人借用有资质的建筑施工企业名义的。”③三种分包无效：a. 主体分包无效；b. 再分包无效；c. 分包给无资质承包人无效（竣工前可补救，限于超越资质等级许可范围情形，不包括一开始就没有资质的情形）。《合同法》第272条第3款，“禁止承包人将工程分包给不具备相应资质条件的单位。禁止分包单位将其承包的工程再分包。建设工程主体结构的施工必须由承包人自行完成。”＋《施工解释》第5条，“承包人超越资质等级许可的业务范围签订建设工程施工合同，在建设工程竣工前取得相应资质等级，当事人请求按照无效合同处理的，不予支持。”④两种分包有效：a. 经发包人同意的部分工作分包给第三人完成的分包有效：《合同法》第272条第1款，“总承包人或者勘察、设计、施工承包人经发包人同意，可以将自己承包的部分工作交由第三人完成。第三人就其完成的工作成果与总承包人或者勘察、设计、施工承包人向发包人承担连带责任。”b. 劳务分包有效。《施工解释》第7条，“具有劳务作业法定资质的承包人与总承包人、分包人签订的劳务分包合同，当事人以转包建设工程违反法律规定为由请求确认无效的，不予支持。”

（2）非法转包、违法分包等的法律后果的法律依据：①法院收缴：法院收缴当事人取得的非法所得。《施工解释》第4条，“承包人非法转包、违法分包建设工程或者没有资质的实际施工人借用有资质的建筑施工企业名义与他人签订建设工程施工合同的行为无效。人民法院可以根据民法通则第一百三十四条规定，收缴当事人已经取得的非法所得。”②发包人解除：发包人有权解除一手建设工程施工合同。《施工解释》第8条第4项：“承包人具有下列情形之一，发包人请求解除建设工程施工合同的，应予支持：（四）将承包的建设工程非法转包、违法分包的。”③承包人工程款：承包人交付工程竣工验收合格，可主张工程价款。《施工解释》第2条，“建设工程施工合同无效，但建设工程经竣工验收合格，承包人请求参照合同约定支付工程价款的，应予支持。”

（2）实际施工人主张工程款突破合同相对性（主体分包无效、工程合格可主张工程款）

甲大学与乙公司签订建设工程施工合同，由乙为甲承建新教学楼。经甲同意，乙将主体结构的施工分包给丙公司。后整个教学楼工程验收合格，甲向乙支付了部分工程款，乙未向丙支付工程款。下列哪些表述是错误的？（2006－3－62）

A. 乙、丙之间分包合同有效

B. 甲可以撤销与乙之间的建设工程施工合同

C. 丙可以乙为被告诉请支付工程款

D. 丙可以甲为被告诉请支付工程款,但法院应当追加乙为第三人

答案:(　　)①

考点:实际施工人主张工程款突破合同相对性(主体分包无效、工程合格可主张工程款)

解题图构

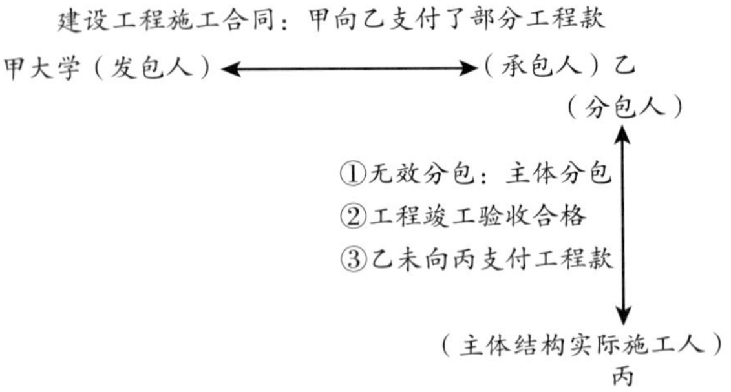

读题技巧

1."经甲同意,乙将主体结构的施工分包给丙公司。"指向主体分包合同无效。

2."后整个教学楼工程验收合格,甲向乙支付了部分工程款,乙未向丙支付工程款",指向两点:(1)竣工合格,虽然主体分包合同无效,实际施工人仍可主张工程款。(2)实际施工人可突破合同相对性,向发包人甲主张,同时法院可以追加分包人乙为当事人,不是"应当"追加为"第三人"。

3. 注意,是选非题。

思路展开

命题点1:建设工程合同效力体系。"发"包"转"包"分"包。

(1)效力类型的法律依据:①肢解发包无效。《合同法》第272条第1款。②转包一律无效:a. 直接转包+肢解形式的转包无效:《合同法》第272条第2款第3句。b. 借用资质形式的转包无效:《施工解释》第1条第2项。③三种分包无效:a. 主体分包无效;b. 再分包无效;c. 分包给无资质承包人无效(竣工前可补救,限于超越资质等级许可范围情形,不包括一开始就没有资质的情形)。《合同法》第272条第3款+《施工解释》第5条。④两种分包有效。a. 经发包人同意的部分工作分包给第三人完成的分包有效:《合同法》第272条第1款。b. 劳务分包有效。《施工解释》第7条。(2)非法转包、违法分包等的法律后果的法律依据:①法院收缴:法院收缴当事人取得的非法所得。《施工解释》第4条。②发包人解除:发包人有权解除一手建设工程施工合同。《施工解释》第8条第4项。③承包人工程款:承包人交付工程竣工验收合格,可主张工程价款。《施工解释》第2条。

(2)具体到本题:①"经甲同意,乙将主体结构的施工分包给丙公司。"+"后整个教学楼工程验收合格"。②乙、丙之间是主体分包合同,适用《合同法》第272条第3款最后一句,"建设工程主体结构的施工必须由承包人自行完成。"③《合同法》中虽然应贯彻意思自治原则,但该原则也不是绝对的。建设工程合同涉及城市建设规划与国计民生,国家对此类合同的签订和履行都实行严格的监督与管理。乙将主体结构的施工分包给丙公司违反了法律的强行性规定,即便征得发包人的同意,乙、丙之间的合同依然归于无效。④启动两个法律后果;一是发包人甲可以解除甲乙之间的建设工程施工合同;⑥二是实际施工人丙可向违法分包人乙主张工程款,因为工程竣工验收合格(参见《施工解释》第26条第1款,"实际施工人以转包人、违法分包人为被告起诉的,人民法院应当依法受理。")。

(3)结论:①"A. 乙、丙之间分包合同有效;B. 甲可以撤销与乙之间的建设工程施工合同",AB错,符合题意,选AB。②"C. 丙可以乙为被告诉请支付工程款",C对,不符合题意,不选C。

(4)延展:关于B选项的《2006年国家司法考试试题解析》:"根据题干所提供的信息,甲、乙之间的建设工程施工合同合法、有效,并不存在瑕疵,甲要求撤销与乙之间的建设工程施工合同于法无据,因此应选B。"但是,B选项提出的"撤销",与《施工解释》第8条第4项的"解除"有差异。①解除的前提是合同有效。撤销是针对效力瑕疵的合同。②解除是通知主义的形成权,单纯形成权。撤销一般是诉讼主义的形成权,形成诉权(效力待定中善意相对人的撤销时通知主义,为例外情形)。③解除的后果:权利义务"终止",不是无效。根据合同是否继续性

① 参考答案:ABD

合同判定是否具有溯及力，对继续性、合同无溯及力，对非继续性合同有溯及力。撤销溯及无效，自始无效。

命题点2：建设工程施工合同相对性的突破：

（1）法律依据：①建设工程质量瑕疵索赔，突破相对性（全体连带）。《施工解释》第25条，“因建设工程质量发生争议的，发包人可以以总承包人、分包人和实际施工人为共同被告提起诉讼。”+《合同法》第272条第2款第2句，“第三人就其完成的工作成果与总承包人或者勘察、设计、施工承包人向发包人承担连带责任。”②建设工程款索要，突破相对性（发包人对实际施工人责任仅在欠付工程款范围内）。《施工解释》第26条，“实际施工人以转包人、违法分包人为被告起诉的，人民法院应当依法受理。实际施工人以发包人为被告主张权利的，人民法院可以追加转包人或者违法分包人为本案当事人。发包人只在欠付工程价款范围内对实际施工人承担责任。”

（2）具体到本题：①“甲大学与乙公司签订建设工程施工合同，由乙为甲承建新教学楼。经甲同意，乙将主体结构的施工分包给丙公司。后整个教学楼工程验收合格，甲向乙支付了部分工程款，乙未向丙支付工程款。”②甲是发包人，乙是违法分包人，丙是实际施工人。③丙的工程款，可以乙为被告。④丙的工程款，也可以甲为被告，法院可以追加乙为当事人，而不是“应当”、“第三人”。

（3）结论：“D. 丙可以甲为被告诉请支付工程款，但法院应当追加乙为第三人”，D错，符合题意，选D。

3. 工程质量瑕疵，发包人可突破合同相对性向参与人主张赔偿责任（经发包人同意的非主体分包合同有效；二度分包合同无效；因第三人行为违约，违约责任须坚持合同相对性）

甲公司将一工程发包给乙建筑公司，经甲公司同意，乙公司将部分非主体工程分包给丙建筑公司，丙公司又将其中一部分分包给丁建筑公司。后丁公司因工作失误致使工程不合格，甲公司欲索赔。对此，下列哪些说法是正确的？（2010－3－59）

A. 上述工程承包合同均无效

B. 丙公司在向乙公司赔偿损失后，有权向丁公司追偿

C. 甲公司有权要求丁公司承担民事责任

D. 法院可收缴丙公司由于分包已经取得的非法所得

答案：（　　）①

考点：经发包人同意的非主体分包合同有效；二度分包合同无效；工程瑕疵突破合同相对性（发包人可向实际施工人主张赔偿）；因第三人行为违约，违约责任须坚持合同相对性

解题图构

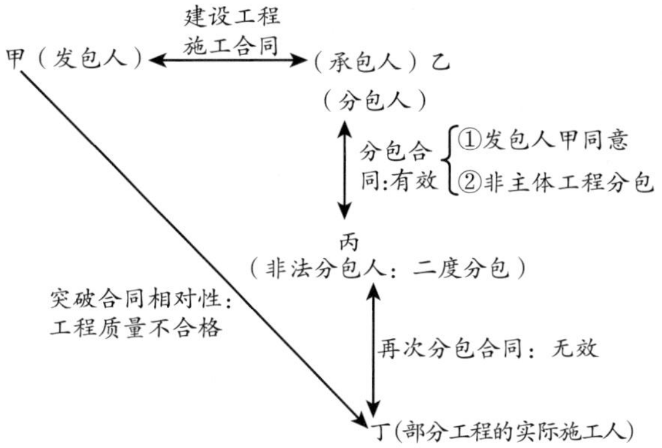

读题技巧

1. “甲公司同意，乙公司将部分非主体工程分包给丙建筑公司”，指向乙丙分包合同有效。

2. “丙公司又将其中一部分分包给丁建筑公司”，指向两点：（1）二度分包合同无效。（2）法院可收缴违法二度分包人丙的非法所得。

3. “后丁公司因工作失误致使工程不合格，甲公司欲索赔”，指向工程质量问题，发包人可突破合同相对性，甲可向乙、丙、丁主张赔偿责任。

思路展开

命题点1：建设工程施工合同效力体系：“发”包、“转”包、“分”包。

（1）效力类型的法律依据：①肢解发包无效。《合同法》第272条第1款，“发包人可以与总承包人订立建设工程合同，也可以分别与勘察人、设计人、施工人订立勘察、设计、施工承包合同。发包人不得

① 参考答案：BCD

将应当由一个承包人完成的建设工程肢解成若干部分发包给几个承包人。”②转包一律无效:a. 直接转包+肢解形式的转包无效:《合同法》第272条第2款第3句,“承包人不得将其承包的全部建设工程转包给第三人或者将其承包的全部建设工程肢解以后以分包的名义分别转包给第三人。”b. 借用资质形式的转包无效:《施工解释》第1条第2项,“建设工程施工合同具有下列情形之一的,应当根据合同法第五十二条第(五)项的规定,认定无效:(二)没有资质的实际施工人借用有资质的建筑施工企业名义的。”③三种分包无效:a. 主体分包无效;b. 再分包无效;c. 分包给无资质承包人无效(竣工前可补救,限于超越资质等级许可范围情形,不包括一开始就没有资质的情形)。《合同法》第272条第3款,“禁止承包人将工程分包给不具备相应资质条件的单位。禁止分包单位将其承包的工程再分包。建设工程主体结构的施工必须由承包人自行完成。”+《施工解释》第5条,“承包人超越资质等级许可的业务范围签订建设工程施工合同,在建设工程竣工前取得相应资质等级,当事人请求按照无效合同处理的,不予支持。”④两种分包有效:a. 经发包人同意的部分工作分包给第三人完成的分包有效:《合同法》第272条第1款,“总承包人或者勘察、设计、施工承包人经发包人同意,可以将自己承包的部分工作交由第三人完成。第三人就其完成的工作成果与总承包人或者勘察、设计、施工承包人向发包人承担连带责任。”b. 劳务分包有效。《施工解释》第7条,“具有劳务作业法定资质的承包人与总承包人、分包人签订的劳务分包合同,当事人以转包建设工程违反法律规定为由请求确认无效的,不予支持。”

(2)非法转包、违法分包等的法律后果的法律依据:①法院收缴:法院收缴当事人取得的非法所得。《施工解释》第4条,“承包人非法转包、违法分包建设工程或者没有资质的实际施工人借用有资质的建筑施工企业名义与他人签订建设工程施工合同的行为无效。人民法院可以根据民法通则第一百三十四条规定,收缴当事人已经取得的非法所得。”②发包人解除:发包人有权解除一手建设工程施工合同。《施工解释》第8条第4项:“承包人具有下列情形之一,发包人请求解除建设工程施工合同的,应予支持:(四)将承包的建设工程非法转包、违法分包的。”③承包人工程款:承包人交付工程竣工验收合格,可主张工程价款。《施工解释》第2条,“建设工程施工合同无效,但建设工程经竣工验收合格,承包人请求参照合同约定支付工程价款的,应予支持。”

(3)具体到本题:①“甲公司将一工程发包给乙建筑公司,经甲公司同意,乙公司将部分非主体工程分包给丙建筑公司,丙公司又将其中一部分分包给丁建筑公司。”②甲、乙建设工程施工合同,一手合同有效。③乙、丙非主体分包且经发包人甲同意,非主体分包合同有效。④丙、丁二度分包,再次分包合同无效(《合同法》第272条第3款第2句,“禁止分包单位将其承包的工程再分包。”)。⑤法院可收缴非法分包人丙的非法所得。

(4)结论:①“A. 上述工程承包合同均无效”,A错,不选A。②“D. 法院可收缴丙公司由于分包已经取得的非法所得”,D对,选D。

命题点2:乙、丙有效非主体分包合同,丙因第三人丁的行为而违约,坚持合同相对性。丙对乙承担违约责任,此后丙可向丁追偿。

(1)法律依据:《合同法》第121条,“当事人一方因第三人的原因造成违约的,应当向对方承担违约责任。当事人一方和第三人之间的纠纷,依照法律规定或者按照约定解决。”

(2)具体到本题:①“经甲公司同意,乙公司将部分非主体工程分包给丙建筑公司,丙公司又将其中一部分分包给丁建筑公司。后丁公司因工作失误致使工程不合格”。②因第三人丁的行为导致丙对乙构成违约,丙向乙负违约责任。丙此后可向丁追偿。

(3)结论:“B. 丙公司在向乙公司赔偿损失后,有权向丁公司追偿”,B对,选B。

命题点3:因工程质量追偿,发包人甲可突破合同相对性,向实际施工人主张赔偿。

(1)法律依据:①建设工程质量瑕疵索赔,突破相对性(全体连带)。《施工解释》第25条,“因建设工程质量发生争议的,发包人可以以总承包人、分包人和实际施工人为共同被告提起诉讼。”+《合同法》第272条第2款第2句,“第三人就其完成的工作成果与总承包人或者勘察、设计、施工承包人向发包人承担连带责任。”②建设工程款索要,突破相对性（发包人对实际施工人责任仅在欠付工程款范围内）。《施工解释》第26条，“实际施工人以转包人、违法分包人为被告起诉的，人民法院应当依法受理。实际施工人以发包人为被告主张权利的，人民法院可以追加转包人或者违法分包人为本案当事人。发包人只在欠付工程价款范围内对实际施工人承担责任。”

（2）具体到本题：“甲公司将一工程发包给乙建筑公司，经甲公司同意，乙公司将部分非主体工程分包给丙建筑公司，丙公司又将其中一部分分包给丁建筑公司。后丁公司因工作失误致使工程不合格，甲公司欲索赔”。可见，本题涉及的是建设工程质量瑕疵索赔，突破相对性。发包人甲有权要求实际施工人丁承担赔偿责任。

（3）结论：“C. 甲公司有权要求丁公司承担民事责任”，C对，选C。

4. 工程垫资款当工程欠款处理（垫资、阴阳合同、工程款及其利息的支付时间点）

甲公司与乙公司签订建设工程施工合同，将工程发包给乙公司施工，约定乙公司垫资1000万元，未约定垫资利息。甲公司、乙公司经备案的中标合同中工程造价为1亿元，但双方私下约定的工程造价为8000万元，均未约定工程价款的支付时间。7月1日，乙公司将经竣工验收合格的建设工程实际交付给甲公司，甲公司一直拖欠工程款。关于乙公司，下列哪些表述是正确的？（2012－3－61）

A. 1000万元垫资应按工程欠款处理

B. 有权要求甲公司支付1000万元垫资自7月1日起的利息

C. 有权要求甲公司支付1亿元

D. 有权要求甲公司支付1亿元自7月1日起的利息

答案：（　　）①

考点：垫资、阴阳合同、工程款（利息）支付时间点

解题图构

甲（发包人）
①垫资：乙垫资1000万元，未约定垫资利息
②阴阳合同：备案中标价1亿，私下约定为8000万元
③工程款支付时间：7月1日竣工验收合格工程交付之日
④拖欠工程款（1000万元+1亿元）利息计算起点：拖欠工程款之日起算
乙（承包人）

读题技巧

1.“约定乙公司垫资1000万元，未约定垫资利息”，指向两点：（1）1000万元垫资款是工程欠款（受优先权保护），不是借款。（2）1000万元垫资款在工程款支付时间到达之前是没有利息的，但是，“拖欠”工程款（垫资视为工程款）会产生利息，就像拖欠货款会有利息一样。

2.“甲公司、乙公司经备案的中标合同中工程造价为1亿元，但双方私下约定的工程造价为8000万元”，指向阴阳合同，以备案合同价格为准。

3.“7月1日，乙公司将经竣工验收合格的建设工程实际交付给甲公司，甲公司一直拖欠工程款。”所谓甲拖欠工程款，包括拖欠1000万元和1亿元。指向两点：（1）1000万元“垫资”之工程欠款，从7月1日起以同期同类银行贷款利率计算利息。（2）1亿元的工程欠款，从7月1日起以同期同类银行贷款利率为标准计算利息。

思路展开

命题点1：垫资认定工程欠款。

（1）法律依据：垫资性质无约定则推定为工程欠款，未约定利息视为不支付利息，但是有迟延利息。《施工解释》第6条，“当事人对垫资和垫资利息有约定，承包人请求按照约定返还垫资及其利息的，应予支持，但是约定的利息计算标准高于中国人民银行发布的同期同类贷款利率的部分除外。当事人对垫资没有约定的，按照工程欠款处理。当事人对垫资利息没有约定，承包人请求支付利息的，不予支持。”

（2）法条阐释：什么叫当事人对垫资没有约定，按照工程欠款处理？是指当事人对垫资性质没有做出明确的约定。如果明确约定是借款，那么按照借款来处理。

（3）具体到本题：①“甲公司与乙公司签订建设工程施工合同，将工程发包给乙公司施工，约定乙公司垫资1000万元，未约定垫资利息。”②先从反面看，如果甲、乙明确约定是借款，必然会约定借款利息。③从正面看，“未约定垫资利息”这句话，即指向未约定垫资的性质。④不能简单地以题干表述中

① 参考答案：ABCD

用了“垫资”两个字,就认为甲、乙已经明确约定了属于垫资,而不属于工程欠款。如果这么理解,就无法解释《施工解释》第6条第2款之“当事人对垫资没有约定的,按照工程欠款处理”,也使用了“垫资”两个字,却也是按工程欠款处理。⑤1000万元属于工程欠款。

(4)结论:“A. 1000万元垫资应按工程欠款处理”,A对,选A。→未约定利息,垫资款不产生利息,因为是工程欠款,但是有迟延利息,“B. 有权要求甲公司支付1000万元垫资自7月1日起的利息”,B表述严谨,准确。

(5)延展:①认定为工程欠款,对于垫资一方来讲,是有益处的,也就是说,会获得建设工程优先权的保护!②《施工解释》第6条主要价值在于区分垫资人到底是获得借款之利息的保护,还是获得工程欠款的保护。前者适用民间借贷规则;后者适用工程款规则。③有观点认为,区分“垫资”与“工程价款”的意义在于如果被认定为垫资,对垫资利息的数额有限制,约定的垫资利息不能超过法定的同期同类银行贷款利率;如被认定为工程欠款,其约定的利息可以超过法定的同期同类银行贷款利率,因为欠款还有罚息的问题。④评论:这一观点不准确,实际上第6条不是区分“垫资”与“工程价款”,而是判定“垫资”的性质,到底归为借款性质,还是归为工程欠款性质,它们适用的法律规则不同。如果将工程欠款“约定的利息可以超过法定的同期同类银行贷款利率”,那么工程欠款就不是工程欠款了,而是借款。

命题点2:阴阳合同,以阳合同价款为工程款计算标准。

(1)法律依据:备案中标价与私下价格不一致,应以备案中标合同价为准。《施工解释》第21条,“当事人就同一建设工程另行订立的建设工程施工合同与经过备案的中标合同实质性内容不一致的,应当以备案的中标合同作为结算工程价款的根据。”

(2)具体到本题:①“甲公司、乙公司经备案的中标合同中工程造价为1亿元,但双方私下约定的工程造价为8000万元。”②甲、乙备案中标价是1亿元,私下价格是8000万元,应以备案中标合同价1亿元为准。

(3)结论:“C. 有权要求甲公司支付1亿元”,C对,选C。

命题点3:工程款(工程款利息)支付时间点。

(1)法律依据:①拖欠付工程款的利息计算标准:《施工解释》第17条,“当事人对欠付工程价款利息计付标准有约定的,按照约定处理;没有约定的,按照中国人民银行发布的同期同类贷款利率计息。”②拖欠工程款的利息起算时间是从拖欠工程款之日起算:《施工解释》第18条,“利息从应付工程价款之日计付。当事人对付款时间没有约定或者约定不明的,下列时间视为应付款时间:(一)建设工程已实际交付的,为交付之日;(二)建设工程没有交付的,为提交竣工结算文件之日;(三)建设工程未交付,工程价款也未结算的,为当事人起诉之日。”③拖欠工程款的时间起点:《施工解释》第18条之“当事人对付款时间没有约定或者约定不明的,下列时间视为应付款时间”(工程交付日、竣工文件日、起诉日)。

(2)具体到本题:①“7月1日,乙公司将经竣工验收合格的建设工程实际交付给甲公司,甲公司一直拖欠工程款。”②甲公司拖欠的包括1000万元垫资(视为工程款)、1亿元的工程款,这两项对应的拖欠利息,从交付工程之日起计算。拖得越久,利息越多,因为是按同期贷款利率计算。③乙公司有权要求甲公司支付从7月1日起被当做工程欠款的1000万元垫资的利息。④乙公司有权要求甲公司支付自7月1日起的工程欠款1亿元的利息。⑤这两者都是迟延付款的利息,不是“借款利息”,受建设工程优先权的保护。

(3)结论:“B. 有权要求甲公司支付1000万元垫资自7月1日起的利息;D. 有权要求甲公司支付1亿元自7月1日起的利息”,BD都对,选BD。

第二十四章　提供劳务的合同

第一节　运输合同

承运人免责事由

第二节　保管合同和仓储合同

1. 保管合同和仓储合同之“检索题”

关于保管合同和仓储合同，下列哪些说法是错误的？（2010－3－61）

A. 二者都是有偿合同

B. 二者都是实践性合同

C. 寄存人和存货人均有权随时提取保管物或仓储物而无须承担责任

D. 因保管人保管不善造成保管物或仓储物毁损、灭失的，保管人承担严格责任

答案：（　　）①

考点：保管合同、仓储合同

思路展开

命题点1：有偿合同与无偿合同问题。

（1）保管合同原则上是有偿合同，也可能是无偿合同。《合同法》第365条，“保管合同是保管人保管寄存人交付的保管物，并返还该物的合同。”第366条，“寄存人应当按照约定向保管人支付保管费。当事人对保管费没有约定或者约定不明确，依照本法第六十一条的规定仍不能确定的，保管是无偿的。”

（2）仓储合同都是有偿合同。《合同法》第381条，“仓储合同是保管人储存存货人交付的仓储物，存货人支付仓储费的合同。”

（3）结论：“A. 二者都是有偿合同”，A错，符合题意，选A。

命题点2：实践合同与诺成合同问题。

（1）实践性合同，也称要物合同，是与诺成合同相对的一种概念，指除双方当事人意思表示一致外，尚需交付标的物或完成其他给付才能成立的合同。

（2）保管合同是实践性合同（另有约定除外）。《合同法》第367条，“保管合同自保管物交付时成立，但当事人另有约定的除外。”

（3）仓储合同是诺成性合同。《合同法》第382条，“仓储合同自成立时生效。”

（4）总之，保管合同是实践性合同，而仓储合同是诺成合同。

（5）结论：“B. 二者都是实践性合同”，B错，符合题意，选B。

命题点3：任意解除权问题即保管物的提取。

（1）保管合同中寄存人可任意解除合同，随时领取保管物。《合同法》第376条第1款，“寄存人可以随时领取保管物。”→关联记忆：无保管期间的保管人任意解除权，《合同法》第376条第2款，“当事人对保管期间没有约定或者约定不明确的，保管人可以随时要求寄存人领取保管物；约定保管期间的，保管人无特别事由，不得要求寄存人提前领取保管物。”

（2）仓储合同中，不定期仓储合同存货人或仓单持有人有任意解除权，可随时提取仓储物。《合同法》第391条，“当事人对储存期间没有约定或者约定不明确的，存货人或者仓单持有人可以随时提取仓储物，保管人也可以随时要求存货人或者仓单持有人提取仓储物，但应当给予必要的准备时间。”→关联记忆：定期仓储合同，存货人有任意解除权（不减收仓储费）：《合同法》第392条，“储存期间届满，存货人或者仓单持有人应当凭仓单提取仓储物。存货人或者仓单持有人逾期提取的，应当加收仓储费；

---

① 参考答案：ABCD

提前提取的,不减收仓储费。"

(3)小结:①"C. 寄存人和存货人均有权随时提取保管物或仓储物而无须承担责任","无须承担责任"表述错误。②《2010 年国家司法考试试题解析》:"C 项一方面表述过于绝对,另一方面对于仓储合同而言,如果仓单不再为存货人持有,则存货人不再享有提货权,因此 C 项表述错误。"③故 C 错,符合题意,选 C。

命题点 4:赔偿责任的归责原则。

(1)保管合同中,无偿保管之保管人就重大过失负责任,有偿保管合同就一般过错负责任。《合同法》第 374 条,"保管期间,因保管人保管不善造成保管物毁损、灭失的,保管人应当承担损害赔偿责任,但保管是无偿的,保管人证明自己没有重大过失的,不承担损害赔偿责任。"

(2)仓储合同中,保管人负过错责任。《合同法》第 394 条,"储存期间,因保管人保管不善造成仓储物毁损、灭失的,保管人应当承担损害赔偿责任。因仓储物的性质、包装不符合约定或者超过有效储存期造成仓储物变质、损坏的,保管人不承担损害赔偿责任。"

(3)小结:保管合同和仓储合同中,保管人对保管物、仓储物的毁损、灭失承担过错责任,其中无偿保管合同中,保管人仅对重大过失负责。

(4)结论:"D. 因保管人保管不善造成保管物或仓储物毁损、灭失的,保管人承担严格责任",D 错,符合题意,选 D。

第三节 委托合同

"吴用"律师办理律师业务案

某律师事务所指派吴律师担任某案件的一、二审委托代理人。第一次开庭后,吴律师感觉案件复杂,本人和该事务所均难以胜任,建议不再继续代理。但该事务所坚持代理。一审判决委托人败诉。下列哪些表述是正确的?(2013－3－60)

A. 律师事务所有权单方解除委托合同,但须承担赔偿责任

B. 律师事务所在委托人一审败诉后不能单方解除合同

C. 即使一审胜诉,委托人也可解除委托合同,但须承担赔偿责任

D. 只有存在故意或者重大过失时,该律师事务所才对败诉承担赔偿责任

答案:(　　)①

考点:委托合同任意解除权

思路展开

命题点 1:委托合同的任意解除规则。

(1)法律依据:《合同法》第 410 条,"委托人或者受托人可以随时解除委托合同。因解除合同给对方造成损失的,除不可归责于该当事人的事由以外,应当赔偿损失。"

(2)法条阐释:①委托合同的当事人任何一方均享有任意解除权。但是除不可归责于当事人的原因外,解除方应当承担损失赔偿责任。②理由:委托合同以信任关系为前提,而信任关系具有一定的主观任意性,在当事人对对方当事人的信任有所动摇时,就应不问有无确凿的理由,均允许其随时解除合同。"强扭的瓜不甜"。③"赔偿损失"是对任意解除的限制。《最高人民法院公报》2006 年第 4 期认为,该赔偿损失不能等同于当事人故意违约应承担的违约责任,不能对赔偿损失做扩大解释,故不赔偿可得利益。

(3)具体到本题:律师事务所有权单方解除委托合同,但须承担赔偿责任。

(4)结论:①"A. 律师事务所有权单方解除委托合同,但须承担赔偿责任;C. 即使一审胜诉,委托人也可解除委托合同,但须承担赔偿责任",AC 对,选 AC。②"B. 律师事务所在委托人一审败诉后不能单方解除合同",B 错,不选 B。

(5)延展:任意解除权。在实践中,任意解决的被滥用的情形比较多:①如委托事务接近完成,甚至受托人为履行委托事务而专门设立了公司,从事委托合同约定的业务,受托人即将据此取得可观的合同利益,恰在此时,委托人援用《合同法》第 410 条解除合同。②有的以其解除不可归责于己的事由为根据,拒绝承担损害赔偿责任。③有的虽然寻觅不出

① 参考答案:AC

不可归责于己的事由，从而承担损害赔偿责任，但因赔偿范围受到因果关系等因素的制约，赔偿数额远远低于委托合同继续有效并实际履行给受托人带来的利益。

命题点 2：有偿委托合同违约责任的过错归责原则。

（1）法律依据：《合同法》第 406 条，"有偿的委托合同，因受托人的过错给委托人造成损失的，委托人可以要求赔偿损失。无偿的委托合同，因受托人的故意或者重大过失给委托人造成损失的，委托人可以要求赔偿损失。受托人超越权限给委托人造成损失的，应当赔偿损失。"

（2）具体到本题：有偿委托中，受托人因其过错而给委托人造成损失的，即应承担责任，只有在无偿委托中受托人才因故意或者重大过失承担责任。律师事务所与客户的委托合同，为有偿委托合同，故律师事务所对败诉有一般过错即应负赔偿责任。

（3）结论："D. 只有存在故意或者重大过失时，该律师事务所才对败诉承担赔偿责任"，D 错，不选 D。

第四节　行纪合同

1. "行纪卖仪器案"：行纪人很给力，卖得好，多出利益归委托人，多出费用行纪人承担

甲委托乙寄售行以该行名义将甲的一台仪器以 3000 元出售，除酬金外双方对其他事项未作约定。其后，乙将该仪器以 3500 元卖给了丙，为此乙多支付费用 100 元。对此，下列哪些选项是正确的？（2010－3－60）

A. 甲与乙订立的是居间合同

B. 高于约定价格卖得的 500 元属于甲

C. 如仪器出现质量问题，丙应向乙主张违约责任

D. 乙无权要求甲承担 100 元费用

答案：（　　）①

考点：行纪合同；行纪多得利益归属委托人；行纪多出费用由行纪人负担；行纪行为所签订合同直接当事人是行纪人和第三人，与委托人无关

解题图构

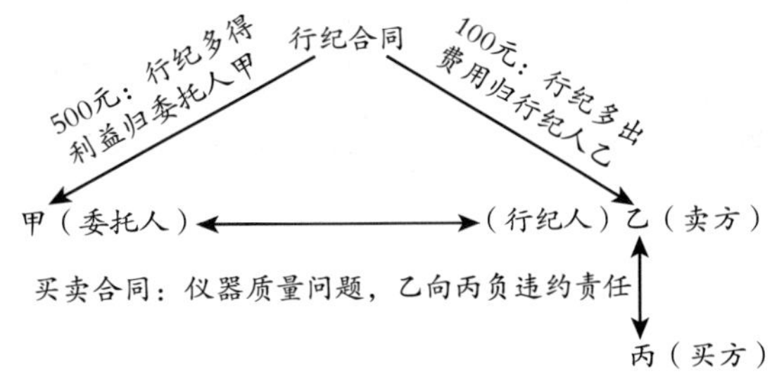

读题技巧

1. "甲委托乙寄售行以该行名义将甲的一台仪器以 3000 元出售"，指向甲、乙之间是行纪合同。

2. "乙将该仪器以 3500 元卖给了丙"，指向乙、丙之间的买卖合同中直接合同当事人是乙、丙。

3. "3000 元出售"＋"乙将该仪器以 3500 元卖给了丙"，指向多买所得利益归委托人。

4. "为此乙多支付费用 100 元"，指向费用由行纪人乙自负。

5. "除酬金外双方对其他事项未作约定"，指向利益归属，费用承担等规则，适用法律推定。

思路展开

命题点 1：行纪合同与居间合同。

（1）法律依据：①行纪合同：《合同法》第 414 条，"行纪合同是行纪人以自己的名义为委托人从事贸易活动，委托人支付报酬的合同。"②居间合同：《合同法》第 424 条，"居间合同是居间人向委托人报告订立合同的机会或者提供订立合同的媒介服务，委托人支付报酬的合同。"

（2）具体到本题："甲委托乙寄售行以该行名义将甲的一台仪器以 3000 元出售"，甲、乙之间的合同属于行纪合同。

（3）结论："A. 甲与乙订立的是居间合同"，A 错，不选 A。

命题点 2：行纪利益归属规则：行纪人多赚了，所得归委托人。

（1）法律依据：《合同法》第 418 条第 2 款，"行纪人高于委托人指定的价格卖出或者低于委托人指定的价格买入的，可以按照约定增加报酬。没有约

① 参考答案：BCD

定或者约定不明确,依照本法第六十一条的规定仍不能确定的,该利益属于委托人。"

(2)具体到本题:①"除酬金外双方对其他事项未作约定"+"甲委托乙寄售行以该行名义将甲的一台仪器以3000元出售"+"乙将该仪器以3500元卖给了丙"。②高于约定价格卖得的500元属于甲。

(3)结论:"B.高于约定价格卖得的500元属于甲",B对,选B。

(4)关联记忆1:行纪亏损补足差额规则:行纪人亏了,补足差额,买卖对委托人有效。《合同法》第418条第1款,"行纪人低于委托人指定的价格卖出或者高于委托人指定的价格买入的,应当经委托人同意。未经委托人同意,行纪人补偿其差额的,该买卖对委托人发生效力。"

(5)关联记忆2:利益归属规则和差额补足规则适用的前提是没有价格指示。《合同法》第418条第3款,"委托人对价格有特别指示的,行纪人不得违背该指示卖出或者买入。"

命题点3:行纪人与第三人合同,行纪人和第三人是合同当事人,行纪人违约自负违约责任(行纪合同不突破合同相对性)。

(1)法律依据:《合同法》第421条,"行纪人与第三人订立合同的,行纪人对该合同直接享有权利、承担义务。第三人不履行义务致使委托人受到损害的,行纪人应当承担损害赔偿责任,但行纪人与委托人另有约定的除外。"

(2)具体到本题:"乙将该仪器以3500元卖给了丙",乙、丙之间的买卖合同,乙、丙是直接当事人。如仪器出现质量问题,寄售商乙应向买受人丙承担违约责任。

(3)结论:"C.如仪器出现质量问题,丙应向乙主张违约责任",C对,选C。

命题点4:行纪费用由行纪人自己负担。

(1)法律依据:《合同法》第415条,"行纪人处理委托事务支出的费用,由行纪人负担,但当事人另有约定的除外。"

(2)具体到本题:"为此乙多支付费用100元",乙无权要求甲承担100元费用。因为行纪人的报酬已经把费用估算进去了。

(3)结论:"D.乙无权要求甲承担100元费用",D对,选D。

(4)延展:行纪人自卖自买,仍可以继续主张报酬!《合同法》第419条,"行纪人卖出或者买入具有市场定价的商品,除委托人有相反的意思表示的以外,行纪人自己可以作为买受人或者出卖人。行纪人有前款规定情形的,仍然可以要求委托人支付报酬。"

(5)关联记忆:居间人居间成功可主张报酬,费用自负;居然人居间失败不可主张报酬,但可向委托人主张必要费用。①《合同法》第426条,"居间人促成合同成立的,委托人应当按照约定支付报酬。对居间人的报酬没有约定或者约定不明确,依照本法第六十一条的规定仍不能确定的,根据居间人的劳务合理确定。因居间人提供订立合同的媒介服务而促成合同成立的,由该合同的当事人平均负担居间人的报酬。居间人促成合同成立的,居间活动的费用,由居间人负担。"②《合同法》第427条,"居间人未促成合同成立的,不得要求支付报酬,但可以要求委托人支付从事居间活动支出的必要费用。"(2015年第19题即是)

2."行纪卖大米案":行纪多得利益归属委托人;行纪多出费用由行纪人负担;行纪行为所签订合同直接当事人是行纪人和第三人,与委托人无关

甲将10吨大米委托乙商行出售。双方只约定,乙商行以自己名义对外销售,每公斤售价2元,乙商行的报酬为价款的5%。下列哪些说法是正确的?(2009-3-61)

A.甲与乙商行之间成立行纪合同关系

B.乙商行为销售大米支出的费用应由自己负担

C.如乙商行以每公斤2.5元的价格将大米售出,双方对多出价款的分配无法达成协议,则应平均分配

D.如乙商行与丙食品厂订立买卖大米的合同,则乙商行对该合同直接享有权利、承担义务

答案:(　　)①

考点:行纪合同;行纪多得利益归属委托人;行纪多出费用由行纪人负担;行纪行为所签订合同直接当事人是行纪人和第三人,与委托人无关

① 参考答案:ABD

解题图构

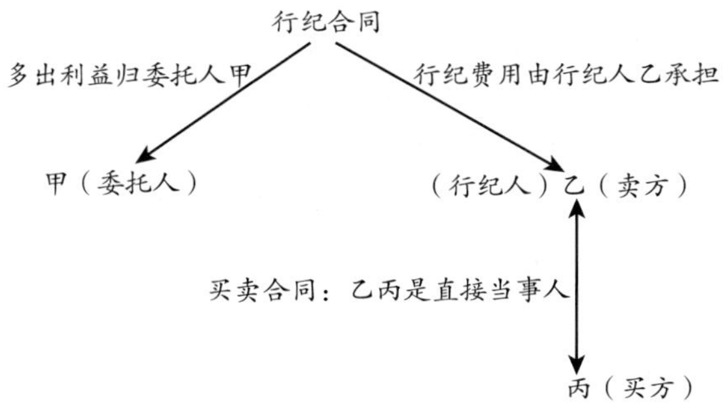

读题技巧

1.“甲将10吨大米委托乙商行出售。双方只约定，乙商行以自己名义对外销售，每公斤售价2元，乙商行的报酬为价款的5%”，指向两点：(1)行纪合同。(2)费用未约定，由行纪人负担。

2. CD是新设事实，另行判断。(1)C涉及行纪多出利益归委托人规则。(2)D涉及行纪行为签订合同直接当事人是行纪人和第三人规则（不突破合同相对性）。

思路展开

命题点1：行纪合同定性。

(1)法律依据：行纪合同：《合同法》第414条，“行纪合同是行纪人以自己的名义为委托人从事贸易活动，委托人支付报酬的合同。”

(2)具体到本题：“甲将10吨大米委托乙商行出售。双方只约定，乙商行以自己名义对外销售，每公斤售价2元，乙商行的报酬为价款的5%”，甲乙之间的合同属于行纪合同。

(3)结论：“A.甲与乙商行之间成立行纪合同关系”，A对，选A。

命题点2：行纪费用由行纪人自己负担。

(1)法律依据：《合同法》第415条，“行纪人处理委托事务支出的费用，由行纪人负担，但当事人另有约定的除外。”

(2)具体到本题：甲、乙行纪合同未约定行纪费用承担问题，故应由行纪人乙承担。

(3)结论：“B.乙商行为销售大米支出的费用应由自己负担”，B对，选B。

(4)延展：行纪人自卖自买，仍可以继续主张报酬！《合同法》第419条，“行纪人卖出或者买入具有市场定价的商品，除委托人有相反的意思表示的以外，行纪人自己可以作为买受人或者出卖人。行纪人有前款规定情形的，仍然可以要求委托人支付报酬。”

(5)关联记忆：居间人居间成功可主张报酬，费用自负；居然人居间失败不可主张报酬，但可向委托人主张必要费用。①《合同法》第426条，“居间人促成合同成立的，委托人应当按照约定支付报酬。对居间人的报酬没有约定或者约定不明确，依照本法第六十一条的规定仍不能确定的，根据居间人的劳务合理确定。因居间人提供订立合同的媒介服务而促成合同成立的，由该合同的当事人平均负担居间人的报酬。居间人促成合同成立的，居间活动的费用，由居间人负担。”②《合同法》第427条，“居间人未促成合同成立的，不得要求支付报酬，但可以要求委托人支付从事居间活动支出的必要费用。”(2015年第19题即是)

命题点3：行纪利益归属规则：行纪人多赚了，所得归委托人。

(1)法律依据：《合同法》第418条第2款规定：“行纪人高于委托人指定的价格卖出或者低于委托人指定的价格买入的，可以按照约定增加报酬。没有约定或者约定不明确，依照本法第六十一条的规定仍不能确定的，该利益属于委托人。”

(2)具体到本题：如果行纪人每公斤多卖出0.5元，归属于委托人甲，而不是甲乙平均分配。

(3)结论：“C.如乙商行以每公斤2.5元的价格将大米售出，双方对多出价款的分配无法达成协议，则应平均分配”，C错，不选C。

(4)关联记忆1：行纪亏损补足差额规则：行纪人亏了，补足差额，买卖对委托人有效。《合同法》第418条第1款，“行纪人低于委托人指定的价格卖出或者高于委托人指定的价格买入的，应当经委托人同意。未经委托人同意，行纪人补偿其差额的，该买卖对委托人发生效力。”

(5)关联记忆2：利益归属规则和差额补足规则适用的前提是没有价格指示。《合同法》第418条第3款，“委托人对价格有特别指示的，行纪人不得违背该指示卖出或者买入。”

命题点4：行纪人与第三人合同，行纪人和

第三人是合同当事人，行纪人违约自负违约责任（行纪合同不突破合同相对性）。

（1）法律依据：《合同法》第 421 条，“行纪人与第三人订立合同的，行纪人对该合同直接享有权利、承担义务。第三人不履行义务致使委托人受到损害的，行纪人应当承担损害赔偿责任，但行纪人与委托人另有约定的除外。”

（2）具体到本题：如行纪人乙与第三人丙签订买卖大米合同，则乙、丙之间的买卖合同，乙、丙是直接当事人。

（3）结论：“D. 如乙商行与丙食品厂订立买卖大米的合同，则乙商行对该合同直接享有权利、承担义务”，D 对，选 D。

3. 行纪合同卖手表，多收益归委托人，行纪人可按约定增加报酬。

题略。

第五节　居间合同

刘某与甲房屋中介公司签订合同，委托甲公司帮助出售房屋一套。关于甲公司的权利义务，下列哪一说法是错误的？（2015－3－15）

A. 如有顾客要求上门看房时，甲公司应及时通知刘某

B. 甲公司可代刘某签订房屋买卖合同

C. 如促成房屋买卖合同成立，甲公司可向刘某收取报酬

D. 如促成房屋买卖合同成立，甲公司自行承担居间活动费用

答案：（　　）①

考点：居间合同

读题技巧

1. 题干信息指向刘某与甲公司是居间合同：（1）“房屋中介公司”；（2）刘某委托甲公司“帮助”出售房屋。

2. 选项信息指向刘某与甲公司是居间合同：D 选项“居间”活动费用。

3. 本题考点为居间合同无疑。

4. 注意，是选非题。

思路展开

命题点 1：居间合同，受托人无权代签合同。

（1）法律依据：《合同法》第 424 条，“居间合同是居间人向委托人报告订立合同的机会或者提供订立合同的媒介服务，委托人支付报酬的合同。”

（2）具体到本题：“委托甲公司帮助出售房屋一套。”题干信息未提供是否有授权，故居间人甲中介公司不能代刘某签订房屋买卖合同。

（3）结论：“B. 甲公司可代刘某签订房屋买卖合同”，B 错，符合题意，不选 B。

命题点 2：居间人事务如实报告义务。

（1）法律依据：《合同法》第 425 条，“居间人应当就有关订立合同的事项向委托人如实报告。居间人故意隐瞒与订立合同有关的重要事实或者提供虚假情况，损害委托人利益的，不得要求支付报酬并应当承担损害赔偿责任。”

（2）结论：“A. 如有顾客要求上门看房时，甲公司应及时通知刘某”，A 对，不符合题意，不选 A。

命题点 3：居间合同报酬规则，未约定，则按劳务合理确定居间人报酬。

（1）法律依据：《合同法》第 426 条第 1 款，“对居间人的报酬没有约定或者约定不明确，依照本法第六十一条的规定仍不能确定的，根据居间人的劳务合理确定。因居间人提供订立合同的媒介服务而促成合同成立的，由该合同的当事人平均负担居间人的报酬。”

（2）具体到本题：“委托甲公司帮助出售房屋一套。”未约定报酬，按劳务合理确定报酬，也是报酬。

（3）结论：“C. 如促成房屋买卖合同成立，甲公司可向刘某收取报酬”，C 对，不符合题意，不选 C。

命题点 4：居间合同费用由居间人自负。

（1）法律依据：《合同法》第 426 条第 2 款，“居间人促成合同成立的，居间活动的费用，由居间人负担。”

（2）结论：“D. 如促成房屋买卖合同成立，甲公司自行承担居间活动费用”，D 对，不符合题意，不选 D。

① 参考答案：B（司法部公布的是 C，后司法部法律出版社解析是 B。）

第二十五章　技术合同

第一节　技术合同概述

1. 无效技术合同之无效技术合同的类型

(1) 专利独占实施许可合同之不许改进技术条款无效(后续开发技术成果归属)

甲公司与乙公司签订一份专利实施许可合同,约定乙公司在专利有效期限内独占实施甲公司的专利技术,并特别约定乙公司不得擅自改进该专利技术。后乙公司根据消费者的反馈意见,在未经甲公司许可的情形下对专利技术做了改进,并对改进技术采取了保密措施。下列哪一说法是正确的? (2012－3－16)

A. 甲公司有权自己实施该专利技术

B. 甲公司无权要求分享改进技术

C. 乙公司改进技术侵犯了甲公司的专利权

D. 乙公司改进技术属于违约行为

答案:(　　)①

考点:专利独占实施许可合同之不许改进技术条款无效;后续开发技术成果归属

读题技巧

1. "独占实施",指向许可人甲自己不得实施该专利技术。2. "约定乙公司不得擅自改进该专利技术",指向妨碍技术进步条款无效。3. "在未经甲公司许可的情形下对专利技术做了改进",指向后续改进技术成果归改进人。4. 注意措辞:(1)区分"该专利技术"和"改进技术"。(2)A 中的"该专利技术"是指甲的技术。(3)BCD 中的"改进技术"是指乙改进的技术。

思路展开

命题点 1:独占实施许可合同,许可人自己不得实施专利技术。

(1)法律依据:《最高人民法院关于审理技术合同纠纷案件适用法律若干问题的解释》(以下简称《技术解释》)第 25 条,"专利实施许可包括以下方式:(一)独占实施许可,是指让与人在约定许可实施专利的范围内,将该专利仅许可一个受让人实施,让与人依约定不得实施该专利;(二)排他实施许可,是指让与人在约定许可实施专利的范围内,将该专利仅许可一个受让人实施,但让与人依约定可以自行实施该专利;(三)普通实施许可,是指让与人在约定许可实施专利的范围内许可他人实施该专利,并且可以自行实施该专利。当事人对专利实施许可方式没有约定或者约定不明确的,认定为普通实施许可。专利实施许可合同约定受让人可以再许可他人实施专利的,认定该再许可为普通实施许可,但当事人另有约定的除外。技术秘密的许可使用方式,参照本条第一、二款的规定确定。"

(2)具体到本题:①"甲公司与乙公司签订一份专利实施许可合同,约定乙公司在专利有效期限内独占实施甲公司的专利技术"。②甲、乙签订了专利独占实施许可合同。③甲作为许可人不得自己实施专利技术。

(3)结论:"A. 甲公司有权自己实施该专利技术",A 错,不选 A。

命题点 2:无效技术合同之禁止改进技术条款无效。乙公司改进技术不构成违约。

(1)法律依据:①一般规定:《合同法》第 329 条,"非法垄断技术、妨碍技术进步或者侵害他人技术成果的技术合同无效。"②具体情形:《技术解释》第 10 条,"下列情形,属于《合同法》第三百二十九条所称的'非法垄断技术、妨碍技术进步':(一)限制当事人一方在合同标的技术基础上进行新的研究开发或者限制其使用所改进的技术,或者双方交换改进技术的条件不对等,包括要求一方将其自行改进的技术无偿提供给对方、非互惠性转让给对方、无偿独占或者共享该改进技术的知识产权;(二)限制

① 参考答案:B

当事人一方从其他来源获得与技术提供方类似技术或者与其竞争的技术;(三)阻碍当事人一方根据市场需求,按照合理方式充分实施合同标的技术,包括明显不合理地限制技术接受方实施合同标的技术生产产品或者提供服务的数量、品种、价格、销售渠道和出口市场;(四)要求技术接受方接受并非实施技术必不可少的附带条件,包括购买非必需的技术、原材料、产品、设备、服务以及接收非必需的人员等;(五)不合理地限制技术接受方购买原材料、零部件、产品或者设备等的渠道或者来源;(六)禁止技术接受方对合同标的技术知识产权的有效性提出异议或者对提出异议附加条件。"

(2)具体到本题:"并特别约定乙公司不得擅自改进该专利技术",该条款属于妨碍技术进步的条款,无效,不影响甲、乙专利独占实施许可合同其他部分的效力。既然该条款无效,乙改进技术就不构成对甲公司的违约。

(3)结论:"D. 乙公司改进技术属于违约行为",D错,不选D。

命题点3:专利权侵权事由的法定化。专利权人可以控制他人的行为类型法定。

(1)法律依据:《专利法》第11条,"发明和使用新型专利权被授予后,除本法另有规定的以外,任何单位或者个人未经专利权人许可,都不得实施其专利,即不得为生产经营目的制造、使用、许诺销售、销售、进口其专利产品,或者使用其专利方法以及使用、许诺销售、销售、进口依照该专利方法直接获得的产品。外观设计专利权被授予后,任何单位或者个人未经专利权人许可,都不得实施其专利,即不得为生产经营目的制造、许诺销售、销售、进口其外观设计专利产品。"

(2)具体到本题:①"后乙公司根据消费者的反馈意见,在未经甲公司许可的情形下对专利技术做了改进,并对改进技术采取了保密措施"。②改进技术行为不属于《专利法》第11条规定的专利侵权行为。③乙公司没有实施《专利法》第11条所规定的行为,故改进技术没有侵犯甲公司的专利权。

(3)结论:"C. 乙公司改进技术侵犯了甲公司的专利权",C错,不选C。

命题点4:后续改进技术成果未约定,归属于改进人。

(1)法律依据:《合同法》第354条,"当事人可以按照互利的原则,在技术转让合同中约定实施专利、使用技术秘密后续改进的技术成果的分享办法。没有约定或者约定不明确,依照本法第六十一条的规定仍不能确定的,一方后续改进的技术成果,其他各方无权分享。"

(2)具体到本题:由于专利实施许可合同中没有约定改进技术成果如何分享,根据《合同法》第354条规定,应当由改进方享有改进技术的知识产权,甲公司无权分享。

(3)结论:"B. 甲公司无权要求分享改进技术",B对,选B。

(2) 不许从欧盟获得类似技术

中国的龙腾公司从美国的虎跃公司引进一套鱼苗育种技术。在两公司所签技术引进合同的条款中,下列哪些是不合法的?(2008－四川－62)

A. 虎跃公司提供与该技术相关的指导说明

B. 龙腾公司不得从欧盟获得类似技术

C. 龙腾公司不得将引进技术泄露给任何第三方

D. 龙腾公司应在引进技术的同时购进虎跃公司的部分库存汽车配件

答案:(　　)①

考点:无效技术合同的情形(限制其他来源＋接受打酱油产品)

思路展开

思路1:技术合同条款无效的类型。非法垄断技术、妨碍技术进步或侵害他人技术成果的技术合同条款无效。

(1)一般规定:《合同法》第329条,"非法垄断技术、妨碍技术进步或者侵害他人技术成果的技术合同无效。"

(2)具体情形:《技术解释》第10条,"下列情形,属于《合同法》第三百二十九条所称的'非法垄断技术、妨碍技术进步':(一)限制当事人一方在合同标的技术基础上进行新的研究开发或者限制其使用所改进的技术,或者双方交换改进技术的条件不对等,包括要求一方将其自行改进的技术无偿提供给对方、非互惠性转让给对方、无偿独占或者共享该

① 参考答案:BD

改进技术的知识产权;(二)限制当事人一方从其他来源获得与技术提供方类似技术或者与其竞争的技术;(三)阻碍当事人一方根据市场需求,按照合理方式充分实施合同标的技术,包括明显不合理地限制技术接受方实施合同标的技术生产产品或者提供服务的数量、品种、价格、销售渠道和出口市场;(四)要求技术接受方接受并非实施技术必不可少的附带条件,包括购买非必需的技术、原材料、产品、设备、服务以及接收非必需的人员等;(五)不合理地限制技术接受方购买原材料、零部件、产品或者设备等的渠道或者来源;(六)禁止技术接受方对合同标的技术知识产权的有效性提出异议或者对提出异议附加条件。"

思路2:比对各个选项。

(1)"B.龙腾公司不得从欧盟获得类似技术",属于《技术解释》第10条第2项"(二)限制当事人一方从其他来源获得与技术提供方类似技术或者与其竞争的技术"。B选项的约定不合法,符合题意,选B。

(2)"D.龙腾公司应在引进技术的同时购进虎跃公司的部分库存汽车配件",属于《技术解释》第10条第4项,"(四)要求技术接受方接受并非实施技术必不可少的附带条件,包括购买非必需的技术、原材料、产品、设备、服务以及接收非必需的人员等"。D选项的约定不合法,符合题意,选D。

(3)"A.虎跃公司提供与该技术相关的指导说明",符合《合同法》第345条,"专利实施许可合同的让与人应当按照约定许可受让人实施专利,交付实施专利有关的技术资料,提供必要的技术指导。"A选项约定合法,不符合题意,不选A。

(4)"C.龙腾公司不得将引进技术泄露给任何第三方",符合《合同法》第350条,"技术转让合同的受让人应当按照约定的范围和期限,对让与人提供的技术中尚未公开的秘密部分,承担保密义务。"C选项的约定合法,不符合题意,不选C。

2. 无效技术合同之无效技术合同的后果

(1)侵犯他人技术秘密的技术转让合同(善意受让人之有偿继续使用)

甲公司向乙公司转让了一项技术秘密。技术转让合同履行完毕后,经查该技术秘密是甲公司通过不正当手段从丙公司获得的,但乙公司对此并不知情,且支付了合理对价。下列哪一表述是正确的?(2013-3-16)

A.技术转让合同有效,但甲公司应向丙公司承担侵权责任

B.技术转让合同无效,甲公司和乙公司应向丙公司承担连带责任

C.乙公司可在其取得时的范围内继续使用该技术秘密,但应向丙公司支付合理的使用费

D.乙公司有权要求甲公司返还其支付的对价,但不能要求甲公司赔偿其因此受到的损失

答案:(　　)①

考点:侵犯他人技术秘密的技术转让合同;直接当事人之间过错责任;善意受让人与真正权利人之间,善意受让人可有偿继续使用

解题图构

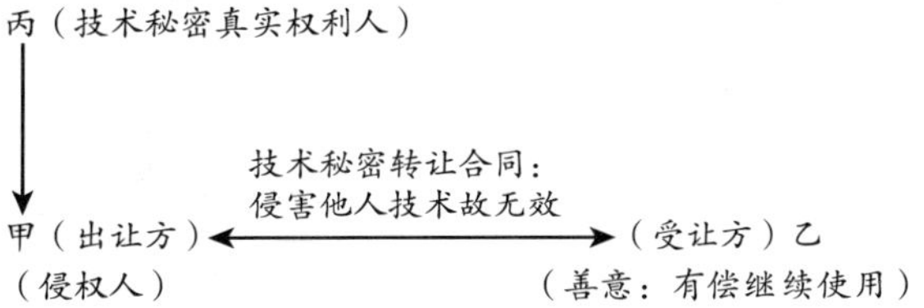

读题技巧

1."技术秘密是甲公司通过不正当手段从丙公司获得的",指向两点:(1)甲乙技术秘密转让合同无效。(2)乙可要求甲返还支付的使用费,并承担合同无效的赔偿责任。

2."乙公司对此并不知情,且支付了合理对价",指向乙善意受让可继续有偿使用技术秘密。

3.注意措辞,是"技术秘密",而不是"专利"。如果是专利,则乙是否知情,均构成侵权。

思路展开

命题点1:侵害他人技术成果(包括技术秘密成果)的技术合同无效。

(1)法律依据:①《合同法》第329条,"非法垄断技术、妨碍技术进步或者侵害他人技术成果的技术合同无效。"②侵犯技术秘密的表现:《反不正当竞争法》第10条,"经营者不得采用下列手段侵犯商业秘密:(一)以盗窃、利诱、胁迫或者其他不正当手段获取权利人的商业秘密;(二)披露、使用或者允

① 参考答案:C

许他人使用以前项手段获取权利人的商业秘密；(三)违反约定或者违反权利人有关保守商业秘密的要求，披露、使用或者允许他人使用其所掌握的商业秘密。第三人明知或者应知前款所列违法行为，获取、使用或者披露他人的商业秘密，视为侵犯商业秘密。本条所称的商业秘密，是指不为公众所知悉、能为权利人带来经济利益、具有实用性并经权利人采取保密措施的技术信息和经营信息。”

(2)具体到本题：“经查该技术秘密是甲公司通过不正当手段从丙公司获得的”。通过不正当手段获取他人技术秘密的，属于侵犯他人技术秘密成果的行为。侵害他人技术成果的技术合同无效，因而甲公司和乙公司签订的技术转让合同无效。

(3)结论：“A. 技术转让合同有效，但甲公司应向丙公司承担侵权责任”，A 错，不选 A。

命题点 2：无效技术合同，在直接当事人之间的法律后果，过错赔偿责任。

(1)法律依据：《技术解释》第 11 条第 1 款，“技术合同无效或者被撤销后，技术开发合同研究开发人、技术转让合同让与人、技术咨询合同和技术服务合同的受托人已经履行或者部分履行了约定的义务，并且造成合同无效或者被撤销的过错在对方的，对其已履行部分应当收取的研究开发经费、技术使用费、提供咨询服务的报酬，人民法院可以认定为因对方原因导致合同无效或者被撤销给其造成的损失。”

(2)具体到本题：“甲公司向乙公司转让了一项技术秘密。技术转让合同履行完毕后，经查该技术秘密是甲公司通过不正当手段从丙公司获得的，但乙公司对此并不知情，且支付了合理对价”。甲是过错方，应退还收取的使用费，并赔偿技术合同无效导致善意方乙的损失。

(3)结论：“D. 乙公司有权要求甲公司返还其支付的对价，但不能要求甲公司赔偿其因此受到的损失”，D 错，不选 D。

(4)衔接：乙的使用费要全部交给真正的权利人丙。

命题点 3：侵害他人技术的无效技术合同，在技术真正技术权利人和受让人之间，要看受让人是否善意：善意，则有偿继续使用(此前使用的费用也得交给真正权利人)；非善意，则构成共同侵权。

(1)法律依据：①《技术解释》第 12 条，“根据《合同法》第三百二十九条的规定，侵害他人技术秘密的技术合同被确认无效后，除法律、行政法规另有规定的以外，善意取得该技术秘密的一方当事人可以在其取得时的范围内继续使用该技术秘密，但应当向权利人支付合理的使用费并承担保密义务。当事人双方恶意串通或者一方知道或者应当知道另一方侵权仍与其订立或者履行合同的，属于共同侵权，人民法院应当判令侵权人承担连带赔偿责任和保密义务，因此取得技术秘密的当事人不得继续使用该技术秘密。”②《技术解释》第 13 条第 1 款，“依照前条第一款规定可以继续使用技术秘密的人与权利人就使用费支付发生纠纷的，当事人任何一方都可以请求人民法院予以处理。继续使用技术秘密但又拒不支付使用费的，人民法院可以根据权利人的请求判令使用人停止使用。”第 3 款，“不论使用人是否继续使用技术秘密，人民法院均应当判令其向权利人支付已使用期间的使用费。使用人已向无效合同的让与人支付的使用费应当由让与人负责返还。”

(2)法条阐释：①侵犯原权利人(他人)技术秘密导致技术合同无效对乙方的后果：区分乙方恶意(与转让方构成共同侵权)和善意(继续有偿使用)。②特别注意比对：侵犯原权利人(他人)专利技术导致技术合同无效对受让人乙方的后果：乙方无论善意恶意，均构成侵权，善意的，停止使用不赔偿；恶意的，还要向专利权人赔偿。)

(3)具体到本题：①本题侵犯的是甲侵犯他人“丙”的“技术秘密”，“乙公司对此并不知情，且支付了合理对价”。②乙善意，继续有偿使用。③乙、甲不构成共同侵权，乙不与甲承担连带责任。④《2013 年国家司法考试试题解析》：“乙公司构成善意取得，不构成侵权行为，可以继续使用，故选项 B 错误，不当选。”

(4)结论：①“C. 乙公司可在其取得时的范围内继续使用该技术秘密，但应向丙公司支付合理的使用费”，C 对，选 C。②“B. 技术转让合同无效，甲公司和乙公司应向丙公司承担连带责任”，B 错，不选 B。

常见错误

1. 权利人是否同意说：认为甲通过不正当手段获得商业秘密，乙不能善意取得该商业秘密，乙能否继续使用该商业秘密，取决于丙是否同意，题干没有说明丙的态度，则不能推断出乙可以继续使用，由此误认为选项C错误，未选C。

2. 共同侵权说：认为技术转让合同损害了第三人的利益，当属无效，甲公司和乙公司构成共同侵权，应向丙公司承担连带责任。由此误选B。

(2)非法窃取竞争对手技术秘密成果之技术转让合同无效案

甲公司非法窃取竞争对手乙公司最新开发的一项技术秘密成果，与丙公司签订转让合同，约定丙公司向甲公司支付一笔转让费后拥有并使用该技术秘密。乙公司得知后，主张甲、丙间的合同无效，并要求赔偿损失。下列哪些说法是正确的？（2009－3－62）

A. 如丙公司不知道或不应当知道甲公司窃取技术秘密的事实，则甲、丙间的合同有效

B. 如丙公司为善意，有权继续使用该技术秘密，乙公司不得要求丙公司支付费用，只能要求甲公司承担责任

C. 如丙公司明知甲公司窃取技术秘密的事实仍与其订立合同，不得继续使用该技术秘密，并应当与甲公司承担连带赔偿责任

D. 不论丙公司取得该技术秘密权时是否为善意，该技术转让合同均无效

答案：(　　)①

考点：非法窃取竞争对手技术秘密成果之技术转让合同无效案（假设事实或如果受让人善意，如果受让人恶意，各自法律后果如何）

解题图构

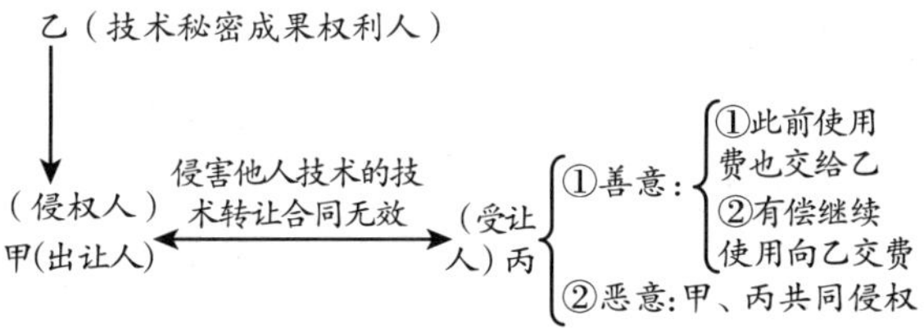

读题技巧

1.“非法窃取竞争对手乙公司最新开发的一项技术秘密成果”指向三点：(1)甲是侵权人。(2)甲丙的技术转让合同属于侵害他人技术秘密成果而无效。(3)是技术秘密成果，而不是专利。2. ABCD中的“如”、“不论”，均属于在假设事实情形下，判断受让人丙的义务和责任。

思路展开

命题点1：侵害他人技术秘密成果的技术合同是无效合同。

(1)法律依据：《合同法》第329条，“非法垄断技术、妨碍技术进步或者侵害他人技术成果的技术合同无效。”

(2)具体到本题：①“甲公司非法窃取竞争对手乙公司最新开发的一项技术秘密成果，与丙公司签订转让合同，约定丙公司向甲公司支付一笔转让费后拥有并使用该技术秘密。”②甲、丙的技术转让合同（技术合同的一种），侵犯了乙的技术秘密成果，因此，甲、丙技术转让合同无效，与受让人丙是善意还是恶意没有关系。③善意或恶意影响的是无效之后的法律后果有所不同。

(3)结论：①“A. 如丙公司不知道或不应当知道甲公司窃取技术秘密的事实，则甲、丙间的合同有效”，A错，不选A。②“D. 不论丙公司取得该技术秘密权时是否为善意，该技术转让合同均无效 ”，D对，选D。

(4)另一种观点：认为侵害他人技术成果的技术转让合同属于无权处分，适用无权处分的相关规则。不过，司法考试试题给出的答案均以无效处理，不是以无权处分来处理。

命题点2：侵害他人技术秘密成果技术合同的后果。在技术真正技术权利人和受让人之间，要看受让人是否善意：善意，则有偿继续使用（此前使用的费用也得交给真正权利人）；非善意，则构成共同侵权。

(1)法律依据：①《技术解释》第12条，“根据《合同法》第三百二十九条的规定，侵害他人技术秘密的技术合同被确认无效后，除法律、行政法规另有规定的以外，善意取得该技术秘密的一方当事人可以在其取得时的范围内继续使用该技术秘密，但应当向权利人支付合理的使用费并承担保密义务。当事人双方恶意串通或者一方知道或者应当知道另一方侵权仍与其订立或者履行合同的，属于共同侵权，人民法院应当判令侵权人承担连带赔偿责任和保密义务，因此取得技术秘密的当事人不得继续

① 参考答案：CD

使用该技术秘密。”②《技术解释》第13条第1款，“依照前条第一款规定可以继续使用技术秘密的人与权利人就使用费支付发生纠纷的，当事人任何一方都可以请求人民法院予以处理。继续使用技术秘密但又拒不支付使用费的，人民法院可以根据权利人的请求判令使用人停止使用。”第3款，“不论使用人是否继续使用技术秘密，人民法院均应当判令其向权利人支付已使用期间的使用费。使用人已向无效合同的让与人支付的使用费应当由让与人负责返还。”

(2)法条阐释：①侵犯原权利人(他人)技术秘密导致技术合同无效对受让人的后果：区分受让人恶意(与转让方构成共同侵权)和善意(继续有偿使用)。②特别注意比对：侵犯原权利人(他人)专利技术导致技术合同无效对受让人的后果：受让人无论善意恶意均构成侵权，善意的，停止使用不赔偿；恶意的，还要向专利权人赔偿。)

(3)具体到本题：①“甲公司非法窃取竞争对手乙公司最新开发的一项技术秘密成果”。②是技术秘密，不是专利技术。③丙是受让人。④如果丙是善意受让人，可以有偿继续使用，此前的使用费要补交给真正权利人乙，也就是说，乙可要求丙交纳使用费！⑤如果丙是恶意受让人，与甲构成共同侵权，甲、丙对乙负连带责任。

(4)结论：①“B. 如丙公司为善意，有权继续使用该技术秘密，乙公司不得要求丙公司支付费用，只能要求甲公司承担责任”，B错，不选B。②“C. 如丙公司明知甲公司窃取技术秘密的事实仍与其订立合同，不得继续使用该技术秘密，并应当与甲公司承担连带赔偿责任”，C对，选C。

第二节 技术开发合同

1. 委托开发发明创造归属：研究所委托刘某开发软件

甲研究所与刘某签订了一份技术开发合同，约定由刘某为甲研究所开发一套软件。3个月后，刘某按约定交付了技术成果，甲研究所未按约定支付报酬。由于没有约定技术成果的归属，双方发生争执。下列哪些选项是正确的？(2008－3－62)

A. 申请专利的权利属于刘某，但刘某无权获得报酬

B. 申请专利的权利属于刘某，且刘某有权获得约定的报酬

C. 如果刘某转让专利申请权，甲研究所享有以同等条件优先受让的权利

D. 如果刘某取得专利权，甲研究所可以免费实施该专利

答案：(　　)①

考点：委托开发发明创造各项管理归属规则：研究所委托刘某开发软件，开发人刘某有申请专利权、依据合同取得报酬权；委托人有免费实施权和优先受让权

读题技巧

1. 题干是“技术开发”、“软件”、“技术成果”；选项是“专利”。故启动委托开发发明创造的基本规则(软件本身是作品，适用著作权法，不能申请专利，但是如果软件与计算机键盘或其他设备相结合且符合授权条件的，可以授予专利权)。

2. “甲研究所未按约定支付报酬”，指向甲和刘某约定了报酬，支付报酬是甲的合同义务。

3. “没有约定技术成果的归属”，指向技术成果即专利申请权归开发人刘某。

思路展开

思路1：委托开发发明创造的归属规则。

(1)研究开发人：申请专利权和依据合同主张报酬。《合同法》第331条，“委托开发合同的委托人应当按照约定支付研究开发经费和报酬；提供技术资料、原始数据；完成协作事项；接受研究开发成果。”《合同法》第339条前段，“委托开发完成的发明创造，除当事人另有约定的以外，申请专利的权利属于研究开发人。”

(2)委托人免费实施该专利。该免费实施权不能转让。《合同法》第339条中段，“研究开发人取得专利权的，委托人可以免费实施该专利。”

(3)研究开发人转让专利申请权，委托人有优先购买权。《合同法》第339条后段，“(委托开发完成的发明创造)研究开发人转让专利申请权的，委托人享有以同等条件优先受让的权利。”

① 参考答案：BCD

(4)有权实施者“能力有限”实施不了,可以“普通许可”他人实施。《技术解释》第21条,“技术开发合同当事人依照合同法的规定或者约定自行实施专利或使用技术秘密,但因其不具备独立实施专利或者使用技术秘密的条件,以一个普通许可方式许可他人实施或者使用的,可以准许。”

(5)联想记忆:《著作权法》委托作品著作权之归属:①我受你委托,归我。一般委托作品。②受托人享有著作权。③委托人免费使用(约定范围或委托创作特定目的范围内)。

思路2:具体到本题:

(1)“甲研究所与刘某签订了一份技术开发合同,约定由刘某为甲研究所开发一套软件。3个月后,刘某按约定交付了技术成果,甲研究所未按约定支付报酬。由于没有约定技术成果的归属”。

(2)选项均涉及“专利”一词。

(3)启动委托开发发明创造的归属规则。

(4)开发人刘某有申请专利权、依据合同获得报酬。

(5)委托人甲有优先受让专利申请权的权利、委托人有免费实施权。

(6)甲的免费实施权与刘某获得报酬权,互为支撑和说明。

结论:

(1)“A. 申请专利的权利属于刘某,但刘某无权获得报酬”,A错,不选A。

(2)“B. 申请专利的权利属于刘某,且刘某有权获得约定的报酬;C. 如果刘某转让专利申请权,甲研究所享有以同等条件优先受让的权利;D. 如果刘某取得专利权,甲研究所可以免费实施该专利”,BCD对,选BCD。

2. 合作开发发明创造归属规则:一票否决制

甲、乙、丙三人合作开发一项技术,合同中未约定权利归属。该项技术开发完成后,甲、丙想要申请专利,而乙主张通过商业秘密来保护。对此,下列哪些选项是错误的?(2010-3-62)

A. 甲、丙不得申请专利

B. 甲、丙可申请专利,申请批准后专利权归甲、乙、丙共有

C. 甲、丙可申请专利,申请批准后专利权归甲、丙所有,乙有免费实施的权利

D. 甲、丙不得申请专利,但乙应向甲、丙支付补偿费

答案:( )①

考点:合作开发发明创造归属规则:一票否决制

读题技巧

1.“合作开发”、“技术”、“专利”,指向合作开发发明创造归属规则。

2.“甲、丙想要申请专利,而乙主张通过商业秘密来保护”,指向一票否决制。

3. 注意,选非题!

思路展开

思路1:合作开发发明创造的归属规则。合作发明创造的归属(适用准共有规则,特殊之处在于申请专利与否有“一票否决”制)。

(1)合作人:共有专利申请权。

(2)一方转让专利申请权,其他方优先购买权。

(3)一方放弃专利申请权,其他方可以行使专利申请权,放弃者免费实施获准的专利(仅免费实施,不能行使转让权,如让他人实施呢?解释上可以,属于自己确无能力,则可普通许可他人使用。《技术解释》第21条。②)

(4)一方不同意申请专利,其他方不得申请。

(5)规范基础:《合同法》第340条,“合作开发完成的发明创造,除当事人另有约定的以外,申请专利的权利属于合作开发的当事人共有。当事人一方转让其共有的专利申请权的,其他各方享有以同等条件优先受让的权利。合作开发的当事人一方声明放弃其共有的专利申请权的,可以由另一方单独申请或者由其他各方共同申请。申请人取得专利权的,放弃专利申请权的一方可以免费实施该专利。合作开发的当事人一方不同意申请专利的,另一方或者其他各方不得申请专利。”

(6)学理阐释:一票否决制的原因:①申请专利即意味要公开,而公开后还不一定能成功。风险比较大,会变成公知技术。“前功尽弃”。②专利权授

① 参考答案:BCD

② 《技术解释》第21条,“技术开发合同当事人依照合同法的规定或者约定自行实施专利或使用技术秘密,但因其不具备独立实施专利或者使用技术秘密的条件,以一个普通许可方式许可他人实施或者使用的,可以准许。”

权保护有期限(发明20年;实用新型10年),技术秘密保护无期限,自己决定。③典型例子:可口可乐的配方。用技术秘密保护比用专利保护更优。

(7)联想记忆:《著作权法》合作作品的著作权归属:①我和你共有。②我和你按份共有。可以分割使用,各自对各自创作部分可单独享有著作权,但不得侵犯合作作品整体著作权。③我和你共同共有。不可分割使用,任何一方不得阻止他方行使除转让之外的其他权利,但收益应合理分配给所有合作作者。④我和你都不得转让。⑤我和你都可随意行使其他权利,收益在你我内部分配。⑥合作作者之一死亡,其财产权无人继承又无人受遗赠,则归其他合作者。(最后死亡作者有生之年加50年。)为什么不归国家?你有什么资格和国家共有?

思路2:具体到本题:

(1)"甲乙丙三人合作开发一项技术,合同中未约定权利归属。该项技术开发完成后,甲、丙想要申请专利,而乙主张通过商业秘密来保护。"

(2)乙的主张实际上是否定了申请专利。

(3)因此甲丙不得申请专利。

(4)乙无须对甲补偿。

3. 结论:

(1)"A. 甲、丙不得申请专利",A对,不符合题意,不选A。(2)"B. 甲、丙可申请专利,申请批准后专利权归甲、乙、丙共有;C. 甲、丙可申请专利,申请批准后专利权归甲、丙所有,乙有免费实施的权利;D. 甲、丙不得申请专利,但乙应向甲、丙支付补偿费",BCD错,符合题意,选BCD。

3. 委托或合作开发技术秘密成果归属规则

(1)委托或合作开发技术秘密成果之"分道扬镳"案

甲公司与乙公司签订一份技术开发合同,未约定技术秘密成果的归属。甲公司按约支付了研究开发经费和报酬后,乙公司交付了全部技术成果资料。后甲公司在未告知乙公司的情况下,以普通使用许可的方式许可丙公司使用该技术,乙公司在未告知甲公司的情况下,以独占使用许可的方式许可丁公司使用该技术。下列哪一说法是正确的?(2011-3-15)

A. 该技术成果的使用权仅属于甲公司

B. 该技术成果的转让权仅属于乙公司

C. 甲公司与丙公司签订的许可使用合同无效

D. 乙公司与丁公司签订的许可使用合同无效

答案:(　　)①

考点:委托开发或者合作开发的技术秘密成果的权益归属(归双方)、对外许可使用(可以普通许可使用方式,不可其他许可使用方式)

解题图构

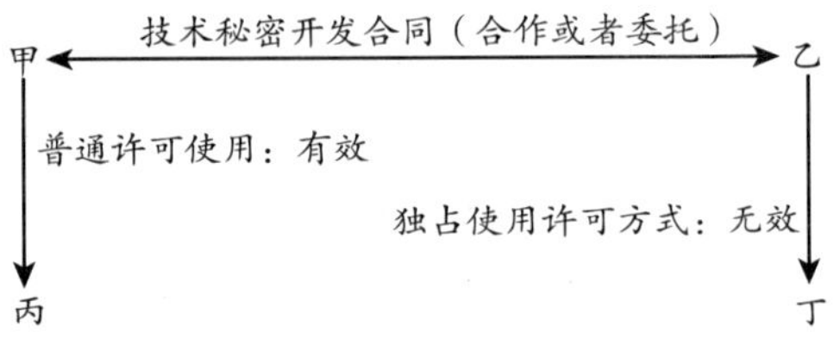

读题技巧

1. 本题是"开发合同技术秘密成果的归属和使用"案。由法条设计的事实,本质为法条题,且由《合同法》第341条再指向《技术解释》第20条。

2. 是委托开发还是合作开发,题干未交代,说明不影响判断。

3. 是"技术秘密成果",而非"发明创造"。

4. 甲、乙合作良好,后劳燕分飞,自己均不使用秘密成果,转由他人使用。

5. 选项的设计是围绕权属归属和对外许可使用展开。

6. "甲乙相互都未告知对方"要表达的意思是双方都不知情不同意。

思路展开

思路1:委托或合作产生的技术秘密成果(不区分委托与合作了)。

(1)利益均沾规则:委托人、受托人、合作各方都有使用和转让的权利。①各方有使用和转让的权利。②可以:无须对方同意,自己使用技术秘密。③可以:无须对方同意,以普通使用许可的方式许可他人使用技术秘密。独占此收益。如何理解这一条"重复规定"(因为第20条已经有规定了)?有权实施者"能力有限"实施不了,可以"普通许可"他人实施。《技术解释》第21条,"技术开发合同当事人依照合同法的规定或者约定自行实施专利或使用技术秘密,但因其不具备独立实施专利或者使用技术秘

① 参考答案:D

密的条件，以一个普通许可方式许可他人实施或者使用的，可以准许。”④不可以：不能将技术秘密的转让权让与他人。未经对方同意或追认，转让权让与行为无效。（效力待定）⑤不可以：不能以独占或排他许可方式许可他人使用技术秘密。未经对方同意或追认，独占许可或排他许可行为无效。⑥规范基础：a.《合同法》第341条前段，“委托开发或者合作开发完成的技术秘密成果的使用权、转让权以及利益的分配办法，由当事人约定。没有约定或者约定不明确，依照本法第六十一条的规定仍不能确定的，当事人均有使用和转让的权利。”b.《技术解释》第20条，“《合同法》第三百四十一条所称‘当事人均有使用和转让的权利’，包括当事人均有不经对方同意而自己使用或者以普通使用许可的方式许可他人使用技术秘密，并独占由此所获利益的权利。当事人一方将技术秘密成果的转让权让与他人，或者以独占或者排他使用许可的方式许可他人使用技术秘密，未经对方当事人同意或者追认的，应当认定该让与或者许可行为无效。”

（2）同一起跑线规则：行使转让权时须坚持“同一起跑线规则”。违反之，效力待定。①委托产生的技术秘密成果转让时，受托人须在将开发成果交付给委托人后，受托人、委托人处于同一起跑线。此前，受托人不得转让技术秘密成果给外人。②合作各方都能接触到技术秘密，自然符合“同一起跑线规则”③规范基础：《合同法》第341条后段，“（技术秘密）委托开发的研究开发人不得在向委托人交付研究开发成果之前，将研究开发成果转让给第三人。”

思路2：具体到本题：

（1）“甲公司与乙公司签订一份技术开发合同，未约定技术秘密成果的归属。甲公司按约支付了研究开发经费和报酬后，乙公司交付了全部技术成果资料。后甲公司在未告知乙公司的情况下，以普通使用许可的方式许可丙公司使用该技术，乙公司在未告知甲公司的情况下，以独占使用许可的方式许可丁公司使用该技术。”

（2）是“技术秘密成果”，不是发明创造。

（3）甲、乙利益均沾，均有使用和转让的权利。

（4）无须对方同意，以普通使用许可的方式许可他人使用技术秘密，故甲丙普通许可使用合同有效。

（5）不能以独占或排他许可方式许可他人使用技术秘密。未经对方同意或追认，独占许可或排他许可行为无效。“乙公司在未告知甲公司的情况下”，意在表达甲不同意也不追认，故乙、丁独占许可使用合同无效。

结论：（1）“A. 该技术成果的使用权仅属于甲公司；B. 该技术成果的转让权仅属于乙公司；C. 甲公司与丙公司签订的许可使用合同无效”，ABC错，不选ABC。（2）“D. 乙公司与丁公司签订的许可使用合同无效”，D对，选D。

联想记忆：如果是发明创造，则结果完全不同（《合同法》第339条，第340条）：（1）委托开发发明创造，申请专利权为开发人，委托人可免费实施；（2）合作开发发明创造，申请专利权归共有。一人放弃，他人可申请，放弃者可免费实施；一人不同意，其他人不可以。

异议辨析

1. 有观点人认为，《买卖解释》第45条规定技术转让合同可以参照《买卖解释》第3条处理（“区分原则”：区分合同效力和权利转移），如此一来，乙、丙间许可合同应当有效，只是未经甲同意，丁不能取得独占实施许可权。

2. 评论：（1）《买卖解释》第45条适用的前提是相关权利转让没有明文规定时才可援引，而技术秘密成果使用权转让（对外许可使用）有专门规定即《技术解释》第20条明确认为是效力待定的合同，“当事人一方将技术秘密成果的转让权让与他人，或者以独占或者排他使用许可的方式许可他人使用技术秘密，未经对方当事人同意或者追认的，应当认定该让与或者许可行为无效。”（2）《买卖解释》第45条，“法律或者行政法规对债权转让、股权转让等权利转让合同有规定的，依照其规定；没有规定的，人民法院可以根据《合同法》第一百二十四条和第一百七十四条的规定，参照适用买卖合同的有关规定。权利转让或者其他有偿合同参照适用买卖合同的有关规定的，人民法院应当首先引用《合同法》第一百七十四条的规定，再引用买卖合同的有关规定。”

4. 委托技术秘密成果归属之“浓缩茶汁”案（违反同一起跑线规则）

甲公司委托乙公司开发一种浓缩茶汁的技术秘密成果，未约定成果使用权、转让权以及利益分配办

法。甲公司按约定支付了研究开发费用。乙公司按约定时间开发出该技术秘密成果后，在没有向甲公司交付之前，将其转让给丙公司。下列哪种说法是正确的？（2006－3－16）

A. 该技术秘密成果的使用权只能属于甲公司

B. 该技术秘密成果的转让权只能属于乙公司

C. 甲公司和乙公司均有该技术秘密成果的使用权和转让权

D. 乙公司与丙公司的转让合同无效

考点：委托技术秘密成果归属之“浓缩茶汁”案（违反同一起跑线规则，效力待定）

解题图构

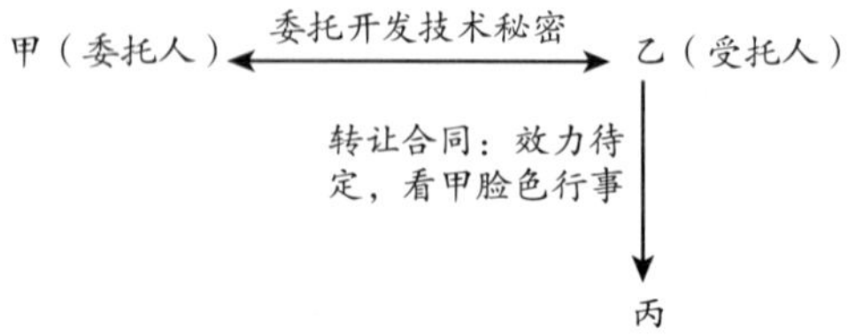

读题技巧

1.“委托乙公司开发”、“技术秘密成果”，指向适用委托开发技术秘密成果归属规则，不适用委托开发发明创造规则。

2.“未约定成果使用权、转让权以及利益分配办法”，指向利益均沾规则。

3.“在没有向甲公司交付之前，将其转让给丙公司”，指向违反同一起跑线规则之效力待定。

思路展开

思路1：委托或合作产生的技术秘密成果（不区分委托与合作了）。

（1）利益均沾规则：委托人、受托人、合作各方都有使用和转让的权利。①各方有使用和转让的权利。②可以：无须对方同意，自己使用技术秘密。③可以：无须对方同意，以普通使用许可的方式许可他人使用技术秘密。独占此收益。如何理解这一条“重复规定”（因为第20条已经有规定了）？有权实施者“能力有限”实施不了，可以“普通许可”他人实施。《技术解释》第21条，“技术开发合同当事人依照合同法的规定或者约定自行实施专利或使用技术秘密，但因其不具备独立实施专利或者使用技术秘密的条件，以一个普通许可方式许可他人实施或者使用的，可以准许。”④不可以：不能将技术秘密的转让权让与他人。未经对方同意或追认，转让权让与行为无效。（效力待定）⑤不可以：不能以独占或排他许可方式许可他人使用技术秘密。未经对方同意或追认，独占许可或排他许可行为无效。⑥规范基础：a.《合同法》第341条前段，“委托开发或者合作开发完成的技术秘密成果的使用权、转让权以及利益的分配办法，由当事人约定。没有约定或者约定不明确，依照本法第六十一条的规定仍不能确定的，当事人均有使用和转让的权利。”b.《技术解释》第20条，“《合同法》第三百四十一条所称‘当事人均有使用和转让的权利’，包括当事人均有不经对方同意而自己使用或者以普通使用许可的方式许可他人使用技术秘密，并独占由此所获利益的权利。当事人一方将技术秘密成果的转让权让与他人，或者以独占或者排他使用许可的方式许可他人使用技术秘密，未经对方当事人同意或者追认的，应当认定该让与或者许可行为无效。”

（2）同一起跑线规则：行使转让权时须坚持“同一起跑线规则”。违反之，效力待定。①委托产生的技术秘密成果转让时，受托人须在将开发成果交付给委托人后，受托人、委托人处于同一起跑线。此前，受托人不得转让技术秘密成果给外人。②合作各方都能接触到技术秘密，自然符合“同一起跑线规则”③规范基础：《合同法》第341条后段，“委托开发的研究开发人不得在向委托人交付研究开发成果之前，将研究开发成果转让给第三人。”

思路2：具体到本题：

（1）“甲公司委托乙公司开发一种浓缩茶汁的技术秘密成果，未约定成果使用权、转让权以及利益分配办法。甲公司按约定支付了研究开发费用。乙公司按约定时间开发出该技术秘密成果后，在没有向甲公司交付之前，将其转让给丙公司”。

（2）是委托开发技术秘密成果，不是委托开发发明创造。

（3）利益均沾，甲、乙均有使用和转让的权利。

（4）委托开发人交付开发成果前就转让给第三人，合同效力待定，而不是无效。

结论：（1）“A. 该技术秘密成果的使用权只能属于甲公司，B. 该技术秘密成果的转让权只能属于乙公司，D 乙公司与丙公司的转让合同无效”，

ABD 错，不选 ABD。

(2)"C. 甲公司和乙公司均有该技术秘密成果的使用权和转让权"，C 对，选 C。

评论：司法部解析，明确《技术解释》第 20 条最后一句是"效力待定合同"。

(1)《2006 年国家司法考试试题解析》：参见《技术解释》第 20 条，"合同法第三百四十一条所称'当事人均有使用和转让的权利'，包括当事人均有不经对方同意而自己使用或者以普通使用许可的方式许可他人使用技术秘密，并独占由此所获利益的权利。当事人一方将技术秘密成果的转让权让与他人，或者以独占或者排他使用许可的方式许可他人使用技术秘密，未经对方当事人同意或者追认的，应当认定该让与或者许可行为无效。"

(2)《2006 年国家司法考试试题解析》："可见，本题中乙、丙之间的转让合同属于效力未定的合同，若甲追认，则合同有效，若甲不追认，则合同无效。因此 D 选项错误。"

(3)《2006 年国家司法考试试题解析》："【常见错误分析】有的人认为根据《合同法》第 341 条的相关规定，委托开发的研究开发人不得在向委托人交付研究开发成果之前，将研究开发成果转让给第三人，本题中乙公司擅自转让技术秘密成果，自然属于无效行为，因此误选了 D。"

第三节　技术转让合同

1. 专利申请权转让之"合同与专利申请权转让的区分原则"

甲研究院研制出一种新药技术，向我国有关部门申请专利后，与乙制药公司签订了专利申请权转让合同，并依法向国务院专利行政主管部门办理了登记手续。下列哪一表述是正确的？(2014－3－16)

A. 乙公司依法获得药品生产许可证之前，专利申请权转让合同未生效

B. 专利申请权的转让合同自向国务院专利行政主管部门登记之日起生效

C. 专利申请权的转让自向国务院专利行政主管部门登记之日起生效

D. 如该专利申请因缺乏新颖性被驳回，乙公司可以不能实现合同目的为由请求解除专利申请权转让合同

答案：(　　)①

考点：专利申请权转让合同与专利申请权转让的区分原则；专利申请权转让登记后如专利申请因欠缺新颖性被驳回，风险归受让人(相反，如果专利申请权转让登记之前就被驳回，受让人有解除权)

解题图构

时间轴：

甲申请专利→甲、乙签订专利申请权转让合同→如因欠缺新颖性被驳回乙可解除→办理专利申请权转让登记→如因欠缺新颖性被驳回(乙不可解除)。

如果因"抵触申请"被驳回，任何时候乙均可以显失公平为由变更或撤销专利申请权转让合同。

读题技巧

1. "新药技术"，指向药品生产许可对专利药品技术专利申请权转让合同的影响。

2. "申请专利后、并……办理了登记手续"，指向在甲、乙转让的专利申请权已经登记，此后发生的"因欠缺新颖性"被驳回风险，归受让人乙承担。

思路展开

命题点 1：专利申请权转让合同，是技术转让合同的一种形式。

(1)法律依据：《合同法》第 342 条第 1 款，"技术转让合同包括专利权转让、专利申请权转让、技术秘密转让、专利实施许可合同。"

(2)初始结论：专利申请权转让合同，适用技术合同法律规则。

命题点 2：专利申请权转让合同的效力，不以相关技术获得审批或行政许可为前提条件。

(1)法律依据：《技术解释》第 8 条第 1 款，"生产产品或者提供服务依法须经有关部门审批或者取得行政许可，而未经审批或者许可的，不影响当事人订立的相关技术合同的效力。"

(2)具体到本题：①"甲研究院研制出一种新药技术，向我国有关部门申请专利后，与乙制药公司签

---

① 参考答案：C

订了专利申请权转让合同,并依法向国务院专利行政主管部门办理了登记手续”。②乙公司尚未依法获得药品生产许可证不影响甲、乙公司订立专利申请权转让合同的效力。

(3)结论:“A. 乙公司依法获得药品生产许可证之前,专利申请权转让合同未生效”,A 错,不选 A。

命题点 3:专利申请权转让合同的效力,不以合同登记为前提条件。

(1)法律依据:①《合同法解释一》第 9 条第 1 款,“依照《合同法》第四十四条第二款的规定,法律、行政法规规定合同应当办理批准手续,或者办理批准、登记等手续才生效,在一审法庭辩论终结前当事人仍未办理批准手续的,或者仍未办理批准、登记等手续的,人民法院应当认定该合同未生效;法律、行政法规规定合同应当办理登记手续,但未规定登记后生效的,当事人未办理登记手续不影响合同的效力,合同标的物所有权及其他物权不能转移。”②《专利法》第 10 条第 3 款,“转让专利申请权或者专利权的,当事人应当订立书面合同,并向国务院专利行政部门登记,由国务院专利行政部门予以公告。专利申请权或者专利权的转让自登记之日起生效。”

(2)具体到本题:题面 + 选项 B。法律并未规定专利申请权转让合同自登记后生效,故合同的效力不受登记手续的影响。

(3)结论:“B. 专利申请权的转让合同自向国务院专利行政主管部门登记之日起生效”,B 错,不选 B。

命题点 4:专利申请权转让的效力,以登记为前提条件。

(1)法律依据:《专利法》第 10 条第 3 款后段,“专利申请权或者专利权的转让自登记之日起生效。”

(2)具体到本题及结论:题面 + 选项 C。选项 C“专利申请权的转让自向国务院专利行政主管部门登记之日起生效”,C 对,选 C。

命题点 5:专利申请权转让合同的解除。

(1)法律依据:《技术解释》第 23 条第 1 款,“专利申请权转让合同当事人以专利申请被驳回或者被视为撤回为由请求解除合同,该事实发生在依照《专利法》第十条第三款的规定办理专利申请权转让登记之前的,人民法院应当予以支持;发生在转让登记之后的,不予支持,但当事人另有约定的除外。”

(2)法条阐释:①专利申请权转让登记之前,“专利申请失败”,受让人享有解除权。因为此时受让人并不是专利申请权人。②专利申请权转让登记之后,“专利申请失败”,受让人不享有解除权。此时,受让人已经是专利申请权人了,自担风险。

(3)具体到本题:①“甲研究院研制出一种新药技术,向我国有关部门申请专利后,与乙制药公司签订了专利申请权转让合同,并依法向国务院专利行政主管部门办理了登记手续。”②甲申请专利;③甲乙签订专利申请权转让合同;④办理专利申请权转让登记,此时专利局系统显示乙才是专利申请人。⑤故如果专利申请因缺乏新颖性被驳回,由乙公司自担风险,乙公司无权解除合同。

(4)结论:“D. 如该专利申请因缺乏新颖性被驳回,乙公司可以不能实现合同目的为由请求解除专利申请权转让合同”,D 错,不选 D。

(5)假设相反情况,甲申请专利,甲、乙签订专利申请权转让合同,甲的申请因没有新颖性被驳回,则乙有权解除合同。

关联记忆:出现“抵触申请”时专利申请权转让合同显失公平的可变更或可撤销。

(1)法律依据:《技术解释》第 23 条第 2 款,“专利申请因专利申请权转让合同成立时即存在尚未公开的同样发明创造的在先专利申请被驳回,当事人依据《合同法》第五十四条第一款第(二)项的规定请求予以变更或者撤销合同的,人民法院应当予以支持。”

(2)法条阐释:在专利申请权转让合同成立之时,就存在“抵触申请”,并因该抵触申请导致专利申请被驳回,则专利申请权受让人可以“显失公平”为由变更或撤销专利申请权转让合同。而不论专利申请权是否登记过。

常见错误

1. 行政许可影响专利申请权转让合同说:认为专利申请权转让合同的效力受是否获得药物生产许可证的影响,未取得药物生产许可证的,专利申请权转让合同不产生效力,误选 A。

2. 专利申请权和专利申请权转让合同混淆说:认为专利申请权的变更登记是专利申请权转让合同的生效要件,误选 B 而未选 C。

3. 专利申请权登记前与登记后解除混淆说：认为如果专利申请因缺乏新颖性被驳回，则转让合同的目的无法实现，受让人可以以未获得专利授权为由请求解除合同，误选 D。

2. 专利实施许可合同是技术转让合同之“实用新型轮胎案”

甲公司于 2004 年 5 月 10 日申请一项汽车轮胎的实用新型的专利，2007 年 6 月 1 日获得专利权，2008 年 5 月 10 日与乙公司签订一份专利独占实施许可合同。下列哪些选项是正确的？(2008－3－67)

A. 该合同属于技术转让合同

B. 该合同的有效期不得超过 10 年

C. 乙公司不得许可第三人实施该专利技术

D. 乙公司经甲公司授权可以自己的名义起诉侵犯该专利技术的人

答案：(　　)①

考点：专利实施许可合同属于技术转让合同的一种；期限不得超过专利权的期限；独占实施许可不得再许可第三人；独占实施许可人可直接以自己名义作原告起诉

解题图构

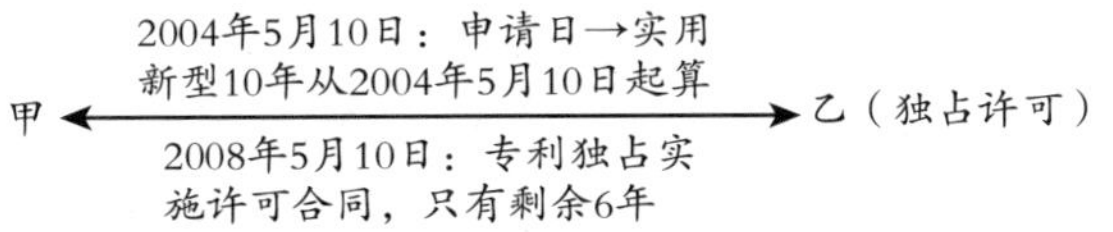

读题技巧

1. “2004 年 5 月 10 日”、“申请”、“实用新型专利”，指向保护期 10 年，从 2004 年 5 月 10 日计算。

2. “2008 年 5 月 10 日与乙签订专利独占实施许可合同”，指向三点：(1) 只剩余 6 年了。(2) 独占许可人不得再许可他人。(3) 独占许可人可作为原告起诉侵权人。

思路展开

命题点 1：专利实施许可合同，是技术转让合同的一种形式。

(1) 法律依据：①《合同法》第 342 条，“技术转让合同包括专利权转让、专利申请权转让、技术秘密转让、专利实施许可合同”②《技术解释》第 22 条，“《合同法》第三百四十二条规定的‘技术转让合同’，是指合法拥有技术的权利人，包括其他有权对外转让技术的人，将现有特定的专利、专利申请、技术秘密的相关权利让与他人，或者许可他人实施、使用所订立的合同。但就尚待研究开发的技术成果或者不涉及专利、专利申请或者技术秘密的知识、技术、经验和信息所订立的合同除外。技术转让合同中关于让与人向受让人提供实施技术的专用设备、原材料或者提供有关的技术咨询、技术服务的约定，属于技术转让合同的组成部分。因此发生的纠纷，按照技术转让合同处理。”

(2) 具体到本题：“(甲公司) 2008 年 5 月 10 日与乙公司签订一份专利独占实施许可合同”。该合同属于技术转让合同。

(3) 结论：“A. 该合同属于技术转让合同”，A 对，选 A。

命题点 2：专利实施许可合同期限，不得超过专利权的保护期限。

(1) 法律依据：①《合同法》第 344 条，“专利实施许可合同只在该专利权的存续期间内有效。专利权有效期限届满或者专利权被宣布无效的，专利权人不得就该专利权与他人订立专利实施许可合同。”②《专利法》第 42 条，“发明专利权的期限为二十年，实用新型专利权和外观设计专利权的期限为十年，均自申请日起计算。”

(2) 具体到本题：甲公司享有的实用新型专利权存续期间为 2004 年 5 月 10 日—2014 年 5 月 10 日，故甲、乙公司之间的专利实施许可合同只能在该存续期内有效即 2008 年 5 月 10 日—2014 年 5 月 10 日，合同的有效期仅为 6 年。

(3) 结论：“B. 该合同的有效期不得超过 10 年”，B 错，不选 B。。

命题点 3：专利实施许可的被许可人不得再许可第三人使用专利。

(1) 法律依据：①《技术解释》第 25 条，“专利实施许可包括以下方式：(一) 独占实施许可，是指让与人在约定许可实施专利的范围内，将该专利仅许可一个受让人实施，让与人依约定不得实施该专利；(二) 排他实施许可，是指让与人在约定许可实施专利的范围内，将该专利仅许可一个受让人实施，但让与人依约定可以自行实施该专利；(三) 普通实施许可，是指让与人在约定许可实施专利的范围内许可

① 参考答案：AC

他人实施该专利,并且可以自行实施该专利。当事人对专利实施许可方式没有约定或者约定不明确的,认定为普通实施许可。专利实施许可合同约定受让人可以再许可他人实施专利的,认定该再许可为普通实施许可,但当事人另有约定的除外。技术秘密的许可使用方式,参照本条第一、二款的规定确定。”②《合同法》第346条,“专利实施许可合同的受让人应当按照约定实施专利,不得许可约定以外的第三人实施该专利;并按照约定支付使用费。”

(2)具体到本题:①综合上述两条款,可知专利独占实施许可实际上意味着专利的出让人以及许可合同约定以外的第三人均不得实施该专利。②题中已明确表明甲、乙公司签订的是专利独占实施许可合同,故不但甲公司不得实施该专利,乙公司也不得许可第三人实施该专利。

(3)结论:“C. 乙公司不得许可第三人实施该专利技术”,C对,选C。

命题点4:专利独占实施许可的被许可人有权直接以自己名义起诉侵权人。

(1)法律依据:《最高人民法院关于对诉前停止侵犯专利权行为适用法律问题的若干规定》第1条,“根据《专利法》第六十一条的规定,专利权人或者利害关系人可以向人民法院提出诉前责令被申请人停止侵犯专利权行为的申请。提出申请的利害关系人,包括专利实施许可合同的被许可人、专利财产权利的合法继承人等。专利实施许可合同被许可人中,独占实施许可合同的被许可人可以单独向人民法院提出申请;排他实施许可合同的被许可人在专利权人不申请的情况下,可以提出申请。”

(2)法条阐释:①类推适用这一条规定,既然诉前行为保全申请中,独占实施许可合同的被许可人可以单独提起申请,那么起诉侵权中也用做同一解释,符合相同问题相同处理的规则。②2015年/卷三/63题(参见《方志平知产宝典》第209页)“甲公司获得一项智能手机显示屏的发明专利权后,将该技术以在中国大陆独占许可方式许可给乙公司实施。乙公司付完专利使用费并在销售含有该专利技术的手机过程中,发现丙公司正在当地电视台做广告宣传具有相同专利技术的手机,便立即通知甲公司起诉丙公司。法院受理该侵权纠纷后,丙公司在答辩期内请求宣告专利无效。下列哪些说法是错误的?A. 乙公司获得的专利使用权是债权,在不通知甲公司的情况下不能直接起诉丙公司”,选了A。A错在说独占实施许可的被许可人乙不能直接起诉。由此反推,命题人已经确定了独占实施许可的被许可人可以直接起诉侵权人的结论。

(3)具体到本题:“乙公司签订一份专利独占实施许可合同”。故乙作为独占实施许可合同的被许可人可以自己名义起诉侵权人。

(4)结论:“D. 乙公司经甲公司授权可以自己的名义起诉侵犯该专利技术的人”,D错,不选D。

(5)评论:①司法部当年给《200年国家司法考试试题解析》:“‘授权’是代理关系确立的标志,既为代理,代理人只能以被代理人名义实施法律行为,故乙公司若经甲公司授权,只能以甲公司名义起诉侵权人,而不得以自己的名义提起专利侵权诉讼。因此D项错误。考生思考该选项时,注意区分《商标法》对类似情况的不同规定。《最高人民法院关于审理商标民事纠纷案件适用法律若干问题的解释》第4条第2款规定:‘在发生注册商标专用权被侵害时,独占使用许可合同的被许可人可以向人民法院提起诉讼;排他使用许可合同的被许可人可以和商标注册人共同诉讼,也可以在商标注册人不起诉的情况下,自行提起诉讼;普通使用许可合同的被许可人经商标注册人明确授权,可以提起诉讼。’而法律对专利技术许可合同并无此规定,切忌混淆。”②这一观点应进行修正。

第二十六章　旅游合同与旅游纠纷

1. 参加旅游被“转单”，而后被撞伤

甲参加乙旅行社组织的旅游活动。未经甲和其他旅游者同意，乙旅行社将本次业务转让给当地的丙旅行社。丙旅行社聘请丁公司提供大巴运输服务。途中，由于丁公司司机黄某酒后驾驶与迎面违章变道的个体运输户刘某货车相撞，造成甲受伤。甲的下列哪些请求能够获得法院的支持？（2014－3－67）

A. 请求丁公司和黄某承担连带赔偿责任

B. 请求黄某与刘某承担连带赔偿责任

C. 请求乙旅行社和丙旅行社承担连带赔偿责任

D. 请求刘某承担赔偿责任

答案：(　　)①

考点：参加旅游被“转单”，而后被撞伤：“转单”的连带责任；用人单位无过错替代责任；过错侵权责任

解题图构

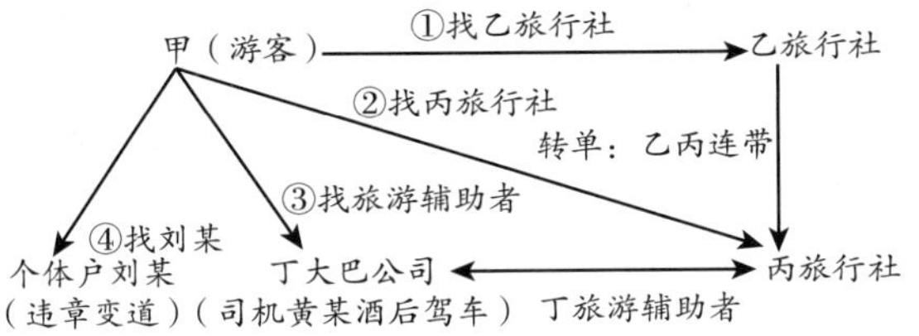

读题技巧

1.“未经甲和其他旅游者同意，乙旅行社将本次业务转让给当地的丙旅行社”，指向旅游转单中的连带责任。

2.“丙旅行社聘请丁公司”，指向丁是旅游辅助经营者，对游客负侵权责任。

3.“由于丁公司司机黄某酒后驾驶”，指向用人单位无过错替代侵权责任。

4.“由于丁公司司机黄某酒后驾驶与迎面违章变道的个体运输户刘某货车相撞”，指向机动车肇事双方均有过错的，道路交通车车相撞过错侵权责任。

5. 对游客全方位保护，《旅游解释》之核心价值。

思路展开

命题点1：旅行社“转单”的连带责任。

(1)法律依据：转单旅行社负连带责任。《旅游解释》第10条，“旅游经营者将旅游业务转让给其他旅游经营者，旅游者不同意转让，请求解除旅游合同、追究旅游经营者违约责任的，人民法院应予支持。旅游经营者擅自将其旅游业务转让给其他旅游经营者，旅游者在旅游过程中遭受损害，请求与其签订旅游合同的旅游经营者和实际提供旅游服务的旅游经营者承担连带责任的，人民法院应予支持。”

(2)具体到本题：①“甲参加乙旅行社组织的旅游活动。未经甲和其他旅游者同意，乙旅行社将本次业务转让给当地的丙旅行社。”+“甲受伤”＝乙丙对甲负连带责任。②《2014年国家司法考试试题解析》：“乙旅行社擅自将旅游业务转让给丙旅行社，两家旅行社应当对损害承担连带责任。”

(3)结论：“C. 请求乙旅行社和丙旅行社承担连带赔偿责任”，C对，选C。

(4)关联记忆：①行程开始前合理期间，游客转让则允许。《旅游解释》第11条第1款，“除合同性质不宜转让或者合同另有约定之外，在旅游行程开始前的合理期间内，旅游者将其在旅游合同中的权利义务转让给第三人，请求确认转让合同效力的，人民法院应予支持。”②特别注意：旅行社可以找前游客和现游客付增加费用，不管什么合同关系，而退还费用权利只归前游客享有：《旅游解释》第11条第2款，“因前款所述原因，旅游经营者请求旅游者、第三人给付增加的费用或者旅游者请求旅游经营者退还减少的费用的，人民法院应予支持。”

命题点2：旅游辅助者侵权责任＋用人者责任之用人单位无过错替代侵权责任。

(1)法律依据：①《旅游解释》第1条第3款，

---

① 参考答案：CD

"'旅游辅助服务者'是指与旅游经营者存在合同关系，协助旅游经营者履行旅游合同义务，实际提供交通、游览、住宿、餐饮、娱乐等旅游服务的人。"②旅游辅助者负侵权责任：《旅游解释》第14条第1款，"因旅游辅助服务者的原因造成旅游者人身损害、财产损失，旅游者选择请求旅游辅助服务者承担侵权责任的，人民法院应予支持。"③用人单位无过错替代侵权责任：《侵权责任法》第34条第1款，"用人单位的工作人员因执行工作任务造成他人损害的，由用人单位承担侵权责任。"

（2）具体到本题：①"丙旅行社聘请丁公司提供大巴运输服务。"+"由于丁公司司机黄某酒后驾驶"=丁公司负侵权责任，而不是由司机黄某负侵权责任。②《2014年国家司法考试试题解析》："黄某是丁公司的员工，其执行工作任务造成甲损害，应当由用人单位丁公司承担责任，黄某不应当承担连带责任"。

（3）结论："A. 请求丁公司和黄某承担连带赔偿责任；B. 请求黄某与刘某承担连带赔偿责任"，AB错，不选AB。

命题点3：过错侵权责任。

（1）法律依据：《侵权责任法》第6条第1款，"行为人因过错侵害他人民事权益，应当承担侵权责任。"《侵权责任法》第48条，"机动车发生交通事故造成损害的，依照道路交通安全法的有关规定承担赔偿责任。"《道路交通安全法》第76条，"机动车发生交通事故造成人身伤亡、财产损失的，由保险公司在机动车第三者责任强制保险责任限额范围内予以赔偿；不足的部分，按照下列规定承担赔偿责任：（一）机动车之间发生交通事故的，由有过错的一方承担赔偿责任；双方都有过错的，按照各自过错的比例分担责任。（二）机动车与非机动车驾驶人、行人之间发生交通事故，非机动车驾驶人、行人没有过错的，由机动车一方承担赔偿责任；有证据证明非机动车驾驶人、行人有过错的，根据过错程度适当减轻机动车一方的赔偿责任；机动车一方没有过错的，承担不超过百分之十的赔偿责任。交通事故的损失是由非机动车驾驶人、行人故意碰撞机动车造成的，机动车一方不承担赔偿责任。"

（2）具体到本题：①"由于丁公司司机黄某酒后驾驶与迎面违章变道的个体运输户刘某货车相撞，造成甲受伤"，属于车车事故，适用《道路交通安全法》第76条过错侵权责任。丁公司和刘某都有过错，都应负侵权责任。②《2014年国家司法考试试题解析》："刘某违章变道，有过错，构成侵权行为，应当根据《侵权责任法》第6条第1款承担侵权赔偿责任，选项D正确。"

（3）结论："D. 请求刘某承担赔偿责任"，D对，选D。

延展：从选项B"B. 请求黄某与刘某承担连带赔偿责任"，看选项D，"D. 请求刘某承担赔偿责任"。

（1）选项B提到了机动车肇事的连带责任问题。D仅提到了机动车肇事一方的单方责任（"赔偿责任"）。

（2）结合起来看，丁公司大巴与刘某货车相撞（脑补之：两个大家伙，火星撞地球！），丁公司和刘某，对于游客甲承担的是按份责任还是连带责任？

（3）忽略保险机制解决规则。

（4）仅仅落实机动车肇事者责任。

（5）需要启动《道交解释》第13条，"多辆机动车发生交通事故造成第三人损害，当事人请求多个侵权人承担赔偿责任的，人民法院应当区分不同情况，依照侵权责任法第十条、第十一条或者第十二条的规定，确定侵权人承担连带责任或者按份责任。"

（6）继续关联：《侵权责任法》第10条，"二人以上实施危及他人人身、财产安全的行为，其中一人或者数人的行为造成他人损害，能够确定具体侵权人的，由侵权人承担责任；不能确定具体侵权人的，行为人承担连带责任。"《侵权责任法》第11条，"二人以上分别实施侵权行为造成同一损害，每个人的侵权行为都足以造成全部损害的，行为人承担连带责任。"《侵权责任法》第12条，"二人以上分别实施侵权行为造成同一损害，能够确定责任大小的，各自承担相应的责任；难以确定责任大小的，平均承担赔偿责任。"

（7）试题回避了丁公司与刘某相互之间对甲侵权责任的性质到底是按份还是连带。

2. 游客换人与旅行社转单并存，"台湾游"之观光小火车脱轨致游客损害案

梁某与甲旅游公司签订合同，约定梁某参加甲公司组织的旅游团赴某地旅游。旅游出发前15日，梁某因出差通知甲公司，由韩某替代跟团旅游。旅游行程一半，甲公司不顾韩某反对，将其旅游业务转给乙公司。乙公司组织游客参观某森林公园，该公园所属观光小火车司机操作失误致火车脱轨，韩某遭受重大损害。下列哪些表述是正确的？（2011－3－60）

A. 即使甲公司不同意，梁某仍有权将旅游合同转让给韩某

B. 韩某有权请求甲公司和乙公司承担连带责任

C. 韩某有权请求某森林公园承担赔偿责任

D. 韩某有权请求小火车司机承担赔偿责任

考点：游客换人与旅行社转单并存，"台湾游"之观光小火车脱轨致游客损害案：游客"转游"可以；旅行社擅自"转单"则负连带责任；辅助者负侵权责任；用人单位是无过错替代责任

解题图构

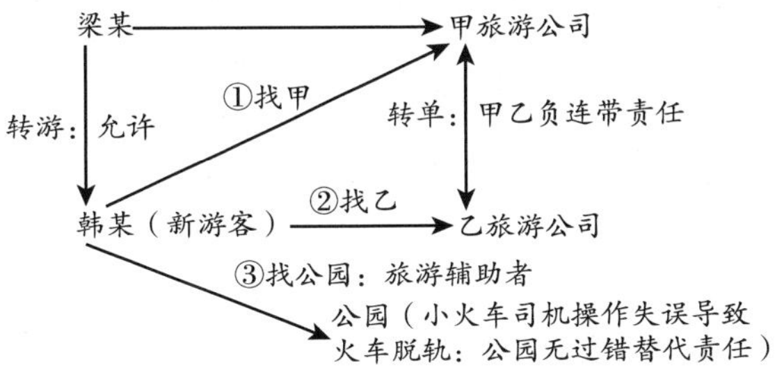

读题技巧

1."旅游出发前15日，梁某因出差通知甲公司，由韩某替代跟团旅游"，指向游客转游可以。

2."旅游行程一半，甲公司不顾韩某反对，将其旅游业务转给乙公司"，指向旅行社擅自转单负连带责任。

3."乙公司组织游客参观某森林公园，该公园所属观光小火车司机操作失误致火车脱轨，韩某遭受重大损害"，指向两点：(1)森林公园是旅游辅助者，负侵权责任。(2)司机是执行工作任务侵权，由用人者森林公园负无过错替代侵权责任，司机不对韩某负侵权责任。

思路展开

命题点1："转游"被法律允许。

(1)法律依据：①行程开始前合理期间，游客转让则允许（合同权利义务概括承受）：《旅游解释》第11条第1款，"除合同性质不宜转让或者合同另有约定之外，在旅游行程开始前的合理期间内，旅游者将其在旅游合同中的权利义务转让给第三人，请求确认转让合同效力的，人民法院应予支持。"②特别注意：旅行社可以找前游客和现游客付增加费用，不管什么合同关系，而退还费用权利只归前游客享有：《旅游解释》第11条第2款，"因前款所述原因，旅游经营者请求旅游者、第三人给付增加的费用或者旅游者请求旅游经营者退还减少的费用的，人民法院应予支持。"

(2)具体到本题：①"旅游出发前15日，梁某因出差通知甲公司，由韩某替代跟团旅游"。②法律允许梁某转游给韩某。

(3)结论："A. 即使甲公司不同意，梁某仍有权将旅游合同转让给韩某"，A对，选A。

命题点2："转单"则负连带责任。

(1)法律依据：转单旅行社负连带责任。《旅游解释》第10条，"旅游经营者将旅游业务转让给其他旅游经营者，旅游者不同意转让，请求解除旅游合同、追究旅游经营者违约责任的，人民法院应予支持。旅游经营者擅自将其旅游业务转让给其他旅游经营者，旅游者在旅游过程中遭受损害，请求与其签订旅游合同的旅游经营者和实际提供旅游服务的旅游经营者承担连带责任的，人民法院应予支持。"

(2)具体到本题：①"旅游行程一半，甲公司不顾韩某反对，将其旅游业务转给乙公司"＋"韩某遭受重大损害"。②甲乙对韩某负连带责任。

(3)结论："B. 韩某有权请求甲公司和乙公司承担连带责任"，B对，选B。

命题点3：旅游辅助者侵权责任＋用人单位无过错替代侵权责任。

(1)法律依据：①《旅游解释》第1条第3款，"'旅游辅助服务者'是指与旅游经营者存在合同关系，协助旅游经营者履行旅游合同义务，实际提供交通、游览、住宿、餐饮、娱乐等旅游服务的人。"②旅游辅助者负侵权责任。《旅游解释》第14条第1款，"因旅游辅助服务者的原因造成旅游者人身损害、财产损失，旅游者选择请求旅游辅助服务者承担侵权

责任的，人民法院应予支持。”③用人单位无过错替代侵权责任。《侵权责任法》第34条第1款，“用人单位的工作人员因执行工作任务造成他人损害的，由用人单位承担侵权责任。”

（2）具体到本题：①“乙公司组织游客参观某森林公园，该公园所属观光小火车司机操作失误致火车脱轨，韩某遭受重大损害。”②森林公园作为旅游辅助者负侵权责任，司机是森林公园员工，执行职务之侵权，由用人单位森林公园负侵权责任，司机不对韩某负侵权责任。

（3）结论：①“C. 韩某有权请求某森林公园承担赔偿责任”，C对，选C。②“D. 韩某有权请求小火车司机承担赔偿责任”，D错，不选D。

方志平

民法小真题

方志平　主编

铁血联盟

“铁血联盟”盟主方志平送给 2017 年司考战士的五分钟“鸡血”

2017 年决战国家司法考试的战士们！大家好！我知道，很多人为了司法考试已经准备了很久，甚至好几年；也有很多人刚刚开始着手准备；当然，可能还有很多人还没有正式开始备考。

无论怎么样，2017 年的国家司法考试将是不同寻常的一次考试。2017 年以后，很多今年有资格参加考试的人，将被拒之门外。这是相当残酷的，因为你将没有与人对决的机会，你将没有证明自己的机会！

我收到了来自沂蒙山区的一个考友的私信，她也是我的铁血联盟特训群的战士！她对我说，她在律所上班，最后 1 年了，以前不重视，去年考了 320 分。她有两个孩子要照顾，送完孩子就学习，不去律所上班了。她老公是做教育的，没时间。孩子送走之后，她就自己学习，基本不接案件。盼着暑假孩子的爸爸可以带孩子，她就可以一门心思学习！

我收到了这样的备考条件非常艰难的考友的私信的时候，我内心是无法平静的，我是很受触动的。是的，我们错过了太多的机会；我们为什么不在司考放水年把司考通过了呢？我们备考期间没有经济收入；我们备考期间要忙里偷闲偷偷摸摸看书；我们备考期间还要带孩子；我们备考期间还要养家；我们备考期间看不了喜欢的电视剧；我们备考期间与女友分手，与男友决裂；是的，我们备考期间“压力山大”，前途未卜，几欲崩溃！

但是，这一切的一切，不正是我们自己选择的吗？你说你错过了太多机会，你说你起点低，你说你牺牲了生活，你说你得罪了家人，你说你放弃了电视剧，你说你戒色戒欲，你说你背水一战，置之死地而后生。这一切，不都是我们自己选择的吗？

既然你选择了法律，既然你选择了司考，既然你选择了战斗，除了努力、除了死磕、除了疯狂，你还能有更好的选择吗？

当你是一个小白迷失了方向误打误撞，不知道怎么选择资料，不知道怎么起步，不知道怎么下手的时候；当你是一个在职生被领导看低被同事鄙视的时候；当你一战二战三战四战甚至 N 战都折戟沉沙抬不起头不好意思见人无法向家人交差的时候；当你是一个法本却告诉我你不喜欢法律参加司考纯属被逼的时候：

别忘了，如果 2017 年你继续失败，你还将要迎接下一轮的迷惘和无助、下一轮的被鄙视被孤立，下一轮的没脸见家人，下一轮的被司考“强奸”！！！

当你在图书馆、在自习室、在教室里挑灯夜战、纵横捭阖于各个部门法、累到身体虚脱、累到眼睛打架的时候，当你拖着疲惫的身体回到宿舍、回到家里、回到公司的时候，当你觉得抗不住想要放弃的时候：

请记住，你不是一个人！！！在全中国每一天都有几十万人在煎熬、在焦灼、在撕心裂肺地努力！！！

因此，请收起你的拖延症、收起你的慵懒症、收起你的懦弱和无能！请收起你的抱怨、收起你的哭诉、收起你的无助！！！抗过去！！！无情地突破你的舒适区！！！因为只有疯子才能上神坛，只有疯狂才能过司考!!!

在你最艰难的时候、在你抗不住的时候、在你就要崩溃打算放弃的时候,你再想一想,一旦没有通关,你全年的复习,你全部的努力,你全部的牺牲,都将毫无疑问地变成一坨屎!!!

我们不要这样的结果!!! 请记住,司考期间无朋友,今年就为司考而生!!! 你是一个铁血战士!!! 请保持钢铁的意志!!! 请保持野蛮的执行力!!! 迎接这血雨腥风!!! 迎接这残酷的淘汰!!! 迎接将来属于你的胜利的曙光!!!

方志平的铁血的精神和力量,永远的爆棚正能量,将陪伴你度过最艰难、最黑暗、最孤独的决战时代!!

Fighting! Fighting! Fighting!

作者:方志平

一直播:方志平

新浪微博:方志平的民法图构

微信订阅号:minfafangzhiping

2017 年 3 月 20 日

铁血联盟特训班简介

(一)铁血战队导师

方志平民法特训班

白斌理论法特训班

汪华亮商经特训班

方鹏刑法特训班

吴鹏行政法特训班

王斌三国法特训班

温云云刑诉法特训班

杨秀清民诉法特训班

(二)特训班适合人群

1. 时间紧,任务重

2. 基础薄弱,快速入门

3. 二战提高,突破瓶颈

(三)特训班内容

1. 网络授课,时间可控

2. 低投入,高产出,只讲干货

3. 导师亲自答疑,备考全程陪伴始终

目录

第一部分　客观题

第二部分　不定项选择题

第三部分　主观题

第一部分 客观题

◆ 第一编 民法总则
◆ 第二编 人身权法
◆ 第三编 民法物权
◆ 第四编 债法总则
◆ 第五编 民法合同
◆ 第六编 婚姻继承
◆ 第七编 侵权责任
◆ 第八编 知识产权

1 第一编 民法总则

第一章 民事法律关系

第一节 民事法律关系破案法

一、同一主体不同民事法律关系

1. 同一主体各个法律关系各自判断：不可抗力不影响金钱之债，不可抗力影响抵押权关系

张某从银行贷得80万元用于购买房屋，并以该房屋设定了抵押。在借款期间房屋被洪水冲毁。张某尽管生活艰难，仍想方设法还清了银行贷款。对此，周围人多有议论。根据社会主义法治理念和民法有关规定，下列哪一观点可以成立？(2012－3－1)

A. 甲认为，房屋被洪水冲毁属于不可抗力，张某无须履行还款义务。坚持还贷是多此一举

B. 乙认为，张某已不具备还贷能力，无须履行还款义务。坚持还贷是为难自己

C. 丙认为，张某对房屋的毁损没有过错，且此情况不止一家，银行应将贷款作坏账处理。坚持还贷是一厢情愿

D. 丁认为，张某与银行的贷款合同并未因房屋被冲毁而消灭。坚持还贷是严守合约、诚实信用

答案：(　　)①

考点：多层次法律关系的判断、不可抗力对金钱之债无影响、不可抗力对抵押权有影响

解题图构

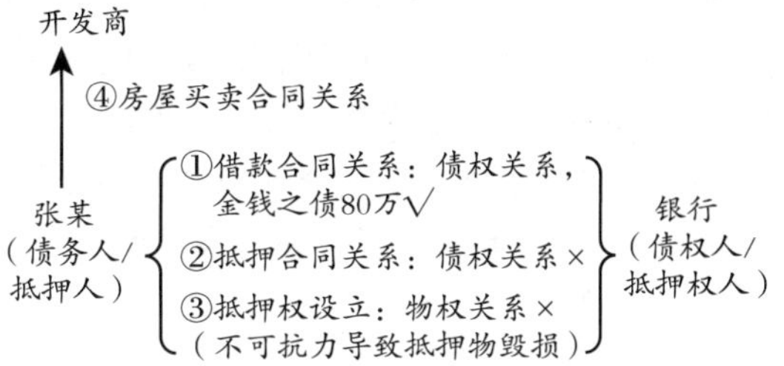

2. 同一主体基于同一法律关系的救济转化为不同的救济法律关系

(1)二手车"调表"之欺诈与重大误解

甲以23万元的价格将一辆机动车卖给乙。该车因里程表故障显示行驶里程为4万公里，但实际行驶了8万公里，市值为16万元。甲明知有误，却未向乙说明，乙误以为真。乙的下列哪一请求是错误的？(2015－3－2)

A. 以甲欺诈为由请求法院变更合同，在此情况下法院不得判令撤销合同

B. 请求甲减少价款至16万元

C. 以重大误解为由，致函甲请求撤销合同，合同自该函到达甲时即被撤销

D. 请求甲承担缔约过失责任

答案：(　　)②

考点：欺诈、重大误解、缔约过失责任

(2)影楼擅自使用婷婷照片之承、揽之债侵权

---

① 参考答案：D

② 参考答案：AC(司法部公布答案是C，根据《民法总则》的规定，将该题答案修改为AC。)

之债和不当得利之债

婷婷满一周岁，其父母将某影楼摄影师请到家中为其拍摄纪念照，并要求影楼不得保留底片用作他途。相片洗出后，影楼违反约定将婷婷相片制成挂历出售，获利颇丰。本案中存在哪些债的关系？(2008－3－56)

A. 承揽合同之债　　B. 委托合同之债

C. 侵权行为之债　　D. 不当得利之债

答案：(　　)①

考点：民事法律关系破案法之债的发生

3. 同一主体法律关系经当事人自由约定发生法律关系转化

债的分类之交通事故达成赔偿协议

甲、乙与丙就交通事故在交管部门的主持下达成《调解协议书》，由甲、乙分别赔偿丙 5 万元，甲当即履行。乙赔了 1 万元，余下 4 万元给丙打了欠条。乙到期后未履行，丙多次催讨未果，遂持《调解协议书》与欠条向法院起诉。下列哪一表述是正确的？(2013－3－12)

A. 本案属侵权之债

B. 本案属合同之债

C. 如丙获得工伤补偿，乙可主张相应免责

D. 丙可要求甲继续赔偿 4 万元

答案：(　　)②

考点：民事法律关系的转化、侵权之债（第三人侵权与工伤赔偿）、合同之债（按份之债）

二、不同主体的交叉民事法律关系

1. 无权代理人骗人之无权代理与欺诈：食用油买卖合同

甲用伪造的乙公司公章，以乙公司名义与不知情的丙公司签订食用油买卖合同，以次充好，将劣质食用油卖给丙公司。合同没有约定仲裁条款。关于该合同，下列哪一表述是正确的？(2013－3－4)

A. 如乙公司追认，则丙公司有权通知乙公司撤销

B. 如乙公司追认，则丙公司有权请求法院撤销

C. 无论乙公司是否追认，丙公司均有权通知乙公司撤销

D. 无论乙公司是否追认，丙公司均有权要求乙公司履行

答案：(　　)③

考点：无权代理人骗人之无权代理与欺诈：食用油买卖合同

解题图构 1：本题涉及无权代理合同法律关系＋因欺诈签订合同法律关系

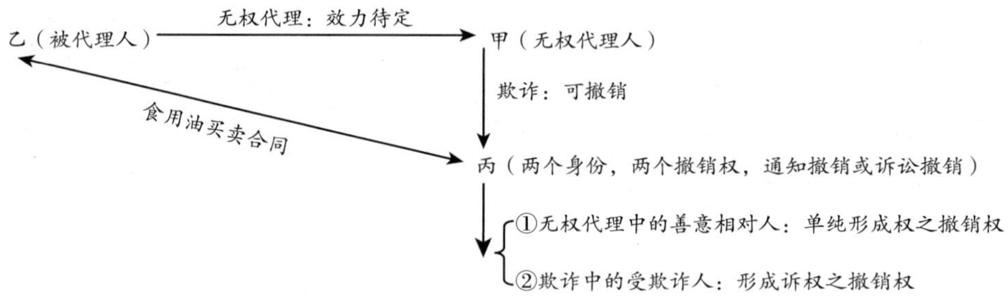

解题图构 2：无权代理图构规则

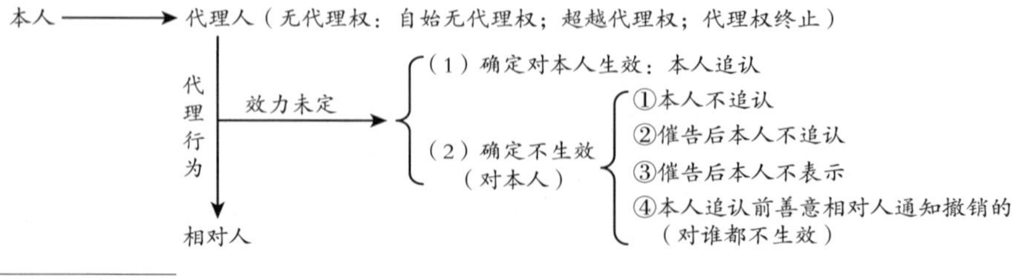

① 参考答案：ACD

② 参考答案：B

③ 参考答案：B

2. 债权人撤销权(过了1年除斥期间而消灭)与无效行为的竞合、与代位权结构的交叉、与侵权责任的判断

甲欠乙1万元到期未还。2003年4月,甲得知乙准备起诉索款,便将自己价值3万元的全部财物以1万元卖给了知悉其欠乙款未还的丙,约定付款期限为2004年年底。乙于2003年5月得知这一情况,于2004年7月决定向法院提起诉讼。乙提出的下列哪一项诉讼请求能够得到法院支持?(2005-3-9)

A. 请求宣告甲与丙的行为无效

B. 请求法院撤销甲与丙的行为

C. 请求以自己的名义行使甲对丙的1万元债权

D. 请求丙承担侵权责任

答案:(　　)①

考点:债权人撤销权(过了1年除斥期间而消灭)与无效行为的竞合、代位权之次债要到期、侵权责任保护的对象一般不包括债权

解题图构

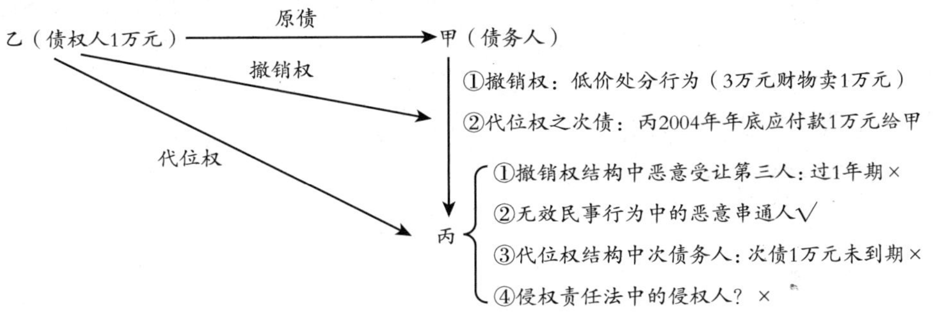

三、不同主体的混合民事法律关系

1. 分各个阶段案情 2015年卷四

2. 分两阶段案情 2012年卷四

3. 统一案情 2011年卷四

第二节 请求权思维破案法

1.“奇葩洗衣机致人人身和财产损害案”之责任竞合

赵某从商店购买了一台甲公司生产的家用洗衣机,洗涤衣物时,该洗衣机因技术缺陷发生爆裂,叶轮飞出,造成赵某严重人身损害并毁坏衣物。赵某的下列哪些诉求是正确的?(2015-3-58)

A. 商店应承担更换洗衣机或退货、赔偿衣物损失和赔偿人身损害的违约责任

B. 商店应按违约责任更换洗衣机或者退货,也可请求甲公司按侵权责任赔偿衣物损失和人身损害

C. 商店或者甲公司应赔偿因洗衣机缺陷造成的损害

D. 商店或者甲公司应赔偿物质损害和精神损害

答案:(　　)②

考点:“奇葩洗衣机致人人身和财产损害案”之违约责任、侵权责任、请求权基础的竞合

2. 鹦鹉变成人

张某到王某家聊天,王某去厕所时张某帮其接听了刘某打来的电话。刘某欲向王某订购一批货物,请张某转告,张某应允。随后张某感到有利可图,没有向王某转告订购之事,而是自己低价购进了刘某所需货物,以王某名义交货并收取了刘某货款。关于张某将货物出卖给刘某的行为的性质,下列哪些说法是正确的?(2010-3-51)

A. 无权代理

B. 无因管理

C. 不当得利

D. 效力待定

答案:(　　)③

考点:无权代理(从使者到无权代理人)、无因管理、不当得利

---

① 参考答案:A

② 参考答案:ABCD

③ 参考答案:AD

解题图构 1

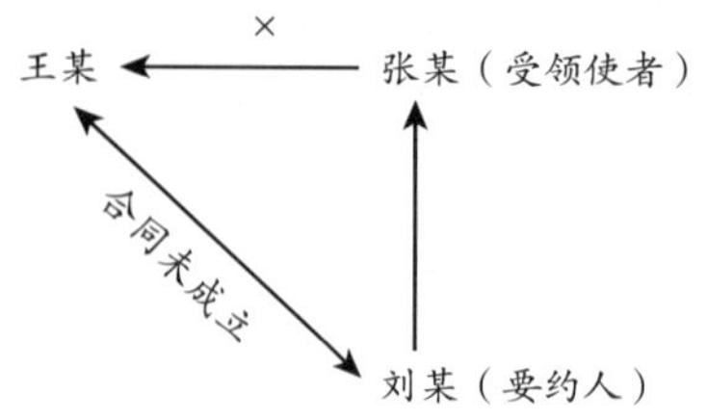

解题图构 2

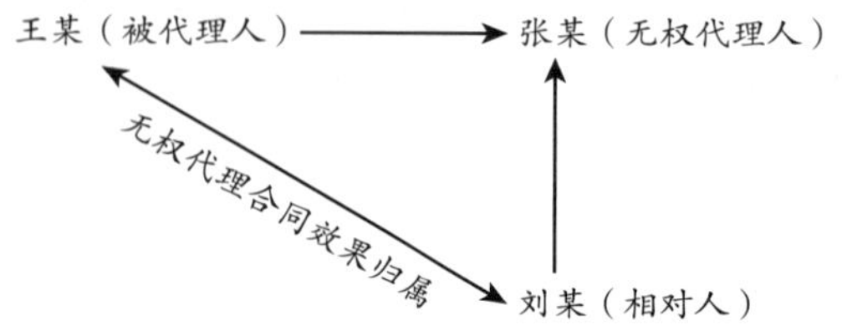

第三节　民事法律关系定义判断和民事权利分类判断

一、民事法律关系的定义性判断

1. 好意施惠关系

(1)民事法律关系与好意施惠关系、行政法律关系的判断

根据法律规定，下列哪一种社会关系应由民法调整？(2016－3－1)

A. 甲请求税务机关退还其多缴的个人所得税

B. 乙手机丢失后发布寻物启事称：“拾得者送还手机，本人当面酬谢”

C. 丙对女友书面承诺：“如我在上海找到工作，则陪你去欧洲旅游”

D. 丁作为青年志愿者，定期去福利院做帮工

答案：(　　)①

考点：民事法律关系的判断

(2)请客吃饭的好意施惠关系

甲单独邀请朋友乙到家中吃饭，乙爽快答应并表示一定赴约。甲为此精心准备，还因炒菜被热油烫伤。但当日乙因其他应酬而未赴约，也未及时告知甲，致使甲准备的饭菜浪费。关于乙对甲的责任，下列哪一说法是正确的？(2016－3－10)

A. 无须承担法律责任

B. 应承担违约责任

C. 应承担侵权责任

D. 应承担缔约过失责任

答案：(　　)②

考点：好意施惠关系、侵权责任、缔约过失责任

2. 民事法律关系与行政法律关系之“交警大队代被撞死无名氏赔偿款案”

薛某驾车撞死一行人，交警大队确定薛某负全责。鉴于找不到死者亲属，交警大队调处后代权利人向薛某预收了6万元赔偿费，商定待找到权利人后再行转交。因一直未找到权利人，薛某诉请交警大队返还6万元。根据社会主义法治理念公平正义要求和相关法律规定，下列哪一表述是正确的？(2014－3－1)

A. 薛某是义务人，但无对应权利人，让薛某承担赔偿义务，违反了权利义务相一致的原则

B. 交警大队未受损失而保有6万元，形成不当得利，应予退还

C. 交警大队代收6万元，依法行使行政职权，与薛某形成合法有效的行政法律关系，无须退还

D. 如确实未找到权利人，交警大队代收的6万元为无主财产，应收归国库

答案：(　　)③

考点：民事法律关系、侵权责任、不当得利

3. “乙的请求依法应得到支持”之民事法律关系判定规则

下列哪一情形下，乙的请求依法应得到支持？(2010－3－1)

A. 甲应允乙同看演出，但迟到半小时。乙要求甲赔偿损失

B. 甲听说某公司股票可能大涨，便告诉乙，乙信以为真，大量购进，事后该只股票大跌。乙要求甲赔偿损失

C. 甲与其妻乙约定，如因甲出轨导致离婚，甲应补偿乙50万元，后二人果然因此离婚。乙要求甲依约赔偿

D. 甲对乙承诺，如乙比赛夺冠，乙出国旅游时甲将陪同，后乙果然夺冠，甲失约。乙要求甲承担赔

① 参考答案：B
② 参考答案：A
③ 参考答案：D

偿责任

答案:(　　)①

考点:民事法律关系成立的判定

4. 被狗咬伤的赔偿关系属于侵权之债

甲被乙家的狗咬伤,要求乙赔偿医药费,乙认为甲被狗咬与自己无关,拒绝赔偿。下列哪一选项是正确的?(2009－3－1)

A. 甲乙之间的赔偿关系属于民法所调整的人身关系

B. 甲请求乙赔偿的权利属于绝对权

C. 甲请求乙赔偿的权利适用诉讼时效

D. 乙拒绝赔偿是行使抗辩权

答案:(　　)②

考点:民事法律关系之侵权之债;民事权利之绝对权、请求权和抗辩权

5. 民事法律关系概念之判断

关于民事法律关系,下列哪一选项是正确的?(2008－3－1)

A. 民事法律关系只能由当事人自主设立

B. 民事法律关系的主体即自然人和法人

C. 民事法律关系的客体包括不作为

D. 民事法律关系的内容均由法律规定

答案:(　　)③

考点:民事法律关系的判断:产生依据、主体、客体和内容

6. 民事法律关系成立判断之"不胜酒力还劝酒"案

下列哪种情形成立民事法律关系?(2006－3－1)

A. 甲与乙约定某日商谈合作开发房地产事宜

B. 甲对乙说:如果你考上研究生,我就嫁给你

C. 甲不知乙不胜酒力而极力劝酒,致乙酒精中毒住院治疗

D. 甲应同事乙之邀前往某水库游泳,因抽筋溺水身亡

答案:(　　)④

考点:民事法律关系成立的判断

7. 好意施惠关系之"坐火车到站提醒案"

甲、乙在火车上相识,甲怕自己到站时未醒,请求乙在A站唤醒自己下车,乙欣然同意。火车到达A站时,甲沉睡,乙也未醒。甲未能在A站及时下车,为此支出了额外费用。甲要求乙赔偿损失。对此,应如何处理?(2005－3－22)

A. 由乙承担违约责任

B. 由乙承担侵权责任

C. 由乙承担缔约过失责任

D. 由甲自己承担损失

答案:(　　)⑤

考点:好意施惠、民事法律关系成立的判断

二、民事权利分类的判断

(一)民事权利

1. 民事权利分类的判断

关于民事权利,下列哪些选项是正确的?(2008－3－51)

A. 甲公司与乙银行签订借款合同,乙对甲享有的要求其还款的权利不具有排他性

B. 丙公司与丁公司协议,丙不在丁建筑的某楼前建造高于该楼的建筑,丁对丙享有的此项权利具有支配性

C. 债权人要求保证人履行,保证人以债权人未对主债务人提起诉讼或申请仲裁为由拒绝履行,保证人的此项权利是抗辩权

D. 债权人撤销债务人与第三人的赠与合同的权利不受诉讼时效的限制

答案:(　　)⑥

考点:民事权利的分类

2. 民事权利的性质

对关于民事权利,下列哪一选项是正确的?(2008－四川－1)

A. 抵销权属抗辩权

B. 权利的行使不都是事实行为

C. 支配权的客体只能是物

---

① 参考答案:C
② 参考答案:C
③ 参考答案:C
④ 参考答案:C
⑤ 参考答案:D
⑥ 参考答案:ABCD

D. 请求权基于基础权利受侵害而发生

答案:(　　)①

考点:抗辩权、事实行为、支配权、请求权

(二)形成权

1. 形成权的规则

下列关于民事权利中的形成权的表述,哪些是正确的?(2005－3－58)

A. 形成权只能通过明示方式行使

B. 效力待定合同中相对人的催告权并非形成权

C. 债权人撤销权属形成权

D. 形成权不受诉讼时效期间的限制

答案:(　　)②

考点:形成权规则:行使方式可以是明示或默示;种类;除斥期间

三、民事权利救济的判断

1. 置换车位

甲以20万元从乙公司购得某小区地下停车位。乙公司经规划部门批准在该小区以200万元建设观光电梯。该梯入梯口占用了甲的停车位,乙公司同意为甲置换更好的车位。甲则要求拆除电梯,并赔偿损失。下列哪些表述是错误的?(2013－3－51)

A. 建电梯获得规划部门批准,符合小区业主利益,未侵犯甲的权利

B. 即使建电梯符合业主整体利益,也不能以损害个人权利为代价,故应将电梯拆除

C. 甲车位使用权固然应予保护,但置换车位更能兼顾个人利益与整体利益

D. 电梯建成后,小区尾房更加畅销,为平衡双方利益,乙公司应适当让利于甲

答案:(　　)③

考点:用益物权、物权保护、不当得利

2. 霸王住

甲在乙经营的酒店进餐时饮酒过度,离去时拒付餐费,乙不知甲的身份和去向。甲酒醒后回酒店欲取回遗忘的外衣,乙以甲未付餐费为由拒绝交还。对乙的行为应如何定性?(2005－3－6)

A. 是行使同时履行抗辩权

B. 是行使不安抗辩权

C. 是自助行为

D. 是侵权行为

答案:(　　)④

考点:自助行为

---

① 参考答案:B

② 参考答案:BD

③ 参考答案:ABD

④ 参考答案:C

第二章　自然人

第一节　监　　护

1. 监护制度之坑孩的爹妈被"股市"坑

甲8周岁,多次在国际钢琴大赛中获奖,并获得大量奖金。甲的父母乙、丙为了甲的利益,考虑到甲的奖金存放银行增值有限,遂将奖金全部购买了股票,但恰遇股市暴跌,甲的奖金损失过半。关于乙、丙的行为,下列哪些说法是正确的?(2016-3-52)

A. 乙、丙应对投资股票给甲造成的损失承担责任

B. 乙、丙不能随意处分甲的财产

C. 乙、丙的行为构成无因管理,无须承担责任

D. 如主张赔偿,甲对父母的诉讼时效期间在进行中的最后6个月内因自己系无行为能力人而中止,待成年后继续计算

答案:(　　)①

考点:监护人职责、无因管理、诉讼时效

2. 收养之监护

张某和李某达成收养协议,约定由李某收养张某6岁的孩子小张;任何一方违反约定,应承担违约责任。双方办理了登记手续,张某依约向李某支付了10万元。李某收养小张1年后,因小张殴打他人赔偿了1万元,李某要求解除收养协议并要求张某赔偿该1万元。张某同意解除但要求李某返还10万元。下列哪一表述是正确的?(2014-3-2)

A. 李某、张某不得解除收养关系

B. 李某应对张某承担违约责任

C. 张某应赔偿李某1万元

D. 李某应返还不当得利

答案:(　　)②

考点:监护、收养关系、不当得利

3. 关于监护之"入院"、"入托"、"离婚"、"改嫁"案(法定监护、指定监护和委托监护)

关于监护,下列哪一表述是正确的?(2013-3-2)

A. 甲委托医院照料其患精神病的配偶乙,医院是委托监护人

B. 甲的幼子乙在寄宿制幼儿园期间,甲的监护职责全部转移给幼儿园

C. 甲丧夫后携幼子乙改嫁,乙的爷爷有权要求法院确定自己为乙的法定监护人

D. 市民甲、乙之子丙5周岁,甲、乙离婚后对谁担任丙的监护人发生争议,丙住所地的居民委员会有权指定

答案:(　　)③

考点:法定监护和指定监护;委托监护

4. 监护人职责之"精神病人哥哥给弟弟捐肾案"

乙因病需要换肾,其兄甲的肾脏刚好配型成功,甲乙父母和甲均同意由甲捐肾。因甲是精神病人,医院拒绝办理。后甲意外死亡,甲乙父母决定将甲的肾脏捐献给乙。下列哪一表述是正确的?(2011-3-2)

A. 甲决定将其肾脏捐献给乙的行为有效

B. 甲生前,其父母决定将甲的肾脏捐献给乙的行为有效

C. 甲死后,其父母决定将甲的肾脏捐献给乙的行为有效

D. 甲死后,其父母决定将甲的肾脏捐献给乙的行为无效

答案:(　　)④

考点:成年人监护制度

5. 未成年人监护人制度(监护人范围、顺序、指定监护)

甲十五岁,精神病人。关于其监护问题,下列哪一表述是正确的?(2010-3-3)

---

① 参考答案:AB(司法部公布答案是ABD,根据《民法总则》的规定,将答案修改为AB)

② 参考答案:D

③ 参考答案:A

④ 参考答案:D

A. 监护人只能是甲的近亲属或关系密切的其他亲属、朋友

B. 监护人可是同一顺序中的数人

C. 对担任监护人有争议的,可直接请求法院裁决

D. 为甲设定监护人,适用关于精神病人监护的规定(将 D 修改为"为甲设定监护人,适用未成年人监护的规定")

答案:(　　)①

考点:监护人制度(监护人范围、顺序 + 指定监护)

解题图构

- 成年人监护人
  - ①配偶第一位
  - ②父母、子女
  - ③其他近亲属
  - ④其他愿意的个人或组织(2委或民政部门同意)
  - ⑤兜底②(1民政部门或2委)
- 未成年人监护人
  - 父母①
  - 祖父母、外祖父母②
  - 兄、姐③
  - 其他愿意的个人或组织④(2委或民政部门同意)
  - 兜底⑤(1民政部门或2委)

6. **无民事行为能力人、限制民事行为能力人行为能力制度体系**

小刘从小就显示出很高的文学天赋,9 岁时写了小说《隐形翅膀》,并将该小说的网络传播权转让给某网站。小刘的父母反对该转让行为。下列哪一说法是正确的?(2009 - 3 - 14)

A. 小刘父母享有该小说的著作权,因为小刘是无民事行为能力人

B. 小刘及其父母均不享有著作权,因为该小说未发表

C. 小刘对该小说享有著作权,但网络传播权转让合同无效

D. 小刘对该小说享有著作权,网络传播权转让合同有效

答案:(　　)③

考点:未成年人作品、事实行为、自动保护、自然人能力制度

解题图构 无民事行为能力人、限制民事行为能力人体系图构

- 限制民事行为能力人
  - ①有效
    - ①纯获得利益的法律行为
    - ②与其行为能力相适应的法律行为
    - → 有效①
  - ②无效
    - ①单方法律行为
      - ①物权效果:抛弃、分割共有物
      - ②债权效果:免除、抵销、解除、撤销
      - ③代理权变动效果:授予、撤销
      - ④继承法效果:订立遗嘱、撤销、抛弃继承权受遗赠权
      - ⑤婚姻法效果:可撤销婚姻
    - ②多方法律行为(订立合伙协议、设立公司协议)
    - ③决议行为(股东会表决、小区业主表决)
    - → 无效②
  - ③效力待定:双方法律行为(订立与其行为能力不相适应的合同) → 无效③
- 无民事行为能力人:有效①、无效②、无效③

---

① 参考答案:BCD(司法部原公布答案为 B,根据《民法总则》的规定,修改为 BC。因为《民法总则》第 31 条第 1 款规定,指定不再是诉讼的前置程序。"对监护人的确定有争议的,由被监护人住所地的居民委员会、村民委员会或者民政部门指定监护人,有关当事人对指定不服的,可以向人民法院申请指定监护人;有关当事人也可以直接向人民法院申请指定监护人。")

② 《民法总则》第 32 条,"没有依法具有监护资格的人的,监护人由民政部门担任,也可以由具备履行监护职责条件的被监护人住所地的居民委员会、村民委员会担任。"

③ 参考答案:C

第二节 宣告失踪与宣告死亡

1. 宣告死亡的法律后果之继承、婚姻和索赔

甲、乙为夫妻，长期感情不和。2010 年 5 月 1 日甲乘火车去外地出差，在火车上失踪，没有发现其被害尸体，也没有发现其在何处下车。2016 年 6 月 5 日法院依照法定程序宣告甲死亡。之后，乙向法院起诉要求铁路公司对甲的死亡进行赔偿。关于甲被宣告死亡，下列哪些说法是正确的？（2016－3－51）

A. 甲的继承人可以继承其财产

B. 甲、乙婚姻关系消灭，且不可能恢复

C. 2016 年 6 月 5 日为甲的死亡日期

D. 铁路公司应当对甲的死亡进行赔偿

答案：（　　）①

考点：宣告死亡的法律效果：继承、婚姻、赔偿

解题图构

2. 宣告死亡

关于宣告死亡，下列哪些选项是正确的？（2009－3－51）

A. 宣告死亡的申请人有顺序先后的限制

B. 有民事行为能力人在被宣告死亡期间实施的民事行为有效

C. 被宣告死亡的人与其配偶的婚姻关系因死亡宣告的撤销而自行恢复

D. 被撤销死亡宣告的人有权请求依《继承法》取得其财产者返还原物或给予适当补偿

答案：（　　）②

考点：死亡宣告申请人、法律效果；死亡宣告被撤销的婚姻效果、财产效果

3. 宣告死亡被撤销后对继承财产的影响：返还——"原路退还"规则

甲被法院宣告死亡，甲父乙、甲妻丙、甲子丁分割了其遗产。后乙病故，丁代位继承了乙的部分遗产。丙与戊再婚后因车祸遇难，丁、戊又分割了丙的遗产。现甲重新出现，法院撤销死亡宣告。下列哪种说法是正确的？（2006－3－2）

A. 丁应将其从甲、乙、丙处继承的全部财产返还给甲

B. 丁只应将其从甲、乙处继承的全部财产返还给甲

C. 戊从丙处继承的全部财产都应返还给甲

D. 丁、戊应将从丙处继承的而丙从甲处继承的财产返还给甲

答案：（　　）③

考点：死亡宣告撤销后对继承财产的影响：返还——"原路退还"规则

解题图构

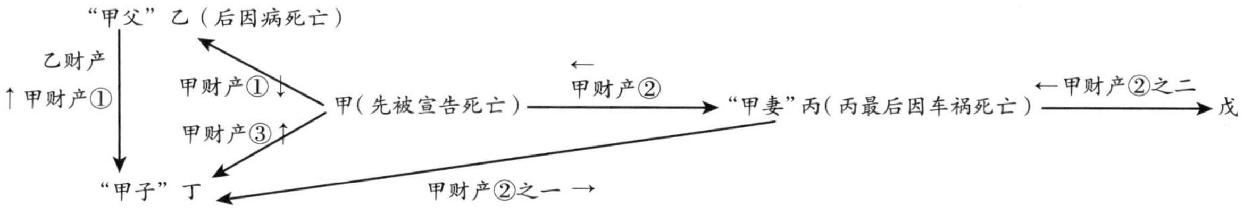

第三节 个人合伙

1. 普通合伙企业的双重连带

甲企业是由自然人安琚与乙企业（个人独资）各出资 50% 设立的普通合伙企业，欠丙企业货款 50 万元，由于经营不善，甲企业全部资产仅剩 20 万元。现所欠货款到期，相关各方因货款清偿发生纠纷。对此，下列哪一表述是正确的？（2016－3－2）

A. 丙企业只能要求安琚与乙企业各自承担 15 万元的清偿责任

B. 丙企业只能要求甲企业承担清偿责任

① 参考答案：AC

② 参考答案：D（司法部原答案是 AD，根据《民法总则》的规定，修改为 D。）

③ 参考答案：D

C. 欠款应先以甲企业的财产偿还，不足部分由安琚与乙企业承担无限连带责任

D. 就乙企业对丙企业的应偿债务，乙企业投资人不承担责任

答案:(　　)①

考点:个人独资企业、普通合伙

解题图构

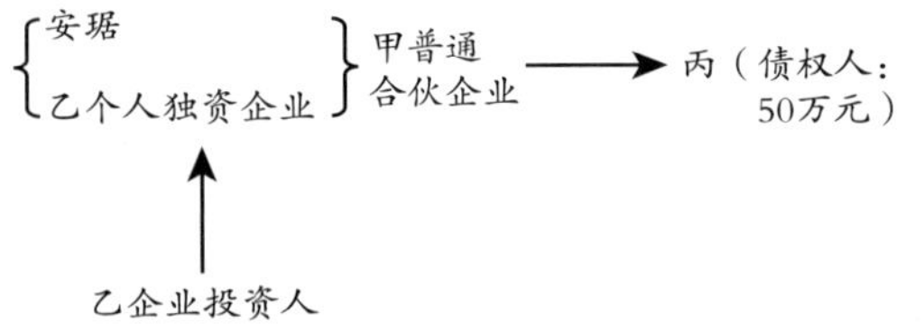

2. **"菜肴配方"合伙：民事合伙开餐厅之合伙人身份的确定、连带债务人内部约定债务分担内部有效**

王东、李南、张西约定共同开办一家餐馆，王东出资20万元并负责日常经营，李南出资10万元，张西提供家传菜肴配方，但李南和张西均只参与盈余分配而不参与经营劳动。开业两年后，餐馆亏损严重，李南撤回了出资，并要求王东和张西出具了"餐馆经营亏损与李南无关"的字据。下列哪一选项是正确的？(2009－3－2)

A. 王东、李南为合伙人，张西不是合伙人

B. 王东、张西为合伙人，李南不是合伙人

C. 王东、李南、张西均为合伙人

D. 王东和张西所出具的字据无效

答案:(　　)②

考点:民事合伙开餐厅之合伙人身份的确定、连带债务人内部约定债务分担内部有效

解题图构

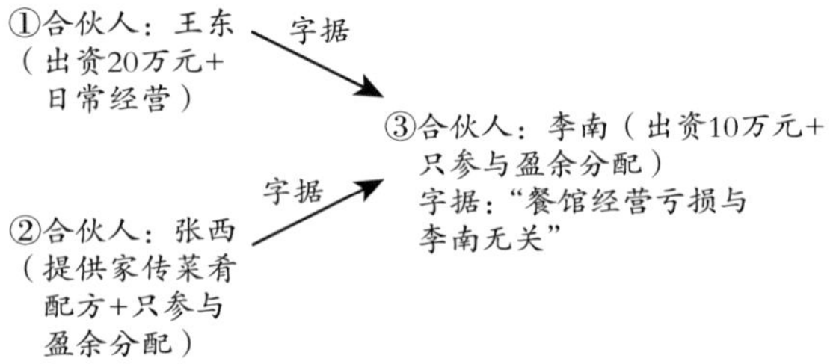

---

① 参考答案:C

② 参考答案:C

第三章　法　　人

第一节　法人的能力和责任

1. 法人权利能力

关于自然人和法人的权利能力，下列哪一选项是正确的？（2008－四川－2）

A. 自然人和法人都享有人格权

B. 自然人和法人人格权受侵害时都可向法院请求精神损害赔偿

C. 自然人与法人民事权利能力的范围相同

D. 各类法人的民事权利能力的范围相同

答案：（　　）[1]

考点：法人权利能力

2.“萨摩国德胜公司”之法人能力的基础：法人财产

德胜公司注册地在萨摩国并在该国设有总部和分支机构，但主要营业机构位于中国深圳，是一家由台湾地区凯旋集团公司全资设立的法人企业。由于决策失误，德胜公司在中国欠下700万元债务。对此，下列哪一选项是正确的？（2008－3－2）

A. 该债务应以深圳主营机构的全部财产清偿

B. 该债务应以深圳主营机构和萨摩国总部及分支机构的全部财产清偿

C. 无论德胜公司的全部财产能否清偿，凯旋公司都应承担连带责任

D. 当德胜公司的全部财产不足清偿时，由凯旋公司承担补充责任

答案：（　　）[2]

考点：企业法人的责任、股东的有限责任

解题图构

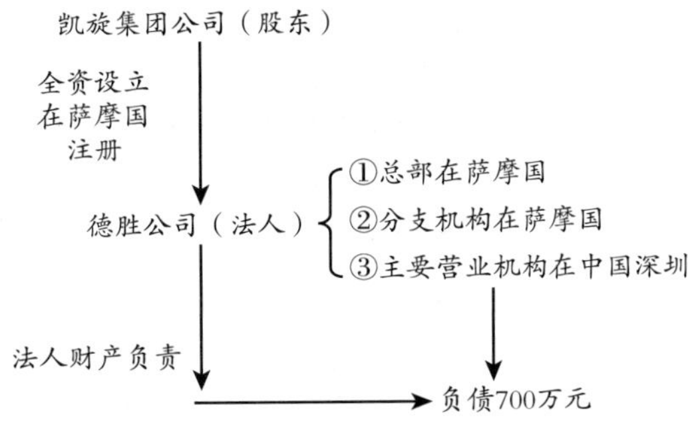

第二节　法人的分类

1. 法人的分类之财团法人（基金会法人）

甲以自己的名义，用家庭共有财产捐资设立以资助治疗麻风病为目的的基金会法人，由乙任理事长。后因对该病的防治工作卓有成效使其几乎绝迹，为实现基金会的公益性，现欲改变宗旨和目的。下列哪一选项是正确的？（2015－3－1）

A. 甲作出决定即可，因甲是创始人和出资人

B. 乙作出决定即可，因乙是法定代表人

C. 应由甲的家庭成员共同决定，因甲是用家庭共有财产捐资的

D. 应由基金会法人按照程序申请，经过上级主管部门批准

答案：（　　）[3]

考点：法人分类之财团法人（基金会法人）

2. 法人分类之公益法人（公益组织＋近似原则）

宗某患尿毒症，其所在单位甲公司组织员工捐款20万元用于救治宗某。此20万元存放于专门设立的账户中。宗某医治无效死亡，花了15万元医疗

---

① 参考答案：A

② 参考答案：B

③ 参考答案：D

费。关于余下5万元，下列哪一表述是正确的？（2014－3－4）

A. 应归甲公司所有

B. 应归宗某继承人所有

C. 应按比例退还员工

D. 应用于同类公益事业

答案：（　　）①

考点：公益捐赠、公益组织

3. 法人的分类之各类法人

关于法人，下列哪一表述是正确的？（2012－3－2）

A. 社团法人均属营利法人

B. 基金会法人均属公益法人

C. 社团法人均属公益法人

D. 民办非企业单位法人均属营利法人

答案：（　　）②

考点：法人的分类

4. 法人的分类之各类法人

根据我国法律规定，关于法人，下列哪一表述是正确的？（2010－3－4）

A. 成立社团法人均须登记

B. 银行均是企业法人

C. 法人之间可形成合伙型联营

D. 一人公司均不是法人

答案：（　　）③

考点：法人的分类

5. 法人的分类之事业单位法人

关于事业单位法人，下列哪些选项是错误的？（2007－3－52）

A. 所有事业单位法人的全部经费均来自国家财政拨款

B. 具备法人条件的事业单位从成立之日起取得法人资格

C. 国家举办的事业单位对其直接占有的动产享有所有权

D. 事业单位法人名誉权遭受侵害的，有权诉请精神损害赔偿

答案：（　　）④

考点：事业单位法人

第三节　法人的机关

1. 法定代表人之"李红和李蓝"案

甲公司和乙公司在前者印制的标准格式《货运代理合同》上盖章。《货运代理合同》第四条约定："乙公司法定代表人对乙公司支付货运代理费承担连带责任。"乙公司法定代表人李红在合同尾部签字。后双方发生纠纷，甲公司起诉乙公司，并要求此时乙公司的法定代表人李蓝承担连带责任。关于李蓝拒绝承担连带责任的抗辩事由，下列哪一表述能够成立？（2014－3－3）

A. 第四条为无效格式条款

B. 乙公司法定代表人未在第四条处签字

C. 乙公司法定代表人的签字仅代表乙公司的行为

D. 李蓝并未在合同上签字

答案：（　　）⑤

考点：法人、法定代表人、格式条款

解题图构

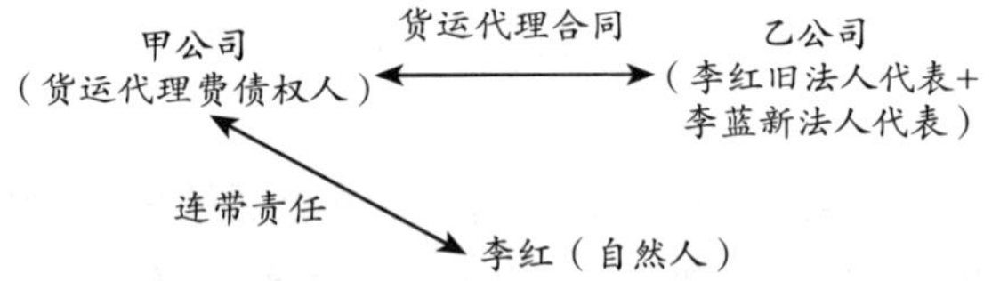

2. 法人机关之法定代表人；表见代理；实际履行补救形式瑕疵规则

下列哪些情形下，甲公司应承担民事责任？（2013－3－52）

A. 甲公司董事乙与丙公司签订保证合同，乙擅自在合同上加盖甲公司公章和法定代表人丁的印章

B. 甲公司与乙公司签订借款合同，甲公司未盖公章，但乙公司已付款，且该款用于甲公司项目建设

C. 甲公司法定代表人乙委托员工丙与丁签订合同，借用丁的存款单办理质押贷款用于经营

D. 甲公司与乙约定，乙向甲公司交纳保证金，

---

① 参考答案：D

② 参考答案：B

③ 参考答案：C（《民法总则》中没有规定联营。）

④ 参考答案：ABCD

⑤ 参考答案：D

甲公司为乙贷款购买设备提供担保。甲公司法定代表人丙以个人名义收取该保证金并转交甲公司出纳员入账

答案：(　　)①

考点：法人机关之法定代表人；表见代理；实际履行补救形式瑕疵规则

解题图构

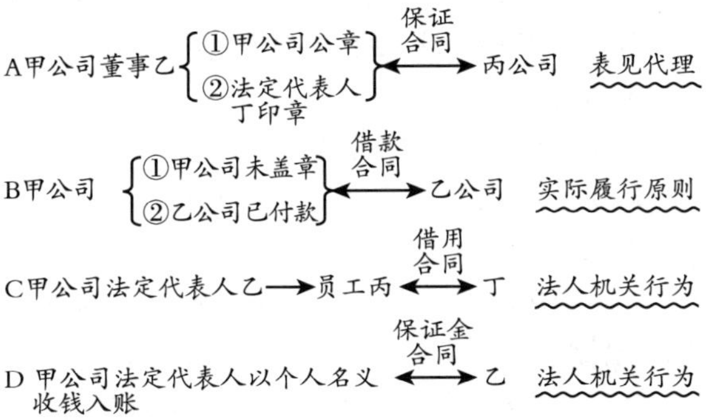

3. **法人代表发出要约就死亡之"清代翡翠"案**

王某是甲公司的法定代表人，以甲公司名义向乙公司发出书面要约，愿以 10 万元价格出售甲公司的一块清代翡翠。王某在函件发出后 2 小时意外死亡，乙公司回函表示愿意以该价格购买。甲公司新任法定代表人以王某死亡，且未经董事会同意为由拒绝。关于该要约，下列哪一表述是正确的？(2011－3－3)

A. 无效　　B. 效力待定

C. 可撤销　　D. 有效

答案：(　　)②

考点：法定代表人制度、意思表示、意思表示的发出

4. **企业法人法定代表人什么行为由企业法人承担民事责任(名义说)**

关于企业法人对其法定代表人行为承担民事责任的下列哪一表述是正确的？(2006－3－3)

A. 仅对其合法的经营行为承担民事责任

B. 仅对其符合法人章程的经营行为承担民事责任

C. 仅对其以法人名义从事的经营行为承担民事责任

D. 仅对其符合法人登记经营范围的经营行为承担民事责任

答案：(　　)③

考点：企业法人法定代表人什么行为由企业法人承担民事责任(名义说)

---

① 参考答案：ABCD

② 参考答案：D

③ 参考答案：C

第四章　民事法律行为

第一节　民事法律行为分类

单方行为/双方行为;身份行为/财产行为;负担行为/处分行为;诺成行为/实践行为

关于民事法律行为,下列哪些选项是错误的?(2008-四川-51)

A. 某演员将其演出收入捐赠给慈善机构的行为是单方行为

B. 陈某去世前设立遗嘱的行为是身份行为

C. 王某以自己的房屋为他人设立抵押权的行为是负担行为

D. 李某受领赵某错误交付标的物的行为是实践行为

答案:(　　)①

考点:单方行为/双方行为;身份行为/财产行为;负担行为/处分行为;诺成行为/实践行为

第二节　意思表示

1. **哪些构成意思表示**

下列哪些情形构成意思表示?(2007-3-51)

A. 甲对乙说:我儿子如果考上重点大学,我一定请你喝酒

B. 潘某在寻物启事中称,愿向送还失物者付酬金500元

C. 孙某临终前在日记中写道:若离人世,愿将个人藏书赠与好友汪某

D. 何某向一台自动售货机投币购买饮料

答案:(　　)②

考点:意思表示的判断

2. **教授举行学术讲座卖书,学生误以为签到而签名案:无效果意思,不是意思表示**

教授甲举办学术讲座时,在礼堂外的张贴栏中公告其一部新著的书名及价格,告知有意购买者在门口的签字簿上签名。学生乙未留意该公告,以为签字簿是为签到而设,遂在上面签名。对乙的行为应如何认定?(2005-3-1)

A. 乙的行为可推定为购买甲新著的意思表示

B. 乙的行为构成重大误解,在此基础上成立的买卖合同可撤销

C. 甲的行为属于要约,乙的行为属于附条件承诺,二者之间成立买卖合同,但需乙最后确认

D. 乙的行为并非意思表示,在甲、乙之间并未成立买卖合同

答案:(　　)③

考点:意思表示构成要件之效果意思

第三节　附条件与附期限的民事法律行为

1. **赠与藏书之转让给他人就有权收回案:附条件赠与**

甲将300册藏书送给乙,并约定乙不得转让给第三人,否则甲有权收回藏书。其后甲向乙交付了300册藏书。下列哪一说法是正确的?(2009-3-6)

A. 甲与乙的赠与合同无效,乙不能取得藏书的所有权

B. 甲与乙的赠与合同无效,乙取得了藏书的所有权

C. 甲与乙的赠与合同为附条件的合同,乙不能取得藏书的所有权

D. 甲与乙的赠与合同有效,乙取得了藏书的所有权

答案:(　　)④

---

① 参考答案:ABCD

② 参考答案:BCD

③ 参考答案:D

④ 参考答案:D

考点：附条件民事法律行为之赠与、交付变动动产物权

2. 迷信喜鹊买房与坑爹的孩子之附条件买卖案

甲打算卖房，问乙是否愿买，乙一向迷信，就跟甲说："如果明天早上7点你家屋顶上来了喜鹊，我就出10万块钱买你的房子。"甲同意。乙回家后非常后悔。第二天早上7点差几分时，恰有一群喜鹊停在甲家的屋顶上，乙正要将喜鹊赶走；甲不知情的儿子拿起弹弓把喜鹊打跑了，至7点再无喜鹊飞来。关于甲、乙之间的房屋买卖合同，下列哪一选项是正确的？（2008－3－6）

A. 合同尚未成立

B. 合同无效

C. 乙有权拒绝履行该合同

D. 乙应当履行该合同

答案：（　　）[1]

考点：附生效条件法律行为（条件未成就，合同成立但未生效）

① 参考答案：C

第五章　代　　理

一、代理的判断

1. 哪些属于代理

下列哪些情形属于代理？（2012－3－53）

A. 甲请乙从国外代购1套名牌饮具，乙自己要买2套，故乙共买3套一并结账

B. 甲请乙代购茶叶，乙将甲写好茶叶名称的纸条交给销售员，告知其是为自己朋友买茶叶

C. 甲律师接受法院指定担任被告人乙的辩护人

D. 甲介绍歌星乙参加某演唱会，并与主办方签订了三方协议

答案：（　　）①

考点：隐名间接代理、显名间接代理、诉讼中代理、居间

解题图构1：以代理名义标准对代理进行分类

- 代理名义
  - ①直接代理：被代理人名义《民法通则》第63第2款
  - ②间接代理：代理人名义
    - ①显名间接代理：相对人知情《合同法》402
    - ②隐名间接代理：相对人不知情《合同法》403

解题图构2：委托代理的间接代理

- 隐名间接代理
  - ①委托人违约
    - ①受托人披露（谁是委托人）
    - ②第三人选择（选择后不得变更）
  - ②第三人违约
    - ①受托人披露（谁是第三人）
    - ②委托人（介入）

2. 无权代理的判断

下列哪一情形构成无权代理？（2009－3－4）

A. 甲冒用乙的姓名从某杂志社领取乙的论文稿酬据为己有

B. 某公司董事长超越权限以本公司名义为他人提供担保

C. 刘某受同学周某之托冒充丁某参加求职面试

D. 关某代收某推销员谎称关某的邻居李某订购的保健品并代为付款

答案：（　　）②

考点：无权代理的界定

解题图构1：代理权的分类

- 代理权的有无
  - ①有权代理
  - ②无权代理
    - ①狭义无权代理
    - ②表见代理

解题图构2：无权代理

本人 → 代理人（无代理权；自始无代理权；超越代理权；代理权终止）

代理行为 ↓ 相对人

- 效力未定
  - （1）确定对本人生效：本人追认
  - （2）确定不生效（对本人）
    - ①本人不追认
    - ②催告后本人不追认
    - ③催告后本人不表示
    - ④本人追认前相对人通知撤销

二、代理的分类

1. 复代理

关于复代理，下列哪些选项是正确的？（2008－四川－52）

A. 复代理人是代理人基于复任权而选任的

B. 复代理人的代理行为后果直接由本人承担

C. 委托代理人转托他人代理必须取得被代理人同意

D. 委托代理人转托不明给第三人造成损失的，转托代理人应负连带责任

答案：（　　）③

考点：复代理

解题图构

- 代理人的选任
  - ①原代理：被代理人选任代理人
  - ②复代理：代理人选任新代理人

---

① 参考答案：ABC

② 参考答案：D

③ 参考答案：AB

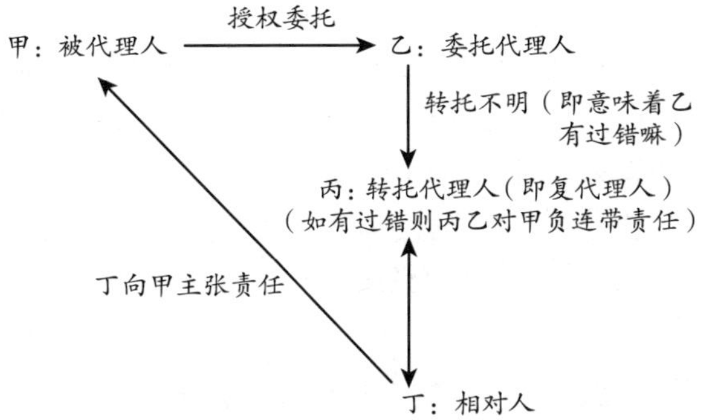

解图：(1)乙转托不明，给丁造成损失，丁可以直接要求甲赔偿损失。(2)甲对丁承担责任后，可以要求乙赔偿损失。如果丙有过错，丙和乙对甲的损失负连带责任。

2. 间接代理

(1)第三人违约：转委托中的间接代理第三人违约之“箱包和首饰”案

甲委托乙销售一批首饰并交付，乙经甲同意转委托给丙。丙以其名义与丁签订买卖合同，约定将这批首饰以高于市场价10%的价格卖给丁，并赠其一批箱包。丙因此与戊签订箱包买卖合同。丙依约向丁交付首饰，但因戊不能向丙交付箱包，导致丙无法向丁交付箱包。丁拒绝向丙支付首饰款。下列哪一表述是正确的？(2011－3－4)

A. 乙的转委托行为无效

B. 丙与丁签订的买卖合同直接约束甲和丁

C. 丙应向甲披露丁，甲可以行使丙对丁的权利

D. 丙应向丁披露戊，丁可以行使丙对戊的权利

答案：(　　)①

考点：转委托、间接代理、合同相对性

(2)委托人违约：间接代理委托人违约之“机械设备”案

甲委托乙购买一套机械设备，但要求以乙的名义签订合同，乙同意，遂与丙签订了设备购买合同。后由于甲的原因，乙不能按时向丙支付设备款。在乙向丙说明了自己是受甲委托向丙购买机械设备后，关于丙的权利，下列哪一选项是正确的？(2008－3－3)

A. 只能要求甲支付

B. 只能要求乙支付

C. 可选择要求甲或乙支付

D. 可要求甲和乙承担连带责任

答案：(　　)②

考点：间接代理因委托人原因违约：受托人披露义务；第三人选择权（形成权）

隐名间接代理图构：

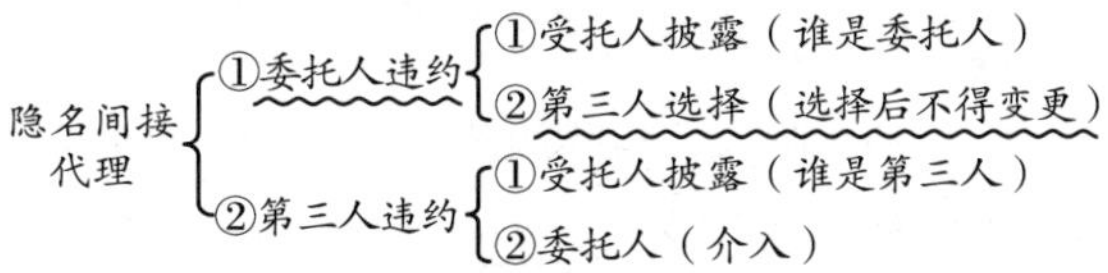

(3)第三人违约或者委托人违约

甲委托乙代销电视机，乙分别与丙、丁签订了买卖合同，但没有说明是代甲销售。后乙将与丙、丁签订合同的事实告知甲。甲分别以自己的名义向丙和丁送交了约定数量的电视机。丙接收了电视机，丁拒收电视机并要求乙履行合同。后丁反悔，直接向甲履行了付款义务。下列哪些选项是正确的？(2008－四川－55)

A. 如丙迟延履行付款义务，甲可以要求乙承担连带责任

B. 乙可以自己是受托人为由拒绝对丁履行交货义务

C. 丁拒收电视机并要求乙履行合同意味着选择乙作为相对人

D. 丁拒收电视机后又向甲付款的行为不发生合同履行的效力

答案：(　　)③

考点：隐名间接代理

解题图构

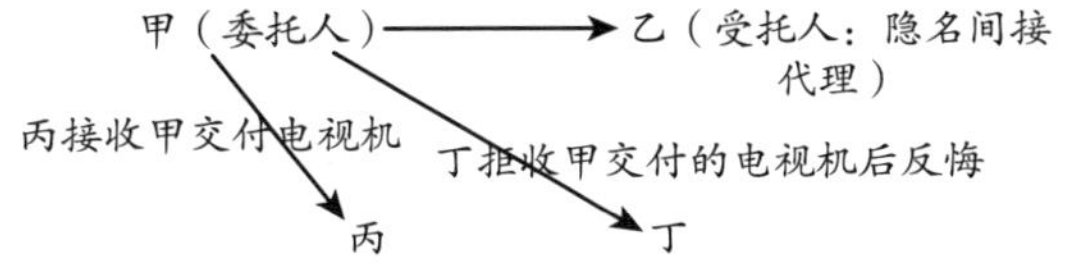

3. 委托代理

甲去购买彩票，其友乙给甲10元钱让其顺便代购彩票，同时告知购买号码，并一再嘱咐甲不要改变。甲预测乙提供的号码不能中奖，便擅自更换号码为乙购买了彩票并替乙保管。开奖时，甲为乙购买的彩票中了奖，二人为奖项归属发生纠纷。下列哪一分析是正确的？(2015－3－9)

---

① 参考答案：C

② 参考答案：C

③ 参考答案：CD

A. 甲应获得该奖项，因按乙的号码无法中奖，甲、乙之间应类推适用借贷关系，由甲偿还乙 10 元

B. 甲、乙应平分该奖项，因乙出了钱，而甲更换了号码

C. 甲的贡献大，应获得该奖项之大部，同时按比例承担彩票购买款

D. 乙应获得该奖项，因乙是委托人

答案：(　　)①

考点：委托代理

4. 代理权授予行为与委托合同区分之"网络奇才案"

甲公司与15 周岁的网络奇才陈某签订委托合同，授权陈某为甲公司购买价值不超过 50 万元的软件。陈某的父母知道后，明确表示反对。关于委托合同和代理权授予的效力，下列哪一表述是正确的？(2015－3－4)

A. 均无效，因陈某的父母拒绝追认

B. 均有效，因委托合同仅需简单智力投入，不会损害陈某的利益，其父母是否追认并不重要

C. 是否有效，需确认陈某的真实意思，其父母拒绝追认，甲公司可向法院起诉请求确认委托合同的效力

D. 委托合同因陈某的父母不追认而无效，但代理权授予是单方法律行为，无需追认即有效

答案：(　　)②

考点：代理权授予行为与委托合同区分；代理权授予行为无因性

解题图构

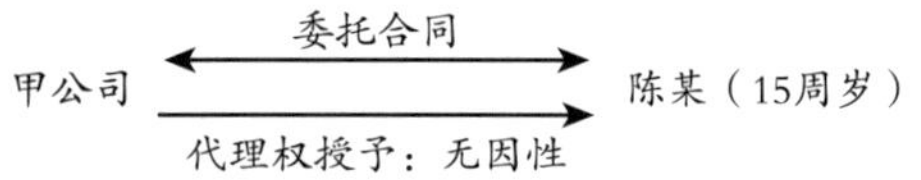

三、代理权之行使

1. 滥用代理权之"空气净化机"回扣案

甲公司员工唐某受公司委托从乙公司订购一批空气净化机，甲公司对净化机单价未作明确限定。唐某与乙公司私下商定将净化机单价比正常售价提高 200 元，乙公司给唐某每台 100 元的回扣。商定后，唐某以甲公司名义与乙公司签订了买卖合同。对此，下列哪一选项是正确的？(2016－3－4)

A. 该买卖合同以合法形式掩盖非法目的，因而无效

B. 唐某的行为属无权代理，买卖合同效力待定

C. 乙公司行为构成对甲公司的欺诈，买卖合同属可变更、可撤销合同

D. 唐某与乙公司恶意串通损害甲公司的利益，应对甲公司承担连带责任

答案：(　　)③

考点：有权代理、代理权行使和民事法律行为效力

解题图构

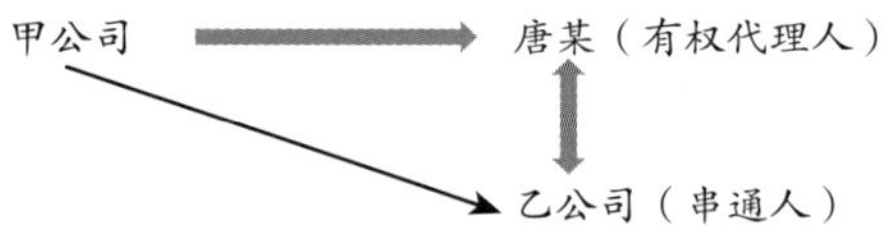

2. 非"滥用代理权"之"健身器材"回扣案(入账即合法)

A 公司经销健身器材，规定每台售价为 2000 元，业务员按合同价 5% 提取奖金。业务员王某在与 B 公司洽谈时提出，合同定价按公司规定办，但自己按每台 50 元补贴 B 公司。B 公司表示同意，遂与王某签订了订货合同，并将获得的补贴款入账。对王某的行为应如何定性？(2006－3－5)

A. 属于无权代理　　B. 属于滥用代理权

C. 属于不正当竞争　　D. 属于合法行为

答案：(　　)④

考点：无权代理、滥用代理权、不正当竞争

解题图构

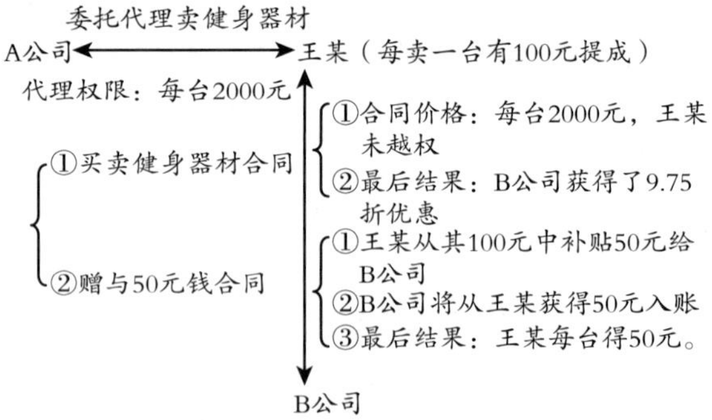

① 参考答案：D

② 参考答案：D

③ 参考答案：D

④ 参考答案：D

第六章　诉讼时效与期限

一、诉讼时效的判断(基本原理)

1. 强制性、起算点、抗辩主张时点(一审可以,二审可能)、抛弃抗辩和自然债权(债务)

某公司因合同纠纷的诉讼时效问题咨询律师。关于律师的答复,下列哪些选项是正确的?(2010－3－52)

A. 当事人不得违反法律规定,约定延长或者缩短诉讼时效期间、预先放弃诉讼时效利益

B. 当事人约定同一债务分期履行的,诉讼时效期间从最后一期履行期限届满之日起计算

C. 当事人在一审期间未提出诉讼时效抗辩的,二审期间不能提出该抗辩

D. 诉讼时效届满,当事人一方向对方当事人作出同意履行义务意思表示的,不得再以时效届满为由进行抗辩

答案:(　　)①

考点:诉讼时效制度:强制性;分期债务诉讼时效起算点;一审提起但二审仍有可能主张时效抗辩;时效利益抛弃与时效届满后履行义务不得反悔

2. 适用范围、强制性、法院不得释明、抗辩主张时点(一审可以,二审可能)

关于诉讼时效的表述,下列哪些选项是正确的?(2009－3－52)

A. 当事人可以对债权请求权提出诉讼时效抗辩,但法律规定的有些债权请求权不适用诉讼时效的规定

B. 当事人不能约定延长或缩短诉讼时效期间,也不能预先放弃诉讼时效利益

C. 当事人未提出诉讼时效抗辩的,法院不应对诉讼时效问题进行阐明及主动适用诉讼时效的规定进行裁判

D. 当事人在一审、二审期间都可以提出诉讼时效抗辩

答案:(　　)②

考点:适用范围、强制性、法院不得释明、抗辩主张时点(一审可以,二审可能)

3. 适用范围(债权请求权);期间长短可变;起算时点二分法;时效届满后的自然债权(债务)

关于诉讼时效,下列哪些选项是正确的?(2008－3－52)

A. 诉讼时效仅适用于请求权

B. 一般诉讼时效期间属可变期间

C. 诉讼时效期间均从权利人知道或应当知道权利被侵害时起计算

D. 诉讼时效期间届满后所受领的给付构成不当得利

答案:(　　)③

考点:适用范围(债权请求权);期间长短可变;起算时点二分法;时效届满后的自然(债权)债务

4. 诉讼时效起算点和届满后的效力:自然债权＋法院不释明

2001年4月1日,范某从曹某处借款2万元,双方没有约定还款期。2003年3月22日,曹某通知范某还款,并留给其10天准备时间。下列哪种说法是正确的?(2006－3－6)

A. 若曹某于2003年4月2日或其之后起诉,法院应裁定不予受理

B. 若曹某于2006年3月22日或其之后起诉,法院应判决驳回其诉讼请求

C. 若曹某于2006年4月2日或其之后起诉,法院应裁定驳回其起诉

D. 若曹某于2006年4月2日或其之后起诉,法院应判决驳回其诉讼请求

答案:(　　)④

考点:诉讼时效期间的起算点;诉讼时效被动性

---

① 参考答案:ABD

② 参考答案:ABC

③ 参考答案:AB

④ 司法部当年公布的答案是D,题干需要增加信息,即"债务人范某提出了时效已过的抗辩",D才是对的。选项中的2006年是根据《民法总则》3年诉讼时效期间的规则修改而来的,原题选项是2005年的。

（法院不释明）；诉讼时效届满如债权人提出时效抗辩，判决驳回诉讼请求

二、诉讼时效的适用范围

下列哪些请求不适用诉讼时效？（2014－3－53）

A. 当事人请求撤销合同

B. 当事人请求确认合同无效

C. 业主大会请求业主缴付公共维修基金

D. 按份共有人请求分割共有物

答案：（　　）①

考点：诉讼时效适用范围（不适用诉讼时效的情形）

三、诉讼时效的中断

1. 侵权之债诉讼时效的中断；责任保险诉讼时效的中断；主债时效未届满，保证人不得援引主债时效消灭的抗辩

甲为自己的车向乙公司投保第三者责任险，保险期间内甲车与丙车追尾，甲负全责。丙在事故后不断索赔未果，直至事故后第3年，甲同意赔款，甲友丁为此提供保证。再过1年，因甲、丁拒绝履行，丙要求乙公司承担保险责任。关于诉讼时效的抗辩，下列哪些表述是错误的？（2013－3－54）

A. 甲有权以侵权之债诉讼时效已过为由不向丙支付赔款

B. 丁有权以侵权之债诉讼时效已过为由不承担保证责任

C. 乙公司有权以侵权之债诉讼时效已过为由不承担保险责任

D. 乙公司有权以保险合同之债诉讼时效已过为由不承担保险责任

答案：（　　）②

考点：侵权之债诉讼时效的中断；责任保险诉讼时效的中断；主债时效未届满；保证人不得援引主债时效消灭的抗辩

解题图构

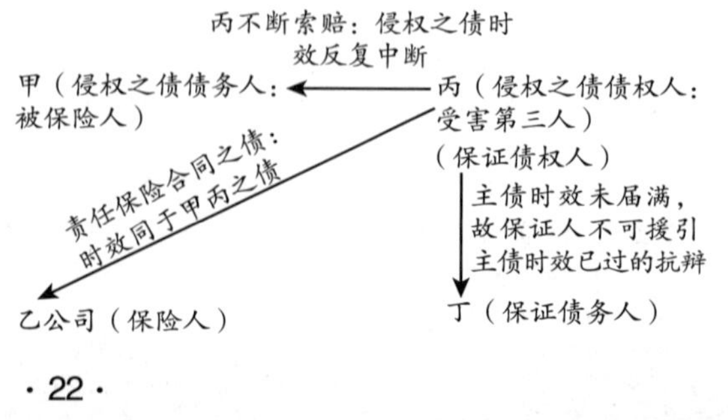

2. 诉讼时效的起算；诉讼时效的中断；保证债务人放弃自己抗辩权不会仅因此影响其向主债务人追偿权

关于诉讼时效，下列哪一选项是正确的？（2012－3－5）

A. 甲借乙5万元，向乙出具借条，约定1周之内归还。乙债权的诉讼时效期间从借条出具日起计算

B. 甲对乙享有10万元货款债权，丙是连带保证人，甲对丙主张权利，会导致10万元货款债权诉讼时效中断

C. 甲向银行借款100万元，乙提供价值80万元房产作抵押，银行实现对乙的抵押权后，会导致剩余的20万元主债务诉讼时效中断

D. 甲为乙欠银行的50万元债务提供一般保证。甲不知50万元主债务诉讼时效期间届满，放弃先诉抗辩权，承担保证责任后不得向乙追偿

答案：（　　）③

考点：诉讼时效的起算；诉讼时效的中断；保证债务人放弃自己抗辩权不会仅因此影响其向主债务人追偿权

3. 诉讼时效中断的情形

关于诉讼时效中断的表述，下列哪一选项是正确的？（2011－3－5）

A. 甲欠乙10万元到期未还，乙要求甲先清偿8万元。乙的行为，仅导致8万元债务诉讼时效中断

B. 甲和乙对丙因共同侵权而需承担连带赔偿责任计10万元，丙要求甲承担8万元。丙的行为，导致甲和乙对丙负担的连带债务诉讼时效均中断

C. 乙欠甲8万元，丙欠乙10万元，甲对丙提起代位权诉讼。甲的行为，不会导致丙对乙的债务诉讼时效中断

D. 乙欠甲10万元，甲将该债权转让给丙。自甲与丙签订债权转让协议之日起，乙的10万元债务诉讼时效中断

答案：（　　）④

考点：部分清偿、连带债务、代位诉讼、债权转让中诉讼时效的中断

---

① 参考答案：ABCD

② 参考答案：ABCD

③ 参考答案：C

④ 参考答案：B

4. 当事人一方提出要求中断时效的要件

诉讼时效因当事人一方提出要求而中断，下列哪一情形不能产生诉讼时效中断的效力？(2009－3－5)

A. 对方当事人在当事人主张权利的文书上签字、盖章的

B. 当事人一方以发送信件或数据电文方式主张权利，该信件或数据电文应当到达对方当事人的

C. 当事人一方为金融机构，依照法律规定或当事人约定从对方当事人账户中扣收欠款本息的

D. 当事人一方下落不明，对方当事人在下落不明当事人一方住所地的县(市)级有影响的媒体上刊登具有主张权利内容的公告的

答案:(　　)[1]

考点:当事人一方提出要求中断时效的要件

四、诉讼时效届满

甲公司向乙公司催讨一笔已过诉讼时效期限的10万元货款。乙公司书面答复称:"该笔债务已过时效期限，本公司本无义务偿还，但鉴于双方的长期合作关系，可偿还3万元。"甲公司遂向法院起诉，要求偿还10万元。乙公司接到应诉通知后书面回函甲公司称:"既然你公司起诉，则不再偿还任何货款。"下列哪一选项是正确的？(2014－3－5)

A. 乙公司的书面答复意味着乙公司需偿还甲公司3万元

B. 乙公司的书面答复构成要约

C. 乙公司的书面回函对甲公司有效

D. 乙公司的书面答复表明其丧失了10万元的时效利益

答案:(　　)[2]

考点:诉讼时效届满、抛弃时效利益的单方行为

解题图构

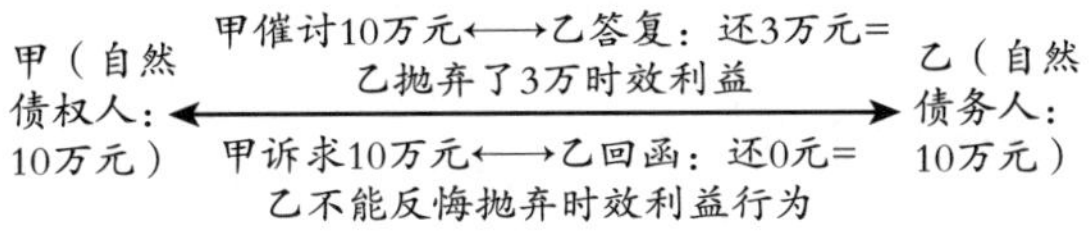

① 参考答案:D

② 参考答案:A

2 第二编 人身权法

第七章 人身权

第一节 人格权

一、生命权

下列哪一情形构成对生命权的侵犯？(2016－3－22)

A. 甲女视其长发如生命，被情敌乙尽数剪去

B. 丙应丁要求，协助丁完成自杀行为

C. 戊为报复欲致己于死地，结果将己打成重伤

D. 庚医师因误诊致辛出生即残疾，辛认为庚应对自己的错误出生负责

答案：(　　)①

考点：生命权

二、姓名权

1. 姓名权之"捡到身份证办理信用卡恶意透支"案

甲用其拾得的乙的身份证在丙银行办理了信用卡，并恶意透支，致使乙的姓名被列入银行不良信用记录名单。经查，丙银行在办理发放信用卡之前，曾通过甲在该行留下的乙的电话（实为甲的电话）核实乙是否申请办理了信用卡。根据我国现行法律规定，下列哪一表述是正确的？(2013－3－22)

A. 甲侵犯了乙的姓名权

B. 甲侵犯了乙的名誉权

C. 甲侵犯了乙的信用权

D. 丙银行不应承担责任

答案：(　　)②

考点：姓名权、名誉权和信用权；银行过错侵权的判断

2. 姓名权之"隆鼻手术"效果案

甲到乙医院做隆鼻手术效果很好。乙为了宣传，分别在美容前后对甲的鼻子进行拍照(仅见鼻子和嘴部)，未经甲同意将照片发布到丙网站的广告中，介绍该照片时使用甲的真实姓名。丙网站在收到甲的异议后立即作了删除。下列哪一说法是正确的？(2011－3－24)

A. 乙医院和丙网站侵犯了甲的姓名权，应承担连带赔偿责任

B. 乙医院和丙网站侵犯了甲的姓名权，应承担按份赔偿责任

C. 乙医院侵犯了甲的姓名权

D. 乙医院和丙网站侵犯了甲的姓名权和肖像权，但丙网站可免于承担赔偿责任

答案：(　　)③

考点：姓名权、肖像权和网络侵权行为

三、肖像权

(一) 肖像权

1. 医院擅自使用美容专家朴某姓名和肖像案

① 参考答案：B

② 参考答案：A

③ 参考答案：C

朴某系知名美容专家。某医院未经朴某同意，将其作为医院美容专家在医院网站上使用了朴某照片和简介，且将朴某名字和简介错误地安在了其他专家的照片旁。下列哪一说法是正确的？（2009－3－24）

A. 医院未侵犯朴某的姓名权

B. 医院未侵犯朴某的肖像权

C. 医院侵犯了朴某的肖像权和姓名权

D. 医院侵犯了朴某的荣誉权

答案：(　　)①

考点：人身权侵权之姓名权和肖像权

2. "超级模仿秀"之整容成名人脸不侵犯肖像权案

赵某系全国知名演员，张某经多次整容后外形酷似赵某，此后多次参加营利性模仿秀表演，承接并拍摄了一些商业广告。下列哪一选项是正确的？（2008－3－15）

A. 张某故意整容成赵某外形的行为侵害了赵某的肖像权

B. 张某整容后参加营利性模仿秀表演侵害了赵某的肖像权

C. 张某整容后承接并拍摄商业广告的行为侵害了赵某的名誉权

D. 张某的行为不构成对赵某人格权的侵害

答案：(　　)②

考点：整容行为以及利用整容行为不侵犯肖像权；也不侵犯名誉权

（二）肖像上存在两个权利：肖像权＋摄影作品的著作权

1. 侵犯肖像权、名誉权和著作权之"嫁接半裸照片案"

甲女委托乙公司为其拍摄一套艺术照。不久，甲女发现丙网站有其多张半裸照片，受到众人嘲讽和指责。经查，乙公司未经甲女同意将其照片上传到公司网站做宣传，丁男下载后将甲女头部移植至他人半裸照片，上传到丙网站。下列哪些说法是正确的？（2011－3－66）

A. 乙公司侵犯了甲女的肖像权

B. 丁男侵犯了乙公司的著作权

C. 丁男侵犯了甲女的名誉权

D. 甲女有权主张精神损害赔偿

答案：(　　)③

考点：肖像权、名誉权、委托作品著作权归受托人（保护作品完整权；复制权和信息网络传播权）、精神损害赔偿

解题图构

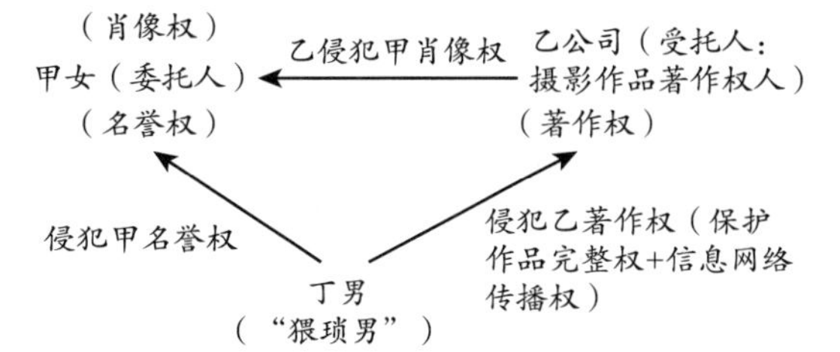

2. 侵犯肖像权和著作权之"二人转明星拍摄个人写真案"

某"二人转"明星请某摄影爱好者为其拍摄个人写真，摄影爱好者未经该明星同意将其照片卖给崇拜该明星的广告商，广告商未经该明星、摄影爱好者同意将该明星照片刊印在广告单上。对此，下列哪一选项是正确的？（2010－3－22）

A. 照片的著作权属于该明星，但由摄影爱好者行使

B. 广告商侵犯了该明星的肖像权

C. 广告商侵犯了该明星的名誉权

D. 摄影爱好者卖照片给广告商，不构成侵权

答案：(　　)④

考点：肖像权、名誉权、委托作品著作权归受托人、帮助的共同侵权

解题图构

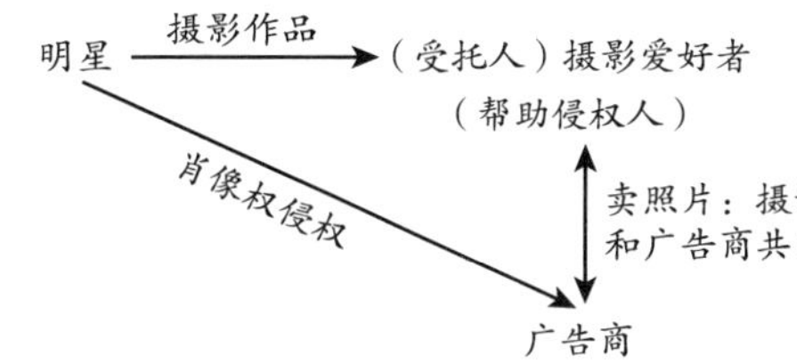

3. 侵犯肖像权和著作权之"上传自拍生活照"案

甲在某网站上传播其自拍的生活照，乙公司擅

---

① 参考答案：C

② 参考答案：D

③ 参考答案：ABCD

④ 参考答案：B

自下载这些生活照并配上文字说明后出版成书。丙书店购进该书销售。下列哪些说法是正确的?(2006－3－58)

A. 乙公司侵犯了甲的发表权

B. 乙公司侵犯了甲的复制权

C. 乙公司侵犯了甲的肖像权

D. 丙书店应当承担侵权责任

答案:(　　)①

考点:发表权、复制权、发行权、善意销售、肖像权

四、隐私权

1. 隐私权之“快递小哥偷看照片案”

张某毕业要去外地工作,将自己贴身生活用品、私密照片及平板电脑等装箱交给甲快递公司运送。张某在箱外贴了“私人物品,严禁打开”的字条。张某到外地收到快递后察觉有异,经查实,甲公司工作人员李某曾翻看箱内物品,并损坏了平板电脑。下列哪些选项是正确的?(2015－3－66)

A. 甲公司侵犯了张某的隐私权

B. 张某可请求甲公司承担精神损害赔偿责任

C. 张某可请求甲公司赔偿平板电脑的损失

D. 张某可请求甲公司和李某承担连带赔偿责任

答案:(　　)②

考点:隐私权、精神损害赔偿、用人单位无过错替代责任

2. 侵犯隐私权和名誉权之“网民人肉搜索非诚勿扰女嘉宾牛某”案

女青年牛某因在一档电视相亲节目中言词犀利而受到观众关注,一时应者如云。有网民对其发动“人肉搜索”,在相关网站首次披露牛某的曾用名、儿时相片、家庭背景、恋爱史等信息,并有人在网站上捏造牛某曾与某明星有染的情节。关于网民的行为,下列哪些说法是正确的?(2010－3－68)

A. 侵害牛某的姓名权

B. 侵害牛某的肖像权

C. 侵害牛某的隐私权

D. 侵害牛某的名誉权

答案:(　　)③

考点:隐私权(私人信息)、名誉权(诽谤之“捏造”事实)、姓名权、肖像权

3. 侵害隐私权之披露“当红歌星私生子”案

李某与黄某未婚同居生子,取名黄小某。后李某和黄某分手,分别建立了家庭。黄小某长大后,进入演艺界,成为一名当红歌星。星星报社专职记者吴某(工作关系在报社)探知这一消息后,撰写文章将黄小某系私生子的事实公开报道,给黄小某造成极大痛苦。下列哪些选项是正确的?(2008－四川－66)

A. 该报道侵害了黄小某的隐私权

B. 该报道侵害了黄小某的荣誉权

C. 吴某应对黄小某承担侵权责任

D. 星星报社应对黄小某承担侵权责任

答案:(　　)④

考点:隐私权、用人单位无过错替代责任(员工不负侵权责任)

4. 侵犯隐私权之“披露艾滋病孤儿”案

某媒体未征得艾滋病孤儿小兰的同意,发表了一篇关于小兰的报道,将其真实姓名、照片和患病经历公之于众。报道发表后,隐去真实身份开始正常生活的小兰再次受到歧视和排斥。下列哪一选项是正确的?(2007－3－22)

A. 该媒体的行为不构成侵权

B. 该媒体侵犯了小兰的健康权

C. 该媒体侵犯了小兰的姓名权

D. 该媒体侵犯了小兰的隐私权

答案:(　　)⑤

考点:隐私权、姓名权、健康权

5. 侵犯隐私权之“擅自出版裸模艺术照案”

甲为摄影家乙充当模特,双方未对照片的发表和使用作出约定。后乙将甲的裸体照片以人体艺术照的形式出版发行,致使甲受到亲朋好友的指责。对此,下列哪一种说法是正确的?(2005－3－19)

A 乙发表照片侵犯了甲的隐私权

B 乙发表照片已取得甲的默示同意,不构成

---

① 参考答案:BCD

② 参考答案:AC

③ 参考答案:CD

④ 参考答案:AD

⑤ 参考答案:D

侵权

C 甲是照片的合作作者,乙发表照片应向其支付报酬

D 乙是照片的著作权人,出版发行该照片是合法行使著作权的行为

答案:(　　)①

考点:隐私权、受托摄影作品著作权归受托人

五、名誉权

1. 侵犯名誉权和肖像权之"母女情深杂志封面照之深受困扰案"

张某旅游时抱着当地一小女孩拍摄了一张照片,并将照片放在自己的博客中,后来发现该照片被用在某杂志的封面,并配以"母女情深"的文字说明。张某并未结婚,朋友看到杂志后纷纷询问张某,熟人对此也议论纷纷,张某深受困扰。下列哪些说法是正确的?(2008－3－61)

A. 杂志社侵害了张某的肖像权

B. 杂志社侵害了张某的名誉权

C. 杂志社侵害了张某的隐私权

D. 张某有权向杂志社要求精神损害赔偿

答案:(　　)②

考点:侵犯了肖像权和名誉权、造成精神痛苦启动精神损害、隐私权(已经公开不是隐私)

第二节　精神损害赔偿

1. 精神损害赔偿的继承和死者人格利益保护之"隆鼻失败后心脏病发猝死案":在法院中,原告不能是牌位,只能是活人

欣欣美容医院在为青年女演员欢欢实施隆鼻手术的过程中,因未严格消毒导致欢欢面部感染,经治愈后面部仍留下较大疤痕。欢欢因此诉诸法院,要求欣欣医院赔偿医疗费并主张精神损害赔偿。该案受理后不久,欢欢因心脏病急性发作猝死。网络名人洋洋在其博客上杜撰欢欢吸毒过量致死。下列哪一表述是错误的?(2014－3－22)

A. 欣欣医院构成违约行为和侵权行为

B. 欢欢的继承人可继承欣欣医院对欢欢支付的精神损害赔偿金

C. 洋洋的行为侵犯了欢欢的名誉权

D. 欢欢的母亲可以欢欢的名义对洋洋提起侵权之诉

答案:(　　)③

考点:违约责任和侵权责任竞合;精神损害赔偿的继承;死者人格利益之"名誉权";死者人格利益保护的方法不能以死人名义,而应以活人自己的名义起诉

解题图构

精神损害赔偿
- ①主体问题:法人或其他组织不得主张。(第5条)
- ②客体问题:人格象征意义的特定纪念物品。(第4条)
- ③程度问题:受害严重才可主张精神损害赔偿。(第8条)
- ④路径问题之违约与侵权竞合:违约可主张人身赔偿,但不得主张精神损害。(《旅游解释》第21条)
- ⑤路径问题之一事不再理:侵权之诉终结后不得另行单独提起精神损害赔偿之诉。(第6条)
- ⑥继承问题:在加害人书面承诺赔偿或受害人已经起诉之后,受害人死亡,精神损害赔偿发生继承。《人身解释》(第18条)
- ⑦顺序问题:继承精神损害赔偿的原告先是死者的配偶、子女、父母,没有这些人,才是死者的近亲属。(第7条)
- ⑧双重问题:两个精神损害赔偿,继承死者精神损害赔偿的同时,启动近亲属自己的精神损害赔偿。(《人身解释》第18条)

2. 侵犯健康权和生命权之精神损害赔偿继承:"误摘肾脏起诉索赔期间死亡案"

张某因病住院,医生手术时误将一肾脏摘除。张某向法院起诉,要求医院赔偿治疗费用和精神损害抚慰金。法院审理期间,张某术后感染医治无效死亡。关于此案,下列哪些说法是正确的?(2010－3－69)

A. 医院侵犯了张某的健康权和生命权

B. 张某继承人有权继承张某的医疗费赔偿请求权

C. 张某继承人有权继承张某的精神损害抚慰金请求权

D. 张某死后其配偶、父母和子女有权另行起诉,请求医院赔偿自己的精神损害

答案:(　　)④

考点:侵犯健康权和生命权;精神损害赔偿的继

---

① 参考答案:A

② 参考答案:ABD

③ 参考答案:D

④ 参考答案:ABCD

承问题和双重问题

3. 侵犯死者名誉,配偶、子女等可提起侵权诉讼之"散布往生者欠高利贷自杀身亡案"

甲于2007年2月死亡。乙因与甲生前素来不和,遂到处散布甲系赌博欠下巨额高利贷无法偿还而自杀身亡,在社会上造成了较恶劣的影响。甲之子欲向法院起诉,要求追究乙的侵权责任。下列哪一选项是正确的? (2008－四川－16)

A. 甲已经死亡,不再具有民事主体资格,因而乙的行为不构成侵权

B. 乙的行为侵害了甲的名誉,依法应当承担侵权责任

C. 只有甲的配偶有权代表甲对乙提起诉讼

D. 只有甲的子女有权对乙提起诉讼

答案:(　　)①

考点:死者人格利益之名誉、原告为死者配偶子女

4. 财产损害不支持赔礼道歉精神损害等责任形式之"新车被撞耽误与女友约会案"

文某在倒车时操作失误,撞上冯某新买的轿车,致其严重受损。冯某因处理该事故而耽误了与女友的约会,并因此争吵分手。文某同意赔偿全部的修车费用,但冯某认为自己的爱车受损并失去了女友,内心十分痛苦,要求文某赔一部新车并赔偿精神损害。下列哪一选项是正确的? (2007－3－21)

A. 文某应当赔偿冯某一部新车

B. 文某应向冯某支付精神损害抚慰金

C. 文某应向冯某赔礼道歉

D. 法院不应当支持冯某的精神损害赔偿请求

答案:(　　)②

考点:侵犯财产权的责任方式之恢复原状;不适用赔礼道歉;不适用精神损害赔偿

5. 人格纪念物品毁灭的精神损害赔偿之"彩扩店焚毁结婚仪式彩色胶卷底片案"

周某将拍摄了其结婚仪式的彩色胶卷底片交给某彩扩店冲印,并预交了冲印费。周某于约定日期去取相片,彩扩店告知:因失火,其相片连同底片均被焚毁。周某非常痛苦,诉至法院请求彩扩店赔偿胶卷费、冲印费损失及精神损害。下列哪些选项是正确的? (2007－3－66)

A. 彩扩店侵害了周某的财产权和肖像权

B. 彩扩店的行为构成违约行为和侵权行为

C. 彩扩店应当赔偿胶卷费并返还冲洗费

D. 周某的精神损害赔偿请求应当得到支持

答案:(　　)③

考点:不构成侵犯肖像权;加害给付之侵权和违约;损害赔偿和不当得利返还;人格纪念物品毁损之精神损害赔偿

6. 国土局腐败

某市国土局一名前局长、两名前副局长和一名干部因贪污终审被判有罪。薛某在当地晚报上发表一篇报道,题为"市国土局成了贪污局",内容为上述四人已被法院查明的主要犯罪事实。该国土局、一名未涉案的副局长、被判缓刑的前局长均以自己名誉权被侵害为由起诉薛某,要求赔偿精神损害。下列哪种说法是正确的? (2006－3－13)

A. 三原告的诉讼主张均能够成立

B. 国土局的诉讼主张成立,副局长及前局长的诉讼主张不能成立

C. 国土局及副局长的诉讼主张成立,前局长的诉讼主张不能成立

D. 三原告的诉讼主张均不能成立

答案:(　　)④

考点:精神损害赔偿主体限于自然人

解题图构

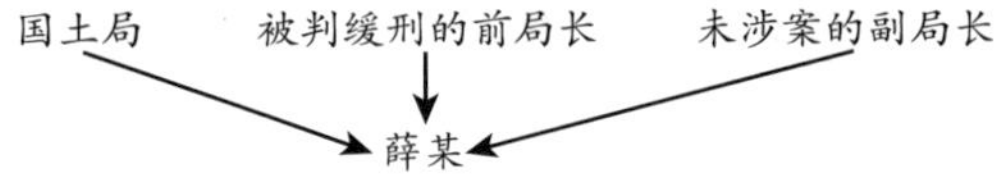

① 参考答案:B

② 参考答案:D

③ 参考答案:BCD

④ 参考答案:D

3 第三编 民法物权

第八章 物权总论

第一节 物

1. 有价证券

甲、乙两公司签订协议，约定甲公司向乙公司采购面包券。双方交割完毕，面包券上载明“不记名、不挂失，凭券提货”。甲公司将面包券转让给张某，后张某因未付款等原因被判处合同诈骗罪。面包券全部流入市场。关于协议和面包券的法律性质，下列哪一表述是正确的？（2015－3－12）

A. 面包券是一种物权凭证

B. 甲公司有权解除与乙公司的协议

C. 如甲公司通知乙公司停止兑付面包券，乙公司应停止兑付

D. 如某顾客以合理价格从张某处受让面包券，该顾客有权请求乙公司兑付

答案：(　　)①

考点：有价证券

解题图构

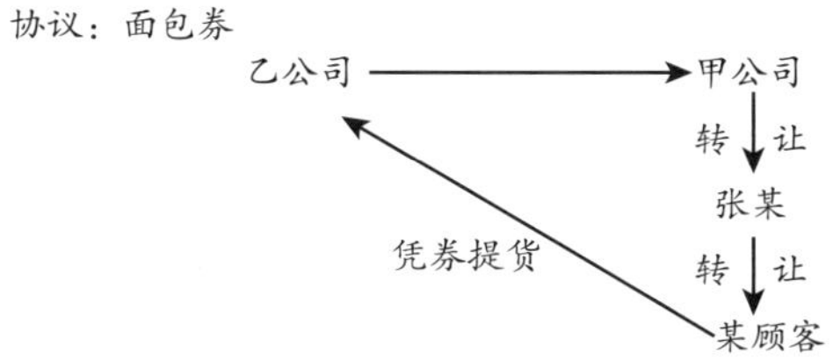

2. 原物与孳息

下列各选项中，哪些属于民法上的孳息？（2005－3－52）

A. 出租柜台所得租金

B. 果树上已成熟的果实

C. 动物腹中的胎儿

D. 彩票中奖所得奖金

答案：(　　)②

考点：原物与孳息

第二节 物权

一、物权法定

1. 甲公司向乙银行借款500万元，以其闲置的一处办公用房作担保。乙银行正好缺乏办公场所，于是与甲公司商定，由甲公司以此办公用房为乙银行设立担保物权。随后，甲公司向乙银行交付了办公用房。借款到期后，甲公司未能偿还，乙银行主张对办公用房行使优先受偿的权利。下列哪一选项是正确的？（2008－四川－13）

A. 乙银行有权这样做，因其对标的物享有抵押权

B. 乙银行有权这样做，因其对标的物享有质权

C. 乙银行有权这样做，因其对标的物享有同时履行抗辩权

D. 乙银行无权这样做，因其与甲公司之间的约定不能设定担保物权

答案：(　　)③

---

① 参考答案：D

② 参考答案：AD

③ 参考答案：D

考点：物权法定原则、同时履行抗辩权

2. 甲将其父去世时留下的毕业纪念册赠与其父之母校，赠与合同中约定该纪念册只能用于收藏和陈列，不得转让。但该大学在接受乙的捐款时，将该纪念册馈赠给乙。下列哪一选项是正确的？（2007－3－11）

A. 该大学对乙的赠与无效，乙不能取得纪念册的所有权

B. 该大学对乙的赠与无效，但乙已取得纪念册的所有权

C. 只有经甲同意后，乙才能取得纪念册的所有权

D. 该大学对乙的赠与有效，乙已取得纪念册的所有权

答案：（　　）①

考点：物权法定、附义务的赠与合同

二、物权的优先效力

1. 担保物权的竞合（机器设备“一质两抵”）、按份共同抵押

甲公司以其机器设备为乙公司设立了质权。10日后，丙公司向银行贷款100万元，甲公司将机器设备又抵押给银行，担保其中40万元贷款，但未办理抵押登记。同时，丙公司将自有房产抵押给银行，担保其余60万元贷款，办理了抵押登记。20日后，甲将机器设备再抵押给丁公司，办理了抵押登记。丙公司届期不能清偿银行贷款。下列哪一表述是正确的？（2013－3－8）

A. 如银行主张全部债权，应先拍卖房产实现抵押权

B. 如银行主张全部债权，可选择拍卖房产或者机器设备实现抵押权

C. 乙公司的质权优先于银行对机器设备的抵押权

D. 丁公司对机器设备的抵押权优先于乙公司的质权

答案：（　　）②

考点：按份共同抵押（抵押权的实现）、担保物权竞合、抵押权的实现

解题图构

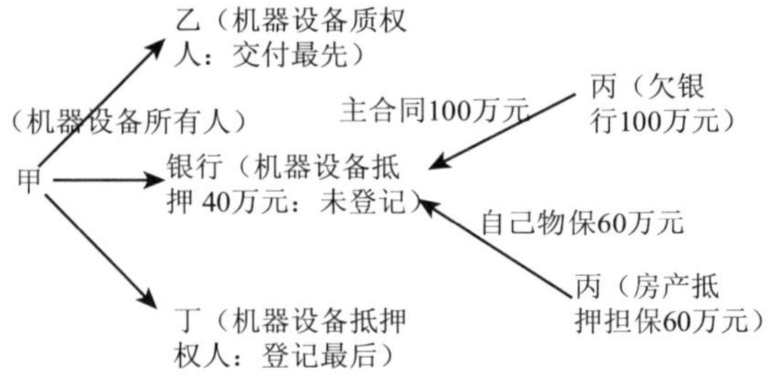

2. 同一设备抵押未登记、抵押登记、出质、留置

同升公司以一套价值100万元的设备作为抵押，向甲借款10万元，未办理抵押登记手续。同升公司又向乙借款80万元，以该套设备作为抵押，并办理了抵押登记手续。同升公司欠丙货款20万元，将该套设备出质给丙。丙不小心损坏了该套设备，送丁修理，因欠丁5万元修理费，该套设备被丁留置。关于甲、乙、丙、丁对该套设备享有的担保物权的清偿顺序，下列哪一排列是正确的？（2011－3－7）

A. 甲乙丙丁　　B. 乙丙丁甲

C. 丙丁甲乙　　D. 丁乙丙甲

答案：（　　）③

考点：担保物权的竞合；动产抵押、出质和留置的关系

解题图构

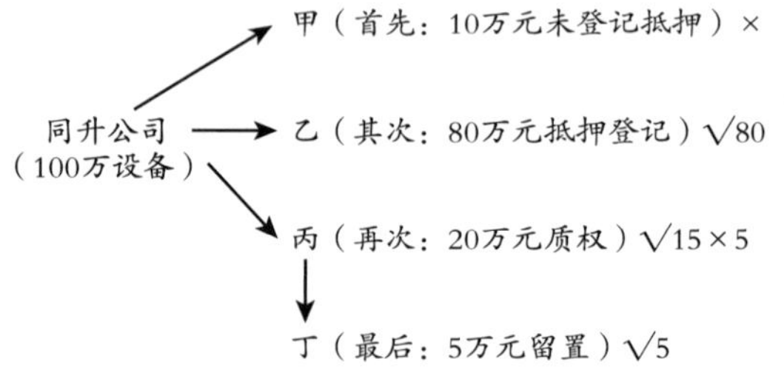

第三节　物权的变动

一、物权的变动之继受取得

下列哪一选项属于所有权的继受取得？（2008

---

① 参考答案：D

② 参考答案：C

③ 参考答案：D

-3-10)

A. 甲通过遗嘱继承其兄房屋一间

B. 乙的3万元存款得利息1000元

C. 丙购来木材后制成椅子一把

D. 丁拾得他人搬家时丢弃的旧电扇一台

答案:(　　)①

考点:继受取得、原始取得

二、非基于法律行为的物权变动

(一)非基于法律行为物权变动之文书物权

1. 非基于法律行为物权变动之继承不动产

(1)蔡永父母在共同遗嘱中表示,二人共有的某处房产由蔡永继承。蔡永父母去世前,该房由蔡永之姐蔡花借用,借用期未明确。2012年上半年,蔡永父母先后去世,蔡永一直未办理该房屋所有权变更登记,也未要求蔡花腾退。2015年下半年,蔡永因结婚要求蔡花腾退,蔡花拒绝搬出。对此,下列哪一选项是正确的?(2016-3-5)

A. 因未办理房屋所有权变更登记,蔡永无权要求蔡花搬出

B. 因诉讼时效期间届满,蔡永的房屋腾退请求不受法律保护

C. 蔡花系合法占有,蔡永无权要求其搬出

D. 蔡永对该房屋享有物权请求权

答案:(　　)②

考点:非基于法律行为物权变动之继承物权、物权请求权、债权之借用合同期限

解题图构

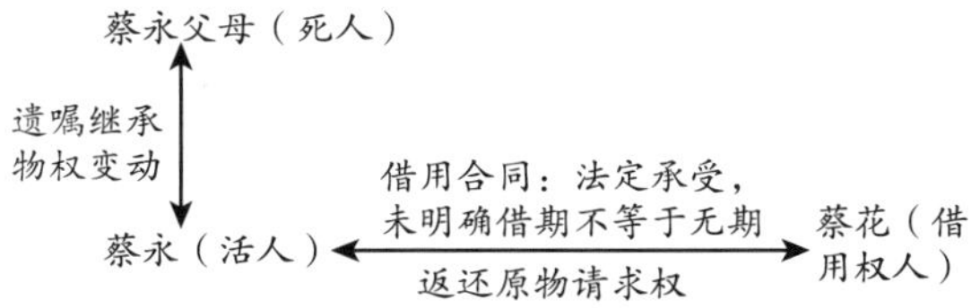

(2)甲、乙和丙于2012年3月签订了散伙协议,约定登记在丙名下的合伙房屋归甲、乙共有。后丙未履行协议。同年8月,法院判决丙办理该房屋过户手续,丙仍未办理。9月,丙死亡,丁为其唯一继承人。12月,丁将房屋赠给女友戊,并对赠与合同作了公证。下列哪一表述是正确的?(2013-3-6)

A. 2012年3月,甲、乙按份共有房屋

B. 2012年8月,甲、乙按份共有房屋

C. 2012年9月,丁为房屋所有人

D. 2012年12月,戊为房屋所有人

答案:(　　)③

考点:非基于法律行为物权变动之继承不动产、合伙共有、物权变动的区分原则、无权处分

解题图构

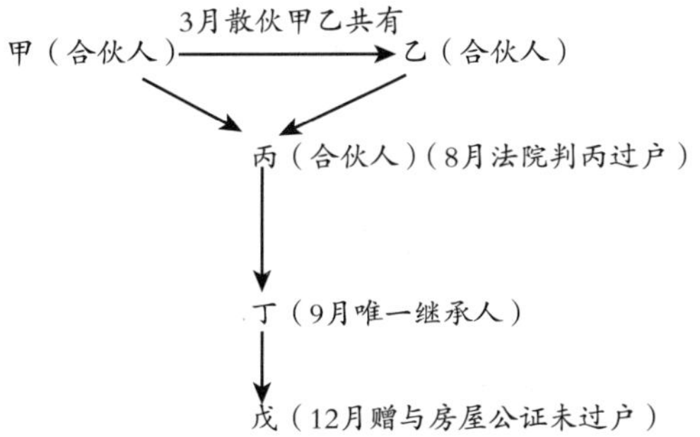

2. 吴某和李某共有一套房屋,所有权登记在吴某名下。2010年2月1日,法院判决吴某和李某离婚,并且判决房屋归李某所有,但是并未办理房屋所有权变更登记。3月1日,李某将该房屋出卖给张某,张某基于对判决书的信赖支付了50万元价款,并入住了该房屋。4月1日,吴某又就该房屋和王某签订了买卖合同,王某在查阅了房屋登记簿确认房屋仍归吴某所有后,支付了50万元价款,并于5月10日办理了所有权变更登记手续。下列哪些选项是正确的?(2011-3-55)

A. 5月10日前,吴某是房屋所有权人

B. 2月1日至5月10日,李某是房屋所有权人

C. 3月1日至5月10日,张某是房屋所有权人

D. 5月10日后,王某是房屋所有权人

答案:(　　)④

考点:非基于法律行为的离婚文书物权之不动产所有权、一房"两"卖、基于法律行为物权变动的区分原则

---

① 参考答案:A
② 参考答案:D
③ 参考答案:C
④ 参考答案:BD

解题图构

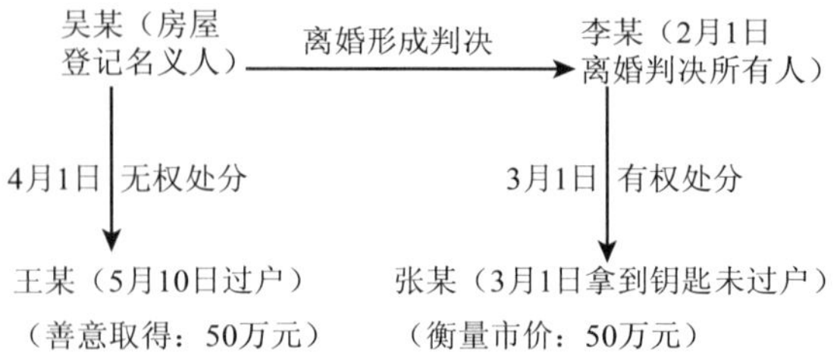

3. 非基于法律行为物权变动之文书不动产所有权、基于法律行为设定抵押权区分原则

某房屋登记簿上所有权人为甲，但乙认为该房屋应当归己所有，遂申请仲裁。仲裁裁决争议房屋归乙所有，但裁决书生效后，甲、乙未办理变更登记手续。一月后，乙将该房屋抵押给丙银行，签订了书面合同，但未办理抵押登记。对此，下列哪些说法是正确的？（2010－3－53）

A. 房屋应归甲所有　B. 房屋应归乙所有

C. 抵押合同有效　　D. 抵押权未成立

答案：(　　)①

考点：非基于法律行为物权变动之文书不动产所有权、基于法律行为设定抵押权区分原则

（二）非基于法律行为物权变动之继承物权

非基于法律行为物权变动之不动产继承、宣示登记、概括继承和限定继承、不动产抵押权设定区分原则

郑某开办公司资金不足，其父将3间祖屋以25万元卖给即将回国定居的郭某，但其父还未来得及办理过户手续即去世。郑某不知其父卖房一事，继承了这笔房款及房屋，并办理了登记手续。随后，郑某以3间祖屋作抵押向陈某借款10万元，将房产证交给了陈某，但没有办理抵押登记。下列哪些选项是正确的？（2008－四川－57）

A. 郑某的父亲与郭某之间的房屋买卖合同有效

B. 郑某享有房屋的所有权

C. 郑某在其父亲去世后，有义务协助郭某办理房屋过户手续

D. 陈某对房屋不享有抵押权

答案：(　　)②

考点：非基于法律行为物权变动之不动产继承、宣示登记、概括继承和限定继承、区分原则

解题图构

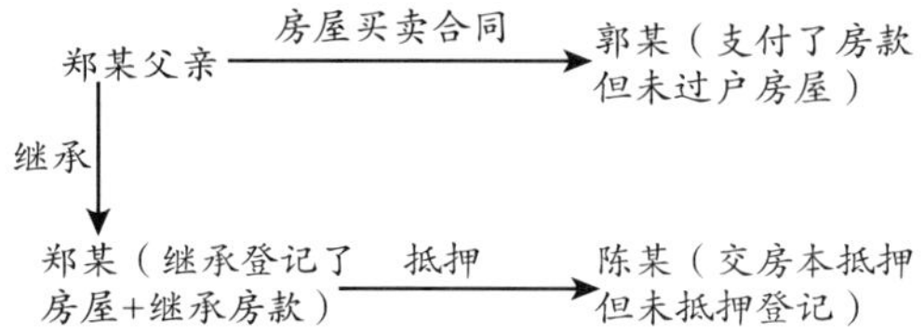

（三）非基于法律行为物权变动之建造物权

中州公司依法取得某块土地建设用地使用权并办理报建审批手续后，开始了房屋建设并已经完成了外装修。对此，下列哪一选项是正确的？（2008－3－8）

A. 中州公司因为享有建设用地使用权而取得了房屋所有权

B. 中州公司因为事实行为而取得了房屋所有权

C. 中州公司因为法律行为而取得了房屋所有权

D. 中州公司尚未进行房屋登记，因此未取得房屋所有权

答案：(　　)③

考点：非基于法律行为之建造物权变动

（四）非基于法律行为物权变动之添附物权、继承物权

甲、乙共同继承平房两间，一直由甲居住。甲未经乙同意，接该房右墙加盖一间房，并将三间房屋登记于自己名下，不久又将其一并卖给了丙。下列哪种说法是正确的？（2006－3－7）

A. 甲、乙是继承房屋的按份共有人

B. 加盖的房屋应归甲所有

C. 加盖的房屋应归甲、乙共有

D. 乙有权请求丙返还所购三间房屋

答案：(　　)④

考点：非基于法律行为物权变动之继承物权、添附物权、共有

---

① 参考答案：BCD（本题仲裁裁决为确认裁决。）

② 参考答案：ABCD

③ 参考答案：B

④ 参考答案：B

三、基于法律行为的物权变动

（一）基于法律行为的不动产物权变动

1. 特殊登记制度之更正登记

甲与乙签订《协议》，由乙以自己名义代甲购房，甲全权使用房屋并获取收益。乙与开发商和银行分别签订了房屋买卖合同和贷款合同。甲把首付款和月供款给乙，乙再给开发商和银行，房屋登记在乙名下。后甲要求乙过户，乙主张是自己借款购房。下列哪一选项是正确的？（2015－3－5）

A. 甲有权提出更正登记

B. 房屋登记在乙名下，甲不得请求乙过户

C.《协议》名为代购房关系，实为借款购房关系

D. 如乙将房屋过户给不知《协议》的丙，丙支付合理房款则构成善意取得

答案：（　　）①

考点：更正登记、善意取得制度

2. 特殊登记制度之更正登记（异议登记）

刘某借用张某的名义购买房屋后，将房屋登记在张某名下。双方约定该房屋归刘某所有，房屋由刘某使用，产权证由刘某保存。后刘某、张某因房屋所有权归属发生争议。关于刘某的权利主张，下列哪些表述是正确的？（2014－3－55）

A. 可直接向登记机构申请更正登记

B. 可向登记机构申请异议登记

C. 可向法院请求确认其为所有权人

D. 可依据法院确认其为所有权人的判决请求登记机关变更登记

答案：（　　）②

考点：不动产物权变动的特殊登记制度之更正登记和异议登记；变更登记

3. 特殊登记制度之预告登记

甲公司开发写字楼一幢，于2008年5月5日将其中一层卖给乙公司，约定半年后交房，乙公司于2008年5月6日申请办理了预告登记。2008年6月2日甲公司因资金周转困难，在乙公司不知情的情况下，以该层楼向银行抵押借款并登记。现因甲公司不能清偿欠款，银行要求实现抵押权。下列哪一判断是正确的？（2009－3－8）

A. 抵押合同有效，抵押权设立

B. 抵押合同无效，但抵押权设立

C. 抵押合同有效，但抵押权不设立

D. 抵押合同无效，抵押权不设立

答案：（　　）③

考点：预告登记、基于法律行为物权变动的区分原则

解题图构

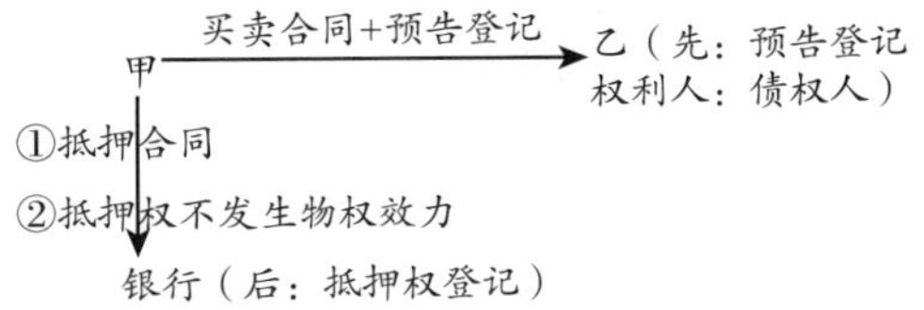

4. 特殊登记制度之异议登记

某房屋登记的所有人为甲，乙认为自己是共有人，于是向登记机构申请更正登记。甲不同意，乙又于3月15日进行了异议登记。3月20日，丙打算买甲的房屋，但是到登记机构查询发现甲的房屋存有异议登记，遂放弃购买。乙申请异议登记后，发现自己的证据不足，遂对此事置之不理。下列哪些选项是正确的？（2008－四川－59）

A. 异议登记后，未经乙同意，处分该房屋的，不发生物权效力

B. 异议登记于3月31日失效

C. 甲有权向乙请求赔偿损失

D. 甲有权向登记机构请求赔偿损失

答案：（　　）④

考点：异议登记

5. 过户登记、基于法律行为不动产物权变动的区分原则

乙买甲一套房屋，已经支付1/3价款，双方约定余款待过户手续办理完毕后付清。后甲反悔，要求解除合同，乙不同意，起诉要求甲继续履行合同，转移房屋所有权。下列哪一选项是正确的？（2007－3－6）

A. 合同尚未生效，甲应返还所受领的价款并承担缔约过失责任

B. 合同无效，甲应返还所受领的价款

C. 合同有效，甲应继续履行合同

① 参考答案：A

② 参考答案：BCD

③ 参考答案：C

④ 参考答案：BC

D. 合同有效，法院应当判决解除合同、甲赔偿乙的损失

答案：(　　)①

考点：过户登记、基于法律行为不动产物权变动的区分原则、继续履行的违约责任

（二）基于法律行为的动产物权变动

1. 基于法律行为的普通动产物权变动

(1)动产多重买卖(两题：挖掘机和玉器)

a. 甲为出售一台挖掘机分别与乙、丙、丁、戊签订买卖合同，具体情形如下：2016 年 3 月 1 日，甲胁迫乙订立合同，约定货到付款；4 月 1 日，甲与丙签订合同，丙支付 20% 的货款；5 月 1 日，甲与丁签订合同，丁支付全部货款；6 月 1 日，甲与戊签订合同，甲将挖掘机交付给戊。上述买受人均要求实际履行合同，就履行顺序产生争议。关于履行顺序，下列哪一选项是正确的？(2016－3－12)

A. 戊、丙、丁、乙　　B. 戊、丁、丙、乙

C. 乙、丁、丙、戊　　D. 丁、戊、乙、丙

答案：(　　)②

考点：普通动产一物多卖的履行顺序(“交”、“钱”、“先”)

解题图构

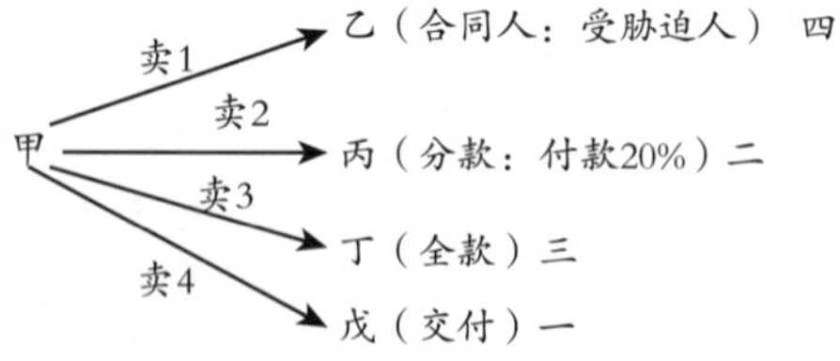

结案：卖4戊>卖2丙>卖3丁>卖1乙

b. 甲有件玉器，欲转让，与乙签订合同，约好 10 日后交货付款；第二天，丙见该玉器，愿以更高的价格购买，甲遂与丙签订合同，丙当即支付了 80% 的价款，约好 3 天后交货；第三天，甲又与丁订立合同，将该玉器卖给丁，并当场交付，但丁仅支付了 30% 的价款。后乙、丙均要求甲履行合同，诉至法院。下列哪一表述是正确的？(2013－3－11)

A. 应认定丁取得了玉器的所有权

B. 应支持丙要求甲交付玉器的请求

C. 应支持乙要求甲交付玉器的请求

D. 第一份合同有效，第二、三份合同均无效

答案：(　　)③

考点：动产多重买卖、区分原则、履行顺序

解题图构

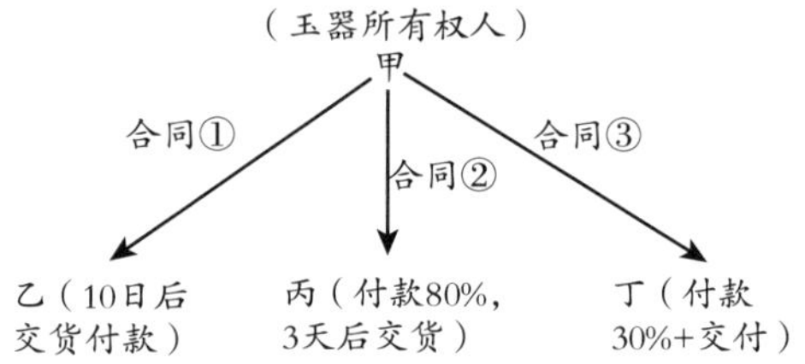

(2)交付的概念

甲将自己收藏的一幅名画卖给乙，乙当场付款，约定5 天后取画。丙听说后，表示愿出比乙高的价格购买此画，甲当即决定卖给丙，约定第二天交货。乙得知此事，诱使甲 8 岁的儿子从家中取出此画给自己。该画在由乙占有期间被丁盗走。此时该名画的所有权属于下列哪个人？(2008－3－9)

A. 甲　　B. 乙　　C. 丙　　D. 丁

答案：(　　)④

考点：动产交付的概念、基于法律行为的动产物权变动

解题图构

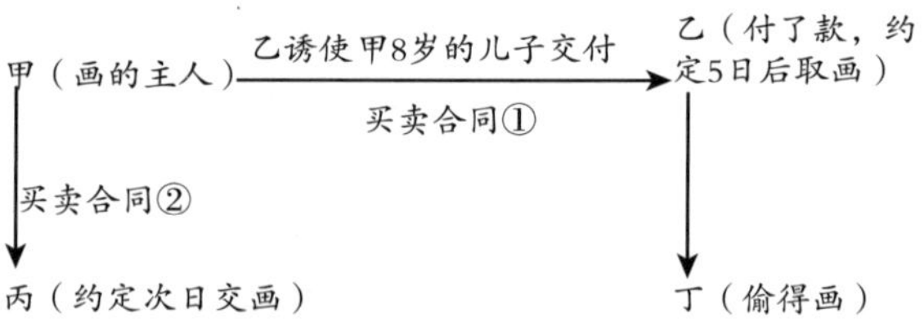

(3)货交第一承运人的交付

甲、乙签订货物买卖合同，约定由甲代办托运。甲遂与丙签订运输合同，合同中载明乙为收货人。运输途中，因丙的驾驶员丁的重大过失发生交通事故，致货物受损，无法向乙按约交货。下列哪种说法是正确的？(2006－3－10)

A. 乙有权请求甲承担违约责任

B. 乙应当向丙要求赔偿损失

C. 乙尚未取得货物所有权

D. 丁应对甲承担责任

答案：(　　)⑤

考点：货交第一承运人的交付、违约责任和侵权

---

① 参考答案：BC

② 参考答案：A

③ 参考答案：A

④ 参考答案：A

⑤ 参考答案：A

责任的不真正连带责任、法人责任

解题图构

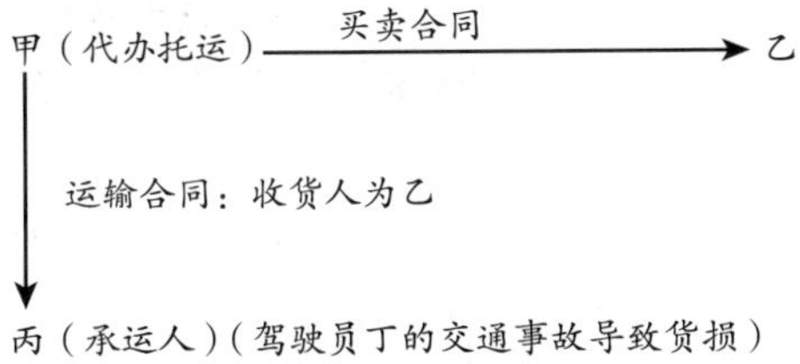

(4)指示交付之动产质权的设立

方某向孙某借款1万元,孙某要求其提供担保,方某说:"我有一部手提电脑被刘某租去用了,就以它作质押吧,但租金不作质押。"孙同意,遂付款。下列哪种说法是正确的?(2006-3-8)

A. 孙某实际占有电脑时质押合同才生效

B. 如刘某书面同意,则质押合同生效

C. 如刘某收到关于质押的书面通知,则质押合同生效

D. 如质押合同生效,则孙某有权收取电脑租金

答案:(　　)①

考点:指示交付方式设立动产质权

(5)占有改定

甲将自己的电脑卖给乙,双方约定电脑卖给乙后仍然由甲使用一个月。乙是通过哪种交付方法取得电脑所有权的?(2008-四川-9)

A. 现实交付　　B. 占有改定

C. 指示交付　　D. 简易交付

答案:(　　)②

考点:基于法律行为动产物权变动之占有改定

(6)"无民事行为能力人"之精神病人不得基于单方行为之抛弃动产物权

完全不能辨认自己行为的精神病人甲将自己的手表丢向路边,被乙拾得。下列哪一选项是正确的?(2008-四川-10)

A. 甲丧失手表所有权

B. 乙依先占取得手表所有权

C. 乙应将手表返还权利人

D. 乙的行为构成无因管理

答案:(　　)③

考点:"无民事行为能力人"之精神病人不得基于单方行为之抛弃动产物权

2. 基于法律行为的注册动产物权变动

(1)注册动产抵押权设立、质权设立

甲向乙借款,欲以轿车作担保。关于担保,下列哪些选项是正确的?(2013-3-58)

A. 甲可就该轿车设立质权

B. 甲可就该轿车设立抵押权

C. 就该轿车的质权自登记时设立

D. 就该轿车的抵押权自登记时设立

答案:(　　)④

考点:注册动产抵押权设立、质权设立动产抵押权、动产质权

(2)注册动产多重买卖

甲将一辆汽车以15万元卖给乙,乙付清全款,双方约定七日后交付该车并办理过户手续。丙知道此交易后,向甲表示愿以18万元购买,甲当即答应并与丙办理了过户手续。乙起诉甲、丙,要求判令汽车归己所有,并赔偿因不能及时使用汽车而发生的损失。关于该汽车的归属,下列哪一说法是正确的?(2010-3-6)

A. 归乙所有,甲、丙应赔偿乙的损失

B. 归乙所有,乙只能请求甲承担赔偿责任

C. 归丙所有,但甲、丙应赔偿乙的损失

D. 归丙所有,但丙应赔偿乙的损失

答案:(　　)⑤

考点:注册动产多重买卖、交付变动物权

解题图构

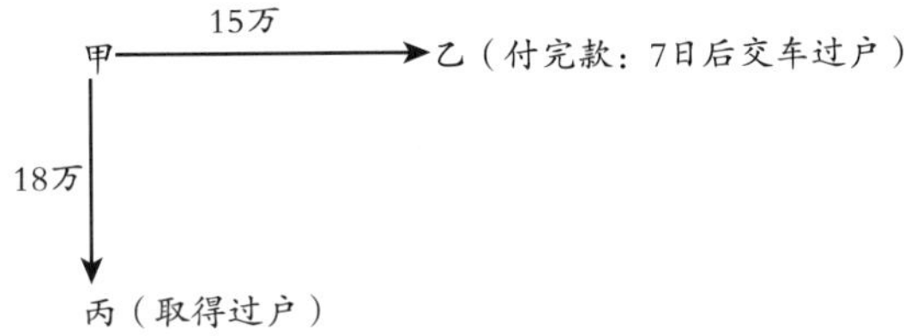

---

① 参考答案:C(司法部公布的答案是C。当时《物权法》还没出台,尚未建立区分原则。根据《物权法》的规定,应将C的表述调整为:"C. 如刘某收到关于质押的书面通知,则质权设立",不再是质押合同生效。

② 参考答案:B

③ 参考答案:C

④ 参考答案:AB

⑤ 参考答案:A(此题要么修改题干,要么修改选项,学说观点,在发展,实践也在发展,一度有分歧的观点达成共识了——24条属于23条的补充,不是对23条的否定,也就是说,注册动产物权以交付为转移标志。我将题干修改为乙已经获得了占有。)

第四节　物权的保护

一、物权请求权的性质

物权人在其权利的实现上遇有某种妨害时，有权请求造成妨害事由发生的人排除此等妨害，称为物权请求权。关于物权请求权，下列哪一表述是错误的？（2011－3－8）

A. 是独立于物权的一种行为请求权

B. 可以适用债权的有关规定

C. 不能与物权分离而单独存在

D. 须依诉讼的方式进行

答案：(　　)①

考点：物权请求权

二、返还原物请求权

1. 丢失手表返还原物请求权

张某遗失的名表被李某拾得。1 年后，李某将该表卖给了王某。再过 1 年，王某将该表卖给了郑某。郑某将该表交给不知情的朱某维修，因郑某不付维修费与朱某发生争执，张某方知原委。下列哪一表述是正确的？（2013－3－9）

A. 张某可请求李某返还手表

B. 张某可请求王某返还手表

C. 张某可请求郑某返还手表

D. 张某可请求朱某返还手表

答案：(　　)②

考点：拾得遗失物、返还原物请求权、留置权

解题图构

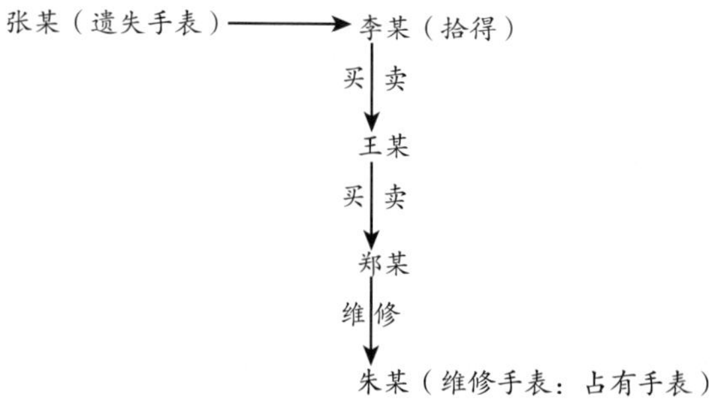

2. "一房两卖"中获得过户后买受人对仅获得占有的前买受人的返还原物请求权

甲将 1 套房屋出卖给乙，已经移转占有，没有办理房屋所有权移转登记。现甲死亡，该房屋由其子丙继承。丙在继承房屋后又将该房屋出卖给丁，并办理了房屋所有权移转登记。下列哪些表述是正确的？（2012－3－56）

A. 乙虽然没有取得房屋所有权，但是基于甲的意思取得占有，乙为有权占有

B. 乙可以对甲的继承人丙主张有权占有

C. 在丁取得房屋所有权后，乙可以以占有有正当权利来源对丁主张有权占有

D. 在丁取得房屋所有权后，丁可以基于其所有权请求乙返还房屋

答案：(　　)③

考点：一房两卖、不动产物权变动、返还原物请求权、占有

解题图构

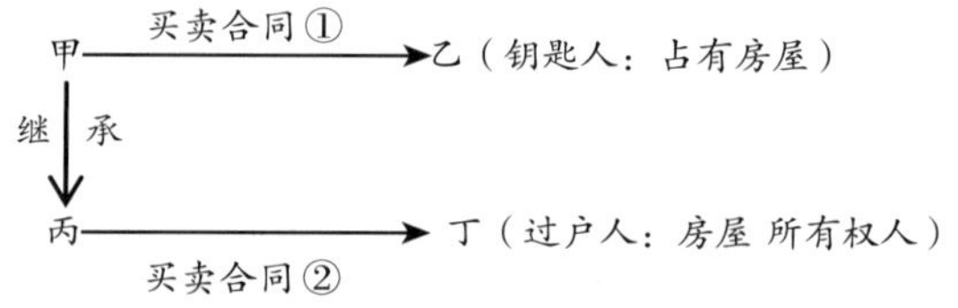

3. 返还原物请求权（其 A 选项房东对承租人的返还房屋请求权的对抗式表达）

丁某将其所有的房屋出租给方某，方某将该房屋转租给唐某。下列哪些表述是正确的？（2011－3－57）

A. 丁某在租期内基于房屋所有权可以对方某主张返还请求权，方某可以基于其与丁某的合法的租赁关系主张抗辩权

B. 方某未经丁某同意将房屋转租，并已实际交付给唐某租用，则丁某无权请求唐某返还房屋

C. 如丁某与方某的租赁合同约定，方某未经丁某同意将房屋转租，丁某有权解除租赁合同，则在合同解除后，其有权请求唐某返还房屋

D. 如丁某与方某的租赁合同约定，方某未经丁

---

①　参考答案：D

②　参考答案：C（司法部公布原答案为 D。根据命题老师新的最新观点，将原答案 D 修改为 C。）

③　参考答案：ABD（司法部原答案是 ABCD，根据命题组老师变化情况，将答案修改为 ABD。）

某同意将房屋转租，丁某有权解除租赁合同，则在合同解除后，在丁某向唐某请求返还房屋时，唐某可以基于与方某的租赁关系进行有效的抗辩

答案：(　　)①

考点：返还原物请求权、转租、占有

解题图构

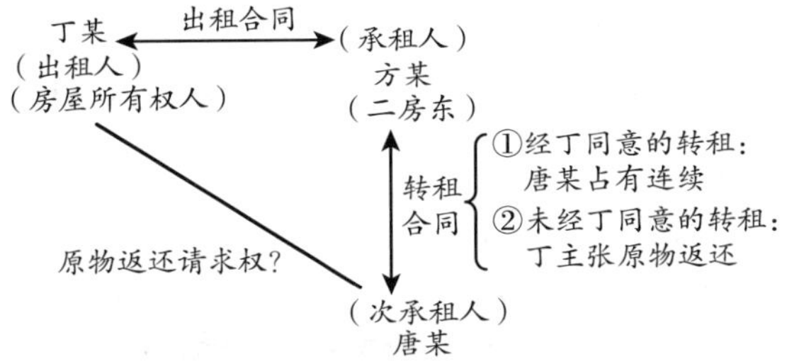

4. 基于所有权、质权、占有的返还电脑请求权

甲向乙借款5000元，并将自己的一台笔记本电脑出质给乙。乙在出质期间将电脑无偿借给丙使用。丁因丙欠钱不还，趁丙不注意时拿走电脑并向丙声称要以其抵债。下列哪些选项是正确的？(2007－3－57)

A. 甲有权基于其所有权请求丁返还电脑

B. 乙有权基于其质权请求丁返还电脑

C. 丙有权基于其占有被侵害请求丁返还电脑

D. 丁有权主张以电脑抵偿丙对自己的债务

答案：(　　)②

考点：物权请求权、占有物返还请求权

解题图构

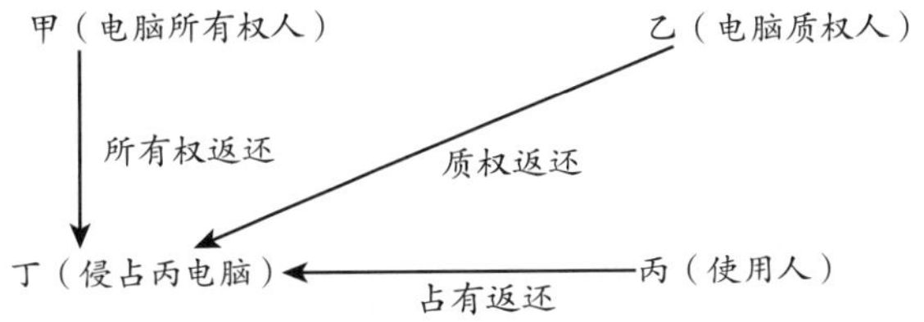

三、排除妨害请求权

叶某将自有房屋卖给沈某，在交房和过户之前，沈某擅自撬门装修，施工导致邻居赵某经常失眠。下列哪些表述是正确的？(2013－3－55)

A. 赵某有权要求叶某排除妨碍

B. 赵某有权要求沈某排除妨碍

C. 赵某请求排除妨碍不受诉讼时效的限制

D. 赵某可主张精神损害赔偿

答案：(　　)③

考点：相邻关系、物权请求权之排除妨碍请求权、精神损害

四、占有的请求权

（一）占有的分类

1. 遗失手机的占有分类

甲拾得乙的手机，以市价卖给不知情的丙并交付。丙把手机交给丁维修。修好后丙拒付部分维修费，丁将手机扣下。关于手机的占有状态，下列哪些选项是正确的？(2015－3－56)

A. 乙丢失手机后，由直接占有变为间接占有

B. 甲为无权占有、自主占有

C. 丙为无权占有、善意占有

D. 丁为有权占有、他主占有

答案：(　　)④

考点：占有

解题图构

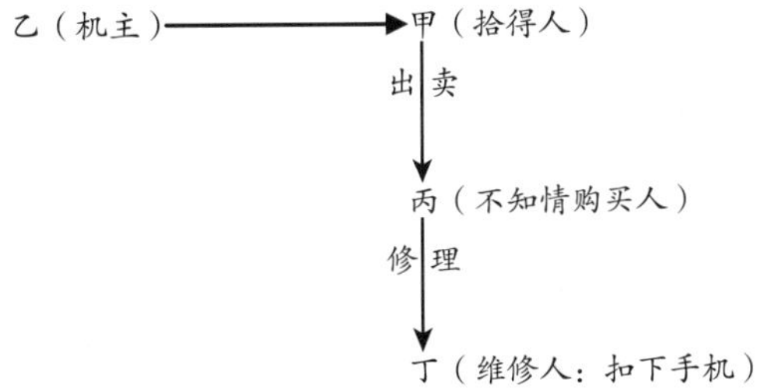

2. 遗失相机的占有分类

甲遗失一部相机，乙拾得后放在办公桌抽屉内，并张贴了招领启事。丙盗走该相机，卖给了不知情的丁，丁出质于戊。对此，下列哪一种说法不正确？(2005－3－7)

A. 乙对相机的占有属于无权占有

B. 丙对相机的占有属于他主占有

C. 丁对相机的占有属于自主占有

D. 戊对相机的占有属于直接占有

答案：(　　)⑤

---

① 参考答案：AC

② 参考答案：ABC

③ 参考答案：ABC

④ 参考答案：ABCD

⑤ 参考答案：B

考点：占有的分类

解题图构

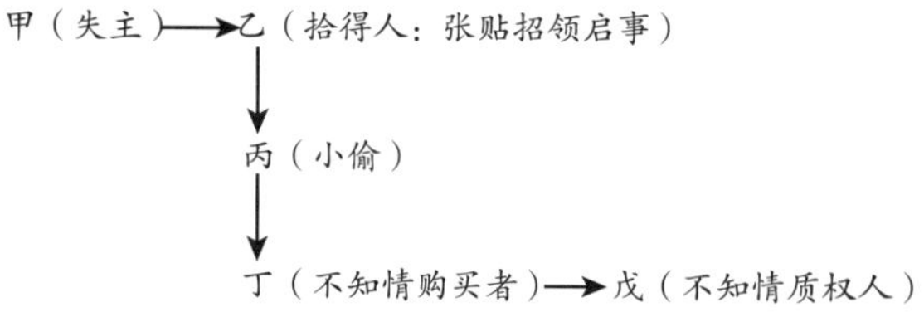

（二）占有的推定

占有权利推定与反证

甲、乙就乙手中的一枚宝石戒指的归属发生争议。甲称该戒指是其在2015年10月1日外出旅游时让乙保管，属甲所有，现要求乙返还。乙称该戒指为自己所有，拒绝返还。甲无法证明对该戒指拥有所有权，但能够证明在2015年10月1日前一直合法占有该戒指，乙则拒绝提供自2015年10月1日后从甲处合法取得戒指的任何证据。对此，下列哪一说法是正确的？（2016－3－9）

A. 应推定乙对戒指享有合法权利，因占有具有权利公示性

B. 应当认定甲对戒指享有合法权利，因其证明了自己的先前占有

C. 应当由甲、乙证明自己拥有所有权，否则应判决归国家所有

D. 应当认定由甲、乙共同共有

答案：(　　)①

考点：占有的推定效力

（三）占有的请求权

1. 非法占有的保护

(1)非法占有的保护不是终局性的

张某拾得王某的一只小羊拒不归还，李某将小羊从张某羊圈中抱走交给王某。下列哪一表述是正确的？（2014－3－9）

A. 张某拾得小羊后因占有而取得所有权

B. 张某有权要求王某返还占有

C. 张某有权要求李某返还占有

D. 李某侵犯了张某的占有

答案：(　　)②

考点：拾得遗失物、本权之诉、占有之诉

(2)非法占有的保护方式不包括恢复原状

某小区徐某未获得规划许可证和施工许可证便在自住房前扩建一个门面房，挤占小区人行通道。小区其他业主多次要求徐某拆除未果后，将该门面房强行拆除，毁坏了徐某自住房屋的墙砖。关于拆除行为，下列哪些表述是正确的？（2014－3－58）

A. 侵犯了徐某门面房的所有权

B. 侵犯了徐某的占有

C. 其他业主应恢复原状

D. 其他业主应赔偿徐某自住房屋墙砖毁坏的损失

答案：(　　)③

考点：非基于法律行为物权变动之建造物权、占有保护、恢复原状请求权

2. 和平型无权占有的返还关系、毁损关系

(1)错骑别人的自行车之和平型无权占有返还关系、毁损关系

丙找甲借自行车，甲的自行车与乙的很相像，均放于楼下车棚。丙错认乙车为甲车，遂把乙车骑走。甲告知丙骑错车，丙未理睬。某日，丙骑车购物，将车放在商店楼下，因墙体倒塌将车砸坏。下列哪些表述是正确的？（2012－3－58）

A. 丙错认乙车为甲车而占有，属于无权占有人

B. 甲告知丙骑错车前，丙修车的必要费用，乙应当偿还

C. 无论丙是否知道骑错车，乙均有权对其行使占有返还请求权

D. 对于乙车的毁损，丙应当承担赔偿责任

答案：(　　)④

考点：无权占有、和平型无权占有返还关系、毁损关系；侵占型无权占有的“占有返还请求权”

解题图构

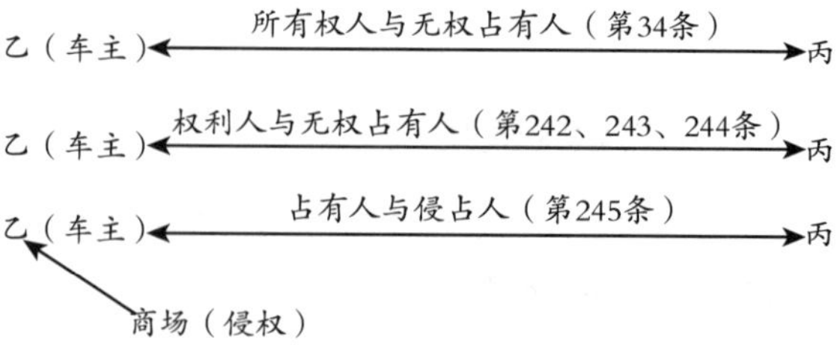

---

① 参考答案：B

② 参考答案：D

③ 参考答案：BD

④ 参考答案：ABCD

解图

1. 乙和丙之间,会启动三层关系:(1)《物权法》第34条,所有权人与无权占有人之间的关系。(2)《物权法》第242～244条,权利人与无权占有人之间的关系。(3)《物权法》第245条,占有人与侵占人之间的关系。

2. 为什么丙骑错车,还构成《物权法》第245条的"侵占"? 因为中国《物权法》对于"侵占",采用最广义理解,不限于"侵夺"。基于错误发生的占有,也是"侵占"。还如基于租赁合同到期不返还租赁物,也是侵占。

(2)继承情形下的和平型无权占有使用关系、返还关系

高某向周某借用一头耕牛,在借用期间高某意外死亡,其子小高不知耕牛非属高某所有而继承。不久耕牛产下一头小牛。期满后周某要求小高归还耕牛及小牛,但此时小牛已因小高管理不善而死亡。下列哪一选项是正确的?(2008－四川－14)

A. 周某有权请求小高归还其耕牛,但无权请求返还小牛

B. 周某有权请求小高归还其耕牛及小牛

C. 周某有权请求小高返还其耕牛及小牛,但应向小高支付必要费用

D. 周某可以请求小高赔偿小牛死亡的损失

答案:(　　)①

考点:基于继承发生的和平型无权占有的使用关系和返还关系、孳息的归属

解题图构

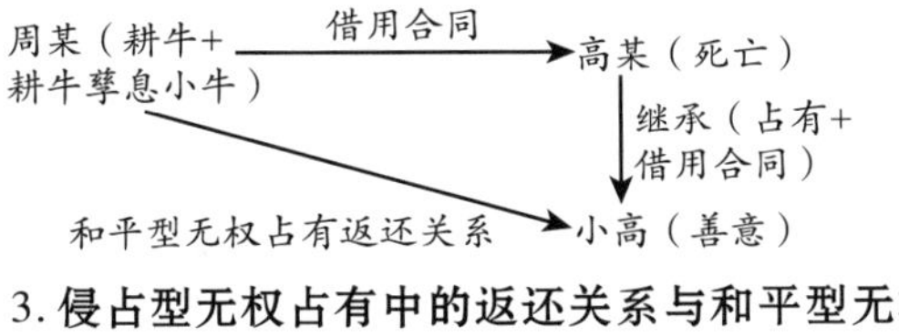

3. 侵占型无权占有中的返还关系与和平型无权占有中的返还关系

没有最狠只有更狠,抢占车位的占有关系

甲、乙是邻居。乙出国2年,甲将乙的停车位占为己用。期间,甲将该停车位出租给丙,租期1年。期满后丙表示不再续租,但仍继续使用该停车位。下列哪一表述是错误的?(2012－3－8)

A. 甲将乙的停车位占为己用,甲属于恶意、无权占有人

B. 丙的租期届满前,甲不能对丙主张占有返还请求权

C. 乙可以请求甲返还原物。在甲为间接占有人时,可以对甲请求让与其对丙的占有返还请求权

D. 无论丙是善意或恶意的占有人,乙都可以对其行使占有返还请求权　　答案:(　　)②

考点:侵占型无权占有中的返还关系、占有的分类(恶意占有、无权占有)

解题图构

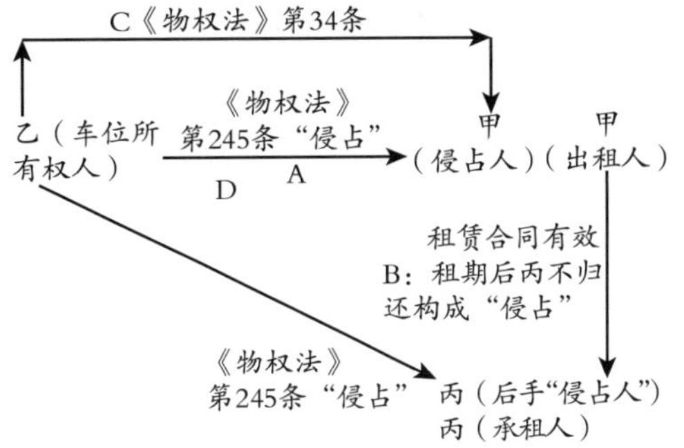

解图:本题有三个关系。

1. 原物返还关系(《物权法》第34条),无时间限制。乙基于车位所有权人,要求甲返还原物。

2. 侵占型无权占有中的返还关系(《物权法》第245条),有1年时间限制。(1)乙基于占有被侵占要求甲返还占有。(2)乙基于占有被侵占要求丙返还占有。(3)当甲成为间接占有人时,乙可请求甲将对丙的占有返还请求权让与给乙。因为相对于乙而言,甲的"侵占人"身份未变,丙作为后手,无论善意还是恶意,仍然构成"侵占"。

3. 无权出租他人之车位租赁合同有效。租期内丙对车位占有,可以对抗甲。(但仍不能对抗所有权人乙)。租期届满后,丙不归还车位给甲,构成"侵占",启动《物权法》第245条占有返还请求权。

4. 本题是选非题!

---

① 参考答案:A

② 参考答案:D

第九章　所有权

第一节　所有权总论

所有权的限制之征收

根据公平正义理念的内涵，关于《物权法》第42条就“征收集体土地和单位、个人房屋及其他不动产”所作的规定，下列哪些说法可以成立？（2012－3－51）

A. 有公共利益的需要，方可进行征收，实现国家、集体和个人利益的统一

B. 征收须依照法定权限和程序进行，保证程序公正

C. 对失地农民须全面补偿，对失房市民可予拆迁补偿，合理考虑不同诉求

D. 明确保障住宅被征收人的居住条件，保护正当利益和民生

答案：(　　)①

考点：征收、所有权的限制

第二节　业主的建筑物区分所有权

1. 管理权之聘请物业管理

北林公司是某小区业主选聘的物业服务企业。关于业主与北林公司的权利义务，下列哪一选项是正确的？（2010－3－8）

A. 北林公司公开作出的服务承诺及制定的服务细则，不是物业服务合同的组成部分

B. 业主甲将房屋租给他人使用，约定由承租人交纳物业费，北林公司有权请求业主甲对该物业费的交纳承担连带责任

C. 业主乙拖欠半年物业服务费，北林公司要求业主委员会支付欠款，业主委员会无权拒绝

D. 业主丙出国进修两年返家，北林公司要求其补交两年的物业管理费，丙有权以两年未接受物业服务为由予以拒绝

答案：(　　)②

考点：业主的建筑物区分所有权之聘请物业管理、物业服务合同

2. 楼顶广告之管理权

王某有一栋两层楼房，在楼顶上设置了一个商业广告牌。后王某将该楼房的第二层出售给了张某。下列哪些选项是正确的？（2008－3－58）

A. 张某无权要求王某拆除广告牌

B. 张某与王某间形成了建筑物区分所有权关系

C. 张某对楼顶享有共有和共同管理的权利

D. 张某有权要求与王某分享其购房后的广告收益

答案：(　　)③

考点：业主的建筑物区分所有权之共有权、共同管理权

3. 业主建筑物区分所有权之结构

甲、乙、丙、丁分别购买了某住宅楼（共四层）的一至四层住宅，并各自办理了房产证。下列哪些说法是正确的？（2006－3－55）

A. 甲、乙、丙、丁有权分享该住宅楼的外墙广告收入

B. 一层住户甲对三、四层间楼板不享有民事权利

C. 若甲出卖其住宅，乙、丙、丁享有优先购买权

D. 如四层住户丁欲在楼顶建一花圃，须得到甲、乙、丙同意

答案：(　　)④

---

① 参考答案：ABD

② 参考答案：B

③ 参考答案：ABCD

④ 参考答案：《2006年国家司法考试试题解析》原公布的答案是ABD。根据《物权法》和《区分解释》的新规定，“D. 如四层住户丁欲在楼顶建一花圃，须得到甲、乙、丙同意”，应该换成新的表述：“如四层住户丁欲在楼顶建一花圃，须经专有部分占建筑物总面积过半数的业主且占总人数过半数的业主同意”，不再是全体一致同意。因为楼顶建花圃属于改变共有部分的用途。人头比和面积比均超过50%的决议有效。

考点：业主建筑物区分所有权共有权、管理权

第三节 相邻关系

甲、乙、丙依次比邻而居。甲为修房向乙提出在其院内堆放建材，乙不允。甲遂向丙提出在其院内堆放，丙要求甲付费200元，并提出不得超过20天，甲同意。修房过程中，甲搬运建材须从乙家门前经过，乙予以阻拦。对此，下列哪一种说法不正确？(2005－3－3)

A. 乙无权拒绝甲在其院内堆放建材

B. 乙无权阻拦甲经其门前搬运建材

C. 甲应依约定向丙支付占地费

D. 若建材堆放时间超过20天，丙有权要求甲清理现场

答案：(　　)①

考点：相邻权、地役权

第四节 所有权的特别取得方法

（一）所有权取得特别方法之善意取得

1. 善意取得之合理对价

(1)潜水设备分期付款，卖给职业潜水员价格不合理，不构成善意取得

2000年1月甲以分期付款的方式向乙公司购买潜水设备一套，价值10万元。约定首付2万元，余款分三期付清，分别为2万元、3万元、3万元，全部付清前，乙公司保留所有权。甲收货后付了首付和第一期款，第二期款迟迟未付。2000年8月甲以2万元将该设备卖给职业潜水员丙。下列哪些选项是正确的？(2007－3－56)

A. 乙可以解除合同，要求甲承担违约责任

B. 乙解除合同后可以要求甲支付设备的使用费

C. 乙可以请求丙返还原物，但须支付丙2万元购买费用

D. 丙返还潜水设备后可以要求甲承担违约责任

答案：(　　)②

考点：分期付款买卖中的解除、解除后果；分期付款买卖中的无权处分与善意取得构成要件之“价格合理”要件；无权处分合同中的违约责任(区分原则)

解题图构

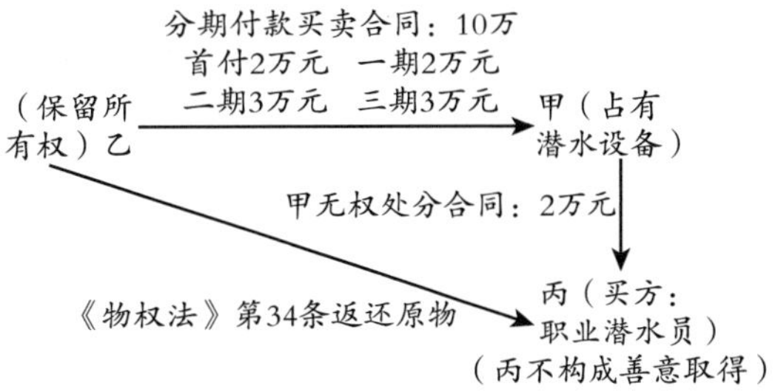

(2)赠与不满足善意取得之“合理价格”有偿行为的构成要件、善意取得他物权之质权

下列哪一种情况下，善意第三人不能依据善意取得制度取得相应物权？(2007－3－10)

A. 保留所有权的动产买卖中，尚未付清全部价款的买方将其占有的标的物卖给不知情的第三人

B. 电脑的承租人将其租赁的电脑向不知情的债权人设定质权

C. 动产质权人擅自将质物转质于不知情的第三人

D. 受托代为转交某一物品的人将该物品赠与不知情的第三人

答案：(　　)③

考点：善意取得构成要件之“价格合理”、“无权处分”、善意取得他物权(质权)

2. 无权处分相机构成善意取得、善意取得后再有权处分属正常交易取得

甲、乙外出游玩，向丙借相机一部，用毕甲将相机带回家。丁到甲家见此相机，执意要以3000元买下，甲见此价高于市价，便隐瞒实情表示同意并将相机交付与丁。不久，丁因手头拮据又向乙以2000元兜售该相机。乙见此相机眼熟，便向丁询问，丁如实相告，乙遂将之买下。此时，谁拥有该相机的所有权？(2008－四川－12)

A. 甲　B. 乙　C. 丙　D. 丁

答案：(　　)④

---

① 参考答案:A
② 参考答案:ABD
③ 参考答案:D
④ 参考答案:B

考点：无权处分相机构成善意取得、善意取得后再有权处分属正常交易取得

解题图构

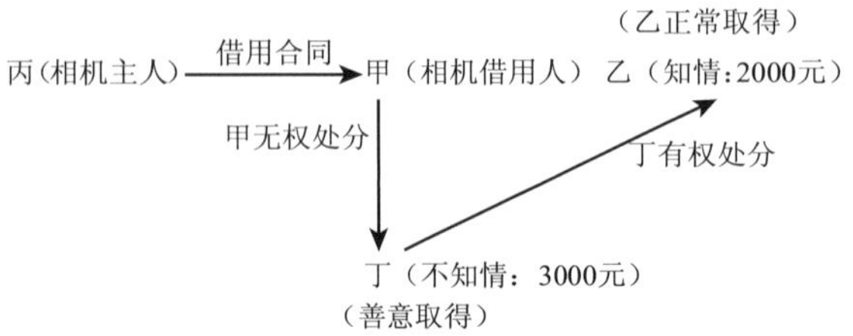

解图：1. 丙相机借用给甲，甲无权处分给不知情丁（“甲见此价高于市价，便隐瞒实情表示同意并将相机交付与丁”），丁构成善意取得。

2. 丁处分相机为有权处分，乙知情与否在所不问（“乙见此相机眼熟，便向丁询问，丁如实相告，乙遂将之买下”），乙基于买卖合同正常取得相机所有权。

3. 丁“如实相告”颇值玩味：丁相告的是什么？“乙见此相机眼熟”，故丁相告的应该是丁从甲处买得，由此，乙就知道了甲无权处分相机给了丁这一事实（“甲、乙外出游玩，向丙借相机一部，用毕甲将相机带回家。”）

2. 夫妻共有财产的无权处分和善意取得检讨

(1)宣告失踪中，妻子无权处分共有财产，第三人知情不启动善意取得

甲被法院宣告失踪，其妻乙被指定为甲的财产代管人。3个月后，乙将登记在自己名下的夫妻共有房屋出售给丙，交付并办理了过户登记。在此过程中，乙向丙出示了甲被宣告失踪的判决书，并将房屋属于夫妻二人共有的事实告知丙。1年后，甲重新出现，并经法院撤销了失踪宣告。现甲要求丙返还房屋。对此，下列哪一说法是正确的？(2016－3－6)

A. 丙善意取得房屋所有权，甲无权请求返还

B. 丙不能善意取得房屋所有权，甲有权请求返还

C. 乙出售夫妻共有房屋构成家事代理，丙继受取得房屋所有权

D. 乙出售夫妻共有房屋属于有权处分，丙继受取得房屋所有权

答案：(　　)①

考点：宣告失踪、无权处分、善意取得、家事代理、原物返还请求权

解题图构

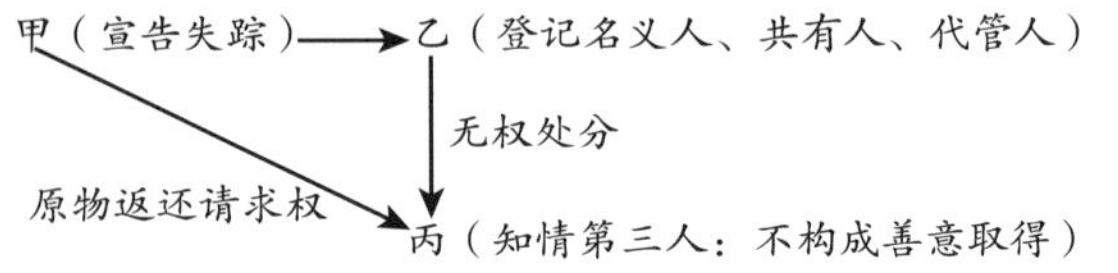

(2)不动产之善意取得之夫妻共有房屋的出卖、区分原则、无权处分合同的效力

甲、乙结婚后购得房屋一套，仅以甲的名义进行了登记。后甲、乙感情不和，甲擅自将房屋以时价出售给不知情的丙，并办理了房屋所有权变更登记手续。对此，下列哪一选项是正确的？(2008－3－13)

A. 买卖合同有效，房屋所有权未转移

B. 买卖合同无效，房屋所有权已转移

C. 买卖合同有效，房屋所有权已转移

D. 买卖合同无效，房屋所有权未转移

答案：(　　)②

考点：不动产之善意取得之夫妻共有房屋的出卖、区分原则、无权处分合同的效力

解题图构

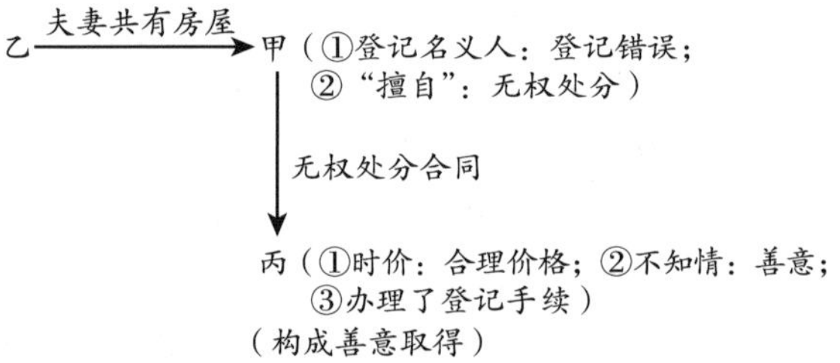

解图：1. 乙甲夫妻共同共有。

2. 甲无权处分。区分原则：合同与物权变动。

3. 就物权变动而言，丙善意取得。

4. 就合同而言，合同有效。

3. 他物权之善意取得

(1)动产质权的善意取得(电动车出质后，占有质物的质权人再次擅自以所有权人自居将电动车出质，即电动车的第二次出质，接受该电动车第二次出质的人基于善意取得而取得质权)

甲为乙的债权人，乙将其电动车出质于甲。现甲为了向丙借款，未经乙同意将电动车出质于丙，丙

① 参考答案：B

② 参考答案：司法部当年公布的答案是B，根据《买卖解释》第3条的规定，本题将答案调整为C。

不知此车为乙所有。下列哪些选项是正确的？(2008－3－59)

A. 丙因善意取得而享有质权

B. 因未经乙的同意丙不能取得质权

C. 甲对电动车的毁损、灭失应向乙承担赔偿责任

D. 对电动车毁损、灭失，乙可向丙索赔

答案：(　　)①

考点：质权的善意取得、质权人对质物毁损灭失的责任

解题图构

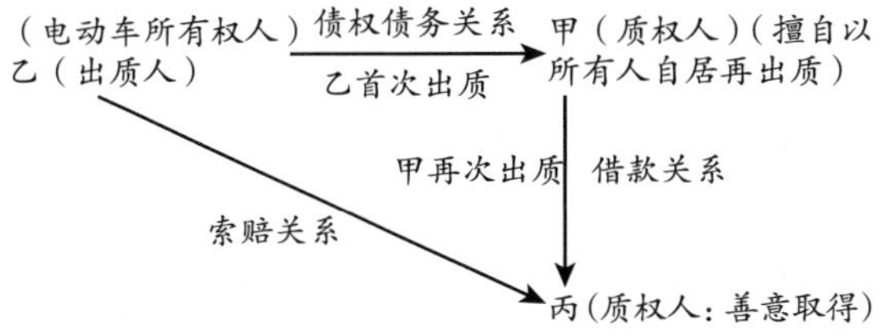

解图：

1. 三角关系图，可以从两条线路来观察：质权线路和代位权线路。

2. 质权线路观察。(1)乙把电动车出质给了甲，甲是质权人。质权人有权占有，但无权处分。(2)甲未经所有权人乙同意，擅自将电动车出质给了丙（“丙不知此车为乙所有”），丙构成质权的善意取得。丙作为质权人，对电动车享有的也仅仅是质权，有权占有，无权处分。丙因自己保管不善导致质物毁损、灭失应负赔偿责任（向甲、向乙）。(3)回到生活。乙欠甲的钱没还，甲手里也缺钱，得融资，故把乙的电动车拿去出质给了丙以融资。要说甲真没什么错。

3. 代位权线路。乙是次债务人、甲是债务人、丙是债权人。就丙债权实现而言，除了有质物电动车做担保外，还有另一层即债的保全。考生需要具有宏观视野，考究乙、甲、丙的三角关系。

4. 本题考的仅仅是质权线路！

5. “C. 甲对电动车的毁损、灭失应向乙承担赔偿责任，D. 对电动车毁损、灭失，乙可向丙索赔”中所谓“电动车的毁损、灭失”是新增事实，题干未交代，来自法条，则直接指向法条适用即前质权人甲的赔偿责任和后质权人丙的赔偿责任。

4. 善意取得与盗赃物（货币与实物）

甲遗失其为乙保管的迪亚手表，为偿还乙，甲窃取丙的美茄手表和4000元现金。甲将美茄手表交乙，因美茄手表比迪亚手表便宜1000元，甲又从4000元中补偿乙1000元。乙不知甲盗窃情节。乙将美茄手表赠与丁，又用该1000元的一半支付某自来水公司水费，另一半购得某商场一件衬衣。下列哪些说法是正确的？(2015－3－61)

A. 丙可请求丁返还手表

B. 丙可请求甲返还3000元、请求自来水公司和商场各返还500元

C. 丙可请求乙返还1000元不当得利

D. 丙可请求甲返还4000元不当得利

答案：(　　)②

考点：善意取得与盗赃物的关系、不当得利、货币的属性

解题图构

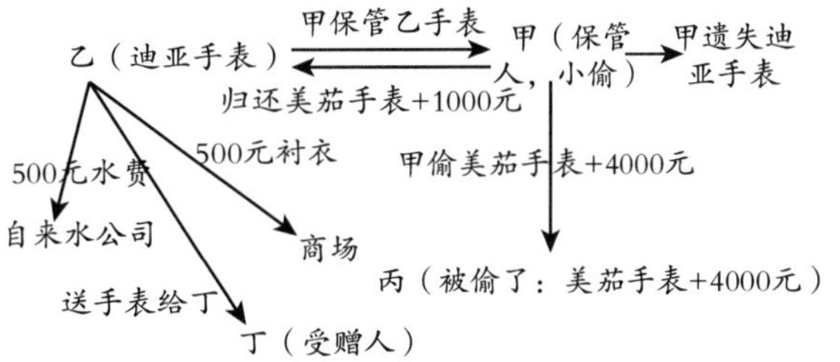

5. 所有权善意取得与发现埋藏物

甲将一套房屋转让给乙，乙再转让给丙，相继办理了房屋过户登记。丙翻建房屋时在地下挖出一瓷瓶，经查为甲的祖父埋藏，甲是其祖父唯一继承人。丙将该瓷瓶以市价卖给不知情的丁，双方钱物交割完毕。现甲、乙均向丙和丁主张权利。下列哪一选项是正确的？(2015－3－6)

A. 甲有权向丙请求损害赔偿

B. 乙有权向丙请求损害赔偿

C. 甲、乙有权主张丙、丁买卖无效

D. 丁善意取得瓷瓶的所有权

答案：(　　)③

考点：埋藏物所有权归属、无权处分合同的效

---

① 参考答案：ACD

② 参考答案：AD

③ 参考答案：A

力、善意取得制度

解题图构

甲的祖父 —埋藏瓷瓶继承→ 甲

甲 —房屋买卖→ 乙 —房屋买卖→ 丙

丙（发现人）—瓷瓶买卖→ 丁（埋藏物善意买受人）

（二）拾得遗失物

1. 出租车上遗忘行李、拾得遗失物、悬赏广告、留置权

方某将一行李遗忘在出租车上，立即发布寻物启事，言明愿以2000元现金酬谢返还行李者。出租车司机李某发现该行李及获悉寻物启事后即与方某联系。现方某拒绝支付2000元给李某。下列哪一表述是正确的？（2013－3－13）

A. 方某享有所有物返还请求权，李某有义务返还该行李，故方某可不支付2000元酬金

B. 如果方某不支付2000元酬金，李某可行使留置权拒绝返还该行李

C. 如果方某未曾发布寻物启事，则其可不支付任何报酬或费用

D. 既然方某发布了寻物启事，则其必须支付酬金

答案：（　　）①

考点：拾得遗失物、悬赏广告、留置权、无因管理

2. 拾得牛让牛劳累过度应返还牛，不得主张为牛治病的费用，因为不是“必要费用”

一日清晨，甲发现一头牛趴在自家门前，便将其拴在自家院内，打探失主未果。时值春耕，甲用该牛耕种自家田地。期间该牛因劳累过度得病，甲花费300元将其治好。两年后，牛的主人乙寻牛来到甲处，要求甲返还，甲拒绝返还。下列哪一说法是正确的？（2009－3－13）

A. 甲应返还牛，但有权要求乙支付300元

B. 甲应返还牛，但无权要求乙支付300元

C. 甲不应返还牛，但乙有权要求甲赔偿损失

D. 甲不应返还牛，无权要求乙支付300元

答案：（　　）②

考点：拾得遗失物失主的原物返还请求权、拾得人妥善管理的必要费用请求权与无因管理中的适当管理义务

3. 丢失电动自行车之检索善意取得构成要件、遗失物不适用善意取得

甲发现去年丢失的电动自行车被路人乙推行，便上前询问，乙称从朋友丙处购买，并出示了丙出具的付款收条。如甲想追回该自行车，可以提出下列哪些理由支持请求？（2009－3－53）

A. 甲丢失该自行车被丙拾得

B. 丙从甲处偷了该自行车

C. 乙明知道该自行车是丙从甲处偷来的仍然购买

D. 乙向丙支付的价格远远低于市场价

答案：（　　）③

考点：检索善意取得的构成要件

（三）所有权取得特别方法之先占

潘某与刘某相约出游，潘某在长江边拾得一块奇石，爱不释手，拟带回家。刘某说，《物权法》规定河流属于国家所有，这一行为可能属于侵占国家财产。关于潘某能否取得奇石的所有权，下列哪一说法是正确的？（2011－3－9）

A. 不能，因为石头是河流的成分，长江属于国家所有，石头从河流中分离后仍然属于国家财产

B. 可以，因为即使长江属于国家所有，但石头是独立物，经有关部门许可即可以取得其所有权

C. 不能，因为即使石头是独立物，但长江属于国家所有，石头也属于国家财产

D. 可以，因为即使长江属于国家所有，但石头是独立物、无主物，依先占的习惯可以取得其所有权

答案：（　　）④

考点：先占、物

---

① 参考答案：D

② 参考答案：B

③ 参考答案：ABCD

④ 参考答案：D

第十章　共　　有

第一节　共有总论

关于共有制度的法条表述（共有种类的拟制、按份共有份额的拟制、夫妻日常家事代理、共有物分割）

关于共有，下列哪些表述是正确的？（2011－3－56）

A. 对于共有财产，部分共有人主张按份共有，部分共有人主张共同共有，如不能证明财产是按份共有的，应当认定为共同共有

B. 按份共有人对共有不动产或者动产享有的份额，没有约定或者约定不明确的，按照出资额确定；不能确定出资额的，视为等额享有

C. 夫或妻在处理夫妻共同财产上权利平等，因日常生活需要而处理夫妻共同财产的，任何一方均有权决定

D. 对共有物的分割，当事人没有约定或者约定不明确的，按份共有人可以随时请求分割，共同共有人在共有的基础丧失或者有重大理由需要分割时可以请求分割

答案：（　　）①

考点：共有性质的推定、按份共有中份额的推定、夫妻共有中日常家事代理、共有物分割请求权

第二节　按份共有

1. 按份共有物抵押或侵权，对外连带，对内按份

甲、乙二人按照 3∶7 的份额共有一辆货车，为担保丙的债务，甲、乙将货车抵押给债权人丁，但未办理抵押登记。后该货车在运输过程中将戊撞伤。对此，下列哪一选项是正确的？（2016－3－8）

A. 如戊免除了甲的损害赔偿责任，则应由乙承担损害赔偿责任

B. 因抵押权未登记，戊应优先于丁受偿

C. 如丁对丙的债权超过诉讼时效，仍可在 2 年内要求甲、乙承担担保责任

D. 如甲对丁承担了全部担保责任，则有权向乙追偿

答案：（　　）②

考点：共有人基于共有物的对外连带责任、未登记注册动产抵押权的效力、抵押权存续期间、按份共同抵押

解题图构

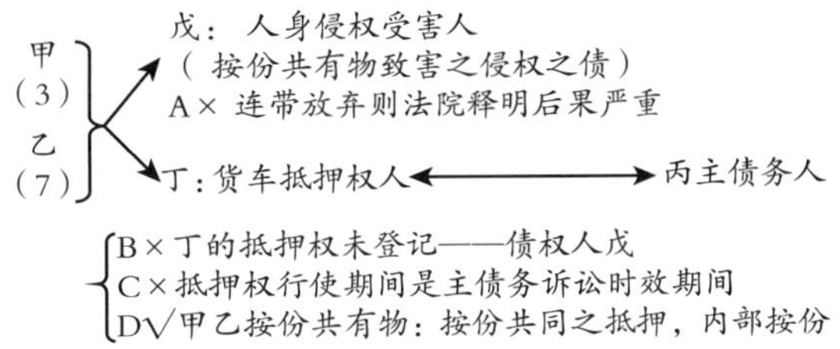

2. 按份共有货船的份额优先购买权

甲、乙、丙、丁按份共有一艘货船，份额分别为 10%、20%、30%、40%。甲欲将其共有份额转让，戊愿意以 50 万元的价格购买，价款一次付清。关于甲的共有份额转让，下列哪些选项是错误的？（2016－3－53）

A. 甲向戊转让其共有份额，须经乙、丙、丁同意

B. 如乙、丙、丁均以同等条件主张优先购买权，则丁的主张应得到支持

C. 如丙在法定期限内以 50 万元分期付款的方式要求购买该共有份额，应予支持

D. 如甲改由向乙转让其共有份额，丙、丁在同等条件下享有优先购买权

答案：（　　）③

考点：按份共有人份额优先购买权规则

---

① 参考答案：BCD

② 参考答案：D

③ 参考答案：ABCD

解题图构

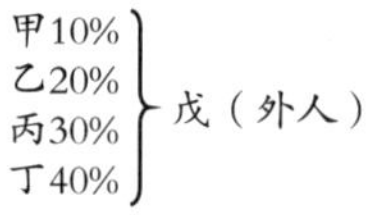

3. 按份共有物转化为按份共有钱，不发生按份共有钱的效力，但发生合同效力

张某与李某共有一台机器，各占50%份额。双方共同将机器转卖获得10万元，约定张某和李某分别享有6万元和4万元。同时约定该10万元暂存李某账户，由其在3个月后返还给张某6万元。后该账户全部款项均被李某债权人王某申请法院查封并执行，致李某不能按期返还张某款项。下列哪一表述是正确的？（2014－3－6）

A. 李某构成违约，张某可请求李某返还5万元

B. 李某构成违约，张某可请求李某返还6万元

C. 李某构成侵权，张某可请求李某返还5万元

D. 李某构成侵权，张某可请求李某返还6万元

答案：（　　）①

考点：按份共有、共有物分割、合同效力

解题图构

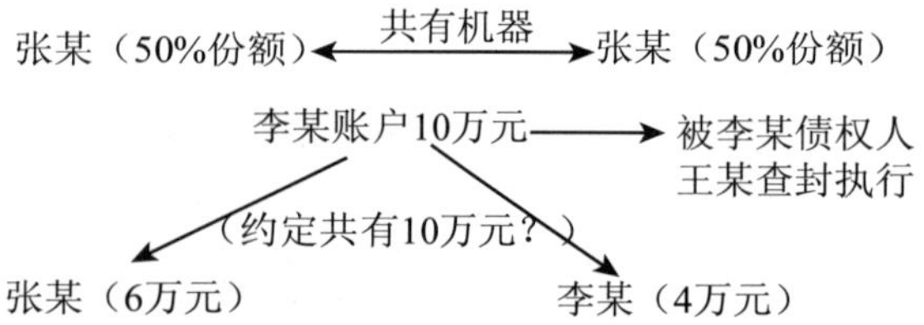

4. 按份共有人管理共有物之出租、举重明轻规则（处分规则之三分之二多数决的援用）

甲、乙、丙、丁共有1套房屋，各占1/4，对共有房屋的管理没有进行约定。甲、乙、丙未经丁同意，以全体共有人的名义将该房屋出租给戊。关于甲、乙、丙上述行为对丁的效力的依据，下列哪一表述是正确的？（2012－3－6）

A. 有效，出租属于对共有物的管理，各共有人都有管理的权利

B. 有效，对共有物的处分应当经占共有份额2/3以上的共有人的同意，出租行为较处分为轻，当然可以为之

C. 无效，对共有物的出租属于处分，应当经全体共有人的同意

D. 有效，出租是以利用的方法增加物的收益，可以视为改良行为，经占共有份额2/3以上的共有人的同意即可

答案：（　　）②

考点：按份共有、按份共有人管理共有物之出租、举重明轻规则（处分规则之2/3多数决的援用）

5. 出资盖楼形成之按份共有、按份共有物之管理费用按份承担、区分对按份共有“份额”的处分（自由处分）与对按份共有“物”的处分（多数决处分）

红光、金辉、绿叶和彩虹公司分别出资50万元、20万元、20万元、10万元建造一栋楼房，约定建成后按投资比例使用，但对楼房管理和所有权归属未作约定。对此，下列哪一说法是错误的？（2010－3－7）

A. 该楼发生的管理费用应按投资比例承担

B. 该楼所有权为按份共有

C. 红光公司投资占50%，有权决定该楼的重大修缮事宜

D. 彩虹公司对其享有的份额有权转让

答案：（　　）③

考点：出资盖楼形成的按份共有、按份共有物之管理费用按份承担、区分对按份共有“份额”的处分（自由处分）与对按份共有“物”的处分（多数决处分）

6. 按份共有之廊檐脱落过错推定责任、按份共有人对外连带侵权责任、按份共有人对内按份责任

甲、乙、丙按不同的比例共有一套房屋，约定轮流使用。在甲居住期间，房屋廊檐脱落砸伤行人丁。下列哪些选项是正确的？（2009－3－54）

A. 甲、乙、丙如不能证明自己没有过错，应对丁承担连带赔偿责任

B. 丁有权请求甲承担侵权责任

C. 如甲承担了侵权责任，则乙、丙应按各自份额分担损失

D. 本案侵权责任适用过错责任原则

考点：按份共有之廊檐脱落过错推定责任（物件

---

① 参考答案：B

② 参考答案：B

③ 参考答案：C

致人损害)、按份共有人对外连带责任、按份共有人对内按份责任

第三节　共同共有

共同共有之夫妻共有

甲、乙为夫妻,共有一套房屋登记在甲名下。乙瞒着甲向丙借款 100 万元供个人使用,并将房屋抵押给丙。在签订抵押合同和办理抵押登记时乙冒用甲的名字签字。现甲主张借款和抵押均无效。下列哪一表述是正确的?(2015－3－7)

A. 抵押合同无效

B. 借款合同无效

C. 甲对 100 万元借款应负连带还款义务

D. 甲可请求撤销丙的抵押权

答案:(　　)①

考点:夫妻共同财产处分、夫妻个人债务、无权处分

① 参考答案:D

第十一章　用益物权

第一节　土地承包经营权

1. 农村荒地承包方式

河西村在第二轮承包过程中将本村耕地全部发包，但仍留有部分荒山，此时本村集体经济组织以外的Z企业欲承包该荒山。对此，下列哪些说法是正确的？（2016－3－54）

A. 集体土地只能以家庭承包的方式进行承包

B. 河西村集体之外的人只能通过招标、拍卖、公开协商等方式承包

C. 河西村将荒山发包给Z企业，经2/3以上村民代表同意即可

D. 如河西村村民黄某也要承包该荒山，则黄某享有优先承包权

答案：（　　）①

考点：农村荒地承包方式

解题图构

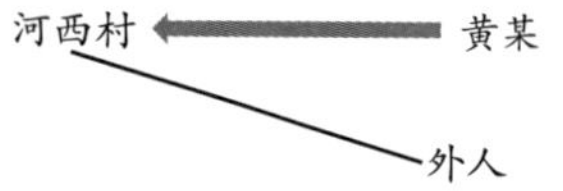

2. 季大和季小土地承包经营权设立的意思主义和转让的登记对抗主义、土地承包经营权不能继承、承包收益可以继承

季大与季小兄弟二人，成年后各自立户，季大一直未婚。季大从所在村集体经济组织承包耕地若干。关于季大的土地承包经营权，下列哪些表述是正确的？（2014－3－56）

A. 自土地承包经营权合同生效时设立

B. 如季大转让其土地承包经营权，则未经变更登记不发生转让的效力

C. 如季大死亡，则季小可以继承该土地承包经营权

D. 如季大死亡，则季小可以继承该耕地上未收割的农作物

答案：（　　）②

考点：土地承包经营权设立的意思主义、转让的登记对抗主义、土地承包经营权不能继承、土地承包收益可以继承

3. 登记"造"册不是"变更"登记、区分土地承包经营合同的成立与生效、区分土地承包经营权的设立（意思主义）和流转（对抗主义）

关于土地承包经营权的设立，下列哪些表述是正确的？（2010－3－55）

A. 自土地承包经营合同成立时设立

B. 自土地承包经营权合同生效时设立

C. 县级以上地方政府在土地承包经营权设立时应当发放土地承包经营权证

D. 县级以上地方政府应当对土地承包经营权登记造册，未经登记造册的，不得对抗善意第三人

答案：（　　）③

考点：登记"造"册不是"变更"登记、区分土地承包经营合同的成立与生效、区分土地承包经营权的设立（意思主义）和流转（对抗主义）

第二节　地役权

1. 需役地和供役地都转让：地役权从属于需役地；地役权能否对抗新的供役地人（善意第三人），要看地役权是否登记，登记了就可以对抗，未登记就不能对抗

A地块使用权人甲公司与B地块使用权人乙公司约定，由乙公司（不是"乙公司"，而是甲公司）在B地块上修路。同年4月，甲公司将A地块过户给丙

① 参考答案：BD

② 参考答案：AD

③ 参考答案：BC

公司，6 月，乙公司将 B 地块过户给不知上述情形的丁公司。下列哪些表述是正确的？（2013－3－2）

A. 2013 年 2 月，甲公司对乙公司的 B 地块享有地役权

B. 2013 年 4 月，丙公司对乙公司的 B 地块享有地役权

C. 2013 年 6 月，甲公司对丁公司的 B 地块享有地役权

D. 2013 年 6 月，丙公司对丁公司的 B 地块享有地役权

答案：（　　）①

考点：地役权设立和转让均采登记对抗主义；需役地转让，地役权基于从属性随之转移（旧需役人丧失需役地随之丧失地役权＋新需役人取得需役地随之取得地役权）；供役地转让，地役权采登记对抗主义，登记了就可以对抗善意第三人，未登记就不可对抗善意第三人

解题图构

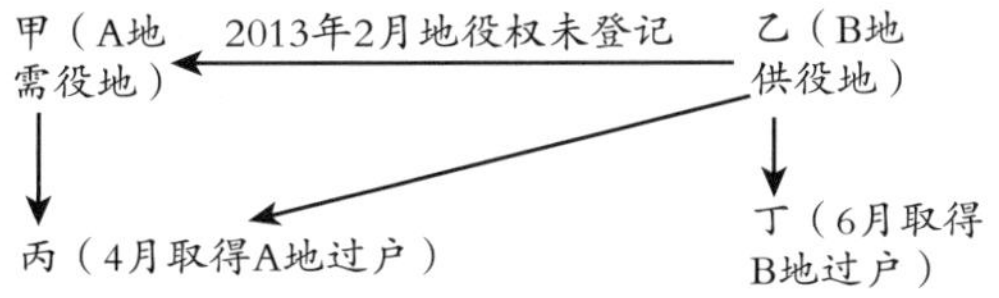

解图：1. 甲在乙地上“修路”，指向甲的通行地役权。

2. 甲、丙是需役地一方，均可先后对乙的供役地主张地役权。

3. 乙、丁是供役地一方，乙受地役负担，但是丁不知情且地役权未登记，故丁不受地役负担。

2. 学校乘坐地铁方便与相邻研究员设立地役权

某郊区小学为方便乘坐地铁，与相邻研究院约定，学校人员有权借研究院道路通行，每年支付一万元。据此，学校享有的是下列哪一项权利？（2010－3－9）

A. 相邻权　　B. 地役权

C. 建设用地使用权　　D. 宅基地使用权

答案：（　　）②

考点：什么是地役权

3. 选项假设需役地转移、供役地转移情形各自应如何处理

李某从自己承包的土地上出入不便，遂与张某书面约定在张某承包的土地上开辟一条道路供李某通行，李某支付给张某 2 万元，但没有进行登记。下列哪一选项是错误的？（2008－四川－11）

A. 该约定属于有关相邻关系的约定

B. 该约定属于地役权合同

C. 如果李某将其承包经营权转移给他人，受让人有权在张某承包的土地上通行，但合同另有约定的除外

D. 如果张某将其承包经营权转移给他人，则善意的受让人有权拒绝李某在自己的土地上通行

答案：（　　）③

考点：地役权与相邻权的区分；旧需役地人丧失需役地随之丧失地役权，新需役人取得需役地随之取得地役权（地役权从属性）；供役地转让地役权未登记不可对抗受让供役地的人（地役权登记对抗主义）

仅需役地转移，而供役地不变，新需役地人有地役权，旧需役地人丧失地役权，眺望地役权，控制供役人不得建 6 米以上的高楼

4. 甲公司与乙公司约定：为满足甲公司开发住宅小区观景的需要，甲公司向乙公司支付 100 万元，乙公司在 20 年内不在自己厂区建造 6 米以上的建筑。甲公司将全部房屋售出后不久，乙公司在自己的厂区建造了一栋8 米高的厂房。下列哪一选项是正确的？（2007－3－12）

A. 小区业主有权请求乙公司拆除超过 6 米的建筑

B. 甲公司有权请求乙公司拆除超过 6 米的建筑

C. 甲公司和小区业主均有权请求乙公司拆除超过 6 米的建筑

D. 甲公司和小区业主均无权请求乙公司拆除超过 6 米的建筑

答案：（　　）④

考点：地役权的从属性：需役地转让地役权随之，旧需役地人丧失需役地随之丧失地役权，新需役人取得需役地随之取得地役权

---

① 参考答案：AB
② 参考答案：B
③ 参考答案：A
④ 参考答案：A

解题图构

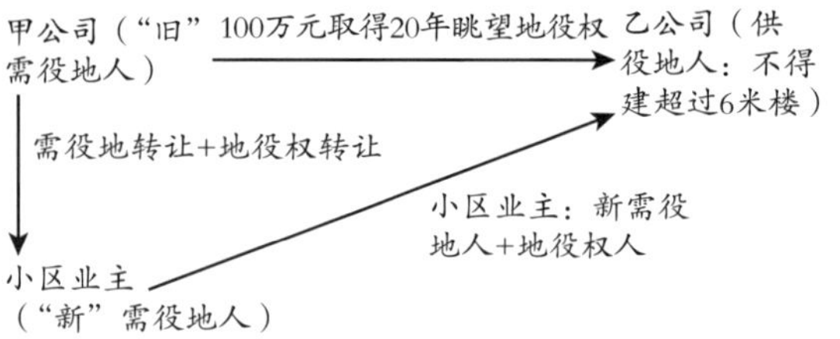

解图：小区业主就是看中有了眺望地役权，才买的房子。乙公司明知不可盖超过6米的建筑，却盖了8米的建筑，简直是个大大的坏人！

5. 相邻权与地役权区分、需役地转地役权随之转移、供役地转地役义务是否随之转移取决于地役权是否登记（地役权登记，则地役义务转移给新供役人；反之，则不转移给新供役人）

甲为了能在自己房中欣赏远处风景，便与相邻的乙约定：乙不在自己的土地上建造高层建筑，作为补偿，甲一次性支付给乙4万元。两年后，甲将该房屋转让给丙，乙将该土地使用权转让给丁。下列哪些判断是错误的？（2006－3－56）

A. 甲、乙之间的约定为有关相邻关系的约定

B. 丙可禁止丁建高楼，且无须另对丁进行补偿

C. 若丁建高楼，丙只能要求甲承担违约责任

D. 甲、乙之间约定因房屋和土地使用权转让而失去效力

答案：(　　)①

考点：地役权与相邻权的区分、地役权的从属性（需役地转移，地役权随之。"旧"需役人丧失需役地，随之丧失地役权。"新"需役人取得需役地，随之取得地役权）、地役权登记对抗主义（登记地役权可对抗第三人；未登记地役权不可对抗善意第三人）

解题图构

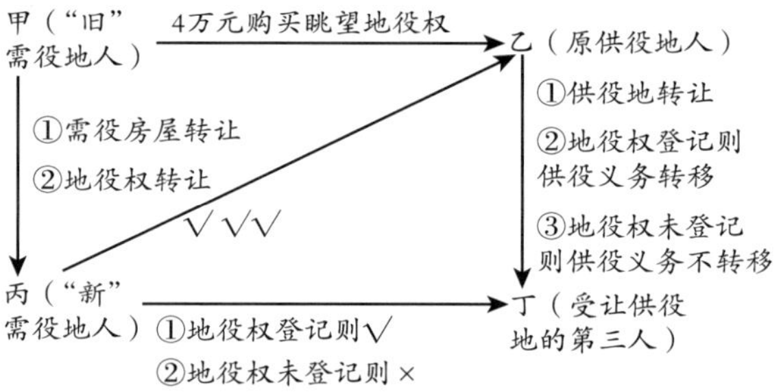

解图：1. 甲用4万元购买了眺望地役权。

2. 甲把房屋卖给丙，甲是"旧"需役地人，丧失需役地，随之丧失地役权。

3. 丙是"新"需役地人，取得需役地，随之取得地役权。

4. 甲、乙的约定仍然有效，即乙是供役人，负有义务。丙的地役权无论登记与否，都可向乙主张。

5. 乙把供役地转让给了丁，题干未交代甲的地役权是否已经登记，也没有交代丁是否善意：(1)如果地役权登记了，则丙的地役权可以对抗丁，无论丁是善意还是恶意。(2)如果地役权没有登记，则丙的地役权能对抗恶意的丁，不能对抗善意的丁。

6. 故对本题作答，需要对题干事实进行增补。(1)地役权登记问题。(2)丁善意恶意问题。

7. 根据司法部当年公布的答案ACD（ACD都错，只有B对，而B是说丙可对丁主张地役权）可反推，其题干设计的条件是：地役权已经登记了。

8. 本题是选非题！

① 参考答案：司法部2006年给出的答案是ACD。如果还要继续保持这一答案不变，则结合2007年出台的《物权法》，需要对题干条件进行增补即地役权已经登记了。丙地役权可对丁主张。

第十二章　担保物权

第一节　担保物权总论

一、担保物权的从属性:从属于主债权

债权质权的从属性(债权出质主债消灭则债权质权消灭)、保证债务的从属性、债权质权中不得流质、债权质权的设立

甲公司为乙公司向银行贷款100万元提供保证,乙公司将其基于与丙公司签订的供货合同而对丙公司享有的100万元债权出质给甲公司作反担保。下列哪一表述是正确的?(2013－3－7)

A. 如乙公司依约向银行清偿了贷款,甲公司的债权质权仍未消灭

B. 如甲公司、乙公司将出质债权转让给丁公司,但未通知丙公司,则丁公司可向丙公司主张该债权

C. 甲公司在设立债权质权时可与乙公司约定,如乙公司届期不清偿银行贷款,则出质债权归甲公司所有

D. 如乙公司将债权出质的事实通知了丙公司,则丙公司可向甲公司主张其基于供货合同而对乙公司享有的抗辩

答案:(　　)①

考点:债权质权的从属性(债权出质主债消灭则债权质权消灭)、保证债务的从属性、债权质权中不得流质、债权质权的设立

解题图构

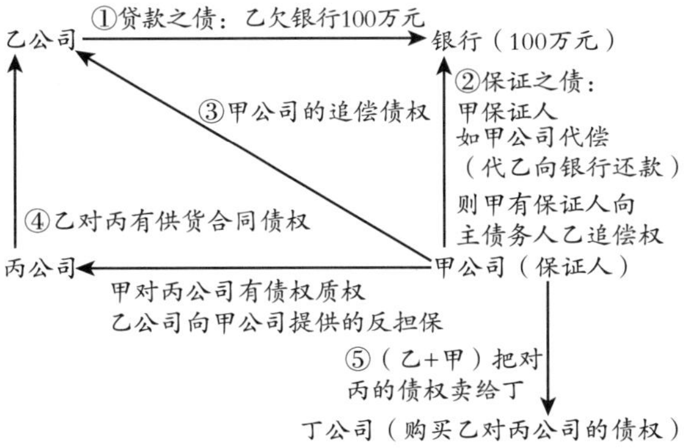

解图:(一)此题涉及4个债权债务关系和2个担保关系,合计6个法律关系。

1. 乙公司和银行之间的贷款之债。

2. 甲向银行提供保证之债(担保关系)。

3. 甲承担保证责任后,可向主债务人乙行使追偿权,为法定追偿之债。

4. 乙向甲提供"反担保"即用乙对丙公司的债权来担保甲的追偿之债(担保关系)。

5. 乙对丙公司享有的供货合同之债权,被出质给了甲公司作为担保。

6. 乙公司(经甲公司同意)将对丙的债权卖给了丁公司,有债权转让之债。

(二)单就权利质权关系而言,权利质权出质人是乙公司,权利质权权利人是甲公司,出质债权是乙公司对丙公司享有的债权。

[二、担保物权不从属于主债务(参见2013年卷三87题和2012年卷三88题)]

三、担保物权的不可分性

1. 债权质权设立,通知债务人后,"担保物"即债权质权中"债权"被冻结不得减少,体现了担保物权之债权质权的不可分性

甲对乙享有10万元的债权,甲将该债权向丙出质,借款5万元。下列哪一表述是错误的?(2012－3－7)

A. 将债权出质的事实通知乙不是债权质权生效的要件

B. 如未将债权出质的事实通知乙,丙即不得向乙主张权利

C. 如将债权出质的事实通知了乙,即使乙向甲履行了债务,乙不得对丙主张债已消灭

D. 乙在得到债权出质的通知后,向甲还款3万

① 参考答案:D

元,因还有 7 万元的债权额作为担保,乙的部分履行行为对丙有效

答案:(　　)①

考点:债权质权设立,通知债务人的法律意义:通知债务人不是债权质权设立条件;未通知债务人则债权质权人不得对债务人主张;已经通知通知债务人则“担保物”即债权质权中“债权”被冻结不得减少,体现了担保物权之债权质权的不可分性

解题图构

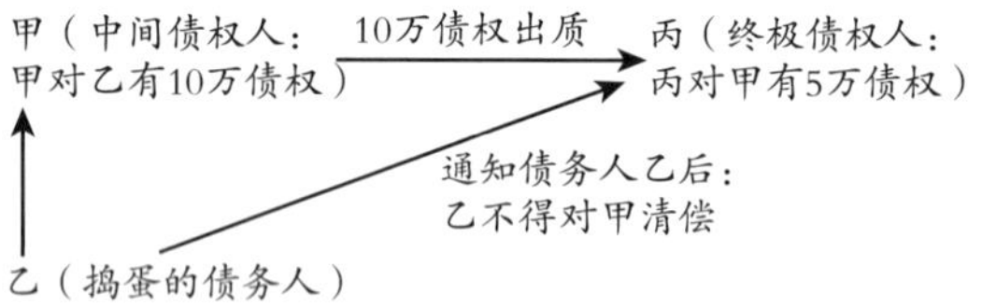

解图:1. 乙欠甲 10 万,没还。

2. 甲缺钱,要融资。将债权出质,本质上是一种提前“变现”债权的方法。

3. 用乙欠自己的债权出质给丙,然后甲向丙融资 5 万。已经打了半折了,是丙控制金融风险的方法。

4. 一旦通知了债务人乙,则乙欠甲的 10 万债权变成“质物”,“质物”不可分,“质物”全部担保丙的 5 万债权。

5. 债权质权如何实现?即折价、变卖或者拍卖乙欠甲的债权。

6. 注意:选非题!

2. 债权质权中,“担保物”即债权质权中的“债权”可正常减少(抵销)

甲公司通知乙公司将其对乙公司的 10 万元债权出质给了丙银行,担保其9 万元贷款。出质前,乙公司对甲公司享有 2 万元到期债权。如乙公司提出抗辩,关于丙银行可向乙公司行使质权的最大数额,下列哪一选项是正确的?(2014－3－7)

A. 10 万元

B. 9 万元

C. 8 万元

D. 7 万元

答案:(　　)②

考点:债权质权中,“担保物”即债权质权中的“债权”可正常减少(抵销)

解题图构

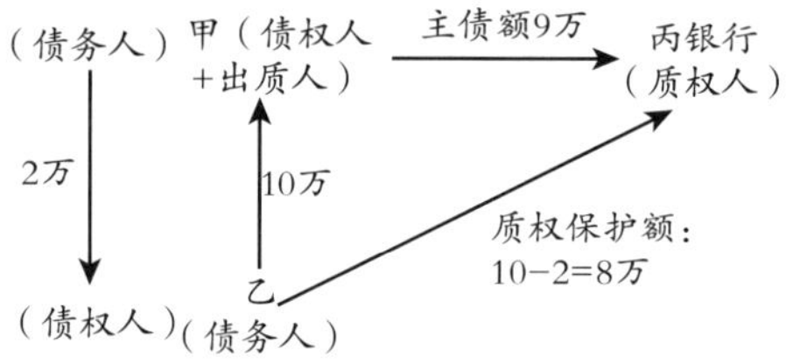

三、混合担保:人保、物保

1. 自己抵押、他人抵押和保证

甲公司欠乙公司货款 100 万元,先由甲公司提供机器设备设定抵押权、丙公司担任保证人,后由丁公司提供房屋设定抵押权并办理了抵押登记。甲公司届期不支付货款,下列哪一表述是正确的?(2014－3－8)

A. 乙公司应先行使机器设备抵押权

B. 乙公司应先行使房屋抵押权

C. 乙公司应先行请求丙公司承担保证责任

D. 丙公司和丁公司可相互追偿

答案:(　　)③

考点:混合担保

解题图构

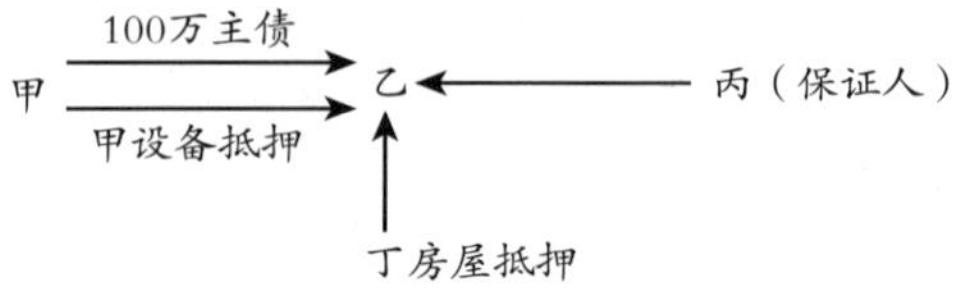

2. 第三人抵押和保证人场合的混合担保,债权人可选择第三人抵押或保证

甲对乙享有 60 万元债权,丙、丁分别与甲签订保证合同,但未约定保证责任的范围和方式。戊以价值 30 万元的房屋为乙向甲设定抵押并办理了登记。请回答以下 85～88 题。

86. 下列关于丙、丁、戊关系的表述何者正确?(2005－3－86)

A. 若甲放弃对戊的抵押权,则丙、丁只对甲的 30 万元债权承担保证责任

① 参考答案:D
② 参考答案:C
③ 参考答案:A

B. 若甲要求丙、丁承担保证责任，丙、丁可主张先诉抗辩，要求甲先行使对戊的抵押权

C. 甲可以在丙、丁、戊中任意选择一人，要求承担担保责任

D. 若甲、戊之间的抵押被宣告无效，丙、丁应对全部债务承担保证责任

答案:(　　)①

考点:未约定保证方式，为连带责任保证；第三人抵押和保证人场合的混合担保，债权人可选择第三人抵押或保证

3. 共同抵押之连带共同抵押

(1)抵押权人可以找连带共同抵押人就抵押财产实现任意比例抵押权

甲对乙享有债权500万元，先后在丙和丁的房屋上设定了抵押权，均办理了登记，且均未限定抵押物的担保金额。其后，甲将其中200万元债权转让给戊，并通知了乙。乙到期清偿了对甲的300万元债务，但未能清偿对戊的200万元债务。对此，下列哪些选项是错误的?(2016－3－55)

A. 戊可同时就丙和丁的房屋行使抵押权，但对每个房屋价款优先受偿权的金额不得超过100万元

B. 戊可同时就丙和丁的房屋行使抵押权，对每个房屋价款优先受偿权的金额依房屋价值的比例确定

C. 戊必须先后就丙和丁的房屋行使抵押权，对每个房屋价款优先受偿权的金额由戊自主决定

D. 戊只能在丙的房屋价款不足以使其债权得到全部清偿时就丁的房屋行使抵押权

答案:(　　)②

考点:连带共同抵押、抵押权的从属性、不可分性

解题图构

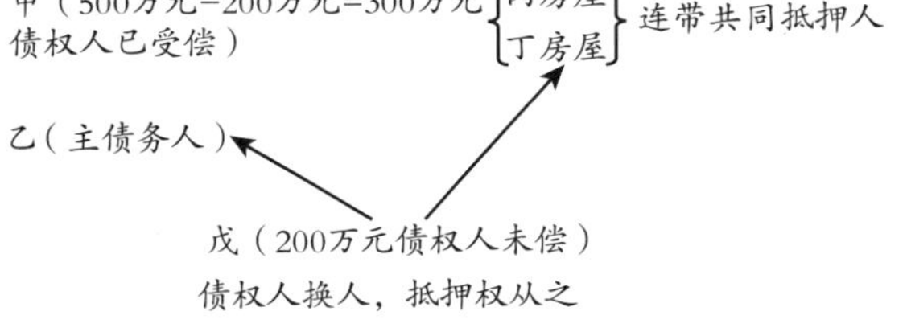

第二节　抵押权

一、抵押权的设立

1. 交房本、挂失房本和抵押权登记

甲向某银行贷款，甲、乙和银行三方签订抵押协议，由乙提供房产抵押担保。乙把房本交给银行，因登记部门原因导致银行无法办理抵押物登记。乙向登记部门申请挂失房本后换得新房本，将房屋卖给知情的丙并办理了过户手续。甲届期未还款，关于贷款、房屋抵押和买卖，下列哪些说法是正确的?(2015－3－53)

A. 乙应向银行承担违约责任

B. 丙应代为向银行还款

C. 如丙代为向银行还款，可向甲主张相应款项

D. 因登记部门原因未办理抵押登记，但银行占有房本，故取得抵押权

答案:(　　)③

考点:区分原则、抵押合同、抵押权的设立、无因管理或不当得利

2. 房本和抵押权登记

甲向乙借款，丙与乙约定以自有房屋担保该笔借款。丙仅将房本交给乙，未按约定办理抵押登记。借款到期后甲无力清偿，丙的房屋被法院另行查封。下列哪些表述是正确的?(2013－3－57)

A. 乙有权要求丙继续履行担保合同，办理房屋抵押登记

B. 乙有权要求丙以自身全部财产承担担保义务

C. 乙有权要求丙以房屋价值为限承担担保义务

D. 乙有权要求丙承担损害赔偿责任

答案:(　　)④

考点:区分原则、抵押合同、抵押权的设立(不得设定抵押的物)、实际履行、违约责任

---

① 参考答案:司法部原公布的答案是ACD。根据《物权法》第194条第2款的规定，答案修改为CD。因为戊是第三人物保，债权人放弃，不影响保证人责任。

② 参考答案:ABCD

③ 参考答案:AC

④ 参考答案:CD

3. 动产浮动抵押的规则

(1)某农村养殖户为扩大规模向银行借款，欲以其财产设立浮动抵押。对此，下列哪些表述是正确的？(2010－3－56)

A. 该养殖户可将存栏的养殖物作为抵押财产

B. 抵押登记机关为抵押财产所在地的工商部门

C. 抵押登记可对抗任何善意第三人

D. 如借款到期未还，抵押财产自借款到期时确定

答案：(　　)①

考点：动产浮动抵押中抵押物范围、登记机关、登记效力、抵押物不"浮动"的时点

(2)个体工商户甲将其现有的以及将有的生产设备、原材料、半成品、产品一并抵押给乙银行，但未办理抵押登记。抵押期间，甲未经乙同意以合理价格将一台生产设备出卖给丙。后甲不能向乙履行到期债务。对此，下列哪一选项是正确的？(2008－3－12)

A. 该抵押权因抵押物不特定而不能成立

B. 该抵押权因未办理抵押登记而不能成立

C. 该抵押权虽已成立但不能对抗善意第三人

D. 乙有权对丙从甲处购买的生产设备行使抵押权

答案：(　　)②

考点：动产浮动抵押的设立(抵押动产浮动)、动产浮动抵押的登记、动产浮动抵押财产的自由买卖

二、抵押物转让

1. 抵押房屋的转让规则、抵押权人的同意权、受让人的涤除权(有利害关系人的代为清偿请求权)

甲公司向某银行贷款100万元，乙公司以其所有的一栋房屋作抵押担保，并完成了抵押登记。现乙公司拟将房屋出售给丙公司，通知了银行并向丙公司告知了该房屋已经抵押的事实。乙、丙订立书面买卖合同后到房屋管理部门办理过户手续。下列哪些说法是正确的？(2009－3－55)

A. 不论银行是否同意转让，房屋管理部门应当准予过户，但银行仍然对该房屋享有抵押权

B. 如丙公司代为清偿了甲公司的银行债务，则不论银行是否同意转让，房屋管理部门均应当准予过户

C. 如丙公司向银行承诺代为清偿甲公司的银行债务，则不论银行是否同意转让，房屋管理部门均应当准予过户

D. 如甲公司清偿了银行债务，则不论银行是否同意，房屋管理部门均应当准予过户

答案：(　　)③

考点：抵押房屋的转让规则之抵押权人的同意权、受让人的涤除权(有利害关系人的代为清偿请求权)；抵押权的从属性(主债权消灭，抵押权消灭)

2. 一房二抵，先前的抵押登记，后来的抵押未登记，但合同有效，未经抵押权人同意的抵押物转让合同并非无效

5月10日，甲以自有房屋1套为债权人乙设定抵押并办理抵押登记。6月10日，甲又以该房屋为债权人丙设定抵押，但一直拒绝办理抵押登记。9月10日，甲擅自将该房屋转让给丁并办理了过户登记。下列哪种说法是错误的？(2006－3－9)

A. 乙可对该房屋行使抵押权

B. 甲与丙之间的抵押合同已生效

C. 甲与丁之间转让房屋的合同无效

D. 丙可以要求甲赔偿自己所遭受的损失

答案：(　　)④

考点：一房二抵、区分原则、抵押权的设立、违约责任、抵押物的转让

三、抵押与租赁

2013年2月1日，王某以一套房屋为张某设定了抵押，办理了抵押登记。同年3月1日，王某将该房屋无偿租给李某1年，以此抵王某欠李某的借款。房屋交付后，李某向王某出具了借款还清的收据。同年4月1日，李某得知房屋上设有抵押后，与王某修订租赁合同，把起租日改为2013年1月1日。张某实现抵押权时，要求李某搬离房屋。下列哪些表

---

① 参考答案：AD

② 参考答案：C

③ 参考答案：BD

④ 参考答案：司法部在2006年公布的答案是B，根据物权法学理论的研究和发展，将本题答案修改为C。

述是正确的?(2014－3－57)

A. 王某、李某的借款之债消灭

B. 李某的租赁权可对抗张某的抵押权

C. 王某、李某修订租赁合同行为无效

D. 李某可向王某主张违约责任

答案:(　　)①

考点: 先抵押后租赁之抵押破除租赁、恶意串通损害第三人利益签订合同条款无效、违约责任

四、抵押权的顺位的变更

黄河公司以其房屋作抵押,先后向甲银行借款100万元,乙银行借款300万元,丙银行借款500万元,并依次办理了抵押登记。后丙银行与甲银行商定交换各自抵押权的顺位,并办理了变更登记,但乙银行并不知情。因黄河公司无力偿还三家银行的到期债务,银行拍卖其房屋,仅得价款600万元。关于三家银行对该价款的分配,下列哪一选项是正确的?(2008－3－11)

A. 甲银行100万元、乙银行300万元、丙银行200万元

B. 甲银行得不到清偿、乙银行100万元、丙银行500万元

C. 甲银行得不到清偿、乙银行300万元、丙银行300万元

D. 甲银行100万元、乙银行200万元、丙银行300万元

答案:(　　)②

考点: 抵押权顺位变更

解题图构

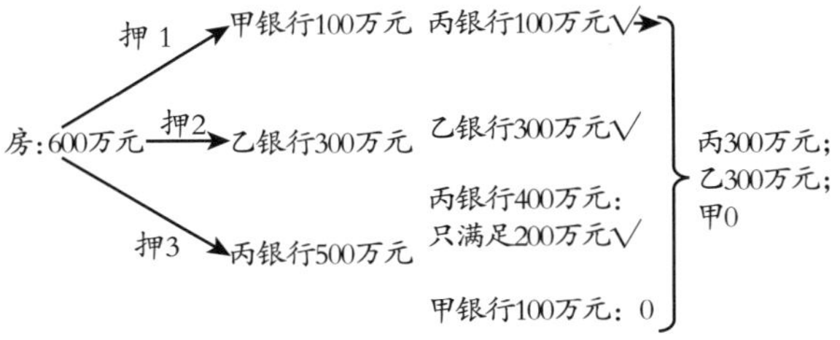

五、抵押权的保全、代位权

甲以自有房屋向乙银行抵押借款,办理了抵押登记。丙因甲欠钱不还,强行进入该房屋居住。借款到期后,甲无力偿还债务。该房屋由于丙的非法居住,难以拍卖,甲怠于行使对丙的返还请求权。乙银行可以行使下列哪些权利?(2012－3－57)

A. 请求甲行使对丙的返还请求权,防止抵押财产价值的减少

B. 请求甲将对丙的返还请求权转让给自己

C. 可以代位行使对丙的返还请求权

D. 可以依据抵押权直接对丙行使返还请求权

答案:(　　)③

考点: 抵押权之保全请求权、代位权、抵押权人无返还原物请求权

六、抵押权的期间

甲公司向乙银行贷款1000万元,约定2005年12月2日一次性还本付息。丙公司以自己的一栋房屋作抵押。甲到期没有清偿债务,乙银行每个月都向其催收,均无效果,最后一次催收的时间是2007年3月6日。乙银行在下列哪一时间前行使抵押权,才能得到法院的保护?(2007－3－13)

A. 2007年12月2日

B. 2010年12月2日

C. 2010年3月6日

D. 2011年3月6日

答案:(　　)④

考点: 诉讼时效的中断、抵押权的行使期间

七、最高额抵押

2014年7月1日,甲公司、乙公司和张某签订了《个人最高额抵押协议》,张某将其房屋抵押给乙公司,担保甲公司在一周前所欠乙公司货款300万元,最高债权额400万元,并办理了最高额抵押登记,债权确定期间为2014年7月2日到2015年7月1日。债权确定期间内,甲公司因从乙公司分批次进货,又欠乙公司100万元。甲公司未还款。关于有抵押担保的债权额和抵押权期间,下列哪些选项是正确的?(2015－3－54)

---

① 参考答案:ACD

② 参考答案:C

③ 参考答案:AB

④ 参考答案:C

A. 债权额为 100 万元

B. 债权额为 400 万元

C. 抵押权期间为 1 年

D. 抵押权期间为主债权诉讼时效期间

答案:(　　)①

考点:最高额抵押权的设立、抵押权期间

第三节　质权

一、动产质权的设立:交由第三方占有质物设立质权

乙欠甲货款,二人商定由乙将一块红木出质并签订质权合同。甲与丙签订委托合同授权丙代自己占有红木。乙将红木交付与丙。下列哪一说法是正确的?(2015 - 3 - 8)

A. 甲乙之间的担保合同无效

B. 红木已交付,丙取得质权

C. 丙经甲的授权而占有,甲取得质权

D. 丙不能代理甲占有红木,因而甲未取得质权

答案:(　　)②

考点:动产质权的设立:交由第三方占有质物设立质权;直接占有;间接占有

二、权利质权:可以设立权利质权的权利类型

根据《物权法》的规定,下列哪一类权利不能设定权利质权?(2009 - 3 - 7)

A. 专利权　　B. 应收账款债权

C. 可以转让的股权　　D. 房屋所有权

答案:(　　)③

考点:权利质权的客体:可以设立权利质权的"权利"类型

第四节　留置权

一、留置权的设立

(1)留置权的善意取得

甲借用乙的山地自行车,刚出门就因莽撞骑行造成自行车链条断裂,甲将自行车交给丙修理,约定修理费 100 元。乙得知后立刻通知甲解除借用关系并告知丙,同时要求丙不得将自行车交给甲。丙向甲核实,甲承认。自行车修好后,甲、乙均请求丙返还。对此,下列哪一选项是正确的?(2016 - 3 - 7)

A. 甲有权请求丙返还自行车

B. 丙如将自行车返还给乙,必须经过甲当场同意

C. 乙有权要求丙返还自行车,但在修理费未支付前,丙就自行车享有留置权

D. 如乙要求丙返还自行车,即使修理费未付,丙也不得对乙主张留置权

答案:(　　)④

考点:原物返还请求权、留置权善意取得

解题图构

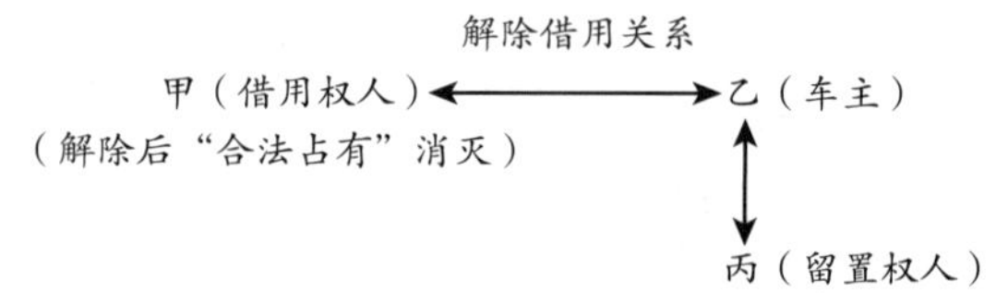

(2)留置权的设立条件

下列哪些情形下权利人可以行使留置权?(2015 - 3 - 55)

A. 张某为王某送货,约定货物送到后一周内支付运费。张某在货物运到后立刻要求王某支付运费被拒绝,张某可留置部分货物

B. 刘某把房屋租给方某,方某退租搬离时尚有部分租金未付,刘某可留置方某部分家具

C. 何某将丁某的行李存放在火车站小件寄存处,后丁某取行李时认为寄存费过高而拒绝支付,寄存处可留置该行李

D. 甲公司加工乙公司的机器零件,约定先付费后加工。付费和加工均已完成,但乙公司尚欠甲公司借款,甲公司可留置机器零件

答案:(　　)⑤

---

① 参考答案:BD

② 参考答案:C

③ 参考答案:D

④ 参考答案:C

⑤ 参考答案:CD

考点：留置权

二、商事留置权不需要具有同一法律关系

辽东公司欠辽西公司货款200万元，辽西公司与辽中公司签订了一份价款为150万元的电脑买卖合同，合同签订后，辽中公司指示辽西公司将该合同项下的电脑交付给辽东公司。因辽东公司届期未清偿所欠货款，故辽西公司将该批电脑扣留。关于辽西公司的行为，下列哪一选项是正确的？（2010－3－10）

A. 属于行使抵押权　　B. 属于行使动产质权

C. 属于行使留置权　　D. 属于自助行为

答案：（　　）①

考点：留置权之合法占有债务人动产、商事留置权之无须同一法律关系、自助行为

解题图构

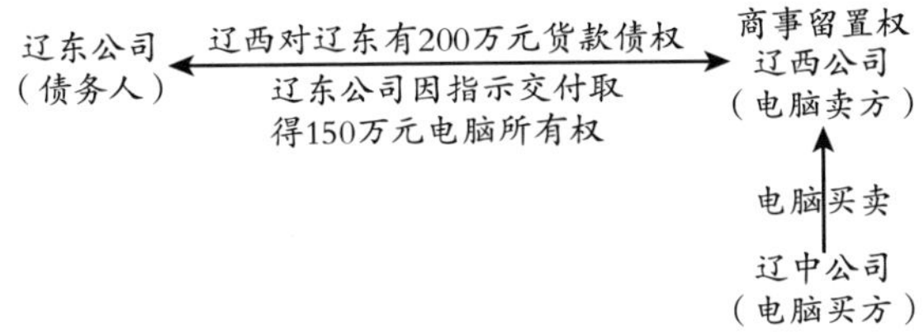

三、民事留置权的同一法律关系

小贝购得一只世界杯指定用球后兴奋不已，一脚踢出，恰好落入邻居老马家门前的水井中，正在井边清洗花瓶的老马受到惊吓，手中花瓶落地摔碎。老马从井中捞出足球后，小贝央求老马归还，老马则要求小贝赔偿花瓶损失。对此，下列哪些选项是正确的？（2010－3－54）

A. 小贝对老马享有物权请求权

B. 老马对小贝享有物权请求权

C. 老马对小贝享有债权请求权

D. 如小贝拒绝赔偿，老马可对足球行使留置权

答案：（　　）②

考点：物权请求权、债权请求权、“民事”留置权

① 参考答案：C

② 参考答案：AC

4 第四编 债法总则

第十三章 债的概述

第一节 债的发生

1. 影楼擅自使用婷婷照片之承揽之债、侵权之债和不当得利之债

婷婷满一周岁，其父母将某影楼摄影师请到家中为其拍摄纪念照，并要求影楼不得保留底片用作他途。相片洗出后，影楼违反约定将婷婷相片制成挂历出售，获利颇丰。本案中存在哪些债的关系？(2008－3－56)

A. 承揽合同之债　　B. 委托合同之债

C. 侵权行为之债　　D. 不当得利之债

答案：(　　)①

考点：民事法律关系破案法之债的发生

2. 无偿住房＋无偿教钢琴＝无名合同之债

甲、乙双方达成协议，约定甲将房屋无偿提供给乙居住，乙则无偿教甲的女儿学钢琴。对于该协议，下列哪些说法是正确的？(2005－3－56)

A. 属于无名合同

B. 属于实践合同

C. 应适用合同法总则的规定

D. 可以参照适用合同法关于租赁合同的规定

答案：(　　)②

考点：无名合同之债

第二节 无因管理

1. 无因管理之救火，为房东和租户，不为保险公司

甲的房屋与乙的房屋相邻。乙把房屋出租给丙居住，并为该房屋在A公司买了火灾保险。某日甲见乙的房屋起火，唯恐大火蔓延自家受损，遂率家人救火，火势得到及时控制，但甲被烧伤住院治疗。下列哪一表述是正确的？(2014－3－20)

A. 甲主观上为避免自家房屋受损，不构成无因管理，应自行承担医疗费用

B. 甲依据无因管理只能向乙主张医疗费赔偿，因乙是房屋所有人

C. 甲依据无因管理只能向丙主张医疗费赔偿，因丙是房屋实际使用人

D. 甲依据无因管理不能向A公司主张医疗费赔偿，因甲欠缺为A公司的利益实施管理的主观意思

答案：(　　)③

考点：无因管理的构成要件之主观为他人管理的意思

2. 为他人清偿明知时效已过之债、“被”戴绿帽子抚养他人小孩、顺便把邻居轿车上雪扫干净(情谊行为)，均非无因管理，拾得遗失物并管理是无因管理

下列哪一情形会引起无因管理之债？(2013－3－21)

A. 甲向乙借款，丙在明知诉讼时效已过后擅自代甲向乙还本付息

① 参考答案：ACD

② 参考答案：ACD

③ 参考答案：D

B. 甲在自家门口扫雪，顺便将邻居乙的小轿车上的积雪清扫干净

C. 甲与乙结婚后，乙生育一子丙，甲抚养丙 5 年后才得知丙是乙和丁所生

D. 甲拾得乙遗失的牛，寻找失主未果后牵回暂养。因地震致屋塌牛死，甲出卖牛皮、牛肉获价款若干

答案：(　　)①

考点：是否成立无因管理的判断

3. 摘卖西瓜、办理后事等综合无因管理费用应扣除

刘某承包西瓜园，收获季节突然病故。好友刁某因联系不上刘某家人，便主动为刘某办理后事和照看西瓜园，并将西瓜卖出，获益 5 万元。其中，办理后事花费 1 万元、摘卖西瓜雇工费以及其他必要费用共 5000 元。刁某认为自己应得劳务费 5000 元。关于刁某的行为，下列哪一说法是正确的？(2011－3－20)

A. 5 万元属于不当得利

B. 应向刘某家人给付 3 万元

C. 应向刘某家人给付 4 万元

D. 应向刘某家人给付 3.5 万元

答案：(　　)②

考点：无因管理扣除综合管理事务的费用，既生"瑜"不生"亮"(有无因管理，则不启动不当得利)

4. 来台风，故帮邻居修房子未达效果，仍属无因管理

张某外出，台风将至。邻居李某担心张某年久失修的房子被风刮倒，祸及自家，就雇人用几根木料支撑住张某的房子，但张某的房子仍然不敌台风，倒塌之际压死了李某养的数只鸡。下列哪一说法是正确的？(2009－3－12)

A. 李某初衷是为自己，故不构成无因管理

B. 房屋最终倒塌，未达管理效果，故无因管理不成立

C. 李某的行为构成无因管理

D. 张某不需支付李某固房费用，但应赔偿房屋倒塌给李某造成的损失

答案：(　　)③

考点：无因管理构成的判断

5. 不同情形无因管理的判断

下列行为中，哪些构成无因管理？(2008－3－55)

A. 甲错把他人的牛当成自家的而饲养

B. 乙见邻居家中失火恐殃及自己家，遂用自备的灭火器救火

C. 丙(15 岁)租车将在体育课上昏倒的同学送往医院救治

D. 丁见门前马路下水道井盖被盗致路人跌伤，遂自购一井盖铺上

答案：(　　)④

考点：无因管理成立的判断

6. 为人无因管理卖鱼，赶喜宴贱卖，利益收入囊中为不当得利

甲正在市场卖鱼，突闻其父病危，急忙离去，邻摊菜贩乙见状遂自作主张代为叫卖，以比甲原每斤 10 元高出 5 元的价格卖出鲜鱼 200 斤，并将多卖的 1000 元收入自己囊中，后乙因急赴喜宴将余下的 100 斤鱼以每斤 3 元卖出。下列哪些选项是正确的？(2007－3－53)

A. 乙的行为构成无因管理

B. 乙收取多卖 1000 元构成不当得利

C. 乙低价销售 100 斤鱼构成不当管理，应承担赔偿责任

D. 乙可以要求甲支付一定报酬

答案：(　　)⑤

考点：无因管理、不当得利

7. 邻居"英雄"儿童救火之无因管理

陈某外出期间家中失火，邻居家 10 岁的女儿刘某呼叫邻居救火，并取自家衣物参与扑火。在救火过程中，刘某手部烧伤，花去医疗费 200 元，衣物损失 100 元。下列哪种说法是正确的？(2006－3－12)

A. 陈某应偿付刘某 100 元

B. 陈某应偿付刘某 200 元

C. 陈某应偿付刘某 300 元

D. 陈某无须补偿刘某

答案：(　　)⑥

---

① 参考答案：D
② 参考答案：D
③ 参考答案：C
④ 参考答案：BCD
⑤ 参考答案：ABC
⑥ 参考答案：C

考点：限制行为能力人实施无因管理受损，可向被管理人主张

8.“拾得遗失物”之牛被台风刮倒的牛棚压死，拾得人杀牛并销售为无因管理

甲的一头牛走失，乙牵回关入自家牛棚，准备次日寻找失主。当晚牛棚被台风刮倒，将牛压死。乙将牛肉和牛皮出售，各得款 500 元和 100 元。请人屠宰及销售，支出 100 元。下列哪一种说法是正确的？（2005－3－14）

A. 甲有权要求乙返还一头同样的牛

B. 甲有权要求乙返还 500 元

C. 甲有权要求乙返还 600 元

D. 甲有权要求乙按该牛的市价赔偿 1000 元

答案：（　　）①

考点：拾得遗失物、无因管理

第三节　不当得利

1. 存款账户多出 1 万构成不当得利

下列哪一情形产生了不当得利之债？（2013－3－20）

A. 甲欠乙款超过诉讼时效后，甲向乙还款

B. 甲欠乙款，提前支付全部利息后又在借期届满前提前还款

C. 甲向乙支付因前晚打麻将输掉的 2000 元现金

D. 甲在乙银行的存款账户因银行电脑故障多出 1 万元

答案：（　　）②

考点：不当得利成立的判断

2. 合同无效发生的不当得利

甲将某物出售于乙，乙转售于丙，甲应乙的要求，将该物直接交付于丙。下列哪一说法是错误的？（2012－3－20）

A. 如仅甲、乙间买卖合同无效，则甲有权向乙主张不当得利返还请求权

B. 如仅乙、丙间买卖合同无效，则乙有权向丙主张不当得利返还请求权

C. 如甲、乙间以及乙、丙间买卖合同均无效，甲无权向丙主张不当得利返还请求权

D. 如甲、乙间以及乙、丙间买卖合同均无效，甲有权向乙、乙有权向丙主张不当得利返还请求权

答案：（　　）③

考点：基于无效合同发生的不当得利、物权的保护

3. 下列哪一情形不产生不当得利之债？（2011－3－19）

A. 甲向乙借款 10 万元，1 年后根据约定偿还本息 15 万元

B. 甲不知诉讼时效已过，向债权人乙清偿债务

C. 甲久别归家，误把乙的鸡当成自家的吃掉

D. 甲雇用的装修工人，误把邻居乙的装修材料用于甲的房屋装修

答案：（　　）④

考点：不当得利的成立

4.“挖坑”之“守株待兔”：不当得利和侵权行为

任某门前公路上有一泥沟。某日，一货车经过泥沟，由于颠簸掉落货物一件，被任某拾得据为己有。任某发现有利可图，遂将泥沟挖深半尺。次日，果然又拾得两袋车上颠落的货包。关于任某行为的性质，下列哪一选项是正确的？（2008－四川－5）

A. 无因管理和侵权行为

B. 不当得利

C. 无因管理和不当得利

D. 不当得利和侵权行为

答案：（　　）⑤

考点：不当得利和侵权行为

5. 工资卡多出 2 万

张某发现自己的工资卡上多出 2 万元，便将其中 1 万元借给郭某，约定利息 500 元；另外 1 万元投入股市。张某单位查账发现此事，原因在于财务人员工作失误，遂要求张某返还。经查，张某借给郭某的 1 万元到期未还，投入股市的 1 万元已获利 2000

---

① 参考答案：B

② 参考答案：D

③ 参考答案：C

④ 参考答案：B

⑤ 参考答案：D

元。下列哪一选项是正确的？（2007－3－7）

A. 张某应返还给单位2万元

B. 张某应返还给单位2.2万元

C. 张某应返还给单位2.25万元

D. 张某应返还给单位2万元及其孳息

答案：（　　）①

考点：不当得利的返还范围

6. 盖房之反射利益、用拾得货币还债、第三人代为清偿均不是不当得利

在下列何种情形中，乙构成不当得利吗？（2005－3－10）

A. 甲欠乙500元，丙在甲不知情的情况下自愿代为偿还

B. 甲大学新建校区，当地居民乙的房屋大幅升值

C. 甲以拾得的100元还了欠乙的债务

D. 甲雇人耕田，雇工误耕了乙的数亩待耕之田

答案：（　　）②

考点：不当得利的成立判断

7. 同行是冤家，角色扮演（群众演员扮演食客）"爆满"隔壁饭店只吃瓜子，与此同时"正常爆满"自己饭店取得利益，不是不当得利

甲经营金山酒店，顾客爆满，相邻的银海酒店由乙经营，生意清淡。乙指使数十人进入金山酒店，2～3人占据一桌，每桌仅消费10余元。前来金山酒店就餐的顾客见无空桌，遂就近转往银海酒店。如此数日，银海酒店收入大增。乙的行为应如何定性？（2005－3－5）

A. 构成缔约过失　　B. 构成欺诈行为

C. 构成不当得利　　D. 构成不正当竞争行为

答案：（　　）③

考点：缔约过失（欺诈）、不当得利、不正当竞争行为的辨识

第四节　债的分类

1. 债的分类之交通事故达成赔偿协议

甲、乙与丙就交通事故在交管部门的主持下达成《调解协议书》，由甲、乙分别赔偿丙5万元，甲当即履行。乙赔了1万元，余下4万元给丙打了欠条。乙到期后未履行，丙多次催讨未果，遂持《调解协议书》与欠条向法院起诉。下列哪一表述是正确的？（2013－3－12）

A. 本案属侵权之债

B. 本案属合同之债

C. 如丙获得工伤补偿，乙可主张相应免责

D. 丙可要求甲继续赔偿4万元

答案：（　　）④

考点：民事法律关系的转化、侵权之债（第三人侵权与工伤赔偿）、合同之债（按份之债）

2. 连带共同保证债务，为法定连带之债

甲公司向银行贷款1000万元，乙公司和丙公司向银行分别出具担保函："在甲公司不按时偿还1000万元本息时，本公司承担保证责任。"关于乙公司和丙公司对银行的保证债务，下列哪一表述是正确的？（2011－3－10）

A. 属于选择之债　　B. 属于连带之债

C. 属于按份之债　　D. 属于多数人之债

答案：（　　）⑤

考点：债的种类、保证方式、共同保证

3. 赠与宝马，还是赠与房屋？标的不一样，为选择之债

甲对乙说：如果你在三年内考上公务员，我愿将自己的一套住房或者一辆宝马轿车相赠。乙同意。两年后，乙考取某国家机关职位。关于甲与乙的约定，下列哪一说法是正确的？（2009－3－9）

A. 属于种类之债　　B. 属于选择之债

C. 属于连带之债　　D. 属于劳务之债

答案：（　　）⑥

考点：财物之债（下分种类物之债和特定物之债）、选择之债（依债的标的区分，和简单之债对应）、连带之债（与按份之债对应）

---

① 参考答案：D
② 参考答案：D
③ 参考答案：D
④ 参考答案：B
⑤ 参考答案：B
⑥ 参考答案：B

4. 石油买卖不是特定之债

甲、乙与丙签订了一份购销合同，约定丙供给甲、乙原油3000吨，每吨价格为2500元，原油运到甲、乙所在地车站后，甲和乙按4:6比例分配并按该比例付款。关于该合同之债的种类，下列哪些选项是正确的？（2008－四川－54）

A. 多数人之债　　B. 按份之债

C. 简单之债　　D. 特定之债

答案：(　　)①

考点：债的分类

5. 黑胡子组合与演出公司的单一之债（主体是一对一）

某演出公司与“黑胡子”四人演唱组合订立演出合同，约定由该组合在某晚会上演唱自创歌曲2～3首，每首酬金2万元。由此成立的债的关系属何种类型？（2005－3－8）

A. 特定之债　　B. 单一之债

C. 选择之债　　D. 法定之债

答案：(　　)②

考点：债的分类

① 参考答案：ABC

② 参考答案：B

第十四章　债的履行

第一节　情势变更原则

培训机构约定使培训人员成绩达到高考二本线，后仅达到去年的二本线，不属于情势变更

甲与乙教育培训机构就课外辅导达成协议，约定甲交费5万元，乙保证甲在接受乙的辅导后，高考分数能达到二本线。若未达到该目标，全额退费。结果甲高考成绩仅达去年二本线，与今年高考二本线尚差20分。关于乙的承诺，下列哪一表述是正确的？（2012－3－11）

A. 属于无效格式条款

B. 因显失公平而可变更

C. 因情势变更而可变更

D. 虽违背教育规律但属有效

答案：(　　)①

考点：格式条款、显失公平、情势变更

第二节　债的履行规则

1. 第三人代为履行交付葡萄酒具有法律效力

甲公司对乙公司负有交付葡萄酒的合同义务。丙公司和乙公司约定，由丙公司代甲公司履行，甲公司对此全不知情。下列哪一表述是正确的？（2012－3－12）

A. 虽然甲公司不知情，丙公司的履行仍然有法律效力

B. 因甲公司不知情，故丙公司代为履行后对甲公司不得追偿代为履行的必要费用

C. 虽然甲公司不知情，但如丙公司履行有瑕疵的，甲公司需就此对乙公司承担违约责任

D. 虽然甲公司不知情，但如丙公司履行有瑕疵从而承担违约责任的，丙公司可就该违约赔偿金向甲公司追偿

答案：(　　)②

考点：第三人代为清偿、合同相对性、无因管理

2. 代物清偿，使得简单之债转化为选择之债

王某向丁某借款100万元，后无力清偿，遂提出以自己所有的一幅古画抵债，双方约定第二天交付。对此，下列哪些说法是正确的？（2016－3－56）

A. 双方约定以古画抵债，等同于签订了另一份买卖合同，原借款合同失效，王某只能以交付古画履行债务

B. 双方交付古画的行为属于履行借款合同义务

C. 王某有权在交付古画前反悔，提出继续以现金偿付借款本息方式履行债务

D. 古画交付后，如果被鉴定为赝品，则王某应承担瑕疵担保责任

答案：(　　)③

考点：债的履行之代物清偿

第三节　涉及履行的抗辩和抗辩权

一、同时履行抗辩权、不安抗辩权、留置权、抵销权的四不像

甲于2月3日向乙借用一台彩电，乙于2月6日向甲借用了一部手机。到期后，甲未向乙归还彩电，乙因此也拒绝向甲归还手机。关于乙的行为，下列哪些说法是错误的？（2005－3－55）

A. 是行使同时履行抗辩权

B. 是行使不安抗辩权

C. 是行使留置权

D. 是行使抵销权

答案：(　　)④

---

① 参考答案：D

② 参考答案：A

③ 参考答案：BCD

④ 参考答案：ABCD

考点：同时履行抗辩权、不安抗辩权、留置权、抵销权

二、先履行抗辩权

1. 购房人交付二期房款与开发商交付房屋使用说明书不构成对待给付义务，不能启动先履行抗辩权

甲与乙公司签订的房屋买卖合同约定："乙公司收到首期房款后，向甲交付房屋和房屋使用说明书；收到二期房款后，将房屋过户给甲。"甲交纳首期房款后，乙公司交付房屋但未立即交付房屋使用说明书。甲以此为由行使先履行抗辩权而拒不支付二期房款。下列哪一表述是正确的？（2015－3－10）

A. 甲的做法正确，因乙公司未完全履行义务

B. 甲不应行使先履行抗辩权，而应行使不安抗辩权，因乙公司有不能交付房屋使用说明书的可能性

C. 甲可主张解除合同，因乙公司未履行义务

D. 甲不能行使先履行抗辩权，因甲的付款义务与乙公司交付房屋使用说明书不形成主给付义务对应关系

答案：(　　)①

考点：先履行抗辩权、不安抗辩权、合同解除

解题图构

①甲（先交首期款）⟶ ②乙（后交付房屋和房屋使用说明书）

③甲（先交二期款）⟶ ④乙（后过户房屋）

各项义务的时间先后顺序：①首期款——②交房和未交说明书——③二期款——④过户。

2. 合同履行过程中正常磋商，不启动先履行抗辩权

甲公司向乙公司购买小轿车，约定7月1日预付10万元，10月1日预付20万元，12月1日乙公司交车时付清尾款。甲公司按时预付第一笔款。乙公司于9月30日发函称因原材料价格上涨，需提高小轿车价格。甲公司于10月1日拒绝，等待乙公司答复未果后于10月3日向乙公司汇去20万元。乙公司当即拒收，并称甲公司迟延付款构成违约，要求解除合同，甲公司则要求乙公司继续履行。下列哪一表述是正确的？（2014－3－12）

A. 甲公司不构成违约

B. 乙公司有权解除合同

C. 乙公司可行使先履行抗辩权

D. 乙公司可要求提高合同价格

答案：(　　)②

考点：先履行抗辩权、合同解除、违约责任

解题图构

7月1日（甲应预付10万元），甲按时预付10万元

9月30日乙发函单方涨价

10月1日（甲应预付20万元），甲拒绝乙单方涨价，等待乙答复未果，甲延时至10月3日预付10万元

对抗：
- 乙拒收，主张甲迟延付款构成违约，并要求解除合同。
- 甲主张乙继续履行。

3. 后交付图书一方的先履行抗辩权，抗辩交付部分图书

甲、乙订立一份价款为10万元的图书买卖合同，约定甲先支付书款，乙两个月后交付图书。甲由于资金周转困难只交付5万元，答应余款尽快支付，但乙不同意。两个月后甲要求乙交付图书，遭乙拒绝。对此，下列哪一表述是正确的？（2010－3－13）

A. 乙对甲享有同时履行抗辩权

B. 乙对甲享有不安抗辩权

C. 乙有权拒绝交付全部图书

D. 乙有权拒绝交付与5万元书款价值相当的部分图书

答案：(　　)③

考点：后交付图书一方的先履行抗辩权，抗辩交付部分图书

解题图构

甲（先付全款，仅付5万元）⟷ 乙（后交图书，可拒绝交付于5万元对应的图书）

先方（不安抗辩权）⟷ 后方（先履行抗辩权）

4. "煤矿"先方交付的煤根本违约，后方可启动顺序履行抗辩权或解除合同主张违约责任

某热电厂从某煤矿购煤200吨，约定交货期限为2007年9月30日，付款期限为2007年10月31日。9月底，煤矿交付200吨煤，热电厂经检验发现煤的含硫量远远超过约定标准，根据政府规定不能在该厂区燃烧。基于上述情况，热电厂的哪些主张

---

① 参考答案：D

② 参考答案：A

③ 参考答案：D

有法律依据?(2008－3－57)

A. 行使顺序履行抗辩权

B. 要求煤矿承担违约责任

C. 行使不安抗辩权

D. 解除合同

答案:(　　)①

考点:“煤矿”先方交付的煤根本违约,后方可启动顺序履行抗辩权或解除合同主张违约责任

解题图构

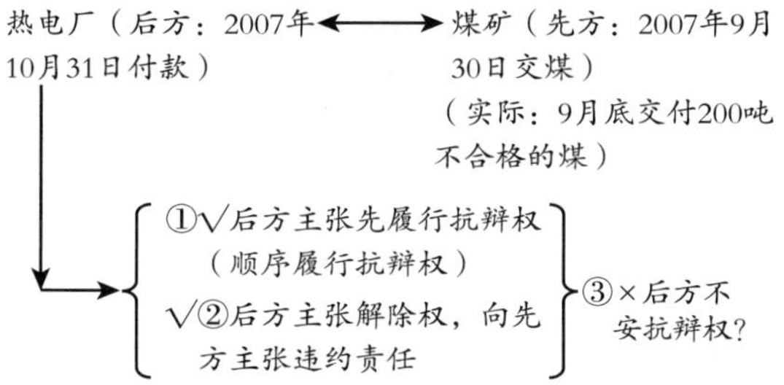

三、不安抗辩权

1.“连升扶梯”之不安抗辩权和先履行抗辩权

2011年5月6日,甲公司与乙公司签约,约定甲公司于6月1日付款,乙公司6月15日交付“连升”牌自动扶梯。合同签订后10日,乙公司销售他人的“连升”牌自动扶梯发生重大安全事故,质监局介入调查。合同签订后20日,甲、乙、丙公司三方合意,由丙公司承担付款义务。丙公司6月1日未付款。下列哪一表述是正确的?(2011－3－14)

A. 甲公司有权要求乙公司交付自动扶梯

B. 丙公司有权要求乙公司交付自动扶梯

C. 丙公司有权行使不安抗辩权

D. 乙公司有权要求甲公司和丙公司承担连带债务

答案:(　　)②

考点:先履行抗辩权、不安抗辩权、免责付款债务承担

解题图构:

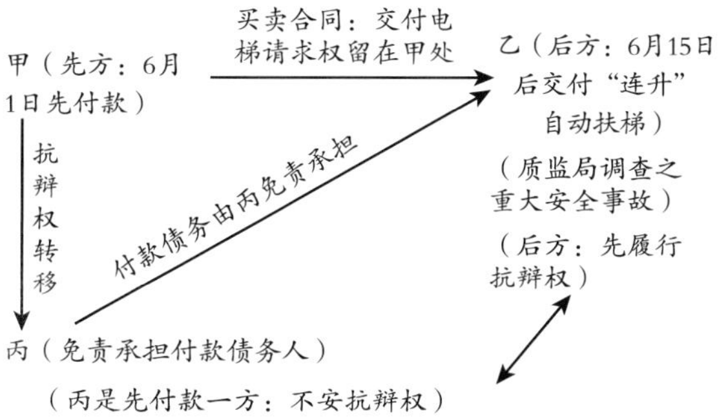

2.服装加工中的后方出现“不安抗辩情形”、“预期违约情形”,先方可启动不安抗辩,也可启动预期违约制度

甲公司与乙公司签订服装加工合同,约定乙公司支付预付款1万元,甲公司加工服装1000套,3月10日交货,乙公司3月15日支付余款9万元。3月10日,甲公司仅加工服装900套,乙公司此时因濒临破产致函甲公司表示无力履行合同。下列哪一说法是正确的?(2009－3－10)

A. 因乙公司已支付预付款,甲公司无权中止履行合同

B. 乙公司有权以甲公司仅交付900套服装为由,拒绝支付任何货款

C. 甲公司有权以乙公司已不可能履行合同为由,请求乙公司承担违约责任

D. 因乙公司丧失履行能力,甲公司可行使顺序履行抗辩权

答案:(　　)③

考点:服装加工中的后方出现“不安抗辩情形”、“预期违约情形”,先方可启动不安抗辩,也可启动预期违约制度

解题图构

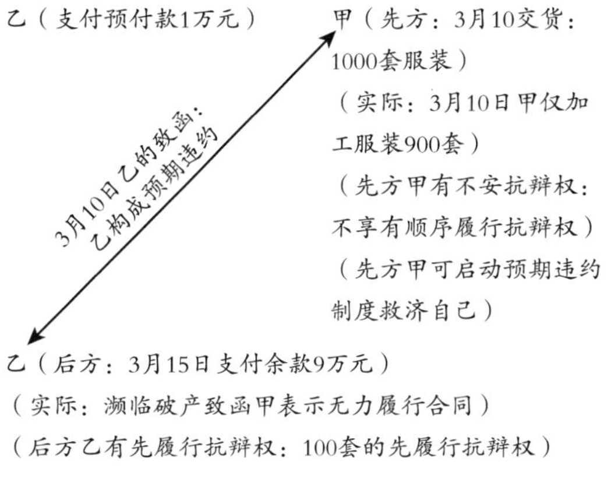

① 参考答案:ABD

② 参考答案:C

③ 参考答案:C

第十五章　债的保全和担保

第一节　债的保全

一、代位权

1. 代位权的三大抗辩(原债抗辩、次债抗辩、代位之债的抗辩)

甲公司对乙公司享有 5 万元债权,乙公司对丙公司享有 10 万元债权。如甲公司对丙公司提起代位权诉讼,则针对甲公司,丙公司的下列哪些主张具有法律依据?(2012－3－59)

A. 有权主张乙公司对甲公司的抗辩

B. 有权主张丙公司对乙公司的抗辩

C. 有权主张代位权行使中对甲公司的抗辩

D. 有权要求法院追加乙公司为共同被告

答案:(　　)[①]

考点:代位权的三大抗辩(原债抗辩、次债抗辩、代位之债的抗辩)、债务人是第三人而非共同被告

解题图构

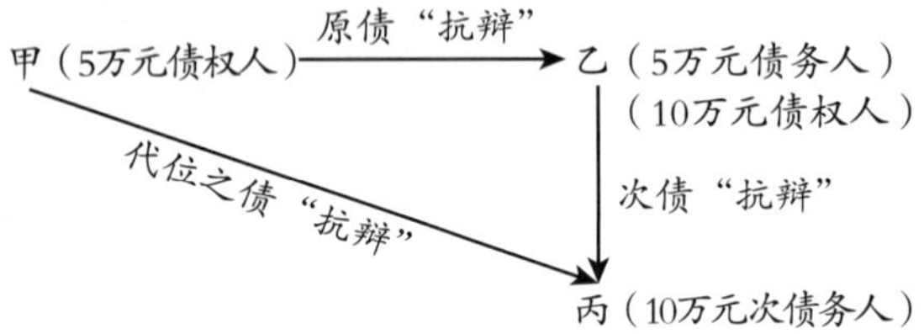

2. “应收账款”的代位之债、单方出具担保函对方无异议的保证

甲公司与乙公司签订 10 万元建材买卖合同后,乙交付建材,甲公司未付建材款。甲公司将该建材用于丙公司办公楼装修,丙公司需向甲公司支付 15 万元装修款,其中 5 万元已经支付完毕。丙公司给乙公司出具《担保函》:“本公司同意以欠甲公司的 10 万元装修款担保甲公司欠乙公司的 10 万元建材款。”乙公司对此并无异议。后,甲公司对乙公司的债务、丙公司对甲公司的债务均届期未偿,且甲公司怠于向丙公司主张债权。下列哪些表述是正确的?(2011－3－59)

A. 乙公司对丙公司享有应收账款质权

B. 丙公司应对乙公司承担保证责任

C. 乙公司可以对丙公司提起代位权诉讼

D. 乙公司可以要求并存债务承担人丙公司清偿债务

答案:(　　)[②]

考点:“应收账款”的代位之债、单方出具担保函对方无异议的保证

解题图构

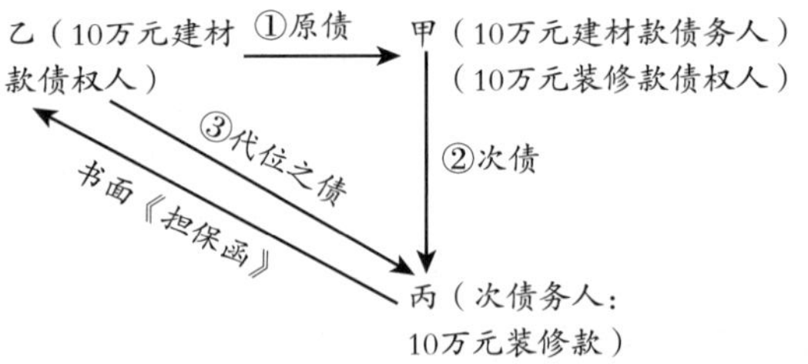

3. 债权转让、债务承担中表现出来的代位权诉讼

甲公司对乙公司享有 10 万元债权,乙公司对丙公司享有 20 万元债权。甲公司将其债权转让给丁公司并通知了乙公司,丙公司未经乙公司同意,将其债务转移给戊公司。如丁公司对戊公司提起代位权诉讼,戊公司下列哪一抗辩理由能够成立?(2011－3－12)

A. 甲公司转让债权未获乙公司同意

B. 丙公司转移债务未经乙公司同意

C. 乙公司已经要求戊公司偿还债务

D. 乙公司、丙公司之间的债务纠纷有仲裁条款约束

答案:(　　)[③]

---

① 参考答案:ABC

② 参考答案:BC

③ 参考答案:B

考点：代位权、债权转让、债务转移、合同相对性

4. 人身债权不可代位、通过赠与（包括遗嘱）方式处分人身债权却可以撤销

甲对乙享有 2006 年 8 月 10 日到期的 6 万元债权，到期后乙无力清偿。乙对丙享有 5 万元债权，清偿期已届满 7 个月，但乙未对丙采取法律措施。乙对丁还享有 5 万元人身损害赔偿请求权。后乙去世，无其他遗产，遗嘱中将上述 10 万元的债权赠与戊。对此，下列哪些选项是正确的？（2010－3－58）

A. 甲可向法院请求撤销乙的遗赠

B. 在乙去世前，甲可直接向法院请求丙向自己清偿

C. 在乙去世前，甲可直接向法院请求丁向自己清偿

D. 如甲行使代位权胜诉，行使代位权的诉讼费用和其他费用都应该从乙财产中支付

答案：（　　）①

考点：人身债权不可代位、通过赠与（包括遗嘱）方式处分人身债权却可以撤销、代位权诉讼费用由败诉次债务人负担

解题图构

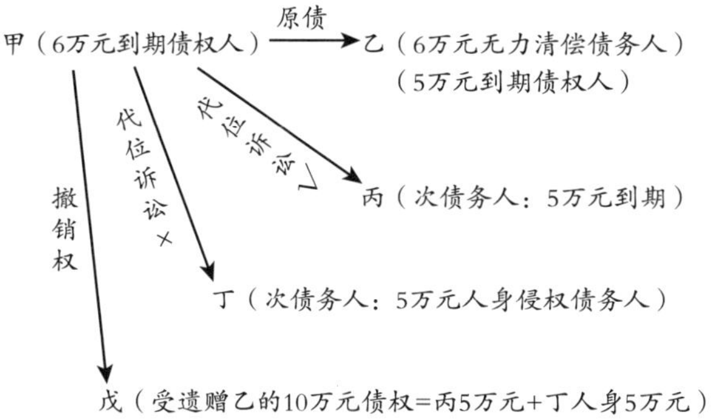

5. 代位权的结构、诉讼中可以追加债务人为第三人（而不是应当追加）、撤销权的结构（债务人在欠债之前的“穷大方”行为不受撤销权“侵略”）

甲公司欠乙公司货款 20 万元已有 10 个月，其资产已不足偿债。乙公司在追债过程中发现，甲公司在一年半之前作为保证人向某银行清偿了丙公司的贷款后一直没有向其追偿，同时还将自己对丁公司享有的 30% 的股权无偿转让给了丙公司。下列哪些选项是错误的？（2007－3－54）

A. 乙公司可以对丙公司行使代位权

B. 若乙公司对丙公司提起代位权诉讼，法院应当追加甲公司为第三人

C. 乙公司可以请求法院确认甲、丙之间无偿转让股权的合同无效

D. 乙公司有权请求法院撤销甲、丙之间无偿转让股权的合同

答案：（　　）②

考点：代位权的结构、诉讼中可以追加债务人为第三人（而不是应当追加）、撤销权的结构（债务人在欠债之前的“穷大方”行为不受撤销权“侵略”）

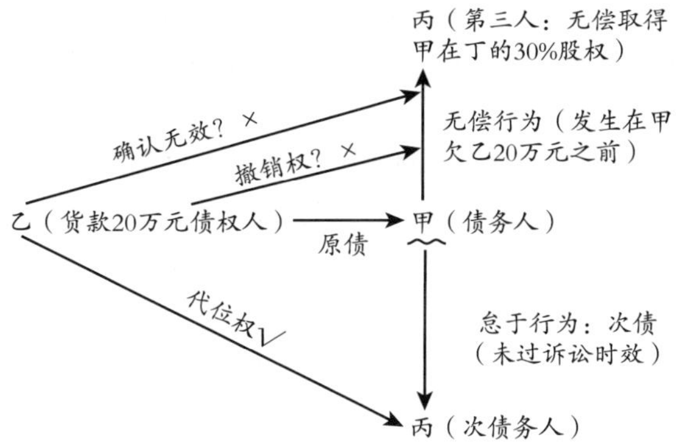

6. 无效合同之返还不当得利也是合法“原债”

甲企业借给乙企业 20 万元，期满未还。丙欠乙 20 万元货款也已到期，乙曾向丙发出催收通知书。乙、丙之间的供货合同约定，若因合同履行发生争议，由 Y 仲裁委员会仲裁。下列哪些选项是错误的？（2006－3－54）

A. 甲对乙的 20 万元债权不合法，故甲不能行使债权人代位权

B. 乙曾向丙发出债务催收通知书，故甲不能行使债权人代位权

C. 甲应以乙为被告、丙为第三人提起代位权诉讼

D. 乙、丙约定的仲裁条款不影响甲对丙提起代位权诉讼

答案：（　　）③

① 参考答案：AB

② 参考答案：司法部公布的答案是 ABCD。根据题干交代信息，尤其是选项之间的关系揭示出来的信息，将答案调整为 BCD。

③ 参考答案：ABC

考点：代位权结构的检讨（原债由借款之债转化为不当得利之债、“怠于”判断、“仲裁”条款的相对性）、代位权诉讼主体列明（次债务人是被告，债务人可以是第三人）

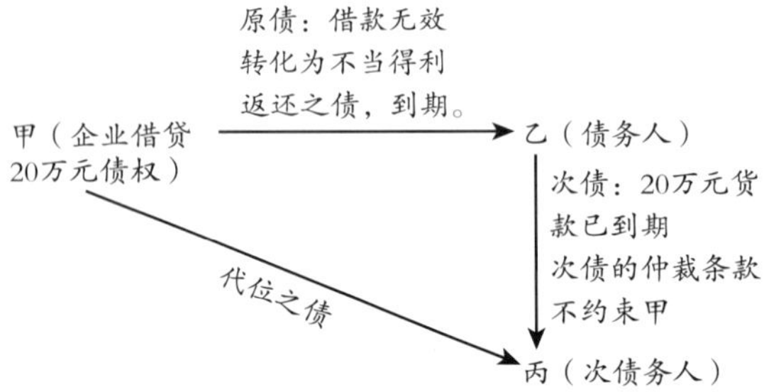

7. **继承权不能代位；“不如送你算了”启动撤销权与恶意串通无效行为；赠与人“有限”的物的瑕疵担保责任**

甲欠乙20万元到期无力偿还，其父病故后遗有价值15万元的住房1套，甲为唯一继承人。乙得知后与甲联系，希望以房抵债。甲便对好友丙说：“反正这房子我继承了也要拿去抵债，不如送给你算了。”二人遂订立赠与协议。下列哪些说法是错误的？（2006－3－51）

A. 乙对甲的行为可行使债权人撤销权

B. 乙可主张赠与协议无效

C. 乙可代位行使甲的继承权

D. 丙无权对因受赠房屋瑕疵造成的损失请求甲赔偿

答案：（　　）①

考点：继承权不能代位；“不如送你算了”启动撤销权与恶意串通无效行为；赠与人“有限”的物的瑕疵担保责任

二、撤销权

1. **债权人撤销权，避免债务人责任财产减少，而不负责增加债务人责任财产**

乙向甲借款20万元，借款到期后，乙的下列哪些行为导致无力偿还甲的借款时，甲可申请法院予以撤销？（2016－3－58）

A. 乙将自己所有的财产用于偿还对他人的未到期债务

B. 乙与其债务人约定放弃对债务人财产的抵押权

C. 乙在离婚协议中放弃对家庭共有财产的分割

D. 乙父去世，乙放弃对父亲遗产的继承权

答案：（　　）②

考点：债权人撤销权的对象

解题图构

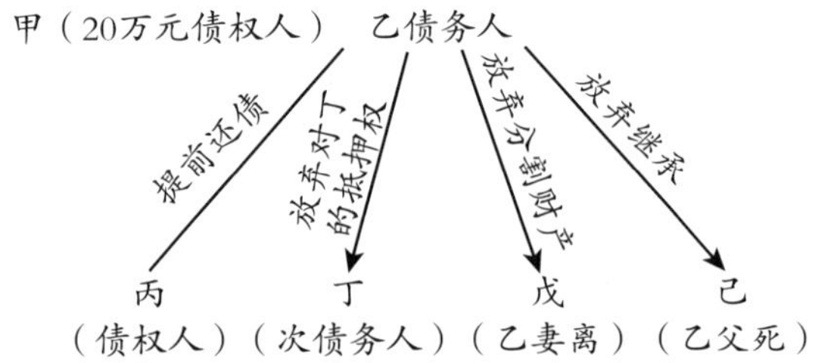

2. **撤销权构成要件的检讨、不动产物权变动与不动产合同区分原则、恶意串通、债权的平等性**

杜某拖欠谢某100万元。谢某请求杜某以登记在其名下的房屋抵债时，杜某称其已把房屋作价90万元卖给赖某，房屋钥匙已交，但产权尚未过户。该房屋市值为120万元。关于谢某权利的保护，下列哪些表述是错误的？（2014－3－54）

A. 谢某可请求法院撤销杜某、赖某的买卖合同

B. 因房屋尚未过户，杜某、赖某买卖合同无效

C. 如谢某能举证杜某、赖某构成恶意串通，则杜某、赖某买卖合同无效

D. 因房屋尚未过户，房屋仍属杜某所有，谢某有权直接取得房屋的所有权以实现其债权

答案：（　　）③

考点：撤销权构成要件的检讨、不动产物权变动与不动产合同区分原则、恶意串通、债权的平等性

3. **撤销权构成要件检讨之“处分行为”发生在原债之后；公益赠与合同当事人无任意撤销权**

甲公司在2011年6月1日欠乙公司货款500万元，届期无力清偿。2010年12月1日，甲公司向丙公司赠送一套价值50万元的机器设备。2011年3月1日，甲公司向丁基金会捐赠50万元现金。2011年12月1日，甲公司向戊希望学校捐赠价值100万元的电脑。甲公司的3项赠与行为均尚未履行。下列哪一选项是正确的？（2012－3－15）

① 参考答案：CD

② 参考答案：ABC

③ 参考答案：ABD

A. 乙公司有权撤销甲公司对丙公司的赠与

B. 乙公司有权撤销甲公司对丁基金会的捐赠

C. 乙公司有权撤销甲公司对戊学校的捐赠

D. 甲公司有权撤销对戊学校的捐赠

答案:(　　)①

考点:撤销权构成要件检讨之"处分行为"发生在原债之后;公益赠与合同当事人无任意撤销权

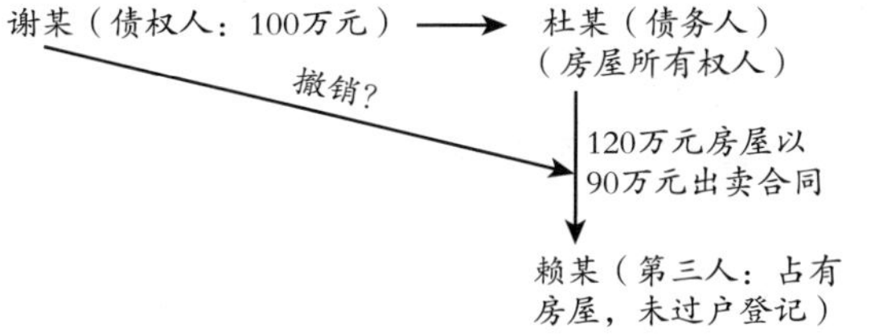

4. 债权人撤销权(过了1年除斥期间而消灭)与无效行为的竞合、与代位权结构的交叉

甲欠乙1万元到期未还。2003年4月,甲得知乙准备起诉索款,便将自己价值3万元的全部财物以1万元卖给了知悉其欠乙款未还的丙,约定付款期限为2004年年底。乙于2003年5月得知这一情况,于2004年7月决定向法院提起诉讼。乙提出的下列哪一项诉讼请求能够得到法院支持?(2005－3－9)

A. 请求宣告甲与丙的行为无效

B. 请求法院撤销甲与丙的行为

C. 请求以自己的名义行使甲对丙的1万元债权

D. 请求丙承担侵权责任

答案:(　　)②

考点:债权人撤销权(过了1年除斥期间而消灭)与无效行为的竞合、代位权之次债要到期、侵权责任保护的对象一般不包括债权

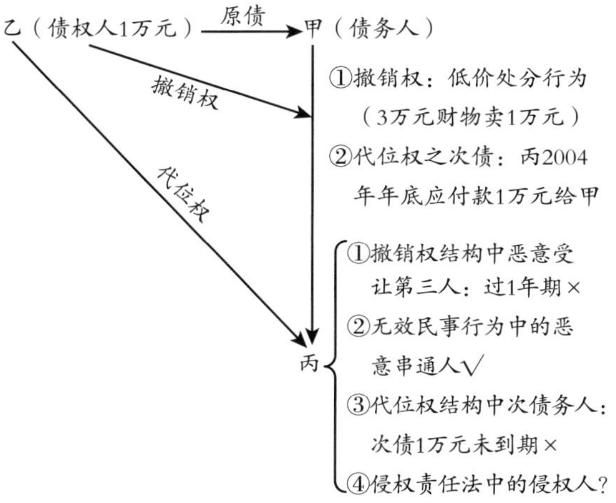

第二节 债的担保之保证

一、保证合同的成立

1. 保证合同的成立:从内容分析

根据甲公司的下列哪些《承诺(保证)函》,如乙公司未履行义务,甲公司应承担保证责任?(2015－3－57)

A. 承诺:"积极督促乙公司还款,努力将丙公司的损失降到最低"

B. 承诺:"乙公司向丙公司还款,如乙公司无力还款,甲公司愿代为清偿"

C. 保证:"乙公司实际投资与注册资金相符。"实际上乙公司实际投资与注册资金不符

D. 承诺:"指定乙公司与丙公司签订保证合同"。乙公司签订了保证合同但拒不承担保证责任

答案:(　　)③

考点:保证合同的成立、保证责任

2. 保证合同成立:从签字判断

方某、李某、刘某和张某签订借款合同,约定:"方某向李某借款100万元,刘某提供房屋抵押,张某提供保证。"除李某外,其他人都签了字。刘某先把房本交给了李某,承诺过几天再作抵押登记。李某交付100万元后,方某到期未还款。下列哪一选项是正确的?(2015－3－13)

A. 借款合同不成立

B. 方某应返还不当得利

C. 张某应承担保证责任

D. 刘某无义务办理房屋抵押登记

答案:(　　)④

考点:合同成立的条件、借款合同、保证合同、抵押合同、抵押权

---

① 参考答案:C

② 参考答案:A

③ 参考答案:BC

④ 参考答案:C

解题图构

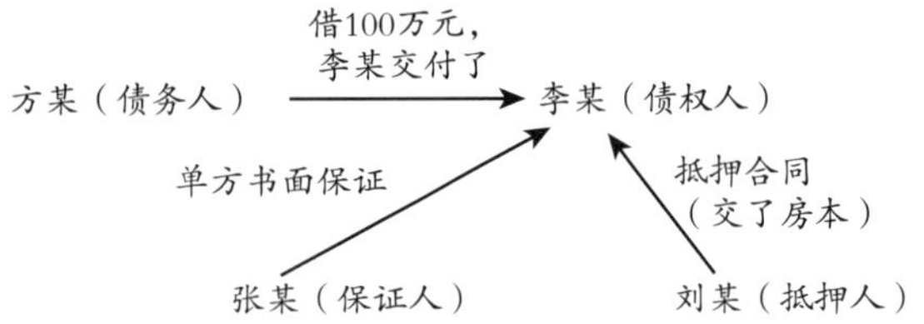

3. 保证合同成立：从要约承诺判断

甲、乙双方拟订的借款合同约定：甲向乙借款11万元，借款期限为1年。乙在签字之前，要求甲为借款合同提供担保。丙应甲要求同意担保，并在借款合同保证人一栏签字，保证期间为1年。甲将有担保签字的借款合同交给乙。乙要求从11万元中预先扣除1万元利息，同时将借款期限和保证期间均延长为2年。甲应允，双方签字，乙依约将10万元交付给甲。下列哪一表述是正确的？（2011－3－11）

A. 丙的保证期间为1年

B. 丙无须承担保证责任

C. 丙应承担连带保证责任

D. 丙应对10万元本息承担保证责任

答案：（　　）①

考点：要约、承诺、保证合同、保证方式、保证责任与借款合同

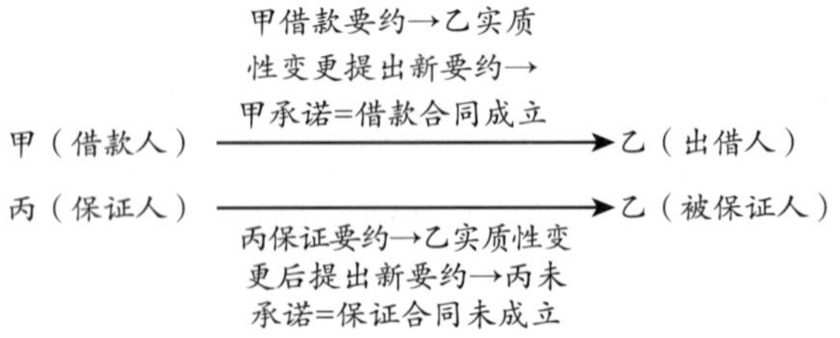

4. 保证合同成立，从成立方式判断，保证成立的几种方式

甲向乙借款5万元，乙要求甲提供担保，甲分别找到友人丙、丁、戊、己，他们各自作出以下表示，其中哪些构成保证？（2008－3－53）

A. 丙在甲向乙出具的借据上签署"保证人丙"

B. 丁向乙出具字据称"如甲到期不向乙还款，本人愿代还3万元"

C. 戊向乙出具字据称"如甲到期不向乙还款，由本人负责"

D. 己向乙出具字据称"如甲到期不向乙还款，由本人以某处私房抵债"

答案：（　　）②

考点：保证合同成立，从成立方式判断，保证的成立几种方式

二、共同保证

连带共同保证（保证人承担保证责任后的追偿有顺序限制：先追主债务人，再追其他保证人）、连带共同抵押（抵押人承担抵押责任后的追偿无顺序限制：可追主债务人，也可追其他抵押人）

甲公司向乙银行借款100万元，丙、丁以各自房产分别向乙银行设定抵押，戊、己分别向乙银行出具承担全部责任的担保函，承担保证责任。下列哪些表述是正确的？（2012－3－55）

A. 乙银行可以就丙或者丁的房产行使抵押权

B. 丙承担担保责任后，可向甲公司追偿，也可要求丁清偿其应承担的份额

C. 乙银行可以要求戊或者己承担全部保证责任

D. 戊承担保证责任后，可向甲公司追偿，也可要求己清偿其应承担的份额

答案：（　　）③

考点：连带共同保证（保证人承担保证责任后的追偿有顺序限制：先追主债务人，再追其他保证人）、连带共同抵押（抵押人承担抵押责任后的追偿无顺序限制：可追主债务人，也可追其他抵押人）

解题图构

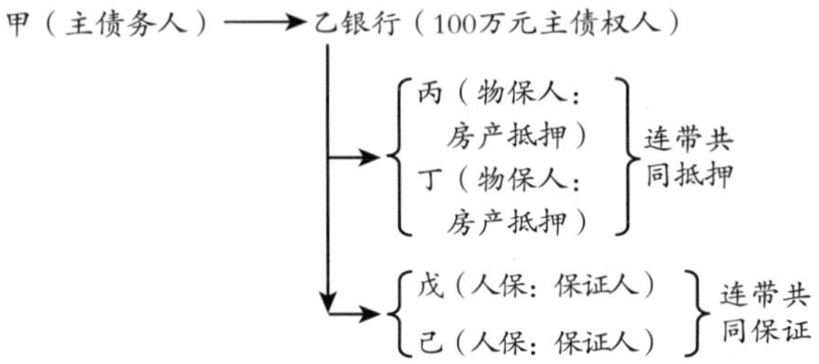

三、保证的抗辩

保证期间的抗辩

1. 保证期间的抗辩（主债务期间变更，保证期间原封不动）

甲公司与乙公司达成还款计划书，约定在2012

---

① 参考答案：B

② 参考答案：ABC

③ 参考答案：ABC

年7月30日归还100万元，8月30日归还200万元，9月30日归还300万元。丙公司对三笔还款提供保证，未约定保证方式和保证期间。后甲公司同意乙公司将三笔还款均顺延3个月，丙公司对此不知情。乙公司一直未还款，甲公司仅于2013年3月15日要求丙公司承担保证责任。关于丙公司保证责任，下列哪一表述是正确的？（2014－3－10）

A. 丙公司保证担保的主债权为300万元

B. 丙公司保证担保的主债权为500万元

C. 丙公司保证担保的主债权为600万元

D. 因延长还款期限未经保证人同意，丙公司不再承担保证责任

答案：（　　）①

考点：保证期间的抗辩（主债务期间变更，保证期间原封不动）

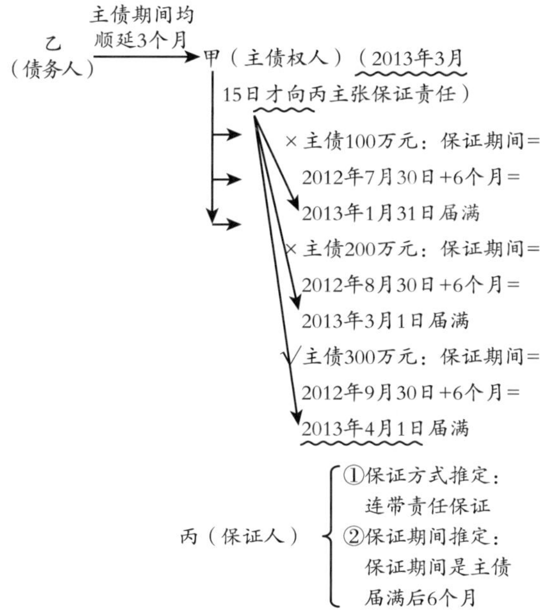

2. 明确约定保证方式为一般保证，但推定一般保证责任的保证期间（约定不明推定为主债届满后2年）

甲向乙借款10万元，由丙作为保证人，约定"如果甲到期不能偿还该债务，由丙承担保证责任，直至甲的债务本息还清为止"。下列哪些选项是正确的？（2008－四川－53）

A. 该保证为一般保证

B. 该保证为连带责任保证

C. 保证期间为主债务履行期届满之日起2年

D. 保证期间为主债务履行期届满之日起6个月

答案：（　　）②

考点：明确约定保证方式为一般保证，但推定一般保证责任的保证期间（约定不明推定为主债届满后2年）

3. 保证期间与保证债务诉讼时效的对接、保证债务诉讼时效与主债诉讼时效的关系

下列关于保证债务诉讼时效的哪些表述是正确的？（2006－3－59）

A. 保证期间届满后，不必再起算保证债务的诉讼时效

B. 保证债务的诉讼时效起算后，不必再计算保证期间

C. 保证债务的诉讼时效随主债务诉讼时效中止而中止

D. 保证债务的诉讼时效随主债务诉讼时效中断而中断

答案：（　　）③

考点：保证期间与保证债务诉讼时效的对接、保证债务诉讼时效与主债诉讼时效的关系

4. 法定保证期间是不变期间（2005年司考真题认为是除斥期间）

依照《中华人民共和国担保法》和最高人民法院《关于适用〈中华人民共和国担保法〉若干问题的解释》的相关规定，连带责任保证的法定保证期间属何种期间？（2005－3－57）

A. 诉讼时效期间　　B. 除斥期间

C. 可变期间　　D. 不可变期间

答案：（　　）④

考点：法定保证期间是不变期间

四、保证人追偿权

1. 约定抵销和保证人的追偿

张某从甲银行分支机构乙支行借款20万元，李某提供保证担保。李某和甲银行又特别约定，如保

---

① 参考答案：A

② 参考答案：AC

③ 参考答案：ABC

④ 参考答案：BD

证人不履行保证责任，债权人有权直接从保证人在甲银行及其支行处开立的任何账户内扣收。届期，张某、李某均未还款，甲银行直接从李某在甲银行下属的丙支行账户内扣划了18万元存款用于偿还张某的借款。下列哪一表述是正确的？（2014－3－15）

A. 李某与甲银行关于直接在账户内扣划款项的约定无效

B. 李某无须承担保证责任

C. 乙支行收回20万元全部借款本金和利息之前，李某不得向张某追偿

D. 乙支行应以自己的名义向张某行使追索权

答案：(　　)①

考点：约定抵销、法人及其分支机构、保证人的追偿权

解题图构

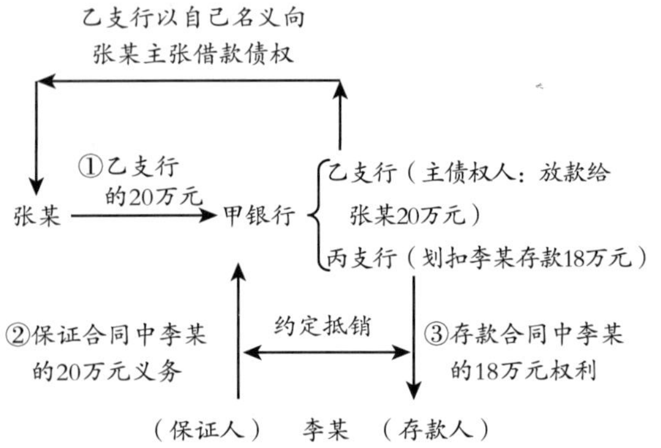

2. “硫黄熏蒸菊花茶”案，保证人有义务援引主债的抗辩，否则不得追主债务人；保证人放弃自己的先诉抗辩权不影响保证人的追偿权

甲公司从乙公司采购10袋菊花茶，约定：“在乙公司交付菊花茶后，甲公司应付货款10万元。”丙公司提供担保函：“若甲公司不依约付款，则由丙公司代为支付。”乙公司交付的菊花茶中有2袋经过硫黄熏蒸，无法饮用，价值2万元。乙公司要求甲公司付款未果，便要求丙公司付款10万元。下列哪些表述是正确的？（2011－3－54）

A. 如丙公司知情并向乙公司付款10万元，则丙公司只能向甲公司追偿8万元

B. 如丙公司不知情并向乙公司付款10万元，则乙公司会构成不当得利

C. 如甲公司付款债务诉讼时效已过，丙公司仍向乙公司付款8万元，则丙公司不得向甲公司追偿

D. 如丙公司放弃对乙公司享有的先诉抗辩权，仍向乙公司付款8万元，则丙公司不得向甲公司追偿

答案：(　　)②

考点：“硫黄熏蒸菊花茶”案，保证人有义务援引主债的抗辩，否则不得追主债务人；保证人放弃自己的先诉抗辩权不影响保证人的追偿权；不当得利

解题图构：

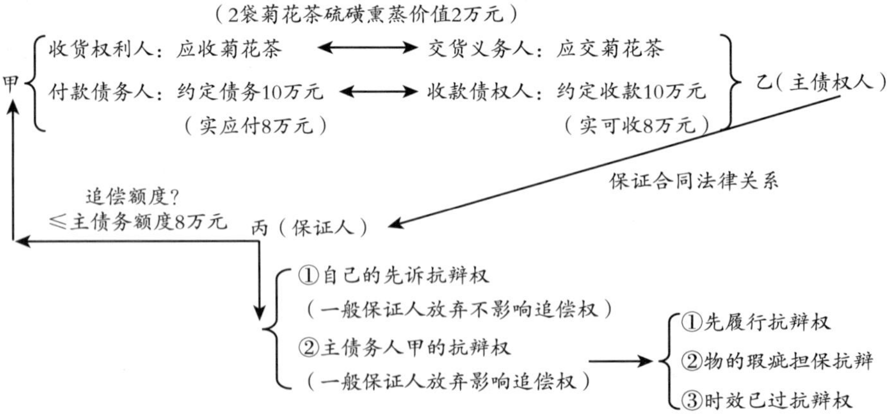

---

① 参考答案：D

② 参考答案：ABC

第三节　债的担保之定金

1. 成约定金未交付，定金合同未成立，而主合同因实际履行仍然生效

甲、乙约定：甲将100吨汽油卖给乙，合同签订后三天交货，交货后十天内付货款。还约定，合同签订后乙应向甲支付十万元定金，合同在支付定金时生效。合同订立后，乙未交付定金，甲按期向乙交付了货物，乙到期未付款。对此，下列哪一表述是正确的？（2010－3－14）

A. 甲可请求乙支付定金

B. 乙未支付定金不影响买卖合同的效力

C. 甲交付汽油使得定金合同生效

D. 甲无权请求乙支付价款

答案：(　　)①

考点：成约定金未交付，定金合同未成立，而主合同因实际履行仍然生效

解题图构：

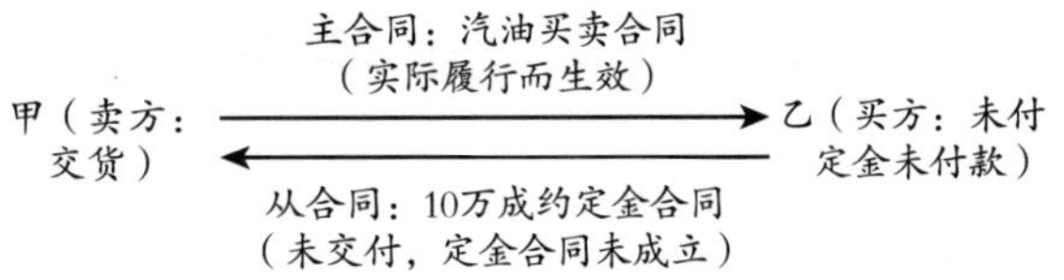

① 参考答案：B

第十六章　债的移转和消灭

第一节　债的移转

一、概括转移

债的法定转移

债的法定移转指依法使债权债务由原债权债务人转移给新的债权债务人。下列哪些选项属于债的法定移转的情形？(2013－3－59)

A. 保险人对第三人的代位求偿权

B. 企业发生合并或者分立时对原债权债务的承担

C. 继承人在继承遗产范围内对被继承人生前债务的清偿

D. 根据买卖不破租赁规则，租赁物的受让人对原租赁合同的承受

答案：(　　)①

考点：债的法定移转

二、债权让与

1. 债权让与，债权的抗辩随之让与：诉讼时效届满、负担时效抗辩的债权让与、享有时效抗辩的债务法定承担、新债务人可对新债权人主张时效届满的抗辩

甲公司与乙银行签订借款合同，约定借款期限自2010年3月25日起至2011年3月24日止。乙银行未向甲公司主张过债权，直至2014年4月15日，乙银行将该笔债权转让给丙公司并通知了甲公司。2013年5月16日，丁公司通过公开竞拍购买并接管了甲公司。下列哪一选项是正确的？(2013－3－5)

A. 因乙银行转让债权通知了甲公司，故甲公司不得对丙公司主张诉讼时效的抗辩

B. 甲公司债务的诉讼时效从2014年4月15日起中断

C. 丁公司债务的诉讼时效从2014年5月16日起中断

D. 丁公司有权向丙公司主张诉讼时效的抗辩

答案：(　　)②

考点：诉讼时效届满、负担时效抗辩的债权让与、享有时效抗辩的债务法定承担、新债务人可对新债权人主张时效届满的抗辩

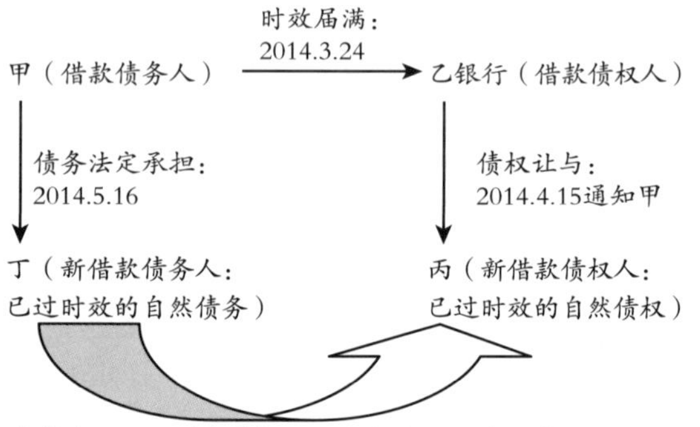

新债务人丁可对新债权人丙主张时效已过抗辩

2. 债权连环转让（债权连环转让均未通知债务人，对债务人不发生效力，但是债权转让本身有效；债务转移经债权人同意，发生债务转移效力）

甲将其对乙享有的10万元货款债权转让给丙，丙再转让给丁，乙均不知情。乙将债务转让给戊，得到了甲的同意。丁要求乙履行债务，乙以其不知情为由抗辩。下列哪一表述是正确的？(2012－3－13)

A. 甲将债权转让给丙的行为无效

B. 丙将债权转让给丁的行为无效

C. 乙将债务转让给戊的行为无效

D. 如乙清偿10万元债务，则享有对戊的求偿权

答案：(　　)③

---

① 参考答案：ABCD

② 参考答案：D（根据《民法总则》的3年时效规则，本题中的2014年修改自原真题的2013年。本题答案不变。）

③ 参考答案：D

考点：债权连环转让均未通知债务人，对债务人不发生效力，但是债权转让本身有效；债务转移经债权人同意，发生债务转移效力

3. 债权转让（债权转让协议生效日、债权转让通知对债务人生效日、“独享保证”不随债权转移、“抵销”规则随债权转让保持原状地转移）

甲向乙借款300万元于2008年12月30日到期，丁提供保证担保，丁仅对乙承担保证责任。后乙从甲处购买价值50万元的货物，双方约定2009年1月1日付款。2008年10月1日，乙将债权让与丙，并于同月15日通知甲，但未告知丁。对此，下列哪些选项是正确的？（2010－3－57）

A. 2008年10月1日债权让与在乙丙之间生效

B. 2008年10月15日债权让与对甲生效

C. 2008年10月15日甲可向丙主张抵销50万元

D. 2008年10月15日后丁的保证债务继续有效

答案：(　　)①

考点：债权转让（债权转让协议生效日、债权转让通知对债务人生效日、“专属保证”不随债权转移、“抵销”规则随债权转让保持原状地转移）

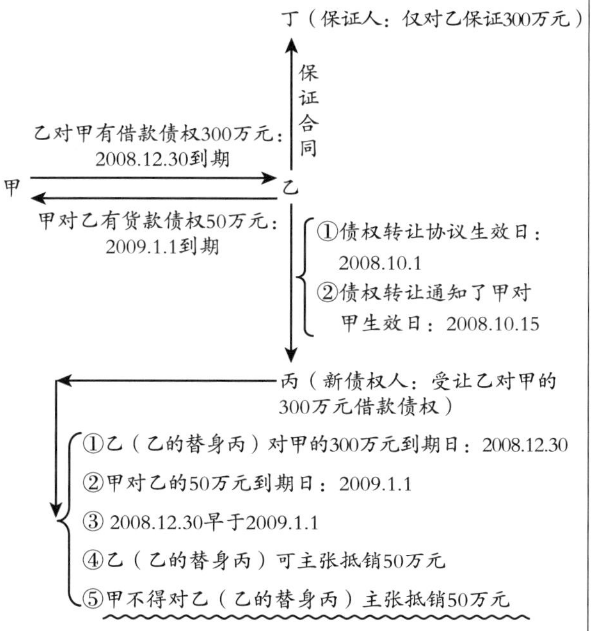

三、债务承担

1. 债务转移之“公司分立”，分立后公司对此前公司债务负连带债务

甲公司分立为乙、丙两公司，约定由乙公司承担甲公司全部债务的清偿责任，丙公司继受甲公司全部债权。关于该协议的效力，下列哪一选项是正确的？（2009－3－3）

A. 该协议仅对乙、丙两公司具有约束力，对甲公司的债权人并非当然有效

B. 该协议无效，应当由乙、丙两公司对甲公司的债务承担连带清偿责任

C. 该协议有效，甲公司的债权人只能请求乙公司对甲公司的债务承担清偿责任

D. 该协议效力待定，应当由甲公司的债权人选择分立后的公司清偿债务

答案：(　　)②

考点：债务转移之“公司分立”，分立后公司对此前公司债务负连带债务

2. “三角债”不走代位权结构，而走三方约定的债务承担和债权让与结构，但抗辩与代位权一样

甲对乙享有10万元到期债权，乙对丙也享有10万元到期债权，三方书面约定，由丙直接向甲清偿。下列哪些说法是正确的？（2006－3－57）

A. 丙可以向甲主张其对乙享有的抗辩权

B. 丙可以向甲主张乙对甲享有的抗辩权

C. 若丙不对甲清偿，甲可以要求乙清偿

D. 若乙对甲清偿，则构成代为清偿

答案：(　　)③

考点：“三角债”不走代位权结构，而走三方约定的债务承担和债权让与结构，但抗辩与代位权一样

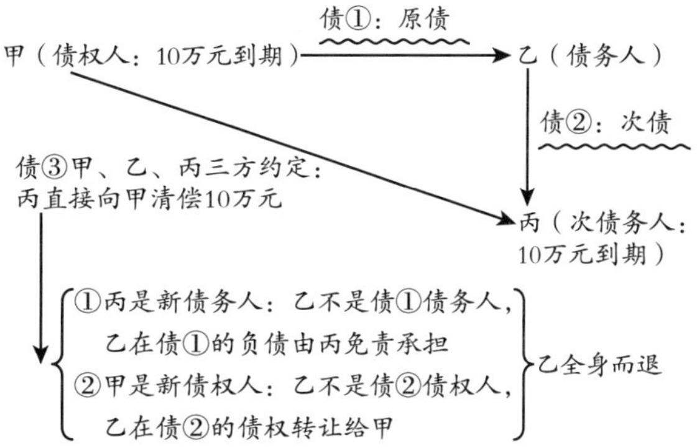

① 参考答案：AB

② 参考答案：A

③ 参考答案：ABD

第二节 债的消灭

1. 清偿:清偿抵充顺序

胡某于2006年3月10日向李某借款100万元,期限3年。2009年3月30日,双方商议再借100万元,期限3年。两笔借款均先后由王某保证,未约定保证方式和保证期间。李某未向胡某和王某催讨。胡某仅于2010年2月归还借款100万元。关于胡某归还的100万元,下列哪一表述是正确的?(2014-3-13)

A. 因2006年的借款已到期,故归还的是该笔借款

B. 因2006年的借款无担保,故归还的是该笔借款

C. 因2006年和2009年的借款数额相同,故按比例归还该两笔借款

D. 因2006年和2009年的借款均有担保,故按比例归还该两笔借款

答案:(　　)①

考点:债的清偿、清偿抵充顺序

解题图构

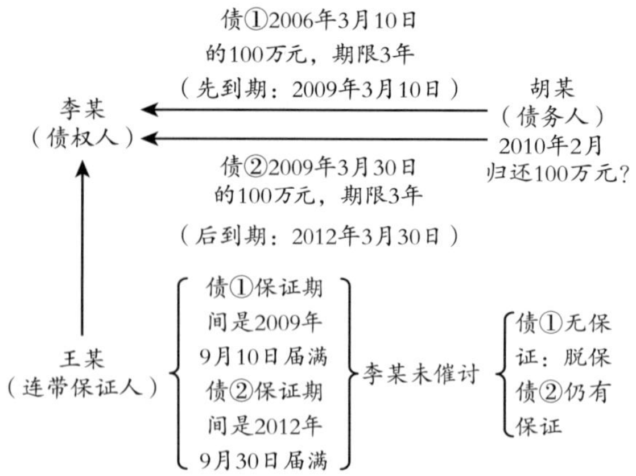

2. 抵销

甲装修公司欠乙建材商场货款5万元,乙商场需付甲公司装修费2万元。现甲公司欠款已到期,乙商场欠费已过诉讼时效,甲公司欲以装修费充抵货款。下列哪一种说法是正确的?(2005-3-4)

A. 甲公司有权主张抵销

B. 甲公司主张抵销,须经乙商场同意

C. 双方债务性质不同,不得抵销

D. 乙商场债务已过诉讼时效,不得抵销

答案:(　　)②

考点:"明明"可以主张抵销,偏偏过了诉讼时效,抵销具有溯及力,溯及"抵销适状"之时

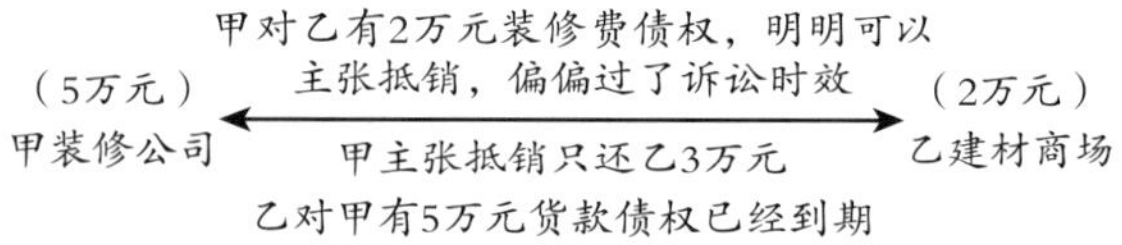

3. 提存

(1)乙在甲提存机构办好提存手续并通知债权人丙后,将2台专业相机、2台天文望远镜交甲提存。后乙另行向丙履行了提存之债,要求取回提存物。但甲机构工作人员在检修自来水管道时因操作不当引起大水,致乙交存的物品严重毁损。下列哪一选项是错误的?(2012-3-14)

A. 甲机构构成违约行为

B. 甲机构应承担赔偿责任

C. 乙有权主张赔偿财产损失

D. 丙有权主张赔偿财产损失

答案:(　　)③

考点:提存、侵权责任、违约责任

4. 免除

甲和乙之间有借贷关系,后二人结婚。此时,甲、乙之间的债权债务可以因下列哪一情形消灭?(2008-四川-8)

A. 因混同而消灭

B. 因混合而消灭

C. 因结婚而消灭

D. 因免除而消灭

答案:(　　)④

考点:债的消灭法定事由不包括结婚和混合;混同;免除

① 参考答案:A

② 参考答案:A

③ 参考答案:D

④ 参考答案:D

5 第五编 民法合同

第十七章　合同的订立

1. 售楼书标明“健身房”视为要约(根本违约、欺诈缔约过失、不是法定惩罚性赔偿情形)

甲房产开发公司在交给购房人张某的某小区平面图和项目说明书中都标明有一个健身馆。张某看中小区健身方便,决定购买一套商品房并与甲公司签订了购房合同。张某收房时发现小区没有健身馆。下列哪些表述是正确的? (2014－3－51)

A. 甲公司不守诚信,构成根本违约,张某有权退房

B. 甲公司构成欺诈,张某有权请求甲公司承担缔约过失责任

C. 甲公司恶意误导,张某有权请求甲公司双倍返还购房款

D. 张某不能滥用权利,在退房和要求甲公司承担违约责任之间只能选择一种

答案:(　　)①

考点:商品房买卖合同中要约与要约邀请、违约责任、缔约过失责任、惩罚性赔偿

2. “打赌”的悬赏广告,当代商鞅

甲与同学打赌,故意将一台旧电脑遗留在某出租车上,看是否有人送还。与此同时,甲通过电台广播悬赏,称捡到电脑并归还者,付给奖金500元。该出租汽车司机乙很快将该电脑送回,主张奖金时遭拒。下列哪一表述是正确的? (2012－3－4)

A. 甲的悬赏属于要约

B. 甲的悬赏属于单方允诺

C. 乙归还电脑的行为是承诺

D. 乙送还电脑是义务,不能获得奖金

答案:(　　)②

考点:单方允诺、债的发生原因

3. “摁手印”之最后签字或盖章地为订立地

张某和李某采用书面形式签订一份买卖合同,双方在甲地谈妥合同的主要条款,张某于乙地在合同上签字,李某于丙地在合同上摁了手印,合同在丁地履行。关于该合同签订地,下列哪一选项是正确的? (2010－3－11)

A. 甲地　　B. 乙地　　C. 丙地　　D. 丁地

答案:(　　)③

考点:合同签订地

解题图构

张某 ←书面形式买卖合同:未约定合同签订地点→ 李某

甲地谈妥→张某乙地签字→李某丙地摁手印

→合同在丁地履行

4. 售楼书标明网球场和游泳池进入合同(开发商构成欺诈)

喜好网球和游泳的赵某从宏大公司购买某小区商品房一套,交房时发现购房时宏大公司售楼部所展示的该小区模型中的网球场和游泳池并不存在。经查,该小区设计中并无网球场和游泳池。下列哪些选项是正确的? (2008－3－54)

A. 赵某有权要求退房

B. 赵某如要求退房,有权请求宏大公司承担缔

---

① 参考答案:AB

② 参考答案:司法部公布的答案是B。

③ 参考答案:C

约过错责任

C. 赵某如要求退房，有权请求宏大公司双倍返还购房款

D. 赵某如不要求退房，有权请求宏大公司承担违约责任

答案：（　　）①

考点：欺诈可撤销合同；缔约过失责任；售楼书明确承诺纳入合同，违反之负违约责任

5. 受要约人“实质性变更要约”，导致要约失效

甲公司于6月10日向乙公司发出要约订购一批红木，要求乙公司于6月15日前答复。6月12日，甲公司欲改向丙公司订购红木，遂向乙公司发出撤销要约的信件，于6月14日到达乙公司。而6月13日，甲公司收到乙公司的回复，乙公司表示红木缺货，问甲公司能否用杉木代替。甲公司的要约于何时失效？（2008－四川－6）

A. 6月12日　　B. 6月13日

C. 6月14日　　D. 6月15日

答案：（　　）②

考点：受要约人“实质性变更要约”，导致要约失效；要约不得撤销的情形

解题图构

甲 {
6月10日发出要约，承诺期限为6月15日之前
6月13日甲收到乙回复可否用杉木代替红木（乙实质性变更要约=要约失效日）
6月12日发出撤销要约通知，该通知在6月14日到达乙
} 乙

6. 电视商业广告为要约，汇票上门取货

甲公司通过电视发布广告，称其有100辆某型号汽车，每辆价格15万元，广告有效期10天。乙公司于该则广告发布后第5天自带汇票去甲公司买车，但此时车已全部售完，无货可供。下列哪一选项是正确的？（2007－3－8）

A. 甲构成违约

B. 甲应承担缔约过失责任

C. 甲应承担侵权责任

D. 甲不应承担民事责任

答案：（　　）③

考点：具体明确商业广告是要约，违反之须负违约责任

7. 确认收到函件，是事实通知，不是意思通知；合同书签约应双方签字或盖章合同才成立；反复无常应负缔约过失责任

甲公司于6月5日以传真方式向乙公司求购一台机床，要求“立即回复”。乙公司当日回复“收到传真”。6月10日，甲公司电话催问，乙公司表示同意按甲公司报价出售，要其于6月15日来人签订合同书。6月15日，甲公司前往签约，乙公司要求加价，未获同意，乙公司遂拒绝签约。对此，下列哪一种说法是正确的？（2005－3－11）

A. 买卖合同于6月5日成立

B. 买卖合同于6月10日成立

C. 买卖合同于6月15日成立

D. 甲公司有权要求乙公司承担缔约过失责任

答案：（　　）④

考点：确认收到函件，是事实通知，不是意思通知；合同书签约应双方签字或盖章合同才成立；反复无常应负缔约过失责任

解题图构

甲 {
6月5日传真发出要约，要求“立即回复”=附有承诺期限的要约不可撤销
6月5日收到乙回复“确认”“收到传真”=事实通知，啥也不是
6月10日催问乙，乙同意甲报价，要甲派人来签订合同书=乙缔约过失
6月15日，甲前往签约，乙要求加价，甲不同意，乙拒签约=合同不成立
} 乙（反复无常）

① 参考答案：AB
② 参考答案：B
③ 参考答案：A
④ 参考答案：D

第十八章　合同的效力

第一节　有效合同与合同相对性

一、无权处分合同有效

非所有人出租动产合同有效

甲公司将自己所有的10台机器出租给了乙公司，乙公司未经其同意，将其低价出售给知情的丙公司，丙公司又将其出租给丁公司。丁公司对上述交易过程完全不了解。下列哪些选项是正确的？(2008－四川－58)

A. 丙、丁之间的租赁合同有效

B. 甲公司有权请求丁公司返还机器，并且无须补偿其任何损失

C. 甲公司有权请求丁公司返还机器，但是应补偿其损失

D. 甲公司无权请求丁公司返还机器，但是丁公司应当补偿甲公司的损失

答案：(　　)①

考点：

解题图构

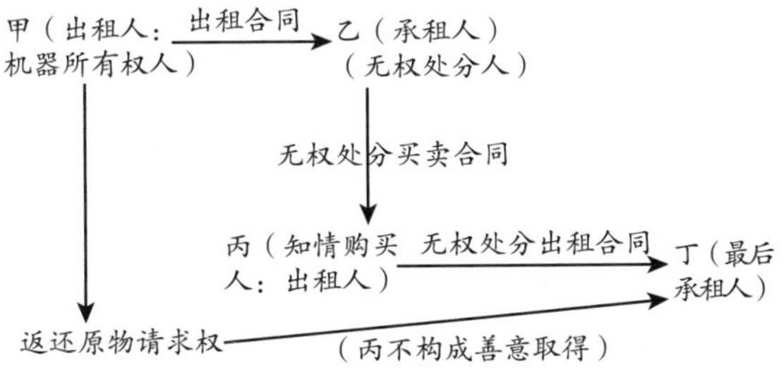

二、合同相对性

1. 债务履行第三辅助人和向第三人履行的交叉

方某为送汤某生日礼物，特向余某定作一件玉器。订货单上，方某指示余某将玉器交给汤某，并将订货情况告知汤某。玉器制好后，余某委托朱某将玉器交给汤某，朱某不慎将玉器碰坏。下列哪一表述是正确的？(2014－3－11)

A. 汤某有权要求余某承担违约责任

B. 汤某有权要求朱某承担侵权责任

C. 方某有权要求朱某承担侵权责任

D. 方某有权要求余某承担违约责任

答案：(　　)②

考点：向第三人履行、由第三人履行、债权让与、侵权责任

解题图构

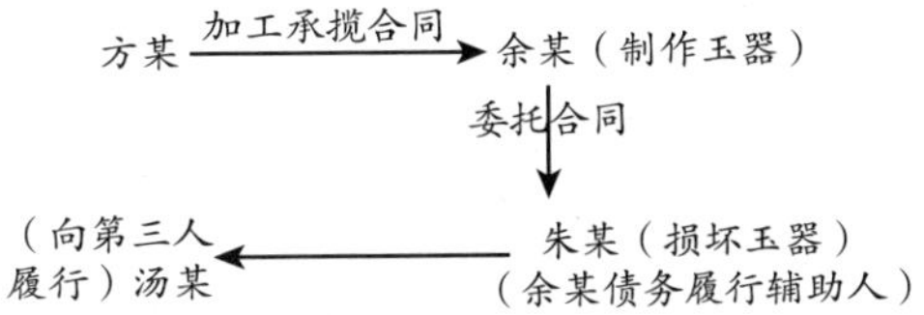

2.“神牛公司”与“红十字会”的赠与合同的相对性（公益赠与不得任意撤销）

神牛公司在H省电视台主办的赈灾义演募捐现场举牌表示向S省红十字会捐款100万元，并指明此款专用于S省B中学的校舍重建。事后，神牛公司仅支付50万元。对此，下列哪一选项是正确的？(2008－3－5)

A. H省电视台、S省红十字会、B中学均无权请求神牛公司支付其余50万元

B. S省红十字会、B中学均有权请求神牛公司支付其余50万元

C. S省红十字会有权请求神牛公司支付其余50万元

D. B中学有权请求神牛公司支付其余50万元

答案：(　　)③

考点：“神牛公司”与“红十字会”的赠与合同的

① 参考答案：AB

② 参考答案：D

③ 参考答案：C

相对性(公益赠与不得任意撤销)

解题图构

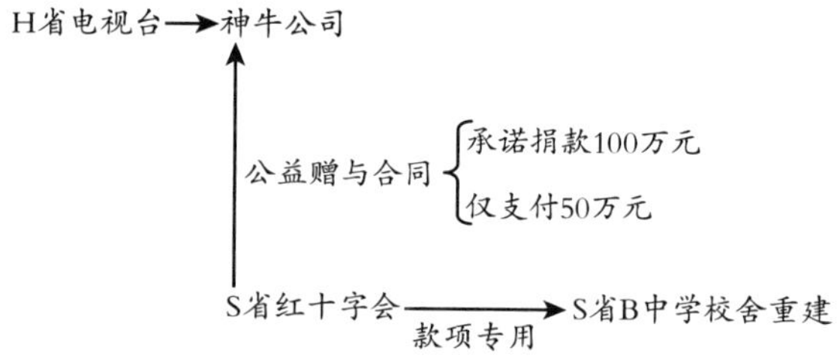

3. 母子公司之合同相对性

甲公司在2005年至2007年间连续与乙公司签订了三份煤炭买卖合同,并按照合同的约定分别向乙公司的六个子公司发运了货物,但乙公司及其六个子公司迄今未支付货款。关于本案,下列哪一选项是正确的?(2008－四川－4)

A. 甲公司只能要求乙公司付款,无权要求乙公司的六个子公司付款

B. 甲公司只能要求乙公司的六个子公司付款,无权要求乙公司付款

C. 甲公司有权要求乙公司及其六个子公司对所欠货款承担连带责任

D. 甲公司只能选择乙公司付款,但可要求其六个子公司承担补充付款责任

答案:(　　)①

考点:合同相对性

第二节　无效合同

1. 国家利益的界定:伪造房产证骗国企,不是无效,而是可撤销

张某和李某设立的甲公司伪造房产证,以优惠价格与乙企业(国有)签订房屋买卖合同,以骗取钱财。乙企业交付房款后,因甲公司不能交房而始知被骗。关于乙企业可以采取的民事救济措施,下列哪一选项是正确的?(2015－3－3)

A. 以甲公司实施欺诈损害国家利益为由主张合同无效

B. 只能请求撤销合同

C. 通过乙企业的主管部门主张合同无效

D. 可以请求撤销合同,也可以不请求撤销合同而要求甲公司承担违约责任

答案:(　　)②

考点:可撤销合同、无效合同

2. 恶意串通损害第三人利益与债权人撤销权的交叉

(1)杜某拖欠谢某100万元。谢某请求杜某以登记在其名下的房屋抵债时,杜某称其已把房屋作价90万元卖给赖某,房屋钥匙已交,但产权尚未过户。该房屋市值为120万元。关于谢某权利的保护,下列哪些表述是错误的?(2014－3－54)

A. 谢某可请求法院撤销杜某、赖某的买卖合同

B. 因房屋尚未过户,杜某、赖某买卖合同无效

C. 如谢某能举证杜某、赖某构成恶意串通,则杜某、赖某买卖合同无效

D. 因房屋尚未过户,房屋仍属杜某所有,谢某有权直接取得房屋的所有权以实现其债权

答案:(　　)③

考点:撤销权构成要件的检讨、不动产物权变动与不动产合同区分原则、恶意串通、债权的平等性

3. 甲公司欠乙公司货款20万元已有10个月,其资产已不足偿债。乙公司在追债过程中发现,甲公司在一年半之前作为保证人向某银行清偿了丙公司的贷款后一直没有向其追偿,同时还将自己对丁公司享有的30%的股权无偿转让给了丙公司。下列哪些选项是错误的?(2007－3－54)

A. 乙公司可以对丙公司行使代位权

B. 若乙公司对丙公司提起代位权诉讼,法院应当追加甲公司为第三人

C. 乙公司可以请求法院确认甲、丙之间无偿转让股权的合同无效

D. 乙公司有权请求法院撤销甲、丙之间无偿转让股权的合同

答案:(　　)④

考点:代位权的结构、诉讼中可以追加债务人为第三人(而不是应当追加)、撤销权的结构(债务人

---

① 参考答案:A

② 参考答案:D

③ 参考答案:ABD

④ 参考答案:司法部公布的答案是ABCD。根据题干交代信息,尤其是选项之间的关系揭示出来的信息,将答案调整为BCD。

在欠债之前的“穷大方”行为不受撤销权“侵略”）

解题图构

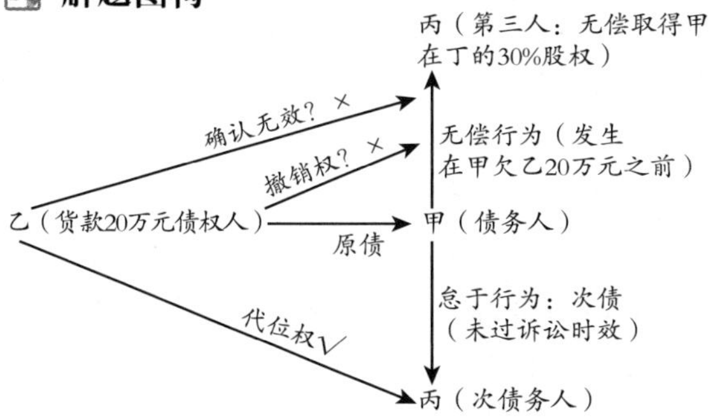

4. 甲欠乙 20 万元到期无力偿还，其父病故后遗有价值 15 万元的住房 1 套，甲为唯一继承人。乙得知后与甲联系，希望以房抵债。甲便对好友丙说：“反正这房子我继承了也要拿去抵债，不如送给你算了。”二人遂订立赠与协议。下列哪些说法是错误的？（2006－3－51）

A. 乙对甲的行为可行使债权人撤销权

B. 乙可主张赠与协议无效

C. 乙可代位行使甲的继承权

D. 丙无权对因受赠房屋瑕疵造成的损失请求甲赔偿

答案：(　　)①

考点：继承权不能代位；“不如送你算了”启动撤销权与恶意串通无效行为；赠与人“有限”的物的瑕疵担保责任

解题图构

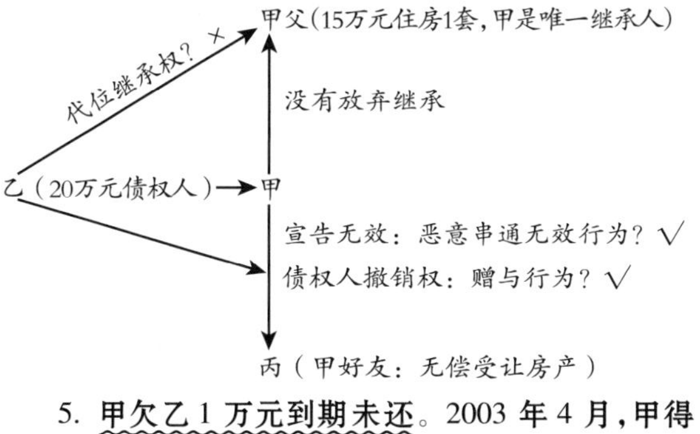

5. 甲欠乙 1 万元到期未还。2003 年 4 月，甲得知乙准备起诉索款，便将自己价值 3 万元的全部财物以 1 万元卖给了知悉其欠乙款未还的丙，约定付款期限为 2004 年年底。乙于 2003 年 5 月得知这一情况，于 2004 年 7 月决定向法院提起诉讼。乙提出的下列哪一项诉讼请求能够得到法院支持？（2005－3－9）

A. 请求宣告甲与丙的行为无效

B. 请求法院撤销甲与丙的行为

C. 请求以自己的名义行使甲对丙的 1 万元债权

D. 请求丙承担侵权责任

答案：(　　)②

考点：债权人撤销权（过了 1 年除斥期间而消灭）与无效行为的竞合、代位权之次债要到期、侵权责任保护的对象一般不包括债权

解题图构

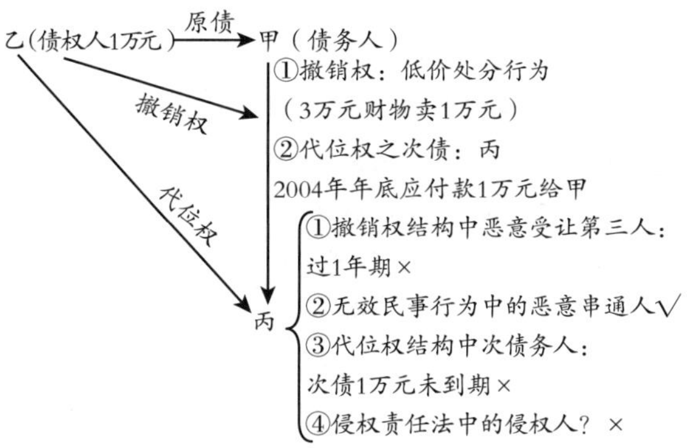

3.“明明间有效”，实际上是主间无效（离婚期间处分夫妻共有货币、禁止抵押物之宅基地抵押、民事行为能力之精神病人买房、撞死无名氏之监护）

6. 甲、乙之间的下列哪些合同属于有效合同？（2013－3－53）

A. 甲与丙离婚期间，用夫妻共同存款向乙公司购买保险，指定自己为受益人

B. 甲将其宅基地抵押给同村外嫁他村的乙用于借款

C. 甲将房屋卖给精神病人乙，合同履行后房价上涨

D. 甲驾车将流浪精神病人撞死，因查找不到死者亲属，乙民政部门代其与甲达成赔偿协议

答案：(　　)③

考点：无效合同的情形（离婚期间处分夫妻共有货币、禁止抵押物之宅基地抵押、民事行为能力之精神病人买房、撞死无名氏之监护）

---

① 参考答案：CD

② 参考答案：A

③ 参考答案：AD

7. 阴阳合同、代孕违反公序良俗之无效；欺诈、乘人之危之可撤销可变更

下列哪些情形属于无效合同？（2012－3－52）

A. 甲医院以国产假肢冒充进口假肢，高价卖给乙

B. 甲乙双方为了在办理房屋过户登记时避税，将实际成交价为100万元的房屋买卖合同价格写为60万元

C. 有妇之夫甲委托未婚女乙代孕，约定事成后甲补偿乙50万元

D. 甲父患癌症急需用钱，乙趁机以低价收购甲收藏的1幅名画，甲无奈与乙签订了买卖合同

答案：（　　）①

考点：欺诈可撤销可变更、阴阳合同、代孕违反公序良俗、乘人之危可变更可撤销

8. 哪些合同有效之实际履行（附条件合同）、一股二卖、一物二卖、先租后卖（优先购买权）

下列甲与乙签订的哪些合同有效？（2011－3－58）

A. 甲与乙签订商铺租赁合同，约定待办理公证后合同生效。双方未办理合同公证，甲交付商铺后，乙支付了第1个月的租金

B. 甲与乙签署股权转让协议，约定甲将其对丙公司享有的90%股权转让给乙，乙支付1亿元股权受让款。但此前甲已将该股权转让给丁

C. 甲与乙签订相机买卖合同，相机尚未交付，也未付款。后甲又就出卖该相机与丙签订买卖合同

D. 甲将商铺出租给丙后，将该商铺出卖给乙，但未通知丙

答案：（　　）②

考点：实际履行（附条件合同）、一股二卖、一物二卖、先租后卖（优先购买权）

9. 六折机票之退票手续费30%不是无效格式条款；机票价格30%的格式条款解释规则

刘某提前两周以600元订购了海鸥航空公司全价1000元的六折机票，后因临时改变行程，刘某于航班起飞前一小时前往售票处办理退票手续，海鸥航空公司规定起飞前两小时内退票按机票价格收取30%手续费。下列哪一选项是正确的？（2008－四川－7）

A. 退票手续费的规定是无效格式条款

B. 刘某应当支付300元的退票手续费

C. 刘某应当支付180元的退票手续费

D. 航空公司只能收取退票的成本费而不能收取手续费

答案：（　　）③

考点：六折机票之退票手续费30%不是无效格式条款、机票价格30%的格式条款解释规则

10. 被打伤"私了"之赔偿不得告发：赔偿有效，不得告发无效，属于合同的部分无效

甲被乙打成重伤，支付医药费5万元。甲与乙达成如下协议："乙向甲赔偿医药费5万元，甲不得告发乙"。甲获得5万元赔偿后，向公安机关报案，后乙被判刑。下列哪一选项是正确的？（2007－3－2）

A. 甲、乙之间的协议有效

B. 因甲乘人之危，乙有权撤销该协议

C. 甲、乙之间的协议无效

D. 乙无权要求甲返还该5万元赔偿费

答案：（　　）④

考点：被打伤"私了"之赔偿不得告发：赔偿有效，不得告发无效，属于合同的部分无效

11. 杀毒软件之格式条款免责无效；声明免责不是欺诈；不能同时提出侵权之诉与合同之诉

飞跃公司开发某杀毒软件，在安装程序中作了"本软件可能存在风险，继续安装视为同意自己承担一切风险"的声明。黄某购买正版软件，安装时同意了该声明。该软件误将操作系统视为病毒而删除，导致黄某电脑瘫痪并丢失其所有的文件。下列哪一选项是正确的？（2007－3－19）

A. 因黄某同意飞跃公司的免责声明，可免除飞跃公司的赔偿责任

B. 黄某有权要求飞跃公司承担赔偿责任

C. 黄某有权依据《消费者权益保护法》获得双倍赔偿

D. 黄某可同时提起侵权之诉和违约之诉

答案：（　　）⑤

---

① 参考答案：BC

② 参考答案：司法部原公布ACD，根据《买卖解释》第3条将答案调整为ABCD。

③ 参考答案：C

④ 参考答案：D

⑤ 参考答案：B

考点：杀毒软件之格式条款免责无效；声明免责不是欺诈；不能同时提出侵权之诉与合同之诉

第三节　可撤销合同

一、欺诈

1. 二手车"调表"之欺诈与重大误解

甲以23万元的价格将一辆机动车卖给乙。该车因里程表故障显示行驶里程为4万公里，但实际行驶了8万公里，市值为16万元。甲明知有误，却未向乙说明，乙误以为真。乙的下列哪一请求是错误的？（2015－3－2）

A. 以甲欺诈为由请求法院变更合同，在此情况下法院不得判令撤销合同

B. 请求甲减少价款至16万元

C. 以重大误解为由，致函甲请求撤销合同，合同自该函到达甲时即被撤销

D. 请求甲承担缔约过失责任

答案：(　　)①

考点：欺诈、重大误解、缔约过失责任

2. "旅游地纪念品商店"销售秦始皇兵马俑复制品之不构成欺诈

某旅游地的纪念品商店出售秦始皇兵马俑的复制品，价签标名为"秦始皇兵马俑"，2800元一个。王某购买了一个，次日，王某以其购买的"秦始皇兵马俑"为复制品而非真品属于欺诈为由，要求该商店退货并赔偿。下列哪些表述是错误的？（2015－3－52）

A. 商店的行为不属于欺诈，真正的"秦始皇兵马俑"属于法律规定不能买卖的禁止流通物

B. 王某属于重大误解，可请求撤销买卖合同

C. 商店虽不构成积极欺诈，但构成消极欺诈，因其没有标明为复制品

D. 王某有权请求撤销合同，并可要求商店承担缔约过失责任

答案：(　　)②

考点：欺诈、重大误解、可撤销合同

3. 无权代理人骗人之无权代理与欺诈：食用油买卖合同

甲用伪造的乙公司公章，以乙公司名义与不知情的丙公司签订食用油买卖合同，以次充好，将劣质食用油卖给丙公司。合同没有约定仲裁条款。关于该合同，下列哪一表述是正确的？（2013－3－4）

A. 如乙公司追认，则丙公司有权通知乙公司撤销

B. 如乙公司追认，则丙公司有权请求法院撤销

C. 无论乙公司是否追认，丙公司均有权通知乙公司撤销

D. 无论乙公司是否追认，丙公司均有权要求乙公司履行

答案：(　　)③

考点：无权代理人骗人之无权代理与欺诈：食用油买卖合同

解题图构

图构1：本题涉及的无权代理合同法律关系＋因欺诈签订合同法律关系

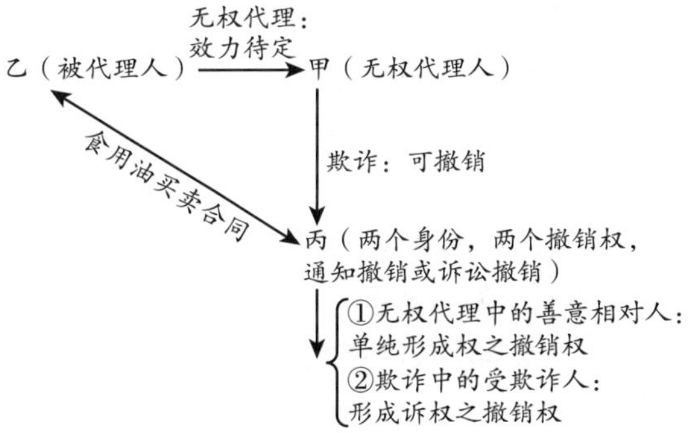

图构2：无权代理图构规则

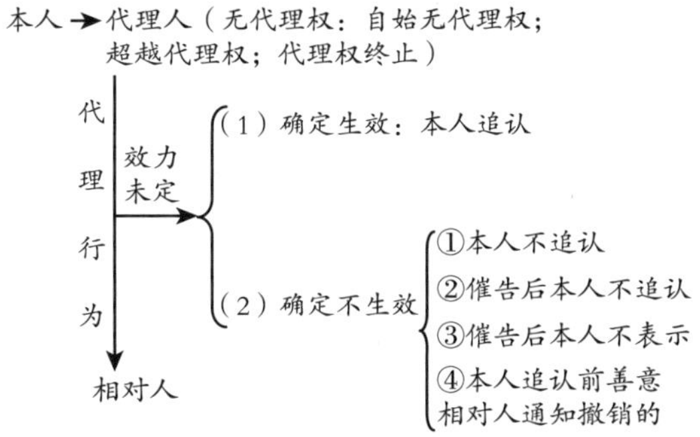

---

① 参考答案：AC（司法部原答案是C。根据《民法总则》的规定，应该修改为AC。因为《民法总则》废除了"可变更可撤销民事法律行为"中的"可变更"，仅保留了可撤销。）

② 参考答案：BCD

③ 参考答案：B

4. 无权代理人被骗之无权代理与欺诈:委托买电脑,改买手机,还被骗;无权代理为效力待定;欺诈为可撤销

甲委托乙采购一批电脑,乙受丙诱骗高价采购了一批劣质手机。丙一直以销售劣质手机为业,甲对此知情。关于手机买卖合同,下列哪些表述是正确的?(2012-3-54)

A. 甲有权追认

B. 甲有权撤销

C. 乙有权以甲的名义撤销

D. 丙有权撤销

答案:(　　)①

考点:无权代理人被骗之无权代理与欺诈:委托买电脑,改买手机,还被骗;无权代理为效力待定;欺诈为可撤销

解题图构

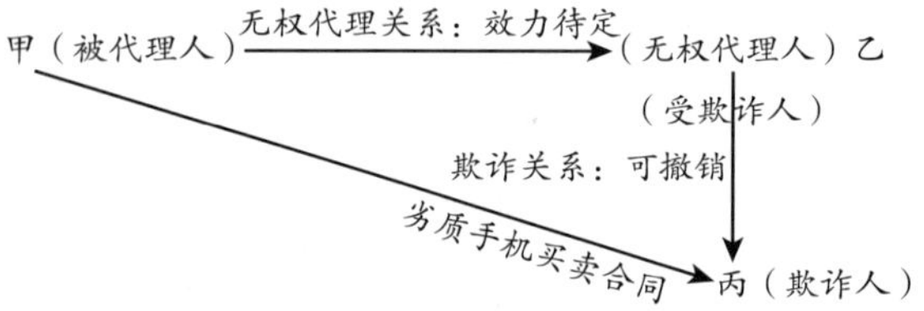

5. 动机不构成重大误解、欺诈婚姻、第三人胁迫、第三人(受益人)欺诈

关于意思表示法律效力的判断,下列哪些选项是正确的?(2011-3-53)

A. 甲在商场购买了一台液晶电视机,回家后发现其妻乙已在另一商场以更低折扣订了一台液晶电视机。甲认为其构成重大误解,有权撤销买卖

B. 甲向乙承诺,以其外籍华人身份在婚后为乙办外国绿卡。婚后,乙发现甲是在逃通缉犯。乙有权以甲欺诈为由撤销婚姻

C. 甲向乙银行借款,乙银行要求甲提供担保。丙为帮助甲借款,以举报丁偷税漏税相要挟,迫使其为甲借款提供保证,乙银行对此不知情。丁有权以其受到胁迫为由撤销保证

D. 甲患癌症,其妻乙和医院均对甲隐瞒其病情。经与乙协商,甲投保人身保险,指定身故受益人为乙。保险公司有权以乙欺诈为由撤销合同

答案:(　　)②

考点:动机不构成重大误解、欺诈婚姻、第三人胁迫、第三人(受益人)欺诈

6. 把国产牛肉假冒成进口牛肉拿去卖,结果国产牛肉反而涨了,"聪明反被聪明误"

乙公司以国产牛肉为样品,伪称某国进口牛肉,与甲公司签订了买卖合同,后甲公司得知这一事实。此时恰逢某国流行疯牛病,某国进口牛肉滞销,国产牛肉价格上涨。下列哪些说法是正确的?(2009-3-56)

A. 甲公司有权自知道样品为国产牛肉之日起一年内主张撤销该合同

B. 乙公司有权自合同订立之日起一年内主张撤销该合同

C. 甲公司有权决定履行该合同,乙公司无权拒绝履行

D. 在甲公司决定撤销该合同前,乙公司有权按约定向甲公司要求支付货款

答案:(　　)③

考点:仅受欺诈人享有撤销权(1年除斥期间);未撤销则合同有效

二、胁迫

1. 胁迫行为的不法性判断

下列哪一情形下,甲对乙不构成胁迫?(2013-3-3)

A. 甲说,如不出借1万元,则举报乙犯罪。乙照办,后查实乙构成犯罪

B. 甲说,如不将藏獒卖给甲,则举报乙犯罪。乙照办,后查实乙不构成犯罪

C. 甲说,如不购甲即将报废的汽车,将公开乙的个人隐私。乙照办

D. 甲说,如不赔偿乙撞伤甲的医疗费,则举报乙醉酒驾车。乙照办,甲取得医疗费和慰问金

答案:(　　)④

考点:胁迫行为的不法性判断

2. 胁迫之"有你贪污材料压价买房"

某校长甲欲将一套住房以50万元出售。某报

① 参考答案:ABC

② 参考答案:CD

③ 参考答案:ACD

④ 参考答案:D

记者乙找到甲，出价40万元，甲拒绝。乙对甲说："我有你贪污的材料，不答应我就举报你。"甲信以为真，以40万元将该房卖与乙。乙实际并无甲贪污的材料。关于该房屋买卖合同的效力，下列哪一说法是正确的？（2010－3－5）

A. 存在欺诈行为，属可撤销合同

B. 存在胁迫行为，属可撤销合同

C. 存在乘人之危的行为，属可撤销合同

D. 存在重大误解，属可撤销合同

答案：（　　）①

考点：区分判断欺诈、胁迫、乘人之危、重大误解

三、重大误解

1. 重大误解之民事行为（遗嘱、添附、重大误解、精神病人）

下列哪一情形构成重大误解，属于可变更、可撤销的民事行为？（2012－3－3）

A. 甲立下遗嘱，误将乙的字画分配给继承人

B. 甲装修房屋，误以为乙的地砖为自家所有，并予以使用

C. 甲入住乙宾馆，误以为乙宾馆提供的茶叶是无偿的，并予以使用

D. 甲要购买电动车，误以为精神病人乙是完全民事行为能力人，并与之签订买卖合同

答案：（　　）②

考点：重大误解之民事行为（遗嘱之无效单方行为、添附之事实行为、重大误解、精神病人之无效民事行为或效力待定民事行为）

2. 酒店洋酒之重大误解案

某酒店客房内备有零食、酒水供房客选用，价格明显高于市场同类商品。房客关某缺乏住店经验，又未留意标价单，误认为系酒店免费提供而饮用了一瓶洋酒。结账时酒店欲按标价收费，关某拒付。下列哪一选项是正确的？（2007－3－1）

A. 关某应按标价付款

B. 关某应按市价付款

C. 关某不应付款

D. 关某应按标价的一半付款

答案：（　　）③

考点：重大误解之对行为性质发生误解

四、显失公平

1. 赌石之显失公平判断。

潘某去某地旅游，当地玉石资源丰富，且盛行"赌石"活动，买者购买原石后自行剖切，损益自负。潘某花5000元向某商家买了两块原石，切开后发现其中一块为极品玉石，市场估价上百万元。商家深觉不公，要求潘某退还该玉石或补交价款。对此，下列哪一选项是正确的？（2016－3－3）

A. 商家无权要求潘某退货

B. 商家可基于公平原则要求潘某适当补偿

C. 商家可基于重大误解而主张撤销交易

D. 商家可基于显失公平而主张撤销交易

答案：（　　）④

考点：交易习惯、避免向一般条款的逃避、重大误解、显失公平

2. 退回购房款之显失公平

甲公司在城市公园旁开发预售期房，乙、丙等近百人一次性支付了购房款，总额近8000万元。但甲公司迟迟未开工，按期交房无望。乙、丙等购房人多次集体去甲公司交涉无果，险些引发群体性事件。面对疯涨房价，乙、丙等购房人为另行购房，无奈与甲公司签订《退款协议书》，承诺放弃数额巨大利息、违约金的支付要求，领回原购房款。经咨询，乙、丙等购房人起诉甲公司。下列哪一说法准确体现了公平正义的有关要求？（2011－3－1）

A.《退款协议书》虽是当事人真实意思表示，但为兼顾情理，法院应当依据购房人的要求变更该协议，由甲公司支付利息和违约金

B.《退款协议书》是甲公司胁迫乙、丙等人订立的，为确保合法合理，法院应当依据购房人的要求宣告该协议无效，由甲公司支付利息和违约金

---

① 参考答案：B

② 参考答案：C

③ 参考答案：B

④ 参考答案：A。翡翠在开采出来时，有一层风化外皮包裹，未经切割无法知道内部质量。一刀切下去，不是天堂就是地狱。本题是天堂，其实更常见的是地狱！原石买卖不是传统意义上的赌博，且不为国家法律、行政法规所禁止。面对疯狂的石头，投资者应综合自己的风险承担能力审慎投资。

C.《退款协议书》的订立显失公平，为保护购房人的利益，法院应当依据购房人的要求撤销该协议，由甲公司支付利息和违约金

D.《退款协议书》损害社会公共利益，为确保利益均衡，法院应当依据购房人的要求撤销该协议，由甲公司支付利息和违约金

答案：(　　)①

考点：民事行为效力之显失公平、胁迫、无效

3. **“脑残粉”之购买明星道具合同有效案**

甲17岁，以个人积蓄1 000元在慈善拍卖会拍得明星乙表演用过的道具，市价约100元。事后，甲觉得道具价值与其价格很不相称，颇为后悔。关于这一买卖，下列哪一说法是正确的？(2010－3－2)

A. 买卖显失公平，甲有权要求撤销

B. 买卖存在重大误解，甲有权要求撤销

C. 买卖无效，甲为限制行为能力人

D. 买卖有效

答案：(　　)②

考点：“脑残粉”之购买明星道具合同有效案、显失公平、重大误解、限制行为能力人可独立实施行为的判断

4. **手机专卖“假一罚十”卖家自我约束有效案**

甲手机专卖店门口立有一块木板，上书“假一罚十”四个醒目大字。乙从该店购买了一部手机，后经有关部门鉴定，该手机属于假冒产品，乙遂要求甲履行其“假一罚十”的承诺。关于本案，下列哪一选项是正确的？(2008－3－7)

A.“假一罚十”过分加重了甲的负担，属于无效的格式条款

B.“假一罚十”没有被订入合同之中，故对甲没有约束力

C.“假一罚十”显失公平，甲有权请求法院予以变更或者撤销

D.“假一罚十”是甲自愿作出的真实意思表示，应当认定为有效

答案：(　　)③

考点：手机专卖“假一罚十”卖家自我约束有效、显失公平的判断、合同订入的判断

第四节　效力待定合同

一、无权代理

1. **张某在朋友家中做客从“鹦鹉”(使者)变成活人(无权代理人)之无权代理案**

张某到王某家聊天，王某去厕所时张某帮其接听了刘某打来的电话。刘某欲向王某订购一批货物，请张某转告，张某应允。随后张某感到有利可图，没有向王某转告订购之事，而是自己低价购进了刘某所需货物，以王某名义交货并收取了刘某货款。关于张某将货物出卖给刘某的行为的性质，下列哪些说法是正确的？(2010－3－51)

A. 无权代理

B. 无因管理

C. 不当得利

D. 效力待定

答案：(　　)④

考点：无权代理(从使者到无权代理人)、无因管理、不当得利

解题图构

图构1：　　　　图构2：

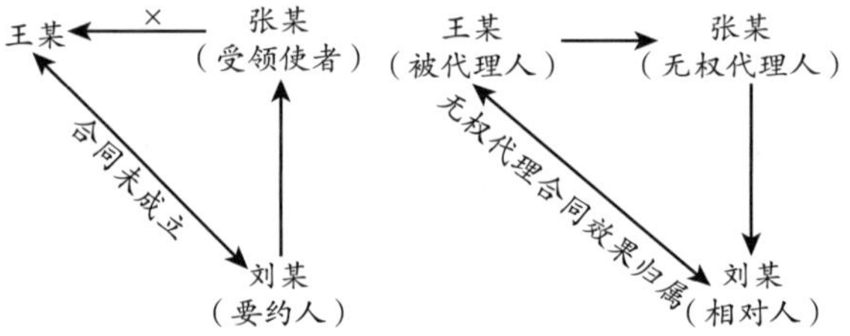

2. **委托采购男装，却擅自采购女装，无权代理**

甲委托乙前往丙厂采购男装，乙觉得丙生产的女装市场看好，便自作主张以甲的名义向丙订购。丙未问乙的代理权限，便与之订立了买卖合同。对此，下列哪些说法是正确的？(2005－3－53)

A. 甲有追认权

B. 丙有催告权

① 参考答案：C

② 参考答案：D

③ 参考答案：D

④ 参考答案：AD

C. 丙有撤销权

D. 构成表见代理

答案:(　　)①

考点:委托采购男装,却擅自采购女装,无权代理;相对人未问代理权限,不是表见代理

二、表见代理

1. 哪些可否定表见代理

吴某是甲公司员工,持有甲公司授权委托书。吴某与温某签订了借款合同,该合同由温某签字、吴某用甲公司合同专用章盖章。后温某要求甲公司还款。下列哪些情形有助于甲公司否定吴某的行为构成表见代理?(2014-3-52)

A. 温某明知借款合同上的盖章是甲公司合同专用章而非甲公司公章,未表示反对

B. 温某未与甲公司核实,即将借款交给吴某

C. 吴某出示的甲公司授权委托书载明甲公司仅授权吴某参加投标活动

D. 吴某出示的甲公司空白授权委托书已届期

答案:(　　)②

考点:表见代理(从否定表见代理角度考查)

解题图构

甲公司 —员工关系→ 吴某(甲公司员工) —借款关系→ 温某(出借人)
甲公司合同专用章盖章　温某签字

2. "经理"吃饭长期签单由公司结清,"离职"后继续签单的表见代理

甲公司业务经理乙长期在丙餐厅签单招待客户,餐费由公司按月结清。后乙因故辞职,月底餐厅前去结账时,甲公司认为,乙当月的几次用餐都是招待私人朋友,因而拒付乙所签单的餐费。下列哪一选项是正确的?(2007-3-3)

A. 甲公司应当付款

B. 甲公司应当付款,乙承担连带责任

C. 甲公司有权拒绝付款

D. 甲公司应当承担补充责任

答案:(　　)③

考点:"经理"吃饭长期签单由公司结清,"离职"后继续签单的表见代理

3. 离职后的表见代理

试题略。

---

① 参考答案:ABC

② 参考答案:CD

③ 参考答案:A

第十九章　合同的内容和解释

1. 合同的解释之替父还债(通过解释确定租赁合同是定期租赁而非不定期租赁;此租赁合同是附条件租赁合同而非附期限租赁合同)

刘某欠何某100万元货款届期未还且刘某不知所踪。刘某之子小刘为替父还债,与何某签订书面房屋租赁合同,未约定租期,仅约定:"月租金1万元,用租金抵货款,如刘某出现并还清货款,本合同终止,双方再行结算。"下列哪些表述是错误的?(2014－3－59)

A. 小刘有权随时解除合同

B. 何某有权随时解除合同

C. 房屋租赁合同是附条件的合同

D. 房屋租赁合同是附期限的合同

答案:(　　)①

考点:合同的解释之替父还债(通过解释确定租赁合同是定期租赁而非不定期租赁;此租赁合同是附条件租赁合同而非附期限租赁合同)

2. 合同条款发生争议之解释方法(文义解释和体系解释)

2003年甲向乙借款3000元,借据中有"借期一年,明年10月15前还款"字样,落款时间为"癸未年9月20日"。后来二人就还款期限问题发生争执,法院查明"癸未年九月二十日"即公元二〇〇三年十月十五日,故认定还款期限为二〇〇四年十月十五日。法院运用了哪几种合同解释规则?(2005－3－54)

A. 文义解释

B. 整体解释

C. 目的解释

D. 习惯解释

答案:(　　)②

考点:合同条款发生争议之解释方法(文义解释和体系解释)

① 参考答案:ABD

② 参考答案:AB

第二十章　合同的解除

一、任意解除权

1. 赠与合同、承揽合同、保管合同、居间合同与任意解除权的关系

关于合同解除的表述，下列哪一选项是正确的？（2009－3－11）

A. 赠与合同的赠与人享有任意解除权

B. 承揽合同的承揽人享有任意解除权

C. 没有约定保管期间的保管合同的保管人享有任意解除权

D. 居间合同的居间人享有任意解除权

答案：（　　）①

考点：赠与合同、承揽合同、保管合同、居间合同与任意解除权的关系

解题图构

- 合同解除
  - ①协议解除
  - ②单方解除
    - ①约定单方解除
    - ②法定单方解除
      - ①一般法定解除
        - ①不可抗力（目的落空）（双方）
        - ②拒绝履行（预期违约）
        - ③迟延履行（经催告仍迟延）
        - ④根本违约（迟延或其他）
        - ⑤其他事由
      - ②特别法定解除
        - ①任意解除权
          - ①无须理由
          - ②致损应赔偿
        - ②其他

2. 委托合同、不定期租赁合同、承揽合同、货物托运合同与任意解除权的关系

下列关于合同解除的哪些说法是正确的？（2006－3－52）

A. 委托人或者受托人都可以随时解除委托合同

B. 不定期租赁合同的双方当事人可以随时解除合同

C. 承揽合同中的定作人可以随时解除合同

D. 在承运人将货物交付收货人之前，托运人可以解除运输合同

答案：（　　）②

考点：委托合同、不定期租赁合同、承揽合同、货物托运合同与任意解除权的关系

二、约定解除权：约定解除权的行使方式、解除权异议、解除和违约金责任可并存

甲公司与乙公司签订并购协议：“甲公司以1亿元收购乙公司在丙公司中51%的股权。若股权过户后，甲公司未支付收购款，则乙公司有权解除并购协议。”后乙公司依约履行，甲公司却分文未付。乙公司向甲公司发送一份经过公证的《通知》：“鉴于你公司严重违约，建议双方终止协议，贵方向我方支付违约金；或者由贵方提出解决方案。”3日后，乙公司又向甲公司发送《通报》：“鉴于你公司严重违约，我方现终止协议，要求你方依约支付违约金。”下列哪一选项是正确的？（2011－3－13）

A.《通知》送达后，并购协议解除

B.《通报》送达后，并购协议解除

C. 甲公司对乙公司解除并购协议的权利不得提出异议

D. 乙公司不能既要求终止协议，又要求甲公司支付违约金

答案：（　　）③

考点：约定解除权、解除权的行使、合同解除与违约金责任

三、法定解除权之根本违约

不孕不育之A和B两种辅助生育技术：非继续

---

① 参考答案：C

② 参考答案：ABCD

③ 参考答案：B

性合同解除后恢复原状和赔偿损失

王某因多年未育前往某医院就医，经医院介绍A和B两种人工辅助生育技术后，王某选定了A技术并交纳了相应的费用，但医院实际按照B技术进行治疗。后治疗失败，王某要求医院返还全部医疗费用。下列哪一选项是正确的？(2007－3－5)

A. 医院应当返还所收取的全部医疗费

B. 医院应当返还所收取的医疗费，但可以扣除B技术的收费额

C. 王某无权请求医院返还医疗费或赔偿损失

D. 王某无权请求医院返还医疗费，但是有权请求医院赔偿损失

答案：(　　)①

考点：根本违约解除之后果、非继续性合同解除后恢复原状和赔偿损失、不当得利

四、轻微违约不产生守约方的解除权、轻微违约中违约方须负违约责任、货物交付给买方后风险转移给守约方：山洪暴发货物在买方处毁损

甲乙约定卖方甲负责将所卖货物运送至买方乙指定的仓库。甲如约交货，乙验收收货，但甲未将产品合格证和原产地证明文件交给乙。乙已经支付80%的货款。交货当晚，因山洪暴发，乙仓库内的货物全部毁损。下列哪些表述是正确的？(2013－3－61)

A. 乙应当支付剩余20%的货款

B. 甲未交付产品合格证与原产地证明，构成违约，但货物损失由乙承担

C. 乙有权要求解除合同，并要求甲返还已支付的80%货款

D. 甲有权要求乙支付剩余的20%货款，但应补交已经毁损的货物

答案：(　　)②

考点：轻微违约不产生守约方的解除权、轻微违约中违约方须负违约责任、货物交付给买方后风险转移给守约方：山洪暴发货物在买方处毁损

解题图构

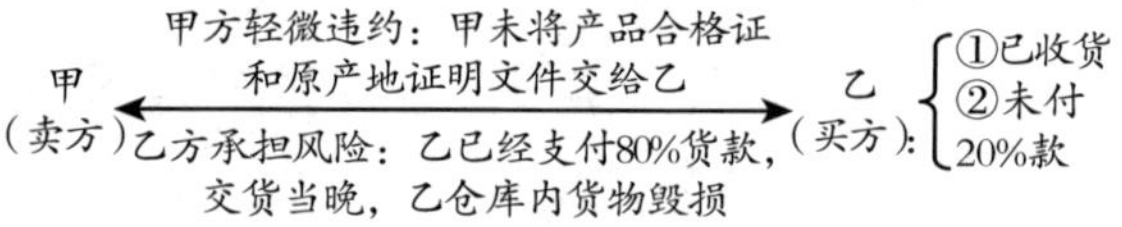

① 参考答案：A

② 参考答案：AB

第二十一章　合同责任

第一节　违约责任

一、继续履行的违约责任

金钱之债的继续履行责任

1. 同一主体各个法律关系各自判断：不可抗力不影响金钱之债，不可抗力影响抵押权关系（此题详细解析请参见本书开篇第1题）

张某从银行贷得80万元用于购买房屋，并以该房屋设定了抵押。在借款期间房屋被洪水冲毁。张某尽管生活艰难，仍想方设法还清了银行贷款。对此，周围多有议论。根据社会主义法治理念和民法有关规定，下列哪一观点可以成立？（2012－3－1）

A. 甲认为，房屋被洪水冲毁属于不可抗力，张某无须履行还款义务。坚持还贷是多此一举

B. 乙认为，张某已不具备还贷能力，无须履行还款义务。坚持还贷是为难自己

C. 丙认为，张某对房屋的毁损没有过错，且此情况不止一家，银行应将贷款作坏账处理。坚持还贷是一厢情愿

D. 丁认为，张某与银行的贷款合同并未因房屋被冲毁而消灭。坚持还贷是严守合约、诚实信用

答案：（　　）①

考点：多层次法律关系的判断、不可抗力对金钱之债无影响、不可抗力对抵押权有影响

解题图构

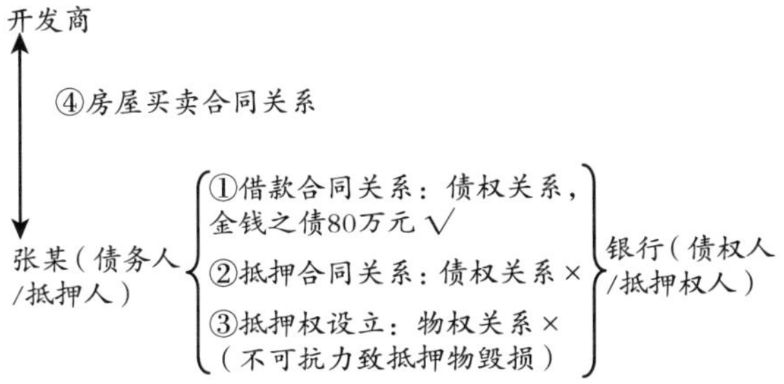

2. "上门还款未果返回，途径闹市现金被抢夺"之"祥林嫂"案

甲、乙因合伙经商向丙借款3万元，甲于约定时间携带3万元现金前往丙家还款，丙因忘却此事而外出，甲还款未果。甲返回途中，将装有现金的布袋夹放在自行车后座，路经闹市时被人抢夺，不知所踪。下列哪一选项是正确的？（2008－3－4）

A. 丙仍有权请求甲、乙偿还3万元借款

B. 丙丧失请求甲、乙偿还3万元借款的权利

C. 丙无权请求乙偿还3万元借款

D. 甲、乙有权要求丙承担此款被抢夺的损失

答案：（　　）②

考点：金钱之债不发生履行不能；债权人受领迟延后因债务人过错导致金钱被抢夺则债务人应继续履行；合伙人对合伙债务负连带责任

解题图构

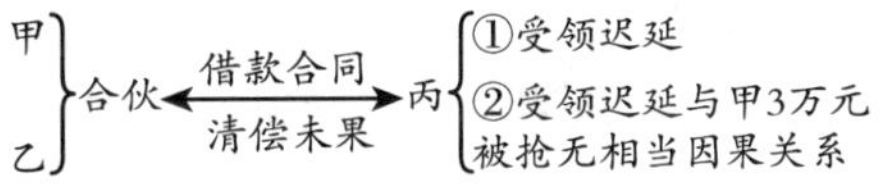

二、开发商欺诈购房者之惩罚性赔偿责任

某房地产开发公司在销售中被查出大量欺诈消费者的事实。下列哪些情形中，买受人可以请求该公司返还已付购房款及利息、赔偿损失，并可以请求该公司承担不超过已付购房款一倍的赔偿责任？（2009－3－58）

A. 该公司故意隐瞒没有取得商品房预售许可证明的事实

B. 该公司故意隐瞒所售房屋已经抵押的事实

C. 该公司故意隐瞒所售房屋已经出卖给第三人的事实

① 参考答案：D

② 参考答案：A

D. 该公司故意隐瞒所售房屋存在严重质量问题的事实

答案:(　　)①

考点:开发商欺诈购房者之惩罚性赔偿责任

三、赔偿性违约金责任与损害赔偿责任不并用;违约金数额过分高于损失30%的调整规则

甲、乙签订一份买卖合同,约定违约方应向对方支付18万元违约金。后甲违约,给乙造成损失15万元。下列哪一表述是正确的?(2013－3－14)

A. 甲应向乙支付违约金18万元,不再支付其他费用或者赔偿损失

B. 甲应向乙赔偿损失15万元,不再支付其他费用或者赔偿损失

C. 甲应向乙赔偿损失15万元并支付违约金18万元,共计33万元

D. 甲应向乙赔偿损失15万元及其利息

答案:(　　)②

考点:赔偿性违约金责任与损害赔偿责任不并用;违约金数额过分高于损失30%的调整规则

四、加害给付:责任竞合

1.“奇葩洗衣机致人人身和财产损害案”之责任竞合

赵某从商店购买了一台甲公司生产的家用洗衣机,洗涤衣物时,该洗衣机因技术缺陷发生爆裂,叶轮飞出造成赵某严重人身损害并毁坏衣物。赵某的下列哪些诉求是正确的?(2015－3－58)

A. 商店应承担更换洗衣机或退货、赔偿衣物损失和赔偿人身损害的违约责任

B. 商店应按违约责任更换洗衣机或者退货,也可请求甲公司按侵权责任赔偿衣物损失和人身损害

C. 商店或者甲公司应赔偿因洗衣机缺陷造成的损害

D. 商店或者甲公司应赔偿物质损害和精神损害

考点:“奇葩洗衣机致人人身和财产损害案”之违约责任、侵权责任、请求权基础的竞合

2.“化妆品导致皮肤红肿”之责任竞合

孙女士于2004年5月1日从某商场购买一套化妆品,使用后皮肤红肿出疹,就医不愈花费巨大。2005年4月,孙女士多次交涉无果将商场诉至法院。下列哪些说法是正确的?(2009－3－57)

A. 孙女士可以要求商场承担违约责任

B. 孙女士可以要求商场承担侵权责任

C. 孙女士可以要求商场承担缔约过失责任

D. 孙女士可以要求撤销合同

答案:(　　)③

考点:“化妆品导致皮肤红肿”之责任竞合;加害给付;可撤销合同(题干无可撤销事由的信息)

第二节　缔约过失责任

1. 缔约过失责任赔偿范围、合同因欺诈而撤销后的返还

甲隐瞒了其所购别墅内曾发生恶性刑事案件的事实,以明显低于市场价的价格将其转卖给乙;乙在不知情的情况下,放弃他人以市场价出售的别墅,购买了甲的别墅。几个月后乙获悉实情,向法院申请撤销合同。关于本案,下列哪些说法是正确的?(2016－3－59)

A. 乙须在得知实情后一年内申请法院撤销合同

B. 如合同被撤销,甲须赔偿乙在订立及履行合同过程当中支付的各种必要费用

C. 如合同被撤销,乙有权要求甲赔偿主张撤销时别墅价格与此前订立合同时别墅价格的差价损失

D. 合同撤销后乙须向甲支付合同撤销前别墅的使用费

答案:(　　)④

考点:欺诈可撤合同、缔约过失责任赔偿范围之直接损失和间接损失、不当得利返还

解题图构

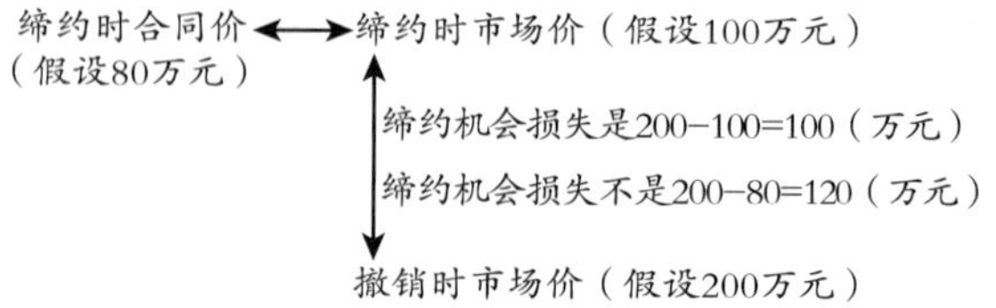

① 参考答案:ABC
② 参考答案:A
③ 参考答案:AB
④ 参考答案:ABCD

2. 缔约过失责任坚持相对性之“六一儿童玩具伪装者案”

甲、乙同为儿童玩具生产商。六一节前夕，丙与甲商谈进货事宜。乙知道后向丙提出更优惠条件，并指使丁假借订货与甲接洽，报价高于丙以阻止甲与丙签约。丙经比较与乙签约，丁随即终止与甲的谈判，甲因此遭受损失。对此，下列哪一说法是正确的？（2010－3－12）

A. 乙应对甲承担缔约过失责任

B. 丙应对甲承担缔约过失责任

C. 丁应对甲承担缔约过失责任

D. 乙、丙、丁无须对甲承担缔约过失责任

答案：(　　)①

考点：缔约过失责任坚持相对性

解题图构

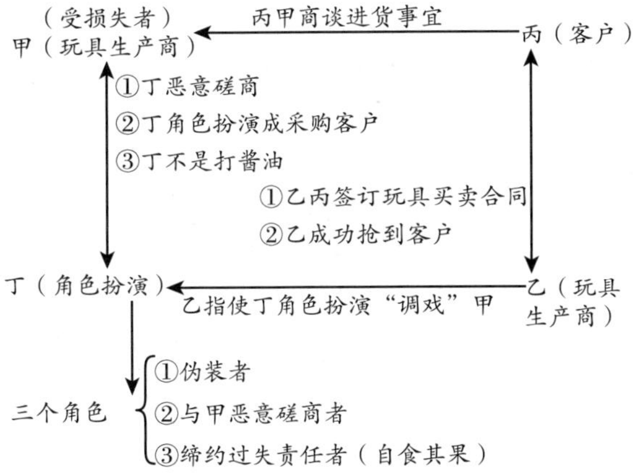

3. 先出样品才能“考虑”批量购买，真心实意谈判，不是恶意磋商，无缔约过失责任

甲公司在与乙公司协商购买某种零件时提出，由于该零件的工艺要求高，只有乙公司先行制造出符合要求的样品后，才能考虑批量购买。乙公司完成样品后，甲公司因经营战略发生重大调整，遂通知乙公司：本公司已不需此种零件，终止谈判。下列哪一选项是正确的？（2007－3－4）

A. 甲公司构成违约，应当赔偿乙公司的损失

B. 甲公司的行为构成缔约过失，应当赔偿乙公司的损失

C. 甲公司的行为构成侵权行为，应当赔偿乙公司的损失

D. 甲公司不应赔偿乙公司的任何损失

答案：(　　)②

考点：先出样品才能“考虑”批量购买，真心实意谈判，不是恶意磋商，无缔约过失责任

---

① 参考答案：C

② 参考答案：D

第二十二章　转移财产权利的合同

第一节　买卖合同

一、一物多卖

1. 动产:挖掘机一物多卖(2012－3－86)

2. 动产:动产“药材”连环买卖(2011－3－86)

3. 不动产:不动产连环买卖(2008－3－94/95/96)

4. 不动产:开发商一房多卖(2006－3－91/92/93)

5. 一房两卖合同均有效

二、风险转移

1. 简易交付转移风险

甲公司借用乙公司的一套设备,在使用过程中不慎损坏一关键部件,于是甲公司提出买下该套设备,乙公司同意出售。双方还口头约定在甲公司支付价款前,乙公司保留该套设备的所有权。不料在支付价款前,甲公司生产车间失火,造成包括该套设备在内的车间所有财物被烧毁。对此,下列哪些选项是正确的?(2016－3－57)

A. 乙公司已经履行了交付义务,风险责任应由甲公司负担

B. 在设备被烧毁时,所有权属于乙公司,风险责任应由乙公司承担

C. 设备虽然已经被烧毁,但甲公司仍然需要支付原定价款

D. 双方关于该套设备所有权保留的约定应采用书面形式

答案:(　　)①

考点:交付转移风险、简易交付

解题图构

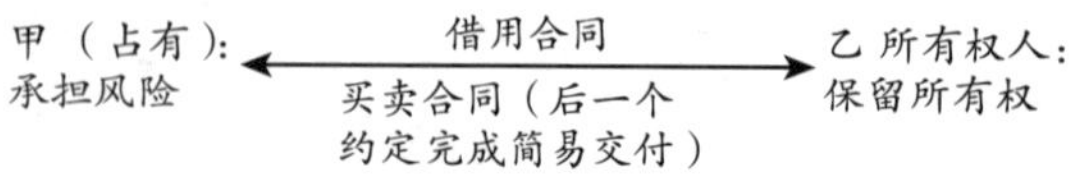

三、所有权保留买卖

1. 所有权保留买卖的取回权、分期付款买卖的加速到期与解除权

周某以6000元的价格向吴某出售一台电脑,双方约定五个月内付清货款,每月支付1200元,在全部价款付清前电脑所有权不转移。合同生效后,周某将电脑交给吴某使用。期间,电脑出现故障,吴某将电脑交周某修理,但周某修好后以6200元的价格将该电脑出售并交付给不知情的王某。对此,下列哪些说法是正确的?(2016－3－61)

A. 王某可以取得该电脑所有权

B. 在吴某无力支付最后一个月的价款时,周某可行使取回权

C. 如吴某未支付到期货款达1800元,周某可要求其一次性支付剩余货款

D. 如吴某未支付到期货款达1800元,周某可要求解除合同,并要求吴某支付一定的电脑使用费

答案:(　　)②

考点:所有权保留买卖的取回权、分期付款买卖的加速到期与解除权

解题图构

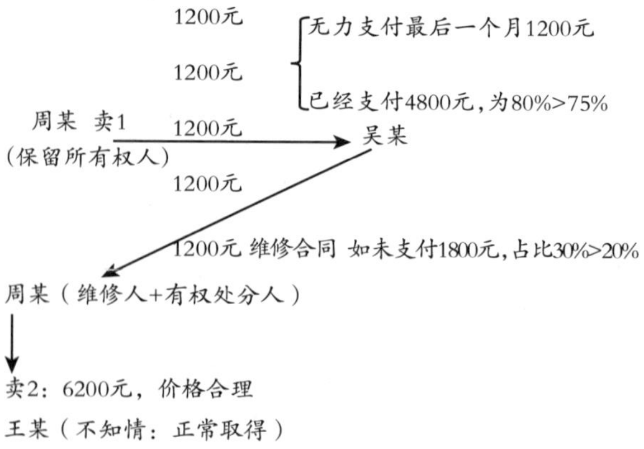

① 参考答案:AC

② 参考答案:ACD

2. 一车二卖之所有权保留与指示交付：一车二卖，先汽车保留所有权买卖，后保留所有权卖方以指示交付方式再次卖汽车，为有权处分

甲将其1辆汽车出卖给乙，约定价款30万元。乙先付了20万元，余款在6个月内分期支付。在分期付款期间，甲先将汽车交付给乙，但明确约定付清全款后甲才将汽车的所有权移转给乙。嗣后，甲又将该汽车以20万元的价格卖给不知情的丙，并以指示交付的方式完成交付。下列哪一表述是正确的？(2012-3-9)

A. 在乙分期付款期间，汽车已经交付给乙，乙即取得汽车的所有权

B. 在乙分期付款期间，汽车虽然已经交付给乙，但甲保留了汽车的所有权，故乙不能取得汽车的所有权

C. 丙对甲、乙之间的交易不知情，可以依据善意取得制度取得汽车所有权

D. 丙不能依甲的指示交付取得汽车所有权

答案：(　　)①

考点：一车二卖，先汽车保留所有权买卖，后保留所有权卖方以指示交付方式再次卖汽车，为有权处分

解题图构

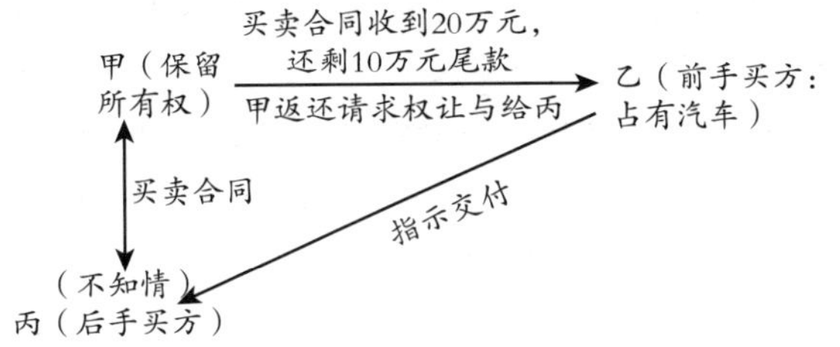

四、分期付款买卖未支付价款达到全部价款40%，超过了法定五分之一，启动卖方加速到期，或者解除权；如解除，启动卖方已收取费用和买方使用费的充抵制度

曾某购买某汽车销售公司的轿车一辆，总价款20万元，约定分10次付清，每次2万元，每月的第一天支付。曾某按期支付6次共计12万元后，因该款汽车大幅降价，曾某遂停止付款。下列哪些表述是正确的？(2009-3-59)

A. 汽车销售公司有权要求曾某一次性付清余下的8万元价款

B. 汽车销售公司有权通知曾某解除合同

C. 汽车销售公司有权收回汽车，并且收取曾某汽车使用费

D. 汽车销售公司有权收回汽车，但不退还曾某已经支付的12万元价款

答案：(　　)②

考点：分期付款买卖未支付价款达到全部价款40%，超过了法定五分之一，启动卖方加速到期，或者解除权；如解除，启动卖方已收取费用和买方使用费的充抵制度

解题图构

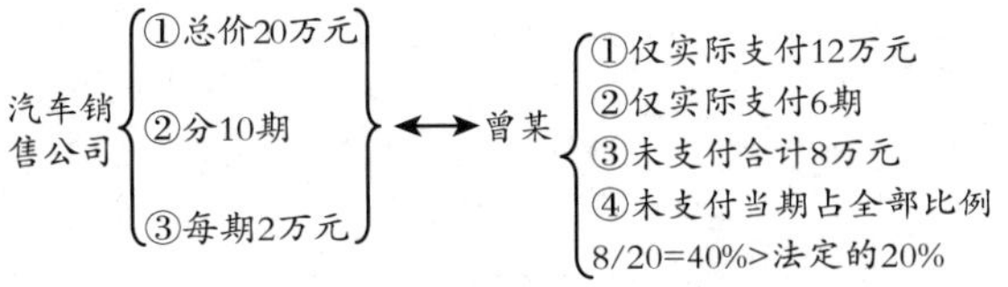

五、试用买卖

1. 家电一律试用20天，未约定使用费则免费

某商场在促销活动期间贴出醒目告示："本商场家电一律试用20天，满意者付款。"王某从该商场搬回冰箱一台，试用期满后退回，商场要求其支付使用费100元。下列哪一种说法是正确的？(2005-3-13)

A. 王某不应支付使用费，因为双方没有约定使用费

B. 王某应支付使用费，因为其行为构成了不当得利

C. 王某应支付按冰箱平均寿命折算的使用费

D. 王某应与商场分摊按冰箱平均寿命折算的使用费

答案：(　　)③

考点：家电一律试用20天，未约定使用费则免费

六、商品房买卖合同

1. 商品房买卖合同面积不合理误差的法律效果

---

① 参考答案：B

② 参考答案：ABC

③ 参考答案：B

2013年甲购买乙公司开发的商品房一套，合同约定面积为135平方米。2015年交房时，住建部门的测绘报告显示，该房的实际面积为150平方米。对此，下列哪一说法是正确的？（2016-3-13）

A. 房屋买卖合同存在重大误解，乙公司有权请求予以撤销

B. 甲如在法定期限内起诉请求解除房屋买卖合同，法院应予支持

C. 如双方同意房屋买卖合同继续履行，甲应按实际面积支付房款

D. 如双方同意房屋买卖合同继续履行，甲仍按约定面积支付房款

答案：（ ）①

考点：商品房买卖合同中的面积误差比的法律效果、重大误解

解题图构

（合理误差的处理）

约定135 } 合理误差 135×1.03=139.05 { 139.05-135=4.05补房款（3%以内付）

实际150 } { 150-139.05=10.95免费送（3%以上不付）

（不合理误差的处理）

2. 后补预售许可之商铺认购书，未通知正式选购导致合同目的落空构成根本违约

甲公司未取得商铺预售许可证，便与李某签订了《商铺认购书》，约定李某支付认购金即可取得商铺优先认购权，商铺正式认购时甲公司应优先通知李某选购。双方还约定了认购面积和房价，但对楼号、房型未作约定。李某依约支付了认购金。甲公司取得预售许可后，未通知李某前来认购，将商铺售罄。关于《商铺认购书》，下列哪一表述是正确的？（2012-3-10）

A. 无效，因甲公司未取得预售许可证即对外销售

B. 不成立，因合同内容不完整

C. 甲公司未履行通知义务，构成根本违约

D. 甲公司须承担继续履行的违约责任

答案：（ ）②

考点：后补预售许可之商铺认购书，未通知正式选购导致合同目的落空构成根本违约；后补预售许可认购书有效；继续履行不能

3. 包销后开发商自卖是有权处分，须负违约责任；遭遇国家调控，买方不具有购房资格，开发商可解除合同

甲公司与乙公司签订商品房包销合同，约定甲公司将其开发的10套房屋交由乙公司包销。甲公司将其中1套房屋卖给丙，丙向甲公司支付了首付款20万元。后因国家出台房地产调控政策，丙不具备购房资格，甲公司与丙之间的房屋买卖合同不能继续履行。下列哪些表述是正确的？（2012-3-60）

A. 甲公司将房屋出卖给丙的行为属于无权处分

B. 乙公司有权请求甲公司承担违约责任

C. 丙有权请求解除合同

D. 甲公司只需将20万元本金返还给丙

答案：（ ）③

考点：无权处分、商品房包销合同

七、供用电水气热力合同

1. 供热合同接受方违约不支付供热费，供给方无法定解除权，可主张接受方承担违约责任

甲公司与小区业主吴某订立了供热合同。因吴某要出国进修半年，向甲公司申请暂停供热未果，遂拒交上一期供热费。下列哪些表述是正确的？（2014-3-60）

A. 甲公司可以直接解除供热合同

B. 经催告吴某在合理期限内未交费，甲公司可以解除供热合同

C. 经催告吴某在合理期限内未交费，甲公司可以中止供热

D. 甲公司可以要求吴某承担违约责任

答案：（ ）④

考点：供热合同接受方违约不支付供热费，供给方无法定解除权，可主张接受方承担违约责任

2. 供电人有计划中断供电未事先通知供电人，须负赔偿责任；第三人原因导致中断供电，供电人负赔偿责任

九华公司在未接到任何事先通知的情况下突然

① 参考答案：B

② 参考答案：C

③ 参考答案：BC

④ 参考答案：CD

被断电,遭受重大经济损失。下列哪些情况下供电公司应承担赔偿责任?(2007－3－55)

A. 因供电设施检修中断供电

B. 为保证居民生活用电而拉闸限电

C. 因九华公司违法用电而中断供电

D. 因电线被超高车辆挂断而断电

答案:(　　)①

考点:供电人有计划中断供电未事先通知供电人,须负赔偿责任;第三人原因导致中断供电,供电人负赔偿责任

第二节　赠与合同

1. 附道德义务的赠与不得任意撤销

郭某意外死亡,其妻甲怀孕两个月。郭某父亲乙与甲签订协议:"如把孩子顺利生下来,就送十根金条给孩子。"当日乙把八根金条交给了甲。孩子顺利出生后,甲不同意由乙抚养孩子,乙拒绝交付剩余的两根金条,并要求甲退回八根金条。下列哪些选项是正确的?(2015－3－60)

A. 孩子为胎儿,不具备权利能力,故协议无效

B. 孩子已出生,故乙不得拒绝赠与

C. 八根金条已交付,故乙不得要求退回

D. 两根金条未交付,故乙有权不交付

答案:(　　)②

考点:附条件的民事法律行为、赠与合同

2. 附条件赠与之"单位抽奖"案(资助教育费用具有道德性质)

甲公司员工魏某在公司年会抽奖活动中中奖,依据活动规则,公司资助中奖员工子女次年的教育费用,如员工离职,则资助失效。下列哪些表述是正确的?(2014－3－61)

A. 甲公司与魏某成立附条件赠与

B. 甲公司与魏某成立附义务赠与

C. 如魏某次年离职,甲公司无给付义务

D. 如魏某次年未离职,甲公司在给付前可撤销资助

答案:(　　)③

考点:附条件赠与之"单位抽奖"案(资助教育费用具有道德性质):附条件赠与、附义务赠与、道德赠与

3. 赠与合同之要约承诺("将来一定奉还案")

甲欠丙800元到期无力偿还,乙替甲还款,并对甲说:"这800元就算给你了。"甲称将来一定奉还。事后甲还了乙500元。后二人交恶,乙要求甲偿还余款300元,甲则以乙已送自己800元为由要求乙退回500元。下列哪种说法是正确的?(2006－3－4)

A. 甲应再还300元

B. 乙应退回500元

C. 乙不必退回甲500元,甲也不必再还乙300元

D. 乙应退还甲500元及银行存款同期利息

答案:(　　)④

考点:赠与合同之要约承诺("将来一定奉还案")

解题图构

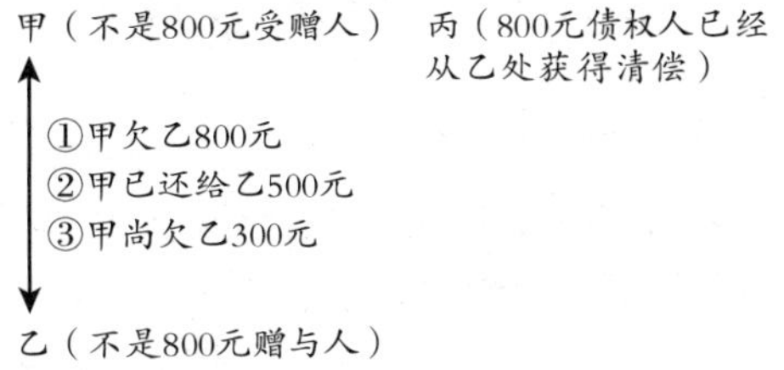

第三节　借款合同

自然人间的借款合同(以买卖合同做担保,对买卖合同按照民间借贷审理)

自然人甲与乙签订了年利率为30%、为期1年的1000万元借款合同。后双方又签订了房屋买卖合同,约定:"甲把房屋卖给乙,房款为甲的借款本息之和。甲须在一年内以该房款分6期回购房屋。如甲不回购,乙有权直接取得房屋所有权。"乙交付借款时,甲出具收到全部房款的收据。后甲未按约定回购房屋,也未把房屋过户给乙。因房屋价格上涨至3000万元,甲主张偿还借款本息。下列哪些选项是正确的?(2015－3－51)

A. 甲乙之间是借贷合同关系,不是房屋买卖合同关系

---

① 参考答案:ABCD

② 参考答案:BC

③ 参考答案:AC

④ 参考答案:A

B. 应在不超过银行同期贷款利率的四倍以内承认借款利息

C. 乙不能获得房屋所有权

D. 因甲未按约定偿还借款，应承担违约责任

答案：(　　)①

考点：法律行为中的意思表示、民间借贷

解题图构

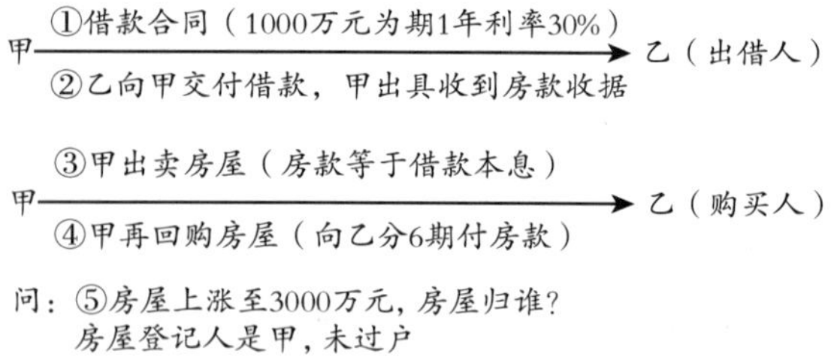

第四节　租赁合同

1. 租赁合同无效之租赁房屋的扩建费用负担

甲将其临街房屋和院子出租给乙作为汽车修理场所。经甲同意，乙先后两次自费扩建多间房屋作为烤漆车间。乙在又一次扩建报批过程中发现，甲出租的全部房屋均未经过城市规划部门批准，属于违章建筑。下列哪些选项是正确的？(2015－3－59)

A. 租赁合同无效

B. 因甲、乙对于扩建房屋都有过错，应分担扩建房屋的费用

C. 因甲未告知乙租赁物为违章建筑，乙可解除租赁合同

D. 乙可继续履行合同，待违章建筑被有关部门确认并影响租赁物使用时，再向甲主张违约责任

考点：房屋租赁合同的无效、扩建费用的负担

2. 租赁合同的次序之：一屋数租（“交际先”，与注册动产多重买卖相同）

孙某与李某签订房屋租赁合同，李某承租后与陈某签订了转租合同，孙某表示同意。但是，孙某在与李某签订租赁合同之前，已经把该房租给了王某并已交付。李某、陈某、王某均要求继续租赁该房屋。下列哪一表述是正确的？(2014－3－14)

A. 李某有权要求王某搬离房屋

B. 陈某有权要求王某搬离房屋

C. 李某有权解除合同，要求孙某承担赔偿责任

D. 陈某有权解除合同，要求孙某承担赔偿责任

答案：(　　)②

考点：一屋数租、合同相对性、继续履行、违约责任

解题图构

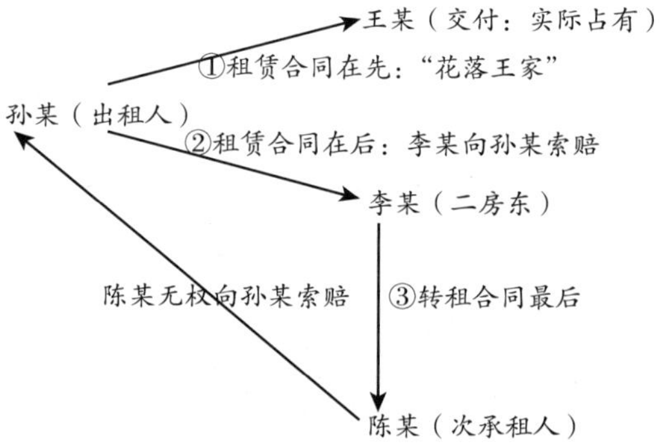

3. 转租

(1) 房屋租赁合同经同意转租中次承租人野蛮装修：房东诉租户违约；房东诉次承租人侵权

居民甲将房屋出租给乙，乙经甲同意对承租房进行了装修并转租给丙。丙擅自更改房屋承重结构，导致房屋受损。对此，下列哪些选项是正确的？(2016－3－60)

A. 无论有无约定，乙均有权于租赁期满时请求甲补偿装修费用

B. 甲可请求丙承担违约责任

C. 甲可请求丙承担侵权责任

D. 甲可请求乙承担违约责任

答案：(　　)③

考点：房屋租赁合同装修归租户自负；房东诉次承租人侵权；房东诉租户违约；房东和次承租人之间坚持合同相对性

解题图构

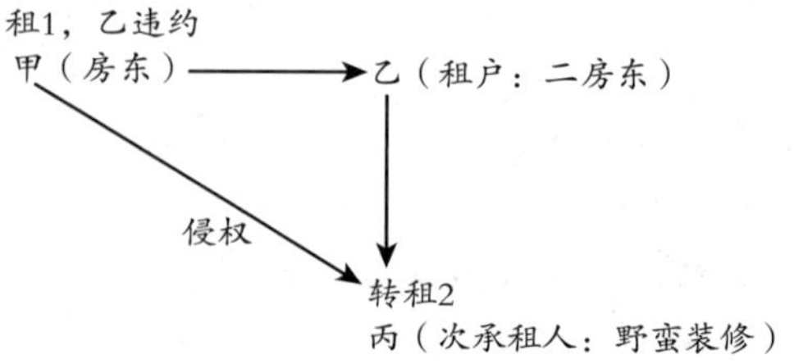

① 参考答案：ACD(B不准确，修改为年利率24%以内)

② 参考答案：C

③ 参考答案：CD

(2)"转租假设案"之丁某→方某(二房东)→唐某

丁某将其所有的房屋出租给方某,方某将该房屋转租给唐某。下列哪些表述是正确的?(2011－3－57)

A. 丁某在租期内基于房屋所有权可以对方某主张返还请求权,方某可以基于其与丁某的合法的租赁关系主张抗辩权

B. 方某未经丁某同意将房屋转租,并已实际交付给唐某租用,则丁某无权请求唐某返还房屋

C. 如丁某与方某的租赁合同约定,方某未经丁某同意将房屋转租,丁某有权解除租赁合同,则在合同解除后,其有权请求唐某返还房屋

D. 如丁某与方某的租赁合同约定,方某未经丁某同意将房屋转租,丁某有权解除租赁合同,则在合同解除后,在丁某向唐某请求返还房屋时,唐某可以基于与方某的租赁关系进行有效的抗辩

答案:(　　)①

考点:返还原物请求权、转租、占有

(3)转租之"打飞镖损害房屋案"

甲将自己的一套房屋租给乙住,乙又擅自将房屋租给丙住。丙是个飞镖爱好者,因练飞镖将房屋的墙面损坏。下列哪些选项是正确的?(2009－3－60)

A. 甲有权要求解除与乙的租赁合同

B. 甲有权要求乙赔偿墙面损坏造成的损失

C. 甲有权要求丙搬出房屋

D. 甲有权要求丙支付租金

答案:(　　)②

考点:擅自转租之出租人解除权、索赔权;出租人对次承租人的原物返还请求权;合同相对性

解题图构

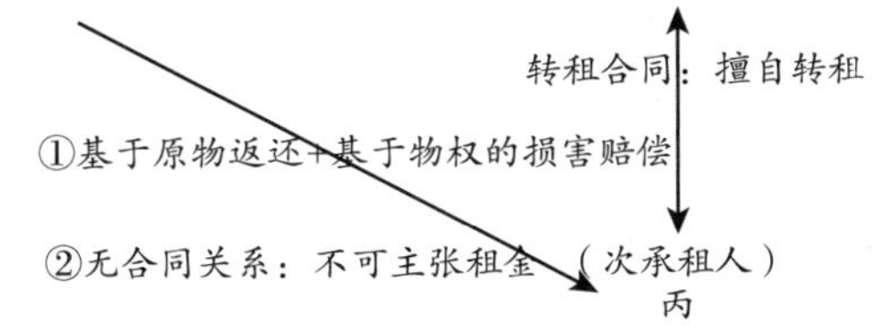

4. 房屋承租人优先购买权

(1)侵犯房屋承租人的优先购买权的后果

甲将房屋租给乙,在租赁期内未通知乙就把房屋出卖并过户给不知情的丙。乙得知后劝丙退出该交易,丙拒绝。关于乙可以采取的民事救济措施,下列哪一选项是正确的?(2015－3－11)

A. 请求解除租赁合同,因甲出卖房屋未通知乙,构成重大违约

B. 请求法院确认买卖合同无效

C. 主张由丙承担侵权责任,因丙侵犯了乙的优先购买权

D. 主张由甲承担赔偿责任,因甲出卖房屋未通知乙而侵犯了乙的优先购买权

答案:(　　)③

考点:承租人房屋优先购买权受侵害的法律后果(不得确认买卖无效;可要求出租人赔偿;对接"买卖不破租赁")

解题图构

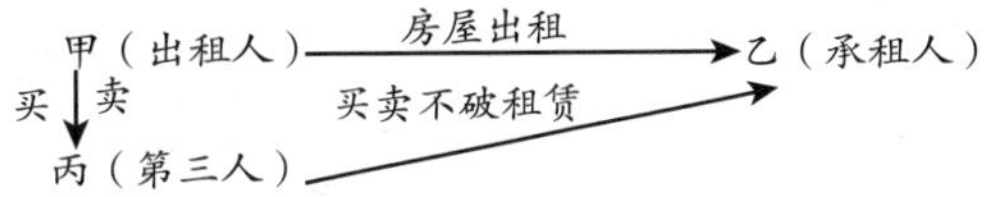

(2)侵害优先购买权房屋买卖合同有效案

甲与乙订立房屋租赁合同,约定租期5年。半年后,甲将该出租房屋出售给丙,但未通知乙。不久,乙以其房屋优先购买权受侵害为由,请求法院判决甲、丙之间的房屋买卖合同无效。下列哪一表述是正确的?(2013－3－10)

A. 甲出售房屋无须通知乙

B. 丙有权根据善意取得规则取得房屋所有权

C. 甲侵害了乙的优先购买权,但甲丙之间的合同有效

D. 甲出售房屋应当征得乙的同意

答案:(　　)④

考点:承租人优先购买权;承租人优先购买权受侵害的救济;善意取得的判断

---

① 参考答案:AC
② 参考答案:ABC
③ 参考答案:D
④ 参考答案:C

解题图构

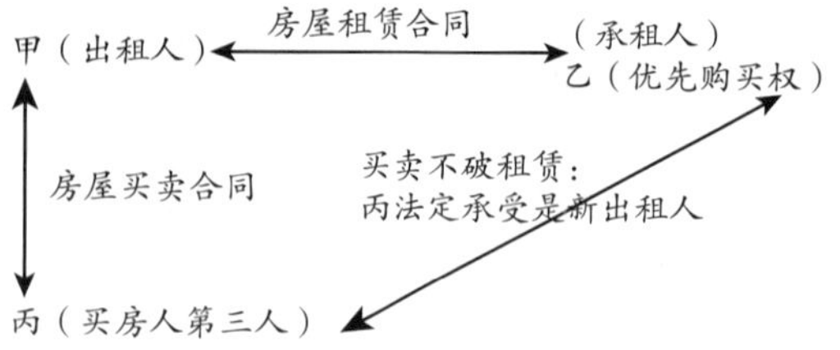

(3)房屋次承租人优先购买权

甲、乙按20%和80%的份额共有1间房屋。二人将房屋出租给丙，丙取得甲和乙的同意后将该房屋转租给丁。现甲欲转让自己的份额。下列哪一项表述是正确的？(2005-3-12)

A. 乙、丙有优先购买权，丁无优先购买权

B. 乙、丁有优先购买权，丙无优先购买权

C. 乙、丙、丁都有优先购买权

D. 丙、丁有优先购买权，乙无优先购买权

答案：(　　)①

考点：房屋上的优先购买权（按份共有人、承租人、次承租人）

解题图构

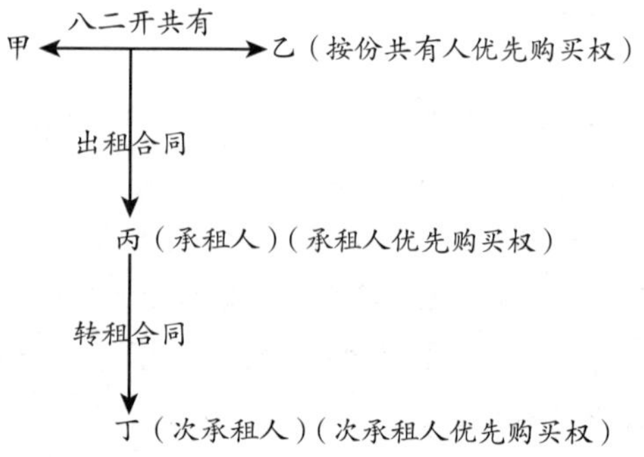

5. 买卖不破租赁（原租赁合同和转租合同）

甲、乙签订协议，约定甲租用乙的房屋10年，租金每年1万元，甲可以转租。第二年，甲将该房屋转租给丙，租期3年，租金每年1.5万元。后因乙经营不善，房屋被法院拍卖还债，丙购得该房屋。现甲、乙对两份租赁合同的履行产生争议，下列哪些选项是正确的？(2008-四川-56)

A. 本案适用买卖不破租赁原则

B. 本案不适用买卖不破租赁原则

C. 丙有权主张将转租合同的租金变更

D. 甲有权要求丙继续履行转租合同

答案：(　　)②

考点：买卖不破租赁（原租赁合同和转租合同）

解题图构

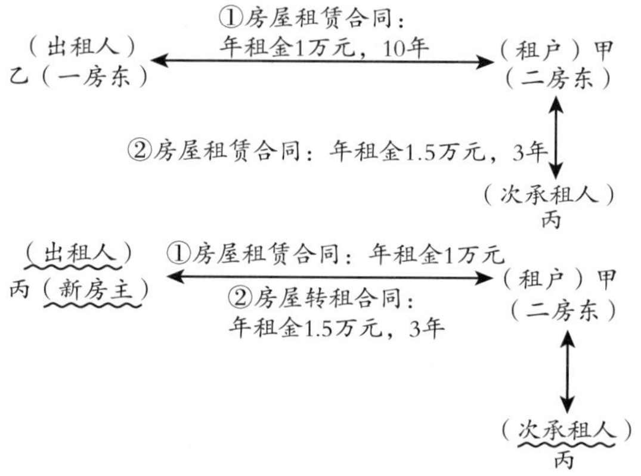

第五节　融资租赁合同

融资租赁合同（出租人不对租赁物负瑕疵担保责任；租赁物归属于出租人；承租人可对出卖人直接索赔；承租人须向出租人支付租金）

甲根据乙的选择，向丙购买了1台大型设备，出租给乙使用。乙在该设备安装完毕后，发现不能正常运行。下列哪些判断是正确的？(2006-3-61)

A. 乙可以基于设备质量瑕疵而直接向丙索赔

B. 甲不对乙承担违约责任

C. 乙应当按照约定支付租金

D. 租赁期满后由乙取得该设备的所有权

答案：(　　)③

考点：融资租赁合同；出租人不对租赁物负瑕疵担保责任；租赁物归属于出租人；承租人可对出卖人直接索赔；承租人须向出租人支付租金

解题图构

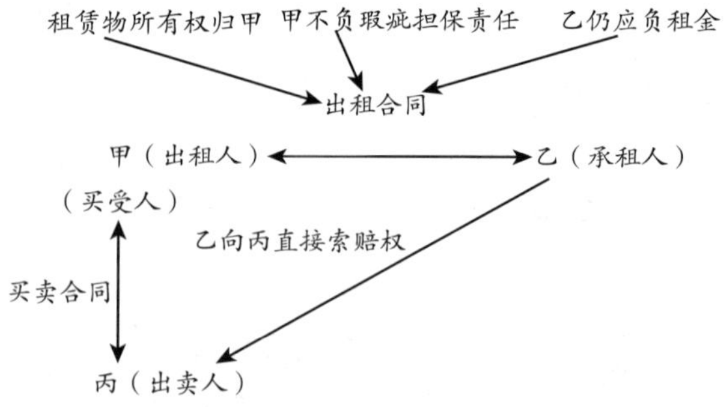

① 参考答案：C

② 参考答案：AD

③ 参考答案：ABC

第二十三章　完成工作成果的合同

第一节　承揽合同

委托加工 500 套服装，将 100 套交由第三人完成（法定解除权、同时履行抗辩权、留置权、合同相对性）

育才中学委托利达服装厂加工 500 套校服，约定材料由服装厂采购，学校提供样品，取货时付款。为赶时间，利达服装厂私自委托恒发服装厂加工 100 套。育才中学按时前来取货，发现恒发服装厂加工的 100 套校服不符合样品要求，遂拒绝付款。利达服装厂则拒绝交货。下列哪些说法是正确的？(2006－3－53)

A. 育才中学可以利达服装厂擅自外包为由解除合同

B. 如育才中学不支付酬金，利达服装厂可拒绝交付校服

C. 如育才中学不支付酬金，利达服装厂可对样品行使留置权

D. 育才中学有权要求恒发服装厂承担违约责任

答案：(　　)①

考点：委托加工 500 套服装，将 100 套交由第三人完成（法定解除权、同时履行抗辩权、留置权、合同相对性）

解题图构

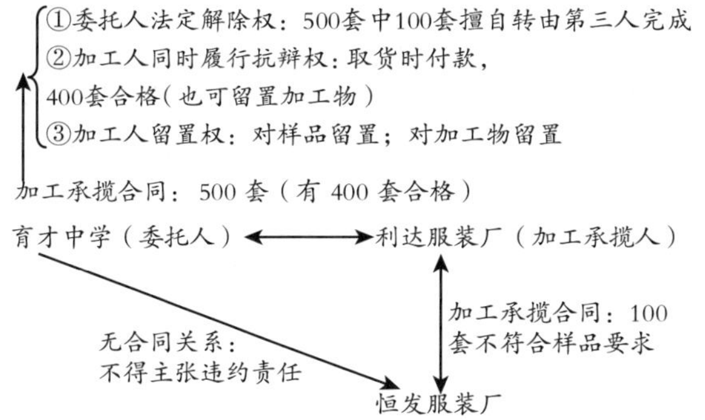

3. 定制衣柜样式不够新潮案：定作人任意解除（变更）权，加工人不听指令对定作人造成损害须赔偿。

第二节　建设工程合同

1. 建设工程施工合同

甲公司与没有建筑施工资质的某施工队签订合作施工协议，由甲公司投标乙公司的办公楼建筑工程，施工队承建并向甲公司交纳管理费。中标后，甲公司与乙公司签订建筑施工合同。工程由施工队负责施工。办公楼竣工验收合格交付给乙公司。乙公司尚有部分剩余工程款未支付。下列哪一选项是正确的？(2015－3－14)

A. 合作施工协议有效

B. 建筑施工合同属于效力待定

C. 施工队有权向甲公司主张工程款

D. 甲公司有权拒绝支付剩余工程款

答案：(　　)②

考点：建设工程施工合同

解题图构

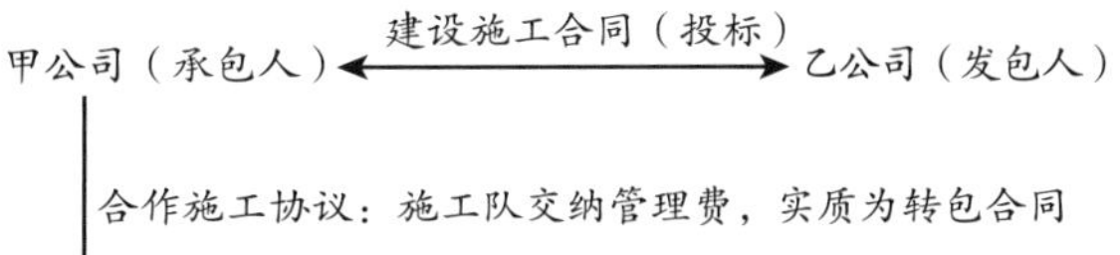

2. 实际施工人突破合同相对性

（1）实际施工人的工程款可向“拖欠工程款”的发包人主张（虽然两者之间无直接合同关系）

甲公司将建筑工程发包给乙公司，乙公司将其转包给丙公司，丙公司将部分工程包给由 121 个农

---

① 参考答案：ABC

② 参考答案：C

民工组成的施工队。施工期间，丙公司拖欠施工队工程款达 500 万元之多，农民工因此踏上维权之路。丙公司以乙公司拖欠其工程款 800 万元为由、乙公司以甲公司拖欠其工程款 1000 万元为由均拒付欠款。施工队将甲公司诉至法院，要求甲公司支付 500 万元。根据社会主义法治理念，关于本案的处理，下列哪些说法是正确的？（2011－3－51）

A. 法院应驳回施工队的诉讼请求，因甲公司与施工队无合同关系。法院不应以破坏合同相对性为代价，片面实现社会效果

B. 法院应支持施工队的诉讼请求。法院不能简单以坚持合同的相对性为由否定甲公司的责任，从而造成农民工不断申诉，案结事不了

C. 法院应当追加乙公司和丙公司为本案当事人。法院一并解决乙公司和丙公司的欠款纠纷，以避免机械执法，就案办案

D. 法院可以追加乙公司和丙公司为本案当事人。法院加强保护农民工权益的力度，有利于推进法律效果和社会效果的有机统一

答案：(　　)①

考点：建设工程施工合同、合同相对性

解题图构

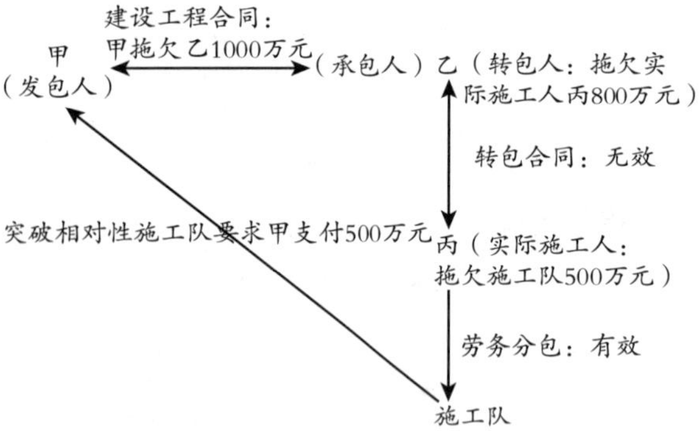

(2) 实际施工人主张工程款突破合同相对性（主体分包无效、工程合格可主张工程款）

甲大学与乙公司签订建设工程施工合同，由乙为甲承建新教学楼。经甲同意，乙将主体结构的施工分包给丙公司。后整个教学楼工程验收合格，甲向乙支付了部分工程款，乙未向丙支付工程款。下列哪些表述是错误的？（2006－3－62）

A. 乙、丙之间分包合同有效

B. 甲可以撤销与乙之间的建设工程施工合同

C. 丙可以乙为被告诉请支付工程款

D. 丙可以甲为被告诉请支付工程款，但法院应当追加乙为第三人

答案：(　　)②

考点：实际施工人主张工程款突破合同相对性（主体分包无效、工程合格可主张工程款）

解题图构

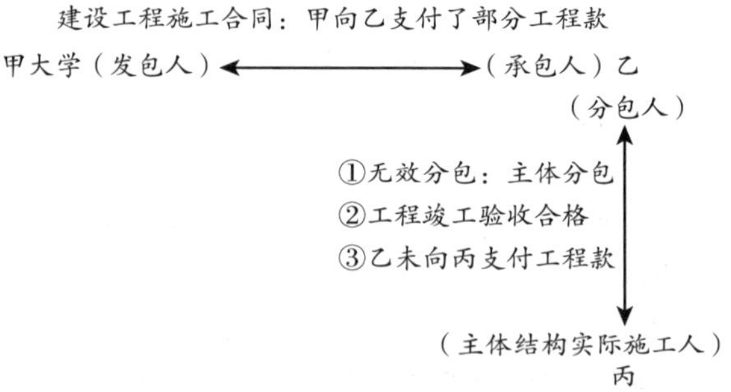

3. 工程质量瑕疵，发包人可突破合同相对性向参与人主张赔偿责任（经发包人同意的非主体分包合同有效；二度分包合同无效；因第三人行为违约，违约责任须坚持合同相对性）

甲公司将一工程发包给乙建筑公司，经甲公司同意，乙公司将部分非主体工程分包给丙建筑公司，丙公司又将其中一部分分包给丁建筑公司。后丁公司因工作失误致使工程不合格，甲公司欲索赔。对此，下列哪些说法是正确的？（2010－3－59）

A. 上述工程承包合同均无效

B. 丙公司在向乙公司赔偿损失后，有权向丁公司追偿

C. 甲公司有权要求丁公司承担民事责任

D. 法院可收缴丙公司由于分包已经取得的非法所得

答案：(　　)③

考点：经发包人同意的非主体分包合同有效；二度分包合同无效；工程瑕疵突破合同相对性（发包人可向实际施工人主张赔偿）；因第三人行为违约，违约责任须坚持合同相对性

---

① 参考答案：BD
② 参考答案：ABD
③ 参考答案：BCD

解题图构

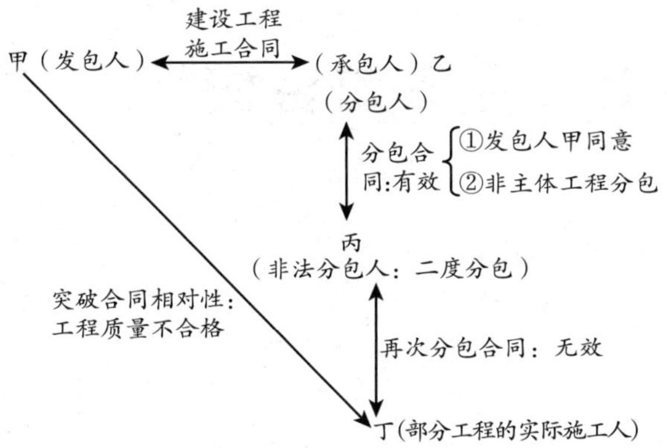

4. 工程垫资款当工程欠款处理（垫资、阴阳合同、工程款及其利息的支付时间点）

甲公司与乙公司签订建设工程施工合同，将工程发包给乙公司施工，约定乙公司垫资1000万元，未约定垫资利息。甲公司、乙公司经备案的中标合同中工程造价为1亿元，但双方私下约定的工程造价为8000万元，均未约定工程价款的支付时间。7月1日，乙公司将经竣工验收合格的建设工程实际交付给甲公司，甲公司一直拖欠工程款。关于乙公司，下列哪些表述是正确的？（2012－3－61）

A. 1000万元垫资应按工程欠款处理

B. 有权要求甲公司支付1000万元垫资自7月1日起的利息

C. 有权要求甲公司支付1亿元

D. 有权要求甲公司支付1亿元自7月1日起的利息

答案：（　　）[1]

考点：垫资、阴阳合同、工程款（利息）支付时间点

解题图构

甲（发包人）—乙（承包人）
- ①垫资：乙垫资1000万元，未约定垫资利息
- ②阴阳合同：备案中标价1亿，私下约定为8000万元
- ③工程款支付时间：7月1日竣工验收合格工程交付之日
- ④拖欠工程款（1000万元+1亿元）利息计算起点：拖欠工程款之日起算

---

[1] 参考答案：ABCD

第二十四章　提供劳务的合同

第一节　运输合同

承运人免责事由

第二节　保管合同和仓储合同

1. 保管合同和仓储合同之"检索题"

关于保管合同和仓储合同，下列哪些说法是错误的？（2010－3－61）

A. 二者都是有偿合同

B. 二者都是实践性合同

C. 寄存人和存货人均有权随时提取保管物或仓储物而无须承担责任

D. 因保管人保管不善造成保管物或仓储物毁损、灭失的，保管人承担严格责任

答案：(　　)①

考点：保管合同、仓储合同

第三节　委托合同

"吴用"律师办理律师业务案

某律师事务所指派吴律师担任某案件的一、二审委托代理人。第一次开庭后，吴律师感觉案件复杂，本人和该事务所均难以胜任，建议不再继续代理。但该事务所坚持代理。一审判决委托人败诉。下列哪些表述是正确的？（2013－3－60）

A. 律师事务所有权单方解除委托合同，但须承担赔偿责任

B. 律师事务所在委托人一审败诉后不能单方解除合同

C. 即使一审胜诉，委托人也可解除委托合同，但须承担赔偿责任

D. 只有存在故意或者重大过失时，该律师事务所才对败诉承担赔偿责任

答案：(　　)②

考点：委托合同任意解除权

第四节　行纪合同

1. "行纪卖仪器案"：行纪人很给力，卖得好，多出利益归委托人，多出费用行纪人承担

甲委托乙寄售行以该行名义将甲的一台仪器以3000元出售，除酬金外双方对其他事项未作约定。其后，乙将该仪器以3500元卖给了丙，为此乙多支付费用100元。对此，下列哪些选项是正确的？（2010－3－60）

A. 甲与乙订立的是居间合同

B. 高于约定价格卖得的500元属于甲

C. 如仪器出现质量问题，丙应向乙主张违约责任

D. 乙无权要求甲承担100元费用

答案：(　　)③

考点：行纪合同；行纪多得利益归属委托人；行纪多出费用由行纪人负担；行纪行为所签订合同直接当事人是行纪人和第三人，与委托人无关

解题图构

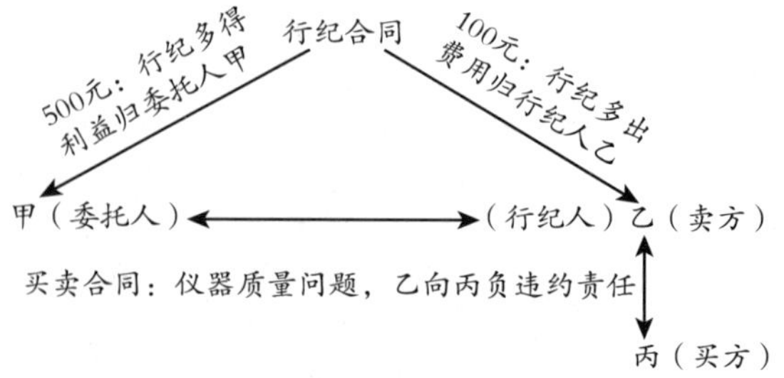

---

① 参考答案：ABCD

② 参考答案：AC

③ 参考答案：BCD

2.“行纪卖大米案”：行纪多得利益归属委托人；行纪多出费用由行纪人负担；行纪行为所签订合同直接当事人是行纪人和第三人，与委托人无关

甲将10吨大米委托乙商行出售。双方只约定，乙商行以自己名义对外销售，每公斤售价2元，乙商行的报酬为价款的5%。下列哪些说法是正确的？(2009－3－61)

A. 甲与乙商行之间成立行纪合同关系

B. 乙商行为销售大米支出的费用应由自己负担

C. 如乙商行以每公斤2.5元的价格将大米售出，双方对多出价款的分配无法达成协议，则应平均分配

D. 如乙商行与丙食品厂订立买卖大米的合同，则乙商行对该合同直接享有权利、承担义务

答案：(　　)①

考点：行纪合同；行纪多得利益归属委托人；行纪多出费用由行纪人负担；行纪行为所签订合同直接当事人是行纪人和第三人，与委托人无关

解题图构

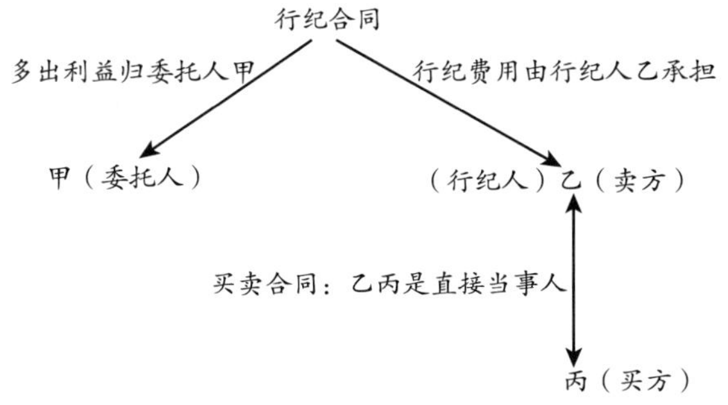

3. 行纪合同卖手表，多收益归委托人，行纪人可按约定增加报酬。

题略。

第五节　居间合同

刘某与甲房屋中介公司签订合同，委托甲公司帮助出售房屋一套。关于甲公司的权利义务，下列哪一说法是错误的？(2015－3－15)

A. 如有顾客要求上门看房时，甲公司应及时通知刘某

B. 甲公司可代刘某签订房屋买卖合同

C. 如促成房屋买卖合同成立，甲公司可向刘某收取报酬

D. 如促成房屋买卖合同成立，甲公司自行承担居间活动费用

答案：(　　)②

考点：居间合同

① 参考答案：ABD

② 参考答案：B(司法部公布的是C，后司法部法律出版社解析是B。)

第二十五章 技术合同

第一节 技术合同概述

1. 无效技术合同之无效技术合同的类型

(1) 专利独占实施许可合同之不许改进技术条款无效(后续开发技术成果归属)

甲公司与乙公司签订一份专利实施许可合同，约定乙公司在专利有效期限内独占实施甲公司的专利技术，并特别约定乙公司不得擅自改进该专利技术。后乙公司根据消费者的反馈意见，在未经甲公司许可的情形下对专利技术做了改进，并对改进技术采取了保密措施。下列哪一说法是正确的? (2012－3－16)

A. 甲公司有权自己实施该专利技术

B. 甲公司无权要求分享改进技术

C. 乙公司改进技术侵犯了甲公司的专利权

D. 乙公司改进技术属于违约行为

答案:(　　)①

考点: 专利独占实施许可合同之不许改进技术条款无效;后续开发技术成果归属

(2) 不许从欧盟获得类似技术

中国的龙腾公司从美国的虎跃公司引进一套鱼苗育种技术。在两公司所签技术引进合同的条款中，下列哪些是不合法的? (2008－四川－62)

A. 虎跃公司提供与该技术相关的指导说明

B. 龙腾公司不得从欧盟获得类似技术

C. 龙腾公司不得将引进技术泄露给任何第三方

D. 龙腾公司应在引进技术的同时购进虎跃公司的部分库存汽车配件

答案:(　　)②

考点: 无效技术合同的情形(限制其他来源＋接受打酱油产品)

2. 无效技术合同之无效技术合同的后果

(1) 侵犯他人技术秘密的技术转让合同(善意受让人之有偿继续使用)

甲公司向乙公司转让了一项技术秘密。技术转让合同履行完毕后，经查该技术秘密是甲公司通过不正当手段从丙公司获得的，但乙公司对此并不知情，且支付了合理对价。下列哪一表述是正确的? (2013－3－16)

A. 技术转让合同有效，但甲公司应向丙公司承担侵权责任

B. 技术转让合同无效，甲公司和乙公司应向丙公司承担连带责任

C. 乙公司可在其取得时的范围内继续使用该技术秘密，但应向丙公司支付合理的使用费

D. 乙公司有权要求甲公司返还其支付的对价，但不能要求甲公司赔偿其因此受到的损失

答案:(　　)③

考点: 侵犯他人技术秘密的技术转让合同;直接当事人之间过错责任;善意受让人与真正权利人之间，善意受让人可有偿继续使用

解题图构

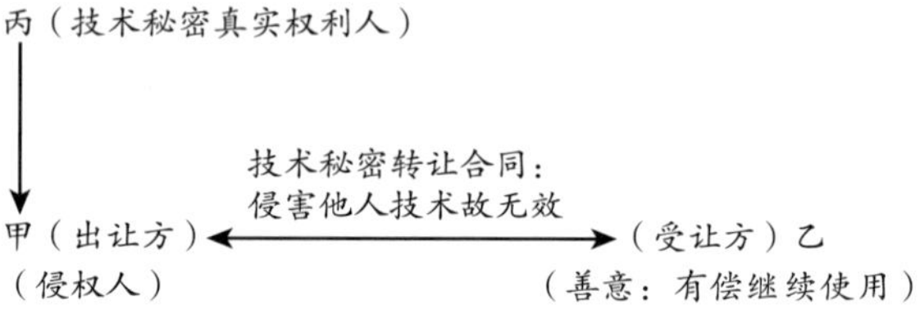

(2) 非法窃取竞争对手技术秘密成果之技术转让合同无效案

甲公司非法窃取竞争对手乙公司最新开发的一项技术秘密成果，与丙公司签订转让合同，约定丙公司向甲公司支付一笔转让费后拥有并使用该技术秘密。乙公司得知后，主张甲、丙间的合同无效，并要求赔偿损失。下列哪些说法是正确的? (2009－3－62)

A. 如丙公司不知道或不应当知道甲公司窃取

① 参考答案:B

② 参考答案:BD

③ 参考答案:C

技术秘密的事实，则甲、丙间的合同有效

B. 如丙公司为善意，有权继续使用该技术秘密，乙公司不得要求丙公司支付费用，只能要求甲公司承担责任

C. 如丙公司明知甲公司窃取技术秘密的事实仍与其订立合同，不得继续使用该技术秘密，并应当与甲公司承担连带赔偿责任

D. 不论丙公司取得该技术秘密权时是否为善意，该技术转让合同均无效

答案：（　　）[1]

考点：非法窃取竞争对手技术秘密成果之技术转让合同无效案（假设事实或如果受让人善意，如果受让人恶意，各自法律后果如何）

解题图构

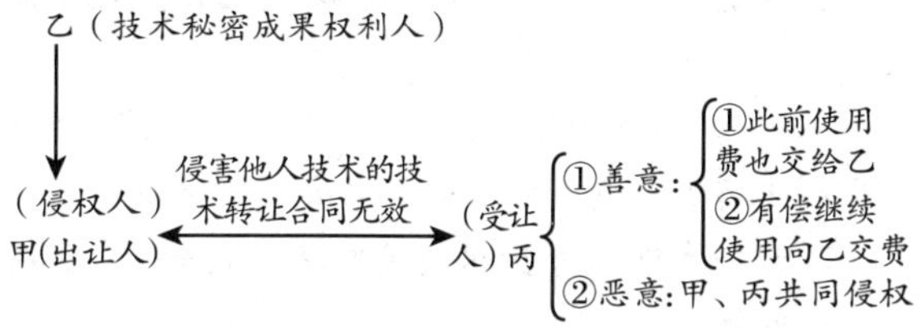

第二节 技术开发合同

1. 委托开发发明创造归属：研究所委托刘某开发软件

甲研究所与刘某签订了一份技术开发合同，约定由刘某为甲研究所开发一套软件。3个月后，刘某按约定交付了技术成果，甲研究所未按约定支付报酬。由于没有约定技术成果的归属，双方发生争执。下列哪些选项是正确的？（2008－3－62）

A. 申请专利的权利属于刘某，但刘某无权获得报酬

B. 申请专利的权利属于刘某，且刘某有权获得约定的报酬

C. 如果刘某转让专利申请权，甲研究所享有以同等条件优先受让的权利

D. 如果刘某取得专利权，甲研究所可以免费实施该专利

答案：（　　）[2]

考点：委托开发发明创造各项管理归属规则：研究所委托刘某开发软件，开发人刘某有申请专利权、依据合同取得报酬权；委托人有免费实施权和优先受让权

2. 合作开发发明创造归属规则：一票否决制

甲、乙、丙三人合作开发一项技术，合同中未约定权利归属。该项技术开发完成后，甲、丙想要申请专利，而乙主张通过商业秘密来保护。对此，下列哪些选项是错误的？（2010－3－62）

A. 甲、丙不得申请专利

B. 甲、丙可申请专利，申请批准后专利权归甲、乙、丙共有

C. 甲、丙可申请专利，申请批准后专利权归甲、丙所有，乙有免费实施的权利

D. 甲、丙不得申请专利，但乙应向甲、丙支付补偿费

答案：（　　）[3]

考点：合作开发发明创造归属规则：一票否决制

3. 委托或合作开发技术秘密成果归属规则

（1）委托或合作开发技术秘密成果之"分道扬镳"案

甲公司与乙公司签订一份技术开发合同，未约定技术秘密成果的归属。甲公司按约支付了研究开发经费和报酬后，乙公司交付了全部技术成果资料。后甲公司在未告知乙公司的情况下，以普通使用许可的方式许可丙公司使用该技术，乙公司在未告知甲公司的情况下，以独占使用许可的方式许可丁公司使用该技术。下列哪一说法是正确的？（2011－3－15）

A. 该技术成果的使用权仅属于甲公司

B. 该技术成果的转让权仅属于乙公司

C. 甲公司与丙公司签订的许可使用合同无效

D. 乙公司与丁公司签订的许可使用合同无效

答案：（　　）[4]

考点：委托开发或者合作开发的技术秘密成果的权益归属（归双方）、对外许可使用（可以普通许可使用方式，不可其他许可使用方式）

---

① 参考答案：CD
② 参考答案：BCD
③ 参考答案：BCD
④ 参考答案：D

解题图构

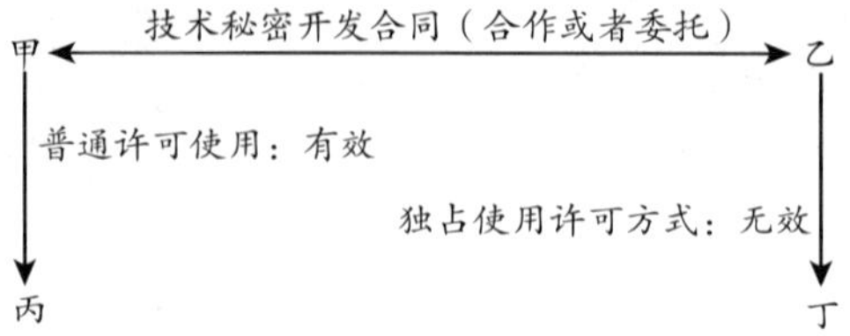

4. 委托技术秘密成果归属之“浓缩茶汁”案（违反同一起跑线规则）

甲公司委托乙公司开发一种浓缩茶汁的技术秘密成果，未约定成果使用权、转让权以及利益分配办法。甲公司按约定支付了研究开发费用。乙公司按约定时间开发出该技术秘密成果后，在没有向甲公司交付之前，将其转让给丙公司。下列哪种说法是正确的？（2006－3－16）

A. 该技术秘密成果的使用权只能属于甲公司

B. 该技术秘密成果的转让权只能属于乙公司

C. 甲公司和乙公司均有该技术秘密成果的使用权和转让权

D. 乙公司与丙公司的转让合同无效

考点：委托技术秘密成果归属之“浓缩茶汁”案（违反同一起跑线规则，效力待定）

解题图构

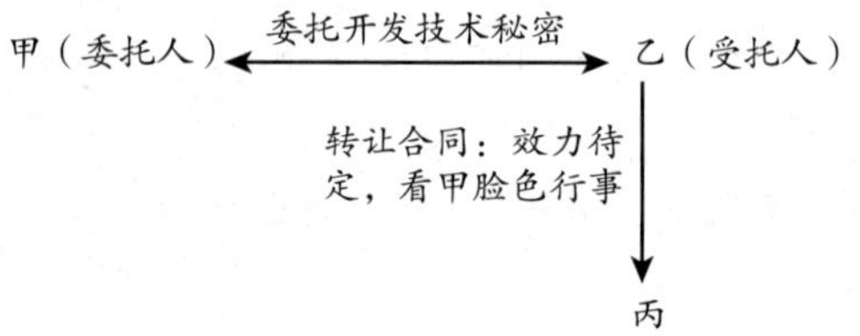

第三节 技术转让合同

1. 专利申请权转让之“合同与专利申请权转让的区分原则”

甲研究院研制出一种新药技术，向我国有关部门申请专利后，与乙制药公司签订了专利申请权转让合同，并依法向国务院专利行政主管部门办理了登记手续。下列哪一表述是正确的？（2014－3－16）

A. 乙公司依法获得药品生产许可证之前，专利申请权转让合同未生效

B. 专利申请权的转让合同自向国务院专利行政主管部门登记之日起生效

C. 专利申请权的转让自向国务院专利行政主管部门登记之日起生效

D. 如该专利申请因缺乏新颖性被驳回，乙公司可以不能实现合同目的为由请求解除专利申请权转让合同

答案：(　　)①

考点：专利申请权转让合同与专利申请权转让的区分原则；专利申请权转让登记后如专利申请因欠缺新颖性被驳回，风险归受让人（相反，如果专利申请权转让登记之前就被驳回，受让人有解除权）

解题图构

时间轴：

甲申请专利→甲、乙签订专利申请权转让合同→如因欠缺新颖性被驳回乙可解除→办理专利申请权转让登记→如因欠缺新颖性被驳回（乙不可解除）。

如果因“抵触申请”被驳回，任何时候乙均可以显失公平为由变更或撤销专利申请权转让合同。

2. 专利实施许可合同是技术转让合同之“实用新型轮胎案”

甲公司于2004年5月10日申请一项汽车轮胎的实用新型的专利，2007年6月1日获得专利权，2008年5月10日与乙公司签订一份专利独占实施许可合同。下列哪些选项是正确的？（2008－3－67）

A. 该合同属于技术转让合同

B. 该合同的有效期不得超过10年

C. 乙公司不得许可第三人实施该专利技术

D. 乙公司经甲公司授权可以自己的名义起诉侵犯该专利技术的人

答案：(　　)②

考点：专利实施许可合同属于技术转让合同的一种；期限不得超过专利权的期限；独占实施许可不得再许可第三人；独占实施许可人可直接以自己名义作原告起诉

解题图构

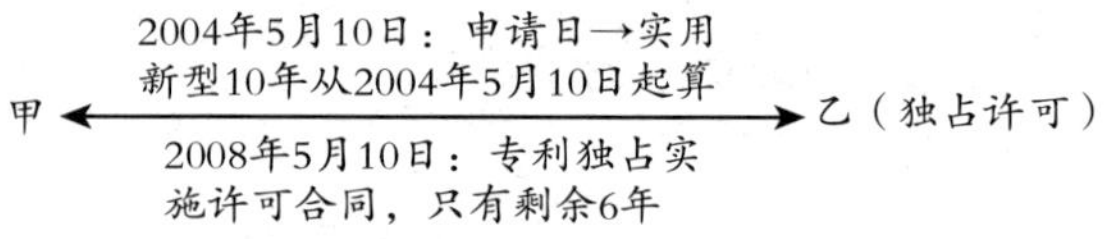

---

① 参考答案：C

② 参考答案：AC

第二十六章　旅游合同与旅游纠纷

1. 参加旅游被“转单”，而后被撞伤

甲参加乙旅行社组织的旅游活动。未经甲和其他旅游者同意，乙旅行社将本次业务转让给当地的丙旅行社。丙旅行社聘请丁公司提供大巴运输服务。途中，由于丁公司司机黄某酒后驾驶与迎面违章变道的个体运输户刘某货车相撞，造成甲受伤。甲的下列哪些请求能够获得法院的支持？（2014－3－67）

A. 请求丁公司和黄某承担连带赔偿责任

B. 请求黄某与刘某承担连带赔偿责任

C. 请求乙旅行社和丙旅行社承担连带赔偿责任

D. 请求刘某承担赔偿责任

答案：（　　）①

考点：参加旅游被“转单”，而后被撞伤：“转单”的连带责任；用人单位无过错替代责任；过错侵权责任

解题图构

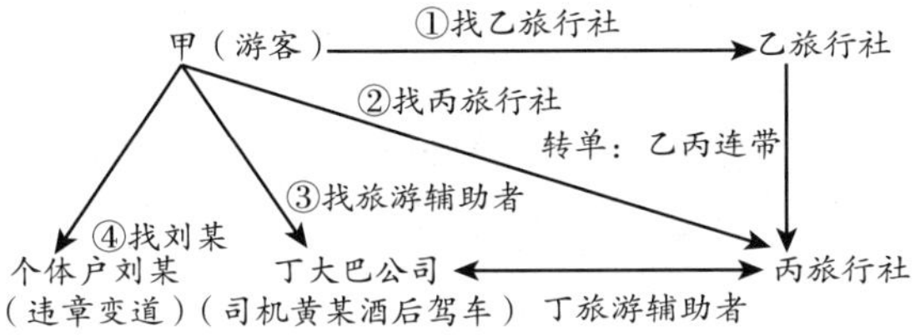

2. 游客换人与旅行社转单并存，“台湾游”之观光小火车脱轨致游客损害案

梁某与甲旅游公司签订合同，约定梁某参加甲公司组织的旅游团赴某地旅游。旅游出发前15日，梁某因出差通知甲公司，由韩某替代跟团旅游。旅游行程一半，甲公司不顾韩某反对，将其旅游业务转给乙公司。乙公司组织游客参观某森林公园，该公园所属观光小火车司机操作失误致火车脱轨，韩某遭受重大损害。下列哪些表述是正确的？（2011－3－60）

A. 即使甲公司不同意，梁某仍有权将旅游合同转让给韩某

B. 韩某有权请求甲公司和乙公司承担连带责任

C. 韩某有权请求某森林公园承担赔偿责任

D. 韩某有权请求小火车司机承担赔偿责任

考点：游客换人与旅行社转单并存，“台湾游”之观光小火车脱轨致游客损害案：游客“转游”可以；旅行社擅自“转单”则负连带责任；辅助者负侵权责任；用人单位是无过错替代责任

解题图构

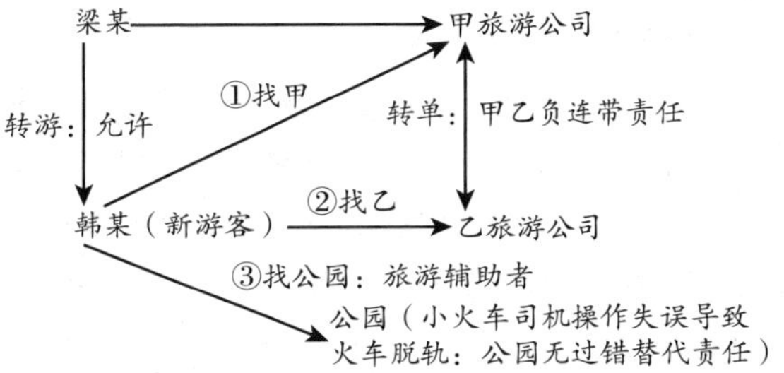

① 参考答案：CD

6 第六编 婚姻继承

第二十七章　婚姻家庭

第一节　无效婚姻、可撤销婚姻

一、无效婚姻

1. 甲与乙登记结婚3年后，乙向法院请求确认该婚姻无效。乙提出的下列哪一理由可以成立？(2011－3－22)

A. 乙登记结婚的实际年龄离法定婚龄相差2年

B. 甲婚前谎称是海归博士且有车有房，乙婚后发现上当受骗

C. 甲与乙是表兄妹关系

D. 甲以揭发乙父受贿为由胁迫乙结婚

答案：(　　)①

考点：无效婚姻、可撤销婚姻

2. 甲男与乙女通过网聊恋爱，后乙提出分手遭甲威胁，乙无奈遂与甲办理了结婚登记。婚后乙得知，甲婚前就患有医学上不应当结婚的疾病且久治不愈，乙向法院起诉离婚。下列哪一说法是正确的？(2009－3－19)

A. 法院应判决撤销该婚姻

B. 法院应判决宣告该婚姻无效

C. 对该案的审理应当进行调解

D. 当事人可以对法院的处理结果依法提起上诉

答案：(　　)②

考点：无效婚姻、可撤销婚姻

二、可撤销婚姻

网名“我心飞飞”的21岁女子甲与网名“我行我素”的25岁男子乙在网上聊天后产生好感，乙秘密将甲裸聊的镜头复制保存。后乙要求与甲结婚，甲不同意。乙威胁要公布其裸聊镜头，甲只好同意结婚并办理了登记。下列哪些说法是错误的？(2006－3－66)

A. 甲可以自婚姻登记之日起1年内请求撤销该婚姻

B. 甲可以在婚姻登记后以没有感情基础为由起诉要求离婚

C. 甲有权主张该婚姻无效

D. 乙侵犯了甲的隐私权

答案：(　　)③

考点：可撤销婚姻、离婚事由、无效婚姻和侵犯隐私权

第二节　离　婚

一、诉讼离婚

1. 诉讼离婚(过错赔偿)

董楠(男)和申蓓(女)是美术学院同学，共同创

① 参考答案：C

② 参考答案：B

③ 参考答案：BCD

作一幅油画作品《爱你一千年》。毕业后二人结婚育有一女。董楠染上吸毒恶习，未经申蓓同意变卖了《爱你一千年》，所得款项用于吸毒。因董楠恶习不改，申蓓在女儿不满1周岁时提起离婚诉讼。下列哪些说法是正确的？(2015－3－65)

A. 申蓓虽在分娩后1年内提出离婚，法院应予受理

B. 如调解无效，应准予离婚

C. 董楠出售《爱你一千年》侵犯了申蓓的物权和著作权

D. 对董楠吸毒恶习，申蓓有权请求离婚损害赔偿

答案：(　　)①

考点：不得离婚的情形、离婚损害赔偿请求权、共有著作权

2. 诉讼离婚(特殊情形下的代理)

甲与乙离婚，甲、乙的子女均已成年，与乙一起生活。甲与丙再婚后购买了一套房屋，登记在甲的名下。后甲因中风不能自理，常年卧床。丙见状离家出走达3年之久。甲、乙的子女和乙想要回房屋，进行法律咨询。下列哪些意见是错误的？(2011－3－52)

A. 因房屋登记在甲的名下，故属于甲个人房产

B. 丙在甲中风后未尽妻子责任和义务，不能主张房产份额

C. 甲、乙的子女可以申请宣告丙失踪

D. 甲本人向法院提交书面意见后，甲、乙的子女可代理甲参与甲与丙的离婚诉讼

答案：(　　)②

考点：诉讼离婚、夫妻财产、宣告失踪、委托代理(特殊情形下的身份行为)

3. 离婚过错赔偿、离婚经济补偿请求权

(1)钟某性情暴躁，常殴打妻子柳某，柳某经常找同村未婚男青年杜某诉苦排遣，日久生情。现柳某起诉离婚，关于钟、柳二人的离婚财产处理事宜，下列哪一选项是正确的？(2016－3－19)

A. 针对钟某家庭暴力，柳某不能向其主张损害赔偿

B. 针对钟某家庭暴力，柳某不能向其主张精神损害赔偿

C. 如柳某婚内与杜某同居，则柳某不能向钟某主张损害赔偿

D. 如柳某婚内与杜某同居，则钟某可以向柳某主张损害赔偿

答案：(　　)③

考点：离婚过错损害赔偿请求权

解题图构

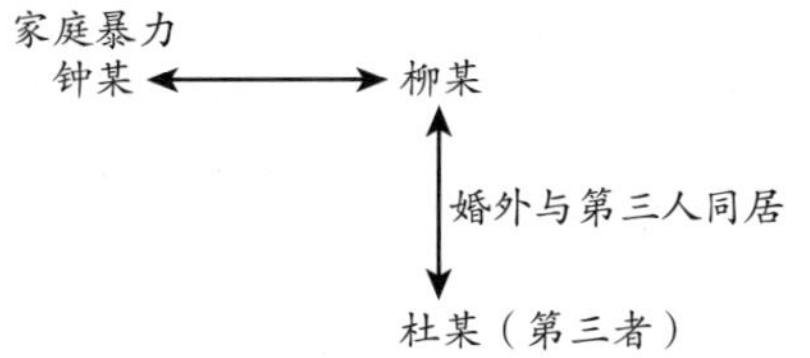

(2)2003年5月王某(男)与赵某结婚，双方书面约定婚后各自收入归个人所有。2005年10月王某用自己的收入购置一套房屋。2005年11月赵某下岗，负责照料女儿及王某的生活。2008年8月王某提出离婚，赵某得知王某与张某已同居多年。法院应支持赵某的下列哪些主张？(2009－3－66)

A. 赵某因抚育女儿、照顾王某生活付出较多义务，王某应予以补偿

B. 离婚后赵某没有住房，应根据公平原则判决王某购买的住房属于夫妻共同财产

C. 王某与张某同居导致离婚，应对赵某进行赔偿

D. 张某与王某同居破坏其家庭，应向赵某赔礼道歉

答案：(　　)④

考点：离婚过错赔偿、约定分别财产制的法定补偿义务(贤内助)、离婚时的法定扶助义务(困难户)

4. 离婚过错赔偿

周某与妻子庞某发生争执，周某一记耳光导致庞某右耳失聪。庞某起诉周某赔偿医药费1000元、精神损害赔偿费2000元，但未提出离婚请求。下列哪一选项是正确的？(2007－3－17)

A. 周某应当赔偿医疗费和精神损害

B. 周某应当赔偿医疗费而不应赔偿精神损害

---

① 参考答案：ABC

② 参考答案：ABC

③ 参考答案：C

④ 参考答案：AC

C. 周某应当赔偿精神损害而不应赔偿医疗费

D. 法院应当不予受理

答案:(　　)①

考点:离婚诉讼无过错方的损害赔偿请求权

二、夫妻财产关系

1. 夫妻可约定个人财产归共同;但个人财产不会仅因婚姻关系直接变成共同财产

刘山峰、王翠花系老夫少妻,刘山峰婚前个人名下拥有别墅一栋。关于婚后该别墅的归属,下列哪一选项是正确的?(2016-3-20)

A. 该别墅不可能转化为夫妻共同财产

B. 婚后该别墅自动转化为夫妻共同财产

C. 婚姻持续满八年后该别墅即依法转化为夫妻共同财产

D. 刘、王可约定婚姻持续八年后该别墅转化为夫妻共同财产

答案:(　　)②

考点:法定夫妻财产制、约定夫妻财产制

2. 夫妻财产关系之财产归属:婚姻效力、赠与合同效力、夫妻共同财产(小说)

胡某与黄某长期保持同性恋关系,胡某创作同性恋题材的小说发表。后胡某迫于父母压力娶陈某为妻,结婚时陈某父母赠与一套房屋,登记在陈某和胡某名下。婚后,胡某收到出版社支付的小说版税10万元。此后,陈某得知胡某在婚前和婚后一直与黄某保持同性恋关系,非常痛苦。下列哪一说法是正确的?(2015-3-20)

A. 胡某隐瞒同性恋重大事实,导致陈某结婚的意思表示不真实,陈某可请求撤销该婚姻

B. 陈某受欺诈而登记结婚,导致陈某父母赠与房屋意思表示不真实,陈某父母可撤销赠与

C. 该房屋不属于夫妻共同财产

D. 10万元版税属于夫妻共同财产

答案:(　　)③

考点:婚姻效力、赠与合同效力、夫妻共同财产

3. 夫妻财产关系:婚内夫妻借款个人使用,离婚时按债权分割

甲(男)、乙(女)结婚后,甲承诺,在子女出生后,将其婚前所有的一间门面房,变更登记为夫妻共同财产。后女儿丙出生,但甲不愿兑现承诺,导致夫妻感情破裂离婚,女儿丙随乙一起生活。后甲又与丁(女)结婚。未成年的丙因生重病住院急需医疗费20万元,甲与丁签订借款协议从夫妻共同财产中支取该20万元。下列哪一表述是错误的?(2014-3-23)

A. 甲与乙离婚时,乙无权请求将门面房作为夫妻共同财产分割

B. 甲与丁的协议应视为双方约定处分共同财产

C. 如甲、丁离婚,有关医疗费按借款协议约定处理

D. 如丁不同意甲支付医疗费,甲无权要求分割共有财产

答案:(　　)④

考点:夫妻共有财产、赠与合同、基于法律行为的不动产物权变动、婚内分割夫妻共有财产的法定情形

解题图构

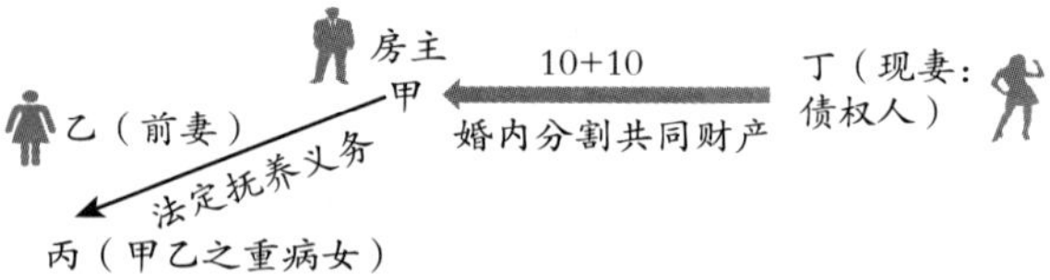

4. 夫妻财产关系之婚前财产婚后增值案

甲、乙夫妻的下列哪一项婚后增值或所得,属于夫妻共同财产?(2013-3-23)

A. 甲婚前承包果园,婚后果树上结的果实

B. 乙婚前购买的1套房屋升值了50万元

C. 甲用婚前的10万元婚后投资股市,得利5万元

D. 乙婚前收藏的玉石升值了10万元

答案:(　　)⑤

考点:法定财产制度、夫妻共同财产

① 参考答案:D
② 参考答案:D
③ 参考答案:D
④ 参考答案:D
⑤ 参考答案:C

5. 夫妻财产关系：法定不分或少分财产的事由

(1)隐匿财产属于法定的部分或少分财产事由

乙起诉离婚时，才得知丈夫甲此前已着手隐匿并转移财产。关于甲、乙离婚的财产分割，下列哪一选项是错误的？(2016－3－18)

A. 甲隐匿转移财产，分割财产时可少分或不分

B. 就履行离婚财产分割协议事宜发生纠纷，乙可再起诉

C. 离婚后发现甲还隐匿其他共同财产，乙可另诉再次分割财产

D. 离婚后因发现甲还隐匿其他共同财产，乙再行起诉不受诉讼时效限制

答案：(　　)①

考点：离婚时夫妻财产分割、诉讼离婚

(2)虐待或遗弃不是“法定不分或少分财产的事由”

甲与乙结婚多年后，乙患重大疾病需要医治，甲保管夫妻共同财产但拒绝向乙提供治疗费，致乙疾病得不到及时治疗而恶化。下列哪一说法是错误的？(2012－3－23)

A. 乙在婚姻关系存续期间，有权起诉请求分割夫妻共同财产

B. 乙有权提出离婚诉讼并请求甲损害赔偿

C. 乙在离婚诉讼中有权请求多分夫妻共同财产

D. 乙有权请求公安机关依照《治安管理处罚法》对甲予以行政处罚

答案：(　　)②

考点：夫妻共有财产(婚内分割事由)、夫妻扶养义务(虐待)、离婚过错赔偿

6. 夫妻财产关系之共有合伙份额的处理

甲、乙因离婚诉至法院，要求分割实为共同财产而以甲的名义对丙合伙企业的投资。诉讼中，甲、乙经协商，甲同意将其在丙合伙企业中的财产份额转让给乙。法院对此作出处理，下列哪些选项是正确的？(2010－3－16)

A. 其他三分之二以上合伙人同意转让的，乙取得合伙人地位

B. 其他合伙人不同意转让，在同等条件下行使优先受让权的，可对转让所得的财产进行分割

C. 其他合伙人不同意转让，也不行使优先受让权，但同意甲退伙或退还其财产份额的，可对退伙财产进行分割

D. 其他合伙人对转让、退伙、退还财产均不同意，也不行使优先受让权的，视为全体合伙人同意转让，乙依法取得合伙人地位

答案：(　　)③

考点：夫妻财产制、合伙企业中的出资在离婚时的分割

7. 夫妻财产关系：合伙份额归个人与归夫妻的差异之“婚前合伙份额归个人案”

2000年3月，甲、乙、丙开办一合伙企业，同年6月甲与丁结婚。2005年8月，双方协议离婚，约定将合伙企业中甲的财产份额全部转让给丁。下列哪些说法不正确？(2005－3－63)

A. 合伙企业中甲的财产份额属于夫妻共同财产

B. 如乙、丙同意，丁依法取得合伙人的地位

C. 如乙、丙不同意丁入伙，必须购买该财产份额

D. 合伙企业应清算，丁分得甲应得财产份额

答案：(　　)④

考点：合伙财产的按份共有性质、入伙条件、合伙解散事由

8. 夫妻财产关系之夫妻共财产与夫妻个人财产的判断和区分

甲、乙结婚的第10年，甲父去世留下遗嘱，将其拥有的一套房子留给甲，并声明该房屋只归甲一人所有。下列哪一表述是正确的？(2009－3－20)

A. 该房屋经过8年婚后生活即变成夫妻共有财产

B. 如甲将该房屋出租，租金为夫妻共同财产

C. 该房屋及租金均属共同财产

D. 甲、乙即使约定将该房屋变为共同财产，其协议也无效

答案：(　　)⑤

---

① 参考答案：D

② 参考答案：C

③ 参考答案：BCD

④ 参考答案：ACD

⑤ 参考答案：司法部原公布答案为B，现根据《婚姻法解释三》修改为无答案。

考点：夫妻共同财产与夫妻个人财产的判断和区分

9. 夫妻财产关系之离婚时财产处理

甲、乙结婚多年，因甲沉迷于网络游戏，双方协议离婚，甲同意家庭的主要财产由乙取得。离婚后不久，乙发现甲曾在婚姻存续期间私自购买了两处房产并登记在自己名下，于是起诉甲，要求再次分割房产并要求甲承担损害赔偿责任。下列哪些选项是正确的？（2008－3－68）

A. 乙无权要求甲承担损害赔偿责任

B. 法院应当将两处房产都判给乙

C. 请求分割房产的诉讼时效，为乙发现或者应当发现甲的隐藏财产行为之次日起两年

D. 若法院判决乙分得房产，则乙在判决生效之日即取得房屋所有权

答案：（　　）①

考点：离婚时的财产处理、非基于法律行为的物权变动（形成诉权）

10. 夫妻财产关系：婚内知识产权收益，实际取得或已经明确可以取得的财产性收益归共有

甲乙是夫妻，甲在婚前发表小说《昨天》，婚后获得稿费。乙在婚姻存续期间发表了小说《今天》，离婚后第二天获得稿费。甲在婚姻存续期间创作小说《明天》，离婚后发表并获得稿费。下列哪一选项是正确的？（2007－3－16）

A.《昨天》的稿费属于甲婚前个人财产

B.《今天》的稿费属于夫妻共同财产

C.《明天》的稿费属于夫妻共同财产

D.《昨天》、《今天》和《明天》的稿费都属于夫妻共同财产

答案：（　　）②

考点：夫妻共同财产（知识产权财产权归属）

解题图构

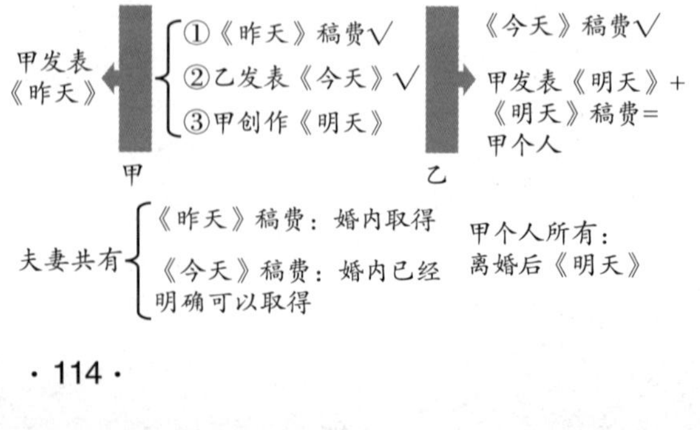

三、夫妻债务清偿

1. 夫妻债务清偿

黄某与唐某自愿达成离婚协议并约定财产平均分配，婚姻关系存续期间的债务全部由唐某偿还。经查，黄某以个人名义在婚姻存续期间向刘某借款10万元用于购买婚房。下列哪一表述是正确的？（2011－3－21）

A. 刘某只能要求唐某偿还10万元

B. 刘某只能要求黄某偿还10万元

C. 如黄某偿还了10万元，则有权向唐某追偿10万元

D. 如唐某偿还了10万元，则有权向黄某追偿5万元

答案：（　　）③

考点：夫妻共同债务的清偿、离婚协议

解题图构

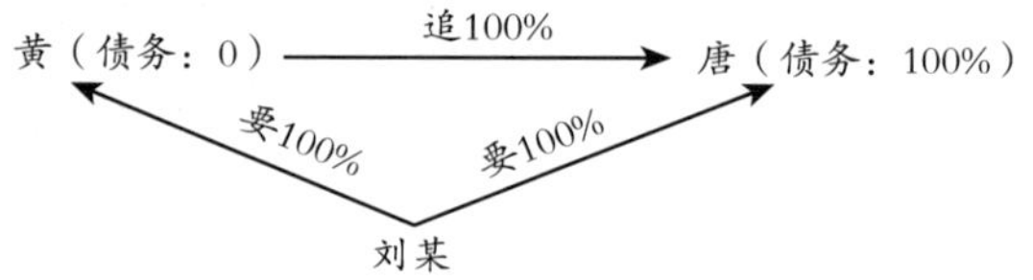

2. 夫妻债务

王某以个人名义向张某独资设立的飞跃百货有限公司借款10万元，借期1年。不久，王某与李某登记结婚，将上述借款全部用于婚房的装修。婚后半年，王某与李某协议离婚，未对债务的偿还作出约定。下列哪一选项是正确的？（2008－3－17）

A. 由张某向王某请求偿还

B. 由张某向王某和李某请求偿还

C. 飞跃公司只能向王某请求偿还

D. 由飞跃公司向王某和李某请求偿还

答案：（　　）④

考点：夫妻共同债务

① 参考答案：AD
② 参考答案：B
③ 参考答案：C
④ 参考答案：D

解题图构

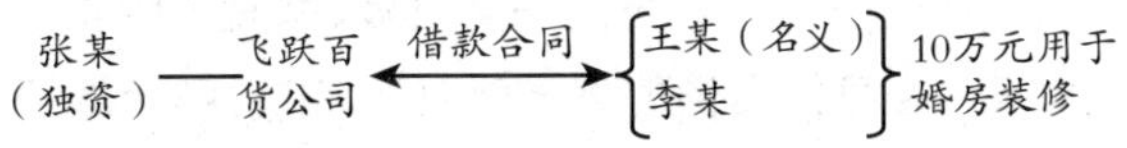

3. 夫妻债务

张某和王某系夫妻，张某想借钱炒股，王某不同意，张某说："我自己借钱自己还！"二人书面约定此后各自收入归各自所有。张某以自己名义向不知有此约定的同事孙某借钱，双方未约定利息。下列哪些选项是正确的？（2008－四川－68）

A. 孙某只能要求张某以个人财产还款

B. 孙某有权要求张某以张某和王某所有的财产还款

C. 王某如主张此系张某的个人债务，必须举证证明孙某知道她与张某之间的约定

D. 张某还款时应参照同期银行贷款利息向孙某支付利息

答案：（　　）①

考点：夫妻债务、自然人之间的借款合同

4. 夫妻债务

张某和柳某婚后开了一家美发店，由柳某经营。二人自2005年6月起分居，张某于2005年12月向当地法院起诉离婚。审理中查明，柳某曾于2005年9月向他人借款2万元用于美发店的经营。下列哪些选项是正确的？（2007）

A. 该美发店属于夫妻共同财产

B. 该债务是夫妻共同债务，应以共同财产清偿

C. 该债务是夫妻共同债务，张某应承担一半的清偿责任

D. 该债务系二人分居之后所负，不是用于夫妻共同生活，应由柳某独自承担清偿责任

答案：（　　）②

考点：夫妻共同财产、夫妻共同债务

5. 夫妻债务

甲与乙结婚后因无房居住，于2000年8月1日以个人名义向丙借10万元购房，约定5年后归还，未约定是否计算利息。后甲外出打工与人同居。2004年4月9日，法院判决甲与乙离婚，家庭财产全部归乙。下列哪些说法是错误的？（2006－3－60）

A. 借期届满后，丙有权要求乙偿还10万元及利息

B. 借期届满后，丙只能要求甲偿还10万元

C. 借期届满后，丙只能要求甲和乙分别偿还5万元

D. 借期届满后，丙有权要求甲和乙连带清偿10万元及利息

答案：（　　）③

考点：夫妻共同债务、自然人之间的借款合同

四、孩子问题：探望权

屈赞与曲玲协议离婚并约定婚生子屈曲由屈赞抚养，另口头约定曲玲按其能力给付抚养费并可随时探望屈曲。对此，下列哪些选项是正确的？（2016－3－65）

A. 曲玲有探望权，屈赞应履行必要的协助义务

B. 曲玲连续几年对屈曲不闻不问，违背了法定的探望义务

C. 屈赞拒不履行协助曲玲探望的义务，经由裁判可依法对屈赞采取拘留、罚款等强制措施

D. 屈赞拒不履行协助曲玲探望的义务，经由裁判可依法强制从屈赞处接领屈曲与曲玲会面

答案：（　　）④

考点：探望权

解题图构

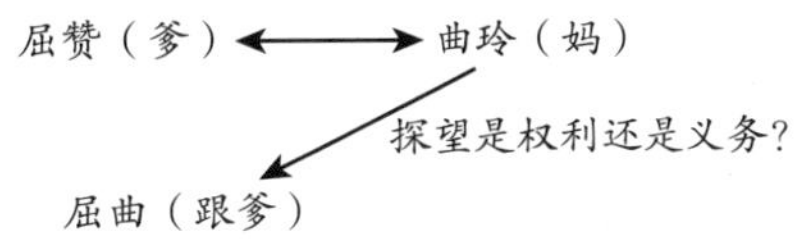

第三节 父母子女关系

1. 收养关系

吴某（女）16岁，父母去世后无其他近亲，吴某的舅舅孙某（50岁，离异，有一个19岁的儿子）提出愿将吴某收养。孙某咨询律师收养是否合法，律师的下列哪一项答复是正确的？（2008－3－18）

---

① 参考答案：BC
② 参考答案：AB
③ 参考答案：ABCD
④ 参考答案：AC

A. 吴某已满 16 岁,不能再被收养

B. 孙某与吴某年龄相差未超过 40 岁,不能收养吴某

C. 孙某已有子女,不能收养吴某

D. 孙某可以收养吴某

答案:(　　)①

考点:收养的条件

解题图构

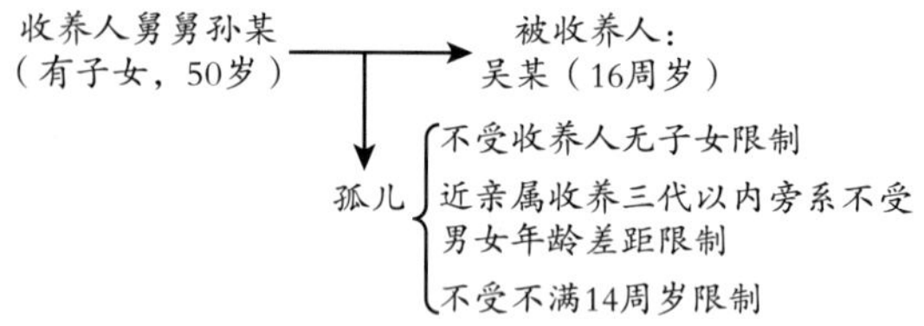

2. 收养关系

王某(女)与李某婚后一直未育,李某想收养一个女童。在律师提供的咨询意见中,下列哪一选项是错误的?(2008 - 四川 - 18)

A. 收养必须经王某同意

B. 王某与李某必须年满 30 周岁

C. 收养人不能患有医学上认为不应当收养子女的疾病

D. 李某与被收养女童的年龄应当相差 40 岁以上

答案:(　　)②

考点:收养条件

① 参考答案:D

② 参考答案:D

第二十八章　继　承　法

第一节　继承开始和继承权

1. 继承的开始之死亡时间推定

王某与李某系夫妻，二人带女儿外出旅游，发生车祸全部遇难，但无法确定死亡的先后时间。下列哪些选项是正确的？(2008－3－60)

A. 推定王某和李某先于女儿死亡

B. 推定王某和李某同时死亡

C. 王某和李某互不继承

D. 女儿作为第一顺序继承人继承王某和李某的遗产

答案：(　　)①

考点：继承的开始、互有继承关系的人同时遇难与死亡时间

解题图构

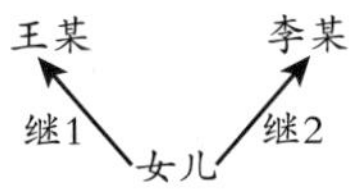

2. 继承开始之转继承

继承开始之转继承：双胞胎男婴死体，其保留份额启动法定继承；女婴旋即死亡，其保留份额启动转继承

(1)熊某与杨某结婚后，杨某与前夫所生之子小强由二人一直抚养，熊某死亡，未立遗嘱。熊某去世前杨某孕有一对龙凤胎，于熊某死后生产，产出时男婴为死体，女婴为活体，但旋即死亡。关于对熊某遗产的继承，下列哪些选项是正确的？(2016－3－66)

A. 杨某、小强均是第一顺位的法定继承人

B. 女婴死亡后，应当发生法定的代位继承

C. 为男婴保留的遗产份额由杨某、小强继承

D. 为女婴保留的遗产份额由杨某继承

答案：(　　)②

考点：法定继承人顺序、代位继承、转继承、胎儿的权利能力

解题图构

一家人死三口，设熊某的遗产合计为3

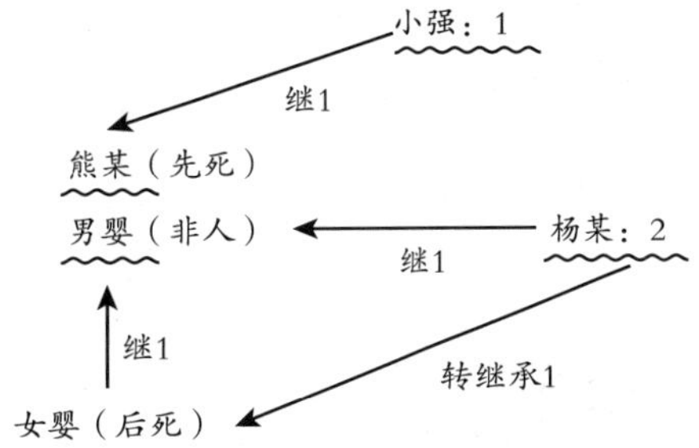

(2)李某死后留下一套房屋和数十万存款，生前未立遗嘱。李某有三个女儿，并收养了一子。大女儿中年病故，留下一子。养子收入丰厚，却拒绝赡养李某。在两个女儿办理丧事期间，小女儿因交通事故意外身亡，留下一女。下列哪些选项是正确的？(2007－3－68)

A. 二女儿和小女儿之女均是第一顺序继承人

B. 大女儿之子对李某遗产的继承属于代位继承

C. 小女儿之女属于转继承人

D. 分配遗产时，养子应当不分或少分

答案：(　　)③

考点：继承开始的时间、法定继承人顺序、代位继承、转继承、遗产分配

解题图构

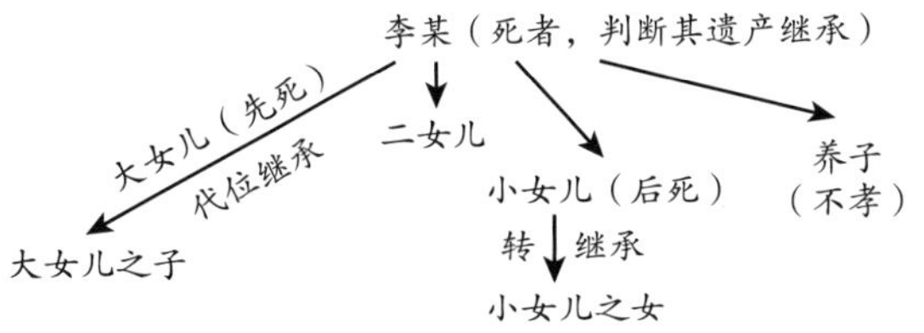

① 参考答案：ABCD

② 参考答案：ACD

③ 参考答案：BCD

3. 继承开始之转遗赠

甲死后留有房屋1套、存款3万元和古画1幅。甲生前立有遗嘱，将房屋分给儿子乙，存款分给女儿丙，古画赠与好友丁，并要求丁帮丙找份工作。下列哪种说法是正确的？（2006－3－21）

A. 甲的遗嘱部分无效

B. 若丁在知道受遗赠后2个月内没有作出接受的意思表示，则视为接受遗赠

C. 如古画在交付丁前由乙代为保管，若意外灭失，丁无权要求乙赔偿

D. 如丁在作出了接受遗赠的意思表示后死亡，则其接受遗赠的权利归于消灭

答案：(　　)①

考点：继承开始的时间、遗赠、转遗赠、遗嘱继承、遗产的无偿保管

4. 继承权的放弃

下列哪一行为可引起放弃继承权的后果？（2011－3－23）

A. 张某口头放弃继承权，本人承认

B. 王某在遗产分割后放弃继承权

C. 李某以不再赡养父母为前提，书面表示放弃其对父母的继承权

D. 赵某与父亲共同发表书面声明断绝父子关系

答案：(　　)②

考点：继承权的放弃

5. 继承方式的先后次序和相互关系

甲与保姆乙约定：甲生前由乙照料，死后遗产全部归乙。乙一直细心照料甲。后甲女儿丙回国，与乙一起照料甲，半年后甲去世。丙认为自己是第一顺序继承人，且尽了义务，主张甲、乙约定无效。下列哪一表述是正确的？（2012－3－24）

A. 遗赠抚养协议有效

B. 协议部分无效，丙可以继承甲的一半遗产

C. 协议无效，应按法定继承处理

D. 协议有效，应按遗嘱继承处理

答案：(　　)③

考点：继承方式的先后次序、遗赠抚养协议

6. 遗赠扶养协议、遗赠、法定继承的先后顺序

甲妻病故，膝下无子女，养子乙成年后常年在外地工作。甲与村委会签订遗赠扶养协议，约定甲的生养死葬由村委会负责，死后遗产归村委会所有。后甲又自书一份遗嘱，将其全部财产赠与侄子丙。甲死后，乙就甲的遗产与村委会以及丙发生争议。对此，下列哪一选项是正确的？（2010－3－19）

A. 甲的遗产应归村委会所有

B. 甲所立遗嘱应予撤销

C. 村委会、乙和丙共同分割遗产，村委会可适当多分

D. 村委会和丙平分遗产，乙无权分得任何遗产

答案：(　　)④

考点：遗赠抚养协议、遗赠、法定继承的先后次序

第二节　遗嘱处理遗产

1. 遗赠抚养协议

甲与乙签订协议，约定甲将其房屋赠与乙，乙承担甲生养死葬的义务。后乙拒绝扶养甲，并将房屋擅自用作经营活动，甲遂诉至法院要求乙返还房屋。下列哪一选项是正确的？（2007－3－23）

A. 该协议是附条件的赠与合同

B. 该协议在甲死亡后发生法律效力

C. 法院应判决乙向甲返还房屋

D. 法院应判决乙取得房屋所有权

答案：(　　)⑤

考点：遗赠扶养协议的性质、效力和解除

2. 遗嘱继承

贡某立公证遗嘱：死后财产全部归长子贡文所有。贡文知悉后，自书遗嘱：贡某全部遗产归弟弟贡武，自己全部遗产归儿子贡小文。贡某随后在贡文遗嘱上书写：同意，但还是留10万元给贡小文。其后，贡文先于贡某死亡。关于遗嘱的效力，下列哪一选项是正确的？（2016－3－21）

A. 贡某遗嘱已被其通过书面方式变更

---

① 参考答案：B
② 参考答案：A
③ 参考答案：A
④ 参考答案：A
⑤ 参考答案：C

B. 贡某遗嘱因贡文先死亡而不生效力

C. 贡文遗嘱被贡某修改的部分合法有效

D. 贡文遗嘱涉及处分贡某财产的部分有效

答案：（ ）①

考点：公证遗嘱、自书遗嘱、遗嘱修改的效力、代位继承

解题图构

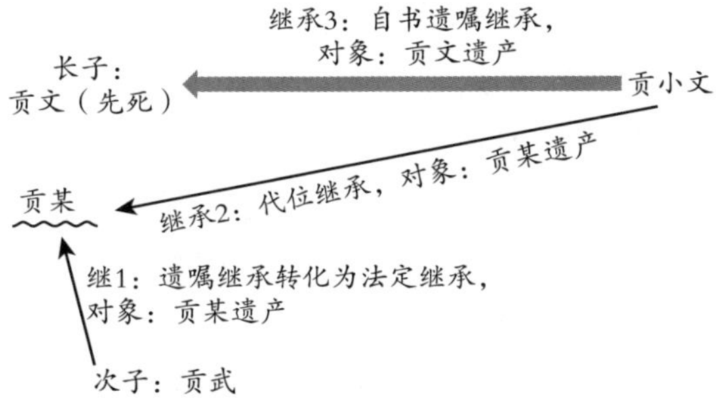

3. 遗嘱继承

老夫妇王冬与张霞有一子王希、一女王楠，王希婚后育有一子王小力。王冬和张霞曾约定，自家的门面房和住房属于王冬所有。2012年8月9日，王冬办理了公证遗嘱，确定门面房由张霞和王希共同继承。2013年7月10日，王冬将门面房卖给他人并办理了过户手续。2013年12月，王冬去世，不久王希也去世。关于住房和出售门面房价款的继承，下列哪一说法是错误的？（2015－3－21）

A. 张霞有部分继承权

B. 王楠有部分继承权

C. 王小力有部分继承权

D. 王小力对住房有部分继承权、对出售门面房的价款有全部继承权

答案：（ ）②

考点：遗嘱撤销、法定继承、转继承、遗产分割

解题图构

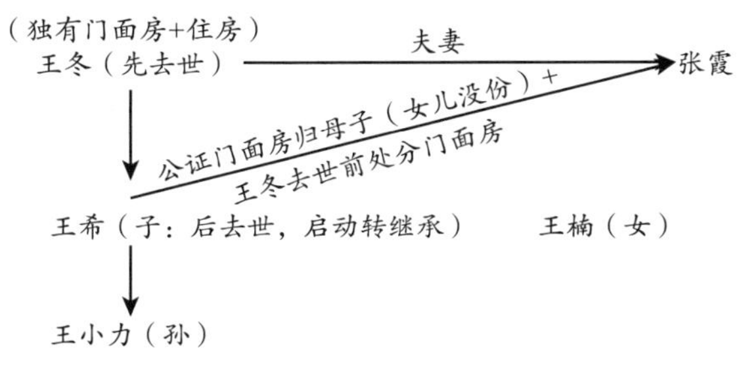

4. 遗嘱继承

甲有乙、丙和丁三个女儿。甲于2013年1月1日亲笔书写一份遗嘱，写明其全部遗产由乙继承，并签名和注明年月日。同年3月2日，甲又请张律师代书一份遗嘱，写明其全部遗产由丙继承。同年5月3日，甲因病被丁送至医院急救，甲又立口头遗嘱一份，内容是其全部遗产由丁继承，在场的赵医生和李护士见证。甲病好转后出院休养，未立新遗嘱。如甲死亡，下列哪一选项是甲遗产的继承权人？（2014－3－24）

A. 乙　B. 丙　C. 丁　D. 乙、丙、丁

答案：（ ）③

考点：遗嘱继承的形式和效力

5. 遗嘱继承

甲立下一份公证遗嘱，将大部分财产留给儿子乙，少部分的存款留给女儿丙。后乙因盗窃而被判刑，甲伤心至极，在病榻上当着众亲友的面将遗嘱烧毁，不久去世。乙出狱后要求按照遗嘱的内容继承遗产。对此，下列哪一选项是正确的？（2008－3－14）

A. 乙有权依据遗嘱的内容继承遗产

B. 乙只能依据法定继承的规定继承遗产

C. 乙无权继承任何遗产

D. 可以分给乙适当的遗产

答案：（ ）④

考点：公证遗嘱的撤销、继承权的丧失

6. 遗嘱继承

王某立有遗嘱，表示将遗产50万元留给妹妹甲，但此款须全部用于资助贫困大学生。王某死后，甲取得王某的50万元遗产，但并未履行资助义务且无正当理由。王某有一子一女。下列哪些选项是正确的？（2008－四川－60）

A. 王某的儿子或女儿可以请求法院取消甲取得遗产的权利

B. 甲的继承权被取消后，按照法定继承原则分配王某的遗产

---

① 参考答案：B

② 参考答案：D

③ 参考答案：A

④ 参考答案：A

C. 甲的继承权被取消后,王某的儿子和女儿继承甲的遗产

D. 王某的儿子或女儿必须按照王某的要求履行义务,才能取得王某的遗产

答案:(　　)①

考点:附义务的遗嘱,未履行义务,取消继承权,义务由法定继承人接力

解题图构

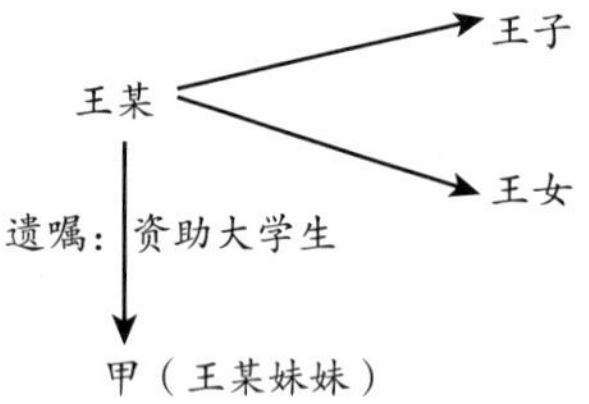

7. 遗嘱继承

甲有一子一女,二人请了保姆乙照顾甲。甲为感谢乙,自书遗嘱,表示其三间房屋由两个子女平分,所有现金都赠给乙。后甲又立下书面遗嘱将其全部现金分给两个子女。不久甲去世。下列哪些选项是错误的?(2007-3-69)

A. 甲的前一遗嘱无效

B. 甲的后一遗嘱无效

C. 所有现金应归甲的两个子女所有

D. 所有现金应归乙所有

答案:(　　)②

考点:遗嘱的无效、失效、撤销与变更

解题图构

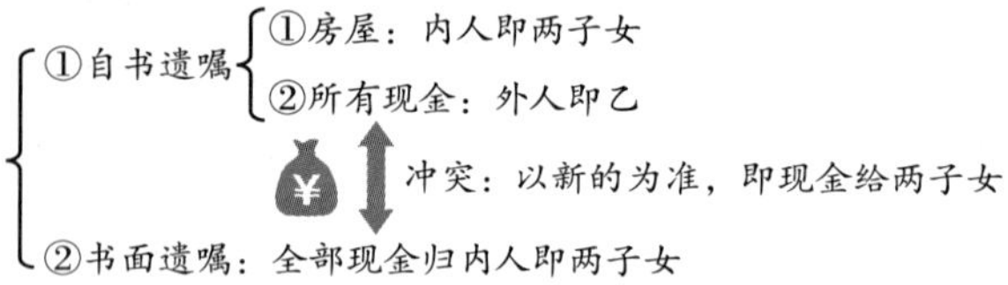

第三节　法定继承

一、法定继承

1. 法定继承人范围

甲(男)与乙(女)结婚,其子小明20周岁时,甲与乙离婚。后甲与丙(女)再婚,丙子小亮8周岁,随甲、丙共同生活。小亮成年成家后,甲与丙甚感孤寂,收养孤儿小光为养子,视同己出,未办理收养手续。丙去世,其遗产的第一顺序继承人有哪些?(2014-3-65)

A. 小明　　B. 小亮　　C. 甲　　D. 小光

答案:(　　)③

考点:法定继承人的确定

解题图构

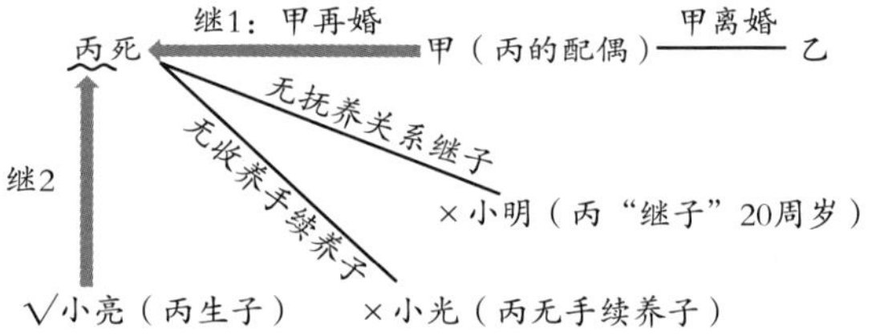

2. 法定继承人范围

钱某与胡某婚后生有子女甲和乙,后钱某与胡某离婚,甲、乙归胡某抚养。胡某与吴某结婚,当时甲已参加工作而乙尚未成年,乙跟随胡某与吴某居住,后胡某与吴某生下一女丙,吴某与前妻生有一子丁。钱某和吴某先后去世,下列哪些说法是正确的?(2009-3-68)

A. 胡某、甲、乙可以继承钱某的遗产

B. 甲和乙可以继承吴某的遗产

C. 胡某和丙可以继承吴某的遗产

D. 乙和丁可以继承吴某的遗产

答案:(　　)④

考点:法定继承人的范围

解题图构

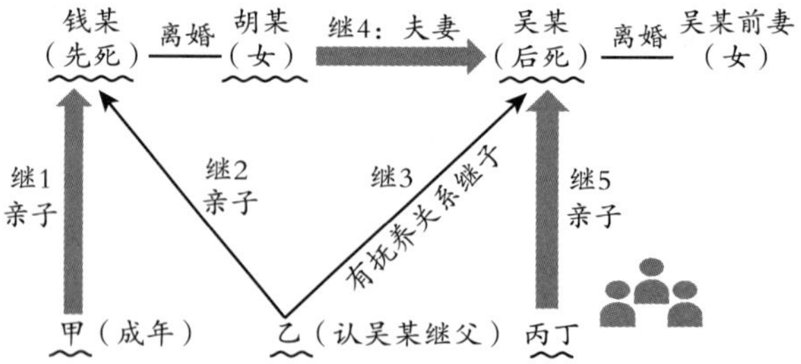

解图:(1)胡某(女)如此"克夫"啊!(2)胡某、吴某都是二婚。(3)钱某遗产:甲、乙继承(前妻胡

① 参考答案:AD

② 参考答案:ABD

③ 参考答案:BC

④ 参考答案:CD

某不可以)。(4)吴某遗产:丁(亲生子女)+丙(亲生子女)+乙(有扶养关系的继子女)+胡某(配偶)。

3. 法定继承人范围

张某1岁时被王某收养并一直共同生活。张某成年后,将年老多病的生父母接到自己家中悉心照顾。2000年,王某、张某的生父母相继去世。下列哪种说法是正确的?(2006-3-22)

A. 张某有权作为第一顺序继承人继承生父母的财产

B. 张某有权作为第二顺序继承人继承生父母的财产

C. 张某无权继承养父王某的财产

D. 张某可适当分得生父母的财产

答案:(　　)①

考点:法定继承人的范围、收养关系、适当分得遗产制度

二、代位继承

1. 白发人送黑发人,遗嘱继承转化为代位继承

(1)贡某立公证遗嘱:死后财产全部归长子贡文所有。贡文知悉后,自书遗嘱:贡某全部遗产归弟弟贡武,自己全部遗产归儿子贡小文。贡某随后在贡文遗嘱上书写:同意,但还是留10万元给贡小文。其后,贡文先于贡某死亡。关于遗嘱的效力,下列哪一选项是正确的?(2016-3-21)

A. 贡某遗嘱已被其通过书面方式变更

B. 贡某遗嘱因贡文先死亡而不生效力

C. 贡文遗嘱被贡某修改的部分合法有效

D. 贡文遗嘱涉及处分贡某财产的部分有效

答案:(　　)②

考点:公证遗嘱、自书遗嘱、遗嘱修改的效力、代位继承

解题图构

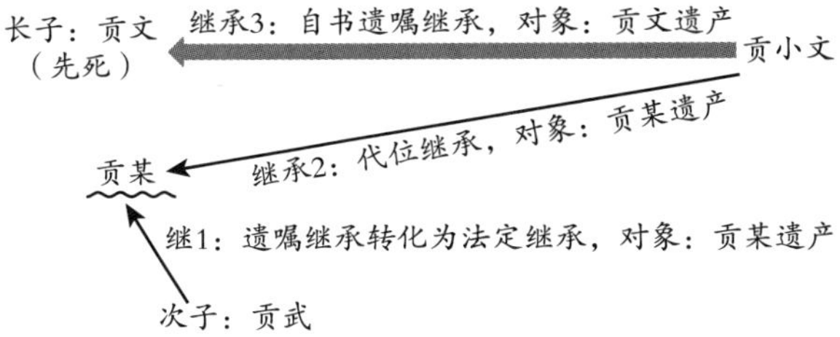

(2)甲自书遗嘱将所有遗产全部留给长子乙,并明确次子丙不能继承。乙与丁婚后育有一女戊、一子己。后乙、丁遇车祸,死亡先后时间不能确定。甲悲痛成疾,不久去世。丁母健在。下列哪些表述是正确的?(2013-3-66)

A. 甲、戊、己有权继承乙的遗产

B. 丁母有权转继承乙的遗产

C. 戊、己、丁母有权继承丁的遗产

D. 丙有权继承、戊和己有权代位继承甲的遗产

答案:(　　)③

考点:遗嘱继承、法定继承、代位继承、转继承

解题图构

图构1

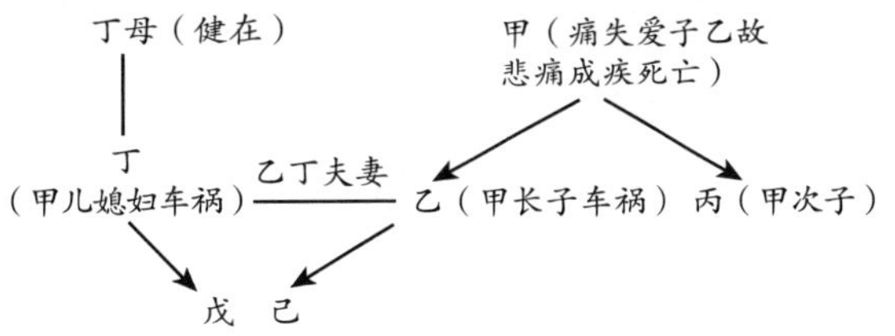

图构2

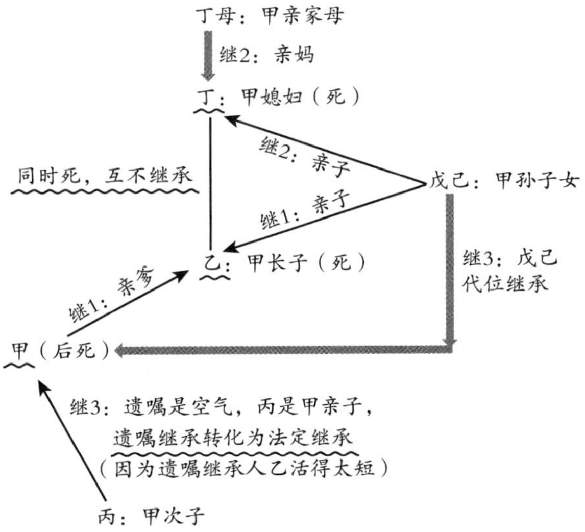

破解图:

(1)三死,每死两起继承:①乙死,是继承1(两起)。②丁死,是继承2(两起)。③甲死,是继承3

---

① 参考答案:D

② 参考答案:B

③ 参考答案:ACD

（两起）。

（2）乙、丁夫妻同时死亡，互不继承：因为车祸死亡无法确定时间先后，各自都有继承人，故启动同辈同时死亡互不继承。因此，丁不继承乙，乙不继承丁。丁母就不能转继承女婿乙，乙父甲就不能转继承媳妇丁。

（3）乙遗嘱继承人，活太短，先于立遗嘱人甲死亡，遗嘱继承转为法定继承。①甲的法定继承人是次子丙，和已经死去的长子乙。②长子乙这头由戊、己代位继承。

（3）甲育有二子乙和丙。甲生前立下遗嘱，其个人所有的房屋死后由乙继承。乙与丁结婚，并有一女戊。乙因病先于甲死亡后，丁接替乙赡养甲。丙未婚。甲死亡后遗有房屋和现金。下列哪些表述是正确的？（2012-3-66）

A. 戊可代位继承

B. 戊、丁无权继承现金

C. 丙、丁为第一顺序继承人

D. 丙无权继承房屋

答案：（　　）①

考点：遗嘱继承、代位继承

解题图构

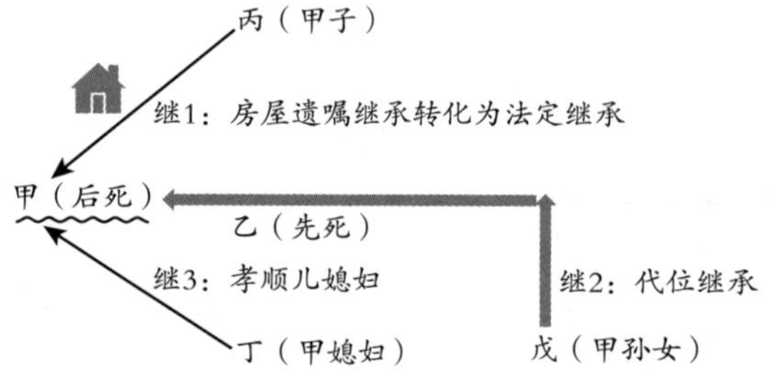

2.“黑发人送白发人”，遗嘱继承阻止代位继承

张某李某系夫妻，生有一子张甲和一女张乙。张甲于2007年意外去世，有一女丙。张某在2010年死亡，生前拥有个人房产一套，遗嘱将该房产处分给李某。关于该房产的继承，下列哪些表述是正确的？（2011-3-65）

A. 李某可以通过张某的遗嘱继承该房产

B. 丙可以通过代位继承要求对该房产进行遗产分割

C. 继承人自张某死亡时取得该房产所有权

D. 继承人自该房产变更登记后取得所有权

答案：（　　）②

考点：遗嘱继承、代位继承、继承物权变动

解题图构

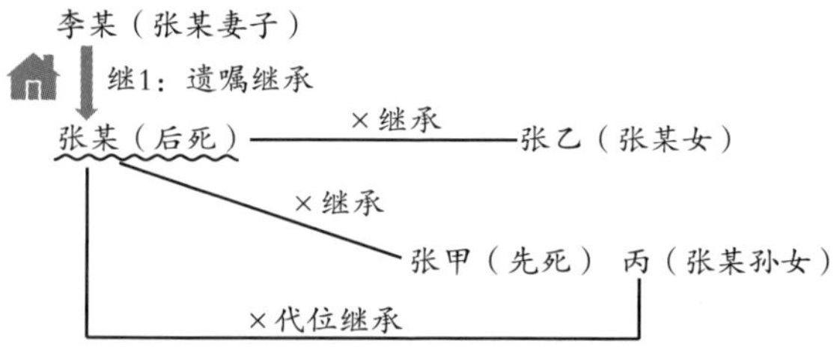

第四节　遗产的分割和债务清偿

一、遗产的范围

1. 遗产的范围

甲与乙结婚，女儿丙三岁时，甲因医疗事故死亡，获得60万元赔款。甲生前留有遗书，载明其死亡后的全部财产由其母丁继承。经查，甲与乙婚后除共同购买了一套住房外，另有20万元存款。下列哪一说法是正确的？（2013-3-24）

A. 60万元赔款属于遗产

B. 甲的遗嘱未保留丙的遗产份额，遗嘱全部无效

C. 住房和存款的各一半属于遗产

D. 乙有权继承甲的遗产

答案：（　　）③

考点：遗产的范围、遗嘱继承

解题图构

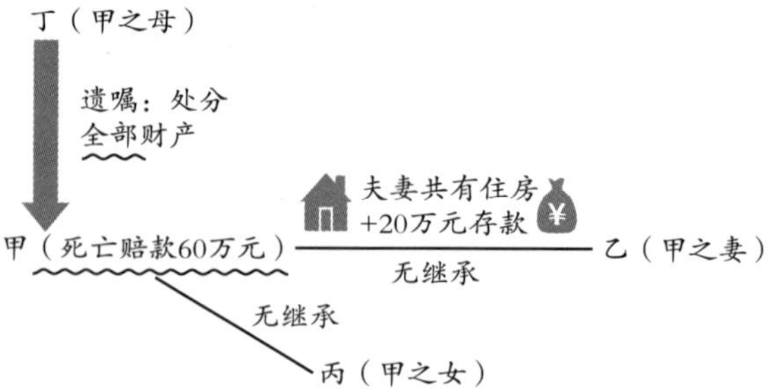

2. 遗产的范围

甲在乙寺院出家修行，立下遗嘱，将下列财产分

① 参考答案：AC

② 参考答案：AC

③ 参考答案：C

配给女儿丙;乙寺院出资购买并登记在甲名下的房产;甲以僧人身份注册的微博账号;甲撰写《金刚经解说》的发表权;甲的个人存款。甲死后,在遗产分割上乙寺院与丙之间发生争议。下列哪一说法是正确的?(2012－3－22)

A. 房产虽然登记在甲名下,但甲并非事实上所有权人,其房产应归寺院所有

B. 甲以僧人身份注册的微博账号,目的是为推广佛法理念,其微博账号应归寺院所有

C. 甲撰写的《金刚经解说》属于职务作品,为保护寺院的利益,其发表权应归寺院所有

D. 甲既已出家,四大皆空,个人存款应属寺院财产,为维护宗教事业发展,其个人存款应归寺院所有

答案:(　　)①

考点:遗嘱继承、遗产的范围、物权归属、发表权

二、遗产的分割

1. 遗产的分割:对不孝顺人必须不分、对困难人应多分、对孝顺人可以多分、对"依赖人"启动乐善好施条款分得适当遗产

唐某有甲、乙、丙成年子女三人,于2002年收养了孤儿丁,但未办理收养登记。甲生活条件较好但未对唐某尽赡养义务,乙丧失劳动能力又无其他生活来源,丙长期和甲共同生活。2004年5月唐某死亡,因分配遗产发生纠纷。下列哪些说法是正确的?(2006－3－67)

A. 甲应当不分或者少分遗产

B. 乙应当多分遗产

C. 丙可以多分遗产

D. 丁可以分得适当的遗产

答案:(　　)②

考点:遗产分配的份额

解题图构

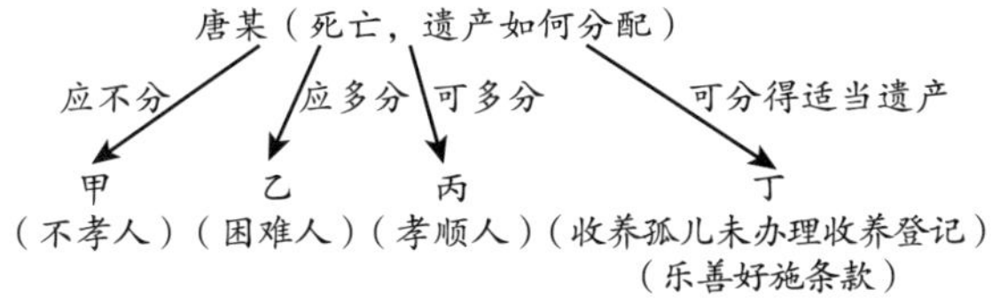

2. 法定继承人范围:对"孝顺人"可以鼓励、对"无力人"必须照顾、对"早死人"则启动代位继承

郭大爷女儿五年前病故,留下一子甲。女婿乙一直与郭大爷共同生活,尽了主要赡养义务。郭大爷继子丙虽然与其无扶养关系,但也不时从外地回来探望。郭大爷还有一丧失劳动能力的养子丁。郭大爷病故,关于其遗产的继承,下列哪些选项是正确的?(2010－3－67)

A. 甲为第一顺序继承人

B. 乙在分配财产时,可多分

C. 丙无权继承遗产

D. 分配遗产时应该对丁予以照顾

答案:(　　)③

考点:法定继承人的范围

解题图构

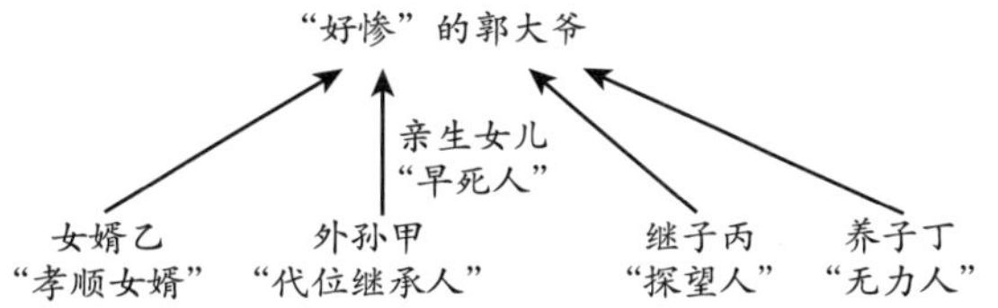

三、继承债务的清偿

1. 何某死后留下一间价值6万元的房屋和四万元现金。何某立有遗嘱,4万元现金由四个子女平分,房屋的归属未作处理。何某女儿主动提出放弃对房屋的继承权,于是三个儿子将房屋变卖,每人分得两万元。现债权人主张何某生前曾向其借款12万元,并有借据为证。下列哪些说法是错误的?(2009－3－67)

A. 何某已死,债权债务关系消灭

B. 四个子女平均分担,每人偿还3万元

C. 四个子女各自以继承所得用于清偿债务,剩下2万元由四人平均分担

D. 四个子女各自以继承所得用于清偿债务,剩下2万元四人可以不予清偿

答案:(　　)④

---

① 参考答案:A
② 参考答案:ABCD
③ 参考答案:ABCD
④ 参考答案:ABCD

考点：概括继承和限定继承、继承债务的清偿

解题图构

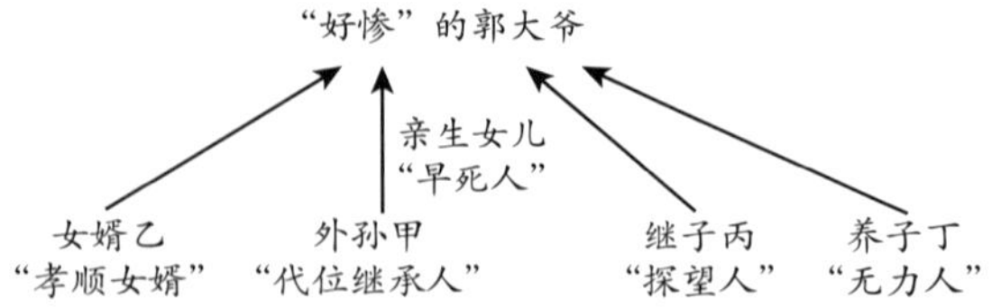

2. **徐某死后留有遗产 100 万元。徐某立有遗嘱，将价值 50 万元的房产留给女儿，将价值 10 万元的汽车留给侄子。遗嘱未处分的剩余 40 万元存款由妻子刘某与女儿按照法定继承各分得一半。遗产处理完毕后，张某通知刘某等人，徐某死亡前 1 年向其借款，本息累计 70 万元至今未还。经查，张某所言属实，此借款系徐某个人债务。女儿应向张某偿还多少钱？**（2008－四川－15）

A. 20 万元

B. 40 万元

C. 49 万元

D. 50 万元

答案：（　　）①

考点：继承债务的清偿

解题图构

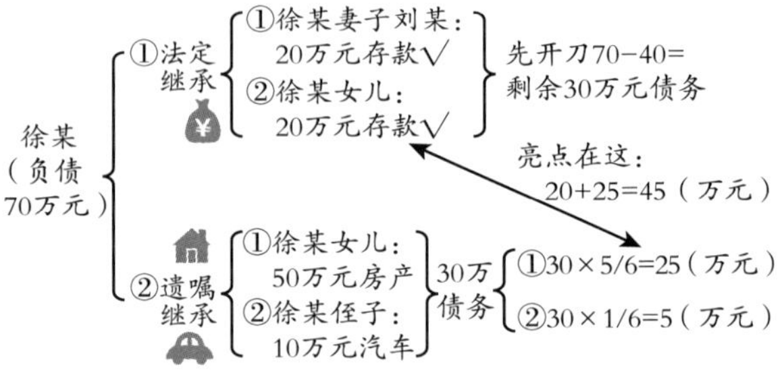

① 参考答案：45 万。司法部公布答案为 C40 万，计算错误。

7 第七编 侵权责任

第二十九章　侵权责任法

第一节　归责原则

一、过错责任原则

1. 过错的判断

某洗浴中心大堂处有醒目提示语:"到店洗浴客人的贵重物品,请放前台保管"。甲在更衣时因地滑摔成重伤,并摔碎了手上价值20万元的定情信物玉镯。经查明:因该中心雇用的清洁工乙清洁不彻底,地面湿滑导致甲摔倒。下列哪一选项是正确的?(2015-3-23)

A. 甲应自行承担玉镯损失

B. 洗浴中心应承担玉镯的全部损失

C. 甲有权请求洗浴中心赔偿精神损害

D. 洗浴中心和乙对甲的损害承担连带责任

答案:(　　)①

考点:安保义务、精神损害赔偿、雇主责任

2. 过错的判断

兹有四个事例:①张某驾车违章发生交通事故致搭车的李某残疾;②唐某参加王某组织的自助登山活动因雪崩死亡;③吴某与人打赌举重物因用力过猛致残;④何某心情不好邀好友郑某喝酒,郑某畅饮后驾车撞树致死。根据公平正义的法治理念和民法有关规定,下列哪一观点可以成立?(2013-3-1)

A. ①张某与李某未形成民事法律关系合意,如让张某承担赔偿责任,是惩善扬恶,显属不当

B. ②唐某应自担风险,如让王某承担赔偿责任,有违公平

C. ③吴某有完整意思能力,其自担损失,是非清楚

D. ④何某虽有召集但未劝酒,无需承担责任,方能兼顾法理与情理

答案:(　　)②

考点:过错侵权责任

3. 过错责任(受害未成年人过错:过失相抵)

丁某在自家后院种植了葡萄,并垒起围墙。谭某(12岁)和马某(10岁)爬上围墙攀摘葡萄,在争抢中谭某将马某挤下围墙,围墙上松动的石头将马某砸伤。下列哪些选项是正确的?(2007-3-64)

A. 丁某应当承担赔偿责任

B. 谭某的监护人应当承担民事责任

C. 马某自己有过失,应当减轻赔偿人的赔偿责任

D. 本案应适用特殊侵权规则

答案:(　　)③

考点:受害未成年人过错相抵、物件致人损害、监护人无过错替代责任

4. 过错责任原则(受害人过错:过失相抵)

甲忘带家门钥匙,邻居乙建议甲从自家阳台攀爬到甲家,并提供绳索以备不测,丙、丁在场协助固定绳索。甲在攀越时绳索断裂,从三楼坠地致重伤。各方当事人就赔偿事宜未达成一致,甲诉至法院。

---

① 参考答案:C

② 参考答案:B

③ 参考答案:BCD

下列哪种说法是正确的？（2006－3－11）

A. 法院可以酌情让乙承担部分赔偿责任

B. 损害后果应由甲自行承担

C. 应由乙承担主要责任，丙、丁承担补充责任

D. 应由乙、丙、丁承担连带赔偿责任

答案：（　　）①

考点：过错责任、受害人过错

解题图构

①乙：建议+破绳，建议成功，绳索失败，有过错
②丙、丁：固定绳索，固定成功，无过错
③甲：接受危险，有过错
→ 结论：受害人甲、加害人乙双方分责

二、公平责任

公平责任

李某赶着马车运货，某食品店开业燃放爆竹（该地并不禁止燃放爆竹），马受惊，带车向前狂奔，李某拉扯不住，眼看惊马向刚放学的小学生冲去，张某见状拦住惊马，但是被惊马踢伤。关于张某的损害，下列哪些选项是正确的？（2008－四川－67）

A. 李某应承担赔偿责任

B. 李某和食品店应承担连带赔偿责任

C. 如李某无力赔偿，张某有权要求小学生的监护人适当补偿

D. 李某承担赔偿责任，食品店承担补充赔偿责任

答案：（　　）②

考点：动物致人损害责任、公平责任

解题图构

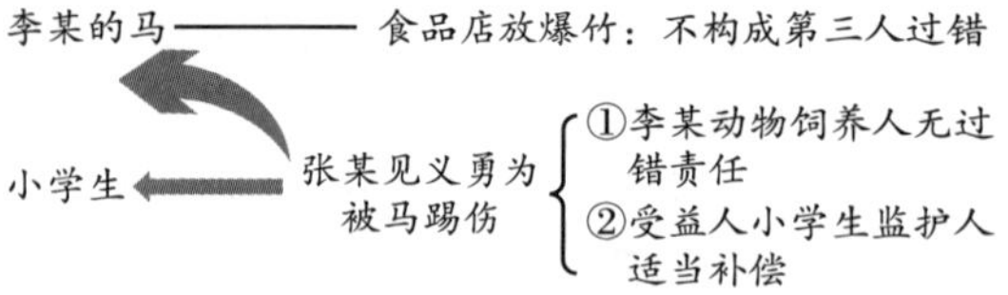

第二节　因果关系

一小偷利用一楼住户甲违规安装的防盗网，进入二楼住户乙的室内，行窃过程中将乙打伤。下列哪一种说法是正确的？（2005－3－20）

A. 乙的人身损害应由小偷和甲承担连带责任

B. 乙的人身损害只能由小偷承担责任

C. 乙的人身损害应由甲和小偷根据过错大小，各自承担责任

D. 乙的人身损害应先由小偷承担责任，不足部分由甲承担

答案：（　　）③

考点：因果关系的判断

第三节　不承担责任和减轻责任的情形

紧急避险免责事由

甲公司铺设管道，在路中挖一深坑，设置了路障和警示标志。乙驾车撞倒全部标志，致丙骑摩托车路经该地时避让不及而驶向人行道，造成丁轻伤。对丁的损失，下列哪一选项是正确的？（2007－3－18）

A. 应由乙承担赔偿责任

B. 应由甲和乙共同承担赔偿责任

C. 应由乙和丙共同承担赔偿责任

D. 应由甲、乙和丙共同承担赔偿责任

答案：（　　）④

考点：紧急避险

解题图构

丁的损失：
①施工人：甲公司挖坑施工。甲公司设置了路障和警示标志，无过错，不负责
②险情引起人：乙驾车撞倒全部标志，没有复原，负责
③避险人：丙骑摩托车为了避免"掉坑里"、"避让不及"驶向人行道造成丁轻伤，不负责
④受害人：丁走在人行道上，无过错，不减轻或免除险情引起人乙的责任

第四节　多数人侵权

1. 多数人侵权之分别侵权

甲晚10点30分酒后驾车回家，车速每小时80公里，该路段限速60公里。为躲避乙逆向行驶的摩

① 参考答案：A
② 参考答案：AC
③ 参考答案：B
④ 参考答案：A

托车，将行人丙撞伤，丙因住院治疗花去10万元。关于丙的损害责任承担，下列哪一说法是正确的？(2010－3－20)

A. 甲应承担全部责任

B. 乙应承担全部责任

C. 甲、乙应承担按份责任

D. 甲、乙应承担连带责任

答案：(　　)①

考点：共同侵权

解题图构

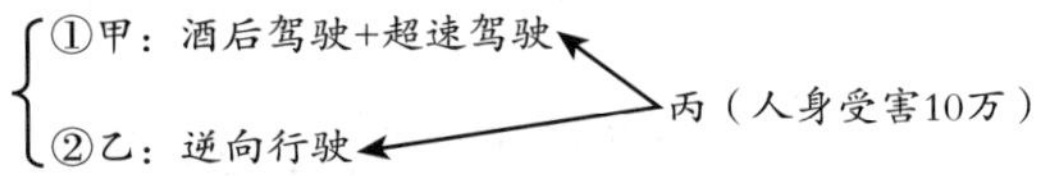

2. 多数人侵权之分别侵权

甲饲养的一只狗在乙公司施工的道路上追咬丙饲养的一只狗，行人丁避让中失足掉入施工形成的坑里，受伤严重。下列哪些说法是错误的？(2009－3－70)

A. 如甲能证明自己没有过错，不应承担对丁的赔偿责任

B. 如乙能证明自己没有过错，不应承担对丁的赔偿责任

C. 如丙能证明自己没有过错，不应承担对丁的赔偿责任

D. 此属意外事件，甲、乙、丙均不应承担对丁的赔偿责任

答案：(　　)②

考点：动物致人损害、多数人分别侵权、物件致人损害（地面施工）

解题图构

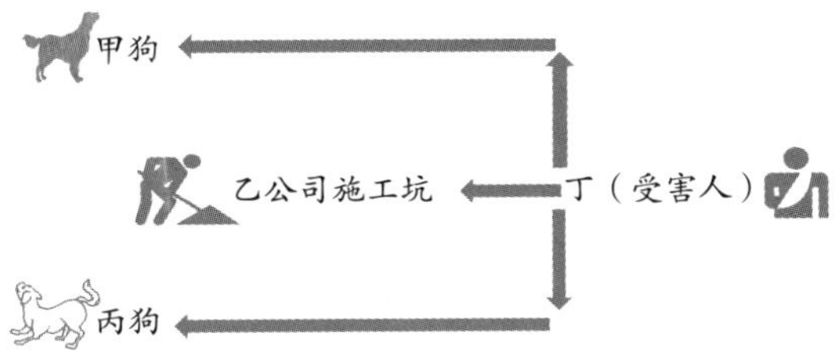

第五节　监护人责任

1. 富二代侵权，监护人尽监护职责也应先减少责任后富二代自己财产负责

甲的儿子乙（8岁）因遗嘱继承了祖父遗产10万元。某日，乙玩耍时将另一小朋友丙的眼睛划伤。丙的监护人要求甲承担赔偿责任2万元。后法院查明，甲已尽到监护职责。下列哪一说法是正确的？(2015－3－24)

A. 因乙的财产足以赔偿丙，故不需用甲的财产赔偿

B. 甲已尽到监护职责，无需承担侵权责任

C. 用乙的财产向丙赔偿，乙赔偿后可在甲应承担的份额内向甲追偿

D. 应由甲直接赔偿，否则会损害被监护人乙的利益

答案：(　　)③

考点：监护责任

第六节　教育机构责任

1. 教育机构责任

某小学组织春游，队伍行进中某班班主任张某和其他教师闲谈，未跟进照顾本班学生。该班学生李某私自离队购买食物，与小贩刘某发生争执被打伤。对李某的人身损害，下列哪一说法是正确的？(2009－3－23)

A. 刘某应承担赔偿责任

B. 某小学应承担赔偿责任

C. 某小学应与刘某承担连带赔偿责任

D. 刘某应承担赔偿责任，某小学应承担相应的补充赔偿责任

答案：(　　)④

考点：教育机构违反安保义务的侵权补充责任

解题图构

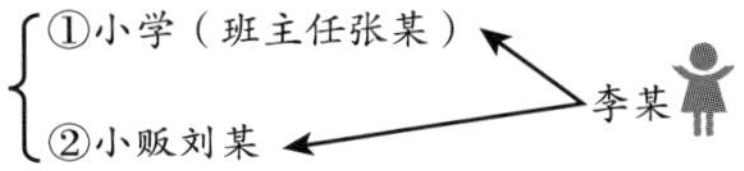

2. 教育机构责任

小牛在从甲小学放学回家的路上，将石块扔向路上正常行驶的出租车，致使乘客张某受伤，张某经治疗后脸上仍留下一块大伤疤。出租车为乙公司所

① 参考答案：司法部公布的是D。

② 参考答案：ACD

③ 参考答案：A

④ 参考答案：D

有。下列哪些选项是错误的？（2008－3－64）

A. 张某有权要求乙公司赔偿医药费及精神损害

B. 甲小学和乙公司应向张某承担连带赔偿责任

C. 张某有权要求甲小学赔偿医疗费及精神损害

D. 张某有权要求小牛的监护人赔偿医疗费及精神损害

答案：（　　）①

考点：未成年校外致人损害（监护人无过错责任、教育机构无责任）、承运人无过错的违约责任、精神损害赔偿

解题图构

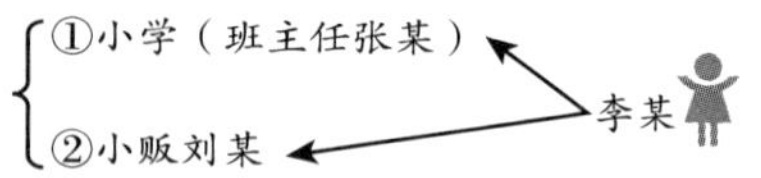

3. **教育机构责任**

小学生小杰和小涛在学校发生打斗，在场老师陈某未予制止。小杰踢中小涛腹部，致其脾脏破裂。下列哪一选项是正确的？（2007－3－24）

A. 陈某未尽职责义务，应由陈某承担赔偿责任

B. 小杰父母的监护责任已转移到学校，应由学校承担赔偿责任

C. 学校和小杰父母均有过错，应由学校和小杰父母承担连带赔偿责任

D. 学校存在过错，应承担与其过错相应的补充赔偿责任

答案：（　　）②

考点：用人单位对工作人员执行职务行为负担无过错替代责任、"无限人"致人损害监护人承担无过错替代责任、"无限人"受"内部人"侵害教育机构承担过错责任

解题图构

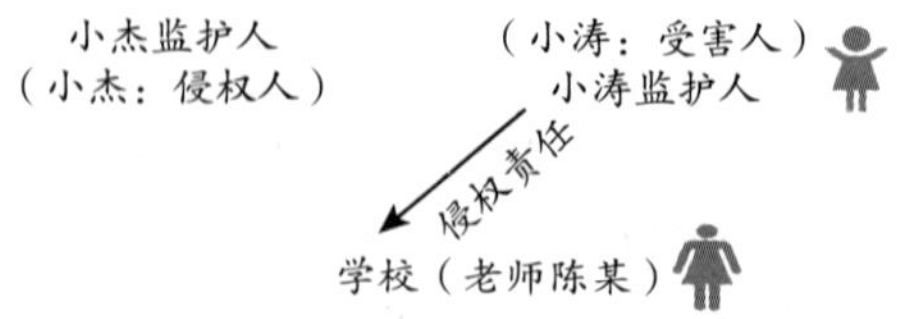

第七节 用人者责任

1. **用人者责任之用人单位责任**

甲赴宴饮酒，遂由有驾照的乙代驾其车，乙违章撞伤丙。交管部门认定乙负全责。以下假定情形中对丙的赔偿责任，哪些表述是正确的？（2013－3－67）

A. 如乙是与甲一同赴宴的好友，乙不承担赔偿责任

B. 如乙是代驾公司派出的驾驶员，该公司应承担赔偿责任

C. 如乙是酒店雇佣的为饮酒客人提供代驾服务的驾驶员，乙不承担赔偿责任

D. 如乙是出租车公司驾驶员，公司明文禁止代驾，乙为获高额报酬而代驾，乙应承担赔偿责任

答案：（　　）③

考点：用人者责任之用人单位责任、过错侵权责任

2. **用人者责任之用人单位责任某机关法定代表人甲安排驾驶员乙开车执行公务，乙以身体不适为由拒绝。甲遂临时安排丙出车，丙在途中将行人丁撞成重伤。有关部门认定丙和丁对事故的发生承担同等责任。关于丁人身损害赔偿责任的承担，下列哪些表述是错误的？**（2009－3－69）

A. 甲用人不当应当承担部分赔偿责任

B. 乙不服从领导安排应当承担部分赔偿责任

C. 丙有过错应当承担部分赔偿责任

D. 该机关应当承担全部赔偿责任

答案：（　　）④

考点：用人者责任之用人单位责任、受害人过错相抵

解题图构

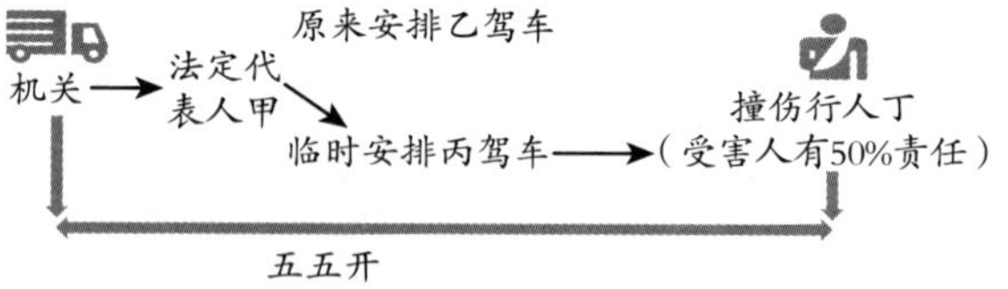

3. **用人者责任之用人单位责任**

甲是乙运输公司的雇员，乙派甲承担一批货物的长途运输任务。由于途经甲的老家，甲便想顺路

① 参考答案：ABC

② 参考答案：司法部公布的答案是D，根据《侵权责任法》第38、39条规定，删除D选项中"补充"二字，D正确。

③ 参考答案：BC

④ 参考答案：ABCD

回家看看。在回家途中，因车速过快与丙驾驶的轿车相撞，造成丙车毁人伤。丙的损失应由谁承担？（2008－四川－17）

A. 甲

B. 乙

C. 甲、乙承担连带责任，乙赔偿后向甲追偿

D. 乙承担主要责任，甲承担补充责任

答案：（　　）①

考点：用人者责任之用人单位责任

解题图构

乙公司（雇员甲）←———— 丙

4. 用人者责任之用人单位责任

甲搬家公司指派员工郭某为徐某搬家，郭某担心人手不够，请同乡蒙某帮忙。搬家途中，因郭某忘记拴上车厢挡板，蒙某从车上坠地受伤。下列哪一选项是正确的？（2007－3－20）

A. 应由郭某承担赔偿责任

B. 应由甲公司承担赔偿责任

C. 应由甲公司与郭某承担连带责任

D. 应由甲公司与徐某承担连带责任

答案：（　　）②

考点：用工者责任之用人单位责任、用工者责任之帮工责任、加工承揽中的侵权责任

解题图构

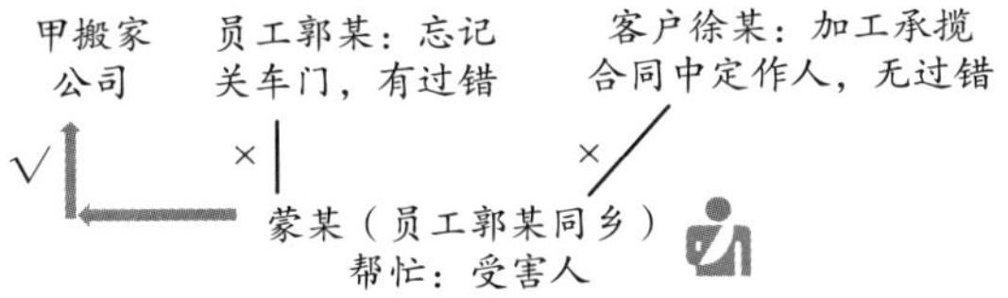

5. 用人者责任之用人单位责任

甲在乙承包的水库游泳，乙的雇工丙、丁误以为甲在偷鱼苗将甲打伤。下列哪一说法是正确的？（2009－3－22）

A. 乙、丙、丁应承担连带责任

B. 丙、丁应先赔偿甲的损失，再向乙追偿

C. 只能由丙、丁承担连带责任

D. 只能由乙承担赔偿责任

答案：（　　）③

考点：用人者责任之用人单位责任

解题图构

乙（"用人单位"吸收丙、丁）←———甲（受害人）

二、用人者责任之劳务派遣责任

1. 用人者责任之劳务派遣责任

甲电器销售公司的安装工人李某在为消费者黄某安装空调的过程中，不慎从高处掉落安装工具，将路人王某砸成重伤。李某是乙公司的劳务派遣人员，此前曾多次发生类似小事故，甲公司曾要求乙公司另派他人，但乙公司未予换人。下列哪一选项是正确的？（2014－3－21）

A. 对王某的赔偿责任应由李某承担，黄某承担补充责任

B. 对王某的赔偿责任应由甲公司承担，乙公司承担补充责任

C. 甲公司与乙公司应对王某承担连带赔偿责任

D. 对王某的赔偿责任承担应采用过错责任原则

答案：（　　）④

考点：用人者责任之劳务派遣责任、加工承揽中定作人过错侵权、高空施工活动的无过错侵权

解题图构

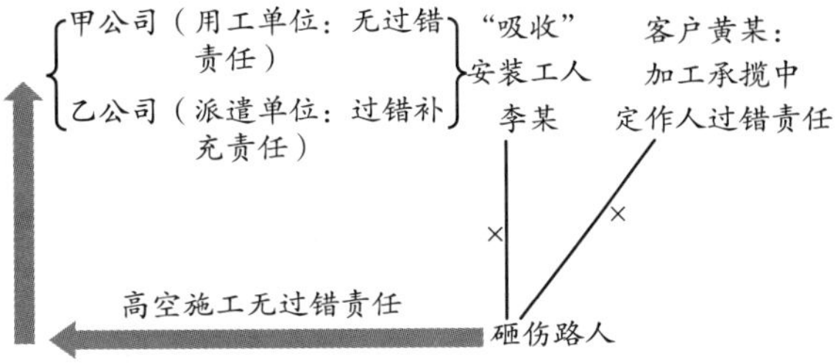

2. 用人者责任之劳务派遣责任

甲公司为劳务派遣单位，根据合同约定向乙公司派遣搬运工。搬运工丙脾气暴躁常与人争吵，乙公司要求甲公司更换丙或对其教育管理，甲公司不

---

① 参考答案：司法部公布的答案是C，根据2009年《侵权责任法》，修改为B

② 参考答案：司法部公布的答案是C，根据2009年《侵权责任法》，修改为B

③ 参考答案：司法部公布答案为A，根据《侵权责任法》修改为D。

④ 参考答案：B

予理会。一天，乙公司安排丙为顾客丁免费搬运电视机，丙与丁发生激烈争吵故意摔坏电视机。对此，下列哪些说法是错误的？（2010－3－70）

A. 甲公司和乙公司承担连带赔偿责任

B. 甲公司承担赔偿责任，乙公司承担补充责任

C. 甲公司和丙承担连带赔偿责任

D. 丙承担赔偿责任，甲公司承担补充责任

答案：（　　）①

考点：用人者责任之劳务派遣责任

解题图构

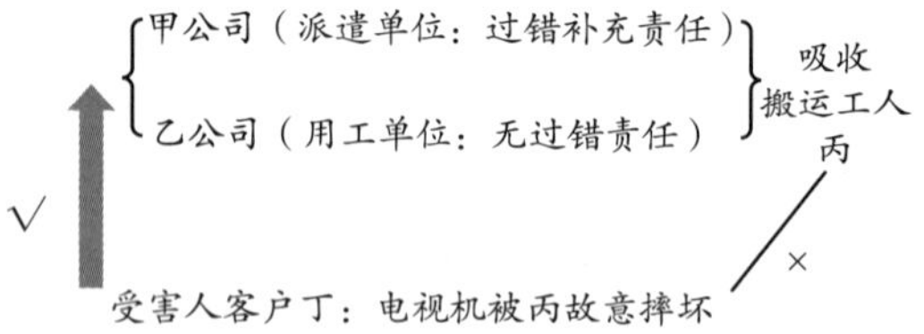

三、用人者责任之个人劳务责任

甲聘请乙负责照看小孩，丙聘请丁做家务。甲和丙为邻居，乙和丁为好友。一日，甲突生急病昏迷不醒，乙联系不上甲的亲属，急将甲送往医院，并将甲的小孩委托给丁临时照看。丁疏于照看，致甲的小孩在玩耍中受伤。下列哪一说法是正确的？（2012－3－21）

A. 乙将甲送往医院的行为属于无因管理

B. 丁照看小孩的行为属于无因管理，不构成侵权行为

C. 丙应当承担甲小孩的医疗费

D. 乙和丁对甲小孩的医疗费承担连带责任

答案：（　　）②

考点：无因管理、过错侵权、用人者责任之个人劳务责任

解题图构

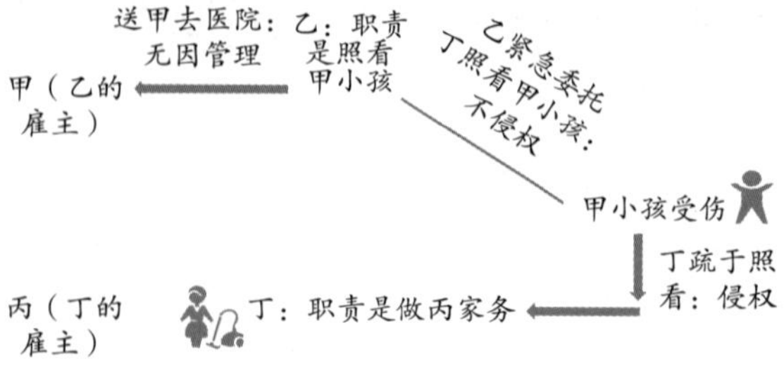

四、用人者责任之帮工责任

1. 用人者责任之帮工责任

甲家盖房，邻居乙、丙前来帮忙。施工中，丙因失误从高处摔下受伤，乙不小心撞伤小孩丁。下列哪些表述是正确的？（2014－3－66）

A. 对丙的损害，甲应承担赔偿责任，但可减轻其责任

B. 对丙的损害，甲不承担赔偿责任，但可在受益范围内予以适当补偿

C. 对丁的损害，甲应承担赔偿责任

D. 对丁的损害，甲应承担补充赔偿责任

答案：（　　）③

考点：用人者责任之帮工责任、帮工受害的过失相抵、帮工致害被帮工人的侵权责任

解题图构

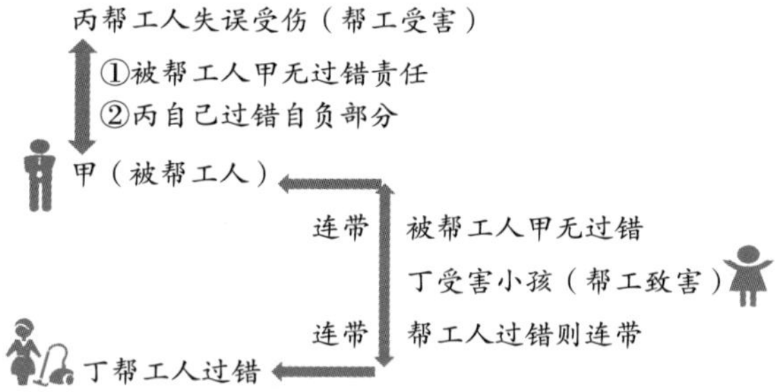

2. 用人者责任之帮工责任

甲为父亲祝寿宴请亲友，请乙帮忙买酒，乙骑摩托车回村途中被货车撞成重伤，公安部门认定货车司机丙承担全部责任。经查：丙无赔偿能力。丁为货车车主，该货车一年前被盗，未买任何保险。关于乙人身损害的赔偿责任承担，下列哪一选项是正确的？（2010－3－24）

A. 甲承担全部赔偿责任

B. 甲予以适当补偿

C. 丁承担全部赔偿责任

D. 丁予以适当补偿

答案：（　　）④

① 参考答案：ABCD
② 参考答案：A
③ 参考答案：AC
④ 参考答案：B

考点：帮工者受第三人侵权、机动车侵权责任

解题图构

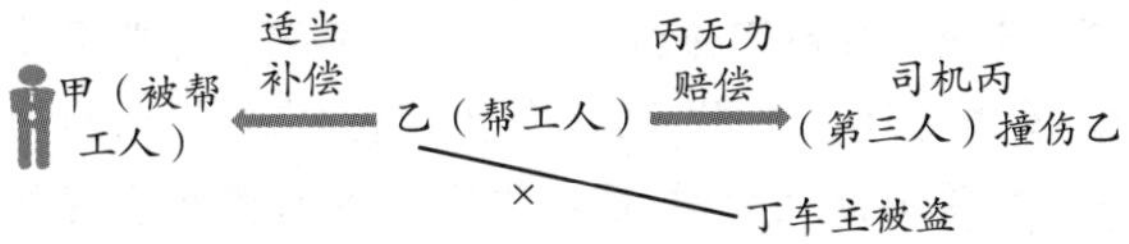

3. 用人者责任之帮工责任

甲将数箱蜜蜂放在自家院中槐树下采蜜。在乙家帮忙筹办婚宴的丙在帮乙喂猪时忘关猪圈，猪冲入甲家院内，撞翻蜂箱，使来甲家串门的丁被蛰伤，经住院治疗后痊愈。下列哪一种说法是正确的？（2005－3－2）

A. 甲应对丁的医疗费用承担全部民事责任

B. 乙应对丁的医疗费用承担全部民事责任

C. 丙应对丁的医疗费用承担全部民事责任

D. 乙和丙应对丁的医疗费用承担连带责任

答案：（　　）①

考点：帮工（无故意或重大过失）致人损害被帮工人负侵权责任、家养动物致人损害无过错责任

解题图构

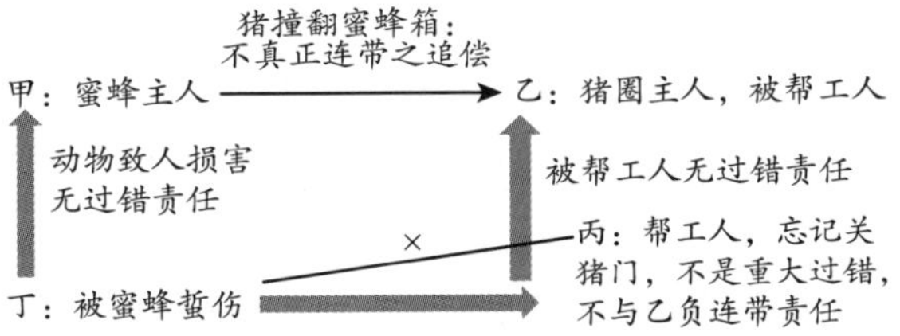

五、加工承揽中的侵权责任

甲公司经营空调买卖业务，并负责售后免费为客户安装。乙为专门从事空调安装服务的个体户。甲公司因安装人员不足，临时叫乙自备工具为其客户丙安装空调，并约定了报酬。乙在安装中因操作不慎坠楼身亡。下列哪些说法是正确的？（2005－3－62）

A. 甲公司和乙之间是临时雇佣合同法律关系

B. 甲公司和乙之间是承揽合同法律关系

C. 甲公司应承担适当赔偿责任

D. 甲公司不应承担赔偿责任

答案：（　　）②

考点：雇佣合同与加工承揽合同的差异、加工承揽中的侵权责任

第八节　网络服务提供者责任

甲、乙是同事，因工作争执甲对乙不满，写了一份丑化乙的短文发布在丙网站。乙发现后要求丙删除，丙不予理会，致使乙遭受的损害扩大。关于扩大损害部分的责任承担，下列哪一说法是正确的？（2010－3－23）

A. 甲承担全部责任

B. 丙承担全部责任

C. 甲和丙承担连带责任

D. 甲和丙承担按份责任

答案：（　　）③

考点：网络服务提供者侵权责任

第九节　违反安保义务侵权责任

1. 违反安保义务侵权责任

小偷甲在某商场窃得乙的钱包后逃跑，乙发现后急追。甲逃跑中撞上欲借用商场厕所的丙，因商场地板湿滑，丙摔成重伤。下列哪些说法是错误的？（2012－3－67）

A. 小偷甲应当赔偿丙的损失

B. 商场须对丙的损失承担补充赔偿责任

C. 乙应适当补偿丙的损失

D. 甲和商场对丙的损失承担连带责任

答案：（　　）④

考点：违反安保义务侵权责任

解题图构

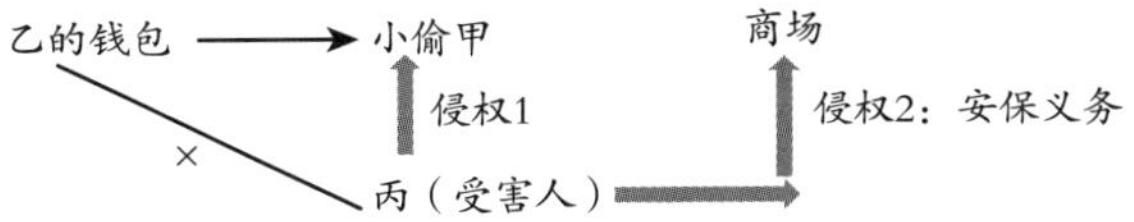

---

① 参考答案：司法部当年公布的答案是 B。根据《侵权责任法》第 83 条，本题正确表述是“可要求甲也可要求乙承担侵权责任。甲承担后可向乙追偿。”

② 参考答案：BD

③ 参考答案：C

④ 参考答案：CD

2. 违反安保义务侵权责任

某旅行社导游李某带团游览一处地势险峻的景点时，众人争相拍照，李某未提示注意安全，该团游客崔某不慎将唐某撞下陡坡摔伤。下列哪些选项是正确的？(2007－3－65)

A. 旅行社对损害结果不承担赔偿责任

B. 崔某应当对唐某承担赔偿责任

C. 旅行社应当承担补充赔偿责任

D. 李某应当对唐某承担侵权责任

答案：(　　)①

考点：违反安保义务侵权、用人者责任之用人单位责任

3. 违反安保义务侵权责任

甲在某酒店就餐，邻座乙、丙因喝酒发生争吵，继而动手打斗，酒店保安见状未出面制止。乙拿起酒瓶向丙砸去，丙躲闪，结果甲头部被砸伤。甲的医疗费应当由谁承担？(2006－3－14)

A. 由乙承担，酒店无责任

B. 由酒店承担，但酒店可向乙追偿

C. 由乙承担，酒店承担补充赔偿责任

D. 由乙和酒店承担连带赔偿责任

答案：(　　)②

考点：违反安保义务侵权责任

第十节　产品责任

1. 产品责任

李某用100元从甲商场购买一只电热壶，使用时因漏电致李某手臂灼伤，花去医药费500元。经查该电热壶是乙厂生产的。下列哪一表述是正确的？(2013－3－15)

A. 李某可直接起诉乙厂要求其赔偿500元损失

B. 根据合同相对性原理，李某只能要求甲商场赔偿500元损失

C. 如李某起诉甲商场，则甲商场的赔偿范围以100元为限

D. 李某只能要求甲商场更换电热壶，500元损失则只能要求乙厂承担

答案：(　　)③

考点：产品责任、请求权竞合、违约损害赔偿

2. 产品责任

甲系某品牌汽车制造商，发现已投入流通的某款车型刹车系统存在技术缺陷，即通过媒体和销售商发布召回该款车进行技术处理的通知。乙购买该车，看到通知后立即驱车前往丙销售公司，途中因刹车系统失灵撞上大树，造成伤害。下列哪些说法是正确的？(2011－3－67)

A. 乙有权请求甲承担赔偿责任

B. 乙有权请求丙承担赔偿责任

C. 乙有权请求惩罚性赔偿

D. 甲的责任是无过错责任

答案：(　　)④

考点：产品责任

3. 产品责任

大学生甲在寝室复习功课，隔壁寝室的学生乙、丙到甲寝室强烈要求甲打开电视观看足球比赛，甲只好照办。由于质量问题，电视机突然爆炸，甲、乙、丙三人均受重伤。关于三人遭受的损害，下列哪一选项是正确的？(2010－3－21)

A. 甲可要求电视机的销售者承担赔偿责任

B. 甲可要求乙、丙承担损害赔偿责任

C. 乙、丙无权要求电视机的销售者承担赔偿责任

D. 乙、丙有权要求甲承担损害赔偿责任

答案：(　　)⑤

考点：产品责任

第十一节　机动车交通事故责任

1. 机动车交通事故责任

周某从迅达汽车贸易公司购买了1辆车，约定周某试用10天，试用期满后3天内办理登记过户手续。试用期间，周某违反交通规则将李某撞成重伤。现周某困难，无力赔偿。关于李某受到的损害，下列哪一表述是正确的？(2011－3－6)

---

① 参考答案：BC

② 参考答案：C

③ 参考答案：A

④ 参考答案：ABD

⑤ 参考答案：A

A. 因在试用期间该车未交付，李某有权请求迅达公司赔偿

B. 因该汽车未过户，不知该汽车已经出卖，李某有权请求迅达公司赔偿

C. 李某有权请求周某赔偿，因周某是该汽车的使用人

D. 李某有权请求周某和迅达公司承担连带赔偿责任，因周某和迅达公司是共同侵权人

答案：(　　)①

考点：机动车侵权、试用买卖、物权变动

2. 机动车交通事故责任

甲以正常速度驾驶汽车（已投保）途中，突遇行人乙在非人行道处横穿公路，甲紧急刹车，但仍将其撞伤。保险公司在机动车第三者责任强制保险责任限额内对乙支付保险金后，乙尚有一部分损害未获赔偿。对于这部分损害赔偿费用的承担问题，下列哪一种说法是正确的？（2005－3－21）

A. 由保险公司承担赔偿责任

B. 由乙自行承担

C. 由甲承担部分赔偿责任

D. 由甲承担全部赔偿责任

答案：(　　)②

考点：机动车侵权

第十二节　医疗损害责任

田某突发重病神志不清，田父将其送至医院，医院使用进口医疗器械实施手术，手术失败，田某死亡。田父认为医院在诊疗过程中存在一系列违规操作，应对田某的死亡承担赔偿责任。关于本案，下列哪一选项是正确的？（2016－3－23）

A. 医疗损害适用过错责任原则，由患方承担举证责任

B. 医院实施该手术，无法取得田某的同意，可自主决定

C. 如因医疗器械缺陷致损，患方只能向生产者主张赔偿

D. 医院有权拒绝提供相关病历，且不会因此承担不利后果

答案：(　　)

考点：医疗损害责任的构成要件、医疗损害责任的免责事由

第十三节　环境污染责任

1. 环境污染责任

甲、乙、丙三家公司生产三种不同的化工产品，生产场地的排污口相邻。某年，当地大旱导致河水水位大幅下降，三家公司排放的污水混合发生化学反应，产生有毒物质致使河流下游丁养殖场的鱼类大量死亡。经查明，三家公司排放的污水均分别经过处理且符合国家排放标准。后丁养殖场向三家公司索赔。下列哪一选项是正确的？（2015－3－22）

A. 三家公司均无过错，不承担赔偿责任

B. 三家公司对丁养殖场的损害承担连带责任

C. 本案的诉讼时效是2年

D. 三家公司应按照污染物的种类、排放量等因素承担责任

答案：(　　)③

考点：环境侵权责任

2. 环境污染责任

某化工厂排放的废水流入某湖后，发生大量鱼类死亡事件。在是否承担赔偿责任问题上，该化工厂的哪些抗辩理由即使有证据支持也不能成立？（2006－3－65）

A. 其排放的废水完全符合规定的排放标准

B. 另一工厂排放的废水足以导致湖中鱼类死亡

C. 该化工厂主观上没有任何过错

D. 原告的赔偿请求已经超过2年的诉讼时效

答案：(　　)④

考点：污染环境责任

第十四节　饲养动物损害责任

1. 饲养动物损害责任

关于动物致害侵权责任的说法，下列哪些选项

① 参考答案：C

② 参考答案：C

③ 参考答案：D

④ 参考答案：ABCD

是正确的？(2015－3－67)

A. 甲 8 周岁的儿子翻墙进入邻居院中玩耍，被院内藏獒咬伤，邻居应承担侵权责任

B. 小学生乙和丙放学途经养狗的王平家，丙故意逗狗，狗被激怒咬伤乙，只能由丙的监护人对乙承担侵权责任

C. 丁下夜班回家途经邻居家门时，未看到邻居饲养的小猪趴在路上而绊倒摔伤，邻居应承担侵权责任

D. 戊带女儿到动物园游玩时，动物园饲养的老虎从破损的虎笼蹿出将戊女儿咬伤，动物园应承担侵权责任

答案：(　　)①

考点：动物侵权

2. **饲养动物损害责任**

赵某将一匹易受惊吓的马赠给李某，但未告知此马的习性。李某在用该马拉货的过程中，雷雨大作，马受惊狂奔，将行人王某撞伤。下列哪一选项是正确的？(2007－3－9)

A. 应由赵某承担全部责任

B. 应由李某承担责任

C. 应由赵某与李某承担连带责任

D. 应由李某承担主要责任，赵某也应承担一定的责任

答案：(　　)②

考点：饲养动物损害责任、规范竞合(合同法与侵权责任法)

第十五节　物件损害责任

1. **物件损害责任之"高空抛砚台"的公平责任**

张小飞邀请关小羽来家中做客，关小羽进入张小飞所住小区后，突然从小区的高楼内抛出一块砚台，将关小羽砸伤。关于砸伤关小羽的责任承担，下列哪一选项是正确的？(2016－3－24)

A. 张小飞违反安全保障义务，应承担侵权责任

B. 顶层业主通过证明当日家中无人，可以免责

C. 小区物业违反安全保障义务，应承担侵权责任

D. 如查明砚台系从 10 层抛出，10 层以上业主仍应承担补充责任

答案：(　　)③

考点：高空抛物的物件致人损害公平责任、安保义务侵权

2. **物件损害责任之地下设施"粪坑"的过错推定责任**

4 名行人正常经过北方牧场时跌入粪坑，1 人获救 3 人死亡。据查，当地牧民为养草放牧，储存牛羊粪便用于施肥，一家牧场往往挖有三四个粪坑，深者达三四米，之前也发生过同类事故。关于牧场的责任，下列哪些选项是正确的？(2016－3－67)

A. 应当适用无过错责任原则

B. 应当适用过错推定责任原则

C. 本案情形已经构成不可抗力

D. 牧场管理人可通过证明自己尽到管理职责而免责

答案：(　　)④

考点：物件致人损害之地下设施的过错推定责任、不可抗力免责

3. **物件损害责任之悬挂物坠落的过错推定责任**

大华商场委托飞达广告公司制作了一块宣传企业形象的广告牌，并由飞达公司负责安装在商场外墙。某日风大，广告牌被吹落砸伤过路人郑某。经查，广告牌的安装存在质量问题。关于郑某的损害，下列哪一选项是正确的？(2008－3－16)

A. 大华商场承担赔偿责任，飞达公司承担补充赔偿责任

B. 飞达公司承担赔偿责任，大华商场承担补充赔偿责任

C. 大华商场承担赔偿责任，但其有权向飞达公司追偿

D. 飞达公司承担赔偿责任，大华商场不承担责任

答案：(　　)⑤

---

① 参考答案：ACD
② 参考答案：B
③ 参考答案：B
④ 参考答案：BD
⑤ 参考答案：C

考点：物件损害之悬挂物坠落的过错推定责任

解题图构

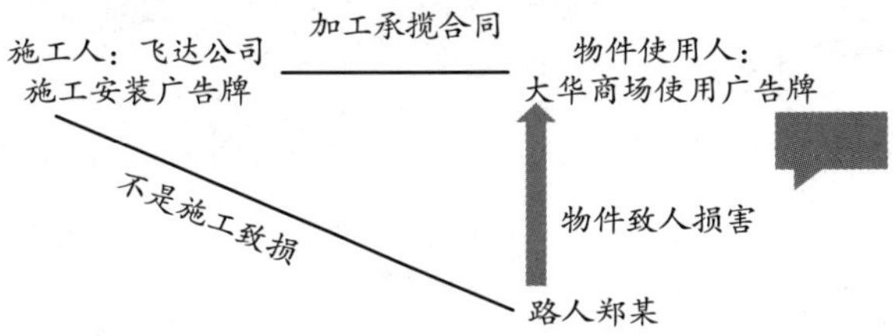

第十六节　侵权责任承担

侵权责任赔偿范围

王某以5万元从甲商店购得标注为明代制品的瓷瓶一件，放置于家中客厅。李某好奇把玩，不慎将瓷瓶摔坏。经鉴定，瓷瓶为赝品，市场价值为100元，甲商店系知假卖假。王某下列请求哪些是合法的？（2008－3－63）

A. 要求甲商店赔偿10万元

B. 要求甲商店赔偿5万元

C. 要求李某赔偿5万元

D. 要求李某赔偿100元

答案：(　　)①

考点：侵权损害赔偿范围、惩罚性损害赔偿

① 参考答案：ABD

8 第八编

知识产权

第三十章　知识产权

第一节　著作权

一、著作权的客体:作品

1. 具有独创性才是作品

清风艺术馆将其收藏的一批古代名家绘画扫描成高仿品，举办了“古代名画精品展”，并在入场券上以醒目方式提示“不得拍照、摄影”。唐某购票观展时趁人不备拍摄了展品，郑某则购买了该批绘画的纸质高仿版，扫描后将其中“清风艺术馆珍藏、复制必究”的标记清除。事后，唐某、郑某均在某电商网站出售各自制作的该批绘画的高仿品，也均未注明来源于艺术馆。艺术馆发现后，向电商发出通知，要求立即将两人销售的高仿品下架。对此，下列哪一说法是正确的?（2016－3－11）

A. 唐某、郑某侵犯了艺术馆的署名权

B. 郑某实施了删除权利管理信息的违法行为

C. 唐某未经许可拍摄的行为构成违约

D. 电商网站收到通知后如不采取措施阻止唐某、郑某销售该高仿品，应向艺术馆承担赔偿责任

答案:(　　)①

考点:作品独创性的判断、署名权、权利管理信息、电商帮助侵权和违约责任

解题图构

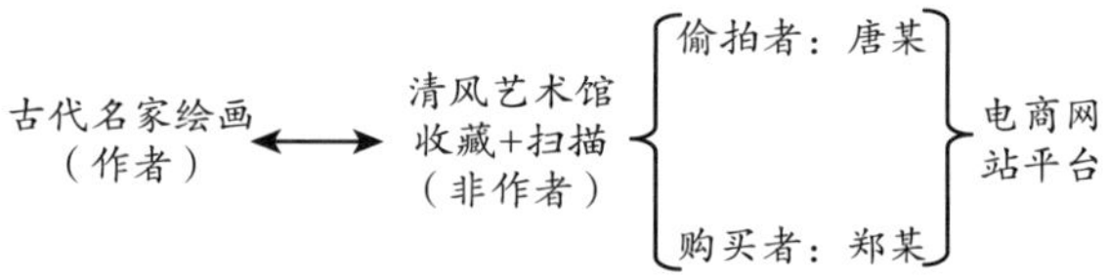

2. 非作品

我国《著作权法》不适用于下列哪些选项?（2011－3－61）

A. 法院判决书

B.《与贸易有关的知识产权协定》的官方中文译文

C.《伯尔尼公约》成员国国民的未发表且未经我国有关部门审批的境外影视作品

D. 奥运会开幕式火炬点燃仪式的创意

答案:(　　)②

考点:著作权的客体、违禁作品的著作权

3. 著作权的客体、商标权的客体

某杂志社的期刊名称设计新颖，具有独特的含义，并且产生了广泛而良好的社会声誉，特咨询某律师其名称可以获得哪些法律保护。就该问题，该律师的下列哪种回答既符合法律规定又能最大限度地保护当事人的利益?（2006－3－15）

A. 著作权法、商标法、反不正当竞争法

B. 著作权法、商标法

---

① 参考答案:C

② 参考答案:ABD

C. 著作权法、反不正当竞争法

D. 商标法、反不正当竞争法

答案：(　　)①

考点：著作权客体、商标权客体、反不正当竞争法保护客体

二、著作权的保护期限

1. 甲的画作《梦》于1960年发表。1961年3月4日甲去世。甲的唯一继承人乙于2009年10月发现丙网站长期传播作品《梦》，且未署甲名。2012年9月1日，乙向法院起诉。下列哪一表述是正确的？(2013-3-17)

A.《梦》的创作和发表均产生于我国《著作权法》生效之前，不受该法保护

B. 乙的起诉已超过诉讼时效，其胜诉权不受保护

C. 乙无权要求丙网站停止实施侵害甲署名权的行为

D. 乙无权要求丙网站停止实施侵害甲对该作品的信息网络传播权的行为

答案：(　　)②

考点：著作权保护期限、《著作权法》全文溯及力、著作权侵权诉讼时效

解题图构

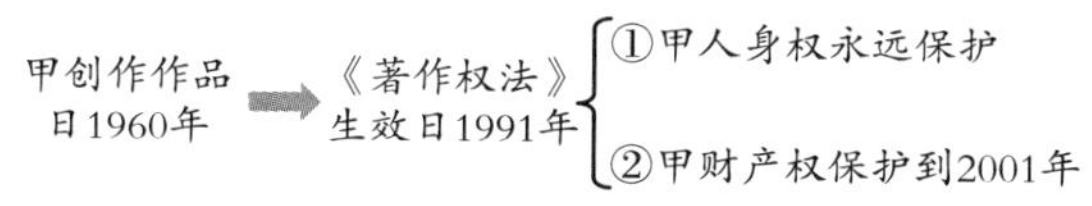

2. 甲创作并出版的经典童话《大灰狼》超过著作财产权保护期后，乙将"大灰狼"文字及图形申请注册在"书籍"等商品类别上并获准注册。丙出版社随后未经甲和乙同意出版了甲的《大灰狼》童话，并使用了"大灰狼"文字及图形，但署名为另一著名歌星丁，丁对此并不知情。关于丙出版社的行为，下列哪一说法是错误的？(2009-3-18)

A. 侵犯了甲的复制权　　B. 侵犯了甲的署名权

C. 侵犯了丁的姓名权　　D. 侵犯了乙的商标权

答案：(　　)③

考点：著作人身权保护期限、财产权保护期限、姓名权、商标权

解题图构

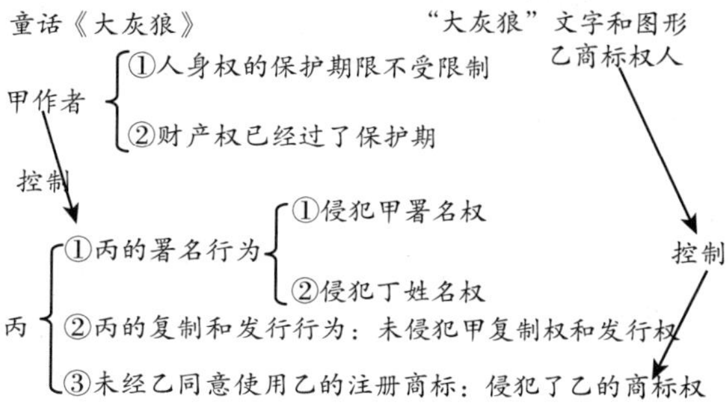

三、外国人作品

甲无国籍，经常居住地为乙国，甲创作的小说《黑客》在丙国首次出版。我国公民丁在丙国购买了该小说，未经甲同意将其翻译并在我国境内某网站传播。《黑客》要受我国著作权法保护，应当具备下列哪一条件？(2010-3-15)

A.《黑客》不应当属于我国禁止出版或传播的作品

B. 甲对丁翻译《黑客》并在我国境内网站传播的行为予以追认

C. 乙和丙国均加入了《保护文学艺术作品伯尔尼公约》

D. 乙或丙国加入了《保护文学艺术作品伯尔尼公约》

答案：(　　)④

考点：外国人作品著作权、著作权的客体

解题图构

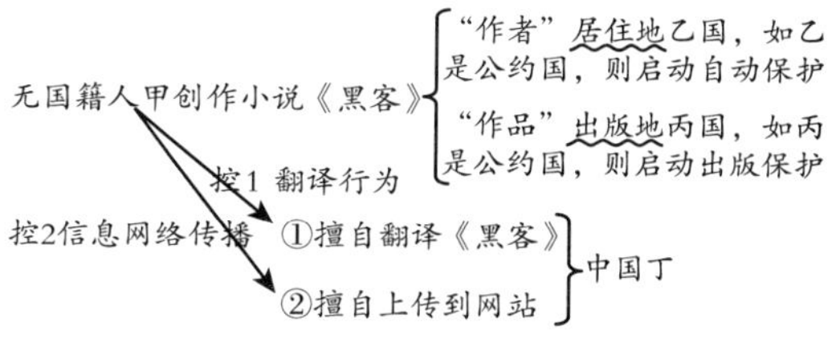

四、未成年人作品

小刘从小就显示出很高的文学天赋，九岁时写

---

① 参考答案：A

② 参考答案：D

③ 参考答案：A

④ 参考答案：D

了小说《隐形翅膀》,并将该小说的网络传播权转让给某网站。小刘的父母反对该转让行为。下列哪一说法是正确的?(2009-3-14)

A. 小刘父母享有该小说的著作权,因为小刘是无民事行为能力人

B. 小刘及其父母均不享有著作权,因为该小说未发表

C. 小刘对该小说享有著作权,但网络传播权转让合同无效

D. 小刘对该小说享有著作权,网络传播权转让合同有效

答案:(　　)①

考点:未成年人作品、事实行为、自动保护、自然人能力制度

五、作品自动保护、演绎作品著作权、影视作品著作权、法定许可

李某于2006年8月4日创作完成小说《别来烦我》,2007年3月5日发表于某文学刊物后被张某改编成剧本,甲公司根据该剧本拍成同名电视剧,乙电视台将该电视剧进行播放。对此,下列哪一选项是错误的?(2008-3-20)

A. 李某从2007年3月5日起对小说享有著作权

B. 张某对剧本享有著作权

C. 甲公司将该剧本拍成电视剧应当取得李某和张某的许可并支付报酬

D. 乙电视台播放该电视剧应当取得甲公司许可并支付报酬

答案:(　　)②

考点:著作权自动保护、演绎作品著作权、影视作品著作权、法定许可

解题图构

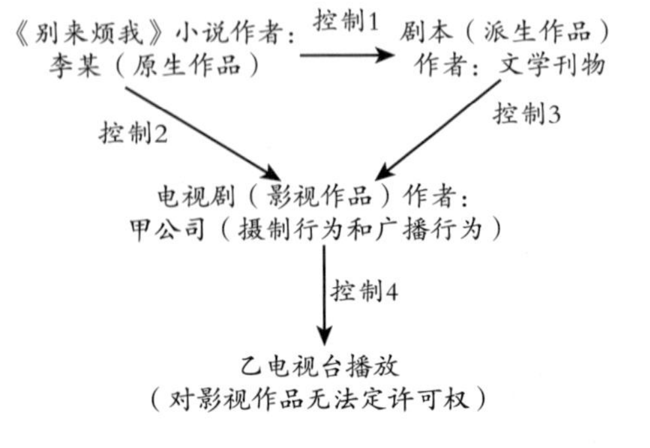

六、合作作品

1. 可以分割的合作作品:音乐词曲

甲作曲、乙填词,合作创作了歌曲《春风来》。甲拟将该歌曲授权歌星丙演唱,乙坚决反对。甲不顾反对,重新填词并改名为《秋风起》,仍与丙签订许可使用合同,并获报酬10万元。对此,下列哪些选项是正确的?(2016-3-63)

A.《春风来》的著作权由甲、乙共同享有

B. 甲侵害了《春风来》歌曲的整体著作权

C. 甲、丙签订的许可使用合同有效

D. 甲获得的10万元报酬应合理分配给乙

答案:(　　)③

考点:可以分割的合作作品著作权归属和行使

解题图构

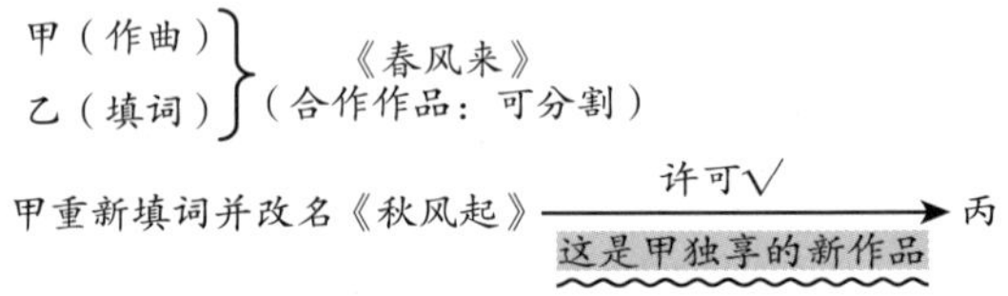

2. 合作小说,单独行动

甲、乙合作创作了一部小说,后甲希望出版小说,乙无故拒绝。甲把小说上传至自己博客并保留了乙的署名。丙未经甲、乙许可,在自己博客中设置链接,用户点击链接可进入甲的博客阅读小说。丁未经甲、乙许可,在自己博客中转载了小说。戊出版社只经过甲的许可就出版了小说。下列哪一选项是正确的?(2015-3-16)

A. 甲侵害了乙的发表权和信息网络传播权

B. 丙侵害了甲、乙的信息网络传播权

C. 丁向甲、乙寄送了高额报酬,但其行为仍然构成侵权

D. 戊出版社侵害了乙的复制权和发行权

答案:(　　)④

考点:合作作品著作权归属、信息网络传播权、法定许可

---

① 参考答案:C
② 参考答案:A
③ 参考答案:AC
④ 参考答案:C

解题图构

甲、乙 — 合作小说：甲无故拒绝出版，乙传上网
- ①丙链接，丙不侵权
- ②丁转载：网络无法定许可，丁侵权
- ③戊出版社只经甲许可出版，发行权用尽，戊不侵权

3. 合作剧本，单独行动

甲、乙合作完成一部剧本，丙影视公司欲将该剧本拍摄成电视剧。甲以丙公司没有名气为由拒绝，乙独自与丙公司签订合同，以十万元价格将该剧本摄制权许可给丙公司。对此，下列哪一说法是错误的？（2010－3－16）

A. 该剧本版权由甲、乙共同享有

B. 该剧本版权中的人身权不可转让

C. 乙与丙公司签订的许可合同无效

D. 乙获得的十万元报酬应当合理分配给甲

答案：（　　）①

考点：合作作品著作权的归属和行使

解题图构

甲、乙 — 合作剧本
- ①甲无故拒绝拍摄成电视剧
- ②乙独自与丙签订许可摄制权合同：合同有效

4. 合作小说

甲、乙、丙、丁四人合作创作一部小说，甲欲将该小说许可给某电影制片厂改编后拍成电影，乙则想把它许可给某网站在网络上传播，丙对这两种做法均表示反对，丁则不置可否。对此，下列哪一选项是正确的？（2008－3－19）

A. 如果丙坚持反对，甲、乙均不能将作品许可他人使用

B. 甲、乙有权不顾丙的反对，将作品许可他人使用

C. 如果丁同意，则甲、乙可以不顾丙的反对将作品许可他人使用

D. 如果丁也表示反对，则甲、乙不能将作品许可他人使用

答案：（　　）②

考点：合作作品著作权

解题图构

小说
- ①甲：由电影制片厂改变后拍电影
- ②乙：许可给网站网络上传播
  （①②：甲乙有权这么干√）
- ③丙：全部反对
- ④丁：不置可否

5. 合作作者的判断：创作者才是合作作者

甲提供资金，乙组织丙和丁以乡村教师戊为原型创作小说《小河弯弯》。在创作中丙写提纲，丁写初稿，丙修改，戊提供了生活素材，乙提供了一些咨询意见。下列哪些选项是错误的？（2007－3－60）

A. 甲提供资金是完成创作的保障，应为作者

B. 乙作为组织者并提供咨询意见，应为作者

C. 戊提供了生活素材，应为作者

D. 丁有权不经甲、乙、丙的同意发表该小说

答案：（　　）③

考点：合作作品

解题图构

《小河弯弯》
- ①甲出钱：甲不是作者
- ②乙组织并提供咨询意见：乙不是作者
- ③丙写提纲+丁写初稿+丙修改：丙丁是合作作者 ⟶ 丁可不经丙同意发表
- ④戊提供生活素材：戊不是作者

七、委托作品

1. **甲公司委托乙公司设计并制作产品包装盒，未签订书面合同。丙在市场上发现该产品包装盒上未经其许可使用了其画《翠竹》作为背景图案。如果该产品包装盒的整体设计也构成美术图案，下列哪些选项是正确的？**（2007－3－58）

A. 产品包装盒的版权属于甲公司

B. 乙公司侵害了丙的复制权

C. 甲公司对乙公司的侵权行为不知情，但仍构成侵权

D. 甲公司不能对产品包装盒获得外观设计专利

答案：（　　）④

---

① 参考答案：C

② 参考答案：B

③ 参考答案：ABC

④ 参考答案：BCD

考点:委托作品、复制权、无过错侵权、外观设计专利授予条件

解题图构

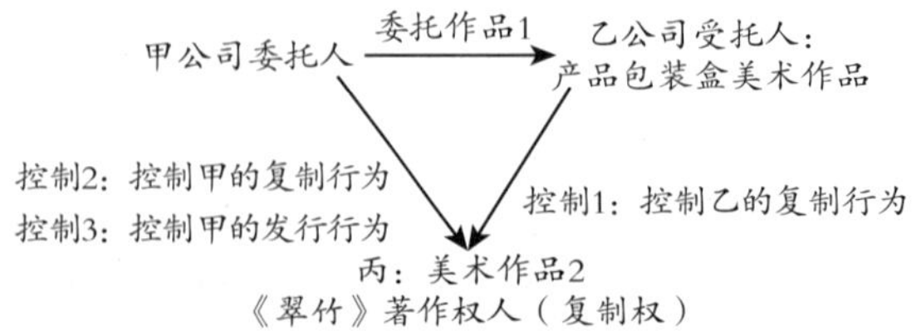

2. 甲公司在报纸上向社会征集广告用语,声明被采用的应征者将获得奖金2000元。乙设计的独特广告语应征后被选中,获得2000元奖金。甲公司使用该广告语3年以后,乙对广告语的著作权提出主张,要求甲公司停止使用。下列哪一选项是正确的?(2008－四川－19)

A. 广告语属于商务用语,不受著作权法保护

B. 甲公司享有广告语的著作权

C. 乙享有广告语的著作权,但其主张已超过诉讼时效

D. 乙享有广告语的著作权,但甲公司可以在其商业活动中使用该广告语

答案:(　　)①

考点:作品;受托作品著作权归受托人,委托人可在委托范围内免费使用

八、自传体作品著作权

国画大师李某欲将自己的传奇人生记录下来,遂请作家王某执笔,其助手张某整理素材。王某以李某的人生经历为素材完成了自传体小说《我的艺术人生》。李某向王某支付了5万元,但未约定著作权的归属。该小说的著作权应当归谁所有?(2006－3－17)

A. 归王某所有

B. 归李某所有

C. 归王某和张某共同所有

D. 归王某、张某和李某三人共同所有

答案:(　　)②

考点:自传体作品著作权的归属

解题图构

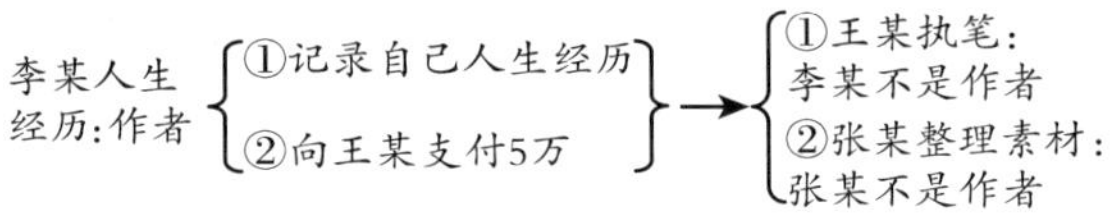

九、汇编作品著作权

某出版社出版了一本学术论文集,专门收集国内学者发表的关于如何认定和处理侵犯知识产权行为的有关论文或论文摘要。该论文集收录的论文受我国著作权法保护,其内容选择和编排具有独创性。下列哪一说法是正确的?(2012－3－17)

A. 被选编入论文集的论文已经发表,故出版社不需征得论文著作权人的同意

B. 该论文集属于学术著作,具有公益性,故出版社不需向论文著作权人支付报酬

C. 他人复制该论文集只需征得出版社同意并支付报酬

D. 如出版社未经论文著作权人同意而将有关论文收录,出版社对该论文集仍享有著作权

答案:(　　)③

考点:汇编权、汇编作品著作权

解题图构

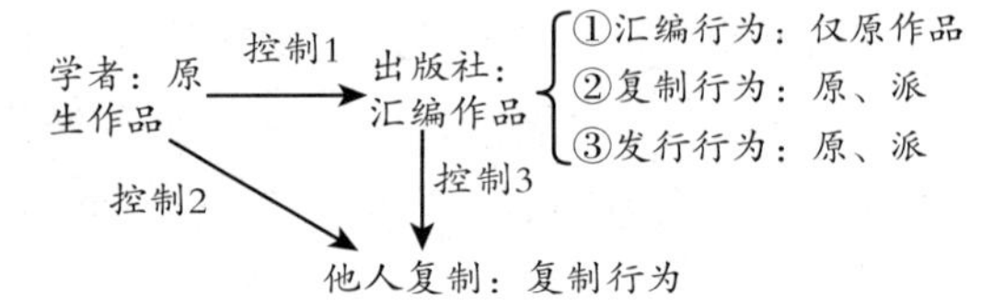

十、演绎作品

居住在A国的我国公民甲创作一部英文小说,乙经许可将该小说翻译成中文小说,丙经许可将该翻译的中文小说改编成电影文学剧本,并向丁杂志社投稿。下列哪些说法是错误的?(2012－3－63)

A. 甲的小说必须在我国或A国发表才能受我国著作权法保护

---

① 参考答案:D

② 参考答案:B

③ 参考答案:D

B. 乙翻译的小说和丙改编的电影文学剧本均属于演绎作品

C. 丙只需征得乙的同意并向其支付报酬

D. 丁杂志社如要使用丙的作品还应当分别征得甲、乙的同意，但只需向丙支付报酬

答案：(　　)①

考点：著作权自动保护、演绎作品著作权归属、演绎作品中上游对下游的多重控制

解题图构

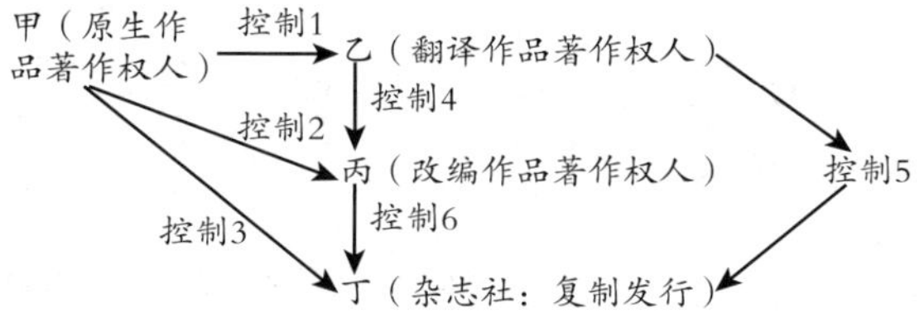

十一、摄影作品著作权归属

1. 甲从书画市场上购得乙的摄影作品《鸟巢》，与其他摄影作品一起用于营利性展览。丙偷偷将《鸟巢》翻拍后以自己的名义刊登在某杂志上，丁经丙同意将刊登在该杂志上的《鸟巢》又制作成挂历销售。对此，下列哪一选项是正确的？（2008－3－21）

A. 甲无权将《鸟巢》进行营利性展览

B. 丙的行为构成剽窃

C. 丙的行为侵犯了乙的发表权

D. 丁应停止销售，但因无过错免于承担赔偿责任

答案：(　　)②

考点：摄影作品著作权归属、剽窃、发表权、出版者侵犯著作权的侵权责任

解题图构

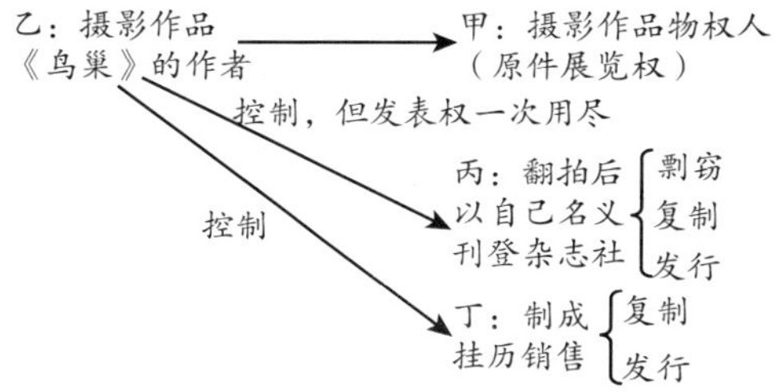

2. 画家甲将其未发表的一幅绘画作品原件赠与好友乙。乙将其挂于室内。丙在乙家中做客时，向乙提出欲租该画展出30日，愿支付报酬500元，乙同意。下列哪一选项是正确的？（2008－四川－20）

A. 乙和丙的行为均合法

B. 乙的行为合法，丙的行为侵犯了甲的发表权

C. 乙的行为侵犯了甲的展览权

D. 乙的行为侵犯了甲的出租权

答案：(　　)③

考点：美术作品原件所有人享有原件展览权

十二、计算机软件著作权

1. 甲公司委托乙公司开发印刷排版系统软件，付费20万元，没有明确约定著作权的归属。后甲公司以高价向善意的丙公司出售了该软件的复制品。丙公司安装使用5年后，乙公司诉求丙公司停止使用并销毁该软件。下列哪些表述是正确的？（2013－3－63）

A. 该软件的著作权属于甲公司

B. 乙公司的起诉已超过诉讼时效

C. 丙公司可不承担赔偿责任

D. 丙公司应停止使用并销毁该软件

答案：(　　)④

考点：委托作品著作权归属、著作权侵权诉讼时效、盗版软件善意使用人责任

2. 甲公司的游戏软件工程师刘某利用业余时间开发的"四国演义"游戏软件被乙公司非法复制，丙书店从无证书贩手中低价购进该盗版软件，丁公司从丙书店以正常价格购买该软件在其经营的游戏机上安装使用。下列哪些说法是正确的？（2006－3－64）

A. 甲公司应当对刘某进行奖励

B. 丙书店应当承担赔偿损失等法律责任

C. 丁公司不承担赔偿责任

---

① 参考答案：ACD
② 参考答案：B
③ 参考答案：A
④ 参考答案：CD

D. 乙公司、丙书店应当承担共同侵权的民事责任

答案:(　　)①

考点:计算机软件著作权、职务作品、计算机软件作品著作权侵权责任

解题图构

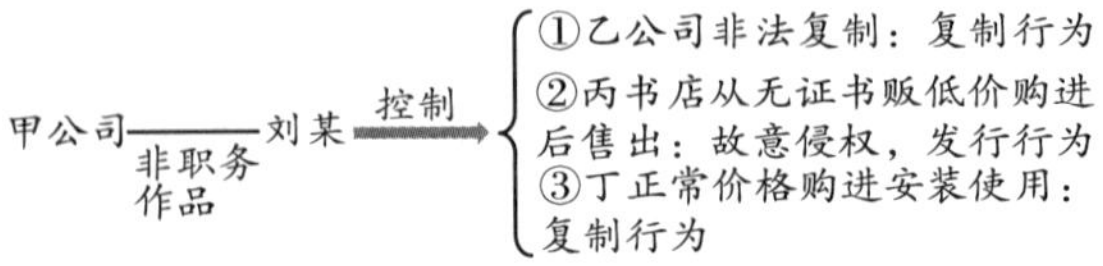

十三、发表权

1. 甲生前曾多次表示要将自己尚未发表的书稿赠送给乙,但一直未交付。后甲立遗嘱由丙继承全部遗产,但甲临终前又将该书稿赠与丁并立即交付。该书稿的发表权应由谁行使?(2009－3－21)

A. 乙　　B. 丙　　C. 丁　　D. 丙和丁

答案:(　　)②

考点:发表权

解题图构

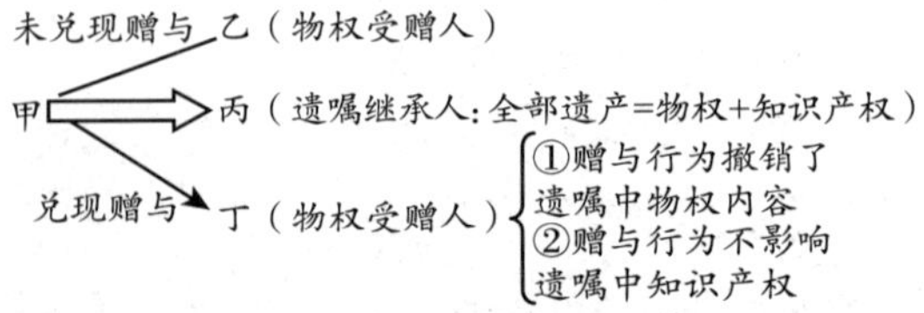

2. 谢某为某电视台的著名栏目主持人,曾与何某在大学期间谈恋爱。何某为了炫耀,将谢某写给自己署有真实姓名的求爱信在互联网上传播,给谢某造成了不良影响。关于何某侵犯的谢某的民事权利,下列哪些选项是正确的?(2008－四川－61)

A. 发表权

B. 信息网络传播权

C. 荣誉权

D. 隐私权

答案:(　　)③

考点:求爱信是作品、发表权、信息网络传播权、隐私权

3. 甲在某网站上传播其自拍的生活照,乙公司擅自下载这些生活照并配上文字说明后出版成书。丙书店购进该书销售。下列哪些说法是正确的?(2006－3－58)

A. 乙公司侵犯了甲的发表权

B. 乙公司侵犯了甲的复制权

C. 乙公司侵犯了甲的肖像权

D. 丙书店应当承担侵权责任

答案:(　　)④

考点:发表权、复制权、发行权、善意销售、肖像权

十四、署名权、修改权、保护作品完整权、发行权用尽

1. 应出版社约稿,崔雪创作完成一部儿童题材小说《森林之歌》。为吸引儿童阅读,增添小说离奇色彩,作者使用笔名"吹雪",特意将小说中的狗熊写成三只腿的动物。出版社编辑在核稿和编辑过程中,认为作者有笔误,直接将"吹雪"改为"崔雪"、将狗熊改写成四只腿的动物。出版社将《森林之歌》批发给书店销售。下列哪些说法是正确的?(2015－3－62)

A. 出版社侵犯了作者的修改权

B. 出版社侵犯了作者的保护作品完整权

C. 出版社侵犯了作者的署名权

D. 书店侵犯了作者的发行权

答案:(　　)⑤

考点:署名权、修改权、保护作品完整权、发行权用尽

2. 小说《一言难尽》的作者甲与话剧团乙签订一份著作权许可使用合同,约定乙在自合同生效之日起3年内享有专有改编权。下列哪一选项是正确的?(2008－四川－21)

A. 甲已将保护作品完整权在约定期限内转让

---

① 参考答案:B(司法部当年公布答案为 BCD)

② 参考答案:B

③ 参考答案:ABD

④ 参考答案:BCD

⑤ 参考答案:ABC

给乙

B. 乙获得的权利是著作权中的财产权

C. 在约定期限内，甲无权再许可第三人使用该小说

D. 乙可以将改编权再许可给第三人

答案：(　　)①

考点：保护作品完整权和改编权

十五、发表权、署名权、保护作品完整权、信息网络传播权

王琪琪在某网站中注册了昵称为“小玉儿”的博客账户，长期以“小玉儿”名义发博文。其中，署名“小玉儿”的《法内情》短文被该网站以写作水平不高为由删除；署名“小玉儿”的《法外情》短文被该网站添加了“作者：王琪琪”字样。关于该网站的行为，下列哪些表述是正确的？（2013－3－62）

A. 删除《法内情》的行为没有侵犯王琪琪的发表权

B. 删除《法内情》的行为没有侵犯王琪琪的信息网络传播权

C. 添加字样的行为侵犯了王琪琪的署名权

D. 添加字样的行为侵犯了王琪琪的保护作品完整权

答案：(　　)②

考点：发表权、署名权、保护作品完整权、信息网络传播权

解题图构

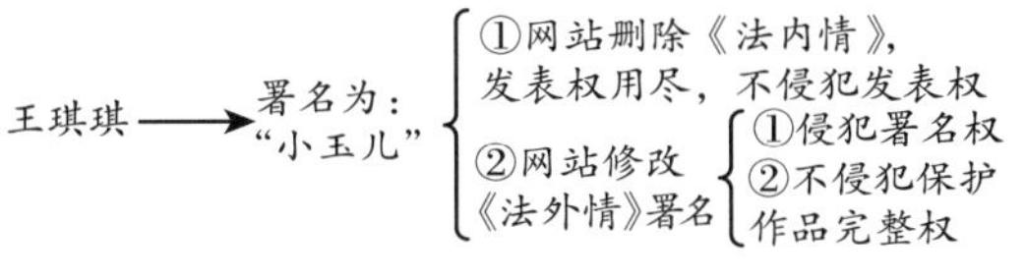

十六、复制权（软件作品）、侵犯专利权、侵犯商标权

下列哪一行为构成对知识产权的侵犯？（2009－3－16）

A. 刘某明知是盗版书籍而购买并阅读

B. 李某明知是盗版软件而购买并安装使用

C. 五湖公司明知是假冒注册商标的商品而购买并经营性使用

D. 四海公司明知是侵犯外观设计专利权的商品而购买并经营性使用

答案：(　　)③

考点：软件作品复制权、侵犯专利权、侵犯商标权

十七、表演权

1. 王某创作歌曲《唱来唱去》，张某经王某许可后演唱该歌曲并由花园公司合法制作成录音制品后发行。下列哪些未经权利人许可的行为属于侵权行为？（2012－3－62）

A. 甲航空公司购买该正版录音制品后在飞机上播放供乘客欣赏

B. 乙公司购买该正版录音制品后进行出租

C. 丙学生购买正版的录音制品后用于个人欣赏

D. 丁学生购买正版录音制品试听后将其上传到网络上传播

答案：(　　)④

考点：表演权、出租权、合理使用、信息网络传播权

解题图构

一“物”三主结构图

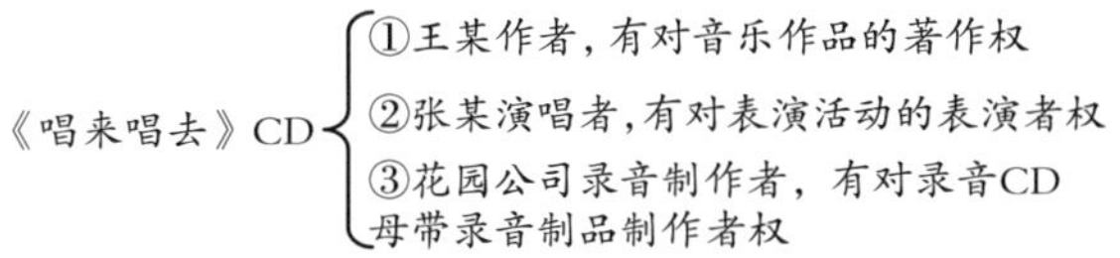

内部三方结构图

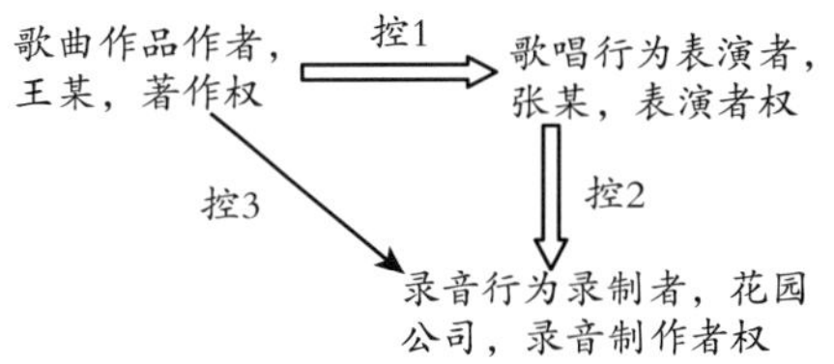

---

① 参考答案：B

② 参考答案：ABC

③ 参考答案：B

④ 参考答案：ABD

外部四方结构图①

《唱来唱去》
控制
第四人

①歌曲作品作者王某著作权：
权利束中有表演权，无出租权
②歌唱行为表演者张某表演者权：
权利束中无表演权，无出租权
③录音行为录制者花园公司录音制作者权：
权利束中无表演权，有出租权
①机械表演行为：只有作品作者有表演权（机械表演权）
②出租行为：只有录音制作者有出租权
③信息网络传播行为：作者、表演者和录音制作者都有信息网络传播权

2. 作曲家甲创作了一首歌曲《雪花飘飘》，唱片公司乙经甲同意并请歌星丙演唱，将该歌和其他歌曲一起制作成DVD唱片。某酒店将合法购买的该正版DVD唱片在其咖啡厅播放。关于该酒店行为的定性，下列哪些选项是错误的？（2008－四川－64）

A. 侵犯了甲的表演权

B. 侵犯了乙的录制者权

C. 侵犯了丙的表演者权

D. 合法行为

答案：（　　）②

考点：作者有机械表演权（表演者、制作者没有）

解题图构

甲（作者）　乙（唱片公司：制作者）　丙（歌星：表演者）

√控制

某酒店（机械表演行为）

十八、出租权

1. 甲、乙、丙、丁相约勤工俭学。下列未经著作权人同意使用他人受保护作品的哪一行为没有侵犯著作权？（2015－3－17）

A. 甲临摹知名绘画作品后廉价出售给路人

B. 乙收购一批旧书后廉价出租给同学

C. 丙购买一批正版录音制品后廉价出租给同学

D. 丁购买正版音乐CD后在自己开设的小餐馆播放

答案：（　　）③

考点：作品复制权、录音制品出租权、作品机械表演权

解题图构

①绘画作品作者复制权和发行权控制：
甲的复制行为和甲的发行行为
②书的作者没有出租权所以不控制：乙出租书
③录音制品制作者的出租权控制：丙出租录音制品
④音乐作品作者的表演权（机械表演权）控制：
丁的机械表演行为

2. 下列哪些出租行为构成对知识产权的侵犯？（2009－3－64）

A. 甲购买正版畅销图书用于出租

B. 乙购买正版杀毒软件用于出租

C. 丙购买正版唱片用于出租

D. 丁购买正宗专利产品用于出租

答案：（　　）④

考点：出租权、专利权的内容

十九、信息网络传播权

1. 著作权人Y认为网络服务提供者Z的服务所涉及的作品侵犯了自己的信息网络传播权，向Z提交书面通知要求其删除侵权作品。对此，下列哪些选项是正确的？（2016－3－62）

A. Y的通知书应当包含该作品构成侵权的初步证明材料

B. Z接到书面通知后，可在合理时间内删除涉嫌侵权作品，同时将通知书转送提供该作品的服务对象

C. 服务对象接到Z转送的书面通知后，认为提供的作品未侵犯Y的权利的，可以向Z提出书面说明，要求恢复被删除作品

D. Z收到服务对象的书面说明后应即恢复被删除作品，同时将服务对象的说明转送Y的，则Y不得再通知Z删除该作品

答案：（　　）⑤

考点：点：信息网络传播权保护的程序机制、避风港规则

---

① 《唱来唱去》CD中有三个人的劳动贡献：(1)词曲作者王某，对音乐作品有著作权。(2)歌者张某，对演唱活动有表演者权。(3)录音制作者花园公司，对CD母带有录音制品制作者权。

② 参考答案：BCD

③ 参考答案：B

④ 参考答案：BC

⑤ 参考答案：ACD

解题图构

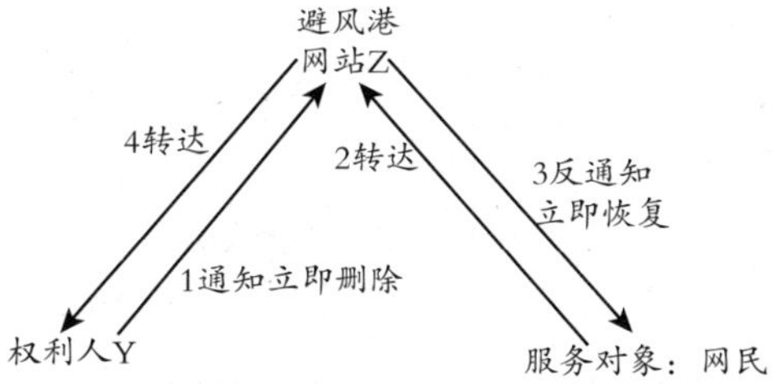

2. 甲网站与乙唱片公司签订录音制品的信息网络传播权许可使用合同，按约定支付报酬后，即开展了网上原版音乐下载业务。对甲网站的行为应如何定性？（2005－3－16）

A. 是合法使用行为

B. 构成侵权行为，因为该行为应取得著作权人的许可，而不是取得录音制作者的许可

C. 构成侵权行为，因为该行为还须取得著作权人、表演者的许可并支付报酬

D. 构成侵权行为，因为该行为虽然无须取得著作权人的许可，但必须取得表演者的许可

答案：(　　)①

考点：信息网络传播权（作者、表演者和录制者均有）

解题图构

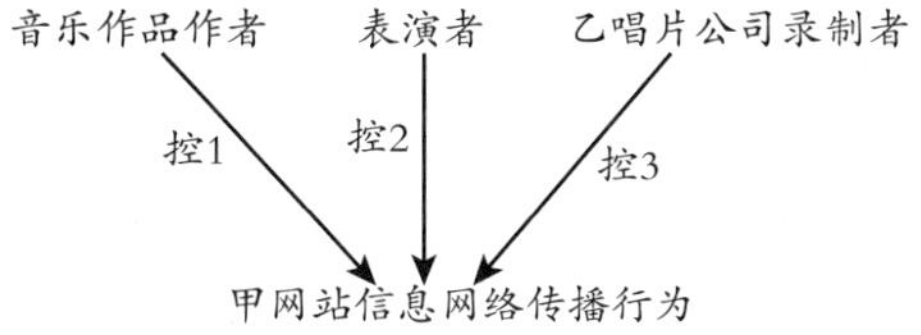

二十、表演者权、广播组织者权、作品

1. 甲电视台经过主办方的专有授权，对篮球俱乐部联赛进行了现场直播，包括在比赛休息时舞蹈演员跳舞助兴的场面。乙电视台未经许可截取电视信号进行同步转播。关于乙电视台的行为，下列哪一表述是正确的？（2014－3－18）

A. 侵犯了主办方对篮球比赛的著作权

B. 侵犯了篮球运动员的表演者权

C. 侵犯了舞蹈演员的表演者权

D. 侵犯了主办方的广播组织权

答案：(　　)②

考点：表演者权、广播组织权、作品

2. 表演者权、广播组织权

甲电视台获得了某歌星演唱会的现场直播权，乙电视台未经许可对甲电视台直播的演唱会实况进行转播，丙广播电台经过许可将现场演唱制作成CD，丁音像店从正规渠道购买到CD用于出租，戊未经许可将丙广播电台播放的演唱会录音录下后上传到网站上传播。下列哪些选项是正确的？（2008－3－65）

A. 甲电视台有权禁止乙电视台的转播

B. 乙电视台侵犯了该歌星的表演者权

C. 丁音像店应取得该歌星或丙广播电台的许可并向其支付报酬

D. 戊的行为应取得丙广播电台的许可并应向其支付报酬

答案：(　　)③

考点：表演者权、广播组织权

解题图构

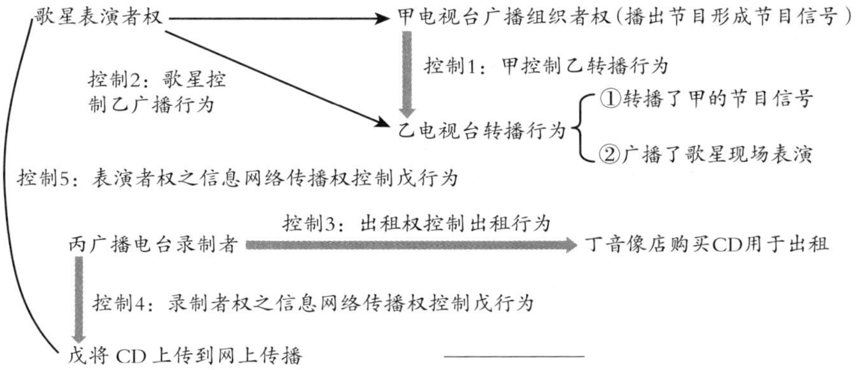

① 参考答案：C

② 参考答案：C

③ 参考答案：ABD

3. 表演者权

甲创作并演唱了《都是玫瑰惹的祸》，乙公司擅自将该歌曲制成彩铃在网络上供免费下载。乙公司侵犯了甲的哪些权利？（2007－3－59）

A. 信息网络传播权　　B. 广播权

C. 表演者权　　D. 发行权

答案：(　　)①

考点：表演者权、信息网络传播权

解题图构

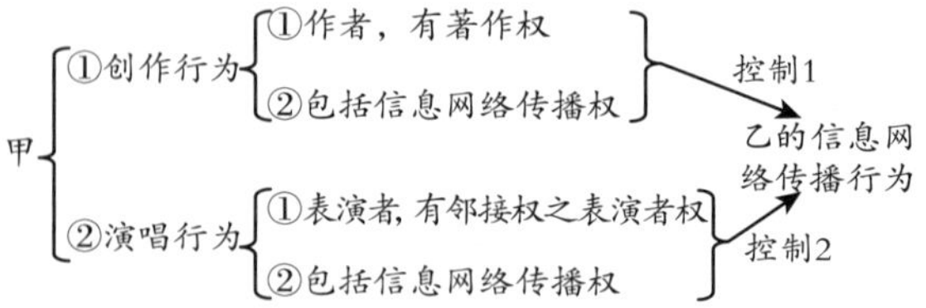

4. 表演者权

某电视演员因一儿童电视剧而出名，某公司未经该演员许可将印有其表演形象的宣传海报大量用于玩具、书包、文具等儿童产品的包装和装潢上。对该公司的行为应如何定性？（2005－3－18）

A. 侵犯了制片者的发表权

B. 侵犯了该演员的表演者权

C. 侵犯了该演员的肖像权

D. 侵犯了该演员的复制权

答案：(　　)②

考点：肖像权、表演者权

二十一、广播组织权、著作权、共同侵权

1. 甲电视台模仿某境外电视节目创作并录制了一档新娱乐节目，尚未播放。乙闭路电视台贿赂甲电视台工作人员贺某复制了该节目，并将获得的复制品抢先播放。下列哪些说法是正确的？（2011－3－62）

A. 乙电视台侵犯了甲电视台的播放权

B. 乙电视台侵犯了甲电视台的复制权

C. 贺某应当与乙电视台承担连带责任

D. 贺某应承担补充责任

答案：(　　)③

考点：广播组织权、著作权、共同侵权

解题图构

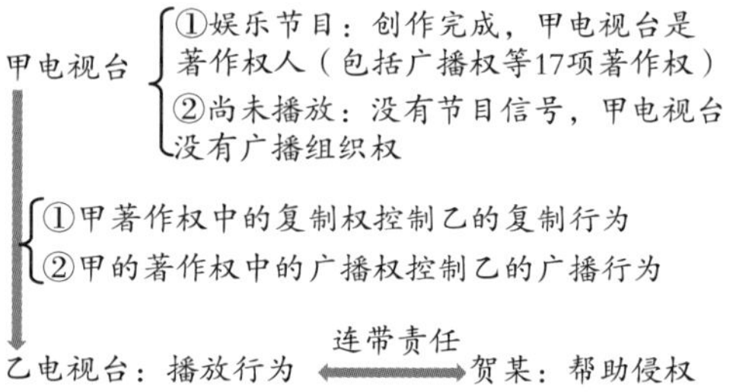

2. 广播组织者权、表演者权

甲电视台获得2006年德国世界杯足球赛A队与B队比赛的现场直播权。乙电视台未经许可将甲电视台播放的比赛实况予以转播，丙电视台未经许可将乙电视台转播的实况比赛录制在音像载体上以备将来播放，丁某未经许可将丙电视台录制的该节目复制一份供其儿子观看。下列哪种说法是正确的？（2006－3－18）

A. 乙电视台侵犯了A队和B队的表演者权

B. 甲电视台有权禁止乙电视台的转播行为

C. 丙电视台的录制行为没有侵犯甲电视台的权利

D. 丁的行为侵犯了甲电视台的复制权

答案：(　　)④

考点：广播组织者权、表演者权

解题图构

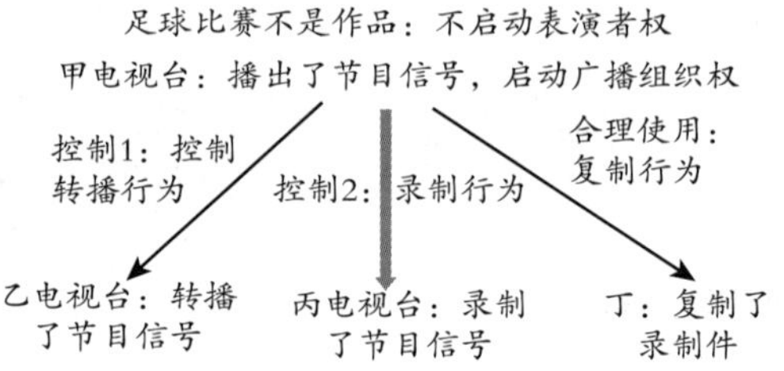

二十二、著作权侵权诉讼时效

1. 2000年4月，甲得知乙出版社非法出版发行甲的小说，但未予理会。由于乙一直未停止上述侵权行为，甲遂于2003年5月向法院提起诉讼。下列哪一选项是正确的？（2008－四川－3）

A. 法院应当以超过诉讼时效为由不予受理

① 参考答案：AC

② 参考答案：C

③ 参考答案：BC

④ 参考答案：B

B. 法院应当以超过诉讼时效为由驳回诉讼请求

C. 法院应当判决乙停止侵害行为

D. 本案应适用特殊诉讼时效

答案:( )①

考点:著作权侵权诉讼时效

2. 1999 年 7 月,甲发现乙公司非法复制其作品,但未予制止。2004 年 5 月 8 日,甲发现乙一直未停止复制行为,遂向法院起诉,要求乙停止侵权并赔偿损失。对此,下列哪些说法是正确的?(2005 – 3 – 59)

A. 法院应当受理甲的起诉

B. 甲的诉讼请求已过诉讼时效,应驳回其诉讼请求

C. 法院应当判决乙停止侵权行为

D. 甲应获得的赔偿数额应从 2004 年 5 月 8 日起向前推算 2 年计算

答案:( )②

考点:著作权侵权诉讼时效

二十三、合理使用

1. 雕塑作品的合理使用

甲展览馆委托雕塑家叶某创作了一座巨型雕塑,将其放置在公园入口,委托创作合同中未约定版权归属。下列行为中,哪一项不属于侵犯著作权的行为?(2014 – 3 – 17)

A. 甲展览馆许可乙博物馆异地重建完全相同的雕塑

B. 甲展览馆仿照雕塑制作小型纪念品向游客出售

C. 个体户冯某仿照雕塑制作小型纪念品向游客出售

D. 游客陈某未经著作权人同意对雕塑拍照纪念

答案:( )③

考点:合理使用、复制权、发行权

解题图构

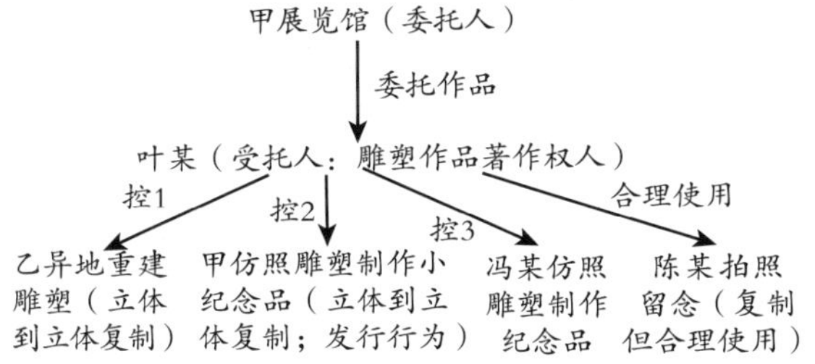

2. 避开技术措施与合理使用

甲影视公司将其摄制的电影《愿者上钩》的信息网络传播权转让给乙网站,乙网站采取技术措施防范未经许可免费播放或下载该影片。丙网站开发出专门规避乙网站技术防范软件,供网民在丙网站免费下载使用,学生丁利用该软件免费下载了《愿者上钩》供个人观看。对此,下列哪些说法是正确的?(2010 – 3 – 63)

A. 丙网站的行为侵犯了著作权

B. 丁的行为侵犯了著作权

C. 甲公司已经丧失著作权人主体资格

D. 乙网站可不经甲公司同意以自己名义起诉侵权行为人

答案:( )④

考点:规避技术措施行为的性质、合理使用

解题图构

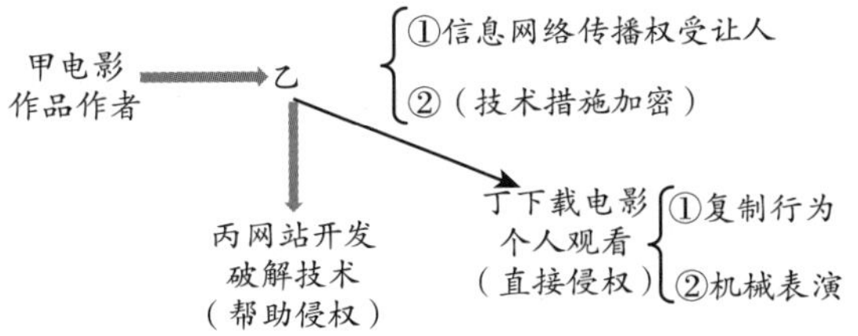

3. 雕塑作品的合理使用

甲设计并雕刻了一尊造型别致的雄狮,置于当街店门口招揽顾客。下列哪一选项是正确的?(2007 – 3 – 14)

A. 甲将雄狮置于公共场所,视为放弃著作权

B. 乙以该雄狮为背景拍照纪念不构成侵权

C. 丙可以该雄狮为范本制作和销售纪念品

D. 丁可以该雄狮为立体造型申请注册商标

答案:( )⑤

考点:合理使用、复制权、发行权、商标注册不得损害在先权利

---

① 参考答案:C

② 参考答案:ACD

③ 参考答案:D

④ 参考答案:ABD(司法部公布答案是 BD,法律出版社解析答案是 ABD)

⑤ 参考答案:B

4. 翻译成少数民族文字的合理使用、报刊的法定许可

甲创作的一篇杂文，发表后引起较大轰动。该杂文被多家报刊、网站无偿转载。乙将该杂文译成法文，丙将之译成维文，均在国内出版，未征得甲的同意，也未支付报酬。下列哪一观点是正确的？(2009－3－15)

A. 报刊和网站转载该杂文的行为不构成侵权

B. 乙和丙的行为均不构成侵权

C. 乙的行为不构成侵权，丙的行为构成侵权

D. 乙的行为构成侵权，丙的行为不构成侵权

答案：(　　)[①]

考点：著作权的合理使用、法定许可

解题图构

甲杂文作者：
- ①复制行为：报刊、网站无偿转载（不是法定许可）
- ②翻译行为、复制行为和发行行为：乙翻译成法文（侵权）
- ③翻译行为、复制行为和发行行为：丙翻译成维文（合理使用）

解图
- ①甲是杂文的作者，享有《著作权法》第10条规定的著作权，如翻译权、复制权和发行权
- ②乙将杂文翻译成法文、丙将杂文翻译成维文，均在国内出版，受甲翻译权、复制权、发行权控制
- ③报刊、网站无偿转载杂文，受甲复制权控制

二十四、法定许可

1. 录音制作者的法定许可

甲创作了一首歌曲《红苹果》，乙唱片公司与甲签订了专有许可合同，在聘请歌星丙演唱了这首歌曲后，制作成录音制品(CD)出版发行。下列哪些行为属于侵权行为？(2014－3－62)

A. 某公司未经许可翻录该CD后销售，向甲、乙、丙寄送了报酬

B. 某公司未经许可自聘歌手在录音棚中演唱了《红苹果》并制作成DVD销售，向甲寄送了报酬

C. 某商场购买CD后在营业时间作为背景音乐播放，经过甲许可并向其支付了报酬

D. 某电影公司将CD中的声音作为电影的插曲使用，只经过了甲许可

答案：(　　)[②]

考点：著作权、表演者权、录音制品制作者权、法定许可

解题图构

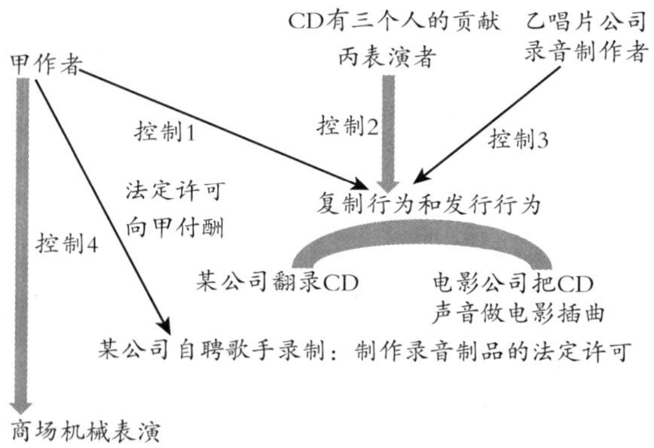

2. 著作权法定许可

某诗人署名“漫动的音符”，在甲网站发表题为《天堂向左》的诗作，乙出版社的《现代诗集》收录该诗，丙教材编写单位将该诗作为范文编入《语文》教材，丁文学网站转载了该诗。下列哪一说法是正确的？(2011－3－16)

A. 该诗人在甲网站署名方式不合法

B. “天堂向左”在《现代诗集》中被正式发表

C. 丙可以不经该诗人同意使用“天堂向左”，但应当按照规定支付报酬

D. 丁网站未经该诗人和甲网站同意而转载，构成侵权行为

答案：(　　)[③]

考点：著作署名权、发表权、著作权的限制和保护(法定许可)

解题图构

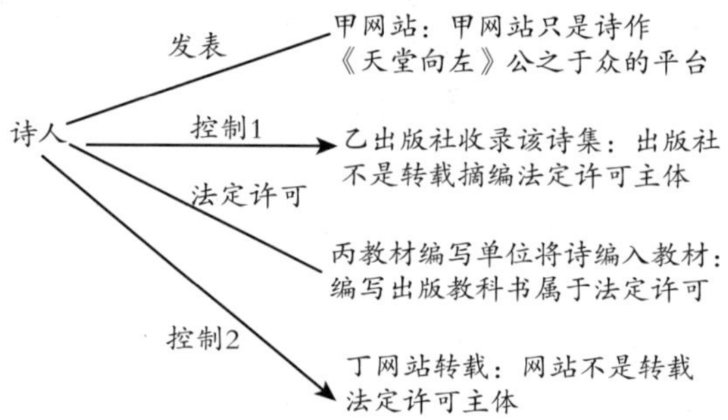

3. 合理使用、法定许可、表演者权

叶某创作《星光灿烂》词曲并发表于音乐杂志，郝某在个人举办的赈灾义演中演唱该歌曲，南极熊

---

① 参考答案：D

② 参考答案：AD

③ 参考答案：C

唱片公司录制并发行郝某的演唱会唱片，星星电台购买该唱片并播放了该歌曲。下列哪些说法是正确的？（2009－3－63）

A. 郝某演唱《星光灿烂》应征得叶某同意并支付报酬

B. 南极熊唱片公司录制该歌曲应当征得郝某同意并支付报酬

C. 星星电台播放该歌曲应征得郝某同意

D. 星星电台播放该歌曲应征得南极熊唱片公司同意

答案：（　　）①

考点：合理使用、法定许可、表演者权

解题图构

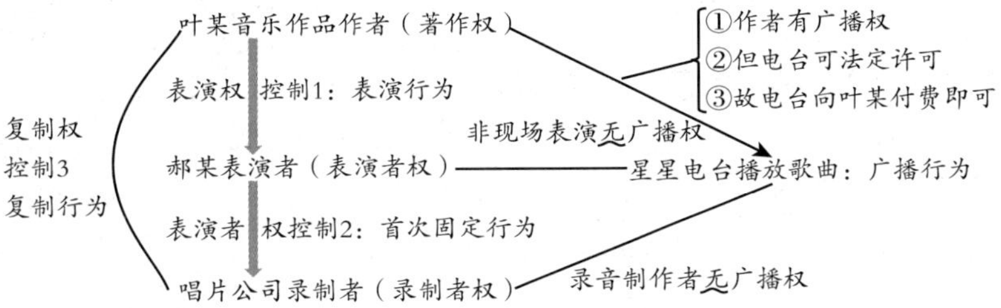

破解图方法1：围绕《星光灿烂》四个智力投入，由上到下的控制行为

- ①叶某是《星光灿烂》的词曲作者叶某享有著作权
  - ①表演权：控制郝某表演行为
  - ②复制权：控制唱片公司复制行为
  - ③广播权：控制电台，但电台有法定许可，故电台付费即可
- ②郝某是《星光灿烂》的演唱者即表演者，郝某享有表演者权
  - ①首次固定权：控制唱片公司录制行为
  - ②无广播权：不能控制星星电台的广播行为
- ③南极熊唱片公司是录音制作者、唱片公司享有录音制作者权 → 无广播权，不能控制星星电台的广播行为
- ④星星电台播放《星光灿烂》
  - ①是广播行为：不受谁控制，只需向作者叶某付钱
  - ②同时产生节目信号，星星电台有广播组织者权

破解图方法2：围绕《星光灿烂》利用他人智力角度，由下到上的利用行为

- ①星星电台对《星光灿烂》的广播行为
  - ①既是对叶某音乐作品的广播
    - ①叶某有广播权
    - ②但是要受电台法定许可的限制
    - ③电台只要向叶某付钱即可，无须叶某许可
  - ②又是对郝某表演活动的广播
    - ①郝某有现场表演的广播权
    - ②郝某对非现场表演没有广播权
  - ③还是对南极熊唱片公司录音制品的广播：录音制品制作者无广播权
  - ④小结：星星电台广播行为无须上游作者、表演者和录音制作者同意
- ②南极熊唱片公司的复制和发行行为
  - ①既是对叶某音乐作品的复制和发行
  - ②又是对郝某表演活动的复制和发行
  - ③小结：唱片公司录制行为需要经过上游作者和表演者的同意
- ③郝某的表演活动
  - ①只是对叶某作品的表演
  - ②郝某赈灾义演属于单向收费表演，不属于双向免费，不构成合理使用
  - ③小结：郝某演唱行为需要受上游作者叶某的控制

---

① 参考答案：AB

4. 合理使用、法定许可

某歌厅购买了若干正版卡拉 OK 光盘后，未经任何人的许可，直接将该光盘用于其经营活动。对该歌厅的行为应如何定性？（2005－3－17）

A. 合法使用

B. 合理使用

C. 法定许可使用

D. 侵权行为

答案：（　　）①

考点：合理使用、法定许可、侵权行为

第二节　专利权

一、职务发明创造

1. 工程师王某在甲公司的职责是研发电脑鼠标。下列哪些说法是错误的？（2012－3－64）

A. 王某利用业余时间研发的新鼠标的专利申请权属于甲公司

B. 如王某没有利用甲公司物质技术条件研发出新鼠标，其专利申请权属于王某

C. 王某主要利用了单位物质技术条件研发出新型手机，其专利申请权属于王某

D. 如王某辞职后到乙公司研发出新鼠标，其专利申请权均属于乙公司

答案：（　　）②

考点：职务发明创造专利申请权归属

2. 甲公司聘请乙专职从事汽车发动机节油技术开发。因开发进度没有达到甲公司的要求，甲公司减少了给乙的开发经费。乙于2007 年 3 月辞职到丙公司，获得了更高的薪酬和更多的开发经费。2008 年 1 月，乙成功开发了一种新型汽车节油装置技术。关于该技术专利申请权的归属，下列哪些选项是错误的？（2010－3－65）

A. 甲公司　　B. 乙

C. 丙公司　　D. 甲公司和丙公司共有

答案：（　　）③

考点：职务发明创造

解题图构

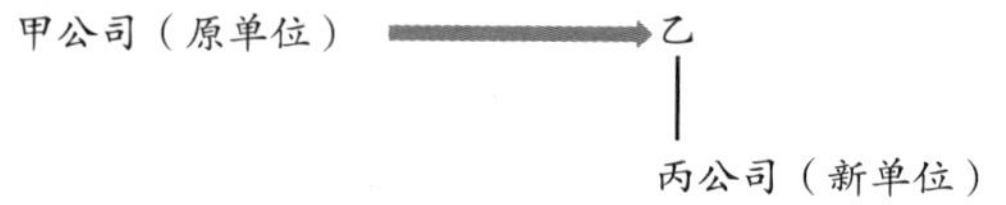

3. 李某是甲公司的研究人员，承担了一种冷藏机的研制任务，在研制成功前辞职开办乙公司。辞职近一年时，李某研制成功了该冷藏机，并以乙公司的名义申请并获得了专利。丙公司在李某研制成功之前已经研制出该冷藏机技术并开始生产产品。下列哪一选项是正确的？（2008－四川－24）

A. 该专利权应归甲公司享有，李某享有在专利文件中署名的权利

B. 该专利权应归甲公司享有，乙公司享有免费使用权

C. 该专利权应归乙公司享有，甲公司享有免费使用权

D. 在该专利授权后，丙公司应停止生产该冷藏机

答案：（　　）④

考点：职务发明创造专利权归单位、先用权抗辩

二、专利权的客体

范某的下列有关骨科病预防与治疗方面研究成果中，哪些可在我国申请专利？（2013－3－64）

A. 发现了导致骨癌的特殊遗传基因

B. 发明了一套帮助骨折病人尽快康复的理疗器械

C. 发明了如何精确诊断股骨头坏死的方法

D. 发明了一种高效治疗软骨病的中药制品

答案：（　　）⑤

考点：授予专利权的客体

三、专利申请和专利权授予

1. 2010 年 3 月，甲公司将其研发的一种汽车零部件向国家有关部门申请发明专利。该专利申请于 2011 年 9 月公布，2013 年 7 月 3 日获得专利权并公

① 参考答案：D

② 参考答案：BCD

③ 参考答案：BCD

④ 参考答案：A

⑤ 参考答案：BD

告。2011 年 2 月，乙公司独立研发出相同零部件后，立即组织生产并于次月起持续销售给丙公司用于组装汽车。2012 年 10 月，甲公司发现乙公司的销售行为。2015 年 6 月，甲公司向法院起诉。下列哪一选项是正确的？（2015－3－18）

A. 甲公司可要求乙公司对其在 2013 年 7 月 3 日以前实施的行为支付赔偿费用

B. 甲公司要求乙公司支付适当费用的诉讼时效已过

C. 乙公司侵犯了甲公司的专利权

D. 丙公司没有侵犯甲公司的专利权

答案：(　　)①

考点：专利申请、专利权授予、专利侵权、诉讼时效

解题图构

甲2010年3月申请日——2011年9月公布申请日　临时保护　2013年7月3日授权日

2011年2月乙独立研发

- ①乙使用晚于甲的申请日，乙不得主张先用权抗辩
- ②乙持续销售至2013年7月3日，激活甲临时保护
  - ①乙支付适当费用，不是赔偿费用
  - ②甲在授权日前知道乙行为，故费用之诉2年时效自授权日起算，2013年7月3日，到起诉时点2015年6月，尚未超过2年
- ③乙自2013年7月3日继续销售，构成侵权

丙

（使用从乙处购买的甲的专利组装汽车）丙的购买使用行为也横跨两个区间

- ①丙在甲专利临时保护期内购买使用：只要乙已经支付合理费用或书面承诺支付合理费用，丙均可继续使用
- ②丙在甲专利授权后购买使用
  - ①丙恶意使用者，构成侵权
  - ②丙善意使用者，且支付合理对价，丙不停止使用②

2. 甲公司开发出一项发动机关键部件的技术，大大减少了汽车尾气排放。乙公司与甲公司签订书面合同受让该技术的专利申请权后不久，将该技术方案向国家知识产权局同时申请了发明专利和实用新型专利。下列哪一说法是正确的？（2011－3－17）

A. 因该技术转让合同未生效，乙公司无权申请专利

B. 因尚未依据该技术方案制造出产品，乙公司无权申请专利

C. 乙公司获得专利申请权后，无权就同一技术方案同时申请发明专利和实用新型专利

D. 乙公司无权就该技术方案获得发明专利和实用新型专利

答案：(　　)③

考点：专利申请权的转让、专利权授予（实用性）、专利申请单一性原则的例外

四、专利权许可

1. 专利权许可、专利无效

甲公司获得一项智能手机显示屏的发明专利权后，将该技术以在中国大陆独占许可方式许可给乙公司实施。乙公司付完专利使用费并在销售含有该专利技术的手机过程中，发现丙公司正在当地电视台做广告宣传具有相同专利技术的手机，便立即通知甲公司起诉丙公司。法院受理该侵权纠纷后，丙公司在答辩期内请求宣告专利无效。下列哪些说法是错误的？（2015－3－63）

A. 乙公司获得的专利使用权是债权，在不通知甲公司的情况下不能直接起诉丙公司

B. 专利无效宣告前，丙公司侵犯了专利实施权中的销售权

C. 如专利无效，则专利实施许可合同无效，甲公司应返还专利使用费

---

① 参考答案：C

② 《专利法解释二》第 25 条第 1 款，为生产经营目的使用、许诺销售或者销售不知道是未经专利权人许可而制造并售出的专利侵权产品，且举证证明该产品合法来源的，对于权利人请求停止上述使用、许诺销售、销售行为的主张，人民法院应予支持，但被诉侵权产品的使用者举证证明其已支付该产品的合理对价的除外。

③ 参考答案：D

D. 法院应中止专利侵权案件的审理

答案：(　　)①

考点：专利无效、专利许可、专利侵权

解题图构

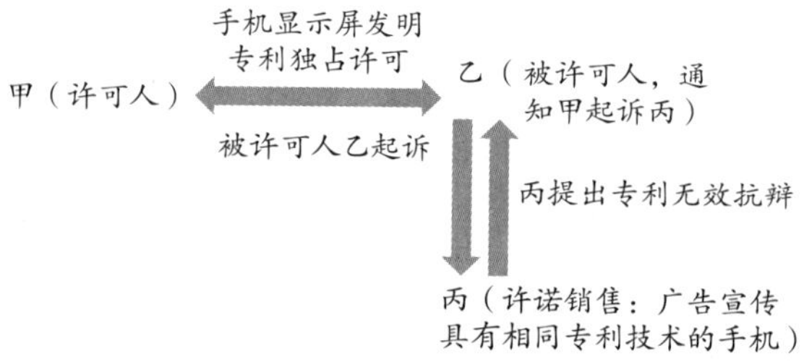

2. 专利许可

甲公司于2000年5月10日申请一项饮料配方的发明，2004年6月1日获得专利权，2006年5月11日与乙公司签订一份专利独占实施许可合同。下列哪些选项是正确的？(2008－四川－63)

A. 该合同属于技术转让合同

B. 该合同的有效期不得超过14年

C. 乙公司不得许可第三人实施该专利技术

D. 乙公司可以起诉侵犯该专利技术的人

答案：(　　)②

考点：专利实施许可合同是技术转让合同；许可合同年限是专利剩余年限内；不得再许可第三人；独占许可人可以做原告

五、专利无效

甲公司开发了一种汽车节能环保技术，并依法获得了实用新型专利证书。乙公司拟与甲公司签订独占实施许可合同引进该技术，但在与甲公司协商谈判过程中，发现该技术在专利申请日前已经属于现有技术。乙公司的下列哪一做法不合法？(2013－3－18)

A. 在该专利技术基础上继续开发新技术

B. 诉请法院判决该专利无效

C. 请求专利复审委员会宣告该专利无效

D. 无偿使用该技术

答案：(　　)③

考点：专利无效、现有技术抗辩

解题图构

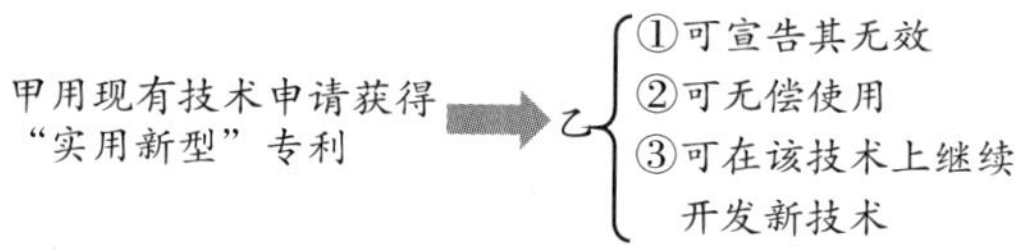

六、专利权保护期(专利权保护期间、起算日：申请日、优先权日)

美国某公司于2004年12月1日在美国就某口服药品提出专利申请并被受理，2005年5月9日就同一药品向中国专利局提出专利申请，要求享有优先权并及时提交了相关证明文件。中国专利局于2008年4月1日授予其专利。关于该中国专利，下列哪一选项是正确的？(2008－3－23)

A. 保护期从2004年12月1日起计算

B. 保护期从2005年5月9日起计算

C. 保护期从2008年4月1日起计算

D. 该专利的保护期是10年

答案：(　　)④

考点：专利权保护期(专利权保护期间、起算日：申请日、优先权日)

解题图构

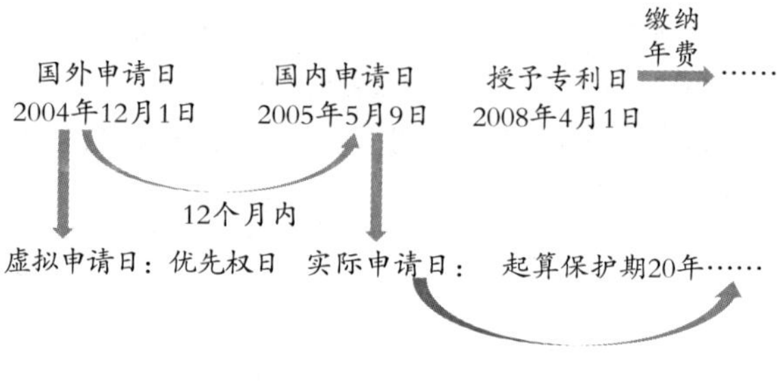

七、专利侵权

1. 甲公司与乙公司签订买卖合同，以市场价格购买乙公司生产的设备一台，双方交付完毕。设备投入使用后，丙公司向法院起诉甲公司，提出该设备

① 参考答案：ABCD

② 参考答案：ABCD

③ 参考答案：B

④ 参考答案：B(司法部当年公布答案是A，属于公布错误)

属于丙公司的专利产品,乙公司未经许可制造并销售了该设备,请求法院判令甲公司停止使用。经查,乙公司侵权属实,但甲公司并不知情。关于此案,法院下列哪一做法是正确的?(2016-3-14)

A. 驳回丙公司的诉讼请求

B. 判令甲公司支付专利许可使用费

C. 判令甲公司与乙公司承担连带责任

D. 判令先由甲公司支付专利许可使用费,再由乙公司赔偿甲损失

答案:(　　)①

考点:专利权控制他人的制造行为、专利权不能控制善意的已经支付购买款的下家的使用行为

解题图构

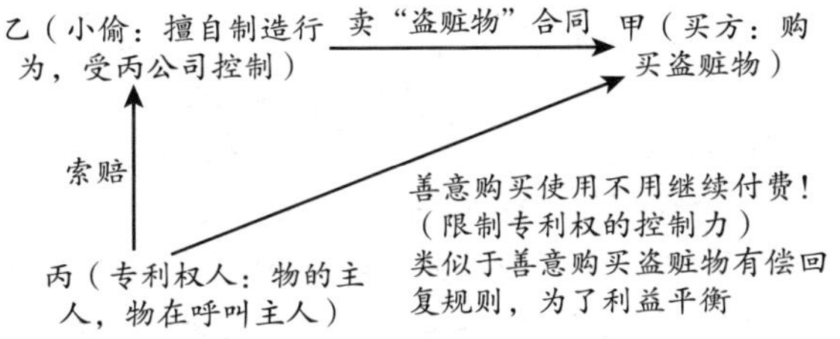

解图:这个结构图中,其实乙有漏洞可钻,就是设立一个"甲公司",专门来受让侵权专利。所以,题干必须交代甲是不知情。如果构成知情,则恶意销赃,应该是共同侵权负连带责任的。

2. 下列哪一选项不属于侵犯专利权的行为?(2012-3-18)

A. 甲公司与专利权人签订独占实施许可合同后,许可其子公司乙公司实施该专利技术

B. 获得强制许可实施权的甲公司许可他人实施该专利技术

C. 甲公司销售不知道是侵犯他人专利的产品并能证明该产品来源合法

D. 为提供行政审批所需要的信息,甲公司未经专利权人的同意而制造其专利药品

答案:(　　)②

考点:专利侵权、不视为侵犯专利权的行为

解题图构

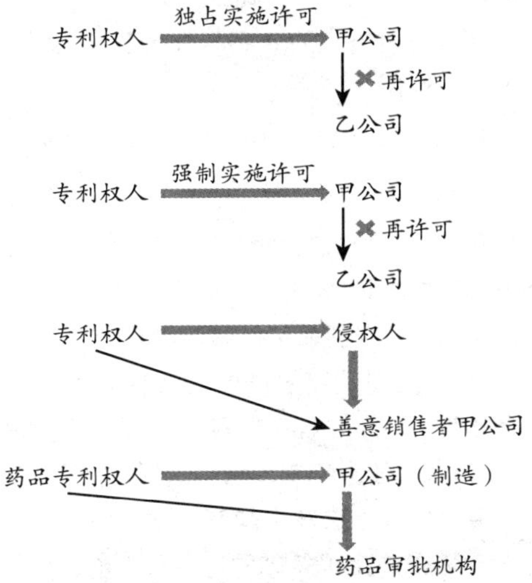

3. 甲公司获得了某医用镊子的实用新型专利,不久后乙公司自行研制出相同的镊子,并通过丙公司销售给丁医院使用。乙、丙、丁都不知道甲已经获得该专利。下列哪一选项是正确的?(2007-3-15)

A. 乙的制造行为不构成侵权

B. 丙的销售行为不构成侵权

C. 丁的使用行为不构成侵权

D. 丙和丁能证明其产品的合法来源,不承担赔偿责任

答案:(　　)③

考点:专利侵权无过错责任、不赔偿的抗辩事由和条件

解题图构

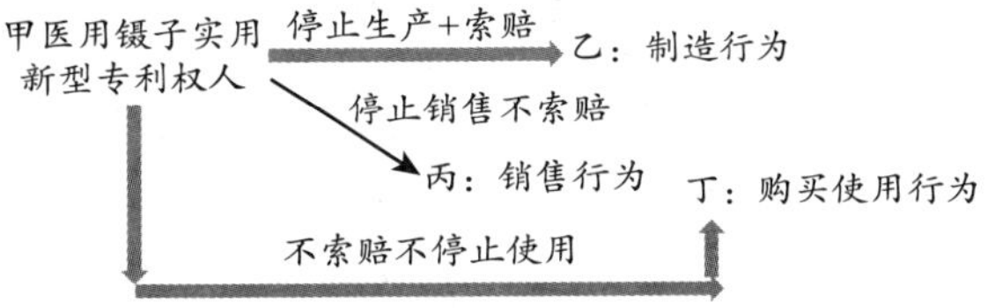

4. 甲公司研制开发出一项汽车刹车装置的专利技术,委托乙公司生产该刹车装置的专用零部件。乙公司在生产过程中擅自将该种零部件出售给丙公司,致使丙公司很快也开发出同种刹车装置并投入生产。下列哪种说法是错误的?(2006-3-19)

---

① 参考答案:A

② 参考答案:D

③ 参考答案:CD(司法部原答案是D。根据专利法解释二,C也符合题意,当选。)

A. 乙公司的行为构成违约行为

B. 丙公司侵犯了甲公司的专利权

C. 在甲公司提起的专利侵权诉讼中,丙公司应为被告,乙公司应列为第三人

D. 该案只能由特定的中级人民法院管辖

答案:(　　)①

考点:专利侵权、违约行为、共同侵权、专利侵权纠纷法院的级别管辖

5. 外观设计专利权不控制使用行为

(1)奔马公司就其生产的一款高档轿车造型和颜色组合获得了外观设计专利权,又将其设计的"飞天神马"造型注册为汽车的立体商标,并将该造型安装在车头。某车行应车主陶某请求,将陶某低价位的旧车改装成该高档轿车的造型和颜色,并从报废的轿车上拆下"飞天神马"标志安装在改装车上。陶某使用该改装车提供专车服务,收费高于普通轿车。关于上述行为,下列哪一说法是错误的?(2016-3-15)

A. 陶某的行为侵犯了奔马公司的专利权

B. 车行的行为侵犯了奔马公司的专利权

C. 陶某的行为侵犯了奔马公司的商标权

D. 车行的行为侵犯了奔马公司的商标权

答案:(　　)②

考点:外观设计专利权不控制他人使用行为、商标侵权和帮助侵权

解题图构

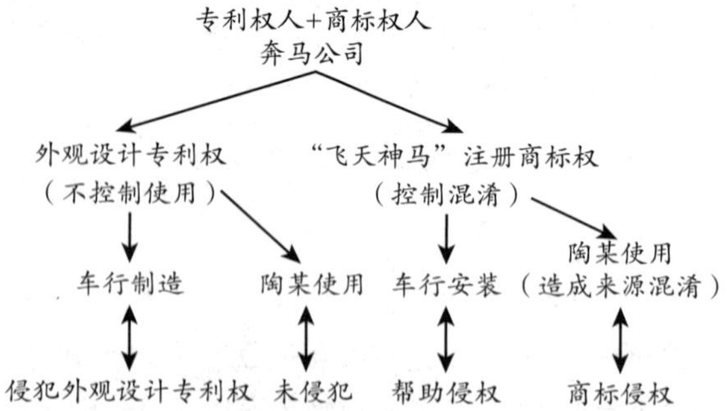

解图:(1)车行有两个安装行为(安装了外观设计和安装了商标);陶某有两个使用行为(使用改装车既涉及外观设计又涉及商标)。(2)车行两个安装行为都侵权,一个是专利侵权;一个是帮助商标侵权;陶某的使用外观设计专利不侵权,陶某使用商标构成商标侵权(改装车,坐的专车,看上去是奔驰,其实是奔马,造成来源混淆,让叫车的乘客误以为原来奔驰车就这样啊,不就是一破奔马吗?)

(2)甲公司2000年获得一项外观设计专利。乙公司未经甲公司许可,以生产经营为目的制造该专利产品。丙公司未经甲公司许可以生产经营为目的所为的下列行为,哪一项构成侵犯该专利的行为?(2005-3-15)

A. 使用乙公司制造的该专利产品

B. 销售乙公司制造的该专利产品

C. 许诺销售乙公司制造的该专利产品

D. 使用甲公司制造的该专利产品

答案:(　　)③

考点:外观设计专利权控制的行为

解题图构

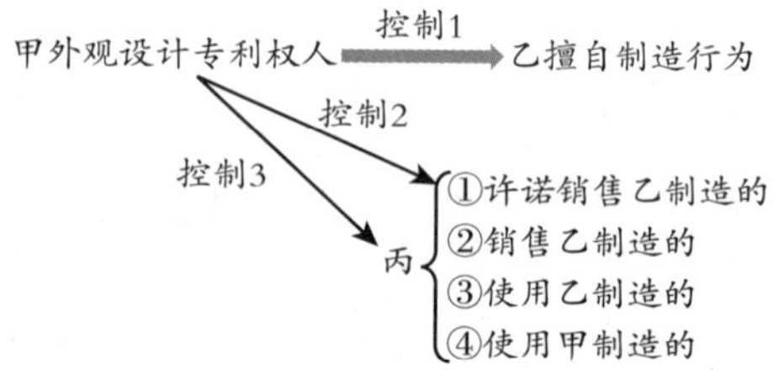

6. 2004 不定向选择题(二)

2000年1月甲公司的高级工程师乙研制出一种节油装置,完成了该公司的技术攻坚课题,并达到国际领先水平。2000年2月甲公司将该装置样品提供给我国政府承认的某国际技术展览会展出。同年3月,乙未经单位同意,在向某国外杂志的投稿论文中透露了该装置的核心技术,该杂志将论文全文刊载,引起甲公司不满。同年6月,丙公司依照该杂志的报道很快研制了样品,并作好了批量生产的必要准备。甲公司于2000年7月向我国专利局递交专利申请书。2000年12月丁公司也根据该杂志开始生产该节油装置。2003年5月7日国务院专利行政部门授予甲公司发明专利,2003年7月甲公司向法院提起诉讼,分别要求丙公司和丁公司停止侵害并赔偿损失。请回答以下85~88题目。

① 参考答案:CD(司法部原公布答案是C,根据新法D也当选)

② 参考答案:A

③ 参考答案:BC

④ (1)甲未在国外申请过专利,故没有优先权日。(2)丙先用时点早于甲的申请日,丙可主张先用权抗辩。

解题图构

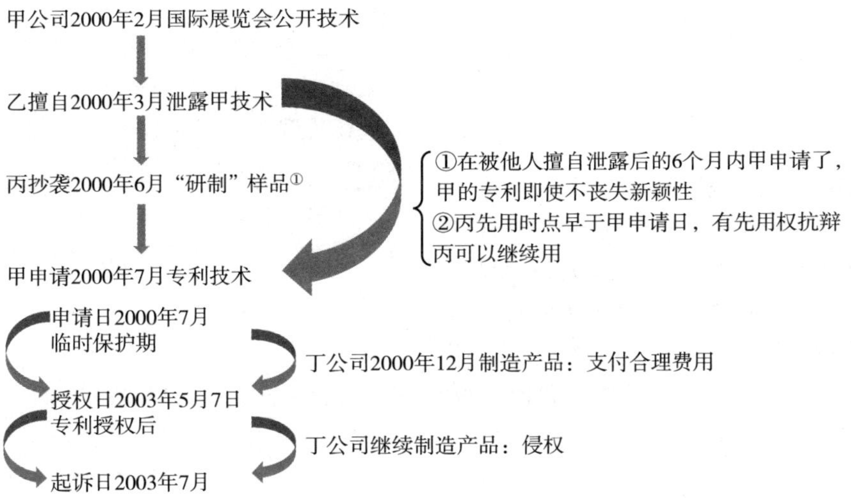

(1)在丙公司已研制出样品，丁公司已开始生产的情况下，甲公司的发明为何仍因具有新颖性而被授予专利权？

A. 因该发明在申请日前未在国内公开

B. 因该发明在申请日前未在国际上公开使用

C. 因该发明的核心技术在论文中被透露未经甲公司同意

D. 因该发明达到国际领先水平

答案：(　　)①

考点：专利新型性不丧失的特殊情形

解题图构

甲公司（职务发明创造：节油装置）

6个月内不丧失新颖性：
- 2000年2月展出日：甲公司在国家承认的国际展览会展出
- 2000年3月泄露日：乙擅自泄露该核心技术
- 2000年6月，丙公司根据乙擅自泄露的核心技术研制出样品
- 2000年7月申请日：甲公司向我国专利局递交申请书

破解上图

(1)申请日是2000年7月，往前倒推6个月，则是2000年1月后发生的展览会首次展出、学术会议首次发表、被他人非法泄漏，都不丧失新颖性。

(2)2000年2月国际展览会：展出日。

(3)2000年3月乙擅自将技术透露日：非法公开日。

(4)展出日和非法公开日都是在申请日2000年7月之前的6个月内，故甲的技术不丧失新颖性。

(2)甲公司能否要求丙公司停止侵害并赔偿损失？

A. 甲公司有权要求丙公司停止侵害并赔偿损失

B. 甲公司有权要求丙公司停止侵害，但无权要求赔偿损失

C. 甲公司无权要求，因丙公司有权在2003年5月7日前制造该专利产品

D. 甲公司无权要求，因丙公司有权在原有范围内继续制造该专利产品

答案：(　　)②

考点：先用权抗辩、优先权日

(3)丁公司实施甲公司发明的行为是否构成侵权行为？

A. 构成侵权行为

B. 不构成侵权行为

C. 2003年5月7日后的实施行为构成侵权行为

D. 2003年7月后的实施行为构成侵权行为

答案：(　　)③

考点：专利侵权的认定

(4)甲公司可以在起诉前向法院申请采取什么措施保护自己的合法权益？

A. 申请诉前禁令　　B. 申请诉前先予执行

---

① 参考答案：C

② 参考答案：D

③ 参考答案：C

C. 申请诉前财产保全　D. 申请诉前证据保全

答案:(　　)①

考点:专利侵权救济的程序制度

八、不侵权的抗辩

1. 专利权权利(进口权)用尽抗辩

(1)用尽抗辩、科学试验抗辩和临时过境抗辩

W 研究所设计了一种高性能发动机,在我国和《巴黎公约》成员国 L 国均获得了发明专利权,并分别给予甲公司在我国、乙公司在 L 国的独占实施许可。下列哪一行为在我国构成对该专利的侵权?(2016－3－16)

A. 在 L 国购买由乙公司制造销售的该发动机,进口至我国销售

B. 在我国购买由甲公司制造销售的该发动机,将发动机改进性能后销售

C. 在我国未经甲公司许可制造该发动机,用于各种新型汽车的碰撞实验,以测试车身的防撞性能

D. 在 L 国未经乙公司许可制造该发动机,安装在 L 国客运公司汽车上,该客车曾临时通过我国境内

答案:(　　)②

考点:专利权的国际用尽、国内用尽、科学试验抗辩、临时过境抗辩

解题图构

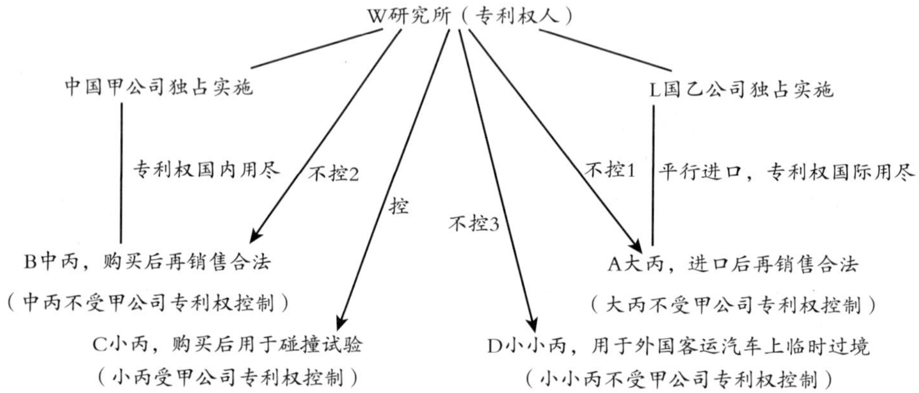

解图:为四个选项配四个主体身份,从 ABCD 依次配为大丙、中丙、小丙和小小丙,四个人实施的行为,是否受专利权人专利权的控制?(1)A 中的大丙,不受控制,专利权国际用尽。(2)B 中的中丙,不受控制,专利权国内用尽。(3)C 中的小丙,不是针对发动机本身做科学试验,小丙的行为受控制。(4)D中的小小丙,可援引临时过境的抗辩,不受控制。

(2)合法的制造,进口权用尽;违法的制造,进口权不用尽

中国甲公司的一项发明在中国和 A 国均获得了专利权。中国的乙公司与甲公司签订了中国地域内的专利独占实施合同。A 国的丙公司与甲公司签订了在 A 国地域内的专利普通实施合同并制造专利产品,A 国的丁公司与乙公司签订了在 A 国地域内的专利普通实施合同并制造专利产品。中国的戊公司、庚公司分别从丙公司和丁公司进口这些产品到中国使用。下列哪些说法是正确的?(2014－3－63)

A. 甲公司应向乙公司承担违约责任

B. 乙公司应向甲公司承担违约责任

C. 戊公司的行为侵犯了乙公司的专利独占实施权

D. 庚公司的行为侵犯了甲公司的专利权

答案:(　　)③

考点:平行进口(专利权侵权的抗辩事由之平行进口专利权全球用尽)、专利权地域性、专利权许可使用合同

图构:此题有两个平行进口,为知识产权试题主体和法律关系繁多之最,不画图无以作答。

① 参考答案:ACD
② 参考答案:C
③ 参考答案:BD

解题图构

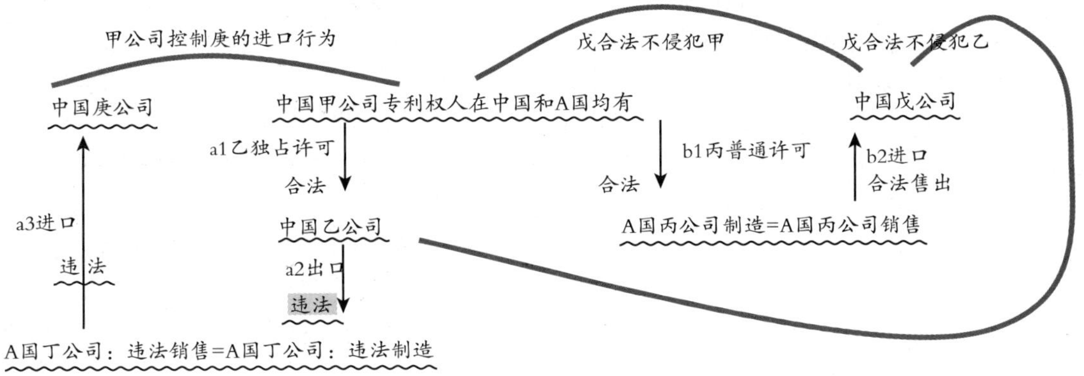

解上图

小 a 的流程

(1)甲独占许可给中国的乙,但乙违法许可给外国的丁。(2)外国的丁制造违法,丁销售违法。(3)中国的庚进口违法,违法不存在平行进口问题。(4)故庚公司的进口行为,受专利权人甲公司进口权控制,侵犯了甲公司的专利权。

小 b 的流程

(1)甲普通许可给外国的丙。(2)外国的丙制造合法,丙销售合法。(3)中国的戊进口合法,合法售出允许平行进口。(4)故戊公司的进口行为,不受专利权人甲进口权的控制,即专利权国际用尽。(5)戊公司也不受独占许可人乙公司的控制,不侵犯乙公司的专利独占实施权。

小 a 和小 b 的关系

(1)甲可以国内、国外两个许可:甲一个专利,两个许可,一个国内独占许可给乙;另一个国外普通许可给丙。因为乙、丙地域不同,所以甲的两个许可没有问题。

(2)乙独占许可人违法再许可:加害给付。甲可向乙主张违约责任;甲也可向乙主张侵权责任。

2. 技术不同抗辩(全面覆盖原则)

甲公司拥有一项汽车仪表盘的发明专利,其权利要求记载的必要技术特征可以分解为 a+b+c+d 共四项。乙公司制造四种仪表盘,其必要技术特征可以作四种分解,甲公司与乙公司的必要技术特征所代表的字母相同,表明其相应的必要技术特征相同或等同。乙公司的哪项技术侵犯了甲公司的专利?(2008-3-24)

A. b+c+d　　B. a+b+c

C. a+b+d+e　　D. a+b+c+d+e

答案:(　　)①

考点:专利侵权的判定:全面覆盖原则(数量上一个不少)、相同和等同(质量上)

3. 先用权抗辩

甲厂将生产饮料的配方作为商业秘密予以保护。乙通过化验方法破解了该饮料的配方,并将该配方申请获得了专利。甲厂认为乙侵犯了其商业秘密,诉至法院。下列哪些选项是正确的?(2007-3-63)

A. 乙侵犯了甲厂的商业秘密

B. 饮料配方不因甲厂的使用行为丧失新颖性

C. 乙可以就该饮料的配方申请专利,但应当给甲厂相应的补偿

D. 甲厂有权在原有规模内继续生产该饮料

答案:(　　)②

考点:先用权抗辩、商业秘密、专利权

解题图构

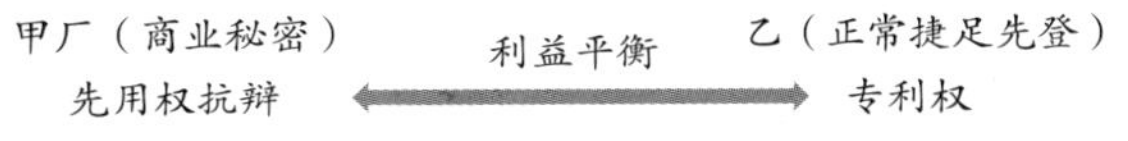

九、专利侵权救济

1. 甲公司获得一项用于自行车雨伞装置的实用新型专利,发现乙公司生产的自行车使用了该技术,遂向法院起诉,要求乙公司停止侵害并赔偿损失10万元。甲公司的下列哪些做法是正确的?(2011-

① 参考答案:D

② 参考答案:BD

3－63）

A. 向乙公司所在地的基层法院起诉

B. 起诉时未向受理法院提交国家知识产权局出具的该专利书面评价报告

C. 将仅在说明书中表述而未在权利要求中记载的技术方案纳入专利权的保护范围

D. 举证期届满后法庭辩论终结前变更其主张的权利要求

答案：（　　）①

考点：专利侵权救济

2. 黑土公司获得一种新型药品制造方法的发明专利权后，发现市场上有大量白云公司制造的该种新型药品出售，遂向法院起诉要求白云公司停止侵权并赔偿损失。依据新修改《专利法》规定，下列哪一说法是错误的？（2009－3－17）

A. 所有基层法院均无该案管辖权

B. 黑土公司不应当承担被告的药品制造方法与专利方法相同的证明责任

C. 白云公司如能证明自己实施的技术属于现有技术，法院应告知白云公司另行提起专利无效宣告程序

D. 如侵犯专利权成立，即使没有证据确定损害赔偿数额，黑土公司仍可获得1万元以上100万元以下的赔偿额

答案：（　　）②

考点：专利侵权救济、管辖、举证、无效宣告、赔偿数额

3. 专利侵权赔偿数额

甲是某产品的专利权人，乙于2008年3月1日开始制造和销售该专利产品。甲于2009年3月1日对乙提起侵权之诉。经查，甲和乙销售每件专利产品分别获利为二万元和一万元，甲因乙的侵权行为少销售100台，乙共销售侵权产品300台。关于乙应对甲赔偿的额度，下列哪一选项是正确的？（2010－3－18）

A. 200万元　　B. 250万元

C. 300万元　　D. 500万元

答案：（　　）③

考点：专利侵权赔偿数额确定的顺序

第三节　商标权

一、商标权的客体

1. 未注册商标的保护、注册商标的异议、注册商标权无效宣告

甲公司将其生产的白酒独创性地取名为“逍遥乐”，并在该酒的包装、装潢和广告中突出宣传酒名，致“逍遥乐”被消费者熟知，声誉良好。乙公司知道甲公司没有注册“逍遥乐”后，将其作为自己所产白酒的商标使用并抢先注册。该商标注册申请经商标局初步审定并公告。下列哪些说法是错误的？（2012－3－65）

A. 甲公司有权在异议期内向商标局提出异议，反对核准乙公司的注册申请

B. 如“逍遥乐”被核准注册，甲公司有权主张先用权

C. 如“逍遥乐”被核准注册，甲公司有权向商标局请求撤销该商标

D. 甲公司有权向法院起诉请求乙公司停止使用并赔偿损失

答案：（　　）④

考点：未注册商标的保护、注册商标的异议程序、注册商标权无效宣告

解题图构

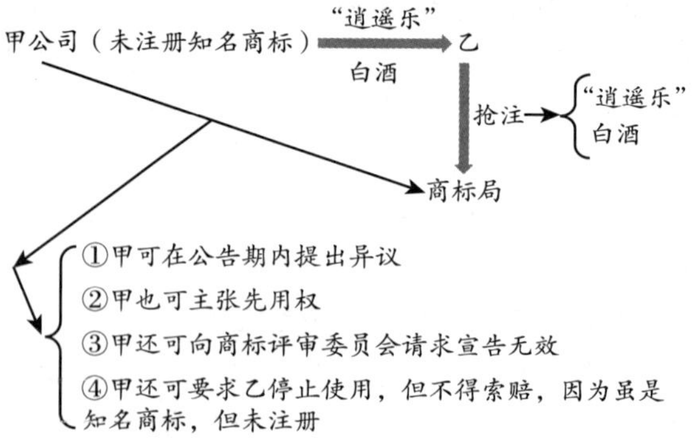

① 参考答案：BD

② 参考答案：AC（根据新法为AC，根据旧法原司法部公布答案为C）

③ 参考答案：A

④ 参考答案：CD（原答案为BCD，商标法修改后增加商标先用权抗辩，B对，不选。）

2. 证明商标、集体商标

河川县盛产荔枝，远近闻名。该县成立了河川县荔枝协会，申请注册了“河川”商标，核定使用在荔枝商品上，许可本协会成员使用。加入该荔枝协会的农户将有“河川”商标包装的荔枝批发给盛联超市销售。超市在销售该批荔枝时，在荔枝包装上还加贴了自己的注册商标“盛联”。下列哪些说法是正确的？（2015－3－64）

A.“河川”商标是集体商标

B.“河川”商标是证明商标

C.“河川”商标使用了县级以上行政区划名称，应被宣告无效

D. 盛联超市的行为没有侵犯商标权

答案：（　　）①

考点：集体商标、证明商标、反向假冒

解题图构

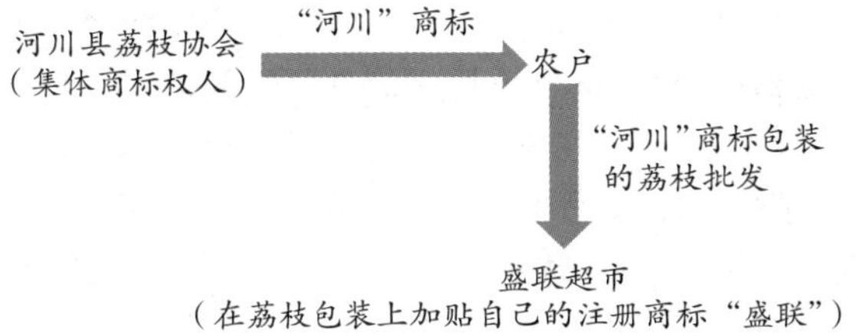

3.“花果山”市出产的鸭梨营养丰富，口感独特，远近闻名，当地有关单位拟对其采取的保护措施中，哪些是不合法的？（2006－3－63）

A 将“花果山”申请注册为集体商标，使用于鸭梨上

B 将“花果山”申请注册为证明商标，使用于鸭梨上

C 将鸭梨的形状申请注册为立体商标，使用于鸭梨上

D 将“香梨”申请注册为文字商标，使用于鸭梨上

答案：（　　）②

考点：集体商标、证明商标、商标注册绝对拒绝注册事由（通用名称、自然形状）

4. 商标局受理了一批商标注册申请，审查过程中均未发现在先申请。商标局应当依法驳回下列哪些注册申请？（2007－3－62）

A. 将“红旗”文字商标使用于油漆商品上

B. 将“敌尔蚊”文字商标使用于驱蚊商品上

C. 将“光明”文字商标使用于灯泡商品上

D. 将“红高粱”文字商标使用于高粱酿制的白酒类商品上

答案：（　　）③

考点：商标注册的禁止条件（绝对拒绝注册事由）

5. 某企业在其生产的人用药品上使用“病必治”商标，但未进行注册。下列哪一选项是正确的？（2008－四川－22）

A. 该企业使用该商标违法，因人用药品商标必须注册

B. 该商标夸大宣传并具有欺骗性，不得使用

C. 该商标可以使用，但不得注册

D. 该商标通过使用获得显著性后，可以注册

答案：（　　）④

考点：绝对拒绝注册的标志

二、申请注册商标

1. 商标代理机构接受委托申请注册商标的规则

营盘市某商标代理机构，发现本市甲公司长期制造销售“实耐”牌汽车轮胎，但一直未注册商标，该机构建议甲公司进行商标注册，甲公司负责人鄢某未置可否。后鄢某辞职新创立了乙公司，鄢某委托该商标代理机构为乙公司进行轮胎类产品的商标注册。关于该商标代理机构的行为，下列哪一选项是正确的？（2016－3－17）

A. 乙公司委托注册“实耐”商标，该商标代理机构不得接受委托

B. 乙公司委托注册“营盘轮胎”商标，该商标代理机构不得接受委托

C. 乙公司委托注册普通的汽车轮胎图形作为商标，该商标代理机构不得接受委托

D. 该商标代理机构自行注册“捷驰”商标，用于转让给经营汽车轮胎的企业

答案：（　　）⑤

考点：对商标代理机构的规制

---

① 参考答案：AD

② 参考答案：CD

③ 参考答案：BD

④ 参考答案：B

⑤ 参考答案：A

解题图构

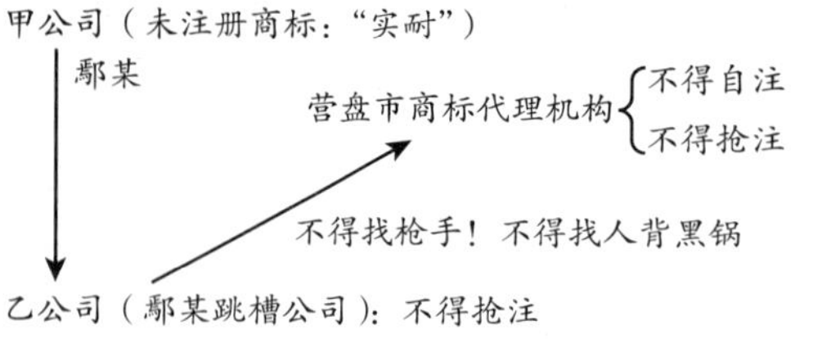

2. 商标申请、优先权、省钱申请

甲公司是《保护工业产权巴黎公约》成员国A国的企业，于2012年8月1日向A国在牛奶产品上申请注册"白雪"商标被受理后，又于2013年5月30日向我国商标局申请注册"白雪"商标，核定使用在牛奶、糕点和食品容器这三类商品上。下列哪些说法是错误的？（2014－3－64）

A. 甲公司应委托依法设立的商标代理机构代理申请商标注册

B. 甲公司必须提出三份注册申请，分别在三类商品上申请注册同一商标

C. 甲公司可依法享有优先权

D. 如商标局在异议程序中认定"白雪"商标为驰名商标，甲公司可在其牛奶包装上使用"驰名商标"字样

答案：（　　）①

考点：商标申请、优先权、驰名商标

解题图构

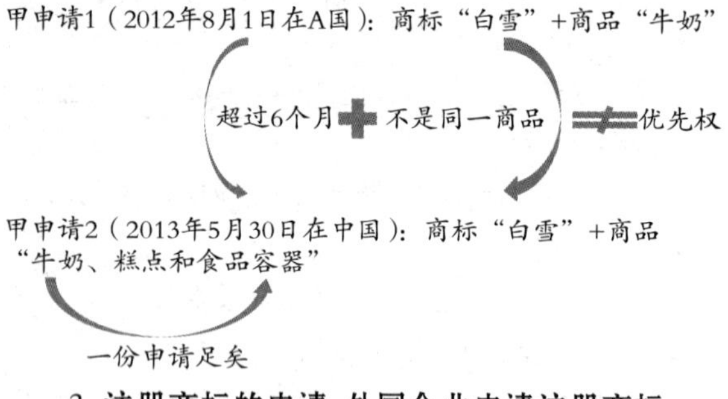

3. 注册商标的申请、外国企业申请注册商标

如外国企业在我国申请注册商标，下列哪一说法是正确的？（2012－3－19）

A. 应当委托在我国依法成立的律师事务所代理

B. 所属国必须已加入《保护工业产权巴黎公约》

C. 所属国必须已加入世界贸易组织

D. 如所属国商标注册主管机关曾驳回了其商标注册申请，该申请在我国仍有可能获准注册

答案：（　　）②

考点：商标注册申请、外国企业申请注册商标

4. 注册商标申请的优先权

商标注册申请人自其在某外国第一次提出商标注册申请之日起六个月内，又在中国就相同商品以同一商标提出注册申请的，依据下列哪些情形可享有优先权？（2010－3－64）

A. 该外国同中国签订的协议

B. 该外国同中国共同参加的国际条约

C. 该外国同中国相互承认优先权

D. 该外国同中国有外交关系

答案：（　　）③

考点：注册商标申请的优先权

三、注册商标权有效期、续展期和过渡期

四、商标权的内容

1. 商标专用权

甲公司生产"美多"牌薰衣草保健枕，"美多"为注册商标，薰衣草为该枕头的主要原料之一。其产品广告和包装上均突出宣传"薰衣草"，致使"薰衣草"保健枕被消费者熟知，其他厂商也推出"薰衣草"保健枕。后"薰衣草"被法院认定为驰名商标。下列哪些表述是正确的？（2013－3－65）

A. 甲公司可在一种商品上同时使用两件商标

B. 甲公司对"美多"享有商标专用权，对"薰衣草"不享有商标专用权

C. 法院对驰名商标的认定可写入判决主文

D. "薰衣草"叙述了该商品的主要原料，不能申请注册

答案：（　　）④

考点：注册商标专用权、可获得注册的商标、未注册驰名商标

解题图构

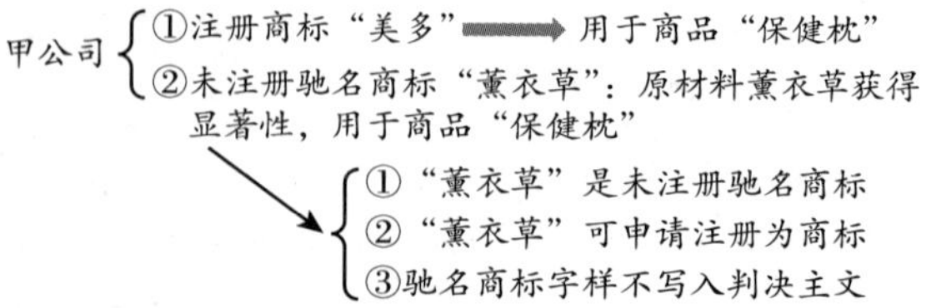

① 参考答案：BCD

② 参考答案：D

③ 参考答案：ABC

④ 参考答案：AB

2. 注册商标的许可使用

甲公司通过签订商标普通许可使用合同许可乙公司使用其注册商标"童声",核定使用的商品为儿童服装。合同约定发现侵权行为后乙公司可以其名义起诉。后乙公司发现个体户萧某销售假冒"童声"商标的儿童服装,萧某不能举证证明该批服装的合法来源。下列哪些说法是正确的?(2011－3－64)

A. 乙公司必须在"童声"儿童服装上标明乙公司的名称和产地

B. 该商标使用许可合同自备案后生效

C. 乙公司不能以其名义起诉,因为诉权不得约定转移

D. 萧某应当承担停止销售和赔偿损失的法律责任

答案:(　　)①

考点:注册商标许可使用、商标侵权的原告、善意销售(非善意销售则无抗辩)

解题图构

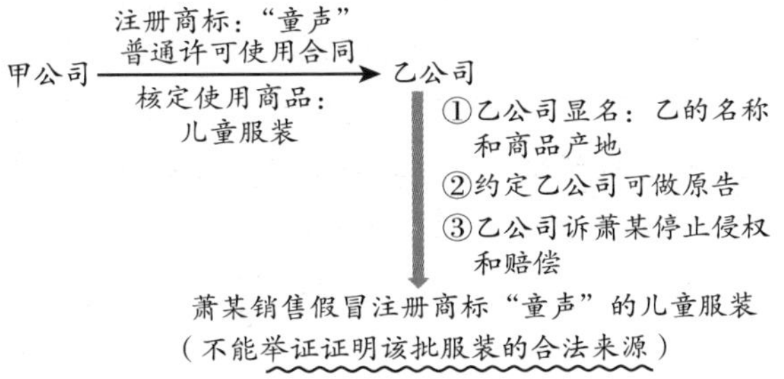

3. 注册商标的转让、变更、撤销、商标侵权

甲公司注册了商标"霞露",使用于日用化妆品等商品上,下列哪一选项是正确的?(2010－3－17)

A. 甲公司要将该商标改成"露霞",应向商标局提出变更申请

B. 乙公司在化妆品上擅自使用"露霞"为商标,甲公司有权禁止

C. 甲公司因经营不善连续三年停止使用该商标,该商标可能被注销

D. 甲公司签订该商标转让合同后,应单独向商标局提出转让申请

答案:(　　)②

考点:注册商标的转让、变更、撤销和商标侵权的判断

解题图构

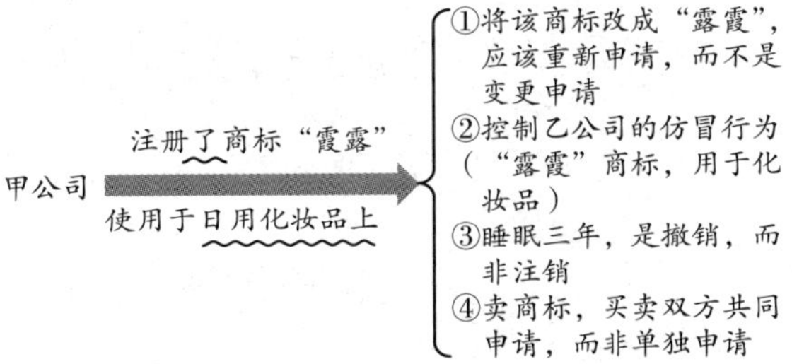

4. 注册商标许可使用

A市甲厂是某种饮料的商标注册人,在与B市乙厂签订的该商标使用许可合同中,特别约定乙厂使用甲厂商标的饮料全部使用甲厂的包装瓶,该包装瓶仅标注甲厂的名称和产地。该合同未报商标局备案即付诸履行。下列哪些说法是正确的?(2005－3－61)

A. 该商标使用许可合同无效

B. 该特别约定无效

C. 乙厂使用甲厂的包装瓶侵犯了甲厂的企业名称权

D. 乙厂使用甲厂的包装瓶侵犯了消费者的知情权

答案:(　　)③

考点:注册商标许可使用

解题图构

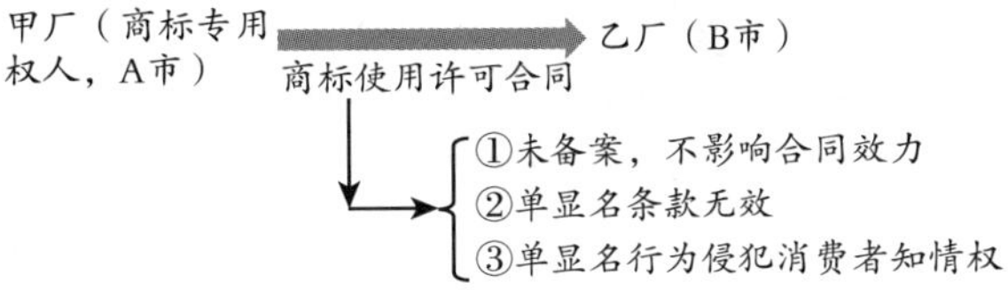

五、注册商标的无效宣告

1. 2010年,甲饮料厂开始制造并销售"香香"牌果汁并已产生一定影响。甲在外地的经销商乙发现甲尚未注册"香香"商标,就于2014年在果汁和碳酸饮料两类商品上同时注册了"香香"商标,但未实际使用。2015年,乙与丙饮料厂签订商标转让协议,将果汁类"香香"商标转让给了丙。对此,下列哪些选项是正确的?(2016－3－64)

---

① 参考答案:AD

② 参考答案:B

③ 参考答案:BD

A. 甲可随时请求宣告乙注册的果汁类“香香”商标无效

B. 乙应将注册在果汁和碳酸饮料上的“香香”商标一并转让给丙

C. 乙就果汁和碳酸饮料两类商品注册商标必须分别提出注册申请

D. 甲可在果汁产品上附加区别标识，并在原有范围内继续使用“香香”商标

答案：(　　)①

考点：注册商标的无效宣告、商标权转让、商标注册申请、先用权抗辩

解题图构

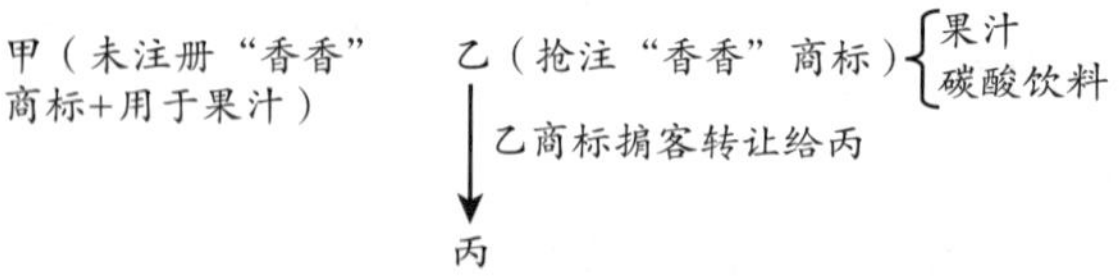

2. 个体经营户王小小从事理发服务业，使用“一剪没”作为未注册商标长期使用，享有较高声誉。王小小通过签订书面合同许可其同一城区的表妹张薇薇使用“一剪没”商标从事理发业务。后张薇薇以自己的名义申请“一剪没”商标使用于理发业务并获得注册。下列哪一说法是正确的？(2011－3－18)

A. 该商标使用许可合同自双方签字之日起生效

B. 该商标使用许可合同应当报商标局备案

C. 王小小有权自“一剪没”注册之日起 5 年内请求商标评审委员会撤销该注册商标

D. 王小小有权自“一剪没”注册之日起 5 年内请求商标局撤销该注册商标

答案：(　　)②

考点：未注册商标、注册商标、抢注、注册商标的无效宣告

解题图构

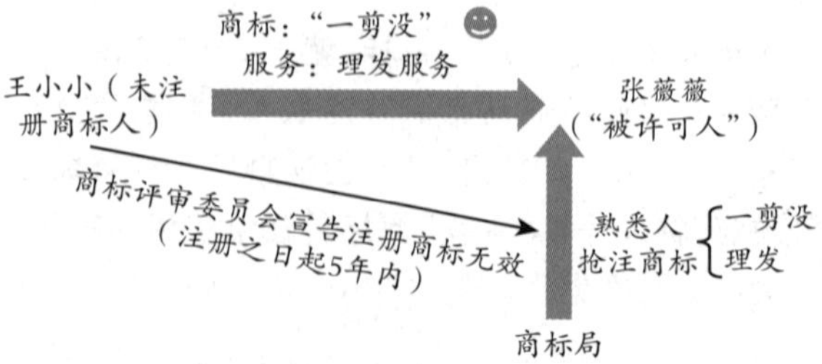

3. 甲公司在食品上注册“乡巴佬”商标后，与乙公司签订转让合同，获五万元转让费。合同履行后，乙公司起诉丙公司在食品上使用“乡巴佬”商标的侵权行为。法院作出侵权认定的判决书刚生效，“乡巴佬”注册商标就因有“不良影响”被依法撤销。下列哪些说法是错误的？(2009－3－65)

A. “乡巴佬”商标权视为自始不存在

B. 甲公司应当向乙公司返还五万元

C. 撤销“乡巴佬”商标的裁定对侵权判决不具有追溯力

D. 丙公司可以将“乡巴佬”商标作为未注册商标继续使用

答案：(　　)③

考点：注册商标的无效宣告

解题图构

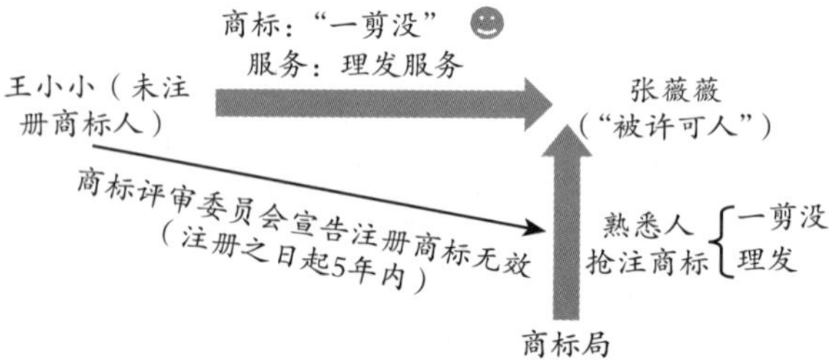

4. 某县的甲公司未经漫画家乙许可，将其创作的一幅漫画作品作为新产品的商标使用，并于 2003 年 3 月 3 日被核准注册。乙认为其著作权受到侵害，与甲发生纠纷。乙应当采取下列哪种方式保护自己的合法权益？(2008－3－22)

A. 向甲公司所在地基层法院提起侵犯著作权之诉

B. 向有管辖权的法院提起撤销甲公司的注册商标之诉

C. 请求商标评审委员会裁定撤销甲公司的注册商标

D. 请求商标局裁定撤销甲公司的注册商标

答案：(　　)④

考点：注册商标无效宣告、侵犯在先著作权的注册商标(相对拒绝注册事由)、侵犯著作权纠纷管辖法院

---

① 参考答案：BD

② 参考答案：C。C 项表述中“撤销该注册商标”，要改为“宣告该注册商标无效”。

③ 参考答案：BCD

④ 参考答案：C

5. 甲公司为其牛奶产品注册了"润语"商标后，通过签订排他许可合同许可乙公司使用。丙公司在其酸奶产品上使用"润雨"商标，甲公司遂起诉丙公司停止侵害并赔偿损失，法院判决支持了甲公司的请求。在该判决执行完毕后，"润语"注册商标因侵犯丁公司的著作权被依法撤销。下列哪些选项是错误的？(2008－3－66)

A. 甲公司和乙公司可以作为共同原告起诉丙公司

B. 甲公司与乙公司的许可合同应当认定为无效合同，乙公司应当申请返还许可费

C. 甲公司获得的侵权赔偿费构成不当得利，应当返还给丙公司

D. 甲公司获得的侵权赔偿费应当转付给丁公司

答案：(　　)①

考点：注册商标无效宣告、商标侵权的原告资格

解题图构

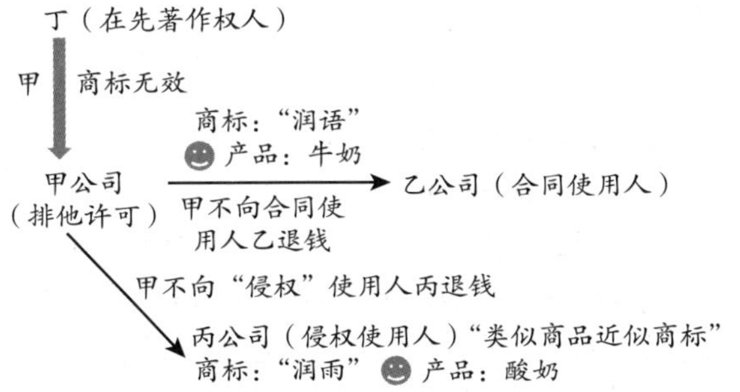

6. 甲公司于2000年2月开始使用"乐翻天"作为其儿童玩具的商品名称，其注册商标为"熊猫"。在玩具包装和广告宣传中，均突出宣传"乐翻天"，致使消费者熟知"乐翻天"而不熟悉其注册商标。2004年3月，当地的乙公司对本公司的儿童玩具申请注册为"乐翻天"，3年后取得了商标注册证。下列哪些选项是正确的？(2008－四川－65)

A. 乙公司的行为属于合法竞争

B. 甲公司可向商标评审委员会申请撤销乙公司的注册商标

C. 乙公司没有侵犯甲公司的商标专用权

D. 乙公司对"乐翻天"享有先用权

答案：(　　)②

考点：相对拒绝注册事由之宣告商标无效；未注册商标无商标专用权

六、商标侵权和抗辩

1. 商标混淆、商标合理使用

佳普公司在其制造和出售的打印机和打印机墨盒产品上注册了"佳普"商标。下列未经该公司许可的哪一行为侵犯了"佳普"注册商标专用权？(2015－3－19)

A. 甲在店铺招牌中标有"佳普打印机专营"字样，只销售佳普公司制造的打印机

B. 乙制造并销售与佳普打印机兼容的墨盒，该墨盒上印有乙的名称和其注册商标"金兴"，但标有"本产品适用于佳普打印机"

C. 丙把购买的"佳普"墨盒装入自己制造的打印机后销售，该打印机上印有丙的名称和其注册商标"东升"，但标有"本产品使用佳普墨盒"

D. 丁回收墨水用尽的"佳普"牌墨盒，灌注廉价墨水后销售

答案：(　　)③

考点：商标的混淆、商标合理使用

2. 商标混淆、反向假冒

甲公司在纸手帕等纸制产品上注册了"茉莉花"文字及图形商标。下列哪些未经许可的行为构成侵权？

A. 乙公司在其制造的纸手帕包装上突出使用"茉莉花"图形

B. 丙商场将假冒"茉莉花"牌纸手帕作为赠品进行促销活动

C. 丁公司长期制造茉莉花香型的纸手帕，并在包装上标注"茉莉花香型"

D. 戊公司购买甲公司的"茉莉花"纸手帕后，将"茉莉花"改为"山茶花"重新包装后销售

答案：(　　)④

考点：商标混淆、反向假冒、非商标性使用

3. 假冒注册商标侵权、善意销售的不赔偿抗辩

甲公司在汽车产品上注册了"山叶"商标，乙公

---

① 参考答案：BCD

② 参考答案：将B选项的撤销修改为宣告无效。当年司法部公布答案是BC。

③ 参考答案：D

④ 参考答案：ABD

司未经许可在自己生产的小轿车上也使用"山叶"商标。丙公司不知乙公司使用的商标不合法，与乙公司签订书面合同，以合理价格大量购买"山叶"小轿车后售出，获利100万元以上。下列哪一说法是正确的？（2014－3－19）

A. 乙公司的行为属于仿冒注册商标

B. 丙公司可继续销售"山叶"小轿车

C. 丙公司应赔偿甲公司损失100万元

D. 工商行政管理部门不能对丙公司进行罚款处罚

答案：（　　）①

考点：注册商标权控制范围（假冒与仿冒）、不赔偿的抗辩（善意销售）

解题图构

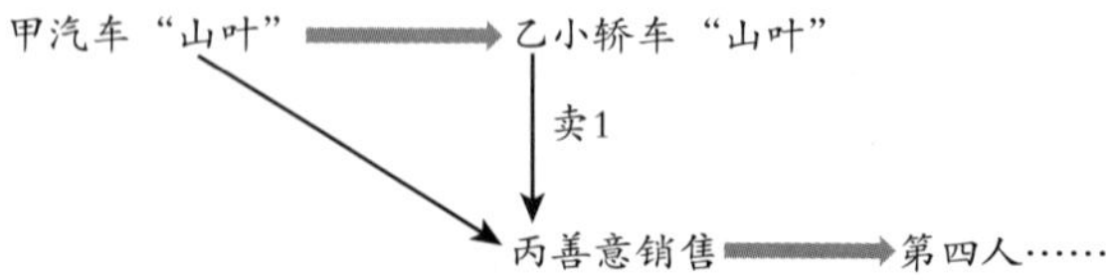

4. 商标侵权之直接侵权无过错、间接侵权（帮助侵权过错）、反向假冒

甲公司为其生产的啤酒申请注册了"冬雨之恋"商标，但在使用商标时没有在商标标识上加注"注册商标"字样或注册标记。下列哪一行为未侵犯甲公司的商标权？（2013－3－19）

A. 乙公司误认为该商标属于未注册商标，故在自己生产的啤酒产品上也使用"冬雨之恋"商标

B. 丙公司不知某公司假冒"冬雨之恋"啤酒而予以运输

C. 丁饭店将购买的甲公司"冬雨之恋"啤酒倒入自制啤酒桶，自制"侠客"牌散装啤酒出售

D. 戊公司明知某企业生产假冒"冬雨之恋"啤酒而向其出租仓库

答案：（　　）②

考点：注册商标专用权直接侵权、间接侵权、反向假冒

5. 商标侵权、商号

甲公司于2000年3月为其生产的酸奶注册了"乐乐"商标，该商标经过长期使用，在公众中享有较高声誉。2004年8月，同一地域销售牛奶的乙公司将"乐乐"登记为商号并突出宣传使用，容易使公众产生误认。下列哪种说法是正确的？（2006－3－20）

A. 乙公司的行为必须实际造成消费者误认，才侵犯甲公司的商标权

B. 即使"乐乐"不属于驰名商标，乙公司的行为也侵犯了甲公司的商标权

C. 甲公司可以直接向法院起诉要求撤销该商号登记

D. 乙公司的商号已经合法登记，应受法律保护

答案：（　　）③

考点：商标侵权的判定、商标混淆

6. 某商场在春节期间组织"家家乐"家用电器促销活动，有关部门发现其销售的部分电器中有侵犯他人专利权或商标权的产品。该商场能证明其产品的合法来源。关于该商场的行为，下列哪一选项是正确的？（2008－四川－23）

A. 不构成侵权，但应当停止销售

B. 善意销售，不构成侵权

C. 构成侵权，应停止销售，但不承担赔偿责任

D. 构成侵权，应当承担停止侵害和赔偿损失的责任

答案：（　　）④

考点：善意销售构成侵权，不负赔偿责任

7. 驰名商标的保护

某外资企业拥有"雨露"商标，使用的商品为啤酒。该商标未在中国注册，但被我国有关部门认定为驰名商标。该外资企业的下列哪些请求应当得到支持？（2005－3－60）

A. 请求禁止甲公司将"雨露"商标在葡萄酒上注册

B. 请求禁止乙公司将"雨露"商标在葡萄酒上使用

C. 请求禁止丙公司将"雨露"商标在啤酒上使用

D. 请求已将"雨露"商标在啤酒上使用的丁公司赔偿损失

答案：（　　）⑤

考点：驰名商标的保护

---

① 参考答案：D

② 参考答案：B

③ 参考答案：B

④ 参考答案：C

⑤ 参考答案：ABC

第二部分
不定项选择题

2016 年不定项选择题

1. 甲、乙、丙三人签订合伙协议并开始经营，但未取字号，未登记，也未推举负责人。其间，合伙人与顺利融资租赁公司签订融资租赁合同，租赁淀粉加工设备一台，约定租赁期限届满后设备归承租人所有。合同签订后，出租人按照承租人的选择和要求向设备生产商丁公司支付了价款。请回答第 86 ~ 88 题。

图构：

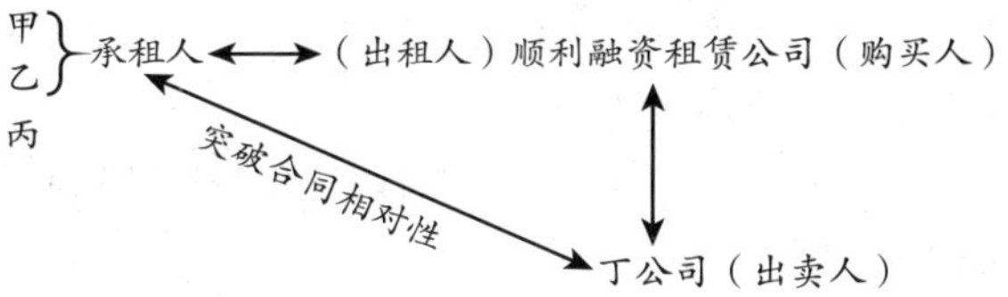

(1) 如果承租人不履行支付价款的义务，出租人起诉，适格被告是：(2016 - 3 - 86)

A. 合伙企业　　B. 甲、乙、丙全体

C. 甲、乙、丙中的任何人　　D. 丁公司

答案：(　　)①

考点：个人合伙、必要共同诉讼之共同被告、融资租赁合同支付租金义务的相对性

(2) 乙在经营期间发现风险太大，提出退伙，甲、丙表示同意，并通知了出租人，但出租人表示反对，认为乙退出后会加大合同不履行的风险。下列说法正确的是：(2016 - 3 - 87)

A. 经出租人同意，乙可以退出

B. 乙可以退出，无需出租人同意

C. 乙必须向出租人提供有效担保后才能退出

D. 乙退出后对合伙债务不承担责任

答案：(　　)②

考点：个人合伙退伙无约定则退伙自由、退伙人在退伙后对退伙前的合伙债务负连带责任

(3) 如租赁期间因设备自身原因停机，造成承租人损失。下列说法正确的是：(2016 - 3 - 88)

A. 出租人应减少租金

B. 应由丁公司修理并赔偿损失

C. 承租人向丁公司请求承担责任时，出租人有协助义务

D. 出租人与丁公司承担连带责任

答案：(　　)③

考点：融资租赁合同中租赁物瑕疵之突破合同相对性（承租人向出卖人索赔出租人协助 + 出卖人承担瑕疵担保责任包括维修责任 + 承租人必须继续向出租人付租金）

2. 甲、乙双方于 2013 年 5 月 6 日签订水泥供应合同，乙以自己的土地使用权为其价款支付提供了最高额抵押，约定 2014 年 5 月 5 日为债权确定日，并办理了登记。丙为担保乙的债务，也于 2013 年 5 月 6 日与甲订立最高额保证合同，保证期间为一年，自债权确定日开始计算。请回答第 89 ~ 91 题。

---

① 参考答案：B（司法部一开始公布答案是 BC，异议期间结束后，公布的答案修改为 B。）

② 参考答案：B

③ 参考答案：BC

图构：

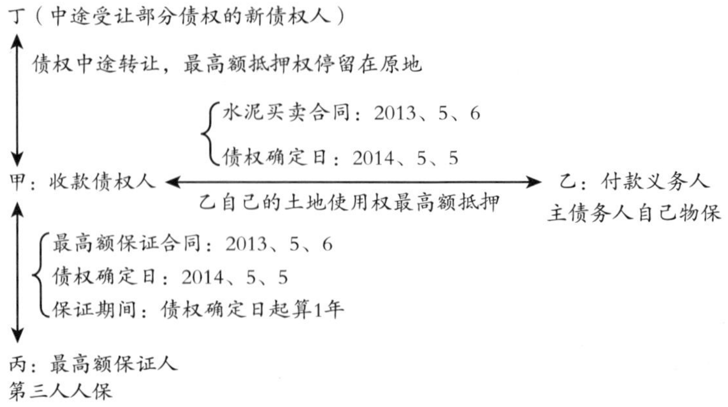

解图：混合担保保护甲的水泥款债权，主债务人乙自己物保，和第三人丙的人保。只不过一个是最高额抵押；一个是最高额保证。其实仍然是物保和人保，自己物保，启动《物权法》176，债务人自己物保优先规则。

(1)水泥供应合同约定，将2013年5月6日前乙欠甲的货款纳入了最高额抵押的担保范围。下列说法正确的是：(2016－3－89)

A. 该约定无效

B. 该约定合法有效

C. 如最高额保证合同未约定将2013年5月6日前乙欠甲的货款纳入最高额保证的担保范围，则丙对此不承担责任

D. 丙有权主张减轻其保证责任

答案：(　　)①

考点：物权法定原则、最高额抵押担保的范围、最高额保证担保的范围

(2)甲在2013年11月将自己对乙已取得的债权全部转让给丁。下列说法正确的是：(2016－3－90)

A. 甲的行为将导致其最高额抵押权消灭

B. 甲将上述债权转让给丁后，丁取得最高额抵押权

C. 甲将上述债权转让给丁后，最高额抵押权不随之转让

D. 2014年5月5日前，甲对乙的任何债权均不得转让

答案：(　　)②

考点：主债权确定前最高额抵押不具有从属性（包括不具有转让上和消灭上的从属性）；主债权确定后最高额抵押权具有从属性

(3)乙于2014年1月被法院宣告破产，下列说法正确的是：(2016－3－91)

A. 甲的债权确定期届至

B. 甲应先就抵押物优先受偿，不足部分再要求丙承担保证责任

C. 甲可先要求丙承担保证责任

D. 如甲未申报债权，丙可参加破产财产分配，预先行使追偿权

答案：(　　)③

考点：最高额抵押权主债权确定时间点、混合担保中自己物保优先、最高额保证人行使对主债务人的预先追偿权

---

① 参考答案：BC

② 参考答案：C

③ 参考答案：ABD

2015 年不定项选择题

1. 甲公司、乙公司签订的《合作开发协议》约定,合作开发的A区房屋归甲公司、B区房屋归乙公司。乙公司与丙公司签订《委托书》,委托丙公司对外销售房屋。《委托书》中委托人签字盖章处有乙公司盖章和法定代表人王某签字,王某同时也是甲公司法定代表人。张某查看《合作开发协议》和《委托书》后,与丙公司签订《房屋预订合同》,约定:"张某向丙公司预付房款 30 万元,购买A区房屋一套。待取得房屋预售许可证后,双方签订正式合同。"丙公司将房款用于项目投资,全部亏损。后王某向张某出具《承诺函》:如张某不闹事,将协调甲公司卖房给张某。但甲公司取得房屋预售许可后,将 A 区房屋全部卖与他人。张某要求甲公司、乙公司和丙公司退回房款。张某与李某签订《债权转让协议》,将该债权转让给李某,通知了甲、乙、丙三公司。因李某未按时支付债权转让款,张某又将债权转让给方某,也通知了甲、乙、丙三公司。请回答第 86 ~ 88 题。

图构:

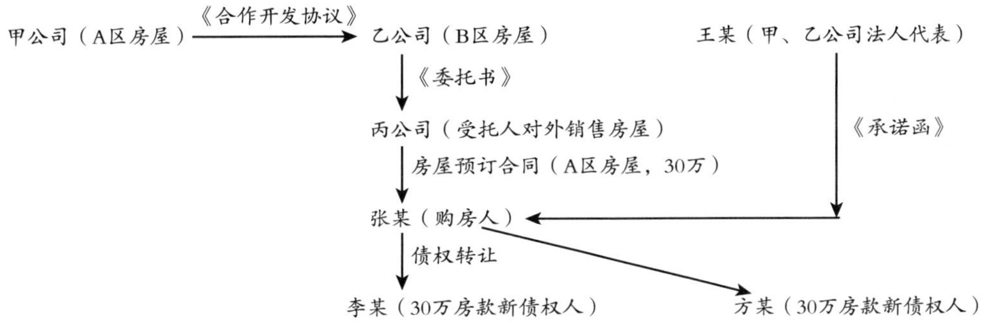

总考点:委托合同、无权处分、代理、债权转让

(1)86. 关于《委托书》和《承诺函》,下列说法正确的是:

A. 乙公司是委托人

B. 乙公司和王某是共同委托人

C. 甲公司、乙公司和王某是共同委托人

D.《承诺函》不产生法律行为上的效果

答案:(　　)①

考点:法定代表人行为性质、安慰函

(2)87. 关于《房屋预订合同》,下列说法正确的是:

A. 无效

B. 对于甲公司而言,丙公司构成无权处分

C. 对于乙公司而言,丙公司构成有效代理

D. 对于张某而言,丙公司构成表见代理

答案:(　　)②

考点:无权处分、无权代理、隐名间接代理、表见代理

(3)88. 关于 30 万元预付房款,下列表述正确的是:

A. 由丙公司退给李某

B. 由乙公司和丙公司退给李某

C. 由丙公司退给方某

D. 由乙公司和丙公司退给方某

答案:(　　)③

考点:债权转让

2. 顺风电器租赁公司将一台电脑出租给张某,租期为 2 年。在租赁期间内,张某谎称电脑是自己

---

① 参考答案:AD

② 参考答案:B

③ 参考答案:A

的，分别以市价与甲、乙、丙签订了三份电脑买卖合同并收取了三份价款，但张某把电脑实际交付给了乙。后乙的这台电脑被李某拾得，因暂时找不到失主，李某将电脑出租给王某获得很高收益。王某租用该电脑时出了故障，遂将电脑交给康成电脑维修公司维修。王某和李某就维修费的承担发生争执。康成公司因未收到修理费而将电脑留置，并告知王某如7天内不交费，将变卖电脑抵债。李某听闻后，于当日潜入康成公司偷回电脑。

请回答第89～91题。

图构：

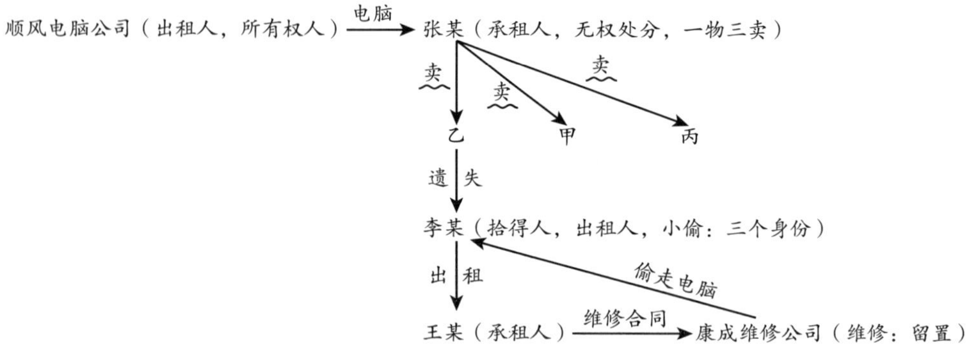

(1)89. **关于张某与甲、乙、丙的合同效力，下列选项正确的是：**

A. 张某非电脑所有权人，其出卖为无权处分，与甲、乙、丙签订的合同无效

B. 张某是合法占有人，其与甲、乙、丙签订的合同有效

C. 乙接受了张某的交付，取得电脑所有权

D. 张某不能履行对甲、丙的合同义务，应分别承担违约责任

答案：(　　)①

考点：无权处分、无权处分中的一物三卖

(2)90. **如乙请求李某返还电脑和所获利益，下列说法正确的是：**

A. 李某向乙返还所获利益时，应以乙所受损失为限

B. 李某应将所获利益作为不当得利返还给乙，但可以扣除支出的必要费用

C. 乙应以所有权人身份而非不当得利债权人身份请求李某返还电脑

D. 如李某拒绝返还电脑，需向乙承担侵权责任

答案：(　　)②

考点：拾得遗失物、所有权返还、不当得利、侵权责任

(3)91. **关于康成公司的民事权利，下列说法正确的是：**

A. 王某在7日内未交费，康成公司可变卖电脑并自己买下电脑

B. 康成公司曾享有留置权，但当电脑被偷走后，丧失留置权

C. 康成公司可请求李某返还电脑

D. 康成公司可请求李某支付电脑维修费

答案：(　　)③

考点：留置权的善意取得、留置权行使的宽限期、留置权丧失、占有保护请求权、合同相对性

---

① 参考答案：BCD

② 参考答案：司法部公布的答案是BCD。对BC存在较大分歧。

③ 参考答案：BC

2014 年不定项选择题

张某、方某共同出资，分别设立甲公司和丙公司。2013 年 3 月 1 日，甲公司与乙公司签订了开发某房地产项目的《合作协议一》，约定如下：“甲公司将丙公司 10% 的股权转让给乙公司，乙公司在协议签订之日起三日内向甲公司支付首付款 4000 万元，尾款 1000 万元在次年 3 月 1 日之前付清。首付款用于支付丙公司从某国土部门购买 A 地块土地使用权。如协议签订之日起三个月内丙公司未能获得 A 地块土地使用权致双方合作失败，乙公司有权终止协议。”

《合作协议一》签订后，乙公司经甲公司指示向张某、方某支付了 4000 万元首付款。张某、方某配合甲公司将丙公司的 10% 的股权过户给了乙公司。

2013 年 5 月 1 日，因张某、方某未将前述 4000 万元支付给丙公司致其未能向某国土部门及时付款，A 地块土地使用权被收回挂牌卖掉。

2013 年 6 月 4 日，乙公司向甲公司发函：“鉴于土地使用权已被国土部门收回，故我公司终止协议，请贵公司返还 4000 万元。”甲公司当即回函：“我公司已把股权过户到贵公司名下，贵公司无权终止协议，请贵公司依约支付 1000 万元尾款。”

2013 年 6 月 8 日，张某、方某与乙公司签订了《合作协议二》，对继续合作开发房地产项目做了新的安排，并约定：“本协议签订之日，《合作协议一》自动作废。”丁公司经甲公司指示，向乙公司送达了《承诺函》：“本公司代替甲公司承担 4000 万元的返还义务。”乙公司对此未置可否。

请回答第 86 ~ 91 题。

图构：

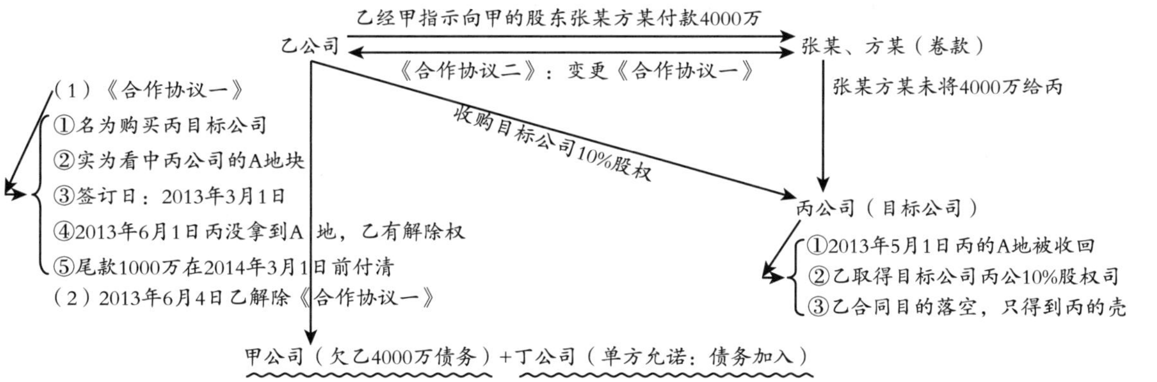

基本题意：1. 乙公司要收购目标公司丙公司。让丙公司去买 A 地，地值钱！2. 乙公司收购丙公司的方式是从甲公司（显然甲公司对丙公司并无股权，丙公司的 10% 股权可以通过甲公司股东方某、张某配合完成转让手续）购买丙公司的 10% 的股权，作价 5000 万。3. 丙公司“将”有地，值钱，但是丙公司、甲公司却是由张某、方某全资持股，可见，张某、方某才是大拿！4. 乙公司为了收购目标公司丙公司并将其收购动机（购买并开发 A 地）写入了《合作协议一》（乙甲签订），乙公司付首付款 4000 万，用于支付丙公司向国土部门购买 A 地的价款。如果签约之日起三个月内（2013 年 6 月 1 日时）丙公司没有买到 A 地，乙公司有权解除合同，要求甲退回首付款 4000 万。5. 乙公司经甲公司指示把 4000 万直接付给了自然人张某、方某，结果张某、方某未将 1000 万付给丙，导致丙没有买到 A 地，A 地在 2013 年 5 月 1 日被政府挂牌卖掉。6. 乙公司行使约定解除权，要求甲退款。7. 张某、方某、乙公司三方签订《合作协议二》，试图终止乙甲双方签订的《合作协议一》。8. 丁公司债务加入，清偿乙欠甲的 4000 万。9. 预估最后结局：丁付款，甲复位。乙、张某、方某再谋其他的地块继续合作。是否还要用丙公司这个壳，再看情况。

1. 关于《合作协议一》，下列表述正确的是（2014－3－86）：

A. 是无名合同

B. 对股权转让的约定构成无权处分

C. 效力待定

D. 有效

答案：（　　）[1]

考点：公司收购协议之无名合同、无权处分股权、无权处分合同有效

2. 关于2013年6月4日乙公司向甲公司发函，下列表述正确的是：（2014－3－87）

A. 行使的是约定解除权

B. 行使的是法定解除权

C. 有权要求返还4000万元

D. 无权要求返还4000万元

答案：（　　）[2]

考点：约定解除、法定解除、解除的效果

3. 关于2013年5月1日张某、方某未将4000万元支付给丙公司，应承担的责任，下列表述错误的是：（2014－3－88）

A. 向乙公司承担违约责任

B. 与甲公司一起向乙公司承担连带责任

C. 向丙公司承担违约责任

D. 向某国土部门承担违约责任

答案：（　　）[3]

考点：合同相对性（甲与乙合同约定乙向方某、张某付款，方某、张某收款后转给丙买地，方某、张某未转给丙买地，方某、张某无合同责任）

4. 关于甲公司的回函，下列表述正确的是：（2014－3－89）

A. 甲公司对乙公司解除合同提出了异议

B. 甲公司对乙公司提出的异议理由成立

C. 乙公司不向甲公司支付尾款构成违约

D. 乙公司可向甲公司主张不安抗辩权拒不向甲公司支付尾款

答案：（　　）[4]

考点：合同解除的异议、不安抗辩权

5. 关于张某、方某与乙公司签订的《合作协议二》，下列表述正确的是：（2014－3－90）

A. 有效

B. 无效

C. 可变更

D.《合作协议一》被《合作协议二》取代

答案：（　　）[5]

考点：《合作协议二》当事人与《合作协议一》当事人不同，不能去变更《合作协议一》，但在当事人之间有效

6. 关于丁公司的《承诺函》，下列表述正确的是：（2014－3－91）

A. 构成单方允诺

B. 构成保证

C. 构成并存的债务承担

D. 构成免责的债务承担

答案：（　　）[6]

考点：单方允诺的债务加入、并存债务承担、保证

---

① 参考答案：BD
② 参考答案：AC
③ 参考答案：ABCD
④ 参考答案：A
⑤ 参考答案：A
⑥ 参考答案：AC

2013 年不定项选择题

材料①:2012 年 2 月,甲公司与其全资子公司乙公司签订了《协议一》,约定甲公司将其建设用地使用权用于抵偿其欠乙公司的 2000 万元债务,并约定了仲裁条款。但甲公司未依约将该用地使用权过户到乙公司名下,而是将之抵押给不知情的银行以获贷款,办理了抵押登记。

材料②:同年 4 月,甲公司、丙公司与丁公司签订了《协议二》,约定甲公司欠丁公司的 5000 万元债务由丙公司承担,且甲公司法定代表人张某为该笔债务提供保证,但未约定保证方式和期间。曾为该 5000 万元负债提供房产抵押担保的李某对《协议二》并不知情。同年 5 月,丁公司债权到期。

材料③:同年 6 月,丙公司丧失偿债能力。丁公司查知乙公司作为丙公司的股东(非发起人),对丙公司出资不实,尚有 3000 万元未注入丙公司。同年 8 月,乙公司既不承担出资不实的赔偿责任,又怠于向甲公司主张权利。

材料④:同年 10 月,甲公司股东戊公司与己公司签订了《协议三》,约定戊公司将其对甲公司享有的 60% 股权低价转让给己公司,戊公司承担甲公司此前的所有负债。

请回答第 86—91 题。

图构:

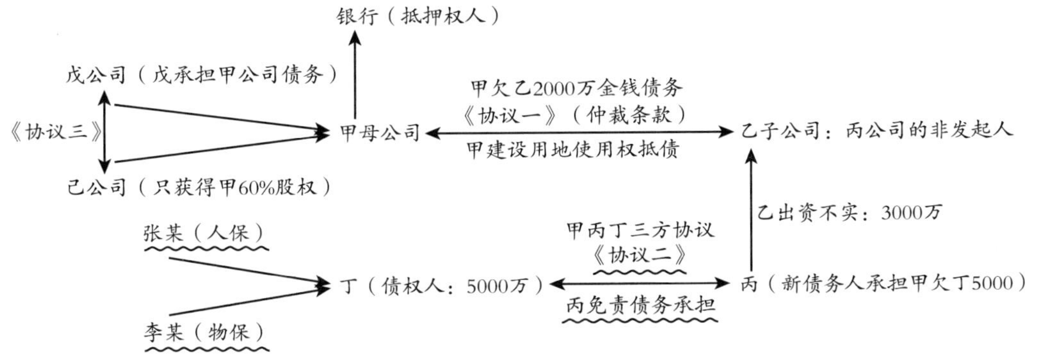

解图:本题涉及的法律关系比较多。以时间先后对该试题整体梳理一下各个阶段的法律关系。1. 材料①:(1)甲、乙公司签订代物清偿协议,未履行,甲仍欠乙 2000 万。(2)甲将建设用地使用权抵押给银行,为有权处分,银行取得抵押权。2. 材料②:(1)甲、丙、丁三方协议,丙免责债务承担甲欠丁的 5000 万(甲免了 5000 万债务,此前还欠乙 2000 万,抵押土地给银行,估计还欠银行的钱,甲就是一个"欠债公司")。(2)该笔债务有混合担保,张某人保,"曾经"李某物保。李某不知情债务承担,故李某免除"物保"。3. 材料③:丁是 5000 万债权人,丙是 5000 万的债务人,乙是 3000 万的次债务人,甲是 2000 万的次次债务人。我们发现,这里会启动越级代位权问题。我们还发现,甲公司又被"拉"进来对丁负责了,负债范围是 2000 万。题干中甲、乙《协议一》有仲裁条款、题干中乙"怠于"向甲要 2000 万,都指向代位权的启动。4. 材料④:戊公司和己公司达成股权买卖,己公司购买戊公司在甲公司的股权,戊公司承担甲公司全部债务。我们发现,己公司收购甲公司,估计看中的不是甲公司的"欠债",而是甲公司的"壳",省去上市环节。此乃公司收购常见现象!5. 答题技巧:为了降低试题难度,特别在每一道题前,给考生指明方向,根据材料几,来回答什么问题。因此,应试中,应该从选项到对应材料,从对应材料到对应选项。大部分试题就可以拿到分,切忌一头雾水,图构很重要。如果没有整体图构时间或能力,那么就部分图构,譬如就材料①、②、③、④分别做图构,也完全可以拿到大部分的分!

1. 根据材料①，关于甲公司、乙公司与银行的法律关系，下列表述正确的是：(2013－3－86)

A. 甲公司欠乙公司2000万元债务没有消灭

B. 甲公司抵押建设用地使用权的行为属于无权处分

C. 银行因善意取得而享有抵押权

D. 甲公司用建设用地使用权抵偿债务的行为属于代为清偿

答案：(　　)①

考点：无权处分、善意取得、代为清偿、代物清偿

2. 根据材料②，如丁公司主张债权，下列表述正确的是：(2013－3－87)

A. 丁公司有权向张某主张

B. 丁公司有权向李某主张

C. 丁公司有权向甲公司主张

D. 丁公司有权向丙公司主张

答案：(　　)②

考点：人保；物保；担保不从属于主债务，未经担保人书面同意，主债务免责债务承担，则担保人免责；债权人、原债务人和新债务人三方达成免责债务承担，在三方之间发生法律效力

3. 关于《协议二》中张某的保证期间和保证债务诉讼时效，下列表述正确的是：(2013－3－88)

A. 保证期间为2012年5月起6个月

B. 保证期间为2012年5月起2年

C. 保证债务诉讼时效从2012年5月起算

D. 保证债务诉讼时效从2012年11月起算

答案：(　　)③

考点：保证方式推定为连带责任保证、连带责任保证期间推定为主债届满后6个月、连带保证债务诉讼时效从债权人向保证人主张保证责任时起算(连带保证的保证期间与保证债务诉讼时效的无缝对接)

3. 根据材料②和材料③，关于乙公司、丙公司与丁公司的法律关系，下列表述正确的是：(2013－3－89)

A. 乙公司应对丙公司对丁公司的债务承担无限责任

B. 乙公司应对丙公司对丁公司的债务承担连带责任

C. 乙公司应对丙公司对丁公司的债务承担全部责任

D. 乙公司应对丙公司对丁公司的债务在未出资本息范围内承担补充责任

答案：(　　)④

考点：股东的出资责任(补充责任)

4. 根据材料①、材料②和材料③，如丁公司向甲公司提起3000万元代位权诉讼，甲公司认为丁公司不能提起代位权之诉的下列抗辩理由中不能成立的是：(2013－3－90)

A. 甲公司对乙公司的债务是过户建设用地使用权，而非金钱债务

B.《协议一》有仲裁条款

C. 乙公司多次发函给甲公司要求清偿债务

D.《协议一》的2000万元数额低于乙公司出资不实的3000万元

答案：(　　)⑤

考点：债权人、债务人、次债务人、次次债务人之越级代位权、代位权的构成要件的检讨(金钱之债、“怠于”、“数额”)

5. 根据材料④，关于《协议三》中债务承担的法律效力，下列表述正确的是：(2013－3－90)

A. 如未通知甲公司债权人，对甲公司债权人不发生效力

B. 如未经甲公司债权人同意，对甲公司债权人不发生效力

C. 因戊公司、己公司恶意串通而无效

D. 对戊公司、己公司有效

答案：(　　)⑥

考点：免责债务承担通知债务人对债务人发生效力、免责债务承担在当事人内部有效

---

① 参考答案：A
② 参考答案：AD
③ 参考答案：A
④ 参考答案：D
⑤ 参考答案：ABCD
⑥ 参考答案：BD

2012 年不定项选择题

甲公司将1台挖掘机出租给乙公司，为担保乙公司依约支付租金，丙公司担任保证人，丁公司以机器设备设置抵押。乙公司欠付10万元租金时，经甲公司、丙公司和丁公司口头同意，将6万元租金债务转让给戊公司。之后，乙公司为现金周转将挖掘机分别以45万元和50万元的价格先后出卖给丙公司和丁公司，丙公司和丁公司均已付款，但乙公司没有依约交付挖掘机。

因乙公司一直未向甲公司支付租金，甲公司便将挖掘机以48万元的价格出卖给王某，约定由乙公司直接将挖掘机交付给王某，王某首期付款20万元，尾款28万元待收到挖掘机后支付。此事，甲公司通知了乙公司。

王某未及取得挖掘机便死亡。王某临终立遗嘱，其遗产由其子大王和小王继承，遗嘱还指定小王为遗嘱执行人。因大王一直在外地工作，同意王某遗产由小王保管，没有进行遗产分割。在此期间，小王将挖掘机出卖给方某，没有征得大王的同意。

请回答第86—91题。

1. 关于乙公司与丙公司、丁公司签订挖掘机买卖合同的效力，下列表述错误的是：（2012－3－86）

A. 乙公司可以主张其与丙公司的买卖合同无效

B. 丙公司可以主张其与乙公司的买卖合同无效

C. 乙公司可以主张其与丁公司的买卖合同无效

D. 丁公司可以主张其与乙公司的买卖合同无效

答案：（　　）①

考点：无效合同、无权处分、基于法律行为的普通动产物权变动、无权处分中的动产多重买卖

解题图构：

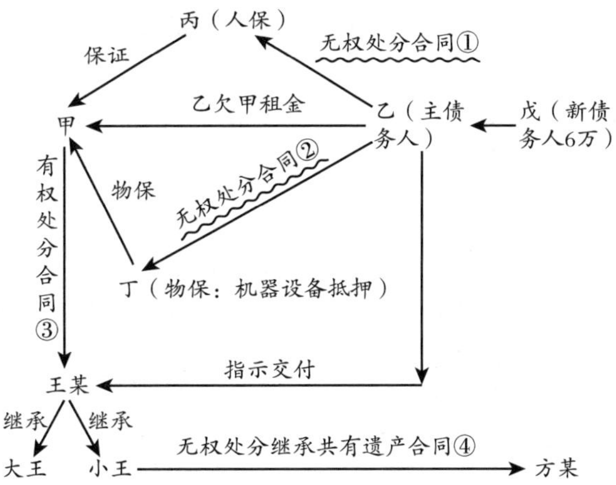

2. 在乙公司将6万元租金债务转让给戊公司之前，关于丙公司和丁公司的担保责任，甲公司下列做法正确的是：（2012－3－87）

A. 可以要求丙公司承担保证责任

B. 可以要求丁公司承担抵押担保责任

C. 须先要求丙公司承担保证责任，后要求丁公司承担抵押担保责任

D. 须先要求丁公司承担抵押担保责任，后要求丙公司承担保证责任

答案：（　　）②

考点：混合担保中人保与第三人物保的平等地位，债权人可以找人保，也可以找第三人物保

3. 在乙公司将6万元租金债务转让给戊公司之后，关于丙公司和丁公司的担保责任，下列表述正确的是：（2012－3－88）

A. 丙公司仅需对乙公司剩余租金债务承担担保责任

B. 丁公司仅需对乙公司剩余租金债务承担担保责任

---

① 参考答案：ABCD

② 参考答案：AB

C. 丙公司仍应承担全部担保责任

D. 丁公司仍应承担全部担保责任

答案：(　　)①

考点：人保和第三人物保"口头"同意主债务人"换人"(债务免责承担)，则人保和第三人物保都相应免责：转移多少债务，免除多少担保责任

4. 甲公司与王某签订买卖合同之后，王某死亡之前，关于挖掘机所有权人，下列选项正确的是：(2012－3－89)

A. 甲公司　　B. 丙公司

C. 丁公司　　D. 王某

答案：(　　)②

考点：指示交付、善意取得

4. 王某死后，关于甲公司与王某的买卖合同，下列表述错误的是：(2012－3－90)

A. 甲公司有权解除该买卖合同

B. 大王和小王有权解除该买卖合同

C. 大王和小王对该买卖合同原王某承担的债务负连带责任

D. 大王和小王对该买卖合同原王某承担的债务按其继承份额负按份责任

答案：(　　)③

考点：概括继承之继承遗产包括共有物和死者生前的合同、非基于法律行为物权变动之遗嘱继承、基于继承共有物的对外连带合同责任

5. 关于小王将挖掘机卖给方某的行为，下列表述正确的是：(2012－2－91)

A. 小王尚未取得对挖掘机的占有，不得将其出卖给方某

B. 小王出卖挖掘机应当取得大王的同意

C. 大王对小王出卖挖掘机的行为可以追认

D. 小王是王某遗嘱的执行人，出卖挖掘机不需要大王的同意

答案：(　　)④

考点：继承物权变动、继承共有物的无权处分

---

① 参考答案：AB

② 参考答案：D

③ 参考答案：ABD

④ 参考答案：BC

2011 年不定项选择题

甲公司与乙公司约定，由甲公司向乙公司交付1吨药材，乙公司付款100万元。乙公司将药材转卖给丙公司，并约定由甲公司向丙公司交付，丙公司收货后3日内应向乙支付价款120万元。

张某以自有汽车为乙公司的债权提供抵押担保，未办理抵押登记。抵押合同约定："在丙公司不付款时，乙公司有权就出卖该汽车的价款清偿自己的债权。"李某为这笔货款出具担保函："在丙公司不付款时，由李某承担保证责任"。丙公司收到药材后未依约向乙公司支付120万元，乙公司向张某主张实现抵押权，同时要求李某承担保证责任。

张某见状，便将其汽车赠与刘某。刘某将该汽车作为出资，与钱某设立丁酒店有限责任公司，并办理完出资手续。

丁公司员工方某驾驶该车接送酒店客人时，为躲避一辆逆行摩托车，将行人赵某撞伤。方某自行决定以丁公司名义将该车放在戊公司维修，为获得维修费的八折优惠，方某以其名义在与戊公司相关的庚公司为该车购买一套全新座垫。汽车修好后，方某将车取走交丁公司投入运营。戊公司要求丁公司支付维修费，否则对汽车行使留置权，丁公司回函请宽限一周。庚公司要求丁公司支付座垫费，丁公司拒绝。请回答第86—91题。

图构：

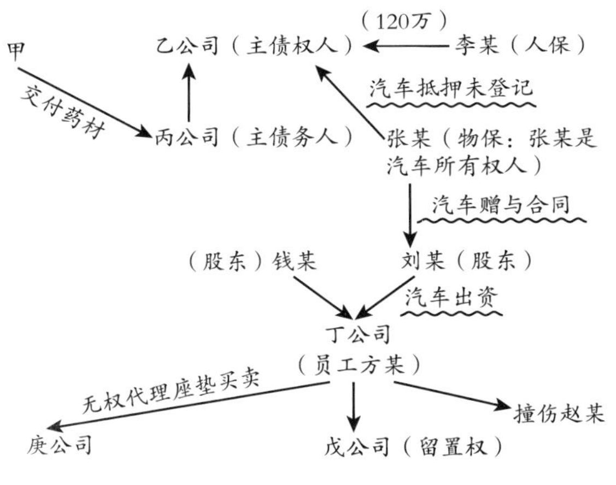

1. 关于乙公司与丙公司签订合同的效力，下列表述正确的是：(2011－3－86)

A. 效力待定

B. 为甲公司设定义务的约定无效

C. 有效

D. 无效

答案：(　　)①

考点：连环买卖药材无权处分合同有效；为第三人设定义务对当事人有效

2. 关于乙公司要求担保人承担责任，下列表述正确的是：(2011－3－87)

A. 乙公司不得向丙公司和李某一并提起诉讼

B. 李某对乙公司享有先诉抗辩权

C. 乙公司应先向张某主张实现抵押权

D. 乙公司可以选择向张某主张实现抵押权或者向李某主张保证责任

答案：(　　)②

考点：保证方式；混合担保中第三人物保和人保地位平等：债权人可选择第三人抵押或保证

3. 在刘某办理出资手续后，关于汽车所有权人，下列选项正确的是：(2011－3－88)

A. 乙公司　　B. 张某

C. 刘某　　D. 丁公司

答案：(　　)③

考点：注册动产抵押权未登记不得对抗善意第三人、注册动产出资

解图：

1. 本题涉及到的题面信息为："张某以自有汽车为乙公司的债权提供抵押担保，未办理抵押登记。"、"张某见状，便将其汽车赠与刘某。刘某将该汽车作

---

① 参考答案：C

② 参考答案：BD

③ 参考答案：D

为出资，与钱某设立丁酒店有限责任公司，并办理完出资手续。”2. 本题涉及到的图示信息为：“汽车抵押未登记”、“汽车赠与合同”、“汽车出资”。3. 汽车的流线图：乙公司对汽车有未登记的抵押权，张某是汽车所有权人，张某把汽车赠与给了刘某，刘某把汽车出资到丁公司。4. 因为乙公司的抵押权未登记，故汽车一路“绿灯”，一直开到丁公司，为丁公司财产了！

4. 关于对赵某的损害应承担侵权责任的主体，下列选项正确的是：(2011－3－89)

A. 方某

B. 钱某和刘某

C. 丁公司

D. 摩托车主

答案：(　　)①

考点：紧急避险

5. 关于汽车维修合同，下列表述正确的是：(2011－3－90)

A. 方某构成无因管理

B. 方某构成无权代理

C. 方某构成无权处分

D. 方某构成表见代理

答案：(　　)②

考点：无因管理、无权代理、无权处分和表见代理

6. 关于座垫费和维修费，下列表述正确的是：(2011－3－91)

A. 方某应向庚公司支付座垫费

B. 丁公司应向庚公司支付座垫费

C. 丁公司应向戊公司支付维修费

D. 戊公司有权将汽车留置

答案：(　　)③

---

① 参考答案：D

② 参考答案：AB

③ 参考答案：AC

2010年不定项选择题

甲公司与乙公司签订了一份手机买卖合同，约定：甲公司供给乙公司某型号手机1,000部，每部单价1,000元，乙公司支付定金30万元，任何一方违约应向对方支付合同总价款30%的违约金。合同签订后，乙公司向甲公司支付了30万元定金，并将该批手机转售给丙公司，每部单价1,100元，指明由甲公司直接交付给丙公司。但甲公司未按约定期间交货。请回答91—93题。

1. 关于返还定金和支付违约金，乙公司向甲公司提出请求，下列表述正确的是：(2010－3－91)

A. 请求甲公司双倍返还定金60万元并支付违约金30万元

B. 请求甲公司双倍返还定金40万元并支付违约金30万元

C. 请求甲公司双倍返还定金60万元或者支付违约金30万元

D. 请求甲公司双倍返还定金40万元或者支付违约金30万元

答案：(　　)①

考点：定金和违约金不能同时并用、定金受20%的限制(超过部分法院不支持)

解题图构：

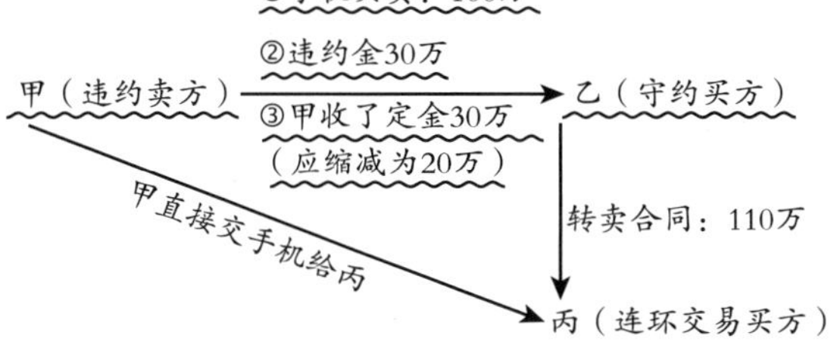

2. 关于甲公司违约时继续履行债务，下列表述错误的是：(2010－3－92)

A. 乙公司在请求甲公司支付违约金以后，就不能请求其继续履行债务

B. 乙公司在请求甲公司支付违约金的同时，还可请求其继续履行债务

C. 乙公司在请求甲公司继续履行债务以后，就不能请求其支付违约金

D. 乙公司可选择请求甲公司支付违约金，或请求其继续履行债务

答案：(　　)②

考点：违约金和继续履行债务的适用关系、继续履行责任与违约金责任之"颠三倒四案"

3. 关于甲、乙、丙公司间违约责任的承担，下列表述正确的是：(2010－3－93)

A. 如乙公司未向丙公司承担违约责任，则丙公司有权请求甲公司向自己承担违约责任

B. 如乙公司未向丙公司承担违约责任，则丙公司无权请求甲公司向自己承担违约责任

C. 如甲公司迟延向丙公司交货，则丙公司有权请求乙公司承担迟延交货的违约责任

D. 如甲公司迟延向丙公司交货，则丙公司无权请求乙公司承担迟延交货的违约责任

答案：(　　)③

考点：连环交易中由第三人履行合同违约责任的相对性(上家不听话，由中家对下家负违约责任)

---

① 参考答案：D

② 参考答案：AC

③ 参考答案：BC

2009 年不定项选择题

甲有一块价值 1 万元的玉石。甲与乙订立了买卖该玉石的合同，约定价金 11000 元。由于乙没有带钱，甲未将该玉石交付与乙，约定 3 日后乙到甲的住处付钱取玉石。随后甲又向乙提出，再借用玉石把玩几天，乙表示同意。隔天，知情的丙找到甲，提出愿以 12000 元购买该玉石，甲同意并当场将玉石交给丙。丙在回家路上遇到债主丁，向丙催要 9,000 元欠款甚急，丙无奈，将玉石交付与丁抵偿债务。后丁将玉石丢失被戊拾得，戊将其转卖给己。根据上述事实，请回答 91 ~93 题。

1. 关于乙对该玉石所有权的取得和交付的表述，下列选项正确的是：(2009 –3 –91)

A. 甲、乙的买卖合同生效时，乙直接取得该玉石的所有权

B. 甲、乙的借用约定生效时，乙取得该玉石的所有权

C. 由于甲未将玉石交付给乙，所以乙一直未取得该玉石的所有权

D. 甲通过占有改定的方式将玉石交付给了乙

答案：(　　)①

图构：

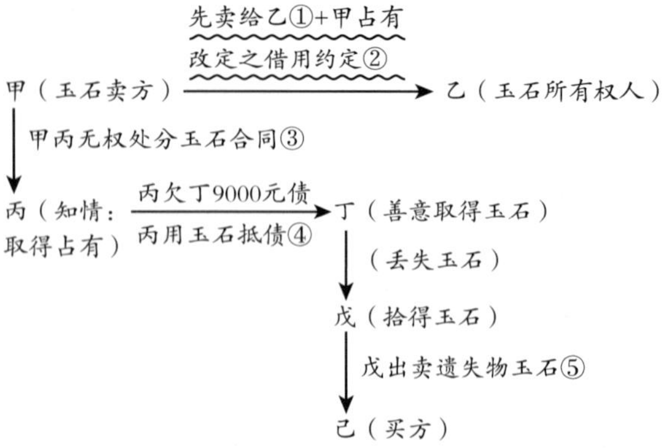

解图：1. 第 91 题对应的题干信息为“甲与乙订立了买卖该玉石的合同，约定价金 11,000 元。由于乙没有带钱，甲未将该玉石交付与乙，约定 3 日后乙到甲的住处付钱取玉石。随后甲又向乙提出，再借用玉石把玩几天，乙表示同意。”。2. 第 91 题对应的图示信息为，“先卖给乙① + 甲占有改定之借用约定②”。3. 甲、乙之间有两个约定，第一个约定是买卖玉石；第二个约定是借用玉石。第二个约定生效时即占有改定时乙为玉石所有权人。

考点：占有改定之动产所有权转移

2. 关于丙、丁对该玉石所有权的取得问题，下列说法正确的是：(2009 –3 –92)

A. 甲将玉石交付给丙时，丙取得该玉石的所有权

B. 甲、丙的买卖合同成立时，丙取得该玉石的所有权

C. 丙将玉石交给丁时，丁取得该玉石的所有权

D. 丁不能取得该玉石的所有权

答案：(　　)②

考点：占有改定、不构成善意取得的无权处分（欠缺善意）、构成善意取得的无权处分（代物清偿符合价格合理）

解图：1. 本题设问是：“丙、丁对该玉石所有权的取得”。(1) 对应题干信息为“随后甲又向乙提出，再借用玉石把玩几天，乙表示同意。隔天，知情的丙找到甲，提出愿以 12,000 元购买该玉石，甲同意并当场将玉石交给丙。丙在回家路上遇到债主丁，向丙催要 9,000 元欠款甚急，丙无奈，将玉石交付与丁抵偿债务。”(2) 对应图构信息为：①“甲占有改定之借用约定②”、②“甲丙无权处分玉石合同③”、③“丙无权处分用玉石抵债④”。(3) 围绕玉石所有权的两个无权处分的路线梳理：①甲、乙占有改动，乙是所有权人。②甲卖给丙，甲是无权处分，丙知情，不能善意取得。③丙无权处分，抵债价格合理，丁能善意取得。

---

① 参考答案：BD

② 参考答案：C

3. 关于该玉石的返还问题,下列说法正确的是:(2009－3－93)

A. 戊已取得了该玉石的所有权,原所有权人无权请求返还该玉石

B. 该玉石的真正所有权人请求己返还该玉石不受时间限制

C. 该玉石的真正所有权人可以在戊与己的转让行为生效之日起两年内请求己返还该玉石

D. 该玉石的真正所有权人可以在知道或者应当知道该玉石的受让人己之日起两年内请求己返还该玉石

答案:(　　)①

考点:遗失物无权处分、失主的返还请求权、2年期间的起算点

解图:1. 本题设问"关于该玉石的返还问题",和选项"A原所有权人"、"BCD真正所有权人",措辞目的是为了避免给第92题(问的是谁是玉石的所有权人,丁构成善意取得,是玉石的所有权人)作出提示,固有此设问。2. 本题设问"关于该玉石的返还问题":(1)仅仅因理解为指向题干"后丁将玉石丢失被戊拾得,戊将其转卖给己",而不能理解为指向全部题干信息,因为前面91、92已经考查过的题干信息"用尽"。(2)对应在图构中的信息为:"丁(善意取得玉石)"、"(丢失玉石)"、"戊(拾得玉石)"、"戊出卖遗失物玉石⑤。"3. 围绕丁、戊、己,玉石的流转路线如下:(1)丁善意取得玉石所有权后将玉石丢失。(2)玉石为遗失物。(3)戊是遗失物拾得人。(4)戊再卖遗失物给己是无权处分。(5)己是遗失物的买受人。(6)启动遗失物规则《物权法》第107条。

① 参考答案:D

2008 年不定项选择题

1. 陈某向贺某借款 20 万元，借期 2 年。张某为该借款合同提供保证担保，担保条款约定，张某在陈某不能履行债务时承担保证责任，但未约定保证期间。陈某同时以自己的房屋提供抵押担保并办理了登记。请回答 91 ~ 93 题。

图构：

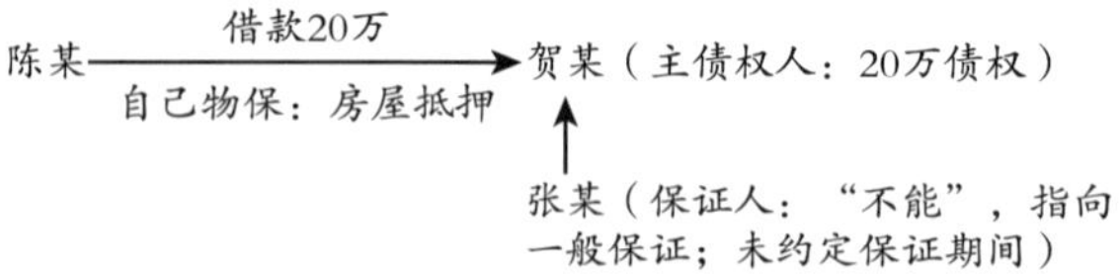

(1) 抵押期间，谢某向陈某表示愿意以 50 万元购买陈某的房屋。下列选项正确的是：(2008 - 3 - 91)

A. 陈某将该房屋卖给谢某应得到贺某的同意

B. 如陈某将该房屋卖给了谢某，则应将转让所得价款提前清偿债务或者提存

C. 如陈某另行提供担保，则陈某的转让行为无须得到贺某同意

D. 如谢某代为偿还 20 万元借款，则陈某的转让行为无须得到贺某同意

答案：(　　)①

考点：抵押物转让之抵押权人的同意权、受让人的涤除权、抵押权的物上代位性(抵押权及于转让价款)

(2) 如果贺某打算放弃对陈某的抵押权，并将这一情况通知了张某，张某表示反对，下列选项正确的是：(2008 - 3 - 92)

A. 贺某不得放弃抵押权，因为张某不同意

B. 若贺某放弃抵押权，张某仍应对全部债务承担保证责任

C. 若贺某放弃抵押权，则张某对全部债务免除保证责任

D. 若贺某放弃抵押权，则张某在贺某放弃权利的范围内免除保证责任

答案：(　　)②

考点：混合担保之自己物保和人保，自己物保优先。如债权人放弃债务人自己物保，人保在放弃范围内免责

(3) 关于贺某的抵押权存续期间及张某的保证期间的说法，下列选项正确的是：(2008 - 3 - 93)

A. 贺某应当在主债权诉讼时效期间行使抵押权

B. 贺某在主债权诉讼时效结束后的两年内仍可行使抵押权

C. 张某的保证期间为主债务履行期届满之日起六个月

D. 张某的保证期间为主债务履行期届满之日起二年

答案：(　　)③

考点：抵押权期限、保证期间

2. 基于法律行为物权变动之不动产连环买卖

甲继承了一套房屋，在办理产权登记前将房屋出卖并交付给乙，办理产权登记后又将该房屋出卖给丙并办理了所有权移转登记。丙受丁胁迫将房屋出卖给丁，并完成了移转登记。丁旋即将房屋出卖并移转登记于戊。请回答 94 ~ 96 题。

图构：

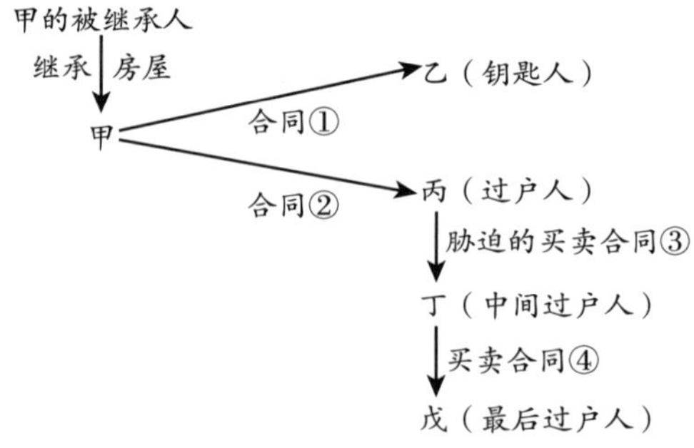

解图

1. 非基于法律行为物权变动之继承物权部分。2. 甲、乙、丙的合同①和合同②是一房两卖，属于"多

---

① 参考答案：ABD

② 参考答案：D

③ 参考答案：AC

重买卖”。(1)基于法律行为不动产物权变动坚持区分原则。(2)两个合同都有效。(3)房屋物权看变动看登记不看交付。(4)丙获得了登记是房屋所有权人,可要求乙腾房。(5)乙占有房屋可对抗甲,不可对抗丙。3. 丙、丁、戊的合同③和合同④是不动产连环买卖。(1)丁胁迫丙,丙可撤销;(2)如丙撤销,丙、丁合同③溯及无效,丁、戊合同④属于无权处分,戊启动善意取得制度,检讨善意取得制度四个要件(善意、价格、无权处分、取得登记)。(3)如丙未撤销,丙、丁合同③有效,丁是所有权人,丁、戊合同④是有权处分。

(1)在办理继承登记前,关于甲对房屋的权利状态,下列选项正确的是:(2008－3－94)

A. 甲已经取得了该房屋的所有权

B. 甲对该房屋的所有权不能对抗善意第三人

C. 甲出卖该房屋未经登记不发生物权效力

D. 甲可以出租该房屋

答案:(　　)①

考点:继承物权未宣示登记不得处分,但是可以出租

(2)关于甲、乙、丙三方的关系,下列选项正确的是:(2008－3－95)

A. 甲与乙之间的房屋买卖合同因未办理登记而无效

B. 乙对房屋的占有是合法占有

C. 乙可以诉请法院宣告甲与丙之间的房屋买卖合同无效

D. 丙已取得该房屋的所有权

答案:(　　)②

考点:未宣示登记的物权法后果、基于法律行为不动产物权变动区分原则、一房两卖、占有

(3)关于戊的权利状态,下列选项正确的是:(2008－3－96)

A. 戊享有该房屋的所有权

B. 戊不享有该房屋的所有权

C. 戊原始取得该房屋的所有权

D. 戊继受取得该房屋的所有权

答案:(　　)③

考点:基于法律行为不动产物权变动的有因性、胁迫可撤销合同未撤销前的效力、原始取得与继受取得

---

① 参考答案:ACD

② 参考答案:BD

③ 参考答案:AD

2008年四川延考卷不定项选择题

1. 遗产继承之法定继承人;遗产分割;死亡宣告

张某一家共4口人:张某夫妇、两岁的儿子及张父。张某自1992年外出打工,1993年春节托人捎给其妻王某一封信和6000元钱,其后音信皆无。1998年2月,对张某的归来不抱希望的王某向法院申请宣告张某死亡,法院依法于1999年10月宣告张某死亡。张某和王某共有面积相同的房屋6间,现金6000元。2000年5月,王某将儿子送与李某收养。之后,王某与刘某结婚,但1年后刘某即病故。根据上述事实,请回答91~93题。

图构:

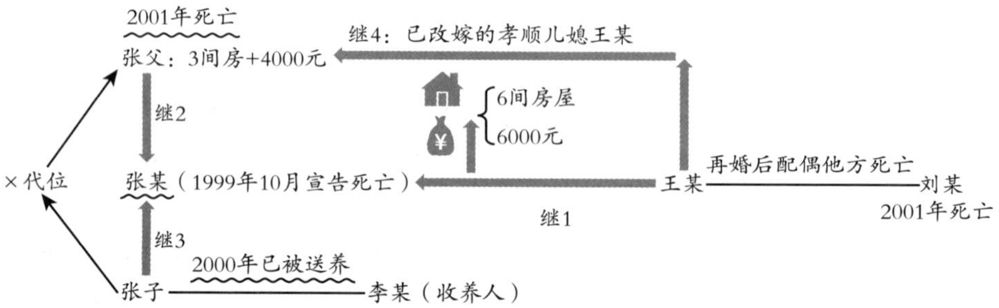

(1)张某被宣告死亡后,对上述6间房屋和6000元现金的正确处理是:(2008四川-3-91)

A. 应由王某、其子、张父平均继承

B. 王某应分得4间房屋和4000元现金

C. 应全部由张父继承

D. 应全部由其子继承

答案:(　　)①

考点:遗产分割之先分出夫妻共有,再分割遗产

(2)如果张父于2001年去世,遗产有3间房屋和4000元现金,且王某对张父尽了主要赡养义务,关于其遗产处理,下列选项正确的是:(2008四川-3-12)

A. 王某有权继承,王某之子无权继承

B. 王某无权继承,王某之子有权继承

C. 王某和其子均有权继承

D. 王某和其子均无权继承

答案:(　　)②

考点:孝顺丧偶儿媳是第一顺序继承人;代位继承

(3)如张某生还并申请法院撤销死亡宣告,下列选项正确的是:(2008四川-3-93)

A. 张某在被宣告死亡期间所实施的民事法律行为并不因此而无效

B. 张某与王某的夫妻关系不能自行恢复

C. 张某可与李某协议解除王某之子与李某之间的收养关系

D. 若张某和王某共有的房屋已被第三人合法取得,第三人可不予返还

答案:(　　)③

考点:死亡宣告中"活人"民事法律行为效力不因此受影响;死亡宣告被撤销对婚姻关系、收养关系、财产关系的影响

2. 混合担保:司考史上最牛车主一车四抵押(两登记抵押权+两未登记抵押权)外加一出租(居然没有收入)

---

① 参考答案:B

② 参考答案:A

③ 参考答案:ABCD

2007 年 10 月 25 日，甲向乙借款 10 万元，并用自己的一辆汽车抵押，但没有办理抵押登记。2007 年 11 月 3 日、5 日，甲分别向丙、丁借款 10 万元，同样以该汽车抵押，并分别于 11 月 7 日、8 日办理了抵押登记。2007 年 11 月 15 日，甲向戊借款 10 万元，也用该汽车抵押，但没有办理登记。戊要求甲再提供其他担保，甲的好友己交给戊一份文书，表明自己愿意为甲和戊的借款合同作保证人，戊收下后未做任何表示。2007 年 12 月 1 日，甲的各项借款均已到期，但甲均未偿还，乙、丙、丁、戊均对该汽车主张抵押权。另查明，甲在 2007 年 10 月 29 日已经将该车租给了庚，租期 2 年，每月租金 15000 元。2008 年 4 月，在各债权人申请强制执行后，经过法院拍卖，该汽车由辛拍得。根据上述事实，请回答 94 ~ 96 题。

图构：

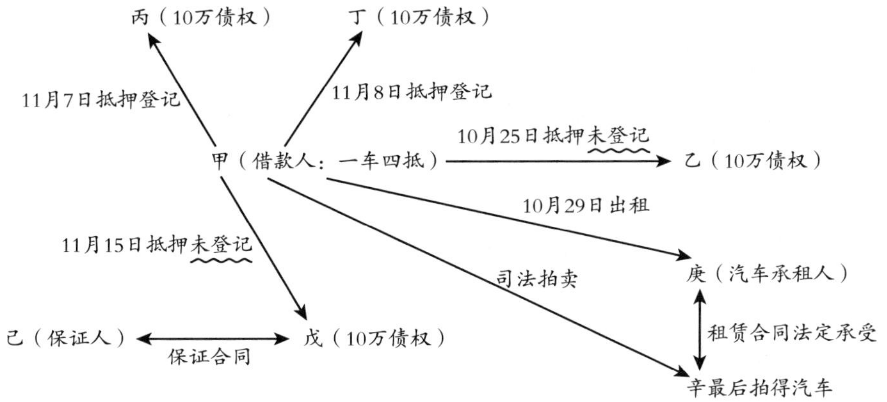

(1) 关于甲的汽车上各抵押权的先后顺序，下列选项正确的是：(2008 四川 - 3 - 94)

A. ①乙、②丙、③丁、④戊

B. ①丙、②丁、③戊、④乙

C. ①丁、②戊、③丙、④乙

D. ①丙、②丁、③乙和戊

答案：(　　)①

考点： 注册动产之汽车上多个抵押权的排序：登记，债权比例。

(2) 关于辛、庚的法律地位，下列选项正确的是：(2008 四川 - 3 - 95)

A. 辛买得该车后，可以立即请求庚返还该车

B. 辛买得该车后，只能在 2009 年 10 月 29 日后才有权请求庚返还该车

C. 抵押权人有权请求庚支付到期租金，优先清偿自己的债权

D. 抵押权人无权请求庚支付到期租金，优先清偿自己的债权

答案：(　　)②

考点： 买卖不破租赁；抵押权效力及于抵押物之法定孳息(汽车租金)

(3) 假设戊感到抵押权诉讼过程烦琐并且费用过高，因此在诉讼过程撤诉，并且对甲表示放弃抵押权，下列选项正确的是：(2008 四川 - 3 - 96)

A. 由于戊收到己的文书后没有做任何表示，因此保证合同不成立

B. 由于戊放弃了抵押权，己在其放弃的抵押权可能受偿的范围内，免除担保责任

C. 由于戊放弃了抵押权，也就无权请求己承担保证责任

D. 戊放弃抵押权，对己的保证责任不产生任何影响

答案：(　　)③

考点： 混合担保，自己物保优先，如放弃物保，人保相应免责

① 参考答案：D
② 参考答案：BC
③ 参考答案：B

2007 年不定项选择题

1.“鸡瘟”不是不安抗辩情形;(雷击:方某加)失火为鸡只买卖的不可抗力,但不是鸡饲料买卖的不可抗力;政府管制为不可抗力

某市A乡农户甲于2006年3月1日与乙公司订立合同,出售自己饲养的活鸡1万只,乙公司应在3月21日前支付5万元的首期价款,甲从4月1日起分批交付,交付完毕后乙公司付清余款。3月20日,乙公司得知该市的B乡发现了鸡瘟,即致电向甲询问。甲称,尽管B乡临近A乡,但是应当不会传播过来。乙公司表示等到事情比较明朗后再付款,甲坚持要求其按时付款,否则将不交货并追究责任。3月25日,因“雷击”失火导致鸡棚倒塌(注:雷击两字为方某所添加,原试题中没有此两字),致甲所饲养的大部分鸡只毁于一旦,甲当即将此事通知了乙。

2006年3月10日,甲向丙公司订购了一批饲料,约定4月10日至20日期间送货上门,甲验收后10日内付款。甲在3月26日把鸡只死亡情况通知了丙公司,要求取消交易。丙公司称:货物已经备好,不同意解约,除非甲赔偿其损失。请回答91~93题。

(1)关于甲与乙公司之间关系,表述正确的是:(2007-3-91)

A.乙公司虽在3月21日没有付款,但不应承担违约责任

B.甲3月20日电话中关于将不交货的表示构成违约

C.甲不需承担不能交付标的物的违约责任

D.乙公司有权解除合同

答案:(　　)①

考点:先方不成立不安抗辩权、后方享有顺序履行抗辩权;(雷击:方某加)失火为鸡只买卖的不可抗力;不可抗力导致合同目的落空双方均有法定解除权

解题图构:

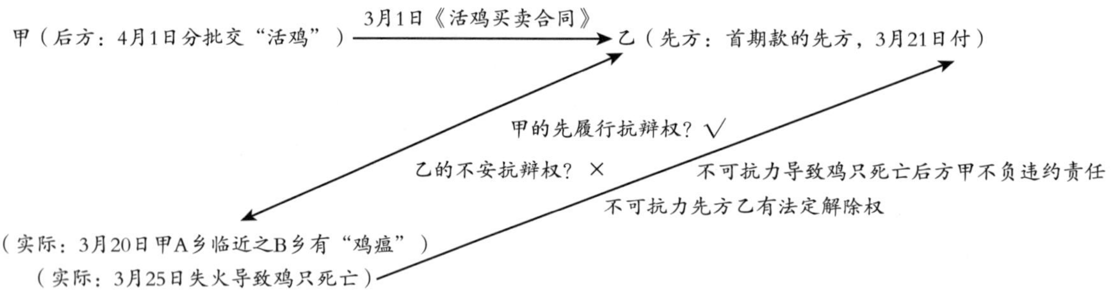

(2)关于甲与丙公司之间关系,表述正确的是:(2007-3-92)

A.由于甲所养殖的鸡只于3月25日已经大部灭失,合同自动解除

B.甲取消交易构成违约,应对丙承担违约责任

C.甲有权单方解除合同,但是应赔偿丙公司的损失

D.丙有权要求甲继续履行合同

答案:(　　)②

考点:雷击失火导致活鸡死亡,是活鸡买卖合同的不可抗力;但不是鸡饲料买卖合同的不可抗力。

解题图构:

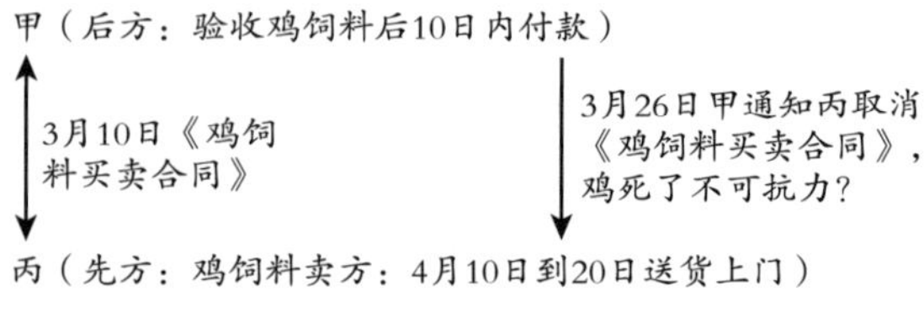

① 参考答案:CD

② 参考答案:BD

(3)假设甲所养的鸡并未因失火导致鸡棚倒塌所灭，但当地政府为防止疫情暴发，自 3 月 21 日起对甲的养殖场实行管制，禁止鸡鸭外运，一旦发现疫情即全部扑杀，乙知情后没有支付首期价款，关于甲、乙之间关系，表述正确的是：(2007－3－93)

A. 虽然乙公司在 3 月 21 日前没有付款，也不应承担违约责任

B. 甲有权以乙未付首期价款为由拒绝履行相应的交货义务

C. 如果双方协商解除合同，甲应当适当赔偿乙公司的损失

D. 如果双方协商解除合同，乙公司应当适当赔偿甲的损失

答案：(　　)①

考点：政府管制导致后方无法履行合同属于“不可抗辩”事由故先方有不安抗辩权；先方不安抗辩权不影响后方的先履行抗辩权；(政府管制)不可抗力协商解除不是应当赔偿损失(而是可以补偿损失)

解题图构：

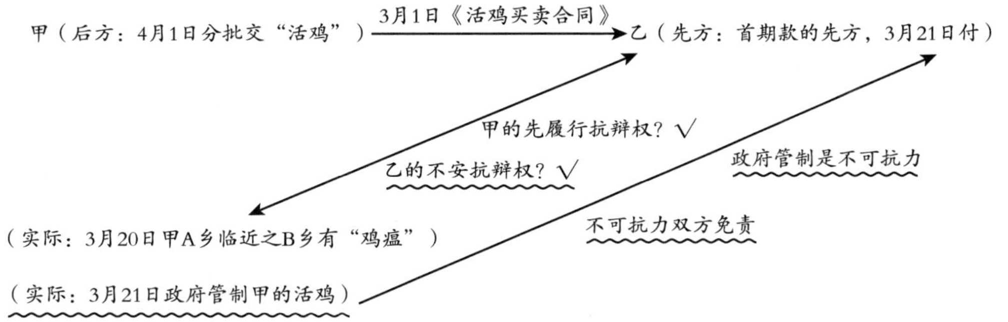

2. 非基于法律行为之继承不动产

2007 年 4 月 2 日，王某与丁某约定：王某将一栋房屋出售给丁某，房价 20 万元。丁某支付房屋价款后，王某交付了房屋，但没有办理产权移转登记。丁某接收房屋作了装修，于 2007 年 5 月 20 日出租给叶某，租期为 2 年。2007 年 5 月 29 日，王某因病去世，全部遗产由其子小王继承。小王于 2007 年 6 月将该房屋卖给杜某，并办理了所有权移转登记。请回答 94～96 题。

图构：

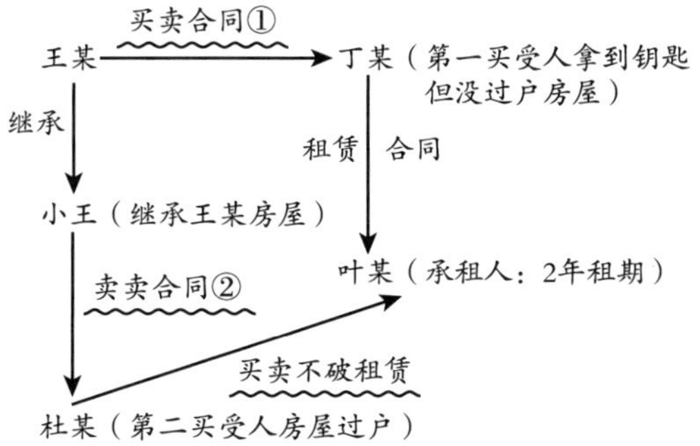

(1)如王某生前或王某死后其继承人小王欲出卖房屋前向丁某请求返还房屋，下列选项正确的是：(2007－3－94)

A. 王某无权请求丁某返还房屋

B. 王某有权请求丁某返还房屋

C. 小王无权请求丁某返还房屋

D. 小王有权请求丁某返还房屋

答案：(　　)②

考点：基于法律行为不动产物权变动的区分原则、继承物权、概括继承、有权占有

(2)如杜某向丁某、叶某请求返还房屋，下列选项正确的是：(2007－3－95)

A. 杜某无权请求丁某返还房屋

B. 杜某有权请求丁某返还房屋

C. 杜某无权请求叶某返还房屋

D. 杜某有权请求叶某返还房屋

答案：(　　)③

考点：基于法律行为不动产物权的变动、原物返还请求权、买卖不破租赁

(3)关于小王和杜某间的房屋买卖，下列选项正确的是：(2007－3－96)

A. 交付标的物是房屋买卖合同的有效要件

---

① 参考答案：AB

② 参考答案：AC

③ 参考答案：BC

B. 小王须将所继承的房屋登记在自己的名下，才能将其所有权转移给杜某

C. 房屋所有权转移自记载于不动产登记簿时发生效力

D. 该房屋的利害关系人可以申请查询该房屋登记资料

答案：(　　)①

考点：非基于法律行为之继承不动产、登记查询、基于法律行为物权变动之区分原则

① 参考答案：BCD

2006 年不定项选择题

基于法律行为物权变动之不动产“一物数卖”

房地产开发企业甲①急欲销售其开发的某住宅区的最后 1 套别墅，遂打电话向乙、丙、丁发出售房要约，并声明该要约的有效期为 1 个月。要约发出后第 10 日，甲与乙签订买卖合同并交付该别墅，乙支付了全部房款，但未办理产权变更登记。第 21 日，甲与不知情的丙签订买卖合同并办理了产权变更登记。第 25 日，甲又与不知情的丁签订了买卖合同。第 26 日，该别墅被意外焚毁。请回答 91 ~ 93 题。

图构：

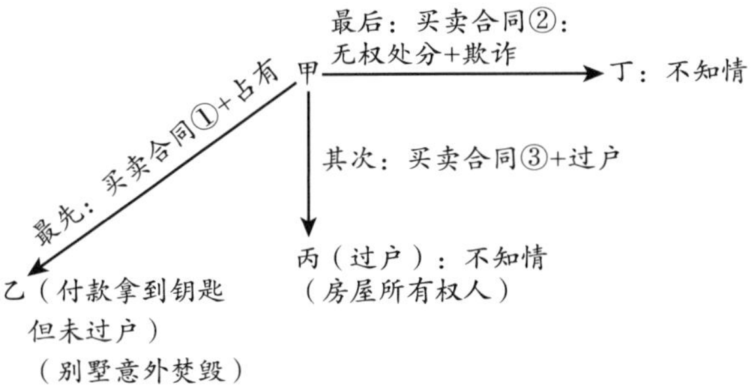

解图：1. 甲卖给乙，交付未过户，乙不是房屋所有权人，甲须负违约责任。2. 甲再卖给丙并过户，丙是所有权人，但未取得交付，别墅风险没有转移给丙。甲对丙负违约责任。3. 甲最后卖给丁，相对于丙房屋所有权人而言属于无权处分，相对于丁买受人而言，是为欺诈。4. 丙的不知情是“善”（买到了），而丁的不知情是“傻”（被骗）。5. 各个层级设问实际上打乱了顺序，变相增加了难度。（1）第 91 题设问，是甲、乙丙之间的关系，实质上是处理丙的权益保护问题；第 92 题设问，是甲、丁买卖合同的表述，实质上是处理丁的权益保护问题。第 93 题设问是关于乙的权利义务关系，实质上是处理乙的权益保护问题。（2）如果捋顺了设问，应该是先设问乙的权益保护（第 93 题）；再设问丙的权益保护（第 91 题）；最后设问丁的权益保护（第 92 题）。（3）顺序一打乱，考场答题就需要多支出一些时间，故熟悉民法图构很有必要，节省答题时间。

（1）下列关于甲、乙、丙之间关系的何种表述是正确的？（2006 - 3 - 91）

A. 甲、乙之间买卖合同有效

B. 甲、丙之间买卖合同无效，因该合同损害乙的利益

C. 甲不应向丙承担不能交付房屋的违约责任，因为房屋系意外焚毁

D. 丙应负担房屋被焚毁的风险

答案：（　　）②

考点：基于法律行为不动产物权变动的区分原则、恶意串通的合同无效事由、无过错违约责任、不动产买卖合同风险负担

（2）下列关于甲、丁之间买卖合同的何种表述是正确的？（2006 - 3 - 92）

A. 合同因欺诈而可撤销

B. 合同因自始履行不能而无效

C. 合同因无权处分而效力待定

D. 如果合同被撤销，则甲应向丁承担缔约过错责任

答案：（　　）③

考点：因欺诈签订合同、无权处分的合同、自始履行不能不是合同无效事由（合同无效事由的法定化）

（3）下列关于乙的权利义务的何种表述是正确

---

① 为使本题具有时效性，将房地产企业修改为自然人甲。避免惩罚性赔偿等复杂问题。

② 参考答案：A

③ 参考答案：AD（司法部当年公布的答案还包括 C。根据《买卖解释》第 3 条，无权处分合同不会仅因处分权欠缺而效力待定，为有效买卖合同。故将答案调整为 AD。）

的？(2006－3－93)

A. 若房屋未焚毁,丙有权要求乙搬离房屋

B. 若房屋未焚毁,法院应确认该房屋为乙所有

C. 乙对房屋的占有为善意、自主占有

D. 乙应向丙赔偿因房屋焚毁而造成的损失

答案:(　　)①

考点:原物返还请求权、和平型无权占有的毁损关系

① 参考答案:AC。对于C选项乙属于善意占有即为善意无权占有的说法,司考试题有一定起伏。可参见《方志平民法宝典》占有一节关于有权占有和无权占有分类处的表述。此处为省去读者查找麻烦、便于读者比对,援引一道真题。【2012－3－56】甲将1套房屋出卖给乙,已经移转占有,没有办理房屋所有权移转登记。现甲死亡,该房屋由其子丙继承。丙在继承房屋后又将该房屋出卖给丁,并办理了房屋所有权移转登记。下列哪些表述是正确的？A. 乙虽然没有取得房屋所有权,但是基于甲的意思取得占有,乙为有权占有。B. 乙可以对甲的继承人丙主张有权占有。C. 在丁取得房屋所有权后,乙可以以占有有正当权利来源对丁主张有权占有。D. 在丁取得房屋所有权后,丁可以基于其所有权请求乙返还房屋。当然此题给的答案是ABCD。后来司法部公开的解析也没有修改过答案。C和D采取的是一种对抗式表述法。不是单独看待。特别注意:钥匙人相对于过户人而言是有权占有还是无权占有,请按照无权占有来把握。

2005年不定项选择题

1. 马俊1991年去世，其妻张桦1999年去世，遗有夫妻共有房屋5间。马俊遗有伤残补助金3万元。张桦1990年以个人名义在单位集资入股获得收益1万元。双方生有一子马明，1995年病故。马明生前与胡芳婚后育有一子马飞。张桦长期患病，生活不能自理，由表侄常生及改嫁儿媳胡芳养老送终。5间房屋于2001年11月被拆迁，拆迁单位与胡芳签订《危旧房改造货币补偿协议书》，胡芳领取作价补偿款、提前搬家奖励款、搬迁补助费、货币安置奖励费、使用权补偿款共计25万元。请回答以下81～84题。

图构：

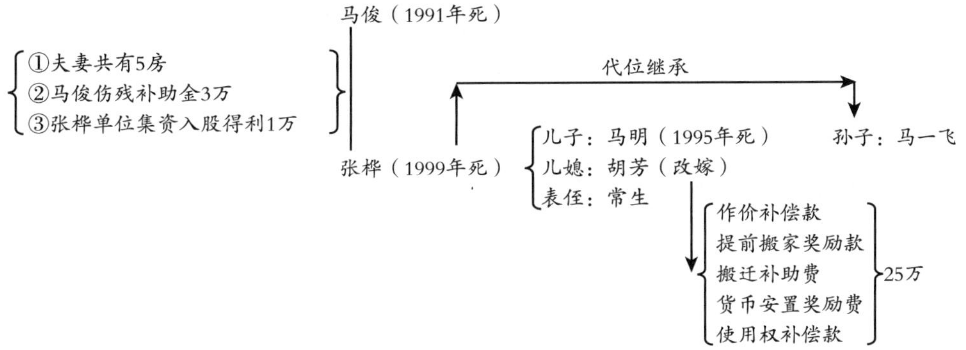

（1）下列各项中何者属于遗产？（2005－3－82）

A. 提前搬家奖励款　　B. 搬迁补助费

C. 货币安置奖励费　　D. 使用权补偿款

答案：（　　）①

考点：遗产的范围

82. **马俊的伤残补助金、张桦集资入股收益的性质应如何确定？**

A. 伤残补助金和集资收益均为个人财产

B. 伤残补助金为个人财产，集资收益为夫妻共同财产

C. 伤残补助金为夫妻共同财产，集资收益为个人财产

D. 伤残补助金和集资收益皆为夫妻共同财产

答案：（　　）②

考点：夫妻个人财产、夫妻共同财产

（2）下列关于常生可否得到补偿的说法何者正确？（2005－3－83）

A. 应当得到补偿，分配数额应当小于法定继承人

B. 应当得到补偿，分配数额可以等于或大于法定继承人的继承份额

C. 如常生明知法定继承人分割遗产而未提出请求，即丧失遗产分配权

D. 如常生要求参与分割遗产，应在继承开始后1年内提出请求

答案：（　　）③

考点：法定继承人以外的人酌情分配遗产

---

① 参考答案：CD

② 参考答案：B

③ 参考答案：BC

解题图构：

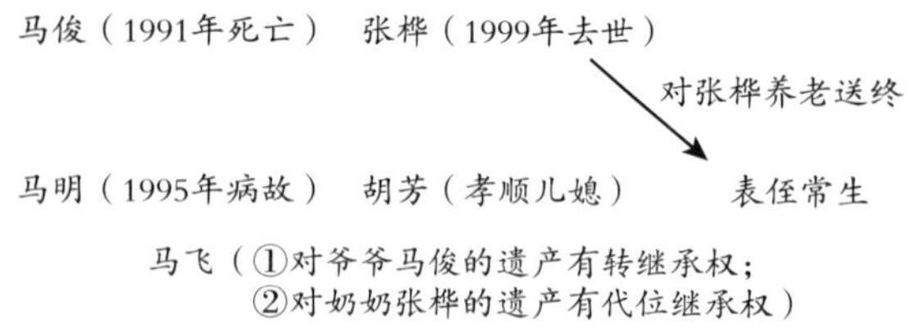

(3) 下列关于胡芳及其子女遗产继承权的说法何者正确？(2005－3－84)

A. 胡芳对张桦尽了主要赡养义务，应列为第一顺序继承人

B. 马飞对张桦的遗产享有代位继承权

C. 胡芳再婚后所生子女对张桦的遗产享有代位继承权

D. 马飞对马俊的遗产享有转继承权

答案：(　　)①

考点：法定继承、代位继承、转继承

2. 既是连带责任保证（单个保证人与主债务人的关系），又是连带共同保证（多个保证人之间的关系）

甲对乙享有60万元债权，丙、丁分别与甲签订保证合同，但未约定保证责任的范围和方式。戊以价值30万元的房屋为乙向甲设定抵押并办理了登记。请回答以下85～88题。

图构：

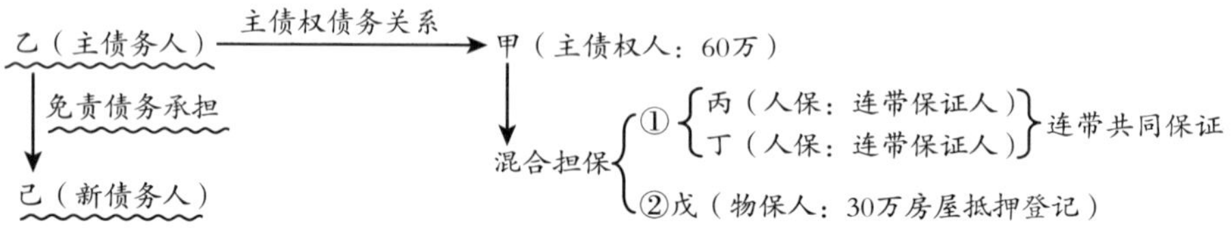

(1) 下列关于乙、丙、丁关系的表述何者正确？(200－5－85)

A. 丙、丁的保证都为连带责任保证

B. 丙、丁对乙的全部债务承担保证责任，但彼此之间不负连带责任

C. 若丙与丁事后约定各自担保乙的30万元债务，该约定未经甲的同意不能生效

D. 若丁代乙清偿了全部债务，应首先向乙追偿，若乙不能偿还再要求丙分担责任

答案：(　　)②

考点：既是连带责任保证（单个保证人与主债务人的关系），又是连带共同保证（多个保证人之间的关系）

(2) 若甲对乙的债权已过诉讼时效一年，下列说法何者正确？(2005－3－87)

A 乙若对甲进行清偿，则事后无权要求甲返还

B 丙若对甲进行清偿，则无权对乙进行追偿

C 甲不能对戊的房屋行使抵押权

D 倘甲催告乙还款，乙在催款通知上签字，诉讼时效将因中断而重新起算

答案：(　　)③

考点：保证人明知主债时效已过仍承担保证责任，则丧失对主债务人的追偿权、主债权时效届满转为自然债权、主债权时效届满抵押权消灭

(3) 若乙的朋友已与乙达成协议，由其代替乙向甲还款，下列说法何者正确？(2005－3－88)

A. 该协议在通知甲后发生效力

B. 如甲同意该协议，则丙、丁不再承担保证责任

C. 甲同意该协议，戊无论同意与否均应继续承担抵押担保责任

D. 若甲、戊都同意该协议，甲对戊的抵押权不因债务转移而受影响

答案：(　　)④

考点：未经保证人书面同意，主债务转移，保证人就转移的债务免除保证责任；抵押亦同；免责债务承担的生效条件

---

① 参考答案：ABD

② 参考答案：AD

③ 参考答案：司法部原公布的本题答案是AB。根据《物权法》第202条、第178条，本题答案修改为ABC。

④ 参考答案：BD

第三部分
主 观 题

2016 年主观案例分析题

自然人甲与乙订立借款合同，其中约定甲将自己的一辆汽车作为担保物让与给乙。借款合同订立后，甲向乙交付了汽车并办理了车辆的登记过户手续。乙向甲提供了约定的 50 万元借款。

一个月后，乙与丙公司签订买卖合同，将该汽车卖给对前述事实不知情的丙公司并实际交付给了丙公司，但未办理登记过户手续，丙公司仅支付了一半购车款。某天，丙公司将该汽车停放在停车场时，该车被丁盗走。丁很快就将汽车出租给不知该车来历的自然人戊，戊在使用过程中因汽车故障送到己公司修理。己公司以戊上次来修另一辆汽车时未付修理费为由扣留该汽车。汽车扣留期间，己公司的修理人员庚偷开上路，违章驾驶撞伤行人辛，辛为此花去医药费 2000 元。现丙公司不能清偿到期债务，法院已受理其破产申请。（本题 22 分）

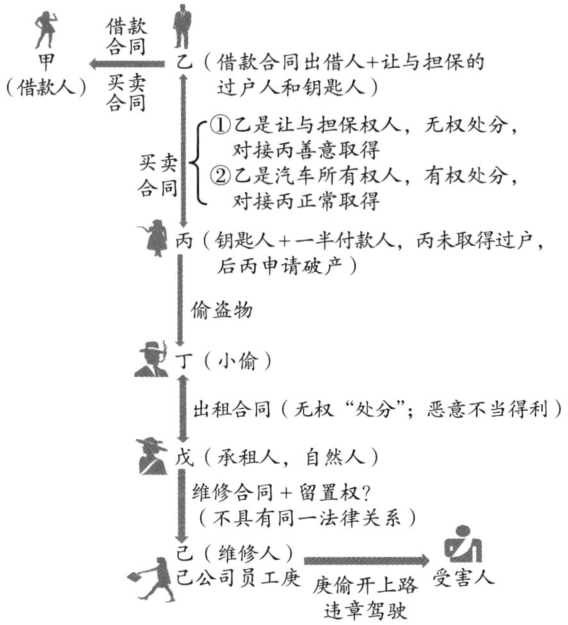

问题：

1. 甲与乙关于将汽车让与给债权人乙作为债务履行担保的约定效力如何？为什么？乙对汽车享有什么权利？

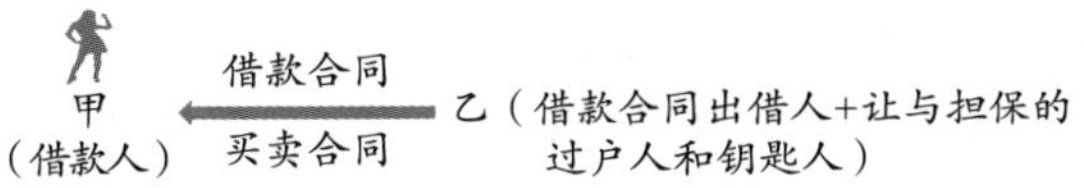

司法部答案：

有效。因为我国物权法虽然没有规定这种让与担保方式，但并无禁止性规定。通过合同约定，再转移所有权的方式达到担保目的，是不违反法律的，也符合合同自由、鼓励交易的立法目的。

对于乙对汽车享有什么权利，答案一：乙享有的不是所有权，而是以所有权人的名义享有担保权。

答案二：由于办理了过户登记手续，乙享有所有权。

考点：让与担保

首先链接一下让与担保的背景知识

（1）什么是让与担保？①最高人民法院：“债务人或第三人为债务人之债务而将担保标的物的财产权转移给担保权人，于债务清偿后，标的物应返还给债务人或第三人，债务不履行时，担保权人得就该标的物受偿的非典型担保。”②让与担保的特征是“以当事人依权利（所有权）转移方式达成担保信用授受目的”。由此可见，让与担保的两大特点是权利转移（让与行为）和担保目的（意思表示）。

（2）让与担保的种类：①让与担保。担保合意完成时物的所有权完成了变动。一般的让与担保均是通过权利转移实现担保目的，即达成担保合意同时完成让与行为。如在江苏高院（2014）苏商终字第 0205 号案中，当事人为实现担保目的签署了股权转让协议，于工商部门进行了股权变更登记；双方另约定一定条件达成时，股权按照原价回购。②后让与担保。担保合意完成，但物的所有权没完成变动（附条件的转移所有权）。当事人签订附条件的转让合同，双方约定在债务清偿期届满债务人不能偿还债务时，将标的物权利转移给债权人。如在最高法院(2011)民提字第344号案中，双方签订《商品房买卖合同》办理了销售备案登记，并另签订《借款协议》约定借款1100万元，如按期偿还借款，购房协议不再履行；否则，购房协议应继续履行。因这种担保的让与行为发生在后，有学者称其为“后让与担保”，有法官称之为“买卖型担保”。

(3)“让与担保”的司法裁判思路。①违反法律规定无效。如在江苏高院(2014)苏审三民申字第0411号案中，当事人为取得银行贷款，将一处房屋进行买卖并办理了过户手续，买方在取得银行贷款后交给卖方使用。房屋仍然由卖方居住，买方也出具声明房屋为卖方所有。法院认定：双方名为买卖，实为民间借贷关系，过户房屋符合让与担保的特征，该担保行为违反了担保法的规定应属无效，买方并不能取得该房屋的所有权。②认可让与担保效力。江苏高院在(2014)苏商终字第0205号案中，一审法院认为“当事人约定的让与担保条款不违反法律、行政法规的强制性规定，不损害社会公共利益和公序良俗，亦不违反物权法定主义立法意旨，且在市场经济条件下具有促进交易、对抗风险、融通资金等价值与功能，应当认定有效。”二审法院维持一审意见。类似的观点也出现在最高法院(2013)民二终字第33号案中。该案中法院虽未明确让与担保的性质，但认为“股权协议转让、股权回购等作为企业之间资本运作形式，已成为企业之间常见的融资方式。如果并非以长期牟利为目的，而是出于短期融资的需要产生的融资，其合法性应予承认。据此，本案上诉人关于双方股权转让实为融资借贷应认定无效的上诉理由不能成立，故其该点上诉主张，本院不予支持。”间接认可了以股权转让、股权回购为形式的让与担保效力。③绕开让与担保问题，认为双方存在买卖和借贷双重法律关系，具有履行选择权。最高法院在(2011)民提字第344号案中，即采用此种思路。法院认为，双方当事人实际上就同一笔款项先后设立商品房买卖和民间借贷两个法律关系。《借款协议》约定以签订商品房买卖合同的方式为《借款协议》所借款项提供担保，同时《借款协议》为案涉《商品房买卖合同》的履行附设了解除条件。在债务人到期未偿还借款时，债权人并不能直接取得“抵押物”所有权，只能通过履行《商品房买卖合同》实现。实际上，双方当事人对于是履行《商品房买卖合同》，还是履行《借款协议》具有选择性，即商品房买卖合同的解除条件成就，就履行《借款协议》；商品房买卖合同的解除条件未成就，就履行《商品房买卖合同》。

(4)学界基本共识：让与担保的合同有效。

①无论是对让与担保效力作何判断，法院并未直接支持债权人要求以担保物所有权受偿债权的请求，此种裁判标准亦符合禁止流押、流质的一贯司法标准。

②因此，在认定“让与担保”合同有效的前提下，重要的是如何通过合理的担保实现方式，最大限度的平衡担保权人与担保人之间的利益，既保护担保权人的受偿可能性，也避免担保人因交易地位而蒙受损失。

③在出现债务届期未偿情况时，债权人并未确定的取得担保物所有权(无论是否发生登记)，而是需要通过清算担保物的价值，比较其与债权价值的高下。

2. 甲主张乙将汽车出卖给丙公司的合同无效，该主张是否成立？为什么？

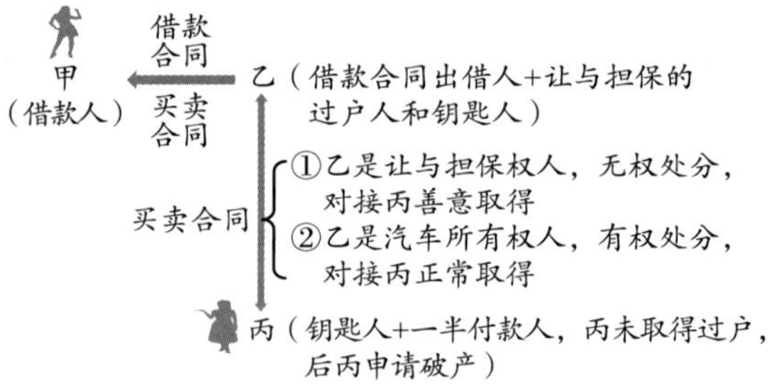

司法部答案：

不能成立。答案一：乙对汽车享有所有权，其有权处分该汽车。没有导致合同无效的其他因素。

答案二：虽然乙将汽车出卖给丙公司的行为属于无权处分，对甲也是违约行为，但无权处分不影响合同效力，法律并不要求出卖人在订立买卖合同时对标的物享有所有权或者处分权。

考点：有权处分和无权处分

3. 丙公司请求乙将汽车登记在自己名下是否具有法律依据？为什么？

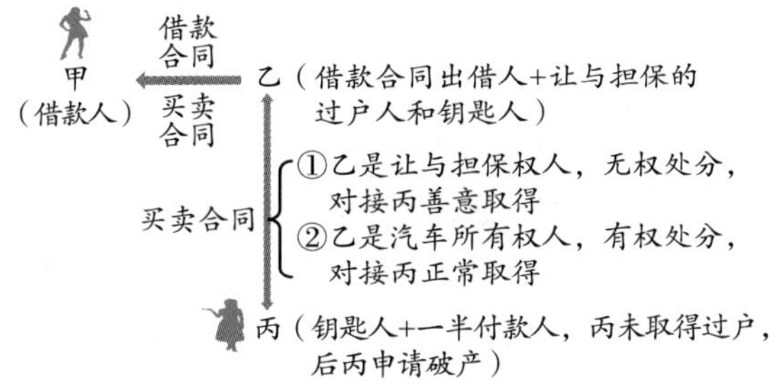

> **司法部答案**：有法律依据。因根据物权法的规定，汽车属于特殊动产，交付即转移所有权，登记只是产生对外的效力，不登记不具有对抗第三人的效力。本案中因为汽车已经交付，丙公司已取得汽车所有权。

考点：注册动产物权变动采用交付主义（基于法律行为物权变动交付主义；非基于法律行为物权变动之善意取得中的"取得"也是要求完成交付）

4. 丁与戊的租赁合同是否有效？为什么？丁获得的租金属于什么性质？

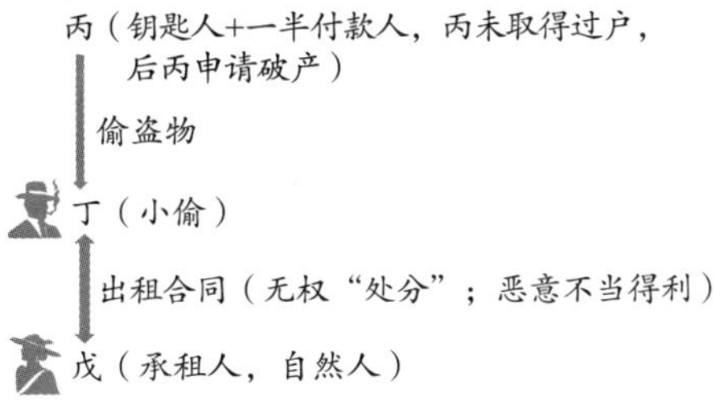

> **司法部答案**：有效，因为尽管丁不享有所有权或处分权，但是并不影响租赁合同效力。其所得的租金属于不当得利。

考点：租赁合同无须出租人是所有权人、小偷擅自出租他人汽车租赁合同有效、所收取租金构成不当得利

5. 己公司是否有权扣留汽车并享有留置权？为什么？

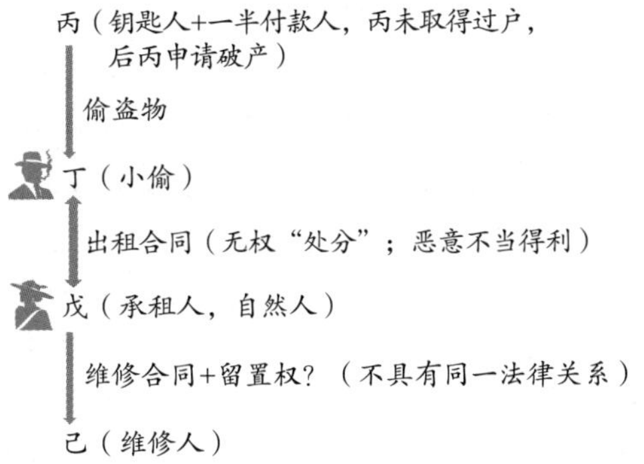

> **司法部答案**：己公司无权扣留汽车并享有留置权。《物权法》第 231 条规定，债权人留置的动产与债权应该属于同一法律关系。而在本案中，债权与汽车无牵连关系。

考点：民事留置要求同一法律关系

6. 如不考虑交强险责任，辛的 2000 元损失有权向谁请求损害赔偿？为什么？

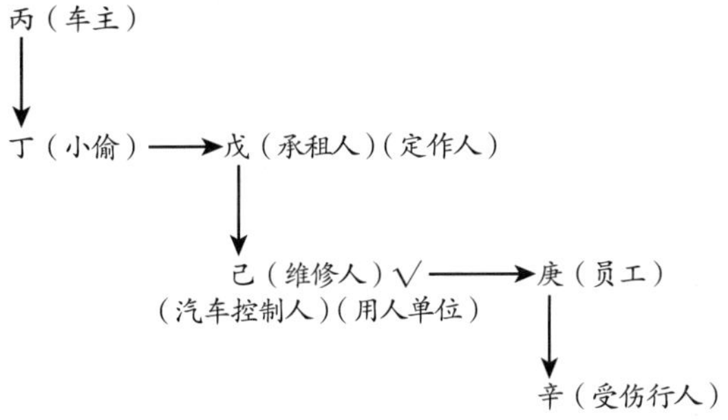

> **司法部答案**：辛有权向戊、己公司、庚请求赔偿，因为戊系承租人，系汽车的使用权人；庚是己公司的雇员，庚的行为属于职务行为，己应当承担雇用人（或雇主）责任；庚系肇事人（或者答直接侵权行为人）。

（1）法律依据：①用人单位对员工的执行职务行为负无过错替代侵权责任：《侵权责任法》第 34 条第 1 款，"用人单位的工作人员因执行工作任务造成他人损害的，由用人单位承担侵权责任。"②执行工作任务的客观判断标准：《关于审理人身损害赔偿案件适用法律若干问题的解释》第 9 条第 2 款，从事雇佣活动，是指从事雇主授权或者指示范围内的生产经营活动或者其他劳务活动。雇员的行为超出授权范围，但其表现形式是履行职务或者与履行职务有内在联系的，应当认定为从事雇佣活动。③加工

承揽合同中定作人对定作、指示或选任有过错，负过错赔偿责任：《关于审理人身损害赔偿案件适用法律若干问题的解释》第10条，“承揽人在完成工作过程中对第三人造成损害或者造成自身损害的，定作人不承担赔偿责任。但定作人对定作、指示或者选任有过失的，应当承担相应的赔偿责任。”④机动车致人损害，当机动车所有权人与实际使用人不是同一人时，应由实际使用人承担侵权责任：《侵权责任法》第49条，因租赁、借用等情形机动车所有人与使用人不是同一人时，发生交通事故后属于该机动车一方责任的，由保险公司在机动车强制保险责任限额范围内予以赔偿。不足部分，由机动车使用人承担赔偿责任；机动车所有人对损害的发生有过错的，承担相应的赔偿责任。

（2）具体到本题：①“己公司以戊上次来修另一辆汽车时未付修理费为由扣留该汽车。汽车扣留期间，己公司的修理人员庚偷开上路，违章驾驶撞伤行人辛，辛为此花去医药费2000元。”②戊公司：是定作人，同时也是汽车租用人。戊公司将汽车交由己公司维修没有定作指示选任过错；戊公司不是汽车控制人，不负侵权责任。③己公司：是汽车的实际控制人，同时也是用人单位，故由己公司对机动车肇事负侵权责任。③庚：是己公司员工，其执行职务中的侵权责任应由己公司负责。庚的行为客观上与履行职务有联系，应认定其属于执行己公司的工作任务。④丙：是汽车所有权人，不是汽车是实际控制人，不对机动车肇事负侵权责任。

（3）司法部给出的答案，解析原文：“命题者认为本题中，戊系承租人，系汽车的使用权人；庚是己公司雇员，庚的行为属于职务行为，己应当承担雇佣人（或雇主）责任；庚系肇事人（或者答直接侵权行为人），故而，辛有权向戊、己公司、庚请求赔偿。”

（4）一点说明：①根据我曾经撰写司法部官方解析的经历，出现“命题者认为……”是不正常的，说明解析者不认可“命题者”的观点，才会说“命题者认为……”，并且此处的解析等于0，因为解析将答案抄写了一遍。②我们知道，解析者也是命题者。所以，对此问题，命题老师内部也发生了分歧。③那么，2017年司法考试按照什么标准把握呢？按照即由己公司对外负侵权责任。

7. 丙公司与乙之间的财产诉讼管辖应如何确定？法院受理丙公司破产申请后，乙能否就其债权对丙公司另行起诉并按照民事诉讼程序申请执行？

司法部答案：丙公司与乙之间的财产诉讼应该由破产案件受理的人民法院管辖。法院受理丙公司破产申请后，乙应当申报债权，如果对于债权有争议，可以向受理破产申请的人民法院提起诉讼，但不能按照民事诉讼程序申请执行。

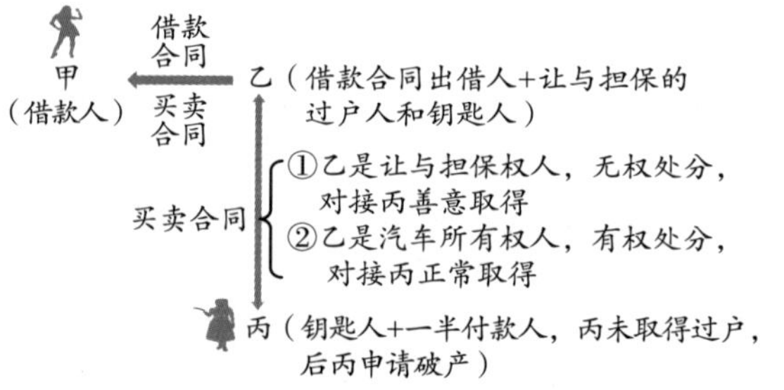

考点：涉及破产的诉讼纠纷管辖

2015 卷四民法主观题

案情：

甲欲出卖自家的房屋，但其房屋现已出租给张某，租赁期还剩余1年。甲将此事告知张某，张某明确表示，以目前的房价自己无力购买。

甲的同事乙听说后，提出购买。甲表示愿意但需再考虑细节。乙担心甲将房屋卖与他人，提出草签书面合同，保证甲将房屋卖与自己，甲同意。甲、乙一起到房屋登记机关验证房屋确实登记在甲的名下，且所有权人一栏中只有甲的名字，双方草签了房屋预购合同。

后双方签订正式房屋买卖合同约定：乙在合同签订后的5日内将购房款的三分之二通过银行转账给甲，但甲须提供保证人和他人房屋作为担保；双方还应就房屋买卖合同到登记机关办理预告登记。

甲找到丙作为保证人，并用丁的房屋抵押。丁与乙签订了抵押合同并办理了抵押登记，但并没有约定担保范围。甲乙双方办理了房屋买卖合同预告登记，但甲忘记告诉乙房屋出租情况。

此外，甲的房屋实际上为夫妻共同财产，甲自信妻子李某不会反对其将旧房出卖换大房，事先未将出卖房屋的事情告诉李某。李某知道后表示不同意。但甲还是瞒着李某与乙办理了房屋所有权转移登记。

2年后，①甲与李某离婚，李某认为当年甲擅自处分夫妻共有房屋造成了自己的损失，要求赔偿。甲抗辩说，赔偿请求权已过诉讼时效。（本题21分）

综合考点：预约合同、"买卖不破租赁"、权利瑕疵担保、预告登记、人保物保、无权处分、善意取得、诉讼时效中止

解题图构

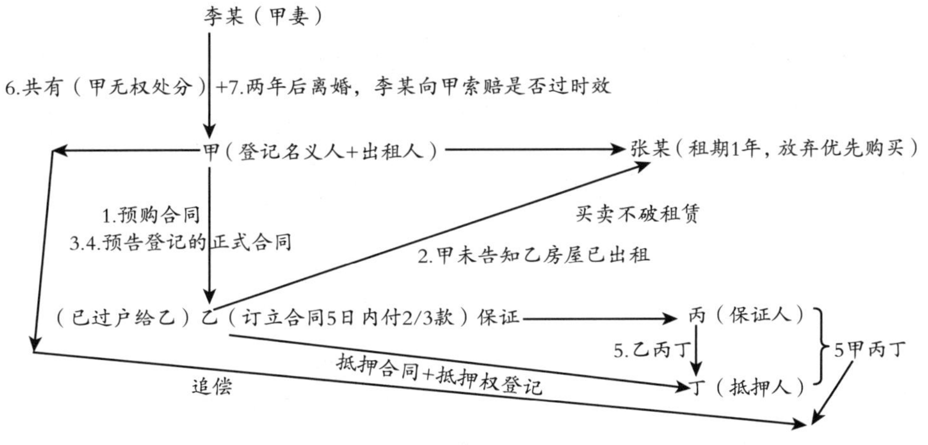

说明：图构中的阿拉伯数字1、2、3、4、5、6、7分别对应本题的7个小设问。

1. 在本案中，如甲不履行房屋预购合同，乙能否请求法院强制其履行？为什么？

2. 甲未告知乙有租赁的事实，应对乙承担什么责任？

3. 如甲不履行对乙的合同，预告登记对乙产生什么保护效果？

4. 如甲在预告登记后又与第三人签订房屋买卖合同，该合同是否有效？为什么？

① 根据《民法总则》规定，一般诉讼时效为3年，故本题题干中的2年，修改为3年。

5. 如甲不履行合同义务，在担保权的实现上乙可以行使什么样的权利？担保权实现后，甲、丙、丁的关系如何？

6. 甲擅自处分共有财产，其妻李某能否主张买卖合同无效？是否可以主张房屋过户登记为无效或者撤销登记？为什么？

7. 甲对其妻李某的请求所提出的时效抗辩是否成立？为什么？

故事梗概：1.“中国好同事丙”配合甲把甲的夫妻共有房产交易完毕。2. 夫妻共有房屋登记在甲一个人名下，甲卖给同事乙，先预约，后正式签约。3.“同事”乙不简单，他超级不信任甲，在房子这么大的事情上，确实情有可原。一不信任表现在：“先上车后买票”，先用“预约”锁住甲！二不信任表现在：去登记机关验证房子到底是不是甲的！4.“同事”乙，另一方面也表现得很傻，特别信任房子，这房子到底是有多好啊！傻的表现在：甲房屋已经出租给了张某，难道买房还不去查看一下房子是什么朝向、楼层、有几间房？这么大的人生大事，不看房有点不合常理。如果看了，显然，需要租户“张某”配合看房，自然就知道房子负担了租赁。但“同事”乙偏偏特别相信房子的好，不看房！霸气！

设问1. 在本案中，如甲不履行房屋预购合同，乙能否请求法院强制其履行？为什么？

答：不能。理由是预约虽是合同，其目的在于订立主合同。《关于审理买卖合同纠纷案件适用法律问题的解释》规定，当事人签订认购书、备忘录等预约合同，约定将来订立买卖合同，一方不履行的，对方可请求其承担预约合同违约责任或者要求解除预约合同并主张损害赔偿。但是，法院不能强制当事人签订正式合同。乙可以按照《合同法》第113条请求赔偿，也可以根据第94条请求解除合同并请求赔偿。

考点：预约合同

解题图构

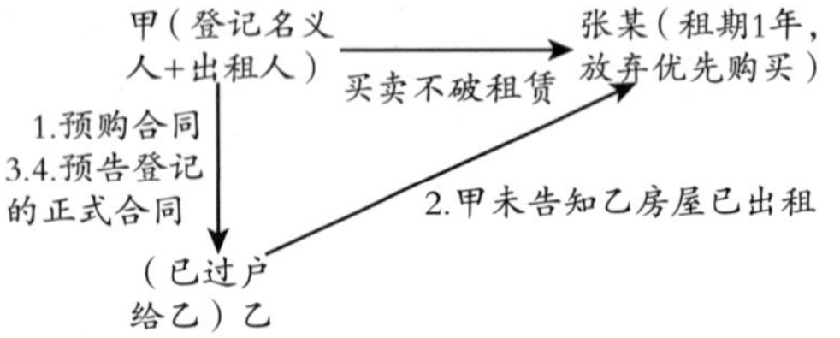

设问2. 甲未告知乙有租赁的事实，应对乙承担什么责任？

答：甲应对丙【司法部公布答案为丙，实际应该是“乙”】承担违约责任。甲应说明买卖标的物上有负担的事实而未说明，违反了法律规定的义务，在合同有效的情况下，应该纳入到违约责任中。

考点：权利瑕疵担保责任

解题图构

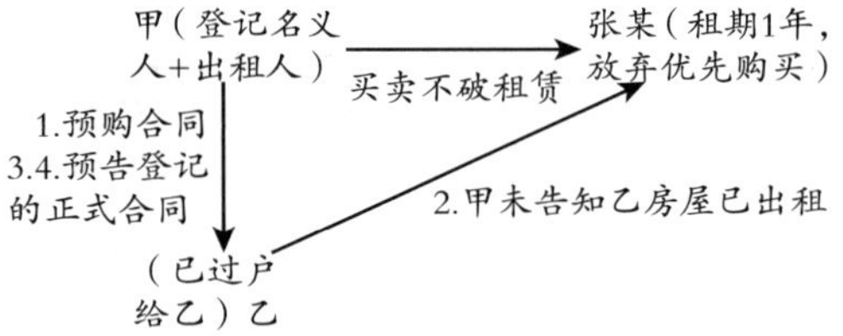

设问3. 如甲不履行对乙的合同，预告登记对乙产生什么保护效果？

答：按照我国《物权法》第20条的规定，预告登记后，甲再处分房屋的，不产生物权效力。即丙（司法部公布答案为丙，实际应为“乙”）对房屋的交付请求权具有物权性优先权，可以对抗所有的未登记的购买人。

考点：预告登记对登记债权人的保护效果：债权物权化

解题图构

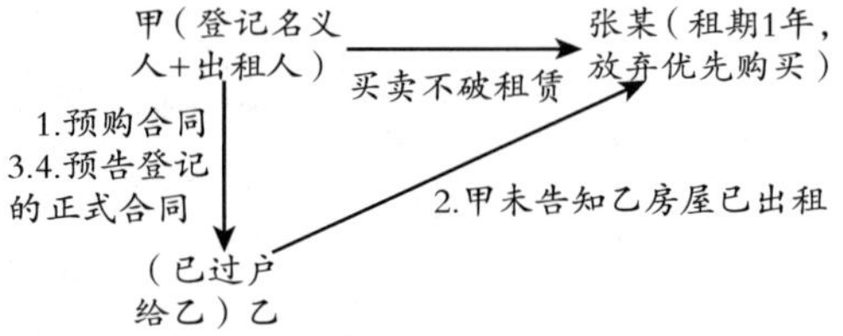

设问4. 如甲在预告登记后又与第三人签订房屋买卖合同，该合同是否有效？为什么？

答：预告登记后，甲与第三人签订的房屋买卖合同有效，只是不发生物权变动的效力，如果甲不履行，将对第三人承担违约责任。《物权法》第20条第1款后段，“预告登记后，未经预告登记的权利人同意，处分该不动产的，不发生物权效力。”

考点：预告登记对义务人的限制效果：不发生物权效力

解题图构

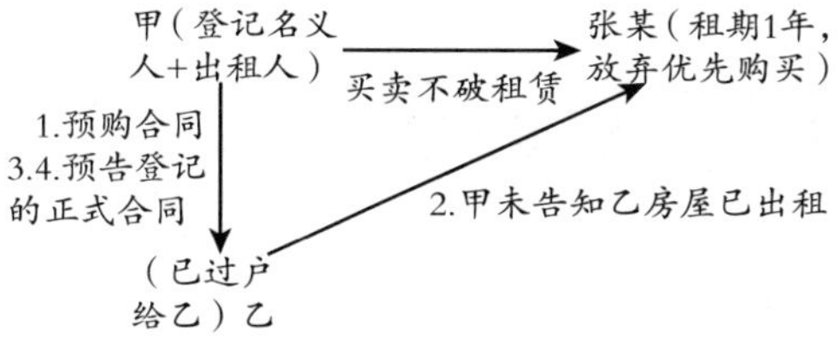

设问5. 如甲不履行合同义务，在担保权的实现上乙可以行使什么样的权利？担保权实现后，甲、丙、丁的关系如何？

答：如果甲不履行合同义务，丙（疑为“乙”）可以选择实现抵押权或者向保证人丁（疑为“丙”）主张保证责任。无论丁还是戊（疑为“丙”）履行担保责任后，都有权向甲追偿。（或：丁、戊（疑为“丙”）可向甲追偿，也可以要求对方（丁或者戊［疑为“丙”］）承担一半的份额）（作者特别说明：司法部公布答案出现主体错误，所以我在括号内做了修改。）

考点：混合担保担保权人的救济；混合担保担保人的追偿救济

解题图构

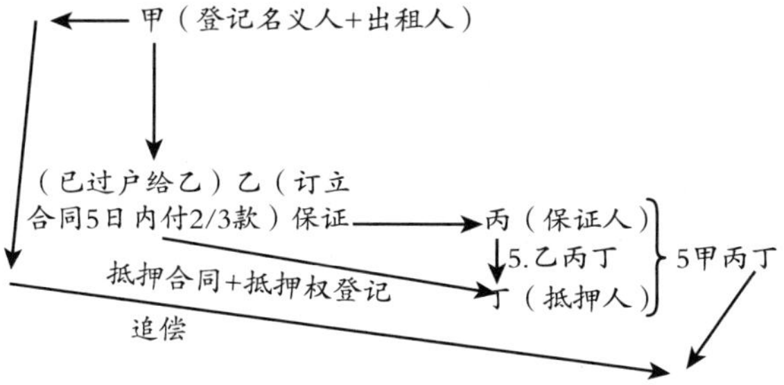

设问6. 甲擅自处分共有财产，其妻李某能否主张买卖合同无效？是否可以主张房屋过户登记为无效或者撤销登记？为什么？

答：不得主张无效。即使没有处分权，也不影响合同效力。不可以主张房屋登记过户为无效，对于善意的丙不得主张无效。

考点：无权处分、善意取得

解题图构

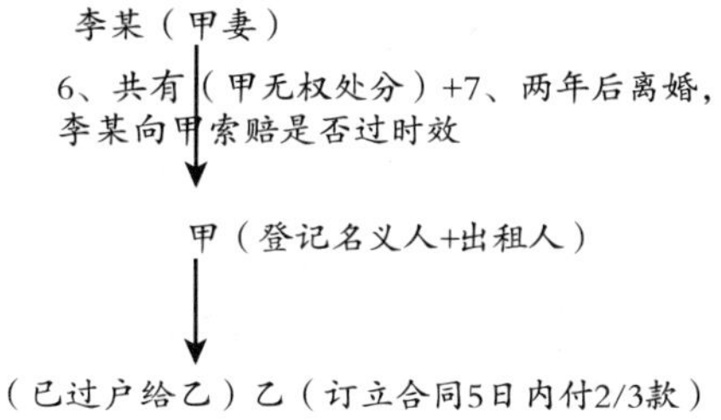

设问7. 甲对其妻李某的请求所提出的时效抗辩是否成立？为什么？

答：不成立。由于双方为夫妻共同财产制，夫妻关系存续是诉讼时效期间中止的法定事由。

考点：不承认婚内赔偿，婚姻关系是离异夫妻相互索赔诉讼时效中止的客观障碍

解题图构

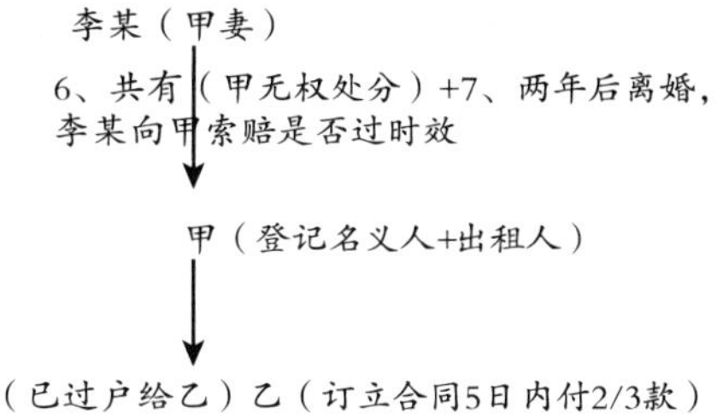

2014 年主观案例分析题

案情:2 月 5 日,甲与乙订立一份房屋买卖合同,约定乙购买甲的房屋一套(以下称 01 号房),价格 80 万元。并约定,合同签订后一周内乙先付 20 万元,交付房屋后付 30 万元,办理过户登记后付 30 万元。

2 月 8 日,丙得知甲欲将该房屋出卖,表示愿意购买。甲告其已与乙签订合同的事实,丙说愿出 90 万元。于是,甲与丙签订了房屋买卖合同,约定合同签订后 3 日内丙付清全部房款,同时办理过户登记。2 月 11 日,丙付清了全部房款,并办理了过户登记。

2 月 12 日,当乙支付第一笔房款时,甲说:房屋已卖掉,但同小区还有一套房屋(以下称 02 号房),可作价 100 万元出卖。乙看后当即表示同意,但提出只能首付 20 万元,其余 80 万元向银行申请贷款。甲、乙在原合同文本上将房屋相关信息、价款和付款方式作了修改,其余条款未修改。

乙支付首付 20 万元后,恰逢国家出台房地产贷款调控政策,乙不再具备贷款资格。故乙表示仍然要买 01 号房,要求甲按原合同履行。甲表示 01 号房无法交付,并表示第二份合同已经生效,如乙不履行将要承担违约责任。乙认为甲违约在先。3 月中旬,乙诉请法院确认甲、丙之间的房屋买卖合同无效,甲应履行 2 月 5 日双方签订的合同,交付 01 号房,并承担迟延交付的违约责任。甲则要求乙继续履行购买 02 号房的义务。

3 月 20 日,丙聘请不具备装修资质的 A 公司装修 01 号房。装修期间,A 公司装修工张某因操作失误将水管砸坏,漏水导致邻居丁的家具等物件损坏,损失约 5000 元。

5 月 20 日,丙花 3000 元从商场购买 B 公司生产的热水器,B 公司派员工李某上门安装。5 月 30 日,李某从 B 公司离职,但经常到 B 公司派驻丙所住小区的维修处门前承揽维修业务。7 月 24 日,丙因热水器故障到该维修处要求 B 公司维修,碰到李某。丙对李某说:热水器是你装的,出了问题你得去修。维修处负责人因人手不够,便对李某说:那你就去帮忙修一下吧。李某便随丙去维修。李某维修过程中操作失误致热水器毁损。(本题 22 分)

解题图构

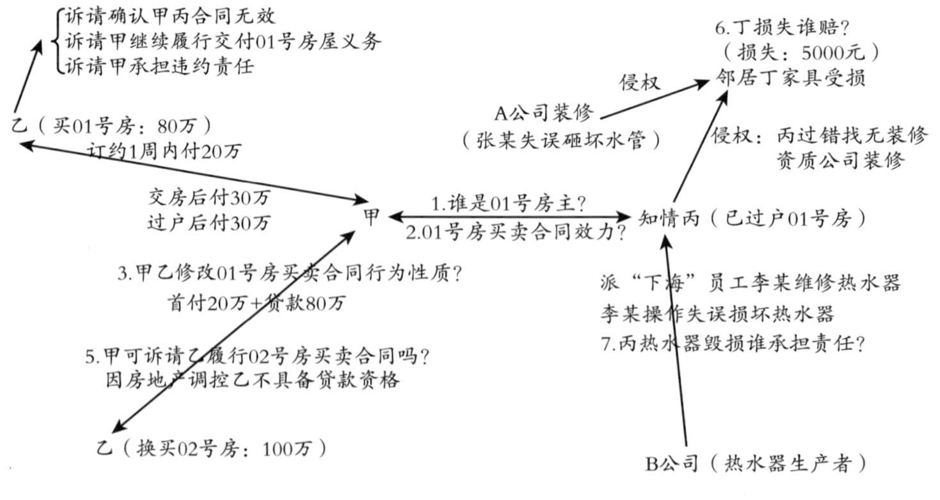

说明：图构中的阿拉伯数字 1、2、3、4、5、6、7 代表本题的 7 个小设问。

问题：

1. 01 号房屋的物权归属应当如何确定？为什么？

2. 甲、丙之间的房屋买卖合同效力如何？考察甲、丙之间合同效力时应当考虑本案中的哪些因素？

3. 2 月 12 日，甲、乙之间对原合同修改的行为的效力应当如何认定？为什么？

4. 乙的诉讼请求是否应当得到支持？为什么？

5. 针对甲要求乙履行购买 02 号房的义务，乙可主张什么权利？为什么？

6. 邻居丁所遭受的损失应当由谁赔偿？为什么？

7. 丙热水器的毁损，应由谁承担赔偿责任？为什么？

设问 1. 01 号房屋的物权归属应当如何确定？为什么？

答：甲、丙基于合法有效的买卖合同于 2 月 11 日办理了过户登记手续，即完成了不动产物权的公示行为。

不动产物权发生变动，即由原所有权人甲变更为丙。

考点：一房两卖和基于法律行为发生的不动产物权变动

解题图构

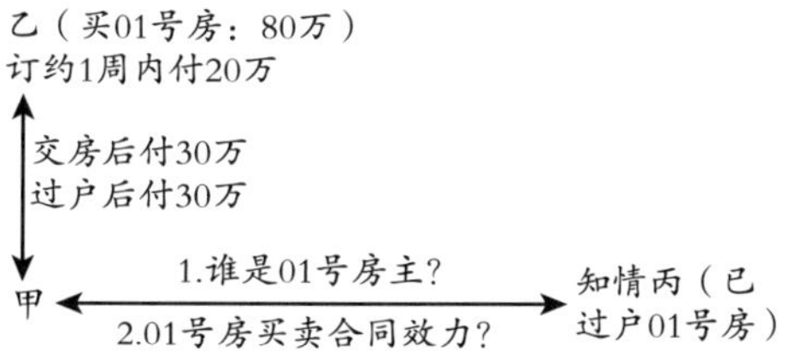

设问 2. 甲、丙之间的房屋买卖合同效力如何？考察甲、丙之间合同效力时应当考虑本案中的哪些因素？

答：(1)甲、丙之间于 2 月 8 日形成的房屋买卖合同，该合同为有效合同。(2)考虑因素：尽管甲已就该房与乙签订了合同，但甲、丙的行为不属于违背公序良俗的行为，也不违反法律、行政法规的强制性规定，不存在无效的因素。丙的行为仅为单纯的知情，甲、丙之间的合同不属于恶意串通行为，因其不以损害乙的权利为目的。

考点：一房两卖合同的效力；合同无效事由之公序良俗、强制性规定和恶意串通损害第三人利益

解题图构

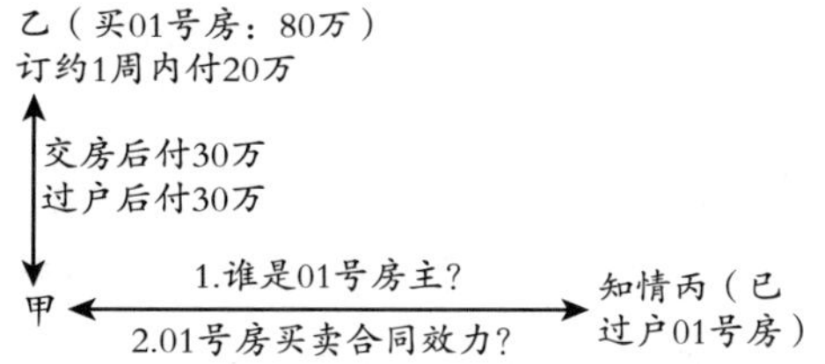

设问 3. 2 月 12 日，甲、乙之间对原合同修改的行为的效力应当如何认定？为什么？

答：(1)2 月 12 日，甲、乙之间修改合同的行为，该行为有效，其性质属于双方变更合同。(2)双方受变更后的合同的约束。

考点：合同变更

解题图构

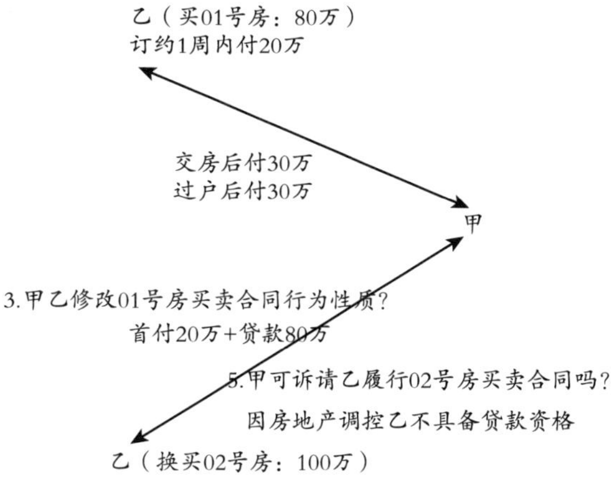

设问 4. 乙的诉讼请求是否应当得到支持？为什么？

答：(1)乙与甲通过协商变更了合同，且甲、丙之间的合同有效且已经办理了物权变动的手续，故乙关于确认甲、丙之间合同无效、由甲交付 01 号房的请求不能得到支持。(2)但是，乙可以请求甲承担违约责任，乙同意变更合同不等于放弃追索甲在 01 号房屋买卖合同项下的违约责任。

考点：合同效力、合同履行、合同变更和违约责任

解题图构

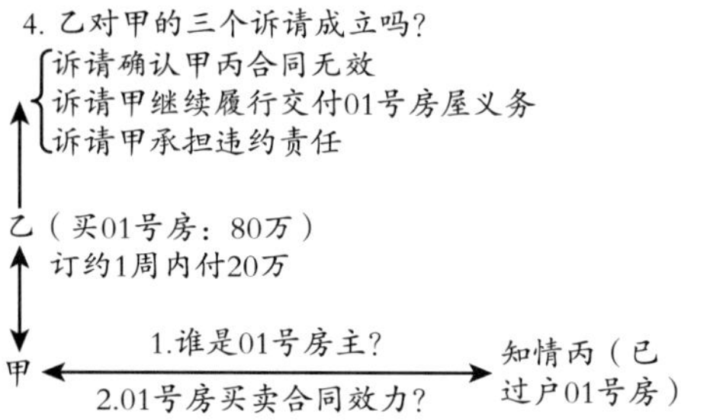

设问 5. 针对甲要求乙履行购买 02 号房的义务,乙可主张什么权利? 为什么?

答:乙可请求解除合同,甲应将收受的购房款本金及其利息返还给乙。因政策限购属于当事人无法预见的情形,且合同出现了履行不能的情形,乙有权解除合同,且无须承担责任。

考点:合同的法定解除、情势变更

解题图构

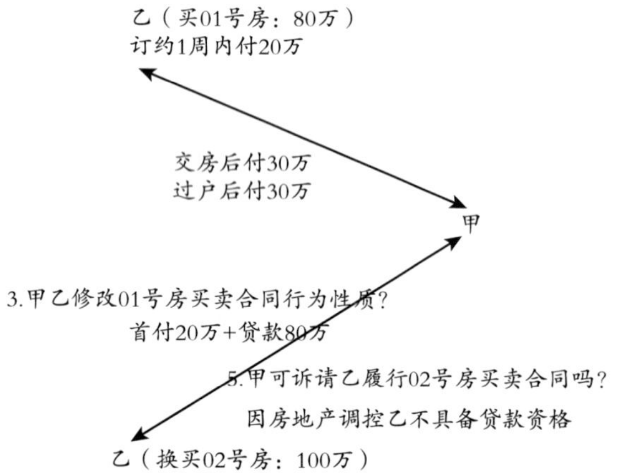

设问 6. 邻居丁所遭受的损失应当由谁赔偿? 为什么?

答:(1)应当由丙和 A 公司承担。(2)张某是受雇人,其执行职务的行为,由 A 公司承担侵权赔偿责任。(3)丙聘请没有装修资质的 A 公司进屋装修,具有过错,也应对丁的损失承担赔偿责任。

考点:过错侵权(加工承揽合同中委托人过错侵权责任)、用人单位(加工承揽合同中受托人)无过错替代责任

解题图构

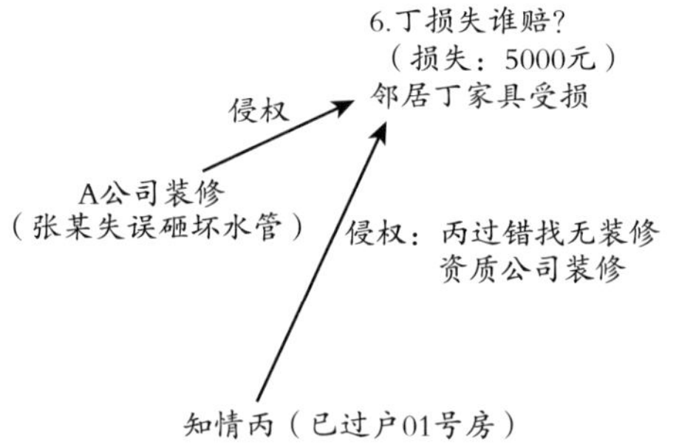

设问 7. 丙热水器的毁损,应由谁承担赔偿责任? 为什么?

答:(1)B 公司承担。(2)李某维修行为,可准用履行辅助人的原理,其行为后果由 B 公司承担(合同上的赔偿责任)。(3)或者李某虽然离职,但经维修处负责人指派,仍为执行工作任务,应由 B 公司承担(侵权责任)。

考点:加害给付:违约赔偿责任与侵权赔偿责任

解题图构

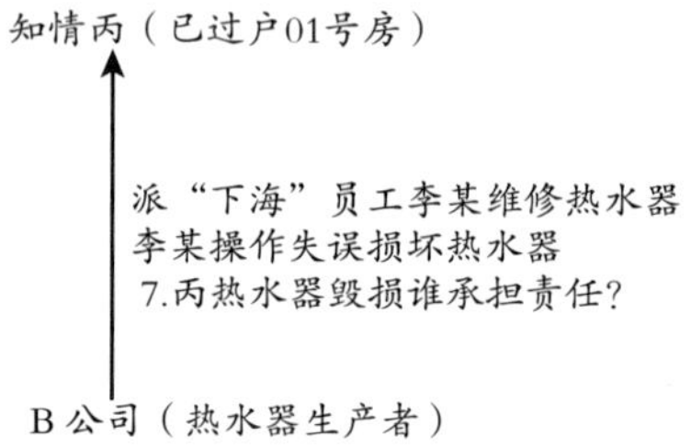

2013年主观案例分析题

案情：大学生李某要去A市某会计师事务所实习。此前，李某通过某租房网站租房，明确租房位置和有淋浴热水器两个条件。张某承租了王某一套二居室，租赁合同中有允许张某转租的条款。张某与李某联系，说明该房屋的位置及房屋里配有高端热水器。李某同意承租张某的房屋，并通过网上银行预付了租金。

李某入住后发现，房屋的位置不错，卫生间也较大，但热水器老旧不堪，不能正常使用，屋内也没有空调。另外，李某了解到张某已拖欠王某1个月的租金，王某已表示，依租赁合同的约定要解除与张某的租赁合同。

李某要求张某修理热水器，修了几次都无法使用。再找张某，张某避而不见。李某只能用冷水洗澡并因此感冒，花了一笔医疗费。无奈之下，李某去B公司购买了全新电热水器，B公司派其员工郝某去安装。在安装过程中，找不到登高用的梯子，李某将张某存放在储藏室的一只木箱搬进卫生间，供郝某安装时使用。安装后郝某因有急事未按要求试用便离开，走前向李某保证该热水器可以正常使用。李某仅将该木箱挪至墙边而未搬出卫生间。李某电话告知张某，热水器已买来装好，张某未置可否。

另外，因暑热难当，李某经张某同意，买了一部空调安装在卧室。

当晚，同学黄某来A市探访李某。黄某去卫生间洗澡，按新装的热水器上的提示刚打开热水器，该热水器的接口处迸裂，热水喷溅不止，黄某受到惊吓，摔倒在地受伤，经鉴定为一级伤残。另外，木箱内装的贵重衣物，也被热水器喷出的水流浸泡毁损。（本题22分）

解题图构

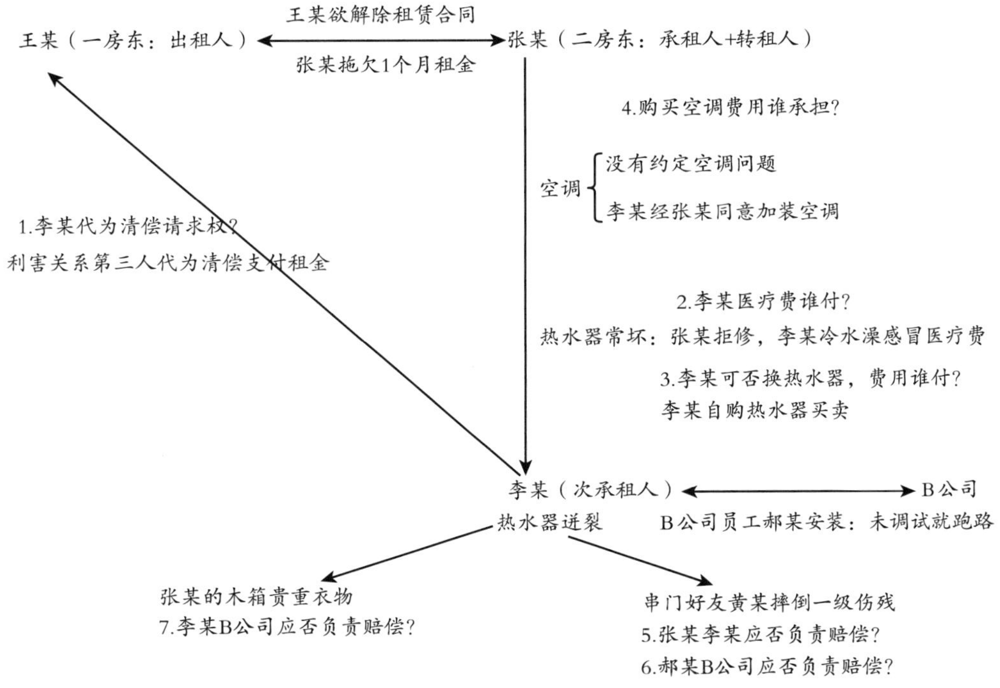

说明：图构中的1、2、3、4、5、6、7代表本案例的7个小设问

问题：

1.由于张某拖欠租金，王某要解除与张某的租赁合同，李某想继续租用该房屋，可以采取什么措施以抗辩王某的合同解除权？

2.李某的医疗费应当由谁承担？为什么？

3.李某是否可以更换热水器？李某更换热水器的费用应当由谁承担？为什么？

4.李某购买空调的费用应当由谁承担？为什么？

5.对于黄某的损失，李某、张某是否应当承担赔偿责任？为什么？

6.对于黄某的损失，郝某、B公司是否应当承担赔偿责任？为什么？

7.对于张某木箱内衣物浸泡受损，李某、B公司是否应当承担赔偿责任？为什么？

设问1. 由于张某拖欠租金，王某要解除与张某的租赁合同，李某想继续租用该房屋，可以采取什么措施以抗辩王某的合同解除权？

答：李某（次承租人）可以请求代张某（承租人）支付其欠付王某（出租人）的租金和违约金，以抗辩王某的合同解除权。

考点：经出租人同意的转租中，次承租人得代为清偿请求权

解题图构

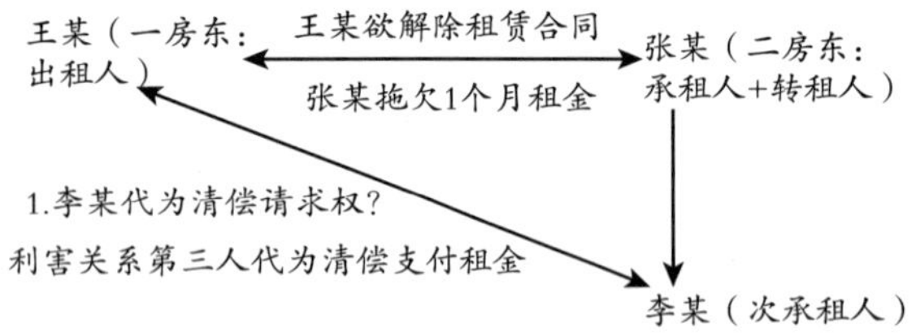

设问2. 李某的医疗费应当由谁承担？为什么？

答：由张某（出租人）承担。因为张某（出租人）有提供热水（热水器）的义务，张某违反该义务，致李某损失，应由张某承担赔偿责任。

考点：违约责任、不作为侵权、加害给付

解题图构

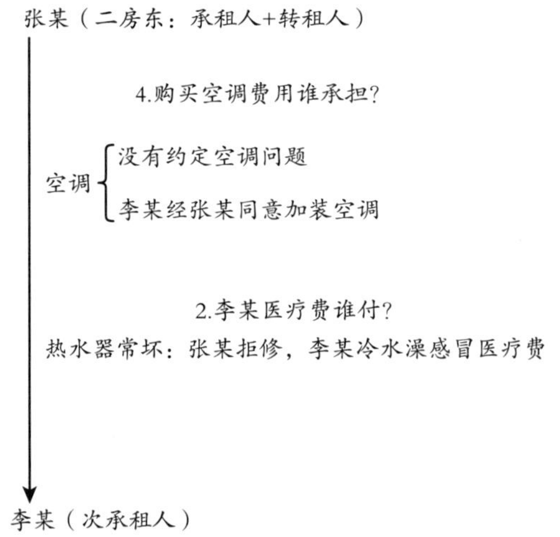

设问3. 李某是否可以更换热水器？李某更换热水器的费用应当由谁承担？为什么？

答：(1)可以（是）。(2)张某承担。(3)因为张某（出租人）作为出租人应当按照约定将租赁物交付承租人、应当履行租赁物的维修义务；(4)张某有保持租赁物符合约定用途的义务。

考点：出租人负责租赁物的维修；出租人怠于维修，承租人代为维修可向出租人主张维修费；无因管理

解题图构

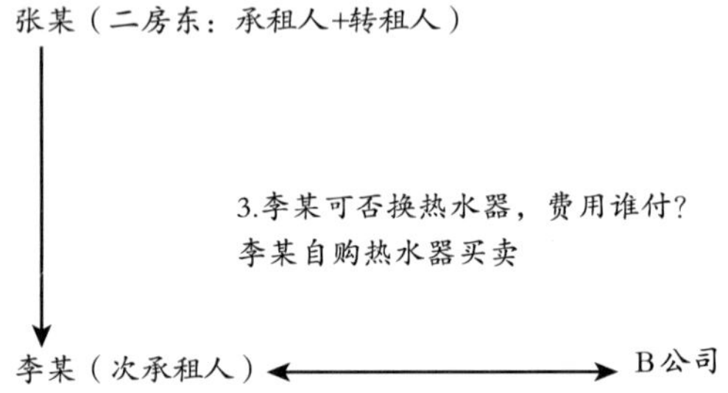

设问4. 李某购买空调的费用应当由谁承担？为什么？

答：由李某承担。因为李某（承租人）经张某（出租人）同意装饰装修，但未就费用负担作特别约定，故承租人不得请求出租人补偿费用。

考点：经出租人同意的房屋租赁中租赁物装饰装修费用由承租人自负

解题图构

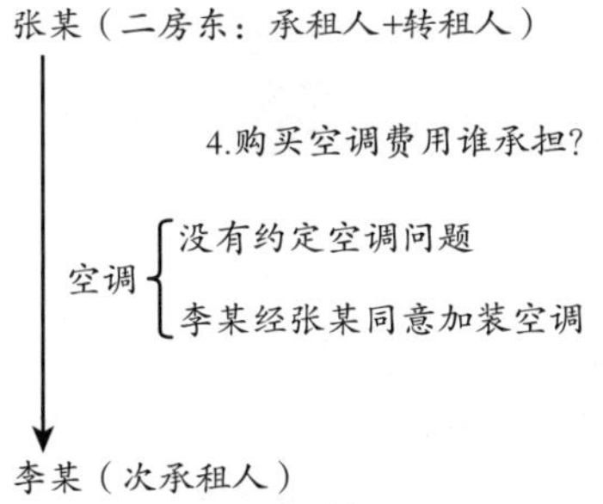

设问5. 对于黄某的损失，李某、张某是否应当承担赔偿责任？为什么？

答：否（李某或张某均不应当承担赔偿责任）。因为李某与黄某之间并无合同，李某不需承担违约损害赔偿责任；对于黄某的损失，李某亦无过错，不需承担侵权责任。故李某不应承担赔偿责任。张某与黄某之间并无合同，张某不需要承担违约损害赔偿责任；对于黄某的损失，张某并无过错，不需承担侵权责任。故张某不应承担赔偿责任。

考点：违约责任、过错侵权

解题图构

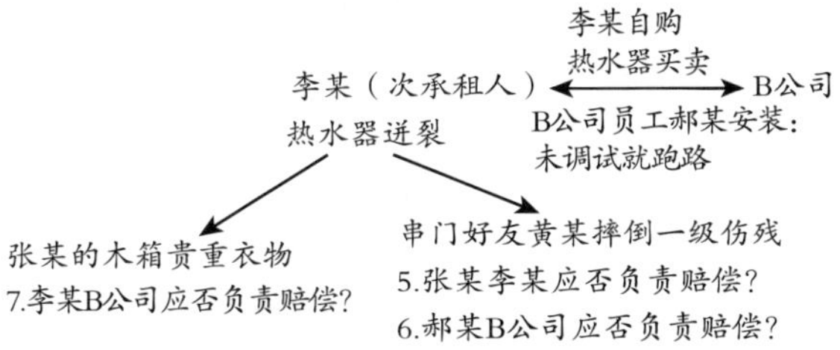

设问6. 对于黄某的损失，郝某、B公司是否应当承担赔偿责任？为什么？

答：郝某不应当承担赔偿责任。B公司应当承担赔偿责任。因为郝某是B公司的工作人员，执行B公司的工作任务，故不需承担侵权责任。因热水器是缺陷产品，缺陷产品造成损害，被侵权人（黄某）既可向产品的生产者请求赔偿，也可向产品的销售者请求赔偿。故B公司需承担侵权责任。

考点：产品缺陷侵权、用人单位无过错替代责任

解题图构

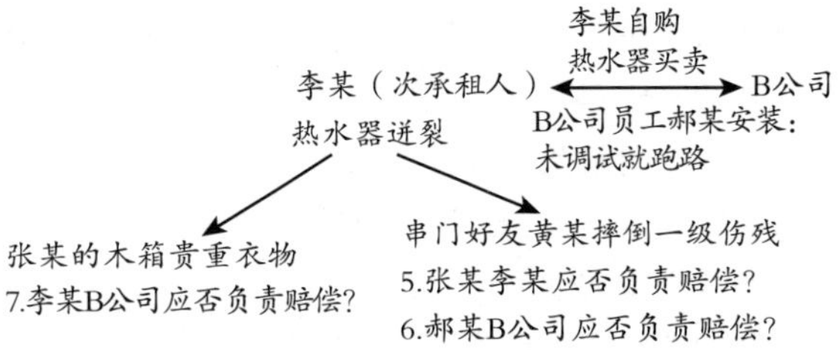

设问7. 对于张某木箱内衣物浸泡受损，李某、B公司是否应当承担赔偿责任？为什么？

答：李某不应承担赔偿责任，B公司应承担赔偿责任。因为李某对衣物受损并无过错。缺陷产品的侵权责任，由生产者或销售者承担，故B公司应对张某衣物受损承担侵权责任。

考点：产品缺陷侵权、过错侵权

解题图构

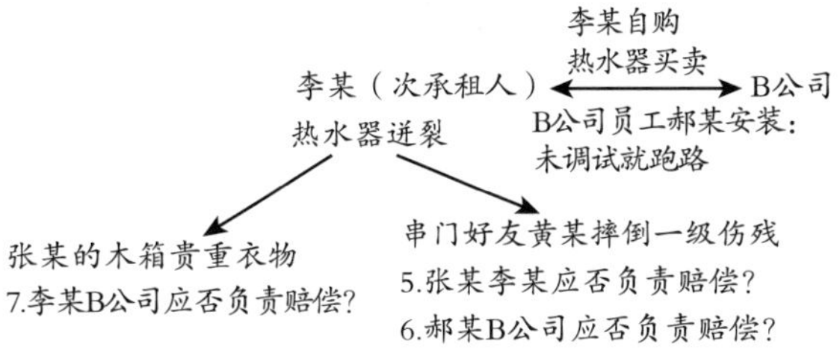

2012年主观案例分析题

案情：信用卡在现代社会的运用越来越广泛。设甲为信用卡的持卡人，乙为发出信用卡的银行，丙为接受银行信用卡消费的百货公司。甲可以凭信用卡到丙处持卡消费，但应于下个月的15日前将其消费的款项支付给乙；丙应当接受甲的持卡消费，并于每月的20日请求乙支付甲消费的款项，丙不得请求甲支付其消费的款项。

2012年3月，甲消费了5万元，无力向乙还款。甲与乙达成协议，约定3个月内还款，甲将其1间铺面房抵押给乙，并作了抵押登记。应乙的要求，甲为抵押的铺面房向丁保险公司投了火灾险，并将其对保险公司的保险赔偿请求权转让给了己。

2012年4月，甲与张某签订借款意向书，约定甲以铺面房再作抵押向张某借款5万元，用于向乙还款。后因甲未办理抵押登记，张某拒绝提供借款。

2012年7月，因甲与邻居戊有矛盾，戊放火烧毁了甲的铺面房。在保险公司理赔期间，己的债权人庚向法院申请冻结了保险赔偿请求权。（本题22分）

双层图构之一：

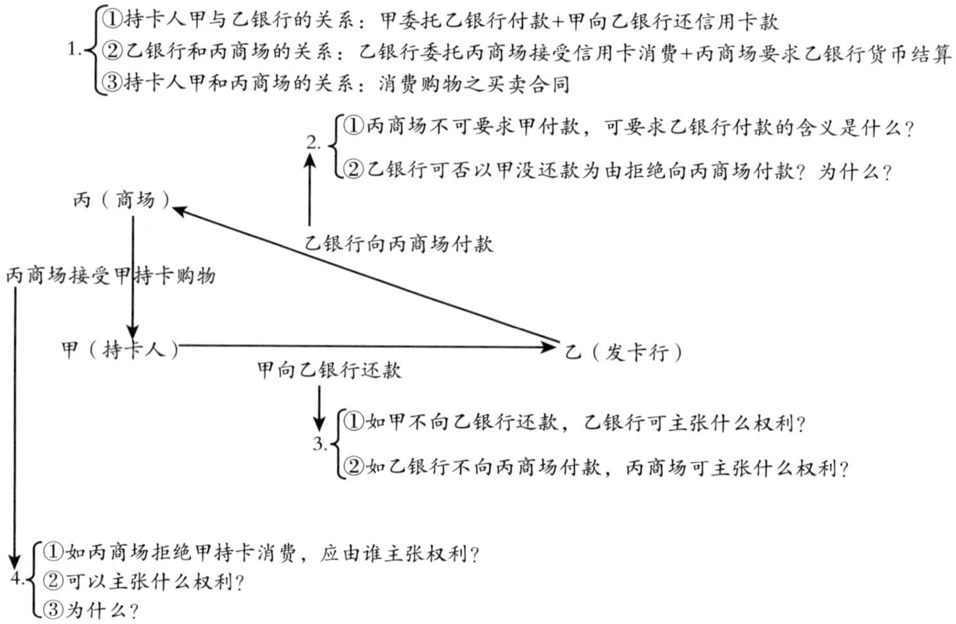

说明：图构中1、2、3、4指向本题的前四个小设问。为简洁需要，将丙百货公司简称为丙商场。

1. 2012年3月之前，甲与乙之间存在什么法律关系？乙与丙之间存在什么法律关系？甲与丙之间存在什么法律关系？

2. 丙有权请求乙支付甲消费的款项但不得请求甲支付其消费的款项，其法律含义是什么？乙可否以甲不支付其消费的款项为理由，拒绝向丙付款？为什么？

3. 如甲不向乙支付其消费的款项，乙可以主张什么权利？如乙不向丙支付甲消费的款项，丙可以主张什么权利？

4. 如丙拒绝接受甲持卡消费，应由谁主张权利？可以主张什么权利？为什么？

设问1. 2012年3月之前，甲与乙之间存在什么法律关系？乙与丙之间存在什么法律关系？甲与丙

之间存在什么法律关系?

答:(1)甲、乙之间:①甲持卡在丙处消费,由乙向丙付款,这是一种无名合同关系,参照委托合同的规定处理。②甲应依其消费金额向乙还款,甲、乙之间还形成借款合同法律关系(或形成还款关系)。(2)乙、丙之间:①丙负有接受符合条件的持卡人的消费,即丙受乙的委托向第三人(消费者)为给付,有与第三人订立合同的义务,这是一种类似于委托的关系(或无名合同关系)。②乙在丙完成对第三人的给付之后,丙有要求乙付款的权利。(3)甲、丙之间:甲与丙之间构成买卖合同关系。

考点:无名合同、法律关系基本原理

解题图构

1. ①持卡人甲与乙银行的关系:甲委托乙银行付款+甲向乙银行还信用卡款
②乙银行和丙商场的关系:乙银行委托丙商场接受信用卡消费+丙商场要求乙银行货币结算
③持卡人甲和丙商场的关系:消费购物之买卖合同

设问 2. 丙有权请求乙支付甲消费的款项但不得请求甲支付其消费的款项,其法律含义是什么?乙可否以甲不支付其消费的款项为理由,拒绝向丙付款?为什么?

答:(1)甲在丙处的消费的付款义务,由乙承担。(2)这是就将来可确定的债务,甲与乙订立债务承担协议。(3)而且是经债权人同意的免责的债务承担,即免责的由乙承担,丙不得向甲主张权利。(4)乙不可以甲不付款为理由拒绝向丙付款。因为甲与乙、乙与丙之间的债的关系是独立的,而且债务承担具有无因性。

考点:免责的债务承担

解题图构

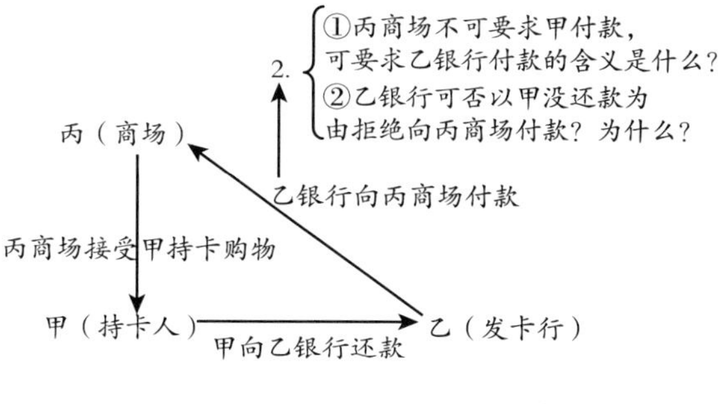

设问 3. 如甲不向乙支付其消费的款项,乙可以主张什么权利?如乙不向丙支付甲消费的款项,丙可以主张什么权利?

答:(1)如果甲不向乙支付其消费的款项,乙可依甲、乙之间的还款关系要求甲支付其所消费的款项及利息(违约责任)。(2)如果乙不向丙支付甲所消费的款项,丙可依乙丙之间的还款关系要求乙支付甲所消费的款项及利息(违约责任)。

考点:合同的相对性和违约责任(甲欠乙,乙欠丙的"三角债")

解题图构

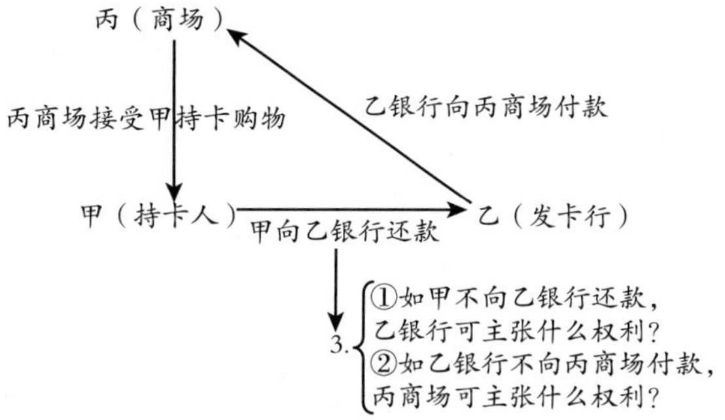

设问 4. 如丙拒绝接受甲持卡消费,应由谁主张权利?可以主张什么权利?为什么?

答:(1)应当由乙主张权利。(2)乙可以依据其与丙之间的委托关系对丙主张不履行合同的违约责任。因为在乙与丙之间的丙负有接受符合条件的持卡人的消费,即丙受乙的委托向第三人(消费者)为给付,有与第三人订立合同的义务。在这一合同关系中,甲不是其当事人。

考点:合同的相对性和违约责任(向第三人"订立"合同;向第三人履行)

解题图构

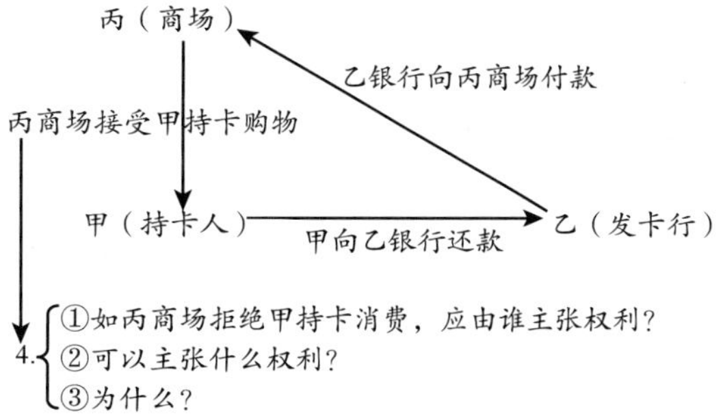

双层图构之二：

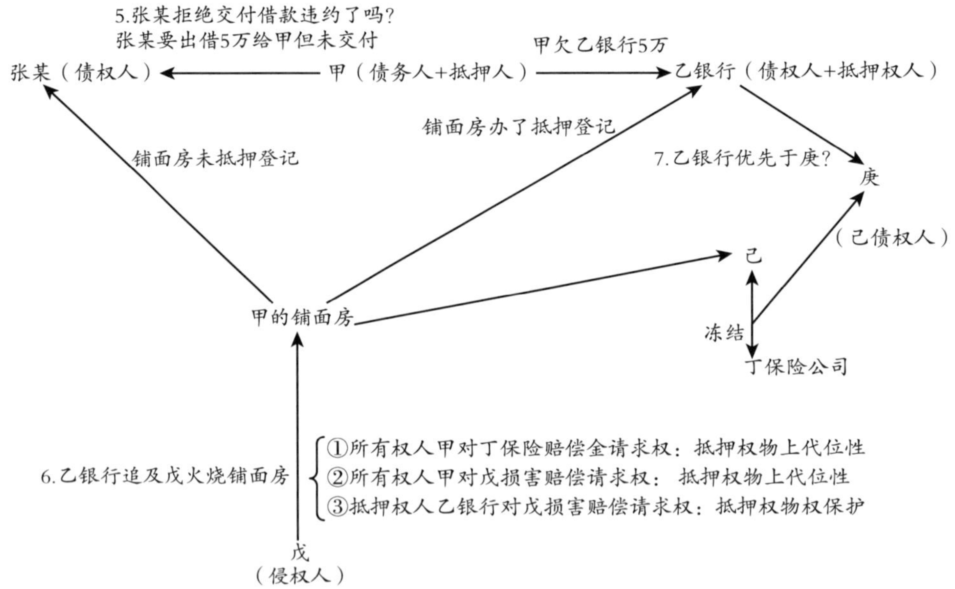

说明：图构5、6、7分别指向本案例的后三个设问。

5. 张某拒绝向甲提供借款是否构成违约？为什么？

6. 甲的抵押铺面房被烧毁之后，届期无力还款，乙可以主张什么权利？

7. 甲将保险赔偿请求权转让给己，己的债权人庚向法院申请冻结该保险赔偿请求权，对乙的抵押权有什么影响？为什么？

设问5. 张某拒绝向甲提供借款是否构成违约？为什么？

答：张某不构成违约。因为自然人之间的借款合同，自贷款人提供借款时生效。张某未向甲提供借款，借款合同未生效。

考点：自然人之间的借款合同是实践性合同

设问6. 甲的抵押铺面房被烧毁之后，届期无力还款，乙可以主张什么权利？

答：(1)乙可以就甲对丁的保险赔偿金和甲对戊的损害赔偿金主张优先受偿权。（或乙可以行使甲对丁的保险赔偿请求权、甲对戊的损害赔偿请求权）(2)乙可以对戊行使基于抵押权的损害赔偿请求权。

考点：抵押权的物上代位性和优先受偿性

解题图构

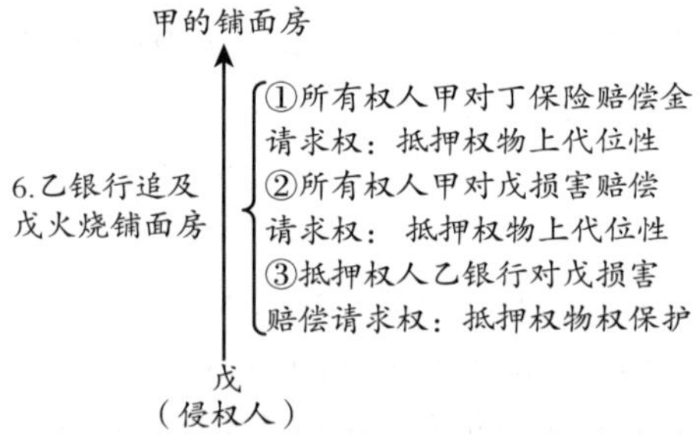

设问7. 甲将保险赔偿请求权转让给己，己的债权人庚向法院申请冻结该保险赔偿请求权，对乙的抵押权有什么影响？为什么？

答：(1)没有影响。(2)因为在甲的铺面房设定抵押后，甲将保险赔偿请求权转让给己，基于抵押权的物权效力（或追及效力，或优先效力），不影响抵押权的效力。(3)己的债权人庚向法院申请冻结该保险赔偿请求权，基于抵押权的优先性，不影响抵押权的效力。

考点：抵押权的物权效力（追及力和优先效力）

2011 年主观案例分析题

案情：甲公司从某银行贷款1200万元，以自有房产设定抵押，并办理了抵押登记。经书面协议，乙公司以其价值200万元的现有的以及将有的生产设备、原材料、半成品、产品为甲公司的贷款设定抵押，没有办理抵押登记。后甲公司届期无力清偿贷款，某银行欲行使抵押权。法院拟拍卖甲公司的房产。甲公司为了留住房产，与丙公司达成备忘录，约定："由丙公司参与竞买，价款由甲公司支付，房产产权归甲公司。"丙公司依法参加竞买，以1000万元竞买成功。甲公司将从子公司筹得的1000万元交给丙公司，丙公司将这1000万元交给了法院。法院依据竞拍结果制作民事裁定书，甲公司据此将房产过户给丙公司。

法院裁定书下达次日，甲公司、丙公司与丁公司签约："甲公司把房产出卖给丁公司，丁公司向甲公司支付1400万元。合同签订后10日内，丁公司应先付给甲公司400万元，尾款待房产过户到丁公司名下之后支付。甲公司如果在合同签订之日起半年之内不能将房产过户到丁公司名下，则丁公司有权解除合同，并请求甲公司支付违约金700万元，甲公司和丙公司对合同的履行承担连带责任。"

在甲公司、丙公司与丁公司签订房产买卖合同的次日，丙公司与戊公司签订了房产买卖合同。丙公司以1500万元的价格将该房产卖给戊公司，尚未办理过户手续。丁公司见状，拒绝履行支付400万元首付款的义务，并请求甲公司先办理房产过户手续，将房产过户到丁公司名下。甲公司则要求丁公司按约定支付400万元房产购置首付款。鉴于各方僵持不下，半年后，丙公司索性把房产过户给戊公司，并拒绝向丁公司承担连带责任。经查，在甲公司、丙公司和丁公司签订合同后，当地房地产市场价格变化不大。（本题19分）

解题图构

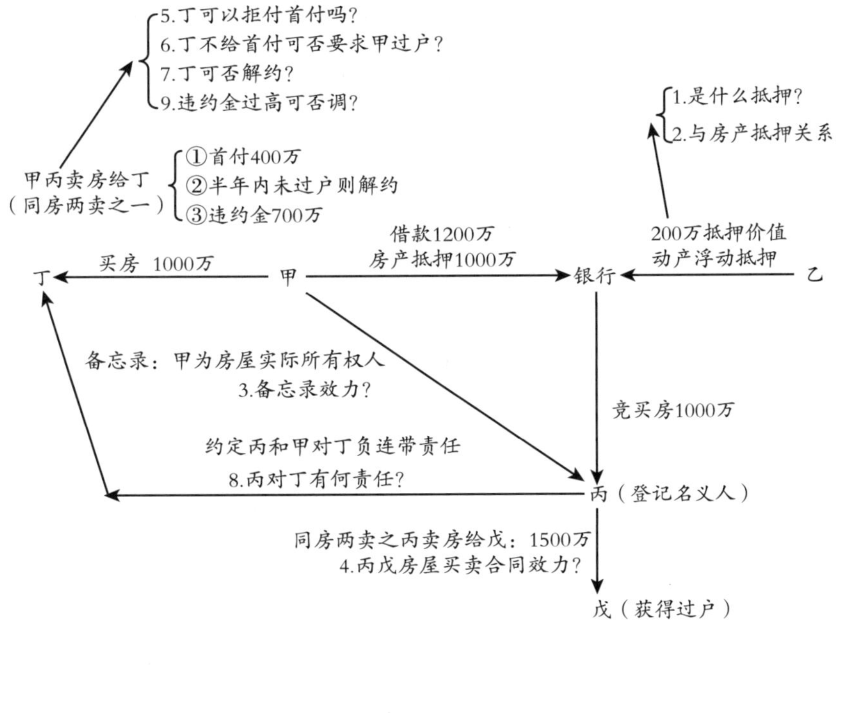

说明：图构中1、2、3、4、5、6、7、8、9指向本题的9个小设问。

问题：

1. 乙公司以其现有的及将有的生产设备等动产为甲公司的贷款设立的抵押是否成立？为什么？

2. 某银行是否必须先实现甲公司的房产的抵押权，后实现乙公司的现有的及将有的生产设备等动产的抵押权？为什么？

3. 甲公司与丙公司达成的备忘录效力如何？为什么？

4. 丙公司与戊公司签订房产买卖合同效力如何？为什么？

5. 丁公司是否有权拒绝履行支付400万元的义务？为什么？

6. 丁公司是否有权请求甲公司在自己未支付400万首付款的情况下先办理房产过户手续？为什么？

7. 丁公司能否解除房产买卖合同？为什么？

8. 丙公司能否以自己不是合同的真正当事人为由拒绝向丁公司承担连带责任？为什么？

9. 甲公司可否请求法院减少违约金数额？为什么？

设问1. 乙公司以其现有的及将有的生产设备等动产为甲公司的贷款设立的抵押是否成立？为什么？

答：(1)成立。(2)因为根据《物权法》规定，经当事人书面协议，乙公司可以现有的以及将有的生产设备、原材料、半成品、产品设定抵押，无须以登记为设立要件。

考点：动产浮动抵押的设立采登记对抗主义

设问2. 某银行是否必须先实现甲公司的房产的抵押权，后实现乙公司的现有的及将有的生产设备等动产的抵押权？为什么？

答：(1)不是。(2)因为甲公司房产抵押与乙公司现有的及将有的生产设备等动产的抵押没有明确约定抵押份额，属于连带抵押。(3)抵押权人(即银行)可以选择就任一财产实现抵押权。

考点：房产抵押与动产浮动抵押构成连带共同抵押，债权人可以选择主张

解题图构

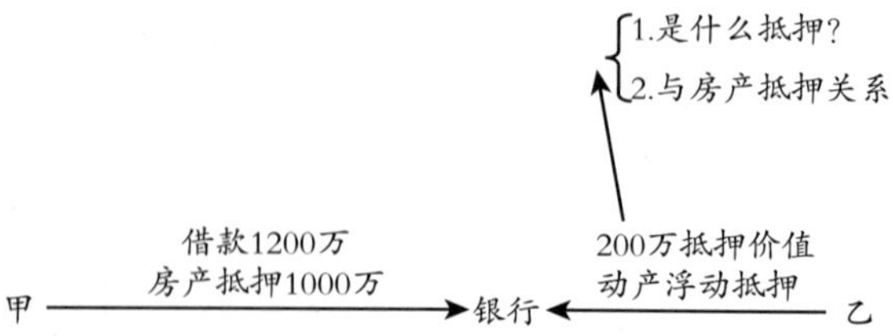

设问3. 甲公司与丙公司达成的备忘录效力如何？为什么？

答：(1)具有法律效力。(2)因为在法院依据竞买结果制作裁决书后，甲公司将房产过户给了丙公司，丙公司是房产所有人。(3)当事人对房产权属作的特别约定，不具有物权效力。(4)但是该备忘录没有违背法律的强制性规定，具有债权效力，丙公司对甲公司负有合同义务，即依约履行将房产过户给甲公司的义务。

解题图构

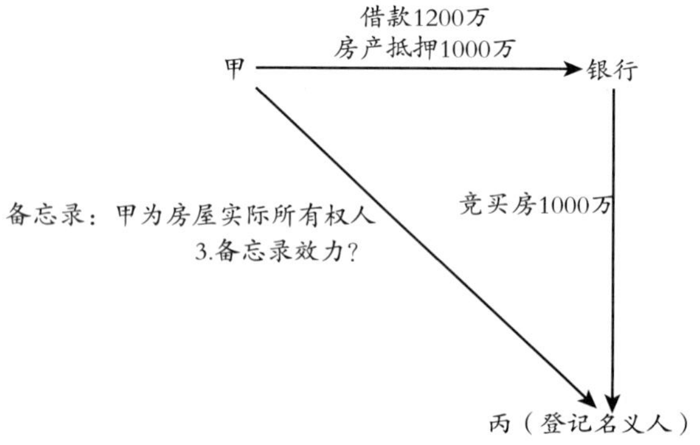

考点：合同效力与物权变动的区分原则

设问4. 丙公司与戊公司签订房产买卖合同效力如何？为什么？

答：(1)有效。(2)因为丙公司是房产所有权人，有权对房产进行处分，且就同一房产签订多份买卖合同，合同效力既不会仅因为房产没有过户而受影响，也不会仅因为是一物多卖而受影响。

考点：一房数卖、区分原则

解题图构

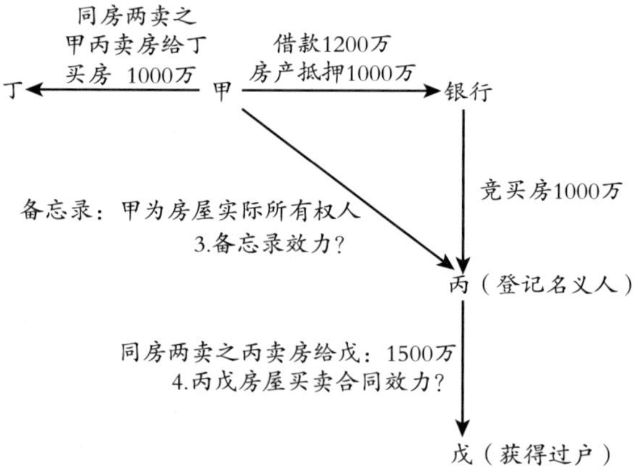

设问5. 丁公司是否有权拒绝履行支付400万元的义务？为什么？

答：(1)有权。(2)因为丁公司可以行使不安

抗辩权。①虽然在甲公司、丙公司与丁公司签订的房产买卖合同中约定,丁公司应先交首付,甲公司后办理房产过户。②但是,房产产权人丙公司在签约次日就和戊公司签订房产买卖合同。③该行为已经明确表明,甲公司有无法履行交房义务的可能。④作为先交首付款义务的丁方,有权行使不安抗辩权。

考点:不安抗辩权

解题图构

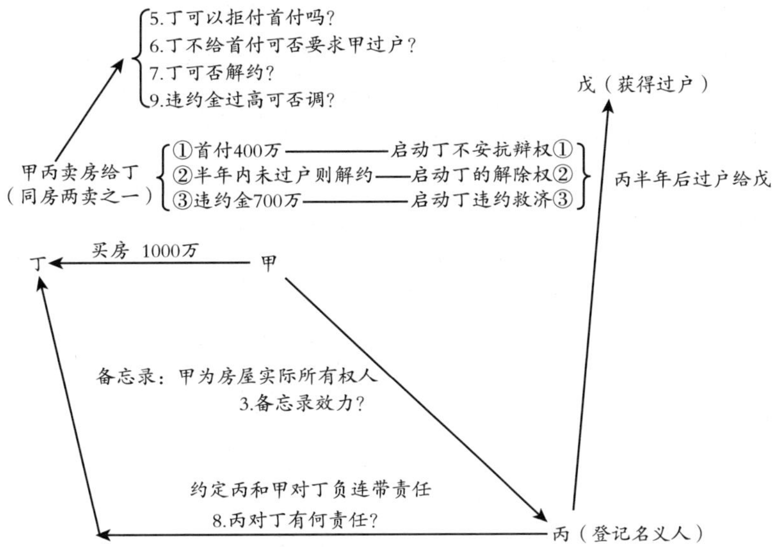

设问 6. 丁公司是否有权请求甲公司在自己未支付 400 万首付款的情况下先办理房产过户手续?为什么?

答:(1)无权。(2)因为甲公司可以行使先履行抗辩权。①甲公司办理房产过户手续的义务在后。②丁公司享有不安抗辩权,可以拒绝履行自己的先给付义务,但是不能以不安抗辩权要求甲公司履行在后的义务。

考点:先履行抗辩权和不安抗辩权;不安抗辩权可以防御,不能用来攻击;不安抗辩权不能阻止先履行抗辩权

解题图构

见设问 5 的图构。

设问 7. 丁公司能否解除房产买卖合同?为什么?

答:(1)能。(2)因为甲公司在合同订立半年内没有履行办理房产过户手续的义务,丁公司行使约定解除权的条件已经成就。

考点:约定解除权中解除事由成就,解除权产生

解题图构

见设问 5 的图构。

设问 8. 丙公司能否以自己不是合同的真正当事人为由拒绝向丁公司承担连带责任?为什么?

答:(1)不能。(2)因为甲公司、丙公司与丁公司签订房产买卖合同中约定丙公司和甲公司对合同的履行承担连带责任。该约定属于当事人真实意思表示,不违反法律、行政法规的强制性规定和社会公共利益,具有法律约束力。

考点:合同的效力和连带之债

解题图构

见设问 5 的图构

设问 9. 甲公司可否请求法院减少违约金数额?为什么?

答:(1)可以。(2)因为根据《合同法》和相关司法解释,合同约定的违约金超过造成损失的百分之三十,数额过分高于损失,当事人可以请求法院予以适当减少。

考点:违约金与损失相比 30% 浮动的调减

解题图构

见设问 5 图构

2010年司法考试试题

案情：甲公司委派业务员张某去乙公司采购大蒜，张某持盖章空白合同书以及采购大蒜授权委托书前往。

甲、乙公司于2010年3月1日签订大蒜买卖合同，约定由乙公司代办托运，货交承运人丙公司后即视为完成交付。大蒜总价款为100万元，货交丙公司后甲公司付50万元货款，货到甲公司后再付清余款50万元。双方还约定，甲公司向乙公司交付的50万元货款中包含定金20万元，如任何一方违约，需向守约方赔付违约金30万元。

张某发现乙公司尚有部分绿豆要出售，认为时值绿豆销售旺季，遂于2010年3月1日擅自决定与乙公司再签订一份绿豆买卖合同，总价款为100万元，仍由乙公司代办托运，货交丙公司后即视为完成交付。其他条款与大蒜买卖合同的约定相同。

2010年4月1日，乙公司按照约定将大蒜和绿豆交给丙公司，甲公司将50万元大蒜货款和50万元绿豆货款汇付给乙公司。按照托运合同，丙公司应在十天内将大蒜和绿豆运至甲公司。

2010年4月5日，甲、丁公司签订以120万元价格转卖大蒜的合同。4月7日因大蒜价格大涨，甲公司又以150万元价格将大蒜卖给戊公司，并指示丙公司将大蒜运交戊公司。4月8日，丙公司运送大蒜过程中，因山洪暴发大蒜全部毁损。戊公司因未收到货物拒不付款，甲公司因未收到戊公司货款拒绝支付乙公司大蒜尾款50万元。

后绿豆行情暴涨，丙公司以自己名义按130万元价格将绿豆转卖给不知情的己公司，并迅即交付，但尚未收取货款。甲公司得知后，拒绝追认丙公司行为，要求己公司返还绿豆。案例分析题（本题20分）

解题图构

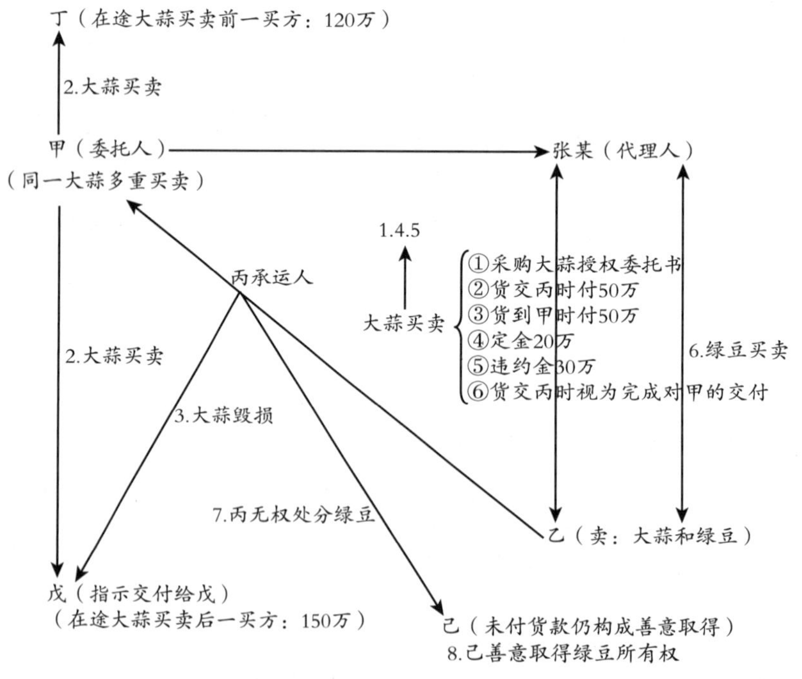

说明：图构中的1、2、3、4、5、6、7、8指向本题的8个小设问

问题：

1. 大蒜运至丙公司时，所有权归谁？为什么？

2. 甲公司与丁、戊公司签订的转卖大蒜的合同的效力如何？为什么？

3. 大蒜在运往戊公司途中毁损的风险由谁承担？为什么？

4. 甲公司能否以未收到戊公司的大蒜货款为由，拒绝向乙公司支付尾款？为什么？

5. 乙公司未收到甲公司的大蒜尾款，可否同时要求甲公司承担定金责任和违约金责任？为什么？

6. 甲公司与乙公司签订的绿豆买卖合同效力如何？为什么？

7. 丙公司将绿豆转卖给己公司的行为法律效力如何？为什么？

8. 甲公司是否有权要求己公司返还绿豆？为什么？

总考点：动产交付、双重买卖、在途买卖中所有权和风险的移转、合同的相对性、定金和违约金的适用关系、无权代理、无权处分、善意取得

设问1. 大蒜运至丙公司时，所有权归谁？为什么？

答：(1)甲公司。(2)因为大蒜是动产，除合同有特别约定外，以交付作为其所有权转移的标志。(3)甲公司和乙公司约定，大蒜交给丙公司时视为完成交付，故此时甲公司是大蒜所有权人。

考点：基于法律行为的动产物权变动：交付变动动产物权

解题图构

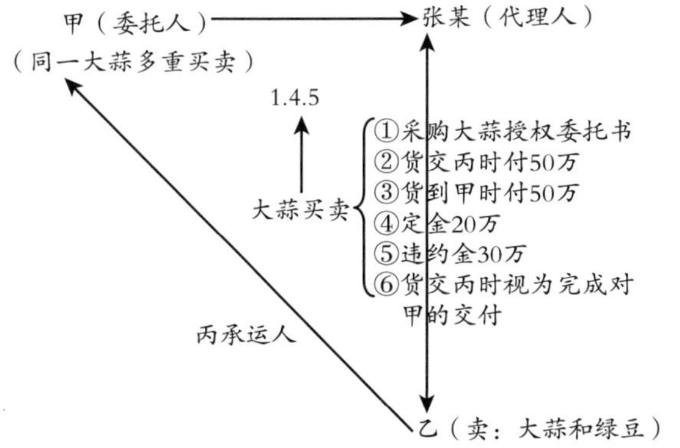

设问2. 甲公司与丁、戊公司签订的转卖大蒜的合同的效力如何？为什么？

答：(1)有效。(2)大蒜在交付之前，甲公司仍有所有权，享有处分权，出卖人就同一标的物订立的多重买卖合同，合同的效力相互之间是不排斥的。

考点：动产"一物数卖"各个合同都有效

解题图构

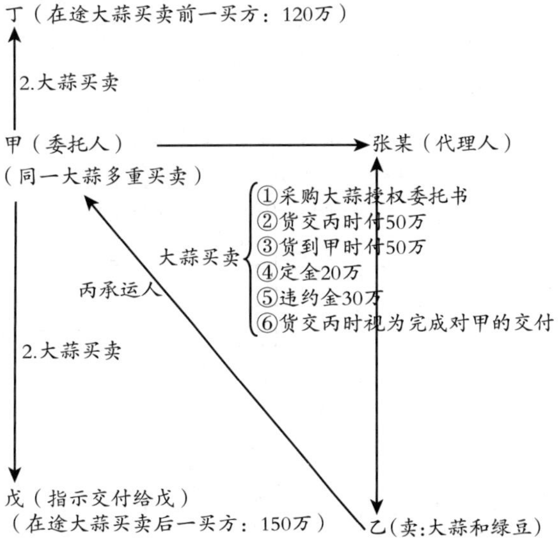

设问3. 大蒜在运往戊公司途中毁损的风险由谁承担？为什么？

答：(1)戊公司承担。(2)在途货物的买卖，自买卖合同签订之日起，标的物意外毁损灭失的风险由买方承担。(3)故大蒜毁损灭失的风险由买方戊公司承担。

考点：在途大蒜买卖，两次在途大蒜买卖，后一次买卖合同签订时归后一个买方戊承担风险

解题图构

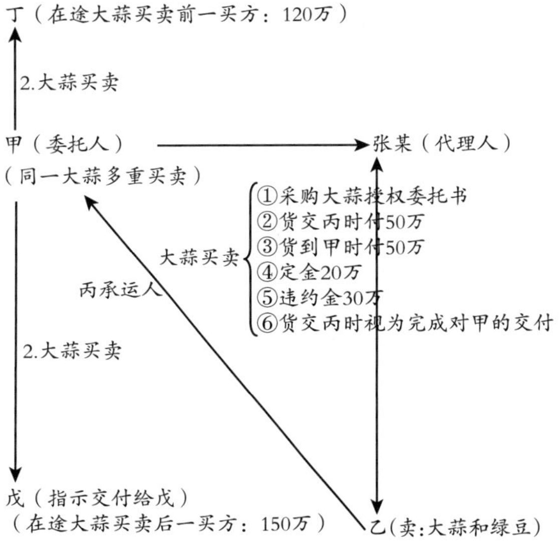

设问4. 甲公司能否以未收到戊公司的大蒜货款为由，拒绝向乙公司支付尾款？为什么？

答:(1)不能。(2)因为合同具有相对性,甲、乙公司是大蒜购销合同的当事人,甲公司不能因为第三人戊公司的原因拒付尾款。

考点:合同的相对性

解题图构

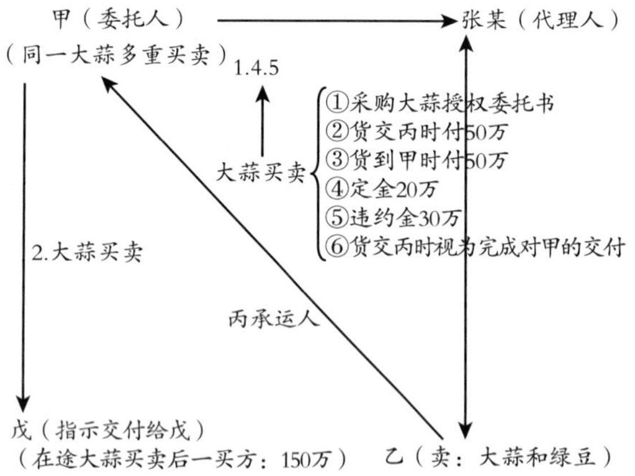

设问5. 乙公司未收到甲公司的大蒜尾款,可否同时要求甲公司承担定金责任和违约金责任?为什么?

答:(1)不能。(2)因为甲公司和乙公司大蒜购销合同中既约定定金又约定违约金,乙公司只能选择适用违约金或者定金。

考点:违约金责任和定金责任不能同时并用

解题图构

见设问4图构

设问6. 甲公司与乙公司签订的绿豆买卖合同效力如何?为什么?

答:(1)有效。(2)因为甲公司通过向乙公司支付50万元绿豆货款的行为,表示其已对张某无权代理行为进行了追认。

考点:通过付款行为追认无权代理合同有效

解题图构

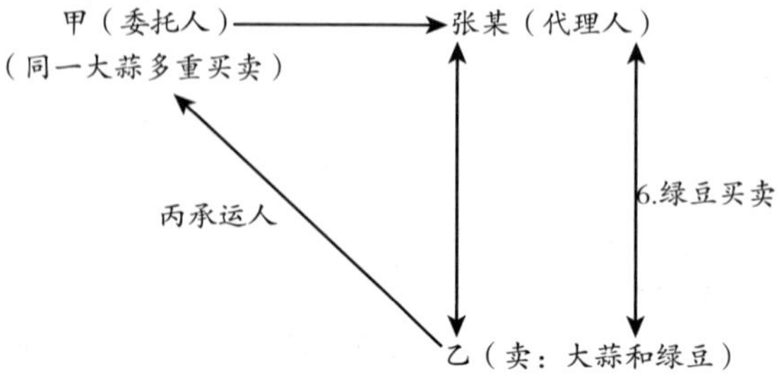

设问7. 丙公司将绿豆转卖给己公司的行为法律效力如何?为什么?

答:司法部原公布的答案:(1)无效。(2)丙公司的转卖行为属无权处分(效力待定)行为,因为甲公司拒绝追认丙公司行为。根据《关于审理买卖合同纠纷案件适用法律问题的解释》第3条,将本题答案修改为:有效。无权处分签订的买卖合同,如无其他效力瑕疵,无权处分本身不影响买卖合同的效力。绿豆所有权人甲是否追认,也不影响丙己公司之间绿豆买卖合同的效力。

考点:无权处分买卖合同有效

解题图构

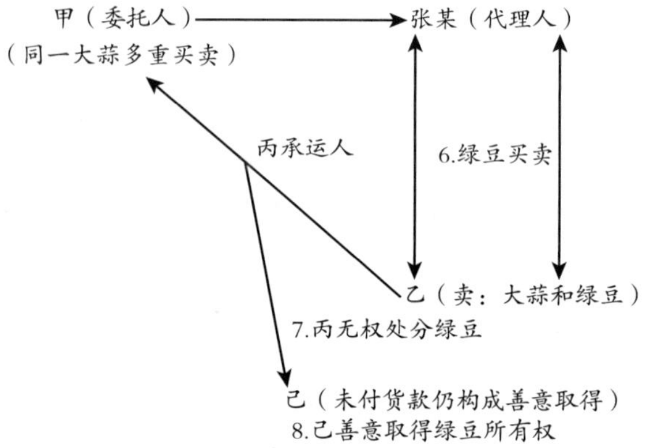

设问8. 甲公司是否有权要求己公司返还绿豆?为什么?

答:(1)无权。(2)因为己公司构成善意取得。

考点:未支付价款但满足其他条件仍构成善意取得

解题图构

见设问7的图构

2009年主观案例分析题

案情：2005年1月1日，甲与乙口头约定，甲承租乙的一套别墅，租期为五年，租金一次付清，交付租金后即可入住。洽谈时，乙告诉甲屋顶有漏水现象。为了尽快与女友丙结婚共同生活，甲对此未置可否，付清租金后与丙入住并办理了结婚登记。

入住后不久别墅屋顶果然漏水，甲要求乙进行维修，乙认为在订立合同时已对漏水问题提前作了告知，甲当时并无异议，仍同意承租，故现在乙不应承担维修义务。于是，甲自购了一批瓦片，找到朋友开的丁装修公司免费维修。丁公司派工人更换了漏水的旧瓦片，同时按照甲的意思对别墅进行了较大装修。更换瓦片大约花了10天时间，装修则用了一个月，乙不知情。更换瓦片时，一名工人不慎摔伤，花去医药费数千元。

2005年6月，由于新换瓦片质量问题，别墅屋顶出现大面积漏水，造成甲一万余元财产损失。

2006年4月，甲遇车祸去世，丙回娘家居住。半年后丙返回别墅，发现戊已占用别墅。原来，2004年12月甲曾向戊借款10万元，并亲笔写了借条，借条中承诺在不能还款时该别墅由戊使用。在戊向乙出示了甲的亲笔承诺后，乙同意戊使用该别墅，将房屋的备用钥匙交付于戊。（本题22分）

解题图构

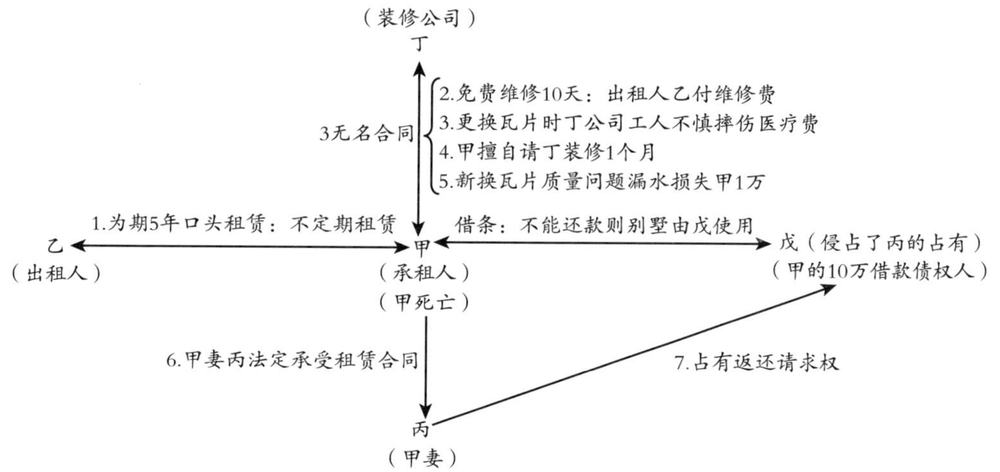

说明：图构中1、2、3、4、5、6、7是本题的7个小设问

总考点：租赁合同、无因管理、无名合同、用人单位责任、占有返还请求权

问题：

1. 甲乙之间租赁合同的期限如何确定？理由是什么？如乙欲解除与甲的租赁合同，应如何行使权利？

2. 别墅维修及费用负担问题应如何处理？理由是什么？

3. 甲丁之间存有什么法律关系？其内容和适用规则如何？摔伤工人的医药费用、损失应如何处理？理由是什么？

4. 别墅装修问题应如何处理？理由是什么？

5. 甲是否有权请求乙赔偿因2005年6月屋顶漏水所受损失？理由是什么？

6. 丙可否行使对别墅的承租使用权？理由是什么？

7. 丙应如何向戊主张自己的权利？理由是

什么？

设问 1. 甲乙之间租赁合同的期限如何确定？理由是什么？如乙欲解除与甲的租赁合同，应如何行使权利？

答：(1)为不定期租赁。(2)租赁期限 6 个月以上，当事人未采取书面形式的，视为不定期租赁。(3)乙可以随时解除合同，但应当在合理期限前通知承租人。

考点：租期超过 6 个月的口头租赁合同是不定期租赁合同；出租人可随时解除但应合理期限前通知承租人

解题图构

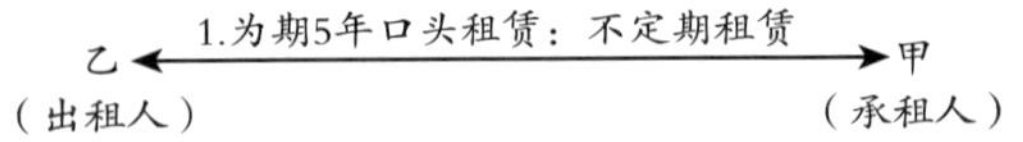

设问 2. 别墅维修及费用负担问题应如何处理？理由是什么？(2013 年卷四第 3 问)

答：(1)甲有权要求乙在合理期限内维修。乙未履行维修义务，甲可以自行维修，维修费用由乙负担。(2)甲的维修属于无因管理人的行为，由乙承担其支出的必要费用。瓦片质量问题不影响乙对该项义务的承担。

(3)因维修影响了甲的使用，应当相应减少租金或延长租期。但装修期间不在延长租期的范围。

考点：出租人乙负责租赁物的维修义务；怠于维修承租人可自行维修，费用由出租人付；承租人维修属于无因管理；维修期间要扣除租金或延长租期；擅自装修期间耽搁居住承租人自负

解题图构

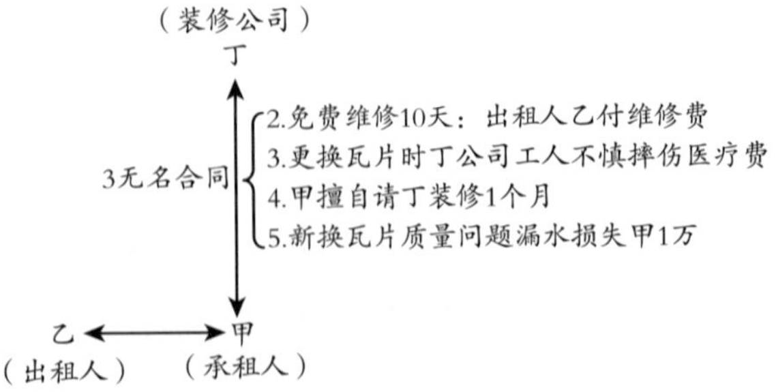

设问 3. 甲丁之间存有什么法律关系？其内容和适用规则如何？(2012 年卷四第 1 问信用卡法律关系)摔伤工人的医药费用、损失应如何处理？理由是什么？

答：(1)甲、丁之间属于无名合同，应适用《合同法》总则的相关规定，并可参照《合同法》分则或其他法律最相类似的规定，例如，费用承担问题适用赠与合同的规则，完成工作问题适用承揽合同规则。(2)应由丁承担。因为丁为雇主，应对雇员在从事雇用活动中遭受的人身损害承担赔偿责任。

考点：无名合同法律适用之类推适用规则(免费维修之赠与合同＋装修之加工承揽合同)；用人单位责任

解题图构

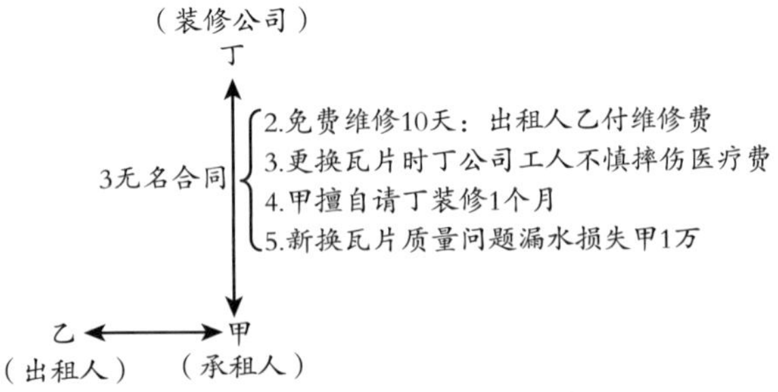

设问 4. 别墅装修问题应如何处理？理由是什么？(2013 年卷四第 4 问经同意装修空调)

答：(1)乙可以要求甲恢复原状或赔偿损失。(2)理由是承租人未经出租人同意，对租赁物进行改装或增设他物的，出租人可以要求承租人恢复原状或赔偿损失。

考点：承租人擅自装修，出租人可要求恢复原状或赔偿损失

解题图构

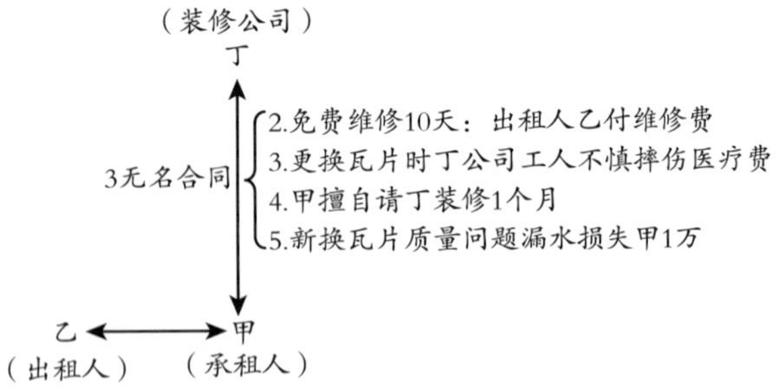

设问 5. 甲是否有权请求乙赔偿因 2005 年 6 月屋顶漏水所受损失？理由是什么？

答：(1)无权。(2)造成第二次漏水是甲自身的原因，乙无过错，因此损失应由甲自行承担。

考点：违约责任；过错侵权

解题图构

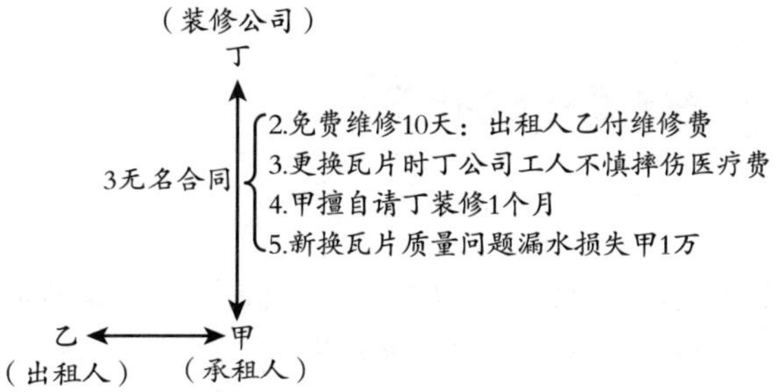

设问 6. 丙可否行使对别墅的承租使用权？理由是什么？

答：(1)丙有权对乙主张自己基于原租赁合同对该别墅的承租使用权。(2)因为承租人在房屋租赁期间死亡的，与其生前共同居住的人可以按照原租赁合同租赁该房屋。

考点：承租人死亡，与承租人生前共同居住的人可以法定承受房屋租赁合同

解题图构

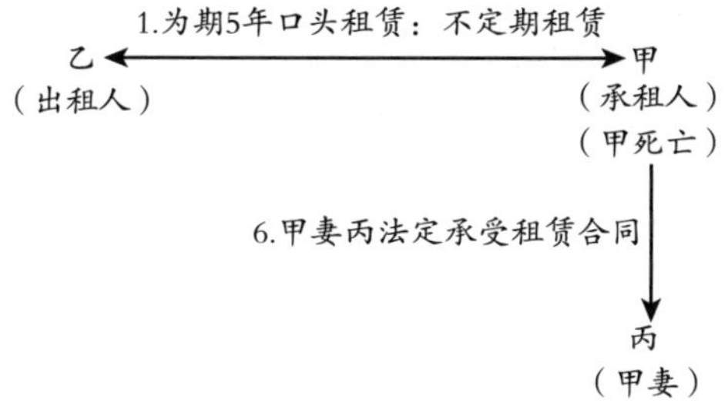

设问 7. 丙应如何向戊主张自己的权利？理由是什么？

答：(1)丙有权请求戊返还原物。(2)因为丙根据《合同法》的规定是合法占有人，有权请求侵占人返还原物。

解题图构

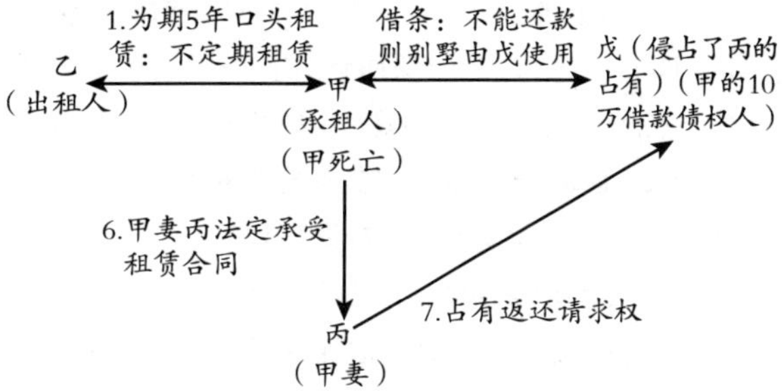

2008 年主观案例分析题

案情：A 房地产公司（下称 A 公司）与 B 建筑公司（下称 B 公司）达成一项协议，由 B 公司为 A 公司承建一栋商品房。合同约定，标的总额 6000 万元，8 个月交工，任何一方违约，按合同总标的额 20% 支付违约金。合同签订后，为筹集工程建设资金，A 公司用其建设用地使用权作抵押向甲银行贷款 3000 万元，乙公司为此笔贷款承担保证责任，但对保证方式未作约定。

B 公司未经 A 公司同意，将部分施工任务交给丙建筑公司施工，该公司由张、李、王三人合伙出资组成。施工中，工人刘某不慎掉落手中的砖头，将路过工地的行人陈某砸成重伤，花去医药费 5000 元。

A 公司在施工开始后即进行商品房预售。丁某购买了 1 号楼 101 号房屋，预交了 5 万元房款，约定该笔款项作为定金。但不久，A 公司又与汪某签订了一份合同，将上述房屋卖给了汪某，并在房屋竣工后将该房的产权证办理给了汪某。汪某不知该房已经卖给丁某的事实。

汪某入住后，全家人出现皮肤瘙痒、流泪、头晕目眩等不适。经检测，发现室内甲醛等化学指标严重超标。但购房合同中未对化学指标作明确约定。

因 A 公司不能偿还甲银行贷款，甲银行欲对 A 公司开发的商品房行使抵押权。（本题 23 分）

总考点：违约责任变更请求权、用人单位责任、合同债务承担、地面施工致人损害、保证性质、建筑用地使用权抵押、善意取得、履行不能、合同解除、建设工程价款优先受偿权

解题图构

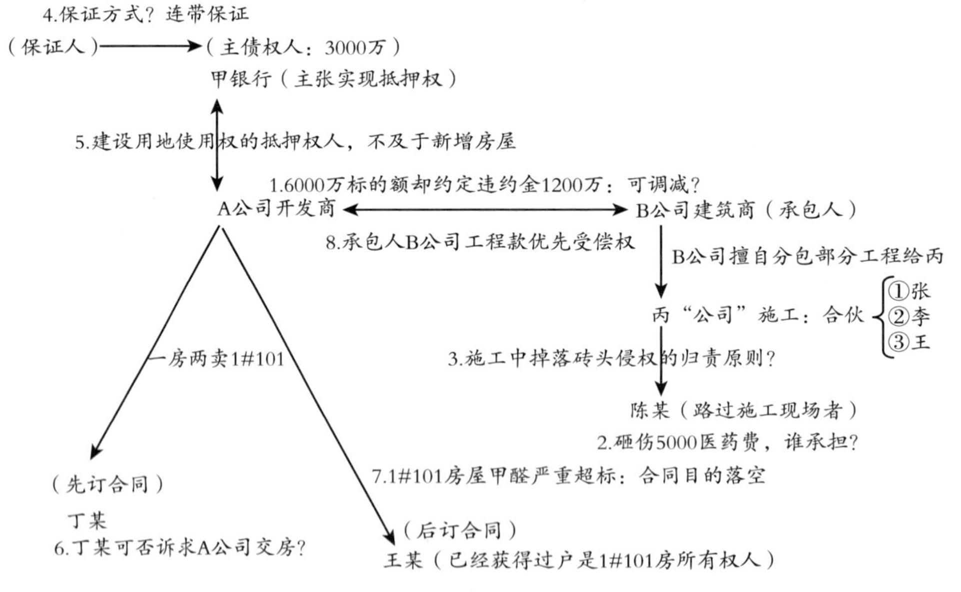

说明：图构中 1、2、3、4、5、6、7、8 指向本题的 8 个小设问

问题：

1. 若 B 公司延期交付工程半个月，A 公司以此提起仲裁，要求支付合同总标的额 20% 即 1200 万元违约金，你作为 B 公司的律师，拟提出何种请求以维护 B 公司的利益？依据是什么？

2. 对于陈某的损失，应由谁承担责任？如何承担责任？为什么？

3. 对于陈某的赔偿，应当适用何种归责原则？

依据是什么？

4. 对于乙公司的保证责任，其性质应如何认定？理由是什么？

5. 若甲银行行使抵押权，其权利标的是什么？甲银行如何实现自己的抵押权？

6. 丁某在得知房屋卖给汪某后，向法院提起诉讼，要求 A 公司履行合同交付房屋，其主张应否得到支持？为什么？

7. 汪某现欲退还房屋，要回房款。你作为汪某的代理人，拟提出何种请求维护汪某的利益？依据是什么？

8. 如果 A 公司不能向 B 公司支付工程款，B 公司可对 A 公司提出什么请求？

设问 1. 若 B 公司延期交付工程半个月，A 公司以此提起仲裁，要求支付合同总标的额 20% 即 1200 万元违约金，你作为 B 公司的律师，拟提出何种请求以维护 B 公司的利益？依据是什么？

答：(1) 请求仲裁机构减少违约金。(2) 合同法规定，约定的违约金过分高于实际损失的，当事人可以请求法院或仲裁机构予以适当减少。

考点：违约金过高的调低规则

解题图构

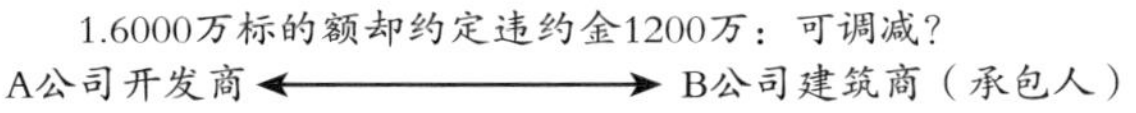

设问 2. 对于陈某的损失，应由谁承担责任？如何承担责任？为什么？

答：(1) 应当由丙建筑公司承担责任。(2) 因刘某系丙公司的雇员，其在执行雇主指令（或执行工作任务）中致人损害由雇主承担责任。(3) 由于丙公司系合伙企业，故由张、李、王实际承担连带赔偿责任。

考点：施工侵权主体是实际施工人而不是发包人或分包人；用人单位对员工职务行为无过错替代责任；合伙人对合伙债务负无限连带责任

解题图构

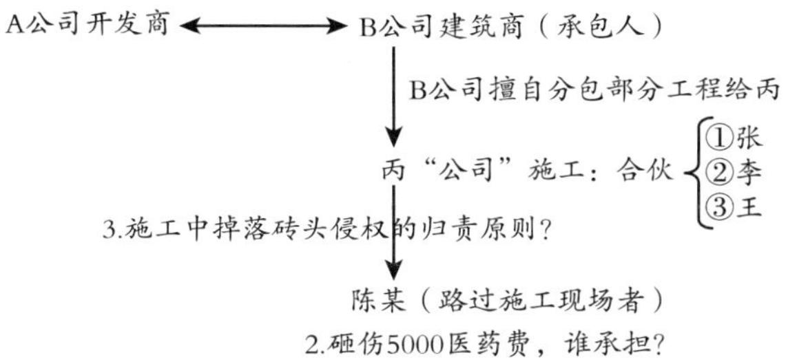

设问 3. 对于陈某的赔偿，应当适用何种归责原则？依据是什么？

答：应当适用过错推定原则。民法通则规定地面施工致人损害适用过错推定。

考点：地面施工致人损害的归责原则是过错责任原则，具体操作方式是过错推定

解题图构

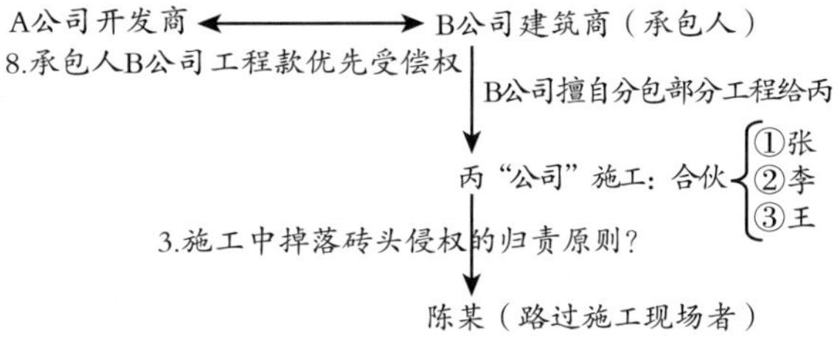

设问 4. 对于乙公司的保证责任，其性质应如何认定？理由是什么？

答：乙公司的保证责任性质属于连带责任保证。担保法规定对保证责任性质约定不明的，保证人承担连带责任保证。

考点：未约定保证方式，则推定为连带责任保证

解题图构

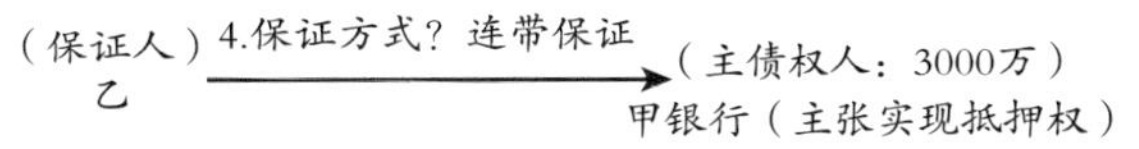

设问 5. 若甲银行行使抵押权，其权利标的是什么？甲银行如何实现自己的抵押权？

答：甲银行的抵押权标的为土地使用权，不包括商品房。物权法规定建设用地使用权抵押后，该土地上新增的建筑物不属于抵押财产。甲银行实现抵押权时可以将商品房一并处分，但不能就商品房所得价款优先受偿。

考点：建设用地使用权抵押

解题图构

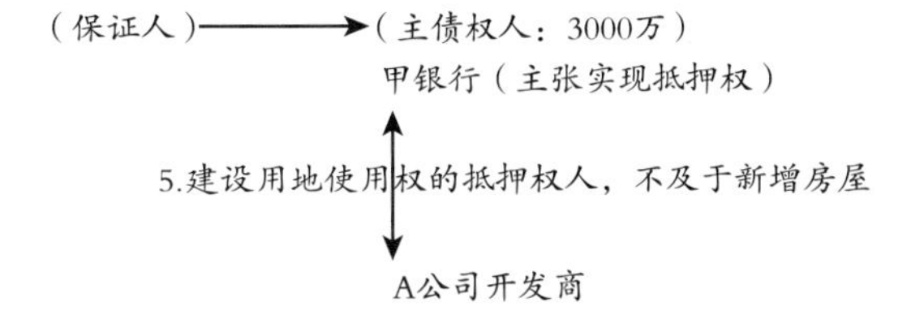

设问 6. 丁某在得知房屋卖给汪某后，向法院提起诉讼，要求 A 公司履行合同交付房屋，其主张应否得到支持？为什么？

答:不能得到支持,因为汪某已经取得商品房的所有权,不动产以登记作为物权变动的依据。

考点:一房数卖合同有效;后买者已经获得房屋过户,前买者不得主张过户房屋,因"过户"属于履行不能

解题图构

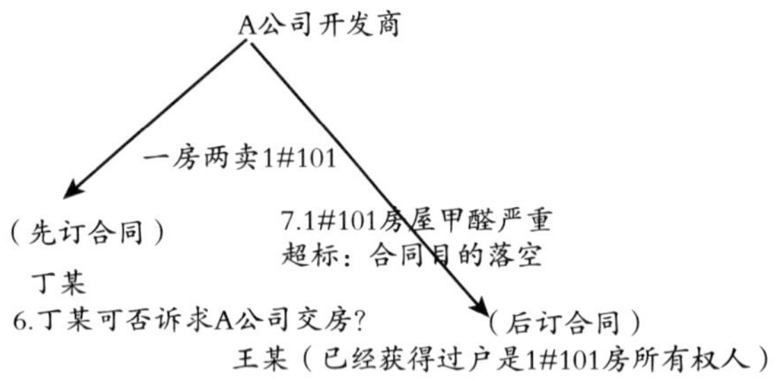

设问7. 汪某现欲退还房屋,要回房款。你作为汪某的代理人,拟提出何种请求维护汪某的利益?依据是什么?

答:请求解除合同,因为A公司构成严重违约,房屋无法居住,不能实现合同目的。

考点:合同漏洞填补之交付房屋质量要求;开发商根本违约购房人可解除合同

解题图构

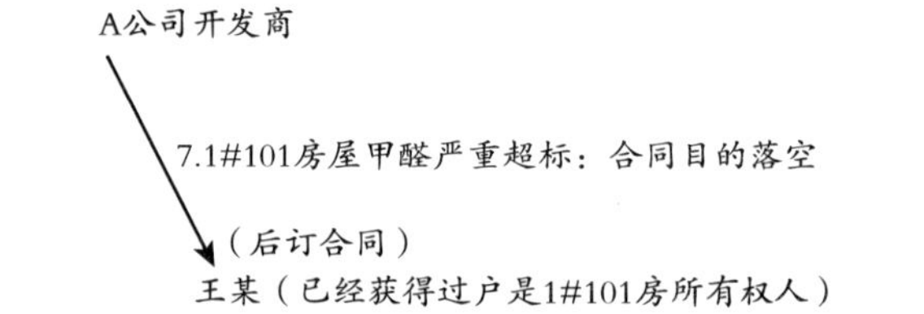

设问8. 如果A公司不能向B公司支付工程款,B公司可对A公司提出什么请求?

答:B公司可向A公司主张违约责任或者对建设工程主张优先权。

考点:建设工程价款优先权

解题图构

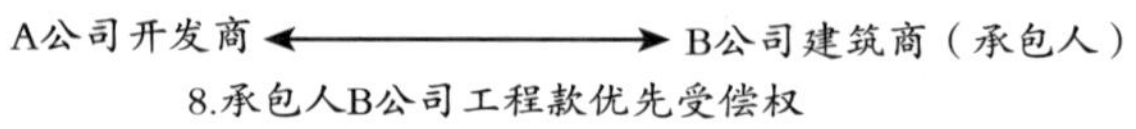

2008年四川延考卷　主观案例分析题

案情：2007年1月，甲不慎遗失其手袋，内有其名贵玉镯一只。乙拾得后，按照手袋内的名片所示积极寻找失主，与甲取得了联系，将玉镯归还给了甲。

2007年5月，甲与丙结婚。甲、丙合计开设一家茶馆，茶馆办理工商登记注明的开办人为甲。因急需资金，甲持玉镯到信达典当行典当，经商议，玉镯出典，获资金8万元，约定3个月后赎回。

因缺乏经验，茶馆惨淡经营，终致难以为继，2008年8月甲、丙决定关闭茶馆。此时茶馆对外负债2万元。

同年9月，甲、丙自觉缘分已尽，协议离婚。（本题23分）

解题图构

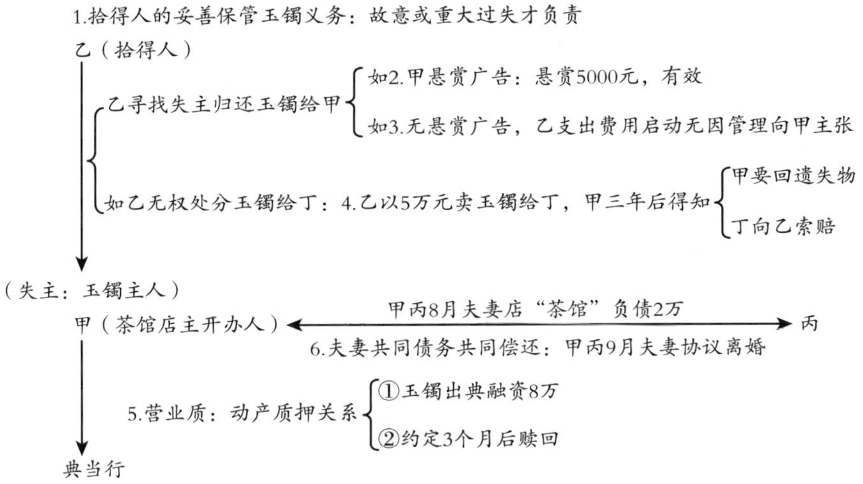

说明：图构中的1、2、3、4、5、6指向本题的6个小设问。

问题：

设问1. 设，在乙向甲交还玉镯之前，乙不慎将玉镯摔裂，乙是否应当承担赔偿责任？为什么？

答：(1)乙不承担赔偿责任。(2)法律依据：《物权法》第111条，“拾得人在遗失物送交有关部门前，有关部门在遗失物被领取前，应当妥善保管遗失物。因故意或者重大过失致使遗失物毁损、灭失的，应当承担民事责任。”(2)本题中，拾得人乙仅系一般过失，故不负赔偿责任。

考点： 拾得人的过错责任，限于故意或重大过失

解题图构

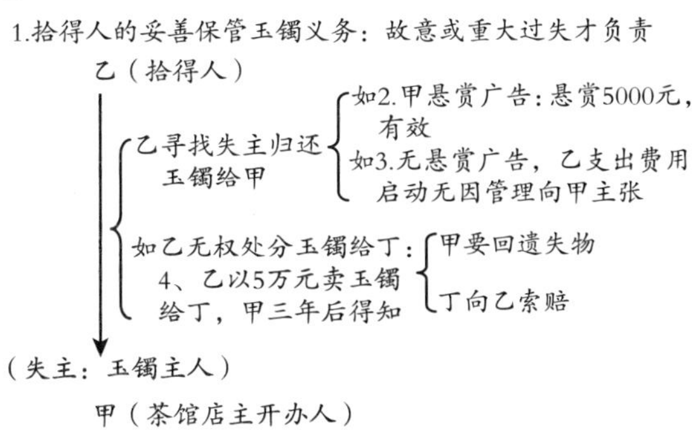

设问2. 设，甲在丢失玉镯后焦急万分，遂在遗失场所张贴数份启事，称若有人能够找到玉镯并送还，愿以现金5000元酬谢。乙依此启事要求甲支付5000元时，甲提出，由于此玉是祖传，丢失之际一时

心急才张贴启事，实非内心真实意愿，故请乙给予谅解，不能支付该笔酬金。在此情况下，乙的请求应否得到支持？为什么？

答：(1)乙的请求应当得到支持。(2)法律依据：《物权法》第112条："权利人悬赏寻找遗失物的，领取遗失物时应当按照承诺履行义务。"(3)甲张贴启事的行为属于悬赏广告，具有约束力，故乙有权要求甲支付悬赏广告的赏金。

考点：归还遗失物中的悬赏广告

解题图构

见设问1的小图构。

设问3. 设，甲并未张贴上述启事，乙寻找到甲，将玉镯奉还，但要求甲承担其为寻找失主所花费的电话费、车费、工时费320元。在此情况下，乙的行为性质应如何认定？为什么？其请求应否得到支持？

答：(1)乙的行为属于无因管理。(2)其请求应当得到支持，因其属于实施无因管理行为所发生的合理或必要费用。

考点：拾得遗失物中的无因管理

解题图构

见设问1的小图构。

设问4. 设，乙拾得玉镯后将其以5万元卖给不知情的第三人丁，甲三年后得知此事，可否请求丁返还？为什么？丁如何保护自己的权益？

答：(1)甲可以。(2)依《物权法》第107条："所有权人或者其他权利人有权追回遗失物。该遗失物通过转让被他人占有的，权利人有权向无处分权人请求损害赔偿，或者自知道或者应当知道受让人之日起二年内向受让人请求返还原物，但受让人通过拍卖或者向具有经营资格的经营者购得该遗失物的，权利人请求返还原物时应当支付受让人所付的费用。权利人向受让人支付所付费用后，有权向无处分权人追偿。"(3)遗失物不适用善意取得，故只要失主在知道受让人之日起两年内要求受让人返还，此权利即可实现。(4)故本题中，甲刚刚得知此事，得要求受让人返还。(5)丁可以向乙请求赔偿。

考点：遗失物不适用善意取得；2年内失主知情后可追回遗失物；购买遗失物者向无权处分人索赔

解题图构

见设问1的小图构。

设问5. 甲将玉镯典给典当行，形成什么性质的法律关系？若3个月后甲未去赎回玉镯，将产生什么样的法律后果？

答：(1)形成动产质押法律关系，属于动产质押中的营业质。(2)若甲不能按期赎回，玉镯归典当行所有。

考点：动产质押的营业质

设问6. 甲、丙离婚时茶馆对外所欠2万元债务仍未清偿。在此情况下，债权人如何主张自己的权益？

答：债权人可向甲、丙主张连带清偿责任。

考点：夫妻债务共同偿还

2007 年主观案例分析题

案情:2007 年 2 月 10 日,甲公司与乙公司签订一份购买 1000 台 A 型微波炉的合同,约定由乙公司 3 月 10 日前办理托运手续,货到付款。

乙公司如期办理了托运手续,但装货时多装了 50 台 B 型微波炉。

甲公司于 3 月 13 日与丙公司签订合同,将处于运输途中的前述合同项下的 1000 台 A 型微波炉转卖给丙公司,约定货物质量检验期为货到后 10 天内。

3 月 15 日,上述货物在运输途中突遇山洪暴发,致使 100 台 A 型微波炉受损报废。

3 月 20 日货到丙公司。4 月 15 日丙公司以部分货物质量不符合约定为由拒付货款,并要求退货。

顾客张三从丙公司处购买了一台 B 型微波炉,在正常使用过程中微波炉发生爆炸,致张三右臂受伤,花去医药费 1200 元。(本题 23 分)

解题图构

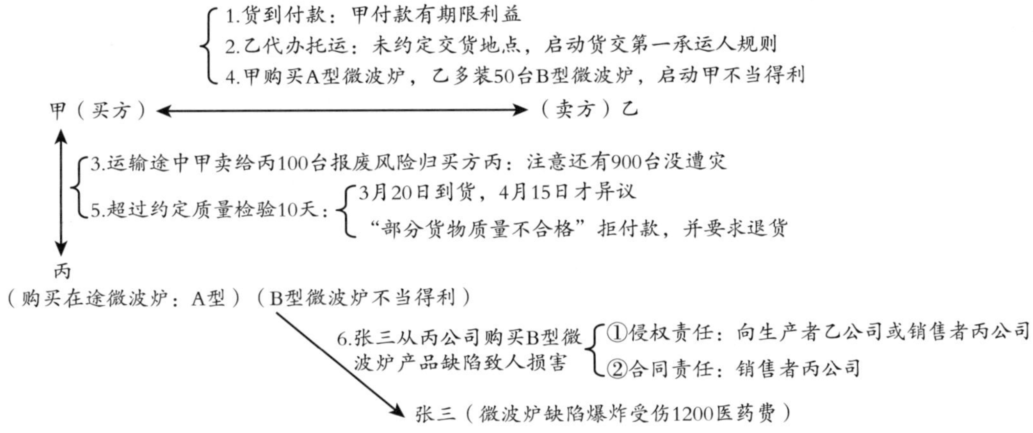

说明:图构中 1、2、3、4、5、6 指向本题的 6 个小设问

问题:

1. 如乙公司在办理完托运手续后即请求甲公司付款,甲公司应否付款?为什么?

2. 乙公司办理完托运手续后,货物的所有权归谁?为什么?

3. 对因山洪暴发报废的 100 台微波炉,应当由谁承担风险损失?为什么?

4. 对于乙公司多装的 50 台 B 型微波炉,应当如何处理?为什么?

5. 丙公司能否拒付货款和要求退货?为什么?

6. 张三可向谁提出损害赔偿请求?为什么?

总考点:合同的履行、动产物权的变动与交付、在途货物的买卖、不当得利、买卖合同标的物的检验、产品责任

设问 1. 如乙公司在办理完托运手续后即请求甲公司付款,甲公司应否付款?为什么?

答:(1)不应当。(2)因为合同约定货到付款,而实际上货未到。

考点:买卖合同中付款一方的期限利益

解题图构

1.货到付款：甲付款有期限利益
2.乙代办托运：未约定交货地点，启动货交第一承运人规则
4.甲购买A型微波炉，乙多装50台B型微波炉，启动甲不当得利

甲（买方）←————→（卖方）乙

设问2.乙公司办理完托运手续后，货物的所有权归谁？为什么？

答：(1)属于甲公司。(2)因为交付已经完成。

考点：基于法律行为动产物权因交付而变动；交付的地点判断之第一承运人规则

解题图构

1.货到付款：甲付款有期限利益
2.乙代办托运：未约定交货地点，启动货交第一承运人规则
4.甲购买A型微波炉，乙多装50台B型微波炉，启动甲不当得利

甲（买方）←————→（卖方）乙

设问3.对因山洪暴发报废的100台微波炉，应当由谁承担风险损失？为什么？

答：(1)由丙公司承担。(2)因为出卖人出卖交由承运人运输的在途标的物的意外灭失风险自合同成立时由买受人承担。

考点：在途货物买卖风险在订立合同时归买方丙承担

解题图构

甲（买方）←————→（卖方）乙
↕
3.运输途中甲卖给丙100台报废风险归买方丙：注意还有900台没遭灾
5.超过约定质量检验10天：3月20日到货，4月15日才异议“部分货物质量不合格”拒付款，并要求退货
丙
（购买在途微波炉：A型）（B型微波炉不当得利）

设问4.对于乙公司多装的50台B型微波炉，应当如何处理？为什么？

答：(1)乙公司有权请求丙公司返还。(2)因为属于不当得利。

考点：买卖合同中多交标的物，买方构成不当得利

解题图构

1.货到付款：甲付款有期限利益
2.乙代办托运：未约定交货地点，启动货交第一承运人规则
4.甲购买A型微波炉，乙多装50台B型微波炉，启动甲不当得利

甲（买方）←————→（卖方）乙

设问5.丙公司能否拒付货款和要求退货？为什么？

答：(1)无权拒绝付款和要求退货。(2)因为合同约定了质量检验期间，丙公司在此期间未提出异议，视为质量符合要求。

考点：约定质量检验期未提出异议，货物质量视为符合约定。

解题图构

甲（买方）←————→（卖方）乙
↕
3.运输途中甲卖给丙100台报废风险归买方丙：注意还有900台没遭灾
5.超过约定质量检验10天：3月20日到货，4月15日才异议“部分货物质量不合格”拒付款，并要求退货
丙
（购买在途微波炉：A型）（B型微波炉不当得利）

设问6.张三可向谁提出损害赔偿请求？为什么？

答：(1)张三可向丙公司索赔，也可向乙公司索赔。(2)因为对因产品缺陷造成的人身损害，受害人有权向其制造者或销售者索赔。

考点：产品缺陷侵权责任；合同责任；加害给付

解题图构

丙
（购买在途微波炉：A型）
（B型微波炉不当得利）
↘
6.张三从丙公司购买B型微波炉产品缺陷致人损害：①侵权责任：向生产者乙公司或销售者丙公司；②合同责任：销售者丙公司
↘
张三（微波炉缺陷爆炸受伤1200医药费）

2006 年主观案例分析题

案情：王某与甲公司于2004年2月签订合同，约定王某以40万元向甲公司购买1辆客车，合同签订之日起1个月内支付30万元，余款在2006年2月底前付清，并约定在王某付清全款之前该车所有权仍属甲公司。王某未经其妻同意，以自家住房（婚后购买，房产证登记所有人为王某）向乙银行抵押借款30万元，并办理了抵押登记。王某将30万元借款支付给甲公司后购回客车。王某请张某负责跟车经营，并商定张某按年终纯收入的5%提成，经营中发生的一切风险责任由王某承担。

2005年6月，该车营运途中和一货车相撞，车内乘客李某受重伤，经救治无效死亡。客车因严重受损被送往丁厂修理，需付费3万元。经有关部门认定，货车驾驶员唐某违章驾驶，应对该交通事故负全责。后王某以事故责任在货车方为由拒付修理费，丁厂则拒绝交车。2005年12月，因王某借款到期未还，乙银行申请法院对该客车采取财产保全措施，并请求对王某住房行使抵押权。（本题16分）

解题图构

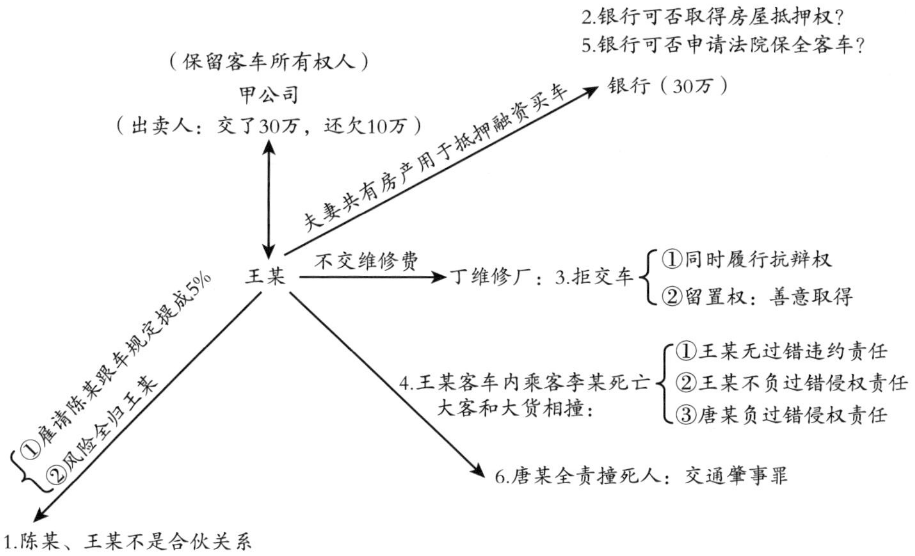

说明：图构中的1、2、3、4、5、6指向本题的6个小设问

问题：

1. 王某和张某之间是否成立合伙关系？为什么？

2. 乙银行能否对王某住房行使抵押权？为什么？

3. 丁厂拒绝交车是否合法？为什么？

4. 王某应否对李某的继承人承担支付赔偿金的责任？为什么？

5. 法院对客车采取财产保全措施是否合法？为什么？

6. 唐某应否承担刑事责任？为什么？

总考点：合伙的成立、夫妻共同财产、留置权、同时履行抗辩权、运输合同、财产保全、交通肇事罪

设问：1 王某和张某之间是否成立合伙关系？为什么？

答：(1)不成立合伙关系。(2)因王某聘请张某

属于雇佣关系，王某既未出资，也不承担风险，不符合合伙关系的特征。

考点：拿规定提成不承担风险，不是合伙人(是"员工"，不是老板)

解题图构

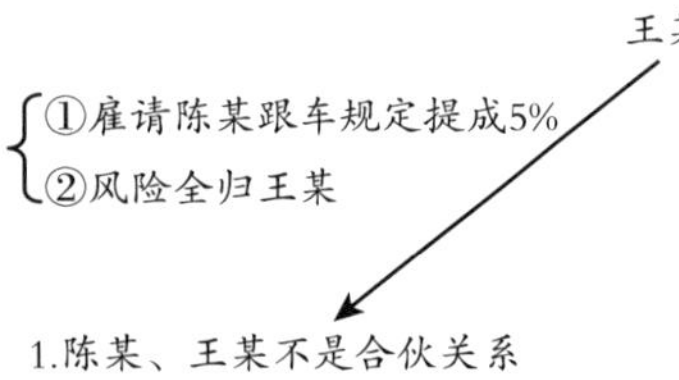

设问：2 乙银行能否对王某住房行使抵押权？为什么？

答：(1)不能。(2)因为该住房属于王某夫妻共同财产，未经共有权人其妻的同意进行抵押，该抵押无效。(该题需要对题干信息进行增补，即银行是否善意)

考点：共有房产设立抵押的效力

解题图构

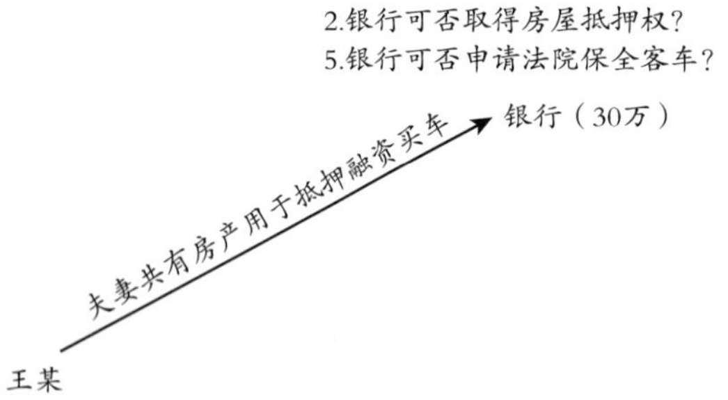

设问：3 丁厂拒绝交车是否合法？为什么？

答：合法，因为丁厂作为承揽人可行使留置权或同时履行抗辩权。

考点：留置权的善意取得和同时履行抗辩权

解题图构

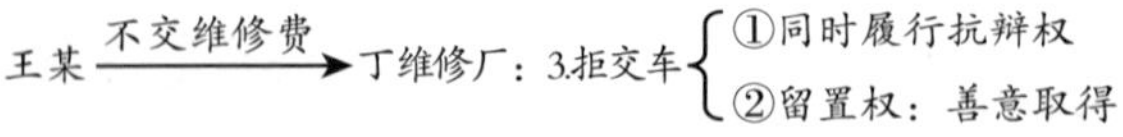

设问：4 王某应否对李某的继承人承担支付赔偿金的责任？为什么？

答：(1)应当。(2)因为王某与李某之间成立运输合同关系，王某应承担违约责任或侵权责任(根据《道路交通安全法》应删除侵权责任，因为车和车内人，王某无过错不负侵权责任)，对李某的违约赔偿实行无过错责任原则。

考点：客运合同承运人无过错责任；车车相撞车方负过错侵权责任

解题图构

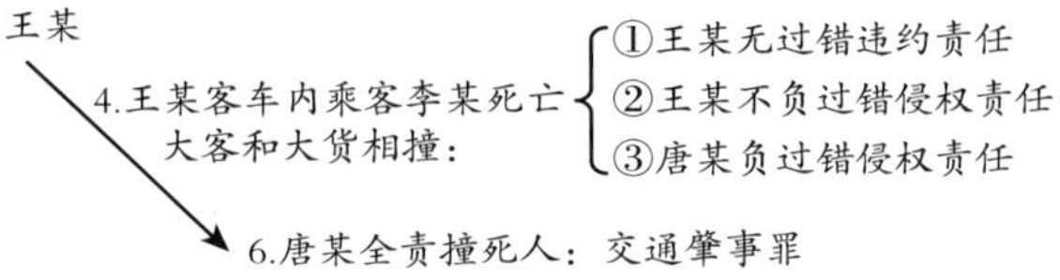

设问：5 法院对客车采取财产保全措施是否合法？为什么？

答：(1)合法。(2)因该客车所有权虽然属于甲公司，但王某支付了大部分价款并对该车享有一定的权益，该车属于与案件有关的财物。

考点：民事诉讼财产保全措施

解题图构

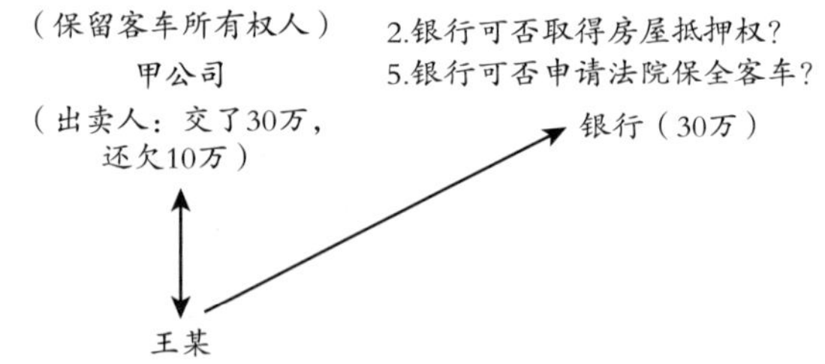

设问：6 唐某应否承担刑事责任？为什么？

答：唐某应当承担刑事责任，因唐某违章驾驶，造成 1 人死亡的严重后果，构成交通肇事罪。

考点：交通肇事罪

解题图构

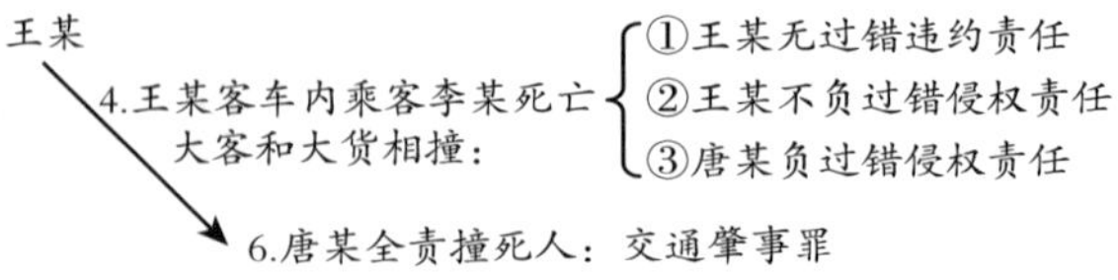

2005年主观案例分析题

案情：甲公司指派员工唐某从事新型灯具的研制开发，唐某于1999年3月完成了一种新型灯具的开发。甲公司对该灯具的技术采取了保密措施，并于2000年5月19日申请发明专利。2001年12月1日，国家专利局公布该发明专利申请，并于2002年8月9日授予甲公司专利权。此前，甲公司与乙公司于2000年7月签订专利实施许可合同，约定乙公司使用该灯具专利技术4年，每年许可使用费10万元。

2004年3月，甲公司欲以80万元将该专利技术转让给丙公司。唐某、乙公司也想以同等条件购买该专利技术。最终甲公司将该专利出让给了唐某。唐某购得专利后，拟以该灯具专利作价80万元作为出资，设立一家注册资本为300万元的有限责任公司。

2004年12月，有人向专利复审委员会申请宣告该专利无效，理由是丁公司已于1999年12月20日开始生产相同的灯具并在市场上销售，该发明不具有新颖性。经查，丁公司在获悉甲公司开发出新型灯具后，以不正当手段获取了甲公司的有关技术资料并一直在生产、销售该新型灯具。（本题18分）

解题图构

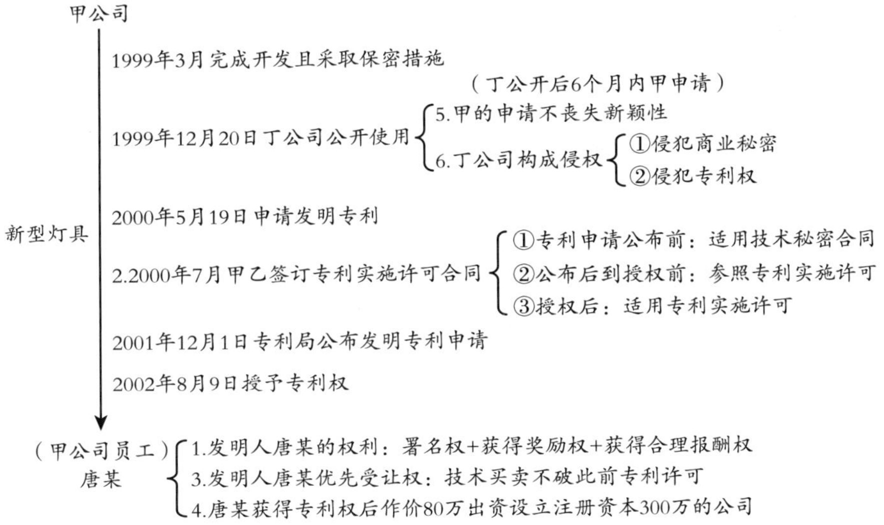

说明：图构中1、2、3、4、5、6指向本题的六个小设问

问题：

1. 唐某作为发明人，依法应享有哪些权利？

2. 甲公司在未获得专利前，与乙公司签订的专利实施许可合同是否有效？如甲乙双方因此合同发生纠纷，应如何适用有关法律？

3. 甲公司为何将专利技术出让给唐某？该专利技术转让合同成立后，对甲公司和乙公司之间的专利实施许可合同的效力有何影响？

4. 唐某拟以该专利作价80万元设立注册资本为300万元的有限责任公司，是否符合法律规定？为什么？

5. 该专利是否应当因为不具有新颖性而被宣告无效？为什么？

6. 对丁公司的违法行为应如何定性？为什么？

总考点：专利权的主体、专利权人的权利、无形财产出资、授予专利权的条件、专利侵权行为

设问 1. 唐某作为发明人，依法应享有哪些权利？

答：署名权、获得奖励权、获得合理报酬权。

考点：职务发明创造专利权归公司，发明人有署名权、获得奖励权和获得合理报酬权。

设问 2. 甲公司在未获得专利前，与乙公司签订的专利实施许可合同是否有效？如甲乙双方因此合同发生纠纷，应如何适用有关法律？

答：(1)有效。(2)专利申请公布以前，适用技术秘密转让合同的有关规定。(3)专利申请公开以后、授权之前，参照适用专利实施许可合同的有关规定。(4)授权以后，适用专利实施许可合同的有关规定。

考点：专利实施许可合同的法律适用规则(适用秘密转让合同→参照适用专利实施许可合同→适用专利实施许可合同)

解题图构

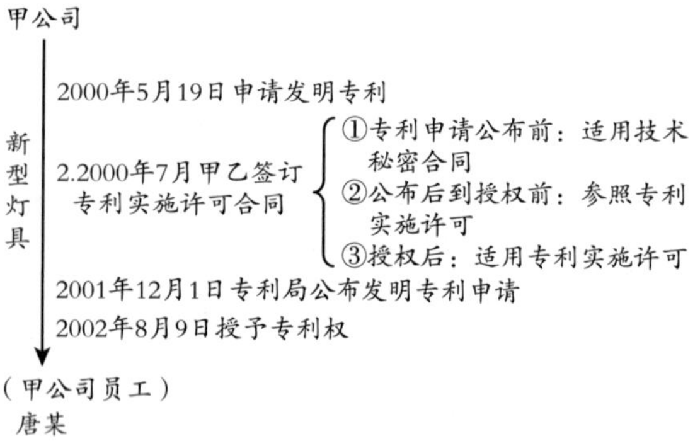

设问 3. 甲公司为何将专利技术出让给唐某？该专利技术转让合同成立后，对甲公司和乙公司之间的专利实施许可合同的效力有何影响？

答：(1)因唐某享有在同等条件下优先受让的权利。(2)不影响专利实施许可合同的效力，甲公司的权利义务由唐某承受。

考点：发明人优先受让职务技术成果权；技术买卖不破此前的专利实施许可合同原则(买卖不破许可)

设问 4. 唐某拟以该专利作价 80 万元设立注册资本为 300 万元的有限责任公司，是否符合法律规定？为什么？

答：(1)司法部公布答案是：如果该灯具技术是高新技术，唐某的出资符合法律规定；如果该技术不是高新技术，唐某的出资则不符合法律规定。根据法律规定，除高新技术成果外，以工业产权出资的金额不得超过有限责任公司注册资本的 20%。(2)根据新《公司法》，此设问没有依据，故无须回答。

展示如下：(1)司法部当年给出答案的依据：《公司法》第 24 条第 2 款规定："以工业产权、非专利技术作价出资的金额不得超过有限责任公司注册资本的百分之二十，国家对采用高新技术成果有特别规定的除外。"可见，对于唐某以该专利作价 80 万元设立注册资本为 300 万元的有限责任公司是否违反了法律规定不能一概而论，需要具体分析。如果该灯具技术是高新技术，唐某的出资符合法律规定；如果该技术不是高新技术，唐某的出资则不符合法律规定。(2)本题设问作废之原因：①修改后的公司法对非货币出资没有明确比例要求：《公司法》规定，第 27 条第 1 款，"股东可以用货币出资，也可以用实物、知识产权、土地使用权等可以用货币估价并可以依法转让的非货币财产作价出资；但是，法律、行政法规规定不得作为出资的财产除外。"第 2 款，"对作为出资的非货币财产应当评估作价，核实财产，不得高估或者低估作价。法律、行政法规对评估作价有规定的，从其规定。"②修改后的《公司法》压根就没有注册资本数字要求，《公司法》第 26 条，"有限责任公司的注册资本为在公司登记机关登记的全体股东认缴的出资额。法律、行政法规以及国务院决定对有限责任公司注册资本实缴、注册资本最低限额另有规定的，从其规定。"

设问 5. 该专利是否应当因为不具有新颖性而被宣告无效？为什么？

答：(1)不应被宣告无效。(2)根据法律规定，在申请日前 6 个月内，他人未经申请人同意而泄露发明创造内容的，该发明创造并不丧失新颖性。

考点：不丧失新颖性的法定情形之一：被泄露内容，在 6 个月内申请专利，都不丧失新颖性

解题图构

甲公司

新型灯具

1999年3月完成开发且采取保密措施

（丁公开后6个月内甲申请）

1999年12月20日丁公司公开使用
- 5.甲的申请不丧失新颖性
- 6.丁公司构成侵权
  - ①侵犯商业秘密
  - ②侵犯专利权

2000年5月19日申请发明专利

1999年12月20日被泄露，到2005年5月19日申请，符合6个月内申请的要件。

设问6. 对丁公司的违法行为应如何定性？为什么？

答：(1)在该专利申请公布之前，丁公司的行为属于侵犯甲公司商业秘密的不正当竞争行为，因为在专利申请公布前，该技术属于商业秘密。(2)在该技术被授予专利权后，丁公司继续使用该技术的行为属于专利侵权行为，因为丁公司未经专利权人许可，以生产经营为目的制造和销售专利产品，构成专利侵权行为。

考点：侵犯商业秘密；侵犯专利权

解题图构

甲公司

新型灯具

1999年3月完成开发且采取保密措施

（丁公开后6个月内甲申请）

1999年12月20日丁公司公开使用
- 5.甲的申请不丧失新颖性
- 6.丁公司构成侵权
  - ①侵犯商业秘密
  - ②侵犯专利权

2000年5月19日申请发明专利

1999年12月20日被泄露，到2005年5月19日申请，符合6个月内申请的要件。

2004 年主观案例分析题

案情：王某与张某育有二子，长子王甲，次子王乙。王甲娶妻李某，并于 1995 年生有一子王小甲。王甲于 1999 年 5 月遇车祸身亡。王某于 2000 年 10 月病故，留有与张某婚后修建的面积相同的房屋 6 间。王某过世后张某随儿媳李某生活，该 6 间房屋暂时由次子王乙使用。

2000 年 11 月，王乙与曹某签订售房协议，以 12 万元的价格将该 6 间房屋卖给曹某。张某和李某知悉后表示异议，后因王乙答应取得售房款后在所有继承人间合理分配，张某和李某方表示同意。王乙遂与曹某办理了过户登记手续，曹某当即支付购房款 5 万元，并答应 6 个月后付清余款。曹某取得房屋后，又与朱某签订房屋转让协议，约定以 15 万元的价格将房屋卖给朱某。在双方正式办理过户登记及付款前，曹某又与钱某签订了房屋转让协议，以 18 万元的价格将房屋卖给钱某，并办理了过户手续。

2001 年 5 月，曹某应向王乙支付 7 万元的购房余款时，曹某因生意亏损，已无支付能力。但曹某有一笔可向赵某主张的到期货款 5 万元，因曹某与赵某系亲戚，曹某书面表示不再要求赵某支付该货款。另查明，曹某曾于 2001 年 4 月外出时遭遇车祸受伤，肇事司机孙某系曹某好友，曹某一直未向孙某提出车祸损害的赔偿请求。（本题 15 分）

解题图构

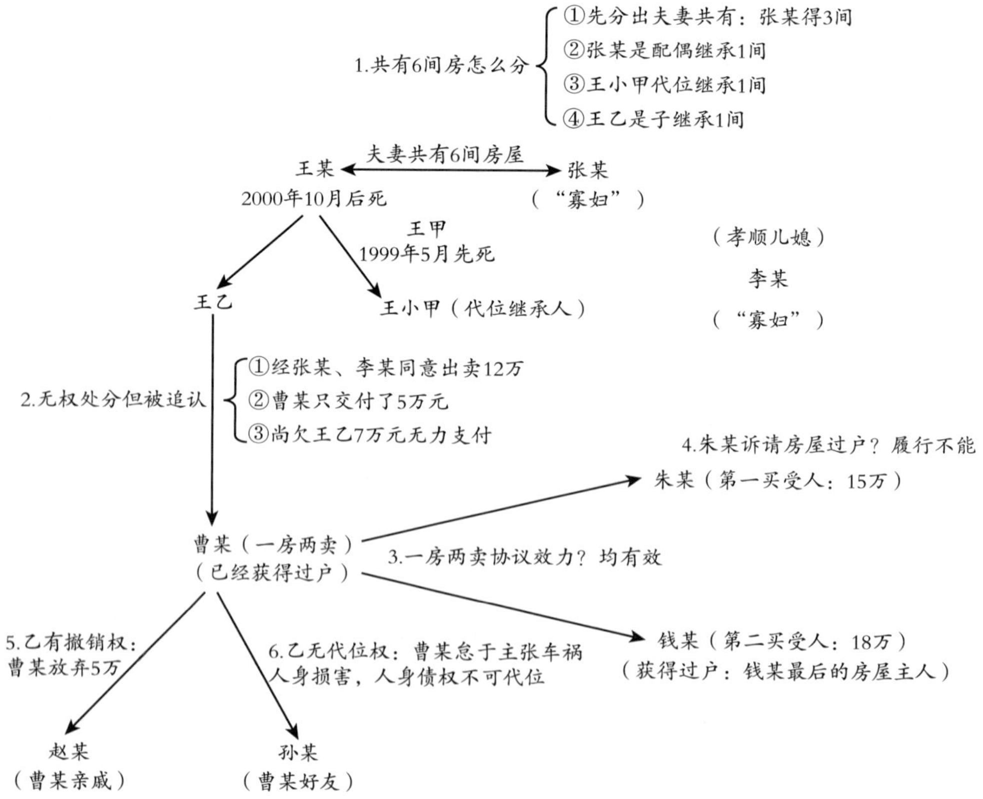

说明:图构中1、2、3、5、6指向本题的6个设问。

问题:

1. 王某过世后留下的6间房屋应由哪些人分配?各自应分得多少?为什么?

2. 王乙与曹某签订的售房协议是否有效?为什么?

3. 曹某与朱某、钱某签订的房屋转让协议效力如何?

4. 如朱某要求履行与曹某签订的合同,取得该房屋,其要求能否得到支持?为什么?

5. 如王乙请求人民法院撤销曹某放弃要求赵某支付货款的行为,其主张能否得到支持?为什么?

6. 如王乙要求以自己的名义代位请求孙某支付车祸致人损害的赔偿金,其主张能否得到支持?为什么?

设问1. 王某过世后留下的6间房屋应由哪些人分配?各自应分得多少?为什么?

答:(1)张某、王乙、王小甲。(2)其中,张某分得4间,王乙、王小甲各分得1间。

考点:先分出夫妻共有再分割遗产;配偶、子女和代位继承人均是第一顺序继承人

解题图构

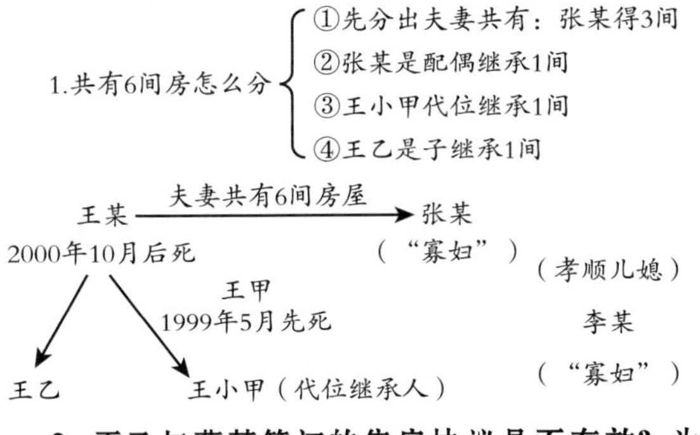

2. 王乙与曹某签订的售房协议是否有效?为什么?

答:(1)有效。(2)虽然该6间房不属于王乙个人所有,但转让协议已经过权利人的认可。

考点:无权处分合同经追认而有效

解题图构

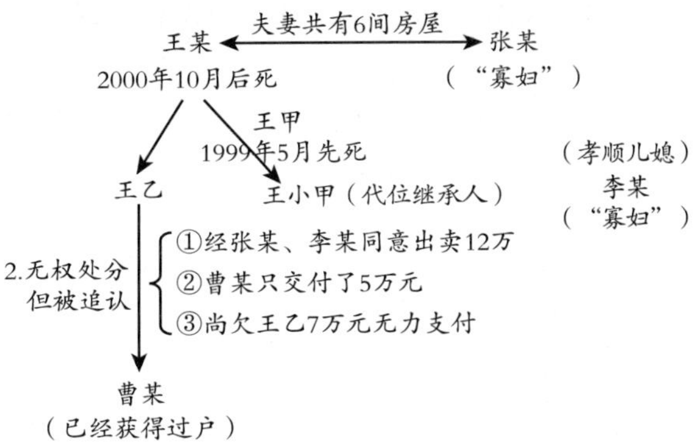

3. 曹某与朱某、钱某签订的房屋转让协议效力如何?

答:曹某与朱某、钱某签订的房屋转让协议均为有效。

考点:多重买卖时买卖合同的效力

解题图构

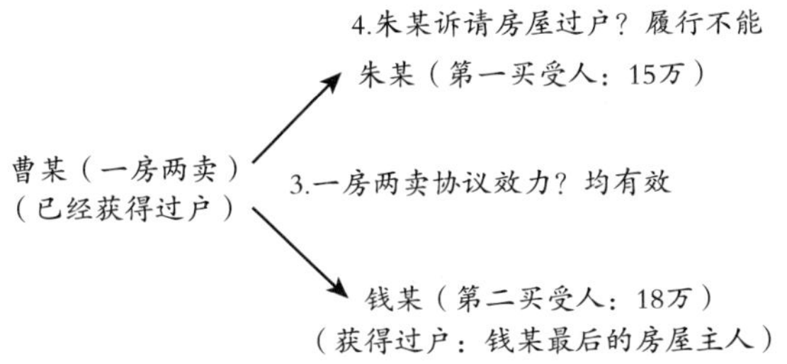

5. 如王乙请求人民法院撤销曹某放弃要求赵某支付货款的行为,其主张能否得到支持?为什么?

答:(1)能。(2)根据合同法的规定,债务人放弃其到期债权对债权人造成损害的,债权人可以请求人民法院撤销债务人放弃债权的行为。

考点:债权人撤销权

解题图构

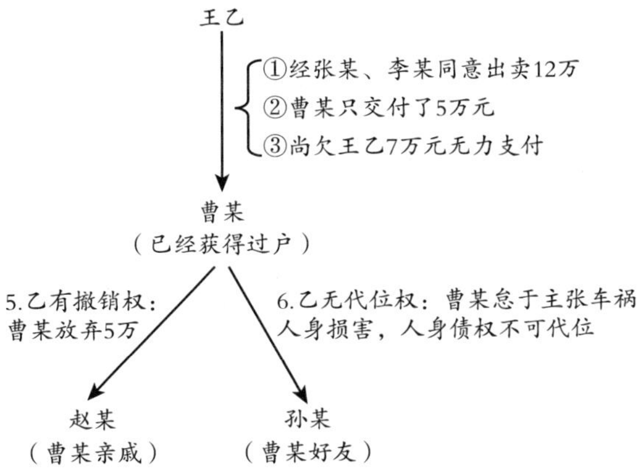

6. 如王乙要求以自己的名义代位请求孙某支付车祸致人损害的赔偿金，其主张能否得到支持？为什么？

答：(1)不能。(2)因该赔偿金是专属于曹某自身的债权，根据合同法的规定，王乙不能行使代位权。

考点：人身侵权债权不可代位

解题图构

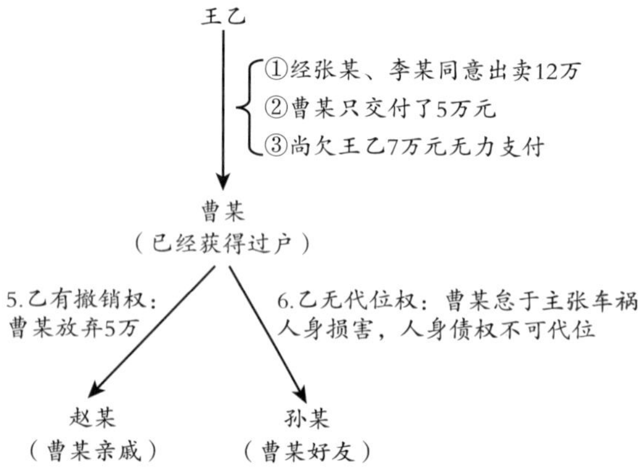

二、(本题 12 分)

案情：大兴公司与全宇公司签订委托合同，由大兴公司委托全宇公司采购 500 台彩电，并预先支付购买彩电的费用 50 万元。全宇公司经考察发现甲市 W 区的天鹅公司有一批质优价廉的名牌彩电，遂以自己的名义与天鹅公司签订了一份彩电购买合同，双方约定：全宇公司从天鹅公司购进 500 台彩电，总价款 130 万元，全宇公司先行支付 30 万元定金；天鹅公司采取送货方式，将全部彩电运至乙市 S 区，货到验收后一周内全宇公司付清全部款项。天鹅公司在发货时，工作人员误发成 505 台。在运输途中，由于被一车追尾，20 台彩电遭到不同程度的损坏。全宇公司在 S 区合同约定地点接收了 505 台彩电，当即对发生损坏的 20 台彩电提出了质量异议，并将全部彩电交付大兴公司。由于彩电滞销，大兴公司一直拒付货款，致全宇公司一直无法向天鹅公司支付货款。交货 2 个星期后，全宇公司向天鹅公司披露了是受大兴公司委托代为购买彩电的情况。

解题图构

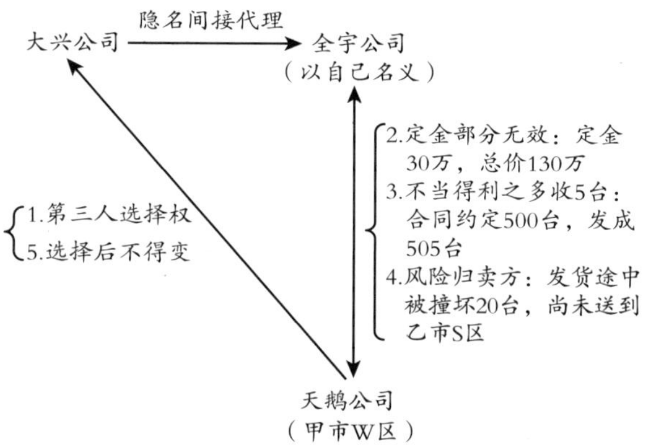

说明：图构中 1、2、3、4、5 指向本题的 5 个设问。

问题：

1. 天鹅公司事先并不知晓全宇公司系受大兴公司委托购买彩电，知悉这一情况后，天鹅公司能否要求大兴公司支付货款？为什么？

2. 全宇公司与天鹅公司订立的合同中的定金条款效力如何？为什么？

3. 大兴公司多收的 5 台彩电应如何处理？为什么？

4. 如追尾的肇事车辆逃逸，20 台受损彩电的损失应由谁承担？为什么？

5. 如天鹅公司以全宇公司为被告提起诉讼后，在诉讼过程中，天鹅公司认为要求大兴公司支付货款更为有利，能否改为主张由大兴公司履行合同义务？为什么？

1. 天鹅公司事先并不知晓全宇公司系受大兴公司委托购买彩电，知悉这一情况后，天鹅公司能否要求大兴公司支付货款？为什么？

答：(1)能。(2)受托人以自己名义与第三人订立合同时，因委托人的原因对第三人不履行义务，受托人向第三人披露委托人后，第三人可以选择受托人或者委托人作为相对人主张其权利。

考点：隐名间接代理委托人违约，经受托人披露谁是委托人后，第三人有选择权，选择找委托人或受托人

解题图构

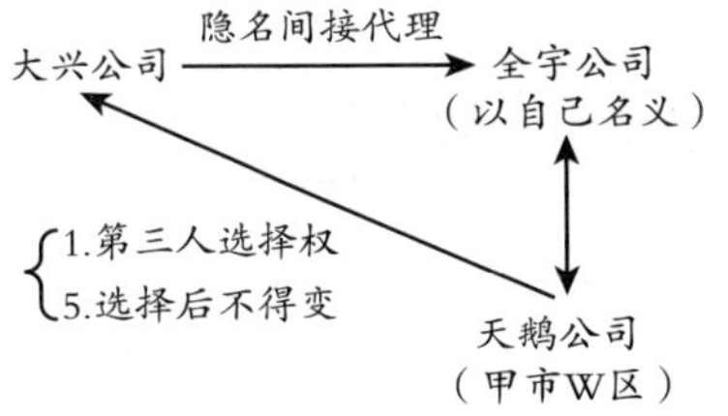

5. 如天鹅公司以全宇公司为被告提起诉讼后，在诉讼过程中，天鹅公司认为要求大兴公司支付货款更为有利，能否改为主张由大兴公司履行合同义务？为什么？（注：为集中说明问题，故将第 5 问提前至此处解析）

答：(1)不能。(2)因为第三人选定了相对人后，不能变更选定的相对人。

考点：隐名间接代理中第三人选择之后不得变更

2. 全宇公司与天鹅公司订立的合同中的定金条款效力如何？为什么？

答：(1)部分无效。(2)因定金数额不得超过合同标的的 20%，超出部分无效。

考点：定金超过主合同标的额 20%，超过部分无效

解题图构

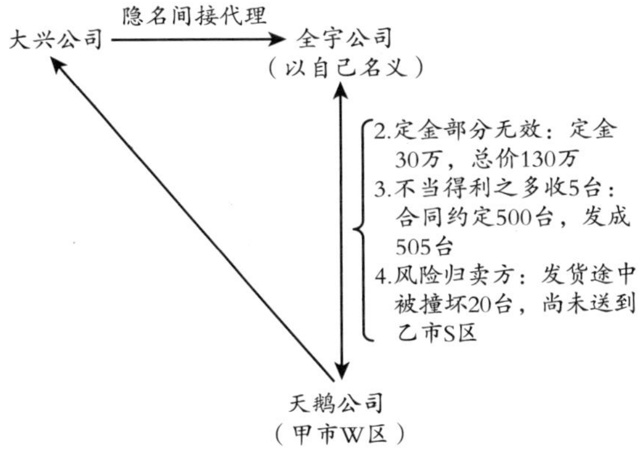

3. 大兴公司多收的 5 台彩电应如何处理？为什么？

答：(1)如天鹅公司主张返还，大兴公司应予返还，理由为不当得利；(2)如天鹅公司未主张返还，大兴公司应按照合同的价格支付价款，依据为《合同法》第 162 条之规定。

考点：多交货物之收方构成不当得利；未返还不当得利应支付价款

4. 如追尾的肇事车辆逃逸，20 台受损彩电的损失应由谁承担？为什么？

答：(1)应由天鹅公司承担。(2)标的物交付前发生的损失应由出卖人承担。

考点：交付前风险归卖方

解题图构

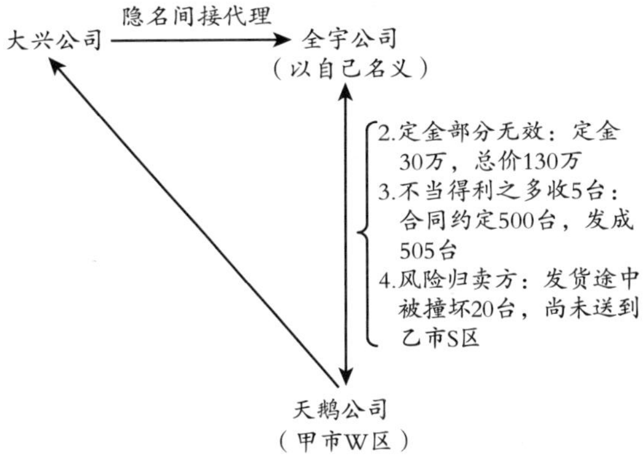

2003 年主观案例分析题

案情：张某在一风景区旅游，爬到山顶后，见一女子孤身站在山顶悬崖边上，目光异样，即心生疑惑。该女子见有人来，便向悬崖下跳去，张某情急中拉住女子衣服，将女子救上来。张某救人过程中，随身携带的价值 2000 元的照相机被碰坏，手臂被擦伤；女子的头也被碰伤，衣服被撕破。张某将女子送到山下医院，为其支付各种费用 500 元，并为包扎自己的伤口用去 20 元。当晚，张某住在医院招待所，但已身无分文，只好向服务员借了 100 元，用以支付食宿费。次日，轻生女子的家人赶到医院，向张某表示感谢。（本题 7 分）

张某：
1.张某与轻生女子民事法律关系：无因管理
2.张某相机被损坏+手臂被擦伤
3.女子头被碰伤+6、衣服被撕破
4.向服务员借100元住在医院招待所
5.张某不能主张报酬

设问 1. 张某与轻生女子之间存在何种民事法律关系？

答：因张某的救助行为使二者之间发生无因管理关系（1 分）。

考点：无因管理

设问 2. 张某的照相机被损坏以及治疗自己伤口的费用女子应否偿付？为什么？

答：应当由女子偿付（1 分），因为此系张某实施管理行为所造成的，而且张某自己没有过失；答“此系实施无因管理而发生的损失和合理的费用”亦可。（1 分）

考点：无因管理必要费用请求权

设问 3. 张某为女子支付的医疗费等费用能否请求女子偿付？为什么？

答：能。因为此为张某在管理事务中支出的必要费用（1 分）。

考点：无因管理必要费用请求权

设问 4. 张某向服务员借的 100 元，应当由谁偿付？为什么？

答：由女子偿付。因受益人对无因管理行为中发生的正当债务有清偿之义务。或答由张某偿付。因该款系张某所借，基于合同的相对性原理（1 分）。

考点：无因管理必要费用请求权；合同相对性

设问 5. 张某能否请求女子给付一定的报酬？为什么？

答：不能。因为无因管理是无偿性的（1 分）。但如果女方自愿给予，法律可以接受。

考点：无因管理不得主张报酬

设问 6. 张某应否赔偿女子衣服损失？为什么？

答：不应赔偿。因为此系在紧急情况下无过失造成（1 分）。

考点：无因管理适当管理义务，过错责任

四、（本题 11 分）

案情：A 省的甲公司于 2000 年 1 月通过签订使用许可合同获得某外国企业在中国注册的“金太阳”电脑商标独占使用权及其操作系统 M 软件的使用权，批量组装“金太阳”电脑。2001 年 7 月，甲公司与 A 省的乙公司签订委托销售合同，约定乙公司以自己的名义销售 100 台“金太阳”电脑，销售价格为每台 3000 元，每销售一台收取代销费 300 元。同年 9 月，乙公司向 B 省的丙大学以每台 3000 元的价格卖出 70 台“金太阳”电脑，合同约定丙大学当日支付 15 万元，提货 50 台，另 20 台电脑由丙大学开办的具有法人资格的丁公司收货并付款，同时合同还约定如发生纠纷由“起诉一方所在地法院管辖”。同年 10 月初，丁公司收到乙公司发运的 20 台“金太阳”电脑，并将该批电脑进行赢利性出租，但丁公司多次以资金困难为由拒绝了乙公司的付款要求。2002 年 3 月，乙公司将尚未卖出的 30 台电脑的“金太阳”商标清除，更换为戊公司的注册商标“银河”，并以每台 4000 元的价格卖给不知情的李某 2 台，李某将其中一台赠送给好友胡某。

解题图构

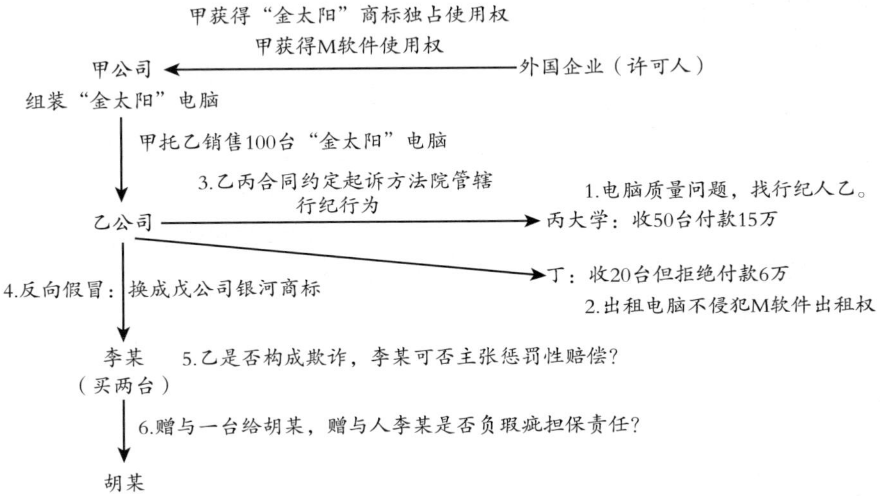

说明：图构中的 1、2、3、4、5、6 指向本题的 6 个设问

问题

1. 如果丙大学使用的 50 台电脑出现质量问题，应向谁主张违约责任？

2. 丁公司出租电脑的行为是否侵犯 M 软件的出租权？为什么？

3. 乙公司如果起诉请求支付 20 台电脑货款，应以谁为被告？怎样确定管辖法院？

4. 乙公司更换商标的行为应如何定性？哪些主体可以作为适格的原告起诉乙公司？

5. 如李某购买的 2 台电脑没有质量问题，能否向卖方双倍索赔？为什么？

6. 如胡某接受赠与的电脑出现质量问题，能否要求李某承担瑕疵担保责任？为什么？

1. 如果丙大学使用的 50 台电脑出现质量问题，应向谁主张违约责任？

答：应向乙公司主张违约责任（1 分）。

考点：行纪合同，行纪人与第三人是直接合同当事人

解题图构

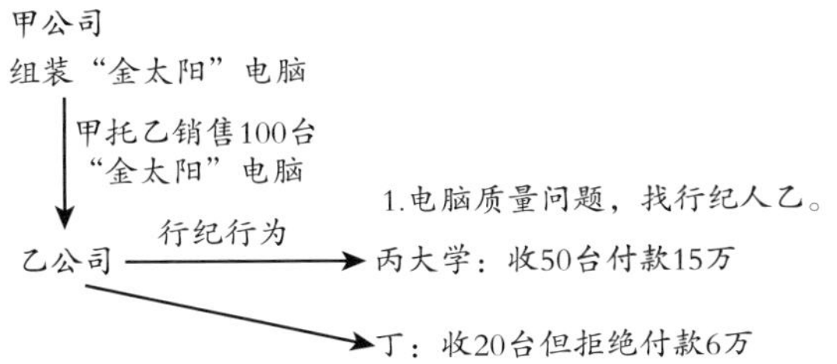

2. 丁公司出租电脑的行为是否侵犯 M 软件的出租权？为什么？

答：没有侵犯 M 软件的出租权（1 分），因为该软件不是租赁合同的主要标的（1 分）。

考点：计算机软件不是出租的主要标的，不构成侵犯软件作品的出租权

解题图构

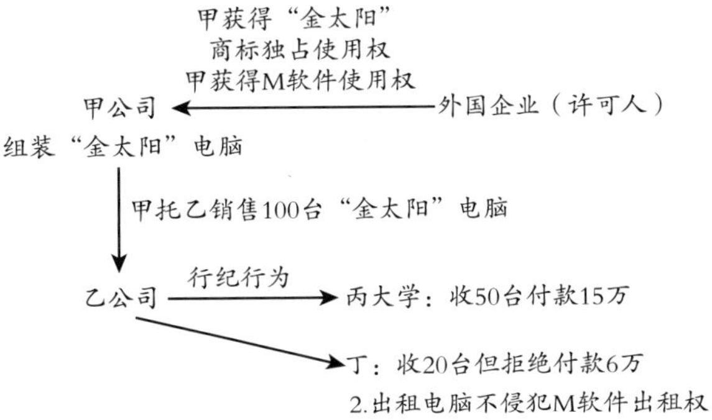

3. 乙公司如果起诉请求支付 20 台电脑货款，应以谁为被告？怎样确定管辖法院？

答：应以丙大学为被告。由乙公司所在地的基层法院管辖。（1 分）。

考点：由第三人履行合同，第三人违约，坚持合同相对性；乙丙合同约定关系有效

解题图构

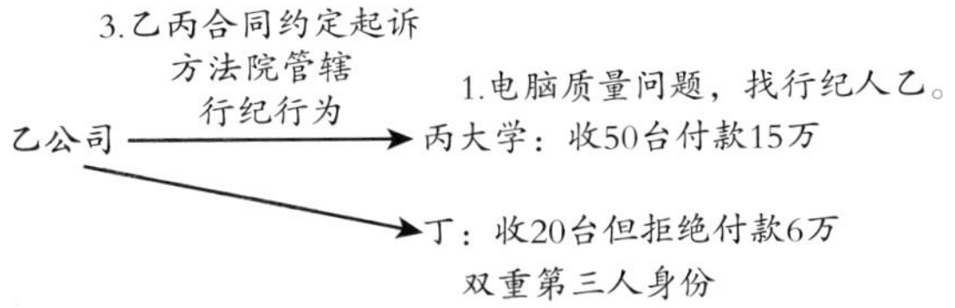

4. 乙公司更换商标的行为应如何定性？哪些主体可以作为适格的原告起诉乙公司？

答：乙公司的行为构成商标侵权行为（或"假冒和反向假冒行为"，或侵权注册商标专用权行为，或侵犯商标权行为，或侵权行为）（1分）。甲公司、戊公司、某外国企业和李某均可作为原告起诉乙公司（1分）。

考点：反向假冒侵权；被撕的商标权人、加贴的商标权人、独占许可中被许可人、消费者都可以起诉反向假冒人

解题图构

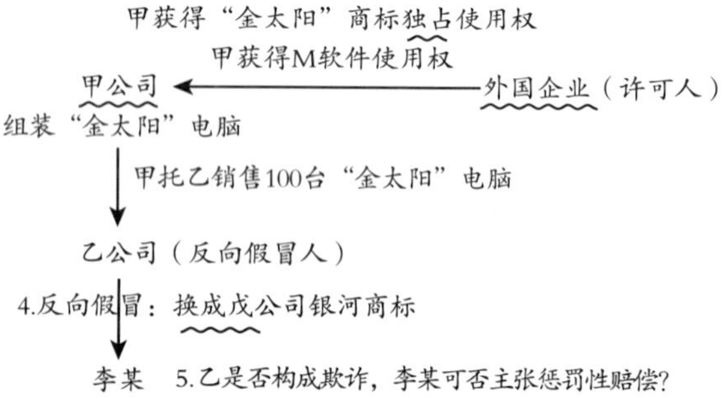

5. 如李某购买的2台电脑没有质量问题，能否向卖方双倍索赔？为什么？

答：有权惩罚性索赔（1分）。因乙公司的销售行为构成欺诈，欺诈不以产品的质量问题为构成要件（1分）。

考点：消费者受欺诈可主张惩罚性赔偿

解题图构

见设问4的小图构

6. 如胡某接受赠与的电脑出现质量问题，能否要求李某承担瑕疵担保责任？为什么？

答：不能（1分）。因为赠与的财产有瑕疵的，赠与人不承担责任，并且李的赠与没有附义务，也不存在李故意不告知瑕疵或者保证无瑕疵的情形（1分）。

考点：赠与合同中赠与人不负瑕疵担保责任，有两个例外

解题图构

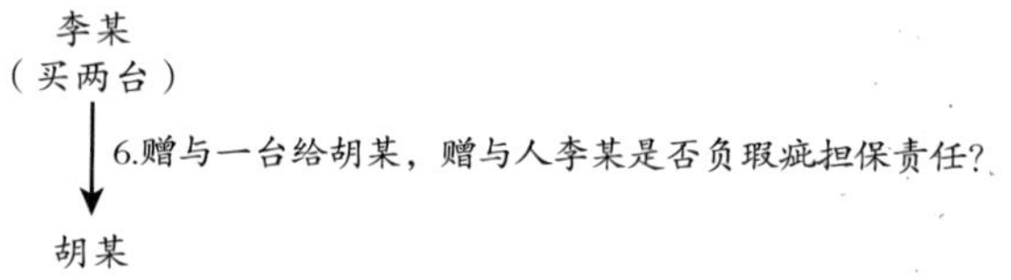

2002 年主观案例分析题

四、(本题 10 分)

赵某孤身一人,因外出打工,将一祖传古董交由邻居钱某保管。钱某因结婚用钱,情急之下谎称该古董为自己所有,卖给了古董收藏商孙某,得款10000 元。孙某因资金周转需要,向李某借款 20000 元,双方约定将该古董押给李某,如孙某到期不回赎,古董归李某所有。在赵某外出打工期间,其住房有倒塌危险,因此房与钱某的房屋相邻,如该房屋倒塌,有危及钱某房屋之虞。钱某遂请施工队修缮赵某的房屋,并约定,施工费用待赵某回来后由赵某付款。房屋修缮以后,因遇百年不遇的台风而倒塌。年末,赵某回村,因古董和房屋修缮款与钱某发生纠纷。请回答下列问题:

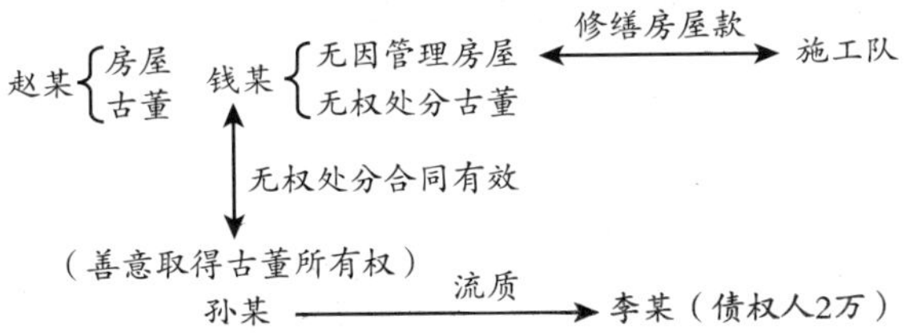

1. 钱某与孙某之间的买卖合同效力如何?为什么?

答:有效。无权处分买卖合同如无其他效力瑕疵,不因无权处分而无效。

考点:无权处分合同

2. 孙某能否取得该古董的所有权?为什么?

答:孙某能取得古董所有权。因为孙某是善意买受人,依据善意取得制度获得古董所有权。

考点:动产善意取得

3. 孙某将古董当给李某,形成何种法律关系?

答:孙某将古董当给李某,形成质押法律关系。

考点:动产质权

4. 孙某与李某之间约定孙某到期不回赎,古董归李某所有,该约定效力如何?为什么?

答:孙某与李某之间约定孙某到期不回赎,古董归李某所有的约定无效。

考点:流质契约之禁止。

5. 钱某请施工队加固赵某的房屋,这一事实在钱某和赵某之间形成何种法律关系?

答:在钱某和赵某之间形成无因管理之债的关系。

考点:为自己也为他人构成无因管理,不论是否有效果

6. 若赵某拒绝向施工队付款,施工队应向谁请求付款?为什么?

答:施工队应当向钱某请求付款。

考点:由第三人履行合同之相对性

7. 赵某对钱某擅自出卖古董之行为,可提出何种之诉?

答:赵某对钱某擅自出卖古董的行为,可基于保管合同,提出违约之诉;也可基于对古董的所有权,提出侵权之诉。但只能择一行使。

考点:违约责任和侵权责任竞合

五、(本题 10 分)

新疆兴都公司将五百包长绒棉通过铁路运至郑州准备出售,委托郑州的伏牛公司将棉花存放于当地仓库,并约定在棉花出售后按售价比例给伏牛公司提成。伏牛公司将棉花存放于郑州北营仓库,并将仓单的复印件、发票等凭证寄回给兴都公司。半月后,兴都公司找到买家某纺织厂,双方签订了五百包长绒棉的买卖合同。合同约定先由纺织厂交付总价额 50% 的价金,兴都公司收到该款后将委托伏牛公司把全部货物的仓单背书给纺织厂,纺织厂在提货并验收以后一个月内付清余款。

过了首付款的约定期限多日,兴都公司仍未收到纺织厂的首付款,却打听到一个消息,该纺织厂因

严重亏损将被其他企业收购。兴都公司立即致电伏牛公司,没有兴都公司的书面确认通知书,不得将棉花的仓单交给任何人。数日后纺织厂派人到伏牛公司取棉花仓单,并出示了与兴都公司的买卖合同和由某银行签发的付款保证书。伏牛公司见到合同及付款保证书,就将仓单背书给纺织厂,在纺织厂取完货给了回执后,就急急向兴都公司要提成。兴都公司立即回了个电传:没发给你们书面确认书怎么就随便放货,他们首付的钱还没给呢,如果这笔钱要不回来就要你们赔偿!

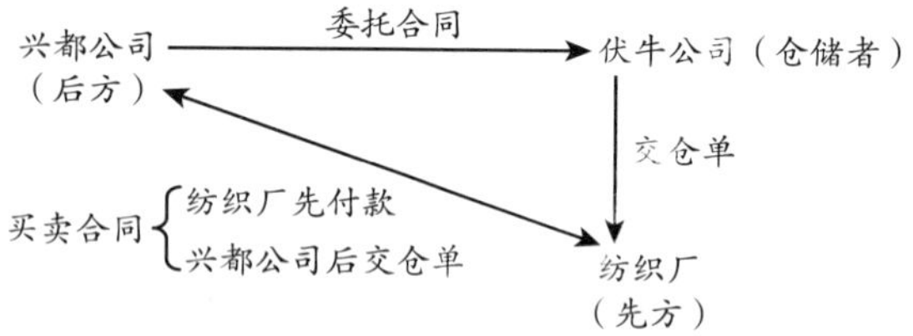

1. 兴都公司与纺织厂买卖合同约定的是哪种类型的交付,所交付棉花所有权从什么时候起转移?

答:兴都公司与纺织厂买卖合同约定的是拟制交付。棉花所有权自伏牛公司在仓单上背书并经保管人签字或盖章并转移给纺织厂时转移。

考点:拟制交付

2. 在纺织厂提交付款保证书并请求交付时,兴都公司有何理由拒绝向纺织厂交付货物?

答:兴都公司可以行使先履行抗辩权拒绝向纺织厂交付货物。

考点:先履行抗辩权

3. 伏牛公司未经兴都公司同意向纺织厂交付仓单要承担什么责任?

答:伏牛公司违反了与兴都公司之间的委托合同,承担违约责任。

考点:受托人违反委托合同须承担违约责任

4. 纺织厂在取得仓单但未付款以前对棉花有没有所有权? 为什么?

答:纺织厂在取得仓单未支付货款时取得了所有权,因为仓单作为一种权利凭证,一经背书取得,即推定持有人为权利人。

考点:仓单是物权凭证

六、(本题 10 分)

A 县的甲公司与 B 县的乙公司于 2001 年 7 月 3 日签订一份空调购销合同,约定甲公司向乙公司购进 100 台空调,每台空调单价 2000 元,乙公司负责在 B 县代办托运,甲公司于货到后立即付款,同时约定若发生纠纷由合同履行地的法院管辖。乙公司于 7 月 18 日在 B 县的火车站发出了该 100 台空调。甲公司由于发生资金周转困难,于 7 月 19 日传真告知乙公司自己将不能履行合同。

乙公司收到传真后,努力寻找新的买家,于 7 月 22 日与 C 县的丙公司签订了该 100 台空调的购销合同。合同约定:丙公司买下 100 台托运中的空调,每台单价 1900 元,丙公司于订立合同时向乙公司支付 10000 元定金,在收到货物后 15 天内付清全部货款;在丙公司付清全部货款前,乙公司保留对空调的所有权;如有违约,违约方应承担合同总价款百分之二十的违约金。乙公司同时(7 月 22 日)于当日传真通知甲公司解除与甲公司签订的合同。铁路运输公司在运输过程中于 7 月 21 日遇上泥石流,30 台托运中的空调毁损。丙公司于 7 月 26 日收到 70 台完好无损的空调后,又与丁公司签订合同准备将这 70 台空调全部卖与丁公司。同时丙公司以其未能如约收到 100 台空调为由拒绝向乙公司付款。

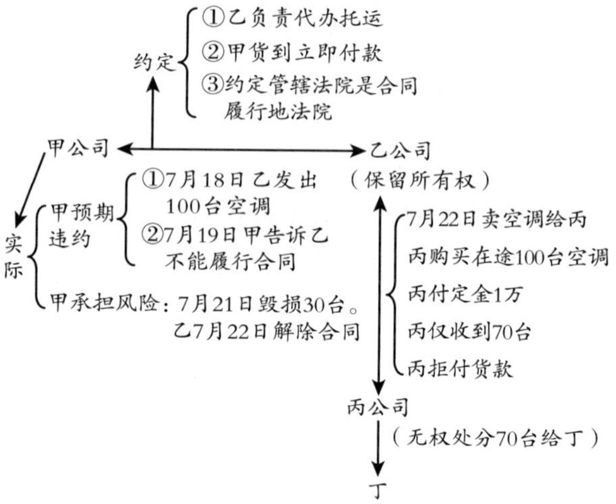

请回答下列问题:

1. 乙公司在与甲公司的合同履行期届满前解除合同的理由是什么? 在此解除合同的情形下,乙公司能否向甲公司主张违约责任?

答:乙公司在与甲公司的合同履行期届满前解除合同的理由是甲公司预期违约。在此解除合同的情形下,乙公司可以向甲公司主张违约责任。

考点:预期违约

2. 假设甲公司以乙公司解除合同构成违约为由向法院起诉，请问那个法院有管辖权？为什么？

答：B 县法院有管辖权。当事人已在合同中约定纠纷的管辖法院为合同履行地法院，而代办托运的，以货物发运地为合同履行地，所以 B 县法院有管辖权。

3. 遭遇泥石流而毁损的空调的损失应由谁承担？为什么？

答：遭遇泥石流而毁损的空调的损失应由甲公司承担。因为本题中货物的风险自交付第一承运人时转移，乙公司已经完成交付，因此风险应由甲公司承担。

考点：交付后风险归买方

4. 乙公司认为丙公司拒绝付款构成违约，决定不返还其定金，还要求其支付 36000 元的违约金，问其主张能否得到支持？为什么？

答：乙公司的主张不能得到支持。因为定金条款与违约金条款只能择一适用。

考点：定金和违约金二选一

5. 丙公司与丁公司所签合同的效力如何？为什么？

答：丙公司无权处分，丙丁合同有效。

考点：保留所有权买卖；无权处分合同

真题解析索引 参照《方志平民法真题》

2016 年真题

2015 年真题

2014 年真题

2013 年真题

2012 年真题

2011 年真题

2010 年真题

2009 年真题

2008 年真题

2008 年（四川延考）真题

2007 年真题

2006 年真题

2005 年真题

方志平

民法真题

（下册）

方志平　主编

北京理工大学出版社
BEIJING INSTITUTE OF TECHNOLOGY PRESS

图书在版编目(CIP)数据

方志平民法真题 / 方志平主编. —北京:北京理工大学出版社,2017.4
ISBN 978-7-5682-3997-4

Ⅰ.①方…　Ⅱ.①方…　Ⅲ.①民法-中国-资格考试-试题　Ⅳ.①D923-44

中国版本图书馆 CIP 数据核字(2017)第 087544 号

出版发行 / 北京理工大学出版社有限责任公司
社　　址 / 北京市海淀区中关村南大街 5 号
邮　　编 / 100081
电　　话 / (010)68914775(总编室)
(010)82562903(教材售后服务热线)
(010)68948351(其他图书服务热线)
网　　址 / http://www.bitpress.com.cn
经　　销 / 全国各地新华书店
印　　刷 / 北京合众伟业印刷有限公司
开　　本 / 787 毫米×1092 毫米　1/16
印　　张 / 54
字　　数 / 1451 千字
版　　次 / 2017 年 4 月第 1 版　2017 年 4 月第 1 次印刷
定　　价 / 98.00 元(全两册)

责任编辑 / 王俊洁
文案编辑 / 王俊洁
责任校对 / 周瑞红
责任印制 / 王美丽

2017年版前言

《中华人民共和国民法总则》在2017年3月15日正式公布，我即着手依据新的民法总则对《民法真题》进行修订。2017版《民法真题》相对于2016版《民法真题》做出如下修订：

1. 结合《民法总则》对于真题的答案和解析做了调整和订正。

2. 将任意项选择题合并成为一个专门的版块，便于训练考友实战能力。

3. 将知识产权真题纳入，便于考友一并掌握。

4. 对一些重复的表述进行了删减。

5. 将2016版遗漏的租赁合同、借款合同真题补充。

6. 修订了2016版真题解析存在的错误。

2017年版《民法真题》最大的创意在于，随书附赠《小真题》。基于真题训练的最高境界即背诵真题这一应试理念，我将《民法真题》一书进行压缩，形成《小真题》。关于《民法真题》和《小真题》的配合使用办法，说明如下：

1.《民法真题》：解析较为丰富，内容较多。请考友结合自己情况，侧重阅读自己的薄弱的试题。未必需要面面俱到，如此可提高复习效率。如您有强迫症必须阅读全书真题，也请有所侧重。针对自己常常出错，自己较难掌握的真题解析，予以重点关照。

2.《小真题》：请从6月份开始，随手携带《小真题》，便于背诵。所谓背诵，不是死记硬背，是熟练式背诵，时常翻越，尤其要关照题干措辞、题眼、选项表述和试题的法律关系结构图。熟读多了，自然就记住了，更为关键的是，能够形成民法题感。不知不觉之间，做到秒杀民法真题，并以此养成秒杀2017年大多数民法真题的能力。

2017年，我痛失年长我2岁的大哥，这于我而言，极其艰难，乃人生从未遇之困境。人生无常，吾辈只有努力精进，方可宽慰家人。

与诸同学、与诸考友、与诸战士，血战到底，不胜不归！

方志平

2017年4月17日

2016年版前言

一、致敬词

司考真题，是一个矛盾体，在被阻挡在“外”面的人看来，是墙、是槛、是阻挠；在被放行入“内”里的人看来是桥、是路、是推手。

司考真题变成绿灯时，被放行的人一般不会感谢绿灯，只会感谢自己的努力付出和老师的辛勤培育，不会感谢司考真题；司考真题变成红灯时，被阻挠的人更加不会感谢司考真题，留下的恐怕更多的是怨、不解和无奈。

基于供需双方的博弈，司考真题具有成为经典的充分条件。从供方看，有命题专家队伍超长时间的研磨、推敲和创制；从需方看，有考生军团无比细致的核对、异议和评论。经典的司考真题，方能成就司考真题的经典，教科书中见诸司考真题者，达致了大学教育与司考考察之间的良性沟通。

对司考真题的解读层次、思路和基点，体现了解读者对真题的把握、体会和认知。

全体司考人，都应向真题致意。真题为推进法学教育和培训、为提升法律人的认知水平、为统一法律共同体作出了切切实实的贡献。

真题，是我们的朋友，而不是我们的敌人。

感恩真题！感恩司考！

二、解释论

对真题的解读，有两种路径：一是立法论，力求让真题“尽善尽美”，符合多种预期和不同品读。立法论对真题提出改进意见，“点破”真题的瑕疵，或者总结经典错题。对与错的标准和参照是不统一的，故此立法论是批评之后再无下文，然后就没有然后了。二是解释论，以真题既有资源为基础，建立分析框架，追求命题本意。解释论对真题进行客观表述，破解真题蕴含的密码，廓清迷雾。解释论是解释透彻然后就真的没有然后了。

在解释这道真题为什么是对的和解释这道真题为什么是错的，《方志平民法真题》选择第二种路径，即解释论。

《方志平民法真题》选择解释论路径解剖真题的理由有四：一，本书读者的身份是考生，而考生需要弄明白这道真题为什么是对的，自己为什么是错的；而不是要弄明白这道真题为什么是错的，自己为什么是对的。二，解释论路径有助于读者形成题感，进入真题语境。读者从接触真题的第一天开始，训练题感，日积月累，必有成就。解释论的路径和风格，不是对真题屈服或者归降，而是启发考生养成解释能力。解释能力是法律人最基本的能力，法官就是“农夫山泉”，把法条搬运到判决书，搬运过程即解释过程。三，解释论有助于把考生训练成为一台超强“纠错机”，而不像立法论那样将考生培养成“显微镜”。“纠错机”能顺应题意，在考场上纵横驰骋，游刃有余。“显微镜”则火眼金睛，在考场上左右摇摆，犹豫不决。是所谓，当断不断，反受其乱！四、解释论有代理真题说话的功能。真题从来都是站在被告席，众多解读者坐在原告席，只有原告#@&……%￥*，真题沉默不语，考生由此判决被告败诉。让真题说话，把精力投放到解释能力、题感能力和语境能力上去、让真题解读回归技术论,回归解释论,为《方志平民法真题》之所倚重。

《方志平民法真题》选择解释论路径解剖真题的特色有四:一,涵盖全部的司考真题,梳理真题的前世今生,为读者整理真题的历史脉络,由此形成体系,体会规律。二,侧重对司考真题的技术分析,将《方志平民法宝典》拆分的知识的真题"齐零为整",《方志平民法宝典》与《方志平民法真题》两相配合,必有良效。三,图构民法真题,将试题可视化,降低阅读疲劳和受挫感。四、当然,为了换取解读的深入,故此牺牲了书本的薄简,作此选择并非无意。因为要把真题读透、读薄,其前提是真题解剖要透、要不薄。如果解剖求诸精简,将精简者读薄自然省时省力,效果上恐怕就会有不少的遗漏。

我们既不能蜻蜓点水,暴殄天物,虐待真题;也不能百转千转,锱铢必较,虐爱真题。我们要做超强纠错机;不要做细致显微镜。我们要做解释者;不要做立法者。我们要做农夫山泉;不要做人工山泉。

如果你真题刷过N遍继续错,阅读真题资料N遍继续错,那么错不在你,而在你没有阅读《方志平民法真题》。如果你需要提高自己的超强纠错能力,如果你需要提高自己进入语境的能力,如果你需要提高自己进入题意的能力,如果你需要提高自己获得题感的能力,那么,请阅读《方志平民法真题》。

《方志平民法真题》对司考真题的坦诚分析,可谓空前而绝后。

三、独白词

大家好,我叫题,姓真。我真的是题,合称真题。

我来自三个国度,身披三种颜色,具有三个情节。一是国情,我立足于中国民法法条和中国民法学理,是所谓大前提。二是案情,我立足于本案案情,不多不少,不大不小,是所谓宏观层面的小前提。三是语境,我表现为措辞、语态和上下文,是所谓微观层面的小前提。

我有两个女儿。姐姐是客观的,判断的,孰是孰非的;妹妹是主观的,思维的,来回穿插的。

姐姐家里很富裕,总是一个人养四个人,ABCD环绕其中,但是,众所周知,姐姐是喜怒行于颜色的,当然,也时常朝三暮四。

有时候,姐姐心中只有一个真命天子,外号单选题,另外三个都是打酱油的,你只需要帮姐姐找到真命天子划上钩,姐姐是不会亏待你的。寻找的过程是简单的,你根本不需要知道为什么那三个打酱油的为什么会在这里会在这时出现,你需要的只是判断。一个字,猜,也可以。特别提示,姐姐喜欢的未必都是高富帅,也可能钟情于矮丑穷。

有时候,姐姐心中会有两个以上真命天子,外号多选题,哪几个是伪装者、是打酱油的,你要火眼金睛做判断。显然,要你把姐姐的真命天子配上对,是有一定难度的,好在这样的判断数量有限。正是因此,姐姐建议你在单选题中尽量遂了姐姐的心愿。

有时候,姐姐心中不知道有几个真命天子,外号任意项选择题。这个时候,姐姐的铺垫是很长的,自然要找寻出正确的对象,难度上升,但效率也确实不低,一个故事,可以让你得6到12分,相反,也可以让你丢6到12分。

妹妹出身精贵得很,一个大的故事经过包装,就可以顶20多个外号单选题的姐姐,我的天啊!其实,善待妹妹,投入产出是很高的。征服一个故事,与征服二十多个故事相比,显然……你懂的!

总的来说,女人的心思你猜不透,因此,未来,姐姐要逐渐淡出,而妹妹要隆重登场,比重增加。

一言以蔽之,谁最懂我的故事,谁就最明我的心意;谁最懂我的情节,谁就最得我的青睐;谁最懂我的神态,谁就最获我的恩惠!

如果《方志平民法真题》还不能让你懂、让你明、让你了,请联系:新浪微博@民法方志平;微信个人订阅号minfafangzhiping。微信订阅号有语音解读"姐姐"与"妹妹",我们空中相会!

方志平

2016年3月15日

目　录

（上　册）

第一部分　客观题

（下 册）

第二部分 不定项选择题

第三部分　主观题

6 第六编 婚姻继承

第二十七章 婚姻家庭

第一节 无效婚姻、可撤销婚姻

一、无效婚姻

1. 甲与乙登记结婚3年后，乙向法院请求确认该婚姻无效。乙提出的下列哪一理由可以成立？(2011-3-22)

A. 乙登记结婚的实际年龄离法定婚龄相差2年

B. 甲婚前谎称是海归博士且有车有房，乙婚后发现上当受骗

C. 甲与乙是表兄妹关系

D. 甲以揭发乙父受贿为由胁迫乙结婚

答案：(　　)①

考点：无效婚姻、可撤销婚姻

读题技巧

1. 本题为升级版法条题，以事实反映法条，通过事实指向相关法条。2. 关键信息“结婚3年后”，有助于判断选项A。3. ABCD事实均为新增假设事实，结合题干予以判断。4. 很简单，不答对，没天理！5. 记忆：小近多病。

思路展开

命题点1：少年婚姻，成年有效。

(1)法律依据：①《婚姻法》第10条，“有下列情形之一的，婚姻无效：(一)重婚的；(二)有禁止结婚的亲属关系的；(三)婚前患有医学上认为不应当结婚的疾病，婚后尚未治愈的；(四)未到法定婚龄的。”②《婚姻法司法解释一》第8条，“当事人依据《婚姻法》第十条规定向人民法院申请宣告婚姻无效的，申请时，法定的无效婚姻情形已经消失的，人民法院不予支持。”

(2)具体到本题：甲与乙登记结婚时乙没有到法定婚龄(差2岁)，但是，在乙请求向人民法院申请宣告婚姻无效时(已婚3年)，该无效婚姻情形已经消失，则不再属于无效婚姻。

(3)结论：故A不成立，不选A。

(4)延展：①1994年后无证同居，是无证同居，不是事实婚姻也不是无效婚姻。②婚姻无效必须经过依法宣告才可以。《婚姻法司法解释(一)》第13条，“《婚姻法》第十二条所规定的自始无效，是指无效或者可撤销婚姻在依法被宣告无效或被撤销时，才确定该婚姻自始不受法律保护。”③故没有被宣告，就还是当有效看待。

命题点2：骗婚不是骗，因为婚姻处处有“欺骗”。

(1)欺诈不构成可撤销婚姻的事由，更加不是婚姻无效的事由，故B选项不成立，不当选。

(2)法律依据：《婚姻法司法解释(三)》第1条第1款，“当事人以《婚姻法》第十条规定以外的情形申请宣告婚姻无效的，人民法院应当判决驳回当事人的申请。”→无效婚姻事由为封闭式规定，事由已全部穷尽。

命题点3：林黛玉、贾宝玉即使结婚，也无效。

---

① 参考答案：C

(1)法律依据:《婚姻法》第7条,"有下列情形之一的,禁止结婚:(一)直系血亲和三代以内的旁系血亲。"

(2)具体到本题:表兄妹属于三代以内旁系血亲。

(3)结论:C成立,选C。(4)延展:血亲关系不会随时间延长而发生改变。

命题点4:被迫结婚可撤销。

(1)法律依据:《婚姻法》第11条,"因胁迫结婚的,受胁迫的一方可以向婚姻登记机关或人民法院请求撤销该婚姻。受胁迫的一方撤销婚姻的请求,应当自结婚登记之日起一年内提出。被非法限制人身自由的当事人请求撤销婚姻的,应当自恢复人身自由之日起一年内提出。"

(2)具体到本题:受胁迫缔结的婚姻,属于可撤销婚姻,而非无效婚姻。

(3)结论:D选项不成立,不选D。

2. 甲男与乙女通过网聊恋爱,后乙提出分手遭甲威胁,乙无奈遂与甲办理了结婚登记。婚后乙得知,甲婚前就患有医学上不应当结婚的疾病且久治不愈,乙向法院起诉离婚。下列哪一说法是正确的?(2009-3-19)

A. 法院应判决撤销该婚姻

B. 法院应判决宣告该婚姻无效

C. 对该案的审理应当进行调解

D. 当事人可以对法院的处理结果依法提起上诉

答案:( )①

考点:无效婚姻、可撤销婚姻

读题技巧

1."威胁"、"乙无奈",指向受胁迫的可撤销婚姻。2."患有医学上不应当结婚的疾病且久治不愈",指向无效婚姻。3."起诉离婚",指向无效婚姻不得离婚,而是宣告无效。

思路展开

命题点1:无效婚姻事由、可撤销婚姻事由与离婚事由都存在,则无效事由吸收其他事由,应宣告婚姻无效。

(1)法律依据:①无效事由:《婚姻法》第10条,"有下列情形之一的,婚姻无效:(一)重婚的;(二)有禁止结婚的亲属关系的;(三)婚前患有医学上认为不应当结婚的疾病,婚后尚未治愈的;(四)未到法定婚龄的。②可撤销事由:《婚姻法》第11条,"因胁迫结婚的,受胁迫的一方可以向婚姻登记机关或人民法院请求撤销该婚姻。受胁迫的一方撤销婚姻的请求,应当自结婚登记之日起一年内提出。被非法限制人身自由的当事人请求撤销婚姻的,应当自恢复人身自由之日起一年内提出。"③离婚事由:《婚姻法》第32条,"男女一方要求离婚的,可由有关部门进行调解或直接向人民法院提出离婚诉讼。人民法院审理离婚案件,应当进行调解;如感情确已破裂,调解无效,应准予离婚。有下列情形之一,调解无效的,应准予离婚:(一)重婚或有配偶者与他人同居的;(二)实施家庭暴力或虐待、遗弃家庭成员的;(三)有赌博、吸毒等恶习屡教不改的;(四)因感情不和分居满二年的;(五)其他导致夫妻感情破裂的情形。一方被宣告失踪,另一方提出离婚诉讼的,应准予离婚。"

(2)具体到本题:甲既胁迫乙,甲还有"病",应视为甲"有病"。甲、乙婚姻无效。

(3)结论:①"A. 法院应判决撤销该婚姻",A错,不选A。②"B. 法院应判决宣告该婚姻无效",B对,选B。

命题点2:无效婚姻中关于婚姻效力的程序特点:非讼程序,不调解,不上诉,不撤诉,不离婚,不撤销。"五不原则"。

(1)法律依据:《婚姻法司法解释(一)》第9条。①第1款,"人民法院审理宣告婚姻无效案件,对婚姻效力的审理不适用调解,应当依法作出判决;有关婚姻效力的判决一经作出,即发生法律效力。"②第2款,"涉及财产分割和子女抚养的,可以调解。调解达成协议的,另行制作调解书。对财产分割和子女抚养问题的判决不服的,当事人可以上诉。"

(2)法条阐释:应下两个文书:①婚姻效力的判决不调解,不上诉(这属于非讼程序,当事人无处分权,涉及公共利益)。②财产和子女问题可调解,可上诉(这属于诉讼程序,当事人有处分权)。

---

① 参考答案:B

(3)具体到本案：题干设问是“起诉离婚”，且选项中也没有提到子女、财产分割问题，应推定仅针对婚姻效力而言。

(4)结论：①“C. 对该案的审理应当进行调解”，C错，不选C。②“D. 当事人可以对法院的处理结果依法提起上诉”，D错，不选D。

二、可撤销婚姻

网名“我心飞飞”的21岁女子甲与网名“我行我素”的25岁男子乙在网上聊天后产生好感，乙秘密将甲裸聊的镜头复制保存。后乙要求与甲结婚，甲不同意。乙威胁要公布其裸聊镜头，甲只好同意结婚并办理了登记。下列哪些说法是错误的？(2006-3-66)

A. 甲可以自婚姻登记之日起1年内请求撤销该婚姻

B. 甲可以在婚姻登记后以没有感情基础为由起诉要求离婚

C. 甲有权主张该婚姻无效

D. 乙侵犯了甲的隐私权

答案：(　　)①

考点：可撤销婚姻、离婚事由、无效婚姻和侵犯隐私权

读题技巧

1. 网上聊天产生好感，指向婚姻是否有感情基础的判断。2. 乙复制保存甲的裸聊镜头、乙威胁公布，甲只好同意与乙登记结婚，指向三点：(1)乙的叫嚣行为，不构成隐私权侵犯，没有刺探、没有公开。(2)因胁迫，婚姻可撤销，但不存在无效事由。(3)甲有人身自由，故撤销婚姻时间从登记结婚之日起计算1年。

思路展开

命题点1：可撤销婚姻的唯一事由：胁迫。

(1)法律依据：①《婚姻法》第11条，“因胁迫结婚的，受胁迫的一方可以向婚姻登记机关或人民法院请求撤销该婚姻。受胁迫的一方撤销婚姻的请求，应当自结婚登记之日起一年内提出。被非法限制人身自由的当事人请求撤销婚姻的，应当自恢复人身自由之日起一年内提出。”②《婚姻法司法解释(一)》第10条，“《婚姻法》第十一条所称的‘胁迫’，是指行为人以给另一方当事人或者其近亲属的生命、身体健康、名誉、财产等方面造成损害为要挟，迫使另一方当事人违背真实意愿结婚的情况。因受胁迫而请求撤销婚姻的，只能是受胁迫一方的婚姻关系当事人本人。”

(2)具体到本题：“乙威胁要公布其裸聊镜头，甲只好同意结婚并办理了登记。”，甲属于被胁迫而结婚，享有婚姻撤销权。

(3)结论：“A. 甲可以自婚姻登记之日起1年内请求撤销该婚姻”，A对，不符合题意，不选A。

命题点2：离婚事由的开放式列举。

(1)法律依据：《婚姻法》第32条，“男女一方要求离婚的，可由有关部门进行调解或直接向人民法院提出离婚诉讼。人民法院审理离婚案件，应当进行调解；如感情确已破裂，调解无效，应准予离婚。有下列情形之一，调解无效的，应准予离婚：(一)重婚或有配偶者与他人同居的；(二)实施家庭暴力或虐待、遗弃家庭成员的；(三)有赌博、吸毒等恶习屡教不改的；(四)因感情不和分居满二年的；(五)其他导致夫妻感情破裂的情形。一方被宣告失踪，另一方提出离婚诉讼的，应准予离婚。”

(2)具体到本题：题干交代的事由中，没有“感情破裂”之信息。

(3)结论：“B. 甲可以在婚姻登记后以没有感情基础为由起诉要求离婚”，B错，符合题意，选B。

命题点3：无效婚姻四个事由的闭锁性。

(1)《婚姻法》第10条，“有下列情形之一的，婚姻无效：(一)重婚的；(二)有禁止结婚的亲属关系的；(三)婚前患有医学上认为不应当结婚的疾病，婚后尚未治愈的；(四)未到法定婚龄的。”

(2)具体到本题：甲、乙之间的婚姻不具有无效事由。

(3)结论：“C. 甲有权主张该婚姻无效”，故C错，符合题意，选C。

命题点4：隐私权的侵犯。

(1)法律依据：《侵权责任法》第2条，“侵害民事权益，应当依照本法承担侵权责任。本法所称民

---

① 参考答案：BCD

事权益,包括生命权、健康权、姓名权、名誉权、荣誉权、肖像权、隐私权、婚姻自主权、监护权、所有权、用益物权、担保物权、著作权、专利权、商标专用权、发现权、股权、继承权等人身、财产权益。”

(2)法条阐释:①侵犯隐私权有四种表现形态:a. 窃取、刺探他人隐私。b. 擅自公开他人隐私。c. 擅自进入他人私生活空间。d. 侵害他人私生活安宁。②有损害才有救济,必须造成损害结果。

(3)具体到本题:“我行我素”男子乙没有刺探行为(是甲的主动“献身”而已,乙仅复制保存)、没有擅自公开行为,只有“叫嚣行为”,况且,日后成为夫妻,每天都在一起,也不存在私生活空间或安宁问题,更不会把老婆的“艳照”公之于众了。乙不侵犯甲的隐私权。司法部解析:“侵权行为的构成必须要求存在损害后果,如果仅仅是以侵权相威胁,实际并未实施侵权行为,并未造成损害后果,不构成对他人权利的侵害。”

(4)结论:“D. 乙侵犯了甲的隐私权”,D 错,符合题意,选 D。

异议辨析

1. 有观点认为,“B. 甲可以在婚姻登记后以没有感情基础为由起诉要求离婚”,无法通过民事诉讼法的检验,并认为命题人存在实体法和程序法的隔膜,司考应该各玩各的。这种观点不准确。2. 先看《民事诉讼法》第 119 条,“起诉必须符合下列条件:(一)原告是与本案有直接利害关系的公民、法人和其他组织;(二)有明确的被告;(三)有具体的诉讼请求和事实、理由;(四)属于人民法院受理民事诉讼的范围和受诉人民法院管辖。”只要符合这几项条件,甲当然可以起诉要求离婚。3. 评论:(1)命题人都有实务经验,对民事诉讼法不陌生。(2)B 选项中有几个字必须关注“以没有感情基础为由”,这是限制性条件,而对应的题干没有交代。因此,B 错误。(3)要区分《婚姻法》规定的离婚事由与司考题干中交代的事由,必须两相比对,才能准确断案,适用法律。不能脱离题干和选项。(4)此题其实表达了命题人对“网恋”的态度,网恋也不是游戏,婚姻更不是游戏。基于网恋而缔结婚姻,有何不可?其设题陷阱和背景是,在 2006 年,网络还不发达的时代,让人误以为网恋就是没有感情基础的。这才是本题 B 的考查之所在,考查的是考生对于“网恋”而“结婚”这一事实的法律评价能力。(5)如果单纯以程序法来评价民事实体法,那所有选项的设计都会有问题,因为当事人民事争议都可以起诉到法院去,法院的大门是向全体国人开放的。

第二节 离 婚

一、诉讼离婚

1. 诉讼离婚(过错赔偿)

董楠(男)和申蓓(女)是美术学院同学,共同创作一幅油画作品《爱你一千年》。毕业后二人结婚育有一女。董楠染上吸毒恶习,未经申蓓同意变卖了《爱你一千年》,所得款项用于吸毒。因董楠恶习不改,申蓓在女儿不满 1 周岁时提起离婚诉讼。下列哪些说法是正确的?(2015－3－65)

A. 申蓓虽在分娩后 1 年内提出离婚,法院应予受理

B. 如调解无效,应准予离婚

C. 董楠出售《爱你一千年》侵犯了申蓓的物权和著作权

D. 对董楠吸毒恶习,申蓓有权请求离婚损害赔偿

答案:(　　)①

考点:不得离婚的情形、离婚损害赔偿请求权、共有著作权

读题技巧

1. 曾经沧海难为水。2. 申蓓(女)＋申蓓在女儿不满一周岁提起离婚诉讼,指向女方起诉离婚不受“三期”(孕期、产后 1 年、流产后 6 个月)限制。3. 共同创作油画,指向合作作品。《爱你一千年》,负担物权和著作权。4. 变卖《爱你一千年》,款项用于吸毒,指向四点:(1)合作作品任何一方未经对方同意不得行使转让的权利。(2)侵犯了合作作者对原件的展览权。(3)侵犯了合作作者获得报酬权。(4)侵犯了共有物油画的物权。5. 吸毒恶习,指向诉讼离婚事由的法定示例事由。

① 参考答案:ABC

思路展开

命题点1:诉讼离婚事由及离婚过错损害赔偿事由:

(1)诉讼离婚事由:①法律依据:《婚姻法》第32条,"男女一方要求离婚的,可由有关部门进行调解或直接向人民法院提出离婚诉讼。人民法院审理离婚案件,应当进行调解;如感情确已破裂,调解无效,应准予离婚。有下列情形之一,调解无效的,应准予离婚:(一)重婚或有配偶者与他人同居的;(二)实施家庭暴力或虐待、遗弃家庭成员的;(三)有赌博、吸毒等恶习屡教不改的;(四)因感情不和分居满二年的;(五)其他导致夫妻感情破裂的情形。一方被宣告失踪,另一方提出离婚诉讼的,应准予离婚。"②具体到本题:题干信息"董楠染上吸毒恶习"。③结论:选项"B.如调解无效,应准予离婚",正确,B当选。

(2)离婚过错损害赔偿事由:①法律依据:《婚姻法》第46条,"有下列情形之一,导致离婚的,无过错方有权请求损害赔偿:(一)重婚的;(二)有配偶者与他人同居的;(三)实施家庭暴力的;(四)虐待、遗弃家庭成员的。"②具体到本题:不包括吸毒。③结论:选项"D.对董楠吸毒恶习,申蓓有权请求离婚损害赔偿"错误,D不当选。

命题点2:诉讼离婚提出时间限制:

(1)法律依据:《婚姻法》第34条,"女方在怀孕期间、分娩后一年内或中止妊娠后六个月内,男方不得提出离婚。女方提出离婚的,或人民法院认为确有必要受理男方离婚请求的,不在此限。"

(2)具体到本题:题干信息"申蓓在女儿不满1周岁时提起离婚诉讼。"+"申蓓(女)"。(3)结论:选项"A.申蓓虽在分娩后1年内提出离婚,法院应予受理",正确,A当选。

命题点3:离婚共有著作权和物权。

(1)法律依据:《著作权法》第13条第1款,"两人以上合作创作的作品,著作权由合作作者共同享有。没有参加创作的人,不能成为合作作者。"《著作权条例》第9条,"合作作品不可以分割使用的,其著作权由各合作作者共同享有,通过协商一致行使;不能协商一致,又无正当理由的,任何一方不得阻止他方行使除转让以外的其他权利,但是所得收益应当合理分配给所有合作作者。"

(2)具体到本题:题干信息:董楠出售《爱你一千年》,虽然出卖标的物主要是作品的物权载体,并没有出售作品的整体版权。①根据《著作权法》第18条规定,美术作品原件出售后,展览权转移给原件所有人,申蓓因此不能享有和行使著作权中的展览权,其著作权受到了侵害。②再看物权,油画作为婚前的物,双方按份共有。

(3)结论:故"C.董楠出售《爱你一千年》侵犯了申蓓的物权和著作权",正确,C当选。

(4)另外,题干信息:"未经申蓓同意变卖了《爱你一千年》,所得款项用于吸毒。"钱款全部吸毒用,侵犯了申蓓获得报酬权。

常见错误

1.未侵犯著作权说。认为C选项错误,即没有侵犯著作权。因为题干中交待《爱你一千年》是董楠和申蓓共同创作完成的,所以双方都拥有著作权,董楠没有侵犯申蓓的著作权。2.吹毛求疵说。认为B错误,根据婚姻法规定,调解无效,确认夫妻感情确已破裂,才准予离婚。题中未说明夫妻感情确已破裂,用"应"有失偏颇!

2.诉讼离婚(特殊情形下的代理)

甲与乙离婚,甲、乙的子女均已成年,与乙一起生活。甲与丙再婚后购买了一套房屋,登记在甲的名下。后甲因中风不能自理,常年卧床。丙见状离家出走达3年之久。甲、乙的子女和乙想要回房屋,进行法律咨询。下列哪些意见是错误的?(2011-3-52)

A.因房屋登记在甲的名下,故属于甲个人房产

B.丙在甲中风后未尽妻子责任和义务,不能主张房产份额

C.甲、乙的子女可以申请宣告丙失踪

D.甲本人向法院提交书面意见后,甲、乙的子女可代理甲参与甲与丙的离婚诉讼

答案:(　　)①

考点:诉讼离婚、夫妻财产、宣告失踪、委托代理(特殊情形下的身份行为)

---

① 参考答案:ABC

读题技巧

1. 甲与丙再婚后购买一套房屋,“登记在甲名下”,指向房屋为甲丙共有。2.“甲、乙子女成年,与乙一起生活”、“丙离家出走达3年之久”,指向3点:(1)甲、乙的子女与丙属于无扶养关系的继子女关系。(2)丙构成宣告失踪条件之一,即“下落不明”。(3)甲、丙夫妻,一方丙下落不明,被宣告失踪,是法定离婚事由。3.“甲因中风不能自理,常年卧床”,指向甲无法到庭参加离婚诉讼。4.本题是选错误表述的。

思路展开

命题点1:法定夫妻共有财产制。

(1)法律依据:《婚姻法》第17条,“夫妻在婚姻关系存续期间所得的下列财产,归夫妻共同所有:(一)工资、奖金;(二)生产、经营的收益;(三)知识产权的收益;(四)继承或赠与所得的财产,但本法第十八条第三项规定的除外;(五)其他应当归共同所有的财产。夫妻对共同所有的财产,有平等的处理权。”

(2)具体到本题:①根据《婚姻法》规定,婚姻存续期间所得财产,归夫妻共有。②甲和丙就房屋归属没有作出特别约定,因此,该房屋应归甲丙共有。

(3)结论:“A.因房屋登记在甲的名下,故属于甲个人房产”,A错,符合题意,选A。

命题点2:夫妻未尽抚养义务,应负担身份之债。且会影响将来的“继承权”。但不会影响到夫妻共有财产之分割。

(1)法律依据:①《婚姻法》第20条,“夫妻有互相扶养的义务。一方不履行扶养义务时,需要扶养的一方,有要求对方付给扶养费的权利。”②《继承法》第13条第4款,“有扶养能力和有扶养条件的继承人,不尽扶养义务的,分配遗产时,应当不分或者少分。”

(2)具体到本题:丙对丈夫甲没有履行扶养义务,不因此丧失自己对房屋的产权份额。当然,丙的这一行为,在甲死亡后对甲的遗产继承时会受到不利影响。“B.丙在甲中风后未尽妻子责任和义务,不能主张房产份额”,B错,符合题意,选B。

命题点3:只有利害关系人才能申请宣告失踪。无扶养关系的继子女不可以申请宣告继母失踪。

(1)法律依据:《民法通则》第20条,“公民下落不明满二年的,利害关系人可以向人民法院申请宣告他为失踪人。战争期间下落不明的,下落不明的时间从战争结束之日起计算。”②《民法通则若干问题的意见》第24条,“申请宣告失踪的利害关系人,包括被申请宣告失踪人的配偶、父母、子女、兄弟姐妹、祖父母、外祖父母、孙子女、外孙子女以及其他与被申请人有民事权利义务关系的人。”

(2)具体到本题:宣告失踪的主体是失踪人的利害关系人,在本案中,即为丙的利害关系人,它包括丙的配偶、父母、子女、兄弟姐妹、祖父母、外祖父母、孙子女、外孙子女以及其他与被申请人有民事权利义务关系的人。本题中,失踪人丙的利害关系人是其配偶甲,而非甲、乙的子女。因此,甲、乙的子女不能直接去申请宣告丙失踪。

(3)结论:“C.甲、乙的子女可以申请宣告丙失踪”,C错,符合题意,选C。

命题点4:特殊情形下离婚诉讼的代理。

(1)法律依据:①《婚姻法司法解释(三)》第8条,“无民事行为能力人的配偶有虐待、遗弃等严重损害无民事行为能力一方的人身权利或者财产权益行为,其他有监护资格的人可以依照特别程序要求变更监护关系;变更后的监护人代理无民事行为能力一方提起离婚诉讼的,人民法院应予受理。”②《民事诉讼法》第62条,“离婚案件有诉讼代理人的,本人除不能表达意思的以外,仍应出庭;确因特殊情况无法出庭的,必须向人民法院提交书面意见。”

(2)具体到本题:①离婚诉讼时,不能代理,但是在特殊情形下,譬如离婚当事人无法到庭,则可以通过委托代理的方式,由代理人参与离婚诉讼。②甲因中风不能自理,常年卧床,符合《民事诉讼法》第62条规定的条件。

(3)结论:D对,不符合题意,不选D。

3. 离婚过错赔偿、离婚经济补偿请求权

(1)钟某性情暴躁,常殴打妻子柳某,柳某经常找同村未婚男青年杜某诉苦排遣,日久生情。现柳某起诉离婚,关于钟、柳二人的离婚财产处理事宜,

下列哪一选项是正确的？（2016－3－19）

A. 针对钟某家庭暴力，柳某不能向其主张损害赔偿

B. 针对钟某家庭暴力，柳某不能向其主张精神损害赔偿

C. 如柳某婚内与杜某同居，则柳某不能向钟某主张损害赔偿

D. 如柳某婚内与杜某同居，则钟某可以向柳某主张损害赔偿

答案：（　　）①

考点：离婚过错损害赔偿请求权

解题图构

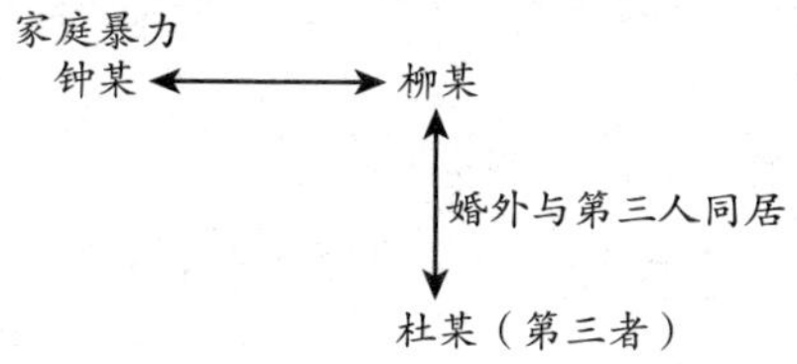

读题技巧

1. 殴打妻子，指向家庭暴力，是离婚过错赔偿事由。2. "关于钟、柳二人的离婚财产处理事宜"，这一设问不能涵盖四个选项，因为四个选项是围绕离婚过错赔偿事由展开，而不是离婚财产处理。故只能把这句话解释成：离婚过错赔偿是关于是否赔钱的事，属于有关"财产处理事宜"。

思路展开

命题点1：家庭暴力是离婚过错赔偿的事由之一。该赔偿项目包含了精神损害赔偿。

（1）法律依据：①家庭暴力是离婚过错赔偿事由。《婚姻法》第46条，"有下列情形之一，导致离婚的，无过错方有权请求损害赔偿：（一）重婚的；（二）有配偶者与他人同居的；（三）实施家庭暴力的；（四）虐待、遗弃家庭成员的。"②离婚过错赔偿的损害赔偿包括精神损害赔偿。《婚姻法司法解释（一）》第28条，《婚姻法》第四十六条规定的'损害赔偿'，包括物质损害赔偿和精神损害赔偿。涉及精神损害赔偿的，适用最高人民法院《关于确定民事侵权精神损害赔偿责任若干问题的解释》的有关规定。"

（2）具体到本题："钟某性情暴躁，常殴打妻子柳某"＋"现柳某起诉离婚"。故柳某可以提起离婚过错赔偿请求，该赔偿项目包括精神损害。

（3）结论：①A. 针对钟某家庭暴力，柳某不能向其主张损害赔偿，A表述错误，不选。②B. 针对钟某家庭暴力，柳某不能向其主张精神损害赔偿，B表述错误，不选。

命题点：无过错方才可提出过错赔偿。有过错方或双方有过错，不得提出离婚损害赔偿请求。

（1）法律依据：①《婚姻法司法解释（一）》第29条第1款，"承担《婚姻法》第四十六条规定的损害赔偿责任的主体，为离婚诉讼当事人中无过错方的配偶。"②《婚姻法司法解释（三）》第17条，"夫妻双方均有《婚姻法》第四十六条规定的过错情形，一方或者双方向对方提出离婚损害赔偿请求的，人民法院不予支持。"

（2）具体到本题：①题干事实"柳某经常找同村未婚男青年杜某诉苦排遣，日久生情。"选项C和D新增事实"如柳某婚内与杜某同居"。②两相结合，即夫妻双方都有过错，而且都属于《婚姻法》第46条规定的过错情形，故均不得提出离婚损害赔偿请求。

（3）结论：①C. 如柳某婚内与杜某同居，则柳某不能向钟某主张损害赔偿，C正确，当选。②D. 如柳某婚内与杜某同居，则钟某可以向柳某主张损害赔偿，D错误，不当选。

（2）2003年5月王某（男）与赵某结婚，双方书面约定婚后各自收入归个人所有。2005年10月王某用自己的收入购置一套房屋。2005年11月赵某下岗，负责照料女儿及王某的生活。2008年8月王某提出离婚，赵某得知王某与张某已同居多年。法院应支持赵某的下列哪些主张？（2009－3－66）

A. 赵某因抚育女儿、照顾王某生活付出较多义务，王某应予以补偿

B. 离婚后赵某没有住房，应根据公平原则判决王某购买的住房属于夫妻共同财产

C. 王某与张某同居导致离婚，应对赵某进行赔偿

D. 张某与王某同居破坏其家庭，应向赵某赔礼道歉

答案：（　　）②

---

① 参考答案：C

② 参考答案：AC

考点:离婚过错赔偿、约定分别财产制的法定补偿义务(贤内助)、离婚时的法定扶助义务(困难户)

读题技巧

1. 约定 AA 制,启动约定分别财产制下的法定补偿义务。2. 王某用自己收入购入住房,指向该住房为个人所有。不能当共有房产分割。3. 赵某下岗,照料女儿及老公,后来王某提出离婚。指向三点:(1)赵某无过错。(2)赵某是贤内助,王某有法定补偿义务。(3)赵某下岗,生活困难,王某有法定的帮助义务,帮助的形式可以是居住权或所有权,但不是由法院来决定帮助方式的。4. 王某与张某同居多年,王某提出离婚,指向两点:(1)王某对离婚有过错,启动过错赔偿。(2)张某是小三,无法律上责任。

思路展开

命题点 1:约定分别财产制下的法定补偿义务,虽然约定财产分别所有,如果一方"贤内助",则离婚时另一方负法定补偿义务。

(1)法律依据:《婚姻法》第 40 条,"夫妻书面约定婚姻关系存续期间所得的财产归各自所有,一方因抚育子女、照料老人、协助另一方工作等付出较多义务的,离婚时有权向另一方请求补偿,另一方应当予以补偿。"

(2)具体到本题:①王某和赵某书面约定了婚后 AA 制,各自收入归各自,较为奇葩的婚姻。②"2005年 11 月赵某下岗,负责照料女儿及王某的生活。"③王某(男)提出离婚,"现代陈世美"!④AA制 + 贤内助 + 离婚 = 法定补偿义务。

(3)结论:"A. 赵某因抚育女儿、照顾王某生活付出较多义务,王某应予以补偿",A 对,选 A。

命题点 2:离婚时一方是"困难户",无论是法定还是约定(一般情况下是约定),则有钱一方应该对困难一方进行帮助。

(1)法律依据:①《婚姻法》第 42 条,"离婚时,如一方生活困难,另一方应从其住房等个人财产中给予适当帮助。具体办法由双方协议;协议不成时,由人民法院判决。"②《婚姻法司法解释(三)》第 27 条,第 1 款,"《婚姻法》第四十二条所称'一方生活困难',是指依靠个人财产和离婚时分得的财产无法维持当地基本生活水平。"第 2 款,"一方离婚后没有住处的,属于生活困难。"第 3 款,"离婚时,一方以个人财产中的住房对生活困难者进行帮助的形式,可以是房屋的居住权或者房屋的所有权。"

(2)法条阐释:困难的两种表现:①没房住是困难;②没钱花也是困难。③帮助形式可以是房屋的居住权或所有权。

(3)具体到本题:①"双方书面约定婚后各自收入归个人所有。" + "2005 年 10 月王某用自己的收入购置一套房屋。"②"B. 离婚后赵某没有住房,应根据公平原则判决王某购买的住房属于夫妻共同财产。"③很显然,帮助的形式是由王某来决定的,而不是法院判王某的房屋归夫妻共有,法院不能支持"房屋"直接"变性"。

(4)结论:B 错,不选 B。

命题点 3:过错离婚事由(有配偶者与他人同居)。

(1)法律依据:《婚姻法》第 46 条第 2 项,"有下列情形之一,导致离婚的,无过错方有权请求损害赔偿:(一)重婚的;(二)有配偶者与他人同居的;(三)实施家庭暴力的;(四)虐待、遗弃家庭成员的。"《婚姻法司法解释(一)》第 28 条,"《婚姻法》第四十六条规定的'损害赔偿',包括物质损害赔偿和精神损害赔偿。涉及精神损害赔偿的,适用最高人民法院《关于确定民事侵权精神损害赔偿责任若干问题的解释》的有关规定。"

(2)具体到本题:①"2005 年 11 月赵某下岗,负责照料女儿及王某的生活。"可见,赵某无过错。②"赵某得知王某与张某已同居多年。"启动离婚过错赔偿。③"C. 王某与张某同居导致离婚,应对赵某进行赔偿",C 对,选 C。④"D. 张某与王某同居破坏其家庭,应向赵某赔礼道歉",小三不承担任何法律上的责任。D 错,不选 D。司法部:"处于婚姻关系之外的同居者张某只受道德标准而不受法律规范的约束,赵某不能向法院诉请张某对其赔礼道歉,此无法律依据。"

(3)结论:选 C,不选 D。

4. 离婚过错赔偿

周某与妻子庞某发生争执,周某一记耳光导致庞某右耳失聪。庞某起诉周某赔偿医药费 1000 元、

精神损害赔偿费2000元，但未提出离婚请求。下列哪一选项是正确的？（2007－3－17）

A. 周某应当赔偿医疗费和精神损害

B. 周某应当赔偿医疗费而不应赔偿精神损害

C. 周某应当赔偿精神损害而不应赔偿医疗费

D. 法院应当不予受理

答案：（　　）①

考点：离婚诉讼无过错方的损害赔偿请求权

读题技巧

1. 周某一记耳光打得妻子失聪，这得下多重的手啊？家暴男。2. 妻子庞某，起诉索赔，不起诉离婚，这得多爱又多恨啊！作死女。3. 法院不予受理，拒绝接受周某与庞某到法庭"秀恩爱"、"唠家常"！

思路展开

1. 命题点：离婚诉讼中无过错方的损害赔偿请求权。

2. 法律依据：（1）四种闭锁性事由：《婚姻法》第46条，"有下列情形之一，导致离婚的，无过错方有权请求损害赔偿：（一）重婚的；（二）有配偶者与他人同居的；（三）实施家庭暴力的；（四）虐待、遗弃家庭成员的。"（2）物质损害和精神损害：《婚姻法司法解释（一）》第28条，"《婚姻法》第四十六条规定的'损害赔偿'，包括物质损害赔偿和精神损害赔偿。涉及精神损害赔偿的，适用最高人民法院《关于确定民事侵权精神损害赔偿责任若干问题的解释》的有关规定。"（3）《婚姻法司法解释（一）》第29条。第1款，请求人自己无过错。"承担《婚姻法》第四十六条规定的损害赔偿责任的主体，为离婚诉讼当事人中无过错方的配偶。"第2款，法院判不离，也就不支持"离婚过错赔偿"了。（注意：以后离婚再索赔会指向诉讼时效中止制度）"人民法院判决不准离婚的案件，对于当事人基于《婚姻法》第四十六条提出的损害赔偿请求，不予支持。"第3款，不诉离只诉赔，属于"不作不死"的节奏，不支持！"在婚姻关系存续期间，当事人不起诉离婚而单独依据该条规定提起损害赔偿请求的，人民法院不予受理。"

3. 具体到本题："庞某起诉周某赔偿医药费1000元、精神损害赔偿费2000元，但未提出离婚请求。"属于"不作不死"、诉赔不诉离，法院不予受理。

4. 结论："D. 法院应当不予受理"，D对，选D。

5. 命题延展：（1）法律依据：《婚姻法司法解释（一）》第30条，"人民法院受理离婚案件时，应当将《婚姻法》第四十六条等规定中当事人的有关权利义务，书面告知当事人。在适用《婚姻法》第四十六条时，应当区分以下不同情况：（一）符合《婚姻法》第四十六条规定的无过错方作为原告基于该条规定向人民法院提起损害赔偿请求的，必须在离婚诉讼的同时提出。（二）符合《婚姻法》第四十六条规定的无过错方作为被告的离婚诉讼案件，如果被告不同意离婚也不基于该条规定提起损害赔偿请求的，可以在离婚后一年内就此单独提起诉讼。（三）无过错方作为被告的离婚诉讼案件，一审时被告未基于《婚姻法》第四十六条规定提出损害赔偿请求，二审期间提出的，人民法院应当进行调解，调解不成的，告知当事人在离婚后一年内另行起诉。"（2）法条阐释：①无过错方，无法容忍对方"过错"，提出离婚，如果要过错赔偿，必须在提离婚时同时提出过错赔偿。②无过错方，容忍对方"过错"，但是对方提出离婚，无过错方不同意离婚也没提出过错赔偿，可以在离婚后1年内提出过错赔偿。如果无过错方一审没提索赔，二审提索赔，则调解，调解不成则可在离婚后1年内另行起诉。

二、夫妻财产关系

1. 夫妻可约定个人财产归共同；但个人财产不会仅因婚姻关系直接变成共同财产

刘山峰、王翠花系老夫少妻，刘山峰婚前个人名下拥有别墅一栋。关于婚后该别墅的归属，下列哪一选项是正确的？（2016－3－20）

A. 该别墅不可能转化为夫妻共同财产

B. 婚后该别墅自动转化为夫妻共同财产

C. 婚姻持续满八年后该别墅即依法转化为夫妻共同财产

D. 刘、王可约定婚姻持续八年后该别墅转化为夫妻共同财产

答案：（　　）②

---

① 参考答案：D

② 参考答案：D

考点：法定夫妻财产制、约定夫妻财产制

读题技巧

1.“婚前个人名下”，指向个人财产。2.“婚后”归属，指向别墅仍然为个人财产。

思路展开

命题点：婚前个人财产，婚后仍归个人，性质不会仅仅因为婚姻关系而改变。

(1)法律依据：①财产性质不因结婚而自然改变性质。《婚姻法司法解释(一)》第19条，《婚姻法》第十八条规定为夫妻一方所有的财产，不因婚姻关系的延续而转化为夫妻共同财产。但当事人另有约定的除外。”②一方婚前财产归个人，不归双方。《婚姻法》第18条，“有下列情形之一的，为夫妻一方的财产：(一)一方的婚前财产；(二)一方因身体受到伤害获得的医疗费、残疾人生活补助费等费用；(三)遗嘱或赠与合同中确定只归夫或妻一方的财产；(四)一方专用的生活用品；(五)其他应当归一方的财产。”

(2)具体到本题：“刘山峰婚前个人名下拥有别墅一栋”，该别墅不会自动转化为夫妻共同财产。

(3)结论：“B.婚后该别墅自动转化为夫妻共同财产”，B错误，不选。

命题点：满8年时婚前个人财产转化为夫妻共同财产，这是旧的司法解释，已经被废止。

(1)法律依据：八年的历史渊源：最高人民法院《关于人民法院审理离婚案件处理财产分割问题的若干具体意见》第6条规定，“一方婚前个人所有的财产，婚后由双方共同使用、经营、管理的，房屋和其他价值较大的生产资料经过8年，贵重的生活资料经过4年，可视为夫妻共同财产。”

(2)具体到本题：司法部解析原文“C选项改造自旧的司法解释(已被废止)，新的法律并不承认婚姻财产的时效转化。”

(3)结论：C.婚姻持续满八年后该别墅即依法转化为夫妻共同财产，C错误，不选。

命题点：如果夫妻采用约定财产制，尊重夫妻的意思

(1)法律依据：《婚姻法》第19条第1款，“夫妻可以约定婚姻关系存续期间所得的财产以及婚前财产归各自所有、共同所有或部分各自所有、部分共同所有。约定应当采用书面形式。没有约定或约定不明确的，适用本法第十七条、第十八条的规定。”

(2)具体到本题：“刘山峰、王翠花系老夫少妻”，王翠花和刘山峰具有约定财产制的主体资格，双方完全可以约定将刘山峰婚前个人名下拥有别墅归共同财产。当然也完全可以约定持续8年后归共同财产。

(3)结论：①A.该别墅不可能转化为夫妻共同财产，A错误，不选。②D.刘、王可约定婚姻持续八年后该别墅转化为夫妻共同财产，D正确，当选。

2.夫妻财产关系之财产归属：婚姻效力、赠与合同效力、夫妻共同财产(小说)

胡某与黄某长期保持同性恋关系，胡某创作同性恋题材的小说发表。后胡某迫于父母压力娶陈某为妻，结婚时陈某父母赠与一套房屋，登记在陈某和胡某名下。婚后，胡某收到出版社支付的小说版税10万元。此后，陈某得知胡某在婚前和婚后一直与黄某保持同性恋关系，非常痛苦。下列哪一说法是正确的？(2015－3－20)

A.胡某隐瞒同性恋重大事实，导致陈某结婚的意思表示不真实，陈某可请求撤销该婚姻

B.陈某受欺诈而登记结婚，导致陈某父母赠与房屋意思表示不真实，陈某父母可撤销赠与

C.该房屋不属于夫妻共同财产

D.10万元版税属于夫妻共同财产

答案：(　　)①

考点：婚姻效力、赠与合同效力、夫妻共同财产

读题技巧

1.同性恋遭遇传统婚恋观。2.财产取得的时间点是判定婚姻关系中财产归属重要因素。题干中的时间先后应梳理清楚：(1)胡某发表小说；(2)胡某结婚；(3)胡某和妻子陈某结婚时受赠陈某父母的一套房屋，登记在胡某和陈某名下；(4)胡某收到小说版税10万元。3.陈某得知老公胡某是同性恋，婚前婚后性取向稳定且保持“婚外同性恋情”，陈某非

① 参考答案：D

常痛苦。题干没有下文。

思路展开

命题点1:可撤销婚姻的事由:

(1)法律依据:①《婚姻法》第11条,"因胁迫结婚的,受胁迫的一方可以向婚姻登记机关或人民法院请求撤销该婚姻。受胁迫的一方撤销婚姻的请求,应当自结婚登记之日起一年内提出。被非法限制人身自由的当事人请求撤销婚姻的,应当自恢复人身自由之日起一年内提出。"②《婚姻法司法解释(一)》第10条,"《婚姻法》第十一条所称的'胁迫',是指行为人以给另一方当事人或者其近亲属的生命、身体健康、名誉、财产等方面造成损害为要挟,迫使另一方当事人违背真实意愿结婚的情况。因受胁迫而请求撤销婚姻的,只能是受胁迫一方的婚姻关系当事人本人。"

(2)具体到本题:"A.胡某隐瞒同性恋重大事实,导致陈某结婚的意思表示不真实,陈某可请求撤销该婚姻"错误,A不选。

命题点2:房产归属。

(1)法律依据:①《婚姻法》第18条第3项,"有下列情形之一的,为夫妻一方的财产:(三)遗嘱或赠与合同中确定只归夫或妻一方的财产。"②《婚姻法司法解释(二)》第22条第1款,"当事人结婚前,父母为双方购置房屋出资的,该出资应当认定为对自己子女的个人赠与,但父母明确表示赠与双方的除外。"第2款,"当事人结婚后,父母为双方购置房屋出资的,该出资应当认定为对夫妻双方的赠与,但父母明确表示赠与一方的除外。"③《婚姻法司法解释(三)》第7条第1款,"婚后由一方父母出资为子女购买的不动产,产权登记在出资人子女名下的,可按照婚姻法第十八条第(三)项的规定,视为只对自己子女一方的赠与,该不动产应认定为夫妻一方的个人财产。"

(2)具体到本题:题干信息"结婚时陈某父母赠与一套房屋,登记在陈某和胡某名下。"登记在双方名下,应视为对双方的赠与。

(3)结论:"C.该房屋不属于夫妻共同财产"错误,C不选。

命题点3:知识产权收益归属。

(1)法律依据:①《婚姻法》第17条第3项,"夫妻在婚姻关系存续期间所得的下列财产,归夫妻共同所有:……(三)知识产权的收益。"②《婚姻法司法解释(二)》第12条,"《婚姻法》第十七条第三项规定的知识产权的收益,是指婚姻关系存续期间,实际取得或者已经明确可以取得的财产性收益。"

(2)具体到本题:题干信息"婚后,胡某收到出版社支付的小说版税10万元。"

(3)结论:故"D.10万元版税属于夫妻共同财产"正确,D选。

命题点4:因欺诈而为意思表示中欺诈的判断。

(1)法律依据:《合同法》第186条的规定,赠与人在赠与财产的权利转移之前可以撤销赠与。

(2)具体到本题:题干信息"结婚时陈某父母赠与一套房屋,登记在陈某和胡某名下。"①陈某父母赠与房屋的行为本身并非受欺诈。②陈某父母在赠与的房屋已完成过户登记的情况下,不得撤销赠与。

(3)结论:"B.陈某受欺诈而登记结婚,导致陈某父母赠与房屋意思表示不真实,陈某父母可撤销赠与"错误,B不选。

(4)延伸:如题干设定确实因受欺诈而为赠与,则该赠与意思表示因欺诈而可变更可撤销,属于可撤销可变更的民事行为。与赠与合同作为诺成性合同在赠与物交付前的撤销是两回事,但是他们并非互斥。赠与人有两条路可走。

常见错误

1.稿费:财产权利取得的时间与财产实际取得的时间不一致,应当以权利取得的时间为准。权利是婚前取得的,不应作为共同财产。2.赠与财产撤销说:虽然婚姻没有撤销一说。但是对于财产,陈某受欺诈而登记结婚,导致陈某父母赠与房屋意思表示不真实,陈某父母可撤销赠与。3.房屋是结婚之前陈某父母赠与陈某的,应属于陈某个人婚前财产。

3.夫妻财产关系:婚内夫妻借款个人使用,离婚时按债权分割

甲(男)、乙(女)结婚后,甲承诺,在子女出生后,将其婚前所有的一间门面房,变更登记为夫妻共同财产。后女儿丙出生,但甲不愿兑现承诺,导致夫妻感情破裂离婚,女儿丙随乙一起生活。后甲又与

丁(女)结婚。未成年的丙因生重病住院急需医疗费 20 万元,甲与丁签订借款协议从夫妻共同财产中支取该 20 万元。下列哪一表述是错误的?(2014－3－23)

A. 甲与乙离婚时,乙无权请求将门面房作为夫妻共同财产分割

B. 甲与丁的协议应视为双方约定处分共同财产

C. 如甲、丁离婚,有关医疗费按借款协议约定处理

D. 如丁不同意甲支付医疗费,甲无权要求分割共有财产

答案:(　　)①

考点:夫妻共有财产、赠与合同、基于法律行为的不动产物权变动、婚内分割夫妻共有财产的法定情形

解题图构

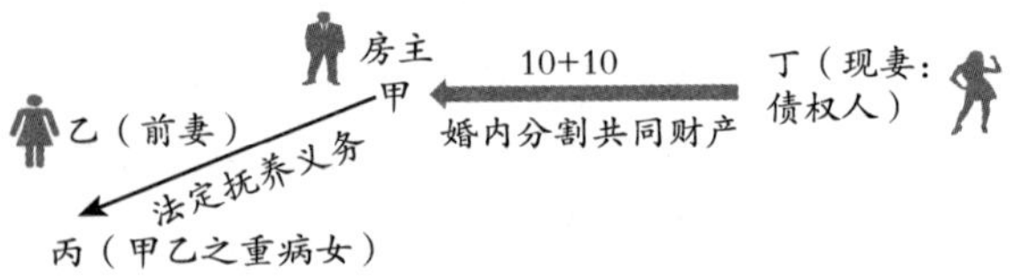

读题技巧

1. 甲承诺乙生出“子女”后赠与甲婚前门面房,后乙生出了“女”(丙),甲不愿意兑现承诺,这个指向三点:(1)甲是渣男,还是重男轻女的渣男,属于渣男中的渣男。(2)激活赠与合同的任意撤销。(3)门面房仍归甲个人所有,不是夫妻共有房产。2.“女儿丙随乙生活”、“甲与丁(女)结婚”,指向两点:(1)甲“抛妻弃女”。(2)丁是丙的“继母”,但是丁、丙之间无扶养关系。即丁对丙无法定抚养义务。3.“未成年丙因重病急需医疗费”,甲与丙的“继母”丁签订借款协议,指向四点:(1)甲是“未成年”的丙的父亲,对丙有法定抚养义务。(2)相对于甲的现任妻子丁来讲,这是甲个人事务,“甲与前妻的家事”,不是甲、丁的家事。(3)甲与丁之前成立“婚内借款协议”,离婚时按借款协议处理。(4)甲迷途知返,丁是“井水不换河水”,各家过各家。4. 本题是选非题。

思路展开

命题点 1:婚前房产要转化为夫妻共有房产,只有基于双方约定(合同有效＋有权处分＋变更登记)。赠与合同中赠与人有任意撤销权。

(1)法律依据:①夫妻赠与房产,在变更登记前可撤销赠与。《婚姻法司法解释(三)》第 6 条规定,“婚前或者婚姻关系存续期间,当事人约定将一方所有的房产赠与另一方,赠与方在赠与房产变更登记之前撤销赠与,另一方请求判令继续履行的,人民法院可以按照《合同法》第 186 条的规定处理。”②《合同法》第 186 条,“赠与人在赠与财产的权利转移之前可以撤销赠与。具有救灾、扶贫等社会公益、道德义务性质的赠与合同或者经过公证的赠与合同,不适用前款规定。”可见,除非是经过公证或者有救灾、扶贫等社会公益、道德义务性质的赠与合同,赠与人在赠与财产的权利转移之前可以撤销赠与。

(2)具体到本题:商业门面属于甲男婚前财产,甲尽管承诺在子女出生后将其婚前所有的一间门面房变更登记为夫妻共同财产,但在女儿出生后不愿履行承诺。因此,甲在财产过户登记前有权撤销赠与,即题干“甲不愿意兑现承诺”。房屋产权没有发生变动。

(3)结论:“A. 甲与乙离婚时,乙无权请求将门面房作为夫妻共同财产分割”,A 正确,不符合题意,不选 A。

命题点 2:婚内借款协议的特殊规则。

(1)法律依据:《婚姻法司法解释(三)》第 16 条规定,“夫妻之间订立借款协议,以夫妻共同财产出借给一方从事个人经营活动或用于其他个人事务的,应视为双方约定处分夫妻共同财产的行为,离婚时可按照借款协议的约定处理。”

(2)具体到本题:①未成年的丙随生母乙共同生活,没有跟着甲,故丁、丙属于无扶养关系的继母女关系。②甲是丙的生父,对未成年丙有法定抚养义务。③甲为丙支付医疗费系履行法定义务,属于甲的“个人事务”。④故甲、丁的协议应视为处分夫妻共同财产,离婚时按照夫妻间借款协议处理。

(3)结论:“B. 甲与丁的协议应视为双方约定处分共同财产”、“C. 如甲、丁离婚,有关医疗费按借款协议约定处理”,BC 均对,均不符合题意,BC 均不选。

---

① 参考答案:D

命题点3:婚内分割夫妻共同财产的法定事由。

(1)法律依据:《婚姻法司法解释(三)》第4条规定,“婚姻关系存续期间,夫妻一方请求分割共同财产的,人民法院不予支持,但有下列重大理由且不损害债权人利益的除外:……(二)一方负有法定扶养义务的人患重大疾病需要医治,另一方不同意支付相关医疗费用的。”

(2)具体到本题:如果丁不同意甲对丙支付医疗费,而丙是甲负有法定抚养义务的人,且患“重大疾病”,则如丁不同意支付医疗费,甲就有权要求分割共同财产。

(3)结论:“D. 如丁不同意甲支付医疗费,甲无权要求分割共有财产”,D错,符合题意,选D。

4. 夫妻财产关系之婚前财产婚后增值案

甲、乙夫妻的下列哪一项婚后增值或所得,属于夫妻共同财产?(2013-3-23)

A. 甲婚前承包果园,婚后果树上结的果实

B. 乙婚前购买的1套房屋升值了50万元

C. 甲用婚前的10万元婚后投资股市,得利5万元

D. 乙婚前收藏的玉石升值了10万元

答案:(　　)①

考点:法定财产制度、夫妻共同财产

思路展开

命题点1:法定财产制。

(1)法定财产制。我国婚姻法对夫妻财产制采取的是法定夫妻财产制与约定夫妻财产制相结合的模式。所谓法定夫妻财产制,是指夫妻双方在婚前、婚后都没有约定或者约定无效时,直接适用有关法律规定的夫妻财产制度。

(2)法律依据:《婚姻法》第17条,“夫妻在婚姻关系存续期间所得的下列财产,归夫妻共同所有:(一)工资、奖金;(二)生产、经营的收益;(三)知识产权的收益;(四)继承或赠与所得的财产,但本法第十八条第三项规定的除外;(五)其他应当归共同所有的财产。夫妻对共同所有的财产,有平等的处理权。”

(3)结论:婚前是谁的,婚后也仍然是谁的,财产的个人性质不会发生变化。但是,如果婚后属于婚前个人财产增值了,应如何处理?指向《婚姻法司法解释(二)》和《婚姻法司法解释(三)》。

命题点2:婚前个人财产,在婚后发生增值,要看配偶双方是否有劳动投入,有劳动投入,则投资收益归夫妻共有。如果配偶双方无劳动投入,为自然增值或孳息,则收益仍归个人。

(1)法律依据:①投资收益归共有。《婚姻法司法解释(二)》第11条,“婚姻关系存续期间,下列财产属于婚姻法第十七条规定的‘其他应当归共同所有的财产’:(一)一方以个人财产投资取得的收益;(二)男女双方实际取得或者应当取得的住房补贴、住房公积金;(三)男女双方实际取得或者应当取得的养老保险金、破产安置补偿费。”②自然增值归个人。《婚姻法司法解释(三)》第5条,“夫妻一方个人财产在婚后产生的收益,除孳息和自然增值外,应认定为夫妻共同财产。”③《婚姻法司法解释(三)》第5条,与《婚姻法司法解释(二)》第11条第1项的关系:两者并不矛盾,不是第11条第1项取代了第5条,而是一种细化的解释,即将自然增资和孳息不算作“投资收益”。

(2)具体到本题中:①“A. 甲婚前承包果园,婚后果树上结的果实”,如果果实未分离,则果实为果树的成分,仍归甲婚前所有。如果果实分离,则果实为孳息,适用《婚姻法司法解释(三)》第5条,孳息归原物所有人即甲个人。故A不合题意,不选A。②“B. 乙婚前购买的1套房屋升值了50万元”、“D. 乙婚前收藏的玉石升值了10万元”,属于自然增值,归甲个人。故BD不合题意,不选BD。③“C. 甲用婚前的10万元婚后投资股市,得利5万元”,5万元属于投资所得,归夫妻共有,不是归甲个人。故C符合题意,选C。

(3)结论:①树木结果、房屋增值、玉石增值,均归婚前个人;股市投资,归夫妻共有。②故本题选C。

异议辨析

1. 选项C表述是婚后“投资股市”得利5万元,而不是“婚前股票婚后分红”得利5万元。2. 投资股

---

① 参考答案:C

市得利归夫妻共有;但婚前股票婚后的分红或者派股,都属于孳息,应归个人所有。3. 有观点认为,基于本题选了C,而将"投资股市"等同于股息。而又结合C中说股息不属于夫妻共有财产,所以推断出股息不属于孳息,这走得有些太远了,基于对题意的误解,由此产生一般法律规则。4. 如此一来,会对司考真题造成伤害,令人误以为司考答案是冒天下之大不韪韪。

5. 夫妻财产关系:法定不分或少分财产的事由

(1)隐匿财产属于法定的部分或少分财产事由

乙起诉离婚时,才得知丈夫甲此前已着手隐匿并转移财产。关于甲、乙离婚的财产分割,下列哪一选项是错误的?(2016-3-18)

A. 甲隐匿转移财产,分割财产时可少分或不分

B. 就履行离婚财产分割协议事宜发生纠纷,乙可再起诉

C. 离婚后发现甲还隐匿其他共同财产,乙可另诉再次分割财产

D. 离婚后因发现甲还隐匿其他共同财产,乙再行起诉不受诉讼时效限制

答案:(　　)①

考点:离婚时夫妻财产分割、诉讼离婚

读题技巧

1. A选项是基于题干事实做判断;BCD选项是新增假设事实做判断。2. 是选错误判断的,不是选正确判断的。

思路展开

命题点1:法定可以少分或不分夫妻财产的事由:针对财产的举动。

(1)法律依据:《婚姻法》第47条第1款,"离婚时,一方隐藏、转移、变卖、毁损夫妻共同财产,或伪造债务企图侵占另一方财产的,分割夫妻共同财产时,对隐藏、转移、变卖、毁损夫妻共同财产或伪造债务的一方,可以少分或不分。离婚后,另一方发现有上述行为的,可以向人民法院提起诉讼,请求再次分割夫妻共同财产。"第2款,"人民法院对前款规定的妨害民事诉讼的行为,依照民事诉讼法的规定予以制裁。"

(2)具体到本题:甲在被乙起诉离婚时,已经着手隐匿并转移财产,属于法定的可以少分或不分夫妻财产的情形。

(3)结论:A."甲隐匿转移财产,分割财产时可少分或不分"正确,不符合题意,不当选。

命题点2:离婚协议中达成的财产分割协议,在履行过程中发生纠纷,可以另诉。

(1)法律依据:离婚时协议处理夫妻共同财产。①《婚姻法》第39条第1款,"离婚时,夫妻的共同财产由双方协议处理;协议不成时,由人民法院根据财产的具体情况,照顾子女和女方权益的原则判决。"②《婚姻法司法解释(二)》第8条第1款,"离婚协议中关于财产分割的条款或者当事人因离婚就财产分割达成的协议,对男女双方具有法律约束力。"第2款,"当事人因履行上述财产分割协议发生纠纷提起诉讼的,人民法院应当受理。"

(2)具体到本题:题干交代乙诉离,得知甲"干"关于夫妻财产的坏事。选项B新增了事实,假设"甲乙之间存在离婚财产分割协议"。就B选项的判断而言,是单独做判断。甲、乙之间就履行财产分割协议发生纠纷,可以起诉,法院应当受理。

(3)结论:"B. 就履行离婚财产分割协议事宜发生纠纷,乙可再起诉"表述正确,但不符合题意,不当选。

命题点3:离婚后发现对方隐匿共同财产,可以再诉分割,诉讼时效从"当事人发现之次日起算",2年。

(1)法律依据:①《婚姻法》第47条第1款,"离婚时,一方隐藏、转移、变卖、毁损夫妻共同财产,或伪造债务企图侵占另一方财产的,分割夫妻共同财产时,对隐藏、转移、变卖、毁损夫妻共同财产或伪造债务的一方,可以少分或不分。离婚后,另一方发现有上述行为的,可以向人民法院提起诉讼,请求再次分割夫妻共同财产。"②《婚姻法司法解释(一)》第31条,"当事人依据《婚姻法》第四十七条的规定向人民法院提起诉讼,请求再次分割夫妻共同财产的诉讼时效为两年,从当事人发现之次日起计算。"

(2)具体到本题:C和D新增事实,即乙发现丈夫甲还隐匿其他共同财产,乙可以起诉再次分割,但

① 参考答案:D

需要受2年诉讼时效期间的限制，从发现之次日计算(注意，不是从应当发现之次日起算)。

(3)结论：①“C. 离婚后发现甲还隐匿其他共同财产，乙可另诉再次分割财产”，表述正确，不符合题意，不当选。②“D. 离婚后因发现甲还隐匿其他共同财产，乙再行起诉不受诉讼时效限制。”表述错误，符合题意，当选。

(2)虐待或遗弃不是“法定不分或少分财产的事由”

甲与乙结婚多年后，乙患重大疾病需要医治，甲保管夫妻共同财产但拒绝向乙提供治疗费，致乙疾病得不到及时治疗而恶化。下列哪一说法是错误的？(2012－3－23)

A. 乙在婚姻关系存续期间，有权起诉请求分割夫妻共同财产

B. 乙有权提出离婚诉讼并请求甲损害赔偿

C. 乙在离婚诉讼中有权请求多分夫妻共同财产

D. 乙有权请求公安机关依照《治安管理处罚法》对甲予以行政处罚

答案：(　　)①

考点：夫妻共有财产(婚内分割事由)、夫妻扶养义务(虐待)、离婚过错赔偿

读题技巧

乙患重大疾病需要医治，配偶甲控制夫妻共同财产不给治疗，且后果严重。甲构成虐待或者遗弃(司法部解析原文“甲和乙为夫妻，依法有互相扶养的义务。乙患重病期间，甲拒绝支付医疗费的行为构成遗弃。”)。指向四点：①构成法定婚内分割夫妻共有财产事由。②甲构成虐待或者遗弃，属于离婚过错赔偿事由。③甲构成虐待或者遗弃，但不是“转移财产型”的不分或少分夫妻财产事由。④甲构成虐待或者遗弃，应启动“家暴”救济，包括公安机关行政处罚。

思路展开

命题点1：法定的“婚内分割共有财产事由”(对财产使坏或者对人使坏)。

(1)法律依据：①一般规定。《物权法》第99条，“共有人约定不得分割共有的不动产或者动产，以维持共有关系的，应当按照约定，但共有人有重大理由需要分割的，可以请求分割；没有约定或者约定不明确的，按份共有人可以随时请求分割，共同共有人在共有的基础丧失或者有重大理由需要分割时可以请求分割。因分割对其他共有人造成损害的，应当给予赔偿。”②特别规定。《婚姻法司法解释(三)》第4条规定，“婚姻关系存续期间，夫妻一方请求分割共同财产的，人民法院不予支持，但有下列重大理由且不损害债权人利益的除外：(一)一方有隐藏、转移、变卖、毁损、挥霍夫妻共同财产或者伪造夫妻共同债务等严重损害夫妻共同财产利益行为的；(二)一方负有法定扶养义务的人患重大疾病需要医治，另一方不同意支付相关医疗费用的。”③《婚姻法》第20条，“夫妻有互相扶养的义务。一方不履行扶养义务时，需要扶养的一方，有要求对方付给扶养费的权利。”④法律适用：优先适用《婚姻法司法解释(三)》第4条的规定。

(2)具体到本案：①甲控制夫妻共同财产不给配偶他方乙治疗，且后果严重。乙属于甲负有法定抚养义务的人，且患重大疾病需要医治。②另外，即使认为《婚姻法司法解释(三)》第4之“一方负有法定抚养义务的人”限于配偶双方之外的第三人，那么也可以通过举轻以明重的解释方法，将第4条适用于本案。③因为既然配偶一方需要法定抚养的第三人得重病要花钱看病，配偶他方不同意，配偶一方可主张婚内分割夫妻共有财产，那么，配偶一方对重病配偶他方“虐待”，不给医疗费，自然更加可以婚内分割夫妻共有财产。

(3)结论：①乙有权在婚姻关系存续期间请求分割夫妻共同财产。②故A对，不选A。

命题点2：法定的“离婚过错赔偿事由”。(对人使坏)

(1)法律依据：《婚姻法》第46条，“有下列情形之一，导致离婚的，无过错方有权请求损害赔偿：(一)重婚的；(二)有配偶者与他人同居的；(三)实施家庭暴力的；(四)虐待、遗弃家庭成员的。”

(2)具体到本题：甲构成虐待或者如司法部所谓之“遗弃”，乙有权在离婚诉讼中请求甲赔偿损害。

(3)结论：B对，不选B。

---

① 参考答案：C

命题点3:法定的"可以少分或者不分夫妻共有财产事由"(对财产使坏)。

(1)法律依据:《婚姻法》第47条,"离婚时,一方隐藏、转移、变卖、毁损夫妻共同财产,或伪造债务企图侵占另一方财产的,分割夫妻共同财产时,对隐藏、转移、变卖、毁损夫妻共同财产或伪造债务的一方,可以少分或不分。离婚后,另一方发现有上述行为的,可以向人民法院提起诉讼,请求再次分割夫妻共同财产。人民法院对前款规定的妨害民事诉讼的行为,依照民事诉讼法的规定予以制裁。"

(2)具体到本案:甲的行为不属于可以少分或不分夫妻共同财产的行为,且乙已通过离婚过错损害赔偿能够获得救济。

(3)结论:C错,选C。

命题点4:家庭暴力或虐待或遗弃的救济。

(1)法律依据:①《婚姻法》第3条第2款,"禁止重婚。禁止有配偶者与他人同居。禁止家庭暴力。禁止家庭成员间的虐待和遗弃。"②《婚姻法》第43条第3款,"实施家庭暴力或虐待家庭成员,受害人提出请求的,公安机关应当依照治安管理处罚的法律规定予以行政处罚。"③《治安管理处罚法》第45条,"有下列行为之一的,处五日以下拘留或者警告:(一)虐待家庭成员,被虐待人要求处理的;(二)遗弃没有独立生活能力的被扶养人的。"

(2)具体到本题:乙有权获得公安机关救助。(3)结论:D对,不选D。

常见错误

1. 不适用《婚姻法司法解释(三)》第4条说:婚内主张分割夫妻共有财产的情形之一是一方负有法定扶养义务的人患重大疾病需要医治,另一方不同意支付相关医疗费用的。本题是属于夫妻一方的乙患病,而非乙负有法定扶养义务的人患病。

2. 违背善良风俗说:甲对乙并不构成虐待或者遗弃,故乙无权请求公安机关对甲予以行政处罚。甲的行为是违背善良风俗的行为,属于民法调整领域,并不适用行政法。

6. 夫妻财产关系之共有合伙份额的处理

甲、乙因离婚诉至法院,要求分割实为共同财产而以甲的名义对丙合伙企业的投资。诉讼中,甲、乙经协商,甲同意将其在丙合伙企业中的财产份额转让给乙。法院对此作出处理,下列哪些选项是正确的?(2010－3－16)

A. 其他三分之二以上合伙人同意转让的,乙取得合伙人地位

B. 其他合伙人不同意转让,在同等条件下行使优先受让权的,可对转让所得的财产进行分割

C. 其他合伙人不同意转让,也不行使优先受让权,但同意甲退伙或退还其财产份额的,可对退伙财产进行分割

D. 其他合伙人对转让、退伙、退还财产均不同意,也不行使优先受让权的,视为全体合伙人同意转让,乙依法取得合伙人地位

答案:(　　)①

考点:夫妻财产制、合伙企业中的出资在离婚时的分割

读题技巧

题干事实,可以完全替换为法条。故此题为秒杀题,秒杀就是本题的读题技巧。

思路展开

思路1. 夫妻共同财产投资进入合伙,该财产就不有一定的身份性质。离婚分割,不是单纯由夫妻双方说了算。应该区分处理:(1)要么我退伙,让你做合伙人。(2)要么合伙份额变成钱,你我来分钱。

思路2. 法律依据:《婚姻法司法解释(二)》第17条规定:"人民法院审理离婚案件,涉及分割夫妻共同财产中以一方名义在合伙企业中的出资,另一方不是该企业合伙人的,当夫妻双方协商一致,将其合伙企业中的财产份额全部或者部分转让给对方时,按以下情形分别处理:(一)其他合伙人一致同意的,该配偶依法取得合伙人地位;(二)其他合伙人不同意转让,在同等条件下行使优先受让权的,可以对转让所得的财产进行分割;(三)其他合伙人不同意转让,也不行使优先受让权,但同意该合伙人退伙或者退还部分财产份额的,可以对退还的财产进行分割;(四)其他合伙人既不同意转让,也不行使优先受让权,又不同意该合伙人退伙或者退还部分

① 参考答案:BCD

财产份额的，视为全体合伙人同意转让，该配偶依法取得合伙人地位。”

3. 具体到本题：(1)名为甲，实际为甲、乙夫妻共有财产投入合伙企业。(2)甲同意把这个分割给乙，甲满大方的。(3)但是其中牵涉到其他合伙人，因为这属于“入伙”。(4)“入伙”应经其他合伙人一致决！而不是三分之二多数决。(5)其他路径都是分钱：①其他合伙人优先购买，甲的合伙份额变成钱，由甲、乙分。②其他合伙人不优先购买，甲退伙变成钱，由甲、乙分。③僵局，则转化为入伙！其他合伙人既不优先购买，又不同意甲退伙，视为同意甲把份额给乙，即乙入伙！（其他合伙人属于半推半就啊）。

4. 结论：A 错，不选。BCD 都对，选 BCD。

7. 夫妻财产关系：合伙份额归个人与归夫妻的差异之“婚前合伙份额归个人案”

2000 年 3 月，甲、乙、丙开办一合伙企业，同年 6 月甲与丁结婚。2005 年 8 月，双方协议离婚，约定将合伙企业中甲的财产份额全部转让给丁。下列哪些说法不正确？(2005－3－63)

A. 合伙企业中甲的财产份额属于夫妻共同财产

B. 如乙、丙同意，丁依法取得合伙人的地位

C. 如乙、丙不同意丁入伙，必须购买该财产份额

D. 合伙企业应清算，丁分得甲应得财产份额

答案：(　　)①

考点：合伙财产的按份共有性质、入伙条件、合伙解散事由

读题技巧

1.“2000 年 3 月，甲、乙、丙开办一合伙企业，同年 6 月甲与丁结婚”，指向合伙是婚前财产。2.“双方协议离婚，约定将合伙企业中甲的财产份额全部转让给丁”，指向合伙份额的转让，即要变更合伙人，涉及入伙和退伙问题。

思路展开

命题点 1：婚前合伙份额归个人所有，非夫妻共有。

(1)合伙财产份额是属于合伙人按份共有的。

(2)具体到本题：甲妻并非合伙人，甲于婚前以个人财产入伙，所以甲在合伙企业中的财产份额属其个人财产而非夫妻共同财产。

(3)结论：“A. 合伙企业中甲的财产份额属于夫妻共同财产”，A 错，符合题意，选 A。

命题点 2：新人入伙需要合伙人一致决。

(1)法律依据：①《民法通则若干问题的意见》第 51 条，“在合伙经营过程中增加合伙人，书面协议有约定的，按照协议处理；书面协议未约定的，须经全体合伙人同意，未经全体合伙人同意的，应当认定入伙无效。”②《合伙企业法》第 43 条第 1 款，“新合伙人入伙，除合伙协议另有约定外，应当经全体合伙人一致同意，并依法订立书面入伙协议。”

(2)结论：“B. 如乙、丙同意，丁依法取得合伙人的地位”，B 是对合伙成立后第三人取得原合伙人份额而入伙条件的正确叙述，即需合伙人一致同意。B 对，不符合题意，不选 B。

命题点 3：对新人入伙无法达成一致决，则视为旧人退伙。

(1)法律依据：《民法通则若干问题的意见》第 52 条，“合伙人退伙，书面协议有约定的，按书面协议处理；书面协议未约定的，原则上应予准许。但因其退伙给其他合伙人造成损失的，应当考虑退伙的原因、理由以及双方当事人的过错等情况，确定其应当承担的赔偿责任。”

(2)结论：“C. 如乙、丙不同意丁入伙，必须购买该财产份额”，C 中，如乙、丙不同意丁入伙，并不须购买甲的财产份额，而可按甲退伙处理。故 C 错，符合题意，选 C。

(3)比对记忆：合伙份额属于共有，分割的办法：《婚姻法司法解释(二)》第 17 条，“人民法院审理离婚案件，涉及分割夫妻共同财产中以一方名义在合伙企业中的出资，另一方不是该企业合伙人的，当夫妻双方协商一致，将其合伙企业中的财产份额全部或者部分转让给对方时，按以下情形分别处理：(一)其他合伙人一致同意的，该配偶依法取得合伙人地位；(二)其他合伙人不同意转让，在同等条件下行使优先受让权的，可以对转让所得的财产进行分割；(三)其他合伙人不同意转让，也不行使优先受让权，但同意该合伙人退伙或者退还部分财产份

① 参考答案：ACD

额的,可以对退还的财产进行分割;(四)其他合伙人既不同意转让,也不行使优先受让权,又不同意该合伙人退伙或者退还部分财产份额的,视为全体合伙人同意转让,该配偶依法取得合伙人地位。”

命题点4:合伙只要2人以上,人数就够,不会导致解散。

(1)法律依据:①《合伙企业法》第14条第1项,“设立合伙企业,应当具备下列条件:(一)有二个以上合伙人。合伙人为自然人的,应当具有完全民事行为能力”。②《合伙企业法》第85条,“合伙企业有下列情形之一的,应当解散:(一)合伙期限届满,合伙人决定不再经营;(二)合伙协议约定的解散事由出现;(三)全体合伙人决定解散;(四)合伙人已不具备法定人数满三十天;(五)合伙协议约定的合伙目的已经实现或者无法实现;(六)依法被吊销营业执照、责令关闭或者被撤销;(七)法律、行政法规规定的其他原因。”

(2)具体到本题:因甲退出合伙企业尚余两个合伙人,符合《合伙企业法》对企业合伙人人数的规定,并不导致其解散清算。故D错,符合题意,选D。

常见错误

1.混淆合伙婚前份额和合伙婚后收益:把甲婚前取得的合伙企业中的财产份额和其与丁结婚后在合伙企业取得收益相混淆,误以为A正确而漏选。

2.混淆合伙份额转让和有限公司股权转让:将合伙中转让财产份额与有限责任公司中对外转让股权的条件相混淆,误以为C正确而漏选C。

8.夫妻财产关系之夫妻共财产与夫妻个人财产的判断和区分

甲、乙结婚的第10年,甲父去世留下遗嘱,将其拥有的一套房子留给甲,并声明该房屋只归甲一人所有。下列哪一表述是正确的?(2009-3-20)

A.该房屋经过8年婚后生活即变成夫妻共有财产

B.如甲将该房屋出租,租金为夫妻共同财产

C.该房屋及租金均属共同财产

D.甲、乙即使约定将该房屋变为共同财产,其协议也无效

答案:(　　)①

考点:夫妻共同财产与夫妻个人财产的判断和区分

读题技巧

1.题干交代结婚第10年,对应A选项结婚的8年“抗战”,能否使个人财产性质变化为夫妻共有财产。2.遗嘱声明“只”归甲一人所有,指向婚内基于遗嘱继承取得的房产,应归甲个人,而非夫妻共有财产。3.选项B和C,新增事实,即如果房屋出租,则租金如何归属,很显然,租金原物所有权人。4.选项D新增事实,如果甲、乙约定对房屋作“变性手术”,是否可行。很显然,可行。

思路展开

命题点1:个人财产转化为夫妻共有财产的唯一途径:当事人约定。不会因婚姻关系存续而“变性”。

(1)法律依据:①个人财产的判定,遗嘱明定归个人则为个人所有:《婚姻法》第18条第3项:“有下列情形之一的,为夫妻一方的财产:(一)一方的婚前财产;(二)一方因身体受到伤害获得的医疗费、残疾人生活补助费等费用;(三)遗嘱或赠与合同中确定只归夫或妻一方的财产;(四)一方专用的生活用品;(五)其他应当归一方的财产。”②个人财产不因时间而“变性”。《婚姻法司法解释(一)》第19条,“《婚姻法》第十八条规定为夫妻一方所有的财产,不因婚姻关系的延续而转化为夫妻共同财产。但当事人另有约定的除外。”③个人财产可因约定而变性。《婚姻法》第19条,第1款,“夫妻可以约定婚姻关系存续期间所得的财产以及婚前财产归各自所有、共同所有或部分各自所有、部分共同所有。约定应当采用书面形式。没有约定或约定不明确的,适用本法第十七条、第十八条的规定。”第2款,“夫妻对婚姻关系存续期间所得的财产以及婚前财产的约定,对双方具有约束力。”

(2)具体到本题:①甲父去世留下遗嘱,将其拥有的一套房子留给甲,并声明该房屋只归甲一人所有。②“A.该房屋经过8年婚后生活即变成夫妻共有财产”,A错,不选A。“D.甲、乙即使约定将该房屋变为共同财产,其协议也无效”,D错,不选D。

① 参考答案:司法部原公布答案为B,现根据《婚姻法解释三》修改为无答案。

(3)结论:AD 均不选。

命题点 2:夫妻个人财产的自然增值或孳息,仍归原物所有权人即个人所有,而不归夫妻共有。

(1)法律依据:①《婚姻法司法解释(三)》第 5 条,"夫妻一方个人财产在婚后产生的收益,除孳息和自然增值外,应认定为夫妻共同财产。"②《婚姻法司法解释(二)》第 11 条第 1 项,"婚姻关系存续期间,下列财产属于《婚姻法》第十七条规定的'其他应当归共同所有的财产':(一)一方以个人财产投资取得的收益;(二)男女双方实际取得或者应当取得的住房补贴、住房公积金;(三)男女双方实际取得或者应当取得的养老保险金、破产安置补偿费。"

(2)具体到本题:甲在婚内因父亲遗嘱继承获得归个人所有房屋,该房屋的自然增值以及孳息(法定孳息),仍归甲个人,而不是归夫妻共有。道理:一般中国人接受不了归夫妻,所以才立遗嘱单独归谁。

(3)结论:"B. 如甲将该房屋出租,租金为夫妻共同财产"、"C. 该房屋及租金均属共同财产",BC 均错误,不选 BD。

(4)批评:有另一种声音,房屋出租也是需要夫妻共同投入的,多少需要花一些精力,一概认定仅归个人也不合适。我觉得这种说法是有一定道理的,当然,做司考题以现行法为准。

9. **夫妻财产关系之离婚时财产处理**

甲、乙结婚多年,因甲沉迷于网络游戏,双方协议离婚,甲同意家庭的主要财产由乙取得。离婚后不久,乙发现甲曾在婚姻存续期间私自购买了两处房产并登记在自己名下,于是起诉甲,要求再次分割房产并要求甲承担损害赔偿责任。下列哪些选项是正确的?(2008-3-68)

A. 乙无权要求甲承担损害赔偿责任

B. 法院应当将两处房产都判给乙

C. 请求分割房产的诉讼时效,为乙发现或者应当发现甲的隐藏财产行为之次日起两年

D. 若法院判决乙分得房产,则乙在判决生效之日即取得房屋所有权

答案:(　　)①

考点:离婚时的财产处理、非基于法律行为的物权变动(形成诉权)

读题技巧

1."协议离婚"、"甲假大方,主要财产都给乙"、"甲有私房钱(两处房产)",指向隐匿夫妻共有财产。由此指向五点:(1)启动再次分割请求权。(2)不能启动过错损害赔偿(法定四种事由,是死的)。(3)启动"可以不分或少分",但不是应当不分。(4)再次分割请求权的时效起算是从发现隐藏行为之次日。而不是"应当发现"。原因:无法判断什么时候是应当发现,既然是隐匿,自然谈不上应当发现。(5)甲没有处分共有房产行为,不启动善意取得,故甲不对乙负损害赔偿责任。2. D 选项"若",属于新增事实,应单独对 D 做判断。指向两点:(1)启动非基于法律行为发生的物权变动。(2)且离婚分割请求权,为形成诉权,判决生效之日起发生物权变动。

思路展开

命题点 1:过错离婚损害赔偿事由法定。隐匿夫妻共有财产,不能启动离婚过错赔偿,仅可启动重新分割请求权。

(1)法律依据:①四个事由:《婚姻法》第 46 条,"有下列情形之一,导致离婚的,无过错方有权请求损害赔偿:(一)重婚的;(二)有配偶者与他人同居的;(三)实施家庭暴力的;(四)虐待、遗弃家庭成员的。"②过错赔偿的范围包括财产赔偿和精神赔偿。《婚姻法司法解释(一)》第 28 条,"《婚姻法》第四十六条规定的'损害赔偿',包括物质损害赔偿和精神损害赔偿。涉及精神损害赔偿的,适用最高人民法院《关于确定民事侵权精神损害赔偿责任若干问题的解释》的有关规定。"

(2)法条阐释:离婚时无过错方可请求损害赔偿的情形仅限于上述四项,闭锁性事由。

(3)具体到本题:甲隐藏夫妻共同财产的行为不属于其中之列,故乙无权要求甲承担损害赔偿责任。

(4)结论:"A. 乙无权要求甲承担损害赔偿责任",A 对,选 A。

(5)关联:①夫或妻无权处分共有房产,第三人善意取得,则夫妻之间负有财产赔偿责任,离婚时索

---

① 参考答案:AD

赔,还能发生诉讼时效中止!②《婚姻法司法解释(三)》第11条,第1款,“一方未经另一方同意出售夫妻共同共有的房屋,第三人善意购买、支付合理对价并办理产权登记手续,另一方主张追回该房屋的,人民法院不予支持。”第2款,“夫妻一方擅自处分共同共有的房屋造成另一方损失,离婚时另一方请求赔偿损失的,人民法院应予支持。”③本题题干设计中,不符合《婚姻法司法解释(三)》第11条的适用条件,因为“沉迷网络游戏”的甲,只是把房屋登记在自己名下,可能是太沉迷于网络游戏吧,没有时间去“无权处分”。

(6)可见,“A.乙无权要求甲承担损害赔偿责任”中的损害赔偿责任,应是特指法定四种事由的离婚过错赔偿。选A。

命题点2:隐匿夫妻共有财产,则对方可请求再次分割夫妻共同财产,而且,对隐匿方是可以不分或少分,但不是说应当不分给隐匿人。

(1)法律依据:《婚姻法》第47条,“离婚时,一方隐藏、转移、变卖、毁损夫妻共同财产,或伪造债务企图侵占另一方财产的,分割夫妻共同财产时,对隐藏、转移、变卖、毁损夫妻共同财产或伪造债务的一方,可以少分或不分。离婚后,另一方发现有上述行为的,可以向人民法院提起诉讼,请求再次分割夫妻共同财产。人民法院对前款规定的妨害民事诉讼的行为,依照民事诉讼法的规定予以制裁。”

(2)具体到本题:甲离婚时隐藏其曾在婚姻存续期间私自购买了两处房产并登记在自己名下的事实,属于隐藏夫妻共同财产的行为,乙有权请求再次分割房产。法院对甲的行为可以妨害民事诉讼为由予以罚款、拘留等制裁,但不能将两房产都判给乙作为惩罚隐藏财产的方式,此做法于法无据。

(3)结论:“B.法院应当将两处房产都判给乙”,B错,不选B。

命题点3:隐匿夫妻共有财产,他方请求再次分割的诉讼时效是从发现隐藏行为之次日起2年。

(1)法律依据:《婚姻法司法解释(一)》第31条规定:“当事人依据《婚姻法》第四十七条的规定向人民法院提起诉讼,请求再次分割夫妻共同财产的诉讼时效为两年,从当事人发现之次日起计算。”

(2)法条阐释:司法部:“考生应注意,该条规定诉讼时效起算点为‘当事人发现之次日’,并无‘应当发现’字样,不同于一般侵权行为诉讼时效起算时间‘当事人知道或应当知道’。”

(3)具体到本题:“C.请求分割房产的诉讼时效,为乙发现或者应当发现甲的隐藏财产行为之次日起两年”,C错,不选C。

命题点4:文书物权,形成诉权,判决生效日为物权变动日。

(1)法律依据:《物权法》第28条,“因人民法院、仲裁委员会的法律文书或者人民政府的征收决定等,导致物权设立、变更、转让或者消灭的,自法律文书或者人民政府的征收决定等生效时发生效力。”(离婚请求权是形成权,判决是形成判决,不是给付判决或确认判决。)

(2)具体到本题:“D.若法院判决乙分得房产,则乙在判决生效之日即取得房屋所有权”,D对,选D。

10. 夫妻财产关系:婚内知识产权收益,实际取得或已经明确可以取得的财产性收益归共有

甲乙是夫妻,甲在婚前发表小说《昨天》,婚后获得稿费。乙在婚姻存续期间发表了小说《今天》,离婚后第二天获得稿费。甲在婚姻存续期间创作小说《明天》,离婚后发表并获得稿费。下列哪一选项是正确的?(2007-3-16)

A.《昨天》的稿费属于甲婚前个人财产

B.《今天》的稿费属于夫妻共同财产

C.《明天》的稿费属于夫妻共同财产

D.《昨天》、《今天》和《明天》的稿费都属于夫妻共同财产

答案:(　　)①

考点:夫妻共同财产(知识产权财产权归属)

解题图构

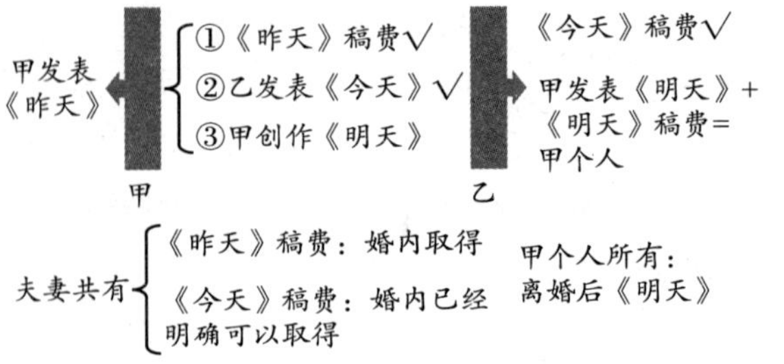

① 参考答案:B

读题技巧

1.《昨天》婚前发表，婚后取得稿费，指向婚内实际取得知识产权的财产性收益归夫妻共有。2.《今天》婚内发表，离婚后取得稿费，指向婚内“明确”可以取得的知识产权的财产性收益归夫妻共有。3.《明天》离婚后发表取得稿费，指向既不是婚内实际取得，也不是婚内“明确”可以取得的，故收益归甲个人。4. 甲真是一个多产作家，而且婚姻对《昨天》、《今天》、《明天》的问世都有正面积极作用。

思路展开

1. 判断是否共同财产的一个重要标准，即时间标准，是否婚内取得。判断基于婚前个人财产而产生的收益能否“变性”为夫妻共有，要看是否有贡献，投资收益有贡献，归共有；自然增值或孳息无贡献，仍归个人所有。

2. 本题的命题点是：婚内“取得”（实际取得或应当取得）的知识产权收益归夫妻共有。《婚姻法》有明确的特别规定，适用之。

3. 法律依据：(1)《婚姻法》第 17 条第 3 项，“夫妻在婚姻关系存续期间所得的下列财产，归夫妻共同所有：(一)工资、奖金；(二)生产、经营的收益；(三)知识产权的收益；(四)继承或赠与所得的财产，但本法第十八条第三项规定的除外；(五)其他应当归共同所有的财产。夫妻对共同所有的财产，有平等的处理权。”(2)《婚姻法司法解释(二)》第 12 条，“《婚姻法》第十七条第三项规定的‘知识产权的收益’，是指婚姻关系存续期间，实际取得或者已经明确可以取得的财产性收益。”(3) 两要件，两情形。①婚内和财产性收益。②实际取得或明确可以取得。

4. 具体到本题：(1)《昨天》虽然在婚前发表，但是所得的稿费收益是在婚后实际取得的，故《昨天》的稿费符合“实际取得”情形，属于夫妻共同财产。故 A 错，不选 A。(2)《今天》的稿费虽然在离婚后第二天才拿到，但是《今天》在婚姻存续期间就已经发表了，是婚姻存续期间已经明确可以取得的财产性收益。故《今天》的稿费符合“已经明确可以取得”情形，属于夫妻共同财产。故 B 对，选 B。(3)《明天》虽然是在婚姻存续期间创作，但是在离婚后才发表并获得稿费，不是在婚姻存续期间实际取得或者已经明确可以取得的财产性收益。《明天》的稿费不是婚内“实际取得”或者“明确可以取得”的任何一种情形。故《明天》的稿费属于甲的个人财产，C 错，不选 C。

5. 结论：《昨天》、《今天》的稿费属于夫妻共同财产，而《明天》的稿费属于甲的个人财产。应选 B。“D.《昨天》、《今天》和《明天》的稿费都属于夫妻共同财产”，属于典型的“打酱油”选项，直接无视它！

三、夫妻债务清偿

1. 夫妻债务清偿

黄某与唐某自愿达成离婚协议并约定财产平均分配，婚姻关系存续期间的债务全部由唐某偿还。经查，黄某以个人名义在婚姻存续期间向刘某借款 10 万元用于购买婚房。下列哪一表述是正确的？(2011－3－21)

A. 刘某只能要求唐某偿还 10 万元

B. 刘某只能要求黄某偿还 10 万元

C. 如黄某偿还了 10 万元，则有权向唐某追偿 10 万元

D. 如唐某偿还了 10 万元，则有权向黄某追偿 5 万元

答案：(　　)①

考点：夫妻共同债务的清偿、离婚协议

解题图构

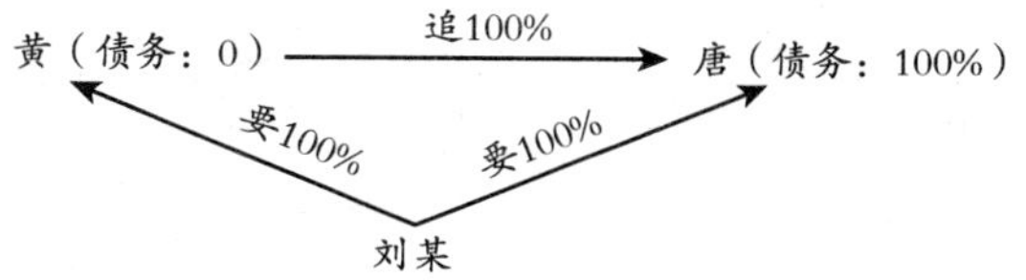

读题技巧

1. 本题属于“离婚后我分钱你还债”案。2. 关键信息提取：债务全部由唐某偿还；“个人名义”、“婚姻关系存续期间”、“婚房”。3. AB 选项的“只”。4. CD 选项新增假设事实，各自为 AB 选项的递进事实，在此基础上做判断。5. 为简单题型，不拿分没

---

① 参考答案：C

天理!

思路展开

命题点1:婚内债,双方还。

(1)共同债务的判断,婚内。①《婚姻法司法解释(二)》第24条,“债权人就婚姻关系存续期间夫妻一方以个人名义所负债务主张权利的,应当按夫妻共同债务处理。但夫妻一方能够证明债权人与债务人明确约定为个人债务,或者能够证明属于婚姻法第十九条第三款规定情形的除外。”②《婚姻法》第19条第3款,“夫妻对婚姻关系存续期间所得的财产约定归各自所有的,夫或妻一方对外所负的债务,第三人知道该约定的,以夫或妻一方所有的财产清偿。”

(2)共同债务由夫妻共同财产清偿,不足则夫妻以各自财产对共同债务承担连带责任。《婚姻法》第41条,“离婚时,原为夫妻共同生活所负的债务,应当共同偿还。共同财产不足清偿的,或财产归各自所有的,由双方协议清偿;协议不成时,由人民法院判决。”

(3)本题中,黄某以个人名义在婚姻存续期间向刘某借款10万元用于购买婚房,黄某的这笔债务,应按夫妻共同债务处理。即黄某和唐某是共同债务人,刘某是债权人。夫妻两人是连带债务人。

(4)结论:①A错,不选A。②B错,不选B。

命题点2:离婚我拿钱你还债,该约定虽然对外无效,但是对内有效。

(1)法律依据:《婚姻法司法解释(二)》第25条,“当事人的离婚协议或者人民法院的判决书、裁定书、调解书已经对夫妻财产分割问题作出处理的,债权人仍有权就夫妻共同债务向男女双方主张权利。一方就共同债务承担连带清偿责任后,基于离婚协议或者人民法院的法律文书向另一方主张追偿的,人民法院应当支持。”

(2)具体到本题:黄某和唐某离婚协议中约定债务全部由唐某偿还具有对内效力。如黄某偿还了10万元,则有权向唐某追偿10万元。

(3)结论:①C对,选C。②D错,不选D。

2. 夫妻债务

王某以个人名义向张某独资设立的飞跃百货有限公司借款10万元,借期1年。不久,王某与李某登记结婚,将上述借款全部用于婚房的装修。婚后半年,王某与李某协议离婚,未对债务的偿还作出约定。下列哪一选项是正确的?(2008-3-17)

A. 由张某向王某请求偿还

B. 由张某向王某和李某请求偿还

C. 飞跃公司只能向王某请求偿还

D. 由飞跃公司向王某和李某请求偿还

答案:(　　)①

考点:夫妻共同债务

解题图构

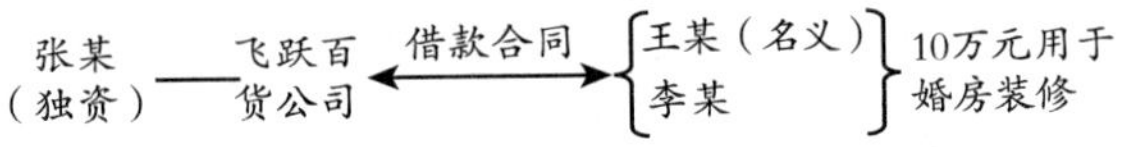

读题技巧

1.“王某从张某独资设立的飞跃百货公司借款10万元”,指向合同相对性,债权人是公司,而不是张某个人。2.“王某以个人名义借款”+“上述借款全部用于婚房装修”,指向婚前个人借款用于婚后家庭共同生活,为夫妻共同债务,离婚时负连带责任。(如没离婚,那自然是“和衷共济”,一条心。)

思路展开

命题点1:合同的相对性。王某与飞跃百货公司成立借款合同法律关系,王某与张某无借款合同法律关系。

(1)法律依据:《合同法》第8条,“依法成立的合同,对当事人具有法律约束力。”②《个人独资企业法》第2条,“本法所称个人独资企业,是指依照本法在中国境内设立,由一个自然人投资,财产为投资人个人所有,投资人以其个人财产对企业债务承担无限责任的经营实体。”③《公司法》第57条第2款,“本法所称一人有限责任公司,是指只有一个自然人股东或者一个法人股东的有限责任公司。”

(2)具体到本题:王某以个人名义向飞跃百货有限公司借款10万元。飞跃百货有限公司是由“张某独资设立”,无论是个人独资企业,还是一人公司,其借款合同出借人即债权人都是飞跃百货有限公司,而不张某。

(3)结论:“A. 由张某向王某请求偿还”、“B. 由

① 参考答案:D

张某向王某和李某请求偿还”，AB 错，不选 AB。

命题点 2：婚前个人借款，用于婚后家庭共同生活，为夫妻共同债务。

(1) 法律依据：判定夫妻共同债务。①《婚姻法司法解释（二）》第 23 条，“债权人就一方婚前所负个人债务向债务人的配偶主张权利的，人民法院不予支持。但债权人能够证明所负债务用于婚后家庭共同生活的除外。”②共同债务则负连带责任：《婚姻法》第 41 条，“离婚时，原为夫妻共同生活所负的债务，应当共同偿还。共同财产不足清偿的，或财产归各自所有的，由双方协议清偿；协议不成时，由人民法院判决。”先用共同财产偿还，不够再有夫妻双方连带偿还。

(2) 具体到本题：“王某以个人名义……借款 10 万元” + “将上述借款全部用于婚房的装修。” = 夫妻共同债务。

(3) 结论：①“C. 飞跃公司只能向王某请求偿还”，C 错，不选 C。②“D. 由飞跃公司向王某和李某请求偿还”，D 对，选 D。

(4) 延展：千万不要逼男方借款装修婚房，除非你想好了婚后一起还债，否则，没离婚你自然是要和老公一起还，离婚也得和“前夫”一起还。道理何在？有点道理，钱变成了装修材料和人工，附加在房屋上，这部分在夫妻离婚时自然也是需要分割的。

3. **夫妻债务**

张某和王某系夫妻，张某想借钱炒股，王某不同意，张某说：“我自己借钱自己还！”二人书面约定此后各自收入归各自所有。张某以自己名义向不知有此约定的同事孙某借钱，双方未约定利息。下列哪些选项是正确的？（2008－四川－68）

A. 孙某只能要求张某以个人财产还款

B. 孙某有权要求张某以张某和王某所有的财产还款

C. 王某如主张此系张某的个人债务，必须举证证明孙某知道她与张某之间的约定

D. 张某还款时应参照同期银行贷款利息向孙某支付利息

答案：（　　）①

考点：夫妻债务、自然人之间的借款合同

读题技巧

1. 张某和王某系夫妻，指向债务发生在婚姻存续期间。2. 张某王某约定收入归各自所有、出借人孙某不知道该约定，指向为夫妻共同债务。3. 未约定利息，指向自然人借款视为不支付利息。

思路展开

命题点 1：自然人之间的借款，未约定利息，视为不支付利息。

(1) 法律依据：《合同法》第 211 条第 1 款，“自然人之间的借款合同对支付利息没有约定或者约定不明确的，视为不支付利息。”

(2) 具体到本题：“双方未约定利息”，故题设借款合同属于无须支付利息的合同。

(3) 结论：“D. 张某还款时应参照同期银行贷款利息向孙某支付利息”，D 错，不选 D。

命题点 2：婚内个人名义借债，按夫妻共同债务处理。

(1) 法律依据：《婚姻法司法解释（二）》第 24 条，“债权人就婚姻关系存续期间夫妻一方以个人名义所负债务主张权利的，应当按夫妻共同债务处理。但夫妻一方能够证明债权人与债务人明确约定为个人债务，或者能够证明属于《婚姻法》第十九条第三款规定情形的除外。”（《婚姻法》第 19 条第 3 款，“夫妻对婚姻关系存续期间所得的财产约定归各自所有的，夫或妻一方对外所负的债务，第三人知道该约定的，以夫或妻一方所有的财产清偿。”）

(2) 具体到本题：“张某和王某系夫妻” + “二人书面约定此后各自收入归各自所有” + 张某以自己名义向不知有此约定的同事孙某借钱 = 借款属于张某和王某共同债务。

(3) 结论：①“A. 孙某只能要求张某以个人财产还款”，A 错，不选 A。②“B. 孙某有权要求张某以张某和王某所有的财产还款”，B 对，选 B。③“C. 王某如主张此系张某的个人债务，必须举证证明孙某知道她与张某之间的约定。”C 对，选 C。

(4) 延展关联法条及评论：①《婚姻法》第 41 条，“离婚时，原为夫妻共同生活所负的债务，应当共

① 参考答案：BC

同偿还。共同财产不足清偿的,或财产归各自所有的,由双方协议清偿;协议不成时,由人民法院判决。”②解释上,第41条是没有第三人参与的诉讼,仅仅处理夫妻双方的关系。③但是,《婚姻法司法解释(二)》第24条也不能完全独立于第41条。④对24条有非常强烈的质疑,甚至有一线法官认为,《婚姻法司法解释(二)》属于有史以来最大的立法失误。⑤评论:本题题干设计与第24条严丝合缝,没有考虑实务中的诸多其他细节,故答案没有问题。

4. 夫妻债务

张某和柳某婚后开了一家美发店,由柳某经营。二人自2005年6月起分居,张某于2005年12月向当地法院起诉离婚。审理中查明,柳某曾于2005年9月向他人借款2万元用于美发店的经营。下列哪些选项是正确的?(2007)

A. 该美发店属于夫妻共同财产

B. 该债务是夫妻共同债务,应以共同财产清偿

C. 该债务是夫妻共同债务,张某应承担一半的清偿责任

D. 该债务系二人分居之后所负,不是用于夫妻共同生活,应由柳某独自承担清偿责任

答案:(　　)①

考点:夫妻共同财产、夫妻共同债务

读题技巧

1. 婚后开美发店,指向美发店为夫妻共有财产。2. 2005年9月柳某从别人那借款2万用于经营美发店,指向两点:(1)借款发生时间是婚姻存续时间之内,即分居之后离婚之前。分居也是婚内。(2)指向属于夫妻共同债务。

思路展开

命题点1. 婚后所得为夫妻共同财产。

(1)法律依据:《婚姻法》第17条,“夫妻在婚姻关系存续期间所得的下列财产,归夫妻共同所有:(一)工资、奖金;(二)生产、经营的收益;(三)知识产权的收益;(四)继承或赠与所得的财产,但本法第十八条第三项规定的除外;(五)其他应当归共同所有的财产。夫妻对共同所有的财产,有平等的处理权。”

(2)法条阐释:在夫妻对财产没有约定的情况下,关于婚姻财产的界定须遵循法定财产制,依《婚姻法》第17条,以婚后所得共同制为法定的夫妻财产制,即婚姻关系存续期间夫妻一方所得和双方共同所得的财产和收入,除特有财产外均归夫妻双方共同共有。

(3)具体到本题:美发店系张、柳二人婚后所开,因此属于夫妻共同财产。

(4)结论:“A. 该美发店属于夫妻共同财产”,A对,选A。

命题点2:婚内借款,用于夫妻共有财产经营,为夫妻共同债务。离婚时双方共同偿还,负连带责任。

(1)法律依据:①《婚姻法司法解释(二)》第24条,“债权人就婚姻关系存续期间夫妻一方以个人名义所负债务主张权利的,应当按夫妻共同债务处理。但夫妻一方能够证明债权人与债务人明确约定为个人债务,或者能够证明属于《婚姻法》第十九条第三款规定情形的除外。”②《婚姻法》第41条,“离婚时,原为夫妻共同生活所负的债务,应当共同偿还。共同财产不足清偿的,或财产归各自所有的,由双方协议清偿;协议不成时,由人民法院判决。”

(2)具体到本题:①柳某借款是为了夫妻共有的美发店的经营,因此该债务属于夫妻共同债务。②夫妻共同债务,应该共同偿还。③夫妻负连带责任。

(3)结论:①“B. 该债务是夫妻共同债务,应以共同财产清偿”,B对,选B。②“C. 该债务是夫妻共同债务,张某应承担一半的清偿责任”,C错,不选C。③“D. 该债务系二人分居之后所负,不是用于夫妻共同生活,应由柳某独自承担清偿责任”,D错,不选D。

5. 夫妻债务

甲与乙结婚后因无房居住,于2000年8月1日以个人名义向丙借10万元购房,约定5年后归还,未约定是否计算利息。后甲外出打工与人同居。2004年4月9日,法院判决甲与乙离婚,家庭财产全部归乙。下列哪些说法是错误的?(2006-3-60)

A. 借期届满后,丙有权要求乙偿还10万元及利息

B. 借期届满后,丙只能要求甲偿还10万元

C. 借期届满后,丙只能要求甲和乙分别偿还5

① 参考答案:AB

万元

D. 借期届满后，丙有权要求甲和乙连带清偿 10 万元及利息

答案：（　　）①

考点：夫妻共同债务、自然人之间的借款合同

读题技巧

1.“结婚后因无房居住”、“甲以个人名义向丙借款 10 万购房”，指向借款为甲、乙夫妻共同债务，应共同偿还。道理也简单：房子是共有的，债务自然也是。2. 未约定是否计算利息，指向自然人之间借款合同未约定利息视为不支付利息。3. 甲外出打工与人同居，是废话，可以删除。4. 本题是选非题。5. 选项 BC“只能”、选项 AD“利息”，这两个密码一破解，此题当为秒杀题。

思路展开

命题点 1：自然人之间借款未约定利息，视为不支付利息。

（1）法律依据：《合同法》第 211 条，“自然人之间的借款合同对支付利息没有约定或者约定不明确的，视为不支付利息。自然人之间的借款合同约定支付利息的，借款的利率不得违反国家有关限制借款利率的规定。”

（2）具体到本题：甲、丙之间的借款合同属于自然人之间的借款，双方未约定是否支付利息，则视为不支付利息。

（3）结论：有“利息”的选项均错误。“A. 借期届满后，丙有权要求乙偿还 10 万元及利息”、“D. 借期届满后，丙有权要求甲和乙连带清偿 10 万元及利息”，故 AD 均错，符合题意，选 AD。

命题点 2：婚后个人名义借款，购买“婚房”，借款为夫妻共同债务。

（1）法律依据：《婚姻法司法解释（二）》第 24 条，“债权人就婚姻关系存续期间夫妻一方以个人名义所负债务主张权利的，应当按夫妻共同债务处理。但夫妻一方能够证明债权人与债务人明确约定为个人债务，或者能够证明属于婚姻法第十九条第三款规定情形的除外。（第 19 条第 3 款→夫妻对婚姻关系存续期间所得的财产约定归各自所有的，夫或妻一方对外所负的债务，第三人知道该约定的，以夫或妻一方所有的财产清偿。）”

（2）具体到本题：甲向丙借款 10 万元构成了夫妻共同债务，甲、乙双方应承担连带清偿责任，法院所做的离婚判决对甲、乙之间的连带清偿责任并无影响，甲、乙离婚后，丙依然有权要求他们承担连带责任。

（3）结论：“B 借期届满后，丙只能要求甲偿还 10 万元”、“C 借期届满后，丙只能要求甲和乙分别偿还 5 万元”。BC 均错，符合题意，选 BC。

四、孩子问题：探望权

屈赞与曲玲协议离婚并约定婚生子屈曲由屈赞抚养，另口头约定曲玲按其能力给付抚养费并可随时探望屈曲。对此，下列哪些选项是正确的？（2016－3－65）

A. 曲玲有探望权，屈赞应履行必要的协助义务

B. 曲玲连续几年对屈曲不闻不问，违背了法定的探望义务

C. 屈赞拒不履行协助曲玲探望的义务，经由裁判可依法对屈赞采取拘留、罚款等强制措施

D. 屈赞拒不履行协助曲玲探望的义务，经由裁判可依法强制从屈赞处接领屈曲与曲玲会面

答案：（　　）②

考点：探望权

解题图构

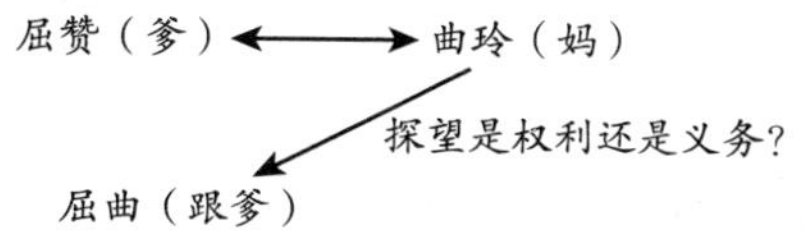

思路展开

命题点 1：探望是权利，不是义务。配偶他方有必要的协助义务。

（1）法律依据：《婚姻法》第 38 条第 1 款，“离婚后，不直接抚养子女的父或母，有探望子女的权利，另一方有协助的义务”。第 2 款，“行使探望权利的方式、时间由当事人协议；协议不成时，由人民法院判决。”第 3 款，“父或母探望子女，不利于子女身心健康的，由人民法院依法中止探望的权利；中止的事由消失后，应当恢复探望的权利。”

（2）法理阐释：（1）定义：探望权是指离婚后未直接抚养子女的配偶一方依法享有的在一定时间，

---

① 参考答案：ABCD

② 参考答案：AC

以一定方式探视、看望子女的权利。(2)方式:逗留式探望和看望式探望。①逗留式探望是在约定或判令的时间内,由探望人领走并按时送回被探望子女的方式。②看望式探望探望人在指定时间去对方指定地点看望被探望子女的方式。(3)定性:是父母之权利,而非父母之义务。换言之,探望权不是孩子的权利。(4)解释适用法律的分歧:①一种观点认为,探望权是父母的权利,原告要求其父对其进行探望于法无据,故应予驳回;②另一种观点认为,探望权应坚持以子女为本位,探望权不仅是父母的权利,更是父母的义务,故原告要求其父对其进行探望,应予支持。③解释论:探望权是权利,不是义务。《婚姻法》第38条规定,"离婚后,不直接抚养子女的父或母,有探望子女的权利,另一方有协助的义务。从该条规定可以看出,探望权是离婚后父母对子女的权利,享有探望权的主体是父母。从立法目的上看,我国婚姻法重在保护父母的探望权,探望权是父母的权利,子女是探望权的客体,不能够主张自己的探望权。审判实践中,父母离婚后,双方因感情的隔阂,不与子女共同生活的一方除了支付抚养费外,很少甚至不对子女进行探望。渴望得到父爱或母爱的子女更期望与不直接抚养自己的父或母对其进行探望,一些子女提出过要求父母履行探望权的请求,法院却无法从法律角度对这一请求加以保护。"

(3)具体到本题:①"另口头约定曲玲按其能力给付抚养费并可随时探望屈曲"。故孩子跟爸爸,妈妈曲玲有探望权,爸爸屈赞有协助的义务。②请注意A选项的措辞——"必要"的,多么的正确。③B是假设事实,多年不探望孩子,这是一个狠心的妈……

(4)结论:①A.曲玲有探望权,屈赞应履行必要的协助义务,A对,选。②B.曲玲连续几年对屈曲不闻不问,违背了法定的探望义务,B错,不选。

命题点2:探望权的"强制执行"方式,针对义务人,不能针对孩子。

(1)法律依据:①《婚姻法司法解释(一)》第32条,"《婚姻法》第四十八条关于对拒不执行有关探望子女等判决和裁定的,由人民法院依法强制执行的规定,

是指对拒不履行协助另一方行使探望权的有关个人和单位采取拘留、罚款等强制措施,不能对子女的人身、探望行为进行强制执行。"②《婚姻法》第48条,"对拒不执行有关扶养费、抚养费、赡养费、财产分割、遗产继承、探望子女等判决或裁定的,由人民法院依法强制执行。有关个人和单位应负协助执行的责任。"

(2)具体到本题:CD选项假设事实,爸爸不履行协助妈妈探望的义务,法院可以对爸爸采取拘留、罚款等强制措施,但是不能对孩子屈曲采取强制措施。

(3)结论:①"C.屈赞拒不履行协助曲玲探望的义务,经由裁判可依法对屈赞采取拘留、罚款等强制措施,"C对,选。②"D.屈赞拒不履行协助曲玲探望的义务,经由裁判可依法强制从屈赞处接领屈曲与曲玲会面,"D错,不选。

3.延展1:给付抚养费和探视子女权是两个不同的法律关系。前者是探望权人应尽的法律义务,不能因权利的行使被中止而抵销。

4.延展2:"三大本"特别强调,探望权可以委托行使。探望权人在社会中可能会遇到各种情况,如长期出差、患病住院、被限制人身自由、与子女一时产生隔阂不方便或不能按规定的内容行使权利。"为保证探望人权利和被探望人利益的实现,结合法律规定探望权的立法目的和价值,我们认为应准予探望权人委托他人行使探望权。受托人可以是作为被探望人的祖父母、外祖父母、权利人的亲属以及与其关系密切的朋友。"

第三节 父母子女关系

1.收养关系

吴某(女)16岁,父母去世后无其他近亲,吴某的舅舅孙某(50岁,离异,有一个19岁的儿子)提出愿将吴某收养。孙某咨询律师收养是否合法,律师的下列哪一项答复是正确的?(2008-3-18)

A.吴某已满16岁,不能再被收养

B.孙某与吴某年龄相差未超过40岁,不能收养吴某

C.孙某已有子女,不能收养吴某

D.孙某可以收养吴某

答案:(　　)[1]

考点:收养的条件

[1] 参考答案:D

解题图构

收养人舅舅孙某（有子女，50岁） → 被收养人：吴某（16周岁）

孤儿
- 不受收养人无子女限制
- 近亲属收养三代以内旁系不受男女年龄差距限制
- 不受不满14周岁限制

读题技巧

吴某父母去世后无其他近亲，16 周岁，也仍然是孤儿。吴某的舅舅孙某要收养吴某，属于三代以内的收养。本题属于三代以内的收养孤儿，有很多优惠的收养条件。

思路展开

1. 收养三代以内旁系血亲的孤儿，法律要求的条件比较宽松。(1)收养人可以有子女，收养人单身男可以与被收养人无年龄差距。(2)被收养人可以超过 14 周岁。

2. 法律依据：

(1)收养人的条件：①有子女的人无收养人资格。《收养法》第 6 条，“收养人应当同时具备下列条件：(一)无子女；(二)有抚养教育被收养人的能力；(三)未患有在医学上认为不应当收养子女的疾病；(四)年满三十周岁。”②单身男，收养女，得差 40(记忆：男人四十一枝花)《收养法》第 9 条，“无配偶的男性收养女性的，收养人与被收养人的年龄应当相差四十周岁以上。”

(2)被收养人的条件：原则上应不满 14 周岁。《收养法》第 4 条，“下列不满十四周岁的未成年人可以被收养：(一)丧失父母的孤儿；(二)查找不到生父母的弃婴和儿童；(三)生父母有特殊困难无力抚养的子女。”

(3)例外 1：舅舅收养，三代以内。①可以不受被收养人年龄的限制，可以是 14 周岁以上。②可以不受单身男 40 岁差距限制。《收养法》第 7 条，第 1 款，“收养三代以内同辈旁系血亲的子女，可以不受本法第四条第三项(生父母困难)、第五条第三项(有特殊困难无力抚养子女的生父母可以作为送养人)、第九条(40 岁)和被收养人不满十四周岁的限制。”第 2 款，“华侨收养三代以内同辈旁系血亲的子女，还可以不受收养人无子女的限制。”(华侨可以有子女的情况下收养)。

(4)例外 2：收养孤儿，则不受收养人无子女、收养 1 名的限制。《收养法》第 8 条第 1 款，“收养人只能收养一名子女。”第 2 款，“收养孤儿、残疾儿童或者社会福利机构抚养的查找不到生父母的弃婴和儿童，可以不受收养人无子女和收养一名的限制。”

3. 具体到本题：(1)先看收养人，是被收养人的舅舅(50 岁，离异，有一个 19 岁的儿子)，是三代以内的收养。因此，①不受小孩年纪限制，“A. 吴某已满 16 岁，不能再被收养”，A 错，不选 A。②而且，三代以内收养，还不受单身男相差 40 岁的限制。“B. 孙某与吴某年龄相差未超过 40 岁，不能收养吴某”，B 错，不选 B。(2)再看被收养人：吴某(女)16 周岁，因为“父母去世后无其他近亲”，故吴某属于孤儿！收养孤儿不受收养人无子女限制(还不受收养几个子女的限制)，因此，“C. 孙某已有子女，不能收养吴某”，C 错，不选 C。

4. 结论：“D. 孙某可以收养吴某”，D 对。选 D。

异议辨析

有观点认为，本题适用《收养法》第 7 条第 2 款，“华侨收养三代以内同辈旁系血亲的子女，还可以不受收养人无子女的限制。”而题干未交代吴某的舅舅孙某是“港澳同胞、海外侨胞”，因此题意不明。辨析：题干交代，父母去世后无其他近亲，吴某是孤儿。应适用《收养法》第 8 条的规定。吴某舅舅孙某有子女，也具备收养人资格。

2. 收养关系

王某(女)与李某婚后一直未育，李某想收养一个女童。在律师提供的咨询意见中，下列哪一选项是错误的？(2008－四川－18)

A. 收养必须经王某同意

B. 王某与李某必须年满 30 周岁

C. 收养人不能患有医学上认为不应当收养子女的疾病

D. 李某与被收养女童的年龄应当相差 40 岁以上

答案：(　　)①

考点：收养条件

思路展开

1. 法律依据：(1)《收养法》第 6 条规定，

① 参考答案：D

"收养人应当同时具备下列条件:(一)无子女;(二)有抚养教育被收养人的能力;(三)未患有在医学上认为不应当收养子女的疾病;(四)年满三十周岁。"(2)《收养法》第10条第2款规定,"有配偶者收养子女,须夫妻共同收养。"

2. 结论:(1)ABC均对,不符合题意,不选ABC。(2)D中关于"收养人与被收养人年龄相差40岁以上"是对无配偶的男性收养女性时所适用的限制条件,D错,符合题意,选D。

第二十八章　继承法

第一节　继承开始和继承权

1. 继承的开始之死亡时间推定

王某与李某系夫妻，二人带女儿外出旅游，发生车祸全部遇难，但无法确定死亡的先后时间。下列哪些选项是正确的？（2008－3－60）

A. 推定王某和李某先于女儿死亡

B. 推定王某和李某同时死亡

C. 王某和李某互不继承

D. 女儿作为第一顺序继承人继承王某和李某的遗产

答案：(　　)①

考点：继承的开始、互有继承关系的人同时遇难与死亡时间

解题图构

读题技巧

"车祸全部遇难，但无法确定死亡的先后时间"，指向两点：(1)一家三口死亡的时间需要推定。(2)一家三口包括王某、李某和女儿，除此之外没有其他法定继承人。(3)单纯考查《继承法若干问题的意见》第2条。

思路展开

本题是法条题。

(1)法律依据：《继承意见》第2条，"相互有继承关系的几个人在同一事件中死亡，如不能确定死亡先后时间的，推定没有继承人的人先死亡。死亡人各自都有继承人的，如几个死亡人辈分不同，推定长辈先死亡；几个死亡人辈分相同，推定同时死亡，彼此不发生继承，由他们各自的继承人分别继承。"

(2)法条阐释：①法条文字中"相互有继承关系"与"没有继承人"的措辞，看上去是矛盾的：既然相互有继承关系，自然是有继承人的。所以，"没有继承人"只能解释为"相互有继承关系的这些共死者"之外，没有继承人。②法条没有规定，"死亡人各自都没有继承人，应如何处理"？法院不能拒绝断案：故应类推解释，当死亡人各自都没有继承人的，也应启动辈分推定规则，即推定长辈先死，推定平辈同死。

(3)具体到本题：①王某、李某、女儿，一家三口，遇难，属于"都没有其他继承人"。②应按照辈分来推定，推定长辈先死亡，即王某、李某先死亡。王某、李某是平辈，故同时死亡互不继承。③结论是：爸爸妈妈同时死亡，互相不继承。爸爸妈妈先于女儿死亡，女儿继承爸爸妈妈的遗产。④最后，女儿死亡，女儿遗产和其继承到的爸爸妈妈的遗产，归……启动《继承法》第32条，"无人继承又无人受遗赠的遗产，归国家所有；死者生前是集体所有制组织成员的，归所在集体所有制组织所有。"⑤结果是：一家三口的财产归"公"了。⑥延展思考：《继承法》规定的法定继承人的范围太小了，才导致财产从私人向公家的流动。⑦故立法论上有必要扩大法定继承人的范围。

(4)结论："A. 推定王某和李某先于女儿死亡；B. 推定王某和李某同时死亡；C. 王某和李某互不继承；D. 女儿作为第一顺序继承人继承王某和李某的遗产"，ABCD均正确，选ABCD。

异议辨析

观点认为，这是一个错题，因为题意不明，即不知道除了王某和李某外，这个女儿是否还有其他继承人，情况不同，答案就不同。然后做假设分析：①如果女儿结婚生子，则王某、李某和女儿都是有继承人的，故应推定长辈先死（王某、李某先于女儿

---

① 参考答案：ABCD

死亡),同辈同时死亡互不继承(王某、李某同时死亡),本题答案才是ABCD。②如果女儿属于“没有其他继承人”的人,则答案为BC。因为应推定女儿先于王某和李某死亡,故AD错。王某和李某属于各自都有其他继承人,且辈分相同,推定同时死亡,彼此不继承,BC正确。

辨析如下:①第一种假设分析本身没问题。②第二种假设分析本身有问题,既假设了女儿没有其他继承人,同时又假设王某和李某各自都有其他继承人,需要满足这两个假设条件。③照此假设,还能有第三种假设条件,女儿、王某和李某都没有其他继承人,这个假设条件就是本题本身交代的条件。由此可见,④“题意不明”,本身就是题意很明确,没有交代“这个女儿是否还有其他继承人”,本身就是一种交代。即这个女儿没有其他继承人。⑤也没有交代王某和李某是否有其他继承人,本身也是一种交代,即王某和李某没有其他继承人。⑥换言之,此例一家三口是很惨的,生前是“绝户”,即没有《继承法》规定的法定继承人在世,只有一家三口“相依为命”。⑦为了考查《继承意见》第2条,把一家人设计得这么惨,过于残忍,确有“不妥”,但不是错题!

2. 继承开始之转继承

继承开始之转继承:双胞胎男婴死体,其保留份额启动法定继承;女婴旋即死亡,其保留份额启动转继承

(1)熊某与杨某结婚后,杨某与前夫所生之子小强由二人一直抚养,熊某死亡,未立遗嘱。熊某去世前杨某孕有一对龙凤胎,于熊某死后生产,产出时男婴为死体,女婴为活体,但旋即死亡。关于对熊某遗产的继承,下列哪些选项是正确的?(2016-3-66)

A. 杨某、小强均是第一顺位的法定继承人

B. 女婴死亡后,应当发生法定的代位继承

C. 为男婴保留的遗产份额由杨某、小强继承

D. 为女婴保留的遗产份额由杨某继承

答案:( )[①]

考点:法定继承人顺序、代位继承、转继承、胎儿的权利能力

解题图构

一家人死三口,设熊某的遗产合计为3

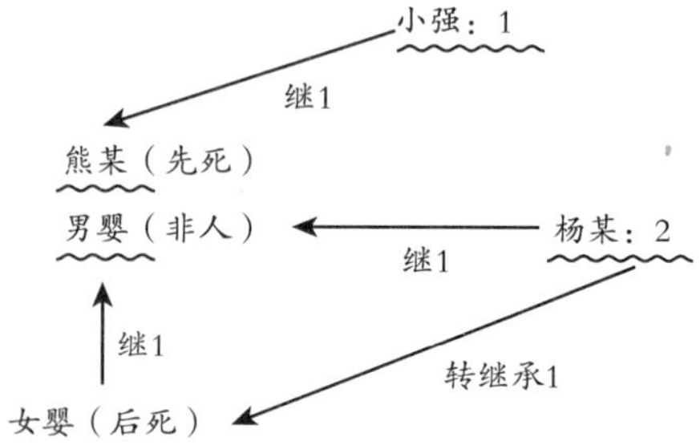

读题技巧

(1)“熊某与杨某结婚后,杨某与前夫所生之子小强由二人一直抚养”,指向小强是和熊某具有抚养关系的继子,属于熊某的法定继承人。(2)“熊某死亡,未立遗嘱。”指向不适用遗嘱继承,仅适用法定继承。(3)“产出时男婴为死体,女婴为活体但旋即死亡。”指向当男婴不存在,不存在遗产继承问题。同时女婴是人,女婴死后的遗产由其母转继承。(4)“关于对熊某遗产的继承,”设问问的是“熊某”遗产。

思路展开

命题点1:法定继承人范围之:配偶、有抚养关系的继子女。

(1)法律依据:《继承法》第10条第1款,“遗产按照下列顺序继承:第一顺序:配偶、子女、父母。第二顺序:兄弟姐妹、祖父母、外祖父母。”第2款,“继承开始后,由第一顺序继承人继承,第二顺序继承人不继承。没有第一顺序继承人继承的,由第二顺序继承人继承。”第3款,“本法所说的子女,包括婚生子女、非婚生子女、养子女和有扶养关系的继子女。”第4款,“本法所说的父母,包括生父母、养父母和有扶养关系的继父母。”第5款,“本法所说的兄弟姐妹,包括同父母的兄弟姐妹、同父异母或者同母异父的兄弟姐妹、养兄弟姐妹、有扶养关系的继兄弟姐妹。”

(2)具体到本题:①“熊某与杨某结婚后,杨某与前夫所生之子小强由二人一直抚养”。②杨某是死者熊某的配偶,小强是与死者熊某具有抚养关系的继子女,都是法定继承人。

(3)结论:“A. 杨某、小强均是第一顺位的法定继承人,”A对,选。

---

① 参考答案:ACD

命题点2：胎儿出生时即为死体，视为权利能力不存在，其所得遗产份额归入死者原有遗产范围进行分割。

（1）法律依据：接受遗产胎位视为是人。①《民法总则》第16条，“涉及遗产继承、接受赠与等胎儿利益保护的，胎儿视为具有民事权利能力。但是胎儿娩出时为死体的，其民事权利能力自始不存在。”②《继承法》第28条，“遗产分割时，应当保留胎儿的继承份额。胎儿出生时是死体的，保留的份额按照法定继承办理。”③《继承意见》第45条第1款，“应当为胎儿保留的遗产份额没有保留的应从继承人所继承的遗产中扣回。”第2款，“为胎儿保留的遗产份额，如胎儿出生后死亡的，由其继承人继承；如胎儿出生时就是死体的，由被继承人的继承人继承。”

（2）具体到本题：①“熊某去世前杨某孕有一对龙凤胎，于熊某死后生产，产出时男婴为死体”。②男婴产出是死体，故当他不存在。③其继承份额重新归入熊某遗产，由熊某法定继承人来分割。④注意，此时，熊某的法定继承人有三个人：妻子杨某、有抚养关系的继子小强和女婴。因为女婴死后遗产份额均归其母杨某。⑤如此一来，“设熊某的遗产（其中自然包含了当初为男婴留的遗产份额）合计为3”，则杨某1、小强1、女婴1。女婴死亡后，结果是杨某2、小强1。

（3）结论：为男婴保留的遗产份额，由杨某、小强继承。C.“为男婴保留的遗产份额由杨某、小强继承，”C对，当选。C选项没有说由杨某和小强平分，所以C选项的表述是正确的。

命题点3：代位继承。晚辈对长辈才可能发生代位继承，长辈对晚辈绝不可能发生代位继承。

（1）法律依据：《继承法》第11条，“被继承人的子女先于被继承人死亡的，由被继承人的子女的晚辈直系血亲代位继承。代位继承人一般只能继承他的父亲或者母亲有权继承的遗产份额。”

（2）具体到本题：爸爸熊某先死，女婴后死，妈妈杨某还在世，妈妈杨某是女婴的长辈，不可能发生代位继承。

（3）结论：“B. 女婴死亡后，应当发生法定的代位继承，”B错，不选。

命题点4：转继承，遗产尚未分割，“活人”跟着“死者”死亡，则对“死者”遗产启动转继承规则，由“活人”的法定继承人来分这笔遗产。

（1）法律依据：①转继承。《继承法若干问题的意见》第52条“继承开始后，继承人没有表示放弃继承，并于遗产分割前死亡的，其继承遗产的权利转移给他的合法继承人。”②有扶养关系的继兄弟姐妹是第二顺序继承人。《继承法》第10条第5款，“本法所说的兄弟姐妹，包括同父母的兄弟姐妹、同父异母或者同母异父的兄弟姐妹、养兄弟姐妹、有扶养关系的继兄弟姐妹。”

（2）具体到本题：为女婴保留的份额，女婴后来是活人。故这个份额应该是女婴遗产的一部分。由女婴法定继承人，即她妈妈杨某继承。小强是她的继兄，没有抚养关系的继兄弟姐妹，不存在继承关系。而且，即使存在抚养关系，继兄也是第二顺序法定继承人。在存在第一顺序法定继承人时，第二顺序法定继承人不能继承遗产。

（3）结论：“D. 为女婴保留的遗产份额由杨某继承，”D对，选。

（2）李某死后留下一套房屋和数十万存款，生前未立遗嘱。李某有三个女儿，并收养了一子。大女儿中年病故，留下一子。养子收入丰厚，却拒绝赡养李某。在两个女儿办理丧事期间，小女儿因交通事故意外身亡，留下一女。下列哪些选项是正确的？（2007－3－68）

A. 二女儿和小女儿之女均是第一顺序继承人

B. 大女儿之子对李某遗产的继承属于代位继承

C. 小女儿之女属于转继承人

D. 分配遗产时，养子应当不分或少分

答案：（　　）[1]

考点：继承开始的时间、法定继承人顺序、代位继承、转继承、遗产分配

解题图构

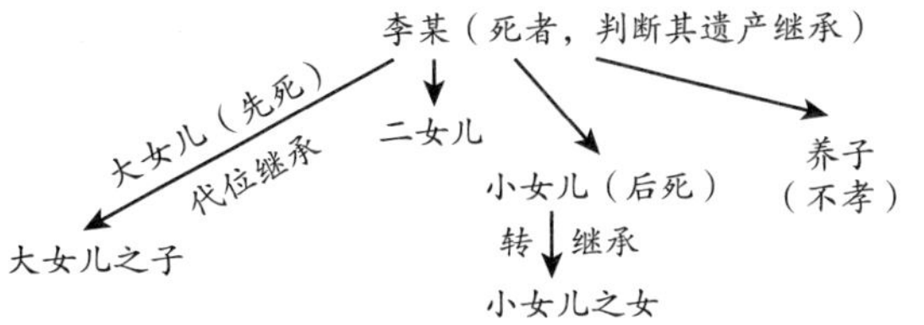

① 参考答案：BCD

读题技巧

1.“李某死后留下一套房屋和数十万存款”+“养子收入丰厚,却拒绝赡养李某”,指向两点:(1)养子对李某不构成遗弃,养子没有丧失继承权,因为所谓遗弃,针对的是“拒绝赡养或扶养没有独立生活能力或丧失劳动能力的被继承人”,李某生前是个有钱人,不是没有独立生活能力或丧失劳动能力的被继承人。(2)但养子既然收入丰厚,属于有扶养能力和扶养条件,拒不赡养李某,符合“应当”不分或少分的情形。2. 李某生前未立遗嘱,指向法定继承。3. 大女儿中年病故,留下一子,“在两个女儿办理丧事期间”,指向大女儿先于李某死亡,启动代位继承。4. 小女儿办理丧事期间,交通事故意外死亡,指向小女儿后于李某死亡,启动转继承。5.“有钱”的李某一家,三死一不孝,惨烈的故事,真是不惨不继承。

思路展开

命题点1:继承开始的时间是被继承人李某死亡时,这一时点是“死”的。在李某死亡前死亡的人,会启动代位继承;在李某死亡后死亡的人,仅仅是遗产分割问题,启动转继承制度。

(1)法律依据:①《继承法》第2条,“继承从被继承人死亡时开始。”②《继承法》第10条,“遗产按照下列顺序继承:第一顺序:配偶、子女、父母。第二顺序:兄弟姐妹、祖父母、外祖父母。继承开始后,由第一顺序继承人继承,第二顺序继承人不继承。没有第一顺序继承人继承的,由第二顺序继承人继承。”

(2)本题有三人死亡,发生三次继承。①大女儿先于李某死亡,大女儿的财产已经发生过一次继承,意即李某“活”的时候,从大女儿那里分得了大女儿的遗产。②李某死亡,李某的全部遗产发生继承,法定继承人的范围是全部的活着的法定继承人,大女儿之子(即代位继承),二女儿,小女儿(转继承),养子。③小女儿死亡,小女儿的全部遗产(包括其从李某那里分得的遗产)发生继承。

(3)本题主问的是围绕李某死亡,其法定继承人的范围和遗产的分割问题。

命题点2:转继承,李某死亡后遗产分割,未分割完,法定继承人之一小女儿死亡,启动转继承。

(1)法律依据:《继承法若干问题的意见》第52条,“继承开始后,继承人没有表示放弃继承,并于遗产分割前死亡的,其继承遗产的权利转移给他的合法继承人。”

(2)转继承,具体到本题:①“李某死后”即“继承开始后”。②“办理李某丧事期间,小女儿交通事故意外死亡”即“继承人没有表示放弃继承,并于遗产分割前死亡的”。③“小女儿留下一女”即小女儿继承(李某)遗产的权利转移给他的合法继承人(小女儿之女)。

(3)实质分析:转继承会发生两次继承。①小女儿后于李某死亡,李某死亡时小女儿的继承权已实现,李某的遗产变为了小女儿与其他继承人共有的财产,这是第一次继承。②第二次继承发生在小女儿死亡后,其女继承其本已继承的财产份额。③第一继承李某遗产中,小女儿之女是作为小女儿的继承人来接受李某遗产的,因此,小女儿之女并非未成为李某的第一顺位继承人,而是小女儿的继承人。④第二次继承小女儿全部遗产中,小女儿之女是小女儿遗产的继承人。

(4)结论:①就李某死亡遗产继承:小女儿是李某的第一顺序继承人,小女儿之女是小女儿的转继承人。②就小女儿之死遗产继承,小女儿之女是小女儿的第一顺序继承人。③“A. 二女儿和小女儿之女均是第一顺序继承人”,A错(小女儿之女不是),A不选。④“C. 小女儿之女属于转继承人”,C对,C选。

命题点3:代位继承,李某死亡前,其大女儿就已经死亡,故大女儿的地位由大女儿之子代位继承,适用代位继承。

(1)法律依据:《继承法》第11条,“被继承人的子女先于被继承人死亡的,由被继承人的子女的晚辈直系血亲代位继承。代位继承人一般只能继承他的父亲或者母亲有权继承的遗产份额。”

(2)具体到本题:大女儿先于李某死亡,大女儿有一子,大女儿之子属于大女儿的晚辈直系血亲,故大女儿之子属于代位继承人,代位继承人属于第一顺序法定继承人。李某外孙子是李某的代位继承人。正是因此,《继承法》第10条规定的法定继承人范围中无孙子女、外孙子女,因为他们可以启动代位继承获得第一顺序继承人地位。

(3)结论："B. 大女儿之子对李某遗产的继承属于代位继承"，B 对，B 选。

命题点 4：遗产分割的方法。

(1)法律依据：①养子是不是第一顺序法定继承人？《继承法》第 10 条，"遗产按照下列顺序继承：第一顺序：配偶、子女、父母……本法所说的子女，包括婚生子女、非婚生子女、养子女和有扶养关系的继子女。"②养子有没有丧失继承权？《继承法》第 7 条第 3 项，"继承人遗弃被继承人的，丧失继承权。"③不尽抚养义务应当不分或者少分。《继承法》第 13 条，第 1 款，"同一顺序继承人继承遗产的份额，一般应当均等。"第 2 款，"对生活有特殊困难的缺乏劳动能力的继承人，分配遗产时，应当予以照顾。"第 3 款，"对被继承人尽了主要扶养义务或者与被继承人共同生活的继承人，分配遗产时，可以多分。"第 4 款，"有扶养能力和有扶养条件的继承人，不尽扶养义务的，分配遗产时，应当不分或者少分。"第 5 款，"继承人协商同意的，也可以不均等。"

(2)具体到本题：①养子与李某有收养关系，属于李某的第一顺序法定继承人。②养子不构成遗弃，没有丧失继承权。a. 所谓遗弃是指有赡养能力、扶养能力的继承人，拒绝赡养或扶养没有独立生活能力或丧失劳动能力的被继承人的行为。b. 从本题提供的信息来看(李某死后留下一套房屋和数十万存款)，可以认为李某并非没有独立生活能力或丧失劳动能力的被继承人。c. 养子虽然拒绝赡养李某，但并未构成遗弃，并不丧失继承权。③养子行为属于法定不分或少分遗产情形。养子收入丰厚，却拒绝赡养李某，属于"有扶养能力和有扶养条件的继承人，不尽扶养义务的，分配遗产时，应当不分或者少分。"

(3)结论："D. 分配遗产时，养子应当不分或少分"，D 对，选 D。

常见错误

1. 转继承人是第一顺位继承人说：认为转继承人属于第一顺位继承人，误选 A。

2. 不孝者可以不分或少分说：认为养子有扶养能力和扶养条件却不尽扶养义务的，"可以"不分或少分，而非"应当"，未选 D。

3. 继承开始之转遗赠

甲死后留有房屋 1 套、存款 3 万元和古画 1 幅。甲生前立有遗嘱，将房屋分给儿子乙，存款分给女儿丙，古画赠与好友丁，并要求丁帮丙找份工作。下列哪种说法是正确的？(2006－3－21)

A. 甲的遗嘱部分无效

B. 若丁在知道受遗赠后 2 个月内没有作出接受的意思表示，则视为接受遗赠

C. 如古画在交付丁前由乙代为保管，若意外灭失，丁无权要求乙赔偿

D. 如丁在作出了接受遗赠的意思表示后死亡，则其接受遗赠的权利归于消灭

答案：(　　)[1]

考点：继承开始的时间、遗赠、转遗赠、遗嘱继承、遗产的无偿保管

读题技巧

1. 图构

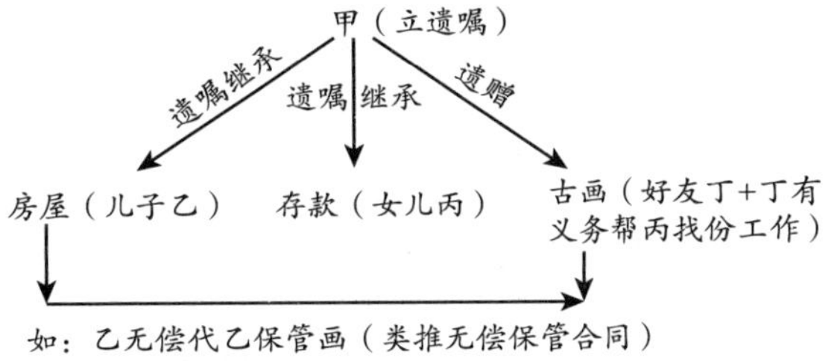

2. 甲死后通过一个遗嘱处分房屋、存款和古画，分别形成遗嘱继承房屋、遗嘱继承存款、和遗赠继承古画(遗赠附有义务)。(1)一个遗嘱内含三个继承。(2)A 中所谓遗嘱部分无效，本意是指向附义务的遗赠，是否有效。

3. BCD 中有"若"，"如"，"如"，即为对题干的添加事实，且都围绕丁的遗赠展开：(1)B 中受遗赠中的沉默，视为放弃受遗赠；(2)D 中遗赠后丁"不幸"死亡，发生转遗赠；(3)C 中假设丁受遗赠，乙保管遗产古画，意外灭失，应适用过错责任，乙无过错不赔偿。

思路展开

命题点 1：遗嘱中内含遗嘱继承和遗赠，其中遗赠附了义务，遗嘱均有效。

---

① 参考答案：B

(1)法律依据:①遗嘱继承:《继承法》第16条第2款,“公民可以立遗嘱将个人财产指定由法定继承人的一人或者数人继承。”②遗赠:《继承法》第16条第3款,“公民可以立遗嘱将个人财产赠给国家、集体或者法定继承人以外的人。”③遗赠附义务:《继承法》第21条,“遗嘱继承或者遗赠附有义务的,继承人或者受遗赠人应当履行义务。没有正当理由不履行义务的,经有关单位或者个人请求,人民法院可以取消他接受遗产的权利。”

(2)具体到本题:遗嘱无任何效力瑕疵,同时,遗嘱或遗赠可以附义务。

(3)结论:甲对丁的遗赠有效,A错,不选A。

命题点2:受遗赠人在“知道受遗赠后”2个月内未作表示,视为放弃受遗赠,沉默构成意思表示的法定形式!

(1)法律依据:《继承法》第25条,“继承开始后,继承人放弃继承的,应当在遗产处理前,作出放弃继承的表示。没有表示的,视为接受继承。受遗赠人应当在知道受遗赠后两个月内,作出接受或者放弃受遗赠的表示。到期没有表示的,视为放弃受遗赠。”

(2)具体到本题:①“B. 若丁在知道受遗赠后2个月内没有作出接受的意思表示,则视为接受遗赠”,B错误。②应该是视为放弃受遗赠,而不是视为接受遗赠。③故B错,不选B。

命题点3:受遗赠人接受遗赠后死亡,则启动转遗赠!

(1)法律依据:《继承法若干问题的意见》第53条,“继承开始后,受遗赠人表示接受遗赠,并于遗产分割前死亡的,其接受遗赠的权利转移给他的继承人。”

(2)转遗赠的三个条件:受遗赠人明确表示接受遗赠;受遗赠人后于被继承人死亡;受遗赠人在分割遗产前死亡。

(3)具体到本题:①“D. 如丁在作出了接受遗赠的意思表示后死亡,则其接受遗赠的权利归于消灭”,D错误。②应该是丁受遗赠的权利发生转遗赠,而不是归于消灭。③故D错,不选D。

(4)必须强调:①遗嘱继承或者遗赠中,遗嘱继承人或者受遗赠人必须活得比被继承人要久、要长,否则,不发生遗嘱继承,直接复位为法定继承。②法律依据:《继承法》第27条规定:“有下列情形之一的,遗产中的有关部分按照法定继承办理:……(三)遗嘱继承人、受遗赠人先于遗嘱人死亡的……”

命题点4:存有遗产的人应妥善保管遗产,属于无偿保管,类推适用无偿保管合同规则。

(1)法律依据:①《继承法》第24条,“存有遗产的人,应当妥善保管遗产,任何人不得侵吞或者争抢。”②《合同法》第374条,“保管期间,因保管人保管不善造成保管物毁损、灭失的,保管人应当承担损害赔偿责任,但保管是无偿的,保管人证明自己没有重大过失的,不承担损害赔偿责任。”

(2)《继承法》第24条所谓“妥善保管”与《合同法》第374条“保管不善”,措辞都是过错责任,如遗产因意外事件毁损灭失,遗产保管人没有过错,不承担赔偿责任。

(3)具体到本题:“C. 如古画在交付丁前由乙代为保管,若意外灭失,丁无权要求乙赔偿”。C对,选C。

常见错误

1. 遗赠不能附义务说:认为遗嘱不能附有义务,而本题中甲要求丁帮丙找份工作,故遗嘱中该部分无效,误选A。

2. 混淆放弃继承与放弃受遗赠:将放弃继承与放弃受遗赠相混淆,认为受遗赠人的沉默即可视为接受,误选B。

4. 继承权的放弃

下列哪一行为可引起放弃继承权的后果?(2011-3-23)

A. 张某口头放弃继承权,本人承认

B. 王某在遗产分割后放弃继承权

C. 李某以不再赡养父母为前提,书面表示放弃其对父母的继承权

D. 赵某与父亲共同发表书面声明断绝父子关系

答案:(　　)①

考点:继承权的放弃

① 参考答案:A

读题技巧

1. 本题为法条串联题。2. 很简单，不能丢分。

思路展开

命题点1：继承权可以口头放弃。《继承法若干问题的意见》第47条，"继承人放弃继承应当以书面形式向其他继承人表示。用口头方式表示放弃继承，本人承认，或有其他充分证据证明的，也应当认定其有效。"因此，A选项正确，当选。

命题点2：死亡发生后放弃的是所有权。《继承法若干问题的意见》第49条，"继承人放弃继承的意思表示，应当在继承开始后、遗产分割前作出。遗产分割后表示放弃的不再是继承权，而是所有权。"因此，B选项错误，不当选。

命题点3：逃责式放弃继承无效。《继承法若干问题的意见》第46条，"继承人因放弃继承权，致其不能履行法定义务的，放弃继承权的行为无效。"因此，C选项错误，不当选。

命题点4：父母子女的关系是强行法规定，不得由当事人以书面形式放弃或更改。放弃本身违反公共利益而无效。因此，D选项错误，不当选。

5. 继承方式的先后次序和相互关系

甲与保姆乙约定：甲生前由乙照料，死后遗产全部归乙。乙一直细心照料甲。后甲女儿丙回国，与乙一起照料甲，半年后甲去世。丙认为自己是第一顺序继承人，且尽了义务，主张甲、乙约定无效。下列哪一表述是正确的？(2012－3－24)

A. 遗赠扶养协议有效

B. 协议部分无效，丙可以继承甲的一半遗产

C. 协议无效，应按法定继承处理

D. 协议有效，应按遗嘱继承处理

答案：(　　)①

考点：继承方式的先后次序、遗赠扶养协议

读题技巧

1. 保姆乙，指向乙是有资格的遗赠扶养协议签订人。2. 甲、乙约定的内容有生养，死后遗产的归属，构成遗赠扶养协议。3. 乙一直照料甲，指向乙履行了遗赠扶养协议约定的义务，应按遗赠扶养协议处理。

思路展开

命题点1：遗赠扶养协议的定性。

(1)法律依据：《继承法》第31条第1款，个人抚养人："公民可以与扶养人签订遗赠扶养协议。按照协议，扶养人承担该公民生养死葬的义务，享有受遗赠的权利。"第2款，集体抚养人："公民可以与集体所有制组织签订遗赠扶养协议。按照协议，集体所有制组织承担该公民生养死葬的义务，享有受遗赠的权利。"

(2)个人抚养人要件：受遗赠的抚养人不能是对被抚养人负有法定赡养义务的人，否则，遗赠抚养协议无效。

(3)具体到本题：①保姆乙，对甲无法定赡养义务。②约定内容是生前照料、死后遗产归属。③乙一直细心照料甲，在甲女儿丙回国后，与乙一起照料甲，说明乙履行了抚养义务。

(4)结论：甲、乙之间成立遗赠抚养协议，该遗赠抚养协议不存在无效情形，故有效。A对，选A。BD错，不选BD。

命题点2：遗赠抚养协议、遗嘱继承、法定继承的先后次序。

(1)法律依据：《继承法》第5条，"继承开始后，按照法定继承办理；有遗嘱的，按照遗嘱继承或者遗赠办理；有遗赠扶养协议的，按照协议办理。"

(2)具体到本题：遗赠抚养协议优先于法定继承。

(3)结论：遗赠抚养协议有效，不能适用法定继承，C错，不选C。

异议回应

1. 遗赠抚养协议必须采用书面形式，口头约定的遗赠抚养协议是无效的。异议回应：题干未交代是什么形式。且《继承法》对遗赠抚养协议无形式要求。2. 甲、乙之间的协议没有约定葬的义务，该协议不属于遗赠扶养协议。应按遗嘱继承处理。异议回应：司法部法律出版社解析认为，这种观点是错误的。其采用的遗赠抚养协议定义是：指遗赠人与扶养人(包括组织)签订的，遗赠人的全部或部分财

① 参考答案：A

产在其死亡后按协议规定转移给扶养人所有,扶养人承担对遗赠人生养死葬义务的协议。可见,命题人采用的是解释的方法,即认为协议内容中有生养、死后赠与财产的约定即构成遗赠抚养协议,死后葬的义务应通过协议漏洞填补的方式予以解决。

6. 遗赠扶养协议、遗赠、法定继承的先后顺序

甲妻病故,膝下无子女,养子乙成年后常年在外地工作。甲与村委会签订遗赠扶养协议,约定甲的生养死葬由村委会负责,死后遗产归村委会所有。后甲又自书一份遗嘱,将其全部财产赠与侄子丙。甲死后,乙就甲的遗产与村委会以及丙发生争议。对此,下列哪一选项是正确的?(2010-3-19)

A. 甲的遗产应归村委会所有

B. 甲所立遗嘱应予撤销

C. 村委会、乙和丙共同分割遗产,村委会可适当多分

D. 村委会和丙平分遗产,乙无权分得任何遗产

答案:(　　)①

考点:遗赠抚养协议、遗赠、法定继承的先后次序

读题技巧

(1)甲与村委会签订遗赠扶养协议,指向遗赠扶养协议。(2)养子乙,指向法定继承。(3)甲自书遗嘱赠与财产给侄子丙,指向该遗赠与遗赠扶养协议相抵触,故遗嘱应全部无效。(4)本题考查遗赠扶养协议、遗赠、法定继承的次序。

思路展开

命题点1:遗赠抚养协议之集体抚养人。

(1)法律依据:①《继承法》第31条第1款,个人扶养人:"公民可以与扶养人签订遗赠扶养协议。按照协议,扶养人承担该公民生养死葬的义务,享有受遗赠的权利。"第2款,集体扶养人:"公民可以与集体所有制组织签订遗赠扶养协议。按照协议,集体所有制组织承担该公民生养死葬的义务,享有受遗赠的权利。"②遗赠抚养协议优先于遗嘱,优先于法定继承。《继承法》第5条,"继承开始后,按照法定继承办理;有遗嘱的,按照遗嘱继承或者遗赠办理;有遗赠扶养协议的,按照协议办理。"

(2)具体到本题:甲与村委会签订遗赠扶养协议,约定甲的生养死葬由村委会负责,死后遗产归村委会所有。村委会是遗赠抚养协议中的扶养人。遗赠扶养协议优先于法定继承。故村委会优先于甲的养子乙。

(3)结论:①"A. 甲的遗产应归村委会所有",A对,选A。②"C. 村委会、乙和丙共同分割遗产,村委会可适当多分;D. 村委会和丙平分遗产,乙无权分得任何遗产",CD错,不选CD。

命题点2:与遗赠抚养协议抵触的遗嘱无效。

(1)法律依据:《继承法若干问题的意见》第5条,"被继承人生前与他人订有遗赠扶养协议,同时又立有遗嘱的,继承开始后,如果遗赠扶养协议与遗嘱没有抵触,遗产分别按协议和遗嘱处理;如果有抵触,按协议处理,与协议抵触的遗嘱全部或部分无效。"

(2)可见,与遗赠抚养协议抵触的遗嘱,抵触的都无效。

(3)具体到本题:"后甲又自书一份遗嘱,将其全部财产赠与侄子丙。"甲的自书遗嘱与遗赠抚养协议抵触,该自书遗嘱全部无效。

(4)结论:"B. 甲所立遗嘱应予撤销"B错,不选B。

第二节　遗嘱处理遗产

1. 遗赠抚养协议

甲与乙签订协议,约定甲将其房屋赠与乙,乙承担甲生养死葬的义务。后乙拒绝扶养甲,并将房屋擅自用作经营活动,甲遂诉至法院要求乙返还房屋。下列哪一选项是正确的?(2007-3-23)

A. 该协议是附条件的赠与合同

B. 该协议在甲死亡后发生法律效力

C. 法院应判决乙向甲返还房屋

D. 法院应判决乙取得房屋所有权

答案:(　　)②

考点:遗赠抚养协议的性质、效力和解除

---

① 参考答案:A

② 参考答案:C

读题技巧

1."协议"而不是合同、"生养死葬",指向遗赠抚养协议,而不是赠与合同。2. 第23题的排列顺序,指向是考继承法,而不是考合同法。唉,怎么可以给试题排序呢。3. 乙拒绝扶养甲,指向乙不履行遗赠扶养协议的扶养义务。4. 甲起诉到法院要求乙返还房屋,指向甲要解除遗赠抚养协议,乙不能得到房屋。5. 请以爱憎分明的感觉看待此题,乙就是一恶霸,占别人房子,不给供养费,这是欺负人,欺负一个老无所依之人,哪个法院会冒天下之大不韪判房子归乙?所以,D选项真是彻头彻尾的打酱油选项。

思路展开

命题点1:区分赠与合同与遗赠扶养协议。遗赠扶养协议是指遗赠人与扶养人签订的,遗赠人的财产在其死亡后按协议规定转移给扶养人所有,扶养人承担对遗赠人生养死葬义务的协议。

(1)法律适用根本不同。①赠与合同适用《合同法》。《合同法》第2条,"本法所称合同是平等主体的自然人、法人、其他组织之间设立、变更、终止民事权利义务关系的协议。婚姻、收养、监护等有关身份关系的协议,适用其他法律的规定。"②遗赠扶养协议适用《继承法》第31条,"公民可以与扶养人签订遗赠扶养协议。按照协议,扶养人承担该公民生养死葬的义务,享有受遗赠的权利。公民可以与集体所有制组织签订遗赠扶养协议。按照协议,集体所有制组织承担该公民生养死葬的义务,享有受遗赠的权利。"

(2)从题干措辞就可以将赠与合同与遗赠扶养协议进行准确区分……

(3)严格来讲,赠与合同与遗赠扶养协议是没法比对和区分的,因为法律范畴都不一样。但是,有的观点试图对它们做区分,勉为其难,我就列举一下吧。①赠与合同是单务(附义务的赠与也是)、无偿合同;遗赠扶养协议是双务、有偿协议(看到没,都不能说是双务、有偿合同。因为它压根不是《合同法》上的合同)。②赠与合同是生前行为,意思表示一致成立生效。遗赠扶养协议兼具生前行为和死因行为的效力,自意思表示一致生效,扶养人有扶养义务,此为生前行为,而被扶养人死亡时,扶养人才可以取得遗产所有权,此为死因行为。

(4)具体到本题:"甲与乙签订协议,约定甲将其房屋赠与乙,乙承担甲生养死葬的义务。"故甲乙之间是遗赠扶养协议,不是赠与合同。

(5)结论:"A.该协议是附条件的赠与合同",A错,不选A。

(6)遗赠扶养协议中死后发生财产变动的效力,是法律直接规定,并不是附条件。因为附条件法律行为中所谓条件,必须是当事人约定的,才是条件,法律规定的可不是条件!进一步说明A错,并且错的比较离谱。

(7)司法部法律出版社还很善意地给出了一个回应:须说明的是,即便有的同学认为该题中甲、乙的协议属于附义务的赠与(与附条件的赠与不同),而不是遗赠扶养协议,也仍然应当选C。

命题点2:遗赠扶养协议的效力,要区分扶养义务和财产变动。遗赠扶养协议具有生前法律行为与死后法律行为的双重属性。

(1)财产的赠与在遗赠人死后发生,这是死后发生效力。

(2)扶养人应对遗赠人尽扶养义务,这是生前发生效力。

(3)结论:司法部法律出版社解析:该协议在签订之后即发生效力。故"B.该协议在甲死亡后发生法律效力",B错,不选B。

命题点3:遗赠扶养协议的解除,要区分是谁不履行。

(1)法律依据:《继承法若干问题的意见》第56条,"扶养人或集体组织与公民订有遗赠扶养协议,扶养人或集体组织无正当理由不履行,致协议解除的,不能享有受遗赠的权利,其支付的供养费用一般不予补偿;遗赠人无正当理由不履行,致协议解除的,则应偿还扶养人或集体组织已支付的供养费用。"

(2)法条阐释:扶养人不履行,不可取得受遗赠权利,付的供养费用一般也退不回来。遗赠人不履行(如生前就处分了房产导致无法履行),则要退供养费。

(3)具体到本题,"后乙拒绝扶养甲,并将房屋擅自用作经营活动,甲遂诉至法院要求乙返还房屋。",扶养人乙不履行,就不能取得受遗赠的权利,即不能取得房屋所有权。甲都告到法院了,自然是要解除遗赠扶养协议。

(4)结论:①"C. 法院应判决乙向甲返还房屋",C 对,选 C。②"D. 法院应判决乙取得房屋所有权",D 错,不选 D。

2. 遗嘱继承

贡某立公证遗嘱:死后财产全部归长子贡文所有。贡文知悉后,自书遗嘱:贡某全部遗产归弟弟贡武,自己全部遗产归儿子贡小文。贡某随后在贡文遗嘱上书写:同意,但还是留 10 万元给贡小文。其后,贡文先于贡某死亡。关于遗嘱的效力,下列哪一选项是正确的?(2016-3-21)

A. 贡某遗嘱已被其通过书面方式变更

B. 贡某遗嘱因贡文先死亡而不生效力

C. 贡文遗嘱被贡某修改的部分合法有效

D. 贡文遗嘱涉及处分贡某财产的部分有效

答案:(　　)①

考点:公证遗嘱、自书遗嘱、遗嘱修改的效力、代位继承

解题图构

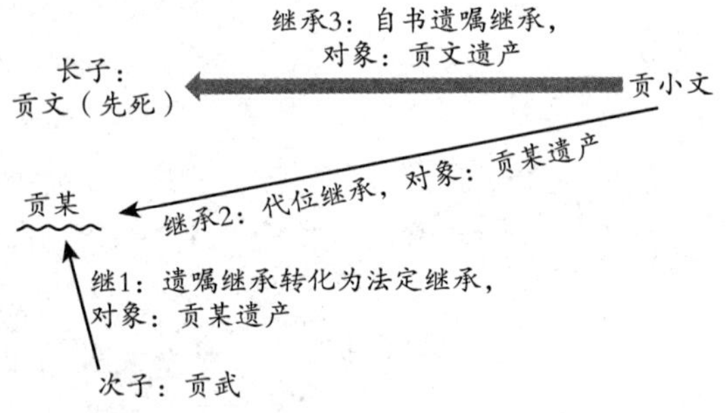

思路展开

命题点 1:公证遗嘱只能以公证方式撤销或变更。

(1)法律依据:《继承法》第 20 条第 1 款,"遗嘱人可以撤销、变更自己所立的遗嘱。"第 2 款,"立有数份遗嘱,内容相抵触的,以最后的遗嘱为准。"第 3 款,"自书、代书、录音、口头遗嘱,不得撤销、变更公证遗嘱。"

(2)具体到本题:①"贡某立公证遗嘱:死后财产全部归长子贡文所有",这是公证遗嘱。②"贡某随后在贡文遗嘱上书写:同意,但还是留 10 万元给贡小文。"这是自书遗嘱。因为符合自书遗嘱的构成要件,即以主人贡某亲笔书写,签名,注明年、月、日。③贡某前后意思不一致,但是公证遗嘱效力最优先。④司法部解析原文:"公证遗嘱只能以公证方式撤销或变更"。

(3)结论:"A. 贡某遗嘱已被其通过书面方式变更,"A 错,不选。

命题点 2:遗嘱继承发生的前提条件:遗嘱继承人要活得足够久,才能主张遗嘱继承。如果记住继承人活太短,早于立遗嘱的人死亡,则当"遗嘱是空气",直接转化为法定继承。

(1)法律依据:《继承法》第 27 条第 3 项,"有下列情形之一的,遗产中的有关部分按照法定继承办理:(一)遗嘱继承人放弃继承或者受遗赠人放弃受遗赠的;(二)遗嘱继承人丧失继承权的;(三)遗嘱继承人、受遗赠人先于遗嘱人死亡的;(四)遗嘱无效部分所涉及的遗产;(五)遗嘱未处分的遗产。"

(2)具体到本题:"贡某立公证遗嘱:死后财产全部归长子贡文所有"+"其后,贡文先于贡某死亡",遗嘱继承人贡文活太短,故遗嘱是空气,转化为法定继承。②

(3)结论:"B. 贡某遗嘱因贡文先死亡而不生效力,"B 正确,当选。

命题点 3:被篡改的遗嘱,篡改的内容无效。

(1)法律依据:《继承法》第 22 条第 4 款,"遗嘱被篡改的,篡改的内容无效。"

(2)具体到本题:①"贡文知悉后,自书遗嘱:贡某全部遗产归弟弟贡武,自己全部遗产归儿子贡小文。贡某随后在贡文遗嘱上书写:同意,但还是留 10 万元给贡小文。"②贡某对贡文遗嘱的修改部分,无效。

(3)结论:"C. 贡文遗嘱被贡某修改的部分合法有效,"C 错,不选。

命题点 4:遗嘱处分他人财产,该部分遗嘱

---

① 参考答案:B

② 总结:对哪个好,哪个先死;对哪个好,就遗嘱多给财产,结果因为哪个先死,所以就转化为法定继承。基本上,考遗嘱继承转化为法定继承的时候,遗嘱就是一把刀,会提前让黑发人先死,遗嘱就是"凶器"!

无效。

(1)法律依据:《继承法若干问题的意见》第 38 条,遗嘱人以遗嘱处分了属于国家、集体或他人所有的财产,遗嘱的这部分,应认定无效。

(2)具体到本题:①“贡文知悉后,自书遗嘱:贡某全部遗产归弟弟贡武,自己全部遗产归儿子贡小文。”+贡某的全部遗产并非都归贡文,有一部分是归其弟弟贡武。②所以贡文用自书遗嘱方式处分了其弟弟贡武的遗产,这部分是无效的。③贡某遗产启动法定继承。贡文一半,贡武一半。④所以,不再执行贡某全部遗产归弟弟贡武了。⑤贡文从贡某继承的一半+贡文自己遗产=贡小文可以继承的遗产。

(3)结论:“D. 贡文遗嘱涉及处分贡某财产的部分有效,”D 错,不选。

3. 遗嘱继承

老夫妇王冬与张霞有一子王希、一女王楠,王希婚后育有一子王小力。王冬和张霞曾约定,自家的门面房和住房属于王冬所有。2012 年 8 月 9 日,王冬办理了公证遗嘱,确定门面房由张霞和王希共同继承。2013 年 7 月 10 日,王冬将门面房卖给他人并办理了过户手续。2013 年 12 月,王冬去世,不久王希也去世。关于住房和出售门面房价款的继承,下列哪一说法是错误的?(2015-3-21)

A. 张霞有部分继承权

B. 王楠有部分继承权

C. 王小力有部分继承权

D. 王小力对住房有部分继承权、对出售门面房的价款有全部继承权

答案:(　　)①

考点:遗嘱撤销、法定继承、转继承、遗产分割

解题图构

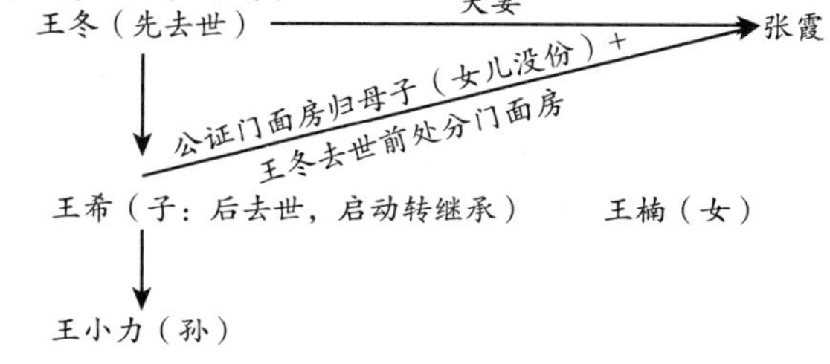

读题技巧

1. 不惨不继承! 2. 王冬和张霞曾约定,自家的门面房和住房属于王冬所有,指向确定涉案财产为夫妻一方所有,而非双方所有,为下面继承分割扫清障碍。3. 涉案财产是门面房和住房,仅门面房先经公证而后又经处分,住房一直是安静的。4. 题眼是“关于住房和门面房的继承”,不限于门面房。

思路展开

命题点 1:被继承人生前行为(对门面房的实际处分)撤销公证遗嘱:

(1)法律依据:①《继承法》第 20 条,“遗嘱人可以撤销、变更自己所立的遗嘱。立有数份遗嘱,内容相抵触的,以最后的遗嘱为准。自书、代书、录音、口头遗嘱,不得撤销、变更公证遗嘱。”②《继承法若干问题的意见》第 39 条,“遗嘱人生前的行为与遗嘱的意思表示相反,而使遗嘱处分的财产在继承开始前灭失,部分灭失或所有权转移、部分转移的,遗嘱视为被撤销或部分被撤销。”

(2)具体到本题:“2012 年 8 月 9 日,王冬办理了公证遗嘱,确定门面房由张霞和王希共同继承。2013 年 7 月 10 日,王冬将门面房卖给他人并办理了过户手续。”

(3)结论:门面房的替代物即价款复归于王冬,和房屋成为王东的个人财产,为其个人遗产。

命题点 2:个人遗产的继承,归法定继承人。

(1)门面房款和房屋是王冬的遗产。①先看《继承法》第 3 条,“遗产是公民死亡时遗留的个人合法财产”。第 26 条,“夫妻在婚姻关系存续期间所得的共同所有的财产,除有约定的以外,如果分割遗产,应当先将共同所有的财产的一半分出为配偶所有,其余的为被继承人的遗产。遗产在家庭共有财产之中的,遗产分割时,应当先分出他人的财产。”②后看《婚姻法》第 19 条第 1 款,“夫妻可以约定婚姻关系存续期间所得的财产以及婚前财产归各自所有、共同所有或部分各自所有、部分共同所有。约定应当采用书面形式。没有约定或约定不明确的,适用本法第十七条、第十八条的规定。”题干信息“王冬和张霞曾约定,自家的门面房和住房属于王冬所有。”就是为了明确不是夫妻共同财产。

(2)法定继承人范围。①法律依据:《继承法》

① 参考答案:D

第10条，“遗产按照下列顺序继承：第一顺序：配偶、子女、父母。第二顺序：兄弟姐妹、祖父母、外祖父母。继承开始后，由第一顺序继承人继承，第二顺序继承人不继承。没有第一顺序继承人继承的，由第二顺序继承人继承。”②具体到本题：张霞是王冬配偶，王希、王楠为子女，属于第一顺序法定继承人。可继承王冬的门面房款和房屋。

（3）法定继承人张霞、王楠、王希。其中王希不幸在分割遗产前死亡，启动了转继承：王希后去世，一子王小力，发生转继承。《继承法若干问题的意见》第52条，“继承开始后，继承人没有表示放弃继承，并于遗产分割前死亡的，其继承遗产的权利转移给他的合法继承人。”王小力转继承份额限于其父王希的。

（4）遗产的分割：张霞、王楠，王小力，平分！《继承法》第13条第1款，“同一顺序继承人继承遗产的份额，一般应当均等。”

（5）结论：“D. 王小力对住房有部分继承权、对出售门面房的价款有全部继承权”，D错，符合题意，故选D。“A. 张霞有部分继承权；B. 王楠有部分继承权；C. 王小力有部分继承权”，ABC均对，不符合题意，不选ABC。

4. 遗嘱继承

甲有乙、丙和丁三个女儿。甲于2013年1月1日亲笔书写一份遗嘱，写明其全部遗产由乙继承，并签名和注明年月日。同年3月2日，甲又请张律师代书一份遗嘱，写明其全部遗产由丙继承。同年5月3日，甲因病被丁送至医院急救，甲又立口头遗嘱一份，内容是其全部遗产由丁继承，在场的赵医生和李护士见证。甲病好转后出院休养，未立新遗嘱。如甲死亡，下列哪一选项是甲遗产的继承权人？（2014－3－24）

A. 乙　　B. 丙　　C. 丁　　D. 乙、丙、丁

答案：（　　）①

考点：遗嘱继承的形式和效力

读题技巧

1. 2013年1月1日自书遗嘱；3月2日代书遗嘱；5月3日口头遗嘱，指向两点：（1）遗嘱的冲突处理规则。（2）需要判断遗嘱的要式要件，因为遗嘱是要式法律行为，不符合继承法规定要式，则不成立，更不生效。2. 自书遗嘱“签名和注明年月日”，交代完整，指向自书遗嘱符合要式，有效。3. 张律师代书，指向不满足2个以上无利害关系见证人见证要式，代书遗嘱不成立。4. 口头遗嘱虽然有赵医生和李护士（两个无利害关系人）见证，但是甲病好转后出院休养，未立新遗嘱，指向口头遗嘱无效。5. 三个“全部”一词，遗产均被遗嘱处分，指向本题不存在法定继承，为BCD的彻底错误做铺垫。

思路展开

命题点1：自书遗嘱。

（1）法律依据：①《继承法》第17条第2款规定，“自书遗嘱由遗嘱人亲笔书写，签名，注明年、月、日。”②《继承法若干问题的意见》第40条，“公民在遗书中涉及死后个人财产处分的内容，确为死者真实意思的表示，有本人签名并注明了年、月、日，又无相反证据的，可按自书遗嘱对待。”

（2）具体到本题：甲于2013年1月1日亲笔书写的以乙作为唯一继承人的遗嘱有效。

（3）结论：甲的自书遗嘱有效，乙是甲遗产的继承权人。

命题点2：代书遗嘱。

（1）法律依据：《继承法》第17条第3款，“代书遗嘱应当有两个以上见证人在场见证，由其中一人代书，注明年、月、日，并由代书人，其他见证人和遗嘱人签名。”

（2）具体到本题：甲2013年3月2日张律师为所立代书遗嘱因只有1名见证人，不符合形式要求而无效。不要被“律师”误导，也有低能律师呢。

（3）结论：代书遗嘱不成立，故丙不是甲遗产继承权人。B错，不选B。

命题点3：口头遗嘱。

（1）法律依据：《继承法》第17条第5款，“遗嘱人在危急情况下，可以立口头遗嘱。口头遗嘱应当有两个以上见证人在场见证。危急情况解除后，遗嘱人能够用书面或者录音形式立遗嘱的，所立的口头遗嘱无效。”

（2）具体到本题：甲未在病愈之后以书面或录

① 参考答案：A

音形式立遗嘱,因而2013年5月3日甲所立的口头遗嘱无效。

(3)结论:口头遗嘱不成立,故丁不是甲遗产继承权人。C错,不选C。

命题点4:遗嘱冲突处理规则。

(1)法律依据:《继承法》第20条,“遗嘱人可以撤销、变更自己所立的遗嘱。立有数份遗嘱,内容相抵触的,以最后的遗嘱为准。自书、代书、录音、口头遗嘱,不得撤销、变更公证遗嘱。”

(2)具体到本题:代书遗嘱、口头遗嘱都不成立,只有自书遗嘱成立有效,则自书遗嘱指定的遗嘱继承人乙是甲遗产的继承权人。鉴于是“全部”遗产都被遗嘱处分,故不发生法定继承。因此,只有A对,选A。

常见错误

1. 甲历次所立遗嘱均有效,误选D。2. 以最后一次所立遗嘱为准,误选C。

5. 遗嘱继承

甲立下一份公证遗嘱,将大部分财产留给儿子乙,少部分的存款留给女儿丙。后乙因盗窃而被判刑,甲伤心至极,在病榻上当着众亲友的面将遗嘱烧毁,不久去世。乙出狱后要求按照遗嘱的内容继承遗产。对此,下列哪一选项是正确的?(2008-3-14)

A. 乙有权依据遗嘱的内容继承遗产

B. 乙只能依据法定继承的规定继承遗产

C. 乙无权继承任何遗产

D. 可以分给乙适当的遗产

答案:(　　)①

考点:公证遗嘱的撤销、继承权的丧失

读题技巧

1.“公证”遗嘱、“烧毁”遗嘱,指向公证遗嘱撤销的法定形式,必须用公证撤销公证遗嘱。2. 乙因盗窃被判刑,指向乙不因此丧失继承权。

思路展开

命题点1:公证遗嘱的撤销,只能经由再次公证完成。

(1)遗嘱撤销的三种情形:①通过新的遗嘱撤销或者变更旧的遗嘱(明示意思表示):a.《继承法》第20条,“遗嘱人可以撤销、变更自己所立的遗嘱。立有数份遗嘱,内容相抵触的,以最后的遗嘱为准。自书、代书、录音、口头遗嘱,不得撤销、变更公证遗嘱。”b.《继承意见》第42条,“遗嘱人以不同形式立有数份内容相抵触的遗嘱,其中有公证遗嘱的,以最后所立公证遗嘱为准;没有公证遗嘱的,以最后所立的遗嘱为准。”c. 公证遗嘱为大之一,只有经过公证程序才能撤销旧的公证遗嘱。d. 公证遗嘱为大之二,后立的公证遗嘱,效力优于先立的非公证形式的遗嘱,先立的非公证形式的遗嘱被撤销或变更。②直接将旧遗嘱销毁(限于非公证形式的遗嘱)。③通过行为处分遗嘱所涉财产(默示意思表示),视为全部或部分撤销遗嘱:《继承法若干问题的意见》第39条,“遗嘱人生前的行为与遗嘱的意思表示相反,而使遗嘱处分的财产在继承开始前灭失,部分灭失或所有权转移、部分转移的,遗嘱视为被撤销或部分被撤销。”

(2)具体到本题:“甲立下一份公证遗嘱……后乙因盗窃而被判刑,甲伤心至极,在病榻上当着众亲友的面将遗嘱烧毁”。①立遗嘱人烧毁遗嘱的行为并不构成对公证遗嘱的撤销,其原因在于,《继承法》第20条第3款规定,“自书、代书、录音、口头遗嘱,不得撤销、变更公证遗嘱。即遗嘱人若要撤销、变更公证遗嘱,必须再经公证程序,否则不发生撤销、变更的效力。”②至于《公证法》上所谓足以推翻该项公证的证据的说法,并不当然表明“遗嘱人烧毁遗嘱的行为”足以推翻该项公证。③相反,结合《继承法》第20条第1款“遗嘱人可以撤销、变更自己所立的遗嘱”和《公证法》第36条“经公证的民事法律行为、有法律意义的事实和文书,应当作为认定事实的根据,但有相反证据足以推翻该项公证的除外”的规定可知,足以推翻该项公证的相反证据只能是经过公证程序的改变遗嘱行为。④有一种不准确的表述方法:对公证遗嘱,遗嘱人需故意销毁正本(即遗嘱人自己保存的那一份),且故意销毁原本(保存于公证处的那一份),才能产生撤销公证遗嘱的效力。不准确之处在于:故意销毁原本(保存于公证处的那一份)易引人误解。司法部法律出版社的措辞更加精准,即经过“公证程序”才能撤销公证遗嘱,而不

① 参考答案:A

是“销毁”。

(3)结论：甲的公证遗嘱有效！

命题点2：丧失继承权限于法定事由，因盗窃被判刑不是丧失继承权的情形。

(1)法律依据：《继承法》第7条，“继承人有下列行为之一的，丧失继承权：(一)故意杀害被继承人的；(二)为争夺遗产而杀害其他继承人的；(三)遗弃被继承人的，或者虐待被继承人情节严重的；(四)伪造、篡改或者销毁遗嘱，情节严重的。”《继承法若干问题的意见》第11条，“继承人故意杀害被继承人的，不论是既遂还是未遂，均应确认其丧失继承权。”《继承法若干问题的意见》第13条，“继承人虐待被继承人情节严重的，或者遗弃被继承人的，如以后确有悔改表现，而且被虐待人、被遗弃人生前又表示宽恕，可不确认其丧失继承权。”《继承法若干问题的意见》第14条，“继承人伪造、篡改或者销毁遗嘱，侵害了缺乏劳动能力又无生活来源的继承人的利益，并造成其生活困难的，应认定其行为情节严重”。

(2)具体到本题：“后乙因盗窃而被判刑”、“乙出狱后”。乙的情形不符合法定丧失继承权情形。

(3)结论：乙对甲的遗产有继承权。

结论：

(1)结合命题点1“公证遗嘱有效”和命题点2“乙未丧失继承权”，乙可依据公证遗嘱继承甲的遗产“大部分财产”。

(2)“A. 乙有权依据遗嘱的内容继承遗产”，A对，选A。

(3)“B. 乙只能依据法定继承的规定继承遗产；C. 乙无权继承任何遗产；D. 可以分给乙适当的遗产”BCD都错，不选BCD。

常见错误

1. 本题最大的设题陷阱在甲当众烧毁遗嘱的行为能否构成对公证遗嘱的撤销。有人列出《公证法》第36条的规定，“即经公证的民事法律行为、有法律意义的事实和文书，应当作为认定事实的根据，但有相反证据足以推翻该项公证的除外。”进而认为甲“伤心至极，在病榻上当着众亲友的面将遗嘱烧毁”的行为可以认为是一种相反的证据，足以推翻该项公证，所以该公证的效力已被撤销。司法部法律出版社回应：《公证法》上所谓足以推翻该项公证的证据的说法，并不当然表明“遗嘱人烧毁遗嘱的行为”足以推翻该项公证。相反，结合《继承法》第20条第1款和《公证法》第36条的规定可知，足以推翻该项公证的相反证据只能是经过公证程序的改变遗嘱行为。

2. 认为乙因盗窃被判刑而导致继承权丧失，无权依法定继承继承任何遗产，误选C。

6. 遗嘱继承

王某立有遗嘱，表示将遗产50万元留给妹妹甲，但此款须全部用于资助贫困大学生。王某死后，甲取得王某的50万元遗产，但并未履行资助义务且无正当理由。王某有一子一女。下列哪些选项是正确的？(2008－四川－60)

A. 王某的儿子或女儿可以请求法院取消甲取得遗产的权利

B. 甲的继承权被取消后，按照法定继承原则分配王某的遗产

C. 甲的继承权被取消后，王某的儿子和女儿继承甲的遗产

D. 王某的儿子或女儿必须按照王某的要求履行义务，才能取得王某的遗产

答案：(　　)①

考点：附义务的遗嘱，未履行义务，取消继承权，义务由法定继承人接力

解题图构

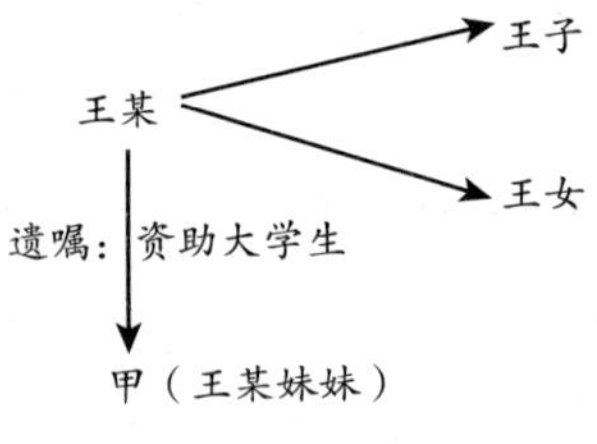

思路展开

1. 法律依据：《继承法若干问题的意见》第43条规定，“附义务的遗嘱继承或遗赠，如义务能够履行，而继承人、受遗赠人无正当理由不履行，经受益人或其他继承人请求，人民法院可以取消他接受附义务那部分遗产的权利，由提出请求的继承人或

① 参考答案：AD

受益人负责按遗嘱人的意愿履行义务，接受遗产。”

2. 结论：(1)“A. 王某的儿子或女儿可以请求法院取消甲取得遗产的权利”+“D. 王某的儿子或女儿必须按照王某的要求履行义务，才能取得王某的遗产”，AD对，选AD。(2)王某的儿子和女儿在甲的继承权被取消后，并不当然继承王某的遗产，他们必须按照王某的要求履行义务，才能取得王某的遗产。“B. 甲的继承权被取消后，按照法定继承原则分配王某的遗产；C. 甲的继承权被取消后，王某的儿子和女儿继承甲的遗产”，BC错，不选BC。

7. **遗嘱继承**

甲有一子一女，二人请了保姆乙照顾甲。甲为感谢乙，自书遗嘱，表示其三间房屋由两个子女平分，所有现金都赠给乙。后甲又立下书面遗嘱将其全部现金分给两个子女。不久甲去世。下列哪些选项是错误的？(2007-3-69)

A. 甲的前一遗嘱无效

B. 甲的后一遗嘱无效

C. 所有现金应归甲的两个子女所有

D. 所有现金应归乙所有

答案：(　　)①

考点：遗嘱的无效、失效、撤销与变更

解题图构

①自书遗嘱 { ①房屋：内人即两子女；②所有现金：外人即乙

冲突：以新的为准，即现金给两子女

②书面遗嘱：全部现金归内人即两子女

读题技巧

甲先自书遗嘱现金给保姆，后书面遗嘱现金给子女，同一现金，两个遗嘱，指向两点：①两个遗嘱都有效。②新遗嘱撤销了旧遗嘱，执行新遗嘱，不执行旧遗嘱，旧遗嘱失效。③选非题。

思路展开

命题点1：遗嘱的无效，情形法定。遗嘱无效是指已成立的遗嘱因违反法律规定的有效要件而不受法律保护，不发生效力。

(1)法律依据：①《继承法》第22条，“无行为能力人或者限制行为能力人所立的遗嘱无效。遗嘱必须表示遗嘱人的真实意思，受胁迫、欺骗所立的遗嘱无效。伪造的遗嘱无效。遗嘱被篡改的，篡改的内容无效。”②《继承法若干问题的意见》第37条，“遗嘱人未保留缺乏劳动能力又没有生活来源的继承人的遗产份额，遗产处理时，应当为该继承人留下必要的遗产，所剩余的部分，才可参照遗嘱确定的分配原则处理。继承人是否缺乏劳动能力又没有生活来源，应按遗嘱生效时该继承人的具体情况确定。”③《继承法若干问题的意见》第38条，“遗嘱人以遗嘱处分了属于国家、集体或他人所有的财产，遗嘱的这部分，应认定无效。”

(2)具体到本题：甲前后所立两份遗嘱均不存在无效事由，均是甲真实的意思表示，所以，前后遗嘱均有效。

(3)结论：“A. 甲的前一遗嘱无效；B. 甲的后一遗嘱无效”，AB均错误，符合题意，选AB。

命题点2：新遗嘱变更、撤销旧遗嘱，以新遗嘱为准，旧遗嘱失效而不是无效。

(1)法律依据：《继承法》第20条第2款规定：“立有数份遗嘱，内容相抵触的，以最后的遗嘱为准。”

(2)具体到本题：甲先是自书遗嘱将现金都给保姆乙，后甲又立下书面遗嘱将其全部现金分给两个子女。应以“最后的遗嘱为准”。

(3)法理剖析：执行新遗嘱，旧遗嘱失效。注意，遗嘱失效与遗嘱无效不同：①遗嘱无效是自始无效、确定无效，不仅没有执行效力，也没有设立效力。②遗嘱失效是有效的遗嘱不能生效，仅没有执行效力。③不能把“遗嘱无效”与“遗嘱失效”混同。

(4)结论：①“C. 所有现金应归甲的两个子女所有”，C对，不符合题意，不选C。②“D. 所有现金应归乙所有”，D错，符合题意，选D。

常见错误

混淆“失效”与“无效”的概念，认为A项对，不符合题意，而未选A。司法部法律出版社解析有一段回应：甲后立的遗嘱中改变了前遗嘱中对现金的分配，该行为实际上是对遗嘱的撤回。所谓遗嘱的

① 参考答案：ABD

撤回,是指遗嘱人依法改变原先所立遗嘱的部分或全部内容,使其部分或全部不发生效力。即前遗嘱失效。但失效与无效不同,无效是自始无效、确定无效,不仅没有执行效力,也没有设立效力。而失效是有效的遗嘱不能生效,仅没有执行效力。所以,不能把"遗嘱无效"与"遗嘱失效"混同。

第三节 法定继承

一、法定继承

1. 法定继承人范围

甲(男)与乙(女)结婚,其子小明20周岁时,甲与乙离婚。后甲与丙(女)再婚,丙子小亮8周岁,随甲、丙共同生活。小亮成年成家后,甲与丙甚感孤寂,收养孤儿小光为养子,视同己出,未办理收养手续。丙去世,其遗产的第一顺序继承人有哪些?(2014-3-65)

A. 小明 B. 小亮 C. 甲 D. 小光

答案:( )①

考点:法定继承人的确定

解题图构

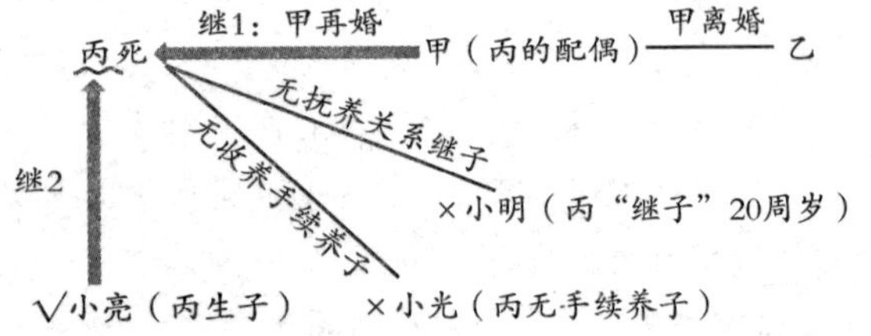

读题技巧

1."丙去世","其遗产",指向围绕丙的法定继承人展开,从答题效率考虑,应将小亮(丙的亲生儿子)、小光(丙的养子)、小明(丙的"继子")和甲(丙的配偶)都围绕与丙的关系来标志清楚。2. 丙子小亮,指向小亮是丙的法定继承人。3. 收养小光未办理收养手续,指向小光不是《继承法》中的养子。4. 小明20周岁,指向小明与"继母"丙无扶养关系。

思路展开

丙死亡时法定继承人范围,包括其配偶、子女。

1. 法律依据:(1)法定继承人的范围:《继承法》第10条,"遗产按照下列顺序继承:第一顺序:配偶、子女、父母。第二顺序:兄弟姐妹、祖父母、外祖父母。继承开始后,由第一顺序继承人继承,第二顺序继承人不继承。没有第一顺序继承人继承的,由第二顺序继承人继承。本法所说的子女,包括婚生子女、非婚生子女、养子女和有扶养关系的继子女。本法所说的父母,包括生父母、养父母和有扶养关系的继父母。本法所说的兄弟姐妹,包括同父母的兄弟姐妹、同父异母或者同母异父的兄弟姐妹、养兄弟姐妹、有扶养关系的继兄弟姐妹。"(2)养子的界定:《收养法》第15条第1款规定:"收养应当向县级以上人民政府民政部门登记。收养关系自登记之日起成立。"

2. 具体到本题:(1)甲是丙的配偶。(2)小亮是丙的亲生子。(3)小光是无合法扶养关系的"养子"。甲与丙收养小光,视同己出,但未办理登记,不产生合法收养关系,小光不能依法作为第一顺位继承人。(4)小明是丙的无扶养关系的"继子"。因为,甲男与乙女离婚时,甲的子女小明已成年,与丙不属于有抚养关系的继子女,故不能作为第一顺序继承人。

3. 结论:(1)丙的第一顺序法定继承人是:甲、小亮。(2)BC对,选BC。

2. 法定继承人范围

钱某与胡某婚后生有子女甲和乙,后钱某与胡某离婚,甲、乙归胡某抚养。胡某与吴某结婚,当时甲已参加工作而乙尚未成年,乙跟随胡某与吴某居住,后胡某与吴某生下一女丙,吴某与前妻生有一子丁。钱某和吴某先后去世,下列哪些说法是正确的?(2009-3-68)

A. 胡某、甲、乙可以继承钱某的遗产

B. 甲和乙可以继承吴某的遗产

C. 胡某和丙可以继承吴某的遗产

D. 乙和丁可以继承吴某的遗产

答案:( )②

考点:法定继承人的范围

---

① 参考答案:BC

② 参考答案:CD

解题图构

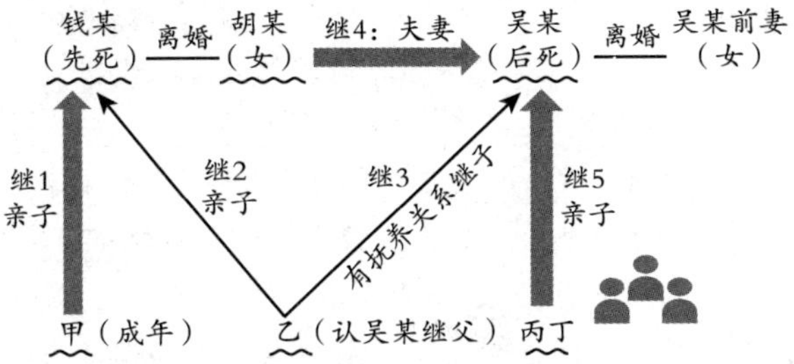

解图：(1)胡某（女）如此“克夫”啊！(2)胡某、吴某都是二婚。(3)钱某遗产：甲、乙继承（前妻胡某不可以）。(4)吴某遗产：丁（亲生子女）+丙（亲生子女）+乙（有扶养关系的继子女）+胡某（配偶）。

读题技巧

“胡某与吴某结婚，当时甲已参加工作而乙尚未成年，乙跟随胡某与吴某居住”，指向两点：(1)甲不是吴某有扶养关系的继子。(2)乙是与吴某有扶养关系的继女。

思路展开

命题点1. 第一顺序法定继承人的范围是配偶、父母、子女。

(1)法律依据：《继承法》第10条，“遗产按照下列顺序继承：第一顺序：配偶、子女、父母。第二顺序：兄弟姐妹、祖父母、外祖父母。继承开始后，由第一顺序继承人继承，第二顺序继承人不继承。没有第一顺序继承人继承的，由第二顺序继承人继承。本法所说的子女，包括婚生子女、非婚生子女、养子女和有扶养关系的继子女。本法所说的父母，包括生父母、养父母和有扶养关系的继父母。本法所说的兄弟姐妹，包括同父母的兄弟姐妹、同父异母或者同母异父的兄弟姐妹、养兄弟姐妹、有扶养关系的继兄弟姐妹。”

(2)法条阐释：因为配偶是基于婚姻关系产生的身份，会发生变动，故配偶的身份应以被继承人死亡时作为判断时点。因为继子女或继父母的关系，需要有扶养关系，才有第一顺序法定继承人资格。

命题点2：死者的子女（包括有扶养关系的继子女）、和死者死亡时的配偶是第一顺序法定继承人。

(1)由死者——走向生者的判断路径。

①死者钱某——法定继承人是子女甲、乙：a. 其法定继承人是其亲生子女甲和乙，不包括胡某，因为在钱某死亡时，胡某的身份是钱某的“前妻”，胡某不是钱某的配偶。b. 具体到本题：钱某死亡，其法定继承人是其子女甲、乙，此时胡某已经不是钱某的配偶了。c. 结论：“A. 胡某、甲、乙可以继承钱某的遗产”，A错，不选A。

②死者吴某——法定继承人是胡某、生女丙、继女乙、生子丁：a. 胡某带着与前夫钱某所生的女儿乙，与吴某结婚。乙与吴某是有扶养关系的继女，乙是继父吴某的法定继承人。但是，胡某与前夫钱某所生儿子甲已经成年，没有随同母亲胡某与继父吴某生活，故甲不是继父吴某的法定继承人。总之，乙可以继承、而甲不可以继承继父吴某的遗产。结论：“B. 甲和乙可以继承吴某的遗产”，B错，不选B。b. 吴某死亡时，胡某是吴某的配偶，胡某是吴某的法定继承人。胡某与现任丈夫吴某生育丙，丙是吴某的子女，有权继承吴某的财产。结论：“C. 胡某和丙可以继承吴某的遗产”，C对，选C。c. 吴某与前妻有子丁，丁是吴某的法定继承人。加之所述，乙与继父吴某是有扶养关系的继父女关系，故结论：“D. 乙和丁可以继承吴某的遗产”，D对，选D。

③综合起来就是本题选CD。

(2)由生者——追溯死者的判断路径。

①生者胡某：胡某真的是“有点克夫”，胡某与前夫钱某离婚后不多久，前夫钱某死亡。故，钱某死亡时，胡某不是钱某的配偶，不是钱某的法定继承人，无权继承钱某的遗产。结论：“A. 胡某、甲、乙可以继承钱某的遗产”，A错，不选A。

②生者甲：甲是胡某与前夫钱某所生之子，甲有权继承钱某的遗产。胡某与前夫离婚后，与吴某结婚，甲已经成年，题干未交代甲跟随母亲胡某与继父吴某一起生活，但是题干特别交代乙未成年，乙跟随母亲胡某与继父吴某一起生活，故甲与继父吴某不存在扶养关系，属于无扶养关系的继父子关系。甲无权继承吴某的财产。结论：“B. 甲和乙可以继承吴某的遗产”，B错，不选B。

③生者乙：乙是胡某与前夫钱某所生之女，乙还随母亲胡某与胡某现任丈夫吴某共同生活，乙是吴某有扶养关系的继女。故乙有权继承钱某的遗产，乙也有权继承吴某的遗产。

④生者丙：丙是胡某与现任丈夫吴某所生之女，故丙是吴某的法定继承人，有权继承吴某的遗产。

结合①、④可得出结论:"C. 胡某(吴某的配偶)和丙(吴某的女儿)可以继承吴某的遗产",C 对,选 C。

⑤生者丁:丁是死者吴某与前妻所生之子,故丁是吴某的法定继承人,有权继承吴某的遗产。结合③、⑤可知道,结论:"D. 乙和丁可以继承吴某的遗产"D 对,选 D。

⑥综合起来本题选 CD。

(3)哪个路径更符合你的记忆效率,那么就用哪个!

3. 法定继承人范围

张某 1 岁时被王某收养并一直共同生活。张某成年后,将年老多病的生父母接到自己家中悉心照顾。2000 年,王某、张某的生父母相继去世。下列哪种说法是正确的?(2006-3-22)

A. 张某有权作为第一顺序继承人继承生父母的财产

B. 张某有权作为第二顺序继承人继承生父母的财产

C. 张某无权继承养父王某的财产

D. 张某可适当分得生父母的财产

答案:(　　)①

考点:法定继承人的范围、收养关系、适当分得遗产制度

读题技巧

1. 张某 1 岁时被王某收养,指向收养切断生育。2. 张某被收养后,将生父母接到家中悉心照顾,是一个中国好男人!好儿子!既是养子,又是生子,不容易!指向《继承法》第 14 条的乐善好施条款,可以分得适当遗产。3. 题干表述还可更精进:"2000 年,王某、张某的生父母相继去世",会有另一种误解:王某的生父母去世、张某的生父母去世。修改为张某的养父或母王某、张某的生父母相继去世。不过,这不影响考生对本题作出正确选择。

思路展开

命题点 1:养大于生!收养关系,切断生育关系。养父母关系,切断生父母关系。

(1)法律依据:①收养切断生育:《收养法》第 23 条,第 1 款,"自收养关系成立之日起,养父母与养子女间的权利义务关系,适用法律关于父母子女关系的规定;养子女与养父母的近亲属间的权利义务关系,适用法律关于子女与父母的近亲属关系的规定。"第 2 款,"养子女与生父母及其他近亲属间的权利义务关系,因收养关系的成立而消除。"②养子女等于亲生子女。《继承法》第 10 条,"遗产按照下列顺序继承:第一顺序:配偶、子女、父母。第二顺序:兄弟姐妹、祖父母、外祖父母。继承开始后,由第一顺序继承人继承,第二顺序继承人不继承。没有第一顺序继承人继承的,由第二顺序继承人继承。本法所说的子女,包括婚生子女、非婚生子女、养子女和有扶养关系的继子女。本法所说的父母,包括生父母、养父母和有扶养关系的继父母。本法所说的兄弟姐妹,包括同父母的兄弟姐妹、同父异母或者同母异父的兄弟姐妹、养兄弟姐妹、有扶养关系的继兄弟姐妹。"

(2)具体到本题:①张某被王某收养,与王某成立收养关系。②张某接生父母到家中照顾,但张某与生父母在法律上的父母子女关系消灭。③张某的养父(母)王某、张某的生父母相继去世,发生遗产继承。④张某是养(父母)王某的法定第一顺序继承人。⑤张某不是张某生父母的第一顺序法定继承人。

(3)结论:"A. 张某有权作为第一顺序继承人继承生父母的财产"、"B. 张某有权作为第二顺序继承人继承生父母的财产"、"C. 张某无权继承养父王某的财产",ABC 都错,不选 ABC。

命题点 2:遗产分割的"乐善好施"条款规则。

(1)法律依据:《继承法》第 14 条,"对继承人以外的依靠被继承人扶养的缺乏劳动能力又没有生活来源的人,或者继承人以外的对被继承人扶养较多的人,可以分给他们适当的遗产。"《继承法若干问题的意见》第 19 条,"被收养人对养父母尽了赡养义务,同时又对生父母扶养较多的,除可依《继承法》第十条的规定继承养父母的遗产外,还可依《继承法》第十四条的规定分得生父母的适当的遗产。"

(2)法条阐释:《继承法》第 14 条前段是死者对外乐善好施;第 14 条后段是死者接受乐善好施;遗产分割时要保护"接受乐善好施者"或者"提供乐善好施者"。

---

① 参考答案:D

(3)具体到本题：张某(被人收养)成年后，将年老多病的生父母接到自己家中悉心照顾。张某可以张某生父母法定继承人以外的身份，分得其生父母的适当遗产。(4)结论："D. 张某可适当分得生父母的财产"，D 对，选 D。

二、代位继承

1. 白发人送黑发人，遗嘱继承转化为代位继承

(1)贡某立公证遗嘱：死后财产全部归长子贡文所有。贡文知悉后，自书遗嘱：贡某全部遗产归弟弟贡武，自己全部遗产归儿子贡小文。贡某随后在贡文遗嘱上书写：同意，但还是留 10 万元给贡小文。其后，贡文先于贡某死亡。关于遗嘱的效力，下列哪一选项是正确的？(2016－3－21)

A. 贡某遗嘱已被其通过书面方式变更

B. 贡某遗嘱因贡文先死亡而不生效力

C. 贡文遗嘱被贡某修改的部分合法有效

D. 贡文遗嘱涉及处分贡某财产的部分有效

答案：(　　)①

考点：公证遗嘱、自书遗嘱、遗嘱修改的效力、代位继承

解题图构

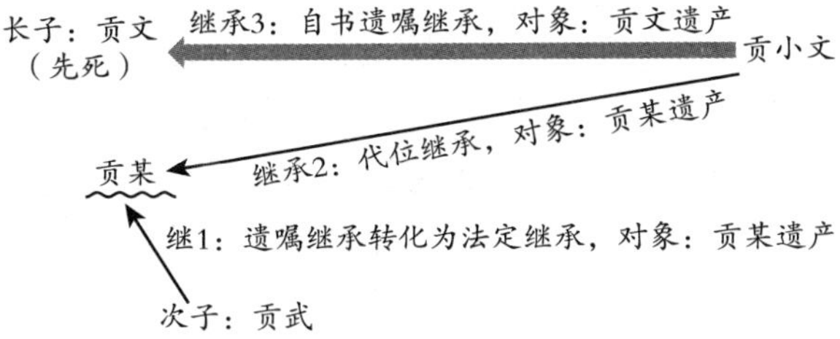

思路展开

命题点 1：公证遗嘱只能以公证方式撤销或变更。

(1)法律依据：《继承法》第 20 条第 1 款，"遗嘱人可以撤销、变更自己所立的遗嘱。"第 2 款，"立有数份遗嘱，内容相抵触的，以最后的遗嘱为准。"第 3 款，"自书、代书、录音、口头遗嘱，不得撤销、变更公证遗嘱。"

(2)具体到本题："贡某立公证遗嘱：死后财产全部归长子贡文所有"＋"贡某随后在贡文遗嘱上书写：同意，但还是留 10 万元给贡小文。"贡某前后意思不一致，但是公证遗嘱效力最优先。司法部解析原文："公证遗嘱只能以公证方式撤销或变更"。

(3)结论："A. 贡某遗嘱已被其通过书面方式变更，"A 错，不选。

命题点 2：遗嘱继承发生的前提条件：遗嘱继承人要活得足够久，才能主张遗嘱继承。如果记住继承人活太短，早于立遗嘱的人死亡，则当"遗嘱是空气"，直接转化为法定继承。

(1)法律依据：《继承法》第 27 条第 3 项，"有下列情形之一的，遗产中的有关部分按照法定继承办理：(一)遗嘱继承人放弃继承或者受遗赠人放弃受遗赠的；(二)遗嘱继承人丧失继承权的；(三)遗嘱继承人、受遗赠人先于遗嘱人死亡的；(四)遗嘱无效部分所涉及的遗产；(五)遗嘱未处分的遗产。"

(2)具体到本题："贡某立公证遗嘱：死后财产全部归长子贡文所有"＋"其后，贡文先于贡某死亡"，遗嘱继承人贡文活太短，故遗嘱是空气，转化为法定继承。②

(3)结论："B. 贡某遗嘱因贡文先死亡而不生效力，"B 正确，当选。

命题点 3：被篡改的遗嘱，篡改的内容无效。

(1)法律依据：《继承法》第 22 条第 4 款，"遗嘱被篡改的，篡改的内容无效。"

(2)具体到本题："贡文知悉后，自书遗嘱：贡某全部遗产归弟弟贡武，自己全部遗产归儿子贡小文。贡某随后在贡文遗嘱上书写：同意，但还是留 10 万元给贡小文。"贡某对贡文遗嘱的修改部分，无效。

(3)结论："C. 贡文遗嘱被贡某修改的部分合法有效，"C 错，不选。

命题点 4：遗嘱处分他人财产，该部分遗嘱无效。

(1)法律依据：《继承法若干问题的意见》第 38 条，"遗嘱人以遗嘱处分了属于国家、集体或他人所有的财产，遗嘱的这部分，应认定无效。"

(2)具体到本题：①"贡文知悉后，自书遗嘱：贡某全部遗产归弟弟贡武，自己全部遗产归儿子贡小

---

① 参考答案：B

② 总结：对哪个好，哪个先死；对哪个好，就遗嘱多给财产，结果因为哪个先死，所以就转化为法定继承。基本上，考遗嘱继承转化为法定继承的时候，遗嘱就是一把刀，会提前让黑发人先死，遗嘱就是"凶器"！

文。"+贡某的全部遗产并非都归贡文，有一部分是归其弟弟贡武。②所以贡文用自书遗嘱方式处分了其弟弟贡武的遗产，这部分是无效的。③贡某遗产启动法定继承。贡文一半，贡武一半。④所以，不再执行贡某全部遗产归弟弟贡武了。⑤贡文从贡某继承的一半+贡文自己遗产=贡小文可以继承的遗产。

(3)结论："D.贡文遗嘱涉及处分贡某财产的部分有效，"D错，不选。

(2)甲自书遗嘱将所有遗产全部留给长子乙，并明确次子丙不能继承。乙与丁婚后育有一女戊、一子己。后乙、丁遇车祸，死亡先后时间不能确定。甲悲痛成疾，不久去世。丁母健在。下列哪些表述是正确的？(2013－3－66)

A.甲、戊、己有权继承乙的遗产

B.丁母有权转继承乙的遗产

C.戊、己、丁母有权继承丁的遗产

D.丙有权继承、戊和己有权代位继承甲的遗产

答案：(　　)①

考点：遗嘱继承、法定继承、代位继承、转继承

解题图构

图构1

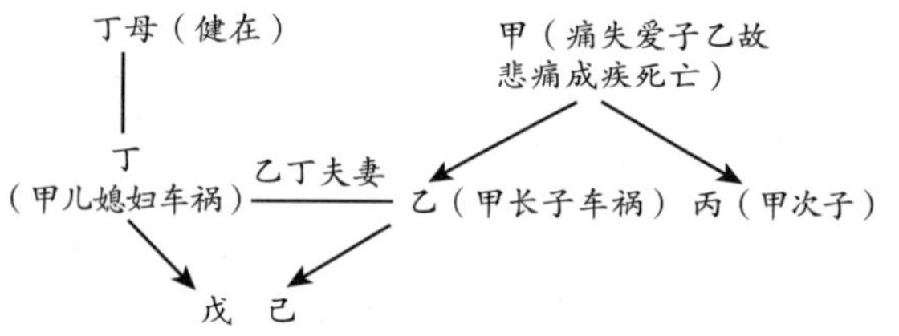

图构2

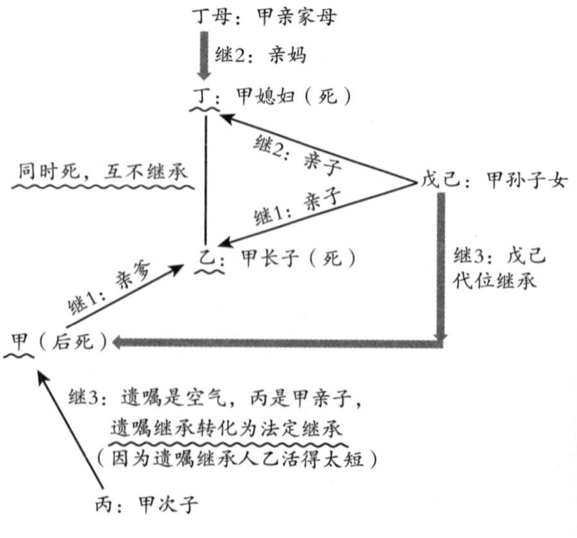

破解图：

(1)三死，每死两起继承：①乙死，是继承1(两起)。②丁死，是继承2(两起)。③甲死，是继承3(两起)。

(2)乙、丁夫妻同时死亡，互不继承：因为车祸死亡无法确定时间先后，各自都有继承人，故启动同辈同时死亡互不继承。因此，丁不继承乙，乙不继承丁。丁母就不能转继承女婿乙，乙父甲就不能转继承媳妇丁。

(3)乙遗嘱继承人，活太短，先于立遗嘱人甲死亡，遗嘱继承转为法定继承。①甲的法定继承人是次子丙，和已经死去的长子乙。②长子乙这头由戊、己代位继承。

读题技巧

1.一个车祸，毁了一家人！(1)丁、乙夫妻车祸死亡，不能确定死亡先后时间，指向死亡的推定以及继承的规则。(2)"丁母健在"，指向丁有继承人、而乙也有继承人，丁、乙是同辈，故推定同时死亡，彼此不发生继承。(3)甲的长子乙车祸死亡，悲痛成疾而死亡，指向三点：①甲挺"偏心"，自书遗嘱将遗产全部留给长子乙，该遗嘱不再执行，发生遗嘱继承向法定继承的转化。②乙的晚辈直系血亲戊和己，代位乙继承甲的遗产，即发生代位继承。③丙和乙(由戊己代位继承)基于法定继承继承甲的遗产。

2.题干中有三个人死亡，从选项中可以锁定：乙的遗产、丁的遗产和甲的遗产。故从这三个死者入手作答。从答题效率上讲，需要从选项中锁定本题的焦点问题。司法部："本题综合考查遗嘱继承、法定继承、代位继承和转继承，综合性比较强。"

思路展开

命题点1：乙的遗产如何发生继承？首先需要检讨乙、丁夫妻车祸，死亡时间的推定制度。

(1)法律依据：《继承法若干问题的意见》第2条，"相互有继承关系的几个人在同一事件中死亡，如不能确定死亡先后时间的，推定没有继承人的人先死亡。死亡人各自都有继承人的，如几个死亡人辈分不同，推定长辈先死亡；几个死亡人辈分相同，推定同时死亡，彼此不发生继承，由他们各自的继承人分别继承。"

---

①　参考答案：ACD

(2)具体到本题：年轻夫妻丁、乙。①首先是同辈，②其次丁有继承人丁母，乙有继承人乙母或父甲。③故推定丁和乙同时死亡，彼此不发生继承。

(3)处理办法：①丈夫乙男的遗产，由乙的继承人继承。②妻子丁女的遗产由丁的继承人继承。③乙、丁互相不发生继承，故此乙的遗产不由丁继承，自然也就不存在丁母转继承乙遗产的可能性。

(4)结论："B. 丁母有权转继承乙的遗产"，B错，不选B。

命题点2：乙男死亡时，乙的法定继承人有乙的母或父甲、乙的子女戊、己。

(1)法律依据：《继承法》第10条，"遗产按照下列顺序继承：第一顺序：配偶、子女、父母。"

(2)具体到本题：乙车祸死亡时，其法定继承人有：①乙的配偶丁(但是《继承法若干问题的意见》第2条排除了同时死亡时配偶相互之间的继承权问题，故乙的配偶丁不是乙的法定继承人)；②乙的父或母甲；③乙的子女戊、己。

(3)结论："A. 甲、戊、己有权继承乙的遗产"，A对，选A。

命题点3：丁女死亡时，丁的法定继承人有丁母、丁的子女戊己。(1)法律依据：《继承法》第10条。(2)结论："C. 戊、己、丁母有权继承丁的遗产"，C对，选C。

命题点4：遗嘱继承转化为法定继承，随之可能会启动代位继承。换言之，代位继承不适用于遗嘱继承，仅适用于法定继承。孙辈的戊、己不能基于甲(爷爷或奶奶)的遗嘱代位继承，但是可基于法定继承而代位继承。

(1)法律依据：《继承法》第27条，"有下列情形之一的，遗产中的有关部分按照法定继承办理：……(三)遗嘱继承人、受遗赠人先于遗嘱人死亡的……"

(2)本法条即著名的遗嘱继承转化为法定继承规则：遗嘱继承中，立遗嘱人只中意其指定的遗嘱继承人。如果这个遗嘱继承人活得不够长，先于立遗嘱人而去，那么，遗嘱所涉及财产，复归为法定继承财产之内，适用法定继承。紧接着，法定继承中，符合代位继承的，启动代位继承制度。

(3)法律依据：《继承法》第11条，"被继承人的子女先于被继承人死亡的，由被继承人的子女的晚辈直系血亲代位继承。代位继承人一般只能继承他的父亲或者母亲有权继承的遗产份额。"

(4)具体到本题：①遗嘱继承转化为法定继承：遗嘱继承人乙先于被继承人甲死亡，因此，不发生遗嘱继承，应按法定继承办理。则被遗嘱"冷落"的丙有权基于法定继承路径继承甲的遗产。②法定继承中的代位继承：乙的子女戊和己，是乙的晚辈直系血亲，有权代位继承甲的遗产。

(5)结论："D. 丙有权继承、戊和己有权代位继承甲的遗产"，D对，选D。

常见错误

有人误认为，甲已经死亡，所以，死人是没有继承权的。故此，没有选择"A. 甲、戊、己有权继承乙的遗产"。持此观点的考生就属于错得很冤的。因为根据题意，应分阶段作答。即乙死亡时、丁死亡时、甲死亡时，各自财产如何继承。很显然，死人是不能继承的，这属于特别明显的常识，不会成为此题考点。因此，分阶段作答真题的意识需要逐步建立起来。

(3)甲育有二子乙和丙。甲生前立下遗嘱，其个人所有的房屋死后由乙继承。乙与丁结婚，并有一女戊。乙因病先于甲死亡后，丁接替乙赡养甲。丙未婚。甲死亡后遗有房屋和现金。下列哪些表述是正确的？(2012－3－66)

A. 戊可代位继承

B. 戊、丁无权继承现金

C. 丙、丁为第一顺序继承人

D. 丙无权继承房屋

答案：(　　)①

考点：遗嘱继承、代位继承

解题图构

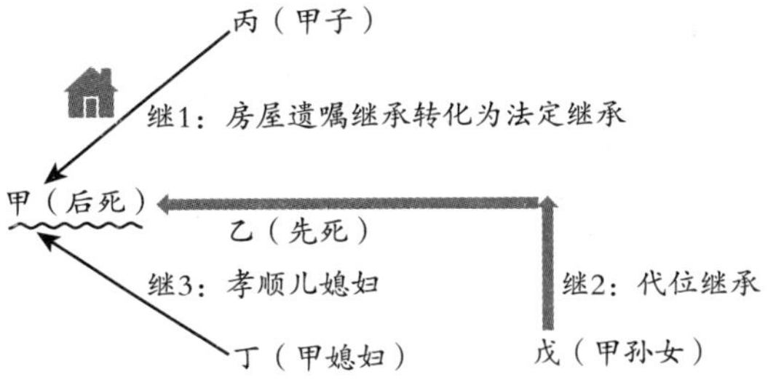

① 参考答案：AC

读题技巧

1.“甲死亡后遗有房屋和现金”,再结合选项可知,本题围绕甲的遗产展开,故需要判断甲的法定继承人或者遗嘱继承人。2.“(甲子)乙因病先于甲死亡后”、“甲生前立下遗嘱,其个人所有的房屋死后由乙继承”,指向两点:(1)遗嘱继承中涉及的房屋,转化为法定继承。甲的房屋和现金都是遗产,通过法定继承渠道解决。(2)白发人送黑发人,启动代位继承,戊是甲的孙女,代位其父亲乙继承奶奶或爷爷甲的遗产。3.“(甲的媳妇)丁接替乙(甲的儿子)赡养甲”,指向孝顺的媳妇荣升为法定第一顺序继承人。4.“丙未婚”,指向丙对甲的现金和房屋均有法定继承权,题干未交代丙是否有丧失继承权情形,则推定不存在丧失继承权之情形。5. 从答题效率上看,针对甲的遗产,应从戊、丁、丙切入。

思路展开

命题点 1:遗嘱继承转化为法定继承。

(1)法律依据:遗嘱继承转化为法定继承:《继承法》第 27 条,“有下列情形之一的,遗产中的有关部分按照法定继承办理:……(三)遗嘱继承人、受遗赠人先于遗嘱人死亡的……”

(2)具体到本题:“甲生前立下遗嘱,其个人所有的房屋死后由乙继承。乙因病先于甲死亡。”遗嘱继承人乙不幸先于其父或母甲死亡,故就房屋的继承而言,由遗嘱继承转化为法定继承。

(3)既然甲关于房屋的遗嘱继承转化为法定继承,则甲的房屋和甲的现金,均由甲的法定继承人继承。

命题点 2:从戊切入,启动代位继承。法定继承中符合代位继承条件,则激活代位继承。

(1)法律依据:《继承法》第 11 条,“被继承人的子女先于被继承人死亡的,由被继承人的子女的晚辈直系血亲代位继承。代位继承人一般只能继承他的父亲或者母亲有权继承的遗产份额。”

(2)具体到本题:乙与丁结婚,并有一女戊。故戊可代位其父乙继承奶奶或爷爷甲的遗产。

(3)结论:“A. 戊可代位继承”,A 对,选 A。

命题点 3:从丁切入,孝顺儿媳,是法定继承人。

(1)法律依据:《继承法》第 12 条,“丧偶儿媳对公、婆,丧偶女婿对岳父、岳母,尽了主要赡养义务的,作为第一顺序继承人。”

(2)具体到本题:“(甲的媳妇)丁接替乙(甲的儿子)赡养甲”,丁是甲的第一顺序法定继承人。

(3)结论:“B. 戊、丁无权继承现金”,B 错,不选 B。正确的说法是:戊有权代位继承、丁有权继承甲的现金。

命题点 4:从丙切入,被“遗嘱”“冷淡”的丙,因为遗嘱继承转化为法定继承,丙作为甲子,有法定继承权。

(1)法律根据:《继承法》第 10 条,“遗产按照下列顺序继承:第一顺序:配偶、子女、父母。”

(2)具体到本题:丙是第一顺序继承人,有权经由法定继承的渠道继承甲的房屋和现金。

(3)结论:①“C. 丙、丁为第一顺序继承人”,C 对,选 C。②“D. 丙无权继承房屋”,D 错,不选 D。

2.“黑发人送白发人”,遗嘱继承阻止代位继承

张某李某系夫妻,生有一子张甲和一女张乙。张甲于 2007 年意外去世,有一女丙。张某在 2010 年死亡,生前拥有个人房产一套,遗嘱将该房产处分给李某。关于该房产的继承,下列哪些表述是正确的?(2011－3－65)

A. 李某可以通过张某的遗嘱继承该房产

B. 丙可以通过代位继承要求对该房产进行遗产分割

C. 继承人自张某死亡时取得该房产所有权

D. 继承人自该房产变更登记后取得所有权

答案:(　　)①

考点:遗嘱继承、代位继承、继承物权变动

解题图构

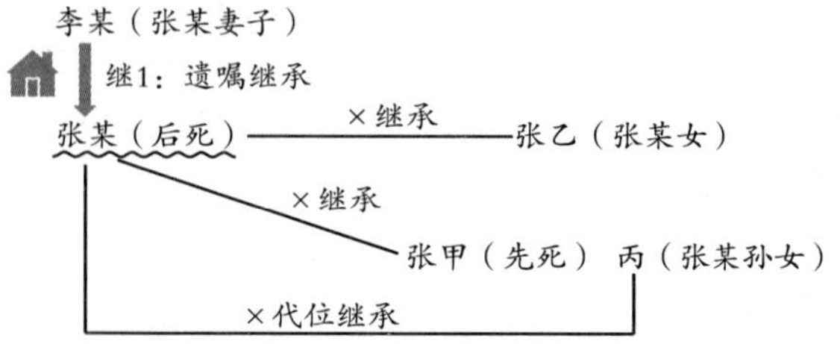

① 参考答案:AC

读题技巧

1. 个人房产，指向遗嘱有效。2. 本题设问是关于房产的继承，指向两点：(1)张某已经通过遗嘱将房产处分给了李某。(2)房产之外的财产会激活代位继承，即张丙代位张甲继承其爷爷张某的遗产。3. 继承物权变动，应自被继承人死亡(张某)时发生。4. 本题题干设置中张乙有欠考虑，因为选项中无对应考查。

思路展开

命题点1：遗嘱优先于法定继承。

(1)法律依据：①遗嘱继承优先：《继承法》第5条，"继承开始后，按照法定继承办理；有遗嘱的，按照遗嘱继承或者遗赠办理；有遗赠扶养协议的，按照协议办理。"②遗嘱有效：《继承法》第16条第1、2款，"公民可以依照本法规定立遗嘱处分个人财产，并可以指定遗嘱执行人。公民可以立遗嘱将个人财产指定由法定继承人的一人或者数人继承。"

(2)具体到本题：被继承人张某已经通过遗嘱将个人房产处分给李某，因此，李某可以通过张某遗嘱继承该房产。

(3)结论：A对，选A。

命题点2：代位继承仅适用于法定继承，仅适用于遗嘱未处分的遗产。

(1)法律依据：《继承法》第11条，"被继承人的子女先于被继承人死亡的，由被继承人的子女的晚辈直系血亲代位继承。代位继承人一般只能继承他的父亲或者母亲有权继承的遗产份额。"

(2)具体到本题：代位继承仅适用于法定继承，因此，丙只能通过代位继承对张某遗嘱处分之外的遗产主张权利。

(3)结论：B错，不选B。

命题点3：继承物权变动，自继承或受遗赠开始时发生效力。(被继承人死亡时)。

(1)法律依据：①继承物权变动。《物权法》第29条，"因继承或者受遗赠取得物权的，自继承或者受遗赠开始时发生效力。"②继承开始时点。《继承法》第2条，"继承从被继承人死亡时开始。"③宣示登记。《物权法》第31条，"依照本法第二十八条至第三十条规定享有不动产物权的，处分该物权时，依照法律规定需要办理登记的，未经登记，不发生物权效力。"

(2)具体到本题：在张某死亡时继承人已经取得该房产所有权。

(3)结论：①C对，选C；②D错，不选D。

第四节　遗产的分割和债务清偿

一、遗产的范围

1. 遗产的范围

甲与乙结婚，女儿丙三岁时，甲因医疗事故死亡，获得60万元赔款。甲生前留有遗书，载明其死亡后的全部财产由其母丁继承。经查，甲与乙婚后除共同购买了一套住房外，另有20万元存款。下列哪一说法是正确的？(2013－3－24)

A. 60万元赔款属于遗产

B. 甲的遗嘱未保留丙的遗产份额，遗嘱全部无效

C. 住房和存款的各一半属于遗产

D. 乙有权继承甲的遗产

答案：(　　)①

考点：遗产的范围、遗嘱继承

解题图构

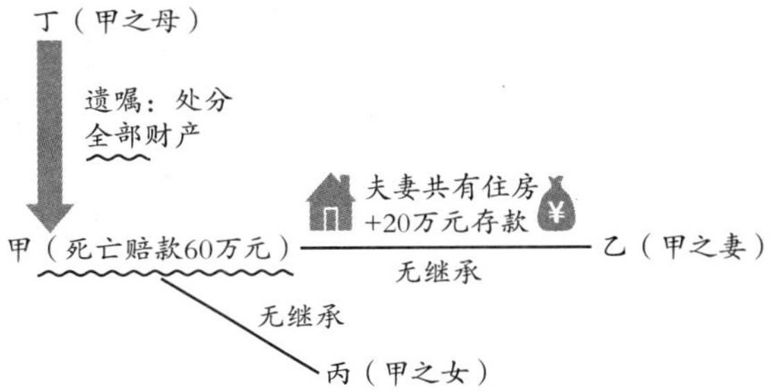

读题技巧

1. 题干揭示甲因医疗事故死亡，指向两点：(1)从答题效率上讲，围绕甲画图，标志出丁是甲之母，乙是甲之妻，丙是甲之女。一个男人，三个女人！(2)医疗事故获得赔款，不属于死者遗产。2. 甲女丙3岁，甲有妻子乙，甲立遗嘱全部财产给甲母，指

① 参考答案：C

向:甲虽然狠心,但丙不是法定必留份情形,丙不是既缺乏劳动能力,又没有生活来源的人。遗嘱有效。3. 婚后,住房、20 万元存款,指向夫妻共有财产,继承时应进行夫妻财产分割。4. C 中住房和存款的"各"一半中的"各"字,非常考究!

思路展开

命题点 1:遗嘱继承,需要遗嘱具有法律效力,必须保留"特困户"的份额。

(1)法律依据:①《继承法》第 19 条,"遗嘱应当对缺乏劳动能力又没有生活来源的继承人保留必要的遗产份额。"②《继承法若干问题的意见》第 37 条,"遗嘱人未保留缺乏劳动能力又没有生活来源的继承人的遗产份额,遗产处理时,应当为该继承人留下必要的遗产,所剩余的部分,才可参照遗嘱确定的分配原则处理。继承人是否缺乏劳动能力又没有生活来源,应按遗嘱生效时该继承人的具体情况确定。"③《继承法》第 5 条,"继承开始后,按照法定继承办理;有遗嘱的,按照遗嘱继承或者遗赠办理;有遗赠扶养协议的,按照协议办理。"

(2)具体到本题:①甲很"狠心",将全部遗产立遗嘱给自己的母亲丁,却没有考虑其妻女,"孤女寡母",可怜!②不过,虽然遗嘱没有保留丙的份额,但丙有其母亲乙抚养,不属于没有生活来源的继承人,故遗嘱合法有效。③甲的遗产全部归其母亲丁。

(3)结论:①"B. 甲的遗嘱未保留丙的遗产份额,遗嘱全部无效。",B 错,不选 B。②"D. 乙有权继承甲的遗产",D 错,不选 D。

命题点 2:遗嘱只能处分立遗嘱人自己的财产。需要切分夫妻共有财产。需要厘清立遗嘱人甲自己的财产范围。

(1)需要切分夫妻共有财产。①法律依据:a. 夫妻财产的切分:《继承法》第 26 条第 1 款规定,"夫妻在婚姻关系存续期间所得的共同所有的财产,除有约定的以外,如果分割遗产,应当先将共同所有的财产的一半分出为配偶所有,其余的为被继承人的遗产。"b.《婚姻法》第 17 条规定,"夫妻在婚姻关系存续期间所得的下列财产,归夫妻共同所有:(一)工资、奖金;(二)生产、经营的收益;(三)知识产权的收益;(四)继承或赠与所得的财产,但本法第十八条第三项规定的除外;(五)其他应当归共同所有的财产。夫妻对共同所有的财产,有平等的处理权。"②具体到本题:夫妻共同财产中只有一半的财产份额属于遗产范围。③结论:"C. 住房和存款的各一半属于遗产",C 对,选 C。

(2)需要厘清死亡赔偿金不是死者的遗产。①法律依据:a.《继承法》第 3 条,"遗产是公民死亡时遗留的个人合法财产。"b.《侵权责任法》第 18 条,"被侵权人死亡的,其近亲属有权请求侵权人承担侵权责任。被侵权人为单位,该单位分立、合并的,承继权利的单位有权请求侵权人承担侵权责任。被侵权人死亡的,支付被侵权人医疗费、丧葬费等合理费用的人有权请求侵权人赔偿费用,但侵权人已支付该费用的除外。"c.《民法通则》第 9 条,"公民从出生时起到死亡时止,具有民事权利能力,依法享有民事权利,承担民事义务。"②具体到本题:医疗事故赔款是对生者的补偿,不属于遗产范围。③结论:A 错,不选 A。

常见错误

1. 遗嘱可能部分无效、部分有效说:错误地认为,丙母乙是否具有抚养丙的能力,要区分情况假设来推论:(1)甲死亡时,若乙具有抚养丙(3 岁)的能力,丙就具有生活来源。则甲的遗嘱完全有效。(2)不仅如此,即使甲死亡时,乙不具有抚养丙(3 岁)的能力,丙因此属于缺乏劳动能力又没有生活来源的法定继承人,甲的遗嘱因此部分无效,也不是全部无效。(3)分析:很显然,这种假设是没有必要的,也是错误的。①题意中未特别交代丙母乙的情形,应视为乙具有抚养丙的能力。②题干交代,乙还能基于夫妻财产分割取得房屋和 10 万存款。③甲的遗嘱应是全部有效,而非部分有效。

2. 死亡赔款属于遗产说:认为甲因医疗事故死亡,获得的 60 万元赔偿款,其中涉及人身伤亡赔偿金,应作为甲的遗产,误选 A。

3. 遗嘱未保留必留份无效说:认为甲的遗嘱没有保留丙的遗产份额,故遗嘱全部无效,误选 B 或 D。

4. 审题不清:没有看到题干遗书载明"全部财产"归丁继承,误认为遗书未载明遗产,乙仍有权继承,误选 D。

2. 遗产的范围

甲在乙寺院出家修行,立下遗嘱,将下列财产分

配给女儿丙：乙寺院出资购买并登记在甲名下的房产；甲以僧人身份注册的微博账号；甲撰写《金刚经解说》的发表权；甲的个人存款。甲死后，在遗产分割上乙寺院与丙之间发生争议。下列哪一说法是正确的？（2012－3－22）

A. 房产虽然登记在甲名下，但甲并非事实上所有权人，其房产应归寺院所有

B. 甲以僧人身份注册的微博账号，目的是为推广佛法理念，其微博账号应归寺院所有

C. 甲撰写的《金刚经解说》属于职务作品，为保护寺院的利益，其发表权应归寺院所有

D. 甲既已出家，四大皆空，个人存款应属寺院财产，为维护宗教事业发展，其个人存款应归寺院所有

答案：（　　）①

考点：遗嘱继承、遗产的范围、物权归属、发表权

读题技巧

本题来自一个实务案例。僧人的个人财产，与寺院财产的切分。分别判断房屋、无形财产之微博账号、作品发表权、个人存款。

思路展开

命题点1：遗嘱只能处分立遗嘱人自己个人的财产，不能处分他人的财产。

（1）遗嘱处分个人财产：《继承法》第16条第1款，“公民可以依照本法规定立遗嘱处分个人财产，并可以指定遗嘱执行人。”

（2）个人财产的范围：《继承法》第3条，“遗产是公民死亡时遗留的个人合法财产，包括：（一）公民的收入；（二）公民的房屋、储蓄和生活用品；（三）公民的林木、牲畜和家禽；（四）公民的文物、图书资料；（五）法律允许公民所有的生产资料；（六）公民的著作权、专利权中的财产权利；（七）公民的其他合法财产。”

命题点2：房屋归属，直接当事人之间，看事实物权，而非登记物权。

（1）法律依据：①《物权法》第9条，“不动产物权的设立、变更、转让和消灭，经依法登记，发生效力；未经登记，不发生效力，但法律另有规定的除外。依法属于国家所有的自然资源，所有权可以不登记。”②《物权法》第14条，“不动产物权的设立、变更、转让和消灭，依照法律规定应当登记的，自记载于不动产登记簿时发生效力。”③《物权法》第19条第1款，“权利人、利害关系人认为不动产登记簿记载的事项错误的，可以申请更正登记。不动产登记簿记载的权利人书面同意更正或者有证据证明登记确有错误的，登记机构应当予以更正。”

（2）具体到本题：乙寺院出资购买并登记在甲名下的房产，寺院为事实上所有权人。因本题不涉及交易，故应确认寺院为房产所有权人。

（3）结论：A对，选A。

命题点3：归僧人个人所有的财产有微博账号、个人存款、《金刚金解说》的发表权。

（1）微博账号为无形财产，属于遗产范围，归僧人继承人享有。

（2）《金刚金解说》发表权归僧人，可继承。①发表权归僧人，而非归寺院。《著作权法》第16条，第1款，“公民为完成法人或者其他组织工作任务所创作的作品是职务作品，除本条第二款的规定以外，著作权由作者享有，但法人或者其他组织有权在其业务范围内优先使用。作品完成两年内，未经单位同意，作者不得许可第三人以与单位使用的相同方式使用该作品。”第2款，“有下列情形之一的职务作品，作者享有署名权，著作权的其他权利由法人或者其他组织享有，法人或者其他组织可以给予作者奖励：（一）主要是利用法人或者其他组织的物质技术条件创作，并由法人或者其他组织承担责任的工程设计图、产品设计图、地图、计算机软件等职务作品；（二）法律、行政法规规定或者合同约定著作权由法人或者其他组织享有的职务作品。”即使《金刚金解说》是职务作品，其著作权仍归僧人甲，而不是归寺院。②发表权可继承。《著作权法实施条例》第17条，“作者生前未发表的作品，如果作者未明确表示不发表，作者死亡后50年内，其发表权可由继承人或者受遗赠人行使；没有继承人又无人受遗赠的，由作品原件的所有人行使。”③甲撰写的《金刚金解说》在其生前未发表且未明确表示不发表，死后发表权由甲的继承人行使。

---

① 参考答案：A

(3)甲的个人存款,不会因出家事实而改变,仍属于甲个人遗产范围。

(4)结论:BCD 错,不选 BCD。

二、遗产的分割

1. 遗产的分割:对不孝顺人必须不分、对困难人应多分、对孝顺人可以多分、对“依赖人”启动乐善好施条款分得适当遗产

唐某有甲、乙、丙成年子女三人,于2002 年收养了孤儿丁,但未办理收养登记。甲生活条件较好但未对唐某尽赡养义务,乙丧失劳动能力又无其他生活来源,丙长期和甲共同生活。2004 年 5 月唐某死亡,因分配遗产发生纠纷。下列哪些说法是正确的?(2006-3-67)

A. 甲应当不分或者少分遗产

B. 乙应当多分遗产

C. 丙可以多分遗产

D. 丁可以分得适当的遗产

答案:(　　)①

考点:遗产分配的份额

解题图构

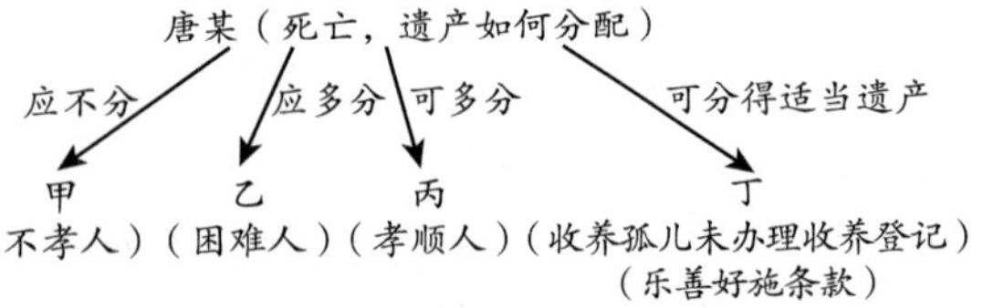

读题技巧

1. 甲生活条件较好但未对唐某尽赡养义务,指向甲不孝。2. 乙丧失劳动能力又无其他生活来源,指向乙是特困户。3. 丙长期和“甲”(题干表述失误,应指唐某!)共同生活,指向丙孝顺。4. 唐某于2002 年收养了孤儿丁,但未办理收养登记。2004 年 5 月唐某死亡。指向两点:(1)唐某与丁不成立合法收养关系。丁不是唐某法定继承人。(2)丁在唐某死亡时仍然是孤儿,需要启动“乐善好施”条款,适当分给丁遗产。

思路展开

命题点 1:甲不孝,应当不分或少分。

(1)法律依据:《继承法》第 13 条第 4 款规定:“有扶养能力和有扶养条件的继承人,不尽扶养义务的,分配遗产时,应当不分或者少分。”

(2)具体到本题:甲生活条件较好却未对唐某尽赡养义务,符合这一规定。

(3)结论:A 对,选 A。

命题点 2:乙特困户,应当多分。

(1)法律依据:《继承法》第 13 条第 2 款规定:“对生活有特殊困难的缺乏劳动能力的继承人,分配遗产时,应当予以照顾。”

(2)具体到本题:乙丧失劳动能力又无其他生活来源,符合这一规定,因此在分配遗产时,对乙应予以照顾,而“予以照顾”一般理解为多分配遗产。

(3)结论:B 对,选 B。

命题点 3:丙孝顺,可以多分。

(1)法律依据:《继承法》第 13 条第 3 款规定:“对被继承人尽了主要扶养义务或者与被继承人共同生活的继承人,分配遗产时,可以多分。”

(2)具体到本题:丙属于与被继承人共同生活的继承人,在分配遗产时,可以多分。

(3)结论:C 对,选 C。

命题点 4:丁养子,未办理合法手续,但 2002 年收养丁时是孤儿,2004 年唐某死亡时,仍是孤儿,无依无靠! 应该启动“乐善好施”条款。

(1)法律依据:①《收养法》第 15 条第 1 款规定:“收养应当向县级以上人民政府民政部门登记。收养关系自登记之日起成立。”可见,收养为要式行为,未办理收养登记,不得成立收养关系,因此本题中唐某与丁之间并未形成法律认可的收养关系,丁也就不得作为继承人继承遗产。②《继承法》第 14 条规定:“对继承人以外的依靠被继承人扶养的缺乏劳动能力又没有生活来源的人,或者继承人以外的对被继承人扶养较多的人,可以分给他们适当的遗产。”该条是关于继承人以外的人“酌情分得遗产权”的规定。

(2)具体到本题:丁为丧失父母的孤儿,后被唐某收养,可以认为属于“继承人以外的依靠被继承人扶养的缺乏劳动能力又没有生活来源的人”,因此丁应享有酌情分得遗产权。

(3)结论:D 对,选 D。综上,本题的正确答案为 ABCD。

---

① 参考答案:ABCD

2. 法定继承人范围：对“孝顺人”可以鼓励、对“无力人”必须照顾、对“早死人”则启动代位继承

郭大爷女儿五年前病故，留下一子甲。女婿乙一直与郭大爷共同生活，尽了主要赡养义务。郭大爷继子丙虽然与其无扶养关系，但也不时从外地回来探望。郭大爷还有一丧失劳动能力的养子丁。郭大爷病故，关于其遗产的继承，下列哪些选项是正确的？（2010－3－67）

A. 甲为第一顺序继承人

B. 乙在分配财产时，可多分

C. 丙无权继承遗产

D. 分配遗产时应该对丁予以照顾

答案：(　　)①

考点：法定继承人的范围

解题图构

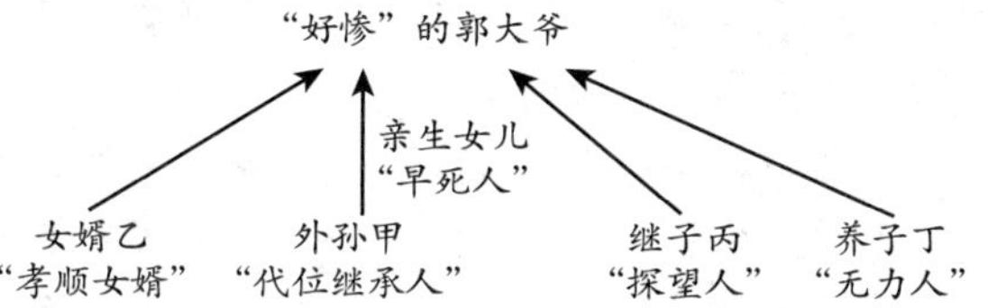

读题技巧

郭大爷在现实生活中是个什么人？(1)独生女先自己而去。“郭大爷女儿五年前病故，留下一子”，指向代位继承。(2)因为家里没有男丁，所以收养了一个男孩，可惜男孩自己都丧失了劳动能力。“郭大爷还有一丧失劳动能力的养子丁”，指向分割遗产时应该给养子多分。(3)老年丧偶或者离异，才会再结婚，然后才会有继子，题干未提到郭大爷的现任妻子，可能已经离婚或已经死亡。“郭大爷继子丙虽然与其无扶养关系，但也不时从外地回来探望。”指向继子不是法定继承人。(4)郭大爷好惨！幸好有个“中国好女婿”！“女婿乙一直与郭大爷共同生活，尽了主要赡养义务”，指向女婿是岳父的第一顺序法定继承人。

思路展开

命题点1：法定继承中法定继承人的范围。

(1)法律依据：《继承法》第10条，“遗产按照下列顺序继承：第一顺序：配偶、子女、父母。第二顺序：兄弟姐妹、祖父母、外祖父母。继承开始后，由第一顺序继承人继承，第二顺序继承人不继承。没有第一顺序继承人继承的，由第二顺序继承人继承。本法所说的子女，包括婚生子女、非婚生子女、养子女和有扶养关系的继子女。本法所说的父母，包括生父母、养父母和有扶养关系的继父母。本法所说的兄弟姐妹，包括同父母的兄弟姐妹、同父异母或者同母异父的兄弟姐妹、养兄弟姐妹、有扶养关系的继兄弟姐妹。”

(2)具体到本题：郭大爷死后，晚辈有：外孙甲（代位郭大爷之女）、孝顺的女婿乙、无扶养关系的继子丙、丧失劳动能力的养子丁。

命题点2：代位继承人是法定第一顺序继承人。

(1)法律依据：《继承法》第11条，“被继承人的子女先于被继承人死亡的，由被继承人的子女的晚辈直系血亲代位继承。代位继承人一般只能继承他的父亲或者母亲有权继承的遗产份额。”

(2)具体到本题，郭大爷女儿的儿子甲是代位继承人，可以第一顺序继承人的身份代位继承郭大爷的遗产，甲是郭大爷的第一顺序继承人，A对，选A。

命题点3：孝顺女婿是岳父的法定第一顺序继承人。孝顺者可以多分遗产。

(1)法律依据：①《继承法》第12条，“丧偶儿媳对公、婆，丧偶女婿对岳父、岳母，尽了主要赡养义务的，作为第一顺序继承人。”②《继承法》第13条第3款，“对被继承人尽了主要扶养义务或者与被继承人共同生活的继承人，分配遗产时，可以多分。”

(2)具体到本题，女婿乙在配偶死亡后一直与郭大爷共同生活，尽了主要赡养义务，依法应当作为第一顺序继承人并可以多分遗产，故B对，选B。

命题点4：无扶养关系的继子女不是法定继承人。

(1)法律依据：《继承法》第10条第3款，“本法所说的子女，包括婚生子女、非婚生子女、养子女和有扶养关系的继子女。”

(2)具体到本题：继子丙虽不时从外地回来探望郭大爷，但与郭大爷没有扶养关系，不在继承人范围之中。故“丙无权继承遗产”，C对，选C。

(3)需要说明：题干交代继子丙无扶养关系，时

---

① 参考答案：ABCD

不时回来探望,这是否构成法定适当分得遗产的情形,不好判断:①《继承法》第14条,“对继承人以外的依靠被继承人扶养的缺乏劳动能力又没有生活来源的人,或者继承人以外的对被继承人扶养较多的人,可以分给他们适当的遗产。”②置换到C,说的是丙无权继承遗产,没有说丙不能适当分得遗产。仍应适用《继承法》第10条第3款。

命题点5:生活特殊困难的缺乏劳动能力的继承人,分配遗产时应予以照顾。

(1)法律依据:《继承法》第13条第2款,“对生活有特殊困难的缺乏劳动能力的继承人,分配遗产时,应当予以照顾。”

(2)具体到本题,养子丁依法是第一顺序继承人,且因其丧失劳动能力,可在分配遗产时予以照顾,故D对,选D。

三、继承债务的清偿

1. 何某死后留下一间价值6万元的房屋和四万元现金。何某立有遗嘱,4万元现金由四个子女平分,房屋的归属未作处理。何某女儿主动提出放弃对房屋的继承权,于是三个儿子将房屋变卖,每人分得两万元。现债权人主张何某生前曾向其借款12万元,并有借据为证。下列哪些说法是错误的?(2009－3－67)

A. 何某已死,债权债务关系消灭

B. 四个子女平均分担,每人偿还3万元

C. 四个子女各自以继承所得用于清偿债务,剩下2万元由四人平均分担

D. 四个子女各自以继承所得用于清偿债务,剩下2万元四人可以不予清偿

答案:(　　)[①]

考点: 概括继承和限定继承、继承债务的清偿

解题图构

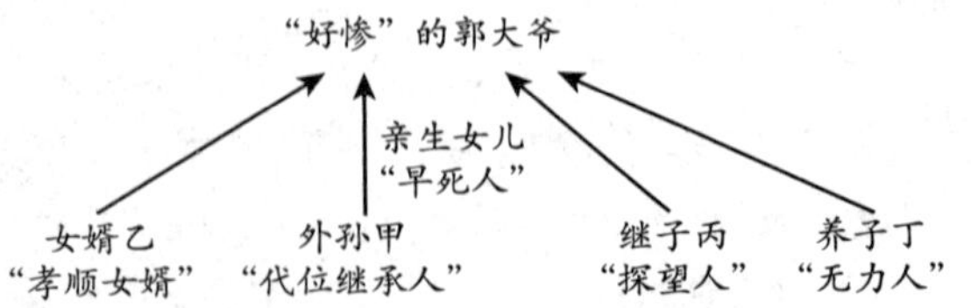

读题技巧

1. 何某死得很惨!正资产现金加房屋合计10万,却负债12万。人死了,债没还完,以负资产状态死亡,很惨!指向概括继承和限定继承。2. 虽然本题涉及遗嘱继承和法定继承,各自债务清偿应先用法定继承遗产还债,但是,因为负债大于资产,故没有考查到这个考点。

思路展开

1. 概括继承和限定继承,债务大于遗产,则全部还债。

(1)《继承法》第33条,“继承遗产应当清偿被继承人依法应当缴纳的税款和债务,缴纳税款和清偿债务以他的遗产实际价值为限。超过遗产实际价值部分,继承人自愿偿还的不在此限。继承人放弃继承的,对被继承人依法应当缴纳的税款和债务可以不负偿还责任。”

(2)法条阐释:①继承人继承死者的积极财产和消极财产,为概括继承。②继承人以继承所得遗产为限还债,为限定继承。

(3)具体到本题:何某已死,应以其生前所拥有的财产偿还其债务。已继承的,四个子女各自以继承所得用于清偿债务,剩下2万元四人可以不予清偿。

(4)结论:①D对,不符合题意,不选D。②A、B、C都错,符合题意,选ABC。

2. 继承所得遗产清偿债务的法定顺序,先用法定继承,再用遗嘱继承。

(1)法律依据:《继承法若干问题的意见》第62条,“遗产已被分割而未清偿债务时,如有法定继承又有遗嘱继承和遗赠的,首先由法定继承人用其所得遗产清偿债务;不足清偿时,剩余的债务由遗嘱继承人和受遗赠人按比例用所得遗产偿还;如果只有遗嘱继承和遗赠的,由遗嘱继承人和受遗赠人按比例用所得遗产偿还。”

(2)法条阐释:①法定继承遗产清偿死者债务。②遗嘱继承人和受遗赠人按比例清偿死者债务。

(3)具体到本题:无须考虑这一层面的问题。

2. 徐某死后留有遗产100万元。徐某立有遗嘱,将价值50万元的房产留给女儿,将价值10万元的汽车留给侄子。遗嘱未处分的剩余40万元存款

---

① 参考答案:ABCD

由妻子刘某与女儿按照法定继承各分得一半。遗产处理完毕后，张某通知刘某等人，徐某死亡前1年向其借款，本息累计70万元至今未还。经查，张某所言属实，此借款系徐某个人债务。女儿应向张某偿还多少钱？(2008－四川－15)

A. 20万元

B. 40万元

C. 49万元

D. 50万元

答案：(　　)①

考点：继承债务的清偿

解题图构

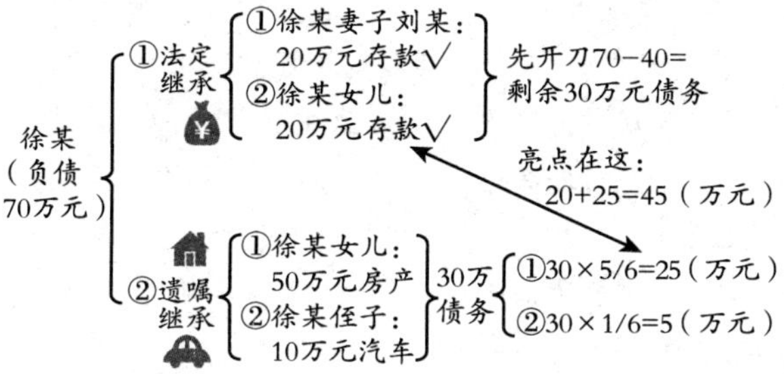

思路展开

1. 法律依据：《继承法若干问题的意见》第62条，"遗产已被分割而未清偿债务时，如有法定继承又有遗嘱继承和遗赠的，首先由法定继承人用其所得遗产清偿债务；不足清偿时，剩余的债务由遗嘱继承人和受遗赠人按比例用所得遗产偿还；如果只有遗嘱继承和遗赠的，由遗嘱继承人和受遗赠人按比例用所得遗产偿还。"

2. 具体到本题：(1)徐某的女儿继承50万元的房产属于遗嘱继承，徐某的侄子继承10万元的汽车属于受遗赠，刘某和徐某的女儿对40万元存款的继承属于法定继承。(2)本题中，法定继承、遗嘱继承和遗赠都存在。(3)应先由法定继承人用其所得的遗产(40万元存款)偿还债务，即刘某和徐某的女儿各自承担20万元。(4)剩余的30万元债务由遗嘱继承人徐某的女儿和受遗赠人徐某的侄子按照所得遗产的比例(5:1)清偿，徐某的女儿仍需要清偿25万元。(5)结论：徐某的女儿共需要向张某偿还45万元＝20[来自法定继承的存款]＋25[来自遗嘱继承按比例：50/60×(70－40)]。

---

① 参考答案：45万。司法部公布答案为C40万，计算错误。

7 第七编

侵权责任

第二十九章　侵权责任法

第一节　归责原则

一、过错责任原则

1. 过错的判断

某洗浴中心大堂处有醒目提示语："到店洗浴客人的贵重物品，请放前台保管"。甲在更衣时因地滑摔成重伤，并摔碎了手上价值20万元的定情信物玉镯。经查明：因该中心雇用的清洁工乙清洁不彻底，地面湿滑导致甲摔倒。下列哪一选项是正确的？(2015－3－23)

A. 甲应自行承担玉镯损失

B. 洗浴中心应承担玉镯的全部损失

C. 甲有权请求洗浴中心赔偿精神损害

D. 洗浴中心和乙对甲的损害承担连带责任

答案：(　　)①

考点：安保义务、精神损害赔偿、雇主责任

读题技巧

1. 到底有多爱？定情信物不离身。2. 大堂处有醒目提示语，指向甲对玉镯损失的过错。3. 清洁不彻底，地面湿滑导致，指向洗浴中心的过错。4. 重伤和20万元定情信物，指向精神损害。

思路展开

命题点1：过错责任原则。

(1)法律依据：《侵权责任法》第6条，"行为人因过错侵害他人民事权益，应当承担侵权责任。根据法律规定推定行为人有过错，行为人不能证明自己没有过错的，应当承担侵权责任。"

(2)具体到本题：①"因该中心雇用的清洁工乙清洁不彻底，地面湿滑导致甲摔倒。"指向洗浴中心之"过错"。②"某洗浴中心大堂处有醒目提示语：'到店洗浴客人的贵重物品，请放前台保管'"，指向甲有过错。

(3)结论："A. 甲应自行承担玉镯损失；B. 洗浴中心应承担玉镯的全部损失"，AB均错，不选AB。

命题点2：职务侵权，用人单位无过错替代责任。

(1)法律依据：《侵权责任法》第34条第1款，"用人单位的工作人员因执行工作任务造成他人损害的，由用人单位承担侵权责任。"第2款，"劳务派遣期间，被派遣的工作人员因执行工作任务造成他人损害的，由接受劳务派遣的用工单位承担侵权责任；劳务派遣单位有过错的，承担相应的补充责任。"

(2)具体到本题："因该中心雇用的清洁工乙清洁不彻底"，指向职务侵权，洗浴中心是责任主体，清洁工乙不是责任主体。

(3)结论："D. 洗浴中心和乙对甲的损害承担连带责任"，D错，不选D。

命题点3：精神损害赔偿。

(1)法律依据：最高人民法院《关于确定民事侵权精神损害赔偿责任若干问题的解释》第4条，"具

---

① 参考答案：C

有人格象征意义的特定纪念物品,因侵权行为而永久性灭失或者毁损,物品所有人以侵权为由,向人民法院起诉请求赔偿精神损害的,人民法院应当依法予以受理。”

(2)具体到本题:“定情信物玉镯”+摔成重伤。

(3)结论:“C. 甲有权请求洗浴中心赔偿精神损害”,C 对,选 C。

常见错误

1.《侵权责任法》规定只有在人身损害达到严重的精神损害才能主张精神损失赔偿,C 是错的。2. 洗浴中心虽然提醒保管贵重物品,但和玉镯损坏无因果关系,甲也无过错。洗浴中心应承担全部损失。3. 消费者保护说:依据《消费者权益保护法》规定的消费者的安全权和求偿权,消费者进入经营者场所,无论购买商品或者接受服务,都享有人身和财产的安全权,受到侵犯可以直接全部索赔。

2. 过错的判断

兹有四个事例:①张某驾车违章发生交通事故致搭车的李某残疾;②唐某参加王某组织的自助登山活动因雪崩死亡;③吴某与人打赌举重物因用力过猛致残;④何某心情不好邀好友郑某喝酒,郑某畅饮后驾车撞树致死。根据公平正义的法治理念和民法有关规定,下列哪一观点可以成立?(2013-3-1)

A. ①张某与李某未形成民事法律关系合意,如让张某承担赔偿责任,是惩善扬恶,显属不当

B. ②唐某应自担风险,如让王某承担赔偿责任,有违公平

C. ③吴某有完整意思能力,其自担损失,是非清楚

D. ④何某虽有召集但未劝酒,无需承担责任,方能兼顾法理与情理

答案:( )①

考点:过错侵权责任

读题技巧

1. 阅读理解。2. 社会经验。3. 结合起来判断当事人的过错。

思路展开

命题点 1:好意搭乘关系中的过错侵权责任。

(1)法理依据:好意搭乘关系,属于好意施惠关系,或者又称为情谊行为。①当事人之间不成立合同法律关系,不成立违约责任。②当事人之间仍应负侵权责任法上的注意义务,如有违反,会产生侵权责任。③司法部解析:“在搭乘关系中,搭乘提供人和搭乘人之间并非不能产生民事法律关系。搭乘提供人应承担一般注意义务,安全、合法、合规驾驶,确保车上人员、财产和车外人员、财产的安全。无论是有偿搭乘还是无偿搭乘,搭乘提供人的这一基本注意义务不能免除。”

(2)具体到本题:“①张某驾车违章发生交通事故致搭车的李某残疾”+“A. ①张某与李某未形成民事法律关系合意,如让张某承担赔偿责任,是惩善扬恶,显属不当”,张某违章驾驶,导致交通事故的发生,由此致使搭乘人人身损害,张某应对此承担赔偿责任。

(3)结论:A 观点不成立,不选 A。

命题点 2:“驴友”自助游活动中的过错侵权责任。

(1)法理依据:自助游成员各自对活动风险承担责任,组织者对活动风险不承担责任。但是,如队员旅游中发生意外,组织者有积极救助的义务,如违反这一义务,构成不作为侵权。不作为侵权是和作为侵权对称的一个类型,旅游者形成共同体,相互有注意、照料、救助的义务,如有违反,即属于不作为侵权。

(2)具体到本题:“②唐某参加王某组织的自助登山活动因雪崩死亡”+“B. ②唐某应自担风险,如让王某承担赔偿责任,有违公平”。可见,王某作为自助登山活动的组织者,对参与人员唐某因雪崩意外死亡,无需承担赔偿责任,题干并无提示在雪崩发生到唐某死亡之间存在救援问题,应推定雪崩时唐某即死亡。

(3)结论:B 对,选 B。

命题点 3:成人“打赌”提重物的过错侵权责任。

(1)法理依据:成年人能够预见到损害结果的发生,而未尽注意义务,导致损害,因负过错侵权责任。

---

① 参考答案:B

(2)具体到本题:"③吴某与人打赌举重物因用力过猛致残"+"C.③吴某有完整意思能力,其自担损失,是非清楚"。吴某与人打赌,举重物致残,参赌人员均有过错,吴某自己应对损害承担部分责任,但与吴某打赌的人也应承担部分责任。

(3)结论:C错,不选C。

命题点4:"聚餐喝酒",参与者对喝醉者有注意义务。

(1)法理依据:"聚餐喝酒",参与者对喝醉者负有注意、照料、通知喝醉者家人等义务,如有违反,则构成不作为侵权。各方均应负过错责任。

(2)具体到本题:"④何某心情不好邀好友郑某喝酒,郑某畅饮后驾车撞树致死。""+D.④何某虽有召集但未劝酒,无需承担责任,方能兼顾法理与情理"。故何某虽无劝酒但对郑某酒驾有劝阻义务。

(3)结论:D错,不选D。

常见错误

1. 无偿搭乘,不产生侵权责任说:认为题干没有交代搭乘是否有偿,推定是无偿搭乘,认为张某对李某的损害无须承担赔偿责任,误选A。

2. 打赌愿赌服输说:认为吴某是成年人,在未被强迫下所为行为导致的后果,应由其自己负责。与人打赌,自举重物致残,于法于理应自担损失,况且打赌者愿赌服输,责任自负。误选C。

3. 不劝酒对损害结果未形成原因力说:认为召集喝酒是一种情谊行为,不构成民事法律关系。郑某自己畅饮撞树而死应自担风险,且何某没有劝酒,对此后不幸后果没有具备原因力。郑某作为一个有完全行为能力的成年人,应充分考虑到其行为所能产生的后果,故应自负损失。误选D。

3. 过错责任(受害未成年人过错:过失相抵)

丁某在自家后院种植了葡萄,并垒起围墙。谭某(12岁)和马某(10岁)爬上围墙攀摘葡萄,在争抢中谭某将马某挤下围墙,围墙上松动的石头将马某砸伤。下列哪些选项是正确的?(2007-3-64)

A. 丁某应当承担赔偿责任

B. 谭某的监护人应当承担民事责任

C. 马某自己有过失,应当减轻赔偿人的赔偿责任

D. 本案应适用特殊侵权规则

答案:(　　)①

考点:受害未成年人过错相抵、物件致人损害、监护人无过错替代责任

读题技巧

1. 丁某自家"后院"、谭某、马某"争抢"中、围墙上松动的石头将马某砸伤,指向三点:(1)物件致人损害,过错推定。(2)丁某物件所有人,无过错,不负责任。(3)受害人马某有过错,要减轻加害人谭某的责任。2. 谭某12岁,马某10岁,指向两点:(1)谭某有过错能力,其侵权责任由谭某监护人承担无过错替代责任。(2)马某有过错能力,过错相抵。

思路展开

命题点1:物件致人损害,过错推定责任。物件的所有人、管理人或使用人如果能证明自己没过错,则不承担侵权责任。

(1)法律依据:《侵权责任法》第85条,"建筑物、构筑物或者其他设施及其搁置物、悬挂物发生脱落、坠落造成他人损害,所有人、管理人或者使用人不能证明自己没有过错的,应当承担侵权责任。所有人、管理人或者使用人赔偿后,有其他责任人的,有权向其他责任人追偿。"

(2)具体到本题:①"丁某在自家后院种植了葡萄,并垒起围墙。"+"围墙上松动的石头将马某砸伤"。②围墙上的石头脱落砸伤马某,属于物件致人损害。适用过错推定责任。《侵权责任法》第6条第1款规定过错侵权属于普通侵权,此外均属于特殊侵权,包括过错推定责任、无过错责任和公平责任。③丁某是在自家"后院"垒起围墙,且对于围墙松动致马某砸伤,可以证明自己没有过错,而是马某攀爬、争抢所致。因此丁某不应承担赔偿责任。

(3)结论:①"A. 丁某应当承担赔偿责任",A错,不选A。②"D. 本案应适用特殊侵权规则",D对,选D。

命题点2:无限人侵权,监护人承担无过错替代责任。

(1)法律依据:《侵权责任法》第32条,"无民事

① 参考答案:BCD

行为能力人、限制民事行为能力人造成他人损害的，由监护人承担侵权责任。监护人尽到监护责任的，可以减轻其侵权责任。有财产的无民事行为能力人、限制民事行为能力人造成他人损害的，从本人财产中支付赔偿费用。不足部分，由监护人赔偿。"

(2)具体到本题："谭某(12岁)和马某(10岁)爬上围墙攀摘葡萄，在争抢中谭某将马某挤下围墙，围墙上松动的石头将马某砸伤。"谭某构成过错侵权，其责任由谭某监护人承担无过错替代责任。

(3)结论："B. 谭某的监护人应当承担民事责任"，B对，选B。

命题点3：过失相抵，未成年受害人有过错，应对损失自负部分责任。

(1)法律依据：《侵权责任法》第26条，"被侵权人对损害的发生也有过错的，可以减轻侵权人的责任。"

(2)具体到本题："谭某(12岁)和马某(10岁)爬上围墙攀摘葡萄，在争抢中谭某将马某挤下围墙，围墙上松动的石头将马某砸伤。"因此，马某在与谭某争抢过程中受伤，自己对于损害的发生也有过错。

(3)结论："C. 马某自己有过失，应当减轻赔偿人的赔偿责任"，C对，选C。

异议辨析

1. 如何解释C表述的"应当"减轻与《侵权责任法》第26条的"可以"减轻存在的差异？2. 有观点认为，这是命题不严谨。原因在于，本题是2007年的考题，而《侵权责任法》是2009年12月26颁布的。3. 其实这一观点本身也太不严谨。因为《民法通则》第131条，"受害人对于损害的发生也有过错的，可以减轻侵害人的民事责任。"用的也是"可以"，而不是"应当"。无论是2007年之前的《民法通则》，还是2007年之后的《侵权责任法》，用的都是"可以减轻"而不是"应当减轻"。4. 解释论：(1)应该区分法条中的"可以"，和具体案例中的"应当"。(2)C项表述的是具体本案中法院应当减轻谭某监护人的责任，而不是说本题答案"篡改"了《民法通则》第131条的规定。(3)这一解释路径，符合命题观念，读者不得不察！(4)反推，如果说可以减轻，本身未必对。①因为考的不是法条，而是法条的适用，"法官"阅读案卷之后，得出结论，应当减轻加害人的侵权责任，必然在最后的判决书中有所体现。②如果还是僵硬的法条主义，表达为法官"可以"减轻加害人的责任，这属于"纸上谈兵"，脱离了案情，与司法实务有些距离。

4. 过错责任原则(受害人过错：过失相抵)

甲忘带家门钥匙，邻居乙建议甲从自家阳台攀爬到甲家，并提供绳索以备不测，丙、丁在场协助固定绳索。甲在攀越时绳索断裂，从三楼坠地致重伤。各方当事人就赔偿事宜未达成一致，甲诉至法院。下列哪种说法是正确的？(2006-3-11)

A. 法院可以酌情让乙承担部分赔偿责任

B. 损害后果应由甲自行承担

C. 应由乙承担主要责任，丙、丁承担补充责任

D. 应由乙、丙、丁承担连带赔偿责任

答案：(　　)①

考点：过错责任、受害人过错

解题图构

①乙：建议+破绳，建议成功，绳索失败，有过错 ②丙、丁：固定绳索，固定成功，无过错 ③甲：接受危险，有过错	结论：受害人甲、加害人乙双方分责

读题技巧

1. 乙建议、提供绳索、绳索断裂，指向乙的过错。2. 丙、丁在场协助固定，绳索断裂，而不是丙、丁脱手，指向丙、丁无过错。3. 甲坠地重伤，甲自身有过错，指向过失相抵。

思路展开

1. 命题点：过错侵权责任的具体判断和过失相抵原则。

2. 法律依据：①《侵权责任法》第6条第1款，"行为人因过错侵害他人民事权益，应当承担侵权责任。"②《侵权责任法》第26条，"被侵权人对损害的发生也有过错的，可以减轻侵权人的责任。"

3. 具体到本题：①绳索断裂，是甲损害的直接原因力。②对此原因力，有贡献的人是乙和甲自己。乙首先提供建议，并提供绳索，而绳索断裂，乙有过错。(如乙提供钢丝，则全部自负)。③甲自己

① 参考答案：A

也有过错。“三大本”:“主要过错在甲本人”。④丙、丁在场固定绳索,定死了,“固定”不是甲损害的直接原因力,丙、丁无过错。司法部:“丙、丁二人在主观上对于绳索断裂导致甲坠地受伤并无故意或过失。”

4. 结论:①“A. 法院可以酌情让乙承担部分赔偿责任”A 对。②“B. 损害后果应由甲自行承担”,B 错,不选 B。③“C. 应由乙承担主要责任,丙、丁承担补充责任”,C 错,不选 C。④“D. 应由乙、丙、丁承担连带赔偿责任”,D 错,不选 D。

二、公平责任

公平责任

李某赶着马车运货,某食品店开业燃放爆竹(该地并不禁止燃放爆竹),马受惊,带车向前狂奔,李某拉扯不住,眼看惊马向刚放学的小学生冲去,张某见状拦住惊马,但是被惊马踢伤。关于张某的损害,下列哪些选项是正确的?(2008－四川－67)

A. 李某应承担赔偿责任

B. 李某和食品店应承担连带赔偿责任

C. 如李某无力赔偿,张某有权要求小学生的监护人适当补偿

D. 李某承担赔偿责任,食品店承担补充赔偿责任

答案:(　　)①

考点:动物致人损害责任、公平责任

解题图构

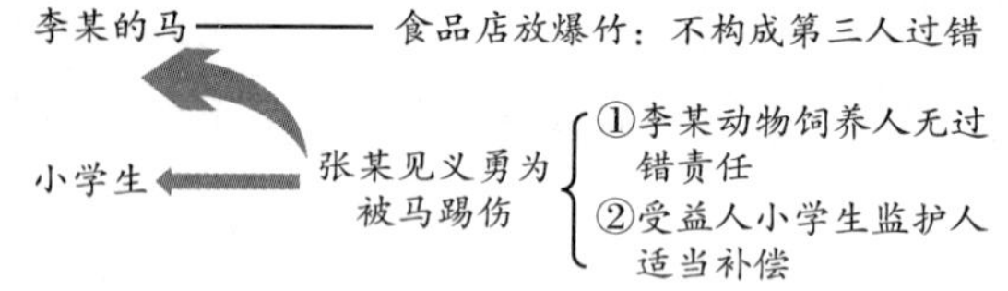

读题技巧

1. 李某赶马,马受惊,冲向小学生,指向动物管理人无过错侵权责任。2.“该地不禁止燃放爆竹”,指向食品店无过错,不负侵权责任。3. 张某见状拦住惊马,被马踢伤,指向见义勇为。加之 C 选项新增事实“如李某无力赔偿”,受益人小学生的监护人应当适当补偿。

思路展开

命题点 1:动物致人损害无过错责任。

(1)法律依据:①《侵权责任法》第 78 条,“饲养的动物造成他人损害的,动物饲养人或者管理人应当承担侵权责任,但能够证明损害是因被侵权人故意或者重大过失造成的,可以不承担或者减轻责任。”②《侵权责任法》第 83 条,“因第三人的过错致使动物造成他人损害的,被侵权人可以向动物饲养人或者管理人请求赔偿,也可以向第三人请求赔偿。动物饲养人或者管理人赔偿后,有权向第三人追偿。”

(2)具体到本题:①“李某赶着马车运货,某食品店开业燃放爆竹(该地并不禁止燃放爆竹),马受惊”。②李某是马的管理人,应对马致人损害承担无过错侵权责任。③燃放爆竹的食品店没有过错,不负侵权责任。

(3)结论:①“A. 李某应承担赔偿责任”,A 对,选 A。②“B. 李某和食品店应承担连带赔偿责任”,B 错,不选 B。③“D. 李某承担赔偿责任,食品店承担补充赔偿责任”,D 错,不选 D。

命题点 2:见义勇为的公平责任。

(1)法律依据:《侵权责任法》第 23 条,“因防止、制止他人民事权益被侵害而使自己受到损害的,由侵权人承担责任。侵权人逃逸或者无力承担责任,被侵权人请求补偿的,受益人应当给予适当补偿。”

(2)具体到本题:“眼看惊马向刚放学的小学生冲去,张某见状拦住惊马,但是被惊马踢伤。”＋“C. 如李某无力赔偿,张某有权要求小学生的监护人适当补偿”。张某见义勇为“流血”,而侵权人李某无力赔偿,则受益人即小学生的监护人应当适当补偿。

(3)结论:“C. 如李某无力赔偿,张某有权要求小学生的监护人适当补偿”,C 对,选 C。

(4)延展:即使张某见义勇为不成功,也同样适用《侵权责任法》第 23 条,不能让英雄流血又流泪!

第二节　因果关系

一小偷利用一楼住户甲违规安装的防盗网,进入二楼住户乙的室内,行窃过程中将乙打伤。下列

① 参考答案:AC

哪一种说法是正确的？（2005－3－20）

A. 乙的人身损害应由小偷和甲承担连带责任

B. 乙的人身损害只能由小偷承担责任

C. 乙的人身损害应由甲和小偷根据过错大小，各自承担责任

D. 乙的人身损害应先由小偷承担责任，不足部分由甲承担

答案：（　　）①

考点：因果关系的判断

思路展开

1. 命题点：一般侵权责任构成要件之因果关系的判断。因果关系在司考侵权责任中的判断，说一千道一万，就是要看是否提供了原因力。

2. 具体到本题：通常情况下，一楼防盗网与二楼住户被小偷打伤没有因果关系。司法部："一楼住户甲违规安装的防盗网与二楼住户乙被打伤之间并无因果关系，甲无须对乙的损害承担责任。如果要求甲承担责任，就不适当地扩大了责任的范围，显得过于牵强。"

3. 结论："B. 乙的人身损害只能由小偷承担责任"，B对，其他都错。

第三节　不承担责任和减轻责任的情形

紧急避险免责事由

甲公司铺设管道，在路中挖一深坑，设置了路障和警示标志。乙驾车撞倒全部标志，致丙骑摩托车路经该地时避让不及而驶向人行道，造成丁轻伤。对丁的损失，下列哪一选项是正确的？（2007－3－18）

A. 应由乙承担赔偿责任

B. 应由甲和乙共同承担赔偿责任

C. 应由乙和丙共同承担赔偿责任

D. 应由甲、乙和丙共同承担赔偿责任

答案：（　　）②

考点：紧急避险

解题图构

丁的损失
- ①施工人：甲公司挖坑施工。甲公司设置了路障和警示标志，无过错，不负责
- ②险情引起人：乙驾车撞倒全部标志，没有复原，负责
- ③避险人：丙骑摩托车为了避免"掉坑里"、"避让不及"驶向人行道造成丁轻伤，不负责
- ④受害人：丁走在人行道上，无过错，不减轻或免除险情引起人乙的责任

思路展开

1. 本题主考点是紧急避险。

2. 丁的损失是由三个层面"连锁"导致：(1)施工人：甲公司挖坑施工。甲公司设置了路障和警示标志。(2)险情引起人：乙驾车撞倒全部标志，没有复原。(3)避险人：丙骑摩托车为了避免"掉坑里""避让不及"驶向人行道，造成丁轻伤。(4)受害人：丁，走在人行道上，无过错。

3. 法律依据：(1)紧急避险情形下侵权责任承担。《侵权责任法》第31条，"因紧急避险造成损害的，由引起险情发生的人承担责任。如果危险是由自然原因引起的，紧急避险人不承担责任或者给予适当补偿。紧急避险采取措施不当或者超过必要的限度，造成不应有的损害的，紧急避险人应当承担适当的责任。"(2)地面施工过错责任。《侵权责任法》第91条第1款，"在公共场所或者道路上挖坑、修缮安装地下设施等，没有设置明显标志和采取安全措施造成他人损害的，施工人应当承担侵权责任。"

4. 具体到本题：(1)铺设管道的甲公司已经采取安全措施，设置了路障，并设置了明显的警示标志，没有过错，因此对丁的损害不承担赔偿责任。(2)"乙驾车撞倒全部标志，致丙骑摩托车路经该地时避让不及而驶向人行道，造成丁轻伤"。引起险情的发生人是乙（撞倒标志没有复原），丙只是紧急避险人，故对丁的损失应由乙承担赔偿责任，而丙无须承担赔偿责任。

5. 结论："A. 应由乙承担赔偿责任"，A对，选A。

---

① 参考答案：B

② 参考答案：A

第四节 多数人侵权

1. 多数人侵权之分别侵权

甲晚10点30分酒后驾车回家,车速每小时80公里,该路段限速60公里。为躲避乙逆向行驶的摩托车,将行人丙撞伤,丙因住院治疗花去10万元。关于丙的损害责任承担,下列哪一说法是正确的?(2010-3-20)

A. 甲应承担全部责任

B. 乙应承担全部责任

C. 甲、乙应承担按份责任

D. 甲、乙应承担连带责任

答案:(　　)①

考点:共同侵权

解题图构

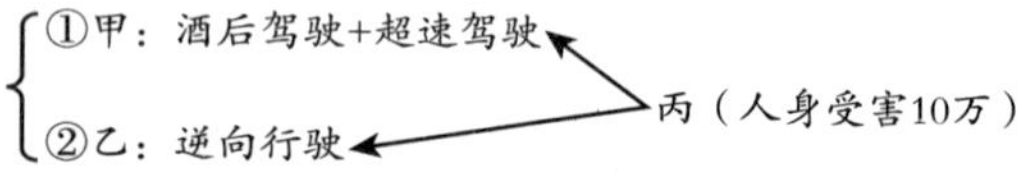

思路展开

1. 本题涉及对《侵权责任法》第11条和第12条的不同理解,存在分歧。

2. 拟探讨法条:(1)《侵权责任法》第11条,"二人以上分别实施侵权行为造成同一损害,每个人的侵权行为都足以造成全部损害的,行为人承担连带责任。"(2)《侵权责任法》第12条,"二人以上分别实施侵权行为造成同一损害,能够确定责任大小的,各自承担相应的责任;难以确定责任大小的,平均承担赔偿责任。"

3. "三大本"的一种观点认为,"《侵权责任法》第11条是对外连带,《侵权责任法》第12条是对内按份"。司法部观点:

(1)"《侵权责任法》第11条是关于共同侵权人'对外'连带向被害人承担责任的规定,而第12条是关于共同侵权人的'内部责任'的规定,即确定每个侵权人'最终'应负担责任份额的规定,并不排除其对外承担连带责任。"

(2)司法部基于此分析,认为,最高人民法院《关于审理人身损害赔偿案件适用法律若干问题的解释》第3条,"二人以上共同故意或者共同过失致人损害,或者虽无共同故意、共同过失,但其侵害行为直接结合发生同一损害后果的,构成共同侵权,应当依照《民法通则》第一百三十条规定承担连带责任。"

(3)本题是侵权行为直接结合的典型情形,因此,甲、乙应承担连带责任,故应选D。

(4)司法部还特别回应了异议:"一些考生以《侵权责任法》第12条作为依据,错选了C。"

(5)可见,司法部不是没有注意到《侵权责任法》第11条、第12条的规定,而是理解不同,存在分歧。

4. 另一种观点针锋相对:"11条和12条规范的是无意思联络数人侵权的两种不同类型,而不是一个对外、一个对内的问题。"

(1)《侵权责任法》第11条是"每个人的侵权行为都足以造成全部损害"的侵权责任类型(又称累积因果关系、聚合因果关系、等价因果关系等),行为人负连带责任。

(2)《侵权责任法》第12条是"不要求每个人的行为都足以造成全部损害(部分因果关系)",行为人负按份责任。

(3)如此一来,《关于审理人身损害赔偿案件适用法律若干问题的解释》第3条的无意思联络(无共同故意、共同过失)行为直接结合在一起应负担连带责任的规定被部分地取代了。即如果无意思联络行为结合在一起,其中每个行为能导致全部损害,则负连带责任,适用《侵权责任法》第11条;如果无意思联络行为结合在一起,不是每个行为能导致全部损害,必须结合在一起才能引起一个致害结果,适用《侵权责任法》第12条。

(4)命题组的观点是发展的,一般都是以《侵权责任法》为准,不建议再回头去适用《关于审理人身损害赔偿案件适用法律若干问题的解释》。

(5)第11条和第12条规范的是不同类型的无意思联络数人侵权,在最高人民法院《关于审理环境侵权责任纠纷案件适用法律若干问题的解释》中得到了具体的反映。《环境解释》第3条,第1款【都足

① 参考答案:司法部公布的是D。

以全部，则连带】，“两个以上污染者分别实施污染行为造成同一损害，每一个污染者的污染行为都足以造成全部损害，被侵权人根据《侵权责任法》第十一条规定请求污染者承担连带责任的，人民法院应予支持。”第2款，【不足以全部，则按份】“两个以上污染者分别实施污染行为造成同一损害，每一个污染者的污染行为都不足以造成全部损害，被侵权人根据《侵权责任法》第十二条规定请求污染者承担责任的，人民法院应予支持。”第3款，【有的足以全部，有的不足以全部，则足以全部的连带】“两个以上污染者分别实施污染行为造成同一损害，部分污染者的污染行为足以造成全部损害，部分污染者的污染行为只造成部分损害，被侵权人根据《侵权责任法》第十一条规定请求足以造成全部损害的污染者与其他污染者就共同造成的损害部分承担连带责任，并对全部损害承担责任的，人民法院应予支持。”

(6)照此观察，实务中显示了以这个观点为准的趋势：“11条和12条规范的是无意思联络数人侵权的两种不同类型，而不是一个对外、一个对内的问题。”

5. 具体再探讨本题：甲酒后驾车、超速驾驶(超了20公里)+乙逆向行驶摩托车=行人丙撞伤。甲或乙的行为单独均不会导致全部损害的发生，故属于按份责任。按照这个思路分析，则本题答案公布或修改为C“C. 甲、乙应承担按份责任”。

6. 是否“经典错题”？有观点认为此题是经典错题，我不赞同这种定论。因为所谓错与对，需要有参照物。参照的是“通说”(毕竟是对法条的理解，不是对法条的复读，有通说，就必然有少数说)与少数说，其结论自然不同。因为命题人总是特定的，总是会有自己的观点的。此题告诉考生的意义不仅仅在于答案本身，而在于真题，每年真题，有1到2道题属于个人观点，也属正常范围。因此，你复习时定的目标没必要与这1到2道题死磕。

7. 再延伸一点，此例，受害人真是遭遇了天外横祸。甲和乙都违章驾驶，撞到了丙。然后让甲和乙承担按份责任，与实务恐有不合。(1)纯学理探讨而言，《关于审理人身损害赔偿案件适用法律若干问题的解释》第3条其实更与实务接地气。让甲和乙承担连带责任，才更有利于保护受害人丙的利益。(2)《关于审理道路交通事故损害赔偿案件适用法律若干问题的解释》第13条，“多辆机动车发生交通事故造成第三人损害，当事人请求多个侵权人承担赔偿责任的，人民法院应当区分不同情况，依照《侵权责任法》第十条、第十一条或者第十二条的规定，确定侵权人承担连带责任或者按份责任。”此条也是比较笼统的，不好操作。

2. 多数人侵权之分别侵权

甲饲养的一只狗在乙公司施工的道路上追咬丙饲养的一只狗，行人丁避让中失足掉入施工形成的坑里，受伤严重。下列哪些说法是错误的？(2009-3-70)

A. 如甲能证明自己没有过错，不应承担对丁的赔偿责任

B. 如乙能证明自己没有过错，不应承担对丁的赔偿责任

C. 如丙能证明自己没有过错，不应承担对丁的赔偿责任

D. 此属意外事件，甲、乙、丙均不应承担对丁的赔偿责任

答案：(　　)①

考点：动物致人损害、多数人分别侵权、物件致人损害(地面施工)

解题图构

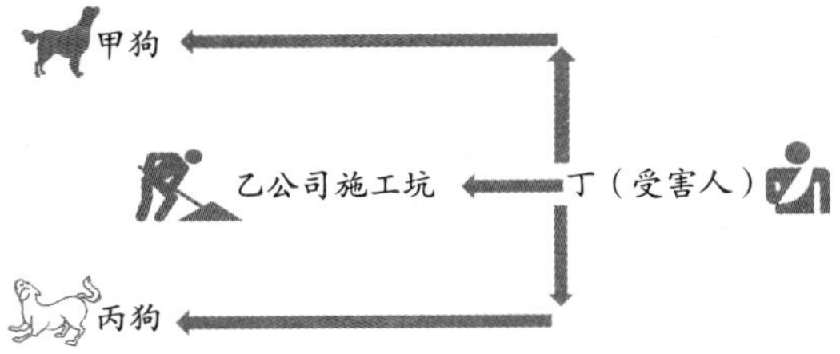

思路展开

命题点1：动物致人损害，无过错责任。

(1)法律依据：《侵权责任法》第78条，“饲养的动物造成他人损害的，动物饲养人或者管理人应当承担侵权责任，但能够证明损害是因被侵权人故意或者重大过失造成的，可以不承担或者减轻责任。”

(2)甲是狗的饲养人、丙也是狗的饲养人，两只狗打架，甲、丙都是承担无过错责任。①因而不论

---

① 参考答案：ACD

甲、丙是否有过错，除非有特定的抗辩事由，甲、丙都应承担对丁的赔偿责任。②本例不属于意外事件。意外事件是加害人尽了合理注意义务仍然无法预见的情形，是过错责任的免责事由(既然是意外，即等于加害人不存在过错了，不符合过错侵权的构成要件。)，不是无过错责任的免责事由。本题中，狗会咬人，完全可以预见到，且动物致人损害是无过错责任。

(3)结论：①“A. 如甲能证明自己没有过错，不应承担对丁的赔偿责任”，A错，符合题意，选A。②“C. 如丙能证明自己没有过错，不应承担对丁的赔偿责任”，C错，符合题意，选C。③“D. 此属意外事件，甲、乙、丙均不应承担对丁的赔偿责任”，D错，符合题意，选D。

命题点2：地面施工致人损害的侵权责任。

(1)法律依据：①《侵权责任法》第91条第1款，“在公共场所或者道路上挖坑、修缮安装地下设施等，没有设置明显标志和采取安全措施造成他人损害的，施工人应当承担侵权责任。”②第91条第2款，“窨井等地下设施造成他人损害，管理人不能证明尽到管理职责的，应当承担侵权责任。”《民法通则》第125条，“在公共场所、道旁或者通道上挖坑、修缮安装地下设施等，没有设置明显标志和采取安全措施造成他人损害的，施工人应当承担民事责任。”

(2)法条阐释：对于这一条规定，有三种完全不同的理解：①本条是无过错责任(王成)；②本条是过错推定责任(司考真题)；③本条是过错责任(程啸)。

(3)具体到本题：司法部：“《民法通则》第125条的规定，是过错责任原则下的过错推定责任。”

(4)结论：“B. 如乙能证明自己没有过错，不应承担对丁的赔偿责任”，B对，不符合题意，不选B。

命题点3：无意思联络数人侵权中的分别侵权责任。

(1)法律依据：《侵权责任法》第12条，“二人以上分别实施侵权行为造成同一损害，能够确定责任大小的，各自承担相应的责任；难以确定责任大小的，平均承担赔偿责任。”

(2)具体到本题：甲的狗(无过错责任)+丙的狗(无过错责任)+乙公司的施工(如果有过错的话)=丁的损害。甲、丙、乙公司负按份责任。

(3)结论：“D. 此属意外事件，甲、乙、丙均不应承担对丁的赔偿责任”，D错，符合题意，选D。

第五节　监护人责任

1. 富二代侵权，监护人尽监护职责也应先减少责任后富二代自己财产负责

甲的儿子乙(8岁)因遗嘱继承了祖父遗产10万元。某日，乙玩耍时将另一小朋友丙的眼睛划伤。丙的监护人要求甲承担赔偿责任2万元。后法院查明，甲已尽到监护职责。下列哪一说法是正确的？(2015-3-24)

A. 因乙的财产足以赔偿丙，故不需用甲的财产赔偿

B. 甲已尽到监护职责，无需承担侵权责任

C. 用乙的财产向丙赔偿，乙赔偿后可在甲应承担的份额内向甲追偿

D. 应由甲直接赔偿，否则会损害被监护人乙的利益

答案：(　　)①

考点：监护责任

读题技巧

1. 小小富二代，“养不教，父之过”。2. 富二代侵权和穷二代“坑爹”，平等处理，只要“他爹”尽到监护职责，均应先减少责任，后承担责任；先用“坑爹”者财产赔偿，不足部分再用“他爹”的财产赔偿。3. “甲已尽到监护职责”，就揭示了要减轻责任。4. 受害人丙监护人索赔额度才2万元，最高赔付而不会超过该诉讼请求，而乙自己独有的财产中仅继承他爷爷的遗产就价值10万元，可以做到全覆盖！

思路展开

命题点1：监护人无过错责任。尽到监护职责可以减责而非免责。

(1)法律依据：《侵权责任法》第32条第1款，“无民事行为能力人、限制民事行为能力人造成他人

① 参考答案：A

损害的，由监护人承担侵权责任。监护人尽到监护责任的，可以减轻其侵权责任。”

(2)具体到本题：“乙(8岁)玩耍时将另一小朋友丙的眼睛划伤。”+“后法院查明，甲已尽到监护职责。”故不能免除监护人甲的责任。

(3)结论：“B. 甲已尽到监护职责，无需承担侵权责任”，B错，不选B。

(4)延伸，如在幼儿园玩耍侵权呢，则启动《侵权责任法》第38条，“无民事行为能力人在幼儿园、学校或者其他教育机构学习、生活期间受到人身损害的，幼儿园、学校或者其他教育机构应当承担责任，但能够证明尽到教育、管理职责的，不承担责任。”①幼儿园过错推定。②家长则继续适用监护人无过错替代责任。

命题点2：未成年人有财产，先从本人财产中支付赔偿费用。先后顺序意味着就不能反着来追偿，恰恰是为了避免追偿如连带共同保证先追主债后互追。先后意味着避免麻烦，提高效率。

(1)法律依据：《侵权责任法》第32条第2款，“有财产的无民事行为能力人、限制民事行为能力人造成他人损害的，从本人财产中支付赔偿费用。不足部分，由监护人赔偿。”

(2)具体到本题：①题干信息“甲的儿子乙(8岁)因遗嘱继承了祖父遗产10万元。”②题干信息“丙的监护人要求甲承担赔偿责任2万元。”③监护人尽到监护责任，隐含最后实际还要从2万元里扣除，应赔偿小于2万元的数额。远远低于10万元。

(3)结论：“C. 用乙的财产向丙赔偿，乙赔偿后可在甲应承担的份额内向甲追偿”，C错，不选C。“D. 应由甲直接赔偿，否则会损害被监护人乙的利益”，D错，不选D。“A. 因乙的财产足以赔偿丙，故不需用甲的财产赔偿”，A对，选A。

(4)命题时，有另一种观点，如果本人财产足够，全赔2万元。没监护人的事，所以也就不存在监护人的责任，所以就不存在“可以减轻”监护人责任。言外之意，小小富二代，承担全部责任，监护人尽到监护责任也不能免责。因为富二代有钱赔。因为争议大，故本题回避之。

常见错误

1. 乙才8周岁，是无民事行为能力人。甲作为监护人，不论从法律还是生活常识来讲，都应该由甲直接赔偿。就算乙继承了祖父遗产，也应由甲代为保管。

2.《民事诉讼法司法解释》规定，甲、乙应作为共同被告(属必要共同诉讼)，即使乙的财产足以赔偿，也不能免除监护人甲的责任，因此乙赔偿后可在甲应承担的份额内向甲追偿，D明显比A更合适。

3. A、B明显是同义项，一对俱对，一错俱错。

第六节　教育机构责任

1. 教育机构责任

某小学组织春游，队伍行进中某班班主任张某和其他教师闲谈，未跟进照顾本班学生。该班学生李某私自离队购买食物，与小贩刘某发生争执被打伤。对李某的人身损害，下列哪一说法是正确的？(2009－3－23)

A. 刘某应承担赔偿责任

B. 某小学应承担赔偿责任

C. 某小学应与刘某承担连带赔偿责任

D. 刘某应承担赔偿责任，某小学应承担相应的补充赔偿责任

答案：(　　)①

考点：教育机构违反安保义务的侵权补充责任

解题图构

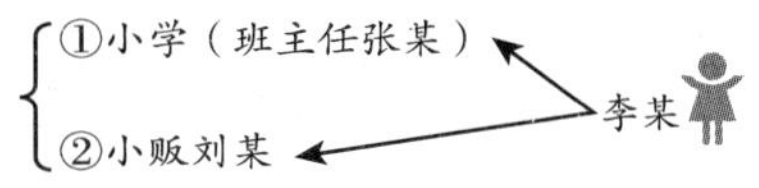

读题技巧

1.“某小学组织春游”，指向是“在校期间”。2.“未跟进照顾本班学生”，指向教育机构相应过错。3.“与小贩刘某”，指向校外第三人致“限”人受害，致害人负侵权责任，教育机构负相应的补充责任。

思路展开

1. 命题点：“无限人”在校受校外的第三人侵权，教育机构承担相应的补充责任。教育机构的对“无限人”在校受害的侵权责任分为三种情形：(1)教育机构过错推定责任：无人在校内受校内人员侵害。(2)教育机构过错责任：“限”人在校内受

① 参考答案：D

校内人员侵害。(3)教育机构相应的补充责任："无限人"在"校内"受校外第三人侵害。本题考查的是教育机构相应的补充责任类型。

2. 法律依据：《侵权责任法》第40条，"无民事行为能力人或者限制民事行为能力人在幼儿园、学校或者其他教育机构学习、生活期间，受到幼儿园、学校或者其他教育机构以外的人员人身损害的，由侵权人承担侵权责任；幼儿园、学校或者其他教育机构未尽到管理职责的，承担相应的补充责任。"

3. 具体到本题：(1)某小学"组织"春游：满足在教育机构学习、生活期间这个要件。学校组织的春游也是在校"期间"。（难怪现在学校都不组织春游了，责任太重，风险太大。）(2)队伍行进中某班班主任张某和其他教师闲谈，"未跟进照顾本班学生"：满足了教育机构为尽到管理职责这个要件。(3)该班学生李某私自离队购买食物，"与小贩刘某"发生争执被打伤：满足了"限"人受到教育机构以外的人员人身损害这个要件。(4)本题应启动《侵权责任法》第40条，小贩刘某承担侵权责任，小学承担相应的补充责任。

4. 结论："D. 刘某应承担赔偿责任，某小学应承担相应的补充赔偿责任"，D全面、准确，选D。

异议辨析

1. 对于选项A和选项B的阐释：选项A"A. 刘某应承担赔偿责任。"选项B"B. 某小学应承担赔偿责任"。2. 有观点认为，单独看A和B都是正确的。3. 其实不然：(1)本题作答背景是整个大题干交代的事实，选项没有添加事实。故作答时应结合大题干和全部各个选项综合判断。(2)反面言之，即使本题是多选题，可否同时选择ABD呢？不行。显然ABD是互为排斥的，符合单选题的构造。(3)选项A和选项B的表述，从字面上看没有阐释其各自承担的责任范围，而选项C和选项D阐释了责任主体的各自责任范围。按照体系解释方法，其他选项如没有阐释责任范围，即应推定为全部责任。由此可见，A和B要表达的意思各是刘某承担全部责任；某小学承担全部责任。(4)本题就体现了单选题的命制难度，尤其是只考一个知识点时，命制难度更大，稍有不慎，就会使该单选题成为答案众所周知的试题。本题对考生的真正启示是，对于秒杀题，应毫不手软，不多浪费一秒钟时间！精准拿下！

2. 教育机构责任

小牛在从甲小学放学回家的路上，将石块扔向路上正常行驶的出租车，致使乘客张某受伤，张某经治疗后脸上仍留下一块大伤疤。出租车为乙公司所有。下列哪些选项是错误的？（2008－3－64）

A. 张某有权要求乙公司赔偿医药费及精神损害

B. 甲小学和乙公司应向张某承担连带赔偿责任

C. 张某有权要求甲小学赔偿医疗费及精神损害

D. 张某有权要求小牛的监护人赔偿医疗费及精神损害

答案：(　　)①

考点： 未成年校外致人损害（监护人无过错责任、教育机构无责任）、承运人无过错的违约责任、精神损害赔偿

解题图构

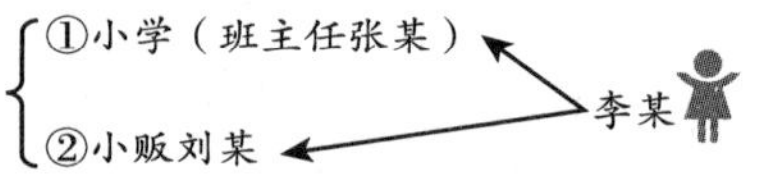

读题技巧

1. "小牛从甲小学放学回家路上"，指向两点：(1)小牛是"无限"人，监护人负无过错责任。(2)学校无过错，不负侵权责任。2. "正常行使"、"出租车"、"乘客"，指向两点：(1)承运人负无过错违约责任。(2)承运人没有过错，对车内人不承担侵权责任。（车内人侵权责任，应适用过错责任原则）。3. "一块大伤疤"，指向精神损害。4. 选非题。

思路展开

命题点1：承运人对于乘客负担无过错违约责任；对于车上乘客负过错侵权责任。

(1) 法律依据：①承运人的无过错违约责任。《合同法》第302条，"承运人应当对运输过程中旅客的伤亡承担损害赔偿责任，但伤亡是旅客自身健康原因造成的或者承运人证明伤亡是旅客故意、重大过失造成的除外。前款规定适用于按照规定免票、持优待票或者经承运人许可搭乘的无票旅客。"②承

① 参考答案：ABC

运人对车上乘客负过错侵权责任。a.《侵权责任法》第6条第1款,“行为人因过错侵害他人民事权益,应当承担侵权责任。”b.《侵权责任法》第48条,“机动车发生交通事故造成损害的,依照道路交通安全法的有关规定承担赔偿责任。”c.《道路交通安全法》第76条,“机动车发生交通事故造成人身伤亡、财产损失的,由保险公司在机动车第三者责任强制保险责任限额范围内予以赔偿;不足的部分,按照下列规定承担赔偿责任:(一)机动车之间发生交通事故的,由有过错的一方承担赔偿责任;双方都有过错的,按照各自过错的比例分担责任。(二)机动车与非机动车驾驶人、行人之间发生交通事故,非机动车驾驶人、行人没有过错的,由机动车一方承担赔偿责任;有证据证明非机动车驾驶人、行人有过错的,根据过错程度适当减轻机动车一方的赔偿责任;机动车一方没有过错的,承担不超过百分之十的赔偿责任。交通事故的损失是由非机动车驾驶人、行人故意碰撞机动车造成的,机动车一方不承担赔偿责任。”

(2)法条阐释:《合同法》第302条规定承运人对车上乘客负违约责任,是无过错责任,只有三项免责事由:乘客自身将看、乘客故意、乘客重大过失。《侵权责任法》对于机动车事故侵权责任适用《道路交通安全法》第76条规定(车车负过错责任、车与车外人中车方负10%无过错责任)。车与车内人的侵权责任,应转而适用《侵权责任法》第6条第1款(小的一般条款)过错责任,不再是无过错责任。原理:铁包肉!

(3)具体到本题:①乘客乘坐出租车,受到损害,出租车公司乙公司应负无过错违约责任。②“正常行驶”的出租车方对车内乘客受害无过错,不负侵权责任。③出租车公司乙公司既然只负违约责任,而违约责任不能覆盖精神损害。④司法部:“表面上看,本题中张某自身健康没有问题,也不存在伤亡的故意或重大过失,并不满足上述免责事由,故乙公司应承担承运人违约责任,赔偿张某的医药费;但张某无权要求乙公司赔偿精神损害,因为精神损害赔偿只能在侵权之诉中提起,而乙公司承担的是违约责任。”

(4)结论:“A.张某有权要求乙公司赔偿医药费及精神损害”,A错,错在“精神损害”,A符合题意,选A。

命题点2:“无限人”在校外致人损害,教育机构无过错不负侵权责任。

(1)法律依据:《关于审理人身损害赔偿案件适用法律若干问题的解释》第7条第1款,“对未成年人依法负有教育、管理、保护义务的学校、幼儿园或者其他教育机构,未尽职责范围内的相关义务致使未成年人遭受人身损害,或者未成年人致他人人身损害的,应当承担与其过错相应的赔偿责任。”

(2)具体到本题:①小牛是在放学回家路上,扔石块到出租车上导致乘客张某受伤。②小牛不是在学校生活、受教育期间,学校无过错,不负侵权责任。③司法部:“小牛侵权行为发生于放学后,已超出甲小学可以控制的范围,其对侵权行为的发生没有过错,不应对张某承担赔偿责任。”

(3)结论:①“B.甲小学和乙公司应向张某承担连带赔偿责任”,B错(退一步,即使学校承担责任,也不是连带,而是相应的过错赔偿责任),符合题意,选B。②“C.张某有权要求甲小学赔偿医疗费及精神损害”,C错,符合题意,选C。

命题点3:“无限人”致人损害(精神损害),监护人负无过错替代责任。

(1)法律依据:①《侵权责任法》第32条,“无民事行为能力人、限制民事行为能力人造成他人损害的,由监护人承担侵权责任。监护人尽到监护责任的,可以减轻其侵权责任。有财产的无民事行为能力人、限制民事行为能力人造成他人损害的,从本人财产中支付赔偿费用。不足部分,由监护人赔偿。”②《关于确定民事侵权精神损害赔偿责任若干问题的解释》第8条,“因侵权致人精神损害,但未造成严重后果,受害人请求赔偿精神损害的,一般不予支持,人民法院可以根据情形判令侵权人停止侵害、恢复名誉、消除影响、赔礼道歉。因侵权致人精神损害,造成严重后果的,人民法院除判令侵权人承担停止侵害、恢复名誉、消除影响、赔礼道歉等民事责任外,可以根据受害人一方的请求判令其赔偿相应的精神损害抚慰金。”

(2)具体到本题:小牛扔石块导致出租车内乘客张某受伤,应由小牛监护人负无过错替代侵权责任。且“张某经治疗后脸上仍留下一块大伤疤”,符合“造成严重后果”这一要件，故张某可主张精神损害赔偿。

(3)结论：“D. 张某有权要求小牛的监护人赔偿医疗费及精神损害”，D 对，不符合题意，不选 D。

3. 教育机构责任

小学生小杰和小涛在学校发生打斗，在场老师陈某未予制止。小杰踢中小涛腹部，致其脾脏破裂。下列哪一选项是正确的？(2007－3－24)

A. 陈某未尽职责义务，应由陈某承担赔偿责任

B. 小杰父母的监护责任已转移到学校，应由学校承担赔偿责任

C. 学校和小杰父母均有过错，应由学校和小杰父母承担连带赔偿责任

D. 学校存在过错，应承担与其过错相应的补充赔偿责任

答案：(　　)①

考点：用人单位对工作人员执行职务行为负担无过错替代责任、“无限人”致人损害监护人承担无过错替代责任、“无限人”受“内部人”侵害教育机构承担过错责任

解题图构

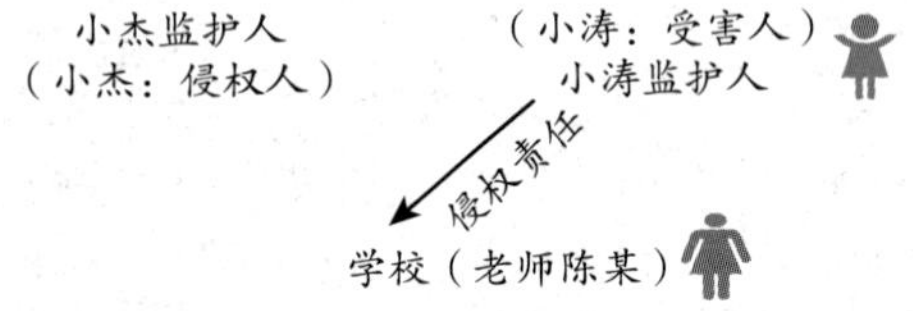

思路展开

命题点1：用人单位对工作人员执行职务的行为负担无过错替代责任。

(1)法律依据：《侵权责任法》第34条第1款，“用人单位的工作人员因执行工作任务造成他人损害的，由用人单位承担侵权责任。”

(2)具体到本题：陈某是小学老师，未制止小学生打斗，构成不作为侵权，责任主体是用人单位小学，而不是陈某。

(3)结论：“A. 陈某未尽职责义务，应由陈某承担赔偿责任”，A 错，A 不选。

命题点2：“无限人”致人损害监护人负无过错责任、无限人受害(刚好受到“无限人”侵害)学校负过错责任。

(1)法律依据：①从加害人角度，“无限人”监护人负无过错责任。《侵权责任法》第32条，“无民事行为能力人、限制民事行为能力人造成他人损害的，由监护人承担侵权责任。监护人尽到监护责任的，可以减轻其侵权责任。有财产的无民事行为能力人、限制民事行为能力人造成他人损害的，从本人财产中支付赔偿费用。不足部分，由监护人赔偿。”②从受害人角度，无人所在学校负过错推定责任；限人所在学校负过错责任。a.《侵权责任法》第38条，“无民事行为能力人在幼儿园、学校或者其他教育机构学习、生活期间受到人身损害的，幼儿园、学校或者其他教育机构应当承担责任，但能够证明尽到教育、管理职责的，不承担责任。”b.《侵权责任法》第39条，“限制民事行为能力人在学校或者其他教育机构学习、生活期间受到人身损害，学校或者其他教育机构未尽到教育、管理职责的，应当承担责任。”

(2)具体到本题：①加害人小杰方面(学校小霸王啊)，小杰的监护人负无过错责任。监护责任没有转移到学校。《侵权责任法》第32条所谓监护人无过错责任，是无论“无限人”在何时在何地致人损害，都是监护人(父母是法定监护人，监护职责不会转移到学校)负无过错责任，“家庭教育”无处不在，此之谓也！②受害人小涛方面，因为小涛遭受校内“小杰”侵害，学校负过错推定或者过错责任(取决于小涛到底是多大：小涛是“无”人，学校过错推定责任；小涛是“限”人，学校过错责任)。

(3)结论：①小涛的损害，由加害人小杰监护人负无过错责任、学校有过错应负侵权责任，他们之间是按份责任，而非连带责任。②小杰监护人与学校没有共同过错，不构成共同侵权。③“B. 小杰父母的监护责任已转移到学校，应由学校承担赔偿责任”，B 错，不选 B。④“C. 学校和小杰父母均有过错，应由学校和小杰父母承担连带赔偿责任”，C 错，不选 C。

延展：本题是校内纠纷，不是校外第三人进入学校侵权(如流氓)，不启动《侵权责任法》第40条，“无民事行为能力人或者限制民事行为能力人在

① 参考答案：司法部公布的答案是 D，根据《侵权责任法》第38、39条规定，删除 D 选项中“补充”二字，D 正确。

幼儿园、学校或者其他教育机构学习、生活期间，受到幼儿园、学校或者其他教育机构以外的人员人身损害的，由侵权人承担侵权责任；幼儿园、学校或者其他教育机构未尽到管理职责的，承担相应的补充责任。”故D选项中删除“补充”二字，则D对。

第七节 用人者责任

1. 用人者责任之用人单位责任

甲赴宴饮酒，遂由有驾照的乙代驾其车，乙违章撞伤丙。交管部门认定乙负全责。以下假定情形中对丙的赔偿责任，哪些表述是正确的？(2013－3－67)

A. 如乙是与甲一同赴宴的好友，乙不承担赔偿责任

B. 如乙是代驾公司派出的驾驶员，该公司应承担赔偿责任

C. 如乙是酒店雇佣的为饮酒客人提供代驾服务的驾驶员，乙不承担赔偿责任

D. 如乙是出租车公司驾驶员，公司明文禁止代驾，乙为获高额报酬而代驾，乙应承担赔偿责任

答案：(　　)①

考点：用人者责任之用人单位责任、过错侵权责任

读题技巧

1. 题干一个大事实，ABCD各自假设乙的不同身份，判定侵权责任主体。2. 本题虽然是机动车事故侵权，但是考查的不是机动车侵权。3.“如乙是甲好友”，指向好意施惠关系中的过错侵权责任。4. 如乙是代驾公司“派出”、如乙是酒店“雇佣”为饮酒客人提供代驾服务的，指向乙是执行职务行为，代驾公司或者酒店是侵权责任主体。5.“出租公司”、“禁止代驾”、“乙代驾”，指向乙超出授权，但是从事的仍然是“开车”活动，与执行工作任务有关联，启动《侵权责任法》第34条第1款。

思路展开

命题点1：“代驾”者违章，发生交通事故，侵权责任的承担，判断环节：(1)先启动机动车侵权，适用《道路交通安全法》第76条，交强险赔付之后，判定车车事故过错责任、车人事故车方10%无过错责任(如有商业三者险，从之；如无，则由责任人自负侵权责任)。(2)再启动判断谁是车方，对接用人者责任。如果驾驶人是执行职务，则由用人单位承担无过错替代侵权责任。(3)本题即考查驾驶人乙不同身份下，侵权责任主体承担的差异，没有考查机动车侵权。

命题点2：过错侵权责任。

(1)法律依据：《侵权责任法》第6条第1款，“行为人因过错侵害他人民事权益，应当承担侵权责任。”

(2)具体到本题：乙作为与甲一同赴宴的好友，代甲驾车，为情谊行为，但是乙有重大过失(“乙违章撞伤丙。交管部门认定乙负全责”)，不能完全免除其对丙的赔偿责任。

(3)结论：“A. 如乙是与甲一同赴宴的好友，乙不承担赔偿责任”，A错，不选A。

命题点3：用人者责任之用人单位责任。

(1)法律依据：《侵权责任法》第34条第1款，“用人单位的工作人员因执行工作任务造成他人损害的，由用人单位承担侵权责任。”

(2)具体到本题：①“B. 如乙是代驾公司派出的驾驶员，该公司应承担赔偿责任”，B对，选B。②“C. 如乙是酒店雇佣的为饮酒客人提供代驾服务的驾驶员，乙不承担赔偿责任”，C对(应由酒店承担侵权责任，乙不承担赔偿责任)，选C。③“D. 如乙是出租车公司驾驶员，公司明文禁止代驾，乙为获高额报酬而代驾，乙应承担赔偿责任”，乙作为出租车公司驾驶员，违反公司内部规定代驾，应由公司对丙承担赔偿责任，乙不承担赔偿责任，D错，不选D。

总结评论：用人者责任之用人单位责任，关键是要判断是否“因执行工作任务”。

(1)BC属于执行工作任务，没有疑义。D项判断就需要结合题面信息进行。

(2)对什么是“执行工作任务”，《侵权责任法》没有给出判断标准。

(3)现行法中倒是有一个规定可以参照，就是《关于审理人身损害赔偿案件适用法律若干问题的解释》第9条第2款。①《关于审理人身损害赔偿案

① 参考答案：BC

件适用法律若干问题的解释》第9条,第1款,“雇员在从事雇佣活动中致人损害的,雇主应当承担赔偿责任;雇员因故意或者重大过失致人损害的,应当与雇主承担连带赔偿责任。雇主承担连带赔偿责任的,可以向雇员追偿。”第2款,“前款所称从‘事雇佣活动’,是指从事雇主授权或者指示范围内的生产经营活动或者其他劳务活动。雇员的行为超出授权范围,但其表现形式是履行职务或者与履行职务有内在联系的,应当认定为‘从事雇佣活动’。”②《关于审理人身损害赔偿案件适用法律若干问题的解释》第9条第1款已经被《侵权责任法》第34条取代。③但是《关于审理人身损害赔偿案件适用法律若干问题的解释》第9条第2款,对于判断什么是执行工作任务,具有一定的参考价值。

(4)其所谓“超出授权范围,但表现形式是履行职务或与履行职务有内在联系”,可以阐释本题D选项。①“出租公司明文禁止代驾”、“违反公司内部规定代驾”,即为“超出授权范围”。②代驾,与平时开出租的职务,具有内在关联,满足“外观表现”的要求,即符合“表现形式是履行职务或履行职务有内在联系”。③故由出租公司承担侵权责任。

2. 用人者责任之用人单位责任某机关法定代表人甲安排驾驶员乙开车执行公务,乙以身体不适为由拒绝。甲遂临时安排丙出车,丙在途中将行人丁撞成重伤。有关部门认定丙和丁对事故的发生承担同等责任。关于丁人身损害赔偿责任的承担,下列哪些表述是错误的?(2009－3－69)

A. 甲用人不当应当承担部分赔偿责任

B. 乙不服从领导安排应当承担部分赔偿责任

C. 丙有过错应当承担部分赔偿责任

D. 该机关应当承担全部赔偿责任

答案:(　　)①

考点:用人者责任之用人单位责任、受害人过错相抵

解题图构

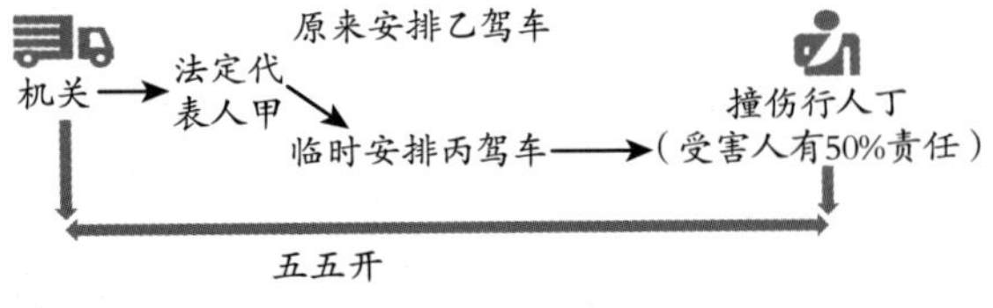

读题技巧

1.“法定代表人甲安排”、“执行公务”、“临时安排丙出车”,指向用人单位对工作人员执行工作任务致人损害负无过错责任。2. 受害人丁对事故与丙负同等责任,指向两点:(1)区分交警认定的同等责任与民事侵权中的同等责任。因为交警不是法官,不审理侵权案件,因此交警可以作出“丙”(某机关的工作人员)负同等责任,而非机关负同等责任的事故认定书。(2)受害人丁有过错,可以减轻加害人(某机关法人)的侵权责任。3. 本题是选非题。

思路展开

命题点1:用人者责任之用人单位责任。

(1)法律依据:①《侵权责任法》第34条第1款,“用人单位的工作人员因执行工作任务造成他人损害的,由用人单位承担侵权责任。”②《民法通则》第43条,“企业法人对它的法定代表人和其他工作人员的经营活动,承担民事责任。”

(2)法条阐释:①企业法人中法定代表人人格被法人吸收,机关法人也是如此,甲作为机关法定代表人的行为,即为机关法人的行为,应由机关法人承担责任。②即使工作人员有过错,也不负责任,更不与单位负连带责任。③内部追偿问题,启动劳动法。

(3)具体到本题:①“某机关法定代表人甲”、“安排”驾驶员乙开车“执行公务”,乙以身体不适为由拒绝。甲遂临时“安排”丙出车,丙在途中将行人丁撞成重伤。②丙是执行工作任务,侵权责任主体是该机关,既不是甲(法定代表人),也不是丙(员工),更不是乙(员工)(且不服从安排,与损害结果没有因果关系)。

(4)结论:①“A. 甲用人不当应当承担部分赔偿责任”,A错,符合题意,选A。②“B. 乙不服从领导安排应当承担部分赔偿责任”,B错,符合题意,选B。③“C. 丙有过错应当承担部分赔偿责任”,C错,符合题意,选C。

命题点2:机动车侵权中受害行人过错,适当减轻车方侵权责任。

---

① 参考答案:ABCD

（1）法律依据：①《侵权责任法》第26条，“被侵权人对损害的发生也有过错的，可以减轻侵权人的责任。”②《道路交通安全法》第76条第1款，“机动车发生交通事故造成人身伤亡、财产损失的，由保险公司在机动车第三者责任强制保险责任限额范围内予以赔偿；不足的部分，按照下列规定承担赔偿责任：（一）机动车之间发生交通事故的，由有过错的一方承担赔偿责任；双方都有过错的，按照各自过错的比例分担责任。（二）机动车与非机动车驾驶人、行人之间发生交通事故，非机动车驾驶人、行人没有过错的，由机动车一方承担赔偿责任；有证据证明非机动车驾驶人、行人有过错的，根据过错程度适当减轻机动车一方的赔偿责任；机动车一方没有过错的，承担不超过百分之十的赔偿责任。”第2款，“交通事故的损失是由非机动车驾驶人、行人故意碰撞机动车造成的，机动车一方不承担赔偿责任。”

（2）具体到本题：“丙在途中将行人丁撞成重伤。有关部门认定丙和丁对事故的发生承担同等责任。”因此，机关不是承担全部责任，而是应适当减轻。另外，受害人丁承担部分责任。

（3）结论：“D. 该机关应当承担全部赔偿责任”，D错，符合题意，选D。

3. 用人者责任之用人单位责任

甲是乙运输公司的雇员，乙派甲承担一批货物的长途运输任务。由于途经甲的老家，甲便想顺路回家看看。在回家途中，因车速过快与丙驾驶的轿车相撞，造成丙车毁人伤。丙的损失应由谁承担？（2008－四川－17）

A. 甲

B. 乙

C. 甲、乙承担连带责任，乙赔偿后向甲追偿

D. 乙承担主要责任，甲承担补充责任

答案：（　　）①

考点：用人者责任之用人单位责任

解题图构

乙公司（雇员甲）←—— 丙

思路展开

1. 命题点：用人者责任之用人单位责任。

2. 法律依据：（1）《侵权责任法》第34条取代了《人身解释》的规定。①《侵权责任法》第34条第1款，“用人单位的工作人员因执行工作任务造成他人损害的，由用人单位承担侵权责任。”②《关于审理人身损害赔偿案件适用法律若干问题的解释》第9条第1款，“雇员在从事雇佣活动中致人损害的，雇主应当承担赔偿责任；雇员因故意或者重大过失致人损害的，应当与雇主承担连带赔偿责任。雇主承担连带赔偿责任的，可以向雇员追偿。”③法条阐释：a.《侵权责任法》中用人单位是无过错责任，单独的。B.《关于审理人身损害赔偿案件适用法律若干问题的解释》中雇员故意或重大过失要与雇主负连带责任。（2）执行职务的判断标准：内在关联、外观表象即属于执行职务。→参考《关于审理人身损害赔偿案件适用法律若干问题的解释》第9条第2款，“前款所称‘从事雇佣活动’，是指从事雇主授权或者指示范围内的生产经营活动或者其他劳务活动。雇员的行为超出授权范围，但其表现形式是履行职务或者与履行职务有内在联系的，应当认定为‘从事雇佣活动’。”

3. 具体到本题：（1）甲在履行长途运输任务中顺路回家的行为超出了乙公司的授权范围，但其表现形式与履行运输职务之间是有内在联系的，应认定为甲是在执行职务。适用《侵权责任法》第34条，应由乙公司承担侵权责任。（2）司法部在《侵权责任法》出台前，解释本题适用的是《关于审理人身损害赔偿案件适用法律若干问题的解释》第9条第1款，“因此乙公司应对丙承担因车祸所造成损失的赔偿责任，而车祸的发生是因为甲车速过快导致，表明甲主观上具有重大过失，因此，甲应当与乙公司承担连带赔偿责任，乙公司赔偿后，可向甲追偿。故本题的正确答案为C。”

4. 结论：“B. 乙”，乙应承担侵权责任，B对，选B。

4. 用人者责任之用人单位责任

甲搬家公司指派员工郭某为徐某搬家，郭某担心人手不够，请同乡蒙某帮忙。搬家途中，因郭某忘记拴上车厢挡板，蒙某从车上坠地受伤。下列哪一

---

① 参考答案：司法部公布的答案是C，根据2009年《侵权责任法》，修改为B

选项是正确的?(2007－3－20)

A. 应由郭某承担赔偿责任

B. 应由甲公司承担赔偿责任

C. 应由甲公司与郭某承担连带责任

D. 应由甲公司与徐某承担连带责任

答案:(　　)①

考点:用工者责任之用人单位责任、用工者责任之帮工责任、加工承揽中的侵权责任

解题图构

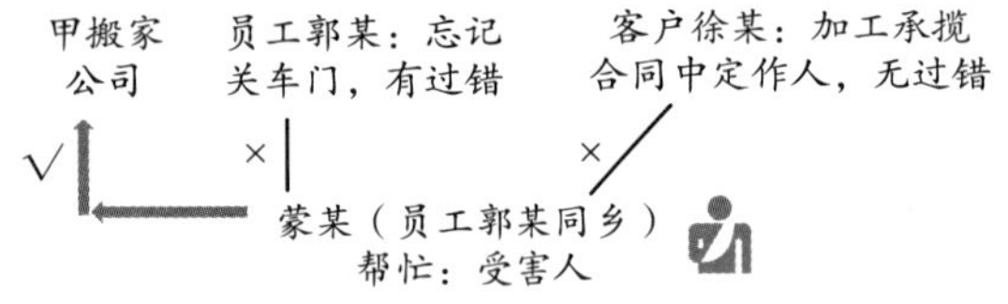

读题技巧

1. 甲搬家公司指派员工郭某为徐某搬家,"因郭某忘记拴上车厢挡板",指向两点:(1)用人单位承担无过错责任。(2)徐某和搬家公司成立加工承揽合同,徐某是委托人,请专业的搬家公司,对选任承揽人无过错,不负侵权责任。2."郭某担心人手不够,请同乡蒙某帮忙",指向两点:(1)帮工责任,帮工中受害,被帮工人是责任主体。(2)帮的是搬家公司,而非郭某个人。3. 蒙某受害,可能指向三个主题的侵权责任,应各自逐一判断:(1)郭某执行职务指向甲公司。(2)蒙某帮工甲公司指向甲公司。(3)徐某是加工承揽合同(搬家合同)的定作人,指向定作人过错侵权。

思路展开

命题点1:用工者责任之用人单位责任。

(1)法律依据:用人单位承担无过错责任,员工不承担责任(故意或重大过失都不承担责任)。①《侵权责任法》第34条第1款,"用人单位的工作人员因执行工作任务造成他人损害的,由用人单位承担侵权责任。"②不再适用《关于审理人身损害赔偿案件适用法律若干问题的解释》第9条第1款,"雇员在从事雇佣活动中致人损害的,雇主应当承担赔偿责任;雇员因故意或者重大过失致人损害的,应当与雇主承担连带赔偿责任。雇主承担连带赔偿责任的,可以向雇员追偿。"

(2)具体到本题:"甲搬家公司指派员工郭某为徐某搬家"+"因郭某忘记拴上车厢挡板,蒙某从车上坠地受伤。"故应由甲搬家公司承担侵权责任。

(3)结论:①"B. 应由甲公司承担赔偿责任",B对,选B。②"C. 应由甲公司与郭某承担连带责任",C错,不选C。

命题点2:帮工侵权,帮工人自己受害,被帮工人承担侵权责任。

(1)帮工受害,被帮人负赔偿责任。《关于审理人身损害赔偿案件适用法律若干问题的解释》第14条,第1款,"帮工人因帮工活动遭受人身损害的,被帮工人应当承担赔偿责任。被帮工人明确拒绝帮工的,不承担赔偿责任;但可以在受益范围内予以适当补偿。"第2款,"帮工人因第三人侵权遭受人身损害的,由第三人承担赔偿责任。第三人不能确定或者没有赔偿能力的,可以由被帮工人予以适当补偿。"

(2)具体到本题:"甲搬家公司指派员工郭某为徐某搬家,郭某担心人手不够,请同乡蒙某帮忙。"蒙某帮的是甲公司,而不是帮郭某。蒙某帮工过程中受害,由被帮工人甲公司承担赔偿责任。

(3)结论:"A. 应由郭某承担赔偿责任",A错,不选A。

命题点3:加工承揽侵权,定作人对定作、指示或选任有过错,负过错侵权责任。

(1)法律依据:《关于审理人身损害赔偿案件适用法律若干问题的解释》第10条,"承揽人在完成工作过程中对第三人造成损害或者造成自身损害的,定作人不承担赔偿责任。但定作人对定作、指示或者选任有过失的,应当承担相应的赔偿责任。"

(2)具体到本题:徐某搬家,找的是搬家公司,签订加工承揽合同。甲公司在提供承揽活动中导致蒙某人身损害,定作人徐某没有过错,据此,定作人徐某无须承担责任。

(3)结论:"D. 应由甲公司与徐某承担连带责任",D错,不选D。

5. **用人者责任之用人单位责任**

甲在乙承包的水库游泳,乙的雇工丙、丁误以为

---

① 参考答案:司法部公布的答案是C,根据2009年《侵权责任法》,修改为B

甲在偷鱼苗将甲打伤。下列哪一说法是正确的？（2009－3－22）

A. 乙、丙、丁应承担连带责任

B. 丙、丁应先赔偿甲的损失，再向乙追偿

C. 只能由丙、丁承担连带责任

D. 只能由乙承担赔偿责任

答案：（　　）①

考点：用人者责任之用人单位责任

解题图构

乙（"用人单位"吸收丙、丁）←——甲（受害人）

思路展开

1. 命题点：用工者责任之用人单位责任。

2. 法律依据：（1）用人单位承担无过错责任，员工不承担责任（故意或重大过失都不承担责任）。《侵权责任法》第34条第1款，"用人单位的工作人员因执行工作任务造成他人损害的，由用人单位承担侵权责任。"（2）不再适用《关于审理人身损害赔偿案件适用法律若干问题的解释》第9条第1款，"雇员在从事雇佣活动中致人损害的，雇主应当承担赔偿责任；雇员因故意或者重大过失致人损害的，应当与雇主承担连带赔偿责任。雇主承担连带赔偿责任的，可以向雇员追偿。"（3）可参照《关于审理人身损害赔偿案件适用法律若干问题的解释》第9条第2款确定的内在关联、外在表象规则来判断"执行工作任务"。"前款所称从事雇佣活动，是指从事雇主授权或者指示范围内的生产经营活动或者其他劳务活动。雇员的行为超出授权范围，但其表现形式是履行职务或者与履行职务有内在联系的，应当认定为从事雇佣活动。"

3. 具体到本题：（1）"乙的雇工丙、丁误以为甲在偷鱼苗将甲打伤"。（2）丙、丁打人超出了雇主乙的授权和指示范围，但其表现形式是执行工作任务，为雇主乙谋取利益，与执行工作任务有内在的联系。（3）乙作为丙、丁的雇主，应当为其雇员丙丁的故意侵权行为承担赔偿责任，故应由乙承担侵权责任。（4）至于乙承担责任后与丙丁内部的关系，启动劳动法。

4. 结论：①"D. 只能由乙承担赔偿责任"，D对，选D。②"A. 乙、丙、丁应承担连带责任"、"B. 丙、丁应先赔偿甲的损失，再向乙追偿"、"C. 只能由丙、丁承担连带责任"，ABC均错，不选ABC。

二、用人者责任之劳务派遣责任

1. 用人者责任之劳务派遣责任

甲电器销售公司的安装工人李某在为消费者黄某安装空调的过程中，不慎从高处掉落安装工具，将路人王某砸成重伤。李某是乙公司的劳务派遣人员，此前曾多次发生类似小事故，甲公司曾要求乙公司另派他人，但乙公司未予换人。下列哪一选项是正确的？（2014－3－21）

A. 对王某的赔偿责任应由李某承担，黄某承担补充责任

B. 对王某的赔偿责任应由甲公司承担，乙公司承担补充责任

C. 甲公司与乙公司应对王某承担连带赔偿责任

D. 对王某的赔偿责任承担应采用过错责任原则

答案：（　　）②

考点：用人者责任之劳务派遣责任、加工承揽中定作人过错侵权、高空施工活动的无过错侵权

解题图构

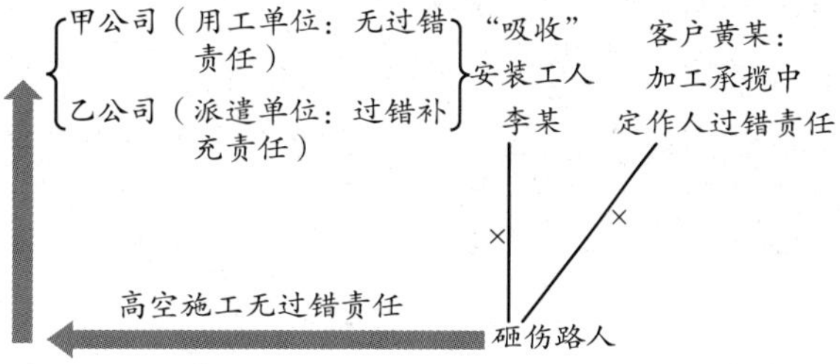

读题技巧

1. 李某是乙公司劳务派遣到甲公司的安装工人，甲公司曾要求乙公司另派他人，乙公司不理会，指向两点：（1）劳务派遣中用工单位甲公司负无过错责任。（2）派遣单位应公司有过错，负过错责任。2."为消费者黄某安装空调"，指向加工承揽侵权中定作人黄某过错侵权责任，无过错不负侵权责任。

---

① 参考答案：司法部公布答案为A，根据《侵权责任法》修改为D。

② 参考答案：B

3.“不慎从高处掉落安装工具，将路人王某砸成重伤”，指向高空施工，适用无过错责任。

思路展开

命题点1：劳务派遣的侵权。

(1)法律依据：《侵权责任法》第34条第2款，“劳务派遣期间，被派遣的工作人员因执行工作任务造成他人损害的，由接受劳务派遣的用工单位承担侵权责任；劳务派遣单位有过错的，承担相应的补充责任。”

(2)具体到本题：“李某是乙公司的劳务派遣人员，此前曾多次发生类似小事故，甲公司曾要求乙公司另派他人，但乙公司未予换人。”甲公司是无过错责任，乙派遣公司是有过错的。故甲公司对路人王某损害承担赔偿责任，由乙公司承担相应的补充责任。

(3)结论：①“B. 对王某的赔偿责任应由甲公司承担，乙公司承担补充责任”，B对，选B。②“C. 甲公司与乙公司应对王某承担连带赔偿责任”，C错，不选C。

命题点2：加工承揽合同中定作人的过错侵权。

(1)法律依据：《关于审理人身损害赔偿案件适用法律若干问题的解释》第10条，“承揽人在完成工作过程中对第三人造成损害或者造成自身损害的，定作人不承担赔偿责任。但定作人对定作、指示或者选任有过失的，应当承担相应的赔偿责任。”

(2)具体到本题：“甲电器销售公司的安装工人李某在为消费者黄某安装空调的过程中，不慎从高处掉落安装工具，将路人王某砸成重伤。”可见，消费者黄某作为定作人，不存在定作、指示或选任的过错，不负侵权责任。

(3)结论：“A. 对王某的赔偿责任应由李某承担，黄某承担补充责任”，A错，不选A。

命题点3：高空作业致人损害，高度危险，应适用无过错责任。

(1)法律依据：《侵权责任法》第73条，“从事高空、高压、地下挖掘活动或者使用高速轨道运输工具【封闭式列举】造成他人损害的，经营者应当承担侵权责任，但能够证明损害是因受害人故意或者不可抗力造成的，不承担责任。被侵权人对损害的发生有过失的，可以减轻经营者的责任。”

(2)具体到本题：不慎从高处掉落安装工具，将路人王某砸成重伤。高空作业，适用无过错责任。

(3)结论：“D. 对王某的赔偿责任承担应采用过错责任原则”，D错，不选D。

(4)即使是从用人者责任场合判断，D也是错误的。因为甲公司承担无过错责任、而乙公司派遣有过错，承担过错补充责任。不是D中的“过错责任原则”。

2. 用人者责任之劳务派遣责任

甲公司为劳务派遣单位，根据合同约定向乙公司派遣搬运工。搬运工丙脾气暴躁常与人争吵，乙公司要求甲公司更换丙或对其教育管理，甲公司不予理会。一天，乙公司安排丙为顾客丁免费搬运电视机，丙与丁发生激烈争吵故意摔坏电视机。对此，下列哪些说法是错误的？(2010－3－70)

A. 甲公司和乙公司承担连带赔偿责任

B. 甲公司承担赔偿责任，乙公司承担补充责任

C. 甲公司和丙承担连带赔偿责任

D. 丙承担赔偿责任，甲公司承担补充责任

答案：(　　)①

考点：用人者责任之劳务派遣责任

解题图构

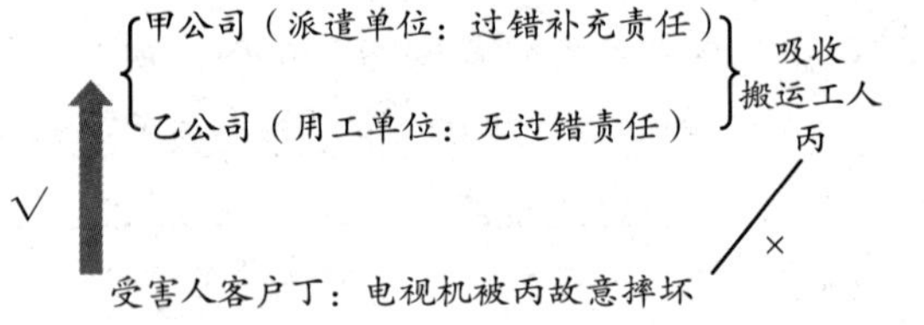

读题技巧

1.“乙公司要求甲公司更换丙或对其教育管理，甲公司不予理会”，指向两点：(1)派遣公司甲公司有过错，负相应的补充责任。(2)用工单位乙公司承担赔偿责任。2.“丙与丁发生激烈争吵故意摔坏电视机”，指向两点：(1)搬运电视机，摔坏电视机，是与执行工作任务相关联，丙仍然是执行工作任务致

① 参考答案：ABCD

丁电视机损坏。(2)工作人员“故意”致害，也不是由工作人员负责任，而仍然由用工单位负无过错责任。3. 注意，是选非题。

思路展开

1. 命题点：用人者责任之劳务派遣责任。

2. 法律依据：《侵权责任法》第34条第2款，“劳务派遣期间，被派遣的工作人员因执行工作任务造成他人损害的，由接受劳务派遣的用工单位承担侵权责任；劳务派遣单位有过错的，承担相应的补充责任。”

3. 具体到本题：(1)劳务派遣单位存在过错。因为“甲公司为劳务派遣单位，根据合同约定向乙公司派遣搬运工。搬运工丙脾气暴躁常与人争吵，乙公司要求甲公司更换丙或对其教育管理，甲公司不予理会。”(2)“乙公司安排丙为顾客丁免费搬运电视机，丙与丁发生激烈争吵故意摔坏电视机。”，可见，丙故意摔坏电视机，是在执行搬运电视机的工作任务时发生，为执行工作任务，启动用人者责任之劳务派遣责任。

4. 结论：(1)正确的责任承担方法是：由乙公司承担赔偿责任，甲公司在过错范围内负补充责任。(2)选项全部表述错误。①“A. 甲公司和乙公司承担连带赔偿责任”；②“B. 甲公司承担赔偿责任，乙公司承担补充责任”；③“C. 甲公司和丙承担连带赔偿责任”；④“D. 丙承担赔偿责任，甲公司承担补充责任”。⑤ABCD表述全部错误，符合题意，选ABCD。

三、用人者责任之个人劳务责任

甲聘请乙负责照看小孩，丙聘请丁做家务。甲和丙为邻居，乙和丁为好友。一日，甲突生急病昏迷不醒，乙联系不上甲的亲属，急将甲送往医院，并将甲的小孩委托给丁临时照看。丁疏于照看，致甲的小孩在玩耍中受伤。下列哪一说法是正确的？(2012－3－21)

A. 乙将甲送往医院的行为属于无因管理

B. 丁照看小孩的行为属于无因管理，不构成侵权行为

C. 丙应当承担甲小孩的医疗费

D. 乙和丁对甲小孩的医疗费承担连带责任

答案：(　　)[①]

考点：无因管理、过错侵权、用人者责任之个人劳务责任

解题图构

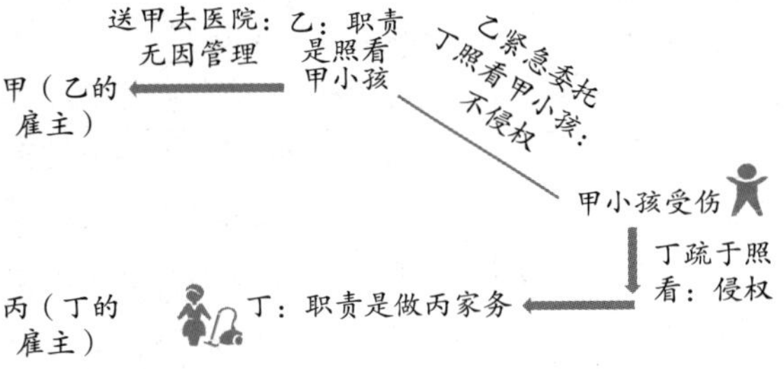

读题技巧

1.“甲聘请乙负责照看小孩，丙聘请丁做家务”。指向：(1)甲、乙形成个人劳务。(2)丙、丁形成个人劳务。(3)不能相互交叉或混淆。2. 乙联系不上甲的亲属，急将甲送往医院，并将甲的小孩委托给丁临时照看。指向两点：(1)乙无因管理。(2)乙转托他人照看小孩无过错，不负侵权责任。3.“丁疏于照看”，指向丁有过错：(1)如是委托合同，有合同义务，但负过错侵权责任。(2)如是无因管理，未适当管理，负过错侵权责任。

思路展开

命题点1：无因管理之债。

(1)法律依据：《民法通则》第93条，“没有法定的或者约定的义务，为避免他人利益受损失进行管理或者服务的，有权要求受益人偿付由此而支付的必要费用。”

(2)法条阐释：无因管理四要件：管理的意思＋管理他人事务＋无义务＋管理适当。

(3)具体到本题：①乙虽受甲聘请，但其职责是照看小孩。②把患病的甲送去医院，不是乙的法定义务或合同义务。③故乙将甲送往医院的行为构成无因管理。

(4)结论：“A. 乙将甲送往医院的行为属于无因管理”A对，选A。

命题点2：基于委托合同提供劳务，不是无

① 参考答案：A

因管理。致人损害，受托人有过错则须承担责任。

（1）法律依据：《侵权责任法》第 6 条第 1 款，"行为人因过错侵害他人民事权益，应当承担侵权责任。"

（2）具体到本题：①"乙联系不上甲的亲属，急将甲送往医院，并将甲的小孩委托给丁临时照看。丁疏于照看，致甲的小孩在玩耍中受伤。"②丁、乙成立无偿委托合同，基于该委托合同，丁负有约定义务（丁与乙的合同义务）照看甲的小孩。③丁不是无因管理。④丁"疏于"照看，具有过错，应负过错侵权责任。⑤退一步讲，即使"丁照看甲的小孩本属于无因管理，但未尽适当管理义务，故构成侵权行为，依据《侵权责任法》第 2 条的规定，应当承担赔偿责任"（司法部解析）。无论如何 B 都错。

（3）结论："B. 丁照看小孩的行为属于无因管理，不构成侵权行为"，B 错，不选 B。

命题点 3：委托人紧急转托没有过错，不承担侵权责任责任。

（1）法律依据：《侵权责任法》第 6 条第 1 款，"行为人因过错侵害他人民事权益，应当承担侵权责任。"

（2）具体到本题：①"乙联系不上甲的亲属，急将甲送往医院，并将甲的小孩委托给丁临时照看。"②故乙为了甲的利益，在紧急情况下将照看小孩的事务转委托于好友丁，合情合理合法，没有过错，不承担责任，存在不与丁承担连带责任的问题。

（3）结论："D. 乙和丁对甲小孩的医疗费承担连带责任"，D 错，不选 D。

命题点 4：用人者责任之个人劳务责任。

（1）法律依据：《侵权责任法》第 35 条，"个人之间形成劳务关系，提供劳务一方因劳务造成他人损害的，由接受劳务一方承担侵权责任。提供劳务一方因劳务自己受到损害的，根据双方各自的过错承担相应的责任。"

（2）具体到本题：①"甲聘请乙负责照看小孩，丙聘请丁做家务。"②甲、乙之间属于个人劳务。③丙、丁之间属于个人劳务。④就丙、丁之间的劳务而言，丁的劳务范围是替丙做家务，而不是替甲照看小孩，虽然"甲、丙是邻居"，但邻居归邻居，谁家请的保姆谁掏钱谁负责。⑤故丁为甲照看小孩，不属于为丙提供劳务范畴。丁疏于照看甲的小孩，丙不负侵权责任。

（3）结论："C. 丙应当承担甲小孩的医疗费"，C 错，不选 C。

常见错误

保姆全能说：乙作为保姆，除负有对雇主家庭生活的照顾外，而且在必要的情况下，也是负有照顾雇主人身健康的义务。故乙把甲送去医院看病不是无因管理。辨析：保姆市场和业务是细分的，义务界限是很清楚的。到底是做家务、照料孩子、还是照料老人，都不同。照料孩子又细分为月嫂和非月嫂。家务还区分为日常和间隔。

四、用人者责任之帮工责任

1. 用人者责任之帮工责任

甲家盖房，邻居乙、丙前来帮忙。施工中，丙因失误从高处摔下受伤，乙不小心撞伤小孩丁。下列哪些表述是正确的？（2014－3－66）

A. 对丙的损害，甲应承担赔偿责任，但可减轻其责任

B. 对丙的损害，甲不承担赔偿责任，但可在受益范围内予以适当补偿

C. 对丁的损害，甲应承担赔偿责任

D. 对丁的损害，甲应承担补充赔偿责任

答案：（　　）①

考点：用人者责任之帮工责任、帮工受害的过失相抵、帮工致害被帮工人的侵权责任

解题图构

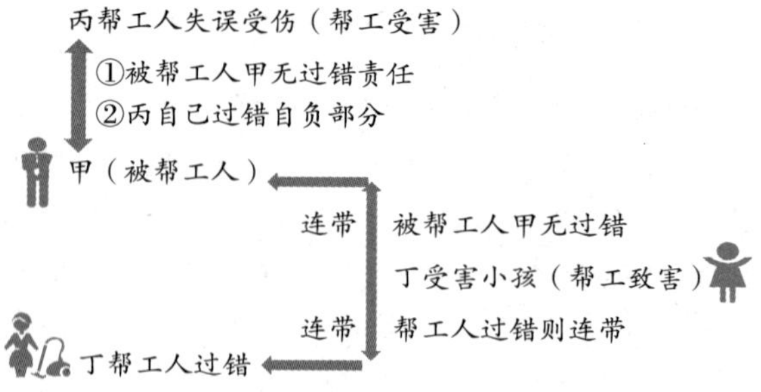

读题技巧

1. "甲家盖房，邻居乙、丙前来帮忙"，指向帮工

① 参考答案：AC

侵权责任。2."丙因失误从高处摔下受伤",指向两点:(1)帮工者受害,被帮工人负无过错责任。(2)"失误"则丙有过错,过错相抵,可以减轻被帮工人甲责任。3."乙不小心撞伤小孩丁",指向两点:(1)帮工致害,被帮工人甲负无过错责任。(2)"不小心"指向重大过失,帮工人乙与甲应负连带责任。4.本题选项中仅考查了被帮工人甲的责任承担问题。

思路展开

命题点1:帮工者"工伤",被帮工人承担无过错责任,但帮工者有过错,可以减轻被帮工人责任。

(1)法律依据:①帮工者"工伤",被帮工人负无过错责任(《关于审理人身损害赔偿案件适用法律若干问题的解释》第14条第1款)第1款,"帮工人因帮工活动遭受人身损害的,被帮工人应当承担赔偿责任。被帮工人明确拒绝帮工的,不承担赔偿责任;但可以在受益范围内予以适当补偿。"关联记忆(帮工者受第三人害):第2款,"帮工人因第三人侵权遭受人身损害的,由第三人承担赔偿责任。第三人不能确定或者没有赔偿能力的,可以由被帮工人予以适当补偿。"②帮工者"工伤"有错,可以减轻被帮工人责任。《侵权责任法》第26条规定:"被侵权人对损害的发生也有过错的,可以减轻侵权人的责任。"

(2)具体到本题:①"丙因失误从高处摔下受伤"。②帮工人"工伤"。③帮工人丙有过错。④故被帮工人甲对丙的损害负无过错责任,同时减轻甲的责任,丙自负一部分责任。

(3)结论:①"A.对丙的损害,甲应承担赔偿责任,但可减轻其责任",A对,选A。②"B.对丙的损害,甲不承担赔偿责任,但可在受益范围内予以适当补偿",B错,不选B。

命题点2:帮工者致人损害(导致非帮工群体中的人损害),被帮工人承担无过错责任。但明确拒绝帮工的,则是不负责任。

(1)法律依据:《关于审理人身损害赔偿案件适用法律若干问题的解释》第13条,"为他人无偿提供劳务的帮工人,在从事帮工活动中致人损害的,被帮工人应当承担赔偿责任。被帮工人明确拒绝帮工的,不承担赔偿责任。帮工人存在故意或者重大过失,赔偿权利人请求帮工人和被帮工人承担连带责任的,人民法院应予支持。"

(2)具体到本题:帮工人乙在帮工活动中致使丁受损害,应由被帮工人甲承担责任。

(3)结论:①"C.对丁的损害,甲应承担赔偿责任",C对,选C。②"D.对丁的损害,甲应承担补充赔偿责任",D错,不选D。

关联:司法部解析:"此外,《侵权责任法》第35条规定:'个人之间形成劳务关系,提供劳务一方因劳务造成他人损害的,由接受劳务一方承担侵权责任。提供劳务一方因劳务自己受到损害的,根据双方各自的过错承担相应的责任'根据该条也可对本题进行正确选择。"评论:本题自不是个人劳务,属于帮工。但是,此有益于提醒我们要关联起来记忆。

2. 用人者责任之帮工责任

甲为父亲祝寿宴请亲友,请乙帮忙买酒,乙骑摩托车回村途中被货车撞成重伤,公安部门认定货车司机丙承担全部责任。经查:丙无赔偿能力。丁为货车车主,该货车一年前被盗,未买任何保险。关于乙人身损害的赔偿责任承担,下列哪一选项是正确的?(2010-3-24)

A. 甲承担全部赔偿责任

B. 甲予以适当补偿

C. 丁承担全部赔偿责任

D. 丁予以适当补偿

答案:(　　)①

考点:帮工者受第三人侵权、机动车侵权责任

解题图构

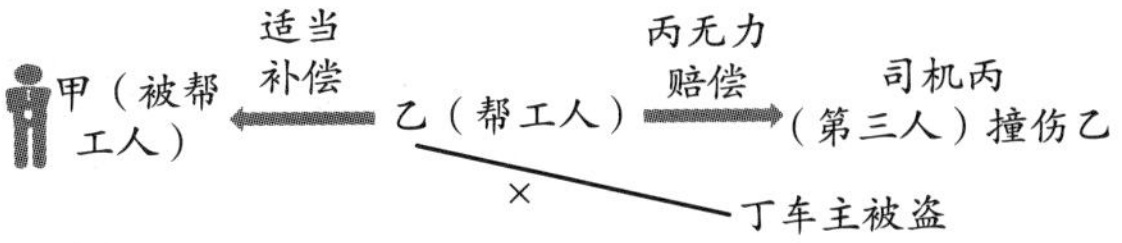

读题技巧

1."甲为父亲祝寿宴请亲友,请乙帮忙买酒",指向帮工者受第三人侵权,由第三人承担侵权责任。2."经查:丙无赔偿能力",指向第三人无赔偿责任,由被帮工人甲适当补偿。3."丁为货车车主,该货车一年前被盗,未买任何保险",指向货车车主丁不承

① 参考答案:B

担机动车侵权责任,而应由丙承担机动车侵权责任。

思路展开

命题点1:帮工者受第三人侵权,由第三人赔偿。第三人无力赔或"蒸发",被帮工人适当补偿。

(1)法律依据:《关于审理人身损害赔偿案件适用法律若干问题的解释》第14条第2款,"帮工人因第三人侵权遭受人身损害的,由第三人承担赔偿责任。第三人不能确定或者没有赔偿能力的,可以由被帮工人予以适当补偿。"

(2)具体到本题:①"甲为父亲祝寿宴请亲友,请乙帮忙买酒,乙骑摩托车回村途中被货车撞成重伤"+"经查:丙无赔偿能力"。②即属于第三人"没有赔偿能力",应有被帮工人甲予以适当补偿,而非由甲承担全部赔偿责任。

(3)结论:①"A. 甲承担全部赔偿责任",A错,不选A。②"B. 甲予以适当补偿",B对,选B。

命题点2:机动车侵权,由机动车使用人承担责任,而非所有人承担责任。

(1)法律依据:①被盗车主不负侵权责任。《侵权责任法》第52条,"盗窃、抢劫或者抢夺的机动车发生交通事故造成损害的,由盗窃人、抢劫人或者抢夺人承担赔偿责任。保险公司在机动车强制保险责任限额范围内垫付抢救费用的,有权向交通事故责任人追偿。"②机动车使用人,车车侵权过错责任。《道路交通安全法》第76条,第1款,"机动车发生交通事故造成人身伤亡、财产损失的,由保险公司在机动车第三者责任强制保险责任限额范围内予以赔偿;不足的部分,按照下列规定承担赔偿责任:(一)机动车之间发生交通事故的,由有过错的一方承担赔偿责任;双方都有过错的,按照各自过错的比例分担责任。(二)机动车与非机动车驾驶人、行人之间发生交通事故,非机动车驾驶人、行人没有过错的,由机动车一方承担赔偿责任;有证据证明非机动车驾驶人、行人有过错的,根据过错程度适当减轻机动车一方的赔偿责任;机动车一方没有过错的,承担不超过百分之十的赔偿责任。"第2款,"交通事故的损失是由非机动车驾驶人、行人故意碰撞机动车造成的,机动车一方不承担赔偿责任。"

(2)具体到本题:①"丁为货车车主,该货车一年前被盗,未买任何保险。"②题干没有交代丙是怎么取得货车的,以及丙是为谁开货车。③则推定丙为自己开货车,丙是货车实际控制人和使用人,由丙负机动车侵权责任。④而不是由机动车的失主丁负机动车侵权责任,因为机动车侵权的风险因素是"活动"的机动车,而丁没有使机动车"活动"起来。

(3)结论:"C. 丁承担全部赔偿责任、D. 丁予以适当补偿",CD均错,不选CD。

3. 用人者责任之帮工责任

甲将数箱蜜蜂放在自家院中槐树下采蜜。在乙家帮忙筹办婚宴的丙在帮乙喂猪时忘关猪圈,猪冲入甲家院内,撞翻蜂箱,使来甲家串门的丁被蛰伤,经住院治疗后痊愈。下列哪一种说法是正确的?(2005-3-2)

A. 甲应对丁的医疗费用承担全部民事责任

B. 乙应对丁的医疗费用承担全部民事责任

C. 丙应对丁的医疗费用承担全部民事责任

D. 乙和丙应对丁的医疗费用承担连带责任

答案:( )①

考点:帮工(无故意或重大过失)致人损害被帮工人负侵权责任、家养动物致人损害无过错责任

解题图构

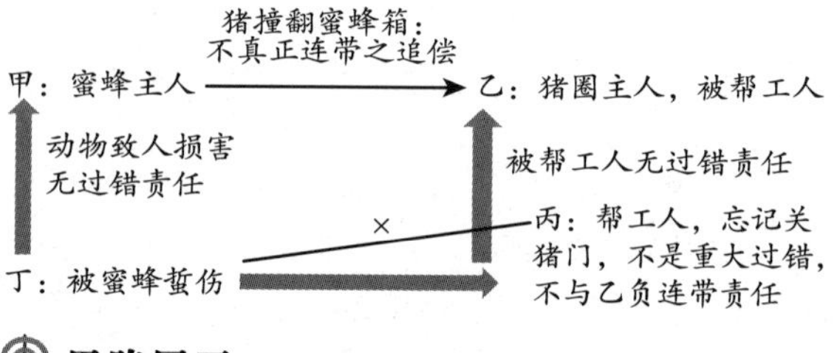

思路展开

命题点1:帮工(无故意或重大过失)致人损害被帮工人负侵权责任。

(1)法律依据:《关于审理人身损害赔偿案件适用法律若干问题的解释》第13条,"为他人无偿提供劳务的帮工人,在从事帮工活动中致人损害的,被帮工人应当承担赔偿责任。被帮工人明确拒绝帮工的,不承担赔偿责任。帮工人存在故意或者重大过失,赔偿权利人请求帮工人和被帮工人承担连带责

① 参考答案:司法部当年公布的答案是B。根据《侵权责任法》第83条,本题正确表述是"可要求甲也可要求乙承担侵权责任。甲承担后可向乙追偿。"

任的，人民法院应予支持。"

(2)具体到本题：①"在乙家帮忙筹办婚宴的丙在帮乙喂猪时忘关猪圈，猪冲入甲家院内，撞翻蜂箱"。②丙属于为乙无偿提供劳务的帮工人。③丙忘了关猪圈是否就属于重大过失或故意呢？a. 所谓故意，是指行为人预见到自己的行为可能发生的损害后果，仍然希望其发生或放任其发生，显然丙并不存在故意。b. 所谓重大过失，是指行为人不仅没有达到法律对他的较高的要求，甚至连法律对普通人的一般要求也未达到。c. 由于一般人不可能预见到猪会跑到他人家中撞翻蜂箱致使某人被蜇伤，因而丙在主观上并无重大过失，不能认定丙忘了关猪圈构成重大过失。④故丙不与被帮工人乙负"连带责任"。

(3)结论：被帮工人乙负侵权责任，帮工人丙不负侵权责任。

命题点2：家养动物致人损害侵权责任，饲养人或管理人负无过错责任。

(1)法律依据：《侵权责任法》第83条，"因第三人的过错致使动物造成他人损害的，被侵权人可以向动物饲养人或者管理人请求赔偿，也可以向第三人请求赔偿。动物饲养人或者管理人赔偿后，有权向第三人追偿。"

(2)具体到本题：①"甲将数箱蜜蜂放在自家院中槐树下采蜜"、"撞翻蜂箱，使来甲家串门的丁被蜇伤"。②乙家的"猪冲入甲家院内，撞翻蜂箱"。③乙家的猪和甲家的蜜蜂，两个动物"配合"，导致丁受害。④乙和甲均无过错责任。甲承担责任后，可向"第三人"乙追偿。

(3)结论：丁"可要求甲也可要求乙承担侵权责任。甲承担后可向乙追偿。"(不真正连带责任)

五、加工承揽中的侵权责任

甲公司经营空调买卖业务，并负责售后免费为客户安装。乙为专门从事空调安装服务的个体户。甲公司因安装人员不足，临时叫乙自备工具为其客户丙安装空调，并约定了报酬。乙在安装中因操作不慎坠楼身亡。下列哪些说法是正确的？(2005－3－62)

A. 甲公司和乙之间是临时雇佣合同法律关系

B. 甲公司和乙之间是承揽合同法律关系

C. 甲公司应承担适当赔偿责任

D. 甲公司不应承担赔偿责任

答案：(　　)①

考点：雇佣合同与加工承揽合同的差异、加工承揽中的侵权责任

读题技巧

1."乙专门从事空调安装服务的个体户"，"甲叫乙自备工具"，"约定报酬"，"安装空调"，指向两点：(1)加工承揽合同，而非雇佣合同。(2)甲无选任、指示的过错。2."甲公司经营空调买卖业务，并负责售后免费为客户安装。"甲公司与客户丙之间参照加工承揽合同处理，丙是定作人，无选任、指示过错不负侵权责任。(本题未考查此点)

思路展开

命题点1：雇佣合同与加工承揽合同的差异。

(1)雇佣合同：当事人约定，一方于一定或不定期限内为他方服劳务，他方给付报酬的合同。

(2)承揽合同：当事人约定一方为他方完成一定工作，他方在工作完成时给付报酬的合同。

(3)差异：①雇佣的根本目的在于给付劳务，以劳务本身为其标的，不对劳务产生的结果负责任，即使受雇人的劳务未产生预期的结果，该受雇人仍可以受领报酬。②承揽的目的在于劳务的结果，即它以完成一定工作为目的，承揽人提供劳务仅是实现目的的手段，其只有在完成一定工作时，才能请求报酬。

(4)具体到本题：①甲、乙之间的合同的目的是完成安装空调这一工作，而不是仅仅在于提供劳务，只有安装好了空调，乙才可以取得相应的报酬。②因此，甲、乙之间的合同属于承揽合同。

(5)结论："A. 甲公司和乙之间是临时雇佣合同法律关系"，A错，不选A。"B. 甲公司和乙之间是承揽合同法律关系"，B对，选B。

命题点2：加工承揽合同中的侵权责任。

(1)法律依据：《关于审理人身损害赔偿案件适

① 参考答案：BD

用法律若干问题的解释》第10条,“承揽人在完成工作过程中对第三人造成损害或者造成自身损害的,定作人不承担赔偿责任。但定作人对定作、指示或者选任有过失的,应当承担相应的赔偿责任。”

(2)具体到本题:乙是专门从事空调安装服务的个体户,是由于自己在安装中操作不慎坠楼身亡,甲对定作、指示和选任并无过失。因此,甲公司不应承担赔偿责任。

(3)结论:①“C. 甲公司应承担适当赔偿责任”,C错,不选D。②“D. 甲公司不应承担赔偿责任”,D对,选D。

第八节 网络服务提供者责任

甲、乙是同事,因工作争执甲对乙不满,写了一份丑化乙的短文发布在丙网站。乙发现后要求丙删除,丙不予理会,致使乙遭受的损害扩大。关于扩大损害部分的责任承担,下列哪一说法是正确的?(2010-3-23)

A. 甲承担全部责任

B. 丙承担全部责任

C. 甲和丙承担连带责任

D. 甲和丙承担按份责任

答案:( )①

考点:网络服务提供者侵权责任

思路展开

1. 命题点:网络服务提供者侵权责任类型:(1)扩大部分负连带责任。(2)放任则全部连带责任。

2. 法律依据:(1)宣示规定:《侵权责任法》第36条,第1款,“网络用户、网络服务提供者利用网络侵害他人民事权益的,应当承担侵权责任。”(2)扩大部分负连带责任:第2款,“网络用户利用网络服务实施侵权行为的,被侵权人有权通知网络服务提供者采取删除、屏蔽、断开链接等必要措施。网络服务提供者接到通知后未及时采取必要措施的,对损害的扩大部分与该网络用户承担连带责任。”(3)放任则全部连带责任。第3款,“网络服务提供者知道网络用户利用其网络服务侵害他人民事权益,未采取必要措施的,与该网络用户承担连带责任。”

3. 具体到本题:“乙发现后要求丙删除,丙不予理会,致使乙遭受的损害扩大。关于扩大损害部分的责任承担”,由网民和网站负连带责任。

4. 结论:“C. 甲和丙承担连带责任”,C对,选C。

第九节 违反安保义务侵权责任

1. 违反安保义务侵权责任

小偷甲在某商场窃得乙的钱包后逃跑,乙发现后急追。甲逃跑中撞上欲借用商场厕所的丙,因商场地板湿滑,丙摔成重伤。下列哪些说法是错误的?(2012-3-67)

A. 小偷甲应当赔偿丙的损失

B. 商场须对丙的损失承担补充赔偿责任

C. 乙应适当补偿丙的损失

D. 甲和商场对丙的损失承担连带责任

答案:( )②

考点:违反安保义务侵权责任

解题图构

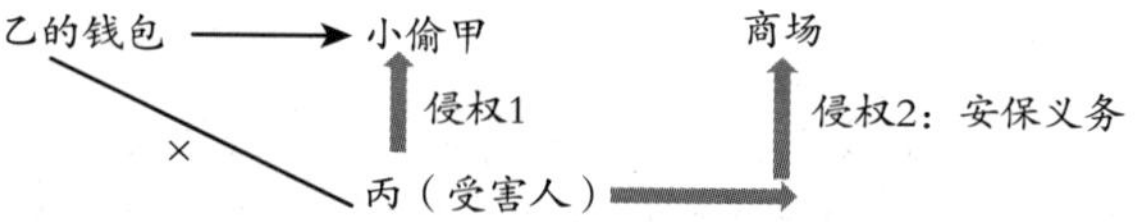

思路展开

命题点1:过错侵权责任。

(1)法律依据:①《侵权责任法》第6条第1款,“行为人因过错侵害他人民事权益,应当承担侵权责任。”②公平责任:《侵权责任法》第24条,“受害人和行为人对损害的发生都没有过错的,可以根据实际情况,由双方分担损失。”

(2)具体到本题:①丙的损害是由甲的过错行为造成的,故甲应当对丙承担赔偿责任。②乙在本案中钱包被偷,急追小偷是正当行为,没有过错,对丙的损害无须承担责任。③小偷甲负侵权责任,被偷者乙不负侵权责任。公平责任的适用前提是“受

① 参考答案:C

② 参考答案:CD

害人和行为人都无过错”，本题是行为人有过错。④注意乙急追小偷不属于正当防卫。因为司法部解析时没有提到，其考查的不是正当防卫。事实上也不构成正当防卫，属于自助行为。因为正当防卫的对象必须是正在实施的侵权行为，小偷已经把钱包偷到手了。

（3）结论：“A. 小偷甲应当赔偿丙的损失”，A对，不符合题意，不选A。“C. 乙应适当补偿丙的损失”，C错，符合题意，选C。

命题点2：违反安保义务侵权责任。

（1）法律依据：①内部侵权，直接责任。《侵权责任法》第37条第1款，“宾馆、商场、银行、车站、娱乐场所等公共场所的管理人或者群众性活动的组织者，未尽到安全保障义务，造成他人损害的，应当承担侵权责任。”②第三人侵权，相应的补充责任。《侵权责任法》第37条第2款，“因第三人的行为造成他人损害的，由第三人承担侵权责任；管理人或者组织者未尽到安全保障义务的，承担相应的补充责任。”

（2）具体到本题：①商场地板湿滑，未尽安全保障义务，应当对丙的损害承担补充赔偿责任。②丙进商场是购买商品还是借用厕所，不影响商场赔偿责任的承担。

（3）结论：①“B. 商场须对丙的损失承担补充赔偿责任”，B对，不符合题意，不选B。②“D. 甲和商场对丙的损失承担连带责任”，D错，符合题意，选D。

2. 违反安保义务侵权责任

某旅行社导游李某带团游览一处地势险峻的景点时，众人争相拍照，李某未提示注意安全，该团游客崔某不慎将唐某撞下陡坡摔伤。下列哪些选项是正确的？（2007－3－65）

A. 旅行社对损害结果不承担赔偿责任

B. 崔某应当对唐某承担赔偿责任

C. 旅行社应当承担补充赔偿责任

D. 李某应当对唐某承担侵权责任

答案：（　　）①

考点：违反安保义务侵权、用人者责任之用人单位责任

读题技巧

1.“旅行社导游李某带团游览”，指向用人者责任之用人单位无过错责任。2.“李某未提示注意安全”、“崔某不慎将唐某撞下陡坡摔伤”，指向两点：（1）崔某过错侵权。（2）旅行社违反安保义务补充责任。

思路展开

命题点1：违反安保义务侵权责任。

（1）法律依据：①内部侵权，直接责任。《侵权责任法》第37条第1款，“宾馆、商场、银行、车站、娱乐场所等公共场所的管理人或者群众性活动的组织者，未尽到安全保障义务，造成他人损害的，应当承担侵权责任。”②第三人侵权，相应的补充责任。《侵权责任法》第37条第2款，“因第三人的行为造成他人损害的，由第三人承担侵权责任；管理人或者组织者未尽到安全保障义务的，承担相应的补充责任。”③《关于审理旅游纠纷案件适用法律若干部题的规定》第7条第1款，“旅游经营者、旅游辅助服务者未尽到安全保障义务，造成旅游者人身损害、财产损失，旅游者请求旅游经营者、旅游辅助服务者承担责任的，人民法院应予支持。”第2款，“因第三人的行为造成旅游者人身损害、财产损失，由第三人承担责任；旅游经营者、旅游辅助服务者未尽安全保障义务，旅游者请求其承担相应补充责任的，人民法院应予支持。”

（2）具体到本题：①“李某未提示注意安全，该团游客崔某不慎将唐某撞下陡坡摔伤。”②崔某即“第三人”，“不慎”，即过错侵权。③崔某负侵权责任。④旅行社负补充责任。

（3）结论：①“A. 旅行社对损害结果不承担赔偿责任”，A错，不选A。②“B. 崔某应当对唐某承担赔偿责任”、“C. 旅行社应当承担补充赔偿责任”，故BC对，选BC。

命题点2：用人者责任之用人单位无过错责任。工作人员不负责任。

（1）法律依据：《侵权责任法》第34条第1款，“用人单位的工作人员因执行工作任务造成他人损害的，由用人单位承担侵权责任。”

（2）具体到本题：①“某旅行社导游李某”＋“李某未提示注意安全”。②李某执行职务存在不作为行为致人损害，应由旅行社负侵权责任。

---

①　参考答案：BC

(3)结论:"D. 李某应当对唐某承担侵权责任",D 错,不选 D。

3. 违反安保义务侵权责任

甲在某酒店就餐,邻座乙、丙因喝酒发生争吵,继而动手打斗,酒店保安见状未出面制止。乙拿起酒瓶向丙砸去,丙躲闪,结果甲头部被砸伤。甲的医疗费应当由谁承担?(2006-3-14)

A. 由乙承担,酒店无责任

B. 由酒店承担,但酒店可向乙追偿

C. 由乙承担,酒店承担补充赔偿责任

D. 由乙和酒店承担连带赔偿责任

答案:(　　)①

考点:违反安保义务侵权责任

读题技巧

1."酒店保安见状未出面制止",指向酒店违反安保义务,负补充责任。2."乙拿起酒瓶向丙砸去,丙躲闪,结果甲头部被砸伤",指向"第三人"乙过错侵权,负侵权责任。3. 神仙打架,百姓遭殃!

思路展开

1. 命题点:违反安保义务侵权责任。

2. 法律依据:(1)内部侵权,直接责任。《侵权责任法》第 37 条,第 1 款,"宾馆、商场、银行、车站、娱乐场所等公共场所的管理人或者群众性活动的组织者,未尽到安全保障义务,造成他人损害的,应当承担侵权责任。"(2)第三人侵权,相应的补充责任。《侵权责任法》第 37 条第 2 款,"因第三人的行为造成他人损害的,由第三人承担侵权责任;管理人或者组织者未尽到安全保障义务的,承担相应的补充责任。"

3. 具体到本题:酒店保安对顾客在酒店内的打斗置之不理,致使顾客甲受伤,应当认为酒店已经违反了其安全保障义务,应对甲的损失承担补充赔偿责任。乙负过错侵权责任。

4. 结论:(1)"C 由乙承担,酒店承担补充赔偿责任",C 对,选 C。(2)"A 由乙承担,酒店无责任"、"B 由酒店承担,但酒店可向乙追偿"、"D. 由乙和酒店承担连带赔偿责任",ABD 都错,不选 ABD。

5. 强调:"B 由酒店承担,但酒店可向乙追偿",提示安保义务违反者承担责任后不得追偿,因为,其承担责任的基础是违反安保义务,有过错。故其责任是终局性责任。

第十节　产品责任

1. 产品责任

李某用 100 元从甲商场购买一只电热壶,使用时因漏电致李某手臂灼伤,花去医药费 500 元。经查该电热壶是乙厂生产的。下列哪一表述是正确的?(2013-3-15)

A. 李某可直接起诉乙厂要求其赔偿 500 元损失

B. 根据合同相对性原理,李某只能要求甲商场赔偿 500 元损失

C. 如李某起诉甲商场,则甲商场的赔偿范围以 100 元为限

D. 李某只能要求甲商场更换电热壶,500 元损失则只能要求乙厂承担

答案:(　　)②

考点:产品责任、请求权竞合、违约损害赔偿

读题技巧

1."100 元价格",遭受"500 元损失",指向无论选择侵权之诉还是违约之诉,这 500 元都可获得支持。2."漏电"、"商场"、"厂家",指向产品责任,李某可选择主张。

思路展开

命题点 1:产品责任。产品缺陷侵权致人损害,受害者可请求生产者或销售者承担侵权责任。(不真正连带)

(1)法律依据:①无过错责任。《侵权责任法》第 41,"因产品存在缺陷造成他人损害的,生产者应当承担侵权责任。"②选择主张。《侵权责任法》第 43 条第 1 款,"因产品存在缺陷造成损害的,被侵权人可以向产品的生产者请求赔偿,也可以向产品的销售者请求赔偿。"③不真正连带。《侵权责任法》

① 参考答案:C

② 参考答案:A

第43条第2款,"产品缺陷由生产者造成的,销售者赔偿后,有权向生产者追偿。"和第3款,"因销售者的过错使产品存在缺陷的,生产者赔偿后,有权向销售者追偿。"

(2)具体到本题:①"李某用100元从甲商场购买一只电热壶,使用时因漏电致李某手臂灼伤"、"经查该电热壶是乙厂生产的"。②李某可向甲商场主张产品责任,也可向乙厂主张产品责任。③500元医药费的损失可以获得支持。

(3)结论:①"A.李某可直接起诉乙厂要求其赔偿500元损失",A对,选A。②"B.根据合同相对性原理,李某只能要求甲商场赔偿500元损失",B错,不选B。③"D.李某只能要求甲商场更换电热壶,500元损失则只能要求乙厂承担",D错,不选D。

命题点2:提起产品违约之诉,索赔范围是损失,而非支付商品的价款。

(1)法律依据:①《合同法》第122条,"因当事人一方的违约行为,侵害对方人身、财产权益的,受损害方有权选择依照本法要求其承担违约责任或者依照其他法律要求其承担侵权责任。"②《合同法》第107条,"当事人一方不履行合同义务或者履行合同义务不符合约定的,应当承担继续履行、采取补救措施或者赔偿损失等违约责任。"③《合同法》第113条第1款,"当事人一方不履行合同义务或者履行合同义务不符合约定,给对方造成损失的,损失赔偿额应当相当于因违约所造成的损失,包括合同履行后可以获得的利益,但不得超过违反合同一方订立合同时预见到或者应当预见到的因违反合同可能造成的损失。"

(2)具体到本题:李某可要求商场承担违约责任,但是不是以100元为限。

(3)结论:"C.如李某起诉甲商场,则甲商场的赔偿范围以100元为限",C错,不选C。

特别注意:

1. B选项的表述,"根据合同相对性原理,李某只能要求甲商场赔偿500元损失"。2. 其陈述的是"根据合同相对性原理",而不是"如果李某提起合同之诉,则……"3. 其"只能"限定的是"甲商场"。4. 如果换成"如果李某提起合同之诉,则……只能",这样表述就是正确的。5. 但是本题是"根据合同相对性原理……只能……"其要表达的意思是,李某只能选择合同之诉(甲商场),没有其他救济渠道,从这个陈述来看,B选项是错误的。5. 故:需要结合题干和选项共同领会选项所表达的意思,尤其是在单选题中更当如此。

2. 产品责任

甲系某品牌汽车制造商,发现已投入流通的某款车型刹车系统存在技术缺陷,即通过媒体和销售商发布召回该款车进行技术处理的通知。乙购买该车,看到通知后立即驱车前往丙销售公司,途中因刹车系统失灵撞上大树,造成伤害。下列哪些说法是正确的?(2011－3－67)

A. 乙有权请求甲承担赔偿责任

B. 乙有权请求丙承担赔偿责任

C. 乙有权请求惩罚性赔偿

D. 甲的责任是无过错责任

答案:(　　)①

考点:产品责任

读题技巧

1. "甲是汽车制造商"、"丙是汽车销售公司",指向两点:(1)产品缺陷侵权无过错责任。(2)生产者和销售者之间就产品缺陷侵权负不真正连带责任,购车者可选择主张。2. "刹车系统技术缺陷"、"甲制造商召回、购车者乙立即驱车前往",指向补救措施不力,应负侵权责任。3. "发现已投入流通……缺陷"、"撞上大树造成伤害",指向不具备惩罚性赔偿前提:生产者、销售者不是明知缺陷;撞上大树,没提到人身损害。

思路展开

命题点1:产品责任,无过错责任。

(1)法律依据:①无过错责任:《侵权责任法》第41,"因产品存在缺陷造成他人损害的,生产者应当承担侵权责任。"②选择主张。《侵权责任法》第43条第1款,"因产品存在缺陷造成损害的,被侵权人可以向产品的生产者请求赔偿,也可以向产品的销售者请求赔偿。"③不真正连带。《侵权责任法》第2款,"产品缺陷由生产者造成的,销售者赔偿后,有权

---

① 参考答案:ABD

向生产者追偿。”和第3款，“因销售者的过错使产品存在缺陷的，生产者赔偿后，有权向销售者追偿。”④缺陷产品召回，补救措施不力，应负侵权责任。《侵权责任法》第46条，“产品投入流通后发现存在缺陷的，生产者、销售者应当及时采取警示、召回等补救措施。未及时采取补救措施或者补救措施不力造成损害的，应当承担侵权责任。”

（2）具体到本题：①刹车系统存在技术缺陷、甲系某品牌汽车制造商、丙销售公司。②刹车有问题，召回就不是一句话，得上门拖车了。故构成“补救措施不力”造成损害。③乙可向汽车生产者甲厂主张。④乙也可向汽车销售者丙销售公司主张。⑤汽车生产者是无过错责任。⑥至于汽车销售者，对外也是无过错者责任，只是内部按过错来进行追偿。本题没有涉及此点。

（3）结论：“A. 乙有权请求甲承担赔偿责任”、“B. 乙有权请求丙承担赔偿责任”、“D. 甲的责任是无过错责任”，ABD都对，选ABD。

命题点2：产品责任惩罚性赔偿事由法定：明知缺陷还生产或销售＋导致人身死亡或严重健康损害，两个要件缺一不可。

（1）法律依据：《侵权责任法》第47条，“明知产品存在缺陷仍然生产、销售，造成他人死亡或者健康严重损害的，被侵权人有权请求相应的惩罚性赔偿。”

（2）具体到本题：①“发现已投入流通的某款车型刹车系统存在技术缺陷”，发现意味着后发现，不是一开始明知缺陷。②故汽车制造商甲不是明知缺陷、汽车销售商丙不是明知缺陷。③“撞上大树，造成伤害”，则意味着没有人身损害。④故本题不具备适用惩罚性赔偿的条件。

（3）结论：“C. 乙有权请求惩罚性赔偿”，C错，不选C。

3. 产品责任

大学生甲在寝室复习功课，隔壁寝室的学生乙、丙到甲寝室强烈要求甲打开电视观看足球比赛，甲只好照办。由于质量问题，电视机突然爆炸，甲、乙、丙三人均受重伤。关于三人遭受的损害，下列哪一选项是正确的？（2010－3－21）

A. 甲可要求电视机的销售者承担赔偿责任

B. 甲可要求乙、丙承担损害赔偿责任

C. 乙、丙无权要求电视机的销售者承担赔偿责任

D. 乙、丙有权要求甲承担损害赔偿责任

答案：（　　）[①]

考点：产品责任

思路展开

命题点1：产品缺陷侵权，保护的一切人，不限于购买产品的人。

（1）法律依据：①无过错责任。《侵权责任法》第41条，“因产品存在缺陷造成他人损害的，生产者应当承担侵权责任。”②选择主张。《侵权责任法》第43条第1款，“因产品存在缺陷造成损害的，被侵权人可以向产品的生产者请求赔偿，也可以向产品的销售者请求赔偿。”③不真正连带。《侵权责任法》第2款，“产品缺陷由生产者造成的，销售者赔偿后，有权向生产者追偿。”和第3款，“因销售者的过错使产品存在缺陷的，生产者赔偿后，有权向销售者追偿。”

（2）具体到本题：①“由于质量问题，电视机突然爆炸，甲乙丙三人均受重伤”。②电视机可能是学校购买的，但是产品缺陷的侵权责任，不受合同相对性限制。③受害者甲乙丙均可以要求销售者承担侵权责任，也可要求生产者承担侵权责任。④销售者和生产者内部有追偿关系，乃不真正连带责任。

（3）结论：①“A. 甲可要求电视机的销售者承担赔偿责任”，A对，选A。②“C. 乙、丙无权要求电视机的销售者承担赔偿责任”，C错，不选C。

命题点2：过错侵权责任。

（1）法律依据：《侵权责任法》第6条第1款，“行为人因过错侵害他人民事权益，应当承担侵权责任。”

（2）具体到本题：①甲对乙丙的损害没有过错。②乙、丙对甲的损害也没有过错（且乙、丙要求甲开电视，与甲受害之间也不存在因果关系，即一般情况下，要求开电视不会导致损害发生，真正导致损害发

① 参考答案：A

生的是电视本身的质量问题)。

(3)结论:①“B. 甲可要求乙、丙承担损害赔偿责任”,B 错,不选 B。②“D. 乙、丙有权要求甲承担损害赔偿责”,D 错,不选 D。

第十一节　机动车交通事故责任

1. 机动车交通事故责任

周某从迅达汽车贸易公司购买了 1 辆车,约定周某试用 10 天,试用期满后 3 天内办理登记过户手续。试用期间,周某违反交通规则将李某撞成重伤。现周某困难,无力赔偿。关于李某受到的损害,下列哪一表述是正确的?(2011－3－6)

A. 因在试用期间该车未交付,李某有权请求迅达公司赔偿

B. 因该汽车未过户,不知该汽车已经出卖,李某有权请求迅达公司赔偿

C. 李某有权请求周某赔偿,因周某是该汽车的使用人

D. 李某有权请求周某和迅达公司承担连带赔偿责任,因周某和迅达公司是共同侵权人

答案:(　　)[①]

考点:机动车侵权、试用买卖、物权变动

读题技巧

1. 本题属“试用汽车交通事故案”,题干和选项都比较简单。2. 本题涉及的是李某的人身伤害问题,未涉及车辆本身损害问题。如问车辆本身损害赔偿问题,又当如何处理?第一,如意外毁损,由试用买卖之出卖人承担风险;第二,如人为因素致损,依合同或侵权处理;如李某有过错,也须依侵权来处理。

思路展开

1. 命题点:机动车侵权责任主体,与机动车物权主体的区分认定。

2. 法律依据:机动车实际使用人和控制人承担机动车侵权责任。《侵权责任法》第 50 条,“当事人之间已经以买卖等方式转让并交付机动车但未办理所有权转移登记,发生交通事故后属于该机动车一方责任的,由保险公司在机动车强制保险责任限额范围内予以赔偿。不足部分,由受让人承担赔偿责任。”

3. 法条阐释:试用买卖是买卖的一种特殊方式,以试用买卖方式进行机动车交易过程中发生的机动车侵权行为,同样应该适用《侵权责任法》第 50 条的规定。并可以扩展到分期付款买卖、赠与、融资租赁等合同中,均应由机动车控制人和使用人承担机动车侵权责任。侵权责任法要解决的是责任承担问题,不是物权归属问题。

4. 具体到本题:(1)“试用期间,周某违反交通规则将李某撞成重伤。”＋“C. 李某有权请求周某赔偿,因周某是该汽车的使用人”。(2)侵权责任承担应由侵权行为人承担,题干信息表明周某违反交通规则,因此造成的危害后果和迅达公司没有关系,故迅达公司不需承担赔偿责任。(3)机动车交付后但尚未办理过户手续的,因该机动车侵权遭受损害的人,有权要求买方即周某承担赔偿责任,但是无权要求机动车所有人承担赔偿责任。应区分物权人和侵权责任承担主体。

5. 结论:C 对,选 C。ABD 错,不选 ABD。

异议辨析

1. 有考生提出异议,认为根据《合同法》的规定,标的物毁损、灭失的风险,在标的物交付之前由出卖人承担,交付之后由买受人承担,但法律另有规定或者当事人另有约定的除外。辨析:本案中,双方约定好试用期满后 3 天内办理登记过户手续,现在车的所有权还在车行。迅达公司作为该车的所有权人,试用期间发生交通事故,自然应该是使用人和所有人共同承担连带责任,故错误地选择了 D 选项。本题案例的焦点是买受人试用买卖标的物发生侵权事故,并非买卖标的物毁损灭失的风险问题。

2. 还有考生认为 A 选项表述很荒唐,既然都试用,当然已经交付了。辨析:A 选项之“因在试用期间该车未交付”中的未交付,并非指未现实转移占有,而是指不构成所有权转移的交付。应结合整体题意来理解字词句的意思,A 选项表述本身无可置喙。

---

① 参考答案:C

2. 机动车交通事故责任

甲以正常速度驾驶汽车(已投保)途中,突遇行人乙在非人行道处横穿公路,甲紧急刹车,但仍将其撞伤。保险公司在机动车第三者责任强制保险责任限额内对乙支付保险金后,乙尚有一部分损害未获赔偿。对于这部分损害赔偿费用的承担问题,下列哪一种说法是正确的? (2005－3－21)

A. 由保险公司承担赔偿责任

B. 由乙自行承担

C. 由甲承担部分赔偿责任

D. 由甲承担全部赔偿责任

答案:(　　)①

考点:机动车侵权

思路展开

1. 命题点:机动车交通事故侵权责任类型:(1)先走交强险。(2)然后,车车事故,过错责任。(3)车人事故,车方有10%的无过错责任。人过错,减轻车方责任。(4)人"碰瓷",车方无责。

2. 法律依据:(1)交强险,车车事故,车人事故:《道路交通安全法》第76条第1款,"机动车发生交通事故造成人身伤亡、财产损失的,由保险公司在机动车第三者责任强制保险责任限额范围内予以赔偿;不足的部分,按照下列规定承担赔偿责任:(一)机动车之间发生交通事故的,由有过错的一方承担赔偿责任;双方都有过错的,按照各自过错的比例分担责任。(二)机动车与非机动车驾驶人、行人之间发生交通事故,非机动车驾驶人、行人没有过错的,由机动车一方承担赔偿责任;有证据证明非机动车驾驶人、行人有过错的,根据过错程度适当减轻机动车一方的赔偿责任;机动车一方没有过错的,承担不超过百分之十的赔偿责任。"(2)碰瓷,车方无责。《道路交通安全法》第76条第2款,"交通事故的损失是由非机动车驾驶人、行人故意碰撞机动车造成的,机动车一方不承担赔偿责任。"

3. 具体到本题:(1)"甲以正常速度驾驶汽车(已投保)途中,突遇行人乙在非人行道处横穿公路,甲紧急刹车,但仍将其撞伤。保险公司在机动车第三者责任强制保险责任限额内对乙支付保险金后,乙尚有一部分损害未获赔偿。"(2)先走了交强险。(3)剩余部分则车方无过错责任。①车方正常速度。②行人横穿公路。③车方紧急刹车,符合"这符合"有证据证明非机动车驾驶人、行人违反道路交通安全法律、法规,机动车驾驶人已经采取必要处置措施的"这一条件,适当减轻甲的责任"。④车方仍负担不超过10%的赔偿责任。

4. 结论:(1)"C. 由甲承担部分赔偿责任",C对。(2)其他"A. 由保险公司承担赔偿责任"、"B. 由乙自行承担"、"D. 由甲承担全部赔偿责任"ABD都错,不选ABD。

第十二节 医疗损害责任

田某突发重病神志不清,田父将其送至医院,医院使用进口医疗器械实施手术,手术失败,田某死亡。田父认为医院在诊疗过程中存在一系列违规操作,应对田某的死亡承担赔偿责任。关于本案,下列哪一选项是正确的? (2016－3－23)

A. 医疗损害适用过错责任原则,由患方承担举证责任

B. 医院实施该手术,无法取得田某的同意,可自主决定

C. 如因医疗器械缺陷致损,患方只能向生产者主张赔偿

D. 医院有权拒绝提供相关病历,且不会因此承担不利后果

答案:(　　)

考点:医疗损害责任的构成要件、医疗损害责任的免责事由

读题技巧

1."田某突发重病神志不清,田父将其送至医院",指向无法取得患者同意,但是可以取得患者他爹同意。2."医院使用进口医疗器械实施手术",指向医疗产品侵权中不真正连带责任的判断。3."田父认为医院在诊疗过程中存在一系列违规操作,应对田某的死亡承担赔偿责任",指向医疗损害的过错责任原则。4. 选项C和D都是脱离题干可以作

① 参考答案:C

答的。

思路展开

命题点1：医疗损害责任适用过错责任原则。

(1)法律依据：《侵权责任法》第54条，"患者在诊疗活动中受到损害，医疗机构及其医务人员有过错的，由医疗机构承担赔偿责任。"

(2)法理阐释：医疗损害责任适用过错责任，且由患者证明医疗机构存在过错。

(3)具体到本题和结论：A. 医疗损害适用过错责任原则，由患方承担举证责任，A对，当选。

命题点2：医疗机构的说明义务和患者的知情权、同意权。

(1)法律依据：①一般情况需要患者书面同意。《侵权责任法》第55条第1款，"医务人员在诊疗活动中应当向患者说明病情和医疗措施。需要实施手术、特殊检查、特殊治疗的，医务人员应当及时向患者说明医疗风险、替代医疗方案等情况，并取得其书面同意；不宜向患者说明的，应当向患者的近亲属说明，并取得其书面同意。"第2款，"医务人员未尽到前款义务，造成患者损害的，医疗机构应当承担赔偿责任。"②紧急情况医疗机构可立即实施医疗措施。《侵权责任法》第56条，"因抢救生命垂危的患者等紧急情况，不能取得患者或者其近亲属意见的，经医疗机构负责人或者授权的负责人批准，可以立即实施相应的医疗措施。"

(2)具体到本题："田某突发重病神志不清，田父将其送至医院"。儿子不省人事，还有父亲呢，田某父亲送田某到医院的。因为能取得其父亲的意见，所以医院不能自行决定实施手术。否则需要承担侵权责任。

(3)结论："B. 医院实施该手术，无法取得田某的同意，可自主决定"，B错，不选。

命题点3：医疗产品侵权，是产品致人损害在医疗活动中的具体适用。医疗产品制造者和医疗产品销售者即医疗机构负不真正连带责任。

(1)法律依据：《侵权责任法》第59条，"因药品、消毒药剂、医疗器械的缺陷，或者输入不合格的血液造成患者损害的，患者可以向生产者或者血液提供机构请求赔偿，也可以向医疗机构请求赔偿。患者向医疗机构请求赔偿的，医疗机构赔偿后，有权向负有责任的生产者或者血液提供机构追偿。"

(2)具体到本题："C. 如因医疗器械缺陷致损，患方只能向生产者主张赔偿"，假设新增事实，如果医疗器械缺陷导致损害，患方"只能"向生产者主张赔偿。错在"只能"。

(3)结论：这个选项完全可以脱离题干做回答。故C错，不选。

命题点4：医疗损害责任三种情形下的过错推定责任，其中之一是医疗机构拒绝提供病历，则推定医疗机构有过错。

(1)法律依据：《侵权责任法》第58条，"患者有损害，因下列情形之一的，推定医疗机构有过错：(一)违反法律、行政法规、规章以及其他有关诊疗规范的规定；(二)隐匿或者拒绝提供与纠纷有关的病历资料；(三)伪造、篡改或者销毁病历资料。"

(2)具体到本题："D. 医院有权拒绝提供相关病历，且不会因此承担不利后果"，D选项是递进了事实，以题干事实为基础，向前推进一步，假设拒绝提供病例，会怎么样。显然，将推定医疗机构有过错，需要承担不利后果。

(3)结论：这个选项也完全可以脱离题干做回答。故D错，不选。

第十三节　环境污染责任

1. 环境污染责任

甲、乙、丙三家公司生产三种不同的化工产品，生产场地的排污口相邻。某年，当地大旱导致河水水位大幅下降，三家公司排放的污水混合发生化学反应，产生有毒物质致使河流下游丁养殖场的鱼类大量死亡。经查明，三家公司排放的污水均分别经过处理且符合国家排放标准。后丁养殖场向三家公司索赔。下列哪一选项是正确的？(2015－3－22)

A. 三家公司均无过错，不承担赔偿责任

B. 三家公司对丁养殖场的损害承担连带责任

C. 本案的诉讼时效是2年

D. 三家公司应按照污染物的种类、排放量等因素承担责任

答案:(　　)①

考点:环境侵权责任

读题技巧

“混合发生化学反应”,就不是单独导致全部损害,可以排除连带责任。

思路展开

命题点1:环境侵权的无过错责任原则。

(1)法律依据:①《侵权责任法》第65条,“因污染环境造成损害的,污染者应当承担侵权责任。”→无过错责任。②《环境保护法》第64条,“因污染环境和破坏生态造成损害的,应当依照《侵权责任法》的有关规定承担侵权责任。”③《环境保护法司法解释》(2015年6月3日起施行)第1条第1款,“因污染环境造成损害,不论污染者有无过错,污染者应当承担侵权责任。污染者以排污符合国家或者地方污染物排放标准为由主张不承担责任的,人民法院不予支持。”

(2)具体到本题:题干信息“三家公司排放的污水均分别经过处理且符合国家排放标准。”虽然三甲公司无过错,但是仍然要承担赔偿责任。

(3)结论:“A.三家公司均无过错,不承担赔偿责任”,A错,不选A。

命题点2:环境侵权的诉讼时效期间是3年。

(1)法律依据:《环境保护法》第66条,“提起环境损害赔偿诉讼的时效期间为三年,从当事人知道或者应当知道其受到损害时起计算。”

(2)结论:“C.本案的诉讼时效是2年”,C错,不选C。

命题点3:环境侵权的责任形式。不足以全部,则按份责任;足以全部,则连带责任。有的足以全部,有的不足以全部,则仅足以全部的负连带责任。

(1)法律依据:不足以全部,则按份责任。《侵权责任法》第12条,“二人以上分别实施侵权行为造成同一损害,能够确定责任大小的,各自承担相应的责任;难以确定责任大小的,平均承担赔偿责任。”《侵权责任法》第67条,“两个以上污染者污染环境,污染者承担责任的大小,根据污染物的种类、排放量等因素确定。”《环境保护法司法解释》第3条第2款,“两个以上污染者分别实施污染行为造成同一损害,每一个污染者的污染行为都不足以造成全部损害,被侵权人根据《侵权责任法》第十二条规定请求污染者承担责任的,人民法院应予支持。”《环境保护法司法解释》第4条,“两个以上污染者污染环境,对污染者承担责任的大小,人民法院应当根据污染物的种类、排放量、危害性以及有无排污许可证、是否超过污染物排放标准、是否超过重点污染物排放总量控制指标等因素确定。”

(2)具体到本题:题干信息:“三家公司排放的污水混合发生化学反应,产生有毒物质致使河流下游丁养殖场的鱼类大量死亡。”请注意是混合反应!故应适用“不足以全部,则按份”。

(3)结论:①“D.三家公司应按照污染物的种类、排放量等因素承担责任”,D对,选D。②“B.三家公司对丁养殖场的损害承担连带责任”,B错,不选B。

(4)延展1:①只有在都足以全部,才是连带责任。②《侵权责任法》第11条,“二人以上分别实施侵权行为造成同一损害,每个人的侵权行为都足以造成全部损害的,行为人承担连带责任。”③《环境保护法司法解释》第3条第1款,“两个以上污染者分别实施污染行为造成同一损害,每一个污染者的污染行为都足以造成全部损害,被侵权人根据侵权责任法第十一条规定请求污染者承担连带责任的,人民法院应予支持。”(5)延展2:①有的足以全部,有的不足以全部,则足以全部的连带。②《环境保护法司法解释》第3条第3款,“两个以上污染者分别实施污染行为造成同一损害,部分污染者的污染行为足以造成全部损害,部分污染者的污染行为只造成部分损害,被侵权人根据侵权责任法第十一条规定请求足以造成全部损害的污染者与其他污染者就共同造成的损害部分承担连带责任,并对全部损害承担责任的,人民法院应予支持。”

常见错误

1.题干中并没有表述出查明了三家公司的种类、排放量,只说查明了都符合标准。此时应认定原因为竞合无法查明的情况,故此应该承担连带责任。

---

① 参考答案:D

2. 如果对外(受害者)不是连带责任,那受害者如何去举证?对受害者如何体现无过错责任?应该是对外连带,对内过错按份责任。

3. 因果关系上看,缺一不可,化学反应是关键。应该是连带责任,内部最后怎么分,是三家企业的问题,首先应该承担连带责任。

4. 实体和程序混淆说:"后丁养殖场向三家公司索赔"如选D,会导致受害人永远不可能指出谁的责任大、谁的责任小,环境侵权基本上就废了。所以,受害人完全可以要求他们连带赔偿,至于他们内部关系,自己花钱去法院打官司。

2. 环境污染责任

某化工厂排放的废水流入某湖后,发生大量鱼类死亡事件。在是否承担赔偿责任问题上,该化工厂的哪些抗辩理由即使有证据支持也不能成立?(2006-3-65)

A. 其排放的废水完全符合规定的排放标准

B. 另一工厂排放的废水足以导致湖中鱼类死亡

C. 该化工厂主观上没有任何过错

D. 原告的赔偿请求已经超过2年的诉讼时效

答案:( )①

考点:污染环境责任

思路展开

命题点1:环境污染无过错责任。

(1)法律依据:①《侵权责任法》第66条,"因污染环境发生纠纷,污染者应当就法律规定的不承担责任或者减轻责任的情形及其行为与损害之间不存在因果关系承担举证责任。"《环境保护法司法解释》第1条第1款,"因污染环境造成损害,不论污染者有无过错,污染者应当承担侵权责任。污染者以排污符合国家或者地方污染物排放标准为由主张不承担责任的,人民法院不予支持。"

(2)法条阐释:环境污染承担无过错责任。符合排放标准免却的是行政法、刑法上责任,对侵权责任不发生影响。司法部:"国家所规定的排污标准,只是环保部门决定排污单位是否要缴纳超标排污费和进行环境管理的依据,并非排污单位是否承担赔偿责任的界限。"

(3)具体到本题:"A. 其排放的废水完全符合规定的排放标准"、"C. 该化工厂主观上没有任何过错",AC两个事由都不成为化工厂不承担环境污染责任的抗辩理由。

(4)结论:AC符合题意,选AC。

命题点2:环境污染侵权中的多数人侵权。

(1)法律依据:①共同侵权则负连带责任。《环境保护法司法解释》第2条,"两个以上污染者共同实施污染行为造成损害,被侵权人根据侵权责任法第八条规定请求污染者承担连带责任的,人民法院应予支持。"→《侵权责任法》第8条,"二人以上共同实施侵权行为,造成他人损害的,应当承担连带责任。"②都足以全部,则连带。《环境保护法司法解释》第3条第1款,"两个以上污染者分别实施污染行为造成同一损害,每一个污染者的污染行为都足以造成全部损害,被侵权人根据侵权责任法第十一条规定请求污染者承担连带责任的,人民法院应予支持。"③不足以全部,则按份。《环境保护法司法解释》第3条第2款,"两个以上污染者分别实施污染行为造成同一损害,每一个污染者的污染行为都不足以造成全部损害,被侵权人根据侵权责任法第十二条规定请求污染者承担责任的,人民法院应予支持。"④有的足以全部,有的不足以全部,则足以全部的就共同造成损害部分负连带责任。《环境保护法司法解释》第3条第3款,"两个以上污染者分别实施污染行为造成同一损害,部分污染者的污染行为足以造成全部损害,部分污染者的污染行为只造成部分损害,被侵权人根据侵权责任法第十一条规定请求足以造成全部损害的污染者与其他污染者就共同造成的损害部分承担连带责任,并对全部损害承担责任的,人民法院应予支持。"

(2)具体到本题:"B. 另一工厂排放的废水足以导致湖中鱼类死亡",这不能是化工厂免责的抗辩事由。

(3)结论:B符合题意,选B。

命题点3:环境污染责任诉讼时效是3年,不是2年。

(1)法律依据:《环境保护法》第66条,"提起环境损害赔偿诉讼的时效期间为三年,从当事人知道

① 参考答案:ABCD

或者应当知道其受到损害时起计算。”

(2)具体到本题:“D. 原告的赔偿请求已经超过2年的诉讼时效”,化工厂的这个抗辩理由不成立。

(3)结论:D符合题意,选D。

第十四节　饲养动物损害责任

1. 饲养动物损害责任

关于动物致害侵权责任的说法,下列哪些选项是正确的?(2015-3-67)

A. 甲8周岁的儿子翻墙进入邻居院中玩耍,被院内藏獒咬伤,邻居应承担侵权责任

B. 小学生乙和丙放学途经养狗的王平家,丙故意逗狗,狗被激怒咬伤乙,只能由丙的监护人对乙承担侵权责任

C. 丁下夜班回家途经邻居家门时,未看到邻居饲养的小猪趴在路上而绊倒摔伤,邻居应承担侵权责任

D. 戊带女儿到动物园游玩时,动物园饲养的老虎从破损的虎笼蹿出将戊女儿咬伤,动物园应承担侵权责任

答案:(　　)①

考点:动物侵权

读题技巧

1. 一个题干带四个选项,各自判断。2. 藏獒,为烈性、危险动物,指向绝对责任。3.“只能”表述过于绝对。4. 小猪趴在路上致人损害,误导考生认为小猪无积极进攻行为,不构成侵权。5. 虎笼破损,指向动物园管理失职的过错。

思路展开

命题点1:藏獒,是危险动物,致人损害适用绝对责任,只有一个免责事由,即受害人故意。

(1)法律依据:《侵权责任法》第80条,“禁止饲养的烈性犬等危险动物造成他人损害的,动物饲养人或者管理人应当承担侵权责任。”

(2)结论:“A. 甲8周岁的儿子翻墙进入邻居院中玩耍,被院内藏獒咬伤,邻居应承担侵权责任”,A对,选A。

命题点2:逗狗,是一般动物,致人损害适用无过错责任。

(1)法律依据:《侵权责任法》第83条,“因第三人的过错致使动物造成他人损害的,被侵权人可以向动物饲养人或者管理人请求赔偿,也可以向第三人请求赔偿。动物饲养人或者管理人赔偿后,有权向第三人追偿。”

(2)第三人是“无限”人,则指向《侵权责任法》第32条第1款,“无民事行为能力人、限制民事行为能力人造成他人损害的,由监护人承担侵权责任。监护人尽到监护责任的,可以减轻其侵权责任。”

(3)结论:“B. 小学生乙和丙放学途经养狗的王平家,丙故意逗狗,狗被激怒咬伤乙,只能由丙的监护人对乙承担侵权责任”,B错,错在“只能”,因为狗的饲养人王平也要承担责任。故不选B。

命题点3:小猪,是一般动物,致人损害适用无过错责任。

(1)法律依据:《侵权责任法》第78条,“饲养的动物造成他人损害的,动物饲养人或者管理人应当承担侵权责任,但能够证明损害是因被侵权人故意或者重大过失造成的,可以不承担或者减轻责任。”

(2)结论:“C. 丁下夜班回家途经邻居家门时,未看到邻居饲养的小猪趴在路上而绊倒摔伤,邻居应承担侵权责任”C对,选C。

(3)原理:动物的危险来自饲养人和管理人,因为它会“动”,一会这儿,一会那儿,管理不当使得危险暴发。可见,动物积极行为+动物消极行为,均属于侵权的不同表现形态。

命题点4:老虎,是动物园动物,致人损害过错推定责任。

(1)法律依据:《侵权责任法》第81条,“动物园的动物造成他人损害的,动物园应当承担侵权责任,但能够证明尽到管理职责的,不承担责任。”

(2)结论:“D. 戊带女儿到动物园游玩时,动物园饲养的老虎从破损的虎笼蹿出将戊女儿咬伤,动物园应承担侵权责任”,D对,选D。

常见错误

---

① 参考答案:ACD

1. 翻墙被藏獒咬监护有错说。8岁小孩的父母未尽到监护责任,造成小孩翻墙进入邻居家,邻居也不可能想到一个8岁的小孩子会翻墙过来,因此小孩子的监护人有重大过失,故邻居可以不承担侵权责任。

2. 猪的独立动作说。须是动物的独立动作加害于他人。该题中猪没有用独立动作加害他人,不符合动物致害的要件。

3. 小猪不经典说。C选项中被猪绊倒,并非“狗咬人、鸡啄人、猪拱人”等典型的动物侵权情形,因此不应当构成动物致人损害的侵权。

4. 小猪静静说。小猪自己在哪儿并没有实施任何侵权行为,只是静静地待在那,是因为其他不可抗力原因,因为天黑,没有看清,才使人受到损害,所以不应该选C。

5. 小猪石头说。此时静态的小猪只是一个普通的物体,像个石头,如果一个人不小心被石头绊倒了,能说石头侵权了么?

6. 人绊倒人不侵权,何况一只无辜的小猪说。小猪是正常的行为,没有任何过错,入罪举轻以明重,人绊倒人尚不会追究侵权责任,更何况是一头无辜的小猪,答案太过牵强了,不应当被选。因此,C不选。

7. 命题人狭隘说。命题人真的是太狭隘,这种情况在城乡结合部和农村司空见惯,踢到一只猪,碰到几只鸭,阿猫阿狗到处跑,很正常。这算什么动物侵权?就知道闭门造车。

8. 吹毛求疵+浮想联翩型。C选项不选,题干表述不严谨,可以理解为行为人未看到小猪而被别的物体绊倒,而且行为人的损害是由于下夜班视线模糊,而不是由于小猪的原因造成的。辨析:命题人对此理解表示叹服!天才。冷静想一想,别忘了题干,“关于动物致害侵权责任的说法”,这是我们答题的起点和出发点。

2. 饲养动物损害责任

赵某将一匹易受惊吓的马赠给李某,但未告知此马的习性。李某在用该马拉货的过程中,雷雨大作,马受惊狂奔,将行人王某撞伤。下列哪一选项是正确的?(2007-3-9)

A. 应由赵某承担全部责任

B. 应由李某承担责任

C. 应由赵某与李某承担连带责任

D. 应由李某承担主要责任,赵某也应承担一定的责任

答案:(　　)[1]

考点:饲养动物损害责任、规范竞合(合同法与侵权责任法)

思路展开

命题点1:饲养动物致人损害责任,无过错责任。

(1)法律依据。《侵权责任法》第78条,“饲养的动物造成他人损害的,动物饲养人或者管理人应当承担侵权责任,但能够证明损害是因被侵权人故意或者重大过失造成的,可以不承担或者减轻责任。”

(2)具体到本题:①李某是马的饲养人和管理人,应承担无过错责任。②马受惊伤人是因为雷雨这种不可抗力,而不是受害人过错。③虽然动物饲养人李某也同样没有过错,但是饲养动物侵权适用无过错责任,除非有法定免责事由,否则即使没有过错,依然要承担侵权责任。

(3)结论:“B. 应由李某承担责任”,B对,选B。

命题点2:赠与人对赠与无瑕疵的责任,应仅适用《合同法》,不能再启动《侵权责任法》第78条,也不能再启动《侵权责任法》第6条第1款了。

(1)法律依据:《合同法》第191条第1款,“赠与的财产有瑕疵的,赠与人不承担责任。附义务的赠与,赠与的财产有瑕疵的,赠与人在附义务的限度内承担与出卖人相同的责任。”《合同法》第191条第2款,“赠与人故意不告知瑕疵或者保证无瑕疵,造成受赠人损失的,应当承担损害赔偿责任。”

(2)法条阐释:《合同法》对赠与人存在优待,仅限于三种情形赠与人才负担赠与物(包括动物)的瑕疵担保责任:附义务赠与(在附义务限度内,因为义务某种意义上是一种对价);故意不告知瑕疵;保证无瑕疵。

(3)具体到本题:①“赵某将一匹易受惊吓的马赠给李某,但未告知此马的习性”,易受惊吓的“习

① 参考答案:B

性”不等于“瑕疵”。②不存在三种情形中的任何一种情形,故赠与人赵某不承担侵权责任。

(4)结论:“A.应由赵某承担全部责任”、“C.应由赵某与李某承担连带责任”、“D.应由李某承担主要责任,赵某也应承担一定的责任”ACD 均错,不选 ACD。

第十五节 物件损害责任

1. 物件损害责任之“高空抛砚台”的公平责任

张小飞邀请关小羽来家中做客,关小羽进入张小飞所住小区后,突然从小区的高楼内抛出一块砚台,将关小羽砸伤。关于砸伤关小羽的责任承担,下列哪一选项是正确的?(2016-3-24)

A.张小飞违反安全保障义务,应承担侵权责任

B.顶层业主通过证明当日家中无人,可以免责

C.小区物业违反安全保障义务,应承担侵权责任

D.如查明砚台系从 10 层抛出,10 层以上业主仍应承担补充责任

答案:(　　)①

考点:高空抛物的物件致人损害公平责任、安保义务侵权

读题技巧

1. 张小飞邀请关小羽来家中做客,指向张小飞是业主,不启动安保义务侵权。2. 突然从小区的高楼内抛出一块砚台,将关小羽砸伤,指向小区物业不承担安保义务侵权责任。3. B、D 选项新增假设事实再做判断。

思路展开

命题点1:安保义务侵权的主体限于公共场所的管理人或群众性活动的组织者,不包括小区业主或小区物业。

(1)法律依据:①《侵权责任法》第 37 条第 1 款,宾馆、商场、银行、车站、娱乐场所等公共场所的管理人或者群众性活动的组织者,未尽到安全保障义务,造成他人损害的,应当承担侵权责任。第 2 款,因第三人的行为造成他人损害的,由第三人承担侵权责任;管理人或者组织者未尽到安全保障义务的,承担相应的补充责任。②安保义务侵权的两个类型:内部侵权和外部侵权。内部侵权中继续下分为场所侵权(如路灯掉落)和组织侵权(如发生踩踏)。

(2)具体到本题:①“张小飞邀请关小羽来家中做客”,张小飞作为小区业主,不是安保义务侵权主体。②“小区的高楼内抛出一块砚台”,司法部解析原文:小区物业不属于银行等公共场所的管理人或群众性活动的组织者。方某认为司法部的这段解析对此应该这么理解:在本案中,小区物业不是安保义务侵权的主体。③小区物业并非一概不可能启动安保义务侵权,比如小区保安怠于履行职责加之小区摄像头坏了物业没有维修,导致业主家中失窃,实务中有法院判决物业公司负安保义务侵权责任。

(3)结论:“A.张小飞违反安全保障义务,应承担侵权责任”、“C.小区物业违反安全保障义务,应承担侵权责任”,AC 均错误,不选。

命题点2:高空抛物致人损害的公平责任,由可能加害的建筑物使用人给予补偿,能够证明自己不是侵权人,免除责任。

(1)法律依据:①《侵权责任法》第 87 条,“从建筑物中抛掷物品或者从建筑物上坠落的物品造成他人损害,难以确定具体侵权人的,除能够证明自己不是侵权人的外,由可能加害的建筑物使用人给予补偿。”②有两种人无须补偿:一种是根本不可能是加害人的;另一种是证明自己不是侵权人的。③“可能加害”的建筑物使用人按份补偿。④是补偿,而非赔偿。

(2)具体到本题:①“关小羽进入张小飞所住小区后,突然从小区的高楼内抛出一块砚台,将关小羽砸伤。”启动高空抛物致人损害的公平责任。②B 和 D 选项都是新增题干没有交代的假设事实进行判断。③B.顶层业主通过证明当日家中无人,可以免责,属于证明不是侵权人的,无须补偿。④D.如查明砚台系从 10 层抛出,10 层以上业主仍应承担补充责任,这是错误的,因为 10 层以上业主属于根本不可能加害的人,无须补偿。

(3)结论:B 对,选。D 错,不选。

---

① 参考答案:B

(4)比对记忆:①高空抛物公平责任,证明自己不是就可以免责。公平责任之《侵权责任法》第87条,“从建筑物中抛掷物品或者从建筑物上坠落的物品造成他人损害,难以确定具体侵权人的,除能够证明自己不是侵权人的外,由可能加害的建筑物使用人给予补偿。”②共同危险,证明谁是责任人才可以免责,一旦证明失败,则负连带责任:危险责任之《侵权责任法》第10条,“二人以上实施危及他人人身、财产安全的行为,其中一人或者数人的行为造成他人损害,能够确定具体侵权人的,由侵权人承担责任;不能确定具体侵权人的,行为人承担连带责任。”③高空抛物是一开始就不知道是谁干的;危险责任是一开始虽然不知道具体是谁干的,但是能够敲死具体的危险参与人范围。

常见错误

1. 有考生认为,B选项只证明家中无人是不够的,因为你虽然家中无人,但是你可能是在楼顶扔的。方某解释如下:①选项要表达的意思是你家中无人,就是你根本不在小区里的意思。所以不可能说你家中无人,但是在楼顶去“高空抛物”。②在楼顶扔的是一个新的假设事实,是题干和选项没有交代的事实。

2. 有考生认为,B选项“B. 顶层业主通过证明当日家中无人,可以免责”,使用“可以免责”是错误的,应该用“应当免责”。方某解释如下:可以免责表述非常准确,是一种授权性意思,你也可以主动承担责任,不主张免责。

2. 物件损害责任之地下设施“粪坑”的过错推定责任

4名行人正常经过北方牧场时跌入粪坑,1人获救3人死亡。据查,当地牧民为养草放牧,储存牛羊粪便用于施肥,一家牧场往往挖有三四个粪坑,深者达三四米,之前也发生过同类事故。关于牧场的责任,下列哪些选项是正确的?(2016-3-67)

A. 应当适用无过错责任原则

B. 应当适用过错推定责任原则

C. 本案情形已经构成不可抗力

D. 牧场管理人可通过证明自己尽到管理职责而免责

答案:(　　)①

考点:物件致人损害之地下设施的过错推定责任、不可抗力免责

读题技巧

1.“跌入粪坑”,指向地下设施致人损害的过错推定归责。2.“之前也发生过同类事故”,指向是人祸,而非不可抗力。3.“牧场管理人可通过证明自己尽到管理职责而免责”,D选项属于新增事实,单独做判断。

思路展开

命题点1:地下设施致人损害,过错推定责任。

(1)法律依据:①地面或地下施工侵权负过错责任。《侵权责任法》第91条第1款,“在公共场所或者道路上挖坑、修缮安装地下设施等,没有设置明显标志和采取安全措施造成他人损害的,施工人应当承担侵权责任。”②地下设施致人损害负过错推定责任。《侵权责任法》第91条第2款,“窨井等地下设施造成他人损害,管理人不能证明尽到管理职责的,应当承担侵权责任。”③《侵权责任法》第91条第1款和第2款的差异:第1款是施工侵权,过错责任。第2款是设施侵权,过错推定责任。④司法部解析原文:“重要的是区分‘在公共场所或道路上挖坑、修缮安装地下设施等’与‘窨井等地下设施造成他人损害’这两种不同情形,从而避免将‘通过证明自己尽到管理职责而免责’混淆为‘设置明显标志和采取安全措施造成他人损害的’免责”。⑤这段话的意思是:地面或地下施工侵权,施工人设置明显标志和采取安全措施,就没有过错,不负侵权责任,这是过错归责;而地下设施侵权,推定管理人有过错,除非他能证明自己尽到管理职责,这是过错推定。

(2)具体到本题:①“4名行人正常经过北方牧场时跌入粪坑,1人获救3人死亡”+“一家牧场往往挖有三四个粪坑,深者达三四米”。②不是施工侵权,而是地下设施致人损害的侵权,启动过错推定,而非过错归责,更不是无过错归责。③地下设施粪坑的管理人可通过证明自己尽到管理职责而免责。

---

① 参考答案:BD

④D 选项是假设了一个新增事实，D. 牧场管理人可通过证明自己尽到管理职责而免责，这是正确的。其假设的是：如果牧场管理人证明自己尽到管理职责。实质上，这与大题干是相反的，因为大题干已经交代了本案属于人祸。然后 D 选项给出了一个与题干事实相反的新增事实，这也是一种设置选项的方法，请考友习惯该思维套路。

(3)结论："A. 应当适用无过错责任原则"，A 错，不选。"B. 应当适用过错推定责任原则"，B 对，选。D. 牧场管理人可通过证明自己尽到管理职责而免责，D 对，选。

命题点 2：不可抗力的判断。

(1)法律依据：①《民法总则》第 180 条第 1 款，"因不可抗力不能履行民事义务的，不承担民事责任。法律另有规定的，依照其规定。第 2 款，不可抗力是指不能预见、不能避免且不能克服的客观情况。"②《侵权责任法》第 29 条，"因不可抗力造成他人损害的，不承担责任。法律另有规定的，依照其规定。"

(2)具体到本题："深者达三四米，之前也发生过同类事故"，本案属于人祸，而非不可预见、不能避免且不能克服的客观情况。

(3)结论："C. 本案情形已经构成不可抗力"，C 错，不选。

3. 物件损害责任之悬挂物坠落的过错推定责任

大华商场委托飞达广告公司制作了一块宣传企业形象的广告牌，并由飞达公司负责安装在商场外墙。某日风大，广告牌被吹落砸伤过路人郑某。经查，广告牌的安装存在质量问题。关于郑某的损害，下列哪一选项是正确的？(2008－3－16)

A. 大华商场承担赔偿责任，飞达公司承担补充赔偿责任

B. 飞达公司承担赔偿责任，大华商场承担补充赔偿责任

C. 大华商场承担赔偿责任，但其有权向飞达公司追偿

D. 飞达公司承担赔偿责任，大华商场不承担责任

答案：(　　)①

考点：物件损害之悬挂物坠落的过错推定责任

解题图构

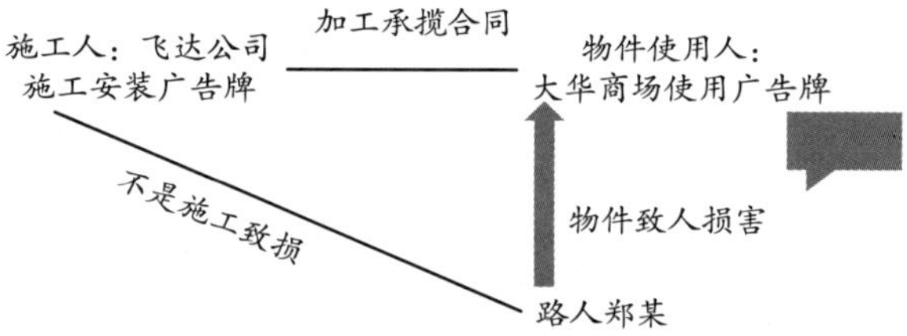

思路展开

1. 命题点：物件损害责任之悬挂物坠落的过错推定责任，本题考查的不是施工过程中致人损害，而是施工结束后，建筑物上的悬挂物坠落致人损害，应由建筑物所有人、管理人或使用人承担过错推定责任，以强化其责任心。有其他责任人的，内部再去追偿。

2. 法律依据：《侵权责任法》第 85 条，"建筑物、构筑物或者其他设施及其搁置物、悬挂物发生脱落、坠落造成他人损害，所有人、管理人或者使用人不能证明自己没有过错的，应当承担侵权责任。所有人、管理人或者使用人赔偿后，有其他责任人的，有权向其他责任人追偿。"

3. 具体到本题："大华商场委托飞达广告公司制作了一块宣传企业形象的广告牌，并由飞达公司负责安装在商场外墙"，故大华商场是悬挂广告牌的商场所有人、管理人、使用人，应承担过错推定责任。实际表明，"经查，广告牌的安装存在质量问题。"大华商场具有过错，应承担侵权责任。大华商场承担侵权责任后，可以向加工人飞达广告公司追偿。(基于加工承揽合同)

4. 结论："C. 大华商场承担赔偿责任，但其有权向飞达公司追偿"，C 对，选 C。其他"A. 大华商场承担赔偿责任，飞达公司承担补充赔偿责任"、"B. 飞达公司承担赔偿责任，大华商场承担补充赔偿责任"、"D. 飞达公司承担赔偿责任，大华商场不承担责任"，ABD 都错，不选 ABD。

① 参考答案：C

第十六节 侵权责任承担

侵权责任赔偿范围

王某以5万元从甲商店购得标注为明代制品的瓷瓶一件，放置于家中客厅。李某好奇把玩，不慎将瓷瓶摔坏。经鉴定，瓷瓶为赝品，市场价值为100元，甲商店系知假卖假。王某下列请求哪些是合法的？(2008－3－63)

A. 要求甲商店赔偿10万元

B. 要求甲商店赔偿5万元

C. 要求李某赔偿5万元

D. 要求李某赔偿100元

答案：(　　)①

考点：侵权损害赔偿范围、惩罚性损害赔偿

思路展开

命题点1：惩罚性赔偿。

(1)法律依据：《消费者权益保护法》第55条第1款，"经营者提供商品或者服务有欺诈行为的，应当按照消费者的要求增加赔偿其受到的损失，增加赔偿的金额为消费者购买商品的价款或者接受服务的费用的三倍；增加赔偿的金额不足五百元的，为五百元。法律另有规定的，依照其规定。"《消费者权益保护法》第55条第2款，"经营者明知商品或者服务存在缺陷，仍然向消费者提供，造成消费者或者其他受害人死亡或者健康严重损害的，受害人有权要求经营者依照本法第四十九条、第五十一条等法律规定赔偿损失，并有权要求所受损失二倍以下的惩罚性赔偿。"

(2)具体到本题："5万元从甲商店购得标注为明代制品的瓷瓶"＋"瓷瓶为赝品，市场价值为100元，甲商店系知假卖假"＝王某可要求甲商店承担增加标的额三倍的惩罚性赔偿，即15万元。既然都可以要求15万元，那更可以主张10万元、5万元。

(3)结论："A. 要求甲商店赔偿10万元"、"B. 要求甲商店赔偿5万元"，AB均对，选AB。

命题点2：过错侵权赔偿范围，折价赔偿，"市场价"。

(1)法律依据：《民法通则》第117条第1款"侵占国家的、集体的财产或者他人财产的，应当返还财产，不能返还财产的，应当折价赔偿。"第2款，"损坏国家的、集体的财产或者他人财产的，应当恢复原状或者折价赔偿。"《侵权责任法》第19条，"侵害他人财产的，财产损失按照损失发生时的市场价格或者其他方式计算。"

(2)具体到本题："李某好奇把玩，不慎将瓷瓶摔坏"，李某构成过错侵权。"瓷瓶为赝品，市场价值为100元"，李某赔偿100元。

(3)结论：①"C. 要求李某赔偿5万元"，C错，不选C。②"D. 要求李某赔偿100元"D对，选D。

特别注意：

1. 关于"B. 要求甲商店赔偿5万元"真实意图。2. 司法部解析："《合同法》第54条的相关规定，一方以欺诈、胁迫的手段或者乘人之危，使对方在违背真实意思的情况下订立的合同，受损害方有权请求人民法院或者仲裁机构变更或者撤销。所以王某可以以欺诈为由撤销合同，要求甲商店赔偿5万元损失。"3. 这个思维的路径更加值得我们重视！

① 参考答案：ABD

8 第八编 知识产权

第三十章 知识产权

第一节 著作权

一、著作权的客体：作品

1. 具有独创性才是作品

清风艺术馆将其收藏的一批古代名家绘画扫描成高仿品，举办了"古代名画精品展"，并在入场券上以醒目方式提示"不得拍照、摄影"。唐某购票观展时趁人不备拍摄了展品，郑某则购买了该批绘画的纸质高仿版，扫描后将其中"清风艺术馆珍藏、复制必究"的标记清除。事后，唐某、郑某均在某电商网站出售各自制作的该批绘画的高仿品，也均未注明来源于艺术馆。艺术馆发现后，向电商发出通知，要求立即将两人销售的高仿品下架。对此，下列哪一说法是正确的？(2016－3－11)

A. 唐某、郑某侵犯了艺术馆的署名权

B. 郑某实施了删除权利管理信息的违法行为

C. 唐某未经许可拍摄的行为构成违约

D. 电商网站收到通知后如不采取措施阻止唐某、郑某销售该高仿品，应向艺术馆承担赔偿责任

答案：(　　)①

考点：作品独创性的判断、署名权、权利管理信息、电商帮助侵权和违约责任

解题图构

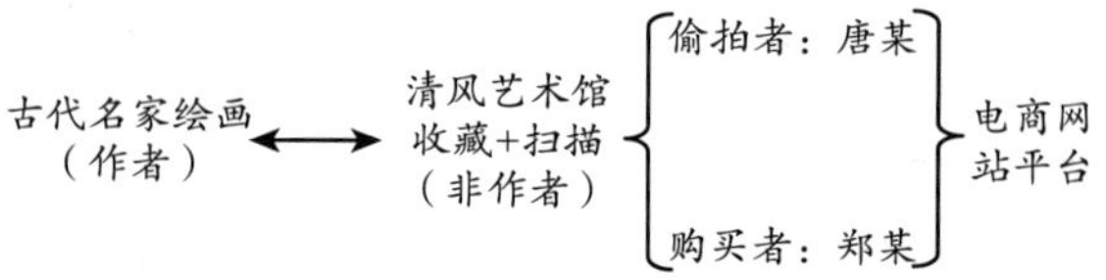

读题技巧

1."清风艺术馆将其收藏的一批古代名家绘画扫描成高仿品"，指向三点：(1)古代名家绘画中名家们的著作财产权包括复制权过了保护期；(2)艺术馆的扫描行为是复制行为，不是创作行为，艺术馆对复制件没有著作权(署名权等)；(3)电商没有构成帮助侵权。2."郑某则购买了该批绘画的纸质高仿版，扫描后将其中"清风艺术馆珍藏、复制必究"的标记清除。"，指向纸质版的权利管理信息，不是电子权利管理信息。且艺术馆对复制件没有著作权，谈不上权利，也就谈不上权利管理信息。3."并在入场券上以醒目方式提示"不得拍照、摄影"。唐某购票观展时趁人不备拍摄了展品"，指向违约责任。

思路展开

命题点1：扫描作品是复制行为，不产生新的作品，扫描者没有著作权(署名权等)。

(1)法律依据：①作品。《著作条例》第2条，"著作权法所称作品，是指文学、艺术和科学领域内具有独创性并能以某种有形形式复制的智力成果"。②创作行为。《著作条例》第3条第1款，"著作权法所称创作，是指直接产生文学、艺术和科学作品的智力活动。"第2款，"为他人创作进行组织工作，提供咨询意见、物质条件，或者进行其他辅助工作，均不视为创作。"③作品需要具有独创性，没有独创性，不构成作品，不是创作行为。

(2)具体到本题：①"清风艺术馆将其收藏的一

① 参考答案：C

批古代名家绘画扫描成高仿品”。②清风艺术馆扫描行为不是创作行为，不具有独创性，仅仅是复制行为，形成的是复制件，而非新作品。③清风艺术馆只是“古代名家绘画作品”的保藏单位，不是作者，自然不享有署名权。④唐某和郑某在电商网站上销售高仿品，其行为不构成对艺术馆的侵权，因为艺术馆对高仿品没有著作权。故电商网站不构成帮助侵权。

(3)结论：①A. 唐某、郑某侵犯了艺术馆的署名权，A错，不选。②D. 电商网站收到通知后如不采取措施阻止唐某、郑某销售该高仿品，应向艺术馆承担赔偿责任，D错，不选。

命题点2：只有权利管理的电子信息才受我国著作权法保护，纸质仿品上的标志不是权利管理电子信息。

(1)法律依据：①《著作权法》第48条第7项，“有下列侵权行为的，应当根据情况，承担停止侵害、消除影响、赔礼道歉、赔偿损失等民事责任；同时损害公共利益的，可以由著作权行政管理部门责令停止侵权行为，没收违法所得，没收、销毁侵权复制品，并可处以罚款；情节严重的，著作权行政管理部门还可以没收主要用于制作侵权复制品的材料、工具、设备等；构成犯罪的，依法追究刑事责任：……（七）未经著作权人或者与著作权有关的权利人许可，故意删除或者改变作品、录音录像制品等的权利管理电子信息的，法律、行政法规另有规定的除外。”

(2)具体到本题：①“郑某则购买了该批绘画的纸质高仿版，扫描后将其中‘清风艺术馆珍藏、复制必究’的标记清除。”②艺术馆不是绘画的作者，自然不是权利主体。不存在“权利”，故不存在“权利管理信息”。③退一步，纸质版的权利管理信息，不是电子权利关系信息，其本身不受著作权法保护。

(3)结论：“B. 郑某实施了删除权利管理信息的违法行为”，B错，不选。

命题点3：违约行为人应负违约责任。

(1)法律依据：①违约责任，《合同法》第107条，“当事人一方不履行合同义务或者履行合同义务不符合约定的，应当承担继续履行、采取补救措施或者赔偿损失等违约责任。”②格式条款没有加重对方责任且提示，故有效。《合同法》第39条第1款，“采用格式条款订立合同的，提供格式条款的一方应当遵循公平原则确定当事人之间的权利和义务，并采取合理的方式提请对方注意免除或者限制其责任的条款，按照对方的要求，对该条款予以说明。”第2款，“格式条款是当事人为了重复使用而预先拟定，并在订立合同时未与对方协商的条款。”

(2)具体到本题：①“清风艺术馆将其收藏的一批古代名家绘画扫描成高仿品，举办了‘古代名画精品展’，并在入场券上以醒目方式提示‘不得拍照、摄影’。唐某购票观展时趁人不备拍摄了展品”。②唐某的行为构成违约，需负违约责任。

(3)结论：“C. 唐某未经许可拍摄的行为构成违约”，C对，选。

延展：古代名家绘画中“名家”的著作权

(1)人身权一直保护。财产权有期限。①《著作权法》第10条，“著作权包括下列人身权和财产权：（二）署名权，即表明作者身份，在作品上署名的权利；（五）复制权，即以印刷、复印、拓印、录音、录像、翻录、翻拍等方式将作品制作一份或者多份的权利；（六）发行权，即以出售或者赠与方式向公众提供作品的原件或者复制件的权利……”②《著作权法》第21条第1款，“公民的作品，其发表权、本法第十条第一款第（五）项至第（十七）项规定的权利的保护期为作者终生及其死亡后五十年，截止于作者死亡后第五十年的12月31日；如果是合作作品，截止于最后死亡的作者死亡后第五十年的12月31日。”

(2)古代名家绘画其著作财产权（包括复制权）已经消灭。进入了公共领域。清风艺术馆可以复制，其他任何人都可以复制。所以，艺术馆要控制他人复制，所采取的常用办法就是通过格式条款的形式给参展者施予合同义务，以待将来求助合同救济。

2. 非作品

我国《著作权法》不适用于下列哪些选项？(2011-3-61)

A. 法院判决书

B.《与贸易有关的知识产权协定》的官方中文译文

C.《伯尔尼公约》成员国国民的未发表且未经我国有关部门审批的境外影视作品

D. 奥运会开幕式火炬点燃仪式的创意

答案：(　　)①

---

① 参考答案：ABD

考点:著作权的客体、违禁作品的著作权

思路展开

思路1:著作权的客体限于作品,作品要求具有独创性:独+创+可复制。

(1)法律规定:《著作条例》第2条,"著作权法所称作品,是指文学、艺术和科学领域内具有独创性并能以某种有形形式复制的智力成果。"

(2)思想不是作品。但是,对思想的表达譬如论文就是作品。①如果保护思想,思想有著作权,构成思想垄断。②如导师指导论文,导师贡献是不受著作权法保护的思想和方法,不是具体的文字表述。导师不是论文作者。③电影界有跟风的做法,一部电影如果票房很成功,可能很快会有很多类似题材的电影跟进。如《少林寺》最早反映少林功夫的电影推出后,出现了一大批《南北少林》、《少林俗家弟子》等,跟拍类似题材电影显然借用了第一部电影的思想创意,但仅凭这一点并不能得出跟风电影侵权的结论。原因在于著作权法只保护表达,而不保护思想!

(3)具体到本题,"D. 奥运会开幕式火炬点燃仪式的创意",属于思想观念。著作权法只保护对思想观念的独创性表达,不保护思想观念本身。故D符合题意,选。

(4)延伸:思想观念如果符合专利权授予条件,可以申请专利权,如创意、发明、程序、工艺和方法等。Trips协议第9条第2款,"版权保护应延及表达,而不延及思想、工艺、操作方法或数学概念。"

(5)联想:点火创意为思想观念,但是对该思想观念的表达,如舞蹈、戏曲等符合独创性要求的,则该表达是作品,享有著作权。创意是思想,不能垄断,他人可以白用;而对创意的表达是智力成果,享有著作权,可以控制他人使用行为。

思路2:著作权的客体不包括公用领域的文件。

(1)法律规定:《著作权法》第5条,"本法不适用于:(一)法律、法规,国家机关的决议、决定、命令和其他具有立法、行政、司法性质的文件,及其官方正式译文;(二)时事新闻;(三)历法、通用数表、通用表格和公式。"

(2)具体到本题,"A. 法院判决书"、"B.《与贸易有关的知识产权协定》的官方中文译文"。不是著作权的客体,故AB当选。

思路3:著作权的客体包括违禁作品。

(1)法律规定:①《著作权法》第4条,"著作权人行使著作权,不得违反宪法和法律,不得损害公共利益。国家对作品的出版、传播依法进行监督管理。"取代了此前的"依法禁止出版、传播的作品,不受本法保护"。②《著作权法》第2条第1、2款,"中国公民、法人或者其他组织的作品,不论是否发表,依照本法享有著作权。""外国人、无国籍人的作品根据其作者所属国或者经常居住地国同中国签订的协议或者共同参加的国际条约享有的著作权,受本法保护。"

(2)具体到本题:"C.《伯尔尼公约》成员国国民的未发表且未经我国有关部门审批的境外影视作品"。①因为我国是《伯尔尼公约》成员国,《伯尔尼公约》成员国国民的作品,在中国获得自动保护,自创作完成之日起在中国获得保护。应受我国《著作权法》的保护。②2010年2月26日后,违禁作品一定程度受著作权法保护。a. 禁:禁止出版,传播。b. 作品:仍是作品,一定程度受著作权法保护。c. 停止侵权,销毁侵权物品,但一般不能获得损害赔偿。d.《电影管理条例》第24条第2款,"未经国务院广播电影电视行政部门审查机构审查通过的电影片,不得发行、放映、进口、出口。故此,我国法律有权对未经审批的影视作品的出版、发行行为进行限制,但这些作品仍然可以享有著作权。"

(3)延展:不是中国人朋友,也不是中国人朋友同村,则自出版之日(在中国出版或者在中国人朋友那出版)起保护。《著作权法》第2条第3款,"外国人、无国籍人的作品首先在中国境内出版的,依照本法享有著作权。"第2条第4款,"未与中国签订协议或者共同参加国际条约的国家的作者以及无国籍人的作品首次在中国参加的国际条约的成员国出版的,或者在成员国和非成员国同时出版的,受本法保护。"

3. 著作权的客体、商标权的客体

某杂志社的期刊名称设计新颖,具有独特的含义,并且产生了广泛而良好的社会声誉,特咨询某律师其名称可以获得哪些法律保护。就该问题,该律师的下列哪种回答既符合法律规定又能最大限度地保护当事人的利益?(2006-3-15)

A. 著作权法、商标法、反不正当竞争法

B. 著作权法、商标法

C. 著作权法、反不正当竞争法

D. 商标法、反不正当竞争法

答案:(　　)①

考点:著作权客体、商标权客体、反不正当竞争法保护客体

思路展开

思路1:期刊名称如果符合独创性要求,就是作品,可以获得著作权法保护。

(1)法律依据:《著作条例》第2条,"著作权法所称作品,是指文学、艺术和科学领域内具有独创性并能以某种有形形式复制的智力成果。"

(2)具体到本题,"期刊名称设计新颖,具有独特的含义",指向是作品。司法部解析:"对于期刊名称能否成为作品,理论界存在一些争议,但题干中特别指明该期刊名称"设计新颖,具有独特的含义",应当认为它属于作品的范畴,可以受到《著作权法》的保护。"

(3)延伸:期刊名称成为作品,获得著作权法保护是很难的。"舌尖上的中国"一词就不是作品。

思路2:期刊名称与商标的关系:

(1)如果具有显著性可以成为注册商标(只要期刊名称能够将使用者提供的商品与其他人提供的相同或类似商品区分开,不侵犯他人在先权利、不具有功能性、不违反法律强制性规定,就可以成为注册商标。2013年《商标法》修改,声音可以注册为商标。)期刊名称也可以用以区分不同的期刊,杂志社可将其申请为注册商标,受到《商标法》的保护。

(2)或者该期刊名称如经使用后获得显著性,成为未注册驰名商标。

思路3:期刊名称与知名商品的特有名称:

(1)法律依据:《反不正当竞争法》第5条:"经营者不得采用下列不正当手段从事市场交易,损害竞争对手:……(二)擅自使用知名商品特有的名称、包装、装潢,或者使用与知名商品近似的名称、包装、装潢,造成和他人的知名商品相混淆,使购买者误认为是该知名商品……"

(2)具体到本题,期刊名称可以认为属于"知名商品特有的名称",从而受到《反不正当竞争法》的保护。

小结:本题,"A. 著作权法、商标法、反不正当竞争法"A对,选A。

常见错误

1. 期刊不是作品说:认为期刊名称并非作品,不能成为著作权的客体,也就不能受到《著作权法》的保护。

2. 期刊不是商标或不是注册商标说:认为期刊名称并非商标,不可能受到《商标法》的保护,即便可以作为商标,《商标法》也只保护注册商标,本题中期刊名称不属于注册商标,不受《商标法》保护。

3. 杂志社不是经营者说:认为杂志社不是经营者,期刊名称不能受到《反不正当竞争法》的保护。

二、著作权的保护期限

1. 甲的画作《梦》于1960年发表。1961年3月4日甲去世。甲的唯一继承人乙于2009年10月发现丙网站长期传播作品《梦》,且未署甲名。2012年9月1日,乙向法院起诉。下列哪一表述是正确的?(2013－3－17)

A.《梦》的创作和发表均产生于我国《著作权法》生效之前,不受该法保护

B. 乙的起诉已超过诉讼时效,其胜诉权不受保护

C. 乙无权要求丙网站停止实施侵害甲署名权的行为

D. 乙无权要求丙网站停止实施侵害甲对该作品的信息网络传播权的行为

答案:(　　)②

考点:著作权保护期限、《著作权法》全文溯及力、著作权侵权诉讼时效

解题图构

甲创作作品日1960年 ➡ 《著作权法》生效日1991年 { ①甲人身权永远保护 / ②甲财产权保护到2001年

读题技巧

1."1961年3月4日甲去世。甲的唯一继承人",指向继承人保护著作人身权、继承著作财产权。2."长期",指向侵权行为在持续。3."未署甲名",指向侵犯署名权。4."网站长期传播",指向侵犯信息网络传播权。5."起诉",指向因区分人身权诉求

---

① 参考答案:A

② 参考答案:D

和财产权诉求各自判断。

思路展开

思路1:《著作权法》全文有溯及力。

(1)法律依据:《著作权法》第60条第1款,"本法规定的著作权人和出版者、表演者、录音录像制作者、广播电台、电视台的权利,在本法施行之日尚未超过本法规定的保护期的,依照本法予以保护。"

(2)《著作权法》生效施行(1991年6月1日)前,著作权人的作品没有超过保护期的,依照著作权法的规定保护,故选项A错误,不当选。

思路2:作者署名权、修改权、保护作品完整权的保护期不受限制。

(1)法律依据:①《著作权法》第20条,"作者的署名权、修改权、保护作品完整权的保护期不受限制。"②《著作权法实施条例》第15条第1款,"作者死亡后,其著作权中的署名权、修改权和保护作品完整权由作者的继承人或者受遗赠人保护。"

(2)题干信息:"丙网站长期传播作品《梦》,且未署甲名"。

(3)结论:甲的唯一继承人乙有权要求丙网站停止实施侵害甲署名权的行为。B错,不选。

思路3:作者的财产权包括信息网络传播权保护期为作者终身及死后五十年。

(1)法律依据:《著作权法》第21条第1款,"公民的作品,其发表权、本法第十条第一款第(五)项至第(十七)项规定的权利的保护期为作者终生及其死亡后五十年,截止于作者死亡后第五十年的12月31日;如果是合作作品,截止于最后死亡的作者死亡后第五十年的12月31日。"

(2)题干信息:1961年3月4日甲去世,死后第50年的12月31日即2011年12月31日,信息网络传播权保护期间届满。

(3)结论:甲的继承人乙无权要求丙网站停止实施侵害甲信息网络传播权的行为。D对,选。

思路4:作者继承人保护作者署名权的请求权,适用特别的诉讼时效规则。

(1)法律依据:《著作权法司法解释》第28条,"侵犯著作权的诉讼时效为两年,自著作权人知道或者应当知道侵权行为之日起计算。权利人超过两年起诉的,如果侵权行为在起诉时仍在持续,在该著作权保护期内,人民法院应当判决被告停止侵权行为;侵权损害赔偿数额应当自权利人向人民法院起诉之日起向前推算两年计算。"

(2)题干信息:"乙于2009年10月发现丙网站长期传播作品《梦》,且未署甲名"、"2012年9月1日乙起诉"。乙起诉时,丙网站的侵权行为还在继续,故乙的起诉没有超过诉讼时效,乙有权要求丙网站因其侵害甲署名权的行为承担停止侵害、赔偿损失、赔礼道歉等责任。C错,不选。

(3)延伸:"乙向法院起诉",如果乙起诉索赔,则丙网站侵犯署名权赔偿数额应自2012年9月1日起诉之日起往前倒推两年计算,即2010年8月31日到2012年9月1日两年期间计算赔偿数额。而不应从2009年10月起计算到2012年9月1日。

常见错误

1. 诉讼时效届满说:认为甲的唯一继承人乙在2009年10月发现丙网站长期传播作品《梦》,到乙于2012年9月1日向法院起诉时,已经超过了2年的诉讼时效,由此乙的胜诉权不受保护,误选B。

2. 未署名即未侵犯署名权说:认为甲的画作《梦》在其死后50年内受著作权法保护,即截止于2011年12月。从乙2009年10月发现至2012年9月1日乙向法院起诉,丙网站都在长期持续的传播作品实施侵权行为,其侵权行为呈持续状态。故乙向法院起诉并未超过诉讼时效。但是,因为丙网站没有署甲名,故并未实际侵犯到甲的姓名权,所有乙无权要求丙网站停止实施侵害甲署名权的行为。误选C。

3. 署名权是人身权不能继承说:认为署名权是人身权,不能被继承,只有作者才能行使,误选C。

2. 甲创作并出版的经典童话《大灰狼》超过著作财产权保护期后,乙将"大灰狼"文字及图形申请注册在"书籍"等商品类别上并获准注册。丙出版社随后未经甲和乙同意出版了甲的《大灰狼》童话,并使用了"大灰狼"文字及图形,但署名为另一著名歌星丁,丁对此并不知情。关于丙出版社的行为,下列哪一说法是错误的?(2009-3-18)

A. 侵犯了甲的复制权　B. 侵犯了甲的署名权

C. 侵犯了丁的姓名权　D. 侵犯了乙的商标权

答案:(　　)①

① 参考答案:A

考点：著作人身权保护期限、财产权保护期限、姓名权、商标权

解题图构

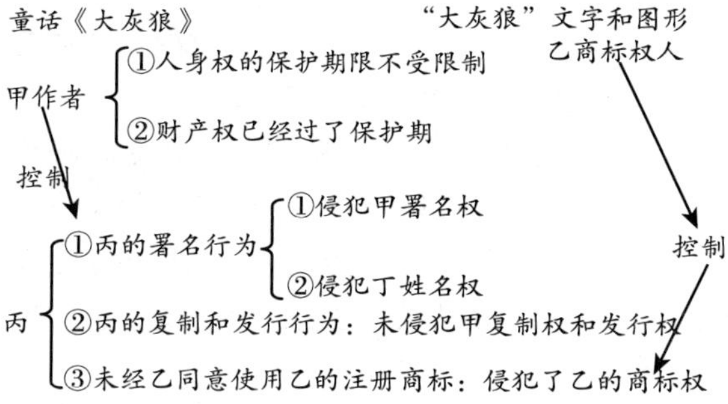

读题技巧

1.《大灰狼》财产权保护期经过，指向两点：(1)复制权、发行权等经过了保护期。(2)署名权等不存在保护期问题。2. 乙获得"大灰狼"文字和图形商标注册在书籍类商品上，指向丙使用"大灰狼"文字及图形构成侵犯乙的注册商标专用权。3. 丙出版社将《大灰狼》署名为不知情的丁，指向侵犯丁的姓名权。4. 本题不涉及权利主体，只涉及权利是否存在以及是否侵权。

思路展开

思路1：甲是《大灰狼》作者，享有财产权和人身权。

(1)财产权已经过了保护期。①包括复制权、发行权过了保护期。②丙出版社未经甲同意出版《大灰狼》，是复制和发行，但是，没有侵犯甲的复制权。③结论："A. 侵犯了甲的复制权"错误，符合题意，A选。

(2)人身权没有保护期限限制。①法律依据：《著作权法》第20条，"作者的署名权、修改权、保护作品完整权的保护期不受限制。"②署名权即在作品上表明身份、在作品上署名的权利。③丙出版社在《大灰狼》上将甲署名为丁，侵犯了甲的署名权。故"B. 侵犯了甲的署名权"对，B不选。

思路2：丁歌星的姓名权受到侵犯。

(1)法律依据：①《民法总则》第110条第1款，"自然人享有生命权、身体权、健康权、姓名权、肖像权、名誉权、荣誉权、隐私权、婚姻自主权等权利。"②《民法通则》第99条第1款规定："公民享有姓名权，有权决定、使用和依照规定改变自己的姓名，禁止他人干涉、盗用、假冒。"

(2)具体到本题，丙出版社出版甲的《大灰狼》童话时，未经歌星丁的同意，擅自将作者署名为丁，构成盗用丁的姓名，侵犯了丁的姓名权。

(3)结论："C. 侵犯了丁的姓名权"对，C不选。

思路3：丙在相同商品"书籍"上，使用相同商标"大灰狼文字及图形"，侵犯了乙注册商标专用权。

(1)法律依据：《商标法》第57条第1项，"有下列行为之一的，均属侵犯注册商标专用权：(一)未经商标注册人的许可，在同一种商品上使用与其注册商标相同的商标的。"

(2)同一商品上，使用与注册商标相同的商标，推定导致"混淆"，构成注册商标专用权侵权。

(3)具体到本题，书籍——书籍；大灰狼文字及图形——大灰狼文字及图形。

(4)结论：丙出版社的行为侵犯了乙的商标权。"D. 侵犯了乙的商标权"对，D不选。

(5)比对《商标法》第57条第2项，"(二)未经商标注册人的许可，在同一种商品上使用与其注册商标近似的商标，或者在类似商品上使用与其注册商标相同或者近似的商标，容易导致混淆的"。本项要求"导致混淆的条件"。而57条第1项没有容易导致混淆这一要件，故相对而言，第一项更适合进入题干进行考查。

三、外国人作品

甲无国籍，经常居住地为乙国，甲创作的小说《黑客》在丙国首次出版。我国公民丁在丙国购买了该小说，未经甲同意将其翻译并在我国境内某网站传播。《黑客》要受我国著作权法保护，应当具备下列哪一条件？(2010－3－15)

A.《黑客》不应当属于我国禁止出版或传播的作品

B. 甲对丁翻译《黑客》并在我国境内网站传播的行为予以追认

C. 乙和丙国均加入了《保护文学艺术作品伯尔尼公约》

D. 乙或丙国加入了《保护文学艺术作品伯尔

尼公约》

答案:(　　)①

考点:外国人作品著作权、著作权的客体

解题图构

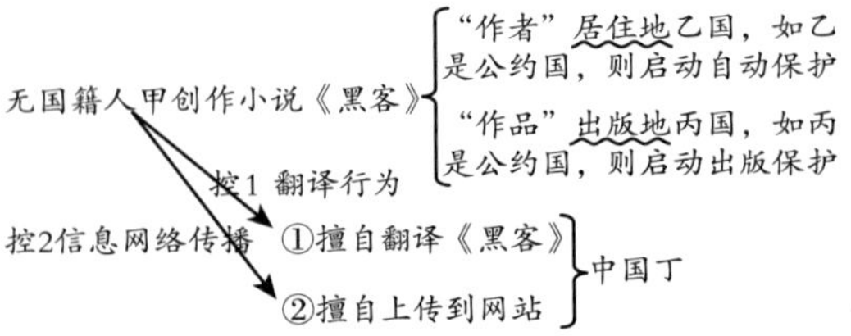

读题技巧

1. 甲无国籍,指向甲是无国籍的"外国人"。2."经常居住地为乙国",指向"乙国是否公约国",如是,则受我国著作权法保护。3."丙国首次出版",指向无国籍人作品出版地,出版地是否公约国,如是,则受我国著作权法保护。4."我国公民丁在丙国购买了该小说,未经甲同意将其翻译并在我国境内某网站传播",指向:(1)如果甲对《黑客》作品有著作权,则丁行为受甲著作权(翻译权和信息网络传播权)控制;(2)如果甲对《黑客》作品无著作权,则丁的行为不受甲著作权的控制(假设情形,甲是"三无"人员:一,无国籍人;二,经常居住地不是公约国;三,出版地不是公约国。则《黑客》不受我国著作权法保护)。(3)无论如何,无国籍人甲是否对作品有著作权,取决于著作权法规定的自动保护或出版保护规则,而不是甲自身的追认!5. 选项A中的"禁止出版或传播的作品",完全可以将其与题干剥离,单独做判断。即非法作品享有著作权。

思路展开

思路1:外国人作品要受中国著作权法保护:具备三个条件之一就可以:①要么国籍上是中国人的"亲戚"——自动保护。②要么住址在中国人"亲戚"那——自动保护。③要么出版地在中国人"亲戚"那。——出版保护。

思路2:无国籍人作品著作权保护情形之一,"住址在中国人'亲戚'那,自动保护":

(1)甲为无国籍人,经常居住地为乙国,如果乙国加入了《伯尔尼公约》,其著作权受我国法律保护。

(2)法律依据:《著作权法》第2条第2款,"外国人、无国籍人的作品根据其作者所属国或者经常居住地国同中国签订的协议或者共同参加的国际条约享有的著作权,受本法保护。"

思路3:无国籍人作品著作权保护情形之二:"出版地在中国人'亲戚'那,出版保护":

(1)如果小说的首次出版国丙国加入了《伯尔尼公约》,其著作权同样受我国法律保护。

(2)法律依据:《著作权法》第2条第4款,"未与中国签订协议或者共同参加国际条约的国家的作者以及无国籍人的作品首次在中国参加的国际条约的成员国出版的,或者在成员国和非成员国同时出版的,受本法保护。"

思路4:综合思路二和思路三,C错,不选。D对,当选。C错在"和",D对在"或"。

思路5:无国籍人作品著作权保护,无论是自动保护,还是出版保护,都不需要甲对丁的行为予以追认作为前提。故B错,不选。

思路6:"非法作品",也受著作权法保护,作者享有控制权,不享有自用权。

(1)原《著作权法》第4条第1款,"依法禁止出版、传播的作品,不受本法保护"。该规定不符合《伯尔尼公约》规定的最低保护标准。

(2)《伯尔尼公约》第17条规定,"对于任何作品或制品的发行、演出、展出,成员国政府都可以在必要时,通过法律或条例予以监督或禁止。"根据该规定,任何作品在其产生后,都依据著作权法受著作权法保护,但是,成员国可以通过法律法规,限制或禁止权利人的"自用权",如不得发行、演出或展出相关的作品。

(3)2010年《著作权法》第4条修改为,"著作权人行使著作权,不得违反宪法和法律,不得损害公共利益。国家对作品的出版、传播依法进行监督管理。"

(4)即使《黑客》属于我国禁止出版或传播的作品,也可以收到著作权法的保护,作者享有控制权。只是作者依法不享有自用权。(5)故A错,不选。

四、未成年人作品

小刘从小就显示出很高的文学天赋,九岁时写

① 参考答案:D

了小说《隐形翅膀》，并将该小说的网络传播权转让给某网站。小刘的父母反对该转让行为。下列哪一说法是正确的？(2009－3－14)

A. 小刘父母享有该小说的著作权，因为小刘是无民事行为能力人

B. 小刘及其父母均不享有著作权，因为该小说未发表

C. 小刘对该小说享有著作权，但网络传播权转让合同无效

D. 小刘对该小说享有著作权，网络传播权转让合同有效

答案：(　　)①

考点：未成年人作品、事实行为、自动保护、自然人能力制度

读题技巧

1. 小刘9岁写了小说《隐形翅膀》，指向两点：(1)未成年人创作的事实行为，无须行为能力，享有著作权。(2)中国自然人著作权自动保护，无须出版或发表。2. 小刘将小说网络传播权转让给某网站，指向无行为能力人实施法律行为，无效。

思路展开

思路1：小刘是未成年人，具有民事权利能力，能够成为著作权人。

(1)法律依据：《民法总则》第13条，"自然人从出生时起到死亡时止，具有民事权利能力，依法享有民事权利，承担民事义务。"

(2)据此，未成年人小刘具有享有民事权利的资格。可以是著作权人。

思路2：创作作品是事实行为，不是法律行为，未成年人基于事实行为取得著作权，无须具有相应行为能力。

(1)法律依据：①《民法总则》第19条，"八周岁以上的未成年人为限制民事行为能力人，实施民事法律行为由其法定代理人代理或者经其法定代理人同意、追认，但是可以独立实施纯获利益的民事法律行为或者与其年龄、智力相适应的民事法律行为。"②《民法总则》第20条，"不满八周岁的未成年人为无民事行为能力人，由其法定代理人代理实施民事法律行为。"

(2)小刘9周岁，创作了小说《隐形翅膀》，能够取得著作权。作品著作权归作者，而非归作者父母。《著作权法》第9条，"著作权人包括：(一)作者；(二)其他依照本法享有著作权的公民、法人或者其他组织。"

(3)结论："A. 小刘父母享有该小说的著作权，因为小刘是无民事行为能力人"，A错，A不选。

思路3：作品自动保护原则。

(1)题干交代"文学天赋"、"小说"，可知《隐形翅膀》具有独创性，满足作品独创性要求，自创作完成之日起作者取得著作权。

(2)法律依据：《著作权条例》第6条，"著作权自作品创作完成之日起产生。"中国自然人创作的作品，自作品创作完成之日起就取得著作权，不以发表为前提。

(3)具体到本题，"B. 小刘及其父母均不享有著作权，因为该小说未发表"B错，B不选。

思路4：未成年人享有的著作权的行使，签订合同，属于法律行为，受行为能力制度保护。

(1)法律依据：①《民法总则》第144条，"无民事行为能力人实施的民事法律行为无效。"②《民法总则》第145条第1款，"限制民事行为能力人实施的纯获利益的民事法律行为或者与其年龄、智力、精神健康状况相适应的民事法律行为有效；实施的其他民事法律行为经法定代理人同意或者追认后有效。"第2款，"相对人可以催告法定代理人自收到通知之日起一个月内予以追认。法定代理人未作表示的，视为拒绝追认。民事法律行为被追认前，善意相对人有撤销的权利。撤销应当以通知的方式作出。"

(2)具体到本题，小刘9周岁，是限制民事行为能力人，与网站签订的信息网络传播权转让合同不属于使小刘纯获得利益的合同。该合同应由小刘父母以法定代理人身份签订。

(3)小刘与网站的信息网络传播权转让合同无效。

(4)结论："C. 小刘对该小说享有著作权，但网络传播权转让合同无效。"C对，选C。"D. 小刘对该小说享有著作权，网络传播权转让合同有效"，D错，

① 参考答案：C

不选 D。

(5)关于题干交代“小刘父母反对”的理解:即使小刘父母追认,也不行。因为:①限制行为能力人依法不能独立订立的合同效力待定。无行为能力人依法不能独立订立的合同无效。既然是无效合同,就无追认之可能。②法律依据:《合同法》第 47 条第 1 款,“限制民事行为能力人订立的合同,经法定代理人追认后,该合同有效,但纯获利益的合同或者与其年龄、智力、精神健康状况相适应而订立的合同,不必经法定代理人追认。”第 2 款,“相对人可以催告法定代理人在一个月内予以追认。法定代理人未作表示的,视为拒绝追认。合同被追认之前,善意相对人有撤销的权利。撤销应当以通知的方式作出。”

五、作品自动保护、演绎作品著作权、影视作品著作权、法定许可

李某于 2006 年 8 月 4 日创作完成小说《别来烦我》,2007 年 3 月 5 日发表于某文学刊物后被张某改编成剧本,甲公司根据该剧本拍成同名电视剧,乙电视台将该电视剧进行播放。对此,下列哪一选项是错误的?(2008－3－20)

A. 李某从 2007 年 3 月 5 日起对小说享有著作权

B. 张某对剧本享有著作权

C. 甲公司将该剧本拍成电视剧应当取得李某和张某的许可并支付报酬

D. 乙电视台播放该电视剧应当取得甲公司许可并支付报酬

答案:(　　)①

考点:著作权自动保护、演绎作品著作权、影视作品著作权、法定许可

解题图构

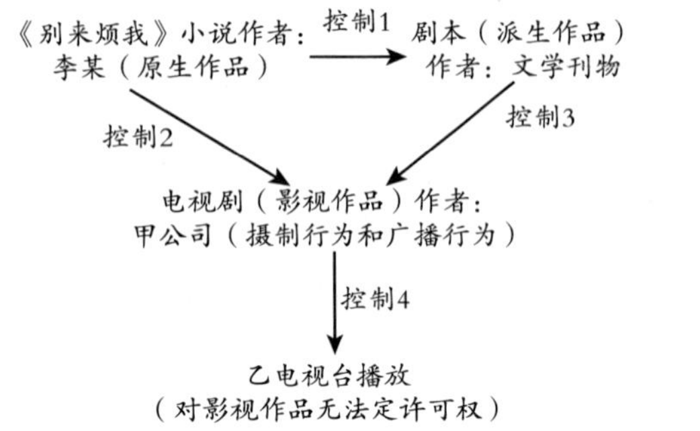

读题技巧

1. 两个不同的时间,指向小说《别来烦我》的自动保护规则,创作完成之日起产生著作权。2. 张某改编成剧本,指向演绎作品上负载原生作品著作权和派生作品即演绎作品著作权。3. 甲公司将该剧本拍摄成同名电视剧,指向两点:(1)甲公司摄制行为和广播行为,受李某和张某双重控制。(2)影视作品著作权人归制片人甲公司。4. 乙电视台将影视作品播放,受制片人甲广播权的控制。电视台对影视作品不享有法定许可权。

思路展开

思路 1:作品著作权自动保护原则。

(1)法律依据:《著作权法》第 2 条第 1 款,“中国公民、法人或者其他组织的作品,不论是否发表,依照本法享有著作权。”《著作条例》第 6 条,“著作权自作品创作完成之日起产生。”

(2)具体到题干,李某自 2006 年 8 月 4 日创作完成小说《别来烦我》之日起,享有著作权。而不是等到发表之日才享有著作权。

(3)结论:“A. 李某从 2007 年 3 月 5 日起对小说享有著作权”A 错,符合题意,选 A。

思路 2:上游李某对小说有著作权,下游张某将小说改编成剧本。张某对剧本这个新作品即演绎作品享有著作权。

(1)法律依据:《著作权法》第 12 条,“改编、翻译、注释、整理已有作品而产生的作品,其著作权由改编、翻译、注释、整理人享有,但行使著作权时不得侵犯原作品的著作权。”

(2)剧本是演绎作品,演绎作品上实际上负载两个作品,原生作品和派生作品,原生作品著作权归李某;派生作品著作权归张某。由此可见,“B. 张某对剧本享有著作权”B 对,不符合题意,不选 B。

(3)李某、张某的下游是甲公司,甲公司要将该“剧本”拍成同名电视剧(摄制行为和广播行为),应取得演绎作品著作权人张某的许可,还应取得原生作品李某的许可。

(4)结论:“C. 甲公司将该剧本拍成电视剧应当

① 参考答案:A

取得李某和张某的许可并支付报酬”，C 对，不符合题意，不选 C。

思路 3：影视作品《别来烦我》著作权归制片人甲公司。甲公司下游是乙电视台。因电视台需要大量节目，故电视台有法定许可权。

（1）电视台有法定许可权。这是对作品著作权人的限制。法律依据：《著作权法》第 43 条第 2 款，“广播电台、电视台播放他人已发表的作品，可以不经著作权人许可，但应当支付报酬。”

（2）电视台法定许可权的例外。这是对电视台法定许可权的限制。法律依据：《著作权法》第 46 条规定，“电视台播放他人的电影作品和以类似摄制电影的方法创作的作品、录像制品，应当取得制片者或者录像制作者许可，并支付报酬；播放他人的录像制品，还应当取得著作权人许可，并支付报酬。”

（3）因此，影视作品《别来烦我》的制片人甲公司，可以控制乙电视台的播放行为，不受法定许可的限制。

（4）结论：“D. 乙电视台播放该电视剧应当取得甲公司许可并支付报酬”，D 对，不符合题意，不选 D。

六、合作作品

1. 可以分割的合作作品：音乐词曲

甲作曲、乙填词，合作创作了歌曲《春风来》。甲拟将该歌曲授权歌星丙演唱，乙坚决反对。甲不顾反对，重新填词并改名为《秋风起》，仍与丙签订许可使用合同，并获报酬 10 万元。对此，下列哪些选项是正确的？（2016－3－63）

A.《春风来》的著作权由甲、乙共同享有

B. 甲侵害了《春风来》歌曲的整体著作权

C. 甲、丙签订的许可使用合同有效

D. 甲获得的 10 万元报酬应合理分配给乙

答案：（　　）①

考点：可以分割的合作作品著作权归属和行使

解题图构

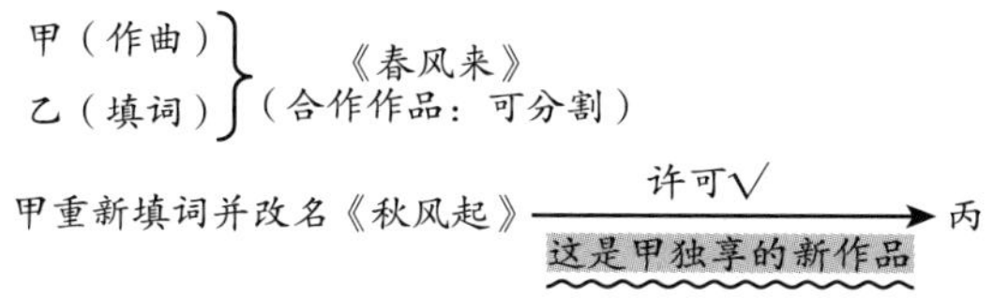

读题技巧

1.“甲作曲、乙填词，合作创作了歌曲《春风来》”，指向合作作品。2.“歌曲《春风来》”，指向可分割作品。3.“甲不顾反对，重新填词并改名为《秋风起》”，指向甲个人的新作品。4.“仍与丙签订许可使用合同”，指向合同有效。5.“并获报酬 10 万元”，指向报酬由甲独享。

思路展开

命题点 1：合作作品著作权归合作方共同享有。

（1）法律依据：①《著作权法》第 13 条第 1 款，“两人以上合作创作的作品，著作权由合作作者共同享有。没有参加创作的人，不能成为合作作者。”②合作作品要求两要件：第一，合作的合意；第二，都参加了创作。仅仅参加组织工作、提供物质技术条件、提供创意或其他辅助性工作，不是创作。

（2）具体到本题：“甲作曲、乙填词，合作创作了歌曲《春风来》”，《春风来》属于甲乙的合作作品。著作权归甲乙共同享有。

（3）结论：A.《春风来》的著作权由甲、乙共同享有，A 对，选。

命题点 2：可以分割使用的合作作品，合作人可单独其创作部分，并基于该创作部分继续创作形成新作品独有著作权。

（1）法律依据：①《著作权法》第 13 条第 2 款，“合作作品可以分割使用的，作者对各自创作的部分可以单独享有著作权，但行使著作权时不得侵犯合作作品整体的著作权。”②《著作条例》第 9 条，“合作作品不可以分割使用的，其著作权由各合作作者共同享有，通过协商一致行使；不能协商一致，又无正当理由的，任何一方不得阻止他方行使除转让以外的其他权利，但是所得收益应当合理分配给所有合作作者。”④《著作条例》第 14 条，“合作作者之一死亡后，其对合作作品享有的著作权法第十条第一款第（五）项至第（十七）项规定的权利无人继承又无人受遗赠的，由其他合作作者享有。”⑤《著作权法》第 10 条第 2 款，“著作权人可以许可他人行使前款第（五）项至第

① 参考答案：AC

（十七）项规定的权利，并依照约定或者本法有关规定获得报酬。”⑥《著作权法》第 24 条，“使用他人作品应当同著作权人订立许可使用合同，本法规定可以不经许可的除外。”

（2）具体到本题：①“甲作曲、乙填词，合作创作了歌曲《春风来》。甲拟将该歌曲授权歌星丙演唱，乙坚决反对。”②“甲不顾反对，重新填词并改名为《秋风起》，仍与丙签订许可使用合同，并获报酬 10 万元。”③歌词与曲调，属于可以分割的作品。④因此，应当按照可分割的合作作品权利归属进行处理。⑤即甲有权对自己创作的曲子授权他人使用，并单独享有其收益，再由其本人就该曲填词，则甲独立享有《秋风起》完整著作权，甲、丙之间的使用合同有效。

（3）结论：①B. 甲侵害了《春风来》歌曲的整体著作权，B 错，不选。②C. 甲、丙签订的许可使用合同有效，C 对，选。③ D. 甲获得的 10 万元报酬应合理分配给乙，D 错，不选。

2. 合作小说，单独行动

甲、乙合作创作了一部小说，后甲希望出版小说，乙无故拒绝。甲把小说上传至自己博客并保留了乙的署名。丙未经甲、乙许可，在自己博客中设置链接，用户点击链接可进入甲的博客阅读小说。丁未经甲、乙许可，在自己博客中转载了小说。戊出版社只经过甲的许可就出版了小说。下列哪一选项是正确的？（2015－3－16）

A. 甲侵害了乙的发表权和信息网络传播权

B. 丙侵害了甲、乙的信息网络传播权

C. 丁向甲、乙寄送了高额报酬，但其行为仍然构成侵权

D. 戊出版社侵害了乙的复制权和发行权

答案：（　　）①

考点：合作作品著作权归属、信息网络传播权、法定许可

解题图构

甲、乙 —— 合作小说：甲无故拒绝出版，乙传上网

- ①丙链接，丙不侵权
- ②丁转载：网络无法定许可，丁侵权
- ③戊出版社只经甲许可出版，发行权用尽，戊不侵权

读题技巧

1. 甲乙合作的作品，乙无故拒绝；2. 甲自作主张将作品上传到网络上，保留了乙的署名，指向甲的行为合法。3. 用户点击丙设置的链接，该链接只是一个接口，仍然是进入了甲的博客，指向丙没有侵权。4. 戊出版社“只”经过甲许可就出版小说，“只”旨在误导考生还应经过乙许可，方可出版小说。

思路展开

思路 1：题干“甲、乙合作创作了一部小说”，为合作作品。著作权归合作者共同享有。《著作权法》第 13 条第 1 款，“两人以上合作创作的作品，著作权由合作作者共同享有。没有参加创作的人，不能成为合作作者。”

思路 2：任何一方不得阻止他方行使除转让之外的其他权利。收益在合作作者中合理分配。题干“后甲希望出版小说，乙无故拒绝。”

（1）注意是“无故”拒绝，即“无正当理由”拒绝。乙不能阻止甲行使除转让以外的其他权。《著作权条例》第 9 条，“合作作品不可以分割使用的，其著作权由各合作作者共同享有，通过协商一致行使；不能协商一致，又无正当理由的，任何一方不得阻止他方行使除转让以外的其他权利，但是所得收益应当合理分配给所有合作作者。”“A. 甲侵害了乙的发表权和信息网络传播权”错，不当选。

（2）甲没有侵害乙的发表权和信息网络传播权。

（3）同样，由于甲也是该作品的著作权人之一，除其享有的转让权须经乙的同意外，甲享有的其他著作权权利可以单独行使。因此，甲许可戊出版社出版小说并不导致戊对乙的侵权。“D. 戊出版社侵害了乙的复制权和发行权”错误，不当选。

思路 3：题干信息，“丙未经甲、乙许可，在自己博客中设置链接，用户点击链接可进入甲的博客阅读小说。”

（1）甲在博客中上传小说，没有侵犯合作作者乙的著作权。甲未侵权，故丙设置链接，不会构成对乙的侵权。

（2）丙设置链接，且点击链接可直接进入甲的

① 参考答案：C

博客阅读"署名为甲、乙"的小说，本身不构成侵权。《信息网络传播权司法解释》第 4 条，"有证据证明网络服务提供者与他人以分工合作等方式共同提供作品、表演、录音录像制品，构成共同侵权行为的，人民法院应当判令其承担连带责任。网络服务提供者能够证明其仅提供自动接入、自动传输、信息存储空间、搜索、链接、文件分享技术等网络服务，主张其不构成共同侵权行为的，人民法院应予支持。"

(3) 故丙未侵害甲的信息网络传播权。"B. 丙侵害了甲、乙的信息网络传播权"错误，不当选。

思路 4：题干"丁未经甲、乙许可，在自己博客中转载了小说。"

(1) 依据《著作权法司法解释》第 17 条可不经许可支付报酬的转载限于报纸期刊。

(2) 不包括网络转载。依据是《著作权法》第 33 条第 2 款，"作品刊登后，除著作权人声明不得转载、摘编的外，其他报刊可以转载或者作为文摘、资料刊登，但应当按照规定向著作权人支付报酬。"《著作权法司法解释》第 17 条，"《著作权法》第三十二条第二款规定的转载，是指报纸、期刊登载其他报刊已发表作品的行为。转载未注明被转载作品的作者和最初登载的报刊出处的，应当承担消除影响、赔礼道歉等民事责任。"

(3) 所以，本题中，丁即使寄送了报酬，仍然构成侵权。丁未经甲、乙的许可而直接将二人的作品复制转载，构成了对甲、乙信息网络传播权的侵犯。

(4) "C. 丁向甲、乙寄送了高额报酬，但其行为仍然构成侵权"正确，当选。

常见错误

1. 信息网络传播权只有著作权人、表演者和录音录像制作者享有，其他人不经允许不能在网上传播。

2. 合作作品需要甲、乙都同意发表才能发表，乙不同意，甲擅自发表传播于网络，侵犯了乙的发行权和网络传播权。

3. 未经作者声明保留的网络转载即使不付稿酬，在作者提出异议之后及时删除也不构成侵权。何况寄送了高额报酬。

3. 合作剧本，单独行动

甲、乙合作完成一部剧本，丙影视公司欲将该剧本拍摄成电视剧。甲以丙公司没有名气为由拒绝，乙独自与丙公司签订合同，以十万元价格将该剧本摄制权许可给丙公司。对此，下列哪一说法是错误的？(2010－3－16)

A. 该剧本版权由甲、乙共同享有

B. 该剧本版权中的人身权不可转让

C. 乙与丙公司签订的许可合同无效

D. 乙获得的十万元报酬应当合理分配给甲

答案：(　　)[①]

考点：合作作品著作权的归属和行使

解题图构

甲、乙 → 合作剧本：
- ①甲无故拒绝拍摄成电视剧
- ②乙独自与丙签订许可摄制权合同：合同有效

读题技巧

1. 甲、乙合作完成剧本，指向剧本是作品；同时指向是合作作品。2. 甲以丙公司没有名气为由拒绝，指向甲无正当理由拒绝合作者乙行使除转让之外的权利，即本题中的"摄制权"。3. 乙"独自"、"10 万元"、"许可"，均指向乙行使权利具有法律依据。4. A 和 B 中的"版权"，即为著作权。

思路展开

思路 1：合作作品著作权图构

合作作品：
- ①共有前提：必须有通谋，共同创作的合意
- ②按份共有：可分割使用
- ③共同共有：任何一方不可阻止他方除转让之外权利，收益合理分配
- ④合作者死亡：财产权无人继承受遗赠，归其他合作者

思路 2：剧本是作品。

(1) "甲、乙合作完成的剧本"首先是作品，作品上承载著作人身权和著作财产权。其中，著作人身权不能许可或转让。《著作权法》第 10 条规定，著作人身权包括发表权、署名权、修改权和保护作品完整权。（发表权可转让）

(2) 剧本作品上的著作权，也可称呼为版权。参见《著作权法》第 57 条，本法所称的著作权即版权。

(3) 结论：B 选项说法正确，不当选。

---

① 参考答案：C

思路3:剧本是合作作品。

(1)"甲乙合作完成的剧本"其次是合作作品,归甲乙共有。

(2)法律依据:①共同享有:《著作权法》第13条规定:"两人以上合作创作的作品,著作权由合作作者共同享有。没有参加创作的人,不能成为合作作者。合作作品可以分割使用的,作者对各自创作的部分可以单独享有著作权,但行使著作权时不得侵犯合作作品整体的著作权。"

(3)故"A. 该剧本版权由甲、乙共同享有"对,A不选。

思路4:合作作品作者权利行使的规则:

(1)对转让有一票否决权。

(2)对其他权利则没有一票否决权(除非有正当理由),但有收益合理分配权。

(3)法律依据:《著作权法实施条例》第9条,"合作作品不可以分割使用的,其著作权由各合作作者共同享有,通过协商一致行使;不能协商一致,又无正当理由的,任何一方不得阻止他方行使除转让以外的其他权利,但是所得收益应当合理分配给所有合作作者。"

(4)本题合作作者乙将剧本摄制权许可给丙公司,另一合作者甲无正当理由予以拒绝,应当适用《著作权法实施条例》第9条。

(5)结论:C说法"乙与丙公司签订的许可合同无效"错误,C当选。而D说法"乙获得的十万元报酬应当合理分配给甲"对,D不选。

4. **合作小说**

甲、乙、丙、丁四人合作创作一部小说,甲欲将该小说许可给某电影制片厂改编后拍成电影,乙则想把它许可给某网站在网络上传播,丙对这两种做法均表示反对,丁则不置可否。对此,下列哪一选项是正确的?(2008-3-19)

A. 如果丙坚持反对,甲、乙均不能将作品许可他人使用

B. 甲、乙有权不顾丙的反对,将作品许可他人使用

C. 如果丁同意,则甲、乙可以不顾丙的反对将作品许可他人使用

D. 如果丁也表示反对,则甲、乙不能将作品许可他人使用

答案:(　　)①

考点:合作作品著作权

解题图构

小说
- ①甲:由电影制片厂改变后拍电影 } 甲乙有权这么干√
- ②乙:许可给网站网络上传播 }
- ③丙:全部反对
- ④丁:不置可否

读题技巧

1. 小说作品是合作作品:(1)归合作作者共有享有著作权。(2)小说不可分割使用。2. 甲、乙、丙意见不一致,指向合作作品的"一票否决制"。

思路展开

合作作品著作权归属,不能分割使用,各合作作者共同享有。其行使方式比较特殊,合作作者没有一票否决权。(仅对转让有一票否决权)。

(1)法律依据:①《著作权法》第13条规定:"两人以上合作创作的作品,著作权由合作作者共同享有。没有参加创作的人,不能成为合作作者。合作作品可以分割使用的,作者对各自创作的部分可以单独享有著作权,但行使著作权时不得侵犯合作作品整体的著作权。"②《著作权法实施条例》第9条,"合作作品不可以分割使用的,其著作权由各合作作者共同享有,通过协商一致行使;不能协商一致,又无正当理由的,任何一方不得阻止他方行使除转让以外的其他权利,但是所得收益应当合理分配给所有合作作者。"

(2)具体到本题题干:甲想拍成电影,乙想传许可他人网络传播。丙反对,丁不表态。

(3)延伸到选项:AB纠结于丙的态度,实际上题干都说了丙反对,选项再重复,不太科学。

(4)合作作者无一票否决权。故"A. 如果丙坚持反对,甲、乙均不能将作品许可他人使用"A错,不选A。"B. 甲、乙有权不顾丙的反对,将作品许可他人使用"B对,选B。

(5)再看CD项,纠结于丁的态度,同样是没有一票否决权。故"C. 如果丁同意,则甲、乙可以不顾

① 参考答案:B

丙的反对将作品许可他人使用”C 错，不选 C。“D. 如果丁也表示反对，则甲、乙不能将作品许可他人使用”D 错，不选 D。

(6) C 的表述“如果丁同意”指向意思是合作作品的多数决制，当然是错误的。

(7) 本题没有考查合作作品的判断，需要注意，《著作权法实施条例》第 3 条，合作作者必须是参与了创作，贡献了智力活动，否则不是创作，自然不是合作作者。“著作权法所称创作，是指直接产生文学、艺术和科学作品的智力活动。为他人创作进行组织工作，提供咨询意见、物质条件，或者进行其他辅助工作，均不视为创作。”

5. 合作作者的判断：创作者才是合作作者

甲提供资金，乙组织丙和丁以乡村教师戊为原型创作小说《小河弯弯》。在创作中丙写提纲，丁写初稿，丙修改，戊提供了生活素材，乙提供了一些咨询意见。下列哪些选项是错误的？(2007－3－60)

A. 甲提供资金是完成创作的保障，应为作者

B. 乙作为组织者并提供咨询意见，应为作者

C. 戊提供了生活素材，应为作者

D. 丁有权不经甲、乙、丙的同意发表该小说

答案：(　　)①

考点：合作作品

解题图构

《小河弯弯》
- ①甲出钱：甲不是作者
- ②乙组织并提供咨询意见：乙不是作者
- ③丙写提纲＋丁写初稿＋丙修改：丙丁是合作作者 ⟶ 丁可不经丙同意发表
- ④戊提供生活素材：戊不是作者

读题技巧

1. 甲出钱，乙出咨询意见，戊提供素材，指向甲、乙、戊没有创作，不是合作作者。2. 丙写提纲、丁写初稿，丙修改。指向三点：(1) 丙、丁是合作作者。(2)《小河弯弯》是小说，不可分割使用。(3) 除《小河弯弯》著作权转让外的权利，丙、丁相互之间无一票否决权。

思路展开

思路 1：合作作者的判定，以是否投入了创作作品的智力活动为标准。

(1) 法律依据：《著作权法实施条例》第 3 条第 1 款，“著作权法所称创作，是指直接产生文学、艺术和科学作品的智力活动。”第 2 款，“为他人创作进行组织工作，提供咨询意见、物质条件，或者进行其他辅助工作，均不视为创作。”

(2) 具体到本题，甲提供资金，乙组织并提供咨询意见，戊提供了素材，甲、乙、戊都不是作者。

(3) 合作作品不同于职务作品、委托作品等，没有参加创作的人，即使是提供资金、组织、咨询、素材都不是创作，因此不是合作作者。

(4) 丙写提纲，丁写初稿，丙修改，故丙、丁是小说《小河弯弯》的合作作者。

(5) 结论：“A. 甲提供资金是完成创作的保障，应为作者；B. 乙作为组织者并提供咨询意见，应为作者；C. 戊提供了生活素材，应为作者”，故 ABC 错误，符合题意，选 ABC。

思路 2：合作作品《小河弯弯》归合作作者丙、丁享有著作权。其行使方法是谁都没有一票否决权（仅对转让有一票否决权）。

(1) 法律依据：①《著作权法》第 13 条规定：“两人以上合作创作的作品，著作权由合作作者共同享有。没有参加创作的人，不能成为合作作者。”②《著作权条例》第 9 条规定：“合作作品不可以分割使用的，其著作权由各合作作者共同享有，通过协商一致行使；不能协商一致，又无正当理由的，任何一方不得阻止他方行使除转让以外的其他权利，但是所得收益应当合理分配给所有合作作者。”

(2) 具体到本题，甲、乙不是合作作者，无须征得其同意。丙写提纲和修改《小河弯弯》，丙是合作作者，但其无正当理由不得阻止合作作者丁行使发表权。

(3) 结论：“D. 丁有权不经甲、乙、丙的同意发表该小说”，D 对，不符合题意，故 D 不选。

七、委托作品

1. 甲公司委托乙公司设计并制作产品包装盒，未签订书面合同。丙在市场上发现该产品包装盒上未经其许可使用了其画《翠竹》作为背景图案。如果该产品包装盒的整体设计也构成美术图案，下列

---

① 参考答案：ABC

哪些选项是正确的?(2007－3－58)

A. 产品包装盒的版权属于甲公司

B. 乙公司侵害了丙的复制权

C. 甲公司对乙公司的侵权行为不知情,但仍构成侵权

D. 甲公司不能对产品包装盒获得外观设计专利

答案:(　　)①

考点:委托作品、复制权、无过错侵权、外观设计专利授予条件

解题图构

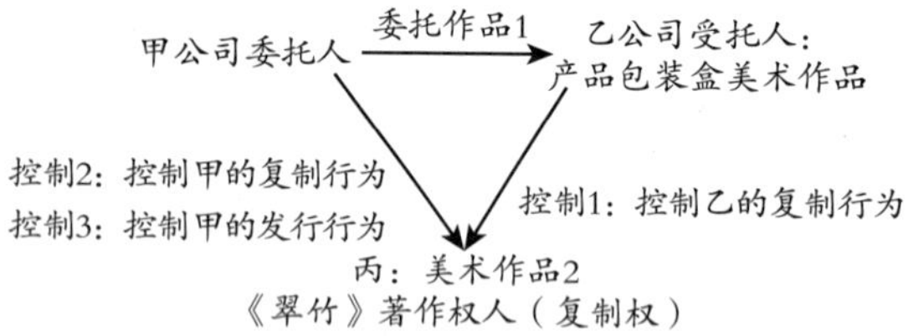

读题技巧

1. 甲公司委托乙公司设计并制作产品包装盒＋如果该产品包装盒整体设计也构成美术图案,指向三点:(1)委托作品,无约定,著作权归受托人乙公司。(2)既然已经归乙有著作权,甲不能对此包装盒申请外观设计,否则权利冲突。(3)“侵权”包装盒(背景图案用了丙的美术作品《翠竹》),仍然有著作权。2. 丙发现其画《翠竹》被当做背景图案,指向两点:(1)乙侵犯了丙的复制权;(2)甲侵犯了丙的复制权、发行权。绝对权侵犯采用无过错原则。

思路展开

思路1:产品包装盒构成美术图案,是美术作品,也是委托作品,著作权无约定则归受托人乙公司。

(1)法律依据:《著作权法》第17条规定:“受委托创作的作品,著作权的归属由委托人和受托人通过合同约定。合同未作明确约定或者没有订立合同的,著作权属于受托人。”

(2)具体到本题:“甲公司委托乙公司设计并制作产品包装盒,未签订书面合同”。

(3)乙设计的包装盒构成美术作品,但是其中使用了丙的《翠竹》为背景图案,侵犯了丙的美术作品著作权,乙仍然可以取得包装盒的著作权。非法作品区分处理,非法是非法(承担侵权责任),作品是作品(享有著作权)。类似试题如2012年卷三第17题非法汇编“学术论文集”,形成汇编作品。

(4)结论:产品包装盒的版权属于乙公司。“A. 产品包装盒的版权属于甲公司”,A错,不选A。

思路2:产品包装盒构成美术图案,乙享有著作权。则甲不能将该包装盒申请外观设计专利。

(1)法律依据:①《专利法》第23条规定:“授予专利权的外观设计,应当同申请日以前在国内外出版物上公开发表过或者国内公开使用过的外观设计不相同和不相近似,并不得与他人在先取得的合法权利相冲突。”②《关于审理专利纠纷案件适用法律问题的若干规定》第16条,“专利法第二十三条所称的在先取得的合法权利包括:商标权、著作权、企业名称权、肖像权、知名商品特有包装或者装潢使用权等。”

(2)他人在先取得的合法权利包括著作权,因此甲不能获得外观设计专利权。

(3)结论:“D. 甲公司不能对产品包装盒获得外观设计专利”,D对,选D。

思路3:丙是画《翠竹》的作者,是美术作品的作者,享有著作权,包括复制权。乙侵犯了丙的复制权。

(1)法律依据:①《著作权法》第10条的规定,“著作权包括复制权,是指以印刷、复印、拓印、录音、录像、翻录、翻拍等方式将作品制作一份或者多份的权利。”②《著作权法》第48条的规定,“未经著作权人许可,复制其作品的,本法另有规定的除外,构成侵权行为,应当根据情况,承担民事责任。”

(2)具体到本题,乙擅自将丙的美术作品《翠竹》作为背景图案使用,不具有合理使用、法定许可的免责事由,侵犯了丙的复制权。

(3)结论:“B. 乙公司侵害了丙的复制权”,B对,选B。

思路4:丙是画《翠竹》的作者,享有该美术作品著作权。绝对权侵权责任采用无过错责任原则。(甲侵犯了丙的复制权、发行权)损害赔偿采用过错责任原则。

(1)法律依据:《著作权法》第47条。(2)甲公

① 参考答案:BCD

司在销售使用的包装盒上的美术图案擅自使用了丙的《翠竹》,构成对丙复制权、发行权的侵犯。(3)结论:"C. 甲公司对乙公司的侵权行为不知情,但仍构成侵权",C 对,选 C。

2. 甲公司在报纸上向社会征集广告用语,声明被采用的应征者将获得奖金 2000 元。乙设计的独特广告语应征后被选中,获得 2000 元奖金。甲公司使用该广告语 3 年以后,乙对广告语的著作权提出主张,要求甲公司停止使用。下列哪一选项是正确的?(2008-四川-19)

A. 广告语属于商务用语,不受著作权法保护

B. 甲公司享有广告语的著作权

C. 乙享有广告语的著作权,但其主张已超过诉讼时效

D. 乙享有广告语的著作权,但甲公司可以在其商业活动中使用该广告语

答案:( )①

考点:作品;受托作品著作权归受托人,委托人可在委托范围内免费使用

思路展开

命题点 1:作品。(1)法律依据:①《著作权法》第 2 条第 1 款规定,"中国公民、法人或者其他组织的作品,不论是否发表,依照本法享有著作权。"②《著作条例》第 2 条规定,"著作权法所称作品,是指文学、艺术和科学领域内具有独创性并能以某种有形形式复制的智力成果。"(2)具体到本题:乙设计的广告语符合法律规定的作品特征,应受著作权法的保护,与其是否为商业用语无关。(3)结论:"A. 广告语属于商务用语,不受著作权法保护",A 错,不选 A。

命题点 2:受托作品著作权归受托人。(1)法律依据:《著作权法》第 17 条规定,"受委托创作的作品,著作权的归属由委托人和受托人通过合同约定。合同未作明确约定或者没有订立合同的,著作权属于受托人。"(2)具体到本题:广告语属于委托作品,甲乙双方并没有明确约定著作权的归属,因此广告语的著作权归受托人乙享有。(3)结论:"B. 甲公司享有广告语的著作权",B 错,不选 B。

命题点 3:受托作品委托人在委托范围内可免费使用,不构成侵权。(1)法律依据:《著作权司法解释》第 12 条,"按照《著作权法》第十七条规定委托作品著作权属于受托人的情形,委托人在约定的使用范围内享有使用作品的权利;双方没有约定使用作品范围的,委托人可以在委托创作的特定目的范围内免费使用该作品。"(2)具体到本题:甲、乙双方没有约定广告语的使用范围,委托人甲公司可以在委托创作的特定目的范围内,即在其商业活动中使用该广告语。不构成侵权,也就不存在诉讼时效计算问题。(3)结论:①"C. 乙享有广告语的著作权,但其主张已超过诉讼时效",C 错,不选 C。②"D. 乙享有广告语的著作权,但甲公司可以在其商业活动中使用该广告语"D 对,选 D。

八、自传体作品著作权

国画大师李某欲将自己的传奇人生记录下来,遂请作家王某执笔,其助手张某整理素材。王某以李某的人生经历为素材完成了自传体小说《我的艺术人生》。李某向王某支付了 5 万元,但未约定著作权的归属。该小说的著作权应当归谁所有?(2006-3-17)

A. 归王某所有

B. 归李某所有

C. 归王某和张某共同所有

D. 归王某、张某和李某三人共同所有

答案:( )②

考点:自传体作品著作权的归属

解题图构

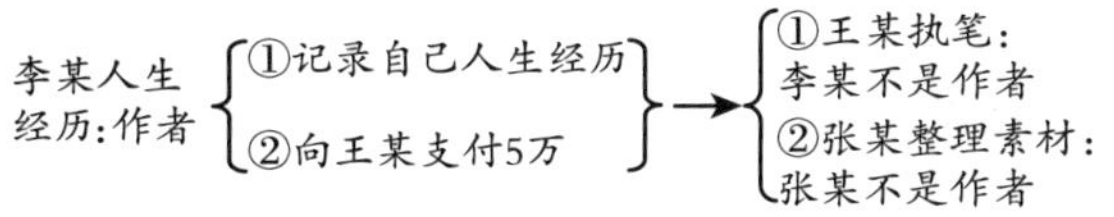

思路展开

自传体小说《我的艺术人生》,著作权归传主李某。(1)法律依据:《著作权法司法解释》第 14 条,"当事人合意以特定人物经历为题材完成的自传体作品,当事人对著作权权属有约定的,依其约定;没有约定的,著作权归该特定人物享有,执笔人或整理

① 参考答案:D
② 参考答案:B

人对作品完成付出劳动的,著作权人可以向其支付适当的报酬。”(2)具体到本题,国画大师李某是传主,为特定人物!李某向执笔王某支付了5万元,符合“适当支付报酬”的规定。(3)结论:《我的艺术人生》著作权归李某所有,B对,选B。

常见错误

混淆自传体作品与合作作品、委托作品。(1)认为该小说由李某委托王某完成,故属于委托作品,根据《著作权法》第17条,若委托人与受托人未约定著作权的归属,则著作权应归属于受托人王某,误选A。(2)认为该小说由李某提供素材,王某撰写,故属于合作作品,根据《著作权法》第13条,著作权应由二人共同享有,误选C。

九、汇编作品著作权

某出版社出版了一本学术论文集,专门收集国内学者发表的关于如何认定和处理侵犯知识产权行为的有关论文或论文摘要。该论文集收录的论文受我国著作权法保护,其内容选择和编排具有独创性。下列哪一说法是正确的?(2012－3－17)

A. 被选编入论文集的论文已经发表,故出版社不需征得论文著作权人的同意

B. 该论文集属于学术著作,具有公益性,故出版社不需向论文著作权人支付报酬

C. 他人复制该论文集只需征得出版社同意并支付报酬

D. 如出版社未经论文著作权人同意而将有关论文收录,出版社对该论文集仍享有著作权

答案:(　　)①

考点:汇编权、汇编作品著作权

解题图构

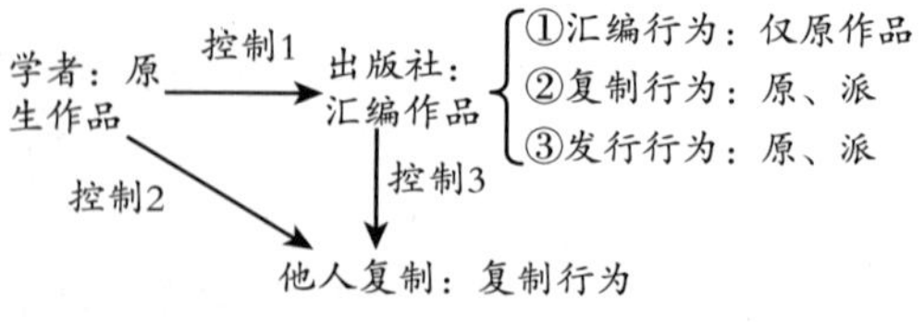

读题技巧

1.“学术论文集”、“公开发表”、“内容选择和编排具有独创性。”,指向汇编作品。2.“只”,指向汇编作品存在双重著作权,两个作者,可以控制下游的复制行为。3.“如出版社未经论文著作权人同意”,指向新设事实以及违法汇编的汇编作品,汇编者仍有汇编权,可控制下游的行为。

思路展开

思路1:著作权人享有作品的汇编权,控制他人的汇编行为。

(1)法律依据:①汇编权。《著作权法》第10条,“著作权包括下列人身权和财产权:…(十六)汇编权,即将作品或者作品的片段通过选择或者编排,汇集成新作品的权利…”②汇编权控制他人的汇编行为。《著作权法》第14条,“汇编若干作品、作品的片段或者不构成作品的数据或者其他材料,对其内容的选择或者编排体现独创性的作品,为汇编作品,其著作权由汇编人享有,但行使著作权时,不得侵犯原作品的著作权。”

(2)被出版社出版的论文集收录的每一篇论文作者均对其论文享有汇编权,控制出版社的汇编行为。出版社将这些论文汇成新作品即汇编作品,须经每一篇论文的著作权人同意并支付报酬,否则侵犯了作者的汇编权。①出版社汇编并出版已经发表的作品,需要对有关论文或论文的片段进行复制并发行,因而涉及他人作品复制权和发行权的保护问题。②如果出版社对已经发表的作品进行复制并发行,虽然不会侵犯发表权,但会侵犯复制权和发行权。③因而出版社的汇编行为必须征得有关论文著作权人的同意并支付报酬。④该论文集虽然具有一定的公益性,但不属于《著作权法》第22条规定的合理使用。

(3)结论:AB错,不选。

思路2:合法汇编或者违法汇编,均形成汇编作品,汇编作品著作权人可以控制他人的复制发行等行为。

(1)法律依据:①《著作权法》第14条,“汇编若干作品、作品的片段或者不构成作品的数据或者其他材料,对其内容的选择或者编排体现独创性的作品,为汇编作品,其著作权由汇编人享有,但行使著作权时,不得侵犯原作品的著作权。”②在我国2010年修订著作权法之前,《著作权法》第4条,“依法禁止出版、传播的作品,不受本法保护。”依据第4条规

① 参考答案:D

定,作品受保护要求具备合法性要件。但2010年修改后的《著作权法》第4条已经取消了依法禁止出版和传播的作品不受著作权法保护的规定。

(2)结论:“如出版社未经论文著作权人同意而将有关论文收录,出版社对该论文集仍享有著作权”,D对,选。

(3)原理:意在控制而非自用。违法汇编作品上仍然存在双重著作权,意义在于让作者和汇编人都可以控制其他人复制发行该汇编作品。

(4)延展:违法(未经著作权人同意擅自)翻译、注释、整理产生的演绎作品也同此理。

思路3:汇编作品上有“双重著作权”,因此对汇编作品的复制发行,要受原作者(原生作品)和汇编者(再生作品)的双重控制。他人如要复制论文集,既要征得原论文著作权人同意并支付报酬,也要征得汇编人同意并支付报酬,故C错,不选。

十、演绎作品

居住在A国的我国公民甲创作一部英文小说,乙经许可将该小说翻译成中文小说,丙经许可将该翻译的中文小说改编成电影文学剧本,并向丁杂志社投稿。下列哪些说法是错误的?(2012-3-63)

A. 甲的小说必须在我国或A国发表才能受我国著作权法保护

B. 乙翻译的小说和丙改编的电影文学剧本均属于演绎作品

C. 丙只需征得乙的同意并向其支付报酬

D. 丁杂志社如要使用丙的作品还应当分别征得甲、乙的同意,但只需向丙支付报酬

答案:(　　)①

考点:著作权自动保护、演绎作品著作权归属、演绎作品中上游对下游的多重控制

解题图构

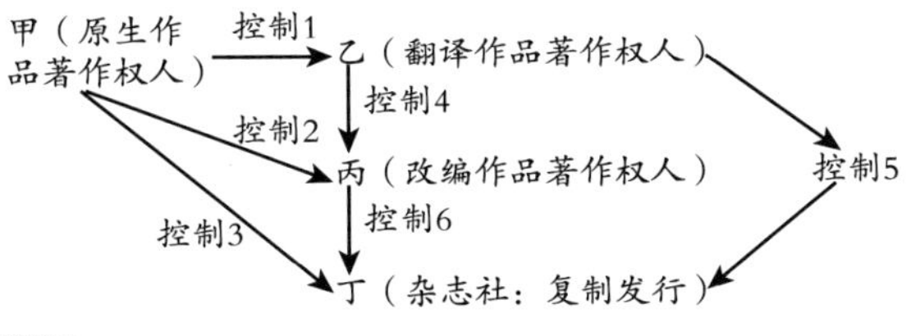

读题技巧

1.“我国公民甲”,指向著作权自动保护原则。2.“乙经许可”、“翻译”;“丙经许可”、“改编”,指向原生作品、演绎作品。3.“丙只”、“丁杂志社如要使用,但只”,指向下游要经全部上游同意,部分同意或者部分付酬,是不行的。

思路展开

思路1:中国人著作权自动保护原则,不论是否发表,也无须办理著作权登记。

(1)法律依据:《著作权法》第2条第1款,“中国公民、法人或者其他组织的作品,不论是否发表,依照本法享有著作权。”

(2)题干信息:我国公民甲旅居A国的英文小说,不管是否发表,都受我国著作权法的保护。

(3)结论:A错,选。

思路2:基于原生作品产生的作品,是演绎作品。

(1)演绎作品,又称派生作品,是指在已有作品的基础上,经过改编、翻译、注释、整理等创造性劳动而产生的作品。翻译,是指将作品从一种语言文字转换成为另一种语言文字。改编,是指改编作品,创作出具有独创性的新作品。

(2)题干信息:翻译、改编、他人作品而产生的新作品均称为演绎作品,乙和丙都是演绎人。

(3)结论:B对,不选。

(4)延展:演绎作品是演绎者的创作成果,但没有改变原有作品的基本表达。一部演绎作品中,含有两个作品,原生作品+派生作品。相应的,有两个著作权。

思路3:演绎作品中,下游的行为要受上游全部作者的控制。

(1)法律依据:《著作权法》第12条,“改编、翻译、注释、整理已有作品而产生的作品,其著作权由改编、翻译、注释、整理人享有,但行使著作权时不得侵犯原作品的著作权。”

(2)下游对演绎作品的使用,既要征得原作品著作权人同意,又要征得每一演绎人的同意并应当分别向有关著作权人支付报酬。

(3)题干信息:“只”、“但只”C、D错,选。丙应

---

① 参考答案:ACD

受上游的甲、乙控制;丁应受上游的甲、乙、丙控制。

(4)延伸:丁杂志社“使用”作品的行为,是对作品发表权、复制权、发行权的行使。

十一、摄影作品著作权归属

1. 甲从书画市场上购得乙的摄影作品《鸟巢》,与其他摄影作品一起用于营利性展览。丙偷偷将《鸟巢》翻拍后以自己的名义刊登在某杂志上,丁经丙同意将刊登在该杂志上的《鸟巢》又制作成挂历销售。对此,下列哪一选项是正确的?(2008－3－21)

A. 甲无权将《鸟巢》进行营利性展览

B. 丙的行为构成剽窃

C. 丙的行为侵犯了乙的发表权

D. 丁应停止销售,但因无过错免于承担赔偿责任

答案:(　　)①

考点:摄影作品著作权归属、剽窃、发表权、出版者侵犯著作权的侵权责任

解题图构

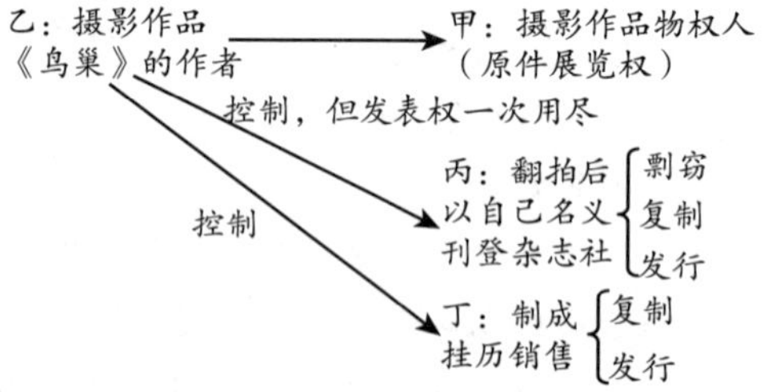

读题技巧

1.“甲从书画市场上购得乙的摄影作品《鸟巢》”,指向两点:(1)乙的摄影作品已经公之于众,发表权用尽。(2)甲取得摄影作品原件物权,同时取得原件展览权,但不享有复制件展览权。2.“丙偷偷将《鸟巢》翻拍后以自己的名义刊登在某杂志上”,指向丙的行为侵犯了乙的署名权和复制权。3.“丁经丙同意将刊登在该杂志上的《鸟巢》又制作成挂历销售”,指向丁的复制和发行行为,侵犯了乙的复制权和发行权。

思路展开

思路1:摄影作品发表权一次用尽。

(1)发表权:①受众为不特定人。特定人就不是发表了。譬如民法年会交流论文,仅会议使用(特定人),则不是发表。②能够知晓接触就可以,不管实际是否知晓。(已经公开试演,发表完了。)③公之于众的方法很多,表演、发行、放映、上网,都可以。强调的是效果,打通了不特定人接触作品的通道。④发表权一次用尽。但是,“被动发表”是否用尽发表权?一般认为,被动发表时,发表权没有用尽。如甲偷乙手稿,投向丙出版社出版,则甲的发表权没有用尽。甲可控制丙的发表行为,丙承担侵犯发表权的责任。

(2)法律依据:《著作权法》第10条第1项:“(一)发表权,即决定作品是否公之于众的权利。”《著作条例》第20条,“著作权法所称已经发表的作品,是指著作权人自行或者许可他人公之于众的作品。”

(3)具体到本题:①乙的摄影作品《鸟巢》在书画市场售卖,已然公之于众,作品已经发表,而发表权只能行使一次,所以丙的行为不可能侵犯乙的发表权。②甲将《鸟巢》公开展览,展览是向不特定第三人公开,故《鸟巢》的发表权已经用尽,丙不可能再侵犯乙的发表权。

(4)结论:“C. 丙的行为侵犯了乙的发表权”,C错,不选C。

思路2:摄影作品、美术作品原件展览权与物权人合体!复制件展览权仍归著作权人。

(1)法律依据:《著作权法》第10条第8项:“(八)展览权,即公开陈列美术作品、摄影作品的原件或者复制件的权利。”《著作权法》第18条,“美术等作品原件所有权的转移,不视为作品著作权的转移,但美术作品原件的展览权由原件所有人享有。”

(2)具体到本题,“甲从书画市场上购得乙的摄影作品《鸟巢》”,甲作为《鸟巢》的物权人,享有原件展览权。

(3)结论:“A. 甲无权将《鸟巢》进行营利性展览”,A错,不选A。

思路3:摄影作品复制权归作者,摄影作品署名权归作者。

(1)“丙偷偷将《鸟巢》翻拍后以自己的名义刊

① 参考答案:B

登在某杂志上”。

(2)丙的翻拍行为，受作者乙复制权控制！丙署名为自己，侵犯了乙的署名权。

(3)丙署名行为，构成剽窃。剽窃不限于文字作品，丙偷偷将《鸟巢》翻拍后以自己的名义刊登在某杂志上的行为，是明显的剽窃行为。

(4)结论：“B. 丙的行为构成剽窃”，B 对，符合题意，选 B。

思路四：摄影作品复制权和发行权，归作者乙享有。乙可以控制“丁经丙同意将刊登在该杂志上的《鸟巢》又制作成挂历销售”的行为。丁的行为构成侵权，侵犯了乙的复制权和发行权。

(1)法律依据：《著作权法司法解释》第 20 条，“出版物侵犯他人著作权的，出版者应当根据其过错、侵权程度及损害后果等承担民事赔偿责任。出版者对其出版行为的授权、稿件来源和署名、所编辑出版物的内容等未尽到合理注意义务的，依据《著作权法》第四十八条的规定，承担赔偿责任。出版者尽了合理注意义务，著作权人也无证据证明出版者应当知道其出版涉及侵权的，依据《民法通则》第一百一十七条第一款的规定，出版者承担停止侵权、返还其侵权所得利润的民事责任。出版者所尽合理注意义务情况，由出版者承担举证责任。”

(2)著作权侵权是无过错责任(停止侵权、返还侵权所得利润、销毁侵权物品等无过错责任)。损害赔偿是过错责任。

(3)丁是否存在过错，决定了丁是否需要承担赔偿责任。

(4)法律出版社的解析是：“丁经丙同意制作挂历并不等于‘有合法授权’，丙不是原件的著作权人，无权处分原件的著作权，所以丁因为将刊登在该杂志上的《鸟巢》制作成挂历销售，依法应承担责任，停止销售，无过错不能作为免赔抗辩。故 D 选项错误。”

(5)结论：“D. 丁应停止销售，但因无过错免于承担赔偿责任”，故 D 错，D 不选。

2. 画家甲将其未发表的一幅绘画作品原件赠与好友乙。乙将其挂于室内。丙在乙家中做客时，向乙提出欲租该画展出 30 日，愿支付报酬 500 元，乙同意。下列哪一选项是正确的？(2008－四川－20)

A. 乙和丙的行为均合法

B. 乙的行为合法，丙的行为侵犯了甲的发表权

C. 乙的行为侵犯了甲的展览权

D. 乙的行为侵犯了甲的出租权

答案：(　　)①

考点：美术作品原件所有人享有原件展览权

思路展开

命题点 1：美术作品原件所有人享有原件展览权。

(1)法律依据：《著作权法》第 18 条规定，“美术等作品原件所有权的转移，不视为作品著作权的转移，但美术作品原件的展览权由原件所有人享有。”

(2)具体到本题：①画家甲将其绘画作品原件赠与好友乙，乙便取得该作品的所有权。②根据法律规定，乙同时享有该作品原件的展览权，丙将该原件租去展览并支付报酬，行为合法。③丙的行为是展览权人乙的许可使用行为，本质上也是乙行使展览权的具体表现，并没有侵犯甲的发表权。

(3)结论：①“A. 乙和丙的行为均合法”，A 对，选 A。②“B. 乙的行为合法，丙的行为侵犯了甲的发表权；C. 乙的行为侵犯了甲的展览权”，BC 错，不选 BC。

命题点 2：出租权。限于四种情形。

(1)法律依据：《著作权法》第 10 条第 1 款第 7 项规定：“出租权，即有偿许可他人临时使用电影作品和以类似摄制电影方法创作的作品、计算机软件的权利，计算机软件不是出租的主要标的的除外”。外加录音和录像制品，制作者有出租权。

(2)具体到本题：绘画作品并不是出租权行使的对象。

(3)结论：D 错，不选 D。

十二、计算机软件著作权

1. 甲公司委托乙公司开发印刷排版系统软件，付费 20 万元，没有明确约定著作权的归属。后甲公司以高价向善意的丙公司出售了该软件的复制品。丙公司安装使用 5 年后，乙公司诉求丙公司停止使

① 参考答案：A

用并销毁该软件。下列哪些表述是正确的?(2013-3-63)

A. 该软件的著作权属于甲公司

B. 乙公司的起诉已超过诉讼时效

C. 丙公司可不承担赔偿责任

D. 丙公司应停止使用并销毁该软件

答案:(　　)①

考点:委托作品著作权归属、著作权侵权诉讼时效、盗版软件善意使用人责任

读题技巧

1."委托乙公司开发"、"没有明确约定著作权的归属",指向委托软件著作权归属于受托人乙公司。2."善意的丙公司"、"停止使用并销毁该软件",指向盗版软件善意使用人侵权责任,停止用、销毁,但不赔偿。3."使用5年后",指向诉讼时效。

思路展开

思路1:权利主体:委托开发软件,未约定著作权归属,该软件著作权归受托人乙公司。

(1)法律依据:《计算机软件保护条例》第11条,"接受他人委托开发的软件,其著作权的归属由委托人与受托人签订书面合同约定;无书面合同或者合同未作明确约定的,其著作权由受托人享有。"《著作权法》第17条,"受委托创作的作品,著作权的归属由委托人和受托人通过合同约定。合同未作明确约定或者没有订立合同的,著作权属于受托人。"

(2)题干信息:印刷排版系统软件的著作权属于乙公司,故"A.该软件的著作权属于甲公司"错,A不选。

思路2:侵权责任:盗版软件善意使用人应承担停止使用并销毁软件的侵权责任、不承担赔偿责任。

(1)法律依据:《计算机软件保护条例》第30条,"软件的复制品持有人不知道也没有合理理由应当知道该软件是侵权复制品的,不承担赔偿责任;但是,应当停止使用、销毁该侵权复制品。如果停止使用并销毁该侵权复制品将给复制品使用人造成重大损失的,复制品使用人可以在向软件著作权人支付合理费用后继续使用。"

(2)题干信息:"丙安装使用",题干未明确丙构成商业性使用,故善意的丙公司不承担赔偿责任,但应停止使用并销毁该软件。(注意:善意的商业性使用盗版软件承担赔偿责任、善意的非商业性使用盗版软件承担不赔偿责任。)故"C.丙公司可不承担赔偿责任"和"D.丙公司应停止使用并销毁该软件"对,CD当选。

思路3:诉讼时效:侵犯著作权行为在继续的,只要著作权没有过保护期,法院应判决被告停止侵权。损害赔偿数额则自起诉之日起倒推2年计算。

(1)法律依据:《著作权法司法解释》第28条,"侵犯著作权的诉讼时效为两年,自著作权人知道或者应当知道侵权行为之日起计算。权利人超过两年起诉的,如果侵权行为在起诉时仍在持续,在该著作权保护期内,人民法院应当判决被告停止侵权行为;侵权损害赔偿数额应当自权利人向人民法院起诉之日起向前推算两年计算。"

(2)题干信息:丙公司安装使用5年后,乙公司诉求丙公司停止使用并销毁该软件。(3)结论:乙公司的起诉没有超过诉讼时效,"B.乙公司的起诉已超过诉讼时效"错,B不选。

思路延展:侵害知识产权的救济方式有:绝对权请求权和损害赔偿请求权。

(1)绝对权请求权,即请求侵权人停止侵害、销毁侵权物品、消除影响、赔礼道歉。①不以加害人过错为前提。②不以权利人遭受损害为前提。③不适用诉讼时效。

(2)损害赔偿请求权,是债权请求权。①过错责任,要求加害人有过错。②无损失无赔偿,要求权利人遭受损失。③2年诉训时效。

常见错误

1.委托人付了钱即享有著作权:认为委托人甲公司支付了开发费用,故享有该软件的著作权,误选A。

2.5年后起诉超过诉讼时效:认为乙公司在5年后才起诉,超过了诉讼时效,误选B。

3.混淆善意使用人的停止侵权责任和不负赔偿责任:认为善意的丙有抗辩权,无须停止使用并销

① 参考答案:CD

毁软件，未选 D。或者认为不存在善意侵权，丙公司作为侵权人应承担赔偿损失的责任，未选 C。

2. 甲公司的游戏软件工程师刘某利用业余时间开发的“四国演义”游戏软件被乙公司非法复制，丙书店从无证书贩手中低价购进该盗版软件，丁公司从丙书店以正常价格购买该软件在其经营的游戏机上安装使用。下列哪些说法是正确的？（2006－3－64）

A. 甲公司应当对刘某进行奖励

B. 丙书店应当承担赔偿损失等法律责任

C. 丁公司不承担赔偿责任

D. 乙公司、丙书店应当承担共同侵权的民事责任

答案：（ ）①

考点：计算机软件著作权、职务作品、计算机软件作品著作权侵权责任

解题图构

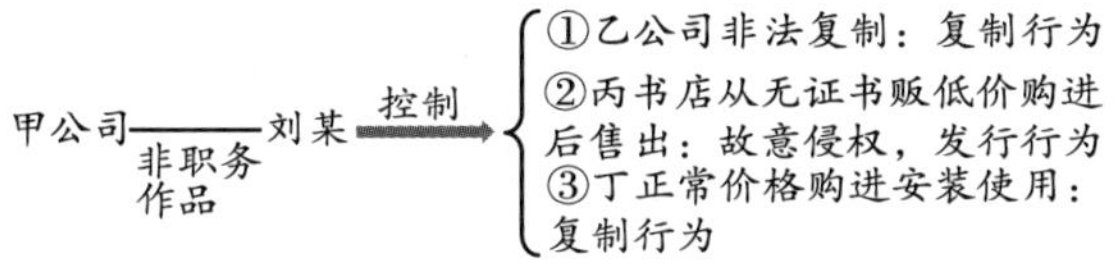

读题技巧

1.“业余时间”、游戏软件，指向软件著作权归作者刘某，而非单位甲公司。2. 丙书店低价购进，在正常价格销售给丁，丙是恶意购买并销售盗版软件者，受刘某复制权和发行权控制，应承担赔偿责任。3. 丁以正常价格购买、经营的游戏机上使用，指向丁是善意使用盗版软件，且是商业性使用。

思路展开

思路 1：游戏软件是计算机软件，是作品，不是专利。

（1）职务作品分为两种：①一种是工作任务的职务作品，未约定，则著作权归作者，单位在业务范围内优先使用。2 年内作者不得许可第三人以与单位使用相同的方式使用。②另一种是利用单位物质技术条件并由单位承担责任，著作权归单位，作者有署名权，单位可以给作者奖励。

（2）法律依据：①《著作权法》第 16 条，第 1 款，“公民为完成法人或者其他组织工作任务所创作的作品是职务作品，除本条第二款的规定以外，著作权由作者享有，但法人或者其他组织有权在其业务范围内优先使用。作品完成两年内，未经单位同意，作者不得许可第三人以与单位使用的相同方式使用该作品。”②第 2 款，“有下列情形之一的职务作品，作者享有署名权，著作权的其他权利由法人或者其他组织享有，法人或者其他组织可以给予作者奖励：（一）主要是利用法人或者其他组织的物质技术条件创作，并由法人或者其他组织承担责任的工程设计图、产品设计图、地图、计算机软件等职务作品；（二）法律、行政法规规定或者合同约定著作权由法人或者其他组织享有的职务作品。”

（3）具体到本题，“甲公司的游戏软件工程师刘某利用业余时间开发的“四国演义”游戏软件”，“业余时间”，说明不是工作任务，题干也未提到用了甲公司物质技术条件，因此，“四国演义”游戏软件不是职务作品。（4）结论：“四国演义”著作权归作者刘某，而不是归单位甲公司，自然不存在甲公司给刘某奖励的说法。故“A 甲公司应当对刘某进行奖励”，A 错，不选 A。

（4）比对：职务发明创造的申请专利权归属。《专利法》第 6 条第 1 款，“执行本单位的任务或者主要是利用本单位的物质技术条件所完成的发明创造为职务发明创造。职务发明创造申请专利的权利属于该单位；申请被批准后，该单位为专利权人。”

思路 2：丙恶意购买并销售盗版软件侵犯了刘某对“四国演义”软件著作权中的发行权，须承担侵权责任。

（1）法律依据：《计算机软件保护条例》第 8 条，软件著作权人享有下列各项权利：“…（五）发行权，即以出售或者赠与方式向公众提供软件的原件或者复制件的权利”。

（2）具体到本题，丙是书店，从无证书贩，低价购进，盗版，指向丙是恶意销售人，应承担停止侵权、损害赔偿责任。

（3）结论：“B. 丙书店应当承担赔偿损失等法律责任”B 对，选 B。

思路 3：丁善意持有、使用盗版软件的侵权责任：“丁公司从丙书店以正常价格购买该软件在其经营的游戏机上安装使用”。丁公司善意，但是商业

---

① 参考答案：B（司法部当年公布答案为 BCD）

性使用,应承担赔偿责任。

(1)法律依据:①《计算机软件保护条例》(2002年1月1日施行)第30条,"软件的复制品持有人不知道也没有合理理由应当知道该软件是侵权复制品的,不承担赔偿责任;但是,应当停止使用、销毁该侵权复制品。如果停止使用并销毁该侵权复制品将给复制品使用人造成重大损失的,复制品使用人可以在向软件著作权人支付合理费用后继续使用。"②《著作权法司法解释》(2002年10月15日施行)第21条,"计算机软件用户未经许可或者超过许可范围商业使用计算机软件的,依据《著作权法》第四十七条(现48条)第(一)项、《计算机软件保护条例》第二十四条第(一)项的规定承担民事责任。"善意的、商业性使用盗版软件,也需要承担赔偿责任。

(2)《著作权法司法解释》第21条是后法,《计算机软件保护条例》第30条是后法。应适用《著作权法司法解释》第21条。

(3)善意、非商业性使用,仅承担停止使用、销毁侵权复制品的责任,不承担赔偿责任。善意、商业性使用,则承担停止使用、销毁侵权复制品,此外,还需要承担赔偿责任。

(4)具体到本题,善意的丁书店是在经营的游戏机上商业性使用,受刘某对"四国演义"游戏软件复制权的控制。丁应承担赔偿责任。

(5)结论:"C. 丁公司不承担赔偿责任",C错,不选C。

(6)司法部当年公布的答案,选了C。其理由是:"丁公司从丙书店以正常价格购买软件,应认为它在主观上没有过错,无须承担损害赔偿责任,因此C选项正确。"

思路4:"乙公司非法复制"刘某的"四国演义"游戏软件,"丙书店从无证书贩手中低价购进该盗版软件"。乙公司和丙书店是否构成共同侵权?

(1)司法部公布的答案选了D。"D. 乙公司、丙书店应当承担共同侵权的民事责任"。其理由是:"乙公司非法复制他人软件,而丙书店低价购进该盗版软件并予以出售,二者的行为相结合侵害了他人的合法权益,应当认定乙、丙已经构成了共同侵权,因此D选项正确。"

(2)"直接结合"的侵权责任,法律依据来自《关于审理人身损害赔偿案件适用法律若干问题的解释》(2003年)第3条第1款,"二人以上共同故意或者共同过失致人损害,或者虽无共同故意、共同过失,但其侵害行为直接结合发生同一损害后果的,构成共同侵权,应当依照《民法通则》第一百三十条规定承担连带责任。"

(3)《侵权责任法》(2009年)第8条,"二人以上共同实施侵权行为,造成他人损害的,应当承担连带责任。"和第9条,"教唆、帮助他人实施侵权行为的,应当与行为人承担连带责任。"共同侵权包括共同故意和共同过失,教唆侵权包括共同故意,没有规定"直接结合"发生侵权责任。

(4)《侵权责任法》第11条规定了分别侵权的连带责任:"二人以上分别实施侵权行为造成同一损害,每个人的侵权行为都足以造成全部损害的,行为人承担连带责任。"

(5)具体到本题,用现在的法律来评价,乙公司的非法复制,与丙书店的恶意复制和发行,之间难以成立共同侵权。因此,D不选。

(6)但是,加一句评论:《关于审理人身损害赔偿案件适用法律若干问题的解释》的直接结合构成共同侵权,对司法实务产生深刻影响,其实便于法官处理棘手问题。

综上,根据现有法律,结合题干,本题答案为B。

十三、发表权

1. 甲生前曾多次表示要将自己尚未发表的书稿赠送给乙,但一直未交付。后甲立遗嘱由丙继承全部遗产,但甲临终前又将该书稿赠与丁并立即交付。该书稿的发表权应由谁行使?(2009-3-21)

A. 乙　　B. 丙　　C. 丁　　D. 丙和丁

答案:(　　)①

考点:发表权

解题图构

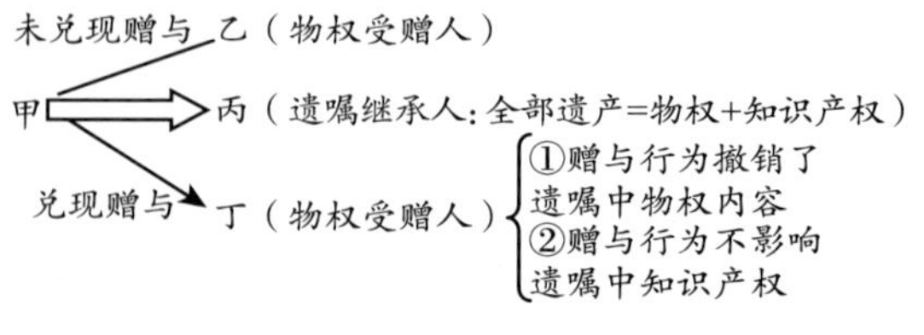

① 参考答案:B

思路展开

发表权可以继承。

(1)法律依据:《著作权法实施条例》第 17 条,"作者生前未发表的作品,如果作者未明确表示不发表,作者死亡后 50 年内,其发表权可由继承人或者受遗赠人行使;没有继承人又无受遗赠人的,由作品原件的所有人行使。"

(2)甲有遗嘱继承人丙。遗嘱继承人丙继承书稿上负载的发表权和其他著作财产权。

(3)甲临终前将书稿赠与丁并交付,处分的是书稿的物权。由此,书稿物权人与著作权人发生分离。

(4)书稿物权人丁(受赠的是书稿,不是作品,更不是著作权),依据是《继承法若干问题的意见》第 39 条,"遗嘱人生前的行为与遗嘱的意思表示相反,而使遗嘱处分的财产在继承开始前灭失,部分灭失或所有权转移、部分转移的,遗嘱视为被撤销或部分被撤销。"

(5)书稿著作权包括发表权(甲生前未明确表示不得发表,如甲生前明确表示不得发表,则甲死后五十年后作品进入公共领域。法律依据:《著作权法》第 21 条第 1 款,"公民的作品,其发表权、本法第十条第一款第(五)项至第(十七)项规定的权利的保护期为作者终生及其死亡后五十年,截止于作者死亡后第五十年的 12 月 31 日;如果是合作作品,截止于最后死亡的作者死亡后第五十年的 12 月 31 日。")和其他财产权,归遗嘱继承人丙享有。

(6)结论:书稿发表权归丙行使。B 对,选 B。其他均错。

2. 谢某为某电视台的著名栏目主持人,曾与何某在大学期间谈恋爱。何某为了炫耀,将谢某写给自己署有真实姓名的求爱信在互联网上传播,给谢某造成了不良影响。关于何某侵犯的谢某的民事权利,下列哪些选项是正确的?(2008－四川－61)

A. 发表权

B. 信息网络传播权

C. 荣誉权

D. 隐私权

答案:(　　)①

考点:求爱信是作品、发表权、信息网络传播权、隐私权

思路展开

命题点 1:发表权。

(1)发表权是指决定作品是否公之于众的权利,发表权是著作人身权,只有著作权人享有。

(2)具体到本题:谢某属于求爱信的著作权人,有权决定是否将其公之于众,而何某未经谢某同意将署有谢某真实姓名的求爱信在网络上公布,侵犯了谢某的发表权。

(3)结论:A 对,选 A。

命题点 2:信息网络传播权。

(1)信息网络传播权,即以有线或无线方式向公众提供作品,使公众可以在其个人选定的时间和地点获得作品的权利。

(2)具体到本题:何某未经许可,将谢某的求爱信在网络上公开,侵犯了谢某的信息网络传播权。

(3)结论:B 对,选 B。

命题点 3:荣誉权。

(1)法律依据:《民法通则》第 102 条第 1 款规定,公民、法人享有荣誉权,禁止非法剥夺公民、法人的荣誉称号。

(2)具体到本题:何某在互联网上公布谢某的求爱信,并不会导致谢某的某种荣誉称号被非法剥夺,因此何某的行为并未侵犯谢某的荣誉权。

(3)结论:C 错,不选 C。

命题点 4:隐私权。隐私权是自然人享有的对其个人的与公共利益无关的个人信息、私人活动和私有领域进行支配的一种人格权。

(1)法律依据:①《侵权责任法》第 2 条,"侵害民事权益,应当依照本法承担侵权责任。本法所称民事权益,包括生命权、健康权、姓名权、名誉权、荣誉权、肖像权、隐私权、婚姻自主权、监护权、所有权、用益物权、担保物权、著作权、专利权、商标专用权、发现权、股权、继承权等人身、财产权益。"②《关于确定民事侵权精神损害赔偿责任若干问题的解释》第 1 条第 2 款,"违反社会公共利益、社会公德侵害他人隐私或者其他人格利益,受害人以侵权为由向

① 参考答案:ABD

人民法院起诉请求赔偿精神损害的,人民法院应当依法予以受理。”

(2)法条阐释:①隐私的内容:私人信件、私人生活、私人空间、身体隐私、生命信息(身体基因密码)、私人通信等。自然人的隐私权包括通信秘密权与个人生活秘密权。个人生活秘密权是指公民对其财产状况、生活经历、个人资料等私人信息享有的禁止他人非法利用的权利。②公众人物隐私权的限制:隐私权的本质在于确保个人远离公众的目光,而公众人物需要经常处于公众目光之下,许多公众人物尤其是公职人物,需要公众的监督。故公众人物隐私权保护的标准要低于普通人。不过不等于它们没有隐私权。③隐私权具有可放弃性。权利人主动公布个人信息,则不可再主张隐私权。④公布非真实信息,不是侵犯隐私权,构成“诽谤”,转而求助于名誉权保护制度。⑤侵犯隐私权的类型:a. 窃取或刺探他人隐私;b. 擅自披露他人未放弃的隐私;c. 擅自进入他人私生活空间(如擅自进入他人房屋,偷看日记等);d. 妨害他人私生活安宁(如跟踪、监视、监听、发骚扰短信、打骚扰电话等)。

(3)具体到本题:求爱信属于个人情感,是隐私,何某将其公开在互联网上侵犯了谢某的隐私权。

(4)结论:D 对,选 D。

3. 甲在某网站上传播其自拍的生活照,乙公司擅自下载这些生活照并配上文字说明后出版成书。丙书店购进该书销售。下列哪些说法是正确的?(2006-3-58)

A. 乙公司侵犯了甲的发表权

B. 乙公司侵犯了甲的复制权

C. 乙公司侵犯了甲的肖像权

D. 丙书店应当承担侵权责任

答案:(　　)①

考点:发表权、复制权、发行权、善意销售、肖像权

读题技巧

1. 甲在网站上上传自拍生活照,指向两点:(1)甲是摄影作品著作权人。(2)甲已经将作品公之于众了,发表权一次用尽。2. 乙下载生活照出版成书销售,指向两点:(1)乙侵犯了甲的肖像权。(2)侵犯了甲的复制权和发行权。3. 丙书店购进书销售,指向三点:(1)丙侵犯了甲的发行权。(2)丙侵犯绝对权承担停止侵权、销毁侵权物品的侵权责任是无过错责任。(3)损害赔偿侵权责任坚持过错责任。

思路展开

思路1:自拍生活照,是摄影作品,甲对生活照这一摄影作品享有著作权。

(1)法律依据:①《著作权法实施条例》第4条,“(十)摄影作品,是指借助器械在感光材料或者其他介质上记录客观物体形象的艺术作品。”②《著作权法》第10条,“(一)发表权,即决定作品是否公之于众的权利”、“(五)复制权,即以印刷、复印、拓印、录音、录像、翻录、翻拍等方式将作品制作一份或者多份的权利”、“(六)发行权,即以出售或者赠与方式向公众提供作品的原件或者复制件的权利”。

(2)具体到本题:①作品,是指文学、艺术和科学领域内具有独创性并能以某种有形形式复制的智力成果。甲自拍的生活照符合作品的含义,应认定为属于《著作权法》保护的作品,是摄影作品。②甲公司已经将摄影作品即生活照公之于众,无论是否有人点击,只要打通了公众获取的通道,即构成“公之于众”,而发表权一次用尽,故乙公司没有侵犯甲的发表权。③乙公司下载生活照并出版、销售,乙公司侵犯了甲的复制权、发行权。

(3)结论:①“A. 乙公司侵犯了甲的发表权”A 错,不选 A。②“B. 乙公司侵犯了甲的复制权”B 对,选 B。

思路2:自拍生活照,有甲的肖像。乙下载这些生活照出版成书销售,是经营行为。乙侵犯了甲的肖像权。

(1)法律依据:①《民法总则》第110条第1款,“自然人享有生命权、身体权、健康权、姓名权、肖像权、名誉权、荣誉权、隐私权、婚姻自主权等权利。”②《民法通则》第100条,“公民享有肖像权,未经本人同意,不得以营利为目的使用公民的肖像。”

(2)具体到本题,乙公司擅自下载甲的生活照并配上文字说明后出版成书,不仅侵害了甲的著作权,而且构成了对甲的肖像权的侵害。

---

① 参考答案:BCD

（3）结论："C. 乙公司侵犯了甲的肖像权"，故 C 对，选 C。

思路 3：丙书店购进侵犯著作权的书，然后销售，构成善意（题干未交代，推定善意）。

（1）丙的行为受甲自拍照著作权中的发行权控制，应承担停止侵权、销毁侵权复制品的无过错责任。至于是否需要承担赔偿责任，则坚持过错责任。要看丙是否善意，能否提供产品的合法来源。如果能，则不承担赔偿责任。

（2）结论："D. 丙书店应当承担侵权责任"D 对，选 D。

4. 延展：肖像作品（如本题中的生活照）通常会牵涉到两种权利，一是作者的著作权，一是肖像人的肖像权。

常见错误

1. 出版成书才构成发表说：认为下载生活照并配上文字说明后出版成书就是发表行为，误选 A。

2. 自拍照不是作品说：认为自拍的生活照没有什么艺术性，也没有什么技术含量，不属于《著作权法》保护的作品，甲对其照片也就没有所谓的复制权，故未选 B。

3. 网上公布照片默认他人有权使用肖像说：认为甲已经在网上公布了其照片，应认为默认他人使用该照片，乙的行为未侵犯甲的肖像权，故未选 C。

4. 善意销售无过错不侵权说：认为丙如果从正规的渠道进货，且不知道这些书属于侵权书籍，就没有过错，不构成侵权，故未选 D。

十四、署名权、修改权、保护作品完整权、发行权用尽

1. 应出版社约稿，崔雪创作完成一部儿童题材小说《森林之歌》。为吸引儿童阅读，增添小说离奇色彩，作者使用笔名"吹雪"，特意将小说中的狗熊写成三只腿的动物。出版社编辑在核稿和编辑过程中，认为作者有笔误，直接将"吹雪"改为"崔雪"、将狗熊改写成四只腿的动物。出版社将《森林之歌》批发给书店销售。下列哪些说法是正确的？（2015－3－62）

A. 出版社侵犯了作者的修改权

B. 出版社侵犯了作者的保护作品完整权

C. 出版社侵犯了作者的署名权

D. 书店侵犯了作者的发行权

答案：（　　）①

考点：署名权、修改权、保护作品完整权、发行权用尽

读题技巧

1. 应出版社约稿，指向出版社有复制权、发行权。2. 出版社将《森林之歌》批发给书店销售，指向正版的发行权用尽。3. 直接将"吹雪"改为"崔雪"，指向署名权。4. 将狗熊改写成四只腿，指向修改权和保护作品完整权。

思路展开

思路 1：署名权、修改权、保护作品完整权。

（1）署名权的内容是作者可以控制他人未经许可修改署名方式，作者要求署笔名而不愿署真名的，应当尊重作者意愿，不得强行改变作者的署名方式。《著作权法》第 10 条第 2 项，"（二）署名权，即表明作者身份，在作品上署名的权利。"题干信息：出版社直接将"吹雪"改为"崔雪"，侵犯署名权。故 C 对。当选。

（2）修改权和保护作品完整权。《著作权法》第 10 条第 3、4 项，"（三）修改权，即修改或者授权他人修改作品的权利。（四）保护作品完整权，即保护作品不受歪曲、篡改的权利"。题干信息：将狗熊改写成四只腿的动物，侵犯了修改权和保护作品完整权。故 AB 对，当选。

（3）延展：修改权和保护作品完整权的差异：①修改是对作品内容作局部的变更以及文字、用语的修正。②保护作品完整权是保护作品不受歪曲、篡改的权利。歪曲：故意改变事物的真相或内容；篡改：用作伪的手段对作品进行改动或曲解。对作品实质性的改变了作者在作品中原本要表达的思想，即对保护作品完整权的侵犯。③著作权不是自用权，而是控制权，有保护作品完整权即足够控制他人的修改行为，故在著作权法修改时删除修改权，似更合理。

---

① 参考答案：ABC

思路2:发行权。《著作权法》第10条第6项,“(六)发行权,即以出售或者赠与方式向公众提供作品的原件或者复制件的权利”。

(1)正版发行权一次用尽。(合法复制件或原件再流转,发行权一次用尽:不能控制再流转)①经著作权人许可,向公众出售或赠与作品的原件或复制件后,该特定原件或复制件上的发行权消灭。②他人向公众再销售、再赠与的行为不侵犯发行权。因此,对正版作品的再发行不是侵权。(合法连环交易不侵犯发行权)。③原理:作者把原件或复制件卖出去,买方持有原件或复制件的人是物权人,而作者对该物的著作专有权没有转移。既不能过度限制买方再卖(商品流通),也不能说专有权没了。适度保护发行权,就是作者继续控制非法复制件、原件的发行行为。

(2)题干信息:“应出版社约稿”、“出版社将《森林之歌》批发给书店销售。”可见,由于作者已经授权出版社出版小说,相当于已经许可了出版社行使复制权和发行权,根据发行权穷竭原则,作者无权再控制书店的发行行为(销售),因而书店没有侵犯发行权。D错误,不选。

2. 小说《一言难尽》的作者甲与话剧团乙签订一份著作权许可使用合同,约定乙在自合同生效之日起3年内享有专有改编权。下列哪一选项是正确的?(2008－四川－21)

A. 甲已将保护作品完整权在约定期限内转让给乙

B. 乙获得的权利是著作权中的财产权

C. 在约定期限内,甲无权再许可第三人使用该小说

D. 乙可以将改编权再许可给第三人

答案:(　　)①

考点:保护作品完整权和改编权

思路展开

命题点1:改编权和保护作品完整权:

(1)改编权,即改编作品,创作出具有独创性的新作品的权利,改编权是著作财产权中的使用权,可以依法转让。

(2)保护作品完整权是指保护作品不受歪曲、篡改的权利。保护作品完整权是著作人身权,不能转让。

(3)结论:①“A. 甲已将保护作品完整权在约定期限内转让给乙”,A错,不选A。②“B. 乙获得的权利是著作权中的财产权”,B对,选B。

命题点2:改编权只是著作财产权中的一种。

(1)著作财产权的使用权并不限于改编权一种,甲还可以就该小说的其他使用权许可第三人使用。

(2)结论:“C. 在约定期限内,甲无权再许可第三人使用该小说”,C错,不选C。

命题点3:改编权不得再许可。

(1)甲和乙约定的专有改编权表明改编该小说的权利由乙专属,甲在3年内不得许可其他人改编该小说,但并不意味着乙可以将改编权再许可他人使用。

(2)结论:“D. 乙可以将改编权再许可给第三人”,D错,不选D。

十五、发表权、署名权、保护作品完整权、信息网络传播权

王琪琪在某网站中注册了昵称为“小玉儿”的博客账户,长期以“小玉儿”名义发博文。其中,署名“小玉儿”的《法内情》短文被该网站以写作水平不高为由删除;署名“小玉儿”的《法外情》短文被该网站添加了“作者:王琪琪”字样。关于该网站的行为,下列哪些表述是正确的?(2013－3－62)

A. 删除《法内情》的行为没有侵犯王琪琪的发表权

B. 删除《法内情》的行为没有侵犯王琪琪的信息网络传播权

C. 添加字样的行为侵犯了王琪琪的署名权

D. 添加字样的行为侵犯了王琪琪的保护作品完整权

答案:(　　)②

考点:发表权、署名权、保护作品完整权、信息网络传播权

① 参考答案:B

② 参考答案:ABC

解题图构

王琪琪 ——→ 署名为:"小玉儿"
- ①网站删除《法内情》,发表权用尽,不侵犯发表权
- ②网站修改《法外情》署名
  - ①侵犯署名权
  - ②不侵犯保护作品完整权

读题技巧

1."《法内情》短文被该网站以写作水平不高为由删除",指向发表权和信息网络传播权的判断。

2."署名'小玉儿'的《法外情》短文被该网站添加了'作者:王琪琪'字样",指向署名权和保护作品完整权的判断。

思路展开

思路1:网站删除《法内情》的行为与发表权、信息网络传播权的关系。

(1)不侵犯发表权,因为发表权一次用尽。①发表权,是指决定作品是否公之于众的权利。公之于众,是指著作权人自行或者经著作权人许可将作品向不特定的人公开,但不以公众知晓为条件。②发表权是一次性权利。作品一旦由著作权人自行或授权他人发表,发表权即行消灭,以后再次使用作品与发表权无关,而是行使使用权的体现。③题干信息:王琪琪将《法内情》上传到网站后就已经行使了发表权。网站基于各种理由在王琪琪行使发表权后删除该短文的行为均不会侵犯发表权,故A对,当选。

(2)不侵犯信息网络传播权,因为删除行为没有影响作者通过其他网络空间传播其作品。①信息网络传播权,是指以有线或者无线方式向公众提供作品,使公众可以在其个人选定的时间和地点获得作品的权利。②侵犯信息网络传播权是指未经著作权人同意将他人作品上传到网络中传播,使公众可以通过"交互式传播方式"获取该作品的情形。③题干信息:网站删除《法内情》短文的实质是不同意王琪琪利用该网络空间传播其作品,类似于期刊杂志社不同意发表某人的投稿作品一样,没有侵犯著作权人的信息网络传播权,故B对,当选。

思路2:网站在《法外情》添加字样的行为,与署名权、保护作品完整权的关系。

(1)侵犯了署名权。①署名权,是指表明作者身份,在作品上署名的权利,包括:决定是否在作品上署名;决定署名的方式;署名的顺序。②署名权控制:禁止擅自删除作者署名、禁止擅自变更作者署名方式、禁止未参加创作的人在作品上署名。③题干信息:"署名'小玉儿'的《法外情》短文被该网站添加了'作者:王琪琪'字样",网站添加字样的行为非法,干涉了王琪琪不愿以真名发表作品的自由,故侵犯了其署名权。C对,当选。

(2)没有侵犯保护作品完整权。保护作品完整权是指保护作品不受歪曲、篡改的权利。本题中,网站没有改动作品的内容和表达,没有侵犯王琪琪保护作品完整权,D错,不选。

常见错误

1. 删除行为侵犯信息网络传播权说:认为王琪琪将作品发表之后,网站就不能以任何理由删除《法内情》,网站的行为侵犯了王琪琪的发表权,未选A。或者认为网站删除《法内情》的行为侵犯了王琪琪的信息网络传播权,未选B。

2. 网站没有牟利不侵犯署名权说:认为网站没有牟利,仅对《法外情》短文添加字样的行为不会侵犯王琪琪的署名权,未选C。

3. 添加真实姓名侵犯保护作品完整权说:认为网站添加字样的行为侵犯了王琪琪的保护作品完整权,误选D。

十六、复制权(软件作品)、侵犯专利权、侵犯商标权

下列哪一行为构成对知识产权的侵犯?(2009-3-16)

A. 刘某明知是盗版书籍而购买并阅读

B. 李某明知是盗版软件而购买并安装使用

C. 五湖公司明知是假冒注册商标的商品而购买并经营性使用

D. 四海公司明知是侵犯外观设计专利权的商品而购买并经营性使用

答案:( )①

考点:软件作品复制权、侵犯专利权、侵犯商标权

---

① 参考答案:B

思路展开

思路 1:著作权控制权的范围由《著作权法》限定,实行法定主义!

(1)《著作权法》第 10 条规定的发表、复制、发行、表演、出租、信息网络传播等。

(2)其中,不包括控制他人接触(阅读或者欣赏)的权利。

(3)未经著作权人许可擅自接触作品本身不构成侵权。①譬如偷看电影。但是,如果购买盗版电影并播放,则不但接触了作品,而且对电影进行了受著作权法中著作权控制的使用行为,即机械表演。——如果不是公开营利性机械表演,首先不符合“机械表演”的条件,不是表演。其次,退一步说,假设构成机械表演,也属于合理使用(《著作权法》第 22 条第 1 项,“(一)为个人学习、研究或者欣赏,使用他人已经发表的作品。”)。②购买盗版书籍并阅读,均不侵犯著作权。

(4)具体到本题,“A. 刘某明知是盗版书籍而购买并阅读”A 不侵权,不符合题意,A 不选。

思路 2:软件作品著作权的控制范围,也是由著作权法定。

(1)法律依据:《计算机软件保护条例》第 30 条,“软件的复制品持有人不知道也没有合理理由应当知道该软件是侵权复制品的,不承担赔偿责任;但是,应当停止使用、销毁该侵权复制品。如果停止使用并销毁该侵权复制品将给复制品使用人造成重大损失的,复制品使用人可以在向软件著作权人支付合理费用后继续使用。”

(2)善意购买盗版软件,尚且需要承担停止使用、销毁侵权复制品的侵权责任,何况是恶意购买盗版软件。①至于善意购买者是否需要承担损害赔偿责任,应结合善意购买者的使用性质是否商业性使用,如果是,则也需要承担赔偿责任;如果不是,则不需要承担赔偿责任。②法律依据:《著作权法司法解释》第 21 条,“计算机软件用户未经许可或者超过许可范围商业使用计算机软件的,依据著作权法第四十七条(现第 48 条)第(一)项、《计算机软件保护条例》第二十四条第(一)项的规定承担民事责任。”其中,《计算机软件保护条例》第 24 条第 1 项规定如下:“除《中华人民共和国著作权法》、本条例或者其他法律、行政法规另有规定外,未经软件著作权人许可,有下列侵权行为的,应当根据情况,承担停止侵害、消除影响、赔礼道歉、赔偿损失等民事责任;同时损害社会公共利益的,由著作权行政管理部门责令停止侵权行为,没收违法所得,没收、销毁侵权复制品,可以并处罚款;情节严重的,著作权行政管理部门并可以没收主要用于制作侵权复制品的材料、工具、设备等;触犯刑律的,依照刑法关于侵犯著作权罪、销售侵权复制品罪的规定,依法追究刑事责任:(一)复制或者部分复制著作权人的软件的。”

(3)本题中,“B. 李某明知是盗版软件而购买并安装使用”,李某明知是盗版软件,购买使用是接触,本来是不受著作权控制的。但是李某对软件不但进行了接触,还进行了特定的使用,“安装盗版软件”,即是复制行为,受软件作品作者复制权的控制。恶意侵权人需要承担停止使用、销毁侵权复制品、赔偿损失的侵权责任。

(4)结论,B 侵权,符合题意,B 选。

思路 3:商标权控制权图构

- 商标控制权
  - 注册商标
    - ①同种商品用我的商标(假冒)
    - ②同种商品用与我近似的商标(仿冒)
    - ③类似商品上用我的商标或与我近似的商标
    - ④禁止销售有我的商标的商品
    - ⑤禁止伪造我的商标标识、制作(加工承揽)
    - ⑥禁止销售已经“加工完毕”我的商标标识
    - ⑦反向假冒:拆七匹狼,换八匹狼
    - ⑧禁止故意帮凶,为侵权提供运输仓储等便利

(1)商标权控制对象不包括购买并经营性使用假冒注册商标的商品(即不控制购买,但是控制销售)。

(2)法律依据:《商标法》第 57 条,“有下列行为之一的,均属侵犯注册商标专用权:(一)未经商标注册人的许可,在同一种商品上使用与其注册商标相同的商标的;(二)未经商标注册人的许可,在同一种商品上使用与其注册商标近似的商标,或者在类似商品上使用与其注册商标相同或者近似的商标,容易导致混淆的;(三)销售侵犯注册商标专用权的商品的;(四)伪造、擅自制造他人注册商标标识或者销售伪造、擅自制造的注册商标标识的;(五)未经商标注册人同意,更换其注册商标并将该更换商标的商品又投入市场的;(六)故意为侵犯他人商标专用权行为提供便利条件,帮助他人实施侵

犯商标专用权行为的;(七)给他人的注册商标专用权造成其他损害的。”

(3)具体到本题,“C. 五湖公司明知是假冒注册商标的商品而购买并经营性使用”,五湖公司购买行为不侵犯商标权。故C不符合题意,C不选。

思路4:专利权控制权图构

专利权控制权(=专利权人权利)
- ①产品专利:制造、使用、许诺销售、销售、进口
- ②方法专利:使用、许诺销售、销售、进口
- ③外观专利:制造、许诺销售、销售、进口

(1)外观专利权不能控制使用行为。

(2)法律依据:《专利法》第11条第2款,“外观设计专利权被授予后,任何单位或者个人未经专利权人许可,都不得实施其专利,即不得为生产经营目的制造、许诺销售、销售、进口其外观设计专利产品。”

(3)具体到本题,“D. 四海公司明知是侵犯外观设计专利权的商品而购买并经营性使用”四海公司没有侵犯外观设计专利权,D不符合题意,D不选。

十七、表演权

1. 王某创作歌曲《唱来唱去》,张某经王某许可后演唱该歌曲并由花园公司合法制作成录音制品后发行。下列哪些未经权利人许可的行为属于侵权行为?(2012-3-62)

A. 甲航空公司购买该正版录音制品后在飞机上播放供乘客欣赏

B. 乙公司购买该正版录音制品后进行出租

C. 丙学生购买正版的录音制品后用于个人欣赏

D. 丁学生购买正版录音制品试听后将其上传到网络上传播

答案:( )①

考点:表演权、出租权、合理使用、信息网络传播权

解题图构

一“物”三主结构图

《唱来唱去》CD
- ①王某作者,有对音乐作品的著作权
- ②张某演唱者,有对表演活动的表演者权
- ③花园公司录音制作者,有对录音CD母带录音制品制作者权

内部三方结构图

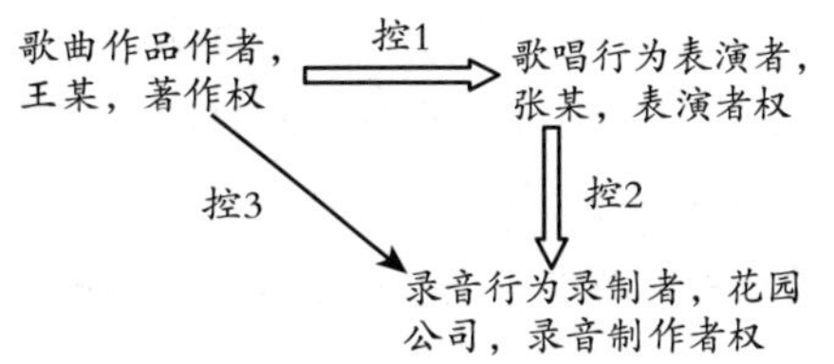

外部四方结构图②

《唱来唱去》——控制——第四人
- ①歌曲作品作者王某著作权:权利束中有表演权,无出租权
- ②歌唱行为表演者张某表演者权:权利束中无表演权,无出租权
- ③录音行为录制者花园公司录音制作者权:权利束中无表演权,有出租权
- ①机械表演行为:只有作品作者有表演权(机械表演权)
- ②出租行为:只有录音制作者有出租权
- ③信息网络传播行为:作者、表演者和录音制作者都有信息网络传播权

读题技巧

1.“未经权利人许可”,笼统称呼权利人,未考查具体侵犯谁的权利。2.“飞机上播放”,指向机械表演权。3.“出租”,指向出租权。4.“个人欣赏”,指向合理使用。5.“上传到网络上传播”,指向信息网络传播权。

思路展开

思路1:《唱来唱去》CD中有三个人的劳动贡献。(1)词曲作者王某,对音乐作品有著作权。(2)歌者张某,对演唱活动有表演者权。(3)录音制作者花园公司,对CD母带有录音制品制作者权。

思路2:词曲作者王某的著作权包含了表演权等(歌者和录音制作者没有表演权)。

(1)法律依据:《著作权法》第10条第1款第9项,“著作权包括下列人身权和财产权:…(九)表演权,即公开表演作品,以及用各种手段公开播送作品的表演的权利”。

(2)表演权包括:活的表演+机械表演。

(3)题干信息+A选项:航空公司的行为属于对《唱来唱去》的机械表演。受词曲作者王某的控制。

---

① 参考答案:ABD

② 《唱来唱去》CD中有三个人的劳动贡献:(1)词曲作者王某,对音乐作品有著作权。(2)歌者张某,对演唱活动有表演者权。(3)录音制作者花园公司,对CD母带有录音制品制作者权。

因为甲航空公司未经权利人许可将该歌曲在飞机上播放虽未单独向乘客收取费用,但其属于为经营行为服务的行为,故侵犯了王某作品的机械表演权。

(4)结论:A 侵权,选。

思路 3:作者表演权受合理使用的限制。

(1)法律依据:《著作权法》第 22 条第 1 项,"在下列情况下使用作品,可以不经著作权人许可,不向其支付报酬,但应当指明作者姓名、作品名称,并且不得侵犯著作权人依照本法享有的其他权利:(一)为个人学习、研究或者欣赏,使用他人已经发表的作品。"

(2)题干信息 + C 选项:丙学生购买正版的录音制品后用于个人欣赏(用设备播放,是机械表演行为),为个人欣赏使用他人已经发表的作品,是合理使用,不属于侵权行为。

(3)结论:C 不侵权,不选。

思路 4:作者的著作权、歌者的表演者权、录音制品制作者的录制者权,都包含有信息网络传播权。

(1)法律依据:①《著作权法》第 10 条第 1 款第 12 项,"著作权包括下列人身权和财产权:……(十二)信息网络传播权,即以有线或者无线方式向公众提供作品,使公众可以在其个人选定的时间和地点获得作品的权利。"②《著作权法》第 38 条第 1 款第 6 项,"表演者对其表演享有下列权利:……(六)许可他人通过信息网络向公众传播其表演,并获得报酬。"③《著作权法》第 42 条第 1 款,"录音录像制作者对其制作的录音录像制品,享有许可他人复制、发行、出租、通过信息网络向公众传播并获得报酬的权利;权利的保护期为五十年,截止于该制品首次制作完成后第五十年的 12 月 31 日。"

(2)题干信息 + 选项 D:丁学生购买正版录音制品试听后将其上传到网络上传播,其行为受作者王某、歌者张某、录音制作者花园公司的控制。"未经权利人许可",丁学生的行为侵犯了作者王某、歌者张某、录制者花园公司三方的信息网络传播权。

(3)结论:D 侵权,选。

思路五:特殊作品(电影作品或类似电影作品、软件作品)的作者 + 录音制作者 + 录像制作者,有出租权。(表演者没有出租权)。

(1)法律依据:①《著作权法》第 10 条第 1 款第 7 项,"(七)出租权,即有偿许可他人临时使用电影作品和以类似摄制电影的方法创作的作品、计算机软件的权利,计算机软件不是出租的主要标的的除外。"②《著作权法》第 42 条第 1 款,"录音录像制作者对其制作的录音录像制品,享有许可他人复制、发行、出租、通过信息网络向公众传播并获得报酬的权利……"

(2)题干信息 + B 选项:乙公司购买该正版录音制品后进行出租。花园公司可以控制乙公司的出租行为,乙公司未经权利人同意将录音制品进行出租侵犯了花园公司的出租权。

(3)结论:B 侵权,选。

本题经验总结和类似试题做题套路:

凡是涉及音乐 CD:三个必然中的三个必然

- ①必然有三方结构,三方主体
  - ①作者
  - ②表演者
  - ③录音制作者
- ②必然有三个权利束
  - ①作者对作品的著作权
  - ②表演者对表演的表演者权
  - ③录制者对录制的录制者权
- ③三个权利束中必然有三个共同的权利
  - ①复制权
  - ②发行权
  - ③信息网络传播权

2. 作曲家甲创作了一首歌曲《雪花飘飘》,唱片公司乙经甲同意并请歌星丙演唱,将该歌和其他歌曲一起制作成 DVD 唱片。某酒店将合法购买的该正版 DVD 唱片在其咖啡厅播放。关于该酒店行为的定性,下列哪些选项是错误的?(2008 - 四川 - 64)

A. 侵犯了甲的表演权

B. 侵犯了乙的录制者权

C. 侵犯了丙的表演者权

D. 合法行为

答案:(　　)①

考点:作者有机械表演权(表演者、制作者没有)

解题图构

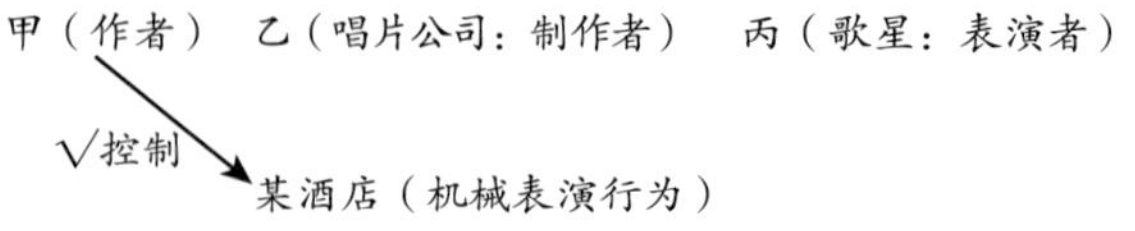

---

① 参考答案:BCD

思路展开

命题点 1:作者有表演权,控制他人的活的表演和机械表演行为。

(1)法律依据:《著作权法》第 10 条第 1 款第 9 项规定,"表演权,即公开表演作品,以及用各种手段公开播送作品的表演的权利。"

(2)具体到本题:某酒店虽然是将合法购买的正版 DVD 唱片在其咖啡厅播放,但其仍侵犯了歌曲著作权人甲的机械表演权,因为甲并未许可酒店可用播放 DVD 的方式公开播送作品。

(3)结论:①"A. 侵犯了甲的表演权",A 对,不符合题意,不选 A。②"D. 合法行为",D 错,符合题意,选 D。

命题点 2:邻接权人没有表演权。邻接权,是指与著作权有关的权利,即作品传播者所享有的权利。,邻接权包括表演者权、录音录像制作者权、广播组织权。

(1)法律依据:①《著作权法》第 42 条第 1 款,"录音录像制作者对其制作的录音录像制品,享有许可他人复制、发行、出租、通过信息网络向公众传播并获得报酬的权利;权利的保护期为五十年,截止于该制品首次制作完成后第五十年的 12 月 31 日。"②《著作权法》第 38 条,"表演者对其表演享有下列权利:(一)表明表演者身份;(二)保护表演形象不受歪曲;(三)许可他人从现场直播和公开传送其现场表演,并获得报酬;(四)许可他人录音录像,并获得报酬;(五)许可他人复制、发行录有其表演的录音录像制品,并获得报酬;(六)许可他人通过信息网络向公众传播其表演,并获得报酬。被许可人以前款第(三)项至第(六)项规定的方式使用作品,还应当取得著作权人许可,并支付报酬。"

(2)具体到本题:酒店是用合法购买的正版唱片播放歌曲,所以未侵犯乙的录制者权,也没有侵犯丙的表演者权。

(3)结论:"B. 侵犯了乙的录制者权、C. 侵犯了丙的表演者权"BC 错,符合题意,选 BC。

十八、出租权

1. 甲、乙、丙、丁相约勤工俭学。下列未经著作权人同意使用他人受保护作品的哪一行为没有侵犯著作权?(2015-3-17)

A. 甲临摹知名绘画作品后廉价出售给路人

B. 乙收购一批旧书后廉价出租给同学

C. 丙购买一批正版录音制品后廉价出租给同学

D. 丁购买正版音乐 CD 后在自己开设的小餐馆播放

答案:(　　)①

考点:作品复制权、录音制品出租权、作品机械表演权

解题图构

①绘画作品作者复制权和发行权控制:甲的复制行为和甲的发行行为
②书的作者没有出租权所以不控制:乙出租书
③录音制品制作者的出租权控制:丙出租录音制品
④音乐作品作者的表演权(机械表演权)控制:丁的机械表演行为

读题技巧

勤工俭学本身不构成合理使用。

思路展开

思路 1:临摹绘画,侵犯了复制权。《著作权法》第 10 条第 5 项,"(五)复制权,即以印刷、复印、拓印、录音、录像、翻录、翻拍等方式将作品制作一份或者多份的权利。""A. 甲临摹知名绘画作品后廉价出售给路人"不符合合理使用法定情形,而是侵权,不当选。

思路 2:出租权限于"电影作品和以类似摄制电影的方法创作的作品、计算机软件",不包括书。《著作权法》第 10 条第 7 项,"(七)出租权,即有偿许可他人临时使用电影作品和以类似摄制电影的方法创作的作品、计算机软件的权利,计算机软件不是出租的主要标的的除外。""B. 乙收购一批旧书后廉价出租给同学"未侵权,当选。"C. 丙购买一批正版录音制品后廉价出租给同学"侵权,不当选。

思路 3:机械表演权,《著作权法》第 10 条第 9 项,"(九)表演权,即公开表演作品,以及用各种手段公开播送作品的表演的权利。""D. 丁购买正版音乐 CD 后在自己开设的小餐馆播放"不符合合理使

---

① 参考答案:B

用条件,侵权,不当选。

常见错误

1. 题目中没有说明临摹的作品是否在50年的著作权保护期内,如果不在著作权保护期内,肯定不构成侵权,如临摹齐白石的作品。2. 临摹是自己的劳动成果。首先,临摹合法,如若不然,大师作品都不能被临摹;其次,出售并不违法,因为加入了临摹者的个人他作付出。比如临摹《清明上河图》、《富春山居图》,难道侵权?3. C选项是录像制品而不是录像作品,录像制品只涉及邻接权。评:题干设问"没有侵犯著作权"一词确有不严谨之处,但也确实不会影响到考生对此题作出正确判断。

2. 下列哪些出租行为构成对知识产权的侵犯?(2009-3-64)

A. 甲购买正版畅销图书用于出租

B. 乙购买正版杀毒软件用于出租

C. 丙购买正版唱片用于出租

D. 丁购买正宗专利产品用于出租

答案:(　　)①

考点:出租权、专利权的内容

思路展开

思路1:出租权图构

出租权
- √①电影作品+√②类似摄制电影方法创作作品(电视剧、有独创性MTV)
- √③计算机软件作品
- √④邻接权人中录音、录像制品的制作者
- ×表演者;×广播组织　×一般作品作者

(1)法律原理:①知识产品较之一般产品不同的是,其上附着着知识产品的所有权和知识产权,这样就可能发生权利冲突的现象。对此问题,知识产权法上的一般处理原则是权利穷竭原则。该原则是指知识产权所有人或许可使用人一旦将知识产品合法置于流通以后,原知识产权权利人所有的一些或全部排他权因此而用尽。权利穷竭原则目的是使知识产品在进入流通领域以后,作为产品的物权所有人,有权再使用、销售该物品,从而达到"物尽其用"的目的。②但是该原则也有例外,根据《著作权法》第10条的规定,"著作权包括出租权。著作权人和物权人须坚持区分原则。著作权人,而不是知识产品的所有权人,拥有产品的出租权。"

(2)软件物权人、电影作品物权人、电视MTV物权人、录音录像制品物权人不享有出租权。

(3)出租权仍然停留在作者和邻接者(录音录像制作者)那里。电影人、电视人、软件人、录音录像人,享有出租权。出租权不用尽。

(4)法律依据:①《著作权法》第10条第1款第7项,"(七)出租权,即有偿许可他人临时使用电影作品和以类似摄制电影的方法创作的作品、计算机软件的权利,计算机软件不是出租的主要标的的除外。"②《著作权法》第47条第8项,"(八)未经电影作品和以类似摄制电影的方法创作的作品、计算机软件、录音录像制品的著作权人或者与著作权有关的权利人许可,出租其作品或者录音录像制品的,本法另有规定的除外。"③《软件条例》第8条,"软件著作权人享有下列各项权利:(六)出租权,即有偿许可他人临时使用软件的权利,但是软件不是出租的主要标的的除外。"

(5)具体到本题:①"B. 乙购买正版杀毒软件用于出租"、"C. 丙购买正版唱片用于出租",BC构成对出租权侵犯,符合题意,BC当选。②图书作者没有出租权,或者说出租权用尽,图书物权人有权将图书出租。故"A甲购买正版畅销图书用于出租"A不侵权,不符合题意,A不选。

思路2:专利权中不控制出租行为。

(1)法律依据:《专利法》第11条第1款,"发明和实用新型专利权被授予后,除本法另有规定的以外,任何单位或者个人未经专利权人许可,都不得实施其专利,即不得为生产经营目的制造、使用、许诺销售、销售、进口其专利产品,或者使用其专利方法以及使用、许诺销售、销售、进口依照该专利方法直接获得的产品。"第2款,"外观设计专利权被授予后,任何单位或者个人未经专利权人许可,都不得实施其专利,即不得为生产经营目的制造、许诺销售、销售、进口其外观设计专利产品。"

(2)专利权人并不享有控制出租专利产品行为的权利!

(3)结论:"D. 丁购买正宗专利产品用于出租",不侵权,不符合题意,D不选。

---

① 参考答案:BC

十九、信息网络传播权

1. 著作权人 Y 认为网络服务提供者 Z 的服务所涉及的作品侵犯了自己的信息网络传播权，向 Z 提交书面通知要求其删除侵权作品。对此，下列哪些选项是正确的？(2016－3－62)

A. Y 的通知书应当包含该作品构成侵权的初步证明材料

B. Z 接到书面通知后，可在合理时间内删除涉嫌侵权作品，同时将通知书转送提供该作品的服务对象

C. 服务对象接到 Z 转送的书面通知后，认为提供的作品未侵犯 Y 的权利的，可以向 Z 提出书面说明，要求恢复被删除作品

D. Z 收到服务对象的书面说明后应即恢复被删除作品，同时将服务对象的说明转送 Y 的，则 Y 不得再通知 Z 删除该作品

答案：(　　)①

考点：点：信息网络传播权保护的程序机制、避风港规则

解题图构

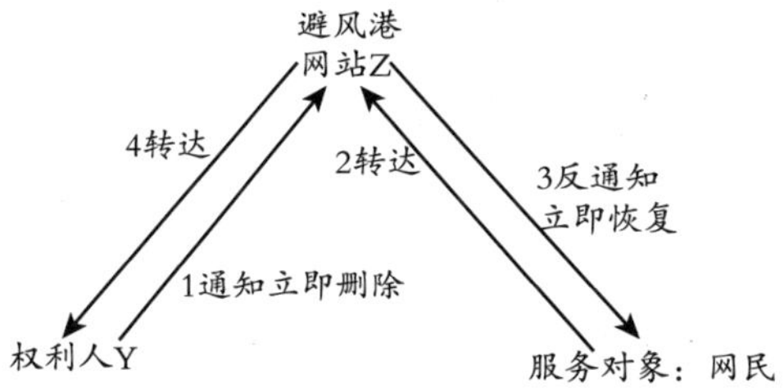

思路展开

思路框架：避风港规则和红旗规则

(1)"避风港"原则是指在发生著作权侵权案件时，当 ISP(网络服务提供商)只提供空间服务，并不制作网页内容，如果 ISP 被告知侵权，则有删除的义务，否则就被视为侵权。

(2)信息网络传播权保护之网站的避风港规则四步曲：第一步，权利人向网站发出通知，网站立即删除；第二步，网站向网民转达删除情况；第三步，如网民向网站发出反通知要求立即恢复，网站立即恢复；第四步，网站向权利人转达恢复情况。总体看来，网站"置身事外"，处于"避风港"内，看神仙打架。

(3)"红旗"原则是"避风港"原则的例外适用，红旗原则是指如果侵犯信息网络传播权的事实是显而易见的，就像是红旗一样飘扬，网络服务商就不能装作看不见，或以不知道侵权的理由来推脱责任，如果在这样的情况下，不移除链接的话，就算权利人没有发出过通知，我们也应该认定这个设链者知道第三方是侵权的。

(4)本题考查避风港原则。"通知——立即删除"＋"反通知——立即恢复"

命题点 1：权利人提交删除通知，应附有"构成侵权的初步证明材料"。

(1)法律依据：《信息网络传播权保护条例》第 14 条第 1 款，"对提供信息存储空间或者提供搜索、链接服务的网络服务提供者，权利人认为其服务所涉及的作品、表演、录音录像制品，侵犯自己的信息网络传播权或者被删除、改变了自己的权利管理电子信息的，可以向该网络服务提供者提交书面通知，要求网络服务提供者删除该作品、表演、录音录像制品，或者断开与该作品、表演、录音录像制品的链接。通知书应当包含下列内容：(一)权利人的姓名(名称)、联系方式和地址；(二)要求删除或者断开链接的侵权作品、表演、录音录像制品的名称和网络地址；(三)构成侵权的初步证明材料。"第 2 款，"权利人应当对通知书的真实性负责。"

(2)具体到本题："著作权人 Y 认为网络服务提供者 Z 的服务所涉及的作品侵犯了自己的信息网络传播权，向 Z 提交书面通知要求其删除侵权作品"。

(3)结论："A. Y 的通知书应当包含该作品构成侵权的初步证明材料，" A 对，选。

命题点 2：网站接到通知后立即删除，而非在合理时间内删除。

(1)法律依据：《信息网络传播权保护条例》第 15 条，"网络服务提供者接到权利人的通知书后，应当立即删除涉嫌侵权的作品、表演、录音录像制品，或者断开与涉嫌侵权的作品、表演、录音录像制品的链接，并同时将通知书转送提供作品、表演、录音录像制品的服务对象；服务对象网络地址不明、无法转送的，应当将通知书的内容同时在信息网络上公告。"

(2)结论："B. Z 接到书面通知后，可在

---

① 参考答案：ACD

合理时间内删除涉嫌侵权作品，同时将通知书转送提供该作品的服务对象”，错在“合理时间内”。故B错，不选。

命题点3：网民接到删除结果通知后，可向网站提交书面说明，要求网站立即恢复被删除作品。

(1)法律依据：《信息网络传播权保护条例》第16条第1款，“服务对象接到网络服务提供者转送的通知书后，认为其提供的作品、表演、录音录像制品未侵犯他人权利的，可以向网络服务提供者提交书面说明，要求恢复被删除的作品、表演、录音录像制品，或者恢复与被断开的作品、表演、录音录像制品的链接。书面说明应当包含下列内容：(一)服务对象的姓名(名称)、联系方式和地址；(二)要求恢复的作品、表演、录音录像制品的名称和网络地址；(三)不构成侵权的初步证明材料。”第2款，“服务对象应当对书面说明的真实性负责。”

(2)结论：“C.服务对象接到Z转送的书面通知后，认为提供的作品未侵犯Y的权利的，可以向Z提出书面说明，要求恢复被删除作品”，故C对，选。

命题点4：网站接到网民的恢复通知后立即恢复被删除作品，同时转达给权利人。权利人不得再通知网站删除，到此为止。

(1)法律依据：《信息网络传播权保护条例》第17条，“网络服务提供者接到服务对象的书面说明后，应当立即恢复被删除的作品、表演、录音录像制品，或者可以恢复与被断开的作品、表演、录音录像制品的链接，同时将服务对象的书面说明转送权利人。权利人不得再通知网络服务提供者删除该作品、表演、录音录像制品，或者断开与该作品、表演、录音录像制品的链接。”

(2)结论：“D.Z收到服务对象的书面说明后应即恢复被删除作品，同时将服务对象的说明转送Y的，则Y不得再通知Z删除该作品”，故D对，选。

2. 甲网站与乙唱片公司签订录音制品的信息网络传播权许可使用合同，按约定支付报酬后，即开展了网上原版音乐下载业务。对甲网站的行为应如何定性？(2005-3-16)

A. 是合法使用行为

B. 构成侵权行为，因为该行为应取得著作权人的许可，而不是取得录音制作者的许可

C. 构成侵权行为，因为该行为还须取得著作权人、表演者的许可并支付报酬

D. 构成侵权行为，因为该行为虽然无须取得著作权人的许可，但必须取得表演者的许可

答案：(　　)①

考点：信息网络传播权(作者、表演者和录制者均有)

解题图构

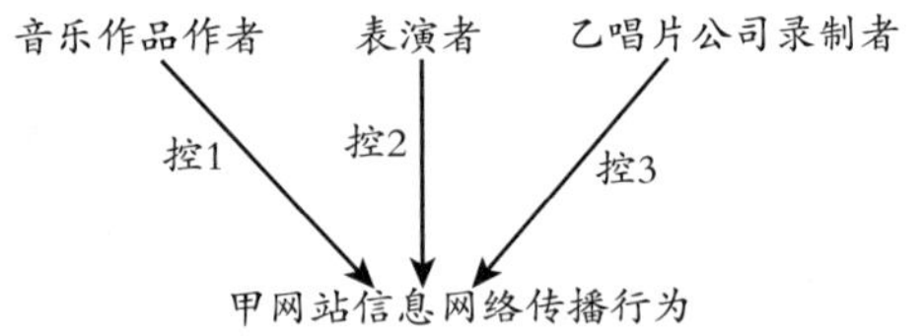

思路展开

1. 法律依据：①《著作权法》第42条第1款，“录音录像制作者对其制作的录音录像制品，享有许可他人复制、发行、出租、通过信息网络向公众传播并获得报酬的权利；权利的保护期为五十年，截止于该制品首次制作完成后第五十年的12月31日。”②《著作权法》第42条第2款，“被许可人复制、发行、通过信息网络向公众传播录音录像制品，还应当取得著作权人、表演者许可，并支付报酬。”

2. 具体到本题：①唱片公司属于录音制作者，甲网站要开展网上原版音乐下载业务，必须取得唱片公司的许可。②但唱片公司的许可只是一个必要条件，而不是充分条件，除此之外，甲网站还应取得著作权人、表演者的许可，并支付报酬，否则就侵犯了著作权和表演者权。

3. 结论：“C.构成侵权行为，因为该行为还须取得著作权人、表演者的许可并支付报酬”，C对，选C。

常见错误

认为甲网站已经取得了唱片公司的许可，且支付了报酬，属于合法使用行为，故误选了A。

二十、表演者权、广播组织者权、作品

1. 甲电视台经过主办方的专有授权，对篮球俱乐部联赛进行了现场直播，包括在比赛休息时舞蹈

① 参考答案：C

演员跳舞助兴的场面。乙电视台未经许可截取电视信号进行同步转播。关于乙电视台的行为，下列哪一表述是正确的？（2014－3－18）

A. 侵犯了主办方对篮球比赛的著作权

B. 侵犯了篮球运动员的表演者权

C. 侵犯了舞蹈演员的表演者权

D. 侵犯了主办方的广播组织权

答案：(　　)①

考点：表演者权、广播组织权、作品

读题技巧

1. 篮球俱乐部联赛，指向篮球比赛，不是作品，不形成著作权。2. 比赛休息时舞蹈演员跳舞助兴，指向舞蹈是作品，舞蹈演员对其舞蹈表演活动有表演者权。3. 乙电视台未经许可截取电视信号进行同步转播，指向乙电视台侵犯了甲电视台对其电视信号的广播组织权、侵犯了舞蹈演员表演者权中的现场直播权。

思路展开

思路1：体育运动、体育比赛不是智力创作活动，不属于著作权法上的"作品"。因为篮球、足球等体育动作本身是在一定技术规则下的任意动作，这些体育动作不是智力创作活动，不能形成受著作权法保护的作品，选项A不当选。

思路2：表演者对其"对作品的表演活动"享有表演者权。表演者权的客体是"表演活动"，限于对"作品"的表演活动。

(1)对非作品的表演，不是著作权法上的表演。因此，篮球比赛不是作品，篮球运动员也不是著作权法上的表演者，选项B不当选。

(2)对作品的表演，是著作权法上的表演。①《著作权法》第3条第3项规定，"舞蹈是作品，舞蹈演员是表演者。"②题干信息：比赛休息时舞蹈演员跳舞助兴的场面，舞蹈演员对其表演的舞蹈有表演者权。

思路3：表演者权包括：半个广播权（直播现场表演）、首次固定权（录音录像）、复制权发行权、信息网络传播权。

(1)半个广播权：《著作权法》第38条第1款第3项，"表演者对其表演享有下列权利：…（三）许可他人从现场直播和公开传送其现场表演，并获得报酬。"

(2)结论：乙电视台未经许可截取电视信号进行同步转播，侵犯了舞蹈演员表演者权当中的广播权，选项C当选。

思路四：广播组织权：广播组织者对其播出的节目信号享有转播权、录制权和复制权。

(1)法律依据：《著作权法》第45条第1款，"广播电台、电视台有权禁止未经其许可的下列行为：（一）将其播放的广播、电视转播；（二）将其播放的广播、电视录制在音像载体上以及复制音像载体。"

(2)题干信息：甲电视台作为广播组织，对其播出节目的信号享有转播权，乙电视台未经许可转播侵犯了甲电视台的广播组织权。①但是，主办方不是广播组织，不是广播电台、电视台。②主办方也没有具体从事受法律保护的播放活动，不存在"广播、电视节目信号"。③因此主办方不享有广播组织权。④小结：乙电视台侵犯了甲电视台的广播组织权，没有侵犯主办方的广播组织权。故选项D不当选。

常见错误

篮球比赛是作品说：认为篮球比赛也是作品，而主办方对篮球比赛享有著作权，误选A。或者认为篮球运动员对比赛享有表演者权，误选B。

2. 表演者权、广播组织权

甲电视台获得了某歌星演唱会的现场直播权，乙电视台未经许可对甲电视台直播的演唱会实况进行转播，丙广播电台经过许可将现场演唱制作成CD，丁音像店从正规渠道购买到CD用于出租，戊未经许可将丙广播电台播放的演唱会录音录下后上传到网站上传播。下列哪些选项是正确的？（2008－3－65）

A. 甲电视台有权禁止乙电视台的转播

B. 乙电视台侵犯了该歌星的表演者权

C. 丁音像店应取得该歌星或丙广播电台的许可并向其支付报酬

D. 戊的行为应取得丙广播电台的许可并应向其支付报酬

答案：(　　)②

考点：表演者权、广播组织权

① 参考答案：C

② 参考答案：ABD

解题图构

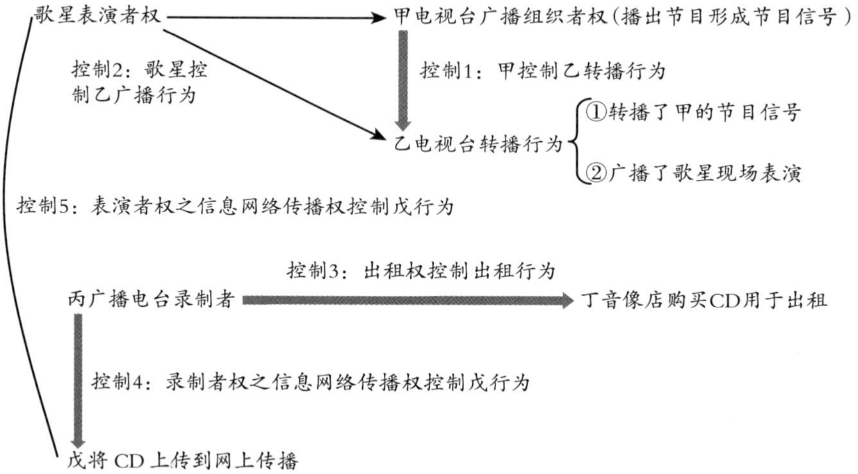

读题技巧

1. 甲电视台经歌星许可,对演唱会实况转播,形成节目信号,指向甲电视台的广播组织者权,对应A选项乙电视台转播节目信号构成侵权。2. 歌星现场表演,对表演活动有表演者权。(1)表演者权不包括出租权,指向C错;(2)表演者权包括现场表演的广播权(半个广播权),指向乙电视台转播演唱会实况,受歌星现场表演的广播权控制,指向B对。3. 丙广播电台录制CD,是录音制作者,享有录音制作者权,包括出租权、信息网络传播权。指向丁影像店将CD出租,受录音制作者控制,但不受表演者歌星的控制。4. 戊将丙的录音上传到网站上传播,指向该行为受表演者和录音制作者信息网络传播权控制。D的表述说戊应取得丙的许可,没说仅应取得。故D对。

思路展开

思路1:甲电视台经歌星许可对歌星现场表演享有广播权,进行实况直播后,甲电视台对该现场直播的节目信号,享有广播组织者权。该权利可以控制乙电视台的转播行为。

(1)法律依据:《著作权法》第45条第1款,"广播电台、电视台有权禁止未经其许可的下列行为:(一)将其播放的广播、电视转播;(二)将其播放的广播、电视录制在音像载体上以及复制音像载体。"

(2)甲电视台对其播放的节目信号享有广播组织者权,可以禁止乙擅自转播、录制、复制录制的广播信号。

(3)结论:乙电视台转播行为受甲电视台广播组织者权控制。"A. 甲电视台有权禁止乙电视台的转播",A对,选A——广播组织者权。

思路2:歌星对其演唱会的表演活动,享有表演者权。

(1)表演者基于表演者权,有权禁止他人擅自直播或公开传送其现场表演。(半个广播权)

(2)法律依据:《著作权法》第38条第1款(第3项),"表演者对其表演享有下列权利:(一)表明表演者身份;(二)保护表演形象不受歪曲;(三)许可他人从现场直播和公开传送其现场表演,并获得报酬;(四)许可他人录音录像,并获得报酬;(五)许可他人复制、发行录有其表演的录音录像制品,并获得报酬;(六)许可他人通过信息网络向公众传播其表演,并获得报酬。"

(3)具体到本题,甲电视台对歌星现场表演活动的广播,经歌星许可。乙电视台对歌星现场表演活动的广播,没有获得歌星许可,乙电视台侵犯了歌星的表演者权。

(4)结论:"B. 乙电视台侵犯了该歌星的表演者权"B对,选B——表演者权的半个广播权(现场表演的广播权,对非现场表演没有广播权)

思路3:歌星对其演唱会的表演活动,享有表演者权,但是,表演者权中不包括出租权。

(1)丁音像店从正规渠道购买内含歌星演唱活动的CD用于出租,不受歌星出租权的控制,因为歌星作为表演者,不享有出租权。

(2)同时，丁出租CD的行为，因CD由丙广播电台制作，故丙广播电台是CD母带的录音制作者，享有出租权。①法律依据：《著作权法》第42条第1款，“录音录像制作者对其制作的录音录像制品，享有许可他人复制、发行、出租、通过信息网络向公众传播并获得报酬的权利；权利的保护期为五十年，截止于该制品首次制作完成后第五十年的12月31日。”②出租权只有四个人享有：录音、录像、电影、软件。(《著作权法》只有两处对出租权做了规定：一是《著作权法》第10条规定了著作权人对电影作品和以类似摄制电影的方法创作的作品、计算机软件的出租权，即著作权人有权“有偿许可他人临时使用电影作品和以类似摄制电影的方法创作的作品、计算机软件的权利，计算机软件不是出租的主要标的的除外”；二是《著作权法》第41条规定了录音录像制作者对其录音录像制品享有出租权。)

(3)结论：丁音像店出租CD的行为，受录音制作者丙广播电台的控制，不受表演者歌星的控制。所以，“C. 丁音像店应取得该歌星或丙广播电台的许可并向其支付报酬”C错，C不选——出租权(录音制作者)。

思路4：“丙广播电台经过许可将现场演唱制作成CD”，该CD有表演者某歌星的表演活动，还有丙广播电台的录音制作。表演者权和录音制作者权中，都包含信息网络传播权，可以控制戊将CD进行网络传播的行为。

(1)法律依据：①《著作权法》第38条第6项：表演者对其表演享有下列权利：“(六)许可他人通过信息网络向公众传播其表演，并获得报酬。”②《著作权法》第42条第1款，“录音录像制作者对其制作的录音录像制品，享有许可他人复制、发行、出租、通过信息网络向公众传播并获得报酬的权利；权利的保护期为五十年，截止于该制品首次制作完成后第五十年的12月31日。”③《信息网络传播权保护条例》第2条规定：“权利人享有的信息网络传播权受著作权法和本条例保护。除法律、行政法规另有规定的外，任何组织或者个人将他人的作品、表演、录音录像制品通过信息网络向公众提供，应当取得权利人许可，并支付报酬。”

(2)具体到本题，“戊未经许可将丙广播电台播放的演唱会录音录下后上传到网站上传播”，受歌星和丙广播电台的控制。

(3)结论：“D. 戊的行为应取得丙广播电台的许可并应向其支付报酬”，D对，D选。

3. 表演者权

甲创作并演唱了《都是玫瑰惹的祸》，乙公司擅自将该歌曲制成彩铃在网络上供免费下载。乙公司侵犯了甲的哪些权利？(2007－3－59)

A. 信息网络传播权　　B. 广播权

C. 表演者权　　D. 发行权

答案：(　　)①

考点：表演者权、信息网络传播权

解题图构

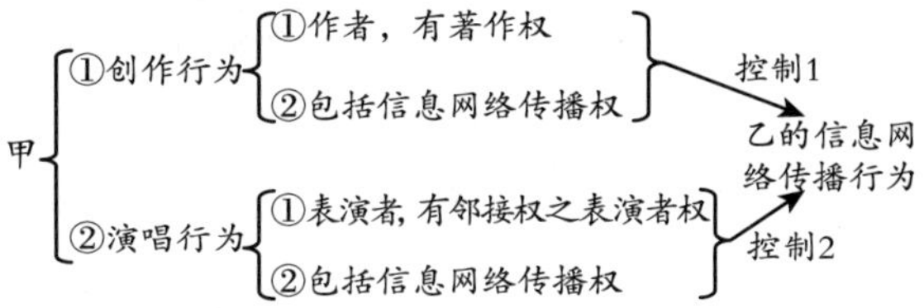

读题技巧

1. 甲创作《都是玫瑰惹的祸》，指向甲是音乐作品著作权人，享有著作权。2. 甲演唱《都是玫瑰惹的祸》，指向甲是表演者，享有表演者权。3. 乙公司擅自“将该歌曲制成彩铃在网络上供免费下载”，指向乙公司侵犯了甲作为作者的信息网络传播权，和甲作为表演者的信息网络传播权。4. 甲自编自演，创作型歌手，如汪峰！

思路展开

思路1：甲创作音乐作品《都是玫瑰惹的祸》，甲是作者，享有著作权。

(1)法律依据：《著作权法》第10条，包括信息网络传播权、广播权、发行权等。

(2)具体到本题，乙公司擅自将该歌曲制成彩铃在网络上供免费下载，侵犯的是甲作为著作权人享有的信息网络传播权。信息网络传播权：①法律依据：《著作权法》第10条第12项，“(十二)信息网络传播权，即以有线或者无线方式向公众提供作品，

---

① 参考答案：AC

使公众可以在其个人选定的时间和地点获得作品的权利”。②网络传播权控制传播作品，表现在公众可以在自己选定的时间和地点获得作品，交互式传播。③乙公司侵犯了甲的信息网络传播权。

(3)不涉及广播权。①法律依据：《著作权法》第10条第11项，“（十一）广播权，即以无线方式公开广播或者传播作品，以有线传播或者转播的方式向公众传播广播的作品，以及通过扩音器或者其他传送符号、声音、图像的类似工具向公众传播广播的作品的权利。”②广播权控制的广播行为，其特点是公众不能在自己选定的时间获得作品，必须在广播的同时才能获得作品。③乙公司的行为没有侵犯甲的广播权。

(4)也不涉及发行权。①法律依据：《著作权法》第10条第6项，“（六）发行权，即以出售或者赠与方式向公众提供作品的原件或者复制件的权利。”②发行权控制的传播行为，表现为随作品传播会伴随“物权”的转移。③乙公司的行为没有侵犯甲的发行权。

(5)结论：①乙公司的行为侵犯了“A. 信息网络传播权”，故A对，选A。②没侵犯“B. 广播权”，故B错，不选B。③没侵犯“D. 发行权”，故D错，不选D。

2. 思路2：甲演唱了《都是玫瑰惹的祸》，甲对其表演活动享有表演者权。表演者权中包括信息网络传播权。

(1)法律依据：《著作权法》第38条第6项，“表演者对其表演享有下列权利：（一）表明表演者身份；（二）保护表演形象不受歪曲；（三）许可他人从现场直播和公开传送其现场表演，并获得报酬；（四）许可他人录音录像，并获得报酬；（五）许可他人复制、发行录有其表演的录音录像制品，并获得报酬；（六）许可他人通过信息网络向公众传播其表演，并获得报酬。”

(2)乙的行为侵犯了甲作为表演者的信息网络传播权。

(3)结论：乙侵犯了“C. 表演者权”，C对，选C。

4. 表演者权

某电视演员因一儿童电视剧而出名，某公司未经该演员许可将印有其表演形象的宣传海报大量用于玩具、书包、文具等儿童产品的包装和装潢上。对该公司的行为应如何定性？(2005－3－18)

A. 侵犯了制片者的发表权

B. 侵犯了该演员的表演者权

C. 侵犯了该演员的肖像权

D. 侵犯了该演员的复制权

答案：(　　)①

考点：肖像权、表演者权

思路展开

思路1：发表权一次用尽。发表权是指决定作品是否公之于众的权利。发表权是一次性权利，作品一旦发表，发表权即行消灭。根据题目提供的信息，可以推断该电视剧已经播出，不再存在发表权的问题。A错，不选A。

思路2：表演者权是表演者基于对作品的表演活动而产生的权利。

(1)包括如下权利：表明表演者身份；保护表演形象不受歪曲；许可他人从现场直播和公开传送其现场表演，并获得报酬；许可他人录音录像，并获得报酬；许可他人复制、发行录有其表演的录音录像制品，并获得报酬；许可他人通过信息网络向公众传播其表演，并获得报酬。

(2)具体到本题，某公司将印有该演员表演形象的宣传海报大量用于儿童产品的包装和装潢上，并未侵犯上述几项权利，不构成对表演者权的侵犯。B错，不选B。

思路3：复制权是指以复制、发行、出租、放映、广播、网络传播、摄制、改编、翻译、汇编等方式使用作品的权利。复制权是著作权人享有的权利。由于该电视剧（包括剧照）的著作权人是制片者，因此享有复制权的也只能是制片者，该演员对其表演形象没有复制权。D错，不选D。

思路4：肖像权是指公民通过各种形式在客观上再现自己形象而享有的专有权。

(1)法律依据：①《民法总则》第110条第1款，“自然人享有生命权、身体权、健康权、姓名权、肖像权、名誉权、荣誉权、隐私权、婚姻自主权等权利。”②《民法通则》第100条，“公民享有肖像权，未经本

① 参考答案：C

人同意，不得以营利为目的使用公民的肖像。”

（2）具体到本题，表演形象不仅仅是电视剧中的一个镜头，同时也承载了表演者自己的个人形象，具有双重的识别性，相互不能替代，一般公众可以通过表演形象分辨出其表演者，因此，将印有其表演形象的宣传海报大量用于儿童产品的包装和装潢上属于未经允许，以营利为目的使用公民的肖像，构成了对该表演者肖像权的侵犯。（3）结论，C 对，选 C。

二十一、广播组织权、著作权、共同侵权

1. 甲电视台模仿某境外电视节目创作并录制了一档新娱乐节目，尚未播放。乙闭路电视台贿赂甲电视台工作人员贺某复制了该节目，并将获得的复制品抢先播放。下列哪些说法是正确的？（2011－3－62）

A. 乙电视台侵犯了甲电视台的播放权

B. 乙电视台侵犯了甲电视台的复制权

C. 贺某应当与乙电视台承担连带责任

D. 贺某应承担补充责任

答案：（　　）①

考点：广播组织权、著作权、共同侵权

解题图构

甲电视台
- ①娱乐节目：创作完成，甲电视台是著作权人（包括广播权等17项著作权）
- ②尚未播放：没有节目信号，甲电视台没有广播组织权

- ①甲著作权中的复制权控制乙的复制行为
- ②甲的著作权中的广播权控制乙的广播行为

乙电视台：播放行为 ←连带责任→ 贺某：帮助侵权

读题技巧

1.“创作并录制了一档新娱乐节目”，指向甲电视台对该作品享有著作权。2.“尚未播放”，指向甲电视台没有“节目信号”，不享有广播组织权。3.“贿赂”，指向贺某和乙构成帮助侵权，负连带责任。4.“复制”，指向受著作权人甲电视台复制权控制。5.“抢先播放”，指向受著作权人甲电视台广播权控制，但不是叫播放权，而是“广播权”。

思路展开

思路 1：区分作品上承载的著作权，和节目信号上承载的邻接权之广播组织权。（1）作品上承载的是著作权。（2）电视节目信号上承载的是电视台的广播组织权。

思路 2：甲电视台“创作”、“录制”的娱乐节目，是作品，甲电视台享有著作权。

（1）法律依据：①作品，无论发表与否都是作品。《著作权法实施条例》第 2 条，“著作权法所称作品，是指文学、艺术和科学领域内具有独创性并能以某种有形形式复制的智力成果。”《著作权法》第 2 条第 1 款，“中国公民、法人或者其他组织的作品，不论是否发表，依照本法享有著作权”。《著作权法实施条例》第 6 条，“著作权自作品创作完成之日起产生。”②复制权。《著作权法》第 10 条第 1 款第 5 项：“（五）复制权，即以印刷、复印、拓印、录音、录像、翻录、翻拍等方式将作品制作一份或者多份的权利”。③广播权。《著作权法》第 10 条第 1 款第 11 项：“（十一）广播权，即以无线方式公开广播或者传播作品，以有线传播或者转播的方式向公众传播广播的作品，以及通过扩音器或者其他传送符号、声音、图像的类似工具向公众传播广播的作品的权利”。④获得报酬权。《著作权法》第 10 条第 2 款：“著作权人可以许可他人行使前款第（五）项至第（十七）项规定的权利，并依照约定或者本法有关规定获得报酬。”第 10 条第 3 款：“著作权人可以全部或者部分转让本条第一款第（五）项至第（十七）项规定的权利，并依照约定或者本法有关规定获得报酬。”

（2）具体到本题：乙闭路电视台“复制”、播放“复制件”的行为，受著作权人甲电视台复制权、广播权的控制！侵犯了甲电视台的复制权、广播权（没有违法阻却事由：合理使用或法定许可）。

（3）结论：①“B. 乙电视台侵犯了甲电视台的复制权”，B 对，选。②是广播权，不是播放权，故“A. 乙电视台侵犯了甲电视台的播放权”，A 错，选。

思路 3：甲电视台创作并录制的节目，没有播放，未形成节目信号，不产生邻接权之广播组织权。

（1）法律依据：《著作权法》第 45 条第 1 款，“广播电台、电视台有权禁止未经其许可的下列行为：（一）将其播放的广播、电视转播；（二）将其播放的

① 参考答案：BC

广播、电视录制在音像载体上以及复制音像载体。”

(2)广播组织权的客体是广播电台、电视台播出的“广播信号”。①广播信号不等于广播的内容。广播的内容是著作权的客体;广播信号是广播组织权的客体。②广播电台、电视台对其播放出去的节目,需要从两个角度考查:a. 对播放出去的“广播信号”确定享有广播组织权(包括转播、录制、复制权)。b. 对播放的内容是否享有著作权,要看题干交代的条件。(如广播电台、电视台自己制作的节目,那就是有著作权。如春晚! 但是,不是自己制作的节目,广播电台、电视台就不享有著作权,如体育比赛、奥运开幕式。)

(3)具体到本题:甲电视台未播放,未形成节目信号,没有广播组织权,自然不享有对“节目信号”的转播权、录制权和复制权。“A. 乙电视台侵犯了甲电视台的播放权”,A 错,选。

思路 4:贺某是甲电视台“内鬼”,里应外合,构成帮助侵权。

(1)法律依据:《侵权责任法》第 9 条第 1 款,“教唆、帮助他人实施侵权行为的,应当与行为人承担连带责任。”

(2)具体到本题:“乙闭路电视台贿赂甲电视台工作人员贺某复制了该节目。”贺某的行为构成帮助侵权,应与乙电视台承担连带责任。(3)结论:①C 对,选。②D 错,不选。

2. 广播组织者权、表演者权

甲电视台获得 2006 年德国世界杯足球赛 A 队与 B 队比赛的现场直播权。乙电视台未经许可将甲电视台播放的比赛实况予以转播,丙电视台未经许可将乙电视台转播的实况比赛录制在音像载体上以备将来播放,丁某未经许可将丙电视台录制的该节目复制一份供其儿子观看。下列哪种说法是正确的?(2006－3－18)

A. 乙电视台侵犯了 A 队和 B 队的表演者权

B. 甲电视台有权禁止乙电视台的转播行为

C. 丙电视台的录制行为没有侵犯甲电视台的权利

D. 丁的行为侵犯了甲电视台的复制权

答案:(　　)①

考点:广播组织者权、表演者权

解题图构

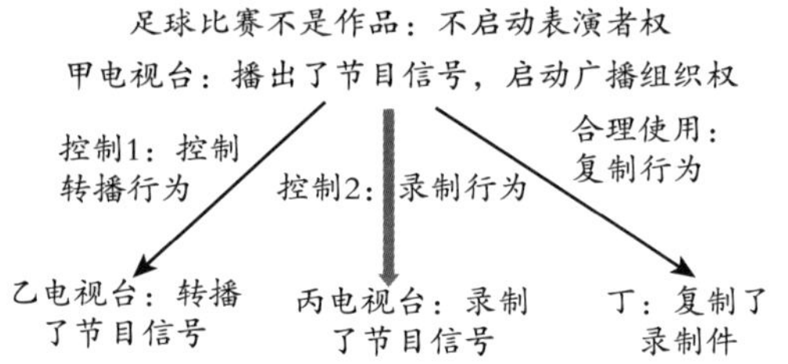

读题技巧

1. 足球比赛,指向两点:(1)不是作品。(2)不产生表演者权。2. 甲电视台实况播放,指向形成广播信号,甲有广播组织者权,可控制他人转播、录制、复制的行为。3. 乙有转播行为、丙有录制行为。4. 丁复制一份供儿子观看,指向丁复制行为构成合理使用。

思路展开

思路 1:体育比赛、足球比赛参赛人员,不是著作权法上的表演者。

(1)因为其表演活动不是对作品的表演。①体育比赛不是作品。②表演者权的客体是对作品的表演活动,不论该作品是否受著作权法保护,但必须是对作品的表演,才能形成表演者权。

(2)法律依据:《著作权法》第 38 条第 1 款,“表演者对其表演享有下列权利:(一)表明表演者身份;(二)保护表演形象不受歪曲;(三)许可他人从现场直播和公开传送其现场表演,并获得报酬;(四)许可他人录音录像,并获得报酬;(五)许可他人复制、发行录有其表演的录音录像制品,并获得报酬;(六)许可他人通过信息网络向公众传播其表演,并获得报酬。”

(3)具体到本题,世界杯足球赛 A 队和 B 队对比赛活动不享有表演权,虽然“表演”即体育比赛很精彩。

(4)结论:“A. 乙电视台侵犯了 A 队和 B 队的表演者权”,A 错,不选 A。

思路 2:甲电视台获得足球比赛现场直播权,形成了节目信号,甲对节目信号享有广播组织者权。可以控制他人对节目信号的转播、录制、复制

① 参考答案:B

行为。

(1)广播组织者权的客体是"节目信号","广播信号"。

(2)法律依据:①《著作权法》第45条第1款,"广播电台、电视台有权禁止未经其许可的下列行为:(一)将其播放的广播、电视转播;(二)将其播放的广播、电视录制在音像载体上以及复制音像载体。"②《著作权法》第48条中规定:"有下列侵权行为的,应当根据情况,承担停止侵害、消除影响、赔礼道歉、赔偿损失等民事责任;……(五)未经许可,播放或者复制广播、电视的,本法另有规定的除外;……"

(3)具体到本题:①甲电视台对其播放的世界杯足球比赛的广播信号,有权禁止乙电视台擅自转播。②甲电视台有权禁止丙电视台将广播信号进行录制的行为。

(4)结论:①"B. 甲电视台有权禁止乙电视台的转播行为",B对,选B。②"C. 丙电视台的录制行为没有侵犯甲电视台的权利",故C错,不选C。

思路3:合理使用,不但限制著作权人,也限制邻接权人。

(1)法律依据:《著作权法》第22条,"在下列情况下使用作品,可以不经著作权人许可,不向其支付报酬,但应当指明作者姓名、作品名称,并且不得侵犯著作权人依照本法享有的其他权利:(一)为个人学习、研究或者欣赏,使用他人已经发表的作品(包括已经播放的广播电视节目信号)。"

(2)合理使用不但限制著作权人,也限制邻接权人。

(3)具体到本题,甲的电视节目信号已经播放,"丁某未经许可将丙电视台录制的该节目复制一份供其儿子观看。"丁构成合理使用。

(4)结论:"D. 丁的行为侵犯了甲电视台的复制权"D错,不选D。

二十二、著作权侵权诉讼时效

1. 2000年4月,甲得知乙出版社非法出版发行甲的小说,但未予理会。由于乙一直未停止上述侵权行为,甲遂于2003年5月向法院提起诉讼。下列哪一选项是正确的?(2008－四川－3)

A. 法院应当以超过诉讼时效为由不予受理

B. 法院应当以超过诉讼时效为由驳回诉讼请求

C. 法院应当判决乙停止侵害行为

D. 本案应适用特殊诉讼时效

答案:(　　)①

考点:著作权侵权诉讼时效

思路展开

1. 法律依据:(1)《著作权法》第21条规定,"公民的作品,其发表权、本法第十条第一款第(五)项至第(十七)项规定的权利的保护期为作者终生及其死亡后五十年,截止于作者死亡后第五十年的12月31日;如果是合作作品,截止于最后死亡的作者死亡后第五十年的12月31日。"(2)《著作权法实施条例》第28条规定,"侵犯著作权的诉讼时效为二年,自著作权人知道或者应当知道侵权行为之日起计算。权利人超过二年起诉的,如果侵权行为在起诉时仍在持续,在该著作权保护期内,人民法院应当判决被告停止侵权行为;侵权损害赔偿数额应当自权利人向人民法院起诉之日起向前推算二年计算。"

2. 具体到本题:乙的侵权行为一直持续,而且仍然在著作权的保护期限内,甲有权向人民法院提起诉讼,根据上述规定,人民法院应当判决被告停止侵权行为。

3. 结论:C对,选C。

2. 1999年7月,甲发现乙公司非法复制其作品,但未予制止。2004年5月8日,甲发现乙一直未停止复制行为,遂向法院起诉,要求乙停止侵权并赔偿损失。对此,下列哪些说法是正确的?(2005－3－59)

A. 法院应当受理甲的起诉

B. 甲的诉讼请求已过诉讼时效,应驳回其诉讼请求

C. 法院应当判决乙停止侵权行为

D. 甲应获得的赔偿数额应从2004年5月8日起向前推算2年计算

答案:(　　)②

考点:著作权侵权诉讼时效

---

① 参考答案:C

② 参考答案:ACD

思路展开

1. 法律依据:《著作权法实施条例》第28条,“侵犯著作权的诉讼时效为二年,自著作权人知道或者应当知道侵权行为之日起计算。权利人超过二年起诉的,如果侵权行为在起诉时仍在持续,在该著作权保护期内,人民法院应当判决被告停止侵权行为;侵权损害赔偿数额应当自权利人向人民法院起诉之日起向前推算二年计算。”

2. 具体到本题:(1)“A. 法院应当受理甲的起诉”,A对,选A。(2)“B. 甲的诉讼请求已过诉讼时效,应驳回其诉讼请求”,B错,不选B。(3)“C. 法院应当判决乙停止侵权行为”,C对,选C。(4)“D. 甲应获得的赔偿数额应从2004年5月8日起向前推算2年计算”,D对,选D。

3. 常见错误:认为乙的侵权行为一直在继续,所以无须考虑诉讼时效的问题,因此未选D。

二十三、合理使用

1. 雕塑作品的合理使用

甲展览馆委托雕塑家叶某创作了一座巨型雕塑,将其放置在公园入口,委托创作合同中未约定版权归属。下列行为中,哪一项不属于侵犯著作权的行为?(2014－3－17)

A. 甲展览馆许可乙博物馆异地重建完全相同的雕塑

B. 甲展览馆仿照雕塑制作小型纪念品向游客出售

C. 个体户冯某仿照雕塑制作小型纪念品向游客出售

D. 游客陈某未经著作权人同意对雕塑拍照纪念

答案:(　　)①

考点:合理使用、复制权、发行权

解题图构

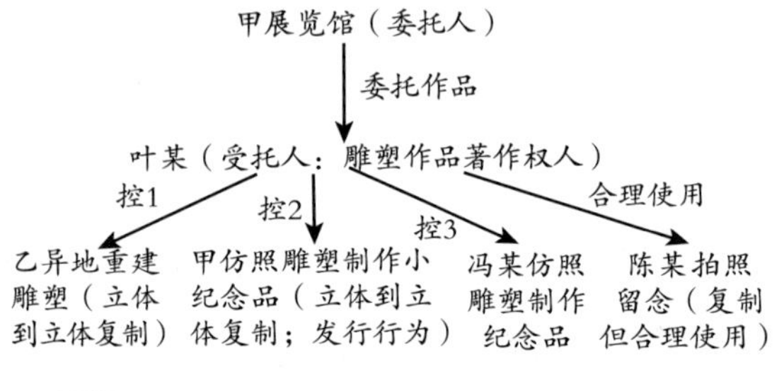

读题技巧

1. 委托创作合同中未约定版权归属,指向委托作品未约定著作权归属,则巨型雕塑著作权归受托人雕塑家叶某,而非甲展览馆。为AB选项做铺垫。2. 重建完全相同的雕塑,指向侵犯复制权;3. 仿照雕塑制作、出售,指向侵犯复制权和发行权;4. 游客、拍照纪念,指向合理使用。5. D项中的未经著作权人同意,很有意味,属于选项“密码”,强烈暗示考生,著作权人不是甲展览馆,只能是叶某。

思路展开

思路1:委托作品未约定著作权归属,则归受托人。

(1)法律依据:《著作权法》第17条规定,“受委托创作的作品,著作权的归属由委托人和受托人通过合同约定。合同未作明确约定或者没有订立合同的,著作权属于受托人。”

(2)题干信息:甲展览馆委托雕塑家叶某创作了一座巨型雕塑,而委托创作合同中未约定版权归属,则由受托人叶某享有著作权。

思路2:受托人享有的著作权有人身权、财产权。

(1)法律依据:《著作权法》第10条,著作权包括下列人身权和财产权:(一)发表权;(二)署名权;(三)修改权;(四)保护作品完整权;(五)复制权;(六)发行权;(七)出租权;(八)展览权;(九)表演权;(十)放映权;(十一)广播权;(十二)信息网络传播权;(十三)摄制权;(十四)改编权;(十五)翻译权;(十六)汇编权;(十七)应当由著作权人享有的其他权利。

(2)题面信息＋选项A,重建完全相同的雕塑,不是合理使用,侵犯了叶某复制权。A不选。

(3)题面信息＋选项B,仿照雕塑制作小型纪念品向游客出售,不是合理使用,侵犯了叶某的复制权和发行权。B不选。

(4)题面信息＋选项C,个体户冯某仿照雕塑制作……出售,不是合理使用,侵犯了叶某的复制权和发行权。

思路3:合理使用是不侵犯著作权的有效

---

① 参考答案:D

抗辩。

（1）法律依据：《著作权法》第22条规定："在下列情况下使用作品，可以不经著作权人许可，不向其支付报酬，但应当指明作者姓名、作品名称，并且不得侵犯著作权人依照本法享有的其他权利：……（十）对设置或者陈列在室外公共场所的艺术作品进行临摹、绘画、摄影、录像"等复制行为。此为合理使用。

（2）题干信息+选项D，游客陈某未经著作权人同意对雕塑拍照纪念。

（3）结论：叶某创作的巨型雕塑被放置在公园门口，属于室外公共场所的艺术作品，因此，游客陈某未经著作权人同意对雕塑拍照纪念，是对作品的合理使用，不构成侵犯著作权的行为，选项D当选。

常见错误

合理使用范围扩大说：认为尽管著作权属于受托人叶某，但是甲展览馆许可乙博物馆异地重建完全相同的雕塑或者甲展览馆仿照雕塑制作小型纪念品向游客出售，并未超出免费使用雕塑的权限范围，误选A或B。

2. 避开技术措施与合理使用

甲影视公司将其摄制的电影《愿者上钩》的信息网络传播权转让给乙网站，乙网站采取技术措施防范未经许可免费播放或下载该影片。丙网站开发出专门规避乙网站技术防范软件，供网民在丙网站免费下载使用，学生丁利用该软件免费下载了《愿者上钩》供个人观看。对此，下列哪些说法是正确的？（2010－3－63）

A. 丙网站的行为侵犯了著作权

B. 丁的行为侵犯了著作权

C. 甲公司已经丧失著作权人主体资格

D. 乙网站可不经甲公司同意以自己名义起诉侵权行为人

答案：（　　）①

考点：规避技术措施行为的性质、合理使用

解题图构

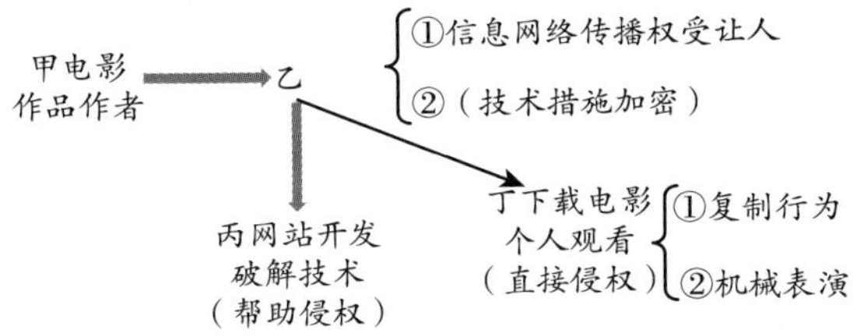

读题技巧

1. 电影《愿者上钩》由甲影视公司摄制，指向电影作品著作权归制片人。2. 信息网络传播权转让给乙网站，指向乙网站有信息网络传播权，其他著作权权利内容仍归甲公司。3. 乙网站采取技术措施，丙网站开发出"专门"规避乙网站的技术防范软件，指向丙网站帮助侵权。4. 学生丁利用规避软件免费下载、个人观看，指向复制行为、"机械"表演行为，不构成合理使用。

思路展开

思路1：《愿者上钩》是电影作品，著作权归制片人甲影视公司。

（1）制片人享有电影作品著作权。《著作权法》第15条第1款，"电影作品和以类似摄制电影的方法创作的作品的著作权由制片者享有，但编剧、导演、摄影、作词、作曲等作者享有署名权，并有权按照与制片者签订的合同获得报酬。"

（2）电影作品著作权包括信息网络传播权在内的诸多权利：《著作权法》第10条，"著作权包括下列人身权和财产权：（一）发表权；（二）署名权；（三）修改权；（四）保护作品完整权；（五）复制权；（六）发行权；（七）出租权；（八）展览权（限于美术作品和摄影作品）；（九）表演权；（十）放映权；（十一）广播权；（十二）信息网络传播权等权利。"

（3）本题中，制片人甲影视公司将《愿者上钩》的信息网络传播权转让给乙网站，其他著作权仍归甲影视公司。《著作权法》第21条第3款规定："电影作品和以类似摄制电影的方法创作的作品、摄影作品，其发表权、本法第十条第一款第（五）项至第（十七）项规定的权利的保护期为五十年，截止于作品首次发表后第五十年的12月31日，但作品自创作完成后五十年内未发表的，本法不再保护。"甲公司作为电影《愿者上钩》的著作权人，在保护期内其著作权当然受保护，而且甲只是转让了其著作财产权的一部分，即信息网络传播权，故甲公司并没有丧失著作权人主体资格。

（4）结论：①"C. 甲公司已经丧失著作权人主体资格"，C错，不选。②乙网站享有《愿者上钩》的信

① 参考答案：ABD（司法部公布答案是BD，法律出版社解析答案是ABD）

息网络传播权,无须经过甲同意,就可以原告身份起诉,“D. 乙网站可不经甲公司同意以自己名义起诉侵权行为人”,D对,选。

思路2:乙网站享有《愿者上钩》电影作品的信息网络传播权,并且采取技术措施防范未经许可免费播放或者下载该影片。丙网站开发出破坏或规避乙公司技术措施的行为,构成侵权行为。

(1)法律依据:①《著作权法》第48条第6项,“有下列侵权行为的,应当根据情况,承担停止侵害、消除影响、赔礼道歉、赔偿损失等民事责任;同时损害公共利益的,可以由著作权行政管理部门责令停止侵权行为,没收违法所得,没收、销毁侵权复制品,并可处以罚款;情节严重的,著作权行政管理部门还可以没收主要用于制作侵权复制品的材料、工具、设备等;构成犯罪的,依法追究刑事责任‘(六)未经著作权人或者与著作权有关的权利人(本题中,“乙网站属于与著作权有关的权利人,在其采取的技术防范被避开后,有权以自己名义起诉侵权行为人’)许可,故意避开或者破坏权利人为其作品、录音录像制品等采取的保护著作权或者与著作权有关的权利的技术措施的,法律、行政法规另有规定的除外。”②《信息网络传播权保护条例》第19条第1项,“违反本条例规定,有下列行为之一的,由著作权行政管理部门予以警告,没收违法所得,没收主要用于避开、破坏技术措施的装置或者部件;情节严重的,可以没收主要用于提供网络服务的计算机等设备;非法经营额5万元以上的,可处非法经营额1倍以上5倍以下的罚款;没有非法经营额或者非法经营额5万元以下的,根据情节轻重,可处25万元以下的罚款;构成犯罪的,依法追究刑事责任:(一)故意制造、进口或者向他人提供主要用于避开、破坏技术措施的装置或者部件,或者故意为他人避开或者破坏技术措施提供技术服务的。”

(2)具体到题干,“丙网站开发出专门规避乙网站技术防范软件,”虽然丙网站仅仅实施了规避技术措施的行为,没有事实复制、发行、表演、信息网络传播等受著作权控制的行为,但是丙网站的行为构成帮助侵权!

(3)法律出版社解析:“根据以上分析,A项也应作为正确选项。”

(4)结论:“A. 丙网站的行为侵犯了著作权”,A对,当选。

思路3:学生丁利用破解软件免费下载《愿者上钩》供个人观看,实施了复制行为和“机械”表演行为,不构成合理使用。因为:

(1)“个人使用”一般情形构成合理使用。法律依据:《著作权法》第22条第1项,“在下列情况下使用作品,可以不经著作权人许可,不向其支付报酬,但应当指明作者姓名、作品名称,并且不得侵犯著作权人依照本法享有的其他权利:(一)为个人学习、研究或者欣赏,使用他人已经发表的作品。”

(2)避开网络技术措施,从网络上对作品进行复制和表演,不属于合理使用。法律依据:《信息网络传播权保护条例》第12条,“属于下列情形的,可以避开技术措施,但不得向他人提供避开技术措施的技术、装置或者部件,不得侵犯权利人依法享有的其他权利:(一)为学校课堂教学或者科学研究,通过信息网络向少数教学、科研人员提供已经发表的作品、表演、录音录像制品,而该作品、表演、录音录像制品只能通过信息网络获取;(二)不以营利为目的,通过信息网络以盲人能够感知的独特方式向盲人提供已经发表的文字作品,而该作品只能通过信息网络获取;(三)国家机关依照行政、司法程序执行公务;(四)在信息网络上对计算机及其系统或者网络的安全性能进行测试。”

(3)一句话,避开技术措施构成合理使用的是限于上述四种法定情形,不包括“为了个人欣赏”。

(4)结论:“学生丁利用该软件免费下载了《愿者上钩》供个人观看”,侵犯了甲影视公司在《愿者上钩》电影作品的著作权中的复制权和(机械)表演权。“B. 丁的行为侵犯了著作权”,B对,选。

3. 雕塑作品的合理使用

甲设计并雕刻了一尊造型别致的雄狮,置于当街店门口招揽顾客。下列哪一选项是正确的?(2007-3-14)

A. 甲将雄狮置于公共场所,视为放弃著作权

B. 乙以该雄狮为背景拍照纪念不构成侵权

C. 丙可以该雄狮为范本制作和销售纪念品

D. 丁可以该雄狮为立体造型申请注册商标

答案:(　　)①

① 参考答案:B

考点：合理使用、复制权、发行权、商标注册不得损害在先权利

读题技巧

题干短小精悍，需要结合选项判断。题干"甲设计并雕刻了一尊造型别致的雄狮，置于当街店门口招揽顾客"，指向两点：1. 甲是美术作品《雄狮》的著作权人。2. 甲行使了该美术作品的展览权。

思路展开

思路1：甲对其设计并雕刻的"雄狮"这一美术作品。享有著作权，包括复制权、发行权和展览权等。行使展览权不代表放弃著作权。

(1)法律依据：①《著作权法实施条例》第4条，"(八)美术作品，是指绘画、书法、雕塑等以线条、色彩或者其他方式构成的有审美意义的平面或者立体的造型艺术作品。"②《著作权法》第10条，"(五)复制权，即以印刷、复印、拓印、录音、录像、翻录、翻拍等方式将作品制作一份或者多份的权利。(六)发行权，即以出售或者赠与方式向公众提供作品的原件或者复制件的权利。"③《著作权法》第10条，"(八)展览权，即公开陈列美术作品、摄影作品的原件或者复制件的权利。"

(2)行使著作权(包括展览权)，不代表放弃著作权，行使本身说明没有放弃著作权。

(3)具体到本题，甲将雕塑作品"雄狮"，置于当街店门口(公开陈列)招揽顾客，行使的是展览权。

(4)结论："A. 甲将雄狮置于公共场所，视为放弃著作权"，故A错，A不选。

思路2：合理使用是对著作权人著作权的限制。

(1)法律依据：①《著作权法》第22条，"在下列情况下使用作品，可以不经著作权人许可，不向其支付报酬，但应当指明作者姓名、作品名称，并且不得侵犯著作权人依照本法享有的其他权利：(十)对设置或者陈列在室外公共场所的艺术作品进行临摹、绘画、摄影、录像。"②《著作权法司法解释》第18条，第1款，"《著作权法》第二十二条第(十)项规定的室外公共场所的艺术作品，是指设置或者陈列在室外社会公众活动处所的雕塑、绘画、书法等艺术作品。"第2款，"对前款规定艺术作品的临摹、绘画、摄影、录像人，可以对其成果以合理的方式和范围再行使用，不构成侵权。"

(2)具体到本题：①"B. 乙以该雄狮为背景拍照纪念不构成侵权。"乙的复制行为属于合理使用。乙是为个人学习或者欣赏，使用他人已经发表的作品，可以不经著作权人许可，不向其支付报酬。②"C. 丙可以该雄狮为范本制作和销售纪念品"，丙的复制和发行行为不属于合理使用，构成侵权。

(3)结论：①B对，符合题意，B选。②C错，C不选。

思路3：立体造型可以申请注册商标，但是不得侵犯在先权利，如在先的著作权。

(1)法律依据：①《商标法》第8条，"任何能够将自然人、法人或者其他组织的商品与他人的商品区别开的标志，包括文字、图形、字母、数字、三维标志、颜色组合和声音等，以及上述要素的组合，均可以作为商标申请注册。"②《商标法》第12条，"以三维标志申请注册商标的，仅由商品自身的性质产生的形状、为获得技术效果而需有的商品形状或者使商品具有实质性价值的形状，不得注册。"③《商标法》第32条，"申请商标注册不得损害他人现有的在先权利，也不得以不正当手段抢先注册他人已经使用并有一定影响的商标。"所称"在先权利"就包括著作权、姓名权、商号权等权利。

(2)具体到本题：①"雄狮"立体造型如具有显著性，不是商品自身形状、技术形状或价值形状，都可作为商标注册。②但是，仍不可侵犯在先权利。

(3)"雄狮"雕塑作品负载了甲的著作权。丁不能申请雄狮立体造型为注册商标。

(4)结论："D. 丁可以该雄狮为立体造型申请注册商标"，D错，D不选。

常见错误

1. 默示放弃著作权说：甲将雄狮置于"当街店门口"这一公共场所，是以行为这种默示的意思表示放弃对雄狮的权利，误选A项。

2. 未使用原物不侵权说：以该雄狮为范本制作和销售纪念品，并没有使用原物，没有侵犯著作权，误选C项。

3. 申请注册商标不属于《著作权法》第10条规定权利的控制范围说：认为以该雄狮为立体造型申

请注册商标,并没有侵犯《著作权法》第10条列明的那16项权利,误选D。

4. 翻译成少数民族文字的合理使用、报刊的法定许可

甲创作的一篇杂文,发表后引起较大轰动。该杂文被多家报刊、网站无偿转载。乙将该杂文译成法文,丙将之译成维文,均在国内出版,未征得甲的同意,也未支付报酬。下列哪一观点是正确的?(2009-3-15)

A. 报刊和网站转载该杂文的行为不构成侵权

B. 乙和丙的行为均不构成侵权

C. 乙的行为不构成侵权,丙的行为构成侵权

D. 乙的行为构成侵权,丙的行为不构成侵权

答案:(　　)①

考点:著作权的合理使用、法定许可

解题图构

甲杂文作者
- ①复制行为:报刊、网站无偿转载(不是法定许可)
- ②翻译行为、复制行为和发行行为:乙翻译成法文(侵权)
- ③翻译行为、复制行为和发行行为:丙翻译成维文(合理使用)

解图
- ①甲是杂文的作者,享有《著作权法》第10条规定的著作权,如翻译权、复制权和发行权
- ②乙将杂文翻译成法文、丙将杂文翻译成维文,均在国内出版,受甲翻译权、复制权、发行权控制
- ③报刊、网站无偿转载杂文,受甲复制权控制

读题技巧

1. 甲创作一篇杂文,指向甲是文字作品著作权人。2. 报刊、网站无偿转载,指向法定许可。3. 乙译成法文,指向翻译权。4. 丙译成维文,在国内出版,指向合理使用。

思路展开

思路1:甲是杂文的作者,享有《著作权法》第10条规定的著作权,如复制权、翻译权。

(1)乙将杂文翻译成法文、丙将杂文翻译成维文,均在国内出版。受甲复制权、发行权控制。

(2)报刊、网站无偿转载杂文,受甲复制权控制。

思路2:合理使用。是否侵犯著作权,还要考虑抗辩事由存在与否。第一个抗辩事由是合理使用,合理使用情形法定。

(1)法律依据:《著作权法》第22条第11项,"在下列情况下使用作品,可以不经著作权人许可,不向其支付报酬,但应当指明作者姓名、作品名称,并且不得侵犯著作权人依照本法享有的其他权利:……(十一)将中国公民、法人或者其他组织已经发表的以汉语言文字创作的作品翻译成少数民族语言文字作品在国内出版发行。"

(2)将汉语作品翻译成少数民族作品在国内发行,构成"合理使用"。

(3)但是,将汉语作品翻译成法文作品,受杂文作者甲著作权中的翻译权控制,构成侵权。(《著作权法》第10条,"(十五)翻译权,即将作品从一种语言文字转换成另一种语言文字的权利。")

(4)综合以上,具体到本题,乙翻译成法文,侵权;丙翻译成维文,不侵权。"D. 乙的行为构成侵权,丙的行为不构成侵权",D对,选D。BC均错,不选BC。

思路3:法定许可。第二个抗辩事由是法定许可。

(1)法律依据:《著作权法》第33条第2款,"作品刊登后,除著作权人声明不得转载、摘编的外,其他报刊可以转载或者作为文摘、资料刊登,但应当按照规定向著作权人支付报酬。"

(2)"报"、"刊"有法定许可权。

(3)网站没有法定许可权。2001年《关于审理涉及计算机网络著作权纠纷案件使用法律若干问题的解释》第3条规定:"已在报刊上刊登或者网络上传播的作品,除著作权人声明或者报社、期刊社、网络服务提供者受著作权人委托声明不得转载、摘编的以外,在网络进行转载、摘编并按有关规定支付报酬、注明出处的,不构成侵权。"该规定即网站享有法定许可权。但是为了贯彻2006年《信息网络传播权保护条例》,最高人民法院删除了上述第3条规定。

(4)即使有法定许可权,也得支付报酬,不支付报酬,侵犯了报酬权。

(5)结论:"A. 报刊和网站转载该杂文的行为不构成侵权",报刊有法定许可权,但仍应支付报酬,报刊无偿转载构成侵权。而网站没有法定许可权,转载构成侵权。A错,A不选。

---

① 参考答案:D

二十四、法定许可

1. 录音制作者的法定许可

甲创作了一首歌曲《红苹果》,乙唱片公司与甲签订了专有许可合同,在聘请歌星丙演唱了这首歌曲后,制作成录音制品(CD)出版发行。下列哪些行为属于侵权行为?(2014－3－62)

A. 某公司未经许可翻录该CD后销售,向甲、乙、丙寄送了报酬

B. 某公司未经许可自聘歌手在录音棚中演唱了《红苹果》并制作成DVD销售,向甲寄送了报酬

C. 某商场购买CD后在营业时间作为背景音乐播放,经过甲许可并向其支付了报酬

D. 某电影公司将CD中的声音作为电影的插曲使用,只经过了甲许可

答案:(　　)①

考点:著作权、表演者权、录音制品制作者权、法定许可

解题图构

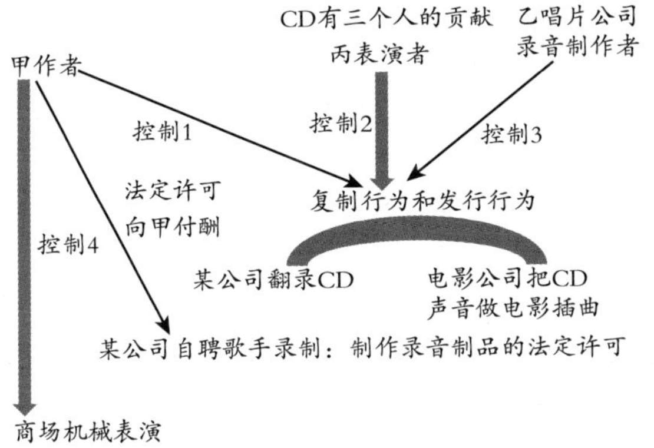

读题技巧

1."甲创作了一首歌曲《红苹果》",指向音乐作品作者。2."乙唱片公司……制作成录音制品",指向音乐CD录音制品制作者。3."丙演唱了",指向表演者。4."翻录该CD后销售",指向复制、发行行为。5."作为电影的插曲使用",指向复制行为。6."商场购买CD后在营业时间作为背景音乐播放","只经过了甲许可",指向机械表演行为。7."专有"、"可自聘歌手在录音棚中",指向录音制品母带之后的"另起炉照"法定许可。

思路展开

思路1:《红苹果》CD中蕴含了三个人的劳动。(1)甲创作《红苹果》音乐作品,甲是著作权人,甲享有著作权。(《著作权法》第10条);(2)乙录制《红苹果》CD,乙是录音制品制作者,享有录音制品制作者权。(《著作权法》第42条)。(3)丙对《红苹果》进行表演,对表演活动享有表演者权。(《著作权法》第38条)。

思路2:著作权人的著作权、录音制作者的录音制作者权、表演者的表演者权,当中都有复制权、发行权。

(1)法律依据:①著作权中的复制权、发行权。《著作权法》第10条第5、6项,"著作权包括下列人身权和财产权:…(五)复制权,即以印刷、复印、拓印、录音、录像、翻录、翻拍等方式将作品制作一份或者多份的权利;(六)发行权,即以出售或者赠与方式向公众提供作品的原件或者复制件的权利。"②录音制作者权中的复制权、发行权。《著作权法》第42条第1款,"录音录像制作者对其制作的录音录像制品,享有许可他人复制、发行、出租、通过信息网络向公众传播并获得报酬的权利;权利的保护期为五十年,截止于该制品首次制作完成后第五十年的12月31日。"③表演者权中的复制权、发行权。《著作权法》第38条第1款第5项,"表演者对其表演享有下列权利:(五)许可他人复制、发行录有其表演的录音录像制品,并获得报酬。"④上游三位一体控制下游复制发行行为。《著作权法》第42条第2款,"被许可人复制、发行、通过信息网络向公众传播录音录像制品,还应当取得著作权人、表演者许可,并支付报酬。"

(2)题干信息＋A选项或＋D选项:甲是作者、乙是录音制品制作者、丙是表演者、可以控制《红苹果》CD下游的各个复制、发行行为。"A.某公司未经许可翻录该CD后销售,向甲、乙、丙寄送了报酬";"D.某电影公司将CD中的声音作为电影的插曲使用,只经过了甲许可。""翻录"并销售,是对作品、表演活动、录音制品母带的复制和发行。"电影插曲使用",是对作品、表演活动、录音制品母带的复制。只要缺任何一个许可即构成侵权(侵犯了复制

① 参考答案:AD

权、发行权、获得报酬权），A、D 当选。

思路 3：只有著作权人享有表演权（录音制作者和表演者都没有表演权），表演权包括活的表演和机械表演。著作权人可以控制他人的表演行为和机械表演行为。

（1）法律依据：《著作权法》第 10 条第 9 项，“著作权包括下列人身权和财产权：（九）表演权，即公开表演作品，以及用各种手段公开播送作品的表演的权利。”

（2）题干信息 + 选项 C。“C. 某商场购买 CD 后在营业时间作为背景音乐播放，经过甲许可并向其支付了报酬”，甲是著作权人，经甲同意的机械表演行为，当然不侵权，C 不选。

思路 4：录音制作者有“另起炉照”的录制录音的法定许可权。

（1）法律依据：《著作权法》第 40 条第 3 款，“录音制作者使用他人已经合法录制为录音制品的音乐作品制作录音制品，可以不经著作权人许可，但应当按照规定支付报酬；著作权人声明不许使用的不得使用。”

（2）原理：防止大唱片公司垄断作品的传播。

（3）题干信息：“B. 某公司未经许可自聘歌手在录音棚中演唱了《红苹果》并制作成 DVD 销售，向甲寄送了报酬”。题干中有一个迷惑项，甲与乙签订了制作录音制品的专有许可合同。根据制作录音制品法定许可的规定，是否存在专有许可合同并不影响该法定许可的适用。

常见错误

1. 翻录（盗版）与“另起炉照再录制”混淆说：A 是盗版没问题，但是同时认为某公司自聘歌手演唱《红苹果》并制作 DVD 销售，仍然要经过著作权人的许可，误选 B。

2. 机械表演权三位一体说：认为 C 选项中某商场购买 CD 后进行播放，除需经甲的许可外，还要经过乙唱片公司和丙的许可，误选 C。

3. 电影插曲使用仅作者许可说：认为 D 选项中将 CD 的声音作为电影插曲使用，经过著作权人甲的许可即可，不构成侵权行为。

2. 著作权法定许可

某诗人署名“漫动的音符”，在甲网站发表题为《天堂向左》的诗作，乙出版社的《现代诗集》收录该诗，丙教材编写单位将该诗作为范文编入《语文》教材，丁文学网站转载了该诗。下列哪一说法是正确的？（2011－3－16）

A. 该诗人在甲网站署名方式不合法

B. “天堂向左”在《现代诗集》中被正式发表

C. 丙可以不经该诗人同意使用“天堂向左”，但应当按照规定支付报酬

D. 丁网站未经该诗人和甲网站同意而转载，构成侵权行为

答案：（　　）①

考点：著作署名权、发表权、著作权的限制和保护（法定许可）

解题图构

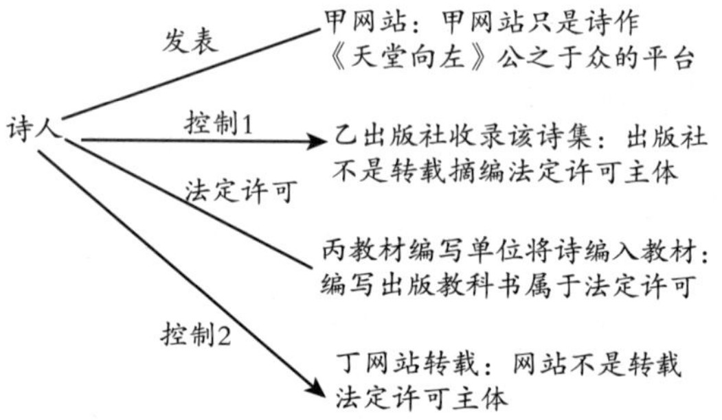

读题技巧

1. 本题是诗人网络发表诗作被编入教材、被转载中涉及的著作权问题。2. 题干表述的是诗作发表、编写和转载的客观事实：第一，未涉及诗人声明不得公益编写、不得转载；第二，未涉及编写和转载是否有诗人同意。3. AB 是对题干部分事实的法律判断。4. CD 新增了假设事实（虽然少了一个“如”字，但仍然是假设事实：其中 C 假设了丙编写不经诗人同意；D 假设丁转载不经诗人和网站同意。）并基于假设事实 + 题干事实，作出法律判断（评价）。5. 考生再对选项的法律判断作出自己的判断。

思路展开

思路 1：署名可书真名或笔名。《著作权法》第 10 条，“著作权包括下列人身权和财产权：（一）发表权，即决定作品是否公之于众的权利；（二）署名权，即表明作者身份，在作品上署名的权利；……（十二）信息网络传播权，即以有线或者无线方式向公众提供作品，使公众可以在其个人选定的时间和

① 参考答案：C

地点获得作品的权利；……”可见，诗人享有在作品上署名的权利，可以署真实姓名，也可以署非真实姓名，因此A选项表述错误，不当选。另，署名包括：积极权能（是否署名、署什么名、合作作者署名顺序；原作品作者享有在演绎作品上署名的权利）和消极权能（作者有权禁止未参与创作人在作品上署名；使用他人作品应指明作者姓名和作品名称）

思路2：发表就是一次，最开始公之于众时为发表。发表不限于正式出版。《著作权法司法解释》第9条，《著作权法》第10条第（一）项规定的“公之于众”，是指著作权人自行或者经著作权人许可将作品向不特定的人公开，但不以公众知晓为构成条件。可见，《天堂向左》是在甲网站被正式发表，而非在《现代诗集》中被正式发表，因此B选项表述错误，不当选。

思路3：法定许可，公益教辅汇编可自由但要付费。法定许可，是对已经发表的作品，符合法定条件时，可不经著作权人允许而依法定方式使用该作品，但应向著作权人支付报酬的制度。《著作权法》第23条第1款，“为实施九年制义务教育和国家教育规划而编写出版教科书，除作者事先声明不许使用的外，可以不经著作权人许可，在教科书中汇编已经发表的作品片段或者短小的文字作品、音乐作品或者单幅的美术作品、摄影作品，但应当按照规定支付报酬，指明作者姓名、作品名称，并且不得侵犯著作权人依照本法享有的其他权利。”可见丙教材编写单位可以不经该诗人同意将《天堂向左》作为范文编入《语文》教材，但应当按照规定支付报酬。因此C选项表述正确，当选。

思路4：网站不享有法定许可权，转载须经同意并付酬。D选项新增事实是“丁网站转载时未经诗人和甲网站同意”，判断是否构成侵权行为。意即：如丁网站转载时未经诗人和甲网站同意，是否构成侵权行为。

（1）未经诗人同意，是否构成侵权？根据最高人民法院《关于审理涉及计算机网络著作权纠纷案件适用法律若干问题的解释（2000）》第3条规定，“已在报刊上刊登或者网络上传播的作品，除著作权人声明或者报社、期刊社、网络服务提供者受著作权人委托声明不得转载、摘编的以外，在网络进行转载、摘编并按有关规定支付报酬、注明出处的，不构成侵权。但转载、摘编作品超过有关报刊转载作品范围的，应当认定为侵权。”依该《解释》，诗人未声明不得转载，甲网站也未得到该诗人的委托声明不得转载，故丁网站可以在未经该诗人和甲网站同意的情况下转载，但需要在转载时向该诗人支付报酬、注明出处。但是，该司法解释在2006年已被修改，其中第3条已被废止。依据2015年4月17日国家版权局发布《关于规范网络转载版权秩序的通知》国版办发〔2015〕3号，第1条，“互联网媒体转载他人作品，应当遵守著作权法律法规的相关规定，必须经过著作权人许可并支付报酬，并应当指明作者姓名、作品名称及作品来源。法律、法规另有规定的除外。互联网媒体依照前款规定转载他人作品，不得侵犯著作权人依法享有的其他权益。”第2条，“报刊单位之间相互转载已经刊登的作品，适用《著作权法》第三十三条第二款的规定，即作品刊登后，除著作权人声明不得转载、摘编的外，其他报刊可以转载或者作为文摘、资料刊登，但应当按照规定向著作权人支付报酬。报刊单位与互联网媒体、互联网媒体之间相互转载已经发表的作品，不适用前款规定，应当经过著作权人许可并支付报酬。”可知，网站转载不适用法定许可。结论：丁网站未经诗人同意而转载，构成侵权。

（2）未经甲网站同意，是否构成侵权？甲网站对该诗作不享有著作权，故不构成侵权。

（3）D选项中“和”字用错了，故D表述不准确，不当选。

异议辨析

有考生认为，D选项表述是正确的，因为，只要丁网站转载具备“未经诗人同意”这一要件，即构成侵权。至于其是否经甲网站同意，无关紧要：经过甲网站同意，构成对诗人的侵权；不经过甲网站同意，也构成对诗人的侵权。但是，选项D的意思是：假设存在“丁网站转载未经诗人（事实一）和甲网站同意（事实二）”的事实，则因为这两个事实，丁网站才构成侵权。将事实二放入并作为判断侵权成立的理由，就是错误的。

3. 合理使用、法定许可、表演者权

叶某创作《星光灿烂》词曲并发表于音乐杂志，郝某在个人举办的赈灾义演中演唱该歌曲，南极熊唱片公司录制并发行郝某的演唱会唱片，星星电台购买该唱片并播放了该歌曲。下列哪些说法是正确的？（2009－3－63）

A. 郝某演唱《星光灿烂》应征得叶某同意并支付报酬

B. 南极熊唱片公司录制该歌曲应当征得郝某同意并支付报酬

C. 星星电台播放该歌曲应征得郝某同意

D. 星星电台播放该歌曲应征得南极熊唱片公司同意

答案：(　　)[①]

考点：合理使用、法定许可、表演者权

解题图构

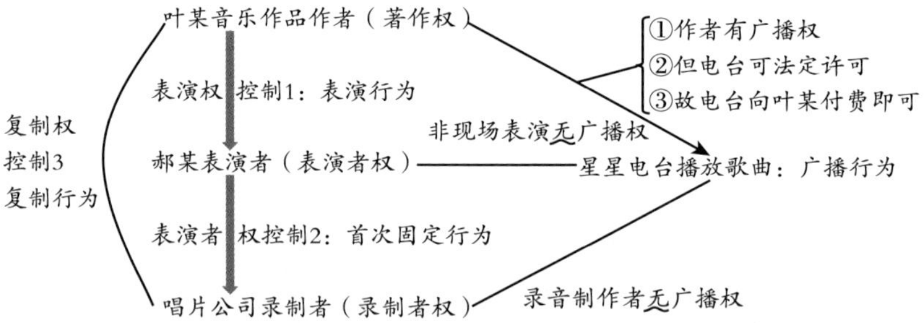

破解图方法1：围绕《星光灿烂》四个智力投入，由上到下的控制行为

- ①叶某是《星光灿烂》的词曲作者叶某享有著作权
  - ①表演权：控制郝某表演行为
  - ②复制权：控制唱片公司复制行为
  - ③广播权：控制电台，但电台有法定许可，故电台付费即可
- ②郝某是《星光灿烂》的演唱者即表演者，郝某享有表演者权
  - ①首次固定权：控制唱片公司录制行为
  - ②无广播权：不能控制星星电台的广播行为
- ③南极熊唱片公司是录音制作者；唱片公司享有录音制作者权——无广播权，不能控制星星电台的广播行为
- ④星星电台播放《星光灿烂》
  - ①是广播行为：不受谁控制，只需向作者叶某付钱
  - ②同时产生节目信号，星星电台有广播组织者权

破解图方法2：围绕《星光灿烂》利用他人智力角度，由下到上的利用行为

- ①星星电台对《星光灿烂》的广播行为
  - ①既是对叶某音乐作品的广播
    - ①叶某有广播权
    - ②但是要受电台法定许可的限制
    - ③电台只要向叶某付钱即可，无须叶某许可
  - ②又是对郝某表演活动的广播
    - ①郝某有现场表演的广播权
    - ②郝某对非现场表演没有广播权
  - ③还是对南极熊唱片公司录音制品的广播：录音制品制作者无广播权
  - ④小结：星星电台广播行为无须上游作者、表演者和录音制作者同意
- ②南极熊唱片公司的复制和发行行为
  - ①既是对叶某音乐作品的复制和发行
  - ②又是对郝某表演活动的复制和发行
  - ③小结：唱片公司录制行为需要经过上游作者和表演者的同意
- ③郝某的表演活动
  - ①只是对叶某作品的表演
  - ②郝某赈灾义演属于单向收费表演，不属于双向免费，不构成合理使用
  - ③小结：郝某演唱行为需要受上游作者叶某的控制

---

① 参考答案：AB

读题技巧

1. 叶某创作《星光灿烂》词曲，指向叶某是音乐作品作者。2. 郝某演唱该歌曲，指向郝某是表演者。3. 南极熊唱片公司录制并发行郝某演唱会唱片，指向南极熊唱片公司是录音制作者。4. 星星电台播放《星光灿烂》，指向电台对录音制品的法定许可。

思路展开

思路1：围绕《星光灿烂》，有四个参与者：(1)叶某是《星光灿烂》的词曲作者。叶某享有著作权。(2)郝某是《星光灿烂》的演唱者，即表演者。郝某享有表演者权。(3)南极熊唱片公司是录音制作者。唱片公司享有录音制作者权。(4)星星电台播放《星光灿烂》，是广播行为。

思路2：叶某音乐作品《星光灿烂》的词曲作者，其著作权包括表演权、复制权和广播权。

(1)叶某的表演权控制郝某的表演行为。除非郝某构成合理使用。①法律依据：《著作权法》第22条第9项，"在下列情况下使用作品，可以不经著作权人许可，不向其支付报酬，但应当指明作者姓名、作品名称，并且不得侵犯著作权人依照本法享有的其他权利：…(九)免费表演已经发表的作品，该表演未向公众收取费用，也未向表演者支付报酬。"可见，免费公开表演构成合理使用的前提是"双向免费"，该表演既未向公众收取费用，也没有向表演者支付报酬。②具体到题干，"郝某在个人举办的赈灾义演中演唱该歌曲"，"赈灾"即意味着要向公众收费。赈灾义演不构成合理使用。郝某的表演行为，受作者叶某著作权中表演权的控制。③"A. 郝某演唱《星光灿烂》应征得叶某同意并支付报酬"，A对，A当选。

(2)叶某的复制权控制南极熊唱片公司的复制行为。本题中没有涉及这一个点。

(3)叶某的广播权控制星星电台的广播行为。但是，星星电台属于广播电台、电视台，对已经出版的录音制品，受"法定许可"保护。可不经叶某许可，播放《星光灿烂》。①法律依据：《著作权法》第44条，"广播电台、电视台播放已经出版的录音制品，可以不经著作权人许可，但应当支付报酬。当事人另有约定的除外。具体办法由国务院规定。"②同样，本题也没有涉及这一点。

思路3：郝某是《星光灿烂》的演唱者，享有表演者权。

(1)法律依据：《著作权法》第38条，"表演者对其表演享有下列权利：(一)表明表演者身份；(二)保护表演形象不受歪曲；(三)许可他人从现场直播和公开传送其现场表演，并获得报酬；(四)许可他人录音录像，并获得报酬；(五)许可他人复制、发行录有其表演的录音录像制品，并获得报酬；(六)许可他人通过信息网络向公众传播其表演，并获得报酬。被许可人以前款第(三)项至第(六)项规定的方式使用作品，还应当取得著作权人许可，并支付报酬。"

(2)郝某表演者权中的首次固定权(许可他人录音录像)、再次推广权(复制发行权)，可以控制南极熊唱片公司的录制行为和发行行为。

(3)具体到本题，"B. 南极熊唱片公司录制该歌曲应当征得郝某同意并支付报酬"，B对，B当选。

(4)郝某表演者权中仅有半个广播权，即仅对现场表演享有广播权。对于非现场表演(既固定在唱片中郝某的表演)的广播，郝某不能控制，该广播行为既不需要郝某同意，也不需要向郝某支付报酬。

(5)具体到本题，"C. 星星电台播放该歌曲应征得郝某同意"，C错误，C不选。

思路4：南极熊唱片公司是《星光灿烂》的录音制品制作者，但是，录音制品制作者没有广播权。

(1)法律依据：《著作权法》第42条第1款，"录音录像制作者对其制作的录音录像制品，享有许可他人复制、发行、出租、通过信息网络向公众传播并获得报酬的权利；权利的保护期为五十年，截止于该制品首次制作完成后第五十年的12月31日。"第2款，"被许可人复制、发行、通过信息网络向公众传播录音录像制品，还应当取得著作权人、表演者许可，并支付报酬。"

(2)南极熊唱片公司作为录音制作者，对其制作的母带享有邻接权，录音制作者权。但是，其中没有广播权！

(3)具体到本题：星星电台广播《星光灿烂》唱片的行为，与南极熊唱片公司无关，无须经过其同意，也不需要支付报酬。故“D. 星星电台播放该歌曲应征得南极熊唱片公司同意”。D错误，D不选。

(4)延伸：录像制作者权中，享有广播权。《著作权法》第46条，“电视台播放他人的电影作品和以类似摄制电影的方法创作的作品、录像制品，应当取得制片者或者录像制作者许可，并支付报酬；播放他人的录像制品，还应当取得著作权人许可，并支付报酬。”(一旦作品被录像，享有的广播权不受法定许可限制，电台、电视台必须走正常程序才可以广播录像制品，而且，作者还因此搭上便车，电台、电视台不可主张法定许可，尚须作者许可。)

小结：

(1)从上游到下游的顺序梳理：①《星光灿烂》音乐作品作者叶某，控制表演者郝某的表演行为。控制南极熊唱片公司的复制和发行行为。不能控制星星电台的广播行为(法定许可)。②《星光灿烂》表演者郝某，控制南极熊唱片公司的录制和发行行为。不能控制星星电台的广播行为(因为不是现场表演，表演者没有广播权)。③南极熊唱片公司不能控制星星电台的广播行为，因为录音制作者没有广播权。

(2)从下游到上游的顺序梳理：①星星电台对《星光灿烂》的广播行为，既是对叶某音乐作品的广播，又是对郝某表演活动的广播，还是对南极熊唱片公司录音制品的广播。但是，叶某有广播权(但是要受电台电视台法定许可的限制)；郝某有现场表演的广播权(对非现场表演没有广播权)；南极熊唱片公司没有广播权(录音制品制作者无广播权)。故星星电台的广播行为无须上游作者、表演者和录音制作者同意。②南极熊唱片公司的复制和发行行为，既是对叶某音乐作品的复制和发行；又是对郝某表演活动的复制和发行，需要经过上游作者和表演者的同意。③郝某的表演活动，需要受上游作者叶某的控制！

4. 合理使用、法定许可

某歌厅购买了若干正版卡拉OK光盘后，未经任何人的许可，直接将该光盘用于其经营活动。对该歌厅的行为应如何定性？(2005－3－17)

A. 合法使用

B. 合理使用

C. 法定许可使用

D. 侵权行为

答案：(　　)①

考点：合理使用、法定许可、侵权行为

思路展开

合理使用是指根据法律的明文规定，不必征得著作权人同意而无偿使用他人已发表的作品的行为。合理使用一般只限于为个人消费或公益性使用等目的少量使用他人作品的行为。《著作权法》第22条有法定情形。

合理使用图构如下：

(对他人已发表作品、表演活动、录音录像制品、广播电视节目信号以“法定方式使用”，无须权利人允许，无须支付报酬，不构成侵权的使用方式。)

合理使用
- ①学习研究欣赏
- ②介绍评论适当引用
- ③报道事实新闻不可避免再现或引用
- ④媒体互用时事性文章(作者可排除)
- ⑤媒体刊登或播放公众集会上发表的讲话(作者可排除)
  - ①无须经许可
  - ②无偿使用
  - ③已经发表
  - ④指名道姓
  - ⑤对抗邻接权人
  - ⑥任何主体均有
- ⑥教学科研目的少量复制、翻译，不得出版发行
- ⑦国家机关执行公务合理使用
- ⑧复制本馆收藏作品
- ⑨双向免费表演
- ⑩临摹、绘画、摄影、录像、室外公共场所艺术品
- ⑪将国人汉语作品翻译成少数民族在国内出版发行
- ⑫将国人或外国人作品改成盲文出版

法定许可使用是指依照法律的明文规定，不经著作权人同意有偿使用他人已经发表的作品的行为。

法定许可图构如下：

---

① 参考答案：D

法定许可
- ①报社、期刊社转载：特别注意，出版社、网站不享有法定许可权
- ②录音制作者对已经合法录制的作品另行录制
- ③广播电台、电视台广播
  - ①广播作品
  - ②广播录音制品（本身无广播权）
  - ③不能广播电影、电视作品（受作者控制）
  - ④不能广播录像制品（受作者和录制者双重控制）
- ④国家规划教科书：9年义务教育+国家教育规划
- ⑤制作和提供课件上网给注册学生+技术措施
- ⑥通过网络向农村提供特定作品：种植养殖防病治病防灾减灾等作品（30日）

→
- ①也无须经许可
- ②也为已经发表
- ③也对抗邻接权
- ④但主体有限：报社、期刊社、录音制作者、广播电台、电视台
- ⑤但要支付报酬
- ⑥但作者可排除

结论：歌厅将光盘用于其经营活动不属于合理使用。B项错误。歌厅将光盘用于其经营活动不属于法定许可。C项错误。故本题应选D。司法部解析："卡拉OK经营者不支付相关费用而在经营中使用唱片公司的光盘引发的纠纷经常见诸媒体的报道，如果对此留意的话，本题很容易选出答案。"

第二节　专利权

一、职务发明创造

1. 工程师王某在甲公司的职责是研发电脑鼠标。下列哪些说法是错误的？（2012－3－64）

A. 王某利用业余时间研发的新鼠标的专利申请权属于甲公司

B. 如王某没有利用甲公司物质技术条件研发出新鼠标，其专利申请权属于王某

C. 王某主要利用了单位物质技术条件研发出新型手机，其专利申请权属于王某

D. 如王某辞职后到乙公司研发出新鼠标，其专利申请权均属于乙公司

答案：(　　)①

考点：职务发明创造专利申请权归属

读题技巧

1. "职责"、"电脑鼠标"，指向工作任务是研发电脑鼠标。2. "业余时间"、"新鼠标"，指向业余时间研发电脑鼠标的也是工作任务。3. "没有利用"、"新鼠标"，指向没花单位的钱，但是是工作任务，仍属于职务发明创造。4. "主要利用了"、"新型手机"，指向花了单位的钱，研发的内容不是工作任务，仍然属于职务发明创造。5. "辞职后"，"均"，指向辞职后1年内外的差异。6. 单位太霸道了！

思路展开

命题点1：职务发明创造的两个判断标准：

(1)是否执行本单位任务。

(2)是否主要利用本单位的物质技术条件。只要满足其一，就构成职务发明创造。

(3)法律依据：《专利法》第6条第1款，"执行本单位的任务或者主要是利用本单位的物质技术条件所完成的发明创造为职务发明创造。职务发明创造申请专利的权利属于该单位；申请被批准后，该单位为专利权人。"第2款，"非职务发明创造，申请专利的权利属于发明人或者设计人；申请被批准后，该发明人或者设计人为专利权人。"第3款，"利用本单位的物质技术条件所完成的发明创造，单位与发明人或者设计人订有合同，对申请专利的权利和专利权的归属作出约定的，从其约定。"

命题点2：执行本单位任务的发明创造，属于职务发明创造。

(1)三个要点：①工作时间或业余时间完成的工作任务都属于职务发明创造。②本单位交付的工作之外的任务也是。③跳槽后1年内的相关成果，仍然是归属原单位的职务发明创造。

(2)法律依据：《专利法实施细则》第12条，"专利法第六条所称执行本单位的任务所完成的职务发明创造，是指：(一)在本职工作中作出的发明创造；(二)履行本单位交付的本职工作之外的任务所作出的发明创造；(三)退休、调离原单位后或者劳动、人事关系终止后1年内作出的，与其在原单位承担

---

① 参考答案：BCD

的本职工作或者原单位分配的任务有关的发明创造。专利法第六条所称本单位,包括临时工作单位;专利法第六条所称本单位的物质技术条件,是指本单位的资金、设备、零部件、原材料或者不对外公开的技术资料等”。

(3)结论:①题干信息+选项A:王某在甲公司的职责是研发电脑鼠标。上班时研发或者业余时间研发电脑鼠标,都属于职务发明创造。故A对,不选。②题干信息+选项B:“如王某没有利用甲公司物质技术条件研发出新鼠标,其专利申请权属于王某”,新鼠标,属于工作任务范围,属于职务发明创造。B错,选。③题干信息+选项D:王某从甲公司辞职后到新公司乙公司研发出新鼠标,要看是1年内还是1年后:1年内归甲公司;1年后归乙公司。故D错在“均”字,过于绝对,以偏概全。D错,选。

命题点3:主要利用本单位的物质技术条件完成的发明创造,属于职务发明创造。

(1)利用本单位物质技术条件完成的非工作任务的发明创造,也是职务发明创造。

(2)结论:题干信息+选项C:“王某主要利用了单位物质技术条件研发出新型手机,其专利申请权属于王某。”“新型手机”不是工作任务,但是主要利用了单位物质技术条件研发出来,故属于职务发明创造,归属于甲公司,而不是归王某。C错,选。

2. 甲公司聘请乙专职从事汽车发动机节油技术开发。因开发进度没有达到甲公司的要求,甲公司减少了给乙的开发经费。乙于2007年3月辞职到丙公司,获得了更高的薪酬和更多的开发经费。2008年1月,乙成功开发了一种新型汽车节油装置技术。关于该技术专利申请权的归属,下列哪些选项是错误的?(2010－3－65)

A. 甲公司　　B. 乙

C. 丙公司　　D. 甲公司和丙公司共有

答案:(　　)①

考点:职务发明创造

解题图构

甲公司(原单位) ——→ 乙

丙公司(新单位)

读题技巧

1. 乙本来在甲公司专职从事汽车发动机节油技术,指向乙在甲公司的工作任务,和乙在后来新单位丙公司完成的汽车节油装置技术“有关”! 2. 2007年3月、2008年1月,指向乙跳槽1年内,其职务发明创造归老东家甲公司。3.“技术专利申请权”,而非技术。指向适用《专利法》的特别规定。

思路展开

命题点1:见2012年第64题。职务发明创造的两个判断标准:(1)是否执行本单位任务。(2)是否主要利用本单位的物质技术条件。只要满足其一,就构成职务发明创造。

命题点2:跳槽后1年内“有关”的发明创造,仍是原单位的职务发明创造。

(1)法律依据:①《专利法》第6条第1款,“执行本单位的任务或者主要是利用本单位的物质技术条件所完成的发明创造为职务发明创造。职务发明创造申请专利的权利属于该单位;申请被批准后,该单位为专利权人。”②《专利法实施细则》第12条,“专利法第六条所称执行本单位的任务所完成的职务发明创造,是指:(一)在本职工作中作出的发明创造;(二)履行本单位交付的本职工作之外的任务所作出的发明创造;(三)退休、调离原单位后或者劳动、人事关系终止后1年内作出的,与其在原单位承担的本职工作或者原单位分配的任务有关的发明创造。专利法第六条所称本单位,包括临时工作单位;专利法第六条所称本单位的物质技术条件,是指本单位的资金、设备、零部件、原材料或者不对外公开的技术资料等。”

(2)具体到本题:乙在甲公司的工作任务是“专职从事汽车发动机节油技术开发”、乙从甲公司跳槽后到丙公司做出的是“新型汽车节油装置技术”、符合相关性要求、跳槽1年内作出符合时间要求。故该发明是职务发明创造,专利申请权归甲公司。

(3)结论:归甲公司是正确的表述,“A.甲公司”,A表述正确,不符合题意。不选A。“BCD归乙、归丙、归甲丙”BCD表述错误,符合题意,选BCD。

① 参考答案:BCD

异议辨析

有观点认为，本题发明专利申请权归甲公司和丙公司共有，故D表述正确，不符合题意，不选D。而ABC表述错误，符合题意，当选ABC。（1）因为法律依据基础：《合同法》第326条第2款、《关于审理技术合同纠纷案件适用法律若干问题的解释》第2条、第4条规定和《专利法》规定基本相同：①《合同法》第326条第1款，“职务技术成果的使用权、转让权属于法人或者其他组织的，法人或者其他组织可以就该项职务技术成果订立技术合同。法人或者其他组织应当从使用和转让该项职务技术成果所取得的收益中提取一定比例，对完成该项职务技术成果的个人给予奖励或者报酬。法人或者其他组织订立技术合同转让职务技术成果时，职务技术成果的完成人享有以同等条件优先受让的权利。”第2款，“职务技术成果是执行法人或者其他组织的工作任务，或者主要是利用法人或者其他组织的物质技术条件所完成的技术成果。”②《关于审理技术合同纠纷案件适用法律若干问题的解释》第2条第1款，合同法第三百二十六条第二款所称“执行法人或者其他组织的工作任务”，包括：（一）履行法人或者其他组织的岗位职责或者承担其交付的其他技术开发任务；（二）离职后一年内继续从事与其原所在法人或者其他组织的岗位职责或者交付的任务有关的技术开发工作，但法律、行政法规另有规定的除外。第2款，法人或者其他组织与其职工就职工在职期间或者离职以后所完成的技术成果的权益有约定的，人民法院应当依约定确认。③《关于审理技术合同纠纷案件适用法律若干问题的解释》第4条，合同法第三百二十六条第二款所称“主要利用法人或者其他组织的物质技术条件”，包括职工在技术成果的研究开发过程中，全部或者大部分利用了法人或者其他组织的资金、设备、器材或者原材料等物质条件，并且这些物质条件对形成该技术成果具有实质性的影响；还包括该技术成果实质性内容是在法人或者其他组织尚未公开的技术成果、阶段性技术成果基础上完成的情形。但下列情况除外：（一）对利用法人或者其他组织提供的物质技术条件，约定返还资金或者交纳使用费的；（二）在技术成果完成后利用法人或者其他组织的物质技术条件对技术方案进行验证、测试的。（2）尤其是《关于审理技术合同纠纷案件适用法律若干问题的解释》第5条规定，应由双方单位按贡献比例合理分享。《关于审理技术合同纠纷案件适用法律若干问题的解释》第5条，“个人完成的技术成果，属于执行原所在法人或者其他组织的工作任务，又主要利用了现所在法人或者其他组织的物质技术条件的，应当按照该自然人原所在和现所在法人或者其他组织达成的协议确认权益。不能达成协议的，根据对完成该项技术成果的贡献大小由双方合理分享。”（3）结论：此题存在一定缺陷，命题人忽略了第5条的规定。因此，本题D“甲公司和丙公司共有”表述正确，故D不符合题意，不选D。而应选错误表述的ABC。（4）辨析：①司法部解析公布的本题考点是职务发明创造，而不是技术合同。②其适用法条是《专利法实施细则》第12条。“据此（《专利法实施细则》第12条），乙于2007年3月从甲公司辞职并跳槽至丙公司，至开发完成的2008年1月，其离开甲公司尚不足1年，因此其发明创造仍属于执行甲单位的任务所完成的职务发明创造，故专利申请权属于甲公司，因此不选A而应选BCD。”③《关于审理技术合同纠纷案件适用法律若干问题的解释》2005年1月1日施行。《合同法》1999年10月1日施行。④《专利法》2009年10月1日起施行。《专利法实施细则》2010年2月1日起施行。⑤可见，关于职务发明专利，应优先适用专利法规定，而不能适用合同法规定。⑥此题没有缺陷，不存在错误。

3. 李某是甲公司的研究人员，承担了一种冷藏机的研制任务，在研制成功前辞职开办乙公司。辞职近一年时，李某研制成功了该冷藏机，并以乙公司的名义申请并获得了专利。丙公司在李某研制成功之前已经研制出该冷藏机技术并开始生产产品。下列哪一选项是正确的？（2008－四川－24）

A. 该专利权应归甲公司享有，李某享有在专利文件中署名的权利

B. 该专利权应归甲公司享有，乙公司享有免费使用权

C. 该专利权应归乙公司享有，甲公司享有免费使用权

D. 在该专利授权后，丙公司应停止生产该冷

藏机

答案:(　　)①

考点:职务发明创造专利权归单位、先用权抗辩

思路展开

命题点1:职务发明创造专利权归单位。

(1)法律依据:①《专利法》第6条规定,执行本单位的任务或者主要是利用本单位的物质技术条件所完成的发明创造为职务发明创造。职务发明创造申请专利的权利属于该单位;申请被批准后,该单位为专利权人。②《专利法实施细则》第12条规定,专利法第六条所称执行本单位的任务所完成的职务发明创造,是指:(一)在本职工作中作出的发明创造;(二)履行本单位交付的本职工作之外的任务所作出的发明创造;(三)退职、退休或者调动工作后1年内作出的,与其在原单位承担的本职工作或者原单位分配的任务有关的发明创造。

(2)具体到本题:李某研制的冷藏机属于职务发明创造,专利权属于甲公司享有,乙公司不享有该冷藏机的专利权。

(3)结论:“”,A对,选A。“”,BC错,不选BC。

命题点2:先用权抗辩。

(1)法律依据《专利法》第69条第2项,“有下列情形之一的,不视为侵犯专利权:(二)在专利申请日前已经制造相同产品、使用相同方法或者已经作好制造、使用的必要准备,并且仅在原有范围内继续制造、使用的。”

(2)结论:“D.在该专利授权后,丙公司应停止生产该冷藏机”,D错,不选D。

二、专利权的客体

范某的下列有关骨科病预防与治疗方面研究成果中,哪些可在我国申请专利?(2013-3-64)

A.发现了导致骨癌的特殊遗传基因

B.发明了一套帮助骨折病人尽快康复的理疗器械

C.发明了如何精确诊断股骨头坏死的方法

D.发明了一种高效治疗软骨病的中药制品

答案:(　　)②

考点:授予专利权的客体

读题技巧

A的“发现”与BCD的“发明”,指向A属于科学发现,显然不能授予专利权。

思路展开

命题点1:对科学发现不能授予专利权。

(1)法律依据:《专利法》第25条第1项,“对下列各项,不授予专利权:(一)科学发现。”

(2)题干信息+A选项,“发现了导致骨癌的特殊遗传基因”。科学发现不是技术方案,不能授予专利权,A错,不选。

命题点2:疾病的诊断和治疗方法不能授予专利权。

(1)法律依据:《专利法》第25条第3项,“对下列各项,不授予专利权:…(三)疾病的诊断和治疗方法。”

(2)题干信息+C选项,“发明了如何精确诊断股骨头坏死的方法”。不能授予专利权,C错,不选。

命题点3:药品、医疗器械,均可授予专利权。BD对,选。

思路延展:不能授予专利权的情形:(1)《专利法》第25条,“对下列各项,不授予专利权:(一)科学发现;(二)智力活动的规则和方法;(三)疾病的诊断和治疗方法;(四)动物和植物品种;(五)用原子核变换方法获得的物质;(六)对平面印刷品的图案、色彩或者二者的结合作出的主要起标识作用的设计。对前款第(四)项所列产品的生产方法,可以依照本法规定授予专利权。”(2)《专利法》第5条,“对违反法律、社会公德或者妨害公共利益的发明创造,不授予专利权。对违反法律、行政法规的规定获取或者利用遗传资源,并依赖该遗传资源完成的发明创造,不授予专利权。”(3)《专利法》第20条第1款,“任何单位或者个人将在中国完成的发明或者实用新型向外国申请专利的,应当事先报经国务院专利行政部门进行保密审查。保密审查的程序、期限等按照国务院的规定执行。”第4款,“对违反本条第一款规定向外国申请专利的发明或者实用新型,在中国申

① 参考答案:A

② 参考答案:BD

请专利的,不授予专利权。"

三、专利申请和专利权授予

1. 2010 年 3 月,甲公司将其研发的一种汽车零部件向国家有关部门申请发明专利。该专利申请于 2011 年 9 月公布,2013 年 7 月 3 日获得专利权并公告。2011 年 2 月,乙公司独立研发出相同零部件后,立即组织生产并于次月起持续销售给丙公司用于组装汽车。2012 年 10 月,甲公司发现乙公司的销售行为。2015 年 6 月,甲公司向法院起诉。下列哪一选项是正确的? (2015-3-18)

A. 甲公司可要求乙公司对其在 2013 年 7 月 3 日以前实施的行为支付赔偿费用

B. 甲公司要求乙公司支付适当费用的诉讼时效已过

C. 乙公司侵犯了甲公司的专利权

D. 丙公司没有侵犯甲公司的专利权

答案:(　　)①

考点:专利申请、专利权授予、专利侵权、诉讼时效

解题图构

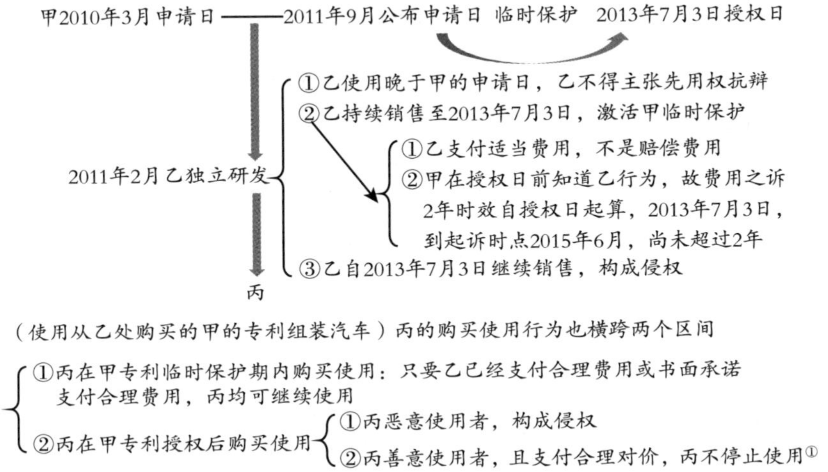

读题技巧

1. 乙独立研发的时间在甲申请专利时间之后,乙不具有先用权。2."持续销售"四个字很重要,意指乙的行为横跨了甲获得专利权的前后两个阶段。3. 甲公司在还没得到专利授权前就发现了乙的销售行为,"束手无策"? 法律应该予以有限度地保护。4. 题干未提示丙公司主观状态,推定为善意。5. A 和 B 互斥。

思路展开

命题点 1:发明专利申请公布后——到专利权授予之前,这段空窗期(2011 年 9 月——2013 年 7 月 3 日),他人使用该专利发明:

(1)应支付"适当使用费",不是"赔偿费用"。《专利法》第 68 条第 2 款前段:"发明专利申请公布后至专利权授予前使用该发明未支付适当使用费的……""A. 甲公司可要求乙公司对其在 2013 年 7 月 3 日以前实施的行为支付赔偿费用"错误,不当选。且乙"使用"行为是在 2011 年 2 月起一直持续。故 2011 年 2 月到 2011 年 9 月期间(公布前的期间),无须支付"适当使用费"从该层面上看,A 选项所述"2013 年 7 月 3 日以前"延伸到 2011 年 2 月,表述也错误。

(2)诉讼时效从知道他人使用时起算,但是如

① 参考答案:C

② 《专利法解释二》第 25 条第 1 款,为生产经营目的使用、许诺销售或者销售不知道是未经专利权人许可而制造并售出的专利侵权产品,且举证证明该产品合法来源的,对于权利人请求停止上述使用、许诺销售、销售行为的主张,人民法院应予支持,但被诉侵权产品的使用者举证证明其已支付该产品的合理对价的除外。

果在专利权授予前就已经知道,则从专利权授予之日起计算。回到题干,"B. 甲公司要求乙公司支付适当费用的诉讼时效已过"错误,不当选。《专利法》第68条第1款,"侵犯专利权的诉讼时效为二年,自专利权人或者利害关系人得知或者应当得知侵权行为之日起计算。"第2款,"发明专利申请公布后至专利权授予前使用该发明未支付适当使用费的,专利权人要求支付使用费的诉讼时效为二年,自专利权人得知或者应当得知他人使用其发明之日起计算,但是,专利权人于专利权授予之日前即已得知或者应当得知的,自专利权授予之日起计算。"

命题点2:前述为使用费用问题。未涉及停止持续侵权问题。

(1)乙公司的销售行为构成侵权。题干"2011年2月,乙公司独立研发出相同零部件后,立即组织生产并于次月起持续销售给丙公司用于组装汽车。"《专利法》第11条第1款,"发明和实用新型专利权被授予后,除本法另有规定的以外,任何单位或者个人未经专利权人许可,都不得实施其专利,即不得为生产经营目的制造、使用、许诺销售、销售、进口其专利产品,或者使用其专利方法以及使用、许诺销售、销售、进口依照该专利方法直接获得的产品。"

(2)具体到本题:乙公司实施了制造和销售行为。

(3)结论:"C. 乙公司侵犯了甲公司的专利权"对,选C。

(4)同时,丙公司的组装行为构成"使用行为"属于侵权。侵犯专利权属于侵犯绝对权行为,无须侵权人有主观过错。参见最高人民法院《关于审理侵犯专利权纠纷案件应用法律若干问题的解释》第12条,"将侵犯发明或者实用新型专利权的产品作为零部件,制造另一产品的,人民法院应当认定属于专利法第十一条规定的使用行为;销售该另一产品的,人民法院应当认定属于专利法第十一条规定的销售行为。"

(5)结论;"D. 丙公司没有侵犯甲公司的专利权"错,不选D。

命题点3:延伸,持续侵权行为未过诉讼时效。参见最高人民法院《关于审理专利纠纷案件适用法律问题的若干规定》第23条,"侵犯专利权的诉讼时效为二年,自专利权人或者利害关系人知道或者应当知道侵权行为之日起计算。权利人超过二年起诉的,如果侵权行为在起诉时仍在继续,在该项专利权有效期内,人民法院应当判决被告停止侵权行为,侵权损害赔偿数额应当自权利人向人民法院起诉之日起向前推算二年计算。"

思路延伸:侵犯专利权的赔偿责任,以过错为前提。《专利法》第70条,"为生产经营目的使用、许诺销售或者销售不知道是未经专利权人许可而制造并售出的专利侵权产品,能证明该产品合法来源的,不承担赔偿责任。"

常见错误

先用权说:(1)2011年2月乙公司研发出该技术,先于甲的专利公开之日(9月),属于先用,不侵权。(2)乙公司虽在甲公司后才研发出来,但是其是"独立研发",且早在申请公布之日前就已经实施了,所以不应认定乙公司侵权,其有先用权。乙不侵权,则乙公司的客户购买并使用该产品当然也就不侵权了。(3)如认定2013年7月3日后侵权,因否决乙公司的先用权,但是乙公司确确实实先用了2年,应当认可其"独立研发"获得的该项权利,于是丙当然不侵权。——评:申请前"先用"才存在"先用抗辩"。本题甲的申请时间是2010年3月。而乙的"先用"时间是2011年2月,故乙不构成先用,不能主张先用抗辩。

2. 甲公司开发出一项发动机关键部件的技术,大大减少了汽车尾气排放。乙公司与甲公司签订书面合同受让该技术的专利申请权后不久,将该技术方案向国家知识产权局同时申请了发明专利和实用新型专利。下列哪一说法是正确的?(2011-3-17)

A. 因该技术转让合同未生效,乙公司无权申请专利

B. 因尚未依据该技术方案制造出产品,乙公司无权申请专利

C. 乙公司获得专利申请权后,无权就同一技术方案同时申请发明专利和实用新型专利

D. 乙公司无权就该技术方案获得发明专利和实用新型专利

答案:(　　)①

① 参考答案:D

考点：专利申请权的转让、专利权授予（实用性）、专利申请单一性原则的例外

读题技巧

1. 本题考查专利申请权转让的条件和行使方法。2. 题干交代甲、乙签订书面合同，未涉及该书面合同是否向国务院专利行政部门登记。3. 对A选项做判断要依据题干事实：技术转让合同签订了，是否生效，以及对专利申请权的影响。对B选项做判断就要注意，他添加了假定事实："假定未制造出产品"，乙公司能否申请专利。对C选项是假定乙公司获得专利申请权后，判断能否同时申请发明专利和实用新型专利。对D选项是假定乙公司获得了专利申请权后，能否同时获得发明专利和实用新型专利。4. 是纯法条考查。

思路展开

命题点1：专利申请权转让合同是否登记是专利申请权是否有效转让的依据。

(1)题干没有交代合同是否登记。但是，合同是否登记不是判断合同效力的依据。登记与否，合同均已生效。如已登记，乙公司有权申请专利；如未登记，乙公司无权申请专利。可见，选项A表述错误。

(2)法律依据：①《合同法》第342条，"技术转让合同包括专利权转让、专利申请权转让、技术秘密转让、专利实施许可合同。技术转让合同应当采用书面形式。"②《专利法》第10条第1款，专利申请权和专利权可以转让。第3款，转让专利申请权或者专利权的，当事人应当订立书面合同，并向国务院专利行政部门登记，由国务院专利行政部门予以公告。专利申请权或者专利权的转让自登记之日起生效。

命题点2：是否可以申请专利，要求该技术方案具有实用性。

(1)法律依据：《专利法》第22条第4款，"实用性是指该发明或者实用新型能够制造或者实用，并且能够产生积极效果。"

(2)实用性不是要求申请人已经实际制造出了专利产品，而是要求所属领域的普通技术人员依照说明书的内容可以实施该专利。

(3)结论：乙公司是否享有专利申请权，与是否依据该技术方案制造出产品无关。B错。

命题点3：专利申请应坚持单一性原则，一发明一申请，一申请一发明，一发明一专利权。

(1)但有部分突破：《专利法》第9条第1款，同样的发明创造只能授予一项专利权。但是，同一申请人同日对同样的发明创造既申请实用新型专利又申请发明专利，先获得的实用新型专利权尚未终止，且申请人声明放弃该实用新型专利权的，可以授予发明专利权。

(2)结论：乙公司获得专利申请权后，有权就同一技术方案同时申请发明专利和实用新型专利。C错。

命题点4：单一性原则未突破部分，即不能同时授予发明和实用新型专利。

(1)法律依据：《专利法实施细则》第41条第2款，同一申请人在同日（指申请日）对同样的发明创造既申请实用新型专利又申请发明专利的，应当在申请时分别说明对同样的发明创造已申请了另一专利；未作说明的，依照专利法第九条第一款关于同样的发明创造只能授予一项专利权的规定处理。

(2)结论：乙公司无权就该技术方案既获得发明专利，又获得实用新型专利。D正确，当选。

四、专利权许可

1. 专利权许可、专利无效

甲公司获得一项智能手机显示屏的发明专利权后，将该技术以在中国大陆独占许可方式许可给乙公司实施。乙公司付完专利使用费并在销售含有该专利技术的手机过程中，发现丙公司正在当地电视台做广告宣传具有相同专利技术的手机，便立即通知甲公司起诉丙公司。法院受理该侵权纠纷后，丙公司在答辩期内请求宣告专利无效。下列哪些说法是错误的？（2015-3-63）

A. 乙公司获得的专利使用权是债权，在不通知甲公司的情况下不能直接起诉丙公司

B. 专利无效宣告前，丙公司侵犯了专利实施权中的销售权

C. 如专利无效，则专利实施许可合同无效，甲公

司应返还专利使用费

D. 法院应中止专利侵权案件的审理

答案:(　　)①

考点:专利无效、专利许可、专利侵权

解题图构

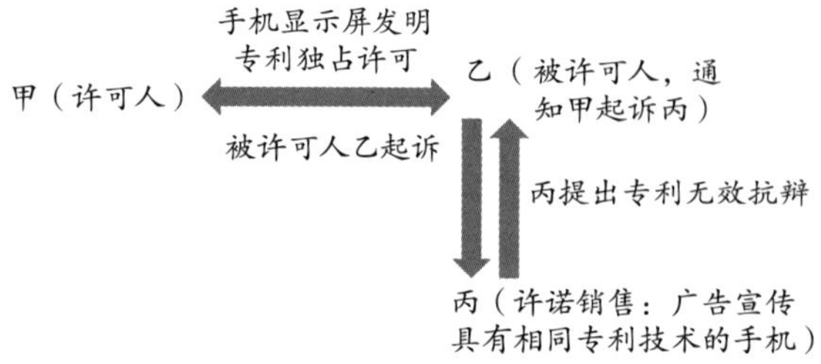

读题技巧

1. 本题是选非题,注意,选错误表述的。2."独占许可",指向起诉主体资格。3."乙付完专利使用费",指向如专利无效的溯及力。4."丙广告宣传",指向丙的行为是销售还是许诺销售。5."法院受理专利侵权纠纷后",丙提出无效抗辩,指向侵权纠纷与无效宣告两个程序的关系。6. A 和 C 均为假设性判断,即题干未交代的事实,在 A 和 C 选项中就添加事实进行判断。

思路展开

命题点 1:独占许可的被许可人可直接提起诉讼。"A. 乙公司获得的专利使用权是债权,在不通知甲公司的情况下不能直接起诉丙公司",错误,A 当选。

(1)参考法条:《关于审理技术合同纠纷案件适用法律若干问题的解释》第 25 条,专利实施许可包括以下方式:(一)独占实施许可,是指让与人在约定许可实施专利的范围内,将该专利仅许可一个受让人实施,让与人依约定不得实施该专利。《专利法》第 60 条条前段,"未经专利权人许可,实施其专利,即侵犯其专利权,引起纠纷的,由当事人协商解决;不愿协商或者协商不成的,专利权人或者利害关系人可以向人民法院起诉,也可以请求管理专利工作的部门处理。"

(2)比对记忆:《商标法司法解释》第 4 条第 1 款,商标法第五十三条(现 65 条)规定的利害关系人,包括注册商标使用许可合同的被许可人、注册商标财产权利的合法继承人等。第 2 款,在发生注册商标专用权被侵害时,独占使用许可合同的被许可人可以向人民法院提起诉讼;排他使用许可合同的被许可人可以和商标注册人共同起诉,也可以在商标注册人不起诉的情况下,自行提起诉讼;普通使用许可合同的被许可人经商标注册人明确授权,可以提起诉讼。

命题点 2:销售权与许诺销售权:

(1)题干信息:"发现丙公司正在当地电视台做广告宣传具有相同专利技术的手机",丙公司侵犯的是"许诺销售"权,而不是销售权。

(2)故"B. 专利无效宣告前,丙公司侵犯了专利实施权中的销售权"错误,B 当选。

(3)法律依据:最高人民法院《关于审理专利纠纷案件适用法律问题的若干规定》第 24 条,专利法第十一条、第六十九条所称的许诺销售,是指以做广告、在商店橱窗中陈列或者在展销会上展出等方式作出销售商品的意思表示。《专利法》第 11 条第 1 款,"发明和实用新型专利权被授予后,除本法另有规定的以外,任何单位或者个人未经专利权人许可,都不得实施其专利,即不得为生产经营目的制造、使用、许诺销售、销售、进口其专利产品,或者使用其专利方法以及使用、许诺销售、销售、进口依照该专利方法直接获得的产品。"

命题点 3:专利无效宣告一般不具有溯及力。

(1)题干信息:乙公司付完专利使用费。

(2)选项:"C. 如专利无效,则专利实施许可合同无效,甲公司应返还专利使用费"错误,当选。

(3)法律依据:《专利法》第 47 条第 1 款,"宣告无效的专利权视为自始即不存在。"第 2 款,"宣告专利权无效的决定,对在宣告专利权无效前人民法院作出并已执行的专利侵权的判决、调解书,已经履行或者强制执行的专利侵权纠纷处理决定,以及已经履行的专利实施许可合同和专利权转让合同,不具有追溯力。但是因专利权人的恶意给他人造成的损失,应当给予赔偿。"第 3 款,"依照前款规定不返还专利侵权赔偿金、专利使用费、专利权转让费,明显违反公平原则的,应当全部或者部分返还。"

(4)延展:宣告无效后对未履行的许可合同有影响。

---

① 参考答案:ABCD

命题点4：专利侵权纠纷中，被告提出专利无效答辩，可以不中止审理侵权纠纷。

(1)题干信息："丙公司在答辩期内请求宣告专利无效"。

(2)选项："D. 法院应中止专利侵权案件的审理"错误，当选。

(3)法律依据：最高人民法院《关于审理专利纠纷案件适用法律问题的若干规定》第11条，人民法院受理的侵犯发明专利权纠纷案件或者经专利复审委员会审查维持专利权的侵犯实用新型、外观设计专利权纠纷案件，被告在答辩期间内请求宣告该项专利权无效的，人民法院可以不中止诉讼。

(4)原理：避免侵权嫌疑人拖延战术。

常见错误

1. 许诺销售等于销售说：专利无效宣告前，专利还是有效的，发明专利的独占实施权包括销售权，丙公司做广告能推定它有销售行为，故丙公司侵犯了专利实施权中的销售权，故B正确。2. 无效宣告是专利侵权的前置问题说：宣告专利无效由专利复审委员会负责，在专利复审委员会审查过程中，人民法院应中止专利侵权案件的审理，故D正确。

2. 专利许可

甲公司于2000年5月10日申请一项饮料配方的发明，2004年6月1日获得专利权，2006年5月11日与乙公司签订一份专利独占实施许可合同。下列哪些选项是正确的？(2008－四川－63)

A. 该合同属于技术转让合同

B. 该合同的有效期不得超过14年

C. 乙公司不得许可第三人实施该专利技术

D. 乙公司可以起诉侵犯该专利技术的人

答案：(　　)①

考点：专利实施许可合同是技术转让合同；许可合同年限是专利剩余年限内；不得再许可第三人；独占许可人可以做原告

思路展开

命题点1：专利独占实施许可合同是技术转让合同。

(1)法律依据：《合同法》第342条规定，技术转让合同包括专利权转让、专利申请权转让、技术秘密转让、专利实施许可合同。(2)结论：A对，选A。

命题点2：专利独占实施许可合同期限为专利剩余年限。

(1)法律依据：《专利法》第42条规定，发明专利权的期限为二十年，实用新型专利权和外观设计专利权的期限为十年，均自申请日起计算。

(2)具体到本题：甲公司关于该饮料配方的发明专利有效期到2020年的5月10日止，根据《合同法》第344条规定，专利实施许可合同只在该专利权的存续期间内有效。甲公司与乙公司的专利独占实施许可合同签订于2006年5月11日，故本题中的该专利实施许可合同有效期不得超过14年。(3)结论：B对，选B。

命题点3：专利实施许可合同中被许可人不得再许可他人。

(1)法律依据：《合同法》第346条，"专利实施许可合同的受让人应当按照约定实施专利，不得许可约定以外的第三人实施该专利；并按照约定支付使用费。"(2)结论：C对，选C。

命题点4：独占实施许可被许可人可以作为原告起诉。

(1)法律依据：最高人民法院《关于对诉前停止侵犯专利权行为适用法律问题的若干规定》第1条规定："根据专利法第六十一条的规定，专利权人或者利害关系人可以向人民法院提出诉前责令被申请人停止侵犯专利权行为的申请。提出申请的利害关系人，包括专利实施许可合同的被许可人、专利财产权利的合法继承人等。专利实施许可合同被许可人中，独占实施许可合同的被许可人可以单独向人民法院提出申请；排他实施许可合同的被许可人在专利权人不申请的情况下，可以提出申请。"

(2)法条阐释：虽然这是对《专利法》第61条的解释，但既然享有诉前申请权的利害关系人包括专利实施许可合同的被许可人，该被许可人也自然享有提起诉讼的权利。从该司法解释可以推定，独占实施许可合同的被许可人可以单独向人民法院提起诉讼，排他实施许可的被许可人在专利权人不起诉的情况下，可以提起诉讼。

---

① 参考答案：ABCD

(3)具体到本题:乙公司可以单独向人民法院起诉。(4)结论:D对,选D。

五、专利无效

甲公司开发了一种汽车节能环保技术,并依法获得了实用新型专利证书。乙公司拟与甲公司签订独占实施许可合同引进该技术,但在与甲公司协商谈判过程中,发现该技术在专利申请日前已经属于现有技术。乙公司的下列哪一做法不合法?(2013-3-18)

A. 在该专利技术基础上继续开发新技术

B. 诉请法院判决该专利无效

C. 请求专利复审委员会宣告该专利无效

D. 无偿使用该技术

答案:(　　)①

考点:专利无效、现有技术抗辩

解题图构

甲用现有技术申请获得“实用新型”专利 ➡ 乙
①可宣告其无效
②可无偿使用
③可在该技术上继续开发新技术

思路展开

命题点1:乙公司本“拟”从甲公司购买专利技术,但是发现专利技术为现有技术。因此,甲可以无偿使用该技术,更加可以在该技术基础上继续开发新技术。

(1)无偿使用的原因是“现有技术抗辩”:①法律依据:《专利法》第62条,“在专利侵权纠纷中,被控侵权人有证据证明其实施的技术或者设计属于现有技术或者现有设计的,不构成侵犯专利权。”②结论:在专利侵权纠纷中,被控侵权人有证据证明其实施的技术属于现有技术的,如乙无偿使用,被甲起诉侵权,则乙可主张现有技术抗辩。故D的做法合法,不选。

(2)技术创新。《专利法》和《合同法》均鼓励技术创新,促进科技进步。故乙公司在该专利技术基础上继续开发新技术,当属合法,A不选。

命题点2:乙公司如果再“好事”一点,去主动宣告甲公司“伪专利技术”,充当打假斗士,怎么打?

(1)法律依据:①《专利法》第22条,“授予专利权的发明和实用新型,应当具备新颖性、创造性和实用性。新颖性,是指该发明或者实用新型不属于现有技术;也没有任何单位或者个人就同样的发明或者实用新型在申请日以前向国务院专利行政部门提出过申请,并记载在申请日以后公布的专利申请文件或者公告的专利文件中。创造性,是指与现有技术相比,该发明具有突出的实质性特点和显著的进步,该实用新型具有实质性特点和进步。实用性,是指该发明或者实用新型能够制造或者使用,并且能够产生积极效果。本法所称现有技术,是指申请日以前在国内外为公众所知的技术。”②《专利法》第45条的规定,自国务院专利行政部门公告授予专利权之日起,任何单位或者个人认为该专利权的授予不符合本法有关规定的,可以请求专利复审委员会宣告该专利权无效。

(2)结论:专利申请日前的现有技术缺乏新颖性,不具备专利授权条件。乙公司可以请求专利复审委员会宣告该专利无效,但是不能请求人民法院宣告该专利无效。故B的做法不合法,当选。C的做法合法,不选。

常见错误

1. 审题不清,没看到此题为选非题,虽然认识到不能诉请人民法院判决该专利无效,但是仍然未选B。

2. 未宣告无效前乙公司不得使用说:认为专利复审委员会并没有判定该项技术为现有技术,故乙公司不得无偿使用,误选D。

六、专利权保护期(专利权保护期间、起算日:申请日、优先权日)

美国某公司于2004年12月1日在美国就某口服药品提出专利申请并被受理,2005年5月9日就同一药品向中国专利局提出专利申请,要求享有优先权并及时提交了相关证明文件。中国专利局于2008年4月1日授予其专利。关于该中国专利,下列哪一选项是正确的?(2008-3-23)

A. 保护期从2004年12月1日起计算

B. 保护期从2005年5月9日起计算

C. 保护期从2008年4月1日起计算

---

① 参考答案:B

D. 该专利的保护期是10年

答案:(　　)①

考点:专利权保护期(专利权保护期间、起算日:申请日、优先权日)

解题图构

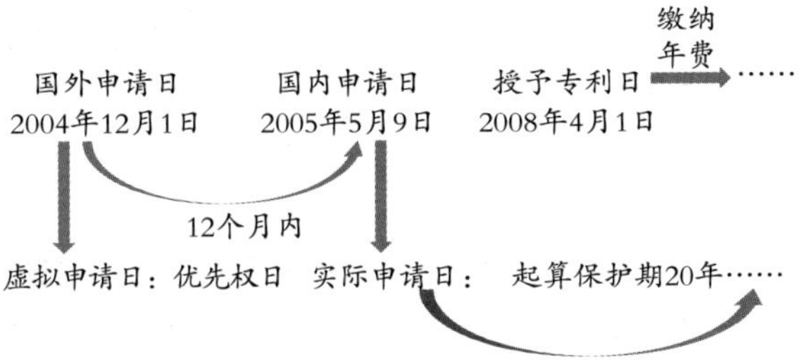

读题技巧

1. 2004年12月1日在外国申请日,指向接下来确定的优先权日即是2004年12月1日。2. "药品"发明专利,指向保护期20年。3. 2005年5月9日,指向两点:(1)2005年5月9日是在2004年12月1日之后的12个月内,符合优先权时间要件。(2)2005年5月9日是在中国就同一药品申请专利的实际申请日,故2004年12月1日是优先权日。4. "享有优先权并及时提交了相关证明文件",指向优先权构成要件无须考虑,题干已经交代了。5. "2008年4月1日授予其专利",指向专利权授予之日,不是起算专利权保护期的时间点,是计算缴纳专利年费的时间起点。

思路展开

命题点1:发明专利20年、实用新型专利、外观设计专利10年。

(1)法律依据:《专利法》第42条,发明专利权的期限为二十年,实用新型专利权和外观设计专利权的期限为十年,均自申请日起计算。

(2)具体到本题:药品是产品发明专利,保护期是20年,而不是10年。(3)结论:"D. 该专利的保护期是10年",D错,不选D。

命题点2:专利权保护期间的起算点:申请日中的实际申请日,而不是申请日中的优先权日。

(1)专利申请过程中有三个"日":申请日、公布日、授权日。①申请日可判定先申请原则(多人申请同一专利,则看谁申请在先;如果其中有人享有优先权,则还要启动优先权日,即该人的优先权日视申请日,他的申请日可以最长被提早1年)、判定先用权抗辩(必须在申请日之前先用,才能援引先用权抗辩);②公布日开始启动他人独自研发"侵权"专利需要支付适当使用费;③授权日开始启动专利年费的交纳。《专利法》第43条,专利权人应当自被授予专利权的当年开始缴纳年费。

(2)本题涉及的是专利权保护期的起算,故涉及申请日。申请日分为实际申请日和优先权日。专利保护期一律从实际申请日起算,而不是从优先权日起算。

(3)法律依据:①从申请日起算:《专利法》第42条,"发明专利权的期限为二十年,实用新型专利权和外观设计专利权的期限为十年,均自申请日起计算。"②什么是申请日?收到文件日是申请日,邮寄的则邮戳日是申请日。《专利法》第28条,"国务院专利行政部门收到专利申请文件之日为申请日。如果申请文件是邮寄的,以寄出的邮戳日为申请日。"③实际申请日和优先权日,专利权保护期从实际申请日起算。《专利法实施细则》第11条第1款,"除专利法第二十八条和第四十二条规定的情形外,专利法所称申请日,有优先权的,指优先权日。"第2款,"本细则所称申请日,除另有规定的外,是指专利法第二十八条规定的申请日。"可见,专利权保护期起算的"申请日",是指实际申请日,而不是优先权日。

(4)具体到本题:美国某公司在美国的专利申请日是2004年12月1日,这是优先权日。他在中国的申请日是2005年5月9日,这是实际申请日。美国某公司要求"享有优先权并及时提交了相关证明文件。"后来在2008年4月1日获得专利授权,其专利权保护期从在中国的实际申请日2005年5月9日起算20年。可见,虽然发明专利号称保护20年,实际上需要扣除申请到授权的这段时间。

(5)结论:①"B. 保护期从2005年5月9日起计算",B对,选B。②"A. 保护期从2004年12月1日起计算;C. 保护期从2008年4月1日起计算",AC错,不选AC。

延展:优先权日的法律意义:

① 参考答案:B(司法部当年公布答案是A,属于公布错误)

(1)优先权日不是本题考查点。因为:①时间符合要求的12个月。2004年12月1日在外国提出;然后2005年5月9日在中国提出。②题干明确交代了能够获得优先权。“要求享有优先权并及时提交了相关证明文件”。这符合法条要求——指向《专利法》第30条,“申请人要求优先权的,应当在申请的时候提出书面声明,并且在三个月内提交第一次提出的专利申请文件的副本;未提出书面声明或者逾期未提交专利申请文件副本的,视为未要求优先权。”

(2)借助本题,掌握一下优先权的法律意义。①什么是优先权?法律依据:a. 国际优先权:《专利法》第29条第1款,“申请人自发明或者实用新型在外国第一次提出专利申请之日起十二个月内,或者自外观设计在外国第一次提出专利申请之日起六个月内,又在中国就相同主题提出专利申请的,依照该外国同中国签订的协议或者共同参加的国际条约,或者依照相互承认优先权的原则,可以享有优先权。”b. 国内优先权:第2款,“申请人自发明或者实用新型在中国第一次提出专利申请之日起十二个月内,又向国务院专利行政部门就相同主题提出专利申请的,可以享有优先权”。②优先权是“先申请原则”在特殊情形下的具体化。a. 国际优先权是鼓励外国公司来中国申请专利或者鼓励中国公司去外国申请专利后反转到中国申请专利,将在中国申请专利的日期提前到。b. 国内优先权是鼓励大胆提出专利申请并后续改进。③优先权日将申请日提前到第一次申请日,其意义:a. 使得申请人后面就同一主题提出的专利申请不会丧失新颖性。因为申请日提前到首次申请时。b. 如果别人在本题中的2004年12月1日(优先权日)到2005年5月9日(在中国实际申请日)期间就相同的发明在中国申请专利,则美国公司可以主张其申请日是优先权日(即2004年12月1日在美国的申请日,等同于2004年12月1日在中国申请了。不再以2005年5月9日实际申请日当做“申请日”),故可主张自己是在先申请!④优先权制度仅对确定申请日有关。对专利权保护期限的确定不产生影响。

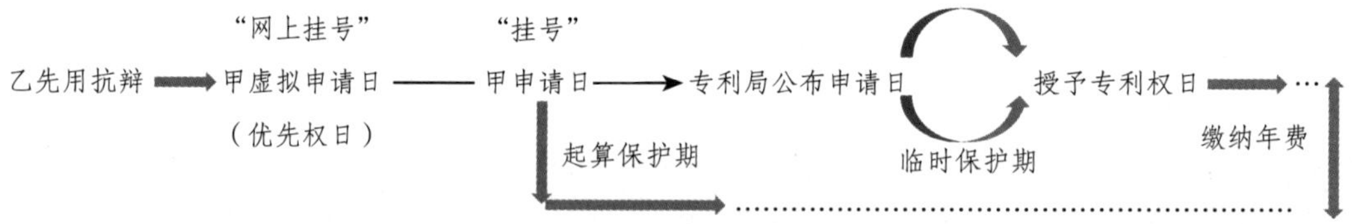

七、专利侵权

1. 甲公司与乙公司签订买卖合同,以市场价格购买乙公司生产的设备一台,双方交付完毕。设备投入使用后,丙公司向法院起诉甲公司,提出该设备属于丙公司的专利产品,乙公司未经许可制造并销售了该设备,请求法院判令甲公司停止使用。经查,乙公司侵权属实,但甲公司并不知情。关于此案,法院下列哪一做法是正确的?(2016－3－14)

A. 驳回丙公司的诉讼请求

B. 判令甲公司支付专利许可使用费

C. 判令甲公司与乙公司承担连带责任

D. 判令先由甲公司支付专利许可使用费,再由乙公司赔偿甲损失

答案:(　　)①

考点:专利权控制他人的制造行为、专利权不能控制善意的已经支付购买款的下家的使用行为

解题图构

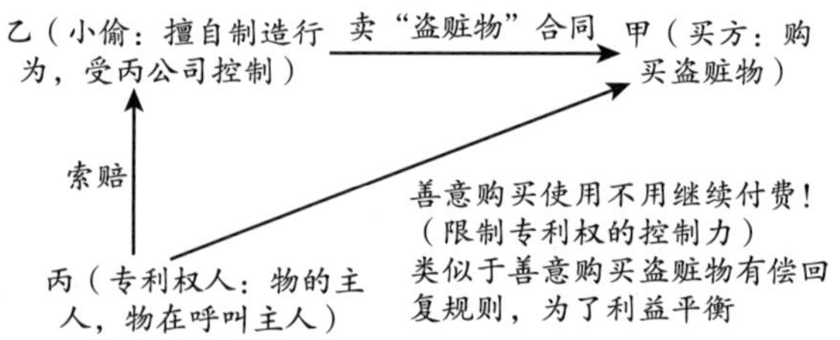

解图:这个结构图中,其实乙有漏洞可钻,就是设立一个“甲公司”,专门来受让侵权专利。所以,题干必须交代甲是不知情。如果构成知情,则恶意销赃,应该是共同侵权负连带责任的。

---

① 参考答案:A

读题技巧

1.“甲公司与乙公司签订买卖合同，以市场价格购买乙公司生产的设备一台，双方交付完毕”，指向甲已经付了钱，启动善意使用的抗辩，可以无须向专利权人丙支付费用继续用。2.“乙公司侵权属实，但甲公司并不知情”，指向甲不知情。

思路展开

命题点1：专利权人可以控制他人的擅自制造行为。法律依据：《专利法》第11条第1款，发明和实用新型专利权被授予后，除本法另有规定的以外，任何单位或者个人未经专利权人许可，都不得实施其专利，即不得为生产经营目的制造、使用、许诺销售、销售、进口其专利产品，或者使用其专利方法以及使用、许诺销售、销售、进口依照该专利方法直接获得的产品。

命题点2：专利权人可以控制善意下家的销售、许诺销售行为，但是善意下家不负赔偿责任。法律依据：《专利法》第70条，为生产经营目的的使用、许诺销售或者销售不知道是未经专利权人许可而制造并售出的专利侵权产品，能证明该产品合法来源的，不承担赔偿责任。

命题点3：专利权人不可以控制善意的已经支付购买款的下家的使用行为，下家可以无偿继续使用。

(1)法律依据：《专利法司法解释(二)》第25条第1款，为生产经营目的的使用、许诺销售或者销售不知道是未经专利权人许可而制造并售出的专利侵权产品，且举证证明该产品合法来源的，对于权利人请求停止上述使用、许诺销售、销售行为的主张，人民法院应予支持，但被诉侵权产品的使用者举证证明其已支付该产品的合理对价的除外。第2款，本条第一款所称不知道，是指实际不知道且不应当知道。第3款，本条第一款所称合法来源，是指通过合法的销售渠道、通常的买卖合同等正常商业方式取得产品。对于合法来源，使用者、许诺销售者或者销售者应当提供符合交易习惯的相关证据。

(2)具体到本题：①适用《专利法司法解释(二)》第25条第1款的条件：不知道＋使用＋合理对价！②“设备投入使用后，丙公司向法院起诉甲公司，提出该设备属于丙公司的专利产品，乙公司未经许可制造并销售了该设备，请求法院判令甲公司停止使用。经查，乙公司侵权属实，但甲公司并不知情。”③本题都具备，因此，甲可以继续使用，且不需要再多付钱。

(3)结论：法院下列哪一做法是正确的？“A.驳回丙公司的诉讼请求”，A对，选A。

延展：

(1)首先，从程序法角度来看，民诉思维，利用排除法就可以把答案选出来。①因为，题干交代了丙公司的诉讼请求是：“丙公司向法院起诉甲公司”“请求法院判令甲公司停止使用。”②注意，不告不理。法院只能针对是否停止使用下判决，不可能去对是否支付费用下判决，因为没有诉求说是要支付费用。③因此，BCD都是错的。只有可能是A是对的。

④为什么出现这种现象？居然没有交代丙公司诉求支付使用费？为什么厚此薄彼？因为，正确答案，必须要毫无疑问交代清楚；而错误答案，自然不需要交代清楚，反正是错误的，不交代也是错误的。但是，这给考友猜提供了渠道，这是就是题感！！！

(2)其次，还原案情：乙就是一个“小偷”，侵犯了丙的专利产品，把丙的东西卖给甲用，甲付了钱(注意：双方交付完毕，就是付了钱)，甲不知情。指向善意使用不付费继续用。

(3)需要区分一下小偷卖了他人的技术秘密，与小偷卖了他人的专利，法律效果有所差异：①如果是技术秘密，待遇会高一些，如果偷来技术秘密去卖，买方不知情付了钱，应该继续付钱才能继续用。[①] ②法律依据：《关于审理技术合同纠纷案件适用法律若干问题的解释》第12条第1款，根据合同法第三百二十九条的规定，侵害他人技术秘密的技术合同被确认无效后，除法律、行政法规另有规定的以外，善意取得该技术秘密的一方当事人可以在其取得时的范围内继续使用该技术秘密，但应当向权利人支付合理的使用费并承担保密义务。第2款，当事人双方恶意串通或者一方知道或者应当知道另一方侵权仍与其订立或者履行合同的，属于共同侵权，人民法院应当判令侵权人承担连带赔偿责任和保密义务，因此取得技术秘密的当事人不得继续使用该技术秘密。《关于审理技术合同纠纷案件适用法律若干问题的解释》第13条第1款，依照前条第

① 待遇差异的原因：专利公开了，“偷”起来容易，所以，侧重保护一下善意购买人；而技术秘密没公开，“偷”起来可不容易，所以必须侧重保护一下技术的主人。

一款规定可以继续使用技术秘密的人与权利人就使用费支付发生纠纷的,当事人任何一方都可以请求人民法院予以处理。继续使用技术秘密但又拒不支付使用费的,人民法院可以根据权利人的请求判令使用人停止使用。第2款,人民法院在确定使用费时,可以根据权利人通常对外许可该技术秘密的使用费或者使用人取得该技术秘密所支付的使用费,并考虑该技术秘密的研究开发成本、成果转化和应用程度以及使用人的使用规模、经济效益等因素合理确定。第3款,不论使用人是否继续使用技术秘密,人民法院均应当判令其向权利人支付已使用期间的使用费。使用人已向无效合同的让与人支付的使用费应当由让与人负责返还。

2. 下列哪一选项不属于侵犯专利权的行为?(2012－3－18)

A. 甲公司与专利权人签订独占实施许可合同后,许可其子公司乙公司实施该专利技术

B. 获得强制许可实施权的甲公司许可他人实施该专利技术

C. 甲公司销售不知道是侵犯他人专利的产品并能证明该产品来源合法

D. 为提供行政审批所需要的信息,甲公司未经专利权人的同意而制造其专利药品

答案:(　　)[①]

考点:专利侵权、不视为侵犯专利权的行为

解题图构

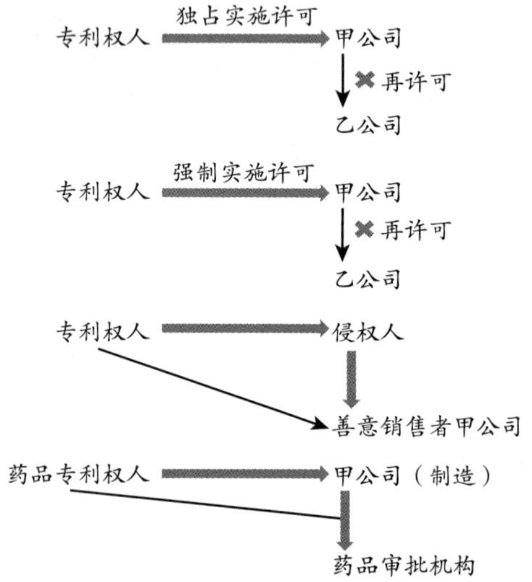

思路展开

命题点1:专利实施许可合同的被许可人,不得擅自再许可他人实施专利,否则构成侵权。

(1)法律依据:①《专利法》第12条,"任何单位或者个人实施他人专利的,应当与专利权人订立实施许可合同,向专利权人支付专利使用费。被许可人无权允许合同规定以外的任何单位或者个人实施该专利。"②《关于审理技术合同纠纷案件适用法律若干问题的解释》第25条,"专利实施许可包括以下方式:(一)独占实施许可,是指让与人在约定许可实施专利的范围内,将该专利仅许可一个受让人实施,让与人依约定不得实施该专利。"③《公司法》第14条第2款,"公司可以设立子公司,子公司具有法人资格,依法独立承担民事责任。"

(2)选项信息:乙公司虽然属于甲公司的子公司,但具有独立法人资格,与甲公司属于不同的法律主体。

(3)结论:获得独占实施许可权的甲公司,无权许可他人实施专利技术,A中甲、乙公司构成共同侵权,A不选。

命题点2:强制许可的被许可人,不得擅自再许可他人实施专利,否则构成侵权。

(1)法律依据:《专利法》第56条,"取得实施强制许可的单位或者个人不享有独占的实施权,并且无权允许他人实施。"

(2)选项信息:获得强制许可实施权的甲公司无权许可他人实施该专利技术,B中甲公司构成侵权,不选。

命题点3:善意销售侵犯专利权产品的行为,仍然构成侵权应承担停止侵害的责任,但是享有不赔偿抗辩。

(1)法律依据:《专利法》第70条,为生产经营目的使用、许诺销售或者销售不知道是未经专利权人许可而制造并售出的专利侵权产品,能证明该产品合法来源的,不承担赔偿责任。

(2)选项信息:C中甲公司的行为不承担赔偿责任,但仍属于侵犯专利权的行为,应当承担停止侵害的民事责任,故C错,不选。

命题点4:药品/医疗器械的行政审批抗辩,不侵犯专利权。

① 参考答案:D

(1)法律依据:《专利法》第69条第5项,"有下列情形之一的,不视为侵犯专利权:……(五)为提供行政审批所需要的信息,制造、使用、进口专利药品或者专利医疗器械的,以及专门为其制造、进口专利药品或者专利医疗器械的。"(注意:没有销售或许诺销售)

(2)原理:药品上市需要审批等漫长等待期,如果不允许"后人"提前为了报批而制造、使用、进口药品,则等到"先人"(专利权人)药品专利到期时才能制造、使用、进口该药品拿去临床试用、报批,则会导致"后人"实际能够使用该"专利保护期已经经过"的药品的时间要大大延后。而市场是只有"先人"一家可以卖该药品,变相地延长了"先人"药品专利的保护期,这不公平。故规定了药品的行政审批抗辩。

(3)结论:"D. 为提供行政审批所需要的信息,甲公司未经专利权人的同意而制造其专利药品",D中甲公司的行为不视为侵犯专利权的行为,故D符合题意,当选。

常见错误

1. 善意销售不承担赔偿责任即不构成侵犯专利权说:认为生产经营目的使用或者销售不知道是未经专利权人许可而制造并售出的专利产品或者依照专利方法直接获得的产品,能证明其产品合法来源的,不承担赔偿责任,误选C。

2. 合理使用构成侵权行为,仅属于免责事由:认为只要实施了侵犯专利的行为就应认定为侵权,合理使用等只是免责事由,本质上不能妨碍侵权的构成,未选D。

3. 甲公司获得了某医用镊子的实用新型专利,不久后乙公司自行研制出相同的镊子,并通过丙公司销售给丁医院使用。乙、丙、丁都不知道甲已经获得该专利。下列哪一选项是正确的?(2007-3-15)

A. 乙的制造行为不构成侵权

B. 丙的销售行为不构成侵权

C. 丁的使用行为不构成侵权

D. 丙和丁能证明其产品的合法来源,不承担赔偿责任

答案:(　　)①

考点: 专利侵权无过错责任、不赔偿的抗辩事由和条件

解题图构

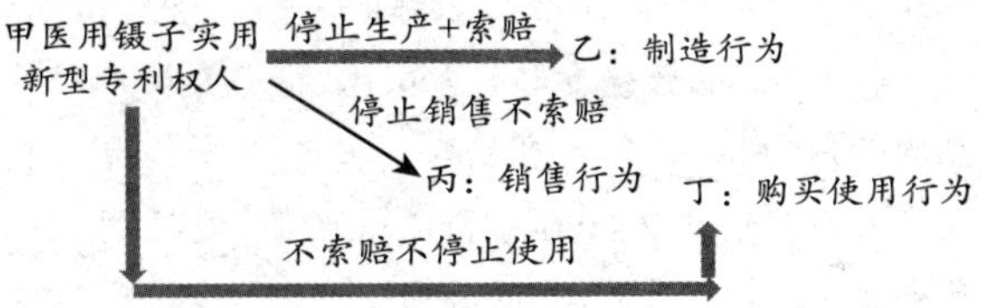

读题技巧

1."实用新型专利",指向控制行为类型:制造、使用、许诺销售、销售、进口。2. 乙自行研制出相同镊子并通过丙销售给丁医院使用,乙、丙、丁都知道甲已经获得医用镊子的专利,指向6点:(1)乙是不知情的制造者;(2)丙是不知情的销售者;(3)丁是不知情的使用者。(4)不知情即无过错,但是侵犯专利权不需要制造行为人、销售行为人有主观过错。(5)不知情的销售者可援引侵权但不赔偿的抗辩。(6)不知情的使用者不赔偿,不停止使用,不补交费用。

思路展开

命题点1:专利权控制权。

(1)法律依据:《专利法》第11条第1款,"发明和实用新型专利权被授予后,除本法另有规定的以外,任何单位或者个人未经专利权人许可,都不得实施其专利,即不得为生产经营目的制造、使用、许诺销售、销售、进口其专利产品,或者使用其专利方法以及使用、许诺销售、销售、进口依照该专利方法直接获得的产品。"第2款,"外观设计专利权被授予后,任何单位或者个人未经专利权人许可,都不得实施其专利,即不得为生产经营目的制造、许诺销售、销售、进口其外观设计专利产品。"

(2)具体到本题:甲公司享有的是医用镊子的"实用新型"专利,控制对象是:为生产经营目的乙的制造行为、丙的销售行为。

(3)结论:"A. 乙的制造行为不构成侵权"、"B. 丙的销售行为不构成侵权",故AB均错,不选AB。

命题点2:专利侵权,但不知情者不赔偿的

① 参考答案:CD(司法部原答案是D。根据专利法解释二,C也符合题意,当选。)

抗辩事由限于三种情形:使用、许诺销售或销售。即为生产经营目的使用、许诺销售或者销售行为人是不知情者,能证明产品合法来源的。

(1)法律依据:《专利法》第70条,"为生产经营目的使用、许诺销售或者销售不知道是未经专利权人许可而制造并售出的专利侵权产品,能证明该产品合法来源的,不承担赔偿责任。"

(2)具体到本题:乙是制造行为,不能援引不知情不赔偿抗辩。丙的销售行为和丁的使用行为,丙如是不知情者,可援引不赔偿的抗辩。丁使用者可以主张继续使用(前提条件是:丁向丙或者承诺向丙支付购买费)

(3)结论:"D. 丙和丁能证明其产品的合法来源,不承担赔偿责任",故D对,选D。

(4)司法部原答案认为丁善意购买者的使用行为构成侵权。根据专利法司法解释(二)的规定,丁的使用行为不构成侵权。如果使用者丁医院已经支付向出卖人丙公司购买费或者承诺支付购买费,则可以继续使用,且无需再向专利权人甲公司付费。(5)结论:C选项表述也正确。

专利侵权和不赔偿抗辩的小结:

(1)侵害绝对权是无过错责任:发明专利、实用新型专利侵权行为中的制造、使用、许诺销售、销售、进口,无须侵权人过错,无须主观知情。

(2)赔偿责任中,使用、许诺销售、销售需要侵权人过错,主观知情。①制造呢?侵权且赔偿,无论是否知情。②进口呢?a. 进口的产品是侵犯专利权产品,则侵权且赔偿,无论是否知情。b. 进口的是合法产品,则不侵权不赔偿,因为"专利权用尽",符合平行进口条件。法律依据:《专利法》第69条,有下列情形之一的,不视为侵犯专利权:"(一)专利产品或者依照专利方法直接获得的产品,由专利权人或者经其许可的单位、个人售出后,使用、许诺销售、销售、进口该产品的。"

4. 甲公司研制开发出一项汽车刹车装置的专利技术,委托乙公司生产该刹车装置的专用零部件。乙公司在生产过程中擅自将该种零部件出售给丙公司,致使丙公司很快也开发出同种刹车装置并投入生产。下列哪种说法是错误的?(2006-3-19)

A. 乙公司的行为构成违约行为

B. 丙公司侵犯了甲公司的专利权

C. 在甲公司提起的专利侵权诉讼中,丙公司应为被告,乙公司应列为第三人

D. 该案只能由特定的中级人民法院管辖

答案:(　　)①

考点:专利侵权、违约行为、共同侵权、专利侵权纠纷法院的级别管辖

读题技巧

1."甲研制出汽车刹车装置专利技术,委托乙公司生产相应的专用零部件",指向甲公司、乙公司存在加工承揽合同。2."乙公司在生产过程中擅自将该零部件出售给丙公司",指向两点:(1)乙公司对甲公司应负违约责任。(2)乙公司销售行为侵犯甲公司专利权。3."丙公司也开发出同种刹车装置并投入生产",指向两点:(1)丙公司的制造行为侵犯甲公司的专利权。(2)乙公司与丙公司是否共同侵权,题干交代不明。

思路展开

命题点1:加工承揽合同中受托人乙公司的违约行为。

(1)法律依据:①《合同法》第251条,第1款"承揽合同是承揽人按照定作人的要求完成工作,交付工作成果,定作人给付报酬的合同。"第2款,"承揽包括加工、定作、修理、复制、测试、检验等工作。"②《合同法》261条,"承揽人完成工作的,应当向定作人交付工作成果,并提交必要的技术资料和有关质量证明。定作人应当验收该工作成果。"

(2)具体到本题:乙公司擅自将受托加工的刹车装置的零部件出售给丙公司,乙公司构成违约行为。(3)结论:"A. 乙公司的行为构成违约行为",A对,不符合题意,不选A。

命题点2:专利权人可控制他人以生产经营为目的的制造、使用、许诺销售、销售、进口其专利产品的行为。未经许可实施这些行为构成侵犯专利权。

(1)法律依据:《专利法》第11条第1款,"发明和实用新型专利权被授予后,除本法另有规定的以

① 参考答案:CD(司法部原公布答案是C,根据新法D也当选)

外,任何单位或者个人未经专利权人许可,都不得实施其专利,即不得为生产经营目的制造、使用、许诺销售、销售、进口其专利产品,或者使用其专利方法以及使用、许诺销售、销售、进口依照该专利方法直接获得的产品。”第 2 款,“外观设计专利权被授予后,任何单位或者个人未经专利权人许可,都不得实施其专利,即不得为生产经营目的制造、许诺销售、销售、进口其外观设计专利产品。”

(2)具体到本题:①乙公司擅自销售侵害专利权的“零部件”,乙公司的销售行为构成侵权。②丙公司“开发出同种刹车装置并投入生产。”丙公司的制造行为构成侵权(无论丙是否独立研发出同种刹车装置,均受甲公司的汽车刹车装置专利技术的控制)。③乙公司侵权和丙公司侵权之间是否构成共同侵权,要看题设条件。a. 根据《侵权责任法》第 9 条第 1 款,教唆、帮助他人实施侵权行为的,应当与行为人承担连带责任。b. 司法部解析是:“在专利侵权诉讼中,若乙、丙构成共同侵权,则乙、丙均为被告;若乙、丙未构成共同侵权,则乙为被告,丙可以为第三人。因此 C 选项说法不正确。”

(3)结论:①“B. 丙公司侵犯了甲公司的专利权”,B 对,不符合题意,不选 B。②“C. 在甲公司提起的专利侵权诉讼中,丙公司应为被告,乙公司应列为第三人”,C 错,符合题意,选 C。

(4)延展:与“零部件”相关联的专利侵权的两种情形:①本题是丙公司购买侵犯专利权零部件,然后“开发出同种刹车装置”投入生产,丙公司侵犯了甲公司对“刹车装置”的专利权。②还有另一种情形的零部件侵权,即直接将侵害专利权的零部件用于制造另一产品的,构成制造侵权;销售该产品的,构成销售侵权。③其法律依据:《专利法司法解释》第 12 条第 1 款,“将侵犯发明或者实用新型专利权的产品作为零部件,制造另一产品的,人民法院应当认定属于专利法第十一条规定的使用行为;销售该另一产品的,人民法院应当认定属于专利法第十一条规定的销售行为。”第 2 款,“将侵犯外观设计专利权的产品作为零部件,制造另一产品并销售的,人民法院应当认定属于专利法第十一条规定的销售行为,但侵犯外观设计专利权的产品在该另一产品中仅具有技术功能的除外。”第 3 款,“对于前两款规定的情形,被诉侵权人之间存在分工合作的,人民法院应当认定为共同侵权。”

3. 命题点:专利侵权纠纷法院级别管辖,经最高法院指定,基层法院也可管辖。

(1)法律依据:《关于审理专利纠纷案件适用法律问题的若干规定》(2013 年 4 月 15 日修改新增)第 2 条第 1 款,“专利纠纷第一审案件,由各省、自治区、直辖市人民政府所在地的中级人民法院和最高人民法院指定的中级人民法院管辖。”第 2 款,“最高人民法院根据实际情况,可以指定基层人民法院管辖第一审专利纠纷案件。”

(2)具体到本题,“D 该案只能由特定的中级人民法院管辖”,D 表述错误,符合题意,D 当选。

5. 外观设计专利权不控制使用行为

(1)奔马公司就其生产的一款高档轿车造型和颜色组合获得了外观设计专利权,又将其设计的“飞天神马”造型注册为汽车的立体商标,并将该造型安装在车头。某车行应车主陶某请求,将陶某低价位的旧车改装成该高档轿车的造型和颜色,并从报废的轿车上拆下“飞天神马”标志安装在改装车上。陶某使用该改装车提供专车服务,收费高于普通轿车。关于上述行为,下列哪一说法是错误的?(2016-3-15)

A. 陶某的行为侵犯了奔马公司的专利权

B. 车行的行为侵犯了奔马公司的专利权

C. 陶某的行为侵犯了奔马公司的商标权

D. 车行的行为侵犯了奔马公司的商标权

答案:(　　)①

考点:外观设计专利权不控制他人使用行为、商标侵权和帮助侵权

解题图构

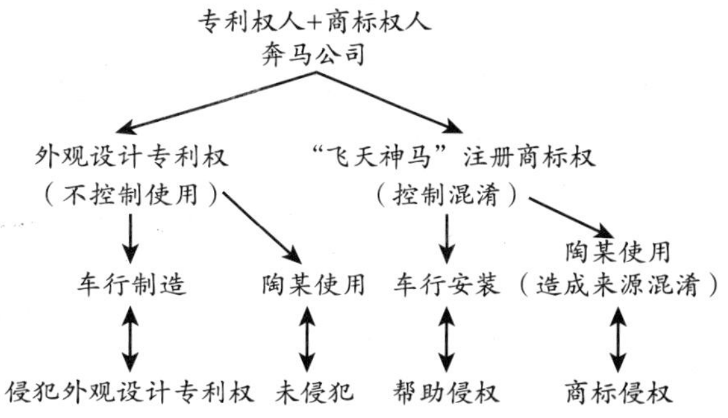

① 参考答案:A

解图：(1)车行有两个安装行为（安装了外观设计和安装了商标）；陶某有两个使用行为（使用改装车既涉及外观设计又涉及商标）。(2)车行两个安装行为都侵权，一个是专利侵权；一个是帮助商标侵权；陶某的使用外观设计专利不侵权，陶某使用商标构成商标侵权（改装车，坐的专车，看上去是奔驰，其实是奔马，造成来源混淆，让叫车的乘客误以为原来奔驰车就这样啊，不就是一破奔马吗？）

思路展开

命题点1：外观设计控制他人为经营目的的制造行为、不控制他人的使用行为。

(1)法律依据：《专利法》第11条第2款，外观设计专利权被授予后，任何单位或者个人未经专利权人许可，都不得实施其专利，即不得为生产经营目的制造、许诺销售、销售、进口（无使用）其外观设计专利产品。

(2)法理阐释：为什么外观设计专利权不能控制他人的使用行为？①外观专利是有美感的工业品。因此，外观产品的使用，基本都是终端消费者了。如果“使用”外观产品算侵权，那就是禁止终端消费者消费外观专利产品。这后果不是推动社会进步，而是起到了阻止作用。②专利制度在于平衡“以生产经营为目的”者之间的利益平衡，如果名为“使用”，实际是制造，则构成侵权。即属于“制造”和“销售”行为了。如，甲厂家将乙的外观设计专利物品A作为甲自己厂家物品B外观的主要部分，那这种行为转化成了“制造”行为，构成侵权。③由于外观设计的客体是产品的外观，看重的是产品的外观给人带来赏心悦目的视觉美之感受，正是因为这种原因，有时外观设计产品与实用艺术品很难进行区分。从本质上说，人们使用外观设计专利产品时，通常仅是使用该产品的实用功能，从而实现外观设计专利产品的使用价值。我们一般说使用专利产品的功能（实现其使用价值），对外观设计专利产品则采用欣赏其美感的措词，我们一般不会说使用外观设计专利产品的美感这种表达方式，换句话说，使用行为的对象通常不大可能是外观设计专利产品的美感，而应是该产品的使用价值。可能正是基于该原因，我国专利法规定，外观设计专利权并不控制对外观设计专利产品进行使用的行为，使用行为并不侵犯外观设计专利权。

(3)具体到本题：外观设计专利权，不控制他人的使用行为，仅控制他人的制造、销售、许诺销售和进口行为。陶某是使用行为，而车行是制造行为，陶某不侵犯专利权，车行侵犯专利权。

(4)结论：A错，选。B对，不选。

命题点2：在同一商品上使用和他人相同商标，构成商标侵权。

(1)法律依据：①假冒的商标侵权行为：《商标法》第57条，有下列行为之一的，均属侵犯注册商标专用权：（一）未经商标注册人的许可，在同一种商品上使用与其注册商标相同的商标的。②帮助侵权：《商标法》第57条，有下列行为之一的，均属侵犯注册商标专用权：（六）故意为侵犯他人商标专用权行为提供便利条件，帮助他人实施侵犯商标专用权行为的。

(2)具体到本题：①“陶某使用该改装车提供专车服务，收费高于普通轿车”，陶某的行为属于同一商品使用他人相同注册商标，构成商标侵权。②某车行应车主陶某请求，将陶某低价位的旧车改装成该高档轿车的造型和颜色，并从报废的轿车上拆下“飞天神马”标志安装在改装车上。车行构成帮助侵权。③此处援引一下司法部解析原文：“车行的行为属于未经许可制造相同的外观设计产品，以及未经许可在相同商品上使用相同商标，虽然车头上的‘飞天神马’标志是从真车上拆下来的，但因为不是随着真品所有权一起转移，因此不适用商标权用尽规则。”此段话的意思是车行的行为本身就构成商标侵权，它不是帮助侵权这种间接侵权类型，而是属于直接侵权。④从解释论上看，车行的行为一次就结束，这一安装行为本身不会直接构成消费者混淆。因此，从帮助侵权角度解释车行的侵权行为，更为顺畅。

(3)结论：C对，不选。

(2)甲公司2000年获得一项外观设计专利。乙公司未经甲公司许可，以生产经营为目的制造该专利产品。丙公司未经甲公司许可以生产经营为目的所为的下列行为，哪一项构成侵犯该专利的行为？(2005－3－15)

A. 使用乙公司制造的该专利产品

B. 销售乙公司制造的该专利产品

C. 许诺销售乙公司制造的该专利产品

D. 使用甲公司制造的该专利产品

答案:(　　)①

考点:外观设计专利权控制的行为

解题图构

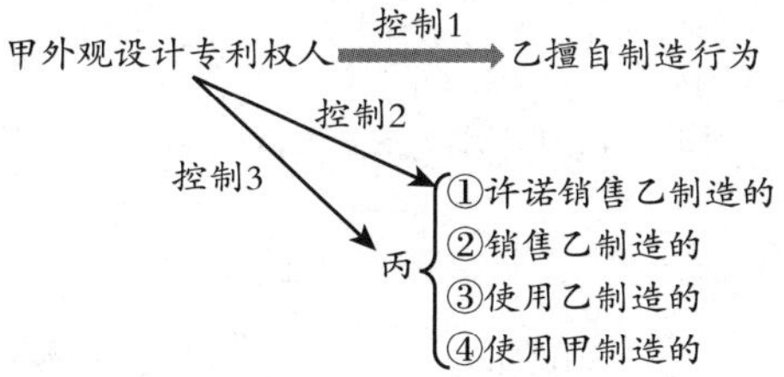

读题技巧

1. 甲公司获得外观设计专利,指向外观设计专利权人不得控制他人使用外观设计产品的行为。2. 乙公司未经许可以生产经营为目的的制造甲公司专利产品,指向乙公司制造侵权。3. 题干交代外观专利权人甲公司,同时交代上游侵权的乙公司,指向下游丙公司会承受上游乙公司的侵权瑕疵。

思路展开

命题点 1:外观设计专利权控制的行为类型法定。限于"制造、许诺销售、销售、进口",不包括"使用"。

(1)法律依据:《专利法》第 11 条第 1 款,"发明和实用新型专利权被授予后,除本法另有规定的以外,任何单位或者个人未经专利权人许可,都不得实施其专利,即不得为生产经营目的制造、使用、许诺销售、销售、进口其专利产品,或者使用其专利方法以及使用、许诺销售、销售、进口依照该专利方法直接获得的产品。"第 2 款,"外观设计专利权被授予后,任何单位或者个人未经专利权人许可,都不得实施其专利,即不得为生产经营目的制造、许诺销售、销售、进口其外观设计专利产品。"

(2)差异:发明、实用新型专利权的保护范围与外观设计专利权的保护范围并不一致。发明、实用新型专利权的保护范围应当以权利要求书中明确记载的全部技术特征所确定的范围为准,外观设计专利权的保护范围以表示在图片或照片中的该外观设计专利产品为准。

(3)原理:外观设计专利权不能控制使用行为。因为外观设计不是技术方案,对外观设计产品不能像对发明、实用新型产品那样进行"功能性使用",所以外观设计专利权人不能控制他人的使用行为。

(4)具体到本题:丙公司未经外观设计专利权人甲公司经许可,"A. 使用乙公司制造的该专利产品"、"D. 使用甲公司制造的该专利产品",使用行为不构成侵权。(5)结论:AD 不符合题意,不选 AD。

命题点 2:专利"侵权"瑕疵的传导,上游侵权,下游也侵权,不论是否知情。

(1)专利侵权采无过错原则。

(2)具体到本题:①甲公司是外观设计专利权人,上游的乙公司实施了侵权行为制造侵权产品,乙公司构成侵权。②下游的丙公司销售或者许诺销售上游的乙公司的侵犯甲公司专利权的产品,丙公司构成侵权。

(3)结论:①"B. 销售乙公司制造的该专利产品、C. 许诺销售乙公司制造的该专利产品",BC 符合题意,选 BC。②司法部当年公布的答案是 B,依据新修改专利法,C 也当选。③选项中只有 D 选项出现了专利权人"甲公司"(丙公司使用了甲公司的外观设计专利产品)。D 错在"使用"。④专利侵权不存在相对性原则,而是具有侵权的传导性!

6. 2004 不定向选择题(二)

2000 年 1 月甲公司的高级工程师乙研制出一种节油装置,完成了该公司的技术攻坚课题,并达到国际领先水平。2000 年 2 月甲公司将该装置样品提供给我国政府承认的某国际技术展览会展出。同年 3 月,乙未经单位同意,在向某国外杂志的投稿论文中透露了该装置的核心技术,该杂志将论文全文刊载,引起甲公司不满。同年 6 月,丙公司依照该杂志的报道很快研制了样品,并作好了批量生产的必要准备。甲公司于 2000 年 7 月向我国专利局递交专利申请书。2000 年 12 月丁公司也根据该杂志开始生产该节油装置。2003 年 5 月 7 日国务院专利行政部门授予甲公司发明专利,2003 年 7 月甲公司向法院提起诉讼,分别要求丙公司和丁公司停止侵害并赔偿损失。请回答以下 85—88 题目。

---

① 参考答案:BC

② (1)甲未在国外申请过专利,故没有优先权日。(2)丙先用时点早于甲的申请日,丙可主张先用权抗辩。

解题图构

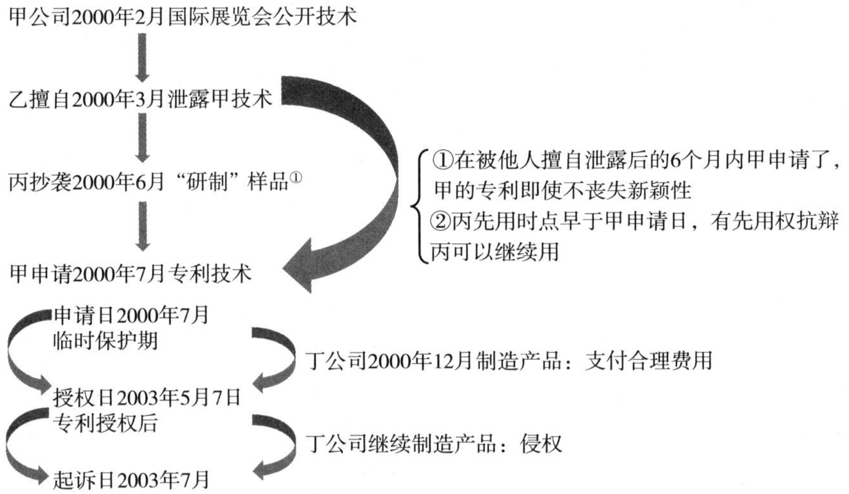

(1)在丙公司已研制出样品，丁公司已开始生产的情况下，甲公司的发明为何仍因具有新颖性而被授予专利权?

A. 因该发明在申请日前未在国内公开

B. 因该发明在申请日前未在国际上公开使用

C. 因该发明的核心技术在论文中被透露未经甲公司同意

D. 因该发明达到国际领先水平

答案:(　　)①

考点: 专利新型性不丧失的特殊情形

解题图构

甲公司(职务发明创造：节油装置)

6个月内不丧失新颖性：
- 2000年2月展出日：甲公司在国家承认的国际展览会展出
- 2000年3月泄露日：乙擅自泄露该核心技术
- 2000年6月，丙公司根据乙擅自泄露的核心技术研制出样品
- 2000年7月申请日：甲公司向我国专利局递交申请书

破解上图

(1)申请日是2000年7月，往前倒推6个月，则是2000年1月后发生的展览会首次展出、学术会议首次发表、被他人非法泄漏，都不丧失新颖性。

(2)2000年2月国际展览会：展出日。

(3)2000年3月乙擅自将技术透露日：非法公开日。

(4)展出日和非法公开日都是在申请日2000年7月之前的6个月内，故甲的技术不丧失新颖性。

思路展开

命题点1：乙的发明属于职务发明，专利申请权人属于甲公司。

(1)法律依据：《专利法》第6条第1款，“执行本单位的任务或者主要是利用本单位的物质技术条件所完成的发明创造为职务发明创造。职务发明创造申请专利的权利属于该单位；申请被批准后，该单位为专利权人。”

(2)具体到本题，节油装置的专利申请权归甲公司，而不是乙。因此，乙在2000年3月未经甲公司的同意而擅自在公开发表的论文中透露了该发明的核心技术，泄露了发明创造的内容，致使该发明已经在国内外公开并被使用。但是甲在乙的泄露日(2000年3月)的6个月内，及时提出了专利申请(2000年7月)，故不丧失新颖性。

命题点2：专利技术必须具有新颖性，才可能授予专利权。但符合不丧失新颖性情形的，则仍视为有新颖性。

(1)法律依据：①《专利法》第22条，“授予专利权的发明和实用新型，应当具备新颖性、创造性和实用性。新颖性，是指该发明或者实用新型不属于现有技术；也没有任何单位或者个人就同样的发明或者实用新型在申请日以前向国务院专利行政部门提出过申请，并记载在申请日以后公布的专利

① 参考答案:C

申请文件或者公告的专利文件中。创造性，是指与现有技术相比，该发明具有突出的实质性特点和显著的进步，该实用新型具有实质性特点和进步。实用性，是指该发明或者实用新型能够制造或者使用，并且能够产生积极效果。本法所称现有技术，是指申请日以前在国内外为公众所知的技术。”②《专利法》第24条，“申请专利的发明创造在申请日以前六个月内，有下列情形之一的，不丧失新颖性：(一)在中国政府主办或者承认的国际展览会上首次展出的；(二)在规定的学术会议或者技术会议上首次发表的；(三)他人未经申请人同意而泄露其内容的。”

(2)申请日前6个月内发生的公开不丧失新颖性三情形：展览会首次展出、学术会议首次发表、被泄露。

(3)具体到本题：申请日是2000年7月，往前倒推6个月，则是2000年1月后发生的展览会首次展出、学术会议首次发表、被他人非法泄漏，都不丧失新颖性。①2000年2月国际展览会：展出日。②2000年3月乙擅自将技术透露日：非法公开日。③展出日和非法公开日都是在申请日2000年7月之前的6个月内，故甲的技术不丧失新颖性。

(4)结论：①“C. 因该发明的核心技术在论文中被透露未经甲公司同意”，C对，选C。因为：乙系未经甲公司同意而泄露其发明内容，而甲公司又是在此行为发生后的6个月内提出申请，故仍不丧失新颖性。②其他“A. 因该发明在申请日前未在国内公开”、“B. 因该发明在申请日前未在国际上公开使用”、“D. 因该发明达到国际领先水平”都错，ABD不选。

(2)甲公司能否要求丙公司停止侵害并赔偿损失？

A. 甲公司有权要求丙公司停止侵害并赔偿损失

B. 甲公司有权要求丙公司停止侵害，但无权要求赔偿损失

C. 甲公司无权要求，因丙公司有权在2003年5月7日前制造该专利产品

D. 甲公司无权要求，因丙公司有权在原有范围内继续制造该专利产品

答案：(　　)①

考点：先用权抗辩、优先权日

思路展开

命题点1：优先权日与不丧失新颖性的差异。

(1)法律依据：①优先权日。国际优先权制度要启动必须满足三个条件：一是在外国提出专利申请；二是同时在中国提出专利申请；三是还要在中国提出专利申请的时候同时提出主张优先权的请求。a.《专利法》第29条第1款(国际优先权)，“申请人自发明或者实用新型在外国第一次提出专利申请之日起十二个月内，或者自外观设计在外国第一次提出专利申请之日起六个月内，又在中国就相同主题提出专利申请的，依照该外国同中国签订的协议或者共同参加的国际条约，或者依照相互承认优先权的原则，可以享有优先权。”第2款(国内优先权)，“申请人自发明或者实用新型在中国第一次提出专利申请之日起十二个月内，又向国务院专利行政部门就相同主题提出专利申请的，可以享有优先权。”b.《专利法》第30条，“申请人要求优先权的，应当在申请的时候提出书面声明，并且在三个月内提交第一次提出的专利申请文件的副本；未提出书面声明或者逾期未提交专利申请文件副本的，视为未要求优先权。”②不丧失新颖性：《专利法》第24条，“申请专利的发明创造在申请日以前六个月内，有下列情形之一的，不丧失新颖性：(一)在中国政府主办或者承认的国际展览会上首次展出的；(二)在规定的学术会议或者技术会议上首次发表的；(三)他人未经申请人同意而泄露其内容的。”

(2)优先权与不丧失新颖性的差异：①优先权是将申请日提前的制度，需要特别主张。②不丧失新颖性是为了满足专利申请新颖性而设计的制度。

(3)具体到本题：“2000年2月甲公司将该装置样品提供给我国政府承认的某国际技术展览会展出。”后来甲公司在2000年7月申请节油装置的专利。不会启动优先权制度，因为不符合条件：甲公司

---

①　参考答案：D

没有在国外提出专利申请、甲公司在国内提出专利申请时也没主张优先权。

(4)结论:本题不涉及优先权制度。因此,甲的申请日就是实际申请日2000年7月,不能提前到2000年2月。

命题点2:先用权抗辩。在甲公司申请专利之日前,自行研发者享有先用权抗辩。

(1)法律依据:《专利法》第69条第2项:有下列情形之一的,不视为侵犯专利权:(二)在专利申请日前已经制造相同产品、使用相同方法或者已经作好制造、使用的必要准备,并且仅在原有范围内继续制造、使用的。"

(2)具体到本题,丙公司先用日是"2000年6月丙公司研制并准备生产",甲公司申请日是2000年7月。因此,丙公司可主张先用权抗辩。

(3)结论:①"D甲公司无权要求,因丙公司有权在原有范围内继续制造该专利产品",D对,符合题意,选D。②AB都错,不选AB。③另外,即使是在2003年5月7日授予甲专利权后,丙仍然享有先用权抗辩。故"C甲公司无权要求,因丙公司有权在2003年5月7日前制造该专利产品",C错,不选C。

(3)丁公司实施甲公司发明的行为是否构成侵权行为?

A.构成侵权行为

B.不构成侵权行为

C.2003年5月7日后的实施行为构成侵权行为

D.2003年7月后的实施行为构成侵权行为

答案:(　　)①

考点:专利侵权的认定

思路展开

命题点1:时间图

甲公司	2000年7月申请节油装置的专利:甲公司实际申请日
丁公司	2000年12月生产节油装置:丁公司生产日
甲公司	2003年5月7日获得专利授权:专利授权日
	2003年7月起诉:起诉日

命题点2:专利授权日后,丁公司继续生产构成专利侵权

(1)丁公司是在甲公司提出专利申请日之后才开始使用该方法生产产品的,故在甲公司于2003年5月7日取得专利权后不能再使用该发明技术,若丁公司在2003年5月7日之后未经专利权人许可实施利用该发明技术生产产品的行为,则构成专利侵权行为。

(2)结论;故"C.2003年5月7日后的实施行为构成侵权行为",故C对,选C。

命题点3:自公布日到授权日,丁公司应支付适当使用费(不是赔偿费)。

(1)法律依据:《专利法》第68条第2款,"发明专利申请公布后至专利权授予前使用该发明未支付适当使用费的,专利权人要求支付使用费的诉讼时效为二年,自专利权人得知或者应当得知他人使用其发明之日起计算,但是,专利权人于专利权授予之日前即已得知或者应当得知的,自专利权授予之日起计算。"

(2)此题没有涉及该考点。2015年卷三18题AB项考过。

(4)甲公司可以在起诉前向法院申请采取什么措施保护自己的合法权益?

A.申请诉前禁令　　B.申请诉前先予执行

C.申请诉前财产保全　　D.申请诉前证据保全

答案:(　　)②

考点:专利侵权救济的程序制度

思路展开

命题点1:诉前禁令。

(1)法律依据:《专利法》第66条第1款,专利权人或者利害关系人有证据证明他人正在实施或者即将实施侵犯专利权的行为,如不及时制止将会使其合法权益受到难以弥补的损害的,可以在起诉前向人民法院申请采取责令停止有关行为的措施。(2)结论:"A.申请诉前禁令",A对,选A。

命题点2:先予执行:先予执行是指法院在终局判决之前,为解决权利人生活或者生产经营的

① 参考答案:C

② 参考答案:ACD

急需，裁定义务人预先履行义务的制度。

(1)法律依据：《民事诉讼法》第106条，"人民法院对下列案件，根据当事人的申请，可以裁定先予执行：(一)追索赡养费、扶养费、抚育费、抚恤金、医疗费用的；(二)追索劳动报酬的；(三)因情况紧急需要先予执行的。"

(2)具体到本题，不符合先予执行的构成要件。(3)结论："B. 申请诉前先予执行"，B错，不选B。

命题点3：财产保全。

(1)法律依据：《关于审理专利纠纷案件适用法律问题的若干规定》第13条第1款，人民法院对专利权进行财产保全，应当向国务院专利行政部门发出协助执行通知书，载明要求协助执行的事项，以及对专利权保全的期限，并附人民法院作出的裁定书。(2)结论："C申请诉前财产保全"，C对，选C。

命题点4：证据保全。

(1)法律依据：《专利法》第67条第1款，为了制止专利侵权行为，在证据可能灭失或者以后难以取得的情况下，专利权人或者利害关系人可以在起诉前向人民法院申请保全证据。(2)结论："D申请诉前证据保全"，D对，选D。

八、不侵权的抗辩

1. 专利权权利(进口权)用尽抗辩

(1)用尽抗辩、科学试验抗辩和临时过境抗辩

W研究所设计了一种高性能发动机，在我国和《巴黎公约》成员国L国均获得了发明专利权，并分别给予甲公司在我国、乙公司在L国的独占实施许可。下列哪一行为在我国构成对该专利的侵权？(2016－3－16)

A. 在L国购买由乙公司制造销售的该发动机，进口至我国销售

B. 在我国购买由甲公司制造销售的该发动机，将发动机改进性能后销售

C. 在我国未经甲公司许可制造该发动机，用于各种新型汽车的碰撞实验，以测试车身的防撞性能

D. 在L国未经乙公司许可制造该发动机，安装在L国客运公司汽车上，该客车曾临时通过我国境内

答案：(　　)①

考点：专利权的国际用尽、国内用尽、科学试验抗辩、临时过境抗辩

解题图构

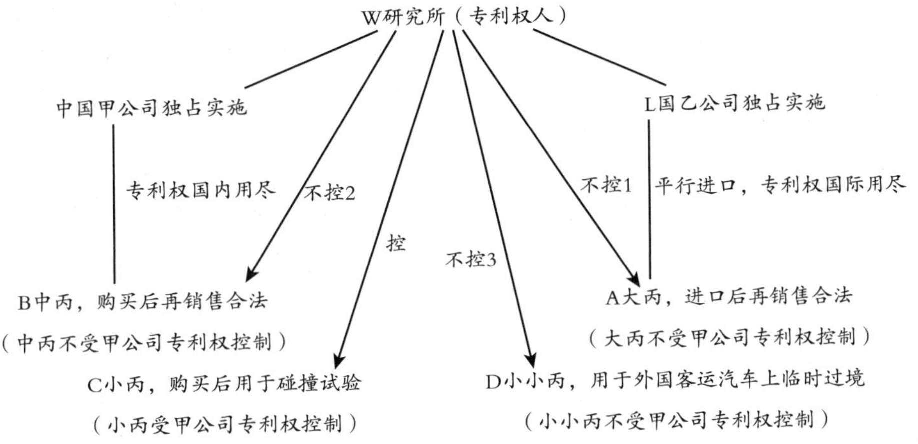

解图：为四个选项配四个主体身份，从ABCD依次配为大丙、中丙、小丙和小小丙，四个人实施的行为，是否受专利权人专利权的控制？(1)A中的大丙，不受控制，专利权国际用尽。(2)B中的中丙，不受控制，专利权国内用尽。(3)C中的小丙，不是针对发动机本身做科学试验，小丙的行为受控制。(4)D中的小小丙，可援引临时过境的抗辩，不受控制。

① 参考答案：C

思路展开

命题点1:专利权的国际用尽和国内用尽。

(1)法律依据:①《专利法》第69条,有下列情形之一的,不视为侵犯专利权:(一)专利产品或者依照专利方法直接获得的产品,由专利权人或者经其许可的单位、个人售出后,使用、许诺销售、销售、进口该产品的。②转化成俗话:你把专利产品卖到国内,不能控制购买者的销售行为、使用行为、许诺销售行为。你把专利产品卖到国外,不能控制购买者从国外进口。

(2)具体到本题:①研究所把专利给了中国的甲公司,给了L国的乙公司。②中国甲公司怎么再卖、L国的乙公司怎么再卖,研究说都再也管不着了!③有人从中国的甲公司购买,再销售,合法,此为研究所专利权国内用尽;④有人从L国的乙公司进口,在销售,合法,此为研究所专利权国际用尽。

(3)结论:AB都不侵权,不符合题意,不选。

(4)延展:B中,“B.在我国购买由甲公司制造销售的该发动机,将发动机改进性能后销售”,所谓“改进性能”为什么不侵权?司法部解析原文:“该行为是利用已经出售的发动机本身,没有重新制造发动机,专利权用尽。”所谓改进性能,原发动机的技术特征abcd,改进性能后的发动机技术特征abcde。销售改进性能后的发动机技术特征是abcde。原发动机的abcd四个技术特征确实被全面拿过来用,但是因为原发动机专利权已经用尽,故销售含有abcde发动机的行为不构成侵权。

命题点2:要主张科学试验抗辩,要求针对专利产品本身进行试验,而不能将专利产品作为试验的工具。用专利产品作为试验工具,构成专利侵权。

(1)法律依据:①制造权不用尽:a.《专利法》第11条第1款,发明和实用新型专利权被授予后,除本法另有规定的以外,任何单位或者个人未经专利权人许可,都不得实施其专利,即不得为生产经营目的制造、使用、许诺销售、销售、进口其专利产品,或者使用其专利方法以及使用、许诺销售、销售、进口依照该专利方法直接获得的产品。b.《专利法》第69条,有下列情形之一的,不视为侵犯专利权:(一)专利产品或者依照专利方法直接获得的产品,由专利权人或者经其许可的单位、个人售出后,使用、许诺销售、销售、进口该产品的。②科学试验抗辩:《专利法》第69条,有下列情形之一的,不视为侵犯专利权:……(四)专为科学研究和实验而使用有关专利的。

(2)具体到本题:①未经许可制造发动机,制造权不用尽,受研究所专利权控制。“用于各种新型汽车的碰撞实验”,即以生产经营为目的,擅自使用专利产品(发动机)。②这不能启动科学实验不侵权的抗辩。③因为科学实验仅是在对专利产品本身进行实验,才不构成侵权。本题是将专利产品作为实验工具,构成侵权。④司法部解析原文:“该行为不是对专利产品本身进行研究和实验,而是利用专利对汽车进行试验,不属于为科学研究和实验而使用有关专利的行为。”

(3)结论:“C.在我国未经甲公司许可制造该发动机,用于各种新型汽车的碰撞实验,以测试车身的防撞性能”,C构成侵权,符合题意,选。

命题点3:临时过境抗辩。

(1)法律依据:①违法不用尽。②临时过境抗辩。《专利法》第69条,有下列情形之一的,不视为侵犯专利权:……(三)临时通过中国领陆、领水、领空的外国运输工具,依照其所属国同中国签订的协议或者共同参加的国际条约,或者依照互惠原则,为运输工具自身需要而在其装置和设备中使用有关专利的。

(2)具体到本题:“D.在L国未经乙公司许可制造该发动机,安装在L国客运公司汽车上,该客车曾临时通过我国境内”。未经乙公司许可,构成违法制造。但是临时过境,不侵犯研究所专利权。题干设问是:“下列哪一行为在我国构成对该专利的侵权”,在我国。

(3)结论:D不侵权,不符合题意,不选。

(2)合法的制造,进口权用尽;违法的制造,进口权不用尽

中国甲公司的一项发明在中国和A国均获得了专利权。中国的乙公司与甲公司签订了中国地域内的专利独占实施合同。A国的丙公司与甲公司签订了在A国地域内的专利普通实施合同并制造专利产品,A国的丁公司与乙公司签订了在A国地域内的

专利普通实施合同并制造专利产品。中国的戊公司、庚公司分别从丙公司和丁公司进口这些产品到中国使用。下列哪些说法是正确的？（2014－3－63）

A. 甲公司应向乙公司承担违约责任

B. 乙公司应向甲公司承担违约责任

C. 戊公司的行为侵犯了乙公司的专利独占实施权

D. 庚公司的行为侵犯了甲公司的专利权

答案：（　　）[1]

考点：平行进口（专利权侵权的抗辩事由之平行进口专利权全球用尽）、专利权地域性、专利权许可使用合同

图构：此题有两个平行进口，为知识产权试题主体和法律关系繁多之最，不画图无以作答。

解题图构

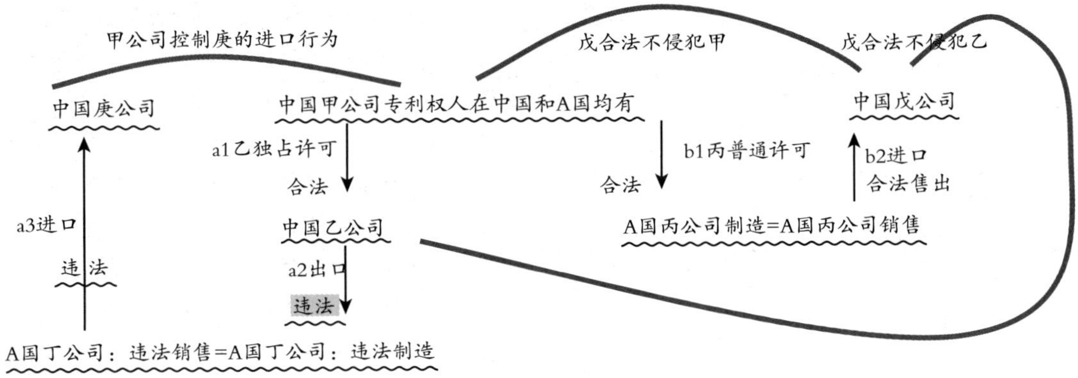

解上图

小 a 的流程

（1）甲独占许可给中国的乙，但乙违法许可给外国的丁。（2）外国的丁制造违法，丁销售违法。（3）中国的庚进口违法，违法不存在平行进口问题。（4）故庚公司的进口行为，受专利权人甲公司进口权控制，侵犯了甲公司的专利权。

小 b 的流程

（1）甲普通许可给外国的丙。（2）外国的丙制造合法，丙销售合法。（3）中国的戊进口合法，合法售出允许平行进口。（4）故戊公司的进口行为，不受专利权人甲进口权的控制，即专利权国际用尽。（5）戊公司也不受独占许可人乙公司的控制，不侵犯乙公司的专利独占实施权。

小 a 和小 b 的关系

（1）甲可以国内、国外两个许可：甲一个专利，两个许可，一个国内独占许可给乙；另一个国外普通许可给丙。因为乙、丙地域不同，所以甲的两个许可没有问题。

（2）乙独占许可人违法再许可：加害给付。甲可向乙主张违约责任；甲也可向乙主张侵权责任。

读题技巧

1. 两个平行进口，关系繁杂为知识产权考题之最了！2.“中国和 A 国均获得了专利权”，指向同一发明专利在两个地域的专利权，互不冲突。3.“乙公司与甲公司签订了中国地域内的专利独占实施合同”，指向甲公司同一专利在中国一卖。4.“丙公司与甲公司签订了在 A 国地域内的专利普通实施合同”，指向甲公司同一专利在 A 国二卖。5.“A 国的丁公司与乙公司签订了在 A 国地域内的专利普通实施合同”，指向乙公司违法再许可。6.“中国的戊公司、庚公司分别从丙公司和丁公司进口这些产品到中国使用”，指向“两个平行进口”，前者合法，后者非法。

思路展开

命题点 1：“中国甲公司的一项发明在中国和 A 国均获得了专利权。”专利权具有地域性。（1）就同一项发明，甲公司在中国享有依照中国专利法赋予的发明专利权。（2）甲公司就该项发明，在

[1] 参考答案：BD

A国享有依照A国专利法赋予的发明专利权。(3)两个专利权在各自地域内发生效力，互不排斥。(4)两个专利权在各自地域内的独占、排他实施权也有地域性，在各自地域内的独占、排他实施权。

命题点2：中国甲公司就其发明专利权，签订了两个实施许可合同。(1)中国甲公司与中国乙公司签订了专利独占实施许可合同，地域范围是在中国。(2)中国甲公司与A国丙公司签订了专利普通实施许可合同，地域范围是在A国。

命题点3：中国甲公司"一女多嫁"，本来是不可以的，但是因为一个嫁到"中国"，另一个嫁到"A国"，互不干扰。故此，甲公司没有违反与中国乙公司的约定，不需要承担违约责任。"A.甲公司应向乙公司承担违约责任"，A错误，不选。另外，甲公司也没有欺骗A国的丙公司，合同效力正常。

命题点4：专利实施许可的被许可人，不得擅自再许可他人，否则构成违约。司法部：还构成侵权。

(1)法律依据：《合同法》第346条，"专利实施许可合同的受让人应当按照约定实施专利，不得许可约定以外的第三人实施该专利；并按照约定支付使用费。"

(2)题干信息："A国的丁公司与乙公司签订了在A国地域内的专利普通实施合同并制造专利产品。"中国的乙公司"违法"将甲公司的专利权，出口到A国的丁公司。

(3)结论：乙公司违反了与甲公司的专利独占实施许可合同的约定，应向甲承担违约责任。"B.乙公司应向甲公司承担违约责任"，对，B选。

命题点5："合法出口"，然后再进口，属于"合法平行进口"。专利权用尽。

(1)法律依据：《专利法》第69条第1项，"有下列情形之一的，不视为侵犯专利权：(一)专利产品或者依照专利方法直接获得的产品，由专利权人或者经其许可的单位、个人售出后，使用、许诺销售、销售、进口该产品的。"

(2)题干信息：①"A国的丙公司与甲公司签订了在A国地域内的专利普通实施合同并制造专利产品"，"中国的戊公司……从丙公司……进口这些产品到中国使用"。②甲普通许可丙在A国地域实施专利权，丙在A国地域内售出专利产品后，甲的专利权用尽，而且，是"全球用尽"，包括在A国和中国用尽。③即中国戊公司进口的专利产品没有侵犯中国甲公司专利权、中国乙公司专利实施权。故选项"C 戊公司的行为侵犯了乙公司的专利独占实施权"，错误，C不选。

命题点6："违法出口"，然后再进口，属于"违法平行进口"。专利权不用尽。

(1)法律依据：《专利法》第69条第1项，"有下列情形之一的，不视为侵犯专利权：(一)专利产品或者依照专利方法直接获得的产品，由专利权人或者经其许可的单位、个人售出后，使用、许诺销售、销售、进口该产品的。"专利权用尽仅限于"由专利权人自己"或"经专利权人许可"制作并出售专利产品。侵权专利产品不适用专利权用尽规则。

(3)题干信息：①"A国的丁公司与乙公司签订了在A国地域内的专利普通实施合同"，可见，中国乙公司违反许可A国丁公司实施专利，即"违法出口"，甲公司的专利权并不用尽。②然后，"中国的庚公司从丁公司进口这些产品到中国使用"，庚公司是"违法进口"专利产品，侵犯了甲公司的专利权。"D.庚公司的行为侵犯了甲公司的专利权"对，D选。

常见错误

1.专利权地域性认识不清：认为甲公司与乙公司签订中国地域内的专利独占实施合同后，甲公司无权再与其他公司签订专利实施合同，误选A。

2.独占实施权人可以再许可他人实施说：认为乙公司获得了专利独占实施权，故有权许可他人实施专利技术，故对甲公司不构成违约，未选B。

3.混淆了合法平行进口和违法平行进口：认为乙公司在中国地域内有专利独占实施权，戊公司进口产品到中国使用，侵犯了乙公司的专利独占实施权，误选C。或者认为丁公司制造专利产品获得了合法许可，庚公司从丁公司进口专利产品属于合法行为，未选D。

2.技术不同抗辩（全面覆盖原则）

甲公司拥有一项汽车仪表盘的发明专利，其权利要求记载的必要技术特征可以分解为a+b+c+d

共四项。乙公司制造四种仪表盘，其必要技术特征可以作四种分解，甲公司与乙公司的必要技术特征所代表的字母相同，表明其相应的必要技术特征相同或等同。乙公司的哪项技术侵犯了甲公司的专利？（2008－3－24）

A. b＋c＋d　　B. a＋b＋c

C. a＋b＋d＋e　　D. a＋b＋c＋d＋e

答案：（　　）①

考点：专利侵权的判定：全面覆盖原则（数量上一个不少）、相同和等同（质量上）

读题技巧

1. 甲公司发明专利技术特征可以“分解为 a＋b＋c＋d 共四项”，指向被诉侵权乙公司技术特征在数量上是否满足全面覆盖原则。2. “甲公司与乙公司的必要技术特征所代表的字母相同，表明其相应的必要技术特征相同或等同。”指向题干交代了各个特征质量上相同或等同，故无需考虑是赤裸裸还是换汤不换药，因为题干交代了是赤裸裸或换汤不换药。3. 本题需要判断的是全面覆盖原则，即被诉侵权技术特征在数量上是否全部纳入了专利权全部技术特征。

思路展开

命题点 1：被诉侵权人，面对专利权人的侵权主张，第一个可以援引的就是：“我的技术和你的不同”，所以我不构成侵权（接下来还有诸多抗辩如现有技术抗辩、强制许可抗辩、先用抗辩、无效抗辩、权利用尽抗辩等）。而判断两个技术（专利权人的专利技术和被诉侵权人所用的技术）是否相同，需要遵循一定的规则。

命题点 2：专利侵权判定的全面覆盖原则：专利权人的专利技术在“专利权利要求书”中表述的全部技术特征，完全被纳入了被诉侵权人所用的技术中，则构成专利侵权。缺少任何一个，都不构成专利侵权。

（1）步骤：①专利纠纷的被侵权人如果要证明侵权产品与其专利方法生产出的产品为相同产品，则应提供证据证明被控侵权产品中亦含有与权利产品相同或等同的全部技术特征，从而证明被控侵权产品与权利产品为相同产品。②进行侵权判定，应当以专利权利要求中记载的技术方案的全部技术特征与被控侵权物（产品或方法）的全部技术特征逐一进行对应比较。③依据全面覆盖原则，如果被控侵权物（产品或方法）的技术特征包含了专利权利要求中记载的全部技术特征，则落入专利权的保护范围。④被控侵权物（产品或方法）在利用专利权利要求中的全部技术特征的基础上，又增加了新的技术特征，仍落入专利权的保护范围。此时，不考虑被控侵权物（产品或方法）的技术效果与专利技术是否相同。

（2）法律依据：①“权利要求书”为判断起点：《专利法》第 59 条第 1 款，“发明或者实用新型专利权的保护范围以其权利要求的内容为准，说明书及附图可以用于解释权利要求的内容。”第 2 款，“外观设计专利权的保护范围以表示在图片或者照片中的该产品的外观设计为准，简要说明可以用于解释图片或者照片所表示的该产品的外观设计。”②“权利要求书”的要求：《专利法实施细则》第 20 条第 1 款，“权利要求书应当有独立权利要求，也可以有从属权利要求。”第 2 款，“独立权利要求应当从整体上反映发明或者实用新型的技术方案，记载解决技术问题的必要技术特征。”第 3 款，“从属权利要求应当用附加的技术特征，对引用的权利要求作进一步限定。”③“权利要求书”的“全部技术特征”的全面覆盖：《关于审理专利纠纷案件适用法律问题的若干规定》第 17 条第 1 款，“专利法第五十九条第一款所称的“发明或者实用新型专利权的保护范围以其权利要求的内容为准，说明书及附图可以用于解释权利要求的内容”，是指专利权的保护范围应当以权利要求记载的全部技术特征所确定的范围为准，也包括与该技术特征相等同的特征所确定的范围。”第 2 款，“等同特征，是指与所记载的技术特征以基本相同的手段，实现基本相同的功能，达到基本相同的效果，并且本领域普通技术人员在被诉侵权行为发生时无需经过创造性劳动就能够联想到的特征。”

（3）法条本意：被诉侵权人使用的技术中的“技术特征”，将专利权人“权利要求书”中的“全部技术

---

① 参考答案：D

特征"一个不少地"全部地"、"赤裸裸地采用";或者一个不少地"全部地"、"换汤不换药地采用",就构成专利侵权。

(4)白话:被诉侵权的技术特征是 a+b+c+d+e:①如果专利权人的"全部技术特征"是 a+b+c+d,则构成赤裸裸的侵权。②如果专利权人的"全部技术特征"是 a+b+c+d′(d和d没有差异,譬如d是螺丝连接,d是焊接,就符合"等同特征"要求:"与所记载的技术特征以基本相同的手段,实现基本相同的功能,达到基本相同的效果,并且本领域普通技术人员在被诉侵权行为发生时无需经过创造性劳动就能够联想到的特征。"),则构成"换汤不换药"的侵权。

(5)判断是否构成侵权,要看两个点:①数量上是否全部?②质量上是赤裸裸还是换汤不换药?

(6)具体到本题:①专利权人甲公司拥有的汽车仪表盘技术特征是 a+b+c+d。②而乙公司制造四种仪表盘,"其必要技术特征可以作四种分解,甲公司与乙公司的必要技术特征所代表的字母相同,表明其相应的必要技术特征相同或等同"。这一段话的意思是选项中的 abcd 和甲公司汽车仪表盘技术特征中的 abcd 是一个意思,即"赤裸裸"的这个要件题干已经交代了。(本题没有考查"换汤不换药")本题仅考查判断"全部"这个要件。那就是甲公司的 abcd 四个技术特征"一个不少地"被乙公司用了,就构成侵权。

(7)结论:①乙公司技术特征包括"D. a+b+c+d+e",就符合"一个不少地"用了甲公司的"a+b+c+d",故 D 对,选 D。②其他都不符合"一个不少"的"全部要件"。"A. b+c+d",A 缺 a;B. a+b+c,B 缺 d;C. a+b+d+e,C 缺 c。故 ABC 错,不选 ABC。

3. 先用权抗辩

甲厂将生产饮料的配方作为商业秘密予以保护。乙通过化验方法破解了该饮料的配方,并将该配方申请获得了专利。甲厂认为乙侵犯了其商业秘密,诉至法院。下列哪些选项是正确的?(2007-3-63)

A. 乙侵犯了甲厂的商业秘密

B. 饮料配方不因甲厂的使用行为丧失新颖性

C. 乙可以就该饮料的配方申请专利,但应当给甲厂相应的补偿

D. 甲厂有权在原有规模内继续生产该饮料

答案:(　　)①

考点:先用权抗辩、商业秘密、专利权

解题图构

甲厂(商业秘密)先用权抗辩 ⟷ 利益平衡 ⟷ 乙(正常捷足先登)专利权

读题技巧

1."乙通过化验方法破解了该饮料的配方",指向乙没有侵犯甲的商业秘密。2."申请获得了专利",指向乙获得了专利,暗示 B 对,C 错。3. 甲厂先用,乙厂后申请专利,指向甲享有先用权抗辩。

思路展开

命题点 1:专利权侵权中的先用权抗辩,暗含的逻辑矛盾:既然一项技术存在"先人""先用","后人"就该技术去申请专利,就是"现有技术",丧失了新颖性!但是"先用权抗辩"+专利权,反推出如下逻辑:(1)"先人"秘密使用。(2)后人申请专利获得专利权,有"垄断权"。(3)为衡平先人和后人利益,赋予先人"先用权"抗辩。(4)后人取得该技术的方式有两种:①合法独立破解了先人采取保密措施的技术秘密。②合法独立开发出技术,"如有雷同纯属巧合"。(5)本题就是属于后人通过合法、独立破解先人的技术秘密,然后占得先机申请专利权,获得垄断地位。"后人"通过专利申请而后来居上:符合专利法之本意,鼓励申请专利以公开换垄断,技术公开,促进了公共利益。

命题点 2:申请专利权的技术(或设计)必须具有新颖性。

(1)法律依据:新颖性,不是现有技术,也没有抵触申请:《专利法》第 22 条,第 1 款,"授予专利权的发明和实用新型,应当具备新颖性、创造性和实用性。"第 2 款,"新颖性,是指该发明或者实用新型不属于现有技术;也没有任何单位或者个人就同样的发明或者实用新型在申请日以前向国务院专利行政部门提出过申请,并记载在申请日以后公布的专利申请文件或者公告的专利文件中。(没有抵触申

---

① 参考答案:BD

请)”第3款,“创造性,是指与现有技术相比,该发明具有突出的实质性特点和显著的进步,该实用新型具有实质性特点和进步。”第4款,“实用性,是指该发明或者实用新型能够制造或者使用,并且能够产生积极效果。”第5款,“本法所称现有技术,是指申请日以前在国内外为公众所知的技术。”

(2)具体到本题:“甲厂将生产饮料的配方作为商业秘密予以保护。”“乙通过化验方法破解了该饮料的配方,并将该配方申请获得了专利。”①既然是作为商业秘密保护,那就不是公知技术,就不是现有技术。②甲厂没有提出过专利申请,因此不丧失新颖性。

(3)结论:“B. 饮料配方不因甲厂的使用行为丧失新颖性”,B对,B选。“C. 乙可以就该饮料的配方申请专利,但应当给甲厂相应的补偿”,C错,C不选。因为如乙申请专利获得专利权后就是专利权人,乙不需要给予甲任何补偿。

(4)延伸:题干交代了“并将该配方申请获得了专利。”①既然是“获得了”,大致暗示B对,选。②同时暗示C错,不选。③更严谨的设题是在D选项中增加一个如乙获得专利权,则……。

命题点3:甲厂商业秘密受反不正当竞争法保护。但是合法破解商业秘密然后申请专利,由于专利就意味公开,有利于促进技术进步,故乙的行为不是侵犯甲厂商业秘密的行为。

(1)法律依据:《反不正当竞争法》第10条,“经营者不得采用下列手段侵犯商业秘密:(一)以盗窃、利诱、胁迫或者其他不正当手段获取权利人的商业秘密;(二)披露、使用或者允许他人使用以前项手段获取权利人的商业秘密;(三)违反约定或者违反权利人有关保守商业秘密的要求,披露、使用或者允许他人使用其所掌握的商业秘密。第三人明知或者应知前款所列违法行为,获取、使用或者披露他人的商业秘密,视为侵犯商业秘密。本条所称的商业秘密,是指不为公众所知悉、能为权利人带来经济利益、具有实用性并经权利人采取保密措施的技术信息和经营信息。”

(2)具体到本题,乙的行为属于“反向工程”。①通过反向工程破解商业秘密并使用的行为有利于促进技术进步,不构成侵犯商业秘密。②乙是通过化验方法破解了该饮料的配方,并非以盗窃、利诱、胁迫或者其他不正当手段获取甲的商业秘密,不属于侵害他人商业秘密的行为。

(3)结论:“A. 乙侵犯了甲厂的商业秘密”,A错,不选A。

(4)延展:如果对专利技术实施“反向工程”,是否允许?不行。①专利权就是特别霸道的权利,专利权人可以禁止任何“独自”研发的他人实施专利技术。②况且,专利就意味着公开,也不需要特别的“破解方法”。③如果一项公开的专利技术还需要破解,本身就不能获得专利,因为它不具有“实用性”。——实用性:专利技术所属领域普通人员,比对专利申请的权利说明书后就可以利用该技术。

命题点4:先用权抗辩。“先人”甲厂辛苦开发的商业秘密,面对“后人”乙获得的专利权,享有先用权抗辩。

(1)法律依据:《专利法》第69条,有下列情形之一的,不视为侵犯专利权:“(二)在专利申请日前已经制造相同产品、使用相同方法或者已经作好制造、使用的必要准备,并且仅在原有范围内继续制造、使用的”。(2)具体到本题,“D. 甲厂有权在原有规模内继续生产该饮料”,D对,选D。

九、专利侵权救济

1. 甲公司获得一项用于自行车雨伞装置的实用新型专利,发现乙公司生产的自行车使用了该技术,遂向法院起诉,要求乙公司停止侵害并赔偿损失10万元。甲公司的下列哪些做法是正确的?(2011-3-63)

A. 向乙公司所在地的基层法院起诉

B. 起诉时未向受理法院提交国家知识产权局出具的该专利书面评价报告

C. 将仅在说明书中表述而未在权利要求中记载的技术方案纳入专利权的保护范围

D. 举证期届满后法庭辩论终结前变更其主张的权利要求

答案:(　　)[1]

考点:专利侵权救济

[1] 参考答案:BD

思路展开

命题点 1:专利侵权纠纷的管辖法院:中级法院或最高院指定的基层法院。

(1)法律规定:《关于审理专利纠纷案件适用法律问题的若干规定》第 2 条第 1 款,“专利纠纷第一审案件,由各省、自治区、直辖市人民政府所在地的中级人民法院和最高人民法院指定的中级人民法院管辖。”第 2 条第 2 款,“最高人民法院根据实际情况,可以指定基层人民法院管辖第一审专利纠纷案件。”(此为 2013 年专利规定修改时新增规定)。

(2)具体到本题:如乙公司所在地基层法院是最高院指定的管辖第一审专利纠纷案件,则 A 对,选。反之,则 A 错,不选。笼统观之,A 选项存在表述过于绝对之错误。

命题点 2:专利局对实用新型专利和外观设计专利的申请,不进行实质审查,仅进行形式审查,故可能存在“错误”授予情形。进入专利权侵权的司法程序后,法院拿不准,故可以要求专利权人甲公司提交“专利权评价报告”。

(1)法律依据:《专利法》第 61 条第 2 款,“专利侵权纠纷涉及实用新型专利或者外观设计专利的,人民法院或者管理专利工作的部门可以要求专利权人或者利害关系人出具由国务院专利行政部门对相关实用新型或者外观设计进行检索、分析和评价后作出的专利权评价报告,作为审理、处理专利侵权纠纷的证据。”

(2)“专利权评价报告”,是专利局对实用新型或外观设计进行实质审查,就其是否符合授予专利权的条件进行实质审查。这个报告具有证据效力。是可以,而非应当。

(3)具体到本题:题干中并没有信息表明人民法院要求专利权人提交由国务院专利行政部门出具的对实用新型专利的书面评价报告。因此,甲公司在起诉时未向受理法院提交国家知识产权局出具对实用新型专利的书面评价报告是正确的。“B. 起诉时未向受理法院提交国家知识产权局出具的该专利书面评价报告”,B 对,选。

命题点 3:实用新型专利权保护范围,以权利要求的内容为准。

(1)法律依据:①《专利法》第 59 条,“发明或者实用新型专利权的保护范围以其权利要求的内容为准,说明书及附图可以用于解释权利要求的内容。外观设计专利权的保护范围以表示在图片或者照片中的该产品的外观设计为准,简要说明可以用于解释图片或者照片所表示的该产品的外观设计。”②《专利法司法解释》第 5 条,“对于仅在说明书或者附图中描述而在权利要求中未记载的技术方案,权利人在侵犯专利权纠纷案件中将其纳入专利权保护范围的,人民法院不予支持。”

(2)具体到本题:“C. 将仅在说明书中表述而未在权利要求中记载的技术方案纳入专利权的保护范围”。故 C 的做法不正确,不选。

(3)延展:《关于审理专利纠纷案件适用法律问题的若干规定》第 8 条第 1 款,“对申请日在 2009 年 10 月 1 日前(不含该日)的实用新型专利提起侵犯专利权诉讼,原告可以出具由国务院专利行政部门作出的检索报告;对申请日在 2009 年 10 月 1 日以后的实用新型或者外观设计专利提起侵犯专利权诉讼,原告可以出具由国务院专利行政部门作出的专利权评价报告。根据案件审理需要,人民法院可以要求原告提交检索报告或者专利权评价报告。原告无正当理由不提交的,人民法院可以裁定中止诉讼或者判令原告承担可能的不利后果。”

命题点 4:专利权人在其权利范围内,起诉后进行变更,应在一审辩论终结前向法庭提出,才能获得法庭准许。

(1)法律依据:《专利法司法解释》第 1 条第 1 款,“人民法院应当根据权利人主张的权利要求,依据专利法第五十九条第一款的规定确定专利权的保护范围。权利人在一审法庭辩论终结前变更其主张的权利要求的,人民法院应当准许。”

(2)结论:“D. 举证期届满后法庭辩论终结前变更其主张的权利要求”,故 D 对,选。

2. 黑土公司获得一种新型药品制造方法的发明专利权后,发现市场上有大量白云公司制造的该种新型药品出售,遂向法院起诉要求白云公司停止侵权并赔偿损失。依据新修改《专利法》规定,下列哪一说法是错误的?(2009-3-17)

A. 所有基层法院均无该案管辖权

B. 黑土公司不应当承担被告的药品制造方法与专利方法相同的证明责任

C. 白云公司如能证明自己实施的技术属于现有技术，法院应告知白云公司另行提起专利无效宣告程序

D. 如侵犯专利权成立，即使没有证据确定损害赔偿数额，黑土公司仍可获得1万元以上100万元以下的赔偿额

答案：（　　）①

考点：专利侵权救济、管辖、举证、无效宣告、赔偿数额

读题技巧

1. "黑土公司获得新型药品制造方法发明专利权"，指向方法发明专利侵权举证责任导致。2. CD选项均有"如"，属于新增事实，应再行判断。(1)C是现有技术抗辩与专利无效宣告的关系，各自独立。(2)D是专利侵权法定赔偿金的额度1到100万。看到这种数字会让人觉得恶心……好在考过一次大家也相对容易记住。

思路展开

命题点1：知识产权救济的级别管辖

地利：管辖
- ①著作权+商标权：中级法院+高级法院指定的基层法院
- ②专利权：中级法院+最高法院指定的基层法院

命题点2：专利侵权纠纷案件的管辖，2013年修改《关于审理专利纠纷案件适用法律问题的若干规定》之前，只有特定中级法院才有资格管辖一审专利纠纷案件。此后，最高法院根据实际情况可以指定基层法院管辖第一审专利纠纷案件。

(1)法律依据：①《关于审理专利纠纷案件适用法律问题的若干规定》第2条，第1款，"专利纠纷第一审案件，由各省、自治区、直辖市人民政府所在地的中级人民法院和最高人民法院指定的中级人民法院管辖。"第2款，"最高人民法院根据实际情况，可以指定基层人民法院管辖第一审专利纠纷案件。"②《民事诉讼法司法解释》第2条第1款，"专利纠纷案件由知识产权法院、最高人民法院确定的中级人民法院和基层人民法院管辖。"

(2)具体到本题，"A. 所有基层法院均无该案管辖权"，A错，符合题意，A选。

命题点3：侵犯方法发明专利中举证责任倒置。

(1)法律依据：《专利法》第61条第1款，"专利侵权纠纷涉及新产品制造方法的发明专利的，制造同样产品的单位或者个人应当提供其产品制造方法不同于专利方法的证明。"

(2)具体到本题：黑土公司获得的是制造新型药品的"方法"发明专利。制造相同药品的白云公司应证明自己有不同的制造方法。不应由黑土公司来证明这一事项。

(3)结论："B. 黑土公司不应当承担被告的药品制造方法与专利方法相同的证明责任"，B对，不符合题意，不选B。

命题点4：专利侵权现有技术抗辩，是修改的《专利法》新增被控侵权人的抗辩事由。被控侵权人提出现有技术抗辩即可，不是必须提起宣告专利无效程序。

(1)法律依据：《专利法》第62条，"在专利侵权纠纷中，被控侵权人有证据证明其实施的技术或者设计属于现有技术或者现有设计的，不构成侵犯专利权。"

(2)具体到本题：如白云公司能证明自己所实施的技术属于现有技术，法院就应判决驳回原告黑土公司的诉讼请求。至于白云公司是否愿意充当审查专利的"警察"去向专利复审委员会提起无效宣告程序，由白云公司自己决定。白云公司没有担当"警察"的义务。

(3)结论："C. 白云公司如能证明自己实施的技术属于现有技术，法院应告知白云公司另行提起专利无效宣告程序"：①C项前半句说法正确。但法律并未规定法院应告知被控侵权人另行提起专利无效宣告程序的义务，被控侵权人亦并非必须另行提起专利无效宣告程序，因此C项后半句说法错误。②故C错，符合题意，C选。

命题点5：专利侵权法定赔偿额度。

---

① 参考答案：AC（根据新法为AC，根据旧法原司法部公布答案为C）

(1)法律依据:《专利法》第65条第1款,“侵犯专利权的赔偿数额按照权利人因被侵权所受到的实际损失确定;实际损失难以确定的,可以按照侵权人因侵权所获得的利益确定。权利人的损失或者侵权人获得的利益难以确定的,参照该专利许可使用费的倍数合理确定。赔偿数额还应当包括权利人为制止侵权行为所支付的合理开支。”第2款,“权利人的损失、侵权人获得的利益和专利许可使用费均难以确定的,人民法院可以根据专利权的类型、侵权行为的性质和情节等因素,确定给予一万元以上一百万元以下的赔偿。”

(2)专利侵权赔偿数额的法定先后顺序:损失>获利>专利许可使用费合理倍数>1到100万法定赔偿金。

(3)具体到本题:“D.如侵犯专利权成立,即使没有证据确定损害赔偿数额,黑土公司仍可获得1万元以上100万元以下的赔偿额”,D对,不符合题意,不选D。

3. 专利侵权赔偿数额

甲是某产品的专利权人,乙于2008年3月1日开始制造和销售该专利产品。甲于2009年3月1日对乙提起侵权之诉。经查,甲和乙销售每件专利产品分别获利为二万元和一万元,甲因乙的侵权行为少销售100台,乙共销售侵权产品300台。关于乙应对甲赔偿的额度,下列哪一选项是正确的?(2010-3-18)

A. 200万元　　B. 250万元

C. 300万元　　D. 500万元

答案:(　　)①

考点:专利侵权赔偿数额确定的顺序

读题技巧

1. 甲因乙的侵权行为少销售100台,“甲自己销售每件可获利2万元”,指向专利权人甲实际损失是200万元。2. 乙共销售侵权产品300台,“乙销售每件专利产品获利1万元”,指向侵权人乙所得利益为300万元。

思路展开

命题点1:专利权侵权赔偿额度,依次递进,严格遵守先后顺序。

(1)专利侵权
- ①权利人实际损失
- ②侵权人所得利益
- ③参照专利许可使用费的倍数合理确定
- ④法定赔偿金:1万到100万

(2)损失>获益>许可费>法定。

命题点2:专利侵权赔偿数额的确定顺序。

(1)法律依据:《专利法》第65条,“侵犯专利权的赔偿数额按照权利人因被侵权所受到的实际损失确定;实际损失难以确定的,可以按照侵权人因侵权所获得的利益确定。权利人的损失或者侵权人获得的利益难以确定的,参照该专利许可使用费的倍数合理确定。赔偿数额还应当包括权利人为制止侵权行为所支付的合理开支。权利人的损失、侵权人获得的利益和专利许可使用费均难以确定的,人民法院可以根据专利权的类型、侵权行为的性质和情节等因素,确定给予一万元以上一百万元以下的赔偿。”

(2)具体到本题:①专利权人甲的实际损失是2万×100台=200万。②侵权人乙的获利是1万×300台=300万。③损失200万>获益300万>许可费?>法定1万到100万。

(3)结论:乙应向甲赔偿“A. 200万元”,A对,选A。

(4)评论:题设“甲因乙的侵权行为少销售100台,乙共销售侵权产品300台”条件,是神条件!细思极恐。

第三节　商标权

一、商标权的客体

1. 未注册商标的保护、注册商标的异议、注册商标权无效宣告

甲公司将其生产的白酒独创性地取名为“逍遥乐”,并在该酒的包装、装潢和广告中突出宣传酒名,致“逍遥乐”被消费者熟知,声誉良好。乙公司知道甲公司没有注册“逍遥乐”后,将其作为自己所产白酒的商标使用并抢先注册。该商标注册申请经商标

---

① 参考答案:A

局初步审定并公告。下列哪些说法是错误的？(2012－3－65)

A. 甲公司有权在异议期内向商标局提出异议，反对核准乙公司的注册申请

B. 如"逍遥乐"被核准注册，甲公司有权主张先用权

C. 如"逍遥乐"被核准注册，甲公司有权向商标局请求撤销该商标

D. 甲公司有权向法院起诉请求乙公司停止使用并赔偿损失

答案：(　　)①

考点：未注册商标的保护、注册商标的异议程序、注册商标权无效宣告

解题图构

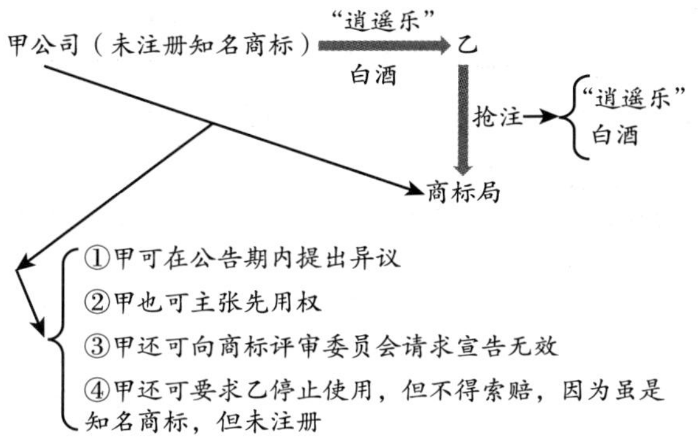

读题技巧

1. ""逍遥乐"被消费者熟知，声誉良好"、"乙公司知道甲公司没有注册'逍遥乐'后"，指向甲公司的"逍遥乐"是知名未注册商标，保护力度弱于注册的商标，不可主张索赔。2. 乙公司抢注"逍遥乐"行为指向甲公司的救济途径：(1)向商标局提出异议的程序；(2)如乙获得注册，向商标评审委申请宣告无效的程序；(3)如乙获得注册，甲可援引先用权抗辩。

思路展开

命题点1："逍遥乐"是未注册知名商标，享有一定的保护：(1)对抢注行为在公告期内提出异议。(2)对抢注成功者，请求商标评审委员会宣告注册商标无效。(3)可对抢注者主张"先用权"抗辩。(4)保护力度弱于注册的商标。即使是未注册驰名商标(何况本题是知名，未必是驰名)，也不能要求抢注者承担赔偿责任。

命题点2：未注册知名商标使用人，对抢注行为提出异议。

(1)法律依据：①《商标法》第15条第2款，"就同一种商品或者类似商品申请注册的商标与他人在先使用的未注册商标相同或者近似，申请人与该他人具有前款规定(代理关系)以外的合同、业务往来关系或者其他关系而明知该他人商标存在，该他人提出异议的，不予注册。"②《商标法》第32条，"申请商标注册不得损害他人现有的在先权利，也不得以不正当手段抢先注册他人已经使用并有一定影响的商标。"③《商标法》第33条，"初步审定公告的商标，自公告之日起三个月内，在先权利人、利害关系人认为违反本法第十三条第二款和第三款、第十五条、第十六条第一款、第三十条、第三十一条、第三十二条规定的，或者任何人认为违反本法第十条、第十一条、第十二条规定的，可以向商标局提出异议。公告期满无异议的，予以核准注册，发给商标注册证，并予公告。"

(2)题干信息：乙公司明知而抢注甲公司未注册的知名商标"逍遥乐"。

(3)结论：甲公司有权提出异议。A对，不选。

(4)延展：修改前商标法规定任何人都可以提出异议，修改后，第33条限于"在先权利人"、"利害关系人"可以提出异议。

命题点3：未注册知名商标使用人甲公司，可对抢注成功的乙公司向商标评审委员会(而不是商标局)提出无效宣告。

(1)法律依据：《商标法》第45条第1款，"已经注册的商标，违反本法第十三条第二款和第三款、第十五条、第十六条第一款、第三十条、第三十一条、第三十二条规定的，自商标注册之日起五年内，在先权利人或者利害关系人可以请求商标评审委员会宣告该注册商标无效。对恶意注册的，驰名商标所有人不受五年的时间限制。"

(2)题干信息＋C选项。如逍遥乐被核准注册，甲公司有权向商标评审委员会提出无效宣告，而不

---

① 参考答案：CD(原答案为BCD，商标法修改后增加商标先用权抗辩，B对，不选。)

是向商标局申请撤销注册商标。

(3)结论:C 错,选。

(4)延展:2013 年修改商标法,用“注册商标无效宣告制度”替代了此前的“商标注册不当撤销制度”。

命题点 4:未注册知名商标使用人甲公司被抢注,可以对抢注者乙公司主张先用权抗辩。

(1)法律依据:《商标法》第 59 条第 3 款,“商标注册人申请商标注册前,他人已经在同一种商品或者类似商品上先于商标注册人使用与注册商标相同或者近似并有一定影响的商标的,注册商标专用权人无权禁止该使用人在原使用范围内继续使用该商标,但可以要求其附加适当区别标识。”

(2)题干信息 + B 选项:B“如‘逍遥乐’被核准注册,甲公司有权主张先用权”。B 对,不选。

(3)延展:“先用权”抗辩中有一个小尾巴:“但可以要求其附加适当区别标识。”

命题点 5:未注册知名商标使用人甲公司毕竟不是注册商标,没有专用权。即使是未注册驰名商标,也不得请求加害人承担赔偿责任。

(1)法律依据:①《商标法》第 3 条第 1 款,“经商标局核准注册的商标为注册商标,包括商品商标、服务商标和集体商标、证明商标;商标注册人享有商标专用权,受法律保护。”我国商标法实行注册制度,只有注册商标才能获得专用权。②《商标解释》第 2 条,“依据商标法第十三条第一款的规定,复制、模仿、翻译他人未在中国注册的驰名商标或其主要部分,在相同或者类似商品上作为商标使用,容易导致混淆的,应当承担停止侵害的民事法律责任。”不承担损害赔偿责任。

(2)结论:即使属于未注册驰名商标,使用人也依法只享有禁止他人注册和使用的权利,但不得请求损害赔偿,故 D 错,当选。

2. 证明商标、集体商标

河川县盛产荔枝,远近闻名。该县成立了河川县荔枝协会,申请注册了“河川”商标,核定使用在荔枝商品上,许可本协会成员使用。加入该荔枝协会的农户将有“河川”商标包装的荔枝批发给盛联超市销售。超市在销售该批荔枝时,在荔枝包装上还加贴了自己的注册商标“盛联”。下列哪些说法是正确的?(2015 – 3 – 64)

A.“河川”商标是集体商标

B.“河川”商标是证明商标

C.“河川”商标使用了县级以上行政区划名称,应被宣告无效

D. 盛联超市的行为没有侵犯商标权

答案:(　　)①

考点:集体商标、证明商标、反向假冒

解题图构

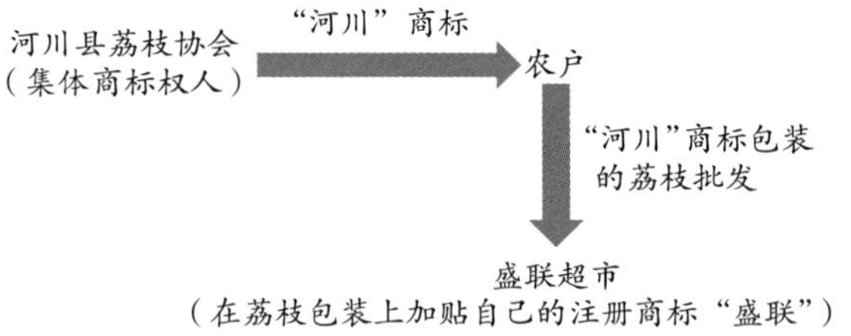

读题技巧

1. 河川县荔枝协会申请注册了“河川商标”,“了”指向 C 错误。C 与其他选项是互斥的。2. 许可本协会成员使用,指向集体商标,而非证明商标。3. 加贴,指向没有变更,不是反向假冒。国美可以卖海尔冰箱吗?

思路展开

命题点 1:地理名称、集体商标、证明商标:

(1)地名。《商标法》第 10 条第 2 款,“县级以上行政区划的地名或者公众知晓的外国地名,不得作为商标。但是,地名具有其他含义或者作为集体商标、证明商标组成部分的除外;已经注册的使用地名的商标继续有效。”①题干信息:“河川县盛产荔枝,远近闻名”。“河川县荔枝协会,申请注册了‘河川’商标”。②选项:“C.‘河川’商标使用了县级以上行政区划名称,应被宣告无效。”错误,C 不当选。③小结:县级以上地名或公众知晓的外国地名不能是商标。有三个例外:a. 已经注册使用地名商标继续有效;b. 作为集体商标、证明商标组成部分的(通过注册证明商标或集体商标的方式来保护地理标志是国际上保护地理标志的一种主要方式,对特色农产品实施地理标志保护,是国际通行的做法);c. 地名具有其他含义的。

① 参考答案:AD

(2)集体商标:《商标法》第3条第1款,“经商标局核准注册的商标为注册商标,包括商品商标、服务商标和集体商标、证明商标;商标注册人享有商标专用权,受法律保护。”①《商标法》第3条2款,“本法所称集体商标,是指以团体、协会或者其他组织名义注册,供该组织成员在商事活动中使用,以表明使用者在该组织中的成员资格的标志。”②故“A.‘河川’商标是集体商标”,正确,A当选。

(3)证明商标:《商标法》第3条第3款,“本法所称证明商标,是指由对某种商品或者服务具有监督能力的组织所控制,而由该组织以外的单位或者个人使用于其商品或者服务,用以证明该商品或者服务的原产地、原料、制造方法、质量或者其他特定品质的标志。”①“河川”商标不符合证明商标的特征,不是证明商标,B错,不选。②典型证明商标如:国际羊毛局注册并管理纯羊毛标志,符合国际羊毛局颁布的有关羊毛制品品质标准的厂商就可以要求国际羊毛局允许其使用纯羊毛标志。绿色食品商标由农业部中国绿色食品发展中心注册,凡是具备绿色食品生产、经营条件的企业和个人,向中国绿色食品发展中心申请,经审查符合绿色食品标准之后,就可使用绿色食品证明商标标识。

命题点2:注册商标混淆之反向假冒。

(1)法律依据:《商标法》第57条第5项:“有下列行为之一的,均属侵犯注册商标专用权:(五)未经商标注册人同意,更换其注册商标并将该更换商标的商品又投入市场的。”

(2)具体到本题:①加入该荔枝协会的农户将有“河川”商标包装的荔枝批发给盛联超市销售。②超市在销售该批荔枝时,在荔枝包装上还加贴了自己的注册商标“盛联”。③由此可知,盛联超市销售河川商标,不会构成混淆。国美电器购买了海尔冰箱,互不混淆。

(3)结论:“盛联超市”加贴销售商标,没有更换商标,不构成反向假冒行为,故其行为合法。“D.盛联超市的行为没有侵犯商标权”,正确,D当选。

常见错误 1.反向假冒说:认为D项错误,因为在他人已有商标产品上加贴自己的商标构成侵权。2.证明商标说:认为证明商标是由有监督能力组织注册,故“河川”商标是证明商标。

3.“花果山”市出产的鸭梨营养丰富,口感独特,远近闻名,当地有关单位拟对其采取的保护措施中,哪些是不合法的?(2006-3-63)

A将“花果山”申请注册为集体商标,使用于鸭梨上

B将“花果山”申请注册为证明商标,使用于鸭梨上

C将鸭梨的形状申请注册为立体商标,使用于鸭梨上

D将“香梨”申请注册为文字商标,使用于鸭梨上

答案:(　　)①

考点:集体商标、证明商标、商标注册绝对拒绝注册事由(通用名称、自然形状)

读题技巧

1.“花果山”市出产的鸭梨营养丰富、口感独特、远近闻名,指向县级以上行政区划地名,可申请注册为集体商标、证明商标。2.C中“鸭梨的形状”,指向商品自身性质的三维形状,不得注册为商标。3.D中的“香梨”,指向商品通用名称,不得注册为商标。

思路展开

命题点1:县级以上行政区划地名可以申请注册为集体商标、证明商标。《商标法》第10条。

(1)法律依据:《商标法》第10条第2款,“县级以上行政区划的地名或者公众知晓的外国地名,不得作为商标。但是,地名具有其他含义或者作为集体商标、证明商标组成部分的除外;已经注册的使用地名的商标继续有效。”

(2)地名三种情形可注册为商标:①有其他含义;②集体商标、证明商标;③已经注册使用的。

(3)具体到本题:①“花果山”市,是市,即为县级以上行政区划地名。可以申请注册为集体商标或证明商标。②法律依据:《商标法》第3条,“经商标局核准注册的商标为注册商标,包括商品商标、服务商标和集体商标、证明商标;商标注册人享有商标专用权,受法律保护。本法所称集体商标,是指以团体、协会或者其他组织名义注册,供该组织成员在商

① 参考答案:CD

事活动中使用,以表明使用者在该组织中的成员资格的标志。本法所称证明商标,是指由对某种商品或者服务具有监督能力的组织所控制,而由该组织以外的单位或者个人使用于其商品或者服务,用以证明该商品或者服务的原产地、原料、制造方法、质量或者其他特定品质的标志。集体商标、证明商标注册和管理的特殊事项,由国务院工商行政管理部门规定。”③集体商标,如中国电子音像协会在音像产品上注册了有两个音符图形形成的集体商标。④证明商标:如“舟山带鱼”证明商标、中国“绿色食品”商标由农业部中国绿色食品发展中心注册、国际羊毛局的“纯新羊毛标志”。⑤花果山市的农业主管部门、鸭梨协会等单位可以将“花果山”注册为集体商标。⑥因为花果山产的鸭梨口感独特,具有特定的品质,可以成为证明商标。

(4)结论:“花果山”可以注册为集体商标、证明商标,“A. 将‘花果山’申请注册为集体商标,使用于鸭梨上、B. 将‘花果山’申请注册为证明商标,使用于鸭梨上”AB 合法,不符合题意,不选 AB。

(5)延展:地理标志,结合记忆:《商标法》第 16 条第 1 款,“商标中有商品的地理标志,而该商品并非来源于该标志所标示的地区,误导公众的,不予注册并禁止使用;但是,已经善意取得注册的继续有效。”第 2 款,“前款所称地理标志,是指标示某商品来源于某地区,该商品的特定质量、信誉或者其他特征,主要由该地区的自然因素或者人文因素所决定的标志。”地理标志不是商标,不过可以注册为集体商标,如吐鲁番葡萄、安溪铁观音、西湖龙井。

命题点 2:商品的通用名称不得注册为商标。《商标法》第 11 条。

(1)法律依据:《商标法》第 11 条,“下列标志不得作为商标注册:(一)仅有本商品的通用名称、图形、型号的;(二)仅直接表示商品的质量、主要原料、功能、用途、重量、数量及其他特点的;(三)其他缺乏显著特征的。前款所列标志经过使用取得显著特征,并便于识别的,可以作为商标注册。”

(2)具体到本题,D 选项中“香梨”是鸭梨的通用名称,不能注册成鸭梨的商标。

(3)结论:“D 将‘香梨’申请注册为文字商标,使用于鸭梨上”,D 不合法,符合题意,选 D。

命题点 3:商品三维形状之自然形状,不得注册为商标。《商标法》第 12 条。

(1)法律依据:《商标法》第 12 条,“以三维标志申请注册商标的,仅由商品自身的性质产生的形状、为获得技术效果而需有的商品形状或者使商品具有实质性价值的形状,不得注册。”

(2)三种形状不得注册为商标:自然形状、技术形状、价值形状。

(3)具体到本题:鸭梨的形状,是鸭梨的自然形状,不能注册为商标使用在鸭梨上!

(4)结论:“C 将鸭梨的形状申请注册为立体商标,使用于鸭梨上”,C 不合法,符合题意,选 C。

4. 商标局受理了一批商标注册申请,审查过程中均未发现在先申请。商标局应当依法驳回下列哪些注册申请?(2007-3-62)

A. 将“红旗”文字商标使用于油漆商品上

B. 将“敌尔蚊”文字商标使用于驱蚊商品上

C. 将“光明”文字商标使用于灯泡商品上

D. 将“红高粱”文字商标使用于高粱酿制的白酒类商品上

答案:(　　)①

考点:商标注册的禁止条件(绝对拒绝注册事由)

思路展开

命题点 1:绝对拒绝注册事由之一:不得当做商标使用的标志。《商标法》第 10 条。

(1)法律依据:《商标法》第 10 条,“下列标志不得作为商标使用:(一)同中华人民共和国的国家名称、国旗、国徽、国歌、军旗、军徽、军歌、勋章等相同或者近似的,以及同中央国家机关的名称、标志、所在地特定地点的名称或者标志性建筑物的名称、图形相同的;(二)同外国的国家名称、国旗、国徽、军旗等相同或者近似的,但经该国政府同意的除外;(三)同政府间国际组织的名称、旗帜、徽记等相同或者近似的,但经该组织同意或者不易误导公众的除外;(四)与表明实施控制、予以保证的官方标志、检验印记相同或者近似的,但经授权的除外;(五)同

① 参考答案:BD

‘红十字’、‘红新月’的名称、标志相同或者近似的；(六)带有民族歧视性的；(七)带有欺骗性，容易使公众对商品的质量等特点或者产地产生误认的；(八)有害于社会主义道德风尚或者有其他不良影响的。县级以上行政区划的地名或者公众知晓的外国地名，不得作为商标。但是，地名具有其他含义或者作为集体商标、证明商标组成部分的除外；已经注册的使用地名的商标继续有效。”

(2)具体到本题：“A.将‘红旗’文字商标使用于油漆商品上”。红旗不是国旗，五星红旗才是国旗。因此，红旗可以作为注册商标。

(3)结论：A不符合题意，不选A。

命题点2：绝对拒绝注册事由之二：不能注册，但是可以作为未注册商标使用的。《商标法》第11条。

(1)法律依据：《商标法》第11条，第1款，“下列标志不得作为商标注册：(一)仅有本商品的通用名称、图形、型号的；(二)仅直接表示商品的质量、主要原料、功能、用途、重量、数量及其他特点的；(三)其他缺乏显著特征的。”第2款，“前款所列标志经过使用取得显著特征，并便于识别的，可以作为商标注册。”

(2)具体到本题，仅直接表示商品的主要原料、功能，不能获得商标注册，仅可作为未注册商标使用。①B中“驱蚊”商品，使用“敌尔蚊”，“敌尔蚊”直接表明商品的功能。②D中“高粱”酿制的白酒商品，使用“红高粱”，“红高粱”直接表明商品的功能。③因此，“敌尔蚊”和“红高粱”均不能获得商标注册。商标局应驳回其注册申请。④但是，C中“光明”并不是灯泡的功能，发光才是灯泡的功能，故‘光明’可以是注册商标，而发光则不能申请商标注册。

(3)结论：①“B.将“敌尔蚊”文字商标使用于驱蚊商品上”，商标局应驳回，B符合题意，选B。②“D.将“红高粱”文字商标使用于高粱酿制的白酒类商品上”，商标局应驳回，D符合题意，选D。③“C.将“光明”文字商标使用于灯泡商品上”，商标局不能驳回，C不符合题意，不选C。

(4)延展：解释《商标法》第11条第2款，如果商品质量、主要原料、功能、用途、重量、数量等其他特点，经过使用取得了显著性，便于识别的，则可以作为商标注册。譬如：①五粮液是原料，不显著，不能申请注册。但将五粮液作为酒的未注册商标使用一段时间后，如果消费者将五粮液与四川宜宾酒厂出品的酒联系起来时，五粮液就“显著”了。可以申请注册商标。②薰衣草保健枕，经过使用薰衣草获得了显著性，具有第二含义。可以申请为注册商标。③两面针牙膏，两面针是中草药名称。经过使用后，消费者已经意识到他们指示商品来源和出处。第一反应不是一种有治疗作用的中草药，而是一种特定厂商制造的牙膏。两面针第一含义是中草药，但在长期用于特定牙膏后，产生了第二种含义，即指代特定厂商制造的牙膏(广西柳州牙膏厂)。

5.某企业在其生产的人用药品上使用“病必治”商标，但未进行注册。下列哪一选项是正确的？(2008－四川－22)

A.该企业使用该商标违法，因人用药品商标必须注册

B.该商标夸大宣传并具有欺骗性，不得使用

C.该商标可以使用，但不得注册

D.该商标通过使用获得显著性后，可以注册

答案：(　　)①

考点：绝对拒绝注册的标志

思路展开

1.法律依据：《商标法》第10条规定，夸大宣传并带有欺骗性的标志不得作为商标使用。2.具体到本题：该企业的“病必治”商标就具有夸大和欺骗的性质，因此不得作为商标使用。3.结论：“B.该商标夸大宣传并具有欺骗性，不得使用”，B对，选B。

二、申请注册商标

1.商标代理机构接受委托申请注册商标的规则

营盘市某商标代理机构，发现本市甲公司长期制造销售“实耐”牌汽车轮胎，但一直未注册商标，该机构建议甲公司进行商标注册，甲公司负责人鄢某未置可否。后鄢某辞职新创立了乙公司，鄢某委托该商标代理机构为乙公司进行轮胎类产品的商标注册。关于该商标代理机构的行为，下列哪一选

① 参考答案：B

项是正确的?(2016-3-17)

A. 乙公司委托注册“实耐”商标,该商标代理机构不得接受委托

B. 乙公司委托注册“营盘轮胎”商标,该商标代理机构不得接受委托

C. 乙公司委托注册普通的汽车轮胎图形作为商标,该商标代理机构不得接受委托

D. 该商标代理机构自行注册“捷驰”商标,用于转让给经营汽车轮胎的企业

答案:(　　)①

考点:对商标代理机构的规制

解题图构

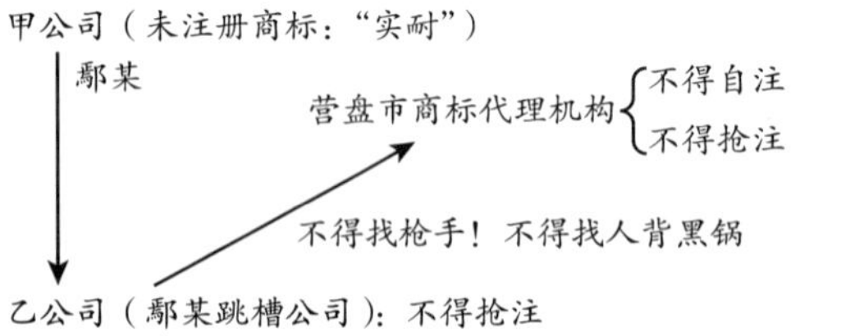

读题技巧

1.“‘实耐’牌汽车轮胎,但一直未注册商标”,指向未注册商标,可以控制熟悉人的申请注册。2.“该机构建议甲公司进行商标注册,甲公司负责人鄢某未置可否”,商标代理机构知道“实耐”这个未注册商标,不得帮助鄢某抢注。3.“商标代理机构自行注册‘捷驰’商标,用于转让”,D选项是新增事实,假设商标代理机构自行注册商品商标“捷驰”用于转让,商标法显然是不允许的。

思路展开

命题点1:商标代理机构不得帮人抢注商标。

(1)法律依据:商标代理机构如果知情,不得接受抢注者恶意抢注商标委托。①《商标法》第19条第1款,商标代理机构应当遵循诚实信用原则,遵守法律、行政法规,按照被代理人的委托办理商标注册申请或者其他商标事宜;对在代理过程中知悉的被代理人的商业秘密,负有保密义务。第3款,商标代理机构知道或者应当知道委托人申请注册的商标属于本法第十五条和第三十二条规定情形的,不得接受其委托。②《商标法》第15条第1款,未经授权,代理人或者代表人以自己的名义将被代理人或者被代表人的商标进行注册,被代理人或者被代表人提出异议的,不予注册并禁止使用。第2款,就同一种商品或者类似商品申请注册的商标与他人在先使用的未注册商标相同或者近似,申请人与该他人具有前款规定以外的合同、业务往来关系或者其他关系而明知该他人商标存在,该他人提出异议的,不予注册。《商标法》第32条,申请商标注册不得损害他人现有的在先权利,也不得以不正当手段抢先注册他人已经使用并有一定影响的商标。

(2)具体到本题:①“某商标代理机构发现本市甲公司长期制造销售‘实耐’牌汽车轮胎,但一直未注册商标,该机构建议甲公司进行商标注册”=商标代理机构知情。②“甲公司负责人鄢某未置可否。后鄢某辞职新创立了乙公司,鄢某委托该商标代理机构为乙公司进行轮胎类产品的商标注册”=鄢某要抢注甲公司未注册的“实耐”标识用于企业轮胎产品。③因此,鄢某的行为符合《商标法》第15条第2款的情形。④商标代理机构对此知情,故不得接受鄢某的委托。

(3)结论:“A.乙公司委托注册‘实耐’商标,该商标代理机构不得接受委托”,A对,选。

命题点2:商标代理机构对于委托人意向标识根据《商标法》规定可能属于不得注册情形,应履行告知义务,告知委托人。但仍然可以接受委托。

(1)法律依据:①商标代理机构的明确告知义务。《商标法》第19条第2款,委托人申请注册的商标可能存在本法规定不得注册情形的,商标代理机构应当明确告知委托人。②县级以上行政区划地名一般不得注册为商标。《商标法》第10条第2款,县级以上行政区划的地名或者公众知晓的外国地名,不得作为商标。但是,地名具有其他含义或者作为集体商标、证明商标组成部分的除外;已经注册的使用地名的商标继续有效。③通用名称、图形有可能不能获得注册,除非具有显著性。《商标法》第11条第1款,下列标志不得作为商标注册:(一)仅有本商品的通用名称、图形、型号的;(二)仅直接表示商品的质量、主要原料、功能、用途、重量、数量及其他特点的;(三)其他缺乏显著特征的。第2款,前款所列

① 参考答案:A

标志经过使用取得显著特征，并便于识别的，可以作为商标注册。

(2)具体到本题："营盘市"、"进行轮胎类产品的商标注册"、B选项想注册"营盘轮胎"、C选项想注册"汽车轮胎图形"，都有被驳回的可能。商标代理机构应明确告知，但是仍然可以接受委托。

(3)结论："B. 乙公司委托注册'营盘轮胎'商标，该商标代理机构不得接受委托"、"C. 乙公司委托注册普通的汽车轮胎图形作为商标，该商标代理机构不得接受委托"，BC都错，不选。

命题点3：商标代理机构要申请自己用的注册商标，必须限于服务类，不得申请注册商标用于商品。

(1)法律依据：①《商标法》第19条第4款，商标代理机构除对其代理服务申请商标注册外，不得申请注册其他商标。②避免商标代理机构沦为商标注册的黄牛党。一旦允许商标代理机构注册商品商标然后转让，商标代理机构会成为商标掮客，专门注册商标转让，扰乱注册市场，长此以往，必然到处都是黄牛党、专业的黄牛党，而且会助长商标抢注。

(2)具体到本题："该商标代理机构自行注册'捷驰'商标"商标代理机构只可以申请服务商标，不能注册其他商标。

(3)结论："D. 该商标代理机构自行注册'捷驰'商标，用于转让给经营汽车轮胎的企业"，D错，不选。

2. 商标申请、优先权、省钱申请

甲公司是《保护工业产权巴黎公约》成员国A国的企业，于2012年8月1日向A国在牛奶产品上申请注册"白雪"商标被受理后，又于2013年5月30日向我国商标局申请注册"白雪"商标，核定使用在牛奶、糕点和食品容器这三类商品上。下列哪些说法是错误的？(2014－3－64)

A. 甲公司应委托依法设立的商标代理机构代理申请商标注册

B. 甲公司必须提出三份注册申请，分别在三类商品上申请注册同一商标

C. 甲公司可依法享有优先权

D. 如商标局在异议程序中认定"白雪"商标为驰名商标，甲公司可在其牛奶包装上使用"驰名商标"字样

答案：(　　)①

考点：商标申请、优先权、驰名商标

解题图构

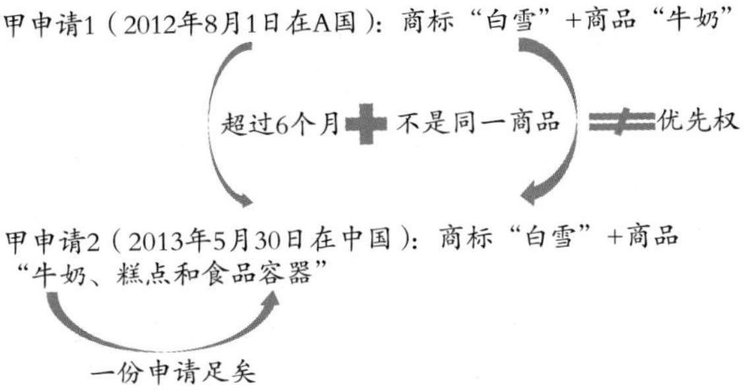

读题技巧

1."A国的企业"，指向外国企业申请商标得找代理。2."2012年8月1日"、"又"和"2013年5月30日"，指向优先权的6个月期间。"牛奶"、"糕点和食品容器这三类商品"继续指向优先权的同一商品要件。3. D项"如"，指向单独判断。

思路展开

命题点1：甲公司是A国企业，指向外国企业在中国申请注册商标，应委托商标代理机构代理申请。

(1)法律依据：《商标法》第18条第2款，"外国人或者外国企业在中国申请商标注册和办理其他商标事宜的，应当委托依法设立的商标代理机构办理。"(2)结论：A对，不选。

命题点2：申请注册商标表格填写可以一表多类。

(1)法律依据：《商标法》第22条第2款，"商标注册申请人可以通过一份申请就多个类别的商品申请注册同一商标。"

(2)原理：2013年《商标法》修改目的为了方便商标注册申请。(3)结论：B错，选。

命题点3：申请注册商标的优先权。

(1)法律依据：《商标法》第25条第1款，"商标注册申请人自其商标在外国第一次提出商标注册申

① 参考答案：BCD

请之日起六个月内,又在中国就相同商品以同一商标提出商标注册申请的,依照该外国同中国签订的协议或者共同参加的国际条约,或者按照相互承认优先权的原则,可以享有优先权。"

(2)题干信息:①2012 年 8 月 1 日到 2013 年 5 月 30 日超过了 6 个月。②在 A 国商品是"牛奶";在中国商品是"牛奶、糕点和食品容器"。(3)结论:不符合优先权条件。C 错,选。

命题点 4:驰名商标不是事实认定,不能用作宣传。

(1)法律依据:①《商标法》第 14 条第 5 款,"生产、经营者不得将'驰名商标'字样用于商品、商品包装或者容器上,或者用于广告宣传、展览以及其他商业活动中。"②第 53 条,违反本法第十四条第五款规定的,由地方工商行政管理部门责令改正,处十万元罚款。

(2)题干信息(无)+选项 D。"如商标局在异议程序中认定'白雪'商标为驰名商标,甲公司可在其牛奶包装上使用"驰名商标"字样"。D 错,选。

3. 注册商标的申请、外国企业申请注册商标

如外国企业在我国申请注册商标,下列哪一说法是正确的? (2012-3-19)

A. 应当委托在我国依法成立的律师事务所代理

B. 所属国必须已加入《保护工业产权巴黎公约》

C. 所属国必须已加入世界贸易组织

D. 如所属国商标注册主管机关曾驳回了其商标注册申请,该申请在我国仍有可能获准注册

答案:( )①

考点:商标注册申请、外国企业申请注册商标

读题技巧

1."外国企业",指向外国企业申请注册商标的规则。2."如所属国商标注册主管机关曾驳回了"、"在我国仍有可能获准注册",指向知识产权地域性。

思路展开

命题点 1:外国企业在我国申请注册商标的条件,按协议或公约或对等原则办理,不一定要求外国企业所属国必须加入了某国际公约或者国际组织。

(1)法律依据:《商标法》第 17 条,"外国人或者外国企业在中国申请商标注册的,应当按其所属国和中华人民共和国签订的协议或者共同参加的国际条约办理,或者按对等原则办理。"

(2)外国企业在我国申请注册商标,即使该外国企业不是成员国国民,其所在国未参加《巴黎公约》或者《Trips 协议》,只要其所属国与中国签订双边协议,或者其所属国与中国根据互惠原则互相承认对方国民的商标注册申请,均可在中国申请商标注册。(3)结论:B、C 错误,不选。

命题点 2:外国企业在我国申请注册商标的路径,应当委托中国认可的具有商标代理资格的组织代理。

(1)法律依据:《商标法》第 18 条第 2 款,"外国人或者外国企业在中国申请商标注册和办理其他商标事宜的,应当委托依法设立的商标代理机构办理。"

(2)律师事务所不一定获得商标代理资格,故 A 错,不选。

命题点 3:商标注册(知识产权保护)实行独立保护原则,具有地域性:某件商标是否符合注册条件,必须依据我国商标法的规定进行判断,在外国能够获准注册的,不一定必然能够在我国获准注册;反之,在外国不能获准注册的,在我国却有可能获准注册。故 D 对,当选。

4. 注册商标申请的优先权

商标注册申请人自其在某外国第一次提出商标注册申请之日起六个月内,又在中国就相同商品以同一商标提出注册申请的,依据下列哪些情形可享有优先权? (2010-3-64)

A. 该外国同中国签订的协议

B. 该外国同中国共同参加的国际条约

C. 该外国同中国相互承认优先权

D. 该外国同中国有外交关系

答案:( )②

考点:注册商标申请的优先权

思路展开

① 参考答案:D

② 参考答案:ABC

1. 命题点：商标注册申请的国外优先权。

(1)法律依据：《商标法》第25条第1款，"商标注册申请人自其商标在外国第一次提出商标注册申请之日起六个月内，又在中国就相同商品以同一商标提出商标注册申请的，依照该外国同中国签订的协议或者共同参加的国际条约，或者按照相互承认优先权的原则，可以享有优先权。"第2款，"依照前款要求优先权的，应当在提出商标注册申请的时候提出书面声明，并且在三个月内提交第一次提出的商标注册申请文件的副本；未提出书面声明或者逾期未提交商标注册申请文件副本的，视为未要求优先权。"

(2)国外优先权的五个要件：①国家要件(特殊国家)。②双申请要件(国外申请，国内也申请)。③双相同要件(相同商品，同一商标)。④时间要件(两次申请间隔时间必须在6个月内)。⑤国内声明要件(要主张优先权)。

(3)具体到本题，考查的是"国家要件"。双边协议国家，国际条约国家，互相承认优先权的国家。有外交关系不等于符合"国家要件"。

(4)结论：①"A. 该外国同中国签订的协议、B. 该外国同中国共同参加的国际条约、C. 该外国同中国相互承认优先权"，ABC符合题意，选ABC。②"D. 该外国同中国有外交关系"，D不符合题意，不选D。

2. 相关联的命题点：商标注册申请的国际展览会优先权。

(1)法律依据：《商标法》第26条第1款，"商标在中国政府主办的或者承认的国际展览会展出的商品上首次使用的，自该商品展出之日起六个月内，该商标的注册申请人可以享有优先权。"第2款，"依照前款要求优先权的，应当在提出商标注册申请的时候提出书面声明，并且在三个月内提交展出其商品的展览会名称、在展出商品上使用该商标的证据、展出日期等证明文件；未提出书面声明或者逾期未提交证明文件的，视为未要求优先权。"

(2)展览会优先权的特点：将商标用在展销商品上，自商品展出之日起6个月内，在国内申请商标注册的，可以主张优先权，其原理是鼓励企业大胆展出商品，附带使用商标。

(3)国外优先权是鼓励中国企业去国外申请注册商标。

三、注册商标权有效期、续展期和过渡期

四、商标权的内容

1. 商标专用权

甲公司生产"美多"牌薰衣草保健枕，"美多"为注册商标，薰衣草为该枕头的主要原料之一。其产品广告和包装上均突出宣传"薰衣草"，致使"薰衣草"保健枕被消费者熟知，其他厂商也推出"薰衣草"保健枕。后"薰衣草"被法院认定为驰名商标。下列哪些表述是正确的？(2013－3－65)

A. 甲公司可在一种商品上同时使用两件商标

B. 甲公司对"美多"享有商标专用权，对"薰衣草"不享有商标专用权

C. 法院对驰名商标的认定可写入判决主文

D. "薰衣草"叙述了该商品的主要原料，不能申请注册

答案：(　　)①

考点：注册商标专用权、可获得注册的商标、未注册驰名商标

解题图构

甲公司
- ①注册商标"美多" ⟹ 用于商品"保健枕"
- ②未注册驰名商标"薰衣草"：原材料薰衣草获得显著性，用于商品"保健枕"

→
- ①"薰衣草"是未注册驰名商标
- ②"薰衣草"可申请注册为商标
- ③驰名商标字样不写入判决主文

读题技巧

1. "'美多'为注册商标"、"后'薰衣草'被法院认定为驰名商标"，指向本题有一个注册商标，一个未注册商标。2. "薰衣草为该枕头的主要原料之一"、"突出宣传'薰衣草'，致使'薰衣草'保健枕被消费者熟知"，指向原料具有显著性可以申请注册商标。3. "后'薰衣草'被法院认定为驰名商标"，指向驰名商标的保护方式。

思路展开

命题点1：同一商品，可以使用两个甚至多

① 参考答案：AB

个商标,可以一个是注册商标,另一个是未注册商标。法律没有限制规定企业不能在同一种商品上使用两件商标,故A对,当选。

命题点2:只有注册商标才会有商标专用权,未注册商标没有专用权。

(1)法律依据:《商标法》第3条第1款的规定,经商标局核准注册的商标为注册商标,包括商品商标、服务商标和集体商标、证明商标;商标注册人享有商标专用权,受法律保护。

(2)题干信息:"薰衣草"虽然被认定为驰名商标,但是因为没有注册,故甲公司对"薰衣草"不能享有商标专用权。B对,当选。

命题点3:未注册驰名商标受同类保护,但是驰名商标不是事实认定。

(1)法律依据:《关于审理涉及驰名商标保护的民事纠纷案件应用法律若干问题的解释》第13条,"在涉及驰名商标保护的民事纠纷案件中,人民法院对于商标驰名的认定,仅作为案件事实和判决理由,不写入判决主文;以调解方式审结的,在调解书中对商标驰名的事实不予认定。"

(2)题干信息+C选项:"致使"薰衣草"保健枕被消费者熟知","法院对驰名商标的认定可写入判决主文",故C错,不选。

命题点4:原料等名称经过使用取得显著性可以作为商标注册!

(1)法律依据:《商标法》第11条,"下列标志不得作为商标注册:(一)仅有本商品的通用名称、图形、型号的;(二)仅仅直接表示商品的质量、主要原料、功能、用途、重量、数量及其他特点的;(三)缺乏显著特征的。前款所列标志经过使用取得显著特征,并便于识别的,可以作为商标注册。"

(2)题干信息:薰衣草为该枕头的主要原料之一+突出宣传"薰衣草",致使"薰衣草"保健枕被消费者熟知,故薰衣草可以作为商标注册。

(3)题干强烈暗示:"后'薰衣草'被法院认定为驰名商标"。即被认定为驰名商标的未注册商标,可以申请注册。(4)结论:D错,不选。

常见错误

1. 法律禁止同一商品使用两件商标说:认为法律禁止公司在同一种商品上使用两件商标,未选A。

2. 驰名商标有商标专用权说:认为"薰衣草"被认定为驰名商标,甲公司对其享有商标专用权,未选B。

2. 注册商标的许可使用

甲公司通过签订商标普通许可使用合同许可乙公司使用其注册商标"童声",核定使用的商品为儿童服装。合同约定发现侵权行为后乙公司可以其名义起诉。后乙公司发现个体户萧某销售假冒"童声"商标的儿童服装,萧某不能举证证明该批服装的合法来源。下列哪些说法是正确的?(2011-3-64)

A. 乙公司必须在"童声"儿童服装上标明乙公司的名称和产地

B. 该商标使用许可合同自备案后生效

C. 乙公司不能以其名义起诉,因为诉权不得约定转移

D. 萧某应当承担停止销售和赔偿损失的法律责任

答案:(　　)①

考点:注册商标许可使用、商标侵权的原告、善意销售(非善意销售则无抗辩)

解题图构

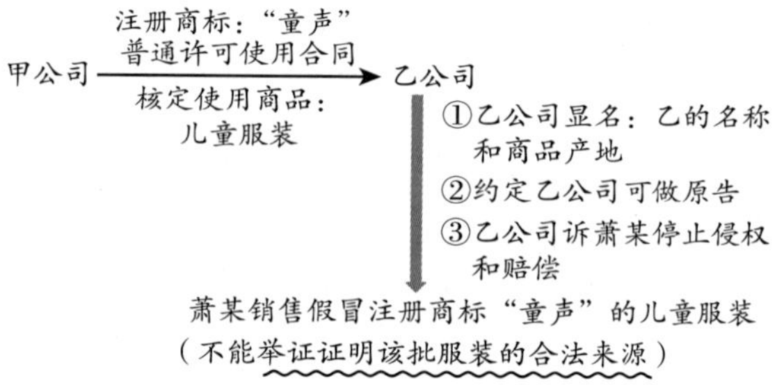

读题技巧

1. "许可使用合同",指向被许可人应双显名,避免混淆;也指向合同未经备案不影响效力。2. "合同约定发现侵权行为后乙公司可以其名义起诉",指向普通许可被许可人有原告资格。3. "假冒"童声"商标的儿童服装,萧某不能举证证明该批服装的合法来源",指向侵权人萧某应承担停止销售和赔偿损失责任。萧某不能主张不赔偿的抗辩。

思路展开

① 参考答案:AD

命题点 1：注册商标许可使用中，被许可人必须“双显名”。不能导致混淆，要表明被许可人名称和商品产地。——对接《消费者权益保护法》，单显名侵犯了消费者知情权。

(1)法律依据：《商标法》第 43 条第 1 款，“商标注册人可以通过签订商标使用许可合同，许可他人使用其注册商标。许可人应当监督被许可人使用其注册商标的商品质量。被许可人应当保证使用该注册商标的商品质量。”《商标法》第 43 条第 2 款，“经许可使用他人注册商标的，必须在使用该注册商标的商品上标明被许可人的名称和商品产地。”

(2)具体到本题：“A. 乙公司必须在“童声”儿童服装上标明乙公司的名称和产地”A 对，选。

命题点 2：注册商标许可使用合同的效力，不以商标局备案为条件。仅仅是未经备案不得对抗善意第三人。

(1)法律依据：《商标法》第 43 条第 3 款，许可他人使用其注册商标的，许可人应当将其商标使用许可报商标局备案，由商标局公告。商标使用许可未经备案不得对抗善意第三人。

(2)具体到本题：“B. 该商标使用许可合同自备案后生效”，B 错，不选。

命题点 3：商标专用权普通许可使用中，使用人经商标专用权人明确授权，可以自己名义直接对侵犯商标专用权者提起诉讼。

(1)法律依据：①《商标法》第 60 条第 1 款，“有第六十条有本法第五十七条所列侵犯注册商标专用权行为之一，引起纠纷的，由当事人协商解决；不愿协商或者协商不成的，商标注册人或者利害关系人可以向人民法院起诉，也可以请求工商行政管理部门处理。”②《商标法司法解释》第 4 条第 1 款，“商标法第五十三条(现第 60 条)规定的利害关系人，包括注册商标使用许可合同的被许可人、注册商标财产权利的合法继承人等。”第 2 款，“在发生注册商标专用权被侵害时，独占使用许可合同的被许可人可以向人民法院提起诉讼；排他使用许可合同的被许可人可以和商标注册人共同起诉，也可以在商标注册人不起诉的情况下，自行提起诉讼；普通使用许可合同的被许可人经商标注册人明确授权，可以提起诉讼。”

(2)具体到本题：“合同约定发现侵权行为后乙公司可以其名义起诉”，故“C. 乙公司不能以其名义起诉，因为诉权不得约定转移”，C 错，不选。

命题点 4：善意销售(仍然构成侵权，只是不赔偿)。销售不知道是侵权注册商标专用权的商品，能证明该商品是自己合法取得并说明提供者，反面言之，如果不能证明合法来源，则要承担停止侵害和赔偿的双重责任。

(1)法律依据：①《商标法》第 57 条，“有下列行为之一的，均属侵犯注册商标专用权：(一)未经商标注册人的许可，在同一种商品上使用与其注册商标相同的商标的。”②《商标法司法解释》第 21 条第 1 款，“人民法院在审理侵犯注册商标专用权纠纷案件中，依据民法通则第一百三十四条、商标法第五十三条的规定和案件具体情况，可以判决侵权人承担停止侵害、排除妨碍、消除危险、赔偿损失、消除影响等民事责任，还可以作出罚款，收缴侵权商品、伪造的商标标识和专门用于生产侵权商品的材料、工具、设备等财物的民事制裁决定。罚款数额可以参照《中华人民共和国商标法实施条例》的有关规定确定。”。③《商标法》第 64 条第 2 款，“销售不知道是侵犯注册商标专用权的商品，能证明该商品是自己合法取得并说明提供者的，不承担赔偿责任。”

(2)具体到本题：“萧某销售假冒“童声”商标的儿童服装，萧某不能举证证明该批服装的合法来源”，“D. 萧某应当承担停止销售和赔偿损失的法律责任”。故 D 对，选。

延展：不赔偿抗辩的图构。其中，《商标法》第 64 条第 1 款是 2013 年新规定。“注册商标专用权人请求赔偿，被控侵权人以注册商标专用权人未使用注册商标提出抗辩的，人民法院可以要求注册商标专用权人提供此前三年内实际使用该注册商标的证据。注册商标专用权人不能证明此前三年内实际使用过该注册商标，也不能证明因侵权行为受到其他损失的，被控侵权人不承担赔偿责任。”

①僵尸商标。注册商标3年未用，且注册商标专用权人不能证明受到其他损失《商标法》第64条——联想记忆：对僵尸商标，关系人可申请商标局撤销
②善意销售。销售不知道是侵权注册商标专用权的商品，能证明该商品是自己合法取得并说明提供者《商标法》第64条——联想记忆：专利侵权中不赔偿抗辩与此同。《专利法》第70条。
③侵犯未注册驰名商标。只承担停止侵害、销毁侵权物品等责任，不承担赔偿责任《商标法司法解释》第2条。

3. 注册商标的转让、变更、撤销、商标侵权

甲公司注册了商标“霞露”,使用于日用化妆品等商品上,下列哪一选项是正确的?(2010-3-17)

A. 甲公司要将该商标改成“露霞”,应向商标局提出变更申请

B. 乙公司在化妆品上擅自使用“露霞”为商标,甲公司有权禁止

C. 甲公司因经营不善连续三年停止使用该商标,该商标可能被注销

D. 甲公司签订该商标转让合同后,应单独向商标局提出转让申请

答案:(　　)①

考点:注册商标的转让、变更、撤销和商标侵权的判断

解题图构

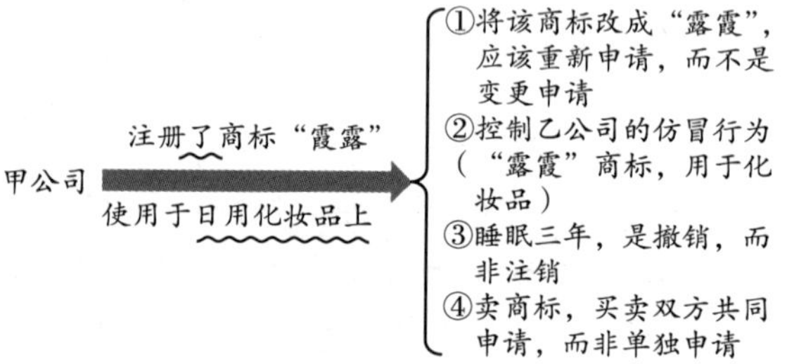

读题技巧

1. 甲公司注册商标“霞露”,使用在日用化妆品上,指向B选项中乙公司使用“露霞”使用在化妆品上,乙公司属于商标仿冒行为,在相同商品上使用近似商标,容易造成公众混淆。2. A选项修改注册商标的标志,指向注册商标的重新申请,而非变更申请。3. C“因经营不善连续三年停止使用商标”,指向睡眠商标,是撤销,而不是注销。4. D,注册商标转让,指向双方共同申请,而不是单独申请。5. 本题考查关键词和关键概念的清晰度。6. ABCD四个选项都新增了各自的事实,所以只是做判断即可。

思路展开

命题点1:区分注册商标的更变申请和注册商标专用权的重新申请。

(1)法律依据:①注册商标的变更申请(改变注册人名义地址等):《商标法》第41条,“注册商标需要变更注册人的名义、地址或者其他注册事项的,应当提出变更申请。”②注册商标专用权的重新申请(改变注册商标适用的商品范围或者改变注册商标的标志):《商标法》第23条,“注册商标需要在核定使用范围之外的商品上取得商标专用权的,应当另行提出注册申请。”《商标法》第24条,“注册商标需要改变其标志的,应当重新提出注册申请。”

(2)法理阐明:①《商标法》第8条,“任何能够将自然人、法人或者其他组织的商品与他人的商品区别开的标志,包括文字、图形、字母、数字、三维标志、颜色组合和声音等,以及上述要素的组合,均可以作为商标申请注册。”②可见,每个具体的商标都是文字、图形、字母等相关要素的特定组合,从逻辑上讲不可能存在从内容上将一种商标“变更”为另一种商标的可能,而只存在变更商标注册人名义、地址等情况。

(3)具体到本题,甲公司如不想继续使用“霞露”而想使用“露霞”作为商标,应该向商标局申请注册“露霞”这一商标,当然,甲公司也可以申请转让原商标或撤销原商标。

(4)结论:“A. 甲公司要将该商标改成‘露霞’,应向商标局提出变更申请”,A错,不选A。

命题点2:判定同一商品上使用类似商标能够导致混淆的视觉标准。

(1)法律依据:①《商标法》第57条第2项,“有下列行为之一的,均属侵犯注册商标专用权:……(二)未经商标注册人的许可,在同一种商品上使用与其注册商标近似的商标,或者在类似商品上使用与其注册商标相同或者近似的商标,容易导致混淆的。”②《商标法司法解释》第9条,第1款,“商标法第五十二条(现法第57条)第(一)项规定的商标相同,是指被控侵权的商标与原告的注册商标相比较,二者在视觉上基本无差别。”第2款,“商标法第五十二条(现法第57条)第(一)项规定的商标近似,是指被控侵权的商标与原告的注册商标相比较,其文字的字形、读音、含义或者图形的构图及颜色,或者其各要素组合后的整体结构相似,或者其立体形状、颜色组合近似,易使相关公众对商品的来源产生误认或者认为其来源与原告注册商标的商品有特定的

① 参考答案:B

联系。”③《商标法司法解释》第10条，“人民法院依据商标法第五十二条(现57条)第(一)项的规定，认定商标相同或者近似按照以下原则进行：(一)以相关公众的一般注意力为标准；(二)既要进行对商标的整体比对，又要进行对商标主要部分的比对，比对应当在比对对象隔离的状态下分别进行；(三)判断商标是否近似，应当考虑请求保护注册商标的显著性和知名度。”

(2)具体到本题：①甲公司的商品是“日用化妆品等”、乙公司的商品也是“化妆品”；②甲公司的注册商标是“霞露”，乙公司使用的商标是“露霞”。③故乙公司构成仿冒，即同种商品上使用近似商标，受注册商标专用权人甲公司的控制。

(3)结论：“B. 乙公司在化妆品上擅自使用“露霞”为商标，甲公司有权禁止”，B对，选B。

命题点3：区分注册商标的撤销和注册商标的注销。

(1)法律依据：①注册商标的撤销三个事由(违法使用；退化商标；睡眠商标)：a.《商标法》第49条第1款，“商标注册人在使用注册商标的过程中，自行改变注册商标、注册人名义、地址或者其他注册事项的，由地方工商行政管理部门责令限期改正；期满不改正的，由商标局撤销其注册商标。”第2款，“注册商标成为其核定使用的商品的通用名称或者没有正当理由连续三年不使用的，任何单位或者个人可以向商标局申请撤销该注册商标。商标局应当自收到申请之日起九个月内做出决定。有特殊情况需要延长的，经国务院工商行政管理部门批准，可以延长三个月。”b. 睡眠商标：连续睡眠3年的起算点，是注册商标公告之日，而不是核准注册之日。《商标法实施条例》第66条第3款，“以无正当理由连续3年不使用为由申请撤销注册商标的，应当自该注册商标注册公告(不是核准之日)之日起满3年后提出申请。”c. 睡眠商标的“无正当理由”：最高人民法院《关于审理商标授权确权行政案件若干问题的意见》第20条第3款，“如果商标权人因不可抗力、政策性限制、破产清算等客观事由，未能实际使用注册商标或者停止使用，或者商标权人有真实使用商标的意图，并且有实际使用的必要准备，但因其他客观事由尚未实际使用注册商标的，均可认定有正当理由。”《商标法实施条例》第67条，下列情形属于商标法第四十九条规定的正当理由：(一)不可抗力；(二)政府政策性限制；(三)破产清算；(四)其他不可归责于商标注册人的正当事由。②注册商标的注销事由：注册商标权人期满不续展或者放弃注册商标专用权的，商标局依法取消注册商标，终止其商标专用权的程序。《商标法》第50条，“注册商标被撤销、被宣告无效或者期满不再续展的，自撤销、宣告无效或者注销之日起一年内，商标局对与该商标相同或者近似的商标注册申请，不予核准。”③两相比较：a. 撤销是指商标主管机关对违反《商标法》有关规定的行为予以处罚，使原注册商标专用权归于消灭的程序。b. 注销是指注册商标所有人自动放弃注册商标或商标局依法取消注册商标的程序。c. 这是两种完全不同的程序，不能简单等同。

(2)具体到本题，甲公司的注册商标构成睡眠商标，是撤销，而不是注销。

(3)结论：“C. 甲公司因经营不善连续三年停止使用该商标，该商标可能被注销”，C错，C不选。

命题点4：转让注册商标的流程，双方共同提出申请。

(1)法律依据：《商标法》第42条第1款，“转让注册商标的，转让人和受让人应当签订转让协议，并共同向商标局提出申请。受让人应当保证使用该注册商标的商品质量。”第2款，“转让注册商标的，商标注册人对其在同一种商品上注册的近似的商标，或者在类似商品上注册的相同或者近似的商标，应当一并转让。”第3款，“对容易导致混淆或者有其他不良影响的转让，商标局不予核准，书面通知申请人并说明理由。”第4款，“转让注册商标经核准后，予以公告。受让人自公告之日起享有商标专用权。”

(2)具体到本题，甲公司转让注册商标，应和受让人共同提出转让申请，而不是单独提出申请。

(3)结论：“D. 甲公司签订该商标转让合同后，应单独向商标局提出转让申请”，D错，不选D。

4. 注册商标许可使用

A市甲厂是某种饮料的商标注册人，在与B市乙厂签订的该商标使用许可合同中，特别约定乙厂使用甲厂商标的饮料全部使用甲厂的包装瓶，该包装瓶仅标注甲厂的名称和产地。该合同未报商标局

备案即付诸履行。下列哪些说法是正确的？(2005－3－61)

A. 该商标使用许可合同无效

B. 该特别约定无效

C. 乙厂使用甲厂的包装瓶侵犯了甲厂的企业名称权

D. 乙厂使用甲厂的包装瓶侵犯了消费者的知情权

答案:(　　)①

考点:注册商标许可使用

解题图构

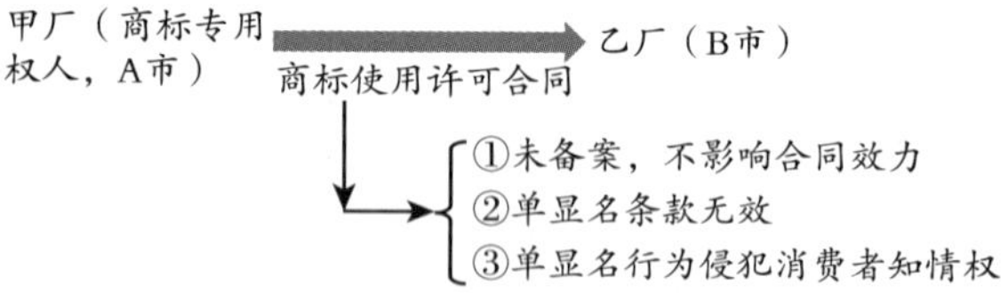

思路展开

命题点1:商标使用许可合同备案与否不影响合同效力。

(1)法律依据:《商标法》第43条第1款,“商标注册人可以通过签订商标使用许可合同,许可他人使用其注册商标。许可人应当监督被许可人使用其注册商标的商品质量。被许可人应当保证使用该注册商标的商品质量。”第2款,“经许可使用他人注册商标的,必须在使用该注册商标的商品上标明被许可人的名称和商品产地。”第3款,“许可他人使用其注册商标的,许可人应当将其商标使用许可报商标局备案,由商标局公告。商标使用许可未经备案不得对抗善意第三人。”

(2)商标使用许可合同应当报商标局备案,但备案仅仅是一种行政管理措施,并非商标使用许可合同的有效要件,商标使用许可合同未经备案的,不影响该许可合同的效力。(3)结论:故A错,不选A。

命题点2:商标使用许可中,被许可人必须“自己显名”,显示自己的名称和商品产地。

(1)法律依据:《商标法》第43条第2款。(2)结论:甲乙之间的特别约定违反了《商标法》的这一强制性规定,因此无效,故B对,选B。

命题点3:企业名称权具有一定的财产权属性,可以转让和许可他人使用,故C错,不选C。

命题点4:消费者有知情权。

(1)法律依据:《消费者权益保护法》第8条第1款,“消费者享有知悉其购买、使用的商品或者接受的服务的真实情况的权利。”第21条第1款,“经营者应当标明其真实名称和标记。”

(2)具体到本题,乙厂使用甲厂的包装瓶,而不标明自己的名称和产地,侵害了消费者的知情权,故D对,选D。

五、注册商标的无效宣告

1. 2010年,甲饮料厂开始制造并销售“香香”牌果汁并已产生一定影响。甲在外地的经销商乙发现甲尚未注册“香香”商标,就于2014年在果汁和碳酸饮料两类商品上同时注册了“香香”商标,但未实际使用。2015年,乙与丙饮料厂签订商标转让协议,将果汁类“香香”商标转让给了丙。对此,下列哪些选项是正确的？(2016－3－64)

A. 甲可随时请求宣告乙注册的果汁类“香香”商标无效

B. 乙应将注册在果汁和碳酸饮料上的“香香”商标一并转让给丙

C. 乙就果汁和碳酸饮料两类商品注册商标必须分别提出注册申请

D. 甲可在果汁产品上附加区别标识,并在原有范围内继续使用“香香”商标

答案:(　　)②

考点:注册商标的无效宣告、商标权转让、商标注册申请、先用权抗辩

解题图构

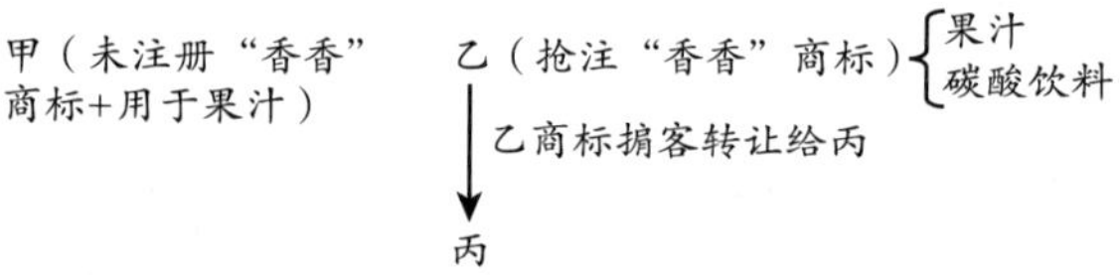

读题技巧

1.“甲饮料厂开始制造并销售‘香香’牌果汁并已产生一定影响”,指向商标被抢注,甲可启动无效宣告程序,受5年期限限制。2.“乙发现甲尚未注册

① 参考答案:BD

② 参考答案:BD

'香香'商标，就于2014年在果汁和碳酸饮料两类商品上同时注册了'香香'商标"，指向一表多类申请注册。3."2015年，乙与丙饮料厂签订商标转让协议，将果汁类'香香'商标转让给了丙"，指向商标一体转让。4."2010年，甲开始制造并销售'香香'牌果汁……"+"2014年乙申请注册了'香香'商标用在果汁和碳酸饮料上"，指向甲可主张先用抗辩。

思路展开

命题点1：注册商标无效宣告的相对事由，有5年时间的限制，需在商标注册的5年内申请商标评审委员会宣告无效。

（1）法律依据：①不得抢注他人未注册的商标：《商标法》第32条，申请商标注册不得损害他人现有的在先权利，也不得以不正当手段抢先注册他人已经使用并有一定影响的商标。②抢注他人有一定影响的未注册商标，未注册商标使用人可申请商标评审委员会宣告该注册商标无效：《商标法》第45条第1款，已经注册的商标，违反本法第十三条第二款和第三款、第十五条、第十六条第一款、第三十条、第三十一条、第三十二条规定的，自商标注册之日起五年内，在先权利人或者利害关系人可以请求商标评审委员会宣告该注册商标无效。对恶意注册的，驰名商标所有人不受五年的时间限制。③司法部解析还认为，本案中，乙的行为同时违反了《商标法》第32条和第15条。《商标法》第15条第1款，未经授权，代理人或者代表人以自己的名义将被代理人或者被代表人的商标进行注册，被代理人或者被代表人提出异议的，不予注册并禁止使用。第2款，就同一种商品或者类似商品申请注册的商标与他人在先使用的未注册商标相同或者近似，申请人与该他人具有前款规定以外的合同、业务往来关系或者其他关系而明知该他人商标存在，该他人提出异议的，不予注册。

（2）具体到本题：①"2010年，甲饮料厂开始制造并销售'香香'牌果汁并已产生一定影响。甲在外地的经销商乙发现甲尚未注册'香香'商标，就于2014年在果汁和碳酸饮料两类商品上同时注册了'香香'商标……"②乙是甲的外地经销商，和甲存在业务往来关系，明知甲的"香香"商标的存在。③故针对乙注册的商标，甲可启动无效宣告程序，但是需要受5年时间限制，自乙商标注册之日起5年内，而不是随时可以启动宣告无效程序。④驰名商标例外，而题干未交代驰名商标之信息。

（3）结论：A.甲可随时请求宣告乙注册的果汁类"香香"商标无效，A错，错在"随时"，不选。

命题点2：商标转让的一体主义、避免混淆规则。

（1）法律依据：《商标法》第42条第1款，转让注册商标的，转让人和受让人应当签订转让协议，并共同向商标局提出申请。受让人应当保证使用该注册商标的商品质量。第2款，转让注册商标的，商标注册人对其在同一种商品上注册的近似的商标，或者在类似商品上注册的相同或者近似的商标，应当一并转让。第3款，对容易导致混淆或者有其他不良影响的转让，商标局不予核准，书面通知申请人并说明理由。第4款，转让注册商标经核准后，予以公告。受让人自公告之日起享有商标专用权。"

（2）具体到本题："乙……就于2014年在果汁和碳酸饮料两类商品上同时注册了'香香'商标，"、"2015年，乙与丙饮料厂签订商标转让协议，将果汁类'香香'商标转让给了丙。"乙属于"在类似商品上注册的相同商标"，即果汁和碳酸饮料这两个类似商品上，注册的"果果"这个相同的商标。乙要将"果果"商标转让给丙，应该一并转让。

（3）结论：B.乙应将注册在果汁和碳酸饮料上的"香香"商标一并转让给丙，B对，选。

（4）延展：①我们不仅提出疑问：乙的商标不是可能被甲启动无效程序宣告为无效的吗？怎么还可以转让呢？②对，可以。③因为如果没被宣告无效就可以转让。④还有，即使被宣告无效，宣告无效也不会溯及此前的商标转让合同，需要启动《商标法》第47条的规则。《商标法》第47条第1款，依照本法第四十四条、第四十五条的规定宣告无效的注册商标，由商标局予以公告，该注册商标专用权视为自始即不存在。第2款，宣告注册商标无效的决定或者裁定，对宣告无效前人民法院做出并已执行的商标侵权案件的判决、裁定、调解书和工商行政管理部门做出并已执行的商标侵权案件的处理决定以及已经履行的商标转让或者使用许可合同不具有追溯力。但是，因商标注册人的恶意给他人造成的损失,应当给予赔偿。第3款,依照前款规定不返还商标侵权赔偿金、商标转让费、商标使用费,明显违反公平原则的,应当全部或者部分返还。

命题点3:商标注册申请的一表多类规则,提高效率。

(1)法律依据:《商标法》第22条第1款,商标注册申请人应当按规定的商品分类表填报使用商标的商品类别和商品名称,提出注册申请。第2款,商标注册申请人可以通过一份申请就多个类别的商品申请注册同一商标。第3款,商标注册申请等有关文件,可以以书面方式或者数据电文方式提出。

(2)具体到本题:①"乙……就于2014年在果汁和碳酸饮料两类商品上同时注册了'香香'商标,……"②故乙可以提交一份申请,申请同一个商标,用于多个类别的商品,即果汁和碳酸饮料这两个商品申请注册同一个商标"香香"。

(3)结论:C.乙就果汁和碳酸饮料两类商品注册商标必须分别提出注册申请,C错在必须分别提出申请,不选C。

(4)延展:①题干说乙已经申请下来了:乙发现甲尚未注册"香香"商标,就于2014年在果汁和碳酸饮料两类商品上同时注册了"香香"商标。②选项却说应分别申请:C.乙就果汁和碳酸饮料两类商品注册商标必须分别提出注册申请。③真所谓前后矛盾,这是一种设置选项的方式。④当然,也可以解释成C选项是对乙当初申请还原,到底应该怎么申请。

命题点4:商标先用抗辩,不构成侵权

(1)法律依据:《商标法》第59条第1款,注册商标中含有的本商品的通用名称、图形、型号,或者直接表示商品的质量、主要原料、功能、用途、重量、数量及其他特点,或者含有的地名,注册商标专用权人无权禁止他人正当使用。第2款,三维标志注册商标中含有的商品自身的性质产生的形状、为获得技术效果而需有的商品形状或者使商品具有实质性价值的形状,注册商标专用权人无权禁止他人正当使用。第3款,商标注册人申请商标注册前,他人已经在同一种商品或者类似商品上先于商标注册人使用与注册商标相同或者近似并有一定影响的商标的,注册商标专用权人无权禁止该使用人在原使用范围内继续使用该商标,但可以要求其附加适当区别标识。

(2)具体到本题:①"2010年,甲饮料厂开始制造并销售"香香"牌果汁并已产生一定影响。甲在外地的经销商乙发现甲尚未注册"香香"商标,就于2014年在果汁和碳酸饮料两类商品上同时注册了"香香"商标,但未实际使用。"②甲在2010年先用,未注册。乙在2014年注册。③甲可对乙主张先用抗辩:在原有使用范围内继续使用"香香"商标。④乙可要求甲附加适当区别标识。

(3)结论:D.甲可在果汁产品上附加区别标识,并在原有范围内继续使用"香香"商标,D对,选。

(4)延展:甲对乙的行为,可以启动三阶段救济:①在乙申请注册"香香"阶段,甲可向商标局提出异议。②在乙成功注册后,甲可向商标评审委员会申请宣告商标无效。③甲如不提出商标无效程序,或者已经过了5年时间,则甲还可主张先用抗辩。

2. 个体经营户王小小从事理发服务业,使用"一剪没"作为未注册商标长期使用,享有较高声誉。王小小通过签订书面合同许可其同一城区的表妹张薇薇使用"一剪没"商标从事理发业务。后张薇薇以自己的名义申请"一剪没"商标使用于理发业务并获得注册。下列哪一说法是正确的?(2011-3-18)

A. 该商标使用许可合同自双方签字之日起生效

B. 该商标使用许可合同应当报商标局备案

C. 王小小有权自"一剪没"注册之日起5年内请求商标评审委员会撤销该注册商标

D. 王小小有权自"一剪没"注册之日起5年内请求商标局撤销该注册商标

答案:(　　)①

考点:未注册商标、注册商标、抢注、注册商标的无效宣告

解题图构

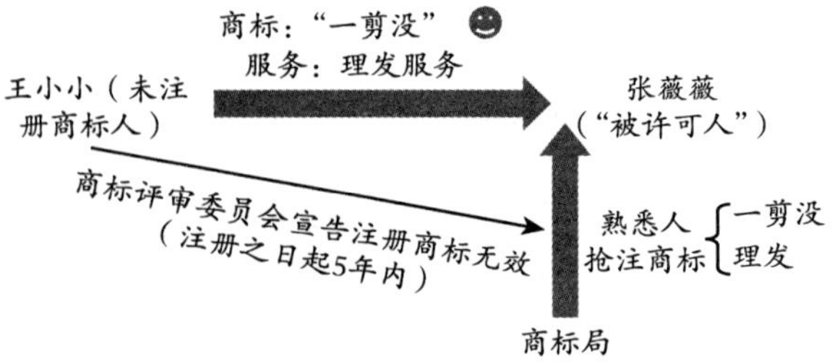

---

① 参考答案:C。C项表述中"撤销该注册商标",要改为"宣告该注册商标无效"。

读题技巧

1. 本案是"知名未注册商标被恶意抢注宣告无效"案。2. 题干涉及两点:①王小小将未"知名"注册商标书面许可给张薇薇使用。②张薇薇恶意抢先注册。AB 涉及第一点;CD 涉及第二点。

思路展开

命题点 1:商标许可权,是指商标权人通过签订商标使用许可合同许可他人使用其注册商标的权利。(1)法律依据:《商标法》第 43 条,"商标注册人可以通过签订商标使用许可合同,许可他人使用其注册商标。许可人应当监督被许可人使用其注册商标的商品质量。被许可人应当保证使用该注册商标的商品质量。经许可使用他人注册商标的,必须在使用该注册商标的商品上标明被许可人的名称和商品产地。许可他人使用其注册商标的,许可人应当将其商标使用许可报商标局备案,由商标局公告。商标使用许可未经备案不得对抗善意第三人。"《商标法实施条例》第 69 条,"许可他人使用其注册商标的,许可人应当在许可合同有效期内向商标局备案并报送备案材料。备案材料应当说明注册商标使用许可人、被许可人、许可期限、许可使用的商品或者服务范围等事项。"

(2)司法部解析:这里规范的都是注册商标的许可使用,不是非注册商标的许可使用。

(3)具体到本题,"一剪没"并非注册商标。①未注册商标不受商标法保护,但有两个例外:一是未注册的驰名商标保护;二是抢注他人未注册商标的事前异议和事后无效宣告。②另外,未注册商标受反不正当竞争法的保护。

(4)结论:王小小与张薇薇签订的合同不是商标使用许可合同。可见,AB 选项表述均错误,不当选。

(5)另一种解析:未注册商标也有许可使用合同。关于未注册商标许可使用合同的效力,有两种观点:①有效说:认为未注册商标也是一种财产权益,具有交易价值,故许可合同有效。②效力待定说:未注册商标只能获得反不正当竞争法保护,只有注册才受商标法保护(有两个例外:未注册驰名商标保护和抢注他人未注册商标的无效宣告)。因此,在获得注册前,未注册商标使用人不享有商标权。故"许可"他人使用"未注册商标"的合同属于无权处分合同,效力待定。③据此分析,根据出题人观点,采用的是效力待定说。④这一分析与司法部给出的解析不尽吻合。

命题点 2:恶意抢注行为,有两个救济:事先救济,即利害关系人提出异议;事后救济,即"利害关系人"可以请求商标评审委员会宣告注册商标无效。

(1)法律依据:①不得恶意抢注。《商标法》第 32 条,"申请商标注册不得损害他人现有的在先权利,也不得以不正当手段抢先注册他人已经使用并有一定影响的商标。"②恶意抢注的事先救济,提出异议。《商标法》第 15 条第 2 款,"就同一种商品或者类似商品申请注册的商标与他人在先使用的未注册商标相同或者近似,申请人与该他人具有前款规定以外的合同、业务往来关系或者其他关系而明知该他人商标存在,该他人提出异议的,不予注册。"③恶意抢注的事后救济,宣告无效。《商标法》第 45 条第 1 款,"已经注册的商标,违反本法第十三条第二款和第三款、第十五条、第十六条第一款、第三十条、第三十一条、第三十二条规定的,自商标注册之日起五年内,在先权利人或者利害关系人可以请求商标评审委员会宣告该注册商标无效。对恶意注册的,驰名商标所有人不受五年的时间限制。"

(2)具体到本题:个体经营户王小小使用"一剪没"作为未注册商标长期使用,享有较高声誉。张薇薇以自己的名义申请"一剪没"商标使用于理发业务并获得注册,张薇薇的行为属于以不正当手段抢先注册他人已经使用并有一定影响的商标。利害关系人王小小可以自"一剪没"商标注册之日起 5 年内请求商标评审委员会宣告该注册商标无效。抢注他人在先使用的未注册商标,商标局不得主张宣告注册商标无效。

(3)结论:利害关系人王小小可请求商标评审委员会宣告注册商标无效。①故 C 选项表述正确,当选;②D 选项表述错误,不当选。

异议辨析

本题涉及新旧商标法的更替。2013 年商标法以"注册商标的无效宣告"制度取代了"商标注册不当的撤销"制度。故 C 和 D 选项中的"撤销该注册商标”,要改为“宣告该注册商标无效”。

3. 甲公司在食品上注册“乡巴佬”商标后,与乙公司签订转让合同,获五万元转让费。合同履行后,乙公司起诉丙公司在食品上使用“乡巴佬”商标的侵权行为。法院作出侵权认定的判决书刚生效,“乡巴佬”注册商标就因有“不良影响”被依法撤销。下列哪些说法是错误的? (2009－3－65)

A.“乡巴佬”商标权视为自始不存在

B. 甲公司应当向乙公司返还五万元

C. 撤销“乡巴佬”商标的裁定对侵权判决不具有追溯力

D. 丙公司可以将“乡巴佬”商标作为未注册商标继续使用

答案:(　　)①

考点:注册商标的无效宣告

解题图构

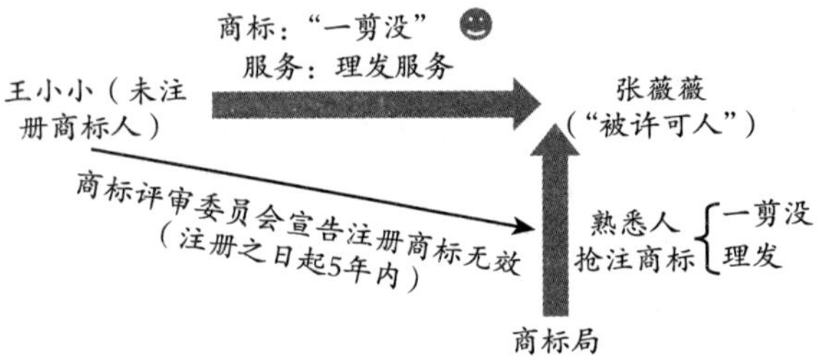

读题技巧

1.“乡巴佬”商标,指向两点:(1)不良影响注册商标的无效宣告;(2)“乡巴佬”属于既不能注册,又不能当商标用的标志。2.“转让合同,获五万元转让费。合同履行后”,指向无效宣告对已经履行的转让合同没有溯及力。3.“法院作出侵权认定的判决书刚生效”,指向无效宣告对刚生效还未执行的判决具有溯及力,丙公司不构成侵权。4.题目信息要修改,结合2013年《商标法》,用注册商标的无效宣告制度,取代了商标注册不当的撤销制度。将撤销,改为无效宣告。

思路展开

命题点1:有害于社会主义道德风尚或有其他不良影响的标志,不能申请注册,也不能作为商标使用。

(1)法律依据:①《商标法》第10条(属于绝对拒绝注册事由,且不能当未注册商标使用),“下列标志不得作为商标使用:(一)同中华人民共和国的国家名称、国旗、国徽、国歌、军旗、军徽、军歌、勋章等相同或者近似的,以及同中央国家机关的名称、标志、所在地特定地点的名称或者标志性建筑物的名称、图形相同的;(二)同外国的国家名称、国旗、国徽、军旗等相同或者近似的,但经该国政府同意的除外;(三)同政府间国际组织的名称、旗帜、徽记等相同或者近似的,但经该组织同意或者不易误导公众的除外;(四)与表明实施控制、予以保证的官方标志、检验印记相同或者近似的,但经授权的除外;(五)同‘红十字’、‘红新月’的名称、标志相同或者近似的;(六)带有民族歧视性的;(七)带有欺骗性,容易使公众对商品的质量等特点或者产地产生误认的;(八)有害于社会主义道德风尚或者有其他不良影响的。”②《商标法》第44条第1款(商标局宣告无效或利害关系人申请商标评审委员会宣告无效),“已经注册的商标,违反本法第十条、第十一条、第十二条规定的,或者是以欺骗手段或者其他不正当手段取得注册的,由商标局宣告该注册商标无效;其他单位或者个人可以请求商标评审委员会宣告该注册商标无效。”

(2)答题背景“‘乡巴佬’注册商标就因有‘不良影响’被依法撤销。”题干应根据2013年8也30日修改的《商标法》做修改,即将撤销换为无效宣告。因为现行商标法是用注册商标的无效宣告制度,取代了商标注册不当的撤销制度。即,甲公司的注册商标“乡巴佬”被宣告无效。

(3)在修改题干后,则“乡巴佬”属于“有害于社会主义道德风尚或者有其他不良影响的标志”,丙公司不可以将“乡巴佬”商标作为未注册商标继续使用。

(4)结论:“D. 丙公司可以将‘乡巴佬’商标作为未注册商标继续使用”,D错,符合题意,选D。

(5)关联法条:《商标法》第11条、12条,也是绝对拒绝注册事由,但是可以作为未注册商标使用。第11条,“下列标志不得作为商标注册:(一)仅有本商品的通用名称、图形、型号的;(二)仅直接表示商品的质量、主要原料、功能、用途、重量、数量及其

① 参考答案:BCD

他特点的；（三）其他缺乏显著特征的。前款所列标志经过使用取得显著特征，并便于识别的，可以作为商标注册。”第12条，“以三维标志申请注册商标的，仅由商品自身的性质产生的形状、为获得技术效果而需有的商品形状或者使商品具有实质性价值的形状，不得注册。”

命题点2：甲公司的注册商标“乡巴佬”被宣告无效后的法律后果，区分情形判定溯及力。

（1）法律依据：①商标专用权视为自始不存在。《商标法》第47条第1款，“依照本法第四十四条（绝对拒绝注册事由）、第四十五条（相对拒绝注册事由）的规定宣告无效的注册商标，由商标局予以公告，该注册商标专用权视为自始即不存在。”②不溯及已经履行合同或已经执行的判决、行政处理决定。《商标法》第47条第2款，“宣告注册商标无效的决定或者裁定，对宣告无效前人民法院做出并已执行的商标侵权案件的判决、裁定、调解书和工商行政管理部门做出并已执行的商标侵权案件的处理决定以及已经履行的商标转让或者使用许可合同不具有追溯力。但是，因商标注册人的恶意给他人造成的损失，应当给予赔偿。”③《商标法》第47条第3款，“依照前款规定不返还商标侵权赔偿金、商标转让费、商标使用费，明显违反公平原则的，应当全部或者部分返还。”

（2）具体到本题：①“A.‘乡巴佬’商标权视为自始不存在”，A对，不符合题意，不选A。②“甲公司在食品上注册‘乡巴佬’商标后，与乙公司签订转让合同，获五万元转让费。合同履行后”，故‘乡巴佬’无效宣告对已经履行的转让合同不具有溯及力。除非甲公司恶意给乙公司造成损失，否则，甲公司无须退还乙公司5万元转让费。结论是：“B.甲公司应当向乙公司返还五万元”，B错，符合题意，选B。③“乙公司起诉丙公司在食品上使用‘乡巴佬’商标的侵权行为。法院作出侵权认定的判决书刚生效”，侵权判决刚生效还没执行，因此，“乡巴佬”商标无效宣告对侵权判决有溯及力，即丙公司不构成侵权！结论是：“C.撤销‘乡巴佬’商标的裁定对侵权判决不具有追溯力”，C错，符合题意，选C。④综合而言，BCD符合题意，选BCD。

4. 某县的甲公司未经漫画家乙许可，将其创作的一幅漫画作品作为新产品的商标使用，并于2003年3月3日被核准注册。乙认为其著作权受到侵害，与甲发生纠纷。乙应当采取下列哪种方式保护自己的合法权益？（2008－3－22）

A. 向甲公司所在地基层法院提起侵犯著作权之诉

B. 向有管辖权的法院提起撤销甲公司的注册商标之诉

C. 请求商标评审委员会裁定撤销甲公司的注册商标

D. 请求商标局裁定撤销甲公司的注册商标

答案：（　　）①

考点：注册商标无效宣告、侵犯在先著作权的注册商标（相对拒绝注册事由）、侵犯著作权纠纷管辖法院

读题技巧

1. 甲公司注册商标侵犯了乙漫画著作权，指向著作权侵权纠纷管辖法院。2. 侵犯著作权的商标获得注册，指向违反了相对拒绝注册事由，由在先权利人申请商标评审委员会宣告无效制度。

思路展开

命题点1：侵犯著作权纠纷的管辖法院，可以是中级法院，也可以是由高级法院确定若干基层法院管辖。

（1）法律依据：《著作权法司法解释》第2条，“著作权民事纠纷案件，由中级以上人民法院管辖。各高级人民法院根据本辖区的实际情况，可以确定若干基层人民法院管辖第一审著作权民事纠纷案件。”

（2）具体到本题，甲公司未经漫画家乙许可，使用其创作漫画作为商标，受著作权人乙复制权、发行权控制。侵犯了乙的著作权。管辖法院也可以是基层法院，前提是必须经高级法院确定的基层法院，不是任何基层法院都有管辖权。

（3）结论：“A.向甲公司所在地基层法院提起侵犯著作权之诉”，A错，不选A。

命题点2：注册商标侵犯在先权利，属于相

① 参考答案：C

对拒绝注册事由,如果注册了商标,则会由利害关系人启动申请商标评审委员会宣告无效制度。

(1)2013年修改《商标法》用无效宣告制度取代了注册不当的撤销制度。因此,题干和选项关于撤销二字,替换为宣告无效四字。

(2)法律依据:①《商标法》第32条,"申请商标注册不得损害他人现有的在先权利,也不得以不正当手段抢先注册他人已经使用并有一定影响的商标。"②《商标法》第45条第1款,"已经注册的商标,违反本法第十三条第二款和第三款、第十五条、第十六条第一款、第三十条、第三十一条、第三十二条规定的,自商标注册之日起五年内,在先权利人或者利害关系人可以请求商标评审委员会宣告该注册商标无效。对恶意注册的,驰名商标所有人不受五年的时间限制。"

(3)注册商标侵犯"在先权利",指在注册商标申请日前他人已经取得的商标权、著作权、知名商品特有的包装或者装潢使用权等。由在先权利人申请商标评审委员会宣告无效,有时间限制:在商标注册之日起5年内。

(4)具体到本题,"乙认为其著作权受到侵害,与甲(获得商标注册人)发生纠纷",自甲的商标注册之日起5年内,可申请商标评审委员会宣告该商标无效。

(5)结论:①"C.请求商标评审委员会裁定撤销甲公司的注册商标",C(将撤销修改为宣告无效)对,选C。②"B.向有管辖权的法院提起撤销甲公司的注册商标之诉",B错,不选B。(延伸:如果甲对商标评审委员会无效宣告不服,倒是可以向法院提起行政诉讼。)③"D.请求商标局裁定撤销甲公司的注册商标",D错,不选D。

(6)关联:商标局撤销注册商标制度,有三种情形:一是违法使用;二是退化商标;三是睡眠商标。法律依据是《商标法》第49条第1款,"商标注册人在使用注册商标的过程中,自行改变注册商标、注册人名义、地址或者其他注册事项的,由地方工商行政管理部门责令限期改正;期满不改正的,由商标局撤销其注册商标。"第2款,"注册商标成为其核定使用的商品的通用名称或者没有正当理由连续三年不使用的,任何单位或者个人可以向商标局申请撤销该注册商标。商标局应当自收到申请之日起九个月内做出决定。有特殊情况需要延长的,经国务院工商行政管理部门批准,可以延长三个月。"

5.甲公司为其牛奶产品注册了"润语"商标后,通过签订排他许可合同许可乙公司使用。丙公司在其酸奶产品上使用"润雨"商标,甲公司遂起诉丙公司停止侵害并赔偿损失,法院判决支持了甲公司的请求。在该判决执行完毕后,"润语"注册商标因侵犯丁公司的著作权被依法撤销。下列哪些选项是错误的?(2008-3-66)

A.甲公司和乙公司可以作为共同原告起诉丙公司

B.甲公司与乙公司的许可合同应当认定为无效合同,乙公司应当申请返还许可费

C.甲公司获得的侵权赔偿费构成不当得利,应当返还给丙公司

D.甲公司获得的侵权赔偿费应当转付给丁公司

答案:(　　)①

考点:注册商标无效宣告、商标侵权的原告资格

解题图构

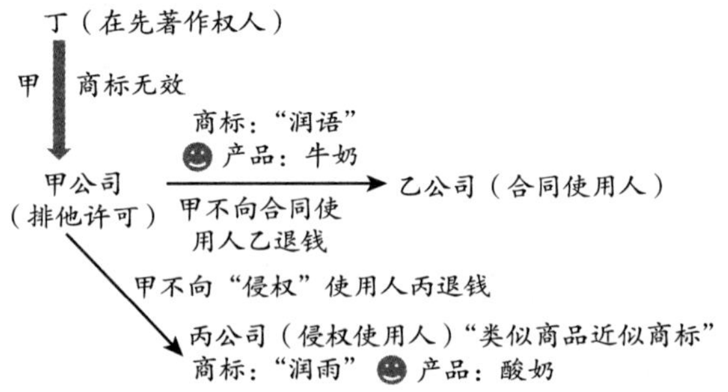

读题技巧

1.甲公司与乙公司签订排他许可使用合同,指向两点:(1)商标注册人和利害关系人(排他许可使用中被许可人)起诉侵权人丙公司的原告资格。(2)已经履行完毕的许可使用合同不受商标宣告无效的影响。2."甲公司遂起诉丙公司停止侵害并赔偿损失,法院判决支持了甲公司的请求。在该判决执行完毕后",指向注册商标宣告无效不溯及已经执行的侵权判决。3."'润语'注册商标因侵犯丁公司的著作权被依法撤销",指向两点:(1)"润语"注册商标因侵犯在先丁公司著作权被宣告无效(2013年

① 参考答案:BCD

修改《商标法》,用无效宣告制度取代注册不当的撤销制度。)(2)侵权之债的相对性:甲诉丙侵权之债,与丁诉甲的侵权之债,两两独立。

思路展开

命题点1:商标侵权的原告资格。

(1)法律依据:①《商标法》第57条第2项:"有下列行为之一的,均属侵犯注册商标专用权:……(二)未经商标注册人的许可,在同一种商品上使用与其注册商标近似的商标,或者在类似商品上使用与其注册商标相同或者近似的商标,容易导致混淆的……"②《商标法》第60条第1款,"有本法第五十七条所列侵犯注册商标专用权行为之一,引起纠纷的,由当事人协商解决;不愿协商或者协商不成的,商标注册人或者利害关系人可以向人民法院起诉,也可以请求工商行政管理部门处理。"③《商标法司法解释》第4条第1款,"商标法第五十三条(现第60条)规定的利害关系人,包括注册商标使用许可合同的被许可人、注册商标财产权利的合法继承人等。"④《商标法司法解释》第4条第2款规定:"在发生注册商标专用权被侵害时,独占使用许可合同的被许可人可以向人民法院提起诉讼;排他使用许可合同的被许可人可以和商标注册人共同诉讼,也可以在商标注册人不起诉的情况下,自行提起诉讼;普通使用许可合同的被许可人经商标注册人明确授权,可以提起诉讼。"

(2)商标侵权的原告是注册人,利害关系人。①利害关系人包括被许可人、合法继承人。②被许可人又分为三种:a. 独占许可被许可人作为原告;b. 排他许可被许可人和注册人共同原告,或在注册人不起诉时可单独做原告;c. 普通许可被许可人经注册人授权可作为原告。

(3)具体到本题:①丙公司行为构成商标侵权。甲公司将其在牛奶产品注册的"润语"商标排他许可给乙公司使用。而"丙公司在其酸奶产品上使用'润雨'商标"。丙公司属于在相似商品上使用与甲公司相似的注册商标,构成侵权(《商标法》第57条第2款)。对此,题干已经做了交代,"甲公司遂起诉丙公司停止侵害并赔偿损失,法院判决支持了甲公司的请求。"因此,这不是本题的考查点。②丙公司构成侵权:a. 甲公司作为注册人,乙公司作为排他许可的被许可人,甲、乙公司可以作为共同原告起诉丙公司。b. 题干交代了甲公司已经起诉了丙公司。c. 故"A. 甲公司和乙公司可以作为共同原告起诉丙公司",这一选项是一个退一步的假设,就是甲公司也可以和乙公司作为共同原告起诉丙公司,这一表述是正确的,不符合题意,不选A。

命题点2:注册商标应侵犯在先权利,被宣告无效,其是否具备溯及力,要分情况来判断。

(1)题干应根据2013年8月30日修改的《商标法》做修改,即将撤销改为无效宣告。①因为现行商标法是用注册商标的无效宣告制度,取代了商标注册不当的撤销制度。即,"润语"注册商标因侵犯丁公司的著作权被依法撤销,应修改为被依法宣告无效。②法律依据:a.《商标法》第32条,"申请商标注册不得损害他人现有的在先权利,也不得以不正当手段抢先注册他人已经使用并有一定影响的商标。"b.《商标法》第45条第1款,"已经注册的商标,违反本法第十三条第二款和第三款、第十五条、第十六条第一款、第三十条、第三十一条、第三十二条规定的,自商标注册之日起五年内,在先权利人或者利害关系人可以请求商标评审委员会宣告该注册商标无效。对恶意注册的,驰名商标所有人不受五年的时间限制。"

(2)法律依据:①商标专用权视为自始不存在。《商标法》(第47条第1款,"依照本法第四十四条(绝对拒绝注册事由)、第四十五条(相对拒绝注册事由)的规定宣告无效的注册商标,由商标局予以公告,该注册商标专用权视为自始即不存在。"②不溯及已经履行合同或已经执行的判决、行政处理决定。《商标法》第47条第2款,"宣告注册商标无效的决定或者裁定,对宣告无效前人民法院做出并已执行的商标侵权案件的判决、裁定、调解书和工商行政管理部门做出并已执行的商标侵权案件的处理决定以及已经履行的商标转让或者使用许可合同不具有追溯力。但是,因商标注册人的恶意给他人造成的损失,应当给予赔偿。"③《商标法》第47条第3款,"依照前款规定不返还商标侵权赔偿金、商标转让费、商标使用费,明显违反公平原则的,应当全部或者部分返还。"

(3)具体到本题,题干明确交代,"'润语'注册商标因侵犯丁公司的著作权被依法撤销。（宣告无效）”，本题考查的是“润语”注册商标宣告无效对商标许可使用合同和商标侵权的影响。许可使用合同已经履行完毕（乙公司依据许可合同向甲公司支付了使用费），商标侵权判决已经执行完毕（丙公司依据侵权判决向甲公司支付了赔偿金），因此，无效宣告对合同和判决均无溯及力。

（4）结论：①“B. 甲公司与乙公司的许可合同应当认定为无效合同，乙公司应当申请返还许可费”，B错，符合题意，选B。②“C. 甲公司获得的侵权赔偿费构成不当得利，应当返还给丙公司”，C错，符合题意，选C。

命题点3：债、侵权之债的相对性。

（1）债法原理：债是特定人与特定人之间的给付关系，侵权之债也同此理。

（2）具体到本题：①甲公司的“润语”注册商标因侵犯丁公司的著作权被依法撤销（宣告无效），甲公司应对丁公司承担侵权损害赔偿，这是甲公司和丁公司之间的关系。②而甲公司起诉丙公司侵犯其注册商标“润语”获得侵权赔偿，是甲公司和丙公司之间的关系（虽然后来该注册商标被宣告无效，但是对已经执行完毕的侵权判决无溯及力）。③甲公司和丁公司的侵权之债，与甲公司和丙公司的侵权之债，两相独立，互不发生直接关联。

（3）结论：“D. 甲公司获得的侵权赔偿费应当转付给丁公司”，D错，符合题意，选D。

6. 甲公司于2000年2月开始使用“乐翻天”作为其儿童玩具的商品名称，其注册商标为“熊猫”。在玩具包装和广告宣传中，均突出宣传“乐翻天”，致使消费者熟知“乐翻天”而不熟悉其注册商标。2004年3月，当地的乙公司对本公司的儿童玩具申请注册为“乐翻天”，3年后取得了商标注册证。下列哪些选项是正确的？（2008－四川－65）

A. 乙公司的行为属于合法竞争

B. 甲公司可向商标评审委员会申请撤销乙公司的注册商标

C. 乙公司没有侵犯甲公司的商标专用权

D. 乙公司对“乐翻天”享有先用权

答案：（　　）①

考点：相对拒绝注册事由之宣告商标无效；未注册商标无商标专用权

思路展开

命题点1：相对拒绝注册事由宣告商标无效。

（1）法律依据：①《商标法》第32条，“申请商标注册不得损害他人现有的在先权利，也不得以不正当手段抢先注册他人已经使用并有一定影响的商标。”②《商标法》第45条，“已经注册的商标，违反本法第十三条第二款和第三款、第十五条、第十六条第一款、第三十条、第三十一条、第三十二条规定的，自商标注册之日起五年内，在先权利人或者利害关系人可以请求商标评审委员会宣告该注册商标无效。对恶意注册的，驰名商标所有人不受五年的时间限制。”

（2）法条阐释：所谓的“在先权利”包括外观设计专利权、著作权、姓名权、肖像权、商号权、特殊标志专用权、奥林匹克标志专有权、知名商品特有名称、包装、装潢专用权等。

（3）具体到本题：甲公司的“乐翻天”商品名称很知名，乙公司不得注册“乐翻天”作为其商标，否则就侵犯了甲公司的在先权利。

（4）结论：①“A. 乙公司的行为属于合法竞争、D. 乙公司对‘乐翻天’享有先用权”，AD错，不选AD。②“B. 甲公司可向商标评审委员会申请撤销乙公司的注册商标（修改为宣告无效）”，B对，选B。

命题点2：未注册商标没有商标专用权。

（1）法律依据：《商标法》第4条第1款，“自然人、法人或者其他组织在生产经营活动中，对其商品或者服务需要取得商标专用权的，应当向商标局申请商标注册。”

（2）具体到本题：乙公司注册的是“乐翻天”商标，并没有侵犯甲公司对其注册商标“熊猫”的专有权。

（3）结论：“C. 乙公司没有侵犯甲公司的商标专用权”，C对，选C。

六、商标侵权和抗辩

1. 商标混淆、商标合理使用

佳普公司在其制造和出售的打印机和打印机墨

---

① 参考答案：将B选项的撤销修改为宣告无效。当年司法部公布答案是BC。

盒产品上注册了“佳普”商标。下列未经该公司许可的哪一行为侵犯了“佳普”注册商标专用权？(2015－3－19)

A. 甲在店铺招牌中标有“佳普打印机专营”字样，只销售佳普公司制造的打印机

B. 乙制造并销售与佳普打印机兼容的墨盒，该墨盒上印有乙的名称和其注册商标“金兴”，但标有“本产品适用于佳普打印机”

C. 丙把购买的“佳普”墨盒装入自己制造的打印机后销售，该打印机上印有丙的名称和其注册商标“东升”，但标有“本产品使用佳普墨盒”

D. 丁回收墨水用尽的“佳普”牌墨盒，灌注廉价墨水后销售

答案：(　　)①

考点：商标的混淆、商标合理使用

读题技巧

一个大题干确定“佳普”是注册商标，专用于打印机和打印机墨盒两个产品上。选项甲、乙、丙、丁的行为各自判断。

思路展开

命题点1：只要不会导致混淆，就属于商标的正当使用。《商标法》第59条第1款，“注册商标中含有的本商品的通用名称、图形、型号，或者直接表示商品的质量、主要原料、功能、用途、重量、数量及其他特点，或者含有的地名，注册商标专用权人无权禁止他人正当使用。”

命题点2：消费者能通过商标正确地将来源于不同经营者的商品或服务区分开来。就不会构成混淆。“A. 甲在店铺招牌中标有‘佳普打印机专营’字样，只销售佳普公司制造的打印机”，一心一意卖佳普打印机，不会导致混淆。所以不构成侵权，A不当选。

命题点3：法律对商标的保护是为了防止对消费者的欺骗和维护商标权人的商誉，并不是为了让商标权人垄断相关商品或服务。①因此，商标权人可以阻止他人混淆行为，但是无权禁止他人提供与自己的商品或服务“相配套”的商品或服务。②也不能阻止他人使用该商标说明自己的商品或服务与商标权人的商品或服务“配套”或者说明商品与服务的真实来源。③故“B. 乙制造并销售与佳普打印机兼容的墨盒，该墨盒上印有乙的名称和其注册商标‘金兴’，但标有‘本产品适用于佳普打印机’。”这属于“非商标性使用”。故B不构成侵权。属于说明自己的墨盒是配套佳普打印机来用的。B不当选。

命题点4：商标法的立法目的是在于防止消费者对商品或服务来源产生混淆以及保护商标权人的声誉，而不在于让商标权人通过商标来垄断产品的配件或服务市场。“C. 丙把购买的‘佳普’墨盒装入自己制造的打印机后销售，该打印机上印有丙的名称和其注册商标‘东升’，但标有‘本产品使用佳普墨盒’”。佳普墨盒商标不能垄断打印机产品市场。故C不构成侵权，不当选。

命题点5：(1)直接混淆：消费者将乙的产品或服务误认为是甲的。消费者未能通过商标正确地将来源于不同经营者的商品或服务区分开来。如换墨盒里墨水，再卖墨盒。(2)间接混淆：消费者用乙提供的商品或服务(与甲无关)，误以为乙和甲有关，存在控制、许可、赞助等关联关系。如宝马特约维修店，虽然未对来源发生混淆，但是误以为你们有关系(控制、许可或赞助等特定关系)。(3)结论：D选项中，丁回收墨水用尽的“佳普”牌墨盒，灌注廉价墨水后销售。构成直接混淆，侵犯了佳普墨盒注册商标权，故D当选。

2. 商标混淆、反向假冒

甲公司在纸手帕等纸制产品上注册了“茉莉花”文字及图形商标。下列哪些未经许可的行为构成侵权？

A. 乙公司在其制造的纸手帕包装上突出使用“茉莉花”图形

B. 丙商场将假冒“茉莉花”牌纸手帕作为赠品进行促销活动

C. 丁公司长期制造茉莉花香型的纸手帕，并在包装上标注“茉莉花香型”

D. 戊公司购买甲公司的“茉莉花”纸手帕后，将“茉莉花”改为“山茶花”重新包装后销售

答案：(　　)②

---

① 参考答案：D

② 参考答案：ABD

考点:商标混淆、反向假冒、非商标性使用

读题技巧

1. 甲公司商品是纸手帕,注册商标是"茉莉花"文字和图形,指向两点:(1)A 中的乙公司商品是纸手帕,商标是"茉莉花"图形,构成假冒侵权。(2)B 中的丙公司促销也是销售,销售假冒注册商标专用权的商品构成侵权。2. C 中丁公司使用的是"茉莉花香型",指向丁公司构成非商标性使用(特征描述性使用)。3. D 中戊公司"撕名牌",指向戊公司构成反向假冒侵权。

思路展开

命题点 1:商标侵权的类型之一:假冒注册商标侵权。

(1)法律依据:《商标法》第 57 条,"有下列行为之一的,均属侵犯注册商标专用权:(一)未经商标注册人的许可,在同一种商品上使用与其注册商标相同的商标的。"

(2)具体到本题:①甲公司商品是纸手帕,A 选项乙公司商品也是纸手帕;②甲公司商标是"茉莉花"文字及图形商标;A 选项乙公司是突出使用"茉莉花"图形。③乙公司构成假冒注册商标。

(3)结论:"A. 乙公司在其制造的纸手帕包装上突出使用'茉莉花'图形",乙公司侵犯甲公司商标专用权,A 符合题意,选 A。

命题点 2:商标侵权的类型之二:销售侵犯注册商标商品的侵权。

(1)法律依据:《商标法》第 57 条,"有下列行为之一的,均属侵犯注册商标专用权:……(三)销售侵犯注册商标专用权的商品的。"

(2)具体到本题:B 选项中,丙虽是将手帕作为赠品进行促销,但也同样属于销售行为。

(3)结论:"B. 丙商场将假冒'茉莉花'牌纸手帕作为赠品进行促销活动",丙商场行为侵犯甲公司商标专用权,B 符合题意,选 B。

命题点 3:商标侵权的类型之三:反向假冒。

(1)法律依据:《商标法》第 57 条,"有下列行为之一的,均属侵犯注册商标专用权:……(五)未经商标注册人同意,更换其注册商标并将该更换商标的商品又投入市场的。"

(2)具体到本题,D 选项中,戊公司构成反向假冒。

(3)结论:"D. 戊公司购买甲公司的'茉莉花'纸手帕后,将'茉莉花'改为'山茶花'重新包装后销售",戊公司构成反向假冒,侵犯了甲公司的商标专用权,D 符合题意,选 D。

命题点 4:商标的合理使用(非商标性使用):特征描述性使用(2015 年第 19 题本打印机产品使用"佳普"墨盒);用途说明性使用(汽车修理店声称提供维修"宝马"汽车服务)。

(1)法律依据:《商标法》第 59 条第 1 款,"注册商标中含有的本商品的通用名称、图形、型号,或者直接表示商品的质量、主要原料、功能、用途、重量、数量及其他特点,或者含有的地名,注册商标专用权人无权禁止他人正当使用。"

(2)具体到本题,如果甲公司生产的纸手帕也属于"茉莉花香型",甲不能禁止丁公司在包装上标注"茉莉花香型"的行为。丁公司在"茉莉花香型"中使用的"茉莉花"三个字属于特征描述性使用,构成非商标性使用,丁公司不侵权。

(3)结论:"C. 丁公司长期制造茉莉花香型的纸手帕,并在包装上标注'茉莉花香型'",C 不侵权,不符合题意,不选 C。

3. 假冒注册商标侵权、善意销售的不赔偿抗辩

甲公司在汽车产品上注册了"山叶"商标,乙公司未经许可在自己生产的小轿车上也使用"山叶"商标。丙公司不知乙公司使用的商标不合法,与乙公司签订书面合同,以合理价格大量购买"山叶"小轿车后售出,获利 100 万元以上。下列哪一说法是正确的?(2014-3-19)

A. 乙公司的行为属于仿冒注册商标

B. 丙公司可继续销售"山叶"小轿车

C. 丙公司应赔偿甲公司损失 100 万元

D. 工商行政管理部门不能对丙公司进行罚款处罚

答案:(　　)①

考点:注册商标权控制范围(假冒与仿冒)、不赔偿的抗辩(善意销售)

① 参考答案:D

解题图构

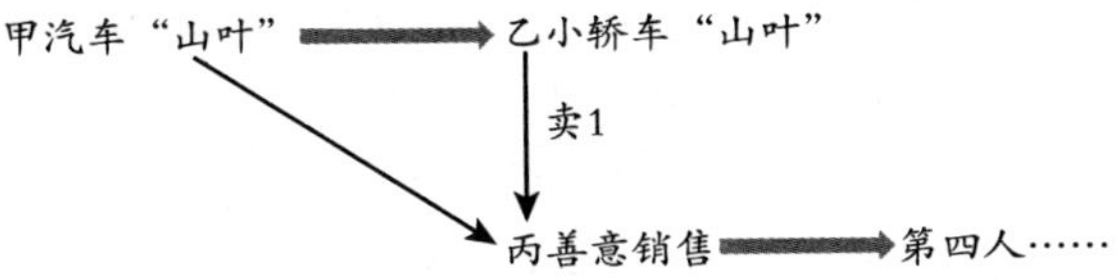

读题技巧

1. 汽车;小轿车上也,指向相同商品。2. 注册了“山叶”商标;也使用“山叶”商标,指向相同商标。3. 乙公司未经许可,指向乙公司知情,构成假冒。4. 丙公司不知,指向丙公司善意销售,可启动不赔偿抗辩。5. 获利100万元以上,指向误导考生丙的100万赔偿责任。

思路展开

命题点1:注册商标专用权的控制范围,包括禁止同种商品用相同的商标。他人故意则构成“假冒”。

(1)法律依据:《商标法》第57条规定,“有下列行为之一的,均属侵犯注册商标专用权:(一)未经商标注册人的许可,在同一种商品上使用与其注册商标相同的商标的;(二)未经商标注册人的许可,在同一种商品上使用与其注册商标近似的商标,或者在类似商品上使用与其注册商标相同或者近似的商标,容易导致混淆的。”①第(一)项规定的是假冒注册商标的行为。②第(二)项规定的是仿冒注册商标的行为。

(2)题干信息+A选项:乙公司未经许可在自己生产的小轿车上也使用“山叶”商标,属于第(一)项规定的情形,乙公司的行为是商标假冒行为,选项A不当选。

命题点2:不赔偿的抗辩。善意销售侵犯他人注册商标专用权的商品,仍然构成侵犯商标专用权,应停止销售侵权商品,只是不赔偿。

(1)法律依据:①《商标法》第64条第2款,“销售不知道是侵犯注册商标专用权的商品,能证明该商品是自己合法取得并说明提供者的,不承担赔偿责任。”②《商标法》第60条第2款,“工商行政管理部门处理时,认定侵权行为成立的,责令立即停止侵权行为,没收、销毁侵权商品和主要用于制造侵权商品、伪造注册商标标识的工具,违法经营额五万元以上的,可以处违法经营额五倍以下的罚款,没有违法经营额或者违法经营额不足五万元的,可以处二十五万元以下的罚款。对五年内实施两次以上商标侵权行为或者有其他严重情节的,应当从重处罚。销售不知道是侵犯注册商标专用权的商品,能证明该商品是自己合法取得并说明提供者的,由工商行政管理部门责令停止销售。”

(2)题干信息:丙公司不知乙公司使用的商标不合法,与乙公司签订书面合同,以合理价格大量购买“山叶”小轿车后售出,属于善意销售者。

(3)结论:丙公司属于善意销售商。①丙公司应当停止销售,选项B不当选。②丙公司免于承担赔偿责任,选项C不当选。③丙公司不负罚款的行政责任,选项D当选。

常见错误

善意销售可继续销售说:认为丙公司既善意不知情,又是通过合法方式购买假冒注册商标的商品,那么可以免除任何法律上的责任,可以继续销售,也不会被罚款,误选B。

4. 商标侵权之直接侵权无过错、间接侵权(帮助侵权过错)、反向假冒

甲公司为其生产的啤酒申请注册了“冬雨之恋”商标,但在使用商标时没有在商标标识上加注“注册商标”字样或注册标记。下列哪一行为未侵犯甲公司的商标权?(2013-3-19)

A. 乙公司误认为该商标属于未注册商标,故在自己生产的啤酒产品上也使用“冬雨之恋”商标

B. 丙公司不知某公司假冒“冬雨之恋”啤酒而予以运输

C. 丁饭店将购买的甲公司“冬雨之恋”啤酒倒入自制啤酒桶,自制“侠客”牌散装啤酒出售

D. 戊公司明知某企业生产假冒“冬雨之恋”啤酒而向其出租仓库

答案:(　　)①

考点:注册商标专用权直接侵权、间接侵权、反向假冒

读题技巧

1. “申请注册了‘冬雨之恋’商标”,指向注册商

---

① 参考答案:B

标专用权侵权。2."乙公司误认为",指向注册商标专用权直接侵权不以过错为前提条件。3."不知某公司假冒"、"而予以运输",指向不具备间接侵权(帮助侵权)的主观故意。4."明知"、"假冒"、"出租仓库",指向具备了间接侵权(帮助侵权)的故意。5."倒入自制啤酒桶,自制"侠客"牌",指向"撕名牌"即反向假冒。

思路展开

命题点1:注册商标权人,对注册商标享有专用权。可以控制他人的侵犯商标专用权的行为。(1)"注册了"本身就是公示,并非必须商标专用权人在产品上必须公示其注册与否。(2)法律依据:①《商标法》第3条第1款,"经商标局核准注册的商标为注册商标,包括商品商标、服务商标和集体商标、证明商标;商标注册人享有商标专用权,受法律保护。"②《商标法》第9条,"申请注册的商标,应当有显著特征,便于识别,并不得与他人在先取得的合法权利相冲突。商标注册人有权标明'注册商标'或者注册标记"。

命题点2:注册商标专用权直接侵权人,不以过错为前提条件。不论直接侵权人是否知道商标已经注册与否,均构成侵权。

(1)法律依据:注册商标侵权,不以过错为前提。《商标法》第57条规定第1项,"有下列行为之一的,均属侵犯注册商标专用权:(一)未经商标注册人的许可,在同一种商品或者类似商品上使用与其注册商标相同或者近似的商标的。"

(2)结论:商标权人可以标明"注册商标"或者注册标记,也可以不标明,均不影响其商标权的享有和法律对其进行保护。A乙公司侵权,不选。

命题点3:注册商标专用权间接侵权人(帮助侵权),则须以过错为前提条件。

(1)法律依据:①《商标法》第57条第6项,"有下列行为之一的,均属侵犯注册商标专用权:……(六)故意为侵犯他人商标专用权行为提供便利条件,帮助他人实施侵犯商标专用权行为的。"②《商标法实施条例》第75条,"为侵犯他人商标专用权提供仓储、运输、邮寄、印制、隐匿、经营场所、网络商品交易平台等,属于商标法第五十七条第六项规定的提供便利条件。"

(2)结论:B丙公司运输,不具有帮助侵权的故意,不构成侵权,正确,选B。D戊公司出租仓库,具有帮助侵权的故意,构成侵权,错误,不选D。

命题点4:注册商标专用权反向假冒侵权,属于直接侵权的一种特殊形态。

(1)法律依据:《商标法》第57条第5项,"有下列行为之一的,均属侵犯注册商标专用权:……(五)未经商标注册人同意,更换其注册商标并将该更换商标的商品又投入市场的。"

(2)题干信息+选项C,"丁饭店将购买的甲公司'冬雨之恋'啤酒倒入自制啤酒桶,自制'侠客'牌散装啤酒出售"丁饭店构成反向假冒,侵权,不选C。

常见错误

1. 善意不构成侵权说:认为乙公司属于善意,不构成商标侵权,误选A。

2. 混淆直接侵权和间接侵权(帮助侵权):认为不知情的丙公司为假冒商标的商品提供运输,构成商标侵权,未选B。认为故意的戊公司只是提供出租仓库,不会构成商标侵权,误选D。

5. 商标侵权、商号

甲公司于2000年3月为其生产的酸奶注册了"乐乐"商标,该商标经过长期使用,在公众中享有较高声誉。2004年8月,同一地域销售牛奶的乙公司将"乐乐"登记为商号并突出宣传使用,容易使公众产生误认。下列哪种说法是正确的?(2006-3-20)

A. 乙公司的行为必须实际造成消费者误认,才侵犯甲公司的商标权

B. 即使"乐乐"不属于驰名商标,乙公司的行为也侵犯了甲公司的商标权

C. 甲公司可以直接向法院起诉要求撤销该商号登记

D. 乙公司的商号已经合法登记,应受法律保护

答案:(　　)①

考点:商标侵权的判定、商标混淆

读题技巧

"甲公司的酸奶注册了"乐乐"商标,……同一

① 参考答案:B

地域销售牛奶的乙公司将"乐乐"登记为商号并突出宣传使用,容易使公众产生误认",指向乙公司商号侵犯了甲公司的注册商标专用权。A 选项是对题干的反动,明显错误。B 是对题干的复述,明显正确。

思路展开

命题点 1:将注册商标中的文字作为企业字号突出使用,容易导致误认,构成商标侵权。

(1)法律依据:《商标权法司法解释》第 1 条,"下列行为属于商标法第五十二条(现第 57 条)第(五)项规定的给他人注册商标专用权造成其他损害的行为:(一)将与他人注册商标相同或者相近似的文字作为企业的字号在相同或者类似商品上突出使用,容易使相关公众产生误认的。"

(2)本条意义:不要求实际造成混淆,只要容易导致相关公众产生误认,就属于侵权。不仅保护驰名商标,也保护非驰名的注册商标。

(3)结论:①"A 乙公司的行为必须实际造成消费者误认,才侵犯甲公司的商标权",A 错,不选 A。②"B 即使"乐乐"不属于驰名商标,乙公司的行为也侵犯了甲公司的商标权",B 对,选 B。

命题点 2:商号登记事宜和撤销事宜,在我国均由工商行政管理部门负责,也只有工商行政管理部门才有权撤销某一商号登记。结论:"C. 甲公司可以直接向法院起诉要求撤销该商号登记",C 错,不选 C。

命题点 3:甲公司的商标与乙公司的商号均已经登记,本应都受到法律保护,但乙公司登记的商号侵害了他人在先的权利(甲公司的商标权),就不应再受到法律的保护。结论:"D. 乙公司的商号已经合法登记,应受法律保护",D 错,不选 D。

6. 某商场在春节期间组织"家家乐"家用电器促销活动,有关部门发现其销售的部分电器中有侵犯他人专利权或商标权的产品。该商场能证明其产品的合法来源。关于该商场的行为,下列哪一选项是正确的?(2008-四川-23)

A. 不构成侵权,但应当停止销售

B. 善意销售,不构成侵权

C. 构成侵权,应停止销售,但不承担赔偿责任

D. 构成侵权,应当承担停止侵害和赔偿损失的责任

答案:(　　)[①]

考点:善意销售构成侵权,不负赔偿责任

思路展开

1. 法律依据:(1)《专利法》第 70 条,"为生产经营目的使用、许诺销售或者销售不知道是未经专利权人许可而制造并售出的专利侵权产品,能证明该产品合法来源的,不承担赔偿责任。"(2)《商标法》第 64 条第 2 款,"销售不知道是侵犯注册商标专用权的商品,能证明该商品是自己合法取得并说明提供者的,不承担赔偿责任。"

2. 结论:"C. 构成侵权,应停止销售,但不承担赔偿责任",C 对,选 C。

7. 驰名商标的保护

某外资企业拥有"雨露"商标,使用的商品为啤酒。该商标未在中国注册,但被我国有关部门认定为驰名商标。该外资企业的下列哪些请求应当得到支持?(2005-3-60)

A. 请求禁止甲公司将"雨露"商标在葡萄酒上注册

B. 请求禁止乙公司将"雨露"商标在葡萄酒上使用

C. 请求禁止丙公司将"雨露"商标在啤酒上使用

D. 请求已将"雨露"商标在啤酒上使用的丁公司赔偿损失

答案:(　　)[②]

考点:驰名商标的保护

思路展开

命题点:驰名商标的跨类保护、未注册驰名商标保护(停止侵权,不赔偿)。

(1)法律依据:①《商标法》第 13 条,"为相关公众所熟知的商标,持有人认为其权利受到侵害时,可以依照本法规定请求驰名商标保护。就相同或者类

① 参考答案:C

② 参考答案:ABC

似商品申请注册的商标是复制、模仿或者翻译他人未在中国注册的驰名商标,容易导致混淆的,不予注册并禁止使用。就不相同或者不相类似商品申请注册的商标是复制、模仿或者翻译他人已经在中国注册的驰名商标,误导公众,致使该驰名商标注册人的利益可能受到损害的,不予注册并禁止使用。”②《商标权法司法解释》第2条,“依据商标法第十三条第一款的规定,复制、模仿、翻译他人未在中国注册的驰名商标或其主要部分,在相同或者类似商品上作为商标使用,容易导致混淆的,应当承担停止侵害的民事法律责任。”

(2)具体到本题:①“雨露”啤酒,是未注册驰名商标。享受同类保护,禁止他人在相同或类似商品上使用“雨露”。②A、B中“葡萄酒”与啤酒,属于类似商品。法律依据是《商标权法司法解释》第12条,“人民法院依据商标法第五十二(现57条)条第(一)项的规定,认定商品或者服务是否类似,应当以相关公众对商品或者服务的一般认识综合判断;《商标注册用商品和服务国际分类表》、《类似商品和服务区分表》可以作为判断类似商品或者服务的参考。”③C中啤酒与啤酒,属于相同商品。

(3)结论:ABC对,选ABC。未注册驰名商标的保护力度有限,只可以请求行为人停止侵害,不得索赔。故D错,不选D。

第二部分
不定项选择题

2016 年不定项选择题

1. 甲、乙、丙三人签订合伙协议并开始经营，但未取字号，未登记，也未推举负责人。其间，合伙人与顺利融资租赁公司签订融资租赁合同，租赁淀粉加工设备一台，约定租赁期限届满后设备归承租人所有。合同签订后，出租人按照承租人的选择和要求向设备生产商丁公司支付了价款。请回答第 86～88 题。

图构：

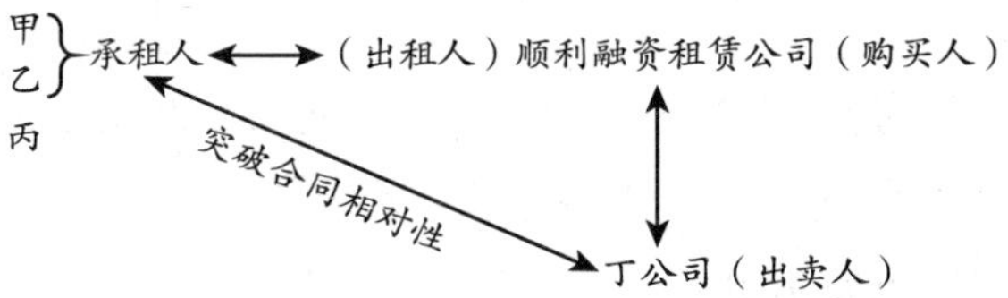

（1）如果承租人不履行支付价款的义务，出租人起诉，适格被告是：（2016－3－86）

A. 合伙企业

B. 甲、乙、丙全体

C. 甲、乙、丙中的任何人

D. 丁公司

答案：（　　）①

考点：个人合伙、必要共同诉讼之共同被告、融资租赁合同支付租金义务的相对性

思路展开：

命题点 1：区分个人合伙与合伙企业。

（1）法律依据：①民事合伙：《民法通则》第 33 条，个人合伙可以起字号，依法经核准登记，在核准登记的经营范围内从事经营。②合伙企业：《合伙企业法》第 2 条，本法所称合伙企业，是指自然人、法人和其他组织依照本法在中国境内设立的普通合伙企业和有限合伙企业。普通合伙企业由普通合伙人组成，合伙人对合伙企业债务承担无限连带责任。本法对普通合伙人承担责任的形式有特别规定的，从其规定。有限合伙企业由普通合伙人和有限合伙人组成，普通合伙人对合伙企业债务承担无限连带责任，有限合伙人以其认缴的出资额为限对合伙企业债务承担责任。

（2）具体到本题：司法部解析原文："民法通则上的合伙不同于合伙企业法上的合伙企业。民法通则上的合伙可以起字号，也可以不起字号。题干中交代了甲、乙、丙没有没有起字号，也没有登记，因此该合伙仅仅是民事合伙，甲、乙、丙三人，不存在合伙企业。"

（3）结论："A. 合伙企业"，A 错，不选。

（4）延展：题干没有出现合伙企业，选项突然出现了合伙企业。所以，A 选项纯属打酱油选项。

命题点 2：未起字号个人合伙，各个合伙人是共同诉讼人。

（1）法律依据：①未起字号，合伙人个人是共同诉讼人：《民法通则若干问题的意见》第 45 条第 2 款，"未起字号的个人合伙，合伙人在民事诉讼中为共同诉讼人。合伙人人数众多的，可以推举诉讼代表人参加诉讼，诉讼代表人的诉讼行为，对全体合伙人发生法律效力。推举诉讼代表人，应当办理书面手续。"②未起字号，合伙人个人是共同诉讼人；起了字号，则增加一项即在法律文书中注明字号。《民事诉讼法司法解释》第 60 条，在诉讼中，未依法登记领取营业执照的个人合伙的全体合伙人为共同诉讼人。个人合伙有依法核准登记的字号的，应在法律文书中注明登记的字号。全体合伙人可以推选代表人；被推选的代表人，应由全体合伙人出具推选书。③必要共同诉讼：《民事诉讼法》第 52 条第 1 款，当事人一方或者双方为二人以上，其诉讼标的是共同的，或者诉讼标的是同一种类、人民法院认为可以合并审理并经当事人同意的，为共同诉讼。④实体法上的结果是各个合伙人对合伙债务负连带责任：《民法

① 参考答案：B（司法部一开始公布答案是 BC，异议期间结束后，公布的答案修改为 B。）

通则若干问题的意见》第47条,全体合伙人对合伙经营的亏损额,对外应当负连带责任,对内则应按照协议约定的债务承担比例或者出资比例分担;协议未规定债务承担比例或者出资比例的,可以按照约定的或者实际的盈余分配比例承担。但是对造成合伙经营亏损有过错的合伙人,应当根据其过错程序相应的多承担责任。

(2)具体到本题:①题干信息:"甲、乙、丙三人签订合伙协议并开始经营,但未取字号,未登记,也未推举负责人。其间,合伙人与顺利融资租赁公司签订融资租赁合同……"。②选项新增事实,"如果承租人不履行支付价款的义务,出租人起诉……"。③司法部解析原文:"甲乙丙设立的个人合伙,没有推举合伙人,其全体合伙人在诉讼中为共同诉讼人,因此,本题中应当以甲、乙、丙全体未被告。B对。必要共同诉讼人必须共同参加诉讼,因此,C错。"④特别注意:司法部公布本题答案时选了BC,异议期间结束后,司法部解析将答案修改为B。这是极其罕见的,这再次提示我们,必须紧跟司法部官方解析。⑤出租人可以找甲承担全部或部分责任、可以找乙承担全部或部分责任、可以找丙承担全部或部分责任。但是,在诉讼程序上,必须将甲、乙、丙全体作为共同被告起诉。

(3)结论:"B.甲、乙、丙全体",B对,选。"C.甲、乙、丙中的任何人",C错,不选。

命题点3:合同相对性,融资租赁合同关于租金支付关系,限于出租人和承租人之间,与出卖人没有关系。

(1)法律依据:①融资租赁合同三方结构,两个合同关系:《合同法》第237条,融资租赁合同是出租人根据承租人对出卖人、租赁物的选择,向出卖人购买租赁物,提供给承租人使用,承租人支付租金的合同。②租金义务人是承租人,而非出卖人:《合同法》第248条,承租人应当按照约定支付租金。承租人经催告后在合理期限内仍不支付租金的,出租人可以要求支付全部租金;也可以解除合同,收回租赁物。

(2)具体到本题:①"合伙人与顺利融资租赁公司签订融资租赁合同,租赁淀粉加工设备一台,约定租赁期限届满后设备归承租人所有。合同签订后,出租人按照承租人的选择和要求向设备生产商丁公司支付了价款。"②合伙人与顺利融资租赁公司之间的租赁合同关系;丁公司与顺利融资租赁公司之间的买卖合同关系。③合伙人作为设备承租人负支付租金义务,设备出卖人不负支付租金义务。

(3)结论:"D.丁公司",D错,不选。

(2)乙在经营期间发现风险太大,提出退伙,甲、丙表示同意,并通知了出租人,但出租人表示反对,认为乙退出后会加大合同不履行的风险。下列说法正确的是:(2016-3-87)

A.经出租人同意,乙可以退出

B.乙可以退出,无需出租人同意

C.乙必须向出租人提供有效担保后才能退出

D.乙退出后对合伙债务不承担责任

答案:(　　)①

考点:个人合伙退伙无约定则退伙自由、退伙人在退伙后对退伙前的合伙债务负连带责任

思路展开:

命题点1:个人合伙退伙无书面约定退伙办法则退伙自由。

(1)法律依据:①退伙办法从书面约定:《民通》第31条,合伙人应当对出资数额、盈余分配、债务承担、入伙、退伙、合伙终止等事项,订立书面协议。②退伙无书面协议则原则上退伙自由:《民法通则若干问题的意见》第52条,"合伙人退伙,书面协议有约定的,按书面协议处理;书面协议未约定的,原则上应予准许。但因其退伙给其他合伙人造成损失的,应当考虑退伙的原因、理由以及双方当事人的过错等情况,确定其应当承担的赔偿责任。"

(2)具体到本题:①题干信息:"甲、乙、丙三人签订合伙协议并开始经营,但未取字号,未登记,也未推举负责人"。②选项信息:"乙在经营期间发现风险太大,提出退伙,甲、丙表示同意,并通知了出租人,但出租人表示反对,认为乙退出后会加大合同不履行的风险。"③题干没有交代甲、乙、丙之间关于退伙的书面协议,因此,乙退伙,原则上不需要其他合伙人甲、乙的同意。更加不需要出租人同意。

---

① 参考答案:B

(3)结论:①"B. 乙可以退出,无需出租人同意",B对,选。②"A. 经出租人同意,乙可以退出"、"C. 乙必须向出租人提供有效担保后才能退出",AC错,不选。

命题点2:退伙人在退伙后对退伙前的合伙债务负连带责任

(1)法律依据:《民法通则若干问题的意见》第53条,合伙经营期间发生亏损,合伙人退出合伙时未按约定分担或者未合理分担合伙债务的,退伙人对原合伙的债务,应当承担清偿责任;退伙人已分担合伙债务的,对其参加合伙期间的全部债务仍负连带责任。

(2)具体到本题和结论:①乙退伙后应该对原合伙债务负连带清偿责任。②"D. 乙退出后对合伙债务不承担责任",D错,不选。

(3)如租赁期间因设备自身原因停机,造成承租人损失。下列说法正确的是:(2016-3-88)

A. 出租人应减少租金

B. 应由丁公司修理并赔偿损失

C. 承租人向丁公司请求承担责任时,出租人有协助义务

D. 出租人与丁公司承担连带责任

答案:(　　)①

考点:融资租赁合同中租赁物瑕疵之突破合同相对性(承租人向出卖人索赔出租人协助+出卖人承担瑕疵担保责任包括维修责任+承租人必须继续向出租人付租金)

思路展开:

命题点1:融资租赁合同租赁物瑕疵,出租人不向承租人负瑕疵担保责任,承租人继续向出租人付租金

(1)法律依据:①承租人选的设备出现瑕疵,出租人不负责:《合同法》第244条,"租赁物不符合约定或者不符合使用目的的,出租人不承担责任,但承租人依赖出租人的技能确定租赁物或者出租人干预选择租赁物的除外"。②《关于审理融资租赁合同纠纷案件适用法律问题的解释》第6条,承租人对出卖人行使索赔权,不影响其履行融资租赁合同项下支付租金的义务,但承租人以依赖出租人的技能确定租赁物或者出租人干预选择租赁物为由,主张减轻或者免除相应租金支付义务的除外。

(2)法条阐释:①如果租赁物由承租人自己选定,则质量问题由承租人自己向出卖人主张索赔,与出租人无关。承租人要正常向出租人支付租金。②如果租赁物是依赖出租人技能确定或者出租人干预选择租赁物,则出租人要对租赁物瑕疵负瑕疵担保责任。承租人可主张减轻或者免除支付相应租金。

(3)具体到本题:①题干信息:"合伙人与顺利融资租赁公司签订融资租赁合同,租赁淀粉加工设备一台,约定租赁期限届满后设备归承租人所有。合同签订后,出租人按照承租人的选择和要求向设备生产商丁公司支付了价款。"②选项信息:"如租赁期间因设备自身原因停机,造成承租人损失"。③本题的融资租赁设备,完全是由承租人自己选择。④所以,设备发生质量问题,由承租人向出卖人主张瑕疵担保责任(与出租人没有关系,出租人不负责任,更不和出卖人丁公司负连带责任),同时,承租人必须继续向出租人支付约定的租金。

(4)结论:"A. 出租人应减少租金",A错,不选。"D. 出租人与丁公司承担连带责任",D错,不选。

命题点2:融资租赁合同租赁物瑕疵,承租人向出卖人主张瑕疵担保责任,出租人有协助义务

(1)法律依据:①租赁物有质量瑕疵,承租人应向出卖人索赔。a.《合同法》第239条,出租人根据承租人对出卖人、租赁物的选择订立的买卖合同,出卖人应当按照约定向承租人交付标的物,承租人享有与受领标的物有关的买受人的权利。b."违约责任":《合同法》第107条,当事人一方不履行合同义务或者履行合同义务不符合约定的,应当承担继续履行、采取补救措施或者赔偿损失等违约责任。c."物的瑕疵担保责任":《合同法》第111条,质量不符合约定的,应当按照当事人的约定承担违约责任。对违约责任没有约定或者约定不明确,依照本法第六十一条的规定仍不能确定的,受损害方根据标的的性质以及损失的大小,可以合理选择要求对方承担修理、更换、重作、退货、减少价款或者报酬等违约责任。②承租人向出卖人主张瑕疵担保责任,

---

① 参考答案:BC

出租人有协助义务:《合同法》第240条,出租人、出卖人、承租人可以约定,出卖人不履行买卖合同义务的,由承租人行使索赔的权利。承租人行使索赔权利的,出租人应当协助。

(2)具体到本题:①题干信息:"合伙人与顺利融资租赁公司签订融资租赁合同,租赁淀粉加工设备一台,约定租赁期限届满后设备归承租人所有。合同签订后,出租人按照承租人的选择和要求向设备生产商丁公司支付了价款。"②选项信息:"如租赁期间因设备自身原因停机,造成承租人损失"。③承租人自己选定的设备,出现质量问题,应该向出卖人丁公司主张瑕疵担保责任(包括修理责任和赔偿损失责任)。④小选项信息:"C.承租人向丁公司请求承担责任时"。⑤连续两个假设,假设设备有毛病;假设承租人向出卖人丁索赔,那么,出租人有协助义务。

(3)结论:①"B.应由丁公司修理并赔偿损失",B对,选。②"C.承租人向丁公司请求承担责任时,出租人有协助义务",C对,选。

2. 甲、乙双方于2013年5月6日签订水泥供应合同,乙以自己的土地使用权为其价款支付提供了最高额抵押,约定2014年5月5日为债权确定日,并办理了登记。丙为担保乙的债务,也于2013年5月6日与甲订立最高额保证合同,保证期间为一年,自债权确定日开始计算。请回答第89~91题。

图构:

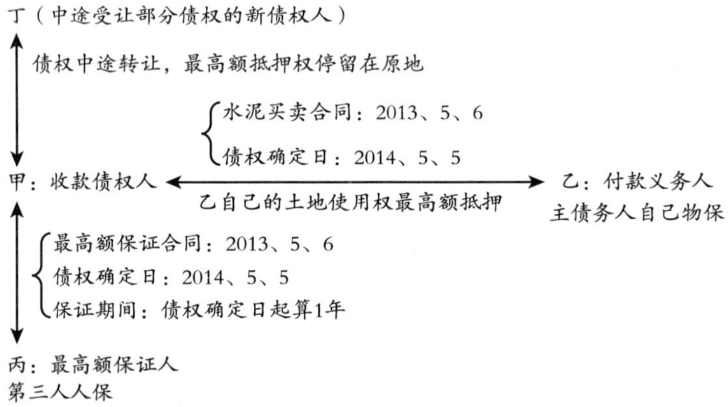

解图:混合担保保护甲的水泥款债权,主债务人乙自己物保,和第三人丙的人保。只不过一个是最高额抵押;一个是最高额保证。其实仍然是物保和人保,自己物保,启动《物权法》176,债务人自己物保优先规则。

(1)水泥供应合同约定,将2013年5月6日前乙欠甲的货款纳入了最高额抵押的担保范围。下列说法正确的是:(2016-3-89)

A. 该约定无效

B. 该约定合法有效

C. 如最高额保证合同未约定将2013年5月6日前乙欠甲的货款纳入最高额保证的担保范围,则丙对此不承担责任

D. 丙有权主张减轻其保证责任

答案:(　　)①

考点:物权法定原则、最高额抵押担保的范围、最高额保证担保的范围

思路展开:

命题点1:最高额抵押当事人同意,可将最高额抵押设立前已经存在的债权,转入最高额抵押担保的债权范围。

(1)法律依据:①最高额抵押权的定义:《物权法》第203条第1款,"为担保债务的履行,债务人或者第三人对一定期间内将要连续发生的债权提供担保财产的,债务人不履行到期债务或者发生当事人约定的实现抵押权的情形,抵押权人有权在最高债权额限度内就该担保财产优先受偿。"②经当事人约定可以将已经发生的债权纳入最高额抵押担保保护范围:《物权法》第203条第2款,"最高额抵押权设立前已经存在的债权,经当事人同意,可以转入最高

① 参考答案:BC

额抵押担保的债权范围。”

(2)具体到本题:①大题干信息:“甲、乙双方于2013年5月6日签订水泥供应合同,乙以自己的土地使用权为其价款支付提供了最高额抵押,约定2014年5月5日为债权确定日,并办理了登记。”②本题小题干信息:“水泥供应合同约定,将2013年5月6日前乙欠甲的货款纳入了最高额抵押的担保范围。”③甲对乙有水泥款债权,乙用自己的土地使用权为该债权设定了最高额抵押。水泥款债权的额度是从2013年5月6日起到2014年5月5日截止发生的债权。④最高额抵押合同当事人甲和乙特别约定,将最高额抵押设立前存在的债权纳入最高额抵押保护范围,应尊重当事人的约定。⑤司法部解析原文:“有考生可能认为最高额抵押和最高额保证的担保范围,应当自最高额担保设立后的债务为限,从而认为将此前债务纳入担保范围违反物权法定原则,从而错选A选项。”⑥2015年第54题已经考察过该知识点,因为2015年是我命制的这一个考点,2016年再度考察,某种层面上反映了命题老师不太会特别细致的究问去年的考点,只要做到不完全重题就可以。如此一来,民法的历年真题价值会更加的大。

(3)结论:①“A.该约定无效”,A错,不选。②“B.该约定合法有效”,B对,选。

命题点2:最高额保证担保的范围以当事人约定为准。

(1)法律依据:①最高额保证的定义:《担保法》第14条,“保证人与债权人可以就单个主合同分别订立保证合同,也可以协议在最高债权额限度内就一定期间连续发生的借款合同或者某项商品交易合同订立一个保证合同。”《担保法司法解释》第23条,最高额保证合同的不特定债权确定后,保证人应当对在最高债权额限度内就一定期间连续发生的债权余额承担保证责任。②保证担保的范围从当事人约定:《担保法》第21条第1款,保证担保的范围包括主债权及利息、违约金、损害赔偿金和实现债权的费用。保证合同另有约定的,按照约定。第2款,当事人对保证担保的范围没有约定或者约定不明确的,保证人应当对全部债务承担责任。

(2)具体到本题:①大题干信息:“丙为担保乙的债务,也于2013年5月6日与甲订立最高额保证合同,保证期间为一年,自债权确定日开始计算。”②小题干的选项的信息:“C.如最高额保证合同未约定将2013年5月6日前乙欠甲的货款纳入最高额保证的担保范围,则丙对此不承担责任”。③丙作为第三人,为主债务人乙欠甲的水泥款债权提供了最高额保证。④丙的最高额保证所保护的主债权额度从当事人(保证人丙和债权人甲)的约定。他们约定的债权额度就是水泥款债权。⑤最高额保证人丙,和主债权人甲没有约定将此前发生的债权纳入最高额保证保护范围,则最高额保证人丙不承担保证责任。

(3)结论:①“C.如最高额保证合同未约定将2013年5月6日前乙欠甲的货款纳入最高额保证的担保范围,则丙对此不承担责任”,C对,选。

命题点3:最高额保证担保中保证中,只要保证范围没变化,保证人不能主张减轻保证责任。

(1)法律依据:保证人责任的变动事由:《担保法司法解释》第30条第1款,保证期间,债权人与债务人对主合同数量、价款、币种、利率等内容作了变动,未经保证人同意的,如果减轻债务人的债务的,保证人仍应当对变更后的合同承担保证责任;如果加重债务人的债务的,保证人对加重的部分不承担保证责任。债权人与债务人对主合同履行期限作了变动,未经保证人书面同意的,保证期间为原合同约定的或者法律规定的期间。第3款,债权人与债务人协议变动主合同内容,但并未实际履行的,保证人仍应当承担保证责任。

(2)具体到本题:司法部解析原文:“本题情形并不构成保证责任减轻或加重事由,丙的保证范围并无变化,因此不能主张减轻其保证责任。”

(3)结论:①“D.丙有权主张减轻其保证责任”,D错,不选。

延展:最高额保证中当事人未约定保证期间特别规则。(1)对主债权额度的影响:如果当事人未约定保证期间,则保证人可以随时终止保证合同,对此后发生债权不再保护,对此前发生债权继续保护。《担保法》第27条,保证人依照本法第十四条规定就连续发生的债权作保证,未约定保证期间的,保证人可以随时书面通知债权人终止保证合同,但保证人对于通知到债权人前所发生的债权,承担保证责任。(2)依法推定保证期间的长度:《担保法司法解释》第37条,最高额保证合同对保证期间没有约定或者约定不明的,如最高额保证合同约定有保证人清偿债务期限的,保证期间为清偿期限届满之日起六个月。没有约定债务清偿期限的,保证期间自最高额保证终止之日或自债权人收到保证人终止保证合同的书面通知到达之日起六个月。(3)本题当事人明确约定了保证期间,故不涉及这两个规则。

(2)甲在2013年11月将自己对乙已取得的债权全部转让给丁。下列说法正确的是:(2016－3－90)

A. 甲的行为将导致其最高额抵押权消灭

B. 甲将上述债权转让给丁后,丁取得最高额抵押权

C. 甲将上述债权转让给丁后,最高额抵押权不随之转让

D. 2014年5月5日前,甲对乙的任何债权均不得转让

答案:(　　)①

考点:主债权确定前最高额抵押不具有从属性(包括不具有转让上和消灭上的从属性);主债权确定后最高额抵押权具有从属性

思路展开:

命题点1:主债权确定前,最高额抵押不具有消灭上的从属性。确定前转让主债权,不消灭最高额抵押权。

(1)法律依据:①一般抵押权,主债权消灭,抵押权也跟着消灭。《物权法》第177条,"有下列情形之一的,担保物权消灭:(一)主债权消灭;(二)担保物权实现;(三)债权人放弃担保物权;(四)法律规定担保物权消灭的其他情形。"②最高额抵押权,在主债权确定日前,转移已发生的全部债权,不会导致最高额抵押权消灭,最高额抵押权仍然继续存在。③司法部解析原文:"即使在债权确定前债权为零的(作者注:其意思是,甲在2013年11月把已经发生的全部债权转出去的这个时点,剩余债权是0,因为后续的债权还没有陆续发生。),也不导致抵押权消灭。"

(2)具体到本题:①大题干信息:"甲、乙双方于2013年5月6日签订水泥供应合同,乙以自己的土地使用权为其价款支付提供了最高额抵押,约定2014年5月5日为债权确定日,并办理了登记"②小题干信息:"甲在2013年11月将自己对乙已取得的债权全部转让给丁"。③2013年11月转让债权日,早于2014年5月5日债权确定日。④债权确定日之前,转让已经发生的全部债权,不会导致最高额抵押权消灭。最高额抵押权仍然待在原地待命,保护将来可能要连续发生的债权(截止到2014年5月5日债权确定日)。

(3)结论:"A. 甲的行为将导致其最高额抵押权消灭",A错,不选。

命题点2:主债权确定前,最高额抵押不具有转让上的从属性,债权转让,最高额抵押不跟着转让,仍然停留在原地。

(1)法律依据:①"一般抵押权有从属性,从属于转走的债权":a.《物权法》第192条,抵押权不得与债权分离而单独转让或者作为其他债权的担保。债权转让的,担保该债权的抵押权一并转让,但法律另有规定或者当事人另有约定的除外。b.《担保法司法解释》第72条第1款,主债权被分割或者部分转让,各债权人可以就其享有的债权份额行使抵押权。②最高额抵押中,主债权确定前,最高额抵押不从属于转走的债权,仍然停留在原地:《物权法》第204条,"最高额抵押担保的债权确定前,部分债权转让的,最高额抵押权不得转让,但当事人另有约定的除外"。③最高额抵押中,主债权的确定时间点:《物权法》第206条,"有下列情形之一的,抵押权人的债权确定:(一)约定的债权确定期间届满;(二)没有约定债权确定期间或者约定不明确,抵押权人或者抵押人自最高额抵押权设立之日起满二年后请求确定债权;(三)新的债权不可能发生;(四)抵押财产被查封、扣押;(五)债务人、抵押人被宣告破产或者被撤销;(六)法律规定债权确定的其他情形。"

(2)具体到本题:①大题干信息:"甲、乙双方于2013年5月6日签订水泥供应合同,乙以自己的土地使用权为其价款支付提供了最高额抵押,约定2014年5月5日为债权确定日,并办理了登记"②小

① 参考答案:C

题干信息:"甲在2013年11月将自己对乙已取得的债权全部转让给丁"。③2013年11月转让债权日,早于2014年5月5日债权确定日。④丁从甲处购买的债权,不具有最高额抵押的保护。最高额抵押仍然停留在原地,保护甲的水泥款债权。

(3)结论:①"B.甲将上述债权转让给丁后,丁取得最高额抵押权",B错,不选。②"C.甲将上述债权转让给丁后,最高额抵押权不随之转让",C对,选。③"D.2014年5月5日前,甲对乙的任何债权均不得转让",D错,不选。

延展:做题策略,《物权法》第204条行文就明确了ABCD四个选项的对错。《物权法》第204条,最高额抵押担保的债权确定前,部分债权转让的(意味允许转让啊,故D错),最高额抵押权不得转让(C对,B错;同时意味最高额抵押权没消灭啊,故A错),但当事人另有约定的除外。

(3)乙于2014年1月被法院宣告破产,下列说法正确的是:(2016-3-91)

A.甲的债权确定期届至

B.甲应先就抵押物优先受偿,不足部分再要求丙承担保证责任

C.甲可先要求丙承担保证责任

D.如甲未申报债权,丙可参加破产财产分配,预先行使追偿权

答案:(　　)①

考点:最高额抵押权主债权确定时间点、混合担保中自己物保优先、最高额保证人行使对主债务人的预先追偿权

思路展开:

命题点1:最高额抵押权主债权确定时间点:主债务人破产时间早于原本约定的主债权确定时间点,则破产时为新的主债权确定时间点

(1)法律依据:最高额抵押权主债权确定时间点以先到的为准:《物权法》第206条,有下列情形之一的,抵押权人的债权确定:(一)约定的债权确定期间届满;(二)没有约定债权确定期间或者约定不明确,抵押权人或者抵押人自最高额抵押权设立之日起满二年后请求确定债权;(三)新的债权不可能发生;(四)抵押财产被查封、扣押;(五)债务人、抵押人被宣告破产或者被撤销;(六)法律规定债权确定的其他情形。

(2)具体到本题:①大题干信息:甲、乙双方于2013年5月6日签订水泥供应合同,乙以自己的土地使用权为其价款支付提供了最高额抵押,约定2014年5月5日为债权确定日,并办理了登记。②小题干信息:"乙于2014年1月被法院宣告破产"。③最高额抵押约定主债权确定时点是2014年5月5日。④主债务人乙在2014年1月被法院宣告破产。⑤以先到的为准,作为最高额抵押中主债权确定的时间点。即乙被宣告破产时,甲的水泥款债权确定时间就到了。以此为卡点,最高额抵押保护此前发生的债权。此后的债权不再受最高额抵押的保护。⑥与此同时,最高额抵押因为主债权已经敲死,故最高额抵押就转化为了一般抵押了,施行一般抵押权的规则。

(3)结论:"A.甲的债权确定期届至",A对,选。

命题点2:主债务人自己的最高额抵押和第三人的最高额保证,构成混合担保,债权人应先向主债务人自己物保主张担保责任。

(1)法律依据:《物权法》第176条,被担保的债权既有物的担保又有人的担保的,债务人不履行到期债务或者发生当事人约定的实现担保物权的情形,债权人应当按照约定实现债权;没有约定或者约定不明确,债务人自己提供物的担保的,债权人应当先就该物的担保实现债权;第三人提供物的担保的,债权人可以就物的担保实现债权,也可以要求保证人承担保证责任。提供担保的第三人承担担保责任后,有权向债务人追偿。

(2)具体到本题:①大题干信息:"甲、乙双方于2013年5月6日签订水泥供应合同,乙以自己的土地使用权为其价款支付提供了最高额抵押,约定2014年5月5日为债权确定日,并办理了登记。丙为担保乙的债务,也于2013年5月6日与甲订立最高额保证合同,保证期间为一年,自债权确定日开始计算。"②甲的水泥款债权,受主债务人乙的土地使用权最高额抵押保护;同时受第三人丙最高额保证的保护。③甲应该先就住债务人乙的土地使用权实

① 参考答案:ABD

现债权。

（3）结论："B. 甲应先就抵押物优先受偿，不足部分再要求丙承担保证责任"，B 对，选。"C. 甲可先要求丙承担保证责任"，C 错，不选。

命题点 3：主债权人没有参加主债务人破产财产分配，最高额保证人可以行使预先追偿权。

（1）法律依据：①保证人的追偿权：《担保法》第 31 条，"保证人承担保证责任后，有权向债务人追偿。"②保证人的预先追偿权：a.《担保法》第 32 条，人民法院受理债务人破产案件后，债权人未申报债权的，保证人可以参加破产财产分配，预先行使追偿权。b.《担保法司法解释》第 46 条，人民法院受理债务人破产案件后，债权人未申报债权的，各连带共同保证的保证人应当作为一个主体申报债权，预先行使追偿权。③主债务人破产，债权人应该去申报债权：《担保法司法解释》第 44 条，保证期间，人民法院受理债务人破产案件的，债权人既可以向人民法院申报债权，也可以向保证人主张权利。债权人申报债权后在破产程序中未受清偿的部分，保证人仍应当承担保证责任。债权人要求保证人承担保证责任的，应当在破产程序终结后六个月内提出。④主债务人破产，债权人不去申报债权，还没有通知保证人，导致保证人未能预先行使追偿权，则债权人不得找保证人承担保证责任：《担保解释》第 45 条，债权人知道或者应当知道债务人破产，既未申报债权也未通知保证人，致使保证人不能预先行使追偿权的，保证人在该债权在破产程序中可能受偿的范围内免除保证责任。

（2）法律原理：为什么要赋予保证人预先追偿权？主债务人破产，主债权人躺下睡觉，将来找保证人兜底垫背。为保护保证人利益，在保证人还没有代偿之前，允许保证人对主债务人预先行使追偿权，在债务人破产程序中申报债权。

（3）具体到本题：①大题干信息："丙为担保乙的债务，也于 2013 年 5 月 6 日与甲订立最高额保证合同，保证期间为一年，自债权确定日开始计算。"②小题干信息："乙于 2014 年 1 月被法院宣告破产"。③选项信息："D. 如甲未申报债权"。④丙是保证人，乙是主债务人，甲是主债权人。主债务人乙破产，甲消极怠工，则保证人丙可预先行使追偿权。

（4）结论："D. 如甲未申报债权，丙可参加破产财产分配，预先行使追偿权"，D 对，选。

2015 年不定项选择题

1. 甲公司、乙公司签订的《合作开发协议》约定，合作开发的A区房屋归甲公司、B区房屋归乙公司。乙公司与丙公司签订《委托书》，委托丙公司对外销售房屋。《委托书》中委托人签字盖章处有乙公司盖章和法定代表人王某签字，王某同时也是甲公司法定代表人。张某查看《合作开发协议》和《委托书》后，与丙公司签订《房屋预订合同》，约定："张某向丙公司预付房款 30 万元，购买A区房屋一套。待取得房屋预售许可证后，双方签订正式合同。"丙公司将房款用于项目投资，全部亏损。后王某向张某出具《承诺函》：如张某不闹事，将协调甲公司卖房给张某。但甲公司取得房屋预售许可后，将A区房屋全部卖与他人。张某要求甲公司、乙公司和丙公司退回房款。张某与李某签订《债权转让协议》，将该债权转让给李某，通知了甲、乙、丙三公司。因李某未按时支付债权转让款，张某又将债权转让给方某，也通知了甲、乙、丙三公司。请回答第 86 ~ 88 题。

图构：

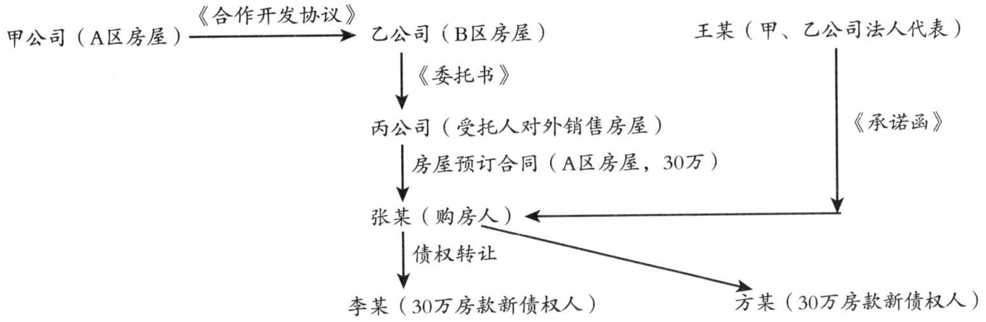

总考点：委托合同、无权处分、代理、债权转让

读题技巧：

1."A区房屋"和"B区房屋"中"A"和"B"的代号很重要，A归甲公司，B归乙公司。信息指向丙公司卖A区房屋给张某，对甲公司而言，属于无权处分；对乙公司而言，属于无权代理。2.《委托书》中委托人签字盖章处有乙公司盖章和法定代表人王某签字，指向委托人就是乙公司。3. 王某同时也是甲公司法定代表人，试图误导考生混淆王某的身份。4. 张某查看《合作开发协议》和《委托书》，指向丙公司"显名间接代理"，无权代理，不构成表见代理。张某的房款损失，基于合同相对性，只能要求丙公司偿还，不能要求甲公司或乙公司偿还。5. 张某的房款债权（针对丙公司的），可以通过将债权流转的方式来实现。张某有两次流转债权的行为，前一次流转并通知了债务人丙公司（张某通知了甲乙丙公司，为什么还多通知了甲乙公司？答：为到底谁应当偿还30万房款打伏笔。）该通知不能撤销，对于丙公司而言，其向李某清偿即足够。

(1)86. 关于《委托书》和《承诺函》，下列说法正确的是：

A. 乙公司是委托人

B. 乙公司和王某是共同委托人

C. 甲公司、乙公司和王某是共同委托人

D.《承诺函》不产生法律行为上的效果

答案：(　　)①

考点：法定代表人行为性质、安慰函

思路展开：

命题点 1：《委托书》中委托人盖章和签字的

① 参考答案：AD

身份主体界定。

(1)法律依据:①《合同法》第396条,“委托合同是委托人和受托人约定,由受托人处理委托人事务的合同。”②《民法总则》第61条,“依照法律或者法人章程的规定,代表法人从事民事活动的负责人,为法人的法定代表人。法定代表人以法人名义从事的民事活动,其法律后果由法人承受。法人章程或者法人权力机构对法定代表人代表权的限制,不得对抗善意相对人。”

(2)具体到本题:①“乙公司与丙公司签订《委托书》,委托丙公司对外销售房屋。《委托书》中委托人签字盖章处有乙公司盖章和法定代表人王某签字,王某同时也是甲公司法定代表人。”②王某有三个身份,自然人王某、甲公司法定代表人王某,乙公司法定代表人王某。③在《委托书》上委托人是乙公司盖章和法定代表人王某签字,则“委托人”是乙公司,而不是王某,更不是甲公司。

(3)结论:①“A. 乙公司是委托人”,A对,选A。②“B. 乙公司和王某是共同委托人、C. 甲公司、乙公司和王某是共同委托人”BC错,不选BC。

命题点2:《承诺函》属于安慰函,不具有法律效果。

(1)学理依据:法律行为是以意思表示为核心要素,主体为追求该意思表示所含效果在私法上的实现行为。

(2)具体到本题:①“后王某向张某出具《承诺函》:如张某不闹事,将协调甲公司卖房给张某。”②此承诺属于安慰函性质,不具有法律行为上效力。③王某是以自然人身份签字,与甲公司无关。不能将之视为甲公司对丙公司无权处分的追认。

(3)结论:“D.《承诺函》不产生法律行为上的效果”,D对,选D。

常见错误

1. 委托人混淆身份说:认为C正确,因为题目中没有写明王某是代表甲公司还是自己,也没有必然推定为是乙公司的法定代表人,故有足以使第三人认为委托书是甲公司、乙公司和法定代表人的行为。
2. 承诺函混淆身份说:认为D错误,因为《承诺函》产生法律行为上的效果。王某代表出具《委托函》时代表甲公司,系甲公司的法定代表人,系真实的意思表示,真实有效。

(2)87. 关于《房屋预订合同》,下列说法正确的是:

A. 无效

B. 对于甲公司而言,丙公司构成无权处分

C. 对于乙公司而言,丙公司构成有效代理

D. 对于张某而言,丙公司构成表见代理

答案:(　　)①

考点:无权处分、无权代理、隐名间接代理、表见代理

思路展开:

命题点1:房屋预订合同,预约效力。

(1)法律依据:①《关于审理买卖合同纠纷案件适用法律问题的解释》第2条,当事人签订认购书、订购书、预订书、意向书、备忘录等预约合同,约定在将来一定期限内订立买卖合同,一方不履行订立买卖合同的义务,对方请求其承担预约合同违约责任或者要求解除预约合同并主张损害赔偿的,人民法院应予支持。②延伸:《关于审理商品房买卖合同纠纷案件适用法律若干问题的解释》第2条,出卖人未取得商品房预售许可证明,与买受人订立的商品房预售合同,应当认定无效,但是在起诉前取得商品房预售许可证明的,可以认定有效。

(2)具体到本题:“张某查看《合作开发协议》和《委托书》后,与丙公司签订《房屋预订合同》,约定:‘张某向丙公司预付房款30万元,购买A区房屋一套。待取得房屋预售许可证后,双方签订正式合同。’”张某与丙公司《房屋预订合同》属于预约,不会因为不是正式合同而无效。不是正式合同,也就不要求预售许可证,不会因预售许可证没有而无效。

(3)结论:“A. 无效”,A错,不选A。

命题点2:A区房屋归甲,甲没有委托丙公司卖房,丙公司相对于甲公司而言,属于无权处分。

(1)法律依据:①《合同法》第51条,“无处分权的人处分他人财产,经权利人追认或者无处分权的人订立合同后取得处分权的,该合同有效。”②无权处分之买卖:《关于审理买卖合同纠纷案件适用法律

① 参考答案:B

问题的解释》第 3 条，第 1 款，“当事人一方以出卖人在缔约时对标的物没有所有权或者处分权为由主张合同无效的，人民法院不予支持。”第 2 款，“出卖人因未取得所有权或者处分权致使标的物所有权不能转移，买受人要求出卖人承担违约责任或者要求解除合同并主张损害赔偿的，人民法院应予支持。”

(2)具体到本题：“①《合作开发协议》约定，合作开发的 A 区房屋归甲公司、B 区房屋归乙公司。”+②“张某查看《合作开发协议》和《委托书》后”+③“张某与丙公司签订《房屋预订合同》，约定：张某向丙公司预付房款 30 万元，购买 A 区房屋一套。”

(3)结论：①丙卖甲的房子，属于无权处分。②“B. 对于甲公司而言，丙公司构成无权处分”正确，B 当选。

命题点 3：乙公司有 B 区房屋，委托丙公司卖房，但是丙公司却卖的是 A 区房屋。显然，丙公司属于超越代理权的无权代理。

(1)法律依据：①《合同法》第 402 条，“受托人以自己的名义，在委托人的授权范围内与第三人订立的合同，第三人在订立合同时知道受托人与委托人之间的代理关系的，该合同直接约束委托人和第三人，但有确切证据证明该合同只约束受托人和第三人的除外。”②无权代理规则：a. 效力待定：《民法总则》第 171 条第 1 款，行为人没有代理权、超越代理权或者代理权终止后，仍然实施代理行为，未经被代理人追认的，对被代理人不发生效力。第 2 款，相对人可以催告被代理人自收到通知之日起一个月内予以追认。被代理人未作表示的，视为拒绝追认。行为人实施的行为被追认前，善意相对人有撤销的权利。撤销应当以通知的方式作出。第 3 款，行为人实施的行为未被追认的，善意相对人有权请求行为人履行债务或者就其受到的损害请求行为人赔偿，但是赔偿的范围不得超过被代理人追认时相对人所能获得的利益。第 4 款，相对人知道或者应当知道行为人无权代理的，相对人和行为人按照各自的过错承担责任。b. 意思追认：《合同法司法解释(二)》第 11 条“根据合同法第四十七条(限人合同)、第四十八条(无权代理)的规定，追认的意思表示自到达相对人时生效，合同自订立时起生效。”c. 行为追认：《合同法司法解释(二)》第 12 条，“无权代理人以被代理人的名义订立合同，被代理人已经开始履行合同义务的，视为对合同的追认。”

(2)具体到本题：①“乙公司与丙公司签订《委托书》，委托丙公司对外销售房屋。”+“张某查看《合作开发协议》和《委托书》”+“A 区房屋归甲公司、B 区房屋归乙公司”+“张某向丙公司预付房款 30 万元，购买 A 区房屋一套”。②本题丙属于显名的间接代理，即丙以自己名义卖房给张某，张某查看了《委托书》，明知丙是代理乙公司销售房屋。③乙授权丙卖 B 区房屋，丙却卖 A 区归甲的房屋。④丙构成无权代理。

(3)结论：“C. 对于乙公司而言，丙公司构成有效代理”，C 错，不选 C。

命题点 4：张某明知丙公司仅有权卖 B 区房屋，却签订了购买 A 区房屋的合同，不能构成表见代理。

(1)法律依据：①表见代理规则(“外表授权的表象”+被代理人须有过失+相对人善意且无过失)。②表见代理情形：a.《民法总则》第 172 条，行为人没有代理权、超越代理权或者代理权终止后，仍然实施代理行为，相对人有理由相信行为人有代理权的，代理行为有效。b.《合同法》第 49 条，“行为人没有代理权、超越代理权或者代理权终止后以被代理人名义订立合同，相对人有理由相信行为人有代理权的，该代理行为有效。”③表见代理被代理人救济：《合同法司法解释(二)》第 13 条，“被代理人依照合同法第四十九条的规定承担有效代理行为所产生的责任后，可以向无权代理人追偿因代理行为而遭受的损失。”④表见代理的要件：最高人民法院《关于当前形势下审理民商事合同纠纷案件若干问题的指导意见》(法发〔2009〕40 号)第 13 条，“合同法第四十九条规定的表见代理制度不仅要求代理人的无权代理行为在客观上形成具有代理权的表象，而且要求相对人在主观上善意且无过失地相信行为人有代理权。合同相对人主张构成表见代理的，应当承担举证责任，不仅应当举证证明代理行为存在诸如合同书、公章、印鉴等有权代理的客观表象形式要素，而且应当证明其善意且无过失地相信行为人具有代理权。”

(2)具体到本题：“张某查看《合作开发协议》和

《委托书》后”。丙公司不构成表见代理。

(3)结论:“D. 对于张某而言,丙公司构成表见代理”,D 错,不选 D。(4)延展:张某的 30 万房款应找丙公司要,“冤有头债有主”!

常见错误

1. 有效代理和表见代理说:认为应选 C、D 项。因为王某是甲、乙公司的法定代表人,张某看过合作协议和委托书,当然有理由相信是表见代理。加之丙公司与张某签合同销售的就是甲公司名下的房屋,综合判断张某绝对有理由相信委托丙公司销售房屋是甲、乙两家公司的共同意思。

2. 未取得预售许可证合同无效说:房屋未取得预售证,故预售合同是无效的。

(3)88. 关于 30 万元预付房款,下列表述正确的是:

A. 由丙公司退给李某

B. 由乙公司和丙公司退给李某

C. 由丙公司退给方某

D. 由乙公司和丙公司退给方某

答案:(　　)①

考点:债权转让

思路展开:

1. 法律依据:债权转让的通知主义 + 通知不得撤销原则:《合同法》第 80 条第 1 款,“债权人转让权利的,应当通知债务人。未经通知,该转让对债务人不发生效力。”第 2 款,“债权人转让权利的通知不得撤销,但经受让人同意的除外。”

2. 具体到本题:“张某与李某签订《债权转让协议》,将该债权转让给李某,通知了甲、乙、丙三公司。因李某未按时支付债权转让款,张某又将债权转让给方某,也通知了甲、乙、丙三公司。”

3. 结论:(1)张某既已经将债权转让给李某,已经通知了甲、乙、丙三公司,则通知不得撤销。丙公司应将 30 万购房款退给李某。(2)“A. 由丙公司退给李某”,A 对,选 A。

常见错误

1. 通知有效说:认为应选 C,张某再次转让债权通知了债务人,则通知有效,丙公司没有清偿债务,根据合同相对性,应由丙履行还款义务且向方某履行。2. 通知可以撤销说:未清偿前可以再次通知。3. 乙、丙连带责任说:认为乙、丙应当对李某承担连带赔偿责任。

2. 顺风电器租赁公司将一台电脑出租给张某,租期为 2 年。在租赁期间内,张某谎称电脑是自己的,分别以市价与甲、乙、丙签订了三份电脑买卖合同并收取了三份价款,但张某把电脑实际交付给了乙。后乙的这台电脑被李某拾得,因暂时找不到失主,李某将电脑出租给王某获得很高收益。王某租用该电脑时出了故障,遂将电脑交给康成电脑维修公司维修。王某和李某就维修费的承担发生争执。康成公司因未收到修理费而将电脑留置,并告知王某如 7 天内不交费,将变卖电脑抵债。李某听闻后,于当日潜入康成公司偷回电脑。

请回答第 89 ~ 91 题。

图构:

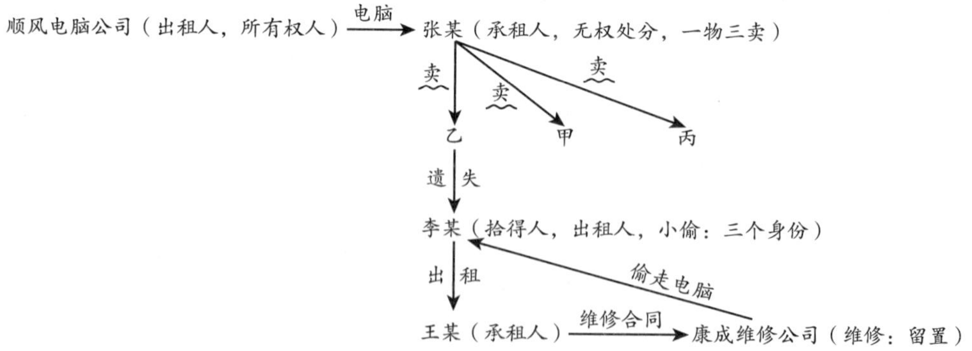

① 参考答案:A

读题技巧:

1. 回复故事梗概。(1)故事总梗概:胆大包天的超级无敌大忽悠张某将租来的破电脑一物三卖;能捡、能租、能偷三项全能选手的李某;和一个破电脑的故事。(2)张某的举动?张某胆大包天,一破电脑居然卖三次,何德何能,甲、乙、丙都能信,甲、乙、丙脑子秀逗了。乙灵光一点,取得了占有。(3)李某的举动?李某捡到乙的电脑,租给王某,拿给维修公司修,没付维修费,电脑被留置。李某再显"身手",偷回电脑。(4)破电脑?为什么是破电脑?动产才有留置问题,才有拾得遗失物问题。如设定为房屋,就不会有留置、拾得遗失物问题。

2. 张某的欺诈、无权处分、收款行为、交付行为:(1)"张某谎称电脑是自己的",指向甲、乙、丙被欺诈,为可变更可撤销的合同;(2)"在租赁期间内",张某是电脑承租人,指向张某构成无权处分;(3)"三份电脑买卖合同",指向动产一物三卖;(4)"张某以市价收取了三份价款",指向甲、乙、丙都付了钱;(5)"但张某把电脑实际交付给了乙",指向乙取得占有由此取得电脑所有权。

3. 李某的拾得、出租和偷窃行为:(1)"李某拾得,因暂时找不到失主,李某将电脑出租给王某获得很高收益"。李某先拾得,后出租,指向李某不存在无因管理的意思。(2)李某出租电脑获得很高收益,指向李某构成不当得利。

4. 康成维修公司的维修行为、留置行为、电脑被窃:(1)康成维修公司维修电脑,指向民事留置权。(2)王某将电脑交由康成维修公司维修,指向王某是维修合同中维修费债权债务关系中的债务人,康成维修公司是债权人,该债权受"留置权"保护。(3)"如7天内不交费,将变卖电脑抵债",指向留置权行使的2个月宽限期规则。(4)李某偷回电脑,指向康成维修公司丧失电脑占有,丧失留置权,但有占有保护请求权。

(1)89. 关于张某与甲、乙、丙的合同效力,下列选项正确的是:

A. 张某非电脑所有权人,其出卖为无权处分,与甲、乙、丙签订的合同无效

B. 张某是合法占有人,其与甲、乙、丙签订的合同有效

C. 乙接受了张某的交付,取得电脑所有权

D. 张某不能履行对甲、丙的合同义务,应分别承担违约责任

答案:(　　)①

考点:无权处分、无权处分中的一物三卖

思路展开:

思路1:无权处分问题。

(1)张某把租来的电脑"无权"三卖,居然收到三份钱,大骗子!到底是有多缺钱啊?

(2)法律依据:《关于审理买卖合同纠纷案件适用法律问题的解释》第3条第1款,"当事人一方以出卖人在缔约时对标的物没有所有权或者处分权为由主张合同无效的,人民法院不予支持。"第2款,"出卖人因未取得所有权或者处分权致使标的物所有权不能转移,买受人要求出卖人承担违约责任或者要求解除合同并主张损害赔偿的,人民法院应予支持。"

(3)具体到本题:张某对电脑的占有以租赁合同为本权依据,属有权占有,合法占有。

(4)结论:①"A. 张某非电脑所有权人,其出卖为无权处分,与甲、乙、丙签订的合同无效",A错,不选A。②"B. 张某是合法占有人,其与甲、乙、丙签订的合同有效",B对,选B。③"D. 张某不能履行对甲、丙的合同义务,应分别承担违约责任",D对,选D。

思路2:一物多卖问题(无权处分中的同一动产多卖)。

(1)法律依据:《关于审理买卖合同纠纷案件适用法律问题的解释》第9条,"出卖人就同一普通动产订立多重买卖合同,在买卖合同均有效的情况下,买受人均要求实际履行合同的,应当按照以下情形分别处理:(一)先行受领交付的买受人请求确认所有权已经转移的,人民法院应予支持;(二)均未受领交付,先行支付价款的买受人请求出卖人履行交付标的物等合同义务的,人民法院应予支持;(三)均未受领交付,也未支付价款,依法成立在先合同的买受人请求出卖人履行交付标的物等合同义

---

① 参考答案:BCD

务的,人民法院应予支持。"

(2)法条阐释:交付 > 价款 > 时间。

(3)交付后只是确权,即与《物权法》第 23 条无缝对接,"动产物权的设立和转让,自交付时发生效力,但法律另有规定的除外。"

(4)结论:"C. 乙接受了张某的交付,取得电脑所有权"C 对,选 C。

常见错误

1. 张某他主占有向自主占有转变,构成非法占有说:认为 B 错误,当张某谎称电脑为自己所有并处分说明其有自主占有的意思,所以签合同的时候张某已经变成了无权占有人,而不是合法占有人,故应选 CD。

2. 误会选项意思说:认为选项 B 是错误的,因为合同的效力来自于《关于审理买卖合同纠纷案件适用法律问题的解释》关于无权处分的规定,而不是来自于合法占有人的合法占有。辨析:B 选项压根没有表达"因果关系"。"张某是合法占有人,其与甲、乙、丙签订的合同有效",其表述的是两个判断,没有说前一个判断是后一个判断的因。

(2)90. 如乙请求李某返还电脑和所获利益,下列说法正确的是:

A. 李某向乙返还所获利益时,应以乙所受损失为限

B. 李某应将所获利益作为不当得利返还给乙,但可以扣除支出的必要费用

C. 乙应以所有权人身份而非不当得利债权人身份请求李某返还电脑

D. 如李某拒绝返还电脑,需向乙承担侵权责任

答案:(　　)①

考点:拾得遗失物、所有权返还、不当得利、侵权责任

读题技巧:

1. 如乙请求李某返还电脑和所获利益,该设问指向是李某作为拾得人身份、出租人身份阶段的返还问题,不包括李某后来作为"小偷"的身份。也就是说,在李某身份从拾得人转化为小偷之前,身份还没有华丽丽的转身之前,判断下列 ABCD 各项。2. 此题对应的题干信息:"后乙的这台电脑被李某拾得,因暂时找不到失主,李某将电脑出租给王某获得很高收益。"3. 设问是两个返还:(1)返还电脑。(2)返还利益。

思路展开:

思路 1:对电脑而言,乙是所有权人。李某属于无因管理人?还是不当得利人?李某是善意的不当得利人?还是恶意的不当得利人?

(1)李某不构成无因管理。因为:题干没有显示,李某有无因管理的意思。即李某作为拾得人,如果拾得后保管,是构成无因管理,但是,拿遗失物去投资,可就不是无因管理了。故,仍应构成不当得利。

(2)李某构成不当得利。不当得利的返还原则对于善意受益人与恶意受益人不同(三大本第 232 页):①对于善意受益人,不当得利人的利益大于受害人损失的,以损失为限,反之,得利小于损失的,以获益为限。一句话,善意不当得利人,返还范围以损失和获益两者中的低的为准。②但对于恶意收益人,应返还所有利益。③李某将拾得的遗失物进行出租,显然属于恶意的不当得利人,应返还所有利益。故"A. 李某向乙返还所获利益时,应以乙所受损失为限"错误,A 不当选。

(3)李某作为恶意的不当得利人,支出的必要费用,可向权利人乙主张偿还,或从返还额中扣除;李某作为恶意的不当得利人,支出的有益费用,只能在现存的增加额限度内要求对方返还或者在返还利益时予以扣除。(三大本第 232 页)。故"B. 李某应将所获利益作为不当得利返还给乙,但可以扣除支出的必要费用"正确,B 当选。

(4)延伸:恶意无权占有人依据《物权法》第 243 条不能主张必要费用。但是,他能依据《民法总则》第 122 条在返还牛时向甲主张返还甲所得不当利益即"费用"吗?对此存在分歧。一种观点认为:①不能!如能依据《民法总则》第 122 条主张扣除"必要费用",那么《物权法》第 243 条就被架空了!《物权法》第 243 条为特别规定,排除了恶意占有人援引《民法总则》第 122 条关于不当得利规定请求扣除"必要费用"的权利。另外一种观点认为:②能!三

① 参考答案:司法部公布的答案是 BCD。对 BC 存在较大分歧。

大本第232页:“恶意受益人为取得、保存增加该利益所支出的必要费用,可以向权利人主张偿还,或从返还额中扣除;恶意受益人支出的有益费用,只能在现存的增加额限度内要求返还,或予以扣除。”

(5)再延伸:A项错的理由很简单:难不成你捡到东西的人,还可以用拾得物去投资?赚的钱多余部分归自己?肯定不行。

思路2:不当得利返还请求权与物权请求权的关系。有两种观点:

(1)竞合说:物权请求权存在,受领人就其无权占有的物不享有物权的权利,不构成传统意义上的不当得利。但是,①动产上,可成立利益为占有的不当得利。物主可主张原物返还请求权或占有不当得利返还,发生竞合。②不动产上登记后,可成立登记利益的不当得利。物主可主张原物返还或不当得利返还要求注销登记,发生竞合。

(2)非竞合说:自罗马法以来,传统民法一直坚持“所有权的返还请求权与不当得利请求权不得两立”的原则,因此,不是不当得利返还与所有权返还请求权的竞合。

(3)司法部给出的答案是,“C.乙应以所有权人身份而非不当得利债权人身份请求李某返还电脑”表述正确,C当选。似乎采信了非竞合说,其理由是:李某窃得电脑,李某并没有获得所有权。乙在当时仍然是电脑的所有权人。故乙应当以所有权人的身份请求李某返还电脑,而不是以不当得利债权人身份。而法律出版社对C选项的解析是“本题中,李某拾得乙的电脑并未取得电脑的所有权,乙有权以所有权人的身份要求李某返还电脑,故C项正确。”该解析是比较简略的,试图回避竞合说和非竞合说的纷争。意在给C选项留下一定解释空间。

思路3:拾得人返还义务,拒不返还,当侵权处理。

(1)法律依据:《物权法》第109条,拾得遗失物,应当返还权利人。拾得人应当及时通知权利人领取,或者送交公安等有关部门。《民法通则若干问题的意见》第94条,拾得物灭失、毁损,拾得人没有故意的,不承担民事责任。拾得人将拾得物据为已有,拒不返还而引起诉讼的,按照侵权之诉处理。

(2)选项:“D.如李某拒绝返还电脑,需向乙承担侵权责任”正确,D当选。

常见错误

1. 混淆选项关系说:B和C矛盾,B项说乙可以主张不当得利返还请求权,C项说乙不能作为不当得利债权人,B和C矛盾。辨析:B项返还的是不当得利的利益;C项返还的是电脑本身。返还对象不同。司法部答案认为,“占有本身不是利益”。此说确有较大争议。

2. 恶意无权占有人不得主张必要费用说:李某未发出招领公告也未通知失主,而且李某将电脑出租给他人,所以李某为恶意占有。根据《物权法》第243条,不动产或者动产被占有人占有的,权利人可以请求返还原物及其孳息,但应当支付善意占有人因维护不动产或者动产支出的必要费用。所以乙无需向李某支出必要费用。

3. 未读准确选项说:C错,李某无权间接占有物品(间接占有),没有法律上的理由,侵害了乙对电脑的占有,获得了对电脑的占有利益,属于侵害权益型不当得利,当然乙可以不当得利债权人身份要求其返还占有物。这一请求权与所有权返还请求权之间属于请求权竞合。乙可择一行使。

4. 无因管理说:题设所有权人要求返还电脑和所获利益,只能通过认可对方是无因管理的行为才能要求返还所获利益,所以基于这一假设,ABC都不对。无因管理才可以扣除必要的费用,不当得利直接把所获不当得利返还,不存在扣除必要费用的问题。

(3)91. 关于康成公司的民事权利,下列说法正确的是:

A. 王某在7日内未交费,康成公司可变卖电脑并自己买下电脑

B. 康成公司曾享有留置权,但当电脑被偷走后,丧失留置权

C. 康成公司可请求李某返还电脑

D. 康成公司可请求李某支付电脑维修费

答案:(　　)①

考点:留置权的善意取得、留置权行使的宽限期、留置权丧失、占有保护请求权、合同相对性

① 参考答案:BC

读题技巧：

1. 此题对应题干主要信息为："康成公司因未收到修理费而将电脑留置，并告知王某如7天内不交费，将变卖电脑抵债。李某听闻后，于当日潜入康成公司偷回电脑。"2. 对选项应分阶段进行判断，而不能基于电脑已经被李某偷走这一事实。如将李某偷走电脑这一事实作为判断依据，那么A选项"康成公司可以自己变卖电脑并买下电脑"就无须判断了，而A选项的判断，是考查考生对留置权宽限期的掌握和了解。3. 康成维修公司的维修行为、留置行为、电脑被窃：(1)康成维修公司维修电脑，指向民事留置权。(2)王某将电脑交由康成维修公司维修，指向王某是维修合同中维修费债权债务关系中的债务人，康成维修公司是债权人，该债权受"留置权"保护。(3)"如7天内不交费，将变卖电脑抵债"，指向留置权行使的2个月宽限期规则。(4)李某偷回电脑，指向康成维修公司丧失电脑占有，丧失留置权，但有占有保护请求权。

思路展开：

思路1：康成公司维修"遗失物"电脑可以享有留置权。

(1)法律依据：①《物权法》第230条，"债务人不履行到期债务，债权人可以留置已经合法占有的债务人的动产，并有权就该动产优先受偿。前款规定的债权人为留置权人，占有的动产为留置财产。"②《物权法》第231条，"债权人留置的动产，应当与债权属于同一法律关系，但企业之间留置的除外。"③《担保法司法解释》第108条，"债权人合法占有债务人交付的动产时，不知债务人无处分该动产的权利，债权人可以按照担保法第八十二条的规定(对留置权的定义)行使留置权。"

(2)具体到本题：①"乙的这台电脑被李某拾得，因暂时找不到失主，李某将电脑出租给王某获得很高收益。王某租用该电脑时出了故障，遂将电脑交给康成电脑维修公司维修。"②李某拾得遗失物。③李某出租遗失物。④王某租用遗失物。⑤王某交给康成维修公司维修遗失物。⑥一路下来都是遗失物，性质不变，康成维修公司可对遗失物取得留置权。

(3)初步结论：康成公司维修"遗失物"电脑可以享有留置权。

思路2：康成公司的留置权有二次效力：留置效力和实现效力。

(1)法律依据：《物权法》第236条，留置权人与债务人应当约定留置财产后的债务履行期间；没有约定或者约定不明确的，留置权人应当给债务人两个月以上履行债务的期间，但鲜活易腐等不易保管的动产除外。债务人逾期未履行的，留置权人可以与债务人协议以留置财产折价，也可以就拍卖、变卖留置财产所得的价款优先受偿。留置财产折价或者变卖的，应当参照市场价格。

(2)法条阐释之留置权的二次效力：①第一次效力，未清偿，先留置。②第二次效力，仍未清偿，则变现！③在留置权的第二次效力即实现效力中，有一个宽限期制度。

(3)具体到本题："并告知王某如7天内不交费，将变卖电脑抵债。"单方告知7天，没约定应该是给2个月的。

(4)结论："A. 王某在7日内未交费，康成公司可变卖电脑并自己买下电脑"，A错，错在7日，故不选A。

思路3：康成公司因丧失留置物占有而导致留置权丧失。

1. 需要梳理留置权丧失的体系构成：

(1)自愿放弃占有的，留置权消灭(留置权以权利人对留置物的占有为成立要件和存续要件)。①《物权法》第240条前段，"留置权人对留置财产丧失占有的，留置权消灭。"②《担保法司法解释》第87条中段，"质权人将质物返还于出质人后，以其质权对抗第三人的，人民法院不予支持。"《担保法司法解释》第114条，"本解释第八十七条的规定，适用于留置。"

(2)自愿把留置物交由保管人等占有媒介人占有，自己变为间接占有，仍属于留置物的继续占有，留置权不消灭！或者交由占有辅助人占有，亦同。

(3)非自愿丧失占有的(被侵占)，留置权人有权要求返还留置物、恢复原状、停止侵害，有1年期间限制。还有基于侵权责任法的损害赔偿请求权。(留置权消灭——占有返还——留置权恢复)①留置权消灭。②基于《物权法》上占有要求返还。→a.

《物权法》第 245 条第 1 款,“占有的不动产或者动产被侵占的,占有人有权请求返还原物;对妨害占有的行为,占有人有权请求排除妨害或者消除危险;因侵占或者妨害造成损害的,占有人有权请求损害赔偿。”→b.《物权法》第 245 条第 2 款,“占有人返还原物的请求权,自侵占发生之日起一年内未行使的,该请求权消灭。”c.《担保法司法解释》第 87 条后段,“因不可归责于质权人的事由而丧失对质物的占有,质权人可以向不当占有人请求停止侵害、恢复原状、返还质物。”《担保法司法解释》第 114 条,本解释第八十七条的规定,适用于留置。d. 示例:如甲把电脑给乙维修,甲到期不给维修费,乙留置电脑。后甲把电脑偷走。乙留置权消灭,但是,如重新取得占有,则留置权恢复! ③丧失占有的留置权人,重新取得占有的,则留置权恢复!

2. 具体到本题和相关结论:

(1)“李某听闻后,于当日潜入康成公司偷回电脑。”

(2)留置权消灭与侵占型占有返还请求权:①选项:“B. 康成公司曾享有留置权,但当电脑被偷走后,丧失留置权”B 对,选 B。→因为留置权消灭。②选项:“C. 康成公司可请求李某返还电脑”,C 对,选 C。→因为康成公司占有被侵占,享有占有返还请求权。

思路 4:康成公司享有的维修费债权,应坚持合同相对性。而保护维修费债权的留置权是担保物权,具有绝对性,不问留置物主人是谁,留置权人均可留置。

(1)法律依据:《合同法》第 8 条,“依法成立的合同,对当事人具有法律约束力。当事人应当按照约定履行自己的义务,不得擅自变更或者解除合同。依法成立的合同,受法律保护。”

(2)具体到本题:“王某租用该电脑时出了故障,遂将电脑交给康成电脑维修

公司维修。”支付维修费的债务人是王某,而不是李某。

(3)结论:“D. 康成公司可请求李某支付电脑维修费”,D 错,不选 D。

(4)延展:维修费债权因有留置权担保,则可以追及留置物,不问所有权人。因为留置权是物权。而维修费,是债权,得坚持合同相对性。

常见错误

1. BC 矛盾说:认为 B 项错误。留置权人占有的留置物被他人侵夺的,若留置权人未自侵夺之日起 1 年内行使占有回复请求权,1 年期限届满时,留置权消灭。所以康成公司并不立即丧失留置权。若认为康成公司丧失留置权,康成公司就没有权利对李某行使返还电脑,那么 C 项就是错的。故此 B、C 项矛盾。

2. 没有立即丧失留置权说:留置权人留置的电脑被偷后并没有立刻丧失留置权,而是在 1 年期间经过后,留置权人没有主张返还请求权才会导致留置权丧失。故 B 选项是错误的。

2014 年不定项选择题

张某、方某共同出资，分别设立甲公司和丙公司。2013 年 3 月 1 日，甲公司与乙公司签订了开发某房地产项目的《合作协议一》，约定如下：“甲公司将丙公司 10% 的股权转让给乙公司，乙公司在协议签订之日起三日内向甲公司支付首付款 4000 万元，尾款 1000 万元在次年 3 月 1 日之前付清。首付款用于支付丙公司从某国土部门购买 A 地块土地使用权。如协议签订之日起三个月内丙公司未能获得 A 地块土地使用权致双方合作失败，乙公司有权终止协议。”

《合作协议一》签订后，乙公司经甲公司指示向张某、方某支付了 4000 万元首付款。张某、方某配合甲公司将丙公司的 10% 的股权过户给了乙公司。

2013 年 5 月 1 日，因张某、方某未将前述 4000 万元支付给丙公司致其未能向某国土部门及时付款，A 地块土地使用权被收回挂牌卖掉。

2013 年 6 月 4 日，乙公司向甲公司发函：“鉴于土地使用权已被国土部门收回，故我公司终止协议，请贵公司返还 4000 万元。”甲公司当即回函：“我公司已把股权过户到贵公司名下，贵公司无权终止协议，请贵公司依约支付 1000 万元尾款。”

2013 年 6 月 8 日，张某、方某与乙公司签订了《合作协议二》，对继续合作开发房地产项目做了新的安排，并约定：“本协议签订之日，《合作协议一》自动作废。”丁公司经甲公司指示，向乙公司送达了《承诺函》：“本公司代替甲公司承担 4000 万元的返还义务。”乙公司对此未置可否。

请回答第 86～91 题。

图构：

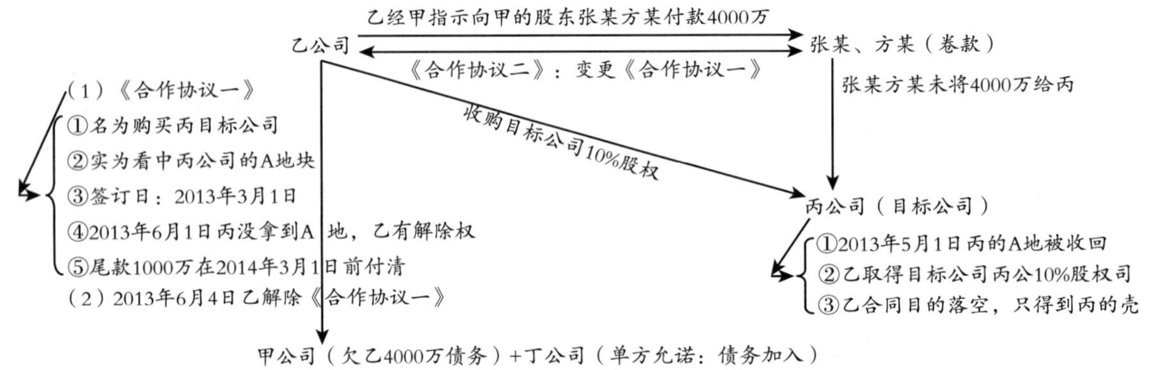

基本题意：1. 乙公司要收购目标公司丙公司。让丙公司去买 A 地，地值钱！2. 乙公司收购丙公司的方式是从甲公司（显然甲公司对丙公司并无股权，丙公司的 10% 股权可以通过甲公司股东方某、张某配合完成转让手续）购买丙公司的 10% 的股权，作价 5000 万。3. 丙公司“将”有地，值钱，但是丙公司、甲公司却是由张某、方某全资持股，可见，张某、方某才是大拿！4. 乙公司为了收购目标公司丙公司并将其收购动机（购买并开发 A 地）写入了《合作协议一》（乙甲签订），乙公司付首付款 4000 万，用于支付丙公司向国土部门购买 A 地的价款。如果签约之日起三个月内（2013 年 6 月 1 日时）丙公司没有买到 A 地，乙公司有权解除合同，要求甲退回首付款 4000 万。5. 乙公司经甲公司指示把 4000 万直接付给了自然人张某、方某，结果张某、方某未将 1000 万付给丙，导致丙没有买到 A 地，A 地在 2013 年 5 月 1 日被政府挂牌卖掉。6. 乙公司行使约定解除权，要求甲退款。7. 张某、方某、乙公司三方签订《合作协议二》，试图终止乙甲双方签订的《合作协议一》。8. 丁公司债务加入，清偿乙欠甲的 4000 万。9. 预估最后结局：丁付款，甲复位。乙、张某、方某再谋其他的地块继续合作。是否还要用丙公司这个壳，再看情况。

1. 关于《合作协议一》，下列表述正确的是(2014－3－86)：

A. 是无名合同

B. 对股权转让的约定构成无权处分

C. 效力待定

D. 有效

答案：(　　)①

考点：公司收购协议之无名合同、无权处分股权、无权处分合同有效

读题技巧：

1. 第 86 题设问是《合作协议一》的性质和效力。2. 第 86 题设问指向的题干信息是："张某、方某共同出资，分别设立甲公司和丙公司。"＋"甲公司将丙公司 10% 的股权转让给乙公司"＋"张某、方某配合甲公司将丙公司的 10% 的股权过户给了乙公司。" 3. 第86 题设问指向的图构位置是："甲公司"＋"乙公司"＋"收购目标公司 10% 股权"。4. 乙公司要收购两个自然人(方某和张某)持有的目标公司丙公司的股权，却和甲公司签订了《合作协议一》，因为方某和张某神通广大，既是甲公司股东还是丙公司股东。所以，乙公司和甲公司签订合同收购丙公司股权，方某和张某是桥梁。5. 甲公司是独立法人，其出卖张某、方某在丙公司股权中的 10% 股权，属于无权处分！

思路展开：

命题点 1：无名合同和有名合同

(1) 法律依据：①《合同法》第 124 条，"本法分则或者其他法律没有明文规定的合同，适用本法总则的规定，并可以参照本法分则或者其他法律最相类似的规定。"②《合同法》第 174 条，"法律对其他有偿合同有规定的，依照其规定；没有规定的，参照买卖合同的有关规定。"

(2) 法理阐释：有名合同与无名合同。根据法律是否赋予特定名称并设有规范分类。①有名合同又称为典型合同在法律上已设有规范并赋予名称的合同。如我国合同法分则中所规定的 15 类合同，均为有名合同，直接适用合同法的规定。②无名合同又称非典型合同。在法律上尚未确立一定的名称和规则的合同。首先，应当考虑适用合同法的一般规则；其次，若无名合同涉及某些有名合同的内容，应当比照类似的有名合同规则，参照合同的经济目的及当事人的意思等予以处理。

(3) 具体到本题："《合同法》和其他法律没有规定《合作协议一》这种合同类型，故《合作协议一》是无名合同。"

(4) 结论："A. 是无名合同"，A 对，选 A。

命题点 2：无权处分股权合同有效

(1) 法律依据：①《合同法》第 51 条，"无处分权的人处分他人财产，经权利人追认或者无处分权的人订立合同后取得处分权的，该合同有效。"②无权处分之买卖：《关于审理买卖合同纠纷案件适用法律问题的解释》第 3 条，第 1 款，"当事人一方以出卖人在缔约时对标的物没有所有权或者处分权为由主张合同无效的，人民法院不予支持。"第 2 款，"出卖人因未取得所有权或者处分权致使标的物所有权不能转移，买受人要求出卖人承担违约责任或者要求解除合同并主张损害赔偿的，人民法院应予支持。"③无权处分之股权买卖：《关于审理买卖合同纠纷案件适用法律问题的解释》第 45 条，第 1 款，"法律或者行政法规对债权转让、股权转让等权利转让合同有规定的，依照其规定；没有规定的，人民法院可以根据合同法第一百二十四条和第一百七十四条的规定，参照适用买卖合同的有关规定。"第 2 款，"权利转让或者其他有偿合同参照适用买卖合同的有关规定的，人民法院应当首先引用合同法第一百七十四条的规定，再引用买卖合同的有关规定。"

(2) 具体到本题：①"张某、方某共同出资，分别设立甲公司和丙公司。"＋"甲公司将丙公司 10% 的股权转让给乙公司"＋"张某、方某配合甲公司将丙公司的 10% 的股权过户给了乙公司。"＝甲公司无权处分张某、方某在目标公司丙公司的股权中的 10% 股权给乙公司。无权处分股权，合同有效。且后来张某、方某配合将丙公司 10% 股权过户给了乙公司。②司法部解析原文："(《关于审理买卖合同纠纷案件适用法律问题的解释》)该司法解释第 45

① 参考答案：BD

条第1款规定股权转让合同可以参照适用该司法解释，因此虽然《合作协议一》关于股权转让的约定构成无权处分，但是否有处分权并不影响合同本身的效力，《合作协议一》仍是有效合同。”

(3)结论:①“B.对股权转让的约定构成无权处分、D.有效”，BD对，选BD。②“C.效力待定”，C错，不选C。

2. 关于2013年6月4日乙公司向甲公司发函，下列表述正确的是：(2014-3-87)

A. 行使的是约定解除权

B. 行使的是法定解除权

C. 有权要求返还4000万元

D. 无权要求返还4000万元

答案:(　　)①

考点:约定解除、法定解除、解除的效果

读题技巧:

1. 第87题设问是“关于2013年6月4日乙公司向甲公司发函”。2. 第87题设问指向题干信息是:(1)“2013年3月1日，甲公司与乙公司签订了开发某房地产项目的《合作协议一》”+(2)“如协议签订之日起三个月内丙公司未能获得A地块土地使用权致双方合作失败，乙公司有权终止协议。”+(3)“2013年5月1日，因张某、方某未将前述4000万元支付给丙公司致其未能向某国土部门及时付款，A地块土地使用权被收回挂牌卖掉。”+(4)“2013年6月4日，乙公司向甲公司发函:‘鉴于土地使用权已被国土部门收回，故我公司终止协议，请贵公司返还4000万元。’”3. 第87设问指向的图构位置是:“甲公司(欠乙4000万债务)”、“乙公司”、“(1)《合作协议一》”、“③签订日:2013年3月1日”、“④2013年6月1日丙没拿到A地，乙有解除权”、“2013年5月1日丙的A地被收回”、“②乙取得目标公司丙公司10%股权”、“③乙合同目的落空，只得到丙的壳”、“(2)2013年6月4日乙解除《合作协议一》”。4. 乙行使的是约定解除权，甲构成根本违约(因第三人张某、方某行为违约，坚持相对性，由甲公司向乙公司承担违约责任)。

思路展开:

思路1:合同的解除体系:合同成立后，当解除的条件具备时，因当事人一方或双方的意思表示，使合同关系自始或仅向将来消灭的行为。(情势变更中的解除是法院或仲裁机构直接基于情势变更原则加以认定，而不是通过当事人的解除行为)

(1)解除与终止:《合同法》第91条第2项，“有下列情形之一的，合同的权利义务终止:……(二)合同解除……”

(2)协议解除:《合同法》第93条第1款，“当事人协商一致，可以解除合同。”

(3)单方约定解除权。当事人以合同形式，约定一方或双方保留解除权的解除。解除权可以保留给一方或双方。《合同法》第93条第2款，“当事人可以约定一方解除合同的条件。解除合同的条件成就时，解除权人可以解除合同。”

(4)单方法定解除权:①单方一般法定解除权:《合同法》第94条，“有下列情形之一的，当事人可以解除合同:(一)因不可抗力致使不能实现合同目的;(二)在履行期限届满之前，当事人一方明确表示或者以自己的行为表明不履行主要债务;(三)当事人一方迟延履行主要债务，经催告后在合理期限内仍未履行;(四)当事人一方迟延履行债务或者有其他违约行为致使不能实现合同目的;(五)法律规定的其他情形。”②单方特别法定解除权。a. 如任意解除权(形成一个体系:委托合同双方+不定期租赁合同双方，但出租人应合理期限之前通知承租人+保管合同的寄存人，无保管期间的保管人+租赁物威胁人身安全或健康，承租人+承揽合同定作人+货运合同托运人，货物交付收货人之前+未定保证期间的最高额保证的保证人+投保人+农地承包人);b. 还如买卖合同主物从物、一物数物、一批数批;c. 还如分期付款买卖，买方未支付到期价款金额达到全部价款的1/5，卖方有权解除;d. 还如租赁合同承租人不按租赁物性质使用、承租人擅自转租，出租人可解除租赁合同(《合同法》第219条);e. 还如借款合同，借款人未按照约定借款用途使用借款的，贷款人有权解除;A6. 还如承揽合同，承揽人擅自将主要工作交由第三人完成，定作人有权解除(次要工作不能解除)。

思路2:具体到本题之行使约定解除权

① 参考答案:AC

(1)法律依据:通知解除主义而非自动解除主义:《合同法》第96条第1款,“当事人一方依照本法第九十三条第二款(约定解除权)、第九十四条(不可抗力+预期违约+迟延履行主要债务经催告未履行+迟延或其他违约之根本违约+其他情形)的规定主张解除合同的,应当通知对方。合同自通知到达对方时解除。对方有异议的,可以请求人民法院或者仲裁机构确认解除合同的效力。”第2款,“法律、行政法规规定解除合同应当办理批准、登记等手续的,依照其规定。”

(2)具体到本题:①《合作协议一》约定“如协议签订之日起三个月内丙公司未能获得A地块土地使用权致双方合作失败,乙公司有权终止协议。”②乙公司终止协议的权利即为“约定解除权”。本题中,截至2013年6月4日,丙公司未获得A地块土地使用权已经超过3个月,约定解除权的条件具备,乙公司能行使约定解除权。

(3)结论:①“A.行使的是约定解除权”,A对,选A。②“B.行使的是法定解除权”,B错,不选B。

思路3:具体到本题之约定解除权的后果

(1)法律依据:《合同法》第97条,“合同解除后,尚未履行的,终止履行;已经履行的,根据履行情况和合同性质,当事人可以要求恢复原状、采取其他补救措施,并有权要求赔偿损失。”

(2)具体到本题:非继续履行合同解除具有溯及力,合同解除后,当事人可以要求恢复原状,乙公司向张某、方某支付4000万元是基于甲公司的指示,仍然是向甲公司履行合同义务,故乙公司有权要求甲公司返还4000万元。

(3)结论:①“C.有权要求返还4000万元”,C对,选C。②“D.无权要求返还4000万元”,D错,不选D。

3.关于2013年5月1日张某、方某未将4000万元支付给丙公司,应承担的责任,下列表述错误的是:(2014-3-88)

A.向乙公司承担违约责任

B.与甲公司一起向乙公司承担连带责任

C.向丙公司承担违约责任

D.向某国土部门承担违约责任

答案:(　　)[1]

考点:合同相对性(甲与乙合同约定乙向方某、张某付款,方某、张某收款后转给丙买地,方某、张某未转给丙买地,方某、张某无合同责任)

读题技巧:

1.设问88题眼:“于2013年5月1日张某、方某未将4000万元支付给丙公司,应承担的责任”,问的是张某、方某的责任。2.设问88指向题干信息是:“《合作协议一》签订后,乙公司经甲公司指示向张某、方某支付了4000万元首付款。”+“2013年5月1日,因张某、方某未将前述4000万元支付给丙公司致其未能向某国土部门及时付款,A地块土地使用权被收回挂牌卖掉。”。3.设问88指向图构位置是:“甲公司”、“乙公司”、“乙经甲指示向甲的股东张某方某付款4000万”、“张某、方某(卷款)”、“张某方某未将4000万给丙”。4.基本题意:(1)乙要收购目标公司丙的股权,乙向甲付款,甲说付给自己的股东张某方某,乙照办。(2)但是,方某、张某却不照办,卷款4000万,没有听从安排把4000万给丙。既导致丙对国土部门的违约,还导致甲对乙的违约。5.方某、张某是两个违约行为的“第三者”:(1)甲公司对乙公司构成违约,方某、张某是第三者。(2)丙公司对国土部门违约,方某张某是第三者。(3)可恶……第三者不负违约责任,而应由合同当事人自己负责。6.选非题。

思路展开:

命题点1:甲、乙合同坚持相对性,乙向第三人“方某、张某”履行合同义务后,因第三人“方某、张某”导致甲违约,甲应向乙承担违约责任。

(1)法律依据:《合同法》第121条,“当事人一方因第三人的原因造成违约的,应当向对方承担违约责任。当事人一方和第三人之间的纠纷,依照法律规定或者按照约定解决。”

(2)具体到本题:甲、乙当事人(《合作协议一》),约定第三人“方某、张某”收到乙经甲指示所付4000万元后将其转给丙。第三人“方某、张某”没有照办导致甲向乙违约,甲应对乙负违约责任,第三人“方某、张某”无需对乙负违约责任。题干信息没

[1] 参考答案:ABCD

有揭示出作为甲公司股东的“方某、张某”存在滥用甲公司法人人格的情形,故无需与甲对乙负连带责任。

(3)结论:①“A. 向乙公司承担违约责任”,A错,符合题意,选A。②“B. 与甲公司一起向乙公司承担连带责任”,B错,符合题意,选B。

命题点2:丙、国土部门合同坚持相对性。丙因第三人“方某、张某”原因导致对国土部门违约,丙应向国土部门负违约责任。

(1)法律依据:《合同法》第121条,“当事人一方因第三人的原因造成违约的,应当向对方承担违约责任。当事人一方和第三人之间的纠纷,依照法律规定或者按照约定解决。”

(2)具体到本题:“2013年5月1日,因张某、方某未将前述4000万元支付给丙公司致其未能向某国土部门及时付款,A地块土地使用权被收回挂牌卖掉。”国土部门只能找丙承担违约责任,不能找第三人“方某、张某”负违约责任。

(3)结论:“D. 向某国土部门承担违约责任”,D错,符合题意,选D。

命题点3:丙与第三人“方某、张某”无直接合同关系,丙无权要求方某、张某承担违约责任。

(1)学理依据:合同相对性。当事人约定债务人向第三人履行了债务后第三人要继续履行一定的义务,第三人没有照办,导致了债权人对债务人违约,应由债权人负违约责任,而与第三人无关。注意:本题不适用《合同法》第64条,“当事人约定由债务人向第三人履行债务的,债务人未向第三人履行债务或者履行债务不符合约定,应当向债权人承担违约责任。”因为本题是甲乙约定乙向第三人支付首付款4000万,乙照办了。不具备适用第64条的前提条件。

(2)具体到本题:《合作协议一》本约定乙公司向甲公司支付4000万元,后乙公司经甲公司指示向张某、方某支付了4000万元,即甲公司和乙公司双方变更了合同履行方式,乙公司向张某、方某支付4000万时,乙公司即对甲公司完成了该项义务。后续张某、方某未进一步按照甲、乙的意思把4000万转给丙,谁也管不着(甲、乙、丙都管不着)。张某、方某无须向丙负违约责任,它们之间不存在合同关系。

(3)结论:“C. 向丙公司承担违约责任”,C错,符合题意,选C。

4. 关于甲公司的回函,下列表述正确的是:(2014-3-89)

A. 甲公司对乙公司解除合同提出了异议

B. 甲公司对乙公司提出的异议理由成立

C. 乙公司不向甲公司支付尾款构成违约

D. 乙公司可向甲公司主张不安抗辩权拒不向甲公司支付尾款

答案:(　　)①

考点:合同解除的异议、不安抗辩权

读题技巧:

1. 第89设问:“关于甲公司的回函”。2. 第89设问指向题干信息是:(1)“2013年3月1日,甲公司与乙公司签订了开发某房地产项目的《合作协议一》”+(2)“尾款1000万元在次年3月1日之前付清”+(3)“如协议签订之日起三个月内丙公司未能获得A地块土地使用权致双方合作失败,乙公司有权终止协议。”+(4)“2013年5月1日,因张某、方某未将前述4000万元支付给丙公司致其未能向某国土部门及时付款,A地块土地使用权被收回挂牌卖掉。”+(5)“2013年6月4日,乙公司向甲公司发函:‘鉴于土地使用权已被国土部门收回,故我公司终止协议,请贵公司返还4000万元。’”+(6)“甲公司当即回函:‘我公司已把股权过户到贵公司名下,贵公司无权终止协议,请贵公司依约支付1000万元尾款。’”3. 第89设问指向图构位置:“甲公司(欠乙4000万债务)”、“乙公司”、“(1)《合作协议一》”、“③签订日:2013年3月1日”、“④2013年6月1日丙没拿到A地,乙有解除权”、“2013年5月1日丙的A地被收回”、“②乙取得目标公司丙公司10%股权”、“③乙合同目的落空,只得到丙的壳”、“(2)2013年6月4日乙解除《合作协议一》”。4. 乙行使的是约定解除权,甲构成根本违约(因第三人张

① 参考答案:A

某、方某行为违约，坚持相对性，由甲公司向乙公司承担违约责任）。5. 甲的回函是对乙的解除权提出了异议，并且要求乙公司继续履行合同义务。6. 乙的解除权有依据，自解除通知到达甲时，《合作协议一》发生解除的后果。7. 一时性合同解除后果启动《合同法》第97条，“合同解除后，尚未履行的，终止履行；已经履行的，根据履行情况和合同性质，当事人可以要求恢复原状、采取其他补救措施，并有权要求赔偿损失。”乙公司可终止履行，不再交付尾款1000万。

思路展开：

命题点1：对合同解除的异议，异议不成立，合同自解除通知到达之日起发生效力，解除权人终止履行合同义务。

（1）法律依据：①通知解除主义而非自动解除主义：《合同法》第96条第1款，“当事人一方依照本法第九十三条第二款（约定解除权）、第九十四条（不可抗力＋预期违约＋迟延履行主要债务经催告未履行＋迟延或其他违约之根本违约＋其他情形）的规定主张解除合同的，应当通知对方。合同自通知到达对方时解除。对方有异议的，可以请求人民法院或者仲裁机构确认解除合同的效力。”第2款，“法律、行政法规规定解除合同应当办理批准、登记等手续的，依照其规定。”②对合同解除的异议：《合同法司法解释（二）》第24条，“当事人对合同法第九十六条（约定解除和法定解除的通知解除主义）、第九十九条（法定抵销通知主义）规定的合同解除或者债务抵销虽有异议，但在约定的异议期限届满后才提出异议并向人民法院起诉的，人民法院不予支持；当事人没有约定异议期间，在解除合同或者债务抵销通知到达之日起三个月以后才向人民法院起诉的，人民法院不予支持。”③合同解除的效力：《合同法》第97条，“合同解除后，尚未履行的，终止履行；已经履行的，根据履行情况和合同性质，当事人可以要求恢复原状、采取其他补救措施，并有权要求赔偿损失。”

（2）具体到本题：①2013年6月4日，乙公司向甲公司发函：“鉴于土地使用权已被国土部门收回，故我公司终止协议，请贵公司返还4000万元。”＋“甲公司当即回函：‘我公司已把股权过户到贵公司名下，贵公司无权终止协议，请贵公司依约支付1000万元尾款。’”②本题中甲公司的回函即是对乙公司的解除权提出了异议。③但是甲公司关于股权已经过户给乙公司的理由不成立，因为丙未能获得A地块土地使用权，双方合作开发A地块的目的已经无法实现，符合《合作协议一》关于解除权的约定，乙公司获得解除权。④《合作协议一》自乙发函到达甲公司时发生解除的效力。⑤乙公司支付尾款的义务终止！

（3）结论：①“A. 甲公司对乙公司解除合同提出了异议”，A对，选A。②“B. 甲公司对乙公司提出的异议理由成立”，B错，不选B。③“C. 乙公司不向甲公司支付尾款构成违约”，C错，不选C。

命题点2：不安抗辩权。先方才有不安抗辩权，后方不享有不安抗辩权。先履行一方有确切证据证明后履行一方有法定丧失资力情形时，先履行一方享有不安抗辩权。

（1）法律依据：①不安抗辩的情形：《合同法》第68条，“应当先履行债务的当事人，有确切证据证明对方有下列情形之一的，可以中止履行：（一）经营状况严重恶化；（二）转移财产、抽逃资金，以逃避债务；（三）丧失商业信誉；（四）有丧失或者可能丧失履行债务能力的其他情形。当事人没有确切证据中止履行的，应当承担违约责任。”②不安抗辩的法律后果：《合同法》第69条，“当事人依照本法第六十八条的规定中止履行的，应当及时通知对方。对方提供适当担保时，应当恢复履行。中止履行后，对方在合理期限内未恢复履行能力并且未提供适当担保的，中止履行的一方可以解除合同。”

（2）具体到本题：①乙公司履行向甲公司支付尾款合同义务的日期，要晚于甲公司履行使丙公司取得A地块土地使用权的合同义务。即乙公司是后方，不符合不安抗辩权的情形。②尾款1000万元在次年3月1日之前付清。③2013年3月1日，甲公司与乙公司签订了开发某房地产项目的《合作协议一》。＋如协议签订之日起三个月内丙公司未能获得A地块土地使用权致双方合作失败，乙公司有权终止协议。"+2013年5月1日,因张某、方某未将前述4000万元支付给丙公司致其未能向某国土部门及时付款,A地块土地使用权被收回挂牌卖掉。④甲公司没有履行在先的合同义务,乙公司作为后方,可以主张顺序履行抗辩权,而非不安抗辩权。⑤《合同法》第67条,"当事人互负债务,有先后履行顺序,先履行一方未履行的,后履行一方有权拒绝其履行要求。先履行一方履行债务不符合约定的,后履行一方有权拒绝其相应的履行要求。"

(3)结论:"D. 乙公司可向甲公司主张不安抗辩权拒不向甲公司支付尾款",D错,不选D。

(4)延伸:D选项的设置,实际上是一个发散思维,乙公司除了解除权救济路径之外,还可以考虑的救济路径。

(5)展示:司法部解析原文:"本题中,不存在《合同法》第68条规定的不安抗辩的事由,选项D错。"

5. 关于张某、方某与乙公司签订的《合作协议二》,下列表述正确的是:(2014-3-90)

A. 有效

B. 无效

C. 可变更

D.《合作协议一》被《合作协议二》取代

答案:( )①

考点:《合作协议二》当事人与《合作协议一》当事人不同,不能去变更《合作协议一》,但在当事人之间有效

读题技巧:

1. 第90设问"关于张某、方某与乙公司签订的《合作协议二》"。2. 第90设问指向题干信息是:"2013年6月8日,张某、方某与乙公司签订了《合作协议二》,对继续合作开发房地产项目做了新的安排,并约定:"本协议签订之日,《合作协议一》自动作废。""3. 第90设问指向图构位置是:"甲公司"、"《合作协议一》"、"乙公司"、"《合作协议二》:变更《合作协议一》"、"张某、方某"。4.《合作协议一》主体是甲公司和乙公司;而《合作协议二》主体是乙公司和方某、张某。主体都不一致,不能发生约束甲公司的效力。

思路展开:

思路1:法律依据:《合同法》第77条第1款,"当事人协商一致,可以变更合同。"第2款,"法律、行政法规规定变更合同应当办理批准、登记等手续的,依照其规定。"

思路2:具体到本题:(1)张某、方某不是《合作协议一》的当事人,无权变更《合作协议一》。(2)但张某、方某与乙公司签订的《合作协议二》的三方当事人的真实意思表示,不具备无效或可变更的事由,可以在张某、方某与乙公司之间具有法律效力。(3)甲公司没有签署《合作协议二》,故其对甲公司不具有法律效力,《合作协议一》不因此被取代。

思路3:结论:(1)"A. 有效",A对,选A。(2)"B. 无效、C. 可变更、D.《合作协议一》被《合作协议二》取代",BCD错,不选BCD。

6. 关于丁公司的《承诺函》,下列表述正确的是:(2014-3-91)

A. 构成单方允诺

B. 构成保证

C. 构成并存的债务承担

D. 构成免责的债务承担

答案:( )②

考点:单方允诺的债务加入、并存债务承担、保证

读题技巧:

1. 设问91题眼:"关于丁公司的《承诺函》"。2. 设问91指向的题干信息:"丁公司经甲公司指示,向乙公司送达了《承诺函》:"本公司代替甲公司承担4000万元的返还义务。"乙公司对此未置可否。"。3. 设问91指向的图构位置:"甲公司(欠乙4000万债务)"、"丁公司(单方允诺:债务加入)"。

思路展开:

命题点1:单方允诺。

(1)单方允诺是指以允诺人承担给付义务为内

① 参考答案:A

② 参考答案:AC

容的单方法律行为，丁公司承诺函承诺代替甲公司承担返还义务，为单方允诺。

(2)结论："A. 构成单方允诺"，A对，选A。

命题点2：保证。

(1)保证是一种合同，需要双方达成合意。"乙公司对此未置可否，"故丁公司不属于保证人。

(2)结论："B. 构成保证"，B错，不选B。

命题点3：债务承担。

(1)如果原债务人免负债务而仅由承担人承担债务，为免责的债务承担。《合同法》第84条，"债务人将合同的义务全部或者部分转移给第三人的，应当经债权人同意。"

(2)如果是由承担人与原债务人一起承担债务，为并存的债务承担。

(3)丁公司虽有代替甲公司清偿债务之意，但债权人乙公司并未同意甲公司可以不再负担债务，故不构成免责的债务承担。

(4)结论：①"C. 构成并存的债务承担"，C对，选C。②"D. 构成免责的债务承担"，D错，不选D。

2013 年不定项选择题

材料①:2012 年 2 月,甲公司与其全资子公司乙公司签订了《协议一》,约定甲公司将其建设用地使用权用于抵偿其欠乙公司的 2000 万元债务,并约定了仲裁条款。但甲公司未依约将该用地使用权过户到乙公司名下,而是将之抵押给不知情的银行以获贷款,办理了抵押登记。

材料②:同年 4 月,甲公司、丙公司与丁公司签订了《协议二》,约定甲公司欠丁公司的 5000 万元债务由丙公司承担,且甲公司法定代表人张某为该笔债务提供保证,但未约定保证方式和期间。曾为该 5000 万元负债提供房产抵押担保的李某对《协议二》并不知情。同年 5 月,丁公司债权到期。

材料③:同年 6 月,丙公司丧失偿债能力。丁公司查知乙公司作为丙公司的股东(非发起人),对丙公司出资不实,尚有 3000 万元未注入丙公司。同年 8 月,乙公司既不承担出资不实的赔偿责任,又怠于向甲公司主张权利。

材料④:同年 10 月,甲公司股东戊公司与己公司签订了《协议三》,约定戊公司将其对甲公司享有的 60% 股权低价转让给己公司,戊公司承担甲公司此前的所有负债。

请回答第 86—91 题。

图构:

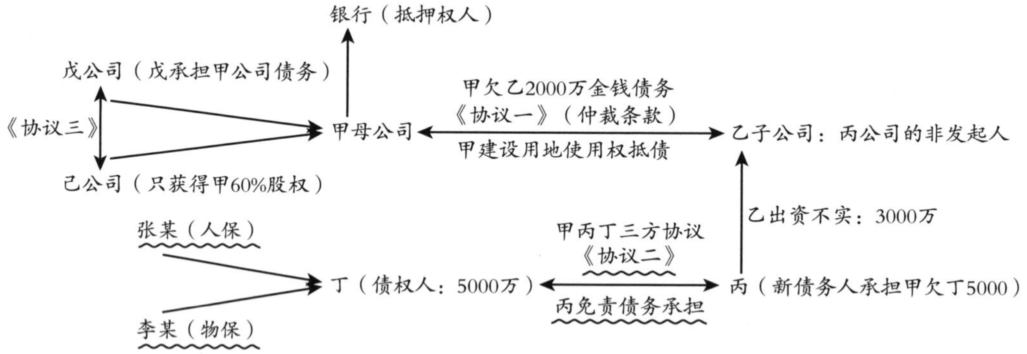

解图:本题涉及的法律关系比较多。以时间先后对该试题整体梳理一下各个阶段的法律关系。1. 材料①:(1)甲、乙公司签订代物清偿协议,未履行,甲仍欠乙 2000 万。(2)甲将建设用地使用权抵押给银行,为有权处分,银行取得抵押权。2. 材料②:(1)甲、丙、丁三方协议,丙免责债务承担甲欠丁的 5000 万(甲免了 5000 万债务,此前还欠乙 2000 万,抵押土地给银行,估计还欠银行的钱,甲就是一个"欠债公司")。(2)该笔债务有混合担保,张某人保,"曾经"李某物保。李某不知情债务承担,故李某免除"物保"。3. 材料③:丁是 5000 万债权人,丙是 5000 万的债务人,乙是 3000 万的次债务人,甲是 2000 万的次次债务人。我们发现,这里会启动越级代位权问题。我们还发现,甲公司又被"拉"进来对丁负责了,负债范围是 2000 万。题干中甲、乙《协议一》有仲裁条款、题干中乙"怠于"向甲要 2000 万,都指向代位权的启动。4. 材料④:戊公司和己公司达成股权买卖,己公司购买戊公司在甲公司的股权,戊公司承担甲公司全部债务。我们发现,己公司收购甲公司,估计看中的不是甲公司的"欠债",而是甲公司的"壳",省去上市环节。此乃公司收购常见现象!5. 答题技巧:为了降低试题难度,特别在每一道题前,给考生指明方向,根据材料几,来回答什么问题。因此,应试中,应该从选项到对应材料,从对应材料到对应选项。大部分试题就可以拿到分,切忌一头雾水,图构很重要。如果没有整体图构时间或能力,那么就部分图构,譬如就材料①、②、③、④分别做图构,也完全可以拿到大部分的分!

1. 根据材料①，关于甲公司、乙公司与银行的法律关系，下列表述正确的是：(2013-3-86)

A. 甲公司欠乙公司2000万元债务没有消灭

B. 甲公司抵押建设用地使用权的行为属于无权处分

C. 银行因善意取得而享有抵押权

D. 甲公司用建设用地使用权抵偿债务的行为属于代为清偿

答案：(　　)①

考点：无权处分、善意取得、代为清偿、代物清偿

读题技巧：

1. 第86题设问，"根据材料①，关于甲公司、乙公司与银行的法律关系"。2. 根据该设问回溯到对应的题干信息是："材料①：2012年2月，甲公司与其全资子公司乙公司签订了《协议一》，约定甲公司将其建设用地使用权用于抵偿其欠乙公司的2000万元债务，并约定了仲裁条款。但甲公司未依约将该用地使用权过户到乙公司名下，而是将之抵押给不知情的银行以获贷款，办理了抵押登记。"3. 第86设问，对应的图构位置是："甲母公司"、"乙子公司"、"《协议一》"、"甲欠乙2000万金钱债务"、"甲建设用地使用权抵债"、"银行(抵押权人)"。

思路展开：

命题点1：代物清偿与"第三人"代为清偿的区分。

(1)代物清偿：①以物抵债，债权人受领他种给付以替代原定给付而使债消灭的制度。②如约定交付汽车而以交付摩托车使债得到清偿。③如《物权法》第195条第1款关于抵押权实行时抵押权人与抵押人协议以抵押财产折价的规定，实际上承认了一种代物清偿。④代物清偿的要件：原债存在+以他种给付代替原定给付，两种给付在价值上可以有差额，但须经当事人约定+双方当事人有关于代物清偿的合意。⑤代物清偿是实践性还是诺成性？a. 实践性代物清偿。当事人就以物抵债达成协议，且已经该抵债之物现实地交付给了债权人。符合德国、日本、台湾地区的民法所说的代物清偿。b. 诺成性代物清偿。当事人仅就以物抵债达成了一致意见，却没有现实地交付该物的行为。就普遍性、常见性来讲，诺成性代物清偿在中国实务中最为常见。实践性代物清偿在中国的实务中倒不占多数。c. 评论：中国现行法没有明文规定诺成性的以物抵债合同，属于非典型合同。不宜硬性地套用境外关于代物清偿的规则及其理论，削足适履式地、作茧自缚般地处理，而应更加注重实际生活的本质要求，从更有利于实现当事人的合法权益、尽可能地贯彻意思自治原则的立场出发，来类推适用，如无法类推，则援用诚实信用及公平等民法基本原则予以裁判。要求代物清偿合同为实践合同，就像赠与合同采取实践合同说的境况那样，意味着代物清偿成立之日，就是合同消灭之日，哲学味浓厚，法锁的价值大为降低。⑥2016年命题老师的观点是：代物清偿协议属于诺成性协议。不过，更进一步，命题老师还认为，代物清偿协议和原债同时存在，故当事人之间由简单之债变成了选择之债，债务人由选择权。

(2)第三人代为清偿：第三人代债务人履行债务。甲债务人，乙债权人，丙第三人，其情形如下：①甲、丙约定，由丙代为清偿。②乙、丙约定，由丙代为清偿。③甲、乙、丙约定，由丙代为清偿。④丙自作主张，代为清偿。⑤总之，一定要有丙的意思参与。如果仅仅是甲乙之间约定，由丙清偿，属于"当事人之间约定"由第三人履行问题。适用《合同法》第65条(《合同法》第65条，"当事人约定由第三人向债权人履行债务的，第三人不履行债务或者履行债务不符合约定，债务人应当向债权人承担违约责任。")

(3)具体到本题：①"2012年2月，甲公司与其全资子公司乙公司签订了《协议一》，约定甲公司将其建设用地使用权用于抵偿其欠乙公司的2000万元债务"。②《协议一》发生在直接当事人之间，是代物清偿，而不是第三人代为清偿。③司法部解析原文："代为清偿，是第三人基于为债务人清偿的意思而向债权人为清偿的行为，甲公司用建设用地使用权抵偿债务的行为不属于代为清偿。"

(4)结论："D. 甲公司用建设用地使用权抵偿债务的行为属于代为清偿"，D错，不选D。

命题点2：代物清偿协议有效，甲公司违反

---

① 参考答案：A

代物清偿协议,其2000万元债务没有消灭。

(1)直接切入司法部解析原文:"甲公司未依约将建设用地使用权过户给乙公司,乙公司的债权没有实现,仍然存在。故选项A表述正确,当选。"

(2)看A选项的表述:"A. 甲公司欠乙公司2000万元债务没有消灭"。①表述的是结果,而非原因。②即甲公司欠乙公司2000万元债务没有消灭。③不能由此推导出司法考试认定代物清偿属于实践性合同。④甲公司欠乙公司2000万元债务没有消灭的原因是,甲公司没有履行代物清偿协议。从司法部解析中所用措辞"未依约"可知。⑤有观点认为,A选项正确的原因是因为代物清偿协议是实践性合同,故甲、乙之间的《协议一》没有生效。⑥且进一步认为,仅达成代物清偿协议,而未完成履行行为,属于债的变更,而非代物清偿。⑦此观点不符合司法部解析的原文。司法部解析原文:"有的考生误认为甲公司的债务已经消灭,因为甲公司和乙公司对原债权债务进行了变更,由此未选选项A。"

(3)结论:"A. 甲公司欠乙公司2000万元债务没有消灭",A对,选A。

(4)技术论:后面第90题设问了代位权制度,反推,乙公司对甲公司仍享有债权2000万,可以从第90题的设问,推知第86题的A选项正确无疑。

命题点3:建设用地使用权人处分建设用地,属于有权处分,不是无权处分。银行是正常取得抵押权,而非善意取得抵押权。

(1)法律依据:①《合同法》第51条,"无处分权的人处分他人财产,经权利人追认或者无处分权的人订立合同后取得处分权的,该合同有效。"②《物权法》第106条规定,"无处分权人将不动产或者动产转让给受让人的,所有权人有权追回;除法律另有规定外,符合下列情形的,受让人取得该不动产或者动产的所有权:(一)受让人受让该不动产或者动产时是善意的;(二)以合理的价格转让;(三)转让的不动产或者动产依照法律规定应当登记的已经登记,不需要登记的已经交付给受让人。受让人依照前款规定取得不动产或者动产的所有权的,原所有权人有权向无处分权人请求赔偿损失。当事人善意取得其他物权的,参照前两款规定。"

(2)法条阐释:①所谓无权处分,是指无处分权人以自己名义对他人权利标的所为之处分行为。②善意取得的前提是无处分权人实施了无权处分行为。

(3)具体到本题:①建设用地使用权归甲公司所有,故甲公司抵押建设用地使用权的行为不属于无权处分。(《物权法》第9条第1款,"不动产物权的设立、变更、转让和消灭,经依法登记,发生效力;未经登记,不发生效力,但法律另有规定的除外。")②善意取得的前提是无处分权人实施了无权处分行为,本题不具备这一要件,银行不构成善意取得。

(4)结论:①"B. 甲公司抵押建设用地使用权的行为属于无权处分",B错,不选B。②"C. 银行因善意取得而享有抵押权",C错,不选C。

2. 根据材料②,如丁公司主张债权,下列表述正确的是:(2013-3-87)

A. 丁公司有权向张某主张

B. 丁公司有权向李某主张

C. 丁公司有权向甲公司主张

D. 丁公司有权向丙公司主张

答案:( )①

考点:人保;物保;担保不从属于主债务,未经担保人书面同意,主债务免责债务承担,则担保人免责;债权人、原债务人和新债务人三方达成免责债务承担,在三方之间发生法律效力

读题技巧:

1."根据材料②",如丁公司主张债权,即主张5000万债权。2. 本题指向的题干材料为:"约定甲公司欠丁公司的5000万元债务由丙公司承担,且甲公司法定代表人张某为该笔债务提供保证,但未约定保证方式和期间。曾为该5000万元负债提供房产抵押担保的李某对《协议二》并不知情。"3. 本题指向的图构为:"张某(人保)"、"李某(物保)"、"丙免责债务承担"。4. 启动担保不从属于主债务规则。因为,担保人为什么提供担保,就是觉得主债务人有钱有信用,我提供担保也就是打打酱油,做做样子。但是,一旦主债务人变了,完蛋了,担保人提供担保基础丧失,故担保人免责。除非担保人同意主债务人变更。5. 债权人、债务人和新债务人三方达成《协

① 参考答案:AD

议二》免责债务承担，对三方有效，甲退出债务关系，丙加入债务关系！

思路展开：

思路1：债权人丁公司、债务人甲公司、新债务人丙公司三方达成协议，免责债务承担，《协议二》在丁、甲、丙之间发生法律效力。甲公司退出债务关系，丙公司加入债务关系。

(1)法律依据：《合同法》第84条，"债务人将合同的义务全部或者部分转移给第三人的，应当经债权人同意。"

(2)具体到本题：丁公司(5000万债权人)同意了债务的转移，故丁公司不得对甲公司主张债权，可以向丙公司主张债权。

(3)结论：①"C. 丁公司有权向甲公司主张"，C错，不选C。②"D. 丁公司有权向丙公司主张"，D对，选D。

思路2：债权人丁公司对丙5000万债权，有人保张某提供保证。

(1)法律依据：①《担保法》第19条，"当事人对保证方式没有约定或者约定不明确的，按照连带责任保证承担保证责任。"②《民法总则》第61条第1款，依照法律或者法人章程的规定，代表法人从事民事活动的负责人，为法人的法定代表人。第2款，法定代表人以法人名义从事的民事活动，其法律后果由法人承受。第3款，法人章程或者法人权力机构对法定代表人代表权的限制，不得对抗善意相对人。

(2)具体到本题：张某以个人身份为题中丙欠丁的5000万主债务提供了连带责任保证，债权人丁公司可以向张某主张债权。

(3)结论："A. 丁公司有权向张某主张"，A对，选A。

思路3：债权人丁公司对丙5000万债权："曾经"还有物保李某，因为李某为甲欠丁的5000万提供抵押。但是，李某不知情丁、甲、丙的免责债务承担，主债务转移，李某免除抵押责任。(1)法律依据：①《物权法》第175条，"第三人提供担保，未经其书面同意，债权人允许债务人转移全部或者部分债务的，担保人不再承担相应的担保责任。"②《担保法司法解释》第72条第2款，"主债务被分割或者部分转让的，抵押人(自己物保)仍以其抵押物担保数个债务人履行债务。但是，第三人提供抵押的，债权人许可债务人转让债务未经抵押人书面同意的，抵押人对未经其同意转让的债务，不再承担担保责任。"(2)具体到本题：甲公司将主债务转移给丙公司，并没有获得李某的同意，故丁公司不得对李某主张债权。(3)结论："B. 丁公司有权向李某主张"，B错，不选B。

3. 关于《协议二》中张某的保证期间和保证债务诉讼时效，下列表述正确的是：(2013-3-88)

A. 保证期间为2012年5月起6个月

B. 保证期间为2012年5月起2年

C. 保证债务诉讼时效从2012年5月起算

D. 保证债务诉讼时效从2012年11月起算

答案：(　　)①

考点：保证方式推定为连带责任保证、连带责任保证期间推定为主债届满后6个月、连带保证债务诉讼时效从债权人向保证人主张保证责任时起算(连带保证的保证期间与保证债务诉讼时效的无缝对接)

读题技巧：

1. 设问第88题，"关于《协议二》中张某的保证期间和保证债务诉讼时效"，指向仅考察人保，张某的保证期间和保证债务诉讼时效。2. 设问第88题对应的题干信息为："《协议二》，约定甲公司欠丁公司的5000万元债务由丙公司承担，且甲公司法定代表人张某为该笔债务提供保证，但未约定保证方式和期间。"、"同年5月，丁公司债权到期。"。3. 设问第88题对应的图构位置为："张某(人保)"、"丁(债权人:5000万)→《协议二》→丙(新债务人承担甲欠丁5000)"。4. 实质为纯法条判断题。

思路展开：

思路1：保证方式的推定。(1)保证的方式有一般保证和连带责任保证。(2)推定规则：未约定保证方式推定为连带保证。(3)法律依据：《担保法》第19条，"当事人对保证方式没有约定或者约定不明确的，按照连带责任保证承担保证

① 参考答案：A

责任。”(4)具体到本题：张某对丁公司的5000万债权提供保证，未约定保证方式，推定张某是连带保证人。

思路2：连带责任的保证期间的推定。(1)法律依据：《担保法》第26条，“连带责任保证的保证人与债权人未约定保证期间的，债权人有权自主债务履行期届满之日起六个月内要求保证人承担保证责任。在合同约定的保证期间和前款规定的保证期间，债权人未要求保证人承担保证责任的，保证人免除保证责任。”(2)具体到本题：“张某为该笔债务提供保证，但未约定保证方式和期间”+“(2012年)同年5月，丁公司债权到期。”=张某保证期间是自2012年5月起计算6个月。(3)结论：①“A.保证期间为2012年5月起6个月”，A对，选A。②“B.保证期间为2012年5月起2年”，B错，不选B。

思路3：连带责任保证债务诉讼时效起算日：债权人要求保证人承担保证责任之日。(1)法律依据：①《担保法司法解释》第34条第2款，“连带责任保证的债权人在保证期间届满前要求保证人承担保证责任的，从债权人要求保证人承担保证责任之日起，开始计算保证合同的诉讼时效。”①②《民法总则》第188条第1款，向人民法院请求保护民事权利的诉讼时效期间为三年。法律另有规定的，依照其规定。(2)结论：“C.保证债务诉讼时效从2012年5月起算、D.保证债务诉讼时效从2012年11月起算”，CD均错，不选CD。

3.根据材料②和材料③，关于乙公司、丙公司与丁公司的法律关系，下列表述正确的是：(2013－3－89)

A.乙公司应对丙公司对丁公司的债务承担无限责任

B.乙公司应对丙公司对丁公司的债务承担连带责任

C.乙公司应对丙公司对丁公司的债务承担全部责任

D.乙公司应对丙公司对丁公司的债务在未出资本息范围内承担补充责任

答案：(　　)②

考点：股东的出资责任(补充责任)

读题技巧：

1.第89题设问是乙丙丁公司在材料②和材料③中的法律关系。2.第89题设问指向的题干信息是：“材料②：同年4月，甲公司、丙公司与丁公司签订了《协议二》，约定甲公司欠丁公司的5000万元债务由丙公司承担”、“材料③：同年6月，丙公司丧失偿债能力。丁公司查知乙公司作为丙公司的股东(非发起人)，对丙公司出资不实，尚有3000万元未注入丙公司。”3.第89题设问指向的图构位置是：“乙子公司：丙公司的非发起人”、“乙出资不实：3000万”、“丙(新债务人承担甲欠丁5000)”、“丁(债权人：5000万)”。4.转化为法律关系：丁是丙公司债权人；丙是公司；乙是丙公司的股东。即出资未到位的股东，对于公司对外负债，承担的是“补充责任”。5.关键是要通过读题，把公司债权人→公司→(非发起人)股东这三层关系(代位权的结构)读出来，本题即可作对。

思路展开：

思路1：法律依据：《公司法司法解释(三)》第13条第2款，“公司债权人请求未履行或者未全面履行出资义务的股东在未出资本息范围内对公司债务不能清偿的部分承担补充赔偿责任的，人民法院应予支持；未履行或者未全面履行出资义务的股东已经承担上述责任，其他债权人提出相同请求的，人民法院不予支持。”

思路2：具体到本题：乙公司应对丙公司对丁公司的债务在未出资本息范围内承担补充责任。(代位权的结构)

思路3：结论：(1)“D.乙公司应对丙公司对丁公司的债务在未出资本息范围内承担补充责任”，D对，选D。(2)“A.乙公司应对丙公司对丁公司的债务承担无限责任、B.乙公司应对丙公司对丁公司的债务承担连带责任、C.乙公司应对丙公司对丁公司的债务承担全部责任”，ABC错，不选ABC。

---

① 比对记忆一般保证债务诉讼时效起算：第34条第1款：“一般保证的债权人在保证期间届满前对债务人提起诉讼或者申请仲裁的，从判决或者仲裁裁决生效之日起，开始计算保证合同的诉讼时效。”

② 参考答案：D

延展：

(1)发起人股东负连带责任。《公司法司法解释(三)》第 13 条第 3 款,"股东在公司设立时未履行或者未全面履行出资义务,依照本条第一款或者第二款提起诉讼的原告,请求公司的发起人与被告股东承担连带责任的,人民法院应予支持;公司的发起人承担责任后,可以向被告股东追偿。"

(2)整体记忆:《公司法司法解释(三)》第 13 条,第 1 款,"股东未履行或者未全面履行出资义务,公司或者其他股东请求其向公司依法全面履行出资义务的,人民法院应予支持。"第 2 款,"公司债权人请求未履行或者未全面履行出资义务的股东在未出资本息范围内对公司债务不能清偿的部分承担补充赔偿责任的,人民法院应予支持;未履行或者未全面履行出资义务的股东已经承担上述责任,其他债权人提出相同请求的,人民法院不予支持。"第 3 款,"股东在公司设立时未履行或者未全面履行出资义务,依照本条第一款或者第二款提起诉讼的原告,请求公司的发起人与被告股东承担连带责任的,人民法院应予支持;公司的发起人承担责任后,可以向被告股东追偿。"第 4 款,"股东在公司增资时未履行或者未全面履行出资义务,依照本条第一款或者第二款提起诉讼的原告,请求未尽公司法第一百四十七条第一款规定的义务而使出资未缴足的董事、高级管理人员承担相应责任的,人民法院应予支持;董事、高级管理人员承担责任后,可以向被告股东追偿。"

4. 根据材料①、材料②和材料③,如丁公司向甲公司提起 3000 万元代位权诉讼,甲公司认为丁公司不能提起代位权之诉的下列抗辩理由中不能成立的是:(2013-3-90)

A. 甲公司对乙公司的债务是过户建设用地使用权,而非金钱债务

B.《协议一》有仲裁条款

C. 乙公司多次发函给甲公司要求清偿债务

D.《协议一》的 2000 万元数额低于乙公司出资不实的 3000 万元

答案:(　　)①

考点:债权人、债务人、次债务人、次次债务人之越级代位权、代位权的构成要件的检讨(金钱之债、"怠于"、"数额")

读题技巧:

1. 第 90 题设问是比较难的,因为它指向的材料是材料①、材料②和材料③,意味着考生需要横跨材料①、材料②和材料③读取信息。2. 第 90 题设问好在有一个后续限定设问:"如丁公司向甲公司提起 3000 万元代位权诉讼,甲公司认为丁公司不能提起代位权之诉的下列抗辩理由中不能成立的是?"。3. 根据这个设问,可以得知,考察的是考生检索代位权的成立要件。4. 从 ABCD 四个选项可以得知其围绕代位权构成要件之"金钱之债"、"怠于"、"数额"三个层次展开。5. 故此,第 90 设问对应的题干信息是:(1)"材料②:同年 4 月,甲公司、丙公司与丁公司签订了《协议二》,约定甲公司欠丁公司的 5000 万元债务由丙公司承担"。(2)"材料③:同年 6 月,丙公司丧失偿债能力。丁公司查知乙公司作为丙公司的股东(非发起人),对丙公司出资不实,尚有 3000 万元未注入丙公司。同年 8 月,乙公司既不承担出资不实的赔偿责任,又怠于向甲公司主张权利。"(3)"材料①:2012 年 2 月,甲公司与其全资子公司乙公司签订了《协议一》,约定甲公司将其建设用地使用权用于抵偿其欠乙公司的 2000 万元债务,并约定了仲裁条款。但甲公司未依约将该用地使用权过户到乙公司名下。"6. 从此信息读取出债权债务关系为:(1)丁是 5000 万债权人→丙是 5000 万债务人→乙是 3000 万次债务人→甲是 2000 万次次债务人。(2)丁向甲提起代位权诉讼,即为越级代位权。7. 第 90 设问对应的图构位置是:"丁(债权人:5000 万)"、"丙(新债务人承担甲欠丁 5000)"、"乙出资不实:3000 万"、"甲欠乙 2000 万金钱债务"。

思路展开:

命题点 1:代位权的构成要件:(1)原债合法、有效、到期(未过时效)且受害。(2)次债(次次债)存在、到期、金钱、"懈怠"、非专属。

命题点 2:代位权之次次债须为"金钱之债"。

---

① 参考答案:ABCD

(1)法律依据:代位权:①《合同法》第73条,"因债务人怠于行使其到期债权,对债权人造成损害的,债权人可以向人民法院请求以自己的名义代位行使债务人的债权,但该债权专属于债务人自身的除外。代位权的行使范围以债权人的债权为限。债权人行使代位权的必要费用,由债务人负担。"②金钱之债:《合同法司法解释(一)》第13条,"合同法第七十三条规定的'债务人怠于行使其到期债权,对债权人造成损害的',是指债务人不履行其对债权人的到期债务,又不以诉讼方式或者仲裁方式向其债务人主张其享有的具有金钱给付内容的到期债权,致使债权人的到期债权未能实现。次债务人(即债务人的债务人)不认为债务人有怠于行使其到期债权情况的,应当承担举证责任。"

(2)具体到本题:①丁是债权人,丙是5000万债务人,乙是3000万次债务人(非发起人股东的补充责任),甲是2000万次次债务人(甲用建设用地使用权抵债2000万但是没有履行,故2000万金钱之债没有消灭。)②3000万、2000万,均是金钱之债。③司法部解析原文:"甲公司对乙公司的金钱债务并未消灭,故选项A当选。"

(3)结论:"A.甲公司对乙公司的债务是过户建设用地使用权,而非金钱债务",以此阻击代位权是不成立的,A符合题意,选A。

命题点3:代位权之"怠于",只要不起诉或仲裁,即为怠于。

(1)法律依据:《合同法司法解释(一)》第13条,"合同法第七十三条规定的'债务人怠于行使其到期债权,对债权人造成损害的',是指债务人不履行其对债权人的到期债务,又不以诉讼方式或者仲裁方式向其债务人主张其享有的具有金钱给付内容的到期债权,致使债权人的到期债权未能实现。次债务人(即债务人的债务人)不认为债务人有怠于行使其到期债权情况的,应当承担举证责任。"

(2)法条阐释:①"仲裁"二字表明,次债或次次债存在仲裁条款,不可以对抗代位权。如果次债或次次债的仲裁条款可以对抗代位权,则《合同法司法解释(一)》第13条就不用使用"仲裁"二字。②换言之,次债或次次债即使存在仲裁条款,债权人也可以提起代位权诉讼,而不是必须走仲裁途径。③仲裁协议约束仅甲和乙,不能约束代位权人丁。

(3)具体到本题:①次债务人乙与次次债务人甲之间的仲裁条款,不能对抗债权人丁公司的代位权诉讼。②次债务人乙公司向次次债务人甲公司传真主张债权仍构成怠于主张债权。

(4)结论:①"B.《协议一》有仲裁条款",B符合题意,选B。②"C.乙公司多次发函给甲公司要求清偿债务",C符合题意,选C。

命题点4:各项债务的数额本身不能否定代位权的成立。仅影响代位权的数额而已。

(1)法律依据:《合同法司法解释(一)》第20条,"债权人向次债务人提起代位权诉讼经人民法院审理后认定代位权成立的,由次债务人向债权人履行清偿义务,债权人与债务人、债务人与次债务人之间相应的债权债务关系即予消灭。"《合同法司法解释(一)》第21条,"在代位权诉讼中,债权人行使代位权的请求数额超过债务人所负债务额或者超过次债务人对债务人所负债务额的,对超出部分人民法院不予支持。"

(2)具体到本题:①丁对丙有5000万债权,次债务人丙对乙有3000万债权,次次债务人乙对甲有2000万债权。②丁向甲主张的代位权数额为2000万。③债权数额不成为丁公司不能提起代位权之诉的理由。

(3)结论:"D.《协议一》的2000万元数额低于乙公司出资不实的3000万元",D符合题意,选D。

5.根据材料④,关于《协议三》中债务承担的法律效力,下列表述正确的是:(2013-3-90)

A.如未通知甲公司债权人,对甲公司债权人不发生效力

B.如未经甲公司债权人同意,对甲公司债权人不发生效力

C.因戊公司、己公司恶意串通而无效

D.对戊公司、己公司有效

答案:(　　)①

考点:免责债务承担通知债务人对债务人发生效力、免责债务承担在当事人内部有效

① 参考答案:BD

读题技巧：

1. 第 91 题设问题眼："关于《协议三》中债务承担的法律效力"。2. 第 91 题设问指向题干信息是："甲公司股东戊公司与己公司签订了《协议三》，约定戊公司将其对甲公司享有的 60% 股权低价转让给己公司，戊公司承担甲公司此前的所有负债。"3. 第 91 题设问指向的图构位置是："《协议三》"、"戊公司（戊承担甲公司债务）"、"己公司（只获得甲 60% 股权）"、"甲母公司"、"乙子公司"、"甲欠乙 2000 万金钱债务"、"银行（抵押权人）"。

思路展开：

1. 命题点：免责债务承担协议在当事人内部有效，经债权人同意，对债权人发生效力。

2. 法律依据：《合同法》第 84 条，"债务人将合同的义务全部或者部分转移给第三人的，应当经债权人同意。"

3. 具体到本题：(1) 甲公司股东戊公司与己公司签订了《协议三》，约定戊公司将其对甲公司享有的 60% 股权低价转让给己公司，戊公司承担甲公司此前的所有负债。(2)《协议三》中的债务承担如果未经债权人同意，对债权人不发生效力。但是该约定对戊公司、己公司发生效力。题干未设计戊公司、己公司存在恶意串通损害甲公司债权人利益的情形。

4. 结论：(1)"A. 如未通知甲公司债权人，对甲公司债权人不发生效力"、"C. 因戊公司、己公司恶意串通而无效"，AC 均错，不选 AC。(2)"B. 如未经甲公司债权人同意，对甲公司债权人不发生效力"、"D. 对戊公司、己公司有效"，BD 均对，选 BD。

2012 年不定项选择题

甲公司将 1 台挖掘机出租给乙公司，为担保乙公司依约支付租金，丙公司担任保证人，丁公司以机器设备设置抵押。乙公司欠付 10 万元租金时，经甲公司、丙公司和丁公司口头同意，将 6 万元租金债务转让给戊公司。之后，乙公司为现金周转将挖掘机分别以 45 万元和 50 万元的价格先后出卖给丙公司和丁公司，丙公司和丁公司均已付款，但乙公司没有依约交付挖掘机。

因乙公司一直未向甲公司支付租金，甲公司便将挖掘机以 48 万元的价格出卖给王某，约定由乙公司直接将挖掘机交付给王某，王某首期付款 20 万元，尾款 28 万元待收到挖掘机后支付。此事，甲公司通知了乙公司。

王某未及取得挖掘机便死亡。王某临终立遗嘱，其遗产由其子大王和小王继承，遗嘱还指定小王为遗嘱执行人。因大王一直在外地工作，同意王某遗产由小王保管，没有进行遗产分割。在此期间，小王将挖掘机出卖给方某，没有征得大王的同意。

请回答第 86—91 题。

1. 关于乙公司与丙公司、丁公司签订挖掘机买卖合同的效力，下列表述错误的是：(2012 - 3 - 86)

A. 乙公司可以主张其与丙公司的买卖合同无效

B. 丙公司可以主张其与乙公司的买卖合同无效

C. 乙公司可以主张其与丁公司的买卖合同无效

D. 丁公司可以主张其与乙公司的买卖合同无效

答案：(　　)①

考点：无效合同、无权处分、基于法律行为的普通动产物权变动、无权处分中的动产多重买卖

解题图构：

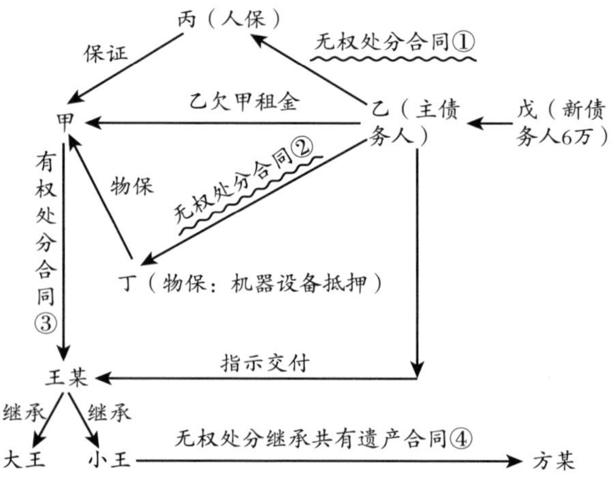

读题技巧：

1. 本题仅设问两个无权处分合同的效力。2. 既是无权处分，还是“一物多卖”（多重买卖）。3. 选非题。

思路展开：

思路 1：无权处分合同有效。

（1）法律依据：①《合同法》第 51 条，“无处分权的人处分他人财产，经权利人追认或者无处分权的人订立合同后取得处分权的，该合同有效。”本条从正面规定合同有效的可能情形，至于直接当事人之间是否可以否定合同效力，在《关于审理买卖合同纠纷案件适用法律问题的解释》中作了进一步明确。②《关于审理买卖合同纠纷案件适用法律问题的解释》第 3 条，“当事人一方以出卖人在缔约时对标的物没有所有权或者处分权为由主张合同无效的，人民法院不予支持。出卖人因未取得所有权或者处分权致使标的物所有权不能转移，买受人要求出卖人承担违约责任或者要求解除合同并主张损害赔偿的，人民法院应予支持。”

（2）具体到本题：乙公司作为承租人，将挖掘机

① 参考答案：ABCD

出卖给丙公司与丁公司，当事人任何一方均不能以出卖人无权处分为由主张合同无效。

思路2：多重买卖，法律不否定多重买卖合同的效力。

（1）法律依据：《关于审理买卖合同纠纷案件适用法律问题的解释》第9条，"出卖人就同一普通动产订立多重买卖合同，在买卖合同均有效的情况下，买受人均要求实际履行合同的，应当按照以下情形分别处理：（一）先行受领交付的买受人请求确认所有权已经转移的，人民法院应予支持；（二）均未受领交付，先行支付价款的买受人请求出卖人履行交付标的物等合同义务的，人民法院应予支持；（三）均未受领交付，也未支付价款，依法成立在先合同的买受人请求出卖人履行交付标的物等合同义务的，人民法院应予支持。"

（2）具体到本题：乙公司就一个挖掘机签订两个买卖合同，既卖给丙，又卖给丁，两个合同均有效。

思路3：结论，综合思路1和思路2，可知，"A. 乙公司可以主张其与丙公司的买卖合同无效、B. 丙公司可以主张其与乙公司的买卖合同无效、C. 乙公司可以主张其与丁公司的买卖合同无效、D. 丁公司可以主张其与乙公司的买卖合同无效"ABCD均错，符合题意，选ABCD。

2. 在乙公司将6万元租金债务转让给戊公司之前，关于丙公司和丁公司的担保责任，甲公司下列做法正确的是：（2012－3－87）

A. 可以要求丙公司承担保证责任

B. 可以要求丁公司承担抵押担保责任

C. 须先要求丙公司承担保证责任，后要求丁公司承担抵押担保责任

D. 须先要求丁公司承担抵押担保责任，后要求丙公司承担保证责任

答案：（　　）①

考点：混合担保中人保与第三人物保的平等地位，债权人可以找人保，也可以找第三人物保

读题技巧：

1. 第87题设问，指向题干信息为："甲公司将1台挖掘机出租给乙公司，为担保乙公司依约支付租金，丙公司担任保证人，丁公司以机器设备设置抵押。"2. 第87题设问，指向的图构位置为："丙（人保）"、"丁（物保：机器设备抵押）"、"甲（主债权人）"。3. 人保和第三人物保地位平等。4. 注意设问时间限制："在乙公司将6万元租金债务转让给戊公司之前"。

思路展开：

1. 单刀直入！

2. 法律依据：《物权法》第176条，"被担保的债权既有物的担保又有人的担保的，债务人不履行到期债务或者发生当事人约定的实现担保物权的情形，债权人应当按照约定实现债权；没有约定或者约定不明确，债务人自己提供物的担保的，债权人应当先就该物的担保实现债权；第三人提供物的担保的，债权人可以就物的担保实现债权，也可以要求保证人承担保证责任。提供担保的第三人承担担保责任后，有权向债务人追偿。"

3. 具体到本题：（1）为担保乙公司依约支付租金，丙公司担任保证人，丁公司以机器设备设置抵押。（2）丙公司的身份是保证人。（3）丁公司的身份是第三物保人。（4）债权人甲公司可以选择要求丙公司或者丁公司承担担保责任。

4. 结论：①"A. 可以要求丙公司承担保证责任、B. 可以要求丁公司承担抵押担保责任"，AB对，选AB。②"C. 须先要求丙公司承担保证责任，后要求丁公司承担抵押担保责任、D. 须先要求丁公司承担抵押担保责任，后要求丙公司承担保证责任"，CD错，不选CD。

3. 在乙公司将6万元租金债务转让给戊公司之后，关于丙公司和丁公司的担保责任，下列表述正确的是：（2012－3－88）

A. 丙公司仅需对乙公司剩余租金债务承担担保责任

B. 丁公司仅需对乙公司剩余租金债务承担担保责任

C. 丙公司仍应承担全部担保责任

D. 丁公司仍应承担全部担保责任

答案：（　　）②

---

① 参考答案：AB

② 参考答案：AB

考点:人保和第三人物保"口头"同意主债务人"换人"(债务免责承担),则人保和第三人物保都相应免责:转移多少债务,免除多少担保责任

读题技巧:

1. 第88设问指向的题干信息是:"甲公司将1台挖掘机出租给乙公司,为担保乙公司依约支付租金,丙公司担任保证人,丁公司以机器设备设置抵押。乙公司欠付10万元租金时,经甲公司、丙公司和丁公司口头同意,将6万元租金债务转让给戊公司。"2. 第88设问指向的图构位置是:"丙(人保)"、"丁(物保:机器设备抵押)"、"乙(主债务人4万)"、"戊(新债务人6万)"、"甲"(主债权人)。3. 仅仅经过人保之丙、第三人物保之丁口头同意,则担保人仅对还未转移的债务负担保责任,对转移的债务不负担保责任。

思路展开:

单刀直入:

1.《物权法》第175条,"第三人提供担保,未经其书面同意,债权人允许债务人转移全部或者部分债务的,担保人不再承担相应的担保责任。"(《担保法》第23条,"保证期间,债权人许可债务人转让债务的,应当取得保证人书面同意,保证人对未经其同意转让的债务,不再承担保证责任。")

2. 法条阐释:(1)第三人担保:人保、第三人物保。(2)未经其"书面"同意。(3)不再承担"相应的"担保责任。

3. 具体到本题:(1)乙公司欠付10万元租金时,经甲公司、丙公司和丁公司口头同意,将6万元租金债务转让给戊公司。(2)丙公司和丁公司是口头同意,而非书面同意。(3)故丙公司和丁公司仅对乙公司剩余租金债务承担担保责任。

4. 结论:"A. 丙公司仅需对乙公司剩余租金债务承担担保责任、B. 丁公司仅需对乙公司剩余租金债务承担担保责任",AB对,选AB。"C. 丙公司仍应承担全部担保责任、D. 丁公司仍应承担全部担保责任",CD错,不选CD。

常见错误

口头转移主债务无效说:认为甲公司、丙公司和丁公司口头同意将主债务转移,主债务转移无效,故丙公司和丁公司仍应承担全部担保责任。

4. **甲公司与王某签订买卖合同之后,王某死亡之前,关于挖掘机所有权人,下列选项正确的是:**(2012-3-89)

A. 甲公司　　B. 丙公司

C. 丁公司　　D. 王某

答案:(　　)①

考点:指示交付、善意取得

读题技巧:

1. 第89题对应的题干信息:"甲公司将1台挖掘机出租给乙公司"、"因乙公司一直未向甲公司支付租金,甲公司便将挖掘机以48万元的价格出卖给王某,约定由乙公司直接将挖掘机交付给王某,王某首期付款20万元,尾款28万元待收到挖掘机后支付。此事,甲公司通知了乙公司。"2. 第89题对应的图的位置为:甲、王某的有权处分合同③+乙向王某为"指示交付"。

思路展开:

命题点1:指示交付。

(1)法律依据:《物权法》第26条,"动产物权设立和转让前,第三人依法占有该动产的,负有交付义务的人可以通过转让请求第三人返还原物的权利代替交付。"

(2)法条阐释:指示交付,即动产由第三人占有时,出让人将其对于第三人的返还请求权让与受让人,以代替交付。指示交付是交付的一种特殊形态,是动产物权变动的公示方法之一。

(3)具体到本题:甲公司通过指示交付的方式,将挖掘机所有权转让给了王某。

(4)结论:"D. 王某",D对,选D。

命题点2:善意取得。

(1)法律依据:《物权法》第106条,"无处分权人将不动产或者动产转让给受让人的,所有权人有权追回;除法律另有规定外,符合下列情形的,受让人取得该不动产或者动产的所有权:(一)受让人受让该不动产或者动产时是善意的;(二)以合理的价

① 参考答案:D

格转让;(三)转让的不动产或者动产依照法律规定应当登记的已经登记,不需要登记的已经交付给受让人。受让人依照前款规定取得不动产或者动产的所有权的,原所有权人有权向无处分权人请求赔偿损失。当事人善意取得其他物权的,参照前两款规定。"

(2)具体到本题:①丙公司和丁公司知道乙公司是承租人而非所有权人,他们并非善意第三人。②也未取得挖掘机占有。③故丙公司和丁公司不是所有权人。

(3)结论:"A. 甲公司 B. 丙公司 C. 丁公司",ABC均错,不选ABC。

常见错误

误认为甲公司和王某属于分期付款买卖,在全部价款付清之前,挖掘机所有权归出卖人即甲公司所有,误选A。评论:题干未交代有所有权保留的文字信息。

4. 王某死后,关于甲公司与王某的买卖合同,下列表述错误的是:(2012-3-90)

A. 甲公司有权解除该买卖合同

B. 大王和小王有权解除该买卖合同

C. 大王和小王对该买卖合同原王某承担的债务负连带责任

D. 大王和小王对该买卖合同原王某承担的债务按其继承份额负按份责任

答案:(　　)①

考点:概括继承之继承遗产包括共有物和死者生前的合同、非基于法律行为物权变动之遗嘱继承、基于继承共有物的对外连带合同责任

读题技巧:

1. 题设问是王某死后,甲公司与王某买卖合同关系的处理。2. 合同当事人一方死亡,不成其为解除合同的事由。3. 合同当事人一方死亡,继承人概括承受该合同债务。4. 合同当事人一方死亡,基于合同取得的挖掘机物权(甲指示乙交付给了王某),由王某继承人大王和小王继承。挖掘机是大王和小王的共同共有财产。5. 基于共同共有财产发生的对外合同债务,应由共同共有人对外负连带责任。6. 注意,本题是选非题。7. 本题对应的题干事实是:"甲公司便将挖掘机以48万元的价格出卖给王某,约定由乙公司直接将挖掘机交付给王某,王某首期付款20万元,尾款28万元待收到挖掘机后支付。此事,甲公司通知了乙公司。"+"王某未及取得挖掘机便死亡。"+"王某临终立遗嘱,其遗产由其子大王和小王继承"。

思路展开:

命题点1:合同当事人一方死亡,不成其为对方的解除合同事由。

(1)法律依据:《合同法》第76条,"合同生效后,当事人不得因姓名、名称的变更或者法定代表人、负责人、承办人的变动而不履行合同义务。"《合同法》第8条,"依法成立的合同,对当事人具有法律约束力。当事人应当按照约定履行自己的义务,不得擅自变更或者解除合同。依法成立的合同,受法律保护。"

(2)法条阐释:自然人生前签订的合同,不因自然人死亡,而给相对方赋予解除合同的权限。

(3)具体到本题:"甲公司便将挖掘机以48万元的价格出卖给王某,约定由乙公司直接将挖掘机交付给王某,王某首期付款20万元,尾款28万元待收到挖掘机后支付。此事,甲公司通知了乙公司。+王某未及取得挖掘机便死亡。"甲公司不得主张解除挖掘机买卖合同。

(4)结论:"A. 甲公司有权解除该买卖合同",A错,符合题意,选A。

命题点2:合同当事人一方死亡,继承人概括承受该合同债务,继承人不因被继承人死亡而享有解除权。

(1)《继承法》第33条之概括继承和限定继承:"继承遗产应当清偿被继承人依法应当缴纳的税款和债务,缴纳税款和清偿债务以他的遗产实际价值为限。超过遗产实际价值部分,继承人自愿偿还的不在此限。继承人放弃继承的,对被继承人依法应当缴纳的税款和债务可以不负偿还责任。"

(2)具体到本题:大王和小王概括承受了王某生前的挖掘机买卖合同。题干没有揭示该合同具有解除事由。大王和小王不得解除挖掘机买卖合同。

(3)结论:"B. 大王和小王有权解除该买卖合

① 参考答案:ABD

同”,B 错,符合题意,选 B。

命题点 3:大王和小王基于继承取得挖掘机所有权,为共同共有,在未分割遗产前,对外负连带的合同债务,而非按份债务。

(1)法律依据:①继承物权,死者死亡时发生物权变动。→《物权法》第 29 条,“因继承或者受遗赠取得物权的,自继承或者受遗赠开始时发生效力。”②基于继承而取得的物权,遗产分割前,为各继承人共同共有。→《物权法》第 103 条,“共有人对共有的不动产或者动产没有约定为按份共有或者共同共有,或者约定不明确的,除共有人具有家庭关系等外,视为按份共有。”③基于共同共有物(遗产分割前)产生的对外合同债务,各共有人负连带责任。→《物权法》第 102 条,“因共有的不动产或者动产产生的债权债务,在对外关系上,共有人享有连带债权、承担连带债务,但法律另有规定或者第三人知道共有人不具有连带债权债务关系的除外;在共有人内部关系上,除共有人另有约定外,按份共有人按照份额享有债权、承担债务,共同共有人共同享有债权、承担债务。偿还债务超过自己应当承担份额的按份共有人,有权向其他共有人追偿。”

(2)具体到本题:①“王某未及取得挖掘机便死亡。”+“王某临终立遗嘱,其遗产由其子大王和小王继承”。②大王和小王对挖掘机形成共同共有,对基于挖掘机产生的合同债务,大王和小王应负连带责任,而非继承份额负按份责任。③司法部解析原文:“大王和小王尚未对遗产进行分割,此期间,挖掘机归大王和小王共有。他们对于王某生前所负债务,应承担连带责任,而非按份责任。很多考生审题不清,没有看到题干提示的“尚未进行遗产分割”这一前提,因此错误地认为 D 选项表述正确,不当选。”

(3)结论:“C. 大王和小王对该买卖合同原王某承担的债务负连带责任”,C 对,不符合题意,不选 C。“D. 大王和小王对该买卖合同原王某承担的债务按其继承份额负按份责任”,D 错,符合题意,选 D。

(4)延展:继承共同共有遗产,分割后,各继承人对外负有限的特殊的“按份之债”。①因为是限定继承,故在份额内负担债务。②特别注意,与一般的按份之债还有所不同,因为有各自法定的清偿债务的顺序(法定继承 > 遗嘱继承和遗赠)。③应启动《继承法若干问题的意见》第 62 条,“遗产已被分割而未清偿债务时,如有法定继承又有遗嘱继承和遗赠的,首先由法定继承人用其所得遗产清偿债务;不足清偿时,剩余的债务由遗嘱继承人和受遗赠人按比例用所得遗产偿还;如果只有遗嘱继承和遗赠的,由遗嘱继承人和受遗赠人按比例用所得遗产偿还。”

5. 关于小王将挖掘机卖给方某的行为,下列表述正确的是:(2012－2－91)

A. 小王尚未取得对挖掘机的占有,不得将其出卖给方某

B. 小王出卖挖掘机应当取得大王的同意

C. 大王对小王出卖挖掘机的行为可以追认

D. 小王是王某遗嘱的执行人,出卖挖掘机不需要大王的同意

答案:(　　)①

考点:继承物权变动、继承共有物的无权处分

读题技巧:

1. 本题对应的题干信息:“王某未及取得挖掘机便死亡。王某临终立遗嘱,其遗产由其子大王和小王继承,遗嘱还指定小王为遗嘱执行人。因大王一直在外地工作,同意王某遗产由小王保管,没有进行遗产分割。在此期间,小王将挖掘机出卖给方某,没有征得大王的同意。”2. 挖掘机因继承发生物权变动。3. 挖掘机是大王和小王共同共有。4. 小王擅自出卖挖掘机,属于无权处分。

思路展开:

命题点 1:继承物权,被继承人死亡时取得物权。

(1)法律依据:《物权法》第 29 条,“因继承或者受遗赠取得物权的,自继承或者受遗赠开始时发生效力。”

(2)具体到本题:大王和小王基于继承已经取得了挖掘机的所有权,并且通过指示交付,取得了对挖掘机的间接占有。

(3)结论:“A. 小王尚未取得对挖掘机的占有,

① 参考答案:BC

不得将其出卖给方某",A 错,错在理由"小王尚未取得对挖掘机的占有",不选 A。

命题点 2:基于继承产生的物权,遗产分割前为共同共有。任何一个继承人擅自处分,构成无权处分。

(1)法律依据:①继承共有为共同共有:→《物权法》第 103 条,"共有人对共有的不动产或者动产没有约定为按份共有或者共同共有,或者约定不明确的,除共有人具有家庭关系等外,视为按份共有。"②遗嘱执行人、存有遗产的人负有妥善保管责任,不能随意处分。→《继承法》第 24 条,"存有遗产的人,应当妥善保管遗产,任何人不得侵吞或者争抢。"③共同共有物处分应该一致决,否则构成无权处分。→《物权法》第 97 条,"处分共有的不动产或者动产以及对共有的不动产或者动产作重大修缮的,应当经占份额三分之二以上的按份共有人或者全体共同共有人同意,但共有人之间另有约定的除外。"④无权处分中,其他共有人可以追认。→《合同法》第 51 条,"无处分权的人处分他人财产,经权利人追认或者无处分权的人订立合同后取得处分权的,该合同有效。"

(2)具体到本题:①"王某临终立遗嘱,其遗产由其子大王和小王继承,遗嘱还指定小王为遗嘱执行人。因大王一直在外地工作,同意王某遗产由小王保管,没有进行遗产分割。在此期间,小王将挖掘机出卖给方某,没有征得大王的同意"。②虽然小王是遗嘱执行人,但是将继承共同共有的挖掘机出卖给方某的行为,仍然是无权处分,应该征得大王的同意。③当然,大王可以对小王出卖挖掘机的行为进行追认。

(3)结论:①"B. 小王出卖挖掘机应当取得大王的同意",B 对,选 B。②"C. 大王对小王出卖挖掘机的行为可以追认",C 对,选 C。③"D. 小王是王某遗嘱的执行人,出卖挖掘机不需要大王的同意",D 错,不选 D。

常见错误

无权处分共有物的买卖合同有效,无须追认说:1. 认为"C. 大王对小王出卖挖掘机的行为可以追认"中表述错误。2. 因为《买卖解释》第 3 条,"当事人一方以出卖人在缔约时对标的物没有所有权或者处分权为由主张合同无效的,人民法院不予支持",既然小王与方某买卖挖掘机的合同有效,就无须大王追认,大王也无追认的可能性。

分析:1.《合同法》第51 条仍未被废止,"无处分权的人处分他人财产,经权利人追认或者无处分权的人订立合同后取得处分权的,该合同有效。"2. 差别在于,大王追认了小王的行为,则小王与方某的合同是一个正常的交易,方某基于合同取得挖掘机所有权,不论其知情与否、对价合理与否等。3. 如果大王没有追认小王的行为,则小王与方某的合同仍然有效,只是此时方某能否取得挖掘机所有权,就得检讨方某是否符合《物权法》第 106 条规定的善意取得制度,条件就比较苛刻了:(1)善意取得五大条件 = 动产属于委托物(脱离物如盗赃物、遗失物、漂流物、埋藏物、失散的动物,不适用善意取得。货币占有即所有,无善意取得问题。禁止流通物不发生善意取得。)或不动产登记错误 + 无权处分 + 受让人善意(不知情者为善意,是指受让人不知让与人无处分权。对受让人善意的判断,应以"受让时"为时点。) + ④合理价格(不要求实际支付价款,可以是代物清偿、互易、设立公司的出资等有偿行为) + ⑤动产交付了或不动产登记了。(2)《物权法》第 106 条,"无处分权人将不动产或者动产转让给受让人的,所有权人有权追回;除法律另有规定外,符合下列情形的,受让人取得该不动产或者动产的所有权:(一)受让人受让该不动产或者动产时是善意的;(二)以合理的价格转让;(三)转让的不动产或者动产依照法律规定应当登记的已经登记,不需要登记的已经交付给受让人。受让人依照前款规定取得不动产或者动产的所有权的,原所有权人有权向无处分权人请求赔偿损失。当事人善意取得其他物权的,参照前两款规定。"

2011 年不定项选择题

甲公司与乙公司约定，由甲公司向乙公司交付1吨药材，乙公司付款100万元。乙公司将药材转卖给丙公司，并约定由甲公司向丙公司交付，丙公司收货后3日内应向乙支付价款120万元。

张某以自有汽车为乙公司的债权提供抵押担保，未办理抵押登记。抵押合同约定："在丙公司不付款时，乙公司有权就出卖该汽车的价款清偿自己的债权。"李某为这笔货款出具担保函："在丙公司不付款时，由李某承担保证责任"。丙公司收到药材后未依约向乙公司支付120万元，乙公司向张某主张实现抵押权，同时要求李某承担保证责任。

张某见状，便将其汽车赠与刘某。刘某将该汽车作为出资，与钱某设立丁酒店有限责任公司，并办理完出资手续。

丁公司员工方某驾驶该车接送酒店客人时，为躲避一辆逆行摩托车，将行人赵某撞伤。方某自行决定以丁公司名义将该车放在戊公司维修，为获得维修费的八折优惠，方某以其名义在与戊公司相关的庚公司为该车购买一套全新座垫。汽车修好后，方某将车取走交丁公司投入运营。戊公司要求丁公司支付维修费，否则对汽车行使留置权，丁公司回函请宽限一周。庚公司要求丁公司支付座垫费，丁公司拒绝。请回答第86—91题。

图构:

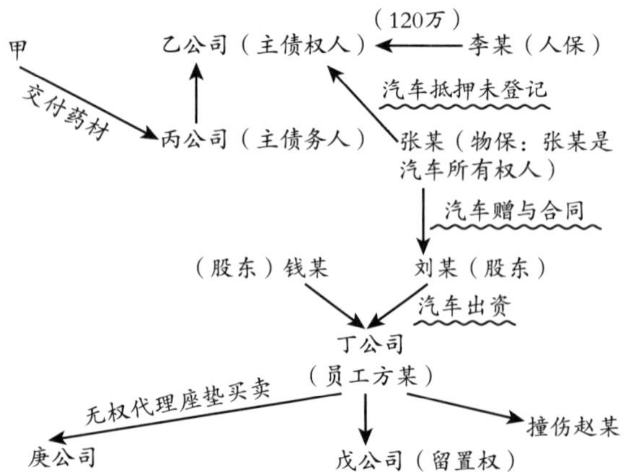

1. 关于乙公司与丙公司签订合同的效力，下列表述正确的是：(2011－3－86)

A. 效力待定

B. 为甲公司设定义务的约定无效

C. 有效

D. 无效

答案：(　　)①

考点：连环买卖药材无权处分合同有效；为第三人设定义务对当事人有效

读题技巧:

1. 第86题设问"关于乙公司与丙公司签订合同的效力"。2. 第86题设问指向的题干信息是："甲公司与乙公司约定，由甲公司向乙公司交付1吨药材，乙公司付款100万元。乙公司将药材转卖给丙公司，并约定由甲公司向丙公司交付，丙公司收货后3日内应向乙支付价款120万元。"。3. 第86题设问指向的图构位置是："甲"、"乙公司"、"连环交易"、"丙公司"。4. 甲卖药材给乙，乙转卖给丙，是为连环交易。乙、丙约定由上家甲把药材交给丙，属于乙丙当事人约定由第三人履行合同义务，该约定约束乙、丙，不约束第三人甲。

思路展开:

命题点1：连环交易，无权处分，合同有效。

(1) 法律依据：①《合同法》第51条，"无处分权的人处分他人财产，经权利人追认或者无处分权的人订立合同后取得处分权的，该合同有效。"②无权处分之买卖：《关于审理买卖合同纠纷案件适用法律问题的解释》第3条，第1款，"当事人一方以出卖人在缔约时对标的物没有所有权或者处分权为由主张合同无效的，人民法院不予支持。"第2款，"出卖人因未取得所有权或者处分权致使标的物所有权不能

---

① 参考答案：C

转移,买受人要求出卖人承担违约责任或者要求解除合同并主张损害赔偿的,人民法院应予支持。”

(2)具体到本题:①“乙公司将药材转卖给丙公司”。②在连环买卖合同中,并不要求标的物特定化。③乙公司不是无权处分,其与丙公司签订的买卖合同不是效力待定的合同。④因此,乙公司与丙公司签订的药材买卖合同有效。

(3)结论:①“C. 有效”,C对,选C。②“A. 效力待定、D. 无效”,AD错,不选AD。

命题点2:为第三人设定义务在当事人之间有效,不得约束第三人。

(1)法律依据:《合同法》第65条,“当事人约定由第三人向债权人履行债务的,第三人不履行债务或者履行债务不符合约定,债务人应当向债权人承担违约责任。”

(2)具体到本题:①乙公司和丙公司为甲公司设定义务的约定,在乙公司和丙公司之间是具有法律效力的,只是对甲公司不具有法律约束力。②如果甲公司不予履行,应坚持合同相对性,由乙公司和丙公司之间自行依据法律和合同解决。③特别注意:题干设问明确限定的是“乙公司与丙公司”签订合同的效力,问的是在乙公司和丙公司之间的内部效力。④按照这个语境,乙丙为第三人甲设定义务是有效的。

(3)结论:“B. 为甲公司设定义务的约定无效”,B错,不选B。

2. 关于乙公司要求担保人承担责任,下列表述正确的是:(2011－3－87)

A. 乙公司不得向丙公司和李某一并提起诉讼

B. 李某对乙公司享有先诉抗辩权

C. 乙公司应先向张某主张实现抵押权

D. 乙公司可以选择向张某主张实现抵押权或者向李某主张保证责任

答案:(　　)①

考点:保证方式;混合担保中第三人物保和人保地位平等;债权人可选择第三人抵押或保证

读题技巧:

1. 第87题设问对应的题干信息是:“张某以自有汽车为乙公司的债权提供抵押担保,未办理抵押登记。抵押合同约定:“在丙公司不付款时,乙公司有权就出卖该汽车的价款清偿自己的债权。”李某为这笔货款出具担保函:“在丙公司不付款时,由李某承担保证责任”。丙公司收到药材后未依约向乙公司支付120万元,乙公司向张某主张实现抵押权,同时要求李某承担保证责任。”2. 第87题对应的图构位置是:“乙公司(主债权人)”、“丙公司(主债务人)”、“李某(人保)”、“张某(物保)”,3. 保证方式为一般保证。4. 第三人物保和保证人,地位平等。

思路展开:

命题点1:保证方式,为一般保证。一般保证人有先诉抗辩权,实质为先“执行”抗辩权,不代表不能被告。债权人乙公司可以告主债务人丙公司和一般保证人李某。

(1)法律依据:①一般保证人先诉抗辩权:《担保法》第17条,“当事人在保证合同中约定,债务人不能履行债务时,由保证人承担保证责任的,为一般保证。一般保证的保证人在主合同纠纷未经审判或者仲裁,并就债务人财产依法强制执行仍不能履行债务前,对债权人可以拒绝承担保证责任。”②《担保法司法解释》第131条,“本解释所称‘不能清偿’指对债务人的存款、现金、有价证券、成品、半成品、原材料、交通工具等可以执行的动产和其他方便执行的财产执行完毕后,债务仍未能得到清偿的状态。”③《担保法司法解释》第125条,“一般保证的债权人向债务人和保证人一并提起诉讼的,人民法院可以将债务人和保证人列为共同被告参加诉讼。但是,应当在判决书中明确在对债务人财产依法强制执行后仍不能履行债务时,由保证人承担保证责任。”

(2)具体到本题:“李某为这笔货款出具担保函:‘在丙公司不付款时,由李某承担保证责任’。”李某为一般保证人,但是债权人乙公司可以告主债务人丙公司和一般保证人李某。

(3)结论:①“A. 乙公司不得向丙公司和李某一并提起诉讼”,A错,不选A。②“B. 李某对乙公司享有先诉抗辩权”,B对,选B。

(4)延展:司考措辞规律:主债务人“不”、“不能”,则保证人承担责任,为一般保证。“未约定保

① 参考答案:BD

证方式”,为连带保证。

命题点2:第三人物保和人保存在的混合担保,未约定担保份额时,第三人物保和人保地位平等。债权人可以选择主张。

(1)法律依据:《物权法》第176条,“被担保的债权既有物的担保又有人的担保的,债务人不履行到期债务或者发生当事人约定的实现担保物权的情形,债权人应当按照约定实现债权;没有约定或者约定不明确,债务人自己提供物的担保的,债权人应当先就该物的担保实现债权;第三人提供物的担保的,债权人可以就物的担保实现债权,也可以要求保证人承担保证责任。提供担保的第三人承担担保责任后,有权向债务人追偿。”

(2)具体到本题:李某是人保,张某是第三人物保。故债权人乙公司可选择主张人保或第三人物保。

(3)结论:①“C.乙公司应先向张某主张实现抵押权”,C错,不选C。②“D.乙公司可以选择向张某主张实现抵押权或者向李某主张保证责任”,D对,选D。

3.在刘某办理出资手续后,关于汽车所有权人,下列选项正确的是:(2011-3-88)

A.乙公司　　B.张某

C.刘某　　D.丁公司

答案:(　　)①

考点:注册动产抵押权未登记不得对抗善意第三人、注册动产出资

解图:

1.本题涉及到的题面信息为:“张某以自有汽车为乙公司的债权提供抵押担保,未办理抵押登记。”、“张某见状,便将其汽车赠与刘某。刘某将该汽车作为出资,与钱某设立丁酒店有限责任公司,并办理完出资手续。”2.本题涉及到的图示信息为:“汽车抵押未登记”、“汽车赠与合同”、“汽车出资”。3.汽车的流线图:乙公司对汽车有未登记的抵押权,张某是汽车所有权人,张某把汽车赠与给了刘某,刘某把汽车出资到丁公司。4.因为乙公司的抵押权未登记,故汽车一路“绿灯”,一直开到丁公司,为丁公司财产了!

思路展开:

思路1:注册动产抵押权未登记不得对抗善意第三人。

思路2:法律依据:《物权法》第188条,“以本法第一百八十条第一款第四项(生产设备、原材料、半成品、产品)、第六项规定的财产(交通运输工具)或者第五项规定的正在建造的船舶、航空器抵押的,抵押权自抵押合同生效时设立;未经登记,不得对抗善意第三人。”

思路3:具体到本题:

(1)张某以汽车为丙公司的负债提供抵押担保,抵押权自抵押合同生效时设立,并非以登记为前提条件。乙公司对汽车享有了未登记的抵押权,不得对抗善意第三人。

(2)张某作为汽车所有人,将汽车赠与给了刘某。

(3)题干中没有信息表明刘某存在恶意,故刘某是善意第三人,至于是否支付对价,在所不问。

(4)因此,在张某完成交付后,刘某是汽车所有权人。

(5)《公司注册资本登记管理规定》第5条第2款,“股东或者发起人不得以劳务、信用、自然人姓名、商誉、特许经营权或者设定担保的财产等作价出资。”

(6)但是,因为乙公司对汽车享有的抵押权未办理登记,不具有追及力。

(7)在刘某享有所有权的汽车上并未负担抵押,该汽车不属于设定担保的财产。

(8)后来刘某将汽车作为出资设立丁公司,办理完出资手续。

(9)因此,丁公司是汽车所有权人。

4.结论:“D.丁公司”,D对,选D。

异议辨析

1.有观点认为,基于《物权法》第191条第2款规定,“抵押期间,抵押人未经抵押权人同意,不得转让抵押财产,但受让人代为清偿债务消灭抵押权的除外。”张某未经抵押权人乙公司同意,将汽车赠与刘某的行为,属于无权处分,同时赠与不发生善意取得效果。刘某没有取得汽车所有权,但是此后丁公司却是构成善意取得的。2.评论:这一分析,结论是

① 参考答案:D

对了,分析过程需要商榷。(1)请参见《方志平民法宝典》之抵押权的追及部分的论述:《物权法》第 191 条第 2 款"未经抵押权人同意,不得转让抵押财产"与《物权法》第 188 条"动产抵押权,未经登记不得对抗受让抵押物所有权的人",是一般法与特别法的关系,优先适用第188 条。①《物权法》第 191 条第2 款适用于一切类型的抵押权,包括动产抵押权、不动产抵押权、在建工程抵押权。②《物权法》第 188 条仅适用于动产抵押权。③"未经登记,不得对抗善意第三人"的规定,侧重于保护善意第三人,当第三人不知所受让的标的物为抵押物时,不但受让有效,而且抵押权的负担在该物上不复存在。④《物权法》第 189 条动产浮动抵押中,抵押物正常买卖,它也是《物权法》第 191 条第 2 款的特别规定。(2)故司法部解析原文:①"题干中没有信息表明刘某存在恶意,故刘某是善意第三人,至于是否支付对价,在所不问。因此,在张某完成交付后,刘某是汽车所有权人。"②"有的考生误认为张某作为抵押人,未经抵押权人同意,不得转让抵押财产,同时刘某没有支付对价,不构成善意取得。故张某转让汽车的行为无效,汽车所有人仍然是张某,就此误选了 B 选项。"(3)实务中,负担有抵押权的汽车不能作为公司出资。而未登记的抵押权,自然不具有追及力。汽车可以畅通无阻。

4. 关于对赵某的损害应承担侵权责任的主体,下列选项正确的是:(2011 - 3 - 89)

A. 方某　　B. 钱某和刘某

C. 丁公司　　D. 摩托车主

答案:(　　)[1]

考点:紧急避险

思路展开:

1. 命题点:紧急避险情形下侵权责任的承担。

2. 法律依据:(1)《侵权责任法》第 31 条,"因紧急避险造成损害的,由引起险情发生的人承担责任。如果危险是由自然原因引起的,紧急避险人不承担责任或者给予适当补偿。紧急避险采取措施不当或者超过必要的限度,造成不应有的损害的,紧急避险人应当承担适当的责任。"(2)《民法总则》第 182 条第 1 款,因紧急避险造成损害的,由引起险情发生的人承担民事责任。第 2 款,危险由自然原因引起的,紧急避险人不承担民事责任,可以给予适当补偿。第 3 款,紧急避险采取措施不当或者超过必要的限度,造成不应有的损害的,紧急避险人应当承担适当的民事责任。

3. 具体到本题:"丁公司员工方某驾驶该车接送酒店客人时,为躲避一辆逆行摩托车,将行人赵某撞伤。"险情引起人是"逆行摩托车"。司法部:"故赵某的损害,最后应由危险引起人承担,即摩托车主,故 D 选项正确。就 C 选项而言,考生异议较多,但相对于 D 选项,后者更符合题意。

4. 结论:选 D"摩托车主"。

5. 延展:(1)《侵权责任法》第 48 条,"机动车发生交通事故造成损害的,依照道路交通安全法的有关规定承担赔偿责任。"(2)《道路交通安全法》第 76 条第 1 款第 2 项的规定,"机动车发生交通事故造成人身伤亡、财产损失的,由保险公司在机动车第三者责任强制保险责任限额范围内予以赔偿;不足的部分,按照下列规定承担赔偿责任:……(二)机动车与非机动车驾驶人、行人之间发生交通事故,非机动车驾驶人、行人没有过错的,由机动车一方承担赔偿责任;有证据证明非机动车驾驶人、行人有过错的,根据过错程度适当减轻机动车一方的赔偿责任;机动车一方没有过错的,承担不超过百分之十的赔偿责任。"(3)可见,机动车对非机动车驾驶人和行人构成侵权,实行的是无过错责任。(4)故此,丁公司对受害人承担部分责任之后,可以依法向摩托车主进行追偿。(5)综合而言,本题设问为"关于最后对赵某的损害应承担侵权责任的主体",可能更为清晰。

5. 关于汽车维修合同,下列表述正确的是:(2011 - 3 - 90)

A. 方某构成无因管理

B. 方某构成无权代理

C. 方某构成无权处分

D. 方某构成表见代理

答案:(　　)[2]

---

① 参考答案:D

② 参考答案:AB

考点:无因管理、无权代理、无权处分和表见代理

读题技巧:

1. 本题设问是"汽车维修合同",故仅仅限于方某签订汽车维修合同的判断。不涉及方某"丁公司员工方某驾驶该车接送酒店客人时,为躲避一辆逆行摩托车,将行人赵某撞伤。"也不涉及方某"为获得维修费的八折优惠,方某以其名义在与戊公司相关的庚公司为该车购买一套全新座垫。"可见,方某有执行工作任务中的侵权、有维修合同、有买卖合同,本题仅仅考察维修合同。2. 本题对应的题干信息:"方某自行决定以丁公司名义将该车放在戊公司维修"、"戊公司要求丁公司支付维修费,否则对汽车行使留置权,丁公司回函请宽限一周。"3. 对应图构位置:"丁公司"、"(员工方某)"、"戊公司"。

思路展开:

命题点1:无权代理与无因管理。

(1)无权代理。①法律依据:a.《民法总则》无权代理:《民法总则》第171条第1款,行为人没有代理权、超越代理权或者代理权终止后,仍然实施代理行为,未经被代理人追认的,对被代理人不发生效力。第2款,相对人可以催告被代理人自收到通知之日起一个月内予以追认。被代理人未作表示的,视为拒绝追认。行为人实施的行为被追认前,善意相对人有撤销的权利。撤销应当以通知的方式作出。第3款,行为人实施的行为未被追认的,善意相对人有权请求行为人履行债务或者就其受到的损害请求行为人赔偿,但是赔偿的范围不得超过被代理人追认时相对人所能获得的利益。第4款,相对人知道或者应当知道行为人无权代理的,相对人和行为人按照各自的过错承担责任。b.《合同法》无权代理:《合同法》第48条,"行为人没有代理权、超越代理权或者代理权终止后以被代理人名义订立的合同,未经被代理人追认,对被代理人不发生效力,由行为人承担责任。相对人可以催告被代理人在一个月内予以追认。被代理人未作表示的,视为拒绝追认。合同被追认之前,善意相对人有撤销的权利。撤销应当以通知的方式作出。"c.《合同法司法解释(二)》第11条,"根据合同法第四十七条(限人合同)、第四十八条(无权代理)的规定,追认的意思表示自到达相对人时生效,合同自订立时起生效。"②具体到本题:a. 题干信息表明,汽车修好后,方某将车取走交回丁公司投入运营,丁公司回函请戊公司宽限几日再付款。b. 说明丁公司对方某的无权代理行为进行了追认。c. 故就汽车维修而言,丁公司与戊公司成立加工承揽合同关系。③结论:方某的行为构成无权代理,且已经被丁公司追认!

(2)无因管理。①法律依据:《民法总则》第121条,没有法定的或者约定的义务,为避免他人利益受损失而进行管理的人,有权请求受益人偿还由此支出的必要费用。②法理阐释:a. 无因管理的构成要件:"无因"(无法定或约定义务)+管理(为他人管理的意思+为他人管理事务+管理适当即客观上不违反明知或可推知的被管理人意思)。b. 无因管理为他人管理事务的方法,可以是事实行为(如替人加固房屋),也可以是法律行为(替人卖西瓜)。其中,法律行为就包括无权代理情形。c. 类似示例:如甲有一房屋,有意出租,后甲因病入院无法处理,乙为甲的利益,以甲的名义出租给第三人。乙出租房屋行为构成无权代理(本人追认与否,影响买卖合同的效力),但不妨碍甲与乙之间成立无因管理关系。③司法部解析原文:"方某是丁公司员工,并无修车义务。方某将汽车交由戊公司维修,构成无因管理。无因管理行为可以是事实行为,也可以是法律行为。管理人所为的法律行为既可以以自己的名义为之,也可以以本人的名义为之。"④结论:方某的行为构成无因管理。

(3)综合结论:①方某行为构成无权代理,也构成无因管理。②"A. 方某构成无因管理、B. 方某构成无权代理",AB对,选AB。

命题点2:表见代理。

(1)法律依据:①《民法总则》第172条,行为人没有代理权、超越代理权或者代理权终止后,仍然实施代理行为,相对人有理由相信行为人有代理权的,代理行为有效。②《合同法》第49条,"行为人没有代理权、超越代理权或者代理权终止后以被代理人名义订立合同,相对人有理由相信行为人有代理权的,该代理行为有效。"

(2)法理阐释:表见代理三要件:"外表授权的表象"+被代理人须有过失+相对人善意且无过失。

(3)具体到本题:题干中没有信息表明方某具有代理表象。

(4)结论:"D.方某构成表见代理",D错,不选D。

命题点3:无权处分。

(1)法律依据:《合同法》第51条,"无处分权的人处分他人财产,经权利人追认或者无处分权的人订立合同后取得处分权的,该合同有效。"

(2)法理阐释:无权处分的处分人是以自己名义为之。无权处分的对象是他人财产。

(3)具体到本题:方某是以丁公司名义就汽车的维修与戊公司签订了维修合同,不符合无权处分的构成要素。不是无权处分。

(4)结论:"C.方某构成无权处分",C错,不选C。

常见错误

1.单位司机修理汽车是有因管理说:认为方某作为单位的司机,修理汽车是有因管理,并不构成无因管理。漏选A。

紧急情况表见代理说:认为方某作为公司员工,在汽车发生故障的紧急情况下,可以代表公司进行汽车维修。而维修厂也有理由相信方某是公司员工,故方某构成表见代理。错选D。

6.关于座垫费和维修费,下列表述正确的是: (2011-3-91)

A.方某应向庚公司支付座垫费

B.丁公司应向庚公司支付座垫费

C.丁公司应向戊公司支付维修费

D.戊公司有权将汽车留置

答案:(　　)[①]

读题技巧:

1.第91题设问"关于坐垫费和维修费",指向坐垫买卖合同(不是无因管理),和汽车维修合同(无权代理+无因管理)(同时指向留置权)。2.第91题设问指向的题干信息:"丁公司员工方某驾驶该车接送酒店客人时,为躲避一辆逆行摩托车,将行人赵某撞伤。方某自行决定以丁公司名义将该车放在戊公司维修,为获得维修费的八折优惠,方某以其名义在与戊公司相关的庚公司为该车购买一套全新座垫。汽车修好后,方某将车取走交丁公司投入运营。戊公司要求丁公司支付维修费,否则对汽车行使留置权,丁公司回函请宽限一周。庚公司要求丁公司支付座垫费,丁公司拒绝。"3.第91题设问指向的图构位置:"丁公司"、"(员工方某)"、"无权代理座垫买卖"、"庚公司";"无权代理+无因管理之维修合同"、"戊公司(留置权)"。4.员工方某签订了两个合同,一个是自己名义坐垫买卖;一个是丁公司名义无权代理维修汽车合同。方某自己名义签订坐垫买卖合同由方某自负其责。方某无权代理维修合同经丁公司追认有效。

思路展开:

命题点1:坐垫买卖合同由方某和庚公司签订,坚持合同相对性。方某不构成无因管理。

(1)坐垫买卖合同相对性:方某以自己名义与庚公司签订合同,该合同关系应约束方某与庚公司,基于合同相对性,方某应向庚公司支付坐垫费,丁公司并不是坐垫买卖合同中的义务人。需要特别注意,方某并非是以丁公司名义签订购买坐垫合同,而是以自己名义签订,这既不是无权代理,更不是表见代理,压根就不是代理。

(2)坐垫买卖不构成无因管理。①无因管理,是指没有法律规定或者约定的义务而未他人管理事务。成立无因管理之后,在当事人之间会发生无因管理之债。《民法总则》第121条,没有法定的或者约定的义务,为避免他人利益受损失而进行管理的人,有权请求受益人偿还由此支出的必要费用。②《民法通则》第93条,"没有法定的或者约定的义务,为避免他人利益受损失进行管理或者服务的,有权要求受益人偿付由此而支付的必要费用。"③《民法通则若干问题的意见》第132条,"民法通则第九十三条规定的管理人或者服务人可以要求受益人偿付的必要费用,包括在管理或者服务活动中直接支出的费用,以及在该活动中受到的实际损失。"④法理阐释:无因管理的构成要件:"无因"(无法定或约定义务)+管理(为他人管理的意思+为他人管理事务+管理适当即客观上不违反明知或可推知的被管理人意思)。⑤具体到本题:方某擅自购买坐垫费,违反了丁公司可得推知的意思,不构成无因

① 参考答案:AC

管理。

(3)结论:①无论是从合同相对性,还是从不构成无因管理角度,坐垫费应由方某向庚公司支付,而非丁公司向庚公司支付。②当然,丁公司构成不当得利与否不好判断(需要更多的题干信息才可判断是否属于强迫得利)。③“A. 方某应向庚公司支付座垫费”,A 对,选 A。④“B. 丁公司应向庚公司支付座垫费”,B 错,不选 B。

命题点 2:汽车维修合同,方某构成无权代理,丁公司事后“丁公司回函请宽限一周”追认,无权代理合同确定对丁公司发生效力。丁公司应向戊公司支付维修费。

(1)法律依据:①无权代理规则:a. 效力待定:《合同法》第 48 条第 1 款,“行为人没有代理权、超越代理权或者代理权终止后以被代理人名义订立的合同,未经被代理人追认,对被代理人不发生效力,由行为人承担责任。”第 2 款,“相对人可以催告被代理人在一个月内予以追认。被代理人未作表示的,视为拒绝追认。合同被追认之前,善意相对人有撤销的权利。撤销应当以通知的方式作出。”①b. 意思追认:《合同法司法解释(二)》第 11 条“根据合同法第四十七条(限人合同)、第四十八条(无权代理)的规定,追认的意思表示自到达相对人时生效,合同自订立时起生效。”c. 行为追认:《合同法司法解释(二)》第 12 条,“无权代理人以被代理人的名义订立合同,被代理人已经开始履行合同义务的,视为对合同的追认。”②表见代理规则(“外表授权的表象”+被代理人须有过失+相对人善意且无过失):a. 表见代理情形:《合同法》第 49 条,“行为人没有代理权、超越代理权或者代理权终止后以被代理人名义订立合同,相对人有理由相信行为人有代理权的,该代理行为有效。”b. 表见代理被代理人救济:《合同法司法解释(二)》第 13 条,“被代理人依照合同法第四十九条的规定承担有效代理行为所产生的责任后,可以向无权代理人追偿因代理行为而遭受的损失。”

(2)具体到本题:“方某自行决定以丁公司名义将该车放在戊公司维修”+“汽车修好后,方某将车取走交丁公司投入运营。戊公司要求丁公司支付维修费,否则对汽车行使留置权,丁公司回函请宽限一周。”=丁公司追认了方某与戊公司的维修合同,丁公司应向戊公司支付汽车维修费。退一步,即使丁未追认,方某也构成无因管理,可主张无因管理费用。当然,丁不需要向戊支付维修费,而是方某向戊支付维修费,然后方某再找丁公司要管理费用。

(3)结论:“C. 丁公司应向戊公司支付维修费”,C 对,选 C。

命题点 3:留置权的条件,留置权人自愿丧失留置物占有,留置权消灭。

(1)法律依据:《物权法》第 240 条,“留置权人对留置财产丧失占有或者留置权人接受债务人另行提供担保的,留置权消灭。”

(2)具体到本题:“汽车修好后,方某将车取走交丁公司投入运营。”+“戊公司要求丁公司支付维修费,否则对汽车行使留置权”=汽车已经被取走,戊公司已经丧失对汽车的占有,故不得主张行使留置权。可见,戊公司是虚张声势啊,除非去抢。

(3)结论:“D. 戊公司有权将汽车留置”,D 错,不选 D。

(4)如果留置物被非法占有,留置权消灭,但债权人自留置物被侵占之日起 1 年内有占有返还请求权,回复占有后债权人重新取得留置权。

---

① 《民法总则》第 171 条第 1 款,行为人没有代理权、超越代理权或者代理权终止后,仍然实施代理行为,未经被代理人追认的,对被代理人不发生效力。第 2 款,相对人可以催告被代理人自收到通知之日起一个月内予以追认。被代理人未作表示的,视为拒绝追认。行为人实施的行为被追认前,善意相对人有撤销的权利。撤销应当以通知的方式作出。第 3 款,行为人实施的行为未被追认的,善意相对人有权请求行为人履行债务或者就其受到的损害请求行为人赔偿,但是赔偿的范围不得超过被代理人追认时相对人所能获得的利益。第 4 款,相对人知道或者应当知道行为人无权代理的,相对人和行为人按照各自的过错承担责任。

2010 年不定项选择题

甲公司与乙公司签订了一份手机买卖合同，约定：甲公司供给乙公司某型号手机 1,000 部，每部单价 1,000 元，乙公司支付定金 30 万元，任何一方违约应向对方支付合同总价款 30% 的违约金。合同签订后，乙公司向甲公司支付了 30 万元定金，并将该批手机转售给丙公司，每部单价 1,100 元，指明由甲公司直接交付给丙公司。但甲公司未按约定期间交货。请回答 91—93 题。

1. 关于返还定金和支付违约金，乙公司向甲公司提出请求，下列表述正确的是：(2010－3－91)

A. 请求甲公司双倍返还定金 60 万元并支付违约金 30 万元

B. 请求甲公司双倍返还定金 40 万元并支付违约金 30 万元

C. 请求甲公司双倍返还定金 60 万元或者支付违约金 30 万元

D. 请求甲公司双倍返还定金 40 万元或者支付违约金 30 万元

答案：(　　)①

考点：定金和违约金不能同时并用、定金受 20% 的限制(超过部分法院不支持)

解题图构：

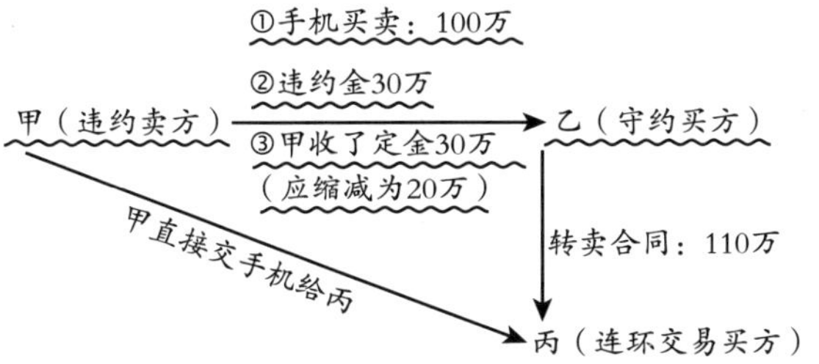

读题技巧：

1. 设问第 91 题“关于返还定金和支付违约金，乙公司向甲公司提出请求”，指向定金和违约金责任之间的关系。2. 设问第 91 题指向的题干信息为：“甲公司供给乙公司某型号手机 1,000 部，每部单价 1,000 元”、“任何一方违约应向对方支付合同总价款 30% 的违约金”、“乙公司向甲公司支付了 30 万元定金”、“甲公司未按约定期间交货”。3. 设问第 91 题指向的图构位置是：“甲(违约卖方)”、“①手机买卖：100 万”、“②违约金 30 万”、“③甲收了定金 30 万(应缩减为 20 万)”、“乙(守约买方)”。4. 需要简单的计算和判断。

思路展开：

思路 1：定金合同中，定金数额不得超过主合同标的额的 20%，超过部分人民法院不予支持。

(1) 法律依据：①《担保法》第 91 条，“定金的数额由当事人约定，但不得超过主合同标的额的百分之二十。”②《担保法司法解释》第 121 条，“当事人约定的定金数额超过主合同标的额百分之二十的，超过的部分，人民法院不予支持。”③《合同法》第 56 条，“无效的合同或者被撤销的合同自始没有法律约束力。合同部分无效，不影响其他部分效力的，其他部分仍然有效。”

(2) 具体到本题：①约定的定金是 30 万元，主合同标的额的 20% 是 20 万元，所以 20 万元的定金有效。②甲多收的 10 万元应作为不当得利返还给乙。

(3) 中间结论：“A. 请求甲公司双倍返还定金 60 万元并支付违约金 30 万元、C. 请求甲公司双倍返还定金 60 万元或者支付违约金 30 万元”，AC 均错，不选 AC。

思路 2：定金和违约金二者适用其一，不能同时适用。

(1) 法律依据：①《合同法》第 116 条，“当事人既约定违约金，又约定定金的，一方违约时，对方可以选择适用违约金或者定金条款。”②《担保法》第 89 条，“当事人可以约定一方向对方给付定金作为债权的担保。债务人履行债务后，定金应当抵作价

① 参考答案：D

款或者收回。给付定金的一方不履行约定的债务的,无权要求返还定金;收受定金的一方不履行约定的债务的,应当双倍返还定金。”③《合同法司法解释(二)》第29条第1款,“当事人主张约定的违约金过高请求予以适当减少的,人民法院应当以实际损失为基础,兼顾合同的履行情况、当事人的过错程度以及预期利益等综合因素,根据公平原则和诚实信用原则予以衡量,并作出裁决。”第2款,“当事人约定的违约金超过造成损失的百分之三十的,一般可以认定为合同法第一百一十四条第二款规定的‘过分高于造成的损失’。”

(2)具体到本题:①“任何一方违约应向对方支付合同总价款30%的违约金。合同签订后,乙公司向甲公司支付了30万元定金”。②因为定金需要缩减至20万。故乙公司可向甲公司主张违约金30万,或者主张返还定金40万。

(3)结论:①“B. 请求甲公司双倍返还定金40万元并支付违约金30万元”,B错,不选B。②“D. 请求甲公司双倍返还定金40万元或者支付违约金30万元”,D对,选D。

2. 关于甲公司违约时继续履行债务,下列表述错误的是:(2010－3－92)

A. 乙公司在请求甲公司支付违约金以后,就不能请求其继续履行债务

B. 乙公司在请求甲公司支付违约金的同时,还可请求其继续履行债务

C. 乙公司在请求甲公司继续履行债务以后,就不能请求其支付违约金

D. 乙公司可选择请求甲公司支付违约金,或请求其继续履行债务

答案:(　　)①

考点:违约金和继续履行债务的适用关系、继续履行责任与违约金责任之“颠三倒四案”

读题技巧:

1. 第92设问“甲公司违约时继续履行债务”,指向“但甲公司未按约定期间交货”,内含迟延履行的意思。2. 选非题。

思路展开:

命题点1:违约金与继续履行债务的适用关系。

(1)法律依据:①《合同法》第114条第3款,“当事人就迟延履行约定违约金的,违约方支付违约金后,还应当履行债务。”②《合同法司法解释(二)》第29条第1款,“当事人主张约定的违约金过高请求予以适当减少的,人民法院应当以实际损失为基础,兼顾合同的履行情况、当事人的过错程度以及预期利益等综合因素,根据公平原则和诚实信用原则予以衡量,并作出裁决。”第2款,“当事人约定的违约金超过造成损失的百分之三十的,一般可以认定为合同法第一百一十四条第二款规定的‘过分高于造成的损失’。”

(2)具体到本题:“任何一方违约应向对方支付合同总价款30%的违约金”＋“但甲公司未按约定期间交货”。司法部解析原文:“根据《合同法》第114条第3款的规定,当事人就迟延履行约定违约金的,违约方支付违约金后,还应当履行债务。也就是说,违约金支付和继续履行债务并不是非此即彼的关系,乙公司在请求甲公司支付违约金的同时,还可请求其继续履行债务。”

(3)结论:①“B. 乙公司在请求甲公司支付违约金的同时,还可请求其继续履行债务”,B对,不符合题意,不选B。②“A. 乙公司在请求甲公司支付违约金以后,就不能请求其继续履行债务、C. 乙公司在请求甲公司继续履行债务以后,就不能请求其支付违约金”,AC错,符合题意,选AC。

命题点2:民事权利的可处分性。

(1)学理依据:司法部解析原文:“此外,该条款是给违约方设定的法律责任,不能择一承担。而对违约受害方而言,该条款是给予其救济权利,基于民事权利的可处分性,当然可以选择行使,是故同时请求违约金和继续履行,与在违约金和继续履行之间择一行使之间并不存在矛盾,故B项和D项是能够相容的。”

(2)结论:“D. 乙公司可选择请求甲公司支付违约金,或请求其继续履行债务”,D对,不符合题意,不选D。

① 参考答案:AC

常见错误

BD 选项矛盾不能兼容说：认为从逻辑的角度来看，B 选项与 D 选项是矛盾的。因为 B 选项是违约金加上继续履行，而 D 选项为违约金或继续履行，这当然否定了违约金加上继续履行，B 和 D 选项是不能相容的，因此误选 D。

3. 关于甲、乙、丙公司间违约责任的承担，下列表述正确的是：（2010－3－93）

A. 如乙公司未向丙公司承担违约责任，则丙公司有权请求甲公司向自己承担违约责任

B. 如乙公司未向丙公司承担违约责任，则丙公司无权请求甲公司向自己承担违约责任

C. 如甲公司迟延向丙公司交货，则丙公司有权请求乙公司承担迟延交货的违约责任

D. 如甲公司迟延向丙公司交货，则丙公司无权请求乙公司承担迟延交货的违约责任

答案：（　　）①

考点：连环交易中由第三人履行合同违约责任的相对性（上家不听话，由中家对下家负违约责任）

读题技巧：

1. 设问 93 指向的图构位置是："甲（违约卖方）"、"①手机买卖：100 万"、"乙（守约买方）"、"转卖合同：110 万"、"丙（连环交易买方）"。2. 设问 93 聚焦的是乙丙之间的转卖合同中，丙的救济措施。很显然，丙只能找乙主张违约责任，不能找甲主张违约责任。3. 四大"如"字，值得揣摩。

思路展开：

1. 命题点：连环交易中，上、中、下三家，上家不听话，导致中家对下家违约，由中家对下家负违约责任。上家和下家无合同关系，不存在违约责任。（当然，上家不听话，要对中家负违约责任，本题未考察）

2. 法律依据：（1）向第三人履行，当事人自己解决，第三人无权参与（不得主张违约责任）：《合同法》第 64 条，"当事人约定由债务人向第三人履行债务的，债务人未向第三人履行债务或者履行债务不符合约定，应当向债权人承担违约责任。"（2）由第三人履行，当事人自己解决，第三人没有责任：《合同法》第 65 条，"当事人约定由第三人向债权人履行债务的，第三人不履行债务或者履行债务不符合约定，债务人应当向债权人承担违约责任。"→关联法条：《合同法》第 121 条（更加广义的第三人），"当事人（无约定两字）一方因第三人的原因造成违约的，应当向对方承担违约责任。当事人一方和第三人之间的纠纷，依照法律规定或者按照约定解决。"（司法部解析原文却使用了该法条："《合同法》第 121 条的规定，当事人一方因第三人的原因造成违约的，应当向对方承担违约责任。当事人一方和第三人之间的纠纷，依照法律规定或者按照约定解决。乙由于甲的原因不能向丙按照约定履行义务，应当向丙承担迟延交货的违约责任。"）

3. 具体到本题：（1）甲、乙合同约定，甲向第三人丙履行。（2）乙、丙合同约定，第三人甲向债权人丙履行。（3）小结：上家甲不照办，则结果是：乙向甲主张违约责任（本题未考察，题干未交代足够信息，如甲是否有义务听从乙的指令交货给丙等）；丙向乙主张违约责任；甲、丙无合同关系亦无违约责任之承担。

4. 结论：（1）"B. 如乙公司未向丙公司承担违约责任，则丙公司无权请求甲公司向自己承担违约责任、C. 如甲公司迟延向丙公司交货，则丙公司有权请求乙公司承担迟延交货的违约责任"，BC 对，选 BC。（2）"A. 如乙公司未向丙公司承担违约责任，则丙公司有权请求甲公司向自己承担违约责任、D. 如甲公司迟延向丙公司交货，则丙公司无权请求乙公司承担迟延交货的违约责任"，AD 错，不选 AD。

常见错误

"B. 如乙公司未向丙公司承担违约责任，则丙公司无权请求甲公司向自己承担违约责任"，不少考生认为，丙无权要求甲向自己承担违约责任，是不需要任何前提条件的，所以 B 表述错误。

① 参考答案：BC

2009 年不定项选择题

甲有一块价值 1 万元的玉石。甲与乙订立了买卖该玉石的合同,约定价金 11000 元。由于乙没有带钱,甲未将该玉石交付与乙,约定 3 日后乙到甲的住处付钱取玉石。随后甲又向乙提出,再借用玉石把玩几天,乙表示同意。隔天,知情的丙找到甲,提出愿以 12000 元购买该玉石,甲同意并当场将玉石交给丙。丙在回家路上遇到债主丁,向丙催要 9,000 元欠款甚急,丙无奈,将玉石交付与丁抵偿债务。后丁将玉石丢失被戊拾得,戊将其转卖给己。根据上述事实,请回答 91 ~93 题。

1. 关于乙对该玉石所有权的取得和交付的表述,下列选项正确的是:(2009 -3 -91)

A. 甲、乙的买卖合同生效时,乙直接取得该玉石的所有权

B. 甲、乙的借用约定生效时,乙取得该玉石的所有权

C. 由于甲未将玉石交付给乙,所以乙一直未取得该玉石的所有权

D. 甲通过占有改定的方式将玉石交付给了乙

答案:(　　)①

图构:

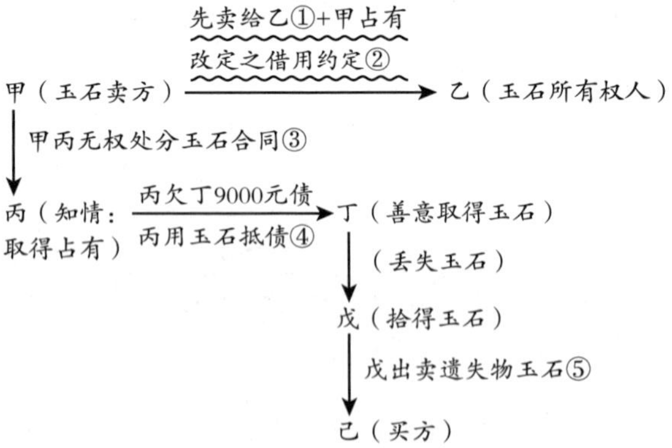

解图:1. 第 91 题对应的题干信息为"甲与乙订立了买卖该玉石的合同,约定价金 11,000 元。由于乙没有带钱,甲未将该玉石交付与乙,约定 3 日后乙到甲的住处付钱取玉石。随后甲又向乙提出,再借用玉石把玩几天,乙表示同意。"。2. 第 91 题对应的图示信息为,"先卖给乙① + 甲占有改定之借用约定②"。3. 甲、乙之间有两个约定,第一个约定是买卖玉石;第二个约定是借用玉石。第二个约定生效时即占有改定时乙为玉石所有权人。

考点:占有改定之动产所有权转移

思路展开:

思路 1:基于法律行为动产物权变动须完成交付。→《物权法》第 23 条,"动产物权的设立和转让,自交付时发生效力,但法律另有规定的除外。"

思路 2:交付的方式有现实交付、简易交付、指示交付、占有改定和拟制交付。

思路 3:占有改定,→《物权法》第 27 条,"动产物权转让时,双方又约定由出让人继续占有该动产的,物权自该约定生效时发生效力。"

思路 4:在占有改定的情形下,当事人之间存在两个合意:(1)一是物权让与的合意;(2)二是标的物由让与人租赁或借用而继续占有的合意(委托、保管、承揽、借用等占有媒介关系)。(3)后一个约定生效时发生物权变动,但是此时物的实际占有(直接占有)并未发生移转,而物的所有权却已经发生了移转。(4)本质上,受让人取得的只是标的物的间接占有,以代交付。

思路 5:具体到本题:(1)甲向乙提出,再借用玉石把玩几天,乙表示同意。此时即发生通过占有改定方式完成的玉石所有权的移转。(2)因此甲通过占有改定的方式将玉石交付给了乙,甲、乙的借用约定生效时,乙取得该玉石的所有权。

结论:"A. 甲、乙的买卖合同生效时,乙直接取得该玉石的所有权"、"C. 由于甲未将玉石交付给

---

① 参考答案:BD

乙，所以乙一直未取得该玉石的所有权”，AC 错，不选 AC。“B. 甲、乙的借用约定生效时，乙取得该玉石的所有权”、“D. 甲通过占有改定的方式将玉石交付给了乙”，BD 对，选 BD。

2. 关于丙、丁对该玉石所有权的取得问题，下列说法正确的是：（2009－3－92）

A. 甲将玉石交付给丙时，丙取得该玉石的所有权

B. 甲、丙的买卖合同成立时，丙取得该玉石的所有权

C. 丙将玉石交给丁时，丁取得该玉石的所有权

D. 丁不能取得该玉石的所有权

答案：（　　）[1]

考点：占有改定、不构成善意取得的无权处分（欠缺善意）、构成善意取得的无权处分（代物清偿符合价格合理）

解图：1. 本题设问是：“丙、丁对该玉石所有权的取得”。（1）对应题干信息为“随后甲又向乙提出，再借用玉石把玩几天，乙表示同意。隔天，知情的丙找到甲，提出愿以 12,000 元购买该玉石，甲同意并当场将玉石交给丙。丙在回家路上遇到债主丁，向丙催要 9,000 元欠款甚急，丙无奈，将玉石交付与丁抵偿债务。”（2）对应图构信息为：①“甲占有改定之借用约定②”、②“甲丙无权处分玉石合同③”、③“丙无权处分用玉石抵债④”。（3）围绕玉石所有权的两个无权处分的路线梳理：①甲、乙占有改动，乙是所有权人。②甲卖给丙，甲是无权处分，丙知情，不能善意取得。③丙无权处分，抵债价格合理，丁能善意取得。

思路展开：

思路 1：起点：乙是玉石所有权人。乙已通过占有改定的方式取得玉石的所有权，甲是有权占有人，但无权处分。

（1）法律依据：《物权法》第 27 条，“动产物权转让时，双方又约定由出让人继续占有该动产的，物权自该约定生效时发生效力。”

（2）具体到本题：“由于乙没有带钱，甲未将该玉石交付与乙，约定 3 日后乙到甲的住处付钱取玉石。随后甲又向乙提出，再借用玉石把玩几天，乙表示同意。”

（3）结论：①乙通过占有改定成为玉石所有权人，甲基于借用合同有权占有玉石，但无权处分。②甲不能再次通过买卖合同加交付的方式移转玉石的所有权，后手丙欲取得玉石的所有权只可能通过善意取得的方式。

思路 2：中间：甲无权处分玉石，卖给“知情”的丙，丙不构成善意取得。

（1）法律依据：《物权法》第 106 条，“无处分权人将不动产或者动产转让给受让人的，所有权人有权追回；除法律另有规定外，符合下列情形的，受让人取得该不动产或者动产的所有权：（一）受让人受让该不动产或者动产时是善意的；（二）以合理的价格转让；（三）转让的不动产或者动产依照法律规定应当登记的已经登记，不需要登记的已经交付给受让人。受让人依照前款规定取得不动产或者动产的所有权的，原所有权人有权向无处分权人请求赔偿损失。当事人善意取得其他物权的，参照前两款规定。”

（2）法条阐释：善意取得五大条件＝①动产属于委托物（脱离物如盗赃物、遗失物、漂流物、埋藏物、失散的动物，不适用善意取得。货币占有即所有，无善意取得问题。禁止流通物不发生善意取得。）或不动产登记错误＋②无权处分＋③受让人善意（不知情者为善意，是指受让人不知让与人无处分权。对受让人善意的判断，应以“受让时”为时点。）＋④合理价格（不要求实际支付价款，可以是代物清偿、互易、设立公司的出资等有偿行为）＋⑤动产交付了或不动产登记了。

（3）具体到本题：①甲无权处分委托物玉石给丙，价格也合理 12000（还高于此前交易价格 11000），也当场完成了交付，唯独欠缺一个要件“善意”，因为题干交代：“隔天，知情的丙找到甲”。②故丙不构成善意取得。③不会基于甲丙合同成立或者甲交付玉石而取得玉石所有权。

（4）结论：①“A. 甲将玉石交付给丙时，丙取得该玉石的所有权”，A 错，不选 A。②“B. 甲、丙的买卖合同成立时，丙取得该玉石的所有权”，B 错，不选 B。

---

① 参考答案：C

思路3:结局:丙取得玉石占有,无权处分玉石抵债给了丁,丁构成善意取得。

(1)丁满足善意取得的五个构成要件:①玉石是"委托物",丙基于与甲的买卖合同占有乙的玉石。②丙无权处分。③买受人丁善意,题干未交代丁是否知情,视为丁不知情。④丁取得了交付。"后丁将玉石丢失"可反推,丁已经取得了玉石的占有。⑤用玉石抵债,为代物清偿,满足了善意取得之"合理价格"。(司法部解析原文:"抵偿9,000元欠款可以看作是受让人丁以合理价格受让。")⑥关于"价格合理"与否的判断,可参照《合同法司法解释(二)》第19条以前手交易价格上下浮动30%为判断标准。→《合同法司法解释(二)》第19条,"对于合同法第七十四条规定的'明显不合理的低价',人民法院应当以交易当地一般经营者的判断,并参考交易当时交易地的物价部门指导价或者市场交易价,结合其他相关因素综合考虑予以确认。转让价格达不到交易时交易地的指导价或者市场交易价百分之七十的,一般可以视为明显不合理的低价;对转让价格高于当地指导价或者市场交易价百分之三十的,一般可以视为明显不合理的高价。债务人以明显不合理的高价收购他人财产,人民法院可以根据债权人的申请,参照合同法第七十四条的规定予以撤销。"⑦丙用玉石抵债的价格是9000,没有脱离参照价11000的30%,视为价格合理。⑧故丁满足了善意取得的五个要件,丁构成善意取得。

(2)结论:①"C.丙将玉石交给丁时,丁取得该玉石的所有权",C对,选C。②"D.丁不能取得该玉石的所有权",D错,不选D。

常见错误

玉石价值和债务须等值方为价格合理说:认为玉石和债务并不等值,丁不能通过善意取得获得该玉石的所有权,误选D。

3.关于该玉石的返还问题,下列说法正确的是:(2009-3-93)

A.戊已取得了该玉石的所有权,原所有权人无权请求返还该玉石

B.该玉石的真正所有权人请求己返还该玉石不受时间限制

C.该玉石的真正所有权人可以在戊与己的转让行为生效之日起两年内请求己返还该玉石

D.该玉石的真正所有权人可以在知道或者应当知道该玉石的受让人己之日起两年内请求己返还该玉石

答案:(　　)①

考点:遗失物无权处分、失主的返还请求权、2年期间的起算点

解图:1.本题设问"关于该玉石的返还问题",和选项"A原所有权人"、"BCD真正所有权人",措辞目的是为了避免给第92题(问的是谁是玉石的所有权人,丁构成善意取得,是玉石的所有权人)作出提示,固有此设问。2.本题设问"关于该玉石的返还问题":(1)仅仅因理解为指向题干"后丁将玉石丢失被戊拾得,戊将其转卖给己",而不能理解为指向全部题干信息,因为前面91、92已经考查过的题干信息"用尽"。(2)对应在图构中的信息为:"丁(善意取得玉石)"、"(丢失玉石)"、"戊(拾得玉石)"、"戊出卖遗失物玉石⑤。"3.围绕丁、戊、己,玉石的流转路线如下:(1)丁善意取得玉石所有权后将玉石丢失。(2)玉石为遗失物。(3)戊是遗失物拾得人。(4)戊再卖遗失物给己是无权处分。(5)己是遗失物的买受人。(6)启动遗失物规则《物权法》第107条。

思路展开:

思路1:遗失物属于脱离物,占有脱离物的无权处分规则,均启动《物权法》第107条。司法部解析原文:"依据物权法的基本原理可知,并非所有的不动产和动产都可以适用善意取得制度,占有脱离物,如遗失物,原则上不能适用善意取得。"

(1)法律依据1:遗失物无权处分规则:《物权法》第107条,"所有权人或者其他权利人有权追回遗失物。该遗失物通过转让被他人占有的,权利人有权向无处分权人请求损害赔偿,或者自知道或者应当知道受让人之日起二年内向受让人请求返还原物,但受让人通过拍卖或者向具有经营资格的经营者购得该遗失物的,权利人请求返还原物时应当支付受让人所付的费用。权利人向受让人支付所付费

① 参考答案:D

用后，有权向无处分权人追偿。”

（2）法律依据 2：漂流物、埋藏物、隐藏物参照适用：《物权法》第 114 条，“拾得漂流物、发现埋藏物或者隐藏物的，参照拾得遗失物的有关规定。文物保护法等法律另有规定的，依照其规定。”

思路 2：法条阐释：主张人是所有权人或其他权利人，救济可选择两种方式：

（1）要赔偿：向无处分权人索赔。或者（2）要东西：（1）知道或应知道受让人之日起 2 年内无偿要。（2）或者知道或应知道受让人之日起 2 年内有偿要（经拍卖、具有经营资格的经营者购得遗失物）（3）2 年起算点：知道最后一个遗失物买受人时起算，无论经过多少手交易。而不是从“交易之日”起算 2 年。

思路 3：具体到本题：

（1）“后丁将玉石丢失被戊拾得，戊将其转卖给已。”

（2）失主丁可选择索赔或者返还遗失物玉石。

（3）中间结论：故“A. 戊已取得了该玉石的所有权，原所有权人无权请求返还该玉石”，A 错，不选 A。

（4）失主丁主张返还玉石有时间限制，应自“自知道或者应当知道受让人之日起二年内向受让人请求返还原物”。不是从无权处分遗失物合同之日起计算。

（5）最后结论：①“D. 该玉石的真正所有权人可以在知道或者应当知道该玉石的受让人已之日起两年内请求已返还该玉石”，D 对，选 D。②“B. 该玉石的真正所有权人请求已返还该玉石不受时间限制、C. 该玉石的真正所有权人可以在戊与已的转让行为生效之日起两年内请求已返还该玉石”，BC 均错，不选 BC。

2008 年不定项选择题

1. 陈某向贺某借款 20 万元,借期 2 年。张某为该借款合同提供保证担保,担保条款约定,张某在陈某不能履行债务时承担保证责任,但未约定保证期间。陈某同时以自己的房屋提供抵押担保并办理了登记。请回答 91 ~ 93 题。

图构:

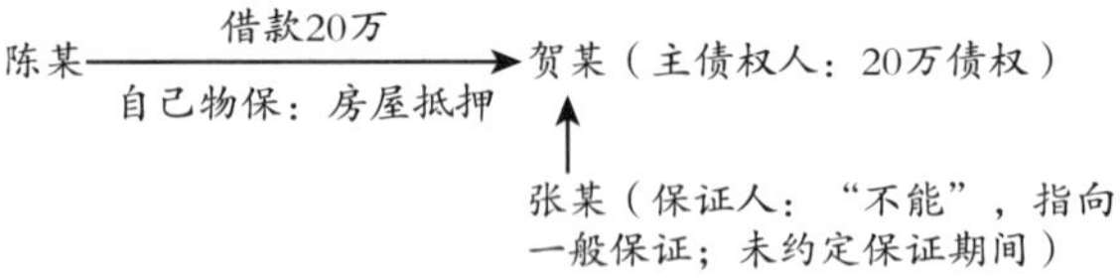

(1)抵押期间,谢某向陈某表示愿意以 50 万元购买陈某的房屋。下列选项正确的是:(2008 - 3 - 91)

A. 陈某将该房屋卖给谢某应得到贺某的同意

B. 如陈某将该房屋卖给了谢某,则应将转让所得价款提前清偿债务或者提存

C. 如陈某另行提供担保,则陈某的转让行为无须得到贺某同意

D. 如谢某代为偿还 20 万元借款,则陈某的转让行为无须得到贺某同意

答案:(　　)①

考点:抵押物转让之抵押权人的同意权、受让人的涤除权、抵押权的物上代位性(抵押权及于转让价款)

读题技巧:

1. "抵押期间,谢某向陈某表示愿意以 50 万元购买陈某的房屋",说明是房屋上抵押权还没消灭,抵押人陈某要出卖抵押房屋。2. 抵押物出卖的规则:抵押权人同意权、受让人涤除权、出卖所得价款优先受偿权(担保物权的物上代位性)

思路展开:

命题点 1:抵押物转让,抵押权人有同意权。

(1)法律依据:《物权法》第 191 条,"抵押期间,抵押人经抵押权人同意转让抵押财产的,应当将转让所得的价款向抵押权人提前清偿债务或者提存。转让的价款超过债权数额的部分归抵押人所有,不足部分由债务人清偿。抵押期间,抵押人未经抵押权人同意,不得转让抵押财产,但受让人代为清偿债务消灭抵押权的除外。"

(2)具体到本题:陈某要转让抵押物,贺某作为抵押权人,享有同意权。经同意转让所得价款提前还债或者提存。

(3)结论:①"A. 陈某将该房屋卖给谢某应得到贺某的同意",A 对,选 A。②"B. 如陈某将该房屋卖给了谢某,则应将转让所得价款提前清偿债务或者提存",B 对,选 B。

(4)"转让"限于赠与、出售、互易、出资。不包括抵押、出质、出租等。抵押人实施抵押、出质、出租等行为,不适用抵押物的转让规则!

命题点 2:抵押物转让,受让人有涤除权。

(1)法律依据:《物权法》第 191 条第 2 款,"抵押期间,抵押人未经抵押权人同意,不得转让抵押财产,但受让人代为清偿债务消灭抵押权的除外。"

(2)结论:"D. 如谢某代为偿还 20 万元借款,则陈某的转让行为无须得到贺某同意",D 对,选 D。

命题点 3:因抵押人行为导致抵押物财产价值减少的,抵押权人有权要求抵押人提供与减少价值相当的担保。抵押人转让抵押物,并不是导致抵押物财产价值减少的情形。

(1)法律依据:《物权法》第 193 条,"抵押人的行为足以使抵押财产价值减少的,抵押权人有权要求抵押人停止其行为。抵押财产价值减少的,抵押权人有权要求恢复抵押财产的价值,或者提供与减少的价值相应的担保。抵押人不恢复抵押财产的价值也不提供担保的,抵押权人有权要求债务人提前清偿债务。"

(2)法条阐释:①要求提供替代担保是抵押权

① 参考答案:ABD

人的权利，而不是抵押人的权利。②要求提供替代担保的情形是抵押物财产价值减少了，而不是抵押财产转让了。③具体到本题：抵押人转让抵押物，不得主张提供替代担保而换取自由转让抵押物。不能因此剥夺了抵押权人的同意权！

(3)结论："C. 如陈某另行提供担保，则陈某的转让行为无须得到贺某同意"，C 错，不选 C。

(4)联想记忆：留置权场合，也存在留置权人同意接受替代担保，留置权消灭。其前提是留置权人同意，而不是任由债务人主张。《物权法》第 240 条，"留置权人对留置财产丧失占有或者留置权人接受债务人另行提供担保的，留置权消灭。"

(2)如果贺某打算放弃对陈某的抵押权，并将这一情况通知了张某，张某表示反对，下列选项正确的是：(2008－3－92)

A. 贺某不得放弃抵押权，因为张某不同意

B. 若贺某放弃抵押权，张某仍应对全部债务承担保证责任

C. 若贺某放弃抵押权，则张某对全部债务免除保证责任

D. 若贺某放弃抵押权，则张某在贺某放弃权利的范围内免除保证责任

答案：(　　)①

考点：混合担保之自己物保和人保，自己物保优先。如债权人放弃债务人自己物保，人保在放弃范围内免责

思路展开：

思路 1：放弃抵押权属于单方法律行为，无须任何人同意，属于债权人的抛弃他物权的行为。

(1)法律依据：《物权法》第 177 条第 3 项，"有下列情形之一的，担保物权消灭：(一)主债权消灭；(二)担保物权实现；(三)债权人放弃担保物权；(四)法律规定担保物权消灭的其他情形。"

(2)法理阐释：债权人放弃部分担保权无须经过其他担保人同意，只是放弃由债务人以自己的财产设定的物保时，法律才有旨在保护其他担保人利益的特别规定，但也不要求其他担保人的同意。

(3)结论："A. 贺某不得放弃抵押权，因为张某不同意"，A 错，不选 A。

思路 2：如贺某放弃债务人陈某的自己物保，则保证人张某在贺某放弃权利的范围内免除保证责任。

(1)法律依据：①自己物保优先：→《物权法》第 176 条，"被担保的债权既有物的担保又有人的担保的，债务人不履行到期债务或者发生当事人约定的实现担保物权的情形，债权人应当按照约定实现债权；没有约定或者约定不明确，债务人自己提供物的担保的，债权人应当先就该物的担保实现债权；第三人提供物的担保的，债权人可以就物的担保实现债权，也可以要求保证人承担保证责任。提供担保的第三人承担担保责任后，有权向债务人追偿。"②债权人放弃自己物保，则其他担保人相应范围内免责。→《物权法》第 194 条第 2 款，"债务人以自己的财产设定抵押，抵押权人放弃该抵押权、抵押权顺位或者变更抵押权的，其他担保人在抵押权人丧失优先受偿权益的范围内免除担保责任，但其他担保人承诺仍然提供担保的除外。"③关联法条记忆：《物权法》第 218 条，"质权人可以放弃质权。债务人以自己的财产出质，质权人放弃该质权的，其他担保人在质权人丧失优先受偿权益的范围内免除担保责任，但其他担保人承诺仍然提供担保的除外。"

(2)原理阐释：债权人放弃债务人以自己财产设定的抵押权，将加大其他担保人承担担保责任的风险，故第 194 条矫正了因债权人放弃债务人提供的物保可能导致的不公。

(3)具体到本题：债务人陈某以自己的房屋设定抵押担保，抵押权人贺某若放弃该抵押权，即放弃对陈某所有房屋的优先受偿权，作为保证人的张某依法有权在贺某放弃权利的范围内免除保证责任。

(4)结论：①"B. 若贺某放弃抵押权，张某仍应对全部债务承担保证责任、C. 若贺某放弃抵押权，则张某对全部债务免除保证责任"，BC 错，不选 BC。②"D. 若贺某放弃抵押权，则张某在贺某放弃权利的范围内免除保证责任"，D 对，选 D。

异议辨析

1. 有观点认为：(1)根据第 91 题的设问："抵押期间，谢某向陈某表示愿意以 50 万元购买陈某的房屋。下列选项正确的是：……"由此可以知道，主债务人陈某的自有房屋价值 50 万。(2)而贺某的主债

① 参考答案：D

权才20万。(3)因此,当贺某放弃债务人陈某房屋时,保证人张某应该免责50万。(4)这么一来,张某应该是全部免除保证责任,即“C. 若贺某放弃抵押权,则张某对全部债务免除保证责任”,C才是对的。(5)而“D. 若贺某放弃抵押权,则张某在贺某放弃权利的范围内免除保证责任”,D是错的。(6)本题应选C而不是D。(7)出命题人出错了:有时,出题人心中只有法条,反而忽略了自己设计的题目所陈述的事实。2. 评论:(1)这一指责不成立。(2)设问第92题题干没有交代房屋价值50万元。考生作答设问92题应该根据92题和前面的大题干事实,进行判断。(3)设问第91题干的事实,不能作为第92题的前提事实。(4)如果设问第91题干事实中的房屋价值50万,要成为第92题的答题前提事实,那么就需要把房屋价值50万提到整个大题干事实中去。(5)命题人没有把房屋价值50万提到大题干中去,故设问第92没有任何问题,答案也没有问题。(6)退一步讲,即使将设问第91题提到的“谢某向陈某表示愿意以50万元购买陈某的房屋”作为第92题的前提事实,也无法得出房屋实际价值就是50万元。因为50万元是谢某愿意购买的价格,不能直接等同于房屋抵押物价值!(7)小结:阅读题干事实,查清案情,对考生来讲,是一项重要的工作,也是法律人应具备的最基本的一项严谨缜密的能力。

(3)关于贺某的抵押权存续期间及张某的保证期间的说法,下列选项正确的是:(2008－3－93)

A. 贺某应当在主债权诉讼时效期间行使抵押权

B. 贺某在主债权诉讼时效结束后的两年内仍可行使抵押权

C. 张某的保证期间为主债务履行期届满之日起六个月

D. 张某的保证期间为主债务履行期届满之日起二年

答案:(　　)①

考点:抵押权期限、保证期间

思路展开:

1. 单刀直入!

2. 关于抵押权期间的法律依据和本题结论:(1)《物权法》第202条,“抵押权人应当在主债权诉讼时效期间行使抵押权;未行使的,人民法院不予保护。”(2)《担保法司法解释》第12条第2款,“担保物权所担保的债权的诉讼时效结束后,担保权人在诉讼时效结束后的二年内行使担保物权的,人民法院应当予以支持。”(3)司法部解析原文:“《物权法》修改了《担保法解释》的规定,实际上是将抵押权存续期限等同于诉讼时效,该规定的合理性虽仍存有争议”。(4)《物权法》第178条已作出一般规定:“担保法与本法的规定不一致的,适用本法。”(5)司法部解析原文:“但既然考生则应按照现行法律规定作答。当法律规定在学理上存有争议时,司法考试中仍应严格依据现行法律规定解答试题,这是考生必须予以明确的解题思路。”(6)结论:①“A. 贺某应当在主债权诉讼时效期间行使抵押权”,A对,选A。②“B. 贺某在主债权诉讼时效结束后的两年内仍可行使抵押权”,B错,不选B。

3. 关于保证期间的法律依据和本题结论:(1)一般保证:《担保法》第17条第1款,“当事人在保证合同中约定,债务人不能履行债务时,由保证人承担保证责任的,为一般保证。”(2)中间结论:张某为该借款合同提供保证担保,担保条款约定,张某在陈某不能履行债务时承担保证责任,符合上述规定,应为一般保证。(3)《担保法》第25条第1款,“一般保证的保证人与债权人未约定保证期间的,保证期间为主债务履行期届满之日起六个月。”(4)《担保法司法解释》第32条第2款,“保证合同约定保证人承担保证责任直至主债务本息还清时为止等类似内容的,视为约定不明,保证期间为主债务履行期届满之日起二年。”(5)对保证期间“未约定”和“约定不明”的法律效果不同,前者的保证期间为主债务履行期届满之日起6个月,后者的保证期间为主债务履行期届满之日起2年。(6)而关于“约定不明”的理解,法律有明确说明,即约定保证人承担保证责任直至主债务本息还清时止等类似内容,方可视为约定不明。(7)具体到本题和最后结论:①本题中,张某与贺某并未作此约定,故应视为对保证期间“未约定”,而非“约定不明”,保证期间为主债务履行期届满之日起6个月。②“C. 张某的保证期间为主债务履行期届满之日起六个月”C对,选C。③“D. 张某的保证期间为主债务履行期届满之日起二年”,D

① 参考答案:AC

错,不选D。

2. 基于法律行为物权变动之不动产连环买卖

甲继承了一套房屋,在办理产权登记前将房屋出卖并交付给乙,办理产权登记后又将该房屋出卖给丙并办理了所有权移转登记。丙受丁胁迫将房屋出卖给丁,并完成了移转登记。丁旋即将房屋出卖并移转登记于戊。请回答94~96题。

图构:

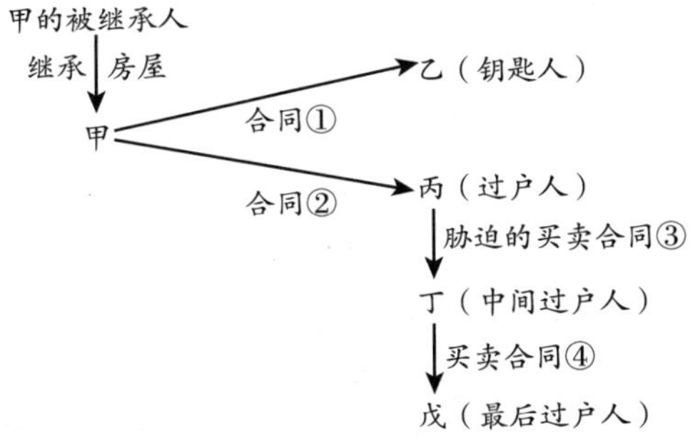

解图

1. 非基于法律行为物权变动之继承物权部分。2. 甲、乙、丙的合同①和合同②是一房两卖,属于"多重买卖"。(1)基于法律行为不动产物权变动坚持区分原则。(2)两个合同都有效。(3)房屋物权看变动看登记不看交付。(4)丙获得了登记是房屋所有权人,可要求乙腾房。(5)乙占有房屋可对抗甲,不可对抗丙。3. 丙、丁、戊的合同③和合同④是不动产连环买卖。(1)丁胁迫丙,丙可撤销;(2)如丙撤销,丙、丁合同③溯及无效,丁、戊合同④属于无权处分,戊启动善意取得制度,检讨善意取得制度四个要件(善意、价格、无权处分、取得登记)。(3)如丙未撤销,丙、丁合同③有效,丁是所有权人,丁、戊合同④是有权处分。

(1) 在办理继承登记前,关于甲对房屋的权利状态,下列选项正确的是:(2008-3-94)

A. 甲已经取得了该房屋的所有权

B. 甲对该房屋的所有权不能对抗善意第三人

C. 甲出卖该房屋未经登记不发生物权效力

D. 甲可以出租该房屋

答案:(　　)①

考点:继承物权未宣示登记不得处分,但是可以出租

读题技巧:

1. 题干信息:"甲继承了一套房屋,在办理产权登记前将房屋出卖并交付给乙",对接第94题的小设问,"在办理继承登记前"。故仅可以且只能利用这一句话来解题:甲继承了一套房屋,在办理产权登记前将房屋出卖并交付给乙。2、某种意义上讲,脱离题干也可对第94题作出正确回答。

思路展开:

命题点1:非基于法律行为继承不动产物权变动,自继承开始时取得房屋,无须登记。

(1)法律依据:①《物权法》第9条第1款,"不动产物权的设立、变更、转让和消灭,经依法登记,发生效力;未经登记,不发生效力,但法律另有规定的除外。"②《物权法》第29条规定:"因继承或者受遗赠取得物权的,自继承或者受遗赠开始时发生效力。"③《物权法》第29条就是《物权法》第9条的例外:经登记取得不动产物权的例外情形。

(2)具体到本题:甲因继承而取得房屋所有权,且该房屋所有权自继承开始时即生效力,无需登记。

(3)结论:"A. 甲已经取得了该房屋的所有权",A对,选A。

命题点2:物权法定原则,登记生效或登记对抗,均应由物权法明确规定,否则,违反了物权法定原则。

(1)法律依据:①《物权法》第5条,"物权的种类和内容,由法律规定。"②检索《物权法》关于所有权变动的规则,何处还有登记对抗主义?③《物权法》第24条,"船舶、航空器和机动车等物权的设立、变更、转让和消灭,未经登记,不得对抗善意第三人。"④其他再也找不到所有权的"登记对抗主义"规则了。⑤司法部解析:"就所有权而言,法律只规定船舶、航空器和机动车等所有权的设立、变更、转让和消灭,未经登记,不得对抗善意第三人B项于法无据,因此B项错误。"

(2)结论:"B. 甲对该房屋的所有权不能对抗善意第三人",B错,不选B。

(3)回到现实:甲对房屋的所有权,自然可以对抗"善意"的承租人、借用人等。

---

① 参考答案:ACD

命题点 3:未经宣示登记的继承物权,欠缺处分权能,如处分,不发生物权效力。但是,可以出租。

(1)法律依据:《物权法》第 31 条,“依照本法第二十八条至第三十条规定(文书、继承、建造物权)享有不动产物权的,处分该物权时,依照法律规定需要办理登记的,未经登记,不发生物权效力。”

(2)法条阐释:未经宣示登记在自己名下,欠缺处分权能。如果再行处分此类不动产物权,如转移、设定抵押权等,不发生物权效力(合同效力不因此受影响)。

(3)但是可以出租,基于继承取得房屋所有权,当然可以出租收取租金,是生活常识。也有法律依据:《物权法》第 39 条,“所有权人对自己的不动产或者动产,依法享有占有、使用、收益和处分的权利。”《物权法》第 31 条仅仅限制的是处分,而没有限制收益!

(4)结论:①“C. 甲出卖该房屋未经登记不发生物权效力”,C 对,选 C。②“D. 甲可以出租该房屋”,D 对,选 D。

异议辨析

1. 有观点认为“B. 甲对该房屋的所有权不能对抗善意第三人”,B 表述正确,当选。(1)本题答案应该是 ABCD。(2)理由是根据“德国、日本”通说,甲基于继承取得房屋所有权,但如果未办理过户登记,甲的未登记所有权照样缺乏对抗善意第三人的效力。并认为出题人对物权变动中登记的效力采用了三分法(形成力[登记为物权变动的生效要件,如不动产买卖、赠与的过户登记、抵押登记、建设用地使用权转移登记]、对抗力[土地承包经营权转移登记、地役权设立登记、动产抵押登记]和处分力[未经登记不得处分]),出题人采用了对抗力与处分力的并列关系说,而实际上出题人弄错了,因为产生对抗力的登记与产生处分力的登记属于交叉关系。2 评论:(1)首先,违反了物权法定原则,如上解析所分析。(2)其次,摘录司法部解析两处关键措辞:①“登记效力虽有登记生效主义与登记对抗主义之分,除法律另有规定外,不动产物权变动均采登记生效主义,如考生对此掌握不准确,则易误选 B 项。”②“就所有权而言,法律只规定船舶、航空器和机动车等所有权的设立、变更、转让和消灭,未经登记,不得对抗善意第三人,B 项于法无据,因此 B 项错误。”(3)再次,措辞分析:“B. 甲对该房屋的所有权不能对抗善意第三人”,如果认为这句话对,那么顺着这句话展开,就是:甲继承了房屋,没有登记,所以不能对抗“善意”的借用人、善意的承租人,这不符合生活常理。甲作为所有权人,当然可以向不知情的借用人、承租人主张物权保护。(4)当然,甲对房屋的所有权确实不能对抗善意取得中的善意第三人。但是,“B. 甲对该房屋的所有权不能对抗善意第三人”这么笼统绝对地称不能对抗善意第三人,显然是错误的。如果仅仅因为甲的房屋所有权不能对抗善意取得中的善意第三人,而推断 B 是正确的,那么,一切的所有权都不可以对抗善意取得中的善意第三人。就不仅仅限于继承取得的所有权了。(5)反而言之,如果“B. 甲对该房屋的所有权不能对抗善意第三人”措辞修改为:可以对抗一切善意第三人,也是错的。(6)“不能对抗善意第三人”是错的,“可以对抗一切善意第三人”也是错的。不要简单等同,误认为前一个错,那后一个就对;或者后一个错,则前一个对。

(2)关于甲、乙、丙三方的关系,下列选项正确的是:(2008－3－95)

A. 甲与乙之间的房屋买卖合同因未办理登记而无效

B. 乙对房屋的占有是合法占有

C. 乙可以诉请法院宣告甲与丙之间的房屋买卖合同无效

D. 丙已取得该房屋的所有权

答案:(　　)①

考点:未宣示登记的物权法后果、基于法律行为不动产物权变动区分原则、一房两卖、占有

思路展开:

思路 1:判断合同①的效力:未宣示登记处分继承房屋,不发生物权效力,但不影响合同效力。

(1)法律依据:①《物权法》第 31 条,“依照本法第二十八条至第三十条规定(文书物权、继承物权和建造物权)享有不动产物权的,处分该物权时,依照

① 参考答案:BD

法律规定需要办理登记的，未经登记，不发生物权效力。”②区分原则：《物权法》第15条，“当事人之间订立有关设立、变更、转让和消灭不动产物权的合同，除法律另有规定或者合同另有约定外，自合同成立时生效；未办理物权登记的，不影响合同效力。”→阐释：第15条强调合同效力与物权效力的区分，即未办理物权登记的，虽然物权不生效，但不影响合同效力，只要合同满足《合同法》规定的有效条件，仍为有效。

(2)具体到本题：“甲继承了一套房屋，在办理产权登记前将房屋出卖并交付给乙”，甲处分因继承取得的房屋未经登记，不发生物权移转效力，乙并未取得房屋所有权，但甲、乙之间的房屋买卖合同仍为有效，不能因为未办理登记而无效。

(3)结论：“A. 甲与乙之间的房屋买卖合同因未办理登记而无效”，A错，不选A。

思路2：乙基于合同①有权占有。

(1)具有占有本权依据的占有。①甲、乙买卖合同有效，则乙占有房屋是合法占有。②司法部解析：“合法占有是指有合法依据的占有，即合法占有需有合法权源。而合法权源不仅指所有权，也包括用益物权、担保物权、债权等。本题中，乙因房屋买卖合同之债而占有房屋，当为合法占有。”“有的考生仅把合法占有理解为基于所有权或其他物权的占有，因此漏选B。”

(2)结论：“B. 乙对房屋的占有是合法占有”，B对，选B。

(3)注意：B是紧接A的话茬往下说的。故“乙的对房屋的占有是合法占有”，是相对于甲而言。如果延伸到丙，是房屋所有权人，却是可以要求乙返还房屋的。

思路3：判断合同②的效力，一房数卖，合同都有效。

(1)司法部解析：“我国法律并未一概禁止‘一物数卖’，本题中甲乙虽然已经签署了房屋买卖合同，但未办理过户登记，房屋所有权仍然归属于甲，甲、丙之间的买卖合同不属于无权处分，而是合法有效的。”

(2)题干信息：“甲继承了一套房屋，在办理产权登记前将房屋出卖并交付给乙，办理产权登记后又将该房屋出卖给丙并办理了所有权移转登记。”

(3)结论：甲、丙交易不存在其他合同无效事由(如恶意串通等情形)，甲、丙房屋买卖合同有效。“C. 乙可以诉请法院宣告甲与丙之间的房屋买卖合同无效”，C错，不选C。

思路4：丙基于有效合同②+不动产登记=丙取得房屋所有权。

(1)法律依据：《物权法》第9条第1款，“不动产物权的设立、变更、转让和消灭，经依法登记，发生效力；未经登记，不发生效力，但法律另有规定的除外。”

(2)结论：“D. 丙已取得该房屋的所有权”，D对，选D。

(3)关于戊的权利状态，下列选项正确的是：(2008-3-96)

A. 戊享有该房屋的所有权

B. 戊不享有该房屋的所有权

C. 戊原始取得该房屋的所有权

D. 戊继受取得该房屋的所有权

答案：(　　)①

考点：基于法律行为不动产物权变动的有因性、胁迫可撤销合同未撤销前的效力、原始取得与继受取得

思路展开：

思路1：丁胁迫丙签订房屋买卖合同③，该合同是可撤销、可变更的合同。(1)丙行使撤销权之前，丙、丁合同③有效。(2)丙行使撤销权之后，丙、丁合同③溯及无效。(3)应区分情形进行讨论。(4)基础法律规范为：①《合同法》第54条，“下列合同，当事人一方有权请求人民法院或者仲裁机构变更或者撤销：(一)因重大误解订立的；(二)在订立合同时显失公平的。一方以欺诈、胁迫的手段或者乘人之危，使对方在违背真实意思的情况下订立的合同，受损害方有权请求人民法院或者仲裁机构变更或者撤销。当事人请求变更的，人民法院或者仲裁机构不得撤销。”②《合同法》第56条，“无效的合同或者被撤销的合同自始没有法律约束力。合同部

① 参考答案：AD

分无效,不影响其他部分效力的,其他部分仍然有效。”③《合同法》第58条,“合同无效或者被撤销后,因该合同取得的财产,应当予以返还;不能返还或者没有必要返还的,应当折价补偿。有过错的一方应当赔偿对方因此所受到的损失,双方都有过错的,应当各自承担相应的责任。”

思路2:丙行使撤销权之前,丙、丁合同③有效。(1)因为可撤销合同在被撤销之前,是有效的合同。(2)加之“丙、丁完成了移转登记”,故丁是房屋所有权人。(3)丁“旋即”将房屋出卖并转移登记给戊,丁属于有权处分。基于《物权法》第9条第1款,“不动产物权的设立、变更、转让和消灭,经依法登记,发生效力;未经登记,不发生效力,但法律另有规定的除外。”戊取得房屋所有权。(4)而戊以原所有权人丁的所有权及其意志为依据,通过买卖合同从丁处取得房屋所有权的方式为继受取得。(5)所谓继受取得,是以原所有权人的所有权和意志为依据,通过某种法律行为或法律事件从原所有人那里取得财产所有权。①创设的继受取得(新设)。在物上设立“他物权”(土地承包经营权、建设用地使用权、地役权;质权、抵押权),如甲在房屋上设立抵押权给乙,乙的抵押权属于创设的继受取得。②移转的继受取得(原状),物权“易主”。如合同、继承、受遗赠、企业合并等。(6)按照思路2推导,结论是:①“A.戊享有该房屋的所有权”,A对,选A。②“D.戊继受取得该房屋的所有权”,D对,选D。

思路3:丙行使撤销权之后,丙、丁合同③溯及无效。(1)因为可撤销合同被撤销之后溯及无效,即丙丁合同③无效。(2)该合同③无效,导致丁虽然取得房屋登记,但不能取得房屋所有权,是为否定了物权行为无因性。(3)故房屋所有权人还是丙,而不是丁。(4)丁再卖房屋给戊,丁、戊合同④属于无权处分,检索戊是否构成善意取得(无权处分+善意+价格+登记过户)。(5)如果戊构成善意取得,则戊就属于原始取得。(6)所谓原始取得,依据法理,不以原所有人的所有权和意志而取得所有权为原始取得,如善意取得。(7)按照思路3推导,结论是:①“A.戊享有该房屋的所有权,”A对,选A。②“C.戊原始取得该房屋的所有权”,C对,选C。

思路4:到底是采取思路2还是思路3?(1)请结合题干作答。(2)题干信息交代为“丙受丁胁迫将房屋出卖给丁,并完成了移转登记。丁旋即将房屋出卖并移转登记于戊。”戛然而止!(3)没有提到丙采取了任何行动,即视为丙没有主张受胁迫而撤销丙丁的合同③,丁有权处分,戊继受取得房屋所有权。(4)司法部解析原文:“至于丙是否行使撤销权,题中未作交代,即使丙行使了撤销权,丁承担的也是所有权返还义务,换言之,在丁返还房屋所有权,再次作变更登记之前,房屋所有权仍为丁所有。因此,丁在将房屋转让给戊之前已取得房屋所有权。”(5)结论是:走思路2,选AD。

2008年四川延考卷不定项选择题

1. 遗产继承之法定继承人；遗产分割；死亡宣告

张某一家共4口人：张某夫妇、两岁的儿子及张父。张某自1992年外出打工，1993年春节托人捎给其妻王某一封信和6000元钱，其后音信皆无。1998年2月，对张某的归来不抱希望的王某向法院申请宣告张某死亡，法院依法于1999年10月宣告张某死亡。张某和王某共有面积相同的房屋6间，现金6000元。2000年5月，王某将儿子送与李某收养。之后，王某与刘某结婚，但1年后刘某即病故。根据上述事实，请回答91～93题。

图构：

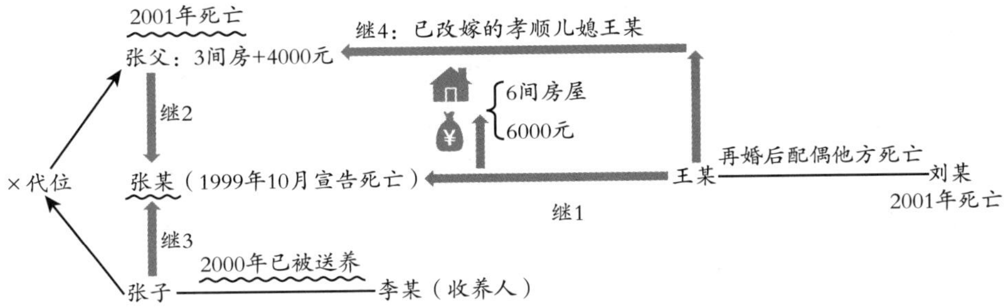

(1)张某被宣告死亡后，对上述6间房屋和6000元现金的正确处理是：(2008四川－3－91)

A. 应由王某、其子、张父平均继承

B. 王某应分得4间房屋和4000元现金

C. 应全部由张父继承

D. 应全部由其子继承

答案：(　　)①

考点：遗产分割之先分出夫妻共有，再分割遗产

思路展开：

1. 先分出夫妻共有财产：张某与王某在夫妻关系存续期间拥有的6间房屋和6000元现金属于夫妻共同财产。张某死亡后，其中3间房屋和3000元现金属于王某所有。

2. 再分割遗产：另外3间房屋和3000元现金是张某的遗产，由其配偶王某、张某之子和张某之父平均分配，即每人1间房屋、1000元现金。

3. 结论：因此王某共可得到4间房屋和4000元现金，故B对，选B。

(2)如果张父于2001年去世，遗产有3间房屋和4000元现金，且王某对张父尽了主要赡养义务，关于其遗产处理，下列选项正确的是：(2008四川－3－12)

A. 王某有权继承，王某之子无权继承

B. 王某无权继承，王某之子有权继承

C. 王某和其子均有权继承

D. 王某和其子均无权继承

答案：(　　)②

考点：孝顺丧偶儿媳是第一顺序继承人；代位继承

思路展开：

1. 法律依据：(1)丧偶孝顺儿媳：《继承法》第12条规定，丧偶儿媳对公、婆，丧偶女婿对岳父、岳母，尽了主要赡养义务的，作为第一顺序继承人。(2)代位继承：①《继承法》第11条规定，被继承人

① 参考答案：B

② 参考答案：A

的子女先于被继承人死亡的,由被继承人的子女的晚辈直系血亲代位继承。代位继承人一般只能继承他的父亲或者母亲有权继承的遗产份额。②《继承法若干问题的意见》第29条规定,丧偶儿媳对公婆、丧偶女婿对岳父、岳母,无论其是否再婚,依继承法第十二条规定作为第一顺序继承人时,不影响其子女代位继承。

2. 具体到本题:(1)王某作为丧偶儿媳,对公公尽了主要赡养义务,可以作为第一顺序继承人继承张某之父的财产。(2)张某、王某夫妻双方之子作为张某的晚辈直系血亲,本来可以代位继承张某应该继承的其父的遗产份额。(3)但是,因为张某之子已经被送养,故不再对生父具有继承权,故张某之子(4)因此张某之子不是第一顺序继承人,无权继承。

3. 结论:A对,选A。

(3)如张某生还并申请法院撤销死亡宣告,下列选项正确的是:(2008四川-3-93)

A. 张某在被宣告死亡期间所实施的民事法律行为并不因此而无效

B. 张某与王某的夫妻关系不能自行恢复

C. 张某可与李某协议解除王某之子与李某之间的收养关系

D. 若张某和王某共有的房屋已被第三人合法取得,第三人可不予返还

答案:(　　)①

考点:死亡宣告中"活人"民事法律行为效力不因此受影响;死亡宣告被撤销对婚姻关系、收养关系、财产关系的影响

思路展开:

命题点1::死亡宣告中"活人"民事法律行为效力不因此受影响。(1)法律依据:《民法总则》第49条,自然人被宣告死亡但是并未死亡的,不影响该自然人在被宣告死亡期间实施的民事法律行为的效力。(2)结论:"A.张某在被宣告死亡期间所实施的民事法律行为并不因此而无效",A对,选A。

命题点2:死亡宣告被撤销对婚姻关系、收养关系、财产关系的影响。

(1)法律依据:①《民法总则》第51条,被宣告死亡的人的婚姻关系,自死亡宣告之日起消灭。死亡宣告被撤销的,婚姻关系自撤销死亡宣告之日起自行恢复,但是其配偶再婚或者向婚姻登记机关书面声明不愿意恢复的除外。②《民法总则》第52条,被宣告死亡的人在被宣告死亡期间,其子女被他人依法收养的,在死亡宣告被撤销后,不得以未经本人同意为由主张收养关系无效。③《民法总则》第53条第1款,被撤销死亡宣告的人有权请求依照继承法取得其财产的民事主体返还财产。无法返还的,应当给予适当补偿。第2款,利害关系人隐瞒真实情况,致使他人被宣告死亡取得其财产的,除应当返还财产外,还应当对由此造成的损失承担赔偿责任。

(2)结论:"B.张某与王某的夫妻关系不能自行恢复、C.张某可与李某协议解除王某之子与李某之间的收养关系、D.若张某和王某共有的房屋已被第三人合法取得,第三人可不予返还"BCD均对,选BCD。

2. 混合担保:司考史上最牛车主一车四抵押(两登记抵押权+两未登记抵押权)外加一出租(居然没有收入)

2007年10月25日,甲向乙借款10万元,并用自己的一辆汽车抵押,但没有办理抵押登记。2007年11月3日、5日,甲分别向丙、丁借款10万元,同样以该汽车抵押,并分别于11月7日、8日办理了抵押登记。2007年11月15日,甲向戊借款10万元,也用该汽车抵押,但没有办理登记。戊要求甲再提供其他担保,甲的好友已交给戊一份文书,表明自己愿意为甲和戊的借款合同作保证人,戊收下后未做任何表示。2007年12月1日,甲的各项借款均已到期,但甲均未偿还,乙、丙、丁、戊均对该汽车主张抵押权。另查明,甲在2007年10月29日已经将该车租给了庚,租期2年,每月租金15000元。2008年4月,在各债权人申请强制执行后,经过法院拍卖,该汽车由辛拍得。根据上述事实,请回答94~96题。

① 参考答案:ABCD

图构：

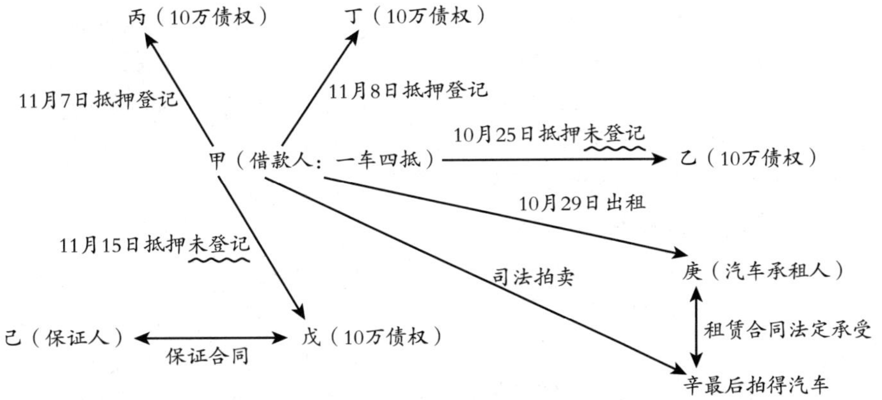

(1)关于甲的汽车上各抵押权的先后顺序，下列选项正确的是：(2008 四川 -3 -94)

A. ①乙、②丙、③丁、④戊

B. ①丙、②丁、③戊、④乙

C. ①丁、②戊、③丙、④乙

D. ①丙、②丁、③乙和戊

答案：(　　)①

考点：注册动产之汽车上多个抵押权的排序：登记，债权比例。

思路展开：

1. 法律依据：(1)动产抵押权登记对抗主义：《物权法》第 188 条规定，以交通运输工具抵押的，抵押权自抵押合同生效时设立；未经登记，不得对抗善意第三人。(2)一个动产上有多个抵押权的排序：登记，债权比例：《物权法》第 199 条规定，同一财产向两个以上债权人抵押的，拍卖、变卖抵押财产所得的价款依照下列规定清偿：(一)抵押权已登记的，按照登记的先后顺序清偿；顺序相同的，按照债权比例清偿；(二)抵押权已登记的先于未登记的受偿；(三)抵押权未登记的，按照债权比例清偿。

2. 具体到本题：(1)甲以同一辆车作为标的物进行四次抵押，虽然有的进行了登记，有的没有，但是登记与否都不影响抵押权本身的成立。(2)均登记者按登记先后；登记者先于未登记者；均未登记者按债权不利。①乙的抵押权和戊的抵押权都没有办理登记，而丙的抵押权和丁的抵押权办理了登记，因此丙的抵押权和丁的抵押权优于乙的抵押权和戊的抵押权。②又因为丙的抵押权优先于丁的抵押权登记，所以丙的抵押权最先受偿，其次是丁的抵押权。③至于乙的抵押权和戊的抵押权，因为都没有办理登记，所以按照债权比例处于同一顺序清偿。

3. 结论：D 对，选 D。

(2)关于辛、庚的法律地位，下列选项正确的是：(2008 四川 -3 -95)

A. 辛买得该车后，可以立即请求庚返还该车

B. 辛买得该车后，只能在 2009 年 10 月 29 日后才有权请求庚返还该车

C. 抵押权人有权请求庚支付到期租金，优先清偿自己的债权

D. 抵押权人无权请求庚支付到期租金，优先清偿自己的债权

答案：(　　)②

考点：买卖不破租赁；抵押权效力及于抵押物之法定孳息(汽车租金)

思路展开：

命题点 1：买卖不破租赁。

(1)法律依据：《合同法》第 229 条规定，租赁物在租赁期间发生所有权变动的，不影响租赁合同的效力。

(2)具体到本题：虽然辛取得了该车的所有权，但根据“买卖不破租赁”的原则，在租赁期满之前(即 2009 年 10 月 29 日之前)不得请求庚返还车辆。

(3)结论：A 错，不选 A。B 对，选 B。

---

① 参考答案：D

② 参考答案：BC

命题点2:抵押权追及抵押物之孳息。

(1)庚向甲交付的租金,属于该汽车的法定孳息,债务人到期不偿还欠款,抵押权人有权请求庚支付到期租金,并有就该租金优先受偿的权利。

(2)结论:C对,选C。D错,不选D。

(3)假设戊感到抵押权诉讼过程烦琐并且费用过高,因此在诉讼过程撤诉,并且对甲表示放弃抵押权,下列选项正确的是:(2008四川-3-96)

A. 由于戊收到己的文书后没有做任何表示,因此保证合同不成立

B. 由于戊放弃了抵押权,己在其放弃的抵押权可能受偿的范围内,免除担保责任

C. 由于戊放弃了抵押权,也就无权请求己承担保证责任

D. 戊放弃抵押权,对己的保证责任不产生任何影响

答案:(　　)①

考点:混合担保,自己物保优先,如放弃物保,人保相应免责

思路展开:

1. 法律依据:(1)单方出担保书对方接受成立保证:《担保法司法解释》第22条,"第三人单方以书面形式向债权人出具担保书,债权人接受且未提出异议的,保证合同成立。"(2)混合担保中债务人自己物保优先:《物权法》第176条前段,"被担保的债权既有物的担保又有人的担保的,债务人不履行到期债务或者发生当事人约定的实现担保物权的情形,债权人应当按照约定实现债权;没有约定或者约定不明确,债务人自己提供物的担保的,债权人应当先就该物的担保实现债权。"(3)混合担保中放弃债务人自己物保,其他担保人相应免责:《物权法》第194条第2款,"债务人以自己的财产设定抵押,抵押权人放弃该抵押权、抵押权顺位或者变更抵押权的,其他担保人在抵押权人丧失优先受偿权益的范围内免除担保责任,但其他担保人承诺仍然提供担保的除外。"

2. 结论:(1)B对,选B。(2)ACD错,不选ACD。

① 参考答案:B

2007 年不定项选择题

1.“鸡瘟”不是不安抗辩情形；（雷击：方某加）失火为鸡只买卖的不可抗力，但不是鸡饲料买卖的不可抗力；政府管制为不可抗力

某市 A 乡农户甲于 2006 年 3 月 1 日与乙公司订立合同，出售自己饲养的活鸡 1 万只，乙公司应在 3 月 21 日前支付 5 万元的首期价款，甲从 4 月 1 日起分批交付，交付完毕后乙公司付清余款。3 月 20 日，乙公司得知该市的 B 乡发现了鸡瘟，即致电向甲询问。甲称，尽管 B 乡临近 A 乡，但是应当不会传播过来。乙公司表示等到事情比较明朗后再付款，甲坚持要求其按时付款，否则将不交货并追究责任。3 月 25 日，因“雷击”失火导致鸡棚倒塌（注：雷击两字为方某所添加，原试题中没有此两字），致甲所饲养的大部分鸡只毁于一旦，甲当即将此事通知了乙。

2006 年 3 月 10 日，甲向丙公司订购了一批饲料，约定 4 月 10 日至 20 日期间送货上门，甲验收后 10 日内付款。甲在 3 月 26 日把鸡只死亡情况通知了丙公司，要求取消交易。丙公司称：货物已经备好，不同意解约，除非甲赔偿其损失。请回答 91 ~ 93 题。

（1）关于甲与乙公司之间关系，表述正确的是：（2007 - 3 - 91）

A. 乙公司虽在 3 月 21 日没有付款，但不应承担违约责任

B. 甲 3 月 20 日电话中关于将不交货的表示构成违约

C. 甲不需承担不能交付标的物的违约责任

D. 乙公司有权解除合同

答案：（　　）①

考点：先方不成立不安抗辩权、后方享有顺序履行抗辩权；（雷击：方某加）失火为鸡只买卖的不可抗力；不可抗力导致合同目的落空双方均有法定解除权

解题图构：

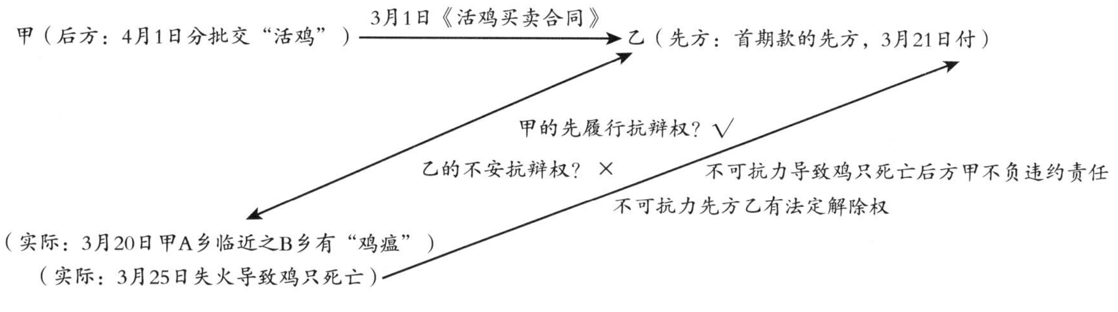

读题技巧：

1. 设问第 91 题“甲与乙公司之间的关系”，指向甲、乙之间的《活鸡买卖合同》。2. 设问第 91 题对应的题干信息是：“某市 A 乡农户甲于 2006 年 3 月 1 日与乙公司订立合同，出售自己饲养的活鸡 1 万只，乙公司应在 3 月 21 日前支付 5 万元的首期价款，甲从 4 月 1 日起分批交付，交付完毕后乙公司付清余款。3 月 20 日，乙公司得知该市的 B 乡发现了鸡瘟，即致电向甲询问。甲称，尽管 B 乡临近 A 乡，但是应当不会传播过来。乙公司表示等到事情比较明朗后再付款，甲坚持要求其按时付款，否则将不交货并追究责任。3 月 25 日，因失火导致鸡棚倒塌，致甲所饲养的大部分鸡只毁于一旦，甲当即将此事通知了乙。”3. 设问第 91 题对应的图构位置是：“甲的先履行抗辩权？√”、“乙的不安抗辩权？×”、“先方乙违约，鸡只毁损灭失风险归乙承担”、“先方乙合同目的落空有权解除合同”。

① 参考答案：CD

思路展开:

命题点 1:先方乙不享有不安抗辩权。

(1)法律依据:《合同法》第 68 条,“应当先履行债务的当事人,有确切证据证明对方有下列情形之一的,可以中止履行:(一)经营状况严重恶化;(二)转移财产、抽逃资金,以逃避债务;(三)丧失商业信誉;(四)有丧失或者可能丧失履行债务能力的其他情形。当事人没有确切证据中止履行的,应当承担违约责任。”

(2)具体到本题:①a“乙先付首期款”+b“乙公司应在 3 月 21 日前支付 5 万元的首期价款”+c“甲后交活鸡”+d“乙发现与甲所在 A 乡临近的 B 乡发现鸡瘟”+e“尽管 B 乡临近 A 乡,但是应当不会传播过来”+f“乙公司表示等到事情比较明朗后再付款,甲坚持要求其按时付款”+g 结合本套餐题之第 93 题设问可以反推,B 乡鸡瘟不构成 A 乡的甲的不安抗辩情形(设问第 93 题明确了“假设甲所养的鸡并未因失火导致鸡棚倒塌所灭,但当地政府为防止疫情爆发,自 3 月 21 日起对甲的养殖场实行管制,禁止鸡鸭外运,一旦发现疫情即全部扑杀”。可见,第 91 题设问和大题干都没有交代说 B 乡鸡瘟会导致在 A 乡的甲的鸡只有任何影响。)= 小结:B 乡鸡瘟不构成《合同法》第 68 条规定的“不安抗辩情形”。(司法部解析原文:“仅仅是该市的 B 乡发生了鸡瘟,A 乡并未发生鸡瘟,乙公司无权以《合同法》第 68 条的规定为依据行使不安抗辩权,如果乙公司未按照约定在 3 月 21 日前支付 5 万元的首期价款,则应承担违约责任。”)②乙作为先方,没有不安抗辩权,乙在首付款到期时未付款,构成违约。

(3)结论:“A. 乙公司虽在 3 月 21 日没有付款,但不应承担违约责任”,A 错,不选 A。

命题点 2:后方甲享有先履行抗辩权(顺序履行抗辩权)。

(1)法律依据:《合同法》第 67 条,“当事人互负债务,有先后履行顺序,先履行一方未履行的,后履行一方有权拒绝其履行要求。先履行一方履行债务不符合约定的,后履行一方有权拒绝其相应的履行要求。”

(2)具体到本题:“乙公司表示等到事情比较明朗后再付款,甲坚持要求其按时付款,否则将不交货并追究责任。”先方乙到期没有付首付款,构成违约。在乙明确表示暂不付款的情况下,甲表示不交货是行使顺序履行抗辩权的表现,并不构成违约。

(3)结论:“B. 甲 3 月 20 日电话中关于将不交货的表示构成违约”,B 错,不选 B。

命题点 3:不可抗力导致鸡只买卖合同目的落空,双方有解除权,不负违约责任。

(1)法律依据:①不可抗力为法定解除事由:《合同法》第 94 条第 1 项:“有下列情形之一的,当事人可以解除合同:(一)因不可抗力致使不能实现合同目的;(二)在履行期限届满之前,当事人一方明确表示或者以自己的行为表明不履行主要债务;(三)当事人一方迟延履行主要债务,经催告后在合理期限内仍未履行;(四)当事人一方迟延履行债务或者有其他违约行为致使不能实现合同目的;(五)法律规定的其他情形。”②不可抗力不能履行合同不负违约责任:《合同法》第 117 条,“因不可抗力不能履行合同的,根据不可抗力的影响,部分或者全部免除责任,但法律另有规定的除外。当事人迟延履行后发生不可抗力的,不能免除责任。本法所称不可抗力,是指不能预见、不能避免并不能克服的客观情况。”

(2)具体到本题:①“3 月 25 日,因失火导致鸡棚倒塌,致甲所饲养的大部分鸡只毁于一旦”。②“失火”是否属于不可抗力?③先看司法部解析原文:a.“失火导致鸡棚倒塌当属不可抗力,根据《合同法》第 118 条规定,因不可抗力不能履行合同的,根据不可抗力的影响,部分或者全部免除责任,但法律另有规定的除外。因此,甲不需承担交付标的物的违约责任,C 项正确。”b.“由于不可抗力致使活鸡买卖合同的目的已经无法实现,乙公司有权解除合同,D 项正确。”c.“有的考生认为鸡棚失火不构成不可抗力,甲不能免责,而未选 C”。④评论:失火是否属于不可预见、不能避免、不能克服的客观情况,应区分来论:a. 如果是人祸,如违反消防法规,则不是不可抗力。b. 如果是雷击失火等不可抗力导致的失火,则“失火”是不可抗力。c. 根据司法部解析推测命题人之本意,故在题干信息中添加“雷击”失火中雷击二字,以准确反映命题人之本意。⑤“雷击”失火导致鸡只死亡,为不可抗力,甲可主张免除责任,乙可主张解除合同。当然,甲也可主张解除合同。

(3)结论:①“C.甲不需承担不能交付标的物的违约责任”,C对,选C。②“D.乙公司有权解除合同”,D对,选D。

(2)关于甲与丙公司之间关系,表述正确的是:(2007-3-92)

A.由于甲所养殖的鸡只于3月25日已经大部灭失,合同自动解除

B.甲取消交易构成违约,应对丙承担违约责任

C.甲有权单方解除合同,但是应赔偿丙公司的损失

D.丙有权要求甲继续履行合同

答案:( )①

考点:雷击失火导致活鸡死亡,是活鸡买卖合同的不可抗力;但不是鸡饲料买卖合同的不可抗力。

解题图构:

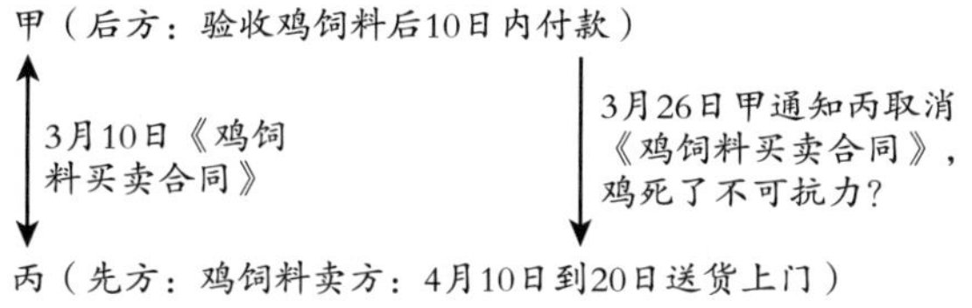

读题技巧:

1.第92设问是关于甲与丙之间的关系,甲、丙之间是签订《鸡饲料买卖合同》的关系。2.第92题设问指向的题干信息是:“3月25日,因失火导致鸡棚倒塌,致甲所饲养的大部分鸡只毁于一旦……”+“2006年3月10日,甲向丙公司订购了一批饲料,约定4月10日至20日期间送货上门,甲验收后10日内付款。甲在3月26日把鸡只死亡情况通知了丙公司,要求取消交易。丙公司称:货物已经备好,不同意解约,除非甲赔偿其损失。”3.第92题设问指向的图构位置如上。4.本题提示我们,不定项选择题,每一设问指向的题干信息是明确的,不会是全部的整体的题干信息。出现指向整体的题干信息的设问之可能性不大,但是如果一旦出现,读取题干信息将比较费时,考生见机行事,时间不够就蒙吧。

思路展开:

思路1:“雷击”失火导致活鸡死亡,是活鸡买卖合同的不可抗力;但不是鸡饲料买卖合同的不可抗力。司法部解析原文:“仅仅是由于不可抗力导致鸡只死亡,不妨碍饲料买卖合同的目的的实现,甲不能仅仅因为鸡只死亡而解除合同,其取消交易的行为构成违约。”

思路2:甲不享有解除权,丙有权要求甲继续履行合同,因为金钱之债不发生履行不能。

(1)法律依据:①继续履行违约责任:《合同法》第107条,“当事人一方不履行合同义务或者履行合同义务不符合约定的,应当承担继续履行、采取补救措施或者赔偿损失等违约责任。”②金钱之债不发生履行不能:《合同法》第109条,“当事人一方未支付价款或者报酬的,对方可以要求其支付价款或者报酬。”

(2)具体到本题及相应结论:①甲不享有解除鸡饲料买卖合同的权利。②因此,甲通知取消鸡饲料买卖合同,构成违约。③丙有权要求甲继续履行合同。④因为甲支付购买鸡饲料款属于金钱债务,不发生履行不能,可以继续履行。

思路3:结论:(1)“A.由于甲所养殖的鸡只于3月25日已经大部灭失,合同自动解除”,A错,不选A。“C.甲有权单方解除合同,但是应赔偿丙公司的损失”,C错,不选C。(2)“B.甲取消交易构成违约,应对丙承担违约责任”,B对,选B。“D.丙有权要求甲继续履行合同”,D对,选D。(3)AC相互支持和说明;BD相互支持和说明。

延展:A选项还涉及另一个关于解除的规则:(1)我国合同立法对解除权采用通知主义,而不是自动解除主义。(2)A错在两点:首先,甲没有解除权。其次,即使甲有解除权,也不是自动解除,而是通知解除。(3)《合同法》第96条,“当事人一方依照本法第九十三条第二款(约定解除权)、第九十四条(不可抗力+预期违约+迟延履行主要债务经催告未履行+迟延或其他违约之根本违约+其他情形)的规定主张解除合同的,应当通知对方。合同自通知到达对方时解除。对方有异议的,可以请求人民法院或者仲裁机构确认解除合同的效力。法律、行政法规规定解除合同应当办理批准、登记等手续的,依照其规定。”

(3)假设甲所养的鸡并未因失火导致鸡棚倒塌

① 参考答案:BD

所灭,但当地政府为防止疫情暴发,自3月21日起对甲的养殖场实行管制,禁止鸡鸭外运,一旦发现疫情即全部扑杀,乙知情后没有支付首期价款,关于甲、乙之间关系,表述正确的是:(2007－3－93)

A. 虽然乙公司在3月21日前没有付款,也不应承担违约责任

B. 甲有权以乙未付首期价款为由拒绝履行相应的交货义务

C. 如果双方协商解除合同,甲应当适当赔偿乙公司的损失

D. 如果双方协商解除合同,乙公司应当适当赔偿甲的损失

答案:(　　)①

考点:政府管制导致后方无法履行合同属于"不可抗辩"事由故先方有不安抗辩权;先方不安抗辩权不影响后方的先履行抗辩权;(政府管制)不可抗力协商解除不是应当赔偿损失(而是可以补偿损失)

解题图构:

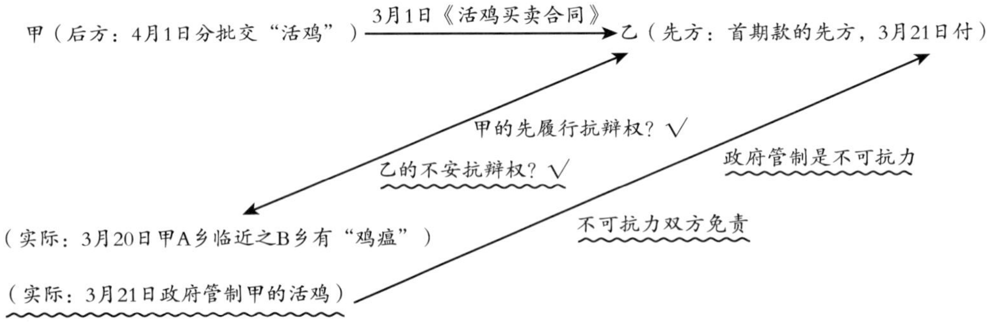

读题技巧:

1. 设问第93题"假设甲所养的鸡并未因失火导致鸡棚倒塌所灭,但当地政府为防止疫情暴发,自3月21日起对甲的养殖场实行管制,禁止鸡鸭外运,一旦发现疫情即全部扑杀,乙知情后没有支付首期价款",新增事实,并且有限度地修正了题干事实。故此,对于第93题,必须结合第93题的新事实来予以作答,而其他条件不变。2. 设问第93题另做图构如上。其和第91题的图构差异表现为:"(实际:3月21日政府管制甲的活鸡)"、"乙的不安抗辩权?√"、"政府管制是不可抗力"、"不可抗力双方免责"。3. 政府管制禁止甲活鸡外运,指向两点:(1)符合先方乙的"不安抗辩情形",乙可主张不安抗辩,停止支付首付款。(2)符合不可抗力,双方免负合同责任。

思路展开:

思路1:政府管制禁止后方甲活鸡外运,先方乙可主张不安抗辩权,停止支付首期款。

(1)法律依据:《合同法》第68条,"应当先履行债务的当事人,有确切证据证明对方有下列情形之一的,可以中止履行:(一)经营状况严重恶化;(二)转移财产、抽逃资金,以逃避债务;(三)丧失商业信誉;(四)有丧失或者可能丧失履行债务能力的其他情形。当事人没有确切证据中止履行的,应当承担违约责任。"

(2)具体到本题:乙应该先在3月21日付首期款;甲应该在4月1日后分批交活鸡。后方甲的养殖场被政府管制,禁止活鸡外运。针对甲要求支付首期款的请求,先方乙有不安抗辩权,停止支付首期款不构成违约。

(3)结论:"A. 虽然乙公司在3月21日前没有付款,也不应承担违约责任",A对,选A。

思路2:先方乙主张不安抗辩权,仅仅可以对抗后方甲提出的支付首期款请求。却不能主动攻击,要求后方甲先交付活鸡。如果乙要求后方甲提前交付活鸡,则后方甲有先履行抗辩权。

(1)法律依据:《合同法》第67条,"当事人互负债务,有先后履行顺序,先履行一方未履行的,后履行一方有权拒绝其履行要求。先履行一方履行债务不符合约定的,后履行一方有权拒绝其相应的履行要求。"

---

① 参考答案:AB

(2)具体到本题:如果先方乙没有支付首期款,却提出要求后方甲先交付活鸡,后方甲可提出顺序履行抗辩权,不履行交付活鸡义务。

(3)结论:"B. 甲有权以乙未付首期价款为由拒绝履行相应的交货义务",B 对,选 B。

(4)注意:B 选项实际上添加了新的事实,即"乙向甲提出了要求交货的义务"。

思路 3:政府管制,构成不可抗力。不可抗力导致合同解除(须当事人主张,我国采通知解除主义,不是自动解除主义),各自不负合同责任。

(1)法律依据:①《合同法》第 93 条第 1 款,"当事人协商一致,可以解除合同。"②《民法总则》第 180 条第 1 款,因不可抗力不能履行民事义务的,不承担民事责任。法律另有规定的,依照其规定。第 2 款,不可抗力是指不能预见、不能避免且不能克服的客观情况。《合同法》第 117 条,"因不可抗力不能履行合同的,根据不可抗力的影响,部分或者全部免除责任,但法律另有规定的除外。当事人迟延履行后发生不可抗力的,不能免除责任。本法所称不可抗力,是指不能预见、不能避免并不能克服的客观情况。"《合同法》第 118 条,"当事人一方因不可抗力不能履行合同的,应当及时通知对方,以减轻可能给对方造成的损失,并应当在合理期限内提供证明。"

(2)具体到本题:因不可抗力发生不能履行合同,甲、乙全部免除责任,协议解除时,当事人均无须承担赔偿责任。司法部解析原文:"合同无法履行是由于不可抗力(政府管制)导致的,双方当事人均无须承担赔偿责任。"故不是"应当",也不是"赔偿"。

(3)结论:"C. 如果双方协商解除合同,甲应当适当赔偿乙公司的损失"、"D. 如果双方协商解除合同,乙公司应当适当赔偿甲的损失",CD 错,不选 CD。错在"应当""赔偿"。如修改为可以补偿,则正确,既然是协议解除,那么意思自治!法律没有干涉的必要。

2. 非基于法律行为之继承不动产

2007 年 4 月 2 日,王某与丁某约定:王某将一栋房屋出售给丁某,房价 20 万元。丁某支付房屋价款后,王某交付了房屋,但没有办理产权移转登记。丁某接收房屋作了装修,于 2007 年 5 月 20 日出租给叶某,租期为 2 年。2007 年 5 月 29 日,王某因病去世,全部遗产由其子小王继承。小王于 2007 年 6 月将该房屋卖给杜某,并办理了所有权移转登记。请回答 94 ~96 题。

图构:

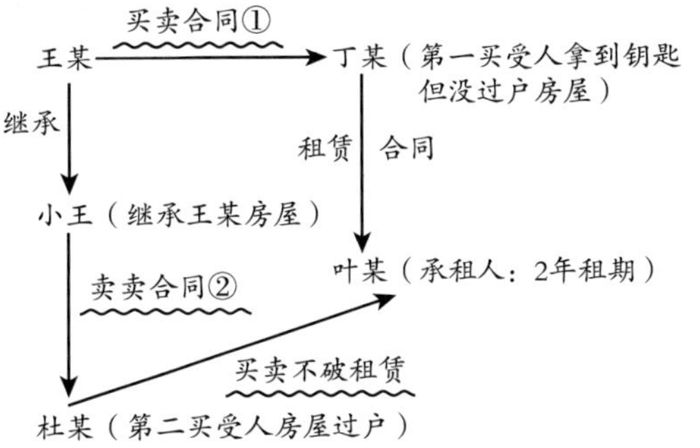

(1)如王某生前或王某死后其继承人小王欲出卖房屋前向丁某请求返还房屋,下列选项正确的是:(2007 -3 -94)

A. 王某无权请求丁某返还房屋

B. 王某有权请求丁某返还房屋

C. 小王无权请求丁某返还房屋

D. 小王有权请求丁某返还房屋

答案:(　　)①

考点:基于法律行为不动产物权变动的区分原则、继承物权、概括继承、有权占有

思路展开:

思路 1:题干设问对焦点进行了限定,即假设王某生前在于丁某签订了"买卖合同①"之后,反悔,要求丁某返还房屋,是否可以成立。则应区分王某和小王分别主张来分析。

思路 2:王某生前不能要求丁某返还房屋。

(1)基于法律行为不动产物权变动区分原则,房屋未过户登记,不影响合同的效力。

(2)法律依据:《物权法》第 15 条,"当事人之间订立有关设立、变更、转让和消灭不动产物权的合同,除法律另有规定或者合同另有约定外,自合同成立时生效;未办理物权登记的,不影响合同效力。"

(3)因此,王某和丁某的房屋买卖合同①有效。

(4)丁某占有房屋,具有合同依据,属于有权占

① 参考答案:AC

有。且《合同法》第135条,“出卖人应当履行向买受人交付标的物或者交付提取标的物的单证,并转移标的物所有权的义务。”在本案中,王某与丁某达成了房屋买卖的协议,王某应承担将房屋交付给丁某以及将房屋所有权转移给丁某的义务,丁某依买卖合同取得了房屋的合法占有,因此王某无权请求丁某返还房屋。

(5)结论:①“A. 王某无权请求丁某返还房屋”,A对,选A。②“B. 王某有权请求丁某返还房屋”,B错,不选B。

思路3:小王不能要求丁返还房屋。

(1)小王基于继承物权取得房屋所有权,相应的也概括继承王某生前债务,即包括房屋买卖合同①的权利和义务。

(2)法律依据:《物权法》第29条,“因继承或者受遗赠取得物权的,自继承或者受遗赠开始时发生效力。”《继承法》第33条,“继承遗产应当清偿被继承人依法应当缴纳的税款和债务,缴纳税款和清偿债务以他的遗产实际价值为限。超过遗产实际价值部分,继承人自愿偿还的不在此限。”

(3)继承人对被继承人生前财产权利义务总括承受。小王作为王某的继承人,不但继承其财产权利,还要继承其相应义务。具体到本题而言,小王也继承了王某与丁某房屋买卖合同中王某所应承担的义务,因此,小王也无权请求丁某返还房屋。

(4)结论:①“C. 小王无权请求丁某返还房屋”,C对,选C。②“D. 小王有权请求丁某返还房屋”,D错,不选D。

(2)如杜某向丁某、叶某请求返还房屋,下列选项正确的是:(2007-3-95)

A. 杜某无权请求丁某返还房屋

B. 杜某有权请求丁某返还房屋

C. 杜某无权请求叶某返还房屋

D. 杜某有权请求叶某返还房屋

答案:(　　)①

考点:基于法律行为不动产物权的变动、原物返还请求权、买卖不破租赁

思路展开:

思路1:题设问题很聚焦,“如杜某向丁某、叶某请求返还房屋”,法律关系是杜某(是第二买受人)作为房屋的所有权人,对于前买受人丁某(占有房屋)、对于承租人叶某是否有权请求返还房屋。应分别检索。

思路2:杜某有权请求丁某返还房屋。

(1)法律依据:①杜某是房屋所有权人:《物权法》第31条,“依照本法第二十八条至第三十条规定(文书物权、继承物权和建造物权)享有不动产物权的,处分该物权时,依照法律规定需要办理登记的,未经登记,不发生物权效力。”《物权法》第14条,“不动产物权的设立、变更、转让和消灭,依照法律规定应当登记的,自记载于不动产登记簿时发生效力。”②杜某有原物返还请求权。《物权法》第34条,“无权占有不动产或者动产的,权利人可以请求返还原物。”

(2)具体到本题:①丁某并未办理产权移转登记,对该房屋没有所有权。丁某占有房屋仅基于与小王的房屋买卖合同。②而杜某已经办理了所有权移转登记,因此,杜某自登记时成为房屋的所有人。③物权具有对世性,杜某有权请求丁某返还房屋。

(3)结论:①“A. 杜某无权请求丁某返还房屋”,A错,不选A。②“B. 杜某有权请求丁某返还房屋”,B对,选B。

思路3:杜某无权请求叶某返还房屋。

(1)法律依据:“买卖不破租赁”《合同法》第229条,“租赁物在租赁期间发生所有权变动的,不影响租赁合同的效力。(不限于房屋)”

(2)具体到本题:①“丁某接收房屋作了装修,于2007年5月20日出租给叶某,租期为2年。”+“2007年5月29日,王某因病去世,全部遗产由其子小王继承。”+“小王于2007年6月将该房屋卖给杜某,并办理了所有权移转登记。”②租赁期间内租赁物所有权变动的。③无论是继承物权变动,还是买卖物权变动,均发生在“租赁期间内”,因此都要启动“买卖不破租赁”,杜某和叶某的租赁合同关系继续,直到2年租期届满。④杜某无权请求叶某返还房屋。

(3)结论:①“C. 杜某无权请求叶某返还房屋”,

① 参考答案:BC

C 对，选 C。②“D. 杜某有权请求叶某返还房屋”，D 错，不选 D。

(3) 关于小王和杜某间的房屋买卖，下列选项正确的是：(2007－3－96)

A. 交付标的物是房屋买卖合同的有效要件

B. 小王须将所继承的房屋登记在自己的名下，才能将其所有权转移给杜某

C. 房屋所有权转移自记载于不动产登记簿时发生效力

D. 该房屋的利害关系人可以申请查询该房屋登记资料

答案：(　　)①

考点：非基于法律行为之继承不动产、登记查询、基于法律行为物权变动之区分原则

读题技巧：

1. 第 96 题核心考点是继承物权变动。2. 对应的题干信息是：王某因病去世，全部遗产由其子小王继承。小王于 2007 年 6 月将该房屋卖给杜某，并办理了所有权移转登记，回答涉及的继承物权变动、登记查询、继承物权变动之后的基于法律行为的物权变动。

思路展开：

命题点 1：基于法律行为物权变动的区分原则(小王和杜某间的房屋买卖)。

(1) 法律依据：①《物权法》第 9 条，“不动产物权的设立、变更、转让和消灭，经依法登记，发生效力；未经登记，不发生效力，但法律另有规定的除外。”②《物权法》第 15 条，“当事人之间订立有关设立、变更、转让和消灭不动产物权的合同，除法律另有规定或者合同另有约定外，自合同成立时生效；未办理物权登记的，不影响合同效力。”③《合同法》第 130 条，“买卖合同是出卖人转移标的物的所有权于买受人，买受人支付价款的合同。”④《合同法》第 135 条，“出卖人应当履行向买受人交付标的物或者交付提取标的物的单证，并转移标的物所有权的义务。”

(2) 具体到本题：①交付标的物并非房屋买卖合同的有效要件，而是合同有效成立后，出卖人小王应当履行的一项合同义务。②房屋自记载于登记薄时发生物权变动效力，杜某成为房屋所有权人。

(3) 结论：①“A. 交付标的物是房屋买卖合同的有效要件”，A 错，不选 A。②“C. 房屋所有权转移自记载于不动产登记簿时发生效力”，C 对，选 C。

命题点 2：非基于法律行为物权变动之继承不动产物权。

(1) 法律依据：①《物权法》第 29 条，“因继承或者受遗赠取得物权的，自继承或者受遗赠开始时发生效力。”②《物权法》第 31 条，“依照本法第二十八条至第三十条规定享有不动产物权的，处分该物权时，依照法律规定需要办理登记的，未经登记，不发生物权效力。”

(2) 具体到本题：“B. 小王须将所继承的房屋登记在自己的名下，才能将其所有权转移给杜某”，B 对，选 B。

命题点 3：登记查询制度。

(1) 法律依据：《物权法》第 18 条规定：“权利人、利害关系人可以申请查询、复制登记资料，登记机构应当提供。”

(2) 结论：“D. 该房屋的利害关系人可以申请查询该房屋登记资料”，D 对，选 D。

① 参考答案：BCD

2006年不定项选择题

基于法律行为物权变动之不动产"一物数卖"

房地产开发企业甲①急欲销售其开发的某住宅区的最后1套别墅,遂打电话向乙、丙、丁发出售房要约,并声明该要约的有效期为1个月。要约发出后第10日,甲与乙签订买卖合同并交付该别墅,乙支付了全部房款,但未办理产权变更登记。第21日,甲与不知情的丙签订买卖合同并办理了产权变更登记。第25日,甲又与不知情的丁签订了买卖合同。第26日,该别墅被意外焚毁。请回答91~93题。

图构:

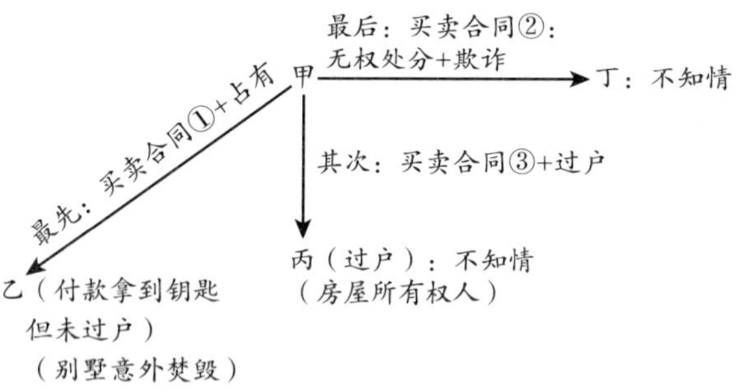

解图:1.甲卖给乙,交付未过户,乙不是房屋所有权人,甲须负违约责任。2.甲再卖给丙并过户,丙是所有权人,但未取得交付,别墅风险没有转移给丙。甲对丙负违约责任。3.甲最后卖给丁,相对于丙房屋所有权人而言属于无权处分,相对于丁买受人而言,是为欺诈。4.丙的不知情是"善"(买到了),而丁的不知情是"傻"(被骗)。5.各个层级设问实际上打乱了顺序,变相增加了难度。(1)第91题设问,是甲、乙丙之间的关系,实质上是处理丙的权益保护问题;第92题设问,是甲、丁买卖合同的表述,实质上是处理丁的权益保护问题。第93题设问是关于乙的权利义务关系,实质上是处理乙的权益保护问题。(2)如果捋顺了设问,应该是先设问乙的权益保护(第93题);再设问丙的权益保护(第91题);最后设问丁的权益保护(第92题)。(3)顺序一打乱,考场答题就需要多支出一些时间,故熟悉民法图构很有必要,节省答题时间。

(1)下列关于甲、乙、丙之间关系的何种表述是正确的?(2006-3-91)

A.甲、乙之间买卖合同有效

B.甲、丙之间买卖合同无效,因该合同损害乙的利益

C.甲不应向丙承担不能交付房屋的违约责任,因为房屋系意外焚毁

D.丙应负担房屋被焚毁的风险

答案:(　　)②

考点:基于法律行为不动产物权变动的区分原则、恶意串通的合同无效事由、无过错违约责任、不动产买卖合同风险负担

思路展开:

命题点1:基于法律行为不动产物权变动的区分原则。物权未变动,不影响合同效力。

(1)法律依据:《物权法》第15条,"当事人之间订立有关设立、变更、转让和消灭不动产物权的合同,除法律另有规定或者合同另有约定外,自合同成立时生效;未办理物权登记的,不影响合同效力。"

(2)具体到本题:甲、乙之间买卖合同有效(意思表示一致即可,又不存在无效事由),乙未取得别墅所有权,不因此影响甲、乙买卖合同的效力。

(3)结论:"A.甲、乙之间买卖合同有效",A对,选A。

命题点2:基于法律行为不动产物权变动的区分原则。物权变动,合同有效。

(1)法律依据:《关于审理商品房买卖合同纠纷案件适用法律若干问题的解释》第10条,"买受人以

① 为使本题具有时效性,将房地产企业修改为自然人甲。避免惩罚性赔偿等复杂问题。

② 参考答案:A

出卖人与第三人恶意串通，另行订立商品房买卖合同并将房屋交付使用，导致其无法取得房屋为由，请求确认出卖人与第三人订立的商品房买卖合同无效的，应予支持。"

(2)具体到本题：①"第21日，甲与不知情的丙签订买卖合同并办理了产权变更登记。"②出卖人甲与第二买受人丙之间不存在恶意串通，即使损害了第一买受人乙的利益，甲与丙之间的商品房买卖合同仍然有效。③司法部解析："我国法律并未一概禁止'一物数卖'，本题中甲、乙虽然已经签署了房屋买卖合同，但未办理过户登记，房屋所有权仍然归属于甲，甲、丙之间的买卖合同不属于无权处分，而是合法有效的。"

(3)结论："B. 甲、丙之间买卖合同无效，因该合同损害乙的利益"，B错，不选B。

命题点3：违约责任的无过错原则。

(1)法律依据：《合同法》第107条，"当事人一方不履行合同义务或者履行合同义务不符合约定的，应当承担继续履行、采取补救措施或者赔偿损失等违约责任。"除非法律有特别规定，违约责任是坚持无过错责任。意外事件不是"不可抗力"，不是违约责任的免责事由。

(2)具体到本题：①"第26日，该别墅(在乙占有期间)被意外焚毁"。②甲、丙合同有效，丙是房屋所有权人，甲负有依据买卖合同将房屋交付给丙的合同义务。③甲不能履行交付房屋的义务，应向丙承担违约责任。

(3)结论："C. 甲不应向丙承担不能交付房屋的违约责任，因为房屋系意外焚毁"，C错，不选C。

命题点4：不动产买卖合同风险负担规则，交付主义(直接当事人之间)。

(1)法律依据：《关于审理商品房买卖合同纠纷案件适用法律若干问题的解释》第11条，"对房屋的转移占有，视为房屋的交付使用，但当事人另有约定的除外。房屋毁损、灭失的风险，在交付使用前由出卖人承担，交付使用后由买受人承担；买受人接到出卖人的书面交房通知，无正当理由拒绝接收的，房屋毁损、灭失的风险自书面交房通知确定的交付使用之日起由买受人承担，但法律另有规定或者当事人另有约定的除外。"《合同法》第142条，"标的物毁损、灭失的风险，在标的物交付之前由出卖人承担，交付之后由买受人承担，但法律另有规定或者当事人另有约定的除外。"

(2)法条阐释：司法部解析："对于不动产买卖的风险负担何时转移，理论界有不同的认识，有的人认为自交付时风险转移，有的人认为自登记时风险转移。我国《合同法》中对此未予以明确，只要当事人无特别约定，则不动产风险转移以交付为标准。但《关于审理商品房买卖合同纠纷案件适用法律若干问题的解释》第11条规定了交付主义，可见，司法实践中对不动产买卖采取的依然是'交付转移风险说'。"

(3)具体到本题：甲、丙虽办理了过户登记，但根据题干提供的信息，房屋尚未交付使用，因此风险依然由出卖人甲承担。

(4)结论："D. 丙应负担房屋被焚毁的风险"，D错，不选D。

(2)下列关于甲、丁之间买卖合同的何种表述是正确的？(2006－3－92)

A. 合同因欺诈而可撤销

B. 合同因自始履行不能而无效

C. 合同因无权处分而效力待定

D. 如果合同被撤销，则甲应向丁承担缔约过错责任

答案：(　　)①

考点：因欺诈签订合同、无权处分的合同、自始履行不能不是合同无效事由(合同无效事由的法定化)

思路展开：

思路1：(1)甲的别墅先交付给了乙，再卖给丙没有问题(属于多重买卖)。(2)但是，甲的别墅已经过户给了丙，再卖就有问题：①相对于丙来讲，甲的行为属于无权处分。②相对于第三买受人丁来讲，甲的行为属于欺诈！

思路2：无权处分路径：甲把丙的别墅卖给丁(签订合同)，相对于丙来讲，甲构成无权处分。

---

① 参考答案：AD(司法部当年公布的答案还包括C。根据《买卖解释》第3条，无权处分合同不会仅因处分权欠缺而效力待定，为有效买卖合同。故将答案调整为AD。)

甲、丁之间的合同属于无权处分的合同。合同有效。

(1)法律依据:①《关于审理买卖合同纠纷案件适用法律问题的解释》第3条,“当事人一方以出卖人在缔约时对标的物没有所有权或者处分权为由主张合同无效的,人民法院不予支持。出卖人因未取得所有权或者处分权致使标的物所有权不能转移,买受人要求出卖人承担违约责任或者要求解除合同并主张损害赔偿的,人民法院应予支持。”②《合同法》第51条,“无处分权的人处分他人财产,经权利人追认或者无处分权的人订立合同后取得处分权的,该合同有效。”

(2)法条阐释:①《关于审理买卖合同纠纷案件适用法律问题的解释》第3条,是对于《合同法》第51条的重大调整,受到了学理上较为强烈的批评,但是合乎实务。②无权处分他人之物,不等于“履行不能”。因为,完全有履行的可能,即丙配合甲,甲、丙达成协议,让丙把别墅过户给丁。

(3)具体到本题:①别墅已经过户给了丙,丙是所有权人,甲再卖属于无权处分(合同不因此无效或经由效力待定未被追认而无效)。②但不属于“自始履行不能”。

(4)结论:①“B.合同因自始履行不能而无效”,B错,不选B。②“C.合同因无权处分而效力待定”,C错,不选C。

(5)延展:本题甲、丁签订合同时是25日,别墅是在26日才意外焚毁的。故不存在自始履行不能的问题。延展交代一下学理上和立法上的履行不能制度。①先交代立法上,我国合同法没有制定履行不能制度,履行不能不成为合同无效的事由。如发生自始履行不能,则启动重大误解、欺诈、显失公平等制度处理。如发生嗣后履行不能,则启动违约责任、风险负担、情势变更制度来处理。②再交代学理上的履行不能制度。德国民法将自始履行不能区分为自始主观不能和自始客观不能。自始主观不能是指仅因甲的个人原因导致履行不能;自始客观不能是指换作任何人都是履行不能;仅自始客观不能才导致合同无效。这种区分是德国法院为了弥补《德国民法典》第306条的缺陷而提出的解释。“德国学界一致认为,该条规定属于立法失败”。③我国实务认为,区分自始主观不能和自始客观不能是不适当的,应赋予同一后果,即合同有效,当事人负违约责任。④司法部解析:“我国包括《民法通则》与《合同法》在内的法律均未确认自始履行不能的合同属于无效合同,如果到期一方当事人不能履行合同,一般是通过承担违约责任来解决。”

思路3:欺诈路径:甲把丙的别墅卖给丁(签订合同),相对于丁来讲,甲构成欺诈。甲、丁之间合同属于因欺诈而签订的合同。

(1)法律依据:①丁基于受欺诈可撤销。《合同法》第54条,“下列合同,当事人一方有权请求人民法院或者仲裁机构变更或者撤销:(一)因重大误解订立的;(二)在订立合同时显失公平的。一方以欺诈、胁迫的手段或者乘人之危,使对方在违背真实意思的情况下订立的合同,受损害方有权请求人民法院或者仲裁机构变更或者撤销。当事人请求变更的,人民法院或者仲裁机构不得撤销。”②撤销后丁可向甲主张缔约过失责任。a.《合同法》第42条,“当事人在订立合同过程中有下列情形之一,给对方造成损失的,应当承担损害赔偿责任:(一)假借订立合同,恶意进行磋商;(二)故意隐瞒与订立合同有关的重要事实或者提供虚假情况;(三)有其他违背诚实信用原则的行为。”b.《合同法》第58条,“合同无效或者被撤销后,因该合同取得的财产,应当予以返还;不能返还或者没有必要返还的,应当折价补偿。有过错的一方应当赔偿对方因此所受到的损失,双方都有过错的,应当各自承担相应的责任。”

(2)具体到本题:①“第21日,甲与不知情的丙签订买卖合同并办理了产权变更登记。②第25日,甲又与不知情的丁签订了买卖合同。”③丁不知情,甲构成欺诈。

(3)结论:①“A.合同因欺诈而可撤销”,A对,选A。②“D.如果合同被撤销,则甲应向丁承担缔约过错责任”,D对,选D。③AD相互支援,守望相助!

(3)下列关于乙的权利义务的何种表述是正确的?(2006-3-93)

A.若房屋未焚毁,丙有权要求乙搬离房屋

B.若房屋未焚毁,法院应确认该房屋为乙所有

C.乙对房屋的占有为善意、自主占有

D. 乙应向丙赔偿因房屋焚毁而造成的损失

答案:(　　)①

考点:原物返还请求权、和平型无权占有的毁损关系

思路展开:

命题点1:原物返还请求权。

(1)法律依据:①丙因登记获得别墅所有权。《物权法》第9条第1款“不动产物权的设立、变更、转让和消灭,经依法登记,发生效力;未经登记,不发生效力,但法律另有规定的除外。”②丙可向乙主张返还别墅。《物权法》第34条,“无权占有不动产或者动产的,权利人可以请求返还原物。”

(2)具体到本题:①甲一别墅先卖给乙,后卖给丙,属于多重买卖,两个买卖合同都有效,其中甲、丙的买卖合同有效,并基于有效买卖合同外加别墅的过户登记,故丙别墅所有权人。②因此,如果别墅未焚毁,丙可以要求现时占有别墅的乙返还别墅。乙是基于与甲的合同债权的占有,可以对抗甲(如果甲还是房屋所有权人的话,理由就是甲负有合同上的过户义务),但不能对抗丙的所有权。③注意:其假设前提是修改了题干交代的事实(题干交代了别墅已经在26日焚毁)。

(3)结论:①“A. 若房屋未焚毁,丙有权要求乙搬离房屋”,A对,选A。②“B. 若房屋未焚毁,法院应确认该房屋为乙所有”,B错,不选B。

命题点2:无权占有中的毁损关系,善意无权占有人不负赔偿责任。

(1)法律依据和学理依据:①善意无权占有人不负赔偿责任。《物权法》第244条,“占有的不动产或者动产毁损、灭失,该不动产或者动产的权利人请求赔偿的,占有人应当将因毁损、灭失取得的保险金、赔偿金或者补偿金等返还给权利人;权利人的损害未得到足够弥补的,恶意占有人还应当赔偿损失。”②所谓善意占有,是指占有人不知其无占有的权利的占有,对接本题,乙并不知道丙已经取得该房屋的所有权,因此乙的占有为善意占有;所谓自主占有,是指以所有的意思对物进行的占有,对接本题,甲、乙签署了买卖合同,乙是以房屋的所有人的身份占有房屋,因此属于自主占有。

(2)具体到本题:①第一买受人乙对房屋的占有,相对于别墅所有权人丙而言,属于善意、自主占有,乙对别墅意外焚毁不负丙负赔偿责任。②需要在ABCD选项的整体语境上理解C选项,因为ABD都是在描述别墅所有权人和别墅占有人之间的关系。如果脱离了这一语境,则乙对别墅的占有,相对于甲来讲就是有权占有了。显然,不能脱离本题语境来理解其措辞。

(3)结论:①“C 乙对房屋的占有为善意、自主占有”,C对,选C。②“D 乙应向丙赔偿因房屋焚毁而造成的损失”,D错,不选D。

关联1:善意无权占有人不是一概绝对不负赔偿责任,需要限缩解释:善意无权占有人善意无权占有人对占有物的使用、收益,应依据其推定的权利进行,否则也是需要承担赔偿责任的。(1)这种推定的权利种类,应视占有人对占有物行使的权利种类为限。(2)如善意无权占有人行使的是租赁权,则推定其有租赁使用权。(3)善意占有人以其受推定的权利,对占有物使用收益。超出范围,则不可以,且需要承担赔偿责任。(4)示例:如果本来是善意无权占有而推定租赁权,结果却行使了处分。如甲把房出租给乙,乙不知租赁合同无效而为占有,乙可租用,但不可处分,处分即超出了其被推定本权的范围,要承担赔偿责任。

关联2:不适用《合同法》交付转移风险,而

① 参考答案:AC。对于C选项乙属于善意占有即为善意无权占有的说法,司考试题有一定起伏。可参见《方志平民法宝典》占有一节关于有权占有和无权占有分类处的表述。此处为省去读者查找麻烦、便于读者比对,援引一道真题。【2012-3-56】甲将1套房屋出卖给乙,已经移转占有,没有办理房屋所有权移转登记。现甲死亡,该房屋由其子丙继承。丙在继承房屋后又将该房屋出卖给丁,并办理了房屋所有权移转登记。下列哪些表述是正确的? A. 乙虽然没有取得房屋所有权,但是基于甲的意思取得占有,乙为有权占有。B. 乙可以对甲的继承人丙主张有权占有。C. 在丁取得房屋所有权后,乙可以以占有有正当权利来源对丁主张有权占有。D. 在丁取得房屋所有权后,丁可以基于其所有权请求乙返还房屋。当然此题给的答案是ABCD。后来司法部公开的解析也没有修改过答案。C和D采取的是一种对抗式表述法。不是单独看待。特别注意:钥匙人相对于过户人而言是有权占有还是无权占有,请按照无权占有来把握。

应适用《物权法》规范。买卖合同中存在“交付转移风险”的规则，但该规则适用于出卖人与买受人之间，本题中丙、乙之间并非出卖人与买受人的关系，而是属于物的返还请求权人与物的占有人之间的关系。故适用《物权法》第244条的规定。

关联3：未决问题：“93 下列关于乙的权利义务的何种表述是正确的？”实质上谈的是丙的权利，乙的义务，而没有谈乙的权利。回溯到“91 下列关于甲、乙、丙之间关系的何种表述是正确的？A. 甲、乙之间买卖合同有效”，仅仅提到了甲、乙合同有效。综合看来，乙到底如何救济自己的权利，本题91、92、93都没有涉及。(1)第二买受人丙获得了房屋，虽然被烧毁，但可向甲主张违约责任。(2)第三买受人丁基于合同主张违约或基于欺诈向甲主张缔约过失责任。(3)唯独第一买受人乙，仅仅是甲、乙合同有效。(4)要害在于：房屋是在乙占有期间意外毁损灭失，按照《关于审理商品房买卖合同纠纷案件适用法律若干问题的解释》第11条，“对房屋的转移占有，视为房屋的交付使用，但当事人另有约定的除外。房屋毁损、灭失的风险，在交付使用前由出卖人承担，交付使用后由买受人承担；买受人接到出卖人的书面交房通知，无正当理由拒绝接收的，房屋毁损、灭失的风险自书面交房通知确定的交付使用之日起由买受人承担，但法律另有规定或者当事人另有约定的除外。”相对于卖房人甲而言，乙需要承担风险，应该向甲交付房款的。(5)而甲确实有违约行为，甲向乙承担违约责任。(6)两项都是金钱之债，可以主张抵销！如此，才皆大欢喜，本案才告结束。

2005年不定项选择题

1. 马俊1991年去世，其妻张桦1999年去世，遗有夫妻共有房屋5间。马俊遗有伤残补助金3万元。张桦1990年以个人名义在单位集资入股获得收益1万元。双方生有一子马明，1995年病故。马明生前与胡芳婚后育有一子马飞。张桦长期患病，生活不能自理，由表侄常生及改嫁儿媳胡芳养老送终。5间房屋于2001年11月被拆迁，拆迁单位与胡芳签订《危旧房改造货币补偿协议书》，胡芳领取作价补偿款、提前搬家奖励款、搬迁补助费、货币安置奖励费、使用权补偿款共计25万元。请回答以下81～84题。

图构：

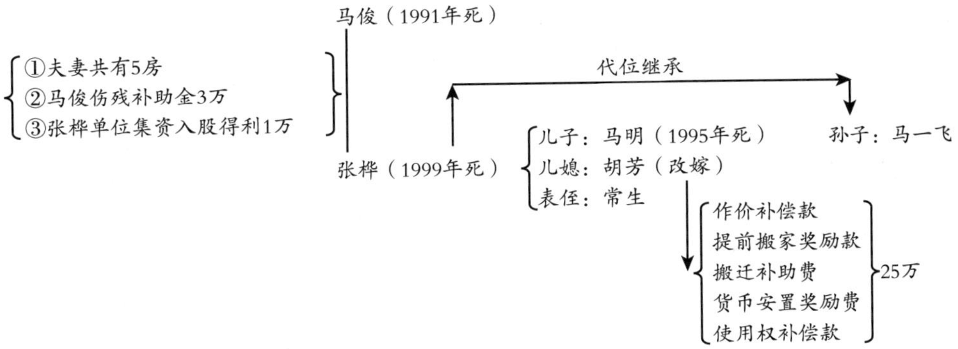

（1）下列各项中何者属于遗产？（2005－3－82）

A. 提前搬家奖励款　　B. 搬迁补助费

C. 货币安置奖励费　　D. 使用权补偿款

答案：（　　）①

考点：遗产的范围

思路展开：

1. 遗产是自然人死亡时遗留的个人合法财产。本题中遗产本是五间房屋，但由于被拆迁，遗产就表现为货币形式。

2. 搬家、搬迁，都是对搬的人的补偿，与房屋本身没有关系。（1）提前搬家奖励款是指房屋的所有人由于在规定的搬迁期限届满前搬迁所获得的奖励。（2）搬迁补助费是对房屋的所有人因搬迁事宜花费的费用的补助。（3）可见，提前搬家奖励款、搬迁补助费均是对搬家过程中相关费用的补偿或奖励，不是房屋的变价物，不应列入遗产的范围。（4）结论：AB不符合题意，不选AB。

3. 拆迁安置，和使用权补偿款，来自于房屋本身。（1）拆迁安置奖励费属于对房屋货币安置奖励费是对房屋所有人选择货币补偿作为拆迁补偿安置方式的奖励。（2）使用权补偿款是指由于提前收回土地使用权等原因对于原土地使用人的补偿。（3）货币安置奖励费、使用权补偿款属于房屋（包括土地使用权）的变价，应当列入遗产的范围。（4）结论：CD符合题意，选CD。

82. 马俊的伤残补助金、张桦集资入股收益的性质应如何确定？

A. 伤残补助金和集资收益均为个人财产

B. 伤残补助金为个人财产，集资收益为夫妻共同财产

C. 伤残补助金为夫妻共同财产，集资收益为个人财产

---

① 参考答案：CD

D. 伤残补助金和集资收益皆为夫妻共同财产

答案：(　　)①

考点：夫妻个人财产、夫妻共同财产

思路展开：

命题点1：夫妻个人财产的判断。

(1)法律依据：①《婚姻法》第18条，“有下列情形之一的，为夫妻一方的财产：(一)一方的婚前财产；(二)一方因身体受到伤害获得的医疗费、残疾人生活补助费等费用；(三)遗嘱或赠与合同中确定只归夫或妻一方的财产；(四)一方专用的生活用品；(五)其他应当归一方的财产。”②《婚姻法司法解释(二)》第13条，“军人的伤亡保险金、伤残补助金、医药生活补助费属于个人财产。”

(2)具体到本题：马俊的伤残补助金属于其个人财产。

(3)结论：“C. 伤残补助金为夫妻共同财产，集资收益为个人财产”、“D. 伤残补助金和集资收益皆为夫妻共同财产”，CD均错，不选CD。

命题点2：夫妻共同财产的判断。

(1)法律依据：《婚姻法》第17条，“夫妻在婚姻关系存续期间所得的下列财产，归夫妻共同所有：(一)工资、奖金；(二)生产、经营的收益；(三)知识产权的收益；(四)继承或赠与所得的财产，但本法第十八条第三项规定的除外；(五)其他应当归共同所有的财产。夫妻对共同所有的财产，有平等的处理权。”《婚姻法司法解释(二)》第11条，“婚姻关系存续期间，下列财产属于婚姻法第十七条规定的‘其他应当归共同所有的财产’：(一)一方以个人财产投资取得的收益；(二)男女双方实际取得或者应当取得的住房补贴、住房公积金；(三)男女双方实际取得或者应当取得的养老保险金、破产安置补偿费。”

(2)具体到本题：张桦集资入股的收益属于夫妻共同财产。

(3)结论：①“A. 伤残补助金和集资收益均为个人财产”，A错，不选A。②“B. 伤残补助金为个人财产，集资收益为夫妻共同财产”，B对，选B。(4)综合以上，本题选B，不选ACD。

(2)下列关于常生可否得到补偿的说法何者正确？(2005－3－83)

A. 应当得到补偿，分配数额应当小于法定继承人

B. 应当得到补偿，分配数额可以等于或大于法定继承人的继承份额

C. 如常生明知法定继承人分割遗产而未提出请求，即丧失遗产分配权

D. 如常生要求参与分割遗产，应在继承开始后1年内提出请求

答案：(　　)②

考点：法定继承人以外的人酌情分配遗产

解题图构：

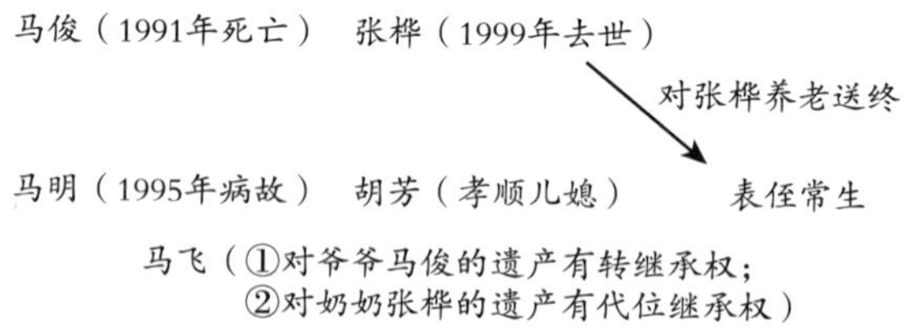

读题技巧：

围绕张桦去世后的遗产分配展开：(1)张桦的第一顺序继承人有：代位继承人马飞、孝顺儿媳胡芳。(2)常生是表侄，对张桦养老送终，可以分得适当遗产。3. C和D均有“如”字，是假设事实，应根据假设事实另行作答。

思路展开：

命题点1：“孝顺”的常生是张桦的表侄，不属于张桦的继承人，但可以分得适当遗产。

(1)法律依据：《继承法》第14条规定，“对继承人以外的依靠被继承人扶养的缺乏劳动能力又没有生活来源的人，或者继承人以外的对被继承人扶养较多的人，可以分给他们适当的遗产”，由于张桦是由常生和胡芳养老送终，可以认定常生属于对张桦扶养较多的人，因此常生有权要求分得适当的遗产。

(2)法条阐释：尽管《继承法》第14条使用的是“可以”，但从立法本意、司法解释的规定、理论界的观点等各方面来看，继承人以外的依靠被继承人扶

① 参考答案：B

② 参考答案：BC

养的缺乏劳动能力又没有生活来源的人，或者继承人以外的对被继承人扶养较多的人，可以而且应当分给适当的遗产。

命题点 2:“孝顺”的常生分得适当遗产，到底多少是适当？根据具体情况可多于或少于张桦的法定继承人。

(1)法律依据:《继承法若干问题的意见》第 31 条,“依继承法第十四条规定可以分给适当遗产的人,分给他们遗产时,按具体情况可多于或少于继承人。”

(2)具体到本题:常生虽然不是继承人,但其分得的遗产不一定要少于继承人。

(3)结论:A 错,不选 A。B 对,选 B。

命题点 3:“孝顺”的常生保护适当分得遗产的司法救济路径:

(1)法律依据:《继承法若干问题的意见》第 32 条,“依继承法第十四条规定可以分给适当遗产的人,在其依法取得被继承人遗产的权利受到侵犯时,本人有权以独立的诉讼主体的资格向人民法院提起诉讼。但在遗产分割时,明知而未提出请求的,一般不予受理;不知而未提出请求,在二年以内起诉的,应予受理”。

(2)法条阐释:常生如果明知在分割遗产未提出请求,则不得再起诉了! 常生如果不知道,则必须在 2 年内起诉,否则法院不受理。

(3)结论:①“C 如常生明知法定继承人分割遗产而未提出请求,即丧失遗产分配权”,C 对,选 C。②“D 如常生要求参与分割遗产,应在继承开始后 1 年内提出请求”,D 错,错在 1 年,应是 2 年。不选 D。③综上,本题正确答案是 BC。

(3)下列关于胡芳及其子女遗产继承权的说法何者正确?(2005－3－84)

A. 胡芳对张桦尽了主要赡养义务,应列为第一顺序继承人

B. 马飞对张桦的遗产享有代位继承权

C. 胡芳再婚后所生子女对张桦的遗产享有代位继承权

D. 马飞对马俊的遗产享有转继承权

答案:(　　)①

考点:法定继承、代位继承、转继承

读题技巧:

以马飞为中心:(1)爷爷马俊在 1991 年最早死亡,死亡后,爷爷马俊的遗产一直没有分割。后来,马飞的爸爸马明在 1995 年病故,因此,就其爷爷马俊的遗产而言,发生转继承。(2)奶奶张桦在 1999 年死亡,就其奶奶张桦的遗产,马飞代位其父亲马明继承奶奶张桦的遗产,发生代位继承。(3)由此可见,马飞是一个“苦命”的孩子,令人嘘唏不已!

思路展开:

命题点 1:孝顺儿媳的第一顺序继承人身份。

(1)法律依据:《继承法》第 12 条,“丧偶儿媳对公、婆,丧偶女婿对岳父、岳母,尽了主要赡养义务的,作为第一顺序继承人。”

(2)具体到本题:胡芳是张桦的儿媳,“张桦长期患病,生活不能自理,由表侄常生及改嫁儿媳胡芳养老送终。”丧偶儿媳是否再婚,并不会影响其作为丧偶儿媳的身份及权利。故改嫁的儿媳,也是儿媳。

(3)结论:“A. 胡芳对张桦尽了主要赡养义务,应列为第一顺序继承人”,A 对,选 A。

命题点 2:晚辈直系血亲的代位继承人身份。

(1)法律依据:《继承法》第 11 条,“被继承人的子女先于被继承人死亡的,由被继承人的子女的晚辈直系血亲代位继承。代位继承人一般只能继承他的父亲或者母亲有权继承的遗产份额。”

(2)法条阐释:白发人送黑发人,启动代位继承,但是,只有黑发人的晚辈直系血亲才有代位继承人的身份。

(3)具体到本题:①张桦是白发人(1999 年死亡),张桦的儿子马明(1995 年病故)是黑发人,白发人送黑发人,马明先于其母亲张桦死亡。马明的儿子是马飞,马飞是马明的晚辈直系血亲,故马飞享有代位继承人身份。②“马飞有权代位继承张桦的遗产”,B 对,选 B。③但是,胡芳再婚后所生子女并非马明的晚辈直系血亲,因此无权代位继承张桦的遗

① 参考答案:ABD

产,C 错,不选 C。

命题点 3:就马飞爷爷马俊的遗产(1991 年)而言,该遗产未分割完毕,继承人马明自己就死了(1995 年),启动转继承。

(1)法律依据:《继承法若干问题的意见》第 52 条,“继承开始后,继承人没有表示放弃继承,并于遗产分割前死亡的,其继承遗产的权利转移给他的合法继承人。”《继承法》第 2 条,“继承从被继承人死亡时开始”。

(2)具体到本题:①对马俊的遗产的继承应从 1991 年开始。②题干信息揭示:“马俊 1991 年去世,其妻张桦 1999 年去世,遗有夫妻共有房屋 5 间。马俊遗有伤残补助金 3 万元”,从这些信息来看,至少到 1999 年,马飞的爷爷马俊的遗产并未实际分割。继承开始后,很长一个时期内并未分割遗产,各继承人对遗产保持共有关系,这在实践中并不少见,法律也是允许的。③本题符合转继承的构成要件,马飞对马俊的遗产享有转继承权。

(3)结论:“D 马飞对马俊的遗产享有转继承权”,D 对,选 D。

常见错误

1. 改嫁儿媳不是儿戏说:有人认为,本题中原儿媳胡芳已经改嫁,与张桦从法律上来说已经没有婆媳关系了,胡芳不再是张桦的丧偶儿媳了,所以胡芳就算自愿尽了照顾张桦的义务,那也不能把胡芳作为张桦的丧偶儿媳,不能作为第一顺序继承人,故未选 A。

2. 马俊遗产分割完毕说:有人认为转继承是指继承人在继承开始后实际接受遗产前死亡的,继承人有权实际接受的遗产归由其法定继承人承受的一项法律制度。但本题中马俊死后 4 年马明才死亡,继承已经完成,不存在转继承的问题。故未选 D。

2. 既是连带责任保证(单个保证人与主债务人的关系),又是连带共同保证(多个保证人之间的关系)

甲对乙享有 60 万元债权,丙、丁分别与甲签订保证合同,但未约定保证责任的范围和方式。戊以价值 30 万元的房屋为乙向甲设定抵押并办理了登记。请回答以下 85 ~ 88 题。

图构:

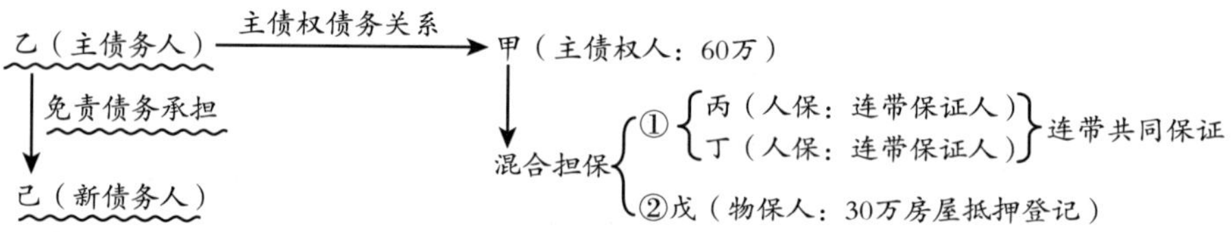

(1)下列关于乙、丙、丁关系的表述何者正确?(200 - 5 - 85)

A. 丙、丁的保证都为连带责任保证

B. 丙、丁对乙的全部债务承担保证责任,但彼此之间不负连带责任

C. 若丙与丁事后约定各自担保乙的 30 万元债务,该约定未经甲的同意不能生效

D. 若丁代乙清偿了全部债务,应首先向乙追偿,若乙不能偿还再要求丙分担责任

答案:(　　)[1]

考点:既是连带责任保证(单个保证人与主债务人的关系),又是连带共同保证(多个保证人之间的关系)

读题技巧:

1. 第 85 题设问是“关于乙、丙、丁关系的表述”,指向单个保证人、多个保证人关系的判断。2. 第 85 题设问指向的题干信息是:“甲对乙享有 60 万元债权,丙、丁分别与甲签订保证合同,但未约定保证责任的范围和方式”。3. 第 85 题设问指向的图构位置是:“乙(主债务人)”、“丙(人保:连带保证人)”、“丁(人保:连带保证人)”、“连带共同保证”。4. 丙是连带保证人,丁是连带保证人,丙、丁是连带共同保证人。

思路展开:

思路 1:单个保证人与主债务人乙之间关

① 参考答案:AD

系，为保证方式的推定：连带责任保证。丙是连带保证人、丁是连带保证人。

(1)法律依据：《担保法》第 19 条，"当事人对保证方式没有约定或者约定不明确的，按照连带责任保证承担保证责任。"

(2)具体到本题：丙、丁分别与甲签订保证合同，但未约定保证责任的方式，因此应认定为连带责任保证。

(3)结论："A. 丙、丁的保证都为连带责任保证"，A 对，选 A。

思路 2：各个保证人之间的关系，推定为连带共同保证。内部约定份额内部有效。追偿有顺序限制。

(1)法律依据：①推定为连带共同保证：《担保法司法解释》第 19 条第 1 款，"两个以上保证人对同一债务同时或者分别提供保证时，各保证人与债权人没有约定保证份额的，应当认定为连带共同保证。"②连带共同保证人内部责任份额不可对抗主债权人，但对内有效：《担保法司法解释》第 19 条第 2 款，"连带共同保证的保证人以其相互之间约定各自承担的份额对抗债权人的，人民法院不予支持。"③追偿有顺序限制：《担保法司法解释》第 20 条第 2 款，"连带共同保证的保证人承担保证责任后，向债务人不能追偿的部分，由各连带保证人按其内部约定的比例分担。没有约定的，平均分担。"

(2)具体到本题：①丙、丁分别与甲签订保证合同，但未约定保证责任的范围和方式，应当认定为连带共同保证，故丙、丁是连带共同保证。主债权人甲主张保证债权无顺序限制，可以要求丙或者丁承担全部保证责任。②连带共同保证的保证人之间对各自承担的份额进行内部约定，内部有效。本题中丙与丁事后约定各自担保乙的 30 万元债务对丙、丁二人是有效的，丙、丁均应遵守该约定，只是为了保护债权人的利益，根据债的相对性原理，该约定不能约束第三人而已。③承担保证责任的人，追偿有顺序限制：连带共同保证的保证人承担保证责任后，首先应向债务人追偿，只有不能追偿的部分，才可以要求其他保证人分担。

(3)小结：①丙、丁是连带共同保证人。②丙、丁内部约定的责任份额内部有效，不可对抗主债权人甲。③丙或丁承担保证责任，须先追主债务人乙，不足才互追。

(4)结论：①"B. 丙、丁对乙的全部债务承担保证责任，但彼此之间不负连带责任"，B 错，不选 B。②"C. 若丙与丁事后约定各自担保乙的 30 万元债务，该约定未经甲的同意不能生效"，C 错，不选 C。③"D. 若丁代乙清偿了全部债务，应首先向乙追偿，若乙不能偿还再要求丙分担责任"，D 对，选 D。

(2)若甲对乙的债权已过诉讼时效一年，下列说法何者正确？(2005－3－87)

A 乙若对甲进行清偿，则事后无权要求甲返还

B 丙若对甲进行清偿，则无权对乙进行追偿

C 甲不能对戊的房屋行使抵押权

D 倘甲催告乙还款，乙在催款通知上签字，诉讼时效将因中断而重新起算

答案：(　　)[1]

考点：保证人明知主债时效已过仍承担保证责任，则丧失对主债务人的追偿权、主债权时效届满转为自然债权、主债权时效届满抵押权消灭

读题技巧：

1. 设问第 87 题"若"，指向新增事实，结合新增事实和大题干作答。2. 设问第 87 题指向图构位置为："主债权：时效届满后 1 年"、"丙(人保)"、"戊(物保人)"。

思路展开：

命题点 1：主债权诉讼时效届满，转化为自然债权。债务人乙清偿后不得主张不当得利返还。

(1)法律依据：《民法总则》第 192 条第 1 款，诉讼时效期间届满的，义务人可以提出不履行义务的抗辩。第 2 款，诉讼时效期间届满后，义务人同意履行的，不得以诉讼时效期间届满为由抗辩；义务人已自愿履行的，不得请求返还。

(2)结论：诉讼时效期间届满当事人的实体权利并不消灭。"A. 乙若对甲进行清偿，则事后无权要求甲返还"，A 对，选 A。

命题点 2：主债权诉讼时效届满，转化为自

---

① 参考答案：司法部原公布的本题答案是 AB。根据《物权法》第 202 条、第 178 条，本题答案修改为 ABC。

然债权,债务人在催款通知上签字,视为对原债务的重新确认。已经届满的时效不会再中断。

(1)法律依据:最高人民法院《关于超过诉讼时效期间借款人在催款通知单上签字或者盖章的法律效力问题的批复》(法释[1999]7号),"河北省高级人民法院:你院[1998]冀经一请字第38号《关于超过诉讼时效期间信用社向借款人发出的"催收到期贷款通知单"是否受法律保护的请示》收悉。经研究,答复如下:根据《中华人民共和国民法通则》第四条、第九十条规定的精神,对于超过诉讼时效期间,信用社向借款人发出催收到期贷款通知单,债务人在该通知单上签字或者盖章的,应当视为对原债务的重新确认,该债权债务关系应受法律保护。"

(2)具体到本题:诉讼时效中断是指在诉讼时效进行中,因一定的法定事由的发生致使已经进行的诉讼时效期间全部归于无效,诉讼时效期间重新计算。而本题中,甲对乙的债权已过诉讼时效一年,自然不会发生所谓中断的问题。

(3)结论:"D. 倘甲催告乙还款,乙在催款通知上签字,诉讼时效将因中断而重新起算",D错,不选D。

命题点3:保证人明知主债时效已过仍承担保证责任,则丧失对主债务人的追偿权。

(1)法律依据:《关于审理民事案件适用诉讼时效制度若干问题的规定》第21条,"主债务诉讼时效期间届满,保证人享有主债务人的诉讼时效抗辩权。保证人未主张前述诉讼时效抗辩权,承担保证责任后向主债务人行使追偿权的,人民法院不予支持,但主债务人同意给付的情形除外。"

(2)具体到本题:丙若对已经超过诉讼时效期间的债务承担了保证责任,实际上是承担了本来可以不承担的责任,由此造成了不利后果也应自行承担,而不能向债务人追偿。

(3)结论:"B. 丙若对甲进行清偿,则无权对乙进行追偿",B对,选B。

命题点4:抵押权的存续期间=主债权的诉讼时效期间。

(1)法律依据:①《物权法》第202条,"抵押权人应当在主债权诉讼时效期间行使抵押权;未行使的,人民法院不予保护。"②《担保法司法解释》第12条第2款,"担保物权所担保的债权的诉讼时效结束后,担保权人在诉讼时效结束后的二年内行使担保物权的,人民法院应当予以支持。"③《物权法》第178条,"担保法与本法的规定不一致的,适用本法。"

(2)具体到本题:抵押权的存续期间等于主债权的诉讼时效期间,本题中甲对乙的债权超过诉讼时效一年,故债权人不得对戊的房屋主张抵押权。

(3)结论:"C 甲不能对戊的房屋行使抵押权",C对,选C。

(3)若乙的朋友己与乙达成协议,由其代替乙向甲还款,下列说法何者正确? (2005-3-88)

A. 该协议在通知甲后发生效力

B. 如甲同意该协议,则丙、丁不再承担保证责任

C. 甲同意该协议,戊无论同意与否均应继续承担抵押担保责任

D. 若甲、戊都同意该协议,甲对戊的抵押权不因债务转移而受影响

答案:( )①

考点:未经保证人书面同意,主债务转移,保证人就转移的债务免除保证责任;抵押亦同;免责债务承担的生效条件

读题技巧:

1. 设问第88题"若",指向新增事实条件,结合大题干作答。2. 设问第88题指向图构位置:"丙(人保"、"丁(人保"、"戊(物保人"、"乙(主债务人)"、"免责债务承担"、"己(新债务人)"

思路展开:

思路1:免责债务承担自身的生效条件,须经债权人甲同意,而非通知。

(1)法律依据:《合同法》第84条,"债务人将合同的义务全部或者部分转移给第三人的,应当经债权人同意。"

(2)结论:"A. 该协议在通知甲后发生效力",A错,不选A。

思路2:主债务转移,未经担保人书面同意,担保人就转移的主债务免除担保责任。

① 参考答案:BD

(1)法律依据:①统一规定:《物权法》第 175 条,“第三人提供担保,未经其书面同意,债权人允许债务人转移全部或者部分债务的,担保人不再承担相应的担保责任。”②主债务转移未经保证人书面同意,保证人相应免责:《担保法司法解释》第 29 条,“保证期间,债权人许可债务人转让部分债务未经保证人书面同意的,保证人对未经其同意转让部分的债务,不再承担保证责任。但是,保证人仍应当对未转让部分的债务承担保证责任。”③主债务转移未经第三物保人书面同意,物保人相应免责:《担保法司法解释》第 72 条第 2 款,“主债务被分割或者部分转让的,抵押人仍以其抵押物担保数个债务人履行债务。但是,第三人提供抵押的,债权人许可债务人转让债务未经抵押人书面同意的,抵押人对未经其同意转让的债务,不再承担担保责任。”

(2)结论:①题目中并未表明得到了保证人的书面同意,因此丙、丁不再承担保证责任。“B. 如甲同意该协议,则丙、丁不再承担保证责任”,B 对,选 B。②“C. 甲同意该协议,戊无论同意与否均应继续承担抵押担保责任”,C 错,不选 C。③“D. 若甲、戊都同意该协议,甲对戊的抵押权不因债务转移而受影响”,D 对,选 D。

第三部分
主 观 题

2016 年主观案例分析题

自然人甲与乙订立借款合同，其中约定甲将自己的一辆汽车作为担保物让与给乙。借款合同订立后，甲向乙交付了汽车并办理了车辆的登记过户手续。乙向甲提供了约定的 50 万元借款。

一个月后，乙与丙公司签订买卖合同，将该汽车卖给对前述事实不知情的丙公司并实际交付给了丙公司，但未办理登记过户手续，丙公司仅支付了一半购车款。某天，丙公司将该汽车停放在停车场时，该车被丁盗走。丁很快就将汽车出租给不知该车来历的自然人戊，戊在使用过程中因汽车故障送到已公司修理。已公司以戊上次来修另一辆汽车时未付修理费为由扣留该汽车。汽车扣留期间，已公司的修理人员庚偷开上路，违章驾驶撞伤行人辛，辛为此花去医药费 2000 元。现丙公司不能清偿到期债务，法院已受理其破产申请。（本题 22 分）

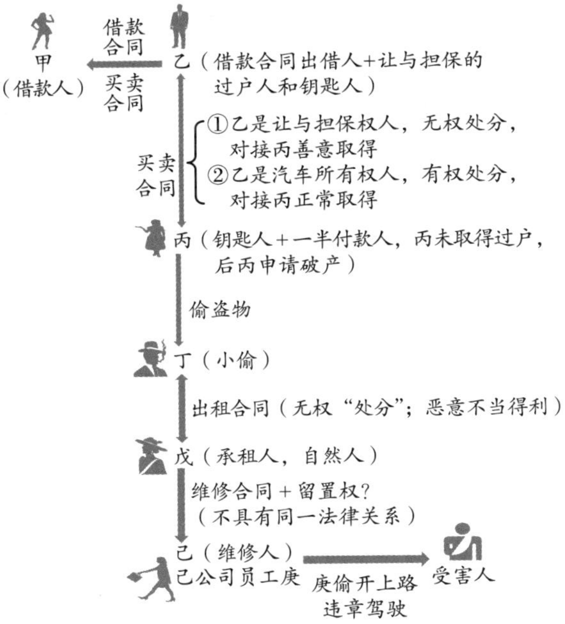

问题：

1. 甲与乙关于将汽车让与给债权人乙作为债务履行担保的约定效力如何？为什么？乙对汽车享有什么权利？

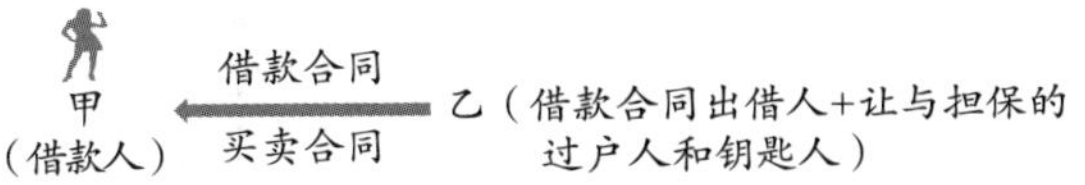

司法部答案：

有效。因为我国物权法虽然没有规定这种让与担保方式，但并无禁止性规定。通过合同约定，再转移所有权的方式达到担保目的，是不违反法律的，也符合合同自由、鼓励交易的立法目的。

对于乙对汽车享有什么权利，答案一：乙享有的不是所有权，而是以所有权人的名义享有担保权。

答案二：由于办理了过户登记手续，乙享有所有权。

考点：让与担保

首先链接一下让与担保的背景知识

（1）什么是让与担保？①最高人民法院：“债务人或第三人为债务人之债务而将担保标的物的财产权转移给担保权人，于债务清偿后，标的物应返还给债务人或第三人，债务不履行时，担保权人得就该标的物受偿的非典型担保。”②让与担保的特征是“以当事人依权利（所有权）转移方式达成担保信用授受目的”。由此可见，让与担保的两大特点是权利转移（让与行为）和担保目的（意思表示）。

（2）让与担保的种类：①让与担保。担保合意完成时物的所有权完成了变动。一般的让与担保均是通过权利转移实现担保目的，即达成担保合意同时完成让与行为。如在江苏高院（2014）苏商终字第 0205 号案中，当事人为实现担保目的签署了股权转让协议，于工商部门进行了股权变更登记；双方另约定一定条件达成时，股权按照原价回购。②后让与担保。担保合意完成，但物的所有权没完成变动（附条件的转移所有权）。当事人签订附条件的转让合同，双方约定在债务清偿期届满债务人不能偿还债务时,将标的物权利转移给债权人。如在最高法院(2011)民提字第344号案中,双方签订《商品房买卖合同》办理了销售备案登记,并另签订《借款协议》约定借款1100万元,如按期偿还借款,购房协议不再履行;否则,购房协议应继续履行。因这种担保的让与行为发生在后,有学者称其为“后让与担保”,有法官称之为“买卖型担保”。

(3)“让与担保”的司法裁判思路。①违反法律规定无效。如在江苏高院(2014)苏审三民申字第0411号案中,当事人为取得银行贷款,将一处房屋进行买卖并办理了过户手续,买方在取得银行贷款后交给卖方使用。房屋仍然由卖方居住,买方也出具声明房屋为卖方所有。法院认定:双方名为买卖,实为民间借贷关系,过户房屋符合让与担保的特征,该担保行为违反了担保法的规定应属无效,买方并不能取得该房屋的所有权。②认可让与担保效力。江苏高院在(2014)苏商终字第0205号案中,一审法院认为“当事人约定的让与担保条款不违反法律、行政法规的强制性规定,不损害社会公共利益和公序良俗,亦不违反物权法定主义立法意旨,且在市场经济条件下具有促进交易、对抗风险、融通资金等价值与功能,应当认定有效。”二审法院维持一审意见。类似的观点也出现在最高法院(2013)民二终字第33号案中。该案中法院虽未明确让与担保的性质,但认为“股权协议转让、股权回购等作为企业之间资本运作形式,已成为企业之间常见的融资方式。如果并非以长期牟利为目的,而是出于短期融资的需要产生的融资,其合法性应予承认。据此,本案上诉人关于双方股权转让实为融资借贷应认定无效的上诉理由不能成立,故其该点上诉主张,本院不予支持。”间接认可了以股权转让、股权回购为形式的让与担保效力。③绕开让与担保问题,认为双方存在买卖和借贷双重法律关系,具有履行选择权。最高法院在(2011)民提字第344号案中,即采用此种思路。法院认为,双方当事人实际上就同一笔款项先后设立商品房买卖和民间借贷两个法律关系。《借款协议》约定以签订商品房买卖合同的方式为《借款协议》所借款项提供担保,同时《借款协议》为案涉《商品房买卖合同》的履行附设了解除条件。在债务人到期未偿还借款时,债权人并不能直接取得“抵押物”所有权,只能通过履行《商品房买卖合同》实现。实际上,双方当事人对于是履行《商品房买卖合同》,还是履行《借款协议》具有选择性,即商品房买卖合同的解除条件成就,就履行《借款协议》;商品房买卖合同的解除条件未成就,就履行《商品房买卖合同》。

(4)学界基本共识:让与担保的合同有效。

①无论是对让与担保效力作何判断,法院并未直接支持债权人要求以担保物所有权受偿债权的请求,此种裁判标准亦符合禁止流押、流质的一贯司法标准。

②因此,在认定“让与担保”合同有效的前提下,重要的是如何通过合理的担保实现方式,最大限度的平衡担保权人与担保人之间的利益,既保护担保权人的受偿可能性,也避免担保人因交易地位而蒙受损失。

③在出现债务届期未偿情况时,债权人并未确定的取得担保物所有权(无论是否发生登记),而是需要通过清算担保物的价值,比较其与债权价值的高下。

思路展开

1. 法律依据:①物权法定:《物权法》第5条,物权的种类和内容,由法律规定。②合同效力:《合同法》第8条,依法成立的合同,对当事人具有法律约束力。当事人应当按照约定履行自己的义务,不得擅自变更或者解除合同。依法成立的合同,受法律保护。③交付转移动产物权:《物权法》第23条,动产物权的设立和转让,自交付时发生效力,但法律另有规定的除外。④交付转移注册动产物权:《物权法》第24条,船舶、航空器和机动车等物权的设立、变更、转让和消灭,未经登记,不得对抗善意第三人。⑤交付转移物权:《合同法》第133条,标的物的所有权自标的物交付时起转移,但法律另有规定或者当事人另有约定的除外。⑥买卖合同作为民间借贷担保,案由是民间借贷:《关于审理民间借贷案件适用法律若干问题的规定》第24条第1款,当事人以签订买卖合同作为民间借贷合同的担保,借款到期后借款人不能还款,出借人请求履行买卖合同的,人民法院应当按照民间借贷法律关系审理,并向当事人释明变更诉讼请求。当事人拒绝变更的,人民法院裁定驳回起诉。第2款,按照民间借贷法律关系审理作出的判决生效后，借款人不履行生效判决确定的金钱债务，出借人可以申请拍卖买卖合同标的物，以偿还债务。就拍卖所得的价款与应偿还借款本息之间的差额，借款人或者出借人有权主张返还或补偿。

2. 具体到本题：①题干信息："自然人甲与乙订立借款合同，其中约定甲将自己的一辆汽车作为担保物让与给乙。借款合同订立后，甲向乙交付了汽车并办理了车辆的登记过户手续。"②题干看上去没有明确揭示出甲和乙之间有买卖合同的存在，但是，通过"其中约定"、"作为担保物让与"、"甲向乙交付了汽车并办理了车辆的登记过户手续。"这些措辞，可以看出，买卖合同是在借款合同中的条款，故属于框架式合同，后头又交代了买卖合同有了履行行为。总体看来，题干措辞交代没有问题，即甲乙通过约定，以买卖合同作为民间借贷的担保。③小题干设问指向："甲与乙关于将汽车让与给债权人乙作为债务履行担保的约定效力如何？为什么？乙对汽车享有什么权利？"

3. 司法部给出不同答案的解析原文：首先区分为两个层次，第一层次，当事人约定的合同效力如何，即让与担保的合同效力。第二层次，让与担保之后给债权人创设了什么样的权利。

①对于第一层次，关于让与担保约定的效力：司法部解析原文："我国《物权法》未规定让与担保，但关于让与担保的约定，根据物权法定原则不具有物权效力，但并不否定其债权效力。'法无明文禁止即允许。'行为人甲、乙具有相应的民事行为能力、意思表示真实、自由，不违反法律的强制性规定和公共利益，符合法律行为的一般生效要件，因此甲与乙关于将汽车让与给债权人乙作为债务担保的约定有效。"

②对于第二层次，关于让与担保给债权人创设了什么样的权利：司法部解析原文："考到让与担保在理论上仍然存在争议，故而就本题中乙针对该汽车享有的权利，可以有两种不同的认定：其一，理论上，认可让与担保是一种担保物权，乙享有的不是所有权，而是以所有权人的名义享有担保权，并没有转移所有权。其二，从物权公示角度，《物权法》第 24 条规定'船舶、航空器和机动车等物权的设立、变更、转让和消灭，未经登记，不得对抗善意第三人'。乙已经办理了汽车的过户登记，可以认为乙就是享有所有权。"

4. 可见，司法部给出两个答案的原因是"考虑到让与担保在理论上仍然存在争议"。而不是要让考生发散思维。

2. 甲主张乙将汽车出卖给丙公司的合同无效，该主张是否成立？为什么？

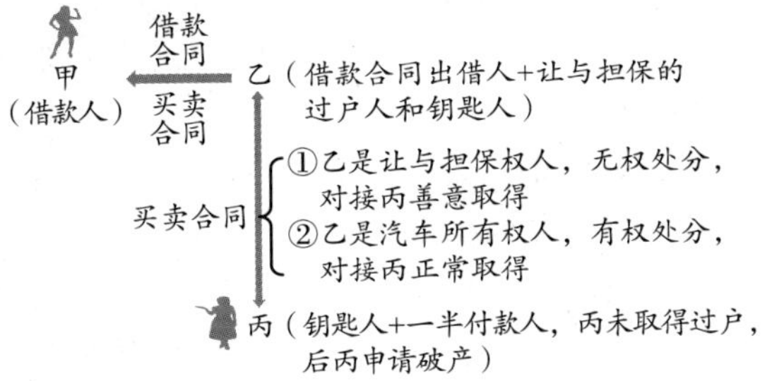

> **司法部答案：**
>
> 不能成立。答案一：乙对汽车享有所有权，其有权处分该汽车。没有导致合同无效的其他因素。
>
> 答案二：虽然乙将汽车出卖给丙公司的行为属于无权处分，对甲也是违约行为，但无权处分不影响合同效力，法律并不要求出卖人在订立买卖合同时对标的物享有所有权或者处分权。

考点：有权处分和无权处分

思路展开

1. 逻辑推演：因为第一个设问对于乙的身份给了两个答案，乙可能是汽车的所有权人；乙也可能是让与担保权人。如此一来，对接乙将汽车卖给第三人丙，其买卖合同性质也有两种可能：有权处分和无权处分。

2. 法律依据：《关于审理买卖合同纠纷案件适用法律问题的解释》第 3 条第 1 款，当事人一方以出卖人在缔约时对标的物没有所有权或者处分权为由主张合同无效的，人民法院不予支持。第 2 款，出卖人因未取得所有权或者处分权致使标的物所有权不能转移，买受人要求出卖人承担违约责任或者要求解除合同并主张损害赔偿的，人民法院应予支持。

3. 司法部关于给出两个答案的解析原文："①不论乙是否对汽车享有所有权，原则上均不影响乙将汽车卖给丙公司之合同的效力。②究其原因，如乙对汽车享有所有权，则系有权处分，本题中并未给出其他导致合同无效的事由，故而合同有效。③若认为乙不享有汽车所有权，则乙属于无权处分，根据《关于审理合同纠纷案件适用法律问题的解释》第 3 条第 1 款‘当事人一方以出卖人在缔约时对标的物没有所有权或者处分权为由主张合同无效的，人民法院不予支持，’故而，即便乙无权处分，也不影响乙丙合同的效力，只是乙在履行不能时根据合同约定向丙承担相应的违约责任。”

3. 丙公司请求乙将汽车登记在自己名下是否具有法律依据？为什么？

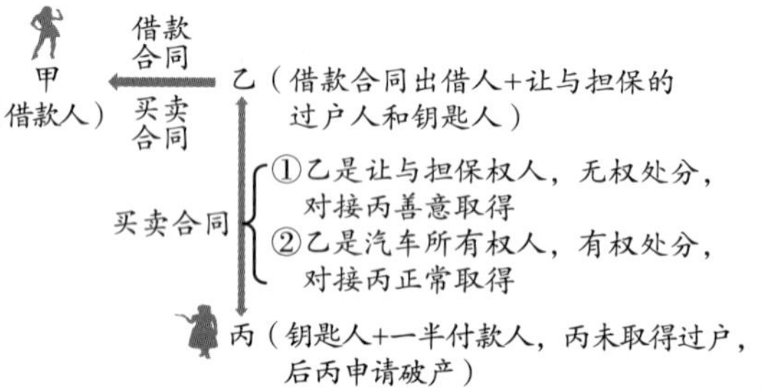

司法部答案：有法律依据。因根据物权法的规定，汽车属于特殊动产，交付即转移所有权，登记只是产生对外的效力，不登记不具有对抗第三人的效力。本案中因为汽车已经交付，丙公司已取得汽车所有权。

考点：注册动产物权变动采用交付主义（基于法律行为物权变动交付主义；非基于法律行为物权变动之善意取得中的“取得”也是要求完成交付）

思路展开

1. 逻辑推演：第一问、第二问均给出了两个不同的答案，则第三问必然也有两个不同的答案。①如果 1 问的回答：乙是所有权人。则 2 问的回答：乙再卖给丙是有权处分。再则 3 问的回答：丙属于正常取得因为已经取得了占有。②如果 1 问的回答：乙是让与担保权人。则 2 问的回答：乙再卖给丙是无权处分。再则 3 问的回答：丙属于善意取得因为丙已经取得了占有。

2. 法律依据：①基于法律行为注册动产物权变动：a. 交付转移动产物权：《物权法》第 23 条，动产物权的设立和转让，自交付时发生效力，但法律另有规定的除外。b. 交付转移注册动产物权：《物权法》第 24 条，船舶、航空器和机动车等物权的设立、变更、转让和消灭，未经登记，不得对抗善意第三人。②非基于法律行为注册动产物权变动：a. 机动车的善意取得：《物权法》第 106 条第 1 款，无处分权人将不动产或者动产转让给受让人的，所有权人有权追回；除法律另有规定外，符合下列情形的，受让人取得该不动产或者动产的所有权：（一）受让人受让该不动产或者动产时是善意的；（二）以合理的价格转让；（三）转让的不动产或者动产依照法律规定应当登记的已经登记，不需要登记的已经交付给受让人。第 2 款，受让人依照前款规定取得不动产或者动产的所有权的，原所有权人有权向无处分权人请求赔偿损失。第 3 款，当事人善意取得其他物权的，参照前两款规定。b. 注册动产善意取得的交付：交付均可，无须办理登记。《物权法司法解释（一）》第 20 条，“转让人将物权法第二十四条（交付即可，未登记不得对抗善意第三人）规定的船舶、航空器和机动车等交付给受让人的，应当认定符合物权法第一百零六条第一款第三项规定的善意取得的条件。”c. 注册动产善意取得的交付包括现实交付、简易交付和指示交付：《物权法司法解释（一）》第 18 条第 1 款，物权法第一百零六条第一款第一项所称的“受让人受让该不动产或者动产时”，是指依法完成不动产物权转移登记或者动产交付之时。第 2 款，当事人以物权法第二十五条规定（简易交付）的方式交付动产的，转让动产法律行为生效时为动产交付之时；当事人以物权法第二十六条规定（指示交付）的方式交付动产的，转让人与受让人之间有关转让返还原物请求权的协议生效时为动产交付之时。

3. 司法部给出的两个不同解析的原文：①正常取得：“如果认为乙享有汽车所有权，则乙将汽车交付给丙，丙随后即取得汽车所有权，作为所有权人丙自然可以请求乙办理过户登记。”②善意取得：“如果认为乙系无权处分，根据《物权法》第 106 条……启动善意取得。本题中丙对乙无权处分不知情，构成善意。乙已经将汽车交付给丙，尽管丙仅支付了一般价款，转让价格仍然是合理的。因此，丙属于善意取得，也可以向乙主张办理过户登记。”

4. 丁与戊的租赁合同是否有效？为什么？丁获得的租金属于什么性质？

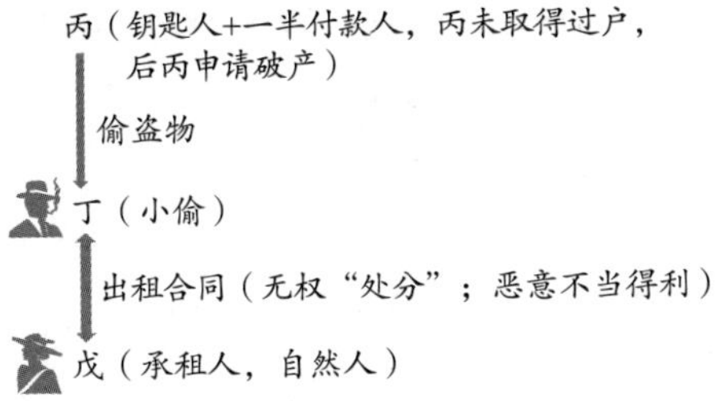

> **司法部答案：** 有效，因为尽管丁不享有所有权或处分权，但是并不影响租赁合同效力。其所得的租金属于不当得利。

考点： 租赁合同无须出租人是所有权人、小偷擅自出租他人汽车租赁合同有效、所收取租金构成不当得利

思路展开

1. 法律依据：①租赁合同的定义：《合同法》第 212 条，租赁合同是出租人将租赁物交付承租人使用、收益，承租人支付租金的合同。②出租人不是必须是所有权人：《合同法》第 228 条第 1 款，“因第三人主张权利，致使承租人不能对租赁物使用、收益的，承租人可以要求减少租金或者不支付租金。”第 2 款，“第三人主张权利的，承租人应当及时通知出租人。”（反推即出租他人之物合同有效，承租人可以减少租金或不支付租金）③无权出卖他人之物合同有效，举重明轻，无权出租他人之物合同更加应该有效。《关于审理合同纠纷案件适用法律问题的解释》第 3 条第 1 款，“当事人一方以出卖人在缔约时对标的物没有所有权或者处分权为由主张合同无效的，人民法院不予支持。”④不当得利返还：《民法总则》第 122 条，因他人没有法律根据，取得不当利益，受损失的人有权请求其返还不当利益。

2. 具体到本题：①“某天，丙公司将该汽车停放在停车场时，该车被丁盗走。丁很快就将汽车出租给不知该车来历的自然人戊。”②司法部解析原文：“租赁合同是出租人将租赁物交付承租人使用、收益，承租人支付租金的合同，租赁合同与所有权并不直接关联，尽管丁不享有汽车所有权，但是并不影响其与戊签署的关于汽车的租赁合同，故而，租赁合同仍然是有效的。”“丁所获得的租金，没有法律上的根据，而丙因此受到损害，丁的无权出租汽车获得利益与丙受损之间具有因果关系，故而属于不当得利。”

5. 己公司是否有权扣留汽车并享有留置权？为什么？

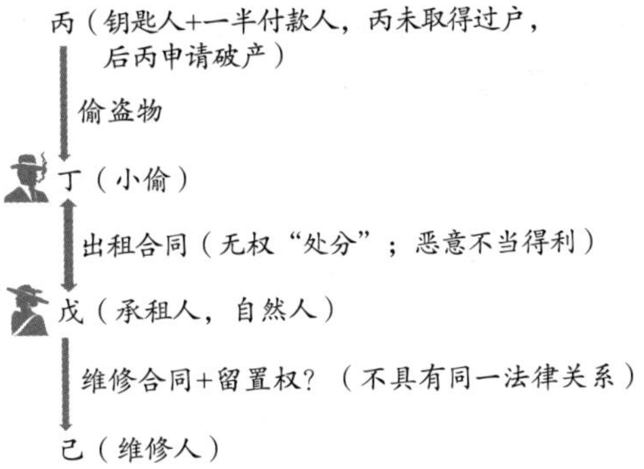

> **司法部答案：** 己公司无权扣留汽车并享有留置权。《物权法》第 231 条规定，债权人留置的动产与债权应该属于同一法律关系。而在本案中，债权与汽车无牵连关系。

考点： 民事留置要求同一法律关系

思路展开

1. 法律依据：①动产留置权：《物权法》第 230 条第 1 款，债务人不履行到期债务，债权人可以留置已经合法占有的债务人的动产，并有权就该动产优先受偿。第 2 款，前款规定的债权人为留置权人，占有的动产为留置财产。②民事留置要求同一法律关系：《物权法》第 231 条，债权人留置的动产，应当与债权属于同一法律关系，但企业之间留置的除外。

2. 具体到本题：①“某天，丙公司将该汽车停放在停车场时，该车被丁盗走。丁很快就将汽车出租给不知该车来历的自然人戊，戊在使用过程中因汽车故障送到己公司修理。己公司以戊上次来修另一辆汽车时未付修理费为由扣留该汽车。”②司法部解析原文：“己公司以自然人戊上次来修另一辆汽车时未付修理费为由扣留该汽车，不属同一法律关系，且并非‘企业之间留置’，故而，己公司无权扣押该汽车并行使留置权。”

3. 一点提示：①有考生认为，题干没有交代

戊是否支付了本次维修费。如果戊没有交付本次维修费,自然己公司可以留置;如果戊交付了本次维修费,才是司法部公布的结论。②从题干表述逻辑来看,命题老师没有交代戊是否支付了本次维修费,仅仅提示己公司留置的理由。因为,应该围绕已经给出的题干事实做出回答。

6. 如不考虑交强险责任,辛的2000元损失有权向谁请求损害赔偿?为什么?

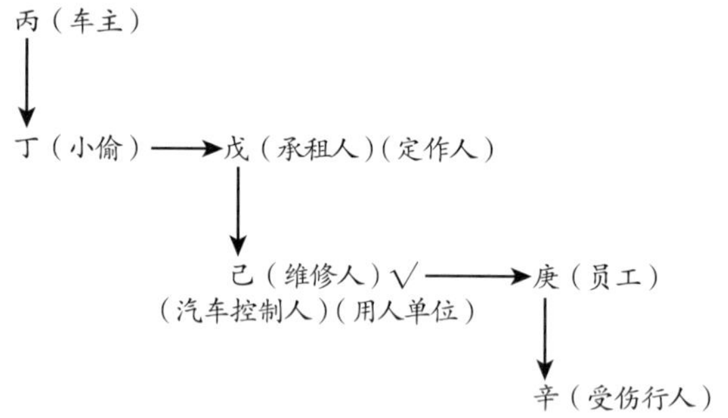

> **司法部答案:**辛有权向戊、己公司、庚请求赔偿,因为戊系承租人,系汽车的使用权人;庚是己公司的雇员,庚的行为属于职务行为,己应当承担雇用人(或雇主)责任;庚系肇事人(或者答直接侵权行为人)。

(1)法律依据:①用人单位对员工的执行职务行为负无过错替代侵权责任:《侵权责任法》第34条第1款,"用人单位的工作人员因执行工作任务造成他人损害的,由用人单位承担侵权责任。"②执行工作任务的客观判断标准:《关于审理人身损害赔偿案件适用法律若干问题的解释》第9条第2款,从事雇佣活动,是指从事雇主授权或者指示范围内的生产经营活动或者其他劳务活动。雇员的行为超出授权范围,但其表现形式是履行职务或者与履行职务有内在联系的,应当认定为从事雇佣活动。③加工承揽合同中定作人对定作、指示或选任有过错,负过错赔偿责任:《关于审理人身损害赔偿案件适用法律若干问题的解释》第10条,"承揽人在完成工作过程中对第三人造成损害或者造成自身损害的,定作人不承担赔偿责任。但定作人对定作、指示或者选任有过失的,应当承担相应的赔偿责任。"④机动车致人损害,当机动车所有权人与实际使用人不是同一人时,应由实际使用人承担侵权责任:《侵权责任法》第49条,因租赁、借用等情形机动车所有人与使用人不是同一人时,发生交通事故后属于该机动车一方责任的,由保险公司在机动车强制保险责任限额范围内予以赔偿。不足部分,由机动车使用人承担赔偿责任;机动车所有人对损害的发生有过错的,承担相应的赔偿责任。

(2)具体到本题:①"己公司以戊上次来修另一辆汽车时未付修理费为由扣留该汽车。汽车扣留期间,己公司的修理人员庚偷开上路,违章驾驶撞伤行人辛,辛为此花去医药费2000元。"②戊公司:是定作人,同时也是汽车租用人。戊公司将汽车交由己公司维修没有定作指示选任过错;戊公司不是汽车控制人,不负侵权责任。③己公司:是汽车的实际控制人,同时也是用人单位,故由己公司对机动车肇事负侵权责任。③庚:是己公司员工,其执行职务中的侵权责任应由己公司负责。庚的行为客观上与履行职务有联系,应认定其属于执行己公司的工作任务。④丙:是汽车所有权人,不是汽车是实际控制人,不对机动车肇事负侵权责任。

(3)司法部给出的答案,解析原文:"命题者认为本题中,戊系承租人,系汽车的使用权人;庚是己公司雇员,庚的行为属于职务行为,己应当承担雇佣人(或雇主)责任;庚系肇事人(或者答直接侵权行为人),故而,辛有权向戊、己公司、庚请求赔偿。"

(4)一点说明:①根据我曾经撰写司法部官方解析的经历,出现"命题者认为……"是不正常的,说明解析者不认可"命题者"的观点,才会说"命题者认为……",并且此处的解析等于0,因为解析将答案抄写了一遍。②我们知道,解析者也是命题者。所以,对此问题,命题老师内部也发生了分歧。③那么,2017年司法考试按照什么标准把握呢?按照即由己公司对外负侵权责任。

7. 丙公司与乙之间的财产诉讼管辖应如何确定?法院受理丙公司破产申请后,乙能否就其债权对丙公司另行起诉并按照民事诉讼程序申请执行?

> **司法部答案:**丙公司与乙之间的财产诉讼应该由破产案件受理的人民法院管辖。法院受理丙公司破产申请后,乙应当申报债权,如果对于债权有争议,可以向受理破产申请的人民法院提起诉讼,但不能按照民事诉讼程序申请执行。

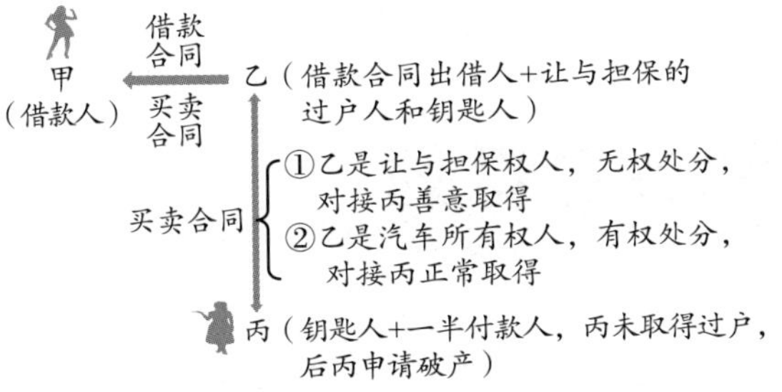

考点：涉及破产的诉讼纠纷管辖

思路展开

第一个小设问的思路展开

法律依据：①破产案件由债务人住所地法院管辖：《企业破产法》第 3 条，“ 破产案件由债务人住所地人民法院管辖。”②债务人破产进入破产程序，则其他人要告债务人，必须向受理破产案件的法院去告：《企业破产法》第 21 条，“人民法院受理破产申请后，有关债务人的民事诉讼，只能向受理破产申请的人民法院提起。”

具体到本题：①大题干信息：“一个月后，乙与丙公司签订买卖合同，将该汽车卖给对前述事实不知情的丙公司并实际交付给了丙公司，但未办理登记过户手续，丙公司仅支付了一半购车款。”“现丙公司不能清偿到期债务，法院已受理其破产申请。”②小设问信息：“丙公司与乙之间的财产诉讼管辖应如何确定”。③结论：丙与乙之间的财产诉讼管辖，应该由破产案件受理的人民法院管辖。

提示一点：①大题干措辞，“现丙公司不能清偿到期债务，法院已受理其破产申请。”②小设问：“丙公司与乙之间的财产诉讼管辖。③两者结合起来，就是乙和丙公司之间财产诉讼纠纷和法院受理丙的破产申请，是直接关联的。④不是问丙在法院受理破产申请之前，丙和乙之间的纠纷由何法院来进行管辖。⑤如果这个题干没有审清楚，会直接按照民事诉讼法回答。由被告或者合同履行地法院管辖。由丙公司住所地或者乙所在地人民法院管辖。(《民事诉讼法》第 23 条规定，因合同纠纷提起的诉讼，由被告丙公司住所地或者合同履行地人民法院管辖。依据《民事诉讼法司法解释》第 18 条规定，当事人未约定合同履行地点或约定不明确的，争议标的为给付货币的，接收货币一方乙所在地为合同履行地。)

第二个小设问的思路展开

法律依据：①债务人进入破产，对个别债权人清偿无效：《企业破产法》第 16 条，“人民法院受理破产申请后，债务人对个别债权人的债务清偿无效。”②债务人进入破产，应解除对债务人财产的保全措施、中止对债务人的执行程序：《企业破产法》第 19 条，“人民法院受理破产申请后，有关债务人财产的保全措施应当解除，执行程序应当中止。”《企业破产法若干问题的规定(二)》第 5 条，破产申请受理后，有关债务人财产的执行程序未依照企业破产法第十九条的规定中止的，采取执行措施的相关单位应当依法予以纠正。依法执行回转的财产，人民法院应当认定为债务人财产。

具体到本题：①小设问信息：“法院受理丙公司破产申请后，乙能否就其债权对丙公司另行起诉并按照民事诉讼程序申请执行”。②司法部解析原文：“法院受理并破产申请后，乙应当在人民法院确定的债权申报期限内向管理人申报债权，如果对债权有争议，可以向受理破产申请的人民法院提起诉讼。在法院受理破产申请后，破产程序应优先于普通民事诉讼、执行程序，因此有关债务人的保全措施应当解除、执行程序应当中止，所以乙不能按照民事诉讼程序申请执行。”③乙的正确做法是：第一步，申报破产债权；第二步，平等受偿。（申报破产债权：《企业破产法》第 44 条，人民法院受理破产申请时对债务人享有债权的债权人，依照本法规定的程序行使权利。第 45 条，人民法院受理破产申请后，应当确定债权人申报债权的期限。债权申报期限自人民法院发布受理破产申请公告之日起计算，最短不得少于三十日，最长不得超过三个月。平等受偿：《企业破产法》第 113 条第 1 款，“破产财产在优先清偿破产费用和共益债务后，依照下列顺序清偿：(一)破产人所欠职工的工资和医疗、伤残补助、抚恤费用，所欠的应当划入职工个人账户的基本养老保险、基本医疗保险费用，以及法律、行政法规规定应当支付给职工的补偿金；(二)破产人欠缴的除前项规定以外的社会保险费用和破产人所欠税款；(三)普通破产债权。第 2 款，破产财产不足以清偿同一顺序的清偿要求的，按照比例分配。第 3 款，破产企业的董事、监事和高级管理人员的工资按照该企业职工的平均工资计算。”)

2015 卷四民法主观题

案情：

甲欲出卖自家的房屋，但其房屋现已出租给张某，租赁期还剩余1年。甲将此事告知张某，张某明确表示，以目前的房价自己无力购买。

甲的同事乙听说后，提出购买。甲表示愿意但需再考虑细节。乙担心甲将房屋卖与他人，提出草签书面合同，保证甲将房屋卖与自己，甲同意。甲、乙一起到房屋登记机关验证房屋确实登记在甲的名下，且所有权人一栏中只有甲的名字，双方草签了房屋预购合同。

后双方签订正式房屋买卖合同约定：乙在合同签订后的5日内将购房款的三分之二通过银行转账给甲，但甲须提供保证人和他人房屋作为担保；双方还应就房屋买卖合同到登记机关办理预告登记。

甲找到丙作为保证人，并用丁的房屋抵押。丁与乙签订了抵押合同并办理了抵押登记，但并没有约定担保范围。甲乙双方办理了房屋买卖合同预告登记，但甲忘记告诉乙房屋出租情况。

此外，甲的房屋实际上为夫妻共同财产，甲自信妻子李某不会反对其将旧房出卖换大房，事先未将出卖房屋的事情告诉李某。李某知道后表示不同意。但甲还是瞒着李某与乙办理了房屋所有权转移登记。

2年后，[1]甲与李某离婚，李某认为当年甲擅自处分夫妻共有房屋造成了自己的损失，要求赔偿。甲抗辩说，赔偿请求权已过诉讼时效。（本题21分）

综合考点：预约合同、"买卖不破租赁"、权利瑕疵担保、预告登记、人保物保、无权处分、善意取得、诉讼时效中止

解题图构

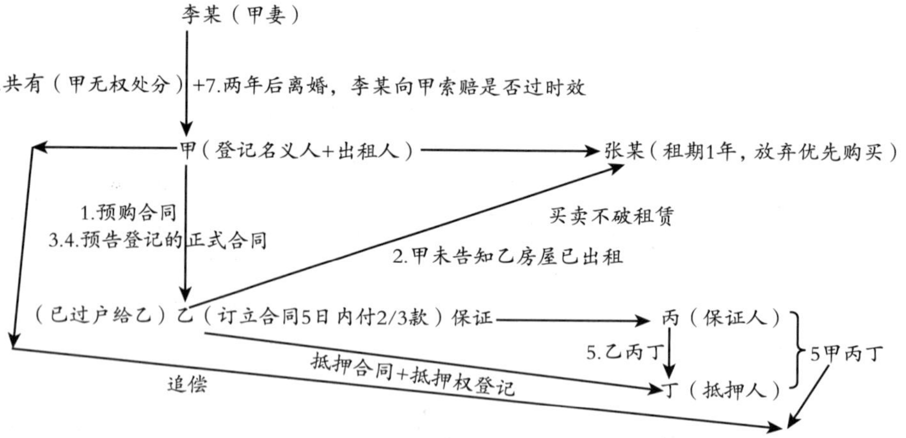

说明：图构中的阿拉伯数字1、2、3、4、5、6、7分别对应本题的7个小设问。

1. 在本案中，如甲不履行房屋预购合同，乙能否请求法院强制其履行？为什么？

2. 甲未告知乙有租赁的事实，应对乙承担什么责任？

3. 如甲不履行对乙的合同，预告登记对乙产生什么保护效果？

4. 如甲在预告登记后又与第三人签订房屋买卖合同，该合同是否有效？为什么？

---

[1] 根据《民法总则》规定，一般诉讼时效为3年，故本题题干中的2年，修改为3年。

5. 如甲不履行合同义务，在担保权的实现上乙可以行使什么样的权利？担保权实现后，甲、丙、丁的关系如何？

6. 甲擅自处分共有财产，其妻李某能否主张买卖合同无效？是否可以主张房屋过户登记为无效或者撤销登记？为什么？

7. 甲对其妻李某的请求所提出的时效抗辩是否成立？为什么？

故事梗概：1.“中国好同事丙”配合甲把甲的夫妻共有房产交易完毕。2. 夫妻共有房屋登记在甲一个人名下，甲卖给同事乙，先预约，后正式签约。3.“同事”乙不简单，他超级不信任甲，在房子这么大的事情上，确实情有可原。一不信任表现在：“先上车后买票”，先用“预约”锁住甲！二不信任表现在：去登记机关验证房子到底是不是甲的！4.“同事”乙，另一方面也表现得很傻，特别信任房子，这房子到底是有多好啊！傻的表现在：甲房屋已经出租给了张某，难道买房还不去查看一下房子是什么朝向、楼层、有几间房？这么大的人生大事，不看房有点不合常理。如果看了，显然，需要租户“张某”配合看房，自然就知道房子负担了租赁。但“同事”乙偏偏特别相信房子的好，不看房！霸气！

读题技巧

1. 承租人“张某明确表示，以目前的房价自己无力购买”，指向承租人放弃优先购买权，但是承租人张某享有“买卖不破租赁的保护”，加之题干交代“但甲忘记告诉乙房屋出租情况”，这些信息合并指向甲违反了权利瑕疵担保义务。2.“所有权人一栏中只有甲的名字”。+“甲的房屋实际上为夫妻共同财产”。+“但甲还是瞒着李某与乙办理了房屋所有权转移登记”，共同指向乙作为善意买受人，最后确定的取得了房屋所有权。3. 甲、乙双方“草签了房屋预购合同”，指向预购合同的效力。4. 双方还应就“房屋买卖合同到登记机关办理预告登记”，指向预告登记。5.“甲找到丙作为保证人，并用丁的房屋抵押。丁与乙签订了抵押合同并办理了抵押登记，但并没有约定担保范围”，指向人保和物保的关系。6.“甲自信妻子李某不会反对其将旧房出卖换大房，事先未将出卖房屋的事情告诉李某。李某知道后表示不同意。但甲还是瞒着李某与乙办理了房屋所有权转移登记。”+“2 年后，甲与李某离婚，李某认为当年甲擅自处分夫妻共有房屋造成了自己的损失，要求赔偿。甲抗辩说，赔偿请求权已过诉讼时效”，指向“离异妇女”李某权益保护的救济之道。①

设问 1. 在本案中，如甲不履行房屋预购合同，乙能否请求法院强制其履行？为什么？

答：不能。理由是预约虽是合同，其目的在于订立主合同。《关于审理买卖合同纠纷案件适用法律问题的解释》规定，当事人签订认购书、备忘录等预约合同，约定将来订立买卖合同，一方不履行的，对方可请求其承担预约合同违约责任或者要求解除预约合同并主张损害赔偿。但是，法院不能强制当事人签订正式合同。乙可以按照《合同法》第 113 条请求赔偿，也可以根据第 94 条请求解除合同并请求赔偿。

考点：预约合同

解题图构

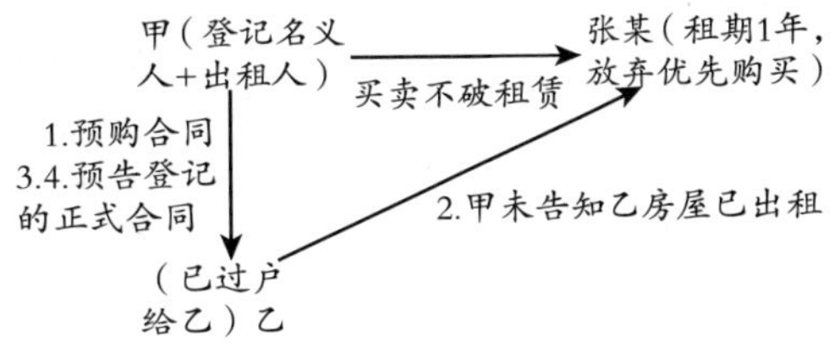

读题技巧

“如”，使得本问具有独立性，脱离题干也可以作答。

思路展开

命题点：违反预约，启动对方解除权及违约责任诉求；但不可强制执行预约。

法律依据：(1)预约的违约责任：《关于审理买卖合同纠纷案件适用法律问题的解释》第 2 条，“当事人签订认购书、订购书、预订书、意向书、备忘录等预约合同，约定在将来一定期限内订立买卖合同，一方不履行订立买卖合同的义务，对方请求其承担预约合同违约责任或者要求解除预约合同并主张损害赔偿的，人民法院应予支持。”(2)违约之赔偿：《合同法》第 113 条第 1 款，“当事人一方不履行合同

---

① 根据《民法总则》规定，一般诉讼时效为三年，故本题题干中的 2 年，修改为 3 年。

义务或者履行合同义务不符合约定，给对方造成损失的，损失赔偿额应当相当于因违约所造成的损失，包括合同履行后可以获得的利益，但不得超过违反合同一方订立合同时预见到或者应当预见到的因违反合同可能造成的损失。”(3)违约之解除：《合同法》第94条，有下列情形之一的，当事人可以解除合同：(一)因不可抗力致使不能实现合同目的；(二)在履行期限届满之前，当事人一方明确表示或者以自己的行为表明不履行主要债务；(三)当事人一方迟延履行主要债务，经催告后在合理期限内仍未履行；(四)当事人一方迟延履行债务或者有其他违约行为致使不能实现合同目的；(五)法律规定的其他情形。

具体到本题及结论：(1)预约合同违约责任形式不包括强制继续履行，即法院不能强制当事人即甲签订正式合同。(2)乙可以按照《合同法》第113条请求赔偿，也可以根据第94条请求解除合同并请求赔偿。

思路延伸：预购合同是否可以强制继续履行有否定说和肯定说。(1)王利明教授认为：“预约虽然仅使当事人负有订约义务，但也是一种合同。如果预约的一方当事人不履行其订立本约的义务，则另一方有权请求法院强制其履行义务及承担责任”。(2)司法解释认为学术研究有待深入，留待审判实践去检验，故没有明确态度。(3)钱明星教授等认为，继续履行是指给付，而不包括强制订立合同。权利人完全可以通过赔偿进行补救，强制订立合同就没必要。(4)站队：具体到本题，钱明星教授观点更合乎实际，因为即使是下达了强制订立合同的判决，怎么执行？！

常见错误

预约是合同债权，而房主对房屋有所有权，债权不能对抗物权。所以不能强制缔约。

设问2. 甲未告知乙有租赁的事实，应对乙承担什么责任？

答：甲应对丙【司法部公布答案为丙，实际应该是“乙”】承担违约责任。甲应说明买卖标的物上有负担的事实而未说明，违反了法律规定的义务，在合同有效的情况下，应该纳入到违约责任中。

考点：权利瑕疵担保责任

解题图构

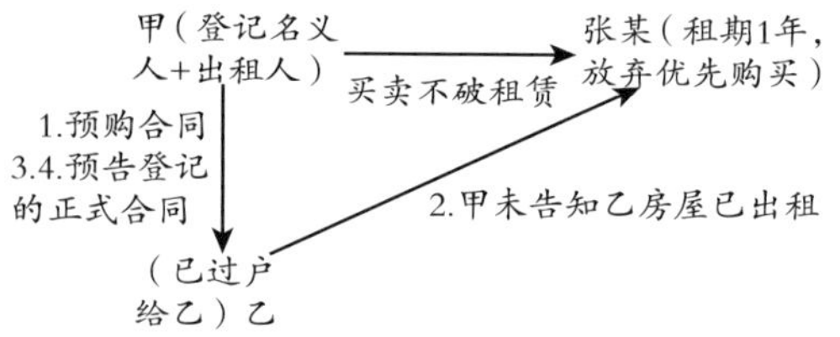

思路展开

命题点1：买卖不破租赁。(1)法律依据：《合同法》第229条，“租赁物在租赁期间发生所有权变动的，不影响租赁合同的效力。”(2)具体到本题：乙要法定承受与张某的租赁合同关系，即张某的租赁权负担在乙的房屋所有权上，此即“买卖不破租赁”。

命题点2：权利瑕疵担保责任。(1)法律依据：《合同法》第150条，“出卖人就交付的标的物，负有保证第三人不得向买受人主张任何权利的义务，但法律另有规定的除外。”(2)具体到本题：房屋买卖合同的卖方甲违反了权利瑕疵担保义务，须对买方乙承担违约责任。

延展：如是物的质量瑕疵，则适用《合同法》第111条的瑕疵担保责任，“质量不符合约定的，应当按照当事人的约定承担违约责任。对违约责任没有约定或者约定不明确，依照本法第六十一条的规定仍不能确定的，受损害方根据标的的性质以及损失的大小，可以合理选择要求对方承担修理、更换、重作、退货、减少价款或者报酬等违约责任。”

措辞分析：“在合同有效的情况下，应该纳入到违约责任中”。(1)在脱离本案案情的前提下，买方乙确实可以选择缔约过失责任的救济路径。(2)在限定于本案案情的前提下，回答缔约过失责任就有“驴唇不对马嘴”之嫌。(3)因为本案中，乙已经获得了房屋的过户，买卖交易已经完成，合同也有效，此时再回答说乙可以主张缔约过失责任，有些没事欠抽的味道。

常见错误

1. 甲没有违约说：房屋出租人的优先权并不会对买受人造成任何损失，甲不存在违约的情形，不应承担违约责任。

2. 甲承担缔约过失责任说：甲应承担缔约过失

责任，因为甲在订约的过程中未告知房屋已经出租的事实，违反订立合同的诚实信用原则。故甲应承担缔约过失责任而非违约责任。

3. 违约和缔约过失责任选择说。甲在缔约过程中没有告知乙方信息，构成缔约过失责任。所以用缔约过失责任来救济乙或者用违约责任来救济乙，由乙选择适用。

4. 物的瑕疵担保说。买卖合同中的卖方应当向买房承担合同标的物的瑕疵担保责任。

设问3. 如甲不履行对乙的合同，预告登记对乙产生什么保护效果？

答：按照我国《物权法》第20条的规定，预告登记后，甲再处分房屋的，不产生物权效力。即丙（司法部公布答案为丙，实际应为“乙”）对房屋的交付请求权具有物权性优先权，可以对抗所有的未登记的购买人。

考点：预告登记对登记债权人的保护效果：债权物权化

解题图构

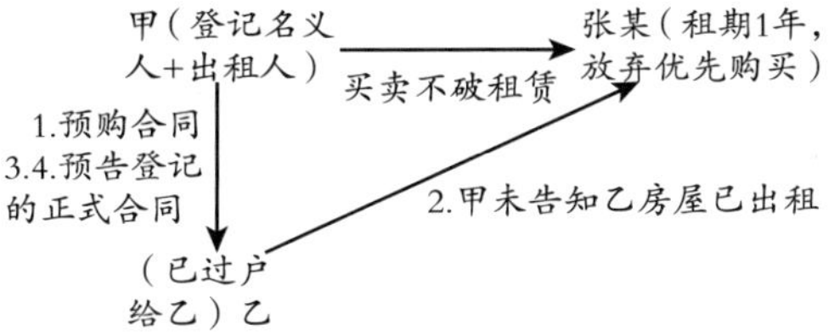

思路展开

1. 法律依据：(1)《物权法》第20条第1款，“当事人签订买卖房屋或者其他不动产物权的协议，为保障将来实现物权，按照约定可以向登记机构申请预告登记。预告登记后，未经预告登记的权利人同意，处分该不动产的，不发生物权效力。”(2)《物权法司法解释（一）》第4条，“未经预告登记的权利人同意，转移不动产所有权，或者设定建设用地使用权、地役权、抵押权等其他物权的，应当依照物权法第二十条第一款的规定，认定其不发生物权效力。”

2. 具体到本题：乙是预告登记债权人，即请求甲过户房屋之债的权利经预告登记，具有了一定的优先效力。

设问4. 如甲在预告登记后又与第三人签订房屋买卖合同，该合同是否有效？为什么？

答：预告登记后，甲与第三人签订的房屋买卖合同有效，只是不发生物权变动的效力，如果甲不履行，将对第三人承担违约责任。《物权法》第20条第1款后段，“预告登记后，未经预告登记的权利人同意，处分该不动产的，不发生物权效力。”

考点：预告登记对义务人的限制效果：不发生物权效力

解题图构

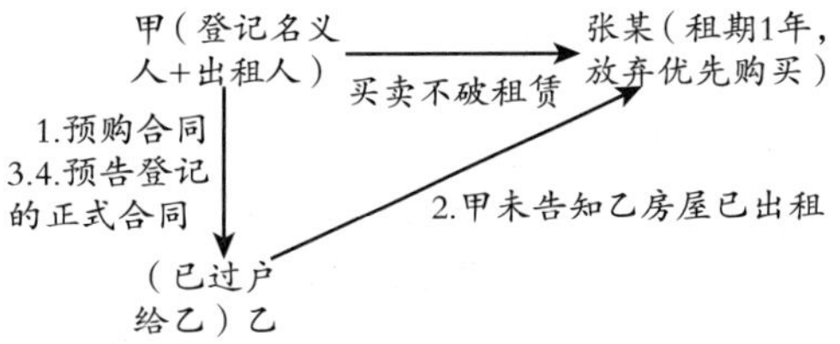

思路展开

1. 法律依据：(1)预告登记未经权利人同意处分不动产不发生物权效力：①《物权法》第20条第1款，“当事人签订买卖房屋或者其他不动产物权的协议，为保障将来实现物权，按照约定可以向登记机构申请预告登记。预告登记后，未经预告登记的权利人同意，处分该不动产的，不发生物权效力。”②《物权法司法解释（一）》第4条，“未经预告登记的权利人同意，转移不动产所有权，或者设定建设用地使用权、地役权、抵押权等其他物权的，应当依照物权法第二十条第一款的规定，认定其不发生物权效力。”(2)买卖合同效力不因此受影响：《关于审理买卖合同纠纷案件适用法律问题的解释》第3条第2款，“出卖人因未取得所有权或者处分权致使标的物所有权不能转移，买受人要求出卖人承担违约责任或者要求解除合同并主张损害赔偿的，人民法院应予支持。”

2. 具体到本题：甲卖房并预告登记给了乙，则甲再卖房给第三人，不发生物权效力，但甲与第三人买卖合同仍然有效。

设问5. 如甲不履行合同义务，在担保权的实现上乙可以行使什么样的权利？担保权实现后，甲、丙、丁的关系如何？

答：如果甲不履行合同义务，丙（疑为“乙”）可以选择实现抵押权或者向保证人丁（疑为“丙”）主张保证责任。无论丁还是戊（疑为“丙”）履行担保责任后,都有权向甲追偿。(或:丁、戊(疑为“丙”)可向甲追偿,也可以要求对方(丁或者戊[疑为“丙”])承担一半的份额)(作者特别说明:司法部公布答案出现主体错误,所以我在括号内做了修改。)

考点:混合担保担保权人的救济;混合担保担保人的追偿救济

解题图构

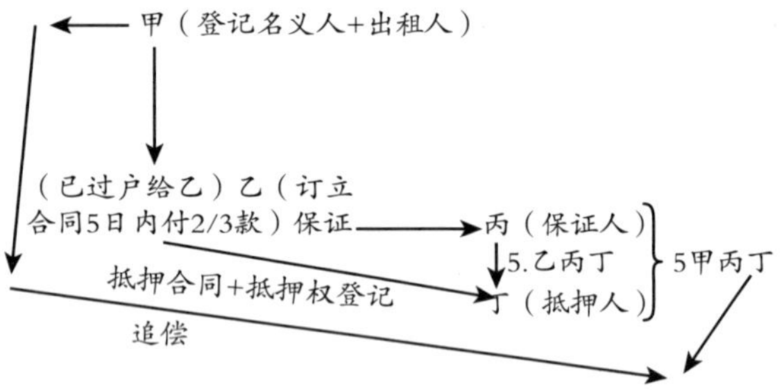

思路展开

命题点1:混合担保之人保和第三人物保,债权人可选择主张人保或者物保。(1)法律依据:《物权法》第176条后段,“第三人提供物的担保的,债权人可以就物的担保实现债权,也可以要求保证人承担保证责任。提供担保的第三人承担担保责任后,有权向债务人追偿。”(2)具体到本题:“甲找到丙作为保证人,并用丁的房屋抵押。丁与乙签订了抵押合同并办理了抵押登记,但并没有约定担保范围。”(3)结论:债权人乙可选择实现抵押权或向保证人丙主张保证责任。

命题点2:混合担保之人保和第三人物保,担保人承担责任后的追偿救济:可以追主债务人;是否可以互追存有分歧。(1)法律依据:①《物权法》第176条,“提供担保的第三人承担担保责任后,有权向债务人追偿。”②《担保法司法解释》第38条第1款,“同一债权既有保证又有第三人提供物的担保的,债权人可以请求保证人或者物的担保人承担担保责任。当事人对保证担保的范围或者物的担保的范围没有约定或者约定不明的,承担了担保责任的担保人,可以向债务人追偿,也可以要求其他担保人清偿其应当分担的份额。”(2)技术分析:为什么有括号?带括号的备用答案。实务中的担保,物保往往都是有偿的,而人保往往都是无偿的,而且债权人往往先实现物保,此时若有偿的物保有权要求无偿的人保承担一半的份额,并不合理。(3)比对试题:2014年8题,甲欠乙100万,丙保证,丁房屋抵押。“D丙和丁可相互追偿”,错误选项。

常见错误

保证合同未订立说:保证合同应该书面订立。本题中:“甲找到丙作为保证人,并用丁的房屋抵押。丁与乙签订了抵押合同并办理了抵押登记”明示了与乙签订抵押合同却未提丙的保证合同,也就表明并未与丙签订保证合同,那么丙不应该承担保证责任。

设问6. 甲擅自处分共有财产,其妻李某能否主张买卖合同无效?是否可以主张房屋过户登记为无效或者撤销登记?为什么?

答:不得主张无效。即使没有处分权,也不影响合同效力。不可以主张房屋登记过户为无效,对于善意的丙不得主张无效。

考点:无权处分、善意取得

解题图构

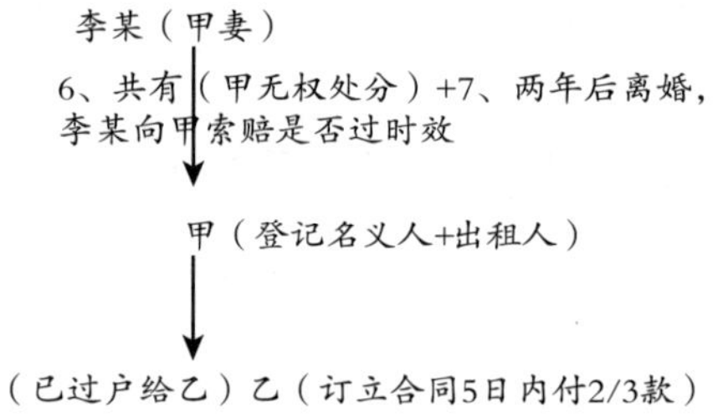

思路展开

1. 命题点1:无权处分夫妻共有财产的合同关系:有效。(1)法律依据:《关于审理买卖合同纠纷案件适用法律问题的解释》第3条第1款,“当事人一方以出卖人在缔约时对标的物没有所有权或者处分权为由主张合同无效的,人民法院不予支持。”(2)具体到本题:虽然甲无权处分夫妻共同财产,但是李某不能主张买卖合同无效。

2. 命题点2:无权处分夫妻共有财产的物权关系:启动善意取得。(1)法律依据:①《物权法》第106条,“无处分权人将不动产或者动产转让给受让人的,所有权人有权追回;除法律另有规定外,符合下列情形的,受让人取得该不动产或者动产的所有权:(一)受让人受让该不动产或者动产时是善意的;(二)以合理的价格转让;(三)转让的不动产或者动产依照法律规定应当登记的已经登记，不需要登记的已经交付给受让人。受让人依照前款规定取得不动产或者动产的所有权的，原所有权人有权向无处分权人请求赔偿损失。当事人善意取得其他物权的，参照前两款规定。”②《婚姻法司法解释(三)》第 11 条第 1 款，“一方未经另一方同意出售夫妻共同共有的房屋，第三人善意购买、支付合理对价并办理产权登记手续，另一方主张追回该房屋的，人民法院不予支持。”(2)具体到本题：①“但甲还是瞒着李某与乙办理了房屋所有权转移登记。”②题干未交代价款是否合理，推定合理。题干有提及“乙在合同签订后的 5 日内将购房款的三分之二通过银行转账给甲”。③李某不得主张房屋过户登记无效或者撤销登记，因为乙善意购买支付合理对价并过户登记，李某不得主张追回。

常见错误

同事恶意说：(1)乙作为甲的同事，购买房屋时并非善意。(2)因为甲、乙间既然是同事，那么乙对于甲的配偶状况，房屋是否属于夫妻共同财产是知情的，同时更加知情买卖房屋及签字过户是在甲的配偶李某没有参加的情况下办理的，未征得其同意，所以不构成善意。(3)同事、亲属、朋友等熟人之间买卖房屋，最起码的是知情是应当的。

设问 7. 甲对其妻李某的请求所提出的时效抗辩是否成立？为什么？

答：不成立。由于双方为夫妻共同财产制，夫妻关系存续是诉讼时效期间中止的法定事由。

考点：不承认婚内赔偿，婚姻关系是离异夫妻相互索赔诉讼时效中止的客观障碍

解题图构

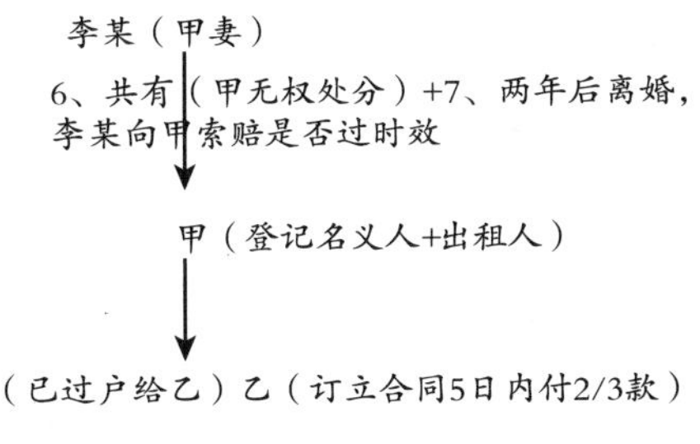

思路展开

1. 法律依据：(1)《婚姻法司法解释(三)》第 11 条第 2 款，夫妻一方擅自处分共同共有的房屋造成另一方损失，离婚时另一方请求赔偿损失的，人民法院应予支持。(2)《民法总则》第 194 条第 1 款，“在诉讼时效期间的最后六个月内，因下列障碍，不能行使请求权的，诉讼时效中止：(一)不可抗力；(二)无民事行为能力人或者限制民事行为能力人没有法定代理人，或者法定代理人死亡、丧失民事行为能力、丧失代理权；(三)继承开始后未确定继承人或者遗产管理人；(四)权利人被义务人或者其他人控制；(五)其他导致权利人不能行使请求权的障碍。”第 2 款，“自中止时效的原因消除之日起满六个月，诉讼时效期间届满。”

2. 具体到本题：(1)“甲的房屋实际上为夫妻共同财产”+“李某知道后表示不同意。但甲还是瞒着李某与乙办理了房屋所有权转移登记。”+“2 年后，甲与李某离婚，李某认为当年甲擅自处分夫妻共有房屋造成了自己的损失，要求赔偿。甲抗辩说，赔偿请求权已过诉讼时效。”(2)甲妻李某索赔，甲提出诉讼时效抗辩理由不成立。

3. 再深入两步：(1)复原情境：两个男人，“沆瀣一气”，甲和其猥琐的男同事乙，“合谋欺负”一个女人。《物权法》堵死了救济女人的途径，债权法不能不管啊！怎么破除渣男诉讼时效已经过的抗辩？我国不承认婚内赔偿，故此指向诉讼时效中止制度。(2)甲时效已过的抗辩不成立。但是，甲妻李某损失体现在何处呢？因为毕竟卖房款经过离婚进行了分割。这给我们留下了思考空间，即损害很可能表现为“价格低了一点点”。由此看来，同事“乙”获得了“小小好处”，果真是“中国好同事”！

常见错误

1. 物权请求权不适用诉讼时效说：因为房屋属于甲和李某的共有财产，李某针对甲擅自转让共有房屋要求赔偿损失是行使物权请求权，物权请求权是对世权，绝对权，不适用诉讼时效。

2. 诉讼时效自当事人能够行使权利之日起计算说：诉讼时效的起算从当事人能够行使权利之日起计算，甲与李某离婚，通常情况下婚姻消灭方能主张分割财产，李某离婚时才能追究甲擅自处分房屋的责任，因此该案时效并非“中止”，而是从婚姻解除之日起算诉讼时效。评论：此观点也有一定道理。

3. 题干交代不清说:认为甲的时效抗辩不成立的理由也可以回答为自知道或应当知道之日起2年内,题中未明确李某什么时候知道或应当知道,但可推知离婚时知道,此时未过诉讼时效期,甲抗辩自然不成立。评论:房屋都过户了,2年后离婚才知道?严重脱离题干。

4. 不适用合同法说:认为应适用婚姻法的相关规定和解释。

5. 共有物分割请求权属于形成权说:认为甲时效抗辩不成立的也可以是,甲的妻子李某享有共有财产分割请求权,而此项权利是形成权,不受诉讼时效的限制。评论:看清题干,“甲抗辩说,赔偿请求权已过诉讼时效”,乙提出的是赔偿请求权。

2014年主观案例分析题

案情:2月5日,甲与乙订立一份房屋买卖合同,约定乙购买甲的房屋一套(以下称01号房),价格80万元。并约定,合同签订后一周内乙先付20万元,交付房屋后付30万元,办理过户登记后付30万元。

2月8日,丙得知甲欲将该房屋出卖,表示愿意购买。甲告其已与乙签订合同的事实,丙说愿出90万元。于是,甲与丙签订了房屋买卖合同,约定合同签订后3日内丙付清全部房款,同时办理过户登记。2月11日,丙付清了全部房款,并办理了过户登记。

2月12日,当乙支付第一笔房款时,甲说:房屋已卖掉,但同小区还有一套房屋(以下称02号房),可作价100万元出卖。乙看后当即表示同意,但提出只能首付20万元,其余80万元向银行申请贷款。甲、乙在原合同文本上将房屋相关信息、价款和付款方式作了修改,其余条款未修改。

乙支付首付20万元后,恰逢国家出台房地产贷款调控政策,乙不再具备贷款资格。故乙表示仍然要买01号房,要求甲按原合同履行。甲表示01号房无法交付,并表示第二份合同已经生效,如乙不履行将要承担违约责任。乙认为甲违约在先。3月中旬,乙诉请法院确认甲、丙之间的房屋买卖合同无效,甲应履行2月5日双方签订的合同,交付01号房,并承担迟延交付的违约责任。甲则要求乙继续履行购买02号房的义务。

3月20日,丙聘请不具备装修资质的A公司装修01号房。装修期间,A公司装修工张某因操作失误将水管砸坏,漏水导致邻居丁的家具等物件损坏,损失约5000元。

5月20日,丙花3000元从商场购买B公司生产的热水器,B公司派员工李某上门安装。5月30日,李某从B公司离职,但经常到B公司派驻丙所住小区的维修处门前承揽维修业务。7月24日,丙因热水器故障到该维修处要求B公司维修,碰到李某。丙对李某说:热水器是你装的,出了问题你得去修。维修处负责人因人手不够,便对李某说:那你就去帮忙修一下吧。李某便随丙去维修。李某维修过程中操作失误致热水器毁损。(本题22分)

解题图构

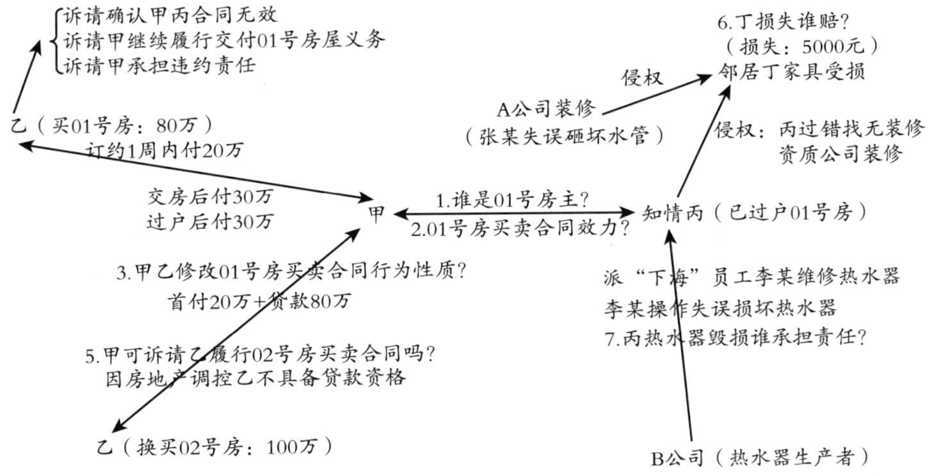

说明:图构中的阿拉伯数字1、2、3、4、5、6、7代表本题的7个小设问。

问题:

1. 01号房屋的物权归属应当如何确定?为什么?

2. 甲、丙之间的房屋买卖合同效力如何?考察甲、丙之间合同效力时应当考虑本案中的哪些因素?

3. 2月12日,甲、乙之间对原合同修改的行为的效力应当如何认定?为什么?

4. 乙的诉讼请求是否应当得到支持?为什么?

5. 针对甲要求乙履行购买02号房的义务,乙可主张什么权利?为什么?

6. 邻居丁所遭受的损失应当由谁赔偿?为什么?

7. 丙热水器的毁损,应由谁承担赔偿责任?为什么?

设问1. 01号房屋的物权归属应当如何确定?为什么?

答:甲、丙基于合法有效的买卖合同于2月11日办理了过户登记手续,即完成了不动产物权的公示行为。

不动产物权发生变动,即由原所有权人甲变更为丙。

考点:一房两卖和基于法律行为发生的不动产物权变动

解题图构

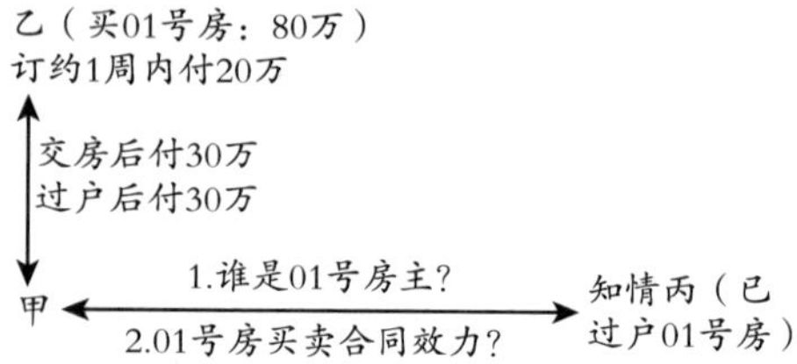

思路展开

1. 命题点:(1)一房两卖,合同均有效。(2)物权变动则遵循基于法律行为发生的不动产物权变动规则。

2. 法律依据:(1)一房两卖两个合同都有效:《合同法司法解释(二)》第15条,“出卖人就同一标的物订立多重买卖合同,合同均不具有合同法第五十二条规定的无效情形,买受人因不能按照合同约定取得标的物所有权,请求追究出卖人违约责任的,人民法院应予支持。”(2)不动产物权登记过户变动物权:《物权法》第9条,“不动产物权的设立、变更、转让和消灭,经依法登记,发生效力;未经登记,不发生效力,但法律另有规定的除外。”

3. 法理阐释:一房两卖两个合同都有效。基于法律行为不动产物权变动要满足三个条件:(1)房屋买卖合同有效;(2)出卖人有处分权;(3)办理了房屋过户登记。

4. 具体到本题:(1)先卖给乙:“2月5日,甲与乙订立一份房屋买卖合同,约定乙购买甲的房屋一套(以下称01号房),价格80万元。”(2)后卖给丙并过户给丙:“2月8日,丙得知甲欲将该房屋出卖,表示愿意购买。甲告其已与乙签订合同的事实,丙说愿出90万元。于是,甲与丙签订了房屋买卖合同,约定合同签订后3日内丙付清全部房款,同时办理过户登记。2月11日,丙付清了全部房款,并办理了过户登记。”(3)甲对01号房两卖。(4)甲、乙房屋买卖合同有效。(5)甲、丙房屋买卖合同有效。(6)甲卖01号房的两个合同都是有权处分。(7)甲把01号房屋过户给了丙。(8)因此,丙成为01号房屋所有权人。

设问2. 甲、丙之间的房屋买卖合同效力如何?考察甲、丙之间合同效力时应当考虑本案中的哪些因素?

答:(1)甲、丙之间于2月8日形成的房屋买卖合同,该合同为有效合同。(2)考虑因素:尽管甲已就该房与乙签订了合同,但甲、丙的行为不属于违背公序良俗的行为,也不违反法律、行政法规的强制性规定,不存在无效的因素。丙的行为仅为单纯的知情,甲、丙之间的合同不属于恶意串通行为,因其不以损害乙的权利为目的。

考点:一房两卖合同的效力;合同无效事由之公序良俗、强制性规定和恶意串通损害第三人利益

解题图构

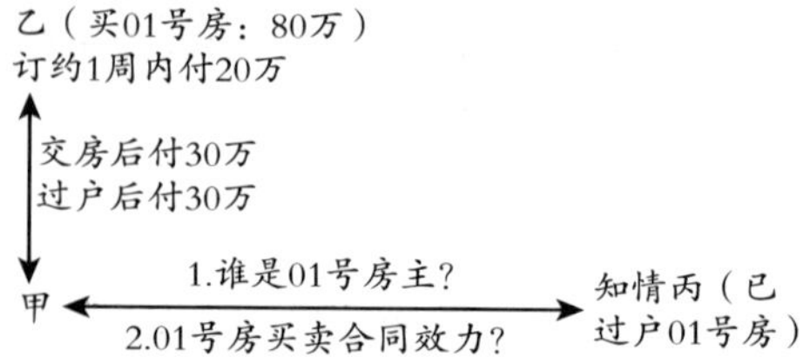

思路展开

1. 命题点 1:一房二卖合同均有效。就同一标的物订立多重买卖合同,合同并不因此无效,但可能会发生违约责任。(1)法律依据:《合同法司法解释(二)》第 15 条,“出卖人就同一标的物订立多重买卖合同,合同均不具有合同法第五十二条规定的无效情形,买受人因不能按照合同约定取得标的物所有权,请求追究出卖人违约责任的,人民法院应予支持。”(2)法条阐释:多重买卖,同一个出卖人,就同一个标的物,与两个以上的买受人分别订立买卖合同,每一个买卖合同都是有权处分的一物数卖。如无其他效力瑕疵,多重买卖本身不影响多重买卖中各个合同的效力,即各个买卖合同都有效。(3)具体到本题:甲与乙、甲与丙分别订立买卖 01 号房的合同,如果合同不具有《合同法》第 52 条规定的无效情形,则合同均有效。

2. 命题点 2:合同无效事由的检索。(1)法律依据:①民事法律行为有效条件:《民法总则》第 143 条,具备下列条件的民事法律行为有效:(一)行为人具有相应的民事行为能力;(二)意思表示真实;(三)不违反法律、行政法规的强制性规定,不违背公序良俗。②《民法总则》第 144 条,无民事行为能力人实施的民事法律行为无效。民事法律行为无效类型:《民法总则》第 146 条第 1 款,行为人与相对人以虚假的意思表示实施的民事法律行为无效。第 2 款,以虚假的意思表示隐藏的民事法律行为的效力,依照有关法律规定处理。《民法总则》第 153 条第 1 款,违反法律、行政法规的强制性规定的民事法律行为无效,但是该强制性规定不导致该民事法律行为无效的除外。第 2 款,违背公序良俗的民事法律行为无效。

《民法总则》第 154 条,行为人与相对人恶意串通,损害他人合法权益的民事法律行为无效。③《合同法》第 52 条,“有下列情形之一的,合同无效:(一)一方以欺诈、胁迫的手段订立合同,损害国家利益;(二)恶意串通,损害国家、集体或者第三人利益;(三)以合法形式掩盖非法目的;(四)损害社会公共利益;(五)违反法律、行政法规的强制性规定。”④开发商卖房中的恶意串通(注意,本题中卖方甲的身份没有揭示,从命题本意上,是从甲是自然人身份出发。不过《关于审理商品房买卖合同纠纷案件适用法律若干问题的解释》第 10 条也可参考):《关于审理商品房买卖合同纠纷案件适用法律若干问题的解释》第 10 条,“买受人以出卖人与第三人恶意串通,另行订立商品房买卖合同并将房屋交付使用,导致其无法取得房屋为由,请求确认出卖人与第三人订立的商品房买卖合同无效的,应予支持。”(2)具体到本题:①“2 月 8 日,丙得知甲欲将该房屋出卖,表示愿意购买。甲告其已与乙签订合同的事实,丙说愿出 90 万元。于是,甲与丙签订了房屋买卖合同。”②要分别考察甲、丙合同是否存在《合同法》第 52 条规定了五种致使合同无效的事由。③尤其要考察甲、丙的合同是否构成“恶意串通,损害国家、集体或第三人利益”、“损害社会公共利益”或“违反法律、行政法规的强制性规定”。④其中丙虽然在主观上属于“知情”,但并不存在以损害乙的权利的目的,因此不构成恶意串通行为。⑤“恶意串通损害第三人利益”之记忆:恶意(以损害他人权利为目的)+串通(意思联络)+损害结果。

常见错误

1. 认为甲、丙签订的合同构成恶意串通且损害了乙的利益,应认定为无效。

2. 不了解《合同法》第 52 条规定的合同无效事由,遗漏一些答题要点。

设问 3. 2 月 12 日,甲、乙之间对原合同修改的行为的效力应当如何认定?为什么?

答:(1)2 月 12 日,甲、乙之间修改合同的行为,该行为有效,其性质属于双方变更合同。(2)双方受变更后的合同的约束。

考点:合同变更

解题图构

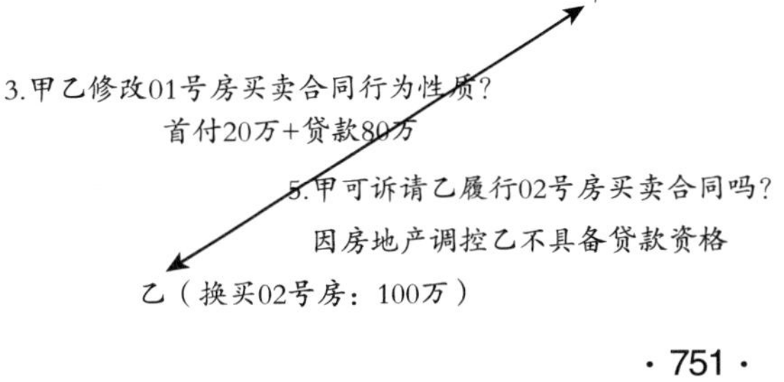

思路展开

1. 命题点:合同的变更。

2. 法律依据:(1)合同变更要件:《合同法》第77条第1款,“当事人协商一致,可以变更合同。”第2款,“法律、行政法规规定变更合同应当办理批准、登记等手续的,依照其规定。”(2)合同变更要明确:《合同法》第78条,“当事人对合同变更的内容约定不明确的,推定为未变更。”

3. 法条阐释:合同变更,不改变合同的主体仅改变合同内容。(1)存在有效的原合同。(2)变内容而非变主体。(3)当事人(非当事人不具有变更主体资格)就变更内容协商一致。(4)变更要明确,不明确则推定为未变更,此时不可启动《合同法》的第61、62条。(5)变更方式要依法进行。

4. 具体到本题:(1)修改了房屋、价款和付款方式,其他的未修改。“2月12日,当乙支付第一笔房款时,甲说:房屋已卖掉,但同小区还有一套房屋(以下称02号房),可作价100万元出卖。乙看后当即表示同意,但提出只能首付20万元,其余80万元向银行申请贷款。甲、乙在原合同文本上将房屋相关信息、价款和付款方式作了修改,其余条款未修改。”(2)甲、乙房屋买卖合同发生变更,即从买卖01号房,变更为买卖02号房,其他条款不变。(3)甲、乙协商一致变更合同属于当事人意思自治的范围,当事人有权自主决定是否变更以及如何变更合同,变更后的合同对当事人具有拘束力。

5. 延展:合同的变更与合同的更改。合同的变更前已述及。(1)合同的更改,为中国台湾地区理论,大陆也有赞同说。(2)合同更改又称合同的更新,债务人和债权人成立新债务同时消灭旧债务的合同。合同的更改是一个合同,而不是两个合同。必须是合同要素发生变更,所谓合同要素,即合同的客体,关于履行期限、地点、标的物数量、附加担保、变更付款都不是合同要素。(3)合同更改的效力很猛:旧债务消灭,旧债务从属的债务和担保,如利息、违约金、物的担保、人的担保等均随之消灭。但当事人可以特别约定使物的担保继续担保新债务,如担保是由第三人提供,则应征得第三人同意。新债务产生,并非旧债务的延续或继续,两者不具备同一性。债务人不得对债权人主张旧债务的抗辩权。(4)以上,皆不受2014年主观题之待见,我国合同法立法未规定合同更改,命题老师在2014年没有采信合同更改。

设问4. 乙的诉讼请求是否应当得到支持?为什么?

答:(1)乙与甲通过协商变更了合同,且甲、丙之间的合同有效且已经办理了物权变动的手续,故乙关于确认甲、丙之间合同无效、由甲交付01号房的请求不能得到支持。(2)但是,乙可以请求甲承担违约责任,乙同意变更合同不等于放弃追索甲在01号房屋买卖合同项下的违约责任。

考点:合同效力、合同履行、合同变更和违约责任

解题图构

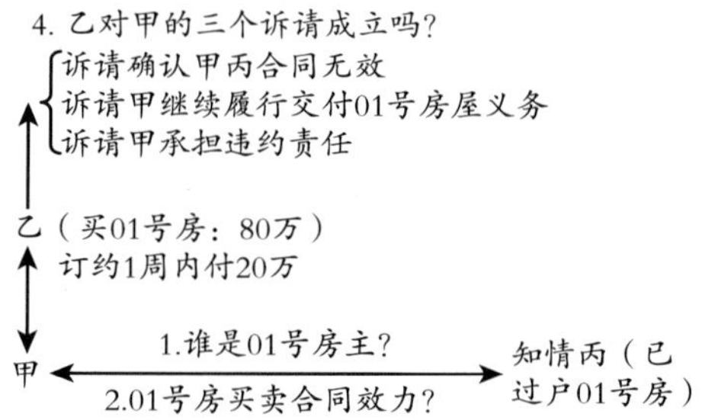

思路展开

1. 从题干信息出发:“3月中旬,乙诉请法院确认甲、丙之间的房屋买卖合同无效,甲应履行2月5日双方签订的合同,交付01号房,并承担迟延交付的违约责任。”

2. 乙提出了三项诉讼请求。(1)请求认定甲、丙的合同无效。第2题中已经论述了甲、丙的合同是有效合同,乙的该项请求不能得到支持。(2)要求甲交付01号房。交付01号房是甲在01号房屋买卖合同中的义务,但甲、乙已经变更了合同内容,变更后甲的义务是交付02号房,甲交付01号房的义务已经消灭,乙无权再要求甲交付01号房。(3)要求甲承担迟延交付的违约责任。①由于甲已经将01号房卖给了丙,无法再向乙履行01号房屋买卖合同中交付01号房的义务,在履行期限届至后,甲构成迟延履行。②虽然甲、乙后来变更了合同内容,但这是双方关于合同中买卖标的物的变更,并

不意味着乙放弃追究甲的违约责任。③故乙要求甲承担迟延履行的违约责任可以支持。

常见错误

1. 遗漏分析:本题中乙提出了三项请求,答题中应针对这三项请求分别进行分析,有的考生审题不认真,遗漏了对某些请求的分析。

2. 前置分析错误:乙的前两项请求仍然与合同效力和合同变更相关,如果考生在前面的题目中错误认定了合同效力,此题仍可能犯错。

3. 放弃说:关于乙要求甲承担违约责任的请求,有的考生误认为,甲、乙已经变更了合同,故乙已经放弃追究甲在01号房屋买卖合同中的违约责任。

设问5. 针对甲要求乙履行购买02号房的义务,乙可主张什么权利?为什么?

答:乙可请求解除合同,甲应将收受的购房款本金及其利息返还给乙。因政策限购属于当事人无法预见的情形,且合同出现了履行不能的情形,乙有权解除合同,且无须承担责任。

考点:合同的法定解除、情势变更

解题图构

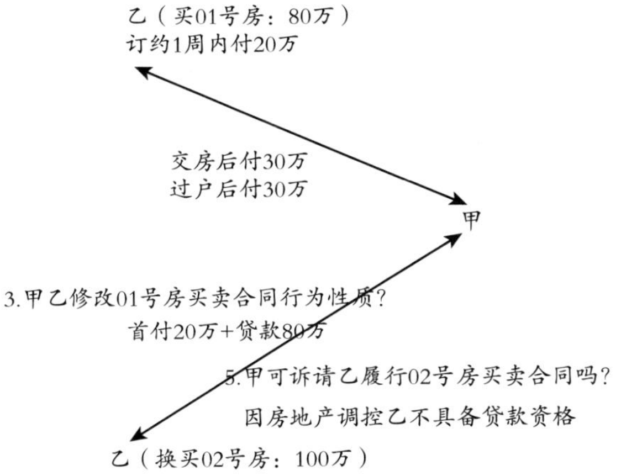

思路展开

1. 法律依据:《合同法司法解释(二)》第26条,"合同成立以后客观情况发生了当事人在订立合同时无法预见的、非不可抗力造成的不属于商业风险的重大变化,继续履行合同对于一方当事人明显不公平或者不能实现合同目的,当事人请求人民法院变更或者解除合同的,人民法院应当根据公平原则,并结合案件的实际情况确定是否变更或者解除。"

2. 具体到本题:(1)"(02号房)首付20万元,其余80万元向银行申请贷款"+"乙支付首付20万元后,恰逢国家出台房地产贷款调控政策,乙不再具备贷款资格"+"甲则要求乙继续履行购买02号房的义务。"(2)在02号房屋买卖合同生效后消灭之前,发生了不可归责于甲、乙双方的国家政策变化,导致乙不再具备贷款资格,无法通过贷款支付购房款,02号房屋买卖合同出现了履行不能情形,合同目的无法实现。针对甲要求乙履行购买02号房的义务,乙可根据上述司法解释的规定请求人民法院解除合同。(注意:司法部解析原文没有"变更"二字,答案也没有"变更"二字,其考量因素是结合到本案情况,故此给出的表述)(3)合同解除后,乙可根据《合同法》第97条的规定要求甲返还已支付的购房款本金和利息。(4)展示司法部解析之"【设题陷阱与常见错误分析】有的考生不了解情势变更的构成要件和法律效果,未能认定本案构成情势变更。"

设问6. 邻居丁所遭受的损失应当由谁赔偿?为什么?

答:(1)应当由丙和A公司承担。(2)张某是受雇人,其执行职务的行为,由A公司承担侵权赔偿责任。(3)丙聘请没有装修资质的A公司进屋装修,具有过错,也应对丁的损失承担赔偿责任。

考点:过错侵权(加工承揽合同中委托人过错侵权责任)、用人单位(加工承揽合同中受托人)无过错替代责任

解题图构

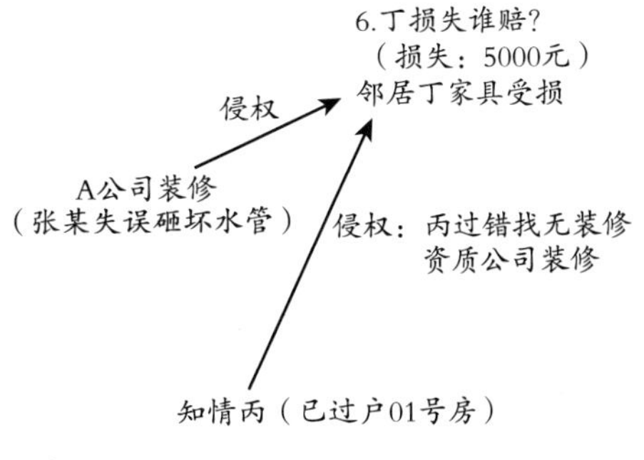

思路展开

命题点1:加工承揽合同中委托人过错侵权责任。(1)法律依据:①过错侵权:《侵权责任法》第6条第1款,"行为人因过错侵害他人民事权益,应

当承担侵权责任。”②加工承揽合同中委托人过错侵权:类推适用《关于审理人身损害赔偿案件适用法律问题的解释》第10条,“承揽人在完成工作过程中对第三人造成损害或者造成自身损害的,定作人不承担赔偿责任。但定作人对定作、指示或者选任有过失的,应当承担相应的赔偿责任。”(2)具体到本题:①“丙聘请不具备装修资质的A公司装修01号房。装修期间,A公司装修工张某因操作失误将水管砸坏,漏水导致邻居丁的家具等物件损坏”。②丙聘请不具备装修资质的A公司进行专修,对丁所受损害的发生具有因果关系,且丙具有过错,符合《侵权责任法》第6条第1款的规定,丙应承担侵权责任。

命题点2:加工承揽人合同受托人侵权责任,受托人是公司,由公司对员工张某职务行为负无过错替代责任。(1)法律依据:《侵权责任法》第34条第1款规定:“用人单位的工作人员因执行工作任务造成他人损害的,由用人单位承担侵权责任。”(2)具体到本题:张某因操作失误砸坏水管致丁受到损害,属于因执行工作任务侵害丁的物权,应由用人单位A公司承担侵权赔偿责任。

延展:丙和A公司对邻居丁负侵权责任,侵权人之间是什么关系?2014年试题给出的答案是:“应当由丙和A公司承担”。没有进行两个主体责任关系的定性。对此,可参照《侵权责任法》第12条规定(分别侵权的按份责任,又称累积因果关系侵权,强调原因累积才共同致害各由贡献;对应之第11条是分别侵权的连带责任,又称为聚合因果关系侵权,强调每一个都足以致全部损害)处理,按份责任。“二人以上分别实施侵权行为造成同一损害,能够确定责任大小的,各自承担相应的责任;难以确定责任大小的,平均承担赔偿责任。”

常见错误

丙没有实施引起损害行为不构成侵权说:认为丙虽然聘请的公司不具有装修资质,但丙并没有实施引起损害发生的侵权行为,误认为丙不应承担侵权责任。

设问7. 丙热水器的毁损,应由谁承担赔偿责任?为什么?

答:(1)B公司承担。(2)李某维修行为,可准用履行辅助人的原理,其行为后果由B公司承担(合同上的赔偿责任)。(3)或者李某虽然离职,但经维修处负责人指派,仍为执行工作任务,应由B公司承担(侵权责任)。

考点:加害给付:违约赔偿责任与侵权赔偿责任

解题图构

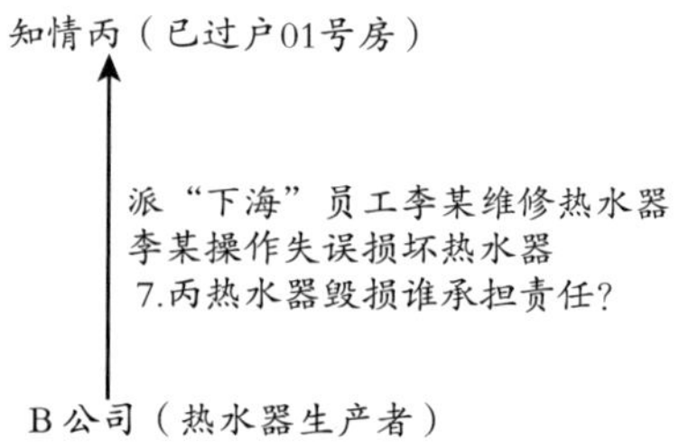

思路展开

1. 先从题干事实出发:(1)“5月20日,丙花3000元从商场购买B公司生产的热水器,B公司派员工李某上门安装。5月30日,李某从B公司离职,但经常到B公司派驻丙所住小区的维修处门前承揽维修业务。7月24日,丙因热水器故障到该维修处要求B公司维修,碰到李某。丙对李某说:热水器是你装的,出了问题你得去修。维修处负责人因人手不够,便对李某说:那你就去帮忙修一下吧。李某便随丙去维修。李某维修过程中操作失误致热水器毁损。”(2)李某有两种意义上的身份:①一是B公司与丙就热水器的售后维修合同,李某是合同履行辅助人,履行合同义务。注意:售后维修合同义务主体是生产商,因为本题题干特别交代:“B公司派驻丙所住小区的维修处”。②二是B公司派李某执行职务,执行职务过程中导致丙财产损害。特别注意题干这些信息:“李某上门安装”+“丙对李某说:热水器是你装的,出了问题你得去修。维修处负责人因人手不够,便对李某说:那你就去帮忙修一下吧。李某便随丙去维修。”提示,虽然李某已经从B公司离职,但是无论在丙看来,还是维修处负责人看来,李某就是B公司的“员工”,在执行B公司的职务。

2. 法律依据:(1)违约责任:①《合同法》第107条,“当事人一方不履行合同义务或者履行合同义务不符合约定的,应当承担继续履行、采取补救措施或者赔偿损失等违约责任。”②《合同法》第111条,“质量不符合约定的,应当按照当事人的约定承担违约责任。对违约责任没有约定或者约定不明确,依照本法第六十一条的规定仍不能确定的,受损害方根据标的的性质以及损失的大小,可以合理选择要求对方承担修理、更换、重作、退货、减少价款或者报酬等违约责任。”(2)侵权责任:《侵权责任法》第 6 条第 1 款,“行为人因过错侵害他人民事权益,应当承担侵权责任。”(3)加害给付:《合同法》第 122 条,“因当事人一方的违约行为,侵害对方人身、财产权益的,受损害方有权选择依照本法要求其承担违约责任或者依照其他法律要求其承担侵权责任。”

3. 具体到本题:可以从合同责任和侵权责任两个角度来分析。(1)违约责任:合同法上,丙要求 B 公司维修热水器,是丙要求 B 公司履行买卖合同中的修理义务,B 公司维修处负责人派遣李某前去维修,表明 B 公司同意履行修理义务,李某是 B 公司履行义务的履行辅助人,李某维修过程中操作失误导致的机器毁损,构成 B 公司对丙的违约,应由 B 公司承担赔偿责任。(2)侵权责任:侵权责任法上,虽然李某已经离职,但经维修处负责人指派执行维修处的工作任务,在性质上可以类推适用《侵权责任法》第 34 条第 1 款的规定,由用人单位 B 公司承担侵权责任。

常见错误

1. 李某无因管理说:认为李某帮忙修热水器,构成无因管理,无因管理过程中李某因过错致使丙遭受损害,应由李某承担责任。

2. 李某与丙合同关系说:认为李某帮忙维修表明李某和丙之间成立合同关系,李某操作失误致使热水器毁损构成违约,应由李某承担违约责任。

3. 李某下海自己责任说:认为李某已经不是 B 公司员工,故李某自己的侵权行为应由李某自己承担侵权责任。

2013 年主观案例分析题

案情：大学生李某要去A市某会计师事务所实习。此前，李某通过某租房网站租房，明确租房位置和有淋浴热水器两个条件。张某承租了王某一套二居室，租赁合同中有允许张某转租的条款。张某与李某联系，说明该房屋的位置及房屋里配有高端热水器。李某同意承租张某的房屋，并通过网上银行预付了租金。

李某入住后发现，房屋的位置不错，卫生间也较大，但热水器老旧不堪，不能正常使用，屋内也没有空调。另外，李某了解到张某已拖欠王某1个月的租金，王某已表示，依租赁合同的约定要解除与张某的租赁合同。

李某要求张某修理热水器，修了几次都无法使用。再找张某，张某避而不见。李某只能用冷水洗澡并因此感冒，花了一笔医疗费。无奈之下，李某去B公司购买了全新电热水器，B公司派其员工郝某去安装。在安装过程中，找不到登高用的梯子，李某将张某存放在储藏室的一只木箱搬进卫生间，供郝某安装时使用。安装后郝某因有急事未按要求试用便离开，走前向李某保证该热水器可以正常使用。李某仅将该木箱挪至墙边而未搬出卫生间。李某电话告知张某，热水器已买来装好，张某未置可否。

另外，因暑热难当，李某经张某同意，买了一部空调安装在卧室。

当晚，同学黄某来A市探访李某。黄某去卫生间洗澡，按新装的热水器上的提示刚打开热水器，该热水器的接口处迸裂，热水喷溅不止，黄某受到惊吓，摔倒在地受伤，经鉴定为一级伤残。另外，木箱内装的贵重衣物，也被热水器喷出的水流浸泡毁损。（本题22分）

解题图构

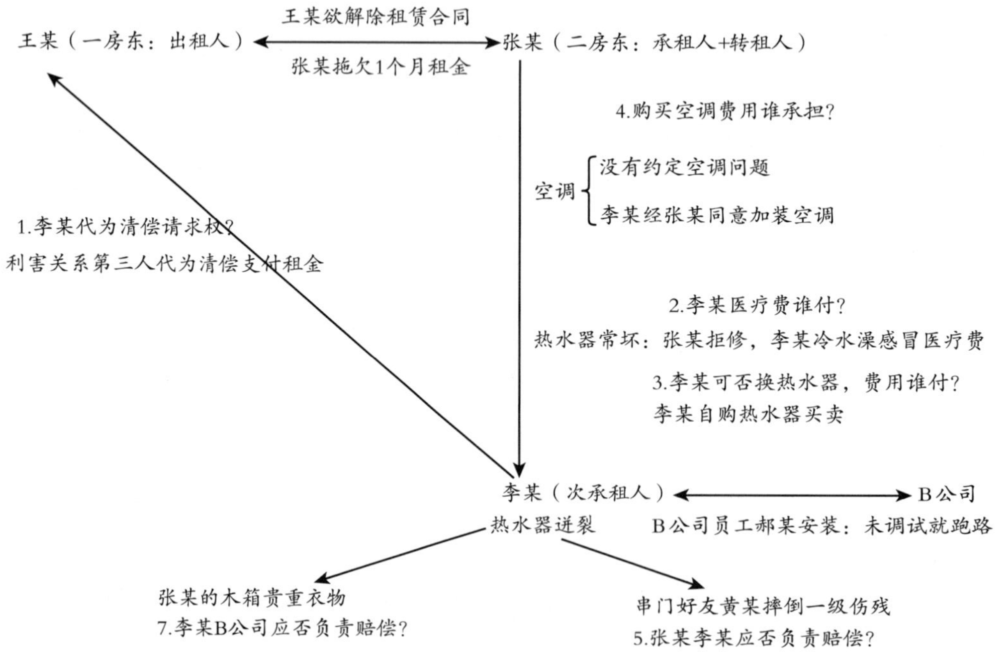

说明:图构中的1、2、3、4、5、6、7代表本案例的7个小设问

问题:

1. 由于张某拖欠租金,王某要解除与张某的租赁合同,李某想继续租用该房屋,可以采取什么措施以抗辩王某的合同解除权?

2. 李某的医疗费应当由谁承担?为什么?

3. 李某是否可以更换热水器?李某更换热水器的费用应当由谁承担?为什么?

4. 李某购买空调的费用应当由谁承担?为什么?

5. 对于黄某的损失,李某、张某是否应当承担赔偿责任?为什么?

6. 对于黄某的损失,郝某、B公司是否应当承担赔偿责任?为什么?

7. 对于张某木箱内衣物浸泡受损,李某、B公司是否应当承担赔偿责任?为什么?

设问1. 由于张某拖欠租金,王某要解除与张某的租赁合同,李某想继续租用该房屋,可以采取什么措施以抗辩王某的合同解除权?

答:李某(次承租人)可以请求代张某(承租人)支付其欠付王某(出租人)的租金和违约金,以抗辩王某的合同解除权。

考点:经出租人同意的转租中,次承租人得代为清偿请求权

解题图构

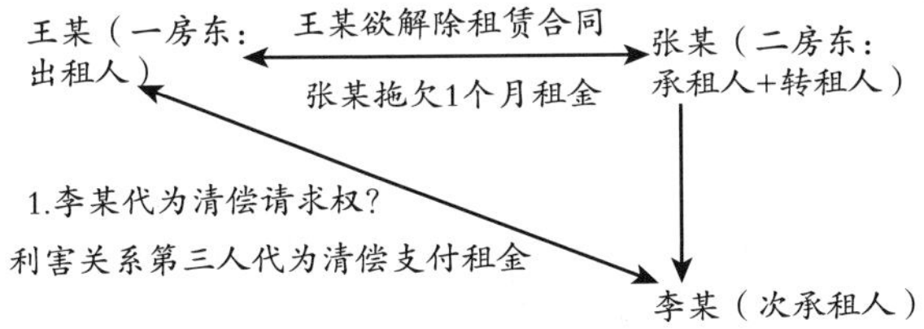

思路展开

1. 从题干信息出发:"张某承租了王某一套二居室,租赁合同中有允许张某转租的条款。"+"另外,李某了解到张某已拖欠王某1个月的租金,王某已表示,依租赁合同的约定要解除与张某的租赁合同。"指向经出租人同意转租和次承租人代为清偿请求权。

2. 法律依据:(1)经出租人同意转租。①《合同法》第224条,"承租人经出租人同意,可以将租赁物转租给第三人。承租人转租的,承租人与出租人之间的租赁合同继续有效,第三人对租赁物造成损失的,承租人应当赔偿损失。承租人未经出租人同意转租的,出租人可以解除合同。"(2)经出租人同意转租中次承租人的代为清偿请求权。②《关于审理城镇房屋租赁合同纠纷案件具体应用法律若干问题的解释》第17条第1款,"因承租人拖欠租金,出租人请求解除合同时,次承租人请求代承租人支付欠付的租金和违约金以抗辩出租人合同解除权的,人民法院应予支持。但转租合同无效的除外。"第2款,"次承租人代为支付的租金和违约金超出其应付的租金数额,可以折抵租金或者向承租人追偿。"

3. 具体到本题:(1)王某是出租人,张某是转租人,其依约将房屋转租给李某。但是,因转租人张某拖欠租金,导致出租人王某要解除其与张某的租赁合同,由此必然影响到承租人李某对房屋的租用。(2)转租合同有效,故李某想继续租用该房屋,可以请求代张某(承租人)支付其欠付王某(出租人)的租金和违约金,以抗辩王某的合同解除权。(3)次承租人的代为清偿租金请求权,属于有利害关系的第三人代为清偿请求权,债权人王某不得拒绝,如无合理理由拒收,则次承租人李某可启动提存。

设问2. 李某的医疗费应当由谁承担?为什么?

答:由张某(出租人)承担。因为张某(出租人)有提供热水(热水器)的义务,张某违反该义务,致李某损失,应由张某承担赔偿责任。

考点:违约责任、不作为侵权、加害给付

解题图构

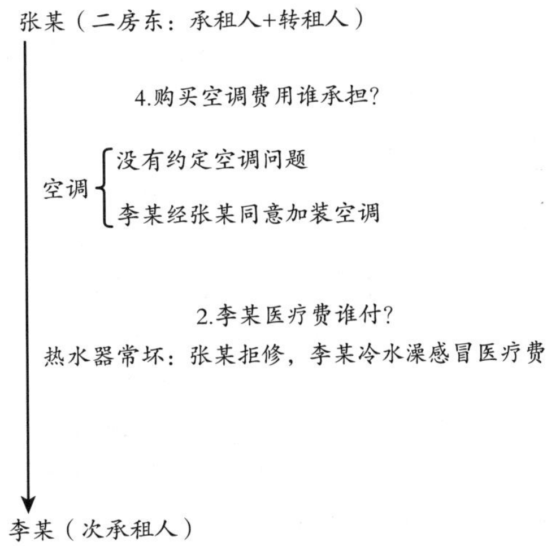

思路展开

1. 从题干信息出发：(1)"李某通过某租房网站租房，明确租房位置和有淋浴热水器两个条件。"+"张某与李某联系，说明该房屋的位置及房屋里配有高端热水器。"+"但热水器老旧不堪，不能正常使用"+"李某要求张某修理热水器，修了几次都无法使用。再找张某，张某避而不见。李某只能用冷水洗澡并因此感冒，花了一笔医疗费。无奈之下……"。(2)李某医疗费的救济渠道有二：①违约救济；②侵权救济；③并称即加害给付。

2. 违约责任救济：(1)法律依据：①出租人维修义务：《合同法》第220条，"出租人应当履行租赁物的维修义务，但当事人另有约定的除外。"②违约责任：《合同法》第107条，"当事人一方不履行合同义务或者履行合同义务不符合约定的，应当承担继续履行、采取补救措施或者赔偿损失等违约责任"③违约损害赔偿可以预见：《合同法》第113条第1款，"当事人一方不履行合同义务或者履行合同义务不符合约定，给对方造成损失的，损失赔偿额应当相当于因违约所造成的损失，包括合同履行后可以获得的利益，但不得超过违反合同一方订立合同时预见到或者应当预见到的因违反合同可能造成的损失。"④双方过错：《合同法》第120条，"当事人双方都违反合同的，应当各自承担相应的责任。"+《关于审理买卖合同纠纷案件适用法律问题的解释》第30条，"买卖合同当事人一方违约造成对方损失，对方对损失的发生也有过错，违约方主张扣减相应的损失赔偿额的，人民法院应予支持。"+《合同法》第174条，"法律对其他有偿合同有规定的，依照其规定；没有规定的，参照买卖合同的有关规定"。(2)具体到本题：①张某违反合同义务表现有二：一是没有配高端热水器，是老旧不堪的热水器；二是没有履行维修义务。②司法部解析原文："提供能够使用的热水器是张某的合同义务，张某没有履行。李某请求张某维修，但是热水器仍然无法使用。"③张某违反该义务造成李某人身损害，应负违约责任。④守约方李某没有违反合同义务的行为！因为题干信息交代很繁琐，指向李某没有过错："李某请求张某维修，但是热水器仍然无法使用。此后，李某再找张某，张某不予理会。"李某已经尽到了合理的提醒和权利主张义务。故李某的医疗费应由张某承担。

3. 侵权责任救济。(1)法律依据：①作为或不作为过错侵权：《侵权责任法》第6条第1款，"行为人因过错侵害他人民事权益，应当承担侵权责任。"②受害人过错相抵：《侵权责任法》第26条，"被侵权人对损害的发生也有过错的，可以减轻侵权人的责任。"(2)法条阐释：①过错侵权责任包括作为侵权和不作为侵权。②不作为侵权构成要件：加害人负有作为的义务，实施了不作为的加害行为+造成损害+因果关系+不作为人有过错。(3)具体到本题：①张某负有作为的义务，即提供高端热水器。②张某没有提供，实施了不作为的加害行为。③导致了李某人身损害。④有因果关系。⑤张某有过错。⑥李某可以要求张某承担不作为的侵权责任。⑦同理，根据题干交代信息，李某对损害的发生没有过错。

4. 加害给付。(1)《合同法》第122条，"因当事人一方的违约行为，侵害对方人身、财产权益的，受损害方有权选择依照本法要求其承担违约责任或者依照其他法律要求其承担侵权责任。"(2)具体到本题，李某可向张某主张违约赔偿或者侵权赔偿。(3)司法部解析给出的答案"由张某（出租人）承担。因为张某（出租人）有提供热水（热水器）的义务，张某违反该义务，致李某损失，应由张某承担赔偿责任。"是从违约救济来表述。

设问3. 李某是否可以更换热水器？李某更换热水器的费用应当由谁承担？为什么？

答：(1)可以（是）。(2)张某承担。(3)因为张某（出租人）作为出租人应当按照约定将租赁物交付承租人、应当履行租赁物的维修义务；(4)张某有保持租赁物符合约定用途的义务。

考点：出租人负责租赁物的维修；出租人怠于维修，承租人代为维修可向出租人主张维修费；无因管理

解题图构

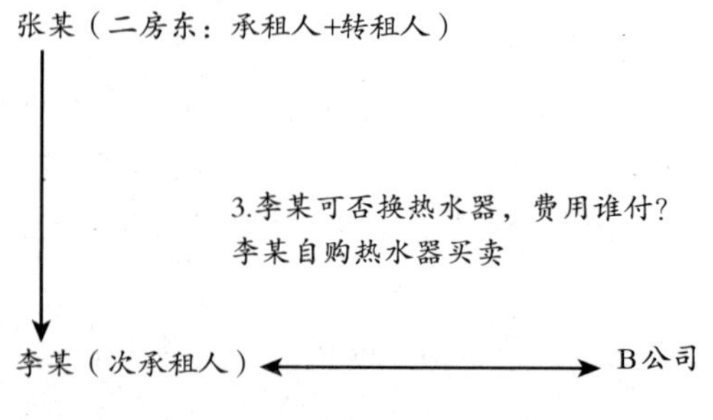

思路展开

1. 从题干信息出发："李某要求张某修理热水器，修了几次都无法使用。再找张某，张某避而不见。李某只能用冷水洗澡并因此感冒，花了一笔医疗费。无奈之下，李某去 B 公司购买了全新电热水器"。(1) 李某可基于合同法提出主张；(2) 李某可基于无因管理提出主张。

2. 李某救济之合同法路径：(1) 法律依据：①出租人适租义务：《合同法》第 216 条，"出租人应当按照约定将租赁物交付承租人，并在租赁期间保持租赁物符合约定的用途"。②出租人维修义务：《合同法》第 220 条，"出租人应当履行租赁物的维修义务，但当事人另有约定的除外。"③出租人怠于维修则承租人可维修并向出租人主张维修费用：《合同法》第 221 条，"承租人在租赁物需要维修时可以要求出租人在合理期限内维修。出租人未履行维修义务的，承租人可以自行维修，维修费用由出租人负担。因维修租赁物影响承租人使用的，应当相应减少租金或者延长租期。"(2) 具体到本题：张某应当承担交付合格租赁物给承租人李某使用的义务，热水器经多次修理仍然无法使用，李某有权自行更换热水器，费用应由张某承担。

3. 李某救济之无因管理路径：(1) 法律依据：《民法通则》第 93 条，"没有法定的或者约定的义务，为避免他人利益受损失进行管理或者服务的，有权要求受益人偿付由此而支付的必要费用。"(2) 具体到本题：李某构成适当无因管理，可基于无因管理请求被管理人张某承担因此支出的必要费用。

设问 4. 李某购买空调的费用应当由谁承担？为什么？

答：由李某承担。因为李某（承租人）经张某（出租人）同意装饰装修，但未就费用负担作特别约定，故承租人不得请求出租人补偿费用。

考点：经出租人同意的房屋租赁中租赁物装饰装修费用由承租人自负

解题图构

张某（二房东：承租人+转租人）

4.购买空调费用谁承担？

空调 { 没有约定空调问题；李某经张某同意加装空调 }

↓

李某（次承租人）

思路展开

1. 从题干信息出发："李某通过某租房网站租房，明确租房位置和有淋浴热水器两个条件。"+"屋内也没有空调。"+"另外，因暑热难当，李某经张某同意，买了一部空调安装在卧室。"(1) 空调并非出租人义务。(2) 承租人安装空调经出租人同意。

2. 法律依据：(1) 承租人经出租人同意可以装饰装修：《合同法》第 223 条第 1 款，"承租人经出租人同意，可以对租赁物进行改善或者增设他物。"第 2 款，"承租人未经出租人同意，对租赁物进行改善或者增设他物的，出租人可以要求承租人恢复原状或者赔偿损失。"(2) 经同意装修后没有形成附合，则拆走：《关于审理城镇房屋租赁合同纠纷案件具体应用法律若干问题的解释》第 10 条，"承租人经出租人同意装饰装修，租赁期间届满或者合同解除时，除当事人另有约定外，未形成附合的装饰装修物，可由承租人拆除。因拆除造成房屋毁损的，承租人应当恢复原状。"(3) 经同意装修后形成附合，出租人可不补偿：《关于审理城镇房屋租赁合同纠纷案件具体应用法律若干问题的解释》第 12 条，"承租人经出租人同意装饰装修，租赁期间届满时，承租人请求出租人补偿附合装饰装修费用的，不予支持。但当事人另有约定的除外。"

3. 具体到本题：(1) 租赁合同对于空调并未做特别约定，故张某并无提供空调的义务。(2) 承租人李某经出租人张某同意购买并安装空调，空调不会附合，李某可以自己拆走，但不得破坏房屋。举重明轻，形成附合的出租人都不补偿，更何况没有形成附合的购买空调费。结论：购买空调费用，由李某自己承担。

设问5. 对于黄某的损失,李某、张某是否应当承担赔偿责任？为什么？

答:否(李某或张某均不应当承担赔偿责任)。因为李某与黄某之间并无合同,李某不需承担违约损害赔偿责任;对于黄某的损失,李某亦无过错,不需承担侵权责任。故李某不应承担赔偿责任。张某与黄某之间并无合同,张某不需要承担违约损害赔偿责任;对于黄某的损失,张某并无过错,不需承担侵权责任。故张某不应承担赔偿责任。

考点:违约责任、过错侵权

解题图构

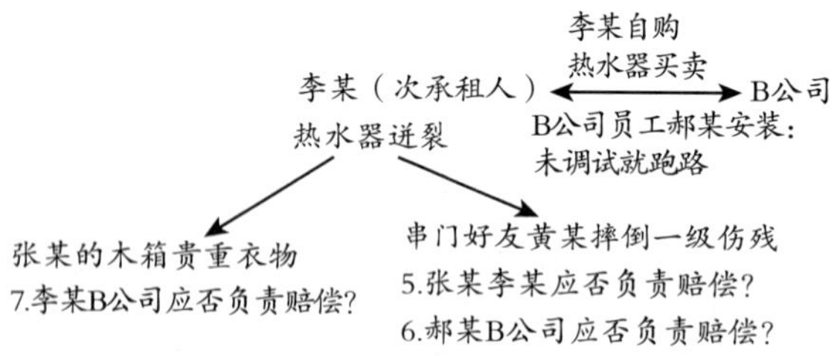

思路展开

1. 从题干信息出发:(1)“李某要求张某修理热水器,修了几次都无法使用。再找张某,张某避而不见。”+“无奈之下,李某去B公司购买了全新电热水器,B公司派其员工郝某去安装。”+“安装后郝某因有急事未按要求试用便离开,走前向李某保证该热水器可以正常使用。”+“同学黄某来A市探访李某。黄某去卫生间洗澡,按新装的热水器上的提示刚打开热水器,该热水器的接口处迸裂,热水喷溅不止,黄某受到惊吓,摔倒在地受伤,经鉴定为一级伤残。”(2)围绕黄某受伤的前因后果:张某没兑现热水器承诺;李某购买;B公司员工郝某安装未试用;黄某探望李某在所租房屋卫生间洗澡;热水器迸裂致使黄某一级伤残(!!! 很惨很重)

2. 法理依据:(1)张某、李某与受害人黄某之间无合同关系,张某、李某无须对黄某承担违约责任或缔约过失责任。(2)张某、李某对受害人黄某之人身损害,没有过错,张某、李某无须对黄某人身损害承担侵权责任。参见过错侵权责任之帝王条款:《侵权责任法》第6条第1款,行为人因过错侵害他人民事权益,应当承担侵权责任。

设问6. 对于黄某的损失,郝某、B公司是否应当承担赔偿责任？为什么？

答:郝某不应当承担赔偿责任。B公司应当承担赔偿责任。因为郝某是B公司的工作人员,执行B公司的工作任务,故不需承担侵权责任。因热水器是缺陷产品,缺陷产品造成损害,被侵权人(黄某)既可向产品的生产者请求赔偿,也可向产品的销售者请求赔偿。故B公司需承担侵权责任。

考点:产品缺陷侵权、用人单位无过错替代责任

解题图构

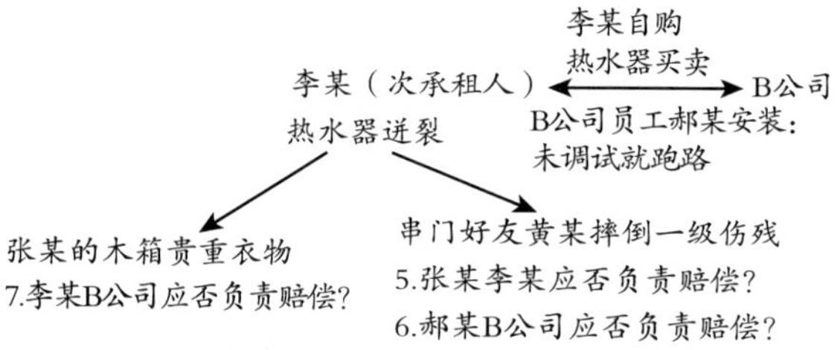

思路展开

1. 从题干信息出发:“黄某去卫生间洗澡,按新装的热水器上的提示刚打开热水器,该热水器的接口处迸裂,热水喷溅不止,黄某受到惊吓,摔倒在地受伤,经鉴定为一级伤残。”

2. 产品缺陷侵权。销售者B公司负侵权责任。(1)法律依据:《侵权责任法》第43条第1款,“因产品存在缺陷造成损害的,被侵权人可以向产品的生产者请求赔偿,也可以向产品的销售者请求赔偿。产品缺陷由生产者造成的,销售者赔偿后,有权向生产者追偿。故黄某既可向产品的生产者请求赔偿,也可向产品的销售者请求赔偿。”(2)法条阐释:①产品缺陷是侵权责任,产品瑕疵责任是合同责任。②产品缺陷是产品具有危及他人人身、财产安全的不合理危险;或者产品违反了该特定产品中保障人体健康和人身财产安全的国家标准、行业标准。③产品缺陷表现为:设计缺陷、制造缺陷、指示或警示缺陷。(3)具体到本题:“热水器接口处迸裂”,为产品缺陷,销售者B公司负侵权责任,与该热水器的生产者对受害人黄某负不真正连带责任。

3. 用人单位B公司无过错替代责任,郝某不负赔偿责任。(1)《侵权责任法》第34条第1款,“用人单位的工作人员因执行工作任务造成他人损害的,由用人单位承担侵权责任。”(2)具体到本题:“安装后郝某因有急事未按要求试用便离开,走前向李某保证该热水器可以正常使用”。郝某因执行B公司的工作任务,故郝某不是责任主体,应由B公司

负侵权责任。

4. 有观点认为，题干信息提到的“热水器接口处迸裂”指向不明，到底是热水器本身的接口，还是非热水器本身的接口。因此题干措辞不严谨，容易引人误解。评论：这种指责对备考没有任何意义。需要顺着题意来，怎么顺？首先，“热水器接口处”，字面上理解就是热水器本身的接口处。其次，从语境上理解，新换热水器爆炸，这是本题的语境。

设问7. 对于张某木箱内衣物浸泡受损，李某、B公司是否应当承担赔偿责任？为什么？

答：李某不应承担赔偿责任，B公司应承担赔偿责任。因为李某对衣物受损并无过错。缺陷产品的侵权责任，由生产者或销售者承担，故B公司应对张某衣物受损承担侵权责任。

考点：产品缺陷侵权、过错侵权

解题图构

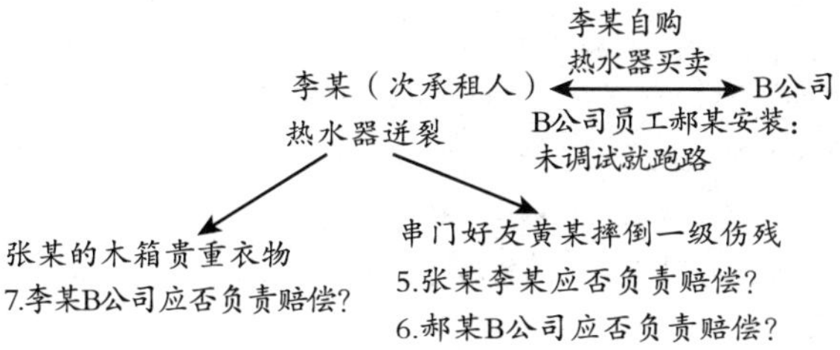

思路展开

1. 从题干信息出发：(1)“卫生间也较大”+“李某去B公司购买了全新电热水器，B公司派其员工郝某去安装。在安装过程中，找不到登高用的梯子，李某将张某存放在储藏室的一只木箱搬进卫生间，供郝某安装时使用。安装后郝某因有急事未按要求试用便离开，走前向李某保证该热水器可以正常使用。李某仅将该木箱挪至墙边而未搬出卫生间。”+“黄某去卫生间洗澡，按新装的热水器上的提示刚打开热水器，该热水器的接口处迸裂，热水喷溅不止……”+“另外，木箱内装的贵重衣物，也被热水器喷出的水流浸泡毁损。”(2)热水器产品缺陷的侵权责任。(3)李某没有过错：从题干信息揭示出来：李某把木箱从储藏室搬至“较大”卫生间；李某没有搬出卫生间；热水器迸裂导致木箱衣物毁损。李某没有过错。

2. 司法部解析原文：“根据《侵权责任法》第6条第1款的规定，行为人因过错侵害他人民事权益，应当承担侵权责任。对于张某木箱内衣物浸泡受损，李某并无过错，故李某无须承担侵权责任。题干中说明，卫生间较大，李某将木箱挪至墙边，已经尽到了基本的注意义务。张某所受损失，其直接原因力来自B公司的缺陷产品，仅仅是把木箱放在卫生间并不会导致损害的发生。故应由B公司对张某承担赔偿责任。”

本题总考点：合同相对性、租赁合同、违约责任、侵权责任、产品责任

2013【设题陷阱与常见错误分析】

本题综合考察合同相对性、租赁合同、违约责任、侵权责任和产品责任。综合性较强。有的考生误认为，张某转租是有权处分，李某支付了租金，属于善意第三人，可以以此来抗辩王某的合同解除权。还有的考生认为可以用买卖不破租赁来对抗王某的合同解除权。王某合同解除权来自于其与张某之间的租赁合同，应按照租赁合同约定来处理。除非法有明文规定，合同的相对性不应被打破。李某作为第三人，必须援引明确的法律依据来对抗王某的合同解除权。有的考生误认为，张某虽然违反了提供热水器的义务，但是李某用冷水洗澡导致自身损失，应该自己负责或者与张某分担。还有的考生误认为，李某有义务避免损失的扩大，不应该用冷水洗澡。如此，李某如何正常使用房屋？按照有些考生的说法，李某应到公共浴室洗澡，问题是，房屋租用是日常性的，李某对热水器的使用应该是经常的，李某到底应该选择多远路途什么标准的浴室洗澡？其费用是否必然低于医疗费？这些问题的产生、判断和选择，不应该由李某来承担风险。有的考生误认为，更换热水器费用应由李某自己承担，之后再向张某追偿。还有的考生误认为，王某才是真正的受益人，应该由王某承担。有的考生误认为，购买空调的费用应由王某承担，因为王某是最终受益人。有的考生认为，黄某的损失，李某要承担责任，即提供安全的洗澡设施。李某是实际支配、控制和使用房屋的人，由李某承担损失能够更好地保护无过错第三人的利益。有的考生误认为，郝某没有调试热水器就离开，存在重大过失，应和B公司承担连带责任。有的考生误认为，李某对木箱内物品损害具有过错，要承担赔偿责任。

2012年主观案例分析题

案情：信用卡在现代社会的运用越来越广泛。设甲为信用卡的持卡人，乙为发出信用卡的银行，丙为接受银行信用卡消费的百货公司。甲可以凭信用卡到丙处持卡消费，但应于下个月的15日前将其消费的款项支付给乙；丙应当接受甲的持卡消费，并于每月的20日请求乙支付甲消费的款项，丙不得请求甲支付其消费的款项。

2012年3月，甲消费了5万元，无力向乙还款。甲与乙达成协议，约定3个月内还款，甲将其1间铺面房抵押给乙，并作了抵押登记。应乙的要求，甲为抵押的铺面房向丁保险公司投了火灾险，并将其对保险公司的保险赔偿请求权转让给了己。

2012年4月，甲与张某签订借款意向书，约定甲以铺面房再作抵押向张某借款5万元，用于向乙还款。后因甲未办理抵押登记，张某拒绝提供借款。

2012年7月，因甲与邻居戊有矛盾，戊放火烧毁了甲的铺面房。在保险公司理赔期间，己的债权人庚向法院申请冻结了保险赔偿请求权。（本题22分）

双层图构之一：

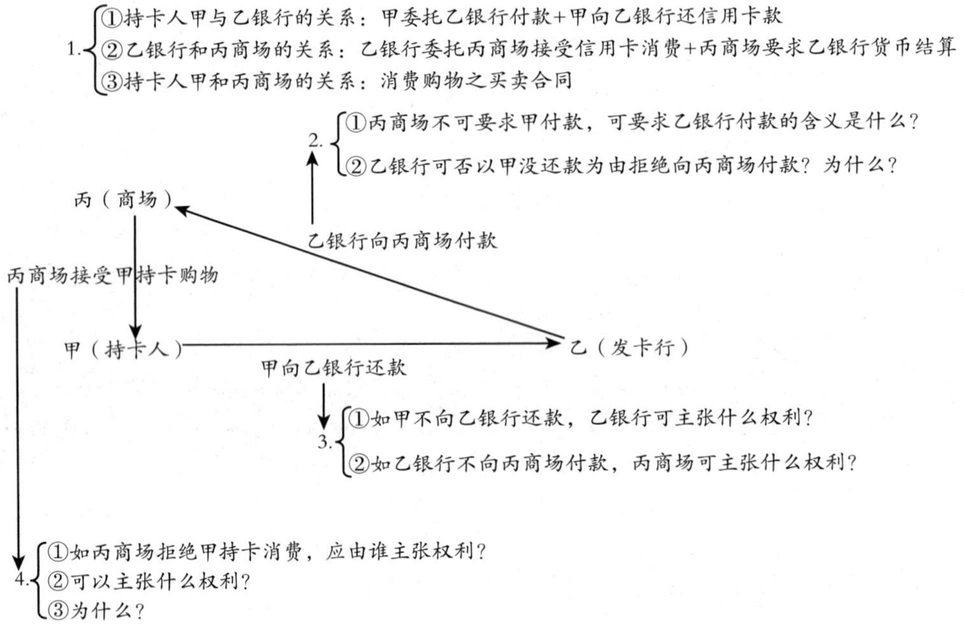

说明：图构中1、2、3、4指向本题的前四个小设问。为简洁需要，将丙百货公司简称为丙商场。

1. 2012年3月之前，甲与乙之间存在什么法律关系？乙与丙之间存在什么法律关系？甲与丙之间存在什么法律关系？

2. 丙有权请求乙支付甲消费的款项但不得请求甲支付其消费的款项，其法律含义是什么？乙可否以甲不支付其消费的款项为理由，拒绝向丙付款？为什么？

3. 如甲不向乙支付其消费的款项，乙可以主张什么权利？如乙不向丙支付甲消费的款项，丙可以主张什么权利？

4. 如丙拒绝接受甲持卡消费，应由谁主张权利？可以主张什么权利？为什么？

设问1. 2012年3月之前，甲与乙之间存在什么法律关系？乙与丙之间存在什么法律关系？甲与丙之间存在什么法律关系？

答：(1)甲、乙之间：①甲持卡在丙处消费，由乙向丙付款,这是一种无名合同关系,参照委托合同的规定处理。②甲应依其消费金额向乙还款,甲、乙之间还形成借款合同法律关系(或形成还款关系)。(2)乙、丙之间:①丙负有接受符合条件的持卡人的消费,即丙受乙的委托向第三人(消费者)为给付,有与第三人订立合同的义务,这是一种类似于委托的关系(或无名合同关系)。②乙在丙完成对第三人的给付之后,丙有要求乙付款的权利。(3)甲、丙之间:甲与丙之间构成买卖合同关系。

考点:无名合同、法律关系基本原理

解题图构

1. ①持卡人甲与乙银行的关系:甲委托乙银行付款+甲向乙银行还信用卡款
   ②乙银行和丙商场的关系:乙银行委托丙商场接受信用卡消费+丙商场要求乙银行货币结算
   ③持卡人甲和丙商场的关系:消费购物之买卖合同

思路展开

1. 从题干信息出发:(1)"①信用卡在现代社会的运用越来越广泛。设甲为信用卡的持卡人,乙为发出信用卡的银行,丙为接受银行信用卡消费的百货公司。②甲可以凭信用卡到丙处持卡消费,但应于下个月的15日前将其消费的款项支付给乙;③丙应当接受甲的持卡消费,并于每月的20日请求乙支付甲消费的款项,丙不得请求甲支付其消费的款项。"(2)基本流程:乙银行→发信用卡给→甲;甲→持信用卡消费购物→丙商场;丙商场→找乙银行付款;甲→向乙银行还款。(3)两个类似委托关系:①甲和乙银行之间:甲委托乙银行向丙商场付款。+甲向乙银行还信用卡欠款。②乙银行和丙商场之间:乙银行委托丙商场接受甲持卡消费购物。+丙商场找乙银行结算。(4)一个买卖合同关系:甲到丙商场购物消费。

2. 法律依据:(1)无名合同适用最相类似法律规定之规则:《合同法》第124条,"本法分则或者其他法律没有明文规定的合同,适用本法总则的规定,并可以参照本法分则或者其他法律最相类似的规定。"(2)最相类似的委托合同:《合同法》第396条,"委托合同是委托人和受托人约定,由受托人处理委托人事务的合同。"

3. 持卡人甲和乙银行之间:(1)从两个层次来剖析其法律关系:①甲委托乙银行向丙商场付款之类似委托合同关系:甲持信用卡在丙百货公司处消费,却由乙银行向丙百货公司付款,就此而言,甲与乙之间形成类似于委托的法律关系,即甲委托乙银行对丙百货公司付款。②甲须向银行还信用卡之借款关系:甲需在下个月的15日前将其消费了的款项支付给乙银行,故甲与乙银行之间形成了借款合同法律关系。(2)小结:无名合同:持卡人甲和乙银行之间的法律关系即合并①+②的关系,即委托合同+借款合同,"均不像",该合同关系为无名合同,适用借款合同和与其最相类似的委托合同来处理。

4. 乙银行和丙商场之间:(1)也需要从两个层次来剖析其法律关系:①乙银行委托丙商场接受持卡人甲消费之类似委托合同关系:乙银行委托丙商场接受持卡人的消费,丙商场有与第三人即本案中的甲订立合同的义务,故乙银行和丙商场之间形成了类似于委托的法律关系。②丙商场接受持卡人甲消费后只能向乙银行主张款项的免责债务承担关系:在丙商场履行了对第三人甲的给付之后,丙商场有要求乙银行付款的权利。(2)小结:无名合同:乙银行和丙商场知己的法律关系即合并①+②的关系,即委托合同+免责债务承担,"均不像",该合同关系为无名合同,启动《合同法》第124条。

5. 持卡人甲和丙商场之间:形成了买卖合同关系。(1)甲在乙银行开设信用卡之初,甲、乙、丙三方形成了特定的三方法律关系,在甲与丙百货公司之间是买卖合同。(2)该买卖合同中,属于由第三人履行付款义务。(3)启动《合同法》第65条,坚持合同相对性。"当事人约定由第三人向债权人履行债务的,第三人不履行债务或者履行债务不符合约定,债务人应当向债权人承担违约责任。"

设问2. 丙有权请求乙支付甲消费的款项但不得请求甲支付其消费的款项,其法律含义是什么?乙可否以甲不支付其消费的款项为理由,拒绝向丙付款?为什么?

答:(1)甲在丙处的消费的付款义务,由乙承担。(2)这是就将来可确定的债务,甲与乙订立债务承担协议。(3)而且是经债权人同意的免责的债务承担,即免责的由乙承担,丙不得向甲主张权利。(4)乙不可以甲不付款为理由拒绝向丙付款。因为甲与乙、乙与丙之间的债的关系是独立的,而且债务承担具有无因性。

考点:免责的债务承担

解题图构

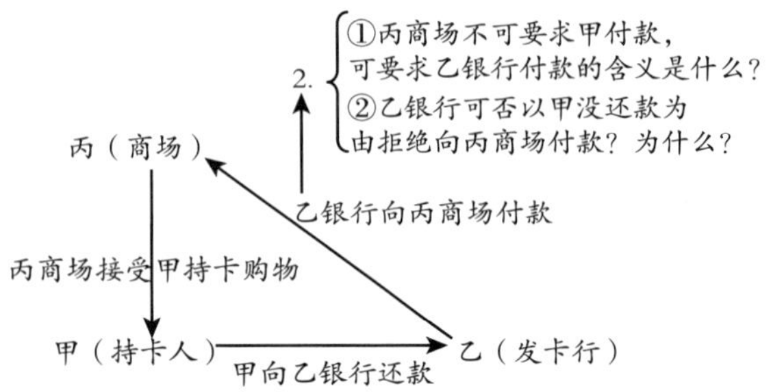

思路展开

1. 从题干信息出发:(1)"丙应当接受甲的持卡消费,并于每月的20日请求乙支付甲消费的款项,丙不得请求甲支付其消费的款项。"(2)指向免责的债务承担,就消费款项而言,丙商场是债权人;持卡人甲是原债务人;乙银行是新债务人。(3)甲完全退出债务关系,为免责债务承担。(4)乙银行承担债务后,不得以乙银行与甲之间的关系对抗丙商场,是为债务承担的无因性。

2. 学理依据:(1)免责债务承担概念:免责的债务承担,是指债务人经债权人同意,将其债务部分或者全部地转移给第三人负担。(2)免责债务承担效果:①免责债务承担中,原债务人不再对所转移的债务承担责任,承担人成为新的债务人,对所承受的债务负责。②免责债务承担有无因性。只要债务承担合同有效,债务承担人承担债务的原因无效、不成立、被撤销的,不能作为承担人的抗辩事由,不得对债权人主张。譬如本题持卡人甲不向乙银行还信用卡,不能成为免责债务承担人乙银行拒绝向债权人丙商场付款结算的理由。(3)免责债务承担的四种方式:①债权人甲、债务人乙免责承担人丙三方协议(合意随意)。②债权人甲和债务人乙协议,由免责承担人丙承担(属于为第三人丙设定义务)。③债权人甲和免责承担人丙协议,由丙向甲承担(属于为第三人甲利益)。④债务人乙和免责承担人丙协议,由丙免责向债权人甲承担,须经债权人甲同意。

免责债务承担的四种方式:
- ①债权人甲和债务人乙和免责承担人丙
- ②债权人甲和债务人乙
- ③债权人甲和免责承担人丙
- ④债权人甲同意,债务人乙和免责承担人丙

3. 具体到本题:(1)三方达成免责债务承担协议:债权人丙商场、债务人甲持卡人和免责承担人乙银行三方达成了免责债务承担的协议。①持卡人甲在丙商场消费,是丙商场的债务人。②但是,甲、乙、丙三方约定,该债务由乙银行全部承担,即丙商场有权请求乙银行支付甲消费的款项,并不得请求甲支付其消费的款项。③这属于典型的免责的债务承担,即债务人甲将债务转移给了乙银行,甲彻底地退出了原债务关系,乙银行取得债务人的法律地位,成为新的债务人。(2)免责债务承担的法律效力:债务人"换人"+无因性。①债务人"换人":如果乙银行不履行债的义务,债权人丙商场不得再请求原债务人甲承担债务,只能请求乙银行承担债务不履行的损害赔偿责任或者诉请人民法院强制执行,原债务人甲对乙银行的偿还能力并不负担保责任。②无因性:a. 乙银行愿意免责承担持卡人甲的债务的原因是:"(甲)应于下个月的15日前将其消费的款项支付给乙"。b. 但是,乙银行的这个原因,不能用来对抗债权人丙商场,是为免责债务承担的无因性。c. 只要甲乙丙之间的免责债务承担协议有效,即使乙银行免责承担债务的原因不成立、无效、被撤销,也不影响债务承担的效力。d. 小结:免责的债务承担具有无因性,没有特别约定,则新债务人即乙银行不能基于原因行为的事由对债权人丙商场进行抗辩。当然,乙银行可以基于所承担的债务本身所具有的抗辩事由向债权人丙商场行使抗辩权。

设问3. 如甲不向乙支付其消费的款项,乙可以主张什么权利?如乙不向丙支付甲消费的款项,丙可以主张什么权利?

答:(1)如果甲不向乙支付其消费的款项,乙可依甲、乙之间的还款关系要求甲支付其所消费的款项及利息(违约责任)。(2)如果乙不向丙支付甲所消费的款项,丙可依乙丙之间的还款关系要求乙支付甲所消费的款项及利息(违约责任)。

考点:合同的相对性和违约责任(甲欠乙,乙欠丙的"三角债")

解题图构

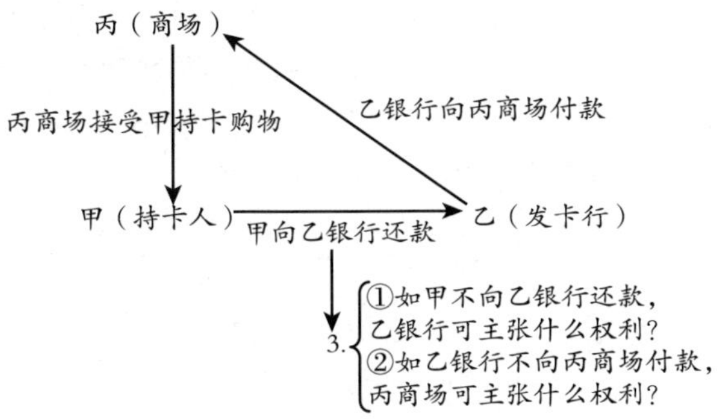

读题技巧

本题考查合同的相对性，即甲、乙之间和乙、丙之间的法律关系。这一问是第一问的进一步延伸，添加了一个假设条件即如果任何一方违反约定义务，当如何处理。考生要作对此题，须先明了第一题所问的各方当事人的法律关系。

思路展开

1. 从题干信息和小设问信息出发：(1)题干信息："甲可以凭信用卡到丙处持卡消费，但应于下个月的15日前将其消费的款项支付给乙；丙应当接受甲的持卡消费，并于每月的20日请求乙支付甲消费的款项，丙不得请求甲支付其消费的款项。"(2)小设问信息："如甲不向乙支付其消费的款项"+"如乙不向丙支付甲消费的款项"。(3)指向：①持卡人不还银行钱。②银行不向商场付钱。③发生两个违约责任：a. 甲对乙银行负违约责任。b. 乙银行对丙商场负违约责任。

2. 甲对乙银行负违约责任：(1)甲、乙银行之间既存在类似于委托的法律关系(甲委托乙银行向丙商场付款)，还存在借款法律关系。(2)如果甲不向乙银行支付其在丙百货公司消费的款项，则乙银行有权依据其与甲之间的还款关系要求甲承担违约责任。(3)信用卡逾期，你懂的！

3. 乙银行对丙商场负违约责任：(1)乙银行和丙商场之间既存在类似于委托的法律关系(乙银行委托丙商场接受甲持卡消费购物)，还存在还款法律关系(乙银行免责承担持卡人甲的债务)。(2)如果乙银行不向丙商场支付甲所消费的款项，则丙商场可以依据其与乙银行之间的还款关系，要求乙银行承担违约责任。(3)乙银行免责债务承担人，有银行保底，商场才可以让你随意购物消费"信用"，实际上消费的是银行的信用！

4. 继续脑洞大开：把2和3连接起来，不就是著名的三角债么？持卡人甲是次债务人，乙银行是债务人，丙商场是债权人。这是银行不保底时，由债权人代位权制度保障债权人丙商场的利益。但是，银行会欠缺偿债能力么……

设问4. 如丙拒绝接受甲持卡消费，应由谁主张权利？可以主张什么权利？为什么？

答：(1)应当由乙主张权利。(2)乙可以依据其与丙之间的委托关系对丙主张不履行合同的违约责任。因为在乙与丙之间的丙负有接受符合条件的持卡人的消费，即丙受乙的委托向第三人(消费者)为给付，有与第三人订立合同的义务。在这一合同关系中，甲不是其当事人。

考点：合同的相对性和违约责任(向第三人"订立"合同；向第三人履行)

解题图构

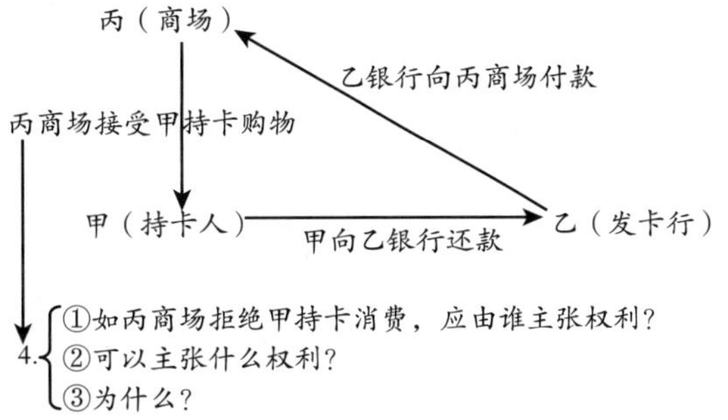

思路展开

1. 从题干信息和小设问信息出发：(1)题干信息："丙应当接受甲的持卡消费，并于每月的20日请求乙支付甲消费的款项，丙不得请求甲支付其消费的款项。"(2)小设问信息："如丙拒绝接受甲持卡消费"。(3)指向丙商场不接受甲持信用卡消费购物。发生两个层次意义：①乙银行委托丙商场向甲履行义务(订立合同)。②丙商场不听话，则坚持合同相对性，丙向乙负违约责任。与甲无关。

2. 类推适用：《合同法》第64条，"当事人约定由债务人向第三人履行债务的，债务人未向第三人履行债务或者履行债务不符合约定，应当向债权人承担违约责任。"

3. 具体到本题：(1)乙银行和丙商场之间存在类似委托的法律关系，即丙商场受乙银行所托，有接受甲持卡消费的义务。简言之，乙银行和丙商场是合同当事人，乙银行是债权人，丙商场是债务人，而持卡人甲是利益第三人。(2)如果如丙商场拒绝接受甲持卡消费，则丙商场违反了其对乙银行负担的与第三人（甲）订立合同的义务，而非违反其对甲负担的义务。(3)结论：甲不是丙商场所违反义务的当事人，故应由乙银行依据其与丙商场之间类似于委托的法律关系，向丙商场主张违约责任。

双层图构之二：

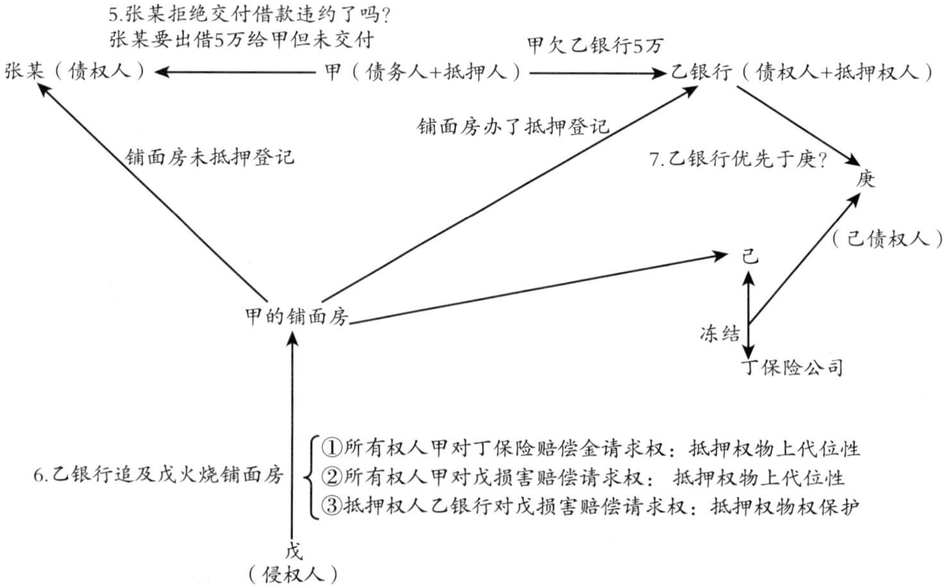

说明：图构5、6、7分别指向本案例的后三个设问。

5. 张某拒绝向甲提供借款是否构成违约？为什么？

6. 甲的抵押铺面房被烧毁之后，届期无力还款，乙可以主张什么权利？

7. 甲将保险赔偿请求权转让给己，己的债权人庚向法院申请冻结该保险赔偿请求权，对乙的抵押权有什么影响？为什么？

设问5. 张某拒绝向甲提供借款是否构成违约？为什么？

答：张某不构成违约。因为自然人之间的借款合同，自贷款人提供借款时生效。张某未向甲提供借款，借款合同未生效。

考点：自然人之间的借款合同是实践性合同

思路展开

1. 从题干信息出发："2012年4月，甲与张某签订借款意向书，约定甲以铺面房再作抵押向张某借款5万元，用于向乙还款。后因甲未办理抵押登记，张某拒绝提供借款。"

2. 法律依据：《合同法》第210条，"自然人之间的借款合同，自贷款人提供借款时生效。"

3. 具体到本题：张某并没有向甲交付借款，故借款合同未成立。自然不存在张某违约的问题。

常见错误

1. 被干扰影响情绪：本题考查的是预约和实践性合同。本考点是比较简单的。借款合同属于实践性合同，很多考试掌握了这个知识点，但是却因为本案例前面四个难度比较大的提问干扰了思路，最后给出了错误的答案。

2. 意向书和借款协议区分说：认为应意向书与借款协议相分离，意向书本身有效，借款合同不生效。评论：如果意向书本身有效，则张某须担负交付借款的义务，如此一来，与借款合同的实践性本质相违背。由此可见，将意向书从借款合同中分离出来不能成立。

3. 顺序履行抗辩权说：认为张某有权行使顺序履行抗辩权。

设问 6. 甲的抵押铺面房被烧毁之后,届期无力还款,乙可以主张什么权利?

答:(1)乙可以就甲对丁的保险赔偿金和甲对戊的损害赔偿金主张优先受偿权。(或乙可以行使甲对丁的保险赔偿请求权、甲对戊的损害赔偿请求权)(2)乙可以对戊行使基于抵押权的损害赔偿请求权。

考点:抵押权的物上代位性和优先受偿性

解题图构

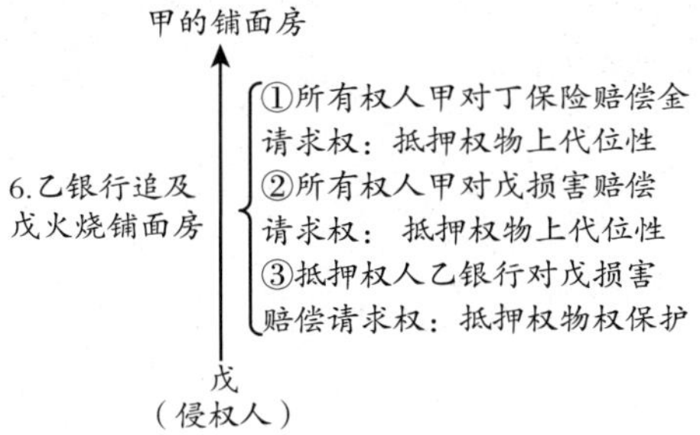

思路展开

1. 从题干信息出发:(1)"2012 年 3 月,甲消费了 5 万元,无力向乙还款。甲与乙达成协议,约定 3 个月内还款,甲将其 1 间铺面房抵押给乙,并作了抵押登记",指向乙银行对铺面房有抵押权。(2)"2012年 7 月,因甲与邻居戊有矛盾,戊放火烧毁了甲的铺面房",指向乙银行抵押权追及侵权赔偿金(物上代位性)和乙银行抵押权自身受损害的赔偿请求权(抵押权物权保护)。(3)"甲为抵押的铺面房向丁保险公司投了火灾险"指向乙银行抵押权追及保险赔偿金。(物上代位性)

2. 抵押权物上代位性:(1)法律依据:《物权法》第 174 条,"担保期间,担保财产毁损、灭失或者被征收等,担保物权人可以就获得的保险金、赔偿金或者补偿金等优先受偿。被担保债权的履行期未届满的,也可以提存该保险金、赔偿金或者补偿金等。"(2)具体到本题:①甲将铺面房抵押给乙银行,并办理了登记,乙银行成为抵押权人。②在抵押物灭失、毁损或者被征用的情况下,抵押权人可以就该抵押物的保险金、赔偿金或者补偿金优先受偿。③乙银行可以对抵押物的替换物即保险赔偿金和损害赔偿金主张优先受偿。

3. 抵押权作为物权的损害赔偿请求权:(1)法律依据:《物权法》第 37 条,"侵害物权,造成权利人损害的,权利人可以请求损害赔偿,也可以请求承担其他民事责任。"(2)抵押权作为物权的一种,权利人对于导致抵押财产灭失毁损的人享有损害赔偿请求权。故乙银行还可以基于抵押权向戊行使损害赔偿请求权。

4. 展示:司法部解析原文之提示:"【设题陷阱与常见错误分析】本题考查抵押权的优先受偿性。关于抵押物的替换物即保险赔偿金和损害赔偿金,一般考生均能作答。难的是不少考生没有顾及到抵押权作为物权的一种,适用损害赔偿的保护规则。即抵押权人可以基于抵押权要求戊承担损害赔偿责任。"

设问 7. 甲将保险赔偿请求权转让给己,己的债权人庚向法院申请冻结该保险赔偿请求权,对乙的抵押权有什么影响?为什么?

答:(1)没有影响。(2)因为在甲的铺面房设定抵押后,甲将保险赔偿请求权转让给己,基于抵押权的物权效力(或追及效力,或优先效力),不影响抵押权的效力。(3)己的债权人庚向法院申请冻结该保险赔偿请求权,基于抵押权的优先性,不影响抵押权的效力。

考点:抵押权的物权效力(追及力和优先效力)

思路展开

1. 从题干信息出发:(1)"应乙的要求,甲为抵押的铺面房向丁保险公司投了火灾险,并将其对保险公司的保险赔偿请求权转让给了己",指向乙银行抵押权追及"物"之所在。(2)"在保险公司理赔期间,己的债权人庚向法院申请冻结了保险赔偿请求权",指向先抵押后查封,抵押破除查封!(注意:先封则不可设立抵押)。(3)小结:铺面房上的保险金,乙银行要;己也要;庚也要。到底给谁?体现了担保物权的优先效力。

2. 紧密结合选项设问:"甲将保险赔偿请求权转让给己,己的债权人庚向法院申请冻结该保险赔偿请求权,对乙抵押权有什么影响",是两个层面:转让 + 查封。都要回答到位。

3. 抵押权追及物之所在、追及代位物之所在。(1)物权具有追及力,物权的标的物无论辗转落入何人之手,除法律另有规定外,物权人均可追及至物之所在行使物权。(2)具体到本题:甲将保险赔偿请求权转让给己。乙银行作为抵押权人,可以对己主张抵押权。

4. 抵押权优先效力,先押后封,抵押破除查封。(1)法律依据:《担保法司法解释》第55条,“已经设定抵押的财产被采取查封、扣押等财产保全或者执行措施的,不影响抵押权的效力。”故已经设定抵押的财产被采取查封、扣押等财产保全或者执行措施的,不影响抵押权的效力。(2)具体到本题:抵押权设立在先,庚申请冻结保险金赔偿请求权在后,因此,后者不影响抵押权的效力。己的债权人庚向法院申请冻结该保险赔偿请求权,对乙的抵押权没有影响。

常见错误

审题不清:认为乙银行授意甲将其对保险公司的保险赔偿请求权转让给了己,故乙银行不得再对己主张抵押权。分析:(1)这是对题面意思的误解,因为甲将抵押铺面房向保险公司投保是应银行的要求所为。银行提出的这个要求是为了保障抵押权的实现。(2)如果认为银行要求甲将保险赔偿请求权转让给己,则银行要求甲去投保的目的就落空了。(3)题干中并没有提示银行和己之间存在作这种安排的有效信息。

2011 年主观案例分析题

案情：甲公司从某银行贷款 1200 万元，以自有房产设定抵押，并办理了抵押登记。经书面协议，乙公司以其价值 200 万元的现有的以及将有的生产设备、原材料、半成品、产品为甲公司的贷款设定抵押，没有办理抵押登记。后甲公司届期无力清偿贷款，某银行欲行使抵押权。法院拟拍卖甲公司的房产。甲公司为了留住房产，与丙公司达成备忘录，约定："由丙公司参与竞买，价款由甲公司支付，房产产权归甲公司。"丙公司依法参加竞买，以 1000 万元竞买成功。甲公司将从子公司筹得的 1000 万元交给丙公司，丙公司将这 1000 万元交给了法院。法院依据竞拍结果制作民事裁定书，甲公司据此将房产过户给丙公司。

法院裁定书下达次日，甲公司、丙公司与丁公司签约："甲公司把房产出卖给丁公司，丁公司向甲公司支付 1400 万元。合同签订后 10 日内，丁公司应先付给甲公司 400 万元，尾款待房产过户到丁公司名下之后支付。甲公司如果在合同签订之日起半年之内不能将房产过户到丁公司名下，则丁公司有权解除合同，并请求甲公司支付违约金 700 万元，甲公司和丙公司对合同的履行承担连带责任。"

在甲公司、丙公司与丁公司签订房产买卖合同的次日，丙公司与戊公司签订了房产买卖合同。丙公司以 1500 万元的价格将该房产卖给戊公司，尚未办理过户手续。丁公司见状，拒绝履行支付 400 万元首付款的义务，并请求甲公司先办理房产过户手续，将房产过户到丁公司名下。甲公司则要求丁公司按约定支付 400 万元房产购置首付款。鉴于各方僵持不下，半年后，丙公司索性把房产过户给戊公司，并拒绝向丁公司承担连带责任。经查，在甲公司、丙公司和丁公司签订合同后，当地房地产市场价格变化不大。（本题 19 分）

解题图构

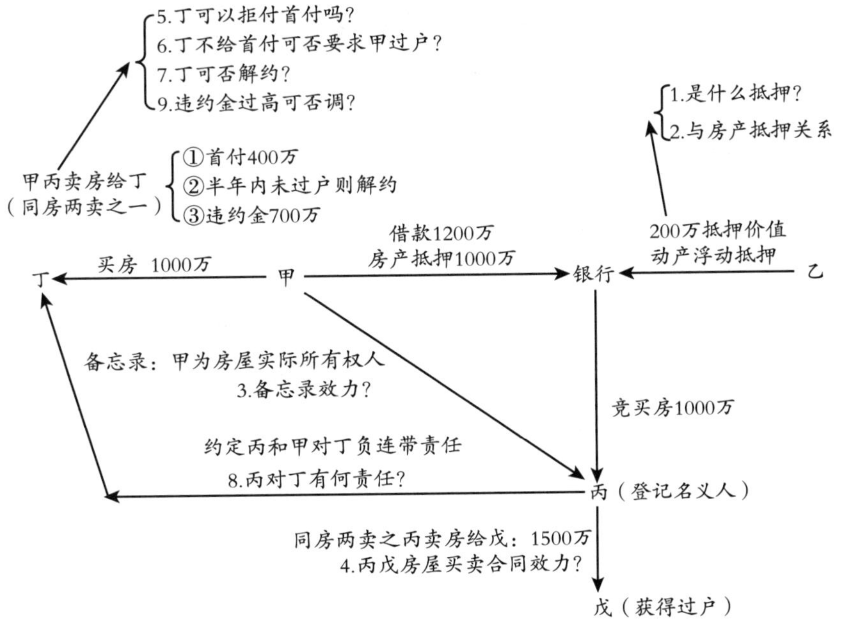

说明:图构中1、2、3、4、5、6、7、8、9指向本题的9个小设问。

问题:

1. 乙公司以其现有的及将有的生产设备等动产为甲公司的贷款设立的抵押是否成立?为什么?

2. 某银行是否必须先实现甲公司的房产的抵押权,后实现乙公司的现有的及将有的生产设备等动产的抵押权?为什么?

3. 甲公司与丙公司达成的备忘录效力如何?为什么?

4. 丙公司与戊公司签订房产买卖合同效力如何?为什么?

5. 丁公司是否有权拒绝履行支付400万元的义务?为什么?

6. 丁公司是否有权请求甲公司在自己未支付400万首付款的情况下先办理房产过户手续?为什么?

7. 丁公司能否解除房产买卖合同?为什么?

8. 丙公司能否以自己不是合同的真正当事人为由拒绝向丁公司承担连带责任?为什么?

9. 甲公司可否请求法院减少违约金数额?为什么?

设问1. 乙公司以其现有的及将有的生产设备等动产为甲公司的贷款设立的抵押是否成立?为什么?

答:(1)成立。(2)因为根据《物权法》规定,经当事人书面协议,乙公司可以现有的以及将有的生产设备、原材料、半成品、产品设定抵押,无须以登记为设立要件。

考点:动产浮动抵押的设立采登记对抗主义

思路展开

1. 从题干信息出发:"甲公司从某银行贷款1200万元,以自有房产设定抵押,并办理了抵押登记。经书面协议,乙公司以其价值200万元的现有的以及将有的生产设备、原材料、半成品、产品为甲公司的贷款设定抵押,没有办理抵押登记",指向乙是动产浮动抵押人。

2. 法律依据:(1)什么是动产浮动抵押:《物权法》第181条,"经当事人书面协议,企业、个体工商户、农业生产经营者可以将现有的以及将有的生产设备、原材料、半成品、产品抵押,债务人不履行到期债务或者发生当事人约定的实现抵押权的情形,债权人有权就实现抵押权时的动产优先受偿。"(2)动产浮动抵押合同生效时设立,登记对抗主义:《物权法》第189条,"企业、个体工商户、农业生产经营者以本法第一百八十一条规定的动产抵押的,应当向抵押人住所地的工商行政管理部门办理登记。抵押权自抵押合同生效时设立;未经登记,不得对抗善意第三人。"

3. 具体到本题:乙公司为银行设置了动产浮动抵押,银行享有的抵押权自抵押合同生效时即设立,无须以登记为要件。

设问2. 某银行是否必须先实现甲公司的房产的抵押权,后实现乙公司的现有的及将有的生产设备等动产的抵押权?为什么?

答:(1)不是。(2)因为甲公司房产抵押与乙公司现有的及将有的生产设备等动产的抵押没有明确约定抵押份额,属于连带抵押。(3)抵押权人(即银行)可以选择就任一财产实现抵押权。

考点:房产抵押与动产浮动抵押构成连带共同抵押,债权人可以选择主张

解题图构

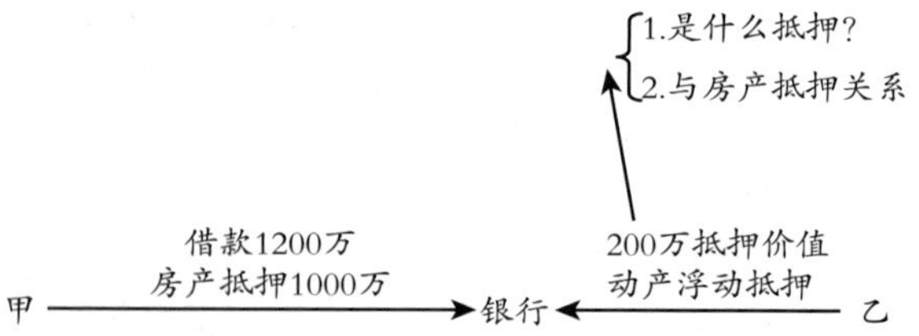

思路展开

1. 从题干信息出发:"甲公司从某银行贷款1200万元,以自有房产设定抵押,并办理了抵押登记。经书面协议,乙公司以其价值200万元的现有的以及将有的生产设备、原材料、半成品、产品为甲公司的贷款设定抵押,没有办理抵押登记。后甲公

司届期无力清偿贷款，某银行欲行使抵押权，"指向自己物保和第三人物保之间未约定份额之连带共同抵押。债权人可选择主张，不受自己物保优先之限制。

2. 连带共同抵押的法律依据：(1)连带共同抵押：《担保法司法解释》第75条，第1款，"同一债权有两个以上抵押人的，债权人放弃债务人提供的抵押担保的，其他抵押人可以请求人民法院减轻或者免除其应当承担的担保责任。"第2款，"同一债权有两个以上抵押人的，当事人对其提供的抵押财产所担保的债权份额或者顺序没有约定或者约定不明的，抵押权人可以就其中任一或者各个财产行使抵押权。"第3款，"抵押人承担担保责任后，可以向债务人追偿，也可以要求其他抵押人清偿其应当承担的份额。"(2)按份共同抵押：两个以上抵押人在设立抵押权时分别或者共同与债权人约定了抵押权人行使抵押权的顺序与份额。债权人行使抵押权时，须按照约定顺序和份额行使。

3. 具体到本题：债务人甲的房产抵押，与乙的动产浮动抵押，构成连带共同抵押。债权人银行可选择向甲、乙一方或甲乙双方主张实现抵押权。

4. 比对记忆1：多物一抵和一物多抵。(1)"多物一抵"，即共同抵押，对银行是好事，物保多多益善。(2)"一物多抵"，对债务人是好事，可以多融资，"抵押物尽其担保"。"一物多抵"要坚持物权的优先效力规则，需要给债权人排序，启动《物权法》第199条，"同一财产向两个以上债权人抵押的，拍卖、变卖抵押财产所得的价款依照下列规定清偿：(一)抵押权已登记的，按照登记的先后顺序清偿；顺序相同的，按照债权比例清偿；(二)抵押权已登记的先于未登记的受偿；(三)抵押权未登记的，按照债权比例清偿。"

5. 比对记忆2：共同抵押和混合担保。(1)共同抵押，是两个物保。①要么按份共同抵押；要么连带共同抵押。②连带共同抵押中，债权人可以选择主张，第三抵押人无"先诉抗辩权"。③连带共同抵押中，如果债权人明确放弃了债务人自己的抵押，则第三人有"免责抗辩权"，启动《物权法》第194条第2款，"债务人以自己的财产设定抵押，抵押权人放弃该抵押权、抵押权顺位或者变更抵押权的，其他担保人在抵押权人丧失优先受偿权益的范围内免除担保责任，但其他担保人承诺仍然提供担保的除外。"(注意，选择主张第三人的抵押，不意味放弃了债务人自己的抵押)(2)混合担保，是一个人保，一个物保。①坚持自己物保优先规则。②如果债权人放弃债务人自己物保，保证人有"先诉抗辩权"。③启动《物权法》第176条，"被担保的债权既有物的担保又有人的担保的，债务人不履行到期债务或者发生当事人约定的实现担保物权的情形，债权人应当按照约定实现债权；没有约定或者约定不明确，债务人自己提供物的担保的，债权人应当先就该物的担保实现债权；第三人提供物的担保的，债权人可以就物的担保实现债权，也可以要求保证人承担保证责任。提供担保的第三人承担担保责任后，有权向债务人追偿。"

6. 后话：一点修改。(1)拟讨论法条：《担保法司法解释》第75条，第1款，"同一债权有两个以上抵押人的，债权人放弃债务人提供的抵押担保的，其他抵押人可以请求人民法院减轻或者免除其应当承担的担保责任。"第2款，"同一债权有两个以上抵押人的，当事人对其提供的抵押财产所担保的债权份额或者顺序没有约定或者约定不明的，抵押权人可以就其中任一或者各个财产行使抵押权。"第3款，"抵押人承担担保责任后，可以向债务人追偿，也可以要求其他抵押人清偿其应当承担的份额。"(2)本法条第1款描述的是债务人自己抵押和第三人抵押，自己抵押优先。本法条第2款描述的应该是第三人抵押和第四人抵押。(3)如此看来，本案中是债务人自己抵押和第三人抵押，仍应坚持自己抵押优先。这样司法部公布的答案就应该予以修正。

设问3. 甲公司与丙公司达成的备忘录效力如何？为什么？

答：(1)具有法律效力。(2)因为在法院依据竞买结果制作裁决书后，甲公司将房产过户给了丙公司，丙公司是房产所有人。(3)当事人对房产权属作的特别约定，不具有物权效力。(4)但是该备忘录没有违背法律的强制性规定，具有债权效力，丙公司对甲公司负有合同义务，即依约履行将房产过户给甲公司的义务。

思路展开

解题图构

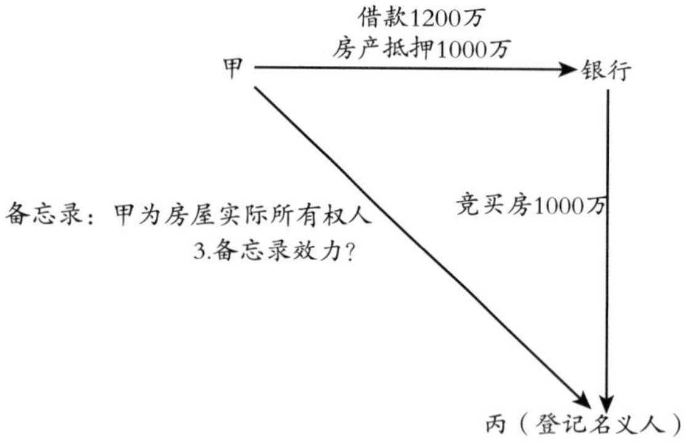

考点：合同效力与物权变动的区分原则

思路展开

1. 从题干信息出发：(1)"法院拟拍卖甲公司的房产。甲公司为了留住房产，与丙公司达成备忘录，约定：'由丙公司参与竞买，价款由甲公司支付，房产产权归甲公司。'丙公司依法参加竞买，以1000万元竞买成功。甲公司将从子公司筹得的1000万元交给丙公司，丙公司将这1000万元交给了法院。法院依据竞拍结果制作民事裁定书，甲公司据此将房产过户给丙公司。"(2)甲公司先欠银行钱导致房产被银行拍卖，后来却筹款把房子留住，早筹钱还银行不就没事了……甲公司"不作不死"，"早知今日何必当初"。(3)甲公司与丙公司之间不存在恶意串通，注意题干交代："法院依据竞拍结果制作民事裁定书"。

2. 法律依据：(1)区分原则：《物权法》第15条，"当事人之间订立有关设立、变更、转让和消灭不动产物权的合同，除法律另有规定或者合同另有约定外，自合同成立时生效；未办理物权登记的，不影响合同效力。"(2)基于法律行为不动产物权变动以登记为准：《物权法》第9条第1款，"不动产物权的设立、变更、转让和消灭，经依法登记，发生效力；未经登记，不发生效力，但法律另有规定的除外。"(3)延展：法律物权与事实物权：《物权法司法解释(一)》第2条，"当事人有证据证明不动产登记簿的记载与真实权利状态不符、其为该不动产物权的真实权利人，请求确认其享有物权的，应予支持。"即甲公司可以提起确认之诉。

3. 具体到本题：甲公司与丙公司达成的备忘录没有违反强制性规定，具有法律效力。甲公司与丙公司就房屋所有权所作的约定，只具有债权效力，不具有物权效力。

4. 技术分析：(1)先看考生异议或错误之处：①甲、丙恶意串通说：认为甲公司与丙公司签订的备忘录属于恶意串通，损害第三方的利益，是无效的。②混淆司法拍卖与普通拍卖说：将司法拍卖与普通拍卖相混淆，误认为本案中甲公司是委托人，而委托人不得参与竞买。所以甲公司与丙公司之间的备忘录违反了强制性规定而无效。③作答不完整：审题不够细致，没有对甲公司与丙公司达成备忘录中房产归属的约定效力进行分析，不能准确区分物权的变动与债的效力，作答不完整。④备忘录不属于合同形式说：认为备忘录不属于合同的形式，因此无效。(2)重点解释委托人不能参加竞买说：司法拍卖中委托人是法院，不是被执行人。①法律依据：a.《拍卖法》第25条，"委托人是指委托拍卖人拍卖物品或者财产权利的公民、法人或者其他组织。"b. 第30条，"委托人不得参与竞买，也不得委托他人代为竞买。"c. 最高人民法院《关于人民法院民事执行中拍卖、变卖财产的规定》第3条，"人民法院拍卖被执行人财产，应当委托具有相应资质的拍卖机构进行，并对拍卖机构的拍卖进行监督，但法律、司法解释另有规定的除外。"②具体到本题：a. 丙公司参与竞买，而非人民法院。b. 题干中也明确提示，丙公司是依法参与竞买。c. 况且，最高人民法院《关于人民法院民事执行中拍卖、变卖财产的规定》第15条，"法律、行政法规对买受人的资格或者条件有特殊规定的，竞买人应当具备规定的资格或者条件。申请执行人、被执行人可以参加竞买。"d. 退一步，本案中就是甲公司作为被执行人，也有资格参与竞买。

设问4. 丙公司与戊公司签订房产买卖合同效力如何？为什么？

答：(1)有效。(2)因为丙公司是房产所有权人，有权对房产进行处分，且就同一房产签订多份买卖合同，合同效力既不会仅因为房产没有过户而受影响，也不会仅因为是一物多卖而受影响。

考点：一房数卖、区分原则

解题图构

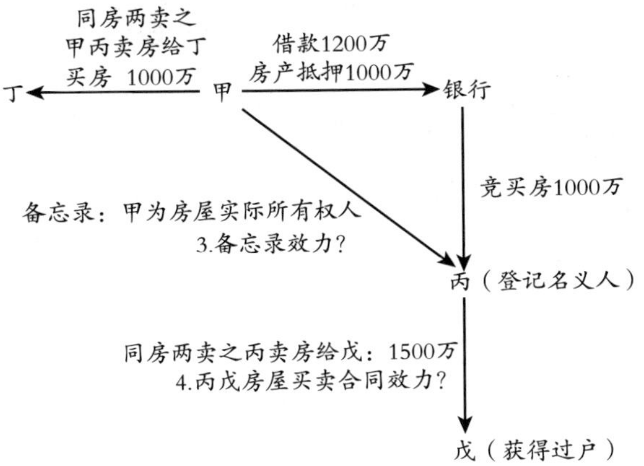

思路展开

1. 从题干信息出发：(1)备忘录房产约定归甲："甲公司为了留住房产，与丙公司达成备忘录，约定：'由丙公司参与竞买，价款由甲公司支付，房产产权归甲公司。'"+(2)登记过户为丙："法院依据竞拍结果制作民事裁定书，甲公司据此将房产过户给丙公司。"+(3)第一卖：甲、丙卖房给丁："法院裁定书下达次日，甲公司、丙公司与丁公司签约：甲公司把房产出卖给丁公司，丁公司向甲公司支付1400万元。"+(4)第二卖：丙卖房给戊："在甲公司、丙公司与丁公司签订房产买卖合同的次日，丙公司与戊公司签订了房产买卖合同。丙公司以1500万元的价格将该房产卖给戊公司，尚未办理过户手续。"(4)甲的房产由丙"代持"，丙不听话，自己签订合同把房屋卖了。(5)一房两卖：甲丙卖给丁；丙卖给戊(后来戊获得过户)。

2. 区分原则之法律依据：(1)基于法律行为不动产物权登记才变动：《物权法》第14条，"不动产物权的设立、变更、转让和消灭，依照法律规定应当登记的，自记载于不动产登记簿时发生效力。"(2)物权未变动不影响合同效力：《物权法》第15条，"当事人之间订立有关设立、变更、转让和消灭不动产物权的合同，除法律另有规定或者合同另有约定外，自合同成立时生效；未办理物权登记的，不影响合同效力。"(3)一物多卖：《合同法司法解释(二)》第15条，"出卖人就同一标的物订立多重买卖合同，合同均不具有合同法第五十二条规定的无效情形，买受人因不能按照合同约定取得标的物所有权，请求追究出卖人违约责任的，人民法院应予支持。"

3. 具体到本题：(1)丙公司竞买成功后，甲公司将房产过户给了丙公司，因此丙公司是房产所有权人。有权对其房产进行处分。(2)丙公司就同一房产签订多份买卖合同，合同效力既不会仅因为房产没有过户而受影响(《物权法》第15条)，也不会仅因为是一物多卖而受影响(《合同法解释二》第15条)。

常见错误

1. 丙恶意无效说：认为丙公司存在恶意，故其与戊公司之间的房产买卖合同无效。

2. 丙无权处分说：认为房产实际所有人是甲公司，只是登记在丙公司名下，因此，丙公司的行为构成无权处分，效力待定。

设问5. 丁公司是否有权拒绝履行支付400万元的义务？为什么？

答：(1)有权。(2)因为丁公司可以行使不安抗辩权。①虽然在甲公司、丙公司与丁公司签订的房产买卖合同中约定，丁公司应先交首付，甲公司后办理房产过户。②但是，房产产权人丙公司在签约次日就和戊公司签订房产买卖合同。③该行为已经明确表明，甲公司有无法履行交房义务的可能。④作为先交首付款义务的丁方，有权行使不安抗辩权。

考点：不安抗辩权

解题图构

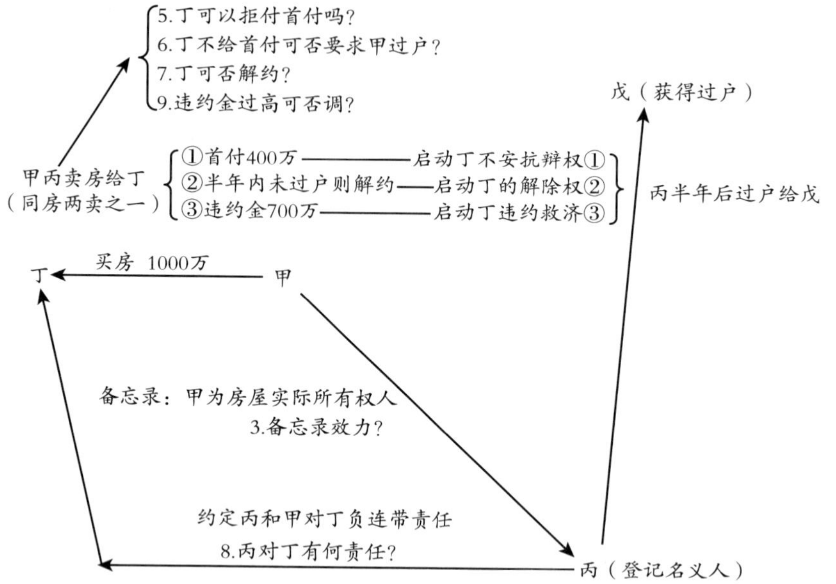

思路展开

1. 从题干信息出发:(1)就首付400万,丁是先方:"甲公司、丙公司与丁公司签约:'甲公司把房产出卖给丁公司,丁公司向甲公司支付1400万元。合同签订后10日内,丁公司应先付给甲公司400万元,尾款待房产过户到丁公司名下之后支付。……'"+(2)发生不安情形:"在甲公司、丙公司与丁公司签订房产买卖合同的次日,丙公司与戊公司签订了房产买卖合同。丙公司以1500万元的价格将该房产卖给戊公司,尚未办理过户手续。"+(3)丁主张可不抗抗辩:"丁公司见状(注意,不是等到过户给戊,没有坐以待毙),拒绝履行支付400万元首付款的义务……"。+"甲公司则要求丁公司按约定支付400万元房产购置首付款。"(4)就400万首付而言,丁是先方,可主张不安抗辩权。

2. 法律依据:(1)《合同法》第68条,"应当先履行债务的当事人,有确切证据证明对方有下列情形之一的,可以中止履行:(一)经营状况严重恶化;(二)转移财产、抽逃资金,以逃避债务;(三)丧失商业信誉;(四)有丧失或者可能丧失履行债务能力的其他情形。当事人没有确切证据中止履行的,应当承担违约责任。"(2)第69条,"当事人依照本法第六十八条的规定中止履行的,应当及时通知对方。对方提供适当担保时,应当恢复履行。中止履行后,对方在合理期限内未恢复履行能力并且未提供适当担保的,中止履行的一方可以解除合同。"

3. 具体到本题:(1)按照甲公司、丙公司和丁公司签订的房产买卖合同,丁公司有先交付首付的义务,甲公司和丙公司后办理房产过户。(2)但是,丙公司作为房屋产权人在签约次日就和戊公司签订了房产买卖合同。(3)故此,丁公司可以行使不安抗辩权。

常见错误

仅签订合同尚未过户不属于不安抗辩情形说:认为丙公司虽然另行与戊公司签订了房产买卖合同,但是房产尚未办理过户手续,说明房屋所有权人仍然是丙公司。据此丁公司不具备行使不安抗辩权的条件。

设问6. 丁公司是否有权请求甲公司在自己未支付400万首付款的情况下先办理房产过户手续?为什么?

答:(1)无权。(2)因为甲公司可以行使先履行抗辩权。①甲公司办理房产过户手续的义务在后。②丁公司享有不安抗辩权,可以拒绝履行自己的先给付义务,但是不能以不安抗辩权要求甲公司履行在后的义务。

考点:先履行抗辩权和不安抗辩权;不安抗辩权可以防御,不能用来攻击;不安抗辩权不能阻止先履

行抗辩权

解题图构

见设问5的图构。

思路展开

1. 从题干信息出发:(1)就房屋过户义务而言,甲公司是后方:"法院裁定书下达次日,甲公司、丙公司与丁公司签约:"甲公司把房产出卖给丁公司,丁公司向甲公司支付1400万元。合同签订后10日内,丁公司应先付给甲公司400万元,尾款待房产过户到丁公司名下之后支付……"+(2)先付款方主张不安抗辩同时要求后方履行过户义务,后方有先履行抗辩权:"在甲公司、丙公司与丁公司签订房产买卖合同的次日,丙公司与戊公司签订了房产买卖合同。丙公司以1500万元的价格将该房产卖给戊公司,尚未办理过户手续。丁公司见状,拒绝履行支付400万元首付款的义务,并请求甲公司先办理房产过户手续,将房产过户到丁公司名下。"

2. 法律依据:《合同法》第67条,"当事人互负债务,有先后履行顺序,先履行一方未履行的,后履行一方有权拒绝其履行要求。先履行一方履行债务不符合约定的,后履行一方有权拒绝其相应的履行要求。"

3. 具体到本题:(1)甲公司作为后履行一方,可以对丁公司主张后履行抗辩权。(2)虽然丁公司享有不安抗辩权,但是抗辩权只能防守,不能攻击,故不能要求甲公司履行义务。(3)原理:双务合同履行抗辩权是利益平衡措施,是一种广义的对债权的担保(崔老师:不能泛化债的担保)。

设问7. 丁公司能否解除房产买卖合同?为什么?

答:(1)能。(2)因为甲公司在合同订立半年内没有履行办理房产过户手续的义务,丁公司行使约定解除权的条件已经成就。

考点:约定解除权中解除事由成就,解除权产生

解题图构

见设问5的图构。

思路展开

1. 从题干信息出发:(1)"甲公司如果在合同签订之日起半年之内不能将房产过户到丁公司名下,则丁公司有权解除合同"+"鉴于各方僵持不下,半年后,丙公司索性把房产过户给戊公司"。(2)丁公司有约定解除权。

2. 约定解除权之法律依据:《合同法》第93条第2款,"当事人可以约定一方解除合同的条件。解除合同的条件成就时,解除权人可以解除合同。"

3. 具体到本题:(1)甲公司在合同订立半年内没有履行房产过户手续的义务,丁公司行使约定解除权的条件已经成就,故丁公司有权解除房产买卖合同。(2)甲公司行使先履行抗辩权拒不给丁公司办理房屋过户义务,此行为不构成违约。(3)约定解除权的事由是基于约定,而非基于对方的违约。(4)关联:丁公司也可以求助于法定解除权,《合同法》第94条。

设问8. 丙公司能否以自己不是合同的真正当事人为由拒绝向丁公司承担连带责任?为什么?

答:(1)不能。(2)因为甲公司、丙公司与丁公司签订房产买卖合同中约定丙公司和甲公司对合同的履行承担连带责任。该约定属于当事人真实意思表示,不违反法律、行政法规的强制性规定和社会公共利益,具有法律约束力。

考点:合同的效力和连带之债

解题图构

见设问5的图构

思路展开

1. 从题干信息出发:"甲公司、丙公司与丁公司签约:……甲公司和丙公司对合同的履行承担连带责任。"+"鉴于各方僵持不下,半年后,丙公司索性把房产过户给戊公司,并拒绝向丁公司承担连带责任。"指向连带之债可以约定。

2. 约定连带之债之法律依据:(1)《民法通则》第87条,"债权人或者债务人一方人数为二人以上的,依照法律的规定或者当事人的约定,享有连带权利的每个债权人,都有权要求债务人履行义务;负有连带义务的每个债务人,都负有清偿全部债务的义务,履行了义务的人,有权要求其他负有连带义务的人偿付他应当承担的份额。"(2)一般合同的生效

条件有三项:行为主体合格;意思表示真实;内容不违反强制性规定和社会公共利益。

3. 具体到本题:(1)甲公司、丙公司与丁公司签订房产买卖合同满足合同生效的三个条件,故其对甲公司、丙公司、丁公司具有法律约束力。(2)因此,丙公司和甲公司对合同的履行承担连带责任,丙公司不得拒绝向丁公司承担连带责任。

设问 9. 甲公司可否请求法院减少违约金数额?为什么?

答:(1)可以。(2)因为根据《合同法》和相关司法解释,合同约定的违约金超过造成损失的百分之三十,数额过分高于损失,当事人可以请求法院予以适当减少。

考点:违约金与损失相比 30% 浮动的调减

解题图构

见设问 5 图构

思路展开

1. 从题干信息出发:"甲公司把房产出卖给丁公司,丁公司向甲公司支付 1400 万元。"+"丁公司有权解除合同,并请求甲公司支付违约金 700 万元。"+"经查,在甲公司、丙公司和丁公司签订合同后,当地房地产市场价格变化不大。"

2. 违约金过分高于损失的标准之法律依据:(1)《合同法》第 114 条,"当事人可以约定一方违约时应当根据违约情况向对方支付一定数额的违约金,也可以约定因违约产生的损失赔偿额的计算方法。约定的违约金低于造成的损失的,当事人可以请求人民法院或者仲裁机构予以增加;约定的违约金过分高于造成的损失的,当事人可以请求人民法院或者仲裁机构予以适当减少。"(2)《合同法司法解释(二)》第 29 条,"当事人主张约定的违约金过高请求予以适当减少的,人民法院应当以实际损失为基础,兼顾合同的履行情况、当事人的过错程度以及预期利益等综合因素,根据公平原则和诚实信用原则予以衡量,并作出裁决。当事人约定的违约金超过造成损失的百分之三十的,一般可以认定为合同法第一百一十四条第二款规定的'过分高于造成的损失'。"

3. 具体到本题:(1)案情已经提示,在甲公司、丙公司和丁公司签订合同后,当地房地产市场价格变化不大。可见,当事人约定的违约金超过了造成损失的百分之三十,属于过分高于造成的损失。(2)故此,违约方甲公司可以请求人民法院减少违约金数额。

2010年司法考试试题

案情：甲公司委派业务员张某去乙公司采购大蒜，张某持盖章空白合同书以及采购大蒜授权委托书前往。

甲、乙公司于2010年3月1日签订大蒜买卖合同，约定由乙公司代办托运，货交承运人丙公司后即视为完成交付。大蒜总价款为100万元，货交丙公司后甲公司付50万元货款，货到甲公司后再付清余款50万元。双方还约定，甲公司向乙公司交付的50万元货款中包含定金20万元，如任何一方违约，需向守约方赔付违约金30万元。

张某发现乙公司尚有部分绿豆要出售，认为时值绿豆销售旺季，遂于2010年3月1日擅自决定与乙公司再签订一份绿豆买卖合同，总价款为100万元，仍由乙公司代办托运，货交丙公司后即视为完成交付。其他条款与大蒜买卖合同的约定相同。

2010年4月1日，乙公司按照约定将大蒜和绿豆交给丙公司，甲公司将50万元大蒜货款和50万元绿豆货款汇付给乙公司。按照托运合同，丙公司应在十天内将大蒜和绿豆运至甲公司。

2010年4月5日，甲、丁公司签订以120万元价格转卖大蒜的合同。4月7日因大蒜价格大涨，甲公司又以150万元价格将大蒜卖给戊公司，并指示丙公司将大蒜运交戊公司。4月8日，丙公司运送大蒜过程中，因山洪暴发大蒜全部毁损。戊公司因未收到货物拒不付款，甲公司因未收到戊公司货款拒绝支付乙公司大蒜尾款50万元。

后绿豆行情暴涨，丙公司以自己名义按130万元价格将绿豆转卖给不知情的己公司，并迅即交付，但尚未收取货款。甲公司得知后，拒绝追认丙公司行为，要求己公司返还绿豆。案例分析题（本题20分）

解题图构

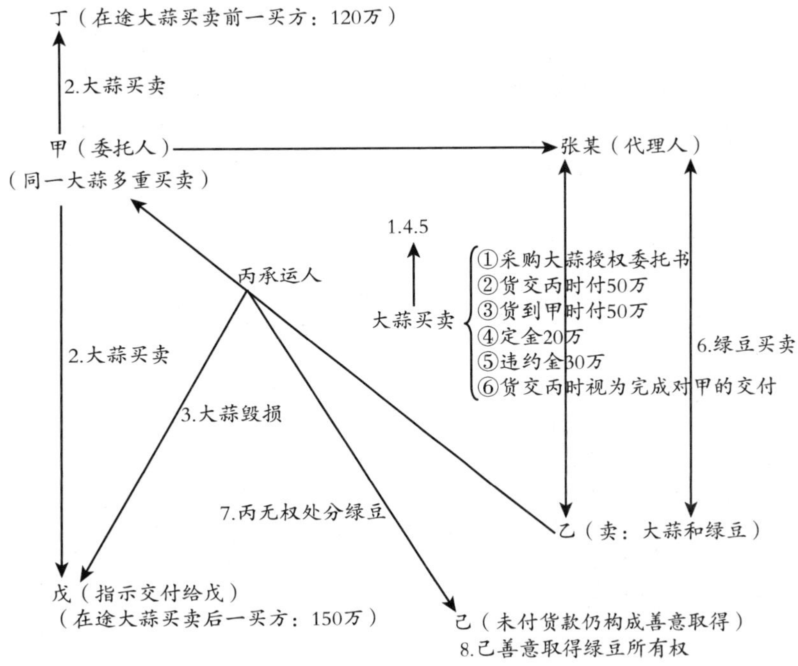

说明:图构中的1、2、3、4、5、6、7、8指向本题的8个小设问

问题:

1. 大蒜运至丙公司时,所有权归谁?为什么?

2. 甲公司与丁、戊公司签订的转卖大蒜的合同的效力如何?为什么?

3. 大蒜在运往戊公司途中毁损的风险由谁承担?为什么?

4. 甲公司能否以未收到戊公司的大蒜货款为由,拒绝向乙公司支付尾款?为什么?

5. 乙公司未收到甲公司的大蒜尾款,可否同时要求甲公司承担定金责任和违约金责任?为什么?

6. 甲公司与乙公司签订的绿豆买卖合同效力如何?为什么?

7. 丙公司将绿豆转卖给己公司的行为法律效力如何?为什么?

8. 甲公司是否有权要求己公司返还绿豆?为什么?

总考点:动产交付、双重买卖、在途买卖中所有权和风险的移转、合同的相对性、定金和违约金的适用关系、无权代理、无权处分、善意取得

设问1. 大蒜运至丙公司时,所有权归谁?为什么?

答:(1)甲公司。(2)因为大蒜是动产,除合同有特别约定外,以交付作为其所有权转移的标志。(3)甲公司和乙公司约定,大蒜交给丙公司时视为完成交付,故此时甲公司是大蒜所有权人。

考点:基于法律行为的动产物权变动:交付变动动产物权

解题图构

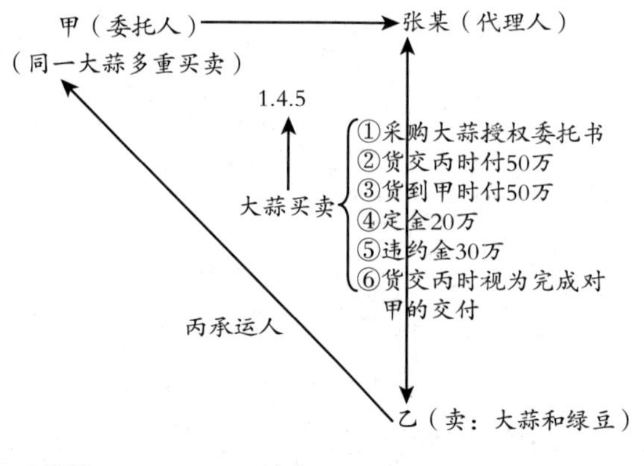

思路展开

1. 从题干信息出发:"甲公司委派业务员张某去乙公司采购大蒜,张某持盖章空白合同书以及采购大蒜授权委托书前往。甲、乙公司于2010年3月1日签订大蒜买卖合同,约定由乙公司代办托运,货交承运人丙公司后即视为完成交付。"货交承运人即视为交付。

2. 交付变动基于法律行为的动产物权之法律依据:(1)《物权法》第23条,"动产物权的设立和转让,自交付时发生效力,但法律另有规定的除外。"(2)《合同法》第133条,"标的物的所有权自标的物交付时起转移,但法律另有规定或者当事人另有约定的除外"

3. 具体到本题:(1)甲公司与乙公司约定的交付方式为货交承运人时即完成交付,当大蒜交给丙公司时,大蒜的所有权已移转至甲公司。(2)故所有权归甲公司所有。

4. 关联记忆:本题甲、乙约定了交付地点,不适用第一承运人规则。(1)《合同法》第141条第1款,"出卖人应当按照约定的地点交付标的物。"第2款,"当事人没有约定交付地点或者约定不明确,依照本法第六十一条的规定仍不能确定的,适用下列规定:(一)标的物需要运输的,出卖人应当将标的物交付给第一承运人以运交给买受人;(二)标的物不需要运输,出卖人和买受人订立合同时知道标的物在某一地点的,出卖人应当在该地点交付标的物;不知道标的物在某一地点的,应当在出卖人订立合同时的营业地交付标的物。"(2)《合同法》第141条第2款第1项是第一承运人规则,适用前提有三个:动产买卖+没有约定交付地点+货物需要运输。

设问2. 甲公司与丁、戊公司签订的转卖大蒜的合同的效力如何?为什么?

答:(1)有效。(2)大蒜在交付之前,甲公司仍有所有权,享有处分权,出卖人就同一标的物订立的多重买卖合同,合同的效力相互之间是不排斥的。

考点:动产"一物数卖"各个合同都有效

解题图构

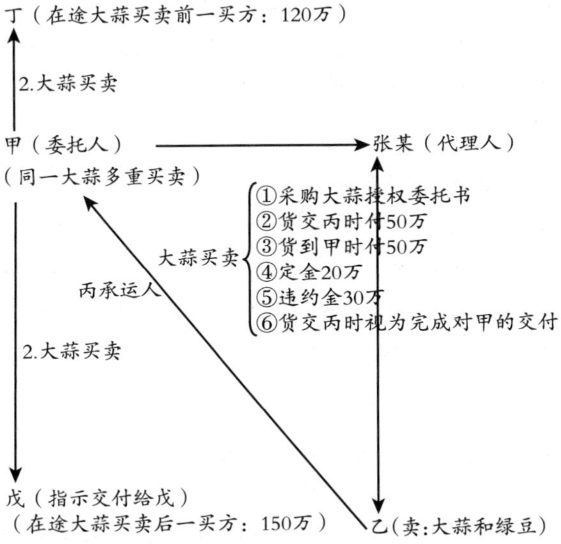

思路展开

1. 从题干信息出发："2010 年 4 月 5 日，甲、丁公司签订以 120 万元价格转卖大蒜的合同。4 月 7 日因大蒜价格大涨，甲公司又以 150 万元价格将大蒜卖给戊公司，并指示丙公司将大蒜运交戊公司。"+"4 月 8 日，丙公司运送大蒜过程中，因山洪暴发大蒜全部毁损。"甲将在途大蒜签订两份出卖合同，先 120 万卖给丁；后 150 万卖给戊。

2. 一物数卖合同都有效之法律依据：《合同法司法解释（二）》第 15 条，"出卖人就同一标的物订立多重买卖合同，合同均不具有合同法第五十二条规定的无效情形，买受人因不能按照合同约定取得标的物所有权，请求追究出卖人违约责任的，人民法院应予支持。"

3. 具体到本题：(1) 乙将大蒜交付给承运人丙，视为完成交付，甲是大蒜所有权人。(2) 甲将在途大蒜先卖给丁，但是没有交付给丁，丁不是大蒜所有权人。(3) 甲将在途大蒜再卖给戊，属于有权处分。出卖人就同一标的物订立的多重买卖合同，合同的效力相互之间是不排斥的。(4) 故甲公司与丁、戊公司签订的转卖大蒜的合同都是有效的。

设问 3. 大蒜在运往戊公司途中毁损的风险由谁承担？为什么？

答：(1) 戊公司承担。(2) 在途货物的买卖，自买卖合同签订之日起，标的物意外毁损灭失的风险由买方承担。(3) 故大蒜毁损灭失的风险由买方戊公司承担。

考点：在途大蒜买卖，两次在途大蒜买卖，后一次买卖合同签订时归后一个买方戊承担风险

解题图构

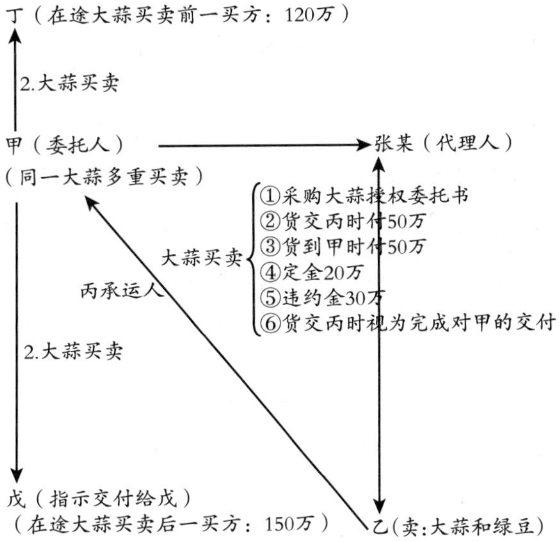

思路展开

1. 从题干信息出发："2010 年 4 月 5 日，甲、丁公司签订以 120 万元价格转卖大蒜的合同。4 月 7 日因大蒜价格大涨，甲公司又以 150 万元价格将大蒜卖给戊公司，并指示丙公司将大蒜运交戊公司。4 月 8 日，丙公司运送大蒜过程中，因山洪暴发大蒜全部毁损。"

2. 在途货物买卖合同签订时风险归买方的法律依据：《合同法》第 144 条，"出卖人出卖交由承运人运输的在途标的物，除当事人另有约定的以外，毁损、灭失的风险自合同成立时起由买受人承担。"

3. 具体到本题：大蒜毁损灭失的风险由买方戊公司承担。

设问 4. 甲公司能否以未收到戊公司的大蒜货款为由，拒绝向乙公司支付尾款？为什么？

答：(1) 不能。(2) 因为合同具有相对性，甲、乙公司是大蒜购销合同的当事人，甲公司不能因为第三人戊公司的原因拒付尾款。

考点：合同的相对性

解题图构

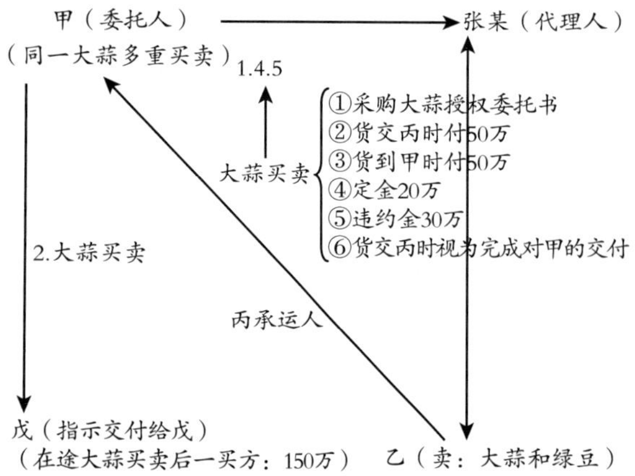

思路展开

1. 从题干信息出发:“4 月 8 日,丙公司运送大蒜过程中,因山洪暴发大蒜全部毁损。戊公司因未收到货物拒不付款,甲公司因未收到戊公司货款拒绝支付乙公司大蒜尾款 50 万元。”甲、乙买卖大蒜合同;甲、戊买卖大蒜合同;两个合同井水不换河水,坚持合同相对性。

2. 合同相对性的法律依据:《合同法》第 121 条,“当事人一方因第三人的原因造成违约的,应当向对方承担违约责任。当事人一方和第三人之间的纠纷,依照法律规定或者按照约定解决。”

3. 具体到本题:甲、乙公司是大蒜购销合同的当事人,甲公司不能因为第三人戊公司的原因拒付尾款。

设问 5. 乙公司未收到甲公司的大蒜尾款,可否同时要求甲公司承担定金责任和违约金责任?为什么?

答:(1)不能。(2)因为甲公司和乙公司大蒜购销合同中既约定定金又约定违约金,乙公司只能选择适用违约金或者定金。

考点:违约金责任和定金责任不能同时并用

解题图构

见设问 4 图构

思路展开

1. 从题干信息出发:“甲、乙公司于 2010 年 3 月 1 日签订大蒜买卖合同,约定由乙公司代办托运,货交承运人丙公司后即视为完成交付。大蒜总价款为 100 万元,货交丙公司后甲公司付 50 万元货款,货到甲公司后再付清余款 50 万元。双方还约定,甲公司向乙公司交付的 50 万元货款中包含定金 20 万元,如任何一方违约,需向守约方赔付违约金 30 万元。”

2. 定金与违约金不并用的法律依据:《合同法》第 116 条,“当事人既约定违约金,又约定定金的,一方违约时,对方可以选择适用违约金或者定金条款。”也就是说,定金罚则和违约金只能选择适用,而不能合并适用。

3. 具体到本题:因为甲公司和乙公司大蒜购销合同中既约定定金又约定违约金,乙公司只能选择适用违约金或者定金。

设问 6. 甲公司与乙公司签订的绿豆买卖合同效力如何?为什么?

答:(1)有效。(2)因为甲公司通过向乙公司支付 50 万元绿豆货款的行为,表示其已对张某无权代理行为进行了追认。

考点:通过付款行为追认无权代理合同有效

解题图构

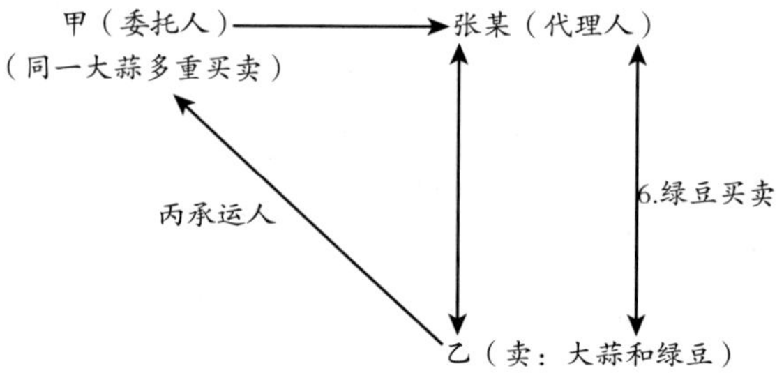

思路展开

1. 从题干信息出发:(1)张某没有采购绿豆的代理权限:“甲公司委派业务员张某去乙公司采购大蒜,张某持盖章空白合同书以及采购大蒜授权委托书前往。”+(2)张某超越代理权的无权代理:“张某发现乙公司尚有部分绿豆要出售,认为时值绿豆销售旺季,遂于 2010 年 3 月 1 日擅自决定与乙公司再签订一份绿豆买卖合同,总价款为 100 万元,仍由乙公司代办托运,货交丙公司后即视为完成交付。其他条款与大蒜买卖合同的约定相同。”+(3)甲公司通过付款行为推定追认了张某的无权代理订立绿豆买卖合同:“2010 年 4 月 1 日,乙公司按照约定将大蒜和绿豆交给丙公司，甲公司将50万元大蒜货款和50万元绿豆货款汇付给乙公司。”

2. 通过行为追认无权代理合同有效的法律依据：(1)《合同法司法解释(二)》第12条，“无权代理人以被代理人的名义订立合同，被代理人已经开始履行合同义务的，视为对合同的追认。”(2)追认权是形成权。形成权是单方法律行为，意思表示方式可以是明示、默示即通过行为推定和法律规定的沉默。

3. 具体到本题：(1)甲公司委派业务员张某只是去乙公司采购大蒜，并未授权其购买绿豆，张某购买绿豆的行为是超越代理权的无权代理，但是甲公司通过向乙公司支付50万元绿豆货款的行为，表示其已对张某无权代理行为进行了追认。(2)故甲公司与乙公司签订的绿豆买卖合同是有效的。

设问7.丙公司将绿豆转卖给己公司的行为法律效力如何？为什么？

答：司法部原公布的答案：(1)无效。(2)丙公司的转卖行为属无权处分(效力待定)行为，因为甲公司拒绝追认丙公司行为。根据《关于审理买卖合同纠纷案件适用法律问题的解释》第3条，将本题答案修改为：有效。无权处分签订的买卖合同，如无其他效力瑕疵，无权处分本身不影响买卖合同的效力。绿豆所有权人甲是否追认，也不影响丙己公司之间绿豆买卖合同的效力。

考点：无权处分买卖合同有效

解题图构

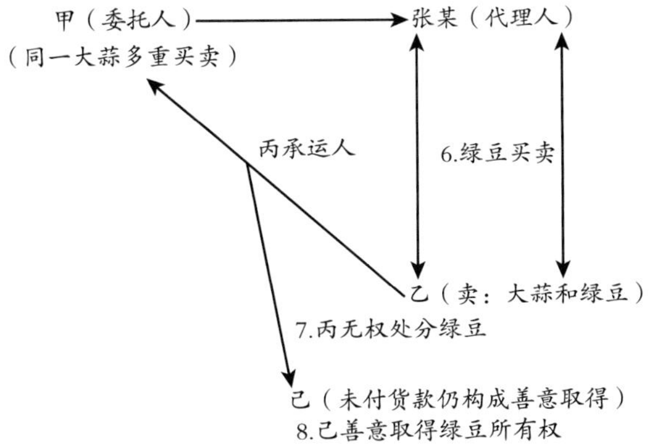

思路展开

1. 从题干信息出发：(1)绿豆交付给丙即视为完成交付，所有权归甲：“张某发现乙公司尚有部分绿豆要出售，认为时值绿豆销售旺季，遂于2010年3月1日擅自决定与乙公司再签订一份绿豆买卖合同，总价款为100万元，仍由乙公司代办托运，货交丙公司后即视为完成交付。其他条款与大蒜买卖合同的约定相同。”(2)丙无权处分绿豆：“后绿豆行情暴涨，丙公司以自己名义按130万元价格将绿豆转卖给不知情的己公司。”

2. 无权处分合同有效的法律依据：《关于审理买卖合同纠纷案件适用法律问题的解释》第3条，第1款，“当事人一方以出卖人在缔约时对标的物没有所有权或者处分权为由主张合同无效的，人民法院不予支持。”第2款，“出卖人因未取得所有权或者处分权致使标的物所有权不能转移，买受人要求出卖人承担违约责任或者要求解除合同并主张损害赔偿的，人民法院应予支持。”

设问8.甲公司是否有权要求己公司返还绿豆？为什么？

答：(1)无权。(2)因为己公司构成善意取得。

考点：未支付价款但满足其他条件仍构成善意取得

解题图构

见设问7的图构

思路展开

1. 从题干信息出发：“后绿豆行情暴涨，丙公司以自己名义按130万元价格将绿豆转卖给不知情的己公司，并迅即交付，但尚未收取货款。甲公司得知后，拒绝追认丙公司行为，要求己公司返还绿豆。”

2. 动产善意取得的法律依据：《物权法》第106条第1款，“无处分权人将不动产或者动产转让给受让人的，所有权人有权追回；除法律另有规定外，符合下列情形的，受让人取得该不动产或者动产的所有权：(一)受让人受让该不动产或者动产时是善意的；(二)以合理的价格转让；(三)转让的不动产或者动产依照法律规定应当登记的已经登记，不需要登记的已经交付给受让人。”

3. 司法部解析原文：(1)由该条可知，善意取得的构成要件中只是需要对价合理,并无已支付对价的要求,故没有支付对价不构成否定善意取得成立的理由。(2)丙公司将绿豆转卖给己公司完全符合善意取得的构成要件。(3)故己公司构成善意取得,甲公司无权要求己公司返还绿豆。(4)“有的考生误认为构成善意取得要求是不知情,已支付对价,并且已经交付。而丙公司尚未收取货款,己公司没有支付对价,不符合善意取得的构成要件。”

4. 关联:另一观点认为,应该支付价款,避免无权处分人与第三人“恶意串通”。

5. 类似:《物权法司法解释(一)》第6条,“转让人转移船舶、航空器和机动车等所有权,受让人已经支付对价并取得占有,虽未经登记,但转让人的债权人主张其为物权法第二十四条所称的“善意第三人”的,不予支持,法律另有规定的除外。”

2009 年主观案例分析题

案情：2005 年 1 月 1 日，甲与乙口头约定，甲承租乙的一套别墅，租期为五年，租金一次付清，交付租金后即可入住。洽谈时，乙告诉甲屋顶有漏水现象。为了尽快与女友丙结婚共同生活，甲对此未置可否，付清租金后与丙入住并办理了结婚登记。

入住后不久别墅屋顶果然漏水，甲要求乙进行维修，乙认为在订立合同时已对漏水问题提前作了告知，甲当时并无异议，仍同意承租，故现在乙不应承担维修义务。于是，甲自购了一批瓦片，找到朋友开的丁装修公司免费维修。丁公司派工人更换了漏水的旧瓦片，同时按照甲的意思对别墅进行了较大装修。更换瓦片大约花了 10 天时间，装修则用了一个月，乙不知情。更换瓦片时，一名工人不慎摔伤，花去医药费数千元。

2005 年 6 月，由于新换瓦片质量问题，别墅屋顶出现大面积漏水，造成甲一万余元财产损失。

2006 年 4 月，甲遇车祸去世，丙回娘家居住。半年后丙返回别墅，发现戊已占用别墅。原来，2004 年 12 月甲曾向戊借款 10 万元，并亲笔写了借条，借条中承诺在不能还款时该别墅由戊使用。在戊向乙出示了甲的亲笔承诺后，乙同意戊使用该别墅，将房屋的备用钥匙交付于戊。（本题 22 分）

解题图构

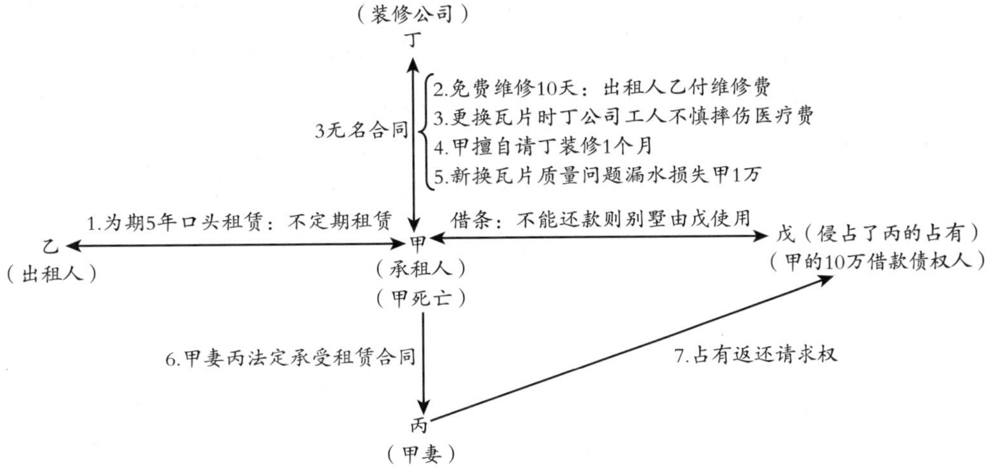

说明：图构中 1、2、3、4、5、6、7 是本题的 7 个小设问

总考点：租赁合同、无因管理、无名合同、用人单位责任、占有返还请求权

问题：

1. 甲乙之间租赁合同的期限如何确定？理由是什么？如乙欲解除与甲的租赁合同，应如何行使权利？

2. 别墅维修及费用负担问题应如何处理？理由是什么？

3. 甲丁之间存有什么法律关系？其内容和适用规则如何？摔伤工人的医药费用、损失应如何处理？理由是什么？

4. 别墅装修问题应如何处理？理由是什么？

5. 甲是否有权请求乙赔偿因 2005 年 6 月屋顶漏水所受损失？理由是什么？

6. 丙可否行使对别墅的承租使用权？理由是什么？

7. 丙应如何向戊主张自己的权利？理由是

什么?

设问1. 甲乙之间租赁合同的期限如何确定?理由是什么?如乙欲解除与甲的租赁合同,应如何行使权利?

答:(1)为不定期租赁。(2)租赁期限6个月以上,当事人未采取书面形式的,视为不定期租赁。(3)乙可以随时解除合同,但应当在合理期限前通知承租人。

考点:租期超过6个月的口头租赁合同是不定期租赁合同;出租人可随时解除但应合理期限前通知承租人

解题图构

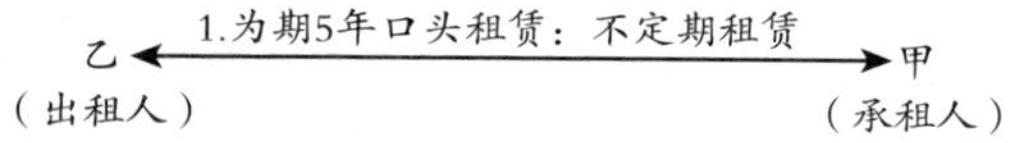

思路展开

1. 从题干信息出发:(1)"2005年1月1日,甲与乙口头约定,甲承租乙的一套别墅,租期为五年,租金一次付清,交付租金后即可入住。"(2)指向租期6个月以上口头租赁则为不定期租赁。

2. 不定期租赁的法律依据:(1)租期6个月以上的口头租赁是不定期租赁:《合同法》第215条,"租赁期限六个月以上的,应当采用书面形式。当事人未采用书面形式的,视为不定期租赁。"(2)未约定租期的不定期租赁:《合同法》第232条,"当事人对租赁期限没有约定或者约定不明确,依照本法第六十一条的规定仍不能确定的,视为不定期租赁。当事人可以随时解除合同,但出租人解除合同应当在合理期限之前通知承租人。"(3)租期届满双方沉默照旧的不定期租赁:《合同法》第236条,"租赁期间届满,承租人继续使用租赁物,出租人没有提出异议的,原租赁合同继续有效,但租赁期限为不定期。"

3. 具体到本题:(1)不定期租赁。双方有任意解除权。(2)当事人可以随时解除合同,但出租人解除合同应当在合理期限之前通知承租人。(3)甲、乙之间的租赁别墅合同是不定期租赁,乙要解除租赁合同应在合理期限前通知承租人甲。

设问2. 别墅维修及费用负担问题应如何处理?理由是什么?(2013年卷四第3问)

答:(1)甲有权要求乙在合理期限内维修。乙未履行维修义务,甲可以自行维修,维修费用由乙负担。(2)甲的维修属于无因管理人的行为,由乙承担其支出的必要费用。瓦片质量问题不影响乙对该项义务的承担。

(3)因维修影响了甲的使用,应当相应减少租金或延长租期。但装修期间不在延长租期的范围。

考点:出租人乙负责租赁物的维修义务;怠于维修承租人可自行维修,费用由出租人付;承租人维修属于无因管理;维修期间要扣除租金或延长租期;擅自装修期间耽搁居住承租人自负

解题图构

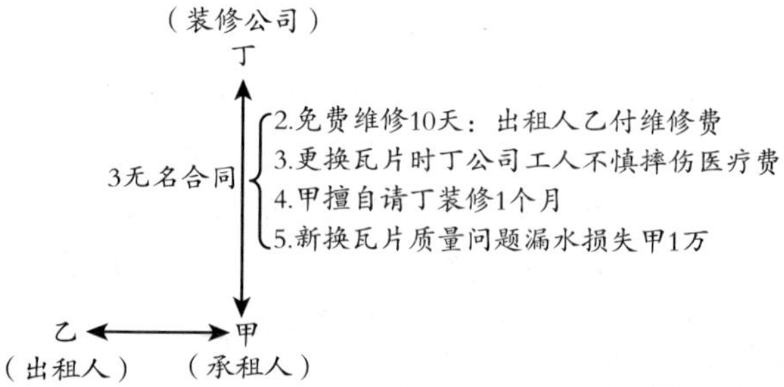

思路展开

1. 从题干信息出发:(1)出租人明示有漏水现象,承租人沉默不是意思表示:"洽谈时,乙告诉甲屋顶有漏水现象。为了尽快与女友丙结婚共同生活,甲对此未置可否,付清租金后与丙入住并办理了结婚登记。"(2)承租人自修花10天时间+擅自装修花1个月时间:"入住后不久别墅屋顶果然漏水,甲要求乙进行维修,乙认为在订立合同时已对漏水问题提前作了告知,甲当时并无异议,仍同意承租,故现在乙不应承担维修义务。于是,甲自购了一批瓦片,找到朋友开的丁装修公司免费维修。丁公司派工人更换了漏水的旧瓦片,同时按照甲的意思对别墅进行了较大装修。更换瓦片大约花了10天时间,装修则用了一个月,乙不知情。"(3)指向承租人甲可通过合同法向出租人乙主张维修费;也可通过无因管理向被管理人即房东乙主张必要费用之维修费。

2. 承租人甲基于租赁合同(《合同法》)向出租人乙主张维修费及相关救济:(1)法律依据:①出租人负责维修:《合同法》第220条,"出租人应当履行租赁物的维修义务,但当事人另有约定的除外。"②承租人自修:《合同法》第221条,"承租人在

租赁物需要维修时可以要求出租人在合理期限内维修。出租人未履行维修义务的，承租人可以自行维修，维修费用由出租人负担。因维修租赁物影响承租人使用的，应当相应减少租金或者延长租期。”(2)具体到本题：①甲有权要求乙在合理期限内维修。②乙未履行维修义务，甲可以自行维修，维修费用由乙负担。③瓦片质量问题不影响乙对该项义务的承担。④因维修影响了甲的使用，应当相应减少租金或延长租期。⑤但装修期间不在延长租期的范围。

3. 承租人甲基于无因管理向出租人主张必要费用之维修费用的救济：(1)法律依据：《民法总则》第 121 条，没有法定的或者约定的义务，为避免他人利益受损失而进行管理的人，有权请求受益人偿还由此支出的必要费用。(2)具体到本题：承租人甲构成无因管理，可向被管理人即房东乙主张管理费用。

常见错误

沉默构成放弃维修费说：认为乙已对漏水问题提前作了告知，甲当时并无异议，仍同意承租，故现在乙不应承担维修义务。

设问 3. 甲丁之间存有什么法律关系？其内容和适用规则如何？（2012 年卷四第 1 问信用卡法律关系）摔伤工人的医药费用、损失应如何处理？理由是什么？

答：(1)甲、丁之间属于无名合同，应适用《合同法》总则的相关规定，并可参照《合同法》分则或其他法律最相类似的规定，例如，费用承担问题适用赠与合同的规则，完成工作问题适用承揽合同规则。(2)应由丁承担。因为丁为雇主，应对雇员在从事雇用活动中遭受的人身损害承担赔偿责任。

考点：无名合同法律适用之类推适用规则（免费维修之赠与合同 + 装修之加工承揽合同）；用人单位责任

解题图构

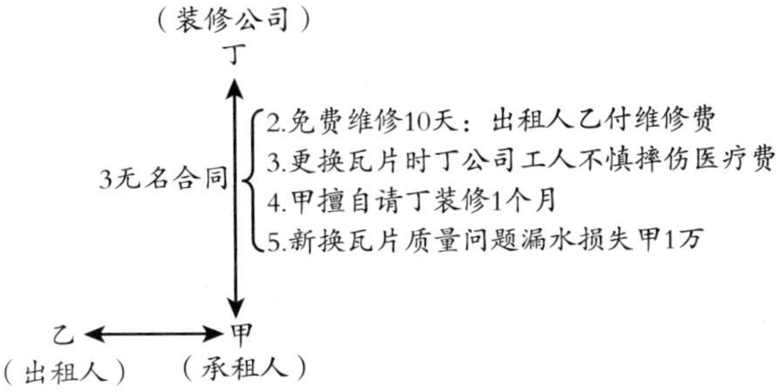

思路展开

1. 从题干信息和小设问信息出发：(1)题干信息：“甲自购了一批瓦片，找到朋友开的丁装修公司免费维修。丁公司派工人更换了漏水的旧瓦片，同时按照甲的意思对别墅进行了较大装修。更换瓦片大约花了 10 天时间，装修则用了一个月，乙不知情。更换瓦片时，一名工人不慎摔伤，花去医药费数千元。”(2)小设问信息：“甲、丁之间存有什么法律关系”+“摔伤工人的医药费用和损失”。(3)指向两点：①无名合同。②用人单位责任。

2. 法律依据：(1)无名合同适用的法律依据：《合同法》第 124 条，“本法分则或者其他法律没有明文规定的合同，适用本法总则的规定，并可以参照本法分则或者其他法律最相类似的规定。”(2)《关于审理人身损害赔偿案件适用法律若干问题的解释》第 11 条规定，雇员在从事雇佣活动中遭受人身损害，雇主应当承担赔偿责任。

3. 具体到本题：(1)甲、丁之间是无名合同。①装修是有偿，像加工承揽合同，但是却附带了免费维修。而加工承揽合同是都是有偿的合同。②免费维修，像赠与合同，但是却附加在有偿装修上。且赠与合同以转移财产权为标的。③甲、丁之间的合同，合同法没有规定其名称和具体的适用规范，是无名合同。④无名合同适用总则规定，并可以参照分则或其他法律最相类似的规定。⑤免费维修适用赠与合同规则；完成工作适用加工承揽合同规则。(2)丁公司员工执行职务，是工伤。用人单位承担责任。①即使是适用承揽规则，甲也没有选人、指示、定做的过错。《关于审理人身损害赔偿案件适用法律若干问题的解释》第 10 条，“承揽人在完成工作过程中对第三人造成损害或者造成自身损害的，定作人不承担赔偿责任。但定作人对定作、指示或者选任有过失的，应当承担相应的赔偿责任。”②雇员在从事雇佣活动中遭受人身损害，雇主承担无过错责任。《关于审理人身损害赔偿案件适用法律若干问题的解释》第 11 条第 1 款，“雇员在从事雇佣活动中遭受人身损害，雇主应当承担赔偿责任。雇佣关系以外的第三人造成雇员人身损害的，赔偿权利人可以请求第三人承担赔偿责任，也可以请求雇主承担赔偿责任。雇主承担赔偿责任后，可以向第三人追偿。”

常见错误

免费维修则承租人甲赔偿说：认为丁装修公司是免费为甲维修，该摔伤工人是为甲维修时受的伤，因此作答应由甲来承担摔伤工人的医药费用、损失。

设问4. 别墅装修问题应如何处理？理由是什么？（2013年卷四第4问经同意装修空调）

答：（1）乙可以要求甲恢复原状或赔偿损失。（2）理由是承租人未经出租人同意，对租赁物进行改装或增设他物的，出租人可以要求承租人恢复原状或赔偿损失。

考点：承租人擅自装修，出租人可要求恢复原状或赔偿损失

解题图构

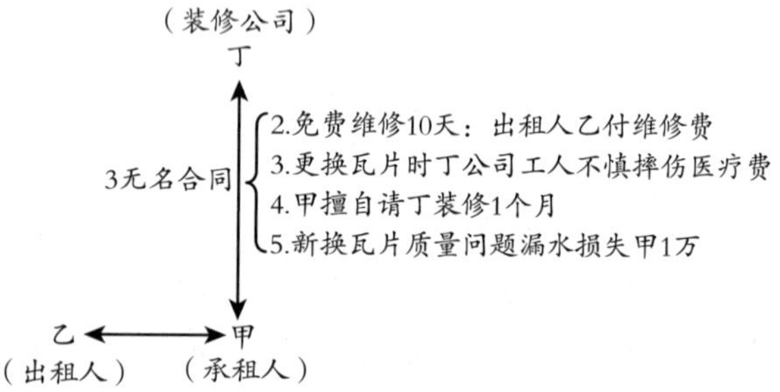

思路展开

1. 从题干信息出发：（1）“甲自购了一批瓦片，找到朋友开的丁装修公司免费维修。丁公司派工人更换了漏水的旧瓦片，同时按照甲的意思对别墅进行了较大装修。更换瓦片大约花了10天时间，装修则用了一个月，乙不知情。”（2）指向承租人甲擅自装修别墅。

2. 承租人擅自装修出租人可要求恢复原状或赔偿损失的法律依据：（1）《合同法》第223条，“承租人经出租人同意，可以对租赁物进行改善或者增设他物。承租人未经出租人同意，对租赁物进行改善或者增设他物的，出租人可以要求承租人恢复原状或者赔偿损失。”（2）《关于审理城镇房屋租赁合同纠纷案件具体应用法律若干问题的解释》第13条，“承租人未经出租人同意装饰装修或者扩建发生的费用，由承租人负担。出租人请求承租人恢复原状或者赔偿损失的，人民法院应予支持。”

3. 承租人擅自装修可以启动的请求权：（1）出租人可向擅自装修的承租人主张违约责任；（2）出租人可向擅自装修对房屋造成损害者主张侵权责任；（3）出租人可向擅自装修的承租人主张物权保护请求权，排除妨碍或消除危险请求权。

常见错误

为了生活便利承租人可自行装修说：认为承租人在承租期间为了便利生活可以不经出租人同意而装修房屋。

设问5. 甲是否有权请求乙赔偿因2005年6月屋顶漏水所受损失？理由是什么？

答：（1）无权。（2）造成第二次漏水是甲自身的原因，乙无过错，因此损失应由甲自行承担。

考点：违约责任；过错侵权

解题图构

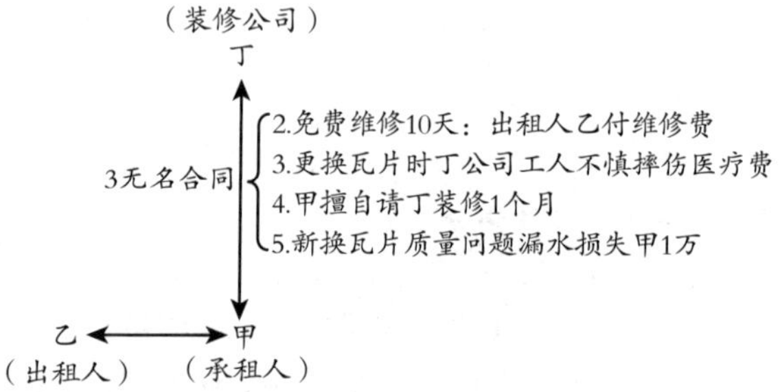

思路展开

1. 从题干信息出发：“2005年6月，由于新换瓦片质量问题，别墅屋顶出现大面积漏水，造成甲一万余元财产损失。”从出租人是否构成违约、是否构成侵权两个角度检索甲是否可以就二次漏水向出租人乙索赔。

2. 出租人乙就二次漏水不构成违约。（1）关联法律：出租人有适租义务：《合同法》第216条，“出租人应当按照约定将租赁物交付承租人，并在租赁期间保持租赁物符合约定的用途。”《合同法》第107条规定了一般情况下违约责任属于无过错责任。（2）具体到本题：承租人甲自行维修房屋，解决漏水问题，维修费由出租人乙负担。甲在维修时也有善良管理的义务。但是自起租之日2005年1月1日，到重新漏水的2005年6月，才相隔不到5个月重新漏水。题干交代是甲自己新换瓦片质量有问题。乙对二次漏水没有违约行为。故甲不能就二次漏水遭受的1万余元损失向乙主张违约责任。

3. 出租人乙就二次漏水不构成侵权。(1)法律依据:《侵权责任法》第6条第1款,“行为人因过错侵害他人民事权益,应当承担侵权责任。”(2)具体到本题:乙对二次漏水给甲造成损害并无过错,甲不得向乙主张侵权损害赔偿责任。

常见错误

出租人维修义务贯彻始终说:认为维修本属出租人乙的义务,由于新换瓦片质量问题,别墅屋顶出现大面积漏水,造成甲财产的损失,理应由乙来承担损失。

设问6.丙可否行使对别墅的承租使用权?理由是什么?

答:(1)丙有权对乙主张自己基于原租赁合同对该别墅的承租使用权。(2)因为承租人在房屋租赁期间死亡的,与其生前共同居住的人可以按照原租赁合同租赁该房屋。

考点:承租人死亡,与承租人生前共同居住的人可以法定承受房屋租赁合同

解题图构

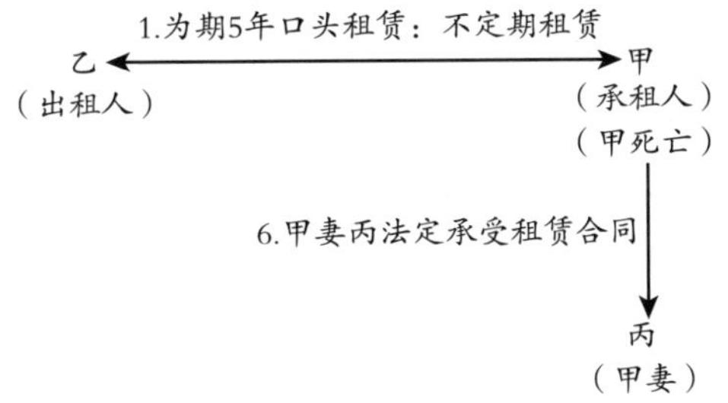

思路展开

1. 从题干信息出发:“2005年1月1日,甲与乙口头约定,甲承租乙的一套别墅,租期为五年,租金一次付清,交付租金后即可入住。”+“为了尽快与女友丙结婚共同生活,甲对此未置可否,付清租金后与丙入住并办理了结婚登记。”+“2006年4月,甲遇车祸去世,丙回娘家居住。”=丙是与甲生前共同居住的人,启动房屋租赁合同中的法定承受制度。

2. 房屋租赁合同中法定承受的法律依据:(1)“居住用房之共同居住人”:《合同法》第234条,“承租人在房屋租赁期间死亡的,与其生前共同居住的人可以按照原租赁合同租赁该房屋。”(2)“经营用房租赁之共同经营人或其他合伙人”:《关于审理城镇房屋租赁合同纠纷案件具体应用法律若干问题的解释》第19条,“承租人租赁房屋用于以个体工商户或者个人合伙方式从事经营活动,承租人在租赁期间死亡、宣告失踪或者宣告死亡,其共同经营人或者其他合伙人请求按照原租赁合同租赁该房屋的,人民法院应予支持。”

3. 具体到本题:丙自动替代甲,与乙之间成立房屋租赁合同。无须办理任何手续,自动换人。

设问7.丙应如何向戊主张自己的权利?理由是什么?

答:(1)丙有权请求戊返还原物。(2)因为丙根据《合同法》的规定是合法占有人,有权请求侵占人返还原物。

解题图构

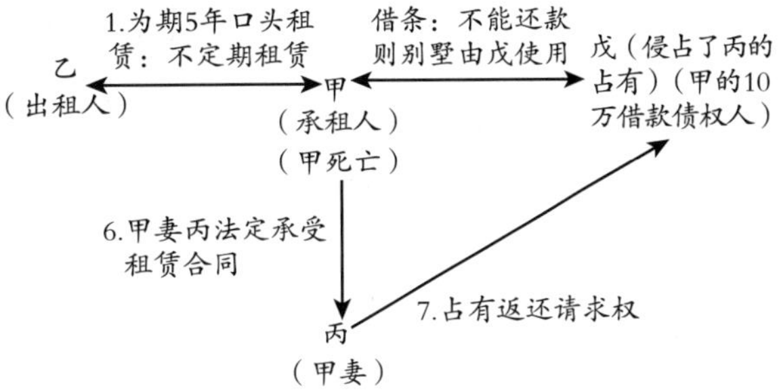

思路展开

1. 从题干信息出发:“2006年4月,甲遇车祸去世,丙回娘家居住。半年后丙返回别墅,发现戊已占用别墅。原来,2004年12月甲曾向戊借款10万元,并亲笔写了借条,借条中承诺在不能还款时该别墅由戊使用。在戊向乙出示了甲的亲笔承诺后,乙同意戊使用该别墅,将房屋的备用钥匙交付于戊。”指向戊侵占了丙的占有,启动占有保护返还请求权;以及“和平型”无权占有中的返还原物请求权。

2. 基于债权的占有可寻求的《物权法》返还原物请求权基础:(1)权利人主张返还原物:《物权法》第243条,“不动产或者动产被占有人占有的,权利人可以请求返还原物及其孳息,但应当支付善意占有人因维护该不动产或者动产支出的必要费用。”(2)占有人主张返还原物:《物权法》第245条第1款,“占有的不动产或者动产被侵占的,占有人有权请求返还原物;对妨害占有的行为,占有人有权请求

排除妨害或者消除危险;因侵占或者妨害造成损害的,占有人有权请求损害赔偿。”第2款,“占有人返还原物的请求权,自侵占发生之日起一年内未行使的,该请求权消灭。”

3. 具体到本题之小结:(1)丙基于房屋租赁合同法定承受,成为房屋的直接占有人、有权占有人。(2)因此作为合法占有人的丙,有权请求侵占人戊返还原物。(3)《物权法》第243条、第245条都是请求返还的基础。

4. 延展:《继承法》第33条限定继承,甲妻丙既然法定承受租赁之别墅,也须在此范围内承受甲对戊的无名合同之债(以租赁房屋使用权抵欠款)。

常见错误

混淆借条约定与私力侵占:认为甲于借条中承诺在不能还款时该别墅由戊使用,且事后得到出租人乙的承认,因此作答丙无法向戊主张归还别墅使用权。

2008 年主观案例分析题

案情：A 房地产公司（下称 A 公司）与 B 建筑公司（下称 B 公司）达成一项协议，由 B 公司为 A 公司承建一栋商品房。合同约定，标的总额 6000 万元，8 个月交工，任何一方违约，按合同总标的额 20% 支付违约金。合同签订后，为筹集工程建设资金，A 公司用其建设用地使用权作抵押向甲银行贷款 3000 万元，乙公司为此笔贷款承担保证责任，但对保证方式未作约定。

B 公司未经 A 公司同意，将部分施工任务交给丙建筑公司施工，该公司由张、李、王三人合伙出资组成。施工中，工人刘某不慎掉落手中的砖头，将路过工地的行人陈某砸成重伤，花去医药费 5000 元。

A 公司在施工开始后即进行商品房预售。丁某购买了 1 号楼 101 号房屋，预交了 5 万元房款，约定该笔款项作为定金。但不久，A 公司又与汪某签订了一份合同，将上述房屋卖给了汪某，并在房屋竣工后将该房的产权证办理给了汪某。汪某不知该房已经卖给丁某的事实。

汪某入住后，全家人出现皮肤瘙痒、流泪、头晕目眩等不适。经检测，发现室内甲醛等化学指标严重超标。但购房合同中未对化学指标作明确约定。

因 A 公司不能偿还甲银行贷款，甲银行欲对 A 公司开发的商品房行使抵押权。（本题 23 分）

总考点：违约责任变更请求权、用人单位责任、合同债务承担、地面施工致人损害、保证性质、建筑用地使用权抵押、善意取得、履行不能、合同解除、建设工程价款优先受偿权

解题图构

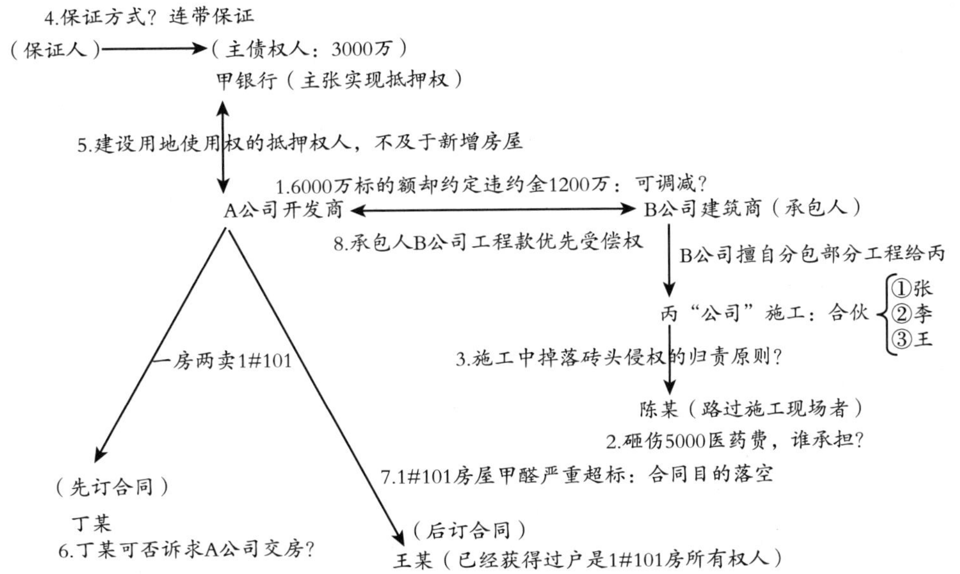

说明：图构中 1、2、3、4、5、6、7、8 指向本题的 8 个小设问

问题：

1. 若 B 公司延期交付工程半个月，A 公司以此提起仲裁，要求支付合同总标的额 20% 即 1200 万元违约金，你作为 B 公司的律师，拟提出何种请求以维护 B 公司的利益？依据是什么？

2. 对于陈某的损失，应由谁承担责任？如何承担责任？为什么？

3. 对于陈某的赔偿，应当适用何种归责原则？

依据是什么？

4. 对于乙公司的保证责任，其性质应如何认定？理由是什么？

5. 若甲银行行使抵押权，其权利标的是什么？甲银行如何实现自己的抵押权？

6. 丁某在得知房屋卖给汪某后，向法院提起诉讼，要求A公司履行合同交付房屋，其主张应否得到支持？为什么？

7. 汪某现欲退还房屋，要回房款。你作为汪某的代理人，拟提出何种请求维护汪某的利益？依据是什么？

8. 如果A公司不能向B公司支付工程款，B公司可对A公司提出什么请求？

设问 1. 若B公司延期交付工程半个月，A公司以此提起仲裁，要求支付合同总标的额 20% 即 1200 万元违约金，你作为B公司的律师，拟提出何种请求以维护B公司的利益？依据是什么？

答：(1) 请求仲裁机构减少违约金。(2) 合同法规定，约定的违约金过分高于实际损失的，当事人可以请求法院或仲裁机构予以适当减少。

考点：违约金过高的调低规则

解题图构

1.6000万标的额却约定违约金1200万：可调减？
A公司开发商 ⟷ B公司建筑商（承包人）

思路展开

1. 从题干信息和设问信息出发：(1) 题干信息："A房地产公司（下称A公司）与B建筑公司（下称B公司）达成一项协议，由B公司为A公司承建一栋商品房。合同约定，标的总额 6000 万元，8个月交工，任何一方违约，按合同总标的额 20% 支付违约金。"(2) 设问信息："若B公司延期交付工程半个月，A公司以此提起仲裁，要求支付合同总标的额 20% 即 1200 万元违约金，你作为B公司的律师，拟提出何种请求以维护B公司的利益？"(3) 是律师思维，提出方案。

2. 违约金过分高于损失之调减法律依据：(1)《合同法》依据：《合同法》第 114 条第 2 款，"约定的违约金低于造成的损失的，当事人可以请求人民法院或者仲裁机构予以增加；约定的违约金过分高于造成的损失的，当事人可以请求人民法院或者仲裁机构予以适当减少。"(2)《合同法司法解释（二）》依据：《合同法司法解释（二）》第 29 条，第 1 款，"当事人主张约定的违约金过高请求予以适当减少的，人民法院应当以实际损失为基础，兼顾合同的履行情况、当事人的过错程度以及预期利益等综合因素，根据公平原则和诚实信用原则予以衡量，并作出裁决。"第 2 款，"当事人约定的违约金超过造成损失的百分之三十的，一般可以认定为合同法第一百一十四条第二款规定的'过分高于造成的损失'。"

3. 具体到本题：司法部解析原文："如果 1200 万元的违约金过分高于A公司所遭受的损失，作为B公司的律师，可以请求仲裁机构减少违约金。"

4. 异议辨析：有观点批评"此题具有缺陷，并且居然一直延续到 2011 年案例分析题第 9 问，可见缺陷有时相当顽固。"评论：(1) 全天下人包括命题人当然知道违约金过高与否的参照物是损失而不是合同标的额。(2) 2008 年卷四的第 1 问即本题从律师思维设问，注意，你是律师，你懂的。能说 2008 年的第 1 问有问题吗？2011 年卷四 1400 万标的额违约金 700 万，且题干特别提示"经查，在甲公司、丙公司和丁公司签订合同后，当地房地产市场价格变化不大。"这句话不是废话。因此，需要结合题干的信息来判断，不能生搬硬套地死扣法条。

设问 2. 对于陈某的损失，应由谁承担责任？如何承担责任？为什么？

答：(1) 应当由丙建筑公司承担责任。(2) 因刘某系丙公司的雇员，其在执行雇主指令（或执行工作任务）中致人损害由雇主承担责任。(3) 由于丙公司系合伙企业，故由张、李、王实际承担连带赔偿责任。

考点：施工侵权主体是实际施工人而不是发包人或分包人；用人单位对员工职务行为无过错替代责任；合伙人对合伙债务负无限连带责任

解题图构

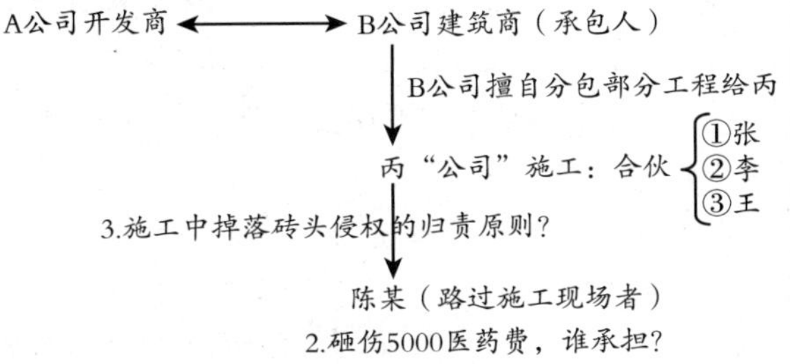

思路展开

1. 从题干信息出发：(1) A 公司是发包人，B 公司是分包人，丙“公司”才是致陈某损害的实际施工人：“A 房地产公司（下称 A 公司）与 B 建筑公司（下称 B 公司）达成一项协议，由 B 公司为 A 公司承建一栋商品房。……B 公司未经 A 公司同意，将部分施工任务交给丙建筑公司施工……”，指向实际施工人对施工活动负侵权责任，发包人，分包人不负侵权责任。(2) 工人刘某执行职务由用人单位丙公司承担无过错替代侵权责任：“（丙公司）施工中，工人刘某不慎掉落手中的砖头，将路过工地的行人陈某砸成重伤，花去医药费 5000 元。”(3) 合伙企业对外侵权债务由合伙人负无限连带责任：“该公司（丙公司）由张、李、王三人合伙出资组成。”

2. 实际施工人对“地面施工”的施工活动致人损害负侵权责任，发包人 A 公司或分包人 B 公司不负侵权责任。(1) 法律依据：①施工人：《侵权责任法》第 91 条第 1 款，“在公共场所或者道路上挖坑、修缮安装地下设施等，没有设置明显标志和采取安全措施造成他人损害的，施工人应当承担侵权责任。”②施工人：《民法通则》第 125 条，“在公共场所、道旁或者通道上挖坑、修缮安装地下设施等，没有设置明显标志和采取安全措施造成他人损害的，施工人应当承担民事责任。”③类推加工承揽中的侵权定作人只要无选任、指示、定作过错即不负侵权责任：《关于审理人身损害赔偿案件适用法律问题的解释》第 10 条，“承揽人在完成工作过程中对第三人造成损害或者造成自身损害的，定作人不承担赔偿责任。但定作人对定作、指示或者选任有过失的，应当承担相应的赔偿责任。”④是施工过程中掉落砖头，而非竣工后掉落砖头，故不能适用《侵权责任法》第 85 条的过错推定责任：“建筑物、构筑物或者其他设施及其搁置物、悬挂物发生脱落、坠落造成他人损害，所有人、管理人或者使用人不能证明自己没有过错的，应当承担侵权责任。所有人、管理人或者使用人赔偿后，有其他责任人的，有权向其他责任人追偿。”司法部解析原文：“坠落砖头并非建筑物上的搁置物、悬挂物，而是从刘某手中不慎坠落，因此本题不属于工作物致人损害情形。”(2) 具体到本题：①施工人致人损害的是丙公司，而不是发包人 A 公司或者分包人 B 公司。②发包人或分包人的法律地位类似于定作人，无定作、指示或选人过错，不负侵权责任。

3. 实际施工人工作人员执行职务侵权，实际施工人作为用人单位负无过错替代责任。(1) 法律依据：①新法：《侵权责任法》第 34 条第 1 款，“用人单位的工作人员因执行工作任务造成他人损害的，由用人单位承担侵权责任。”②司法部解析当年用的是《关于审理人身损害赔偿案件适用法律问题的解释》第 9 条第 1 款，“雇员在从事雇佣活动中致人损害的，雇主应当承担赔偿责任；雇员因故意或者重大过失致人损害的，应当与雇主承担连带赔偿责任。雇主承担连带赔偿责任的，可以向雇员追偿。”本题中，工人刘某系不慎掉落手中砖头，并无故意或重大过失，因此应由雇主丙公司对陈某的损失承担责任。(2)《侵权责任法》第 34 条第 1 款，“用人单位”采广义解释，包括本题的合伙企业。还包括国家机关、企业法人、事业单位法人、基金会法人、合伙、个体工商户等。(3) 具体到本题：“（丙公司）施工中，工人刘某不慎掉落手中的砖头，将路过工地的行人陈某砸成重伤”。应由丙“公司”（合伙企业）而不是刘某对受害陈某负侵权责任。

4. 实际施工人丙公司是合伙企业，则对该合伙的对外侵权债务由各个合伙人（张、李、王）负无限连带责任。(1) 法律依据：《合伙企业法》第 2 条第 2 款，“普通合伙企业由普通合伙人组成，合伙人对合伙企业债务承担无限连带责任。本法对普通合伙人承担责任的形式有特别规定的，从其规定。”(2) 具体到本题：司法部解析原文：“题中已指明丙公司为合伙企业，因此应由合伙人张、李、王三人对陈某的损失承担无限连带赔偿责任。”

常见错误

认为发包人A公司、分包人B公司也应为陈某的损失承担责任。

设问3. 对于陈某的赔偿,应当适用何种归责原则? 依据是什么?

答:应当适用过错推定原则。民法通则规定地面施工致人损害适用过错推定。

考点:地面施工致人损害的归责原则是过错责任原则,具体操作方式是过错推定

解题图构

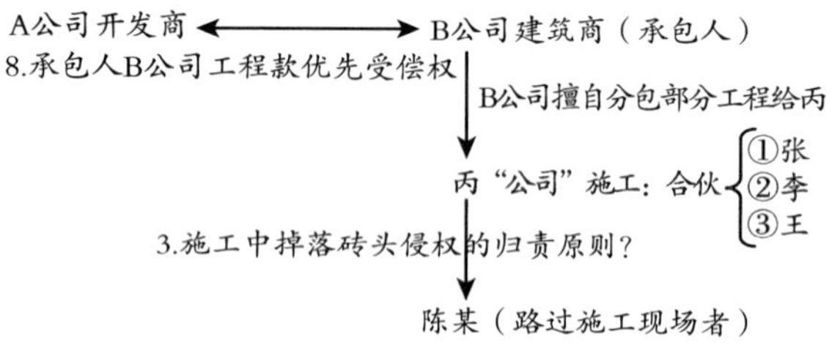

思路展开

1. 从题干信息出发:(1)"B公司未经A公司同意,将部分施工任务交给丙建筑公司施工,该公司由张、李、王三人合伙出资组成。施工中,工人刘某不慎掉落手中的砖头,将路过工地的行人陈某砸成重伤,花去医药费5000元。"(2)施工人丙合伙企业对受害人陈某承担责任,是经由两条路径得出的结论:①施工致人损害,由施工人承担责任。②施工人工作人员致人损害由施工人作为用人单位承担无过错替代责任。

2. 施工活动致人损害,由施工人承担责任,其归责原则是过错责任原则。(1)归责原则在学说上有较大争议。有无过错责任说;过错责任说。过错责任说内部,又有过错归责方式说,和过错推定归责方式说。(2)司法部解析原文:《民法通则》第125条,"在公共场所、道旁或者通道上挖坑、修缮安装地下设施等,没有设置明显标志和采取安全设施造成他人损害的,施工人应当承担民事责任。""没有设置明显标志和采取安全措施"的限定语,实际上是对施工人"违反注意义务"的具体表述,因此,该条采过错责任(过错推定)原则。(3)结合《侵权责任法》第91条第1款,"在公共场所或者道路上挖坑、修缮安装地下设施等,没有设置明显标志和采取安全措施造成他人损害的,施工人应当承担侵权责任。"挖坑施工或地下施工,有个等字可以扩大解释为地上施工。(4)小结:采用过错归责原则。只有三种归责方式:无过错;过错(过错推定);公平。(5)特别注意,司法部解析有一段话颇值回味:《民法通则》第123条,"从事高空、高压、易燃、易爆、剧毒、放射性、高速运输工具等对周围环境有高度危险的作业造成他人损害的,应当承担民事责任;如果能够证明损害是由受害人故意造成的,不承担民事责任。"有考生从高空危险作业角度考虑,而认为应适用无过错责任原则,有一定合理性。

3. 施工人施工活动中由员工执行职务侵权,由施工人作为用人单位承担无过错替代责任,采无过错责任原则。《侵权责任法》第34条第1款,"用人单位的工作人员因执行工作任务造成他人损害的,由用人单位承担侵权责任。"

常见错误

1. 工作物致人损害说:认为题中情形属于工作物致人损害民事责任。

2. 无过错责任说:认为地面施工致人损害民事责任的归责原则为无过错原则。

设问4. 对于乙公司的保证责任,其性质应如何认定? 理由是什么?

答:乙公司的保证责任性质属于连带责任保证。担保法规定对保证责任性质约定不明的,保证人承担连带责任保证。

考点:未约定保证方式,则推定为连带责任保证

解题图构

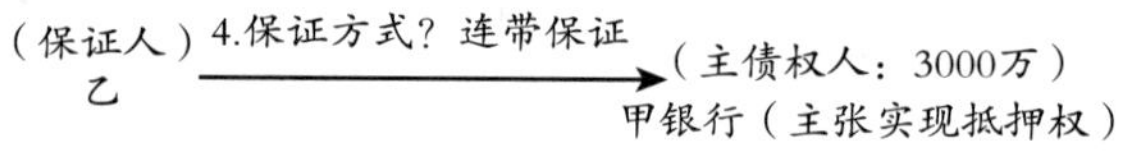

思路展开

1. 从题干信息出发:"合同签订后,为筹集工程建设资金,A公司用其建设用地使用权作抵押向甲银行贷款3000万元,乙公司为此笔贷款承担保证责任,但对保证方式未作约定。"指向混合担保,人保和债务人自己物保。人保未约定保证方式,推定为连带责任保证。

2. 法律依据及结论:《担保法》第19条,"当事人对保证方式没有约定或者约定不明确的,按照

连带责任保证承担保证责任。”故乙公司保证责任的性质为连带责任保证。

设问5. 若甲银行行使抵押权，其权利标的是什么？甲银行如何实现自己的抵押权？

答：甲银行的抵押权标的为土地使用权，不包括商品房。物权法规定建设用地使用权抵押后，该土地上新增的建筑物不属于抵押财产。甲银行实现抵押权时可以将商品房一并处分，但不能就商品房所得价款优先受偿。

考点：建设用地使用权抵押

解题图构

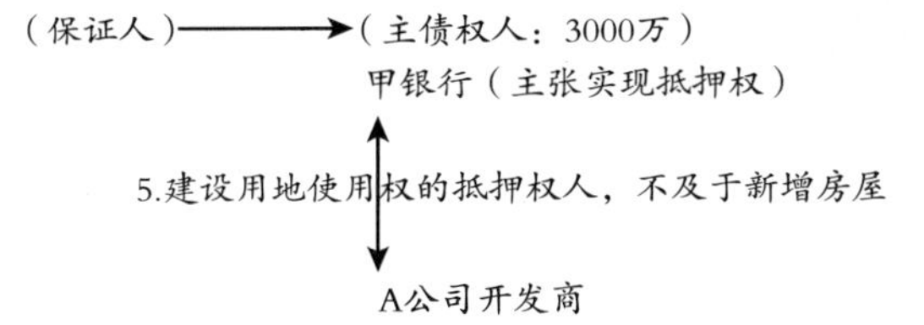

思路展开

1. 从题干信息出发：“为筹集工程建设资金，A公司用其建设用地使用权作抵押向甲银行贷款3000万元”。+“A公司在施工开始后即进行商品房预售。丁某购买了1号楼101号房屋……”，指向裸地抵押，而不包括新增房屋的抵押。

2. 裸地抵押不及于新增房屋的法律依据：《物权法》第200条，“建设用地使用权抵押后，该土地上新增的建筑物不属于抵押财产。该建设用地使用权实现抵押权时，应当将该土地上新增的建筑物与建设用地使用权一并处分，但新增建筑物所得的价款，抵押权人无权优先受偿。”

3. 具体到本题：是直接对该法条的考查，商品房系土地设押后于其上新增的建筑物，法条已对此明确指出不属于抵押财产。实现抵押权时，甲银行可以将商品房一并处分，但不能就商品房所得价款优先受偿。

4. 展示：司法部解析原文：(1)该题作答时，考生需注意区分《物权法》第200条和第182条第1款。(2)房地一体主义：①《物权法》第182条第1款规定：“以建筑物抵押的，该建筑物占用范围内的建设用地使用权一并抵押。以建设用地使用权抵押的，该土地上的建筑物一并抵押。”②该条文是针对抵押权设立时已同时存在土地使用权和其上建筑物而言的。(3)本题中，商品房于设押时并未存在，属于设押后新增财产，因此不适用第182条第1款。

常见错误

误解“房随地走”规则：依《物权法》第182条作答新增房屋属于抵押权范围。

设问6. 丁某在得知房屋卖给汪某后，向法院提起诉讼，要求A公司履行合同交付房屋，其主张应否得到支持？为什么？

答：不能得到支持，因为汪某已经取得商品房的所有权，不动产以登记作为物权变动的依据。

考点：一房数卖合同有效；后买者已经获得房屋过户，前买者不得主张过户房屋，因“过户”属于履行不能

解题图构

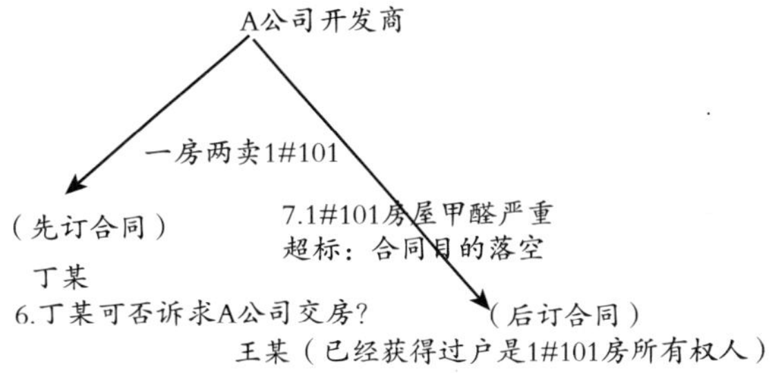

思路展开

1. 从题干信息出发：(1)“A公司在施工开始后即进行商品房预售。丁某购买了1号楼101号房屋，预交了5万元房款，约定该笔款项作为定金。但不久，A公司又与汪某签订了一份合同，将上述房屋卖给了汪某，并在房屋竣工后将该房的产权证办理给了汪某。汪某不知该房已经卖给丁某的事实。”(2)开发商一房两卖：①合同都有效。②房屋过户给后签订合同一方，房屋是特定物即1#101，先签订合同主张继续过户，合同限于履行不能。先订合同者不可诉求过户房屋。③先签订合同一方没有获得房屋，可向开发商启动惩罚性赔偿。

2. 一房两卖合同均有效。(1)法律依据：①过户者获得房屋所有权：《物权法》第14条规定：“不动产物权的设立、变更、转让和消灭，依照法律规定应当登记的，自记载于不动产登记簿时发生效力。”②未获得物权不影响合同效力：《物权法》第15

条,“当事人之间订立有关设立、变更、转让和消灭不动产物权的合同,除法律另有规定或者合同另有约定外,自合同成立时生效;未办理物权登记的,不影响合同效力。”③一房多卖合同均有效:《合同法司法解释(二)》第15条,“出卖人就同一标的物订立多重买卖合同,合同均不具有合同法第五十二条规定的无效情形,买受人因不能按照合同约定取得标的物所有权,请求追究出卖人违约责任的,人民法院应予支持。”(2)具体到本题:A公司把1号楼101号房屋先卖给丁,后卖给汪,属于一房两卖,合同均有效。

3. 一房两卖合同中一个买方获得过户取得所有权;另一个买方未获得过户但不能主张过户,因房屋是特定物,合同陷入履行不能。(1)法律依据:《合同法》第110条,“当事人一方不履行非金钱债务或者履行非金钱债务不符合约定的,对方可以要求履行,但有下列情形之一的除外:(一)法律上或者事实上不能履行;(二)债务的标的不适于强制履行或者履行费用过高;(三)债权人在合理期限内未要求履行。”(2)1#101房是特定物,已经由第二买受人汪某取得所有权。第一买受人丁某不得主张继续过户房屋,因为合同陷入履行不能,法律上不能,嗣后不能,主观不能。

4. 延展:第一买受人汪某没有取得房屋,有权向“开发商”主张违约责任,并主张惩罚性赔偿。(1)法律依据:《关于审理商品房买卖合同纠纷案件适用法律若干问题的解释》第8条第2项,“具有下列情形之一,导致商品房买卖合同目的不能实现的,无法取得房屋的买受人可以请求解除合同、返还已付购房款及利息、赔偿损失,并可以请求出卖人承担不超过已付购房款一倍的赔偿责任:(一)商品房买卖合同订立后,出卖人未告知买受人又将该房屋抵押给第三人;(二)商品房买卖合同订立后,出卖人又将该房屋出卖给第三人。”(2)条件:①开发商;②目的不能实现;③额外的主张不超过已付购房款(不是全部购房款)1倍的惩罚性赔偿

5. 回到设问6的信息:(1)“丁某在得知房屋卖给汪某后,向法院提起诉讼,要求A公司履行合同交付房屋,其主张应否得到支持?”(2)问的是交房的诉讼请求,没有问其他诉讼请求。(3)司法部解析原文:汪某无需返还房屋,A公司对丁某已构成履行不能,丁某有权解除合同,并向法院请求A公司赔偿损失,但其要求A公司履行合同交付房屋的请求不能得到法院支持。

设问7.汪某现欲退还房屋,要回房款。你作为汪某的代理人,拟提出何种请求维护汪某的利益?依据是什么?

答:请求解除合同,因为A公司构成严重违约,房屋无法居住,不能实现合同目的。

考点:合同漏洞填补之交付房屋质量要求;开发商根本违约购房人可解除合同

解题图构

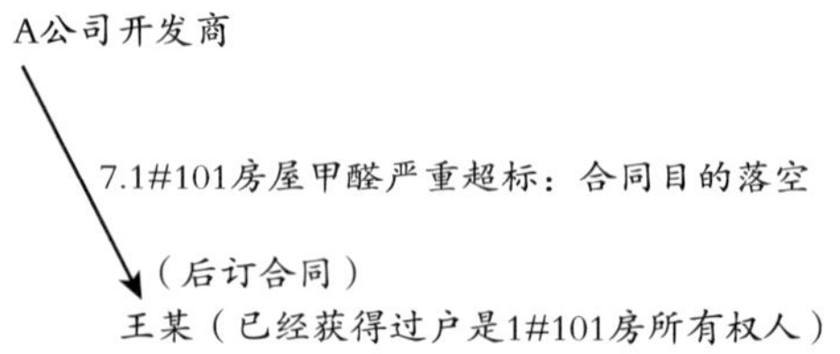

思路展开

1. 从题干信息出发:“汪某入住后,全家人出现皮肤瘙痒、流泪、头晕目眩等不适。经检测,发现室内甲醛等化学指标严重超标。但购房合同中未对化学指标作明确约定。”指向两点:(1)合同标的物质量标准约定不明的推定。(2)开发商根本违约导致购房人合同目的落空,启动购房人法定解除权。

2. 合同标的物质量约定不明,填补漏洞。(1)法律依据:《合同法》第62条,“当事人就有关合同内容约定不明确,依照本法第六十一条的规定仍不能确定的,适用下列规定:(一)质量要求不明确的,按照国家标准、行业标准履行;没有国家标准、行业标准的,按照通常标准或者符合合同目的的特定标准履行。”(2)具体到本题:“经检测,发现室内甲醛等化学指标严重超标。但购房合同中未对化学指标作明确约定。”+“汪某入住后,全家人出现皮肤瘙痒、流泪、头晕目眩等不适。”=房屋质量不合格,导致汪某合同目的落空,可启动法定解除权。

3. 合同目的落空可启动法定解除权。(1)法律依据:《合同法》第94条第4项,“有下列情形之一的,当事人可以解除合同:(一)因不可抗力致使不能实现合同目的;(二)在履行期限届满之前,当事

人一方明确表示或者以自己的行为表明不履行主要债务；（三）当事人一方迟延履行主要债务，经催告后在合同期限内仍未履行；（四）当事人一方迟延履行债务或者有其他违约行为致使不能实现合同目的；（五）法律规定的其他情形。”（2）具体到本题：房屋内甲醛等化学指标严重超标，A公司违反标的物品质瑕疵担保义务致使买方合同目的不能实现，符合法定解除权的第（4）项情形，因违约行为致使不能实现合同目的，当事人可以解除合同。（3）结论：作为汪某的代理人，可以代其请求解除合同。

常见错误

考生一般均能注意到A公司系违约，但有的考生忽视了严重违约可以导致法定解除权的产生。

设问8. 如果A公司不能向B公司支付工程款，B公司可对A公司提出什么请求？

答：B公司可向A公司主张违约责任或者对建设工程主张优先权。

考点：建设工程价款优先权

解题图构

A公司开发商 ←——→ B公司建筑商（承包人）

8.承包人B公司工程款优先受偿权

思路展开

1. 从题干信息和设问信息出发：（1）题干信息：“A房地产公司（下称A公司）与B建筑公司（下称B公司）达成一项协议，由B公司为A公司承建一栋商品房。”（2）设问信息：“如果A公司不能向B公司支付工程款，B公司可对A公司提出什么请求？”（3）指向建设工程价款优先权。

2. 法律依据：（1）《合同法》的依据：《合同法》第286条规定：“发包人未按照约定支付价款的，承包人可以催告发包人在合理期限内支付价款。发包人逾期不支付的，除按照建设工程的性质不宜折价、拍卖的以外，承包人可以与发包人协议将该工程折价，也可以申请人民法院将该工程依法拍卖。建设工程的价款就该工程折价或者拍卖的价款优先受偿。”（2）最高人民法院《关于建设工程价款优先受偿权问题的批复》（2002年6月27日实施）：“一、人民法院在审理房地产纠纷案件和办理执行案件中，应当依照《中华人民共和国合同法》第二百八十六条的规定，认定建筑工程的承包人的优先受偿权优于抵押权和其他债权。二、消费者交付购买商品房的全部或者大部分款项后，承包人就该商品房享有的工程价款优先受偿权不得对抗买受人。三、建筑工程价款包括承包人为建设工程应当支付的工作人员报酬、材料款等实际支出的费用，不包括承包人因发包人违约所造成的损失。四、建设工程承包人行使优先权的期限为六个月，自建设工程竣工之日或者建设工程合同约定的竣工之日起计算。五、本批复第一条至第三条自公布之日起施行，第四条自公布之日起六个月后施行。”

3. 具体到本题：（1）A公司不能向B公司支付工程款，固然构成违约，需承担违约责任。（2）但就建设工程合同而言，《合同法》第286条还赋予了承包人就建设工程价款的优先受偿权。（3）小结：B公司既可以主张A公司承担违约责任，也可以直接主张建设工程价款的优先受偿权。

常见错误

有的考生忽视了《合同法》除总则规定了合同的违约责任之外，分则中对建设工程价款还有特殊规定，即承包人享有工程价款优先受偿权。

2008 年四川延考卷　主观案例分析题

案情:2007 年 1 月,甲不慎遗失其手袋,内有其名贵玉镯一只。乙拾得后,按照手袋内的名片所示积极寻找失主,与甲取得了联系,将玉镯归还给了甲。

2007 年 5 月,甲与丙结婚。甲、丙合计开设一家茶馆,茶馆办理工商登记注明的开办人为甲。因急需资金,甲持玉镯到信达典当行典当,经商议,玉镯出典,获资金 8 万元,约定 3 个月后赎回。

因缺乏经验,茶馆惨淡经营,终致难以为继,2008 年 8 月甲、丙决定关闭茶馆。此时茶馆对外负债 2 万元。

同年 9 月,甲、丙自觉缘分已尽,协议离婚。(本题 23 分)

解题图构

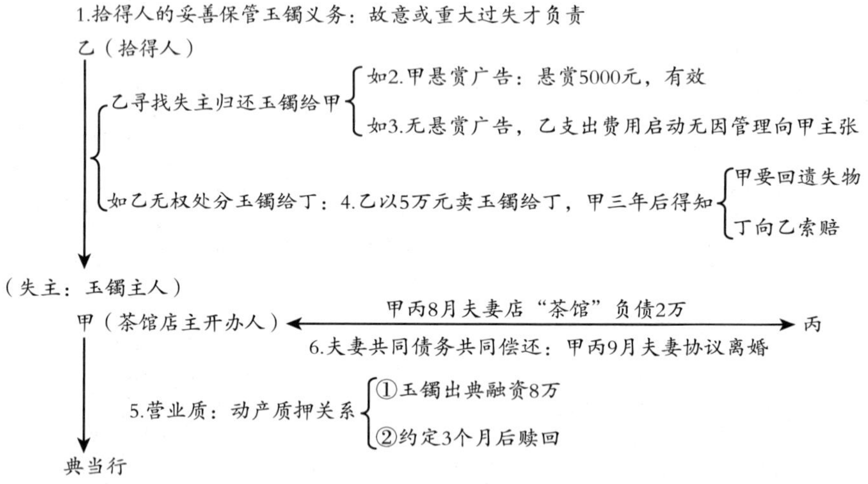

说明:图构中的 1、2、3、4、5、6 指向本题的 6 个小设问。

问题:

设问 1. 设,在乙向甲交还玉镯之前,乙不慎将玉镯摔裂,乙是否应当承担赔偿责任?为什么?

答:(1)乙不承担赔偿责任。(2)法律依据:《物权法》第 111 条,“拾得人在遗失物送交有关部门前,有关部门在遗失物被领取前,应当妥善保管遗失物。因故意或者重大过失致使遗失物毁损、灭失的,应当承担民事责任。”(2)本题中,拾得人乙仅系一般过失,故不负赔偿责任。

考点:拾得人的过错责任,限于故意或重大过失

解题图构

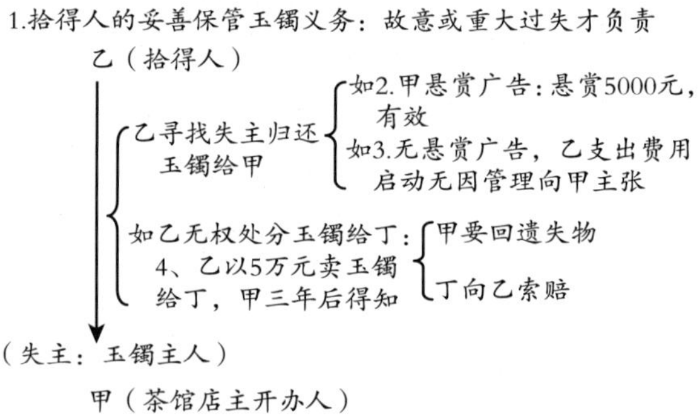

设问 2. 设,甲在丢失玉镯后焦急万分,遂在遗失场所张贴数份启事,称若有人能够找到玉镯并送还,愿以现金 5000 元酬谢。乙依此启事要求甲支付 5000 元时,甲提出,由于此玉是祖传,丢失之际一时心急才张贴启事,实非内心真实意愿,故请乙给予谅

解，不能支付该笔酬金。在此情况下，乙的请求应否得到支持？为什么？

答：(1)乙的请求应当得到支持。(2)法律依据：《物权法》第 112 条："权利人悬赏寻找遗失物的，领取遗失物时应当按照承诺履行义务。"(3)甲张贴启事的行为属于悬赏广告，具有约束力，故乙有权要求甲支付悬赏广告的赏金。

考点：归还遗失物中的悬赏广告

解题图构

见设问 1 的小图构。

设问 3. 设，甲并未张贴上述启事，乙寻找到甲，将玉镯奉还，但要求甲承担其为寻找失主所花费的电话费、车费、工时费 320 元。在此情况下，乙的行为性质应如何认定？为什么？其请求应否得到支持？

答：(1)乙的行为属于无因管理。(2)其请求应当得到支持，因其属于实施无因管理行为所发生的合理或必要费用。

考点：拾得遗失物中的无因管理

解题图构

见设问 1 的小图构。

设问 4. 设，乙拾得玉镯后将其以 5 万元卖给不知情的第三人丁，甲三年后得知此事，可否请求丁返还？为什么？丁如何保护自己的权益？

答：(1)甲可以。(2)依《物权法》第 107 条："所有权人或者其他权利人有权追回遗失物。该遗失物通过转让被他人占有的，权利人有权向无处分权人请求损害赔偿，或者自知道或者应当知道受让人之日起二年内向受让人请求返还原物，但受让人通过拍卖或者向具有经营资格的经营者购得该遗失物的，权利人请求返还原物时应当支付受让人所付的费用。权利人向受让人支付所付费用后，有权向无处分权人追偿。"(3)遗失物不适用善意取得，故只要失主在知道受让人之日起两年内要求受让人返还，此权利即可实现。(4)故本题中，甲刚刚得知此事，得要求受让人返还。(5)丁可以向乙请求赔偿。

考点：遗失物不适用善意取得；2 年内失主知情后可追回遗失物；购买遗失物者向无权处分人索赔

解题图构

见设问 1 的小图构。

设问 5. 甲将玉镯典给典当行，形成什么性质的法律关系？若 3 个月后甲未去赎回玉镯，将产生什么样的法律后果？

答：(1)形成动产质押法律关系，属于动产质押中的营业质。(2)若甲不能按期赎回，玉镯归典当行所有。

考点：动产质押的营业质

扩展：(1)什么是典当：《典当管理办法》(2005 年 4 月 1 日施行。)第 3 条，"本办法所称典当，是指当户将其动产、财产权利作为当物质押或者将其房地产作为当物抵押给典当行，交付一定比例费用，取得当金，并在约定期限内支付当金利息、偿还当金、赎回当物的行为。"(2)主管机关：第 4 条，"商务主管部门对典当业实施监督管理，公安机关对典当业进行治安管理。"(3)什么是典当行：第 5 条，"典当行的名称应当符合企业名称登记管理的有关规定。典当行名称中的行业表述应当标明"典当"字样。其他任何经营性组织和机构的名称不得含有"典当"字样，不得经营或者变相经营典当业务。"(4)什么是当票：第 30 条第 1 款，"当票是典当行与当户之间的借贷契约，是典当行向当户支付当金的付款凭证。"(5)典当期限最长不得超过 6 个月：第 36 条，"当物的估价金额及当金数额应当由双方协商确定。房地产的当金数额经协商不能达成一致的，双方可以委托有资质的房地产价格评估机构进行评估，估价金额可以作为确定当金数额的参考。典当期限由双方约定，最长不得超过 6 个月。"(6)典当当金利率：第 37 条，"典当当金利率，按中国人民银行公布的银行机构 6 个月期法定贷款利率及典当期限折算后执行。典当当金利息不得预扣。"第 38 条 第 1、2 款，典当综合费用包括各种服务及管理费用。动产质押典当的月综合费率不得超过当金的 42‰。(7)什么是绝当：第 40 条第 1 款"典当期限或者续当期限届满后，当户应当在 5 日内赎当或者续当。逾期不赎当也不续当的，为绝当。"(8)处理绝当物品区分 3 万金额原则，3 万以内归典当行；3 万以上公开拍卖多退少补：第 43 条，"典当行应当按照下列规定处理绝当物品：(一)当物估价金额在 3 万元以上的，可以按照《中华人民共和国担保法》的有关规定处理,也可以双方事先约定绝当后由典当行委托拍卖行公开拍卖。拍卖收入在扣除拍卖费用及当金本息后,剩余部分应当退还当户,不足部分向当户追索。(二)绝当物估价金额不足3万元的,典当行可以自行变卖或者折价处理,损溢自负。"

设问6.甲、丙离婚时茶馆对外所欠2万元债务仍未清偿。在此情况下,债权人如何主张自己的权益?

答:债权人可向甲、丙主张连带清偿责任。

考点:夫妻债务共同偿还

法律依据:(1)本题适用法条:《婚姻法》第41条,"离婚时,原为夫妻共同生活所负的债务,应当共同偿还。共同财产不足清偿的,或财产归各自所有的,由双方协议清偿;协议不成时,由人民法院判决。"(2)关联记忆:①个人债务:《婚姻法司法解释(二)》第23条,"债权人就一方婚前所负个人债务向债务人的配偶主张权利的,人民法院不予支持。但债权人能够证明所负债务用于婚后家庭共同生活的除外。"②重大争议和分歧之法条(一线法官谓之最大的立法失败……):第24条,"债权人就婚姻关系存续期间夫妻一方以个人名义所负债务主张权利的,应当按夫妻共同债务处理。但夫妻一方能够证明债权人与债务人明确约定为个人债务,或者能够证明属于婚姻法第十九条第三款规定情形的除外。"③2017年2月28日最高院作出补充规定:最高人民法院《关于适用〈中华人民共和国婚姻法〉若干问题的解释(二)的补充规定》第二十四条新增两款,分别规定:夫妻一方与第三人串通,虚构债务,第三人主张权利的,人民法院不予支持;夫妻一方在从事赌博、吸毒等违法犯罪活动中所负债务,第三人主张权利的,人民法院不予支持。

2007 年主观案例分析题

案情:2007 年 2 月 10 日,甲公司与乙公司签订一份购买 1000 台 A 型微波炉的合同,约定由乙公司 3 月 10 日前办理托运手续,货到付款。

乙公司如期办理了托运手续,但装货时多装了 50 台 B 型微波炉。

甲公司于 3 月 13 日与丙公司签订合同,将处于运输途中的前述合同项下的 1000 台 A 型微波炉转卖给丙公司,约定货物质量检验期为货到后 10 天内。

3 月 15 日,上述货物在运输途中突遇山洪暴发,致使 100 台 A 型微波炉受损报废。

3 月 20 日货到丙公司。4 月 15 日丙公司以部分货物质量不符合约定为由拒付货款,并要求退货。

顾客张三从丙公司处购买了一台 B 型微波炉,在正常使用过程中微波炉发生爆炸,致张三右臂受伤,花去医药费 1200 元。(本题 23 分)

解题图构

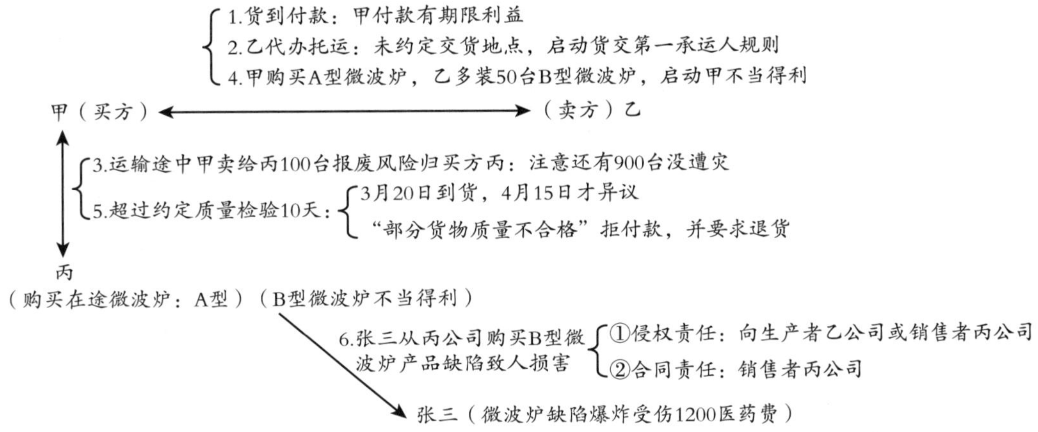

说明:图构中 1、2、3、4、5、6 指向本题的 6 个小设问

问题:

1. 如乙公司在办理完托运手续后即请求甲公司付款,甲公司应否付款?为什么?

2. 乙公司办理完托运手续后,货物的所有权归谁?为什么?

3. 对因山洪暴发报废的 100 台微波炉,应当由谁承担风险损失?为什么?

4. 对于乙公司多装的 50 台 B 型微波炉,应当如何处理?为什么?

5. 丙公司能否拒付货款和要求退货?为什么?

6. 张三可向谁提出损害赔偿请求?为什么?

总考点:合同的履行、动产物权的变动与交付、在途货物的买卖、不当得利、买卖合同标的物的检验、产品责任

设问 1. 如乙公司在办理完托运手续后即请求甲公司付款,甲公司应否付款?为什么?

答:(1)不应当。(2)因为合同约定货到付款,而实际上货未到。

考点:买卖合同中付款一方的期限利益

解题图构

1.货到付款：甲付款有期限利益
2.乙代办托运：未约定交货地点，启动货交第一承运人规则
4.甲购买A型微波炉，乙多装50台B型微波炉，启动甲不当得利

甲（买方）←→（卖方）乙

思路展开

1. 从题干信息和小设问信息出发：(1)题干信息："2007年2月10日，甲公司与乙公司签订一份购买1000台A型微波炉的合同，约定由乙公司3月10日前办理托运手续，货到付款。"注意，是货到才付款，一手交钱同手交货。(2)小设问信息："如乙公司在办理完托运手续后即请求甲公司付款，甲公司应否付款？"(3)假设了另一个前提，即如果乙在办完托运手续就要求甲付款，实际上此时货物还没"到"，这属于要求义务人提前履行债务。(4)崔老师：履行期尚未届至的抗辩。

2. 法律依据：《合同法》第161条，"买受人应当按照约定的时间支付价款。对支付时间没有约定或者约定不明确，依照本法第六十一条的规定仍不能确定的，买受人应当在收到标的物或者提取标的物单证的同时支付。"

3. 具体到本题：(1)双方当事人必须依据合同约定履行合同。(2)本题中既然甲乙两公司在买卖合同中约定货到付款，那么乙公司在办理完托运手续后即请求甲公司付款不符合该约定，甲公司有权拒绝。

常见错误

认为乙公司办理完托运手续后合同义务即履行完毕，而作答甲公司应该付款。

设问2. 乙公司办理完托运手续后，货物的所有权归谁？为什么？

答：(1)属于甲公司。(2)因为交付已经完成。

考点：基于法律行为动产物权因交付而变动；交付的地点判断之第一承运人规则

解题图构

1.货到付款：甲付款有期限利益
2.乙代办托运：未约定交货地点，启动货交第一承运人规则
4.甲购买A型微波炉，乙多装50台B型微波炉，启动甲不当得利

甲（买方）←→（卖方）乙

思路展开

1. 从题干信息出发："2007年2月10日，甲公司与乙公司签订一份购买1000台A型微波炉的合同，约定由乙公司3月10日前办理托运手续，货到付款。"甲、乙没有约定交付地点，货物又需要运输，故启动货交第一承运人规则，交付第一承运人即完成交付，货物物权即发生转移。

2. 货交第一承运人即完成交付：(1)法律依据：《合同法》第141条第1款，"出卖人应当按照约定的地点交付标的物。当事人没有约定交付地点或者约定不明确，依照本法第六十一条的规定仍不能确定的，适用下列规定：(一)标的物需要运输的，出卖人应当将标的物交付给第一承运人以运交给买受人；(二)标的物不需要运输，出卖人和买受人订立合同时知道标的物在某一地点的，出卖人应当在该地点交付标的物；不知道标的物在某一地点的，应当在出卖人订立合同时的营业地交付标的物。"(2)法条阐释：货交第一承运人视为完成交付的条件：当事人未约定交付地点；货物需要运输；动产交易。(3)具体到本题：甲、乙之间的交易完全符合货交第一承运人规则。

3. 货交第一承运人即完成交付，完成交付即变动动产物权。(1)法律依据：《物权法》第23条，"动产物权的设立和转让，自交付时发生效力，但法律另有规定的除外。"即动产物权变动以交付为生效要件。(2)具体到本题：乙公司办理完托运手续，已经完成了货物的交付，买受人甲公司取得货物所有权。

设问3. 对因山洪暴发报废的100台微波炉，应当由谁承担风险损失？为什么？

答：(1)由丙公司承担。(2)因为出卖人出卖交由承运人运输的在途标的物的意外灭失风险自合同成立时由买受人承担。

考点：在途货物买卖风险在订立合同时归买方

丙承担

解题图构

甲（买方）←————→（卖方）乙

3.运输途中甲卖给丙100台报废风险归买方丙：注意还有900台没遭灾

5.超过约定质量检验10天：3月20日到货，4月15日才异议“部分货物质量不合格”拒付款，并要求退货

丙

（购买在途微波炉：A型）（B型微波炉不当得利）

思路展开

1. 从题干信息出发：“甲公司于 3 月 13 日与丙公司签订合同，将处于运输途中的前述合同项下的 1000 台 A 型微波炉转卖给丙公司……” +“3 月 15 日，上述货物在运输途中突遇山洪暴发，致使 100 台 A 型微波炉受损报废。”指向在途货物买卖，自甲、丙合同签订时 100 台报废风险归丙承担。

2. 法律依据：(1)《合同法》第 144 条，“出卖人出卖交由承运人运输的在途标的物，除当事人另有约定的以外，毁损、灭失的风险自合同成立时起由买受人承担。”(2)“当事人另有约定”，是指当事人对风险负担专门有约定。①如果当事人仅约定交付地点，不影响在途货物在合同订立时归买方承担的规则。②如果当事人约定货交到约定的交付地点才转移风险，那么从该约定，不再适用在途货物买卖风险自合同订立由买方负担的规则。

3. 具体到本题：甲公司出卖的正是已经交由承运人运输的在途货物，甲公司与丙公司对风险承担问题又没有特别约定，所以货物毁损的风险自买卖合同成立时起即由丙公司承担。

设问 4. 对于乙公司多装的 50 台 B 型微波炉，应当如何处理？为什么？

答：(1)乙公司有权请求丙公司返还。(2)因为属于不当得利。

考点：买卖合同中多交标的物，买方构成不当得利

解题图构

1.货到付款：甲付款有期限利益
2.乙代办托运：未约定交货地点，启动货交第一承运人规则
4.甲购买A型微波炉，乙多装50台B型微波炉，启动甲不当得利

甲（买方）←————→（卖方）乙

思路展开

1. 从题干信息出发：“2007 年 2 月 10 日，甲公司与乙公司签订一份购买 1000 台 A 型微波炉的合同” +“乙公司如期办理了托运手续，但装货时多装了 50 台 B 型微波炉。”指向多交 50 台构成不当得利。

2. 法律依据：(1)《民法总则》第 122 条，因他人没有法律根据，取得不当利益，受损失的人有权请求其返还不当利益。(2)法条阐释：不当得利的构成要件有四：①一方获得利益；②他方受有损失；③获得利益与受有损失间有因果关系；⑤没有合法根据。

3. 具体到本题：获得不当利益一方是否有过错并非不当得利的构成要件，丙公司多获得的 50 台微波炉没有合法依据，而乙公司为此受到了损失，因此，丙公司构成不当得利，乙公司有权请求丙公司返还 50 台 B 型微波炉。

常见错误

无过错不构成不当得利说：认为甲公司对于乙公司多装的 50 台 B 型微波炉并无过错，无需返还。

设问 5. 丙公司能否拒付货款和要求退货？为什么？

答：(1)无权拒绝付款和要求退货。(2)因为合同约定了质量检验期间，丙公司在此期间未提出异议，视为质量符合要求。

考点：约定质量检验期未提出异议，货物质量视为符合约定。

解题图构

甲（买方）←————→（卖方）乙

3.运输途中甲卖给丙100台报废风险归买方丙：注意还有900台没遭灾

5.超过约定质量检验10天：3月20日到货，4月15日才异议“部分货物质量不合格”拒付款，并要求退货

丙

（购买在途微波炉：A型）（B型微波炉不当得利）

思路展开

1. 从题干信息出发：(1)甲、丙约定货到后 10 天内验货：“甲公司于 3 月 13 日与丙公司签订合同，将处于运输途中的前述合同项下的 1000 台 A 型

微波炉转卖给丙公司，约定货物质量检验期为货到后10天内。”(2)丙超过了验货期：“3月20日货到丙公司。4月15日丙公司以部分货物质量不符合约定为由拒付货款，并要求退货。”(3)启动质量异议期制度。失权期间，“或有期间”。

2. 法律依据：(1)未约定检验期。①应及时检验：《合同法》第157条，“买受人收到标的物时应当在约定的检验期间内检验。没有约定检验期间的，应当及时检验。”②先适用合理期间；再推定收货后2年内；有质保期则从质保期：《合同法》第158条第2款，“当事人没有约定检验期间的，买受人应当在发现或者应当发现标的物的数量或者质量不符合约定的合理期间内通知出卖人。买受人在合理期间内未通知或者自标的物收到之日起两年内未通知出卖人的，视为标的物的数量或者质量符合约定，但对标的物有质量保证期的，适用质量保证期，不适用该两年的规定。”③卖方明知烂货则不适用质量异议期：《合同法》第158条第3款，“出卖人知道或者应当知道提供的标的物不符合约定的，买受人不受前两款规定的通知时间的限制。”(2)约定检验期，怠于检验或检验后怠于通知，视为货物数量或质量符合约定：①《合同法》第158条第1款，“当事人约定检验期间的，买受人应当在检验期间内将标的物的数量或者质量不符合约定的情形通知出卖人。买受人怠于通知的，视为标的物的数量或者质量符合约定。”②举轻明重，怠于通知都是视为符合约定，怠于检验更加是了。(3)本题属于约定检验期。

3. 具体到本题：(1)本题中甲公司与丙公司合同中已经约定检验期间为“货到后十日内”。(2)3月20日货到丙公司，按照合同约定，丙公司应在3月30日前通知甲公司部分货物质量不合格，而丙公司实际上在4月15日才通知甲公司，依法应视为货物质量符合约定。(3)因此，“根据题干提供的现有信息”，丙公司无权拒绝付款和要求退货。

常见错误

质量瑕疵永久说：认为只要货物质量有瑕疵，卖方就应承担违约责任，买方亦有权拒付货款和要求退货。

设问6.张三可向谁提出损害赔偿请求？为什么？

答：(1)张三可向丙公司索赔，也可向乙公司索赔。(2)因为对因产品缺陷造成的人身损害，受害人有权向其制造者或销售者索赔。

考点：产品缺陷侵权责任；合同责任；加害给付

解题图构

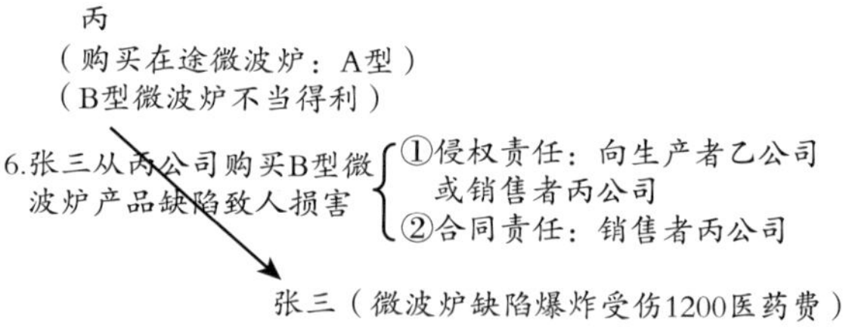

思路展开

1. 从题干信息出发：(1)“顾客张三从丙公司处购买了一台B型微波炉，在正常使用过程中微波炉发生爆炸，致张三右臂受伤，花去医药费1200元。”(2)题干信息蕴涵了一层意思，即丙“将错就错”，“明目张胆”地在销售B型微波炉。虽然题干有“将处于运输途中的前述合同项下的1000台A型微波炉转卖给丙公司”，可见，B型微波炉也属于丙公司的不当得利。丙公司堂而皇之在卖，是为销售者无疑。(3)消费者张某可启动侵权之诉或合同之诉。

2. 先看张三的侵权之诉。(1)法律依据：《侵权责任法》第43条，“因产品存在缺陷造成损害的，被侵权人可以向产品的生产者请求赔偿，也可以向产品的销售者请求赔偿。产品缺陷由生产者造成的，销售者赔偿后，有权向生产者追偿。因销售者的过错使产品存在缺陷的，生产者赔偿后，有权向销售者追偿。”(2)具体到本题：B型微波炉的生产者是乙公司；销售者是丙公司；“正常使用中爆炸”，属于产品缺陷(侵权责任与合同责任：加害给付)，而不是产品瑕疵(合同责任)。

3. 再看张三的合同之诉。(1)法律依据：①《合同法》第155条，“出卖人交付的标的物不符合质量要求的，买受人可以依照本法第一百一十一条的规定要求承担违约责任。”②《合同法》第111条，“质量不符合约定的，应当按照当事人的约定承担违约责任。对违约责任没有约定或者约定不明确,依照本法第六十一条的规定仍不能确定的,受损害方根据标的的性质以及损失的大小,可以合理选择要求对方承担修理、更换、重作、退货、减少价款或者报酬等违约责任。”③《合同法》第 122 条,“因当事人一方的违约行为,侵害对方人身、财产权益的,受损害方有权选择依照本法要求其承担违约责任或者依照其他法律要求其承担侵权责任。”

4. 具体到本题:(1)张三的人身损害是由于微波炉的质量问题所造成的。(2)就侵权责任而言,张三既可以向销售者丙公司索赔,也可以向生产者乙公司索赔。(3)就违约责任而言,张三只能要求销售者丙承担。

2006 年主观案例分析题

案情：王某与甲公司于 2004 年 2 月签订合同，约定王某以 40 万元向甲公司购买 1 辆客车，合同签订之日起 1 个月内支付 30 万元，余款在 2006 年 2 月底前付清，并约定在王某付清全款之前该车所有权仍属甲公司。王某未经其妻同意，以自家住房（婚后购买，房产证登记所有人为王某）向乙银行抵押借款 30 万元，并办理了抵押登记。王某将 30 万元借款支付给甲公司后购回客车。王某请张某负责跟车经营，并商定张某按年终纯收入的 5% 提成，经营中发生的一切风险责任由王某承担。

2005 年 6 月，该车营运途中和一货车相撞，车内乘客李某受重伤，经救治无效死亡。客车因严重受损被送往丁厂修理，需付费 3 万元。经有关部门认定，货车驾驶员唐某违章驾驶，应对该交通事故负全责。后王某以事故责任在货车方为由拒付修理费，丁厂则拒绝交车。2005 年 12 月，因王某借款到期未还，乙银行申请法院对该客车采取财产保全措施，并请求对王某住房行使抵押权。（本题 16 分）

解题图构

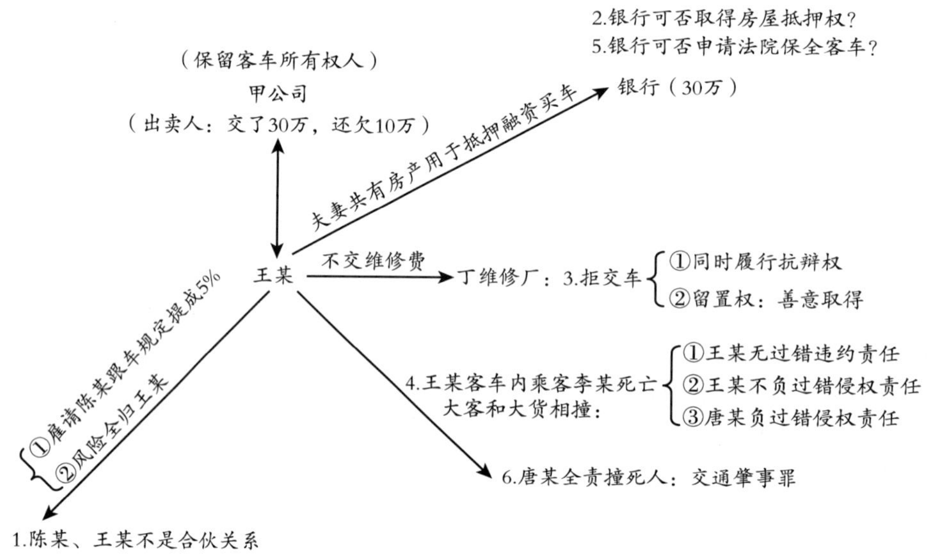

说明：图构中的 1、2、3、4、5、6 指向本题的 6 个小设问

问题：

1. 王某和张某之间是否成立合伙关系？为什么？

2. 乙银行能否对王某住房行使抵押权？为什么？

3. 丁厂拒绝交车是否合法？为什么？

4. 王某应否对李某的继承人承担支付赔偿金的责任？为什么？

5. 法院对客车采取财产保全措施是否合法？为什么？

6. 唐某应否承担刑事责任？为什么？

总考点：合伙的成立、夫妻共同财产、留置权、同时履行抗辩权、运输合同、财产保全、交通肇事罪

设问：1 王某和张某之间是否成立合伙关系？为什么？

答：(1)不成立合伙关系。(2)因王某聘请张某

属于雇佣关系，王某既未出资，也不承担风险，不符合合伙关系的特征。

考点：拿规定提成不承担风险，不是合伙人（是“员工”，不是老板）

解题图构

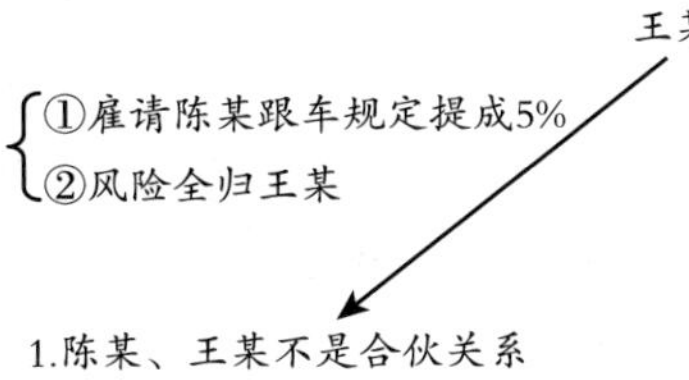

思路展开

1. 从题干信息和小设问信息出发：(1)题干信息：“王某请张某负责跟车经营，并商定张某按年终纯收入的5%提成，经营中发生的一切风险责任由王某承担。”(2)设问信息：“王某和张某之间是否成立合伙关系？”(3)结合起来就是要判断张某是否合伙人。(4)显然，张某是出力但没承担风险，不是合伙人。

2. 法律依据：(1)个人合伙四共，共同出资、共同经营、共享收益、共担风险。①《民法通则》第30条，“个人合伙是指两个以上公民按照协议，各自提供资金、实物、技术等，合伙经营、共同劳动。”②在合伙中，合伙人一般应共同出资、共同经营、共享收益、共担风险。(2)扩大解释个人合伙人的形态，以适应现实需要：《民法通则若干问题的意见》增加了出力不出钱，出钱不出力的两种形态。前提是要共担风险。《民法通则若干问题的意见》第46条，“公民按照协议提供资金或者实物，并约定参与合伙盈余分配，便不参与合伙经营、劳动的，或者提供技术性劳务而不提供资金、实物，但约定参与盈余分配的，视为合伙人。”(3)小结：合伙人也可能不参与合伙经营，但共同出资、共担风险依然是成立合伙的基本要求。

3. 具体到本题：张某既不出资，也不承担风险，只是按照固定的比例分享收益，应认为属于王某的雇员，王某与张某之间是雇佣关系，而不是合伙关系。

常见错误

一些考生认为张某“跟车”属于以技术性劳务出资。分析：技术性劳务应当具备“技术性”，比如烹饪技术、面包制作技术等，本题中张某只是跟车经营，不足以构成一种技术性劳务。且是固定分成，实际类似于工资收入，是张某员工而不是老板。

设问：2 乙银行能否对王某住房行使抵押权？为什么？

答：(1)不能。(2)因为该住房属于王某夫妻共同财产，未经共有权人其妻的同意进行抵押，该抵押无效。（该题需要对题干信息进行增补，即银行是否善意）

考点：共有房产设立抵押的效力

解题图构

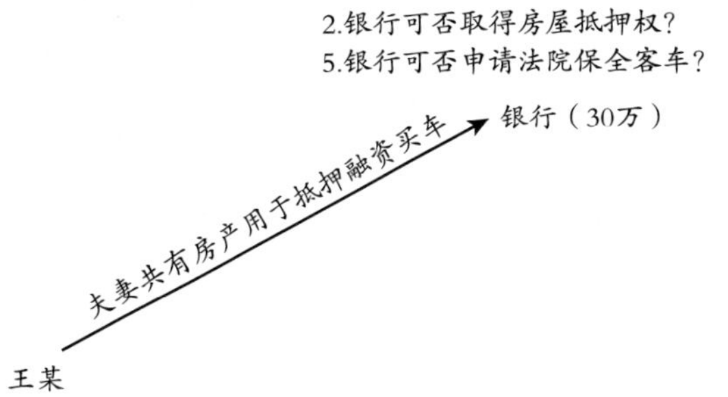

思路展开

1. 从题干信息出发：(1)银行办理抵押权登记：“王某未经其妻同意，以自家住房（婚后购买，房产证登记所有人为王某）向乙银行抵押借款30万元，并办理了抵押登记。”(2)银行主张抵押权：“2005年12月，因王某借款到期未还，乙银行申请法院对该客车采取财产保全措施，并请求对王某住房行使抵押权。”(3)关于夫或妻无权处分共有房产设定抵押权的效力，本身是没有分歧的，即启动共有不动产抵押权的善意取得制度。关键在于，本案中，是否具备了启动的条件。

2. 共有不动产抵押权的善意取得制度的法律依据：(1)共同共有财产处分要共有人一致决：《物权法》第97条，“处分共有的不动产或者动产以及对共有的不动产或者动产作重大修缮的，应当经占份额三分之二以上的按份共有人或者全体共同共有人同意，但共有人之间另有约定的除外。”(2)夫妻重大财产处分要一致决：《婚姻法司法解释（一）》第17条，“婚姻法第十七条关于‘夫或妻对夫妻共同所有的财产，有平等的处理权’的规定，应当理解为：（一）夫或妻在处理夫妻共同财产上的权利是平等的。因日常生活需要而处理夫妻共同财产的，任何一方均有权决定。（二）夫或妻非因日常生活需要对夫妻共同财产做重要处理决定，夫妻双方应当平等协商，取得一致意见。他人有理由相信其为夫妻双方共同意思表示的，另一方不得以不同意或不知道为由对抗善意第三人。”(3)夫妻处分共有房屋之“出卖”启动“所有权的善意取得”：《婚姻法司法解释(三)》第11条，第1款，“一方未经另一方同意出售夫妻共同共有的房屋，第三人善意购买、支付合理对价并办理产权登记手续，另一方主张追回该房屋的，人民法院不予支持。”第2款，“夫妻一方擅自处分共同共有的房屋造成另一方损失，离婚时另一方请求赔偿损失的，人民法院应予支持。”(4)夫妻处分共有房屋之设立“抵押”权启动“他物权的善意取得”：《物权法》第106条第3款，“当事人善意取得其他物权的，参照前两款规定。”(2)小结：善意取得他物权之不动产抵押权要件的法条阐释：无权处分+善意+办理不动产抵押权登记。

3. 具体到本题：题干没有交代银行是否善意。给本题留下一定空间。重点看司法部解析原文：(1)本题中涉及的住房系王某婚后购买，属于夫妻共同财产。根据《婚姻法司法解释(一)》第17条的相关规定，夫或妻非因日常生活需要对夫妻共同财产做重要处理决定，夫妻双方应当平等协商，取得一致意见。他人有理由相信其为夫妻双方共同意思表示的，另一方不得以不同意或不知道为由对抗善意第三人。(2)王某未经妻子同意就将房屋抵押，而且银行也没有理由相信王某的行为经过妻子的同意，因此王某设定抵押的行为无效。(3)有的人提出，根据登记的公信力原理，银行有理由信赖登记而为交易。(4)我们认为这种主张在本题中不能成立。①由于住房是婚后购买，根据法律的直接规定，其属于夫妻共同财产，至于登记状况如何并不影响该财产由夫妻二人共有。②银行在办理抵押过程中，应当预见到该房屋可能属于夫妻共同财产，银行若没有作基本的调查就仅仅根据登记状况办理抵押，就应承担抵押无效的风险。(5)有的解析直接将本题答案修改为银行可以善意取得抵押权，并指出当年公布答案时是正确的，因为当时法律只承认动产物权的善意取得，不承认不动产物权的善意取得。评论：这一结论有些武断，有点类始于说民法通则没有规定法律行为而使用民事行为是老一辈民法学家譬如佟柔、江平等翻译错误导致一样，他们能翻译错误？当时法律也没有承认动产物权的善意取得。本题真正的问题在于，没有交代银行是否知情！

4. 展示：司法部解析原文：“【常见错误分析】有的人认为尽管王某的住房为婚后购买，属于夫妻共同财产，但登记所有人为王某，银行属于善意的第三人，为保护交易安全，应当认定抵押的设立有效。”

设问：3 丁厂拒绝交车是否合法？为什么？

答：合法，因为丁厂作为承揽人可行使留置权或同时履行抗辩权。

考点：留置权的善意取得和同时履行抗辩权

解题图构

王某 —不交维修费→ 丁维修厂：3.拒交车 { ①同时履行抗辩权；②留置权：善意取得 }

思路展开

1. 从题干信息出发：(1)车是甲公司所有，王某拿给丁修，丁善意取得留置权：“王某与甲公司于2004年2月签订合同，约定王某以40万元向甲公司购买1辆客车，合同签订之日起1个月内支付30万元，余款在2006年2月底前付清，并约定在王某付清全款之前该车所有权仍属甲公司。”+“王某将30万元借款支付给甲公司后购回客车。”+“2005年6月，该车营运途中和一货车相撞，车内乘客李某受重伤，经救治无效死亡。客车因严重受损被送往丁厂修理，需付费3万元。”(2)王某交维修费与丁厂交车构成同时履行抗辩：“后王某以事故责任在货车方为由拒付修理费，丁厂则拒绝交车。”(3)启动善意取得留置权和同时履行抗辩权。

2. 丁厂善意取得留置权。(1)法律依据：①《合同法》第264条，“定作人未向承揽人支付报酬或者材料费等价款的，承揽人对完成的工作成果享有留置权，但当事人另有约定的除外。”②《担保法司法解释》第108条，“债权人合法占有债务人交付的动产时，不知债务人无处分该动产的权利，债权人可以按照担保法第八十二条的规定行使留置权。”(2)具体到本题：①王某还差10万没付给甲公司，甲公司尚保留汽车所有权，汽车是甲公司的，不是王某的。②但是王某占有该车属于合法占有，占有依据是基于保留所有权买卖。③后王某和丁厂成立加工承揽合同，王某拒付修理费，丁厂有权将车辆留置。

3. 王某不付维修款，丁修理厂可拒绝交车，主张同时履行抗辩权。(1)法律依据：《合同法》第66条，"当事人互负债务，没有先后履行顺序的，应当同时履行。一方在对方履行之前有权拒绝其履行要求。一方在对方履行债务不符合约定时，有权拒绝其相应的履行要求。"(2)具体到本题：王某与丁厂之间存在修理合同(加工承揽合同)，王某应支付报酬，而丁厂应将修理后的车辆交还王某，由于双方所负的义务并无先后履行顺序，一旦王某拒绝付款，那么丁厂就可以行使同时履行抗辩权，拒绝将车辆交还王某。

常见错误

多数考生能够正确回答丁厂拒绝交车的行为合法，但对于理由的阐述往往不太全面。有的人认为，丁厂只能主张留置权，不能主张同时履行抗辩权；有的人认为丁厂只能主张同时履行抗辩权，不能主张留置权。

设问:4 王某应否对李某的继承人承担支付赔偿金的责任？为什么？

答：(1)应当。(2)因为王某与李某之间成立运输合同关系，王某应承担违约责任或侵权责任(根据《道路交通安全法》应删除侵权责任，因为车和车内人，王某无过错不负侵权责任)，对李某的违约赔偿实行无过错责任原则。

考点：客运合同承运人无过错责任；车车相撞车方负过错侵权责任

解题图构

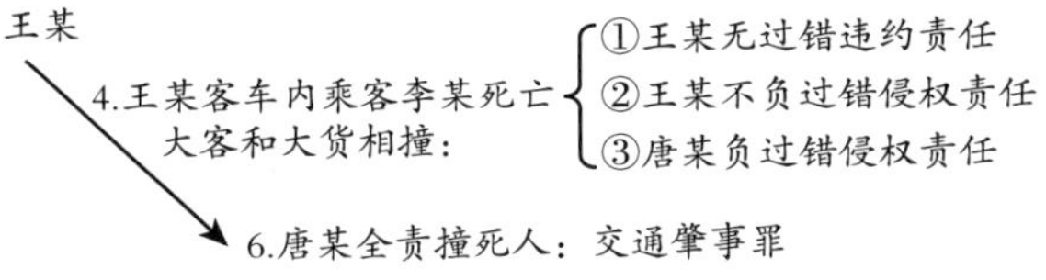

思路展开

1. 从题干信息出发：(1)"2005年6月，该车营运途中和一货车相撞，车内乘客李某受重伤，经救治无效死亡。"+"经有关部门认定，货车驾驶员唐某违章驾驶，应对该交通事故负全责。"(2)王某是承运人对乘客李某负无过错违约责任。(3)王某客车与唐某货车相撞，车车相撞，侵权责任适用过错责任。王某没有过错，不对李某负侵权责任。由唐某对李某负过错侵权责任。

2. 王某作为承运人的无过错违约责任。(1)法律依据：《合同法》第302条第1款，"承运人应当对运输过程中旅客的伤亡承担损害赔偿责任，但伤亡是旅客自身健康原因造成的或者承运人证明伤亡是旅客故意、重大过失造成的除外。"(2)具体到本题：承运人对旅客的伤亡承担无过错责任，本题中承运人王某虽然没有过错，但依然应当承担赔偿责任。

3. 王某客车与唐某货车相撞，车车相撞适用过错侵权责任。王某对车内李某无过错，不负侵权责任；唐某有过错，负侵权责任。(1)法律依据：①《侵权责任法》第48条，"机动车发生交通事故造成损害的，依照道路交通安全法的有关规定承担赔偿责任。"②《道路交通安全法》第76条，"机动车发生交通事故造成人身伤亡、财产损失的，由保险公司在机动车第三者责任强制保险责任限额范围内予以赔偿；不足的部分，按照下列规定承担赔偿责任：(一)机动车之间发生交通事故的，由有过错的一方承担赔偿责任；双方都有过错的，按照各自过错的比例分担责任。(二)机动车与非机动车驾驶人、行人之间发生交通事故，非机动车驾驶人、行人没有过错的，由机动车一方承担赔偿责任；有证据证明非机动车驾驶人、行人有过错的，根据过错程度适当减轻机动车一方的赔偿责任；机动车一方没有过错的，承担不超过百分之十的赔偿责任。交通事故的损失是由非机动车驾驶人、行人故意碰撞机动车造成的，机动车一方不承担赔偿责任。"

设问:5 法院对客车采取财产保全措施是否合法？为什么？

答：(1)合法。(2)因该客车所有权虽然属于甲公司，但王某支付了大部分价款并对该车享有一定的权益，该车属于与案件有关的财物。

考点：民事诉讼财产保全措施

解题图构

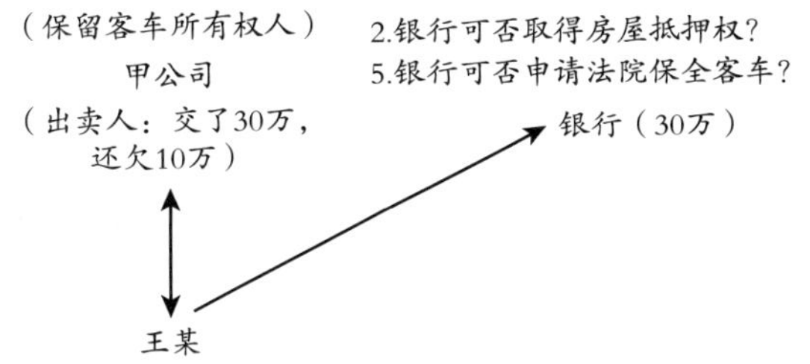

思路展开

1. 从题干信息出发：(1)甲公司保留客车所有权："王某与甲公司于2004年2月签订合同，约定王某以40万元向甲公司购买1辆客车，合同签订之日起1个月内支付30万元，余款在2006年2月底前付清，并约定在王某付清全款之前该车所有权仍属甲公司。"(2)王某只支付了30万，还剩下10万没付，客车仍归甲所有："王某将(从银行借得的)30万元借款支付给甲公司后购回客车。"(3)王某债权人银行要求查封客车："2005年12月，因王某借款到期未还，乙银行申请法院对该客车采取财产保全措施……"(4)注意：王某买客车的30万确实就是从银行借款所得。30万相对于40万全款，王某支付了大部分客车款给卖方甲公司。

2. 法律依据：《民事诉讼法》第102条，"保全限于请求的范围，或者与本案有关的财物。"因此，法院对客车采取财产保全措施是合法的。第103条，"财产保全采取查封、扣押、冻结或者法律规定的其他方法。人民法院保全财产后，应当立即通知被保全财产的人。财产已被查封、冻结的，不得重复查封、冻结。"

3. 具体到本题：司法部解析原文：王某与甲公司对客车约定了所有权保留，尽管甲公司是客车的所有权人，但根据民法基本原理，王某对客车也享有期待权。

常见错误

不能保全甲公司保留所有权客车说：认为根据王某与甲公司的约定，该车辆所有权依然属于甲公司，王某并非车辆的所有人，银行作为王某的债权人无权要求法院对甲公司所有的财产采取财产保全措施。

设问：6 唐某应否承担刑事责任？为什么？

答：唐某应当承担刑事责任，因唐某违章驾驶，造成1人死亡的严重后果，构成交通肇事罪。

考点：交通肇事罪

解题图构

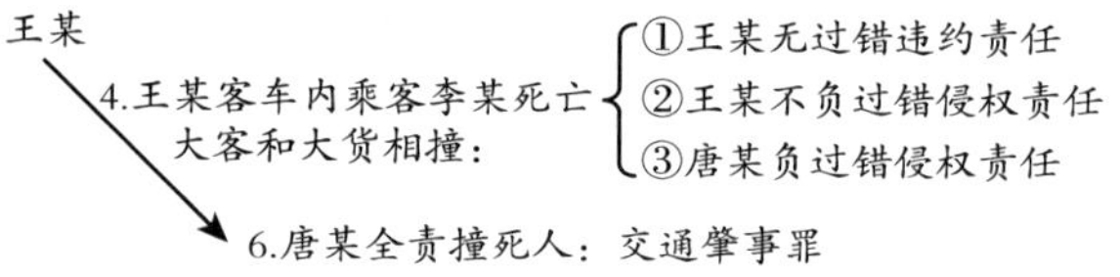

思路展开

1. 从题干信息出发：(1)交通肇事导致1人死亡："2005年6月，该车营运途中和一货车相撞，车内乘客李某受重伤，经救治无效死亡。"(2)肇事者全责："经有关部门认定，货车驾驶员唐某违章驾驶，应对该交通事故负全责。"(3)交通肇事罪。

2. 法律依据：(1)《刑法》第133条，"违反交通运输管理法规，因而发生重大事故，致人重伤、死亡或者使公私财产遭受重大损失的，处三年以下有期徒刑或者拘役；交通运输肇事后逃逸或者有其他特别恶劣情节的，处三年以上七年以下有期徒刑；因逃逸致人死亡的，处七年以上有期徒刑。"(2)最高人民法院《关于审理交通肇事刑事案件具体应用法律若干问题的解释》第2条第1款，"交通肇事具有下列情形之一的，处三年以下有期徒刑或者拘役：(一)死亡一人或者重伤三人以上，负事故全部或者主要责任的；(二)死亡三人以上，负事故同等责任的；(三)造成公共财产或者他人财产直接损失，负事故全部或者主要责任，无能力赔偿数额在三十万元以上的。"第2款，"交通肇事致一人以上重伤，负事故全部或者主要责任，并具有下列情形之一的，以交通肇事罪定罪处罚：(一)酒后、吸食毒品后驾驶机动车辆的；(二)无驾驶资格驾驶机动车辆的；(三)明知是安全装置不全或者安全机件失灵的机动车辆而驾驶的；(四)明知是无牌证或者已报废的机动车辆而驾驶的；(五)严重超载驾驶的；(六)为逃避法律追究逃离事故现场的。"

3. 具体到本题：唐某违章驾驶(对此次交通事故负全责)，致使李某重伤且医治无效死亡，已经构成了交通肇事罪，理应承担刑事责任。

2005 年主观案例分析题

案情：甲公司指派员工唐某从事新型灯具的研制开发，唐某于 1999 年 3 月完成了一种新型灯具的开发。甲公司对该灯具的技术采取了保密措施，并于 2000 年 5 月 19 日申请发明专利。2001 年 12 月 1 日，国家专利局公布该发明专利申请，并于 2002 年 8 月 9 日授予甲公司专利权。此前，甲公司与乙公司于 2000 年 7 月签订专利实施许可合同，约定乙公司使用该灯具专利技术 4 年，每年许可使用费 10 万元。

2004 年 3 月，甲公司欲以 80 万元将该专利技术转让给丙公司。唐某、乙公司也想以同等条件购买该专利技术。最终甲公司将该专利出让给了唐某。唐某购得专利后，拟以该灯具专利作价 80 万元作为出资，设立一家注册资本为 300 万元的有限责任公司。

2004 年 12 月，有人向专利复审委员会申请宣告该专利无效，理由是丁公司已于 1999 年 12 月 20 日开始生产相同的灯具并在市场上销售，该发明不具有新颖性。经查，丁公司在获悉甲公司开发出新型灯具后，以不正当手段获取了甲公司的有关技术资料并一直在生产、销售该新型灯具。（本题 18 分）

解题图构

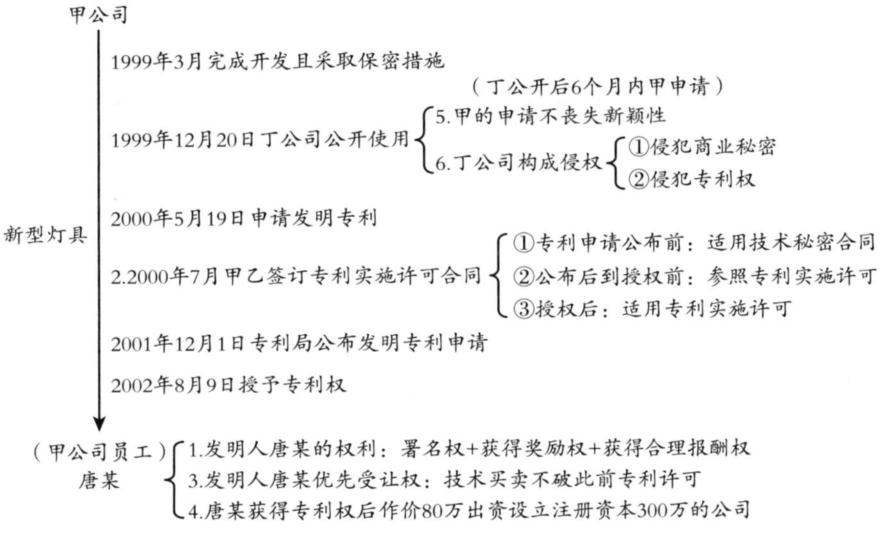

说明：图构中 1、2、3、4、5、6 指向本题的六个小设问

问题：

1. 唐某作为发明人，依法应享有哪些权利？

2. 甲公司在未获得专利前，与乙公司签订的专利实施许可合同是否有效？如甲乙双方因此合同发生纠纷，应如何适用有关法律？

3. 甲公司为何将专利技术出让给唐某？该专利技术转让合同成立后，对甲公司和乙公司之间的专利实施许可合同的效力有何影响？

4. 唐某拟以该专利作价 80 万元设立注册资本为 300 万元的有限责任公司，是否符合法律规定？为什么？

5. 该专利是否应当因为不具有新颖性而被宣告无效？为什么？

6. 对丁公司的违法行为应如何定性？为什么？

总考点:专利权的主体、专利权人的权利、无形财产出资、授予专利权的条件、专利侵权行为

设问 1. 唐某作为发明人,依法应享有哪些权利?

答:署名权、获得奖励权、获得合理报酬权。

考点:职务发明创造专利权归公司,发明人有署名权、获得奖励权和获得合理报酬权。

思路展开

1. 从题干信息出发:"甲公司指派员工唐某从事新型灯具的研制开发,唐某于1999年3月完成了一种新型灯具的开发。"+"2001年12月1日,国家专利局公布该发明专利申请,并于2002年8月9日授予甲公司专利权。"指向职务发明创造。

2. 法律依据:(1)职务发明创造专利申请权和专利权归单位:《专利法》第6条第1款,"执行本单位的任务或者主要是利用本单位的物质技术条件所完成的发明创造为职务发明创造。职务发明创造申请专利的权利属于该单位;申请被批准后,该单位为专利权人。"(2)发明人有获得奖励权和获得合理报酬权:《专利法》第16条,"被授予专利权的单位应当对职务发明创造的发明人或者设计人给予奖励;发明创造专利实施后,根据其推广应用的范围和取得的经济效益,对发明人或者设计人给予合理的报酬。"(3)发明人有署名权:《专利法》第17条第1款,"发明人或者设计人有权在专利文件中写明自己是发明人或者设计人。"第2款,"专利权人有权在其专利产品或者该产品的包装上标明专利标识。"

3. 具体到本题:(1)本题中唐某执行本单位的任务所完成的一种新型灯具的开发属于职务发明,专利权由甲公司享有。(2)但唐某作为发明人享有署名权、获得奖励权、获得合理报酬权。

常见错误

发明人有专利申请权和专利权说:认为唐某是发明人,应当拥有专利申请权,申请获得批准后,取得专利权。

设问 2. 甲公司在未获得专利前,与乙公司签订的专利实施许可合同是否有效?如甲乙双方因此合同发生纠纷,应如何适用有关法律?

答:(1)有效。(2)专利申请公布以前,适用技术秘密转让合同的有关规定。(3)专利申请公开以后、授权之前,参照适用专利实施许可合同的有关规定。(4)授权以后,适用专利实施许可合同的有关规定。

考点:专利实施许可合同的法律适用规则(适用秘密转让合同→参照适用专利实施许可合同→适用专利实施许可合同)

解题图构

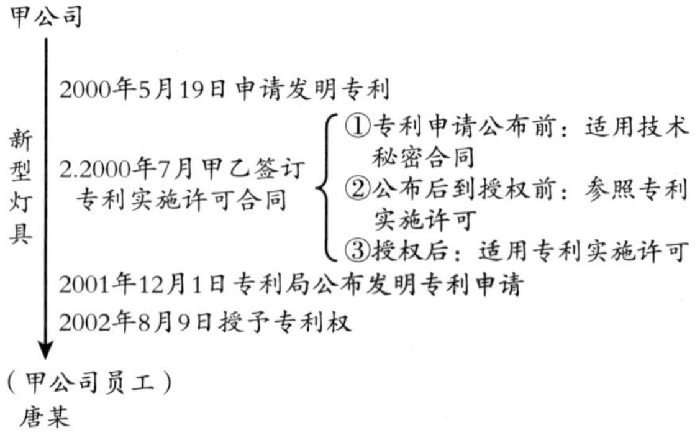

思路展开

1. 从题干信息出发:(1)"于2000年5月19日申请发明专利。2001年12月1日,国家专利局公布该发明专利申请,并于2002年8月9日授予甲公司专利权。此前,甲公司与乙公司于2000年7月签订专利实施许可合同,约定乙公司使用该灯具专利技术4年,每年许可使用费10万元。"(2)甲乙专利实施许可合同要分三个时间段来决定其适用的法律。甲特着急,还是技术,不是专利,就"专利实施许可"了……

2. 法律依据:(1)《关于审理技术合同纠纷案件适用法律若干问题的解释》第29条,第1条,"合同法第三百四十七条规定技术秘密转让合同让与人承担的'保密义务',不限制其申请专利,但当事人约定让与人不得申请专利的除外。"第2款,"当事人之间就申请专利的技术成果所订立的许可使用合同,专利申请公开以前,适用技术秘密转让合同的有关规定;发明专利申请公开以后、授权以前,参照适用专利实施许可合同的有关规定;授权以后,原合同即为专利实施许可合同,适用专利实施许可合同的有关规定。"第3款,"人民法院不以当事人就已经

申请专利但尚未授权的技术订立专利实施许可合同为由，认定合同无效。”(2)《合同法》第347条，“技术秘密转让合同的让与人应当按照约定提供技术资料，进行技术指导，保证技术的实用性、可靠性，承担保密义务。”

3. 具体到本题：(1)甲公司与乙公司于2000年7月签订专利实施许可合同时，双方均具有相应的缔约能力、意思表示真实、内容未违反法律和社会公共利益，属于有效合同。(2)至于签约时专利权是否存在对合同的效力并没有影响。(3)分三阶段决定该合同的法律适用规则：①专利申请公布以前，由于甲公司对该灯具的技术采取了保密措施，该技术属于技术秘密，适用技术秘密转让合同的有关规定；②专利申请公开以后、授权之前，可参照适用专利实施许可合同的有关规定；③授权以后，自然应适用专利实施许可合同的有关规定。

常见错误

合同无法履行说：认为甲公司与乙公司于2000年7月签订专利实施许可合同时，甲公司尚未取得专利权，合同无法履行，因此合同无效。

设问3. 甲公司为何将专利技术出让给唐某？该专利技术转让合同成立后，对甲公司和乙公司之间的专利实施许可合同的效力有何影响？

答：(1)因唐某享有在同等条件下优先受让的权利。(2)不影响专利实施许可合同的效力，甲公司的权利义务由唐某承受。

考点：发明人优先受让职务技术成果权；技术买卖不破此前的专利实施许可合同原则(买卖不破许可)

思路展开

1. 从题干信息出发：(1)先许可：“甲公司与乙公司于2000年7月签订专利实施许可合同，约定乙公司使用该灯具专利技术4年，每年许可使用费10万元。”(2)后买卖：“2004年3月，甲公司欲以80万元将该专利技术转让给丙公司。唐某、乙公司也想以同等条件购买该专利技术。最终甲公司将该专利出让给了唐某。”(3)买卖不破许可。

2. 法律依据：(1)发明人优先受让技术成果权：《合同法》第326条，“法人或者其他组织订立技术合同转让职务技术成果时，职务技术成果的完成人享有以同等条件优先受让的权利”。(2)买卖不破许可：《关于审理技术合同纠纷案件适用法律若干问题的解释》第24条第2款，“让与人与受让人订立的专利权、专利申请权转让合同，不影响在合同成立前让与人与他人订立的相关专利实施许可合同或者技术秘密转让合同的效力。”(3)关联记忆买卖之后卖方不得再实施发明创造：《关于审理技术合同纠纷案件适用法律若干问题的解释》第24条第1款，“订立专利权转让合同或者专利申请权转让合同前，让与人自己已经实施发明创造，在合同生效后，受让人要求让与人停止实施的，人民法院应当予以支持，但当事人另有约定的除外。”

3. 具体到本题：(1)甲公司欲转让该专利技术，作为发明人的唐某有以同等条件优先受让的权利，因此甲公司最终将专利技术出让给了唐某。(2)甲公司与唐某的专利技术“买卖”，不破此前甲、乙专利实施“许可”。由唐某法定承受甲公司的权利和义务。

设问4. 唐某拟以该专利作价80万元设立注册资本为300万元的有限责任公司，是否符合法律规定？为什么？

答：(1)司法部公布答案是：如果该灯具技术是高新技术，唐某的出资符合法律规定；如果该技术不是高新技术，唐某的出资则不符合法律规定。根据法律规定，除高新技术成果外，以工业产权出资的金额不得超过有限责任公司注册资本的20%。(2)根据新《公司法》，此设问没有依据，故无须回答。

展示如下：(1)司法部当年给出答案的依据：《公司法》第24条第2款规定：“以工业产权、非专利技术作价出资的金额不得超过有限责任公司注册资本的百分之二十，国家对采用高新技术成果有特别规定的除外。”可见，对于唐某以该专利作价80万元设立注册资本为300万元的有限责任公司是否违反了法律规定不能一概而论，需要具体分析。如果该灯具技术是高新技术，唐某的出资符合法律规定；如果该技术不是高新技术，唐某的出资则不符合法律规定。(2)本题设问作废之原因：①修改后的公司法对非货币出资没有明确比例要求：《公司法》规定，第27条第1款，“股东可以用货币出资，也可以用实物、知识产权、土地使用权等可以用货币估价并可以依法转让的非货币财产作价出资；但是，法律、行政法规规定不得作为出资的财产除外。”第2款，“对作为出资的非货币财产应当评估作价，核实财产，不得高估或者低估作价。法律、行政法规对评估作价有规定的，从其规定。”②修改后的《公司法》压根就没有注册资本数字要求，《公司法》第26条，“有限责任公司的注册资本为在公司登记机关登记的全体股东认缴的出资额。法律、行政法规以及国务院决定对有限责任公司注册资本实缴、注册资本最低限额另有规定的，从其规定。”

设问5.该专利是否应当因为不具有新颖性而被宣告无效？为什么？

答：（1）不应被宣告无效。（2）根据法律规定，在申请日前6个月内，他人未经申请人同意而泄露发明创造内容的，该发明创造并不丧失新颖性。

考点：不丧失新颖性的法定情形之一：被泄露内容，在6个月内申请专利，都不丧失新颖性

解题图构

甲公司

新型灯具

1999年3月完成开发且采取保密措施

（丁公开后6个月内甲申请）

1999年12月20日丁公司公开使用 { 5.甲的申请不丧失新颖性；6.丁公司构成侵权 { ①侵犯商业秘密；②侵犯专利权

2000年5月19日申请发明专利

1999年12月20日被泄露，到2005年5月19日申请，符合6个月内申请的要件。

思路展开

1. 从题干信息出发：（1）泄露时间即技术秘密被公开时间是1999年12月20日：“丁公司已于1999年12月20日开始生产相同的灯具并在市场上销售，该发明不具有新颖性。”（2）申请专利时间是2000年5月19日：“2000年5月19日申请发明专利”。（3）只要在2000年6月20日之前申请，都不丧失新颖性。

2. 法律依据：《专利法》第24条规定：“申请专利的发明创造在申请日以前六个月内，有下列情形之一的，不丧失新颖性：（一）在中国政府主办或者承认的国际展览会上首次展出的；（二）在规定的学术会议或者技术会议上首次发表的；（三）他人未经申请人同意而泄露其内容的。”

3. 具体到本题：甲公司于2000年5月19日申请发明专利，而丁公司以不正当手段获取了甲公司的有关技术资料，于1999年12月20日开始生产相同的灯具并在市场上销售，符合《专利法》第24条的规定，甲公司的该项发明未丧失新颖性，甲公司取得的专利不应被宣告无效。

设问6.对丁公司的违法行为应如何定性？为什么？

答：（1）在该专利申请公布之前，丁公司的行为属于侵犯甲公司商业秘密的不正当竞争行为，因为在专利申请公布前，该技术属于商业秘密。（2）在该技术被授予专利权后，丁公司继续使用该技术的行为属于专利侵权行为，因为丁公司未经专利权人许可，以生产经营为目的制造和销售专利产品，构成专利侵权行为。

考点：侵犯商业秘密；侵犯专利权

解题图构

甲公司

新型灯具

1999年3月完成开发且采取保密措施

（丁公开后6个月内甲申请）

1999年12月20日丁公司公开使用 { 5.甲的申请不丧失新颖性；6.丁公司构成侵权 { ①侵犯商业秘密；②侵犯专利权

2000年5月19日申请发明专利

1999年12月20日被泄露，到2005年5月19日申请，符合6个月内申请的要件。

思路展开

1. 从题干信息出发：（1）丁公司一直在偷偷摸摸侵权：“丁公司已于1999年12月20日开始生产相同的灯具并在市场上销售，该发明不具有新颖性。经查，丁公司在获悉甲公司开发出新型灯具后，以不正当手段获取了甲公司的有关技术资料并一直在生产、销售该新型灯具。”（2）丁公司的持续侵权行为跨越了“技术秘密阶段”和“专利权阶段”：①甲公司技术秘密阶段：“1999年3月完成了一种新型灯具的开发。甲公司对该灯具的技术采取了保密措施。”②甲公司专利权阶段：“2002年8月9日授予甲公司专利权”

2. 法律依据：（1）技术秘密阶段侵犯商业秘

密:《反不正当竞争法》第 10 条规定:“经营者不得采用下列手段侵犯商业秘密:(一)以盗窃、利诱、胁迫或者其他不正当手段获取权利人的商业秘密;(二)披露、使用或者允许他人使用以前项手段获取的权利人的商业秘密;(三)违反约定或者违反权利人有关保守商业秘密的要求,披露、使用或者允许他人使用其所掌握的商业秘密。第三人明知或者应知前款所列违法行为,获取、使用或者披露他人的商业秘密,视为侵犯商业秘密。本条所称的商业秘密,是指不为公众所知悉、能为权利人带来经济利益、具有实用性并经权利人采取保密措施的技术信息和经营信息。”(2)专利阶段侵犯专利权:《专利权》第 11 条第 1 款,“发明和实用新型专利权被授予后,除本法另有规定的以外,任何单位或者个人未经专利权人许可,都不得实施其专利,即不得为生产经营目的制造、使用、许诺销售、销售、进口其专利产品,或者使用其专利方法以及使用、许诺销售、销售、进口依照该专利方法直接获得的产品。”

3. 具体到本题:(1)在甲的专利申请公布前,该技术属于商业秘密,丁公司的行为属于侵犯甲公司商业秘密的不正当竞争行为。(2)在该技术被授予专利权后,丁公司未经专利权人许可,以生产经营为目的制造和销售专利产品,构成专利侵权行为。

常见错误

没有获得专利权不构成侵权说:认为在甲公司的该发明被授予专利权以前,丁公司并不构成侵权行为。

2004 年主观案例分析题

案情：王某与张某育有二子，长子王甲，次子王乙。王甲娶妻李某，并于 1995 年生有一子王小甲。王甲于 1999 年 5 月遇车祸身亡。王某于 2000 年 10 月病故，留有与张某婚后修建的面积相同的房屋 6 间。王某过世后张某随儿媳李某生活，该 6 间房屋暂时由次子王乙使用。

2000 年 11 月，王乙与曹某签订售房协议，以 12 万元的价格将该 6 间房屋卖给曹某。张某和李某知悉后表示异议，后因王乙答应取得售房款后在所有继承人间合理分配，张某和李某方表示同意。王乙遂与曹某办理了过户登记手续，曹某当即支付购房款 5 万元，并答应 6 个月后付清余款。曹某取得房屋后，又与朱某签订房屋转让协议，约定以 15 万元的价格将房屋卖给朱某。在双方正式办理过户登记及付款前，曹某又与钱某签订了房屋转让协议，以 18 万元的价格将房屋卖给钱某，并办理了过户手续。

2001 年 5 月，曹某应向王乙支付 7 万元的购房余款时，曹某因生意亏损，已无支付能力。但曹某有一笔可向赵某主张的到期货款 5 万元，因曹某与赵某系亲戚，曹某书面表示不再要求赵某支付该货款。另查明，曹某曾于 2001 年 4 月外出时遭遇车祸受伤，肇事司机孙某系曹某好友，曹某一直未向孙某提出车祸损害的赔偿请求。（本题 15 分）

解题图构

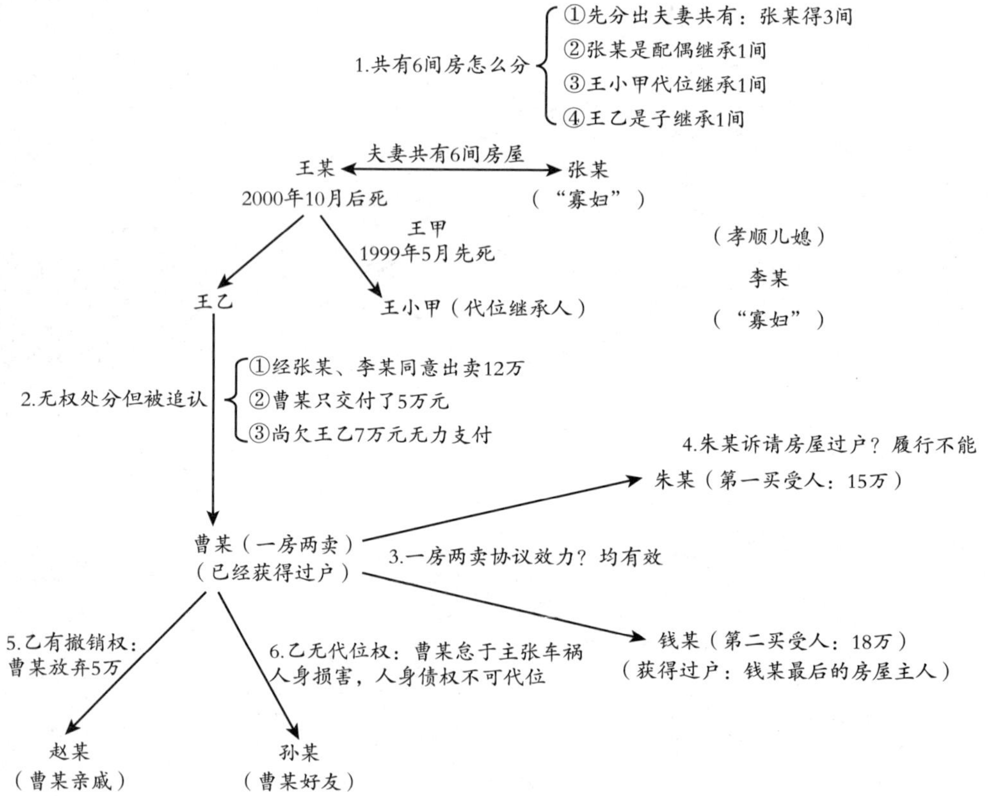

说明：图构中1、2、3、5、6指向本题的6个设问。

问题：

1. 王某过世后留下的6间房屋应由哪些人分配？各自应分得多少？为什么？

2. 王乙与曹某签订的售房协议是否有效？为什么？

3. 曹某与朱某、钱某签订的房屋转让协议效力如何？

4. 如朱某要求履行与曹某签订的合同，取得该房屋，其要求能否得到支持？为什么？

5. 如王乙请求人民法院撤销曹某放弃要求赵某支付货款的行为，其主张能否得到支持？为什么？

6. 如王乙要求以自己的名义代位请求孙某支付车祸致人损害的赔偿金，其主张能否得到支持？为什么？

设问1. 王某过世后留下的6间房屋应由哪些人分配？各自应分得多少？为什么？

答：(1)张某、王乙、王小甲。(2)其中，张某分得4间，王乙、王小甲各分得1间。

考点：先分出夫妻共有再分割遗产；配偶、子女和代位继承人均是第一顺序继承人

解题图构

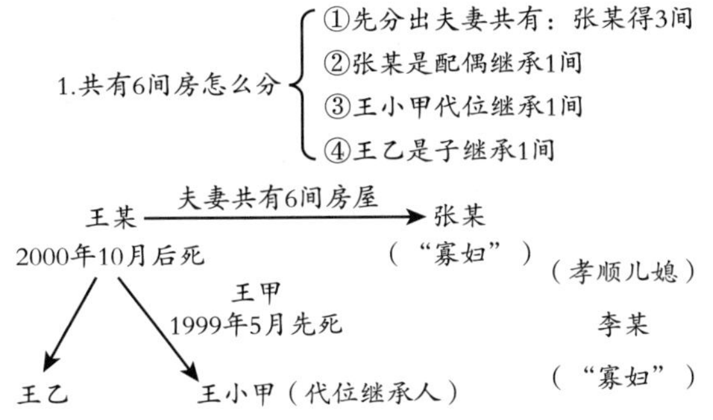

思路展开

1. 从题干信息出发："王某与张某育有二子，长子王甲，次子王乙。王甲娶妻李某，并于1995年生有一子王小甲。王甲于1999年5月遇车祸身亡。王某于2000年10月病故，留有与张某婚后修建的面积相同的房屋6间。"

2. 先分出夫妻共有房屋，对半分出3间：(1)法律依据：《继承法》第26条第1款，"夫妻在婚姻关系存续期间所得的共同所有的财产，除有约定的以外，如果分割遗产，应当先将共同所有的财产的一半分出为配偶所有，其余的为被继承人的遗产"。(2)具体到本题：①6间房屋系王某与张某二人在婚姻关系存续期间所得的财产，因而应属于王某与张某共同所有。②王某死后，首先应由张某获得其中的3间，余下的3间房屋在第一顺序继承人间平均分配。

3. 再分割王某遗产3间房屋：(1)法律依据：①王某配偶张某和王某儿子王乙：《继承法》第10条，"遗产按照下列顺序继承：第一顺序：配偶、子女、父母。第二顺序：兄弟姐妹、祖父母、外祖父母。继承开始后，由第一顺序继承人继承，第二顺序继承人不继承。没有第一顺序继承人继承的，由第二顺序继承人继承。本法所说的子女，包括婚生子女、非婚生子女、养子女和有扶养关系的继子女。本法所说的父母，包括生父母、养父母和有扶养关系的继父母。本法所说的兄弟姐妹，包括同父母的兄弟姐妹、同父异母或者同母异父的兄弟姐妹、养兄弟姐妹、有扶养关系的继兄弟姐妹。"②王某孙子王小甲代位继承：《继承法》第11条，"被继承人的子女先于被继承人死亡的，由被继承人的子女的晚辈直系血亲代位继承。代位继承人一般只能继承他的父亲或者母亲有权继承的遗产份额。"(2)具体到本题：①王某的配偶张某、王某的两个儿子王甲、王乙为第一顺序继承人。②由于王甲先于王某死亡，王甲之子王小甲享有代位继承权。③余下的3间房屋应由张某、王小甲、王乙各分得1间。

2. 王乙与曹某签订的售房协议是否有效？为什么？

答：(1)有效。(2)虽然该6间房不属于王乙个人所有，但转让协议已经过权利人的认可。

考点：无权处分合同经追认而有效

解题图构

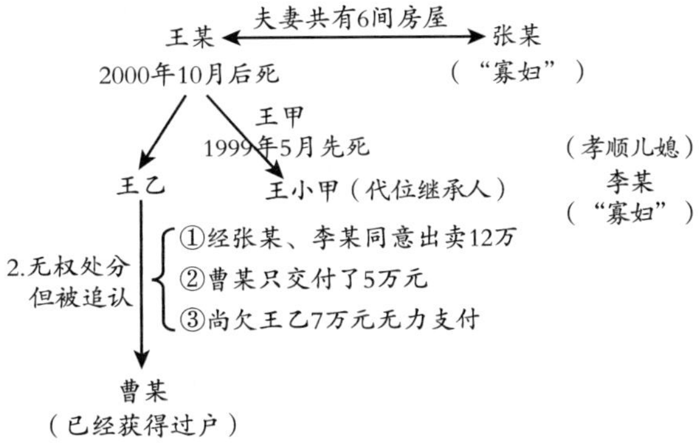

思路展开

1. 从题干信息出发:“该6间房屋暂时由次子王乙使用。”+“2000年11月,王乙与曹某签订售房协议,以12万元的价格将该6间房屋卖给曹某。张某和李某知悉后表示异议,后因王乙答应取得售房款后在所有继承人间合理分配,张某和李某方表示同意。”指向无权处分合同经追认。

2. 法律依据:(1)《合同法》第51条,“无处分权的人处分他人财产,经权利人追认或者无处分权的人订立合同后取得处分权的,该合同有效。”(2)《关于审理买卖合同纠纷案件适用法律问题的解释》第3条,“当事人一方以出卖人在缔约时对标的物没有所有权或者处分权为由主张合同无效的,人民法院不予支持。出卖人因未取得所有权或者处分权致使标的物所有权不能转移,买受人要求出卖人承担违约责任或者要求解除合同并主张损害赔偿的,人民法院应予支持。”

3. 曹某与朱某、钱某签订的房屋转让协议效力如何?

答:曹某与朱某、钱某签订的房屋转让协议均为有效。

考点:多重买卖时买卖合同的效力

解题图构

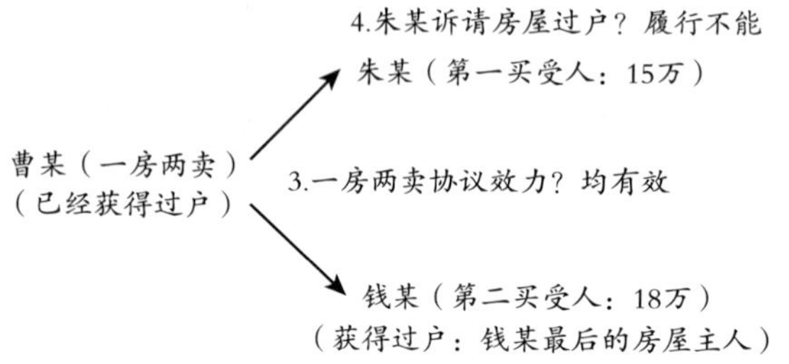

思路展开

1. 从题干信息出发:“曹某取得房屋后,又与朱某签订房屋转让协议,约定以15万元的价格将房屋卖给朱某。在双方正式办理过户登记及付款前,曹某又与钱某签订了房屋转让协议,以18万元的价格将房屋卖给钱某,并办理了过户手续。”曹某一房两卖。

2. 法律依据:(1)《合同法司法解释(二)》第15条,“出卖人就同一标的物订立多重买卖合同,合同均不具有合同法第五十二条规定的无效情形,买受人因不能按照合同约定取得标的物所有权,请求追究出卖人违约责任的,人民法院应予支持。”(2)《物权法》第15条,“当事人之间订立有关设立、变更、转让和消灭不动产物权的合同,除法律另有规定或者合同另有约定外,自合同成立时生效;未办理物权登记的,不影响合同效力。”

3. 具体到本题:(1)曹某分别与朱某、钱某签订房屋转让协议属于“一物二卖”。(2)曹某从王乙手中购买了6间房屋便成为房屋的所有人,也就有权处分该6间房屋。曹某与朱某签订房屋转让协议是曹某行使自己的处分权的表现,双方的买卖合同有效。

4. 展示:感叹10年前司法部当年的解析多么合理:(1)曹某与朱某未办理过户登记手续只影响到所有权的转移,并不影响买卖合同的效力。(2)对此,《合同法司法解释(一)》第9条作了规定,“法律、行政法规规定合同应当办理登记手续,但未规定登记后生效的,当事人未办理登记手续不影响合同的效力,合同标的物所有权及其他物权不能转移”。(3)根据《民法通则》和其他法律的规定,我国不动产物权的变动,系采取登记要件主义,即以登记作为物权变动的要件。不动产物权变动除了当事人间的合意外,还要进行登记。(4)曹某与朱某签署买卖合同后,并未办理房屋的登记过户手续,不动产所有权仍然归属于曹某,曹某也有权将房屋再度处分,与第二买受人钱某签订买卖合同。(5)曹某与钱某之间的合同既没有影响法律行为效力的一般瑕疵,也没有处分权上的瑕疵,应为有效。(6)综上,曹某与朱某、钱某签订的房屋转让协议均为有效。

4. 如朱某要求履行与曹某签订的合同,取得该房屋,其要求能否得到支持?为什么?

答:(1)不能。(2)因曹某已与钱某办理了房屋过户登记手续,钱某已取得了该房屋的所有权,曹某履行不能。

考点:合同履行不能,不能继续履行,只能主张其他形式的违约责任

解题图构

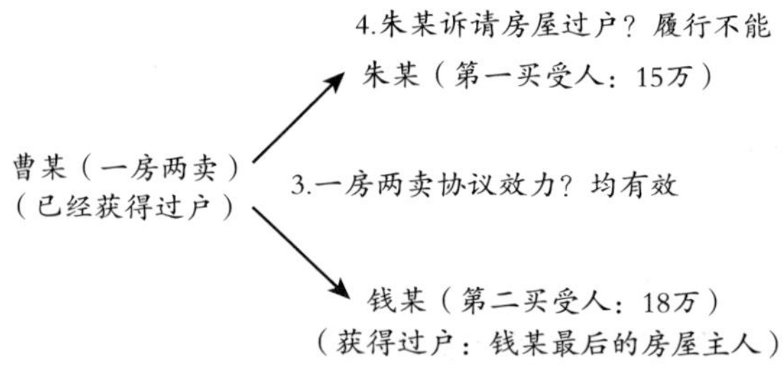

思路展开

1. 从题干信息出发:“曹某取得房屋后,又与朱某签订房屋转让协议,约定以 15 万元的价格将房屋卖给朱某。在双方正式办理过户登记及付款前,曹某又与钱某签订了房屋转让协议,以 18 万元的价格将房屋卖给钱某,并办理了过户手续。”

2. 法律依据:《合同法》第 110 条,“当事人一方不履行非金钱债务或者履行非金钱债务不符合约定的,对方可以要求履行,但有下列情形之一的除外:(一)法律上或者事实上不能履行;(二)债务的标的不适于强制履行或者履行费用过高;(三)债权人在合理期限内未要求履行。”

3. 具体到本题:(1)曹某与钱某办理了过户登记手续,该 6 间房屋即转归钱某所有,这也就意味着曹某无法再履行其向朱某转移房屋所有权的义务,即构成履行不能。(2)作为对朱某的救济,朱某可依据他与曹某之间的买卖合同要求曹某承担违约责任。

5. 如王乙请求人民法院撤销曹某放弃要求赵某支付货款的行为,其主张能否得到支持?为什么?

答:(1)能。(2)根据合同法的规定,债务人放弃其到期债权对债权人造成损害的,债权人可以请求人民法院撤销债务人放弃债权的行为。

考点:债权人撤销权

解题图构

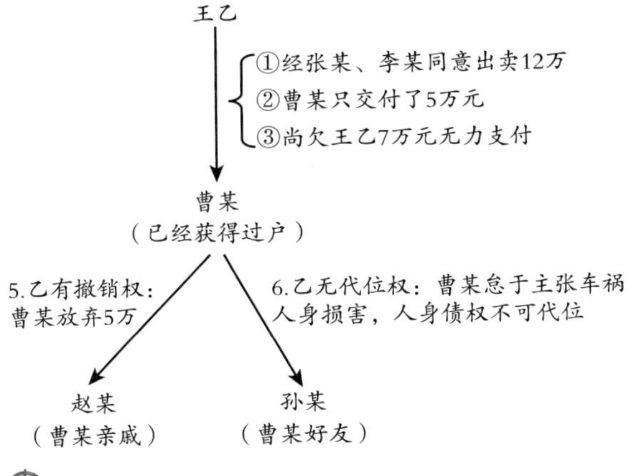

思路展开

1. 从题干信息出发:“2001 年 5 月,曹某应向王乙支付 7 万元的购房余款时,曹某因生意亏损,已无支付能力。但曹某有一笔可向赵某主张的到期货款 5 万元,因曹某与赵某系亲戚,曹某书面表示不再要求赵某支付该货款。”放弃到期债权,启动债权人撤销权,乙是债权人,曹某是债务人,赵某是第三人。

2. 法律依据:(1)《合同法》第 74 条第 1 款,“因债务人放弃其到期债权或者无偿转让财产,对债权人造成损害的,债权人可以请求人民法院撤销债务人的行为。债务人以明显不合理的低价转让财产,对债权人造成损害,并且受让人知道该情形的,债权人也可以请求人民法院撤销债务人的行为。”(2)《合同法司法解释(二)》第 18 条,“债务人放弃其未到期的债权或者放弃债权担保,或者恶意延长到期债权的履行期,对债权人造成损害,债权人依照合同法第七十四条的规定提起撤销权诉讼的,人民法院应当支持。”

3. 具体到本题:(1)曹某因生意亏损,已无支付能力,在这种情况下放弃自己对赵某 5 万元的到期债权,显然对王乙的债权的实现造成了损害,符合撤销权的成立要件。(2)因此,王乙有权请求人民法院撤销曹某放弃要求赵某支付货款的行为。

6. 如王乙要求以自己的名义代位请求孙某支付车祸致人损害的赔偿金,其主张能否得到支持?为什么?

答:(1)不能。(2)因该赔偿金是专属于曹某自身的债权,根据合同法的规定,王乙不能行使代位权。

考点:人身侵权债权不可代位

解题图构

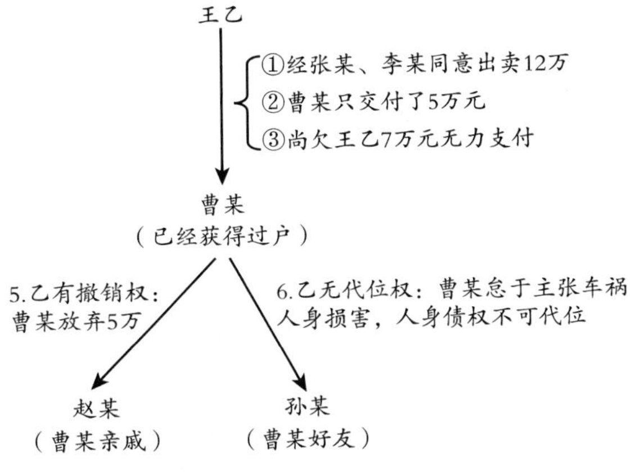

思路展开

1. 从题干信息出发："2001 年 5 月，曹某应向王乙支付 7 万元的购房余款时，曹某因生意亏损，已无支付能力。"＋"另查明，曹某曾于 2001 年 4 月外出时遭遇车祸受伤，肇事司机孙某系曹某好友，曹某一直未向孙某提出车祸损害的赔偿请求。"人身损害赔偿请求权不可代位。

2. 法律依据：（1）《合同法》第 73 条第 1 款，"因债务人怠于行使其到期债权，对债权人造成损害的，债权人可以向人民法院请求以自己的名义代位行使债务人的债权，但该债权专属于债务人自身的除外"。（2）《合同法司法解释（一）》第 12 条，对所谓"专属于债务人自身的债务"进行了界定："合同法第七十三条第一款规定的专属于债务人自身的债权，是指基于扶养关系、抚养关系、赡养关系、继承关系产生的给付请求权和劳动报酬、退休金、养老金、抚恤金、安置费、人寿保险、人身伤害赔偿请求权等权利。"

3. 具体到本题：请求孙某支付车祸致人损害的赔偿金的权利属于人身伤害赔偿请求权，是专属于曹某自身的债务，王乙不能行使代位权。

二、（本题 12 分）

案情：大兴公司与全宇公司签订委托合同，由大兴公司委托全宇公司采购 500 台彩电，并预先支付购买彩电的费用 50 万元。全宇公司经考察发现甲市 W 区的天鹅公司有一批质优价廉的名牌彩电，遂以自己的名义与天鹅公司签订了一份彩电购买合同，双方约定：全宇公司从天鹅公司购进 500 台彩电，总价款 130 万元，全宇公司先行支付 30 万元定金；天鹅公司采取送货方式，将全部彩电运至乙市 S 区，货到验收后一周内全宇公司付清全部款项。天鹅公司在发货时，工作人员误发成 505 台。在运输途中，由于被一车追尾，20 台彩电遭到不同程度的损坏。全宇公司在 S 区合同约定地点接收了 505 台彩电，当即对发生损坏的 20 台彩电提出了质量异议，并将全部彩电交付大兴公司。由于彩电滞销，大兴公司一直拒付货款，致全宇公司一直无法向天鹅公司支付货款。交货 2 个星期后，全宇公司向天鹅公司披露了是受大兴公司委托代为购买彩电的情况。

解题图构

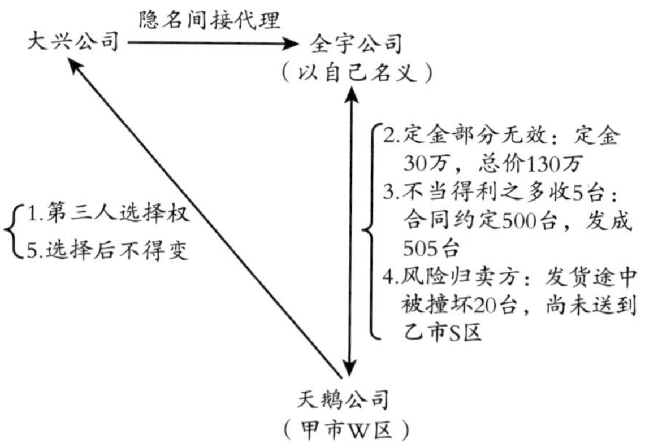

说明：图构中 1、2、3、4、5 指向本题的 5 个设问。

问题：

1. 天鹅公司事先并不知晓全宇公司系受大兴公司委托购买彩电，知悉这一情况后，天鹅公司能否要求大兴公司支付货款？为什么？

2. 全宇公司与天鹅公司订立的合同中的定金条款效力如何？为什么？

3. 大兴公司多收的 5 台彩电应如何处理？为什么？

4. 如追尾的肇事车辆逃逸，20 台受损彩电的损失应由谁承担？为什么？

5. 如天鹅公司以全宇公司为被告提起诉讼后，在诉讼过程中，天鹅公司认为要求大兴公司支付货款更为有利，能否改为主张由大兴公司履行合同义务？为什么？

1. 天鹅公司事先并不知晓全宇公司系受大兴公司委托购买彩电，知悉这一情况后，天鹅公司能否要求大兴公司支付货款？为什么？

答：（1）能。（2）受托人以自己名义与第三人订立合同时，因委托人的原因对第三人不履行义务，受托人向第三人披露委托人后，第三人可以选择受托人或者委托人作为相对人主张其权利。

考点：隐名间接代理委托人违约，经受托人披露谁是委托人后，第三人有选择权，选择找委托人或受托人

解题图构

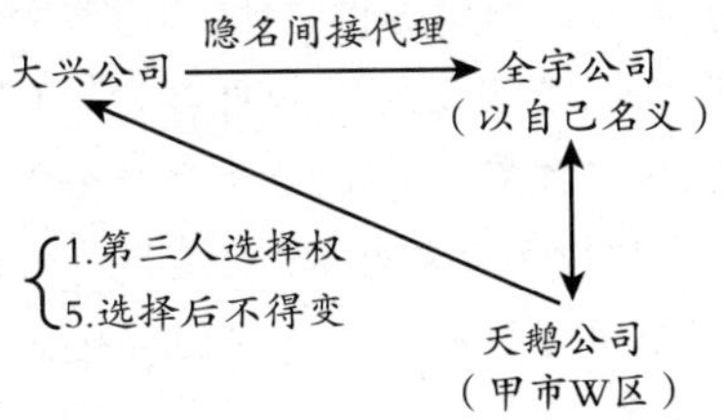

思路展开

1. 从题干信息出发：(1)大兴公司是委托人，全宇公司是受托人，隐名间接代理："大兴公司与全宇公司签订委托合同，由大兴公司委托全宇公司采购500台彩电，并预先支付购买彩电的费用50万元。全宇公司经考察发现甲市W区的天鹅公司有一批质优价廉的名牌彩电，遂以自己的名义与天鹅公司签订了一份彩电购买合同。"(2)委托人不付款："全宇公司在S区合同约定地点接收了505台彩电，当即对发生损坏的20台彩电提出了质量异议，并将全部彩电交付大兴公司。由于彩电滞销，大兴公司一直拒付货款，致全宇公司一直无法向天鹅公司支付货款。"(3)受托人向第三人披露了谁是委托人："交货2个星期后，全宇公司向天鹅公司披露了是受大兴公司委托代为购买彩电的情况。"

2. 法律依据：(1)隐名间接代理中第三人违反约定的处理：《合同法》第403条，第1款，"受托人以自己的名义与第三人订立合同时，第三人不知道受托人与委托人之间的代理关系的，受托人因第三人的原因对委托人不履行义务，受托人应当向委托人披露第三人，委托人因此可以行使受托人对第三人的权利，但第三人与受托人订立合同时如果知道该委托人就不会订立合同的除外。"(2)隐名间接代理中委托人违反约定的处理：第2款，"受托人因委托人的原因对第三人不履行义务，受托人应当向第三人披露委托人，第三人因此可以选择受托人或者委托人作为相对人主张其权利，但第三人不得变更选定的相对人。"(3)本题是委托人不付款，启动第三人的选择权，选择权是形成权一旦行使不得变更。

3. 具体到本题：(1)大兴公司、全宇公司、天鹅公司分别为委托人、受托人和第三人。(2)全宇公司不向天鹅公司支付货款的原因是大兴公司造成的。(3)本案可适用《合同法》第403条第2款的规定，全宇公司有义务向天鹅公司披露委托人大兴公司，天鹅公司可以选择直接要求大兴公司支付货款。

5. 如天鹅公司以全宇公司为被告提起诉讼后，在诉讼过程中，天鹅公司认为要求大兴公司支付货款更为有利，能否改为主张由大兴公司履行合同义务？为什么？（注：为集中说明问题，故将第5问提前至此处解析）

答：(1)不能。(2)因为第三人选定了相对人后，不能变更选定的相对人。

考点： 隐名间接代理中第三人选择之后不得变更

思路展开

天鹅公司已经以全宇公司为被告提起诉讼要求其支付货款，这就表明天鹅公司选定全宇公司为相对人主张权利，根据《合同法》的规定，天鹅公司不得再改变其选择转而向大兴公司主张权利。

2. 全宇公司与天鹅公司订立的合同中的定金条款效力如何？为什么？

答：(1)部分无效。(2)因定金数额不得超过合同标的的20%，超出部分无效。

考点： 定金超过主合同标的额20%，超过部分无效

解题图构

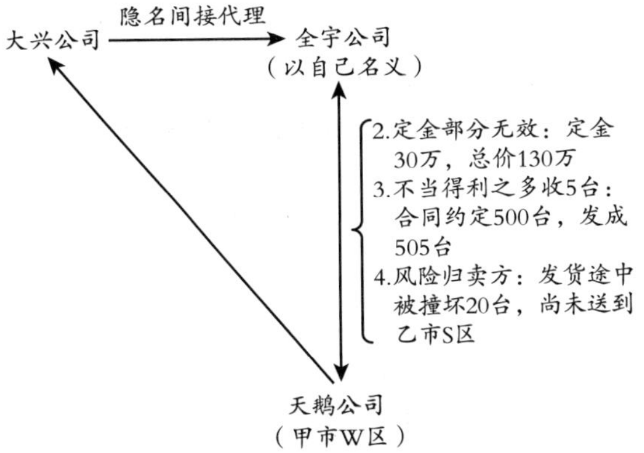

思路展开

1. 从题干信息出发："全宇公司从天鹅公司购进500台彩电，总价款130万元，全宇公司先行支付30万元定金。"

2. 法律依据：(1)《担保法》第91条，"定金的数额由当事人约定，但不得超过主合同标的额的

百分之二十”。(2)《担保法司法解释》第121条,“当事人约定的定金数额超过主合同标的额百分之二十的,超过的部分,人民法院不予支持”。

3. 具体到本题:(1)全宇公司与天鹅公司之间买卖合同的标的额为130万元,因此,定金数额不得超过26万元(130万元×20%=26万元),而双方约定的定金数额为30万元,已经超过了最高限额。(2)合同中约定的定金数额超过法律规定的比例的,并非导致合同全部无效,也不是导致定金条款全部无效,其后果只是超过的部分无效。

3. 大兴公司多收的5台彩电应如何处理?为什么?

答:(1)如天鹅公司主张返还,大兴公司应予返还,理由为不当得利;(2)如天鹅公司未主张返还,大兴公司应按照合同的价格支付价款,依据为《合同法》第162条之规定。

考点:多交货物之收方构成不当得利;未返还不当得利应支付价款

思路展开

1. 从题干信息出发:“全宇公司从天鹅公司购进500台彩电”+“天鹅公司在发货时,工作人员误发成505台。”

2. 不当得利返还:(1)《民法通则》第92条,“没有合法根据,取得不当利益,造成他人损失的,应当将取得的不当利益返还受损失的人”。(2)全宇公司与天鹅公司订立的买卖合同中约定的标的物的数量是500台,全宇公司与大兴公司的委托合同也是约定的500台,由于天鹅公司的工作人员的失误,全宇公司多收了5台彩电,后来全宇公司又将这5台彩电交给了大兴公司,大兴公司在既没有合同依据也没有法律根据的情况下取得了这5台彩电,属于不当得利,应返还给天鹅公司。

3. 接受多交部分则要支付相应价款:(1)《合同法》第162条,“出卖人多交标的物的,买受人可以接收或者拒绝接收多交的部分。买受人接收多交部分的,按照合同的价格支付价款;买受人拒绝接收多交部分的,应当及时通知出卖人。”(2)多收货物未返还,应支付相应价款:鉴于大兴公司接收了天鹅公司多交付的5台彩电,如天鹅公司未向其主张返还,大兴公司应按照合同约定的价格向天鹅公司支付相应价款。

4. 如追尾的肇事车辆逃逸,20台受损彩电的损失应由谁承担?为什么?

答:(1)应由天鹅公司承担。(2)标的物交付前发生的损失应由出卖人承担。

考点:交付前风险归卖方

解题图构

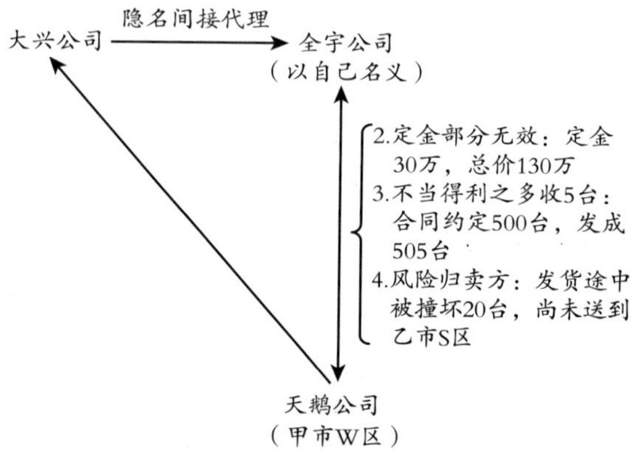

思路展开

1. 从题干信息出发:“天鹅公司采取送货方式,将全部彩电运至乙市S区。”+“在运输途中,由于被一车追尾,20台彩电遭到不同程度的损坏。”

2. 法律依据:《合同法》142条,“标的物毁损、灭失的风险,在标的物交付之前由出卖人承担,交付之后由买受人承担,但法律另有规定或者当事人另有约定的除外。”

3. 具体到本题:彩电因追尾事故受损时,尚未交付给买方全宇公司,所以该损失应由卖方天鹅公司承担。

2003 年主观案例分析题

案情：张某在一风景区旅游，爬到山顶后，见一女子孤身站在山顶悬崖边上，目光异样，即心生疑惑。该女子见有人来，便向悬崖下跳去，张某情急中拉住女子衣服，将女子救上来。张某救人过程中，随身携带的价值2000元的照相机被碰坏，手臂被擦伤；女子的头也被碰伤，衣服被撕破。张某将女子送到山下医院，为其支付各种费用500元，并为包扎自己的伤口用去20元。当晚，张某住在医院招待所，但已身无分文，只好向服务员借了100元，用以支付食宿费。次日，轻生女子的家人赶到医院，向张某表示感谢。（本题7分）

张某
- 1.张某与轻生女子民事法律关系：无因管理
- 2.张某相机被损坏+手臂被擦伤
- 3.女子头被碰伤+6、衣服被撕破
- 4.向服务员借100元住在医院招待所
- 5.张某不能主张报酬

设问1.张某与轻生女子之间存在何种民事法律关系？

答：因张某的救助行为使二者之间发生无因管理关系（1分）。

考点：无因管理

思路展开

1. 法律依据：《民法总则》第121条，没有法定的或者约定的义务，为避免他人利益受损失而进行管理的人，有权请求受益人偿还由此支出的必要费用。

2. 具体到本题：（1）无因管理在管理人与被管理人（本人）之间产生无因管理之债的法律关系。（2）张某为了挽救女子的生命，情急之中拉扯女子衣服，将女子救回，符合无因管理的要件。

设问2.张某的照相机被损坏以及治疗自己伤口的费用女子应否偿付？为什么？

答：应当由女子偿付（1分），因为此系张某实施管理行为所造成的，而且张某自己没有过失；答“此系实施无因管理而发生的损失和合理的费用”亦可。（1分）

考点：无因管理必要费用请求权

思路展开

1. 法律依据：《民法总则》第121条，没有法定的或者约定的义务，为避免他人利益受损失而进行管理的人，有权请求受益人偿还由此支出的必要费用。

2. 费用项目：这些必要费用从理论上分析包括三项：（1）偿还管理人管理事务所支出的必要费用及其利息。（2）管理人为本人负担必要的债务时，本人应清偿该债务。（3）管理人因管理事务而遭受损失时，本人负责赔偿。3. 结论：张某的照相机被损坏以及治疗自己伤口的费用应当由女子偿付。

设问3.张某为女子支付的医疗费等费用能否请求女子偿付？为什么？

答：能。因为此为张某在管理事务中支出的必要费用（1分）。

考点：无因管理必要费用请求权

思路展开

法条依据同上题，张某为女子支付的医疗费用属于在管理或者服务活动中直接支出的费用，所以能请求女子偿付。

设问4.张某向服务员借的100元，应当由谁偿付？为什么？

答：由女子偿付。因受益人对无因管理行为中发生的正当债务有清偿之义务。或答由张某偿付。因该款系张某所借，基于合同的相对性原理（1分）。

考点：无因管理必要费用请求权；合同相对性

思路展开

1. 无因管理必要费用请求权：法条依据同上题，张某向服务员借的100元属于在管理或者服务活动中直接支出的费用，所以由女子偿付。

2. 合同相对性：如果从合同的相对性角度

分析,张某是借款人,服务员是出借人,因此依法应由张某向服务员履行返还借款的义务,而不是合同之外的第三人承担义务。

设问 5. 张某能否请求女子给付一定的报酬?为什么?

答:不能。因为无因管理是无偿性的(1 分)。但如果女方自愿给予,法律可以接受。

考点:无因管理不得主张报酬

思路展开

1. 无因管理具有无偿性,不得主张报酬。

2. 无因管理是没有法定的或者约定的义务,为避免他人利益受损失而进行管理或者服务的行为。

3. 法律规定无因管理制度的制度目的是为了鼓励见义勇为,乐于助人的行为。

4. 因此,无因管理具有无偿性,管理人不能要求本人支付报酬。

设问 6. 张某应否赔偿女子衣服损失?为什么?

答:不应赔偿。因为此系在紧急情况下无过失造成(1 分)。

考点:无因管理适当管理义务,过错责任

思路展开

1. 据民法理论,在无因管理中,管理人只有在故意或者重大过失造成本人损失的情况下承担损害赔偿责任。

2. 本题中张某系在紧急情况下作出的行为,主观上并无过错,因此不承担赔偿责任。

四、(本题 11 分)

案情:A 省的甲公司于 2000 年 1 月通过签订使用许可合同获得某外国企业在中国注册的"金太阳"电脑商标独占使用权及其操作系统 M 软件的使用权,批量组装"金太阳"电脑。2001 年 7 月,甲公司与 A 省的乙公司签订委托销售合同,约定乙公司以自己的名义销售 100 台"金太阳"电脑,销售价格为每台 3000 元,每销售一台收取代销费 300 元。同年 9 月,乙公司向 B 省的丙大学以每台 3000 元的价格卖出 70 台"金太阳"电脑,合同约定丙大学当日支付 15 万元,提货 50 台,另 20 台电脑由丙大学开办的具有法人资格的丁公司收货并付款,同时合同还约定如发生纠纷由"起诉一方所在地法院管辖"。同年 10 月初,丁公司收到乙公司发运的 20 台"金太阳"电脑,并将该批电脑进行赢利性出租,但丁公司多次以资金困难为由拒绝了乙公司的付款要求。2002 年 3 月,乙公司将尚未卖出的 30 台电脑的"金太阳"商标清除,更换为戊公司的注册商标"银河",并以每台 4000 元的价格卖给不知情的李某 2 台,李某将其中一台赠送给好友胡某。

解题图构

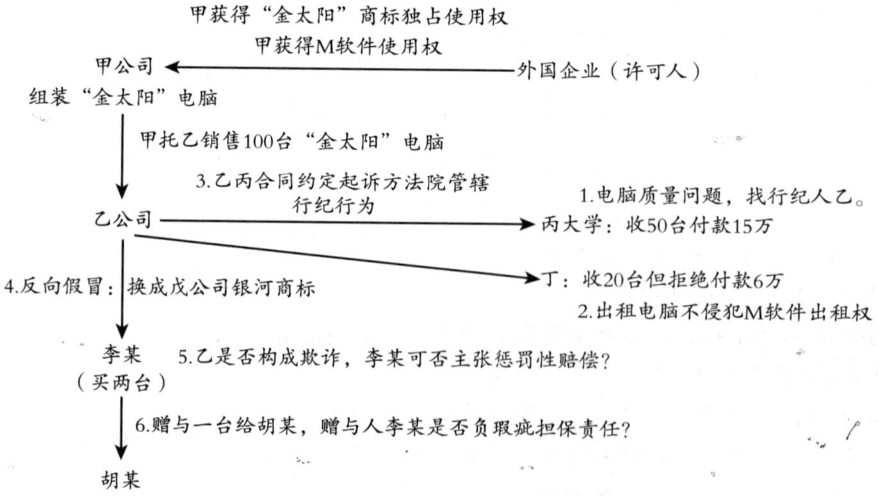

说明：图构中的1、2、3、4、5、6指向本题的6个设问

问题

1. 如果丙大学使用的50台电脑出现质量问题，应向谁主张违约责任？

2. 丁公司出租电脑的行为是否侵犯M软件的出租权？为什么？

3. 乙公司如果起诉请求支付20台电脑货款，应以谁为被告？怎样确定管辖法院？

4. 乙公司更换商标的行为应如何定性？哪些主体可以作为适格的原告起诉乙公司？

5. 如李某购买的2台电脑没有质量问题，能否向卖方双倍索赔？为什么？

6. 如胡某接受赠与的电脑出现质量问题，能否要求李某承担瑕疵担保责任？为什么？

1. 如果丙大学使用的50台电脑出现质量问题，应向谁主张违约责任？

答：应向乙公司主张违约责任（1分）。

考点：行纪合同，行纪人与第三人是直接合同当事人

解题图构

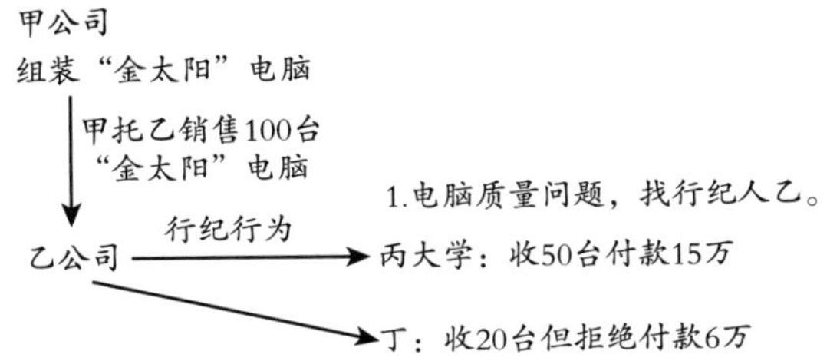

思路展开

1. 从题干信息和设问信息出发：（1）题干信息：乙是行纪人：“2001年7月，甲公司与A省的乙公司签订委托销售合同，约定乙公司以自己的名义销售100台“金太阳”电脑，销售价格为每台3000元，每销售一台收取代销费300元。”+“同年9月，乙公司向B省的丙大学以每台3000元的价格卖出70台‘金太阳’电脑”。（2）设问信息：“如果丙大学使用的50台电脑出现质量问题，应向谁主张违约责任”。（3）指向丙向乙主张违约责任。

2. 行纪人是直接合同当事人。（1）法律依据：①《合同法》第414条，“行纪合同是行纪人以自己的名义为委托人从事贸易活动，委托人支付报酬的合同。”②《合同法》第421条的规定：“行纪人与第三人订立合同的，行纪人对该合同直接享有权利、承担义务。第三人不履行义务致使委托人受到损害的，行纪人应当承担损害赔偿责任，但行纪人与委托人另有约定的除外。”（2）具体到本题：①甲公司与乙公司之间的关系属于行纪法律关系。②根据因此行纪人乙公司与第三人丙大学之间成立的买卖合同只是在双方当事人之间产生效力，所以丙大学应当向乙公司主张违约责任。

2. 丁公司出租电脑的行为是否侵犯M软件的出租权？为什么？

答：没有侵犯M软件的出租权（1分），因为该软件不是租赁合同的主要标的（1分）。

考点：计算机软件不是出租的主要标的，不构成侵犯软件作品的出租权

解题图构

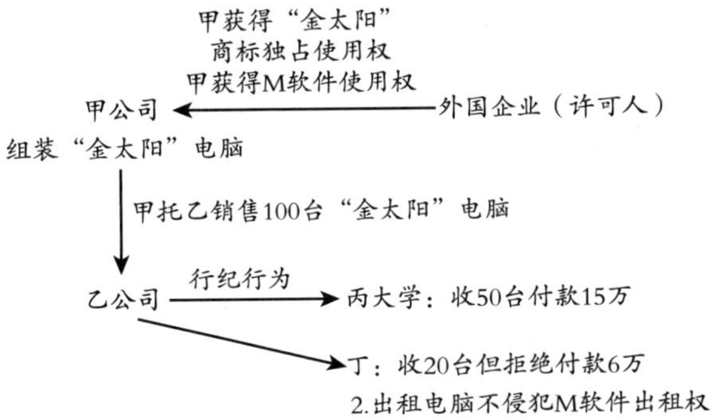

思路展开

1. 从题干信息出发：（1）甲公司是组装电脑的：“A省的甲公司于2000年1月通过签订使用许可合同获得某外国企业在中国注册的‘金太阳’电脑商标独占使用权及其操作系统M软件的使用权，批量组装‘金太阳’电脑。”（2）甲卖电脑给丙交20台给丁：“乙公司向B省的丙大学以每台3000元的价格卖出70台‘金太阳’电脑，合同约定丙大学当日支付15万元，提货50台，另20台电脑由丙大学开办的具有法人资格的丁公司收货并付款。”（3）丁出租的是电脑不是出租软件：“同年10月初，丁公司收到乙公司发运的20台‘金太阳’电脑，并将该批电脑进行赢利性出租”。

2. 法律依据：《著作权法》第10条第1款

第7项:"(七)出租权,即有偿许可他人临时使用电影作品和以类似摄制电影的方法创作的作品、计算机软件的权利,计算机软件不是出租的主要标的的除外。"

3. 具体到本题:由于计算机软件并不是出租的主要标的,因此不存在该项出租权,丁公司不侵犯该出租权。

3. 乙公司如果起诉请求支付20台电脑货款,应以谁为被告?怎样确定管辖法院?

答:应以丙大学为被告。由乙公司所在地的基层法院管辖。(1分)。

考点:由第三人履行合同,第三人违约,坚持合同相对性;乙丙合同约定关系有效

解题图构

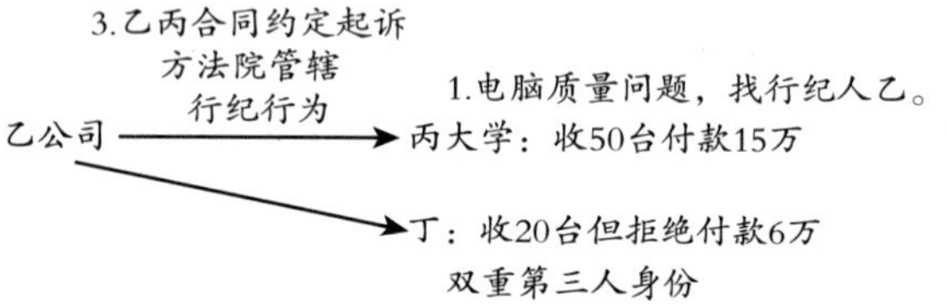

思路展开

1. 从题干信息出发:(1)乙、丙约定20台电脑交给丁并由丁付款:"乙公司向B省的丙大学以每台3000元的价格卖出70台'金太阳'电脑,合同约定丙大学当日支付15万元,提货50台,另20台电脑由丙大学开办的具有法人资格的丁公司收货并付款,同时合同还约定如发生纠纷由'起诉一方所在地法院管辖'。"(2)第三人丁不付款,乙只能找合同相对人丙:"同年10月初,丁公司收到乙公司发运的20台'金太阳'电脑,并将该批电脑进行赢利性出租,但丁公司多次以资金困难为由拒绝了乙公司的付款要求。"

2. 丁有双重身份,向第三人履行和由第三人履行均坚持合同相对性。(1)法律依据:①向第三人履行:《合同法》第64条,"当事人约定由债务人向第三人履行债务的,债务人未向第三人履行债务或者履行债务不符合约定,应当向债权人承担违约责任。"②由第三人履行:《合同法》第65条,"当事人约定由第三人向债权人履行债务的,第三人不履行债务或者履行债务不符合约定,债务人应当向债权人承担违约责任。"(2)具体到本题:丁有两个第三人身份。①乙、丙合同约定乙向丁交付电脑,丁是向第三人履行中的第三人。②乙、丙合同约定丁向乙付款,丁是由第三人履行中的第三人。(3)小结:坚持合同相对性,不要管第三人丁怎么样,乙、丙之间直接当事人解决问题。(4)丁没付20台电脑的款,乙应该告丙。

3. 乙、丙协议管辖有效。(1)法律依据:①《民事诉讼法》34条规定,"合同或者其他财产权益纠纷的当事人可以书面协议选择被告住所地、合同履行地、合同签订地、原告住所地、标的物所在地等与争议有实际联系的地点的人民法院管辖,但不得违反本法对级别管辖和专属管辖的规定。"②《民事诉讼法》第17条,"基层人民法院管辖第一审民事案件,但本法另有规定的除外。"(2)具体到本题:乙公司和丙大学约定由起诉一方所在地法院管辖,所以由乙公司所在地的基层人民法院管辖。

4. 乙公司更换商标的行为应如何定性?哪些主体可以作为适格的原告起诉乙公司?

答:乙公司的行为构成商标侵权行为(或"假冒和反向假冒行为",或侵权注册商标专用权行为,或侵犯商标权行为,或侵权行为)(1分)。甲公司、戊公司、某外国企业和李某均可作为原告起诉乙公司(1分)。

考点:反向假冒侵权;被撕的商标权人、加贴的商标权人、独占许可中被许可人、消费者都可以起诉反向假冒人

解题图构

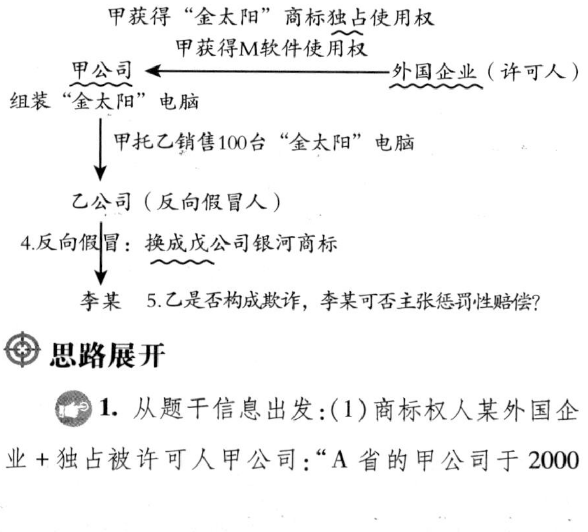

思路展开

1. 从题干信息出发:(1)商标权人某外国企业+独占被许可人甲公司:"A省的甲公司于2000

年 1 月通过签订使用许可合同获得某外国企业在中国注册的‘金太阳’电脑商标独占使用权及其操作系统 M 软件的使用权。”(2)反向假冒人乙公司＋被加贴商标权人戊公司＋被骗消费者李某:“2002 年 3 月,乙公司将尚未卖出的 30 台电脑的‘金太阳’商标清除,更换为戊公司的注册商标‘银河’,并以每台 4000 元的价格卖给不知情的李某 2 台。”

2. 注册商标权反向假冒,侵犯商标权,对消费者构成欺诈。(1)法律依据:《商标法》第 57 条,“有下列行为之一的,均属侵犯注册商标专用权:(一)未经商标注册人的许可,在同一种商品上使用与其注册商标相同的商标的;(二)未经商标注册人的许可,在同一种商品上使用与其注册商标近似的商标,或者在类似商品上使用与其注册商标相同或者近似的商标,容易导致混淆的;(三)销售侵犯注册商标专用权的商品的;(四)伪造、擅自制造他人注册商标标识或者销售伪造、擅自制造的注册商标标识的;(五)未经商标注册人同意,更换其注册商标并将该更换商标的商品又投入市场的;(六)故意为侵犯他人商标专用权行为提供便利条件,帮助他人实施侵犯商标专用权行为的;(七)给他人的注册商标专用权造成其他损害的。”(2)具体到本题:(1)乙公司的行为侵犯了某外国公司“金太阳”商标专用权和戊公司“银河”商标专用权。①注册商标持有人当然是有权作为原告起诉的。②独占许可的被许可人也是有权起诉的。参见《商标法司法解释》第 4 条:“商标法第 53 条规定(现第 60 条第 1 款,‘有本法第五十七条所列侵犯注册商标专用权行为之一,引起纠纷的,由当事人协商解决;不愿协商或者协商不成的,商标注册人或者利害关系人可以向人民法院起诉,也可以请求工商行政管理部门处理。’)的利害关系人,包括注册商标使用许可合同的被许可人、注册商标财产权利的合法继承人等。在发生注册商标专用权被侵害时,独占使用许可合同的被许可人可以向人民法院提起诉讼;排他使用许可合同的被许可人可以和商标注册人共同起诉,也可以在商标注册人不起诉的情况下,自行提起诉讼;普通使用许可合同的被许可人经商标注册人明确授权,可以提起诉讼。”(2)乙公司对消费者李某构成欺诈。(3)小结:①甲公司和某外国公司可以起诉乙公司侵犯“金太阳”商标权的行为。②戊公司可以起诉乙公司侵犯“银河”商标权的行为。③消费者李某可以起诉乙公司的违约行为。

5. 如李某购买的 2 台电脑没有质量问题,能否向卖方双倍索赔?为什么?

答:有权惩罚性索赔(1 分)。因乙公司的销售行为构成欺诈,欺诈不以产品的质量问题为构成要件(1 分)。

考点:消费者受欺诈可主张惩罚性赔偿

解题图构

见设问 4 的小图构

思路展开

1. 法律依据:(1)《民法通则若干问题的意见》第 68 条,“一方当事人故意告知对方虚假情况,或者故意隐瞒真实情况,诱使对方当事人作出错误意思表示的,可以认定为欺诈行为。”(2)《消费者权益保护法》第 55 条第 1 款,“经营者提供商品或者服务有欺诈行为的,应当按照消费者的要求增加赔偿其受到的损失,增加赔偿的金额为消费者购买商品的价款或者接受服务的费用的三倍;增加赔偿的金额不足五百元的,为五百元。法律另有规定的,依照其规定。”第 2 款,“经营者明知商品或者服务存在缺陷,仍然向消费者提供,造成消费者或者其他受害人死亡或者健康严重损害的,受害人有权要求经营者依照本法第四十九条、第五十一条等法律规定赔偿损失,并有权要求所受损失二倍以下的惩罚性赔偿。”虽然电脑没有质量问题,但是其更换商标,属于欺诈行为,应当按照消费者的要求承担双倍赔偿责任。

2. 具体到本题:乙公司实施了欺诈行为,消费者李某可主张惩罚性赔偿。

6. 如胡某接受赠与的电脑出现质量问题,能否要求李某承担瑕疵担保责任?为什么?

答:不能(1 分)。因为赠与的财产有瑕疵的,赠与人不承担责任,并且李的赠与没有附义务,也不存在李故意不告知瑕疵或者保证无瑕疵的情形(1 分)。

考点:赠与合同中赠与人不负瑕疵担保责任,有两个例外

解题图构

李某
（买两台）
↓ 6.赠与一台给胡某，赠与人李某是否负瑕疵担保责任？
胡某

思路展开

1. 法律依据:《合同法》第 191 条,“赠与的财产有瑕疵的,赠与人不承担责任。附义务的赠与,赠与的财产有瑕疵的,赠与人在附义务的限度内承担与出卖人相同的责任。赠与人故意不告知瑕疵或者保证无瑕疵,造成受赠人损失的,应当承担损害赔偿责任。”

2. 具体到本题:李某的赠与没有附义务,也不存在李某故意不告知瑕疵或者保证无瑕疵的情形。

3. 结论:如胡某接受赠与的电脑出现质量问题,不能要求李某承担瑕疵担保义务。

2002 年主观案例分析题

四、(本题 10 分)

赵某孤身一人,因外出打工,将一祖传古董交由邻居钱某保管。钱某因结婚用钱,情急之下谎称该古董为自己所有,卖给了古董收藏商孙某,得款10000 元。孙某因资金周转需要,向李某借款 20000元,双方约定将该古董押给李某,如孙某到期不回赎,古董归李某所有。在赵某外出打工期间,其住房有倒塌危险,因此房与钱某的房屋相邻,如该房屋倒塌,有危及钱某房屋之虞。钱某遂请施工队修缮赵某的房屋,并约定,施工费用待赵某回来后由赵某付款。房屋修缮以后,因遇百年不遇的台风而倒塌。年末,赵某回村,因古董和房屋修缮款与钱某发生纠纷。请回答下列问题:

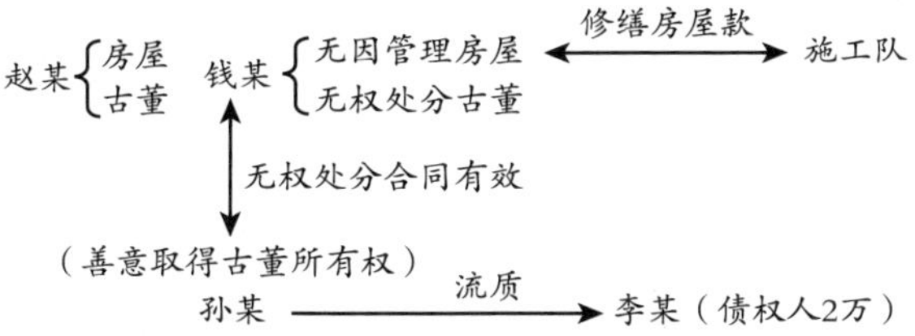

1. 钱某与孙某之间的买卖合同效力如何?为什么?

答:有效。无权处分买卖合同如无其他效力瑕疵,不因无权处分而无效。

考点:无权处分合同

思路展开

法律依据:《关于审理买卖合同纠纷案件适用法律问题的解释》第 3 条,"当事人一方以出卖人在缔约时对标的物没有所有权或者处分权为由主张合同无效的,人民法院不予支持。出卖人因未取得所有权或者处分权致使标的物所有权不能转移,买受人要求出卖人承担违约责任或者要求解除合同并主张损害赔偿的,人民法院应予支持。"

2. 孙某能否取得该古董的所有权?为什么?

答:孙某能取得古董所有权。因为孙某是善意买受人,依据善意取得制度获得古董所有权。

考点:动产善意取得

思路展开

法律依据:《物权法》第 106 条,"无处分权人将不动产或者动产转让给受让人的,所有权人有权追回;除法律另有规定外,符合下列情形的,受让人取得该不动产或者动产的所有权:(一)受让人受让该动产或者不动产时为善意。(二)以合理的价格转让;(三)转让的不动产或者动产依照法律规定应当登记的已经登记,不需要登记的已经交付给受让人。受让人依照前款规定取得不动产或者动产的所有权的,原所有人有权向无处分权人请求赔偿损失。当事人善意取得其他物权的,参照前两款规定。"

3. 孙某将古董当给李某,形成何种法律关系?

答:孙某将古董当给李某,形成质押法律关系。

考点:动产质权

思路展开

法律依据:《物权法》第 208 条,"为担保债务的履行,债务人或者第三人将其动产出质给债权人占有的,债务人不履行到期债务或者发生当事人约定的实现质权的情形,债权人有权就该动产优先受偿。前款规定的债务人或者第三人为出质人,债权人为质权人,交付的动产为质押财产。"本题中,孙某与李某之间的关系显然符合上述法条关于动产质押的规定,因此两人之间形成质押关系。

4. 孙某与李某之间约定孙某到期不回赎,古董归李某所有,该约定效力如何?为什么?

答:孙某与李某之间约定孙某到期不回赎,古董归李某所有的约定无效。

考点:流质契约之禁止。

思路展开

1. 法律依据:(1)《担保法》第 66 条,"出质人和质权人在合同中不得约定在债务履行期届满质权人未受清偿时，质物的所有权转移为质权人所有。”(2)《物权法》第211条，“质权人在债务履行期届满前，不得与出质人约定债务人不履行到期债务时质押财产归债权人所有。”(3)无论是《担保法》还是《物权法》，都规定了流质契约之禁止、流质契约禁止的主要目的在于保护出质人的利益，将质权人乘人之危的可能性降到最低。

2. 具体到本题：孙某与李某之间的关于孙某到期不回赎，古董归李某所有的约定显然违反了流质契约禁止的规定。因此，两人之间的约定无效。

5. 钱某请施工队加固赵某的房屋，这一事实在钱某和赵某之间形成何种法律关系？

答：在钱某和赵某之间形成无因管理之债的关系。

考点：为自己也为他人构成无因管理，不论是否有效果

思路展开

1. 法律依据：《民法总则》第121条，没有法定的或者约定的义务，为避免他人利益受损失而进行管理的人，有权请求受益人偿还由此支出的必要费用。因此，无因管理已经成立，管理人和受益人之间即发生债的关系。

2. 具体到本题：(1)赵某外出打工期间，其住房有倒塌危险，钱某遂请施工队修缮赵某的房屋。(2)虽然最后房屋因台风而倒塌，但这并不影响钱某与赵某之间形成无因管理之债的关系。

6. 若赵某拒绝向施工队付款，施工队应向谁请求付款？为什么？

答：施工队应当向钱某请求付款。

考点：由第三人履行合同之相对性

思路展开

1. 法律依据：《合同法》第65条，“当事人约定由第三人向债权人履行债务的，第三人不履行债务或者履行债务不符合约定，债务人应当向债权人承担违约责任。”

2. 具体到本题：(1)“钱某遂请施工队修缮赵某的房屋，并约定，施工费用待赵某回来后由赵某付款。”(2)此属由第三人履行的合同，赵某拒绝向施工队付款时，则依法应由债务人寄钱某承担责任。

7. 赵某对钱某擅自出卖古董之行为，可提出何种之诉？

答：赵某对钱某擅自出卖古董的行为，可基于保管合同，提出违约之诉；也可基于对古董的所有权，提出侵权之诉。但只能择一行使。

考点：违约责任和侵权责任竞合

思路展开

1. 法律依据：《合同法》第122条，“因当事人一方的违约合同，侵害对方人身、财产权益的，受损害方有权选择依照本法要求其承担违约责任或者依照其他法律要求其承担侵权责任。”

2. 具体到本题：(1)赵某因外出打工，将一祖传的古董交邻居钱某保管。而钱某谎称是自己所有，卖给孙某。因此，钱某违反了与赵某之间订立的保管合同的约定，应负违约责任。(2)同时，钱某将古董卖给孙某的行为又侵犯了赵某的财产权。(3)赵某而可以对钱某提起违约之诉或侵权之诉，但只能择一行使。

五、(本题10分)

新疆兴都公司将五百包长绒棉通过铁路运至郑州准备出售，委托郑州的伏牛公司将棉花存放于当地仓库，并约定在棉花出售后按售价比例给伏牛公司提成。伏牛公司将棉花存放于郑州北营仓库，并将仓单的复印件、发票等凭证寄回给兴都公司。半月后，兴都公司找到买家某纺织厂，双方签订了五百包长绒棉的买卖合同。合同约定先由纺织厂交付总价额50%的价金，兴都公司收到该款后将委托伏牛公司把全部货物的仓单背书给纺织厂，纺织厂在提货并验收以后一个月内付清余款。

过了首付款的约定期限多日，兴都公司仍未收到纺织厂的首付款，却打听到一个消息，该纺织厂因严重亏损将被其他企业收购。兴都公司立即致电伏牛公司，没有兴都公司的书面确认通知书，不得将棉花的仓单交给任何人。数日后纺织厂派人到伏牛公

司取棉花仓单，并出示了与兴都公司的买卖合同和由某银行签发的付款保证书。伏牛公司见到合同及付款保证书，就将仓单背书给纺织厂，在纺织厂取完货给了回执后，就急急向兴都公司要提成。兴都公司立即回了个电传：没发给你们书面确认书怎么就随便放货，他们首付的钱还没给呢，如果这笔钱要不回来就要你们赔偿！

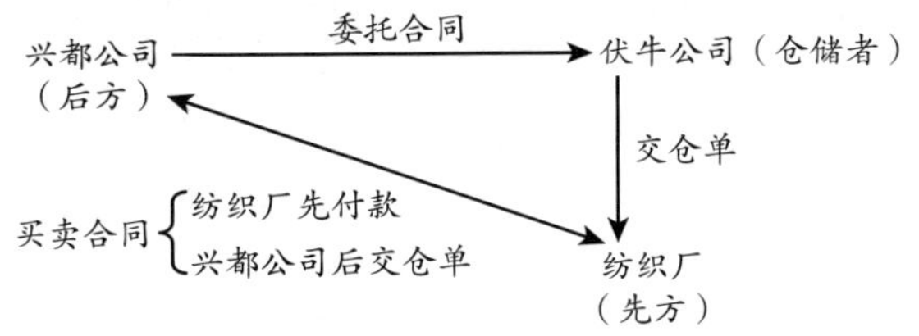

1. 兴都公司与纺织厂买卖合同约定的是哪种类型的交付，所交付棉花所有权从什么时候起转移？

答：兴都公司与纺织厂买卖合同约定的是拟制交付。棉花所有权自伏牛公司在仓单上背书并经保管人签字或盖章并转移给纺织厂时转移。

考点：拟制交付

思路展开

1. 拟制交付是指出让人将标的物的权利凭证（如仓单，提单）交给受让人以代替物的现实交付。

2. 法律依据：《合同法》第 133 条，“标的物的所有权自标的物交付时起转移，但法律另有规定或者当事人另有约定的除外。”

3. 具体到本题：（1）兴都公司与某纺织厂签订了长绒棉的买卖合同，但合同约定先有纺织厂交付总价额 50% 的价金，兴都公司收到该款后将委托伏牛公司把全部货物的仓单背书给纺织厂，纺织厂在提货并验收以后 1 个月内付清余款。（2）所以是拟制交付，棉花所有权自伏牛公司在仓单上背书并经保管人签字或盖章并转移给纺织厂时转移。

2. 在纺织厂提交付款保证书并请求交付时，兴都公司有何理由拒绝向纺织厂交付货物？

答：兴都公司可以行使先履行抗辩权拒绝向纺织厂交付货物。

考点：先履行抗辩权

思路展开

1. 法律依据：《合同法》第 66 条，“当事人互负债务，没有先后履行顺序的，应当同时履行。一方在对方未履行之前有权拒绝履行其要求。一方在对方履行债务不符合约定时，有权拒绝其相应的履行要求。”2. 法条解释：先履行抗辩权的成立要件包括：（1）双方因同一合同互相负有债务；（2）债务有先后履行顺序；（3）他方未为先给付义务。3. 具体到本题：（1）兴都公司与某纺织厂签订了长绒棉买卖合同，并约定纺织厂先交付总价额 50% 的价金，兴都公司收到该款后将委托伏牛公司把全部货物的仓单背书给纺织厂，纺织厂在提货验收以后 1 个月内付清余款。（2）因此在纺织厂提交付款保证书并请求交付时，兴都公司可以行使现履行抗辩权拒绝向纺织厂交付货物。

3. 伏牛公司未经兴都公司同意向纺织厂交付仓单要承担什么责任？

答：伏牛公司违反了与兴都公司之间的委托合同，承担违约责任。

考点：受托人违反委托合同须承担违约责任

思路展开

1. 法律依据：（1）《合同法》第 396 条，“委托合同是委托人和受托人约定，由受托人处理委托事务的合同。”（2）《合同法》第 399 条，“受托人应当按照委托人的指示处理委托事务。”（3）《合同法》第 406 条，“有偿的委托合同，因受托人的过错给委托人造成损失的，委托人可以要求赔偿损失。无偿的委托合同，因受托人的故意或者重大过失给委托人造成损失的，委托人可以要求赔偿损失。”

2. 具体到本题：（1）兴都公司在得知纺织厂因严重亏损将被其他企业收购后，立即致电伏牛公司，没有兴都公司的书面确认通知书，不得将棉花的仓单交给任何人，也就是对委托事务的处理进行了指示。（2）但数日后纺织厂派人到伏牛公司取棉花仓单，并出示与兴都公司的买卖合同和由某银行签发的付款保证书后，伏牛公司将仓单背书给了纺织厂。（3）因此，伏牛公司作为受托人没有按照委托人兴都公司的指示去做，违反了双方之间的委托合同，给委托人造成了损失，应当承担违约责任。

4. 纺织厂在取得仓单但未付款以前对棉花有没有所有权？为什么？

答：纺织厂在取得仓单未支付货款时取得了所有权，因为仓单作为一种权利凭证，一经背书取得，即推定持有人为权利人。

考点：仓单是物权凭证

思路展开

1. 学理依据：(1)仓单是物权凭证，经合法背书后交付，仓单中载明的货物所有权即发生移转。(2)依据民法原理，物权凭证所代表的权利的转移仅以该凭证的交付为要件，而与标的物价款是否交付没有任何关系。

2. 具体到本题：纺织厂取得仓单，即对棉花享有所有权，因为纺织厂没有付款，所以纺织厂应当对兴都公司承担违约责任，但这不影响其取得棉花的所有权。

六、(本题10分)

A县的甲公司与B县的乙公司于2001年7月3日签订一份空调购销合同，约定甲公司向乙公司购进100台空调，每台空调单价2000元，乙公司负责在B县代办托运，甲公司于货到后立即付款，同时约定若发生纠纷由合同履行地的法院管辖。乙公司于7月18日在B县的火车站发出了该100台空调。甲公司由于发生资金周转困难，于7月19日传真告知乙公司自己将不能履行合同。

乙公司收到传真后，努力寻找新的买家，于7月22日与C县的丙公司签订了该100台空调的购销合同。合同约定：丙公司买下100台托运中的空调，每台单价1900元，丙公司于订立合同时向乙公司支付10000元定金，在收到货物后15天内付清全部货款；在丙公司付清全部货款前，乙公司保留对空调的所有权；如有违约，违约方应承担合同总价款百分之二十的违约金。乙公司同时(7月22日)于当日传真通知甲公司解除与甲公司签订的合同。铁路运输公司在运输过程中于7月21日遇上泥石流，30台托运中的空调毁损。丙公司于7月26日收到70台完好无损的空调后，又与丁公司签订合同准备将这70台空调全部卖与丁公司。同时丙公司以其未能如约收到100台空调为由拒绝向乙公司付款。

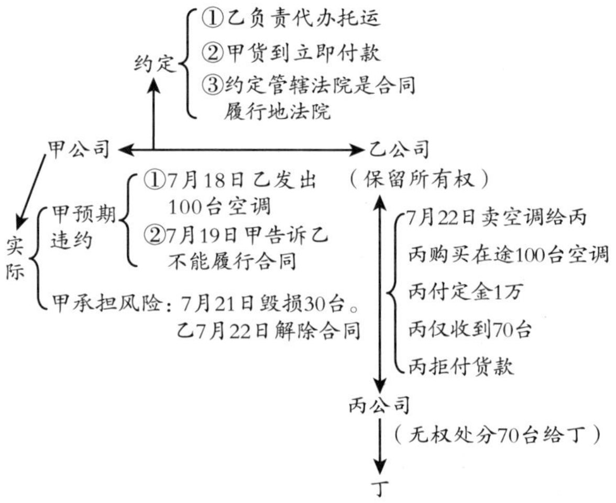

请回答下列问题：

1. 乙公司在与甲公司的合同履行期届满前解除合同的理由是什么？在此解除合同的情形下，乙公司能否向甲公司主张违约责任？

答：乙公司在与甲公司的合同履行期届满前解除合同的理由是甲公司预期违约。在此解除合同的情形下，乙公司可以向甲公司主张违约责任。

考点：预期违约

思路展开

1. 法律依据：(1)《合同法》第94条，“在履行期限届满之前，当事人一方明确表示或者以自己的行为表明不履行主要债务。”(2)《合同法》第97条，“合同解除后，尚未履行的，终止履行；已经履行的，根据履行情况和合同性质，当事人可以要求恢复原状，采取其他补救措施，并有权要求赔偿损失。”

2. 具体到本题：(1)甲公司由于发生资金周转困难，传真告知乙公司自己将不能履行合同，故乙公司在与甲公司的合同履行期届满前解除合同的理由是预期违约。(2)因此，此时乙公司仍可以向甲公司主张违约责任。

2. 假设甲公司以乙公司解除合同构成违约为由向法院起诉，请问那个法院有管辖权？为什么？

答：B县法院有管辖权。当事人已在合同中约定纠纷的管辖法院为合同履行地法院，而代办托运的，以货物发运地为合同履行地，所以B县法院有管辖权。

展示：当年解析原文如下：1. 法律依据：(1)《民事诉讼法》第25条规定："合同的双方当事人可以在书面合同中协议选择被告住所地、合同履行地、合同签订地、原告住所地、标的物所在地人民法院管辖，但不得违反本法对级别管辖和专属管辖的规定。"（现为《民事诉讼法》第34条）(2)《民事诉讼法若干问题的意见》第19条第1款规定："购销合同的双方当事人在合同中对交货地点有约定的，以约定的交货地点为合同履行地；没有约定的，依交货方式确定合同履行地；采用送货方式的，以货物送达地为合同履行地；采用自提方式的，以提货地为合同履行地；代办托运或按木材、煤炭送货办法送货的，以货物发运地为合同履行地。"2. 具体到本题：甲公司与乙公司签订的空调购销合同约定乙公司负责在B县代办托运，同时约定若发生纠纷由合同履行地的法院管辖。故B县人民法院有管辖权。

3. 遭遇泥石流而毁损的空调的损失应由谁承担？为什么？

答：遭遇泥石流而毁损的空调的损失应由甲公司承担。因为本题中货物的风险自交付第一承运人时转移，乙公司已经完成交付，因此风险应由甲公司承担。

考点：交付后风险归买方

思路展开

1. 法律依据：《合同法》第142条，"标的物毁损、灭失的风险，在标的物交付之前由出卖人承担，交付之后由买受人承担，但法律另有规定或者当事人另有约定的除外。"

2. 具体到本题：(1)据上题分析，代办托运的，货物发运地B县为合同履行地。(2)乙公司已完成向甲公司的交付义务。(3)空调毁损(7月21日)发生在合同解除(7月22日)之前，依据上述规定，遭遇泥石流而毁损的空调的损失应由甲公司应承担。

4. 乙公司认为丙公司拒绝付款构成违约，决定不返还其定金，还要求其支付36000元的违约金，问其主张能否得到支持？为什么？

答：乙公司的主张不能得到支持。因为定金条款与违约金条款只能择一适用。

考点：定金和违约金二选一

思路展开

1. 法律依据：《合同法》第116条，"当事人既约定违约金，又约定定金的，一方违约时，对方可以选择适用违约金或者定金条款。"

2. 具体到本题：乙公司认为丙公司拒绝付款构成违约，决定不返还其定金，还要求其支付违约金，是主张并用违约金和定金，故依据上述规定其主张不能得到支持。

5. 丙公司与丁公司所签合同的效力如何？为什么？

答：丙公司无权处分，丙丁合同有效。

考点：保留所有权买卖；无权处分合同

思路展开

1. 法律依据：(1)所有权保留：《合同法》第134条，"当事人可以在买卖合同中约定买受人未履行支付价款或者其他义务的，标的物的所有权属于出卖人。"《关于审理买卖合同纠纷案件适用法律问题的解释》第3条，"当事人一方以出卖人在缔约时对标的物没有所有权或者处分权为由主张合同无效的，人民法院不予支持。出卖人因未取得所有权或者处分权致使标的物所有权不能转移，买受人要求出卖人承担违约责任或者要求解除合同并主张损害赔偿的，人民法院应予支持。"

2. 具体到本题：(1)"在丙公司付清全部货款前，乙公司保留对空调的所有权"+"丙公司于7月26日收到70台完好无损的空调后，又与丁公司签订合同准备将这70台空调全部卖与丁公司。同时丙公司以其未能如约收到100台空调为由拒绝向乙公司付款"。(2)乙是所有权人；丙是无权处分人；丁是买方；丙、丁合同有效。

真题索引简表

2016 年真题

2015 年真题

2014 年真题

2013 年真题

2012 年真题

2011 年真题

2010 年真题

2009 年真题

2008 年真题

2008 年(四川延考)真题

2007 年真题

2006 年真题

2005 年真题